Freude am Fahren

eichelmann 2018

Gerhard Eichelmann

eichelmann 2018

Deutschlands Weine

13 Regionen | 940 Weingüter | 10.950 Weine

mondo Heidelberg

Der Verlag übernimmt keine Gewähr für die angegebenen Preise oder die Verfügbarkeit der Weine bei den Weinerzeugern.

Autoren:
Wolfgang Faßbender (Mosel)
Marco Lindauer (Rheingau)
Thomas Veigel (Baden, Hessische Bergstraße)
Jens Wagner (Pfalz, Nahe)

Alle Karten: DWI Deutsches Weininstitut
Fotos:
Andreas Durst Seiten 2-28-89-90-94-100-103-132-139-141-151-166-171-176-179-221-223-226-235-237-247-250-255-267-277-291-292-297-308-327-360-369-387-426-434-448-451-453-456-461-463-474-525-537-560-595-599-622-626-630-640-657-662-673-675-679-682-715-725-749-759-777-794-833-840-847-859-862-870-877-889-901-927-931-937-948-955-957-967-1019-1041-1043-1072-1075-1088-1109-1130-1133-1137-1140-1145-1149-1173-1174-1186-1189-1192-1208-1240
Von den Weingütern zur Verfügung gestellt: Seiten 93-97-131-155-191-215-233-243-249-253-263-285-299-311-319-331-399-411-415-431-441-447-477-479-495-513-519-527-559-563-601-617-621-625-629-633-637-643-655-665-681-685-687-693-711-719-775-783-791-797-801-803-807-865-915-925-953-965-989-1003-1009-1011-1061-1063-1091-1101-1117-1119-1127-1163-1169-1171-1177-1195-1199
Mondo Heidelberg: Seiten 55-126-163-238-323-408-591-609-676-704-716-873-902-1096-1102-1219

Redaktion:
Jutta Eichelmann
Ulrike Klein-Debiasi

Umschlaggestaltung: www.ultrabold.com
Herstellung, Satz: Mondo Heidelberg
Druck: Belvedere Print & Packaging B.V., Niederlande

Anschrift des Verlages:
Mondo Heidelberg
Bachstraße 27
69121 Heidelberg
info@mondo-heidelberg.de

ISBN 9783938839294

mondo Heidelberg

Inhalt

www.eichelmann-deutscheweine.de

Vorwort

Wieder einmal einen langen Verkostungssommer überstanden, begonnen im März, am 1. Oktober dann die letzten Weine nochmals gegeneinander verkostet, abgewogen, ob der eine Riesling nun einen Punkt mehr verdient hat als der andere oder ob man beide doch gleich bewerten sollte.

Und wozu all die Mühe? Man weiß ja von vorneherein, dass sie nicht zufrieden sein werden, die Winzer, nicht zufrieden mit den Bewertungen ihrer Weine. Denn überall sonst erhalten sie bessere Bewertungen, „mehr Punkte" für ihre Weine. Bei anderen Medien, bei Bloggern, bei Weinhändlern. Da ist die Inflation in Deutschland seit Jahren sehr moderat, bei Weinbewertungen allerdings galoppiert sie. Jeder noch so banale Wein muss heute mindestens 90 Punkte erhalten und wird so als „hervorragend" gepriesen. Aber es wirbt sich ja gut mit diesen hohen Bewertungen, egal von wem diese stammen, der normale Verbraucher kennt den Lobpreisenden ohnehin nicht. Da ist es ja nur konsequent, was ich kürzlich im Wein-Prospekt eines Discounters sah: „93 Kritikerpunkte", stand da ganz groß, sonst nichts. Es bleibt ja wohl ohnehin nur die Punktzahl in Erinnerung, wer die Bewertung vergeben hat, das ist völlig egal.

Nur noch hervorragende Weine? Schön wäre es ja, dem ist aber nicht so, die Realität sieht anders aus. Wir vergeben weiterhin 90 und mehr Punkte nur für wirklich hervorragende Weine, und davon gibt es ja viele in Deutschland. Dass Weinhändler all ihre Weine als hervorragend rühmen, ist ja aus nahe liegenden Gründen verständlich, denn könnten sie Gegenteiliges tun? Nur dass Medien, die vorgeben Weinkritik zu veröffentlichen, ins gleiche Horn blasen, lässt doch an deren Ernsthaftigkeit zweifeln. Diesen Totengräbern des 100 Punkte-Systems zum Trotz, bleiben auch wir bei diesem System, und das nicht, weil ich es vor zwei Jahrzehnten in Deutschland eingeführt habe. Nein, weil der Leser eine schnelle Orientierung braucht im Dschungel der fast 11.000 Weine, die wir dieses Jahr wieder vorstellen. Wichtig sind die Erläuterungen. Und überhaupt: Wer trinkt denn am liebsten nur 90 oder 100 Punkte Weine? Die sehr guten Gutsweine sind es, die man trinken mag, und die findet man auch zuhauf in Deutschland, und das ist viel wichtiger als vermeintlich perfekte 100 Punkte-Weine.

Mein Dank gilt vor allem meiner Frau Jutta, ohne die ich dieses Buch noch nie hätte bewältigen können. Mein Dank gilt den Redakteuren dieser Ausgabe, ebenso allen, die kritisch mitverkostet haben; zu guter Letzt Frederic, der auch in diesem Jahr wieder sehr häufig mit gearbeitet hat und mir eine große Hilfe war.

Gerhard Eichelmann

Die Autoren

Gerhard Eichelmann ist mit Wein aufgewachsen, machte aber erst über den Umweg als Unternehmensberater den Wein zum Hauptberuf. Er gründete 1997 den Verlag Mondo Heidelberg, führte mit Mondo das international übliche 100 Punkte-System für Weinbewertungen in Deutschland ein. Im Jahr 2000 veröffentlichte er die erste Ausgabe dieses Buches über deutschen Wein, das sich als Standardwerk etabliert hat. Zu weiteren Buchveröffentlichungen zählen Titel über Baden und die Toskana, sowie acht Bücher über die Champagne.

Wolfgang Faßbender ist seit vielen Jahren freier Wein- und Gastronomiejournalist, schreibt für Medien wie die Weinwelt, das Sommelier-Magazin, Salz & Pfeffer oder die Schweizerische Weinzeitung. Er war stellvertretender Chefredakteur des Bertelsmann-Restaurantführers und hat zahlreiche regionale Gastroguides herausgegeben. Er lebt heute teilweise im Bergischen Land, teilweise in Zürich. Er verantwortet die Region Mosel. Zuletzt erschienen von ihm im Mondo-Verlag „Im Wein liegt Lüge“, „Elsass“ – und ganz aktuell: „Die Neue Mosel“.

Marco Lindauer würde, wäre der Wein nicht, auch heute noch mit der Kamera durch die Weltgeschichte reisen, um flüchtige Augenblicke auf Filme oder Datenträger zu bannen. Stattdessen hat er aber seiner langen und hemmungslosen Leidenschaft für den Rebensaft nachgegeben und arbeitet nun seit mehreren Jahren für einen bekannten deutschen Fachhändler. Würde man ihn fragen, welche drei Dinge er auf eine einsame Insel mitnähme, würde er sich auf das Wesentliche reduzieren: Drei Flaschen Riesling.

Thomas Veigel hat gute internationale Weine schon im Elternhaus kennengelernt, dazu kamen edelsüße Rieslinge von der Mosel, die ein Freund gelegentlich aus dem Weinkeller seines Vaters besorgte. Später entdeckte er die trockenen deutschen Weine, mit denen er sich seit mehr als 30 Jahren privat und beruflich als Wirtschaftsredakteur der Heidelberger Rhein-Neckar-Zeitung beschäftigt. Seit vielen Jahren verkostet er mit Gerhard Eichelmann, für dieses Buch waren es vor allem Weine aus Baden und von der Hessischen Bergstraße.

Jens Wagner ist als Pfälzer Winzersohn mit Wein aufgewachsen, hat aber zunächst einen Weg außerhalb der Weinberge angestrebt. Während seines Studiums der Politik und der Geschichte in Mannheim begann er sich mit dem Thema Wein auseinander zu setzen und über Wein und Gastronomie zu schreiben, unter anderem für das Rhein-Neckar-Stadtmagazin Meier, den Gastroführer Espresso, die Rheinpfalz und Mondo. Er ist verantwortlich für die Weine der Nahe und der Pfalz.

Andreas Durst, geboren in Wuppertal, spezialisierte sich nach Studium und Tätigkeit als freier Fotograf ab 2003 auf das Thema Wein. Er fotografiert für Publikationen im In- und Ausland, für Winzer, Agenturen und Organisationen. Seit dem Umzug in die Pfalz lebt er mit seiner Familie in Bockenheim und keltert dort nebenbei seit 2009 einige Flaschen Wein. Heute halten die ehemalige Waschküche, der Kuhstall, und die Scheune zur Erzeugung von etwa 5.000 Flaschen Wein im Jahr her.

Zum richtigen Gebrauch

Der Hauptteil „Deutsche Weingüter von A bis Z" führt die deutschen Weingüter in alphabetischer Reihenfolge aufgeführt. Links oberhalb des Namens ist die Region angegeben und der Ort, in dem das Weingut zu Hause ist. Einen Überblick über die Weingüter der einzelnen deutschen Weinbauregionen kann man sich im Kapitel "Die deutschen Weinregionen" verschaffen; ist man an Weingütern in bestimmten Städten oder Gemeinden interessiert, kann man diese im Ortsverzeichnis im Anhang des Buches finden.

1. Betriebsbewertung

Unter dem Namen, mit dem jeder Eintrag beginnt, finden Sie eine Qualitätseinstufung in Form von Sternen (neue Betriebe erhalten maximal 2 Sterne). Es bedeuten:

★★★★★	Weltklasse, internationale Spitzenerzeuger
★★★★	Hervorragende Erzeuger
★★★	Sehr gute Erzeuger
★★	Gute Erzeuger
★	Überdurchschnittliche, zuverlässige Erzeuger
☆	Ein weißer Stern hinter den schwarzen Sternen zeigt die Zwischenstufe zwischen zwei Kategorien an.

Grundlage der Beurteilung ist die Gesamtleistung des Erzeugerbetriebs in den letzten drei Jahren.

2. Erzeugerangaben

In der linken Spalte folgen weitere Angaben zum Erzeugerbetrieb wie Adresse, Telefon- und Faxnummer, ggf. E-Mail-Adresse und Webseite. Dazu der Name des Inhabers, ggf. Geschäftsführer und Mitgliederzahl einer Genossenschaft, Größe der Rebfläche in Hektar, durchschnittliche Jahresproduktion, sowie zusätzliche Informationen, die für einen Besucher von Interesse sind (Öffnungszeiten, Weinstube, Gästezimmer u. a.).
Darüber hinaus bedeuten die Symbole am Anfang der Spalte

zertifiziert biologisch arbeitendes Weingut (auch Betriebe in Umstellung)

(N) Erzeugerbetrieb ist neu im Buch

(W) Erzeugerbetrieb wurde wieder aufgenommen

3. Weine

Die Weine eines Erzeugers werden aufgeführt in der Reihenfolge:
Sekte – Weißweine (in der Abfolge trocken, halbtrocken, süß) – Rosés/Weißherbste – Rotweine

Die Vorstellung der einzelnen Weine folgt dem Schema

- Jahrgang und Rebsorte (oder „Name") des Weins
- Ausbauart (trocken, halbtrocken, „feinherb"), wenn auf dem Etikett genannt
- Prädikatsstufe (Kabinett, Spätlese, Auslese, Beerenauslese, Trockenbeerenauslese, Eiswein) oder weitere gesetzlich geregelte Bezeichnungen wie Classic, Selection, Erstes Gewächs
- eventuelle gesetzlich nicht geregelte Zusatzbezeichnungen (z.B. „GG", „Goldkapsel")
- Lage (Gewann-Namen sind in Anführungszeichen gesetzt)

Alle nicht gesetzlich geregelten Termini sind in Anführungszeichen gesetzt, z.B. „GG", „feinherb", aber: Erstes Gewächs, halbtrocken. Der Übersichtlichkeit zuliebe wird auf die Bezeichnung „Qualitätswein" oder „QbA" verzichtet. Ebenso wird bei roten Rebsorten auf den Zusatz „Rotwein" verzichtet. Hinweis: Bisweilen ist eine betriebsinterne Klassifikation in Form von Sternen Bestandteil eines Weinnamens. Diese Sterne haben nichts mit unserer Bewertung zu tun.

4. Weinbewertung

Die Weinbewertung erfolgt nach dem international üblichen 100-Punkte-System:

95 bis 100	großartig, Weltklasse
90 bis 94	hervorragend
85 bis 89	sehr gut
80 bis 84	gut
75 bis 79	durchschnittlich
70 bis 74	unterdurchschnittlich
60 bis 69	deutliche Mängel
50 bis 59	völlig ungenügend

Da wir Erzeuger mit unterdurchschnittlichen oder gar mangelhaften oder völlig ungenügenden Weinen nicht empfehlen, finden sich, mit ganz wenigen Ausnahmen, keine Weine im Buch, die weniger als 75 Punkte erhalten.
88+ Wein mit Entwicklungspotenzial
88+? Wein womöglich mit Entwicklungspotenzial
88* Unseres Erachtens hatte der Wein zum Zeitpunkt der Verkostung seinen Höhepunkt bereits überschritten
(88) Fass- oder Tankprobe, keine endgültige Bewertung

5. Preise

Die angegebenen Preise sind Endverbraucherpreise ab Weingut, so wie sie uns von den Betrieben übermittelt werden.
5,70 € ☺ Schnäppchen (Gesamtliste im Anhang)
ohne Preis uns wurde kein Preis mitgeteilt
Des Weiteren bedeuten: a.A.: auf Anfrage; Vst.: Versteigerungswein

Die Weingüter des Jahres 2018

DIE PREISTRÄGER 2018

Beste Weißweinkollektion
Weingut Kühling-Gillot

Beste Rotweinkollektion
Weingut Benedikt Baltes

Beste edelsüße Kollektion
Weingut Fritz Haag

Aufsteiger des Jahres
Weingut Matthias Gaul

Ehrenpreis für das Lebenswerk
Hermann Dörflinger

Klassiker
Ungeheuer Riesling „GG"
Weingut Georg Mosbacher

In bester Gesellschaft
Original SELTERS – empfohlen als idealer Weinbegleiter
Zu meiner „2011er Kreation Rot >S<", trocken, aus Lemberger, Merlot und Cabernet, empfehle ich Original SELTERS Naturell.
Christian Dautel
Weingut Dautel
Württemberg
Winzer
Auch auf den Geschmack kommen und mehr erfahren?
ORIGINAL SELTERS AUS SELTERS AN DER LAHN
Der Ursprung guten Geschmacks
Zu im Barrique ausgebauten, kraftvollen, körperreichen Rotweinen, mit teils charakteristischen Vanillinkomponenten und hohem Tanninanteil, empfiehlt sich Dank seiner eleganten Stille SELTERS NATURELL.
Als Ergebnis einer wissenschaftlichen Studie der Hochschule Geisenheim University, bei der europäische Premium-Mineralwässer getestet wurden, erhält Original SELTERS ein Zertifikat, das eine ideale Mineralisation und eine sehr gute Eignung beim Genuss von Wein bestätigt.
Weitere Informationen zu der Studie sowie zum erteilten Zertifikat finden Sie unter www.selters.de/selters-wein
Original SELTERS
Hochschule Geisenheim University

Beste Weißwein-kollektion

2017 | **Weingut Max Müller I** | Franken
2016 | **Weingut Ludwig Knoll** | Franken
2015 | **Weingut Beurer** | Württemberg
2014 | **Weingut Klaus Keller** | Rheinhessen
2013 | **Weingut Rainer Sauer** | Franken
2012 | **Weingut Hermann Dönnhoff** | Nahe
2011 | **Weingut Knipser** | Pfalz
2010 | **Weingut Wittmann** | Rheinhessen
2009 | **Weingut Zehnthof** | Franken
2008 | **Weingut Emrich-Schönleber** | Nahe
2007 | **Weingut Josef Leitz** | Rheingau
2006 | **Weingut Klaus Keller** | Rheinhessen
2005 | **Weingut Wittmann** | Rheinhessen
2004 | **Weingut Andreas Laible** | Baden
2003 | **Weingut Clüsserath-Weiler** | Mosel

eichelmann
2018

Weingut des Jahres

Beste Weißweinkollektion

Weingut Kühling-Gillot

Bodenheim

Heidelberg, im November 2017
Gerhard Eichelmann, Herausgeber

Beste Rotwein-kollektion

2017 | **Weingut Martin Waßmer** | Baden
2016 | **Weingut Konrad Schlör** | Baden
2015 | **Weingut Wachtstetter** | Württemberg
2014 | **Weingut Friedrich Becker** | Pfalz
2013 | **Weingut Dr. Heger** | Baden
2012 | **Weingut Meyer-Näkel** | Ahr
2011 | **Weingut Rudolf Fürst** | Franken
2010 | **Weingut Franz Keller** | Baden
2009 | **Weingut Jean Stodden** | Ahr
2008 | **Weingut Jürgen Ellwanger** | Württemberg
2007 | **Weingut Bernhard Huber** | Baden
2006 | **Weingut Seeger** | Baden
2005 | **Weingut Jacob Duijn** | Baden
2004 | **Weingut Knipser** | Pfalz
2003 | **Weingut Bercher** | Baden

eichelmann
2018

Weingut des Jahres

Beste Rotweinkollektion

Weingut Benedikt Baltes

Klingenberg

Heidelberg, im November 2017
Gerhard Eichelmann, Herausgeber

Beste edelsüße Kollektion

2017 | **Weingut Nik Weis** | Mosel
2016 | **Weingut Glaser-Himelstoß** | Franken
2015 | **Weingut Selbach-Oster** | Mosel
2014 | **Weingut Fritz Haag** | Mosel
2013 | **Weingut Schloss Lieser** | Mosel
2012 | **Weingut Markus Molitor** | Mosel
2011 | **Weingut Schäfer-Fröhlich** | Nahe
2010 | **Weingut Horst Sauer** | Franken
2009 | **Weingut Robert Weil** | Rheingau
2008 | **Weingut Clemens Busch** | Mosel
2007 | **Weingut Zilliken** | Mosel
2006 | **Weingut Markus Molitor** | Mosel
2005 | **Weingut Peter Jakob Kühn** | Rheingau
2004 | **Weingut Klaus Keller** | Rheinhessen
2003 | **Weingut Klaus Keller** | Rheinhessen

eichelmann
2018

Weingut des Jahres

Beste edelsüße Kollektion

Weingut Fritz Haag

Brauneberg

Heidelberg, im November 2017
Gerhard Eichelmann, Herausgeber

Aufsteiger des Jahres

2017 | **Weingut Carl Ehrhard** | Rheingau
2016 | **Weingut Bischel** | Rheinhessen
2015 | **Biologisches Weingut Höfflin** | Baden
2014 | **Weingut Klumpp** | Baden
2013 | **Weingut Landgraf** | Rheinhessen
2012 | **Weingut Joh. Bapt. Schäfer** | Nahe
2011 | **Weingut von Winning** | Pfalz
2010 | **Weingut Raumland** | Rheinhessen
2009 | **Weingut Kühling-Gillot** | Rheinhessen
2008 | **Weingut Melsheimer** | Mosel
2007 | **Weingut Wagner-Stempel** | Rheinhessen
2006 | **Weingut Philipp Kuhn** | Pfalz
2005 | **Weingut Sybille Kuntz** | Mosel
2004 | **Weingut Schnaitmann** | Württemberg
2003 | **Weingut Flick** | Rheingau

eichelmann
2018

Aufsteiger des Jahres

Weingut Matthias Gaul

Grünstadt-Asselheim

Gerhard Eichelmann

Heidelberg, im November 2017
Gerhard Eichelmann, Herausgeber

Ehrenpreis **Lebenswerk**

1973 hat Hermann Dörflinger den elterlichen Betrieb übernommen. Er hat von Anfang an auf durchgegorene Weine gesetzt, zu einer Zeit, als badischer Wein noch durch und durch süß war, der Restzucker wird auf dem Etikett vermerkt.

Die kompromisslos trockenen Weine von Hermann Dörflinger gehören Jahr für Jahr zu den besten in Baden. Bei ihm bereitet immer schon der einfachste Gutedel – die Rebsorte, der seine besondere Aufmerksamkeit gilt – viel Freude, ist glasklar und präzise wie alle anderen Weine im Sortiment auch.

eichelmann
2018

Ehrenpreis für das Lebenswerk

Hermann Dörflinger

Müllheim

Heidelberg, im November 2017
Gerhard Eichelmann, Herausgeber

Klassiker

2017 | Halenberg | Monzingen (Nahe)
2016 | Sonnenuhr | Zeltingen (Mosel)
2015 | Julius-Echter-Berg | Iphofen (Franken)
2014 | Doosberg | Oestrich (Rheingau)
2013 | Morstein | Westhofen (Rheinhessen)
2012 | Idig | Königsbach (Pfalz)
2011 | Feuerberg | Burkheim (Baden)
2010 | Berg Schlossberg | Rüdesheim (Rheingau)
2009 | Hermannshöhle | Niederhausen (Nahe)
2008 | Schlossberg | Achkarren (Baden)
2007 | Saumagen | Kallstadt (Pfalz)
2006 | Centgrafenberg | Bürgstadt (Franken)
2005 | Mandelberg | Kirrweiler (Pfalz)
2004 | Gräfenberg | Kiedrich (Rheingau)

eichelmann
2018

Klassiker

Ungeheuer

Riesling GG

Weingut Georg Mosbacher

Heidelberg, im November 2017
Gerhard Eichelmann, Herausgeber

Eicher

Die Mondo-Klassiker-Bibliothek

Marcel Reich-Ranicki hat seinen Kanon herausragender Werke der deutschen Literatur seit 2002 in fünf Teilen herausgebracht, seine „Klassiker-Bibliothek".
Da unser Schaffen in einer Rezension einmal mit dem von Reich-Ranicki verglichen wurde, liegt es also nahe, dass auch wir unseren Kanon großer deutscher Weine veröffentlichen, unsere „Mondo-Klassiker-Bibliothek".

Seit Jahren schon zeichnen wir jedes Jahr einen Wein als „Klassiker" aus, einen Wein, der zum einen Jahr für Jahr hohe Qualität bietet, zum anderen aber auch Jahr für Jahr ein klares Profil zeigt und als Klassiker, als Prototyp seiner Rebsorte und Region gelten kann.

Solche Klassiker zeichnen sich darüber hinaus durch ihre Langlebigkeit aus, was sie am besten in Vertikalverkostungen unter Beweis stellen können.
Solche Klassiker sind für uns „große Weine", und die Weinberge, in denen sie wachsen, folglich große Lagen.
Punkt.

Berg Schlossberg

Riesling

Weingut Georg Breuer

Region: Rheingau | Gemeinde: Rüdesheim

Der Berg Schlossberg ist ein nach Süden ausgerichteter Steilhang mit Böden aus Quarzit und rotem Schiefer. Er hat seinen Namen von der Burg Ehrenfels, die Anfang des 13. Jahrhunderts von den Mainzer Erzbischöfen als Schutz- und Zollburg errichtet wurde und inmitten der Weinberge des Schlossbergs liegt. Schlossberg-Rieslinge sind rassig, kraftvoll und mineralisch, enorm nachhaltig und langlebig.

Centgrafenberg

Spätburgunder „GG"

Weingut Rudolf Fürst

Region: Franken | Gemeinde: Bürgstadt

Der Centgrafenberg in Bürgstadt ist ein in 160 bis 250 Meter Höhe gelegener Südhang mit einer Steigung von 10 bis 40 Prozent, teilweise terrassiert. Der Boden besteht aus verwittertem Buntsandstein mit teilweise tonigem Grund und unterschiedlicher Lössauflage. Seit Jahrhunderten werden hier rote Burgunder angebaut, heute aber setzt Paul Fürst Maßstäbe für Früh- und Spätburgunder, nicht nur für Franken, sondern für Deutschland.

Doosberg

Riesling trocken

Weingut Peter Jakob Kühn

Region: Rheingau | Gemeinde: Oestrich

Der Doosberg, eine nach Süden und Westen geneigte Kuppe am östlichen Ortsrand von Oestrich, ist eine windexponierte Lage, der lehmige Boden ist durchsetzt mit Kieseln und großen Bruchstücken aus grauem Quarzit. Der Riesling von Peter Jakob Kühn stammt von einem Weinberg mit alten Reben fast am höchsten Punkt des „Doosberg Köpfchens", biodynamisch bewirtschaftet; der Wein wird spontanvergoren, spät abgefüllt, ist komplex, druckvoll, sehr eigenständig.

Doosberg

Riesling „Milestone"

Weingut Querbach

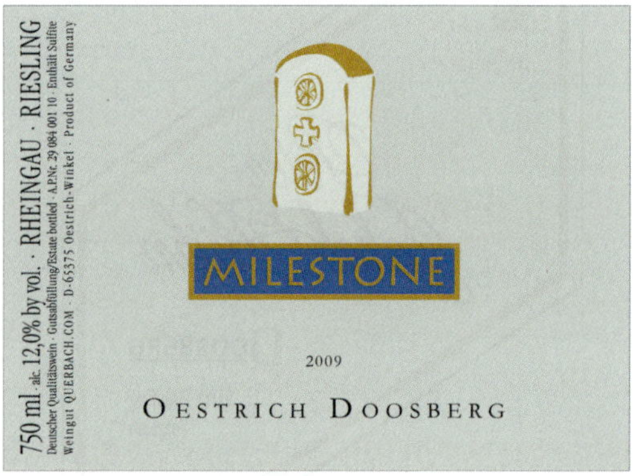

Region: Rheingau | Gemeinde: Oestrich

Meilenstein nennt Peter Querbach seinen Wein aus dem Doosberg neuerdings, den Spitzenwein des Betriebes. Kurze Maischestandzeit, Spontangärung, langes Hefelager in Edelstahltanks, späte Abfüllung, all das kennzeichnet die Querbachschen Weine. Der Doosberg kann nicht nur hervorragend reifen, wie er in Vertikalverkostungen eindrucksvoll unter Beweis stellt, er braucht auch einige Zeit, um zu zeigen, was in ihm steckt.

Feuerberg

Weißburgunder „GG"

Weingut Bercher

Region: Baden | Gemeinde: Burkheim

Der Feuerberg in Burkheim liegt in 230 bis 240 Meter Höhe am Kaiserstuhl. Der Boden besteht aus Vulkanverwitterungsgestein mit Lössauflagen, aufgrund dieses vulkanischen Ursprungs erhielt er seinen Namen Feuerberg. Burgunder jeder Couleur fühlen sich hier wohl, wie man an den Weinen von Arne und Martin Bercher erkennen kann, Jahr für Jahr faszinieren die Spätburgunder, die Grauburgunder und die wunderschön eleganten Weißburgunder vom Feuerberg.

Gräfenberg

Riesling trocken „GG"

Weingut Robert Weil

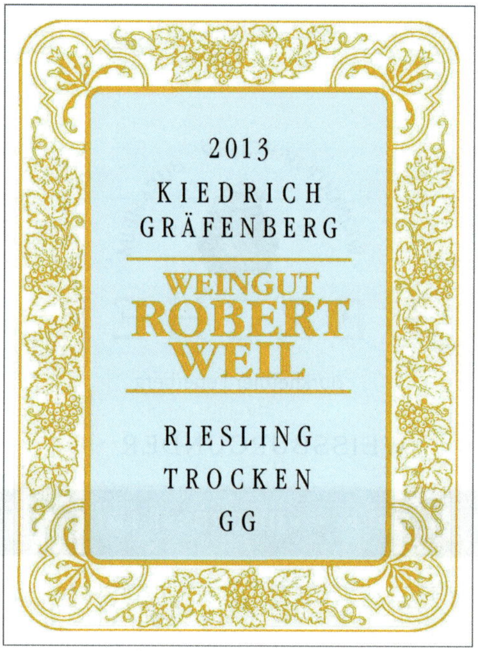

Region: Rheingau | Gemeinde: Kiedrich

Im 12. Jahrhundert als Berg des Rheingrafen bezeichnet, findet sich erstmals 1258 die Bezeichnung Grevenberg urkundlich belegt. Bis 1803 gehörte der Gräfenberg größtenteils dem Kloster Eberbach, heute ist das Weingut Robert Weil größter Besitzer. Der Boden ist mittel- bis tiefgründig und mit Lösslehm durchsetzt, Phyllite bilden den hohen Gesteinsanteil. Riesling hat hier eine Heimat gefunden, erbringt Spitzen als trockenes Erstes Gewächs, aber auch in edelsüßer Form.

Halenberg

Riesling „GG"

Weingut Emrich-Schönleber

Region: Nahe | Gemeinde: Monzingen

Der Halenberg ist ein steiler Süd-Südwest-Hang, dessen steiniger Boden von blauem Schiefer und Quarzit geprägt ist, der größte Teil der Lage gehört Werner und Frank Schönleber. Der Halenberg erbringt faszinierende Rieslinge, die salzig-mineralische Noten aufweisen, puristisch, druckvoll und enorm nachhaltig sind – und die hervorragend reifen, wie das Große Gewächs regelmäßig in Zehn-Jahres-Verkostungen bewiesen hat.

Hermannshöhle

Riesling Spätlese

Weingut Hermann Dönnhoff

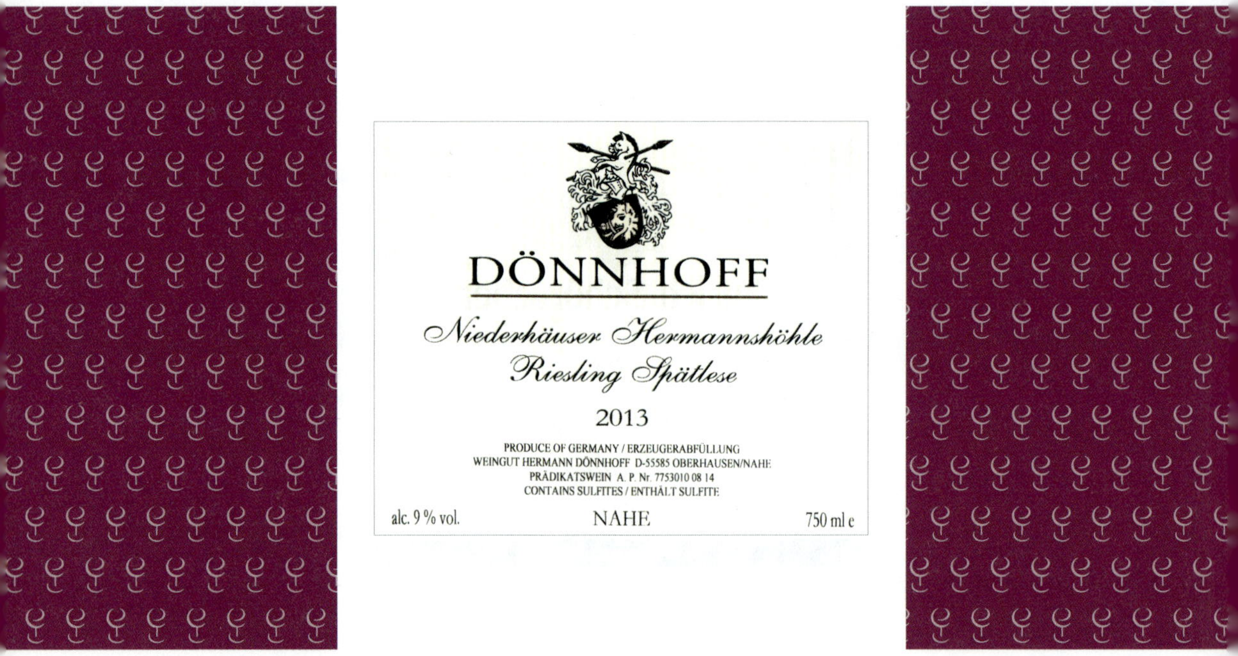

Region: Nahe | Gemeinde: Niederhausen

Die Böden der auch optisch markanten Lage – ein in einer Höhe von 130 bis 175 Meter nach Süd bis Südwest ausgerichteter kegelförmiger Hügel in einer Biegung der Nahe direkt gegenüber Oberhausen – bestehen aus Grauschieferverwitterung, durchsetzt mit vulkanischem Eruptivgestein, Porphyr, Kalkstein und steinig-grusigen Lehmen. Helmut Dönnhoff erzeugt hier eine Jahr für Jahr faszinierende Spätlese – und ein ebenso faszinierendes trockenes Großes Gewächs.

Idig

Riesling „GG"

Weingut Christmann

Region: Pfalz | Gemeinde: Königsbach

In einer Urkunde aus dem Jahr 1346 wird erstmals ein „Weingarten im Idischen" in Königsbach erwähnt. Heute umfasst die Lage Königsbacher Idig 7 Hektar, eine 4 Hektar große arrondierte Fläche gehört Steffen Christmann, der seinen Weinberg biodynamisch bewirtschaftet. Der Idig ist ein relativ steiler Südhang, die Kessellage zusammen mit dem Boden aus tertiärem Kalkmergel ergibt kraftvolle, komplexe Rieslinge mit Wiedererkennungswert.

Julius-Echter-Berg

Silvaner „GG"

Weingut Hans Wirsching

Region: Franken | Gemeinde: Iphofen

Iphofen liegt am Fuße des Schwanbergs, einer der höchsten Erhebungen des Steigerwalds. Wie meist im Steigerwald, herrschen hier Keuperböden vor, so auch in der berühmtesten Iphöfer Lage, dem Julius-Echter-Berg, einer steilen Südlage, benannt nach Fürstbischof Julius Echter von Mespelbrunn. Das Weingut Hans Wirsching erzeugt hier Silvaner – und Riesling – von großer Klasse und erstaunlicher Langlebigkeit.

Mandelberg

Weißburgunder „GG"

Weingut Bergdolt

Region: Pfalz | Gemeinde: Kirrweiler

Als Riedel bezeichnet man die in Ost-West-Richtung verlaufenden Höhenzüge, die die pfälzische Rheinebene prägen. Der Kirrweiler Mandelberg liegt an der Südseite eines solchen Riedels. Der extrem kalkhaltige Boden mit Lössablagerung bietet beste Voraussetzungen für große Burgunder – die Weißburgunder des Weinguts Bergdolt St. Lamprecht zeigen dies Jahr für Jahr, am brillantesten das Große Gewächs.

Morstein

Riesling „GG"

Weingut Wittmann

Region: Rheinhessen | Gemeinde: Westhofen

Der Morstein, urkundlich erstmals 1282 erwähnt, besteht im Untergrund aus massivem Kalkfelsen, die obere Schicht besteht meist aus schwerem Tonmergel mit Kalksteineinlagen. 5 Hektar besitzen Günter und Philipp Wittmann im südöstlich geneigten Teilstück des Morstein. Bereits Mitte der Achtziger Jahre begann Günter Wittmann mit der Umstellung auf biologischen Weinbau, heute werden alle Weinberge biodynamisch bewirtschaftet.

Saumagen

Riesling Auslese trocken

Weingut Koehler-Ruprecht

Region: Pfalz | Gemeinde: Kallstadt

Der Saumagen ist unter diesem Namen schon seit über 200 Jahren bekannt, woher der Name rührt ist umstritten; im deutschen Weingesetz 1971 wurde er als (wenn auch kleine) Großlage definiert. Es ist ein nach Süd-Südost ausgerichteter Hang mit bis zu 25 Prozent Steigung. Der Boden besteht vor allem aus Lösslehm und Kalkmergel. Die trockenen Rieslinge aus dem Saumagen sind präzise, mineralisch und nachhaltig – und enorm langlebig.

Schlossberg

Grauer Burgunder***

Weingut Michel

Region: Baden | Gemeinde: Achkarren

Der steile Süd-Südwesthang über dem Ort Achkarren ist nach einem im 13. Jahrhundert errichteten Schloss benannt. Der sehr steinhaltige Boden besteht aus Vulkanverwitterungsgestein mit hoher Wärmespeicherfähigkeit, schafft zusammen mit der Kessellage ein einzigartiges Mikroklima, das feurige, lebhafte Weine hervorbringt wie die immer faszinierend reintönigen Grauburgunder von Josef Michel.

Sonnenuhr

Riesling Auslese***

Weingut Markus Molitor

Region: Mosel | Gemeinde: Zeltingen

Die Zeltinger Sonnenuhr ist die größte aller Sonnenuhren in deutschen Weinbergen, 1620 bereits wurde sie errichtet. Sie gab der Lage den Namen: Direkt an der Mosel gelegen, Süd-Südwest-exponiert, mit sehr steinigem aber überwiegend leichtem, blauen Devonschieferboden. Riesling, was sonst, alte, oft wurzelechte Reben, teils in Terrassen, ergeben Spitzenweine sowohl trocken als auch feinherb und edelsüß, Weine von faszinierender Langlebigkeit.

Ungeheuer

Riesling „GG"

Weingut Georg Mosbacher

Region: Pfalz | Gemeinde: Forst

Einen schöneren Lagennamen findet man schwerlich: Ungeheuer. Auch wenn er „nur" auf einen Amtsschreiber gleichen Namens im benachbarten Deidesheim zurückzuführen sein soll. Das Ungeheuer ist eine relativ homogene und relativ große Spitzenlage, am Fuße des Haardtgebirges gelegen, die Weine von sehr guter Haltbarkeit hervorbringt. Der Boden besteht aus Buntsandsteinverwitterung mit dichteren Ton- und Sandschichten, und ist durchmischt mit Kalksandsteingeröll und Basalt.

Die deutschen Weinanbaugebiete

Germany's wine-growing regions

Herausgeber
Deutsches Weininstitut GmbH
Gutenbergplatz 3 – 5
55116 Mainz
www.deutscheweine.de
info@deutscheweine.de

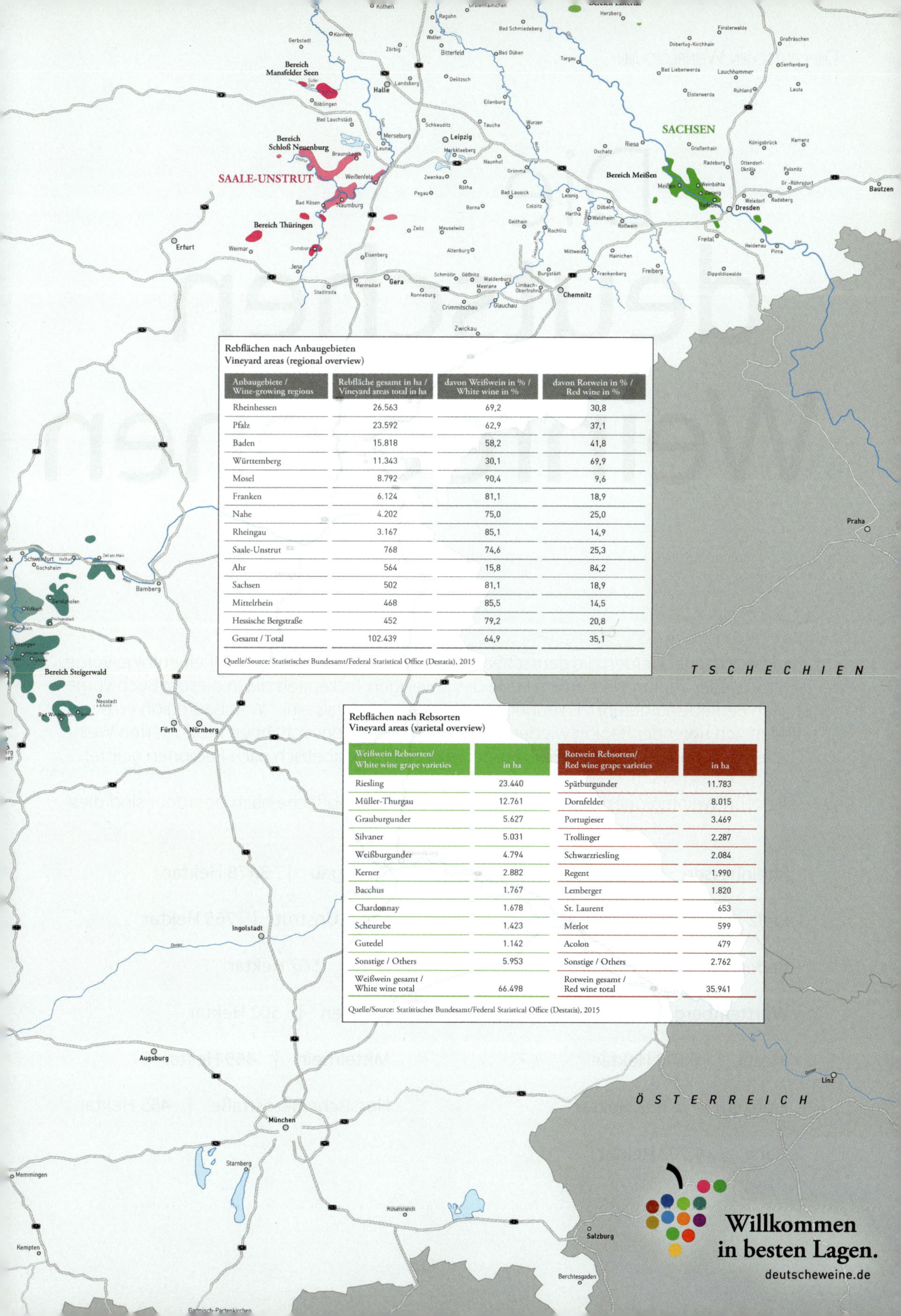

Rebflächen nach Anbaugebieten
Vineyard areas (regional overview)

Anbaugebiete / Wine-growing regions	Rebfläche gesamt in ha / Vineyard areas total in ha	davon Weißwein in % / White wine in %	davon Rotwein in % / Red wine in %
Rheinhessen	26.563	69,2	30,8
Pfalz	23.592	62,9	37,1
Baden	15.818	58,2	41,8
Württemberg	11.343	30,1	69,9
Mosel	8.792	90,4	9,6
Franken	6.124	81,1	18,9
Nahe	4.202	75,0	25,0
Rheingau	3.167	85,1	14,9
Saale-Unstrut	768	74,6	25,3
Ahr	564	15,8	84,2
Sachsen	502	81,1	18,9
Mittelrhein	468	85,5	14,5
Hessische Bergstraße	452	79,2	20,8
Gesamt / Total	102.439	64,9	35,1

Quelle/Source: Statistisches Bundesamt/Federal Statistical Office (Destatis), 2015

Rebflächen nach Rebsorten
Vineyard areas (varietal overview)

Weißwein Rebsorten/ White wine grape varieties	in ha	Rotwein Rebsorten/ Red wine grape varieties	in ha
Riesling	23.440	Spätburgunder	11.783
Müller-Thurgau	12.761	Dornfelder	8.015
Grauburgunder	5.627	Portugieser	3.469
Silvaner	5.031	Trollinger	2.287
Weißburgunder	4.794	Schwarzriesling	2.084
Kerner	2.882	Regent	1.990
Bacchus	1.767	Lemberger	1.820
Chardonnay	1.678	St. Laurent	653
Scheurebe	1.423	Merlot	599
Gutedel	1.142	Acolon	479
Sonstige / Others	5.953	Sonstige / Others	2.762
Weißwein gesamt / White wine total	66.498	Rotwein gesamt / Red wine total	35.941

Quelle/Source: Statistisches Bundesamt/Federal Statistical Office (Destatis), 2015

Willkommen in besten Lagen.
deutscheweine.de

Die deutschen Weinregionen

In diesem Kapitel werden die deutschen Weinregionen in alphabetischer Reihenfolge vorgestellt. Zu jeder Region werden am Ende des jeweiligen Teilkapitels die in diesem Buch vorgestellten Betriebe aufgeführt. Erzeuger, die Weine aus mehr als einer Weinbauregion erzeugen, finden sich unter der Region wieder, aus der die meisten der von ihnen produzierten Weine stammen. Im Anhang sind die Erzeuger nochmals alphabetisch nach Regionen gelistet.

Dreizehn Weinregionen gibt es in Deutschland, ihrer Rebfläche nach geordnet sind dies:

Rheinhessen | 26.578 Hektar

Pfalz | 23.613 Hektar

Baden | 15.800 Hektar

Württemberg | 11.481 Hektar

Mosel | 8.812 Hektar

Franken | 6.087 Hektar

Nahe | 4.202 Hektar

Rheingau | 3.178 Hektar

Saale-Unstrut | 765 Hektar

Ahr | 562 Hektar

Sachsen | 502 Hektar

Mittelrhein | 469 Hektar

Hessische Bergstraße | 455 Hektar

Ahr

Das Lagenbewusstein war schon immer sehr hoch an der Ahr, kein Wunder, es ist ein kleines, überschaubares Gebiet. Die Winzer investieren noch mehr in die bekannten, großen Lagen, man wird in den nächsten Jahren noch von anderen großen Lagen hören, vom Laacherberg bis hin zu weiteren Neuenahrer Lagen, es gibt noch Filetstücke mit reichlich Potenzial. Die Ahr macht Freude, hat ihren Weg gefunden. Die Konzentration auf Spätburgunder war wichtig und richtig, auch wenn heute die Nachfrage nach Weißweinen wieder steigt. Die besten Betriebe sind nach wie vor dabei sich stilistisch weiterzuentwickeln, hin zu mehr Frische, zu Finesse und Eleganz, weg von Überreife und hohem Alkohol. Die beiden Jahrgänge 2015 und 2016 kommen da gerade recht, die Frucht tritt in diesen Weinen wunderschön zu Tage. Meyer-Näkel hat wieder eine großartige Kollektion, auch Stodden ist stark, Burggarten, Deutzerhof, Kreuzberg, Adeneuer setzt nun ebenfalls mehr auf Frische, die gleiche Entwicklung stellen wir bei Brogsitter fest. Auch die „Jungen" sind stark, Julia Bertram, Sermann-Kreuzberg und das Weingut Erwin Riske.

DIE BESTEN ERZEUGER

WELTKLASSE

★★★★★

Weingut **Meyer-Näkel**
Weingut Jean **Stodden**

HERVORRAGENDE ERZEUGER

★★★★

Weingut **Adeneuer** ↑
Weingut **Burggarten**
Weingut **Deutzerhof**
Weingut **Kreuzberg**

SEHR GUTE ERZEUGER

★★★

Weingut Julia **Bertram** ↑
Weingut Paul **Schumacher** ↑
Weingut **Sermann-Kreuzberg**

★★☆

Brogsitter Weinguter und Privat-Sektkellerei ↑

GUTE ERZEUGER

★★

Weingut **Nelles**
Weingut Erwin **Riske** (N)
Weingut **Sonnenberg**

★☆

Weingut **Maibachfarm**
Winzergenossenschaft **Mayschoß-Altenahr**

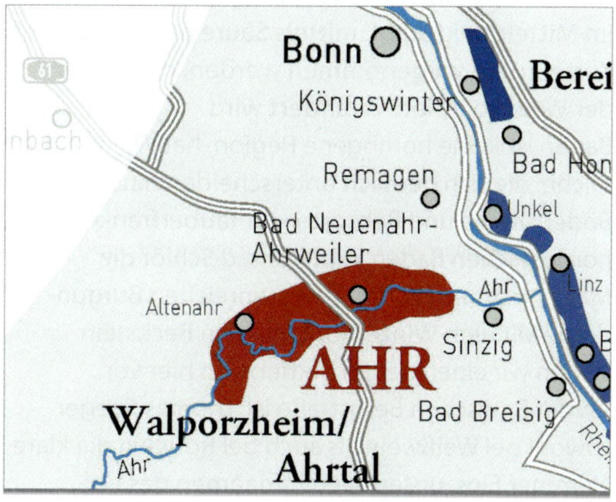

Baden

Wie schon im Vorjahr ist die Varianz groß in Baden, nur anders als letztes Jahr – mit dem Schwerpunkt-Jahrgang 2015 – sind die Alkoholwerte insgesamt deutlich moderater, konnte doch nicht ganz so lange mit der Ernte gewartet werden. Aber das ist gut so, alkohollastige Weine von überreifen Trauben sind nicht das, was der Verbraucher erwartet.

Beim Spätburgunder wurden dieses Jahr schwerpunktmäßig Weine des Jahrgangs 2015 präsentiert, und in der Spitze gibt es wie schon in den Vorjahren viele sehr gute Spätburgunder. Die Spitzenerzeuger haben erkannt, dass Spätburgunder alles andere als exzessive Reife und hohe Alkoholwerte braucht, der Trend hin zu frischeren Weinen setzt sich selbst in einem warmen Jahrgang wie 2015 fort. Schon im vergangenen Jahr stellten wir einen Trend hin zu mehr Säure beim Spätburgunder fest, dieser Trend hat sich verstärkt, immer mehr Betriebe scheinen die Möglichkeit zur Aufsäuerung zu nutzen – nicht nur beim Rotwein, auch bei vielen weißen Sorten – um Weine à la Burgund zu erzeugen. Und verkennen manchmal, dass in Burgund das Terroir im Mittelpunkt steht, mittels Säure nur kleine Korrekturen vorgenommen werden, nicht aber der Wein komplett verändert wird.

Baden ist keine homogene Region, hat Weinbaubereiche, die sich deutlich unterscheiden hinsichtlich Böden, Klima und Rebsorten. In Tauberfranken, im nordöstlichen Baden, gibt Konrad Schlör die Marschrichtung vor mit finessenreichen Burgundern. Mit dem Winzerhof Strebel in Beckstein stellen wir einen neuen Betrieb von hier vor.

An der Badischen Bergstraße ist Thomas Seeger sowohl bei Weißwein als auch bei Rotwein die klare Nummer Eins, unsere Neuaufnahmen des vergangenen Jahres haben sich sehr gut behauptet. Im südlich anschließenden Kraichgau gab es einen Wechsel bei einem der Spitzenbetriebe: Bernd Hummel hat sein Weingut an den jungen Daniel Rhein übergeben. Die Klumpps sind stark, Burg Ravensburg, Heitlinger schließt auf, die große Überraschung ist das Weingut Plag in Kürnbach, das nach einer deutlichen Steigerung im vergangenen Jahr erneut einen gewaltigen Schritt nach vorne gemacht hat, und mit dem jungen Adrian Zimmer aus Odenheim stellen wir einen interessanten Newcomer vor.

In der Ortenau ist Andreas Laible Spitze, dahinter haben sich eine Reihe von Weingütern wie Schloss Neuweier, Alexander Laible oder der Senkrechtstarter der letzten Jahre, Sven Nieger, konsolidiert.

Etwas mehr Dynamik stellen wir im Breisgau fest. An der Spitze stehen das Weingut Huber in Malterdingen, von Ehefrau Barbara und Sohn Julian in Bernhard Hubers Sinne weitergeführt, und das Weingut Wöhrle in Lahr. Dahinter stellen wir Fortschritte fest bei Weingütern wie Frey oder Moosmann, auch Fritz Waßmer, dessen Weinberge größtenteils im Breisgau liegen, gibt weiter Gas, mit dem Gallushof stellen wir einen neuen Betrieb vor.

Am Kaiserstuhl ist die Dichte an Spitzenbetrieben unverändert hoch, Keller, Heger oder Michel haben auch 2015 Spitzen-Spätburgunder auf die Flasche gebracht, und natürlich auch weiße Burgunder, das gilt auch für Bercher, Köbelin hat in der Spitze weiter zugelegt, die Rinkers in Endingen ebenso, Höfflin pflegt seinen eigenen Stil. Dazu stellen wir eine Reihe von neuen Betrieben vor, das Weingut Kublin in Endingen, Schweizer in Ihringen, Bettina Schumann mit ihrem Weinhaus in Bahlingen und eine starke, überzeugende Genossenschaft, die von Bischoffingen-Endingen.

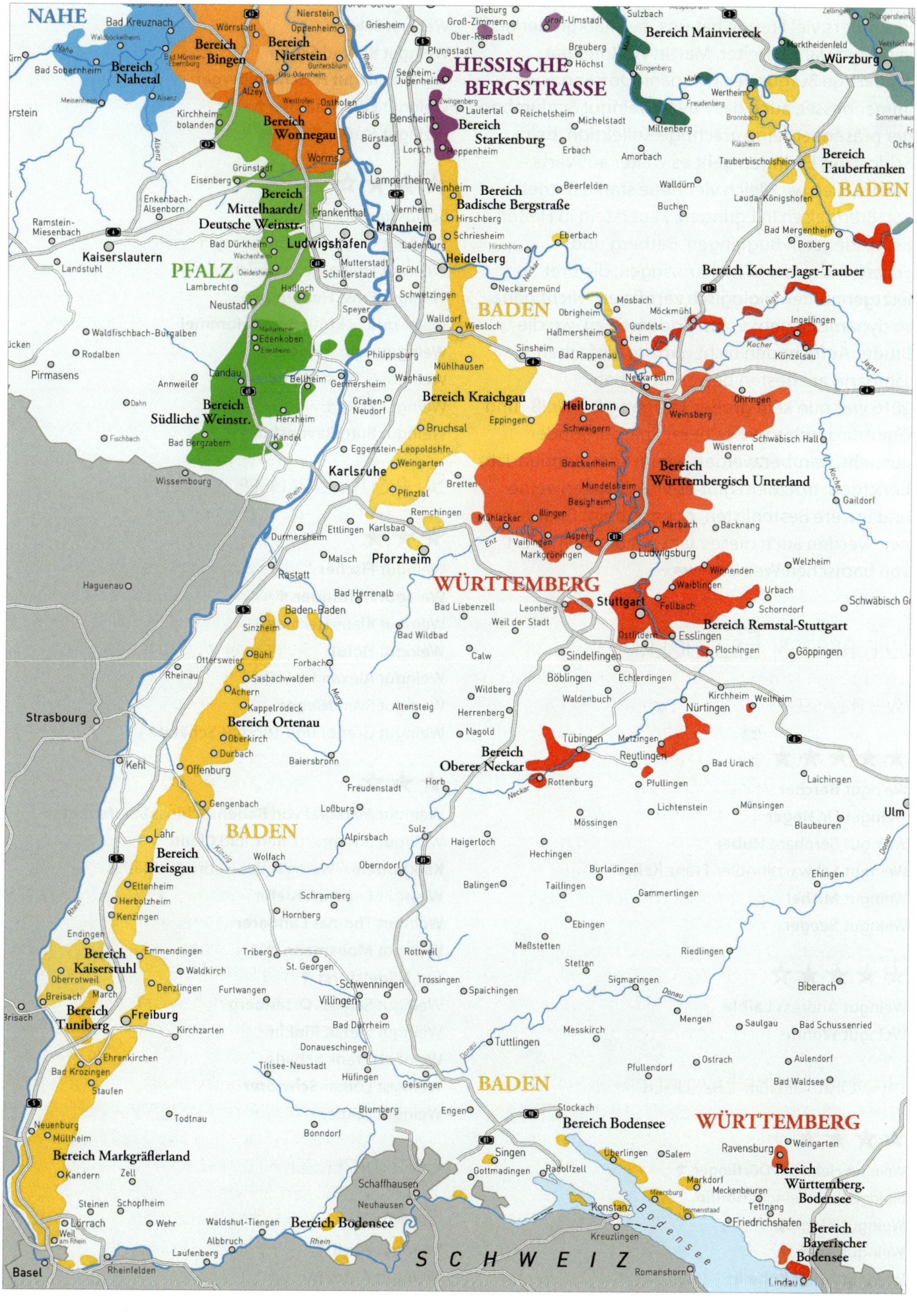
NAHE
Bereich Nahetal
Bereich Bingen
Bereich Nierstein
Bereich Wonnegau
HESSISCHE BERGSTRASSE
Bereich Starkenburg
Bereich Mainviereck
Bereich Tauberfranken
BADEN
Bereich Mittelhaardt/ Deutsche Weinstr.
PFALZ
Bereich Badische Bergstraße
Bereich Kocher-Jagst-Tauber
Bereich Südliche Weinstr.
Bereich Kraichgau
Bereich Württembergisch Unterland
WÜRTTEMBERG
Bereich Remstal-Stuttgart
Bereich Ortenau
Bereich Oberer Neckar
Bereich Breisgau
Bereich Kaiserstuhl
Bereich Tuniberg
Bereich Markgräflerland
Bereich Bodensee
Bereich Württemberg. Bodensee
Bereich Bayerischer Bodensee
SCHWEIZ
Bad Kreuznach
Worms
Mannheim
Ludwigshafen
Kaiserslautern
Heidelberg
Würzburg
Heilbronn
Karlsruhe
Pforzheim
Stuttgart
Baden-Baden
Strasbourg
Offenburg
Freiburg
Ulm
Basel
Konstanz
Bodensee
Lindau
Ravensburg
Friedrichshafen
Schaffhausen
Rhein
Neckar
Donau

Besonders viel Freude hat uns das Markgräflerland in diesem Jahr bereitet. Martin Waßmer hat großartige Burgunder, Hermann Dörflinger wird immer besser, auch das Privat-Weingut Schlumberger präsentiert eine prächtige Kollektion, beim Schlossgut Ebringen geht es weiter aufwärts – dazu stellen wir gleich vier neue starke Betriebe vor: Brenneisen in Egringen, Feuerstein in Heitersheim, Rieger in Buggingen-Betberg und Scherer&Zimmer in Bad Krozingen, die drei letztgenannten biologisch zertifiziert. Nicht ganz so dynamisch geht es am Bodensee zu, wo die Brüder Aufricht den nicht ganz so einfachen Jahrgang am besten bewältigt haben.
2016 war nun kein großer Jahrgang für Weiß- und Grauburgunder, wie es beim Spätburgunder aussieht, darüber werden wir im kommenden Jahr berichten; trotzdem gibt es viele Spitzenweine und unsere Bestenlisten, ebenso beim Chardonnay, werden auch dieses Jahr wieder dominiert von badischen Weinen.

Die besten Erzeuger

Weltklasse

★★★★★

Weingut **Bercher**
Weingut Dr. **Heger**
Weingut Bernhard **Huber**
Weingut Schwarzer Adler. Franz **Keller**
Weingut **Michel**
Weingut **Seeger**

★★★★☆

Weingut Andreas **Laible**
Weingut **Wöhrle**

Hervorragende Erzeuger

★★★★

Weingut Hermann **Dörflinger** ↑
Biologisches Weingut **Höfflin**
Weingut **Klumpp**
Weingut **Knab** ↑
Weingut Arndt **Köbelin**
Weingut **Salwey**
Weingut Konrad **Schlör**
Privat-Weingut H. **Schlumberger**
Weingut Fritz **Waßmer** ↑
Weingut Martin **Waßmer**

★★★☆

Schlossgut **Ebringen** ↑
Weingut Otto und Martin **Frey** ↑
Weingut Freiherr von **Gleichenstein**
Weingut Ernst **Heinemann**
Wein- und Sektgut Bernd **Hummel**
Weingut Holger **Koch**
Weingut Schloss **Neuweier**
Weingut **Plag** ↑
Weingut Burg **Ravensburg**

Sehr gute Erzeuger

★★★

Weingut **Fischer**
Weingut **Heitlinger** ↑
Weingut Klaus **Hermann**
Weingut **Holub**
Weingut Alexander **Laible**
Weingut Sven **Nieger**
Weingut Gregor und Thomas **Schätzle**

★★☆

Weingut Markgraf von **Baden**, Schloss Staufenberg
Weingut Susanne u. Berthold **Clauß**
Kalkbödele – Weingut der Gebrüder Mathis
Weingut Friedrich **Kiefer**
Weingut Thomas **Landerer**
Weingut **Moosmann** ↑
Gut **Nägelsförst** ↑
Weingut Schloss **Ortenberg**
Weingut Stefan **Rinklin**
Weinbau Frank **Schiele**
Weingut Lothar **Schwörer**
Weingut **Stigler**

Gute Erzeuger

★★

Weingut **Abril** ↑
Weingut **Aufricht**

Weingut Markgraf von **Baden**, Schloss Salem
Weingut **Bielig**
Weingut **Blankenhorn** ↑
Weingut Rudolf **Bosch**
Weingut **danner**
Weingut Schloss **Eberstein**
Weingut **Engler** ↑
Weinfamilie **Fendt**
Staatsweingut **Freiburg**
Weingut **Frick**
Weingut Simon **Huber**
Weingut Kilian & Martina **Hunn**
Weingut **Jägle**
Weingut Philipp **Lang**
Weingut Hubert **Lay** ↑
Weingut **Oesterlein**
Weingut **Rosenhof**
Weingut **St. Remigius**
Weingut Rainer **Schlumberger**
Weinhaus Bettina **Schumann** Ⓝ
Weingut Josef J. **Simon**
Weingut **Weber**
Weingut **Weishaar** ↑
Weingut Michael **Wiesler**
Weingut Hans **Winter**
Weingut R. **Zimmerlin**
Weingut Julius **Zotz**

★☆

Weingut **Bimmerle** ↑
Winzergenossenschaft **Bischoffingen-Endingen** Ⓝ
Weingut **Bös**
Weingut **Brenneisen** Ⓝ
Durbacher Winzergenossenschaft ↑
Weingut **Engelhof**
Weingut Armin **Göring**
Weingut **GravinO**
Wein- und Sektgut **Harteneck**
Weingut **Hauser-Bühler**
Weingut **Hiss**
Weingut **Huck-Wagner**
Weingut Lorenz & Corina **Keller** ↑
Weingut **Königsrain** ↑
Seegut **Kress**
Weingut **Landmann**
Weingut Peter **Landmann** ↑
Weingut **Löffler**
Weingut **Nägele**
Weingut **Rieger** Ⓝ
Weingut **Röschard**
Weingut Leopold **Schätzle**
Weingut **Scherer&Zimmer** Ⓝ
Weingut - Weinhaus **Schwörer**
Weingut **Sonnenhof**
Weingut Ralf **Trautwein** ↑
Villa Heynburg ↑
Weingut **Zähringer**
Weingut **Zimmermann**

Zuverlässige Erzeuger

★

Weingut **Albert**
Winzergenossenschaft **Auggen**
Weingut **Englert**
Weingut **Feuerstein** Ⓝ
Stiftungsweingut **Freiburg**
Weingut **Gallushof** Ⓝ
Weinmanufaktur **Gengenbach-Offenburg**
Weingut **Gmelin**
Winzerkeller **Hex vom Dasenstein**
Weingut Ludwig **Honold**
Weingut **Ihle**
Weingut **Jäck**
Weingut **Kiefer-Seufert**
Weingut **Klenert**
Weingut **Kublin** Ⓝ
Weingut Andreas **Männle**
Weingut Heinrich **Männle**
Weingut **Maier**
Weingut Ludwig **Mißbach**
Winzergenossenschaft **Oberbergen**
Winzergenossenschaft **Rammersweier**
Weingut **Rüdiger**
Weingut Dr. **Schneider**
Weingut **Schneider-Pfefferle**
Weingut **Schweizer** Ⓝ
Winzerhof **Strebel** Ⓝ
Weingut Adrian **Zimmer** Ⓝ

Franken

Die etwas kühleren Jahrgänge tun Franken gut. Eine solche Aussage wäre vor zwei Jahrzehnten noch undenkbar gewesen. Die Trauben werden heute auch in den etwas kühleren Jahrgängen reif, und da die Niederschlagsmengen in Franken recht niedrig sind, ist der Botrytisdruck nicht ganz so hoch wie in manchen anderen deutschen Anbaugebieten.
Fangen wir diese Jahr mal nicht mit Silvaner an, denn auch wenn sich Franken wieder zunehmend über Silvaner definiert, so gibt es doch auch faszinierende Weine in Franken, die ihre Größe nicht dem Silvaner verdanken. Chardonnay hat uns in diesem Jahr überrascht, standen doch gleich zwei fränkische Chardonnay ganz oben in unserem Finale, die Weine vom Bürgerspital und von Paul Fürst.
Nun spielt Chardonnay mengenmäßig so gar keine Rolle in Franken, die rote Paradesorte aus Burgund, der Spätburgunder, aber schon. Dank Paul Fürst weiß man schon lange, wie gut Pinot Noir vom Untermain ist, und Benedikt Baltes – bisher unter dem Namen Weingut der Stadt Klingenberg bekannt – tut es ihm gleich, erzeugt faszinierend frische, reintönige Spätburgunder. Und weitere Betriebe am Untermain legen zu, Alte Grafschaft, Klaus Giegerich, Hench, Hofmann-Herkert oder Walter, um nur wenige zu nennen.
Was nun nicht heißt, dass es sonst in Franken keinen guten Spätburgunder gäbe. Im Gegenteil, die Luckerts vom Zehnthof in Sulzfeld sind stark wie nie (ebenso mit ihrem Grand Noir, mit ihrer ganzen Kollektion), und auch andere Weingüter wie Klaus Höfling, das Bürgerspital, Glaser-Himmelstoß, Ludwig Knoll, Rudolf May, Richard Östreicher oder Schmitt's Kinder präsentieren dieses Jahr hervorragende Spätburgunder.
Beim Silvaner wird die Dichte an der Spitze immer beeindruckender, die Vielfalt an Spitzenweinen nimmt zu, so dass jeder für sich etwas finden kann, egal ob man es üppig und fruchtbetont oder puristisch und präzise mag. Man nutzt geschickt die Vielfalt der Lagen, aber auch die Möglichkeiten der Vinifikation, darauf haben wir schon im vergangenen Jahr hingewiesen. Was der richtige Weg ist, wird die Zukunft entscheiden, aber etwas Maischestandzeit oder gar ein Maischegäranteil tun dem Silvaner gut, auch der Ausbau im Fass oder im Betonei, extreme Vinifikationen (Maischegärung, Amphore) sind interessant und es wird ja auch sehr viel experimentiert in Franken, mehrheitsfähig werden sie nicht werden, aber wenn die Winzer die richtigen Schlüsse daraus ziehen, kann es auch den „mehrheitsfähigen" Silvaner voranbringen.
Natürlich darf man auch Riesling nicht vergessen, auch wenn er mengenmäßig in Franken nicht die große Bedeutung hat. Horst Sauer und der Zehnthof waren 2016 mit ihren Großen Gewächsen besonders stark, Knoll und Fürst standen ihnen kaum nach, auch das Bürgerspital ist stark, Rainer Sauer, Wirsching oder Störrlein & Krenig.
Die Spitze hat sich konsolidiert in Franken, dahinter geht es voran auf breiter Front, und wir stellen auch dieses Jahr wieder einige interessante neue Betriebe vor. Das Silvaner-Weingut Seufert in Iphofen, Lother in Wipfeld, Reiss in Würzburg, Knauer in Dettelbach und schließlich Martin in Ziegelanger, ganz im Nordosten des Anbaugebietes.

Die besten Erzeuger

Weltklasse

★★★★★

Weingut Rudolf **Fürst**
Weingut Horst **Sauer**
Weingut Rainer **Sauer**
Weingut Luckert – **Zehnthof**

★★★★☆

Weingut Am Stein – Ludwig **Knoll**

Hervorragende Erzeuger

★★★★

Bürgerspital zum Heiligen Geist
Weingut **Glaser-Himmelstoß**
Weingut der Stadt **Klingenberg**
Ökologischer Weinbau **Kraemer**
Weingut Rudolf **May**
Weingut Max **Müller I**
Weingut Richard **Östreicher**
Weingut **Schmitt's Kinder**
Weingut J. **Störrlein & Krenig**
Weingut **Weltner**
Weingut Hans **Wirsching**

★★★☆

Weingut **Bickel-Stumpf** ↑
Weingut Michael **Fröhlich**
Weingut **Hofmann**
Weingut **Roth**
Weingut **Ruck** Ⓦ
Weingut Schloss **Sommerhausen**
Winzerhof **Stahl**
Weingut **Stich**

Sehr gute Erzeuger

★★★

Weingut Waldemar **Braun** ↑
Weingut **Brügel**
Fürstlich **Castell'sches** Domänenamt
Weingut H. **Deppisch**
Weinmanufaktur **Drei Zeilen** ↑
Weingut **Giegerich**
Weingut **Hench**
Weingut **Höfler**
Weingut **Höfling**
Weingut **Hofmann** ↑
Weingut **Juliusspital** Würzburg
Weingut Fürst **Löwenstein** ↑
Weingut **Rothe**

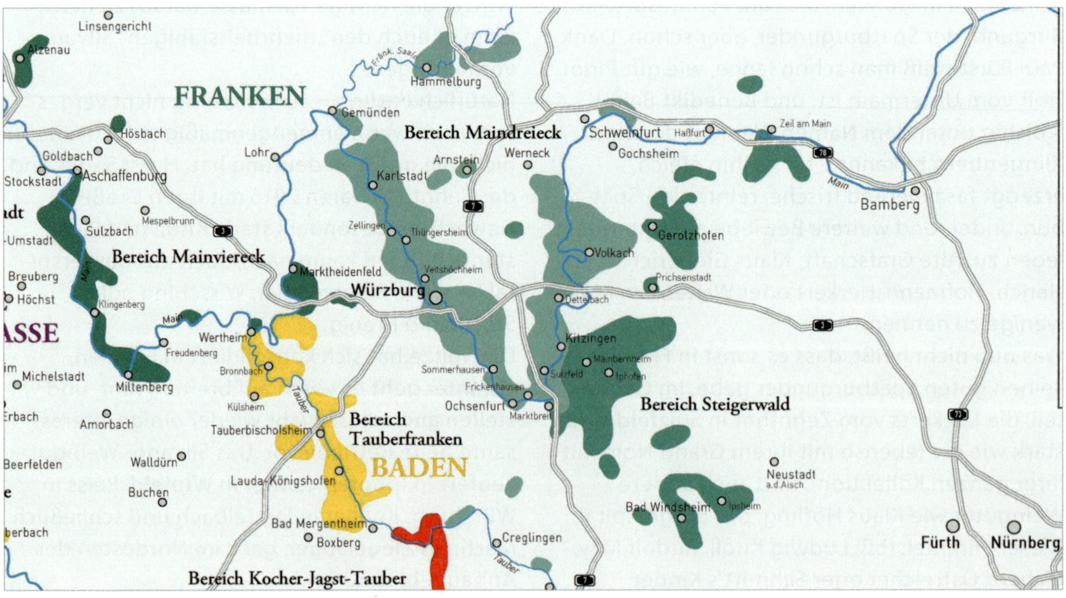

Weingut Graf von **Schönborn**
Weingut Artur **Steinmann** ↑
Weingut **Vetter**
Weingut Josef **Walter**

★★☆

Weingut **Alte Grafschaft** ↑
Weingut & Winzerhof Johann **Arnold**
Weingut **Augustin**
Weingut **Brennfleck**
Weingut **Dereser** ↑
Weingut **Emmerich** ↑
Weingut Clemens **Fröhlich**
Weingut **Heilmann**
Weingut Erhard & Max **Helmstetter**
Weingut **Hofmann-Herkert**
Weingut Wolfgang **Kühn**
Weingut Max **Markert**
Weingut Ewald **Neder**
Weingut **Neuberger**
Weingut Christine **Pröstler**
Weingut A. & E. **Rippstein**
Weingut **Rudloff**
Weinbau **Stritzinger**
Weingut **Then** ↑
Weingut **Waigand**

Gute Erzeuger

★★

Weingut Wilhelm **Arnold**
Weingut **Baldauf**
Weingut Michael **Blendel**
Weingut Ignaz **Bunzelt** ↑
Weingut Walter **Erhard**
Weingut & Gästehaus **Felshof**
Weingut **Hausknecht**
Weingut **Hemberger**
Weingut **Hillabrand**
Weingut **Hiller** ↑
Weingut **Ilmbacher Hof**
Kremers Winzerhof
Weingut **Leipold**
Weingut **Mend** ↑
Winzerhof **Nagel** ↑
Weingut Franziska **Schömig**
Privat-Weingut Schloss **Saaleck**
Weingut Egon **Schäffer** ↑
Bocksbeutelweingut **Scheller**
Silvaner Weingut **Seufert** Ⓝ
Weingut Georg **Zang**
Weingut Rainer **Zang**
Weingut **Zehntkeller**

★☆

Weingut **Bardorf**
Weingut **Bausewein**
Weingut Bruno **Bienert**
Weingut **Borst** ↑
Winzerhof **Burrlein**
Weingut **Geiger** + Söhne
Weingut **Glaser**
Weingut Martin **Göbel**
Weingut **Martin** Ⓝ
Weingut **Meyer** ↑
Weingut **Reiss** Ⓝ
Weingut Bernhard **Rippstein**
Weingut **Römmert**
Weingut Berthold **Schmachtenberger**
Weingut **Schwab**
Weinbau **Six**
Weingut Christian **Sturm**
Der **Weinhof** ↑

Zuverlässige Erzeuger

★

Weingut **Dahms**
Weingut **Fischer**
Weingut Dr. **Heigel** Ⓦ
Wein- und Obstbau **Hofmann**
Weingut Alfons **Knauer** Ⓝ
Weingut **Kreiselmeyer**
Weingut **Lother** Ⓝ
Müller! Das Weingut
Weingut **Scheuring**
Weingut **Schmidt**
Weingut Roland **Staudt**
Weingut **Vollhals**

Hessische Bergstraße

Seit rund 2000 Jahren wird an der Bergstraße Wein angebaut. Die von den Römern gebaute Strada Montana ist heute zweigeteilt. Der badische Teil gehört zum Anbaugebiet Baden, der hessische Teil ist ein eigenes, kleines Anbaugebiet. Der größte Teil der 450 Hektar Reben liegt an den Hängen des Odenwaldes zwischen Heppenheim und Zwingenberg, ein kleineres Gebiet liegt östlich von Darmstadt am Nordrand des Odenwalds, in Roßdorf und Groß-Umstadt.
Die Unternehmerfamilie Jürgen Streit und Petra Greißl-Streit hat nach dem Sektgut Griesel im ehemaligen hessischen Staatsweingut ein weiteres Weingut gegründet: Schloss Schönberg hat einen viel versprechenden ersten Jahrgang vorgestellt. Es ist gut, dass im kleinsten Anbaugebiet Deutschlands junge Talente mit neuen Ideen gefördert werden! Das Sektgut Griesel hat die frühen Lorbeeren nicht zu Unrecht erhalten, und es dürfte weiteres Potenzial vorhanden sein. Mit einem breiten, tadellosen Sortiment behauptet sich Simon-Bürkle aus Zwingenberg in der 3 Sterne-Liga, der Riesling „Granit" von 2016 ist eine große Freude. Auf Hanno Rothweiler aus Bensheim-Auerbach ist seit Jahren Verlass, seinen Weinen merkt man das Streben nach Qualität an. Ansonsten fehlt an der Hessischen Bergstraße der Drang an die Öffentlichkeit. Einige Winzer, deren Weine es wert wären, bekannter zu werden, verstecken sich. Zuweilen fehlt es auch an Qualität. Erfreulich ist, dass die Qualität beim größten Betrieb des Anbaugebiets, den Bergsträßer Winzern, stimmt. Die 450 Mitglieder der Genossenschaft bewirtschaften mehr als die Hälfte der Rebfläche des Anbaugebiets. In den Weinbergen und im Keller in Heppenheim wird sehr gut gearbeitet.

DIE BESTEN ERZEUGER

SEHR GUTE ERZEUGER

★★★

Griesel & Compagnie ↑
Weingut **Simon-Bürkle**

GUTE ERZEUGER

★★

Weingut Schloss **Schönberg** Ⓝ
Weingut **Rothweiler**

ZUVERLÄSSIGE ERZEUGER

★

Bergsträßer Winzer

Anmerkung: Domäne Bergstraße → **Kloster** Eberbach

Mittelrhein

Natürlich war es auch dieses Jahr wieder schwierig am Mittelrhein, wie überall in Deutschland, die „einfachen" Jahre scheint es nicht mehr zu geben. Aber die Region hat sich konsolidiert, nach massiven Flächenrückgängen in den beiden letzten Jahrzehnten. Ganz viele Winzer setzen auf Qualität, auch und obwohl es schwierig ist ähnlich hohe Preise zu erzielen wie in benachbarten Weinregionen wie dem Rheingau oder (in der Spitze) der Nahe.
Die Möglichkeiten für edelsüße Weine waren 2016 begrenzt, einige wenige gibt es, die sind klar, überzeugen – aber sollte sich der Mittelrhein über edelsüß definieren?
Wohl nicht, mit trockenen und vor allem halbtrockenen Weinen hat man sich etabliert. Auch in einem Jahrgang wie 2016 scheinen die halbtrockenen Rieslinge den trockenen ebenbürtig, wenn nicht gar überlegen. Wobei auch trocken überzeugt, Jörg Lanius und Matthias Müller haben ganz starke Weine, setzen auf Fülle und Substanz, die Philipps-Brüder verfolgen einen etwas anderen Ansatz, bei ihnen ist der Restzucker nicht ganz so hoch, auch Josten & Klein gehen in eine spannende Riesling-Richtung – uns sie erzeugen ja auch einen faszinierenden Sauvignon Blanc, Horst Peter Selt überzeugt von trocken bis edelsüß: Leutesdorf ist wiedererwacht.
Das sind auch die Winzer, die den Jahrgang 2016 besonders gut gemeistert haben, Matthias Müller natürlich mit seiner ganzen Kollektion, Florian Weingart scheint in einem Findungsprozess, wohin soll die Reise gehen, Jörg Lanius ist enorm stark, auch Jens Didinger ist auf einem sehr guten Weg.

Die besten Erzeuger

Hervorragende Erzeuger

★★★★

Weingut Matthias **Müller**
Weingut **Weingart**

Sehr gute Erzeuger

★★★

Weingut **Josten & Klein**
Weingut Dr. **Kauer**
Weingut **Lanius-Knab**
Weingut **Philipps-Mühle** ↑

Gute Erzeuger

★★

Weingut **Didinger**
Weingut **Heilig Grab**
Weingut **Selt** ↑

★☆

Weingut **Scheidgen**

MITTELRHEIN
Bereich Siebengebirge
Bad Honnef
Unkel
Bereich Loreley
Linz
Ahr
inzig
Bad Hönningen
Rheinbrohl
Breisig
Rhein
Neuwied
48
Andernach
Westerburg
Ransbach-Baumbach
Montabaur
Hadamar
Vallendar
endig
Koblenz
Limbu
48
Bad Ems
Nassau
Kobern-Gondorf
Lahnstein
Bereich
g Cochem
Spay
Bereich Loreley
Boppard
Rhein
Moselkern
MITTELRHEIN
St. Goarshausen
Bruttig-Fankel
St. Goar
Bad Schwalba
Beilstein
Oberwesel
Kastellaun
Senheim
Kaub
RHEINGA
61
Bacharach
Lorch
Bereich Johannisberg
Eltvill
Rheinböllen
Simmern
Niederheimbach
Rüdesheim
Argenthal
Ingelheim
Bingen
Gau-Algesheim
rarbach

Mosel

Mit dem Jahrgang 2016 waren nicht alle Winzer an Mosel, Saar und Ruwer zufrieden, aber die Sorgen betrafen eher die Menge als die Qualität. Bereits das ausgesprochen schwierige Frühjahr mit viel Regen und einsetzender Peronospora brachte die Erzeuger an ihre Grenzen – vor allem jene, die ohne systemischen Pflanzenschutz auskommen mussten, weil sie biologisch arbeiten. Die in diesem Bereich erlaubten Spritzmittel wurden vom Niederschlag vielfach schnellstens wieder abgewaschen; kaum hatten die Winzer ihre letzte Rebzeile behandelt, mussten sie wieder von vorne anfangen. So mancher überarbeitete Verfechter des ökologischen Anbaus dachte in diesem Moment ernsthaft darüber nach, auf die Zertifizierung zu verzichten. Zum Glück schlugen sich die Probleme fast nirgendwo in der Qualität nieder, denn was übrig geblieben ist, konnte sich nach der Vinifizierung sehen lassen. Der Jahrgang ist ganz anders als 2015, eher straff und kühl, frisch und präzise, aber vielfach mit enormer Substanz. Das süße Sortiment ist nicht so breit besetzt wie im vergangenen Jahrgang, dafür sind Spät- und Auslesen sehr elegant und balanciert, einige sensationelle Eisweine runden das Programm ab.

An der Saar entstanden bei Dorothee Zilliken wunderbar elegante, feine Weine, die Großen Gewächse des Weinguts Van Volxem gehören zu den besten trockenen Rieslingen, die dieses Gut je hervorgebracht hat. Dr. Wagner und Willems-Willems waren wieder mal sehr überzeugend, die neuen Saarrieslinge von S.A. Prüm gefielen fast noch besser als jene, die in diesem Betrieb aus Mittelmosel-Lagen erzeugt wurden. An der Ruwer zeigte die C. von Schubert'sche Gutsverwaltung Grünhaus Hochklassiges. Spannende, komplexe Rieslinge in trockener, feinherber und süßer Variante bewiesen, dass dieser Betrieb nie so gut und breit aufgestellt war wie jetzt: Weiß- und Spätburgunder inklusive. Im Weingut Karthäuserhof ist nach der Übernahme der Geschäftsführung durch Julia Lübcke eine erfreuliche Konsolidierung zu beobachten, und die Bischöflichen Weingüter sind im Aufstieg begriffen: nicht nur, was ihre Ruwerweine angeht.

Auch an der Mittelmosel überwogen die positiven Eindrücke bei weitem; vor allem die Konsequenz, mit der einige Weingüter ihren Weg verfolgen, ist lobenswert. Die Großen Gewächse bei Reinhold Haart sind puristischer denn je, und sowohl bei Schloss Lieser als auch bei Fritz Haag, Markus Molitor und Clemens Busch konnte Außerordentliches hervorgebracht werden – nicht nur im süßen, auch und gerade im trocken Bereich. Axel Pauly wiederum zeigte, dass er sowohl bei den finessenreichen Weißweinen als auch bei den präzise gearbeiteten Rotweinen Fortschritte machen konnte: Der junge Winzer hat seinen Stil gefunden. Wie auch Stefan Steinmetz aus Brauneberg, der mit nachhaltigen Rieslingen auftrumpfte. Und wenn wir schon bei diesem Ort sind: Ausgezeichnet gefallen haben die Weine von Martin Conrad aus dem Brauneberger Hof – nicht nur die 2016er, sondern auch die Spitzen aus 2015. Die wunderschön saftigen Auslesen (und nicht nur die) aus dem Weingut Nik Weis begeisterten nicht zum ersten Mal, und sowohl Alexander Loersch als auch Niko Schmitt (Claes Schmitt Erben) gehören zu den Gewinnern. Auch weiter in Richtung Koblenz gab es überwiegend Grund

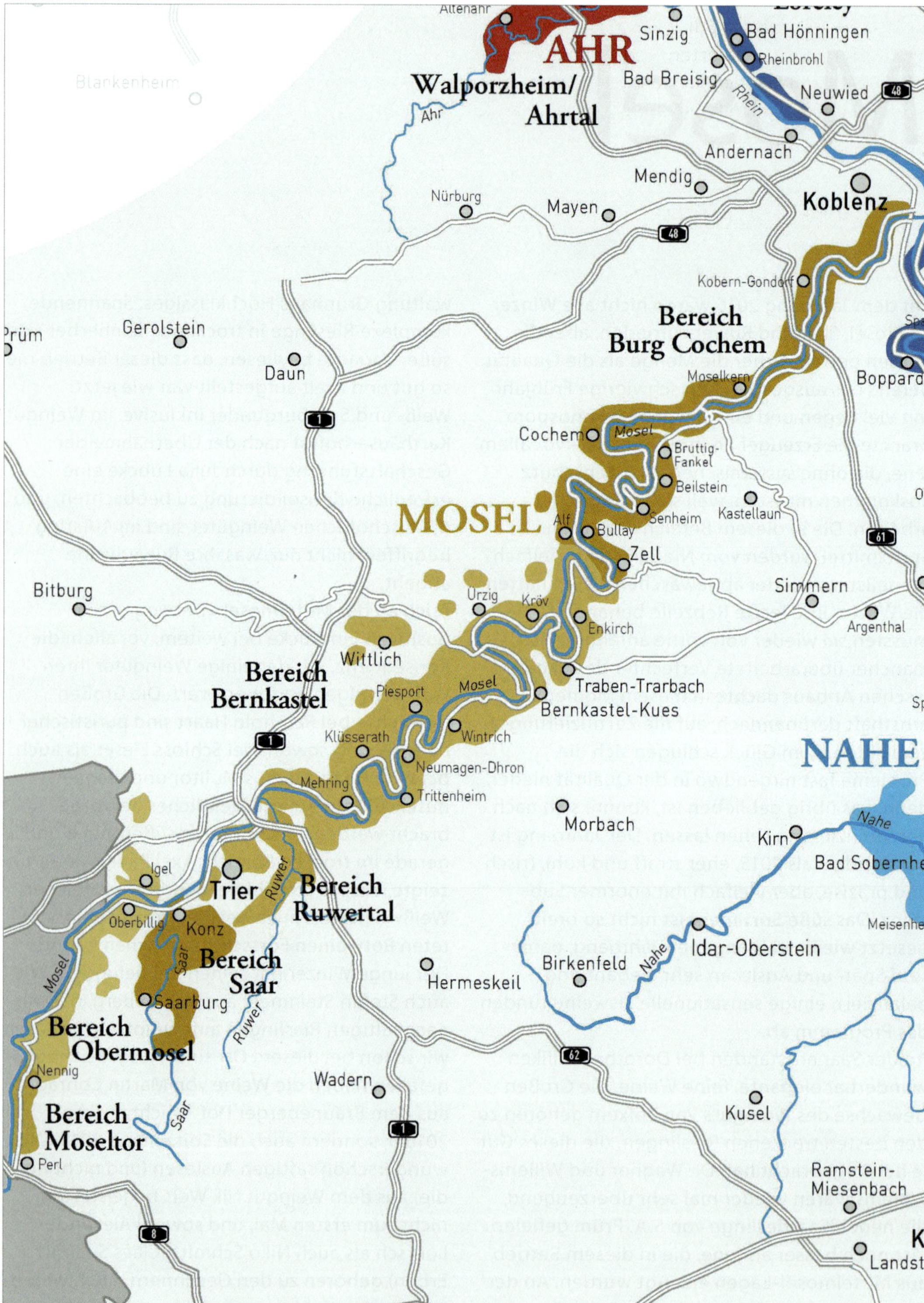
AHR
Walporzheim/
Ahrtal
Sinzig
Bad Hönningen
Rheinbrohl
Bad Breisig
Rhein
Neuwied
Andernach
Mendig
Koblenz
Mayen
Nürburg
Blankenheim
Ahr
Kobern-Gondorf
Bereich
Burg Cochem
Boppard
Moselkern
Prüm
Gerolstein
Daun
Cochem
Mosel
Bruttig-
Fankel
Beilstein
Senheim
Kastellaun
MOSEL
Alf
Bullay
Zell
Bitburg
Ürzig
Kröv
Enkirch
Simmern
Argenthal
Wittlich
Bereich
Bernkastel
Piesport
Mosel
Traben-Trarbach
Bernkastel-Kues
Klüsserath
Wintrich
Neumagen-Dhron
Mehring
Trittenheim
NAHE
Morbach
Nahe
Kirn
Bad Sobernheim
Igel
Trier
Ruwer
Bereich
Ruwertal
Oberbillig
Konz
Meisenheim
Idar-Oberstein
Bereich
Saar
Saar
Birkenfeld
Nahe
Mosel
Saarburg
Hermeskeil
Bereich
Obermosel
Ruwer
Nennig
Wadern
Kusel
Bereich
Moseltor
Saar
Perl
Ramstein-
Miesenbach
Landstuhl

zur Freude. Der präzise Stil, wie ihn Frank Brohl und Steffens-Keß ablieferten, verdient Lob, in Winningen konnten beispielsweise Kröber, Richter und Fries höchst Beachtliches abfüllen.

Die besten Erzeuger

Weltklasse

★★★★★

Weingut Clemens **Busch**
Weingut **Clüsserath-Weiler**
Weingut Fritz **Haag** ↑
Weingut Schloss **Lieser**
Weingut Markus **Molitor**

★★★★☆

Weingut Franz-Josef **Eifel**
Weingut **Grans-Fassian**
Weingut Reinhold **Haart**
Weingut Carl **Loewen**
Weingut Josef **Rosch**
Weingut Nik **Weis** St. Urbans-Hof
Weingut **Selbach-Oster**

Hervorragende Erzeuger

★★★★

Weingut A. J. **Adam**
Weingut **Caspari-Kappel**
Weingut Ansgar **Clüsserath**
Weingut Reinhold **Franzen**
Weingut Julian **Haart**
Weingut **Hain**
Weingut Heribert **Kerpen**
Weingut **Kirsten**
Weingut **Melsheimer**
C.v. **Schubert** Maximin Grünhaus
Weingut **Van Volxem**
Forstmeister Geltz-**Zilliken**

★★★☆

Weingut Erben von **Beulwitz**
Weingut Joh. Jos. **Christoffel**-Erben
Galerie - Riesling Weingut **Clüsserath-Eifel**
Weingut Bernhard **Eifel**
Riesling-Weingut Karl **Erbes**
Weingut Rüdiger **Kröber**
Weingut **Loersch**
Weingut **Molitor** – Rosenkreuz
Weingut Axel **Pauly** ↑
Weingut S. A. **Prüm**
Weingut Claes **Schmitt** Erben ↑
Weingut **Thanisch-Thanisch**
Weingüter **Wegeler**
Weingut **Willems-Willems**

Sehr gute Erzeuger

★★★

Weingut **Becker-Steinhauer**
Weingut Frank **Brohl**
Weingut Ernst **Clüsserath**
Weingut **Conrad** ↑
Weingut Willi **Haag**
Weingut **Jakoby-Mathy** ↑
Weingut **Karthäuserhof** Ⓦ
Weingut **Kees-Kieren**
Weingut **Lehnert-Veit** ↑
Weingut **Rebenhof**, Johannes Schmitz
Weingut F.J. **Regnery**
Weingut **Reh**
Weingut **Steffens-Keß**
Weingut **Studert-Prüm** - Maximinhof
Weingut **Thanisch**-Müller-Burggraef
Weingut Daniel **Twardowski** ↑
Weingut Dr. Heinz **Wagner** ↑

★★☆

Bischöfliche Weingüter Trier ↑
Weingut Heribert **Boch**
Weingut Reiner **Fries**
Weingut **Heinrichshof** ↑
Weingut **Hoffmann-Simon** ↑
Weingut **Hüls** ↑
Weingut **Karlsmühle**
Weingut **Köwerich**
Weingut Gebr. **Ludwig** ↑
Weingut Dr. **Melsheimer**
Weingut **Mönchhof**, Robert Eymael
Weingut **Paulinshof** ↑
Weingut Dr. **Pauly-Bergweiler**

Weingut **Philipps-Eckstein**
Weingut Familie **Rauen**
Weingut Richard **Richter** ↑
Weingut **Schunk**
Weingut **Vols** Ⓦ
Weingut **Walter**
Weingut O. **Werner** & Sohn

Gute Erzeuger

★★

Weingut Marco **Adamy**
Weingut **Bauer**
Weingut **Blesius** ↑
Weingut **Borchert** - Springiersbacher Hof
Weingut **Bottler** ↑
Weingut Manfred **Breit**
Weingut Christoph **Clüsserath**
Dominikaner Weingut ↑
Weingut Ernst **Eifel**
Weingut Zum **Eulenturm**
Weingut Albert **Gessinger** ↑
Winzerhof **Gietzen** Ⓦ
Weingut **Henrichs + Friderichs**
Weingut Albert **Kallfelz**
Weingut **Kanzlerhof** ↑
Weingut Christoph **Koenen**
Weingut Dr. **Leimbrock** – C. Schmidt ↑
Wein- und Sektgut Günter **Leitzgen**
Weingut Johann Peter **Mertes**
Weingut Johannes **Peters**
Weingut Karl O. **Pohl** ↑
Weingut **Reuscher-Haart** ↑
Weingut **Reverchon**
Weingut **Rinke** Ⓝ
Weingut **Römerhof** (Riol)
Weingut Zur **Römerkelter** Ⓝ
Weingut **St. Nikolaus-Hof** ↑
Weingut **Schömann** Ⓦ
Weingut **Steffen-Prüm**
Weingut Günther **Steinmetz** Ⓝ
Weingut Julius **Treis**
Weingut **Würtzberg** Ⓝ

★☆

Weingut **Befort**
Weingut **Berweiler-Merges**
Weingut Hermann-Josef **Botzet**
Weingut Jochen **Clemens** ↑
Weingut Jürgen **Dostert**
Weingut Matthias **Dostert**
Weingut **Friderichs** ↑
Weingut **Frieden-Berg**
Weingut Otto **Görgen** ↑
Weingut Bernd **Hermes**
Weingut **Junglen**
Weingut **Karp-Schreiber** ↑
Weingut **Knodt-Trossen** ↑
Weingut **Kranz-Junk** ↑
Weingut **Laurentiushof**
Weingut Ulrich **Schumann**
Weingut Michael **Trossen** ↑
Kirchenweingut **Wolf**

Zuverlässige Erzeuger

★

Weingut **Alter Weinhof**
Weingut **Arns**
Wein- und Gästehaus **Baum**
Weingut Christian **Bindges**
SaarWeinGut Peter **Burens** Ⓝ
Weingut **Haupts**
Weingut C.A. **Haussmann** Ⓝ
Classisches Weingut **Hoffranzen**
Weingut **Immich-Anker** Ⓝ
Weingut **König Johann** Ⓝ
Weingut Ulrich **Langguth**
Weingut Theo **Loosen**
Weingut **Lütz**
Weingut **Margarethenhof**
Weingut Heinrich **Mertes**
Weingut Ingo **Norwig**
Weingut **Quint**
Weingut **Raevenhof** Ⓝ
Weingut **Römerhof** (Traben-Trarbach) Ⓝ
Weingut **Schumacher** Ⓝ
Weingut **Schwaab**
Weingut **Schwaab** & Sohn
Weingut **Simonis** Ⓝ
Weingut **Viermorgenhof**
Weingut **Weich**

Nahe

Ein verregnetes Frühjahr ließ auch die Winzer an der Nahe schon das Schlimmste fürchten, der Mehltaudruck war hoch. Doch ein warmer Sommer und ein Herbst mit milden Tagen und kühlen Nächten machten dann wieder alles wett – wenn auch die Erntemenge leicht unter 2015 blieb. Nur für eines war der Jahrgang 2016 nicht geeignet: Während wir einige Kabinette und Spätlesen verkostet haben, wird die Luft in den Prädikaten darüber sehr dünn, einige wenige Auslesen, aber für edelsüße Prädikate war es einfach das falsche Jahr.

Die Spitze an der Nahe ist weiterhin unverändert: Dönnhoff, Emrich-Schönleber und Schäfer-Fröhlich sind die stärksten Betriebe an der Nahe, aber auch 2016 hat das „Verfolgertrio" aus Gut Hermannsberg, Diel und Joh. Bapt. Schäfer wieder sehr gute Kollektionen produziert. Die drei viel versprechenden Weingüter, die wir letztes Jahr neu in das Buch aufgenommen hatten, Gabelmann, Gemünden und Haack, haben sich sehr gut geschlagen und wurden in diesem Jahr alle aufgewertet. Und der Aufstieg von Marcus Hees ist noch immer nicht beendet, nach seinem dritten Stern im vergangenen Jahr bewerten wir ihn nochmals einen halben Stern höher, in die dreieinhalb-Sterne-Kategorie ist in diesem Jahr auch Routinier Heiko Bamberger aufgestiegen.

Die Weine an der Nahe haben in den vergangenen Jahrzehnten einen erstaunlichen Aufschwung genommen, noch in den achtziger Jahren gab es nur eine Handvoll Erzeuger mit guten Qualitäten. Helmut Dönnhoff war dann der Erste, der große Weine erzeugt hat. Andere Betriebe wie Emrich-Schönleber, Diel, Crusius, Hahnmühle, Korrell oder Joh. Bapt. Schäfer und natürlich Schäfer-Fröhlich erzeugen seit den neunziger Jahren edelsüße Rieslinge, die zur deutschen Spitze zählen. „Trocken" hat der Aufstieg ein wenig später begonnen, genauso beeindruckend aber sind heute die Ergebnisse. Werner Schönleber und Helmut Dönnhoff ist es zu verdanken, dass heute an der Nahe trockene Rieslinge von Weltklasse erzeugt werden. Tim Fröhlich tut es ihnen mittlerweile gleich, das Gut Hermannsberg pirscht sich Jahr für Jahr ein klein wenig näher heran. An der „unteren" Nahe hat sich Martin Tesch auf trockene Rieslinge spezialisiert, in einem sehr präzisen Stil. Diel

setzte in der Vergangenheit mehr auf Opulenz, aber die Weine wurden in den letzten Jahren präziser. Und auch die Burgunder haben sich im letzten Jahrzehnt hier fest etabliert.
Es gibt eine Vielfalt an unterschiedlichen Böden: Rotliegendes, Lehm, Porphyr, Quarzit, Schiefer, Kies, Löss. Alles auf kleinstem Raum. Und eine Vielzahl von Rebsorten: Aus Riesling werden die besten Naheweine gemacht, er steht mit knapp 28 Prozent auf Platz eins der Rebsortenstatistik. Auf Platz zwei folgt Müller-Thurgau, der bei rückläufiger Tendenz immer noch ein Achtel der Fläche einnimmt. Ein Viertel der Rebfläche an der Nahe nehmen rote Sorten ein, vor allem Dornfelder und Spätburgunder, aus dem es so manchen bemerkenswerten Wein gibt. Und noch mehr geben könnte, wenn doch nur mehr Nahe-Winzer den Mut hätten, ihre Spätburgunder tatsächlich trocken auszubauen. In der Statistik folgen Silvaner und die weißen Burgundersorten, von denen es erfreulich viele gelungene Exemplare gibt.

DIE BESTEN ERZEUGER

WELTKLASSE

★★★★★

Weingut Hermann **Dönnhoff**
Weingut **Emrich-Schönleber**
Weingut **Schäfer-Fröhlich**

HERVORRAGENDE ERZEUGER

★★★★

Schlossgut **Diel**
Gut **Hermannsberg**
Weingut Joh. Bapt. **Schäfer**
Weingut **Tesch**

★★★☆

Wein- und Sektgut **Bamberger** ↑
Weingut Dr. **Crusius**
Weingut **Hahnmühle**
Weingut **Hees** ↑

SEHR GUTE ERZEUGER

★★★

Weingut **Göttelmann**
Weingut **Korrell** – Johanneshof
Weingut **Lindenhof**
Weingut **Montigny**

★★☆

Weingut **Genheimer-Kiltz** ↑
Weingut Gebr. **Kauer**
Weingut **Marx**
Weingut **Poss**
Weingut Karlheinz **Schneider** & Sohn
Weingut **Sinß**

GUTE ERZEUGER

★★

Weingut **Closheim**
Weingut Theo **Enk**
Weingut **Gemünden** ↑
Weingut und Gästehaus **Honrath**
Prinz zu **Salm**-Dalberg'sches Weingut
Weingut Heinrich **Schmidt**
Weingut Meinolf **Schömehl**

★☆

Weingut **Alt** ↑
Weingut Reinhold **Barth**
Weingut **Bicking & Bicking**
Weingut **Gabelmann** ↑
Weingut **Haack** ↑
Weingut **Klostermühle** Odernheim
Weingut St. **Meinhard**
Weingut S.J. **Montigny**
Weingut Wolfgang **Schneider**
Weingut im **Zwölberich** ↑

ZUVERLÄSSIGE ERZEUGER

★

Weingut Carl **Adelseck**
Weingut **Emmerich-Koebernik**
Weingut **Franzmann**
Weingut Karl **Stein**
Weingut **Weber** Ⓦ

Pfalz

Nach den zahlreichen Neuaufnahmen der vergangenen Jahre sind es in diesem Jahr ein paar Weingüter weniger, die neu im Buch vertreten sind: Leiling in Schweigen, Anton im südpfälzischen Herxheim, Arnold in Heuchelheim, Kern in Böchingen, Hauer in Bad Dürkheim und – als Wiederaufnahmen – Bernhard Koch in Hainfeld und Frank Meyer in Gleiszellen. Das bedeutet aber nicht, dass die Pfälzer Dynamik gebrochen ist, im Gegenteil. Immer mehr Weingüter produzieren einzelne oder auch mehrere Weine, mit denen sie in der jeweiligen Kategorie ganz oben mitspielen, und oft handelt es sich dabei um Spätburgunder, wie bei Betrieben wie Jülg, Stern, Aloisiushof oder Koch im Süden oder Bremer, Wageck-Pfaffmann, Metzger oder Matthias Gaul im Norden, um nur einige zu nennen. Das zeigt auch weiterhin: Die Pfalz lebt von einem starken Mittelbau, der von Jahr zu Jahr sogar noch stärker wird. An der Spitze sehen wir weiterhin das Weingut Knipser, kein Weingut hat weiß wie rot ein so hohes Niveau. Riesling, Weißburgunder, Grauburgunder, Chardonnay, Spätburgunder, die Liste der Weine mit höchsten Bewertungen ist lang. Hinter Knipser tummelt sich eine stattliche Zahl von ebenfalls hervorragenden Weingütern, neben Kuhn, Rebholz und Becker sind das die Klassiker der Mittelhaardt, die Jahr für Jahr einige der besten Rieslinge Deutschlands erzeugen. Und es sind gerade die „großen alten" Weingüter wie von Winning oder von Buhl, die nicht in der Tradition erstarren, sondern neue Wege suchen und so Impulse für die ganze Region geben. Der Trend geht weiterhin weg vom Rotwein und hin zum Weißwein, auch wenn Spätburgunder natürlich ein großes Thema ist. Fast jeder Winzer hat mittlerweile Sauvignon Blanc im Programm, und immer öfter wird er auch im Holz ausgebaut. Auch die weißen Burgunder werden gehegt, ebenso der Muskateller, dazu kommen als alte Pfälzer Spezialitäten Gewürztraminer und zwar immer noch zu wenige, aber zunehmend spannende Silvaner. Riesling steht weiterhin und zu Recht im Vordergrund, der Ausbau wird vielfältiger. Der Ausbau im Holzfass nimmt zu, nicht nur im Barrique, auch größere Gebinde kommen wieder mehr zum Einsatz.

Dazu experimentieren die Winzer mit Maischestandzeiten, immer mehr Weine werden auch spontan vergoren. Und die Pfalz ist weiterhin Vorreiter beim Umstieg in den biologischen Weinbau, immer mehr Winzer, Top-Betriebe wie solche aus dem Mittelbau, sehen nur darin die Möglichkeit, Qualität von Boden und Wein auf Dauer zu erhalten.

Die besten Erzeuger

Weltklasse

★★★★★

Weingut **Knipser**

★★★★☆

Weingut Geh. Rat Dr. v. **Bassermann-Jordan**
Weingut Friedrich **Becker**
Weingut Reichsrat von **Buhl**
Weingut **Christmann**
Weingut Frank **John** Hirschhorner Hof ↑
Weingut Philipp **Kuhn**
Weingut Georg **Mosbacher**
Weingut Ökonomierat **Rebholz**
Weingut **von Winning**

Hervorragende Erzeuger

★★★★

Wein- und Sektgut **Bernhart**
Weingut Matthias **Gaul** ↑
Weingut **Gies-Düppel**
Weingut Familie **Kranz**
Weingut Jürgen **Leiner**
Weingut Theo **Minges**
Weingut **Müller-Catoir**
Weingut **Pfeffingen** – Fuhrmann-Eymael
Weingut **Rings**
Weingut **Siegrist**
Weingut Heinrich **Spindler**
Weingut Dr. **Wehrheim**

★★★☆

Weingut **Bergdolt** St. Lamprecht
Weingut **Dengler-Seyler** ↑
Weingut **Koehler-Ruprecht**
Weingut **Pfirmann**
Weingut Heiner **Sauer**
Weingut **Siener**
Weingut **Stern**
Weingut **Wageck-Pfaffmann** ↑
Weingut **Wilhelmshof**

Sehr gute Erzeuger

★★★

Wein- und Sekthaus **Aloisiushof**
Sektkellerei **Andres & Mugler**
Weingut **Benderhof**
Weingut **Bremer** ↑
Weingut **Eymann** ↑
Weingut **Gabel**
Weingut **Horcher**
Weingut **Jülg**
Weingut Gerhard **Klein**
Weingut **Lucashof**
Weingut **Meßmer**
Weingut Eugen **Müller**
Weingut **Münzberg**
Weingut **Nauerth-Gnägy**
Weingut Ludi **Neiss**
Weingut am **Nil**
Weingut Karl **Pfaffmann**
Weingut **Pflügser**
Weingut **Porzelt** ↑
Weinhof **Scheu**
Weingut Egon **Schmitt**
Weingut **Schumacher**
Weingut **Schwedhelm** ↑
Weingut **Wegner**
Weingut **Zelt**
Weingut Oliver **Zeter**
Weingut **Zimmermann**

★★☆

Weingut **Ackermann**
Benzinger – Weingut im Leiningerhof
Weingut **Boudier & Köller** ↑
Weingut **Corbet**
Weingut **Fader** – Kastanienhof
Weingut **Fußer** ↑
Weingut Karl-Heinz **Gaul**
Weingut Der **Glücksjäger** ↑

Wein- und Sektgut **Immengarten Hof**
Weingut **Klundt**
Weingut **Krebs**
Weingut **Meier** (ex-Ziegler) ↑
Weingut Klaus **Meyer**
Weingut Stefan **Meyer**
Weingut **Petri**
Weingut Erich **Stachel** ↑
Weingut **Weik**
Sekt- und Weingut **Winterling**

Gute Erzeuger

★★

Weingut Michael **Andres**
Weingut **Bärenhof**
Weingut Karlheinz **Becker** ↑
Wein- und Sektgut **Bergdolt-Reif & Nett** ↑
Weingut **Borell-Diehl**
Weingut **Brand** ↑
Weingut **Ehrhart** ↑
Weingut **Fitz-Ritter**
Weingut Christian **Heußler** ↑
Weingut **Hollerith**
Weingut **Jesuitenhof**
Weingut Jul. Ferd. **Kimich**
Weingut Bernhard **Koch** Ⓝ
Weingut **Langenwalter**
Weinbau der **Lebenshilfe**
Weingut **Mehling**
Weingut Uli **Metzger**
Weingut Karl-Heinz & Andreas **Meyer**
Weingut Georg **Naegele**
Weingut **Reibold** ↑
Weingut Karl **Schaefer**
Weingut **Schroth** ↑
Weingut **Stortz-Nicolaus**
Weingut **Wind**
Weingut Klaus **Wolf**

★☆

Weingut **Arnold & Lang**
Weingut **Braun**
Weingut **Brendel** ↑
Weingut **Bühler** ↑
Weingut **Darting**
Weingut **Grimm**
Weingut **Hahn-Pahlke** ↑
Weingut am **Kaiserbaum** ↑
Weingut **Kirchner** ↑
Weingut Dr. **Kopf**
Weingut **Krieger**
Weingut **Margarethenhof** ↑
Stiftsweingut Frank **Meyer** Ⓦ
Weingut Rudi **Möwes**
Weingut **Neuspergerhof** ↑
Weingut Johann F. **Ohler**
Weingut Thomas **Pfaffmann** ↑
Weingut **Schäfer** ↑
Weingut **Scholler**
Weingut Stefan **Schwaab**
Weingut **Wilker**
Weingut **Wöhrle** ↑

Zuverlässige Erzeuger

★

Weingut **Anton** Ⓝ
Weingut Peter **Argus**
Weingut **Arnold** Ⓝ
Weingut **Bohnenstiel**
Weingut **Diehl**
Weingut **Hammel**
Weingut **Hauer** Ⓝ
Weingut Villa **Hochdörffer**
Weingut Alfons **Hormuth**
Weingut **Isegrim**
Staatsweingut mit **Johannitergut**
Weingut **Kassner-Simon**
Weingut Lothar **Kern** Ⓝ
Weingut **Lauermann & Weyer**
Weingut **Leiling** Ⓝ
Weingut **Manderschied**
Weingut **Mathis**
Weingut **Mussler**
Weingut **Schädler**
Weingut **Schenk-Siebert**
Weingut Georg **Siben** Erben
Weingut **Sonnenberg**
Weingut **Spieß**
Weingut Eugen **Spindler**
Weingut Jürgen **Stentz**
Weingut **Waldkirch**
Wein- und Sektgut **Wind-Rabold**

Rheingau

Der schwierige Wetterverlauf in 2016 hat auch die Winzer im Rheingau vor große Herausforderungen gestellt, die sie in der Summe gut gemeistert haben.

Die trockenen Rieslinge sind insgesamt eher schlank ausgefallen, was kein Nachteil ist, dank eher milder Säure sind sie zugänglich, dabei trinkanimierend, bei den höheren Qualitäten von viel versprechender Substanz. Der kühle Grundton des Jahrgangs fällt besonders im Oberen Rheingau positiv ins Gewicht, wo der Alkohol für unseren Geschmack im letzten Jahr etwas zu hoch war. Etwas anders sieht es in diesem Jahr bei den fruchtigen Rheingauer Rieslingen aus. Hier geht die niedrige Säure nicht selten auf Kosten der Balance. Edelsüße Weine gibt es allgemein wenig, dank des Frosts Anfang Januar findet man jedoch einige sehr gelungene Eisweine.

Besonders starke Kollektionen kommen von den bekannten Namen: Georg Breuer, Peter Jakob Kühn und Franz Künstler, Robert Weil ist in diesem Jahr von Trocken bis Edelsüß Spitze. Carl Erhard kann das tolle Niveau des Vorjahres mehr als bestätigen, die Weingüter Kaufmann und Corvers-Kauter sind weiterhin spürbar im Aufwind. Bei seiner ersten Teilnahme präsentiert das junge Weingut Trinks-Trinks aus Geisenheim substanzreiche Rieslinge mit Eigenständigkeit.

Wegen später Fülltermine wurden nicht von allen Weingütern 2015er Spätburgunder angestellt. Die präsentierten Weine zeigen in der Spitze tolle Reife, oftmals vitale Frische und großes Potenzial. In einem potenziell großen Jahrgang beeindrucken hier nicht nur die bekannten Namen. Bei den kühlen Charakteren ragen die Pinot Noir von Corvers-Kauter und die vom Bischöflichen Weingut in Rüdesheim heraus. Auch das Weingut Kaufmann mit zwei finessenreichen Weinen und Kloster Eberbach mit druckvollen Höllenberg-Spätburgundern überzeugen. Beim Sekt ist das Niveau wie immer verlässlich. In der Spitze überzeugt Barth besonders, Schloss Vaux zeigt eine spürbare Weiterentwicklung in Richtung Eleganz.

Die besten Erzeuger

Weltklasse

★★★★★

Weingut Georg **Breuer**
Weingut Peter Jakob **Kühn**
Weingut Robert **Weil**

★★★★☆

Weingut **Leitz**
Weingut **Querbach**
Weingut Josef **Spreitzer**

Hervorragende Erzeuger

★★★★

Weinbaudomäne Schloss **Johannisberg**
Weingut **Chat Sauvage**
Weingut Carl **Ehrhard**
Weingut August **Kesseler**
Weingut Franz **Künstler**
Weingut **Prinz**

★★★☆

Bischöfliches Weingut Rüdesheim
Weingut Dr. **Corvers-Kauter** ↑
Weingut Joachim **Flick**
Weingut **Krone**
Weingut **Kaufmann** (bisher: Hans Lang) ↑
Weingüter **Wegeler**

Sehr gute Erzeuger

★★★

Weingut **Altenkirch** ↑
Sektmanufaktur **Bardong**
Wein- und Sektgut **Barth**
Weingut Emmerich **Himmel**
Weingut Jakob **Jung**
Weingut Graf von **Kanitz**
Weingut Freiherr **Langwerth** von Simmern
Weingut **Mohr** ↑
Sekthaus **Solter**
Domdechant **Werner'sches** Weingut

★★☆

Weingut **Bibo & Runge**
Diefenhardt'sches Weingut
Weingut August **Eser**
Weingut H.T. **Eser** ↑
Weingut Alexander **Freimuth** ↑
Weinhof **Goldatzel** ↑
Weingut Jörn **Goziewski** ↑
Weingut Paul **Laquai**
Weingut Georg-**Müller**-Stiftung
Weingut G.H. von **Mumm**
Weingut W. J. **Schäfer**
Wein- und Sektgut F.B. **Schönleber**
Sektmanufaktur Schloss **Vaux**

Gute Erzeuger

★★

Weingut Fritz **Allendorf** ↑
Weingut Hans **Bausch**
Weingut **Biebers** Weinkultur
Weingut Friedr. **Fendel** Erben
Weingut **49point9** ↑
Weingut Prinz von **Hessen**
Staatsweingüter **Kloster** Eberbach
Weingut Robert **König** (N)
Weingut **Sohns**
Weingut Im **Weinegg**
Weingut **Wurm** (bisher: Ottes)

★☆

Weingut Konrad **Berg** & Sohn ↑
Weingut **Crass** ↑
Weingut **Hirschmann** (W)
Weingut Baron **Knyphausen** ↑
Weingut **Trinks-Trinks** (N)

Zuverlässige Erzeuger

★

Weingut Karlo **Dillmann**
Weingut H.J. **Ernst**
Weingut **Jonas**
Weingut Hans **Prinz**
Klosterweingut Abtei **St. Hildegard**
Weingut **Schreiber**

Rheinhessen

Im Jahrgang 2016 dominiert Rheinhessen mit trockenem Riesling die deutsche Spitze – gleichzeitig war die Kluft zwischen den Spitzenbetrieben und der Basis noch nie so groß.
Viele Weingüter, die in den letzten Jahren zuverlässige Kollektionen präsentierten, kamen mit dem Jahrgang 2016 so gar nicht zu recht, so dass wir dieses Jahr deutlich weniger rheinhessische Weingüter präsentieren als im Jahr zuvor. Trotz vieler viel versprechender Neuaufnahmen wie das Weingut Baum in Ingelheim, die Sektmanufaktur Flik in Mainz, Mertz in Eckelsheim, Dr. Schreiber in Abenheim, Stauffer in Flomborn, Wernersbach in Dittelsheim-Heßloch oder Full in Mölsheim, ganz im Süden des Anbaugebietes, dazu die Bio-Betriebe Gänz in Hackenheim, Kronenhof in Gau-Algesheim und Hemer in Abenheim. Und es gibt auch wieder eine Vielzahl an Weingütern, die sich weiterentwickelt haben, die weiter zulegen konnten.
Wie eingangs gesagt: In der (Riesling-)Spitze ist Rheinhessen grandios. Und es sind die Weingüter, die schon in den letzten Jahren stark waren, die dieses Jahr auftrumpfen. Carolin und Hans-Oliver Spanier von den Weingütern Kühling-Gillot und BattenfeldSpanier, die Brüder Runkel vom Weingut Bischel, Jochen Dreissigacker, dazu natürlich die Platzhirsche, Klaus Peter Keller und Philipp Wittmann, auch Daniel Wagner vom Weingut Wagner-Stempel ist stark wie nie.
Und die Aufsteiger der letzten Jahre bestätigen ihre Stellung, so die Brüder Braunewell und Knewitz, das Weingut Karl May oder etablierte Betriebe wie Gunderloch oder Sankt Antony – das Niersteiner Weingut war dieses Jahr zwar stark mit Riesling, noch stärker aber mit Blaufränkisch. Blaufränkisch von der Rheinfront und überhaupt aus Rheinhessen? Warum nicht! Nachdem Dornfelder- und Regent-Hype vorüber sind und Portugieser so gar nicht mehr gefragt ist, suchen Winzer in Rheinhessen nach neuen Rebsorten, mit denen sie sich profilieren können. Spätburgunder natürlich, und es gibt auch eine Vielzahl hervorragender rheinhessischer Spätburgunder – aber die Konkurrenz ist hier groß, so wie auch bei Weißburgunder und Grauburgunder, Sorten die gerade sehr gefragt sind in Rheinhessen. Also besser auf neue Rebsorten setzen? Oder doch auf die etablierte deutsche Spitzen-Rotweinsorte Spätburgunder, trotz großer Konkurrenz? Beim Riesling hat man schließlich ja auch bei stärkster nationaler Konkurrenz als absoluter Außenseiter quasi bei Null angefangen.

Die besten Erzeuger

Weltklasse

★★★★★

Weingut Klaus **Keller**
Weingut **Wittmann**

★★★★☆

Weingut **Battenfeld-Spanier**
Weingut **Bischel**
Weingut **Dreißigacker**
Weingut **Kühling-Gillot**
Sekthaus **Raumland**

Hervorragende Erzeuger

★★★★

Weingut **Becker-Landgraf**
Weingut **Braunewell**
Weingut **Gunderloch**
Wein- und Sektgut **Hofmann**
Weingut **Landgraf**
Weingut **Sankt Antony**
Weingut **Wagner-Stempel**

★★★☆

Weingut Karlheinz **Keller** ↑
Weingut **Kissinger**
Weingut **Knewitz**
Weingut Karl **May**
Weingut **Riffel**
Weingut Château **Schembs**
Winzerhof **Thörle** ↑
Weingut **Winter**

Sehr gute Erzeuger

★★★

Weingut J. **Bettenheimer**
Weingut **Espenhof**
Weingut Alexander **Flick** ↑
Geil's Sekt- und Weingut
Weingut **Gres**
Weingut Heinrich **Groh**
Weingut **Gysler**
Weingut Fritz Ekkehard **Huff**
Weingut Georg Gustav **Huff**
Weingut Karl-Hermann **Milch** ↑
Weingut **Peth-Wetz**
Weingut **Sander**
Weingut **Schneider** – Mirjam Schneider
Weingut **Spiess**, Riederbacherhof
Spiess Weinmacher ↑
Weingut **Stallmann-Hiestand**
Weingut Dr. Eva **Vollmer** ↑
Weingut **Weinreich**
Weingut Arndt F. **Werner**

★★☆

Weingut Lisa **Bunn**
Weingut K. & K. **Dautermann**
Weingut **Frey** ↑
Weingut Eckehart **Gröhl**
Weingut **Hedesheimer Hof**
Weingut **Huff-Doll**
Weingut Klaus **Knobloch**
Weingut Dr. **Koehler**
Weingut **Lamberth**
Weingut **Michel-Pfannebecker**
Weingut **Raddeck**
Weingut Uwe **Spies**
Weingut **Steinmühle**
Strauch Sektmanufaktur ↑
Weingut Eckhard **Weitzel**

Gute Erzeuger

★★

Weingut **Alte Schmiede** ↑
Weingut Brüder Dr. **Becker**
Weingut **Beiser**
Weingut **Bossert**
Weingut **Brandt**
Weingut **Fischborn-Bergeshof** ↑
Weingut **Franz**
Weingut Klaus **Gallé**
Weingut Helmut **Geil**
Weingut **Göhring**
Weingut **Goldschmidt**
Weingut **Hiestand**
Weingut **Hirschhof**

Weingut **Kampf**
Weingut **Krämer** ↑
Weingut **Kühling**
Bioweingut **Lorenz**
Weingut Dieter **Michel** ↑
Weingut **Neef-Emmich**
Weingut J. **Neus** ↑
Weingut **Ruppert-Deginther**
Weingut **Scherner-Kleinhanss**
Weingut Daniel **Schmitt** ↑
Weingut Eugen **Schönhals**
Weingut **Schweickardt** ↑
Weingut Schloss **Westerhaus**
Weingut **Walldorf-Pfaffenhof**
Weingut **Wernersbach** Ⓦ

★☆

Weingut **Bernhard** ↑
Weingut **Brüssel** (Scultetus-Brüssel)
Weingut **Eberle-Runkel**
Weingut **Feth-Wehrhof**
Weingut **Flörsheimer Hof**
Weingut **Full** Ⓝ
Weingut **Götz**
Weingut Louis **Guntrum**
Weingut **Hauck**
Weingut **Hothum**
Huster Ökologischer Weinbau
Weingut **Kapellenhof**
Weingut **Mett** & Weidenbach ↑
Weingut **Meyerhof** ↑
Cisterzienser Weingut **Michel**
Weingut **Müller-Dr. Becker**
Weingut **Münzenberger** ↑
Weingut **Posthof** - Doll & Göth
Weingut G.A. **Schneider**
Weingut **Strohm**
Weingut **Wagner**
Weingut **Wasem** ↑
Weingut **Werther Windisch**
Weingut Arthur & Fabian **Zimmermann** ↑
Weingut **Zöller** ↑

Zuverlässige Erzeuger

★

Weingut **Achenbach**
Weingut **Adam**
Weingut **Baum** Ⓝ
Weingut **Becker**
Weingut **Boxheimerhof**
Weingut **Brinkmann**
Weingut **Büsser-Paukner**
Weingut Jean **Buscher**
Weingut **Dechent**
Weingut **Dessoy** Vino Fredi
Weingut **Diel**
Weingut **Domhof**
Weingut Udo & Timo **Eppelmann**
Weingut **Fischborn-Schenk**
Flik Sektmanufaktur Ⓝ
Weingut **Freitag** (Georgenhof)
Weingut **Hemer** Ⓝ
Weingut **Fritzsch**
BioWeingut **Gänz** Ⓝ
Weingut **Hemer** Ⓝ
Weingut **Hessert**
Weingut **Jäger**
Weingut **Julianenhof**
Weingut **Julius**
Weingut Georg **Jung**
Weingut **Kinges-Kessel**
Weinhaus **Kissel**
Weingut **Kronenhof** Ⓝ
Weingut **Meiser**
Weingut **Merl**
Weingut **Mertz** Ⓝ
Weingut **Oswald**
Weingut Dr. **Schreiber** Ⓝ
Weingut **Schreiber-Kiebler**
Weingut Arno **Schröder**
Weingut **Stauffer** Ⓝ
Weingut **Wedekind**
Weingut **Weinmann**
Weingut Peter & Julian **Wolf**
Weingut **Zimmer-Mergel**

Saale-Unstrut

Saale-Unstrut ist eine Region in Bewegung, eine Region im Findungsprozess. Eine Region, die sich glücklich schätzen kann, dass sie eine große, mengenmäßig dominierende Genossenschaft hat, die sehr gut arbeitet, die Winzervereinigung Freyburg. Die Region überzeugt insgesamt, auch wenn der Jahrgang nicht einfach war.
Außer Weißburgunder sind es wieder einmal die Rotweine, die überraschen, die besonders stark auftrumpfen, neben Spätburgunder kristallisiert sich immer mehr Zweigelt als spannende zweite Rebsorte in der Region heraus, bei Andre Gussek, aber auch beim Landesweingut Kloster Pforta und bei der Winzervereinigung. Beim Spätburgunder trumpft neben Gussek das Weingut Frölich-Hake auf, das auch mit seinen Grauburgundern ganz oben mitmischt, die dieses Jahr den Weißburgundern Paroli bieten können.

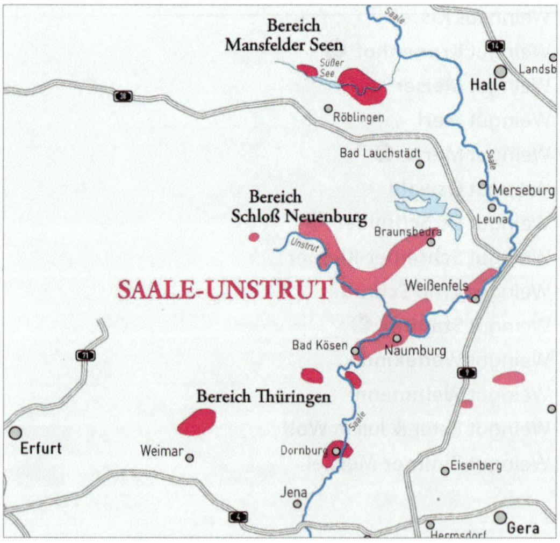

Eine starke Kollektion hat auch das Thüringer Weingut Bad Sulza anzubieten, trumpft wie im Vorjahr mit Chardonnay auf, auch mit einer im Barrique ausgebauten Kerner Auslese.
Dass Riesling auch „funktioniert" an Saale und Unstrut, zeigt Andre Gussek mit seinem bemerkenswerten Breitengrad-Wein aus dem Naumburger Steinmeister. Und besonders freut es uns, dass wir mit dem Weingut Lückel einen jungen, ambitionierten Kleinbetrieb vorstellen können.

Die besten Erzeuger

Sehr gute Erzeuger

★★☆
Winzerhof **Gussek**

Gute Erzeuger

★★
Weingut **Frölich-Hake**

★☆
Thüringer Weingut Bad Sulza ↑
Winzervereinigung Freyburg ↑

Zuverlässige Erzeuger

★
Weingut **Lückel** Ⓝ
Landesweingut Kloster **Pforta**

Sachsen

Nur noch drei Weingüter stellen wir dieses Jahr vor, nachdem Schloss Proschwitz uns dieses Jahr keine Weine geschickt hat. Da ist es schwer etwas über den Jahrgang, etwas über die Entwicklung zu schreiben.
Auch mit dem Jahrgang 2016 ist das traditionsreiche Weingut Vincenz Richter unter der Führung von Thomas Herrlich wie immer eine sichere Bank, bietet gleichmäßige Qualität über alle Rebsorten hinweg. Die Weine von Bernd Kastler und Enrico Friedland stellten wir vor zwei Jahren erstmals vor, sie haben sich seither deutlich weiterentwickelt, auch die neue Kollektion ist stark, allen voran ihre im Holz ausgebauten Weine. Einer der drei großen sächsischen Betriebe, Schloss Wackerbarth, hat in den letzten Jahren ebenfalls eine höchst erfreuliche Entwicklung durchgemacht, punktet neuerdings mit Rotweinen – Frühburgunder, Blaufränkisch – fast noch mehr als mit Weißwein und Sekt.
Sachsen besitzt ein ausgeprägtes Kontinentalklima mit kalten Wintern und der Gefahr von Winter-, aber auch Frühjahrsfrösten, aber recht heißen Sommern mit warmen Tagen und kühlen Nächten. Das Elbtal ist geprägt von einer Vielzahl unterschiedlicher geologischer Formationen – das bietet die Chance, sich mit Terroirweinen zu profilieren. Hauptsächlich herrschen Granit-Syenit-Verwitterungsböden vor, aber man findet auch Sandstein, Löss, verschiedene Tonarten und Flusssand. Der größte Teil der Weinberge in Sachsen wird von Nebenerwerbswinzern bewirtschaftet, die in der Winzergenossenschaft Meißen zusammengeschlossen sind. Gut die Hälfte der Weinberge befindet sich in Hang- und Steillagen, wo die Weinberge oft in Terrassen angelegt sind.

DIE BESTEN ERZEUGER

GUTE ERZEUGER

★★

Weingut Schloss **Wackerbarth**

★☆

Weingut Vincenz **Richter**
Weingut **Kastler Friedland**

Württemberg

Beginnt man endlich auch außerhalb Württembergs die Weine der Region nicht nur wahrzunehmen sonder auch zu schätzen? Die Lemberger sind stark wie nie – und werden immer spannender. Und es werden immer mehr Betriebe, die hervorragende Lemberger erzeugen. Bei der Vorpremiere der Großen Gewächse in Wiesbaden hatten wir den Eindruck, dass dies von Vielen erkannt wurde; natürlich nicht von den Unverbesserlichen, die prinzipiell keine Württemberger verkosten. Aber nicht nur die Lemberger wurden geschätzt, wir hörten auch viele lobende Worte über Württembergs Spätburgunder.
Beim Spätburgunder ist Christian Dautel auf einem spannenden Weg, erzeugt mit die faszinierendsten Weine in Deutschland. Aber auch sonst sind die Spitzenbetriebe stark, ob Schnaitmann oder Aldinger, Ellwanger, Heid oder Wöhrwag, und andere wie Klopfer, Knauß und Zimmerle sind beim Spätburgunder so stark wie nie.
Beim Lemberger sind es in etwa die gleichen Betriebe, die an der Spitze stehen, hinzu kommen Graf Neipperg und Rainer Wachtstetter mit geballter Lemberger-Kompetenz.
Vier Betriebe stellen wir erstmals vor in diesem Jahr: Die Weingärtner Stromberg-Zabergäu (endlich mal wieder eine weitere Genossenschaft), Rolf Heinrich in Heilbronn, Oliver Frick aus dem Remstal, dazu das Stuttgarter Weingut Schwarz mit einem besonders starken Debüt.
Wie schon in den Vorjahren spielen Württembergs Winzer auch beim Riesling ganz oben mit, Beurer, Dautel und Schnaitmann sind da an erster Stelle zu nennen. Außerhalb Württembergs ist auch das kaum bekannt – aber vielleicht ist ja zumindest bei Rotwein ein Anfang gemacht.

Die besten Erzeuger

Weltklasse

★★★★★

Weingut Gerhard **Aldinger**
Weingut **Dautel**

★★★★☆

Weingut Karl **Haidle**, Inh. H. Haidle
Weingut Rainer **Schnaitmann**

Hervorragende Erzeuger

★★★★

Weingut Graf **Adelmann** ↑
Weingut **Beurer**
Weingut Jürgen **Ellwanger**
Weingut **Heid**
Weingut Fürst zu **Hohenlohe-Öhringen**
Weingut Wolfgang **Klopfer**
Weingut **Knauß** ↑
Weingut **Kusterer**
Weingut Albrecht **Schwegler**
Weingut **Wachtstetter**
Weingut **Wöhrwag**
Weingut **Zimmerle**

★★★☆

Weingut **Drautz-Able**
Weingut **Escher**
Weingut Fritz **Funk**
Weingut G.A. **Heinrich** ↑
Staatsweingut **Weinsberg**

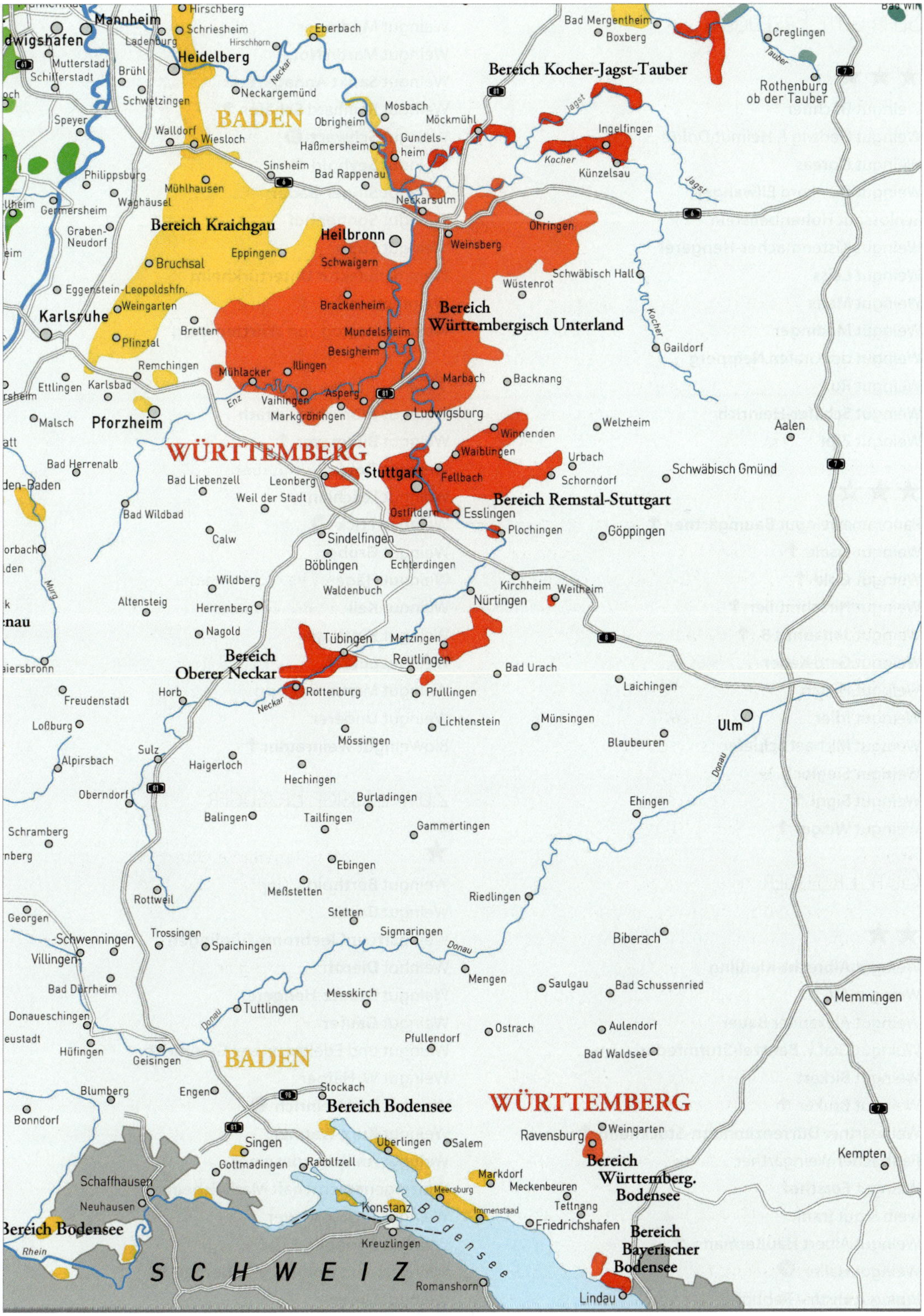
Mannheim
Ludwigshafen
Hirschberg
Schriesheim
Ladenburg
Heidelberg
Mutterstadt
Schifferstadt
Brühl
Schwetzingen
Hirschhorn
Neckar
Eberbach
Neckargemünd
BADEN
Speyer
Walldorf
Wiesloch
Mosbach
Obrigheim
Möckmühl
Gundelsheim
Haßmersheim
Bad Mergentheim
Boxberg
Creglingen
Tauber
Bereich Kocher-Jagst-Tauber
Rothenburg ob der Tauber
Jagst
Ingelfingen
Kocher
Künzelsau
Philippsburg
Sinsheim
Bad Rappenau
Mühlhausen
Waghäusel
Germersheim
Neckarsulm
Graben-Neudorf
Bereich Kraichgau
Heilbronn
Weinsberg
Öhringen
Bruchsal
Eppingen
Schwaigern
Schwäbisch Hall
Wüstenrot
Eggenstein-Leopoldshfn.
Karlsruhe
Weingarten
Brackenheim
Bereich Württembergisch Unterland
Bretten
Mundelsheim
Pfinztal
Besigheim
Gaildorf
Remchingen
Mühlacker
Illingen
Marbach
Backnang
Ettlingen
Karlsbad
Enz
Vaihingen
Asperg
Markgröningen
Ludwigsburg
Malsch
Pforzheim
Winnenden
Welzheim
Aalen
WÜRTTEMBERG
Waiblingen
Urbach
Bad Herrenalb
Stuttgart
Fellbach
Schorndorf
Schwäbisch Gmünd
Bad Liebenzell
Leonberg
Weil der Stadt
Bereich Remstal-Stuttgart
Bad Wildbad
Ostfildern
Esslingen
Plochingen
Göppingen
Calw
Sindelfingen
Böblingen
Echterdingen
Murg
Wildberg
Waldenbuch
Kirchheim
Weilheim
Altensteig
Herrenberg
Nürtingen
Nagold
Tübingen
Metzingen
Bereich Oberer Neckar
Reutlingen
Bad Urach
Horb
Rottenburg
Pfullingen
Laichingen
Freudenstadt
Neckar
Lichtenstein
Münsingen
Ulm
Loßburg
Mössingen
Blaubeuren
Sulz
Haigerloch
Alpirsbach
Donau
Hechingen
Oberndorf
Burladingen
Ehingen
Balingen
Tailfingen
Schramberg
Gammertingen
Ebingen
Meßstetten
Riedlingen
Rottweil
Stetten
Georgen
Trossingen
-Schwenningen
Villingen
Spaichingen
Sigmaringen
Biberach
Donau
Bad Dürrheim
Mengen
Saulgau
Bad Schussenried
Memmingen
Messkirch
Tuttlingen
Donaueschingen
Ostrach
Aulendorf
Pfullendorf
Hüfingen
Geisingen
Bad Waldsee
BADEN
Blumberg
Engen
Stockach
Bereich Bodensee
WÜRTTEMBERG
Bonndorf
Weingarten
Ravensburg
Singen
Überlingen
Salem
Bereich Württemberg. Bodensee
Kempten
Gottmadingen
Radolfzell
Schaffhausen
Markdorf
Meckenbeuren
Neuhausen
Meersburg
Konstanz
Immenstaad
Tettnang
Bodensee
Friedrichshafen
Bereich Bodensee
Bereich Bayerischer Bodensee
Rhein
Kreuzlingen
SCHWEIZ
Romanshorn
Lindau

Sehr gute Erzeuger

★★★

Weingut **Bächner**
Weingut Hedwig & Helmut **Dolde**
Weingut **Doreas**
Weingut Bernhard **Ellwanger**
Schlossgut **Hohenbeilstein**
Weingut **Kistenmacher-Hengerer**
Weingut **Leiss**
Weingut **Maier**
Weingut **Medinger**
Weingut des Grafen **Neipperg**
Weingut **Rux**
Weingut **Schäfer-Heinrich**
Weingut **Zipf**

★★☆

Panoramaweingut **Baumgärtner** ↑
Weingut **Eisele** ↑
Weingut **Gold** ↑
Weingut **Hirschmüller** ↑
Weingut **Johannes B.** ↑
Weingut Gerd **Keller**
Weingut **Hirsch**
Weingut **Idler**
Weingut Michael **Schiefer**
Weingut **Siegloch**
Weingut **Siggi** ↑
Weingut **Weigel** ↑

Gute Erzeuger

★★

Weingut **Albrecht-Kießling**
Weingut **Alt**
Weingut Alexander **Bauer**
Weingut Graf v. **Bentzel-Sturmfeder**
Weingut **Birkert**
Weingut **Bruker** ↑
Weingärtner **Dürrenzimmern-Stockheim** ↑
Fellbacher Weingärtner
Weingut **Forsthof**
wein & gut **frank**
Weingut Albert **Häußermann** ↑
Weingut **Haller** Ⓦ
Weingut **Hirth** – Rebhof
Weingut Eberhard **Klein**
Weingut **Mödinger**
Weingut Martin **Notz**
Weingut **Sankt Annagarten**
Weingut Reinhard **Schäfer** ↑
Weingut **Schwarz** Ⓝ
Weingut **Seybold** ↑
Weingut **Singer-Bader**
Weingut **Sonnenhof**
Weingut **Supp**
Weinmanufaktur **Untertürkheim**
Weinfactum ↑
Weingut Herzog von **Württemberg**

★☆

Weingut **Albrecht-Gurrath**
Weingut **Bihlmayer** ↑
Weingut **Dobler**
Weingut **Faschian**
Weinbau **Frick** Ⓝ
Weingut **Gruber**
Weingut **Häge**
Weingut **Keil**
Weingut **Kinzinger**
Weingut **Lutz** ↑
Weingut Martin **Schropp**
Weingut **Ungerer**
BioWeingut **Weinreuter** ↑

Zuverlässige Erzeuger

★

Weingut **Berthold**
Weingut **Borth**
Weingärtner **Cleebronn-Güglingen**
Weinhof **Dieroff**
Weingut **Drautz-Hengerer**
Weingut **Gaufer**
Weingut und Edelbrennerei **Gemmrich**
Weingut W. **Häfner**
Weingut Rolf **Heinrich** Ⓝ
Weingut **Kurz-Wagner**
Weingut Anita **Landesvater**
Winzergenossenschaft **Markelsheim**
Weingut Jochen **Mayer**
Weingut **Springer**
Weingärtner **Stromberg-Zabergäu** Ⓝ
Weingut **Unser**
Weingut **Wagner**

Deutsche Weingüter von A bis Z

A

ABRIL

★★

KONTAKT

Am Enselberg 1
79235 Vogtsburg-Bischoffingen
Tel. 07662-949323-0
Fax: 07662-949323-99
www.weingut-abril.de
weingut@weingut-abril.de

Inhaber Weingut Abril GbR
Betriebsleiter Eva-Maria-Köpfer
Kellermeister Daniel Hank
Außenbetrieb Sebastian Faber
Rebfläche 20 Hektar
Produktion 130.000 Flaschen

BESUCHSZEITEN

Mo.-Fr. 8-18 Uhr, Sa. 8:30-12:30 Uhr, So. 11-16 Uhr (April/Mai/Sept./Okt.)

ABRIL

1740

Die Familie Abril betreibt seit dem Jahr 1740 Weinbau in Bischoffingen am Kaiserstuhl. Hans-Friedrich Abril führte in achter Generation den Betrieb. Nach 37 Ernten haben er und Ehefrau Gabi das Weingut 2007 an Cousine Helga und ihren Mann Erivan Haub, den Seniorchef von Tengelmann, abgegeben, die das Weingut unter dem alten Namen weiterführen, das Gut ist jedoch nicht Teil der Tengelmann-Gruppe. Die Rebfläche, bei Übernahme 6,5 Hektar, wurde seither deutlich vergrößert, unter anderem durch die Übernahme des benachbarten Weinguts Consequence. Der neue Weinkeller konnte nicht wie geplant am alten Sitz realisiert werden, ein kompletter Neubau am Ortsrand von Bischoffingen inmitten der Weinberge wurde im September 2012 eröffnet. Die Weinberge liegen in den Bischoffinger Lagen Enselbuck und Steinbuck, sowie im Jechtinger Eichert. Die Weinberge werden biologisch bewirtschaftet, man ist Mitglied bei Ecovin. Der Schwerpunkt liegt auf den Burgundersorten, dazu gibt es Spezialitäten wie Gewürztraminer, Muskateller, Riesling, Scheurebe, Chardonnay oder Blauer Silvaner. Das Sortiment ist dreistufig gegliedert in die Linien Frucht, Stein und Zeit, einige Weine der beiden Linien Stein und Zeit tragen Lagenbezeichnungen.

Kollektion

Frucht, Stein, Zeit, Reserve: Man muss vertraut sein mit diesen Bezeichnungen, ein auf Lagen abgestimmtes Konzept fänden wir verständlicher. Qualitativ geht es voran. Die Frucht-Weine sind klar und zupackend, im weißen Segment gefällt uns der würzige Auxerrois besonders gut, rot überzeugt der sehr gute Merlot, der intensive reintönige Frucht besitzt – und aus unserer Sicht eine Einstufung in die nächsthöhere Kategorie verdient hätte. In dieser Stein-Kategorie ist der beeindruckende Magmatit-Spätburgunder zu finden, der Fülle und Kraft mit reifer Frucht und guter Struktur vereint. Sehr gut sind auch die beiden holzgeprägten weißen Reserve-Weine, unsere Präferenz gilt dem Chardonnay.

Weinbewertung/keine Preisangaben

82 2016 Blauer Sylvaner trocken „Frucht" **13,5 %**
83 2016 Auxerrois trocken „Frucht" **12,5 %**
82 2016 Weißer Burgunder trocken „Frucht" **12,5 %**
82 2016 Grauer Burgunder trocken „Frucht" **13 %**
84 2015 Grauer Burgunder trocken „Stein" Bischoffinger Enselberg **13,5 %**
84 2015 Gewürztraminer trocken „Stein" **14 %**
86 2015 Grauer Burgunder trocken „Zeit" „Reserve" **14 %**
87 2015 Chardonnay trocken „Zeit" „Reserve" **14 %**
82 2015 Spätburgunder trocken „Frucht" **13 %**
86 2015 Merlot trocken „Frucht" **14 %**
88 2015 Spätburgunder trocken „Magmatit" „Stein" **13,5 %**

ACHENBACH

★

KONTAKT

Kirchgasse 1
55599 Wonsheim
Tel. 06703-707
Fax: 06703-3627
www.weingut-achenbach.de
info@weingut-achenbach.de

Inhaber
Gernot Achenbach &
Frank Achenbach
Rebfläche
22 Hektar
Produktion
120.000 Flaschen

BESUCHSZEITEN

nach Vereinbarung
Gästehaus

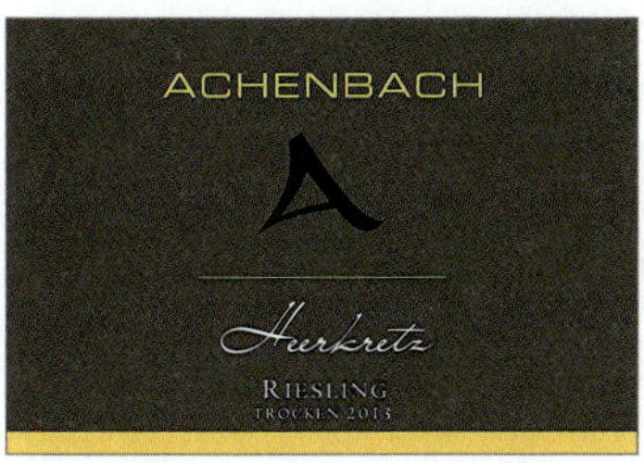

Gernot Achenbach baut neben traditionellen Rebsorten und Neuzüchtungen auch Spezialitäten wie Frühburgunder, Auxerrois, St. Laurent und Muskatsilvaner (Sauvignon Blanc) an. Die Weinberge liegen vor allem in Siefersheim (Heerkretz, Martinsberg), Volxheim (Mönchberg), Wonsheim (Sonnenberg) und Wendelsheim. Die Rotweine werden 5 bis 10 Tage auf der Maische vergoren und in Holzfässern ausgebaut. Der älteste Sohn Frank hat 2010 seinen ersten eigenen Wein gemacht, einen Riesling vom Porphyr im Siefersheimer Heerkretz, mit dem Jahrgang 2012 begann er aus den besten Lagen und ältesten Weinbergen selektierte Trauben nach langen Maischestandzeiten spontan im Holzfass zu vergären. 2014 wurde ein Gästehaus eröffnet, Frank Achenbach beendete seine Technikerausbildung und übernahm die Verantwortung im Keller, im Frühjahr 2015 sammelte er Erfahrungen in Südafrika beim Weingut Meerendal.

Kollektion

Die 2016er Weine, so bisher abgefüllt bzw. verkostet, sind ein wenig verhalten, am besten gefällt uns der fruchtbetonte, geradlinige Porphyr-Riesling. An der Spitze der Kollektion stehen ganz klar die Lagenweine, von denen wir jeweils einen aus den Jahrgängen 2012 bis 2015 verkosten konnten. Der Grauburgunder aus dem Martinsberg besitzt Fülle und Kraft, reife Frucht und Substanz. Der Weißburgunder aus dem Mönchberg steht ihm nicht nach, er ist füllig und saftig, besitzt gute Struktur und Substanz. Der Riesling aus der Heerkretz zeigt feine Reife besitzt herrlich viel Frucht und Kraft und eine ganz dezente Bitternote im Abgang. Unser Favorit ist der Mockenhöll-SIlvaner, der Fülle und Substanz besitzt, gute Komplexität und Länge.

Weinbewertung

83	2016 Riesling trocken „Porphyr" **12,5 %/7,- €**
79	2016 Weißburgunder trocken „Löss" **13 %/6,- €**
80	2016 Grauburgunder trocken „Urmeer" **12,5 %/6,- €**
79	2015 Sauvignon Blanc trocken „Löss" **12,5 %/6,50 €**
85	2015 Grauburgunder trocken Holzfass Siefersheimer Martinsberg **13 %/9,- €**
85	2012 Riesling trocken Steillage Siefersheimer Heerkretz **12,5 %/15,- €**
85	2014 Weißburgunder trocken Holzfass Volxheimer Mönchberg **13 %/9,- €**
86	2013 Sylvaner „Mockenhöll" Siefersheimer **13 %/13,- €**
81	2016 Riesling „feinherb Turm" **11 %/6,50 €**
80	2016 Auxerrois „feinherb Löss" **12,5 %/7,50 €**
80	2016 Scheurebe „feinherb Urmeer" **12,5 %/6,- €**
80	2016 Würzer **10,5 %/5,50 €**

A

ACKERMANN

★★☆

KONTAKT

Oberdorfstraße 40
76831 Ilbesheim
Tel. 06341-30664
Fax: 06341-32547
www.weingut-ackermann.de
info@weingut-ackermann.de

Inhaber
Familie Ackermann
Rebfläche
14 Hektar
Produktion
60.000 Flaschen

BESUCHSZEITEN

nach Vereinbarung
Ferienwohnung

Die Familie Ackermann spezialisierte sich Mitte der sechziger Jahre auf Weinbau. Mit der Aussiedlung an den Ortsrand von Ilbesheim 1972 begann man die Selbstvermarktung zu forcieren. Neben Weinbergen an der Kleinen Kalmit in Ilbesheim (Landschneckenkalk) und im Leinsweiler Sonnenberg (Buntsandsteinverwitterung) besitzt die Familie auch Weinberge in Eschbach (Hasen), Göcklingen (Kaiserberg), Mörzheim (Pfaffenberg) und im Ilbesheimer Rittersberg. Riesling, Weißburgunder und Spätburgunder stehen im Vordergrund, aber auch internationale Rebsorten wie Chardonnay, Sauvignon Blanc, Merlot und Cabernet Franc wurden gepflanzt. Frank Ackermann ist seit 1996 für den Keller verantwortlich, Vater Karl-Heinz kümmert sich um den Außenbetrieb. Im Sommer 2011 wurde Frank Ackermann in den Kreis der Jungen Talente des VDP Pfalz aufgenommen.

Kollektion

Nachdem wir im vergangenen Jahr keine Rieslinglagenweine verkosten konnten, reicht Frank Ackermann die 2015er nun nach, gemeinsam mit ihren 2016er Pendants. Einen eindeutigen Favoriten haben wir darunter keinen und schätzen sie alle gleich stark ein, die Rieslinge vom Sonnenberg zeigen kräutrig-mineralische Würze, mit deutlichen Noten von Rosmarin beim 2016er, während die Weine von der Kalmit kalkige Würze zeigen, der 2016er zeigt zudem feine Zitrusfrucht. Die beiden 2015er Rieslinge sind etwas kraftvoller, besitzen etwas mehr Druck und zeigen schon leichte Reifenoten. Der Sauvignon Blanc vom Rittersberg besitzt gute Konzentration, zeigt röstige Würze und ist fruchtbetont mit Noten von Pfirsich, Banane und Stachelbeere, der Weißburgunder vom Landschneckenkalk ist reintönig und floral mit feiner Säure, der Spätburgunder von der Kalmit setzt ganz auf dunkle Frucht, ist kraftvoll und fleischig.

Weinbewertung

81	2016 Riesling trocken (1l) **12 %/4,90 €**
83	2016 Sauvignon Blanc trocken „Glühwürmchen" **12,5 %/6,90 €**
86	2016 Weißburgunder trocken „Landschneckenkalk" Ilbesheimer **13 %/8,- €**
85	2016 Riesling trocken „Buntsandstein" Leinsweiler **12,5 %/8,- €**
86	2016 Riesling trocken „Landschneckenkalk" Ilbesheimer **13 %/8,- €**
87	2016 Sauvignon Blanc trocken „Fumé" Ilbesheimer Ritterberg **13,5 %/12,50 €**
88	2016 Riesling trocken Leinsweiler Sonnenberg **13 %/13,- €**
88	2015 Riesling trocken Leinsweiler Sonnenberg **13,5 %/13,- €**
88	2016 Riesling trocken Ilbesheimer Kalmit **13 %/13,- €**
88	2015 Riesling trocken Ilbesheimer Kalmit **13,5 %/13,- €**
83	2011 „Cuvée Vincenz" Rotwein trocken **14 %/9,- €**
86	2014 Spätburgunder trocken Ilbesheimer Kalmit **13 %/14,- €**

WEINGUT ACKERMANN

Adam

★

KONTAKT

Am Weiher 18
55288 Partenheim
Tel. 06732-1289
Fax: 06732-930909
www.weingut-adam.de
info@weingut-adam.de

Inhaber
Thomas Adam
Rebfläche
18 Hektar

BESUCHSZEITEN

nach Vereinbarung
Weinschänke

Thomas Adam führt heute in vierter Generation dieses in Partenheim gelegene Weingut, ein Ort, in dem Weinbau bereits im 8. Jahrhundert urkundlich erwähnt wurde. Seine Weinberge liegen in den beiden Partenheimer Lagen St. Georgen (Löss und Ton) und Steinberg (toniger Lehm), der westlich an den Saulheimer Schlossberg anschließt, die Gewanne Am Himmelberg grenzt unmittelbar an den Schlossberg an, aus dieser Gewanne wird der Spitzenriesling des Weingutes erzeugt. Silvaner und Riesling sind die wichtigsten Rebsorten, es folgen Müller-Thurgau, Grauburgunder, Spätburgunder, Weißburgunder, Chardonnay und Dornfelder, aber auch Cabernet Sauvignon, Scheurebe, Regent, Portugieser, Cabernet Mitos, Bacchus, Ortega, Würzer und Rubinet – siebzehn Rebsorten insgesamt. Die Weine werden vor allem über Weinmessen verkauft, auf mehr als zwanzig Messen in ganz Deutschland ist das Weingut vertreten.

Kollektion

Nach gleichmäßigen, guten Kollektion in den Vorjahren ist die neue Kollektion von Thomas Adam ein wenig verhaltener. Die beiden 2016er Weißweine, Pinot Blanc und Riesling feinherb, sind ein klein wenig stumpf, etwas besser gefallen uns die Weine des Jahrgangs 2015, allen voran der schon im Vorjahr als Fassprobe verkostete trockene Riesling aus der Gewanne Am Himmelberg im Partenheimer Steinberg. Er zeigt feine Würze im Bouquet, ist füllig und kraftvoll im Mund, besitzt reife Frucht und ganz dezente Bitternoten. Im roten Segment ist das Bild ähnlich. Beim Cabernet Mitos kontrastieren die Tanninen mit der enormen Süße, der Cabernet Sauvignon, Jahrgang 2014, als Fassprobe verkostet, ist etwas von bitteren Tanninen geprägt. Am besten gefällt uns der ebenfalls als Fassprobe verkostete Pinot Noir, der fruchtbetont und frisch ist, geradlinig und klar.

Weinbewertung

80 2016 Pinot Blanc Partenheimer Steinberg **13 %/6,80 €**
81 2015 Cabernet Sauvignon „Blanc de Noir" Steinberg **11,5 %/6,50 €**
84 2015 Riesling „S" trocken Partenheim „Am Himmelberg" **13 %/17,95 €**
81 2015 Chardonnay Partenheimer St. Georgen **13 %/6,80 €**
81 2015 Bacchus Partenheimer Steinberg **11 %/5,60 €**
80 2016 Riesling „feinherb" Partenheimer Steinberg **11,5 %/5,60 €**
81 2016 Rosé **13 %/6,50 €**
(83) 2016 Pinot Noir Partenheimer St. Georgen **13,5 %/8,50 €**
(80) 2014 Cabernet Sauvignon Partenheimer St. Georgen **13 %/8,50 €**
79 2015 Cabernet Mitos Partenheimer St. Georgen **10 %/6,- €**

A.J. Adam

★★★★

KONTAKT

Metschert 14
54347 Neumagen-Dhron
Tel. 06507-9393713
Fax: 06507-702865
www.aj-adam.com
andreas@aj-adam.com,
barbara@aj-adam.com

Inhaber
Andreas Adam, Barbara Adam
Rebfläche
5 Hektar
Produktion
35.000 Flaschen

BESUCHSZEITEN

nach Vereinbarung

Andreas Adam übernahm das zwischenzeitlich stillgelegte Weingut des Großvaters und etwa einen Hektar Rebfläche. Im Jahr 2000 wurden die ersten Weine gekeltert, inzwischen erweiterte er die Fläche. Außer den Parzellen im Hofberg werden auch Reben im Piesporter Goldtröpfchen bewirtschaftet, wo er 2009 zusammen mit Julian Haart aus Piesport eine Parzelle erworben hat. 2011 konnte er weitere Felsterrassen im Hofberg dazu gewinnen und hat Terrassenstücke im Goldtröpfchen neu bepflanzt, inzwischen konnte er die kleine, nur 0,3 Hektar große Einzellage Dhroner Häs'chen erwerben, eine Terrassenlage mit 1930 wurzelecht bepflanzten Rieslingreben, der Jahrgang 2014 brachte den ersten Wein aus dem Häs'chen. 40 verschiedene Parzellen gibt es derzeit im Betrieb. Andreas Adam geht einen extrem traditionellen Weg, arbeitet mit einer alten Korbpresse, hat diese inzwischen aber durch eine moderne Presse ergänzt, was allein schon aus Kapazitätsgründen notwendig war. Er vergärt die Rieslinge mit eigenen Hefen und baut sie mit langer Lagerung auf der Feinhefe teils im Holz, teils im Edelstahl aus. Der Gutsriesling von jungen Reben kommt ins Edelstahl, der Dhroner teils ins Edelstahl, teils ins Holz, die großen Weine werden alle im Holz ausgebaut, die in kleinen Mengen erzeugten edelsüßen Spitzen kommen in Immervolltanks. Abhängig vom Jahrgang werden etwa 50 bis 60 % der Produktion trocken ausgebaut, die Hälfte der Produktion wird exportiert. 2013 ist Andreas Adams Schwester Barbara, nach Geisenheim-Studium, in den Betrieb eingetreten, eine vorsichtige Erweiterung des Betriebes haben beide ins Auge gefasst. Erstmals wurde im Jahr 2015 aus der Monopollage Dhroner Häs'chen auch eine kleine Menge Kabinett restsüß ausgebaut.

Kollektion

Stand im vergangenen Jahr ein Riesling aus dem Piesporter Goldtröpfchen ganz an der Spitze des trockenen Sortiments, sehen wir diesmal die drei

trockenen Spitzenweine aus Häs'chen, Hofberg und Goldtröpfchen praktisch gleichauf. Sie verändern sich über Tage hinweg, behalten ihre jeweils eigene Stilistik, weisen aber keine signifikanten qualitativen Unterschiede auf. Der Goldtröpfchenwein ist offen, duftig, mit einer fast exotisch wirkenden Frucht und einer beinah salzig wirkenden mineralischen Note, die auch Kräuter umfasst. Der Wein aus dem Häs'chen wirkt dagegen eher gelbfruchtig, leicht cremig und tiefgründig, braucht etwas Zeit. Sehr fest, mineralisch und würzig wirkt der Hofberg-Wein. Gut möglich, dass der Riesling aus dem Goldtröpfchen unter den dreien das meiste Potenzial besitzt. Wer nicht so lange warten will: Der Riesling mit der Ortsangabe Dhron ist ein mineralisches Schnäppchen, macht jetzt schon viel Spaß. Auch das mehr oder weniger süße Segment des Jahrgangs 2016 überzeugt. Eine komplexe Frucht weist der feinherbe Wein aus der Sängerei auf – duftig mit Anklängen an Kräuter und süßes Kernobst, saftig und voller Schmelz. Der enorm rassige Kabinettwein aus dem Goldtröpfchen besitzt ein faszinierendes Süße-Säure-Spiel, ist facettenreich und nachhaltig, dürfte erst in einigen Jahren zeigen, was wirklich in ihm steckt. Die Spätlese aus dem Hofberg ist nochmals komplexer, enorm saftig, steht der Auslese mit ihrer reifer wirkenden Frucht (Nektarinen, Pfirsiche, leicht exotisch) nicht nach. Nochmals einen Hauch faszinierender scheint uns die Häs'chen-Auslese mit ihrer komplexen, saftig-cremigen Frucht und bemerkenswerter Tiefe, der Eiswein steht noch ganz am Anfang seiner Entwicklung.

Weinbewertung

86	2016 Riesling trocken **10,5 %/9,- €**
88	2016 Riesling trocken Dhroner **11 %/14,- €**
90	2016 Riesling trocken Dhroner Häs'chen **12 %/21,- €**
90	2016 Riesling trocken Dhroner Hofberg **12 %/27,- €**
90	2016 Riesling trocken Piesporter Goldtröpfchen **12,5 %/35,- €**
87	2016 Riesling „feinherb" „Im Pfarrgarten" **10 %/9,- €**
89	2016 Riesling „feinherb" „In der Sängerei" **10 %/19,- €**
89	2016 Riesling Kabinett Dhroner Hofberg **8 %/13,- €**
89+	2016 Riesling Kabinett Piesporter Goldtröpfchen **8,5 %/15,- €**
88	2016 Riesling Kabinett Dhroner Häs'chen **8 %/15,- €**
91	2016 Riesling Spätlese Dhroner Hofberg **8 %/19,- €**
91	2016 Riesling Auslese Dhroner Hofberg **7 %/24,- €**
92	2016 Riesling Auslese Dhroner Häs'chen **7,5 %/24,- €**
90	2016 Riesling Auslese* Dhroner Hofberg **7,5 %/28,- €/0,375l**
92+	2016 Riesling Eiswein Dhroner Hofberg **6,5 %/70,- €/0,375l**

LAGEN

HOFBERGER (DHRON)
GOLDTRÖPFCHEN (PIESPORT)
HÄS'CHEN (DHRON)

REBSORTEN

RIESLING (100 %)

A

MARCO ADAMY

★★

KONTAKT

St. Petersweg 7
54538 Kinheim
Tel. 06532-4982
www.weingut-adamy.de
marco.adamy@weingut-adamy.de

Inhaber
Marco Adamy
Rebfläche
3 Hektar

BESUCHSZEITEN

nach Vereinbarung

Marco Adamy hat erst eine Ausbildung zum Groß- und Einzelhandelskaufmann absolviert, dann in Geisenheim studiert, ein Auslandspraktikum in Neuseeland und diverse Praktika im Inland gemacht, nach Beendigung seines Studiums wurde er Weinbauberater an der Mosel. Bereits seit seinem Studienbeginn 2005 war er im elterlichen Weingut für den Weinausbau verantwortlich, Ende 2013 gründete er sein eigenes Weingut, 2014 ist sein erster Jahrgang. Seine Weinberge befinden sich überwiegend in Steillagen, liegen in Kinheim im Rosenberg und in Kröv, 2015 kamen Parzellen im Ürziger Würzgarten (mit über 100 Jahre alten wurzelechten Reben) und im Erdener Treppchen (ebenfalls mit wurzelechten Reben) hinzu. Riesling nimmt 80 Prozent der Rebfläche ein, hinzu kommen etwas Spätburgunder, Sauvignon Blanc und Weißburgunder. Die Weine werden spontanvergoren und lange auf der Hefe ausgebaut.

Kollektion

Die 2015er konnten voll überzeugen, zeigten sich in der Spitze als ungeheuer elegante, feingliedrige Weine, die den Charakter des Jahrgangs perfekt zum Ausdruck brachten. Die 2016er sind nun teilweise konsequent anders als die Abfüllungen der Vorgängerernte. Auslesen oder Beerenauslesen wurden nicht präsentiert, dagegen las Adamy die Trauben für zwei Weine ausdrücklich früh, um einen moderaten Alkohol und einen guten Trinkfluss zu erhalten. Der Sauvignon Blanc ist tatsächlich sehr frisch, duftig, mit fast grasigen Noten und einer pikanten Säure sowie lediglich 10,5 Alkoholprozenten. Der saftige Basisriesling ist ein Schnäppchen, der duftige Riesling von alten Reben wirkt bereits zugänglich. Der zweite früh gelesene Wein, ein Kabinett aus dem Treppchen, beeindruckt mit seinem Süße-Säure-Spiel. Deutlich saftiger wirkt die Spätlese aus dem Würzgarten. Gelungen ist schließlich der Spätburgunder aus 2015 mit etwas verwaschen wirkender Frucht, Struktur und einem Hauch von Tabak im Nachhall. —

Weinbewertung

84 2016 Riesling trocken **12 %/5,90 €**
83 2016 Sauvignon Blanc trocken **10,5 %/7,90 €**
87 2016 Riesling trocken „Alte Reben" Ürziger Würzgarten **12 %/9,50 €**
84 2016 Riesling „feinherb" **10 %/5,90 €**
85 2016 Riesling „vom grauen Schiefer" Kinheimer **11,5 %/6,90 €**
86 2016 Riesling Kabinett Erdener Treppchen **7,5 %/6,90 €** ☺
86 2016 Riesling Spätlese Ürziger Würzgarten **8 %/9,- €**
86 2015 Spätburgunder trocken **13 %/9,- €**

A

Graf Adelmann

★★★★

Kontakt

Burg Schaubeck
71711 Steinheim-Kleinbottwar
Tel. 07148-92122-0
Fax: 07148-92122-25
www.graf-adelmann.com
weingut@graf-adelmann.com

Inhaber
Felix Graf Adelmann
Kellermeister
Ruben Röder
Rebfläche
21 Hektar
Produktion
120.000 Flaschen

Besuchszeiten

Mo.-Fr. 9-12 + 14-18 Uhr,
Sa. 9-13 Uhr

Die Grafen Adelmann erwarben 1914 das Gut, das seit 1978 von Michael Graf Adelmann geführt wurde; 2012 hat sein Sohn Felix das Gut übernommen. Weinbau ist auf der Burg Schaubeck bereits im 13. Jahrhundert nachgewiesen. Das Gros der Weinberge von Graf Adelmann, 16 Hektar, liegt in Kleinbottwar (roter Keuperboden), 1 Hektar in Großbottwar und 3 Hektar in Ludwigsburg-Hoheneck am Neckar, wo die Reben auf Muschelkalkböden wachsen. In Kleinbottwar gehören dem Weingut zwei Weinbergslagen im Alleinbesitz: Süßmund und Oberer Berg, wobei Oberer Berg auch die Lagenbezeichnung für den Adelmann'schen Besitz in Hoheneck am Neckar ist. Die Weinberge werden biologisch bewirtschaftet, 2017 wurde der dreijährige Umstellungsprozess abgeschlossen, dies wird der erste zertifizierte Jahrgang sein. 65 Prozent der Weinberge sind mit roten Reben bestockt: Vor allem Lemberger, Spätburgunder, Trollinger und Samtrot, aber auch etwas Frühburgunder, Muskattrollinger, Urban und andere Sorten. Rotweine werden maischevergoren und im Holzfass ausgebaut. Bei den weißen Rebsorten dominiert Riesling, es folgen Weißburgunder und Grauburgunder, dazu gibt es etwas Muskateller und Traminer, inzwischen auch 85 Ar Grüner Veltliner. Die Weißweine werden, oft nach Ganztraubenpressung, kühl vergoren und im Edelstahl ausgebaut, nur der Grauburgunder kommt hin und wieder ins Holz. 99 Prozent der Weine werden trocken ausgebaut. Die besten Rieslinge, Burgunder und Lemberger werden als „Brüssele'r Spitze mit eigenem Etikett vermarktet, benannt nach den Vorbesitzern des Gutes, den Freiherren von Brüssele, denen Burg Schaubeck von 1853 bis zum Verkauf an die Grafen Adelmann im Jahr 1914 gehörte. Bei den Rotweinen setzte Michael Graf Adelmann verstärkt auf Cuvées. Nach ersten Versuchen ab 1981 lancierte man im Jahr 1989 die Cuvée „Vignette" als roten Spitzenwein, Graf Adelmann gehört damit zu den Pionieren roter Cuvées in Deutschland. Die weiteren Spitzenweine wurden 1996 eingeführt, der „Löwe von Schaubeck" (als Lemberger und als Weißweincuvée) und die rote Cuvée „Herbst im Park". Die Cuvée „Carpe Diem" wurde erstmals 1999 erzeugt. Cuvées dürfen nach den Statuten des VDP keine Großen Gewächse sein, dies ist dem Lemberger Oberer Berg und dem Süßmund-Riesling vorbehalten.

Kollektion

Im vergangenen Jahr waren wir mit der Basis nicht ganz zufrieden und die 2015er Spitzen-Weißweine, unmittelbar nach der Füllung verkostet, waren sehr verschlossen, ein Jahr später aber melden sie sich fulminant zurück, zeigen sie, was in ihnen steckt. Die neue Kollektion überzeugt, beginnt wie gewohnt mit dem Trio aus Weißburgunder, Grauburgunder und dem Weißen Löwen, im Jahrgang 2016 eine Cuvée aus 45 Prozent Riesling, 30

Prozent Weißburgunder und 25 Prozent Grauburgunder, sie ist kraftvoll, zupackend, hat Substanz und Biss. Der Weißburgunder besitzt gute Struktur, Frische und Frucht, der Grauburgunder ist kraftvoll und zupackend, etwas druckvoller als der Weißburgunder. Der Weißburgunder aus dem Lichtenberg zeigt rauchige Noten, besitzt gute Struktur und Kraft. Der Hades-Grauburgunder zeigt gute Konzentration, würzig-rauchige Noten, besitzt gute Fülle und Substanz, ist deutlich vom Holzausbau geprägt. In blendender Verfassung präsentiert sich Das Lied von der Erde, das Große Gewächs aus dem Süßmund, ist stoffig, druckvoll, nachhaltig, leicht mineralisch. Der Rosé, aus Cabernet Cubin, ist fruchtbetont, klar und zupackend. Wir hatten lange keinen Urban mehr verkostet, dieses Jahr ergab sich die Gelegenheit und im Jahrgang 2015 ist er ungewohnt füllig, besitzt gute Struktur und Frische. Die Lemberger-Serie ist stimmig. Der Gutswein ist frisch, fruchtbetont, wunderschön reintönig und zupackend, der Rote Löwe zeigt intensive Frucht im Bouquet, besitzt viel Substanz und reintönige Frucht im Mund. Das Große Gewächs ist im Jahrgang 2014 noch etwas von Gewürznoten geprägt, zeigt dezent rauchige Noten, besitzt gute Struktur und Frucht, viel Biss und etwas harte Tannine, der füllige, komplexe 2012er bereitet zum jetzigen Zeitpunkt eindeutig mehr Trinkfreude. Die strukturierte, frische Herbst im Park-Cuvée besteht zur Hälfte aus Lemberger zur anderen Hälfte aus Burgunder- und Cabernet-Sorten. Der Hades-Merlot besitzt Fülle, Kraft und Struktur, dezente Bitternoten im Abgang, braucht Zeit. Eine starke, stimmige Kollektion, die uns Felix Adelmann dieses Jahr zeigt!

Weinbewertung

85	2016 Weißburgunder trocken **12,5 %/9,80 €**
86	2016 Grauburgunder trocken **12,5 %/9,80 €**
87	2016 „Weißer Löwe" Weißwein trocken **12,5 %/9,80 €**
88	2015 Weißburgunder trocken Kleinbottwarer Lichtenberg **13 %/13,50 €**
91	2015 Riesling „GG" „Das Lied von der Erde" Süßmund **14 %/25,- €**
89	2015 Grauburgunder trocken „Hades" **13,5 %/19,50 €**
86	2016 „Sommer im Park" Rosé trocken **13 %/8,90 €**
86	2015 Urban trocken **12,5 %/9,50 €**
86	2015 Lemberger trocken **13 %/8,90 €**
87	2014 „Herbst im Park" Rotwein trocken **13 %/16,90 €**
87	2015 Lemberger „Der Rote Löwe" **14 %/16,90 €**
90	2012 Lemberger „GG" „Der Schwarze Löwe" Oberer Berg **13,5 %/29,- €**
89	2014 Lemberger „GG" „Der Schwarze Löwe" Oberer Berg **12,5 %/29,- €**
89	2015 Merlot „Hades" **35,- €**

LAGEN

SÜSSMUND (KLEINBOTTWAR)
OBERER BERG (KLEINBOTTWAR)
LICHTENBERG (KLEINBOTTWAR)

REBSORTEN

LEMBERGER (18 %)
RIESLING (16 %)
WEISSBURGUNDER (15 %)
TROLLINGER (8 %)

ADELSECK

★

KONTAKT

Saarstraße 41
55424 Münster-Sarmsheim
Tel. 06721-97440
Fax: 06721-974422
www.adelseck.de
info@adelseck.de

Inhaber
Carl Adelseck
Rebfläche
12 Hektar
Produktion
95.000 Flaschen

BESUCHSZEITEN

nach Vereinbarung

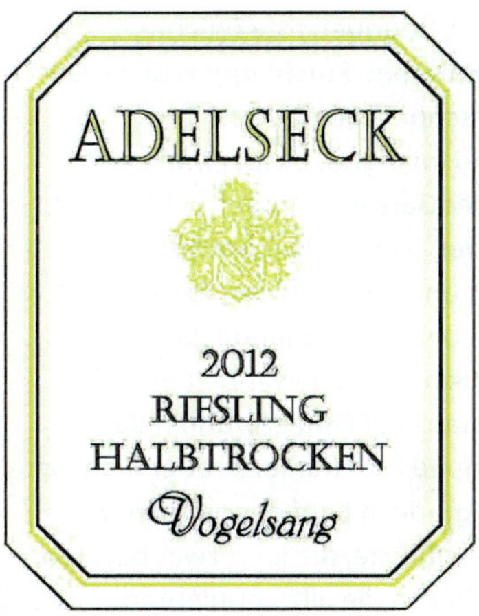

Bereits seit dem 11. Jahrhundert ist die Familie Adelseck im Bingener Raum urkundlich nachweisbar und schon damals hatten die Vorfahren als Küfer mit Wein zu tun. Heute führen die Brüder Carl Günther und Jens Adelseck den Betrieb. Nach dem Abschluss seiner Ausbildung zum Techniker für Weinbau und Önologie ist mit Carl Martin Adelseck seit 2016 die fünfte Generation der Familie im Weingut tätig. Ihre Weinberge liegen in den Münsterer Lagen Dautenpflänzer (Quarzit), Pittersberg (Schiefer), Kapellenberg und Königsschloss, in den Laubenheimer Lagen Karthäuser (Sandstein), Fuchsen und Vogelsang, sowie in der Sarmsheimer Liebehöll. 70 Prozent der Weinberge befinden sich in Steil- oder Hanglagen. Wichtigste Rebsorte ist Riesling, der auf der Hälfte der Fläche steht, gefolgt von Spätburgunder mit einem Anteil von 20 Prozent. Dazu gibt es etwas Silvaner, Gewürztraminer, Weißburgunder, Grauburgunder, Chardonnay, Dornfelder und Cabernet Sauvignon. Etwa 80 Prozent der Weine werden trocken oder halbtrocken ausgebaut. Aus Riesling und Scheurebe wird auch Sekt erzeugt. Zum Betrieb gehört auch das Weinhaus Adelseck, ein Großhandelshaus, das Weine aus Frankreich, Australien, Südafrika, Argentinien und Uruguay importiert.

Kollektion

Nachdem wir im vergangenen Jahr nur ein kleine Kollektion aus sechs Weinen verkostet hatten, konnten wir uns in diesem Jahr wieder einen etwas umfassenderen Eindruck verschaffen: An der Spitze stehen die zwei trockenen Lagenrieslinge, beide besitzen klare Frucht und ein animierendes Säure-Spiel, der Wein aus dem Dautenpflänzer ist füllig und zeigt kräutrig-mineralische Noten, der Riesling von alten Reben aus dem Pittersberg zeigt dagegen leichte Tabakwürze und Zitrusnoten. Gut gefallen uns auch der feinherbe Karthäuser-Riesling mit klarer Frucht, dezenter Süße und feinem Biss und der kraftvolle und reintönige Gewürztraminer, während die restlichen Weine zwar sauber sind, aber insgesamt doch wieder etwas verhalten im Ausdruck bleiben.

Weinbewertung

82 2016 Grauburgunder trocken Laubenheimer Karthäuser **12,5 %/8,50 €**
84 2016 Riesling trocken „Alte Reben" Münsterer Pittersberg **13 %/8,50 €**
85 2016 Riesling „S" trocken Münsterer Dautenpflänzer **13 %/13,- €**
83 2016 Gewürztraminer **13 %/8,50 €**
81 2016 Riesling Classic **12,5 %/6,- €**
83 2016 Riesling „feinherb" Laubenheimer Karthäuser **12,5 %/8,50 €**
81 2016 Riesling Spätlese Münsterer Dautenpflänzer **10,5 %/8,50 €**
81 2016 Rosé trocken **13 %/6,- €**
81 2015 Spätburgunder trocken „Alte Reben" Dautenpflänzer **12,5 %/8,50 €**

J.J. ADENEUER

★★★★

KONTAKT

Max-Planck-Straße 8
53474 Bad Neuenahr-Ahrweiler
Tel. 02641-34473
Fax: 02641-37379
www.adeneuer.de
jjadeneuer@t-online.de

Inhaber
Frank & Marc Adeneuer
Rebfläche
13 Hektar
Produktion
100.000 Flaschen

BESUCHSZEITEN

Mo.-Fr. 9-12 + 13:30-18 Uhr,
Sa. 10-15 Uhr

Seit über 500 Jahren betreiben die Adeneuers Weinbau an der Ahr. Seit 1984 wird das Weingut von den Brüdern Frank und Marc Adeneuer geführt. Sie bauten lange Zeit ausschließlich rote Sorten an, inzwischen gibt es ein wenig Weißburgunder. Neben dem dominierenden Spätburgunder gibt es Frühburgunder und Dornfelder. Die nach Süden ausgerichtete steil terrassierte Lage Walporzheimer Gärkammer (0,64 Hektar), zwischen Kräuterberg und Pfaffenberg gelegen, eine der kleinsten Einzellagen Deutschlands, gehört dem Weingut Adeneuer seit 1714 im Alleinbesitz. Aber auch in anderen Spitzenlagen ist das Weingut vertreten, so im Ahrweiler Rosenthal und im Neuenahrer Sonnenberg. Prädikatsbezeichnungen verwendet man bereits seit 2004 nicht mehr. Die Weine werden nach Kaltmaceration möglichst spontanvergoren. Die Spitzenweine kommen achtzehn bis zwanzig Monate ins Barrique, ab dem „No. 1" werden ausschließlich neue Fässer verwendet. An der Spitze der Kollektion stehen die Großen Gewächse aus Gärkammer und Rosenthal, zwischenzeitlich gab es einen Frühburgunder aus dem Sonnenberg als Großes Gewächs, der Spätburgunder aus dem Kräuterberg kommt erst nach sechs Jahren, also einige Jahre nach den anderen Großen Gewächsen in den Verkauf.

Kollektion

Der Blanc de Noir ist eine Saignée aller Qualitäten, er ist fruchtbetont, geradlinig, saftig, besitzt feine süße Frucht. Der im großen Holzfass ausgebaute Ahrweiler Spätburgunder ist frisch und fruchtbetont, sehr reintönig, geradlinig. Der im gebrauchten Barrique ausgebaute Frühburgunder zeigt reintönige Frucht im Bouquet, ist geradlinig und strukturiert im Mund. Der ebenfalls im gebrauchten Barrique ausgebaute JJ-Spätburgunder zeigt intensive Frucht im Bouquet, rote Früchte, Johannisbeeren, besitzt gute Struktur, reintönige Frucht und Frische. Der Spätburgunder N° 2 ist ebenfalls wunderschön fruchtbetont und reintönig im Bouquet, klar und zupackend im Mund, besitzt intensive Frucht, viel Charme. Der Zweitwein aus der Gärkammer, ist fruchtbetont, konzentriert, zeigt rote Früchte im Bouquet, ist fruchtbetont auch im Mund, füllig, besitzt gute Struktur, Frucht und Biss. Von den folgenden vier Weinen dann konnten wir jeweils die beiden Jahrgänge 2014 und 2015 verkosten. Die Adeneuer'sche Stilistik hat sich gewandelt in den vergangenen Jahren. Früher setzte man ganz auf Opulenz und reife Frucht, was in manchen Jahren hervorragend funktionierte, aber man hat immer wieder auch einmal zu hohe Reifegrade in Kauf genommen, was auch öfters zu allzu alkoholreichen Weinen führte, die jung zwar betören, aber nicht immer gut reifen; vielleicht haben ja die allzu opulenten, alkoholreichen, allzu sättigenden 2011er dazu geführt, dass Frank und Marc Adeneuer eine Kurskorrektur eingeleitet haben, die letzten Jahrgänge zeigen deutlich mehr Frische und Präzision. Der 2014er Spätburgunder N° 1 zeigt intensive Frucht, Johannisbeeren, ist frisch, zupackend und strukturiert, der 2015er ist etwas rauchiger und kraftvoller, aber ebenso reintönig, besitzt gute Substanz. Bei den Großen Gewächsen ist jeweils eine Mal mehr, Mal weniger große Steigerung im Jahrgang 2015 gegenüber 2014 festzustellen. Der 2014er Rosenthal ist rauchig, würzig, zeigt rote Früchte, besitzt herrlich viel Frucht und Würze im Mund, Jahrgang 2015 ist rauchiger, konzentrierter, deutlich komplexer, frischer und nachhaltiger. Auch beim Kräuterberg ist der Unterschied offensichtlich. Im Jahrgang 2014 ist er füllig und saftig, besitzt herrlich viel Frucht, gute Struktur, dezente Schokonoten, 2015 dann ist wesentlich druckvoller und komplexer, besitzt reintönige Frucht, gute Struktur, viel Frische und Nachhall, die beiden Weine werden aber erst 2020 respektive 2021 in den Verkauf kommen. Den geringsten Unterschied machen wir beim Paradewein aus, dem Großen Gewächs aus der Gärkammer. Jahrgang 2014 ist fruchtbetont, intensiv, herrlich eindringlich im Bouquet, füllig und komplex im Mund, besitzt viel Substanz und Länge. 2015 ist ebenfalls faszinierend reintönig und fruchtbetont im Bouquet, ähnlich komplex im Mund, ein klein wenig frischer und druckvoller, ebenso lang und nachhaltig. Uns gefällt dieser Weg hin zu mehr Frische und Präzision, viel Frucht ist ja ohnehin immer in den Adeneuer'schen Weinen vorhanden. Bravo!

Weinbewertung

85	2016 Spätburgunder „Blanc de Noir" trocken **12 %/9,50 €**
85	2016 Spätburgunder trocken Ahrweiler **12,5 %/9,50 €**
86	2015 Spätburgunder trocken „JJ" **13 %/12,- €**
84	2016 Frühburgunder trocken **12,5 %/15,- €**
87	2015 Spätburgunder trocken „No. 2" **13 %/15,- €**
88	2014 Spätburgunder trocken Walporzheimer Gärkammer **13 %/24,- €**
88	2014 Spätburgunder trocken „No. 1" **13,5 %/24,- €**
89	2015 Spätburgunder trocken „No. 1" **13,5 %/24,- €**
89	2014 Spätburgunder „GG" Ahrweiler Rosenthal **13,5 %/35,- €**
91	2015 Spätburgunder „GG" Ahrweiler Rosenthal **13,5 %/35,- €**
90	2014 Spätburgunder „GG" Walporzheimer Kräuterberg **13,5 %**
92	2015 Spätburgunder „GG" Walporzheimer Kräuterberg **13,5 %**
91	2014 Spätburgunder „GG" Walporzheimer Gärkammer **13,5 %/56,- €**
92	2015 Spätburgunder „GG" Walporzheimer Gärkammer **13,5 %/56,- €**

LAGEN

GÄRKAMMER (WALPORZHEIM)
KRÄUTERBERG (WALPORZHEIM)
ROSENTHAL (AHRWEILER)
SONNENBERG (NEUENAHR)

REBSORTEN

SPÄTBURGUNDER (87 %)
FRÜHBURGUNDER (10 %)
DORNFELDER
WEISSBURGUNDER

A

ALBERT

★

KONTAKT

Albertushof 1
68789 St. Leon-Rot
Tel. 06227-51717
Fax: 06227-881222
www.weingut-albert.de
wein@weingut-albert.de

Inhaber
Erwin-Peter Albert
Rebfläche
2,5 Hektar
Produktion
5.000 Flaschen

BESUCHSZEITEN

nach Vereinbarung

St. Leon-Rot ist eher für Spargel bekannt denn für Weinbau und Weinberge gibt es hier auch nicht – aber ein Weingut. Auch auf dem Alberthof ist Spargel das wichtigste Produkt, aber Erwin-Peter Albert setzt verstärkt auf Wein. Nach seiner Winzerlehre bei Klumpp und Bassermann-Jordan hat er mehrere Jahre bei Bassermann-Jordan gearbeitet, auch am Neusiedlersee (bei Judith Beck) und an der Walker Bay in Südafrika (bei Hermanuspietersfontein). 2013 ist er auf den elterlichen Albertushof zurückgekommen, den er 2015 übernommen hat. Seine Weinberge liegen in Malsch, wo er vor allem Spätburgunder anbaut, sowie jeweils etwa ein Viertel Weißburgunder und Müller-Thurgau, dazu gibt es ein klein wenig Grauburgunder, weitere Sorten sind neu gepflanzt oder sollen in den kommenden Jahren gepflanzt werden.

Kollektion

Sehr gut ist die zweite Charge des Pinot brut Sekts, ein Weißburgunder vom Jahrgang 2014. Wie die erste Charge, die wir im vergangenen Jahr verkostet hatten, zeigt er kräftige Eleganz und gute Stoffigkeit. Dazu kommen sehr feine Reifenoten von Haselnuss und Brioche, frische Zitrusnoten sind auch dabei, ebenso rauchige Würze. Der duftige Secco ist leicht und hat viel süße Frucht. Der trockene Müller-Thurgau zeigt viel Frucht und typische Aromen, er ist klar und leicht. Interessant ist der halbtrockene Müller-Thurgau, ein stimmiger Wein mit viel guter, saftiger Frucht und feinem Schmelz. Sehr gut gefällt uns der durchgegorene Weißburgunder, der Ausbau im Holz gibt ihm eine gute Struktur, Kraft und Eleganz, er zeigt viel Frucht und Stoff. Zupackend ist der ebenfalls durchgegorene Grauburgunder, ein kompromisslos puristisches Exemplar seiner Art.

Weinbewertung

80 2016 „Secco" Perlwein trocken **10 %/4,50 €**
86 2014 Pinot Sekt brut **12 %/8,50 €**
82 2016 Müller-Thurgau trocken (1l) **11,5 %/3,70 €** ☺
82 2016 Riesling trocken (1l) **12 %/4,50 €**
86 2016 Weißer Burgunder trocken **13,5 %/6,50 €** ☺
85 2016 Grauer Burgunder trocken **13,5 %/6,50 €**
82 2016 Müller-Thurgau halbtrocken (1l) **10,5 %/3,90 €** ☺
78 Spätburgunder halbtrocken (1l) **11,5 %/4,30 €**

Albrecht-Gurrath

★☆

KONTAKT

Äußere Mausklinge 2
74074 Heilbronn
Tel. 07131-507194
Fax: 07131-578075
www.weingut-albrecht-gurrath.de
info@weingut-albrecht-gurrath.de

Inhaber
Denis, Peter & Gabriele Gurrath
Rebfläche
10 Hektar
Produktion
85.000 Flaschen

BESUCHSZEITEN

Mo.-Fr. nach Vereinbarung,
Sa. 8-16 Uhr

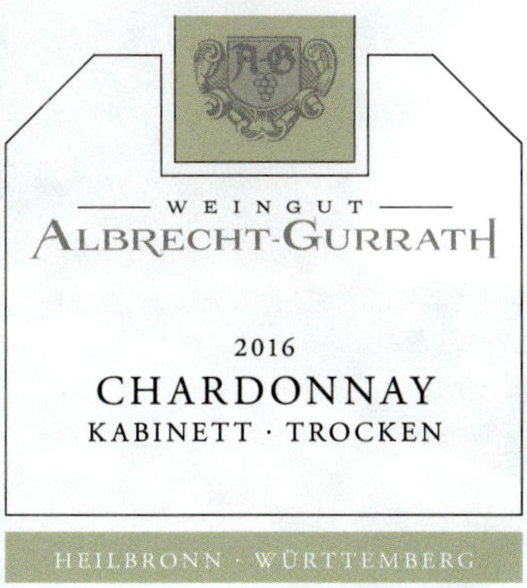

Peter und Gabriele Gurrath übernahmen 1987 das Weingut und siedelten alsbald in die Äußere Mausklinge aus. Ihre Weinberge liegen in Heilbronn (Stiftsberg, Wartberg, Staufenberg), aber auch in Weinsberg, Neckarsulm und Flein (Eselsberg). Die Reben wachsen hauptsächlich auf tiefgründigen Keuperböden. Rote Rebsorten nehmen mehr als die Hälfte der Rebfläche ein: Trollinger, Lemberger, Spätburgunder, Samtrot und Schwarzriesling, aber auch Cabernet Dorsa, Acolon, Muskat-Trollinger und Frühburgunder respektive Clevner. An weißen Rebsorten gibt es hauptsächlich Riesling, Chardonnay und Sauvignon Blanc. Sohn Denis hat nach der Winzerlehre die Ausbildung zum Weinbautechniker in Weinsberg abgeschlossen, unterstützt seine Eltern seit 2010 im Betrieb, in dem sich der Generationswechsel vollzieht.

Kollektion

Auch in diesem Jahr präsentieren die Gurraths wieder eine gleichmäßige, zuverlässige Kollektion, die weiß wie rot gleichermaßen überzeugt. Der Riesling G ist lebhaft, frisch und zupackend, die S-Variante saftig und süffig. Der Sauvignon Blanc zeigt reintönige Frucht, besitzt gute Struktur, Substanz und Frucht. Der trockene Chardonnay Kabinett ist fruchtbetont und geradlinig, der im Holz ausgebaute Chardonnay S besitzt Fülle und Kraft, viel reife Frucht, gute Struktur und Substanz. Die Trockenbeerenauslese ist enorm duftig, hat Eiswein-Touch und dezente Bitternoten, der Muskat-Trollinger Rosé ist ein saftig-süffiger, frischer Spaßwein. Der Lemberger ist fruchtbetont, frisch und lebhaft, deutlich kraftvoller präsentiert sich die S-Variante, die gute Struktur und Kraft besitzt. Der Spätburgunder ist klar, geradlinig und fruchtbetont, der Cabernet Dorsa zeigt intensive Frucht im Bouquet, ist frisch und klar im Mund, strukturiert und zupackend.

Weinbewertung

83	2016 Chardonnay Kabinett trocken Heilbronner Stiftsberg **12,5 %/6,80 €**
83	2016 Weißer Riesling trocken „G" Heilbronner Staufenberg **12,5 %/6,50 €**
85	2016 Sauvignon Blanc „S" trocken Heilbronner Stiftsberg **12,5 %/9,80 €**
86	2015 Chardonnay „S" trocken Holzfass Heilbronner Stiftsberg **13,5 %/10,80 €**
85	2016 Riesling „S" Heilbronner Stiftsberg **11,5 %/10,80 €**
84	2015 Spätburgunder „Blanc de Noir" Trockenbeerenauslese **11 %/29,80 €/0,375l**
83	2016 Muskat-Trollinger Rosé **11,5 %/6,90 €**
82	2015 Lemberger trocken Heilbronner Staufenberg **13 %/6,80 €**
83	2015 Spätburgunder „S" trocken Heilbronner Stiftsberg **13,5 %/12,20 €**
84	2015 Cabernet Dorsa „S" trocken Fleiner Eselsberg **13,5 %/10,80 €**
84	2015 Lemberger „S" trocken Heilbronner Staufenberg **13,5 %/10,80 €**
81	2015 Samtrot Kabinett Heilbronner Stiftsberg **12,5 %/6,70 €**

A

ALBRECHT-KIESSLING

★★

KONTAKT

Im Breitenloch 37
74076 Heilbronn
Tel. 07131-178947
Fax: 07131-166825
www.albrecht-kiessling.de
weingut@albrecht-kiessling.de

Inhaber
Annette & Peter Albrecht
Rebfläche
16 Hektar
Produktion
150.000 Flaschen

BESUCHSZEITEN

Do.+Fr. 9-18:30 Uhr, Sa. 9-16 Uhr, oder nach Vereinbarung

Das Weingut Albrecht-Kiessling ist hervorgegangen aus den Weinbergen von Gerhard Kiessling und Walter Albrecht, die beide aus Familien stammen, die seit Jahrhunderten Wein anbauen. Heute führen Annette und Peter Albrecht den Betrieb. Ihre Töchter sind in der Ausbildung: Viola studiert nach Lehre bei Christmann und Stefan Winter in Geisenheim, Luisa absolviert die Ausbildung bei Klumpp und im Staatsweingut Meersburg. Die Weinberge befinden sich fast ganz in den Heilbronner Lagen Wartberg, Stiftsberg und Stahlbühl. Rote Rebsorten nehmen 60 Prozent der Rebfläche ein. Wichtigste rote Rebsorten sind Lemberger, Trollinger und Samtrot, dazu gibt es einige Cabernet-Kreuzungen und Merlot. Drei Viertel der Weißweinfläche nimmt Riesling ein, dazu gibt es Grauburgunder, Weißburgunder, Kerner und Muskateller. Alle Weine durchlaufen die malolaktische Gärung und bleiben vier Monate auf der Feinhefe. Gut die Hälfte der Produktion wird trocken ausgebaut.

Kollektion

Eine weiß wie rot gleichmäßige Kollektion präsentieren Annette und Peter Albrecht in diesem Jahr. Der Weißburgunder-Sekt zeigt feine Hefenoten, besitzt reife süße Frucht, der Muskateller zeigt intensive Muskatellerfrucht, ist frisch und zupackend. Der trockene Weißburgunder Kabinett ist reintönig und geradlinig, der Grauburgunder fruchtbetont und harmonisch, die trockene Riesling Spätlese zeigt viel Würze, besitzt gute Struktur und Frucht. Unser Favorit im weißen Segment ist die Viola genannte kraftvolle und noch sehr jugendliche Cuvée aus Weißburgunder und Chardonnay, die von Tochter Viola im Tonneau vergoren und ausgebaut wurde. Der Merlot ist fruchtbetont und intensiv, die Lemberger Spätlese besitzt herrlich viel Frucht und gute Struktur, noch besser gefällt uns die Löwenherz-Auslese, die rauchig und kraftvoll ist, strukturiert und tanninbetont.

Weinbewertung

85 2014 Weißburgunder Sekt brut Heilbronner Stiftsberg **14 %/11,50 €**
83 2014 Muskateller Sekt trocken Heilbronner Stiftsberg **12,5 %/11,50 €**
83 2016 Weißburgunder Kabinett trocken Heilbronner Stiftsberg **12,5 %/5,90 €**
85 2016 Riesling Spätlese trocken Heilbronner Stiftsberg **12,5 %/7,50 €**
84 2016 Grauburgunder trocken „Johanna" **13 %/8,80 €**
87 2016 Chardonnay mit Weißburgunder trocken „Viola" **13 %/14,40 €**
82 2016 Lemberger Weißherbst Kabinett trocken Stiftsberg **12 %/6,20 €**
82 2015 Spätburgunder trocken „alte Reben" **13,5 %/8,80 €**
84 2015 Merlot trocken **13,5 %/8,20 €**
85 2015 Lemberger Spätlese trocken Heilbronner Wartberg **13,5 %/9,20 €**
87 2015 Lemberger Auslese trocken „Löwenherz" **13,5 %/14,40 €**

A

Gerhard Aldinger

★★★★★

KONTAKT

Schmerstraße 25 / Ecke
Lutherstraße
70734 Fellbach
Tel. 0711-581417
Fax: 0711-581488
www.weingut-aldinger.de
info@weingut-aldinger.de

Inhaber
Gert Aldinger
Rebfläche
30 Hektar
Produktion
220.000 Flaschen

BESUCHSZEITEN

Mo.-Fr. 9-12 + 14-18 Uhr

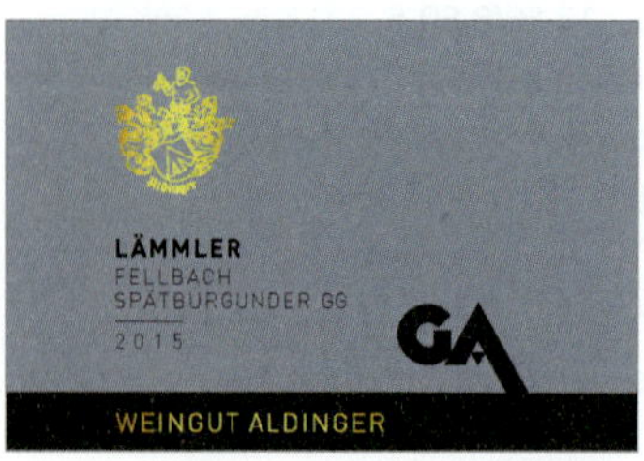

Bentz der Aldinger legte 1492 den Grundstock für das heutige Weingut, indem er von Aldingen nach Fellbach zog um dort Reben zu bewirtschaften. Aber erst in den fünfziger Jahren des letzten Jahrhunderts entstand das Weingut, als Gerhard Aldinger nach seiner Heirat mit Anneliese Pflüger beschloss, die Holzküferei seines Schwiegervaters in ein Weingut umzuwandeln. 1973 erwarb man die Lage Gips in Untertürkheim, eine 9,5 Hektar große Einzellage, die dem Weingut allein gehört, der Boden besteht aus Gipskeuper. Unter der Führung von Gert Aldinger wurde der Betrieb nach und nach vergrößert, heute besitzt man Weinberge im ganzen Remstal und am Neckar, vor allem in den Fellbacher Lagen Lämmler und Goldberg (Stubensandstein, Mergel und Keuper), aber auch in Stetten (Mönchberg, Pulvermächer, Kieselsandstein), Rotenberg (Schlossberg, leichter Mergel), Uhlbach (Götzenberg) und Hanweiler (Mergelböden). 2,5 Hektar besitzt Gert Aldinger bei der Burg Lichteneck (Keuperböden) im Bottwartal. Knapp 30 Prozent der Weinberge nimmt Riesling ein. An roten Sorten gibt es vor allem Spätburgunder, Lemberger und Trollinger. Wobei die Aldingers auch internationale Sorten anbauen: Cabernet Sauvignon und Merlot gibt es bereits seit 1990, Sauvignon Blanc seit 1994. An der Spitze der Kollektion stehen die Großen Gewächse aus Gips und Lämmler. Ihnen zur Seite stehen die „Großen Reserven" von Merlot und Cabernet Sauvignon („Cuvée C"), von Sauvignon Blanc (meist eine Cuvée aus den Lagen Gips, Lämmler und Schlossberg) und Chardonnay. Inzwischen sind Gert Aldingers Söhne Hansjörg und Matthias im Betrieb tätig, die beide ihre Ausbildung bei renommierten Weingütern in Deutschland absolvierten und beide auch im Ausland Erfahrung sammelten.

Kollektion

Den zweiten Jahrgang des faszinierenden, komplexen Brut Nature-Sektes hatten wir schon letztes Jahr vorgestellt. Die Riesling-Serie ist auch 2016 wieder stimmig. Der Gutswein ist klar und zupackend, der Fellbacher Ortswein besitzt gute Struktur, Frische und Frucht. Der trockene Gips-Riesling besitzt feine Frische und Frucht. Ein klein wenig besser noch, bei gleicher Bewertung, gefällt uns sein halbtrockenes Pendant aus dem Pulvermächer, der herrlich klar und zupackend ist, gute Struktur, Frische und Biss besitzt. Zwei Große Riesling-Gewächse bieten die Aldingers an, wir sehen beide gleichauf. Der Gips-Riesling zeigt rauchige Noten, intensive Frucht, ist füllig und saftig bei viel Substanz. Auch der Wein aus dem Lämmler besitzt viel Substanz und viel reife süße Frucht, ist etwas würziger, ebenso rauchig. Den Gips-Weißburgunder gibt es in zwei Versionen, als fruchtbetonten, wunderschön reintönigen Erste Lage-Wein sowie seit 2010 als Großes Gewächs (davor gab es zwei Jahre eine 3 Sterne-Version): Dieses zeigt Konstanz über die Jahrgänge hinweg, zeigt Toast im Bouquet, besitzt viel Kraft und viel Substanz, ist deutlich vom Ausbau im Holz geprägt.

A

Dies gilt auch für den Reserve-Chardonnay, der ebenfalls eindringliche Toastnoten zeigt, rauchige Noten, viel Konzentration und viel reife Frucht besitzt. Besonders gut gefallen uns dieses Jahr die beiden Sauvignon Blanc: Der Reserve-Sauvignon Blanc ist wunderschön füllig und saftig, harmonisch und reintönig, der im Betonei ausgebaute Ovum ist rauchig und konzentriert, komplex und druckvoll, lang und nachhaltig. Der kraftvolle, enorm würzige Spätburgunder Rosé leitet über zum roten Teil der Kollektion, der mit zwei beeindruckenden Trollingern beginnt. Der Wein von alten Reben ist fruchtbetont, faszinierend reintönig, zupackend, besitzt gute Struktur und Frische. Der Sine ist intensiv, würzig, zupackend, besitzt Struktur, Kraft. Die Erste Lage-Rotweine sind beide faszinierend reintönig und fruchtbetont. Der Merlot ist füllig, harmonisch, besitzt viel reife Frucht und Substanz. Der Marienglas-Spätburgunder zeigt reife Frucht, etwas Schoko, ist wunderschön füllig und saftig. Ein klein wenig besser gefällt uns der rauchigere, deutlich von Toastnoten geprägte Lämmler-Spätburgunder, der kraft- und druckvoll ist, präzise, jugendlich. Auch der Lämmler-Lemberger zeigt Toastnoten im Bouquet, viel Frucht, dezent Johannisbeeren, besitzt viel Substanz, viel Frucht, ist jugendlich und eindringlich. Starke Kollektion!

Weinbewertung

90 2010 Aldinger Sekt brut nature **12 %/50,- €**
85 2016 Riesling trocken „Rebhuhn" **11,5 %/6,70 €**
87 2016 Riesling trocken „Alte Reben" Fellbacher **12 %/9,50 €**
88 2016 Weißburgunder trocken Untertürkheimer Gips **12,5 %/10,90 €**
88 2016 Riesling trocken Untertürkheimer Gips **12,5 %/10,60 €**
90 2016 Sauvignon Blanc trocken „Reserve" **12 %/18,70 €**
92 2015 Sauvignon Blanc trocken „Ovum" „Reserve" **13 %/39,- €**
90 2015 Chardonnay trocken „Reserve" **12,5 %/33,90 €**
90 2015 Weißburgunder trocken „GG" „Marienglas" Gips **13 %/29,90 €**
90 2016 Riesling trocken „GG" Fellbacher Lämmler **12,5 %/29,90 €**
90 2016 Riesling trocken „GG" „Marienglas" Untertürkheimer Gips **12,5 %/29,90 €**
88 2016 Riesling Stettener Pulvermächer **11,5 %/10,60 €**
87 2015 Spätburgunder Rosé trocken „Reserve" **12,5 %/18,70 €**
87 2015 Trollinger trocken „Alte Reben" Fellbacher **13 %/9,50 €**
88 2015 Trollinger trocken „Sine" Fellbacher **11,5 %/14,10 €**
89 2015 Spätburgunder trocken Untertürkheimer Gips **12,5 %/15,30 €**
89 2015 Lemberger trocken Hanweiler Berg **13 %/15,30 €**
90 2015 Merlot trocken „Reserve" **14 %/29,90 €**
90 2015 Spätburgunder trocken „GG" „Marienglas" Gips **12,5 %/33,90 €**
91 2015 Spätburgunder trocken „GG" Fellbacher Lämmler **12,5 %/42,- €**
91 2015 Lemberger trocken „GG" Fellbacher Lämmler **13,5 %/33,90 €**

LAGEN

GIPS (UNTERTÜRKHEIM)
LÄMMLER (FELLBACH)
PULVERMÄCHER (STETTEN)
MÖNCHBERG (STETTEN)
SCHLOSSBERG (ROTENBERG)
GÖTZENBERG (UHLBACH)
GOLDBERG (FELLBACH)
BERG (HANWEILER)
MAIEN (HANWEILER)

REBSORTEN

RIESLING (31 %)
SPÄTBURGUNDER (13 %)
LEMBERGER (13 %)
TROLLINGER (8 %)
CABERNET (7 %)
WEISSBURGUNDER (6 %)
SAUVIGNON BLANC (6 %)

A

FRITZ ALLENDORF

★★

KONTAKT

Kirchstraße 69
65375 Oestrich-Winkel
Tel. 06723-91850
Fax: 06723-918540
www.allendorf.de
allendorf@allendorf.de

Inhaber
Ulrich Allendorf & Christine Schönleber
Rebfläche
70 Hektar
Produktion
600.000 Flaschen

BESUCHSZEITEN

Mo.-Fr. 8-12 + 13-18 Uhr,
Sa. 10-16 Uhr

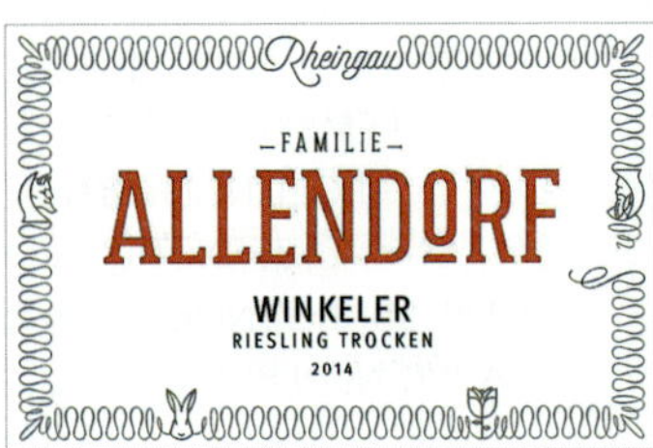

Die Familie Allendorf kann ihre Geschichte bis ins späte 13. Jahrhundert zurückverfolgen. Inzwischen sind Ulrich Allendorf und Christine Schönleber verantwortlich für das Unternehmen, das 1955 erst ein Kleinbetrieb mit 1,5 Hektar war, heute aber mit einer Rebfläche von 70 Hektar längst zu den Schwergewichten im Rheingau zählt. In Lagen wie Winkeler Jesuitengarten, Hasensprung, Rüdesheimer Berg Roseneck oder Assmannshäuser Höllenberg stehen zu 75 Prozent Riesling, zu 22 Prozent wird Spätburgunder angebaut. Als Ergänzung gibt es etwas Chardonnay, auch der Rote Riesling wird vinifiziert. Neben den Weißweinen, von trocken bis edelsüß, spielt seit einiger Zeit auch der Rotwein eine wichtige Rolle; seit 1981 werden rote Reben angebaut. Wie nur wenige andere Rheingüter der Region pflegt Allendorf sein Weinarchiv, bietet auch Raritäten an.

Kollektion

Wieder einmal wurde eine große Auswahl von Weinen vorgestellt. Bei den Spätburgundern gefallen der strukturierte, kräftige „Quercus" und das ätherisch duftige Große Gewächs aus dem Höllenberg besonders, das reife, klare Frucht und feine würzige Gerbstoffe besitzt, delikat und lang nachhallt. Bei den Weißweinen stehen die kompakten Großen Gewächse an erster Stelle, die alle auf einem Niveau stehen. Sie bieten reifen Duft, stoffige Konzentration und gute Nachhaltigkeit. Auch die vitale, würzige Auslese aus dem Jahrgang 1990, die jetzt wieder im Verkauf ist, gehört mit ihrer ausgewogenen Struktur zu den empfehlenswerten Weinen der Kollektion und setzt mit ihrer Frische das tolle Reifungspotenzial des Rheingauweins gelungen in Szene.

Weinbewertung

85 2014 „Raffinesse" Sekt brut **12,5 %/14,50 €**
85 2014 „Raffinesse" Rosé Sekt brut **12,5 %/16,50 €**
83 2016 Roter Riesling trocken **13 %/12,- €**
82 2016 Riesling Kabinett trocken **11,5 %/9,- €**
83 2016 Riesling trocken Winkel **12 %/9,- €**
84 2016 Riesling trocken Rüdesheim **12,5 %/9,90 €**
84 2016 Riesling „Charta" **12,5 %/11,- €**
88 2016 Riesling trocken „GG" Winkel Jesuitengarten **13 %/25,- €**
87 2016 Riesling trocken „GG" Winkel Hasensprung **13 %/25,- €**
87 2016 Riesling trocken „GG" Rüdesheim Berg Roseneck **13 %/27,50 €**
81 2016 Riesling Kabinett **10,5 %/9,- €**
88 1990 Riesling Auslese Winkeler Jesuitengarten **9 %/30,- €**
84 2015 Spätburgunder trocken Assmannshausen **13 %/13,50 €**
86 2014 Pinot Noir trocken „Quercus" **13,5 %/18,- €**
88 2014 Spätburgunder trocken „GG" Assmannshausen Höllenberg **13,5 %/27,50 €**

A

Aloisiushof

★★★

Kontakt

Wein- und Sekthaus Aloisiushof
Mühlstraße 2
67487 St. Martin
Tel. 06323-2099
Fax: 06323-5149
www.aloisiushof.de
weinundsekthaus@aloisiushof.de

Inhaber
Bernhard, Michael, Andreas & Philipp Kiefer
Rebfläche
20 Hektar
Produktion
260.000 Flaschen

Besuchszeiten

Mo.-Sa. 9-18 Uhr

Alois und Rita Kiefer gründeten 1950 den Betrieb mit damals 2 Hektar Reben. Ihre drei Söhne Bernhard, Michael und Andreas haben das Gut zur heutigen Größe ausgebaut. Bernhard Kiefer und sein Sohn Philipp, der 2013 in das Spitzentalente-Programm des VDP Pfalz aufgenommen wurde, sind für den Weinausbau verantwortlich. Die Weinberge liegen vor allem in St. Martin in den Lagen Kirchberg und Baron, sowie auf Edenkobener Gemarkung, auch Gewannnamen wie Am Guckuckberg werden genutzt. Die Rebfläche ist jeweils zur Hälfte mit roten und weißen Sorten bestockt. Wichtigste Rebsorten sind Riesling, Gewürztraminer, Burgunder (Weiß-, Grau-, Spätburgunder), Chardonnay, Sauvignon Blanc und Cabernet Sauvignon.

Kollektion

Mit der neuen „Ambrosia"-Cuvée aus Cabernet Sauvignon und Merlot präsentiert uns Philipp Kiefer einen sehr kraftvollen, konzentrierten Rotwein mit mächtiger Tanninstruktur, viel dunkler Frucht aber auch minziger Frische, ein Wein ganz für die Reife, den wir gerne in fünf Jahren noch einmal verkosten würden. Auch der Cabernet aus dem Heiligenberg ist noch sehr jung mit viel roter und dunkler Beerenfrucht, er setzt wie auch der St. Laurent und die Cuvée „Alois K." ganz auf Kraft und Stoff. Wesentlich eleganter sind die drei Pinot Noir mit dem neuen „Pinotimes-Réserve" an der Spitze, mit viel klarer, heller Kirschfrucht, sehr dezentem Holz, feiner Minzwürze und jugendlicher Struktur. Der Guckuckberg-Riesling zeigt rauchige Holzwürze und gelbe Frucht, ist animierend und lang, der Sauvignon Blanc ist sehr fruchtbetont mit feinen Röstnoten und auch der kraftvolle Chardonnay profitiert vom dezenten, gekonnten Holzeinsatz.

Weinbewertung

87	2016 Gewürztraminer trocken „Stein & Erde" „vom Löss" St. Martin **13,5 %/9,90 €**
87	2016 Pinot Blanc trocken „Pinotimes" **13,5 %/16,90 €**
86	2016 Riesling trocken „Stein & Erde" „vom Buntsandstein" St. Martin **13 %/9,90 €**
88	2016 Sauvignon Blanc trocken „Ambrosia Fumé Am Guckuckberg" **13,5 %/22,90 €**
88	2016 Chardonnay trocken „Ambrosia" St. Martiner Baron **13,5 %/18,90 €**
88	2016 Riesling trocken „Ambrosia" St. Martiner Kirchberg **13,5 %/17,90 €**
89	2016 Riesling trocken „Ambrosia" St. Martiner „Am Guckuckberg" **13,5 %/22,90 €**
86	2015 „Alois K." Rotwein trocken „Stein & Erde vom sandigen Lehm" **14 %/13,90 €**
90	2015 Cabernet Sauvignon & Merlot trocken „Ambrosia" **14 %/48,- €**
86	2015 St. Laurent trocken „Stein & Erde" „Réserve" **13,5 %/13,90 €**
89	2015 Cabernet Sauvignon trocken „Ambrosia" Heiligenberg **14 %/24,90 €**
88	2015 Pinot Noir trocken „Ambrosia" St. Martiner Baron **13,5 %/18,90 €**
89	2015 Pinot Noir trocken „Pinotimes" **13,5 %/21,90 €**
90	2015 Pinot Noir trocken „Pinotimes" „Réserve" **14 %/a.A.**

A

ALT

★☆

KONTAKT

Hauptstraße 67
55569 Monzingen
Tel. 06751-94560
Fax: 06751-94561
www.weingut-alt.de
info@weingut-alt.de

Inhaber
Holger Alt
Rebfläche
8,5 Hektar
Produktion
60.000 Flaschen

BESUCHSZEITEN

Mo.-Sa. 8-12 + 14-18 Uhr, sonst nach Vereinbarung
Straußwirtschaft (bis 50 Personen), Gästezimmer, Ferienwohnungen

Das Weingut Alt ist ein Familienbetrieb in Monzingen, der seit über 100 Jahren besteht. Eckhard Alt, der Vater des heutigen Inhabers Holger Alt, richtete den Betrieb in den siebziger Jahren ganz auf den Weinbau aus. Die Weinberge von Holger Alt liegen alle in den beiden Monzinger Lagen Frühlingsplätzchen und Halenberg. Wichtigste Rebsorte ist der Riesling, der 45 Prozent der Rebfläche einnimmt, dazu kommen 30 Prozent Weiß-, Grau- und Spätburgunder, auf dem Rest der Fläche stehen Müller-Thurgau, Kerner, Bacchus, Dornfelder, Domina, Cabernet Dorsa und Dunkelfelder. Die Weine werden überwiegend trocken und halbtrocken ausgebaut, wenn es der Jahrgang zulässt, werden auch edelsüße Weine erzeugt. Die Weine werden zu 90 Prozent an Privatkunden verkauft.

Kollektion

Wie schon in den vergangenen Jahren kann Holger Alt auch in diesem Jahr wieder bei einzelnen Weinen zulegen, dieses Mal vor allem bei der restsüßen Spätlese aus dem Halenberg, die deutliche mineralische Würze und klare Zitrusnoten zeigt, ein lebendiges Säure-Spiel besitzt, und bei dem im Holzfass ausgebauten Grauburgunder aus dem Frühlingsplätzchen, bei dem das Holz wesentlich besser als beim Jahrgangsvorgänger eingebunden ist, der Wein besitzt Saft, Kraft und gute Länge. Der Gutsriesling bietet wieder viel Wein fürs Geld, zeigt Zitrusnoten, Kräuter und etwas mineralische Würze, bei den beiden Lagenrieslingen zeigt der Wein vom Rotliegenden viel Tabakwürze und die für das Frühlingsplätzchen so typischen steinigen Noten, der Wein ist saftig und animierend, aber die Frucht bleibt ganz im Hintergrund, wie auch beim sehr mineralischen Riesling vom Blauschiefer aus dem Halenberg, der ganz dezente Zitrusnoten und gute Länge besitzt. Und die Auslese aus dem Frühlingsplätzchen ist konzentriert und cremig, besitzt klare, süße Aprikosenfrucht und feine Noten von Brotkruste, während der Rotwein „Edition A" zwar dunkle Frucht zeigt, aber recht kurz bleibt.

Weinbewertung

83 2016 Riesling trocken „Grundlage" Monzinger **12,5 %/6,- €**
83 2016 Weißburgunder trocken Monzinger Frühlingsplätzchen **13 %/5,60 €**
83 2016 Grauburgunder trocken Monzinger Frühlingsplätzchen **13,5 %/6,20 €**
85 2016 Grauburgunder trocken „Holzfass" Frühlingsplätzchen **14 %/9,- €**
86 2016 Riesling trocken „vom Rotliegenden" Frühlingsplätzchen **13 %/8,40 €**
86 2016 Riesling trocken „vom Blauschiefer" Monzinger Halenberg **12,5 %/8,40 €**
83 2016 Riesling halbtrocken Monzinger Frühlingsplätzchen **12 %/6,- €**
85 2016 Riesling Spätlese Monzinger Halenberg **9 %/7,- €**
86 2016 Riesling Auslese Monzinger Frühlingsplätzchen **8 %/9,- €**
82 2015 „Edition A" Rotwein trocken Monzinger **13,5 %/8,20 €**

A

WOLFGANG ALT

★★

KONTAKT

Schwaigerner Straße 1
74336 Brackenheim/Neipperg
Tel. 07135-936514
Fax: 07135-936514
www.wolfgangalt-weingut.de
info@wolfgangalt-weingut.de

Inhaber
Wolfgang Alt
Rebfläche
2,95 Hektar
Produktion
9.500 Flaschen

BESUCHSZEITEN

nach Vereinbarung
„Wein-Garten" saisonal
geöffnet (siehe Webseite)

Die Weinberge von Wolfgang Alt liegen im Zabergäu in den beiden Lagen Neipperger Steingrube und Brackenheimer Zweifelberg, wo die Reben auf mittelschweren Keuperböden mit Tonanteil wachsen. Wolfgang Alt hat sich fast ganz auf Lemberger spezialisiert, der 85 Prozent seiner Weinberge einnimmt. Hinzu kommen zu etwa gleichen Teilen Weißburgunder und Riesling sowie die Piemonteser Spezialität Nebbiolo, die in ihrer Heimat für so berühmte Weine wie Barolo und Barbaresco verantwortlich ist. Nach einer offenen Maischegärung von etwa 20 Tagen, oft auch länger, werden die Weine in 600 Liter-Eichenfässern und/oder im Barrique ausgebaut, wobei Wolfgang Alt keine neuen Barriques nutzt, die Weine werden komplett durchgegoren und weder geschönt noch filtriert.

Kollektion

Vier Weine präsentiert Wolfgang Alt in diesem Jahr, drei Rotweine aus dem Jahrgang 2014 und den Weißburgunder aus 2015 – und zu unserer Überraschung hat dieser ganz leicht die Nase vorne. Er zeigt viel Würze und gute Konzentration im Bouquet, ist füllig und kraftvoll im Mund, besitzt reife Frucht, gute Struktur und Substanz. Die Rotweine sehen wir alle gleichauf, wenn wir uns für einen Favoriten entscheiden müssten, fiele unsere Wahl auf den Lemberger aus dem Brackenheimer Zweifelberg, der keine Lagenbezeichnung auf dem Etikett trägt, als Schwäbischer Landwein angeboten wird; er hatte uns auch in den beiden Vorjahren schon immer ein klein wenig besser gefallen als der Steingrube-Lemberger. Er ist sehr würzig und duftig im Bouquet, kraftvoll im Mund, frisch und zupackend, besitzt gute Struktur und klare Frucht, viel Säure. Sein Kollege aus der Neipperger Steingrube zeigt gute Konzentration im Bouquet, reintönige Frucht, rote Früchte, ist frisch im Mund, klar und zupackend, besitzt feine Säure und Biss. Sehr gut gefällt uns auch wieder das Kuriosum im Programm, der Nebbiolo, der uns schon in den beiden vorausgegangenen Jahrgängen sehr gut gefallen hatte. Er zeigt viel reife Frucht im Bouquet, rote Früchte, etwas Preiselbeeren, ist frisch im Mund, geradlinig und zupackend, besitzt im Jahrgang 2014 viel Tannine und eine ausgeprägte Säure.

Weinbewertung

86	2015 Weißburgunder „G"	**13,5 %/9,- €**
85	2014 Lemberger „S" Neipperg Steingrube	**12,5 %/21,- €**
85	2014 Lemberger „S" (Brackenheim Zweifelberg)	**12 %/21,- €**
85	2014 Nebbiolo „S"	**13 %/19,- €**

ALTE GRAFSCHAFT

★★☆

KONTAKT

Rathausgasse 5
97892 Kreuzwertheim
Tel. 09342-5500
Fax: 09342-22019
www.altegrafschaft.de
info@altegrafschaft.de

Inhaber
Christoph Dinkel & Norbert Spielmann
Rebfläche
11 Hektar
Produktion
70.000 Flaschen

BESUCHSZEITEN

Mo.-Fr. 9-17 Uhr, Sa. 9-14 Uhr

Das junge Weingut hat seinen Sitz in einer von Peter Herrschaft 1594 erbauten Weinkellerei in Kreuzwertheim, dieses Anwesen gehörte ab 1611 den Wertheimer Grafen. Die ehemalige Grafschaft Wertheim wurde unter Napoleon teils Baden, teils Bayern zugeschlagen, der Main bildete die Grenze. Da Norbert Spielmann und Christoph Dinkel bei Gründung ihres Weingutes je eine Spitzenlage aus Baden – den Reicholzheimer Satzenberg – und aus Franken – den Kreuzwertheimer Kaffelstein – besaßen, die beide ehemals den Wertheimer Grafen gehörten, wählten sie den Namen Alte Grafschaft für ihr Weingut. Der Satzenberg wurde 2009 vom Weingut Fürst Löwenstein übernommen, die teilweise brachgefallenen Terrassen wurden in den folgenden Jahren gerodet, neu aufgebaut und mit Weißburgunder und Riesling bepflanzt. Spätburgunder nimmt insgesamt zwei Fünftel der Rebfläche ein, es folgen Weißburgunder und Riesling, dazu gibt es Silvaner, Müller-Thurgau, Scheurebe, Bacchus und Kerner.

Kollektion

Es geht weiter voran, die Weine gewinnen an Präzision und Ausdruck. Und das Basisniveau ist hoch, die Cuvées überzeugen: Die Fass 3 genannte Cuvée ist fruchtbetont und klar, der Wertheimer Alter Satz saftig, der Rosé Fass 6 geradlinig und frisch. Der Mauerriesling aus dem Satzenberg besitzt rauchige Noten, gute Struktur und Frucht, der Kaffelstein-Riesling ist geradlinig und zupackend. Der Satzenberg-Weißburgunder besitzt feine Frische, gute Struktur und Druck, der Zazo, ebenfalls aus dem Satzenberg ist konzentriert und füllig, zeigt deutlich Vanille, besitzt viel Substanz, er ist der einzige Wein, der hohen Alkohol aufweist. Ganz stark sind auch die beiden Pinot Noir, das einzige was man monieren kann, ist, dass man nicht erfährt, wo sie gewachsen sind. Der Pinot Noir zeigt feine Würze im Bouquet, Burgunder-Touch, ist zupackend und strukturiert. Eine deutliche Steigerung noch bringt der Pinot Noir R, der rauchig ist, füllig und komplex, gute Struktur, Frische und reintönige Frucht besitzt. Bravo!

Weinbewertung

84	2015 „Fass 3" Weißweincuvée trocken **11,5 %/8,30 €**
85	2016 Wertheimer „Alter Satz" Weißwein trocken **11,5 %/9,- €**
87	2015 Weißburgunder trocken Satzenberg **12 %/10,- €**
87	2015 Riesling trocken „Mauerriesling" Satzenberg **12 %/19,50 €**
88	2015 Weißburgunder trocken „Zazo" Satzenberg **14 %/30,- €**
86	2016 Riesling Kaffelstein **11,5 %/10,- €**
84	2016 „Fass 6" Rosé trocken **12 %/8,30 €**
88	2014 Pinot Noir trocken „Spielmann" **13 %**
90	2014 Pinot Noir „R" trocken „Spielmann" **13,5 %/59,50 €**

A

ALTE SCHMIEDE/SEYBERTH

★★

KONTAKT

Sandgasse 8
55599 Siefersheim
Tel. 06703-705
Fax: 06703-715
www.weingut-seyberth.de
hallo@weingut-alte-schmiede.de

Inhaber
Andreas & Bernd Seyberth
Rebfläche
7,5 Hektar
Produktion
35.000 Flaschen

BESUCHSZEITEN

nach Vereinbarung
Weinstube „Kleines Rheinhessen"

Das Weingut Alte Schmiede liegt in Siefersheim, ganz im Westen des Anbaugebietes Rheinhessen. Andreas und Bernd Seyberth bewirtschaften ihre Weinberge biologisch, zertifiziert seit dem Jahrgang 2012, sie sind Mitglied bei Bioland. Ihre Weinberge liegen vor allem in den beiden Siefersheimer Lagen Heerkretz und Martinsberg. In der Siefersheimer Heerkretz haben sie in den vergangenen Jahren alte Trockenmauern wieder instand gesetzt, brachgefallene Weinberge wieder bestockt, auch Lavendelstöcke gepflanzt. Die klassischen Rebsorten dominieren, es gibt Riesling, Silvaner, Weißburgunder und Grauburgunder, Portugieser und Spätburgunder, Frühburgunder und St. Laurent, aber auch Chardonnay und einige Neuzüchtungen wie Würzer und Morio-Muskat. Das Sortiment ist gegliedert in Gutsweine, Ortsweine (die alle aus Siefersheim kommen, was allerdings nicht auf dem Etikett steht) und Lagenweine. Zum Weingut gehört eine Weinstube im Landhausstil.

Kollektion

Beim guten Debüt im vergangenen Jahr hat uns der Silvaner-Sekt, Jahrgang 2013, besonders gut gefallen. Jahrgang 2015 schließt nahtlos daran an, ist rauchig, komplex, lang. Die Kollektion insgesamt hat zugelegt, das sieht man ganz deutlich an den 2016er Guts- und Ortsweinen, die deutlich komplexer und vor allem druckvoller sind als ihre Vorgänger. Gleich sechs verschiedene Silvaner haben Andreas und Bernd Seyberth präsentiert, weit mehr als jedes andere Weingut in Rheinhessen, darunter drei Heerkretz-Selektionen. Der 2015er ist füllig und kraftvoll, besitzt reife Frucht und Substanz. Der 2016er Soo-frei, maischevergoren, unfiltriert, ohne zugesetzten Schwefel, ist etwas auf der oxidativen Seite, besitzt aber Fülle und Kraft. Deutlich besser gefällt uns der Elexier genannte Wein, der reintönige Frucht besitzt, Fülle und Kraft, gute Struktur und Substanz. Klar im Aufwind! ▬

Weinbewertung

88 2015 Silvaner Sekt brut nature **12,5 %/15,- €**
82 2016 Grauburgunder trocken **12,5 %/7,- €**
84 2016 Silvaner Siefersheim **12,5 %/11,- €**
83 2016 Scheurebe Siefersheim **12 %/10,- €**
84 2016 Weißer Burgunder Siefersheim **11,5 %/9,50 €**
84 2016 Chardonnay Siefersheim **12,5 %/9,50 €**
85 2015 Silvaner Selection Heerkretz **12,5 %/15,- €**
84 2016 Silvaner „Soo-frei" Heerkretz **13,5 %/22,- €**
88 2016 Silvaner „Elexier" Heerkretz **12,5 %/29,50 €**
83 2016 Blauer Silvaner Siefersheim **10 %/9,90 €**
85 2016 Würzer Auslese **9 %/14,- €/0,5l**
83 2015 Saint Laurent trocken **13 %/10,50 €**

ALTENKIRCH

★★★

KONTAKT

Binger Weg 2
65391 Lorch
Tel. 06726-830012
Fax: 06726-2483
www.weingut-altenkirch.de
info@weingut-altenkirch.com

Inhaber
Franziska Breuer-Hadwiger
Betriebsleiter
Jasper Bruysten
Kellermeister
Jasper Bruysten, Lutz Loosen
Rebfläche
15 Hektar
Produktion
100.000 Flaschen

BESUCHSZEITEN

Vinothek Mo.-Fr. 9-16 Uhr nach Vereinbarung

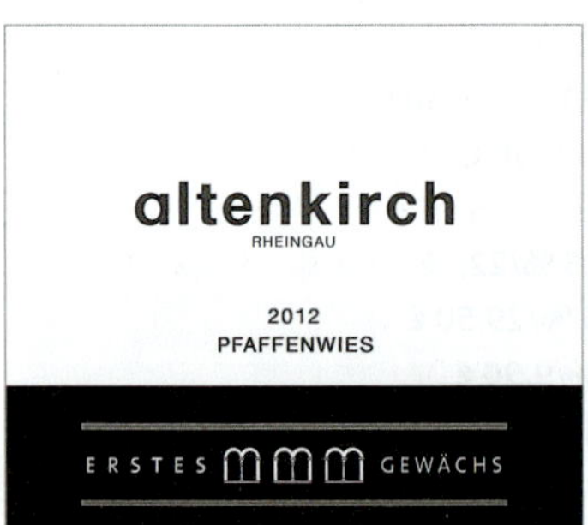

Friedrich Altenkirch gründete 1826 in Lorch sein eigenes Weingut, um die Versorgung des renommierten Hotels „Zum Schwan" sicherzustellen. Er baute die Kellerei weiter aus und wurde Lieferant des kaiserlichen Hofes in Berlin. 1935 übernahm Dr. Franz Breuer den Betrieb und konzentrierte sich auf Riesling aus eigenem Anbau. Heute ist es im Besitz seiner Tochter Franziska Breuer-Hadwiger und wird von Betriebsleiter Jasper Bruysten geführt. Die Weinberge liegen in den Lorcher Lagen Schlossberg, Krone, Bodental-Steinberg, Kapellenberg und Pfaffenwies. Vier Fünftel der Fläche nimmt Riesling ein, hinzu kommt vor allem Spätburgunder, dazu gibt es ein klein wenig Sauvignon Blanc, Gewürztraminer und Weißburgunder. Die Weine werden teilweise mit den natürlichen Hefen vergoren. An der Spitze der Kollektion stehen die Lagenweine, Riesling und Spätburgunder aus der Pfaffenwies werden als Erstes Gewächs angeboten. Im Weingut finden regelmäßig Kunstausstellungen statt.

Kollektion

Es geht weiter voran. Der trockene Steillage-Riesling ist leicht und frisch ebenso wie der Grauschiefer, der über mehr Substanz verfügt. Der Wein aus der Krone besitzt feine Reife und mineralische Finesse. Diesen mineralischen Charakter bringt der Riesling aus dem Bodental noch prägnanter ins Glas, auch weil er trockener ausgebaut ist, der 2015er ist mit erster Reife ausgestattet. Der Schlossberg-Riesling ist mild und saftig, hat aber Finesse. An der Spitze steht das Erste Gewächs aus der Pfaffenwies mit tiefgründigem Schmelz und mineralischen Feinheiten. Der feinherbe Riesling vereint Saft und Trinkfluss. Die Spätlese ist elegant, würzig und ausgewogen in der Fruchtsüße. Zwei präzise rote Burgunder runden eine gelungene Kollektion ab: Der Spätburgunder Rotschiefer ist druckvoll, von beeriger Fülle, der Frühburgunder ist kompakter, aber viel versprechend.

Weinbewertung

83 2016 Riesling trocken Steillage **12 %/7,20 €**
84 2016 Riesling trocken „Grauschiefer" **12 %/9,- €**
86 2016 Riesling trocken Lorcher Krone **12,5 %/12,50 €**
87 2016 Riesling trocken „Alte Reben" Lorcher Bodental-Steinberg **12,5 %/15,50 €**
87 2016 Riesling trocken Lorcher Schlossberg **12 %/15,50 €**
88 2015 Riesling trocken Lorcher Bodental-Steinberg **12,5 %/15,50 €**
89 2016 Riesling Erstes Gewächs Lorcher Pfaffenwies **13 %/19,50 €**
84 2016 Riesling „feinherb" Steillage **11,5 %/7,20 €**
85 2016 Riesling „feinherb Quarzschiefer" **12 %/9,- €**
86 2016 Riesling Spätlese Lorcher Kapellenberg **8,5 %/9,- €**
87 2015 Spätburgunder trocken „Rotschiefer" **13,5 %/12,50 €**
88 2015 Frühburgunder trocken Lorcher Kapellenberg **13 %/16,- €**

Alter Weinhof

★

KONTAKT

Hauptstraße 69
54492 Erden
Tel. 06532-4026
Fax: 06532-93228
www.alter-weinhof.de
info@alter-weinhof.de

Inhaber
Andrea Krämer
Rebfläche
2,8 Hektar
Produktion
26.000 Flaschen

BESUCHSZEITEN

nach Vereinbarung
Gästezimmer

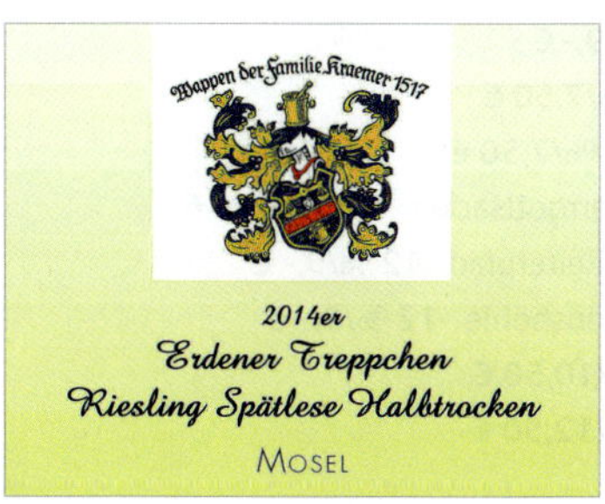

Franz und Andrea Krämer, die beide aus Winzerfamilien stammen, erwarben 1988 ein ehemaliges Weinhotel in Erden und gründeten ein Hobby-Weingut. Nach und nach erweiterten sie den Betrieb auf die heutige Größe von 2,7 Hektar. Die Weinberge liegen in den Erdener Lagen Treppchen und Bußlay, im Zeltinger Himmelreich, im Zeltinger Schlossberg und im Zeltingen-Rachtiger Deutschherrenberg. Inzwischen ist die Inhaberschaft von Franz auf Andrea Krämer übergegangen, der Betrieb befindet sich derzeit in der dreijährigen Umstellungsphase auf den ökologischen Weinbau. Riesling dominiert im Anbau, nimmt allerdings vergleichsweise bescheidene 65 Prozent der Rebfläche ein, hinzu kommen Weißburgunder und Kerner, Müller-Thurgau und Schwarzriesling sowie ein klein wenig Bacchus. Im altehrwürdigen Haus Alter Weinhof werden vier Gästezimmer angeboten.

Kollektion

Zwei überzeugende Kollektionen lieferte das Weingut zuletzt ab – zunächst gelungene 2014er Weine, dann die saftigen 2015er. Die 2016er reihen sich da gut ein, sie sind generell leicht zugänglich, schlank und sauber vinifiziert. Das Sortiment der trockenen Weine ist in diesem Jahr überschaubar: Unter den drei vorgestellten trockenen Weißweinen gefällt der Rivaner am besten, auch wenn er 13 Prozent Alkohol besitzt. Unter den halbtrockenen und feinherben Weinen ist der Riesling aus dem Schlossberg hervorzuheben: Er vermittelt Frische und Schmelz, die Süße ist gut ins Gesamtbild integriert. Eine saftige Riesling Spätlese aus dem Deutschherrenberg ist ebenso unkompliziert wie zugänglich, aber die eigentliche Überraschung nennt sich Kerner und stammt aus der Bußlay. Ein saftiger Wein mit schöner Würze im Nachhall und passender Säure, ohne übertrieben süß zu sein. Wenn Kerner so vinifiziert wird wie in diesem Falle, könnte er gern noch öfter angebaut werden an der Mosel.

Weinbewertung

82 2016 Rivaner trocken **13 %/4,- €**
80 2016 Bacchus trocken **11,5 %/4,- €**
82 2016 Riesling trocken Zeltinger Himmelreich **11,5 %/4,50 €**
80 2016 Weißburgunder „feinherb" **12 %/4,50 €**
81 2016 Riesling halbtrocken Z.-R. Deutschherrenberg (1l) **11 %/4,90 €**
83 2016 Riesling „feinherb" Zeltinger Schlossberg **10,5 %/6,- €**
84 2016 Riesling Spätlese halbtrocken Erdener Trepopchen **11 %/6,- €**
83 2016 Riesling Spätlese halbtrocken Zeltinger Himmelreich **11 %/6,50 €**
81 2016 Riesling **10 %/4,- €**
84 2016 Kerner Spätlese Erdener Bußlay **9,5 %/5,50 €**
84 2016 Riesling Spätlese Zeltingen-Rachtiger Deutschherrenberg **8,5 %/6,50 €**
79 2016 Rotling trocken **12,5 %/4,- €**

A

Michael Andres

★★

KONTAKT

Hauptstraße 33a
67152 Ruppertsberg
Tel. 06326-8667
Mobil: 0177-7738313
Fax: 06326-8667
www.andres-wein.de
info@andres-wein.de

Inhaber
Michael Andres
Rebfläche
7 Hektar
Produktion
30.000 Flaschen

BESUCHSZEITEN

Sa. und nach Vereinbarung

Michael Andres war nach seiner Winzerlehre bei Reichsrat von Buhl und seinem Weinbaustudium in Geisenheim mehrere Jahre für andere Pfälzer Betriebe tätig (Müller-Erben, Meßmer), bevor er mit seinem Freund Steffen Mugler 1989 eine eigene Sektmanufaktur, Andres & Mugler, gründete (siehe nachstehenden Eintrag). 1993 gründete Michael Andres sein eigenes Weingut. Neben seiner Tätigkeit im eigenen Betrieb war er lange Zeit Kellermeister bei einem Weingut in Forst. Seit 2006 konzentriert er sich ganz auf den eigenen Betrieb. Im gleichen Jahr hat er auf organisch-biologische Bewirtschaftung umgestellt und die Rebfläche um knapp zwei Hektar – alles ältere Rieslinganlagen – erweitert. Seit 2010 ist das Weingut zertifizierter Ökobetrieb, seit dem Jahrgang 2011 betreibt Michael Andres biodynamischen Weinbau. Seine Weinberge liegen in Deidesheim (Mäushöhle, Herrgottsacker), Ruppertsberg (Reiterpfad), Königsbach (Jesuitengarten) und Niederkirchen. Vor allem Riesling und die Burgundersorten baut er an, aber auch etwas Sauvignon Blanc und Muskateller.

Kollektion

Der „Ferus", eine spontan vergorene Selektion der besten Trauben aus den verschiedenen Riesling-Lagen, ist in diesem Jahr ungewöhnlich füllig und fruchtbetont, besitzt mineralische Würze und einen guten Säure-Nerv, der Reiterpfad-Riesling ist etwas präziser, zeigt neben kräutriger Würze komplexe Zitrusfrucht mit Noten von Grapefruit und Ananas und ist animierend. Auch der Herrgottsacker ist animierend und leicht salzig mit Noten von grünem Apfel, die Mäushöhle zeigt etwas Stein und Zitrusnoten, ist füllig und weich. Der Grauburgunder besitzt feinen Schmelz, die Cuvée aus Chardonnay und Auxerrois besitzt etwas florale Würze und Frische, der Weißburgunder ist leicht nussig. Der Sauvignon Blanc zeigt grüne Noten von Gras, Paprika und Stachelbeeren, der Muskateller ist schlank, frisch und harmonisch und der Spätburgunder ist kraftvoll, zeigt Röstnoten und etwas Nougat im Bouquet.

Weinbewertung

85	2016 Chardonnay-Auxerrois trocken **12,5 %/7,50 €**
83	2016 Muskateller trocken **11,5 %/8,- €**
84	2016 Sauvignon Blanc trocken **13 %/9,- €**
85	2016 Grauer Burgunder trocken **13 %/7,50 €**
84	2016 Weißer Burgunder trocken **12,5 %/7,50 €**
86	2016 Riesling trocken Deidesheimer Herrgottsacker **12,5 %/9,- €**
87	2016 Riesling trocken Ruppertsberger Reiterpfad **12 %/9,- €**
86	2016 Riesling trocken Deidesheimer Mäushöhle **12 %/9,- €**
87	2016 Riesling trocken „Ferus" **12,5 %/10,50 €**
86	2015 Spätburgunder trocken **13,5 %/12,50 €**

Andres & Mugler

★★★

KONTAKT

Sektkellerei Andres & Mugler
Hauptstraße 33a
67152 Ruppertsberg
Tel. 06326-8667
Fax: 06326-8667
www.andresundmugler.de
info@andresundmugler.de

Inhaber
Michael Andres & Steffen Mugler
Rebfläche
Weine werden von Michael Andres und Steffen Mugler (Weingut M. Schädler) bezogen
Produktion
25.000 Flaschen

BESUCHSZEITEN

nach Vereinbarung
Weitere Verkaufsstelle: Weingut Schädler, Maikammer

Michael Andres (siehe den vorherigen Eintrag) und Steffen Mugler (seit 2002 Inhaber des Weinguts M. Schädler in Maikammer) gründeten 1989 die kleine Sektmanufaktur Andres & Mugler, versekteten in diesem Jahr 1000 Liter Riesling Spätlese von zugekauften Trauben. Seit 1993 bezogen sie die Trauben nur aus den eigenen Weinbergen von Michael Andres, seit kurzem steuert nun auch Steffen Mugler Trauben bei. Neben Riesling und Weißburgundersekt erzeugen sie eine Reihe von Cuvées: Einen „Blanc de Noir" aus Spätburgunder und Schwarzriesling, eine Cuvée aus Chardonnay und Auxerrois, die Cuvée „Elena" aus Chardonnay, Auxerrois und Schwarzriesling, die Cuvée „Louis" aus Schwarzriesling und Spätburgunder mit etwas im Barrique ausgebautem Auxerrois und Chardonnay, die Cuvée „Fleur d'Emely", früher aus Muskateller und Sauvignon Blanc und jetzt als reinsortiger Muskateller erzeugt, und mittlerweile gibt es auch einen Rosé aus Spätburgunder. Die Sekte waren lange Zeit mit einem Metallbügel versehen, mit dem neuen Jahrgang wird jetzt darauf verzichtet. Seit dem Jahrgang 2012 sind die Sekte biologisch zertifiziert.

Kollektion

Wie im letzten Jahr haben wir auch dieses Mal wieder einen eindeutigen Favoriten unter den Sekten von Andres & Mugler: Louis ist wieder eindringlich und komplex, zeigt gelbe Früchte und hefige Würze im Bouquet, besitzt feinen Schmelz am Gaumen und ist animierend und nachhaltig. Stark sind auch wieder der Chardonnay Auxerrois mit feiner rauchiger Würze, guter Substanz und Konzentration und die Cuvée Elena mit leicht gereifter, gelber Frucht, Zitrusnoten und guter Länge. Fleur d'Emely ist ganz reintönig mit Noten von Holunder und Zitrusfrüchten, der Sekt ist herb, würzig und frisch, der Blanc de Noir ist zart lachsrosafarben und zeigt rote Beerenfrucht, etwas Erdbeere und rote Johannisbeere im Bouquet, während der Rosé ein kräftiges zwiebelschalenrosa besitzt und Kirschfrucht zeigt und ebenso frisch ist, wie auch der Riesling mit klarer Zitrusfrucht.

Weinbewertung

85 2015 Riesling Sekt brut **12,5 %/12,50 €**
88 2014 Chardonnay Auxerrois Sekt brut **12 %/15,- €**
87 2015 „Fleur d'Emely" Sekt brut **12,5 %/16,- €**
88 2013 „Cuvée Elena" Sekt brut **12,5 %/16,- €**
89 2014 „Cuvée Louis" Sekt brut **12 %/16,- €**
86 2015 „Blanc de Noir" Sekt brut **12,5 %/13,- €**
86 2015 „Pinot Rosé" Sekt brut **13 %/13,50 €**

A

Anton

★

N

KONTAKT

Obere Hauptstraße 50
76863 Herxheim bei Landau
Tel. 07276-5030332
Fax: 07276-5030332
www.weingut-anton.de
info@weingut-anton.de

Inhaber
Franz-Josef, Maria & Matthias Anton
Rebfläche
20 Hektar
Produktion
80.000 Flaschen

BESUCHSZEITEN

Mo.-Fr. 8-12 + 15-18 Uhr,
Sa. 8-14 Uhr

Franz Josef Anton stieg nach seiner Ausbildung zum Landwirt und Winzer 1971 in den elterlichen Mischbetrieb ein, in dem bis dahin der Ertrag von 2 Hektar Reben in erster Linie in der eigenen, 1928 gegründeten, Straußwirtschaft verkauft wurde. Ein Jahr später begann er mit der Flaschenweinvermarktung, legte 1979 seine erste Obstanlage mit Apfelbäumen an und gab dann 1990 die restliche Landwirtschaft auf und führte den Betrieb als Weingut mit Obstbau fort. Matthias, der Sohn von Franz Josef und Maria Anton, stieg nach der Beendigung von Fachschule und Meisterkurs 1997 in den Betrieb ein. Die Rebfläche wurde stetig auf die heutige Größe von 20 Hektar erweitert, wichtigste Sorte ist mit einem Anteil von 22 Prozent der Riesling, danach folgen Grauburgunder und Dornfelder mit je 15 Prozent, 8 Prozent Portugieser, und je 5 Prozent St. Laurent, Spätburgunder, Sauvignon Blanc, Gewürztraminer und Weißburgunder. Das Sortiment ist gegliedert in Gutsweine in der Literflasche, Ortsweine mit der Silberkapsel und Lagenweine aus dem Herxheimer Engelsberg mit der Goldkapsel.

Kollektion

Unser Favorit in der Kollektion der Familie Anton, die wir zum ersten Mal verkosten konnten, ist der 2015er Lagenriesling aus dem Herxheimer Engelsberg, er besitzt Saft und Kraft, zeigt viel klare, gelbe Frucht und kräutrige Würze, besitzt ein animierendes Säure-Spiel und ist der Wein in einer Kollektion aus sauberen und technisch gut gemachten Weinen, der am meisten Persönlichkeit zeigt. Auch die beiden Rotweine sind gut gelungen, sind kraftvoll und besitzen klare Frucht, der Merlot ist gut strukturiert und ist etwas typischer und nachhaltiger als der Cabernet Sauvignon. Der Sauvignon Blanc ist ausgewogen mit Noten von Stachelbeere und Maracuja, der Weißburgunder füllig mit leicht floralen Noten. —

Weinbewertung

80 2016 Riesling trocken (1l) **12 %/4,60 €**
82 2016 Sauvignon Blanc trocken Herxheimer **12 %/6,90 €**
80 2016 Grauer Burgunder trocken Herxheimer **12 %/5,50 €**
81 2016 Weißer Burgunder trocken Herxheimer **12,5 %/5,50 €**
85 2015 Riesling Spätlese trocken Herxheimer Engelsberg **13,5 %/8,50 €**
79 2016 Cabernet Blanc halbtrocken Herxheimer **12 %/5,50 €**
81 2016 Sankt Laurent Rosé trocken Herxheimer **12 %/5,50 €**
80 2016 Spätburgunder „feinherb" „blanc de noir" Herxheimer **12 %/5,50 €**
77 2015 Dornfelder trocken Herxheimer **13 %/5,50 €**
80 2015 Spätburgunder trocken Herxheimer **13,5 %/6,50 €**
82 2015 Cabernet Sauvignon trocken Herxheimer Engelsberg **13,5 %/10,20 €**
83 2015 Merlot trocken Herxheimer Engelsberg **13,5 %/8,50 €**

PETER ARGUS

★

KONTAKT

Hauptstraße 23
76835 Gleisweiler
Tel. 06345-919424
Fax: 06345-919425
www.argus-wein.de
mail@argus-wein.de

Inhaber
Peter Argus
Rebfläche
10 Hektar
Produktion
70.000 Flaschen

BESUCHSZEITEN

Mo.-Fr. nach Vereinbarung,
Sa. 10-17 Uhr
Straußwirtschaft

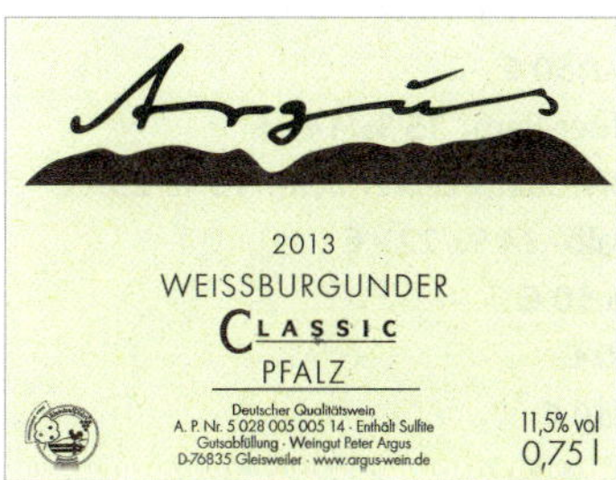

Seit Generationen betreibt die Familie Weinbau in Gleisweiler, 1954 wurden die ersten Weine in Flaschen verkauft. Heute führen Peter und Eva Argus das Weingut, das als einziges in Gleisweiler noch im alten Ortskern angesiedelt ist, wo die Weine in einem alten Gewölbekeller aus dem Jahr 1610 ausgebaut werden. Die Weinberge von Peter Argus liegen in Gleisweiler und Umgebung, in den Lagen Gleisweiler Hölle, Frankweiler Kalkgrube, Böchinger Rosenkranz sowie dem Godramsteiner Münzberg. Die Reben wachsen teils auf Buntsandsteinverwitterungsböden, auf denen vor allem Riesling steht, der zwei Fünftel der Rebfläche einnimmt, teils auf kalkhaltigen Lehmböden, wo vor allem die weißen und roten Burgunder angebaut werden. Portugieser, Dornfelder, Cabernet Dorsa, Silvaner, Muskateller, Regent, Chardonnay und Sauvignon Blanc ergänzen das Programm. Spezialität des Hauses sind neben im Barrique ausgebauten Weinen die bereits seit 1988 erzeugten Sekte.

Kollektion

Die weißen Spitzen des vergangenen Jahres, Silvaner und Riesling aus der Gleisweiler Hölle, konnten wir in diesem Jahr nicht verkosten. Unter den Weißweinen ragt dieses Mal der Sauvignon Blanc aus der Hölle heraus, er ist leicht und frisch, besitzt klare Frucht von grünen Stachelbeeren, etwas Pfirsich und Maracuja und grasige Würze. Die übrigen Weißweine und der Rosé sind sortentypisch, bleiben aber alle recht kurz. Der im Barrique ausgebaute Spätburgunder aus der Frankweiler Kalkgrube steht in diesem Jahr an der Spitze der Kollektion, er ist kraftvoll und füllig und zeigt viel kräutrige Würze mit Noten von Minze. Der andere Spätburgunder und der Frühburgunder sind ganz fruchtbetont, sauber und süffig und bieten Trinkspaß für kleines Geld, der Frühburgunder besitzt dabei etwas mehr Kraft, viel Würze und Struktur. —

Weinbewertung

80 2016 Weißburgunder Classic **12 %/4,70 €**
81 2016 Grauburgunder Kabinett trocken Frankweiler Kalkgrube **13 %/5,60 €**
83 2016 Sauvignon Blanc Kabinett trocken Gleisweiler Hölle **12 %/6,40 €**
81 2016 Gelber Muskateller **11,5 %/4,70 €**
81 2016 Spätburgunder trocken „Blanc de Noir" Frankweiler Kalkgrube **13 %/6,20 €**
80 2016 Spätburgunder Rosé Kabinett trocken Münzberg **13 %/5,20 €**
83 2015 Frühburgunder trocken **13,5 %/5,50 €**
82 2015 Spätburgunder trocken **13,5 %/5,50 €**
85 2015 Spätburgunder Spätlese trocken Barrique Kalkgrube **13,5 %/12,- €**

Johann Arnold

★★☆

KONTAKT

Weingut & Winzerhof Johann Arnold
Lange Gasse 26/28
97346 Iphofen
Tel. 09323-89833
Fax: 09323-89834
www.weingut-arnold.de
mail@weingut-arnold.de

Inhaber
Johannes Arnold jr.
Rebfläche
7 Hektar
Produktion
45.000 Flaschen

BESUCHSZEITEN

Mo.-Sa. 8-19 Uhr, So. 9-18 Uhr
Gästezimmer, Ferienwohnungen

Als Johann Arnold 1959 mit der Selbstvermarktung begann, war das heutige Weingut ein landwirtschaftlicher Gemischtbetrieb mit 1,5 Hektar Weinbergen, 10 Hektar Ackerland und eigener Viehhaltung. Nach und nach hat er sich ganz auf Weinbau konzentriert, die Rebfläche kontinuierlich auf die heutige Größe erweitert, 1974 das benachbarte damalige Gasthaus Zum Lamm erworben und in den eigenen Betrieb integriert. Seit 2000 führen Johannes Arnold jr. und Ehefrau Claudia das Gut. Ihre Weinberge liegen in Iphofen in den Lagen Kalb, Kronsberg (mit der ehemaligen Einzellage Kammer) und Julius-Echter-Berg (mit dem Filetstück „Im Frohntal") und in den Rödelseer Lagen Schwanleite und Küchenmeister. Silvaner ist mit einem Anteil von 35 Prozent die wichtigste Rebsorte im Weingut. Es folgen Riesling, Scheurebe, Spätburgunder und Weißburgunder, dazu gibt es Sorten wie Domina, Müller-Thurgau, Bacchus und Chardonnay.

Kollektion

Die neue Kollektion ist stark, ein Extra-Lob gilt wieder einmal den Literweinen: Der Silvaner ist fruchtbetont, klar, geradlinig, der Müller-Thurgau besitzt feine süße Frucht. Die Gutsweine präsentieren sich sehr geschlossen, die trockenen sind kraftvoll, kompromisslos durchgegoren, die halbtrockenen süffiger, aber ebenso sortentypisch und fruchtbetont. Ein Großes Gewächs wurde in diesem Jahr nicht präsentiert, dafür drei Erste Lage-Silvaner, zwei davon aus dem Julius-Echter-Berg. Der „normale" Echter-Berg-Silvaner ist füllig und saftig, besitzt reife Frucht und gute Struktur, der Wein aus dem Granitfass ist konzentriert und würzig, füllig und kraftvoll bei viel Substanz, aber doch verschlossen. Deutlich offener, obwohl ein Jahr jünger, ist der Kalb-Sylvaner, zeigt reife Frucht, gelbe Früchte, Birnen, ist füllig und saftig im Mund, besitzt viel reife Frucht und Substanz.

Weinbewertung

82 2016 Müller-Thurgau trocken (1l) **11,5 %/5,- €**
82 2016 Silvaner trocken (1l) **12 %/5,50 €**
83 2015 Silvaner trocken **12,5 %/7,50 €**
83 2016 Weißburgunder trocken **12,5 %/7,50 €**
86 2015 Silvaner trocken Iphöfer Julius-Echter-Berg **15 %/14,- €**
87 2015 Sylvaner trocken „Granitfass" Iphöfer Julius-Echter-Berg **15 %/29,- €**
88 2016 Gelber Sylvaner trocken Iphöfer Kalb **14 %/22,- €**
83 2016 Scheurebe (halbtrocken) **11 %/6,50 €**
83 2016 Riesling (halbtrocken) **12 %/7,50 €**
83 2015 Spätburgunder trocken **14 %/7,50 €**

Wilhelm Arnold

★★

KONTAKT

Friedenstraße 4-6
97236 Randersacker
Tel. 0931-708326
Fax: 0931-700903
www.arnoldwein.de
info@arnoldwein.de

Inhaber
Bruno Arnold
Rebfläche
10 Hektar
Produktion
75.000 Flaschen

BESUCHSZEITEN

Mo.-Sa. 8-18 Uhr, sonst nach Vereinbarung

Seit 1673 baut die Familie Arnold Wein in Randersacker an. Heute wird das Gut von Bruno und Diana Arnold geführt. Großvater Wilhelm, Namensgeber des Weingutes, war Gründungsmitglied des Verbandes Fränkischer Weingüter und Selbstvermarkter, dem Vorgänger des fränkischen VDP. Die Weinberge von Bruno Arnold liegen in Randersacker in den Lagen Pfülben, Teufelskeller, Marsberg und Sonnenstuhl, sowie im benachbarten Eibelstadt (Kapellenberg). Wichtigste Rebsorte ist Silvaner, nimmt mehr als ein Drittel der Rebfläche ein, es folgen Müller-Thurgau, Scheurebe und Riesling, aber auch Bacchus, Weißburgunder, Kerner, Rieslaner und Morio-Muskat sowie Würzer. An roten Sorten gibt es Domina, Zweigelt und Blaufränkisch. Die Weißweine werden im Edelstahl recht lange auf der Feinhefe ausgebaut, die Rotweine kommen nach der Maischegärung in Eichenholzfässer.

Kollektion

Eine schöne Silvaner-Serie präsentiert Bruno Arnold mit dem Jahrgang 2016: Der Ewig Leben-Silvaner ist frisch, fruchtbetont, sehr sortentypisch, der Wein aus dem Sonnenstuhl zeigt gute Konzentration und reife Frucht, ist recht süß im Mund bei guter Struktur und Frucht, der Blauer Silvaner besitzt feine Frucht und Säure. Der trockene Riesling aus dem Sonnenstuhl zeigt gute Konzentration und reife Frucht im Bouquet, ist füllig und saftig im Mund, recht süß. Deutlich trockener ist der Weißburgunder aus dem Kapellenberg, zeigt gute Konzentration und reintönige reife Frucht, ist füllig und saftig im Mund, besitzt viel Frucht und Substanz, gute Struktur und Druck. Die Scheurebe macht trocken wie halbtrocken eine gute Figur, beide Weine sind reintönig und geradlinig. Der halbtrockene Würzer ist frisch, fruchtbetont und zupackend, noch besser aber gefällt uns der ebenfalls halbtrockene Kerner, der feine Frische besitzt, reintönige süße Frucht und Biss.

Weinbewertung

82	2016 Blauer Silvaner trocken **12 %/6,50 €**
82	2016 Silvaner trocken Randersacker Ewig Leben **12,5 %/9,50 €**
85	2016 Riesling trocken Randersacker Sonnenstuhl **12,5 %/10,50 €**
86	2016 Weißer Burgunder trocken Eibelstadt Kapellenberg **12,5 %/10,- €**
82	2016 Scheurebe trocken **11,5 %/6,50 €**
85	2016 Silvaner Randersacker Sonnenstuhl **12 %/9,50 €**
82	2016 Scheurebe Eibelstadt **11,5 %/8,50 €**
83	2016 Würzer Randersacker **12 %/9,- €**
84	2016 Kerner Randersacker **12,5 %/8,50 €**

A

ARNOLD

★

N

KONTAKT

Hauptstraße 25
76831 Heuchelheim
Tel. 06349-1480
Fax: 06349-996432
www.arnold-weingut.de
weingut.arnold@web.de

Inhaber
Kurt Arnold
Rebfläche
11,5 Hektar
Produktion
65.000 Flaschen

BESUCHSZEITEN

Mo.-Sa. 11-18 Uhr

ARNOLD

Kurt Arnold begann Ende der 1980er Jahre in dem ehemaligen Fassweinbetrieb die ersten eigenen Weine in Flaschen zu füllen. Seit 2010 ist sein Sohn Philipp für den Ausbau der Weine zuständig, Kurt kümmert sich um den Außenbetrieb, Mutter Bärbel um den Ab-Hof-Verkauf. Die Weinberge befinden sich in den Lagen Heuchelheimer Herrenpfad (Buntsandstein und Kalkmergel), Göcklinger Kaiserberg (Kalkmergel) und Appenhofener Steingebiss (Kalkgestein). Grau-, Weiß- und Spätburgunder nehmen zusammen ca. 40 Prozent der Rebfläche ein, Riesling steht auf 20 Prozent, daneben gibt es 10 Prozent Sauvignon Blanc und diverse andere Sorten. Das Sortiment ist gegliedert in die Linien „No 1" (Literweine), „No 2" (Gutsweine), „No 3" (Terroirweine) und Lagenweine, die in 500 Liter-Tonneaux vergoren werden.

Kollektion

Zum ersten Mal konnten wir die Weine des Weinguts Arnold verkosten und das Sortiment überzeugt durchgängig mit reintönigen Weinen. Einer unserer Favoriten ist der Spätburgunder mit Noten von Süßkirsche und Cassis, der nur sehr dezentes Holz zeigt und gute Länge besitzt, auch die Cuvée aus Cabernet Sauvignon und Merlot ist gut gelungen, zeigt reife, dunkle Frucht und etwas Lakritze, ist kraftvoll und harmonisch. Unter den Rieslingen ist der „Buntsandstein" unkompliziert mit hohem Trinkfluss, der „Kalkgestein" zeigt viel klare Frucht mit Noten von Aprikosen, Pfirsichen und grünen Äpfeln und der Steingebiss-Riesling zeigt etwas steinige und kräutrige Noten, besitzt gute Konzentration und frischen Säure-Biss. Grauburgunder und Chardonnay ähneln sich mit ihrer jugendlichen, gelben Frucht, der Grauburgunder vom Herrenpfad besitzt deutlich mehr Substanz und feinen Schmelz und zeigt feine Holzwürze, der Weißburgunder „Kalkmergel" ist nussig, kräutrig und kraftvoll.

Weinbewertung

80	2016 Riesling trocken „No 1" (1l) **12 %/4,40 €**
81	2016 Sauvignon Blanc trocken „No 2" **12,5 %/6,20 €**
81	2016 Grauburgunder trocken „No 2" **13 %/5,40 €**
81	2016 Weißburgunder trocken „No 2" **13 %/5,40 €**
81	2016 Chardonnay trocken „No 2" **12,5 %/5,40 €**
82	2016 Riesling trocken „No 2" „Buntsandstein" **12,5 %/5,40 €**
83	2016 Weißburgunder trocken „No 3" „Kalkmergel" **13,5 %/6,80 €**
83	2016 Riesling trocken „No 3" „Kalkgestein" **12,5 %/6,80 €**
84	2016 Grauburgunder trocken Heuchelheimer Herrenpfad **13,5 %/8,90 €**
85	2016 Riesling trocken Appenhofer Steingebiss **12,5 %/8,90 €**
84	2014 Cabernet Sauvignon & Merlot trocken „No 3" Barrique **13,5 %/8,90 €**
85	2014 Spätburgunder trocken „No 3" Barrique **13 %/10,20 €**

ARNOLD & LANG

★☆

KONTAKT

Speyererstraße 7
67273 Herxheim am Berg
Tel. 0176-64913177
www.arnoldundlang.de
mail@arnoldundlang.de

Inhaber
Michael Lang
Rebfläche
3,2 Hektar
Produktion
20.000 Flaschen

BESUCHSZEITEN

nach Vereinbarung

Michael Lang erwarb 2009 den Jahrzehnte leer stehenden spätbarocken Hakenhof aus dem Jahr 1755 und begann mit der Restaurierung. 2011 pachtete er die ersten Weinberge, vom ersten Jahrgang wurden ein Rotwein und zwei Weißweine erzeugt. Für den Weinausbau war von Beginn an Roger Arnold verantwortlich, der nach der Lehre bei Rebholz in Siebeldingen Erfahrungen in Österreich, Südafrika und der Pfalz sammelte. Im Sommer 2016 ist Roger Arnold aus dem gemeinsamen Weingut ausgestiegen, um sich neuen Projekten zu widmen, der Name Arnold & Lang bleibt jedoch bestehen. Zu 80 Prozent werden weiße Sorten angebaut, Riesling vor allem, aber auch Grauburgunder, Silvaner und Sauvignon Blanc, 20 Prozent der Rebfläche nehmen rote Sorten wie Merlot, Cabernet Franc, Cabernet Cubin, Portugieser und Dornfelder ein. Die Reben stehen im Herxheimer Honigsack, im Leistadter Herrenmorgen und im Freinsheimer Musikantenbuckel. Die Weißweine werden gekühlt vergoren, Rotweine werden nach der Maischegärung 15 bis 18 Monate in französischen Barriques ausgebaut.

Kollektion

In diesem Jahr konnten wir nur eine kleine Kollektion aus fünf Weinen verkosten und auch wenn Roger Arnold nicht mehr für den Keller verantwortlich ist, hat sich die Stilistik nicht wesentlich verändert und es gilt immer noch: Die Weine brauchen Luft und entwickeln sich erst mit etwas Zeit, alle sind reintönig und klar in der Frucht und besitzen Charakter. Der Riesling vom Riffkalk besitzt gute Konzentration und Grip, zeigt neben klarer gelber Frucht auch steinig-mineralische Noten, etwas Tabak und Kräuter, ist elegant, animierend und lang, der normale Riesling zeigt ebenfalls viel gelbe Frucht, zudem kräutrige Würze und etwas Brotkruste, ist kraftvoll und leicht salzig. Der feinherb ausgebaute Riesling von alten Reben ist saftig, cremig und harmonisch, besitzt dezente Süße und ein frisches Säure-Spiel und zeigt ebenfalls etwas steinige Würze. Die rote Cuvée „Edition No. 1" aus Merlot, Cabernet Franc und Cabernet Cubin hatten wir vor zwei Jahren schon einmal verkostet, sie besitzt immer noch Frische, zeigt viel dunkle Frucht, Kräuterwürze, etwas Lakritze, ist konzentriert und harmonisch, der Rosé von alten Reben zeigt feine rote Beerenfrucht und etwas florale Noten, ist saftig, schlank und frisch.

Weinbewertung

86 **2016 Riesling trocken** **13 %/9,90 €**
88 **2016 Riesling trocken „vom Riffkalk"** **12,5 %/14,90 €**
86 **2016 Riesling „feinherb" „Alte Reben"** **10,5 %/12,90 €**
83 **2016 Rosé „Alte Rebe"** **11,5 %/8,90 €**
86 **2013 „Edition No. 1" Rotwein trocken** **13,5 %/14,90 €**

A

ARNS

★

KONTAKT

Weingut Arns und Sohn
Kringstraße 36
56861 Reil
Tel. 06542-2495
Fax: 06542-2411
www.arnswein.de
info@arnswein.de

Inhaber
Richard Arns
Rebfläche
4 Hektar
Produktion
25.000 Flaschen

BESUCHSZEITEN

Mo.-Fr. 9-18 Uhr, Sa. 9-14 Uhr, So. 9-12 Uhr

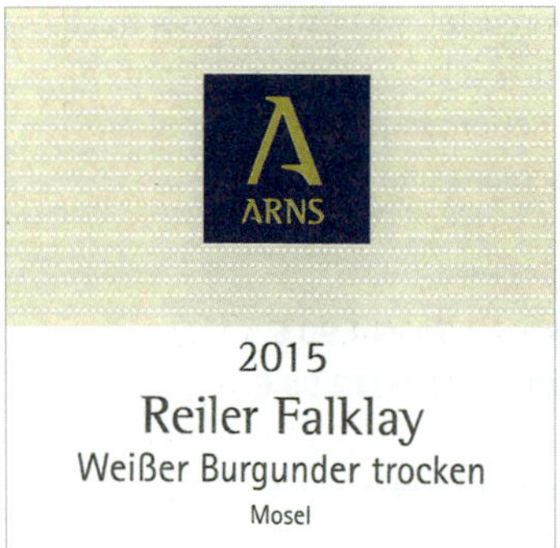

Seit über 400 Jahren baut die Familie Wein an. Richard Arns, Geisenheim-Absolvent, übernahm 1991 das Weingut von seinem Vater Rainer, führt es heute zusammen mit Ehefrau Martina, seit 2015 unterstützt von Sohn Alexander, der ebenfalls in Geisenheim studiert hat. Ihre Weinberge liegen vor allem in den Reiler Lagen Falklay und Goldlay, aber auch im Briedeler Weißerberg sind sie vertreten. Riesling nimmt die Hälfte der Weinberge ein, hinzu kommen 40 Prozent Burgundersorten – Spätburgunder, Weißburgunder und Grauburgunder – sowie etwas Müller-Thurgau. 2011 wurde mit der Umstellung auf ökologischen Weinbau begonnen, seit dem Jahrgang 2014 sind alle Weine biologisch zertifiziert. Mit dem Jahrgang 2015 wurde wieder begonnen, bei den Topweinen von alten Reben aus Steillagen die Lage herauszustellen. Gästezimmer und zwei Ferienwohnungen bieten Übernachtungsmöglichkeiten auf dem Weingut.

Kollektion

Im vergangenen Jahr hatten Richard und Alexander Arns eine starke, sehr eigenständige Kollektion präsentiert, vom komplexen, alles andere als vordergründig wirkenden Sekt bis zum trockenen Riesling aus der Falklay. Der Jahrgang 2016 ist nun zwar stilistisch abweichend, aber nicht weniger gelungen. Wie immer wurden die Trauben schonend ausgebaut, kein Wein wurde angereichert oder entsäuert. Weil im Keller noch Rieslinge lagern, die zum Zeitpunkt der Verkostungen für dieses Buch noch nicht gefüllt waren, ist das vorgestellte Sortiment klein. Der geradlinige, erfreulich trockene Spätburgunder Weißherbst Sekt ist animierend, würzig, durchaus tiefgründig. Eine erfreuliche Überraschung ist auch die straffe, stoffige Gutsabfüllung, die zu einem sympathischen Preis angeboten wird. Während der Graue Burgunder sehr präzise ausfällt, stoffig, sortentypisch und frisch, besitzt der fruchtige Riesling eine ausgezeichnete Süße-Säure-Balance. Der 2015er Spätburgunder stammt aus einer besonders sonnigen Parzelle der Reiler Goldlay, lag ein Jahr im 500 Liter-Fass, wurde ohne Filtration gefüllt; er wirkt leicht rauchig, saftig, besitzt eine schöne Würze und nicht zu viel Alkohol.

Weinbewertung

85 2015 Spätburgunder Weißherbst Sekt extra-brut **12,5 %/12,70 €**
84 2016 Weißwein trocken **11,5 %/7,- €**
85 2016 Grauer Burgunder trocken **12,5 %/9,50 €**
85 2016 Riesling **8,5 %/9,50 €**
85 2015 Spätburgunder trocken „Black Choir“ Reiler Goldlay **12 %/14,50 €**

A

AUFRICHT

★★

KONTAKT

Höhenweg 8
88709 Meersburg-Stetten
Tel. 07532-2427
Fax: 07532-2421
www.aufricht.de
info@aufricht.de

Inhaber
Robert & Manfred Aufricht
Rebfläche
40 Hektar
Produktion
250.000-300.000 Flaschen

BESUCHSZEITEN

täglich 8-12 + 14-18 Uhr, außer So.

Die Brüder Robert und Manfred Aufricht haben 1985 den Betrieb von ihren Eltern übernommen. Das Gros ihrer Weinberge ist in einer Lage – Meersburger Sängerhalde – rund um das Weingut arrondiert, die sich durch besonders schwere Böden mit hohem Kalkgehalt auszeichnet. Sie bauen hauptsächlich die Burgundersorten an, wobei allein Spätburgunder 40 Prozent ihrer Weinberge einnimmt. Neben Grau- und Weißburgunder haben sie auch Auxerrois und Chardonnay im Anbau. Hinzu kommen vor allem Frühburgunder, Lemberger, Sauvignon Blanc und Riesling. Hochwertigere Weine werden mit 1 Lilie ausgezeichnet, das Top-Segment mit 3 Lilien: Lange Zeit gab es nur den 3 Lilien-Spätburgunder, inzwischen gibt es auch weiße 3 Lilien-Weine, beim Spätburgunder wurde weiter differenziert nach Gewannen.

Kollektion

Eine umfangreiche, weiß wie rot enorm gleichmäßige Kollektion präsentiert das Weingut in diesem Jahr. Neu sind die Weine der nächsten Generation, Johannes, der sein Geisenheim-Studium beendet hat, und Sophia, die in Neustadt studiert. Die Weißweine präsentieren sich im betont kraftvollen Stil, Chardonnay und Grauburgunder der 3 Lilien-Kategorie gefallen uns zusammen mit zwei von Johannes Aufricht vinifizierten Weinen, dem intensiven Sauvignon Blanc und der saftigen Cuvée von alten Reben, am besten. Kraftvoll sind auch die Rotweine, allesamt geprägt vom Kontrast aus kräftigen, teils etwas harten Tanninen und deutlicher Süße.

Weinbewertung

83	2015 Riesling trocken „3 Lilien" Meersburger Sängerhalde **13 %/25,- €**
84	2016 Grauburgunder trocken „1 Lilie" Sängerhalde **13,5 %/13,40 €**
83	2016 Grauburgunder & Chardonnay trocken Sängerhalde **13,5 %/16,90 €**
83	2016 Chardonnay & Grauburgunder trocken Sängerhalde **14,5 %/16,90 €**
85	2016 Chardonnay trocken „1 Lilie" Meersburger Sängerhalde **14 %/16,90 €**
84	2016 Gelber Muskateller „1 Lilie" Meersburger Chorherrenhalde **12,5 %/16,90 €**
86	2016 Grauburgunder trocken „3 Lilien" Meersburger Sängerhalde **13 %/16,90 €**
86	2014 Chardonnay trocken „3 Lilien" Meersburger Sängerhalde **13,5 %/19,30 €**
84	2016 Sauvignon Blanc „Sophia Aufricht" **13 %/19,80 €**
86	2016 „Alte Rebe" Weißwein „Johannes Aufricht" **12,5 %/14,90 €**
86	2015 Sauvignon Blanc „Johannes Aufricht" **13 %**
83	2015 Chardonnay „Johannes Aufricht" **13,5 %**
86	2015 Blaufränkisch trocken „3 Lilien" Meersburger Sängerhalde **13 %/40,- €**
86	2014 Spätburgunder trocken „Isabel 3 Lilien" Sängerhalde **14 %/40,- €**
86	2014 Spätburgunder trocken „Isabel 3 Lilien" Mocken **14 %/40,- €**
86	2015 Spätburgunder trocken „Isabel 3 Lilien" Mocken **13,5 %/40,- €**
86	2015 Spätburgunder trocken „Isabel 3 Lilien" Trielberg **13,5 %/40,- €**

A

Auggener Schäf

★

KONTAKT

Winzerkeller Auggener Schäf eG
Kleinfeldele 1
79424 Auggen
Tel. 07631-36800
Fax: 07631-368080
www.auggener-wein.de
info@auggener-wein.de

Inhaber
400 Mitglieder
Geschäftsführer
Thomas Basler
Kellermeister
Andreas Phillipp
Rebfläche
500 Hektar
Produktion
6.000.000 Flaschen

BESUCHSZEITEN

Mo.-Fr. 8-18 Uhr, Sa. 9-13,
So. 10-13 Uhr

Gutedel ist mit einem Anteil von 45 Prozent die dominierende Rebsorte in den Weinbergen der Auggener Genossen. Danach folgen Spätburgunder, Müller-Thurgau und Regent, aber auch Weißburgunder, Chardonnay und Sauvignon Blanc. Drei Viertel der Rebfläche entfällt auf die Lage Auggener Schäf, ein Viertel auf die Lage Auggener Letten. Der Letten ist eine 60 Hektar große steile Südlage mit schweren, fruchtbaren Böden (Lehm). Im Letten werden Sorten wie Chardonnay, Gewürztraminer und Grauburgunder angebaut. Der 180 Hektar große Auggener Schäf besteht aus fünf Hügeln mit bis zu 50-prozentigen Steillagen. Im Schäf wächst auf Kalkschieferböden vor allem die Rebsorte, für die Auggen und der Auggener Schäf bundesweit bekannt ist: Der Gutedel. Nach der Fusion mit der WG Laufen ist man seit Herbst 2011 auch im Laufener Altenberg vertreten. Der Name Auggen steht für Gutedel, die Gutedel sind meist die Stärke der Auggener Genossen. Aber auch mit Rotweinen und im edelsüßen Segment lassen sie immer wieder aufhorchen.

Kollektion

So auch in diesem Jahr. Die gewürzduftige Chardonnay Beerenauslese ist süß und konzentriert, der Gutedel Eiswein ist dick und dominant, der im Barrique ausgebaute Regent zeigt gute Konzentration, Schokonoten und Gewürze im Bouquet, ist füllig und kraftvoll im Mund, besitzt reife süße Frucht und gute Struktur. Gutedel macht nicht nur als Eiswein sondern auch trocken eine gute Figur: Der Qualitätswein ist frisch und geradlinig, der Kabinett ist geradlinig und zupackend, besitzt reintönige Frucht und feine Frische. Unser Favorit unter den trockenen Weißweinen ist aber in diesem Jahr die Weißburgunder Spätlese, die Fülle und Kraft besitzt, reife Frucht, gute Struktur und Substanz.

Weinbewertung

81	2016 Gutedel trocken Auggener Schäf **12 %/4,50 €**
83	2016 Gutedel Kabinett trocken Auggener Schäf **11 %/5,20 €**
80	2016 Grauburgunder Kabinett trocken „Edition N 3" Altenberg **13 %/6,20 €**
81	2016 Sauvignon Blanc trocken Auggener Schäf **12,5 %/6,20 €**
79	2016 Chardonnay Kabinett trocken Auggener Schäf **13 %/6,50 €**
84	2016 Weißburgunder Spätlese trocken Auggener Schäf **13 %/7,50 €**
82	2016 Muskateller Kabinett Auggener Schäf **11 %/6,70 €**
83	2016 Ruländer Auslese Laufener Altenberg **10 %/12,60 €/ 0,375l**
87	2015 Chardonnay Beerenauslese Auggener Schäf **11 %/23,- €/ 0,375l**
88	2015 Gutedel Eiswein Auggener Schäf **7,5 %/19,50 €/ 0,375l**
82	2015 Spätburgunder trocken Barrique Auggener Schäf **13,5 %/12,- €**
85	2015 Regent trocken Barrique Auggener Schäf **13,5 %/9,90 €**

A

Augustin

★★☆

KONTAKT

Raiffeisenstraße 5
97320 Sulzfeld
Tel. 09321-5663
Fax: 09321-24704
www.weingut-augustin.de
info@weingut-augustin.de

Inhaber
Arno Augustin
Rebfläche
10,5 Hektar
Produktion
70.000 Flaschen

BESUCHSZEITEN

Mo.-Sa. 9-18 Uhr, So. 10-12 Uhr
und nach Vereinbarung
Probierstube, Vinotel Augustin

Das 1988 gegründete Weingut wird seit 2001 von Geisenheim-Absolvent Arno Augustin geführt. Die Weinberge liegen alle in den Sulzfelder Lagen Maustal, Cyriakusberg und Sonnenberg, wo die Reben auf schweren Muschelkalkböden wachsen. Wichtigste weiße Rebsorten sind Silvaner, Bacchus, Müller-Thurgau, Kerner, Weißburgunder, Riesling und Sauvignon Blanc. Die Rotweinfläche wurde mit Spätburgunder, Schwarzriesling und Merlot auf 20 Prozent ausgeweitet. Die Weine werden überwiegend trocken angeboten. Seit dem Jahrgang 2003 führt Arno Augustin auch Barriqueweine im Programm, nicht nur Rotweine, auch den Weißburgunder baut er gerne im Barrique aus. Dem Weingut ist ein Hotel angeschlossen, Vinotel genannt.

Kollektion

Auch die neue Kollektion von Arno Augustin ist wieder stark und zuverlässig auf hohem Niveau. Sehr stimmig präsentiert sich die Silvaner-Serie. Der weiße Augustiner ist klar, frisch, saftig, „der Silvaner" besitzt Fülle und reife Frucht. Der Silvaner von alten Reben ist saftig, hat deutlich mehr Süße, unser Favorit aber ist der Silvaner aus dem Sonnenberg, der rauchige Noten zeigt, weiße Früchte, viel reife Frucht und Substanz besitzt. Weine der Rebsorte Perle sind selten geworden in den letzten Jahren, Arno Augustins Perle besitzt Fülle und Saft. Der Sauvignon Blanc ist würzig und eindringlich, kraftvoll, klar und zupackend, der Weißburgunder ist füllig und saftig, der im Barrique ausgebaute Weißburgunder besitzt Fülle und Kraft, herrlich viel Frucht und Substanz wie auch die Cuvée 16. Sehr gut sind auch die beiden vorgestellten Barrique-Rotweine. Der Merlot zeigt gute Konzentration, rote Früchte, ist klar, frisch, zupackend und strukturiert, der Spätburgunder ist enorm füllig und kraftvoll, besitzt reife Frucht und viel Substanz.

Weinbewertung

84 2016 Perle trocken Sulzfeld am Main **12 %/7,- €**
83 2016 Silvaner trocken „Weißer Augustiner" **13 %/7,50 €**
85 2016 Silvaner trocken „Der Silvaner" Sulzfeld Maustal **13 %/9,- €**
87 2016 Silvaner trocken „alte Reben" „Der Alte" Sulzfeld Maustal **13,5 %/12,- €**
87 2016 Riesling trocken Sulzfeld Maustal **13,5 %/15,- €**
85 2016 Sauvignon Blanc trocken Sulzfeld Cyriakusberg **13,5 %/13,50 €**
87 2016 Weißer Burgunder trocken Sulzfeld Maustal **13,5 %/10,- €**
82 2016 „Blanc de Noir" trocken Sulzfeld Maustal **13 %/9,- €**
88 2016 „Cuvée 16" Weißwein trocken Sulzfeld **13,5 %/17,- €**
88 2016 Silvaner trocken „Edition" Sulzfeld Sonnenberg **13,5 %/15,- €**
88 2015 Weißer Burgunder trocken Barrique Sulzfeld Maustal **14,5 %/18,- €**
87 2012 Spätburgunder trocken Barrique Sulzfeld Maustal **14 %/18,- €**
87 2012 Merlot trocken Barrique Sulzfeld Sonnenberg **13,5 %/26,- €**

Markgraf v. Baden, Schloss Salem

★★

KONTAKT

Schloss Salem
88682 Salem
Tel. 07553-81284
Fax: 07553-81569
www.markgraf-von-baden.de
weingut@markgraf-von-baden.de

Inhaber
SKH Bernhard Prinz von Baden
Betriebsleiter
Volker Faust
Kellermeister
Martin Kölble
Rebfläche
110 Hektar
Produktion
900.000 Flaschen

BESUCHSZEITEN

Mo.-Sa. 9-18 Uhr, Sonn- + Feiertage 11-18 Uhr; Verkaufstellen in Birnau (Oberhof 1a) und Überlingen (Haus Greth)

Schloss Salem zählt seit 1802 zu einem der Amtssitze der Markgrafen von Baden, die seit dieser Zeit auch die umfangreichen Rebflächen des ehemaligen Zisterzienserklosters kultivieren. Heute ist Schloss Salem Wohnsitz des Markgrafen von Baden und Heimat des Weingutes Markgraf von Baden. Insgesamt werden vom Markgrafen 110 Hektar Reben am Bodensee und 25 Hektar in der Ortenau bewirtschaftet (Weingut Schloss Staufenberg). Die Trauben wachsen in den Lagen Birnauer Kirchhalde, Bermatinger Leopoldsberg, Meersburger Chorherrenhalde und Gailinger Schloss Rheinburg größtenteils auf eiszeitlichen Verwitterungsböden, unmittelbar am See findet man Sandsteinfels, der eine mehr oder weniger dicke Schicht an Moränenschotter trägt, welcher von eiszeitlichen Gletschern stammt. Spätburgunder nimmt knapp 40 Prozent der Fläche ein, Müller-Thurgau ein Viertel, es folgen Weißburgunder, Grauburgunder und Riesling.

Kollektion

Die neue Kollektion ist gleichmäßig und stimmig, bleibt aber wie bei den meisten Weingütern am Bodensee vor allem in der Basis ein wenig hinter dem Vorjahr zurück. Sowohl die Guts- als auch die Ortsweine sind geradlinig, klar und frisch. Der weiße Teil der Kollektion wird angeführt vom Großen Gewächs aus der Chorherrenhalde, ein Riesling mit viel Würze und Duft, kraftvoll und kompakt. Die Spätburgunder-Serie ist stimmig, führt vom geradlinigen Bermatinger über dem würzigen, kraftvollen Leopoldsberg und dem rotfruchtigen, konzentrierten Schloss Rheinberg hin zum Großen Gewächs aus dem Buchberg, dem Highlight der Kollektion. Er zeigt gute Konzentration, reintönige Frucht, feine Frische, etwas florale Noten, ist frisch, klar und zupackend, besitzt gute Struktur und Frucht.

Weinbewertung

81	2016 Weißburgunder trocken Bodensee **12 %/8,- €**
81	2016 Müller Thurgau trocken Bodensee **12 %/8,- €**
82	2016 Müller Thurgau trocken Birnauer **11,5 %/11,- €**
82	2016 Weißburgunder trocken Birnauer **12,5 %/11,- €**
82	2016 Grauburgunder trocken Birnauer **12 %/11,- €**
82	2016 Sauvignon Blanc trocken Birnauer **12 %/11,- €**
86	2016 Riesling trocken „GG" Meersburger Chorherrenhalde **12,5 %/35,- €**
82	2016 Spätburgunder Rosé trocken Birnauer **12 %/11,- €**
82	2015 Spätburgunder trocken Bermatinger **13 %/12,- €**
84	2015 Spätburgunder trocken Bermatinger Leopoldsberg **13 %/17,- €**
84	2015 Spätburgunder trocken Gailingen Schloss Rheinburg **13 %/17,- €**
88	2015 Spätburgunder trocken „GG" „Buchberg" Leopoldsberg **13,5 %/45,- €**

Markgraf v. Baden, Schloss Staufenberg

★★☆

KONTAKT

Schloss Staufenberg 1
77770 Durbach
Tel. 0781-42778
Fax: 0781-440578
www.schloss-staufenberg.de
info@schloss-staufenberg.de

Inhaber
Markgraf von Baden
Betriebsleiter
Volker Faust
1. Kellermeister
Frederic Kirch
2. Kellermeister
Martin Kölble
Rebfläche
25 Hektar
Produktion
120.000 Flaschen

BESUCHSZEITEN

Mo.-Fr. 9:30-12 + 13-17 Uhr,
Sa. 10-16 Uhr
Gutsausschank

MARKGRAF VON BADEN
WEINGUT

Schloss Staufenberg kam 1693 in den Besitz des Hauses Baden. In den Weinbergen von Schloss Staufenberg, am Durbacher Schlossberg, spielt Riesling mit 45 Prozent die wichtigste Rolle. Es folgen 30 Prozent Spätburgunder, dazu gibt es Müller-Thurgau, Traminer, Weiß- und Grauburgunder, sowie Chardonnay und Sauvignon Blanc. Das Programm ist vierstufig gegliedert in Gutsweine, Ortsweine (Durbacher), Erste Lagen (Durbacher Schlossberg) und Große Lagen. Letztere kommen wie alle Weine aus dem Durbacher Schlossberg, der Riesling aus der Gewanne Marienberg im oberen Hangbereich des Schlossbergs (Südost-exponiert, karge Granitverwitterungsböden), der Spätburgunder aus der Gewanne Sophienberg am östlichen Ende des Schlossbergs (Südost-exponiert, höhere Lehm- und Lössanteile). Die Rieslinge werden alle in Edelstahltanks ausgebaut, die Spätburgunder im Barrique. Den Markgrafen von Baden gehört auch ein großes Weingut am Bodensee, Schloss Salem (siehe nebenstehenden Eintrag).

Kollektion

Die neue Kollektion schließt nahtlos an die guten Vorjahre an, wieder ist der Spätburgunder aus dem Sophienberg der herausragende Wein der Kollektion, hat dieses Jahr aber starke Konkurrenz durch einen Weißwein erhalten, den Grauburgunder aus dem Schlossberg, der gute Konzentration zeigt, gelbe Früchte, füllig und saftig ist, viel reife Frucht und Substanz besitzt. Das Große Gewächs, der Riesling Klingelberg war Mitte September noch nicht gefüllt, die anderen Schlossberg-Weißweine reichen nicht an den Grauburgunder heran. Der Sauvignon Blanc ist intensiv und zupackend, der Chardonnay geradlinig, besitzt reintönige Frucht. Der Spätburgunder aus dem Schlossberg ist frisch und fruchtbetont, klar und zupackend. Highlight der Kollektion ist also das Große Gewächs aus dem Sophienberg, es zeigt rauchige Noten im Bouquet, Gewürze, Vanille, ist kraftvoll im Mund, deutlich holz- und tanningeprägt, jugendlich. —

Weinbewertung

81 2016 Klingelberger Riesling trocken **12 %/8,- €**
83 2016 Klingelberger Riesling trocken (Ortswein) **12,5 %/12,- €**
80 2016 Grauburgunder trocken (Ortswein) **14 %/12,- €**
84 2016 Sauvignon Blanc trocken Durbacher Schlossberg **12,5 %/16,- €**
84 2016 Chardonnay trocken Durbacher Schlossberg **13,5 %/16,- €**
88 2016 Grauburgunder trocken Durbacher Schlossberg **14 %/45,- €**
82 2015 Spätburgunder trocken Durbacher **12,5 %/12,- €**
84 2016 Spätburgunder trocken Durbacher Schlossberg **13 %/17,- €**
89 2015 Spätburgunder trocken „GG Sophienberg" Schlossberg **13,5 %/45,- €**

Bächner

★★★

KONTAKT

Sulzweg 4
72581 Dettingen
Tel. 07123-920511
Fax: 07123-920512
www.weingut-baechner.de
info@weingut-baechner.de

Inhaber
Petra Bächner
Rebfläche
2 Hektar
Produktion
10.000 Flaschen

BESUCHSZEITEN

Di.-Sa. nach Vereinbarung

Die Weinberge von Petra Bächner liegen am Rande der Schwäbischen Alb unterhalb der Burg Hohenneuffen. Seit mehr als 900 Jahren wird hier Wein angebaut, die Weinberge reichen bis in eine Höhe von 526 Meter über dem Meeresspiegel. Auf karstigen Juraböden baut Petra Bächner Silvaner, Kerner und Riesling an, dazu Spät- und Frühburgunder, 2013 brachte Sauvignon Blanc den ersten Ertrag. Um den Weinausbau kümmert sich Ehemann Thomas Bächner. Seit der Gründung des Weingutes 2007 werden die Weinberge biologisch bewirtschaftet, zertifiziert, da immer wieder Flächen hinzukamen, gingen diese neuen Anlagen in die Umstellung ein. Ab dem Jahrgang 2011 ist man vollständig zertifiziert, was inzwischen auch auf den Flaschen deklariert wird. 2014 wurde erstmals ein Sekt erzeugt, der 2016 auf den Markt kam, zukünftig aber soll er ein längeres Hefelager erhalten.

Kollektion

Eine starke Kollektion folgt auf die nächste, wobei in diesem Jahr ganz eindeutig die beiden 2015er Rotweine die Nase vorne haben. Der Secco aus Sauvignon Blanc und barriqueausgebautem Kerner ist frisch und geradlinig, der Sekt – Früh- und Spätburgunder – fruchtbetont, frisch und klar, jugendlich. Die weiße Cuvée Gottfried aus Kerner, Sauvignon Blanc und Riesling ist wie immer eine sichere Bank, fruchtbetont und klar, bietet unkomplizierten Trinkgenuss. Der Riesling ist zupackend, besitzt klare Frucht und Biss, der rotfruchtige Blanc de Noirs, aus Frühburgunder und Pinot Meunier, ist geradlinig und harmonisch. Bei der im Barrique ausgebauten Cuvée Mechthild aus Früh- und Spätburgunder steht die Frucht ganz im Vordergrund, sie ist klar, geradlinig und druckvoll. Auch der Frühburgunder hat das Holz schön integriert, setzt ganz auf Frucht und Frische, zeigt rote Früchte, ist rauchig, reintönig, besitzt gute Struktur und Biss. Noch ein klein wenig besser gefällt uns der Spätburgunder, der rauchige Noten im Bouquet zeigt, reintönige Frucht, feine Frische, wunderschön lebhaft im Mund ist, klar und zupackend, reintönige Frucht, gute Struktur und Biss besitzt.

Weinbewertung

83	2016 „Secco" Perlwein **12 %/7,50 €**
86	2015 Rosé Sekt brut **12 %/12,50 €**
84	2016 „Cuvée Gottfried" Weißwein **12 %/8,50 €**
85	2016 Riesling **12,5 %/9,50 €**
84	2016 „Blanc de Noirs" **12,5 %/8,50 €**
86	2016 „Cuvée Mechthild" Rotwein **13 %/12,50 €**
88	2015 Frühburgunder „480 NN" **13 %/15,- €**
89	2015 Spätburgunder „510 NN" **14 %/18,- €**

Bärenhof

★★

KONTAKT

Weinstraße 4
67098 Bad Dürkheim-Ungstein
Tel. 06322-4137
Fax: 06322-8212
www.weingut-baerenhof.de
weingut-baerenhof@t-online.de

Inhaber
Günther Bähr
Rebfläche
34 Hektar
Produktion
350.000 Flaschen

BESUCHSZEITEN

Mo.-Fr. 8-12 + 13-18 Uhr,
Sa. 9-16 Uhr, So. 10-12 Uhr

Seit dem sechzehnten Jahrhundert baut die Familie Wein in Ungstein an, aber erst Günther Bähr brachte 1973 die ersten eigenen Weine auf die Flasche. Inzwischen hat Sohn Jürgen, der seit 2004 im Betrieb tätig ist, die Verantwortung übernommen. Bis 1989 besaß man 8 Hektar Reben, seither hat sich die Rebfläche vervielfacht. Die Weinberge liegen in verschiedenen Ungsteiner (Herrenberg, Weilberg, Michelsberg, Nussriegel, Osterberg) und Dürkheimer Lagen (Hochbenn, Ritterberg). Mit Abstand die wichtigste Sorte ist Riesling, der 40 Prozent der Rebfläche einnimmt. Es folgen die Burgundersorten, rote Sorten wie Portugieser, Dornfelder, Cabernet Sauvignon und Merlot und weiße Sorten wie Silvaner, Chardonnay, Scheurebe oder Sauvignon Blanc.

Kollektion

Hatten wir im vergangenen Jahr vor allem die rest- und edelsüßen Weine gelobt, so präsentiert uns Jürgen Bähr dieses Mal eine durchweg überzeugende Riege von acht trockenen, reintönigen Rieslingen, mit dem zwei Jahre sur lie ausgebauten „Reserve"-Wein aus dem Herrenberg an der Spitze, der konzentriert ist, klare, leicht gereifte Frucht zeigt und ein lebendiges Säure-Spiel besitzt. Die trockene Spätlese aus dem Michelsberg besitzt gute Substanz, wirkt noch sehr jung, der Weilberg zeigt kräutrig-mineralische Noten und etwas grünen Apfel, der „Halbstück" zeigt klare Zitrusnoten und dezente Holzwürze. Der Chardonnay zeigt Noten von Banane und Vanille im Bouquet, ist kraftvoll und weich, der Gewürztraminer zeigt viel klare Frucht, besitzt feine Süße und frischen Säure-Biss. Unter den beiden Rotweinen zeigt der „Ursus Mysticus" Beerenfrucht und etwas grüne Paprika im Bouquet, ist saftig mit leichter Süße und kaum spürbarem Holz, der Pinot Noir ist schlank und elegant mit klarer, roter Frucht und dezenten Röstnoten.

Weinbewertung

85 2016 „Lebenslang" Weißwein trocken **13 %/9,- €**
85 2016 Riesling trocken „Halbstück" **12,5 %/6,50 €**
86 2016 Chardonnay Spätlese trocken Dürkheimer Spielberg **13,5 %/12,- €**
82 2016 Riesling trocken „Trockener Bär" Dürkheimer Steinberg **13,5 %/4,50 €**
82 2016 Riesling Kabinett trocken Ungsteiner Nußriegel **12 %/4,50 €**
83 2016 Riesling Spätlese trocken Dürkheimer Rittergarten **12 %/5,20 €**
85 2016 Riesling Spätlese trocken Ungsteiner Weilberg **12,5 %/6,20 €**
84 2016 Riesling Spätlese trocken Ungsteiner Herrenberg **12,5 %/6,20 €**
85 2016 Riesling Spätlese trocken Dürkheimer Michelsberg **12,5 %/9,- €**
87 2014 Riesling trocken „Reserve" Ungsteiner Herrenberg **12,5 %/12,- €**
85 2016 Gewürztraminer Spätlese Ungsteiner Kobnert **8,5 %/5,60 €** ☺
86 2014 „Ursus Mysticus" Rotwein trocken **13 %/9,- €**
87 2013 Pinot Noir trocken „Ursus Magnus" **12,5 %/12,50 €**

Baldauf

★★

KONTAKT

Hauptstraße 42
97729 Ramsthal
Tel. 09704-1595
Fax: 09704-7655
www.baldaufwein.de
info@baldaufwein.de

Inhaber
Gerald & Ralf Baldauf
Rebfläche
48 Hektar

BESUCHSZEITEN

Mo.-Fr. 9-18 Uhr, Sa. 9-16 Uhr

Das 1966 von Karl-Heinz Baldauf in Ramsthal im Saaletal gegründete Weingut wird seit 1991 von seinen Söhnen Gerald und Ralf geführt, die beide in Veitshöchheim zum Weinbautechniker ausgebildet wurden. Ihre Weinberge befinden sich in den Lagen Ramsthaler St. Klausen und Hammelburger Trautlestal, inzwischen werden auch die Weinberge des Weinhauses Flach in Erlabrunn in Pacht bewirtschaftet, so dass man nun auch in Lagen wie Stettener Stein, Retzstadter Langenberg oder Laudenbacher Schloss vertreten ist. 2010 wurden erste Versuche mit biologischem Weinbau unternommen, seit 2011 wird der komplette Betrieb biologisch bewirtschaftet. Die Weißweine werden im Edelstahl, die Rotweine – immerhin ein Viertel der Produktion – in großen oder kleinen Holzfässern ausgebaut. 2008 wurde eine Vinothek eröffnet. Die besten Weine eines Jahrgangs vermarkten die Baldaufs in der Linie Clees, einer sehr alten Ramsthaler Weinlagenbezeichnung (St. Clees).

Kollektion

Die neue Kollektion ist stark, bietet sehr gleichmäßige Qualität und interessante Spitzen. Die Muschelkalk-Weine sind fruchtbetont und zupackend, die Weine der Hangemacht-Linie sind sehr ähnlich, geradlinig und klar. Mehr Fülle und Substanz bietet die Clees-Linie. Der Silvaner ist füllig und saftig, der im Betonei ausgebaute Pfarrwengert besitzt Fülle, Kraft und alkoholische Wärme. Der Weißburgunder besitzt gute Struktur und Substanz, aber auch dezente Bitternoten, der Grauburgunder ist reintönig und strukturiert, auch die süße Rieslaner Spätlese besticht mit ihrer reintönigen Frucht. Der Pinot Noir aus dem Trautlestal ist fruchtbetont und geradlinig, Highlight der Kollektion ist dann ganz klar der Pinot Noir Grande Reserve, Jahrgang 2013, ebenfalls aus dem Trautlestal, der Fülle und Kraft besitzt, viel reife Frucht, gute Struktur und Substanz.

Weinbewertung

84	2016 Riesling Kabinett trocken „Muschelkalk" **11 %/7,- €**
84	2016 Scheurebe Kabinett trocken „Muschelkalk" **11 %/6,80 €**
83	2016 Müller-Thurgau trocken „handgemacht" Frankens Saalestück **12,5 %/7,50 €**
84	2016 Silvaner trocken „handgemacht" Frankens Saalestück **11,5 %/8,- €**
83	2016 Riesling trocken „handgemacht" Frankens Saalestück **12 %/9,- €**
85	2015 Silvaner Spätlese trocken „Clees" **13,5 %/9,50 €**
87	2014 Silvaner Spätlese trocken „Clees" „Pfarrwengert" **14,5 %/13,- €**
86	2014 Weißer Burgunder trocken „Clees" „Reserve" Trautlestal **13,5 %/13,50 €**
85	2016 Grauer Burgunder trocken „Clees" **13,5 %/12,- €**
86	2016 Rieslaner Spätlese „Clees" Ramsthaler St. Klausen **10,5 %/10,- €**
85	2015 Pinot Noir trocken „Clees Reserve" Hammelburger Trautlestal **13 %/14,50 €**
88	2013 Pinot Noir trocken „Clees Grand Reserve" Trautlestal **14 %/29,- €**

Benedikt Baltes

★★★★

KONTAKT

Wilhelmstraße 107
63911 Klingenberg
Tel. 09372-2438
Fax: 09372-921059
www.weingut-klingenberg.de
info@weingut-klingenberg.de

Inhaber
Benedikt Baltes
Rebfläche
14 Hektar
Produktion
80.000 Flaschen

BESUCHSZEITEN

Mi.-Fr. 13-18 Uhr, Sa. 10-18 Uhr
oder nach Vereinbarung

Aus dem Weingut der Stadt Klingenberg wird 2017 das Weingut Benedikt Baltes. Das 1912 gegründete Weingut der Stadt Klingenberg wurde 2010 von Benedikt Baltes erworben, der in Mayschoß an der Ahr aufgewachsen ist, seine Lehre bei Adeneuer machte, dann hatte er in Österreich und Ungarn gearbeitet, nach seiner Technikerausbildung in Bad Kreuznach folgten Aufenthalte in Portugal und Rheinhessen. Die Umbenennung des Weingutes ist nicht die einzige Neuerung. 2016 hat Benedikt Baltes offiziell mit der Umstellung auf biologischen Weinbau begonnen, er arbeitet nach den Prinzipien der Biodynamie und der Permakultur. Und das Programm wird sich mit dem Jahrgang 2016 verändern, zu den Weinbergen im Klingenberger Schlossberg und im Großheubacher Bischofsberg, beides Lagen mit überwiegend Terrassen-Weinbergen, sind Weinberge in den Bürgstadter Lagen Centgrafenberg und Hundsrück hinzugekommen. Benedikt Baltes möchte sich ganz auf Spätburgunder konzentrieren, andere Sorten pflanzt er nicht neu, ausschließlich Spätburgunder, nur Spätburgunder erzeugen in seiner ganzen Vielfalt vom Blanc de Noir und Blanc de Noir-Sekt bis hin zu den großen Lagenweinen. Derzeit liegt der Anteil bei 90 Prozent, es gibt noch ein wenig Portugieser, Riesling, Cabernet Franc und Müller-Thurgau. Ab dem Jahrgang 2016 wird es neben den Lagenweinen aus Schlossberg (Großes Gewächs) und Bischofsberg zwei weitere Lagenweine aus dem Bürgstadter Berg und dem Bürgstadter Hundsrück (Großes Gewächs) geben. Die Basis des Sortiments bildet der Buntsandstein-Spätburgunder, dann folgen die Ortsweine, der Klingenberger Spätburgunder und der Großheubacher Spätburgunder. Mit dem Jahrgang 2013 wurde der „Terra 1261", eine spezielle Selektion aus dem Schlossberg, der nach dem Jahr benannt wurde, in dem erstmals urkundlich Weingärten „auf dem hohen Berge" als Eigentum des Schenken von Clingenburg und Prozelten erwähnt wurden. Die Weine werden etwas kaltmaceriert und spontanvergoren, der Ausbau erfolgt überwiegend in 300 Liter-Fässern, ein kleiner Teil wird in 500 Liter-Fässern ausgebaut. Benedikt Baltes Lebensgefährtin Julia Bertram führt seit 2013 ein Weingut an der Ahr, sie kümmern sich gemeinsam um beide Weingüter.

Kollektion

Fast seine komplette Kollektion hat Benedikt Baltes uns geschickt – auf der Preisliste findet sich lediglich noch ein Blanc de Noir-Gutswein und ein Portugieser-Ortswein – und trotzdem sind es nur sechs Weine, sechs Spätburgunder selbstverständlich, und wir können uns gut vorstellen, dass er einmal seine Zielvorstellung wahr macht und von zwanzig Hektar Weinbergen maximal zehn Weine erzeugt, zehn Spätburgunder selbstverständlich. Den Einstieg in die 2015er Kollektion bildet wieder der Buntsandstein-Spätburgunder, der wunderschön fruchtbetont und reintönig im Bouquet ist, herrlich eindringlich, reife rote Früchte zeigt, im Mund dann ist er klar, frisch und zupackend, besitzt gute Struktur und Frucht. Dann folgen die beiden Ortsweine von alten Reben. Der Großheubacher zeigt reintönige Frucht, feine Frische, rote Früchte, ist klar, frisch und zupackend, besitzt gute Struktur und faszinierend reintönige Frucht. Etwas kraft- und druckvoller ist der Klingenberger Spätburgunder, zeigt faszinierend viel Frucht im Bouquet, feine Frische, ist lebhaft im Mund, klar und druckvoll, strukturiert, besitzt Länge und feinen Nachhall. Der Spätburgunder aus dem Bischofsberg wird als Erste Lage bezeichnet, dabei war der Bischofsberg einmal vom VDP als Große Lage klassifiziert, also für Große Gewächse vorgesehen. Den Beweis großer Weine aber war er bislang schuldig geblieben, Benedikt Baltes aber tritt ihn nun an: Sein 2013er Bischofsberg ist wahrhaft Große Gewächs-würdig. Er zeigt faszinierende reintönige Frucht im Bouquet, rote Früchte, ein wenig Johannisbeeren, viel Frische, ist lebhaft im Mund, komplex, verspielt, besitzt reintönige Frucht, gute Struktur, Frische und viel Länge – da möchte man gleich die Flasche leeren, so lecker ist er, aber das sollte ja schließlich kein Ausschlusskriterium für ein Großes Gewächs sein. Denn auch beim Schlossberg kommt schließlich Trinkfreude auf, er zeigt herrlich viel Frucht im Bouquet, etwas Johannisbeeren, ist frisch und lebendig im Mund, präzise, fruchtbetont, lang und nachhaltig. Der Terra 1261 ist ebenfalls herrlich eindringlich im Bouquet, zeigt viel intensive Frucht, Johannisbeeren, besitzt viel Frische und Frucht auch im Mund, Fülle und Kraft, Präzision und Druck, ist enorm lang und nachhaltig, ein großartiger Spätburgunder. Benedikt Baltes präsentiert erneut eine klasse Kollektion, stimmig vom Anfang bis zum Schluss, mit einer klaren Stilistik: Weiter im Aufwind!

Weinbewertung

86 2015 Spätburgunder „Buntsandstein" **12,5 %/14,50 €**
89 2015 Spätburgunder Großheubach „Alte Reben" **12,5 %/18,50 €**
90 2015 Spätburgunder „R" Klingenberg „Alte Reben" **13 %/29,- €**
92 2015 Spätburgunder Bischofsberg **13 %/39,- €**
93 2015 Spätburgunder „GG" Schlossberg **13 %/69,- €**
94 2015 Spätburgunder „Terra 1261" Schlossberg **13 %/118,- €**

B

LAGEN

SCHLOSSBERG (KLINGENBERG)
BISCHOFSBERG (GROSSHEUBACH)
BERG (BÜRGSTADT)
HUNDSRÜCK (BÜRGSTADT
CENTGRAFENBERG (BÜRGSTADT)

REBSORTEN

SPÄTBURGUNDER (90 %)
PORTUGIESER
RIESLING
CABERNET FRANC
MÜLLER-THURGAU

BAMBERGER

★★★☆

KONTAKT

Wein- und Sektgut Bamberger
Römerstraße 10
55566 Meddersheim
Tel. 06751-2624
Fax: 06751-2141
www.weingut-bamberger.de
kontakt@weingut-bamberger.de

Inhaber
Heiko Bamberger
Rebfläche
15 Hektar
Produktion
100.000 Flaschen

BESUCHSZEITEN

Mo.-Fr. 8-12 + 14-18 Uhr,
Sa. 9-17 Uhr

Karl-Kurt Bamberger hatte sich in den sechziger Jahren entschieden, den landwirtschaftlichen Gemischtbetrieb aufzugeben und ganz auf Weinbau zu setzen. Seit 1993 ist Sohn Heiko für den Weinausbau verantwortlich und hat mittlerweile den Betrieb übernommen. Die Weinberge liegen in Meddersheim (Rheingrafenberg, Altenberg), sowie in Monzingen (Frühlingsplätzchen) und Sobernheim (Marbach). Riesling nimmt 55 Prozent der Rebfläche ein. Es folgen Spät-, Weiß- und Grauburgunder und kleine Anteile Müller-Thurgau, Gewürztraminer, Acolon und Dornfelder. Eine Spezialität des Weinguts sind die nach der traditionellen Methode hergestellten Winzersekte, deren Anteil an der Gesamtproduktion mittlerweile bei 20 Prozent liegt. Seit dem Jahrgang 2015 kommen die trockenen Toprieslinge erst zwei Jahre nach der Ernte als Réserve-Weine in den Verkauf.

Kollektion

Zwei neue Réserve-Sekte von Heiko Bamberger konnten wir in diesem Jahr verkosten, der Pinot brut nature ist geradlinig und puristisch, zeigt komplexe, gereifte Frucht und braucht viel Luft, der Riesling extra brut ist cremig, animierend und lang. Die brut ausgebauten Riesling- und Pinot-Sekte sind reintönig und frisch mit animierendem Säure-Spiel. Die drei Réserve-Rieslinge zeigen viel klare Frucht und besitzen gute Konzentration, die beiden 2015er haben sich gut entwickelt und wir bewerten sie etwas höher als im vergangenen Jahr, sie zeigen steinige Würze, entwickeln feinen Druck und besitzen gute Länge. Und die beiden edelsüßen Rieslinge sind konzentriert und cremig, die Auslese ist animierend und lang, der Eiswein zeigt komplexe Frucht und leicht rauchige Würze und besitzt Biss. —

Weinbewertung

87 2013 Riesling Sekt brut **12,5 %/13,50 €**
87 2014 „Cuvée Pinot" Sekt brut **13 %/13,50 €**
88 2012 Riesling Sekt extra brut „Réserve" **12,5 %/21,- €**
89 2010 „Cuvée Pinot" Sekt brut nature „Réserve" **13 %/29,- €**
87 2016 Grauburgunder trocken Meddersheimer Rheingrafenberg **13 %/13,50 €**
86 2016 Weißburgunder trocken Meddersheimer Rheingrafenberg **12,5 %/10,50 €**
86 2016 Riesling trocken Monzinger Frühlingsplätzchen **12,5 %/9,90 €**
88 2015 Riesling trocken „Réserve" Monzinger Frühlingsplätzchen **13 %/16,50 €**
87 2016 Riesling trocken „Réserve" Meddersheimer Altenberg **12,5 %/16,50 €**
88 2015 Riesling trocken „Réserve" Meddersheimer Altenberg **13 %/16,50 €**
84 2016 Riesling „Plaisir" **11,5 %/7,90 €**
85 2016 Riesling „feinherb" Meddersheimer Rheingrafenberg **11 %/9,90 €**
89 2016 Riesling Auslese „Goldkapsel" Meddersheimer Rheingrafenberg **7,5 %/15,- €**
90 2016 Riesling Eiswein Meddersheimer Rheingrafenberg **6,5 %/27,- €**

B

BARDONG

★★★

KONTAKT

Sektmanufaktur Bardong
Bahnstraße 7
65366 Geisenheim
Tel. 06722-47136
Fax: 06722-47555
www.bardong.de
info@bardong.de

Inhaber
Norbert Bardong
Rebfläche
keine eigenen Weinberge

BESUCHSZEITEN

nach Vereinbarung

Norbert Bardong gründete 1984 seine eigene Sektkellerei, spezialisierte sich auf Jahrgangs- und Lagensekte in kleinen Auflagen, ausschließlich in den Geschmacksrichtungen brut oder extra-brut. Kunden, die höher dosierte Schaumweine bevorzugen, verweist er gern an Kollegen – er selbst bleibt konsequent. Alle Sekte reifen in alten, eindrucksvollen Kelleranlagen, in denen früher Weinbrand gelagert wurde. Eine Mindestreifezeit von drei Jahren auf der Hefe ist hausintern vorgeschrieben, Spezialitäten können aber schon mal bis zu zwanzig Jahre gelagert werden, degorgiert wird nach Bedarf. In erster Linie verwendet Bardong, unterstützt von seiner Frau Renate, die klassischen Rheingauer Rebsorten Riesling und Spätburgunder, dazu aber auch Weißburgunder und Chardonnay, und selbst Gewürztraminer, Cabernet Sauvignon oder die weiße Neuzüchtung namens Hölder, deren Trauben er aus dem Anbaugebiet Saale-Unstrut bezieht. Für alle Produkte gilt, dass sie eine gute Balance aufweisen, nie vom Alkohol dominiert sind. Die regelmäßig veranstalteten Sekt-Diners zeigen, dass man Schaumwein und Speisen perfekt kombinieren kann.

Kollektion

Wieder einmal ist die Kollektion auf gleichmäßig hohem Niveau. Der 2012er Riesling extra brut duftet nach Trockenobst, zeigt feine rauchige Konturen. Eher mild geraten ist der saftige 2010er Riesling brut. Sortentypisch, mild und zugänglich präsentiert sich der Weißburgunder. Der Spätburgunder Weißherbst weist frische Fruchtaromen auf. Der 2009er Riesling extra brut besitzt deutlicher Reife und eine feine Brioche-Süße. Sein brut ausgebautes Lagenpendant aus 2010 ist zitrusfruchtiger, am Gaumen straff und säurebetont. Der duftige Chardonnay ist cremig am Gaumen, intensiv, zugleich von jugendlicher Frische durchzogen. Der Blanc de Noir duftet attraktiv nach Äpfeln und Safran, zeigt einen Hauch von Brioche. Die 15 Jahre auf der Hefe gereifte 1998er Riesling Reserve duftet nach Quitten, Petrol, Nelke und Menthol, ist am Gaumen pointiert und voll vitaler, saftiger Frische.

Weinbewertung

85 2012 Riesling Sekt extra brut Erbacher Honigberg **13 %/14,- €**
86 2010 Riesling Sekt brut Deidesheimer Hofstück **12,5 %/15,- €**
86 2010 Weißburgunder Sekt brut **12,5 %/16,- €**
86 2013 Spätburgunder Weißherbst Sekt brut Geisenheimer Mönchspfad **13 %/15,- €**
86 2009 Riesling Sekt brut Erbacher Honigberg **12,5 %/19,- €**
85 2010 Riesling Sekt brut Erbacher Honigberg **12,5 %/18,- €**
86 2008 Chardonnay Sekt brut **12,5 %/22,- €**
87 2013 Spätburgunder „Blanc de Noir" Sekt brut **13 %/21,- €**
88 1998 Riesling „Reserve" Sekt brut **13 %/28,- €**

STEFAN BARDORF

★☆

KONTAKT

Gasthof Löwen
Ochsenfurter Straße 4
97236 Randersacker
Tel. 0170-4020159
Fax: 0931-2603276
www.weingut-bardorf.de
info@loewen-randersacker.de

Inhaber
Stefan Bardorf
Rebfläche
3 Hektar
Produktion
22.000 Flaschen

BESUCHSZEITEN

Weinverkauf im Gasthof Löwen, Bacchusstube, Mo.-So. 9-22 Uhr

Das Weingut Bardorf wurde 1965 von Günther Bardorf gegründet. Mit Abschluss seiner Meisterschule in Veitshöchheim 2001 übernahm Sohn Stefan Bardorf die Betriebsleitung, inzwischen hat er den Betrieb übernommen. Seine Weinberge liegen in den Randersackerer Lagen Ewig Leben, Marsberg, Sonnenstuhl und Teufelskeller, auch im Lämmerberg und Dabug, sowie im Eibelstadter Kapellenberg. Riesling und Silvaner nehmen jeweils ein Viertel seiner Rebfläche ein, dazu gibt es Bacchus, Müller-Thurgau, sowie Schwarzriesling und Spätburgunder. Domina, Blaufränkisch, Zweigelt, Grau- und Weißburgunder wurden neu angepflanzt, auch Sauvignon Blanc. 2015 wurde mit der Umstellung auf biologischen Weinbau begonnen. Die Weine werden überwiegend spontanvergoren bei Maischestandzeiten von bis zu 48 Stunden, sie werden kühl vergoren und bis zu neun Monate auf der Feinhefe ausgebaut. Etwa die Hälfte der Weißweine wird im Holz ausgebaut, die Rotweine kommen fast alle ins Holz.

Kollektion

Nach recht üppigen trockenen 2015er Weißweinen präsentieren sich auch die 2016er nur unwesentlich schlanker. Sehr gut gefällt uns der Riesling Am Turm, er besitzt Fülle und Kraft, gute Struktur und viel Frucht, wir ziehen ihn ganz leicht dem fülligen, saftigen Marsberg-Riesling vor. Die trockene Weißburgunder Spätlese ist fruchtbetont und füllig, der Sauvignon Blanc geradlinig und frisch. Unter den vier präsentierten trockenen Silvanern gefällt uns die trockene Spätlese von alten Reben aus dem Marsberg am besten, sie ist füllig und kraftvoll, geradlinig und klar. Silvaner gibt es 2016 auch edelsüß, als Trockenbeerenauslese aus dem Marsberg: Viel Würze und Duft prägen das Bouquet, kandierte Früchte, sie ist füllig und dick im Mund, enorm konzentriert. ▬

Weinbewertung

81	2016 Müller-Thurgau trocken „Alte Reben" Randersackerer Ewig Leben **12 %/7,- €**
81	2016 Silvaner Kabinett trocken Randersackerer Sonnenstuhl **13,5 %/7,50 €**
85	2016 Riesling trocken „Am Turm" Randersackerer Sonnenstuhl **12,5 %/7,50 €**
84	2016 Weißburgunder Spätlese trocken Randersackerer Ewig Leben **13 %/11,- €**
81	2016 Silvaner trocken „Alte Reben" Randersackerer Ewig Leben **13,5 %/9,50 €**
85	2016 Silvaner Spätlese trocken „Alte Reben" Randersackerer Marsberg **13 %/14,- €**
84	2016 Riesling Spätlese trocken Randersackerer Marsberg **13 %/14,- €**
83	2016 Sauvignon Blanc Spätlese trocken Randersackerer Ewig Leben **13,5 %/17,- €**
83	2016 Silvaner trocken „RR Alte Reben" Randersackerer Marsberg **13,5 %/24,- €**
82	2016 Riesling Spätlese Randersackerer Ewig Leben **12 %/12,- €**
87	2016 Silvaner Trockenbeerenauslese Randersackerer Marsberg **9 %/119,- €/0,375l**

Barth

★★★

KONTAKT

Wein- und Sektgut Barth
Bergweg 20, 65347 Hattenheim
Tel. 06723-2514, Fax: -4375
www.weingut-barth.de
mail@weingut-barth.de

Inhaber Norbert Barth, Mark Barth
Betriebsleiter Mark Barth
Kellermeister Marc Leitis
Rebfläche 20 Hektar
Produktion 150.000 Flaschen

BESUCHSZEITEN

Mo.-Fr. 14-18 Uhr, Sa. 11-16 Uhr

Das Weingut, das seit einigen Jahren offiziell als „Wein- und Sektgut Barth" firmiert, gehört zu den vielfältigsten Betrieben im Rheingau. Riesling ist die wichtigste Rebsorte bei Norbert Barth, der seit einiger Zeit von seinem Schwiegersohn Mark P. Barth unterstützt wird. Hinzu kommt ein für Hattenheim hoher Spätburgunderanteil, auch Weißburgunder und Cabernet Sauvignon werden angebaut. Norbert Barth lässt seine Schaumweine teilweise sehr lange auf der Hefe reifen, gerüttelt wird per Hand. Teilweise werden sie spät gefüllt, dann wieder komplett ohne Dosage vinifiziert wie der „Ultra".

Kollektion

Die Sekte sind wieder schmackhaft und würzig, besonders gut gefällt uns der Riesling extra brut mit seiner präzisen Art, reifer Frucht und zupackender Säure. Heraus ragen der kraftvolle Ultra, der reif und nussig duftet, kompakt und salzig ist sowie der ausgesprochen balancierte 2013er Riesling aus dem Schützenhaus mit seiner opulenten Frucht. Die Rieslinge sind insgesamt sehr saftig gelungen, die Großen Gewächse ragen in ihrer eigenwillig würzigen und fordernden Art deutlich heraus. Das Große Gewächs aus dem Schönhell ist vollmundig, fruchtig, dabei geradlinig frisch, animierend herb und lang. Das Große Gewächs aus dem Wisselbrunnen ist noch kräftiger, bleibt aber bei allem Schmelz doch etwas adstringierend. Es wird Zeit brauchen, die Substanz ist jedoch sehr vielversprechend. Das länger gereifte 2015er Große Gewächs aus dem Hassel ist komplex und spannend, salzig durch und durch, dabei straff, fein ziseliert und erfrischend herb. Ein beachtlicher, eigenständiger Riesling mit Vitalität und großer Präzision.

Weinbewertung

87	Riesling Sekt extra brut **12 %/15,- €**
86	Pinot Blanc Sekt brut **12,5 %/15,50 €**
84	Pinot Rosé Sekt brut **12,5 %/16,- €**
90	2011 „Ultra" Pinot Sekt brut nature **12,5 %/28,- €**
90	2013 Riesling Sekt brut nature Hattenheim Schützenhaus **12,5 %/35,- €**
85	2016 Riesling trocken Hallgarten **12 %/10,50 €**
87	2016 Riesling trocken Hattenheim Schützenhaus **12,5 %/16 €**
89	2016 Riesling trocken „GG" Hallgarten Schönhell **13 %/32,- €**
90	2016 Riesling trocken „GG" Hattenheim Wisselbrunnen **13 %/33,- €**
91	2015 Riesling trocken „GG" Hattenheim Hassel **13 %/35,- €**
86	2016 Riesling „Charta" **12 %/13,- €**
85	2016 Riesling Rüdesheim „feinherb" **11 %/9,50 €**
87	2016 Riesling Spätlese Oestrich Lenchen **8 %/17,50 €**
87	2010 Cabernet Sauvignon trocken **13,5 %/25,- €**

GREGOR BARTH

★☆

KONTAKT

Lindenallee 23
55590 Meisenheim
Tel. 06753-5477
Fax: 06753-124849
www.hotelweingut-barth.de
hotelweingut-barth@t-online.de

Inhaber
Gregor Barth
Rebfläche
7,5 Hektar
Produktion
50.000 Flaschen

BESUCHSZEITEN

Mo.-Sa. 9-19 Uhr oder nach Vereinbarung
Hotel mit Restaurant

Jakob Sottong begann 1895 mit dem Anbau von Wein in Meisenheim. Sein Sohn führte den Betrieb mit Landwirtschaft und Weinbau weiter, Enkelin Anna heiratete 1955 den Winzer Alois Barth aus Wallhausen. Ihr Sohn Reinhold Barth übernahm 1989 den elterlichen Betrieb, weitete den Weinanbau aus und errichtete 1991 ein Hotel. Mit dem Jahrgang 2011 ging die Verantwortung im Keller an den Geisenheim-Absolventen Gregor Barth über, der den Betrieb inzwischen übernommen hat. Die Weinberge – ausschließlich Steillagen im Glantal – befinden sich in den Raumbacher Lagen Schwalbennest und Schlossberg und in der Meisenheimer Obere Heimbach, 2011 ergänzt durch eine Neuanlage im Rehborner Herrenberg. Angebaut werden Riesling, Weißburgunder, Grauburgunder, Kerner, Auxerrois, Dornfelder, Spätburgunder und Frühburgunder. Gregor Barth hat damit begonnen, die Moste teilweise spontan zu vergären, der Ausbau erfolgt teils im Edelstahl, teils im Holz.

Kollektion

Gregor Barth bleibt auch mit den Rotweinen des Jahrgangs 2015 seiner Stilistik treu: Die Spätburgunder und der Frühburgunder sind saftig, füllig und kraftvoll mit süßer Frucht und dezentem Holzeinsatz. Am deutlichsten zeigt sich das Holz beim Pinot Noir mit seiner rauchigen Würze und etwas Kokosnoten, wie auch der Spätburgunder „Nummer 1" aus dem Herrenberg besitzt er eine gute Struktur und Substanz. Sehr deutlich vom Holz geprägt sind die „S"-Versionen von Weiß- und Grauburgunder, beide zeigen viel Kokoswürze und gelbe Frucht, der Grauburgunder ist füllig und weich, während der Weißburgunder etwas mehr Grip besitzt. Die beiden süßen Rieslinge aus dem Schwalbennest besitzen ein harmonisches Süße-Säure-Spiel und Frische, der trockene Schwalbennest-Riesling besitzt Fülle und Biss. ▬

Weinbewertung

82 2016 Riesling trocken „Metamorphit" **12 %/8,70 €**
84 2016 Grauburgunder „S" trocken Meisenheimer **13 %/10,90 €**
83 2016 Pinot Blanc trocken Raumbacher Schwalbennest **12,5 %/7,50 €**
85 2016 Weißburgunder „S" trocken Meisenheimer Obere Heimbach **13 %/9,80 €**
83 2016 Riesling „S" trocken Raumbacher Schwalbennest **12 %/9,90 €**
81 2016 Riesling Classic **11,5 %/6,80 €**
83 2016 Riesling „Hochgewächs" Raumbacher Schwalbennest **9,5 %/7,- €**
84 2016 Riesling*** „süß" Raumbacher Schwalbennest **9 %/9,- €**
84 2015 Spätburgunder trocken Barrique Meisenheimer **13,5 %/12,- €**
85 2015 Frühburgunder trocken Raumbacher Schwalbennest **13,5 %/14,- €**
86 2015 Pinot Noir trocken Meisenheimer Obere Heimbach **13,5 %/15,- €**
86 2015 Spätburgunder trocken „Nummer 1" Rehborner Herrenberg **13,5 %/16,- €**

Geh. Rat Dr. v. Bassermann-Jordan

★★★★☆

KONTAKT

Kirchgasse 10
67146 Deidesheim
Tel. 06326-6006
Fax: 06326-6008
www.bassermann-jordan.de
info@bassermann-jordan.de

Inhaber
Jana Niederberger
Kaufmänn. Geschäftsführer
Gunther Hauck
Technischer Geschäftsführer
Ulrich Mell
Rebfläche
49 Hektar
Produktion
450.000 Flaschen

BESUCHSZEITEN

Mo.-Fr. 8-12 + 13-18 Uhr,
Sa./So. 10-15 Uhr

Bassermann-Jordan ist eines der traditionsreichsten und bekanntesten Weingüter in Deutschland, seit 1783 hat es seinen Sitz in Deidesheim, in der Schatzkammer des Weinguts finden sich noch Weine bis zurück zum legendären „Kometenjahrgang" 1811. 2002 erwarb Achim Niederberger das Gut von der Familie von Bassermann-Jordan, seit seinem Tod führt es seine Frau Jana Niederberger mit dem seit vielen Jahren bewährten Team aus Gunther Hauck als kaufmännischem Betriebsleiter und Ulrich Mell als technischem Betriebsleiter. Die Weinberge verteilen sich auf 20 Einzellagen in Forst (Ungeheuer, Kirchenstück, Jesuitengarten, Pechstein, Stift), Deidesheim (Paradiesgarten, Leinhöhle, Hohenmorgen, Kieselberg, Grainhübel, Langenmorgen, Kalkofen, Herrgottsacker), Ruppertsberg (Reiterpfad, Hoheburg) und Königsbach (Ölberg). Im Anbau dominiert Riesling mit einem Anteil von 90 Prozent, hinzu kommen Chardonnay, Weißburgunder, Grauburgunder, Sauvignon Blanc, Muskateller, Spätburgunder und Merlot. Die Weine werden teils in Holzfässern (sehr sehenswerter Gewölbekeller!), teils im Edelstahl ausgebaut. Das Programm ist für die Rieslinge nach dem vierstufigen VDP-Modell gegliedert, daneben gibt es Rebsortenweine und die Linie „von Bassermann-Jordan" für Weine, die im Eichenholz ausgebaut werden, das Programm ergänzen edelsüße Weine und Sekte.

Kollektion

Verlässlich, routiniert, gekonnt, hohes Niveau – so präsentiert sich kurz umrissen die 2016er Kollektion von Bassermann-Jordan. Im vergangenen Jahr hatten wir uns etwas mehr Unterscheidbarkeit bei den teilweise sehr ähnlichen Großen Gewächsen gewünscht, und hier erkennen wir deutliche Fortschritte, auch wenn die Weine weiterhin einige Merkmale gemeinsam haben: Auch in diesem Jahr sind die Großen Gewächse typische Pfälzer Kraftpakete, ausgestattet mit viel klarer Frucht, aber auch genügend Säure, um sie vor allzu viel Opulenz zu bewahren. Das Kirchenstück ist unser Favorit, der Wein zeigt sehr feine Holzwürze und viel Aprikosen- und Zitrusfrucht, ist konzentriert, komplex, animierend und sehr nachhaltig. Auch der Jesuitengarten zeigt viel gelbe Frucht und noch dezenteres Holz, ist geradlinig und elegant und besitzt salzig-animierende Noten, das spontan im Stückfass vergorene Ungeheuer ist noch etwas verhalten, zeigt aber die lagentypische kräutrig-mineralische Würze, besitzt herbe Zitrusnoten, gute Struktur und animierenden Säure-Grip. Der Pechstein wurde komplett im Edelstahl ausgebaut, zeigt im Bouquet Orangenschale und leicht rauchige und kräutrige Würze, ist konzentriert, besitzt Grip und

Länge. Der Hohenmorgen ist ganz fruchtbetont, mit Noten von Aprikose, Pfirsich, Orangenschale und einem Hauch von Holz, er besitzt viel Saft und animierenden Säure-Biss, das Freundstück zeigt ebenfalls viel gelbe Frucht, Kräuter und auch deutlicheres Holz, der Grainhübel ist unter den Großen Gewächsen der fülligste Wein, besitzt klare, gelbe Frucht und Kräuterwürze. Unter den anderen Weinen sticht der im Beton-Ei vergorene und ausgebaute Riesling „Oval" heraus, er zeigt komplexe gelbe Frucht, besitzt Schmelz, innere Spannung, Grip und Länge, der Kieselberg zeigt rauchig-mineralische Noten, die Mäushöhle ist fruchtbetont und animierend, der Reiterpfad ist noch ganz jugendlich-zurückhaltend und der „Auf der Mauer" zeigt dezentes Holz und viel reintönige, gelbe Frucht. Auch ein paar überzeugende süße Weine gibt es vom 2016er Jahrgang: Die Riesling Spätlese aus dem Jesuitengarten ist komplex, schlank und elegant, besitzt Konzentration, zeigt klare Frucht, süße Aprikose und Noten von schwarzem Tee, die Beerenauslese vom Weißburgunder duftet eindringlich nach puren, hochreifen Pfirsichen, ist cremig und besitzt feine Säurefrische, der Goldmuskateller Eiswein ist herrlich reintönig und aromatisch mit Noten von Holunder und Zitrusfrüchten, er ist cremig, komplex, animierend und sehr lang.

Weinbewertung

88	2015 Grauer Burgunder trocken „S" **14 %/19,50 €**
84	2016 Riesling trocken **12 %/9,90 €**
88	2016 Riesling trocken „Auf der Mauer" **12,5 %/19,- €**
89	2016 Riesling trocken „Oval" „Ziegler" **13 %/23,- €**
86	2016 Riesling trocken Forst **12,5 %/13,- €**
87	2016 Riesling trocken Ruppertsberger Reiterpfad **12,5 %/16,- €**
88	2016 Riesling trocken Deidesheimer Kieselberg **13,5 %/16,- €**
87	2016 Riesling trocken Deidesheimer Mäushöhle **12,5 %/17,- €**
90	2016 Riesling „GG" „BASF Exklusiv" Grainhübel **13 %**
90	2016 Riesling „GG" Freundstück **13 %/35,- €**
91	2016 Riesling „GG" Ungeheuer **13 %/35,- €**
91	2016 Riesling „GG" Hohenmorgen **13 %/37,- €**
91	2016 Riesling „GG" Pechstein **13 %/37,- €**
91	2016 Riesling „GG" Jesuitengarten **12,5 %/42,- €**
92	2016 Riesling „GG" Kirchenstück **13 %/69,- €**
90	2016 Riesling Spätlese Forster Jesuitengarten **7 %/35,- €**
91	2016 Weißer Burgunder Beerenauslese **7 %/39,- €/0,375l**
92	2016 Goldmuskateller Eiswein **7,5 %/65,- €/0,375l**

LAGEN

HOHENMORGEN (DEIDESHEIM)
GRAINHÜBEL (DEIDESHEIM)
KALKOFEN (DEIDESHEIM)
KIESELBERG (DEIDESHEIM)
MÄUSHÖHLE (DEIDESHEIM)
LEINHÖHLE (DEIDESHEIM)
KIRCHENSTÜCK (FORST)
PECHSTEIN (FORST)
UNGEHEUER (FORST)
JESUITENGARTEN (FORST)
REITERPFAD (RUPPERTSBERG)

REBSORTEN

RIESLING (85 %)

BATTENFELDSPANIER

★★★★☆

KONTAKT

Bahnhofstraße 33
67591 Hohen-Sülzen
Tel. 06243-906515
Fax: 06243-906529
www.battenfeldspanier.de
kontakt@battenfeld-spanier.de

Inhaber
Carolin Spanier-Gillot &
H.O. Spanier
Rebfläche
30 Hektar
Produktion
200.000 Flaschen

BESUCHSZEITEN

Verkauf nur bei Kühling-Gillot, Mo.-Fr. 9-12 + 14-17 Uhr, Sa. 10-12 Uhr und nach Vereinbarung

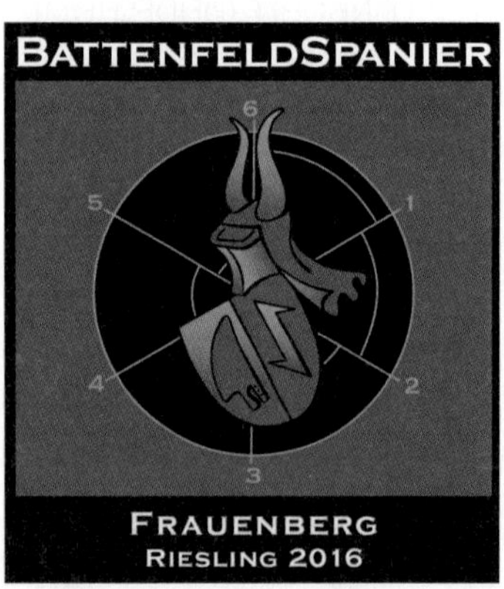

Anfang der neunziger Jahre gründete Hans Oliver Spanier sein eigenes Weingut. Zwei Drittel seiner Weinberge liegen in Hohen-Sülzen und im benachbarten Nieder-Flörsheim, ein Drittel in Mölsheim. Die Böden in den Lagen Nieder-Försheimer Frauenberg, Hohen-Sülzener Kirchenstück und Mölsheimer Zellerweg am Schwarzen Herrgott sind von Kalkstein geprägt. Von Beginn an hat Hans Oliver Spanier seine Weinberge biologisch bewirtschaftet, 2005 begann er auf biodynamischen Anbau umzustellen. Wichtigste Rebsorte ist Riesling, der inzwischen mehr als zwei Drittel der Rebfläche einnimmt. Es folgt Spätburgunder, dazu gibt es Weißburgunder, Silvaner und ein wenig Chardonnay. Alle Weine werden spontanvergoren. Basis des Sortiments bilden die Gutsweine, dann kommen die Ortsweine aus Hohen-Sülzen und Mölsheim und an der Spitze stehen die Großen Gewächse aus den Lagen Hohen-Sülzener Kirchenstück (Riesling und Spätburgunder), Nieder-Flörsheimer Frauenberg (Riesling) und, erstmals 2010, Mölsheimer Zellerweg am Schwarzen Herrgott (Riesling). In besonders guten Jahren gibt es noch den Spitzenriesling „CO" und die rote Cuvée „Sinope", sowie, wenn es der Jahrgang erlaubt, edelsüße Rieslinge. Hans Oliver Spaniers Ehefrau Carolin gehört das Weingut Kühling-Gillot in Bodenheim, sie führen beide Weingüter gemeinsam.

Kollektion

Auch in diesem Jahr ist das Einstiegsniveau sehr hoch, schon die Gutsweine sind sehr gut. Der Riesling ist frisch und würzig im Bouquet, klar und fruchtbetont im Mund, geradlinig und zupackend, besitzt feine Frucht und Biss – was für ein schöner Einstieg. Der Silvaner steht ihm nicht nach, zeigt rauchige Noten, reintönige Frucht, ist frisch und zupackend, strukturiert und fruchtbetont. Im Ortswein-Segment gibt es das gewohnte Riesling-Duo, Mölsheim und Hohen-Sülzen. Anders als sonst finden wir im Jahrgang 2016 einen klaren Favoriten, den Wein aus Mölsheim. Er zeigt rauchige Noten, reintönige Frucht, ist füllig und saftig, besitzt viel reife Frucht, gute Struktur und Substanz. Auch der rauchige, konzentrierte Hohen-Sülzener Riesling ist stark, frisch klar und zupackend, besitzt gute Struktur und Frucht. Der Leopold genannte Silvaner ist füllig und saftig, besitzt viel reife Frucht und Substanz, gute Struktur und Länge. Der Pinot Blanc Louis zeigt gute Konzentration, reintönige Frucht, ganz dezenten Toast, ist füllig, kraftvoll, besitzt klare reife Frucht, gute Struktur und Länge. Anders als im Ortswein-Segment fällt es uns bei den Lagen-Rieslinge auch im Jahrgang 2016 wieder enorm schwer, einen Leader auszumachen, so eng beieinander liegen die drei Großen Gewächse wieder. Der Zellerweg am Schwarzen Herrgott hat für uns ganz knapp die Nase vorne, ist klar und konzentriert im Bouquet, herrlich eindringlich, ist druckvoll und präzise im Mund, herrlich zupackend, mineralisch und nachhaltig, noch enorm jugendlich. Dichtauf folgt das Kirchenstück, zeigt viel Konzentration, viel reife Frucht im Bouquet, ist füllig und saftig im Mund, relativ offen, besitzt herrlich viel Frucht und gute Substanz. Der Frauenberg-Riesling zeigt gute Konzentration, intensive reife Frucht, etwas gelbe Früchte, rauchige Noten, ist füllig, sehr kompakt, saftig. Der CO stammt in diesem Jahr aus dem Jahrgang 2012, ist würzig, zurückhaltend, klar, zeigt gute Konzentration, Präzision, besitzt guten Druck und Länge, ist noch enorm jugendlich. Auch süßen Riesling machte der Jahrgang 2016 möglich. Die Spätlese aus dem Zellerweg am Schwarzen Herrgott in Mölsheim ist konzentriert, zeigt etwas Gewürze, leichte Schärfe, ist saftig, klar und füllig im Mund bei viel Substanz. Aus dem Frauenberg gibt es eine Auslese, die gute Konzentration im Bouquet zeigt, feine Würze, rauchige Noten, füllig und kraftvoll ist, herrlich viel Frucht besitzt, Substanz und Länge. Dass Hans Oliver Spanier sich auch auf Spätburgunder versteht, stellt er mit dem Großen Gewächs aus dem Kirchenstück unter Beweis, das viel Duft zeigt, florale Noten, rote Früchte, dezent Vanille, klar und fruchtbetont im Mund ist, präzise, zupackend, Tannine und Biss besitzt. Ganz starke Kollektion!

B

Weinbewertung

86	2016 Grüner Sylvaner trocken **12,5 %/9,90 €**
86	2016 Riesling trocken **12 %/11,- €**
89	2016 Grüner Sylvaner trocken „Leopold“ Hohen-Sülzen **12 %/18,50 €**
89	2016 Pinot Blanc trocken „Louis“ Hohen-Sülzen **12,5 %/18,50 €**
88	2016 Riesling trocken Hohen-Sülzen **12 %/17,50 €**
90	2016 Riesling trocken Mölsheim **12 %/21,- €**
92	2016 Riesling trocken „GG“ Kirchenstück Hohen-Sülzen **12,5 %/37,- €**
92	2016 Riesling trocken „GG“ Zellerweg am Schwarzen Herrgott **12,5 %/45,- €**
91	2016 Riesling trocken „GG“ Frauenberg Nieder-Flörsheim **12,5 %/45,- €**
92	2012 Riesling „CO Liquid Earth“ **12,5 %/140,- €**
89	2016 Riesling Spätlese Zellerweg am Schwarzen Herrgott **9,5 %/19,50 €**
91	2016 Riesling Auslese Frauenberg **9,5 %/39,- €**
91	2015 Spätburgunder „GG“ Kirchenstück **13 %/35,- €**

LAGEN

FRAUENBERG (NIEDER-FLÖRSHEIM)
KIRCHENSTÜCK (HOHEN-SÜLZEN)
ZELLERWEG AM SCHWARZEN HERRGOTT (MÖLSHEIM)

REBSORTEN

RIESLING (70 %)
SPÄTBURGUNDER (10 %)
SILVANER (10 %)
WEISSBURGUNDER (10 %)

B

BAUER

★★

KONTAKT

Spitzwegstraße 15/1-17
74081 Heilbronn-Sontheim
Tel. 07131-570374
Fax: 07131-507165
www.bauer-weingut.com
info@bauer-weingut.com

Inhaber
Alexander Bauer
Rebfläche
9 Hektar
Produktion
65.000 Flaschen

BESUCHSZEITEN

Di. + Fr. ab 18 Uhr, Sa. 9-13 Uhr, während der Öffnungszeiten des Gutsausschanks oder nach Vereinbarung
Gutsausschank
Gästezimmer

Franz und Monika Bauer starteten 1974 mit einem halben Hektar Reben, Ackerbau und Viehzucht, entwickelten den anfänglichen Mischbetrieb zu einem reinen Weingut mit 6 Hektar Reben und einem Gutsausschank, der 150 Tage im Jahr geöffnet hat, 2012 kamen Gästezimmer hinzu. Im Juli 2015 ist Alexander Bauer in den Betrieb eingestiegen. Nach Abitur und Winzerlehre bei den Weingütern Albrecht-Kiessling und Aldinger studierte er in Geisenheim, absolvierte Praktika bei von Winning und in Südafrika. Die mittlerweile 9 Hektar Weinberge liegen im Heilbronner Stiftsberg und im Talheimer Schlossberg. Trollinger, Lemberger, Riesling und Spätburgunder sind die wichtigsten Rebsorten, dazu gibt es Weißburgunder und Gewürztraminer sowie Sauvignon Blanc, dem zusammen mit dem Lemberger das Hauptaugenmerk von Alexander Bauer gilt, beide baut er im Barrique aus, lange auf der Vollhefe. Neben der klassischen Linie seines Vaters, meist in Literflaschen gefüllt, hat Alexander eine moderne Linie etabliert, die seinen eigenen Namen trägt.

Kollektion

Beim starken Debüt im vergangenen Jahr standen die Weine der Alexander Bauer-Linie klar an der Spitze. Das ist auch in diesem Jahr so. Der Weißburgunder besitzt Fülle, Kraft, gute Struktur und Substanz, der Sauvignon Blanc, Jahrgang 2015, ist kraftvoll und zupackend, reintönig, noch jugendlich. In limitierter Auflage gibt es aus 2015 auch einen nur in der Magnum abgefüllten Riesling „aus heiterem Himmel" – ein fülliger, saftiger Wein mit viel reifer süßer Frucht. Im roten Segment gefällt uns der von eigenwilligen Gewürznoten überlagerte Lemberger nicht so gut wie sein Vorgänger, so dass der reintönige Spätburgunder hier die beste Figur macht. Nicht zu vergessen: die gute, zuverlässige Qualität der Literweine und der fruchtbetonte Rosé!

Weinbewertung

81 2015 Riesling trocken (1l) **12,5 %/4,90 €**
86 2016 Weißburgunder trocken „Alexander Bauer" **12,5 %/8,80 €**
86 2015 Sauvignon Blanc trocken „Alexander Bauer" **12,5 %/8,80 €**
81 2015 Riesling (1l) **12 %/4,90 €**
80 2016 Riesling „feinherb" **12 %/4,50 €**
86 2015 Riesling „aus heiterem Himmel" **14,5 %/59,- €/1,5l**
82 2016 Gewürztraminer „feinherb" „Alexander Bauer" **11,5 %/8,80 €**
84 2016 Rosé trocken „Alexander Bauer" **12,5 %/6,50 €**
80 2015 Trollinger trocken (1l) **11,5 %/4,90 €**
80 2014 Spätburgunder trocken (1l) **13 %/4,90 €**
84 2014 Spätburgunder trocken „Alexander Bauer" **13,5 %/9,50 €**
82 2014 Lemberger trocken „Alexander Bauer" **13,5 %/15,50 €**

BAUER

★★

KONTAKT

Moselstraße 3
54486 Mülheim
Tel. 06534-571
Fax: 06534-570
www.weingut-bauer.de
info@weingut-bauer.de

Inhaber
Jörg & Thomas Bauer
Rebfläche
8,3 Hektar

BESUCHSZEITEN

Mo.-Fr. 8-12 + 13-18 Uhr,
Sa. 8-16 Uhr oder nach Vereinbarung
Probierstube, Gästehaus

Weingut BAUER

Jörg und Thomas Bauer besitzen Weinberge in den Lagen Mülheimer Sonnenlay, Veldenzer Kirchberg und Brauneberger Juffer – und sie sind einer von zwei Eigentümern der Lage Elisenberg, die teils auf Mülheimer, teils auf Veldenzer Gemarkung liegt. Neben Riesling, der 80 Prozent der Fläche einnimmt, werden vor allem noch Spätburgunder und Müller-Thurgau angebaut. Die Weine werden teils in Holzfässern, teils in Edelstahltanks ausgebaut, kühl und langsam vergoren und bleiben lange auf der Feinhefe. Einen Namen gemacht hat sich der Betrieb mit klaren, eleganten Weinen, vom trockenen Riesling bis zur edelsüßen Spezialität, auch die Erfahrungen beim Rotwein sind hervorzuheben. Neben Wein werden auch Edel- und Tresterbrände sowie Fruchtliköre erzeugt.

Kollektion

Im vergangenen Jahr überzeugten die Weine des Jahrgangs 2015, beispielsweise die beiden trockenen Spätlesen oder die Süßweine bis hinauf zur Beerenauslese. In diesem Jahr stellt das Weingut einen glasklaren, im besten Sinne süffigen Basisriesling aus 2016 vor, der schon jetzt Spaß macht. Die trockene Spätlese von alten Reben ist dagegen straff und voller Würze, tatsächlich erfreulich trocken. An der Spitze des nicht ganz trockenen Bereichs rangiert die feinherb ausgebaute Spätlese aus der Brauneberger Juffer, voller Würze und Spiel. Im süßen Segment ist schon der Basiswein erfreulich ausgefallen, die derzeit recht süß wirkende Auslese aus dem Elisenberg muss sich hinsichtlich der Komplexität allerdings dem Eiswein geschlagen geben. Dieser besitzt Noten von kandiertem Apfel sowie frischen exotischen Früchten, ist duftig und nachhaltig. Überzeugend ist allerdings auch der Rotwein mit klarer Frucht, Noten von schwarzen Beeren und einem Hauch Tabak im Nachhall. —

Weinbewertung

85	Riesling Sekt brut **12,5 %/11,- €**
83	2016 Riesling trocken (1l) **12 %/6,- €**
87	2016 Riesling Spätlese trocken „Alte Reben" Mülheimer Sonnenlay **12 %/12,- €**
83	2016 Riesling „feinherb" (1l) **11,5 %/6,- €**
84	2016 Riesling Kabinett „feinherb" Veldenzer Elisenberg **11,5 %/7,- €**
86	2016 Riesling Spätlese „feinherb" Brauneberger Juffer **11 %/10,50 €**
85	2016 Riesling Spätlese „Tradition" Mülheimer Sonnenlay **10,5 %/10,- €**
83	2016 Riesling (1l) **9,5 %/6,- €**
87	2016 Riesling Spätlese Mülheimer Elisenberg **7,5 %/10,50 €**
88	2016 Riesling Auslese Mülheimer Elisenberg **7,5 %/Vst.**
89	2016 Riesling Eiswein Mülheimer Elisenberg **7,5 %/Vst.**
85	2016 Spätburgunder trocken **13 %/8,- €**

Baum

★

KONTAKT

Wein- und Gästehaus Baum
Weingartenstraße 54
54492 Zeltingen-Rachtig
Tel. 06532-1438
www.wein-und-gaestehaus-baum.de
wein-und-gaestehaus-baum@web.de

Inhaber
Peter Baum
Rebfläche
0,7 Hektar
Produktion
5.000 Flaschen

BESUCHSZEITEN

ganzjährig, jederzeit
Gästehaus

Peter Baum baute lange Zeit ausschließlich Riesling an, im März 2011 pflanzte er auf einer kleinen Parzelle in der Sonnenuhr Spätburgunder, der 2013 den ersten Ertrag brachte. Seine Weinberge befinden sich alle in Steillagen, vor allem in der Wehlener Sonnenuhr, aber auch im Graacher Himmelreich. In der Sonnenuhr besitzt er teils wurzelechte, alte Reben, die er auch nach der Flurbereinigung und der Zuteilung neuer Parzellen weiterbewirtschaftet. Neben Riesling wird auf 10 Prozent der Fläche Spätburgunder angebaut. Seit einigen Jahren werden alle Weine in Edelstahltanks ausgebaut, die Weine bleiben lange auf der Feinhefe, Süßreserve ist tabu. Dem Weingut ist ein Gästehaus angeschlossen, das vom 1. Mai bis zum 30. September geöffnet ist.

Vorjahre

Oft gefallen in diesem Weingut die Weine mit Restsüße noch ein bisschen besser als die trockenen – so war es beispielsweise vor zwei Jahren, als die trockenen etwas verhaltener ausfielen, die süßen präsenter waren. Im vergangenen Jahr war das Bild dann deutlich ausgewogener, die drei 2015er Spätlesen – trocken, feinherb und merklich süß – befanden sich auf einem erfreulich gleichmäßigen Niveau. Wie gut die Baum-Weine reifen können, zeigte eine Auslese von alten Reben aus 2011.

Neue Kollektion

Unter den 2016er Rieslingen gefällt, eigentlich unüblich für dieses Weingut, die trockene Spätlese von alten Reben aus der Sonnenuhr besonders gut. Sie ist angenehm trocken, besitzt Schmelz, auch eine straffe Art. Duftig, saftig schön balanciert ist der 2016er Kabinett aus der Lage Graacher Himmelreich, die 2015er Spätlese aus gleicher Lage erlaubt einen interessanten Einblick in die gut herausgearbeitete Jahrgangscharakteristik. Eine Spätburgunder Spätlese beweist, dass man sich hier auch auf die Vinifikation von Rotwein versteht. Dieser besitzt eine leicht erdige Würze, zeigt Anklänge an Schokolade, wirkt bei der Verkostung noch etwas kantig, aber vielversprechend.

Weinbewertung

86	2016 Riesling Spätlese trocken „Alte Reben" Wehlener Sonnenuhr **13 %/5,50 €** ☺
85	2015 Riesling Spätlese „feinherb" Wehlener Sonnenuhr **11,5 %/5,30 €** ☺
84	2016 Riesling Spätlese „feinherb" Wehlener Sonnenuhr **12 %/5,30 €** ☺
85	2016 Riesling Kabinett Graacher Himmelreich **8,5 %/5,- €**
84	2015 Riesling Spätlese Graacher Himmelreich **8 %/5,30 €**
83	2016 Spätburgunder Spätlese trocken Wehlener Sonnenuhr **13 %/6,80 €**

BAUM

★

B

N

KONTAKT

Oberhofstraße 16, 55218
Ingelheim-Großwinternheim
Tel. 06130-945146
Fax: 06130-945145
www.weingut-baum.de
info@weingut-baum.de

Inhaber
Peter Baum
Rebfläche
10,16 Hektar
Produktion
15.000 Flaschen

BESUCHSZEITEN

Mo.-Fr. 16-19 Uhr, Sa. 10-17 Uhr

Das 1928 von seinem Urgroßvater gegründete Weingut wird heute von Sebastian Baum geführt, sein Vater Peter Baum leitet den seit Mitte der sechziger Jahre bestehenden Abfüllbetrieb. Sebastian Baums Weinberge liegen in Großwinternheim in den Lagen Bockstein (Löss, Mergel) und Heilighäuschen (Kalkstein, Löss-Lehm) sowie im Ingelheimer Sonnenhang (Löss, Kalkstein). Ein Viertel der Rebfläche nimmt Riesling ein, es folgen Spätburgunder und Portugieser, hinzu kommen Silvaner, Dornfelder, Müller-Thurgau, Grauburgunder, Dunkelfelder, Weißburgunder, Chardonnay, Kerner und Frühburgunder. Das Sortiment ist gegliedert in Guts-, Orts- und Lagenweine, derzeit ein Weißburgunder aus dem Heilighäuschen und Rieslinge aus Bockstein und Sonnenhang.

Kollektion

Ein gutes Debüt gibt Sebastian Baum, mit einer stimmigen Kollektion. Die Gutsweine sind frisch und fruchtbetont, der reintönige Silvaner gefällt uns in dieser Kategorie am besten. Die Ortsweine sind etwas fülliger und kraftvoller wie der zupackende, strukturierte Großwinternheimer Weißburgunder oder der kurz in zweitbelegten Barriques ausgebaute Ingelheimer Spätburgunder, der gute Struktur und klare Frucht besitzt. Der Weißburgunder aus dem Heilighäuschen zeigt viel reife Frucht und dezent Honig im Bouquet, ist füllig und saftig im Mund bei viel Substanz. Der Riesling aus dem Sonnenhang ist konzentriert und würzig, zeigt aber auch schon deutliche Reifenoten. An der Spitze der Kollektion steht der nach kurzer Maischestandzeit mit einem geringen Beerenanteil spontanvergorene Riesling aus dem Bockstein, der Großwinternheimer Paradelage, der bis Anfang Mai auf der Vollhefe lagerte. Er zeigt reintönige Frucht im Bouquet, gute Konzentration, ist kraftvoll, zupackend, besitzt gute Struktur, Frucht und Druck, ist noch sehr jugendlich. ▬

Weinbewertung

79	2016 Riesling trocken (1l) **12 %/4,80 €**
82	2016 Grüner Silvaner trocken **12 %/4,50 €**
82	2016 Riesling trocken „vom Kalkstein" Ingelheimer **13 %/6,- €**
83	2016 Weißburgunder trocken Großwinternheimer **13 %/6,- €**
86	2016 Riesling trocken Großwinternheimer Bockstein **13 %/9,50 €**
83	2015 Riesling trocken Ingelheimer Sonnenhang **12,5 %/9,- €**
84	2014 Weißburgunder trocken Großwinternh. Heilig Häuschen **13,5 %/9,50 €**
81	2016 Riesling halbtrocken „Kalkspiel" **11,5 %/5,- €**
81	2015 Spätburgunder trocken **13 %/6,- €**
83	2015 Spätburgunder trocken Ingelheimer **13 %/9,50 €**

BAUMGÄRTNER

★★☆

KONTAKT

Panoramaweingut Baumgärtner
An der Steige 94
74343 Hohenhaslach
Tel. 07147-6298
Fax: 07147-13151
www.panoramaweingut.de
info@panoramaweingut.de

Inhaber
Reinhard Baumgärtner
Rebfläche
10,5 Hektar
Produktion
80.000 Flaschen

BESUCHSZEITEN

Mo.- Sa. 8-12 + 13-18 Uhr

Das von den Brüdern Gottlieb und Ernst Baumgärtner 1960 gegründete Weingut wurde von deren Söhnen Reinhard und Friedrich weitergeführt. Zum 1. Januar 2012 hat man sich getrennt; Reinhard Baumgärtner führt seinen Teil des Betriebes nun unter der Bezeichnung Panoramaweingut Baumgärtner. Die Weinberge liegen an den Hängen des Strombergs von Häfnerhaslach (Heiligenberg) bis Hohenhaslach (Kirchberg), aber auch in Bönnigheim. Wichtigste Rebsorten sind Trollinger, Lemberger, Spätburgunder und Riesling, zuletzt kamen Chardonnay und Muskat-Trollinger hinzu, aber auch Sauvignon Blanc, Grauburgunder, Merlot und Cabernet Cubin. Alle Rotweine werden maischevergoren. Die bisherige Sterne-Klassifizierung wurde mit dem Jahrgang 2015 ersetzt durch eine dreistufige Gliederung in Gutsweine, Terroir-Weine und Große Gewächse. 2014 wurden erstmals die beiden neuen Flaggschiffe des Hauses vorgestellt, zwei „Große Gewächse", Riesling (2012) und Lemberger (2011), beide aus dem Kirchberg, mit dem Jahrgang 2015 kommt ein Spätburgunder hinzu. Zuletzt wurde in Kellertechnik, aber auch in neue Barriques und Tonneaux investiert.

Kollektion

Die neue Kollektion ist stark, weiß wie rot. Der Sauvignon Blanc ist klar und zupackend, der Grauburgunder füllig, kraftvoll, der Chardonnay fruchtbetont und frisch. Die weiße Cuvée aus Kerner und Riesling ist kompakt und kraftvoll, leider recht süß, der Kirchberg-Riesling besitzt viel Fülle und Saft. Der Muskattrollinger ist fruchtbetont und zupackend, wunderschön reintönig wie auch der Trollinger. Der Cabernet Cubin besitzt gute Struktur und Tannine, der Terrassen-Spätburgunder herrlich viel Frucht wie auch der intensive, kraftvolle Lemberger. Noch etwas besser gefallen uns die kraftvolle rote Cuvée aus Lemberger, Cabernet Cubin und Dornfelder und der reintönige, strukturierte Merlot. —

Weinbewertung

85 2016 Sauvignon Blanc trocken „Steinmergel" Häfnerhaslach **12,5 %/10,- €**
85 2016 Grauburgunder trocken „Tonmergel" Häfnerhaslach **13,5 %/10,- €**
84 2016 Chardonnay trocken „Gipskeuper" Hohenhaslach **13 %/11,- €**
88 2015 Riesling „GG" trocken Hohenhaslacher Kirchberg **13,5 %/20,- €**
87 2015 „Madeus B." Weißwein trocken Hohenhaslacher Kirchberg **13,5 %/19,- €**
84 2016 Muskattrollinger Rosé Hohenhaslach **10,5 %/8,- €**
84 2015 Trollinger trocken „Bunter Mergel" Hohenhaslacher Kirchberg **13 %/10,- €**
85 2015 Spätburgunder trocken „Terrassen" **13,5 %/14,- €**
85 2015 Cabernet Cubin trocken „Roter Mergel" **14 %/13,- €**
87 2015 Merlot trocken „Schilfsandstein" Hohenhaslach **14 %/16,- €**
86 2015 Lemberger trocken „Gipskeuper" Hohenhaslach **13,5 %/14,- €**
87 2015 „Madeus B." Rotwein trocken Hohenhaslach **14 %/22,- €**

HANS BAUSCH

★★

KONTAKT

Waldbachstraße 103
65347 Hattenheim
Tel. 06723-999203
Fax: 06723-999291
www.weingut-bausch.de
info@weingut-hans-bausch.de

Inhaber
Hans Bausch
Rebfläche
10 Hektar
Produktion
70.000 Flaschen

BESUCHSZEITEN

täglich 8-18 Uhr

Hans Bausch führt den Familienbetrieb und baut auf 85 Prozent der Fläche Riesling an, der Rest ist mit Spätburgunder bepflanzt. Bewirtschaftet werden Lagen in Hattenheim (Schützenhaus, Wisselbrunnen, Hassel und Engelmannsberg) oder Oestrich (Lenchen) – nicht weniger als 60 Prozent der Rebfläche sind als Erstes Gewächs klassifiziert. Gekühlte Vergärung und Lagerung der Rieslinge auf der Feinhefe im Edelstahl führen zu saftigen, klaren, fruchtbetonten und bis in die Spitze animierenden Weißweinen, die Rotweine dürfen im großen Fass oder im Barrique reifen.

Kollektion

Nach einer starken Kollektion in 2015 folgen gelungene 2016er, die jahrgangstypisch etwas schlanker ausgefallen sind, dabei über Transparenz verfügen, ohne dass es den Weinen dabei an Substanz fehlen würde. Saftig, frisch und klar ist der trockene Riesling. Der trockene Kabinett aus dem Schützenhaus ist schlank und pointiert und bietet genau das, was man von diesem Prädikat erwartet. Die trockene Spätlese aus der gleichen Lage hat Substanz und herzhaften Biss und hallt ansprechend lange nach. Noch mehr reife und würzige Frucht findet man wie gewohnt beim ersten Gewächs aus dem Engelmannsberg, das wegen seiner milden Art dezent süßlich nachklingt, was gut zu seinem dezenten Gerbstoffbiss passt. Der herzhafte Riesling Classic ist ausgewogen saftig und mit passender Süße versehen. Der halbtrockene Kabinett hingegen wirkt zurückhaltend herb, seine spürbaren Gerbstoffe sind etwas stumpf, was ihn eher einfach erscheinen lässt. Ein gelungener Vertreter des saftig-herben Stiles ist der fruchtige Kabinett, der die Süße im Hintergrund lässt, so mit Trinkanimation punktet. Die fruchtige Spätlese aus dem Wisselbrunnen besitzt reife Apfelfrucht, animierende Saftigkeit und ist wie im letzten Jahr eine besondere Empfehlung. Der Spätburgunder aus dem Barrique ist weniger fruchtbetont, denn würzig. Er besitzt gute Substanz und passend griffiges Tannin.

Weinbewertung

82 2016 Riesling trocken **12 %/5,50 €**
83 2016 Riesling Kabinett trocken Hattenheim Schützenhaus **12 %/6,- €**
85 2016 Riesling Spätlese trocken Hattenheim Schützenhaus **12,5 %/8,- €**
86 2016 Riesling trocken Erstes Gewächs Hattenheim Engelmannsberg **12 %/15,50 €**
83 2016 Riesling Classic **11,5 %/6,- €**
82 2016 Riesling Kabinett halbtrocken Hattenheim Schützenhaus **11,5 %/6,- €**
84 2016 Riesling Kabinett Oestrich Lenchen **8,5 %/6,- €**
86 2016 Riesling Spätlese Hattenheim Wisselbrunnen **8 %/8,- €**
82 2016 Spätburgunder Weißherbst **11,5 %/5,50 €**
84 2015 Spätburgunder trocken „im Barrique gereift" **13 %/10,50 €**

B

BAUSEWEIN

★☆

KONTAKT

Breite Gasse 1
97346 Iphofen
Tel. 09323-876670
Fax: 09323-804090
www.weingut-bausewein.de /
www.altstadthotel-bausewein.de
bausewein@t-online.de

Inhaber
Familie Bausewein
Rebfläche
4,5 Hektar
Produktion
30.000 Flaschen

BESUCHSZEITEN

nach Vereinbarung
Weinstube (Mo./Di./Fr. 18-22 Uhr, Sa. 15-22 Uhr,
So. und feiertags 17-22 Uhr
Hotel (ganzjährig geöffnet)

Die Familie Bausewein begann 1984 mit der Selbstvermarktung. Die Weinberge befinden sich vor allem in den Iphöfer Lagen Julius-Echter-Berg, Kronsberg und Kalb, wo die Reben auf Keuperböden wachsen, aber auch im Dettelbacher Berg-Rondell, wo Muschelkalkböden vorherrschen. Angebaut werden Silvaner, Müller-Thurgau, Scheurebe, Bacchus und Kerner, dazu gibt es die roten Sorten Spätburgunder und Regent. Die Weine werden überwiegend trocken und halbtrocken ausgebaut. Karl-Josef Bausewein stellte Anfang der neunziger Jahre die Weinberge auf biologische Bewirtschaftung um, seit 1995 werden sie zertifiziert biologisch bewirtschaftet, das Weingut ist Mitglied bei Naturland. Seit 2004 ist dem Weingut ein Hotel angeschlossen, das in der Iphöfer Altstadt liegt und von Tochter Sabrina Bausewein geführt wird, ihr Ehemann Matthias Popp kümmert sich zusammen mit dem Vater um das Weingut.

Kollektion

Auch in diesem Jahr wieder eröffnet der frische, fruchtbetonte, wunderschön lebhafte Brausewein wieder den Reigen, eine Cuvée aus Silvaner und Scheurebe. Dann folgen drei deutlich unterschiedliche Silvaner. Der Keuper-Silvaner vom Iphöfer Kronsberg besitzt gute Struktur, Kraft und Biss. Der ein Jahr ältere Julius-Echter-Berg-Silvaner zeigt feine Reife und Würze, besitzt gute Fülle und Kraft. Unser Favorit ist der im großen Holz ausgebaute „Fass No. 1"-Silvaner, der rauchige Noten zeigt, etwas gelbe Früchte, gute Struktur und Frische besitzt. Bei einem Weingut aus Iphofen darf natürlich auch die Scheurebe nicht fehlen, der trockene Kabinett aus dem Kronsberg ist frisch und fruchtbetont, wunderschön reintönig. Der halbtrockene Rotling ist frisch, fruchtbetont und süffig, der Regent Rosé zeigt reintönige Frucht, besitzt feine Frische und Süße. Der Spätburgunder aus dem Iphöfer Kalb ist klar und geradlinig, besitzt kräftige Tannine und hat Biss.

Weinbewertung

84 „BRausewein" Perlwein **11,5 %/7,10 €**
84 2016 Silvaner trocken „Keuper" Iphöfer Kronsberg **12,5 %/7,- €**
85 2015 Silvaner Kabinett trocken Iphöfer Julius-Echter-Berg **12,5 %/9,- €**
86 2015 Silvaner trocken „Fass No. 1" **12 %/7,50 €**
84 2016 Scheurebe Kabinett trocken Iphöfer Kronsberg **12 %/7,- €**
82 2016 Rotling halbtrocken **11 %/6,10 €**
83 2016 Regent Rosé trocken **12 %/7,90 €**
84 2015 Spätburgunder trocken Iphöfer Kalb **13 %/10,20 €**

BRÜDER DR. BECKER

★★

KONTAKT

Mainzer Straße 3-7
55278 Ludwigshöhe
Tel. 06249-8430
Fax: 06249-7639
www.brueder-dr-becker.de
weingut@brueder-dr-becker.de

Inhaber
Lotte Pfeffer-Müller & Hans Müller
Rebfläche
11 Hektar
Produktion
80.000 Flaschen

BESUCHSZEITEN

nach Vereinbarung & jeden ersten Samstag im Monat

Das Weingut erhielt seinen Namen um die Jahrhundertwende von den beiden Brüdern Johann und Jakob Becker. Seither ist es über drei Generationen von der Mutter auf die Tochter vererbt worden. Heute wird das Weingut von Lotte Pfeffer-Müller und Hans Müller geführt. Bereits seit Mitte der achtziger Jahre bewirtschaften sie die Weinberge nach ökologischen Gesichtspunkten und sind Mitglied bei Ecovin, seit 2008 bewirtschaften sie ihre Weinberge biodynamisch, sind Demeter-zertifiziert. Riesling ist mit 40 Prozent die wichtigste Rebsorte, gefolgt von Silvaner mit 20 Prozent, sowie Scheurebe. Hinzu kommen Spätburgunder, Müller-Thurgau und die weißen Burgundersorten. Der Ausbau der Weine erfolgt teils im Edelstahl, teils in traditionellen Holzfässern, beim Spätburgunder manchmal auch im Barrique. Seit der ersten Ausgabe präsentieren Lotte Pfeffer-Müller und Hans Müller sehr gleichmäßige Kollektionen auf stets zuverlässigem Niveau. Die fülligen, saftigen Großen Gewächse haben sich in den letzten Jahren als Zugpferde herauskristallisiert, immer wieder aber trumpfen auch die Silvaner auf, und auch mit süßen Weinen, ob von Riesling oder Scheurebe, weiß das Weingut regelmäßig zu überzeugen.

Kollektion

Die neue Kollektion präsentiert sich sehr stimmig von den Gutsweinen über die Ortsweine hin zu den Großen Gewächsen. Enorm gleichmäßig sind die Gutsweine, das Basisniveau stimmt, alle sind frisch, fruchtbetont und sortentypisch. Der Ludwigshöher Silvaner besitzt dann schon deutlich mehr Fülle, besticht mit reintöniger Frucht, der Dienheimer Riesling ist rauchig, klar und zupackend, der Dienheimer Spätburgunder zeigt rote Früchte, besitzt gute Struktur und Frische. Klar an der Spitze stehen die beiden Großen Gewächse. Der Tafelstein zeigt gute Konzentration, reife Frucht, etwas Zitrus, ist füllig und saftig, besitzt viel reife Frucht und Substanz. Unsere minimale Präferenz, bei gleicher Bewertung, gilt dem Falkenberg, der mehr Gelbfruchtaromatik aufweist, ebenso füllig und saftig ist. ▬

Weinbewertung

83	2016 Grüner Silvaner trocken **12,5 %/7,- €**
83	2016 Riesling trocken **12,5 %/8,20 €**
83	2016 Scheurebe trocken **12,5 %/8,- €**
85	2016 Silvaner trocken Ludwigshöhe **13,5 %/12,50 €**
85	2016 Riesling trocken Dienheim **13 %/12,50 €**
89	2016 Riesling „GG" Falkenberg **13,5 %/24,- €**
89	2016 Riesling trocken „GG" Tafelstein **13 %/24,- €**
83	2015 Spätburgunder trocken **13 %/9,- €**
85	2015 Spätburgunder trocken Dienheim **13 %/14,50 €**

B

FRIEDRICH BECKER

★★★★☆

KONTAKT

Hauptstraße 29
76889 Schweigen-Rechtenbach
Tel. 06342-290
Fax: 06342-6748
www.friedrichbecker.de
wein@friedrichbecker.de

Inhaber
Friedrich & Friedrich Wilhelm Becker
Rebfläche
25 Hektar
Produktion
120.000 Flaschen

BESUCHSZEITEN

nach Vereinbarung

Friedrich Becker begann 1973 mit der Selbstvermarktung. Seit 2005 ist Friedrich Becker jun. im Betrieb, hat nach und nach die Verantwortung im Keller übernommen. Auf 80 Prozent ihrer Weinberge stehen Burgundersorten (einschließlich Chardonnay), dazu kommen Riesling sowie etwas Silvaner, Muskat Ottonel, Muskateller, Gewürztraminer, Cabernet Sauvignon und Merlot. Ihre Weinberge liegen in Schweigen, teils jenseits der Grenze in Frankreich. Die Beckers erzeugen drei Große Gewächse: Drei Spätburgunder aus den im Sonnenberg gelegenen Gewannen Kammerberg, Sankt Paul und Heydenreich, deren Namen aber momentan nicht auf den Etiketten verwendet werden dürfen. Sie liegen allesamt auf der französischen Seite der Grenze und können daher nicht als eigenständige Gewanne in die deutsche Weinbergsrolle eingetragen werden – absurd, da sie ja Teile einer weinrechtlich deutschen Lage sind. Im Kammerberg stehen 1,2 Hektar Spätburgunder, 1967 gepflanzt, aus denen das Große Gewächs erzeugt wird, die jüngeren, 20 Jahre alten Reben ergeben den erstmals im Jahrgang 2007 erzeugten Spätburgunder Kalkstein. Sankt Paul lag lange brach, wurde in den neunziger Jahren gerodet und neu bepflanzt. Seit dem Jahrgang 2012 ist auch der Heydenreich als Großes Gewächs klassifiziert, der bis zum Jahrgang 2008 als Pinot Noir Tafelwein in den Verkauf kam und seit dem Jahrgang 2011 den Gewannnamen Heydenreich trägt. Daneben gibt es noch den preislich über Kammerberg und Sankt Paul angesiedelten Spätburgunder Reserve (bis 2008 „Res").

Kollektion

In diesem Jahr konnten wir nur eine kleine Kollektion aus zehn Weinen verkosten, darunter drei süße Weine aus Aromasorten: Der Muskateller ist eindringlich und reintönig, zeigt Zitruswürze und Holunder im Bouquet, ist saftig und schlank mit ausgewogenem Süße-Säure-Spiel, der Muskat Ottonel zeigt ebenfalls Zitrus und Holunder, bleibt aber im Bouquet etwas zurückhaltender als der Muskateller, ist saftig und füllig mit feiner, nicht zu starker Süße und einem frischen Säure-Spiel, der Gewürztraminer ist ebenfalls ganz reintönig, zeigt Noten von Rosenblättern, Litschi und Mandarine, ist konzentriert, aber auch schlank und frisch mit feinem Biss. Der Kalkgestein-Weißburgunder zeigt sehr feines Holz im Bouquet, dazu Pfirsich, Aprikose, etwas Zitruswürze, auch Ananas, besitzt auch am Gaumen herrlich viel klare, gelbe Frucht, gute Substanz und frischen Säure-Biss. Beim Kalkmergel-Grauburgunder wird die Maischestandzeit jedes Jahr ein bisschen ausgedehnt, im Jahrgang 2016 dauerte die Mazeration 88 Stunden, was dem Wein eine hell leuchtende Rosé-Farbe verleiht, im Bouquet ist er enorm eindringlich, zeigt rote und gelbe Frucht, viel Pfirsich und auch florale Noten, am Gaumen besitzt er Saft und Kraft, feinen Schmelz und gute Länge. Der Chardonnay zeigt sehr dezentes Holz, etwas Kokos, gelbe Frucht und Zitruswürze im Bouquet, wirkt noch sehr jung, besitzt gute Konzentration im Mund, ein feines Säure-Spiel und Potential. Im vergangenen Jahr hatten wir über die 2014er Spätburgunder geschrieben, dass sie es uns bei der Verkostung nicht leicht gemacht hatten – und das setzt sich mit dem neuen Jahrgang fort: Momentan beeindrucken die Weine durch ihre Kraft, Konzentration und ihre markante, sehr ausgeprägte Tanninstruktur. Werden mit der Reife Eleganz und Finesse dazu kommen? Wir glauben daran, können aber nur spekulieren, wie lange die Weine reifen müssen. Am zugänglichsten ist der Steinwingert, er zeigt Schwarzkirsche, dezentes Holz und viel Gewürznelke im Bouquet, besitzt Kraft, kräutrige Würze, eine reife, aber noch jugendliche Tanninstruktur und gute Länge. Der Sankt Paul öffnet sich langsam nach einem Tag in der offenen Flasche, zeigt ebenfalls dunkle Kirschfrucht im Bouquet und Krokantwürze vom gut eingebundenen Holz, am Gaumen besitzt er auch Kräuternoten, Lakritze und noch deutlichere, festere Tannine als der „Steinwingert". Der Kammerberg ist ähnlich in der Aromatik, mit dunkler Frucht, Kräuterwürze, Krokant und Gewürznelke im Bouquet, unterscheidet sich am Gaumen dann aber deutlich vom Sankt Paul, besitzt eine noch mächtigere Struktur, mit reifen, aber noch sehr jugendlich-festen Tanninen, er ist kraftvoll und nachhaltig. Und der Heydenreich setzt in punkto Tannine noch eins drauf, ist ganz verhalten im Bouquet, zeigt etwas Kräuter und rauchige Würze, ist animierend und sehr lang.

Weinbewertung

89	2016 Grauer Burgunder trocken „Kalkmergel" **13 %/16,50 €**
88	2016 Weißer Burgunder trocken „Kalkgestein" **13 %/16,- €**
90	2015 Chardonnay trocken „Mineral" **13,5 %/35,- €**
86	2016 Muskateller **11 %/10,50 €**
87	2016 Muskat Ottonel **11 %/14,- €**
88	2016 Gewürztraminer Spätlese **9 %/17,- €**
90	2015 Spätburgunder trocken „Steinwingert" **13 %/a.A.**
92	2015 Spätburgunder „GG" „Sankt Paul" **13,5 %/55,- €**
93	2015 Spätburgunder „GG" „Kammerberg" **13,5 %/65,- €**
93	2015 Pinot Noir „GG" „Heydenreich" **13,5 %/125,- €**

LAGEN

SONNENBERG (SCHWEIGEN)
– KAMMERBERG
– SANKT PAUL
– HEYDENREICH

REBSORTEN

BURGUNDERSORTEN (80 %)

Becker

★

Kontakt

Hauptstraße 10
67582 Mettenheim
Tel. 06242-2845
Fax: 06242-6460
www.beckerwein.de
beckerwein@t-online.de

Inhaber
Gernot Becker
Rebfläche
6 Hektar
Produktion
40.000 Flaschen

Besuchszeiten

nach Vereinbarung

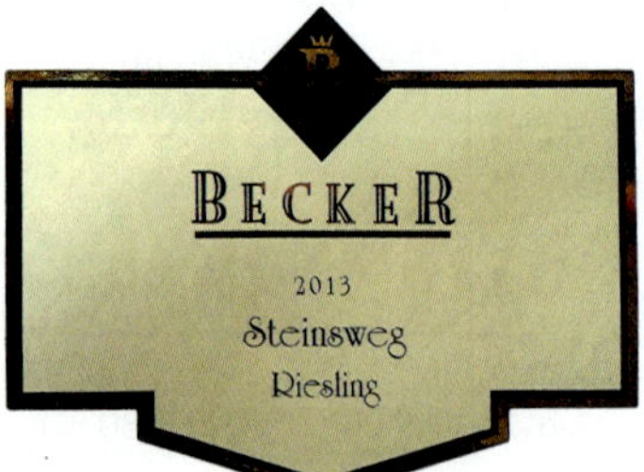

Die Familie Becker betreibt seit Generationen Weinbau in Mettenheim, Philipp Menger, der Urgroßvater des heutigen Besitzers, hatte das Weingut im 19. Jahrhundert gegründet, damals seine Weine an Weinstuben und Händler verkauft. Gernot Becker kaufte nach seiner Winzerlehre die Gebäude und den Kundenstamm des benachbarten Weingutes und legte damit den Grundstein für den heutigen Betrieb. Im Betrieb wird er dabei heute von Sohn Amadeus unterstützt, der seine Lehrjahre bei den Weingütern Hirschhof, St. Antony und Knipser verbrachte, der 2009er im Barrique ausgebaute Grauburgunder war sein erster „eigener" Wein. In den Mettenheimer Lagen Michelsberg und Schlossberg wachsen die Reben vorwiegend auf Löss- und Lehmböden, die aber teils mit Muschelkalk durchsetzt sind. Gernot Becker besitzt aber auch Weinberge im Bechtheimer Geyersberg (Lehm) und im Mettenheimer Goldberg, wo auf Sandböden überwiegend rote Rebsorten stehen wie Spätburgunder, Dornfelder und Cabernet Dorsa. Riesling nimmt ein Viertel der Rebfläche ein, an weißen Sorten folgen Grauburgunder, Weißburgunder, Bacchus, Sauvignon Blanc, Scheurebe, Müller-Thurgau und Chardonnay. In den letzten Jahren wurde verstärkt mit Maischestandzeiten und Spontangärung gearbeitet, erste Weine wurden unfiltriert abgefüllt.

Kollektion

Nachdem wir mit den 2015er nicht ganz zufrieden waren, überzeugt 2016 auf der ganzen Linie, und mit der konzentrierten, saftigen Schlossberg-Scheurebe auch ein Wein aus 2015. Die Weine sind frisch und klar, fruchtbetont und saftig. Unsere Favoriten sind der kraftvolle, zupackende Steinsweg-Riesling und der Heilbrunnen-Chardonnay, der Fülle und Kraft besitzt, reintönige Frucht, gute Struktur und Substanz. So darf es weitergehen!

Weinbewertung

82	2016 Sauvignon Blanc trocken Mettenheimer Schlossberg	**12 %/6,20 €**
83	2016 Scheurebe Spätlese trocken Mettenheimer Schlossberg	**12,5 %/7,90 €**
83	2016 Weißburgunder Spätlese trocken Mettenheimer Schlossberg	**12,5 %/6,20 €**
81	2016 Chardonnay Spätlese trocken Mettenheimer Michelsberg	**12,5 %/6,50 €**
82	2016 Weißburgunder & Chardonnay Spätlese trocken Michelsberg	**12,5 %/7,50 €**
81	2016 Riesling Spätlese trocken Bechtheimer Geyersberg	**11,5 %/6,50 €**
83	2016 Grauburgunder Spätlese trocken Mettenheimer Michelsberg	**12 %/6,40 €**
86	2016 Chardonnay Spätlese trocken „Heilbrunnen" Michelsberg	**13 %/14,50 €**
83	2015 Riesling Auslese trocken Bechtheimer Geyersberg	**13,5 %/12,50 €**
85	2016 Riesling Spätlese trocken „Steinsweg" Mettenheimer Schlossberg	**12 %/15,- €**
82	2016 Muskateller Spätlese trocken Bechtheimer Geyersberg	**12 %/7,90 €**
86	2015 Scheurebe Spätlese trocken Mettenheimer Schlossberg	**12,5 %/9,80 €**

Karlheinz Becker

★★

KONTAKT

Hauptstraße 34
76831 Heuchelheim-Klingen
Tel. 06349-5328
Fax: 06349-8056
wgkhbecker@gmx.de

Inhaber
Karlheinz Becker
Rebfläche
12,5 Hektar

BESUCHSZEITEN

nach Vereinbarung

Das Weingut war früher ein landwirtschaftlicher Gemischtbetrieb, der Fasswein vermarktete. Karlheinz Becker übernahm Ende der achtziger Jahre den Betrieb, forcierte die Flaschenweinvermarktung und veränderte die Rebsortenstruktur zugunsten der klassischen Rebsorten. Riesling, Weißburgunder und Grauburgunder sind die wichtigsten weißen Rebsorten, dazu gibt es Gewürztraminer, Chardonnay, Muskateller und Silvaner. Rotweine nehmen 30 Prozent der Rebfläche ein. Spätburgunder ist die wichtigste rote Sorte, dazu gibt es Frühburgunder und Merlot. Sohn Dominik, der in Neustadt Weinbau und Önologie studiert hat, unterstützt seinen Vater im Betrieb, will den Ausbau von Weißweinen im großen Holzfass forcieren und den Anteil an spontan vergorenen Weinen steigern.

Kollektion

Im vergangenen Jahr hatten wir geschrieben, dass die Weißweine „von Jahr zu Jahr etwas mehr Charakter" zeigen und das können wir in diesem Jahr nur unterstreichen, erneut ist eine deutliche Steigerung erkennbar, an der Basis wie an der Spitze: Alle Weine sind ganz reintönig, besitzen ein ausgewogenes Süße-Säure-Spiel, sind sehr präsent, frisch und trinkanimierend. Unser Favorit, der Chardonnay aus dem von Kalk geprägten Gewann Im Käferflug in Appenhofen, ist kraftvoll und cremig, zeigt feine Röstnoten und besitzt Grip und Länge. Die trockenen Spätlesen von Grau- und Weißburgunder besitzen gute Konzentration und feinen Schmelz, der Silvaner zeigt feine erdige Würze und typische Birnenfrucht, der Riesling vom „Bunten Sand" ist fruchtbetont und füllig, während der Riesling vom „Weißen Kalk" klare kalkig-kreidige Würze und Zitrusnoten zeigt. Und auch die Roten haben zugelegt, der Pinot Noir Im Käferflug zeigt Noten von Krokant, Mokka und Kräutern, besitzt ein noch jugendliches Tanningerüst und Ansätze zur Eleganz.

Weinbewertung

81	2016 Riesling trocken (1l) **12 %/5,80 €**
83	2016 Grauburgunder Kabinett trocken **12,5 %/7,30 €**
83	2016 Weißburgunder Kabinett trocken **12,5 %/7,20 €**
83	2016 Riesling Kabinett trocken **12,5 %/7,40 €**
86	2016 Silvaner Spätlese trocken „Alte Reben" **12,5 %/9,30 €**
86	2016 Grauburgunder Spätlese trocken „Weißer Kalk" **13,5 %/9,40 €**
86	2016 Weißburgunder Spätlese trocken „Schwarzer Ton" **13,5 %/9,30 €**
86	2016 Riesling Spätlese trocken „Weißer Kalk" **12,5 %/9,60 €**
86	2016 Riesling Spätlese trocken „Bunter Sand" **12,5 %/9,60 €**
88	2015 Chardonnay Spätlese trocken „Im Käferflug" **14 %/13,80 €**
85	2014 Spätburgunder trocken „Bunter Sand" **14 %/10,80 €**
88	2014 Pinot Noir trocken „Im Käferflug" **14 %/19,50 €**

B

BECKER-LANDGRAF

★★★★

KONTAKT

Im Felsenkeller 1
55239 Gau-Odernheim
Tel. 06733-7449
Fax: 06733-1847
www.weingut-beckerlandgraf.de
weingut@beckerlandgraf.de

Inhaber
Julia & Johannes Landgraf
Rebfläche
15 Hektar
Produktion
150.000 Flaschen

BESUCHSZEITEN

nach Vereinbarung

Julia und Johannes Landgraf gründeten 2006 ihr eigenes Weingut, brachten mit dem Jahrgang 2005 ihre ersten eigenen Weine auf den Markt. Ihr rasanter Aufstieg zeigt, was in einer solch dynamischen Region wie Rheinhessen möglich ist. Der Erfolg kommt nicht von Ungefähr: Johannes Landgraf war seit 1995 für den Weinausbau im elterlichen Weingut in Saulheim verantwortlich – und war auch dort maßgeblich für die Fortschritte verantwortlich. Die Großeltern von Julia Landgraf, Geisenheim-Absolventin, hatten nach dem Zweiten Weltkrieg Landwirtschaft und Weinbau betrieben, ihr Vater gründete eine Firma, die Tanks und Anlagen für Industrie und Weinbau herstellt. Seit ihrer Heirat führen Julia und Johannes Landgraf die Tradition des Weinguts der Familie Becker weiter, sie starteten neu unter dem Namen Becker-Landgraf. Ihre Weinberge liegen überwiegend am Petersberg in Gau-Odernheim, in den Lagen Herrgottspfad und Ölberg, in denen der Boden aus Ton, Kalkmergel und Muschelkalk besteht. Hinzu kommt jeweils ein Weinberg in Framersheim und im Biebelnheimer Rosenberg, wo der Boden aus Tonmergel mit Kalksteinablagerungen besteht, mit Steinanteil im Obergrund. Riesling ist ihre wichtigste Rebsorte, gefolgt von Spätburgunder, dazu gibt es Grauburgunder, Weißburgunder, Chardonnay und Sankt Laurent. Das Sortiment ist klar gegliedert in Guts-, Orts- und Lagenweine. Nur die Spitzen-Rieslinge und -Spätburgunder tragen die Namen ihrer besten Lagen: Rieslinge aus Herrgottspfad und Ölberg (zuletzt 2013), sowie Spätburgunder aus dem Rosenberg und erstmals mit dem Jahrgang 2011 auch aus dem Herrgottspfad. Die Weine der Edition Muschelkalk – Weißburgunder, Spätburgunder und St. Laurent – tragen keinen Lagennamen; restsüße Rieslinge mit Lagen- und Prädikatsbezeichnungen ergänzen das Sortiment. Die Weine werden alle spontanvergoren, die Burgunder durchlaufen die malolaktische Gärung, in manchen Jahren auch einzelne Riesling-Partien. Die Spitzenrieslinge werden recht lange, fast ein Jahr, bei Batonnage bis ins Frühjahr, auf der Vollhefe ausgebaut, im Stückfass, sie besitzen ein sehr gutes Reifepotenzial, einzelne Partien sollen zukünftig nach mehreren Jahren Reife erneut in den Verkauf kommen. Die Rotweine werden unfiltriert und ungeschönt abgefüllt.

Kollektion

Auch in diesem Jahr ist das Einstiegsniveau wieder enorm hoch, schon die Gutsweine sind sehr gut. Der Riesling ist reintönig, frisch und zupackend, noch etwas besser gefällt uns die Cuvée aus Weißburgunder und Chardonnay, die Fülle und Kraft besitzt, gute Struktur und Substanz. Deutlich kraftvoller und stoffiger sind dann die Ortsweine. Der Weißburgunder besitzt reife reintönige Frucht und Substanz, der Grauburgunder

B

ist anfangs verschlossen, öffnet sich dann, besitzt faszinierend viel Frucht, gute Struktur und enormen Druck. Dies gilt auch für den Riesling, der gelbe Früchte im Bouquet zeigt, reife Frucht, viel Saft und Substanz besitzt, Struktur und Nachhall. Noch stoffiger und druckvoller, noch faszinierender ist der Herrgottspfad-Riesling, ein enorm saftiger und nachhaltiger Riesling mit viel Potenzial. Gute Konzentration, viel reife Frucht und etwas Vanille zeigt der Muschelkalk-Weißburgunder im Bouquet, ist füllig, saftig, kraftvoll, besitzt reife süße Frucht und Substanz. Der rote Teil der Kollektion ist fast noch etwas beeindruckender als der weiße, eine bärenstarke Spätburgunder-Serie präsentieren Julia und Johannes Landgraf in diesem Jahr. Auch hier ist das Einstiegsniveau enorm hoch, der Gau-Odernheimer Spätburgunder zeigt rauchige Noten, gute Konzentration, ist frisch, klar und zupackend, besitzt gute Struktur und Frucht. Der Muschelkalk-Spätburgunder des Jahrgangs 2013 ist frisch und fruchtbetont, faszinieren klar, zupackend, besitzt gute Struktur und Länge, er steht den beiden Lagen-Spätburgunder nur wenig nach. Der Spätburgunder aus dem Rosenberg besitzt reintönige Frucht, feine Frische, ist zupackend im Mund, faszinierend klar. Der Wein aus dem Herrgottspfad zeigt feine rauchige Noten und herrlich viel Frucht, ist klar im Mund, zupackend, besitzt feine Frische und reintönige Frucht, beide Weine sind noch sehr jugendlich. Die Spätburgunder des Jahrgangs 2012 präsentieren sich etwas offener: Der Rosenberg besticht mit reintöniger Frucht und feiner Frische, ist faszinierend druckvoll und präzise, der Wein aus dem Herrgottspfad ist reintönig, konzentriert, herrlich frisch und ebenso präzise und druckvoll wie sein Kollege. Bärenstarke Kollektion!

Weinbewertung

85	2016 Riesling trocken **12 %/7,80 €**
86	2016 Weißburgunder & Chardonnay trocken **12 %/7,80 €**
88	2016 Weißer Burgunder trocken Gau-Odernheimer **12,5 %/11,20 €**
89	2016 Grauer Burgunder trocken Gau-Odernheimer **12,5 %/12,40 €**
89	2016 Riesling trocken Gau-Odernheimer **12 %/11,20 €** ☺
89	2016 Weißburgunder trocken „Muschelkalk" **13 %/20,- €**
91	2015 Riesling trocken Herrgottspfad **12,5 %/20,- €**
87	2015 Spätburgunder trocken Gau-Odernheimer **13,5 %/12,80 €**
89	2013 Spätburgunder trocken „Muschelkalk" **13,5 %/20,- €**
91	2012 Spätburgunder trocken Rosenberg **13,5 %/26,- €**
90	2013 Spätburgunder trocken Rosenberg **13,5 %/a.A.**
91	2012 Spätburgunder trocken Herrgottspfad **13,5 %/26,- €**
90	2013 Spätburgunder trocken Herrgottspfad **13,5 %/a.A.**

LAGEN

HERRGOTTSPFAD (GAU-ODERNHEIM)
ÖLBERG (GAU-ODERNHEIM)
ROSENBERG (BIEBELNHEIM)

REBSORTEN

RIESLING (38 %)
SPÄTBURGUNDER (20 %)
WEISSBURGUNDER (11 %)
GRAUBURGUNDER (8 %)
CHARDONNAY (6 %)
ST. LAURENT (6 %)

B

BECKER-STEINHAUER

★★★

KONTAKT

Hauptstraße 72
54486 Mülheim
Tel. 06534-521
Fax: 06534-18378
www.becker-steinhauer.de
info@becker-steinhauer.de

Inhaber
Karsten Becker
Rebfläche
8 Hektar
Produktion
50.000 Flaschen

BESUCHSZEITEN

nach Vereinbarung
Gästehaus

Die Familie Becker betreibt seit etwa drei Jahrhunderten Weinbau. Heute wird das Weingut Becker-Steinhauer von Karsten Becker geführt, der die zum Großteil von Mauern umfasste Lage Carlsberg erworben und zu neuer Bedeutung geführt hat. Von dem 1850 erbauten Weinbergshäuschen heraus hat man einen prächtigen Ausblick auf Veldenz, wo die Hälfte der Weinberge liegt. Becker besitzt außerdem Parzellen in den Gemeinden Brauneberg (Juffer), in Mülheim, Zeltingen und Bernkastel. Neben dem dominierenden Riesling, der 90 Prozent der Rebfläche einnimmt, gibt es noch etwas Spätburgunder. Die Weine werden im Edelstahl ausgebaut und meist spontan vergoren. Während das Große Gewächs aus dem Veldenzer Kirchberg die nominelle Spitze im trockenen Bereich bildet, werden im süßen immer wieder faszinierende Auslesen oder Eisweine erzeugt.

Kollektion

Bereits der Schaumwein überzeugt, auch wenn er in der Nase eine winzige Spur vom Schaumzucker aufweist, er ist saftig, besitzt unerwarteten Schmelz. Die trockenen Weine sind nicht auf Charme getrimmt, sondern wirken vergleichsweise puristisch, straff und animierend, dabei keineswegs unreif. Der salzig wirkende „Steinmauer"-Wein macht viel Spaß, das Große Gewächs wirkt dagegen noch etwas unzugänglich. Anklänge an Melone besitzt die feinherb ausgebaute Spätlese aus dem Carlsberg, auch die Auslese aus der Juffer weist Anklänge an Melone auf, wirkt saftig und balanciert. Die Drei-Sterne-Auslese aus der Sonnenlay ist noch vom Schwefel geprägt, schön saftig, der im Dezember gelesene Eiswein erinnert an Aprikosenhaut und kandierte Früchte, ist sehr süffig, fast seidig, sein Januar-Pendant wirkt noch etwas süßer und dicker, könnte sich noch besser entwickeln. Ein Spätburgunder wiederum zeigt in der Nase etwas Schokolade, wirkt herrlich süffig, die Tannine sind mild. —

Weinbewertung

87	Riesling Sekt brut **12,5 %/12,- €**
87	2016 Riesling Kabinett trocken Veldenzer Kirchberg **11,5 %/6,50 €** ☺
88	2016 Riesling Spätlese trocken „Die Steinmauer" Zeltinger Schlossberg **12 %/8,- €** ☺
89	2016 Riesling Spätlese trocken „Alte Reben GG" Veldenzer Kirchberg **12 %/13,- €**
87	2016 Riesling Spätlese „feinherb" Veldenzer Carlsberg **11 %/8,- €** ☺
86	2016 Riesling Kabinett Veldenzer Kirchberg **9 %/6,50 €** ☺
87	2016 Riesling Spätlese Veldenzer Carlsberg **7,5 %/8,- €** ☺
88	2016 Riesling Auslese Brauneberger Juffer **7,5 %/13,- €**
89	2016 Riesling Auslese *** Mülheimer Sonnenlay **7,5 %/15,- €/0,375l**
91	2016 Riesling Eiswein „6.12.16" Mülheimer Sonnenlay **7 %/35,- €/0,375l**
90	2016 Riesling Eiswein „6.1.17" Mülheimer Sonnenlay **6,5 %/40,- €/0,375l**
86	2015 Spätburgunder trocken **13 %/13,- €**

Befort

★☆

KONTAKT

Schulstraße 17
54453 Nittel
Tel. 06584-422
Fax: 06584-1201
www.befort.de
weingut@befort.de

Inhaber
Familie Befort
Rebfläche
4,5 Hektar
Produktion
30.000 Flaschen

BESUCHSZEITEN

Sa. 10-17 Uhr

Das von Hans und Maria Befort seit 1969 aufgebaute Gut wird seit 2011 von den Geschwistern Ruth, Hans-Jörg und Marcel Befort geführt. Hans-Jörg Befort, Betriebsleiter eines Weingutes in Luxemburg, kümmert sich um den Weinausbau. Die Burgundersorten dominieren: Spätburgunder, Grauburgunder und Weißburgunder nehmen einen etwa gleichen Anteil an der Rebfläche ein, hinzu kommen 15 Prozent Elbling sowie etwas Auxerrois und Cabernet Sauvignon. Zuletzt wurde Sauvignon Blanc im Nitteler Leiterchen gepflanzt, dazu ein neuer Weinberg mit Chardonnay, der inzwischen voll im Ertrag ist. Seit 2015 verzichtet man auf Herbizide im Weinberg. Die Weißweine werden temperaturgesteuert im Edelstahl ausgebaut, lagern bis zum Frühjahr auf der Vollhefe. Rotweine werden maischevergoren und 12 bis 15 Monate im Holz ausgebaut. Sekte und Crémants reifen mindestens 12 Monate auf der Hefe, werden mehrmals im Jahr frisch degorgiert, gehören regelmäßig zu den besten Schaumweinen in diesem Teil der Mosel.

Kollektion

Im vergangenen Jahr besaßen die Weine des Weinguts Befort viel Schmelz und eine attraktive Frucht, ohne im Geringsten mächtig oder süß zu wirken. Bei den nun vorgestellten Weinen konnten wir bei mehreren Weinen eine gewisse Süße feststellen, die nicht immer sinnvoll wirkte. Dem Rosé-Sekt steht die deutliche Dosage gut, aber der als brut gekennzeichnete Elbling-Sekt wäre mit weniger Süße womöglich spannender. Auch Pinot Gris und Chardonnay sind zwar saftig, könnten aber etwas mehr Präzision vertragen. Ohne Einschränkung gefällt der kräuterwürzige Sauvignon Blanc, der Auxerrois verfügt über eine angenehme Frucht, ist straff und unkompliziert. Auch die Rotweine gefallen sehr: die Cuvée aus Pinot Noir und Cabernet Sauvignon mit dunkler Beerenfrucht und straffer Art, jetzt schon gut zu trinken, und der Pinot Noir „S", der saftig wirkt und dessen Holzeinsatz als vorbildlich bezeichnet werden kann. —

Weinbewertung

84	Elbling Sekt brut **12,5 %/8,95 €**
85	Pinot Noir Rosé Sekt **12,5 %/9,95 €**
82	2016 Elbling trocken (1l) **11,5 %/5,50 €**
85	2016 Auxerrois trocken **11,5 %/6,60 €**
84	2016 Pinot Gris trocken **12,5 %/6,90 €**
85	2016 Chardonnay trocken **12,5 %/8,60 €**
86	2016 Sauvignon Blanc trocken **13 %/8,90 €**
85	2016 Pinot Blanc trocken „S" **12 %/9,90 €**
83	2016 „Blanc de Noir" „feinherb" **12,5 %/6,60 €**
85	2015 Pinot Noir & Cabernet Sauvignon trocken **13 %/9,90 €**
86	2015 Pinot Noir trocken „S" **13 %/17,50 €**

B

Beiser

★★

KONTAKT

Außerhalb 1
55578 Vendersheim
Tel. 06732-8732
Fax: 06732-5061
www.weingut-beiser.de
info@weingut-beiser.de

Inhaber
Christiane & Simon Beiser
Rebfläche
22 Hektar
Produktion
100.000 Flaschen

BESUCHSZEITEN

täglich 9-12 + 13-19 Uhr und
nach Vereinbarung
Vinothek und Gutsschänke

Otto Beiser begann 1971 mit der Selbstvermarktung, legte 1979 mit dem Neubau den Grundstein für das heutige Weingut. Sohn Simon schloss 2002 sein Geisenheim-Studium ab, ist seither für den Weinausbau verantwortlich, inzwischen hat er den Betrieb übernommen. Seine Weinberge befinden sich in der Vendersheimer Lage Sonnenberg, in den Sprendlinger Lagen Klostergarten, Honigberg, Geyersberg, Hölle und Wissberg, sowie in der Wallertheimer Heil und im Binger Schlossberg Schwätzerchen, wo man seit 2011 1,8 Hektar bewirtschaftet. 65 Prozent nehmen weiße Sorten ein. Wichtigste Rebsorten sind Riesling, Weißburgunder, Grauburgunder, Müller-Thurgau und Chardonnay, aber auch Sauvignon Blanc, Gewürztraminer, Scheurebe, Silvaner und Saphira baut Simon Beiser an. Hinzu kommen die roten Sorten Spätburgunder, Portugieser, Dornfelder, Frühburgunder, Merlot und Cabernet Sauvignon.

Kollektion

Mit der neuen Kollektion schließt Simon Beiser nahtlos an die starken Vorjahre an. Die Basis stimmt, wie beispielsweise der zupackende Vetter-Riesling beweist. Im Ortswein-Segment gefallen uns der kraftvolle, saftige Tonmergel-Grauburgunder und der zupackende Kalkmergel-Spätburgunder, beide aus Sprendlingen, besonders gut. Noch etwas besser gefällt uns der im Barrique ausgebaute Tonmergel-Chardonnay aus Vendersheim, der gute Konzentration und reife Frucht zeigt, Fülle, Kraft und gute Struktur besitzt. Unter den beiden Steillagen-Weinen aus dem Schlossberg Schwätzerchen hat für uns im Jahrgang 2015 der Silvaner ganz leicht die Nase vorne, er ist würzig und eindringlich, füllig und saftig, besitzt gute Struktur und Substanz. Der recht duftige Riesling steht ihm kaum nach, er besitzt ebenfalls reife Frucht, gute Struktur und Substanz. —

Weinbewertung

83	2016 Riesling trocken „Vetter Riesling“	**12,5 %/6,90 €**
82	2016 Scheurebe trocken „Tabularasa“	**12,5 %/6,40 €**
82	2016 Riesling trocken „vom Muschelkalk“ Vendersheimer	**13 %/7,- €**
82	2016 Sauvignon Blanc trocken „vom Muschelkalk“ Wallertheimer	**13 %/7,60 €**
84	2016 Grauer Burgunder trocken „vom Tonmergel“ Sprendlinger	**13 %/7,- €**
82	2016 Chardonnay trocken „vom Tonmergel“ Vendersheim	**13 %/7,- €**
85	2016 Chardonnay trocken „vom Tonmergel kleines Fass“ Vendersheim	**13 %/9,- €**
86	2015 Silvaner trocken Steillagen „Quarzit“ Schlossberg Schwätzerchen	**13 %/11,40 €**
85	2015 Riesling trocken Steillagen „Quarzit“ Schlossberg Schwätzerchen	**13 %/12,40 €**
84	2014 Spätburgunder trocken „vom Kalkmergel“ Sprendlingen	**14 %/7,50 €**
83	2015 Cabernet Sauvignon trocken „Muschelkalk“ Vendersheim	**14 %/7,50 €**
86	2014 Spätburgunder trocken „Kalkstein“ Sprendlinger Honigberg	**14 %/13,50 €**

BENDERHOF

★★★

KONTAKT

Neugasse 45
67169 Kallstadt
Tel. 06322-1520
Fax: 06322-980775
www.weingut-benderhof.de
info@weingut-benderhof.de

Inhaber
Martin Haaß
Rebfläche
12 Hektar
Produktion
75.000 Flaschen

BESUCHSZEITEN

Mo.-Sa. 9-12 + 14-18 Uhr
(mit Bitte um Anmeldung)

Seit dem 16. Jahrhundert baut die Familie Bender Wein in Kallstadt an. Heute wird der Betrieb von Martin Haaß geführt, der seit 2006 im Betrieb ist und das Weingut mittlerweile von seinen Eltern Karola Bender-Haaß und Otto Haaß übernommen hat. Die Weinberge liegen in den Kallstadter Lagen Saumagen (mit der Lage Nill), Steinacker (mit dem Gauberg und dem Hasenlauf) und Kreidkeller sowie in den Herxheimer Lagen Himmelreich und Honigsack, aber auch in Freinsheim (Oschelskopf) und Erpolzheim (Kirschgarten). Riesling ist die wichtigste Rebsorte beim Benderhof, nimmt ein Drittel der Rebfläche ein. Zweitwichtigste Weißweinsorte ist Weißburgunder, gefolgt von Scheurebe, Silvaner und Grauburgunder. Rote Sorten nehmen 35 Prozent der Rebfläche ein: Spätburgunder, Sankt Laurent, Schwarzriesling, Regent und Dornfelder. Das Sortiment ist in Guts-, Orts-, Lagen- und Große Weine gegliedert.

Kollektion

Die drei Spätburgunder aus dem Jahrgang 2014 wirkten zum Zeitpunkt der Verkostung noch sehr kompakt und jung, sie besitzen Potential, der „RS" ist komplex und elegant, zeigt feine, kühle Frucht mit Schwarzkirsche und Cassis im Bouquet, besitzt Struktur und Länge und könnte sich noch steigern, der „S" ist ähnlich und zeigt etwas deutlichere Röstnoten. Die Rieslinge sind in diesem Jahr alle sehr animierend mit feinem, frischen Säure-Grip, der Saumagen „Nill" an der Spitze zeigt kalkig-kreidige Mineralität, besitzt Konzentration, Druck und salzige Länge, Kreidkeller und der normale Saumagen-Riesling sind etwas fülliger, Kreidkeller ist kräutrig und leicht zurückhaltend in der Frucht, der Saumagen zeigt gelbe Frucht und etwas grünen Apfel. Der Weißburgunder aus dem Steinacker zeigt florale Würze und besitzt Schmelz, der Grauburgunder besitzt Kraft, Frische und Länge und die trocken ausgebaute Scheurebe ist reintönig und saftig. —

Weinbewertung

83 2016 Scheurebe trocken Herxheim **12,5 %/7,80 €**
85 2016 Riesling trocken „Kalkmergel" Kallstadt **12,5 %/7,- €**
86 2016 Grauer Burgunder trocken Kallstadt Steinacker **13,5 %/9,- €**
85 2016 Weißer Burgunder trocken Kallstadt Steinacker **12,5 %/9,- €**
85 2016 Riesling trocken Kallstadt Steinacker **12,5 %/9,- €**
86 2016 Riesling trocken Kallstadt Saumagen **13 %/10,- €**
87 2016 Riesling trocken „Alte Reben" Kallstadt Kreidkeller **12,5 %/11,- €**
89 2016 Riesling „S" trocken „Nill" Kallstadt Saumagen **13 %/18,- €**
85 2014 Spätburgunder trocken Kallstadt Steinacker **13,5 %/10,50 €**
87 2014 Spätburgunder „S" trocken „Hasenlauf" Kallstadt Steinacker **13,5 %/17,- €**
88 2014 Spätburgunder „RS" trocken „Hasenlauf" Kallstadt Steinacker **13,5 %/23,- €**

B

Graf von Bentzel-Sturmfeder

★★

KONTAKT

Sturmfederstraße 4
74360 Schozach
Tel. 07133-960894
Fax: 07133-960895
www.sturmfeder.de
weingut@sturmfeder.de

Inhaber
Kilian Graf von Bentzel-Sturmfeder
Kellermeister
Holger Matz
Rebfläche
15 Hektar
Produktion
80.000 Flaschen

BESUCHSZEITEN

Mo.-Fr. 9-17 Uhr, Sa. 10-14 Uhr
Hotel „Landhaus Sturmfeder"

Die Geschichte des Sturmfederschen Weingutes reicht bis 1396 zurück, als Ritter Friedrich Sturmfeder von Graf Eberhard von Württemberg ein Gut in Schozach zu Lehen erhielt. Seit 1996 leitet Kilian Graf von Bentzel-Sturmfeder den Betrieb, seit 2001 ist er auch Eigentümer des Weinguts. 2010 wurde das Hotel „Landhaus Sturmfeder" eröffnet. Die 15 Hektar große Süd-Südost-Lage Schozacher Roter Berg mit ihren schweren Lehmkeuperböden gehört dem Weingut seit dem 19. Jahrhundert im Alleinbesitz. Drei Viertel der Rebfläche nehmen rote Sorten ein, hauptsächlich Burgundersorten wie Spätburgunder, Samtrot, Clevner und Schwarzriesling, dazu Lemberger, St. Laurent, Acolon, Cabernet Dorsa und Dornfelder. Alle Rotweine werden in Eichenholzfässern ausgebaut. Wichtigste weiße Rebsorte ist Riesling, es folgen Weiß- und Grauburgunder, sowie Gewürztraminer, 2012 brachte Sauvignon Blanc den ersten Ertrag.

Kollektion

Im weißen Segment überzeugen der saftige, kraftvolle Riesling und der fruchtbetonte, zupackend Sauvignon Blanc, insgesamt deutlich spannender aber sind in diesem Jahr die Rotweine. Der Merlot ist fruchtbetont, frisch und geradlinig, der 3 Sterne-Samtrot zeigt feine rauchige Noten, besitzt Fülle, Kraft und gute Struktur. Der Cabernet Dorsa zeigt Kirschen und Cassis, besitzt reife Frucht und viel Kraft. Die stimmige Lemberger-Serie kulminiert im Großen Gewächs, das intensive reife Frucht zeigt, Fülle, Kraft und gute Struktur besitzt. Noch ein klein wenig besser gefällt uns die rote Cuvée Grand Philipp: Intensive Frucht und etwas Gewürze prägen das Bouquet, im Mund präsentiert sie sich füllig, kraftvoll, besitzt gute Struktur, reife Frucht und Substanz, Schoko- und Vanillenoten.

Weinbewertung

81 2016 Grauburgunder** trocken Schozach **12,5 %/7,90 €**
84 2016 Riesling*** trocken Schozacher Roter Berg **13 %/11,90 €**
84 2016 Sauvignon Blanc*** trocken Schozacher Roter Berg **13 %/11,90 €**
78 2015 Lemberger trocken „Dachreiter" (1l) **12,5 %/5,90 €**
81 2015 Samtrot trocken **13 %/6,90 €**
82 2015 Lemberger trocken **12 %/6,90 €**
83 2015 Merlot** trocken Schozach **13,5 %/7,90 €**
84 2015 Lemberger*** trocken Schozacher Roter Berg **13 %/12,90 €**
85 2015 Samtrot*** trocken Schozacher Roter Berg **12,5 %/12,90 €**
85 2015 Cabernet Dorsa*** trocken **13 %/12,90 €**
87 2014 Lemberger trocken „GG" Schozacher Roter Berg **13 %/21,90 €**
88 2015 „Grand Philipp" Rotwein trocken **13 %/21,90 €**

Benzinger

★★☆

B

KONTAKT

Weingut im Leiningerhof
Weinstraße Nord 24
67281 Kirchheim
Tel. 06359-1339
Fax: 06359-2327
www.weingut-benzinger.de
info@weingut-benzinger.de

Inhaber
Volker Benzinger
Rebfläche
13 Hektar
Produktion
100.000 Flaschen

BESUCHSZEITEN

Mo.-Fr. 9-12 + 13-17 Uhr,
Sa. 11-17 Uhr, So. 11-14 Uhr
Restaurant mit Terrasse

Der über 400 Jahre alte Leiningerhof in Kirchheim wird heute von Volker und Inge Benzinger geführt. Seit 2007 ist die jüngere Tochter Julia im Betrieb tätig, die unter anderem bei Klaus Peter Keller gelernt hatte, kümmert sich zusammen mit ihrem Vater um den Keller. Die Weinberge liegen in verschiedenen Lagen von Kirchheim (Kreuz, Steinacker, Geißkopf), Bockenheim (Schlossberg, Goldgrube) und Obersülzen (Schnepp), sie werden biologisch bewirtschaftet. Neben Riesling, Grau- und Weißburgunder spielen rote Sorten wie Spätburgunder, Dornfelder, Portugieser und St. Laurent eine wichtige Rolle, bereits 2001 hat Volker Benzinger etwas Merlot, Cabernet Sauvignon und Cabernet Franc gepflanzt, die er hauptsächlich für Cuvées nutzt, der Rotweinanteil liegt bei 35 Prozent. An weißen Sorten gibt es noch Scheurebe, Auxerrois, Sauvignon Blanc und Silvaner.

Kollektion

Von Volker Benzingers „normalem" Sortiment gefallen uns in diesem Jahr der kraftvolle und stoffige Kreuz-Weißburgunder mit noch deutlicher Holzwürze und der elegante Schlossberg-Pinot Noir mit feiner, kühler roter Frucht am besten. Richtig spannend aber wird es bei seinen „Sans"- und Orangeweinen, der „Croix", ein Silvaner, und die „Cuvée Blanc" sind eindringlich mit Noten von Apfelmost und Zitrusfrüchten, sind geradlinig, schlank, komplex und frisch mit animierendem Säure-Spiel, der „Sans"-Riesling ist ebenfalls ganz geradlinig und puristisch und entwickelt mit Luft viel klare Sortentypizität und hohen Trinkfluss, der „Sans"-Pinot Noir ist frisch, kühl und schlank.

Weinbewertung

82 2016 Scheurebe „J!" **12,5 %/8,- €**
83 2016 Riesling „J!" **11 %/8,- €**
88 2016 „Orange de Cuvée Blanc" **11 %/18,50 €**
88 2016 „Orange de la Croix" **11 %/16,50 €**
87 2016 Riesling „Sans" **12 %/9,50 €**
83 2016 Grauer Burgunder trocken Kirchheim **12 %/7,20 €**
83 2016 Weißer Burgunder trocken Kirchheim **11 %/7,20 €**
85 2016 Sauvignon Blanc trocken Obersülzer Schnepp **12 %/9,70 €**
85 2015 Pinot Blanc trocken „SL" Kirchheimer Geißkopf **13 %/9,50 €**
86 2016 Weißer Burgunder trocken Kirchheimer Kreuz **14 %/14,- €**
84 2016 Riesling trocken Kirchheimer Steinacker **11,5 %/9,70 €**
85 2015 Riesling „365" Kirchheimer Steinacker **13 %/15,- €**
81 2016 Rosé „J!" **12 %/8,- €**
83 2015 St. Laurent trocken Bockenheimer Goldgrube **12 %/8,- €**
85 2015 Pinot Noir „Sans" **12 %/9,50 €**
86 2015 Pinot Noir trocken Bockenheimer Schlossberg **13 %/15,- €**

B

Bercher

★★★★★

KONTAKT

Mittelstadt 13
79235 Burkheim
Tel. 07662-9076-0
Fax: 07662-8279
www.weingutbercher.de
info@weingutbercher.de

Inhaber
Arne & Martin Bercher
Rebfläche
25 Hektar
Produktion
180.000 Flaschen

BESUCHSZEITEN

Mo.-Sa. 9-11:30 + 13:30-17 Uhr

Die aus der Schweiz stammende Familie ließ sich nach dem 30jährigen Krieg am Kaiserstuhl nieder. 1756 erbaute Franz-Michael Bercher das Gutshaus in Burkheim, das noch heute Sitz des Weinguts ist. Rainer und Eckhardt Bercher haben das Weingut in den siebziger Jahren mit damals 4 Hektar übernommen und zur heutigen Größe und zum heutigen Renommee geführt. Inzwischen hat die nächste Generation das Gut übernommen: Rainers Sohn Arne, der für den Weinausbau verantwortlich zeichnet, und Eckhardts Sohn Martin, der sich um den Außenbetrieb kümmert. Ihre Weinberge befinden sich in den Lagen Burkheimer Feuerberg (dunkles Vulkanverwitterungsgestein) und Schlossgarten (Lössterrassen), Sasbacher Limburg (Vulkangestein „Limburgit"), Jechtinger Eichert (Vulkanboden) und Steingrube, Königschaffhausener Hasenberg und Leiselheimer Gestühl. Über 40 Prozent sind mit Spätburgunder bestockt, dazu gibt es neben Weiß- und Grauburgunder vor allem noch Riesling, Müller-Thurgau und Chardonnay. Als Spezialitäten bauen sie Muskateller, Gewürztraminer, Scheurebe und Cabernet Sauvignon an. Über 90 Prozent der Weine werden trocken ausgebaut. Mit der Einführung des vierstufigen Systems des VDP Baden wurde mit dem Jahrgang 2013 das Sortiment diesen vier Stufen angepasst, auf Prädikatsbezeichnungen wird seither verzichtet. Aus den Kabinettweinen sind die Ortsweine geworden, aus den Spätlesen die Lagenweine, die Großen Gewächse tragen nun als Zusatz den Namen der Gewanne auf dem Etikett: Haslen bei Weiß- und Grauburgunder aus dem Feuerberg, Villinger beim Grauburgunder Schlossgarten, Kesselberg beim Spätburgunder aus dem Feuerberg. Seit der ersten Ausgabe dieses Buches zählen wir das Weingut zu den besten Weingütern Deutschlands. Unsere Wertschätzung für die Bercherschen Weine ist in dieser Zeit stetig gestiegen, die Kollektionen sind immer stimmig, von den Kabinettweinen bis hin zu den Großen Gewächsen. Stars der Kollektionen sind die Großen Gewächse aus dem Feuerberg, Spätburgunder, Grauburgunder und Weißburgunder, die regelmäßig zu den Topweinen in Deutschland rechnen; der Chardonnay und das Große Gewächs aus dem Schlossgarten kommen ihnen oft nahe.

Kollektion

Die neue Kollektion ist gewohnt stark, wird eröffnet vom rauchigen, kompakten Pinot-Sekt. Die Burkheimer Ortsweine sind fruchtbetont und geradlinig, der reintönige Grauburgunder gefällt uns dieses Jahr besonders gut. Sehr hohes Niveau zeigen dann alle Lagenweine. Der Limburg-Weißburgunder besitzt reintönige Frucht, gute Fülle und Substanz, der Eichert-Grauburgunder ist saftig und reintönig wie auch der Grauburgunder aus dem Feuerberg, der noch etwas druckvoller ist. Die Cuvée aus Scheurebe und Chenin Blanc ist geradlinig und zupackend, der Chardonnay besitzt Fülle und Saft, gute Struktur und Frische, zeigt wie gewohnt hervorragendes Niveau, was auch für die Großen Gewächse gilt. Der Haslen-Weißburgunder besitzt Kraft und Druck, gute Struktur und Frische, der Villinger-Grauburgunder ist harmonisch, reintönig, noch sehr jugendlich, unser Favorit ist der Haslen-Grauburgunder, der reintönige Frucht zeigt, gelbe Früchte, fruchtbetont und reintönig ist, kraftvoll und lang. Eine litschiduftige, konzentrierte Weißburgunder Beerenauslese rundet den weißen Teil der Kollektion ab und auch im roten Teil gibt es mit dem Spätburgunder Eiswein einen edelsüßen Wein, der enorm konzentriert und reintönig ist. Beeindruckend ist auch der Spätburgunder Rosé, herrlich kraftvoll, stoffig und strukturiert, kein Terrassen-Rosé, sondern Essensbegleiter. Die Cuvée Limberg setzt 2014 ganz auf Frische und Eleganz, ist hervorragend wie auch die drei Lagen-Spätburgunder. Der Wein aus der Sasbacher Limburg ist fruchtbetont im Bouquet, zeigt rote Früchte, besitzt gute Struktur, Frische und reintönige Frucht. Neu ist der Erste Lage-Spätburgunder aus dem Feuerberg – und er macht seinem großen Bruder, dem Großen Gewächs, ganz starke Konkurrenz, ist rauchig, reintönig, frisch, besitzt gute Struktur, Kraft und Druck. Die Nase vorne hat aber doch das Große Gewächs, das intensive Frucht und rauchige Noten zeigt, viel Frische und Frucht besitzt, sehr jugendlich ist. Starke Kollektion!

B

Weinbewertung

87 2014 Pinot Sekt extra-brut **12,5 %/15,- €**
84 2016 Weißburgunder trocken Burkheimer **13 %/8,80 €**
86 2016 Grauburgunder trocken Burkheimer **13 %/8,80 €**
89 2016 Weißburgunder trocken Sasbacher Limburg **13,5 %/15,- €**
89 2016 Grauburgunder trocken Jechtinger Eichert **13,5 %/14,- €**
90 2016 Grauburgunder trocken Burkheimer Feuerberg **13,5 %/15,- €** ☺
87 2016 Scheurebe & Chenin Blanc trocken „SE" **13 %/16,- €**
90 2016 Chardonnay trocken „SE" **13,5 %/21,- €**
90 2016 Weißburgunder „GG" „Haslen" Burkheimer Feuerberg **13,5 %/22,- €**
90 2016 Grauburgunder „GG" „Villinger" Burkheimer Schlossgarten **13,5 %/22,- €**
91 2016 Grauburgunder „GG" „Haslen" Burkheimer Feuerberg **13,5 %/26,- €**
89 2016 Weißburgunder Beerenauslese Burkheimer Feuerberg **8,5 %/39,- €/0,375l**
89 2016 Spätburgunder Rosé Burkheimer Feuerberg **13,5 %/15,- €**
84 2015 Spätburgunder trocken Burkheimer **13 %/10,50 €**
90 2014 Spätburgunder trocken Sasbacher Limburg **13,5 %/22,- €**
91 2014 Spätburgunder trocken Burkheimer Feuerberg **13,5 %/28,- €**
90 2014 „Limberg XIV" Rotwein trocken **13,5 %/22,- €**
92 2015 Spätburgunder „GG" „Kesselberg" Burkheimer Feuerberg **13,5 %/40,- €**
91 2016 Spätburgunder Eiswein „Kesselberg" Burkheimer Feuerberg **8,5 %/49,-€/0,375l**

LAGEN

FEUERBERG (BURKHEIM)
– HASLEN
– KESSELBERG
SCHLOSSGARTEN (BURKHEIM)
– VILLINGER
LIMBURG (SASBACH)
EICHERT (JECHTINGEN)

REBSORTEN

SPÄTBURGUNDER (40 %)
GRAUBURGUNDER (23 %)
WEISSBURGUNDER (17 %)
RIESLING (8 %)
CHARDONNAY (7 %)

B

Konrad Berg & Sohn

★☆

KONTAKT

Niederwaldstraße 18
65385 Rüdesheim
Tel. 06722-49990
Fax: 06722-47912
www.altebauernschaenke.de
info@konradberg.de

Inhaber
Konrad Berg
Rebfläche
2 Hektar
Produktion
9.000 Flaschen

BESUCHSZEITEN

Mo.-So. 14-18 Uhr

Die alte Bauernschänke in Rüdesheim wurde 1408 erbaut und befindet sich nun seit über 50 Jahren im Besitz der Familie Berg. Gastronomie und Hotelbetrieb wurden inzwischen auf zwei benachbarte Gebäude erweitert. Heute führt Konrad Berg den Betrieb, zu dem ein kleines, 2 Hektar großes Weingut gehört. Seine Weinberge liegen in den Lorcher Lagen Paffenwies und Krone, im Rüdesheimer Berg Schlossberg, im Assmannshäuser Höllenberg sowie in der Hattenheimer Hassel. Die Hälfte der Weinberge nimmt Riesling ein, 40 Prozent entfallen auf Spätburgunder, hinzu kommt Silvaner.

Kollektion

Beim guten Debüt im vergangenen Jahr überzeugten Weiß- und Rotweine gleichermaßen, die süßen Riesling Auslesen und die im Barrique ausgebauten Höllenberg-Spätburgunder waren unsere Favoriten. Die fünf Weine, die in diesem Jahr angestellt wurden sind durch die Bank konzentriert und von fester Struktur. Die kraftvolle trockene Spätlese aus dem Schlossberg mit ihrer kühlen Aromatik ist klar und präzise, fein mineralisch, saftig und nachhaltig. Der feinherbe „My Way" ist mild und süffig gelungen, seine Säure wirkt ausgewogen, er schmeckt leicht herb und frisch, macht Lust auf mehr. Die aufgeschlossen milde fruchtige Auslese aus dem Schlossberg mit ihren Aromen von reifen gelben Früchten und Zitruszesten bildet einen gelungenen Abschluss der übersichtlichen Weißweinauswahl. Beide Rotweine sind ausgesprochen trocken ausgebaut und ausdrucksstark. Der 2016er Spätburgunder aus dem Höllenberg mit seiner konzentriert saftigen Frucht von dunklen Kirschen und Cassis ist kühl und strukturiert. Er zeigt attraktiven Trinkfluss und eine griffige, würzige Tanninstruktur. Der 2015er Spätburgunder S aus derselben Lage wirkt opulenter und würziger. Er offenbart reife Süße am Gaumen, die nicht vom Restzucker stammt, sondern von der großen Reife des Lesegutes. Die Holzfassaromen sind sehr zurückhaltend, ätherisch und fein integriert. Eine angenehme Frischeader und feinkörnige Tannine durchdringen diesen aromatischen Burgunder, der über eine sehr schöne animierend herbe Länge verfügt.

Weinbewertung

86 2016 Riesling Spätlese trocken Rüdesheimer Berg Schlossberg **12 %/14,- €**
85 2016 Riesling „my way" **11 %/12,- €**
86 2016 Riesling Auslese Rüdesheimer Berg Schlossberg **9,5 %/20,- €**
86 2016 Spätburgunder trocken Assmannshäuser Höllenberg **13,5 %/20,- €**
87 2016 Spätburgunder trocken „S" Assmannshäuser Höllenberg **14 %/15,- €**

BERGDOLT-REIF & NETT

★★

KONTAKT

Weingut Bergdolt-Reif & Nett
Gmbh & Co.KG
Dudostraße 24
67435 Neustadt-Duttweiler
Tel. 06327-2803
Fax: 06327-1485
www.weingut-brn.de
info@weingut-brn.de

Geschäftsführer
Christian Nett
Außenbetriebsleiter
Bernhard Nett
Kellermeister
Michael Worm
Rebfläche
35 Hektar
Produktion
350.000 Flaschen

BESUCHSZEITEN

8-18 Uhr

Das Weingut wird heute in fünfter Generation von Christian Nett geführt, der bei den Weingütern August Ziegler, Dr. Deinhard und Müller-Catoir ausgebildet wurde. Die Weinberge liegen in den Duttweiler Lagen Kreuzberg und Mandelberg, im Kirrweiler Mandelberg, sowie in anderen Lagen in Lachen, Kirrweiler und Geinsheim. 70 Prozent der Weinberge nehmen weiße Rebsorten ein, vor allem Riesling, Weiß- und Grauburgunder, aber auch Sauvignon Blanc, Scheurebe, Silvaner, Muskateller und Gewürztraminer. An roten Sorten gibt es Spätburgunder, Dornfelder, Merlot und Lagrein. Die Weine werden in mehreren Linien vermarktet: Creation für Cuvées, Tradition für frische, unkomplizierte Weine, Black Edition für etwas kraftvollere Weine, Avantgarde für Weine aus den besten Parzellen, sowie Prestige für die besten Weine aus den seit 2011 mit einem Pferd bewirtschafteten Parzellen im Mandelberg.

Kollektion

Christian Nett präsentiert uns eine starke Kollektion mit sehr reintönigen Weißweinen. Die drei vorgestellten Roten besitzen zwar Substanz und zeugen von einem gekonnten Umgang mit dem Holz, sind aber sehr süß, was zu Lasten der Typizität geht, der „Prestige"-Spätburgunder zeigt dunkle Frucht und etwas Schokolade, ist stoffig und fleischig und wäre ohne die Süße sicher präziser. Sehr beeindruckend sind die beiden anderen „Prestige"-Weine, der Grauburgunder besitzt Substanz, Konzentration und Druck, ist harmonisch und zeigt feine Zitruswürze und sehr dezentes Holz, was auch für den Weißburgunder gilt, der etwas fruchtbetonter ist. Spannend ist auch der im Steinfass ausgebaute Grauburgunder, der kraftvoll, harmonisch, elegant und animierend ist. Unser Favorit des vergangenen Jahres, der „Avantgarde"-Sauvignon Blanc, ist noch deutlich vom Holz geprägt. —

Weinbewertung

85 2016 Weißburgunder trocken „Black Edition" **13 %/9,50 €**
86 2016 Chardonnay trocken „Nettswerk" **13 %/12,50 €**
86 2016 Muskateller trocken „Avantgarde" „Märzen" **12,5 %/10,- €**
87 2016 Sauvignon Blanc trocken „Avantgarde" „Höhe" **13 %/14,- €**
87 2016 Grauburgunder trocken „Avantgarde" „Hansen" **13,5 %/14,- €**
88 2016 Grauburgunder trocken „Avantgarde" „Steinfass Hansen" **13,5 %/19,- €**
86 2016 Weißburgunder trocken „Avantgarde" „Elf" **13,5 %/14,- €**
88 2016 Weißburgunder trocken „Prestige" Kirrweiler Mandelberg **13,5 %/23,- €**
89 2016 Grauburgunder trocken „Prestige" Duttweiler Mandelberg **13 %/23,- €**
86 2015 Lagrein trocken „Avantgarde" „Kolben" **13,5 %/18,- €**
85 2015 Spätburgunder trocken „Avantgarde" „Hölle" **13,5 %/16,- €**
87 2015 Spätburgunder trocken „Prestige" Kirrweiler Mandelberg **14 %/28,- €**

Bergdolt St. Lamprecht

★★★☆

B

KONTAKT

Dudostraße 17
67435 Neustadt-Duttweiler
Tel. 06327-5027
Fax: 06327-1784
www.weingut-bergdolt.de
weingut-bergdolt-st.
lamprecht@t-online.de

Inhaber
Rainer & Günther Bergdolt
Rebfläche
28 Hektar
Produktion
150.000 Flaschen

BESUCHSZEITEN

Mo.-Fr. 8-12 + 14-18 Uhr,
Sa. 10-16 Uhr

Das ehemalige Hofgut des Klosters St. Lamprecht wurde 1754 von Jacob Bergdolt erworben. Im 19. Jahrhundert hat die Familie die Rebfläche erweitert, Friedrich Bergdolt begann 1911 mit der Flaschenabfüllung und Selbstvermarktung. Die Weinberge liegen vor allem in Duttweiler (Kalkberg, Mandelberg, Kreuzberg) und Ruppertsberg (Reiterpfad, Nussbien), in Kirrweiler (Mandelberg), Mussbach (Eselshaut) und Deidesheim (Mäushöhle). Wichtigste Rebsorten bei Rainer und Carolin Bergdolt, die das Weingut in achter und neunter Generation führen, sind Weißburgunder und Riesling mit einem Anteil von jeweils etwa einem Drittel. Hinzu kommen vor allem rote Sorten wie Spätburgunder, aber auch Dornfelder und dazu ein wenig Cabernet Dorio und Merlot. Der Weißburgunder aus dem Kirrweiler Mandelberg gehört regelmäßig zu den besten Weißburgundern in Deutschland.

Kollektion

An der Spitze der fünf verkosteten Weißburgunder - und auch des ganzen Sortiments - steht einmal mehr das Große Gewächs aus dem Mandelberg, das viel reintönige Frucht und florale und leicht nussige Würze zeigt, Konzentration und gute Länge besitzt. Der Weißburgunder „Reserve" aus 2015 zeigt schon deutliche Reifenoten, der im Barrique ausgebaute Tempus ist noch frischer, zeigt rauchige Würze und gelbe Frucht. Die Rieslinge sind schlank und besitzen süße, gelbe Frucht, die beiden Spätburgunder zeigen dunkle Frucht und röstige Würze im Bouquet, das Große Gewächs vom Kalkberg ist deutlich präsenter, komplexer und nachhaltiger als der „Kalkmergel". Stark ist wieder einmal der extra brut ausgebaute „Fluxus", der Sekt ist eindringlich, würzig und nachhaltig, zeigt leicht gereifte Frucht, besitzt aber auch ein sehr animierendes, frisches Säure-Spiel.

Weinbewertung

87 2014 Spätburgunder „Blanc de noir" Sekt extra brut **13 %/13,50 €**
89 2012 „Fluxus Grand Cuvée" Sekt extra brut **13 %/20 ,-€**
83 2016 Weißburgunder trocken „St. Lamprecht" **12,5 %/8,50 €**
88 2015 Weißburgunder trocken „Tempus" **14 %/18,- €**
87 2015 Weißburgunder trocken „St. Lamprecht Reserve" **13,5 %**
85 2016 Riesling trocken „Buntsandstein" **12 %/8,50 €**
84 2016 Riesling trocken „vom Graf" „Alte Reben" **11,5 %/8,50 €**
85 2016 Riesling trocken „Kalkmergel" Duttweiler **12 %/9,- €**
86 2016 Riesling trocken Ruppertsberg **12 %/9,- €**
86 2016 Weißburgunder trocken Duttweiler Kreuzberg **13 %/14,50 €**
90 2016 Weißburgunder „GG" Mandelberg **13 %/30,- €**
86 2014 Spätburgunder trocken „Kalkmergel" **13,5 %/14,50 €**
89 2014 Spätburgunder „GG" Kalkberg **13,5 %/30,- €**

B

Bergsträsser Winzer

★

KONTAKT

Darmstädter Straße 56
64646 Heppenheim
Tel. 06252-79940
Fax: 06252-799450
www.bergstraesserwinzer.de
info@bweg.de

Inhaber 389 Mitglieder
Geschäftsführer Otto Guthier
Rebfläche 264 Hektar
Produktion 1.800.000 Flaschen

BESUCHSZEITEN

Vinothek Mo.-Fr. 9-19 Uhr, Sa. 9-18 Uhr, So. 10-16 Uhr
Weinerlebniswelt „Viniversum Bergstraße“ mit Multimedia-Show im neuen Rotweinkeller

Die Bergsträßer Winzer sind mit Abstand der größte Erzeuger an der Hessischen Bergstraße. Sie erzeugen mit etwa 1,8 Millionen Flaschen im Jahr mehr als die Hälfte des insgesamt in der Region produzierten Weins. Wichtigste Rebsorte ist Riesling mit einem Anteil von 50 Prozent. Es folgen Müller-Thurgau, Grauburgunder, Spätburgunder und Silvaner, aber auch Rebsorten wie St. Laurent, Weißburgunder, Gewürztraminer, Scheurebe und Kerner, inzwischen auch Cabernet Sauvignon, Merlot, Sauvignon Blanc, Roter Riesling und Rosa Chardonnay. Die Weinberge verteilen sich auf 17 Einzellagen. Da auch Winzer aus den badischen Nachbargemeinden bis Dossenheim (Badische Bergstraße) ihre Trauben in Heppenheim anliefern, führen die Bergsträßer Winzer auch einige badische Weine im Programm. 60 Prozent der Weine werden trocken ausgebaut.

Kollektion

Die Bergsträßer Winzer zeigen in diesem Jahr erstmals einen Rotwein aus der neuen „Superior“-Serie, wie die „Super Premium“-Weine der Genossenschaft genannt werden. Die Erträge dieser Weine werden stark reduziert, gelesen wird möglichst spät. Der St. Laurent zeigt die typische Kirschfrucht der Rebsorte, der Wein ist klar und fein und hat ein elegantes Tanningerüst. Der Spätburgunder ist durchgegoren und leicht, passt auch zu Handkäs' mit Musik, wie er in den Odenwälder Kneipen serviert wird. An der Spitze der Kollektion stehen zwei Eisweine. Der Schlossberg zeigt sehr viel Frucht, er ist dunkel, süß, dick, hat viel Stoff und eine gute Säurestruktur. Der Maiberg ist noch süßer, noch eine Spur eleganter, ein mächtiger Edelsüßer mit formgebender Säurestruktur. Die trockenen Weißweine und die Sekte sind gut gelungen, besonders gefallen haben uns der frische Pinot-Sekt und die trockenen Spätlesen. —

Weinbewertung

85 2015 Pinot Sekt brut **12,5 %/11,80 €**
83 2015 Goldmuskateller Sekt trocken **12,5 %/10,50 €**
81 2016 Grauer Burgunder trocken **12,5 %/5,40 €**
82 2016 Weißer Burgunder Kabinett trocken Heppenheimer Schlossberg **12,5 %/6,30 €**
82 2016 Sauvignon Blanc trocken Heppenheimer Schlossberg **12 %/8,90 €**
84 2016 Grauer Burgunder Spätlese trocken Heppenheimer Schlossberg **13 %/8,90 €**
84 2016 Riesling Spätlese trocken Heppenheimer Stemmler **12,5 %/8,60 €**
85 2016 Chardonnay Spätlese trocken Heppenheimer Steinkopf **13 %/9,50 €**
87 2016 Riesling Eiswein Heppenheimer Schlossberg **7,5 %/18,90 €/0,375l**
88 2016 Riesling Eiswein Heppenheimer Maiberg **7 %/23,50 €/0,375l**
81 2015 Spätburgunder trocken Heppenheimer Schlossberg **13 %/6,85 €**
86 2015 St. Laurent trocken „Superior“ Heppenheimer Schlossberg **12 %/15,90 €**

BERNHARD

★☆

B

KONTAKT

Klostergasse 3
55578 Wolfsheim
Tel. 06701-7130 oder -3578
Fax: 06701-7117
www.weingut-bernhard.de
service@weingut-bernhard.de

Inhaber
Jörg & Martina Bernhard
Rebfläche
25 Hektar
Produktion
150.000 Flaschen

BESUCHSZEITEN

nach Vereinbarung
Gutsschänke

Wolfsheim liegt im Rheinhessischen Hügelland, nördlich des Wissbergs. Hier ist das Weingut von Jörg Bernhard zuhause, das er 1995 von seinen Eltern Max und Marliese übernommen hat. Seit 2015 führt er es zusammen mit seiner Tochter Martina. In den beiden überwiegend süd-exponierten Wolfsheimer Lagen Osterberg und Sankt Kathrin wachsen die Reben auf tonigen, kalkhaltigen Lehmböden. Riesling, Grauburgunder und Silvaner sind die wichtigsten Rebsorten im breiten Programm. Das Programm ist gegliedert in Gutsweine, Ortsweine und Lagenweine, an der Spitze der Kollektion stehen der Silvaner Sankt Kathrin und der Riesling Osterberg. Dem Weingut ist eine Gutsschänke angeschlossen, die von Jörg Bernhards Ehefrau Sabine geführt wird.

Kollektion

Nach einem starken Debüt mit einer sehr gleichmäßigen Kollektion im vergangenen Jahr zeigen sich die Weine in diesem Jahr in der Spitze im Profil noch geschärft. Die Gutsweine sind frisch und geradlinig, die Ortsweine besitzen Kraft und Struktur, der Riesling ist fruchtbetont und reintönig, der Grauburgunder zeigt feine rauchige Noten. Der Riesling von alten Reben, halbtrocken ausgebaut, besitzt Fülle und Kraft, viel reife Frucht und Substanz. Der Götzenborn-Chardonnay zeigt gute Konzentration und herrlich viel Frucht, besitzt reintönige Frucht auch im Mund, Kraft und Substanz, beide sind noch recht jugendlich. Dies gilt auch für den Osterberg-Riesling, obwohl er aus dem Jahrgang 2015 stammt. Er ist noch verschlossen, besitzt reintönige Frucht, Fülle und Kraft. Wie im Vorjahr gilt unsere leichte Präferenz dem St. Kathrin-Silvaner, der wie der Riesling sich nicht über hohen Alkohol definiert, sondern über „innere Werte": Er ist stoffig und konzentriert, kraftvoll, besitzt klare reife Frucht und gute Substanz. Im Aufwind!

Weinbewertung

81 2016 Silvaner trocken **12 %/6,50 €**
81 2016 Weißburgunder trocken **12 %/7,- €**
80 2016 Chardonnay & Weißburgunder trocken **12 %/8,- €**
83 2015 Riesling trocken „Kalkstein" Wolfsheimer **12,5 %/9,50 €**
84 2016 Grauer Burgunder trocken Wolfsheimer **12,5 %/9,50 €**
87 2015 Silvaner trocken Wolfsheimer Sankt Kathrin **12,5 %/17,50 €**
86 2015 Riesling trocken Wolfsheimer Osterberg **12,5 %/17,50 €**
86 2016 Chardonnay trocken Wolfsheimer Götzenborn **13 %/17,50 €**
87 2016 Riesling „Alte Reben" **12 %/17,50 €**
84 2011 Grauer Burgunder Beerenauslese Barrique **11 %/30,- €/0,375l**
82 2016 Portugieser Rosé „feinherb" **11 %/5,60 €**

B

Bernhart

★★★★

KONTAKT

Wein- und Sektgut Bernhart
Hauptstraße 8
76889 Schweigen-Rechtenbach
Tel. 06342-7202
Fax: 06342-6396
www.weingut-bernhart.de
info@weingut-bernhart.de

Inhaber
Gerd Bernhart
Rebfläche
17 Hektar
Produktion
110.000 Flaschen

BESUCHSZEITEN

Mo.-Fr. 9-13 + 14-17 Uhr,
Sa. 9-16 Uhr

Das Weingut Bernhart in Schweigen an der Grenze zum Elsass wird heute in vierter Generation von Gerd Bernhart geführt, der schon lange für den Keller verantwortlich ist. Sein Vater Willi gab 1971 die bis dahin betriebene Vieh- und Ackerwirtschaft auf, konzentrierte sich als Autodidakt ganz auf den Weinbau und begann mit der Flaschenweinvermarktung. Zwei Drittel der Rebfläche liegen auf elsässischem Boden, darunter auch die beste Parzelle des Weinguts, der Rädling, ein Kernstück des Schweigener Sonnenbergs in einem windgeschützten Seitental mit einer südost ausgerichteten Hangneigung bis zu 35 Prozent, geprägt von Kalkmergel mit Kalkfelsen im Untergrund. Von hier stammen die beiden Großen Gewächse, die mit „RG" gekennzeichnet sind, da Bernhart die Verwendung der Bezeichnung Rädling momentan von der Weinkontrolle untersagt ist. Wichtigste Sorte im Betrieb ist ungewöhnlicherweise der Spätburgunder mit einem Flächenanteil von 30 Prozent, es folgen Weißburgunder, Riesling und Grauburgunder, dazu kommen Chardonnay und Silvaner sowie kleinere Anteile von Auxerrois, Gewürztraminer, Muskateller, Sauvignon Blanc sowie St. Laurent, Cabernet Sauvignon und Merlot. Die Rotweine kommen grundsätzlich ins Holz, teilweise in große Fässer und die besten Partien bis zu 24 Monate in Barriques. Bereits seit 1985 stellt man hier auch eigenen Sekt her. 90 Prozent der Weine werden an Privatkunden verkauft. Seit dem Jahrgang 2012 (2011 bei den Rotweinen) setzt Gerd Bernhart konsequent das vierstufige VDP-Klassifikationsmodell um.

Kollektion

Seit etlichen Jahren präsentiert uns Gerd Bernhart immer wieder sehr konsistente und verlässliche Kollektionen, bei denen es jeweils nur leichte Schwankungen nach oben oder unten gibt. Die 2016er Weißweine und die Roten aus 2015 machen da keine Ausnahme, wieder befinden sich alle zwölf verkosteten Weine auf einem sehr guten Niveau, sind herrlich reintönig und

B

sortentypisch. Die Rotweine lassen eine klare Handschrift erkennen, zeigen alle feine, kühle Frucht, kräutrige Würze und einen dezenten Holzeinsatz, legen in aufsteigender Reihenfolge deutlich an Komplexität zu. Die Basis sehen wir etwas stärker als im vergangenen Jahr, der „Kalkmergel"-Spätburgunder zeigt klare, rote Frucht, ist harmonisch und elegant und lässt das Holz nur erahnen. Im Vergleich zum Vorjahr hat auch der St. Laurent zugelegt, er zeigt Noten von Süß- und Schwarzkirschen, Kräutern und etwas Gewürznelke, besitzt gute Struktur und ist elegant, der Spätburgunder „S" zeigt die Noten von Schwarztee, die wir immer wieder in den Spätburgundern von Bernhart finden, zusammen mit kühler Frucht und feinen Röstnoten, die Aromatik und das noch ganz jugendliche Tanningerüst finden wir auch beim Spätburgunder „R" wieder, dazu kommen noch dezente Noten von Lakritze im Bouquet, am Gaumen ist der Wein elegant und lang. Noch etwas eindringlicher, komplexer und nachhaltiger ist das Große Gewächs „RG", das ebenfalls sehr feine Röstnoten, kräutrige Würze und viel klare Frucht erkennen lässt, gute Struktur und Potential besitzt. An der Spitze der Weißweine liegt einmal mehr das Weißburgunder-Große Gewächs, es zeigt gelbe Frucht, etwas florale Würze, mineralische Noten, ist konzentriert und animierend. Der Chardonnay, Jahrgang 2015, ist noch vom Holz geprägt, das die Frucht zudeckt, er ist kraftvoll und konzentriert, unter den beiden Weißburgundern gefällt uns, wie meist, der Kalkmergel etwas besser als der Tonmergel, beide besitzen Kraft und zeigen florale und nussige Würze, der Kalkmergel lässt auch kalkig-mineralische Noten erkennen ist etwas komplexer als der „Tonmergel" und besitzt das lebendigere Säure-Spiel. Der Auxerrois ist geradlinig und reintönig bei klarer Frucht, der Grauburgunder besitzt Saft und Kraft, zeigt neben gelber Frucht etwas Zitruswürze, der Riesling ist fruchtbetont und zeigt etwas kreidige Noten.

Weinbewertung

87	2016 Auxerrois trocken „Tonmergel" Schweigen	**13,5 %/10,50 €**
87	2016 Grauburgunder trocken „Kalkmergel" Schweigen	**13,5 %/10,50 €**
86	2016 Weißburgunder trocken „Tonmergel" Schweigen	**13,5 %/9,70 €**
87	2016 Weißburgunder trocken „Kalkmergel" Schweigen	**13,5 %/10,50 €**
86	2016 Riesling trocken „Kalkmergel" Schweigen	**12 %/10,50 €**
87	2015 Chardonnay „S" trocken „Tonmergel" Schweigen	**13,5 %/13,80 €**
89	2016 Weißburgunder „GG" „RG" Sonnenberg	**13,5 %/21,- €**
88	2015 St. Laurent „S" trocken	**13,5 %/17,50 €**
87	2015 Spätburgunder trocken „Kalkmergel" Schweigen	**13 %/13,80 €**
88	2015 Spätburgunder „S" trocken	**13 %/19,50 €**
90	2015 Spätburgunder „R" trocken	**13 %/26,- €**
91	2015 Spätburgunder „GG" „RG" Sonnenberg	**13 %/37,- €**

LAGEN

SONNENBERG (SCHWEIGEN)
RÄDLING (SCHWEIGEN)
WORMBERG (SCHWEIGEN)
FINSTERGASSE (SCHWEIGEN)

REBSORTEN

SPÄTBURGUNDER (26 %)
WEISSBURGUNDER (17 %)
RIESLING (15 %)
GRAUBURGUNDER (10 %)
CHARDONNAY (5 %)
SILVANER (5 %)

BERTHOLD

★

KONTAKT

Reutweg 4
74172 Neckarsulm
Tel. 07132-37117
Fax: 07132-37488
www.weingut-berthold.de
weingut-berthold@t-online.de

Inhaber
Hermann Berthold
Rebfläche
10 Hektar
Produktion
50.000 Flaschen

BESUCHSZEITEN

Mo.-Fr. 12-14 + 17-19 Uhr,
Sa. 8-14 Uhr
Besenstube

1985 übernahm Hermann Berthold den Betrieb von seinem Vater Ludwig, konzentrierte sich ganz auf Weinbau und gründete das eigene Weingut. Seine Weinberge liegen alle in Neckarsulm, wo die Reben auf Keuperböden wachsen. Neben traditionellen Sorten wie Trollinger, Lemberger, Samtrot, Muskattrollinger, Riesling, Traminer und Grauburgunder baut er auch Neuzüchtungen wie Acolon, Regent, Cabernet Cubin und Cabernet Blanc an. Seit dem Weinjahrgang 2011 werden die Weine betriebsintern mit bis zu 3 Sternen klassifiziert, Prädikate werden nicht mehr verwendet. Brände und Liköre ergänzen das Programm. Hermann und Brigitte Berthold werden inzwischen im Betrieb unterstützt von den Kindern Elisabeth, Geisenheim-Absolventin, und Ludwig, der 2015 seinen Abschluss als Techniker für Weinbau und Önologie in Weinsberg machte.

Kollektion

Die neue Kollektion schließt nahtlos an die guten Vorjahre an, wie gewohnt finden wir unseren Favoriten im roten Segment. Der weiße Teil der Kollektion präsentiert sich geschlossen, der Grauburgunder ist fruchtbetont, frisch und geradlinig, unter den beiden Rieslingen präferieren wir den mit 3 Sternen aus dem Jahrgang 2015, der deutlich fülliger ist als sein 2 Sterne-Kollege, klar und zupackend ist. Klar und geradlinig ist der Muskattrollinger-Sekt, zeigt die sortentypische Muskatwürze. Der Trollinger zeigt Kirschen im Bouquet, viel Frucht, besitzt gute Struktur und reintönige Frucht. Der Spätburgunder ist fruchtbetont, reintönig, klar und zupackend, der Lemberger zeigt rote Früchte im Bouquet, ist geradlinig im Mund, besitzt gute Struktur und reintönige Frucht. Unser Favorit ist wie beim Debüt vor zwei Jahren der im Barrique ausgebaute Cabernet Cubin Fass Nr. 5, der viel Duft zeigt, Kirschen, rote Früchte, reife süße Frucht besitzt, viel Substanz, gute Struktur und Länge.

Weinbewertung

83	„Glockengießer" Muskattrollinger Sekt trocken **12,5 %/13,- €**
83	2016 Grauburgunder** trocken Neckarsulmer Scheuerberg **13 %/6,50 €**
81	2016 Riesling** trocken Neckarsulmer Scheuerberg **13 %/6,- €**
84	2015 Riesling*** trocken **13 %/8,90 €**
81	„RAD** aus" Neckarsulm Rotwein trocken **13,5 %/6,90 €**
83	2015 Trollinger** „H" trocken **13,5 %/7,50 €**
83	2015 Spätburgunder** trocken **14 %/6,90 €**
84	2015 Lemberger*** trocken Neckarsulmer Scheuerberg **14 %/9,20 €**
86	Cabernet Cubin*** trocken „Fass Nr. 5" Barrique Scheuerberg **14,5 %/18,50 €**
79	2015 Trollinger mit Lemberger (1l) Neckarsulmer **12,5 %/4,90 €**

Julia Bertram

★★★

KONTAKT

Ahrweg 20
53507 Dernau
Tel. 02643-903312
Fax: 02643-9029657
www.juliabertram.de
spaetburgunder@juliabertram.de

Inhaber
Julia Bertram
Rebfläche
3,5 Hektar
Produktion
20.000 Flaschen

BESUCHSZEITEN

nach Vereinbarung

Julia Bertram ist in Dernau aufgewachsen, hat Weinbau und Önologie in Geisenheim studiert, war dann als Deutsche Weinkönigin viel unterwegs. Sie stammt aus einer Winzerfamilie, das kleine Dernauer Weingut am Fuße des Pfarrwingerts wird in vierter Generation von ihrer Mutter und ihrer Tante geführt, gegründet hatte es Gottfried Sebastian im Jahr 1910. 2014 kreierte Julia Bertram ihre erste eigene Weinlinie von damals 1,3 Hektar Reben. Ihre Weinberge liegen in Dernau in den Lagen Hardtberg, Pfarrwingert, Schieferlay und Burggarten, im Mayschosser Mönchberg, im Marienthaler Jesuitengarten, in den Ahrweiler Lagen Daubhaus, Forstberg und Rosenthal, sowie in den Neuenahrer Lagen Sonnenberg und Kirchtürmchen. Julia Bertrams erste Weine wurden bei Benedikt Baltes in Klingenberg ausgebaut.

Kollektion

Julia Bertram und ihre Kollektion waren unser sensationellster Neuzugang im vergangenen Jahr, dieses Jahr legt sie eine ebenso hochklassige Kollektion nach. Das Einstiegsniveau ist hoch, der Blanc de Noir ist rauchig, klar und zupackend, der Handwerk-Spätburgunder ist lebhaft, reintönig und zupackend. Der Ahrweiler Ortswein ist fruchtbetont, etwas floral, der Dernauer zeigt reintönige Frucht und rauchige Noten. Richtig spannend wird es dann mit den Lagenweinen. Der Frühburgunder aus dem Sonnenberg zeigt intensive Frucht, ist zupackend, präzise, herrlich reintönig. Der Forstberg-Spätburgunder ist intensiv und herrlich eindringlich, strukturiert, jugendlich und nachhaltig – auch im Forstberg sind hervorragende Weine möglich. Der Wein aus dem Rosenthal ist fruchtbetont, floral, besitzt gute Struktur, reife Frucht, Frische und Biss. Herrlich reintönige Frucht und dezent rauchige Noten zeigt der Trotzenberg, ist frisch, klar, präzise und druckvoll. Gleichauf mit ihm an der Spitze sehen wir den Mönchberg, der rote Früchte zeigt, feine Frische, Johannisbeeren, faszinierend reintönig ist, lebendig, zupackend und strukturiert. Chapeau!

Weinbewertung

85 2016 „Blanc de Noir" „Handwerk" **12 %/11,- €**
85 2015 Spätburgunder „Handwerk" **12 %/11,- €**
86 2015 Spätburgunder Ahrweiler **12,5 %/17,- €**
87 2015 Spätburgunder Dernauer **12 %/17,- €**
89 2015 Frühburgunder Neuenahrer Sonnenberg **12 %/28,- €**
90 2015 Spätburgunder Ahrweiler Forstberg **12,5 %/28,- €**
89 2015 Spätburgunder Ahrweiler Rosenthal **12,5 %/35,- €**
91 2015 Spätburgunder Mayschoßer Mönchberg **12,5 %/48,- €**
91 2015 Spätburgunder Mayschoßer Trotzenberg **12,5 %/48,- €**

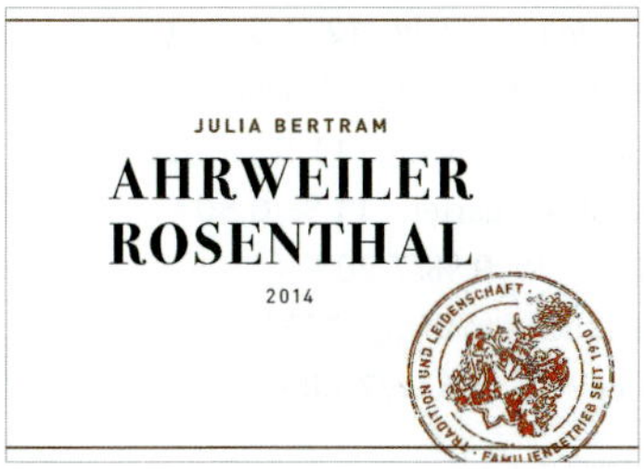

B

Berweiler-Merges

★☆

KONTAKT

Euchariusstraße 35
54340 Leiwen
Tel. 06507-3285
Fax: 06507-80175
www.weingutberweiler.de
weingutberweiler@t-online.de

Inhaber
Sandra Berweiler
Rebfläche
4 Hektar
Produktion
20.000 Flaschen

BESUCHSZEITEN

nach Vereinbarung
Straußwirtschaft (1. Juli bis 31. Oktober, Do.-So. ab 17 Uhr)
Gästezimmer

Sandra Berweiler, die das Familienweingut heute führt, aber schon lange im gleichen Betrieb als Kellermeisterin tätig war, besitzt vier Hektar Weinberge in Leiwen (Klostergarten), Pölich (Held), Schweich (Annaberg) und Neumagen (Rosengärtchen). Die engagierte Winzerin, die jahrelang Vorsitzende der Leiwener Jungwinzer war und sich immer schon mit dem beschäftigt, was jenseits der eigenen Weinberge passiert, baut neben Riesling etwas Weißburgunder und Spätburgunder an und kann auf die Unterstützung ihrer Eltern zählen, Vater Klaus kümmert sich noch immer um die Weinberge. Vom 1. Juli bis zum 31. Oktober hat die Straußwirtschaft geöffnet, auch Gästezimmer bieten die Berweilers an.

Kollektion

Nach einem gelungenen Jahrgang 2015 – an der Spitze standen die Alten Reben aus der Pölicher Held und die „Herz & Seele" genannte Auslese aus dem Schweicher Annaberg – stellt das Weingut diesmal 2016er an, die überzeugen, zeigt aber nochmals einige Weine des Jahrgangs 2015, die sich ausgezeichnet entwickelt haben. Vor allem die halbtrockene Spätlese von alten Reben gefällt uns nochmals eine Spur besser als im vergangenen Jahr. Unter den 2016ern ist schon „Sandra's Riesling" überzeugend, straff und stoffig, die trockene Spätlese aus der Pölicher Held wirkt noch etwas kompakter. Im süßen Bereich ist die Spätlese aus der Held frisch, wirkt leicht hefig und zeigt ein schönes Süße-Säure-Spiel, kommt freilich nicht ganz an die Klasse des Vorgängerweines heran. Die Auslese aus dem Schweicher Annaberg präsentiert sich wunderschön elegant, mit Anklängen an Apfel und Mirabellen, saftig, nicht übertrieben konzentriert, aber schon jetzt sehr angenehm zu trinken. Erfreulich in diesem Weingut ist nach wie vor die Preisgestaltung: Selbst die Spitze wird vergleichsweise günstig angeboten.

Weinbewertung

84 2016 Riesling Spätlese trocken „Sandra's" **11,5 %/6,50 €**
87 2015 Riesling Spätlese trocken „Alte Reben" Pölicher Held **12 %/7,80 €** ☺
85 2016 Riesling Spätlese trocken „Alte Reben" Pölicher Held **12 %/7,80 €**
87 2015 Riesling Spätlese halbtrocken „Alte Reben" Annaberg **11,5 %/8,- €** ☺
86 2016 Riesling Spätlese halbtrocken „Alte Reben" Annaberg **11,5 %/8,50 €**
84 2016 Riesling Spätlese „feinherb" Leiwener Klostergarten **11 %/6,50 €**
87 2015 Riesling Spätlese „Alte Reben" Pölicher Held **9 %/7,20 €** ☺
87 2016 Riesling Auslese „Herz & Seele" Schweicher Annaberg **7 %/9,- €**
86 2016 Riesling Spätlese „Alte Reben" Pölicher Held **8,5 %/7,20 €**

BETTENHEIMER

★★★

B

KONTAKT

Stiegelgasse 32
55218 Ingelheim
Tel. 06132-3041
Fax: 06132-786795
www.weingut-bettenheimer.de
info@weingut-bettenheimer.de

Inhaber
Jens Bettenheimer
Rebfläche
14 Hektar
Produktion
80.000 Flaschen

BESUCHSZEITEN

nach Vereinbarung
Gutsausschank „Zum Kuhstall"
Gästezimmer

Nach Geisenheim-Diplom und achtmonatigem Auslandspraktikum in Neuseeland (Fromm Winery) übernahm Jens Bettenheimer das elterliche Weingut. Seine Weinberge liegen vor allem in den Ingelheimer Lagen Sonnenhang, Burgberg, Schlossberg und Täuscherspfad sowie in den Appenheimer Lagen Eselspfad und Hundertgulden. Die klassischen Rebsorten möchte Jens Bettenheimer forcieren: Spätburgunder und Frühburgunder, Grau- und Weißburgunder, Riesling und Silvaner, dazu Chardonnay. Rot- wie Weißweine werden überwiegend spontanvergoren. Alle Rotweine werden nach langer Maischegärung im Holz ausgebaut. Seit dem Jahrgang 2009 ist das Sortiment gegliedert in Guts-, Orts- und Lagenweine.

Kollektion

Jahr für Jahr präsentiert Jens Bettenheimer einen starken Literwein wie diesmal den klaren, zupackenden Silvaner, der würzig-rauchige Gutsriesling ist klar und frisch. Die Ortsweine bieten mehr Fülle, präsentieren sich geschlossen auf sehr gutem Niveau, dem kraftvollen Silvaner gilt unsere leichte Präferenz. Der Eselspfad-Sylvaner zeigt gute Konzentration und reife Frucht, ist füllig und saftig. Der Aureus-Grauburgunder zeigt intensive Frucht, besitzt Fülle und Saft, gute Struktur und reife Frucht. Der Burgberg-Riesling zeigt reife Frucht, Pfirsiche, ist füllig und saftig bei viel Substanz, der Wein aus dem Hundertgulden ist kraftvoller, „kalkiger", besitzt gute Struktur und Substanz, Frucht und Länge. Drei sehr gute Rotweine runden die Kollektion ab. Der Frühburgunder ist reintönig, lebhaft und zupackend. Der Sonnenhang-Spätburgunder zeigt rauchige Noten, viel reife Frucht, besitzt gute Struktur und dezente Schokonoten. Unser Favorit ist wieder einmal der Spätburgunder aus dem Täuscherspfad, der rauchige Noten und reintönige reife Frucht zeigt, etwas florale Noten, gute Struktur, Frische und Länge besitzt.

Weinbewertung

82	2016 Silvaner trocken (1l) **12,5 %/4,90 €**
82	2016 Riesling trocken **12,5 %/7,90 €**
86	2016 Grüner Silvaner trocken „Granit" Ingelheimer **13 %/14,90 €**
85	2016 Riesling trocken Ingelheim **12,5 %/9,90 €**
85	2016 Grauburgunder trocken Ingelheim **13,5 %/9,90 €**
87	2016 Sylvaner trocken Eselspfad **13 %/14,90 €**
87	2016 Weißer Riesling trocken „Illumino" Burgberg **13 %/14,90 €**
88	2016 Weißer Riesling trocken Hundertgulden **13 %/16,90 €**
88	2016 Grauer Burgunder trocken „Aureus" Ingelheimer Sonnenhang **14 %/14,90 €**
87	2015 Blauer Spätburgunder trocken Ingelheimer Sonnenhang **14 %/15,90 €**
87	2015 Blauer Frühburgunder trocken Ingelheimer Schlossberg **13,5 %/16,90 €**
89	2015 Blauer Spätburgunder trocken Ingelheimer Täuscherspfad **13,5 %/22,90 €**

Erben von Beulwitz

★★★☆

B

KONTAKT

Eitelsbacher Straße 4
54318 Mertesdorf
Tel. 0651-95610
Fax: 0651-9561150
www.von-beulwitz.de
info@hotel-weis.de

Inhaber
Herbert Weis
Rebfläche
7,5 Hektar
Produktion
55.000 Flaschen

BESUCHSZEITEN

jederzeit
Hotel Weis, Restaurant „Vinum", Weinstube

Herbert Weis erwarb 1982 das traditionsreiche Weingut Erben von Beulwitz und gliederte es seinem eigenen Betrieb an. Seine Weinberge liegen in Steillagen über der Ruwer hauptsächlich in der Lage Kaseler Nies'chen, aber auch im Kaseler Kehrnagel, in der Kaseler Hitzlay und im Eitelsbacher Marienholz, wo der Gutsriesling erzeugt wird, aber auch Weißburgunder und Spätburgunder stehen. Ein großer Teil der Weinberge ist mit wurzelechten Reben bestockt, die teilweise noch im 19. Jahrhundert gepflanzt wurden. Neben Riesling, der 90 Prozent der Fläche einnimmt, baut Herbert Weis seit 1993 ein wenig Weiß- und Spätburgunder an.

Kollektion

Im neuen Jahrgang ist die Klasse des straffen Basisweines ebenso hervorzuheben wie jene des Weißburgunders voller Schmelz – es handelt sich ohne Zweifel um einen der balanciertesten Weißburgunder im ganzen Anbaugebiet. Der Taubenberg wirkt diesmal straff und würzig, ist zugänglicher, als es sein 2015er Pendant im vergangenen Jahr war und auch deutlich spannender, der Riesling „Auf den Mauern" ist elegant, fein, zitrusfruchtig, öffnet sich erst nach einigen Stunden, bleibt aber verhalten. Deutliche Süße besitzt die feinherbe „Selektion Charlotte", auch Schmelz ist festzustellen. Unter den süßen Weinen gefällt die saftige und rassige Spätlese Nr. 6 besser als die zarter wirkende Spätlese Nr. 7. Frisch und duftig ist die Auslese Nr. 4, saftiger als jene aus dem fünften Fass. Die Auslese aus dem Fass Nr. 3 wiederum gefällt uns mit ihrem Schmelz deutlich besser als die Beerenauslese, die Anklänge an kandiertes Gemüse zeigt und eine deutliche Süße aufweist, sich womöglich noch etwas entwickeln muss. —

Weinbewertung

84	2016 Riesling trocken **12,5 %/8,50 €**
86	2016 Weißer Burgunder trocken „Selektion" **13 %/11,50 €**
87	2016 Riesling Spätlese trocken „Im Steingarten" Kaseler Nies'chen **11,5 %/12,50 €**
88	2016 Riesling „GG" „Auf den Mauern" Kaseler Nies'chen **12,5 %/19,50 €**
89	2016 Riesling „GG" „Im Taubenberg" Kaseler Nies'chen **12,5 %/16,50 €**
86	2016 Riesling Kabinett „feinherb" Kaseler Nies'chen **11 %/9,50 €**
87	2016 Riesling Spätlese „feinherb" Kaseler Nies'chen **11,5 %/12,50 €**
88	2016 Riesling Spätlese „feinherb" „Selektion Charlotte" Nies'chen **11 %/18,50 €**
85	2016 Riesling Kabinett Kaseler Nies'chen **8,5 %/9,50 €**
89	2016 Riesling Spätlese „Fass Nr. 6 Alte Reben" Kaseler Nies'chen **8 %/18,50 €**
88	2016 Riesling Spätlese „Fass Nr. 7" Kaseler Nies'chen **8 %/12,50 €**
89	2016 Riesling Auslese „Fass Nr. 5 Kaseler Nies'chen **8 %/19,50 €**
90	2016 Riesling Auslese „Fass Nr. 4 Alte Reben" Kaseler Nies'chen **8,5 %/26,- €**
90	2016 Riesling Auslese „Fass Nr. 3 Alte Reben" Kaseler Nies'chen **8 %/29,50 €**
89	2016 Riesling Beerenauslese „Fass Nr. 2 Alte Reben" Nies'chen **6,5 %/55,50 €/0,375l**

B

BEURER

★★★★

KONTAKT

Lange Straße 67
71394 Kernen-Stetten
Tel. 07151-42190, Fax: -41878
www.weingut-beurer.de
info@weingut-beurer.de

Inhaber Jochen Beurer
Rebfläche 10 Hektar
Produktion 80.000 Flaschen

BESUCHSZEITEN

Fr. 14-19 Uhr, Sa. 9-14 Uhr und nach Vereinbarung

Die Familie Beurer ist eine alteingesessene Winzerfamilie in Stetten im Remstal, die seit Generationen Wein- und Obstbau betreibt. Nachdem Sohn Jochen seine Ausbildung in Weinsberg beendet hatte, gründete er mit Vater Siegfried das Weingut Beurer (zuvor hatte Siegfried Beurer die Trauben an die Genossenschaft abgeliefert). 1997 war der erste Jahrgang im eigenen Betrieb. Im Gegensatz zu vielen anderen Württemberger Weingütern setzt Jochen Beurer auf Weißwein. Riesling ist seine wichtigste Rebsorte und da die Weinberge in Stetten (in Lagen wie Pulvermächer, Häder oder Mönchberg), auf kleinem Raum unterschiedliche Böden aufweisen, je nach Höhenlage, hat er nach diesen Bodenformationen sein Rieslingsortiment gegliedert. Dazu gibt es Kerner, Grauburgunder, Gewürztraminer und Sauvignon Blanc, aber auch rote Sorten wie Trollinger, Portugieser und Dornfelder. In den letzten Jahren hat er auf tiefgründigeren, schweren Böden auch rote Sorten wie Spätburgunder, Lemberger und Zweigelt gepflanzt, die bis zu zwei Jahre ins Holzfass kommen. Auch bei den Weißweinen arbeitet Jochen Beurer je nach Jahrgang mit mehr oder weniger langen Maischestandzeiten. Die Weinberge werden biologisch bewirtschaftet, seit 2006 auch biodynamisch, Jochen Beurer ist Mitglied bei Ecovin. Seit dem Jahrgang 2003 werden alle Weine mit ihren natürlichen Hefen vergoren. Jochen Beurer hat einen brachliegenden Weinberg direkt unterhalb der Yburg mit alten, in Vergessenheit geratenen Rebsorten neu bepflanzt, 2013 ist daraus der erste Wein entstanden. An der Spitze des Sortiments stand lange Zeit der erstmals 2003 erzeugte Riesling „Junges Schwaben", der ursprünglich aus dem Pulvermächer kam, und der erst im zweiten Jahr nach der Ernte in den Verkauf kommt. Seit Jochen Beurer in den VDP aufgenommen wurde, erzeugt er aus dem Pulvermächer ein Großes Gewächs (erstmals 2013), der Riesling Junges Schwaben kommt seit 2013 aus dem Stettener Häder. An der Spitze des roten Teils der Kollektion stehen Spätburgunder und Lemberger aus dem Mönchberg respektive den Gewanne Öde Halde und Schalksberg. Schon in der ersten Ausgabe dieses Weinführers waren wir erstaunt und angenehm überrascht vom guten Niveau der Weine Jochen Beurers. Seither hat er eine interessante Entwicklung genommen. Durch Spontangärung und Maischestandzeiten sind seine Weine eigenwilliger und eigenständiger geworden, durch die lange Gärdauer brauchen sie auch längere Zeit auf der Flasche bis sie zeigen, was in ihnen steckt, wer also primärfruchtige und jung konsumreife Weine sucht, der ist bei Jochen Beurer fehl am Platz. Spannend ist aber allemal, was er macht, die Weine haben zuletzt an Komplexität zugelegt, weiß wie rot.

Kollektion

Auch mit der neuen Kollektion bleibt Jochen Beurer sich treu, die Weine sind klar und geradlinig, schlank und zupackend, dabei präzise und wohltuend puristisch. Das zeigen der frische geradlinige Weiss und der fruchtbetont-intensive Rot ebenso wie der herrlich präzise, geradlinige Trollinger. Spannend und große Klasse ist wieder einmal die Riesling-Serie aus Weinen der Jahrgänge 2016 und 2015, alle Weine besitzen moderate Alkoholwerte. Der Gutswein besitzt Kraft, Frische und Biss, der Gipskeuper ist zupackend und strukturiert. Der 2015er Schilfsandstein ist klar, kraftvoll und zupackend, der 2016er enorm rauchig, fruchtbetont, präzise, noch allzu jugendlich. Der 2015er Kieselsandstein, im letzten Jahr noch sehr verschlossen, hat sich prächtig entwickelt, ist füllig und komplex, druckvoll bei viel Substanz. Der 2015er Junges Schwaben, der ja nun aus dem Häder stammt, zeigt gute Konzentration, feinen Duft, reife Frucht, dezent Vanille, besitzt Fülle und Kraft, viel reife Frucht und Substanz, gute Struktur und Biss. Deutlich druckvoller noch ist das Große Gewächs aus dem Pulvermächer, zeigt viel Würze und Schärfe im Bouquet, ist kraftvoll, präzise, herrlich nachhaltig – ein Riesling mit enorm viel Potenzial. Der Sauvignon Blanc zeigt intensive Frucht, besitzt Fülle und Substanz, der Grauburgunder ist füllig, saftig, merklich süß. Der Zweigelt ist fruchtbetont, präzise und zupackend, der Lemberger wunderschön reintönig und konzentriert. Die schon im vergangenen Jahr präsentierten roten Großen Gewächse sind beide noch sehr jugendlich, sie besitzen reintönige Frucht und gute Struktur. Starke Kollektion!

B

Weinbewertung

88 2013 Pinot Sekt brut **12 %/15,- €**
85 2016 „Weiss" trocken **11,5 %/8,- €**
85 2016 Riesling trocken **11,5 %/8,- €**
87 2016 Riesling trocken „Gipskeuper" Stettener **11,5 %/12,- €**
89 2015 Riesling trocken „Schilfsandstein" Stettener **12 %/12,- €**
87 2016 Riesling trocken „Schilfsandstein" **11,5 %/12,- €**
90 2015 Riesling trocken „Kieselsandstein" Stettener **12 %/14,50 €**
91 2015 Riesling trocken „Junges Schwaben" Stettener Häder **12,5 %/28,- €**
93 2015 Riesling „GG" „Berg" Stettener Pulvermächer **12,5 %/35,- €**
88 2016 Sauvignon Blanc trocken Stettener Pulvermächer **12,5 %/18,50 €**
86 2016 Grauburgunder trocken Stettener Pulvermächer **13 %/18,50 €**
87 2016 Riesling Kabinett
85 2016 Trollinger trocken **11,5 %/8,- €**
85 2016 „Rot" trocken **11,5 %/8,- €**
86 2016 Zweigelt trocken Stettener „Untere Bunte Mergel" **12,5 %/12,- €**
89 2014 Lemberger trocken Stettener „Untere Bunte Mergel" **13 %/14,50 €**
90 2014 Spätburgunder „GG" „Öde Halde" Stettener Mönchberg **13 %/35,- €**
91 2014 Lemberger „GG" „Schalksberg" Stettener Mönchberg **13 %/35,- €**

LAGEN

PULVERMÄCHER (STETTEN)
MÖNCHBERG (STETTEN)
HÄDER (STETTEN)

REBSORTEN

RIESLING (65 %)
SPÄTBURGUNDER (10 %)
SAUVIGNON BLANC (5 %)
ZWEIGELT (5 %)

B

Bibo & Runge

★★☆

KONTAKT

Eberbacherstraße 5
65375 Oestrich-Winkel-Hallgarten
Tel. 06723-9986900
Fax: 06723-9986901
www.bibo-runge-wein.de
info@bibo-runge-wein.de

Inhaber
Walter Bibo, Markus Bonsels
Rebfläche
5,5 Hektar
Produktion
50.000 Flaschen

BESUCHSZEITEN

nach Vereinbarung

Walter Bibo wuchs im Rheingau auf, war später in Baden aktiv, wo er lange Jahre für das Weingut Dr. Heger arbeitete, anschließend war er dann einige Jahre Leiter von Schloss Reinhartshausen; Kai Runge stammt aus Baden. Zusammen gründetten sie Bibo & Runge, 2017 ist Runge ausgeschieden, dafür ist Markus Bonsels an Bord, der vom Niederrhein stammt. Sie verfügen über Weinberge in Walluf (Walkenberg, Berg Bildstock), Hallgarten (Jungfer, Würzgarten), Hattenheim (Schützenhaus), Oestrich (Doosberg, Lenchen, Klosterberg) sowie in Mittelheim (St. Nikolaus) und Winkel (Hasensprung). Die Weine werden auf einer traditionellen Korbpresse gekeltert, mit Maischestandzeiten von 14 bis 24 Stunden, die Moste werden in Eichenholzfässern vergoren. Der Wein namens „Hargardun" wurde nach dem mittelalterlichen Begriff für Hallgarten benannt.

Kollektion

Die 2016er Rieslinge wurden bis auf die fruchtige Spätlese alle als Fassmuster eingereicht, weil die Füllung der Weine Anfang September noch nicht abgeschlossen war. Der Gutsriesling ist klar und straff, noch recht fordernd, seine reife Frucht dürfte sich aber sehr gut entwickeln. Noch deutlich hefewürzig, stoffig, zugleich kompakt, animierend und sehr lang verspricht auch der 2016er Hardagun eine schmackhafte Zukunft. Der Revoluzzer bietet bei gut integrierter Holzfassnote mehr Finesse und Frische als sein Jahrgangsvorgänger, er ist zwar auf den ersten Blick nicht ganz so konzentriert, dafür elegant, präzise und nicht weniger nachhaltig. Der Riesling Sekt entspricht der Füllung des Vorjahres, er hat sich ausgesprochen gut entwickelt, duftet würzig nach Graubrot und getrockneten Gelbfrüchten. Am Gaumen ist er würzig-herb, strukturiert und nachhaltig. Der 2015er Revoluzzer entwickelt sich sehr positiv, sein rauchiger Duft ist eindringlich und fein, im Geschmack ist er etwas entwickelt, aber immer noch jugendlich. Er schmeckt delikat herb, bleibt druckvoll und sehr lange nach. Da auch der halbtrockene Riesling mit zupackendem Saft und die fruchtige Spätlese mit mildem Kern und herb-frischer Ader überzeugen können, kann man die Kollektion auch in diesem Jahr wieder als absolut gelungen ansehen.

Weinbewertung

88 Riesling Sekt brut **12,5 %/17,50 €**
(85) 2016 Riesling trocken **11,- €**
(87) 2016 Riesling trocken „Hargardun" **16,- €**
(89) 2015 Riesling trocken „Revoluzzer" **13,5 %/25,- €**
(88) 2016 Riesling trocken „Revoluzzer" **25,- €**
(85) 2016 Riesling halbtrocken **11,- €**
85 2016 Riesling Spätlese Winkeler Hasensprung **15,- €**

B

Bickel-Stumpf

★★★☆

KONTAKT

Kirchgasse 5
97252 Frickenhausen
Tel. 09331-2847
Fax: 09331-7176
www.bickel-stumpf.de
info@bickel-stumpf.de

Inhaber
Reimund & Carmen Stumpf,
Melanie & Matthias Stumpf
Rebfläche
13,5 Hektar
Produktion
100.000 Flaschen

BESUCHSZEITEN

Mo.-Fr. 9-13 Uhr, Sa. 10-15 Uhr
oder nach Vereinbarung

Das Weingut Bickel-Stumpf entstand 1976 mit der Heirat der beiden Winzermeister Carmen Bickel aus Frickenhausen und Reimund Stumpf aus Thüngersheim, die ihre gleich großen elterlichen Weinbaubetriebe unter dem neuen Namen zusammenlegten. Seit 2008 werden sie im Betrieb unterstützt von Sohn Matthias und Tochter Melanie. Während die Reben im Frickenhäuser Kapellenberg auf Muschelkalk wachsen, findet man im 200 bis 330 Meter hoch gelegenen Johannisberg im so genannten Thüngersheimer Sattel den Übergang vom Buntsandstein zum Muschelkalk, der auch als Wellenkalk bezeichnet wird. Mit Abstand wichtigste Rebsorte ist Silvaner, der vier Fünftel der Fläche einnimmt, es folgen Riesling und Spätburgunder. Das Sortiment ist gegliedert in Guts-, Orts- und Erste Lage-Weine, darüber stehen die Großen Gewächse, für die alte Gewannnamen aus Johannisberg (Rothlauf, Freiberg) und Kapellenberg (Mönchshof) verwendet werden. 2009 brachte den ersten Gemischten Satz aus einem 2007 mit Silvaner, Elbling, Gutedel und Muskateller bepflanzten Weinberg.

Kollektion

Ein wunderschön komplexer, harmonischer Crémant eröffnet den Reigen. Die Gutsweine sind frisch, klar und zupackend, der rauchige, strukturierte Riesling gefällt uns besonders gut. Der Muschelkalk-Silvaner ist frisch und zupackend, der vom Buntsandstein besitzt gute Struktur und reintönige Frucht. Bei den Lagen-Silvanern gefällt uns dann der Wein aus Frickenhausen ein klein wenig besser, er ist fruchtbetont, reintönig, besitzt feine süße Frucht, der Thüngersheimer besitzt Kraft, gute Struktur und Frische. Eine weitere Steigerung bringt das Große Gewächs, zeigt gute Konzentration, rauchige Noten, viel reife Frucht, besitzt Struktur, Frische und Substanz. Die Scheurebe ist würzig, eindringlich, der Gemischte Satz kraftvoll, zupackend. Starke Kollektion!

Weinbewertung

88	2014 „Francophile de la Chapelle" Crémant extra-brut **12,5 %/24,- €**
84	2016 Silvaner trocken **12 %/9,90 €**
85	2016 Riesling trocken **12 %/9,90 €**
86	2016 Silvaner trocken „Buntsandstein" **12 %/12,90 €**
85	2016 Silvaner trocken „Muschelkalk" **12,5 %/12,90 €**
87	2016 Silvaner trocken Johannisberg Thüngersheim **12,5 %/18,- €**
88	2016 Silvaner trocken Kapellenberg Frickenhausen **13,5 %/18,- €**
87	2016 Scheurebe trocken Johannisberg Thüngersheim **12,5 %/16,50 €**
89	2016 „Fränkischer Gemischter Satz" trocken Kapellenberg **13 %/19,50 €**
91	2015 Silvaner „GG" „Mönchshof" **14 %/36,- €**
83	2016 „twentysix" Weißwein **11,5 %/9,90 €**
87	2015 „Quintessence" Weißweincuvée **11 %/39,- €/0,375l**

BICKING&BICKING

★☆

KONTAKT

Hauptstraße 33
55595 Wallhausen
Tel. 06706-279
www.bickingundbicking.de
weingut@bickingundbicking.de

Inhaber
Achim & Lukas Bicking
Rebfläche
9 Hektar
Produktion
15.000 Flaschen

BESUCHSZEITEN

Mo.-Fr. 9-11 + 13-17 Uhr,
Sa. 11-17 Uhr, So. 11-14 Uhr

Die Brüder Achim und Lukas Bicking begannen im elterlichen Weingut in Gauersheim im Zellertal ihren eigenen Wein auszubauen. Da es aber bei der Übernahme des Betriebs Unstimmigkeiten gab, sind sie 2016 ins Gräfenbachtal, nach Wallhausen, übergesiedelt, wo sie zum 1.7. das Weingut ihres Stiefvaters übernehmen konnten. Im vergangenen Jahr präsentierten uns die Brüder also noch Weine aus der Pfalz, ab dem Jahrgang 2016 kommt der Großteil des Sortiments aus dem Anbaugebiet Nahe, aus den Wallhäuser Lagen Pastorenberg, Backöfchen, Johannisberg und Höllenpfad. Die Rotweine des Jahrgangs 2014 hingegen stammen noch aus der Pfalz, wo Achim und Lukas Bicking auch weiterhin noch einige Weinberge bewirtschaften möchten.

Kollektion

Die drei Rotweine sind es auch, die in diesem Jahr das Sortiment anführen, allen voran der saftige, kühle und elegante Spätburgunder aus dem Gauersheimer Goldloch, der in der Nase Sauerkirsche, Cassis und etwas Mokka zeigt und gut strukturiert ist. Auch der Albisheimer Spätburgunder besitzt eine kühle Art, zeigt kräutrige Würze und dezenten Holzeinsatz, die Cuvée „Steinernes Kreuz" zeigt viel dunkle Frucht, etwas grüne Paprika und Minze, die Roten besitzen alle ein noch ganz jugendliches Tanningerüst und Potential. Unter den Weißweinen ist der präzise Schiefer-Riesling, der neben klarer Frucht auch steinige Noten zeigt und saftig und animierend ist, unser Favorit, gemeinsam mit dem kraftvollen, leicht nussigen Grauburgunder, der gelbe Frucht und ein feines Säure-Spiel besitzt. Auch der leicht füllige Sauvignon Blanc und der Riesling Kabinett mit dezenter Süße sind ganz reintönig, während die Gutsweine von Riesling und Weißburgunder verhalten bleiben. Der Brut Nature ausgebaute Sekt zeigt feine rauchige Würze und ist sehr geradlinig und puristisch mit frischem Säure-Biss. —

Weinbewertung

85	2014 Sekt brut nature **12,5 %/18,- €**
80	2016 „Brüderchen" Weißwein trocken **11,5 %/7,20 €**
81	2016 Weißburgunder trocken **13 %/7,20 €**
85	2016 Grauburgunder trocken **13 %/9,90 €**
80	2016 Riesling trocken **12 %/7,70 €**
84	2016 Sauvignon Blanc trocken **12 %/10,50 €**
85	2016 Riesling trocken „vom Schiefer" **12,5 %/9,90 €**
84	2016 Riesling Kabinett Wallhäuser **10 %/10,90 €**
86	2014 „Steinernes Kreuz" Rotwein trocken **13,5 %/16,50 €**
86	2014 Spätburgunder trocken Albisheimer **13 %/15,40 €**
88	2014 Spätburgunder trocken Gauersheimer Goldloch **13 %/22,- €**

Bieber

★★

Kontakt

Biebers Weinkultur
Lehnstraße 2
65366 Geisenheim
Tel. 06722-4025545
www.biebers-weinkultur.de
info@biebers-weinkultur.de

Inhaber
Stefan Bieber
Rebfläche
1,92 Hektar
Produktion
16.000 Flaschen

Besuchszeiten

Mo.-Sa. 14-18 Uhr

Es gibt sie, ganz junge Weingüter im Rheingau, Weingüter ohne Tradition. Biebers Weinkultur gehört zu ihnen. Stefan Bieber ist im Rheingau aufgewachsen, absolvierte eine Weinküfer-Ausbildung bei Schloss Schönborn, studierte dann Getränketechnologie in Geisenheim, war dann Kellermeister bei einem Ausbildungsbetrieb bevor er ins Kellermeister-Team des Weinguts Robert Weil wechselte. 2008 gründete er als Feierabendwinzer Biebers Weinkultur, erzeugte zunächst Weine für den Eigenverbrauch. 2013 machte Stefan Bieber sich selbständig, in diesem Jahr brachte er seine ersten eigenen Weine auf den Markt. Seine knapp 2 Hektar Reben liegen vor allem in der Kiedricher Sandgrub und im Hallgartener Hendelberg, sowie im Oestricher Lenchen. Er baut ausschließlich Riesling an. Die Trauben werden teils mit wilden Hefen, teils mit Reinzuchthefen vergoren. Stefan Bieber arbeitet mit Maischestandzeiten und Ganztraubenpressung, der Most wird mal mehr oder weniger stark vorgeklärt.

Kollektion

Eine Sammlung trinkfreudiger und in ihrer Geradlinigkeit nicht zu unterschätzender Rieslinge präsentiert Stefan Bieber auch in diesem Jahr. Der Literriesling ist saftig mild, dabei ausgesprochen süffig und erfrischend. Der neue „Stilbruch" fügt sich mit seiner fruchtigen Manier gut in die Kollektion ein, dabei ist er der mildeste und eingängigste aller Rieslinge. Die „No1" ist würziger und intensiver. Das „Kleine Biest" aus dem Hendelberg vereint vollmundigen Saft mit anregendem Säurenerv und aromatischer Nachhaltigkeit. Der passende gaumenwässernde Gerbstoffbiss im Nachhall sorgt für Lust-auf-mehr. Sehr angetan sind wir, wieder einmal, vom „Biest"-Riesling, der schon im Bouquet seine Reife nicht verhehlen möchte, die sich am Gaumen zu einem druckvollen, intensiven Wein mit feiner mineralischer Ader und großer Nachhaltigkeit fügt. Chapeau! Der Riesling „Tradition" schließlich schmeckt klassisch halbtrocken und bringt Saft und Frische ausgesprochen gut zusammen. 2016 hat Stefan Bieber keinen Riesling „Großes B" gefüllt.

Weinbewertung

83	2016 Riesling trocken „Biebers Liter" (1l) **12 %/6,95 €**
84	2016 Riesling trocken „Stilbruch" **12 %/6,50 €**
85	2016 Riesling trocken „Nummer 1" **12 %/7,90 €**
86	2016 Riesling trocken „Kleines BieSt" Hallgarten Hendelberg **12,5 %/9,95 €**
88	2016 Riesling trocken „BieSt" Kiedrich Sandgrub **13 %/14,95 €**
85	2016 Riesling „Tradition" **12 %/7,90 €**

B

Bielig

★★

KONTAKT

Aussiedlerhof 5A
69198 Schriesheim
Tel. 06203-925198
Fax: 06203-925199
www.weingut-bielig.de
post@weingut-bielig.de

Inhaber
Eva & Georg Bielig
Rebfläche
4,5 Hektar
Produktion
35.000 Flaschen

BESUCHSZEITEN

Mi. + Fr. 14-18 Uhr, Sa. 9-15 Uhr

Georg Bielig gründete 1994 im Alter von 18 Jahren sein eigenes Weingut und bewirtschaftet es heute im Nebenerwerb zusammen mit seiner Frau Eva; hauptberuflich ist er Kellermeister bei einem anderen Weingut der Badischen Bergstraße. Angefangen hat er als „Garagenwinzer" mit 25 Ar, heute stehen 4,5 Hektar in Ertrag. Seine Weinberge liegen in den Schriesheimer Lagen Kuhberg und Staudenberg, im Dossenheimer Ölberg und im Heidelberger Heiligenberg. Er baut Riesling (1 Hektar), Müller-Thurgau und Weißburgunder an, aber auch Grauburgunder, Silvaner, Roten Muskateller und Gewürztraminer, dazu rote Sorten wie Spätburgunder, Lemberger, Cabernet Sauvignon, Merlot, Dornfelder oder Cabernet Mitos. Rote Sorten nehmen die Hälfte der Rebfläche ein, die Top-Rot- und Weißweine werden im Holz ausgebaut.

Kollektion

Georg Bielig steigert sich weiter. Das Basisprogramm ist tadellos, daneben beweist der Schriesheimer auch immer wieder Mut zum Außergewöhnlichen. Das war schon vor einiger Zeit so, als er als Garagenwinzer zum Geheimtipp der Bergstraße wurde. In diesem Jahr haben uns spontan die beiden leichtesten Weine der vorgestellten Kollektion am besten gefallen. Das ist zum einen der Riesling Kabinett, der herrlich duftig und klar ist, viel Spiel hat, aber auch genügend Stoff und Biss. Rosés sind meist schwierige Gesellen, bei Georg Bielig aber wunderbar leicht und frisch. Das sind beides unkomplizierte Weine im besten Sinn, einfach gut. Köstlich ist auch der Chardonnay. Daneben gibt es aber auch anspruchsvollere Weine, wie die beiden schweren Rieslinge von 2015, die Spätlese zeigt viel reife gelbe Frucht und gute Konzentration, der Fuder-Riesling braucht noch etwas Zeit, noch dominiert das Holz, aber die Struktur stimmt. Viel Würze, viel Wein, viel Kraft, viel Holz: Der Silvaner aus dem Barrique ist ein Wein, der sein ganzes Spektrum erst in ein paar Jahren zeigen dürfte.

Weinbewertung

83 2016 Sylvaner trocken Schriesheimer (1l) **12,5 %/3,50 €** ☺
84 2016 Grauburgunder trocken Schriesheimer **13,5 %/5,- €** ☺
84 2016 Souvignier Gris trocken **13,513 %/7,50 €**
84 2016 „Blanc de Noir" trocken **12,5 %/6,50 €**
86 2016 Riesling Kabinett trocken Dossenheimer Ölberg **11,5 %/5,- €** ☺
87 2015 Riesling Spätlese trocken Dossenheimer Ölberg **13,5 %/9,50 €**
86 2015 Riesling trocken „Fuder Nr. 1" Schriesheimer Staudenberg **13,5 %/8,- €**
87 2016 Chardonnay trocken Schriesheimer **13,5 %/7,- €** ☺
88 2015 Silvaner trocken Barrique Schriesheimer **14 %/9,50 €** ☺
86 2016 Merlot Rosé trocken Schriesheimer **11,5 %/7,50 €**
83 Merlot trocken Holzfass Schriesheimer **12,5 %/7,- €**
84 2015 Lemberger trocken Schriesheimer **12,5 %/5,- €** ☺

Bruno Bienert

★☆

Kontakt

Kapellenweg 7
97332 Volkach
Tel. 09381-2261
Fax: 09381-803671
www.weingut-bienert.de
info@weingut-bienert.de

Inhaber
Bruno Bienert
Rebfläche
5,8 Hektar
Produktion
50.000 Flaschen

Besuchszeiten

Mo.-Sa. 9-18 Uhr, So. 10-12 Uhr
Vinothek, Weinstube Torbäck,
Hauptstraße 35

Seit 1977 führen Bruno Bienert und Ehefrau Sigrid dieses Volkacher Gut, heute unterstützt von Sohn Oliver, der ausgebildeter Weinbautechniker ist. Ihre Weinberge liegen hauptsächlich im Volkacher Ratsherr, aus dem Escherndorfer Fürstenberg kommt die Kuriosität im Programm, der Schönburger, im Neusetzer Glatzen wächst Scheurebe. In allen drei Lagen wachsen die Reben auf Muschelkalkböden. Bruno und Sigrid Bienert bauen Silvaner, Müller-Thurgau, Riesling, Scheurebe, Bacchus, Weißburgunder und Grauburgunder an, aber auch Optima, Morio-Muskat, Kerner und Ortega. An roten Sorten gibt es Spätburgunder, Domina und Dornfelder sowie Regent. Die Weine werden zum größten Teil an Endverbraucher verkauft. Edelbrände und Liköre ergänzen das Sortiment.

Kollektion

Die Kollektion präsentiert sich fast wie im vergangenen Jahr, einmal mehr bewundern wir die Zuverlässigkeit und Gleichmäßigkeit der Kollektion von Bruno Bienert. Und einmal mehr bietet der Liter-Silvaner hohes Einstiegsniveau, ist fruchtbetont, klar und zupackend. Der Silvaner in der 0,75 Liter-Flasche ist noch etwas saftiger, zeigt Birnen, besitzt feine süße Frucht. Der Weißburgunder Kabinett ist klar und geradlinig, deutlich mehr Substanz besitzt die Spätlese, die wunderschön füllig und saftig ist. Der Grauburgunder ist konzentriert, zeigt reife Frucht, gelbe Früchte, besitzt Fülle und Saft im Mund, herrlich viel Frucht. Die weiße Cuvée Auszeit ist frisch und zupackend, besitzt reife Frucht und gute Struktur, auch der zitrusduftige Riesling ist klar und zupackend, die feinherbe Scheurebe ist reintönig, unkompliziert und süffig, besitzt feine süße Frucht. Und natürlich konnten wie auch wieder den Schönburger aus dem Escherndorfer Fürstenberg verkosten, wie gewohnt als trockene Spätlese. Er zeigt Zitrus und dezent Rosen im Bouquet, ist wunderschön klar und zupackend im Mund.

Weinbewertung

82 2016 Silvaner Kabinett trocken (1l) **11,5 %/5,40 €**
84 2016 Silvaner Kabinett trocken Volkacher Kirchberg **12 %/5,90 €**
82 2016 Weißburgunder Kabinett trocken Volkacher Ratsherr **12,5 %/5,90 €**
83 2016 Riesling Kabinett trocken Volkacher Ratsherr **12 %/5,90 €**
84 2016 Weißburgunder Spätlese trocken Volkacher Ratsherr **13,5 %/7,20 €**
84 2016 Grauburgunder Spätlese trocken Volkacher Ratsherr **13,5 %/7,20 €**
84 2016 Schönburger Spätlese trocken Escherndorfer Fürstenberg **13 %/6,60 €**
84 2016 „Auszeit" Weißwein Spätlese trocken **13 %/6,60 €**
82 2016 Scheurebe Kabinett „feinherb" Volkacher Ratsherr **12 %/5,80 €**

B

BIHLMAYER

★☆

KONTAKT

Reisacher Straße 60
74245 Löwenstein
Tel. 07130-8172
Fax: 07130-3881
www.bihlmayer.de
info@bihlmayer.de

Inhaber
Bernd & Cathrin Bihlmayer
Rebfläche
16 Hektar
Produktion
140.000 Flaschen

BESUCHSZEITEN

Mo.-Fr. 9:30-11:30 + 13:30-18 Uhr,
Sa. 9:30-11:30 + 13:30-16 Uhr,
So. 9:30-11:30 Uhr

Herbert Bihlmayer verließ 1969 die Genossenschaft und begann mit der Selbstvermarktung. Seit 1982 führt sein Sohn Bernd zusammen mit Ehefrau Sabine den Betrieb. Seit 2010 werden sie von Cathrin, einer ihrer vier Töchter unterstützt, die Diplomingenieurin für Weinbau und Önologie ist, Praktika bei Seyfried (Neuseeland), Gies-Düppel und Breuer absolvierte und sich um den Keller kümmert, während ihr Vater und ihr Ehemann Alexander Kästel den Außenbetrieb leiten. Die jüngste Tochter Amelie kümmert sich um Vertrieb, Marketing und Wein-Events. Die Reben wachsen in Löwenstein auf Buntem Mergel und Gipskeuper, teils überlagert von Stubensandstein. Die einzige Lage Wohlfahrtsberg besteht aus unterschiedlichen Böden und Höhenlagen (von 360 bis 490 Meter), die Bihlmayers haben in den letzten Jahren konsequent in Teillagen wie den Gutberg und den eigentlichen „Wolfertsberg" investiert, die Rebsorten in die jeweils am besten geeigneten Böden und Höhen gepflanzt, darunter Blaufränkischreiser aus dem Burgenland, die Cathrin Bihlmayer selbst zusammen mit einer Freundin, Rebveredlerin, in einem 70 Jahre alten Weinberg geschnitten hat. 2014 entstand ein neuer Weinverkaufsraum, wo zahlreiche Veranstaltungen stattfinden.

Kollektion

Eine stimmige, starke Kollektion präsentieren die Bihlmayers in diesem Jahr, die Weine gewinnen vor allem in der Spitze an Profil. Und die Basis stimmt, wie die beiden Gutsweine beweisen. Das Mittelsegment präsentiert sich geschlossen, dem zupackenden Riesling vom bunten Mergel gilt unsere leichte Präferenz. Der Salzberg-Weißburgunder ist konzentriert, harmonisch, füllig und saftig, der Wohlfahrtsberg-Chardonnay besitzt viel reife süße Frucht. Etwas besser noch gefällt uns der Wohlfahrtsberg-Lemberger, der herrlich intensiv und reintönig, fruchtbetont und strukturiert ist. Der süße, konzentrierte Silvaner Eiswein, Anfang Januar 2017 gelesen, rundet die gelungene Kollektion ab. ➖

Weinbewertung

81 2016 Riesling trocken **12 %/5,50 €**
84 2016 Riesling trocken „vom bunten Mergel" **13 %/7,50 €**
82 2016 Weißburgunder trocken „vom Gipskeuper" **13 %/7,50 €**
83 2016 Chardonnay trocken „vom Gipskeuper" **13 %/7,50 €**
86 2016 Weißburgunder trocken Löwensteiner Salzberg **13,5 %/12,- €**
85 2016 Chardonnay trocken Löwensteiner Wohlfahrtsberg **13 %/12,- €**
81 2016 Cabernet Blanc „fruchtig" **11,5 %/5,50 €**
88 2016 Silvaner Eiswein „für Henri" **8 %/39,- €/0,375l**
82 2015 Lemberger trocken **12,5 %/6,- €**
87 2015 Lemberger trocken Löwensteiner Wohlfahrtsberg **13,5 %/14,- €**

Bimmerle

★☆

KONTAKT

Kirchstraße 4
77871 Renchen
Tel. 07843-654
Fax: 07843-1502
www.wein-bimmerle.de
info@wein-bimmerle.de

Inhaber
Siegbert Bimmerle
Rebfläche
150 Hektar
Produktion
1.100.000 Flaschen

BESUCHSZEITEN

Mo.-Fr. 8-12 + 13-18 Uhr,
Sa. 9-14 Uhr

Das Weingut Bimmerle wurde 1936 von Josef Bimmerle gegründet. Er war Weinhändler, sein Sohn Gerold begann mit eigenem Weinbau. Als gelernter Weinküfer übernahm Enkel Siegbert 1986 den Betrieb in dritter Generation. Mit seinem Sohn Benedikt arbeitet bereits die nächste Generation im Betrieb mit. Die Weinkellerei Bimmerle verfügt über 38 Vertragswinzer, die sich mit dem Weingut zu einer Erzeugergemeinschaft zusammengeschlossen haben. Die Weinberge dieser Erzeugergemeinschaft befinden sich vor allem in den Lagen Oberkircher Renchtäler, Oberkircher Schlossberg und Waldulmer Pfarrberg, umfassen die gesamte Ortenau und das nördliche Breisgau, erstrecken sich über mehr als 90 Kilometer, beginnend im Norden in Baden-Baden über Oberkirch und Durbach bis tief in den Süden nach Ettenheim und Ringsheim. Rote und weiße Sorten nehmen jeweils etwa die Hälfte der Rebfläche ein, wobei Spätburgunder, Müller-Thurgau und Riesling die dominierenden Rebsorten sind.

Kollektion

Nach einem starken Vorjahr überzeugt Siegbert Bimmerle auch mit der neuen Kollektion, bestätigt den guten Eindruck. Das weiße Segment wird angeführt von einer breiten Palette an Reserve-Weinen, teils im Barrique ausgebaut. Der Riesling zeigt rauchige Noten, besitzt Fülle und Kraft, der Chardonnay ist würzig, saftig und kraftvoll, der im Barrique ausgebaute Grauburgunder ist von Vanillenoten dominiert, besitzt viel Saft und Substanz. Der Weißburgunder besitzt reife Frucht und gute Struktur, die 2015er Barrique-Variante ist unser Favorit, besitzt Substanz und viel reife süße Frucht. Auch die Rotweine überzeugen, der gewürzduftige Cabernet Sauvignon ebenso wie der füllige Spätburgunder und die kraftvolle Cuvée aus Merlot, Cabernet Sauvignon und Spätburgunder.

Weinbewertung

81	2016 Riesling Kabinett trocken **12 %/9,50 €**
83	2016 Grauburgunder Spätlese trocken **14 %/11,50 €**
81	2016 Sauvignon Blanc trocken **12,5 %/10,90 €**
85	2016 Riesling trocken „Reserve" **12,5 %/16,- €**
85	2016 Weißer Burgunder trocken „Reserve" **13,5 %/19,- €**
86	2015 Weißer Burgunder trocken „Reserve" Barrique **14 %/21,- €**
84	2015 Grauer Burgunder trocken „Reserve" Barrique **14 %/21,- €**
84	2016 Chardonnay trocken „Reserve" **13,5 %/19,- €**
84	2016 Scheurebe Spätlese **10 %/11,50 €**
85	2014 „Gerold" Rotwein trocken **14 %/19,50 €**
84	2014 Cabernet Sauvignon trocken **14 %/19,50 €**
85	2014 Spätburgunder trocken „Reserve" **13,5 %/35,- €**

Christian Bindges

★

KONTAKT

Rißbacher Straße 50
56841 Traben-Trarbach
Tel. 0151-70123502
www.weingut-bindges.de
info@weingut-bindges.de

Inhaber
Christian Bindges
Rebfläche
0,7 Hektar
Produktion
3.500 Flaschen

BESUCHSZEITEN

nach Vereinbarung

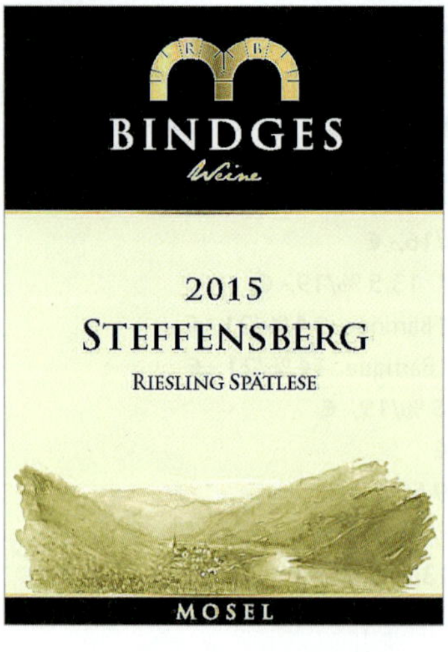

Christian Bindges stammt aus einer Winzerfamilie von der Mosel, hat aber nach dem Abitur die Mosel verlassen, nach dem Studium in Süddeutschland in der Autoindustrie gearbeitet. Nach seiner Rückkehr an die Mosel erwarb er einige alte Rieslingweinberge in den Kröver Steillagen Letterlay und Steffensberg, sowie im Trabener Königsberg, bewirtschaftet insgesamt 0,7 Hektar. Die Lagen Letterlay und Steffensberg sind süd- bis südwest-exponiert, die Reben wachsen hier auf tiefgründigen Schieferböden, der Trabener Königsberg, benannt nach der französischen Festung Mont Royal, die sich einst auf dem Plateau des Berges befand, ist süd- bis südost-exponiert. 2014 erzeugte Christian Bindges seine ersten eigenen Weine, 2015 übernahm er die Verantwortung für die Rieslingweine des väterlichen Betriebes, der im Nebenerwerb bewirtschaftet wird. Christian Bindges ist dabei, die Vinifikation zu verändern, hat teilweise auf Spontangärung umgestellt.

Kollektion

Im vergangenen Jahr hatte Christian Bindges eine kleine, sehr stimmige Kollektion vorgestellt – an der Spitze der trockene Riesling von alten Reben und die Steffensberg-Spätlese. Das Sortiment 2016 ist auch überschaubar, hat lediglich vier Weine zu bieten, von denen keiner trocken ausgebaut wurde. Aber warum muss es trocken sein, wenn die Balance stimmt? Der Kabinettriesling aus der Letterlay weist am wenigsten Süße auf, besitzt eine gewisse Fülle, wirkt saftig. Kraftvoller fällt der feinherbe Riesling von alten Reben aus, gekrönt wird die Kollektion von zwei deutlich süßen Weinen. Die Spätlese aus dem Steffensberg besitzt eine offensive Frucht, wirkt reif – ein zupackender, saftiger Wein, eher direkt als finessenreich. Auch die Auslese fällt in diese Stilrichtung, ist saftig, zeigt im Nachhall einen leichten Anklang an frische Rosinen. Insgesamt ein erfreuliches Ergebnis, die Weine besitzen Frische, aber auch Substanz. So kann es in den nächsten Jahren weitergehen.

Weinbewertung

85	2016 Riesling „feinherb Alte Reben"	**11 %/12,50 €**
83	2016 Riesling Kabinett Letterlay	**11,5 %/8,20 €**
86	2016 Riesling Spätlese Steffensberg	**9 %/12,50 €**
86	2016 Riesling Auslese Letterlay	**8 %/15,- €/0,375l**

BIRKERT

★★

KONTAKT

Unterheimbacher Straße 28
74626 Bretzfeld-Adolzfurt
Tel. 07946-484
Fax: 07946-3378
www.weingut-birkert.com
info@weingut-birkert.com

Inhaber
Boris & Regina Birkert
Rebfläche
15 Hektar
Produktion
110.000 Flaschen

BESUCHSZEITEN

nach Vereinbarung
Besenwirtschaft (Öffnungszeiten siehe Webseite)

Boris Birkert war im Jahr 2000 in den Betrieb eingestiegen, 2012 übernahm er ihn von seinem Vater Manfred, führt ihn zusammen mit Ehefrau Regina. Mit seinem Einstieg 2000 führte er die Barrique-Serie „roburis" ein. Der Name rührt von der botanischen Bezeichnung für die Stieleiche her, aus der die Fässer gemacht werden, quercius robur, und den letzten beiden Buchstaben des Vornamen von Boris Birkert. Hinzu gefügt wird der Buchstabe für die Rebsorte. Seine Weinberge liegen im Adolzfurter Schneckenhof und im Bretzfelder Goldberg. Zuletzt hinzugekommen sind die Weinberge seiner Schwiegereltern in der Michelbacher Margarethe. Riesling, Trollinger und Lemberger sind die wichtigsten Rebsorten, dazu gibt es Spätburgunder, Schwarzriesling, Merlot, Chardonnay, Sauvignon Blanc, Syrah und einige andere mehr. In der hauseigenen Brennerei wird das eigene Obst zu Schnäpsen gebrannt.

Kollektion

Mit der neuen Kollektion schließt Boris Birkert nahtlos an die Vorjahre an, und wie gewohnt sind die Barrique-Rotweine die Stars der Kollektion. Unser Favorit im weißen Segment ist der reintönige, zupackende Sauvignon Blanc. Der Roburis-Syrah ist fruchtbetont und intensiv, besitzt feine Frische und eine schöne Schokonote. Der Lemberger weist Gewürznoten auf, besitzt Fülle und Kraft, gute Struktur und Substanz. Etwas besser noch gefällt uns der kraftvolle Roburis-Merlot mit seinen dominanten Vanillenoten. Auch der CM zeigt eindringliche Gewürz- und Vanillenoten, ist füllig und kraftvoll, besitzt reife Frucht, gute Struktur und Substanz, nur die Tannine sind uns derzeit noch etwas allzu kräftig und dominant.

Weinbewertung

81 2015 Pinot Rosé Sekt brut **12 %/10,50 €**
82 2015 Riesling Sekt brut Adolzfurter Schneckenhof **11,5 %/9,50 €**
82 2015 Muskateller Sekt trocken **11 %/10,50 €**
80 2016 Chardonnay trocken Adolzfurter Schneckenhof **13 %/7,- €**
83 2016 Sauvignon Blanc trocken Adolzfurter Schneckenhof **12,5 %/8,50 €**
81 2016 Müller-Thurgau „feinherb" **12,5 %/5,50 €**
81 2016 Muskateller Adolzfurter Schneckenhof **12 %/7,- €**
80 2016 Gewürztraminer Adolzfurter Schneckenhof **12 %/7,- €**
82 2014 Spätburgunder „S" trocken Adolzfurter Schneckenhof **13 %/9,50 €**
82 2015 Merlot „S" trocken Adolzfurter Schneckenhof **14,5 %/9,50 €**
86 2014 Lemberger trocken Barrique „Roburis L" Schneckenhof **13,5 %/13,50 €**
87 2014 Merlot trocken Barrique „Roburis M" Schneckenhof **14,5 %/15,- €**
86 2015 Syrah trocken „Roburis" Adolzfurter Schneckenhof **15 %/16,50 €**
87 2014 „CM" Rotwein trocken Barrique Adolzfurter Schneckenhof **14 %/20,- €**

B

BISCHEL

★★★★☆

KONTAKT

Sonnenhof
55437 Appenheim
Tel. 06725-2683
Fax: 06725-5127
www.weingut-bischel.de
info@weingut-bischel.de

Inhaber
Familie Runkel
Kellermeister
Christian & Matthias Runkel
Rebfläche
18 Hektar
Produktion
120.000 Flaschen

BESUCHSZEITEN

Mo.-Fr. 9-18 Uhr und nach Vereinbarung

Seit fünf Generationen baut die Familie Wein in Appenheim an. Heute wird der Sonnenhof von Christian und Matthias Runkel geführt, ihr Großvater hatte in den sechziger Jahren den außerhalb von Appenheim gelegenen Sonnenhof erbaut. Die Weinberge liegen in den Appenheimer Lagen Hundertgulden und Eselspfad, in der an Kalkstein reichen Gau-Algesheimer St. Laurenzikapelle sowie in den Gau-Algesheimer Lagen Johannisberg und Goldberg. Seit 2004 besitzt man auch eine Parzelle mit alten Rieslingreben im Binger Scharlachberg, zuletzt konnte man sich dort noch einmal kräftig vergrößern und 2,5 Hektar hinzu pachten. Wichtigste Rebsorte ist Riesling, der zwei Fünftel der Weinberge einnimmt, gefolgt von Grauburgunder, Weißburgunder, Silvaner und Spätburgunder zu etwa gleichen Teilen, dazu gibt es etwas Chardonnay und Frühburgunder, zuletzt wurden Merlot, Cabernet Sauvignon und Sauvignon Blanc neu gepflanzt. Die Rotweine werden maischevergoren und kommen dann ins Holzfass, die Weißweine werden in Edelstahltanks recht lange auf der Hefe ausgebaut. Die Weine werden zum größten Teil spontanvergoren. Seit dem Jahrgang 2006, seit Christian und Matthias Runkel die Weine vinifizieren, gibt es die „Quarzit" (Binger Scharlachberg) und „Terra Fusca" genannten Ortsweine. Die Basis des Sortiments bilden die Gutsweine, an der Spitze stehen die Lagenweine: Die Rieslinge aus Hundertgulden, Scharlachberg und St. Laurenzikapelle, den Silvaner aus dem Goldberg, den Weißburgunder aus der St. Laurenzikapelle und den Spätburgunder aus dem Johannisberg. Des Weiteren gibt es Réserve-Weine von Chardonnay, Sauvignon Blanc und Spätburgunder. Dazu gibt es, abhängig vom Jahrgang, süße und edelsüße Weine, die als einzige Weine Prädikatsbezeichnungen tragen.

Kollektion

Eine starke Kollektion folgt auf die nächste, das Einstiegsniveau ist enorm hoch und in der Spitze haben Christian und Matthias Runkel weiter zugelegt. Schon die Gutsweine sind sehr gut: Der Weißburgunder ist frisch, fruchtbetont, wunderschön reintönig, besitzt gute Struktur und Biss, der Gutsriesling zeigt feine rauchige Noten, ist klar, frisch und zupackend, herrlich druckvoll und präzise. Die Ortsweine dann besitzen mehr Substanz und Fülle. Der Silvaner von den Terrassen in Gau-Algesheim zeigt feine Würze und reintönige Frucht, ist saftig, besitzt viel reife Frucht und gute Struktur. Der Quarzit-Riesling aus Bingen zeigt rauchige Noten, faszinierend klare Frucht, ist frisch und zupackend im Mund, enorm druckvoll, der Terra Fusca-Riesling aus Appenheim zeigt gute Konzentration, feine Würze und Duft, ist klar, kraftvoll und zupackend, ganz leicht mineralisch. Die Cuvée aus Weißburgunder und Chardonnay zeigt dezent rauchige Noten, ist füllig und kraftvoll, besitzt viel reife Frucht und Substanz. Drei Reserve-Weißweine präsentieren Christian und Matthias Runkel in diesem Jahr. Der Chardonnay zeigt gute Konzentration, viel reife Frucht, ist füllig, kraftvoll, hat viel Substanz wie auch der Weißburgunder, der reintönige Frucht besitzt, komplex und konzentriert ist. Der Sauvignon Blanc schließlich zeigt reintönige intensive Frucht im Bouquet, besitzt Kraft und Substanz, viel Fülle, gute Struktur und Frische. Der Silvaner aus dem Gau-Algesheimer Goldberg zeigt, was auch in Rheinhessen in der Spitze noch möglich ist, er zeigt herrlich viel reintönige Frucht, besitzt gute Struktur, Fülle und Saft, viel Kraft und Druck. An der Spitze der Kollektion aber steht das Lagen-Riesling-Trio – in dem es 2016 statt dem Wein aus der St. Laurenzikapelle einen Riesling aus der Siefersheimer Heerkretz gibt, bewirtschaften die Runkel-Brüder nun einen Weinberg im Kern der Heerkretz, im Gegenzug Daniel Wagner einen Weinberg im Scharlachberg. Der Hundertgulden zeigt viel Würze und Duft, ist füllig und saftig, besitzt herrlich viel Frucht und Substanz. Der Heerkretz-Riesling ist herrlich eindringlich und würzig, präzise und zupackend, besitzt feine Frische und Biss, ist enorm nachhaltig mit salzig-mineralischen Noten. Ganz große Klasse ist der Wein aus dem Scharlachberg, herrlich eindringlich, rauchig, reintönig, besitzt Fülle und Kraft, viel reife Frucht, gute Struktur und Substanz und mineralische Länge. Der Spätburgunder aus dem Johannisberg zeigt herrlich viel reintönige Frucht, ist klar, elegant, besitzt gute Struktur, Frische, viel Tannine. Fazit: Eine der großen Kollektionen des Jahrgangs in Deutschland!

Weinbewertung

86	2016 Weißburgunder trocken	**12,5 %/8,40 €**
87	2016 Riesling trocken	**12 %/8,40 €** ☺
89	2016 Silvaner trocken Terrassen Gau-Algesheim	**13 %/12,90 €**
89	2016 Riesling trocken „Terra Fusca" Appenheim	**12,5 %/12,90 €**
89	2016 Riesling trocken „Quarzit" Bingen	**12,5 %/12,90 €**
88	2016 Weißburgunder & Chardonnay trocken Appenheim	**13 %/12,90 €**
90	2016 Chardonnay trocken „Réserve"	**13 %/18,90 €**
90	2016 Weißburgunder trocken „Réserve"	**13 %/22,- €**
89	2016 Sauvignon Blanc trocken „Réserve"	**13 %/18,90 €**
90	2016 Silvaner trocken Goldberg	**13 %/22,- €**
92	2016 Riesling trocken Hundertgulden	**13 %/23,- €**
94	2016 Riesling trocken Scharlachberg	**13 %/23,- €** ☺
92	2016 Riesling trocken Heerkretz	**13 %/23,- €**
91	2015 Spätburgunder trocken Johannisberg	**13 %/24,- €**

LAGEN

HUNDERTGULDEN (APPENHEIM)
SCHARLACHBERG (BINGEN)
JOHANNISBERG (GAU-ALGESHEIM)
GOLDBERG (GAU-ALGESHEIM)
ST. LAURENZIKAPELLE (GAU-ALGESHEIM)
ESELSPFAD (APPENHEIM)

REBSORTEN

RIESLING (35 %)
SPÄTBURGUNDER (15 %)
WEISSBURGUNDER (15 %)
GRAUBURGUNDER (15 %)
SILVANER (10 %)

B

Bischöfliches Weingut Rüdesheim Bistum Limburg

★★★☆

KONTAKT

Marienthalerstraße 3
65385 Rüdesheim
Tel. 06722-910560, Fax: -910562
www.bischoefliches-weingut.de
s.trick@bischoefliches-weingut.de
weingut@bistumlimburg.de

Inhaber
Bistum Limburg
Geschäftsführerin
Silke Trick
Techn. Betriebsleiter/Kellermeister
Peter Perabo
Rebfläche
9 Hektar
Produktion
50.000 Flaschen

BESUCHSZEITEN

Mo.-Fr. 14-17 Uhr und nach Vereinbarung

Das Weingut des Bistums Limburg führt seine Geschichte auf das Mittelalter zurück, im 11. Jahrhundert wurde es bereits urkundlich erwähnt, wurde später als Pfarrweingut Rüdesheim bekannt und 1984 vom Limburger Bistum übernommen. Der Klosterkeller stammt aus dem Jahr 1683. Die Reben befinden sich in Rüdesheim, in den Berg-Lagen Schlossberg (mit den Gewannen Katerloch und Ehrenfels), Rottland (mit teils 1960 gepflanzten Reben) und Roseneck, aber auch im Bischofsberg, in der Klosterlay und im Magdalenenkreuz. Riesling nimmt vier Fünftel der Rebfläche ein, auf dem restlichen Fünftel wächst Spätburgunder. Für den Keller und die technische Leitung des Betriebes ist seit 2007 Peter Perabo zuständig, der inzwischen von der Geschäftsführerin Silke Trick unterstützt wird.

Kollektion

Wieder eine sehr stimmige Kollektion mit klassischen Weinen Rüdesheimer Herkunft: Die Einstiegsqualitäten sind gelungen, die Rieslinge aus den großen Lagen des Rüdesheimer Berges präzise, stoffig und mineralisch. Der Berg Rottland ist kraftvoll und würzig, der Katerloch mineralisch, straff, baut Druck auf, ist präzise und lang. Der Ehrenfels" hingegen ist nicht ganz so pointiert, ist saftig, klar. Animierend, fruchtig und frisch ist der Berg Roseneck. Der Rottland 1960 ist saftig, vollmundig, kraftvoll und würzig. Alle Weine bieten weiteres Entwicklungspotenzial. Die drei Spätburgunder sind sehr gut, besitzen Substanz, Finesse und tolles Potenzial, der Assmannshausen „S" ragt heraus, bietet klaren Saft, Frische, ist druckvoll und lang.

Weinbewertung

83 2016 Riesling trocken „a priori" **12,5 %/7,- €**
84 2016 Riesling trocken Rüdesheim **12 %/8,50 €**
85 2016 Riesling trocken „Laudate" Rüdesheim **12,5 %/12,- €**
87 2016 Riesling trocken „Episcopus" Rüdesheim **12 %/14,80 €**
87 2016 Riesling trocken Rüdesheimer Berg Rottland **12,5 %/12,20 €**
89 2016 Riesling trocken „Alte Reben Katerloch" Berg Schlossberg **12,5 %/16,50 €**
87 2016 Riesling trocken Rüdesheimer Berg Roseneck **12,5 %/15,50 €**
88 2016 Riesling trocken „Alte Reben Ehrenfels" Berg Schlossberg **13 %/16,50 €**
88 2016 Riesling trocken „1960" Rüdesheimer Berg Rottland **12,5 %/18,- €**
85 2016 Riesling trocken „Maischevergoren" **12 %/13,- €**
83 2016 Riesling „feinherb a priori" **11,5 %/7,- €**
87 2016 Riesling Spätlese Rüdesheim **9 %/15,- €**
88 2015 Pinot Noir trocken Assmannshausen
90 2015 Pinot Noir „S" trocken Assmannshausen
89 2015 Pinot Noir „S" trocken Rüdesheim

Bischöfliche Weingüter Trier

★★☆

B

KONTAKT

Bischöfliche Weingüter Trier
(BWG) & Friedrich-Wilhelm-
Gymnasium (FWG)
Gervasiusstraße 1
54290 Trier
Tel. 0651-14576-0
Fax: 0651-40253
www.bwgtrier.de
info@bwgtrier.de

Inhaber
Bischöfliches Priesterseminar Trier
Hohe Domkirche Trier
Bischöfliches Konvikt Trier

Güterdirektor
Dr. Karsten Weyand

Rebfläche
130 Hektar (100 Hektar BWG + 30 Hektar FWG)

Produktion
650.000 Flaschen (+ 200.000 Flaschen FWG)

BESUCHSZEITEN

Mo.-Fr. 9-18 Uhr; Sa. 10-14 Uhr

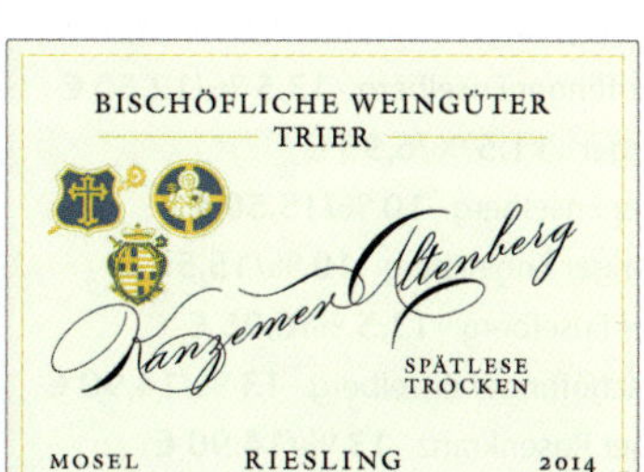

Was sich bei den 2014ern angedeutet hatte, zeigt sich nun vollständig: Die Qualität konnte deutlich gesteigert werden, alle Weine besitzen individuellen Charakter. Bei den wenigen trockenen Abfüllungen gibt es beachtliche Weine – der saftige Pinot Blanc oder die komplexe Spätlese aus dem Dhroner Hofberger, auch der 2016er Kaseler Kabinett gefällt mit ruwertypischer Finesse. Der feinherbe Bereich punktet mit dem balancierten Kabinett aus Ayl oder der 2015er Spätlese aus der Trittenheimer Apotheke. Unter den süßen Weinen ragen der Scharzhofberger Kabinett (noch etwas unruhig in der Nase, balanciert) oder der „Azubiwein" heraus, ein sehr vielschichtiger Wein mit Noten von Steinobst, Kräutern und Zitrus. Auch die Auslese aus dem Dhroner Hofberger (Apfel, Zitrus, ein Hauch Cassis) macht sehr viel Spaß. Spannend die Rotweine, an der Spitze der elegante, würzige 2015er Pinot Noir.

Weinbewertung

85	2015 Pinot Blanc trocken **13 %/11,90 €**
85	2016 Riesling Kabinett trocken Kaseler **11 %/9,90 €**
85	2016 Riesling Kabinett trocken Ayler **11 %/9,90 €**
87	2015 Riesling Spätlese trocken Dhroner Hofberger **12 %/12,90 €**
84	2016 Riesling Kabinett „feinherb" Bernkasteler **10,5 %/9,90 €**
85	2016 Riesling Kabinett „feinherb" Ayler **11 %/9,90 €**
87	2015 Riesling Spätlese „feinherb" Trittenheimer Apotheke **10,5 %/12,90 €**
86	2015 Riesling Spätlese „feinherb" Dhroner Hofberger **10,5 %/12,90 €**
86	2016 Riesling Kabinett Kanzemer Altenberg **8,5 %/9,90 €**
86	2016 Riesling Kabinett Piesporter Goldtröpfchen **8 %/9,90 €**
86	2016 Riesling Kabinett Trittenheimer Apotheke **8,5 %/9,90 €**
87	2016 Riesling Kabinett Scharzhofberger **8 %/10,90 €**
85	2016 Riesling Kabinett Kaseler Nies'chen **8,5 %/9,90 €**
85	2016 Riesling Kabinett Ürziger Würzgarten **8,5 %/9,90 €**
89	2015 Riesling Spätlese „Azubiwein" Kanzemer Altenberg **8,5 %/15,- €**
86	2015 Riesling Spätlese Dhroner Hofberger **8,5 %/12,90 €**
87	2015 Riesling Spätlese Scharzhofberger **8,5 %/13,90 €**
88	2015 Riesling Spätlese Trittenheimer Apotheke **8 %/12,90 €**
89	2015 Riesling Auslese Trittenheimer Apotheke **8,5 %/21,- €**
89	2015 Riesling Auslese Dhroner Hofberger **8 %/21,- €**
87	2015 Frühburgunder trocken **12,5 %/13,90 €**
87	2014 Pinot Noir trocken Kanzemer Altenberg **13 %/18,90 €**
88	2015 Pinot Noir trocken Kanzemer Altenberg **13 %/22,90 €**
Friedrich-Wilhelm-Gymnasium:	
85	2015 Riesling Kabinett Graacher Himmelreich **8,5 %/9,60 €**
87	2015 Riesling Spätlese Graacher Domprobst **8,5 %/12,90 €**

B

Bischoffingen

★☆

N

KONTAKT

Winzergenossenschaft
Bischoffingen-Endingen
Bacchusstraße 20
79235 Vogtsburg-Bischoffingen
Tel. 07662-9301-0 / -25
Fax: 07662-930140
www.wg-bischoffingen.de
info@wg-bischoffingen.de

Geschäfsführender Vorstand
Thomas Weller
Kellermeister
Norbert Kuhn
Rebfläche
275 Hektar
Produktion
2.200.000 Flaschen

BESUCHSZEITEN

März-Dez.: Mo.-Fr. 8:30-12 + 13:30-17 Uhr, Sa. 9-13 Uhr; Jan./ Feb. Sa. geschlossen

Die Genossenschaft von Bischoffingen wurde 1924 von damals 26 Winzern gegründet. Die Reben wachsen in den Bischoffinger Lagen Steinbuck (Vulkangestein mit hohem Anteil Tonerde), Enselberg (Vulkanverwitterungsboden mit hohem Lösslehm-Anteil) und Rosenkranz (Lössboden mit vulkanischem Tuffgestein), seit der Fusion mit der Endinger Genossenschaft auch im Endinger Engelsberg. Spätburgunder ist die mit Abstand wichtigste Rebsorte, gefolgt von Müller-Thurgau, Grauburgunder, Weißburgunder und Chardonnay. Dazu gibt es Silvaner, Riesling, Muskateller, Gewürztraminer, Sauvignon Blanc, Merlot und diverse Cabernet-Sorten. 2015 wurde Thomas Weller neuer Geschäftsführer der Genossenschaft. Das Sortiment wurde 2016 neu gegliedert. Die Basis bilden die Traditionsweine, es folgt die Enselberg-Linie, die BB-Linie („Bischoffinger Burgunder), an der Spitze der Kollektion stehen die Reserve-Weine aus den Bischoffinger Spitzenlagen.

Kollektion

Wer von Genossenschaften ein unübersichtliches Sortiment mit restsüßen Weinen in besonders schweren Flaschen erwartet – der wird hier enttäuscht. Hier ist alles anders, wohltuend anders. Das Programm ist klar und überschaubar strukturiert – und die Qualität stimmt. Die weißen Reserve-Weine des Jahrgangs 2015 präsentieren sich sehr geschlossen, sie besitzen Fülle und Kraft, gute Struktur und Substanz. Die beiden Beerenauslesen, ebenfalls aus dem Jahrgang 2015, sind konzentriert und klar, die Gewürztraminer Beerenauslese zeigt feinen Litschi-Duft. Der Merlot besitzt reintönige Frucht, ist kraftvoll und zupackend, an der Spitze der Kollektion aber steht der Spätburgunder aus dem Enselberg, der intensive reintönige Frucht besitzt, gute Struktur und Substanz. Bravo!

Weinbewertung

82	2016 Weißer Burgunder & Chardonnay trocken Enselberg **12,5 %/6,95 €**
81	2016 Weißer Burgunder trocken „BB" Bischoffinger **13 %/7,95 €**
81	2016 Grauer Burgunder trocken „BB" Bischoffinger **13,5 %/7,95 €**
85	2015 Weißer Burgunder trocken „Réserve" Bischoffinger Enselberg **13,5 %/12,50 €**
85	2015 Grauer Burgunder trocken „Réserve" Bischoffinger Steinbuck **13 %/12,50 €**
85	2015 Chardonnay trocken „Réserve" Bischoffinger Enselberg **13,5 %/12,50 €**
81	2016 Muskateller „Feine Frucht" Bischoffinger **11,5 %/6,95 €**
86	2015 Ruländer Beerenauslese Bischoffinger Enselberg **10 %/15,50 €**
86	2015 Gewürztraminer Beerenauslese Endinger Engelsberg **10 %/15,50 €**
83	2015 Spätburgunder trocken Bischoffinger Enselberg **13,5 %/6,95 €**
87	2014 Spätburgunder trocken „Réserve" Bischoffinger Enselberg **13 %/14,90 €**
85	2014 Merlot trocken „Réserve" Bischoffinger Rosenkranz **13 %/14,90 €**

Bischoffinger & Endinger
Weine vom Kaiserstuhl

B

BLANKENHORN

★★

KONTAKT

Basler Straße 2
79418 Schliengen
Tel. 07635-82000
Fax: 07635-82020

Inhaber
Martin Männer, Yvonne Keßler
Rebfläche
25 Hektar
Produktion
170.000 Flaschen

BESUCHSZEITEN

Mo.-Fr. 8-12 + 14-18 Uhr,
Sa. 9-13 Uhr nach Vereinbarung
Gutsschänke Blankenhorn

Johann Friedrich Blankenhorn legte 1857 den Grundstein für das heutige Weingut, als er 1857 die damalige Poststation einschließlich der zugehörigen Gewölbekeller aus dem Jahr 1624 ersteigerte. Seit 1994 führte Rosemarie Blankenhorn, genannt Roy, in fünfter Generation das Weingut. Da keine ihrer drei Töchter den Betrieb übernehmen wollte, hat sie im Sommer 2014 das Weingut an den Freiburger Juristen Martin Männer verkauft. Die Weinberge liegen vor allem im Schliengener Sonnenstück, aber auch in Mauchen und Liel. Spätburgunder ist die wichtigste Rebsorte, gefolgt von Gutedel. Dazu gibt es Weißburgunder und Grauburgunder, etwas Riesling, Chardonnay und Müller-Thurgau, inzwischen aber auch internationale Rotweinsorten wie Sauvignon Blanc, Cabernet Sauvignon, Merlot und Syrah. An der Spitze des Sortiments stehen die Großen Gewächse, die den Namen der riesigen Lage Sonnenstück tragen, während die Weine der „Ersten Lage" mit präziseren Lagen wie Ölacker oder Kirchberg bezeichnet werden.

Kollektion

Es geht voran, vor allem in der Spitze wurde das Profil geschärft, haben die Weine an Komplexität gewonnen. Die weißen Guts- und Ortsweine sind frisch, klar und geradlinig. Der Ölacker-Weißburgunder ist würzig und duftig bei guter Struktur, der Chasselas Le Clocher besitzt Fülle, Kraft und reife Frucht. Unter den Großen Gewächsen gilt, bei gleicher Bewertung, unsere leichte Präferenz dem Chardonnay, der füllig und kraftvoll ist, etwas offener als der ein Jahr jüngere reintönige Grauburgunder. Dass Gutedel auch faszinierende edelsüße Weine erbringen kann, zeigt die an kandierte Früchte erinnernde Trockenbeerenauslese. Stark ist das rote Segment: Der Ölacker-Spätburgunder ist reintönig und zupackend, die Bordeaux-Cuvée kraftvoll und strukturiert, das Große Gewächs besitzt reintönige Frucht, feine Frische und Biss.

Weinbewertung

82 2016 Gutedel trocken **12 %/6,- €**
82 2016 Weißburgunder trocken **12,5 %/8,- €**
82 2016 Sauvignon Blanc trocken Schliengen **12 %/9,80 €**
83 2016 Chardonnay trocken Schliengen **12 %/9,80 €**
84 2016 Weißburgunder trocken Schliengen „Ölacker" **13 %/18,- €**
85 2016 Chasselas trocken „Le Clocher" Sonnenstück **12 %/18,- €**
88 2016 Grauburgunder „GG" Schliengen Sonnenstück **13 %/21,- €**
88 2015 Chardonnay „GG" Schliengener Sonnenstück **13 %/21,- €**
90 2015 Gutedel Trockenbeerenauslese Mauchener Frauenberg **7 %/39,- €/0,375l**
85 2015 Spätburgunder trocken Schliengen „Ölacker" **13 %/18,- €**
86 2015 Cabernet Sauvignon/Merlot „Postillon" **13 %/22,- €**
87 2015 Spätburgunder „GG" Schliengen Sonnenstück **13 %/28,- €**

B

MICHAEL BLENDEL

★★

KONTAKT

Bocksbeutelstraße 13
97332 Escherndorf
Tel. 09381-9130
Fax: 09381-6936
www.weingut-blendel.de
infopost@weingut-blendel.de

Inhaber
Michael Blendel &
Andreas Blendel
Rebfläche
5,6 Hektar
Produktion
63.000 Flaschen

BESUCHSZEITEN

Mo.-Fr. 8-18 Uhr, Sa. 8-17 Uhr, So. 10-12 Uhr nach Vereinbarung

Seit zehn Generationen baut die Familie Wein in Escherndorf an, seit 1908 betreibt sie eine Brennerei. 1975 wurde die erste eigene Kelter gekauft, 1982 mit der Selbstvermarktung begonnen, 1989 konzentrierte man sich dann ganz auf Weinbau. Die Weinberge von Michael Blendel liegen überwiegend in Escherndorf, in den Lagen Lump, Fürstenberg und Berg, hinzu kommen zwei Weinberge in Sommerach. An weißen Rebsorten gibt es Silvaner und Müller-Thurgau, die jeweils ein knappes Viertel der Rebfläche einnehmen, Bacchus, Riesling und Traminer, aber auch etwas Scheurebe und Kerner. Hinzu kommen die roten Sorten Domina und Spätburgunder, die jeweils 10 Prozent der Fläche einnehmen, sowie ein wenig Regent. Die Weißweine werden in Edelstahltanks ausgebaut, die Rotweine in Eichenholzfässern, auch im Barrique. Inzwischen ist Sohn Andreas in den Betrieb eingestiegen.

Kollektion

Wie seit vielen Jahren schon präsentiert uns Michael Blendel, nun im Zusammenspiel mit Sohn Andreas, eine stimmige, sehr zuverlässige Kollektion, die schon mit dem Müller-Thurgau-Literwein gute Qualität bietet. Der trockene Riesling Kabinett ist klar, frisch und geradlinig, der halbtrockene Bacchus zeigt intensive reintönige Frucht im Bouquet, ist klar und saftig im Mund. Das Silvaner-Sortiment steigert sich vom geradlinigen Qualitätswein, der feine süße Frucht und Biss besitzt, über einen zupackenden reintönigen trockenen Lump-Kabinett bis hin zur trockenen Teamgeist-Spätlese aus dem Jahrgang 2015, die gute Konzentration und viel reife Frucht im Bouquet zeigt, füllig und saftig im Mund ist, viel reife süße Frucht besitzt. Rotweine von Michael Blendel haben wir noch nicht viele verkostet in all den Jahren, die wir seine Weine schon kennen, so gut wie der nun präsentierte 2015er Spätburgunder aus dem Lump war aber noch keiner: Er ist fruchtbetont und frisch im Bouquet, zeigt rote Früchte, ist füllig und kraftvoll im Mund, besitzt reife Frucht, gute Struktur und Frische.

Weinbewertung

81	2016 Müller-Thurgau trocken Escherndorfer (1l) **11,5 %/5,20 €**
82	2016 Silvaner (trocken) **11,5 %/5,80 €**
81	2016 Müller-Thurgau (trocken) **11,5 %/5,80 €**
83	2016 Silvaner Kabinett trocken Escherndorfer Lump **12 %/7,10 €**
82	2016 Riesling Kabinett trocken Escherndorfer Lump **12 %/7,30 €**
87	2015 Silvaner Spätlese trocken „Teamgeist" Escherndorfer Lump **14 %/13,- €**
82	2016 Bacchus Kabinett Escherndorfer Fürstenberg **12 %/5,80 €**
85	2015 Spätburgunder Spätlese trocken Escherndorfer Lump **14 %/9,50 €**

Blesius

★★

KONTAKT

Hauptstraße 75
54470 Graach
Tel. 06531-2227
Fax: 06531-91353
www.weingut-blesius.com
weingut@blesius.com

Inhaber
Klaus Blesius
Rebfläche
3,5 Hektar
Produktion
35.000 Flaschen

BESUCHSZEITEN

Mo.-Sa. 9-19 Uhr, So. 10-12 Uhr

Seit Mitte des 18. Jahrhunderts betreibt die Familie Weinbau an der Mosel. Heute führen Klaus und Raphaela Blesius das kleine Graacher Weingut, sie werden im Betrieb unterstützt von Sohn Florian. Klaus und Florian Blesius kümmern sich um Weinberge und Keller, Raphaela Blesius sorgt sich um Kunden und Gäste. Ihre Weinberge liegen alle in Graach in den Lagen Domprobst, Himmelreich und Abtsberg – und Graach steht für Steillagen und Schiefer. 90 Prozent der Rebfläche nimmt Riesling ein, dazu gibt es etwas Spätburgunder sowie kleine Flächen mit Weißburgunder und Müller-Thurgau. Ein Teil der Weine wird spontanvergoren. Dem Weingut sind Appartements angeschlossen sowie eine Brennerei.

Kollektion

Was Klaus und Florian Blesius im vergangenen Jahr vorstellten, überraschte in vielen Bereichen – so beispielsweise beim kraftvollen „BB", der Länge besaß und Druck. Genau dieser Wein aus 2016 deutet nun seine Klasse lediglich an, ist anfangs eher verschlossen, zeigt dann aber viel Schmelz und Charakter sowie einen sehr eigenständigen Stil. Deutlich zugänglicher sind Kabinett und Spätlese im trockenen Bereich oder – im feinherben – der frisch und präzise ausfallende feinherbe Riesling „Jungspund's". Die beiden restsüß gehaltenen Kabinette lassen die unterschiedlichen weingutseigenen Stilrichtungen gut zum Ausdruck kommen: frisch, pikant und animierend der Kabinett aus dem Domprobst, verhaltener, saftiger, mit etwas mehr Fülle und Nachhaltigkeit der „Sponti"-Wein aus dem Himmelreich. Deutlich verschieden wirken auch die beiden Spätlesen aus dem Domprobst – die spontan vergorene ist verhaltener, aber etwas vielschichtiger. Sehr klar, frisch, geradlinig und nicht übertrieben süß fallen die beiden Auslesen aus: Sie krönen ein sehr gelungenes, gleichmäßig gutes Sortiment.

Weinbewertung

84 2016 Riesling Kabinett trocken Graacher Himmelreich **11 %/6,30 €**
85 2016 Riesling Spätlese trocken Graacher Domprobst **11 %/7,- €**
87 2016 Riesling „BB" Graacher Domprobst **12,5 %/13,- €**
83 2016 Riesling Kabinett „feinherb" Graacher Himmelreich **10,5 %/6,30 €**
85 2016 Riesling Spätlese „feinherb" „Jungspund's" Domprobst **10,5 %/7,- €**
84 2016 Riesling Kabinett Graacher Domprobst **8 %/6,30 €**
85 2016 Riesling Kabinett „Sponti" Graacher Himmelreich **7,5 %/6,50 €**
86 2016 Riesling Spätlese Graacher Domprobst **7,5 %/7,30 €**
86 2016 Riesling Spätlese „Sponti" Graacher Domprobst **7,5 %/7,80 €**
87 2016 Riesling Auslese* Graacher Domprobst **7 %/11,- €**
88 2016 Riesling Auslese** Graacher Domprobst **7,5 %/18,50 €**

B

Heribert Boch

★★☆

KONTAKT

Moselweinstraße 62
54349 Trittenheim
Tel. 06507-2713
Fax: 06507-6795
www.weingut-boch.de
info@weingut-boch.de

Inhaber
Michael Boch
Rebfläche
7,5 Hektar
Produktion
55.000 Flaschen

BESUCHSZEITEN

Mo.-Sa. 9-12 + 14-18 Uhr, So. 9-14 Uhr nach Vereinbarung
4 Doppelzimmer, 1 Ferienwohnung

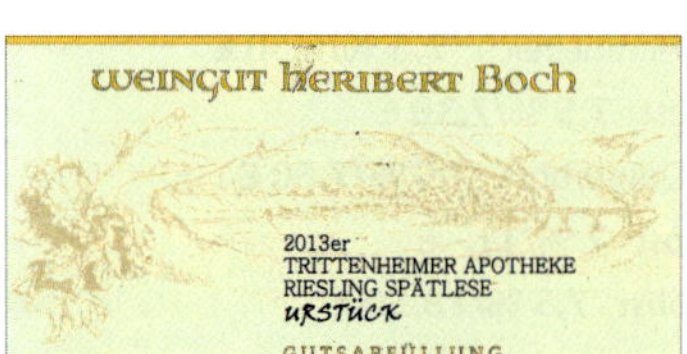

Das Weingut Heribert Boch in Trittenheim wird seit 1989 von Michael Boch geführt, seit 1999 unterstützt ihn seine Frau Anne. Nach der Übernahme des Betriebes kaufte Boch etwa 6000 Stock Riesling mit wurzelechten, 100 Jahre alten Reben in den besten Trittenheimer Steillagen hinzu. Die Weinberge liegen in den Trittenheimer Lagen Apotheke (darunter die ehemaligen Einzellagen Laurentiusberg und der ursprüngliche, namensgebende Abtsweinberg, aus dem der Urstück genannte Wein stammt) und Altärchen. Michael Boch hat sich nach und nach auf Steillagen und auf Riesling konzentriert, der heute 63 Prozent seiner Weinberge einnimmt. Hinzu kommen ein Viertel Spätburgunder sowie ein wenig Kerner, Chardonnay und Müller-Thurgau. Die Moste werden nach kurzer Maischestandzeit kühl vergoren und reifen in Edelstahltanks, die Rotweine werden teils im Barrique ausgebaut.

Kollektion

Nachdem der Jahrgang 2015 bereits sehr überzeugt hatte, nicht nur im süßen Bereich, sondern auch im trockenen, zeigt das Weingut mit dem 2016er, dass es sich konstant unter den besten Weingütern der Mosel etablieren kann. Vor allem die Konstanz der vorgestellten Weine ist beeindruckend und alles andere als selbstverständlich, beginnend beim trockenen Kabinett über den „Urstück"-Riesling bis zum puristischen, sehr präzise wirkenden „Abtswingert Zero", der wirklich komplett trocken wirkt und dennoch Saftigkeit und Schmelz mitbringt. Die dreifach besternte Spätlese wirkt derzeit vergleichsweise süß, besitzt aber Substanz, weshalb wir zu einer weiteren Reife raten; die elegante Auslese mit Anklängen an Aprikosen und Pfirsichhaut und der duftige, zugängliche, saftige Eiswein aus dem Trittenheimer Altärchen machen bereits jetzt viel Spaß. Herauszuheben ist auch das gute Preis-Leistungs-Verhältnis der Weine.

Weinbewertung

82	2016 Spätburgunder „Blanc de Noir" trocken **12,5 %/6,70 €**
84	2016 Riesling Kabinett trocken Trittenheimer Apotheke **11,5 %/6,90 €**
87	2016 Riesling trocken „Urstück" Trittenheimer Apotheke **12,5 %/9,80 €**
88	2016 Riesling Spätlese trocken „Abtswingert Zero" Apotheke **12,5 %/12,- €**
87	2016 Riesling Spätlese „feinherb" Trittenheimer Apotheke **11,5 %/8,90 €**
89	2016 Riesling Spätlese*** Trittenheimer Apotheke **7,5 %/12,- €** ☺
89	2016 Riesling Auslese Trittenheimer Apotheke **7,5 %/22,- €**
90	2016 Riesling Eiswein Trittenheimer Altärchen **7 %/35,- €/0,375l**
86	2015 Spätburgunder trocken Trittenheimer Altärchen **13 %/8,90 €**

Bös

★☆

KONTAKT

Wiesenäcker 2
69254 Malsch
Tel. 07253-278818
Fax: 07253-278819
www.weingut-boes.de
info@weingut-boes.de

Inhaber
Rüdiger Bös
Rebfläche
19,3 Hektar
Produktion
150.000 Flaschen

BESUCHSZEITEN

Di. + Do. 17-19 Uhr, Fr. 15-19 Uhr, Sa. 10-14 Uhr und nach Vereinbarung
Weinwanderungen

Die Eltern von Rüdiger Bös besaßen einen landwirtschaftlichen Mischbetrieb mit 3 Hektar Weinbergen. 1999 übernahmen Rüdiger und Maike Bös den Betrieb, erweiterten nach und nach die Rebfläche und bauten den Keller aus. Ihre Weinberge liegen am Letzenberg in den beiden Malscher Lagen Rotsteig und Ölbaum. 35 Prozent der Rebfläche nimmt Spätburgunder ein, dazu gibt es Weißburgunder, Grauburgunder, Riesling, Chardonnay und Lemberger, Muskateller und Merlot, ein klein wenig Gewürztraminer und Dornfelder, Müller-Thurgau und Portugieser, aber auch Cabernet Franc. Rüdiger Bös arbeitet in den letzten Jahren verstärkt mit Spontangärung und sur lie-Ausbau bei den Weißweinen, Kaltmaceration bei den Roten, setzt auf den Ausbau im Holz, auch bei Weißweinen.

Kollektion

In den vergangenen Jahren zeigt uns Rüdiger Bös starke, stimmige Kollektionen. Die Weine sind reintönig, gut strukturiert, haben Substanz. Etwas irritiert hat uns dieses Jahr die deutliche Restsüße bei den meisten Rotweinen, vor allem bei den Lembergern. Das ist sehr selten geworden, normalerweise steht heute beim Zuckergehalt der Rotweine die Null vor dem Komma. Am besten haben uns Merlot und Cabernet Franc gefallen. Der Merlot ist weich, hat viel Frucht, umgeben von feinkörnigen Tanninen. Der Cabernet Franc zeigt viel reife Frucht, Johannisbeere und Schokolade, feine Würze, besitzt sehr junge, aber feine Tannine. Der Chardonnay-Stillwein zeigt feine Zitrusfrucht, Frische, ist sehr gut wie auch der elegante, frische Sekt. Intensiv, eindringlich und typisch ist der Muskateller, hat viel Schmelz und Saft. Viel Frucht und Klarheit zeigen die weißen Burgunder, allen voran der Grauburgunder Jagdweg, der viel Stoff und Volumen besitzt, Schmelz und Biss.

Weinbewertung

86	Chardonnay Sekt brut **13 %/9,5 0€**
86	2016 Chardonnay trocken **13 %/7,- €** ☺
83	2016 „Blanc de Noir" trocken **13 %/7,- €**
86	2016 Gelber Muskateller trocken **12,5 %/7,50 €**
86	2016 Weißburgunder Kabinett trocken **13 %/6,- €** ☺
85	2016 Grauburgunder Kabinett trocken **13 %/6,- €** ☺
86	2016 Grauburgunder trocken „Jagdweg" **13 %/9,- €**
83	2015 Lemberger trocken **13 %/7,- €**
84	2014 Blaufränkisch trocken **13 %/9,- €**
83	2014 Spätburgunder Kabinett trocken **13 %/7,- €**
87	2013 Cabernet Franc „RS" **13,5 %/18,- €**
86	2014 Merlot „RS" **13,5 %/14,- €**

B

Bohnenstiel

★

KONTAKT

Weinstraße 77
67273 Herxheim am Berg
Tel. 06353-91186
Fax: 06353-91196
www.weingut-bohnenstiel.de
weingut.bohnenstiel@t-online.de

Inhaber
Edwin & Martina Bohnenstiel
Rebfläche
14 Hektar
Produktion
80.000 Flaschen

BESUCHSZEITEN

Mo.-Fr. 9-18 Uhr, Sa. 9-17 Uhr,
sonn- und feiertags geschlossen
Probierstube, Ferienwohnung

Seit Ende des 17. Jahrhunderts betreibt die Familie Bohnenstiel Weinbau in Herxheim am Berg. Die Weinberge liegen vor allem im Herxheimer Honigsack, aber auch im Herxheimer Himmelreich, im Herxheimer Kirchenstück und in Dackenheim. Neben den traditionellen Weißweinsorten wie Riesling, Weiß-, Grauburgunder, Müller-Thurgau und Silvaner bauen Edwin und Martina Bohnenstiel inzwischen auch Chardonnay, Sauvignon Blanc und Gelber Muskateller an. An roten Sorten gibt es Portugieser, Dornfelder, Spätburgunder, St. Laurent, Acolon, Cabernet Mitos, Cabernet Sauvignon und Merlot. Die Weißweine werden kühl und langsam vergoren, alle Rotweine werden maischevergoren. Für seine Topweine nutzt Edwin Bohnenstiel alte Lagenbezeichnungen wie Wermuth, Mahlstein, Felsenberg oder Sommertal.

Kollektion

Die weißen Spitzen des vergangenen Jahres, die Rieslinge „Wermuth“ und „Alte Rebe“, fehlten bei der diesjährigen Verkostung, das weiße Segment der Kollektion wird dieses Mal vom Sauvignon Blanc „Fumé“ angeführt, der gute Konzentration und Länge besitzt und nur sehr dezente Röstnoten aufweist. Auch der andere Sauvignon Blanc ist reintönig mit etwas grasiger Würze und Maracujafrucht, die trockene Riesling Spätlese vom Honigsack besitzt Kraft und Fülle und der Chardonnay zeigt viel klare gelbe Frucht und besitzt ein feines Säure-Spiel. Reintönig sind auch der Muskateller und Grau- und Weißburgunder, die aber alle etwas nachhaltiger sein könnten. Bei den Rotweinen besitzen St. Laurent und Merlot süße Frucht, bleiben aber kurz, die beiden Spätburgunder zeigen feine rote Frucht, die Spätlese aus dem Honigsack ist rund und unkompliziert, der Spätburgunder aus dem Sommertal besitzt mehr Struktur, Würze und Potential und ist harmonisch mit gut eingebundenem Holz.

Weinbewertung

83	2016 Sauvignon Blanc trocken **12,5 %/7,- €**
85	2016 Sauvignon Blanc trocken „Fumé“ **13 %/9,60 €**
81	2016 Weißburgunder Kabinett trocken **12,5 %/5,70 €**
82	2016 Riesling Kabinett trocken **11,5 %/5,20 €**
83	2016 Chardonnay Spätlese trocken **13 %/6,80 €**
82	2016 Grauburgunder Spätlese trocken Honigsack **13 %/6,90 €**
84	2016 Riesling Spätlese trocken Honigsack **13 %/6,80 €**
81	2016 Gelber Muskateller **12 %/6,70 €**
81	2015 St. Laurent trocken **13 %/6,50 €**
82	2014 Merlot trocken **14 %/7,20 €**
83	2014 Spätburgunder Spätlese trocken Honigsack **13 %/7,50 €**
86	2013 Spätburgunder trocken „Sommertal“ **14 %/13,- €**

Borchert

★★

B

KONTAKT

Springiersbacher Hof
Oberbachstraße 30
56814 Ediger-Eller
Tel. 02675-1560
Fax: 02675-910149
www.moselhof.de
info@moselhof.de

Inhaber
Gabriele & Michael Borchert
Rebfläche
2,5 Hektar
Produktion
15.000 Flaschen

BESUCHSZEITEN

Wein-Café 12-22 Uhr
Ferienwohnungen

Das Weingut hat seinen Sitz in einem Barockgebäude, das die Augustiner-Chorherren vom Kloster Springiersbach 1752 errichten ließen. 1997 gründeten Gabriele und Michael Borchert das Weingut praktisch neu, in dem sie einen Weinberg im Ediger Feuerberg pachteten. Nach und nach kauften sie Parzellen in besten Lagen im Ellerer Calmont und im Ediger Elzhofberg, wo sie brachgefallene Terrassen rodeten und neu bepflanzten und eine Monorackbahn bauten. Des Weiteren sind sie im Ediger Osterlämmchen und im Ellerer Pfirsichgarten vertreten. Riesling nimmt 90 Prozent der Rebfläche ein, Grauburgunder 6 Prozent 2014 wurden zwei weitere Weinberge in Steilstlagen hinzugepachtet, der eine mit 1993 gepflanztem Spätburgunder, der andere mit 1980 gepflanzten wurzelechten Rieslingreben. Inzwischen gehört auch Gewürztraminer zum Sortiment. 2005 eröffnete die Familie ein Wein-Café in einer ehemaligen Kelterscheune, 2010 nahmen sie eine Destille in Betrieb. Sohn Johannes hat 2016 sein Studium in Geisenheim beendet. Zukünftig wird der Familienname Borchert in den Vordergrund gerückt, nicht mehr der Name des Anwesens Springiersbacher Hof.

Kollektion

Die 2016er des Weinguts Borchert brachten nicht nur ein erfreulich geradliniges Programm, sondern auch Überraschungen mit sich. Im trockenen Bereich ist der Riesling von rotem Schiefer sehr gelungen, straff und präzise, während der „Elzig" eine fast nussige Würze besitzt. Der Calmont-Riesling ist bei der Verkostung sehr verschlossen, zeigte aber überdurchschnittliche Substanz, Schmelz und eine angenehm trockene Art. Der Graue Burgunder ist sortentypisch, fest und trocken, der 2015er „Elz!" ist etwas verhalten, aber saftig und ausgewogen. Mit zarter Süße und straffer Art verblüfft die Cuvée aus Riesling und Gewürztraminer, die süße Spitze bildet der Kabinett aus dem Elzhofberg. Erfreuliche Eleganz schließlich zeigt der Spätburgunder aus 2014.

Weinbewertung

85 2016 Riesling trocken „Roter Schiefer" **7,- €**
87 2015 Riesling trocken „Elz! Nur steil ist geil" **11,80 €**
86 2016 Riesling trocken „Elzig von den oberen Mauern" **13,80 €**
86 2016 Grauer Burgunder trocken **13,80 €**
87 2016 Riesling trocken Calmont **15,80 €**
83 2016 Riesling Classic **5,50 €**
84 2016 Riesling „feinherb" Elzhofberg **9,80 €**
85 2016 Riesling Kabinett Elzhofberg **8,50 €**
85 2016 Gewürztraminer und Riesling Cuvée **8,50 €**
85 2014 Blauer Spätburgunder trocken **9,50 €**

Borell-Diehl

★★

KONTAKT

Weinstraße 47
76835 Hainfeld
Tel. 06323-980530
Fax: 06323-980570
www.borrell-diehl.de
info@borell-diehl.de

Inhaber
Thomas Diehl &
Annette Borell-Diehl
Rebfläche
28 Hektar
Produktion
280.000 Flaschen

BESUCHSZEITEN

Mo.-Fr. 8-12 + 13-18 Uhr,
Sa. 9-17 Uhr

Die Familie Borell ist seit dem 17. Jahrhundert in Hainfeld ansässig, das Weingut hat seinen Sitz in einem Fachwerkhaus aus dem Jahr 1619. In seiner heutigen Form entstand das Weingut 1990 durch die Heirat von Annette Borell mit Thomas Diehl, der ebenfalls aus einer Winzerfamilie (im benachbarten Edesheim) stammt. Sie werden seit 2015 im Betrieb unterstützt von Sohn Georg, der seine Lehre bei Möwes, Rebholz und Wittmann machte, dann eine Weinbautechnikerausbildung anschloss. Ihre Weinberge liegen in den Hainfelder Lagen Letten und Kapelle, den Flemlinger Lagen Vogelsprung und Herrenbuckel, den Edesheimer Lagen Forst und Rosengarten sowie im Burrweiler Altenforst und im Maikammer Heiligenberg.

Kollektion

Ein neuer Wein führt das diesjährige Sortiment auf gleichmäßig hohem Niveau an, ein Chardonnay Lagenwein aus dem Hainfelder Kirchenstück mit dezenten Noten von gerösteten Haselnüssen, gelber Frucht und Zitruswürze, er ist saftig und weich und besitzt gute Konzentration. Ähnliche Fruchtnoten von Bananen, Melonen und Zitrusfrüchten zeigt auch der „Réserve"-Chardonnay, der aber etwas weniger nachhaltig ist, der „Réserve"-Weißburgunder zeigt feine Röstnoten, er besitzt Kraft, Schmelz und Länge, wie auch der Grauburgunder von alten Reben. Bei den Rieslingen zeigt der füllige Wein aus dem Forst viel klare, gelbe Frucht, der „Kupperwolf" aus dem Rosengarten ist noch etwas verhalten, zeigt kräutrige Würze und ist leicht animierend. Die beiden süßen Rieslaner zeigen eine ähnliche Aromatik, sie sind reintönig mit Noten von Aprikosen, Zitrusfrüchten und Nougat im Bouquet, beide sind frisch und schlank, die Beerenauslese ist aber intensiver und eindringlicher als die Auslese. Und auch die beiden Spätburgunder ähneln sich sehr, mit dunkler Kirschfrucht, Röstnoten und guter Struktur.

Weinbewertung

86 2016 Weißer Burgunder trocken „Alte Reben" Hainfelder **13 %/9,- €**
87 2016 Weißer Burgunder trocken „Réserve" **13,5 %/13,- €**
87 2016 Grauer Burgunder trocken „Alte Reben" Hainfelder Letten **13,5 %/9,- €**
87 2016 Chardonnay trocken „Réserve" „vom Muschelkalk" **13,5 %/13,- €**
88 2016 Chardonnay trocken Hainfelder Kirchenstück **13 %/18,- €**
84 2016 Riesling trocken „vom Schiefer" Burrweiler Altenforst **12,5 %/6,50 €**
86 2016 Riesling trocken „Alte Reben" Edesheimer Forst **13 %/8,- €**
86 2016 Riesling trocken „Kupperwolf" Edesheimer Rosengarten **13 %/9,- €**
86 2016 Rieslaner Auslese Flemlinger Herrenbuckel **8 %/9,50 €/0,375l**
88 2016 Rieslaner Beerenauslese Hainfelder Kapelle **10 %/14,- €**
87 2015 Pinot Noir trocken „Réserve" **13,5 %/15,- €**
87 2015 Spätburgunder trocken „Georg XIII" Hainfelder Letten **13,5 %/18,80 €**

BORST

★☆

KONTAKT

Am Rain 16
97334 Nordheim
Tel. 09381-2949
Fax: 09381-802568
www.weingut-borst.de
info@weingut-borst.de

Inhaber
Thomas Borst
Rebfläche
9 Hektar
Produktion
60.000 Flaschen

BESUCHSZEITEN

Mo.-Sa. 8-12 + 14-17 Uhr
Gästehaus

Das Nordheimer Familienweingut wird heute in siebter Generation von Thomas Borst geführt, der nach Winzerlehre und Neuseelandaufenthalt Önologie in Geisenheim studiert hat. Seine Weinberge liegen vor allem im Nordheimer Vögelein und im Sommeracher Katzenkopf, des Weiteren ist er im Nordheimer Kreuzberg, im Neuseser Glatzen und in Dettelbach vertreten. Das Hauptaugenmerk liegt auf Weißweinen, vor allem dem Silvaner, aber auch Müller-Thurgau, Bacchus, Riesling und Rieslaner spielen eine wichtige Rolle im Betrieb, auch Weißburgunder und Scheurebe werden angebaut, an roten Sorten gibt es Spätburgunder und Domina, aber auch ein wenig Regent, Schwarzriesling und Cabernet Dorsa.

Kollektion

Eine überzeugende Kollektion präsentierte Thomas Borst zum Debüt im vergangenen Jahr, mit der neuen Kollektion schließt er nahtlos daran an. Die Basis stimmt, das zeigen die Literweine, aber auch der geradlinige Inselwein oder der sortentypische Müller. Der trockene Silvaner Kabinett aus dem Vögelein ist dann schon sehr gut, ist fruchtbetont, sortentypisch, zupackend. Die trockene Silvaner Spätlese aus dem Katzenkopf besitzt gute Konzentration und viel reife Frucht, der Weißburgunder ist kraftvoll und strukturiert, besitzt reife Frucht und gute Substanz, die Scheurebe von alten Reben besticht mit ihrer Reintönigkeit, der Spätburgunder ist wunderschön klar und zupackend. Im süßen Segment wartet Thomas Borst mit einer reintönigen, zupackenden Rieslaner Spätlese auf und ein Rieslaner ist auch der am höchsten bewertete Wein in diesem Jahr, nämlich die Trockenbeerenauslese aus dem Jahrgang 2015, die konzentriert ist, eingelegte süße Aprikosen und kandierte Früchte zeigt, herrlich viel Stoff und Substanz besitzt. Im Aufwind!

Weinbewertung

80 2016 Silvaner trocken (1l) **12 %/5,10 €**
81 2016 „Inselwein" Weißwein trocken **12 %/5,50 €**
82 2016 „Der Müller" trocken **11,5 %/5,50 €**
85 2016 Silvaner Kabinett trocken Nordheimer Vögelein **12,5 %/6,20 €**
82 2016 Riesling Kabinett trocken Nordheimer Vögelein **12 %/6,50 €**
86 2016 Silvaner Spätlese trocken Sommeracher Katzenkopf **13 %/8,50 €**
85 2015 Weißer Burgunder Spätlese trocken Sommeracher Katzenkopf **14 %/8,50 €**
85 2016 Scheurebe Spätlese „Alte Reben" trocken Nordheimer Vögelein **12,5 %/8,50 €**
81 2016 Bacchus halbtrocken (1l) **11 %/4,90 €**
85 2016 Rieslaner Spätlese Nordheimer Vögelein **11,5 %/8,50 €**
88 2015 Rieslaner Trockenbeerenauslese Nordheimer Vögelein **7 %/26,- €/0,375l**
84 2015 Spätburgunder trocken Nordheimer Vögelein **13,5 %/8,50 €**

B

BORTH

★

KONTAKT

Unterheimbacherstraße 35
74626 Bretzfeld-Adolzfurt
Tel. 07946-2139
Fax: 07946-942533
www.weingut-borth.de
info@weingut-borth.de

Inhaber
Michael Borth
Rebfläche
6,5 Hektar
Produktion
50.000 Flaschen

BESUCHSZEITEN

täglich nach Vereinbarung
Weinstube (60-80 Personen), zweimal monatlich für eine Woche geöffnet (Öffnungszeiten siehe Webseite)

Seit 1993 bewirtschaften Andrea und Michael Borth dieses Familienweingut in Adolzfurt, 1997 errichteten sie ein neues Betriebsgebäude. Ihre Weinberge befinden sich in der Adolzfurter Lage Schneckenhof sowie im Cleversulzbacher Eberfürst, die Reben wachsen auf Keuperverwitterungsböden. 80 Prozent der Rebfläche nehmen rote Sorten ein: Trollinger, Lemberger, Spätburgunder, Schwarzriesling, Samtrot, Muskattrollinger und Dornfelder, inzwischen auch Merlot und Cabernet Cubin. Alle Rotweine werden maischevergoren, die besten Weine werden im Barrique ausgebaut. An weißen Sorten gibt es Riesling, Traminer und Silvaner, inzwischen auch Burgundersorten wie Weißburgunder, Grauburgunder und Auxerrois, dazu ein wenig Muskateller und Muscaris. Zweimal im Monat für eine Woche geöffnet hat die Weinstube von Andrea und Michael Borth, in der schwäbische Spezialitäten angeboten werden. Seit Anfang 2015 gibt es auf dem Weingut eine Ferienwohnung und vier Apartments.

Kollektion

Wie in den Vorjahren präsentiert Michael Borth eine sehr gleichmäßige Kollektion, weiß wie rot, wobei die Rotweine in der Spitze nicht ganz an die im vergangenen Jahr vorgestellten Barrique-Rotweine des Jahrgangs 2012, Lemberger und Spätburgunder, heranreichen. Dabei konnten wir einen weiteren Barrique-Rotwein dieses Jahrgangs verkosten, eine rote Cuvée, die viel Duft und eindringlich Gewürze im Bouquet zeigt, Fülle und Substanz im Mund besitzt, aber etwas zu sehr von Schokonoten und kräftigen Tanninen dominiert ist. Gleichauf sehen wir den im Holz ausgebauten Lemberger, der frisch und fruchtbetont ist, geradlinig und zupackend. Die trockene Spätburgunder Spätlese besitzt feine reintönige Frucht und schöne Frische, der Muskattrollinger Weißherbst ist fruchtbetont, sehr sortentypisch. Die Weißweine sind zwar sehr gleichmäßig, insgesamt aber ein wenig verhaltener, am besten gefällt uns die geradlinige trockene Weißburgunder Spätlese. ▬

Weinbewertung

80 2016 Riesling Spätlese trocken Adolzfurter Lindelberg **11,5 %/6,30 €**
81 2016 Weißburgunder Spätlese trocken Adolzfurter Schneckenhof **12 %/6,- €**
80 2016 Grauburgunder mit Auxerrois Spätlese trocken **13 %/6,30 €**
82 2016 Muskattrollinger Weißherbst **11 %/6,30 €**
84 2015 Lemberger trocken Holzfass Adolzfurter Schneckenhof **13 %/6,80 €**
82 2015 Spätburgunder Spätlese trocken Adolzfurter Lindelberg **12 %/6,30 €**
84 2012 „Cuvée 07" Rotwein trocken Barrique **13 %/16,80 €**

Borth
WEINGUT

RUDOLF BOSCH

★★

KONTAKT

An der oberen Lußhardt 1/1
76709 Kronau
Tel. 07253-9324024
www.weingut-bosch-kronau.de
info@weingut-bosch-kronau.de

Inhaber
Rudolf Bosch &
Andreas Braunecker
Rebfläche
8 Hektar
Produktion
40.000 Flaschen

BESUCHSZEITEN

Mi. + Fr. 17:30-19 Uhr, Sa. 14-17 Uhr oder nach Vereinbarung

Das Weingut entstand als Hobby-Weingut, gegründet von Rudolf Bosch in Bad Schönborn. Erst mit dem Einstieg seines Neffen Andreas Braunecker nach dessen Geisenheim-Studium im Jahr 2008 (nach Winzerlehre beim Lucashof und bei Christmann) und dem Neubau eines Kellereigebäudes in Kronau wurde aus dem Hobbybetrieb ein Haupterwerbsweingut. Die Weinberge erstrecken sich über mehrere Gemarkungen im Kraichgau, so Langenbrücken, Zeutern, Stettfeld und Obergrombach, die Reben wachsen teils auf Löss, teils auf Kalkmergel, teils auf Posidonienschiefer. Riesling nimmt ein Viertel der Rebfläche ein, Spätburgunder ein Fünftel, es folgen Müller-Thurgau, Frühburgunder, Weißburgunder und Grauburgunder, dazu gibt es etwas Auxerrois, Scheurebe und Portugieser, sowie Cabernet Mitos und Merlot. Die Weine werden in den drei Linien Esprit, Signatur und Charisma vermarktet.

Kollektion

Wie im vergangenen Jahr können wir feststellen: Die gute Leistung des Weinguts wird mit der aktuellen Kollektion wieder bestätigt. Die Weißweine der Esprit-Linie sind wieder frisch und klar, noch eine Spur eleganter als im vergangenen Jahr. Dazu gibt es einen außergewöhnlichen Wein. Der spontan vergorene Riesling hat den Kampf mit den wilden Hefen gewonnen, denn sie mussten ihm 60 Gramm Restzucker lassen. Das macht ihn hoch aromatisch mit sehr viel süßer Frucht, er ist sehr klar und hat eine elegante Struktur. Sehr erfreulich sind die Weißweine von 2016, allesamt leicht, elegant, geprägt von klarer Frucht und Frische. Der Lias Epsilon Riesling von 2015 zeigt exotische Frucht, etwas Karamell und Kräuter, er hat viel Stoff und salzig-mineralische Länge. Sehr gut sind auch die schlanken, eleganten, nicht überkonzentrierten Rotweine, allen voran der würzig-elegante Elysium-Spätburgunder.

Weinbewertung

83	2016 Müller-Thurgau „Esprit" **12,5 %/7,4 0€**
85	2016 Auxerrois trocken „Esprit" Obergrombacher Michaelsberg **13 %/7,90 €**
84	2016 Weißburgunder trocken „Esprit" **13 %/7,90 €**
84	2016 Riesling trocken „Esprit" **12 %/7,90 €**
84	2015 Riesling „Ganz spontan" **11 %/9,80 €**
87	2015 Riesling trocken „Lias Epsilon" **13,5 %/16,50 €**
80	Rosé „Earth" **12 %/7,40 €**
86	2015 Spätburgunder trocken „Esprit" **13 %/7,90 €**
87	2014 Spätburgunder trocken „Terra Sigma" **13 %/22,- €**
86	2014 Frühburgunder trocken „Signatur" **13,5 %/14,50 €**
85	2014 Rotwein trocken „Zweierlei" **13 %/14,50 €**
87	2013 Spätburgunder trocken „Elysium" **12,5 %/a.A.**

B

BOTTLER

★★

KONTAKT

Hauptstraße 11
54486 Mülheim
Tel. 06534-324
Fax: 06534-18395
www.weingut-bottler.de
wein-gaestehaus-bottler@
t-online.de

Inhaber
Hermann & Andreas Bottler
Rebfläche
6,5 Hektar
Produktion
55.000 Flaschen

BESUCHSZEITEN

Mo.-Sa. 8-12 + 13-18 Uhr oder nach Vereinbarung
Vinothek, Straußwirtschaft, Gästehaus

Das Familienweingut in Mülheim wird heute von Hermann und Andreas Bottler geführt. Ihre Weinberge liegen in der Mülheimer Sonnenlay, sie bauen zu 85 Prozent Riesling an, hinzu kommen 10 Prozent Spätburgunder sowie ein wenig Weißburgunder, Kerner, Müller-Thurgau und Regent. Die Weine werden kühl vergoren, teils im Holz, teils im Edelstahl ausgebaut. Das Gros der Produktion wird trocken ausgebaut. Zu den Spezialitäten gehört der Eiswein, der fast in jedem Jahr erzeugt wird, und von dem es auch einige ältere Jahrgänge noch im Verkauf gibt. Im Juli 2013 wurde die neue Vinothek fertiggestellt, die bis zu 40 Personen Platz für Weinverkostungen und Veranstaltungen bietet.

Kollektion

Die trockenen 2016er Rieslinge sind durch die Bank zuverlässig, sind nicht von Süße kaschiert, besitzen Frische. So der Guts-Riesling, gefolgt vom Kabinett „Blauschiefer" und den beiden trockenen Spätlesen. Jene von alten Reben hat besonders gute Anlagen, sie wirkte bei der Verkostung allerdings noch nicht ganz in der Balance. Anders als die zugängliche feinherbe Spätlese aus der Sonnenlay, die saftig und ansatzweise cremig wirkte und eine deutliche Süße aufwies. Die Süße scheint uns im weiteren Verlauf des Programms das bestimmende Merkmal. Vor allem die Spätlese aus dem Johannesberg, einer alten Katasterlage, die sich das Weingut hat eintragen lassen, wirkt derzeit recht süß, auch der dreifach besternten Spätlese aus der Sonnenlay fehlt noch etwas die Balance. Zwei edelsüße Rieslinge krönen das Sortiment. Uns gefällt der saftige, sehr süße, aber mit einer balancierenden Säure ausgestattete Eiswein aus 2016 noch etwas besser als die dicke, üppige Trockenbeerenauslese aus 2015, die Anklänge an Nektarinen und etwas kandiertes Gemüse zeigt.

Weinbewertung

82 2016 Guts-Riesling trocken **12,5 %/5,50 €**
83 2016 Riesling Kabinett trocken „Blauschiefer" **11,5 %/7,- €**
85 2016 Riesling Spätlese trocken „S" Mülheimer Sonnenlay **13 %/8,50 €**
85 2016 Riesling Spätlese trocken „Alte Reben S" Mülheimer Sonnenlay **13 %/10,50 €**
82 2016 Guts-Riesling „feinherb" **11,5 %/5,50 €**
83 2016 Riesling Kabinett „feinherb" „Held" **10 %/7,- €**
85 2016 Riesling Spätlese „feinherb" „Alte Reben" Mülheimer Sonnenlay **12 %/8,50 €**
83 2016 Riesling Kabinett „Johannesberg" **8 %/7,- €**
84 2016 Riesling Spätlese „Johannesberg" **8 %/8,50 €**
86 2016 Riesling Spätlese*** Mülheimer Sonnenlay **8 %/9,80 €**
89 2016 Riesling Eiswein Mülheimer Sonnenlay **9 %/35,- €/0,375l**
88 2015 Riesling Trockenbeerenauslese Mülheimer Sonnenlay **9,5 %/35,- €/0,375l**

Hermann-Josef Botzet

★☆

B

KONTAKT

Hauptstraße 18
54340 Thörnich
Tel. 06570-3708
Fax: 06507-80174
www.botzet-weingut.de
info@botzet-weingut.de

Inhaber
Bernhard Botzet
Rebfläche
6,5 Hektar
Produktion
20.000 Flaschen

BESUCHSZEITEN

nach Vereinbarung

Bernhard Botzet hat im Jahr 2006 das Weingut von seinem Vater übernommen. Er baut zu 98 Prozent Riesling an, dazu gibt es ein klein wenig Spätburgunder. Seine Weinberge liegen vor allem in den beiden Steillagen Thörnicher Ritsch und Pölicher Held und in der flacher gelegenen Thörnicher Schießlay, hinzu kommen kleinere Flächen im Enscher Mühlenberg und in der Klüsserather Bruderschaft. In der Thörnicher Ritsch besitzt Bernhard Botzet über 70 Jahre alte Reben. Neuerungen gibt es auch: Seit 2016 wird auch eine kleine Fläche in der Detzemer Maximiner Klosterlay bewirtschaftet. Die Weine werden teils mit den natürlichen Hefen, teils mit Reinzuchthefen vergoren, wobei der Anteil der spontan vergorenen erhöht wurde, und werden sehr lange auf der Feinhefe im Edelstahl ausgebaut.

Kollektion

Die Weine des Jahrgangs 2016 sind geradlinig, saftig, zugänglich und von einem sehr erfreulichen Preis-Leistungs-Verhältnis geprägt. Das beginnt bereits bei den Literrieslingen: sauber, saftig, straff und empfehlenswert. Die trockene Spätlese aus der Ritsch gefällt uns dann deutlich besser als das Hochgewächs aus gleicher Lage, wirkt präziser, besitzt im Nachhall eine überdurchschnittliche Fülle. Die feinherbe Spätlese wirkt etwas straffer als der kraftvolle, aber recht süße Wein von alten Reben. Für die trockene und die feinherbe Spätlese gilt, dass beide tatsächlich spät gelesen wurden und lange gärten, relativ viel Alkohol und eine eher niedrige Säure aufweisen – was den Weinen aber gut steht. Apropos Süße: Die Spätlese aus der Ritsch wirkte bei der Verkostung im Frühsommer 2017 recht süß, vom Stil her beinahe üppig – da dürfte etwas Reifezeit angemessen sein, damit sich der Wein harmonisiert. Substanz aber ist vorhanden, auch beim süffigen Spätburgunder Rosé, einem unkomplizierten, aber sauber vinifizierten Sommerwein.

Weinbewertung

81	2016 Riesling trocken Thörnicher St. Michael (1l) **12 %/5,50 €**
82	2016 Riesling trocken Detzemer Maximiner Klosterlay (1l) **12,5 %/5,50 €**
82	2016 Riesling Hochgewächs trocken Thörnicher Ritsch **12,5 %/6,90 €**
86	2016 Riesling Spätlese trocken Thörnicher Ritsch **12,5 %/8,60 €**
81	2016 Riesling „feinherb" Thörnicher St. Michael (1l) **11 %/5,50 €**
83	2015 Riesling Hochgewächs „feinherb" Thörnicher Ritsch **11,5 %/6,90 €**
86	2016 Riesling Spätlese „feinherb" Thörnicher Ritsch **11,5 %/8,60 €**
85	2016 Riesling „feinherb Alte Reben" Thörnicher Ritsch **11 %/8,60 €**
82	2016 Riesling Hochgewächs Pölicher Held **8 %/6,90 €**
84	2016 Riesling Spätlese Thörnicher Ritsch **7,5 %/9,60 €**
81	2016 Spätburgunder Rosé **11,5 %/5,50 €**

B

Boudier & Köller

★★☆

KONTAKT

Hauptstraße 19
67294 Stetten
Tel. 06355-586
Fax: 06355-9550949
www.boudierkoeller.de
info@boudierkoeller.de

Inhaber
Dr. Robert Boudier, Elmar Köller
Rebfläche
8,5 Hektar
Produktion
40.000 Flaschen

BESUCHSZEITEN

variabel, siehe Homepage

Ganz im Pfälzer Norden, im Zellertal, liegt das Weingut von Robert Boudier und Elmar Köller. Sie sind Quereinsteiger, erwarben 2007 das Stettener Pfarrhaus, gründeten 2010 ihr eigenes Weingut, erster Jahrgang war 2011. Die Weinberge liegen im Zellertal, vor allem in den Gemeinden Stetten (Heiligenhäuschen), Gauersheim (Goldloch) und Albisheim (Heiligenborn). In Kirchheimbolanden haben Robert Boudier und Elmar Köller den städtischen, 2,4 Hektar großen Schlossgartenweinberg übernommen, haben dort, zum vorhandenen Riesling, Chardonnay, Spätburgunder und Schwarzriesling neu gepflanzt.

Kollektion

Die Stärken der diesjährigen Kollektion liegen bei den Rotweinen, was im „cool climate" der nördlichen Pfalz überrascht. Die Roten sind alle kühl und elegant mit hohem Trinkfluss, der teilweise recht hohe Alkoholgehalt ist immer gut eingebunden. An der Spitze stehen Malbec und Syrah, ersterer zeigt komplexe dunkle Frucht mit Noten von Schwarzkirschen, Pflaumen und Brombeeren im Bouquet, besitzt gute Struktur, der Syrah zeigt dezente Röstnoten und pfeffrige Würze, besitzt charmante Frucht, ist elegant und animierend. Die beiden Pinots besitzen kühle, rote Frucht, sind frisch und harmonisch, was auch für die Cuvée „Roter Stern" gilt, die Noten von Mokka und Cassis zeigt. Unter den Weißweinen ragt die herrlich fruchtbetonte Auslese heraus, die cremig-dicht und trotzdem elegant ist, der Chardonnay besitzt gute Substanz, ist aber noch sehr vom Holz geprägt und braucht noch Zeit, der Sauvignon Blanc aus dem Goldloch ist geradlinig und ausgewogen, besitzt grüne Stachelbeerfrucht und frischen Säure-Biss.

Weinbewertung

84 2015 Sauvignon Blanc **11,5 %/11,80 €**
83 2015 Pinot Blanc **13 %/9,80 €**
86 2015 Chardonnay **13,5 %/15,80 €**
86 2015 Sauvignon Blanc Gauersheimer Goldloch **13,5 %/16,80 €**
83 2016 „Coming Out" Weißwein **9,5 %/9,80 €**
84 2015 Riesling Kirchheimbolanden **12 %/11,80 €**
88 2015 Weißwein Auslese Stetten **10 %/14,80 €/0,375l**
85 2015 „Roter Stern" Rotwein **13 %/13,80 €**
88 2015 Malbec **14 %/19,80 €**
88 2015 Syrah **14 %/22,80 €**
86 2015 Pinot Noir **14 %/13,80 €**
87 2015 Pinot Noir Goldloch **13 %/17,80 €**

B

Boxheimerhof

★

KONTAKT

Wonnegaustraße 31
67550 Worms-Abenheim
Tel. 06242-60180
Fax: 06242-2765
www.boxheimerhof.de
info@boxheimerhof.de

Inhaber
Hans-Walter Boxheimer & Johannes Boxheimer
Rebfläche
25 Hektar

BESUCHSZEITEN

Mo.-Sa. 8-19 Uhr,
So. geschlossen

Boxheimerhof

Seit über 350 Jahren baut die Familie Wein in Rheinhessen an. Der Boxheimerhof ist in Abenheim zu Hause, einem Ort, der bereits im Lorcher Codex erwähnt wurde, seit 1969 ein Stadtteil von Worms ist. Heute führen Walter und Gudrun Boxheimer zusammen mit ihrem Sohn Johannes das Gut. Ihre Weinberge liegen im Abenheimer Klausenberg, in den Gundheimer Lagen Sonnenberg und Mandelbrunnen sowie im Osthofener Kirchberg. Riesling, Weißburgunder, Grauburgunder und Gewürztraminer werden angebaut, aber auch internationale Rebsorten wie Sauvignon Blanc und Chardonnay, dazu eine breite Palette an Neuzüchtungen wie Müller-Thurgau, Huxelrebe, Scheurebe, Kerner oder Ortega. An roten Sorten gibt es Spätburgunder, Dornfelder, Portugieser und Sankt Laurent. Die Weine werden teils im Edelstahl, teils im Holz ausgebaut.

Kollektion

Mit einer sehr gleichmäßigen Kollektion haben die Boxheimers im vergangenen Jahr debütiert, ebenso gleichmäßig ist nun auch der neue Jahrgang. Die Gutsweine sind frisch, geradlinig und sortentypisch. Der Riesling vom Brummelochsenboden ist füllig und kraftvoll, besitzt reife Frucht und gute Struktur, der Riesling von alten Reben ist reintönig und konzentriert, die hohe Restsüße nimmt ihm Spannung. Auch der im Holz ausgebaute Chardonnay ist recht süß, dabei füllig und kraftvoll, der Sauvignon Blanc ist kraftvoll und klar, besitzt gute Struktur und Biss. Die süße Gewürztraminer Spätlese zeigt feinen Duft, ist geradlinig und klar. Das rote Segment bietet einen konzentrierten, kraftvollen Dornfelder, der gute Struktur, reife Frucht und kräftige Tannine besitzt, sowie einen von Würz- und Toastnoten geprägten Pinot Noir, der Fülle und Kraft besitzt, reife Frucht und gute Struktur. —

Weinbewertung

84 2016 Sauvignon Blanc trocken „Johannes B." Abenheimer Klausenberg **12 %/6,50 €**
81 2016 Chardonnay trocken **12,5 %/6,20 €**
84 2016 Riesling trocken „Brummelochsenboden" Klausenberg **12 %/6,50 €**
84 2016 Riesling trocken „Alte Reben" **12 %/10,- €**
84 2016 Chardonnay trocken Holzfass „Johannes B." **12,5 %/9,50 €**
81 2016 Riesling „VielLeischt" **10 %/6,- €**
80 2016 Kerner halbtrocken (1l) **12,5 %/4,80 €**
81 2016 Grauer Burgunder „feinherb" **12,5 %/6,20 €**
83 2016 Gewürztraminer Spätlese Abenheimer Klausenberg **10 %/6,50 €**
82 2014 „Privat Cuvée" Rotwein trocken **13 %/7,50 €**
85 2015 Dornfelder trocken „Reserve" **13 %/10,50 €**
85 2014 Pinot Noir trocken „Johannes B." **13 %/13,50 €**

B

BRAND

★★

KONTAKT

Weinstraße 7
67278 Bockenheim
Tel. 06359-4944
Fax: 06359-40014
www.weingut-brand.com
wein@weingut-brand.com

Inhaber
Daniel & Jonas Brand
Rebfläche
18 Hektar
Produktion
35.000 Flaschen

BESUCHSZEITEN

Mo.-Sa. 8-17 Uhr

In dem 1891 gegründeten Weingut in Bockenheim wurde 1971 mit der Selbstvermarktung begonnen, 2000 wurde ein neues Betriebsgebäude gebaut, 2003 ein Gästehaus mit sechs Zimmern eröffnet. 2014 haben die Brüder Daniel und Jonas den Betrieb von ihrem Vater Jürgen Brand übernommen, 2015 haben sie damit begonnen, auf ökologische Bewirtschaftung umzustellen. Daniel Brand absolvierte seine Lehrjahre bei Gutzler, Neiss und Wageck-Pfaffmann und machte anschließend seinen Abschluss als Weinbautechniker in Bad Kreuznach, sein jüngerer Bruder Jonas wurde beim Jesuitenhof und Philipp Kuhn ausgebildet und absolvierte ein Praxisjahr beim Weingut Jurtschitsch im Kamptal, dem eine Technikerausbildung in Veitshöchheim folgte. Mit dem Jahrgang 2011 hatte Daniel Brand begonnen, eigene Weine mit einer Schwurhand als Logo auszubauen, bei den Weinen arbeitet er mit Maischestandzeiten und Spontangärung und verzichtet auf Schönungen, alle Weine sind vegan.

Kollektion

Die Brand-Brüder präsentieren uns ihre bislang mutigste Kollektion, mit einigen sehr spannenden Naturweinen: Die Weine der „pur"-Linie werden spontan vergoren, lange auf der Hefe ausgebaut, ohne Schönung, ohne Filtration und ohne zugesetzten Schwefel hefetrüb abgefüllt. Der Cabernet Franc ist herrlich eindringlich und komplex, zeigt Kakao und dunkle Schokonoten, besitzt ein mächtiges, jugendliches Tanningerüst, lässt aber auch Eleganz und Finesse erkennen und besitzt Potential. Der Pinot Blanc erinnert an naturtrüben Apfelmost, ist saftig, harmonisch und nachhaltig und besitzt Struktur und Grip, der Sylvaner „Elis" ist sehr kräuterwürzig, zeigt Noten von Walnussschalen und dunkler Schokolade, besitzt Struktur und entzieht sich eigentlich jedem Bewertungssystem, da wir uns nicht sicher sind, wie er sich entwickeln wird – ob Höhenflug oder Absturz, alles scheint bei diesem Wein möglich. Wesentlich konventioneller sind der Spätburgunder „R", ein Kraftpaket mit dunkler Frucht und viel Würze, und der animierende Riesling aus der Klosterschaffnerei.

Weinbewertung

87+? 2015 Sylvaner „Elis" „pur" **13 %/28,50 €**
83 2016 Grauburgunder trocken **12 %/7,90 €**
87 2016 Pinot Blanc „pur" **12 %/14,90 €**
83 2016 Riesling Kabinett trocken „vom Berg" **11,5 %/8,90 €**
85 2015 Riesling trocken Haardt **12 %/11,- €**
87 2015 Riesling trocken Bockenheimer Klosterschaffnerei **13,5 %/16,- €**
85 2015 Riesling Kabinett **8,5 %/11,- €**
83 2015 „Flora" Rotwein trocken **13 %/12,50 €**
89 2015 Cabernet Franc „pur" **13,5 %/39,90 €**
88 2012 Spätburgunder „R" trocken Bockenheimer Sonnenberg **13,5 %/49,90 €**

BRANDT

★★

KONTAKT

Dalbergstraße 27
67596 Dittelsheim-Heßloch
Tel. 06244-5521
www.brandt-weine.de
kontakt@brandt-weine.de

Inhaber
Markus Brandt
Rebfläche
10 Hektar

BESUCHSZEITEN

nach Vereinbarung

Der landwirtschaftliche Gemischtbetrieb hat lange Zeit nur Fasswein erzeugt, erst 2011 begannen Hans-Richard Brandt und Sohn Markus mit der Flaschenweinvermarktung. Markus Brandt hat in Geisenheim studiert, ist für den Weinausbau verantwortlich. Ihre Weinberge liegen in den Hesslocher Lagen Mondschein und Liebfrauenberg, in den Bechtheimer Lagen Stein und Hasensprung sowie in Alsheim und Guntersblum. Der Betriebsschwerpunkt liegt beim Riesling, dazu spielen die Burgundersorten und Scheurebe eine wichtige Rolle, ebenso Silvaner. Das Weingut ist einer der wenigen Betriebe, die noch Schönburger im Programm hat, eine Rebsorte, die in den siebziger Jahren vor allem in Rheinhessen angebaut wurde, heute aber praktisch keine Rolle mehr spielt, Markus Brandt aber schickt Schönburger manchmal sogar zur Verkostung ein. Inzwischen hat Markus Brandt Blaufränkisch gepflanzt. Die Spitzenweine werden in den Bechtheimer Lagen Stein und Hasensprung sowie im Hesslocher Mondschein erzeugt.

Kollektion

Eine sehr gleichmäßige Kollektion präsentiert Markus Brandt auch in diesem Jahr, mit ganz leichten Vorteilen im roten Segment. Der Kalkerde-Riesling ist reintönig und zupackend, der Grauburgunder vom Löss geradlinig und klar, die Chardonnay-Weißburgunder-Cuvée besitzt gute Struktur und Frucht. Unser Favorit im weißen Segment ist der Hesslocher Weißburgunder, der klare reife Frucht, Fülle, Kraft und Substanz besitzt. Lagen-Rieslinge hat Markus Brandt dieses Jahr nicht präsentiert, auch keinen Schönberger. Das süße Segment vertreten der reintönige, frische Riesling Kabinett und die zupackende, lebhafte Scheurebe Spätlese. Die rote Rebellion zeigt rote Früchte im Bouquet, ist klar und zupackend im Mund, besitzt gute Struktur und Biss. Der Pinot Noir-Gutswein ist fruchtbetont, reintönig und zupackend, der Hesslocher Pinot Noir zeigt feine Frische und reintönige Frucht, ist lebhaft, klar und geradlinig im Mund, besitzt feine Frucht und guten Druck. —

Weinbewertung

83 2016 Riesling trocken „Kalkerde" **12,5 %/6,80 €**
85 2016 Chardonnay Weißburgunder trocken **12,5 %/8,- €**
83 2016 Grauburgunder trocken „vom Löss" **13 %/8,- €**
86 2016 Weißburgunder trocken Hesslocher **12,5 %/11,- €**
83 2016 Riesling Kabinett **9 %/9,- €**
84 2016 Scheurebe Spätlese **10,5 %/12,50 €**
84 2015 Pinot Noir **13,5 %/10,- €**
85 2016 „Red Rebellion" Rotwein **13,5 %/12,- €**
87 2014 Pinot Noir Hesslocher **13 %/15,- €**

WALDEMAR BRAUN

★★★

KONTAKT

Langgasse 10
97334 Nordheim
Tel. 09381-9061
Fax: 09381-71179
www.weingut-waldemar-braun.de
info@weingut-waldemar-braun.de

Inhaber
Waldemar Braun
Rebfläche
14,4 Hektar
Produktion
80.000 Flaschen

BESUCHSZEITEN

Mo.-Sa. 9-18 Uhr, So. 10-12 Uhr

Waldemar Braun gründete 1985 sein eigenes Weingut. Seine Weinberge liegen vor allem in Nordheim in den Lagen Vögelein und Kreuzberg, aber auch in den Escherndorfer Lagen Lump und Fürstenberg sowie im Sommeracher Rosenberg. Silvaner nimmt 30 Prozent der Rebfläche ein, es folgen Müller-Thurgau und Bacchus, Scheurebe, Weißburgunder, Chardonnay, Riesling und Spätburgunder, dazu gibt es ein klein wenig Rieslaner, Blauer Silvaner, Grauburgunder und andere Rebsorten. Waldemar und Heidi Braun werden im Betrieb von Sohn Patrick unterstützt, der für den Weinausbau verantwortlich ist. Seit dem Jahrgang 2014 tragen die Spitzenweine leider nicht mehr die Namen der Gewanne aus denen sie stammen (wie Hohe Setz, Heerweg oder Am starken Holz im Nordheimer Vögelein), sondern werden durch den Zusatz Quintessenz gekennzeichnet.

Kollektion

Die neue Kollektion von Waldemar und Patrick Braun schließt nahtlos an die starken Vorjahreskollektionen an. Und die Basis, stimmt, das zeigt der frische, fruchtbetonte Liter-Silvaner. Der Lump-Silvaner ist wunderschön reintönig und füllig, der Quintessenz-Silvaner aus dem Vögelein deutlich kraftvoller, enorm saftig. Etwas besser noch gefallen uns in diesem Jahr die beiden Weißburgunder. Der „normale" Vögelein-Weißburgunder besitzt Fülle und Saft, reintönige Frucht, gute Struktur und Biss, der Quintessenz-Weißburgunder ist nochmals konzentrierter und kraftvoller, besitzt herrlich viel Frucht und Substanz. Ganz stark ist einmal mehr auch der Chardonnay, zeigt gute Konzentration und reintönige Frucht, ist füllig und stoffig, besitzt gute Struktur und viel klare Frucht. Auch die beiden Rieslinge sind sehr gut, unsere leichte Präferenz gilt der reintönigen, zupackenden trockenen Variante aus dem Lump, beide Scheureben sind wunderschön sortentypisch.

Weinbewertung

82	2016 Silvaner trocken Nordheim (1l) **12 %/6,60 €**
87	2016 Silvaner trocken Escherndorfer Lump **12,5 %/9,- €**
86	2016 Riesling trocken Escherndorfer Lump **12,5 %/9,50 €**
88	2016 Weißer Burgunder trocken Nordheimer Vögelein **12,5 %/9,50 €** ☺
83	2016 „Blanc de Noir" trocken Nordheimer Kreuzberg **13 %/9,50 €**
84	2016 Blauer Silvaner trocken Nordheimer Vögelein **12,5 %/8,- €**
87	2016 Silvaner trocken „Quintessenz" Nordheimer Vögelein **13,5 %/15,- €**
89	2016 Weißburgunder trocken „Quintessenz" Nordheimer Vögelein **14 %/16,50 €**
88	2016 Chardonnay trocken „Quintessenz" Nordheimer Vögelein **13,5 %/17,50 €**
84	2016 Scheurebe Escherndorfer Lump **12 %/9,- €**
85	2016 Riesling Nordheimer Vögelein **12 %/9,- €**
85	2016 Scheurebe Spätlese Sommeracher Rosenberg **11 %/12,50 €**

BRAUN

★☆

B

KONTAKT

Hauptstraße 51
67149 Meckenheim
Tel. 06326-8596
Fax: 06326-5212
www.braun-wein-sekt.de
bws@braun-wein-sekt.de

Inhaber
Familie Braun
Rebfläche
38 Hektar
Produktion
300.000 Flaschen

BESUCHSZEITEN

Mo.-Fr. 9-18:30 Uhr,
Sa. 9-16:30 Uhr

Nach dem Abschluss der Weinbauschule Weinsberg bei Heilbronn und der Ausbildung zum Weinbautechniker gründete der heutige Seniorchef Fritz Braun das Weingut Anfang der siebziger Jahre. Seine Ehefrau Brunhilde stammt aus einem Weingut in Ellerstadt, das nach dem Krieg von ihrem Vater gegründet worden war, der kurioserweise ebenfalls Fritz Braun hieß, der Weinausbau wurde nach und nach komplett nach Meckenheim verlagert. In Meckenheim (Spielberg, Neuberg) und Ellerstadt (Kirchenstück, Bubeneck) bewirtschaftet die Familie heute knapp 40 Hektar Weinberge. Kellermeister ist der ältere Sohn Michael Braun, der nach seiner Ausbildung in Weinsberg und Bad Kreuznach als Weinbautechniker 1995 in das elterliche Gut einstieg, er ist verantwortlich für die Verarbeitung der Trauben und den Ausbau der Weine. Sein Bruder Martin studierte Weinbetriebswirtschaft an der Fachhochschule in Heilbronn und ist seit 2008 zuständig für Vermarktung und Kundenbetreuung.

Kollektion

Vier starke, stilistisch ähnliche Rotweine führen in diesem Jahr das Sortiment an, alle sind kraftvoll, zeigen klare Frucht, besitzen gute Struktur, ein lebendiges Säure-Spiel und profitieren von einem dezenten Holzeinsatz. Die Basisweine aus der Alltag-Linie, Riesling, Weiß- und Grauburgunder, sind frisch, klar und reintönig, die „Individuell"-Weine besitzen mehr Substanz, der Riesling aus dem Kirchenstück besitzt gute Konzentration, Weißburgunder und Chardonnay sind saftig und cremig. Riesling und Chardonnay „2punkt0" besitzen Kraft und Substanz, wirken noch sehr jung und könnten mit etwas Reifezeit, wenn sich Holz und Frucht harmonisiert haben, noch etwas zulegen.

Weinbewertung

82 2016 Grauburgunder trocken **12 %/5,80 €**
82 2016 Weißburgunder trocken Haßlocher Leisböhl **12,5 %/5,80 €**
82 2016 Riesling trocken „Auf der Höhe" Meckenheimer Spielberg **12 %/6,50 €**
85 2016 Weißburgunder trocken Ellerstadter Kirchenstück **8,- €**
85 2016 Chardonnay trocken Meckenheimer Neuberg **8,- €**
85 2016 Riesling trocken Ellerstadter Kirchenstück **8,- €**
86 2016 Chardonnay trocken „2punkt0" Meckenheimer Neuberg **13,5 %/14,- €**
86 2016 Riesling trocken „2punkt0" Meckenheimer Spielberg **13 %/11,- €**
84 2015 Spätburgunder trocken Ellerstadter Kirchenstück **14 %/8,50 €**
87 2014 „Lignum One" Rotwein trocken **14,5 %/15,- €**
86 2014 Portugieser trocken „Anno 1951" Meckenheimer Spielberg **14 %/15,- €**
87 2014 Sankt Laurent trocken „2punkt0" Meckenheimer Spielberg **14 %/15,- €**
87 2014 Spätburgunder trocken „2punkt0" Ellerstadter Bubeneck **13,5 %/15,- €**

BRAUNEWELL

★★★★

KONTAKT

Am Römerberg 34
55270 Essenheim
Tel. 06136-88917
Fax: 06136-81226
www.weingut-braunewell.de
info@weingut-braunewell.de

Inhaber
Familie Braunewell
Rebfläche
25 Hektar
Produktion
200.000 Flaschen

BESUCHSZEITEN

Mo.-Do. 13:30-19 Uhr, Fr. 10-12 + 13:30-19 Uhr, Sa. 9-17 Uhr

Seit über 350 Jahren bewirtschaften die Braunewells Weinberge in Essenheim im Selztal, damals, im Jahr 1655 kam der Hugenotte François Breiniville nach Rheinhessen, heiratete und lies sich in Essenheim nieder. Aus Breiniville wurde Braunewell, Weinberge wurden seither immer bewirtschaftet, aber erst in den sechziger Jahren des letzten Jahrhunderts füllte Adam Braunewell erstmals Wein in Flaschen ab. Heute wird das Weingut von seinem Sohn Axel Braunewell und seiner Ehefrau Ursula geführt, zusammen mit ihren Söhnen Stefan und Christian, die beide wie schon ihr Vater in Geisenheim studiert haben. Ihre Weinberge liegen in den Lagen Essenheimer Teufelspfad und Elsheimer Blume. In beiden Einzellagen, vor allem aber im Teufelspfad gibt es eine Reihe von Teillagen mit unterschiedlichen Böden, prägend ist der hohe Kalkanteil sowohl im Teufelspfad als auch in der Blume, aber es gibt auch Kalkmergel, Löss und Lehm. Riesling ist die wichtigste Rebsorte im Betrieb, gefolgt von Spätburgunder und Grauburgunder. Des Weiteren gibt es Weißburgunder, Silvaner, Sauvignon Blanc, Scheurebe, Kerner und Gewürztraminer, sowie an roten Sorten Portugieser, St. Laurent, Dornfelder, Syrah, Cabernet Sauvignon, Cabernet Franc und Merlot. 2009 wurden Stück und Halbstückfässer erworben, in denen die spontanvergorenen Terroir- und Lagen-Weißweine ausgebaut werden. Das Sortiment ist gegliedert in Guts-, Orts- und Lagenweine. An der Spitze der Kollektion stehen die Rieslinge und Spätburgunder jeweils aus Blume und Teufelspfad, sowie der Grauburgunder aus dem Teufelspfad. Prädikatsbezeichnungen werden nur für süße und edelsüße Weine verwendet.

Kollektion

Mit einer starken Kollektion bestätigen Stefan und Christian Braunewell den sehr guten Eindruck der Vorjahre, sie legen weiter zu, weiß wie rot. Und beim Sekt: Der Pinot Prestige ist füllig und komplex, besitzt gute Substanz und Länge – und das auch ohne Dosage, bravo! Unser täglich Riesling – was für ein schöner Name für den Literriesling, aber nicht nur der Name passt, auch das was in der Flasche steckt, ein lebhafter, klarer zupackender Riesling. Der Dreiviertel-Liter-Riesling ist reintönig, frisch und zupackend, der Riesling vom Kalkstein etwas rauchiger, kraftvoller, schön fruchtbetont. Der Lagen-Riesling aus der Blume zeigt viel reife Frucht, gelbe Früchte, ist füllig, saftig, herrlich offen, besitzt viel reife Frucht. Deutlich die Nase vorne aber hat der Riesling aus dem Teufelspfad, der viel reife Frucht zeigt, gelbe Früchte, füllig und saftig im Mund ist, komplex, stoffig, druckvoll, lang und nachhaltig. Die zweite Weißweinsorte, auf die die Braunewells setzen, ist der Grauburgunder, auch hier präsentieren sie eine stimmige Serie. Der Ortswein ist lebhaft, klar und zupackend. Der Teufelspfad-Grauburgunder

B

ist fruchtbetont und reintönig, besitzt gute Struktur und herrlich viel Frucht. Noch etwas druckvoller ist der Grauburgunder Am Klopp, einer Gewanne innerhalb der Lage Teufelspfad, er besitzt viel Konzentration, viel reife Frucht. Wie ein leichter Rotwein steht der Orange-Grauburgunder im Glas, ist intensiv, kraftvoll, strukturiert, sehr eigenständig wie auch der im Barrique ausgebaute Rosé, eine Cuvée aus Spätburgunder, St. Laurent und Merlot: Intensive Frucht, rote Früchte prägen das Bouquet, im Mund ist er kraftvoll, zupackend und strukturiert. Der Kalkmergel-Spätburgunder zeigt reintönige Frucht, etwas florale Noten, ist strukturiert und zupackend. Der Spätburgunder aus der Blume zeigt gute Konzentration, reintönige Frucht, feine Frische, florale Noten, ist klar und zupackend im Mund, besitzt gute Struktur und Frische. Ein klein wenig besser gefällt uns der Wein aus dem Teufelspfad, der intensive Frucht zeigt, dezent florale Noten, Johannisbeeren im Hintergrund, füllig und kraftvoll ist, viel reife Frucht und Substanz besitzt. Der Portugieser aus dem Teufelspfad zeigt intensive Frucht und rauchig-würzige Noten, ist füllig und kraftvoll, besitzt gute Struktur und Substanz. Beeindruckend sind auch der St. Laurent mit seiner intensiven Frucht, mit Fülle, Kraft und Substanz, und die rote Cuvée François Reserve, die gute Konzentration und Schokolade im Bouquet zeigt, viel Substanz, Kraft und Tannine besitzt, noch sehr jugendlich ist. Tolle Kollektion!

Weinbewertung

89 2013 Pinot „Prestige" Sekt brut nature **12,5 %/18,- €**
84 2016 Riesling trocken „Unser täglich Riesling" (1l) **12 %/6,50 €** ☺
85 2016 Riesling trocken **12,5 %/7,90 €**
86 2016 Riesling trocken „Kalkstein" Essenheim **12,5 %/11,50 €**
85 2016 Grauer Burgunder trocken „Kalkmergel" Essenheim **13 %/11,50 €**
90 2016 Riesling trocken Blume **13,5 %/18,50 €**
93 2016 Riesling trocken Teufelspfad **13 %/18,50 €** ☺
88 2016 Grauer Burgunder trocken Teufelspfad **13 %/18,50 €**
89 2016 Grauer Burgunder trocken „Orange" **13 %/22,50 €**
89 2016 Grauer Burgunder trocken Essenheim „Am Klopp" **13 %/22,50 €**
87 2016 Rosé „Braunewell & Dinter" **13 %/22,50 €**
86 2015 Spätburgunder trocken „Kalkmergel" Essenheim **13 %/15,- €**
88 2015 Portugieser trocken Teufelspfad **13,5 %/22,50 €**
89 2015 St. Laurent trocken „François" **13 %/22,50 €**
90 2015 Spätburgunder trocken Blume **13 %/22,50 €**
91 2015 Spätburgunder trocken Teufelspfad **13,5 %/25,- €**
90 2015 „François Reserve" Rotwein trocken **14 %/30,- €**

LAGEN

TEUFELSPFAD (ESSENHEIM)
– AM KLOPP (ESSENHEIM)
BLUME (ELSHEIM)

REBSORTEN

RIESLING (30 %)
SPÄTBURGUNDER (25 %)
GRAUBURGUNDER (25 %)

B

Manfred Breit

★★

KONTAKT

Bahnhofstraße 31
54498 Piesport
Tel. 06507-99033
Fax: 06507-99034
www.manfredbreit.de
info@manfredbreit.de

Inhaber
Holger Breit
Rebfläche
6,5 Hektar
Produktion
40.000 Flaschen

BESUCHSZEITEN

Mo.-Sa. 10-18 Uhr,
So. nach Vereinbarung

Holger Breit, der das Gut seit dem Jahr 2000 führt, hat den Betrieb durch Zukauf insbesondere im Piesporter Goldtröpfchen vergrößert. Aber nicht nur im Goldtröpfchen ist er vertreten, auch in anderen Piesporter Lagen wie Günterslay, Falkenberg und Treppchen sowie im Dhroner Hofberg. Neben Riesling baut er etwas Weißburgunder, Bacchus und Müller-Thurgau sowie Spätburgunder und Dornfelder an. Im Mittelpunkt des Programms stehen allerdings stets die restsüßen Rieslinge, die seit 2007 anhand des Lesezeitpunktes definiert werden: Die erste Vorlese des Goldtröpfchen ergibt den Kabinett, die zweite Selektion die Spätlese, die „wertigsten" Trauben werden in den Auslesen vinifiziert. Die Weine werden im Edelstahl ausgebaut, teilweise nach Maischestandzeiten, zum Teil werden sie spontanvergoren. 2008 wurde eine neue Lagerhalle gebaut, 2011 wurden Haupthaus und Probierstube renoviert.

Kollektion

Die Weine des Jahrgangs 2015 beeindruckten bereits mit Gleichmäßigkeit auf einem hohen Niveau, wirkten saftig und komplex. 2016 muss sich in dieser Hinsicht allerdings nicht verstecken, die Qualität ist auch dieses Jahr wieder verblüffend gleichmäßig, beginnend beim stoffigen Basisriesling in der Literflasche (großartiges Preis-Leistungs-Verhältnis) über die verspielte Spätlese aus dem Piesporter Goldtröpfchen bis zum sehr offen wirkenden, beim ersten Hineinriechen fast ein bisschen parfümiert erscheinenden „Vincent", der aber puristisch trocken und sehr gut balanciert ist. Sehr interessant ist auch der „sur lie" abgefüllte Goldtröpfchen-Riesling, trocken, frisch, leicht hefig und strukturiert. Der Kabinett Nr. 5 wirkt etwas straffer und balancierter als sein Pendant mit gleichem Prädikat, die Spätlese wirkt etwas verhalten, die Auslese scheint eher wenig süß, straff und verspielt, insgesamt sehr eigenständig.

Weinbewertung

83 2016 Riesling trocken (1l) **12,5 %/4,90 €** ☺
87 2016 Riesling Spätlese trocken Piesporter Goldtröpfchen **12 %/9,- €**
86 2016 Riesling trocken „Vincent" Piesporter Goldtröpfchen **12 %/15,- €**
87 2016 Riesling trocken „sur lie" Piesporter Goldtröpfchen **13 %/15,- €**
86 2016 Riesling „feinherb" Piesporter Goldtröpfchen **11 %/9,- €**
86 2016 Riesling Kabinett (Nr. 5) Piesporter Goldtröpfchen **9,5 %/6,- €** ☺
85 2016 Riesling Kabinett (Nr. 2) Piesporter Goldtröpfchen **8,5 %/6,- €** ☺
86 2016 Riesling Spätlese Piesporter Goldtröpfchen **7,5 %/9,- €**
88 2016 Riesling Auslese Piesporter Goldtröpfchen **8,5 %/12,- €**

Bremer

★★★

KONTAKT

Brückenstraße 2
67308 Zellertal
Tel. 06355-8639166
www.weingutbremer.de
info@weingutbremer.de

Inhaber
Familie Bremer
Önologe
Michael Acker
Rebfläche
18 Hektar
Produktion
66.000 Flaschen

BESUCHSZEITEN

Mo.-Fr. 10-12 + 14-18 Uhr,
Sa. 14-18 Uhr

Das Weingut Bremer, im Zellertal, ganz in der nordwestlichen Ecke des Anbaugebiets Pfalz gelegen, ist ein brandneues Weingut – mit einer langen Geschichte. Schon vor hundert Jahren verkaufte das Weingut Herr seine Weine in die ganze Welt, 2014 hat die Familie Bremer aus Calw im Schwarzwald das historische Gut mit besten Lagen im Zellertal übernommen. Geleitet wird das Gut von den drei Schwestern Anna, Rebecca und Leah Bremer, als Önologe wurde Michael Acker, der langjährige Betriebsleiter des Herxheimer Weinguts Schumacher, mit an Bord geholt, den Außenbetrieb leitet Heiko Maul. Das Herrenhaus und der Keller wurden umfassend saniert, eine neue Presse, neue Edelstahlgebinde und Fässer in den verschiedensten Größen angeschafft und mehrere Hektar Weinberge wurden neu bestockt.

Kollektion

Die Bremers und Michael Acker geben mächtig Gas bei ihren Rotweinen: Gleich drei Lagenspätburgunder konnten wir verkosten, die alle klare dunkle Kirschfrucht und feines dezentes Holz zeigen, Struktur und Potential besitzen, der Apotheker ist elegant und komplex, der „Marien-Garten" kräutrig und animierend, der „Philippsbrunnen" ist noch verschlossen, braucht Zeit. Der „MOM"-Spätburgunder ist herrlich komplex und dicht, besitzt Kraft, Eleganz, Frische und Länge. Die beiden „MOM"-Weißweine wurden 19 Monate in Tonneaux auf der Hefe ausgebaut, das Holz ist bei beiden noch präsent, der Riesling besitzt viel Substanz, Druck, ist salzig und sehr nachhaltig, der Chardonnay ist kraftvoll, besitzt feine Zitrusnoten und Länge. Sehr gut sind auch der elegante Königsweg-Chardonnay, der kalkig-mineralische Riesling vom Schwarzen Herrgott und der reintönige, rauchige Heiland-Silvaner.

Weinbewertung

83	2016 Auxerrois trocken **12 %/7,50 €**
84	2016 Gelber Muskateller trocken Kleinkarlbacher **10,5 %/9,50 €**
84	2016 Sauvignon Blanc trocken Kleinkarlbacher **11,5 %/9,50 €**
88	2016 Silvaner trocken Zeller Heiland **12 %/14,- €**
87	2016 Grauburgunder trocken Zeller Königsweg **13,5 %/16,50 €**
88	2016 Chardonnay trocken Zeller Königsweg **12,5 %/17,50 €**
89	2015 Chardonnay trocken „MOM" **14 %/45,- €**
89	2016 Riesling trocken Zeller Schwarzer Herrgott **13 %/21,- €**
90	2015 Riesling trocken „MOM" **13,5 %/45,- €**
86	2015 Merlot trocken „Palatinello" Kleinkarlbacher **13,5 %/17,50 €**
89	2015 Spätburgunder trocken „Philippsbrunnen" Zeller Kreuzberg **13,5 %/25,- €**
90	2015 Spätburgunder trocken „Marien-Garten" Herrgottsacker **13,5 %/25,- €**
90	2015 Spätburgunder trocken Niefernheimer Apotheker **13 %/25,- €**
92	2015 Spätburgunder trocken „MOM" **13,5 %/45,- €**

B

Brendel

★☆

KONTAKT

Hauptstraße 13
76889 Pleisweiler-Oberhofen
Tel. 06343-8450
Fax: 06343-5534
www.weingut-brendel.de
info@weingut-brendel.de

Inhaber
Walter, Waltraud & Christian Brendel
Rebfläche
10 Hektar
Produktion
55.000 Flaschen

BESUCHSZEITEN

nach Vereinbarung

Walter und Waltraud Brendel strukturierten den ehemaligen landwirtschaftlichen Gemischtbetrieb um und konzentrierten sich auf den Weinbau. Seit Abschluss seines Geisenheim-Studiums 2010 ist ihr Sohn Christian Brendel für den Außenbetrieb und den Keller verantwortlich, die Eltern kümmern sich um die eigene Weinstube, die die Familie seit 1995 neben dem Weingut betreibt. Die Weinberge liegen rund um Pleisweiler-Oberhofen, wo es Buntsandstein-, Kalkmergel- und Lösslehmböden gibt. Auf 25 Prozent der Rebfläche steht Riesling, die wichtigste Sorte im Betrieb, dazu kommen 30 Prozent Burgundersorten, aber auch Silvaner, Müller-Thurgau, Blaufränkisch, Dornfelder, Scheurebe und Gewürztraminer. Der Großteil des Sortiments besteht aus Gutsweinen, darüber angesiedelt sind die Terroirrieslinge und die Lagenweine vom Pleisweiler-Oberhofener Schlossberg.

Kollektion

Wie wir das vom Debüt im vergangenen Jahr schon kannten, sind die Weine der Brendels alle sehr reintönig und sortentypisch, aber wir erkennen auch eine deutliche Steigerung: Die Weine haben an Charakter und Eigenständigkeit zugelegt. Das beginnt bereits beim saftigen, frischen Riesling in der Literflasche, einer der besten Liter-Rieslinge, die wir dieses Jahr in der Pfalz verkostet haben. Der Weißburgunder zeigt jugendliche florale Noten, der Grauburgunder ist füllig und nussig und der kraftvolle Riesling vom Kalkmergel zeigt viel kräutrige Würze und klare Frucht von reifen Äpfeln. Der knochentrocken ausgebaute Lagen-Riesling vom Schlossberg zeigt wenig Frucht, aber viel rauchige und steinige Würze und besitzt gute Länge, der Silvaner ist herrlich reintönig, besitzt feinen Schmelz und salzig-animierende Würze. Die eigentliche Überraschung aber ist der Chardonnay, er zeigt eine gute Balance zwischen feiner röstiger Würze und Zitrusnoten, ist kraftvoll und besitzt ein lebendiges Säure-Spiel und gute Länge. Bei den beiden Rotweinen zeigt der Spätburgunder feine, kühle Frucht und ist, trotz seines hohen Alkoholgehaltes, harmonischer und eleganter als der schokoladig-kräutrige Blaufränkisch.

Weinbewertung

82 2016 Riesling trocken (1l) **12,5 %/4,50 €**
83 2016 Grauburgunder trocken **13,5 %/6,30 €**
82 2016 Weißburgunder trocken **12,5 %/6,30 €**
84 2016 Riesling trocken „Kalkmergel" **13 %/7,30 €**
86 2016 Silvaner trocken Pleisweiler-Oberhofener Schlossberg **13 %/8,50 €**
87 2016 Chardonnay trocken Pleisweiler-Oberhofener Schlossberg **13,5 %/9,- €**
86 2016 Riesling trocken Pleisweiler-Oberhofener Schlossberg **13 %/9,- €**
83 2014 Blaufränkisch trocken **13 %/11,50 €**
86 2015 Spätburgunder trocken Pleisweiler-Oberhofener Schlossberg **14,5 %/9,80 €**

BRENNEISEN

★☆

N

KONTAKT

Am Weiler Weg 2
79588 Egringen
Tel. 07628-800987
Fax: 07628-941798
www.weingut-brenneisen.de
dirk.brenneisen@web.de

Inhaber
Dirk Brenneisen
Rebfläche
8 Hektar
Produktion
45.000 Flaschen

BESUCHSZEITEN

Fr. 15-19 Uhr oder nach Vereinbarung

Brenneisen
WEINGUT

Von Anfang an, seit der Gründung des Weingutes im Jahr 2000, werden die Weine in den Gewölbekellern des Gasthauses Rebstock in Egringen ausgebaut, einem kleinen Ort im südlichen Markgräflerland, der im 8. Jahrhundert erstmals urkundlich erwähnt wurde. Die Weinberge von Dirk Brenneisen liegen in Egringen (Sonnhohle) und Fischingen (Weingarten). Die Markgräfler Spezialität Gutedel nimmt 40 Prozent der Rebfläche ein, es folgen Spätburgunder, Weißburgunder und Grauburgunder sowie Chardonnay. Die Rotweine werden alle im Holz ausgebaut, auch ein Teil der Weißweine und der Sektgrundweine kommt ins Holz, die Weine werden lange auf der Feinhefe ausgebaut, auf Schönungsmittel wird weitestgehend verzichtet, die Spätburgunder werden überwiegend unfiltriert abgefüllt. Alle Weine sind durchgegoren, der Restzucker ist auf dem Rückenetikett vermerkt. Seit 2006 werden die Weine nicht mehr zur Qualitätsweinprüfung angestellt und als badischer Landwein bezeichnet.

Kollektion

Eine starke Kollektion präsentiert Dirk Brenneisen zum Debüt. Die beiden Sekte sind leicht würzig und rauchig, geradlinig, klar und fruchtbetont. Der Gutedel ist frisch und zupackend, durchgegoren wie alle Weine. „Ohne Filter" ist er kraftvoller, besitzt gute Struktur und Frucht. Eine deutliche Muskatnote weist der Muskat-Gutedel auf, eine eigenständige Rebsorte, die bis 2008 als ausgestorben galt, bevor sie in einem Mischsatz in der Ortenau wieder entdeckt wurde. Der Weißburgunder besitzt intensive Frucht, Fülle und Kraft, der Grauburgunder noch etwas mehr Substanz, der Chardonnay ist duftig und cremig. Spannend ist das Spätburgunder-Quartett: Hütte geradlinig, Läufelberg strukturiert, fruchtbetont, Himmelreich wunderschön reintönig, Doktorgarten rauchig, intensiv, herrlich reintönig und zupackend.

Weinbewertung

84	2014 Weißer Burgunder Sekt brut **12,5 %/9,- €**
85	2014 Pinot Rosé Sekt brut **12 %/9,- €**
83	2016 Gutedel **11,5 %/4,- €** ☺
85	2016 Gutedel „ohne Filter" **11,5 %/7,- €**
84	2016 Muskat-Gutedel **11 %/7,- €**
85	2016 Weißer Burgunder **12 %/6,- €** ☺
86	2016 Grauer Burgunder **12,5 %/8,- €**
85	2013 Chardonnay „Schwyzer" **12 %/12,- €**
83	2014 Spätburgunder „Hütte" **12 %/7,- €**
85	2014 Spätburgunder „Läufelberg" **12,5 %/10,- €**
86	2014 Spätburgunder „Himmelreich" **12,5 %/16,- €**
89	2014 Spätburgunder „Doktorgarten" **12 %/34,- €**

B

Brennfleck

★★☆

KONTAKT

Papiusgasse 7
97320 Sulzfeld/Main
Tel. 09321-4347
Fax: 09321-4345
www.weingut-brennfleck.de
info@weingut-brennfleck.de

Inhaber
Hugo Brennfleck
Rebfläche
29 Hektar
Produktion
256.000 Flaschen

BESUCHSZEITEN

Mo.-Fr. 8-17 Uhr oder nach Vereinbarung

Das Weingut Brennfleck hat seinen Sitz in einem im 15. Jahrhundert errichteten Gutshof. Hugo Brennfleck übernahm das Weingut 1998 mit damals 12 Hektar Rebfläche, hat seither kräftig expandiert. Seine Weinberge liegen in den Sulzfelder Lagen Maustal, Cyriakusberg und Sonnenberg, in den Iphöfer Lagen Kalb und Kronsberg, im Rödelseer Küchenmeister und im Escherndorfer Lump. Mehr als die Hälfte der Rebfläche nimmt Silvaner ein, es folgen Grauburgunder und Weißburgunder, Riesling und Müller-Thurgau, dazu gibt es Sauvignon Blanc, Scheurebe und Bacchus. Seit 1994 gibt es auch rote Sorten – Domina, Spätburgunder, Dornfelder. Die Weine werden langsam in temperaturgesteuerten Edelstahltanks vergoren. Hugo Brennfleck nutzt nach wie vor Prädikatsbezeichnungen wie Kabinett und Spätlese für seine trockenen Weine. In der mit dem Jahrgang 2012 eingeführten Edition JHB werden spontanvergorene Weine angeboten. Mit dem Jahrgang 2015 bot er als trockene Spitzen erstmals zwei Große Gewächse an, den Himmelsleiter genannten Riesling aus dem Lump, von einer Parzelle an der Treppe zur Vogelsburg, und den Mönchshöflein genannten Silvaner aus dem Herzstück des Maustal, der nach 24 Stunden auf der Maische im Doppelstückfass aus Spessarteiche spontanvergoren wird.

Kollektion

Neben drei Rieslingen – an der Spitze der füllige Himmelsleiter und der saftige Steillagen-Wein – gab es dieses Jahr ausschließlich Silvaner zu verkosten. Drei starke, reintönige Kabinettweine eröffnen den Reigen. Die Weine im Mittelsegment besitzen Fülle und Kraft, es fällt schwer einen Favoriten zu benennen. Spannend ist der JHB-Silvaner, rauchig, füllig, kraftvoll, herrlich reintönig und strukturiert. Noch etwas stärker ist das Große Gewächs, zeigt viel Konzentration, gelbe Früchte, besitzt Fülle, Kraft und Substanz.

Weinbewertung

85	2016 Silvaner Kabinett trocken Rödelseer Küchenmeister **13 %/9,- €**
84	2016 Silvaner Kabinett trocken „Anna-Lena" **12 %/9,50 €**
84	2016 Silvaner Kabinett trocken Iphöfer Kronsberg **13,5 %/10,- €**
85	2016 Blauer Silvaner trocken Sulzfelder Sonnenberg **12,5 %/12,- €**
86	2016 Silvaner trocken „Muschelkalk S" Sulzfelder Maustal **13 %/14,- €**
86	2016 Silvaner trocken „Alte Reben" Sulzfelder Sonnenberg **13 %/12,70 €**
86	2016 Silvaner Spätlese trocken „Keuper S" Iphöfer Kronsberg **13,5 %/14,- €**
87	2016 Riesling trocken Steillage „S" Escherndorfer Lump **13 %/14,- €**
88	2016 Silvaner trocken „JHB S" **13,5 %/16,- €**
83	2016 Riesling trocken „JHB S" Escherndorfer Lump **13 %/19,- €**
89	2016 Silvaner trocken „GG Mönchshöflein" **14 %/29,- €**
87	2016 Riesling trocken „GG Himmelsleiter" **14 %/29,- €**

B

Georg Breuer

★★★★★

KONTAKT

Geisenheimer Straße 9
65385 Rüdesheim
Tel. 06722-1027
Fax: 06722-4531
www.georg-breuer.com
info@georg-breuer.com

Inhaber
Marcia & Theresa Breuer
Kellermeister
Hermann Schmoranz,
Markus Lundén
Rebfläche
34 Hektar
Produktion
260.000 Flaschen

BESUCHSZEITEN

Vinothek, täglich 10-18 Uhr
Breuer's Rüdesheimer Schloss
(Weinhotel und Weingasthaus,
Steingasse 10, Tel. 06722-90500)

Das 1880 von Bernhard Scholl und Albert Hillebrand als Teil einer Weinhandlung gegründete Weingut befindet sich seit Anfang des 19. Jahrhunderts im Besitz der Familie Breuer. Georg Breuer, der Namensgeber des Gutes, baute Export und Gut weiter aus, auch seine Söhne Heinrich und Bernhard, sowie seit dessen Tod 2004 seine Tochter Theresa erweiterten die Rebfläche. Heute wird es in fünfter Generation von Theresa Breuer geführt, bei der Weinbereitung wird Betriebsleiter Hermann Schmoranz vom jungen Markus Lundén als Kellermeister unterstützt. Die Weinberge liegen in Rüdesheim (27 Hektar) und in Rauenthal (7 Hektar). Dort, in Rauenthal, gehört dem Weingut die 5,6 Hektar große Lage Nonnenberg im Alleinbesitz. In Rüdesheim ist man vor allem in den Lagen Berg Schlossberg, Berg Rottland und Berg Roseneck vertreten, knapp zwei Drittel der Weinberge befinden sich in Steillagen. 81 Prozent der Weinberge sind mit Riesling bepflanzt, hinzu kommen 10 Prozent Spätburgunder, etwas Weiß- und Grauburgunder, sowie kleine Flächen mit Gelber Orleans (seit 2000) und Weißer Heunisch (seit 2004), Rebsorten, die es einst im Rüdesheimer Berg gab. Das Programm ist sehr klar und übersichtlich gestaltet. Die Basis bilden die Gutsrieslinge, die es trocken („Sauvage") und halbtrocken („Charm") gibt. Dann kommen die beiden Ortsrieslinge, Rüdesheim Estate und Rauenthal Estate, welche die unterschiedlichen Böden in Rüdesheim und Rauenthal widerspiegeln. Während die Reben in Rüdesheim auf den schieferhaltigen Böden des Rüdesheimer Bergs und den mit Lehm durchsetzten Weinbergen des ehemaligen Oberfeldes wachsen, herrschen in Rauenthal Ablagerungen von Lehm, Kies und Sand vor. Nach diesen beiden Ortsrieslingen folgt der „Terra Montosa", der die zweitbesten Partien der großen Lagen enthält. Die Spitze des Programms bilden schließlich die Weine aus den Lagen Berg Schlossberg (der seit 1980 ein Künstleretikett trägt), Berg Roseneck und Berg Rottland in Rüdesheim sowie dem Nonnenberg in Rauenthal. Je nach Jahrgang werden auch edelsüße Rieslinge erzeugt.

Kollektion

Auch in 2016 präsentieren Theresa Breuer und ihr Team wieder eine Kollektion urwüchsiger, mineralischer Weine, die von der Basis bis zu den Spitzenweinen überzeugen, auch weil sie eine stilistische und qualitative Kontinuität aufweisen, die sich von Jahrgangsqualitäten löst und diese gleichzeitig kaleidoskopisch fasst. Schon der Riesling Sauvage ist ein wie gewohnt handfester, würziger Charakter, mit für einen Gutswein erstaunlicher Substanz und Tiefe. Das gilt ebenso für den feinherben Charme, dessen Fruchtsüße rein unterstützend wirkt, der mit spannendem Spiel zwischen Saft und Frische gefällt. Der Rauenthal Estate ist konsequent trocken, eine eindringliche Säure schneidet messerscharf durch seinen feinen Fruchtkern, er bleibt durch und durch kühl und fordernd, bis eine Nuance von Cremigkeit im Nachhall wieder versöhnt. Es folgt der Rüdeheim Estate mit merklicher, saftig-herber Fruchtsüße. Er ist eingängig, fast trinkfreudig, ohne sich dabei zu weit von der prägnant kühlen Stilistik des Weingutes zu entfernen, er ist nachhaltiger als sein Pendant. Der Terra Montosa bringt uns den großen Weinen des Betriebes einen Schritt näher. Er ist vollmundig, griffig und zugleich sehr filigran. Von den drei großen Lagenweinen ist der Riesling aus dem Nonnenberg in diesem Jahr der zugänglichste, was an seiner etwas höheren Restsüße liegen mag. Er ist feingliedrig, saftig, durch und durch mineralisch, hallt lange nach. Der Rottland duftet würzig-herb nach gelbem Steinobst und kandierten Kräutern, entfaltet sich kühl am Gaumen, sein tiefer, cremiger Schmelz dringt schon durch, ist aber noch etwas von herben Schalenaromen verdeckt. Er ist lang, druckvoll und nachhaltig. Der Schlossberg schließlich ist der Primus unter den drei beeindruckenden Terroirweinen. Sein intensives Bouquet zeigt getrocknete Kräuter und nassen Stein, er ist kraftvoll im Mund, ausgewogen, fokussiert und filigran zugleich, verbindet reifen, weichen Schmelz mit kühler Frischeader, auch er ist lang und nachhaltig. Auch wenn die 2016er Lagenweine etwas früher zugänglich sein werden als andere Jahrgänge, sollte man ihr großes Potenzial nicht unterschätzen. Die beiden Spätburgunder sind wieder echte Individualisten. Schon der „Kleine" spielt saftig zwischen reifer Frucht und markanten Taninnen, ein rustikaler Wein mit eigenwilliger Würze. Der Spätburgunder B mit seiner intensiven, tiefen dunklen Frucht ist weicher, sein reifer, saftiger Kern wird von animierender Frische umspült, seine Taninne sind ebenfalls markant und würzig, aber deutlich feiner, er ist lang und intensiv.

Weinbewertung

86 2016 Riesling trocken „Sauvage" **11,5 %/9,90 €**
88 2016 Riesling trocken Rüdesheim „Estate" **11,5 %/13,50 €**
88 2016 Riesling trocken Rauenthal „Estate" **11,5 %/13,50 €**
90 2016 Riesling trocken „Terra Montosa" **19,50 €**
91 2016 Riesling trocken Rüdesheim Berg Rottland **38,- €**
91 2016 Riesling trocken Rauenthal Nonnenberg **48,- €**
93 2016 Riesling trocken Rüdesheim Berg Schlossberg **56,- €**
86 2016 Riesling halbtrocken „Charm" **11,5 %/9,90 €**
85 2015 Spätburgunder trocken **12,5 %/21,- €**
88 2015 Spätburgunder trocken „B" **13 %/32,- €**

LAGEN

BERG SCHLOSSBERG (RÜDESHEIM)
BERG ROTTLAND (RÜDESHEIM)
BERG ROSENECK (RÜDESHEIM)
NONNENBERG (RAUENTHAL)

REBSORTEN

RIESLING (81 %)
SPÄTBURGUNDER (10 %)
GRAUBURGUNDER (4 %)
WEISSBURGUNDER
GELBER ORLEANS
HEUNISCH

BRINKMANN

★

KONTAKT

Hintergasse 48
55270 Jugenheim
Tel. 06130-1817
Fax: 06130-949395
www.weingut-brinkmann.de
info@weingut-brinkmann.de

Inhaber
Elisabeth Brinkmann
Rebfläche
10 Hektar
(3 Hektar nicht in Ertrag)
Produktion
46.000 Flaschen

BESUCHSZEITEN

Mo.-Sa. 8-18 Uhr und nach Vereinbarung

Elisabeth Brinkmanns Weinberge liegen in den Jugenheimer Lagen Goldberg und Hasensprung, südexponiert, die Reben wachsen in 170 bis 260 Meter Höhe, die Böden bestehen hauptsächlich aus Kalkstein, Ton und Mergel. Riesling nimmt 30 Prozent der Rebfläche ein, die Burgundersorten 40 Prozent, Silvaner spielt eine wichtige Rolle, aber auch Müller-Thurgau, Kerner, Dornfelder, Portugieser, St. Laurent und Regent, in den vergangenen Jahren wurde die Sortenvielfalt reduziert.

Kollektion

Die neue Kollektion schließt nahtlos an die Vorjahre an. Die Gutsweine sind frisch und unkompliziert, die Ortsweine etwas fülliger und kraftvoller, am besten gefällt uns der zupackende Grauburgunder. An der Spitze der Kollektion stehen die Lagenweine: Der Silvaner von alten Reben aus dem Goldberg ist füllig und saftig, besitzt reife Frucht und gute Struktur, der Hasensprung-Riesling besitzt viel Kraft und Frucht, noch etwas besser gefällt uns der Riesling aus dem Goldberg, der reintönige Frucht, gute Struktur und Druck besitzt.

Weinbewertung

78	2016 Riesling trocken (1l) **12 %/4,40 €**
82	2016 Silvaner trocken **12,5 %/4,20 €**
80	2016 Grauer Burgunder trocken **13 %/4,30 €**
82	2016 Weißer Burgunder trocken Jugenheimer **13,5 %/4,80 €**
83	2016 Grauer Burgunder trocken Jugenheimer **13,5 %/5,- €**
80	2016 Riesling trocken Jugenheimer **12,5 %/5,- €**
84	2016 Silvaner trocken „Alte Reben" Goldberg **13,5 %/5,60 €**
85	2016 Riesling trocken Hasensprung **12 %/6,40 €**
86	2016 Riesling trocken Goldberg **13 %/8,- €**
81	2016 Riesling Spätlese halbtrocken Jugenheimer **11,5 %/4,80 €**
81	2016 Riesling Spätlese „feinherb" Hasensprung **11,5 %/6,10 €**
82	2016 Grauer Burgunder Auslese Jugenheimer **10 %/5,- €**

Brogsitter

★★☆

KONTAKT

Brogsitter Weingüter und
Privat-Sektkellerei
Max-Planck-Straße 1
53501 Grafschaft-Gelsdorf
Tel. 02225-918111
Fax: 02225-918112
www.brogsitter.de
verkauf@brogsitter.net

Inhaber
Hans-Joachim Brogsitter
Rebfläche
33 Hektar
Produktion
190.000 Flaschen

BESUCHSZEITEN

Vinothek: Mo.-Fr. 8-20 Uhr, Sa. 9-20 Uhr, So. 13-19 Uhr
Historisches Gasthaus Sanct Peter (seit 1246) und Romantik-Hotel Sanct Peter in Walporzheim, Tel. 02641-97750

Hans-Joachim Brogsitter besitzt Weinberge in vielen verschiedenen Lagen, unter anderem in den Walporzheimer Lagen Pfaffenberg, Alte Lay (1,8 Hektar), Domlay und Kräuterberg, im Neuenahrer Sonnenberg, im Ahrweiler Silberberg und im Marienthaler Stiftsberg. Spätburgunder ist mit einem Anteil von knapp zwei Drittel die wichtigste Rebsorte. Es folgen Frühburgunder (15 Prozent), Portugieser, Dornfelder und Riesling. Die Weine der Serie „Ad Aram" werden 14 bis 18 Monate im Barrique ausgebaut.

Kollektion

Wie bei anderen Ahr-Weingütern auch stellen wir mit den jüngsten Jahrgängen 2015 und 2016 eine stilistische Weiterentwicklung hin zu mehr Frische und Präzision fest. Wenngleich beispielsweise die Ad Aram-Weine immer noch enorm füllig, kraftvoll und konzentriert sind, im Jahrgang 2016 aber auch auf mehr Frucht setzen. Die drei verkosteten Jahrgänge des Großen Gewächses Alte Lay zeigen exemplarisch diese Weiterentwicklung hin zu mehr Frische, Präzision und Eleganz, und beweisen, dass dies nicht zu Lasten von Fülle und Konzentration gehen muss. Auch der Frühburgunder aus dem Pfaffenberg gefällt uns in den beiden jüngsten Jahrgängen deutlich besser, ist füllig, kraftvoll, strukturiert, während der Kräuterberg-Spätburgunder auf Reife setzt – aber eben noch aus dem Jahrgang 2013 stammt. Weiter so!

Weinbewertung

82	2016 Riesling trocken Marienthaler Stiftsberg **11,5 %/8,95 €**
84	2016 Spätburgunder „Blanc de Noir" trocken „Brogsitter No. 1" **12 %/8,95 €**
86	2016 Spätburgunder „Blanc de Noir" trocken „Ad Aram" **13 %/19,80 €**
83	2015 Spätburgunder Rosé trocken **12 %/8,95 €**
83	2015 Frühburgunder trocken „Edition B" **13,5 %/9,95 €**
(83)	2016 Frühburgunder trocken „Edition B" **9,95 €**
86	2015 Spätburgunder trocken „Edition B" **13,5 %/9,95 €**
(86)	2016 Spätburgunder trocken „Edition B" **9,95 €**
88	2015 Frühburgunder trocken „Ad Aram" **13,5 %/19,80 €**
(89)	2016 Frühburgunder trocken „Ad Aram" **19,80 €**
87	2015 Spätburgunder trocken „Ad Aram" **13,5 %/19,80 €**
(88)	2016 Spätburgunder trocken „Ad Aram" **19,80 €**
88	2013 Spätburgunder trocken Walporzheimer Alte Lay **13,5 %/29,95 €**
89	2015 Spätburgunder trocken „Großes Gewächs" Alte Lay **13,5 %/29,95 €**
(90)	2016 Spätburgunder trocken „Großes Gewächs" Alte Lay **29,95 €**
87	2013 Spätburgunder trocken Walporzheimer Kräuterberg **13,5 %/29,95 €**
87	2013 Frühburgunder trocken Walporzheimer Pfaffenberg **13,5 %/24,80 €**
89	2015 Frühburgunder trocken „Großes Gewächs" Pfaffenberg **13,5 %/24,80 €**
(89)	2016 Frühburgunder trocken „Großes Gewächs" Pfaffenberg **24,80 €**

Frank Brohl

★★★

B

KONTAKT

Zum Rosenberg 2
56862 Pünderich
Tel. 06542-22148, Fax: -1295
www.weingut-brohl.de
info@weingut-brohl.de

Inhaber
Jutta & Frank Brohl
Rebfläche
7 Hektar
Produktion
40.000 Flaschen

BESUCHSZEITEN

nach Vereinbarung
Ferienwohnung

Frank Brohl übernahm 1983 nach dem Tod des Vaters mit 19 Jahren den damals 2 Hektar großen Betrieb, im Jahr darauf begann er mit der Umstellung auf biologischen Weinbau, ist Mitglied bei Ecovin. Seine Weinberge befinden sich in den Pündericher Lagen Marienburg, Nonnengarten und Rosenberg sowie in den Reiler Lagen Mullay-Hofberg und Goldlay. Seit 2001 werden nur noch die besten Rieslinge aus den Lagen Marienburg, Nonnengarten und Goldlay mit Lagenbezeichnungen versehen; seine ältesten Rieslingreben wurden 1889 gepflanzt. 70 Prozent der Rebfläche nimmt Riesling ein, hinzu kommen etwa je 10 Prozent Müller-Thurgau, Weißburgunder und Spätburgunder, zuletzt hat Frank Brohl ein klein wenig Cabernet Blanc gepflanzt. Die Weine werden teils im Fuder, teils im Edelstahl ausgebaut, sie werden teilweise spontanvergoren, der Großteil der Weine wird trocken ausgebaut. Auch Experimente mit Naturweinen sind inzwischen zu finden.

Kollektion

Nur wenige Weingüter an der Mosel liefern Jahr für Jahr ein so straffes, gleichmäßiges Programm an Weinen ab. Beginnend beim „Heartbreak" über die trockene Spätlese bis zur süßen Spätlese sind alle Weine stilistisch bestens ausgearbeitet. Dies ist auch in der neuen Kollektion der Fall, die einem Schaumwein aus 2015 (Kräuterwürze, sehr präzise) sowie mit zwei Naturweinen startet. Beide sind handwerklich tadellos gearbeitet, klar im Duft. Der etwas breit wirkende 2015er ist allerdings dem frischen, leicht cremigen und mit Anklängen an Tee versehenen 2016er klar unterlegen. Straff und präzise sind „Heartbreak" und trockener Kabinett von alten Reben, enorm rassig die trockene Spätlese aus dem Nonnengarten, puristisch und frisch der Kabinett aus der Marienburg. Der Rosenberg-Riesling ist duftig, besitzt viel Spiel, der Wein von alten Reben ist mineralisch und trocken, besitzt aber auch Fülle.

Weinbewertung

87 2015 Spätburgunder Sekt „Blanc de Noir" brut **12 %/11,- €/0,5l**
84 2016 Cabernet Blanc trocken **11,5 %/6,50 €**
85 2015 Riesling „Steinrausch" **13,5 %/15,- €**
87 2016 Riesling „Steinrausch" **12 %/15,- €**
86 2016 Riesling Hochgewächs trocken „Heartbreak" **11 %/7,50 €**
86 2016 Riesling Kabinett trocken „N. 1" Pündericher Marienburg **11 %/8,- €**
87 2016 Riesling Kabinett trocken „Alte Reben 1889" **11 %/8,50 €** ☺
87 2016 Riesling Spätlese trocken Pündericher Nonnengarten **12 %/10,- €**
89 2016 Riesling Spätlese trocken „Rosenberg" Pündericher Marienburg **11,5 %/12,90 €**
88 2016 Riesling Spätlese trocken „Alte Reben 1889" **12 %/12,90 €**
86 2016 Riesling „feinherb" Pündericher Nonnengarten **10 %/7,50 €**
86 2016 Riesling Kabinett Pündericher Marienburg **8 %/8,- €**

Brügel

★★★

KONTAKT

Hauptstraße 49
97355 Castell-Greuth
Tel. 09383-7619
Fax: 09383-6733
www.weingut-bruegel.de
info@weingut-bruegel.de

Inhaber
Harald Brügel
Rebfläche
8,9 Hektar
Produktion
67.000 Flaschen

BESUCHSZEITEN

Mo.-Fr. 8-12 + 13-18 Uhr,
Sa. 9-12 + 13-17 Uhr und nach Vereinbarung

Die Weinberge dieses 1992 gegründeten Weingutes liegen am Fuß des Steigerwalds in den Orten Abtswind (Altenberg), Greuth (Bastel) und Castell (Kirchberg), wo die Reben auf Gipskeuperböden wachsen. Heinrich Brügel hatte einen landwirtschaftlichen Gemischtbetrieb, die Trauben seiner damals 1,8 Hektar Weinberge lieferte er an eine Genossenschaft. Als Sohn Harald begann sich für Wein zu interessieren, eine Küferlehre machte und die Schule in Veitshöchheim besuchte, wurde nach und nach der Betrieb erweitert und ganz auf die Selbstvermarktung gesetzt. Seit 1998 ist Harald Brügel voll im Betrieb tätig, inzwischen hat er das Weingut übernommen. Wichtigste Rebsorten sind Silvaner und Müller-Thurgau, dazu gibt es Riesling, Spätburgunder, Scheurebe, Bacchus und Domina.

Kollektion

Ein rauchiger, fülliger Silvaner-Sekt und ein geradliniger Riesling-Sekt eröffnen den Reigen. Alle Weine sind wie gewohnt klar und sortentypisch, das Einstiegsniveau ist hoch. In der Keuper-Linie gefallen uns der fruchtbetonte Riesling und der reintönige, zupackende Muskateller besonders gut. Der Silvaner von alten Reben besitzt Fülle, Kraft und Struktur, der Pur-Silvaner ist reintönig und saftig bei viel Substanz, der Pur-Weißburgunder ist kraftvoll und konzentriert bei viel Wärme. Die Trockenbeerenauslese von Silvaner und Riesling ist faszinierend reintönig, dick und konzentriert und mit dem intensiv fruchtigen, strukturierten Spätburgunder beweist Harald Brügel, dass er sich auch auf Rotwein versteht. Starke, gleichmäßige Kollektion!

Weinbewertung

87 Silvaner „pur" Sekt brut nature **13,5 %/19,50 €**
85 2014 Riesling Sekt brut **13 %/13,50 €**
84 2016 Silvaner trocken „Monalina" **12 %/6,- €**
85 2016 Spätburgunder „weißgekeltert" trocken **13 %/10,- €**
85 2016 Silvaner trocken Greuther Bastel **12,5 %/7,50 €**
85 2016 Silvaner trocken Abtswinder Altenberg **12,5 %/8,- €**
85 2015 Silvaner trocken „vom Keuper" **14 %/9,50 €**
84 2016 Weißburgunder trocken „vom Keuper" **13 %/9,50 €**
86 2015 Riesling trocken „vom Keuper" **13 %/9,50 €**
86 2016 Muskateller trocken „vom Keuper" **12,5 %/9,50 €**
87 2016 Silvaner trocken „Alte Reben" Abtswinder Altenberg **13,5 %/12,- €**
88 2015 Weißburgunder trocken „pur" Greuther Bastel **14,5 %/14,50 €**
88 2015 Silvaner trocken „pur" Greuther Bastel **14 %/14,50 €**
87 2015 Riesling trocken „pur" Greuther Bastel **13,5 %/14,50 €**
91 2015 Silvaner & Riesling Trockenbeerenauslese **7 %/49,50 €/0,375l**
88 2014 Spätburgunder trocken „pur" Greuther Bastel **13,5 %/16,- €**

BRÜSSEL

★☆

KONTAKT

Winzerstraße 15
67595 Bechtheim
Tel. 06242-7048
Fax: 06242-7077
www.bruessel-wein.de
info@bruessel-wein.de

Inhaber
Dieter Brüssel & Janine Brüssel
Rebfläche
10 Hektar

BESUCHSZEITEN

Mi. + Fr. 9-12 + 13-18 Uhr,
Sa. 9-12 + 13-16 Uhr und nach Vereinbarung

Das Weingut Brüssel (Bisher: Scultetus-Brüssel) wird von Dieter und Martina Brüssel geführt, sowie Tochter Janine, die seit 2007 im Betrieb tätig ist und seit 2012 für den Weinausbau verantwortlich ist. Sie besitzen Weinberge in den Bechtheimer Lagen Geyersberg, Rosengarten und Stein. Die wichtigsten Rebsorten sind Riesling, Silvaner, Weißburgunder, Grauburgunder, Spätburgunder, Portugieser und Dornfelder, aber auch Chardonnay, Merlot und Cabernet Sauvignon werden angebaut, dazu Bacchus, Scheurebe, Kerner, Huxelrebe, Faberrebe und Gewürztraminer. Das Sortiment ist gegliedert in Literweine, Gutsweine, Ortsweine und Lagenweine, nur süße Weine tragen Prädikatsbezeichnungen.

Kollektion

Die neue Kollektion präsentiert sich bei den Weißweinen stimmig und gleichmäßig, die Glanzlichter aber setzen im roten Segment die beiden Spätburgunder. Unter den 2016er Gutsweinen gefallt uns der fruchtbetonte, geradlinige Gewürztraminer am besten, der reintönige Chardonnay und der frische Weißburgunder kommen ihm nahe, auch der feinherbe Muskateller überzeugt mit Frische und Frucht. Der Bechtheimer Riesling, Jahrgang 2015, ist klar und geradlinig bei dezent mineralischen Noten. Der im Barrique ausgebaute Weißburgunder aus dem Jahrgang 2014 zeigt gute Konzentration und rauchige Noten, ist enorm würzig, füllig und kraftvoll, aber etwas zu sehr vom Holz dominiert. Anders die Spätburgunder. Schon der Ortswein zeigt sehr gutes Niveau, ist fruchtbetont, frisch und reintönig im Bouquet, klar und zupackend im Mund, besitzt gute Struktur und reintönige Frucht. Der Lagen-Spätburgunder aus dem Stein bringt nochmals eine klare Steigerung, zeigt reintönige Frucht, gute Konzentration, feine Würze, rote Früchte, ist frisch im Mund, klar und zupackend, besitzt gute Struktur und Frucht. Bravo!

Weinbewertung

81 2016 Grüner Silvaner trocken **12 %/4,80 €**
80 2016 Spätburgunder „Blanc de Noir" trocken **12,5 %/4,80 €**
82 2016 Weißer Burgunder trocken **13 %/6,10 €**
82 2016 Chardonnay trocken **13 %/6,10 €**
83 2016 Gewürztraminer trocken **13,5 %/6,50 €**
84 2015 Riesling trocken Bechtheimer **13 %/8,50 €**
85 2014 Weißer Burgunder trocken Barrique Bechtheimer **13,5 %/10,- €**
82 2016 Gelber Muskateller „feinherb" **11,5 %/6,10 €**
83 2016 Riesling Spätlese **8,5 %/6,50 €**
86 2015 Spätburgunder trocken Bechtheimer **13 %/9,50 €**
88 2015 Spätburgunder trocken Bechtheimer Stein **13 %/13,50 €**

B

BRUKER

★★

KONTAKT

Kleinaspacher Straße 18
71723 Großbottwar
Tel. 07148-921050
Fax: 07148-6190
www.weingut-bruker.de
info@weingut-bruker.de

Inhaber
Markus Bruker
Rebfläche
10 Hektar
Produktion
70.000 Flaschen

BESUCHSZEITEN

nach Vereinbarung
Hotel Bruker, „Wengerterstüble"

Otto Bruker, der Urgroßvater des heutigen Besitzers, hatte als hauptberuflicher Landwirt um 1930 auch einige Weinberge angelegt. Sein Sohn Rudolf führte die Landwirtschaft weiter, Wein spielte nur eine Nebenrolle. Das änderte sich erst, als dessen Sohn Herbert den Betrieb 1974 übernahm. 1977 eröffnete er die „Wengerterstüble" genannte Besenwirtschaft, 1984 wurde das Gut umgebaut und man konzentrierte sich mit damals 2,5 Hektar Reben ganz auf Weinbau, später kam eine Pension hinzu, die dann Ende der neunziger Jahre zum Hotel ausgebaut wurde. Heute führt Sohn Markus den Betrieb. Seine Weinberge liegen in den Großbottwarer Lagen Harzberg und Lichtenberg und im Oberstenfelder Forstberg, wo die Reben jeweils auf Gipskeuperböden wachsen. Muschelkalkböden, teils von Lettenkeuper und Lösslehmschollen durchzogen, herrschen in den Hessigheimer Felsengärten, sowie in den Mundelsheimer Lagen Käsberg, Mühlbächer und Rozenberg vor. Wichtigste Rebsorten sind Trollinger, Muskat-Trollinger, Lemberger, Riesling und Dornfelder. Daneben gibt es Chardonnay, Spätburgunder, Samtrot, Zweigelt Sauvignon Blanc; Markus Bruker hat die Bio-Zertifizierung begonnen.

Kollektion

Eine starke Kollektion präsentiert Markus Bruker in diesem Jahr, vor allem die Weißweine haben zugelegt, angefangen von der Gretchen-Cuvée über den reintönigen Sauvignon Blanc bis hin zur überzeugenden Riesling-Trilogie mit dem zupackenden Rotkeuper-Riesling und dem kraftvollen, noch sehr jugendlichen 504 aus dem Lichtenberg. Am besten aber gefällt uns der Sauvignon Blanc aus dem Harzberg, der Fülle und Kraft besitzt, reife Frucht und gute Struktur. Die Rotweine zeigen teils leicht oxidative Noten, unser Favorit ist das kraftvolle, füllige Dicke Ding aus Merlot und Cabernet Franc.

Weinbewertung

84	2016 „Gretchen" Weißwein trocken **13 %/10,40 €**
83	2016 Grauer Burgunder trocken **13,5 %/9,50 €**
84	2016 Sauvignon Blanc trocken **13 %/10,40 €**
85	2016 Riesling „vom Rotkeuper" Oberstenfeld **13,5 %/8,20 €**
83	2016 Riesling Spätlese „vom Schilfsandstein" Großbottwar **12 %/10,40 €**
87	2015 Sauvignon Blanc trocken „503" Harzberg **13 %/17,50 €**
86	2015 Riesling Auslese trocken „504" Lichtenberg **13 %/17,50 €**
85	2016 „Faust" Rosé Cuvée trocken **12 %/8,90 €**
80	2015 Spätburgunder „Muschelkalk" Hessigheim **12,5 %/8,20 €**
82	2015 Lemberger „Gips" Großbottwar **13 %/8,20 €**
84	2015 „Mephisto" Rotwein trocken **12,5 %/9,90 €**
84	2014 „Black Berry" Merlot Cabernet Sauvignon trocken **13 %/18,50 €**
87	2014 „Dickes Ding" Merlot & Cabernet Franc **13 %/22,50 €**

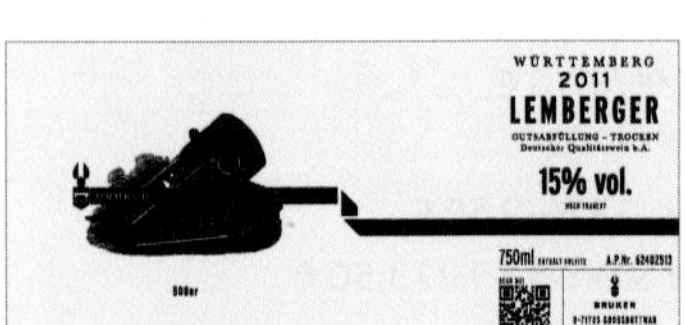

BÜHLER

★☆

KONTAKT

Backhausgasse 2, 67169 Kallstadt
Tel. 06322-61261, Fax: -981090
www.buehler-pfalz.de
weingut@buehler-pfalz.de

Inhaber Familie Bühler
Ansprechpartner Jens Bühler
Verkauf Sarah Bühler
Rebfläche 16 Hektar
Produktion 100.000 Flaschen

BESUCHSZEITEN

Mo.-Fr. 10-12 + 13-18 Uhr und zu den Öffnungszeiten der Weinstube, Fr. und Sa. ab 16 Uhr, Sonn- und Feiertage ab 12 Uhr

Pia und Werner Bühler übernahmen 1992 den elterlichen Betrieb, zwei Jahre später wurde ein neues Weingut am Rande der Lage Kallstadter Saumagen errichtet. Schon während der Ausbildung zum Winzer in drei Pfälzer Betrieben (unter anderem bei Knipser) übernahm Sohn Jens Bühler die Verantwortung für den Ausbau der Weine. Nach Auslandsaufenthalten in Frankreich, Italien, Portugal und Österreich schloss er 2005 seine Ausbildung zum Techniker für Weinbau und Önologie in Bad Kreuznach ab. Die besten Lagen sind Steinacker und Saumagen in Kallstadt. Auf 16 Hektar wird vor allem Riesling, Weiß- und Grauburgunder, Sauvignon Blanc, Spätburgunder und Dornfelder angebaut, aber auch Gewürztraminer, Merlot, Cabernet Sauvignon, Silvaner, Rieslaner und Syrah, der Rotweinanteil liegt bei 30 Prozent. Die Eltern von Jens Bühler betreiben ein Restaurant mit Blick in den Saumagen.

Kollektion

Jens Bühler präsentiert uns erneut eine sehr homogene Kollektion auf gutem Niveau, in der wir drei Favoriten haben: Beim Silvaner von alten Reben ist das Holz noch sehr präsent, der Wein besitzt viel klare Frucht, Kraft, Substanz und Länge, der Riesling „Herzstück" aus dem Saumagen zeigt ebenfalls noch deutliche Holzwürze, ist saftig und füllig, besitzt Substanz und gute Länge, beim Sauvignon Blanc „Der Chef" ist das Holz wesentlich dezenter und lässt der klaren gelben Frucht mit Noten von Pfirsich und Maracuja viel Raum. Gut gefallen uns auch der Spätburgunder mit seiner kühlen roten Frucht und der kraftvolle, weiche Chardonnay, beide behutsam im Barrique ausgebaut. Und wie auch schon in den vergangenen Jahren verspricht der Rosé aus Spätburgunder, St. Laurent und Merlot viel Trinkspaß mit seiner komplexen roten Frucht, etwas floralen Noten und gutem Säure-Grip.

Weinbewertung

82 Riesling Sekt brut **12 %/9,- €**
83 2016 Sauvignon Blanc trocken **12 %/8,- €**
82 2016 Weißburgunder trocken **12 %/7,- €**
82 2016 Riesling Kabinett trocken **12 %/6,- €**
85 2015 Chardonnay trocken „Sur Lie" **13 %/9,90 €**
86 2016 Sauvignon Blanc trocken „Der Chef" **13 %/14,50 €**
86 2015 Silvaner trocken „Anno 1958" **13 %/19,- €**
86 2015 Riesling trocken „Herzstück" Kallstadter Saumagen **13 %/14,50 €**
81 2015 „Blanc de Noir" trocken **12 %/6,50 €**
83 2016 Rosé trocken „Saignée" **12 %/6,10 €**
84 2015 Rieslaner Auslese „fruchtsüß" **9 %/9,- €/0,375l**
83 2014 „MeCaDo" Rotwein trocken **13 %/8,- €**
85 2014 Spätburgunder trocken*** **13,5 %/9,50 €**

Bürgerspital zum Heiligen Geist

★★★★

KONTAKT

Theaterstraße 19
97070 Würzburg
Tel. 0931-3503441
Fax: 0931-3503444
www.buergerspital.de
weingut@buergerspital.de

Inhaber
Stiftung des öffentlichen Rechts
Gutsdirektor Robert Haller
Rebfläche 120 Hektar
Produktion 820.000 Flaschen

BESUCHSZEITEN

nach Vereinbarung
Weinhaus/Vinothek/Weinverkauf: Mo. 9-18 Uhr, Di.-Sa. 9-24 Uhr, So. 11-18 Uhr
Bürgerspital-Weinstuben (Pächter: Familie Wiesenegg), Weinproben, kulinarische Weinproben

Das Bürgerspital wurde 1316 von Johannes und Mergardis von Steren als Spital gegründet, Im Jahr 2016 konnte man also groß feiern – 700 Jahre Bürgerspital. 1321 erhielt man durch Schenkungen die ersten Weinberge. Heute gehört das Bürgerspital zu den größten Weingütern in Deutschland. Seit 2007 führt Robert Haller als Gutsdirektor den Betrieb. Das Gros der Weinberge, fast 80 Hektar, liegt in Würzburg. Fast 30 Hektar besitzt man im Würzburger Stein, die Einzellage Stein-Harfe im Zentrum des Steins gehört dem Bürgerspital im Alleinbesitz. Neben den Würzburger Lagen Innere Leiste, Pfaffenberg und Abtserde erweitern Weinberge in Randersacker (Teufelskeller, Pfülben, Marsberg), Frickenhausen (Kapellenberg), in Veitshöchheim (Sonnenschein) und in Thüngersheim (Scharlachberg) das Lagenportfolio. Silvaner hat mittlerweile den Riesling als wichtigste Rebsorte überholt, nimmt knapp ein Drittel der Rebfläche ein, es folgt Riesling mit einem Anteil von 27 Prozent, dann kommen Müller-Thurgau und die weißen Burgunder, dazu gibt es Scheurebe, Bacchus, Rieslaner und Gewürztraminer. An roten Sorten werden Domina, Blaufränkisch und Spätburgunder angebaut. Mit dem Jahrgang 2012 hat man das Sortiment neu strukturiert in Gutsweine, Ortsweine, Erste Lagen sowie Große Lagen und Premiumweine. In der Vinifikation wird zunehmend mit Maischestandzeiten, Holzfassausbau und Spontangärung gearbeitet, je nach Wein und Jahrgang in unterschiedlichen Anteilen.

Kollektion

Nach einer bärenstarken Kollektion im vergangenen Jahr legen Robert Haller und sein Team eine weitere klasse Kollektion nach. Der Gutsriesling ist klar und frisch, die Würzburger Ortsweine sind fruchtbetont und zupackend. Sehr geschlossen präsentiert sich das Silvaner-Lagen-Quartett: Pfaffenberg frisch und zupackend, Abtsleite würziger, Innere Leiste füllig und saftig, mit guter Struktur, reifer Frucht, Säure und viel Wärme, der Stein schließlich herrlich reintönig, strukturiert und zupackend. Der Pfaffenberg-Riesling ist reintönig und zupackend, hat Finesse, der Riesling vom Stein besitzt Fülle und Kraft, gute Struktur und Druck. Auch die Randersackerer Rieslinge schlagen sich prächtig, der Wein aus dem Marsberg besitzt Fülle und Kraft, viel reife Frucht und Substanz, noch ein klein wenig druckvoller ist der Riesling aus dem Teufelskeller. Der Weißburgunder aus dem Pfaffenberg zeigt reintönige Frucht, ist füllig und saftig, besitzt gute Struktur und Frische. Der Weißburgunder aus dem Stein ist konzentriert, füllig, kraftvoll, besitzt viel reife Frucht, gute Struktur und Frische. Der Gewürztraminer zeigt reintönige Frucht, Rosen, ist wunderschön frisch, zupackend und strukturiert im Mund. Der sensationellste Wein im Erste Lagen-Segment ist aber ganz klar der 2015er Chardonnay aus dem Stein. Chardonnay im Würzburger Stein? Warum nicht. Zu Goethes Zeiten waren Elbling und Gutedel die meistangebauten Rebsorten im Stein, heute sind es Silvaner und Riesling, aber muss das immer so bleiben? Vielleicht werden einmal Chardonnay und Blaufränkisch führend sein, oder vielleicht Syrah? Schon der 2014er Chardonnay war bärenstark, 2015 legt noch mal eine Schippe drauf, zeigt rauchige Noten, herrlich viel Frucht, feinen Toast, ist kraftvoll, komplex, druckvoll, enorm nachhaltig. Sehr geschlossen präsentieren sich die Großen Gewächse. Der Silvaner aus dem Stein zeigt intensive, reintönige Frucht, ist kraftvoll, klar und zupackend, besitzt viel Substanz, Länge und Nachhall. Der Silvaner aus der Stein-Harfe ist noch konzentrierter, hat noch mehr Saft, aber nicht ganz die Spannung seines Kollegen. Der Hagemann-Riesling zeigt etwas Zitrus, viel Frische und Frucht, ist füllig und saftig, besitzt gute Struktur und Biss. Gleichauf sehen wir den Riesling aus der Stein-Harfe, der etwas kraft- und druckvoller ist, gute Struktur und Substanz besitzt. Eine faszinierende Trockenbeerenauslese rundet den weißen Teil der Kollektion ab. Aber auch die beiden Rotweine sind stark: Der Blaufränkisch aus dem Stein (!) besitzt gute Struktur, Frucht und Druck, der Spätburgunder ist wunderschön reintönig und zupackend.

Robert Haller

Weinbewertung

83	2016 Riesling trocken **12 %/7,30 €**
85	2016 Müller-Thurgau trocken Würzburger **12 %/7,90 €**
85	2016 Silvaner trocken Würzburger **12,5 %/9,30 €**
86	2016 Silvaner trocken Würzburger Pfaffenberg **13 %/12,- €**
87	2016 Silvaner trocken Würzburger Abtsleite **12,5 %/12,- €**
88	2016 Silvaner trocken Würzburger Innere Leiste **13,5 %/12,50 €**
88	2016 Silvaner trocken Würzburger Stein **13 %/13,- €**
87	2016 Riesling trocken Würzburger Pfaffenberg **12 %/12,- €**
89	2016 Riesling trocken Würzburger Stein **13 %/13,- €**
88	2016 Riesling trocken „RR" Randersackerer Marsberg **13 %/13,50 €**
89	2016 Riesling trocken „RR" Randersackerer Teufelskeller **13 %/13,50 €**
89	2016 Weißer Burgunder trocken Würzburger Stein **13 %/13,- €**
88	2016 Weißer Burgunder trocken Würzburger Pfaffenberg **13 %/12,50 €**
89	2016 Gewürztraminer trocken Würzburger Stein **13,5 %/17,- €**
92	2016 Silvaner trocken „GG" Würzburger Stein **13 %/26,- €**
91	2016 Silvaner trocken „GG" Würzburger Stein-Harfe **13 %/26,- €**
91	2016 Riesling trocken „GG" Würzburger Stein-Harfe **13 %/26,- €**
91	2016 Riesling trocken „GG" „Hagemann" Würzburger Stein **13 %/40,- €**
94	2015 Chardonnay „R" trocken Würzburger Stein **14 %/30,- €** ☺
93	2013 Riesling Trockenbeerenauslese Würzburger Stein **7,5 %/120,- €/0,375l**
89	2015 Blaufränkisch „R" trocken Würzburger Stein **13,5 %/18,- €**
90	2015 Spätburgunder „R" trocken Veitshöchheimer Sonnenschein **13,5 %/23,- €**

LAGEN

STEIN (WÜRZBURG)
STEIN-HARFE (WÜRZBURG)
ABTSLEITE (WÜRZBURG)
INNERE LEISTE (WÜRZBURG)
PFAFFENBERG (WÜRZBURG)
PFÜLBEN (RANDERSACKER)
TEUFELSKELLER (RANDERSACKER)
MARSBERG (RANDERSACKER)
SONNENSCHEIN (VEITSHÖCHHEIM)

REBSORTEN

SILVANER (32 %)
RIESLING (27 %)
MÜLLER-THURGAU (10 %)

B

BÜSSER-PAUKNER

★

KONTAKT

Mainzerstraße 50
55239 Gau-Odernheim
Tel. 06733-6001
Fax: 06733-8319
www.ae-wein.de
info@ae-wein.de

Inhaber
Eva & Andreas Paukner
Rebfläche
6 Hektar
Produktion
25.000 Flaschen

BESUCHSZEITEN

nach Vereinbarung

Seit 1921 baut die Familie Wein in Rheinhessen an. 2014 haben Eva Büsser und ihr Ehemann Andreas Paukner das Gut übernommen. Sie haben den Namen geändert von Weingut Büsser in Weingut Büsser-Paukner, aber auch Ausstattung und Weinstilistik. Ihre Weinberge liegen rund um den Petersberg in Gau-Odernheim, in den Lagen Herrgottspfad und Ölberg (mit der Gewanne Lieberg), sowie in Alsheim in den Lagen Sonnenberg und Fischerpfad (mit der Gewanne Stratzenberg). Während in Gau-Odernheim tonige Lösslehmböden mit hohem Kalkanteil und Muscheleinlagerungen vorherrschen, findet man in Alsheim sandige Lösslehmböden. Hauptrebsorten sind Riesling, Grauburgunder, Weißburgunder, Chardonnay, Spätburgunder, St. Laurent und Dornfelder. Das Sortiment haben Eva und Andreas Paukner neu strukturiert in Guts- und Lagenweine, aufgrund der kleinen Betriebsgröße bieten sie keine Ortsweine an. Bei den Gutsweinen streben sie Rebsortentypizität an, die Weißweine werden kühl im Edelstahl vergoren, die Rotweine teilweise in gebrauchten Eichenholzfässern ausgebaut. Die Lagenweine werden lange auf der Hefe belassen, Chardonnay und Rotweine im Barrique.

Kollektion

Beim Debüt im vergangenen Jahr führten die Lagenweine eine starke Kollektion an. Die Gutsweine sind 2016 frisch und fruchtbetont, die Spitze der Kollektion bilden aber auch in diesem Jahr eindeutig die Lagenweine: Der im Barrique ausgebaute Chardonnay aus dem Sonnenberg besitzt Fülle und Kraft, gute Struktur und Substanz, der Riesling aus dem Herrgottspfad besitzt reintönige Frucht, ist noch verhalten, jugendlich, der achtzehn Monate im Barrique ausgebaute Lieberg-Spätburgunder ist von Gewürznoten geprägt, besitzt gute Fülle, Kraft und viel Substanz. ➡

Weinbewertung

80	2016 Riesling trocken **12 %/4,80 €**
81	2016 Grauer Burgunder trocken **12,5 %/4,80 €**
83	2016 Pinot Blanc trocken **12,5 %/5,40 €**
81	2016 Weißweincuvee trocken **12 %/6,- €**
81	2016 Scheurebe trocken „Lieblingsstück" **12 %/6,30 €**
82	2016 Silvaner trocken **12,5 %/7,- €**
84	2015 Riesling trocken Gau-Odernheimer Herrgottspfad **12,5 %/7,80 €**
85	2015 Chardonnay trocken Alsheimer Sonnenberg **13,5 %/8,40 €**
80	2016 Weißer Burgunder „feinherb" **12 %/4,70 €**
81	2015 Riesling Spätlese **10 %/5,10 €**
80	2014 Spätburgunder trocken **12,5 %/5,50 €**
84	2013 Spätburgunder trocken Gau-Odernheimer Lieberg **12,5 %/10,50 €**

B

Reichsrat von Buhl

★★★★☆

KONTAKT

Weingut Reichsrat von Buhl GmbH
Weinstraße 16-24
67146 Deidesheim
Tel. 06326-965017
Fax: 06326-965024
www.reichsrat-von-buhl.de
info@reichsrat-von-buhl.de

Inhaber
Familie Niederberger
Geschäftsführer
Richard Grosche
Mathieu Kauffmann
Rebfläche **62 Hektar**
Produktion **500.000 Flaschen**

BESUCHSZEITEN

Mo.-Fr. 9-18 Uhr, Sa./So. 9-17 Uhr

Das 1849 von Franz-Peter Buhl gegründete Weingut entstand aus der Erbteilung des Jordan'schen Weingutes. Der erste Reichsrat war Armand von Buhl, der für seine Verdienste bei der deutschen Sozialgesetzgebung von König Ludwig II. zum „Reichsrat der bayrischen Krone" ernannt wurde, den Titel integrierte aber erst sein Sohn Franz Eberhard von Buhl in den Weingutsnamen, als er 1912 zum „Reichsrat der bayrischen Kammer" ernannt wurde. Nach seinem Tod 1921 führte seine Witwe Frieda Piper von Buhl das Weingut bis 1952. Unter der Leitung des Dirigenten Enoch von und zu Guttenberg, der das Weingut erbte, wurde die Rebfläche von einst rund 100 Hektar auf ungefähr die Hälfte verkleinert, dabei konzentrierte man sich auf die besten Lagen der Mittelhaardt. 1989 wurde es an eine japanische Weinhandelsfirma verpachtet, es wurden Millionenbeträge in Keller und Außenbetrieb investiert. Noch während der Pacht erwarb 2005 der Neustadter Unternehmer Achim Niederberger das Weingut, nach seinem frühen Tod ist mittlerweile Jana Niederberger die Eigentümerin, der auch die Weingüter Bassermann-Jordan und von Winning (ehemals Dr. Deinhard) gehören, die ebenfalls durch die Jordan'sche Teilung 1849 entstanden sind. Der Pachtvertrag lief Ende 2013 aus, seit dem Jahrgang 2013 führt eine neue Mannschaft das Weingut. Spektakulärster Neuzugang ist Mathieu Kauffmann, bisher Kellermeister des renommierten Champagnerhauses Bollinger in Aÿ, er teilt sich die Geschäftsführung mit Richard Grosche, für die Weinberge ist nach wie vor der langjährige Außenbetriebsleiter Werner Sebastian zuständig. Reichsrat von Buhl verfügt über beste Lagen in Forst (Freundstück, Jesuitengarten, Pechstein, Ungeheuer, Kirchenstück), Deidesheim (Kieselberg, Mäushöhle, Leinhöhle, Herrgottsacker, Paradiesgarten) und Ruppertsberg (Reiterpfad). Riesling ist die dominierende Rebsorte. Daneben findet man etwas Weißburgunder, Grauburgunder, Scheurebe und Gewürztraminer, sowie Spätburgunder. Seit 2009 ist der Betrieb bio-zertifiziert. Seit das neue Team am Ruder ist erfolgte auch ein Stilwandel, hin zu konsequent durchgegorenen Weinen, auch die Sekte, die schon seit gut 20 Jahren von zuverlässiger, sehr guter Qualität waren, gewinnen mit jedem neuen Jahrgang mehr an Profil, heute zählt das Gut wieder zur Spitze in Deutschland.

Kollektion

Niemand sonst in Deutschland produziert so große Stückzahlen von Sekten auf solch hohem Niveau wie das Duo Kauffmann und Grosche: Die beiden verkosteten Sekte sind sehr animierend und nachhaltig, der 2015er Riesling ist eindringlich und komplex, zeigt feine hefige Würze und Zitrusnoten, besitzt Frische und Länge, der ohne Jahrgang vermarktete „Réserve" zeigt ebenfalls etwas hefige Würze und klare, gelbe Frucht, er ist saftig, cremig, animierend und nachhaltig. Die vorgestellte Riesling-Kollektion, bestehend aus frischen 2016ern und einigen erst später auf den Markt gebrachten 2015ern, ist nichts für Säurehasser, stattdessen erkennen wir ein klares Statement für charakter- und ausdrucksstarke Weine. Schon der Gutsriesling ist ganz geradlinig, zeigt viel gelbe Frucht und etwas kräutrige Würze und besitzt lebendigen Säure-Biss, der Deidesheimer Riesling zeigt Aprikose und Ananas im Bouquet, ist herb, kräutrig und leicht salzig. Die drei Rieslinge aus Ersten Lagen liegen auf einen Niveau, die Leinhöhle zeigt etwas Orangenschale, ist aber ansonsten noch ganz verhalten in der Frucht und lässt steinig-mineralische Noten erkennen, am Gaumen ist der Wein puristisch, animierend und salzig, der 2015er Herrgottsacker zeigt leicht gereifte Frucht mit Noten von Mürbeteig, besitzt Konzentration, ein frisches Säure-Spiel und gute Länge, der Paradiesgarten aus 2015 zeigt kräutrig-mineralische Noten, ist aber noch sehr verschlossen, puristisch und herb. Unter den vier Großen Gewächsen kommt das Freundstück ebenfalls erst mit einem Jahr Verspätung in den Verkauf, es zeigt leichte Reifenoten, etwas Quitte und mineralische Würze, ist der kraftvollste der aktuellen Buhl'schen Rieslinge und besitzt Konzentration und feinen Säure-Grip. Der 2016er Kieselberg ist sehr fruchtbetont, zeigt aber auch kräutrig-mineralische Noten und etwas Tabakwürze, besitzt Biss und ist leicht salzig. Ungeheuer und Pechstein teilen sich die Spitze, das Ungeheuer zeigt viel Frucht im Bouquet mit Noten von Apfel- und Birnenmost, Ananas und Grapefruit, am Gaumen besitzt er gute Konzentration und Länge und ist sehr animierend, der Pechstein ist ganz auf der würzigen Seite mit Noten von Brotkruste und Stein, er ist kraftvoll, komplex und sehr nachhaltig.

Mathieu Kauffmann (links) und Richard Grosche

Weinbewertung

89	„Réserve" Sekt brut	**12,5 %/16,90 €**
89	2015 Riesling Sekt brut	**12,5 %/14,90 €**
86	2016 Riesling trocken	**12,5 %/9,90 €**
87	2016 Riesling trocken Deidesheimer	**12,5 %/11,90 €**
88	2016 Riesling trocken Deidesheimer Leinhöhle	**12,5 %/16,- €**
88	2015 Riesling trocken Deidesheimer Herrgottsacker	**12,5 %/18,- €**
88	2015 Riesling trocken Deidesheimer Paradiesgarten	**13,5 %/18,- €**
91	2016 Riesling „GG" Kieselberg	**13 %/30,- €**
92	2016 Riesling „GG" Ungeheuer	**13 %/30,- €**
92	2016 Riesling „GG" Pechstein	**13 %/45,- €**
91	2015 Riesling „GG" Freundstück	**14 %/39,- €**
87	2015 Rosé trocken „Suez"	**12,5 %/17,90 €**

LAGEN

UNGEHEUER (FORST)
PECHSTEIN (FORST)
KIRCHENSTÜCK (FORST)
JESUITENGARTEN (FORST)
FREUNDSTÜCK (FORST)
KIESELBERG (DEIDESHEIM)
MÄUSHÖHLE (DEIDESHEIM)
LEINHÖHLE (DEIDESHEIM)
PARADIESGARTEN (DEIDESHEIM)
HERRGOTTSACKER (DEIDESHEIM)
REITERPFAD (RUPPERTSBERG)

REBSORTEN

RIESLING (87 %)
SPÄTBURGUNDER (7 %)

LISA BUNN

★★☆

KONTAKT

Mainzer Straße 86
55283 Nierstein
Tel. 06133-59290
Fax: 06133-60309
www.lisa-bunn.de
info@weingut-bunn.de

Inhaber
Lisa Bunn
Rebfläche
10 Hektar
Produktion
50.000 Flaschen

BESUCHSZEITEN

Di.-Fr. 13-17 Uhr, Sa. 10-17 Uhr

Seit drei Generationen ist der Margarethenhof im Besitz der Familie Bunn. Er wird heute von Geisenheim-Absolventin Lisa Bunn geführt, die seit ihrem Studienabschluss 2011 die Regie im Keller führt, zwei Jahre später das Gut von ihren Eltern Georg und Eva Bunn übernahm. Ihre Weinberge liegen in Nierstein (darunter Anteile an den Lagen Hipping, Oelberg und Orbel), Dienheim und Guntersblum, wo sich auch der Keller befindet. Neben Riesling gibt es Silvaner, Weißburgunder, Grauburgunder, Chardonnay, Müller-Thurgau, Gewürztraminer, Huxelrebe und Scheurebe, sowie Dornfelder, Spätburgunder und St. Laurent, zuletzt wurde Merlot gepflanzt. Die drei Lagenrieslinge aus Orbel, Oelberg und Hipping stehen an der Spitze des Sortiments, daneben gibt es Reserveweine von Spätburgunder, Silvaner, Chardonnay und Grauburgunder.

Kollektion

Mit der neuen Kollektion schließt Lisa Bunn nahtlos an die starken Vorjahre an. Der stachelbeerduftige Sauvignon Blanc ist fruchtbetont und zupackend, der Kalkstein-Riesling ist würzig und geradlinig, etwas kraft- und druckvoller ist der Riesling vom Rotliegenden. Bei den drei Lagen-Rieslingen ist das Bild ähnlich wie im Jahrgang 2015, wieder gilt unsere ganz leichte Präferenz dem Wein aus dem Hipping. Er zeigt feine Würze und Duft im Bouquet, ist füllig, kraftvoll, besitzt reife Frucht, gute Struktur, Substanz und etwas mehr Druck als seine beiden Kollegen. Der Orbel zeigt dezent gelbe Früchte, ist füllig und saftig, der Ölberg würziger und reifer, ebenfalls füllig und saftig, besitzt viel Wärme. Sehr gut ist wie schon im Vorjahr der Reserve-Grauburgunder, zeigt gute Konzentration, rauchige Noten, besitzt Kraft, Struktur und Druck. Die Rotweine gewinnen an Profil, zeigen durchgängig sehr gutes Niveau. Der Saint Laurent ist reintönig, fruchtbetont, der Merlot geradlinig, der Wintersheimer Spätburgunder würzig und strukturiert, der Reserve-Spätburgunder kraftvoller.

Weinbewertung

81	2016 Riesling trocken „fleißiges Lieschen" **12,5 %/7,90 €**
84	2016 Riesling trocken „vom Kalkstein" **12,5 %/9,50 €**
85	2016 Riesling trocken „vom Rotliegenden" Nierstein **12,5 %/10,50 €**
84	2016 Sauvignon Blanc trocken „vom Löss" **12,5 %/9,50 €**
87	2016 Riesling trocken Nierstein Orbel **13 %/17,- €**
87	2016 Riesling trocken Nierstein Oelberg **13,5 %/18,- €**
88	2016 Riesling trocken Nierstein Hipping **13,5 %/20,- €**
87	2015 Grauer Burgunder trocken „Reserve" **13,5 %/15,- €**
85	2015 Saint Laurent trocken „vom Rotliegenden" Nierstein **12,5 %/10,50 €**
85	2015 Spätburgunder trocken Wintersheim **13,5 %/14,50 €**
86	2014 Spätburgunder trocken „Reserve" **13,5 %/19,- €**
85	2014 Merlot trocken „Reserve" **14 %/25,- €**

IGNAZ BUNZELT

★★

KONTAKT

Heerweg 12
97334 Nordheim
Tel. 09381-4657 oder 4511
Fax: 09381-6283
www.weingut-bunzelt.de
info@weingut-bunzelt.de

Inhaber
Nina & Barbara Bunzelt
Rebfläche
9 Hektar

BESUCHSZEITEN

Mo.-Sa. 9-12 + 13-17 Uhr

Das 1969 von Ignaz und Irmina Bunzelt gegründete Weingut wurde seit 1975 von Hans Bunzelt geführt. 2016 hat Tochter Nina, Geisenheim-Absolventin, den Betrieb übernommen, führt ihn zusammen mit ihrem Partner Alexander Huber, ebenfalls Geisenheim-Absolvent, den Jahrgang 2015 haben sie bereits gemeinsam vinifiziert, zuvor hatte Nina Bunzelt schon den Silvaner-2 und die Weißweincuvée Patriarch kreiert. Sie besitzen Rebflächen in den Iphöfer Lagen Julius-Echter-Berg, Kronsberg und Kalb (mit Gipskeuperböden), in den Nordheimer Lagen Vögelein und Kreuzberg, im Sommeracher Katzenkopf und im Escherndorfer Fürstenberg (jeweils mit Muschelkalkböden), sowie im Frankenwinheimer Rosenberg, wo die Reben auf Lettenkeuper wachsen. Weiße Rebsorten nehmen neun Zehntel der Fläche ein. Wichtigste Sorten sind Müller-Thurgau, Silvaner und Bacchus. Dazu kommt eine breite Palette weiterer Sorten wie Domina, Riesling, Weißburgunder, Scheurebe, Traminer, Kerner und Rieslaner.

Kollektion

Es geht weiter voran bei Nina Bunzelt und Alexander Huber. Gleich sechs trockene Kabinettweine haben sie präsentiert, alle zeigen bestechend gleichmäßiges Niveau, sind fruchtbetont und sortentypisch, frisch und klar und überwiegend „fränkisch trocken". Der Silvaner „Barbara Spezial" besitzt Fülle und Kraft, gute Struktur und Substanz, noch besser gefällt uns die trockene Spätlese von alten Reben aus dem Kronsberg, die Fülle und Saft besitzt, reife Frucht, gute Struktur und Druck. Der Rieslaner ist klar und zupackend wie auch der füllige Traminer und die geradlinige, halbtrockene Scheurebe. Sehr gut ist auch die rote Cuvée, vereint Fülle und Kraft mit reifer Frucht und guter Struktur. Klar im Aufwind!

Weinbewertung

84 2016 Silvaner Kabinett trocken „2" **12,5 %/7,- €**
83 2016 Silvaner Kabinett trocken Escherndorfer Fürstenberg **12,5 %/7,50 €**
83 2016 Silvaner Kabinett trocken Nordheimer Vögelein **12,5 %/6,50 €**
83 2016 Riesling Kabinett trocken Sommeracher Katzenkopf **11,5 %/7,- €**
84 2016 Weißer Burgunder Kabinett trocken Iphöfer Kronsberg **12,5 %/7,- €**
83 2016 Scheurebe Kabinett trocken Iphöfer Kronsberg **12 %/6,- €**
85 2016 Silvaner trocken „Barbara Spezial" Nordheimer Vögelein **13 %/8,- €**
87 2016 Silvaner Spätlese trocken „Alte Reben" Iphöfer Kronsberg **13 %/9,- €**
84 2016 Rieslaner Spätlese trocken Iphöfer Julius-Echter-Berg **13 %/8,50 €**
84 2016 Traminer Spätlese trocken Nordheimer Vögelein **13 %/9,- €**
84 2016 Scheurebe Spätlese „Alte Reben" Iphöfer Julius-Echter-Berg **12 %/9,- €**
86 2012 „(W)einzigartig" Rotwein trocken **14 %/16,- €**

B

Peter Burens

★

N

Kontakt

SaarWeinGut Peter Burens
Graf-Siegfried-Straße 47
54439 Saarburg
Tel. 0176-55614844
Fax: 06581-8330445
www.saarweingut-burens.de
info@saarweingut-burens.de

Inhaber
Peter Burens
Rebfläche
0,7 Hektar
Produktion
3.600 Flaschen

Besuchszeiten

nach Vereinbarung

Erst 2015 wurde das Weingut von Eva und Peter C. N. Burens als Garagenweingut gegründet – und das offensichtlich mit Ansprüchen. Der Newcomer bewirtschaftet derzeit 0,7 Hektar, zu 70 Prozent wird Riesling in der Saarlage Auf Schonfels angebaut, zu 30 Prozent Grauburgunder auf Muschelkalk an der Obermosel. Unvorbereitet war Peter Burens allerdings nicht. Der 26-Jährige absolvierte seine Winzerausbildung von 2008 bis 2011 auf Schloss Saarstein, bei Hans Wirsching im fränkischen Iphofen und bei Peter Lauer in Ayl. Es folgten ein Praktikum in Oregon, die Weiterbildung zum Wirtschafter und Winzermeister. Eva Burens schloss das Studium der Getränkewirtschaft ab und arbeitete bei Robert Weil und im Kirschweingut Frederiksdal in Dänemark. Ihren Fokus wollen sie in Saarburg auf unfiltrierte, trockene Saarrieslinge legen. Im Keller arbeitet das Paar gemeinsam. In den kommenden Jahren wollen Eva und Peter Burens weiter expandieren – ihr Augenmerk liegt auf der insgesamt 1,2 Hektar großen Lage Auf Schonfels.

Kollektion

Zum Debüt wurden vier Weine vorgestellt, jeweils ein trockener (unfiltrierter), ein feinherber und ein merklich süßer Riesling sowie der fast trockene Grauburgunder von der Obermosel. Alle Weine zeugen von sauberer Arbeit im Keller, von kleinen Erträgen und dem Wissen um die richtige Balance. Der unfiltrierte trockene Riesling wirkt noch etwas verhalten, zeigt aber eine reife, gut eingebundene Säure und eine gewisse Fülle – mit etwas Lagerungszeit dürfte er sich noch besser präsentieren. Der feinherbe Kabinett wirkt offener, zeigt Substanz und ansatzweise mineralische Noten, der duftige süße Kabinett ist derzeit am offensten, weist Noten von Apfel und süßer Birne auf, wirkt saftig und trotz der Restsüße frisch. Nicht vergessen darf man den Grauburgunder, der ungemein saftig und würzig wirkt und gut balanciert ist.

Weinbewertung

84	2016 Grauburgunder „Muschelkalk" **11 %/8,50 €**
84+	2016 Riesling trocken „Auf Schonfels" **12,5 %/11,80 €**
86	2016 Riesling Kabinett „feinherb" „Alte Reben" **9 %/12,80 €**
86	2016 Riesling Kabinett „Auf Schonfels" **7,5 %/13,80 €**

BURGGARTEN

★★★★

KONTAKT

Landskroner Straße 61
53474 Bad Neuenahr-Ahrweiler-Heppingen
Tel. 02641-21280
Fax: 02641-79220
www.weingut-burggarten.de
burggarten@t-online.de

Inhaber
Familie Schäfer
Rebfläche
16 Hektar
Produktion
120.000 Flaschen

BESUCHSZEITEN

Mo.-Fr. 10-12 + 13-18 Uhr,
Sa./So. 10-13 Uhr
Gästehaus

Paul Josef Schäfer hat das Weingut zusammen mit Ehefrau Gitta zur heutigen Größe erweitert, ihr Domizil haben sie im ehemaligen Heppinger Winzerverein gefunden. Doch sie sind heute nicht mehr allein, alle drei Söhne – Paul Michael, Heiko und Andreas – unterstützen sie mittlerweile im Betrieb, alle drei sind ausgebildete Winzer. So stehen die Zeichen weiter auf Expansion, schließlich sollen vier Familien davon leben können. Die Weinberge von Paul Josef Schäfer liegen im Heimersheimer Burggarten (schwere Lehmböden), in den Neuenahrer Lagen Sonnenberg und Schieferlay (Grauwacke und Grauwackeschiefer) sowie im Ahrweiler Ursulinengarten (Kies am Fluss, weiter oben schwerere Böden). Er hat sein Weingut in den letzten Jahren noch stärker auf Spätburgunder ausgerichtet, auch den Anbau von Frühburgunder hat er forciert, zusammen nehmen sie mehr als zwei Drittel der Rebfläche ein. Dazu gibt es Riesling, Portugieser (mit bis zu 100 Jahre alten Reben) und Dornfelder, aber auch ein klein wenig Zweigelt (seit 1982), Regent, Cabernet Sauvignon und Merlot, dazu weitere Sorten wie Weißburgunder, Grauburgunder und Chardonnay. Inzwischen besitzt er auch Weinberge an der Mosel, im Piesporter Goldtröpfchen und im Zeltinger Himmelreich. In den letzten Jahren ist er dazu übergegangen seine Weine später abzufüllen, hat den Barriqueausbau forciert: Die Weine haben eindeutig an Komplexität gewonnen. Das Spätburgunder-Sortiment beginnt mit den Gutsweinen Vulkangestein und Signatur, es folgen die Ortsweine aus Heimersheim und Neuenahr, an der Spitze stehen die Lagenweine, die Spätburgunder aus Sonnenberg, Schieferlay und Burggarten, mit dem Jahrgang 2015 kam ein Spätburgunder aus dem Walporzheimer Kräuterberg hinzu. Sekte, Brände und Traubengelee ergänzen das Sortiment. Seit 2005 ist dem Weingut ein Gästehaus angeschlossen, das von Ehefrau Gitta geführt wird. Seit der ersten Ausgabe empfehlen wir die Weine von Paul Josef Schäfer, schon damals haben wir konstatiert, dass er den Anschluss an die besten Betriebe der Region geschafft hat. Jahr für Jahr sind wir angetan vom guten Niveau seiner Basisweine, in den letzten Jahren legten er und seine Söhne in der Spitze noch einmal zu.

Kollektion

Auch in diesem Jahr ist das Einstiegsniveau wieder hoch, das zeigt der Spätburgunder im Liter, der frisch und fruchtbetont im Bouquet ist, rote Früchte zeigt, herrlich viel Frucht auch im Mund besitzt reintönig und zupackend ist. Auch die Weißweine machen wieder eine sehr gute Figur. Der Weißburgunder zeigt gute Konzentration, reife Frucht, etwas weiße Früchte, ist füllig und saftig, besitzt reife Frucht und Substanz. Der Lagen-Grauburgunder aus dem Burggarten zeigt viel Konzentration und reife Frucht, ist füllig und kraftvoll, besitzt reife Frucht und Substanz. Auf den Liter-Spätburgunder folgt im roten Segment wie gewohnt P.J.'s Signatur, der seit unserer ersten Ausgabe eine sichere Bank ist, immer mit sehr gut bewertet wurde. Dies ist auch 2015 nicht anders, er zeigt reintönige Frucht, rote Früchte, ist klar und kraftvoll im Mund, besitzt reintönige Frucht, gute Struktur und Frische. Im Ortswein-Segment gibt es einen Frühburgunder und zwei Spätburgunder. Der Neuenahrer Frühburgunder zeigt intensive reintönige Frucht im Bouquet, etwas florale Noten, ist klar und kraftvoll im Mund, zupackend und strukturiert. Der Neuenahrer Spätburgunder ist ebenfalls etwas floral, besitzt reintönige Frucht und feine Frische, ein klein wenig besser aber gefällt uns sein Kollege aus Heimersheim, der klar, frisch und kraftvoll ist, gute Struktur und Substanz besitzt. Die Cuvée Veroso zeigt gute Konzentration, dezent Cassis, ist klar und fruchtbetont, kraftvoll und zupackend, besitzt gute Struktur und Frucht. Der Spätburgunder aus dem Sonnenberg zeigt gute Konzentration, reintönige Frucht, feine Frische, ist klar und zupackend, druckvoll und präzise. Der Wein aus der Schieferlay zeigt feine rauchige Noten, reintönige Frucht, etwas rote Früchte, ist klar und fruchtbetont, zupackend, besitzt gute Struktur und feine süße Frucht. Gute Konzentration und rauchige Noten zeigt der Burggarten-Spätburgunder im Bouquet, dezent Gewürze und Schokolade im Hintergrund, ist füllig und kraftvoll im Mund, besitzt reife Frucht, gute Struktur und Frucht, jugendliche Tannine. Auch der neue Wein im Programm, der Spätburgunder aus dem Kräuterberg, ist noch enorm jugendlich, zeigt intensive Frucht, rauchige Noten, ist füllig, stoffig, kraftvoll, besitzt viel Substanz. Starke und stimmige Kollektion!

Weinbewertung

85	2016 Weißburgunder trocken Neuenahrer **13 %/13,- €**
87	2016 Grauburgunder trocken Heimersheimer Burggarten **13,5 %/19,- €**
84	2016 Spätburgunder trocken (1l) **13 %/10,- €**
86	2015 Spätburgunder trocken „P.J.'s Signatur" **13,5 %/13,90 €**
87	2015 Frühburgunder trocken Neuenahrer **13,5 %/19,- €**
87	2015 Spätburgunder trocken Neuenahrer **13,5 %/15,- €**
88	2015 Spätburgunder trocken Heimersheimer **13,5 %/20,- €**
88	2015 „Veroso" Rotwein trocken **14 %/18,- €**
89	2015 Spätburgunder trocken Neuenahrer Sonnenberg **13,5 %/26,- €**
90	2015 Spätburgunder trocken Neuenahrer Schieferlay **13,5 %/38,- €**
90	2015 Spätburgunder „R" trocken Heimersheimer Burggarten **13,5 %/42,- €**
91	2015 Spätburgunder trocken Walporzheimer Kräutergarten **13,5 %/55,- €**

LAGEN

BURGGARTEN (HEIMERSHEIM)
SONNENBERG (NEUENAHR)
SCHIEFERLAY (NEUENAHR)
URSULINENGARTEN (AHRWEILER)

REBSORTEN

SPÄTBURGUNDER (60 %)
FRÜHBURGUNDER (10 %)
RIESLING (10 %)
PORTUGIESER (5 %)
DORNFELDER (5 %)

BURRLEIN

★☆

KONTAKT

Winzerhof Burrlein
Hauptstraße 149
97320 Mainstockheim
Tel. 09321-5578
Fax: 09321-5510
www.burrlein.com
mail@burrlein.com

Inhaber
Frieder Burrlein
Kellermeister
Achim Bräunel
Rebfläche
33 Hektar
Produktion
250.000 Flaschen

BESUCHSZEITEN

Mo.-Sa. 9-18 Uhr

Die Familie Burrlein betreibt seit 1904 Weinbau, heute führen Frieder und Jutta Burrlein den Winzerhof. Die Trauben kommen alle aus der Lage Mainstockheimer Hofstück, der einzigen eingetragenen Lage in Mainstockheim, wo die Reben auf Muschelkalkböden mit einer Keuperauflage wachsen. Sie werden teils selbst erzeugt, teils von Mainstockheimer Vertragswinzern übernommen. Vor allem weiße Sorten werden angebaut, nehmen 86 Prozent der Rebfläche ein: Silvaner ist die wichtigste Rebsorte, es folgen Müller-Thurgau, Bacchus, Kerner, Scheurebe und Weißburgunder, seit 2004 gibt es auch Riesling, jüngst ist Sauvignon Blanc hinzu gekommen. An roten Sorten gibt es Domina, Dornfelder, Regent und Zweigelt. Die Weißweine werden temperaturgesteuert in Edelstahltanks vergoren. Die Rotweine werden nach der Maischegärung in Eichenholzfässern (auch Barriques) ausgebaut. Das Weinangebot gliedert sich in die fünf Weinlinien „Ursprung Fritz", „Edition Karl", „Hofstück", „von selbst" (spontan- und maischevergorene Weine) und „Schlossportal".

Kollektion

Mit einer stimmigen Kollektion schließen Frieder Burrlein und Kellermeister Achim Bräunel an die guten Vorjahre an. Der Frank & Frei-Müller-Thurgau ist fruchtbetont, reintönig und zupackend, so macht Müller Spaß. Die Edition Karl-Linie präsentiert sich sehr gleichmäßig – der intensiv fruchtige Zweigelt gefällt uns am besten – wie auch die Hofstück-Linie, in der uns der klare, zupackende Silvaner von alten Reben am besten gefällt. Sehr gut ist der Weißburgunder „von selbst", zeigt etwas gelbe Früchte, ist füllig, saftig und strukturiert. Noch besser aber gefallen uns zwei Silvaner. Die „ab-Cuvée" ist würzig, füllig und kraftvoll bei viel Substanz, der Schlossportal-Silvaner besitzt reintönige Frucht, viel Konzentration und Substanz.

Weinbewertung

83	2016 Müller-Thurgau trocken „Frank & Frei" **11,5 %/6,50 €**
81	2016 Silvaner trocken „Edition Karl" **13 %/6,50 €**
82	2016 Sauvignon Blanc trocken „Edition Karl" **12,5 %/8,- €**
82	2016 Scheurebe trocken „Edition Karl" **12 %/6,50 €**
83	2016 Silvaner Kabinett trocken „alte Reben" Hofstück **13 %/7,50 €**
82	2016 Riesling Kabinett trocken Hofstück **12,5 %/7,50 €**
81	2016 Weißer Burgunder Kabinett trocken Hofstück **13 %/7,50 €**
86	2015 Silvaner trocken „ab-Cuvée" **13,5 %/11,50 €**
85	2015 Weißer Burgunder trocken „von selbst" **14 %/11,50 €**
87	2015 Silvaner trocken „Schlossportal" **14 %/17,- €**
82	2015 Domina trocken Hofstück **13,5 %/8,50 €**
84	2015 Blauer Zweigelt trocken „Edition Karl" **13,5 %/8,- €**

Jean Buscher

★

B

KONTAKT

Wormser Straße 4
67595 Bechtheim
Tel. 06242-872
Fax: 06242-875
www.jean-buscher.de
weingut@jean-buscher.de

Inhaber
Jean Michael Buscher,
Jean Raphael Buscher
Rebfläche
16 Hektar
Produktion
160.000 Flaschen

BESUCHSZEITEN

Mo.-Fr. 8-17 Uhr und nach Vereinbarung

Seit 1844 betreibt die Familie Weinbau in Bechtheim, das Gut wird heute in sechster Generation von Jean Raphael Buscher und seiner Ehefrau Nicole geführt. Er ist nach Geisenheim-Studium und verschiedenen Auslandsaufenthalten z.B. bei Maison Champy in Burgund und der Kellerei Nals-Magreid in Südtirol 2011 in den Betrieb eingestiegen, dessen Führung er 2015 übernommen hat. Gut die Hälfte der Rebfläche nehmen rote Rebsorten ein, Spätburgunder, Dornfelder, Schwarzriesling und Portugieser vor allem, aber auch Heroldrebe, Regent und Rosenmuskateller, eine Rebsorte, die man hin und wieder in Südtirol findet. Mit Abstand wichtigste weiße Rebsorte ist Riesling, Weißburgunder ist in den vergangenen Jahren immer wichtiger geworden, dazu gibt es Grauburgunder, Silvaner, Muskateller, Kerner und Gewürztraminer.

Kollektion

Nur ein Riesling wurde in diesem Jahr präsentiert, der frische, zupackende Gutsriesling. Dafür aber gleich drei Weißburgunder. Der Bechtheimer Ortswein ist würzig und duftig, frisch und zupackend, besitzt gute Struktur und reife Frucht. So weit, so gut. Der Lagen-Weißburgunder aus dem Bechtheimer Stein, Jahrgang 2015, ist dann deutlich konzentrierter und stoffiger, ist füllig und kompakt bei viel Substanz, aber auch nach zwei Tagen will sich keine Komplexität entwickeln, das Bouquet ist weiterhin geprägt von viel Duft und Würze. Dies gilt auch für den Weißburgunder Lammstein: Er zeigt viel Duft und Gewürze im Bouquet, etwas oxidative Noten, ist konzentriert im Mund, stoffig, kompakt, aber ebenso verschlossen wie der Wein aus dem Bechtheimer Stein. Offener und zugänglicher ist das fruchtbetonte, süffige Dornröschen, die Cuvée aus Muskateller und Gewürztraminer. Ebenso der süffige feinherbe Spätburgunder Blanc de Noir und der frische, geradlinige Rosé. Der einzige vorgestellte Rotwein, der Schwarzriesling überzeugt: Er zeigt gute Konzentration, Gewürze, rauchige Noten, etwas Kirschen, ist füllig und kompakt im Mund bei guter Substanz und viel Holzwürze. —

Weinbewertung

81 2016 Riesling trocken **12 %/6,20 €**
83 2016 Weißburgunder trocken Bechtheimer **13 %/8,20 €**
82 2015 Weißer Burgunder trocken Stein **13 %/19,90 €**
84 2015 Weißer Burgunder trocken „Lammstein" **13 %**
82 2016 Spätburgunder „Blanc de Noir" „feinherb" Bechtheimer **11,5 %/8,20 €**
82 Gewürztraminer & Muskateller „Dornröschen" **11,5 %/10,20 €**
82 2016 Spätburgunder Rosé trocken **12 %/6,20 €**
84 2014 Schwarzriesling trocken Geyersberg **12,5 %/24,90 €**

B

Clemens Busch

★★★★★

KONTAKT

Kirchstraße 37
56862 Pünderich
Tel. 06542-22180
Fax: 06542-1625
www.clemens-busch.de
info@clemens-busch.de

Inhaber
Clemens & Rita Busch
Rebfläche
16 Hektar
Produktion
100.000 Flaschen

BESUCHSZEITEN

nach Vereinbarung

Clemens und Rita Busch bewirtschaften ihre Weinberge seit 1984 biologisch, sind bei Ecovin, seit 2005 bewirtschaften sie ihre Weinberge biodynamisch. Eine Zeit lang hatte ihr ältester Sohn Florian im Betrieb mitgearbeitet, ist aber nun Betriebsleiter auf einem Weingut in Südfrankreich; seit 2013 ist nun der jüngste Sohn Johannes, Geisenheim-Absolvent, im Betrieb tätig. Der größte Teil der Weinberge von Clemens und Rita Busch liegt in der Lage Pündericher Marienburg, angebaut wird ausschließlich Riesling. Die Marienburg ist ein steiler Süd-Südost-ausgerichteter Hang gegenüber von Pünderich. Bis 1971 bestand sie aus verschiedenen kleinen Einzellagen, die dann alle zur Lage Marienburg zusammengefasst wurden. Zu diesen Teillagen gehören die Fahrlay mit den Fahrlay-Terrassen (die einzige Lage, in der blauer Schiefer dominiert), die Falkenlay (grauer Schiefer, etwas tiefgründigerer Boden; das älteste Stück der Falkenlay wird Raffes genannt), der Rothenpfad (roter Schiefer) und die Felsterrasse (hellgrauer Schiefer mit eisenhaltigen Schichten). Die Weine werden spontanvergoren und in Eichenholzfässern ausgebaut, lagern lange auf der Hefe. Die Basis des trockenen Teils des Sortiments bildet der Gutsriesling, dann folgen die Rieslinge vom grauen und roten Schiefer, an der Spitze stehen die Lagenweine aus Marienburg, Rothenpfad, Falkenlay, Fahrlay und Fahrlay-Terrassen, die in den jüngsten Jahren meist trocken ausgebaut und als Große Gewächse vermarktet wurden. Werden Spitzenweine in gereiftem Stadium auf den Markt gebracht, werden sie als Reserve bezeichnet – als Großes Gewächs, wenn sie trocken sind, als Große Lage, wenn dies nicht der Fall ist. Die trockenen und fast trockenen Top-Rieslinge sind über die Jahre immer feiner und präziser geworden, die Alkoholwerte sind nicht überschießend, die Balance wird gewahrt. Manche zeigen erst nach einigen Jahren, was in ihnen steckt, sind in ihrer Jugend teilweise noch schwer einzuschätzen. Süße und edelsüße Rieslinge spielen eine wichtige Rolle im Betrieb: Wenn es der Jahrgang erlaubt, erzeugen Rita und Clemens Busch die ganze Bandbreite vom Kabinett bis hin zur Beerenauslese oder gar Trockenbeerenauslese.

Kollektion

Große Weine müssen anstrengend sein, wenn man sie jung verkostet. Das ist so. Ein Riesling, der ein halbes Jahr nach der Ernte schon offen und zugänglich ist, kann kein großer Wein sein. Die Riesling von Clemens Busch

B

waren besonders anstrengend dieses Jahr, über Tage hinweg verkostet, haben sie sich stetig verändert, immer neue Nuancen offeriert. Vier 2016er Große Gewächse hatten wir über Tage nebeneinander auf dem Tisch stehen: Rothenpfad, Falkenlay, Fahrlay und den „normalen" Marienburg – und der gefiel uns schlussendlich fast am besten, er besticht mit Präzision und Mineralität, von Tag zu Tag hat er mehr Druck aufgebaut. Knapp dahinter, bei gleicher Bewertung, hatten wir Fahrlay, ein Riesling, der sich auch am ersten Tag extrem verschlossen zeigt, viel Substanz und Kraft besitzt, immer druckvoller und nachhaltiger wird. Der Falkenlay-Riesling hat sich am gleichmäßigsten über die Tage hinweg präsentiert, er besitzt Fülle und Kraft, herrlich viel Frucht und Substanz. Der Rothenpfad war am ersten Tag unser leichter Favorit, füllig, kraftvoll, gute Struktur, dezent mineralische Noten, hat aber dann mit Luft nicht den Druck aufgebaut wie die anderen. Aber ganz klar: Alle vier sind hervorragend! Gleiches Spiel mit den 2015ern: Fahrlay-Terrassen, Felsterrasse und Raffes. Am ersten Tag war alles ganz klar: Der Raffes war der absolute Favorit, so viel Stoff, so viel Substanz! Tag für Tag schmolz der Vorsprung auf die Felsterrasse, die auch viel Fülle und Substanz besitzt, dann einen subtilen Druck entwickelte. Kraft, Substanz und viel Frucht haben auch die Fahrlay-Terrassen, ebenfalls ein hervorragender Riesling. Aus dem Jahrgang 2014 stammt der Fahrlay Reserve, der nach 24 Monaten Fassreife auf der Vollhefe im Dezember 2016 gefüllt wurde. Ein Monument von Wein (man denkt „Wein", nicht „Riesling"), konzentriert, stoffig, dominant. Natürlich ist auch der Gutsriesling wieder sehr gut, der Kabinett ist frisch und zupackend, die Spätlese fruchtbetont, frisch, nachhaltig, die Goldkapsel-Spätlese besitzt herrlich viel Frucht. Ganz starke Kollektion!

Weinbewertung

85	2016 Riesling trocken **9,50 €**
92	2016 Riesling „GG" Marienburg **12 %/26,- €**
91	2016 Riesling „GG" „Rothenpfad" Marienburg **12,5 %/28,- €**
92	2016 Riesling „GG" „Falkenlay" Marienburg **12,5 %/32,- €**
92	2016 Riesling „GG" „Fahrlay" Marienburg **12,5 %/32,- €**
91	2015 Riesling „Fahrlay-Terrassen" Marienburg **12 %/42,- €**
92	2015 Riesling „Felsterrasse" Marienburg **12,5 %/49,- €**
92	2015 Riesling „Raffes" Marienburg **12 %/69,- €**
92	2014 Riesling „Fahrlay Reserve" Marienburg **13 %**
87	2016 Riesling Kabinett Marienburg **14,50 €**
90	2016 Riesling Spätlese Marienburg **18,50 €**
91	2016 Riesling Spätlese „Goldkapsel" Marienburg **25,- €**

LAGEN

MARIENBURG (PÜNDERICH)
– ROTHENPFAD
– FALKENLAY
– FAHRLAY
– FAHRLAY-TERRASSEN
– FELSTERRASSE
– RAFFES

REBSORTEN

RIESLING (100 %)

Caspari-Kappel

★★★★

KONTAKT

Am Steffensberg 29
56850 Enkirch
Tel. 06541-6348
Fax: 06541-1628
www.caspariwein.de
info@caspariwein.de

Inhaber
Nico Caspari & Uwe Jostock
Rebfläche
12 Hektar
Produktion
65.000 Flaschen

BESUCHSZEITEN

jederzeit nach Vereinbarung

Peter Kappel legte Mitte des 19. Jahrhunderts den Grundstein für das heutige Weingut. Seine Enkelin heiratete 1949 den Sanitätsrat und Weingutsbesitzer Dr. Caspari, was zur Zusammenlegung der beiden Weingüter und zum heute noch genutzten Namen Caspari-Kappel führte, Weinbau ist in der Familie Caspari bereits seit dem 15. Jahrhundert belegt, in der Familie Kappel seit 1701. 1970 übernahm Thomas Caspari das Gut, 2010 dann Nico Caspari, der es führt zusammen mit Uwe Jostock, Partner und Kellermeister, der zuvor bei Immich-Batterieberg und Clemens Busch tätig war. Ihre Weinberge liegen alle am rechten Moselufer. Ihre nördlichste Lage ist der Burger Schlossberg, wo auf tiefgründigen Schwemmlandböden ihr Weißburgunder wächst. Alle weiteren Weinberge liegen in Enkirch respektive in Traben. Die Lage Monteneubel weist durch einen erhöhten Eisenanteil rötlichen Schiefer aus. Daran schließt sich der Steffensberg an, der direkt hinter dem Weingut liegt. Weiter in Richtung Süden und direkt an der Mosel folgen drei extreme Steillagen. Der Zeppwingert weist blauen Devonschiefer auf, die Ellergrub besteht aus unzähligen kleinen Schieferterrassen, im anschließenden, extrem steilen Trabener Gaispfad mit seinem grauen Schiefer besitzen Nico Caspari und Uwe Jostock teils über 100 Jahre alte wurzelechte Reben. Das Gros der Weinberge von Caspari-Kappel war in der preußischen Klassifikationskarte des 19. Jahrhunderts der obersten Kategorie zugerechnet. Neben dem dominierenden Riesling bauen sie ein wenig Weißburgunder (im Schlossberg) und Spätburgunder an. Seit 2009 werden die Weinberge biologisch bewirtschaftet. Die Lagenweine aus Monteneubel und Ellergrub werden in der Regel trocken ausgebaut, die aus Zeppwingert und Gaispfad feinherb, die Spätlese aus dem Steffensberg süß, auch aus dem Gaispfad gibt es jedes Jahr eine süße Spätlese, weitere süße und edelsüße Rieslinge bis hin zur Trockenbeerenauslese ergänzen je nach Jahrgang das Sortiment. Jedes Jahr Mitte August findet im Weingut ein Riesling & Delikatessen-Festival mit Spitzenköchen und Livemusik statt, mit kulinarischen Weinproben, Moselschifffahrt, Weinbergswanderungen und Kellerführungen. Caspari-Kappel ist einer der Shooting Stars der letzten Jahre an der Mosel. Nico Caspari und Uwe Jostock haben es innerhalb eines Jahrzehnts geschafft sich mit einem klaren Sortiment und einer klaren Handschrift vor allem mit ihren trockenen und feinherben Lagenrieslingen auch außerhalb der Region einen Namen zu machen. An der Spitze der Kollektion steht meist der feinherb ausgebaute Gaispfad-Riesling von den über 100 Jahre alten Reben, dem allerdings oft die Weine aus Monteneubel, Zeppwingert oder Ellergrub sehr nahe kommen.

C

Kollektion

Nico Caspari und Uwe Jostock haben sich stetig gesteigert, lieferten mit dem Jahrgang 2015 ihre bisher beste und geschlossenste Kollektion, in der schon die beiden Literrieslinge von uns mit sehr gut bewertet wurden. Darüber hinaus konnten wir uns im vergangenen Jahr davon überzeugen, dass ihre Weine von guter Haltbarkeit und sich nach einigen Jahren auf der Flasche positiv weiterentwickeln, die süßen ebenso wie die trockenen Rieslinge. Faszinierend wie eh und je ist auch 2016 wieder, wie das Weingut den Charakter seiner Einzellagenweine herausarbeitet. Doch bevor man diese würdigt, sollte man erst die Qualität der Basis loben. Der Literriesling ist gelungen, der trockene Kabinett besitzt Saft und Würze. Beim Weißburgunder aus dem Barrique ist die Balance optimal, er wirkt stoffig und saftig, besitzt eine angenehme Säure und keine merkbare Süße. Der trockene Ellergrub-Riesling ist etwas kraftvoller und präziser als sein Pendant aus dem Monteneubel. Beim Zeppwingert-Wein wiederum ist eine leichte, aber sehr gut zum Gesamtbild passende Süße festzustellen. Genau die wirkt beim Riesling von uralten Reben aus dem Trabener Gaispfad derzeit noch etwas allzu präsent. Dieser Wein, in einer ungewöhnlichen Flasche auf den Markt gebracht, ist fest und präzise, aber derzeit noch nicht wirklich in der Balance. Wie gern würden wir diesen Wein einmal komplett trocken vinifiziert sehen! Zugänglich und herrlich saftig ist der Kabinettwein, rassig und mit viel Potenzial zeigt sich der Riesling von alten Gaispfad-Reben. Der Spätburgunder besitzt bemerkenswerte Eleganz und Länge.

Weinbewertung

84	2016 Riesling trocken (1l) **12 %/7,- €**
86	2016 Riesling Kabinett trocken **11,5 %/9,50 €**
88	2016 Weißer Burgunder trocken Schlossberg **12,5 %/13,50 €**
89	2016 Riesling Spätlese trocken „von alten Reben" Monteneubel **12 %/14,- €**
89	2016 Riesling Spätlese trocken „von alten Reben" Ellergrub **12,5 %/15,- €**
83	2016 Riesling „feinherb" (1l) **11 %/7,- €**
86	2016 Riesling Kabinett „feinherb" **11 %/9,50 €**
90	2016 Riesling Spätlese „feinherb" „von alten Reben" Zeppwingert **12 %/15,- €** ☺
89	2016 Riesling Spätlese „feinherb 100" Gaispfad **12 %/21,- €**
87	2016 Riesling Kabinett **7 %/9,50 €**
88	2016 Riesling Spätlese „von alten Reben" Gaispfad **7,5 %/15,- €**
88	2015 Spätburgunder trocken Steffensberg **13,5 %/29,- €**

LAGEN

ELLERGRUB (ENKIRCH)
STEFFENSBERG (ENKIRCH)
ZEPPWINGERT (ENKIRCH)
MONTENEUBEL (ENKIRCH)
GAISPFAD (TRABEN)
SCHLOSSBERG (BURG)

REBSORTEN

RIESLING (85 %)
SPÄTBURGUNDER (8 %)
WEISSBURGUNDER (7 %)

FÜRSTLICH CASTELL'SCHES DOMÄNENAMT

★★★

KONTAKT

Schlossplatz 5
97355 Castell
Tel. 09325-60160
Fax: 09325-60188
www.castell.de
weingut@castell.de

Inhaber
Ferdinand Fürst zu Castell-Castell
Betriebsleiter
Björn Probst
Rebfläche
70 Hektar
Produktion
450.000 Flaschen

BESUCHSZEITEN

Mo.-Fr. 8-18 Uhr, Sa. 10-16 Uhr
Restaurant „Weinstall", Schlossplatz 5 (Pächter: Martin Schulze, Mi.-So. ab 12 Uhr, Tel. 09325-9809949, willkommen@weinstall-castell.de)

Seit 800 Jahren betreibt die Familie Weinbau in Castell. Die Weinberge des Fürstlich Castell'schen Domänenamtes befinden sich größtenteils rings um Castell im Steigerwald. Die Casteller Lagen Schlossberg, Reitsteig, Trautberg, Hohnart, Kugelspiel und Feuerbach gehören dem Weingut im Alleinbesitz, die Lagen Bausch und Kirchberg teilt man sich mit anderen Besitzern. Neben den Trauben der eigenen Weinberge werden auch die Trauben von ca. 90 Winzern der Erzeugergemeinschaft Steigerwald mit weiteren 30 Hektar Weinbergen in den Schlosskellern ausgebaut und über das Weingut vermarktet. Wichtigste Rebsorte ist der Silvaner, der 40 Prozent der Rebfläche einnimmt. 2016 ist Weingutsleiter Karl-Heinz Rebitzer, nach 50 Jahren Betriebszugehörigkeit, in den Ruhestand gegangen, sein Nachfolger wurde Björn Probst, der zuletzt das Weingut zu Weimar von Prinz zu Lippe leitete.

Kollektion

Sie gefallen uns gut, die ersten Weine unter der Regie von Björn Probst. Die Basis stimmt, die Weine sind frisch, klar und fruchtbetont, Riesling wie Silvaner. Das Erste Lage-Silvaner-Trio zeigt 2016 sehr gutes, gleichmäßiges Niveau. Der Hohnart-Silvaner zeigt reife Frucht, Birnen, ist klar und zupackend, der Wein aus dem Kugelspiel ist ebenfalls birnenduftig, besitzt feine Frische und Frucht, unser Favorit aber ist der Trautberg-Silvaner, der reintönige Frucht besitzt, gute Struktur, Frische und Länge. Aus dem Jahrgang 2015 stammen noch der Apriles, der über viel Duft, Vanille und Alkohol verfügt, sowie die zweite Füllung des Großen Gewächses, die Fülle, Saft und reife Frucht besitzt. Der Hohnart-Riesling ist klar und zupackend, die Silvaner Auslese besitzt reintönige Frucht und Substanz, der Reitsteig-Spätburgunder gute Struktur und ebenfalls feine reintönige Frucht.

Weinbewertung

84 2016 Silvaner trocken „Schloss Castell" **12 %/8,- €**
84 2016 Silvaner trocken „49 44"" **13 %/9,90 €**
84 2016 Riesling trocken „49 44"" **12,5 %/10,90 €**
86 2016 Silvaner trocken Casteller Hohnart **13 %/13,- €**
86 2016 Silvaner trocken Casteller Kugelspiel **13 %/13,- €**
86 2016 Riesling trocken Casteller Hohnart **13 %/14,50 €**
(83?) 2016 Weißburgunder trocken Casteller Kirchberg **13,5 %/14,50 €**
87 2016 Silvaner trocken Casteller Trautberg **13,5 %/14,50 €**
86 2015 Silvaner trocken „6. apriles anno 1659" **14,5 %/26,- €**
89 2015 Silvaner trocken „GG" Casteller Schlossberg (44/17) **14 %/28,- €**
(88) 2016 Silvaner Auslese Casteller Kugelspiel **9,5 %/35,- €/0,5l**
(88) 2015 Spätburgunder trocken Casteller Reitsteig **12,5 %/18,- €**

Chat Sauvage

★★★★

KONTAKT

Hohlweg 23
65366 Geisenheim-Johannisberg
Tel. 06722-9372586
Fax: 06722-9372588
www.chat-sauvage.de
pinot@chat-sauvage.de

Inhaber
Günter Schulz
Verwalter/Kellermeister
Verena Schöttle
Rebfläche
8 Hektar
Produktion
30.000 Flaschen

BESUCHSZEITEN

täglich nach Vereinbarung

Das Weinbauprojekt Chat Sauvage („wilde Katze") wurde vom Hamburger Unternehmer Günter Schulz ins Leben gerufen und wird heute von Verena Schöttle geleitet, einer jungen Önologin, die zuvor schon den Außenbetrieb leitete und nun die Nachfolge von Michael Städter angetreten hat. Im Jahr 2000 beschloss Günter Schulz seinen eigenen Wein zu produzieren, 2001 wurde aus zugekauften Spätburgundertrauben der erste Wein vinifiziert, gleichzeitig wurden eigene Weinberge gekauft, zwischen Winkel und Lorch. Günter Schulz versteigerte bei Christies einen Großteil seiner Burgunder-Sammlung, mit dem Erlös wurde ein Kellerneubau samt Vinothek inmitten der Weinberge in Johannisberg errichtet, der 2010 bezogen wurde. Die Weinberge liegen im Assmannshäuser Höllenberg, im Rüdesheimer Drachenstein, im Lorcher Kapellenberg sowie im Lorcher Schlossberg und in der Johannisberger Hölle, aber auch im Dachsberg in Winkel und im Assmannshäuser Frankenthal. Im Rüdesheimer Berg Roseneck wurde ein vorher mit Riesling bestockter Weinberg mit Chardonnay neu bepflanzt, im Lorcher Bodental-Steinberg kam ein halber Hektar hinzu, eine Steillage, die mit Spätburgunder bepflanzt wurde. Zwei Drittel der Weinberge befinden sich in Steillagen. Chat Sauvage erinnert eher an ein Gut in der Bourgogne als im Rheingau, denn man konzentriert sich ganz auf Spätburgunder, der vier Fünftel der Rebfläche einnimmt, sowie Chardonnay. Der erste Chardonnay wurde 2006 im Winkeler Dachsberg angepflanzt, später kam Chardonnay im Rüdesheimer Berg Roseneck hinzu. Der Spitzen-Chardonnay „Clos de Schulz" stammt aus dem Winkeler Dachsberg. Die Weine werden achtzehn Monate in französischen Barriques ausgebaut und ohne Filtration abgefüllt.

Kollektion

Das Weingut präsentiert Weine aus 3 verschiedenen Jahrgängen, die zum Zeitpunkt der Verkostung alle noch ab Hof verfügbar sind. Auf die roten 2015er haben wir wegen des späten Fülltermins in diesem Jahr verzichten müssen, was bei der Qualität aller angestellten Weine durchaus zu verschmerzen war. Alle Weine bestechen durch Finesse, verzichten auf Prahlerei, setzten auf Understatement. Sie sind kompromisslos trocken ausgebaut. Die 2014er Rotweine zeigen einen stilistischen Hang in Richtung Purismus, sie erscheinen sensibel extrahiert und erfordern weitere Reifung in der Flasche, um ihr großes Potenzial aufzuschließen. Doch beginnen wir mit den Weißen: Der Chardonnay Rheingau aus 2015 eröffnet mit passendem Holzfasseinsatz und muss den Vergleich mit burgundischen Vorbildern nicht scheuen. Das gilt

auch für den „Clos de Schulz" 2015, der, anfänglich noch etwas verschlossen, dann tolle Konzentration, cremigen Schmelz und Präzision ins Glas bringt. Schon der „kleine" 2014er Rheingau Pinot Noir brilliert mit Frische und Eleganz. Ein filigraner, stilsicherer Pinot. Der kompakte 2013er „Village" aus Lorch mit seiner herben Ader und markanten Säurestruktur erinnert an kräftige Weine aus Beaune, die ebenso dunkelbeerig und etwas rustikal erscheinen können, was der Qualität aber keinen Abbruch tut. Der 2014er Pinot Noir aus Assmannshausen ist straff und kühl und wird noch etwas Zeit brauchen, um seine kraftvoll würzige Art zu entfalten. Wer einen spannungsreichen und eleganten Pinot Noir sucht, der sollte sich den 2012er Lorcher Kapellenberg notieren, der dabei Trinkfreude vermittelt und Assoziationen an die Côte de Nuits erweckt. Spannend ist der Vergleich zwischen den beiden Pinots aus der Johannisberger Hölle: Während der 2014er schon jetzt in rotbeeriger Pracht erstrahlt und neben perfekter Reife auch über Finesse und Transparenz verfügt, ist der 2013er im Vergleich kühl und würzig, dabei etwas kantig im Tannin. Das braucht Zeit. Der 2014er Lorcher Schlossberg ist im Bouquet stark von süßen Toastnoten geprägt, darunter lugt jedoch eine perfekt reife Frucht hervor. Dieser erste Eindruck bestätigt sich am Gaumen. Hier sitzt alles am rechten Platz, obwohl der Wein von wirklicher Trinkreife noch ein paar Jahre entfernt ist. Auf die weitere Entwicklung darf man gespannt sein denn die straffen Tannine werden Zeit brauchen. Der 2013er Drachenstein Pinot Noir bestätigt wieder den Jahrganseindruck: Er ist dunkelbeerig, neigt zu Opulenz und Süße in der Frucht, gleichzeitig ist er im Moment noch etwas unausgewogen und sperrig. Das wird sich mit der Zeit legen, denn auch dieser Wein besitzt große Klasse.

Verena Schöttle

Weinbewertung

87	2015 Chardonnay trocken	**13 %/16,- €**
91	2015 Chardonnay trocken „Clos de Schulz"	**13,5 %/35,- €**
88	2014 Pinot Noir trocken	**14 %/17,- €**
88	2013 Pinot Noir trocken Lorch	**13,5 %/28,- €**
89	2014 Pinot Noir Assmannshausen	**14 %/28,- €**
90	2012 Pinot Noir trocken Lorch Kapellenberg	**13,5 %/45,- €**
90	2013 Pinot Noir trocken Johannisberg Hölle	**13 %/45,- €**
90	2014 Pinot Noir trocken Johannisberg Hölle	**14 %/45,- €**
91	2013 Pinot Noir trocken Rüdesheim Drachenstein	**14 %/65,- €**
92	2014 Pinot Noir trocken Lorch Schlossberg	**14 %/65,- €**

LAGEN

DACHSBERG (WINKEL)
HÖLLE (JOHANNISBERG)
DRACHENSTEIN (RÜDESHEIM)
HÖLLENBERG (ASSMANNSHAUSEN)
FRANKENTHAL (ASSMANNSHAUSEN)
KAPELLENBERG (LORCH)
SCHLOSSBERG (LORCH)

REBSORTEN

SPÄTBURGUNDER (80 %), CHARDONNAY (20 %)

Christmann

★★★★☆

KONTAKT

Peter-Koch-Straße 43
67435 Neustadt-Gimmeldingen
Tel. 06321-66039
Fax: 06321-68762
www.weingut-christmann.de
info@weingut-christmann.de

Inhaber
Steffen Christmann
Kellermeister
Steffen Christmann &
Martin Eller
Rebfläche
21 Hektar
Produktion
130.000 Flaschen

BESUCHSZEITEN

Mo.-Fr. 8-12 + 13-18 Uhr,
Sa. 10-16 Uhr oder nach
Vereinbarung

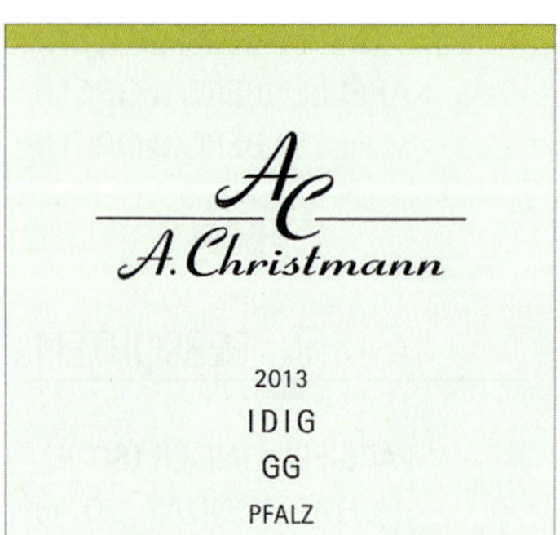

Karl-Friedrich Christmann hat 1965 das Weingut übernommen, heute führt es sein Sohn Steffen. Die Weinberge befinden sich in besten Lagen der Mittelhaardt, in Gimmeldingen in den Lagen Mandelgarten (Buntsandsteingeröll und kalkhaltiger Löss über einem Kalkrücken), Biengarten (Buntsandsteingeröll mit Einlagerungen von eisenhaltigem Lösslehm) und Kapellenberg (Terrassenschotter aus Buntsandstein über massivem Kalk), in Königsbach in den Lagen Idig (3,5 Hektar, Terra Fusca-Oberboden aus Kalk, Ton und Buntsandstein über einem Kalkfelsmassiv) und Ölberg (Kalkmergel mit Buntsandsteingeröll), in Ruppertsberg in den Lagen Reiterpfad (Buntsandstein), Spiess (Buntsandsteingeröll) und Linsenbusch und in den Deidesheimer Lagen Langenmorgen (Buntsandsteingeröll und Löss über Buntsandsteinfels), Paradiesgarten (Buntsandsteingeröll mit etwas Löss über Fels) und Mäushöhle. Riesling ist mit einem Anteil von 70 Prozent die wichtigste Rebsorte. Hinzu kommen Spätburgunder, Weißburgunder, Grauburgunder und Gewürztraminer. Die Weinberge werden biodynamisch bewirtschaftet, zertifiziert seit dem Jahrgang 2004. 2007 wurde Steffen Christmann zum Präsidenten des VDP gewählt. Die Umstellung auf biodynamischen Weinbau, sicherlich auch die Spontangärung, haben die Weine verändert, zu ihrem Vorteil verändert, wie wir meinen, sowohl die „einfachen" Weine, als auch die Spitzenweine – die Großen Gewächse – sind komplexer und präziser geworden. Und dass sie hervorragend reifen können stellte eine Vertikalverkostung des Idig unter Beweis.

Kollektion

Auch in diesem Jahr wirkt Steffen Christmanns Riesling-Kollektion wieder wie aus einem Guss, eine klare Handschrift zeigt sich von der Basis bis zur Spitze: Alle Rieslinge besitzen eine feine, schlanke, animierende und sehr elegante Art, schon der Gutsriesling ist wieder sehr gut, ist saftig und frisch, zeigt kräutrige Würze und feine Zitrusnoten im Bouquet, der Gimmeldinger Riesling zeigt viel klare Frucht im Bouquet, reifen Apfel, besitzt mineralische Noten und sehr dezente Holzwürze. Der Königsbacher Riesling ist etwas kraftvoller und komplexer, zeigt deutliche steinige Würze und viel klare Frucht im Bouquet, grünen Apfel, Grapefruit, ist herrlich animierend und lang im Mund. Der Kapellenberg-Riesling zeigt kräutrige Würze und klare, gelbe Frucht im Bouquet, besitzt gute Konzentration und feinen, nachhaltigen Säure-Biss, der Riesling aus dem Ölberg ist noch komplexer und präsenter, zeigt steinig-mineralische Noten, Kräuter und Brotkruste, besitzt feinen Druck, ist animierend, salzig und nachhaltig.

Die Großen Gewächse setzen ganz auf Finesse: Reiterpfad-Hofstück ist jetzt schon sehr präsent und zugänglich, zeigt viel gelbe Frucht, etwas Stein, besitzt ein animierendes Säure-Spiel. Der Riesling aus dem Langenmorgen ist dagegen noch ganz verschlossen im Bouquet, besitzt gute Konzentration, mineralische Würze, feinen Druck und ist sehr nachhaltig, die Meerspinne zeigt viel klare Frucht, Orangenschale, Ananas, kräutrige Noten und etwas Eisen, ist sehr elegant, animierend und präzise. Das Große Gewächs Ölberg „Hart Kapelle" ist komplex, zeigt Kräuter im Bouquet, Stein, etwas Pfirsich, besitzt am Gaumen feinen Grip und Druck, wirkt noch sehr jung, ist animierend und lang. Das Große Gewächs aus dem Idig ist wieder einer der besten Rieslinge des Jahrgangs in der Pfalz, zeigt im Bouquet kräutrige Noten, Stein, baut sich mit Luft langsam auf und wird immer komplexer, ist sehr elegant im Mund, leicht salzig und sehr nachhaltig. Die drei Spätburgunder sind harmonisch, schlank und elegant, zeigen feine, rote Frucht und werden in aufsteigender Reihenfolge komplexer und nachhaltiger, der saftige Gutswein zeigt kühle Frucht, Cassis, auch etwas Erdbeere, der Gimmeldinger Spätburgunder zeigt vollreife Kirschen und feine Röst- und Kräuternoten im Bouquet, besitzt ein lebendiges Säure-Spiel und gute Struktur im Mund, und der Spätburgunder aus dem Ölberg zeigt sehr feine röstige Würze im Bouquet, Süß- und Schwarzkirsche, am Gaumen besitzt er gute Konzentration, das Holz ist kaum spürbar, er ist ausgewogen und elegant.

Weinbewertung

86	2016 Riesling trocken **11,5 %/11 €**
88	2016 Weißburgunder trocken Gimmeldingen **12,5 %**
87	2016 Riesling trocken Gimmeldingen **11,5 %/15,30 €**
88	2016 Riesling trocken Königsbach **12,5 %/17,50 €**
89	2016 Riesling trocken Gimmeldinger Kapellenberg **12,5 %**
90	2016 Riesling trocken Königsbacher Ölberg **12,5 %**
91	2016 Riesling „GG" Reiterpfad „Hofstück" **13 %**
92	2016 Riesling „GG" Mandelgarten „Meerspinne" **12,5 %/44- €**
92	2016 Riesling „GG" Langenmorgen **12 %**
92	2016 Riesling „GG" Ölberg „Hart Kapelle" **12,5 %**
93	2016 Riesling „GG" Idig **12,5 %/48,- €**
86	2014 Spätburgunder trocken **12,5 %**
88	2014 Spätburgunder trocken Gimmeldingen **12,5 %**
90	2014 Spätburgunder trocken Königsbacher Ölberg **12,5 %**

LAGEN

IDIG (KÖNIGSBACH)
MANDELGARTEN (GIMMELDINGEN)
LANGENMORGEN (DEIDESHEIM)
REITERPFAD (RUPPERTSBERG)
BIENGARTEN (GIMMELDINGEN)
KAPELLENBERG (GIMMELDINGEN)
PARADIESGARTEN (DEIDESHEIM)
ÖLBERG (KÖNIGSBACH)

REBSORTEN

RIESLING (70 %)
SPÄTBURGUNDER (15 %)
WEISSBURGUNDER (8 %)
GRAUBURGUNDER (4 %)
MUSKATELLER (3 %)

JOH. JOS. CHRISTOFFEL-ERBEN

★★★☆

C

KONTAKT

Verwaltung Weingut Mönchhof, Robert Eymael,
54539 Ürzig
Tel. 06532-93164
Fax: 06532-93166
www.moenchhof.de
info@moenchhof.de

Inhaber
Robert Eymael
Rebfläche
4 Hektar
Produktion
30.000 Flaschen

BESUCHSZEITEN

Mo.-Sa. 9-17 Uhr, am Wochenende nach Vereinbarung
3 Gästezimmer

Die Geschichte des Weinguts lässt sich 400 Jahre zurückverfolgen, berühmt wurden die Rieslinge aber erst in der zweiten Hälfte des 20. Jahrhunderts. Im Jahr 2000 ging Hans-Leo Christoffel eine Kooperation mit dem Weingut Mönchhof ein, die Weinberge werden zusammen bearbeitet, und seit 2001 werden auch die Kellerarbeiten und der Verkauf gemeinsam betrieben. Da er keinen Nachfolger hatte, entschied sich Hans-Leo Christoffel für diese Lösung. Die beiden Weingüter blieben trotz der gemeinsamen Bewirtschaftung selbstständig und werden unter den bisherigen Namen weitergeführt. Das ist auch nach dem Verkauf des Weinguts Mönchhof an chinesische Investoren der Fall: Robert Eymael ist und bleibt weiterhin verantwortlich für das operative Geschäft. Die Weinberge des Weingutes liegen in besten Lagen von Ürzig und Erden. Ausschließlich Riesling wird angebaut, überwiegend wurzelechte Reben, die teilweise bis zu 100 Jahre alt sind. Alle Weine werden in Holzfässern ausgebaut, vergoren werden sie mit den eigenen Hefen.

Kollektion

Die im vergangenen Jahr vorgestellten Weine zeigten deutlich den typischen, seit vielen Jahren zu beobachtenden Charakter der Christoffel-Rieslinge – sie waren kraftvoll, rassig und nachhaltig, bis hinauf zu den besternten Auslesen aus Treppchen und Würzgarten. Die 2016er überzeugen mit einem festen trockenen Riesling aus dem Würzgarten und einem feinherben, gut balancierten Kabinett aus gleicher Lage. Kabinette und Spätlesen im süßen Bereich sind typische Christoffel-Weine, nicht übertrieben süß, rassig, mit Substanz. Etwas offener als die Treppchen-Spätlese wirkt ihr Pendant aus dem Würzgarten. Die mit drei Sternen versehene Auslese aus der Kranklay besitzt Anklänge an getrockneten Apfel und frische Ananas, ist rassig, aber nicht übertrieben üppig oder süß. Eine Auslese, die animierender wirkt als viele andere Weine dieser Kategorie an der Mosel.

Weinbewertung

85	2016 Riesling trocken Ürzig Würzgarten **12 %/8,90 €**
87	2016 Riesling Kabinett „feinherb" Ürzig Würzgarten **10,5 %/12,80 €**
85	2016 Riesling **10 %/8,90 €**
87	2016 Riesling Kabinett Erden Treppchen **8 %/11,80 €**
87	2016 Riesling Kabinett Ürzig Würzgarten **8 %/11,80 €**
88	2016 Riesling Spätlese Erden Treppchen **8 %/14,80 €**
88	2016 Riesling Spätlese Ürzig Würzgarten **8 %/14,80 €**
90	2016 Riesling Auslese*** Ürzig Würzgarten Kranklay **7,5 %/26,80 €**

Susanne u. Berthold Clauss

★★☆

KONTAKT

Obere Dorfstraße 39
79807 Lottstetten-Nack
Tel. 07745-5492
Fax: 07745-927951
www.weingutclauss.de
info@weingutclauss.de

Inhaber
Susanne & Berthold Clauß
Rebfläche
16 Hektar
Produktion
120.000 Flaschen

BESUCHSZEITEN

Mo.-Fr. 10-12 + 14-18 Uhr,
Sa. 9-13 Uhr, Mi. geschlossen

Das Weingut wurde 1981 von Elisabeth und Friedrich Clauß aus Esslingen gegründet, 2003 von ihrem Sohn Berthold Clauß und Ehefrau Susanne übernommen. Berthold Clauß machte seine Winzerlehre bei Fritz Currle und Hans Haidle. Die Weine wurden anfangs in den Kellern der Weingüter des Markgrafen von Baden in Schloss Salem ausgebaut, die Ernte 2003 dann erstmals im eigenen Keller vinifiziert, den Berthold Clauß am Fuße des Nacker Weinberges neu erbaute. Gut die Hälfte der Weinberge liegt am Nacker Hausberg, die Einzellage trägt den Namen Steinler (sandiger Lehm und Kiesgestein). Hinzu kommen Weinberge in Rechberg und Erzingen im Klettgau in der Lage Kapellenberg (schwerer Lehm und Kalkgestein), wo vor allem Burgundersorten angebaut werden; alle Belemnit- und Urbanus-Weine kommen aus Erzingen. Spätburgunder nimmt 60 Prozent der Rebfläche ein, es folgen Grauburgunder, Müller-Thurgau, Sauvignon Blanc, Weißburgunder und Frühburgunder.

Kollektion

Die neue Kollektion schließt nahtlos an die starken Vorjahre an. Ein eindringlich nach Erdbeeren duftender Rosé-Sekt eröffnet den Reigen. Die Ortsweine überzeugen, präsentieren sich sehr gleichmäßig, der geradlinige, reintönige Blanc de Noir gefällt uns im weißen Segment besonders gut. An der Spitze stehen die Urbanus-Weine. Der Pinot Blanc besitzt rauchige Noten, gute Struktur und viel Frucht, gefällt uns ein klein wenig besser als der Pinot Gris, von dem wir gleich zwei Jahrgänge verkosten konnten: 2016 kraftvoll, konzentriert, noch etwas jugendlich-bitter, mit Potenzial, 2015 füllig und saftig bei feinen Vanillenoten. Stark und stimmig sind auch die Spätburgunder. An der Spitze steht der reintönige, stoffige Urbanus, der wie auch der CB Belemnit noch enorm jugendlich und tanninbetont ist, beide brauchen Zeit.

Weinbewertung

85	Pinot Rosé Sekt brut **12,5 %/14,90 €**
83	2016 Weißburgunder trocken Nacker **13,5 %/9,40 €**
82	2016 Grauburgunder trocken Nacker **13,5 %/9,40 €**
83	2016 Müller-Thurgau trocken „Belemnit Wildfang" **12,5 %/9,- €**
84	2016 „Blanc de Noir & Pinot Noir" trocken Nacker **13,5 %/9,- €**
88	2016 Pinot Blanc trocken „Urbanus" **13,5 %/18,40 €**
87	2015 Pinot Gris trocken „Urbanus" **14 %/18,40 €**
87	2016 Pinot Gris trocken „Urbanus" **14 %/18,40 €**
84	2016 Spätburgunder trocken Nacker **13,5 %/8,50 €**
85	2015 Spätburgunder trocken „CB Belemnit" **14 %/16,- €**
88	2015 Pinot Noir trocken „Urbanus" **14 %/26,- €**
87	2015 Spätburgunder Auslese „Belemnit" **11 %/24,50 €**

CLEEBRONN-GÜGLINGEN

★

KONTAKT

Weingärtner
Cleebronn-Güglingen
Ranspacher Straße 1
74389 Cleebronn
Tel. 07135-98030
Fax: 07135-13228
www.cleebronner-winzer.de
info@cleebronner-winzer.de

Inhaber
580 Mitglieder
Geschäftsführer
Axel Gerst
Kellermeister
Andreas Reichert
Vorstand
Thomas Beyl
Rebfläche
270 Hektar
Produktion
2.200.000 Flaschen

BESUCHSZEITEN

Mo.-Fr. 8-18 Uhr, Sa. 8:30-13 Uhr, von März bis Dez. So. 11-14 Uhr

Die 1951 gegründete Genossenschaft ist ein Zusammenschluss der Weingärtner der Gemeinden Cleebronn, Eibensbach, Frauenzimmern und Güglingen. Wichtigste Lagen sind der Cleebronner Michaelsberg und der Güglinger Kaiserberg, die beide aus kalkhaltigen Keuperböden bestehen. Rote Rebsorten nehmen zwei Drittel der Rebfläche ein: Lemberger und Schwarzriesling sind die wichtigsten Rebsorten, gefolgt von Riesling, Trollinger und Spätburgunder. Das Sortiment besteht aus vier Haupt-Linien: Rebsortenweine, St. Michael (inzwischen Sankt M), Herzog Christoph und Emotion CG, hinzu kommen restsüße Prädikatsweine, sowie weitere Linien wie Neo, Baron von Lamezan oder Virenda, in letzterer werden biologisch erzeugte Weine vermarktet (Bioland).

Kollektion

Auch in diesem Jahr konstatieren wir wieder eine beträchtliche Diskrepanz zwischen den Mittelsegmenten Sankt M und Herzog Christoph und den sehr guten Emotion CG-Weinen oder der neuen roten Top-Cuvée. Während Erstere recht verhalten sind, besitzen die CG-Weine Substanz und Kraft. Der Riesling beispielsweise zeigt gelbe Früchte, bietet viel: ein Maul voll Riesling! Auch edelsüß wissen die Cleebronner Winzer zu überzeugen, die Beerenauslese zeigt Zimt, viel Duft, ist süß und konzentriert. Der CG-Lemberger ist rauchig, würzig und eindringlich, besitzt Fülle und Kraft, dezente Bitternoten, so dass uns der CG-Spätburgunder klar besser gefällt, er zeigt herrlich viel Frucht, gute Konzentration, rote Früchte, besitzt Fülle und Kraft, viel reife Frucht, gute Struktur und Substanz. Gleichauf an der Spitze sehen wir die Cuvée Roter Hirsch, die viel Konzentration zeigt, reife Frucht, Cassis, klar und kraftvoll ist, viel reife Frucht und Substanz besitzt. —

Weinbewertung

80 2016 Weißburgunder trocken „Sankt M" **12,5 %/6,50 €**
79 2016 Riesling trocken „Sankt M" **12 %/6,- €**
79 2015 Riesling trocken „Herzog Christoph" **13 %/9,- €**
86 2015 Riesling trocken „Emotion CG" **13,5 %/16,- €**
85 2015 Riesling Beerenauslese Cleebronner Michaelsberg **8,5 %/35,- €/0,375l**
83 2015 „NN2" Weißwein **9 %/25,- €**
80 2015 Lemberger trocken „Sankt M" **13 %/6,- €**
81 2015 Lemberger trocken „Herzog Christoph" **13,5 %/9,- €**
80 2015 Spätburgunder trocken „Herzog Christoph" **13 %/9,- €**
88 2014 Spätburgunder trocken „Emotion CG" **13 %/16,- €**
86 2014 Lemberger trocken „Emotion CG" **13 %/16,- €**
88 2014 „Roter Hirsch Cuvée Reserve" Rotwein trocken **13 %/38,- €**

Jochen Clemens

★☆

KONTAKT

Kurfürstenstraße 11
54487 Wintrich
Tel. 06534-692
Fax: 06534-948972
weingutclemens@gmx.de

Inhaber
Jochen Clemens
Rebfläche
5,5 Hektar
Produktion
10.000 Flaschen

BESUCHSZEITEN

nach Vereinbarung

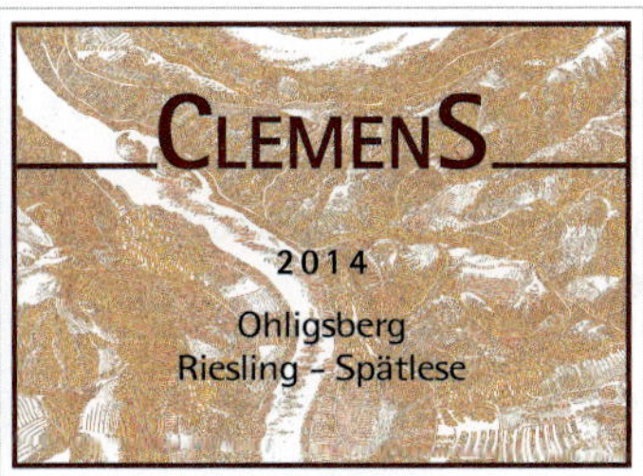

Seit vielen Generationen baut die Familie Wein an der Mosel an. Jochen Clemens übernahm den Betrieb 1993 von seinem Vater, modernisierte und erweiterte ihn. Er hatte bei den Bischöflichen Weingütern gelernt, dann für die Weingüter Johann Haart und Reinhold Haart gearbeitet, bei letzterem Betrieb ist er heute noch zwei Tage die Woche tätig. Seine Weinberge liegen in den Wintricher Lagen Ohligsberg und Großer Herrgott sowie im Dhron Hofberger. Riesling nimmt 83 Prozent der Weinberge ein, dazu gibt es etwas Elbling, Müller-Thurgau, Weißburgunder und Kerner. Einige neue Weinberge konnten erworben werden, beispielsweise im Piesporter Treppchen mit nachweislich über 190 Jahre alten Rieslingreben. Einen Teil der Trauben verkauft Jochen Clemens an andere Weingüter. Für die eigenen Weine nutzt er die besten Trauben aus Steillagen, alle Weine werden spontanvergoren.

Kollektion

Aus dem Jahrgang 2016 konnten aufgrund einer Verletzung des Winzers nur geringe Mengen an Wein gefüllt werden, doch was vorgestellt wurde, überzeugte durchweg mit einer klaren Art, überdurchschnittlicher Struktur und ruhiger Eleganz. Der straffe, kompakte, erfreulich trockene Wintricher Riesling gefiel bei der Verkostung ausgezeichnet, der feinherbe Dhron Hofberger Kabinett weist zwar eine merkliche Süße auf, wirkt aber angenehm saftig. Unter den noch süßeren Weinen haben wir mit der saftigen, sehr offensiven Spätlese aus dem Wintricher Ohligsberg (Anklänge an getrockneten Apfel, Kräuter und Pfirsichhaut) einen Favoriten, aber die elegante Ohligsberg-Auslese und die Hofberger Spätlese sind ebenfalls sehr empfehlenswert. Die Spätlese aus der von Jochen Clemens traditionell geschätzten Rebsorte Kerner besitzt zwar nicht die Länge und die Säure seiner Riesling-Pendants, weist aber eine sehr angenehme Würze auf.

Weinbewertung

82 2016 Riesling trocken **12 %/7,80 €**
86 2016 Riesling trocken Wintricher **11,5 %/9,- €**
86 2016 Riesling Kabinett „feinherb“ Dhron Hofberger **10,5 %/10,20 €**
87 2016 Riesling Spätlese „feinherb“ Wintricher Ohligsberg **10,5 %/12,60 €**
85 2016 Kerner Spätlese **7,5 %/11,40 €**
86 2016 Riesling Spätlese Dhron Hofberger **8,5 %/12,50 €**
88 2016 Riesling Spätlese Wintricher Ohligsberg **7,5 %/15,- €**
88 2016 Riesling Auslese Wintricher Ohligsberg **7 %/21,- €**

Closheim

★★

C

KONTAKT

Naheweinstraße 97
55450 Langenlonsheim
Tel. 06704-1314
Fax: 06704-1516
www.weingut-closheim.de,
www.anetteclosheim.de
info@anetteclosheim.de

Inhaber
Familie Closheim
Rebfläche
12 Hektar
Produktion
90.000 Flaschen

BESUCHSZEITEN

Mo-Fr. 10-12 Uhr + 13:30-18 Uhr, Sa. 10-15 Uhr (um Anmeldung wird gebeten)

Das Weingut wird von Konrad und Hannelore Closheim zusammen mit Tochter Anette geführt, die mit ihrem Ehemann Philipp für den Ausbau der Weine verantwortlich ist. Die Weinberge liegen in den Langenlonsheimer Lagen Königsschild, Löhrer Berg und Steinchen, sowie in den Guldentaler Lagen Hipperich, Rosenteich und Sonnenberg. Wichtigste weiße Rebsorten sind Riesling, Weiß- und Grauburgunder und Sauvignon Blanc, der mittlerweile auf fast einem Hektar angebaut wird. Bei den roten Sorten dominieren Spätburgunder und St. Laurent, daneben gibt es etwas Cabernet Dorsa und als neueste Sorte Cabernet Franc. Das Sortiment ist in zwei Linien unterteilt, die eher traditionell ausgerichtete „Konrad Closheim"-Linie und die primär an Fachhandel und Gastronomie orientierte „anetteclosheim"-Linie.

Kollektion

In diesem Jahr präsentiert uns Anette Closheim erstmals einen „Reserve"-Pinot Noir, der sich auch gleich an die Spitze des Sortiments setzt. Der Wein ist eine Auswahl der besten Fässer des Jahrgangs 2014 und wurde 15 Monate in ausschließlich neuem Holz ausgebaut: Beide Pinots zeigen klare rote Frucht und besitzen eine gute Struktur, im Vergleich zur normalen Version, die etwas mehr Kraft besitzt, ist der „Reserve"-Wein eleganter, feiner und komplexer, er zeigt rauchige Würze und besitzt gute Länge. Unter den Rieslingen ist der schon einmal verkostete 2015er „Mont Solis" unser Favorit, der leicht gereifte Frucht zeigt, gute Konzentration und Länge und einen markanten Säure-Grip besitzt, auch beim Riesling aus dem Löhrer Berg ist die Säure markant und animierend, der Wein zeigt auch kräutrige Noten und deutliche Zitruswürze. Die beiden Sauvignon Blancs sind elegant und harmonisch und unterscheiden sich deutlich: Der normale Sauvignon zeigt grüne Noten, frisches Gras und grüne Stachelbeere, während der acht Monate in Barriques ausgebaute „Loirista" viel gelbe Frucht besitzt und etwas nachhaltiger ist.

Weinbewertung

81	2016 „Blanc" Weißwein trocken **12,5 %/7,20 €**
86	2016 Sauvignon Blanc trocken **12,5 %/12,- €**
87	2016 Sauvingon Blanc trocken „Loirista" **12,5 %/17,- €**
85	2016 Grauer Burgunder trocken „Summarum" **13,5 %/8,50 €**
83	2016 Riesling trocken „Mit Freunden" **12,5 %/8,- €**
85	2016 Weißer Burgunder trocken Langenlonsheimer Königsschild **13,5 %/9,90 €**
86	2016 Riesling trocken Langenlonsheimer Löhrer Berg **12,5 %/12,- €**
87	2015 Riesling trocken „Mont Solis" Guldentaler Sonnenberg **12,5 %/15,- €**
86	2014 „Cuvée Rot" trocken **13,5 %/18,- €**
86	2015 Pinot Noir trocken **13,5 %/16,- €**
88	2014 Pinot Noir trocken „Reserve" **13 %/23,- €**

Christoph Clüsserath

★★

KONTAKT

Im Hof 7
54349 Trittenheim
Tel. 06507-2167
Fax: 06507-99086
www.christoph-cluesserath.de
info@christoph-cluesserath.de

Inhaber
Christoph Clüsserath &
Alexandra Clüsserath-Eifel
Rebfläche
5 Hektar
Produktion
30.000 Flaschen

BESUCHSZEITEN

täglich ab 9 Uhr oder nach Vereinbarung
Gästehaus

Christoph Clüsserath und Alexandra Clüsserath-Eifel (sie stammt aus dem Weingut Bernhard Eifel), beide Geisenheim-Absolventen, haben den Betrieb im Jahr 2008 von Christophs Eltern Klaus und Marie-Theres Clüsserath übernommen; Weinbau betreibt die Familie bereits seit dem 16. Jahrhundert. Ihre Weinberge liegen hauptsächlich in den Trittenheimer Lagen Apotheke und Altärchen, aber auch im Piesporter Falkenberg, es werden insgesamt 5 Hektar bewirtschaftet. Vier Fünftel der Rebfläche nimmt Riesling ein, dazu gibt es ein wenig Weißburgunder, Müller-Thurgau, Kerner und Dornfelder. Die Weine werden, teils nach Maischestandzeiten, gekühlt im Edelstahl oder im traditionellen Fuder vergoren, die Spitzenweine ausschließlich mit den natürlichen Hefen. Dem Weingut ist ein Gästehaus angeschlossen.

Kollektion

Nachdem sich die 2015er sehr erfreulich präsentierten, sowohl im trockenen als auch im restsüßen Bereich, sind die 2016er geradlinig, schlank und qualitativ sehr gleichmäßig ausgefallen. Die Weine sind frisch, finessenreich und mit wenigen Ausnahmen schon gut zugänglich. Während der trockene Weißburgunder eine Spur Süße erkennen lässt, aber trotzdem angenehm saftig ist, wirkt der Riesling aus der Trittenheimer Apotheke noch verschlossen, lässt eine komplexe Würze erkennen, hat eine gewisse Fülle. Unter den feinherb ausgebauten Weinen ziehen wir jenen aus dem Piesporter Falkenberg dem Wein aus dem Altärchen vor, weil er mehr Substanz besitzt und deutlich subtiler ausfällt, allerdings sind beide auf sehr angenehme Weise balanciert. Im dezidiert süßen Bereich gelang nicht nur eine saftige Spätlese, sondern auch eine Auslese, die Anklänge an süßen Apfel zeigt und sehr animierend und klar wirkt: Eine Auslese, die man wirklich trinken mag und die nicht nur dem Prestige dient!

Weinbewertung

82	2016 Riesling trocken (1l) **11,5 %/5,50 €**
84	2016 Weißer Burgunder trocken **12,5 %/6,50 €**
86	2016 Riesling trocken Trittenheimer Apotheke **12,5 %/8,50 €**
84	2016 Riesling „Schiefer" **11,5 %/6,50 €**
84	2016 Riesling „feinherb" Trittenheimer Altärchen **10,5 %/6,50 €**
87	2016 Riesling „feinherb" Piesporter Falkenberg **12 %/8,50 €** ☺
82	2016 Riesling (1l) **10 %/5,50 €**
86	2016 Riesling Spätlese Trittenheimer Apotheke **8,5 %/8,50 €**
88	2016 Riesling Auslese Trittenheimer Apotheke **8 %/10,- €/0,5l**

Ansgar Clüsserath

★★★★

KONTAKT

Spielesstraße 4
54349 Trittenheim
Tel. 06507-2290
Fax: 06507-6690
www.ansgar-cluesserath.de
weingut@ansgar-cluesserath.de

Inhaber
Eva Clüsserath-Wittmann
Rebfläche
5 Hektar
Produktion
35.000 Flaschen

BESUCHSZEITEN

nach Vereinbarung
Gästehaus (4 Gästezimmer)

Seit dem 17. Jahrhundert wird in der Familie Weinbau betrieben. Heute bewirtschaften Ansgar Clüsserath und seine Tochter Eva 5 Hektar Weinberge, die fast ganz mit Riesling bestockt sind, lediglich auf 2 Prozent der Fläche wächst Weißburgunder. Die Zusammenarbeit zwischen der älteren und der jüngeren Generation funktioniert seit Jahren einwandfrei. Ansgar Clüsserath ist immer noch im Weinberg aktiv, steht aber auch im Keller mit Rat und Tat zur Verfügung, Eva ist dagegen schon seit 1998 hauptsächlich für die Vinifikation zuständig, repräsentiert aber das Weingut auch häufig nach außen. Sie ist mit Philipp Wittmann vom Weingut Wittmann in Westhofen verheiratet und setzt nach wie vor auf eine traditionelle Weinbereitung, hat die Prinzipien des Weinguts beibehalten. Die Weine werden nach Maischestandzeiten von bis zu zwei Tagen spontanvergoren, im traditionellen Holzfass ausgebaut und bleiben recht lange auf der Hefe liegen. Außer Parzellen in der Trittenheimer Apotheke (mit bis zu 80 Jahre alten Reben) besitzt das Weingut auch Flächen im Piesporter Goldtröpfchen, im Trittenheimer Altärchen, im Neumagener Rosengärtchen, in der Mülheimer Sonnenlay und im Dhron Hofberger; aber nur Apotheke und Goldtröpfchen werden als Lagenweine angeboten, die anderen Lagen gehen in den Schiefer-Riesling, den Gutsriesling, ein. Daneben wäre auch noch der Steinreich zu erwähnen, ein straffer, mineralischer Riesling, der fast immer ein herausragendes Preis-Leistungs-Verhältnis bietet und dessen Traubenmaterial aus der Trittenheimer Apotheke stammt. Mit seinem speziellen Etikett unterscheidet sich dieser Wein deutlich von den anderen Abfüllungen des Weinguts. Außer trockenen, fast trockenen und leicht süßen Weinen werden immer wieder Auslesen erzeugt, die allerdings eher kühl und straff ausfallen. Sehr dicke Süßweine sind nicht die Spezialität des Hauses. Es ist insgesamt ein sehr klares, leicht überschaubares und logisch aufgebautes Sortiment, wie es an der Mosel längst nicht die Regel ist. Zum Betrieb gehört auch ein Gästehaus mit vier Zimmern.

Kollektion

Nur wenige Weingüter haben über die Jahre hinweg ein so klares, ausgeglichenes Programm vorgelegt. Eigentlich ist es egal, wie der Jahrgang im Detail ausfällt – der „Steinreich" ist immer ein würziger Riesling, der schon im jugendlichen Stadium Spaß macht, der Apotheke-Riesling wirkt immer komplex, braucht Zeit, und die Süßweine zeigen eine beachtliche Rasse. Im Jahrgang 2014 konnten wir feststellen, dass die Weine nochmals an Präzision gewonnen hatten, sich sehr würzig und rassig präsentierten, beginnend beim trockenen Gutsries-

ling. Aus dem Jahrgang 2015 konnten wir dann beispielsweise einen wunderschön geradlinigen Weißburgunder verkosten, aber auch den Rest des Programms würdigen. Der Apotheke-.Riesling gehörte mit seiner Substanz und Würze zu den besten trockenen Weinen an der Mittelmosel, obwohl er auf Bezeichnungen wie Großes Gewächs verzichtet; Understatement ist hier angesagt. Das vorgestellte Sortiment des Jahrgangs 2016 ist nochmals kleiner, als dies im letzten Jahr der Fall war; einen Weißburgunder konnten wir leider nicht verkosten. Dafür macht der straffe, rassige trockene Basisriesling viel Spaß, der „Steinreich" zeigt eine kompakte Art, schöne Struktur und Substanz. Wie erwartet, wirkt der Riesling aus der Trittenheimer Apotheke sehr verschlossen, zeigt bei der Verkostung Anklänge an Kräuter und Kernobst, dazu eine sehr feste Art. Ganz an den Jahrgangsvorgänger scheint er im Moment nicht heranzukommen. Der feinherbe Wein aus dem Piesporter Goldtröpfchen ist auf den ersten Eindruck als Nicht-Apotheke-Riesling zu erkennen, saftig, straff, mit wenig Süße ausgestattet, ein großer Erfolg. Das süße Sortiment ist in dieses Jahr extrem überschaubar. Weder eine Auslese noch eine Auslese Goldkapsel, wie sie im vergangenen Jahr präsentiert wurden, sind diesmal zu haben. Dafür ist die Balance des Apotheke-Kabinett in höchsten Tönen zu loben: Der Wein besitzt ein faszinierendes Süße-Säure-Spiel und eine rassige Art. Eher verhalten zeigt sich dagegen die Spätlese aus der Apotheke, straff, mit zurückhaltend wirkender Süße, sehr frisch und nachhaltig. Dass beide sich in ein paar Monaten nochmals besser zeigen werden, ist zu erwarten, dass sie für lange Reifung prädestiniert sind, sollte nicht bezweifelt werden.

Weinbewertung

86	2016 Riesling trocken „Vom Schiefer" **9,30 €**
89	2016 Riesling trocken „Steinreich" **14,30 €**
90	2016 Riesling trocken Trittenheimer Apotheke **23,80 €**
89	2016 Riesling „feinherb" Piesporter Goldtröpfchen **15,50 €**
88	2016 Riesling Kabinett Trittenheimer Apotheke **11,- €**
90	2016 Riesling Spätlese Trittenheimer Apotheke **15,- €** ☺

LAGEN

Apotheke (Trittenheim
Goldtröpfchen (Piesport)

REBSORTEN

RIESLING (95 %)
WEISSBURGUNDER (5 %)

C

ERNST CLÜSSERATH

★★★

KONTAKT

Hinkelweg 8
54349 Trittenheim
Tel. 06507-2607
Fax: 06507-6607
www.ernst-cluesserath.de
info@weingut-ernst-cluesserath.de

Inhaber
Ernst Clüsserath
Rebfläche
4,4 Hektar
Produktion
25.000 Flaschen

BESUCHSZEITEN

Ostern bis Mitte Nov.: Mo.-Do. 15-18 Uhr, Fr./Sa. 10-12 + 15-18 Uhr, So. 10-12 Uhr oder nach Vereinbarung
Gästehaus „Weinhotelchen"
(4 Zimmer, 1 Ferienwohnung)

Ernst Clüsserath übernahm 1991 das Familienweingut, das er heute mit seiner Frau Heike führt. 2011 verlagerten sie ihr Weingut an den Ortsrand von Trittenheim, wo Keller und Kelterhaus, Weinverkostungsraum und Gästehaus gebaut wurden. Ihre Weinberge liegen in den Trittenheimer Lagen Apotheke und Altärchen, sie bauen zu 97 Prozent Riesling an, hinzukommt ein klein wenig Müller-Thurgau. Seit 2006 wird die Traubenzone entblättert, so dass die Trauben möglichst viel Luft und Sonne erhalten und die im August häufigen Regenfälle nicht zur frühen Fäulnis führen. Ernst Clüsserath baut seine Weine im traditionellen Fuder aus, die Vergärung erfolgt spontan. Verkauft werden die Rieslinge überwiegend an Privatkunden, die oftmals im angegliederten Gästehaus des Weingutes, dem so genannten Weinhotelchen, ihren Urlaub verbringen.

Kollektion

Aus dem Jahrgang 2015 wurden durchweg erfreuliche oder noch bessere Rieslinge vorgestellt, darunter die trockene, die feinherbe und die süße Spätlese sowie die elegante, würzige Auslese. Es handelte sich um eine wunderbar gleichmäßige Gesamtleistung. Mit dem Jahrgang 2016 kann das Weingut wiederum einen bemerkenswert ausgeglichenen Jahrgang vorlegen. Ein saftiger Schaumwein, der Frische mit einer gewissen Fülle verbindet, aber dennoch seine animierende Art behält, gehört ebenfalls dazu wie der überdurchschnittlich gute, saftige Literriesling. Leicht unruhig-hefig wirkte bei der Verkostung die fast trockene Spätlese aus dem Fass Nr. 19, wies aber Potenzial auf. Ein Sonderlob gebührt der saftigen, nicht zu süßen feinherben Spätlese, auch der Kabinett ist ausgezeichnet balanciert. Duftig, mit Noten von Pfirsich und Nektarinen präsentiert sich die Versteigerungsauslese – ein eleganter, ruhiger, keineswegs übertrieben süßer Spitzenwein.

Weinbewertung

85 Riesling Sekt brut **12 %/11,-€**
82 2016 Riesling trocken **11,5 %/6,50 €**
86 2016 Riesling Kabinett trocken Trittenheimer Apotheke **11,5 %/9,- €**
83 2016 Riesling Classic **11,5 %/7,50 €**
86 2016 Riesling Kabinett „feinherb" „Emma-Marie" **11 %/8,- €**
87 2016 Riesling Spätlese „feinherb" Trittenheimer Apotheke **11,5 %/11,- €**
85 2016 Riesling Kabinett Trittenheimer Altärchen **9 %/8,- €**
88 2016 Riesling Spätlese Trittenheimer Apotheke **8,5 %/11,- €**
87 2016 Riesling Spätlese „Fass 19" Trittenheimer Apotheke **12 %/11,- €**
90 2016 Riesling Auslese Trittenheimer Apotheke **9 %/Vst.**

Clüsserath-Eifel

★★★☆

KONTAKT

Galerie-Riesling Weingut
Clüsserath-Eifel
Im Hof 6, 54349 Trittenheim
Tel. 06507-99000, Fax: -99002
www.galerie-riesling.de
info@galerie-riesling.de

Inhaber
Gerhard Eifel
Rebfläche
4 Hektar
Produktion
25.000 Flaschen

BESUCHSZEITEN

nach Vereinbarung
Weinproben Mo.-Fr. 17 Uhr
Gutshotel-Restaurant „Galerie Riesling", Tel. 06507-939774

Gerhard Eifel leitet das 1745 gegründete Steillagen-Weingut Clüsserath-Eifel in der achten Generation. Der Winzer verfügt über Spitzenlagen, beispielsweise im Urstück der Trittenheimer Apotheke. Im steilsten Teil, vis-à-vis von Trittenheim, erhält und pflegt er alte Reben aus den Pflanzjahren 1900 bis 1960. Jede Lage bzw. jedes Einzelstück wird getrennt ausgebaut und mit eigenen Hefen vergoren. Im Jahr 2016 erwarb er das 1929 erbaute historische Wasserwerk in Trittenheim mit einem halben Hektar Rebland. Der Winzer füllt seine Weine sehr spät ab und stellt immer wieder ältere Jahrgänge vor, die sich in aller Regel ausgezeichnet entwickeln.

Kollektion

Im vergangenen Jahr konnten wir die zur Verfügung gestellten 2015er als saftige, präsente, vielschichtige Weine würdigen; nicht alle konnten damals schon verkostet werden. Die fehlenden werden nun vorgestellt: Die 2015er zeigen nicht nur den Stil des warmen Jahrgangs, sondern auch die typische Würze der Eifelschen Weine. Schon der Einstiegswein aus der Apotheke ist herrlich saftig und vielschichtig, die „Eminenz" besitzt viel Schmelz und eine Spur Süße, das „Urstück" wirkt nochmals deutlich süßer, ist enorm saftig, gefällt mit einem Hauch nussiger Würze im Nachhall. Wunderbar straff ist der Fährfels, den Eifel mit Helmut Clüsserath erzeugt. Der Gähteilen-Riesling wirkt trockener als sein Pendant aus den Gähteil-Terrassen, das noch deutlich Zeit braucht, aber beste Anlagen hat. Vielschichtig: der „Kaulsbohr"-Riesling. Die Auslese wirkt noch etwas hefig, straff und sehr präzise. Eher schlank dagegen fällt die Beerenauslese aus, die erst ansatzweise ihr Potenzial zeigt. Die beiden reifen Rieslinge, aus 2006 und 1997, haben sich ausgezeichnet entwickelt, vor allem Letzterer beeindruckt mit Frische.

Weinbewertung / keine Preisangaben

87	2015 Riesling Trittenheimer Apotheke **12 %**
87	2016 Riesling „In den Gähteilen" Trittenheimer Apotheke **11 %**
89+	2016 Riesling „Alte Reben Gähteil-Terrassen" Trittenheimer Apotheke **10,5 %**
90	2015 Riesling „Alte Reben Urstück" Trittenheimer Apotheke **11 %**
88	2015 Riesling „Alte Reben" Trittenheimer Apotheke **12 %**
89	2016 Riesling „Alte Reben Auf'm Kaulsbohr" Trittenheimer Apotheke **11,5 %**
91	2016 Riesling „Alte Reben Fährfels" Trittenheimer Apotheke **11,5 %**
88	2016 Riesling Spätlese Trittenheimer Apotheke **8 %**
89	2006 Riesling Spätlese** Trittenheimer Apotheke
91	2016 Riesling Auslese Trittenheimer Apotheke **7,5 %**
92	1997 Riesling Auslese*** Trittenheimer Apotheke
91	2016 Riesling Beerenauslese Trittenheimer Apotheke **7,5 %**

Clüsserath-Weiler

★★★★★

C

KONTAKT

Brückenstraße 9
54349 Trittenheim
Tel. 06507-5011
Fax: 06507-5605
www.cluesserath-weiler.de
info@cluesserath-weiler.de

Inhaber Verena Clüsserath
Rebfläche 6,5 Hektar
Produktion 50.000 Flaschen

BESUCHSZEITEN

nach Vereinbarung
Gästehaus (7 Zimmer)

Seit Generationen baut die Familie Wein an der Mosel an. Das direkt an der Moselbrücke in Trittenheim gelegene Weingut wurde lange Zeit von Helmut und Hilde Clüsserath geführt. Sie wurden schon viele Jahre im Betrieb unterstützt von Tochter Verena, die inzwischen den Betrieb übernommen hat. Verena Clüsserath hatte 2004 ihr Weinbaustudium in Geisenheim abgeschlossen und Erfahrungen bei verschiedenen Weingütern in Deutschland, aber auch in Italien und Australien gesammelt. Ihr Ehemann Raphael Ianniello eröffnete 2013 eine Kochschule im Weingut, in der auch zu bestimmten Terminen Menüs serviert werden. Das Weingut Clüsserath-Weiler baut ausschließlich Riesling an. Die Weinberge befinden sich in den Trittenheimer Lagen Apotheke und Altärchen sowie im Mehringer Zellerberg. Während in der Apotheke, die dem Weingut direkt auf der anderen Moselseite gegenüberliegt, blauer Schiefer vorherrscht, findet man im Zellerberg mit Eisenablagerungen durchsetzten Schiefer, der dadurch eine rötliche Färbung erhält. Zusammen mit Gerhard Eifel vom Weingut Clüsserath-Eifel erwarb Helmut Clüsserath 1996 vom Weingut Friedrich-Wilhelm-Gymnasium den so genannten Fährfels, eine der besten Parzellen der Apotheke, der schon in der preußischen Lagenkarte des 19. Jahrhunderts der höchsten Kategorie zugerechnet wurde. Die Reben im Fährfels wurden im Jahr 1900 gepflanzt. Die Weine werden im alten Kreuzgewölbekeller langsam und kühl spontanvergoren, teils im Edelstahl, teils in traditionellen Fuderfässern. Nur für süße Weine werden Prädikatsbezeichnungen verwendet, die trockenen und feinherben Rieslinge sind in Gutsriesling, Ortsriesling („HC“) und Lagenrieslinge gegliedert, die Lagenrieslinge stammen von alten Reben und kommen ausschließlich aus Steillagen, sie werden alle im Fuder vergoren. Mit dem Jahrgang 2016 wurden neue Etiketten eingeführt, die sich deutlich von den über viele Jahre genutzten unterscheiden. In der hauseigenen Destillerie werden Edelbrände erzeugt, deren Qualität beachtlich ist – vom Kirschbrand bis zum lange gereiften Tresterbrand. Seit der ersten Ausgabe empfehlen wir die Clüsserath-Weiler'schen Weine, schon damals gehörte das Weingut für uns zu den absoluten Top-Betrieben an der Mosel, und in allen diesen Jahren hat sich daran nichts geändert, niemals kam auch nur der leiseste Zweifel auf, dass dem nicht so ist. Kaum ein anderes Weingut hat seine Weine so präzise definiert, arbeitet so klar die Unterschiede heraus. Das Terroir, wie man heute so gerne zu sagen pflegt.

Kollektion

Ein Jahrgang wie 2016 kommt dem Weingut gerade recht, schließlich hat man hier nie den extrem üppigen Stil verfolgt, sondern immer auf Finesse und Frische gesetzt. Diesmal ist bereits der Literwein eine besondere Erwähnung wert, schließlich ist nicht jeder Literwein an der Mosel so saftig und gleichzeitig so deutlich trocken wie dieser: eine tolle Einstiegsleistung. Frisch und duftig wirkt auch der „HC“ genannte trockene Wein, besonders straff und würzig fällt in diesem Jahr der trockene Riesling aus der Trittenheimer Apotheke aus. Die drei trockenen Spitzenrieslinge unterscheiden sich dann deutlich voneinander. Während der „Terra Rossa“ eine dunkle Würze aufweist, ist der Riesling von alten Reben hefig, unruhig, im Mund dann dicht und stoffig. Noch etwas konzentrierter der „Primus“, verschlossen, dicht, mineralisch. Unter den feinherben Weinen gefällt der vibrierende „Alte-Reben“-Wein aus dem Zellerberg ebenso gut wie der „Fährfels“, der wie immer eine zarte Süße aufweist, die ihm ausgezeichnet steht. Allerdings würden wir diesen Ausnahmewein zu gern auch mal in trockener Form genießen. Das süße Sortiment ist schon bedingt durch das Wetter deutlich kleiner, als es im Jahrgang 2015 war, aber nicht minder hochklassig. Schon der Einstiegswein, ein duftiger, spritziger, perfekt balancierter Riesling aus dem Altärchen, macht ungeheuren Spaß, die Spätlese aus dem Zellerberg ist frisch, duftig, mit Zitruswürze im Nachhall. Kühle Frucht und Anklänge an getrockneten Apfel weist die Auslese auf. Die Beerenauslese aus dem Zellerberg wirkt in der Nase offensiv, zeigt Anklänge an reife Aprikosen und etwas reife Banane, wirkt rassig und lang. Der Eiswein zeigt in der Nase etwas Schwefel, besitzt ebenfalls eine deutlich rassige Art, viel Spiel, ist zupackend und geradlinig. Weine, die man ohne die geringsten Bedenken über viele Jahre reifen lassen kann.

C

Weinbewertung

85	2016 Riesling trocken (1l) **11,5 %/8,50 €**
86	2016 Riesling „HC“ trocken Trittenheimer **11,5 %/9,50 €**
88	2016 Riesling trocken Trittenheimer Apotheke **11 %/13,50 €**
89	2016 Riesling „Terra Rossa“ Mehringer Zellerberg **11,5 %/15,- €**
89	2016 Riesling „Alte Reben“ Trittenheimer Apotheke **12 %/17,- €**
91	2016 Riesling trocken „Primus“ Trittenheimer Apotheke **12 %/21,- €**
85	2016 Riesling „feinherb“ (1l) **10,5 %/8,50 €**
86	2016 Riesling „HC“ „feinherb“ Trittenheimer **11 %/9,50 €**
88	2016 Riesling „feinherb“ Trittenheimer Apotheke **10,5 %/13,50 €**
91	2016 Riesling „feinherb“ „Alte Reben“ Mehringer Zellerberg **11,5 %/17,- €** ☺
91	2016 Riesling „Fährfels“ **11,5 %/29,- €**
86	2016 Riesling Trittenheimer Altärchen **9 %/7,50 €**
90	2016 Riesling Spätlese Mehringer Zellerberg **7,5 %/17,- €**
90	2016 Riesling Auslese Trittenheimer Apotheke **8 %/23,- €/0,5l**
92	2016 Riesling Eiswein Trittenheimer Apotheke **7 %/42,- €/0,375l**
91	2016 Riesling Beerenauslese Mehringer Zellerberg **7,5 %/38,- €/0,375l**

LAGEN

APOTHEKE (TRITTENHEIM)
– FÄHRFELS (TRITTENHEIM)
ZELLERBERG (MEHRING)
ALTÄRCHEN (TRITTENHEIM)

REBSORTEN

RIESLING (100 %)

Martin Conrad

★★★

Kontakt

Moselweinstraße 133
54472 Brauneberg
Tel. 06534-93980
Fax: 06534-939855
www.martinconrad.de,
info@martinconrad.de

Inhaber
Martin Conrad
Rebfläche
6,2 Hektar
Produktion
36.000 Flaschen

Besuchszeiten

täglich und am Wochenende nur nach Vereinbarung
Hotel Restaurant Brauneberger Hof (Tel. 06534-1400), täglich außer Do. von 18-21:30 Uhr

Martin Conrad übernahm 1998 die Führung des Weingutes, das bereits seit 14 Generationen von der Familie bewirtschaftet wird; urkundlich wurde der Betrieb erstmals 1558 erwähnt. Seine Weinberge liegen in der Brauneberger Juffer und in der Juffer-Sonnenuhr, in der Mülheimer Sonnenlay und im Veldenzer Kirchberg, ab 2018 wird auch eine Fläche im Kestener Paulinshofberg bewirtschaftet. Neben Riesling, der 95 Prozent der Rebfläche einnimmt, gibt es ein wenig Weißburgunder. Die Weine werden mit den natürlichen Hefen vergoren. Die besten trockenen und halbtrockenen Weine wurden lange als Goldkapsel bezeichnet, doch inzwischen rangieren oberhalb dieser Weine noch die Großen Gewächse aus Juffer und Juffer-Sonnenuhr. Die Basis bildet, neben dem Literriesling, nach wie vor der Gutsriesling „Conradus", den es sowohl in trockener als auch in halbtrockener Variante gibt.

Kollektion

2015 überzeugte sehr mit ausdrucksstarken Rieslingen, obwohl die Großen Gewächse bei den Verkostungen des letzten Jahres noch nicht zur Verfügung standen. Die besten 2015er wurden erst im Jahr 2017 präsentiert und zeigen sich nun als klare, präzise gearbeitete Rieslinge, puristisch trocken und fest, dazu kraftvoll, der Juffer-Sonnenuhr-Vertreter sogar noch ein wenig würziger im Nachhall. Eine sehr eigenständige Charakteristik! Doch auch die 2016er machen viel Freude, beginnend beim saftigen Literriesling über den kräuterwürzigen, noch etwas von Hefenoten geprägten trockenen Juffer-Goldkapsel-Wein und sein mehr von dunkler Kräuterwürze beherrschtes Pendant aus der Juffer-Sonnenuhr bis zum feinherben Juffer-Riesling (viel Schmelz). Süßester Wein der vorgestellten Kollektion ist eine nach Kernobst und Kräutern duftende, verspielte Spätlese aus der Juffer.

Weinbewertung

85	2016 Riesling trocken (1l) **11,5 %/8,90 €**
86	2016 Riesling trocken „Conradus" **12 %/9,90 €**
86	2016 Riesling trocken Veldenzer Kirchberg **12 %/11,90 €**
87	2016 Riesling trocken Brauneberger Juffer **12,5 %/13,90 €**
89	2016 Riesling trocken Goldkapsel Brauneberger Juffer **13 %/19,90 €**
90	2016 Riesling trocken Goldkapsel Brauneberger Juffer-Sonnenuhr **13 %/24,90 €**
90	2015 Riesling „GG" Brauneberger Juffer **13 %/28,90 €**
90	2015 Riesling „GG" Brauneberger Juffer-Sonnenuhr **13 %/32,90 €**
88	2016 Riesling „feinherb" Brauneberger Juffer **11,5 %/13,90 €**
87	2016 Riesling Spätlese Brauneberger Juffer **8 %/13,90 €**
86	2016 Riesling Kabinett **8,5 %/10,90 €**

Corbet

★★☆

KONTAKT

Wein- & Sektgut Corbet
Kreuzstraße 7
67434 Neustadt-Diedesfeld
Tel. 06321-86144
Fax: 06321-84468
www.corbet.de
weingut@corbet.de

Inhaber
Lukas Corbet
Rebfläche
9 Hektar
Produktion
60.000 Flaschen

BESUCHSZEITEN

Fr. 10-18 Uhr, Sa. 10-16 Uhr und nach Vereinbarung

Johann Adam Corbet erwarb die ersten Weinberge, gründete 1882 in Maikammer das Weingut mit Weingroßhandlung J.A. Corbet, das sein Sohn Rudolf nach einer Erbteilung nach Diedesfeld verlegte. Sein Sohn Rudolf Corbet jun. übernahm 1950 den Betrieb und konzentrierte sich ganz auf die Flaschenweinvermarktung aus eigenem Weinbau. 1989 übernahm sein Sohn Lukas, Geisenheim-Absolvent, den Betrieb, den er zusammen mit Ehefrau Christina führt. Ihre Weinberge liegen in Diedesfeld (Johanneskirchel, Ölgässel, Berg), Maikammer (Kirchenstück), Hambach (Schlossberg) und Neustadt (Erkenbrecht). Riesling, Spät- und Weißburgunder nehmen zusammen drei Viertel der Rebfläche ein.

Kollektion

Der 36 Monate auf der Hefe ausgebaute Sekt „Cuvée Charlotte" aus Spät- und Weißburgunder zeigt leicht rauchige Würze, ist kraftvoll und cremig und besitzt Biss und Länge, er teilt sich die Spitzenposition in der diesjährigen Kollektion von Lukas Corbet mit dem „Reserve"-Spätburgunder, der kühle Frucht, sehr gut eingebundenes Holz und Ansätze zur Eleganz besitzt und mit etwas Reife noch zulegen könnte. Der Pinot Rosé-Sekt zeigt rote Beerenfrucht, besitzt Würze und Frische, der Spätburgunder „S" zeigt, wie sein großer Bruder, ebenfalls kühle rote Frucht und etwas Krokantwürze. Grauburgunder und Chardonnay sind in der Nase etwas verhalten, sind dann am Gaumen aber präsenter, etwas stärker sind die beiden frischen Weißburgunder, der „Löss" zeigt florale Noten und besitzt Schmelz, der „S" zeigt dezentes Holz und viel klare, gelbe Frucht, der Sauvignon Blanc ist saftig und frisch mit Noten von grünen Stachelbeeren. Die beiden Rieslinge wirken etwas weich, der Buntsandstein ist leicht, der Erkenbrecht zeigt kräutrige Würze und etwas Holz.

Weinbewertung

87 2013 „Cuvée Charlotte" Pinot Noir & Pinot Blanc Sekt brut nature **13 %/14,50 €**
86 2015 Pinot Rosé Sekt brut **13 %/12,- €**
84 2016 Sauvignon Blanc trocken Diedesfeld **12,5 %/8,50 €**
84 2016 Grauer Burgunder trocken „vom Löss" Diedesfeld **13 %/8,- €**
85 2016 Weißer Burgunder trocken „vom Löss" Diedesfeld **13,5 %/8,- €**
84 2016 Chardonnay trocken „vom Löss" Diedesfeld **13 %/8,- €**
82 2016 Riesling trocken „Buntsandstein" Hambach **11,5 %/8,- €**
86 2016 Weißer Burgunder „S" trocken Diedesfelder Johanniskirchel **13,5 %/10,- €**
85 2016 Riesling trocken Neustadter Erkenbrecht **12 %/11,- €**
84 2015 „Cuvée Corbet" Rotwein trocken **13,5 %/9,- €**
85 2015 Spätburgunder „S" trocken Diedesfelder Johanniskirchel **13 %/10,- €**
87 2015 Spätburgunder „R" trocken „Reserve" **13 %/18,- €**

DR. CORVERS-KAUTER

★★★☆

C

KONTAKT

Rheingaustraße 129
65375 Oestrich-Winkel
Tel. 06723-2614
Fax: 06723-2404
www.corvers-kauter.de
info@corvers-kauter.de

Inhaber
Dr. Matthias & Brigitte Corvers
Rebfläche
12 Hektar
Produktion
80.000 Flaschen

BESUCHSZEITEN

nach Vereinbarung oder während der Vinotheksöffnungszeiten (April bis Oktober Mi.-Fr. 16-20 Uhr, Sa. & So. 14-20 Uhr) Gutsausschank

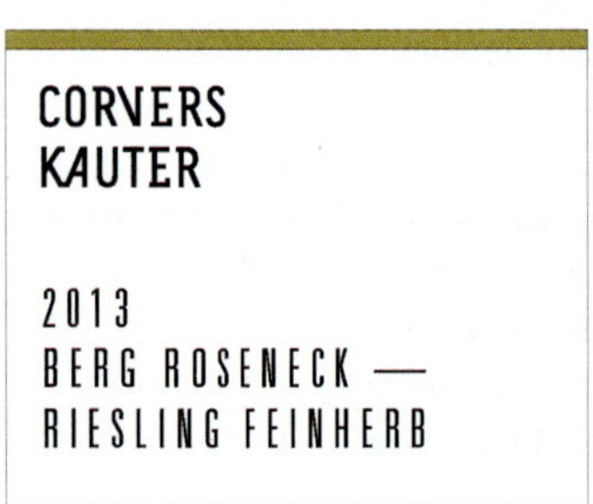

Die Weinberge von Matthias und Brigitte Corvers verteilen sich auf verschiedene Parzellen in Rüdesheim, Johannisberg, Winkel, Mittelheim, Oestrich und Rauenthal. 2013 begannen sie mit der Umstellung auf ökologischen Weinbau. Wichtigste Rebsorte ist der Riesling, der drei Viertel der Fläche einnimmt. Hinzu kommt vor allem noch etwas Spätburgunder, bereits seit 2004 auch Roten Riesling. Die Weißweine werden kühl und langsam vergoren und überwiegend im Edelstahl ausgebaut.

Kollektion

Das Weingut ist im Aufwind. Zu den wie immer eigenständigen Rieslingen aus Rüdesheimer Spitzenlagen gesellen sich drei ambitionierte Spätburgunder. Schon der Basisriesling R3 ist präzise, zupackend, der Kabinett aus dem Roseneck saftig, würzig und animierend. Die Spätlese aus dem Hasensprung ist konzentriert und nachhaltig, die aus dem Drachenstein salzig und frisch. Die Spätlese aus dem Roseneck ist kompakt, druckvoll, saftig und nachhaltig, eindringlich und kraftvoll ist die aus dem Rottland. Die mineralische Spätlese aus dem Schlossberg ist präzise, salzig, lang und nachhaltig. Die fruchtigen Rieslinge sind saftig, mild und zugänglich. Die drei hellfarbigen, knochentrockenen Spätburgunder zeigen eine klare Handschrift, sie sind kräuterwürzig, bieten Schmelz und Frische. Schon der Assmannshäuser ist delikat, der duftige Drachenstein kraftvoll, straff, animierend und lang. Der Höllenberg-Spätburgunder ist mineralisch, kompakt und würzig, er besitzt Tiefe und Finesse, frappierende Frische und salzige Länge, braucht Zeit, um sein Potenzial ganz zu entfalten. Weiter so!

Weinbewertung

84 2016 Riesling „R3" **12,5 %/9,50 €**
84 2016 Riesling Kabinett Rüdesheimer Berg Roseneck **12 %/9,50 €**
86 2016 Riesling Spätlese Winkeler Hasensprung **12,5 %/12,50 €**
87 2016 Riesling Spätlese Rüdesheimer Drachenstein **12 %/22,- €**
87 2016 Riesling Spätlese Rüdesheimer Bischofsberg **12,5 %/22,- €**
88 2016 Riesling Spätlese Oestrich Doosberg **13 %/22,- €**
90 2016 Riesling Spätlese Rüdesheimer Berg Roseneck **12,5 %/31,- €**
90 2016 Riesling Spätlese Rüdesheimer Berg Rottland **12,5 %/31,- €**
91 2016 Riesling Spätlese Rüdesheimer Berg Schlossberg **12,5 %/31,- €**
86 2016 Riesling Spätlese Rüdesheimer Berg Roseneck **9,5 %/19,50 €**
87 2016 Riesling Spätlese „Holzfass" Oestricher Doosberg **10,5 %/19,50 €**
86 2016 Riesling Spätlese Oestricher Doosberg **10,5 %/19,50 €**
88 2015 Pinot Noir Assmannshäuser **13,5 %/28,- €**
90 2015 Pinot Noir Rüdesheimer Drachenstein **13,5 %/48,- €**
91 2015 Pinot Noir Assmannshäuser Höllenberg **13,5 %/68,- €**

Crass

★☆

C

KONTAKT

Taunusstraße 2
65346 Erbach
Tel. 06123-63169
Fax: 06123-676878
www.weingut-crass.de
info@weingut-crass.de

Inhaber
Matthias Craß
Rebfläche
8 Hektar
Produktion
65.000 Flaschen

BESUCHSZEITEN

Vinothek geöffnet D./Fr. 14-18 Uhr, Sa. 11-18 Uhr

Seit vielen Generationen betreibt die Familie Weinbau im Rheingau, 2014 hat Matthias Craß die Führung von seinem Vater Wolfgang Craß übernommen. Er zog in ein größeres Hofgut in der Nachbarschaft um, wo auch eine Vinothek erbaut wurde. Matthias Craß hatte seine Lehre bei Schloss Vollrads gemacht, es folgte die Weinbautechnikerausbildung, dann Stationen als Kellermeister beim Rauenthaler Winzerverein, beim Wein- und Sektgut Barth und in Schloss Reinhartshausen. Seine Weinberge liegen hauptsächlich in Erbach in den Lagen Siegelsberg, Michelmark, Hohenrain und Steinmorgen, des Weiteren ist er in der Kiedricher Sandgrub vertreten. Riesling ist die dominierende Rebsorte im Betrieb, dazu gibt es Spätburgunder und Grauburgunder, aber auch ein klein wenig Sauvignon Blanc, Gelber Muskateller, Merlot und Frühburgunder.

Kollektion

Nach dem guten Debüt im vergangenen Jahr reüssiert Matthias Craß auch dieses Jahr wieder mit klaren, animierenden Weinen. Schon der Literwein mit seinem saftig-frischen Charakter ist empfehlenswert, der Ortswein präzise und strukturiert, genau wie die substanzreichen, stoffigen Lagenweine. Der Hohenrain präsentiert sich cremig-würzig. Noch reifer und dichter ist das Erste Gewächs aus dem Siegelsberg, es wird etwas Zeit zur Entwicklung brauchen. Ein grasiger Sauvignon Blanc und ein würziger, intensiver Grauburgunder fügen sich stimmig ins Bild. In diesem Jahr sind auch die fruchtigen Rieslinge beachtlich, die feinherben Rieslinge zeigen gutes Gespür für den Einsatz von Süße. Der eindrucksvolle Riesling von alten Reben ist kraftvoll, würzig und sehr lang, der fruchtige Kabinett herrlich zupackend, auch die milde saftige Spätlese weiß zu gefallen. Die reintönige Trockenbeerenauslese aus 2015 setzt der Kollektion die Krone auf.

Weinbewertung

82	2016 Riesling trocken (1l) **12 %/5,90 €**
83	2016 Sauvignon blanc trocken Hallgartener **11,5 %/7,40 €**
85	2016 Grauburgunder trocken Erbacher Michelsmark **13,5 %/9,90 €**
83	2016 Riesling trocken Erbacher **11,5 %/6,40 €**
84	2016 Riesling trocken Erbacher Steinmorgen **12,5 %/7,90 €**
85	2016 Riesling trocken Erbacher Hohenrain **13 %/8,90 €**
87	2016 Riesling Erstes Gewächs Erbacher Siegelsberg **13 %/15,40 €**
83	2016 Riesling „feinherb" Erbacher Michelmark **12,5 %/7,90 €**
84	2016 Riesling „feinherb Alte Reben" Erbacher Siegelsberg **12,5 %/11,90 €**
84	2016 Riesling Kabinett Kiedricher Sandgrub **9 %/7,90 €**
85	2016 Riesling Spätlese Erbacher Siegelsberg **8,5 %/8,90 €**
91	2015 Riesling Trockenbeerenauslese Erbacher Michelsmark **7,5 %/89,90 €**

DR. CRUSIUS

★★★☆

KONTAKT

Hauptstraße 2
55595 Traisen
Tel. 0671-33953
Fax: 0671-28219
www.weingut-crusius.de
info@weingut-crusius.de

Inhaber
Dr. Peter Crusius
Rebfläche
21,5 Hektar
Produktion
120.000 Flaschen

BESUCHSZEITEN

Mo.-Sa. 9-12 Uhr + 13.30 – 17.00 Uhr nach Vereinbarung

Die Familie betreibt seit dem 16. Jahrhundert Weinbau in Traisen, das Gutsgebäude stammt aus dem Jahr 1888. Hans Crusius entwickelte den landwirtschaftlichen Mischbetrieb in den fünfziger Jahren des 20. Jahrhunderts zum reinen Weingut mit 7,5 Hektar Reben. Sein Sohn Peter Crusius, der heutige Besitzer, erweiterte durch Neuanlagen und Zukäufe das Weingut auf die heutige Größe. Er besitzt Weinberge in den Traiser Lagen Bastei und Rotenfels (mit der Gewanne Mühlberg), in Schlossböckelheim im Felsenberg und der Kupfergrube, in der Norheimer Kirschheck und im Niederhäuser Felsensteyer. Auf 60 Prozent der Fläche stehen Rieslingreben, dazu kommen 35 Prozent weiße Burgundersorten und 5 Prozent Spät- und Frühburgunder, Schwarzriesling und Rivaner.

Kollektion

Auch in diesem Jahr sind alle trockenen Rieslinge wieder fruchtbetont und klar, besitzen Saft, Kraft, Fülle und feinen Säure-Grip. Die Großen Gewächse sind druckvoll und animierend, der Wein aus der Bastei besitzt am meisten Grip, zeigt viel klare, gelbe Frucht und ist sehr nachhaltig, Felsenberg und Kupfergrube zeigen kräutrig-mineralische Noten, sind kraftvoll und besitzen Länge. Noch über den Großen Gewächsen angesiedelt ist der im Jahrgang 2016 zum zweiten Mal erzeugte Riesling „Untitled", eine Auslese der besten Trauben aus den Großen Gewächs-Lagen, der Wein ist kraftvoll, ist gleichzeitig weich und salzig-animierend, besitzt sehr feine Zitruswürze und Druck, wirkt insgesamt sehr „burgundisch" und könnte mit etwas Reifezeit noch zulegen. Restsüße Rieslinge konnten wir in diesem Jahr nur zwei verkosten, der Kabinett aus dem Rotenfels zeigt viel gelbe Frucht, ist frisch und besitzt ein harmonisches Süße-Säure-Spiel, die Spätlese aus der Bastei zeigt kräutrige Würze, Aprikose und grünen Apfel im Bouquet, ist animierend und elegant. —

Weinbewertung

85	2016 „Connexxion" Weißwein trocken	**13 %/11,- €**
86	2016 Weißburgunder trocken „Kaffel" Traiser	**13,5 %/15,50 €**
86	2016 Riesling trocken „Vom Fels"	**13 %/12,50 €**
88	2016 Riesling trocken „Top of the rock"	**13 %/17,50 €**
87	2016 Riesling trocken Traiser Rotenfels	**13 %/15,50 €**
88	2016 Riesling trocken Norheimer in der Kirschheck	**13 %/16,- €**
90	2016 Riesling „GG" Felsenberg	**13 %/29,- €**
90	2016 Riesling „GG" Kupfergrube	**13 %/29,- €**
91	2016 Riesling „GG" Bastei	**13,5 %/38,- €**
91	2016 Riesling trocken „Untitled II"	**13,5 %/48,- €**
86	2016 Riesling Kabinett Traiser Rotenfels	**9,5 %/12,50 €**
88	2016 Riesling Spätlese Traiser Bastei	**9 %/18,- €**

DAHMS

★

KONTAKT

August-Borsig-Straße 8
97526 Sennfeld
Tel. 09721-69123
Fax: 09721-609426
www.weingut-dahms.de
info@weingut-dahms.de /
www.dahms-shop.de

Inhaber
Horst & Ulrich Dahms,
Jürgen & Alexander Dahms
Rebfläche
9,5 Hektar (+ Zukauf)
Produktion
140.000 Flaschen

BESUCHSZEITEN

Mo.-Fr. 8-17 Uhr, Sa. 9-13 Uhr

Das Weingut Dahms wird heute in dritter Generation von Jürgen und Alexander Dahms geführt. Alexander Dahms kümmert sich um den Vertrieb, Jürgen Dahms, Geisenheim-Absolvent, ist für Weinanbau und -ausbau verantwortlich. Die eigenen Weinberge befinden sich in den Lagen Schweinfurter Peterstirn (Lettenkeuper und sandiger Lehm; die gleichnamige Burg gehört ebenfalls der Familie), Mainberger Schlossberg (Muschelkalk und Keuper) und Stammheimer Eselsberg, aus anderen Lagen wie Schonunger Mainleite, Wirmsthaler Scheinberg, Nordheimer Vögelein, Astheimer Karthäuser, Wipfelder Zehntgraf, Obereisenheimer Höll oder Volkacher Kirchberg kauft man Trauben zu. Drei Viertel der Weinberge nehmen weiße Sorten wie Bacchus, Silvaner, Müller-Thurgau, Scheurebe, Riesling, Optima, Kerner und Gewürztraminer ein, an roten Sorten baut man Domina, Spätburgunder und als Spezialität Rondo an.

Kollektion

Die Basis ist auch in diesem Jahr wieder ein wenig verhalten, dies gilt insbesondere für die Silvaner. Deutlich spannender präsentiert sich der Müller-Thurgau, als trockene Spätlese aus der Peterstirn, ist füllig und saftig, besitzt viel reife süße Frucht. Noch spannender ist der Weißburgunder Fass N° 2, der gute Konzentration im Bouquet zeigt, reife reintönige Frucht, füllig und saftig ist, herrlich viel Frucht und Substanz besitzt. Der halbtrocken ausgebaute Scheurebe Kabinett ist frisch und geradlinig, die Scheurebe Spätlese zeigt Cassis und Holunder, besitzt feine süße Frucht, die Kerner Spätlese zeigt Zitrus im Bouquet, etwas Aprikosen, ist geradlinig und zupackend im Mund. Das Highlight im restsüßen Segment ist eindeutig die Traminer Beerenauslese aus dem Jahrgang 2015, die gute Konzentration im Bouquet zeigt, kandierte Früchte, Rosinen, ist süß im Mund, konzentriert und dick, hat enorm viel Substanz.

Weinbewertung

80 2016 Silvaner trocken **12,5 %/7,- €**
81 2016 Weißburgunder trocken **12,5 %/7,50 €**
80 2015 Silvaner Kabinett trocken Mainberger Schlossberg **11,5 %/8,- €**
80 2016 Silvaner Kabinett trocken Schweinfurter Peterstirn **13 %/8,- €**
84 2016 Müller-Thurgau Spätlese trocken Schweinfurter Peterstirn **13 %/12,- €**
87 2016 Weißer Burgunder trocken „Fass N° 2" **13,5 %/25,- €**
82 2016 Scheurebe Kabinett „feinfruchtig" Schweinfurter Peterstirn **12 %/8,- €**
82 2016 Kerner Spätlese „fruchtsüß" **11,5 %/10,- €**
82 2016 Scheurebe Spätlese „fruchtsüß" **11,5 %/10,- €**
88 2015 Traminer Beerenauslese Schweinfurter Peterstirn **9,5 %/29,- €/0,375l**

D

Danner

★★

KONTAKT

Heimbach 3
77770 Durbach
Tel. 0781-9483123
Fax: 0781-94869537
www.danner-weingut.de
info@danner-weingut.de

Inhaber
Alexander Danner
Rebfläche
4,5 Hektar
Produktion
25.000 Flaschen

BESUCHSZEITEN

Mo.-Fr. 9-12 + 13-18 Uhr,
Sa. 10-16 Uhr oder nach Vereinbarung
Ferienwohnung

Das Weingut Danner entstand 2006 aus der Verbindung zweier Familien, der Familie Danner, seit 1761 in Durbach ansässig, und der Familie Zöllin, die seit fünf Generationen im Weinbau tätig ist. Inzwischen sind nur noch die Danners an Bord, Alexander Danner führt den in Durbach ansässigen Betrieb. Auf Lagen- und Prädikatsangaben verzichtet er, dafür hat er drei Weintypen festgelegt, in die er sein Sortiment einteilt: Die Weine vom Typ 1 werden ausschließlich im Edelstahl ausgebaut, die des Typs 2 stammen aus ertragsreduzierten Anlagen und werden im Holzfass ausgebaut, die des Typs 3 stammen aus noch stärker ertragsreduzierten Anlagen und kommen komplett ins Barrique. Alexander Danner baut die klassischen Ortenauer Rebsorten Riesling und Spätburgunder an, daneben unter anderem Weiß- und Grauburgunder sowie Chardonnay. Er bringt seine Weißweine erst im zweiten Jahr nach der Ernte in den Verkauf, die Weine des Typs 3 noch ein Jahr später.

Kollektion

Eine stimmige, starke Kollektion präsentiert Alexander Danner in diesem Jahr. Sowohl beim Typ 1 als auch beim Typ 2 hat der Grauburgunder die Nase vorne. Der 1er Grauburgunder ist frisch und zupackend, besitzt gute Struktur und Biss, der 2er ist noch etwas kraft- und druckvoller. Der 2er Riesling ist konzentriert und zupackend, der 3er ist stoffig und druckvoll, immer noch jugendlich. Dies gilt auch für den fülligen, kraftvollen 3er Chardonnay. Der 2er Pinot Noir, Jahrgang 2013, zeigt rauchige Noten, rote Früchte, besitzt gute Struktur und Frucht. Unser eindeutiger Favorit aber ist der 3er Pinot Noir aus dem Jahrgang 2011: Er zeigt gute Konzentration im Bouquet, rauchige Noten, reintönige Frucht, ist klar und zupackend im Mund, besitzt gute Präzision, Struktur und herrlich viel Frucht. —

Weinbewertung

84	2013 Sekt brut **12 %/16,- €**
81	2015 „Froh Natur" Weißwein **12 %/9,50 €**
83	2015 Riesling „1" **12 %/9,50 €**
85	2015 Grauburgunder „1" **13 %/9,50 €**
85	2015 Riesling „2" **13 %/14,- €**
84	2015 Weißburgunder „2" **13 %/14,- €**
87	2015 Grauburgunder „2" **13,5 %/14,- €**
87	2014 Riesling „3" **12,5 %/26,- €**
86	2014 Chardonnay „3" **12,5 %/18,- €**
83	2015 „Exot" „2" **13 %/14,- €**
86	2013 Pinot Noir „2" **12,5 %/14,- €**
89	2011 Pinot Noir „3" **13 %/26,- €**
81	2011 Cuvée Rotwein „3" **11,5 %/18,- €**

Darting

★☆

KONTAKT

Am Falltor 2
67098 Bad Dürkheim
Tel. 06322-979830
Fax: 06322-9798326
www.darting.de
info@darting.de

Inhaber
Helmut Darting
Rebfläche
25 Hektar
Produktion
180.000 Flaschen

BESUCHSZEITEN

Mo.-Fr. 8-18 Uhr, Sa. 8-16:30 Uhr

Seit dem 18. Jahrhundert baut die Familie Wein in der Pfalz an, heute führt Helmut Darting den Betrieb. Seine Weinberge liegen vor allem in verschiedenen Dürkheimer (Michelsberg, Spielberg, Hochbenn, Nonnengarten, Fronhof) und Ungsteiner Lagen (Herrenberg, Weilberg), aber auch in Wachenheim (Mandelgarten). Wichtigste Rebsorte ist Riesling, der knapp die Hälfte der Rebfläche einnimmt, hinzu kommen Weißburgunder, Grauburgunder, Chardonnay und Sauvignon Blanc, sowie rote Sorten wie Spätburgunder, St. Laurent, Dornfelder und Schwarzriesling. Aus Gewürztraminer, Kanzler, Rieslaner, Scheurebe, Muskateller oder Huxelrebe werden edelsüße Weine erzeugt, die das Weingut berühmt gemacht haben.

Kollektion

Helmut Darting versteht es einfach, jeweils ganz klar die sortentypische Frucht bei seinen Weinen herauszukitzeln - und er hat eine gute Hand für die Bouquetrebsorten: Der Muskateller ist harmonisch und besitzt ein animierendes Säure-Spiel, der Sauvignon Blanc zeigt viel gelbe Frucht, beide sind eindringlich und reintönig. Die beiden Chardonnay zeigen komplexe gelbe Frucht mit Noten von Mango, Pfirsich und Banane, bei der Barrique-Version kommen noch Ananas und Limette hinzu, das Holz bleibt hier ganz dezent im Hintergrund. Unter den ebenfalls sehr fruchtbetonten Rieslingen gefällt uns der Wein aus dem Fuchsmantel mit seinen Aromen von Aprikosen, grünem Apfel, Orangenschale und Kräutern am besten, der Grauburgunder ist cremig, die Rieslaner Auslese ist saftig, füllig und weich. Die Spätburgunder sind wie gewohnt sehr füllig und kraftvoll mit süßer Frucht, der Barrique-Wein aus dem Feuerberg besitzt gute Substanz, zeigt leicht gereifte dunkle Frucht und dezente Röstnoten, ist strukturiert und lang. —

Weinbewertung

81	2016 Riesling Kabinett trocken Dürkheimer Fronhof (1l)	**12 %/5,50 €**
85	2016 Muskateller trocken Dürkheimer Hochbenn	**12,5 %/7,50 €**
85	2016 Sauvignon Blanc trocken Dürkheimer Schenkenböhl	**11,5 %/8,- €**
83	2016 Grauburgunder trocken Dürkheimer Schenkenböhl	**13 %/6,50 €**
84	2016 Chardonnay Kabinett trocken Dürkheimer Nonnengarten	**12,5 %/7,50 €**
83	2016 Riesling Kabinett trocken Dürkheimer Spielberg	**12,5 %/7,- €**
85	2016 Riesling Kabinett trocken Dürkheimer Fuchsmantel	**13 %/8,- €**
87	2015 Chardonnay trocken Barrique	**13,5 %/21,- €**
85	2015 Rieslaner Auslese Dürkheimer Nonnengarten	**9,5 %/15,- €**
83	2014 Spätburgunder trocken Dürkheimer Nonnengarten	**14 %/7,50 €**
84	2014 Spätburgunder trocken Dürkheimer Feuerberg	**14 %/7,50 €**
87	2012 Spätburgunder trocken Barrique Dürkheimer Feuerberg	**14,5 %/16,- €**

DAUTEL

★★★★★

D

KONTAKT

Lauerweg 55
74357 Bönnigheim
Tel. 07143-870326
Fax: 07143-870327
www.weingut-dautel.de
info@weingut-dautel.de

Inhaber
Christian Dautel
Rebfläche
13 Hektar
Produktion
80.000 Flaschen

BESUCHSZEITEN

Mo.-Fr. 10-12 + 14-18 Uhr,
Sa. 10-16 Uhr

Weinbau gibt es seit Anfang des 16. Jahrhunderts in der Familie, mit der Selbstvermarktung hat aber erst Ernst Dautel Ende der siebziger Jahre begonnen, nach Abschluss eines Studiums in Geisenheim. Konsequent hat Ernst Dautel seine Vorstellungen vom Wein umgesetzt, hat viel ausprobiert und ist stetig vorangekommen: Seit Mitte der achtziger Jahre baute er Weine im Barrique aus, 1988 pflanzte er Chardonnay, 1990 erzeugte er seine erste Cuvée, die Kreation Rot. Seit einigen Jahren schon wurde Ernst Dautel im Betrieb unterstützt von Sohn Christian, der ihn 2013 übernommen hat; es wurden neue Rebflächen erworben, Spätburgunder möchte Christian Dautel im Anbau forcieren. Seine Weinberge liegen vor allem in Bönnigheim (Sonnenberg) und Besigheim (Wurmberg). Der Sonnenberg besteht aus buntem Mergel, Schilfsandstein und Gipskeuper, die Großen Gewächse stammen von alten Reben im Herzstück des Sonnenbergs; mit dem Jahrgang 2014 kam ein neues Großes Gewächs hinzu, der Spätburgunder aus dem Forstberg in Oberstenfeld. Die Muschelkalkterrassen des Wurmbergs liegen am Ufer der Enz. Rote Sorten nehmen 60 Prozent der Fläche ein. Hauptrebsorten sind Riesling und Lemberger. Dazu gibt es Spätburgunder, Weißburgunder, Samtrot und Trollinger, aber auch Chardonnay, Cabernet Sauvignon und Merlot. Die Weißweine werden lange auf der Feinhefe ausgebaut, die Rotweine kommen nach der Maischegärung bis zu zwei Jahre ins Barrique. Prädikatsbezeichnungen werden ausschließlich für edelsüße Weine verwendet. An der Spitze des Sortiments stehen die Weine der S-Klasse und die Großen Gewächse. Schon in der ersten Ausgabe haben wir die Weine von Ernst Dautel wärmstens empfohlen, schon damals gehörte er für uns zur absoluten Spitze in Württemberg. Seine Weine kennen wir noch viel länger, von seinen Anfängen als „wilder Barriquewinzer", als er noch Riesling und Kerner ins kleine Eichenholzfass zwang, wenn uns die Erinnerung nicht täuscht. Er hat sich kontinuierlich gesteigert, nicht nur bei den weißen und roten Spitzenweinen, nein, auch die Basisweine sind stets von zuverlässiger Güte, und unter der Führung von Christian Dautel setzt sich dies fort. Die Rotweine sind kompromisslos vinifiziert, in ihrer Jugend oft etwas verschlossen und tanningeprägt, entwickeln sie sich sehr schön über viele Jahre hinweg: Es sind Rotweine mit Potenzial. In den jüngsten Jahren haben sie weiter an Finesse gewonnen (die Spätburgunder ebenso wie die Lemberger), zeigen manchmal feine mineralische Noten. Neben reinsortigen Weinen gibt es die erstmals 1990 erzeugte Cuvée Kreation Rot, ein Klassiker unter den deutschen Cuvées.

Kollektion

Der Reigen beginnt wie im Vorjahr mit einem sehr guten Sekt, der 2014er Pinot zeigt feine rauchige Noten, dezente Reife, besitzt gute Substanz und Biss. Der klare, zupackende Wurmberg-Riesling ist wie immer eine sichere

Bank wie auch der fruchtbetonte, süffige Gipskeuper-Weißburgunder, die weiße Kreation S ist komplex und konzentriert, harmonisch und lang. Aus einem Traubentausch mit Markus Drautz entstand der Sauvignon Blanc, der gekonnt im Holz vinifiziert ist (weniger markant als bei Drautz), kraftvoll und klar sich präsentiert. Der Weißburgunder S besitzt Fülle, Eleganz und viel Substanz, ist noch sehr jugendlich, der Chardonnay S zeigt feinen Toast, etwas Zitrus, besitzt Fülle, Kraft, Druck und viel Potenzial. Unser Favorit im weißen Segment ist der Steingrüben-Riesling, der kraftvoll und zupackend ist, gute Struktur, Druck und Nachhall besitzt. Der rote Teil der Kollektion ist mindestens ebenbürtig, in der Spitze sogar noch etwas stärker. Die Ortsweine sind betörend fruchtig und reintönig wie auch die Lagenweine vom Sonnenberg, die beide intensive Frucht besitzen, gute Substanz und Länge. Der Merlot ist konzentriert und füllig, dies gilt auch für die rote Kreation S. Die beiden Großen Gewächse vom Spätburgunder sind bärenstark, der Schupen ist frisch, harmonisch, elegant, nachhaltig, der Forstberg zeigt rauchige Noten, dezenten Toast, ist druckvoll und präzise, tanninbetont und nachhaltig, hat viel Potenzial. Auch beim Lemberger spielt Christian Dautel ganz oben mit, das Große Gewächs aus dem Michaelsberg ist herrlich reintönig, präzise und lang – und Jahrgang 2012 hat sich prächtig entwickelt! Großartige Kollektion!

D

Weinbewertung

88 2014 Pinot Sekt extra-brut **12 %/19,80 €**
89 2016 Riesling Besigheimer Wurmberg **13 %/13,80 €**
88 2016 Weißburgunder „Gipskeuper" Bönnigheim **13 %/13,10 €**
90 2016 „Kreation Weiß S" **15,90 €**
90 2016 Sauvignon Blanc **25,20 €**
91 2016 Weißburgunder „S" **25,20 €**
92 2016 Chardonnay „S" **25,20 €**
93 2016 Riesling „GG" Bönningheimer „Steingrüben" **13 %/25,20 €** ☺
87 2015 Spätburgunder „Schilfsandstein" Cleebronn **13 %/13,50 €**
87 2015 Lemberger „Gipskeuper" Bönnigheim **13 %/13,50 €**
88 2015 Spätburgunder Bönnigheimer Sonnenberg **13,5 %/19,80 €**
88 2015 Lemberger Bönnigheimer Sonnenberg **13,5 %/19,80 €**
91 2015 Merlot „S" **13,5 %/25,10 €**
90 2015 „Kreation Rot S" **13,5 %/28,70 €**
93 2015 Spätburgunder „GG" „Schupen" **13,5 %/28,70 €**
94 2015 Spätburgunder „GG" Forstberg **13,5 %/28,70 €** ☺
94 2012 Lemberger „GG" „St. Michaelsfeder" Michaelsberg **13,5 %**
93 2015 Lemberger „GG" Michaelsberg **13,5 %/28,70 €**

LAGEN

SONNENBERG (BÖNNIGHEIM)
– STEINGRÜBEN
– SCHUPEN
WURMBERG (BESIGHEIM)
MICHAELSBERG (CLEEBRONN)
FORSTBERG (OBERSTENFELD)

REBSORTEN

RIESLING (24 %)
SPÄTBURGUNDER (18 %)
LEMBERGER (16 %)
WEISSBURGUNDER (12 %)
CHARDONNAY (6 %)
TROLLINGER (4 %)

K.&K. DAUTERMANN

★★☆

D

KONTAKT

Unterer Schenkgarten 6
55218 Ingelheim
Tel. 06132-1279
Fax: 06132-431191
www.dautermannwein.de
info@dautermannwein.de

Inhaber
Kristian Dautermann
Rebfläche
14,5 Hektar
Produktion
keine Angabe

BESUCHSZEITEN

Mo.-Sa. nach Vereinbarung
„Erlebnis-Weinproben",
Gästehaus Dautermann

Das Weingut Dautermann, im Zentrum von Ingelheim gelegen, besteht bereits seit über 100 Jahren. Heute wird es geführt von Kristian Dautermann, der bereits seit 2005 voll im Betrieb an der Seite seines Vaters tätig war. Er konzentriert sich vor allem auf Spätburgunder. Daneben findet man bei ihm eine breite Palette weiterer roter Sorten wie Frühburgunder, Portugieser, St. Laurent und Domina. Der Weißweinanteil beträgt gut ein Drittel. Es werden hauptsächlich Riesling, Silvaner, Weißburgunder und Grauburgunder angebaut. Auf Lagenbezeichnungen wurde lange Zeit verzichtet, ebenso auf Prädikatsbezeichnungen, inzwischen hat man das Sortiment dreistufig gegliedert in Guts-, Orts- und Lagenweine. 2011 wurde die historische 3,5 Hektar große Lage Ingelheimer Kirchenstück übernommen.

Kollektion

Die neue Kollektion schließt nahtlos an die Vorjahre an, bietet gutes Basisniveau, in der Spitze aber dominieren die Rotweine. Der Silvaner ist frisch und fruchtbetont wie auch die weißen Ortsweine, die ein geschlossenes Bild abgeben. An der Spitze der Weißweine steht der Riesling aus dem Kirchenstück, der füllig und saftig ist, herrlich viel Frucht und Substanz besitzt. Der Frühburgunder aus dem Pares zeigt intensive Frucht und besitzt gute Struktur, anders als im Vorjahr aber präferieren wir dieses Mal die Spätburgunder. Der Wein aus dem Sonnenhang ist frisch und zupackend, besitzt gute Struktur und reintönige Frucht. Der Horn-Pinot Noir ist faszinierend reintönig im Bouquet, ist fruchtbetont und zupackend im Mund, besitzt gute Struktur und Druck. Noch ein klein wenig besser gefällt uns der Wein aus dem Kirchenstück, der viel Konzentration zeigt, rote Früchte, gute Struktur und reife reintönige Frucht besitzt.

Weinbewertung

82 2016 Grüner Silvaner trocken **12 %/5,80 €**
83 2016 Weißer Burgunder trocken Ingelheimer **12,5 %/8,90 €**
82 2016 Grauer Burgunder trocken Ingelheimer **12,5 %/7,80 €**
82 2016 Riesling trocken Ingelheimer **12 %/9,90 €**
86 2016 Riesling trocken Ingelheimer Kirchenstück **12,5 %/18,- €**
87 2015 Spätburgunder „Blanc de Noir" Beerenauslese **8 %/17,50 €/0,375l**
84 2014 Frühburgunder trocken Ingelheimer **13,5 %/9,90 €**
84 2014 Spätburgunder trocken Ingelheimer **13,5 %/8,90 €**
87 2014 Blauer Spätburgunder trocken Ingelheimer Sonnenhang **14 %/19,80 €**
86 2014 Pinot Madeleine trocken Ingelheimer Pares **14 %/29,50 €**
89 2013 Pinot Noir trocken Ingelheimer Horn **13,5 %/23,- €**
90 2013 Spätburgunder trocken Ingelheimer Kirchenstück **13,5 %/28,- €**

DECHENT

★

KONTAKT

Am Westring 12
55291 Saulheim
Tel. 06732-4232
Fax: 06732-963269
www.pertelturm.de
info@pertelturm.de

Inhaber
Heinz-Willi Dechent
Rebfläche
2,5 Hektar
Produktion
9.000 Flaschen

BESUCHSZEITEN

nach Vereinbarung

D

Das Weingut Heinz-Willi Dechent hat sich aus einem seit Generationen bestehenden Nebenerwerbsbetrieb entwickelt. Die Weinberge befinden sich in den Saulheimer Lagen Hölle, Haubenberg und Schlossberg. Neben den traditionellen Rebsorten der Region wie Riesling, Silvaner und Portugieser gibt es Müller-Thurgau, Dornfelder und Frühburgunder und einige vom in der Region tätigen Rebzüchter Georg Scheu entwickelte Neuzüchtungen wie Scheurebe oder Faberrebe, andere Neuzüchtungen wie Kerner und Bacchus, aber auch eine Vielfalt an internationalen Rebsorten wie Merlot und Cabernet Sauvignon, Chardonnay, Sauvignon Blanc und Grüner Veltliner. Auch im Weinausbau zeigt sich Heinz-Willi Dechent experimentierfreudig, steckt auch schon mal einen Riesling ins Barrique. Die Weine werden ohne Lagenbezeichnungen vermarktet, Heinz-Willi Dechent verwendet aber Prädikatsbezeichnungen, auch bei seinen Rotweinen.

Kollektion

Wie schon im Vorjahr präsentieren sich die Weißweine ein wenig verhalten, im roten Segment wurden nochmals Merlot und Cabernet Sauvignon aus 2014 vorgestellt, bei denen die im Vorjahr vorhandene jugendliche Frucht ein wenig in den Hintergrund getreten ist, etwas unreif-kräuterige Noten haben die Oberhand gewonnen, vor allem beim Cabernet Sauvignon, der deutlich an grüne Paprika erinnert. Saftig-süffig präsentiert sich die feinherbe Rosé-Version der beiden Rebsorten aus dem Jahrgang 2015. Die beiden Chardonnay sind frisch und geradlinig wie auch der Sauvignon Blanc. Unter den drei Rieslingen präferieren wir die halbtrockene Spätlese, die etwas Zitrusnoten aufweist, frisch und geradlinig ist. Der Grüner Veltliner zeigt sortentypische Frucht im Bouquet, ist aber im Mund geprägt von viel Säure und Biss.

Weinbewertung/ab Hof-Preise

80	2016 Sauvignon Blanc trocken **12 %/5,20 €**
82	2016 Grüner Veltliner trocken **12,5 %/5,60 €**
80	2016 Riesling Spätlese trocken **12 %/5,60 €**
81	2016 Chardonnay Spätlese trocken **12 %/5,80 €**
81	2016 Riesling Spätlese halbtrocken **11,5 %/5,60 €**
80	2016 Riesling „lieblich" **11 %/5,60 €**
81	2016 Chardonnay Spätlese halbtrocken **11,5 %/5,80 €**
82	2015 Cabernet Sauvignon Merlot Rosé „feinherb" **12 %/5,20 €**
83	2014 Merlot trocken **13 %/6,50 €**
82	2014 Cabernet Sauvignon trocken **12,5 %/6,50 €**

DENGLER-SEYLER

★★★☆

D

KONTAKT

Weinstraße Süd 6
67487 Maikammer
Tel. 06321-5103
Fax: 06321-57325
www.dengler-seyler.de
info@dengler-seyler.de

Inhaber
Familie Seyler
Rebfläche
15 Hektar
Produktion
100.000 Flaschen

BESUCHSZEITEN

Mo.-Fr. 9-12 + 13-18 Uhr,
Sa. 9-17 Uhr
Gasthaus „Zum Winzer" mit Gästezimmern

Das Weingut Dengler-Seyler in Maikammer wird heute in vierter Generation von der Familie Seyler bewirtschaftet. Wichtigste Lage ist der Heiligenberg, wo das Weingut 6 Hektar besitzt. Die weiteren Weinberge befinden sich in den anderen Maikammer Lagen Kirchenstück (tiefgründige Lösslehmböden) und Kapellenberg (Ton, Lehm und tertiärer Kalkstein), hinzu kommen Weinberge in Kirrweiler, Alsterweiler und in der Lage Berg in Diedesfeld. Auf den sehr unterschiedlichen Böden des Heiligenbergs erzeugt Matthias Seyler vier verschiedene Rieslinge, einen Lagenwein und drei Weine aus „Bester Lage": Der Am Heiligen Berg wächst in der ursprünglich 8 Hektar großen, kalkgeprägten Kernlage des Heiligenbergs, der Im obern Weinsper stammt von den ältesten Rieslingreben des Betriebs von der Spitze des Heiligenbergs (Parabraunerde über Löss) und in der 2006 erworbenen Lage Schlangengässel wachsen die Reben auf carbonathaltigem Kieslehm.

Kollektion

Matthias Seylers Rieslinge aus „Bester Lage" sind auch im Jahrgang 2016 herrlich eindringlich, elegant und nachhaltig, an der Spitze steht wieder das Schlangengässel, der Wein ist komplex mit steiniger Würze und viel klarer Frucht, er besitzt viel Grip und salzige Länge, Am Heiligen Berg zeigt noch deutlichere Frucht, besitzt gute Konzentration und ist animierend, Im obern Weinsper ist mit seinen prägnanten salzig-steinigen Noten der mineralischste der drei Rieslinge. Die Burgunder sind alle reintönig und kraftvoll, der Weißburgunder aus dem Kapellenberg zeigt florale Noten und dezente Holzwürze, ist stoffig und lang. Sehr gut sind auch der schlanke, animierende Silvaner, die konzentrierte, cremige Scheurebe Auslese und der kraftvolle Spätburgunder mit dunkler Frucht und Krokantwürze. ▬

Weinbewertung

82	2016 Riesling trocken (1l) **11,5 %/4,80 €**
87	2016 „Autumnus" Weißwein trocken **13,5 %/10,50 €**
87	2016 Silvaner trocken Alsterweiler **12,5 %/9,50 €**
87	2016 Grauburgunder trocken Maikammer **13,5 %/9,50 €**
86	2016 Weißburgunder trocken Kirrweiler **13,5 %/9,50 €**
85	2016 Riesling trocken Maikammer **12,5 %/9,50 €**
88	2016 Weißburgunder trocken Alsterweiler Kapellenberg **14 %/12,50 €**
89	2016 Riesling trocken Maikammer „Am Heiligen Berg" **13 %/16,50 €**
89	2016 Riesling trocken Maikammer „Im obern Weinsper" **13 %/16,50 €**
90	2016 Riesling trocken Maikammer „Schlangengässel" **13 %/16,50 €**
88	2016 Scheurebe Auslese Maikammer Heiligenberg **9 %/10,- €/0,375l**
88	2015 Spätburgunder trocken Maikammer Heiligenberg **13,5 %/18,- €**

H. DEPPISCH

★★★

KONTAKT

Thürschengraben 3
97288 Theilheim
Tel. 09303-9800048,
0177-6338263
Fax: 09303-980183
www.weingut-deppisch.com
kontakt@weingut-deppisch.com

Inhaber
Christian Deppisch
Rebfläche
4 Hektar
Produktion
20.000 Flaschen

BESUCHSZEITEN

Mo.-Fr. 17-19 Uhr, Sa. 10-17 Uhr
Heckenwirtschaft

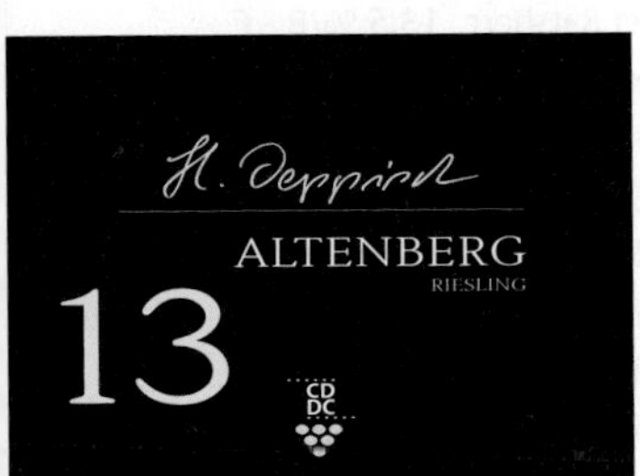

Hermann Deppisch, der Vater von Christian Deppisch, war langjähriger Außenbetriebsleiter beim Bürgerspital. 1989 pachtete er die ersten Rebstöcke. Seit dieser Zeit wurde das Weingut auf die heutige Größe erweitert. Christian Deppisch arbeitet, nach Ausbildung beim Bürgerspital und Önologiestudium, zunächst in Geisenheim, seit 2009 bei der Bayerischen Landesanstalt für Weinbau und Gartenbau, wo er hauptsächlich für ökologischen Weinbau zuständig ist. Er führt das Weingut im Nebenerwerb, sein Vater kümmert sich um die Weinberge. Diese liegen alle im nicht flurbereinigten Theilheimer Altenberg. Christian Deppisch baut vor allem Silvaner an. Riesling, Weißburgunder und Blauer Silvaner wurden zuletzt hinzugepflanzt, sowie ein paar Stock Muskateller. An roten Sorten gibt es Spätburgunder, Frühburgunder, Domina, Regent und Portugieser. Die Weinberge werden biologisch-dynamisch bewirtschaftet (Mitglied bei Demeter), 2011 war der erste vollzertifizierte Jahrgang. Die Weine werden nach der Ganztraubenpressung komplett spontanvergoren. Alle Rotweine werden im Fass ausgebaut. Mit dem Jahrgang 2012 verzichtet Christian Deppisch auf die Verwendung von Prädikatsbezeichnungen, die Lage Altenberg rückt dafür in den Vordergrund, ausgewählte Spitzen werden in der Reihe „per se" angeboten, diese Spitzen bringt Christian Deppisch erst später in den Verkauf.

Kollektion

Der frische, fruchtbetonte Seitensprung-Secco ist wie immer eine sichere Bank, spannender, wenn auch vielleicht nicht jedermanns Sache, ist der eindringliche Pet Nat. Die Ortsweine sind fruchtbetont, füllig, bis auf den Pinot Blanc allesamt durchgegoren, unsere Favoriten sind der reintönige Silvaner und der Neuling im Programm, der Muskateller, der intensive Frucht zeigt, klar und zupackend ist. Der Silvaner per se ist kraftvoll und klar, immer noch jugendlich, der Riesling per se besitzt Fülle, Kraft und viel Substanz: Mit der stimmigen Kollektion, knüpft Christian Deppisch nahtlos an die starken Vorjahre an. —

Weinbewertung

84	(2016) „Seitensprung" Perlwein **11 %/7,50 €**
86	2016 „Pet Nat" Perlwein **11 %**
86	2016 Silvaner trocken Theilheimer **13 %/7,80 €**
85	2016 Blauer Silvaner Theilheimer **13 %/7,80 €**
86	2016 Muskateller Theilheimer **12,5 %/7,80 €**
85	2016 Pinot Blanc Theilheimer **13 %/7,80 €**
89	2013 Silvaner trocken „per Se" Altenberg **13 %/17,60 €**
88	2015 Riesling trocken „per se" Altenberg **14 %/16,60 €**
87	2011 Silvaner Auslese Altenberg
83	2016 Rosé **12 %/7,- €**

DERESER

★★☆

D

KONTAKT

Maintalstraße 8
97509 Stammheim
Tel. 09381-2187
Fax: 09381-802973
www.weingut-dereser.de
info@weingut-dereser.de

Inhaber
Hermann Dereser
Rebfläche
7 Hektar
Produktion
45.000 Flaschen

BESUCHSZEITEN

nach Vereinbarung
Gästezimmer (2 Doppelzimmer, 1 Ferienwohnung)

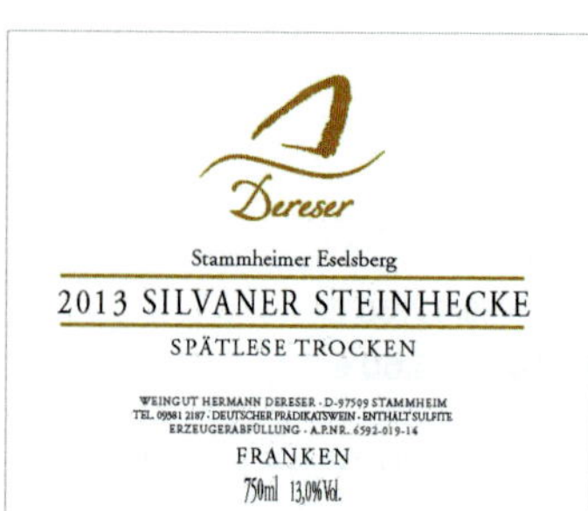

Seit sieben Generationen baut die Familie Wein an, aus dem ehemaligen Gemischtbetrieb hat sich im Laufe der Zeit ein Weingut mit Brennerei entwickelt. Hermann Dereser baut am Stammheimer Eselsberg Müller-Thurgau, Bacchus, Silvaner, Riesling, Weißburgunder und Kerner an, dazu die roten Sorten Domina, Spätburgunder, Portugieser und Acolon, die Reben wachsen auf Muschelkalkböden. Die Weine werden im Edelstahl ausgebaut, bleiben lange auf der Hefe, ausgesuchte Partien kommen auch ins Barrique. Hermann Dereser ist dabei den Betrieb schrittweise zu erweitern durch den Erwerb guter Parzellen (z.B. im Volkacher Ratsherr), der Neubau des Weiß- und Rotweinkellers wurde zur Ernte 2011 fertiggestellt. Nach Abschluss seines Geisenheim-Studiums ist Sohn Johannes Dereser seit Herbst 2011 im Betrieb tätig.

Kollektion

Auch mit dem Jahrgang 2016 präsentieren Hermann und Johannes Dereser wieder eine bestechend gleichmäßige Kollektion auf hohem Niveau, über alle Rebsorten hinweg. Der Eselsberg-Silvaner ist frisch und zupackend, deutlich mehr Substanz besitzen die drei trockenen Spätlesen. Der Ratsherr-Silvaner ist füllig und kraftvoll, besitzt reintönige Frucht und gute Struktur, auch der Steinhecke-Silvaner besticht mit reintöniger Frucht, ist zupackend und druckvoll. Unsere leichte Präferenz gilt im Jahrgang 2016 dem Wildfang, der rauchige Noten und viel Konzentration zeigt, viel Kraft, reife Frucht und Substanz besitzt. Auch beim Riesling gibt es die Steigerung vom würzigen Kabinett hin zur strukturierten, zupackenden Spätlese. Dito beim Weißburgunder: Der Kabinett ist frisch und geradlinig, der Wildfang rauchig und strukturiert, noch etwas besser gefällt uns die im Barrique ausgebaute Spätlese des Jahrgangs 2015, die Fülle und Kraft besitzt, reife Frucht, gute Struktur und Substanz. Und dass man hier nicht nur Weißwein kann, zeigen zwei sehr gute Rotweine.

Weinbewertung

84	2016 Silvaner trocken Stammheimer Eselsberg **12 %/6,- €**
83	2016 Weißburgunder Kabinett trocken Stammheimer Eselsberg **12,5 %/6,50 €**
84	2016 Riesling Kabinett trocken Stammheimer Eselsberg **12 %/6,50 €**
85	2016 Sauvignon Blanc trocken Volkacher Ratsherr **13 %/8,- €**
86	2016 Silvaner Spätlese trocken Volkacher Ratsherr **13,5 %/8,- €**
86	2016 Silvaner Spätlese trocken „Steinhecke" Eselsberg **13,5 %/8,- €**
87	2016 Silvaner Spätlese trocken „Wildfang" **13 %/9,50 €**
86	2016 Weißburgunder Spätlese trocken „Wildfang" **13 %/9,50 €**
87	2015 Weißburgunder Spätlese trocken Barrique Eselsberg **13,5 %/11,- €**
86	2016 Riesling Spätlese trocken Stammheimer Eselsberg **13 %/8,- €**
85	2015 Spätburgunder trocken Stammheimer Eselsberg **13,5 %/8,50 €**
86	2015 Domina trocken Barrique Stammheimer Eselsberg **13,5 %/13,- €**

DESSOY

★

KONTAKT

Außerhalb 74
55411 Bingen-Kempten
Tel. 06721-799060
Fax: 06721-799080
www.vino-fredi.de
vino.fredi@weingut-dessoy.de

Inhaber
Andree Dessoy
Kellermeisterin
Frederike Dessoy
Rebfläche
14,7 Hektar
Produktion
30.000 Flaschen

BESUCHSZEITEN

nach Vereinbarung
Ferienwohnungen

Seit vier Generationen betreibt die Familie Weinbau im Binger Ortsteil Kempten, mit der Flaschenweinvermarktung wurde aber erst 2010 begonnen. Die Weinberge von Andree Dessoy liegen rund um den Binger Rochusberg in den Binger Lagen Kirchberg, Schlossberg-Schwätzerchen, Pfarrgarten und Kapellenberg. Riesling nimmt ein Viertel der Rebfläche ein, Silvaner ein Fünftel, es folgen Weißburgunder, Dornfelder, Spätburgunder, Grauburgunder und Portugieser, des Weiteren gibt es Bacchus, Acolon, Müller-Thurgau, Gelber Muskateller, Kerner, Frühburgunder und Chardonnay. Für den Weinausbau ist Tochter Frederike zuständig, die ihre eigene Marke „Vino Fredi" kreierte; sie hat begonnen die Weine mit den traubeneigenen Hefen zu vergären. Das Programm ist gegliedert in Guts-, Orts- und Lagenweine.

Kollektion

Eine kleine, sehr gleichmäßige Kollektion präsentiert Frederike Dessoy in diesem Jahr, die nahtlos an die beiden guten, ebenfalls sehr gleichmäßigen Vorjahreskollektion anschließt. Der Silvaner ist frisch, fruchtbetont und zupackend, der feinherbe Rosé zeigt rote Früchte, feine Frische, ist klar und zupackend, süffig und unkompliziert. Vier weiße Ortsweine präsentiert Frederike Dessoy in diesem Jahr, wir präferieren ganz klar die beiden trockenen Weine. Der Kempter Riesling zeigt feine Frische und frucht im Bouquet, ist klar und geradlinig im Mund, frisch und zupackend. Gleichauf sehen wir den Kempter Grauburgunder, der gute Konzentration im Bouquet zeigt, reife Frucht, gelbe Früchte, füllig und kraftvoll im Mund ist, reintönige Frucht besitzt. Der feinherbe Weißburgunder ist frisch und fruchtbetont, auf der betont süffigen Seite. Dies gilt auch für den feinherben Muskateller, der frisch und reintönig im Bouquet ist, klar und unkompliziert dann im Mund, betont süffig. Als einzigen Lagenwein stellte Frederike Dessoy in diesem Jahr den Frühburgunder aus dem Binger Kapellenberg vor: Er zeigt feine Frische und Frucht im Bouquet, ist geradlinig und klar im Mund, ohne aber Komplexität zu entwickeln.

Weinbewertung

83 2016 Silvaner trocken **12,5 %/6,20 €**
84 2016 Riesling trocken Kempter **13 %/6,40 €**
84 2016 Grauer Burgunder Spätlese trocken Kempter **14 %/6,90 €**
82 2016 Weißer Burgunder „feinherb" Kempter **13 %/6,90 €**
82 2016 Gelber Muskateller „feinherb" Kempter **12,5 %/6,40 €**
82 2016 „Phi-Joh" Rosé „feinherb" **12,5 %/6,20 €**
83 2015 Blauer Frühburgunder trocken Binger Kapellenberg **14 %/13,20 €**

WEINGUT DESSOY BINGEN-KEMPTEN
DESSOY BY FREDI

Deutzerhof

★★★★

Kontakt

Weingut Deutzerhof
Cossmann-Hehle
Deutzerwiese 2
53508 Mayschoß
Tel. 02643-7264
Fax: 02643-3232
www.weingut-deutzerhof.de
info@weingut-deutzerhof.de

Inhaber
Hella Hehle
Betriebsleiter/Kellermeister
Hans-Jörg Lüchau
Rebfläche
7 Hektar
Produktion
37.000 Flaschen

Besuchszeiten

Mo.-Fr. 9-12 + 13-17 Uhr,
Sa. 10-16 Uhr; Weinproben
nach Vereinbarung

Wolfgang Hehle, einer der profiliertesten und bekanntesten Winzer der Ahr, ist 2013 verstorben; seine Frau Hella führt den Betrieb fort, unterstützt vom langjährigen Kellermeister und Betriebsleiter Hans-Jörg Lüchau. Ihr Vater Alfred Cossmann hatte 1952 bei damals 3,5 Hektar mit der Selbstvermarktung begonnen, Weinbau ist aber in der Familie bereits seit dem Jahr 1574 urkundlich belegt. Nach und nach vergrößerte man sich, und als der Betrieb zu klein wurde, errichtete man 1980 einen Aussiedlerhof. Dieser entstand auf einer Außenstelle des ehemaligen Kloster Deutz – und erhielt daher seinen Namen Deutzerhof, der den Namen Weingut Cossmann ersetzte. Wolfgang Hehle absolvierte bei seinem Schwiegervater eine Winzerlehre und führte nach und nach Veränderungen ein, so beispielsweise den Barriqueausbau, die Rebfläche wurde weiter vergrößert, die Weine wurden zunehmend trocken ausgebaut. Die Weinberge verteilen sich auf verschiedene Lagen entlang der ganzen Ahr: Vom Altenahrer Eck, Mayschosser Laacherberg, Mönchberg und Burgberg, Recher Herrenberg, Dernauer Schieferley, Ahrweiler Daubhaus, Neuenahrer Kirchtürmchen und Schieferley und Heimersheimer Landskrone bis Lohrsdorf. Spätburgunder nimmt knapp drei Viertel der Rebfläche ein, hinzu kommen Frühburgunder und Riesling, sowie ein klein wenig Chardonnay, Dornfelder und Portugieser. Von Letzterem gibt es 1927 gepflanzte Reben, die ältesten Rieslinge sind über 50 Jahre alt. Wolfgang Hehle hatte manche seiner Weine mit Namen aus der Cossmann-Historie versehen. Balthasar C. und Caspar C. für zwei Spätburgunder, Catharina C. für Riesling oder Alfred C. für Portugieser, seine Rosés nannte er „Toujours" und „Saumon de l'Ahr", er war ja schließlich auch einer der Initiatoren für die Rückkehr der Lachse an die Ahr, beide entstehen durch Saftabzug bei den Rotweinen. Der Spitzen-Spätburgunder im Programm war lange Zeit der Grand Duc, im letzten Jahrzehnt übernahmen dann die Großen Gewächse die Führungsrolle im Betrieb, die Spätburgunder aus Eck und Mönchberg vor allen Dingen, der Wein aus dem Kirchtürmchen wird erst in den letzten Jahren auch regelmäßig erzeugt, mit dem Jahrgang 2014 gesellte sich ein Frühburgunder aus dem Mönchberg zu diesem Spätburgunder-Trio. Für seine Großen Gewächse nutzt Betriebsleiter Hans-Jörg Lüchau je nach Lage Barriques von unterschiedlichen Tonneliers.

Kollektion

Ein fruchtbetonter Rosé-Sekt eröffnet in diesem Jahr den Reigen. Der Mayschosser Riesling ist fruchtbetont, zupackend, besitzt gute Struktur und Biss, der Riesling Catharina, eine Lagencuvée aus Mönchberg und Eck, ist stoffig und zupackend, deutlich druckvoller. Der Saumon de l'Ahr ist wie immer eine sichere Bank, vereint Frische und Frucht, besitzt Struktur und Substanz. Der Portugieser, von 1927 gepflanzten Reben, zeigt reintönige Frucht im

Bouquet, besitzt feine Frische, gute Struktur und Biss. Der Frühburgunder zeigt intensive reintönige Frucht im Bouquet, ist füllig und kraftvoll im Mund, besitzt gute Struktur und Tannine. Die Spätburgunder-Serie beginnt mit dem im Fuder ausgebauten Mayschosser, der klar und geradlinig ist. Eine deutliche Steigerung bringt der in gebrauchten Barriques ausgebaute Balthasar C., zeigt rauchige Noten, reintönige Frucht, ist frisch, fruchtbetont und geradlinig. Der Caspar C. enthält dann schon teils neue Fässer, die Trauben kommen aus Daubhaus, Landskrone und Mönchberg, er zeigt intensive Frucht, Herzkirschen, ist kraftvoll und strukturiert. Der achtzehn Monate in neuen Barrique ausgebaute Grand Duc stammt ganz von der Unterahr, aus den Lagen Landskrone und Kirchtürmchen. Er zeigt wie der Caspar C. intensive Frucht, Herzkirschen, ist kraftvoll und stoffig, besitzt gute Struktur und Substanz. Der dreißig Monate im Barrique ausgebaut Grand Duc Reserve zeigt gute Konzentration, reintönige Frucht, besitzt Fülle, Kraft und Substanz. Ganz spannend ist das Große Gewächs-Trio, alle drei Weine weisen moderate 13 Prozent Alkohol auf. Das Kirchtürmchen ist füllig und saftig, besitzt reintönige Frucht, Herzkirschen, der Mönchberg ist strukturierter, kraftvoll, stoffig und konzentriert, unsere ganz leichte Präferenz aber gilt dem Spätburgunder aus dem Eck, der noch etwas druckvoller und nachhaltiger ist. Dass Deuterhof-Wein exzellent reifen kann, zeigten einige vor Ort verkostete ältere Jahrgänge.

Hans-Jörg Lüchau

D

Weinbewertung

85 2015 Pinot Rosé Sekt brut „Cossmann-Hehle" **12,5 %/18,50 €**
85 2016 Riesling trocken Mayschosser **12 %/9,50 €**
87 2016 Riesling trocken „Catharina C" **12,5 %/15,- €**
86 2016 Spätburgunder Rosé trocken „Saumon de l'Ahr" **13,5 %/16,- €**
85 2016 Spätburgunder trocken „Cossmann-Hehle" Mayschosser **12,5 %/11,- €**
87 2016 Spätburgunder „Balthasar C." **13,5 %/16,- €**
88 2016 Portugieser trocken „Alfred C." **12,5 %/19,- €**
89 2016 Spätburgunder trocken „Caspar C." **13,5 %/23,- €**
87 2016 Frühburgunder „Alpha & Omega" **13,5 %/25,- €**
88 1993 Spätburgunder Auslese trocken „Grand DucSelect" **12,5 %**
90 2015 Spätburgunder „Grand Duc" **13,5 %/33,- €**
91 2014 Spätburgunder „Grand Duc Reserve" **13,5 %**
89 2000 Spätburgunder Spätlese trocken Mayschosser Mönchberg **14,5 %**
88 2003 Spätburgunder Spätlese trocken Mayschosser Mönchberg **14 %**
91 2015 Spätburgunder „GG" Mayschoss Mönchberg **13 %/52,- €**
89 2006 Spätburgunder „GG" Altenahr Eck
92 2015 Spätburgunder „GG" Altenahr Eck **13 %/52,- €**
91 2015 Spätburgunder „GG" Neuenahr Kirchtürmchen **13 %/52,- €**

LAGEN

ECK (ALTENAHR)
MÖNCHBERG (MAYSCHOSS)
HERRENBERG (RECH)
DAUBHAUS (AHRWEILER)
KIRCHTÜRMCHEN (NEUENAHR)
SCHIEFERLEY (NEUENAHR)
LANDSKRONE (HEIMERSHEIM)

REBSORTEN

SPÄTBURGUNDER (72 %)
FRÜHBURGUNDER (13 %)
RIESLING (10 %)
CHARDONNAY (2 %)
PORTUGIESER (1 %)
DORNFELDER (1 %)

DIDINGER

★★

D

KONTAKT

Rheinuferstraße 13
56340 Osterspai
Tel. 02627-512
Fax: 02627-971272
www.weingut-didinger.de
weingutdidinger@web.de

Inhaber
Jens Didinger
Rebfläche
6 Hektar
Produktion
60.000 Flaschen

BESUCHSZEITEN

Gutsausschank täglich außer Mi. ab 15 Uhr

Der Weinbau im Weingut Didinger geht bis ins frühe 17. Jahrhundert zurück. Nachdem Bernhard Didinger den Betrieb vorangebracht hatte, übernahm 1993 sein Neffe Jens Didinger den Betrieb. Das Weingut Didinger ist heute das einzige Osterspaier Weingut (auf der rechten Seite des Rheins), das das Gros seiner Weinberge noch auf der anderen Rheinseite im Bopparder Hamm hat – in den Lagen Mandelstein, Feuerlay und Fässerlay, aber auch in der Bopparder Weingrube und in der Osterspaier Liebeneck-Sonnenlay. Neben dem dominierenden Riesling, der 80 Prozent der Weinberge einnimmt, bauen Jens Didinger und seine Frau Veronica auch etwas Spätburgunder, Müller-Thurgau, Kerner, Weiß- und Grauburgunder an.

Kollektion

Eine sehr stimmige Kollektion präsentiert Jens Didinger in diesem Jahr, die trocken wie süß gleichermaßen überzeugt, angefangen beim saftig-süßen Grauburgunder bis hin zu den Riesling Spätlesen. Im trockenen Teil der Kollektion ist die 1 Stern-Spätlese aus der Feuerlay unser Favorit, die gelbe Früchte und Pfirsiche zeigt, füllig und saftig ist. Die Mandelstein-Spätlese, nicht ganz trocken geworden, zeigt rauchige Noten, besitzt herrlich viel Frucht, Fülle und Kraft. Halbtrocken gefällt uns der herrlich frische, zupackende Fässerlay-Kabinett besonders gut, die Feuerlay-Spätlese ist rauchig und würzig, die feinherbe Feuerlay-Spätlese noch ein wenig druckvoller. Halbtrocken ist auch der strukturierte, zupackende 2samkeit-Riesling, ein gemeinsames Projekt von Tochter Ida Didinger und ihrem Freund Johannes Höfler vom gleichnamigen fränkischen Weingut. Die süßen Rieslinge aus der Feuerlay besitzen rauchige Noten und feine süße Frucht, die Spätlese ist etwas fülliger als der Kabinett. Im Aufwind! ▬

Weinbewertung

85	2016 Grauer Burgunder trocken Bopparder Hamm Feuerlay **13,5 %/7,80 €**
83	2016 Riesling Kabinett „S“ trocken Bopparder Hamm Feuerlay **12 %/6,- €**
84	2016 Riesling Spätlese trocken Bopparder Hamm Feuerlay **12 %/9,- €**
86	2016 Riesling Spätlese* trocken Bopparder Hamm Feuerlay **12,5 %/9,50 €**
87	2016 Riesling Spätlese Bopparder Hamm Mandelstein **12 %/9,50 €**
85	2016 Riesling Kabinett halbtrocken B.H.Fässerlay **11,5 %/6,- €** ☺
83	2016 Riesling Kabinett halbtrocken Bopparder Hamm Feuerlay **11,5 %/7,- €**
85	2016 Riesling Spätlese halbtrocken Bopparder Hamm Feuerlay **11,5 %/9,50 €**
87	2016 Riesling „2samkeit“ Bopparder Hamm **12,5 %/13,50 €**
86	2016 Riesling Spätlese „feinherb“ Bopparder Hamm Feuerlay **11 %/9,50 €**
85	2016 Riesling Kabinett Bopparder Hamm Feuerlay **8,5 %/7,- €**
86	2016 Riesling Spätlese Bopparder Hamm Feuerlay **8 %/9,50 €**

DIDINGER

DIEFENHARDT

★★☆

KONTAKT

Hauptstraße 9-11
65344 Eltville-Martinsthal
Tel. 06123-71490
Fax: 06123-74841
www.diefenhardt.de
weingut@diefenhardt.de

Inhaber Peter Seyffardt
Kellermeister Julia Seyffardt, Peter Seyffardt
Rebfläche 18 Hektar
Produktion 100.000 Flaschen

BESUCHSZEITEN

Mo.-Sa. 10-12 + 14-20 Uhr
Gutsausschank Di.-Sa. ab 17 Uhr

Jakob Diefenhardt erwarb 1917 den Besitz, dem er seinen Namen gab. Seither wird das Weingut von seiner Familie bewirtschaftet, heute ist Peter Seyffardt Inhaber und Betriebsleiter. Schwester Ariane führt den angeschlossenen Gutsausschank. Seyffardt arbeitete zuvor unter anderem als Kellermeister in Südafrika, engagierte sich auch in der Weinbau- und Lokalpolitik, seit Anfang 2009 sitzt er im Hessischen Landtag. Tochter Julia Seyffardt hat in Geisenheim studiert und arbeitet nun als Kellermeisterin gemeinsam mit ihrem Vater. Die Weinberge befinden sich in den Martinsthaler Lagen Langenberg, Wildsau und Rödchen sowie in den Rauenthaler Lagen Rothenberg und Langenstück. Neben dem dominierenden Riesling nimmt der Spätburgunder etwa 15 Prozent der Rebfläche ein, 80 Prozent der Weinberge liegen in Hang- und Steillagen.

Kollektion

Auch die 2016er Weißweine sind wieder stimmig und von homogener Qualität. Der Estate Riesling ist klar, frisch und absolut trinkanimierend. Der trockene Kabinett ist ein Paradebeispiel seiner Gattung. Der J.D. ist etwas fülliger und saftiger, was gut zu seinem kernigen Biss passt. Der trockene Wildsau-Riesling ist säurebetont und geradlinig. Mit deutlichen Holzfassnoten und kühler Aromatik wartet der Riesling „Wildes Holz" auf. Am Gaumen ist er geradlinig und präzise. Würzig und cremig, bietet der Rothenberg kraftvolles Rieslingaroma mit Fülle und großzügigem Nachhall. Der feinherbe Kabinett überzeugt durch saftig-süffigen Trinkfluss, ebenso der kräftige Rauenthal Riesling Kabinett. Die brillante Spätlese aus dem Langenberg präsentiert sich eher als kleine Auslese, dabei verfügt sie über rotbeerige Duftigkeit, präzise Struktur und eine animierende würzige Länge. Ausgesprochen gut gelungen ist auch der Pinot Noir aus der Wildsau, das dezent röstige Holz wirkt passend eingesetzt, er punktet mit Fülle, Kraft und zugegebenermaßen etwas handfesten Tanninen, die ihm jedoch sehr gut stehen.

Weinbewertung

(85)	2016 Riesling trocken „Estate" **12,5 %/6,80 €**
84	2016 Riesling Kabinett trocken Martinsthaler Wildsau **12 %/7,80 €**
(85)	2016 Riesling trocken „J.D." Martinsthal **12,5 %/9,90 €**
87	2016 Riesling trocken Rauenthaler Rothenberg **13 %/12,90 €**
86	2016 Riesling trocken „Wildes Holz" **12,5 %/11,- €**
85	2016 Riesling trocken Martinsthaler Wildsau **12,5 %/9,20 €**
86	2016 Riesling Kabinett „feinherb" Martinsthaler Wildsau **11,5 %/8,10 €**
85	2016 Riesling Kabinett Rauenthal **11 %/8,50 €**
87	2016 Riesling Spätlese Martinsthaler Langenberg **7,5 %/14,50 €**
87	2015 Pinot Noir trocken Martinsthaler Wildsau **13 %/13,40 €**

D

Diehl

★

KONTAKT

Weingut Sektgut Destillerie
A. Diehl
Eisenbahnstraße 3a
67483 Edesheim
Tel. 06323-93893-0
Fax: 06323-93893-38
www.diehl-wein.de
info@diehl-wein.de

Inhaber
Andreas Diehl
Rebfläche
48 Hektar
Produktion
500.000 Flaschen

BESUCHSZEITEN

Mo./Di./Do./Fr. 8-18 Uhr,
Mi. 8-14 Uhr, Sa. 10-14 Uhr

Andreas Diehl übernahm 1999 das Weingut von seinem Vater, der seit den achtziger Jahren verstärkt auf den Flaschenweinverkauf gesetzt hatte. Seitdem wurden konsequent die Rebfläche und die Produktion ausgeweitet, auf eine mittlerweile stattliche Zahl von jährlich 500.000 Flaschen. Die wichtigsten Rebsorten im breiten Sortenspektrum sind mit einem Anteil von je 10 Prozent Riesling, Spätburgunder, Merlot und Dornfelder, dazu kommen je 5 Prozent Sauvignon Blanc und Chardonnay, 20 Prozent Burgundersorten, zusammengenommen 10 Prozent Cabernet Sauvignon und Syrah, außerdem noch Müller-Thurgau, Kerner, Scheurebe, Morio-Muskat, Gewürztraminer, Huxelrebe, Schwarzriesling, Regent und Dunkelfelder. Die Weinberge liegen in Einzellagen wie dem Weyherer Michelsberg, Edenkobener Bergel und dem Burrweiler Schlossberg. Eine Spezialität der Diehls sind verschiedene Obst- und Tresterbrände, die teilweise in Eichenfässern ausgebaut werden.

Kollektion

Angeführt wird die Diehl'sche Kollektion in diesem Jahr von den beiden Rotweinen aus der „Superior"-Linie, beide sind ganz auf Saft und Kraft ausgerichtet, besitzen viel dunkle Frucht und gut eingebundenes Holz. Unter den neuen „Croco Diehl"-Weinen aus verschiedenen Cabernet-Sorten ragt der kraftvolle Rosé aus Cabernet Sauvignon etwas hervor, während die weiße (aus Cabernet Blanc) und rote Version (aus Cabernet Dorsa, Mitos und Sauvignon) jeweils füllig und süß sind, ist der Rosé konsequent trocken ausgebaut, besitzt Struktur, reintönige Frucht und Frische. Die übrigen verkosteten Weißweine besitzen süße gelbe Frucht, sind füllig, aber auch recht kurz, während der Sauvignon Blanc und der Chardonnay noch eine gewisse Sortentypizität erkennen lassen, sind Weiß- und Grauburgunder sehr verhalten. ➡

Weinbewertung

83 2014 Pinot Sekt brut **12,5 %/14,- €**
82 2016 Cabernet Blanc trocken „Croco Diehl Blanc" **12,5 %/9,- €**
82 2016 Sauvignon Blanc trocken **13 %/7,- €**
81 2016 Grauer Burgunder Kabinett trocken **12,5 %/7,- €**
82 2016 Chardonnay Kabinett trocken **12,5 %/7,- €**
81 2016 Weißer Burgunder Kabinett trocken Edesheimer Rosengarten **12,5 %/7,- €**
81 2016 Auxerrois „feinherb" Edesheimer Ordensgut **12 %/7,- €**
83 2016 Cabernet Sauvignon Rosé trocken „Croco Diehl Rosé" **13 %/9,- €**
80 2016 Merlot Rosé „feinherb" **12,5 %/6,50 €**
80 2016 „Croco Diehl Rouge" Rotwein trocken **12,5 %/10,- €**
85 2014 Cabernet Sauvignon trocken „Superior" **14 %/19,- €**
85 2014 Spätburgunder trocken „Superior" **14,5 %/19,- €**

Diel

★

KONTAKT

Hauptstraße 10
55234 Biebelnheim
Tel. 06733-960054
Fax: 06733-960055
www.weingut-diel.de
info@weingut-diel.de

Inhaber
Udo Diel
Rebfläche
5 Hektar

BESUCHSZEITEN

Fr. 17-19 Uhr, Sa. 10-16 Uhr oder nach Vereinbarung

Der Weinbau in der Familie geht bis in das 17. Jahrhundert zurück. Heute wird der Betrieb von Udo Diel, gelernter Techniker für Weinbau und Kellerwirtschaft und Diplom-Betriebswirt, und Ehefrau Sandra geführt. Ihre Weinberge liegen in den beiden Biebelnheimer Lagen Rosenberg und Pilgerstein. Der Rosenberg, südwest-exponiert, zählt zu den ältesten Lagen Rheinhessens, der Boden besteht aus fruchtbarem Löss und feinem Tonmergel, im Pilgerstein herrschen verwitterte Muschelkalkböden vor. 60 Prozent der Rebfläche nehmen weiße Rebsorten ein, vor allem Weißburgunder, Grauburgunder, Chardonnay und Sauvignon Blanc, dazu auch Bukettsorten wie Muskateller oder Gewürztraminer. Ein besonderes Interesse gilt den roten Sorten: Neben klassischen Sorten wie St. Laurent, Spätburgunder und Frühburgunder gibt es Regent und Cabernet Sauvignon.

Kollektion

Im vergangenen Jahr hatten uns die frischen, fruchtbetonten Weißweine des Jahrgangs 2015 gut gefallen, die 2016er reichen da nun nicht ganz heran, sind geradlinig, aber recht verhalten, am besten gefällt uns der feinherbe Muskateller, der frisch, fruchtbetont und geradlinig ist. Die Rotweine des Jahrgangs 2015 sind alle fruchtbetont und klar im Bouquet, im Mund dann aber von mehr oder weniger harten, oft ein klein wenig bitteren Tanninen geprägt, ein Wein aber ragt wie gewohnt aus der Kollektion hervor. Der im Barrique ausgebaute Cabernet Sauvignon aus dem Rosenberg bietet Jahr für Jahr das gewohnt hohe Niveau, er zeigt viel reife reintönige Frucht im Bouquet, etwas Cassis, ist klar und zupackend im Mund, frisch und kraftvoll, besitzt gute Struktur, reintönige Frucht und kräftige Tannine, ist noch sehr jugendlich.

Weinbewertung (Abholpreise ab Hof)

78 2016 Weißer Riesling trocken Biebelnheimer Rosenberg (1l) **12,5 %/4,60 €**
81 2016 Weißer Burgunder trocken Biebelnheimer Pilgerstein **12,5 %/4,60 €**
81 2016 Sauvignon Blanc trocken Biebelnheimer Rosenberg **12 %/4,80 €**
80 2016 Chardonnay trocken Biebelnheimer Pilgerstein **12,5 %/5,- €**
78 2016 Weißer Riesling „feinherb" Biebelnheimer Rosenberg (1l) **12 %/4,60 €**
82 2016 Gelber Muskateller „feinherb" **11,5 %/4,80 €**
81 2015 St. Laurent trocken Biebelnheimer Pilgerstein **12,5 %/5,40 €**
80 2015 Blauer Spätburgunder trocken Biebelnheimer Rosenberg **13,5 %/4,80 €**
81 2015 Regent trocken Holzfass Biebelnheimer Rosenberg **13,5 %/5,80 €**
85 2015 Cabernet Sauvignon trocken Barrique Rosenberg **13 %/8,80 €**
78 2016 Regent „feinherb" **13 %/4,80 €**

Diel

★★★★

KONTAKT

Schlossgut Diel, Burg Layen
55452 Rümmelsheim-Burg Layen
Tel. 06721-96950
Fax: 06721-45047
www.schlossgut-diel.de
info@schlossgut-diel.com

Inhaber
Armin Diel, Caroline Diel
Technische Betriebsleiter:
Christoph J. Friedrich,
Caroline Diel
Rebfläche
25 Hektar
Produktion
180.000 Flaschen

BESUCHSZEITEN

Mo.-Do. 8-12 + 13-16 Uhr,
Fr. 8-14 Uhr, Wochenende
nach Vereinbarung

Peter Diel erwarb 1802 das Landgut des Barons von Dalberg mit der Burg Layen. Unter der Führung von Armin Diel und seiner Ehefrau Monika wurde der Betrieb erweitert und auf Riesling und die Burgundersorten umgestellt. Seit 2006 ist Tochter Caroline im Betrieb tätig, Sohn Victor kümmert sich um Verkauf und Export. In den Dorsheimer Spitzenlagen sind Armin und Caroline Diel gut vertreten, besitzen die Hälfte (knapp 2 Hektar) am Burgberg (eisenhaltiger Lehmboden mit hohem Anteil an Taunusquarzit), 5 Hektar im Goldloch (Urgesteinsboden mit dünner Lehmschicht, die Kieselsteine enthält) und 1 Hektar im Pittermännchen (Lehmboden, mit grauem Schiefer, Kieselstein und Quarzit durchsetzt). Im Burg Layer Schlossberg (tonhaltiger Lehmboden mit stark verwittertem Schiefer durchsetzt) gehören ihnen 1,3 Hektar. Wichtigste Rebsorte ist Riesling mit 60 Prozent. Hinzu kommen 20 Prozent Grauburgunder, sowie Weißburgunder, Spätburgunder und Chardonnay.

Kollektion

Im Vergleich zur sehr umfangreichen Kollektion des vergangenen Jahres haben wir in diesem Jahr einige Weine weniger verkostet – der Jahrgang 2016 gab einfach nicht das umfangreiche Sortiment an rest- und edelsüßen Weinen her wie 2015. Aber einige sind es dann doch: Die beiden Kabinettweine besitzen dezente Süße, das Goldloch zeigt klare Frucht und kräutrige Würze und besitzt guten Grip, der Schlossberg ist etwas komplexer, zeigt Zitruswürze, leicht rauchige Noten und etwas Rosmarin und besitzt feinen Säure-Biss. Die Spätlese vom Goldloch zeigt viel gelbe Frucht, Aprikose, Ananas, etwas grünen Apfel und steinige Würze und besitzt gute Länge, die Versteigerungs-Spätlese aus dem Pittermännchen zeigt gelbe Frucht und steinig-mineralische Noten, ist konzentriert, cremig, animierend, salzig und sehr nachhaltig und überstrahlt sogar die Auslese aus derselben Lage, die klare Frucht, Aprikose und Zitrusnoten zeigt, animierend und cremig ist, aber insgesamt nicht ganz so präsent wie die Spätlese ist. Die vier Burgunder hatten wir im vergangenen Jahr schon einmal verkostet, den Pinot Gris notieren wir jetzt sogar einen Punkt höher, er zeigt leicht gereifte Frucht und feine röstige Würze, er besitzt Kraft und Schmelz, etwas Brotkrustenwürze und deutliche Zitrusnoten. Der Pinot Blanc zeigt feine rauchige Würze, etwas Quitte, ist cremig und lang, die Cuvée „Victor" zeigt nussige Noten, etwas Tabak und Zitruswürze, ist konzentriert und nachhaltig und der Pinot Noir zeigt ganz leicht gereifte, dunkle Frucht, besitzt fleischige Würze, gute Struktur und Länge. Die beiden Sekte wurden nach jeweils über 90 Monaten

Hefelager im Juni 2017 degorgiert, der Riesling zeigt viel typische Frucht und Zitrusnoten, besitzt eine sehr feine Perlage und Frische, ist herb und lang, die Cuvée „Mo" zeigt leichte Reifenoten, etwas Quitte und nussige Würze, besitzt ein sehr feines Säure-Spiel, ist sehr animierend und nachhaltig. Die fünf trockenen Rieslinge vom Guts- bis zum Erste Lage-Wein ähneln sich stilistisch, zeigen kräutrig-mineralische Noten, etwas Stein und Zitruswürze, der „Nahesteiner" zeigt auch etwas grünen Apfel, bleibt aber kürzer als der Burg Layen, der ganz straff und herb ist und Noten von Brotkruste und Tabak zeigt, der Dorsheim Riesling ist deutlicher in der Frucht, zeigt Aprikose und Ananas. Der „Eierfels"-Riesling ist komplexer, besitzt gute Konzentration und Grip, ist elegant und nachhaltig, der Schlossberg zeigt steinige und rauchige Noten und etwas Orangenschale im Bouquet, er ist herb, animierend und lang. Und die beiden Großen Gewächse besitzen gute Konzentration und salzige Länge, der Wein aus dem Pittermännchen zeigt steinig-mineralische Noten, etwas Brotkruste und herbe Zitrusfrucht, Grapefruit und Orangenschale, der Goldloch-Riesling ist ebenfalls sehr mineralisch, zeigt Noten von Stein und Kräutern, Rosmarin, dazu klare Zitrusfrucht, Grapefruit, Ananas und Limette.

Weinbewertung

89	2008 Riesling Sekt brut nature Dorsheim Goldloch **12 %/39,- €**
90	2008 „Cuvée Mo" Sekt brut nature **12 %/48,- €**
89	2015 „Cuvée Victor" Weißwein trocken **12,5 %/40,- €**
89	2015 Pinot Gris trocken „Reserve" **13 %/23,- €**
88	2015 Pinot Blanc trocken „Reserve" **13 %/23,- €**
85	2016 Riesling trocken „Nahesteiner" **12,5 %/10,50 €**
86	2016 Riesling trocken Dorsheim **12 %/14,- €**
86	2016 Riesling trocken Burg Layen **12,5 %/14,- €**
88	2016 Riesling trocken „Eierfels" Dorsheim **12,5 %/19,- €**
89	2016 Riesling trocken Burg Layer Schlossberg **12,5 %/24,- €**
91	2016 Riesling „GG" Goldloch **12,5 %/34,- €**
91	2016 Riesling „GG" Pittermännchen **12,5 %/35,- €**
88	2016 Riesling Kabinett Burg Layer Schlossberg **8,5 %/15,- €**
87	2016 Riesling Kabinett Dorsheim Goldloch **8,5 %/16,- €**
89	2016 Riesling Spätlese Dorsheim Goldloch **7,5 %/26,50 €**
91	2016 Riesling Spätlese Dorsheim Pittermännchen **7,5 %/Vst.**
90	2016 Riesling Auslese Dorsheim Pittermännchen **7,5 %/37,- €**
90	2014 Pinot Noir trocken „Caroline" **13 %/55,- €**

LAGEN

GOLDLOCH (DORSHEIM)
BURGBERG (DORSHEIM)
PITTERMÄNNCHEN (DORSHEIM)
SCHLOSSBERG (BURG LAYEN)
JOHANNISBERG (BURG LAYEN)

REBSORTEN

RIESLING (60 %)
GRAUBURGUNDER (20 %)

DIEROFF

★

D

KONTAKT

Brunnengasse 17/3
74613 Öhringen-Michelbach
Tel. 07941-65148
Fax: 07941-6481437
www.weinhof-dieroff.de
info@weinhof-dieroff.de

Inhaber
Rainer Dieroff
Rebfläche
6 Hektar
Produktion
40.000 Flaschen

BESUCHSZEITEN

Mi.-Fr. 17-19 Uhr, Sa. 9-13 Uhr
sowie nach Vereinbarung

Michelbach am Wald liegt im Hohenloher Land, wenige Kilometer südöstlich von Öhringen, dessen Ortsteil Michelbach seit 1973 ist. Rainer und Nicole Dieroff bewirtschaften zusammen mit ihren Eltern und Kindern 6 Hektar Reben in der Michelbacher Margarete sowie im benachbarten Heuholzer Dachsteiger, recht hoch gelegenen Weinbergen in denen die Reben auf Keuperböden wachsen. Rote Sorten nehmen mehr als 70 Prozent der Rebfläche ein, Lemberger, Spätburgunder und Trollinger vor allem, aber auch Portugieser, Dornfelder, Acolon, Samtrot und Muskattrollinger, jüngster Zugang im Programm ist Merlot. Mit Abstand wichtigste weiße Rebsorte ist Riesling, dazu gibt es etwas Grauburgunder, Müller-Thurgau, Silvaner und Muskateller. Das Programm ist gegliedert in Literweine, Gutsweine und die Premiumweine der Linie „bouquet", die zum Teil im Barrique oder in großen Eichenholzfässern ausgebaut werden. Destillate und Liköre aus der hauseigenen Edelbrennerei ergänzen das Programm. 2016 wurde die neue Vinothek eröffnet.

Kollektion

Beim Debüt im vergangenen Jahr gefiel uns eine im Barrique ausgebaute rote Cuvée aus Lemberger und Spätburgunder am besten. Auch in diesem Jahr haben die Rotweine die Nase vorne, die Weißweine sind etwas verhalten, der trockene Riesling ist klar und zupackend, der Grauburgunder fruchtbetont, aber etwas zu süß. Der Alte Rebe-Trollinger ist reintönig und zupackend, die Lemberger-Serie besitzt Geradlinigkeit und klare Frucht, die Barrique-Variante besitzt viel Kraft und Tannine, ist aber auch sehr deutlich vom Holz geprägt. Die trockene Spätburgunder-Auslese ist fruchtbetont und zupackend, die Holzfass-Variante ist etwas strukturierter, aber auch hier ist der Holzeinfluss recht dominant.

Weinbewertung

81	2016 Grauburgunder trocken „bouquet" Heuholzer Dachsteiger **13 %/6,10 €**
82	2016 Riesling trocken „bouquet" Michelbach a.W. Margarete **13 %/6,10 €**
80	2016 Riesling Classic **13 %/5,90 €**
81	2016 Riesling Spätlese Michelbach a.W. Margarete **12 %/6,10 €**
81	2016 Pinot Noir Rosé trocken Michelbach a.W. Margarete **12 %/5,30 €**
80	2015 Trollinger mit Lemberger trocken M. a.W. Margarete (1l) **13 %/4,70 €**
82	2015 Trollinger „bouquet Alte Rebe" Michelbach a.W. Margarete **12,5 %/6,10 €**
82	2015 Lemberger trocken „bouquet" Michelbach a.W. Margarete **13 %/6,10 €**
83	2015 Spätburgunder Auslese trocken Michelbach a.W. Margarete **13,5 %/6,90 €**
84	2015 Pinot Noir Auslese trocken „bouquet" Holzfass Margarete **14 %/9,30 €**
83	2015 Lemberger trocken „bouquet" Barrique Margarete **13,5 %/12,90 €**
81	2015 Lemberger Spätlese Michelbach a.W. Margarete **11,5 %/6,90 €**

KARLO DILLMANN

★

D

KONTAKT

Weingut Karlo Dillmann GbR
Langestraße 6
65366 Geisenheim
Tel. 06722-8162
Fax: 06722-980334
www.weingut-dillmann.de
info@weingut-dillmann.de

Inhaber
Karlo & Marcel Dillmann
Rebfläche
8 Hektar

BESUCHSZEITEN

nach Vereinbarung

Karlo und Annette Dillmann gründeten das Weingut im Jahr 1980. Vor der Weinlese 2014 beendete Sohn Marcel seine Ausbildung zum Weinbautechniker in Weinsberg und stieg in den elterlichen Betrieb ein. Dieser ist inzwischen auf 8 Hektar angewachsen und wurde vom Nebenerwerbs- in einen Vollerwerbsbetrieb umgewandelt. Die Weinberge liegen vor allem in den Geisenheimer Lagen Kläuserweg, Mäuerchen und Rothenberg, in den Rüdesheimer Lagen Berg Rottland und Magdalenenkreuz sowie in Winkel in den Lagen Jesuitengarten und Hasensprung. Gut drei Viertel der Rebfläche ist mit Riesling bestockt, dazu gibt es Spätburgunder, aber auch ein wenig Weißburgunder, Grauburgunder, Gelben Muskateller und Merlot. Die Weine werden teils im Edelstahl, teils im Holz ausgebaut, etwa 70 Prozent der Produktion wird trocken angeboten. Wein- und Hefebrände ergänzen das Sortiment.

Kollektion

Auch in diesem Jahr sind die Weine des Geisenheimer Weinguts wieder gewohnt zuverlässig. Alle Weine sind klar, frisch und sortentypisch. Die weißen Burgunder sind recht stoffig, genauso wie der Gelbe Muskateller mit seiner herbfrischen Würze und der Riesling „Alte Reben", der wie der Grauburgunder sehr trocken ausgebaut ist. Besonders gut gefallen uns die Riesling Reserve aus 2015 mit nussigem Duft, druckvollem Kern und sehr guter würziger Länge und der fruchtige 2016er Riesling aus dem Rottland, der animierend saftig, präzise und trinkanimierend ist. Die farbintensive Trockenbeerenauslese besitzt Fruchtsüße und Viskosität, ätherische Würze und tiefgründigen Schmelz, entwickelt dann nach dem Öffnen aber leider auch scharfe Noten. ▬

Weinbewertung

82	2016 Weißer Burgunder trocken **13 %/6,50 €**
82	2016 Grauer Burgunder trocken **13 %/6,50 €**
82	2016 Muskateller trocken „Wundertüte" **13,5 %/8,- €**
82	2016 Riesling trocken „Alte Reben" **13 %/5,50 €**
83	2016 Riesling trocken „Maximum" **13 %/7,90 €**
83	2016 Riesling trocken Geisenheimer Rothenberg **13 %/7,90 €**
86	2015 Riesling trocken „Reserve" Geisenheimer Rothenberg **13 %/8,- €**
82	2016 Riesling Classic **12,5 %/5,50 €**
82	2016 Riesling „Fructus" **12,5 %/5,50 €**
84	2016 Riesling Rüdesheimer Berg Rottland **9,5 %/7,90 €**
85	2011 Riesling Trockenbeerenauslese Kläuserweg **6,5 %/49,- €/0,375l**
80	2016 Spätburgunder Weißherbst **12 %/5,20 €**

DOBLER

★☆

KONTAKT

Eberhardstraße 18/1
71384 Weinstadt-Beutelsbach
Tel. 07151-660437
Fax: 07151-660437
www.weingut-dobler.de
info@weingut-dobler.de

Inhaber
Markus Dobler, Andreas Dobler
Rebfläche
8,5 Hektar
Produktion
65.000 Flaschen

BESUCHSZEITEN

während der Öffnungszeiten der Weinstube, Mi. + Fr. 14-18 Uhr
Weinstube (saisonal geöffnet), Gästezimmer, Ferienwohnungen

Lange Zeit Mitglied bei einer Genossenschaft, begann man erst 1996 mit der Selbstvermarktung. Nach abgeschlossener Weintechnikerausbildung ist Sohn Andreas Dobler in den Betrieb eingestiegen, der bereits in den letzten Jahren für den Weinausbau verantwortlich war. Die Weinberge liegen in Beutelsbach und Schnait. An weißen Sorten bauen Markus und Andreas Dobler Riesling, Kerner, Müller-Thurgau, Chardonnay und Sauvignon Blanc sowie Muskateller und Gewürztraminer an. Das rote Sortiment ist umfangreicher: Trollinger, Dornfelder, Zweigelt, Acolon, Regent, Frühburgunder, Spätburgunder, Merlot und Muskat-Trollinger, dazu die Cabernet-Neuzüchtungen (Dorio, Mitos, Cubin), aber auch Lemberger und Syrah. In den letzten Jahren wurde in neue Kellertechnik investiert, eine neue Presse wurde angeschafft. Die Weißweine werden kühl vergoren, inzwischen zum Teil auch im Barrique ausgebaut. Die Rotweine werden ausschließlich maischevergoren, teils im Edelstahl, zum größeren Teil im Barrique ausgebaut, die Spitzenweine bleiben bis zu drei Jahre im Barrique.

Kollektion

Mit der neuen Kollektion schließen Markus und Andreas Dobler nahtlos an die Vorjahre an. Die Basis stimmt, weiß wie rot. Im weißen Segment überzeugt der kraftvolle, reintönige Sauvignon Blanc, noch ein klein wenig besser gefällt uns der Gewürztraminer, der intensive Frucht zeigt, füllig und saftig ist, reintönige Frucht und Substanz besitzt. Der im Barrique ausgebaute Merlot zeigt intensive Gewürznoten, besitzt Fülle und Kraft, viel Tannine. Unsere leichte Präferenz im roten Segment gilt dem ebenfalls im Barrique ausgebauten Frühburgunder, der reintönige Frucht im Bouquet zeigt, frisch, klar und geradlinig ist.

Weinbewertung

81	2016 Riesling „Alte Reben" **12,5 %/8,- €**
80	2016 Muskateller** trocken **11,5 %/7,50 €**
84	2016 Sauvignon Blanc*** trocken **14,5 %/12,50 €**
82	2016 Riesling*** trocken **12,5 %/12,50 €**
85	2016 Gewürztraminer*** trocken **12,5 %/12,50 €**
82	2016 Muskattrollinger „Weißherbst"** **11,5 %/6,80 €**
82	2015 Trollinger trocken „Alte Reben Reserve" **13,5 %/10,50 €**
82	2015 Spätburgunder** trocken **13,5 %/7,50 €**
81	2015 Lemberger** trocken **13,5 %/7,- €**
85	2015 Frühburgunder trocken Barrique **13,5 %/15,90 €**
84	2015 Merlot trocken Barrique **15,5 %/15,90 €**
85	2015 Cabernet Cubin Eiswein **7 %/24,- €/0,375l**

DÖNNHOFF

★★★★★

KONTAKT

Weingut Hermann Dönnhoff
Bahnhofstraße 11
55585 Oberhausen
Tel. 06755-263
Fax: 06755-1067
www.doennhoff.com
weingut@doennhoff.com

Inhaber
Cornelius Dönnhoff
Rebfläche
28 Hektar
Produktion
180.000 Flaschen

BESUCHSZEITEN

nach Vereinbarung

Helmut Dönnhoff setzte immer schon auf Riesling, schon als er 1971 die Verantwortung für die Weinberge und den Weinausbau von seinen Eltern übernommen hatte und Riesling an der Nahe nur die Nummer 3 war, hinter Müller-Thurgau und Silvaner. 80 Prozent seiner Rebfläche nimmt Riesling ein, dazu gibt es Weißburgunder und Grauburgunder. Er bewirtschaftet Weinberge in der Niederhäuser Hermannshöhle, in der er heute größter Anteilseigner ist, im Schlossböckelheimer Felsenberg, in den Norheimer Lagen Kirschheck und Dellchen, in Oberhausen in den Lagen Leistenberg und Brücke, die Dönnhoff im Alleinbesitz gehört, sowie in den Bad Kreuznacher Lagen Kahlenberg und Krötenpfuhl und im Roxheimer Höllenpfad. Helmut Dönnhoff hat die Nahe bekannt gemacht, gezeigt, welches Potenzial die Region besitzt und als Erster bewiesen, dass die Region Weine von großer Klasse erzeugen kann. Schon in der ersten Ausgabe dieses Buches gehörte Dönnhoff für uns zu einer Handvoll deutscher Winzer mit Weltformat. Seitdem ist deutscher Wein in der Spitze dramatisch besser geworden. Aber auch die Weine von Helmut Dönnhoff sind immer noch faszinierender geworden. Dabei ist er seiner Stilistik treu geblieben, die süßen Kabinettweine, Spät- und Auslesen von Helmut Dönnhoff wirken niemals zu süß, niemals zu fett, sie sind immer elegant und animierend und stehen mustergültig dafür, wie Riesling der verschiedenen Prädikatsstufen sein sollte. Und Dönnhoff hat seine Stilistik immer weiter verfeinert, neben den süßen und edelsüßen Weltklasse-Rieslingen ist er auch mit den trockenen Rieslingen in eine neue Dimension vorgestoßen, zusammen mit seinem Sohn Cornelius, der schon seit fast einem Jahrzehnt für den Keller verantwortlich ist und mittlerweile das Weingut übernommen hat.

Kollektion

Seit vielen Jahren schien die Hierarchie im Dönnhoff'schen Sortiment festgezimmert zu sein: An der Spitze der trockenen Weine lag stets die Hermannshöhle. Das Dellchen kam ihr in den vergangenen Jahren immer wieder einmal nahe, aber blieb letztlich doch immer auf Rang zwei. Bis auf den aktuellen Jahrgang: 2016 sehen wir erstmals das Große Gewächs aus dem Dellchen vorne, es ist eindringlich mit viel klarer, gelber Steinobstfrucht und kräutrig-mineralischen Noten, ist am Gaumen sehr präsent, besitzt feinen Druck, ein animierendes Säure-Spiel, ist salzig und sehr lang. Die Hermannshöhle zeigt im Bouquet sehr subtile kräutrige Würze, bleibt aber in der Frucht etwas verhalten, zeigt grünen Apfel, am Gaumen kommen Zitrusnoten dazu, Ananas, der Wein ist leicht salzig, sehr elegant und besitzt einen feinen

Säure-Nerv, der Felsenberg zeigt steinige und kräutrige Noten, klare Steinobstfrucht und etwas Apfel, ist kraftvoll, konzentriert und besitzt Grip, Druck und Länge. Der trockene Riesling aus dem Kahlenberg zeigt viel klare Frucht und dezente Mineralität, besitzt feinen Säure-Grip, ist saftig und lang, der Höllenpfad zeigt deutliche steinige Noten und etwas Zitrusfrucht, Ananas, ist konzentriert, schlank und animierend, der „Tonschiefer" zeigt ebenfalls Stein, bleibt zurückhaltend in der Frucht und besitzt feinen Biss. Der feinherbe Gutsriesling zeigt viel gelbe Frucht, besitzt dezente Süße, ist schlank und frisch, die beiden Kabinette bewerten wir in diesem Jahr gleich, der Leistenberg ist der fülligere und kraftvollere Wein, besitzt viel klare, süße Frucht, Aprikose und Orangenschale, ist elegant und ganz leicht salzig, der Krötenpfuhl ist frischer, schlanker und noch eleganter, zeigt kräutrig-mineralische Noten und besitzt ein lebendiges Säure-Spiel. Die Spätlese aus der Brücke zeigt ebenfalls kräutrig-mineralische Würze und viel klare, süße Frucht, ist elegant, animierend und lang, die Spätlese aus der Hermannshöhle zeigt steinige und kräutrige Noten und feine, kühle Steinobstfrucht, besitzt am Gaumen einen noch festen Fruchtkern, ist animierend, frisch, elegant, leicht salzig und sehr nachhaltig. Der immer spannende Vergleich zwischen den Auslesen aus Brücke und Hermannshöhle muss in diesem Jahr leider ausbleiben: Die Hermannshöhle korkte deutlich und war nicht zu bewerten. Die Brücke ist herrlich reintönig, zeigt etwas steinige Würze und viel klare Frucht, süße Aprikose, grünen Apfel und Zitrusnoten, der Wein besitzt gute Konzentration und eine feine innere Spannung, ist animierend, elegant und nachhaltig.

D

Weinbewertung

87	2016 Riesling trocken „Tonschiefer" **12 %**
88	2016 Riesling trocken Kreuznacher Kahlenberg **12,5 %**
89	2016 Riesling trocken Roxheimer Höllenpfad **12,5 %**
92	2016 Riesling „GG" Felsenberg **13 %/36,- €**
93	2016 Riesling „GG" Dellchen **13 %/39,50 €**
92	2016 Riesling „GG" Hermannshöhle **13 %/46,- €**
86	2016 Riesling **10 %**
88	2016 Riesling Kabinett Kreuznacher Krötenpfuhl **8,5 %**
88	2016 Riesling Kabinett Oberhäuser Leistenberg **9 %**
90	2016 Riesling Spätlese Oberhäuser Brücke **8,5 %**
92	2016 Riesling Spätlese Niederhäuser Hermannshöhle **8 %**
93	2016 Riesling Auslese Oberhäuser Brücke **7,5 %/0,375l**

LAGEN

HERMANNSHÖHLE (NIEDERHAUSEN)
BRÜCKE (OBERHAUSEN)
FELSENBERG (SCHLOSSBÖCKELHEIM)
DELLCHEN (NORHEIM)
KAHLENBERG (KREUZNACH)
KRÖTENPFUHL (KREUZNACH)
LEISTENBERG (OBERHAUSEN)
KIRSCHHECK (NORHEIM)
HÖLLENPFAD (ROXHEIM)

REBSORTEN

RIESLING (80 %)
GRAUBURGUNDER (10 %)
WEISSBURGUNDER (10 %)

Dörflinger

★★★★

KONTAKT

Mühlenstraße 7,
79379 Müllheim
Tel. 07631-2207
Fax: 07631-4195
www.weingut-doerflinger.de
mail@weingut-doerflinger.de

Inhaber
Hermann Dörflinger
Rebfläche
20 Hektar
Produktion
140.000 Flaschen

BESUCHSZEITEN

Mo.-Fr. 8-12 + 13:30-18:30 Uhr,
Sa. 9-16 Uhr
Weinproben in Probierstube oder Holzfasskeller

Seit dem Jahr 1900 hat das Weingut seinen Sitz in der Mühlenstraße mitten in Müllheim. 1973 hat Hermann Dörflinger den elterlichen Betrieb übernommen. Er hat von Anfang an kompromisslos auf durchgegorene Weine gesetzt, zu einer Zeit, als badischer Wein noch durch und durch süß war, der Restzucker wird auf dem Etikett vermerkt. Seine Weinberge liegen in den Müllheimer Lagen Sonnhalde, Reggenhag und Pfaffenstück, sowie im Badenweiler Römerberg. Sie bieten hinreichend Differenzierungsmöglichkeiten, denn die Böden sind sehr unterschiedlich, reich von leichtem Löss und Braunjura bis hin zu schweren Lettenböden. Möglichkeiten, die er unter anderem dergestalt nutzt, dass er Jahr für Jahr gleich drei Lagen-Gutedel anbaut. Dem Gutedel gilt seine Liebe, er ist auch Mit-Initiator des seit 1997 vergebenen Gutedel-Preises, der Preisträger erhält ein 225 Liter-Fass mit Dörflinger-Gutedel. Neben Gutedel baut er vor allem die Burgundersorten an: Weißburgunder, Grauburgunder und Spätburgunder. Dazu gibt es ein wenig Silvaner, Müller-Thurgau, Riesling, Gewürztraminer, Nobling und Chardonnay, inzwischen auch Merlot. Chardonnay hat er gepflanzt gleich nachdem die Sorte in Baden zugelassen war, vom Weißburgunder besitzt er alte Reben im Römerberg, noch älter sind die ältesten Spätburgunder-Reben, Anfang der sechziger Jahre gepflanzt. Sohn Hermann hat nach Lehre bei Wehrheim und Dönnhoff in Geisenheim studiert, ein Semester in Bordeaux absolviert, ist nach Aufenthalten in Burgund und Australien seit 2008 Mitinhaber des Weinguts. Natürlich kennen wir schon lange die Weine von Hermann Dörflinger, wer kennt sie nicht. Natürlich empfehlen wir sie auch schon seit unserer ersten Ausgabe. Die kompromisslos trockenen Weine von Hermann Dörflinger gehören Jahr für Jahr zu den besten in Baden. Bei ihm bereitet immer schon der einfachste Gutedel viel Freude, ist glasklar und präzise wie alle anderen Weine im Sortiment auch. In der Spitze hat das Weingut in den letzten Jahren weiter zugelegt, vor allem die Rotweine sind feiner und komplexer geworden, sie setzen niemals auf Wucht und Konzentration, sondern auf Finesse und Eleganz.

Kollektion

Im Großen und Ganzen sind es immer wieder die gleichen Weine, die wir Jahr für Jahr verkosten, nur eben die neuen Jahrgänge. So auch in dieses Jahr, aber mit einer Ausnahme: Silvaner stellt Hermann Dörflinger uns nur alle paar Jahre mal vor. Umso mehr waren wir überrascht von der trockenen Spätlese aus dem Pfaffenstück: Gute Konzentration und herrlich viel Frucht, Fülle und Kraft, viel reife Frucht, gute Struktur und Frische. Ein so beeindruckender Silvaner war uns bisher noch nicht im Markgräflerland begegnet. Das Markgräflerland aber steht für Gutedel, und wie gewohnt präsentiert Hermann Dörflinger auch 2016 wieder seine drei Lagenweine. Und natürlich sind alle drei durchgegoren, was leider nicht die Regel ist im Markgräflerland, bei Dörflinger aber schon. Der

Reggenhag-Gutedel ist frisch und herrlich lebhaft, reintönig und zupackend, besitzt feine Fruchtsüße. Der Wein aus dem Römerberg ist etwas würziger, aber ebenso reintönig, frisch und zupackend, besitzt gute Struktur und Frucht. Noch ein klein wenig besser, bei gleicher Bewertung, gefällt uns der Gutedel aus dem Pfaffenstück, ist würzig, eindringlich, fruchtbetont, zupackend und strukturiert – und da alle drei nur 11,5 Prozent Alkohol aufweisen, kann man gerne auch mal ein Gläschen oder Fläschchen mehr trinken. Die Burgundersorten aber spielen ebenso von jeher eine wichtige Rolle im Markgräflerland, sind immer wichtiger geworden in den letzten beiden Jahrzehnten. Den Grauburgunder zeigt Hermann Dörflinger wie gewohnt in zwei Versionen. Einmal als Kabinett aus der Sonnhalde – fruchtbetont, geradlinig, zupackend, sehr reintönig, dann als im Barrique ausgebaute Spätlese aus dem Römerberg: Reife Frucht, viel Konzentration, Fülle, Kraft, gute Struktur und Substanz, das Holz wie immer schön integriert und niemals dominant. Weißburgunder konnten wir dieses Jahr nur als Spätlese aus dem Römerberg verkosten, er zeigt reintönige Frucht, weiße Früchte, ist klar, zupackend und strukturiert. Chardonnay gibt es wie gewohnt in zwei Versionen, als Kabinett und als barriqueausgebaute Spätlese, immer aus dem Reggenhag. Der Kabinett zeigt reintönige Frucht, feine Frische, weiße Früchte, besitzt gute Struktur und Druck. Die Spätlese zeigt viel reife Frucht, ist füllig und doch elegant, komplex, besitzt gute Struktur und Substanz, Länge. Zwei Spätburgunder konnten wir dieses Jahr verkosten. Der Wein von alten Reben in der Sonnhalde zeigt intensive Frucht, ist frisch, klar, zupackend, faszinierend reintönig. Die im Barrique ausgebaute Spätlese aus dem Pfaffenstück zeigt reintönige Frucht, feine Frische, ist klar, präzise, druckvoll, zupackend, strukturiert, elegant und lang. Ganz starke Kollektion, ganz moderate Preise!

Weinbewertung

85	2016 Gutedel trocken Müllheimer Reggenhag	**11,5 %/6,30 €**
86	2016 Gutedel trocken Badenweiler Römerberg	**11,5 %/6,30 €** ☺
86	2016 Gutedel trocken Müllheimer Pfaffenstück	**11,5 %/6,80 €** ☺
88	2016 Silvaner Spätlese trocken Müllheimer Pfaffenstück	**13 %/8,50 €** ☺
86	2016 Grauburgunder Kabinett trocken Müllheimer Sonnhalde	**13 %/8,- €**
87	2016 Chardonnay Kabinett trocken Müllheimer Reggenhag	**13 %/8,50 €** ☺
88	2016 Weißburgunder Spätlese trocken Badenweiler Römerberg	**13,5 %/11,- €**
90	2015 Grauburgunder Spätlese trocken Barrique Römerberg	**13,5 %/17,- €**
91	2015 Chardonnay Spätlese trocken Barrique Reggenhag	**13,5 %/17,- €** ☺
86	2016 Spätburgunder Weißherbst Kabinett trocken Sonnhalde	**13 %/7,80 €**
88	2015 Spätburgunder trocken „Alte Reben" Müllheimer Sonnhalde	**13,5 %/13,- €**
91	2015 Spätburgunder Spätlese trocken Barrique Pfaffenstück	**13,5 %/17,- €** ☺

LAGEN

SONNHALDE (MÜLLHEIM)
REGGENHAG (MÜLLHEIM)
PFAFFENSTÜCK (MÜLLHEIM)
RÖMERBERG (BADENWEILER)

REBSORTEN

GUTEDEL (37 %)
SPÄTBURGUNDER (23 %)
WEISSBURGUNDER (12 %)
GRAUBURGUNDER (10 %)
CHARDONNAY (4 %)
SILVANER (3 %)

HEDWIG & HELMUT DOLDE

★★★

D

KONTAKT

Beurener Straße 16
72636 Frickenhausen
Tel. 07025-4982
Fax: 07025-840620
www.doldewein.de
info@doldewein.de

Inhaber
Hedwig & Helmut Dolde
Rebfläche
2 Hektar
Produktion
10.000 Flaschen

BESUCHSZEITEN

Do. 16-19 Uhr, Sa. 10-13 Uhr
oder nach Vereinbarung

Hedwig und Helmut Dolde führen ein kleines Weingut am Rande der Schwäbischen Alb. 1982 kelterte Helmut Dolde, im Hauptberuf Gymnasiallehrer, seinen ersten Wein, und was als Hobby begann, wurde nach und nach immer wichtiger. Die Weinberge liegen in Linsenhofen und im Neuffener Tal, gehören mit bis zu 530 Höhenmetern zu den höchstgelegenen Weinbergen Deutschlands, weswegen Helmut Dolde seine Weine als Bergweine bezeichnet. Die Reben wachsen auf Verwitterungsböden aus braunem und weißem Jura. Die Linsenhöfer Weinberge stehen auf Mittlerem (braunen) Jura, teilweise auch auf einem Vulkanschlot, der Boden ist stark kalkhaltig, tonig-lehmig bei geringem Steinanteil, der vulkanische Boden ist dunkel, sandig und mineralienreich, wogegen die Neuffener und Beurener Weinberge einen hohen Steinanteil von weißen Jurabrocken besitzen. Silvaner spielt im Betrieb eine wichtige Rolle, nimmt die Hälfte der Rebfläche ein, es gibt ihn in mehreren Varianten. Dazu gibt es je ein Fünftel Spätburgunder und Riesling, ein wenig Weißburgunder, sowie etwas Kerner, Müller-Thurgau und einige rote Rebsorten, die Bestandteil der Cuvée Roter Jura sind. Alle Weine werden trocken ausgebaut.

Kollektion

Auch die neue Kollektion ist wieder bestechend gleichmäßig. Die weiße Cuvée, Kerner mit einem Schuss Sauvignon Blanc, ist klar und zupackend, der Riesling würzig, geradlinig, knackig, fruchtbetont, der Weißburgunder besitzt reintönige Frucht, gute Struktur und Frische. Der Silvaner vom Vulkan ist fruchtbetont, füllig, saftig, besitzt reife süße Frucht und Substanz, der Silvaner vom weißen Jura ist etwas zupackender und druckvoller, ebenso fruchtbetont, unsere leichte Präferenz im Silvaner-Trio gilt dem Wein von alten Reben, der intensiv ist, kraftvoll, saftig und strukturiert. Der Rosé ist herrlich fruchtbetont und frisch, der Jurakalk-Spätburgunder besitzt gute Struktur und reintönige Frucht. An der Spitze der Kollektion steht der im 500 Liter-Fass ausgebaute Spätburgunder, der fruchtbetont ist, reintönig, präzise und druckvoll.

Weinbewertung

84 2016 „Creation K." Weißwein trocken „vom Jurakalk" **12 %/7,80 €**
85 2016 Silvaner trocken „Vulkan" Linsenhöfer **12 %/8,- €**
85 2016 Silvaner trocken „Weißer Jura" **13 %/7,80 €**
86 2016 Silvaner trocken „Alte Reben" **13 %/8,- €**
85 2016 Riesling trocken „Jurakalk" **12,5 %/8,- €**
86 2016 Weißburgunder trocken „Brauner Jura" **12,5 %/8,- €**
84 2016 Spätburgunder Rosé trocken **12,5 %/7,80 €**
85 2015 Spätburgunder trocken „vom Jurakalk" **13 %/8,50 €**
88 2014 Spätburgunder trocken „Schwäbische Eiche" Linsenhöfer **12,5 %/12,- €**

DOMHOF

★

KONTAKT

Bleichstraße 12-14
67583 Guntersblum
Tel. 06249-8057671
Fax: 06249-80039
www.weingut-domhof.de
baumann@weingut-domhof.de

Inhaber
Alexander Baumann
Rebfläche
9,4 Hektar
Produktion
50.000 Flaschen

BESUCHSZEITEN

Di.-Fr. 16-19 Uhr, Sa. 10-12 Uhr
oder nach Vereinbarung

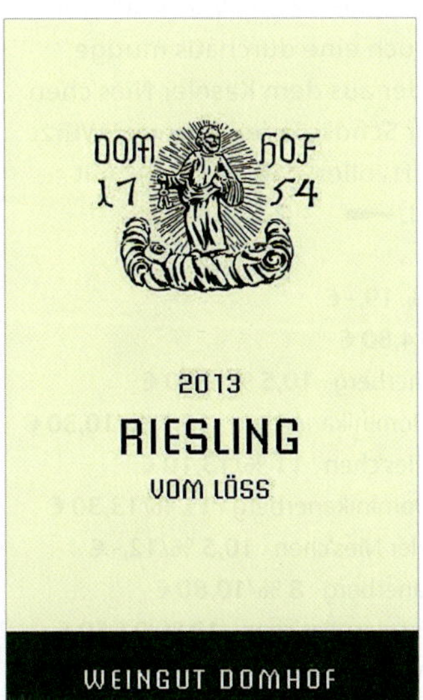

Das einst dem Domstift Worms gehörende Gut ist seit 1874 im Familienbesitz. Alexander Baumann übernahm den elterlichen Betrieb 2004, führt ihn zusammen mit Ehefrau Chris. Seine Weinberge liegen in Guntersblum (Himmelthal, Bornpfad, Eiserne Hand, Kreuz-Kapelle), Alsheim und Nierstein (Heiligenbaum, Paterberg, Oelberg, Auflangen, Pettenthal). Neben Riesling, der gut ein Drittel der Rebfläche einnimmt, baut er vor allem noch Silvaner, Grauburgunder, Sauvignon Blanc, Scheurebe, Bacchus und Kerner, sowie die roten Sorten Schwarzriesling, Spätburgunder, Portugieser, Regent und Dornfelder an. Das Sortiment ist dreigeteilt in Guts-, Orts- und Lagenweine, allerdings tragen auch die Ortsweine größtenteils noch Lagennamen auf dem Etikett.

Kollektion

Auch 2016 sind es wieder einzelne Rieslinge, die wir am stärksten finden, auch 2016 ist die Kollektion wieder von gleichmäßiger, zuverlässiger Qualität. Im weißen Segment sind es eindeutig die Rieslinge, die uns gefallen, Silvaner und Grauburgunder sind allzu verhalten, der feinherbe Kerner ist fruchtbetont und geradlinig. Der Riesling vom Löss ist füllig, saftig, recht süß, der trockene Riesling vom roten Hang enorm würzig, die liebliche Version, die auf den Namen Jule hört, süffig und unkompliziert. Der trockene Riesling aus dem Himmelthal ist fruchtbetont und würzig, klar und saftig, besitzt reife süße Frucht. Wir sehen ihn gleichauf mit dem Pettenthal-Riesling, der viel Würze und reife Frucht zeigt, füllig und saftig ist bei klarer Frucht und viel Substanz. Gut gefällt uns auch der im Barrique ausgebaute Spätburgunder aus der Guntersblumer Kreuz-Kapelle, Jahrgang 2014, er zeigt rauchige Noten im Bouquet, ein wenig Gewürze, ist klar und kraftvoll im Mund, besitzt feine Frische und Frucht.

Weinbewertung

81 2016 Riesling „vom Kalk“ Niersteiner Paterberg **12 %/9,90 €**
80 2016 Silvaner trocken „vom Löss“ Guntersblumer Bornpfad **12 %/8,40 €**
82 2016 Riesling trocken „vom Löss“ Guntersblumer Himmelthal **12 %/9,90 €**
81 2016 Riesling trocken „vom roten Hang“ Niersteiner Heiligenbaum **12 %/9,90 €**
84 2016 Riesling trocken Guntersblumer Himmelthal **13 %/13,50 €**
80 2016 Grauer Burgunder trocken Guntersblumer **13 %/6,90 €**
84 2016 Riesling Niersteiner Pettenthal **13 %/13,50 €**
81 2016 Kerner „feinherb“ **12 %/5,20 €**
81 2016 Riesling „Jule“ „vom Roten Hang“ Nierstein **10,5 %/7,90 €**
83 2014 Blauer Spätburgunder Barrique Guntersbl. Kreuz-Kapelle **13,5 %/16,50 €**

Dominikaner Weingut

★★

D

KONTAKT

Bahnhofstraße 37
54317 Kasel
Tel. 0651-5180
Fax: 0651-53701
www.weingut-von-nell.de
cvnb@weingut-von-nell.de

Inhaber
Dr. Carmen von Nell-Breuning
Rebfläche
7 Hektar
Produktion
45.000 Flaschen

BESUCHSZEITEN

ganztags, am Wochenende
nach Vereinbarung
Landgasthaus Pauliner Hof

Carmen von Nell-Breuning hat das Weingut im Sommer 2013 von ihren Eltern Christoph und Ingeborg von Nell-Breuning übernommen, führt es nunmehr in 13. Generation, denn ihr Vorfahr Peter Christian von Nell begründete um 1670 die Weinbautradition der Familie; das Weingut in Kasel wurde um 1890 von Oskar von Nell erbaut. Die Weinberge von Carmen von Nell-Breuning liegen alle in Steillagen an der Ruwer, in Kasel genau genommen: Die Lage Dominikanerberg gehört ihr im Alleinbesitz, dazu ist sie in den weiteren Kaseler Lagen Nies'chen und Kehrnagel vertreten. Riesling nimmt 90 Prozent der Rebfläche ein, die restlichen 10 Prozent sind mit Spätburgunder bepflanzt. Zum Weingut gehört die älteste Sektmanufaktur im Ruwertal, alle Rieslingsekte werden mindestens zwei Jahre auf der Hefe ausgebaut.

Kollektion

Der Ludvico genannte Sekt ist würzig, aber nicht ganz so präzise wie der Dominikus genannte Sekt ohne Dosage, der straff und kraftvoll ist und dennoch Trinkspaß vermittelt. Bei den stillen Rieslingen des Jahrgangs 2016 wurden die Lagenunterschiede zwischen Dominikanerberg und Niesch'en auf sehr angenehme Weise herausgearbeitet. Die trockene Spätlese aus ersterer Lage ist voller Würze, eher schlank und nachhaltig, der Nies'chen-Wein wiederum hat eine frische, puristische Art: Riesling pur. Ein restsüßer Kabinett ist erfreulich ausgewogen, nicht zu süß. Unter den Rotweinen gefallen die beiden Weine älterer Jahrgänge – ein interessantes Konzept, auch eine durchaus mutige Preisgestaltung. Der 2013er Spätburgunder aus dem Kaseler Nies'chen duftet nach roten Kirschen mit einer Spur Schokolade, zeigt viel Würze und eine schöne Säure. Der 2011er ist kraftvoller, dabei schlank mit noch etwas festem Gerbstoff im Nachhall. –

Weinbewertung

87 Riesling Sekt „zéro" „Dominikus" **12,5 %/19,- €**
84 Riesling Sekt brut „Ludovico" **11,5 %/14,80 €**
84 2016 Riesling trocken Kaseler Dominikanerberg **10,5 %/9,30 €**
86 2016 Riesling Kabinett trocken Kaseler Dominikanerberg **10,5 %/10,30 €**
86 2016 Riesling Spätlese trocken Kaseler Nies'chen **11 %/13,10 €**
87 2016 Riesling Spätlese trocken Kaseler Dominikanerberg **11 %/13,30 €**
87 2016 Riesling Spätlese halbtrocken Kaseler Nies'chen **10,5 %/12,- €**
85 2016 Riesling Kabinett Kaseler Dominikanerberg **8 %/10,80 €**
86 2013 Spätburgunder trocken Barrique Kaseler Nies'chen **13 %/21,50 €**
87 2011 Spätburgunder trocken Barrique „NB Privat" Nies'chen **13,5 %/45,- €**

DOREAS

★★★

KONTAKT

Ernst-Heinkel-Straße 85
73630 Remshalden-Grunbach
Tel. 07151-75569
Fax: 07151-2061200
www.doreas.de
info@doreas.de

Inhaber
Dorothee Wagner-Ellwanger & Andreas Ellwanger
Rebfläche
8,5 Hektar
Produktion
35.000-40.000 Flaschen

BESUCHSZEITEN

Do./Fr. 16-18:30 Uhr, Sa. 9:30-14 Uhr und nach Vereinbarung

Dorothee Wagner-Ellwanger und Andreas Ellwanger, lange Zeit im elterlichen Betrieb in Winterbach (Weingut Jürgen Ellwanger) für den Weinausbau verantwortlich, begannen unter dem Namen Doreas 2007 mit der Selbstvermarktung. Die meisten Weinberge liegen in Grunbach in den beiden Lagen Klingle und Berghalde, dazu ist man in Großheppach und Hebsacker vertreten. Die Weinberge werden biologisch bewirtschaftet (Ecovin).

Kollektion

Es geht weiter voran – und die Basis stimmt, das zeigen die frischen, fruchtbetonten Ballade-Weine, weiß wie rot. Der komplexe, zupackende Schillerwein-Sekt bereitet viel Freude, der kraftvolle, jugendliche Chardonnay trumpft auf und edelsüß können Riesling und Muskat-Trollinger begeistern. Ganz stark sind in der Spitze die Rotweine mit drei beeindruckenden Fassproben (Lemberger, Syrah und Cuvée Carol, ein Projekt der beiden Söhne). Unter den bereits gefüllten 2015er Roten ist der herrlich reintönige, zupackende Zweigelt unser Favorit, dicht gefolgt vom rauchigen, saftigen Merlot und vom fülligen, kraftvollen Spätburgunder. Starke Kollektion – im Aufwind!

Weinbewertung

88	2014 Schillerwein Sekt brut „Prélude" **12,5 %/13,- €**
84	2016 Riesling trocken „Ballade" **11,5 %/5,90 €**
83	2016 Johanniter trocken „Ballade" **12,5 %/8,- €**
85	2015 Riesling trocken „Symphonie" **13 %/9,- €**
86	2016 Riesling trocken „10 Jahre Doreas" **12,5 %/23,- €/1,5l**
86	2016 Gewürztraminer trocken „Symphonie" **13 %/12,- €**
85	2016 Cabernet Blanc trocken „Symphonie" **12,5 %/9,- €**
88	2016 Chardonnay trocken „Symphonie" **13 %/14,- €**
88	2015 Riesling Auslese „Oper" **11,5 %/17,- €**
90	2015 Riesling Eiswein „Oper" **9 %/30,- €/0,375l**
90	2016 Muskat-Trollinger Eiswein „Oper" **8,5 %/35,- €/0,375l**
87	2016 Schillerwein trocken „Symphonie" **13,5 %/9,- €**
83	2016 Rosé „Ballade" **11,5 %/5,70 €**
84	2015 Trollinger trocken „Ballade" **12 %/5,70 €**
85	2015 „Ballade in Rot" Rotwein trocken **12,5 %/7,60 €**
85	2015 Spätburgunder trocken „Ballade" **13 %/8,- €**
89	2015 Merlot trocken „Symphonie" **14,5 %/21,- €**
(90)	2015 Lemberger trocken „Symphonie"
88	2015 Spätburgunder trocken „Symphonie" **13,5 %/21,- €**
90	2015 Zweigelt trocken „Symphonie" **13,5 %/21,- €**
(90)	2015 Syrah trocken „Symphonie"
(90)	2015 „Carol" Rotwein trocken „Symphonie"

Jürgen Dostert

★☆

KONTAKT

Moselstraße 45
54453 Nittel
Tel. 06584-263
Fax: 06584-1459
www.dostert-nittel.de
info@dostert-nittel.de

Inhaber
Jürgen Dostert
Rebfläche
6,5 Hektar
Produktion
50.000 Flaschen

BESUCHSZEITEN

Mo.-Sa. 8-19 Uhr
Gästehaus (4 Sterne)

Seit Mitte des 18. Jahrhunderts betreiben die Dosterts Weinbau an der Obermosel. Jürgen Dostert führt heute den Betrieb, Sohn Jonas sammelt nach Geisenheim-Abschluss 2012 derzeit praktische Erfahrungen bei einem Bio-Weingut in Luxemburg, wird aber in den elterlichen Betrieb einsteigen; eine 1974 gepflanzte Elbling-Parzelle bearbeitet er biologisch. Jürgen Dosterts Weinberge liegen hauptsächlich in den Nitteler Lagen Leiterchen (Dolomit und Kalkstein) und Rochusfels (tiefgründiger Muschelkalk). Elbling nimmt die Hälfte der Rebfläche ein, dazu gibt es inzwischen stolze 30 Prozent Grauburgunder, nicht zu vergessen Auxerrois und Spätburgunder, Weißburgunder, Riesling, Kerner und Dornfelder. Seit 1993 ist dem Weingut ein Gästehaus angeschlossen.

Kollektion

Die Weine Jürgen Dosterts waren schon in den letzten Jahren herrlich klare, unkomplizierte sowie sortentypische Abfüllungen. Für die nun vorgestellte Kollektion gilt nichts anderes, was schon die beiden Schaumweine exemplarisch aufzeigen. Der als extra brut bezeichnete Elblingsekt gefällt noch ein bisschen besser als sein brut genanntes Pendant, aber beide sind gut balanciert und bringen neben Frische auch noch eine gewisse Fülle und Länge mit. Saftig und wunderschön trocken ist der Elbling-Literwein, selbst der Classic aus Elbling wirkt nicht langweilig, wie anderswo. Unter den Burgundersorten ragt der klare, straffe Auxerrois heraus, aber auch der Grauburgunder ist erfreulich sortentypisch ausgefallen. Der einzige vorgestellte Wein, dem man eine leichte Süße anmerkt, nennt sich „Das feinherbe Duett" und ist aus Kerner und Rivaner komponiert: keine zwingende, aber in diesem Fall eine gelungene, sehr duftige Verbindung. Das Preis-Leistungs-Verhältnis der Dostertschen Weine ist nach wie vor überzeugend.

Weinbewertung

84	Elbling Sekt brut **12 %/9,40 €**
85	Elbling Sekt extra brut **12 %/9,40 €**
85	„Blanc de Noirs" Sekt brut **12,5 %/11,90 €**
84	2016 Elbling trocken (1l) **12 %/5,30 €** ☺
84	2016 Elbling Classic **12 %/5,10 €**
86	2016 Auxerrois trocken **12,5 %/6,40 €** ☺
84	2016 Grauburgunder trocken **12 %/5,50 €**
83	2016 „Das feinherbe Duett" Weißwein **12 %/6,10 €**
83	2016 Riesling Classic **11,5 %/6,10 €**

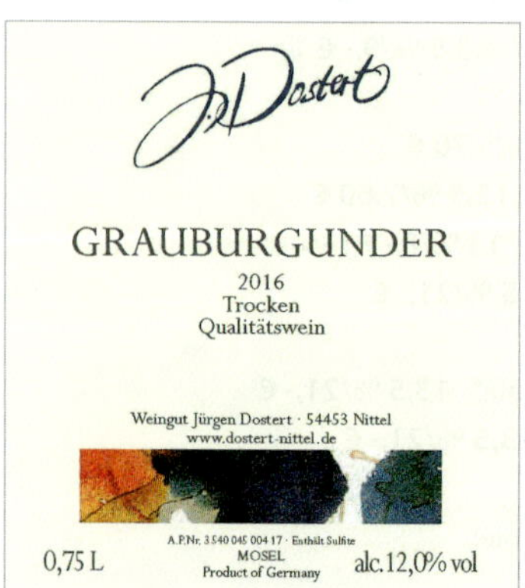

Matthias Dostert

★☆

KONTAKT

Weinstraße 5
54453 Nittel
Tel. 06584-91450
Fax: 06584-914526
www.weingutdostert.de
info@weingutdostert.de

Inhaber
Anita & Matthias Dostert
Rebfläche
20 Hektar
Produktion
200.000 Flaschen

BESUCHSZEITEN

9-12 + 13-18 Uhr, So. 9-12 Uhr
Landrestaurant „Culinarium
Nittel (Tel. 06584/91450)
Gästehaus

Das Weingut Dostert ist ein klassischer Familienbetrieb, der mittlerweile stolze 20 Hektar bewirtschaftet. Vier Fünftel der Weinberge von Matthias Dostert sind mit Elbling bepflanzt. Spezialität dieses Weingutes an der Obermosel – gegenüber dem Großherzogtum Luxemburg – sind die Sekte aus weißem und rotem Elbling. Neben Elbling werden noch die Burgundersorten angebaut, Weißburgunder, Grauburgunder, Auxerrois, Spätburgunder, sowie etwas Müller-Thurgau und Riesling. Die Tochter von Anita und Matthias Dostert, Carina Curmann, war 2000/2001 Deutsche Weinkönigin und hat sich mit ihrem Mann und dem gemeinsamen Projekt namens „Culinarium" ein zweites Standbein geschaffen, sie führen ein Landrestaurant mit Kochschule. Das Weingut Dostert ist unser Klassiker von der Obermosel, als einziger Betrieb von dort empfehlen wir das Gut seit unserer ersten Ausgabe Jahr für Jahr. Matthias Dostert liefert sehr gleichmäßige Kollektionen, er hat uns nie enttäuscht, seine Sekte sind regelmäßig die besten Elbling-Sekte im Land.

Kollektion

Nach einer sehr gleichmäßigen Kollektion im vergangenen Jahr ist auch die nun vorgestellte Auswahl an Weinen viel versprechend. Der extra-brut-Elbling wirkt etwas interessanter als der als brut bezeichnete Wein und besitzt sogar einen gewissen Schmelz, der Rote Elbling ist süffig, aber keineswegs übertrieben hoch dosiert, und der kraftvolle Spätburgunder Blanc de Noirs ist zupackend. Unter den stillen Weinen ist der klare, puristisch wirkende Weißburgunder einer unserer Favoriten des Jahrgangs 2016, den Elbling (es wurde nur ein nominell trockener vorgestellt) können wir loben. Eine sehr erfreuliche Überraschung ist der Gewürztraminer, durchaus sortentypisch und mit viel Frucht ausgestattet. Wer nie Gewürztraminer mochte, weil er zu üppig, zu wenig frisch war oder zu süß, wird an diesem seine Freude haben.

Weinbewertung

85 Elbling Sekt extra brut **12,5 %/8,70 €**
84 Elbling Sekt brut **12,5 %/8,70 €**
85 Spätburgunder „Blanc de Noirs" Sekt brut **12,5 %/9,80 €**
83 Roter Elbling Sekt trocken **12 %/9,40 €**
84 2016 Elbling trocken **12 %/5,- €**
83 2016 Weißer Burgunder trocken **12 %/6,50 €**
83 2016 Grauer Burgunder **12 %/6,50 €**
82 2016 Elbling Classic **11,5 %/5,50 €**
85 2016 Gewürztraminer **12 %/7,90 €**

DRAUTZ-ABLE

★★★☆

KONTAKT

Faißtstraße 23
74076 Heilbronn
Tel. 07131-177908
Fax: 07131-941239
www.drautz-able.de
info@drautz-able.de

Inhaber
Monika Drautz & Markus Drautz
Rebfläche
16 Hektar
Produktion
120.000 Flaschen

BESUCHSZEITEN

Mo.-Fr. 8-12 + 13:30-18 Uhr,
Sa. 9-16 Uhr
Beteiligung an der Wein Villa Heilbronn

Richard Drautz fehlt, dem Betrieb und der Familie, aber seine Ehefrau Monika und Sohn Markus führen sein Werk in seinem Sinne fort. Die Weinberge liegen hauptsächlich in Heilbronn in Wartberg und Stiftsberg sowie im Neckarsulmer Scheuerberg, aber auch in Erlenbach, Brackenheim, Stetten und Lauffen (Katzenbeißer). Rote Sorten dominieren, nehmen 65 Prozent der Rebfläche ein. Die Lembergerfläche wurde in den vergangenen Jahren ausgeweitet, dazu gibt es Spätburgunder, Samtrot und Schwarzriesling und andere Rebsorten. Wichtigste weiße Rebsorte ist Riesling gefolgt von Sauvignon Blanc, den es bereits seit 1987 im Betrieb gibt, hinzu kommen die Burgundersorten, Gewürztraminer, Muskateller, Müller-Thurgau, Kerner.

Kollektion

Mit einer starken Kollektion schließt Markus Drautz nahtlos an das sehr gute Vorjahr an. Die Drei Tauben-Weine zeigen gleichmäßiges Niveau, weiß wie rot, der intensive fruchtige, florale Sauvignon Blanc ebenso wie der geradlinige, reintönige Muskateller, der fruchtbetonte, geradlinige Trollinger oder intensiv fruchtige, sehr tanninbetonte Merlot. Der Hades-Sauvignon Blanc ist stark vom Holz geprägt, hat aber Substanz und Kraft, steckt das Holz weg – nicht zu kalt trinken oder dekantieren! Der Chardonnay stammt aus einem Traubentausch mit Christian Dautel, er ist füllig und kraftvoll, ebenfalls sehr holzgeprägt, die Beerenauslese ist würzig, stoffig, konzentriert. Der Samtrot R zeigt rauchige Noten, besitzt gute Substanz, aber allzu kräftige Tannine. Dass Drautz-Able-Weine exzellent reifen können, stellt Markus Drautz dieses Jahr mit 2008er Weinen unter Beweis, der Riesling ist kraftvoll, geradlinig, der Spätburgunder deutlicher gereift, der Jodokus aus der Magnum aber präsentiert sich in prächtiger Verfassung!

Weinbewertung

83	2016 Weißburgunder trocken **12,5 %/8,49 €**
85	2016 Sauvignon Blanc trocken „Drei Tauben" **12,5 %/12,99 €**
84	2016 Muskateller trocken „Drei Tauben" Heilbronner **12,5 %/12,99 €**
85	2016 „Drei Tauben" Weißwein trocken Heilbronner **13 %/12,99 €**
90	2016 Sauvignon Blanc trocken „Hades" **21,50 €**
89	2016 Chardonnay trocken „Traubentausch" **21,50 €**
89	2008 Riesling „GG" Heilbronner Stiftsberg **12,5 %/25,- €**
90	2016 „Jodokus" Weißwein Beerenauslese „Hades" **12 %/25,- €**
85	2015 Trollinger trocken „Drei Tauben" Heilbronner **13 %/10,99 €**
85	2015 Merlot trocken „Drei Tauben" Heilbronner **14 %/17,99 €**
88	2013 Samtrot „R" trocken „Hades" **28,- €**
88	2008 Spätburgunder „GG" Neckarsulmer Scheuerberg **12,5 %/28,- €**
91	2008 „Jodokus" Rotwein trocken „Hades" **13,5 %/68,- €/1,5l**

DRAUTZ-HENGERER

★

KONTAKT

Schirmannstraße 13
74074 Heilbronn
Tel. 07131-172479
Fax: 07131-167074
www.drautz-hengerer.de
info@drautz-hengerer.de

Inhaber
Christina Hengerer-Müller
Rebfläche
10 Hektar
Produktion
90.000 Flaschen

BESUCHSZEITEN

Mo.-Fr. 17:30-19 Uhr, Sa. 9-15 Uhr und nach Vereinbarung
Besenwirtschaft (Termine siehe Webseite)

[redacted]

Das Weingut Drautz-Hengerer, seit Generationen in Familienbesitz, wird seit 1987 von Christina Hengerer-Müller und ihrem Ehemann Jürgen Müller geführt. Sie ist zuständig für Keller und Besenwirtschaft, er für Außenbetrieb und Verkauf. Ihre Weinberge liegen in der Gemarkung Heilbronn in den Lagen Stiftsberg, Stahlbühl und Wartberg, in Flein in den Lagen Altenberg und Sonnenberg, in Abstatt im Burgberg und in Binswangen im Kayberg. Wichtigste Rebsorten sind Trollinger und Riesling, dazu gibt es Schwarzriesling, Lemberger, Spätburgunder, Weißburgunder, Samtrot, Muskateller, Kerner und Müller-Thurgau, aber auch Acolon, der oft im Barrique ausgebaut wird. Zusammen mit Kolleginnen gründete Christina Hengerer-Müller die Vereinigung „der Trollinger", die das Interesse an der Württemberger Traditionsrebsorte auch außerhalb der Region wecken will.

Kollektion

Auch in diesem Jahr besticht die Kollektion von Christina Hengerer-Müller und ihrem Ehemann Jürgen Müller wieder durch ihre Gleichmäßigkeit, wobei dieses Jahr unsere Präferenz den Weißweinen gilt. Der trockene Riesling ist frisch, fruchtbetont und geradlinig, ein klein wenig bitter im Abgang, die restsüße Variante ist fruchtbetont und süffig wie auch die Jahr für Jahr sehr zuverlässige feinherbe Cuvée M. Unser eindeutiger Favorit ist in diesem Jahr der trockene Weißburgunder, der klar und zupackend ist, gute Struktur, Frische und Frucht besitzt. Die rote Cuvée M zeigt sich in diesem Jahr etwas verhaltener als gewohnt, die Lemberger sind alle drei klar und geradlinig, die trockene 3 Sterne-Variante präsentiert sich noch allzu jugendlich und zurückhaltend, der restsüße Samtrot zeigt feine reintönige Frucht im Bouquet, ist dann im Mund trotz der Restsüße noch ein wenig von Bitternoten geprägt. Diese findet man nicht beim Württemberger Klassiker, dem Trollinger mit Lemberger in der Literflasche, ein fruchtbetonter, geradliniger Wein mit feiner süßer Frucht.

Weinbewertung

82 2016 Riesling** trocken **13 %/6,20 €**
84 2016 Weißburgunder*** trocken **12 %/7,80 €**
82 2016 Cuvée „M" Weißwein „feinherb" **12 %/5,90 €**
82 2016 Riesling** **12 %/6,20 €**
80 2015 Lemberger trocken **12,5 %/5,80 €**
81 2015 Lemberger*** trocken **13,5 %/7,80 €**
80 „Cuvée M" Rotwein trocken **12,5 %/7,90 €**
82 2016 Trollinger mit Lemberger **12 %/5,20 €**
81 2015 Lemberger** **11,5 %/6,90 €**
81 2015 Samtrot*** **12 %/7,80 €**

DREI ZEILEN

★★★

KONTAKT

Weinmanufaktur 3 Zeilen
Heinrich-Wiegand-Str. 2
97348 Rödelsee
Tel. 09323,876454, 0172-6918712
Fax: 09323-5776
www.3-zeilen.de; 3zeilen@web.de

Inhaber: Christian Ehrlich
Rebfläche: 2,2 Hektar

BESUCHSZEITEN

nach Vereinbarung

Christian Ehrlich bekam als 16jähriger von seinem Vater drei Weinbergszeilen geschenkt. Nach Küferlehre und Weintechnikerlehre arbeitete er bei verschiedenen Weingütern in Deutschland und in Südtirol. Im Herbst 2007 gründete er zusammen mit Alexandra Müller die Weinmanufaktur 3 Zeilen. Die Weinberge wurden von Beginn an biologisch bewirtschaftet, Christian Ehrlich ist Mitglied bei Bioland. Zuletzt hat Christian Ehrlich einen Hektar im Rödelseer Küchenmeister, wo anfangs alle seine Weinberge lagen, neu angelegt mit Spätburgunder, Weißburgunder, Silvaner, Riesling, Scheurebe und Sauvignon Blanc, auch etwas Goldmuskateller pflanzte er, erzeugt hier seinen Fränkischen Gemischten Satz. Inzwischen besitzt er auch Parzellen in der Rödelseer Schwanleite und im Iphöfer Kalb (mit Müller-Thurgau), Adelfränkisch hat er neu gepflanzt. Alle Weine werden spontanvergoren. Sie werden in der Regel trocken ausgebaut und sind heute Qualitätsweine, nachdem sie in den ersten Jahren als Landwein in den Verkauf kamen, sie tragen nun auch Lagennamen.

Kollektion

Es geht weiter mit Siebenmeilenstiefeln voran, mit durchweg spannenden Weinen. Der druckvolle Petillant Naturel, aus Johanniter, gehört zu den besten seiner Art. Der Silvaner hat viel Substanz, ist kraftvoll und zupackend, der 2015er hat sich schön geöffnet. Der Müller-Thurgau ist frisch, zupackend, strukturiert, der Bacchus ist frisch und geradlinig, hat Biss, der Johanniter ist kraftvoll, hat Zug. Der Blanc – Sauvignon Blanc – besitzt viel Frucht, Frische und Druck, 2016 ist noch sehr jugendlich, 2015 ist kraftvoll, füllig und lang. Der Riesling ist kraftvoll und zupackend, der Fränkische Satz würzig und enorm druckvoll. Der zuvor Rouge genannte Spätburgunder besitzt reintönige Frucht, gute Struktur und Frische. Im Aufwind!

Weinbewertung

88	2016 „Petillant Naturel" **12,50 €**
89	2015 Silvaner trocken Rödelseer Küchenmeister **13 %/14,50 €**
89	2016 Silvaner trocken Rödelseer Küchenmeister **14,50 €**
87	2016 Müller-Thurgau trocken „Kahler Berg" Iphöfer Kalb **12,5 %/8,50 €** ☺
86	2016 Bacchus trocken „Hopfertanz" Rödelseer Küchenmeister **12,5 %/9,- €**
88	2016 Johanniter trocken „Im Thal" Rödelseer Küchenmeister **12 %/8,50 €** ☺
89	2015 „Blanc" Weißwein trocken Rödelseer Küchenmeister **13 %/16,50 €**
89	2016 „Blanc" Weißwein trocken Rödelseer Küchenmeister **16,50 €**
89	2015 Riesling trocken Rödelseer Schwanleite **13,5 %/16,50 €**
87	2016 „Fränkischer Satz" Weißwein trocken Küchenmeister **12,5 %/9,50 €**
87	2014 „Rouge" Rotwein **13 %/14,50 €**
88	2015 Spätburgunder trocken Rödelseer Schwanleite **14,50 €**

DREISSIGACKER

★★★★☆

KONTAKT

Untere Klinggasse 4
67595 Bechtheim
Tel. 06242-2425
Fax: 06242-6381
www.dreissigacker-wein.de
info@dreissigacker-wein.de

Inhaber
Jochen Dreissigacker
Rebfläche
28 Hektar
Produktion
200.000 Flaschen

BESUCHSZEITEN

Mo.-Fr. 8-12 + 13-18 Uhr,
Sa. 9-16 Uhr

Seit die Dreissigackers im Sommer 2006 das Bechtheimer Weingut Dr. Koehler übernommen haben, führt der älteste Sohn Christian das Weingut Dr. Koehler, der jüngere Sohn Jochen kümmert sich um das elterliche Gut. Jochen Dreissigacker hat seine Lehre bei Klaus-Peter Keller und Bergdolt gemacht, dann die Technikerausbildung in Weinsberg. Seine Weinberge liegen in den verschiedenen Bechtheimer Lagen, Geyersberg, Rosengarten, Hasensprung, Rosengarten, Stein und Heilig-Kreuz, dazu gibt es Weinberge in Westhofen in den Lagen Morstein, Aulerde und Kirchspiel. 60 Prozent der Rebfläche nimmt Riesling ein, hinzu kommen jeweils 10 Prozent Grauburgunder, Weißburgunder und Spätburgunder, sowie Chardonnay und Silvaner. Die Weinberge werden biologisch bewirtschaftet. Jochen Dreißigacker arbeitet verstärkt mit Maischestandzeiten und Spontangärung. Das Programm ist klar gegliedert in Gutsweine, Ortsweine und Lagenweine. An der Spitze des Sortiments stehen die Bechtheimer Rieslinge aus Geyersberg, Rosengarten und Hasensprung und die Westhofener Rieslinge aus Morstein, Aulerde und Kirchspiel, dazu gibt es den Weißburgunder Einzigacker, 2013 gab es einen Morstein-Silvaner. 2016 wurde mit dem Bau einer neuen Kellerei inmitten der Bechtheimer Weinberge begonnen.

Kollektion

Eine starke Kollektion folgt auf die nächste, und jeder Wein im umfangreichen Sortiment überzeugt: Auch dieses Jahr wieder präsentiert Jochen Dreissigacker eine der stärksten Kollektion im insgesamt starken Rheinhessen. Schon die Gutsweine sind allesamt sehr gut, sie besitzen Kraft und reintönige Frucht, der rauchige, zupackende Grauburgunder ebenso wie der frische, strukturierte Weißburgunder oder der intensiv saftige, kraftvolle Riesling: Bravo! Der Riesling Organic zeigt etwas Zitrus, der Bechtheimer Riesling intensive Frucht, gelbe Früchte, ist kraftvoll und strukturiert, der Wunderwerk-Riesling zeigt Zitrus und gelbe Früchte, besitzt Fülle und Kraft, gute Struktur und klare Frucht. Die beiden Orts-Chardonnay sehen wir gleichauf, der Westhofener ist rauchig, zupackend, strukturiert, der Bechtheimer intensiv fruchtig und füllig. Vom Grauburgunder konnten wir keinen Ortswein verkosten, dafür ein Wunderwerk: konzentriert, reintönig, kraftvoll, gute Struktur und Substanz. An der Spitze der weißen Burgunder steht der Einzigacker-Weißburgunder, der Fülle und Kraft besitzt, reife Frucht, gute Struktur und Druck. Vier Lagen-Rieslinge des Jahrgangs 2016 konnten wir verkosten, dazu vier weitere aus dem Jahrgang 2013. Zunächst zu diesen: Sie präsentieren sich in blendender Verfassung, sind alle noch jugendlich, haben noch einen langen Weg vor sich, zwei haben ihre Bewertung von vor vier Jahren bestätigt, bei zweien haben wir einen Punkt zugegeben. Der Rosengarten ist rauchig, harmonisch, klar, der Kirchspiel komplex, druckvoll, präzise, der Geyersberg stoffig, konzentriert, besitzt viel Substanz, seine Spitzenstellung bestätigt hat der Morstein, der nach wie vor herrlich kraftvoll, präzise und nachhaltig ist. Auch 2016 hat er die Nase vorne, zusammen mit dem Legenden-Riesling, der puristisch, präzise und druckvoll ist. Der Morstein ist konzentriert, rauchig, kraftvoll, besitzt gute Struktur, Substanz, dezent Tannine. Der Geyersberg folgt dichtauf, ist würzig, kraftvoll, dezent mineralisch. Der Hasensprung ist würzig und kraftvoll bei dezent mineralisch-bitteren Noten, der Kirchspiel-Riesling ist druckvoll, präzise, noch enorm jugendlich, hat viel Potenzial – wie seine Kollegen auch. Gleich drei Rotweine hat Jochen Dreissigacker dieses Jahr präsentiert, auch sie machen eine sehr gute Figur, ohne an die weiße Lagen-Spitze heranzureichen – aber es ist ja auch kein Lagen-Rotwein darunter. Der Spätburgunder ist frisch und zupackend, der St. Laurent besitzt viel Würze und Saft, der Wunderwerk-Spätburgunder zeigt reintönige Frucht, besitzt gute Struktur und Grip.

Weinbewertung

86	2014 Pinot Sekt brut nature **12,5 %/20,- €**
86	2016 Riesling trocken **12 %/9,50 €**
85	2016 Riesling trocken „Organic" „Alte Reben" **12,5 %/8,50 €**
86	2016 Weißburgunder trocken **13 %/9,50 €**
86	2016 Grauburgunder trocken **13 %/9,50 €**
88	2016 Riesling trocken Bechtheimer **12,5 %/15,- €**
89	2016 Riesling trocken „Wunderwerk" **12,5 %/19,- €**
88	2016 Grauburgunder trocken „Wunderwerk" **13,5 %/17,- €**
88	2016 Chardonnay trocken Westhofener **13,5 %/17,- €**
88	2016 Chardonnay trocken Bechtheimer **13 %/19,- €**
90	2016 Weißburgunder trocken „Einzigacker" **13,5 %/40,- €**
90	2016 Riesling trocken Bechtheimer Hasensprung **13 %/23,- €**
90	2013 Riesling trocken Bechtheimer Rosengarten **12,5 %/31,- €**
91	2013 Riesling trocken Westhofener Kirchspiel **13 %/33,- €**
90	2016 Riesling trocken Westhofener Kirchspiel **12,5 %/36,- €**
92	2013 Riesling trocken Bechtheimer Geyersberg **13 %/36,- €**
91	2016 Riesling trocken Bechtheimer Geyersberg **13 %/39,- €**
93	2013 Riesling trocken Westhofener Morstein **13 %/39,- €**
92	2016 Riesling trocken Westhofener Morstein **12,5 %/55,- €**
92	2016 Riesling trocken „Legenden" **13,5 %/250,- €**
85	2014 Spätburgunder trocken **12,5 %/10,- €**
87	2014 St. Laurent trocken Bechtheimer **12,5 %/17,- €**
88	2014 Spätburgunder trocken „Wunderwerk" **12,5 %/25,- €**

LAGEN

GEYERSBERG (BECHTHEIM)
ROSENGARTEN (BECHTHEIM)
HASENSPRUNG (BECHTHEIM)
MORSTEIN (WESTHOFEN)
KIRCHSPIEL (WESTHOFEN)
AULERDE (WESTHOFEN)

REBSORTEN

RIESLING (60 %)
WEISSBURGUNDER (10 %)
GRAUBURGUNDER (10 %)
SPÄTBURGUNDER (10 %)
CHARDONNAY (2 %)
SILVANER (2 %)

DÜRRENZIMMERN

★★

KONTAKT

Weinkonvent Dürrenzimmern
Meimsheimer Straße 11
74336 Brackenheim-Dürrenzimmern
Tel. 07135-95150, Fax: -951539
www.weinkonvent-duerrenzimmern.de; info@weinkonvent-duerrenzimmern.de

Inhaber 371 Mitglieder
Vorstandsvorsitzender
Matthias Schilling
Geschäftsführer
Matthias Göhring
Kellermeister
Kurt Freudenthaler
Rebfläche
220 Hektar
Produktion
2.000.000 Flaschen

BESUCHSZEITEN

Mo.-Fr. 8-18 Uhr, Sa. 9-13 Uhr

Die 1937 gegründete Genossenschaft von Dürrenzimmern, wo seit 1147 Weinbau belegt ist, fusionierte 1970 mit der Weingärtnergenossenschaft Stockheim zur Weingärtnergenossenschaft Dürrenzimmern-Stockheim, inzwischen hat man umfirmiert, nennt sich nun Weinkonvent Dürrenzimmern. Die Reben wachsen auf schweren Keuperböden an der Südseite des Heuchelbergs vor allem in den Lagen Dürrenzimmerner Mönchsberg und Stockheimer Altenberg. Wichtigste Rebsorte ist der Lemberger, der mehr als ein Viertel der Rebfläche einnimmt. Es folgen Riesling und Trollinger, Schwarzriesling und Spätburgunder, aber auch Samtrot, Portugieser, Müller-Thurgau, Kerner und Dornfelder, hinzu kommen die Weinsberger Neuzüchtungen und internationale Rebsorten. Das Programm ist gegliedert in Literweine als Basis des Sortiments, dann folgen die Linien Klosterhof, Cellarius und Divinus. Etwa ein Fünftel der Weine wird trocken ausgebaut.

Kollektion

Die Klosterhof- und Cellarius-Weine sind klar, frisch und geradlinig, am besten gefallen uns in diesem Segment die im Holz ausgebauten Rotweine, die fruchtbetonte, zupackende Cuvée aus Merlot und Lemberger und der Benedictus, der gute Struktur und Frucht besitzt. Der 2014er Divinus-Weißburgunder ist kraftvoll, saftig, recht süß, die Müller-Thurgau Trockenbeerenauslese ist von Anklängen an Litschi und eingelegte süße Aprikosen geprägt. Der Divinus-Portugieser zeigt eindringlich Gewürze, besitzt Kraft und Substanz, der cassisduftige Cabernet Sauvignon ist reintönig, kraftvoll und zupackend. An der Spitze der Kollektion stehen der Reserve-Lemberger, der Gewürze und Schokolade zeigt, viel Substanz und gute Struktur besitzt, und die rotfruchtige Cuvée „Der Abt" mit herrlich viel Frucht.

Weinbewertung

82 2016 Weißburgunder trocken „Cellarius" **12,5 %/8,90 €**
81 2016 Grauburgunder trocken „Cellarius" **12,5 %/8,90 €**
81 2016 Muskateller trocken „Cellarius" **12,5 %/8,90 €**
86 2014 Weißburgunder trocken Holzfass „Divinus" **13 %/17,50 €**
86 2015 Müller-Thurgau Trockenbeerenauslese „Divinus" **9,5 %/40,- €/0,375l**
84 2014 „Benediktus" Rotwein trocken Holzfass „Cellarius" **13 %/12,50 €**
83 2015 Lemberger mit Merlot trocken Holzfass „Cellarius" **14 %/10,50 €**
82 2015 Lemberger trocken Holzfass „Cellarius" **14 %/8,90 €**
86 2014 Portugieser trocken Barrique „Divinus" **13 %/17,50 €**
89 2014 Lemberger trocken Barrique „Divinus Reserve" **14 %/28,- €**
87 2014 Cabernet Sauvignon trocken Barrique „Divinus" **13,5 %/22,- €**
89 2014 „Der Abt" Rotwein trocken Barrique „Divinus" **13,5 %/30,- €**

DURBACHER

★☆

KONTAKT

Durbacher Winzergenossenschaft
Nachtweide 2, 77770 Durbach
Tel. 0781-93660, Fax: 0781-36547
www.durbacher.de
wg@durbacher.de

Inhaber
235 Mitglieder
Geschäftsführender Vorstand
Stephan Danner
Vorstandsvorsitzender
Emil Klaus
Kellermeister
Rüdiger Nilles
Rebfläche
335 Hektar
Produktion
3.000.000 Flaschen

BESUCHSZEITEN

Mo.-Fr. 9-18 Uhr, Sa./So. 9-13 Uhr

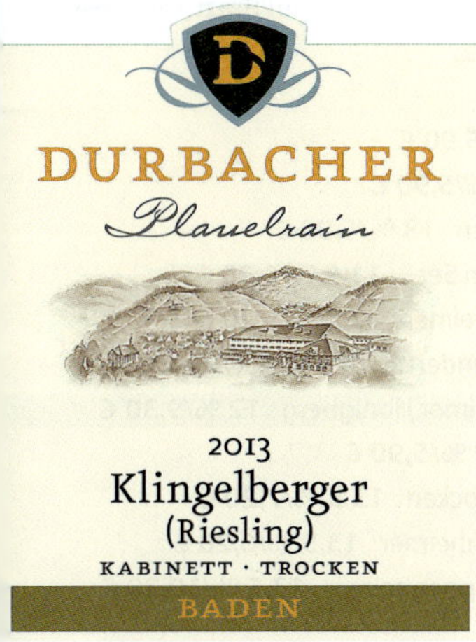

Die Durbacher Winzergenossenschaft wurde 1928 gegründet. Die Weinberge liegen in den Durbacher Lagen Ölberg, Plauelrain, Kochberg und Steinberg, die Reben wachsen auf Gneis und Granitverwitterungsböden. Der Steinberg, früher im Besitz des Staatsweingutes, wird als Premiumlage der Genossenschaft in einer eigenen Weinlinie herausgestellt. Viele der 235 Genossenschaftsmitglieder sind Vollerwerbswinzer. 43 Prozent der Weinberge der Mitglieder der Durbacher Winzergenossenschaft nimmt Spätburgunder ein, ein gutes Viertel Riesling. Es folgen Müller-Thurgau, Grauburgunder, Traminer und Gewürztraminer, aber auch Scheurebe, Weißburgunder, Chardonnay, Sauvignon Blanc, Muskateller, Cabernet Sauvignon und Cabernet Dorio werden angebaut. Die Weißweine werden im Edelstahl ausgebaut, Rotweine auch in großen und kleinen Eichenholzfässern. Edelbrände und Liköre ergänzen das Sortiment.

Kollektion

Mit der neuen Kollektion schließt Kellermeister Rüdiger Nilles nahtlos an die guten Vorjahre an. Die trockenen Weißweine präsentieren sich stimmig, an der Spitze stehen die Steinberg-Weine: Der Riesling ist strukturiert und zupackend, der Weißburgunder wunderschön füllig und saftig. Stark sind auch die vorgestellten edelsüßen Weine: Die Gewürztraminer Auslese ist reintönig und konzentriert, die Scheurebe Beerenauslese zeigt intensive Frucht, etwas Cassis, der Klingelberger Eiswein besitzt viel Substanz, erinnert im Bouquet an eingelegte süße Aprikosen, ist konzentriert und dominant. Substanz besitzen auch die Rotweine, bei denen uns der Kontrast aus Restsüße und ein wenig harten Tanninen etwas irritiert, der kraftvolle Cabernet Sauvignon gefällt uns am besten im roten Segment.

Weinbewertung

82 2016 Grauburgunder Kabinett trocken Durbacher Kochberg **13 %/7,10 €**
84 2016 Riesling trocken Durbacher Steinberg **12,5 %/11,90 €**
83 2016 Klingelberger (Riesling) Spätlese trocken Plauelrain **12 %/8,20 €**
83 2016 Chardonnay trocken Durbacher **13 %/8,50 €**
85 2016 Weißburgunder trocken Durbacher Steinberg **13 %/11,90 €**
82 2016 Klingelberger (Riesling) Spätlese Durbacher Plauelrain **11 %/8,20 €**
83 2016 Gewürztraminer Spätlese Durbacher Ölberg **11 %/8,20 €**
86 2016 Gewürztraminer Auslese Durbacher Steinberg **9 %/10,50 €**
87 2016 Scheurebe Beerenauslese Durbacher Steinberg **8,5 %/29,- €**
88 2016 Klingelberger Eiswein Durbacher Plauelrain **8,5 %/40,- €**
82 2015 Spätburgunder Spätlese trocken Durbacher Kochberg **13 %/9,90 €**
84 2015 Cabernet Sauvignon trocken Durbacher **13,5 %/8,90 €**
83 2015 Spätburgunder Spätlese trocken Holzfass Kochberg **13 %/14,90 €**

Eberle-Runkel

★☆

Kontakt

Niedergasse 23-25
55437 Appenheim
Tel. 06725-2810
Fax: 06725-5273
www.weingut-eberle-runkel.de
info@weingut-eberle-runkel.de

Inhaber
Michael Runkel
Kellermeister
Stefan Runkel
Rebfläche
13 Hektar
Produktion
40.000 Flaschen

Besuchszeiten

Straußwirtschaft geöffnet von Mai bis Sept. am Wochenende, sonst nach Vereinbarung

Seit mehreren Generationen betreibt die Familie Weinbau in Appenheim, aus einem landwirtschaftlichen Gemischtbetrieb entstand nach und nach das Weingut in seiner heutigen Form. Die Weinberge von Michael Runkel liegen in den Appenheimer Lagen Eselspfad (hoher Sandanteil), Daubhaus (leichte und sandige Löss-Lehmböden) und Hundertgulden (tonhaltige Lehmböden), sowie im Nieder-Hilbersheimer Honigberg (ebenfalls tonhaltige Lehmböden). Die Rebsortenvielfalt ist groß, reicht von Müller-Thurgau, Silvaner, Riesling, Portugieser und Spätburgunder über Scheurebe, Dornfelder, Chardonnay, Weißburgunder und Grauburgunder hin zu Huxelrebe, Würzer, Regent und Frühburgunder. Sohn Stefan hat nach seiner Weinküferlehre das Studium in Geisenheim abgeschlossen, ist nun für den Weinausbau verantwortlich.

Kollektion

Die 2016er Gutsweine sind klar und frisch, am besten gefallen uns die beiden weißen Burgunder, die beide auf dem Rückenetikett noch das Prädikat Spätlese zeigen: Der Weißburgunder, trocken ausgebaut, auch wenn dies nicht auf dem Etikett steht, ist füllig und kraftvoll, besitzt reife Frucht und Substanz, der Grauburgunder ist wunderschön reintönig, zeigt gelbe Früchte, besitzt reife Frucht und gute Struktur. Der Appenheimer Silvaner ist klar, frisch und zupackend, Frühburgunder und Pinot Noir sind fruchtbetont und reintönig. An der Spitze der Kollektion stehen einmal mehr die beiden Lagen-Rieslinge, die wir im Jahrgang 2016 gleichauf sehen. Der Wein aus dem Hundertgulden zeigt herrlich viel Frucht, rauchige Noten, ist füllig und kraftvoll, besitzt gute Struktur, Druck und Biss, ist noch sehr jugendlich und puristisch wie auch sein Kollege aus dem Honigberg, der reife Frucht besitzt, gute Struktur und viel Präzision.

Weinbewertung

81	2016 Silvaner trocken **12 %/5,40 €**
79	2016 Riesling Spätlese trocken **12 %/5,90 €**
83	2016 Weißer Burgunder Spätlese **13 %/5,90 €**
83	2016 Grauer Burgunder Spätlese trocken **13 %/5,90 €**
81	2016 Riesling Kabinett trocken „auf dem See" **11,5 %/6,20 €**
84	2016 Silvaner Spätlese trocken Appenheimer **12,5 %/7,20 €**
86	2016 Riesling trocken Appenheimer Hundertgulden **12 %/9,30 €**
86	2016 Riesling trocken Nieder-Hilbersheimer Honigberg **12 %/9,30 €**
81	2016 Blauer Spätburgunder Classic **12 %/5,90 €**
82	2016 Blauer Frühburgunder Spätlese trocken **13,5 %/7,20 €**
84	2015 Pinot Noir Spätlese trocken Appenheimer **13,5 %/6,20 €**
84	2015 Frühburgunder Auslese trocken Appenheimer **13,5 %/10,30 €**

Schloss Eberstein

★★

KONTAKT

Schloss Eberstein 1
76593 Gernsbach
Tel. 07843-9959217
Fax: 07843-9959215
www.weingut-schloss-eberstein.de
info@weingut-schloss-eberstein.de

Inhaber
Jürgen Decker & Ernst Möschle
Kellermeister
Urban Jung
Rebfläche
11 Hektar
Produktion
70.000 Flaschen

BESUCHSZEITEN

Vinothek im Schlosshof, Fr.-So. und an Feiertagen 14-19 Uhr

Seit dem 14. Jahrhundert existierten Reben auf Schloss Eberstein, in den neunziger Jahren des letzten Jahrhunderts gaben die Markgrafen von Baden den Weinbau auf. Mit dem Erwerb von Schloss Eberstein begannen Gerd und Jörg Overlack in den Jahren 2002 und 2003 mit der Neubepflanzung der Lage, die einst den Namen Grafensprung trug, und die nördlichste Lage in der Ortenau ist. Der Boden hier im Murgtal besteht aus rotem Granit. Spätburgunder und Riesling hat man gepflanzt, dazu Merlot, Weißburgunder und Sauvignon Blanc. Erster offizieller Jahrgang war 2005. Die Weißweine werden kühl vergoren und im Edelstahl, die Rotweine nach Saftabzug offen maischevergoren und etwa 18 Monate im Fass ausgebaut. Die Weine sind betriebsintern mit ein bis drei Sternen klassifiziert. Alle Weine werden durchgegoren ausgebaut. 2012 haben der Ortenauer Unternehmer Ernst Möschle, der Behälter für die Wein- und Fruchtsaftindustrie baut, sowie Jürgen Decker, langjähriger Geschäftsführer des Winzerkellers Hex vom Dasenstein, das Gut übernommen.

Kollektion

Riesling, sonst meist in drei Varianten vorgestellt, wurde im Jahrgang 2016 überhaupt nicht vorgestellt. Dafür gibt es Gewürztraminer als Wein und als Sekt, beide überzeugen mit sortentypischer Frucht. Daneben gefällt uns im weißen Segment der frische, zupackende Sauvignon Blanc besonders gut. Die Rosés sind lebhaft und frisch, etwas süßer als die sonst durchgegorenen Weine. Die Verbindung aus Spätburgunder und Merlot will uns nicht so recht überzeugen, das Spätburgunder-Trio aber präsentiert sich in starker Form, die Weine sind fruchtbetont und kraftvoll, bieten mit jedem Stern eine weitere Steigerung hinsichtlich Konzentration und Fülle, die 3 Sterne-Variante zeigt rauchige Noten, etwas Schokolade, besitzt gute Struktur und Frucht.

Weinbewertung

84	Gewürztraminer Sekt trocken **12 %/17,- €**
83	2016 Weißburgunder** trocken **13,5 %/13,50 €**
81	2015 Grauburgunder** trocken **14 %/13,50 €**
83	2016 Grauburgunder** trocken **14 %/13,50 €**
84	2016 Sauvignon Blanc** trocken **13 %/17,90 €**
84	2016 Gewürztraminer** trocken **13 %/15,50 €**
82	2016 Spätburgunder Rose* trocken **12,5 %/8,50 €**
84	2016 Spätburgunder Rosé** trocken **12,5 %/10,50 €**
83	2014 Spätburgunder* trocken **13 %/9,50 €**
85	2014 Spätburgunder** trocken **13 %/19,50 €**
82	2015 Spätburgunder + Merlot** trocken **13 %/21,- €**
88	2014 Spätburgunder*** trocken **13,5 %/35,50 €**

SCHLOSSGUT EBRINGEN

★★★☆

KONTAKT

Schlossplatz 1
79299 Ebringen
Tel. 07664-6805
Fax: 07664-60695
www.schlossgut-ebringen.de
andreas.engelmann@
schlossgut-ebringen.de
schlossgut@wein-ebringen.de

Geschäftsführer
Klaus Ruh
Gutsverwalter
Andreas Engelmann
Rebfläche
7,5 Hektar
Produktion
45.000 Flaschen

BESUCHSZEITEN

nach Vereinbarung

Mit dem Jahrgang 2003 hat die Winzergenossenschaft Ebringen ein Projekt unter der Führung von Andreas Engelmann ins Leben gerufen: Sie hat Weinberge von ihren Mitgliedern gepachtet und Andreas Engelmann bewirtschaftet diese mit seinem Team. Die Reben wachsen in der Lage Ebringer Sommerberg auf mäßig kalkhaltigen Lösslehmböden oder tonigem Lehm, teils auf Mergel- und Kalkverwitterungsböden, teils mit hohem Steingehalt. Die Weine werden im alten Schlosskeller ausgebaut und unter dem Namen Schlossgut Ebringen vermarktet. Man konzentrierte sich anfangs ganz auf Pinot: Pinot Blanc, Pinot Gris und Pinot Noir. Seit 2007 ergänzen Sauvignon Blanc und Gutedel das Sortiment, seit 2014 stehen Lagenweine an der Spitze des Sortiments, die Gewannnamen wie Schädler, Klämle, Biegarten oder Leinele tragen.

Kollektion

Andreas Engelmann und sein Team geben weiter Gas. Der leicht erdbeerduftige Sekt gefällt uns sehr gut, die weißen Gutsweine sind frisch und klar. Eine deutliche Steigerung bringt die S-Klasse mit einem cremigen Chasselas, einem floralen Sauvignon Blanc und dem würzigen, zupackenden Weißburgunder. Unsere Favoriten in diesem Segment sind der kraftvolle, strukturierte Grauburgunder und der wunderschön reintönige, geradlinige Pinot Noir. Bärenstark sind dann die Lagenweine. Der Schädler-Chardonnay besitzt Fülle und Kraft, viel reife Frucht und gute Struktur. Noch etwas besser gefällt uns der Sauvignon Blanc aus dem Klämle, der rauchige Noten und gute Konzentration zeigt, herrlich strukturiert und druckvoll ist. Der Biegarten-Pinot Noir besitzt Fülle und Kraft, wie in den beiden Vorjahren aber gefällt uns der Wein aus dem Leinele ein klein wenig besser, der herrlich präzise und reintönig ist, druckvoll, noch enorm jugendlich. Im Aufwind!

Weinbewertung

85 2015 Pinot Noir Rosé Crémant brut **12 %/13,90 €**
83 2016 Weißburgunder trocken **13 %/8,30 €**
83 2016 Grauburgunder trocken **13 %/8,50 €**
85 2015 Chasselas „S" trocken **12,5 %/9,90 €**
86 2016 Weißburgunder „S" trocken **13,5 %/10,90 €**
87 2016 Grauburgunder „S" trocken **13,5 %/11,90 €**
86 2016 Sauvignon Blanc „S" **12,5 %/11,90 €**
90 2016 Sauvignon Blanc Ebringer „Klämle" **13,5 %/17,90 €**
89 2015 Chardonnay Ebringer „Schädler" **13,5 %/15,90 €**
87 2014 Pinot Noir „S" **13 %/12,90 €**
89 2014 Pinot Noir Ebringer „Biegarten" **13,5 %/24,50 €**
90 2014 Pinot Noir Ebringer „Leinele" **13 %/39,- €**

Ehrhart

★★

KONTAKT

Weinstraße 2
76831 Eschbach
Tel. 06345-7474
Fax: 06345-7474
www.weingut-ehrhart.de
mail@weingut-ehrhart.de

Inhaber
Reinhold & Benjamin Ehrhart
Rebfläche
11 Hektar

BESUCHSZEITEN

April-Okt. Mo.-Fr. 13-17 Uhr, Sa. 10-17 Uhr und gerne nach Vereinbarung; Winter nach Vereinbarung

Die Familie Ehrhart füllte 1959 den ersten Wein unter ihrem Namen, 1988 übernahmen Reinhold und Ute Ehrhart den Betrieb und erweiterten ihn auf die heutige Größe. Mittlerweile ist Sohn Benjamin nach seiner Ausbildung zum Weinbautechniker für den Weinausbau verantwortlich und dreht an der Qualitätsschraube. Die Weinberge liegen rund um Eschbach, die besten Lagen der Familie sind der Leinsweiler Sonnenberg, der Ilbesheimer Rittersberg und der Eschbacher Hasen. Wichtigste Rebsorten im Betrieb sind Riesling und Spätburgunder, daneben gibt es Weiß- und Grauburgunder, Sauvignon Blanc, Gewürztraminer, Morio-Muskat, Dornfelder und Schwarzriesling.

Kollektion

Die eigenständigen, mehr auf Würze als auf vordergründige Frucht angelegten Weißweine von Benjamin Ehrhart schätzen wir seit einigen Jahren, aber in diesem Jahr überrascht er uns zudem mit seinen bisher stärksten Rotweinen: Der Spätburgunder vom Sonnenberg zeigt reintönige Schwarzkirschfrucht und Krokantwürze, ist harmonisch und elegant mit animierender Säure und guter Struktur, fast genauso gut ist der kraftvolle Cabernet Sauvignon, der Noten von Pflaumen und Cassis zeigt, ein noch jugendliches Tanningerüst und gute Struktur besitzt. Der Eschbacher Spätburgunder ist schlank, harmonisch und elegant, der Portugieser ist ausgewogen mit dezenter röstiger Würze. Die „Inceptum"-Cuvée aus Weißburgunder und Scheurebe ist sehr aromatisch mit Cassis, Zitruswürze, floralen Noten und dezentem Holz, die Cuvée aus Grau- und Weißburgunder zeigt etwas deutlicheres Holz, aber auch viel klare Frucht. Die Weißburgunder- und Sauvignon Blanc-Gutsweine sind reintönig, der Leinsweiler Riesling ist schlank und würzig mit Noten von Tabak und Brotkruste, der Eschbacher Chardonnay ist ebenfalls schlank, frisch und animierend mit feiner floraler Würze.

Weinbewertung

83 2015 Sauvignon Blanc trocken **12,5 %/6,- €**
83 2016 Weißburgunder trocken **12,5 %/5,- €**
86 2016 „Inceptum" Weißwein trocken **13 %/10,- €**
86 2016 Grauburgunder & Weißburgunder trocken Ilbesheim **12,5 %/7,50 €**
85 2016 Chardonnay trocken Eschbach **12,5 %/7,- €**
84 2016 Riesling trocken Leinsweiler **11,5 %/7,50 €**
83 2016 Cabernet Sauvignon & Pinot Meunier Rosé trocken **12 %/7,- €**
83 2015 Spätburgunder trocken Göcklingen **13 %/7,- €**
85 2015 Portugieser „R" trocken Eschbach **12,5 %/10,- €**
86 2015 Spätburgunder „R" trocken Eschbach **12,5 %/12,- €**
87 2014 Cabernet Sauvignon trocken Leinsweiler Sonnenberg **14 %/17,- €**
88 2015 Spätburgunder trocken Leinsweiler Sonnenberg **13 %**

Carl Ehrhard

★★★★

KONTAKT

Geisenheimer Straße 3
65385 Rüdesheim
Tel. 06722-47396
Fax: 06722-406690
www.carl-ehrhard.com
info@carl-ehrhard.com

Inhaber
Carl & Petra Ehrhard
Rebfläche
8,5 Hektar
Produktion
40.000 Flaschen

BESUCHSZEITEN

Vinothek Mo.-Fr. 15-18:30 Uhr, Sa. 10-14 Uhr und nach Vereinbarung
kulinarische Weinproben, private Feiern, Veranstaltungen vieler Art

Carl und Petra Ehrhard haben das traditionsreiche Weingut 1998 übernommen, führen in fünfter Generation den Betrieb. Zuvor hatten sie eine zeitlang in Stellenbosch gewohnt, mit dem Gedanken gespielt, in Südafrika zu bleiben und dort Wein zu erzeugen. Ihre Weinberge liegen alle in Rüdesheim, in den Lagen Berg Rottland und Berg Roseneck, aber auch in Bischofsberg, Klosterberg, Klosterlay und Kirchenpfad. Neben 85 Prozent Riesling bauen sie Spätburgunder und ein klein wenig Grauburgunder an. Die Weine werden in einem Gewölbekeller ausgebaut, der Ende des 19. Jahrhunderts erbaut wurde. Die Weine werden überwiegend spontanvergoren und hauptsächlich im Holz, teilweise aber auch im Edelstahl ausgebaut. Carl Ehrhard hat in den letzten Jahren in neue Stückfässer investiert. Die Urstücks-Weine werden im Stückfass spontanvergoren, bleiben bis Juli auf der Feinhefe und werden nur vor der Abfüllung einmal leicht filtriert. Für diese Urstücks-Weine, die ursprünglich durchnummeriert waren, nutzt Carl Ehrhard seit dem Jahrgang 2014 zur Differenzierung Gewannnamen wie Kuhweg (Bischofsberg), Unterer und Oberer Platz (Berg Roseneck) und Rottland, Wilgert und Am Brunnen im Berg Rottland. Die Spätburgunder werden 12 bis 18 Tage auf der Maische vergoren, dann teils in neuen und gebrauchten Barriques ausgebaut, teils im großen Holzfass, bleiben zwischen 12 und 18 Monaten im Holz und werden unfiltriert abgefüllt. Das Gros der Weine wird trocken oder feinherb ausgebaut. Dem Weingut ist ein Gutsausschank und eine Winebar angeschlossen, die ganzjährig geöffnet hat und auch Weine anderer Weingüter anbietet.

Kollektion

Auch mit dem Jahrgang 2016 bekommen wir wieder animierende, konzentrierte und strukturierte Rieslinge mit individueller Handschrift ins Glas, die zur Spitze der Region gehören. Der Gutsriesling aus Rüdesheim bietet Trinkanimation, der trockene Kabinett ist mineralisch, präzise und pointiert. Der trockene Kabinett aus dem Rottland mit seiner reifen Frucht, guten Konzentration und beharrlichen, herb-frischen Art bietet einen schönen Einstieg in den Stil des Hauses. Die „Urstück" Rieslinge aus differenzierten Parzellen Rüdesheimer Lagen sind nicht nur in dieser Hinsicht wieder eine Klasse für sich. Der „Backhaus" Riesling aus der Klosterlay ist vollmundig, saftig und aufgeschlossen, bleibt lange und stoffig. Der Bischofsberg „Kuhweg" ist würzig und zugänglich, frisch, kraftvoll und lang. Der „Untere Platz" aus dem Berg Roseneck beeindruckt mit kompakter Struktur, er ist fein, mineralisch durchdrungen, endet lang mit ätherischer Frische.

Prägnant mineralisch präsentiert sich der „Wilgert" aus dem Berg Rottland schon im Duft, es folgt ein klarer Geschmack mit intensiver Würze, aber auch kühler mineralischer Ader, die sich bis in den langen dezent salzigen Nachgeschmack hält. Die Parzelle „Urstück Rottland" aus derselben Lage ist reifer und eindringlicher, körperreich, dabei nicht so filigran, jedoch urwüchsig kraftvoll und intensiv lang. Der „Am Brunnen" bietet wieder mehr Kühle, er ist noch sehr verschlossen, gerbstoffherb, dabei baut er einen unwiderstehlich subtilen Druck auf, der ihn zusammen mit seiner eindringlichen Säureader zu einem Lagerwein par excellence macht. Er bietet so das größte Lagerpotenzial der Rottland Rieslinge, sein immer durchscheinender reifer Fruchtkern, wird ihn zu einem großzügigen, mineralischen Rheingauer heranreifen lassen. Vergessen sollte man in diesem Reigen eigenständiger Rieslinge auf keinen Fall den feinherben Riesling „Oberer Platz" aus dem Roseneck, mit seiner vollmundig reifen Frucht, der mit großer Kraft und markanter Gerbstoffwürze punktet. Der feinherbe Rüdesheimer Kabinett ist säurebetont und herb, die Fruchtsüße dringt kaum durch, es wird interessant sein, seine Entwicklung zu verfolgen. Auch die fruchtigen Rieslinge sind ausgesprochen gut, die Spätlese aus dem Rottland ist feinsaftig, würzig und animierend, die aus dem Roseneck konzentriert wie eine Auslese, würzig, auf Topniveau. Die Auslese aus dem Rottland wirkt dagegen kompakt und kühl, sie wird lange brauchen, um ihr Potenzial zu entfalten.

E

Weinbewertung

85 2016 Riesling trocken Rüdesheim **12 %/7,50 €**
86 2016 Riesling Kabinett trocken Rüdesheim **11,5 %/8,50 €**
87 2016 Riesling Kabinett trocken Rüdesheim Berg Rottland **11,5 %/9,50 €**
87 2016 Riesling Rüdesheimer Klosterlay „Backhaus" **12 %/9,50 €**
88 2016 Riesling trocken „Urstück Kuhweg" Rüdesheim Bischofsberg **12 %/13,- €**
89 2016 Riesling trocken „Urstück Unterer Platz" Berg Roseneck **12,5 %/15,- €**
90 2016 Riesling Spätlese trocken Rüdesheimer Berg Rottland **12,5 %/17,- €**
90 2016 Riesling trocken „Urstück Wilgert" Rüdesheim Berg Rottland **12,5 %/17,- €**
91 2016 Riesling trocken „Urstück Rottland" Berg Rottland **12,5 %/17,- €** ☺
92 2016 Riesling „Urstück Am Brunnen" Berg Rottland **12,5 %/19,- €** ☺
89 2016 Riesling trocken „Urstück Oberer Platz" Berg Roseneck **12,5 %/15,- €**
86 2016 Riesling Kabinett „feinherb" Rüdesheim **11,5 %/9,50 €**
88 2016 Riesling Spätlese Rüdesheim Berg Rottland **7,5 %/15,- €**
91 2016 Riesling Spätlese Berg Roseneck **7,5 %/15,- €/0,375l**
90 2016 Riesling Auslese Rüdesheim Berg Rottland **7,5 %/20,50 €/0,375l**

LAGEN

BERG ROTTLAND (RÜDESHEIM)
BERG ROSENECK (RÜDESHEIM)
BISCHOFSBERG (RÜDESHEIM)
KIRCHENPFAD (RÜDESHEIM)
KLOSTERBERG (RÜDESHEIM)
KLOSTERLAY (RÜDESHEIM)

REBSORTEN

RIESLING (85 %)
SPÄTBURGUNDER (13 %)
GRAUBURGUNDER (2 %)

Bernhard Eifel

★★★☆

KONTAKT

Laurentiusstraße 17
54340 Trittenheim
Tel. 06507-5972
Fax: 06507-6460
www.weingut-bernhard-eifel.de
bernhard.eifel@t-online.de

Inhaber
Bernhard Eifel
Rebfläche
5,5 Hektar
Produktion
45.000 Flaschen

BESUCHSZEITEN

9-18 Uhr nach Vereinbarung
Gästehaus, Weinwanderungen, Fahrradtouren, kulinarische Veranstaltungen

Bis ins 17. Jahrhundert lässt sich die Weinbautradition in der Familie zurückverfolgen, seit 1976 führen Bernhard und Marietta Eifel das Gut. Ihre Tochter Alexandra hat nach Lehrjahren bei Rebholz und Heymann-Löwenstein in Geisenheim studiert, ist seit 2008 zusammen mit ihrem Vater für den Weinausbau verantwortlich. Zusammen mit ihrem Ehemann Christoph Clüsserath gründete sie das eigene nach ihrem Gatten benannte Weingut. Die Weinberge von Bernhard Eifel liegen in Trittenheim in den Lagen Apotheke und Altärchen, im Longuicher Maximiner Herrenberg und im Schweicher Annaberg, wo teilweise wurzelechte, bis zu 100 Jahre alte Reben stehen. Riesling dominiert im Anbau, nimmt 96 Prozent der Rebfläche ein, daneben gibt es ein klein wenig Weiß- und Grauburgunder. Die Weine werden zum Teil spontanvergoren, teils im Edelstahl, teils im Holz ausgebaut. Dem Weingut ist ein Gästehaus angeschlossen, allerdings wurde das viele Jahre geführte Restaurant inzwischen geschlossen; kulinarische Veranstaltungen werden indes weiter angeboten.

Kollektion

Der neue Jahrgang überzeugt bereits in der Basis. Der „Maximilian E." ist fest, angenehm trocken, besitzt dennoch viel Schmelz. Vibrierend präsentiert sich der Riesling „vom Rotliegenden", der feste, subtile Riesling aus der Apotheke ist der trockene Spitzenwein des Jahrgangs. Spannender ist der „Wurzelechte", der straff ist und eine animierende Säure besitzt. Der feinherb vinifizierte „Alex E." zeigt viel Schmelz und eine überzeugende Länge. Unter den süßen Weinen gefällt die balancierte Spätlese aus dem Annaberg etwas besser als jene aus dem Maximiner Herrenberg. Bei den Auslesen wiederum wurde das Terroir perfekt herausgearbeitet: Jene aus der Apotheke ist mit Anklängen an getrockneten Apfel und dunkle Beeren am eindrucksvollsten.

Weinbewertung

86	2016 Riesling trocken „Maximilian E." Trittenheimer **12 %/9,- €**
88	2016 Riesling trocken Trittenheimer Apotheke **11,5 %/11,- €**
87	2016 Riesling „vom Rotliegenden" Schweicher **10,5 %/9,- €**
89	2016 Riesling „Der Wurzelechte" Schweicher Annaberg **12 %/16,- €**
87	2016 Riesling „feinherb" Trittenheimer Apotheke **11 %/9,- €**
88	2015 Riesling „Alex E." „feinherb" Maximiner Herrenberg **11,5 %/13,- €**
87	2016 Riesling „Alex E." „feinherb" Maximiner Herrenberg **11,5 %/13,- €**
88	2016 Riesling Spätlese Longuicher Maximiner Herrenberg **7,5 %/10,- €** ☺
89	2016 Riesling Spätlese Schweicher Annaberg **7,5 %/10,- €** ☺
90	2016 Riesling Auslese Trittenheimer Altärchen **7 %/12,50 €/0,5l**
91	2016 Riesling Auslese Trittenheimer Apotheke **7 %/15,- €/0,5l**
91	2016 Riesling Auslese Schweicher Annaberg **7 %/12,50 €/0,5l**

ERNST EIFEL

★★

KONTAKT

Johannes-Tithemius-Straße 21
54349 Trittenheim
Tel. 06507-2632
Fax: 06507-6683
www.weinguteifel.de
info@weinguteifel.de

Inhaber
Ernst & Marlene Eifel, Christoph Eifel
Rebfläche
6 Hektar

BESUCHSZEITEN

täglich 8-18 Uhr
Gästehaus „Moselkloster" (45 Betten)

Seit 1635 bewirtschaftet die Familie Eifel Weinberge in Trittenheim. 1980 hat Ernst Eifel einen Teil des Betriebes von seinem Vater übernommen (den anderen Teil sein Bruder Bernhard, siehe vorherigen Eintrag). Die Weinberge von Ernst und Marlene Eifel befinden sich in den Lagen Trittenheimer Apotheke, Trittenheimer Altärchen und im Neumagener Rosengärtchen. Sie bauen auf sechs Hektar zu 90 Prozent Riesling an, Weißburgunder und Müller-Thurgau ergänzen das Angebot. Sohn Christoph ist nach seiner Winzerausbildung beim Sankt Urbanshof und bei Schloss Lieser sowie dem Studium in Geisenheim zusammen mit seinen Eltern verantwortlich für den Betrieb. Dem Weingut ist ein großes Gästehaus, Moselkloster genannt, angeschlossen, das über 45 Betten verfügt.

Kollektion

Im Jahre 2015 wurden gleich mehrere edelsüße Spitzen vorgestellt, unter denen die dreifach besternte Beerenauslese – saftig, dicht, aber nicht übertrieben süß – am besten gefiel, allerdings war schon die trockene Basis überaus erfreulich. Mit den Weinen das Jahrgangs 2016 gelingt dem Weingut eine weitere überzeugende Kollektion. Der Literriesling ist beispielsweise ein Schnäppchen, wirkt stoffig und saftig, die trockene Spätlese scheint etwas verschlossen, ist aber kraftvoll und nachhaltig. Auch wenn das Große Gewächs da keine dramatische Steigerung darstellt, macht es viel Spaß mit seiner geradlinigen Art. Mit der dreifach besternten Spätlese, duftig mit Anklängen an Kernobst, und den beiden Auslesen kann das Weingut auch diesmal im süßen Bereich punkten. Die letztgenannten Weine sind bemerkenswert elegant und weisen für Auslesen vergleichsweise wenig Süße auf, wirken saftig und elegant. Sie sind wirklich zum Trinken gemacht, nicht nur zum Verkosten!

Weinbewertung

84	2016 Riesling trocken (1l) **12 %/7,40 €**
85	2016 Riesling trocken Trittenheimer **11,5 %/7,50 €**
86	2016 Riesling Spätlese trocken „Schiefergestein" **12 %/10,- €**
88	2016 Riesling Spätlese trocken Trittenheimer Apotheke **12 %/11,- €**
88	2016 Riesling trocken „GG" Trittenheimer Apotheke **12 %/15,80 €**
83	2016 Riesling halbtrocken (1l) **11 %/7,40 €**
85	2016 Riesling Kabinett halbtrocken Trittenheimer Apotheke **11,5 %/8,50 €**
88	2016 Riesling Spätlese „Alte Reben" Trittenheimer Apotheke **8 %/10,50 €**
88	2016 Riesling Auslese Trittenheimer Apotheke **8 %/14,- €/0,5l**
89	2016 Riesling Auslese*** Trittenheimer Apotheke **7,5 %/17,- €/0,5l**

Franz-Josef Eifel

★★★★☆

KONTAKT

Engelbert-Schue-Weg 2
54349 Trittenheim
Tel. 06507-70009
Fax: 06507-7139
www.fjeifel.de
info@fjeifel.de

Inhaber
Franz-Josef Eifel
Rebfläche
5 Hektar
Produktion
30.000-35.000 Flaschen

BESUCHSZEITEN

nach Vereinbarung
Gästehaus

Das Weingut, etwas versteckt in Trittenheim gelegen, wird seit 1985 in vierter Generation von Franz-Josef Eifel geführt, 1976 war der erste Jahrgang, den er selbst vinifizierte. Mit 1,3 Hektar fing er an, heute verfügt er über 5 Hektar Weinberge in den Trittenheimer Lagen Apotheke und Altärchen, erwähnenswert sind vor allem die Parzellen Jungheld und Sonnenfels. Riesling, mit bis zu 80 Jahre alten Reben, nimmt 95 Prozent seiner Rebfläche ein, dazu gibt es ein wenig Weißburgunder und inzwischen auch einen kleinen Anteil Scheurebe. Die Weinberge werden biologisch bewirtschaftet (Ecovin). Franz-Josef Eifel vergärt seine Weine recht kühl und langsam, teilweise mit den eigenen Hefen. Ausgebaut werden sie teils in Edelstahltanks, teils in Fuderfässern. Das Sortiment ist in drei Stufen gegliedert. Die Basis bilden die Kabinettweine und der Riesling „Su wie frieja", der aus einer 2005 neu gepflanzten Steilhangparzelle stammt. Das Mittelsegment bilden Steillagenweine aus der Apotheke von 50 Jahre alten Reben, zwischen 1961 und 1964 gepflanzt, jeweils trocken, feinherb und süß, die feinherbe Variante stammt aus dem Jungheld, einer Teillage der Apotheke. Die Topweine, ebenfalls jeweils eine trockene, feinherbe und süße Variante, kommen von kleinen Felsenterrassen mit wurzelechten Reben in der Apotheke, bis zu 80 Jahre alt, heißen Sonnenfels, „Die große Leidenschaft" und Goldstückchen. Gelegentlich werden auch Eisweine und Beerenauslesen ausgebaut, auch mit Sekt kann Franz-Josef Eifel punkten. Die Weine werden spontanvergoren, normalerweise; Franz-Josef Eifel denkt nicht daran, allzu viele Dogmen aufzustellen oder die Weine so zu vinifizieren, wie es die aktuelle Mode zufällig gerade vorgibt. Sein Programm ist ausgereift, die Philosophie sehr nachvollziehbar. Seit der ersten Ausgabe empfehlen wir das Weingut als einen der Top-Betriebe an der Mosel.

Kollektion

Im Jahr 2014 hatte Franz-Josef Eifel nicht nur sehr präzise gearbeitete Rieslinge vorgestellt, sondern auch einen höchst erfreulichen, straffen, sortentypischen Weißburgunder. Die trockene Spätlese aus 2004 bewies, wie gut auch die durchgegorenen Weine zu reifen vermögen. Im letzten Jahr lief das Weingut zur Höchstform auf. Mit den Bedingungen des Jahrgangs 2015 war Franz-Josef Eifel ausgezeichnet zurechtgekommen, die Weine wirkten gehaltvoll, ohne im Geringsten breit zu sein, waren dicht und voller Würze. Mit der „Großen Leidenschaft" dürften auch Genießer glücklich werden, die sonst keinen feinherben Wein schätzen, so balanciert war er. Eine Auslese zeigte den typisch eleganten, ruhigen, unaufdringlichen Süßweinstil des Hauses. Die trockenen Weine des Jahrgangs 2016 unterscheiden sich von den Vorgängern, sind straffer, deutlich würzig, bestens balanciert. Schon beim Kabinett aus der Apotheke wird dies deutlich: Dieser Einsteigerriesling besitzt mehr Substanz als die trockenen Spitzenrieslinge bei vielen Kollegen. Der Riesling von alten Reben aus der Apotheke ist herrlich eindringlich und reintönig, füllig und saftig, besitzt viel Substanz und Länge. Der Sonnenfels-Riesling ist weniger ein puristisch trockener Wein als vielmehr ein saftiger Riesling mit Noten von Kräutern und Kernobst, Struktur und Schmelz, lang und faszinierend. Der feinherbe Bereich bietet einen wunderschön reintönigen, lebhaften Kabinett aus dem Altärchen, wird von der „Jungheld"-Spätlese, die straff, druckvoll und saftig ist, sowie der noch etwas unzugänglichen aber herrlich konzentrierten und stoffigen „Großen Leidenschaft" gekrönt, aber bereits der straffe, wenig süße „Su wie frieja" besitzt überdurchschnittlich viel Spiel. Der süße Bereich fällt 2016 überschaubar aus, ist aber nicht weniger gelungen. Der Kabinett aus dem Altärchen ist herrlich fruchtig, klar und duftig, die Spätlese von alten Reben aus der Apotheke besitzt eine mineralische Würze, und dass sich hinter dem „Goldstückchen" ein Riesling mit großartigem Süße-Säure-Spiel, Anklängen an kandierten Apfel und frische Ananas sowie faszinierender Länge verbirgt, muss man eigentlich nicht ausdrücklich schreiben. Eine Auslese aus 2013 begeistert mit würziger Kräuternote, ist eher zurückhaltend in der Nase, im Mund dann ausgesprochen präzise, frisch, animierend – was man nicht von jeder Auslese an der Mosel sagen kann – und faszinierend lang.

Weinbewertung

87	2016 Riesling Kabinett trocken Trittenheimer Apotheke	**10,5 %/9,80 €**
90	2016 Riesling trocken „Alte Reben" Trittenheimer Apotheke	**11,5 %/18,- €**
92	2016 Riesling trocken „Sonnenfels" Trittenheimer Apotheke	**12 %/26,- €**
89	2016 Riesling „Su wie frieja" Trittenheimer Apotheke	**11 %/12,- €** ☺
88	2016 Riesling Kabinett „feinherb" Trittenheimer Altärchen	**9,5 %/9,80 €** ☺
90	2016 Riesling Spätlese „feinherb Jungheld" Trittenheimer Apotheke	**10 %/18,- €**
91	2016 Riesling Auslese „feinherb Die große Leidenschaft" Apotheke	**10 %/22,- €**
87	2016 Riesling Kabinett Trittenheimer Altärchen	**7,5 %/9,80 €**
89	2016 Riesling Spätlese „Alte Reben" Trittenheimer Apotheke	**7 %/18,- €**
92	2016 Riesling Spätlese „Goldstückchen" Trittenheimer Apotheke	**7,5 %/22,- €**
92	2013 Riesling Auslese* Trittenheimer Apotheke	

LAGEN

APOTHEKE (TRITTENHEIM)
- JUNGHELD
- SONNENFELS
ALTÄRCHEN (TRITTENHEIM)
ROSENGÄRTCHEN (NEUMAGEN)

REBSORTEN

RIESLING (95 %)
WEISSBURGUNDER (5 %)

EISELE

★★☆

E

KONTAKT

Mittelgasse 1
74394 Hessigheim
Tel. 07143-272399
Fax: 07143-9098183
www.weingut-eisele.de
info@weingut-eisele.de

Inhaber
Alexander Eisele
Rebfläche
10,5 Hektar

BESUCHSZEITEN

Di.-Fr. 17-19 Uhr, Sa. 9-15 Uhr
oder nach Vereinbarung
„Gässles-Stüble"

Ein Vierteljahrhundert, seit 1989, gibt es das Weingut Eisele in Hessigheim, ein Familienbetrieb, der heute von Alexander Eisele geführt wird. Seine Weinberge, 2 Hektar davon in Steillagen, liegen im Neckartal, in Hessigheim (Felsengarten), Besigheim (Felsengarten, Wurmberg) und Mundelsheim (Rozenberg), wo die Reben überwiegend auf Muschelkalkböden, teils auf Keuper wachsen. Der Rebsortenspiegel ist umfangreich: Trollinger nimmt ein Fünftel der Fläche ein, es folgen Riesling, Lemberger und Schwarzriesling, dazu gibt es Grauburgunder, Sauvignon Blanc, Chardonnay, Kerner, Muskat-Trollinger, Acolon, Müller-Thurgau und Weißburgunder, inzwischen auch Cabernet Franc. Rote Rebsorten nehmen 70 Prozent der Fläche ein. Das Sortiment ist gegliedert in Gutsweine, Terroirweine, Editionsweine und S-Linie, die für im Holz ausgebaute Weine von Weinbergen mit niedrigem Ertrag steht, seit 2015 werden die Weine der S-Linie komplett spontanvergoren. 2017 wurde mit der Umstellung auf biologischen Weinbau begonnen.

Kollektion

Die neue Kollektion ist bärenstark. Alle vorgestellten Weine wurden spontanvergoren, alle enthalten immer auch einen kleinen Anteil von in gebrauchten Barriques ausgebautem Wein. Die weißen Terroir-Weine zeigen sehr gleichmäßiges Niveau, sie besitzen Struktur und Substanz, der intensive, etwas süße Sauvignon Blanc gefällt uns besonders gut. Der S-Riesling besitzt herrlich viel Frucht und Substanz. Die roten Editions-Weine sind kraftvoll und fruchtbetont, der Trollinger aus dem Wurmberg besitzt Fülle und Kraft, der Spätburgunder S zeigt rauchige Noten, besitzt gute Struktur und Frucht. Der Lemberger aus dem Wurmberg ist kraftvoll und strukturiert, ein klein wenig besser noch aber gefällt uns der Lemberger S, der reintönige Frucht besitzt, gute Struktur, Kraft und Frische.

Weinbewertung

83 2016 Riesling trocken „Terroir"
84 2016 Weißburgunder trocken „Terroir" **12 %/7,10 €**
84 2016 Grauburgunder trocken „Terroir" **12,5 %/6,40 €**
84 2016 Chardonnay trocken „Terroir" **12,5 %/6,90 €**
85 2016 Sauvignon Blanc trocken „Terroir" **11,5 %/7,40 €**
86 2015 Riesling trocken „S-Linie" **13 %/13,80 €**
86 2015 Trollinger trocken „Monte Casei" Besigheimer Wurmberg **12,5 %/8,- €**
84 2015 Spätburgunder trocken „Edition" **13,5 %/9,40 €**
85 2015 Lemberger trocken „Edition" **13,5 %/9,40 €**
87 2015 Spätburgunder trocken „S-Linie" **13,5 %/13,80 €**
88 2015 Lemberger trocken „S-Linie" **13,5 %/13,80 €**
87 2015 Lemberger trocken „Monte Casei" Hessigheimer Wurmberg **13,5 %/14,- €**

BERNHARD ELLWANGER

★★★

E

KONTAKT

Rebenstraße 9
71384 Weinstadt-Großheppach
Tel. 07151-62131
Fax: 07151-603209
www.weingut-ellwanger.com
info@weingut-ellwanger.com

Inhaber
Familie Ellwanger
Rebfläche
31 Hektar
Produktion
220.000 Flaschen

BESUCHSZEITEN

Mo./Di./Do./Fr. 10-12 +14-18:30 Uhr, Sa. 9:30-14 Uhr

Bernhard und Ingrid Ellwanger gründeten 1975 das Weingut, mit einem halben Hektar Weinberge. Heute gehört das Gut mit 31 Hektar zu den großen Weingütern in der Region gehört. Die Weinberge liegen vor allem in Großheppach, Schorndorf und Geradstetten. 60 Prozent der Fläche nehmen rote Sorten ein. Wichtigste Weißweinsorte ist Riesling, danach folgt Sauvignon Blanc. Seit 1999, nach Geisenheim-Studium und Aufenthalt in Neuseeland, ist Sohn Sven im Betrieb tätig und für den Keller verantwortlich.

Kollektion

Die neue Kollektion ist stark, das Einstiegsniveau ist hoch, wie der frische, zupackende Gutsriesling beweist. Der Riesling vom bunten Mergel ist klar und füllig, der Oberholz besitzt reife Frucht, Frische und Biss, der füllige, saftige SL ist 2015 ein klein wenig zu süß geraten, was ihm die Spannung nimmt. Der Höhenluft-Sauvignon Blanc ist kraftvoll, stoffig und zupackend, der Junges Schwaben intensiver und konzentrierter bei merklicher Süße. Die Auslese ist reintönig und zupackend, die litschiduftige Kleine Eiszeit ist konzentriert, noch eindringlicher und dominanter ist der Eiswein vom Muskattrollinger. Auch im roten Segment überzeugt schon die Basis mit dem strukturierten Nero, der Spätburgunder vom bunten Mergel ist faszinierend fruchtbetont und reintönig, der SL kraftvoll und strukturiert. Die Lemberger sind stoffig, kraftvoll, tanninbetont, der Klingenberg-Syrah besitzt intensive Frucht, Brombeeren, florale Noten, Tannine und Biss.

Weinbewertung

84	2016 Riesling trocken „G“ **11,5 %/7,20 €**
86	2015 Riesling trocken „vom bunten Mergel“ **13 %/9,40 €**
86	2016 Sauvignon Blanc trocken „Höhenluft“ **12,5 %/9,40 €**
89	2015 Riesling trocken „Oberholz“ Geradstettener Lichtenberg **12,5 %/14,90 €**
87	2015 Chardonnay trocken Geradstettener Lichtenberg **14 %/16,90 €**
88	2015 Riesling „SL“ Großheppacher Steingrüble **13 %/19,90 €**
88	2015 Sauvignon Blanc trocken „Junges Schwaben“ **13,5 %/24,90 €**
87	2016 Riesling Auslese „SL“ Großheppacher Steingrüble **9 %/12,90 €/0,375l**
88	2016 „Die kleine Eiszeit“ Eiswein **9,5 %/15,- €/0,375l**
90	2016 Muskattrollinger Rosé Eiswein **8,5 %/25,- €/0,375l**
85	2015 „Kreation Nero“ Rotwein trocken **13,5 %/9,80 €**
87	2015 Spätburgunder trocken „vom bunten Mergel“ **13 %/12,90 €**
(89)	2015 Spätburgunder trocken „SL“ Großheppacher Steingrüble **28,90 €**
89	2014 Lemberger trocken „SL“ Großheppacher Wanne **13 %/49,80 €/1,5l**
(89)	2015 Lemberger trocken „SL“ Großheppacher Wanne
89	2015 Syrah trocken „SL“ „Klingenberg“
86	2014 Spätburgunder Syrah trocken **16,90 €**

Jürgen Ellwanger

★★★★

KONTAKT

Bachstraße 21
73650 Winterbach
Tel. 07181-44525
Fax: 07181-46128
www.weingut-ellwanger.de
info@weingut-ellwanger.de

Inhaber
Jörg & Felix Ellwanger
Rebfläche
26 Hektar
Produktion
200.000 Flaschen

BESUCHSZEITEN

Di.-Fr. 8-12 + 15-19 Uhr,
Sa. 8-15 Uhr

Weinbau wird schon seit dem 16. Jahrhundert in der Familie betrieben, das heutige Weingut Ellwanger wurde 1949 von Gottlob Ellwanger gegründet. Jürgen Ellwanger vergrößerte den Betrieb und machte das Gut über Württemberg hinaus bekannt, war als Mitglied der 1986 gegründeten Hades-Gruppe einer der Pioniere des Barriqueausbaus in Deutschland. Heute führt sein Sohn Jörg Ellwanger den Betrieb zusammen mit Ehefrau Sylvia und unterstützt von seinem jüngsten Bruder Felix. Die Weinberge verteilen sich auf mehrere Gemeinden im Remstal. Wichtigste Lagen sind Winterbacher Hungerberg, Grunbacher Berghalde und Klingle, Hebsacker Lichtenberg und Schnaiter Altenberg, auch in Beutelsbach (Altenberg) und in Schorndorf (Grafenberg) besitzen die Ellwangers Weinberge. Die Ellwangers bauen zu 65 Prozent rote Sorten an, vor allem Lemberger, Trollinger und Spätburgunder, aber auch Zweigelt, Merlot (dem Hauptbestandteil im Nicodemus) und Syrah, sowie etwas Samtrot, Dornfelder, Regent, Cabernet Dorsa und Muskat-Trollinger. Mit Abstand wichtigste weiße Rebsorte ist Riesling, dazu gibt es Weißburgunder, Grauburgunder, Kerner und Chardonnay, seit einigen Jahren auch Sauvignon Blanc. Das Sortiment wurde inzwischen an das 4-stufige VDP-Modell angepasst. An der Spitze stehen die Großen Gewächse: Der Riesling aus dem Schnaiter Altenberg und der Weißburgunder aus dem Winterbacher Hungerberg, erstmals 2015 erzeugt, bilden zusammen mit den Hades-Weinen wie dem Grauburgunder und dem Nikodemus Candidus, einer Cuvée aus Kerner und Chardonnay, die Spitze des weißen Segments. An der Spitze des roten Segments stehen die Großen Gewächse aus dem Hebsacker Lichtenberg, Spätburgunder (der mit dem Jahrgang 2007 den bis dahin erzeugten Hades-Spätburgunder ersetzte) und Lemberger, sowie Hades-Rotweine wie Lemberger, Merlot, Zweigelt, früher ab und an auch Syrah, und natürlich den Klassiker Nicodemus, eine Cuvée aus Merlot, Lemberger und Cabernet. Wenn es der Jahrgang erlaubt, werden auch edelsüße Rieslinge erzeugt, Eisweine und/oder Trockenbeerenauslesen.

Kollektion

Eine starke, sehr gleichmäßige Kollektion präsentieren Jörg und Felix Ellwanger auch in diesem Jahr. Die Basis stimmt, das zeigen die weißen Ortsweine, der Weißburgunder ist fruchtbetont und geradlinig, der Riesling ist zupackend und klar, der Sauvignon Blanc, der aus Schnait stammt, besitzt feine Frische und Biss. Der Riesling aus dem Beutelsbacher Altenberg ist kraftvoll und zupackend, besitzt ganz dezent mineralische Noten und viel Biss. Das Große Gewächs aus dem Schnaiter Altenberg zeigt im Jahrgang 2015 gute Konzentration im Bouquet, reife gelbe Früchte, hat herrlich viel Frucht auch im Mund, Zug und Substanz, viel Druck und Länge, 2016, nur bei der Großen Gewächs-Vorpremiere in Wiesbaden verkostet, präsentierte sich duftig und füllig bei eigenwilligen Gewürznoten. Der Nikodemus Candidus, von über 40 Jahre alten Reben, besitzt von allem viel, viel Substanz, viel Kraft, viel Alkohol. Lemberger und Spätburgunder aus dem Hebsacker Lichtenberg sind frisch, geradlinig und fruchtbetont, der Zweigelt H, in Geradstetten angebaut, zeigt jugendliche Frucht, rote Früchte, der Merlot H, aus Schnait, besitzt gute Struktur, reintönige Frucht, Tannine und Biss. Der Hades-Zweigelt ist füllig und kraftvoll, besitzt reife Frucht und kräftige Tannine Das Große Gewächs vom Spätburgunder ist 2013 frisch und zupackend, besitzt reintönige Frucht und Biss, 2014 ist ähnlich, ein klein wenig druckvoller, deutlich spannender ist der nur in Wiesbaden verkostete 2015er, ist fülliger und saftiger, zeigt reife Herzkirschen. Auch beim Lemberger bietet Jahrgang 2015 mehr Fülle und Substanz, zeigt florale Noten, etwas Schokolade, 2014 kraft- und druckvoll, strukturiert, 2013 präsentiert sich auch in hervorragender Verfassung. Der Hades-Lemberger zeigt rauchige Noten, reintönige Frucht, besitzt viel Kraft und Substanz, der Nikodemus zeigt gute Konzentration, herrlich viel Frucht, ist kraftvoll und zupackend bei guter Struktur und Frische. Starke rote Riege!

Weinbewertung

84 2016 Weißburgunder trocken Winterbacher **12,5 %/9,10 €**
85 2016 Riesling trocken Winterbacher **12 %/8,20 €**
85 2016 Sauvignon Blanc trocken **12 %/13,- €**
88 2016 Riesling trocken Beutelsbacher Altenberg **12,5 %/12,- €**
90 2015 Riesling „GG" Schnaiter Altenberg **13,5 %/23,- €**
89 2016 Riesling „GG" Schnaiter Altenberg **23 €**
88 2015 „Nikodemus Candidus" Weißwein trocken „Hades" **15 %/20,- €**
85 2015 Lemberger trocken Hebsacker Lichtenberg **13,5 %/12,50 €**
85 2015 Spätburgunder trocken Hebsacker Lichtenberg **13,5 %/12,- €**
85 2015 Zweigelt „H" trocken **14 %/13,- €**
86 2014 Merlot „H" trocken **13 %/13,- €**
89 2014 Zweigeltrebe trocken „Hades" **13,5 %/25,- €**
89 2013 Spätburgunder „GG" Hebsacker Lichtenberg **13 %/28,- €**
89 2014 Spätburgunder „GG" Hebsacker Lichtenberg **28 €**
91 2015 Spätburgunder „GG" „Linnenbrunnen" Hebsacker Lichtenberg
90 2014 Lemberger trocken „Hades" **13 %/25,- €**
90 2013 Lemberger „GG" Hebsacker Lichtenberg **13 %**
90 2014 Lemberger „GG" Hebsacker Lichtenberg **13,5 %/28,- €**
91 2015 Lemberger „GG" „Berg Lemberg" Hebsacker Lichtenberg
90 2014 „Nicodemus" Rotwein trocken „Hades" **13,5 %/28,- €**

LAGEN

HUNGERBERG (WINTERBACH)
ALTENBERG (SCHNAIT)
LICHTENBERG (HEBSACK)
BERGHALDE (GRUNBACH)
KLINGLE (GRUNBACH)
ALTENBERG (BEUTELSBACH)

REBSORTEN

RIESLING (20 %)
TROLLINGER (15 %)
LEMBERGER (15 %)
SPÄTBURGUNDER (10 %)
WEISSBURGUNDER (10 %)
GRAUBURGUNDER (10 %)
ZWEIGELT (10 %)
KERNER (5 %)
MERLOT (5 %)

EMMERICH

★★☆

KONTAKT

Einersheimer Straße 47
97346 Iphofen
Tel. 09323-87593-0
Fax: 09323-87593-99
www.weingut-emmerich.de
info@weingut-emmerich.de

Inhaber
Werner Emmerich
Rebfläche
9 Hektar
Produktion
60.000 Flaschen

BESUCHSZEITEN

Mo.-Sa. 8-18 Uhr, So. 9-12 Uhr und nach Vereinbarung
Gästezimmer, Ferienwohnung (Seinsheim), Wohnmobilstellplätze

Werner und Irmgard Emmerich führen seit nunmehr 30 Jahren ihr Familienweingut in Iphofen, wo sie am Ortsrand im Jahr 2000 ihren neuen Winzerhof bezogen haben, auf dem sie auch Gästezimmer anbieten. Ihre Weinberge liegen in den Iphöfer Lagen Julius-Echter-Berg, Kronsberg und Kalb, sowie in Seinsheim, dem Geburtsort von Irmgard Emmerich, wo sie in der Lage Hohenbühl einen um das Jahr 1900 gepflanzten Gemischten Satz mit Silvaner, Riesling, Elbling, Traminer, Muskateller und anderen Reben besitzen, aber auch 1972 gepflanzten Gewürztraminer. Die Reben wachsen in Iphofen und Seinsheim, am Westrand des Steigerwalds, auf Gipskeuperböden. Silvaner ist mit Abstand wichtigste Rebsorte, nimmt etwa zwei Fünftel der Weinberge ein, es folgen Scheurebe und Müller-Thurgau, Riesling, Bacchus, Kerner und Gewürztraminer, an roten Sorten gibt es Domina, Merlot und Portugieser. Die Weißweine und der Portugieser werden im Edelstahl ausgebaut, ein Teil des „Ursprung"-Silvaners auch im Holz, Domina und Merlot werden in großen und kleinen Eichenholzfässern aus französischer und Iphöfer Eiche ausgebaut.

Kollektion

Die Emmerichs legen weiter zu, die neue Kollektion ist die beste, die wir bisher verkostet haben. Schon die fruchtbetonten Sekte sind sehr gut, die Kabinettweine sind geradlinig und sortentypisch. An der Spitze der Kollektion stehen ganz klar die Echter-Berg-Silvaner. Die trockene Spätlese besitzt herrlich viel Frucht, Fülle, Kraft und Substanz. Und dass Echter-Berg-Silvaner auch hervorragend reifen kann, stellt Werner Emmerich einmal mehr unter Beweis, diesmal mit dem fülligen, kraftvollen Selektions-Silvaner des Jahrgangs 2008. Noch besser aber gefällt uns das Meisterstück N° 2 von 41 Jahre alten Reben, spontanvergoren und zehn Monate auf der Vollhefe im Holz ausgebaut, ein herrlich druckvoller und komplexer Wein. Und mit dem litschi-duftigen Eiswein kann Silvaner auch edelsüß punkten.

Weinbewertung

85 2015 Scheurebe Sekt brut **13,5 %/16,- €**
86 2014 Gewürztraminer Sekt brut **13,5 %/22,- €**
83 2016 Silvaner Kabinett trocken Iphöfer Kalb **12 %/7,- €**
84 2016 Scheurebe Kabinett trocken Iphöfer Kronsberg **13 %/7,50 €**
88 2008 Silvaner trocken „Selection" Iphöfer Julius-Echter-Berg **13 %/12,50 €**
88 2015 Silvaner Spätlese trocken Iphöfer Julius-Echter-Berg **13,5 %/10,- €** ☺
90 2015 Silvaner trocken „Meisterstück N° 2" Julius-Echter-Berg **13,5 %/18,- €**
85 2015 Riesling Spätlese trocken Iphöfer Kronsberg **12,5 %/9,50 €**
84 2016 Scheurebe Kabinett Iphöfer Kronsberg **12,5 %/7,50 €**
89 2015 Silvaner Eiswein Iphöfer Julius-Echter-Berg **8 %/48,- €/0,375l**
84 2012 Merlot trocken Seinsheimer Hohenbühl **13,5 %/10,- €**

Emmerich-Koebernik

★

KONTAKT

Hauptstraße 44
55596 Waldböckelheim
Tel. 06758-426
Fax: 06758-7697
www.emmerich-koebernik.de
weingut@emmerich-koebernik.de

Inhaber
Familie Emmerich-Koebernik
Rebfläche
14 Hektar

BESUCHSZEITEN

Mo.-Sa. 10-18 Uhr, So. nach Vereinbarung
Aktuelle Themenweinproben und besondere Wein-Events

EMMERICH KOEBERNIK

13
RIESLING
TROCKEN

Das zuvor als Weingut Hermann Emmerich bekannte Weingut in Waldböckelheim wird von Ernst-Günter und Doris Koebernik geführt, die seit 2012 von Tochter Christiane unterstützt werden. Ihre Weinberge liegen in den Waldböckelheimer Lagen Kronenfels, Mühlberg und Kirchberg, sowie im Schlossböckelheimer Königsfels. In der Lage Kronenfels, wo man 11 Hektar besitzt, werden vor allem die Guts- und Terroirweine erzeugt. Im Mühlberg (1,57 ha) baut man ausschließlich Riesling an, ebenso im Felsenberg (1 ha). Im Kirchberg hat man 2012 eine große Parzelle erworben, die im Jahr darauf mit Riesling und Grauburgunder bepflanzt wurde. Im letzten Jahrzehnt wurde der Rebsortenspiegel konsequent umgestellt, so dass heute der Schwerpunkt auf traditionellen Rebsorten liegt: Riesling, Weißburgunder, Grauburgunder, Silvaner, Scheurebe, Gewürztraminer, Spätburgunder und St. Laurent werden angebaut. Die Weißweine werden temperaturgesteuert in Edelstahltanks vergoren. Die Rotweine, auch ausgewählte Weißweine, werden in großen oder kleinen Eichenholzfässern ausgebaut.

Kollektion

In diesem Jahr sind es vor allem die Rieslinge, die in der Kollektion überzeugen, der Blanc de Noir vom Spätburgunder, die Scheurebe und Grau- und Weißburgunder präsentieren sich hingegen verhalten und lassen etwas die Sortentypizität vermissen. An der Spitze des Sortiments steht der Riesling vom Mühlberg mit kräutrig-mineralischen Noten, viel klarer Frucht und guter Länge, knapp dahinter der Kirchberg-Riesling mit Saft und Fülle, Pfirsich- und Zitrusfrucht. Gut gefallen uns auch die „Bock auf..."-Weine von Christiane Koebernik, der Silvaner besitzt gute Konzentration und Frische, die Cuvée aus Weiß- und Grauburgunder ist füllig mit floralen Noten und der Riesling zeigt sehr dezente Holzwürze und besitzt viel Biss. —

Weinbewertung

80	2016 Weißburgunder trocken **12 %/6,80 €**
81	2016 Riesling trocken **12 %/6,20 €**
84	2016 Weißburgunder Grauburgunder „Bock auf Weiß & Grau" **12 %/8,80 €**
84	2016 Silvaner trocken „Bock auf Silvaner" **12 %/8,80 €**
82	2016 Grauburgunder trocken „vom Rotliegenden" **13 %/8,80 €**
83	2016 Riesling trocken „Bock auf Riesling" **12 %/8,80 €**
84	2016 Riesling trocken „vom Tonschiefer" **12 %/8,40 €**
85	2016 Riesling trocken Waldböckelheimer Kirchberg **11,5 %/12,80 €**
86	2016 Riesling trocken Waldböckelheimer Mühlberg **12 %/14,- €**
82	2016 Scheurebe „feinherb" „vom Sandstein" **12,5 %/8,40 €**
83	2016 Riesling „feinherb" „vom Porphyr" **11 %/8,40 €**
78	2016 Spätburgunder „Blanc de Noir" „feinherb" „vom Löss-Lehm" **13 %/8,80 €**

Emrich-Schönleber

★★★★★

KONTAKT

Soonwaldstraße 10a
55569 Monzingen
Tel. 06751-2733
Fax: 06751-4864
www.emrich-schoenleber.de
weingut@emrich-schoenleber.de

Inhaber
Werner Schönleber &
Frank Schönleber
Rebfläche
19 Hektar
Produktion
130.000 Flaschen

BESUCHSZEITEN

nach Vereinbarung:
Mo.-Fr. 8-12 + 13:30-18 Uhr,
Sa. 8-12 + 13-16 Uhr

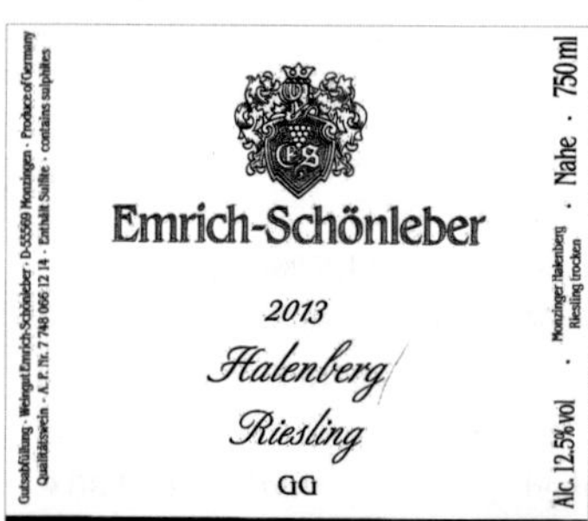

Seit mehr als 250 Jahren gibt es Weinbau in der Familie, aber erst Ende der sechziger Jahre – mit zwei Hektar Weinbergen – begann die Entwicklung zum Weingut durch Hannelore und Werner Schönleber, die heute im Betrieb von Sohn Frank unterstützt werden. Sie bauen neben 85 Prozent Riesling etwas Grau- und Weißburgunder und Müller-Thurgau an. Ihnen gehören Weinberge in den Monzinger Lagen Frühlingsplätzchen und Halenberg (5,3 Hektar), beides steile Süd- bis Südwesthänge, in denen die Reben auf Gesteinsböden aus unterschiedlichen Schieferarten, Quarzit und Quarz wachsen. Der Halenberg, die kleinste Monzinger Lage, besteht aus steinigen, von blauem Schiefer und Quarzit geprägten Böden. Das Frühlingsplätzchen ist von rotem Schiefer und Kiesel geprägt, häufig durchsetzt mit rotem Lehm und Rotliegendem. Im Filetstück des Halenberg, früher Lay und heute Auf der Ley genannt, haben Werner und Frank Schönleber 2007 eine 0,64 Hektar große Brachfläche rekultiviert, 2008 eine weitere, 1,2 Hektar groß, direkt über dem Halenberg, hier ist der Boden, neben Schiefer, stark von Kieselsteinen geprägt. Wir sind immer wieder beeindruckt, wie die Qualität in den vergangenen Jahren stetig weiter gesteigert wurde, wie die Weine immer noch präziser, noch ausdrucksstärker geworden sind. Wir sind beeindruckt, weil dies nicht nur für die Großen Gewächse gilt, sondern in gleichem Maße auch für den Gutsriesling und für alle anderen Weine: Das ist Größe!

Kollektion

Fangen wir mit einem Wein an, der nicht in jedem Jahrgang erzeugt wird: Der Grauburgunder „R" stammt aus dem Frühlingsplätzchen und wurde 15 Monate im Stückfass auf der Feinhefe ausgebaut. Er ist ein ungewöhnlich mineralischer Grauburgunder, der die typische Frühlingsplätzchen-Aromatik nach nassem Stein zeigt, gute Konzentration und nachhaltige Würze besitzt und elegant, salzig und lang ist. Die beiden anderen Burgunder zeigen dezente Holzwürze, der Weißburgunder ist saftig mit floraler Würze, der Grauburgunder zeigt nussige Noten, ist etwas zurückhaltend in der Frucht und besitzt ein feines Säure-Spiel. Der Gutsriesling zeigt klare Frucht und besitzt markanten Säure-Biss, der „Mineral" ist elegant und salzig, besitzt mineralische Würze, der „Frühtau" ist zurückhaltend in der Frucht, zeigt Noten von nassem Stein, Brotkruste und Tabak, ist schlank und komplex, der „Halgans" ist noch etwas animierender und nachhaltiger, ist ebenfalls schlank und zeigt viel deutliche steinig-mineralische Würze. Die Großen Gewächse zeigen jeweils ähnliche Aromatik wie die „Zweitweine", das Frühlingsplätzchen zeigt steinige Noten und etwas Zitrus, besitzt Grip und Länge, ist animierend und elegant, der Halenberg zeigt neben etwas Stein deutlich Brotkruste, ist konzentriert, salzig und sehr lang. Und der Auf der Ley ist wie immer das eleganteste der Großen Gewächse, er braucht in diesem Jahr sehr viel Luft, um sich zu öffnen, wirkt noch sehr kompakt und jung, baut feinen Druck auf und ist sehr nachhaltig. Den halbtrocken ausgebauten Riesling „R" aus dem Halenberg konnten wir aus zwei Jahrgängen verkosten, beide zeigen kräutrig-mineralische Würze und leicht gereifte Frucht mit Noten von Quitte, der 2013er ist im Moment schon etwas präsenter als der 2014er, zeigt auch etwas Tabakwürze und Zitrusnoten und ist animierend und lang, der 2014er besitzt feinen Schmelz und Potential und könnte noch zulegen. Der Riesling Kabinett zeigt etwas Rosmarin und Brotkruste im Bouquet, besitzt dezente Süße, ist schlank und frisch, die Spätlese aus dem Frühlingsplätzchen zeigt viel gelbe Frucht und steinige Würze, ist elegant und besitzt feinen, animierenden Säure-Grip, die Halenberg-Spätlese zeigt kühle, kräutrige Würze und feine, rauchige Noten, besitzt gute Konzentration, ist schlank und elegant, die Auslese aus dem Halenberg ist noch konzentrierter und nachhaltiger, zeigt im Bouquet Aprikosen, Pfirsich, Limetten und auch kräutrige Würze und ist ebenfalls ganz schlank und elegant.

Weinbewertung

88	2016 Weißburgunder „S" trocken **13 %/14,- €**
88	2016 Grauburgunder „S" trocken **13 %/15,50 €**
91	2015 Grauburgunder „R" trocken **13,5 %/35,- €**
86	2016 Riesling trocken **11,5 %/9,90 €**
88	2016 Riesling trocken „Mineral" **12 %/14,90 €**
90	2016 Riesling trocken „Frühtau" Monzinger **12 %/17,50 €**
91	2016 Riesling trocken „Halgans" Monzinger **12 %/20,90 €**
92	2016 Riesling „GG" Frühlingsplätzchen **12 %/37,- €**
93	2016 Riesling „GG" Halenberg **12,5 %/39,- €**
93	2016 Riesling „GG" „Auf der Ley" **12,5 %/Vst.**
87	2016 Riesling „Lenz" **11 %/10,90 €**
91	2014 Riesling „R" Monzinger Halenberg **12,5 %/37,- €**
91	2013 Riesling „R" Monzinger Halenberg **12,5 %/37,- €**
87	2016 Riesling Kabinett Monzinger **9,5 %/13,- €**
90	2016 Riesling Spätlese Monzinger Frühlingsplätzchen **8 %/19,50 €**
91	2016 Riesling Spätlese Monzinger Halenberg **8,5 %/21,- €**
92	2016 Riesling Auslese Monzinger Halenberg **7 %/36,- €**

LAGEN

HALENBERG (MONZINGEN)
- AUF DER LEY
FRÜHLINGSPLÄTZCHEN
(MONZINGEN

REBSORTEN

RIESLING (85 %)
GRAUBURGUNDER (7 %)
WEISSBURGUNDER (6 %)
MÜLLER-THURGAU (2 %)

ENGELHOF

★☆

KONTAKT

Engelhof 1
79801 Hohentengen am Hochrhein
Tel. 07742-7497
Fax: 07742-7960
www.engelhof.de
engelhof@t-online.de

Inhaber
Gebrüder Netzhammer
Kellermeister
Alexander Schira
Rebfläche
26 Hektar
Produktion
180.000 Flaschen

BESUCHSZEITEN

Mo.-Fr. 8-12 + 14:30-18:30 Uhr,
Sa. 9-13 Uhr nach Vereinbarung

Das 1628 gegründete Gut wurde 1982 von Obst- auf Weinbau umgestellt. 1986 übernahm die Familie Georg Netzhammer den Betrieb. Georg Netzhammer beendete 1990 in Wädenswil sein Önologiestudium und baute seither das Weingut mit seiner Frau Andrea aus. Neben der arrondierten 20 Hektar großen Lage um das Gut am Hohentengener Oelberg bewirtschaftet Georg Netzhammer 6 Hektar am Erzinger Kapellenberg. Der Schwerpunkt liegt auf den Burgundersorten und Gutedel, zuletzt wurden Chardonnay, Johanniter und Solaris gepflanzt. Mit Ausnahme edelsüßer Spezialitäten werden alle Weine traditionell trocken ausgebaut, alle Weine durchlaufen den biologischen Säureabbau. Die letzten Jahre investierte man in Betrieb und Kellertechnik, ein Weinforum für Degustationen und Verkauf wurde mitten im Weinberg errichtet.

Kollektion

Die 2016er Weißweine sind ein wenig verhalten, am besten gefallen uns Weiß- und Grauburgunder, die beide sortentypisch und geradlinig sind. Unsere Favoriten im weißen Segment kommen aus dem Jahrgang 2015. Der Pinot Gris zeigt gute Konzentration und rauchige Noten, ist klar, frisch, zupackend und strukturiert. Noch ein klein wenig besser gefällt uns der im Barrique ausgebaute Chardonnay, der Fülle und Kraft besitzt gute Struktur und klare reife Frucht. Auch die Rotweine sind überwiegend etwas verhalten, bei gleichmäßiger Qualität. Die Ausnahme stellt der Pinot Noir Reserve des Jahrgangs 2015 dar, der herausragende Wein in der präsentierten Kollektion. Er zeigt gute Konzentration und viel reintönige Frucht im Bouquet, ist füllig und kraftvoll im Mund, besitzt reife Frucht, gute Struktur und Frische.

Weinbewertung

81	2016 Gutedel trocken „S" **11 %/6,40 €**
80	2016 Rivaner trocken „Projekt 9.5" **9,5 %/6,50 €**
83	2016 Weißburgunder trocken **12,5 %/8,50 €**
83	2016 Grauburgunder trocken **12,5 %/8,50 €**
83	2015 Riesling trocken **12 %/10,50 €**
86	2015 Pinot Gris trocken Holzfass **13 %/14,- €**
87	2015 Chardonnay trocken Barrique „Kalkofen" **13 %/14,- €**
82	2015 Spätburgunder Weißherbst **11,5 %/7,50 €**
82	2015 Spätburgunder trocken „S" **12,5 %/8,50 €**
81	2015 Spätburgunder trocken „Traditionell" Erzinger Kapellenberg **13 %/7,90 €**
82	2014 Regent trocken Holzfass „Wolfsgrube" **13 %/8,90 €**
88	2015 Pinot Noir trocken „Reserve" **14 %/24,- €**

ENGLER

★★

KONTAKT

Moltkeplatz 2
79379 Müllheim
Tel. 07631-170550
Fax: 07631-173345
www.weingut-engler.de
info@weingut-engler.de

Inhaber
Andrea Engler-Waibel
Rebfläche
11 Hektar
Produktion
80.000 Flaschen

BESUCHSZEITEN

Mo.-Fr. 9-18:30 Uhr, Sa. 9-16 Uhr oder nach Vereinbarung

Seit 1892 ist das Gut am Moltkeplatz in Müllheim in Familienbesitz, Max Engler Rieggerdt, der Urgroßvater der heutigen Besitzerin, erwarb damals das Anwesen. 1960 übernahm Hans Engler das Gut. Zusammen mit seiner Frau Ursula erweiterte er es auf die heutige Fläche und stellte ganz auf Flaschenvermarktung um. Tochter Andrea war nach ihrem Geisenheimstudium 5 Jahre Betriebsleiterin eines Weingutes am Bodensee bevor sie 1999 in das elterliche Weingut zurückkehrte, das sie dann 2004 übernahm. Ihre Weinberge befinden sich in den Müllheimer Lagen Reggenhag, Pfaffenstück und Sonnhalde sowie im Badenweiler Römerberg. Hauptrebsorten sind Spätburgunder und Gutedel. Hinzu kommen Grau- und Weißburgunder, Nobling, sowie etwas Riesling, Chardonnay, Auxerrois und Gewürztraminer. Die Weißweine werden reduktiv ausgebaut mit Betonung auf Frische und Frucht. Die Spätburgunder werden maischevergoren und in Holzfässern ausgebaut. 2011 wurde der neue Weinverkauf mit Probierstube eröffnet. Die Stärke des Weingutes sind die sortentypischen Kabinettweine, die man Jahr für Jahr in höchst zuverlässiger Qualität erzeugt; gibt es der Jahrgang her, ergänzen trockene Spätlesen das Programm, die deutlich fülliger und konzentrierter ausfallen.

Kollektion

Durchgängig hohes Niveau zeigt die neue Kollektion, diesmal eröffnen gleich drei sehr gute Sekte den Reigen. Der Nobling ist rauchig und zupackend, der Weißburgunder wunderschön reintönig und süffig, der Rosé saftig und fruchtbetont. Die beiden Gutedel sind wunderschön reintönig, der Cabernet Blanc besitzt Frucht und Biss. Im starken, reintönigen Burgunder-Kabinett-Quartett gilt unsere leichte Präferenz Auxerrois und Grauburgunder. Die beiden Pinot Noir zeigen intensive Frucht im Bouquet, sind füllig und saftig im Mund bei viel Substanz. Starke Kollektion im Jubiläumsjahr (125 Jahre)!

Weinbewertung

87 Nobling Sekt extra brut **12 %/11,- €**
85 Weißburgunder Sekt brut **12 %/11,- €**
85 Pinot Rosé Sekt brut **12 %/12,- €**
84 2016 Gutedel trocken Müllheim **11,5 %/5,50 €**
84 2016 Gutedel Kabinett trocken Müllheimer Reggenhag **11,5 %/6,50 €**
84 2016 Cabernet Blanc trocken Müllheimer Pfaffenstück **12,5 %/7,- €**
85 2016 Auxerrois Kabinett trocken Müllheimer Pfaffenstück **12 %/7,- €**
84 2016 Weißburgunder Kabinett trocken Müllheimer Pfaffenstück **12,5 %/7,- €**
85 2016 Grauburgunder Kabinett trocken Müllheimer Sonnhalde **12,5 %/7,30 €**
84 2016 Chardonnay Kabinett trocken Müllheimer Sonnhalde **12,5 %/7,50 €**
85 2015 Pinot Noir Spätlese trocken „3 Stern" Müllheimer Reggenhag **13,5 %/15,-€**
86 2015 Pinot Noir Auslese trocken „4 Stern" Müllheimer Reggenhag **14 %/19,50 €**

ENGLERT

★

KONTAKT

Kembachtalstraße 37
97877 Wertheim
Tel. 09397-1275
Fax: 09397-95045
www.weingut-englert.de
weingut.englert.
kembach@t-online.de

Inhaber
Rolf Englert
Rebfläche
3,5 Hektar

BESUCHSZEITEN

nach Vereinbarung

Rolf Englert bewirtschaftet mit seiner Familie im Nebenerwerb Weinberge im badischen Tauberfranken östlich von Wertheim. Er ist im Kembachtal zu Hause, in dem die Grenze zwischen Buntsandstein und Muschelkalk verläuft, und wo auch das Gros seiner Weinberge in der Lage Kembacher Sonnenberg liegt, einer kleinen Süd-Südost-exponierten Hanglage mit Muschelkalkböden. Die Weinberge dort wurden Ende der sechziger Jahre neu angelegt, nachdem sie nach der Reblauskatastrophe verschwunden waren. Daneben ist er im benachbarten Lindelbacher Ebenrain vertreten, in dem ebenfalls Muschelkalk vorherrscht, und wo er seine Spezialität stehen hat, den Auxerrois, den man sonst kaum in Tauberfranken findet. Neben den typischen Rebsorten der Region wie Müller-Thurgau, der knapp die Hälfte seiner Rebfläche einnimmt, Bacchus, Kerner und Silvaner gibt es Spätburgunder sowie etwas Solaris, den Rolf Englert vor allem für Federweißen nutzt, und Cabernet Mitos.

Kollektion

Die Cuvée aus Spätburgunder und Cabernet Mitos, die Rolf Englert in diesem Jahr erstmals präsentiert, will nicht so recht überzeugen, das sind zwei Partner, die nicht so recht zusammen passen. Besser gefällt uns da der Rotling, der klar und frisch ist, zupackend, saftig-süffig. Der Bacchus in der Literflasche ist frisch und fruchtbetont im Bouquet, klar und geradlinig im Mund, besitzt feinen Biss. Der Auxerrois, als trockene Spätlese, zeigt reife Frucht, gelbe Früchte, ist füllig und saftig im Mund, besitzt gute Struktur und reife Frucht. Dieses Jahr steht er nicht ganz so unangefochten an der Spitze der Kollektion, denn wir sehen Silvaner und Kerner gleichauf. Der trockene Silvaner Kabinett ist fruchtbetont im Bouquet, reintönig, zeigt Birnen, ist frisch und zupackend im Mund, besitzt gute Struktur und reintönige Frucht. Den Kerner gibt es im Jahrgang 2016 als halbtrockene Spätlese: Er zeigt viel reife Frucht im Bouquet, etwas Aprikosen, Litschi, ist frisch dann im Mund, klar und geradlinig, herrlich zupackend, besitzt feine süße Frucht und gute Struktur. —

Weinbewertung

84	2016 Auxerrois Spätlese trocken Lindelbacher Ebenrain	**12,5 %/6,- €**
84	2016 Silvaner Kabinett trocken Kembacher Sonnenberg	**11 %/5,90 €**
81	2016 Bacchus trocken Kembacher Sonnenberg (1l)	**11 %/4,50 €**
84	2016 Kerner Spätlese Kembacher Sonnenberg	**11 %/5,60 €**
83	2016 Rotling halbtrocken Kembacher Sonnenberg	**11 %/4,60 €**
80	Spätburgunder Cabernet Mitos trocken Sonnenberg (1l)	**12,5 %/5,90 €**

Theo Enk

★★

KONTAKT

Weinbergstraße 13
55452 Dorsheim
Tel. 06721-45470
Fax: 06721-47884
www.weingut-theo-enk.de
info@weingut-theo-enk.de

Inhaber
Theo & Steffen Enk
Rebfläche
11 Hektar
Produktion
110.000 Flaschen

BESUCHSZEITEN

nach Vereinbarung

Theo Enk hat mittlerweile das Weingut an seinen Sohn Steffen übergeben, der 2002 seine Ausbildung zum staatlich geprüften Weinbautechniker abschloss und jetzt den Betrieb in vierter Generation führt. Die Weinberge liegen in den Laubenheimer Lagen Karthäuser und Fuchsen sowie im Dorsheimer Goldloch. 40 Prozent der Weinberge nimmt Riesling ein, dazu gibt es Grauburgunder, Weißburgunder und Spätburgunder sowie ein wenig Scheurebe, Kerner, Silvaner und Dornfelder. 2016 konnte Steffen Enk eine 30 Jahre alte Chardonnay-Anlage übernehmen. Die Weine werden zu 85 Prozent trocken ausgebaut. Im Sommer 2014 wurde die Probierstube zu einer modernen Vinothek umgebaut, das Jahr 2017 stand ganz im Zeichen des Neubau von Kelterhaus, Keller und Flaschenlager.

Kollektion

Einmal mehr präsentiert Steffen Enk eine Kollektion auf geschlossen gutem Niveau, alle Weine besitzen klare Frucht, Frische und ein feines, lebendiges Säure-Spiel. Der neu im Programm vertretene Chardonnay ist noch deutlich vom Holz geprägt und wirkt noch sehr jung, besitzt aber Saft, ist schlank und zeigt feine Zitruswürze. Unter den Burgundern haben wir in diesem Jahr keinen eindeutigen Favoriten, der Grauburgunder „Florian" besitzt Kraft und Konzentration, aber auch Frische, „Felix", die Cuvée aus Grau- und Weißburgunder, zeigt viel nussige Würze und besitzt einen feinen Säure-Biss. Knapp dahinter liegt der „Denkstoff"-Weißburgunder, der sehr dezente Holzwürze und florale Noten zeigt. Gut gelungen sind auch wieder die beiden Goldloch-Rieslinge, die trockene Version zeigt steinig-mineralische Würze und besitzt gute Länge, die feinherbe Version ist ebenfalls mineralisch und zeigt viel gelbe Frucht, Pfirsich, Aprikose und deutliche Kräuterwürze und besitzt gut abgepufferte, dezente Süße.

Weinbewertung

83	2016 Spätburgunder „Blanc de Noir" trocken **13 %/6,80 €**
87	2016 Grauburgunder & Weißburgunder trocken „Grau Weiß Felix" **14 %/9,50 €**
83	2016 Grauer Burgunder trocken **13 %/6,90 €**
87	2016 Grauer Burgunder trocken „Florian" **14 %/9,80 €**
84	2016 Weißer Burgunder trocken Laubenheimer Karthäuser **13,5 %/7,50 €**
86	2016 Weißburgunder trocken „Denkstoff 5zig/5zig" **13 %/9,80 €**
86	2016 Chardonnay „S" trocken **12,5 %/11,80 €**
85	2016 Riesling „S" trocken Laubenheimer Karthäuser **12,5 %/9,20 €**
87	2016 Riesling trocken Dorsheimer Goldloch **12 %/13,80 €**
86	2016 Riesling „feinherb" Dorsheimer Goldloch **11 %/9,- €**
85	2016 Riesling Kabinett Dorsheimer Goldloch **8,5 %/8,- €**

Eppelmann

★

E

Kontakt

Kirchgasse 10
55271 Stadecken-Elsheim
Tel. 06136-2778
Fax: 06136-3403
www.eppelmann.de
info@eppelmann.de

Inhaber
Timo & Simone Eppelmann
Rebfläche
20 Hektar
Produktion
120.000 Flaschen

Besuchszeiten

Di.-Fr. 13-18 Uhr, Sa. 10-17 Uhr
und nach Vereinbarung
Panorama-Vinothek

Die Weinberge von Timo und Simone Eppelmann liegen in den Elsheimer Lagen Blume und Bockstein sowie den Stadecker Lagen Lenchen und Spitzberg. Riesling und Spätburgunder nehmen je ein Fünftel der Fläche ein, die weiteren Burgundersorten 30 Prozent, dann folgt Silvaner, dazu gibt es unter anderem Dornfelder, Portugieser, Müller-Thurgau und Sankt Laurent, aber auch Spezialitäten wie Gewürztraminer und Huxelrebe. Rote Rebsorten nehmen zwei Fünftel der Rebfläche ein. Die Weißweine werden gezügelt vergoren, verstärkt spontan, und in der Regel im Edelstahl ausgebaut, immer öfter aber auch im Holz, die Rotweine reifen nach der Maischegärung in Holzfässern. Im Barrique ausgebaute Spitzenweine werden in der Linie „Turmjuwel" vermarktet. 2010 wurde die neue Vinothek fertiggestellt. Die Kinder Corinna und Christian, beide in der Winzerausbildung, haben den ersten Sauvignon Blanc des Hauses verantwortet, First 17 genannt.

Kollektion

Er gefällt uns gut der First 17, ist frisch und geradlinig, anders als die meisten anderen Weißweine nicht von merklicher Restsüße geprägt. Diese empfinden wir als irritierend bei Chardonnay und Silvaner, auch der füllige Kalkmergel-Pinot Gris ist merklich süß. Sehr gut gefällt uns der saftige Turmjuwel-Riesling aus der Elsheimer Blume, auch die im Barrique ausgebaute Chardonnay Beerenauslese, obwohl sie sehr von Vanillenoten geprägt ist. Interessant ist auch der geradlinige, zupackende Orange-Grauburgunder, wenn auch ein klein wenig bitter am Ende, ein gelungener Versuch. Auch der Cabernet Sauvignon gefällt uns sehr gut, er ist füllig und kraftvoll, hat an Harmonie gewonnen. ▬

Weinbewertung

81	„Sinfonie" Pinot Sekt brut **13 %/10,10 €**
80	2016 Weißer Burgunder trocken „Tradition" **13 %/6,70 €**
81	2016 Chardonnay trocken Elsheimer Blume **13 %/7,70 €**
83	2016 Silvaner trocken „Alte Reben" Elsheimer Blume **12,5 %/9,10 €**
82	2016 Riesling trocken „Kalkmergel" Elsheimer Blume **12,5 %/9,40 €**
83	2016 Sauvignon Blanc trocken „First 17" **13 %/9,70 €**
85	2016 Riesling trocken „Turmjuwel*****" Elsheimer Blume **12,5 %/11,70 €**
84	2015 Chardonnay trocken „Turmjuwel"***** Elsheimer Blume **13,5 %/13,70 €**
84	2016 Pinot Gris trocken „Kalkmergel" Elsheimer Blume **13,5 %/9,10 €**
84	2015 Grauer Burgunder trocken „Orange" **13 %/20,70 €**
86	2015 Chardonnay Beerenauslese Barrique „Turmjuwel"***** **12 %/20,70 €/0,5l**
82	2015 Blauer Spätburgunder trocken „Tradition" Holzfass **13 %/6,70 €**
85	2013 Cabernet Sauvignon trocken Barrique „Turmjuwel*****" **13 %/19,70 €**

Karl Erbes

★★★☆

KONTAKT

Riesling-Weingut Karl Erbes
Moseluferstraße 27-29
54539 Ürzig
Tel. 06532-94465
Fax: 06532-953736
www.weingut-karlerbes.com
info@weingut-karlerbes.de

Inhaber
Stefan Erbes
Rebfläche
5 Hektar
Produktion
45.000 Flaschen

BESUCHSZEITEN

nach Vereinbarung

Karl Erbes gründete 1967 das Weingut, das heute von seinem Sohn Stefan geführt wird, der seit 1984 im Betrieb arbeitet und ihn 2002 übernommen hat. Stefan Erbes baut ausschließlich Riesling an, besitzt nur wurzelechte Reben im Ürziger Würzgarten und im Erdener Treppchen, auch im Erdener Prälat ist er vertreten. Die Kranklei liegt zwischen dem ursprünglichen Würzgarten und dem ursprünglichen Treppchen, wurde 1971 Teil des Würzgarten, darf aber nun auch wieder offiziell auf dem Etikett erscheinen, da sie als Gewanne eingetragen wurde.

Kollektion

Im Jahrgang 2015 konnte Stefan Erbes aus dem Vollen schöpfen und eine Fülle an saftigen Weinen bis zur Trockenbeerenauslese präsentieren. 2016 waren absolute Topprädikate nur eingeschränkt möglich, aber was an Kabinetten, Spät- und Auslesen vorgestellt wurde, überzeugt sehr. Die saftige feinherbe Spätlese macht sehr viel Spaß, der rassige Kabinett aus dem Treppchen ist jetzt schon attraktiv, auch wenn sein Pendant aus dem Würzgarten eine Spur saftiger wirkt, und die normale Auslese aus der Kranklei überzeugt mit ihrer Frische und Anklängen an Nektarinen. Ganz anders die klare, dichte, mit Kandisnoten und Noten von exotischen Früchten sowie Kräutern aufwartende Ein-Stern-Auslese aus dem Würzgarten. An der Spitze steht gleichwohl der nach Steinobst, kandierten Zitrusschalen und Kräutern duftende, enorm saftige Ein-Stern-Eiswein – ein Wein für die Ewigkeit. Wird die Konstanz hier beibehalten, ist der Aufstieg auf vier Sterne zwangsläufig.

Weinbewertung

88	2016 Riesling Spätlese „feinherb" Ürziger Würzgarten	**10,5 %/9,50 €** ☺
86	2016 Riesling Kabinett Erdener Treppchen	**9 %/8,- €**
88	2016 Riesling Kabinett Ürziger Würzgarten	**8 %/8,- €** ☺
88	2016 Riesling Spätlese Erdener Treppchen	**7,5 %/9,50 €** ☺
88	2016 Riesling Spätlese Ürziger Würzgarten	**7,5 %/9,50 €** ☺
90	2016 Riesling Spätlese Ürziger „In der Kranklei"	**7 %/10,- €** ☺
89	2016 Riesling Auslese Ürziger Würzgarten	**7,5 %/14,- €**
91	2016 Riesling Auslese Erdener Prälat	**8 %/23,50 €**
89	2016 Riesling Auslese Ürziger „In der Kranklei"	**7,5 %/15,- €**
91	2016 Riesling Auslese* Ürziger „In der Kranklei"	**7,5 %/18,- €/0,375l**
91	2016 Riesling Auslese* Ürziger Würzgarten	**7 %/18,- €/0,375l**
89+	2003 Riesling Auslese*** Goldkapsel Ürziger Würzgarten	**8 %**
92	2016 Riesling Auslese** Goldkapsel Ürziger Würzgarten	**7 %/21,- €/0,375l**
91	2016 Riesling Eiswein Ürziger Würzgarten	**5,5 %/38,- €/0,375l**
93	2016 Riesling Eiswein* Ürziger Würzgarten	**6 %/58,- €/0,375l**

WALTER ERHARD

★★

KONTAKT

Weinstraße 21
97332 Volkach
Tel. 09381-2623
Fax: 09381-71116
www.weingut-erhard.de
info@weingut-erhard.de

Inhaber
Walter Erhard
Rebfläche
7,5 Hektar
Produktion
60.000 Flaschen

BESUCHSZEITEN

Mo.-Fr. 9-18 Uhr, Sa. 10-16 Uhr, So. 10-12 Uhr und nach Vereinbarung
Weinrestaurant „Schoppenhäusle" ganzjährig geöffnet; „Schatzsuche" in den Volkacher Weinbergen

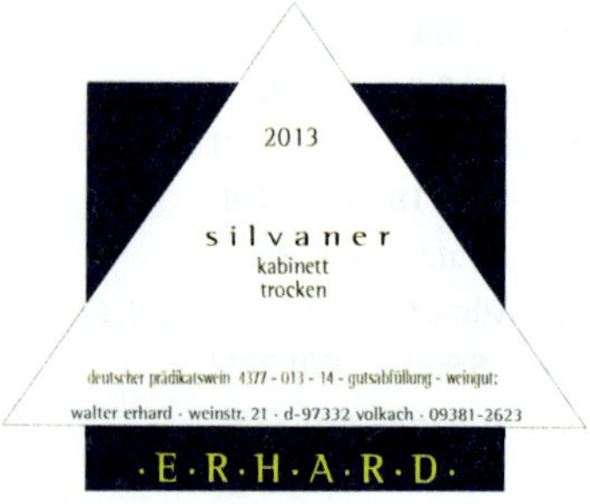

Walter Erhard übernahm 1990 den ehemals landwirtschaftlichen Betrieb mit Fassweinerzeugung. Zusammen mit Ehefrau Sabine restrukturierte er den Betrieb, stellte auf Selbstvermarktung um. Ihre Reben, überwiegend in der Lage Volkacher Ratsherr, wachsen auf Muschelkalkböden. Neben dem Ratsherr sind sie im Obervolkacher Landsknecht vertreten, im Escherndorfer Lump und im Escherndorfer Fürstenberg, wo die Reben ebenfalls auf Muschelkalkböden wachsen, sowie am Steigerwald im Großlangheimer Kiliansberg, wo auf Keuperböden rote Sorten aber auch Müller-Thurgau stehen. Wichtigste Rebsorte ist Silvaner, der 30 Prozent der Fläche einnimmt. Es folgen Müller-Thurgau, Weißburgunder, Scheurebe und Bacchus, dazu gibt es 20 Prozent rote Sorten wie Domina, Regent, Spätburgunder und Schwarzriesling.

Kollektion

Ein fruchtbetonter, geradliniger Weißherbst-Sekt eröffnet in diesem Jahr den Reigen. Ganz stark sind dann einmal mehr die Literweine, der Müller-Thurgau besitzt feine Frucht und Biss, der Silvaner ist klar und zupackend. In der Frank & Frei-Linie besitzt der Silvaner feine süße Frucht, der eindringliche, zupackende Müller-Thurgau gefällt uns ein klein wenig besser. Der Silvaner Kabinett zeigt Birnen im Bouquet, ist fruchtbetont und geradlinig, die Scheurebe ist intensiv im Bouquet, frisch und geradlinig im Mund. Sehr gut gefällt uns der Weißburgunder, unser Favorit unter den Kabinettweinen: Er ist wunderschön reintönig, besitzt feine süße Frucht, Frische und gute Struktur. 2015 konnten wir noch drei trockene Spätlesen verkosten, dieses Jahr wurde nur der Silvaner aus dem Ratsherr vorgestellt, unser Favorit in der aktuellen Kollektion. Er zeigt gute Konzentration im Bouquet, reife Frucht, Birnen, ist füllig und saftig im Mund, besitzt reife Frucht, gute Struktur und Substanz. Stimmige, starke Kollektion!

Weinbewertung

85	2013 Spätburgunder Weißherbst Sekt brut **13 %/13,- €**
82	2016 Müller-Thurgau trocken Volkacher Ratsherr (1l) **12 %/5,- €**
82	2016 Silvaner trocken Volkacher Ratsherr (1l) **12 %/6,- €**
83	2016 Silvaner trocken „Frank & Frei" **12,5 %/6,50 €**
84	2016 Müller-Thurgau trocken „Frank & Frei" **12 %/6,50 €**
83	2016 Silvaner Kabinett trocken Volkacher Ratsherr **12,5 %/7,- €**
85	2016 Weißburgunder Kabinett trocken Volkacher Ratsherr **13 %/7,50 €**
86	2016 Silvaner Spätlese trocken Volkacher Ratsherr **13 %/10,50 €**
82	2016 Scheurebe Kabinett Volkacher Ratsherr **12 %/7,50 €**

H.J. Ernst

★

KONTAKT

Holzstraße 40, 65343 Eltville
Tel. 06123-2363
Fax: 06123-4062
www.weingut-ernst.de
info@weingut-ernst.de

Inhaber
Johannes Ernst
Rebfläche
33 Hektar
Produktion
250.000 Flaschen

BESUCHSZEITEN

Mo.-Fr. 9-12 + 13-18 Uhr,
Sa. 9-18 Uhr

Das Weingut wird heute in vierter Generation von Johannes Ernst geführt, unterstützt von den Eltern Gisela und Hans-Josef. Die Weinberge des 33 Hektar-Betriebes liegen vor allem in Eltville, in den Lagen Taubenberg, Langenstück, Sonnenberg und Rheinberg, aber auch im Martinsthaler Rödchen, der Rauenthaler Gehrn sowie im Wallufer Walkenberg. Riesling nimmt 70 Prozent der Rebfläche ein. Dazu gibt es Spätburgunder und ein wenig Weißburgunder, Grauburgunder und Chardonnay. Es wird auch Sauvignon Blanc angebaut, der 2013 die erste Ernte erbrachte, ebenso Roter Riesling. Das Weingut nutzt nach wie vor Prädikatsbezeichnungen bei trockenen Weinen, neben der trockenen Riesling Spätlese werden auch Bezeichnungen wie Selection oder Erstes Gewächs (aus der Gehrn) genutzt.

Kollektion

Der trockene Kabinett aus dem Martinsthaler Rödchen ist angenehm frisch und saftig. Der trockene Weißburgunder sortentypisch und süffig mild. Das gilt auch für den Sauvignon Blanc, der vegetal nach frischer Paprika duftet. Am Gaumen schmeckt er erst grasig frisch, offenbart im Nachgeschmack einen milden fruchtsüßen Kern. Der Rote Riesling sticht aus den soliden, trockenen Weißweinen etwas heraus, weil er ein attraktiv saftiges, rotbeeriges Aroma bietet, harmonisch und lang ist, der apfelfrische Riesling Classic bietet unkomplizierten Trinkgenuss, er ist zwar einfach, aber auch richtig süffig. Die fruchtige Spätlese ist würzig, sie schmeckt saftig nach süßen Äpfeln, vermittelt aber durch ihre allzu deutliche Süße etwas zu wenig Trinkfluss. Dafür ist die milde Beerenauslese sehr gut gelungen, sie ist würzig und saftig, nachhaltig. Dem erdigen, saftigen Spätburgunder aus der Ersten Lage steht sein trockener und würziger Geschmack gut zu Gesicht. Insgesamt bleibt auch in diesem Jahr der Eindruck einer ordentlichen Kollektion. Alle Weine sind grundsolide, zugänglich, aber doch auch steigerungsfähig.

Weinbewertung

82	2016 Weißburgunder trocken **12 %/6,50 €**
82	2016 Sauvignon Blanc trocken **12,5 %/8,- €**
83	2016 Roter Riesling trocken **11 %/8,- €**
82	2016 Riesling Kabinett trocken Martinsthaler Rödchen **12 %/6,50 €**
83	2016 Riesling Classic **12 %/6,- €**
83	2016 Riesling Spätlese Eltviller Taubenberg **9 %/8,- €**
85	2016 Riesling Beerenauslese **9,5 %/30,- €/0,375l**
84	2015 Spätburgunder trocken Eltviller Langenstück **13 %/15,- €**

ESCHER

★★★☆

KONTAKT

Seestraße 4
71409 Schwaikheim
Tel. 07195-57256
Fax: 07195-137319
www.wein-escher.de
info@wein-escher.de

Inhaber
Ottmar Escher
Rebfläche
11,5 Hektar
Produktion
82.000 Flaschen

BESUCHSZEITEN

Di.-Fr. ab 16:30 Uhr, Sa. 9-14 Uhr
oder nach Vereinbarung
Gutsausschank

Die Weinberge von Ottmar und Lisa Escher liegen verstreut im ganzen Remstal, in Stetten (Pulvermächer), Strümpfelbach (Altenberg), Hanweiler (Berg), Steinreinach (Hörnle), Korb (Sommerhalde), Neustadt (Söhrenberg) und Hertmannsweiler (Himmelreich). Drei Fünftel der Rebfläche nehmen rote Sorten ein: Trollinger, Lemberger und Spätburgunder vor allem, aber auch Muskattrollinger, Merlot, Cabernet Franc und Zweigelt. Wichtigste weiße Rebsorte ist Riesling, dazu gibt es Müller-Thurgau, Sauvignon Blanc, Chardonnay, Weißburgunder, Grauburgunder, Muskateller und Cabernet Blanc. Alle Rotweine werden maischevergoren. Nach seiner Ausbildung bei Aldinger und im Staatsweingut Weinsberg, Praktika in Südtirol und Südafrika, sowie Abschluss seiner Technikerausbildung ist Sohn Christian Escher in den Betrieb eingestiegen und für den Ausbau der Weine verantwortlich. Das Programm ist gegliedert in Gutsweine, Bergkeuper- (2 Sterne) und Goldréserve-Weine (3 Sterne).

Kollektion

Erneut eine ganz starke Kollektion präsentiert Christan Escher. Das Einstiegsniveau ist hoch der Riesling von alten Reben ist ebenso reintönig und zupackend wie der Trollinger. Die Bergkeuper-Weine sind kraftvoll und sortentypisch, die beiden roten haben minimal die Nase vorne. An der Spitze stehen die Goldreserve-Weine. Der Grauburgunder ist konzentriert, reintönig, kraftvoll und strukturiert, der Sauvignon Blanc zeigt herrlich viel Frucht und rauchige Noten, besitzt viel Substanz, Kraft und Druck. Die Meisterwerk-Cuvée ist auch 2014 wieder meisterlich, füllig, harmonisch, komplex. Der Merlot ist füllig und kraftvoll, sehr von Vanillenoten geprägt, der Goldreserve-Lemberger zeigt intensive Frucht, etwas Vanille, ist füllig und kraftvoll wie der Höchste Lage-Lemberger, beide besitzen Substanz und Struktur.

Weinbewertung

85	2016 Riesling trocken „Alte Reben" **12,5 %/7,80 €**
85	2016 Chardonnay trocken „Bergkeuper" **13 %/9,20 €**
85	2016 Sauvignon Blanc trocken „Bergkeuper" **12 %/9,50 €**
89	2016 Sauvignon Blanc trocken „Goldréserve" Steinrein. Hörnle **12,5 %/15,80 €**
88	2016 Grauburgunder trocken „Goldréserve" Korber Steingrüble **13 %/14,80 €**
85	2015 Trollinger trocken „Alte Reben" **13 %/6,80 €**
86	2015 Zweigelt trocken „Bergkeuper" **13 %/9,50 €**
86	2015 Spätburgunder trocken „Bergkeuper" **13 %/10,50 €**
90	2014 „Meisterwerk" Rotwein trocken „Goldréserve" **13,5 %/16,80 €**
89	2014 Lemberger trocken „Goldréserve" **13,5 %/18,50 €**
89	2014 Merlot trocken „Goldréserve" **13,5 %/22,50 €**
89	2014 Lemberger trocken „Höchste Lage" Korber Berg **14 %/33,50 €**

August Eser

★★☆

KONTAKT

Friedensplatz 19
65375 Oestrich-Winkel
Tel. 06723-5032
Fax: 06723-87406
www.eser-wein.de
mail@eser-wein.de

Inhaber
Désirée Eser Freifrau zu Knyphausen
Rebfläche
11 Hektar
Produktion
70.000 Flaschen

BESUCHSZEITEN

Mo.-Fr. 9-12 + 13-17 Uhr,
Sa. 9-12 Uhr oder nach Vereinbarung

Neben Riesling baut Désirée Eser Freifrau zu Knyphausen, die inzwischen offiziell Inhaberin des Betriebes ist, etwas Spätburgunder an. Ihre Weinberge verteilen sich auf acht Gemeinden und 17 verschiedene Parzellen, darunter berühmte Lagen wie Hallgartener Schönhell, Hattenheimer Nussbrunnen, Oestricher Lenchen und Rauenthaler Rothenberg. Auch im Rüdesheimer Bischofsberg und im Mittelheimer St. Nikolaus stehen Eser-Reben. Etwa 80 Prozent der Weine werden trocken oder halbtrocken ausgebaut, süße Spezialitäten sind die Ausnahme. Die Weine reifen in einem aus dem 17. Jahrhundert stammenden Gutshaus in Oestrich, werden in traditionellen Holzfässern vergoren.

Kollektion

Der fruchtig leichte „My Way" ist zugänglich und schnörkellos. Der Riesling vom Löss ist etwas fülliger und ebenso offenherzig. Der Ortswein aus Winkel bietet zusätzlich eine spürbare mineralische Ader und straffere Säure. Der Aueboden besitzt pointierte Säureader die gut zu seiner Frucht passt. Der Rauenthaler Rothenberg ist würzig und präzise. Der Riesling aus dem Engelmannsberg ist der filigranste der trockenen Rieslinge, überzeugt durch seine klare und präzise Struktur und mineralische Ader. Der feinherbe Riesling „Schlüsselerlebnis" ist süffig und säurefrisch. Der etwas süßere feinherbe Ortswein aus Rüdesheim gefällt uns in diesem Jahr jedoch etwas besser, weil er vollmundiger, reifer, in sich stimmiger ist. Trotz ähnlicher Fruchtsüße ist der feinherbe Rauenthaler Riesling etwas herber, was an seiner ausgeprägten Gerbstofftextur liegt. Last-but-not-least gibt es einen gereiften 2012 Spätburgunder aus dem Mittelheimer St. Nikolaus, der in seiner an Unterholz erinnernden und ausgeprägt casissduftigen Art an Weine der Côte de Beaune erinnert.

Weinbewertung

82 2016 Riesling trocken „My Way" **12 %/7,90 €**
84 2016 Riesling trocken Oestrich „Vom Löss" **12 %/8,50 €**
84 2016 Riesling trocken Winkel **12 %/8,50 €**
85 2016 Riesling trocken Winkel „Vom Aueboden" **12 %/9,50 €**
86 2016 Riesling trocken Hattenheim Engelmannsberg **12,5 %/12,50 €**
86 2016 Riesling trocken Rauenthaler Rothenberg **12,5 %/12,50 €**
83 2016 Riesling „Schlüsselerlebnis" **12 %/7,90 €**
84 2016 Riesling „feinherb" Rüdesheim **11,5 %/8,50 €**
84 2016 Riesling „feinherb" Rauenthal **11 %/8,90 €**
86 2012 Spätburgunder „Barrique" Mittelheimer St. Nikolaus **13,5 %/12,90 €**

H.T. ESER

★★☆

E

KONTAKT

Rheingaustraße 12
65375 Oestrich-Winkel
Tel. 06723-6016980
Fax: 06723-6016980
www.weingut-eser.de
post@weingut-eser.de

Inhaber
Christoph & Thomas Eser
Rebfläche
15 Hektar
Produktion
100.000 Flaschen

BESUCHSZEITEN

Fr. 14-18.30 Uhr, Sa. 13.30-18 Uhr

Das Weingut Eser wurde 1936 gegründet und wird heute in dritter Generation von Christoph und Thomas Eser geführt. Ihre Weinberge liegen vor allem in den Oestricher Lagen Doosberg und Lenchen, aber auch im Rauenthaler Rothenberg und im Mittelheimer St. Nikolaus, die ältesten Reben sind über 60 Jahre alt. Neben dem dominierenden Riesling (85 Prozent) wird vor allem Spätburgunder angebaut, inzwischen gibt es auch Sauvignon Blanc. Die Weine werden teils im Edelstahl, teils im Holz ausgebaut, bleiben recht lange auf der Hefe und werden erst spät gefüllt. Der Betrieb hat sich auf den Vertrieb durch den Fachhandel spezialisiert.

Kollektion

Christoph und Thomas Eser erzeugen sehr eigenständige Weine. Aufgrund des langen Hefeausbaus haben wir nur drei 2016er verkostet, aber fünf Weine aus dem Jahrgang 2015, dazu den Editus aus 2013. Neu im Programm ist der Sauvignon Blanc, der reintönige Frucht, gute Struktur und Substanz besitzt. Die Riesling-Basis stimmt, das beweist der frische, zupackende N° 1. Der Mineralist aus dem Oestricher Lenchen ist fruchtbetont, geradlinig und zupackend. Dies sind die beiden einzigen Rieslinge, die auf dem Etikett als trocken gekennzeichnet sind, alle weiteren Rieslinge sind von mal mehr, mal weniger merklicher Restsüße geprägt. Der Purist zeigt rauchige Noten und reintönige Frucht, ist zupackend und strukturiert. Der Wein von alten Reben ist würzig und rauchig, klar und zupackend. Neu im Programm ist der Riesling 1894 – nicht das Pflanzjahr der Reben (wir befinden uns nicht an der Mosel, so alte Reben gibt es im Rheingau nicht), sondern das Baujahr der Gründerzeitvilla, die seit 1936 Stammhaus des Weingutes ist. Er ist konzentriert, füllig und kraftvoll, besitzt reintönige Frucht. Der Editus 2015 besitzt gute Konzentration, herrlich viel Frucht und Substanz, Fülle und Kraft, der 2013er ist geprägt vom Kontrast aus Süße und Reife. Und dass die Brüder Eser sich auch auf Spätburgunder verstehen, zeigt der enorm würzige, zupackende 2015er Barriquewein.

Weinbewertung

85 2015 Sauvignon Blanc trocken **13 %/9,80 €**
83 2016 Riesling trocken „N 1" **11,5 %/7,- €**
85 2016 Riesling trocken „Mineralist" Oestricher Lenchen **12,5 %/8,60 €**
86 2016 Riesling „Der Purist" **12,5 %/8,80 €**
85 2015 Riesling „Urwerk Alte Reben" **12,5 %/12,- €**
88 2015 Riesling „1894" Oestricher Doosberg **12 %/16,20 €**
87 2013 Riesling „Editus" Oestricher Doosberg **13,5 %/22,- €**
88 2015 Riesling „Editus" Oestricher Doosberg **13,5 %/22,- €**
85 2015 Spätburgunder trocken Barrique „Urwerk Alte Reben" **14 %/14,50 €**

Espenhof

★★★

KONTAKT

Weingut Espenhof GbR
Hauptstrasse 81
55237 Flonheim
Tel. 06734-94040
Fax: 06734-940450
www.espenhof.de
weingut@espenhof.de

Inhaber
Wilfried & Nico Espenschied
Rebfläche
26 Hektar
Produktion
220.000 Flaschen

BESUCHSZEITEN

im Internet + nach Vereinbarung
Weingut & Vinothek,
Landhotel & Weinrestaurant

Der Espenhof im Flonheimer Ortsteil Uffhofen wird heute in siebter und achter Generation von Wilfried und Nico Espenschied geführt. Der Rebsortenspiegel wird dominiert von klassischen Rebsorten wie Riesling (30 Prozent), Weiß- und Grauburgunder sowie Chardonnay (zusammen 30 Prozent), Silvaner, Scheurebe und Sauvignon Blanc. An roten Sorten, die gut ein Viertel der Fläche einnehmen, gibt es Spätburgunder, Portugieser, Dornfelder, Cabernet Sauvignon und Franc, Syrah und Merlot.

Kollektion

Auch die neue Kollektion ist wieder stimmig und stark. Den Reigen eröffnet ein rauchiger, komplexer Sekt, der 56 Monate auf der Hefe ausgebaut wurde. Schon die Basis ist stark, wie der fruchtbetonte Liter-Weißburgunder beweist. Die Gutsweine sind fruchtbetont und sortentypisch wie der zupackende Riesling oder die reintönige Scheurebe, noch ein klein wenig besser gefällt uns der druckvolle Sauvignon Blanc. Sehr gleichmäßig präsentiert sich das Ortswein-Segment mit kraftvollen, kompakten Weinen; der La Roche-Riesling war zum Zeitpunkt der Verkostung noch am Gären. Sehr eigenständig sind einmal mehr die Weine der Nico Espenschied-Linie. Der Grauburgunder ist füllig, kraft- und druckvoll, die Scheurebe zurückhaltend, reintönig, die Bauchgefühl genannte Cuvée aus Weißburgunder und Chardonnay ist enorm stoffig, der Riesling rauchig und kraftvoll bei viel Substanz.

Weinbewertung

88	2012 „Lena Marie" Chardonnay Pinot Noir Sekt brut nature **13 %/16,- €**
83	2016 Weißburgunder trocken (1 l) **12,5 %/6,90 €**
84	2016 Sylvaner trocken **12 %/6,90 €**
83	2016 Grauer Burgunder trocken **12,5 %/7,90 €**
85	2016 Riesling trocken **12 %/6,90 €**
86	2016 Sauvignon Blanc trocken **12 %/7,90 €**
85	2016 Scheurebe trocken **12 %/6,90 €**
86	2016 Weißer Riesling trocken Flonheim **12,5 %/9,50 €**
85	2016 Weißer Burgunder trocken Flonheim **13 %/9,50 €**
86	2016 Chardonnay trocken Flonheim **13 %/9,50 €**
89	2016 Riesling trocken „Nico Espenschied" **12,5 %**
88	2016 „Bauchgefühl" Weißwein trocken „Nico Espenschied" **12,5 %/30,- €**
88	2016 Scheurebe trocken „Nico Espenschied" **12 %**
88	2016 Grauburgunder trocken „Nico Espenschied" **13 %**
86	2016 Weißer Riesling Kabinett La Roche **9 %/7,50 €**
88	2016 Weißer Riesling Spätlese La Roche **8,5 %/9,- €** ☺
85	2014 Spätburgunder trocken Holzfass **13 %/8,40 €**
87	2015 „Stammbaum" Rotwein trocken **14 %/10,50 €**

E

Zum Eulenturm

★★

KONTAKT

Zum Eulenturm
Weingut - Brennerei
Hauptstraße 218
56867 Briedel
Tel. 06542-4702
Fax: 06542-41673
www.zum-eulenturm.de
info@zum-eulenturm.de

Inhaber
Timo C. Stölben
Rebfläche
3,5 Hektar
Produktion
25.000 Flaschen

BESUCHSZEITEN

Mo.-Fr. 8-18 Uhr, Sa. 10-16 Uhr
oder nach Vereinbarung

Matthias Schinnen, der Urgroßvater des heutigen Besitzers, begann Anfang des 20. Jahrhunderts mit der Flaschenweinvermarktung. Im Juli 2013 hat Timo Stölben den Betrieb von seinen Eltern Hans-Otto und Marie-Luise Stölben übernommen. Er hatte in Geisenheim und Udine studiert und war seit dem Studiumabschluss 2008 für den Weinausbau verantwortlich. Seine Weinberge liegen in den Briedeler Lagen Schäferlay, Herzchen (mit den Felsenterrassen Trieren) und Nonnengarten. Die Lagen Schäferslay und Trieren wurden in den preußischen Lagenkarten des 19. Jahrhunderts der höchsten Kategorie zugerechnet; Ende 2016 wurde Trieren wieder als Gewanne in die Weinbergsrolle eingetragen. Riesling nimmt 70 Prozent der Rebfläche ein, hinzukommen Müller-Thurgau und Spätburgunder sowie ein wenig Dornfelder und Acolon. Ein knappes Drittel der Produktion entfällt auf Sekt, der aus rechtlichen Gründen nicht mehr unter dem Namen Sparkling Moselle angeboten wird. Das Weingut wurde mit der Betriebsübergabe renoviert, neue Holzfässer und Edelstahltanks wurden angeschafft, ebenso eine neue Weinpresse. Timo Stölben möchte in den kommenden Jahren weitere Parzellen in Steillagen zukaufen. Edelbrände aus der eigenen Brennerei ergänzen das Sortiment.

Kollektion

Die im vergangenen Jahr vorgestellten Weine überzeugten durch die Bank, die nun präsentierten 2016 geben Timo Stölben, der mit diesem schwierigen Jahrgang sehr zufrieden ist, vollkommen recht. Die beiden 2014er Schaumweine sind gelungen, nämlich fein und duftig, vor allem der undosierte Brut Nature wirkt sehr animierend. Fast noch spannender als der trockene Basisriesling ist der Müller-Thurgau mit einer fast rauchigen Frucht, viel Würze, verhaltener Säure – alles andere als auf Gefälligkeit getrimmt. Die Trieren Spätlese ist etwas würziger, jene aus der Schäferlay etwas fester und straffer. Der Kabinett aus dem Herzchen wirkt schlank, die duftige Spätlese aus der Schäferlay zeigt bemerkenswerte Balance und Frucht.

Weinbewertung

86 2014 Riesling Sekt brut nature **12 %/12,- €**
86 2014 Riesling Sekt brut **12 %/12,- €**
86 2016 Müller-Thurgau trocken **11,5 %/8,- €**
84 2016 Riesling trocken **10 %/7,- €**
87 2016 Riesling Spätlese trocken Briedeler Schäferlay **11,5 %/11,- €**
87 2016 Riesling Spätlese trocken Briedeler „Trieren" **11 %/11,- €**
83 2016 Riesling „feinherb" **10 %/7,- €**
86 2016 Riesling Spätlese „feinherb" Briedeler „Trieren" **10 %/11,- €**
85 2016 Riesling Kabinett Briedeler Herzchen **8 %/7,50 €**
87 2016 Riesling Spätlese „edelsüß" Briedeler Schäferlay **7,5 %/11,50 €**

Eymann

★★★

KONTAKT

Ludwigstraße 35
67161 Gönnheim
Tel. 06322-2808
Fax: 06322-68792
www.weingut-eymann.de
info@weinguteymann.de

Inhaber
Rainer Eymann
Rebfläche
15,3 Hektar
Produktion
120.000 Flaschen

BESUCHSZEITEN

Mo.-Fr. 8-12 + 13-19 Uhr,
Sa. 10-19 Uhr
Weinstube im Haus, geöffnet abends (Do./Fr./Sa.)

Rainer Eymann gehörte zu den ersten Winzern in der Pfalz, die ihre Weinberge ökologisch bewirtschafteten. Bereits mit der Betriebsübernahme 1982 begann er mit der Umstellung, seit 2005 wird nach biodynamischen Prinzipien gearbeitet. Wichtigste Rebsorte ist der Riesling, der etwa ein Drittel seiner Weinberge einnimmt. Dann folgen Spätburgunder, Portugieser, Grauburgunder, Gewürztraminer und Weißburgunder. Mittlerweile hat Sohn Vincent die Verantwortung im Keller übernommen und den Anteil an spontan vergorenen Weinen ausgebaut. Das Sortiment ist gegliedert in Guts- und Ortsweine, die „Selektion Toreye" – benannt nach einem bereits 1350 erwähnten Lehnshof Toreye, auf den auch der Familienname Eymann zurückgeht – deren Weine nach der Spontangärung in traditionellen Holzfässern ausgebaut werden und die Lagenweine aus den besten Parzellen der Gönnheimer Lagen Sonnenberg und Mandelgarten.

Kollektion

Unser Favorit des vergangenen Jahres, der maischevergorene, im Solera-Verfahren ausgebaute Gewürztraminer ist auch in seiner neuen Version wieder spannend, komplex, puristisch, elegant und sehr nachhaltig, zeigt florale Würze, aber auch Nuss, Zitrus und Most, besitzt Zug und Grip, bleibt über Tage hinweg stabil. Sehr stark sind auch der „Blanc de Blancs"-Sekt aus Chardonnay mit 30 Monaten Hefelager, der puristisch und animierend ist, würzige Apfelmost-Noten zeigt und eine feine Bitternote und Länge besitzt, sowie der 18 Monate in Barriques ausgebaute Sonnenberg-Pinot Noir, der noch sehr jugendlich wirkt, klare, dunkle Frucht und feine röstige Würze zeigt und Länge und Potential besitzt. Der Chardonnay ist saftig, frisch, elegant, leicht salzig, besitzt feinen Grip, der „Toreye"-Riesling hat eine ganz eigene Aromatik nach Apfel- und Birnenmost und auch der in 300 Liter-Fässern spontan vergorene Silvaner ist ein ganz eigenständiger Typ, ist schlank und elegant mit feinen Zitrusnoten.

Weinbewertung

89 „Blanc de Blanc Réserve" Sekt brut nature **12 %/24,- €**
83 2016 „Alter Satz" Weißwein trocken Gönnheimer **12,5 %/7,50 €**
84 2016 Riesling trocken Gönnheimer **12 %/7,50 €**
86 2016 „Ménage à trois" Weißwein trocken „Toreye" **13 %/12,50 €**
87 2016 Silvaner trocken „Fumé" „Toreye" **13 %/12,50 €**
87 2016 Riesling trocken „Alte Reben" „Toreye" **13 %/12,50 €**
90 Gewürztraminer trocken „MDG #3" **13 %/27,- €**
88 2015 Chardonnay trocken Sonnenberg **13 %/19,- €**
82 2014 „Cuvée rot" trocken Gönnheimer **13,5 %/8,50 €**
86 2015 Spätburgunder trocken „Toreye" **13 %/14,90 €**
89 2014 Pinot Noir trocken Sonnenberg **13,5 %/24,- €**

Fader

★★☆

Kontakt

Kastanienhof
Theresienstraße 62
76835 Rhodt
Tel. 06323-5193
Fax: 06323-980841
www.weingut-fader.de
weingut-fader@t-online.de

Inhaber
Karl-Heinz & Knut Fader
Rebfläche
15,6 Hektar
Produktion
150.000 Flaschen

Besuchszeiten

Mo.-Sa. 8-12 + 13-18 Uhr

Der Kastanienhof in Rhodt ist seit 1780 in Familienbesitz und wird heute von Karl-Heinz Fader, Sohn Knut und ihren Ehefrauen Hedwig und Heike bewirtschaftet. Ihre Weinberge liegen hauptsächlich in Rhodt in den Lagen Rosengarten (sandiger und toniger Lehm), Klosterpfad (sandiger Lehm) und Schlossberg (leichter lehmiger Sand, Kalkmergel, Buntsandstein). Auf den zwei Hektar im Godramsteiner Münzberg, wo die Reben auf Lehm-Löss-Kalkböden wachsen, stehen vor allem rote Sorten. Wichtigste weiße Rebsorte ist mit einem Flächenanteil von 30 Prozent der Riesling, daneben gibt es Grauburgunder, Weißburgunder, Gewürztraminer und Chardonnay. Wichtigste rote Sorten sind Spätburgunder und Portugieser. Auf rund einem Viertel der Fläche stehen aber noch etliche andere Sorten, etwa Silvaner, Sauvignon Blanc, Muskateller, Dornfelder, St. Laurent, Merlot, Cabernet Sauvignon. Die Rotweine werden alle maischevergoren und dann in Holzfässern ausgebaut.

Kollektion

Die Weine der Faders sind stets herrlich reintönig und sortentypisch, was auch für den neuen Jahrgang gilt, in dem wir drei Favoriten haben: Die Sauvignon Blanc Réserve ist harmonisch und elegant und zeigt komplexe gelbe Frucht mit Noten von Pfirsich, Mango und Maracuja, der Réserve-Chardonnay ist ebenfalls fruchtbetont mit feinen Zitrusnoten, besitzt Substanz und Länge, und der Graue Burgunder von alten Reben besitzt Kraft und Schmelz und zeigt dezente Holzwürze. Der Gewürztraminer ist ganz reintönig mit Noten von Litschi und Rosenblättern, unter den Rieslingen ragt leicht der Wein von alten Reben heraus, der gute Konzentration besitzt und neben klarer Frucht auch kräutrig-mineralische Noten zeigt. Gut gefällt uns auch der Pinot Noir mit dezenten Röstnoten und kühler Frucht, der kraftvoll und harmonisch ist.

Weinbewertung

83 2016 Muskateller trocken **12,5 %/7,20 €**
84 2016 Sauvignon Blanc trocken **12 %/7,20 €**
83 2016 Riesling trocken „Schiefer" **12 %/6,80 €**
86 2016 Riesling Spätlese trocken „Buntsandstein Alte Reben" **13 %/8,30 €**
86 2016 Gewürztraminer Spätlese trocken Rhodter Rosengarten **13,5 %/7,70 €**
85 2016 Weißer Burgunder Spätlese trocken Rhodter Rosengarten **13,5 %/6,80 €**
87 2016 Grauer Burgunder trocken „Alte Reben" Rhodter Rosengarten **14 %/9,- €**
84 2016 Riesling Spätlese trocken Rhodter Schlossberg **12,5 %/6,70 €**
87 2016 Sauvignon Blanc trocken „Réserve" Rhoder Schlossberg **13 %/9,80 €**
87 2016 Chardonnay trocken „Réserve" Rhoder Klosterpfad **13,5 %/9,80 €**
83 2014 Cabernet Sauvignon trocken Holzfass **13,5 %/9,50 €**
86 2015 Pinot Noir trocken „Réserve" Godramsteiner Münzberg **13,5 %/13,50 €**

FASCHIAN

★☆

KONTAKT

Weingut Faschian KG
Überm Neckar 7
74394 Hessigheim
Tel. 07143-967447
Fax: 07143-967448
www.weingut-faschian.de
info@weingut-faschian.de

Inhaber
Karsten Faschian,
Dr. Herbert Müller
Rebfläche
8 Hektar
Produktion
50.000 Flaschen

BESUCHSZEITEN

Do.-Fr. 14:30-18:30 Uhr,
Sa. 9-14 Uhr

F

Das Weingut Faschian liegt am Ortsrand von Hessigheim, inmitten der Weinberge. Die Weinberge von Karsten Faschian liegen in den Hessigheimer Lagen Felsengarten und Wurmberg sowie im Mundelsheimer Käsberg, die Reben wachsen auf Muschelkalkböden. Lemberger nimmt ein knappes Drittel der Rebfläche ein, Trollinger ein Fünftel, es folgen Riesling, Muskattrollinger, Spätburgunder, Grauburgunder, Zweigelt, Chardonnay, Merlot und Silvaner. Karsten Faschian hat sich mit dem Consortium Montis Casei zusammengetan um herauszufinden, welche Rebsorten sich in den Muschelkalkterrassen am Neckar anstelle des traditionellen Trollingers besonders gut eignen. In neu erworbenen Weinbergen wurden im Frühjahr 2015 Cabernet Franc, Merlot, Syrah, Tempranillo und Weißburgunder gepflanzt, inzwischen auch Sangiovese, Cabernet Sauvignon und Albariño. Karsten Faschian arbeitet mit langen Maischestandzeiten. Die Weine werden im Edelstahl ausgebaut, die besten Rotweine und inzwischen auch Weißweine kommen ins Barrique, werden lange auf der Feinhefe gelagert und teilweise unfiltriert abgefüllt.

Kollektion

Recht gleichmäßig präsentieren sich auch in diesem Jahr wieder die Weißweine, der GS-Chardonnay ist unser Favorit, er besitzt Fülle, Kraft, reife Frucht und dezente Vanillenoten. Nicht ganz so gleichmäßig ist das rote Segment, bei einigen Weinen irritieren uns etwas oxidative Noten. Stark sind vor allem die Consortium-Weine, der reintönige, zupackende Trollinger, der leicht florale, strukturierte Merlot oder der konzentrierte, kraftvolle Lemberger. Unser Favorit ist der Zweigelt, der gute Konzentration und etwas Gewürze zeigt, Fülle und Kraft besitzt, gute Struktur und reintönige Frucht. Wir sind gespannt wie es weiter geht mit Syrah, Tempranillo, Albarino & Co.

Weinbewertung

83	2016 Riesling trocken „Alte Reben" **11,5 %/7,- €**
82	2016 Grauer Burgunder Kabinett trocken **12 %/7,50 €**
82	2016 Chardonnay trocken **12 %/8,- €**
85	2016 Chardonnay „GS" trocken **12,5 %/13,50 €**
83	2016 Rosé „Saignée" trocken „Montis Casei" Hessigheimer Wurmberg **13 %/8,- €**
80	2015 Lemberger trocken (1l) **13 %/6,- €**
84	2015 Trollinger trocken „Montis Casei" Mundelsheimer Käsberg **13 %/8,- €**
87	2015 Zweigelt trocken „Montis Casei" Hessigheimer Wurmberg **13,5 %/16,- €**
86	2015 Lemberger trocken „Monte Casei" Hessigheimer Wurmberg **13 %/14,- €**
82	2015 Spätburgunder „GS" trocken **14 %/14,- €**
85	2015 Merlot trocken „Monte Casei" Hessigheim Wurmberg **14 %/18,- €**
81	2015 Lemberger „GS" trocken **14 %/20,- €**

FELLBACHER WEINGÄRTNER

★★

KONTAKT

Kappelbergstraße 48
70734 Fellbach
Tel. 0711-578803-0
Fax: 0711-578803-40
www.fellbacher-weine.de
info@fellbacher-weine.de

Mitglieder 280
Vorstandsvorsitzender
Thomas Seibold
Geschäftsführer Verwaltung
Friedrich Georg Benz
Geschäftsführer Vertrieb
Rolf-Dieter Hess
Kellermeister
Werner Seibold
Rebfläche
186 Hektar
Produktion
1.500.000 Flaschen

BESUCHSZEITEN

Mo.-Sa. 9-18:30 Uhr

Die Fellbacher Weingärtnergenossenschaft wurde 1858 gegründet, ist damit die älteste noch bestehende Winzergenossenschaft Württembergs. Auf den Keuperböden am Kappelberg in den Fellbacher Lagen Lämmler und Goldberg werden zu zwei Drittel rote Sorten angebaut, vor allem Trollinger, dazu Schwarzriesling, Lemberger und Spätburgunder, aber auch Dornfelder, Acolon, verschiedene Cabernet-Kreuzungen, Blauburger und Merlot. Der Weißweinanteil wird dominiert vom Riesling, dazu gibt es Müller-Thurgau, Kerner, Grauburgunder, Chardonnay, Sauvignon Blanc und Gewürztraminer. Neben Literweinen gibt es drei Editionslinien, C, S und P. In der Top-Linie Edition P werden Trollinger und Merlot angeboten, Spätburgunder und Lemberger, dazu Barrique-Versionen von Spätburgunder und Lemberger, sowie die Cuvée Amandus, lange das Aushängeschild der Fellbacher Genossen, die seit dem Jahrgang 2009 betriebsinterne Konkurrenz erhielt durch einen Lemberger Großes Gewächs.

Kollektion

Eine stimmige, starke Kollektion präsentieren die Fellbacher Weingärtner auch in diesem Jahr. In der weißen S-Klasse gefallen uns der intensiv fruchtige Sauvignon Blanc und die reintönige Gewürztraminer Spätlese besonders gut. Der 2015er P-Riesling ist saftig, klar und zupackend, das Große Gewächs zeigt gelbe Früchte, Pfirsiche, ist füllig und saftig, besitzt viel reife Frucht und Wärme. Der Chardonnay ist von Vanille- und Gewürznoten geprägt, besitzt Fülle, Kraft, reife Frucht, gute Struktur und Substanz. Die rote S-Klasse bietet fruchtbetonte, sortentypische Weine mit Struktur und Kraft. Der kraftvolle Barrique-Spätburgunder ist von Gewürznoten geprägt, ein klein wenig besser noch gefällt uns der Lemberger, der rote Früchte zeigt, kraftvoll ist, stoffig, zupackend und strukturiert.

Weinbewertung

81 2016 Pinot Gris „C" trocken **12,5 %/6,75 €**
84 2016 Sauvignon Blanc „S" trocken **12,5 %/9,90 €**
83 2016 Chardonnay „S" trocken **13 %/8,90 €**
82 2016 Riesling trocken „next Generation" **12,5 %/8,- €**
85 2015 Riesling „P" trocken Fellbacher Lämmler **13,5 %/13,50 €**
88 2015 Riesling „P" trocken „Großes Gewächs" Fellbacher Lämmler **13,5 %/16,50 €**
87 2015 Chardonnay „P" trocken Barrique Fellbacher Lämmler **13,5 %/19,50 €**
84 2016 Gewürztraminer „S" Spätlese **11 %/8,10 €**
84 2015 Lemberger „S" trocken **13,5 %/9,10 €**
84 2015 Merlot „S" trocken **13,5 %/9,10 €**
87 2013 Lemberger „P" trocken Barrique Fellbacher Lämmler **13,5 %/19,50 €**
86 2013 Spätburgunder „P" trocken Barrique Fellbacher Lämmler **14 %/19,50 €**

Felshof

★★

KONTAKT

Weingut & Gästehaus Felshof
97286 Sommerhausen
Tel. 09333-90480
Fax: 09333-904838
www.felshof.de
info@felshof.de

Inhaber
Familie Wenninger
Rebfläche
11,8 Hektar
Produktion
70.000 Flaschen

BESUCHSZEITEN

Mo.-Sa. 9-19 Uhr, So. 9-13 Uhr
Gästehaus (9 Doppelzimmer)

Der Felshof in Sommerhausen ist ein Familienbetrieb mit Weinbergen, mit 5 Hektar Obst (Äpfel und Birnen), eigener Brennerei und einem Gästehaus mit 9 Zimmern. Die Weinberge liegen in den Sommerhäuser Lagen Reifenstein, Steinbach und Ölspiel (einer ursprünglichen Einzellage, aber heutigen Großlage). Silvaner und Scheurebe sind die wichtigsten Rebsorten, gefolgt von Riesling, Bacchus, Müller-Thurgau, Kerner, Weißburgunder, Gewürztraminer und Sauvignon Blanc. Rote Rebsorten nehmen über ein Viertel der Rebfläche ein: Spätburgunder, Domina, Schwarzriesling, Dornfelder und Regent. Das Sortiment ist gegliedert in Ortsweine, Lagenweine und die „Großen Weine", die seit 2011 den Zusatz „Saxum Nobile" (edler Fels) tragen. In diese Kategorie gehören die Weißweine aus den besten Weinbergen wie der Silvaner Alter Berg (Steinbach), die Rieslinge Stachelberg (Reifenstein) und Schulmeister (Steinbach) oder die Scheureben Neuer Berg und Absetz (Steinbach), Barriqueweine (Spätburgunder, Domina) sowie edelsüße Weine, alle werden aber nur ganz selten erzeugt. Seit 2011 wird eine Teilfläche (derzeit 1,5 ha) biologisch bewirtschaftet und ein Weinberg biodynamisch, aber ohne Zertifizierung. Ein Teil der Weine wird spontanvergoren, auf Schönungsmittel wird verzichtet. Die Weine werden überwiegend „fränkisch trocken" ausgebaut.

Kollektion

Mit einer stimmigen, sehr gleichmäßigen Kollektion schließt der Felshof nahtlos an die guten Vorjahre an. Auch in diesem Jahr hat man wieder gleich vier Scheureben präsentiert, vom cassis- und grapefruit-duftigen Sekt und dem fruchtbetonten trockenen Kabinett hin zu zwei saftig-süffigen halbtrockenen Weinen, die wunderschön reintönige Steinbach-Spätlese gefällt uns besonders gut. Die sonstigen trockenen Kabinettweine respektive Ortsweine sind fruchtbetont, frisch und sortentypisch. Der Steinbach-Gewürztraminer besitzt Fülle, Kraft und reife reintönige Frucht, der Steinbach-Silvaner besitzt gute Struktur, Druck und Frische.

Weinbewertung

84	2014 Scheurebe Sekt extra trocken	**12,5 %/12,- €**
83	2016 Müller-Thurgau Kabinett trocken Sommerhäuser Ölspiel	**12,5 %/6,50 €**
83	2016 Silvaner Kabinett trocken Sommerhäuser Ölspiel	**13 %/6,90 €**
83	2016 Riesling Kabinett trocken Sommerhäuser Ölspiel	**12 %/6,50 €**
83	2016 Scheurebe Kabinett trocken Sommerhäuser Ölspiel	**12,5 %/6,90 €**
86	2016 Silvaner Spätlese trocken Sommerhäuser Steinbach	**13 %/9,- €**
85	2016 Gewürztraminer Spätlese trocken Sommerhäuser Steinbach	**13 %/10,50 €**
83	2016 Scheurebe Kabinett halbtrocken Sommerhäuser Ölspiel	**12 %/6,50 €**
86	2016 Scheurebe Spätlese halbtrocken Sommerhäuser Steinbach	**13,5 %/9,- €**

Friedrich Fendel

★★

Kontakt

Marienthaler Straße 46
65385 Rüdesheim
Tel. 06722-90570
Fax: 06722-905766
www.friedrich-fendel.de
info@friedrich-fendel.de

Inhaber
Familie Fendel - Hetzert
Rebfläche
12,5 Hektar
Produktion
110.000 Flaschen

Besuchszeiten

nach Vereinbarung
Weinhaus Fendel

Das Weingut Fendel führt seine Geschichte auf das Jahr 1510 zurück, baute zunächst in Niederheimbach am Mittelrhein Wein an, seit 1860 in Rüdesheim. Seit 1990 wird es von den Brüdern Paul Peter und Walter Hetzert geführt. Die Weinberge befinden sich vor allem in Rüdesheim in den Berg-Lagen Schlossberg, Rottland und Roseneck, sowie in der Klosterlay und im Kirchenpfad, aber auch in Geisenheim und Assmannshausen. 90 Prozent der Rebfläche nimmt Riesling ein, hinzu kommt Spätburgunder. Der Ausbau der Weine erfolgt teils im Holz, teils im Edelstahl. Vielleicht der bekannteste Wein des Betriebes ist der halbtrockene Riesling „fum Allerhinnerschde", eine bereits seit 1903 geschützte Wortmarke. Die trockenen Spitzenweine wurden bis 2011 als Erstes Gewächs bezeichnet, seither als Große Gewächse („GG"). Sie kamen in den letzten Jahren aus Berg Roseneck, Kirchenpfad und Klosterlay, Berg Schlossberg wird im Weingut meist als süße Spätlese ausgebaut.

Kollektion

Der hedonistische Sekt ist opulent und cremig, besitzt animierende jugendliche Frische, eröffnet eine durch und durch stimmige Kollektion. Mit klarem Sortencharakter und fülliger Substanz punktet der Weißburgunder. Der trockene Gutsriesling ist ähnlich kräftig, bietet aber erwartungsgemäß mehr frische Säure. Diese Eigenschaften vereint auch der Rüdesheimer Riesling in sich, bietet dabei noch mehr aromatische Fülle. Mit kühler Ader und saftiger Frucht bietet der Riesling aus der Klosterlay präzisen, frischen Trinkgenuss mit herbfrischem Nachhall. Es folgen an der Spitze, der in diesem Jahr vorgestellten Rieslinge, die Alten Reben aus dem Rottland mit intensiver, saftiger Frucht, feiner Würze und Frische. Der leichtgängige feinherbe Gutsriesling schließt nahtlos an. Der feinherbe Rüdesheimer Riesling mit seiner filigraneren Art bietet dagegen mehr Mineralität und Spiel. Die Spätlese aus dem Berg Schlossberg ist saftig bei ausgewogener Süße und reifer Apfelaromatik.

Weinbewertung

87	Fendel Cuvée Brut **12,5 %/14,90 €**
83	2016 Weißer Burgunder trocken **13 %/7,90 €**
84	2016 Riesling trocken **12,5 %/7,50 €**
84	2016 Riesling „fum Allerhinnerschde" **12 %/7,50 €**
85	2016 Riesling trocken Rüdesheimer **12,5 %/8,90 €**
86	2016 Riesling trocken „S" Rüdesheimer Klosterlay **13 %/10,90 €**
87	2016 Riesling trocken „Alte Reben" Rüdesheim Berg Rottland **12,5 %/14,90 €**
85	2016 Riesling „feinherb" Rüdesheimer **12 %/8,90 €**
86	2016 Riesling Spätlese Rüdesheim Berg Schlossberg **8,5 %/14,- €**

FENDT

★★

KONTAKT

Weinfamilie Fendt
Häuserwiesenstraße 13
70771 Leinfelden-Echterdingen
Tel. 0711-75854477
www.fendtwein.de
info@fendtwein.de

Inhaber
Maren & Jürgen Fendt
Rebfläche
3 Hektar
Produktion
10.000 Flaschen

BESUCHSZEITEN

kein Besuch

Jürgen Fendt, bundesweit bekannter Spitzensommelier, erwarb 2001 eine erste Parzelle in der Klüsserather Bruderschaft. Ab 2008 kamen Parzellen in Baden hinzu, teils gekauft, teils gepachtet. Heute ist er vertreten in den Lagen Altschweier Sternenberg, Steinbach Stich den Buben, Neuweier Mauerberg und Neuweier Altenberg. Riesling dominiert im Anbau, nimmt fast zwei Drittel der Rebfläche ein, gefolgt von Spätburgunder, dazu gibt es ein wenig Müller-Thurgau und Kerner. Seit dem Jahrgang 2014 werden die Weine als Badischer Landwein bezeichnet. Die neue Qualitätspyramide beginnt mit der Weißwein-Cuvée „Saugut", zweite Stufe ist der „Fendtwein" mit Riesling und Rosé, die Weine der dritten Stufe heißen „Steinwerk" und „Mauerwerk", ganz oben steht das „Handwerk". Aus organisatorischen Gründen wurde der Weinberg an der Mosel an einen Winzerkollegen abgegeben. Maren und Jürgen Fendt sind 2017 nach Leinfelden-Echterdingen umgezogen.

Kollektion

Nach einigen teilweise etwas eigenwilligen Weinen im vergangenen Jahr präsentiert sich die neue Kollektion sehr stimmig, zeigt eine klare Handschrift. Der duftige Rosé-Sekt ist klar und geradlinig wie auch der frische, zupackende Basis-Weißwein, Saugut genannt. Er ist halbtrocken ausgebaut wie auch der zupackende Gutsriesling. Spannend wird es dann mit der Riesling-Triologie von Steinwerk, Mauerwerk und Handwerk. Der Steinwerk-Riesling ist klar und eindringlich, kraftvoll und zupackend, strukturiert, besitzt feine Süße und Frische; der Handwerk-Riesling zeigt feinen Duft im Bouquet, ist füllig und saftig im Mund, beide sind halbtrocken ausgebaut, beide stammen aus dem Jahrgang 2015. Aus dem Jahrgang 2014 stammt der einzige trocken ausgebaute Weißwein, der Mauerwerk-Riesling, der viel Duft und viel Konzentration zeigt, Fülle und Kraft besitzt, gute Struktur und Präzision. Der Steinwerk-Spätburgunder ist strukturiert und zupackend, deutlich mehr Komplexität und Spannung besitzt der Handwerk-Spätburgunder. Starke Kollektion!

Weinbewertung

83	2013 Rosé Sekt brut **12 %/25,- €**
88	2014 Riesling „Mauerwerk" **12 %/20,- €**
86	2015 Riesling „Steinwerk" **12,5 %/14,- €**
87	2015 Riesling „Handwerk" **12,5 %/25,- €**
83	2016 „Saugut" Weißwein **10,5 %/7,- €**
82	2016 Riesling **11,5 %/10,- €**
85	2015 Spätburgunder trocken „Steinwerk" **13 %/16,- €**
88	2015 Spätburgunder trocken „Handwerk" **13 %/25,- €**

FETH-WEHRHOF

★ ☆

KONTAKT

Rodensteinerstraße 17
67592 Flörsheim-Dalsheim
Tel. 06243-7501, Fax: -4754100
www.weingut-feth.de
florianfeth@feth-wehrhof.de

Inhaber
Florian & Volker Feth
Rebfläche
25 Hektar
Produktion
150.000 Flaschen

BESUCHSZEITEN

Fr. 14-17 Uhr, Sa. 10-14 Uhr

Volker Feth stellte 1985 auf biologisch-dynamischen Weinbau um, ist seit 1988 Demeter-zertifiziert. Sohn Florian war seit 2006 als Betriebsleiter beim Weingut Wehrhof in Pfeddersheim tätig; dieses Weingut hat er 2011 übernommen und mit dem elterlichen Betrieb zum Weingut Feth-Wehrhof zusammengelegt. Die Weinberge liegen vor allem in Dalsheim in den Lagen Hubacker, Bürgel und Steig, in Pfeddersheim in den Lagen St. Georgenberg, Hochberg und Kreuzblick, sowie im Heddesheimer Schloss. 60 Prozent der Rebfläche nehmen weiße Rebsorten ein, vor allem Riesling und die Burgundersorten, aber auch Bukettsorten. Das Programm ist dreistufig gegliedert in Gutsweine, Ortsweine und Lagenweine, wobei Letztere weiterhin Prädikatsbezeichnungen tragen.

Kollektion

Eine stimmige, gleichmäßige Kollektion präsentiert Florian Feth auch in diesem Jahr. Die Basis stimmt, wie der kompakte Gutsriesling und der saftig-süffige feinherbe Silvaner zeigen. Die weißen Ortsweine sind deutlich fülliger, unsere Favoriten sind der zitrusduftige Riesling, der gute Struktur und reintönige Frucht besitzt, und der Grauburgunder, der klar, frisch und zupackend ist. An der Spitze der trockenen Weißweine steht der Riesling aus dem Bürgel, Jahrgang 2015, der feine Würze und Reife im Bouquet zeigt, füllig und saftig ist, reife Frucht und gute Struktur besitzt. Zum ersten Mal konnten wir dieses Jahr eine Trockenbeerenauslese von Florian Feth verkosten, einen Gewürztraminer, der viel Duft und Würze zeigt, süß und konzentriert ist bei ganz dezenter Bitternote im Abgang. Sehr gleichmäßig präsentieren sich die drei Rotweine. Der Schwarzriesling ist fruchtbetont, sehr reintönig, der Spätburgunder lebhaft und zupackend. Unsere leichte Präferenz gilt der Mineralstaub genannten Cuvée aus Spätburgunder, Dunkelfelder, Hegel und etwas Dornfelder, die gute Struktur, Frische und Frucht besitzt.

Weinbewertung

81 2016 Riesling trocken **12,5 %/5,60 €**
84 2016 Riesling trocken Pfeddersheimer **13 %/6,90 €**
82 2016 Weißburgunder trocken Pfeddersheimer **13 %/6,80 €**
85 2016 Grauburgunder trocken Pfeddersheimer **13 %/6,80 €**
83 2016 Chardonnay trocken Dalsheimer **12,5 %/6,80 €**
86 2015 Riesling trocken Dalsheimer Bürgel **13,5 %/13,- €**
81 2016 Silvaner „feinherb" **11,5 %/5,30 €**
87 2015 Gewürztraminer Trockenbeerenauslese **12,5 %/45,- €**
84 2016 Schwarzriesling trocken Heidesheimer **13 %/6,90 €**
85 2015 „Mineralstaub" Rotwein trocken **12,5 %/8,20 €**
84 2016 Spätburgunder trocken Pfeddersheimer **13 %/7,20 €**

Feuerstein

★

KONTAKT

Hauptstraße 8
79423 Heitersheim
Tel. 07634-595759
Fax: 07634-595866
www.weingut-feuerstein.de
info@weingut-feuerstein.de

Inhaber
Daniel Feuerstein
Rebfläche
4 Hektar
Produktion
25.000 Flaschen

BESUCHSZEITEN

nach Vereinbarung

Das in den siebziger Jahren gegründete Weingut wird seit Ende der achtziger Jahre von Daniel Feuerstein geführt, der seit 1990 seine Weinberge biologisch bewirtschaftet, Mitglied bei Ecovin ist. Seine Weinberge liegen im Heitersheimer Maltesergarten. 40 Prozent der Fläche nimmt Gutedel ein, auf einem Viertel wächst Spätburgunder. Dazu gibt es Grauburgunder und Muskateller, sowie pilzwiderstandsfähige Sorten wie Johanniter, Helios, Regent oder Cabernet Carbon.

Kollektion

Mit einer sehr gleichmäßigen, stimmigen Kollektion stellen wir Daniel Feuersteins Weine erstmals in diesem Buch vor. Der Muskateller-Sekt hat uns besonders gut gefallen, er ist lebhaft und frisch, besitzt wunderschön reintönige Frucht und feine Süße. Aber auch als trockener Kabinett macht der Muskateller eine gute Figur, zeigt etwas Zitrus, ist lebhaft und klar. Beide Gutedel Kabinett sind reintönig und frisch, der aus der späteren Füllung ist ein klein wenig druckvoller, der Chasselas schließlich deutlich würziger, aber ebenso geradlinig, die Spätlese hat deutlich mehr Substanz und Konzentration, aber auch deutlich mehr Süße, was die Zechfreude bremst. Der Helios ist lebhaft und klar, der Johanniter würzig und zupackend, der Grauburgunder reintönig und frisch. Der Rosé zeigt rote Früchte im Bouquet, ist frisch und klar im Mund, fruchtbetont und süffig. Der als Rotwein ausgebaute Spätburgunder ist ebenso fruchtbetont im Bouquet, intensiv, besitzt reintönige Frucht im Mund, gute Struktur, Frische und Biss. Den Regent sehen wir gleichauf, auch er zeigt intensive Frucht im Bouquet, ist frisch und zupackend, besitzt gute Struktur und klare Frucht. Ein gelungenes Debüt!

Weinbewertung

85	2015 Muskateller Sekt brut Heitersheimer Maltesergarten **12 %/12,- €**
83	2016 Gutedel Kabinett trocken (01/17) Maltesergarten **11,5 %/7,- €**
84	2016 Gutedel Kabinett trocken (04/17) Maltesergarten **11 %/7,- €**
84	2015 Gutedel Spätlese trocken Heitersheimer Maltesergarten **12,5 %/8,50 €**
83	2016 Johanniter Kabinett trocken Heitersheimer Maltesergarten **13 %/8,- €**
83	2016 Chassselas trocken Heitersheimer Maltesergarten **12 %/6,50 €**
83	2016 Grauburgunder Kabinett trocken Maltesergarten **13 %/8,50 €**
83	2016 Muskateller Kabinett trocken Heitersheimer Maltesergarten **11,5 %/9,50 €**
82	2016 Helios Kabinett trocken Heitersheimer Maltesergarten **12,5 %/7,- €**
83	2016 Spätburgunder Rosé Kabinett trocken Maltesergarten **12 %/7,- €**
84	2014 Regent trocken Heitersheimer Maltesergarten **12,5 %/7,- €**
84	2015 Spätburgunder trocken Heitersheimer Maltesergarten **13 %/8,- €**

FISCHBORN-BERGESHOF

★★

KONTAKT

Dalheimer Straße 57
55278 Dexheim
Tel. 06133-60156
Fax: 06133-927324
www.bergeshof.de
martin@bergeshof.de

Inhaber
Ruth & Andreas Fischborn
Rebfläche
12 Hektar

BESUCHSZEITEN

Mo.-Sa. 9-19 Uhr, So. 9-12 Uhr

Ruth und Andreas Fischborn führen heute das Dexheimer Weingut, sie werden im Betrieb unterstützt von ihren Söhnen Martin und Eric. Die Weinberge liegen weit verstreut in Rheinhessen, hauptsächlich in Dexheim in der Lage Doktor, daneben ist man aber auch im Roten Hang vertreten in den Niersteiner Lagen Pettenthal, Hipping und Oelberg, aber auch in Lagen der Rheinterrassen wie Niersteiner Königsgarten, Heiligenbaum und Paterberg, Oppenheimer Schloss und Dienheimer Falkenberg, sowie im rheinhessischen Hügelland in den Weinolsheimer Lagen Kehr und Hohberg, den Badenweiler Lagen Römerberg und Galgenberg sowie der Alsheimer Frühmesse. Riesling ist die wichtigste Rebsorte im Betrieb, gefolgt von Silvaner und Spätburgunder, Weißburgunder, Grauburgunder und Chardonnay, hinzu kommt eine Vielzahl an weiteren weißen und roten Rebsorten.

Kollektion

Nach dem starken Debüt im vergangenen Jahr legt das Weingut eine weitere starke Kollektion nach. Der Badenheimer Weißburgunder ist wunderschön füllig und saftig, der Dienheimer Chardonnay deutlich würziger und süßer. Die Ortsriesling besitzen beiden Struktur und klare Frucht, der Hipping-Riesling, Jahrgang 2015, zeigt gute Konzentration und feine Reife, ist füllig und saftig, recht süß. Edelsüße überzeugt der konzentrierte, dicke Silvaner Eiswein. Auch die Rotweine sind wie im vergangenen Jahr ganz stark. Der sehr gute St. Laurent besticht mit seiner reintönigen Frucht. Der Portugieser Tradition ist fruchtbetont und zupackend, der Königsberg-Portugieser besitzt gute Konzentration und rauchige Noten, viel Fülle und Kraft. Ähnlich präsentiert sich das Spätburgunder-Duo: Der Muschelkalk-Spätburgunder ist fruchtbetont, zupackend und strukturiert, der Hammer zeigt rauchig-würzige Noten, viel Konzentration, besitzt gute Struktur, Substanz, Druck und viel Frucht.

Weinbewertung

84 2016 Riesling trocken „Kalkstein" Dexheimer **12 %/6,- €**
83 2016 Riesling trocken „Rotliegend" Nierstein **12,5 %/6,- €**
85 2016 Weißburgunder trocken Badenheimer **13,5 %/6,- €** ☺
83 2016 Chardonnay trocken Dienheimer **13,5 %/6,- €**
85 2016 Riesling trocken Niersteiner Hipping **14 %/12,50 €**
83 2016 Gewürztraminer „feinherb" Dexheimer **12,5 %/6,- €**
88 2015 Silvaner Eiswein Weinholsheimer Kehr **8,5 %/21,- €/0,375l**
84 2015 Spätburgunder trocken „Muschelkalk" Badenheimer **14,5 %/9,50 €**
84 2015 Portugieser trocken „Tradition" Dexheimer **13,5 %/9,50 €**
85 2015 St. Laurent trocken Dexheimer **14 %/9,50 €**
87 2014 Portugieser trocken „Königsberg" **14 %/17,50 €**
87 2015 Spätburgunder trocken „Hammer" **14,5 %/17,50 €**

WEINGUT
FISCHBORN
BERGESHOF

Fischborn-Schenk

★

KONTAKT

Weingasse 2
55546 Biebelsheim
Tel. 06701-1214
Fax: 06701-2304
www.schenkwein.de
hw.schenk@t-online.de

Inhaber
Hans-Werner Schenk
Rebfläche
14 Hektar

BESUCHSZEITEN

Mo.-Sa. 8-18 Uhr oder nach Vereinbarung

Der „Weinhof“ befindet sich seit 1833 in Familienbesitz und wird heute in fünfter Generation von Hans-Werner Schenk und seiner Ehefrau Martina geführt. Zwei Drittel ihrer Weinberge liegen in Biebelsheim in Rheinhessen, ein Drittel in den benachbarten Bad Kreuznacher Stadtteilen Planig und Ippesheim im Anbaugebiet Nahe (in den Lagen Kreuznacher Römerhelde und Kreuznacher Himmelgarten). Im Biebelsheimer Kieselberg mit seinen kargen, steinigen Kiessandböden mit Lehm- und Tonanteilen bauen sie vor allem Riesling und Spätburgunder an, im Biebelsheimer Honigberg wachsen vor allem rote Rebsorten und Bacchus auf tiefgründigen, sandigen Lössböden. Traditionelle Rebsorten wie Riesling, Silvaner und Burgunder bilden den Schwerpunkt der Produktion, aber auch internationale Rebsorten wie Chardonnay und Merlot werden angebaut. Die Weißweine werden recht lange auf der Feinhefe und überwiegend im Edelstahl ausgebaut. Die roten Trauben werden entrappt, in offenen Behältern etwa 14 Tage maischevergoren, der Wein wird dann in Eichenholzfässern ausgebaut.

Kollektion

Der Rosé-Sekt ist fruchtbetont, frisch und zupackend, viele trockene Weißweine aber sind allzu verhalten, die Lagenweine besitzen Fülle, Saft und klare reife Frucht. Die restsüßen Weine bleiben hinter ihren Jahrgangsvorgängern zurück. Wie so oft ist der Spätburgunder aus dem Kieselberg unser Favorit. Er zeigt viel reife Frucht im Bouquet, rote Früchte, ist wunderschön reintönig und lebendig dann auch im Mund, frisch und zupackend, besitzt gute Struktur und jugendliche Frucht.

Weinbewertung

83	Pinot Rosé Sekt extra-brut **12 %/10,- €**
80	2016 Riesling trocken **11,5 %/4,90 €**
81	2016 Weißer Burgunder trocken Nahe **12,5 %/4,90 €**
80	2016 Grauer Burgunder trocken Nahe **13 %/4,90 €**
84	2016 Weißer Burgunder trocken Kreuznacher Junker **13,5 %/6,90 €**
84	2016 Grauer Burgunder trocken Kreuznacher Römerhelde **13,5 %/6,90 €**
85	2016 Chardonnay trocken Biebelsheimer Kieselberg **13 %/6,90 €**
80	2016 Riesling „feinherb“ **11,5 %/4,90 €**
82	2016 Bacchus Spätlese Biebelsheimer Honigberg **9,5 %/5,20 €**
81	2016 Kerner Spätlese Biebelsheimer Kieselberg **9 %/5,20 €**
79	2016 St. Laurent Rosé trocken **12 %/4,90 €**
81	2015 Spätburgunder trocken **13 %/5,50 €**
80	2015 Merlot trocken **13 %/5,50 €**
85	2016 Spätburgunder trocken Biebelsheimer Kieselberg **13 %/9,- €**

FISCHER

★★★

KONTAKT

Auf der Ziegelbreite 4
79331 Nimburg-Bottingen a.K.
Tel. 07663-1747
Fax: 07663-50175
www.weingut-fischer-baden.de
info@weingut-fischer-baden.de

Inhaber Silvia & Joachim Heger
Gutsleiter Lisa Meyer & Stefan Schneider
Kellermeister David Beck & Team Dr. Heger
Rebfläche 20 Hektar
Produktion 120.000 Flaschen

BESUCHSZEITEN

nach Vereinbarung

Otto und Mina Fischer, die damals in Nimburg-Bottingen rund 8 Hektar Reben bewirtschafteten, beschlossen 1978 ihre Trauben selbst zu keltern und die Weine unter eigenem Etikett zu vermarkten. Durch die Tätigkeit als Rebveredler besaß die Familie Fischer viele Parzellen mit interessanten Klonen der Burgunderfamilie. Aus Altersgründen wurde das Weingut Otto Fischer 1997 an Joachim und Silvia Heger aus Ihringen verkauft. Der Nimberg ist ein isoliert stehender Vorberg der Freiburger Bucht. Weinbaulich ist er dem Bereich Kaiserstuhl zugeordnet. Auf dem Schuttkegel lagerte sich wie beim vulkanisch entstandenen Kaiserstuhl eine Lösssandschicht ab, der Boden ist geprägt von braunem Jura, Muschelkalk und eben dieser Lössauflage. Die Weinberge auf dem Nimberg – die Lage heißt Nimburg-Bottinger Steingrube – sind vor allem mit Burgundersorten bepflanzt. Grauburgunder ist die wichtigste Rebsorte, gefolgt von Weißburgunder und Spätburgunder, dazu gibt es Sauvignon Blanc, Chardonnay, Auxerrois, Frühburgunder und Lemberger. Die Weine werden zu 95 Prozent durchgegoren ausgebaut.

Kollektion

Auch dieses Jahr präsentiert das Weingut wieder eine stimmige, sehr gleichmäßige und zuverlässige Kollektion, die mit zwei im Holz ausgebauten Weinen Spitzen zu bieten hat. Schon lange hat man uns keinen Müller-Thurgau mehr präsentiert: Der 2016er im Liter bereitet Freude, ist frisch, reintönig, fruchtbetont, auch der Spätburgunder im Liter ist klar, fruchtbetont, geradlinig. Der Rest des Programms ist durchweg sehr gut. Weiß- und Grauburgunder sind reintönig, zupackend und fruchtbetont. Die Cuvée aus Weißburgunder und Chardonnay ist fruchtbetont, frisch, geradlinig, der Sauvignon Blanc besitzt reintönige Frucht und Biss. Viel Würze und Substanz besitzt die weiße Cuvée Pescatus, der Chardonnay zeigt reife Frucht, Vanille, ist kraftvoll und strukturiert. Der Rosé ist wunderschön lebhaft und fruchtig, der Spätburgunder zeigt rauchige Noten, besitzt reife Frucht und gute Struktur. —

Weinbewertung

83 2016 Müller-Thurgau trocken (1l) **12 %/5,10 €** ☺
86 2016 Weißburgunder trocken **13 %/9,40 €**
86 2016 Grauburgunder trocken **13 %/9,40 €**
85 2016 Weißburgunder & Chardonnay trocken **13 %/9,10 €**
85 2016 Sauvignon Blanc trocken **12,5 %/9,90 €**
86 2016 „Pescatus" Weißwein trocken **13,5 %/11,- €**
89 2016 Chardonnay trocken Holzfass Steingrube **13 %/12,90 €**
86 2016 Spätburgunder Rosè trocken **13,5 %/9,40 €**
83 2014 Spätburgunder trocken (1l) **13 %/8,60 €**
88 2015 Spätburgunder trocken Holzfass Steingrube **13 %/13,90 €**

FISCHER

★

KONTAKT

Erweinstraße 6
97353 Wiesentheid
Tel. 09383-377
Fax: 09383-1735
www.fischer-wein.de
post@fischer-wein.de

Inhaber
Thomas Fischer
Eigene Rebfläche
8,5 Hektar
Produktion
73.000 Flaschen

BESUCHSZEITEN

Mo.-Fr. 8-12 + 13:30-18 Uhr,
Sa. 10-12 + 13:30-16 Uhr,
So. 10-13:30 Uhr
Gasthaus „Krone" (Mo.-Sa. 17-22 Uhr, So. + Feiertage 11-14:30, Di. Ruhetag), 6 Gästezimmer, www.krone-wiesentheid.de

Martin Fischer gründete 1948 eine Weinhandlung in Geiselwind, die vor allem Süßweine vermarktete sowie selbst hergestellte Liköre. 1964 wurde das Gasthaus Zur Krone erworben, dass Fassweingeschäft wurde ständig erweitert. 1979 erwarb man die ersten Weinberge und gründete das Weingut Fischer. 1990 übernahm Joachim Fischer den Betrieb von seinem Vater. Unterstützt wird er von Ehefrau Elisabeth, die den Weinverkauf in der 2014 eröffneten neuen Vinothek leitet, Sohn Thomas ist für den An- und Ausbau der Weine verantwortlich. Neben den Trauben der eigenen Weinberge wird die Ernte von Vertragswinzern verarbeitet. Die eigenen Weinberge liegen im Handthaler Stollberg, Kammerforster Teufel, Oberschwarzacher Herrenberg, Kleinlangheimer Wutschenberg und Wiesenbronner Wachhügel, weitere Trauben werden aus Abtswind, Castell, Großlangheim, Nordheim, Prichsenstadt, Sommerach, Volkach und Wiebelsberg bezogen. Wichtigste weiße Rebsorten sind Silvaner, Müller-Thurgau, Bacchus, Scheurebe, Riesling, Weiß- und Grauburgunder, Rieslaner und Gewürztraminer, hinzu kommen rote Rebsorten wie Spätburgunder, Domina, Portugieser, Dornfelder, Schwarzriesling und Regent.

Kollektion

Die trockenen Weißweine sind 2016 allesamt etwas verhalten, am besten gefällt uns der fruchtbetonte, geradlinige Weißburgunder Kabinett. Süß und edelsüß hat in diesem Jahrgang die Nase vorne. Die Gewürztraminer Spätlese ist klar und fruchtbetont, die Rieslaner Auslese zupackend und sortentypisch. Der Riesling Eiswein ist konzentriert, duftig, ganz dezent bitter, der dicken Müller-Thurgau Trockenbeerenauslese fehlt etwas die Spannung, besser gefällt uns die an kandierte Früchte erinnernde Silvaner Beerenauslese. Sehr gut ist auch die strukturierte rote Cuvée aus Spätburgunder, Dornfelder und Regent.

Weinbewertung

80 Kerner Sekt brut **12,5 %/10,50 €**
80 2016 „Blanc de Noir" Kabinett trocken **12 %/6,30 €**
81 2016 Silvaner Kabinett trocken Rödelseer Schlossberg **12,5 %/6,50 €**
82 2016 Weißburgunder Kabinett trocken **12,5 %/6,40 €**
80 2016 Scheurebe Kabinett trocken Kammerforster Teufel **12 %/6,50 €**
81 2016 Bacchus Spätlese Kammerforster Teufel **11,5 %/9,- €**
83 2016 Gewürztraminer Spätlese Kammerforster Teufel **12 %/9,50 €**
85 2016 Rieslaner Auslese Volkacher Ratsherr **11,5 %/11,50 €**
85 2016 Riesling Eiswein Rödelseer Schlossberg **8,5 %/30,- €/0,375l**
87 2016 Silvaner Beerenauslese Rödelseer Schlossberg **9 %/25,- €/0,375l**
85 2016 Müller-Thurgau Trockenbeerenauslese Schlossberg **10 %/35,- €/0,375l**
85 2016 „3 Sterne Mitternacht Alte Reben" Rotwein trocken **13,5 %/14,- €**

FITZ-RITTER

★★

KONTAKT

Weinstraße Nord 51
67098 Bad Dürkheim
Tel. 06322-5389
Fax: 06322-66005
www.fitz-ritter.de
info@fitz-ritter.de

Inhaber
Johann Fitz
Rebfläche
24 Hektar
Produktion
150.000 Flaschen

BESUCHSZEITEN

Mo.-Fr. 9-18 Uhr, Sa./So. 11-17 Uhr

Das traditionsreiche Weingut Fitz-Ritter war bereits vor über 100 Jahren Gründungsmitglied des Verbandes Deutscher Prädikatsweingüter VDP und wird heute in neunter Generation von Johann Fitz geführt. Zum Betrieb gehört auch die Sektkellerei Fitz, die älteste der Pfalz. Auf dem weitläufigen Anwesen des Weinguts erstreckt sich der prämierte Park mit der Eventlocation „RebArena" inmitten der Hauslage Rittergarten. Daneben ist das Weingut im Ungsteiner Herrenberg und in den Bad Dürkheimer Lagen Michelsberg, Hochbenn und Spielberg vertreten und besitzt mit dem Abtsfronhof auch eine von einer Mauer umgebene Monopollage im Stadtgebiet der Kurstadt. Zwei Drittel der Rebfläche nimmt Riesling ein. Dazu gibt es etwas Spätburgunder, Gewürztraminer, Weiß- und Grauburgunder, Chardonnay und Sauvignon Blanc.

Kollektion

In diesem Jahr sind alle Weine reintönig, einige der Weißen, wie etwa der „RebArena-Riesling und der Grauburgunder, sind aber etwas verhalten in der Frucht. Das Große Gewächs aus dem Herrenberg sehen wir wieder knapp vor dem Michelsberg, der Wein ist geradlinig, besitzt klare Frucht, kräutrige Würze und Druck, der Michelsberg ist verhaltener mit dezenter mineralischer Würze, es fehlt ihm etwas an Nachhaltigkeit. Die Gewürztraminer Spätlese aus dem Abtsfronhof besitzt viel reintönige, süße Frucht und ein lebendiges Säure-Spiel, der Riesling Eiswein ist leicht, saftig und cremig, besitzt frischen Säure-Biss, die rote Cuvée „Revoluzzer" aus Cabernet Sauvignon, Merlot und Acolon zeigt dezente Röstnoten, schwarze Johannisbeeren und etwas grüne Paprika, ist ebenfalls leicht und besitzt deutliche Säure. ▬

Weinbewertung

85 2011 Riesling Sekt brut Dürkheimer Hochbenn **12,5 %/13,- €**
81 2016 Riesling trocken (1l) **12 %/6,- €**
83 2016 Sauvignon Blanc trocken Dürkheim **12,5 %/9,- €**
84 2016 Gewürztraminer trocken Dürkheim **12,5 %/9,50 €**
83 2016 Grauburgunder trocken Wachenheim **13 %/9,- €**
83 2016 Riesling tocken „RebArena" Dürkheim **12,5 %/8,50 €**
85 2016 Riesling trocken Dürkheimer Abtsfronhof **13,5 %/13,- €**
87 2016 Riesling trocken „GG" Michelsberg **13 %/25,- €**
88 2016 Riesling trocken „GG" Herrenberg **13 %/25,- €**
82 2016 Riesling „feinherb" „Flaggenturm" Dürkheim **11,5 %/8,50 €**
85 2016 Gewürztraminer Spätlese Dürkheimer Abtsfronhof **10 %/13,- €**
89 2016 Riesling Eiswein Dürkheimer Hochbenn **7 %/39,- €/0,375l**
83 2014 Pinot Noir trocken **13 %/9,50 €**
86 2011 „Revoluzzer" Rotwein trocken **13 %/20,- €**

Joachim Flick

★★★☆

KONTAKT

In der Straßenmühle
65439 Flörsheim-Wicker
Tel. 06145-7686
Fax: 06145-54393
www.flick-wein.de
info@flick-wein.de

Inhaber
Reiner Flick
Rebfläche
19 Hektar
Produktion
150.000-170.000 Flaschen

BESUCHSZEITEN

Mo.-Fr. 15-19 Uhr, Sa. 10-14 Uhr
Veranstaltungen (bis 240 Personen)

Reiner Flick erweiterte in den letzten drei Jahrzehnten den Betrieb auf 19 Hektar Rebfläche. Inzwischen wurde in dem Weingut, das seit 1997 in der Straßenmühle untergebracht ist, auch ein Kreuzgewölbekeller zur Lagerung von Stück- und Doppelstückfässern fertiggestellt, eine moderne Lichtinstallation inklusive. Es existiert auch eine renovierte alte Scheune für größere Veranstaltungen, auch der Weinladen wurde renoviert, ein neuer Verkostungsbereich eingerichtet. Riesling ist klar die wichtigste Rebsorte, daneben gibt es Spätburgunder, aber auch Chardonnay, Weiß- und Grauburgunder sowie Sauvignon Blanc. Flicks wichtigste Lagen sind Wickerer Mönchsgewann, Stein und Nonnberg, Flörsheimer Herrnberg und Hochheimer Hölle. Seit 2010 bewirtschaftet er auch den Hochheimer Königin Victoriaberg.

Kollektion

Der herb-frische Gutsriesling ist erstaunlich stoffig, schnörkellos frisch und klar. Der elegante Ortswein aus Wicker wird noch vom vollmundigen, saftigen Nonnenberg übertroffen. Der Ortswein aus Lorch ist stahlig, straff und sehr fein. Besonders gut gefällt uns der mineralische Viktoriaberg-Riesling, dessen saftiges Spiel eine animierende Salzigkeit am Gaumen hinterlässt. Das breitschultrige Große Gewächs aus dem Wickerer Nonnenberg mit seiner cremig-milden Textur hat Kraft und Nachhall. Das beerige Große Gewächs aus der Hölle ist ebenso kraftvoll, bietet aber ein Mehr an Tiefe. Das filigrane Große Gewächs aus dem Viktoriaberg ist zurückhaltend, seine markante Mineralität scheint jedoch immer durch. Der Eiswein ist feingliedrig und ausgesprochen klar. Beide Spätburgunder sind reif und konzentriert, verfügen über Kraft und edle Toastaromen.

Weinbewertung

84	2016 Riesling trocken „F. vini et vita" **12,5 %/7,- €**
85	2016 Riesling trocken Wicker **12,5 %/9,80 €**
86	2016 Riesling trocken Lorch **12,5 %/9,80 €**
87	2016 Riesling trocken Wicker Nonnberg **12,5 %/11,- €**
87	2016 Riesling trocken Hochheim Königin Victoriaberg **12,5 %/12,- €**
90	2016 Riesling trocken „GG" Hochheim Hölle „Kantelborn" **13 %/21,50 €**
89	2016 Riesling trocken „GG" Wicker Nonnberg „Vier Morgen" **13 %/21,50 €**
88	2016 Riesling trocken „GG" Königin Victoriaberg **13 %/25,50 €**
83	2016 Riesling Classic **12 %/7,- €**
85	2016 Riesling „Charta" **12 %/9,80 €**
86	2016 Riesling Kabinett Hochheim Königin Victoriaberg **9,5 %/12,50 €**
91	2016 Riesling Eiswein Wicker Nonnberg **8,5 %/42,- €/0,375l**
87	2015 Spätburgunder Wicker Stein **14 %**
89	2015 Spätburgunder trocken „GG" Wicker Nonnberg „Fuchshohl" **14 %**

Alexander Flick

★★★

Kontakt

Brückesgasse 15
55234 Bechtolsheim
Tel. 06733-6814
Fax: 06733-961863
www.weingut-flick.de
info@weingut-flick.de

Inhaber
Alexander & Ulrich Flick
Rebfläche
23 Hektar
Produktion
150.000 Flaschen

Besuchszeiten

Do. + Fr. 13-18 Uhr,
Sa. 10-17 Uhr

Die Weinberge von Alexander Flick, der nach Geisenheim-Studium und Neuseeland-Praktikum seit 2008 für die Vinifikation verantwortlich ist, und Ulrich Flick liegen in Bechtolsheim, Gau-Odernheim (Herrgottspfad), Siefersheim (Goldenes Horn), Gundersheim (Höllenbrand) und Westhofen (Morstein). An weißen Sorten, die 70 Prozent der Rebfläche einnehmen, werden Riesling, Chardonnay, Weißburgunder, Silvaner, Müller-Thurgau und Sauvignon Blanc angebaut, an roten Sorten findet man Spätburgunder, Portugieser, Dornfelder, Frühburgunder, Regent und St. Laurent, aber auch Merlot, Cabernet Sauvignon, Cabernet Dorsa und Cabernet Cubin.

Kollektion

Es geht voran. Die Gutsweine sind alle klar und frisch, bis auf den knackigen Sauvignon Blanc alle von dezenter Restsüße geprägt. Sehr gleichmäßig präsentieren sich auch die Ortsweine, die Weine besitzen Fülle und Saft, der kraftvolle Riesling ist unser Favorit. Der Silvaner Goldenes Horn besitzt reintönige Frucht, gute Struktur und Substanz, der Chardonnay Alexander besitzt Kraft und Substanz. Ganz spannend ist das Lagen-Riesling-Trio: Der Herrgottspfad reintönig, frisch, zupackend, der Höllenbrand strukturiert, mit viel Substanz, jugendlich, der Morstein herrlich füllig und saftig, durch die Restsüße deutlich zugänglicher. Das starke rote Segment wird angeführt vom rauchigen, wunderschön reintönigen Johanna-Pinot Noir. Im Aufwind!

Weinbewertung

83 2016 Weißer Burgunder trocken **12,5 %/5,90 €**
83 2016 Chardonnay trocken **12,5 %/5,90 €**
83 2016 Sauvignon Blanc trocken **12,5 %/7,50 €**
84 2016 Silvaner trocken Siefersheimer **12,5 %/8,90 €**
85 2016 Weißburgunder trocken Bechtolsheimer **12,5 %/8,90 €**
85 2016 Grauburgunder trocken Gundersheimer **12,5 %/10,90 €**
85 2016 Chardonnay trocken Gau-Odernheimer **12,5 %/9,90 €**
86 2016 Riesling trocken Gau-Odernheimer **12,5 %/8,90 €**
87 2016 Chardonnay trocken „Alexander" Bechtolsh. Klosterberg **12,5 %/17,90 €**
87 2016 Silvaner trocken Siefersheimer Goldenes Horn **12,5 %/17,90 €**
88 2016 Riesling trocken Gau-Odernheimer Herrgottspfad **12,5 %/17,90 €**
89 2016 Riesling trocken Gundersheimer Höllenbrand **12,5 %/17,90 €**
90 2016 Riesling trocken Westhofener Morstein **12,5 %/20,90 €**
83 2016 Riesling „feinherb" „Jakob" **11 %/8,90 €**
83 2015 „Über Stock und Stein" Rotwein trocken **13 %/5,90 €**
84 2015 „Von Berg und Tal" Rotwein trocken **13 %/8,90 €**
86 2015 „Maria-Elisabeth" Rotwein trocken **13,5 %/17,90 €**
88 2015 Pinot Noir trocken „Johanna" **13 %/17,90 €**

F

FLIK

★

N

KONTAKT

Flik Sektmanufaktur
Marienhofstraße 1
55130 Mainz
Tel. 06131-1446755 /
0151-24050575
www.flik.de
info@flik.de

Inhaber
Rüdiger Flik
Rebfläche
0,5 Hektar
Produktion
20.000 Flaschen

BESUCHSZEITEN

Do.-Fr. 15-19 Uhr, Sa. 10-15 Uhr

Rüdiger Flik sammelte erste Sekt-Erfahrungen während eines einjährigen Praktikums bei Bernhard Huber, später studierte er Önologie in Geisenheim. 2011 gründete er seine eigene Sektmanufaktur in der Sekte im traditionellen Verfahren erzeugt werden. Ende 2016 zog er mit seiner Sektmanufaktur in den Marienhof in Mainz-Laubenheim. Der Marienhof wurde 1746 auf einem seit dem 12. Jahrhundert bestehenden Gut des Mainzer Liebfrauenstiftes erbaut. 1850 gründete Christian Adalbert Kupferberg in diesem Haus die Sektkellerei Kupferberg, blieb hier fünf Jahre bevor er nach Mainz in die nach ihm benannten Kupferbergterrassen umzog. 1935 erwarb die Familie Göhlen das Anwesen und gründete das Weingut Marienhof. Rüdiger Flik baut seine Sekte überwiegend im Holzfass aus, alle Weine durchlaufen die malolaktische Gärung. Seine Trauben bezieht er von ehemaligen Studienkollegen. Seit 2016 besitzt er einen halben Hektar großen Weinberg mit Pinot Noir im Laubenheimer Edelmann. Neben Pinot Noir nutzt er für seine Sekte bisher Riesling, Chardonnay und Auxerrois, derzeit sind alle Sekte sortenrein. Die Weine werden bis Mai auf der Hefe ausgebaut, nicht geschönt und nur leicht filtriert, die bisher in den Verkauf gebrachten Sekte blieben 12 bis 24 Monate auf der Flasche, bevor sie degorgiert wurden.

Kollektion

Der Riesling ist frisch und würzig im Bouquet, zeigt ganz leicht rauchige Noten, reife Rieslingfrucht, ist klar und geradlinig im Mund, zupackend, jugendlich, sehr sortengeprägt. Der Chardonnay zeigt rauchig-würzige Noten im Bouquet, zurückhaltende Frucht, ist frisch im Mund, geradlinig, kraftvoll, hat Biss, obwohl er nur 5 Gramm Dosage erhielt wirkt er ein wenig süß. Rauchig-würzige Noten zeigt auch der Auxerrois im Bouquet, ist geradlinig und frisch im Mund, klar und zupackend. Der spannendste Sekt im Programm, unser eindeutiger Favorit ist der Rosé aus Pinot Noir, extra-brut dosiert. Er zeigt anfangs rauchig-würzige Noten im Bouquet, öffnet sich dann, zeigt rote Früchte, feine Hefenoten, ist klar und zupackend im Mund, geradlinig, entwickelt dann zusehends Komplexität, besitzt klare Frucht, feine Frische und Länge.

Weinbewertung

84 Riesling Sekt brut **12,5 %/12,50 €**
83 Chardonnay Sekt brut **12,5 %/14,50 €**
83 Auxerrois Sekt brut **12,5 %/16,50 €**
87 2014 Pinot Noir Rosé Sekt extra-brut „Suavium" **12,5 %/22,50 €**

Flörsheimer Hof

★☆

Kontakt

Pfarrgasse 5-7
67592 Flörsheim-Dalsheim
Tel. 06243-6021
Fax: 06243-7598
www.weingut-floersheimer-hof.de
info@weingut-floersheimer-hof.de

Inhaber
Claus & Thomas Christmann
Rebfläche
20 Hektar
Produktion
70.000 Flaschen

Besuchszeiten

Mo.-Fr. 9-12 + 13-17 Uhr,
Sa. 9-17 Uhr

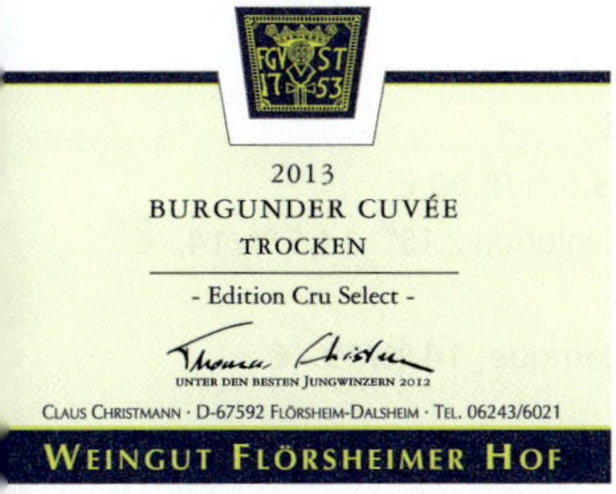

Der Flörsheimer Hof gehörte einst den Herren von Flörsheim, dann den Herren von Sturmfeder, nach der Säkularisation der Familie Geil, seit 1991 der Familie Christmann, wird heute von Claus Christmann und seinem Sohn Thomas geführt, der in Geisenheim studiert und die Umstellung auf ökologischen Weinbau forciert hat, die 2014 begonnen wurde. Ihre Weinberge liegen in den Flörsheimer Lagen Frauenberg und Goldberg, in den Westhofener Lagen Morstein und Steingrube, im Gundersheimer Höllenbrand und im Bermersheimer Seilgarten. Riesling nimmt ein Viertel der Rebfläche ein, Weißburgunder, Spätburgunder, Dornfelder und Grauburgunder sind die weiteren wichtigen Rebsorten im Betrieb, daneben gibt es verschiedene weiße Neuzüchtungen, aber auch internationale Rebsorten wie Merlot oder Syrah. Das Programm ist gegliedert in Liter- und Gutsweine, Ortsweine und Lagenweine.

Kollektion

Eine stimmige Kollektion präsentieren Claus und Thomas Christmann auch dieses Jahr, vor allem die Rieslinge überzeugen. Das fängt beim Gutsriesling im Liter an, der wunderschön fruchtbetont, klar und zupackend ist. Der Nieder-Flörsheimer Riesling ist enorm würzig und dominant, strukturiert, kraftvoll und zupackend, der feinherbe Riesling ist frisch und süffig. An der Spitze der Kollektion steht wie in den vergangenen Jahren der Lagenriesling aus der Westhofener Steingrube, der ebenfalls enorm würzig im Bouquet ist, Fülle und Kraft besitzt und viel Substanz, noch sehr jugendlich ist. Der Sekt ist recht duftig und würzig, der Chardonnay ist frisch, reintönig, zupackend, der Muskateller reintönig und geradlinig. Den würzigen, zupackenden Shiraz hatten wir schon im vergangenen Jahr vorgestellt. Neu ist der 2015er Gundersheimer Merlot, er zeigt rauchige Noten und reintönige Frucht im Bouquet, ist frisch, klar und zupackend im Mund bei reifer Frucht.

Weinbewertung

82	(2012) „Les trois géants" Sekt brut **12,5 %/13,90 €**
82	2016 Riesling trocken (1l) **12,5 %/4,90 €**
83	2016 Chardonnay trocken **13 %/5,20 €**
85	2016 Riesling trocken Nieder-Flörsheimer **12,5 %/10,- €**
87	2016 Riesling trocken Westhofener Steingrube **13 %/14,50 €**
82	2016 Riesling „feinherb" **10,5 %/5,20 €**
82	2016 Gelber Muskateller **10,5 %/5,70 €**
84	2013 Shiraz trocken Bermersheimer **13 %/10,- €**
85	2015 Merlot trocken Gundersheimer **14,5 %/10,- €**

FORSTHOF

★★

KONTAKT

Forsthof 4
71711 Steinheim-Kleinbottwar
Tel. 07148-6134, Fax: 07148-4011
www.weingut-forsthof.com
info@weingut-forsthof.com

Inhaber Andreas Roth
Rebfläche 12 Hektar
Produktion 90.000 Flaschen

BESUCHSZEITEN

Mo.-Fr. 9-12 + 14-18 Uhr, Sa. 8-14 Uhr; „Gutsschänke" (saisonal geöffnet, 70 Sitzplätze, auf der Freiterrasse 50 Sitzplätze)

Der Forsthof liegt bei Kleinbottwar auf einer Anhöhe des Bottwartals. Die Weinberge von Wilfried und Andreas Roth befinden sich im Bottwartal zwischen Steinheim und dem Lichtenberg, im Großbottwarer Harzberg und im Kleinbottwarer Götzenberg. Drei Viertel der Weinberge nehmen rote Sorten ein. Es dominieren die Burgundersorten, Trollinger und Lemberger. Daneben gibt es Dornfelder, Acolon, Merlot, Muskattrollinger und Cabernet Mitos. Ein Fünftel der Fläche nimmt Riesling ein, hinzu kommen ein wenig Weiß- und Grauburgunder, sowie Kerner, es werden auch pilzwiderstandsfähige Sorten wie Cabernet Blanc, Muscaris, Cabernet Carbon, Regent und Souvignier Gris angebaut. Im August 2009 begann das Weingut mit der Umstellung auf ökologischen Weinbau, seit Januar 2010 ist man Mitglied bei Naturland, 2012 war der erste zertifizierte Jahrgang. Die Rotwein werden alle im Holz ausgebaut, die Weißweine in den letzten Jahren ausschließlich im Edelstahl.

Kollektion

Eine stimmige Kollektion präsentiert Andreas Roth in diesem Jahr, mit leichten Vorteilen im roten Segment. Die Weißweine sind kraftvoll, sortentypisch und zupackend, am besten gefallen uns der druckvolle, füllige Cabernet Blanc und die zupackende Cuvée Ars Vinitoris, die aus Grauburgunder, Weißburgunder und Riesling besteht. Ihr rauchig-würziges rotes Pendant besteht aus Cabernet Carbon, Merlot und Spätburgunder. Der Lemberger ist wunderschön reintönig, frisch und fruchtbetont, der Merlot besitzt gute Struktur, Tannine und Biss. Die trockene Spätburgunder Auslese ist kraftvoll, stoffig und zupackend. Unser Favorit ist die im Barrique ausgebaute füllige, komplexe Cuvée aus Merlot, Lemberger und Cabernet Carbon.

Weinbewertung

84	2016 Weißburgunder trocken **12,5 %/7,90 €**
83	2016 Grauburgunder trocken **12,5 %/7,90 €**
85	2016 Cabernet Blanc trocken **13 %/8,70 €**
85	2016 „Ars Vinitoris" Weißwein **12 %/7,90 €**
83	2016 „Calypso" Weißwein **12 %/6,50 €**
84	2016 Muskateller **11,5 %/7,20 €**
84	2015 Spätburgunder trocken **14 %/7,- €**
85	2015 Lemberger trocken **13,5 %/8,- €**
85	2015 „Ars Vinitoris" Rotwein trocken **13,5 %/8,90 €**
86	2015 Spätburgunder Auslese trocken „Evolution 2.15" **14,5 %/14,- €**
86	2015 Merlot trocken **13,5 %/9,90 €**
88	2015 „Ars Vinitoris B" Rotwein trocken Barrique **14 %/19,- €**
83	2015 Muskattrollinger **12 %/7,20 €**

49point9

★★

KONTAKT

Peterstraße 24
65385 Rüdesheim am Rhein
Tel. 0163-4589114
www.49point9.de
wein@49point9.de

Inhaber
Maik Werner, Michael Sobe
Rebfläche
1 Hektar
Produktion
6.000 Flaschen

BESUCHSZEITEN

nur nach Vereinbarung

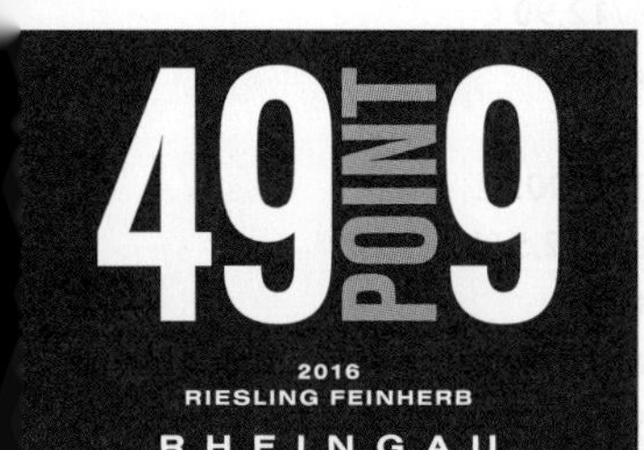

Michael Sobe stammt aus der Oberlausitz, Maik Werner aus Niedersachsen: Dass man da beim Wein landet, ist alles andere als selbstverständlich. Beide haben Weinbau in Geisenheim studiert, dort lernten sie sich kennen und 2013 gründeten sie ihr eigenes Projekt: 49point9. – handgemachter Wein vom 50. Breitengrad, „ohne Tradition und ohne Gutshof, dafür mit internationaler Erfahrung im Weinmachen" – in Südafrika, Australien und Frankreich – „und mit großer Begeisterung für Wein", wie sie schreiben. Ihre Weinberge liegen im Geisenheimer Kilzberg, wo die Reben auf tiefgründigen, kalkhaltigen Lössböden wachsen, und im Geisenheimer Mönchspfad, dessen Boden in der Tiefe von Taunusquarzit, in den oberen Schichten von Löss und Mergel geprägt ist. Sie bauen ausschließlich Riesling an. Die Trauben werden bei niedrigem Druck auf einer Korbpresse gekeltert, langsam vergoren und lange auf der Feinhefe ausgebaut.

Kollektion

Auch im zweiten Jahr weiß das kleine Projekt aus Rüdesheim wie schon beim Debüt wieder zu überzeugen. Schon der kräftige trockene Basisriesling aus dem Geisenheimer Mönchspfad gefällt mit würziger Fülle und animierender Säureader. Der feinherbe Geisenheimer Kabinett bedeutet nicht nur preislich ein deutliches „Upgrade", denn er besticht durch seine feingliedrige, zugleich aromatische Art und herzhaften Säurebiss. Der maischevergorene und im Barrique ausgebaute Geisenheimer Riesling ist wie schon im vergangenen Jahr unser Favorit. Er ist duftig im Bouquet, deutlich vom Holzausbau und von Vanillenoten geprägt. Mit etwas Luft kommen feine Fruchtaromen zum Vorschein, aber auch dezente florale Anklänge, die ihm sehr gut stehen. Seine milde Fülle in Kombination mit einem wohldosierten Gerbstoffbiss ergeben eine eigenwillige, aber immer geradlinige Kombination, die ihren Reiz hat. Der Pinot Noir, der aus einer Kooperation mit einem jungen rheinhessischen Winzer entstanden ist, ergänzt in diesem Jahr die übersichtliche Kollektion. Das Bukett aus eingekochten dunklen Beeren verrät die hohe Reife der verwendeten Trauben. Im Geschmack ist er voll und würzig und steht den Rieslingen in seiner Qualität in nichts nach.

Weinbewertung

84 2016 Riesling trocken Geisenheimer Mönchspfad **13 %/8,- €**
87 2016 Riesling trocken Geisenheimer **12 %/15,- €**
86 2016 Riesling Kabinett „feinherb" Geisenheimer Kilzpfad **11,5 %/12,- €**
86 2015 Pinot Noir trocken **13 %/15,- €**

FRANK

★★

KONTAKT

wein & gut Frank
Bönnigheimer Straße 29
74336 Brackenheim-Botenheim
Tel. 07135-9361281
Fax: 07135-2017
www.weingutfrank.de
info@weingutfrank.de

Inhaber
Florian Frank
Rebfläche
3 Hektar

BESUCHSZEITEN

Fr. 14-19 Uhr, Sa. 10-16 Uhr oder nach Vereinbarung

★★

Manuela und Florian Frank, die sich während des Geisenheim-Studiums kennenlernten, verließen 2009 die Genossenschaft und begannen mit der Selbstvermarktung, mit damals einem Hektar, zur Risikominderung schlossen sie Traubenablieferverträge mit verschiedenen Kellereien. Ihr erster Jahrgang war 2009, im Jahr darauf übernahm Florian Frank den elterlichen Betrieb, einen Mischbetrieb aus Weinbau und Landwirtschaft. Inzwischen vermarkten Manuela, die aus einem rheinhessischen Weinbaubetrieb stammt, und Florian Frank bereits den Ertrag von 3 Hektar selbst. Ihre Weinberge liegen im Cleebronner Michaelsberg, im Botenheimer Ochsenberg und im Meimsheimer Katzenöhrle. Sie bauen Riesling, Weißburgunder, Grauburgunder und Gewürztraminer an, sowie die roten Sorten Trollinger, Lemberger, Acolon und Merlot. Die Weißweine werden kalt und langsam vergoren, teils nach Maischestandzeiten. Alle Rotweine werden maischevergoren, sie bleiben 18 bis 24 Monate im Fass und werden unfiltriert abgefüllt. Alle Weine werden in der Regel trocken ausgebaut, alle Rotweine sind durchgegoren.

Kollektion

Eine stimmige, gleichmäßige Kollektion präsentiert Florian Frank auch in diesem Jahr, weiß wie rot. Der Riesling zeigt dezente Reife, ist klar und zupackend, der Sauvignon Blanc besitzt feine Frische und reintönige Frucht, der Traminer ist fruchtbetont und zupackend. Der 2 Sterne-Grauburgunder ist frisch und geradlinig, die 3 Sterne-Version deutlich kraftvoller und konzentrierter. Der Trollinger ist wunderschön reintönig und fruchtbetont, die Freudensprung genannte Cuvée frisch und klar wie auch der lebhafte, süffige Rosé. Der Spätburgunder ist klar und zupackend wie auch der fruchtbetonte Lemberger. Unsre leichte Präferenz unter den Rotweinen gilt dem Merlot, der wunderschön reintönig und zupackend ist.

Weinbewertung

84	2015 Riesling** trocken **12 %/8,50 €**
82	2016 Grauburgunder** trocken **12,5 %/9,50 €**
85	2016 Traminer** trocken **12 %/8,50 €**
84	2016 Sauvignon Blanc** trocken **11 %/9,50 €**
86	2015 Grauburgunder*** trocken **13 %/12,90 €**
83	2016 „Rosarot"* Rosé trocken **11,5 %/6,- €**
84	2015 Trollinger** trocken **12,5 %/7,- €**
84	2014 Spätburgunder** trocken **13,5 %/9,90 €**
83	2015 „Freudensprung"* Rotwein trocken **12,5 %/5,90 €**
84	2015 Lemberger** trocken **13 %/7,90 €**
83	„Herzensruhe**" Rotweincuvée trocken **13 %/9,90 €**
85	2014 Merlot*** trocken **13,5 %/14,90 €**

FRANZ

★★

KONTAKT

Hauptstraße 3
55437 Appenheim
Tel. 06725-96060
Fax: 06725-96062
www.weingut-franz.de
info@weingut-franz.de

Inhaber
Heinrich Josef Franz
Kellermeister
Christopher Franz
Rebfläche
4,3 Hektar
Produktion
40.000 Flaschen

BESUCHSZEITEN

nach Vereinbarung

Die Weinberge von Heinrich Josef Franz liegen in den Appenheimer Lagen Hundertgulden, Eselspfad und Daubhaus. Er baut die weißen Sorten Riesling, Silvaner, Scheurebe, Sauvignon Blanc, Chardonnay und Müller-Thurgau, sowie die roten Sorten Spätburgunder, Frühburgunder, Portugieser und Dornfelder an. Für den Weinausbau ist Sohn Christopher Franz verantwortlich. Die Weine werden meist spontanvergoren, teils im Edelstahl, teils in alten Holzfässern, und bis zur Abfüllung auf der Feinhefe gelagert. Das Programm ist gegliedert in Guts-, Orts- und Lagenweine, bisher ist der Riesling aus dem Hundertgulden der einzige Wein im Sortiment mit Lagenbezeichnung.

Kollektion

Auch die neue Kollektion ist wieder stimmig und stark. Bemerkenswert ist das Einstiegsniveau: Der Literriesling ist klar und fruchtbetont, frisch und zupackend. Die Gutsweine präsentieren sich sehr gleichmäßig, sind sortentypisch und frisch, fruchtbetont und geradlinig, unsere leichte Präferenz gilt dem reintönigen, zupackenden Sauvignon Blanc. Die Ortsweine besitzen gute Struktur und Substanz: Der Riesling ist würzig, eindringlich und saftig, der Weißburgunder wunderschön reintönig und kraftvoll, der Chardonnay besitzt feine Frische und viel reintönige Frucht. Vom einzigen Lagenwein, dem Hundertgulden-Riesling, konnten wir nochmals den 2015er verkosten, der würzig und eindringlich ist, Fülle und Saft besitzt. Etwas besser gefällt uns Jahrgang 2016, er besitzt Kraft und reintönige Frucht, gute Struktur, ist noch sehr jugendlich. Sehr gut präsentiert sich auch der Appenheimer Frühburgunder, zeigt feine Frische, reintönige Frucht, rote Früchte, ist klar und zupackend im Mund, besitzt gute Struktur und viel Frucht. Starke Kollektion! ➡

Weinbewertung

82 2016 Riesling trocken (1l) **12 %/4,50 €**
83 2016 Silvaner trocken **13 %/6,10 €**
83 2016 Weißburgunder trocken **13 %/6,80 €**
83 2016 Riesling trocken **13 %/6,10 €**
84 2016 Sauvignon Blanc trocken **13 %/6,80 €**
84 2016 Riesling trocken Appenheimer **13 %/7,80 €**
85 2016 Weißburgunder trocken Appenheimer **13 %/7,80 €**
85 2016 Chardonnay trocken Appenheimer **13 %/7,80 €**
87 2015 Riesling trocken Appenheimer Hundertgulden **12,5 %/12,- €**
88 2016 Riesling trocken Appenheimer Hundertgulden **12,5 %/12,- €**
86 2015 Frühburgunder trocken Appenheimer **13 %/12,- €**

Franzen

★★★★

KONTAKT

Gartenstraße 14
56814 Bremm
Tel. 02675-412, Fax: 02675-1655
www.weingut-franzen.de
info@weingut-franzen.de

Inhaber
Kilian Franzen
Betriebsleitung
Kilian & Angelina Franzen
Rebfläche
10 Hektar
Produktion
65.000-70.000 Flaschen

Kilian Franzen machte zunächst eine Druckerausbildung, arbeitete dann bei Johannes Leitz im Rheingau, bevor er in Geisenheim zusammen mit seiner heutigen Ehefrau Angelina zu studieren begann. Beide brachen ihr Studium ab als Kilians Vater Ulrich Franzen 2010 mit dem Schmalspurschlepper tödlich verunglückte. Ulrich Franzen hatte sich wie kein anderer um den Bremmer Calmont und den Steilstlagenweinbau in diesem Teil der Mosel verdient gemacht, ihm ist die Renaissance der steilsten Lage Europas ganz wesentlich zu verdanken, er hatte im letzten Jahrzehnt zahlreiche aufgelassene Parzellen im Calmont neu bepflanzt. Seine Ehefrau Iris Franzen führte zunächst den Betrieb weiter, wurde dabei unterstützt von Sohn Kilian, der das Weingut inzwischen übernommen hat und zusammen mit Ehefrau Angelina führt. Ihre Reben wachsen zur Hälfte im Bremmer Calmont. Der Boden im 2 Kilometer langen, stark zerklüfteten Calmont besteht aus Schiefer mit einem sehr hohen Steinanteil. Hinzu kommen 1,8 Hektar im Neefer Frauenberg, sowie weitere Flächen in Bremm und Neef, aber auch in Ediger-Eller, zum Beispiel in der Ellerer Kapplay mit 1944 gepflanzten Reben. Riesling nimmt 90 Prozent der Rebfläche ein, hinzu kommen je 5 Prozent Weißburgunder und Elbling. Die Weine werden alle spontanvergoren, alle durchlaufen normalerweise den biologischen Säureabbau. Das Sortiment ist gegliedert in Gutsweine, wie den Riesling „vom Quarzitschiefer", den durchgegorenen, immer enorm puristischen und straffen „FranZero" oder den Riesling „Der Sommer war sehr groß", eine Lagencuvée aus Kapplay, Calmont (Klosterkaul) und Abtei Kloster Stuben. Dann folgen die Lagenweine mit schwarzer Kapsel aus Frauenberg und Calmont, schließlich die mit einer Goldkapsel ausgestatteten, trocken ausgebauten und deshalb als Große Gewächse bezeichneten Weine aus Calmont und Frauenberg, sowie als Spitzenwein des Gutes der „Calidus Mons", der aus einer Parzelle stammt, die während des Ersten Weltkrieges gepflanzt wurde. Die drei Spitzenweine werden konsequent erheblich später vorgestellt, als dies bei anderen Weingütern üblich ist, auch sonst lässt man sich immer wieder gern Zeit. In manchen Jahren werden auch edelsüße Rieslinge erzeugt, das Gros der Weine aber wird trocken ausgebaut, nur der „Calidus Mons" lag immer ein wenig höher in der Restsüße, wirkte aber zuletzt trockener. Schon seit der ersten Ausgabe empfehlen wir die Franzen-Weine, schon damals waren wir besonders angetan von der Nachhaltigkeit der beiden Goldkapsel-Weine, den „Calidus Mons" gab es damals noch nicht. Seither haben die Weine stetig an Ausdruck gewonnen, sie sind präzise und kraftvoll, besitzen Substanz und viel Mineralität.

Kollektion

Im vergangenen Jahr sahen wir das 2014er Große Gewächs aus dem Calmont ganz leicht vor seinem Pendant aus dem Frauenberg, an der Spitze rangierte der fast trocken wirkende „Calidus Mons“, aber auch die Basis aus 2015 überzeugte sehr, spiegelte den warmen Jahrgang wider, ohne allerdings breit zu wirken. Die trockene Kollektion aus 2016 beginnt mit einem „FranZero“, der rassig und frisch wirkt und den Charakter des Jahrgangs auf überzeugende Weise aufzeigt. Leicht cremig, dezent hefig und geprägt von überdurchschnittlicher Würze zeigt sich jener Wein, der nach einer Gedichtzeile von Rainer Maria Rilke benannt wurde; der Hauch Süße ist im „Der Sommer war sehr groß“ kaum zu ahnen. Der Lagenwein aus dem Calmont wirkt etwas fester als sein Pendant aus dem Frauenberg – straff und würzig sind beide. Für die 2015er Spitzen gilt ein ähnliches Bild, auch hier scheint das Große Gewächs aus dem Calmont etwas fester, der Frauenberg-Wein besitzt etwas mehr Schmelz, Anklänge an Kräuter und geriebenen Stein. Beide sind puristisch trocken und noch etwas präziser, als es die Spitzenweine dieses Betriebes in der Vergangenheit waren. Gut entwickelt hat sich der „Calidus Mons“ aus dem Jahrgang 2014 (ein 2015er konnte bis Redaktionsschluss nicht verkostet werden), der Hauch Süße ist gut ins straffe Gesamtbild integriert. Apropos Süße: Der 2015er Riesling namens „Zeit“ besitzt ebenfalls einen Hauch davon, integriert diese aber sehr gut: ein fülliger, saftiger, eleganter Wein. Auch der nach Kernobst duftende Kabinett aus dem Calmont muss erwähnt werden, weil er ein schönes Süße-Säure-Spiel aufweist und überdurchschnittlich lang und finessenreich ist. Soll niemand sagen, dass Kilian Franzen ausschließlich die Erzeugung von ganz oder fast trockenen Weinen beherrsche!

Weinbewertung

84	2016 Riesling trocken „Quarzit Schiefer“ **11,5 %/8,20 €**
86	2016 Riesling trocken „FranZero“ **11,5 %/11,- €**
86	2016 Riesling „Der Sommer war sehr groß“ **11,5 %/11,- €**
88	2016 Riesling trocken Bremmer Calmont **11,5 %/12,90 €**
89	2015 Riesling „GG“ Neefer Frauenberg **12 %/20,90 €**
90	2015 Riesling „GG“ Bremmer Calmont **12 %/20,90 €**
87	2016 Riesling Neefer Frauenberg **11,5 %/12,90 €**
88	2015 Riesling „Zeit“ **11,5 %/12,90 €**
91	2014 Riesling „Calidus Mons“ **13 %/31,50 €**
88	2016 Riesling Kabinett Bremmer Calmont **8 %/12,90 €**

F

BESUCHSZEITEN

nach Vereinbarung

LAGEN

CALMONT (BREMM)
FRAUENBERG (NEEF)

REBSORTEN

RIESLING (85 %)
WEISSBURGUNDER (5 %)
ELBLING (5 %)

FRANZMANN

★

KONTAKT

Weingut & Gästehaus Franzmann
Winzerstraße 20 u. 22
55585 Niederhausen
Tel. 06758-6768
Fax: 06758-6212
www.weingut-franzmann.de
info@weingut-franzmann.de

Inhaber
Horst Franzmann
Rebfläche
12 Hektar

BESUCHSZEITEN

nach Vereinbarung

F

Die Familie Franzmann erzeugt seit fünf Generationen Wein in Niederhausen an der Nahe, heute wird das Weingut von Horst Franzmann geleitet, der im Betrieb mit seinem Sohn Gregor zusammen arbeitet. Ihre Weinberge liegen alle in Niederhausen, in den Lagen Hermannshöhle (steiler Südhang mit grauem Schiefer und Vulkangestein), in der sie ihren Premium-Riesling erzeugen, im Felsensteyer (verwittertes Melaphyr), im Rosenheck (Schiefer), in der Kertz (Steillage mit grauem Schiefer), sowie im Steinwingert, wo der Boden aus sandigem Lehm, Schiefer und Löss besteht und im von Löss-Lehm-Boden geprägten Pfaffenstein; des Weiteren ist man im Hüffelsheimer Steyer vertreten. Mit weitem Abstand wichtigste Rebsorte im Betrieb ist mit einem Flächenanteil von 60 Prozent der Riesling, auf 30 Prozent der Fläche stehen die Burgundersorten (Spätburgunder, Grauburgunder, Weißburgunder), dazu kommen etwas Gewürztraminer, Dornfelder, Regent und Portugieser. Neben dem Weingut betreibt die Familie ein Gästehaus.

Kollektion

In diesem Jahr zeigt sich einmal mehr deutlich, dass die Stärken von Horst und Gregor Franzmann bei den Rieslingen liegen – kein Wunder in Niederhausen. Die Weine von Weiß-, Grau- und Spätburgunder sind zwar saftig und füllig, sind insgesamt aber etwas verhalten. Die trockenen Rieslinge besitzen ebenfalls Fülle und deutliche Restsüße, zeigen aber auch mineralische Würze. Unser Favorit ist wieder der Riesling aus der Hermannshöhle mit steinigen Noten, er zeigt klare gelbe Frucht, besitzt gute Konzentration und viel Biss, ähnlich in der Stilistik, wenn auch etwas weniger ausgeprägt, ist der Felsensteyer-Riesling. Gut gefällt uns auch die Spätlese aus dem Niederhäuser Kertz mit viel klarer Frucht, etwas mineralischen Noten und einem frischen, animierenden Säure-Spiel.

Weinbewertung

81	2016 Riesling „vom Grauschiefer" **12,5 %/6,- €**
80	2016 Spätburgunder „Blanc de Noir" trocken Steinwingert **13 %/6,20 €**
81	2016 Grauburgunder Spätlese trocken Hüffelsheimer Steyer **13 %/6,- €**
80	2016 Weißburgunder trocken Niederhäuser Felsensteyer **13 %/6,- €**
83	2016 Riesling trocken „Alte Reben" Niederhäuser Felsensteyer **12,5 %/6,20 €**
85	2016 Riesling Spätlese trocken „Premium" Hermannshöhle **12,5 %/7,50 €**
80	2016 Weißburgunder halbtrocken Niederhäuser Felsensteyer **12,5 %/6,- €**
83	2016 Riesling Spätlese „feinherb" Niederhäuser Rosenheck **11 %/6,- €**
84	2016 Riesling Spätlese Niederhäuser Kertz **8,5 %/7,- €**

STAATSWEINGUT FREIBURG

★★

KONTAKT

Merzhauser Straße 119
79100 Freiburg
Tel. 0761-40165-44
Fax: 0761-40165-944
www.wbi-freiburg.de
staatsweingut@wbi.bwl.de

Inhaber
Land Baden-Württemberg
Betriebs-/Vertriebsleiter
Bernhard Huber, Kolja Bitzenhofer
Kellermeister
Werner Scheffelt (Freiburg),
Philipp Isele (Blankenhornsberg)
Rebfläche 37 Hektar
Produktion 200.000 Flaschen

BESUCHSZEITEN

Blankenhornsberg: Mo.- Fr. 10-17 Uhr; Mai-Okt.: Mo.- Do. 10-17 Uhr, Fr. 10-18 Uhr, Sa. 10-16 Uhr; Freiburg: Mo.- Fr. 10-13:30 + 14-19 Uhr, Sa. 10-16 Uhr

Das Staatsweingut dient den Wissenschaftlern des Weinbauinstituts Freiburg als Versuchsgut. Im Staatsweingut Freiburg & Blankenhornsberg sind seit 1997 alle Aktivitäten zusammengefasst, die Erzeugung und Vermarktung der Produkte aus den Gutsbetrieben in Freiburg und am Blankenhornsberg in Ihringen am Kaiserstuhl betreffen. 24 Hektar der Rebfläche des Staatsweingutes liegen auf dem Blankenhornsberg bei Ihringen, wo man die Lage Doktorgarten im Alleinbesitz hat; der Boden besteht aus dunkler Vulkanverwitterung. Der Name geht zurück auf die Brüder Nikolaus, Adolph Friedrich und Jakob Wilhelm Blankenhorn, die in Ihringen in den vierziger Jahren des 19. Jahrhunderts Weinberge anlegten und den noch heute erhaltenen Gewölbekeller bauten. Der Rest verteilt sich in Freiburg auf die Lagen Schlossberg und Jesuitenschloss, wo die Reben auf Gneisverwitterungsböden (Schlossberg) respektive Lehm- und Tonverwitterungsböden (Jesuitenschloss) wachsen. Die wichtigste Sorte ist Spätburgunder, es folgen Riesling, Weißburgunder, Grauburgunder und Müller-Thurgau.

Kollektion

Vor allem Große Gewächse hat man dieses Jahr vorgestellt. Der 2014er Weißburgunder hat Fülle und Saft, viel reife Frucht, gute Struktur und Frische, der 2015er ist geradlinig und kraftvoll. Der Grauburgunder ist recht offen, kompakt, besitzt viel reife Frucht. Der Chardonnay aus dem Doktorgarten zeigt gelbe Früchte, besitzt gute Substanz und Fülle, der aus dem Schlossberg, Jahrgang 2016, besitzt gute Konzentration, reintönige Frucht, merklich Säure. Gleich vier Jahrgänge gab es vom Doktorgarten-Spätburgunder: 2012 ist rauchig, klar, gereift, 2013 fruchtbetont, rauchig, zupackend und strukturiert, 2014 besitzt reintönige Frucht, gute Struktur und Frische, 2015 zeigt rote Früchte, ist geradlinig, recht säurebetont.

Weinbewertung

83	2016 Weißburgunder trocken Blankenhornsberger **13 %/8,80 €**
84	2016 Auxerrois trocken Freiburger „Jägerhäusleweg" **13,5 %/15,- €**
88	2014 Weißburgunder „GG" Blankenhornsberger Doktorgarten **14 %/23,- €**
87	2015 Weißburgunder „GG" Blankenhornsberger Doktorgarten **14 %/19,- €**
88	2015 Grauburgunder „GG" Blankenhornsberger Doktorgarten **14 %/20,- €**
87	2015 Chardonnay „GG" Blankenhornsberger Doktorgarten **14,5 %/25,- €**
88	2016 Chardonnay „GG" Freiburger Schlossberg **14 %/39,- €**
84	2015 Spätburgunder Freiburger Jesuitenschloss **13 %/17,- €**
87	2012 Spätburgunder „GG" Blankenhornsberger Doktorgarten **13,5 %/53,- €**
88	2013 Spätburgunder „GG" Blankenhornsberger Doktorgarten **13,5 %/49,- €**
89	2014 Spätburgunder „GG" Blankenhornsberger Doktorgarten **14 %/29,- €**
87	2015 Spätburgunder „GG" Blankenhornsberger Doktorgarten **14,5 %/25,- €**

STIFTUNGSWEINGUT FREIBURG

★

KONTAKT

Jesuitenschloss
79249 Merzhausen b. Freiburg
Tel. 0761-404714
Fax: 0761-4098981
www.stiftungsweingut-freiburg.de
info@stiftungsweingut-freiburg.de

Inhaber Heiliggeistspital-stiftung Freiburg
Betriebsleiter Thomas Schneider
Vertrieb Erwin Schneider
Rebfläche 16 Hektar
Produktion 80.000 Flaschen

BESUCHSZEITEN

Mo.-Fr. 11-17:30 Uhr,
Sa. 10-12:30 Uhr
Probierstube, Gaststätte

Die Geschichte des Stiftungsweinguts Freiburg lässt sich bis ins Jahr 1298 zurückverfolgen. Im Laufe dieser Zeit wechselte das Weingut mehrmals seinen Standort, bis es 1985 in das Jesuitenschloss über der Stadt Freiburg einzog. Ein Teil der Weinberge liegt in Freiburg: Die nach Süden ausgerichtete Steillage Freiburger Schlossberg besitzt steinige Gneisverwitterungsböden, in der Lage Freiburger Jesuitenschloss, rund um das Weingut, herrschen schwere lehmhaltige Böden vor. Der andere Teil der Weinberge liegt am Tuniberg (Lössböden) in den Gemeinden Opfingen, Tiengen, Munzingen und Niederrimsingen. Die Burgundersorten nehmen zwei Drittel der Rebfläche ein. Dazu gibt es Gutedel und Müller-Thurgau, aber auch Chardonnay, Riesling und Merlot. Die Weißweine werden lange auf der Hefe ausgebaut, die Rotweine werden maischevergoren, die Spitzenqualitäten werden im Barrique oder im großen Eichenholzfass ausgebaut.

Kollektion

Eine wiederum sehr gleichmäßige Kollektion präsentiert das Stiftungsweingut in diesem Jahr. Der fruchtbetonte, würzige Pinot-Sekt eröffnet den Reigen, er vereint Fülle und Süße. Der Gutedel ist geradlinig und reintönig, der würzige Riesling hat Biss. Unter den weißen Burgunder-Kabinettweinen gefallen uns die beiden Grauburgunder am besten. Der 2016er aus dem Schlossberg ist fruchtbetont und geradlinig, der im Holz ausgebaute 2015er zeigt rauchige Noten, ist cremig im Mund, besitzt gute Harmonie und reife Frucht. Unsere Favoriten finden wir in diesem Jahr aber im roten Teil der Kollektion. Da ist einmal der Spätburgunder RS, Jahrgang 2014, der gute Konzentration zeigt, rauchige Noten, reintönige Frucht, klar und zupackend ist. Gleichauf sehen wir den Merlot aus dem Schlossberg, Jahrgang 2015, der kraftvoll ist, zupackend und strukturiert. ▬

Weinbewertung

83 2013 Pinot Sekt brut **12,5 %/10,- €**
82 2016 Gutedel trocken Freiburger Jesuitenschloss **12 %/4,50 €**
82 2016 Riesling Kabinett trocken Freiburger Schlossberg **12,5 %/7,30 €**
81 2016 Weißburgunder Kabinett trocken Freiburger **13,5 %/7,- €**
83 2015 Grauburgunder Kabinett trocken Holzfass Freiburger **13,5 %/8,50 €**
83 2016 Grauburgunder Kabinett trocken Freiburger Schlossberg **13 %/7,50 €**
82 2016 Chardonnay Kabinett trocken Freiburger **13 %/7,- €**
81 2016 Spätburgunder Rosé Kabinett trocken Freiburger **13,5 %/6,50 €**
81 2014 Spätburgunder trocken Niederrimsinger **13 %/9,- €**
84 2014 Spätburgunder „RS" trocken **13 %/12,- €**
84 2015 Merlot trocken Freiburger Schlossberg **14 %/12,- €**

ALEXANDER FREIMUTH

★★☆

F

KONTAKT

Am Rosengärtchen 25
65366 Geisenheim-Marienthal
Tel. 06722-981070
Fax: 06722-981071
www.freimuth-wein.de
info@freimuth-wein.de

Inhaber
Alexander & Karin Freimuth
Rebfläche
13 Hektar
Produktion
60.000 Flaschen

BESUCHSZEITEN

Mo.-Sa. nach Vereinbarung
Straußwirtschaft (8 Wochen im Mai/Juni,4 Wochen im Nov./Dez.)

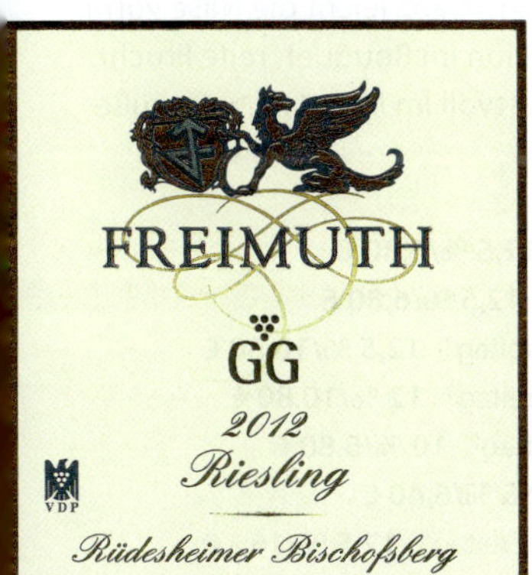

Alexander Freimuth übernahm 1984 noch während seines Geisenheim-Studiums das elterliche Weingut, führt es seit 1989 zusammen mit Ehefrau Karin, die ebenfalls in Geisenheim studiert hat. 1996 sind sie nach Marienthal ausgesiedelt, 2006 wurde ein neues Wirtschaftsgebäude mit Straußwirtschaft und Ferienapartments errichtet. Mit Sohn Jonas, der in Geisenheim studiert, steht die nächste Generation schon bereit. 2015 wurde die Rebfläche nochmals deutlich erweitert auf nunmehr 13 Hektar. Die Weinberge von Alexander und Karin Freimuth liegen in den Geisenheimer Lagen Kläuserweg, Mönchspfad, Kilzberg und Mäuerchen sowie in den Rüdesheimer Lagen Bischofsberg, Magdalenenkreuz und Kirchenpfad. Im Niersteiner Roten Hang besitzt man die Monopollage Niersteiner Goldene Luft, eine kleine gesetzliche Einzellage, die vollständig vom Niersteiner Hipping umgeben ist. Neben 65 Prozent Riesling baut Alexander Freimuth 20 Prozent Spätburgunder, etwas Grau- und Weißburgunder sowie Sauvignon Blanc und Roten Riesling an. Das Sortiment ist gegliedert in Guts-, Orts- und Lagenweine, an der Spitze stehen zwei Riesling-Große Gewächse (bis 2011 Erste Gewächse) aus Kläuserweg und Unterer Bischofsberg.

Kollektion

Die Basisweine präsentieren sich mit sortentypischem Charakter. Der Weißburgunder spielt zwischen Stoffigkeit und Frische. Der Grauburgunder ist etwas fülliger, ebenso die Cuvée Blanc aus Sauvignon Blanc und Weißburgunder. Der Rote Riesling ist saftig und dezent würzig. Die Riesling-Reserve aus 2015 beeindruckt mit ihrem vollmundigen, würzigen Schmelz, mit Präzision, Mineralität und Länge. Das Große Gewächs aus dem Kläuserweg mit seiner geradlinigen, druckvollen Art und vitalen Frische gefällt uns besser als der opulente Wein aus dem Bischofsberg. Der Riesling „Orange" hinterlässt eindringlichen Eindruck. Im Bouquet erinnert er an Lambik aus Belgien, er schmeckt auch entsprechend nach herben Äpfeln, ist leicht und frisch. Der Magdalenenkreuz-Spätburgunder ist saftig und reif.

Weinbewertung

84 2016 Weißer Burgunder trocken **12,5 %/8,- €**
84 2016 Grauer Burgunder trocken **12,5 %/8,- €**
84 2016 „Cuvée Blanc" Weißwein trocken **12,5 %/8,- €**
84 2016 Roter Riesling trocken Geisenheim **12,5 %/9,- €**
87 2015 Riesling trocken „Reserve" Geisenheim **12,5 %/11,50 €**
88 2016 Riesling „GG" Kläuserweg **13 %/23,- €**
87 2016 Riesling „GG" Bischofsberg **14 %/23,- €**
85 2016 Riesling trocken „Orange" **11,5 %/14,50 €**
87 2013 Blauer Spätburgunder trocken Magdalenenkreuz **14,5 %/23,- €**

FREITAG

★

KONTAKT

Außerhalb 6
55291 Saulheim
Tel. 06732-5236
www.weingut-freitag.com
info@weingut-freitag.com

Inhaber
Werner Freitag
Kellermeister
Philipp Freitag
Rebfläche
3,6 Hektar

BESUCHSZEITEN

ganzjährig nach Vereinbarung

WEINGUT
FREITAG

Bis 2012 hat die Familie Freitag auf ihrem Georgenhof in Saulheim ausschließlich Wein für Großkellereien erzeugt. Mit dem Jahrgang 2012 wurden erstmals zwei Weine selbst erzeugt und als Flaschenweine vermarktet, im Jahr darauf ergänzte man das Sortiment um acht weitere Weine. Der Georgenhof wird von Werner Freitag geführt, Sohn Philipp ist für die Vinifikation verantwortlich. Philipp Freitag beendete 2013 seine Winzerlehre und bildete sich danach zum Weinbautechniker weiter. Die Weinberge der Freitags liegen in den Saulheimer Lagen Haubenberg und Domherr (der Großlage). Müller-Thurgau nimmt ein Drittel der Weinberge ein, es folgt Silvaner, hinzu kommen Sorten wie Dornfelder, Riesling und Spätburgunder, aber auch Chardonnay, Kerner, Scheurebe und Portugieser. Mit dem Jahrgang 2015 wurde die Ausstattung geändert, man stellt seither den Familiennamen Freitag in den Vordergrund, der „Georgenhof" ist von den Etiketten verschwunden. Die Gutsweine werden nun in der Linie „Casual Freitag" vermarktet, die Premiumweine in der Linie „Thank God It's Freitag".

Kollektion

Neben drei Casual Freitag-Weinen des Jahrgangs 2016 wurden in diesem Jahr nochmals die beiden Premiumweine des Jahrgangs 2015 vorgestellt, dazu zwei Rotweine ohne Jahrgangsangabe. Unter Letzteren gefällt uns ganz klar der Spätburgunder am besten, er ist würzig und fruchtbetont im Bouquet, klar und zupackend im Mund bei guter Struktur. Der Kerner ist frisch, geradlinig und zupackend, unkompliziert und fruchtbetont wie auch der trockene Gutsriesling, beim süßen Gutsriesling kontrastiert die süße Frucht mit Säure und Biss. Die beiden Premium-Weißweine des Jahrgangs 2015 bestätigen den guten Eindruck des Vorjahres. Der Silvaner zeigt reife Frucht im Bouquet, ist füllig und saftig im Mund, besitzt gute Substanz und reife süße Frucht. Ganz leicht die Nase vorne hat aber der Riesling, der gute Konzentration im Bouquet, reife Frucht, gelbe Früchte, etwas Zitrus, füllig und kraftvoll im Mund ist, reife süße Frucht besitzt und gute Substanz.

Weinbewertung

82	2016 Kerner trocken „Casual Freitag"	**12,5 %/6,30 €**
82	2016 Riesling trocken „Casual Freitag"	**12,5 %/6,80 €**
84	2015 Silvaner trocken „Thank God It's Freitag"	**12,5 %/10,80 €**
85	2015 Riesling trocken „Thank God It's Freitag"	**12 %/10,80 €**
81	2016 Riesling „feinfruchtig" „Casual Freitag"	**10 %/6,80 €**
78	Dornfelder trocken „Casual Freitag"	**12,5 %/6,40 €**
83	Spätburgunder trocken „Thank God It's Freitag"	**12,5 %/16,- €**

Frey

★★★☆

KONTAKT

Im Brühl 1
79211 Denzlingen
Tel. 07666-5253
Fax: 07666-2314
www.frey-weine.de
info@frey-weine.de

Inhaber
Otto & Martin Frey
Rebfläche
12 Hektar
Produktion
90.000 Flaschen

BESUCHSZEITEN

Di/Do./Fr. 9-12 + 14-19 Uhr, Mi. 9-12 Uhr, Sa. 9-16 Uhr

Otto Frey übernahm 1970 den landwirtschaftlichen Mischbetrieb von seinem Vater, siedelte 1972 vom Ortskern Denzlingen aus, seit 1995 ist Sohn Martin im Betrieb tätig. Die Weinberge liegen im Glottertäler Eichberg (mit Teillage Rinzberg, Gneis), aber auch in Denzlingen (Sonnhalde mit den Teillagen Steinhalde und Hummelgarten, Buntsandstein und Muschelkalk), Sexau (Sonnhalde mit Teillage Reichenbächle, Gneis) und Gundelfingen-Wildtal (Sonnenberg, Gneis und Buntsandstein), der Wöpplinsberg in Emmendingen (Muschelkalk) wurde neu angelegt, 60 Prozent befinden sich in Steillagen. Spätburgunder nimmt ein Drittel der Rebfläche ein, es folgen Grau- und Weißburgunder, dazu gibt es Riesling, Auxerrois, Müller-Thurgau, Gewürztraminer, Sauvignon Blanc und Merlot. Das Programm ist gegliedert in drei Linien: Die Basisqualität bilden Lagenweine aus Glottertäler Eichberg, Gundelfinger Sonnenberg oder Denzlinger Sonnhalde. Dann folgt die mittlere Stufe „Gneis" und als Toplinien Aigi (der ursprüngliche Name der Lage Eichberg) und Steinhalde.

Kollektion

Es geht weiter voran, Martin Freys Programm gewinnt an Profil. Die Basis stimmt, das zeigen die kraftvollen, fruchtbetonten Weißweine. Die Gneis-Linie besitzt Fülle und Kraft, in beiden Linien gilt unsere leichte Präferenz dem Weißburgunder. Spannend sind in der Spitze dann die Grauburgunder. Der Wein aus der Steinhalde besitzt viel reintönige Frucht und Substanz, noch etwas besser gefällt uns der Eichberg-Wein, der Fülle, Kraft und Komplexität besitzt, nochmals besser ist als der Grauburgunder Aigi des Jahrgangs 2014. Nebenbei: Eine konsequente Umstellung auf Lagen und Teillagen würde dem Programm gut anstehen. Stark sind auch die Rotweine, allen voran der reintönige, kraftvolle Aigi-Spätburgunder. Im Aufwind!

Weinbewertung

84 2016 Auxerrois trocken Glottertäler Eichberg **12,5 %/7,10 €**
85 2016 Weißburgunder trocken Glottertäler Eichberg **13,5 %/7,10 €**
83 2016 Grauburgunder trocken Glottertäler Eichberg **13,5 %/7,10 €**
85 2016 Riesling „Gneis"** **11,5 %/9,60 €**
86 2016 Weißburgunder trocken „Gneis"** **13,5 %/9,60 €**
85 2016 Chardonnay trocken „Gneis"** **12,5 %/9,80 €**
87 2015 Weißburgunder-Chardonnay trocken „Aigi"*** **14 %/14,50 €**
89 2015 Grauburgunder trocken „Steinhalde"*** **13,5 %/34,- €/1,5l**
90 2015 Grauburgunder trocken Eichberg **14 %/21,- €**
86 2015 Merlot-Spätburgunder trocken „Gneis"** **13,5 %/13,- €**
85 2015 Spätburgunder trocken „Gneis"** **13,5 %/16,50 €**
89 2015 Spätburgunder trocken „Aigi"*** **13,5 %/24,- €**

FREY

★★☆

F

KONTAKT

Weedegasse 10
55234 Ober-Flörsheim
Tel. 06735-941272
Fax: 06735-941273
weingut@bechtel-frey.de

Inhaber
Stefan, Philipp & Christopher Frey
Rebfläche
10 Hektar
Produktion
65.000 Flaschen

BESUCHSZEITEN

nach Vereinbarung

Ober-Flörsheim liegt ganz im Südwesten Rheinhessens; dort im alten Ortskern, befindet sich im Katharinenhof das Weingut der Familie Frey, die seit dem 18. Jahrhundert Weinbau betreibt. Stefan Frey und seine Söhne Philipp und Christopher haben 2013 mit der Umstellung auf biologischen Weinbau begonnen, nach EU-Richtlinien. Philipp Frey hat sein Geisenheim-Studium abgeschlossen, Christopher Frey studiert in Geisenheim. Ihre Weinberge liegen zwischen Biebelnheim im Norden und Ober-Flörsheim im Süden, beispielsweise in den Lagen Hangen-Weisheimer Sommerwende, Kettenheimer Wartberg und Gundersheimer Königsstuhl. Die Böden sind sehr unterschiedlich, reichen von Kalksteinverwitterung über Lösslehm mit Kalkfels bis hin zu Kalkmergel und kiesig-schottrigen Böden. Riesling nimmt ein gutes Drittel der Rebfläche ein, die Burgundersorten zusammen ein Viertel, hinzu kommt ein Fünftel Cabernet Sauvignon, dazu gibt es Sauvignon Blanc, Chardonnay, Merlot und andere Sorten. Die Weine werden mit den traubeneigenen Hefen vergoren und teils im Edelstahl, teils in großen und kleinen Eichenholzfässern ausgebaut.

Kollektion

Nach einer starken Kollektion im vergangenen Jahr geht es auch mit dem neuen Jahrgang weiter voran. Die Basis stimmt, das zeigen die klaren, geradlinigen Gutsweine. Schon der Ortsriesling dann ist sehr gut, er besitzt Fülle und Saft, reife Frucht und Substanz. Eine weitere Steigerung bringt der Riesling aus der Sommerwende, ist kraftvoll, strukturiert, hat Substanz und viel Frucht. Den rauchigen, konzentrierten Reserve-Chardonnay sehen wir gleichauf. Alle vier präsentierten Rotweine sind sehr gut. Der Pinot Noir ist klar, frisch, der Lagen-Pinot Noir aus der Sommerwende ist noch kraftvoller, strukturierter. Die Assemblage genannte Cuvée zeigt rauchige Noten, Gewürze, hat Fülle und Saft. Unser Favorit ist der Cabernet Sauvignon, der intensive Frucht besitzt, schwarze Johannisbeeren, gute Struktur und Tannine. Im Aufwind!

Weinbewertung

83 2016 Riesling trocken **12,5 %/7,50 €**
83 2016 Weißburgunder trocken **13 %/7,- €**
83 2016 Grauburgunder trocken **13 %/7,- €**
86 2016 Riesling trocken Hangen-Weisheim **12,5 %/12,- €**
88 2016 Chardonnay trocken „Reserve" **13 %/13,- €**
88 2016 Riesling trocken Hangen-Weisheim Sommerwende **13 %/20,- €**
85 2015 Pinot Noir **13,5 %/11,- €**
87 2015 Pinot Noir Hangen-Weisheim Sommerwende **13,5 %/19,- €**
86 2015 „Assemblage" Rotwein trocken **14 %/13,- €**
88 2014 Cabernet Sauvignon trocken **14 %/25,- €**

FRICK

★★

KONTAKT

Im Freihof 9, 79589 Binzen
Tel. 07621-65610
www.weingut-frick.de
weingut-frick-binzen@t-online.de

Inhaber Bernhard & Heike Frick
Rebfläche 4 Hektar
Produktion 25.000 Flaschen

BESUCHSZEITEN

Winter: Di./Do./Fr. 17.30-19:30 Uhr, Sa. 9-16 Uhr; Sommer: Di./Do./Fr. 18-20 Uhr, Sa. 9-16 Uhr, Ferienwohnungen (2 moderne Studios)

Die Weinberge von Bernhard und Heike Frick liegen in Binzen (Sonnhohle), Rümmingen (Sonnhohle) und Fischingen (Weingarten). Gutedel nimmt gut ein Drittel der Rebfläche ein, Spätburgunder ein knappes Viertel. Dazu gibt es vor allem noch Weißburgunder, Müller-Thurgau, Sauvignon Blanc und Nobling. Neben Wein erzeugen sie auch Branntweine und Edelbrände in der eigenen Brennerei. Bei der Bewirtschaftung der Weinberge werden keine Insektizide und Herbizide eingesetzt, bei Bedarf erfolgt biotechnische Schädlingsbekämpfung. Fast alle Weine werden absolut trocken und durchgegoren ausgebaut. Seit der ersten Ausgabe empfehlen wir die Weine und Sekte von Bernhard und Heike Frick. Sie sind immer präzise und klar, sind alles andere als gefällig. Der Nobling-Sekt gefällt uns immer, die Weißweine sind knackig und zupackend, die Rotweine haben in den letzten Jahren an Statur gewonnen – kurzum die richtige Adresse für jeden, der durchgegorene Weine mag.

Kollektion

Eine kleine Kollektion von nur sieben Weinen stellen Bernhard und Heike Frick dieses Jahr vor, in der die Rotweine die Nase vorne haben. Der nicht dosierte Nobling-Sekt ist wie immer eine sichere Bank, er ist klar, frisch und zupackend. Der Müller-Thurgau ist klar, frisch und geradlinig, das Markgräfler Gumsle bietet wieder einmal reintönige Frucht, feine Frische und Biss. Der Rosé ist lebhaft und süffig, überraschend süß, das sind wir so gar nicht gewohnt von den Fricks. Der Basis-Spätburgunder ist frisch und fruchtbetont, zeigt rote Früchte, ist klar und zupackend im Mund bei guter Struktur. Deutlich kraftvoller ist der Spätburgunder von alten Reben, zeigt rauchige Noten, klare reife Frucht, ist frisch im Mund, klar, zupackend, besitzt gute Struktur und Frucht. Sehr gut ist auch der Mercanoir, eine Cuvée aus Merlot, Cabernet Sauvignon und Pinot Noir. Er ist fruchtbetont im Bouquet, zeigt rote und dunkle Früchte, ist klar im Mund, frisch und zupackend, besitzt gute Struktur und reife Frucht.

Weinbewertung

85 2014 Nobling Sekt brut nature **13 %/9,90 €**
83 2016 Müller Thurgau Kabinett trocken „Lenz" Binzener Sonnhole **11,5 %/5,20 €**
83 2016 Gutedel trocken „Markgräfler Gumsle" Rümm. Sonnhohle **11,5 %/5,40 €**
82 2016 Spätburgunder Rosé trocken „Edition Cucina" **12 %/6,50 €**
84 2014 Spätburgunder trocken Binzener Sonnhohle **13 %/7,20 €**
86 2014 „Mercanoir" Rotwein trocken Binzener Sonnhohle **13,5 %/13,- €**
87 2014 Spätburgunder trocken „Alte Reben" Binzener Sonnhohle **13,5 %/13,- €**

Frick

★☆

KONTAKT

Schillerstraße 64
73614 Schorndorf
Tel. 07181-9943412
www.weinbau-frick.de
info@weinbau-frick.de

Inhaber
Oliver Frick
Rebfläche
0,8 Hektar
Produktion
5.000 Flaschen

BESUCHSZEITEN

Sa. 10-12 Uhr und nach Vereinbarung

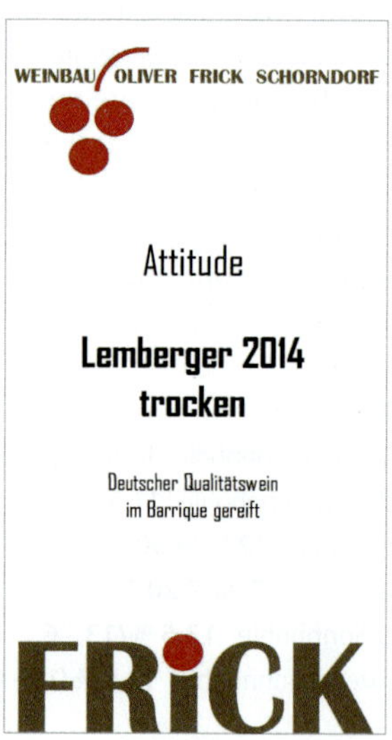

Oliver Frick ist Projektleiter in der Automobilindustrie, seit einem Vierteljahrhundert bereits aber auch Nebenerwerbs-Winzer „mit Leib und Seele", wie er schreibt. Anfang der neunziger Jahre hat er mit 10 Ar begonnen, fast ein Hektar ist bis heute daraus geworden. 2015 hat er den Betrieb auf ökologischen Anbau ausgerichtet, 2018 soll der erste zertifizierte Jahrgang werden. Alle Weinberge liegen auf Weinstädter Gemarkung. Der älteste Weinberg liegt im Wetzstein in Endersbach, hier wird Zweigelt angebaut. In der Gewann Hüttentobel in Strümpfelbach baut Oliver Frick Spätburgunder und Riesling an, auf einer 2011 erworbenen Fläche in unmittelbarer Nachbarschaft wächst Syrah. Im Sonnenberg zwischen Schnait und Manolzweiler wachsen Cabernet Franc und Grauburgunder, einen weiteren Grauburgunder-Weinberg hat er auf dem Schönbühl angelegt. Zweigelt, Spätburgunder, Grauburgunder und Lemberger sind die wichtigsten Rebsorten, dazu gibt es Riesling, Trollinger, Syrah und Cabernet Franc. Die Ernte einer Spalierobstanlage in Beutelsbach nutzt Oliver Frick zur Herstellung von Edelbränden.

Kollektion

Eine starke Kollektion mit einer klaren Handschrift präsentiert Oliver Frick zum Debüt. Der Riesling, von 35 Jahre alten Reben, ist würzig, frisch und zupackend, besitzt gute Struktur und klare Frucht. Der Rosé zeigt feine Würze und Duft, rote Früchte, ist betont süffig und unkompliziert im Mund. Der Habitus genannte Trollinger ist fruchtbetont im Bouquet, reintönig, besitzt feine Frische im Mund, ist geradlinig und klar. Die drei im Barrique ausgebauten Rotweine stehen an der Spitze der Kollektion. Der Individualist ist eine Cuvée aus 50 Prozent Zweigelt, 40 Prozent Syrah und 10 Prozent Cabernet Franc, wurde 24 Monate im Barrique ausgebaut. Er zeigt gute Konzentration, reife Frucht, etwas Schokolade, ist füllig und kraftvoll bei reifer Frucht. Der Lemberger Attitude, 15 Monate im Barrique ausgebaut, zeigt gute Konzentration, intensive, reintönige Frucht, ist frisch und zupackend im Mund, klar und strukturiert. Der Philosophie genannte Zweigelt, mit 22 Monaten Barriqueausbau, ist fruchtbetont, konzentriert, reintönig, zupackend, besitzt gute Struktur und feine Frucht. —

Weinbewertung

84	2016 Riesling „Vitalität" **11,5 %/5,90 €**
83	2016 Rosé „Symbiose" **12 %/6,50 €**
83	2015 Trollinger „Habitus" **13 %/6,50 €**
87	2013 „Individualist" Rotwein **13,5 %/12,50 €**
87	2014 Lemberger „Attitude" **14 %/12,50 €**
87	2014 Zweigelt „Philosophie" **14 %/14,90 €**

FRIDERICHS

★☆

KONTAKT

Moselweinstraße 30
56814 Ediger-Eller
Tel. 02675-266, Fax: 02675-1366
www.friderichs-wein.de
info@friderichs-wein.de

Inhaber
Klaus Fett
Rebfläche
4 Hektar
Produktion
25.000 Flaschen

BESUCHSZEITEN

Do.-So. 14-19 Uhr und nach Vereinbarung; Ferienwohnungen

Die Weinberge von Sigrid Friderichs und Klaus Fett liegen in den Ediger Lagen Elzhofberg und Feuerberg), im Osterlämmchen sowie im Ellerer Calmont. Die Weinberge in den Steillagen wurden auf Querterrassierung umgestellt. Riesling dominiert im Anbau, nimmt gut die Hälfte der Rebfläche ein, dazu gibt es Spätburgunder, Müller-Thurgau, Dornfelder, Weißburgunder und St. Laurent. Die Weißweine werden, teils nach Kaltmazeration, kühl im Edelstahl vergoren, die Rotweine werden maischevergoren. Zweimal im Jahr findet ein Hof- und Kellerfest statt, darüber hinaus werden Ferienwohnungen angeboten. Weinproben für Gruppen werden in der Vinothek des 1628 erbauten historischen Fachwerkhauses abgehalten.

Kollektion

Weine aus den Jahrgängen 2015 und 2014 wurden im vergangenen Jahr vorgestellt, diesmal sind es, bis auf eine Ausnahme, 2016er. Der saftige Weißburgunder macht Spaß, auch wenn er noch etwas trockener sein könnte, der feste, gut strukturierte Riesling-Kabinett aus dem Elzhofberg ist dagegen schön fest und würzig, ein Schnäppchen. Der saftige, kompakte, trocken wirkende Calmont-Riesling namens „Steillagenhelden – Alte Reben" stammt aus 2015 und nimmt diesmal die Spitze des Sortiments ein. Die beiden feinherb ausgebauten Weine, aus dem Elzhofberg stammend, unterscheiden sich deutlich voneinander: jener aus alten Reben wirkt straffer, trockener, mineralischer als der „Steillagenhelden"-Wein. Schmelz und eine gewisse Wärme sowie eine attraktive Frucht besitzt schließlich der Pinot Noir. Unter dem Strich also wiederum eine sehr sorgfältige Leistung, wie man sie in diesem Weingut längst gewohnt ist.

Weinbewertung

83	2016 Weißburgunder **12,5 %/5,50 €**
82	2016 Spätburgunder „Blanc de Noirs" **12,5 %/5,50 €**
85	2016 Riesling Kabinett trocken Ediger Elzhofberg **11 %/6,- €** ☺
85	2016 Riesling Spätlese halbtrocken Ediger Feuerberg **10,5 %/6,50 €**
86	2016 Riesling „feinherb" „Alte Reben" Ediger Elzhofberg **10,5 %/8,50 €**
86	2016 Riesling Spätlese „feinherb" „Steillagenhelden" Elzhofberg **10 %/6,50 €** ☺
87	2015 Riesling „Steillagenhelden – Alte Reben" Calmont **11,5 %/10,50 €**
83	2016 Pinot Noir trocken **14 %/6,50 €**

Frieden-Berg

★☆

KONTAKT

Weinstraße 19
54453 Nittel
Tel. 06584-99070
Fax: 06584-99072
www.frieden-berg.de
info@frieden-berg.de

Inhaber
Horst & Maximilian Frieden
Rebfläche
12 Hektar
Produktion
90.000 Flaschen

BESUCHSZEITEN

Mo.-Sa. 9-18 Uhr, So. 10-12 Uhr, mit Bitte um Anmeldung

Seit Generationen baut die Familie Wein an der Obermosel an, heute wird das Gut geführt von Horst Frieden zusammen mit seinem Sohn Max. Elbling, die typische Rebsorte der Obermosel, nimmt heute nur noch knappe 40 Prozent ihrer Rebfläche ein, dazu gibt es jeweils 10 Prozent Auxerrois, Grauburgunder und Spätburgunder sowie 14 Prozent Müller-Thurgau. Weitere Sorten kommen zusammen auf knapp 20 Prozent der Fläche. Die Reben wachsen auf Muschelkalkböden in den Nitteler Lagen Leiterchen und Rochusfels. Die Weine der Premiumlinie Max stammen aus ertragsreduzierten Anlagen und werden lange auf der Feinhefe ausgebaut. Im alten Kuhstall ist das Restaurant Novum untergebracht, das mediterrane und regionale Küche serviert und beweist, dass sich das Weingut in vielerlei Hinsicht modern präsentieren will.

Kollektion

Im vergangenen Jahr überzeugten die Crémants aus dem Jahrgang 2013, vor allem der Pinot Crémant, unter den Stillweinen ragte der 2014er Auxerrois Max heraus. Diesmal wurde nur ein Crémant vorgestellt, und dieser, ein als brut bezeichneter Elbling, zeigt einen für 2015 durchaus typischen Schmelz, wirkt nicht völlig trocken. Schmelz besitzt auch der saftige 2016er Elbling „Novum“, den wir seinem Urgesteins-Pendant knapp vorziehen. Unter den restlichen Weinen gefiel der Grauburgunder am besten, weil er klar, fest, sortentypisch ausfiel. Kraft besitzt der Chardonnay „Max“, der zum Zeitpunkt der Verkostung aber noch verhalten wirkte und sich womöglich noch besser entwickelt. Beim saftigen, in der Nase sehr klar und frisch wirkenden Sauvignon Blanc ist eine Spur Süße zu merken, der Rosé „Unisex“ ist, gut gekühlt, ein süffiger, saftiger Sommerwein, auch wenn er nicht ganz trocken ausfällt.

Weinbewertung

85 2015 Elbling Crémant brut **12,5 %/9,85 €**
85 2016 Elbling trocken „Novum“ Nitteler Leiterchen **11,5 %/7,- €**
84 2016 Elbling „Urgestein“ **11,5 %/6,- €**
83 2016 Spätburgunder „Blanc de Noir“ trocken **12 %/7,50 €**
84 2016 Sauvignon Blanc trocken **12 %/7,50 €**
83 2016 Auxerrois trocken **12,5 %/7,- €**
84 2016 Weißburgunder trocken **12 %/7,50 €**
85 2016 Grauburgunder trocken **12,5 %/9,- €**
85 2016 Chardonnay trocken „Max“ **12,5 %/12,50 €**
83 2016 Rosé „Unisex“ **12 %/6,50 €**

Fries

★★☆

KONTAKT

Bachstraße 66
56333 Winningen
Tel. 02606-2686
Fax: 02606-200016
www.weingut-fries.de
info@weingut-fries.de

Inhaber
Reiner & Anke Fries
Rebfläche
9 Hektar
Produktion
70.000 Flaschen

BESUCHSZEITEN

nach Vereinbarung

Reiner und Anke Fries führen heute dieses Winninger Gut in achter Generation. Ihre Weinberge befinden sich in den Winninger Lagen Röttgen, Uhlen und Hamm. 70 Prozent der Weinberge nimmt Riesling ein, hinzu kommen ein Viertel Spätburgunder und 5 Prozent Weißburgunder. Bereits 1986, noch während seines Studiums, pflanzte Rainer Fries mit einer Sondergenehmigung Rotwein, wenige Jahre später begann er mit dem Barriqueausbau. Seit dem Jahrgang 2002 verzichten Reiner und Anke Fries bei trockenen und halbtrockenen Weinen auf Prädikatsbezeichnungen wie Spät- und Auslese, nur das Prädikat Kabinett wird weiterhin verwendet. Die Weißweine werden gekühlt im Edelstahl vergoren, die roten Trauben werden entrappt und 10 bis 14 Tage maischevergoren, kommen dann ins Barrique, wo sie den biologischen Säureabbau durchlaufen; die jungen Spätburgunder werden acht Monate in gebrauchten Barriques ausgebaut, die Selektionen kommen für zwanzig Monate in neue oder einmal belegte Barriques.

Kollektion

Mit dem Jahrgang 2015 konnte das Weingut seine Stärken ausspielen: Alle Weine wirkten straff und saftig, die qualitativen Unterschiede zwischen den trockenen „Apollo-Terrassen" und dem Alte-Reben-Wein aus dem Uhlen waren nicht allzu groß. Im Jahrgang 2016 sind die Weine tendenziell schlanker und noch etwas frischer, aber auf ihre Art ebenfalls ausgezeichnet gelungen. Schön trocken und würzig, mit einer Spur Tabak im Nachhall präsentiert sich der Weißburgunder, der „Apollo-Terrassen" ist straff und nachhaltig, geradlinig und fruchtbetont, der Uhlen-Riesling duftet nach Zitrus und Kräutern, ist fast trocken, voller Würze, besitzt Substanz und Länge. Weder die süße Spätlese, fest und ausgewogen, noch den saftigen, unangestrengt wirkenden Rotwein, dessen Barriquewürze gut integriert ist, sollte man vergessen.

Weinbewertung

87 2016 Weißburgunder trocken **13 %/9,70 €**
86 2016 Riesling Kabinett trocken Winninger Röttgen **11,5 %/8,40 €**
87 2016 Riesling trocken „Apollo-Terrassen" **12 %/11,20 €**
89 2016 Riesling „Alte Reben" Winninger Uhlen **12,5 %/16,- €**
85 2016 Riesling Kabinett „feinherb" Winninger Hamm **11,5 %/8,40 €**
87 2016 Riesling „feinherb" „Apollo-Terrassen" **12,5 %/11,20 €**
87 2016 Riesling Spätlese Winninger Röttgen **8,5 %/11,20 €**
87 2015 Spätburgunder trocken Barrique **13,5 %/15,50 €**

F

FRITZSCH & SOHN

★

KONTAKT

Schmittstraße 16
55576 Sprendlingen
Tel. 06701-2007902
Fax: 06701-2007903
www.weingut-fritzsch.de
info@weingut-fritzsch.de

Inhaber
Norbert & Thomas Fritzsch
Rebfläche
17 Hektar
Produktion
60.000 Flaschen

BESUCHSZEITEN

Mo.-Fr. 18-19 Uhr, Sa. 9-15 Uhr
oder nach Vereinbarung
(Sonntag Ruhetag)

Norbert und Thomas Fritzsch bewirtschaften 17 Hektar Weinberge in den Sprendlinger Lagen Wißberg, Honigberg, Klostergarten, Hölle und Sonnenberg, aber auch im St. Johanner Wißberg, im Welgesheimer Kirchgärtchen und im Horrweiler Goldberg, die Reben wachsen auf sehr unterschiedlichen Böden, von Muschelkalk und Kalksandstein bis hin zu Tonmergel- und Lössböden. Weiße Rebsorten nehmen zwei Drittel der Rebfläche ein, es gibt Riesling, Müller-Thurgau, Silvaner, Chardonnay, Grauburgunder und Weißburgunder, aber auch Gewürztraminer und Gelber Muskateller, Ortega, Bacchus und Scheurebe. An roten Sorten werden Spätburgunder, Frühburgunder, Portugieser, Dornfelder und St. Laurent angebaut, die besten Rotweine werden im Barrique ausgebaut. Die Weine werden in vier Linien angeboten: Traditionelle Weine (im Liter), Klassische Weine, Prestigeweine und Exklusive Weine.

Kollektion

Beim guten Debüt im vergangenen Jahr bestach die Gleichmäßigkeit der gesamten Kollektion. Im Jahrgang 2016 nun sind einige Weißweine etwas verhalten ausgefallen. Die Prestige-Linie präsentiert sich sehr gleichmäßig mit frischen, fruchtbetonten Weinen, am besten gefällt uns der reintönige Weißburgunder, der gute Struktur und viel Frucht besitzt. Die Exklusiv-Linie ist nicht ganz so gleichmäßig, hier gefällt uns die würzige, zupackende Scheurebe am besten, die wie alle Weine von merklicher Restsüße geprägt ist. Dies gilt auch für die Rotweine, die beiden Barrique-Roten sind füllig und kraftvoll, besitzen gute Substanz, sind aber im Bouquet von etwas eindringlichen, rauchigen Holznoten geprägt. ▬

Weinbewertung

80 2016 Grüner Silvaner trocken **12 %/4,80 €**
82 2016 Riesling trocken „Prestige-Linie" **12,5 %/5,40 €**
83 2016 Weißer Burgunder trocken „Prestige-Linie" **13 %/5,40 €**
82 2016 Grauer Burgunder trocken „Prestige-Linie" **13 %/5,40 €**
81 2016 Riesling trocken „Exklusive vom Wißberg" **13,5 %/6,20 €**
80 2016 Chardonnay trocken „Exklusive vom Wißberg" **12,5 %/6,20 €**
80 2016 Frühburgunder „Blanc de Noir" trocken „vom Wißberg" **13 %/6,20 €**
83 2016 Scheurebe trocken „Exklusive vom Wißberg" **13 %/6,20 €**
82 2016 Gelber Muskateller trocken „Exklusive vom Wißberg" **13 %/6,20 €**
81 2015 Blauer Frühburgunder trocken „Prestige-Linie" **13 %/5,90 €**
83 2014 Blauer Frühburgunder trocken Barrique „Exklusive" **13,5 %/7,60 €**
84 2014 Blauer Spätburgunder trocken Barrique „Exklusive" **13,5 %/9,90 €**

Clemens Fröhlich

★★☆

KONTAKT

Bocksbeutelstraße 19
97332 Escherndorf
Tel. 09381-1776
Fax: 09381-6163
www.weingut-froehlich.de
info@weingut-froehlich.de

Inhaber
Clemens Fröhlich
Rebfläche
6 Hektar

BESUCHSZEITEN

täglich geöffnet, möglichst nach Vereinbarung
4 Gästezimmer (Aufenthaltsraum, Küche)

Clemens Fröhlich begann 1987 mit der Selbstvermarktung, mit damals einem halben Hektar Weinberge. Heute bewirtschaftet er 6 Hektar, 3,5 Hektar davon in Steillagen. Ehefrau Ingrid Fröhlich ist für den Verkauf zuständig, Sohn Philip hat erstmals im Jahrgang 2015 Weine nach seinen eigenen Vorstellungen ausgebaut. Wichtigste Rebsorten sind Riesling und Silvaner. Hinzu kommen vor allem noch Müller-Thurgau, Kerner und Bacchus. Zum Weingut gehören auch ein Hektar Obstbäume, aus deren Ertrag Edelbrände erzeugt werden. Alle als trocken bezeichneten Weine (85 Prozent der Produktion) von Clemens Fröhlich sind „fränkisch trocken", Restzucker und Säure sind auf dem Etikett angegeben; die nicht als trocken bezeichneten Weine liegen in der Regel ebenfalls im gesetzlich trockenen Bereich.

Kollektion

Sehr gleichmäßig und stimmig ist die neue Kollektion aus Weinen der Jahrgänge 2016 und 2015. Unter den 2016ern gefällt uns Philips Müller-Thurgau am besten, er besitzt Fülle und Kraft, reife Frucht, gute Struktur und Frische, auch der geradlinige Riesling und der reintönige Silvaner machen eine gute Figur, alle drei sind trockene Kabinettweine. Die Kabinettweine des Jahrgangs 2015 sind jahrgangsbedingt deutlich fülliger. Der Silvaner ist reintönig und saftig, besitzt reife Frucht und Substanz, der Riesling ist etwas frischer, fruchtbetont und zupackend. Die füllige, saftige trockene Silvaner Spätlese hat etwas mit dem hohen Alkohol zu kämpfen, die „Beste Beere" hat mehr Substanz und Struktur, auch die trockene Riesling Spätlese schlägt sich da besser, besitzt reife Frucht und gute Struktur. Eine litschiduftige Ortega Beerenauslese und der fruchtbetonte, geradlinige Fürstenberg-Spätburgunder runden die Kollektion ab.

Weinbewertung

82 2016 Müller-Thurgau Kabinett „Unsere Exoten" **11 %/5,90 €**
85 2015 Silvaner Kabinett trocken Escherndorfer Lump **13,5 %/6,50 €**
85 2015 Riesling Kabinett trocken Escherndorfer Lump **13 %/6,50 €**
82 2016 Morio-Muskat Kabinett trocken Escherndorfer **11,5 %/7,- €**
85 2015 Silvaner Spätlese trocken Escherndorfer Lump **14,5 %/9,- €**
87 2015 Riesling Spätlese trocken Escherndorfer Lump **14 %/9,- €**
85 2016 Müller-Thurgau Kabinett trocken „Philips Passion" Fürstenberg **12 %/8,50 €**
84 2016 Riesling Kabinett trocken „Philips Passion" Lump **12 %/11,50 €**
87 2015 Silvaner Spätlese trocken „Beste Beere" Escherndorfer Lump **14 %/10,50 €**
84 2016 Silvaner Kabinett trocken „Philips Passion" Fürstenberg **12 %/11,50 €**
87 2015 Ortega Beerenauslese Escherndorfer Berg **12 %/20,- €/0,5l**
84 2015 Spätburgunder Spätlese trocken Escherndorfer Fürstenberg **13,5 %/7,- €**

MICHAEL FRÖHLICH

★★★☆

KONTAKT

Bocksbeutelstraße 41
97332 Escherndorf
Tel. 09381-2847
Fax: 09381-71360
www.weingut-michael-froehlich.de
info@weingut-michael-froehlich.de

Inhaber
Michael Fröhlich
Rebfläche
11 Hektar
Produktion
85.000 Flaschen

BESUCHSZEITEN

Mo.-Sa. 9-18 Uhr oder nach Vereinbarung
Probierstube, Hofschoppenfest Ende August

Michael Fröhlich gründete 1985 sein eigenes Weingut, anfangs mit einer Rebschule als zweitem Standbein. Seine Weinberge liegen in Escherndorf, hauptsächlich in den Lagen Lump und Fürstenberg, sein Muskateller steht im Untereisenheimer Sonnenberg. Silvaner und Müller-Thurgau nehmen jeweils ein Viertel der Rebfläche ein, Riesling 10 Prozent, dazu gibt es Rieslaner und Scheurebe, als Spezialität Muskateller und etwa 10 Prozent rote Rebsorten. Michael Fröhlich hat sein Sortiment den VDP-Vorgaben angepasst, die ehemaligen Kabinettweine sind nun die Escherndorfer Ortsweine, die trockenen Spätlesen aus dem Lump werden nun als „Erste Lage"-Weine bezeichnet, die Großen Gewächse als „Am Lumpen 1655", auf diese Bezeichnung haben sich die Escherndorfer VDP-Winzer festgelegt.

Kollektion

Eine gewohnt starke und stimmige Kollektion präsentiert Michael Fröhlich auch mit dem Jahrgang 2016. Die Scheurebe ist wunderschön lebhaft und klar, der Muskateller, halbtrocken ausgebaut, zeigt intensive Frucht, ist klar, geradlinig und zupackend, wie immer eine sichere Bank, seit dem Jahrgang 1999 kennen wir ihn und haben ihn immer mit sehr gut bewertet. Noch einen Jahrgang länger kennen wir den Rieslaner, der auch 2016 wieder wunderschön sortentypisch und harmonisch ist. Der leicht birnenduftige Escherndorfer Silvaner ist wunderschön reintönig, fruchtbetont und geradlinig, der Riesling ist lebhaft und zupackend, hat Biss. Der Lump-Silvaner ist fruchtbetont und reintönig, besitzt feine Frische und viel Frucht, der Riesling steht ihm nicht nach, ist rauchig und eindringlich im Bouquet, füllig und saftig im Mund, besitzt reife Frucht und Substanz. Ähnlich präsentiert sich das Große Riesling-Gewächs, ist üppig und saftig, besitzt viel reife süße Frucht, wäre bei weniger Süße aber bestimmt druckvoller. Der Silvaner ist offen, zeigt herrlich viel Frucht, ist üppig und konzentriert im Mund, recht kompakt.

Weinbewertung

85	2016 Silvaner trocken Escherndorf **12,5 %/7,50 €**
84	2016 Riesling trocken Escherndorf **12,5 %/7,50 €**
84	2016 Scheurebe Kabinett trocken **12 %/7,- €**
87	2016 Silvaner trocken Escherndorfer Lump **12,5 %/10,- €**
87	2016 Riesling trocken Escherndorfer Lump **13,5 %/10,- €**
90	2016 Silvaner trocken „GG Am Lumpen 1655" Escherndorf **13,5 %/19,- €**
89	2016 Riesling trocken „GG Am Lumpen 1655" Escherndorf **13,5 %/19,- €**
85	2016 Gelber Muskateller Kabinett **11 %/7,50 €**
87	2016 Rieslaner Spätlese Escherndorfer Lump **13 %/10,- €**

FRÖLICH-HAKE

★★

KONTAKT

Am Leihdenberg 11
06618 Naumburg/Roßbach
Tel. 03445-266800, Fax: -266801
www.weingut-froelich-hake.de
weingut-froelich-hake@t-online.de

Inhaber
Volker Frölich, Sandra Frölich
Kellermeister Volker Frölich
Rebfläche 10 Hektar
Produktion 50.000 Flaschen

BESUCHSZEITEN

Mo.-Fr. 14-19 Uhr, Sa./So. 10-20 Uhr
Gutsausschank (40 Personen)
Kulinarische Weinproben

Das Weingut wurde 1997 von Volker Frölich und Sandra Hake, heute Frölich, gegründet. Er ist Weinbautechniker, sie Diplom-Journalistin, war 1993 Deutsche Weinkönigin. In den Jahren 1997 und 1998 pflanzten sie 6 Hektar Reben neu. Ihre Weinberge liegen im Naumburger Steinmeister (Teillage Streubers Hang, Muschelkalkböden mit hohem Steinanteil, Teillage Leihdenberg mit Böden aus rotem Ton), im Schönburger Fachberg (Buntsandsteinverwitterung), in der Bad Kösener Schöne Aussicht (Lösslehmauflage auf Muschelkalk), sowie in den Freyburger Lagen Mühlberg (Muschelkalk) und Edelacker (Terrassenweinberg, Muschelkalkboden mit hohem Steinanteil). Sie bauen zu 89 Prozent weiße Rebsorten an, wichtigste Rebsorte ist Weißburgunder, es folgen Silvaner, Grauburgunder, Kerner, Müller-Thurgau, Riesling und Scheurebe. Hinzu kommen Dornfelder, etwas Cabernet Dorsa, Portugieser und Spätburgunder. Alle Weine werden im Edelstahl ausgebaut. Seit 2005 ist dem Weingut ein Gutsausschank angeschlossen.

Kollektion

Auch mit ihrer neuen Kollektion bestätigen Volker und Sandra Frölich einmal mehr, dass ihr Weingut zu den absoluten Spitzenbetrieben in den ostdeutschen Anbaugebieten gehört. Hier enttäuscht kein Wein, die Basis stimmt, das zeigen die frische, cassisduftige Scheurebe, der würzige, lebhafte Gutsriesling oder die klare, zupackende weiße Cuvée Momente, die jeweils zur Hälfte aus Müller-Thurgau und Silvaner besteht. Der Muschelkalk-Riesling ist konzentriert und kraftvoll, etwas süßer als sein Kollege vom roten Ton, der würzig und eindringlich ist, dezent mineralisch. Unsere Favoriten im weißen Teil der Kollektion sind die beiden Grauburgunder. Der Wein aus dem Steinmeister zeigt rauchige Noten, gelbe Früchte, besitzt Kraft, gute Struktur und Substanz. Sein Kollege aus dem Edelacker ist noch etwas kraft- und druckvoller, besitzt reife Frucht und viel Substanz. In blendender Form präsentiert sich auch der 2013er Spätburgunder aus dem Rappental, er besitzt reintönige Frucht, gute Struktur, Substanz und Biss.

Weinbewertung

83 2016 Scheurebe trocken **12 %/8,50 €**
83 2016 Riesling trocken **12 %/8,50 €**
83 2016 „Momente" Weißwein trocken **12,5 %/8,50 €**
84 2016 Riesling trocken „Muschelkalk" **12 %/9,50 €**
84 2015 Riesling trocken „Roter Ton" **12,5 %/9,50 €**
85 2016 Grauburgunder trocken Naumburger Steinmeister **13,5 %/12,- €**
87 2016 Grauburgunder trocken Freyburger Edelacker **14 %/12,- €**
82 2016 Silvaner halbtrocken **12 %/7,50 €**
88 2013 Spätburgunder trocken „Breitengrad 51" Dorndorfer Rappental **13 %/23,- €**

Rudolf Fürst

★★★★★

KONTAKT

Hohenlindenweg 46
63927 Bürgstadt
Tel. 09371-8642
Fax: 09371-69230
www.weingut-rudolf-fuerst.de
info@weingut-rudolf-fuerst.de

Inhaber
Paul & Sebastian Fürst GbR
Rebfläche
20 Hektar
Produktion
120.000 Flaschen

BESUCHSZEITEN

Mo.-Fr. 9-12 + 14-18 Uhr,
Sa. 10-15 Uhr nach Anmeldung

Monika und Paul Fürst errichteten 1979 ihr Gutsgebäude in den Weinbergen am Centgrafenberg. Sie besitzen neben Weinbergen im Centgrafenberg und im Hundsrück in Bürgstadt auch 4 Hektar im Volkacher Karthäuser. Allein ihnen ist es zu verdanken, dass der Centgrafenberg in Bürgstadt allen Weinkennern in Deutschland ein Begriff ist. Im vergangenen Jahrzehnt hat Paul Fürst, heute im Betrieb unterstützt von Sohn Sebastian, der sich vor allem um den Ausbau der Rotweine kümmert, ein Projekt gestartet im Klingenberger Schlossberg. 2004 hat er seinen ersten Wein in Klingenberg gemacht, von den alten, vorhandenen Reben. 2008 war der erste Jahrgang als „Großes Gewächs", der Schlossberg-Spätburgunder ergänzt seither die Großen Gewächse aus Centgrafenberg und „Hunsrück" (erstmals 2003 erzeugt), der inzwischen wieder „Hundsrück" heißen darf, nachdem die alte Einzellage wieder anerkannt und in ihrer ursprünglichen Schreibweise in die Lagenrolle eingetragen wurde. Spätburgunder ist ihre wichtigste Rebsorte, dann folgen Riesling, Weißburgunder, Silvaner, Frühburgunder und Chardonnay. Das weiße Segment ist gegliedert in die „pur mineral" genannten Gutsweine, die Lagenweine vom Centgrafenberg, die inzwischen die neue Lagenbezeichnung Bürgstadter Berg tragen, sowie den Riesling Großes Gewächs aus dem Centgrafenberg; daneben gibt es den Chardonnay aus dem Karthäuser und den Weißburgunder R aus dem Centgrafenberg.

Kollektion

Auch 2016 ist das Einstiegsniveau bei den Weißweinen wieder sehr hoch, die beiden pur Mineral-Weine sind sehr gut, der Weißburgunder ist klar, harmonisch, kraftvoll, besitzt gute Struktur und Substanz, der Riesling ist geradlinig, zupackend, besitzt feine Frische, Frucht und Biss. Der Bürgstadter Riesling ist sehr ähnlich, geradlinig, zupackend, ein klein wenig druckvoller, besitzt Säure und Biss. Eine deutliche Steigerung bringt der Riesling Bürgstadter Berg, der mehr Substanz besitzt, noch kraft- und druckvoller, jugendlich und nachhaltig ist. Und das Große Gewächs bringt hinsichtlich Spannung und Druck eine weitere Steigerung, ist intensiv, kraftvoll, besitzt gute Struktur, reintönige Frucht, Frische und Grip. Der Weißburgunder R aus dem Centgrafenberg zeigt reife, herrlich reintönige Frucht im Bouquet, ist frisch, klar und präzise im Mund, herrlich reintönig, wurde aber wie schon im Vorjahr kontrovers diskutiert, war manchem Verkoster nicht expressiv und üppig genug. Beim Chardonnay aber herrschte Einigkeit, dass der Fürst'sche Wein aus dem Karthäuser zu den großen Chardonnay in Deutschland gehört. Er zeigt rauchige Noten, viel reintönige reife Frucht, ist füllig, druckvoll, enorm präzise, besitzt viel Kraft und Substanz, ganz leicht salzige Noten – und hat viel Potenzial; der 2014er hat sich schön geöffnet und weiter an Komplexität gewonnen. Der Bürgstadter Spätburgunder ist frisch, klar, geradlinig, besitzt reintönige Frucht, der Klingenberger Spätburgunder besticht mit Frische und Reintönigkeit, ist lebhaft, klar und zupackend. Der Frühburgunder Bürgstadter Berg ist rauchig, würzig, besitzt reife Frucht und eine ganz dezente Bitternote, der Frühburgunder vom Centgrafenberg ist ähnlich, etwas konzentrierter und fülliger, ohne aber in puncto Frische und Spannung an seine Vorgänger heranzureichen. Wunderschön reintönig und frisch ist der Spätburgunder Bürgstadter Berg, besitzt viel Frucht, gute Struktur, Kraft und Länge. Bei den drei Großen Gewächsen gefallen uns im Jahrgang 2015 die Bürgstadter Spätburgunder klar besser als der Klingenberger Schlossberg, alle drei zeigen merklich Toast und teils etwas röstige Noten im Bouquet. Der Schlossberg zeigt gute Konzentration, intensive Frucht, deutlich Toast, ist frisch und reintönig im Mund, lebhaft, zupackend, besitzt gute Struktur und Frische. Der Centgrafenberg zeigt feine rauchige Noten, etwas Gewürze, merklich Holz, besitzt viel Fülle und Saft, reife Frucht, Substanz und Länge – ein überraschend fülliger Centgrafenberg. Der Hundsrück zeigt intensive Frucht im Bouquet, gute Konzentration, rote Früchte, besitzt viel Frische und Präzision im Mund, ist zupackend, nachhaltig, jugendlich, hat Potenzial.

F

Weinbewertung

88	2016 Weißer Burgunder „pur mineral" **12,5 %/13,50 €**
87	2016 Riesling „pur mineral" **11,5 %/11,- €**
88	2016 Riesling Bürgstadter **11,5 %/15,- €**
90	2016 Riesling Bürgstadter Berg **12 %/18,- €**
92	2016 Riesling „GG" Centgrafenberg **12,5 %/38,- €**
91	2015 Weißer Burgunder „R" Centgrafenberg **13 %/39,- €**
93	2014 Chardonnay Karthäuser **13,5 %**
93	2015 Chardonnay Karthäuser **13,5 %/34,- €**
87	2015 Spätburgunder Bürgstadter **13 %/19,50 €**
88	2015 Frühburgunder Bürgstadter Berg **13,5 %/25,- €**
89	2015 Spätburgunder Klingenberger **13,5 %/27,- €**
91	2015 Spätburgunder Bürgstadter Berg **13,5 %/27,- €**
90	2015 Frühburgunder „R" Centgrafenberg **13,5 %/57,- €**
93	2015 Spätburgunder „GG" Centgrafenberg **13,5 %/49,- €**
91	2015 Spätburgunder „GG" Schlossberg **13,5 %/67,- €**
93	2015 Spätburgunder „GG" Hundsrück **13,5 %/108,- €**

LAGEN

CENTGRAFENBERG (BÜRGSTADT)
HUNDSRÜCK (BÜRGSTADT)
SCHLOSSBERG (KLINGENBERG)
KARTHÄUSER (VOLKACH)

REBSORTEN

SPÄTBURGUNDER (44 %)
RIESLING (18 %)
WEISSBURGUNDER (10 %)
FRÜHBURGUNDER (10 %)
CHARDONNAY (10 %)
SILVANER (8 %)

F

Full

★☆

N

KONTAKT

Hauptstraße 21
67591 Mölsheim
Tel. 06243-7866
www.christopher-full.de
kontakt@christopher-full.de

Inhaber
Thomas Full
Rebfläche
13,5 Hektar
Produktion
50.000 Flaschen

BESUCHSZEITEN

Mo.-Sa. 9-18 Uhr

FULL

1340

Das Weingut Full ist ein Familienbetrieb im rheinhessischen Teil des Zellertals. Die Weinberge liegen in den Mölsheimer Lagen Zellerweg am Schwarzen Herrgott und Silberberg, in den Hohen-Sülzer Lagen Kirchenstück und Sonnenberg, im Nieder-Flörsheimer Frauenberg und im Monsheimer Silberberg. Der Rebsortenspiegel ist umfangreich: Riesling, Müller-Thurgau, Dornfelder, Grau- und Weißburgunder stehen derzeit auf den vorderen Plätzen, es folgen Scheurebe, Spätburgunder, Portugieser und Sankt Laurent. Der Betrieb wird von Thomas Full geführt; Sohn Christopher hat eine eigene Wein-Linie begonnen, die von den „Full of Joy" genannten Basisweinen bis hin zu Lagenweinen aus Zellertal am Schwarzen Herrgott (Riesling, Spätburgunder) und Frauenberg (Portugieser) reicht.

Kollektion

Ein ful(l)minantes Debüt: Die Weine sind sehr eigenständig und zeigen eine klare Handschrift. Die „Full of Joy"-Weine sind klar und geradlinig, fruchtbetont und zupackend. Noch spannender wird es im Mittelsegment mit Weinen, die eine Geschichte erzählen sollen, laut Christopher Full. Die im Barrique ausgebaute Scheurebe beispielsweise, mit der alles begann, sie ist konzentriert, füllig, kraftvoll, besitzt Struktur und Druck. Oder der Orange-Grauburgunder, der stoffig und kompakt ist, sehr verhalten und verschlossen, geradlinig und klar. Fruchtbetont und zupackend ist der 2015er Riesling vom Zellerweg am Schwarzen Herrgott, strukturiert. Der 2016er ist fülliger und saftiger, könnte bei etwas weniger Restzucker sicher noch mehr Druck und Nachhall aufbauen. Der Frauenberg-Portugieser ist klar, lebhaft und zupackend, spannender noch ist der Spätburgunder, gekonnt vinifiziert, sehr puristisch, reintönig, strukturiert, zupackend: So gefällt uns das. Im Auge behalten!

Weinbewertung

82	2016 Müller-Thurgau trocken „Full of Joy" **12 %/6,- €**
83	2016 Riesling trocken „Full of Joy" **12 %/6,50 €**
81	2016 Spätburgunder „Blanc de Noir" trocken „Beautifull" **12 %/9,50 €**
85	2016 Scheurebe trocken „Fumé" „Wonderfull" **13 %/11,- €**
85	2015 Riesling trocken „Fullminant" Z. am Schwarzen Herrgott **13 %/14,- €**
87	2016 Riesling trocken Zellerweg am Schwarzen Herrgott **12 %/16,- €**
86	2015 Grauburgunder „Maischegärung" „Ragefull" **13 %/12,- €**
83	2016 Riesling Kabinett „Full of Joy" **9,5 %/7,- €**
83	2016 „Full of Joy" Rotwein **12,5 %/7,50 €**
85	2015 Portugieser trocken Frauenberg **12,5 %/16,- €**
87	2015 Spätburgunder trocken Zellerweg am Schwarzen Herrgott **13,5 %/17,- €**

FRITZ FUNK

★★★☆

KONTAKT

Friedhofstraße 25
74369 Löchgau
Tel. 07143-7666
Fax: 07143-24873
www.weinbau-fritz-funk.de
info@weinbau-fritz-funk.de

Inhaber
Fritz Funk
Rebfläche
2,2 Hektar
Produktion
18.000 Flaschen

BESUCHSZEITEN

nach Vereinbarung
Besenwirtschaft (2 x im Jahr für 4 Wochen geöffnet, Jan./Febr. und Sept.)

Das Weingut Funk ist ein kleiner Betrieb in Löchgau, der bis 1987 seine Trauben an die Felsengartenkellerei Besigheim abgeliefert hatte. Die Weinberge von Fritz Funk liegen alle in der Gemeinde Löchgau, wo die Reben auf Keuper- und Muschelkalkböden wachsen. Riesling, Lemberger, Schwarzriesling, Trollinger und Spätburgunder sind die wichtigsten Rebsorten, dazu gibt es ein klein wenig Dornfelder, sowie die zuletzt angelegten Sorten Cabernet Dorio, Zweigelt und Kerner, 2007 hatte Fritz Funk in seiner Toplage den Trollinger gerodet und Syrah gepflanzt, 2009 brachte er den ersten Ertrag, der für ein Barrique reichte, 2012 brachte Weißburgunder den ersten Ertrag. Alle Weine werden durchgegoren und kompromisslos trocken ausgebaut.

Kollektion

Die neue Kollektion ist gewohnt stark, auch 2016 trumpft Fritz Funk wieder mit einem feinen Literwein auf, der Riesling ist klar und fruchtbetont, die trockene Auslese besitzt Fülle, Kraft und Substanz, der Blanc de Noir ist klar und geradlinig. In der Spitze etwas stärker sind wie gewohnt die Rotweine, wobei auch im roten Segment die Basis stimmt, wie der wunderschön reintönige Trollinger beweist. Der Holzfass-Lemberger ist ebenfalls reintönig, fruchtbetont, die Barrique-Variante besitzt dazu Fülle und Kraft. Die rote Cuvée, je zur Hälfte Lemberger und Spätburgunder, zeigt intensive Frucht, ist kraftvoll und tanninbetont. Der Pinot Meunier ist faszinierend reintönig, besitzt gute Struktur und Frische, der Cabernet Dorio zeigt intensive Frucht im Bouquet, rote Früchte, etwas pfeffrige Noten, besitzt gute Struktur und feine Tannine. Der fruchtbetonte, leicht florale Spätburgunder ist klar und zupackend, besitzt gute Struktur und reife Frucht, der Syrah ist etwas schlanker als seine Vorgänger, reintönig, floral, geradlinig.

Weinbewertung

83 2016 Riesling trocken (1l) **12 %/5,50 €**
85 2016 Pinot Meunier „Blanc de Noir" Spätlese trocken „Klara" **12,5 %/8,50 €**
87 2015 Riesling Auslese trocken **13,5 %/8,50 €** ☺
85 2016 Trollinger Steillage trocken Holzfass **12 %/5,20 €** ☺
86 2015 Schwarzriesling Auslese trocken Holzfass **13,5 %/7,50 €**
85 2015 Lemberger Spätlese trocken Holzfass **13 %/7,50 €**
88 2014 „Duett in Rot" Rotwein trocken Barrique **13 %/14,- €**
89 2014 Lemberger trocken Barrique **13 %/15,- €**
89 2014 Pinot Meunier Spätlese trocken Barrique **12,5 %/14,- €**
88 2014 Cabernet Dorio Auslese trocken Barrique **13 %/16,- €**
89 2014 Spätburgunder Spätlese trocken Barrique **13 %/14,- €**
89 2014 Syrah Spätlese trocken Barrique **13 %/22,- €**

FUSSER

★★☆

F

KONTAKT

Weingut Martin & Georg Fußer
Friedhofstraße 7
67150 Niederkirchen
Tel. 06326-259782
Fax: 06326-259782
www.mfg-wein.de
info@mfg-wein.de

Inhaber
Martin & Georg Fußer
Rebfläche
12,5 Hektar
Produktion
50.000 Flaschen

BESUCHSZEITEN

nach Vereinbarung

Die Brüder Martin und Georg Fußer entschlossen sich während des Weinbaustudiums in Geisenheim, einige Weinberge aus dem elterlichen Betrieb auszugliedern, um sie nach eigener Idee und Philosophie zu kultivieren. Begonnen haben die Brüder im Jahr 2006 mit den Rebsorten Riesling, Weißburgunder, Muskateller und Spätburgunder, 2010 wurde das Sortiment um Sauvignon Blanc ergänzt. 2011 erfolgte die Umstellung auf ökologischen Weinbau. Martin Fußer, Jahrgang 1983, machte 2008 seinen Abschluss in Geisenheim, das Praxissemester absolvierte er bei Bassermann-Jordan, Überseeerfahrung sammelte er in Südafrika. Georg Fußer, Jahrgang 1985, sammelte Auslandserfahrungen in Australien und bei der Kellerei Tramin in Südtirol. Der Abschluss des Studiums in Geisenheim erfolgte 2009, das Praxissemester absolvierte er bei Bernard Ott in Österreich.

Kollektion

In diesem Jahr hat die ganze Kollektion der Fußer-Brüder an Schliff und Präzision zugelegt, alle Weine sind konsequent trocken ausgebaut und ganz reintönig. Das gilt schon für die beiden präsenten Gutsweine, der Riesling zeigt neben Zitrusnoten und Kräutern auch etwas Tabak, der Weißburgunder ist geradlinig mit floralen Noten und feinem Grip. Stark sind die Ortsweine, der Weißburgunder zeigt dezente Holzwürze, ist animierend, schlank und lang, unter den Rieslingen besitzt der Ruppertsberger feinen Säure-Biss und zeigt etwas mehr Frucht mit Noten von Orangenschale und Ananas als der Deidesheimer, der etwas straffer ist, gute Länge und Zug besitzt, der Sauvignon Blanc ist sehr elegant und harmonisch mit etwas Tabakwürze. Die beiden 2015er Lagen-Rieslinge zeigen leichte Reifennoten von Mürbegebäck und Quitten, sind komplex, konzentriert und nachhaltig, der Leinhöhle-Riesling besitzt etwas mehr Grip und Länge als der Reiterpfad. Und der Mäushöhle-Spätburgunder ist der bislang überzeugendste Rotwein der Fußers, er zeigt dezentes Holz, besitzt kühle Frucht und ist schlank und elegant. —

Weinbewertung

83	2016 Weißburgunder trocken **12 %/7,50 €**
83	2016 Riesling trocken **12,5 %/7,50 €**
87	2016 Sauvignon Blanc trocken Ruppertsberger **12,5 %/10,- €**
87	2016 Weißburgunder trocken Deidesheimer **12,5 %/10,- €**
86	2016 Riesling trocken Deidesheimer **12,5 %/9,50 €**
87	2016 Riesling trocken Ruppertsberger **12,5 %/11,- €**
88	2015 Riesling trocken „No. 1" Reiterpfad Ruppertsberg **13 %/22,- €**
89	2015 Riesling trocken „No. 1" Leinhöhle Deidesheim **13 %/22,- €**
84	2015 Spätburgunder trocken Deidesheimer **13 %/12,- €**
88	2014 Spätburgunder trocken „No. 1" Mäushöhle Diedesheim **12,5 %/25,- €**

GABEL

★★★

KONTAKT

Weinstraße 45
67273 Herxheim am Berg
Tel. 06353-7462
Fax: 06353-91019
wein@weingut-gabel.de
www.weingut-gabel.de

Inhaber
Oliver & Wolfgang Gabel
Rebfläche
21 Hektar
Produktion
100.000 Flaschen

BESUCHSZEITEN

Mo.-Fr. 10-12 + 13-17 Uhr,
Sa. 9-12 Uhr

Caspar Gabel ließ sich 1655 als Küfer in der Pfalz nieder und begründete das Weingut, das bis heute im Familienbesitz ist. Seit 2014 ist Oliver Gabel in der 13. Generation für den heimischen Keller verantwortlich. Er führt das Gut gemeinsam mit den Eltern Wolfgang und Rianne, nachdem er Weinbau und Önologie in Neustadt an der Weinstraße studiert und Erfahrungen in Baden, Bordeaux, Burgund und Südafrika gesammelt hat. Das Sortiment ist gegliedert in Gutsweine, Traditionsweine, die in teilweise über 100 Jahre alten Holzfässern ausgebaut werden und Lagenweine, die im großen oder kleinen Holz spontan vergoren werden.

Kollektion

Schon die Gutsweine, weiß wie rot, befinden sich bei den Gabels auf einem guten Niveau, zeigen viel klare Frucht, sind frisch und animierend, am besten gefallen uns in diesem Segment der schlanke, gelbfruchtige Sauvignon Blanc und der kühle, kräutrige Spätburgunder. Die Weine der Traditionslinie sind eindringlicher und konzentrierter, der Weißburgunder ist elegant, der Lagrein zeigt dunkle Frucht und besitzt gute Struktur, der Spätburgunder besitzt kühle Frucht und ein feines Säure-Spiel. Unter den Lagenweinen ist der Blaufränkisch neu im Sortiment, er zeigt rote und dunkle Frucht, ist würzig, elegant und lang, der Goldberg-Riesling ist ebenfalls elegant, ein geradliniger, feiner, „leiser" Wein mit etwas steinigen Noten und animierender Zitruswürze. Die beiden Spätburgunder aus dem Honigsack zeigen feine Röstnoten und besitzen ein reifes, aber noch ganz jugendliches Tanningerüst, die „normale" Version zeigt Noten von Cassis und Himbeeren, ist elegant und gut strukturiert, der „R", der erst im September 2020 in den Verkauf kommen wird, ist noch etwas komplexer und filigraner, besitzt feine, kühle Frucht und nachhaltige kräutrige Würze. ━

Weinbewertung

85 2016 Sauvignon Blanc trocken **12 %/7,5 0€**
84 2016 Weißburgunder trocken **12 %/7,50 €**
84 2016 Riesling trocken **12 %/7,50 €**
87 2016 Weißburgunder trocken „Tradition" **12,5 %/12,- €**
89 2016 Weißburgunder trocken Bissersheimer Steig **13 %/16,- €**
88 2016 Riesling trocken Bissersheimer Goldberg **13 %/16,- €**
87 2015 Lagrein trocken „Tradition" **13 %/12,50 €**
88 2015 Blaufränkisch trocken Bissersheimer Held **13 %/19,50 €**
85 2015 Spätburgunder trocken **13 %/9,- €**
87 2015 Spätburgunder trocken „Tradition" **13 %/14,50 €**
89 2015 Spätburgunder trocken Herxheimer Honigsack **13 %/19,50 €**
90 2015 Spätburgunder „R" Herxheimer Honigsack **13 %/a.A./ab 09/2020**

GABELMANN

★☆

KONTAKT

Schulstraße 11
55585 Niederhausen
Tel. 06750-8004070
www.weingutgabelmann.de
kontakt@weingutgabelmann.de

Inhaber
Sebastian Gabelmann
Rebfläche
4,3 Hektar
Produktion
15.000 Flaschen

BESUCHSZEITEN

nach Vereinbarung

Sebastian Gabelmann, zum Winzer ausgebildet bei Schick in Rheinhessen und Dönnhoff an der Nahe, konnte mit seiner Freundin Nathalie Schwartz, gelernte Werbe- und Produktfotografin, das ehemalige Weingut Germann in Niederhausen übernehmen. Die ersten eigenen Weine wurden 2014 erzeugt, unterstützt wird Gabelmann von seinem Vater Kurt, der zehn Jahre lang Betriebsleiter bei der ehemaligen staatlichen Domäne Niederhausen-Schlossböckelheim war und 2004 zum Rheingauer Weingut Graf von Kanitz wechselte. Die bislang knapp vier Hektar Rebfläche liegen zu 90 Prozent in Steillagen, in Niederhausen in den Lagen Rosenheck und Rosenberg, im Duchrother Feuerberg, im Waldböckelheimer Mühlberg und im Schlossböckelheimer Heimberg. Auf 80 Prozent der Fläche stehen Rieslingreben, dazu kommen Weiß-, Grau- und Spätburgunder, Silvaner, Chardonnay und Scheurebe. Das Sortiment ist in Guts-, Orts- und Lagenweine gegliedert.

Kollektion

Bei Sebastian Gabelmanns 2016er Weinen, dem zweiten Jahrgang, den wir verkosten konnten, erkennen wir eine klare Linie bei den trockenen Rieslingen: Die Weine sind schlank und elegant und setzen mehr auf Würze und Mineralität als auf vordergründige Frucht, schon der Gutsriesling besitzt guten Grip, der Ortsriesling zeigt feine Tabakwürze, die drei Lagenrieslinge sind salzig und animierend. Der Feuerberg zeigt die deutlichste Frucht mit Noten von Aprikosen und Zitrusfrüchten, die Weine von Rosenheck und Rosenberg sind noch etwas fokussierter, präziser, eleganter und nachhaltiger. Die beiden fruchtsüßen Rieslinge zeigen viel klare Frucht und etwas mineralische Noten, sind aber nicht sehr nachhaltig, der Grauburgunder vom Mühlberg besitzt gute Substanz und feinen Schmelz, ist elegant, momentan aber noch sehr vom Holz geprägt.

Weinbewertung

82	2016 Weißburgunder trocken **12 %/6,70 €**
82	2016 Chardonnay trocken **12 %/6,70 €**
83	2016 Riesling trocken **12 %/6,90 €**
83	2016 Weißburgunder trocken Waldböckelheimer **12,5 %/7,60 €**
84	2016 Riesling trocken Schloßböckelheimer **11,5 %/7,80 €**
85	2016 Grauburgunder trocken Waldböckelheim Mühlberg **12,5 %/13,70 €**
86	2016 Riesling trocken Duchroth Feuerberg **12,5 %/9,90 €**
87	2016 Riesling trocken Niederhausen Rosenberg **12 %/10,90 €**
87	2016 Riesling trocken Niederhausen Rosenheck **12 %/11,20 €**
83	2016 Riesling Kabinett Waldböckelheim Mühlberg **8,5 %/7,90 €**
85	2016 Riesling Spätlese Waldböckelheim Mühlberg **8,5 %/10,90 €**
79	2016 Spätburgunder Weißherbst „feinherb" **12 %/6,90 €**

A. Gänz

★

N

KONTAKT

BioWeingut A. Gänz
Bosenheimer Straße 46
55546 Hackenheim
Tel. 0671-8963453
Fax: 0671-8963455
www.gaenz.bio
info@gaenz.com

Inhaber
Albert Gänz
Kellermeister
Peter Gänz
Rebfläche
10,5 Hektar
Produktion
70.000 Flaschen

BESUCHSZEITEN

8-18 Uhr
Bio-Hotel

Seit über 250 Jahren betreibt die Familie Acker- und Weinbau in Hackenheim, das ganz im Westen Rheinhessens liegt, unmittelbar an der Grenze zum Anbaugebiet Nahe. Seit Ende der achtziger Jahre wird auf den Einsatz von Mineraldünger und Herbiziden verzichtet, seit 1997 ist der Betrieb biologisch zertifiziert, man ist Mitglied bei Bioland. Im Jahr 2000 wurde der neue Biohof in den Weinbergen von Hackenheim errichtet, zu dem auch ein Bio-Hotel gehört. Seit 2001 ist Peter Gänz für den Weinausbau verantwortlich. Die Weinberge liegen in den Hackenheimer Lagen Kirchberg (Tonmergelböden, die von Porphyrfelsen durchzogen sind) und Sonnenberg (Lössböden), sowie im Kreuznacher Rosenberg (karge Böden mit feinem Kies), der zum Anbaugebiet Nahe gehört. Zwei Drittel der Weinberge nehmen weiße Rebsorten ein, vor allem Riesling, Grauburgunder, Sauvignon Blanc, Silvaner und Gewürztraminer. An roten Sorten werden Spätburgunder, Dornfelder und Regent angebaut.

Kollektion

Eine stimmige, starke Kollektion präsentiert die Familie Gänz zum Debüt. Schon die Basis überzeugt. Der Gutsriesling ist fruchtbetont und würzig, zeigt feine Zitrusnoten, der Grauburgunder ist geradlinig und fruchtbetont, besitzt gute Struktur und Biss. Der Sauvignon Blanc zeigt eindringlich florale Noten, wird im Mund von deutlicher Süße dominiert, die man auch beim Silvaner vom Tonmergel wieder findet. Deutlich spannender finden wir den Riesling vom Tonmergel, der gute Konzentration und reife Frucht im Bouquet zeigt, etwas Zitrus, Fülle und Kraft besitzt, reife Frucht, gute Struktur und Frische. Noch ein wenig besser gefällt uns die Gewürztraminer Auslese: Gute Konzentration, etwas Litschi und süße Aprikosen im Bouquet, konzentriert und klar im Mund, viel Fülle, Frucht und Substanz. Der im Holz ausgebaute Spätburgunder zeigt feine Würze, rote Früchte, ist kraftvoll, klar und zupackend im Mund, besitzt gute Struktur und kräftige Tannine.

Weinbewertung

82	2016 Riesling trocken (Nahe) **12,5 %/6,50 €**
83	2016 Grauburgunder trocken **12,5 %/6,80 €**
82	2015 Grüner Sylvaner trocken „vom Tonmergel" Hackenh. Kirchberg **12 %/8,- €**
80	2016 Spätburgunder „Blanc de Noir" trocken Hackenh. Sonnenberg **12 %/8,- €**
85	2016 Riesling trocken „vom Tonmergel" Hackenheimer Kirchberg **12 %/8,- €**
83	2016 Sauvignon Blanc trocken Hackenheimer Kirchberg **12 %/9,- €**
86	2016 Gewürztraminer Auslese Hackenheimer Kirchberg **9,5 %/12,- €/0,5l**
83	2013 Spätburgunder „Noir" trocken Hackenheimer Sonnenberg **13 %/8,- €**

KLAUS GALLÉ

★★

KONTAKT

Langgasse 69
55237 Flonheim
Tel. 06734-8961
Fax: 06734-6676
www.weingut-galle.de
info@weingut-galle.de

G

Inhaber
Klaus & Ortrud Gallé
Rebfläche
13 Hektar
Produktion
60.000 Flaschen

BESUCHSZEITEN

nach Vereinbarung

Klaus und Ortrud Gallé kauften 1995 ein damals 5 Hektar großes Weingut in Flonheim und erweiterten es nach und nach auf die heutige Fläche. Ihre Weinberge liegen in der Uffhofener Lage La Roche, in den Flonheimer Lagen Rotenpfad, Klostergarten und Bingerberg, im Erbes-Büdesheimer Vogelsang, sowie in Badenheim, Pleitersheim und Wöllstein. An roten Sorten, 30 Prozent der Rebfläche, gibt es Spätburgunder, Cabernet Sauvignon, Dornfelder, Portugieser, Dunkelfelder und St. Laurent. Beim Weißwein überwiegen Riesling und die Burgundersorten, hinzu kommen Sauvignon Blanc, aber auch Silvaner und Chardonnay. Nur die Spitzenweine aus La Roche, Bingerberg und Rotenpfad tragen den Lagennamen auf dem Etikett, die weißen Lagenweine werden im 500 Liter-Holzfass ausgebaut, die roten im Barrique. Sohn Jonathan, nach Stationen bei Hirschhof, Thörle und Knipser, hat mit dem 2015er Rotenpfad-Silvaner seinen ersten eigenen Wein kreiert.

Kollektion

Ein starker Sekt eröffnet in diesem Jahr den Reigen, er ist frisch und klar, harmonisch und druckvoll. Die Gutsweine überzeugen, zeigen gleichmäßiges Niveau, unsere leichte Präferenz gilt dem zupackenden Riesling. Die Weine der Identität-Linie sind noch etwas kraftvoller, kompakter, sie besitzen gute Struktur und Substanz, auch hier gilt unsere leichte Präferenz dem Riesling, der gute Struktur und reintönige Frucht besitzt. Noch spannender ist der eindringliche La Roche-Riesling mit seinen feinen Zitrusnoten, er besitzt Fülle, Kraft und viel Substanz, ist noch allzu jugendlich. Die beiden Lagen-Rotweine stehen ihm nicht nach: Der Portugieser beeindruckt mit intensiver Frucht und viel Konzentration, der Spätburgunder besitzt intensive, reintönige Frucht. Starke, stimmige Kollektion!

Weinbewertung

86 2013 Chardonnay Sekt brut **12 %/9,80 €**
83 2016 Riesling trocken **12,5 %/6,80 €**
82 2016 Grauer Burgunder trocken **12,5 %/6,80 €**
82 2016 Chardonnay trocken **13 %/6,80 €**
84 2016 Sauvignon Blanc trocken „Identität" **13 %/8,50 €**
85 2016 Riesling trocken „Identität" **13 %/7,80 €**
84 2016 Weißer Burgunder trocken „Identität" **13 %/8,50 €**
84 2016 Grauer Burgunder trocken „Identität" **13 %/7,80 €**
87 2016 Riesling „N 1" trocken „Jonathan Gallé" Uffhofener La Roche **13 %/13,- €**
84 2013 Spätburgunder trocken Holzfass „Identität" **13,5 %/9,80 €**
88 2013 Portugieser trocken Flonheimer Rotenpfad **13,5 %/21,- €**
87 2015 Spätburgunder trocken Uffhofener La Roche **13 %/24,- €**

GALLUSHOF

★

KONTAKT

Am Kenzelberg 16
79331 Teningen-Heimbach
Tel. 0761-51242
www.bioweingut-gallushof.com
gallushof@web.de

Inhaber
Johannes Gallus Hügle
Rebfläche
8,5 Hektar
Produktion
45.000 Flaschen

BESUCHSZEITEN

nach Vereinbarung

Seit Generationen baut die Familie Wein in den Hügeln bei Heimbach an. 1976 wurde der neue Hof erbaut, der nach dem irischen Mönch Gallus benannt wurde, der im 6. Jahrhundert den alemannischen Raum missionierte. 1986 begannen Norbert und Gerda Hügle mit der Selbstvermarktung, 1991 stellten sie den kompletten Betrieb auf biologische Bewirtschaftung um. 2004 hat ihr Sohn Johannes das Gut übernommen, er bewirtschaftet inzwischen die Reben nach biodynamischen Richtlinien, ist Mitglied bei Ecovin und Demeter. Spätburgunder nimmt gut ein Drittel der Rebfläche ein, Müller-Thurgau ein Viertel. Dazu gibt es Grauburgunder, Kerner, Riesling und Chardonnay sowie die pilzwiderstandsfähigen Sorten Regent und Cabernet Carol. Die Weißweine werden mit Reinzuchthefen vergoren, durchlaufen je nach Jahrgang die malolaktische Gärung. Die Rotweine werden mit den traubeneigenen Hefen auf der Maische vergoren, alle machen den biologischen Säureabbau.

Kollektion

Weine mit Ecken und Kanten präsentiert Johannes Gallus Hügle zum Debüt. Der Weißburgunder ist frisch, klar und geradlinig, recht süß, der Muschelkalk-Weißburgunder ist deutlich fülliger und saftiger, weniger süß, aber merklich alkoholisch. Der geradlinige, frische Grauburgunder ist etwas verhaltener, der Muschelkalk-Chardonnay harmonisch und süffig. Der barriqueausgebaute Chardonnay zeigt feine Würze und dezent Vanille, ist kraftvoll und zupackend bei guter Struktur. Der rotfruchtige Rosé besitzt feine Süße und Biss, der 2014er Spätburgunder ist geradlinig und zupackend. Feine Reife zeigt der Spätburgunder von alten Reben, rote Früchte, ist klar und zupackend. An der Spitze der Kollektion steht der im Barrique ausgebaute Spätburgunder des Jahrgangs 2011, der gute Konzentration zeigt, rauchige Noten, feine Reife, Fülle und Kraft besitzt, recht kompakt ist bei reifer süßer Frucht.

Weinbewertung

82 2016 Weißburgunder trocken **13,5 %/7,80 €**
84 2015 Weißburgunder trocken „Muschelkalk" **14,5 %/9,40 €**
82 2015 Grauburgunder „Muschelkalk" **13,5 %/9,40 €**
82 2016 Chardonnay trocken „Muschelkalk" **13,5 %/9,80 €**
84 2014 Chardonnay trocken „Johannes Gallus" **12,5 %/16,80 €**
83 2016 Rosé trocken **13 %/7,50 €**
82 2014 Spätburgunder trocken „Der Rote Hahn" **13 %/7,60 €**
84 2012 Spätburgunder trocken „Muschelkalk Alte Rebe" **13 %/9,80 €**
86 2011 Spätburgunder trocken Barrique „Johannes Gallus" **13,5 %/21,50 €**

GAUFER

★

KONTAKT

Mariannenstraße 24
74653 Ingelfingen
Tel. 07940-57373
Fax: 07940-55069
www.weingut-gaufer.de
info@weingut-gaufer.de

Inhaber
Susanne & Peter Schmezer
Rebfläche
10 Hektar
Produktion
40.000 Flaschen

BESUCHSZEITEN

Mi.-Fr. 17-19 Uhr, Sa. 9-14 Uhr
oder nach Vereinbarung

1991, mit damals 5 Hektar Reben, übernahm Susanne Schmezer zusammen mit ihrem Ehemann Peter Schmezer die Weinberge ihrer Eltern Karl und Erika Gaufer und stellte den Genossenschaftsbetrieb auf Selbstvermarktung um, die Flächen der Familie Schmezer verblieben bei der Genossenschaft. Inzwischen hat sich die Rebfläche verdoppelt, alle Weinberge liegen im Kochertal, in der Ingelfinger Lage Hoher Berg sowie den beiden Niedernhaller Lagen Burgstall und Engweg. Hauptrebsorten sind Müller Thurgau, Riesling, Silvaner, Portugieser und Spätburgunder. Des Weiteren werden Dornfelder, Schwarzriesling, Trollinger, Lemberger, Zweigelt und Cabernet, Grauburgunder und Weißburgunder sowie neuerdings wieder Kerner angebaut. In den letzten Jahren wurde in Fassraum (Edelstahl, Barriques, Holzfässer), Keltertechnik und Gärsteuerung investiert. Die Weißweine werden kühl vergoren, die Rotweine werden mit Ausnahme der Literweine generell maischevergoren.

Kollektion

Den starken Eindruck zum Debüt im vergangenen Jahr bestätigen Susanne und Peter Schmelzer mit der neuen Kollektion. Das Einstiegsniveau ist gut wie der saftige Müller-Thurgau im Liter beweist. Im weißen Basis-Segment gefällt uns der süffige, reintönige Weißburgunder besonders gut. Im Top-Segment hat der Silvaner die Nase vorne: 2015 üppig und füllig, 2016 fruchtbetont und süffig. Die rote Spitze bilden der rauchig-würzige Lemberger, der intensiv-fruchtige Zweigelt und die kraftvolle, konzentrierte rote Cuvée.

Weinbewertung

81	2016 Müller-Thurgau trocken Ingelfinger Hoher Berg (1l)	**12,5 %/4,30 €**
82	2015 Silvaner trocken Niedernhaller Engweg	**13 %/6,20 €**
81	2016 Riesling trocken Ingelfinger Hoher Berg	**12 %/6,20 €**
84	2016 Weißburgunder trocken Ingelfinger Hoher Berg	**13 %/6,30 €**
82	2016 Grauburgunder trocken Ingelfinger Hoher Berg	**13 %/6,30 €**
85	2015 Silvaner trocken Ingelfinger Hoher Berg	**14 %/10,20 €**
84	2016 Silvaner trocken Ingelfinger Hoher Berg	**13 %/11,20 €**
82	2015 Riesling trocken Ingelfinger Hoher Berg	**13,5 %/10,80 €**
82	2016 Trollinger „Blanc de Noir" trocken Ingelfinger Hoher Berg	**12 %/5,40 €**
82	2015 Spätburgunder Rosé trocken Ingelfinger Hoher Berg	**13,5 %/6,20 €**
79	2015 Trollinger trocken Ingelfinger Hoher Berg (1l)	**13,5 %/4,80 €**
81	2015 Schwarzriesling trocken Ingelfinger Hoher Berg	**13,5 %/6,30 €**
85	2015 Blauer Zweigelt trocken Ingelfinger Hoher Berg	**12,5 %/10,20 €**
82	2015 Spätburgunder trocken Ingelfinger Hoher Berg	**12,5 %/10,80 €**
84	2015 Lemberger trocken Ingelfinger Hoher Berg	**14,5 %/14,90 €**
85	Rotwein Cuvée trocken Ingelfinger Hoher Berg	**13 %/11,80 €**

Karl-Heinz Gaul

★★☆

KONTAKT

Bärenbrunnenstraße 15
67269 Grünstadt-Sausenheim
Tel. 06359-84569
Fax: 06359-87498
www.weingut-gaul.de
info@weingut-gaul.de

Inhaber
Karoline & Dorothee Gaul
Rebfläche
20 Hektar
Produktion
130.000 Flaschen

BESUCHSZEITEN

Mo.-Fr. 8-12 + 13-18 Uhr,
Sa. 9-16 Uhr
Ferienwohnungen

2011 haben Karoline und Dorothee Gaul das Weingut von ihrem Vater übernommen. Die Weinberge liegen vor allem in Sausenheim und Asselheim, wo die Böden hauptsächlich von Kalkstein geprägt sind. Wichtigste Rebsorte ist Riesling. Dazu kommen Spätburgunder, Sankt Laurent und Schwarzriesling. Bei den weißen Sorten folgen Weiß- und Grauburgunder und Müller-Thurgau. Zuletzt hat Karl-Heinz Gaul auch Sorten wie Muskateller und Cabernet Cubin gepflanzt. Bereits seit Herbst 2008 waren die Töchter Karoline und Dorothee für die Weinberge verantwortlich und führten den Keller in eigener Regie. Beide haben in Top-Betrieben der Pfalz (Bassermann-Jordan, Mosbacher, Wehrheim) eine Winzerlehre absolviert, in Geisenheim studiert und konnten danach Auslandserfahrungen in Neuseeland, Österreich und Südtirol sammeln. Das Sortiment ist gegliedert in Guts-, Orts- und Lagenweine, das Top-Segment sind die „Zugpferd"-Weine.

Kollektion

Die drei „Zugpferd"-Weine sind es auch, die in diesem Jahr das Sortiment anführen, der Spätburgunder zeigt dunkle Frucht, Pflaume und Schwarzkirsche und etwas Mokka im Bouquet, ist kraftvoll mit guter Struktur, der Riesling ist geradlinig und konzentriert, zeigt komplexe gelbe Frucht mit Noten von Aprikose, Mango und Zitrusfrüchten und der Weißburgunder besitzt Kraft und gute Substanz, ist im Moment noch sehr deutlich vom Holz geprägt, das noch im Vordergrund steht. Auch die anderen Weine sind alle klar und reintönig, der Schlossberg ist ein sehr kraftvoller und stoffiger Riesling, der schon leichte Reifenoten zeigt und ein animierendes Säure-Spiel besitzt, der Muskateller ist schlank und frisch, der Gewürztraminer harmonisch mit sehr dezenter Süße, der Asselheimer Riesling zeigt kräutrige Würze, der Grauburgunder ist saftig und nussig.

Weinbewertung

82	2016 Riesling trocken **12,5 %/6,50 €**
84	2016 Grauer Burgunder trocken Sausenheimer **13 %/8,80 €**
85	2016 Riesling trocken Asselheimer **12,5 %/9,50 €**
87	2015 Weißer Burgunder trocken „i.G." „Zugpferd" Honigsack **14,5 %/19,50 €**
86	2015 Riesling trocken Neuleininger Schlossberg **14 %/13,- €**
86	2016 Riesling trocken Sausenheimer Hütt **13 %/12,50 €**
88	2016 Riesling trocken „i.d.R." „Zugpferd" Sausenheimer Hütt **13 %/19,50 €**
84	2016 Gewürztraminer Sausenheimer **12 %/9,- €**
84	2016 Gelber Muskateller Sausenheimer **11,5 %/9,50 €**
83	2015 St. Laurent trocken Sausenheimer **13 %/8,80 €**
85	2015 Spätburgunder trocken Asselheimer **13,5 %/10,50 €**
88	2015 Spätburgunder trocken „i.G." „Zugpferd" Honigsack **13,5 %/24,- €**

MATTHIAS GAUL

★★★★

KONTAKT

Weinstraße 10
67269 Grünstadt-Asselheim
Tel. 06359-3668
Fax: 06359-86575
www.gaul-weine.de
gaul@gaul-weine.de

Inhaber
Matthias Gaul
Rebfläche
24 Hektar
Produktion
200.000 Flaschen

BESUCHSZEITEN

Mo.-Sa. 8-12 + 13-18 Uhr

Werner Gaul hatte in den siebziger Jahren den damaligen Gemischtbetrieb auf Weinbau spezialisiert und von Fass- auf Flaschenweinvermarktung umgestellt. Nach Studium und Auslandsaufenthalten hat Matthias Gaul 1995 den elterlichen Betrieb mit damals 8 Hektar Reben übernommen, seit damals hat er seine Rebfläche stetig auf heute 30 Hektar erweitert. Die Böden rund um Asselheim sind karg, steinig und kalkreich, die Lagen hier im Norden der Pfalz liegen nicht mehr im Schutz des Haardtgebirges und des Pfälzer Waldes. Durch die Winde die vom Westen durch das Eistal über die Weinberge ziehen, entsteht ein kühles Mikroklima, das zu einer späteren und langsameren Traubenreife führt. 60 Prozent seiner Weinberge nehmen weiße Sorten ein, Riesling vor allem, aber auch Grauburgunder, Chardonnay, Weißburgunder und Sauvignon Blanc. Wichtigste rote Rebsorten sind Spätburgunder und Dornfelder, hinzu kommen Cabernet Sauvignon, Cabernet Franc, Merlot und mittlerweile auch Tempranillo. Das Sortiment ist gegliedert in Basisweine, Ortsweine und Lagenweine, daneben gibt es noch eine Reihe von weißen und roten Cuvées.

Kollektion

Seit Jahren verfolgen wir mit großem Interesse die Entwicklungen im Weingut von Matthias Gaul, stellen gerade bei seinen Rotweinen immer wieder fest, wie er an Details feilt und Jahr um Jahr etwas eigenständigere, feinere Weine erzeugt. Vor allem mit seinen Pinot Noir ist ihm 2015 noch einmal ein entscheidender Schritt gelungen, gleich drei hervorragende Weine konnten wir aus dieser Sorte verkosten: Der Steinrassel Réserve zeigt herrlich viel klare Schwarzkirschfrucht, etwas kräutrige Würze und sehr fein und dezent dosiertes Holz, er besitzt gute Konzentration, ein lebendiges, animierendes Säure-Spiel, ist elegant und nachhaltig. Der „Fass 556“ zeigt viel röstige Würze und Räucherspeck, am Gaumen ist das Holz aber schon gut eingebunden und der Wein besitzt Kraft, Eleganz, Länge und Potential, der „Fass 555“ ist dezenter im Holz, zeigt klare Frucht und feine Krokantwürze, besitzt charmante, kühle Frucht, Cassis und Himbeeren und reife Tannine ist animierend und elegant. Ebenfalls sehr gut gelungen sind der elegante, saftige Pinot Noir S mit Schwarzkirsche und Krokant im Bouquet und der harmonische, nachhaltige 2013er Pinot Noir Steinrassel mit kühler Cassis- und Kirschfrucht. Und auch Gauls andere Rotweine überzeugen, allen voran die beiden Cabernet Francs, die 2015er Réserve zeigt kühle Cassisfrucht, dezent grüne Paprika, etwas Kräuter, Lakritze, Minze, ist noch sehr jung, kraftvoll aber auch elegant, besitzt Frische und gute Struktur, der 2012er Cabernet Franc zeigt kräutrige Würze, Salbei, dunkle Brombeerfrucht und etwas Leder im komplexen Bouquet, ist kraftvoll und stoffig, besitzt pfeffrige Würze und gute Struktur. Der vier Jahre in Barriques ausgebaute Tempranillo besitzt noch eine ganz jugendliche Farbe und Struktur, zeigt Noten von Trockenfrüchten, Pflaumen und Datteln im Bouquet, ist sehr stoffig und besitzt leicht süßliche röstige Würze, die Cuvée Crazy Gaul, hauptsächlich aus Cabernet Sauvignon und Merlot, zeigt dunkle Frucht, Pflaume und Brombeere, etwas Mokka und Schokolade, wirkt noch sehr jung und besitzt Potential. Darüber hinaus sollten die Weißweine nicht vergessen werden, der St. Stephan-Riesling zeigt Zitruswürze, Birnen- und Apfelmost im eindringlichen Bouquet, besitzt Fülle, entwickelt viel Druck und Grip am Gaumen und ist sehr nachhaltig. Hector, ein maischevergorener und ungeschwefelter Chardonnay, ist noch leicht verschlossen im Bouquet, zeigt etwas Apfelmost, Nuss und Zitruswürze, besitzt feine innere Spannung und Biss, ist cremig, animierend und nachhaltig, der Orts-Chardonnay stammt von dem gleichen Lesegut, er zeigt gelbe Frucht, etwas Banane und Zitrusnoten, feine röstige Würze und Vanille, er ist kraftvoll und weich, besitzt gute Länge. Und auch die cremige, konzentrierte mit komplexer Frucht und frischer Säure ausgestattete Scheurebe Trockenbeerenauslese hat uns überzeugt.

Weinbewertung

84	2016 Sauvignon Blanc trocken **12 %/8,90 €**
84	2016 Riesling trocken „terrain calcaire" **12,5 %/7,50 €**
87	2015 Sauvignon Blanc trocken Asselheim **12,5 %/14,50 €**
86	2016 Pinot Gris trocken Asselheim **13,5 %/9,80 €**
87	2014 Weißburgunder trocken Asselheim **13,5 %/14,50 €**
88	2015 Chardonnay trocken Asselheim **14 %/14,50 €**
89	2015 „Hector" Weißwein trocken **13 %/19,50 €**
87	2015 Riesling trocken „Steinrassel" **13 %/14,90 €**
90	2015 Riesling trocken Asselheimer St. Stephan **13 %/25,- €**
91	2016 Scheurebe Trockenbeerenauslese **9,5 %/a.A./0,375l**
84	2015 „Pas de Deux" Rotwein trocken **13,5 %/8,90 €**
87	2013 „Crazy Gaul" Rotwein trocken **14 %/14,50 €**
89	2011 Tempranillo trocken „Réserve" **14,5 %/30,- €**
89	2012 Cabernet Franc trocken **14,5 %/25,- €**
91	2015 Cabernet Franc trocken „Réserve" **14 %/39,- €**
88	2013 Pinot Noir trocken „Steinrassel" **13,5 %/20,- €**
89	2015 Pinot Noir trocken „S" **13 %/25,- €**
91	2015 Pinot Noir trocken „Fass 555" Asselheimer St. Stephan **13 %/35,- €**
92	2015 Pinot Noir trocken „Fass 556" Asselheimer St. Stephan **13 %/35,- €**
93	2015 Pinot Noir trocken „Steinrassel Réserve" **13 %/39,- €**

LAGEN

ST. STEPHAN (ASSELHEIM)
GOLDBERG (ASSELHEIM)
SONNENBERG (MÜHLHEIM)

REBSORTEN

RIESLING
GRAUBURGUNDER
CHARDONNAY
WEISSBURGUNDER
SAUVIGNON BLANC
SPÄTBURGUNDER
DORNFELDER
CABERNET SAUVIGNON
CABERNET FRANC
MERLOT

GEIGER + SÖHNE

★☆

KONTAKT

Weingut Geiger + Söhne
Veitshöchheimer Straße 1
97291 Thüngersheim
Tel. 09364-9605
Fax: 09364-6673
www.geigerundsoehne.de
geigerundsoehne@web.de

Inhaber
Gunter Geiger
Rebfläche
41 Hektar
Produktion
490.000 Flaschen

BESUCHSZEITEN

Mo.-Fr. 7:30-12 + 13-18 Uhr,
Sa. 9-13 Uhr

Das 1850 gegründete Weingut ist der älteste Weinhandels- und Weinbaubetrieb in Thüngersheim, der größten fränkischen Weinbaugemeinde nördlich von Würzburg. Heute, nach Winzerlehre bei Robert Weil und Önologiestudium in Geisenheim, führt Gunter Geiger den Betrieb. Müller-Thurgau und Silvaner sind die beiden wichtigsten Rebsorten, es folgen Bacchus, Kerner, Grauburgunder, Spätburgunder, Riesling, Weißburgunder, Domina, Scheurebe und Regent.

Kollektion

Auch in diesem Jahr präsentiert Gunter Geiger wieder eine umfangreiche Kollektion. An der Spitze der trockenen Weißweine stehen die Big G-Weine, der füllige, kraftvolle Silvaner gefällt uns besonders gut. Edelsüß können einmal mehr die Rieslaner punkten, die reintönige, konzentrierte Trockenbeerenauslese schließt nahtlos an ihren Vorgänger an. Das rote Segment bietet eine intensive, fruchtbetonte Cuvée, Michele genannt, und einen cassisduftigen, strukturierten Cabernet Dorsa. Unser Favorit aber ist der Pinot Noir Big G, der intensive Frucht zeigt, etwas Schokolade, Fülle und Kraft besitzt, reife Frucht, gute Struktur und Substanz, feine Schokonoten. ▬

Weinbewertung

81 2016 „Treibstoff.m white" Weißwein trocken **12,5 %/7,- €**
80 2016 Rivaner Kabinett trocken „Mundart" Scharlachberg **12 %/6,- €**
80 2016 Silvaner Kabinett trocken „Mundart" Johannisberg **12 %/6,80 €**
82 2016 Riesling Kabinett trocken „Nonnenloch" Johannisberg **12 %/7,90 €**
80 2016 Grauburgunder Kabinett trocken „Mundart" Johannisberg **12,5 %/7,- €**
83 2016 Silvaner Spätlese trocken „Erste Geige Doppelstück" **13,5 %/9,50 €**
82 2016 Weißburgunder Spätlese trocken „Erste Geige Doppelstück" **13 %/9,90 €**
82 2016 Grauburgunder Spätlese trocken „Erste Geige" Johannisberg **13,5 %/9,90 €**
81 2016 Scheurebe Spätlese trocken „Erste Geige" Johannisberg **13,5 %/9,90 €**
82 2016 Riesling Spätlese trocken „Erste Geige" Johannisberg **13 %/9,90 €**
85 2016 Silvaner Spätlese trocken „Big G" „Wagenwand" **14 %/15,50 €**
84 2016 Pinot Gris Spätlese trocken „Big G" Holzfass „Rothmännle" **14 %/15,50 €**
83 2016 Scheurebe Spätlese trocken „Big G" „Wagenwand" **13,5 %/15,50 €**
83 2016 Rieslaner Spätlese Thüngersheimer Johannisberg **12 %/9,50 €**
85 2016 Rieslaner Auslese Thüngersheimer Johannisberg **9 %/15,- €/0,5l**
89 2016 Rieslaner Trockenbeerenauslese Johannisberg **9 %/60,- €/0,5l**
79 2016 Rosé Kabinett trocken „Mundart" Ravensburg **12 %/6,- €**
83 2015 Pinot Noir trocken Holzfass „Erste Geige" Johannisberg **13,5 %/9,90 €**
85 2015 „Michele" Rotwein trocken Barrique Scharlachberg **14 %/15,- €**
85 2015 Cabernet Dorsa trocken Barrique „Big G" Johannisberg **14 %/15,50 €**
87 2015 Pinot Noir trocken „Big G" Thüngersheimer Johannisberg **14 %/15,50 €**

Helmut Geil

★★

KONTAKT

Am Römer 26
55234 Monzernheim
Tel. 06244-220
Fax: 06244-57489
www.geilwein.de
info@geilwein.de

Inhaber
Andreas Geil
Rebfläche
9 Hektar
Produktion
50.000 Flaschen

BESUCHSZEITEN

Mo.-Fr. 9-18 Uhr, Sa. 9-13 Uhr
und nach Vereinbarung
Gästezimmer, Wohnmobilstell-plätze

2010, nach Abschluss seines Geisenheim-Studiums mit Auslands-Praktika in Argentinien und Neuseeland, ist Andreas Geil in den elterlichen Betrieb eingestiegen, Vater Helmut Geil kümmert sich seither vor allem um den Außenbetrieb, Andreas Geil, der den Betrieb inzwischen übernommen hat, um Vinifikation und Vermarktung. Ihre Weinberge liegen im heimischen Monzernheim (Goldberg), aber auch in Bechtheim (Hasensprung) und Westhofen (Kirchspiel, Steingrube). Sie bauen Müller-Thurgau, Riesling und Grauburgunder an, aber auch Weißburgunder, Albalonga und Sauvignon Blanc. Die wichtigsten roten Sorten sind Dornfelder, Portugieser, Spätburgunder und St. Laurent. Das Sortiment ist gegliedert in Basisweine (Bonus), Lagenweine (Melior) und Spitzenweine (Optimus); früher trugen die Weine keinerlei Lagenbezeichnungen, seit 2012 respektive 2011 (Spätburgunder) verwendet man diese sowohl für die Melior- als auch für die Optimus-Serie. Bei diesen Weinen arbeitet Andreas Geil mit Maischestandzeiten.

Kollektion

Die neue Kollektion schließt nahtlos an die guten Vorjahreskollektionen an. Die Bonus-Weine sind frisch und geradlinig, der sortentypische trockene Grauburgunder gefällt uns in dieser Linie am besten. Auch in der Melior-Linie überzeugt der Grauburgunder, er ist füllig, kraftvoll und strukturiert. Noch besser gefällt uns im Mittelsegment der Spätburgunder aus der Steingrube, der reintönige Frucht besitzt und gute Struktur. An der Spitze der Kollektion steht ganz klar der Optimus-Riesling aus dem Westhofener Kirchspiel: Er zeigt gute Konzentration im Bouquet, reife Frucht, etwas Zitrus, gelbe Früchte, ist füllig und saftig im Mund, besitzt herrlich viel Frucht und Substanz. —

Weinbewertung

82 2016 Grauer Burgunder trocken „Bonus“ **11 %/6,10 €**
80 2016 Riesling trocken „Bonus“ **11 %/6,10 €**
81 2016 Scheurebe trocken „Bonus“ **11 %/6,60 €**
84 2016 Grauer Burgunder trocken „Melior“ Westhofener Kirchspiel **12,5 %/8,50 €**
83 2016 Riesling trocken „Melior“ Westhofener Kirchspiel **12,5 %/8,50 €**
82 2016 Sauvignon Blanc trocken „Melior“ Bechtheimer Hasensprung **12 %/9,50 €**
87 2016 Riesling trocken „Optimus“ Westhofener Kirchspiel **12,5 %/15,20 €**
81 2016 Grauer Burgunder „feinherb Bonus“ **11 %/6,10 €**
81 2016 Riesling „feinherb Bonus“ **11 %/6,10 €**
81 2016 Albalonga Spätlese „Melior“ Westhofener Kirchspiel **9,5 %/8,10 €**
83 2016 Riesling Spätlese „1736“ Westhofener Kirchspiel **9 %/8,10 €**
85 2015 Spätburgunder trocken „Melior“ Westhofener Steingrube **13 %/8,80 €**

GEIL[S]

★★★

KONTAKT

Geils Sekt- und Weingut
Zeller Straße 8
67593 Bermersheim
Tel. 06244-4413
Fax: 06244-57384
www.geils.de
mail@geils.de

Inhaber
Rudolf & Birgit Geil
Inhaber
Rudolf & Florian Geil
Rebfläche
14 Hektar
Produktion
90.000 Flaschen

BESUCHSZEITEN

Mo.-Sa. nach Vereinbarung

Das Weingut von Rudolf und Birgit Geil ist in einem alten Hof mitten in Bermersheim zuhause. Ihre Weinberge liegen vor allem im Dalsheimer Bürgel, im Nieder-Flörsheimer Frauenberg, im Bermersheimer Hasenlauf und im Gundersheimer Höllenbrand. Sie bauen vor allem weiße Rebsorten an: Riesling, Weißburgunder, Müller-Thurgau, Grauburgunder, Silvaner und Chardonnay spielen die wichtigste Rolle, bei den roten Sorten Spätburgunder, Portugieser und Dornfelder. Dazu gibt es aber auch Merlot und Cabernet Sauvignon (beide bereits seit 1995) und Gelber Muskateller. Bereits 1987 begannen sie mit der Herstellung eigener Sekte nach der klassischen Methode, seit 1989 bauen sie Weine im Barrique aus. Sohn Florian hat seine Lehre bei Schembs und Bergdolt absolviert, 2014 sein Geisenheim-Studium abgeschlossen (mit Praktika bei Chat Sauvage im Rheingau und Méo-Camuzet in Burgund), ist nun voll im Betrieb tätig.

Kollektion

Der Weißburgunder-Sekt hat es uns dieses Jahr besonders angetan, er zeigt feine Briochenoten, ist harmonisch, gereift, wirkt deutlich älter als er ist. Der Pinot3 ist offen, fruchtbetont, besitzt gute Substanz. Die 2016er Gutsweine sind frisch, klar, geradlinig und fruchtbetont, betont süffig. Der Nieder-Flörsheimer Riesling ist füllig, saftig, die Cuvée P besitzt reife Frucht, viel Substanz und ausgeprägte Vanillenoten. Unser Favorit im weißen Segment ist wieder einmal der Frauenberg-Riesling, der viel Frucht, Fülle und Saft besitzt. Durchgängig hohes Niveau zeigen die Rotweine. Der Nocturne besitzt intensive Frucht, rauchige Noten, Fülle, Kraft und Struktur. Der Frühburgunder ist fruchtbetont und reintönig, der Spätburgunder S rauchig, reintönig, besitzt kräftige Säure und Tannine. An der Spitze der roten Kollektion steht wie gewohnt der herrlich reintönige, noch jugendliche Bürgel-Spätburgunder.

Weinbewertung

90 2014 Weißburgunder Sekt brut **12 %/14,50 €** ☺
86 2012 „Pinot3" Sekt brut **12,5 %/19,50 €**
83 2016 Weißer Burgunder trocken **12,5 %/7,70 €**
83 2016 Grauer Burgunder trocken **12,5 %/8,- €**
83 2016 Riesling trocken **12 %/7,70 €**
85 2015 Riesling „S" trocken Nieder-Flörsheim **13 %/13,40 €**
86 2015 „Cuvée P" Weißwein „S" trocken **13,5 %/16,80 €**
89 2015 Riesling trocken Frauenberg **13 %/22,50 €**
86 2013 „Nocturne" Rotwein trocken **13 %/12,20 €**
85 2014 Spätburgunder „S" trocken Dalsheim **13 %/17,50 €**
86 2014 Frühburgunder „S" trocken Bermersheim **13 %/12,60 €**
90 2014 Spätburgunder trocken Bürgel **13 %/30,- €**

GEMMRICH

★

KONTAKT

Löwensteiner Straße 34
71717 Beilstein
Tel. 07062-3514
Fax: 07062-23886
www.gemmrich.de
bg@gemmrich.de

Inhaber
Bernd Gemmrich
Rebfläche
7,5 Hektar
Produktion
60.000 Flaschen

BESUCHSZEITEN

Do./Fr. 9-20 Uhr, Sa. 9-17 Uhr
oder nach Vereinbarung

Das Weingut Gemmrich ist in Schmidhausen zu Hause, das am Schmidbach liegt, der talabwärts in die Bottwar mündet, am Rand der Löwensteiner Berge. Seit 1971 ist Schmidhausen ein Teil von Beilstein, alle Weinberge von Schmidhausen und der einst zu Schmidhausen gehörenden Weiler im Schmidbachtal wurden der Lage Beilsteiner Wartberg zugeschlagen. Das Weingut Gemmrich wird von Bernd und Petra Gemmrich geführt, alle ihre Weinberge liegen im Beilsteiner Wartberg, die Reben wachsen auf verschiedenen Keuperformationen. Lemberger ist die mit Abstand wichtigste Rebsorte im Betrieb, nimmt etwa ein Drittel der Rebfläche ein. Es folgen Riesling, Trollinger und Regent, dann Spätburgunder, Bronner, Cabernet Cortis, Helfensteiner und Muscaris, dazu diverse andere Sorten wie Muskattrollinger, Gewürztraminer und Kerner, sowie weitere Piwi- und Cabernet-Sorten. Spezialität des Betriebes sind die im klassischen Verfahren hergestellten Sekte sowie die über 30 selbst erzeugten Edel- und Wildobstbrände, sowie Liköre.

Kollektion

Beim guten Debüt im vergangenen Jahr überzeugten Weiß- und Rotweine gleichermaßen. Dies gilt auch in diesem Jahr. Im weißen Segment wurden ausschließlich Piwis vorgestellt. Die trockene Spätlese ist würzig und eindringlich, besitzt reife Frucht und gute Struktur. Der feinherbe Bronner zeigt feinen Duft und florale Noten, ist füllig, kompakt, recht süß. Im roten Segment stechen zwei Rotweine hervor. Der drei Jahre im Beilsteiner Eichenholzfass ausgebaute trockene Cabernet Cubin zeigt Schokolade und Vanille im Bouquet, ist füllig und kraftvoll, auch im Mund von Schoko- und Vanillenoten geprägt. Der zweieinhalb Jahre in Beilsteiner Eiche ausgebaute Lemberger zeigt reife Frucht und Vanille, ist füllig und saftig, weist ebenfalls deutliche Schokonoten auf.

Weinbewertung

82	2012 Muskattrollinger „Blanc de Noir" Sekt trocken **12 %/13,50 €**
84	2015 „Piwi-Cuvée" Weißwein Spätlese trocken Beilsteiner Wartberg **13 %/7,80 €**
83	2015 Bronner „feinherb" „Kontessa" Beilsteiner Wartberg **12,5 %/6,90 €**
81	2016 „Piwi-Cuvée" Weißwein Beilsteiner Wartberg **12 %/8,50 €**
80	2016 Lemberger Trollinger trocken „Alte Rebe" **13,5 %/7,40 €**
82	2016 Lemberger trocken „Alte Rebe" Beilsteiner Wartberg **14 %/8,50 €**
85	2014 Lemberger trocken Holzfass Beilsteiner Wartberg **14 %/9,50 €**
78	2009 Regent Auslese trocken Beilsteiner Wartberg **14,5 %/24,- €**
81	2013 „Cerubino" Rotwein trocken Holzfass Beilsteiner Wartberg **13,5 %/9,50 €**
85	2012 Cabernet Cubin trocken Holzfass Beilsteiner Wartberg **15 %/16,50 €**
83	2009 Lemberger Auslese trocken Barrique Beilsteiner Wartberg **14 %/24,- €**
83	2009 Cabernet Cubin Eiswein Beilsteiner Wartberg **10 %/29,90 €/0,375l**

G

GEMÜNDEN

★★

KONTAKT

Brückes 23
55545 Bad Kreuznach
Tel. 0671-27925
Fax: 0671-4820090
www.weingut-gemuenden.de
info@weingut-gemuenden.de

Inhaber
Andreas Gemünden
Rebfläche
27 Hektar
Produktion
20.000 Flaschen

BESUCHSZEITEN

kein Besuch

Weinbau wird in der Familie Gemünden seit Mitte des 19. Jahrhunderts betrieben, 1929 gründete Josef Gemünden das Weingut, damals noch in Sommerloch vor den Toren Bad Kreuznachs. Seit 1976 befindet sich das Weingut an seiner heutigen Betriebsstätte, 1987 stieg Andreas Gemünden in den Betrieb ein, den er 2002 in vierter Generation übernahm. Seit 2009 ist sein Sohn Daniel Gemünden im elterlichen Weingut tätig und ist seit Beendigung seiner Weiterbildung zum Techniker für Weinbau und Önologie 2012 für den Ausbau der Weine und die Vermarktung zuständig. Mit dem 2014er Jahrgang brachte er seine erste eigene Weinkollektion auf die Flasche und produziert gegenwärtig rund 20.000 Flaschen unter eigenem Etikett. Wichtigste Sorten auf den 27 Hektar Rebfläche sind Riesling, Rivaner und Grauburgunder, die besten Lagen sind Brückes, Forst und Narrenkappe in Bad Kreuznach. Das Sortiment ist gegliedert in Gutsweine und Spitzenweine.

Kollektion

Seine letztjährige gute Leistung bestätigt Andreas Gemünden eindrücklich und kann sich sogar noch deutlich steigern, was ihm in diesem Jahr den zweiten Stern in der Betriebsbewertung einbringt: Alle Weine sind mustergültig reintönig und klar, die Lagenrieslinge sind allesamt spannend. An der Spitze der tadellosen Kollektion steht der tatsächlich sehr geschliffene Riesling „Edelschliff" aus der Lage Brückes, der mehr auf Mineralität denn auf Frucht setzt. Die Lagenrieslinge wirken noch sehr jung, alle besitzen feine mineralische Noten, Zitruswürze und salzige Länge, je mehr Luft sie bekommen, desto deutlicher werden ihre Unterschiede: Der Brückes ist fruchtbetont und animierend, der Forst füllig und kraftvoll und der „Nature" zeigt wie der nachhaltige und komplexe „Edelschliff" wenig Frucht, aber viel kräutrige und steinige Würze.

Weinbewertung

83 2016 Silvaner trocken **12 %/7,60 €**
84 2016 Spätburgunder „Blanc de Noir" trocken **13 %/8,60 €**
84 2016 Grauburgunder trocken **12,5 %/8,60 €**
83 2016 Riesling trocken **12,5 %/7,60 €**
86 2016 Riesling trocken Kreuznacher Forst **13 %/12,- €**
87 2016 Riesling trocken Kreuznacher Brückes **13 %/12,- €**
87 2016 Riesling trocken „Nature" **13 %/15,20 €**
88 2016 Riesling trocken „Edelschliff" **13 %/17,80 €**
83 2016 Scheurebe „fruchtig" **10,5 %/8,60 €**
84 2016 Riesling Spätlese „fruchtig" **9,5 %/8,60 €**

Gengenbach-Offenburg

★

KONTAKT

Weinmanufaktur Gengenbach-Offenburg eG
Am Winzerkeller 2
77723 Gengenbach
Tel. 07803-9658-33
Fax: 07803-9658-58
www.weinmanufaktur-gengenbach.de
info@weinmanufaktur-gengenbach.de

Inhaber
200 Mitglieder
Geschäftsführer
Christian Gehring
Vorstandsvorsitzender
Horst Seger
Kellermeister
Philipp Milke
Rebfläche
280 Hektar

BESUCHSZEITEN

Fr. 8-17 Uhr, Sa. 9-13 Uhr

WEINMANUFAKTUR
GENGENBACH
OFFENBURG · GENGENBACH EG

In der Stadt Gengenbach liegen die Wurzeln der Weingeschichte in der Ortenau, bereits seit 888 wird hier Wein angebaut. Nachdem die Zeller-Abtsberg Winzer im Jahr 2012 und die Winzer aus Fessenbach im Jahr 2015 mit den Gengenbacher Winzern fusionierten, treten die Genossen nun in einem gemeinsamen Auftritt unter dem neuen Dach „Weinmanufaktur Gengenbach- Offenburg" auf. Mit einem einheitlichen, gemeinsamen Erscheinungsbild soll dies in Zukunft sichtbar werden. Die Tradition der Weinkeller und die unterschiedlichen Charakteristiken der Weine sollen jedoch nicht verloren gehen. Deshalb werden die Weine in drei Kellern in drei Orten ausgebaut. Spätburgunder ist die wichtigste Rebsorte, gefolgt von Müller-Thurgau, Riesling und Grauburgunder.

Kollektion

Mit Ausnahme des SL-Spätburgunders stammen unsere Favoriten in diesem Jahr alle aus dem Zeller Abtsberg. Der SL-Weißburgunder aus dem Jahrgang 2015 beispielsweise, der gute Konzentration und reife Frucht besitzt, viel Fülle und Saft, aber auch viel Alkohol. Oder der im Barrique ausgebaute Chardonnay, ebenfalls aus dem Jahrgang 2015, der deutlich vom Holzausbau geprägt ist, aber viel Fülle und Kraft, viel reife Frucht und Substanz besitzt. Unter den beiden Spätburgunder Beerenauslesen des Jahrgangs 2015 ziehen wir eindeutig die im Barrique ausgebaute Variante vor, die viel Konzentration, reife Frucht und Vanille, aber auch dezente Bitternoten aufweist. Aber auch trocken kann Spätburgunder überzeugen, wie der SL-Spätburgunder aus dem Jahrgang 2014 beweist. Er zeigt rote Früchte und Schokolade im Bouquet, ist füllig und kraftvoll im Mund, besitzt viel reife süße Frucht, gute Struktur, Noten von Bitterschokolade.

Weinbewertung

81	2016 Grauer Burgunder trocken Fessenbacher **12,5 %/5,50 €**
80	2016 Weißburgunder Kabinett trocken Fessenbacher **12,5 %/6,50 €**
85	2015 Weißburgunder trocken „Premium SL" Zeller Abtsberg **15 %/10,90 €**
84	2015 Chardonnay trocken Barrique Zeller Abtsberg **14 %/12,50 €**
80	2016 Grüner Silvaner Fessenbacher **10,5 %/5,50 €**
81	2016 Riesling Kabinett **11 %/6,30 €**
81	2015 Gewürztraminer Spätlese Zeller Abtsberg **11 %/8,20 €**
80	2016 Spätburgunder Rosé **13 %/5,30 €**
84	2014 Spätburgunder trocken „SL" **14 %/13,50 €**
81	2015 Spätburgunder Fessenbacher **11,5 %/5,70 €**
83	2015 Spätburgunder Beerenauslese Zeller Abtsberg **13,5 %/14,90 €/0,375l**
85	2015 Spätburgunder Beerenauslese Barrique Abtsberg **14 %/15,90 €/0,375l**

GENHEIMER-KILTZ

★★☆

KONTAKT

Zum Sportfeld 6
55595 Gutenberg
Tel. 06706-8633
Fax: 06706-6319
www.genheimer-kiltz.de
info@genheimer-kiltz.de

Inhaber
Harald, Georg & Gerlinde Kiltz
Rebfläche
11,5 Hektar
Produktion
94.000 Flaschen

BESUCHSZEITEN

Mo.-Sa. 9-17 Uhr oder nach Vereinbarung
Gästehaus

Das in Gutenberg im Gräfenbachtal gelegene Weingut wird von Georg und Gerlinde Kiltz zusammen mit Sohn Harald geführt, der Weinbau studiert, in Frankreich und Australien gearbeitet hat und seit 2001 im elterlichen Weingut für den Weinausbau verantwortlich ist. Die Weinberge liegen in den Gutenberger Lagen Schlossberg (rötlicher, sandig-kiesiger Lehmboden), Römerberg (lehmiger Sand, sandig-kiesiger Lehm) und Felseneck (rotliegender Sandboden mit geringem Lehmanteil). Weitere Weinberge besitzen sie in den Kreuznacher Lagen Hinkelstein (feinsandige Lehmböden) und Narrenkappe (verschiedene Lehmarten, teils Kies und Schotter). Der Sauvignon Blanc ist mit über 40 Prozent der Rebfläche die wichtigste Sorte im Betrieb, gefolgt von Riesling, Grau- und Weißburgunder. An roten Sorten werden Spätburgunder, Dornfelder und etwas Regent angebaut. Seit dem Jahrgang 2012 wird die Premiumlinie des Weinguts unter dem Namen „beste Lagen" vermarktet.

Kollektion

Gleich mehrere neue Weine präsentiert die Familie Kiltz in diesem Jahr: Einen frischen, fruchtbetonten Rosé und den „barrel aged"-Rotwein mit dunkler Frucht, guter Struktur und dezentem Holzeinsatz, beide aus der neuen „harry & george"-Linie. Der „barrel aged" ist unfiltriert abgefüllt, ebenso wie der Pinot Noir vom Schlossberg, der elegant und harmonisch ist und feine, kühle Frucht und gute Struktur besitzt, alle Rotweine sind jetzt konsequent trocken ausgebaut. Ebenfalls neu ist der mit ganzen Beeren auf der Maische vergorene Sauvignon Blanc „Flavia", der deutliche grüne Noten von Stachelbeere und Erbsen zeigt, gute Konzentration, Struktur und viel Grip besitzt, salzig, animierend und elegant ist – ein spannender Sauvignon. Er übertrifft sogar knapp unseren Favoriten der vergangenen Jahre, den komplexen, kraftvollen und harmonischen Felseneck-Sauvignon. ▬

Weinbewertung

83 2016 Sauvignon Blanc trocken Gutenberg **12,5 %/7,50 €**
82 2016 Grauer Burgunder trocken „Terrassenkies" **12,5 %/6,50 €**
85 2016 Grauer Burgunder trocken Kreuznacher Narrenkappe **13,5 %/9,90 €**
85 2016 Sauvignon Blanc trocken Gutenberger Römerberg **13 %/9,80 €**
86 2016 Sauvignon Blanc trocken Kreuznacher Narrenkappe **13,5 %/12,- €**
88 2016 Sauvignon Blanc trocken Gutenberger Felseneck **13,5 %/16,- €**
89 2016 Sauvignon Blanc trocken „Flavia" **13 %/24,- €**
82 2016 „harry & george" Rosé trocken **12,5 %/7,- €**
85 2015 „harry & george barrel aged" Rotwein trocken **13,5 %/12,- €**
82 2014 Spätburgunder trocken Gutenberg **12,5 %/7,20 €**
85 2015 Pinot Noir trocken Gutenberger Felseneck **13,5 %/10,90 €**
88 2015 Pinot Noir trocken Gutenberger Schlossberg **13,5 %/19,- €**

ALBERT GESSINGER

★★

KONTAKT

Moselstraße 9
54492 Zeltingen
Tel. 06532-2369
Fax: 06532-1578
www.weingut-gessinger.de
kontakt@weingut-gessinger.de

Inhaber
Sarah Gessinger
Rebfläche
2,9 Hektar
Produktion
25.000 Flaschen

BESUCHSZEITEN

jederzeit nach Anmeldung

Bis zum Jahr 1680 reicht die Geschichte des Weinguts zurück, mindestens seit diesem Jahr betreibt die Familie Weinbau in Zeltingen. Albert Gessinger führte 40 Jahre den Betrieb, im Juli 2013 hat ihn Tochter Sarah nach abgeschlossener Winzerlehre übernommen, führt ihn seither in zehnter Generation. Ihre Weinberge liegen hauptsächlich in der Zeltinger Sonnenuhr, die Trauben aus den Zeltinger Lagen Schlossberg und Himmelreich werden als Blauschiefer- oder Steillagen-Riesling vermarktet. Neben dem dominierenden Riesling baut sie ein klein wenig Weißburgunder an. Die Weine werden mit den traubeneigenen Hefen im traditionellen Fuder vergoren, reifen lange auf der Feinhefe.

Kollektion

Im Jahrgang 2015 wirkten die trockenen Weine teilweise unzugänglich, die süßen waren offener. Am besten gefiel der „Caldo Infernale". Im Jahrgang 2016 wirken die trockenen Weine etwas zugänglicher als in den Vorjahren. Ein zupackender Riesling Kabinett zum Schnäppchenpreis macht schon jetzt Freude, von den beiden Spätlese aus der Rothlay gefällt jene mit weniger Süße (Nr. 5) noch besser. Saftig und nicht zu süß präsentiert sich die Spätlese von alten Reben aus der Sonnenuhr, der Josefsberg-Riesling scheint noch nicht ganz in der Balance, wirkt derzeit ein wenig auf der süßen Seite. Einen betont würzigen Nachhall besitzt der „Caldo Infernale", ist eher zupackend als elegant. Ein Versteigerungswein, die dreifach besternte Auslese, wirkt eher ruhig, zeigt Anklänge an Pfirsich, wirkt zupackend. Ein schöner Erfolg für dieses Weingut. ➡

Weinbewertung

85 2016 Riesling Kabinett trocken „Ambrosia" **10,5 %/5,50 €** ☺
87 2016 Riesling Spätlese** trocken (Nr. 5) „Alte Reben Rothlay" **11 %/9,- €**
86 2016 Riesling Spätlese** trocken (Nr. 6) „Alte Reben Rothlay" **11,5 %/9,- €**
85 2016 Riesling Spätlese „feinherb" „Alte Reben" Zeltinger Sonnenuhr **10 %/8,50 €**
87 2016 Riesling Spätlese „Alte Reben" Zeltinger Sonnenuhr **7,5 %/7,50 €** ☺
87 2016 Riesling Spätlese** „Alte Reben Josefsberg" Sonnenuhr **7,5 %/10,50 €**
88 2016 Riesling Auslese** „Caldo Infernale" Zeltinger Sonnenuhr **7,5 %/15,- €**
89 2016 Riesling Auslese*** Zeltinger Sonnenuhr **7,5 %/Vst.**

G

GIEGERICH

★★★

KONTAKT

Weichgasse 19
63868 Großwallstadt
Tel. 06022-655355
Fax: 06022-655366
www.weingut-giegerich.de
info@weingut-giegerich.de

Inhaber
Klaus Giegerich
Außenbetrieb
Kilian Giegerich
Rebfläche
10,6 Hektar
Produktion
60.000-70.000 Flaschen

BESUCHSZEITEN

Di.- Fr. 10-12 + 14-18 Uhr, Sa. 9-13 Uhr oder nach Vereinbarung
Weinbergshüttenfest (Juli), Hofschoppenfest, Kulinarische Weinproben, Theater im Weingut

Klaus Giegerich übernahm 1992 den Betrieb mit damals 2,5 Hektar Weinbergen, entschloss sich 1994 zusammen mit Ehefrau Helga den Nebenerwerbsbetrieb in ein Weingut umzuwandeln, 1996 wurden Häckerstube und Kelterhalle fertiggestellt und das Weingut eingeweiht. Die Reben wachsen auf roten Buntsandsteinverwitterungsböden mit Lösslehmauflage in Großwallstadt (Lützeltalerberg), Elsenfeld/Rück (Schalk, Jesuitenberg) und Wörth am Main, dem 2008 die neue Einzellage „Campestres Wörth" zuerkannt wurde. Zukünftig wird eine Anlage im Klingenberger Schlossberg hinzukommen, die mit Spätburgunder bestockt wurde, von einem befreundeten Weingut bezieht man Spätburgunder-Trauben aus dem Leinacher Himmelberg. Die wichtigsten Rebsorten sind Silvaner, Riesling, Bacchus, Müller-Thurgau, Kerner, Spätburgunder und Portugieser. Zuletzt wurden Weißburgunder, Rieslaner, Frühburgunder, Regent und Dornfelder gepflanzt. Nach Abschluss seiner Weinbautechnikerausbildung ist Sohn Kilian seit September 2012 im Weingut tätig, leitet den Außenbetrieb. Neben den Gutsweinen gibt es mit dem Jahrgang 2014 die Terra-Linie, schon im Jahr zuvor wurde die Carus-Linie für das Top-Segment eingeführt. 2016 wurde der neue Barriquekeller fertiggestellt.

Kollektion

Der weiße Teil der Kollektion präsentiert sich stimmig, die Weine sind fruchtbetont und geradlinig, die Weine der Carus-Linie stehen an der Spitze, der stoffige, kraftvolle Reserve-Silvaner gefällt uns am besten. Noch etwas stärker sehen wir in der Spitze die Rotweine: Der Frühburgunder ist fruchtbetont und intensiv, besitzt gute Struktur und Frische, der Carus-Spätburgunder ist wunderschön reintönig, kraftvoll und zupackend, besitzt gute Struktur und Substanz, feine Frische und Länge.

Weinbewertung

83 2016 Müller-Thurgau trocken „Frank & Frei" **12 %/6,50 €**
83 2016 Silvaner trocken „Terra" Lützeltalerberg **12,5 %/8,80 €**
82 2016 Weißer Burgunder trocken „Terra" Campestres Wörth **12,5 %/9,80 €**
82 2016 Sauvignon Blanc trocken „Terra" Rücker Schalk **12,5 %/10,50 €**
85 2015 Chardonnay trocken „Carus" Großwallstadt Lützeltalerberg **14 %/19,50 €**
86 2015 Riesling trocken „Carus" Großwallstadt Lützeltalerberg **13,5 %/18,50 €**
85 2015 Silvaner trocken „Granitfass Carus" Lützeltalerberg **13 %/22,- €**
87 2015 Silvaner trocken „MG Carus Reserve" Lützeltalerberg **13,5 %/24,50 €**
83 2016 Spätburgunder trocken „Muschelkalk Terra" L. Himmelberg **13,5 %/9,30 €**
84 2016 Spätburgunder trocken „Buntsandstein Terra" Lützeltalerberg **13,5 %/9,80 €**
88 2015 Frühburgunder trocken „Carus" Campestres Wörth **14 %/24,50 €**
90 2015 Spätburgunder trocken „Carus" Lützeltalerberg **14 %/22,50 €**

GIES-DÜPPEL

★★★★

G

KONTAKT

Am Rosenberg 5
76831 Birkweiler
Tel. 06345-919156
Fax: 06345-919157
www.gies-dueppel.de
info@gies-dueppel.de

Inhaber
Volker Gies
Rebfläche
21 Hektar
Produktion
125.000 Flaschen

BESUCHSZEITEN

Mo.-Fr. 9-12 +14-18 Uhr,
Sa. 10-16 Uhr (um Anmeldung wird gebeten)

Weinbau wurde in den Familien Gies und Düppel schon lange betrieben, bevor Franz-Josef Gies und seine Frau Ulrike (geborene Düppel) 1976 das heutige Weingut am Ortsrand von Birkweiler erbauten, auf dem Rosenberg, von dem aus man einen herrlichen Rundumblick über die Lagen rund um Birkweiler und bis hinüber nach Albersweiler, auf der anderen Seite des Talkessels, genießen kann. Volker Gies hat den Familienbetrieb 1999 in der vierten Generation von seinem Vater übernommen. Zusammen mit seiner Frau Tanja hat er in den letzten Jahren an der Expansion des Weinguts gearbeitet, seit 2009 wurde die Rebfläche um rund sieben Hektar erweitert. Zu den Weinbergen in den Birkweiler Lagen Kastanienbusch (teils Quarzsandstein, teils roter Sandstein, teils Rotliegendes), Mandelberg (Ton- und Kalkmergel) und Rosenberg (Mergel) kamen Flächen im Ranschbacher Seligmacher (teils Muschelkalk, teils Rotliegendes) und in der Ilbesheimer Kalmit (Kalkstein) hinzu. Im Frühjahr 2013 wurden 1,3 Hektar im Albersweiler Latt (Rotliegendes und Buntsandstein) neu mit Riesling bestockt. Weitere Parzellen in der Latt und im Seligmacher wurden 2015 erworben, zuletzt wurde das Lagenportfolio mit einem Weinberg im Siebeldinger Im Sonnenschein (Muschelkalk) ergänzt. Riesling ist mit einem Flächenanteil von 39 Prozent die wichtigste Rebsorte im Betrieb, gefolgt von Spätburgunder, Weißburgunder und Grauburgunder. Dazu gibt es Chardonnay, Sauvignon Blanc, Dornfelder und Cabernet, aber auch Scheurebe und Viognier, deren Flächen 2014 erweitert wurden. Mehrmals konnten wir in den letzten Jahren neben dem aktuellen Jahrgang jeweils 10 Jahre alte Gies-Düppel-Weine verkosten, die fein gereift und noch sehr präsent und lebendig waren, noch viel Freude bereiteten.

Kollektion

In diesem Jahr konnten wir nur eine etwas kleinere Kollektion aus 12 Weinen verkosten, 10 Weißweine und 2 Rotweine, unter ihnen der neue Spätburgunder aus der Siebeldinger Lage Im Sonnenschein: Der Wein zeigt Noten von reifen Süßkirschen, röstige Würze und Gewürznelke im Bouquet, ist kraftvoll und füllig mit leicht süßer Frucht und guter Struktur, der Spätburgunder aus der Kalmit zeigt dunklere Frucht, Schwarzkirsche und Pflaume und sehr dezente Röstnoten, er ist komplex und frisch, besitzt ein animierendes Säure-Spiel und reife, noch ganz jugendliche Tannine. Die Weiß- und Grauburgunder sind wieder sehr reintönig, entfalten sich mit reichlich Luftzufuhr und besitzen Potential, der Grauburgunder zeigt klare Birnenfrucht und feine nussige Würze, er ist kraftvoll und konzentriert, ein lebendiges Säure-Spiel verleiht ihm

aber auch Frische, der Weißburgunder vom Rosenberg ist fruchtbetont mit Noten von Birne, Melone und Zitrusfrüchten und besitzt Kraft und dezente florale Würze. Der Mandelberg-Weißburgunder liegt bei den Burgundern klar an der Spitze, mit rauchigen und floralen Noten und etwas Zitruswürze im Bouquet, er ist komplex, konzentriert und nachhaltig, er besitzt etwas Holzwürze und ist trotz aller Kraft harmonisch. Einige der Rieslinge – „Kalkstein", Seligmacher, Dachsberg – sind in diesem Jahr recht füllig und süß, alle bilden aber wieder sehr gut die jeweiligen Charakteristika der Terroirs und der Lagen ab. Der „Granit" ist noch ganz verschlossen, lässt etwas Kräuterwürze und zurückhaltende Frucht erkennen, der „Kalkstein" zeigt kreidige und kalkige Noten, viel Frucht mit Noten von grünem Apfel, Aprikose und Pfirsich und besitzt Fülle und gute Länge, der „Schiefer" zeigt kräutrig-mineralische Noten, etwas Stein und Zitrusfrüchte und besitzt ein animierendes Säure-Spiel. Der Seligmacher ist sehr fruchtbetont, besitzt Fülle, etwas Brotkrustenwürze und guten Grip, der Latt zeigt kräutrige Würze, etwas grünen Apfel und komplexe Zitrusfrucht mit Noten von Ananas und Orangenschale und besitzt gute, leicht salzige Länge. Der Dachsberg zeigt, trotz aller Fülle und Süße, die er in diesem Jahr besitzt, geradezu mustergültig die typische, leicht kräutrig unterlegte Buntsandstein-Mineralität, daneben zeigt er viel klare, gelbe Frucht mit Noten von Aprikose, Mango, Grapefruit und Orange und besitzt ein feines, nachhaltiges, salziges Säure-Spiel. Noch komplexer ist der Kastanienbusch-Riesling, der feine steinig-mineralische Würze und etwas Brotkruste im Bouquet erkennen lässt, er besitzt klare Frucht, gute Konzentration, viel Druck und Zug und steinig-salzige Länge.

Weinbewertung

87	2016 Riesling trocken „Schiefer" **12,5 %/9,80 €**
86	2016 Riesling trocken „Granit" **12,5 %/9,80 €**
87	2016 Riesling trocken „Kalkstein" **12,5 %/9,80 €**
88	2016 Grauer Burgunder trocken Birkweiler Mandelberg **13,5 %/13,50 €**
88	2016 Weißer Burgunder trocken Birkweiler Rosenberg **13,5 %/12,50 €**
90	2016 Weißer Burgunder trocken Birkweiler Mandelberg **14 %/17,50 €**
89	2016 Riesling trocken Albersweiler Latt **13 %/13,50 €**
88	2016 Riesling trocken Ranschbacher Seligmacher **12,5 %/13,50 €**
89	2016 Riesling trocken Birkweiler Am Dachsberg **13 %/13,50 €**
91	2016 Riesling trocken Birkweiler Kastanienbusch **13 %/17,50 €** ☺
88	2015 Spätburgunder trocken Siebeldingen Im Sonnenschein **13,5 %/25,- €**
89	2015 Spätburgunder trocken Ilbesheimer Kalmit **13,5 %/28,- €**

LAGEN

KASTANIENBUSCH (BIRKWEILER)
MANDELBERG (BIRKWEILER)
ROSENBERG (BIRKWEILER)
SELIGMACHER (RANSCHBACH)
LATT (ALBERSWEILER)
IM SONNENSCHEIN (SIEBELDINGEN)

REBSORTEN

RIESLING (39 %)
SPÄTBURGUNDER (15 %)
WEISSBURGUNDER (13 %)
GRAUBURGUNDER (13 %)

Gietzen

★★

W

KONTAKT

G

Winzerhof Gietzen
Moselstraße 52
56332 Hatzenport
Tel. 02605-952371
Fax: 02605-952372
www.winzerhof-gietzen.de
service@winzerhof-gietzen.de

Inhaber
Albrecht Gietzen
Rebfläche
3 Hektar
Produktion
12.000 Flaschen

BESUCHSZEITEN

am Wochenende ganztägig, in der Woche nach Vereinbarung
Gästezimmer, Ferienwohnungen

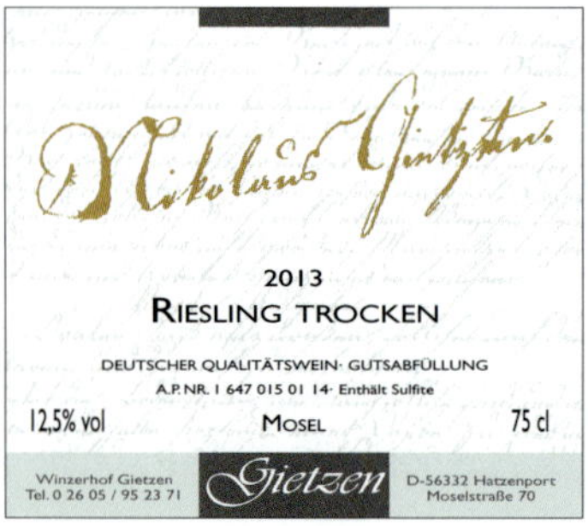

Die Weinberge von Albrecht Gietzen liegen an der Terrassenmosel, in den Hatzenporter Lagen Stolzenberg, Kirchberg und Burg Bischofstein, überwiegend in Steillagen mit Süd- und Südwestausrichtung. Sowohl Kirchberg als auch Stolzenberg zählten in der preußischen Lagenklassifikation von 1897 zur obersten Güteklasse. 85 % seiner Rebfläche nimmt Riesling ein, dazu gibt es Spätburgunder und Weißburgunder. Die Weine werden langsam vergoren und lange auf der Feinhefe ausgebaut, teils im Holz, teils im Edelstahl. Prädikatsbezeichnungen werden nur für süße und edelsüße Rieslinge verwendet, die besten Weine aus Kirchberg und Stolzenberg werden mit einer Goldkapsel gekennzeichnet, der Spitzenriesling „Elatus Mons" stammt aus der Terrassenlage Lay-Geisinger im Stolzenberg. Dem Weingut ist ein Gästehaus angeschlossen.

Kollektion

Zum Wiedereinstieg ist dieses Buch wurden lediglich drei 2016er, aber vier Weine aus dem Jahrgang 2015 vorgestellt. Sie alle befinden sich im geschmacklich trockenen oder feinherben Bereich und weisen ein sehr einheitliches, rundum überzeugendes Qualitätsniveau auf, auch die Stilistik ist durchaus einheitlich zu nennen. Basisweine wurden nicht vorgestellt, aber schon der nach Nikolaus Gietzen benannte Wein ist wunderschön saftig und kraftvoll, der 2015er Hatzenporter Kirchberg gelingt ausgezeichnet: Es handelt sich um einen festen, stoffigen und mineralischen Riesling, der Anklänge an Kräuter und eine überdurchschnittliche Würze und Länge besitzt; ein Hauch Restsüße ist zu spüren, trägt aber positiv zum Gesamteindruck bei. Die „Elatus Mons" genannten Weine aus dem Stolzenberg besitzen noch etwas mehr Schmelz und Fülle sowie einen merklichen Alkohol, allerdings auch viel Würze. Sowohl bei diesem Wein als auch bei den übrigen Abfüllungen handelt es sich um das Gegenteil feingliedriger Rieslinge, aber die Substanz stimmt, und die Stilistik ist eigenständig. Insgesamt eine überzeugende Leistung.

Weinbewertung

85 2015 Riesling trocken „Nikolaus Gietzen" **12,5 %/11,- €**
88 2015 Riesling trocken „Goldkapsel" Hatzenporter Kirchberg **13 %/14,- €**
87 2016 Riesling Goldkapsel Hatzenporter Kirchberg **13 %/14,- €**
87 2015 Riesling „Elatus Mons" Hatzenporter Stolzenberg **13 %/17,- €**
87 2016 Riesling „Elatus Mons" Hatzenporter Stolzenberg **13 %/17,- €**
87 2015 Riesling „feinherb" „Goldkapsel" Hatzenporter Stolzenberg **12,5 %/14,- €**
88 2016 Riesling „feinherb" „Goldkapsel" Hatzenporter Stolzenberg **12,5 %/14,- €**

Glaser

★ ☆

KONTAKT

Sommeracher Straße 42
97334 Nordheim
Tel. 09381-9464
Fax: 09381-6810
www.weingut-glaser.com
info@weingut-glaser.com

Inhaber
Rudolf Glaser
Rebfläche
12,5 Hektar
Produktion
95.000 Flaschen

BESUCHSZEITEN

Weinverkauf immer geöffnet,
Anmeldung erbeten
Heckenwirtschaft

Das von Richard Glaser gegründete Weingut, ein Familienbetrieb in Nordheim am Main, wird heute von Sohn Rudolf Glaser und Ehefrau Melanie geführt. Ihre Weinberge erstrecken sich über die gesamte Mainschleife, liegen vor allem in den beiden Nordheimer Lagen Vögelein und Kreuzberg, aber auch in den Sommeracher Lagen Katzenkopf und Rosenberg, der Dettelbacher Sonnenleite und dem Volkacher Ratsherr, die Reben wachsen teils auf Muschelkalk, teils auf leichten Sandböden. Vier Fünftel der Rebfläche nehmen weiße Sorten ein: Silvaner, Müller-Thurgau, Bacchus, Riesling, Grauburgunder, Weißburgunder, Kerner, Scheurebe und Rieslaner. An roten Sorten baut Rudolf Glaser Früh- und Spätburgunder, Domina, Regent und Dornfelder an. Die Rotweine kommen nach der Maischegärung teils ins große Holzfass, teils ins Barrique. Die in der Pur-Linie angebotenen Weine tragen die alten Einzellagenbezeichnungen wie Langgraben oder Seeweg im Namen. 2017 wurde das neue Weingut mitten in den Weinbergen eröffnet.

Kollektion

Die Weißweine sind im Jahrgang 2016 frisch, geradlinig und sortentypisch, unser Favorit ist der Silvaner aus der pur-Linie, der deutlich druckvoller ist als seine Kollegen, kraftvoll und zupackend, gute Struktur, Frische und Frucht besitzt. Insgesamt etwas stärker sind diesmal die Rotweine, Jahrgang 2015. Der zwölf Monate im Holz ausgebaute Frühburgunder zeigt feinen Duft, rote Früchte, florale Noten, ist frisch, klar und zupackend. Der Spätburgunder, ebenfalls zwölf Monate im Holz ausgebaut, ist wunderschön frisch und zupackend, besitzt feine Frucht und Biss. Unser Favorit aber ist der Regent, der eindringliche Frucht und rauchige Noten im Bouquet zeigt, klar und zupackend im Mund ist, gute Struktur und reintönige Frucht besitzt.

Weinbewertung

81	2016 Riesling Kabinett trocken „Junge Linie" **12 %/5,40 €**
82	2016 Silvaner Kabinett trocken Nordheimer Vögelein **13 %/7,- €**
82	2016 „Müller" „pur" „just" **12 %/8,50 €**
84	2016 Silvaner trocken „pur" „fest gefahren" **11,5 %/8,50 €**
82	2016 Riesling trocken „pur" „original" **11,5 %/8,50 €**
82	2016 Weißer Burgunder Spätlese trocken Nordheimer Kreuzberg **13 %/9,50 €**
82	2016 Grauer Burgunder Spätlese trocken Nordheimer Vögelein **13 %/9,50 €**
80	2016 „Summerwine" Kabinett „feinherb" „Junge Linie" **12 %/5,40 €**
81	2016 Spätburgunder Rosé Kabinett „feinherb" „Tag und Nacht" **12,5 %/7,50 €**
83	2015 Frühburgunder Spätlese trocken Sommeracher Rosenberg **12,5 %/12,40 €**
84	2015 Spätburgunder trocken Nordheimer Kreuzberg **13,5 %/12,40 €**
85	2015 Regent Spätlese trocken Nordheimer Vögelein **13 %/12,40 €**

Glaser-Himmelstoss

★★★★

G

KONTAKT

Langgasse 7
97334 Nordheim
Tel. 09381-4602
Fax: 09381-6402
www.weingut-glaser-himmelstoss.de
info@weingut-glaser-himmelstoss.de

Inhaber
Wolfgang & Monika Glaser
Kellermeister
Wolfgang & Julia Glaser
Rebfläche
14 Hektar
Produktion
90.000 Flaschen

BESUCHSZEITEN

Mo.-Sa. 9-18 Uhr, So. &
Feiertage 14-17 Uhr,
Dienstag Ruhetag
Restaurant Himmelstoss,
Pächter: Romann Krückel
(Sommelier), Bernd Enssle
(Küchenchef)
Gästezimmer

Das Weingut Glaser-Himmelstoss entstand durch die Vereinigung der jeweils elterlichen Weingüter von Wolfgang und Monika Glaser (Weingut Siegfried Glaser und Weingut Himmelstoss) und hat Betriebssitze in zwei fränkischen Ortschaften, Dettelbach und Nordheim, wo der Ausbau der Weine erfolgt. Inzwischen werden sie im Betrieb von Tochter Julia unterstützt, die sich zusammen mit ihrem Vater um den Keller kümmert. Die wichtigste Lage ist das Dettelbacher Berg-Rondell; innerhalb dieser recht großen Lage möchte Wolfgang Glaser die historische Einzellage Berg wieder zum Leben erwecken und als geschützte Ursprungsbezeichnung eintragen lassen. Weitere wichtige Lagen sind Nordheimer Vögelein, Sommeracher Katzenkopf und Dettelbacher Sonnenleite. Silvaner ist die wichtigste Rebsorte, nimmt 30 Prozent der Fläche ein, Müller-Thurgau ein Viertel. Es folgen Riesling und Spätburgunder, Grau- und Weißburgunder, dazu gibt es Spezialitäten wie Scheurebe, Schwarzriesling, Gewürztraminer und Rieslaner. Das Programm ist vierstufig gegliedert: Die Basis bilden die Gutsweine, dann folgen Ortsweine aus Dettelbach und Nordheim (bis 2013 als Kabinett trocken bezeichnet) und Erste Lage-Weine aus Berg-Rondell, Vögelein und Katzenkopf (bis 2012 Spätlese trocken), die zukünftigen Großen Gewächse sollen aus der Lage Berg kommen. Edelsüße Weine spielen eine wichtige Rolle im Betrieb, Wolfgang Glaser erzeugt, wenn es der Jahrgang erlaubt, die ganze Bandbreite an Prädikaten bis hin zur Trockenbeerenauslese. Seit einigen Jahren erzeugt er auch maischevergorene Weißweine. Schon seit der ersten Ausgabe empfehlen wir die Weine von Wolfgang Glaser, seither hat er uns niemals enttäuscht, mit keinem einzigen Wein, Jahr für Jahr sind seine Kollektionen hervorragend, Jahr für Jahr ist das Niveau schon der Basisweine sehr hoch. „Einer der Top-Betriebe in Franken!", lautete unser Fazit in der ersten Ausgabe, an dieser Aussage mussten wir nie etwas ändern, man könnte aber besser ergänzen „und Deutschland".

Kollektion

Auch dieses Jahr ist die Kollektion wieder enorm stark, alle Weine wurden mit sehr gut oder hervorragend bewertet. Der Müller-Thurgau aus Dettelbach ist frisch, klar und zupackend, der leicht birnenduftige Silvaner ist harmonisch und saftig, der Riesling lebhaft, geradlinig und zupackend, die Scheurebe zeigt reife Frucht und Cassis im Bouquet, ist strukturiert und zupackend bei merklicher Süße. Die beiden Denker sind ebenfalls der Kategorie Ortswein zugeordnet. Der Weißburgunder stammt aus Nordheim, er ist fruchtbetont, füllig, saftig und süffig, der Grauburgunder aus Dettelbach zeigt intensive reife Frucht, ist füllig und saftig, ebenfalls recht süß. Der Silvaner aus dem Katzenkopf zeigt gute Konzentration im Bouquet, feine Würze und Frucht, ist klar, frisch und zupackend im Mund, besitzt gute

Struktur und Frucht. Unser Favorit unter den trockenen Weißweinen aber ist wieder einmal der Silvaner aus dem Dettelbacher Berg-Rondell. Er ist herrlich eindringlich im Bouquet, zeigt intensive Frucht, feine Würze, ist kraftvoll im Mund, besitzt viel reife Frucht, viel Substanz, feine Süße und Frische. Ganz spannend sind aber auch die beiden maischevergorenen Weißweine, die man so gar nicht in die Schublade „Orange" stecken mag, sind sie doch glasklar und hell. Beide wurden spontanvergoren und im Holzfass ausgebaut. Der Silvaner ist kompakt, kraftvoll, klar, geradlinig, etwas faszinierender noch aber ist der Müller-Thurgau mit seinem herrlich eindringlichen Bouquet, er besitzt Frische, Biss und gute Struktur. Der Traminer aus Nordheim zeigt klare reife Frucht im Bouquet, ist füllig und saftig im Mund, gehört wie immer zu den besten trockenen Traminern in Deutschland. Auch Edelsüßes hat Wolfgang Glaser wieder zu bieten, er hat uns aus dem Jahrgang 2016 drei Beerenauslesen und einen Eiswein vorgestellt, alle aus dem Nordheimer Vögelein. Die Silvaner Beerenauslese ist wunderschön frisch, reintönig, zupackend, die Scheurebe Beerenauslese zeigt feinen Duft, etwas Holunder, ist klar und zupackend im Mund, besitzt herrlich viel Frucht, ist harmonisch und lang. Die Riesling Beerenauslese zeigt viel reife Frucht und Würze im Bouquet, ist ebenfalls wunderschön klar im Mund, der Silvaner Eiswein ist klar und konzentriert, reintönig und zupackend. Der rebellische Spätburgunder präsentiert sich in prächtiger Verfassung, besitzt gute Konzentration, reintönige Frucht, feine Frische, rote Früchte, Präzision und Druck.

G

Weinbewertung

85	2016 Müller-Thurgau trocken Dettelbach **12,5 %/7,50 €**
86	2016 Silvaner trocken Dettelbach **13 %/9,- €**
86	2016 Riesling trocken Dettelbach **12,5 %/9,- €**
86	2016 Scheurebe trocken Dettelbach **12,5 %/8,50 €**
87	2016 Weißer Burgunder trocken „Denker" Nordheim **14 %/10,50 €**
88	2016 Grauer Burgunder trocken „Denker" Dettelbach **14, %/12,- €**
88	2016 Silvaner trocken Sommeracher Katzenkopf **13,5 %/12,- €**
91	2016 Silvaner trocken Dettelbacher Berg-Rondell **14 %/16,- €** ☺
90	2016 Müller-Thurgau („Orange") trocken Dettelbach **12,5 %/15,- €**
89	2016 Silvaner („Orange") trocken Dettelbach **14 %/25,- €**
88	2016 Traminer trocken Nordheim **14 %/14,50 €**
90	2016 Silvaner Beerenauslese Nordheimer Vögelein **8 %/28,- €/0,375l**
91	2016 Riesling Beerenauslese Nordheimer Vögelein **7,5 %/28,- €/0,375l**
91	2016 Scheurebe Beerenauslese Nordheimer Vögelein **7,5 %/28,- €/0,375l**
91	2016 Silvaner Eiswein Nordheimer Vögelein **8,5 %/33,- €/0,375l**
90	2013 Spätburgunder trocken „Rebell" Dettelbach **13 %/23,- €**

LAGEN

BERG-RONDELL (DETTELBACH)
- BERG
VÖGELEIN (NORDHEIM)
KATZENKOPF (SOMMERACH)
SONNENLEITE (DETTELBACH)

REBSORTEN

SILVANER (30 %)
MÜLLER-THURGAU (25 %)
RIESLING (10 %)
SPÄTBURGUNDER (10 %)
GRAUBURGUNDER (6 %)
WEISSBURGUNDER (5 %)
SCHEUREBE (3 %)
SCHWARZRIESLING (3 %)

FREIHERR VON GLEICHENSTEIN

★★★☆

KONTAKT

Bahnhofstraße 12
79235 Vogtsburg-Oberrotweil
Tel. 07662-288, Fax: 07662-1856
www.gleichenstein.de
weingut@gleichenstein.de

Inhaber
Johannes Freih. von Gleichenstein
Kellermeister
Odin Bauer
Außenbetriebsleiter
Franz Galli
Rebfläche
45 Hektar
Produktion
300.000 Flaschen

BESUCHSZEITEN

Mo.-Fr. 10-12 + 13-17 Uhr, Sa. 10-17 Uhr, So. 11-15 Uhr (April - Okt.), feiertags geschlossen; Kelterhalle (bis 200 Personen, überdacht); neue Vinothek

Die Familie der jetzigen Freiherren von Gleichenstein erwarb 1634 die Gebäude und Ländereien des Benediktinerordens St. Blasien im damaligen Rothwyhl. Hans-Joachim von Gleichenstein hatte 1959 das Gut als landwirtschaftlichen Mischbetrieb übernommen und ganz auf Wein ausgerichtet. Seit 2003 führt Sohn Johannes von Gleichenstein das Gut in elfter Generation, seit 2004 unterstützt von Ehefrau Christina. Seine Weinberge liegen in den Oberrotweiler Lagen Eichberg (Vulkanverwitterungsgestein) und Henkenberg (Vulkanverwitterungsböden mit Basaltschichten), in der Oberbergener Bassgeige (mit mächtiger Lössschicht überlagertes Vulkangestein), im Achkarrer Schlossberg (Vulkanverwitterungsböden) und im Ihringer Winklerberg. Im Anbau dominieren die Burgunder, Grauburgunder, Spätburgunder und Weißburgunder, dazu gibt es ein wenig Müller-Thurgau, Chardonnay, Muskateller. „Hofgarten" ist die gutsinterne Bezeichnung für Qualitäts- und Kabinettweine.

Kollektion

Die Hofgarten-Linie bietet auch 2016 wieder frische, fruchtbetonte, schön sortentypische Weine. Deutlich mehr Substanz bieten die weißen Lagenweine des Jahrgangs 2015. Der Weißburgunder aus dem Eichberg ist geradlinig und klar, sein Pendant aus dem Winklerberg besitzt gute Struktur und wunderschön reintönige Frucht. Der Henkenberg-Grauburgunder besitzt Fülle und Kraft, aber auch eine ganz dezente Bitternote. Der zweite Henkenberg-Grauburgunder, der 2012er Baron Louis, besitzt viel Fülle und Substanz, Reife und Süße, die eher irritiert, während sie beim wunderschön reintönigen Muskateller passt. Stark und stimmig ist das Spätburgunder-Trio, das im beeindruckenden Baron Philipp aus dem Eichberg kulminiert, der reintönige Frucht, gute Struktur und Substanz besitzt, noch sehr jugendlich ist.

Weinbewertung

84	2016 „Blanc de Blancs" Weißwein trocken „Hofgarten" **12,5 %/8,50 €**
84	2016 Weißburgunder Kabinett trocken „Hofgarten" **13 %/8,50 €**
83	2016 Grauburgunder Kabinett trocken „Hofgarten" **13 %/8,50 €**
87	2015 Weißer Burgunder trocken Oberrotweiler Eichberg **13 %/16,- €**
87	2015 Grauburgunder trocken Oberrotweiler Henkenberg **13,5 %/16,- €**
89	2015 Weißburgunder trocken Ihringer Winklerberg **13,5 %/21,50 €**
88	2012 Grauburgunder trocken „Baron Louis" Henkenberg **13,5 %/30,- €**
87	2015 Muskateller Ihringer Winklerberg **11,5 %/16,- €**
83	2016 Pinot Noir Rosé trocken „Hofgarten" **13 %/8,50 €**
87	2014 Spätburgunder trocken „Aus dem Kessel" Eichberg **14 %/16,- €**
88	2015 Spätburgunder trocken Ihringer Winklerberg **13,5 %/21,50 €**
91	2014 Spätburgunder trocken „Baron Philipp" Eichberg **13,5 %/50,- €**

Der GlücksJäger

★★☆

KONTAKT

Raiffeisenstraße 5
67482 Venningen
Tel. 06323-5505
Fax: 06323-6937
www.derglueckjaeger.de
info@derglueckjaeger.de

Inhaber
Andreas Pfaffmann-Wiedemann
Rebfläche
2 Hektar
Produktion
4.300 Flaschen

BESUCHSZEITEN

nach Vereinbarung

Andreas Pfaffmann-Wiedemann arbeitet eigentlich im Betrieb seines Schwiegervaters Georg Heinrich Wiedemann, der als „Essigdoktor" weit über die Pfalz hinaus Berühmtheit erlangt hat, da sein Doktorenhof in Venningen ausschließlich hochwertige Essige herstellt. Mit dem Jahrgang 2012 begann Andreas Pfaffmann-Wiedemann seine eigenen Weine zu erzeugen, zunächst nur Riesling und Cabernet Sauvignon, mittlerweile sind noch Weißburgunder, Grüner Veltliner und Sauvignon Blanc dazugekommen, die Produktion beschränkt sich auf wenige tausend Flaschen im Jahr. Die Trauben werden von Hand entrappt, die Weine werden spontan komplett durchgegoren, im Halbstückfass oder im Barrique ausgebaut und schließlich ohne Schönung oder Filtration abgefüllt.

Kollektion

Nach einem bärenstarken Debüt im vergangenen Jahr präsentiert uns Andreas Pfaffmann-Wiedemann auch in diesem Jahr wieder eine starke Kollektion ohne Fehl und Tadel. Der einzige kleine Kritikpunkt, den wir haben, ist der lästige Wachsüberzug auf den Flaschen, der es fast unmöglich macht, die Weine sauber ins Glas einzuschenken – ein unnötiges Ärgernis. An der Spitze der Kollektion steht einer der besten Cabernet Sauvignons der Pfalz, er zeigt feine, reife Beerenfrucht und Cassis, besitzt eine gute Struktur mit reifen, weichen Tanninen und ist trotz aller Kraft elegant und lang. Der Riesling „Réserve" braucht reichlich Luft, um sich zu entfalten, ist noch ganz verhalten in der Frucht, besitzt gute Konzentration und Substanz, Druck, Grip und Länge und zeigt etwas Holzwürze; die finden wir auch beim normalen Riesling, der Kraft und guten Säure-Grip besitzt und wesentlich fruchtbetonter als der „Réserve" ist. Der Grüne Veltliner ist reintönig mit Noten von gelber Frucht, Aprikosen und Pfirsichen und etwas fleischiger und pfeffriger Würze, am Gaumen ist er kraftvoll und lang mit reifem Säure-Spiel. Der erste Jahrgang des Sauvignon Blancs ist zart lachsrosafarben, zeigt typische Noten von Stachelbeeren, etwas grüner Paprika und ganz dezente Holzwürze, er ist saftig, harmonisch und elegant, würzig und lang.

Weinbewertung

88 2016 Grüner Veltliner trocken **13 %/18,- €**
88 2016 Sauvignon Blanc trocken „Fumé" **13 %/18,- €**
87 2016 Riesling trocken **13,5 %/15,- €**
88 2016 Riesling trocken „Réserve" **13,5 %/33,- €**
89 2015 Cabernet Sauvignon trocken „Réserve" **14 %/33,- €**

NICO GMELIN

★

KONTAKT

Karlstraße 14
74918 Angelbachtal
Tel. 07265-917759
www.weingut-gmelin.de
info@weingut-gmelin.de

Inhaber
Nico Gmelin
Rebfläche
3,5 Hektar
Produktion
10.000 Flaschen

BESUCHSZEITEN

Sa. 9:30-12 Uhr

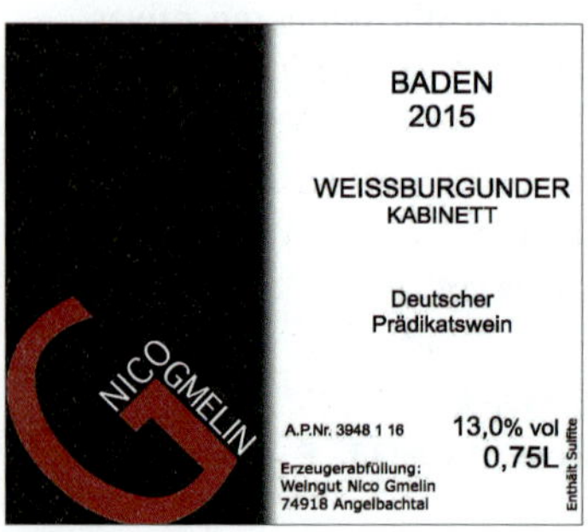

Der gelernte Winzer Nico Gmelin gründete 2009 mit 30 Ar Rebfläche, das sind 3000 Quadratmeter, sein eigenes Weingut. Mittlerweile ist das Weingut um mehr als das Zehnfache auf 3,5 Hektar gewachsen. In einem bäuerlichen, urigen Anwesen in der Karlstraße 14 in Angelbachtal betreibt er mit seiner Frau die Besenwirtschaft „Zum Geißenpeter", wo ein Großteil der Weine vermarktet wird. Im Frühjahr und im Herbst ist der Besen mit 40 Sitzplätzen für jeweils acht Wochen geöffnet. Weine und Besenwirtschaft kommen gut an, deshalb vergrößert sich das Weingut Jahr für Jahr. Mit dem in diesem Frühjahr fertig gestellten Neubau eines Wirtschaftsgebäudes mit neuester Verarbeitungs- und Kellereitechnik soll die Qualität gesteigert werden. Im Mai wurde die Vinothek eröffnet. Hauptrebsorte von Nico Gmelin ist der Spätburgunder mit einem Anteil von fast vierzig Prozent, dazu unterstreichen Weißburgunder und Grauburgunder mit jeweils rund 20 Prozent die Burgunderdominanz. Die Weinberge von Nico Gmelin liegen in verschiedenen Kraichgauer Lagen wie Eichtersheimer Sonnenberg, Malscher Ölbaum, Malscher Rotsteig, Weiler Goldberg und Elsenzer Spiegelberg.

Kollektion

Die Weine von Nico Gmelin zeigen (wie das neue Wirtschaftsgebäude) eine klare Linie, das sind Geradeaus-Weine im besten Sinn. Der Weißburgunder zeigt die typische helle Frucht, er hat Spiel und Biss. Genauso klar und frisch ist der Spätburgunder Weißherbst. Saftig ist der Blanc de Noir. Der Riesling ist durchgegoren, das bringt die feine Frucht ohne Umwege über Süße zur Geltung, eine feine Säure bringt Frische. Leicht lachsfarben ist der Grauburgunder vom Jahrgang 2015 aus dem Barrique. In der Nase etwas Vanille, aber nicht unangenehm, er ist sehr saftig, animierend, die Struktur ist sehr gut, für einen Barrique-Wein ist er etwas zu süß. Der Spätburgunder aus dem Barrique zeigt in der Nase eine speckige Frucht, ebenfalls nicht unangenehm, die helle rote Frucht hat Biss, es fehlt etwa an Konzentration, aber der Ansatz ist gut.

Weinbewertung

83 2016 Weißburgunder trocken Malscher Ölbaum **12 %/6,50 €**
82 2016 „Blanc de Noir" trocken **12 %/6,10 €**
83 2016 Riesling trocken Weiler Goldberg **12 %/6,10 €**
85 2015 Grauburgunder trocken Barrique Malscher Ölbaum **13 %/11,90 €**
82 2016 Spätburgunder Weißherbst **12 %/6,10 €**
84 2013 Spätburgunder trocken Barrique **12 %/15,50 €**

Martin Goebel

★ ☆

KONTAKT

Friedhofstraße 9
97236 Randersacker
Tel. 0931-709380
Fax: 0931-4677721
www.weingut-martin-goebel.de
info@weingut-martin-goebel.de

Inhaber
Martin Göbel
Rebfläche
8 Hektar
Produktion
60.000 Flaschen

BESUCHSZEITEN

Mo.-Fr. 9-18 Uhr, Sa. 9-16 Uhr,
So. nach Vereinbarung

Seit dem 17. Jahrhundert betreibt die Familie Weinbau in Randersacker. Lange Zeit hatten Hubert Göbel und Ehefrau Rosemarie den Betrieb geführt, im Sommer 2015 haben sie ihn an Sohn Martin übergeben. Die Weinberge liegen in verschiedenen Randersackerer Lagen wie Pfülben, Sonnenstuhl und Marsberg, wo die Reben auf Muschelkalkböden wachsen. Silvaner und Müller-Thurgau spielen die wichtigste Rolle im Betrieb, dazu gibt es Riesling und Weißburgunder, aber auch Grauburgunder, Traminer, Rieslaner, Scheurebe und Albalonga (von der es regelmäßig edelsüße Weine gibt), sowie an roten Sorten Spätburgunder, Frühburgunder und Domina, neuerdings auch etwas Merlot, Cabernet Dorsa und Cabernet Dorio. Die Weißweine werden überwiegend im Edelstahl ausgebaut, Rotweine im großen oder kleinen Eichenholzfass.

Kollektion

Die neue Kollektion ist stimmig, ist vor allem im Kabinett-Bereich jahrgangsbedingt etwas schlanker und verhaltener als gewohnt. Die trockenen Spätlesen aber sind auch 2016 wieder alle recht füllig. Der Pfülben-Silvaner zeigt gute Konzentration und reife Frucht im Bouquet, besitzt Fülle und Saft, viel reife Frucht und Substanz. Der Pfülben-Riesling steht ihm nicht nach, zeigt gute Konzentration und herrlich viel Frucht im Bouquet, ist dann ebenfalls enorm füllig und saftig im Mund bei reifer süßer Frucht. Der Weißburgunder ist ebenfalls füllig und saftig, merklich süß, der Grauburgunder zeigt gelbe Früchte, besitzt herrlich viel Frucht und Substanz. Die trockene Traminer Spätlese aus dem Marsberg ist reintönig und füllig, die süße Rieslaner Spätlese aus dem Pfülben schmeichelnd und süffig. Aus dem Jahrgang 2015 stammt die klare, zupackende trockene Spätburgunder Spätlese, die eine gleichmäßige Kollektion abrundet.

Weinbewertung

81 2016 Blauer Silvaner Kabinett trocken Randersackerer Pfülben **11,5 %/6,50 €**
80 2016 Weißer Burgunder Kabinett trocken Rand. Ewig Leben **12,5 %/6,50 €**
81 2016 Riesling Kabinett trocken Randersackerer Ewig Leben **11,5 %/6,50 €**
81 2016 Riesling Kabinett trocken „S" **12,5 %/10,- €**
81 2016 Gelber Muskateller Kabinett trocken Rand. Ewig Leben **11,5 %/7,- €**
85 2016 Silvaner Spätlese trocken Randersackerer Pfülben **14 %/11,- €**
84 2016 Weißer Burgunder Spätlese trocken Rand. Ewig Leben **13,5 %/10,- €**
84 2016 Grauer Burgunder Spätlese trocken Rand. Ewig Leben **13,5 %/13,- €**
85 2016 Riesling Spätlese trocken Randersackerer Pfülben **12,5 %/14,- €**
83 2016 Traminer Spätlese trocken Randersackerer Marsberg **13 %/10,- €**
85 2016 Rieslaner Spätlese Randersackerer Pfülben **9 %/10,- €**
83 2015 Spätburgunder Spätlese trocken Randersackerer Pfülben **13 %/11,- €**

G

GÖHRING

★★

KONTAKT

Alzeyer Straße 60
67592 Flörsheim-Dalsheim
Tel. 06243-408
Fax: 06243-6525
www.goehring-wein.de
info@goehring-wein.de

Inhaber
Wilfried & Arno Göhring
Kellermeister
Arno Göhring
Rebfläche
19,5 Hektar
Produktion
100.000 Flaschen

BESUCHSZEITEN

Mo.-Fr. 8-11:30 + 13:30-18 Uhr,
Sa. 8-11:30 + 13:30-17 Uhr,
So. 10-12 Uhr

Wilfried Göhring entwickelte zusammen mit Ehefrau Marianne den traditionellen landwirtschaftlichen Gemischtbetrieb zum reinen Weingut. Sohn Arno absolvierte seine Ausbildung bei den Weingütern Wittmann, Keth und Mosbacher und an der Weinbauschule in Weinsberg, machte ein Praktikum bei Müller-Catoir und sammelte Auslandserfahrungen in Kanada bevor er 2005 in den Betrieb einstieg, wo er seither hauptsächlich für den Weinausbau verantwortlich ist. Die Weinberge liegen vor allem im Nieder-Flörsheimer Frauenberg (sandiger bis toniger Lehm mit unterschiedlich hohem Kalksteinanteil) und im Dalsheimer Bürgel (überwiegend Löss, etwas Mergel mit Kalkstein), aber auch im Nieder-Flörsheimer Goldberg, in den Dalsheimer Lagen Sauloch und Steige, im Mölsheimer Silberberg und im Mölsheimer Zellerweg am schwarzen Herrgott. Weißwein dominiert, wobei man nicht nur auf Riesling und die Burgundersorten setzt, sondern ganz bewusst auch Spezialitäten wie Albalonga, Scheurebe und Muskateller pflegt. Rote Sorten, vor allem Spätburgunder und Schwarzriesling, nehmen mehr als ein Viertel der Weinberge ein. Alle Rotweine werden auf der Maische vergoren, dann in mittelgroßen oder kleinen Eichenholzfässern ausgebaut. Ein Teil der Orts- und Lagenweine wird spontanvergoren.

Kollektion

Die Basis ist sehr gleichmäßig, die Weine der Aromarebsorten gefallen uns da am besten, Muskateller und Scheurebe. Die reintönige Albalonga Auslese brilliert wie gewohnt, mit den trockenen Spitzen aber geht es voran. Der zitruswürzige Bürgel-Riesling besitzt Kraft und Substanz. Der Reserve-Portugieser zeigt viel Frucht, Kirschen, besitzt Kraft, gute Struktur, noch besser gefällt uns der Pinot Meunier, der intensive Frucht und feine Schokonoten besitzt.

Weinbewertung

83	2015 „Blanc de Noir" Sekt brut **12,5 %/10,- €**
80	2016 Riesling trocken (1l) **11,5 %/4,50 €**
82	2016 Riesling trocken **12 %/6,- €**
81	2016 Chardonnay trocken **12,5 %/5,50 €**
83	2016 Gelber Muskateller trocken **11,5 %/6,- €**
83	2016 Grauburgunder trocken Flörsheimer **13 %/7,- €**
83	2016 Scheurebe trocken **12,5 %/6,- €**
88	2016 Riesling trocken Dalsheimer Bürgel **12 %/15,- €**
81	2016 Riesling „feinherb" **11 %/6,- €**
87	2016 Albalonga Auslese Niederflörsheimer Frauenberg **7,5 %/11,- €**
88	2014 Pinot Meunier trocken „Reserve" **13,5 %/20,- €**
86	2012 Portugieser trocken „Reserve" **13 %/17,- €**

Otto Görgen

★☆

KONTAKT

Römerstraße 30-32
56820 Briedern
Tel. 02673-1809
Fax: 02673-900038
www.weingut-goergen.de
weingut-goergen@t-online.de

Inhaber
Matthias Görgen
Rebfläche
14 Hektar
Produktion
100.000 Flaschen

BESUCHSZEITEN

Mo.-Fr. 8-12 Uhr, Sa. 8-14 Uhr, Vinothek Beilstein: Sa./So. 14-19 Uhr, Juli-Okt. tägl. 14-19 Uhr
Ferienwohnung

Die Familie Görgen betreibt seit mindestens 1707 Weinbau im Cochemer Krampen, wie man den windungsreichen Moselabschnitt zwischen Cochem und Zell nennt. Heute führt Matthias Görgen in achter Generation den Betrieb. Seine Weinberge liegen in Briedern (Rüberberger Domherrenberg, Römergarten), Beilstein (Schlossberg, Silberberg), Briedel (Herzchen) und Mesenich (Goldgrübchen). Riesling ist die wichtigste Rebsorte im Betrieb, dazu gibt es Grauburgunder, Müller-Thurgau und Kerner, aber auch 20 Prozent rote Rebsorten: Spätburgunder, Dornfelder und Schwarzriesling. Die Weine werden kühl vergoren und zum größten Teil im Edelstahl ausgebaut, ein Teil der Rotweine auch im Holz. Die Weine werden überwiegend trocken und halbtrocken vinifiziert.

Kollektion

Matthias Görgens 2015er Kollektion war umfangreich und wurde angeführt von einer Spätlese aus dem Rüberberger Domherrenberg. Die Bedingungen des Jahrgangs 2016 kamen dem Stil des Hauses zugute, die Weine wirken schlank und straff, beispielsweise der trockene Wein namens „Nikolaus G", voller Würze und preiswert dazu. Während der Riesling von alten Reben bei der Verkostung merkwürdig verhalten und unklar wirkte, war sein Pendant vom Silberberg animierend und geradlinig. Die Spätlese wirkte bei der Verkostung recht süß, die Auslese dagegen deutlich balancierter, voller Substanz und Würze. Dem 2015er Barrique-Spätburgunder ist der Holzausbau noch etwas anzumerken, aber Kraft und Fülle sind vorhanden, deutlich zugänglicher ist sein im großen Fass ausgebautes Pendant, auch etwas fruchtiger und schlanker. —

Weinbewertung

83	2016 Riesling trocken (1l) **11,5 %/4,90 €** ☺
83	2016 Riesling trocken „vom Grauschiefer" **12 %/5,60 €**
84	2016 Riesling trocken „Nikolaus G" **12,5 %/6,- €**
85	2016 Riesling trocken „von alten Reben" Beilsteiner Silberberg **11,5 %/8,20 €**
83?	2016 Riesling trocken „alte Reben" Rüberberger Domherrenberg **11,5 %/8,20 €**
83	2016 Grauburgunder Classic **12,5 %/5,80 €**
84	2016 Riesling Kabinett „feinherb" Mesenicher Goldgrübchen **9,5 %/5,80 €**
85	2016 Riesling Spätlese „feinherb" „von alten Reben" **10,5 %/8,20 €**
86	2016 Riesling Spätlese Rüberberger Domherrenberg **9 %/8,20 €**
87	2016 Riesling Auslese Rüberberger Domherrenberg **9 %/9,50 €**
84	2015 Spätburgunder trocken Holzfass **13,5 %/6,80 €**
85	2015 Spätburgunder trocken Barrique **14 %/13,- €**

Armin Göring

★★

KONTAKT

Amthofstraße 2
79235 Vogtsburg-Bischoffingen
Tel. 07662-452
www.goering-wein.de
info@goering-wein.de

G

Inhaber
Armin Göring & Ulrike Lenhardt
Rebfläche
1 Hektar
Produktion
7.000 Flaschen

BESUCHSZEITEN

nach Vereinbarung

Armin Göring war mehr als 30 Jahre in leitenden Positionen in der badischen, deutschen und internationalen Weinwirtschaft tätig, viele kennen ihn noch als langjährigen Leiter des Deutschen Weininstituts in Mainz. Seine Ehefrau Ulrike Lenhardt ist Winzertochter aus dem Rheingau und ausgebildete Önologin. 2006 kehrte Armin Göring auf den elterlichen Winzerhof in Bischoffingen am Kaiserstuhl zurück und begann einen Teil der Weinberge der Familie selbst zu bearbeiten und zusammen mit Ulrike Lenhardt Wein unter eigenem Namen auszubauen und zu vermarkten. Er baut Spätburgunder, Weißburgunder, Grauburgunder und Müller-Thurgau sowie ein klein wenig Merlot an. Alle Weinberge befinden sich in Bischoffingen. Spätburgunder, Grauburgunder und Merlot stehen auf vulkanischen Böden, Weißburgunder und Müller-Thurgau auf Löss. Der Weißburgunder wächst in einer Hangfußlage am Hüttenberg, der Grauburgunder stammt von einer alten Terrasse im Hüttenberg, wird im Stückfass vergoren und ausgebaut. Der Pinot Noir wächst auf dem so genannten Haberbückle südlich des Dorfes Bischoffingen auf schweren schwarzen Vulkanverwitterungsboden. Die Rotweine werden entrappt, maischevergoren und im Holzfass ausgebaut. Alle Weine werden durchgegoren ausgebaut und als Badischer Landwein vermarktet. In der eigenen Brennerei werden Destillate aus Trester, Apfel, Kirsche und Quitte erzeugt, die das kleine Sortiment ergänzen.

Kollektion

Der Rivaner ist wie im Vorjahr reintönig, frisch und zupackend. Die weißen Burgunder sind 2016 ein wenig schlanker ausgefallen, das ist der Jahrgang: Der Weißburgunder ist rauchig und cremig, füllig und klar, der Grauburgunder zeigt gute Konzentration im Bouquet, reife Frucht, ist füllig und harmonisch im Mund bei guter Substanz. Der Pinot Noir ist wunderschön reintönig, frisch und zupackend. Sehr gut sind die beiden Barrique-Rotweine des Jahrgangs 2015. Der Merlot zeigt intensive Frucht, rauchige Noten, dezent Vanille, ist füllig und kraftvoll, besitzt reife Frucht, Substanz, gute Struktur und feine Tannine. Noch ein klein wenig besser gefällt uns der Pinot Noir, der rauchige Noten und reintönige Frucht im Bouquet zeigt, füllig und komplex im Mund ist, reife Frucht und gute Struktur besitzt: Eine stimmige, überzeugende Kollektion.

Weinbewertung

82	2016 Rivaner **12 %/4,80 €**
84	2016 Weißer Burgunder **12 %/6,80 €**
84	2016 Grauer Burgunder **12 %/6,80 €**
84	2016 Pinot Noir **13 %/7,80 €**
87	2015 Pinot Noir Barrique „Goldkapsel" **13 %/14,80 €**
86	2015 Merlot (Barrique) **14 %/14,80 €**

GÖTTELMANN

★★★

KONTAKT

Rheinstraße 77
55424 Münster-Sarmsheim
Tel. 06721-43775
Fax: 06721-42605
www.goettelmann-wein.de
goettelmannwein@aol.com

Inhaber
Ruth Göttelmann-Blessing, Götz Blessing
Rebfläche
14 Hektar
Produktion
90.000 Flaschen

BESUCHSZEITEN

nach Vereinbarung
Straußwirtschaft Mai - Nov.
Fr.-So. ab 18 Uhr

Die Weinberge von Ruth Göttelmann-Blessing und Götz Blessing liegen in Münster-Sarmsheim in den Lagen Dautenpflänzer, Kapellenberg, Pittersberg und Rheinberg. Wichtigste Rebsorte ist der Riesling, der etwa 60 Prozent der Rebfläche einnimmt. Hinzu kommen Weißburgunder, Grauburgunder, Chardonnay, Sauvignon Blanc und Gewürztraminer, sowie Dornfelder, Spätburgunder und Portugieser. Seit dem Jahrgang 2008 werden bei trockenen Weinen keine Prädikatsbezeichnungen mehr verwendet. Um die prägenden Terroirs hervorzuheben wurden die Weine vom roten Schiefer (Kapellenberg) und schwarzen Schiefer (Rheinberg) eingeführt. Seit dem Jahrgang 2010 erzeugt Götz Blessing aus dem vordersten Kapellenberg, unterhalb einer vor wenigen Jahren errichteten Bruchsandsteinmauer, aus besonders kleinbeerigen Trauben den „Le Mur" genannten Riesling, der spontan im großen Holzfass vergoren wird. 2016 wurde eine Parzelle mit Silvaner neu angelegt.

Kollektion

In der aktuellen Kollektion notieren einige Weine, vor allem in der Spitze, etwas höher als im letzten Jahrgang: Der Riesling „Le Mur" und der Dautenpflänzer zeigen beide deutliche Holzwürze in der Nase, am Gaumen macht sich das aber kaum bemerkbar, beide Weine entwickeln mit Luft viel feinen Druck, sind elegant, salzig-animierend und nachhaltig, der „Le Mur" ist noch etwas expressiver in der Frucht als der Dautenpflänzer. Der Riesling „vom roten Schiefer" zeigt steinig-mineralische Noten und Zitruswürze, ist animierend und besitzt gute Länge, der Riesling „vom schwarzen Schiefer" ist etwas fülliger, zeigt leicht rauchige Noten. Der Chardonnay zeigt röstige Würze und besitzt gute Konzentration, unter den beiden restsüßen Riesling-Spätlesen ist der Kapellenberg etwas mineralischer, frischer und präsenter als der zurückhaltendere Dautenpflänzer.

Weinbewertung

84	2016 Sauvignon Blanc trocken Münsterer **12,5 %/7,50 €**
83	2016 Grauer Burgunder trocken Münsterer **13,5 %/7,80 €**
85	2016 Chardonnay trocken Münsterer **13,5 %/8,50 €**
85	2016 Riesling trocken „vom schwarzen Schiefer" Münsterer **12,5 %/7,80 €**
86	2016 Riesling trocken „vom roten Schiefer" Münsterer **12 %/8,30 €**
83	2016 Riesling trocken Münsterer Kapellenberg **12,5 %/7,50 €**
83	2016 Riesling trocken Münsterer Pittersberg **12 %/7,50 €**
88	2016 Riesling trocken Münsterer Dautenpflänzer **12,5 %/9,30 €** ☺
89	2016 Riesling trocken „Le Mur" Münsterer Kapellenberg **12,5 %/12,50 €**
85	2016 Riesling Spätlese Münsterer Dautenpflänzer **7,5 %/8,50 €**
86	2016 Riesling Spätlese Münsterer Kapellenberg **7,5 %/8,90 €**
84	2013 Spätburgunder „S" trocken Münsterer **13,5 %/9,50 €**

Götz

★☆

Kontakt

Weinolsheimer Straße 10
55278 Uelversheim
Tel. 06249-7105
Fax: 06249-80284
www.weingut-goetz.de
weingut@weingut-goetz.de

Inhaber
Reinhard & Holger Götz
Rebfläche
10 Hektar
Produktion
75.000 Flaschen

Besuchszeiten

nach Vereinbarung

Reinhard Götz übernahm von seinem Vater den landwirtschaftlichen Gemischtbetrieb, konzentrierte sich nach und nach ganz auf Weinbau. Sohn Holger, Diplom-Önologe, sammelte Erfahrungen im In- und Ausland (Johner, Château Margaux, Chard Farm), bevor er in den Betrieb einstieg, wo er sich hauptsächlich um Keller und Marketing kümmert. Ihre Weinberge liegen vor allem in den Uelversheimer Lagen Tafelstein und Aulenberg, sowie im Dienheimer Tafelstein. Weiße Rebsorten nehmen drei Fünftel der Fläche ein, es dominiert Riesling, gefolgt von Weißburgunder, Grauburgunder und Scheurebe, Huxelrebe und Kanzler, zukünftig auch Sauvignon Blanc. Bei den roten Sorten dominieren Spätburgunder und Dornfelder, zukünftig wird Merlot das Programm ergänzen. Die Rotweine werden überwiegend im großen Holzfass ausgebaut, teilweise auch im Barrique, die Weißweine fast komplett im Edelstahl. Seit 2009 werden alle Weinberge biologisch bewirtschaftet, man ist Mitglied bei Ecovin.

Kollektion

Die neue Kollektion überzeugt im weißen wie im roten Segment. Die Gutsweine sind fruchtbetont und sortentypisch, am besten gefällt uns der reintönige Merlot, der gute Struktur und klare reife Frucht besitzt. Neu im Lagen-Segment ist der Riesling aus dem Tafelstein, der viel Würze und Konzentration zeigt, Fülle und Kraft besitzt. Offener und komplexer präsentieren sich aber Pinot Blanc und Pinot Gris, beide aus dem Aulenberg. Der Weißburgunder zeigt viel Würze und Duft, besitzt gute Struktur, reife Frucht und Substanz, der Grauburgunder ist frisch und zupackend, strukturiert und fruchtbetont. Unser eindeutiger Favorit aber ist in diesem Jahr der Pinot Noir, der rauchige Noten und reintönige Frucht besitzt, klar und elegant ist, gute Struktur und Frische besitzt.

Weinbewertung

80	2016 Riesling trocken (1l)	**12,5 %/4,60 €**
81	2016 „Cuvée Henning" Weißwein trocken	**13 %/6,50 €**
82	2016 Grauer Burgunder trocken	**13 %/5,70 €**
82	2016 Riesling trocken	**12,5 %/5,90 €**
82	2016 Sauvignon Blanc trocken	**12 %/6,50 €**
83	2016 Riesling trocken „h4" Dienheimer Tafelstein	**12,5 %/9,50 €**
85	2016 Pinot Blanc trocken „h1" Uelversheimer Aulenberg	**13 %/8,50 €**
85	2016 Pinot Gris trocken „h2" Uelversheimer Aulenberg	**13 %/8,50 €**
81	2016 Scheurebe halbtrocken (1l)	**12 %/4,60 €**
83	2015 „Hilarius" Rotwein trocken	**13 %/8,50 €**
84	2015 Merlot trocken	**13 %/8,50 €**
87	2015 Pinot Noir trocken „h3" Uelversheimer Tafelstein	**13,5 %/13,50 €**

GOLD

★★☆

KONTAKT

Buocher Weg 9, 71384 Weinstadt
Tel. 07151-1691215, Fax: -1679121
www.weingut-gold.de
info@weingut-gold.de

Inhaber Leon Gold
Rebfläche 7 Hektar
Produktion 45.000 Flaschen

BESUCHSZEITEN

Sa. 10-13 Uhr oder nach Vereinbarung

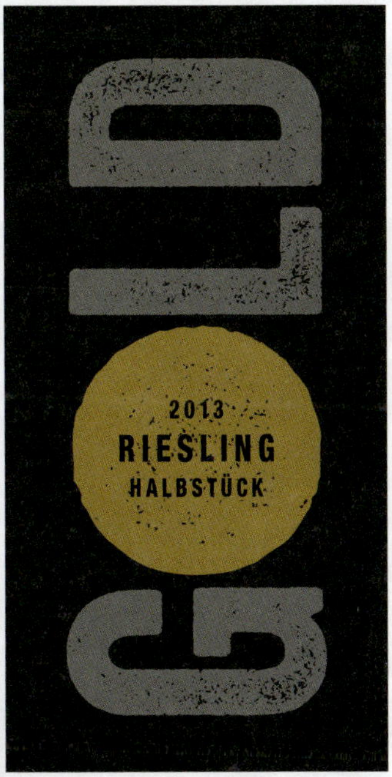

Über das Bottwartal (Weingut Bruker) und das Remstal (Weingut Bernhard Ellwanger) kam der aus dem Heilbronner Raum stammende Leon Gold in die Pfalz, wo er bei Sven Leiner in Ilbesheim mit ökologischem und biodynamischem Weinbau Bekanntschaft machte. Danach folgte die Ausbildung zum Weinbautechniker in Weinsberg, ab 2011 arbeitete er wieder in seiner Wahlheimat Remstal bei Jochen Beurer. Nebenher hat er sein eigenes Weingut gegründet, in Gundelsbach im ehemaligen Gasthaus „Im Krug zum grünen Kranze" mit einem historischen Gewölbekeller aus dem Jahr 1816. 2014 bzw. 2013 (Riesling Halbstück) erzeugte er seine ersten Weine. Seine Weinberge befinden sich in Gundelsbach, aber auch in Schnait, Beutelsbach, Großheppach, Beinstein und Geradstetten. Riesling nimmt gut ein Drittel der Rebfläche ein, es folgen Trollinger, Cabernet Sauvignon, Kerner und Müller-Thurgau, des Weiteren gibt es Portugieser, Schwarzriesling, Spätburgunder und Merlot, inzwischen auch Zweigelt. Die Reben wurden von jeher biologisch bewirtschaftet, 2016 wurde die Zertifizierung begonnen.

Kollektion

Zwei jugendliche, zupackende Sekte eröffnen den Reigen. Die Gutsweine sind herrlich geradlinig. Der Gundelsbacher Riesling ist reintönig, strukturiert und zupackend. Der Halbstück-Riesling zeigt gute Konzentration, reintönige Frucht, besitzt gute Struktur, Substanz, Druck und Frische, auch der 2013er ist immer noch enorm jugendlich. Die litschiduftige Kerner Beerenauslese rundet das weiße Segment ab. Die beiden Rosés sind reintönig und süffig, auch der Liter-Trollinger kann sich sehen lassen, die rote Cuvée hat Struktur und Biss. Unser Favorit unter den Roten ist der reintönige, zupackende Zweigelt. —

Weinbewertung

84 2014 „Ida Marie" Sekt brut **12 %/13,50 €**
85 2015 „Ida Marie" Sekt brut **12 %/13,50 €**
84 2016 „Weißgold" Weißwein trocken **11,5 %/6,90 €**
84 2016 Riesling trocken **11,5 %/7,- €**
86 2016 Riesling trocken Gundelsbach **12 %/12,90 €**
89 2013 Riesling trocken „Halbstück" Beutelsbacher Altenberg **12 %**
89 2015 Riesling trocken „Halbstück" Beutelsbacher Altenberg **12,5 %/20,- €**
89 2013 Kerner Beerenauslese **19,50 €**
83 2016 Rosé „Gold" trocken **11,5 %/6,90 €**
83 2016 Muskattrollinger Rosé **11,5 %/8,- €**
83 2016 Trollinger trocken (1l) **11,5 %/5,50 €**
85 2016 „Rot Gold" Rotwein trocken **12,5 %/8,50 €**
84 2015 Cabernet Sauvignon trocken Großheppach **12,5 %/12,90 €**
87 2015 Zweigelt trocken Beinstein **12,5 %/12,90 €**

GOLDATZEL

★★☆

KONTAKT

Hansenbergallee 1a
65366 Geisenheim-Johannisberg
Tel. 06722-50537
Fax: 06722-6009
www.goldatzel.de
wein@goldatzel.de

Inhaber
Andrea & Gerhard Groß
Rebfläche
12 Hektar
Produktion
90.000 Flaschen

BESUCHSZEITEN

täglich außer Mo., 10-18 Uhr
Gutsschänke (März bis November), Terrasse mit Weitblick

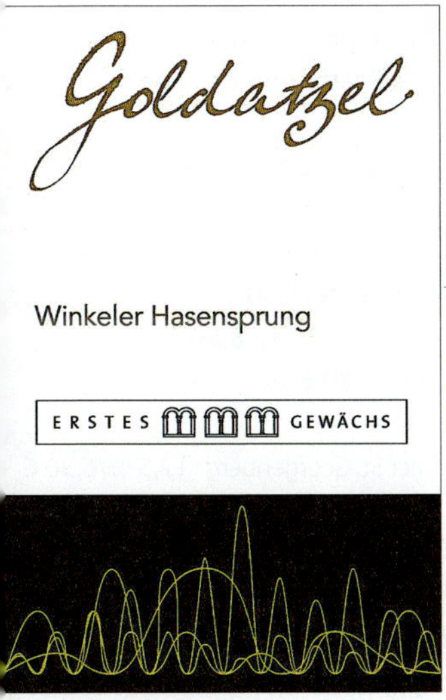

Der Betrieb von Andrea und Gerhard Groß war viele Jahre lang vor allem seines Gutsausschanks wegen bekannt, hat sich in den letzten Jahren aber auch einen sehr guten Ruf für die Qualität seiner Weine erworben. Der Ertrag der zehn Hektar – neben 80 Prozent Riesling werden auch Grau-, Früh- und Spätburgunder angebaut – stammt teilweise von alten Reben aus Lagen in Johannisberg (Vogelsang, Hölle, Goldatzel), Winkel (Hasensprung) und Geisenheim (Kläuserweg) und wird zu traditionellen, würzigen, aber sehr saftigen Weinen verarbeitet.

Kollektion

Der trockene Riesling Kabinett eröffnet eine Kollektion, die einfach Spaß macht. Er ist frisch und knackig, die trockene Spätlese „Bestes Fass" verbindet würzige Kraft und Finesse mit Rückgrat und Länge. Während das Erste Gewächs aus dem Kläuserweg sich ungemein würzig präsentiert, ist das aus dem Hasensprung in seiner filigraneren, leichteren Art schon präsenter. Der feinherbe Riesling „Wie im Fluge" macht seinem Namen alle Ehre, so schnell leert sich das Glas. Beim feinherben Kabinett aus der Goldatzel kommt noch mehr Würze und Saftigkeit ins Spiel. Die feinherbe Spätlese aus der Hölle ist filigran und saftig. Würziger und tiefgründiger ist dagegen die feinherbe Spätlese aus dem Bischofsberg. Trotz spürbarer Konzentration noch kompakt, dabei ausgesprochen würzig, birgt die aus der Goldatzel (Bestes Fass) das größere Potenzial. Die Krone der feinherben Rieslinge trägt jedoch der zitrusduftige Wein von alten Reben aus dem Johannisberger Vogelsang: Hier trifft mineralischer Schliff auf Gerbstoffbiss und rasanten Säurenerv. Der schlanke Kabinett aus der Johannisberger Hölle und die geradlinige, saftige Spätlese runden diese gelungene Kollektion ab.

Weinbewertung

85	2016 Riesling Kabinett trocken Winkeler Hasensprung **11,5 %/7,30 €**
86	2016 Riesling Spätlese trocken „Bestes Fass" Goldatzel **12,5 %/10,20 €**
88	2016 Riesling trocken Erstes Gewächs Winkeler Hasensprung **12,5 %/16,80 €**
88	2016 Riesling trocken Erstes Gewächs Geisenheimer Kläuserweg **13 %/16,80 €**
83	2016 Riesling „feinherb" „Wie im Fluge" **10 %/6,50 €**
85	2016 Riesling Kabinett „feinherb" Johannisberger Goldatzel **11 %/7,30 €**
86	2016 Riesling Spätlese „feinherb" Johannisberger Hölle **11,5 %/10,20 €**
87	2016 Riesling Spätlese „feinherb" Rüdesheimer Bischofsberg **12 %/10,20 €**
87	2016 Riesling Spätlese „feinherb" Johannisberger Goldatzel **11,5 %/13,- €**
88	2016 Riesling „feinherb" „Alte Reben" Johannisberger Vogelsang **11,5 %/13,- €**
85	2016 Riesling Kabinett Johannisberger Hölle **10 %/7,30 €**
86	2016 Riesling Spätlese Winkeler Hasensprung **9 %/9,- €**

GOLDSCHMIDT

★★

KONTAKT

Enzingerstraße 27-31
67551 Worms-Pfeddersheim
Tel. 06247-7044
Fax: 06247-6205
www.wein-goldschmidt.de
weingut.goldschmidt@t-online.de

Inhaber
Ulrich Goldschmidt
Rebfläche
15 Hektar

BESUCHSZEITEN

Vinothek (im ehemaligen Kuhstall), Fr. 13-18 Uhr, Sa. 10-12 + 13-18 Uhr, sonst nach Vereinbarung

Das Weingut Goldschmidt ist aus einem typisch rheinhessischen landwirtschaftlichen Mischbetrieb entstanden. Jochen Goldschmidt pflanzte Ende der sechziger Jahre die ersten Reben und begann mit der Selbstvermarktung. Seit 1998 wird das Gut von Ulrich Goldschmidt geführt, unterstützt wird er im Betrieb von Ehefrau Elke und seinen Eltern. Seine Weinberge liegen in Pfeddersheim (Kreuzblick, St. Georgenberg, Hochberg), Osthofen (Liebenberg, Klosterberg) und Dalsheim (Hubacker, Bürgel, Steig, Sauloch). In jeder Gemarkung herrscht ein anderer Bodentyp vor, so dass Ulrich Goldschmidt ein breites Spektrum von schweren, kalkhaltigen Tonböden bis hin zu leichten Lösslehmböden in seinen Weinbergen hat. Er vergärt die Weine langsam und kühl. Bei den Weißweinen strebt er fruchtige, filigrane Weine mit dezenter, aber lebendiger Säure an. Den Spätburgunder baut er in neuen und gebrauchten Barriques aus. 2002 stellte er den Betrieb auf ökologische Bewirtschaftung um, ist Mitglied bei Ecovin und Bioland. Sohn Jonas hat seine Winzerausbildung bei Arndt Werner, Gerhard Schwarztrauber und den Knipsers absolviert, er erzeugte mit dem Chardonnay S 2015 seinen ersten eigenen Wein, 2017 hat er Erfahrungen in Neuseeland gesammelt.

Kollektion

Sehr stimmig präsentiert sich die neue Kollektion, bietet sortentypische, zupackende Weißweine, die durch die meist merkliche Restsüße betont saftig und süffig sind. Eine Ausnahme stellen die beiden von Sohn Jonas vinifizierten Weine dar. Der Chardonnay besitzt Fülle und Kraft, gute Struktur und Substanz, der im Barrique vergorene Gewürztraminer S ist konzentriert und reintönig, kraft- und druckvoll. Sehr gut sind auch die beiden präsentierten Rotweine, der frische zupackende Cabernet Sauvignon und der wunderschön reintönige, aber noch jugendlich-tanninbetonte Spätburgunder.

Weinbewertung

81	2016 Silvaner trocken Osthofener Klosterberg **12,5 %/5,80 €**
83	2016 Grauer Burgunder trocken St. Georgenberg **12,5 %/5,90 €**
86	2016 Chardonnay „S" trocken „Edition Jonas" Kreuzblick **13 %/12,90 €**
84	2016 Riesling trocken Dalsheimer Hubacker **12 %/5,90 €**
83	2016 Riesling „S" trocken Osthofener Liebenberg **12 %/8,80 €**
84	2016 Scheurebe trocken „Jeanette" **12,5 %/5,80 €**
83	2016 Sauvignon Blanc trocken **12 %/6,- €**
84	2016 Gewürztraminer trocken Pfeddersheimer St. Georgenberg **12,5 %/6,30 €**
86	2016 Gewürztraminer „S" trocken „Edition Jonas" St. Georgenberg **13 %/12,90 €**
84	2016 Huxelrebe Spätlese **9 %/5,90 €**
86	2014 Spätburgunder „S" trocken Dalsheimer Bürgel **13 %/9,80 €**
86	2014 Cabernet Sauvignon trocken Dalsheimer Steig **13 %/7,40 €**

Jörn Goziewski

★★☆

KONTAKT

Gartenstraße 18
65366 Geisenheim
Tel. 0172 4776942

Inhaber
Jörn Goziewski
Rebfläche
1,3 Hektar

BESUCHSZEITEN

nach Vereinbarung

Jörn Goziewski gehört zur jungen Garde der engagierten Kellermeister im Rheingau, die sich nicht mit dem Erreichten zufrieden geben, sondern neue Wege suchen. Die hat der in Geisenheim ausgebildete Önologe nach Auslandsaufenthalten in Spanien, Italien und Neuseeland zunächst in der Ankermühle beschritten. Dort baute er Riesling sowohl in Edelstahltanks als auch im Stückfass und in Barriques aus, experimentierte viel mit Maischestandzeiten und Batonnage und erzeugte einige eigenwillige, aber überzeugende Weine, Weine, die man im Rheingau in dieser Form bislang nicht kannte. Im Jahr 2015 hat Jörn Goziewski sich selbstständig gemacht und einen eigenen Keller in Oestrich-Winkel bezogen. Er bewirtschaftet heute 1,3 Hektar, überwiegend in Rüdesheim in den Lagen Berg Rottland, Berg Roseneck, Berg Schlossberg und Drachenstein, aber auch im Winkeler Hasensprung und in der Johannisberger Hölle. Neben Riesling baut er ein wenig Spätburgunder an. Den Ausbau der Weine auf unterschiedliche Weise – im Edelstahl, aber auch im Barrique oder im Stückfass – hat er beibehalten, auch die teilweise sehr langen Maischestandzeiten werden weiterhin praktiziert.

Kollektion

Wer Weine abseits des Mainstreams sucht ist hier genau richtig. Der 2015er Riesling aus dem Rottland ist cremig und fein gerbstoffherb, der Alkohol ist spürbar, fällt aber nicht unangenehm ins Gewicht. Er ist in sich stimmig, würzig und lang, konzentriert wie ein Rotwein. Der knochentrockene maischevergorene Riesling Arancia ist gerbstoffwürzig, begeistert mit Konzentration und pointierter Säureader. Der im Barrique ausgebaute Riesling Hasensprung ist konzentriert und geradlinig. Der Jus de Rouge, ein Gemeinschaftsprojekt mit Vincent Eymann aus der Pfalz, ist unerhört saftig, ansprechend rustikal, vital, vollmundig und würzig. Der Pinot Noir Arancia verändert die Vorstellungen, die man vom Spätburgunder aus dem Rheingau hat. Nicht im Bouquet, in dem Toastwürze und reife Beerenfrucht dominieren. Sondern im Mund, er ist immens saftig, besitzt puristische Kühle, intensive Würze und markante, trocknende Gerbstoffe: ein hervorragender Wein, aber nichts für Harmoniesüchtige. —

Weinbewertung

88	2014 Riesling trocken „Arancia"	**12 %/38,- €**
88	2015 Riesling trocken Rottland	**14,5 %/19,90 €**
86	2014 Riesling trocken Hasensprung	**12,5 %/24,50 €**
86	2015 „Jus de Rouge" Rotwein	**11,9 %/11,90 €**
90	2015 Pinot Noir „Arancia"	**14 %/45,- €**

Grans-Fassian

★★★★☆

KONTAKT

Römerstraße 28
54340 Leiwen
Tel. 06507-3170
Fax: 06507-8167
www.grans-fassian.de
weingut@grans-fassian.de

Inhaber
Gerhard Grans
Rebfläche
13 Hektar
Produktion
120.000 Flaschen

BESUCHSZEITEN

nach Vereinbarung

Gerhard Grans übernahm 1982 das Weingut von seinem Vater Matthias, vergrößerte den Betrieb von damals 4 Hektar auf die heutige Fläche und begann mit der Selbstvermarktung, sein Vater hatte nur für den Eigenverbrauch Flaschen abgefüllt. Er verfügt über Weinberge in einigen der besten Lagen der mittleren Mosel: Die Leiwener Laurentiuslay ist eine südwest-exponierte Steillage gegenüber von Leiwen mit tiefgründigem, verwittertem Grauschieferboden; die Apotheke, gegenüber von Trittenheim gelegen, ist eine Steillage mit grau-blauem Schiefergestein; der Dhroner Hofberg, in einem Seitental zwischen Trittenheim und Piesport gelegen, ist eine steile Südlage mit rötlichem Schiefergestein; das Piesporter Goldtröpfchen ist eine Südlage mit grau-blauem Schieferverwitterungsboden, der mit Quarz und Mineralien durchsetzt ist. Knapp die Hälfte der Fläche liegt in diesen Steillagen, dazu ist Grans im Trittenheimer Altärchen und im Leiwener Klostergarten vertreten. Neben dem dominierenden Riesling baut Gerhard Grans ein wenig Weißburgunder und Grauburgunder an. Tochter Catherina hat mit dem Jahrgang 2016 die Nachfolge des Vaters angetreten, was die Verantwortung für die Weinproduktion angeht. 2011 hatte sie erstmals einen eigenen Wein kreiert, als Steiles Stück bezeichnet, der von 90 Jahre alten Reben in der Laurentiuslay stammt. Catherina Grans studierte in Geisenheim, hat inzwischen die Ausbildung zum European Master of Science in Viticulture & Enology mit einem Studium in Frankreich und Portugal abgeschlossen. Das Programm ist auch weiterhin überschaubar. Im trockenen Teil des Sortiments gibt es den „Mineralschiefer" genannten Gutsriesling, sein Pendant im feinherben Bereich, erstmals 1988 erzeugt, wird „Catherina" genannt, die Alten Reben von über 50 Jahre alten Reben in der Laurentiuslay sowie seit 2005 Große Gewächse, inzwischen sind es drei – aus Laurentiuslay, Apotheke und Hofberg. Für die trockenen Rieslinge wird nur absolut gesundes Lesegut verwendet, je nach Jahrgang wird mit mehr oder weniger langer Maischestandzeit gearbeitet, die Moste werden bei 20 bis 25 Grad vergoren, die Weine werden ohne Schwefel recht lange auf der Hefe ausgebaut. Süß und edelsüß erzeugt Gerhard Grans, so es der Jahrgang erlaubt, die ganze Bandbreite von Kabinett und Spätlese über Auslese bis hin zur Trockenbeerenauslese.

Kollektion

Der Einstieg ist wie immer erfreulich im Weingut Grans-Fassian. Stoffig wirkt der „Mineralschiefer", Schmelz besitzt der Weißburgunder, einer der animierendsten Weine dieser Sorte an der Mosel. Exzellent gelungen und wunderbar straff ist der Leiwener Riesling von alten

Reben. Das „Steile Stück" ist längst keine Überraschung mehr, weiß man doch um seine Qualität. In diesem Jahr macht es dennoch besonders viel Spaß, wirkt es doch sehr ausdrucksstark mit konzentrierter Würze, ist erfreulich trocken, aber schon jetzt zugänglich. Unter den trockenen Spitzenweinen wirkt der Dhroner Hofberg am eigenwilligsten, besitzt eine verblüffend offene Nase, Hefenoten, dahinter Steinobst, zeigt im Mund viel Spiel und eine eigene Stilistik, wirkt puristisch trocken. Das Große Gewächs aus der Leiwener Laurentiuslay besitzt Anklänge an Kräuter, Apfel und Hefe, jenes aus der Apotheke eine sehr klare, fast süße Frucht, Anklänge an Melone, es ist kraftvoll und saftig, harmonisch und lang. Überzeugend, wie das Terroir herausgearbeitet wurde in diesem Jahrgang. Ein exzellenter, würziger und herrlich vielschichtiger feinherber Apotheke-Riesling, der mit den trockenen Spitzen locker mithalten kann, leitet über zu den süßen Weinen. Ein rassiger Trittenheimer Kabinett mit lediglich verhaltener Süße und überzeugender Balance ist der Einstieg, die beiden Spätlesen unterscheiden sich deutlich voneinander, auch wenn sie beide viel Spaß machen und mit ihrer Frische punkten. Während der Wein aus der Trittenheimer Apotheke in der Nase etwas kräuteriger wirkt und im Mund straffer, zeigt jener aus dem Piesporter Goldtröpfchen Noten von süßem Apfel, wirkt eine Spur fülliger, ist harmonisch und lang. Die Auslese aus der Trittenheimer Apotheke, die in diesem Jahr die nominelle Spitze einnimmt, wirkt dagegen merkwürdig verhalten, besitzt aber viel Substanz. Das hervorragende Gesamtergebnis wird davon aber nicht im Geringsten getrübt.

G

Weinbewertung

86	2016 Weißer Burgunder trocken **13 %/10,- €**
85	2016 Riesling trocken „Mineralschiefer" **12,5 %/9,- €**
89	2016 Riesling trocken „Alte Reben" Leiwener **12,5 %/13,- €**
90	2016 Riesling trocken „Steiles Stück" **13 %/18,- €**
91	2016 Riesling trocken „GG" Leiwen Laurentiuslay **13 %/25,- €**
92	2016 Riesling trocken „GG" Dhron Hofberg **13 %/25,- €**
91	2016 Riesling trocken „GG" Trittenheim Apotheke **13 %/25,- €**
87	2016 Riesling Kabinett Trittenheimer **10 %/12,- €**
89	2016 Riesling Spätlese Trittenheimer Apotheke **8,5 %/19,- €**
92	2016 Riesling „feinherb" Trittenheimer Apotheke **12,5 %/25,- €**
89	2016 Riesling Spätlese Piesporter Goldtröpfchen **7,5 %/19,- €**
89?	2016 Riesling Auslese Trittenheimer Apotheke **8 %/29,- €**

LAGEN

LAURENTIUSLAY (LEIWEN)
APOTHEKE (TRITTENHEIM)
GOLDTRÖPFCHEN (PIESPORT)
HOFBERG (DHRON)

REBSORTEN

RIESLING (88 %)
WEISSBURGUNDER (10 %)
GRAUBURGUNDER (2 %)

GravinO

★☆

KONTAKT

Gräfental 54
75057 Kürnbach
Tel. 07258-7784
Fax: 07258-925373
www.gravino.de
gravino.kuernbach@t-online.de

Inhaber
H. + J. Grahm GbR
Rebfläche
6,5 Hektar
Produktion
30.000 Flaschen

BESUCHSZEITEN

Mi.-Fr. 17-19 Uhr, Sa. 10:30-15 Uhr und nach Vereinbarung

G

Als „Hobby" ist der Betrieb entstanden, heute bewirtschaftet man Reben sowohl in Baden, als auch in Württemberg, wobei der größere Teil der Trauben immer noch verkauft wird. Helmut und Hannelore Grahm hatten mit dem Weinbau begonnen, seit 2010 ist Sohn Jochen für die gesamte Produktion bis hin zur Vermarktung verantwortlich. Er hatte seine Ausbildung bei den Weingütern G.A. Heinrich und Burg Ravensburg absolviert, dann die Weinbautechnikerschule in Weinsberg besucht. Die Reben sind im Durchschnitt 25 Jahre alt, wachsen in Kürnbach, Heidelsheim und Oberderdingen teils auf Keuper, teils auf Tonböden, teils auch auf Löss und Sandsteinverwitterung. Schwarzriesling, Grauburgunder, Weißburgunder und Riesling sind die wichtigsten Rebsorten, dazu gibt es Muskateller, Traminer, Scheurebe, Cabernet Sauvignon und Spätburgunder. Die Weine werden betriebsintern mit bis zu drei Sternen klassifiziert.

Kollektion

Schon im vergangenen Jahr war uns der Riesling aus der Steillage aufgefallen. Nun haben wir ihn noch einmal verkostet und er hat sein Versprechen eingelöst. Er hat Dichte entwickelt und guten Druck, mit weniger Süße und Alkohol wäre es ein sehr eleganter Wein. Trotz noch deutlicherer Süße blitzt beim Jahrgangsnachfolger Eleganz auf. Das liegt auch am geringeren Alkoholgehalt. Allgemein sind die 2016er Weine in der Spitze leichter und eleganter. Auch an Dichte mangelt es dem 2016er Steillagen-Riesling nicht. Duftig und leicht ist der Müller-Thurgau, überraschend kräftig der Auxerrois. Sehr schön ist der Weißburgunder mit heller Frucht, viel Schmelz und guter Struktur. Noch besser gefällt uns der Grauburgunder, ein saftiges Schwergewicht mit guter Konzentration. Paprika-Noten zeigt die vom Cabernet geprägte Cuvée Grenzgänger, typische Vertreter ihrer Rebsorte sind Schwarzriesling und der wiederum sehr gute Lemberger.

Weinbewertung

83 2016 Müller-Thurgau** trocken „Alte Rebe" **12,5 %/9,50 €**
82 2016 Auxerrois** trocken **12,5 %/9,50 €**
83 2016 Weißburgunder** trocken „Alte Rebe" **13,5 %/10,- €**
84 2016 Grauburgunder** trocken „Alte Rebe" **14 %/10,- €**
88 2015 Riesling*** trocken Steillage **13,5 %/14,- €**
88 2016 Riesling*** trocken Steillage **12,5 %/14,- €**
82 2016 Muskateller* „feinherb" **10,5 %/7,50 €**
81 2016 Rosé** „Alte Rebe" **12,5 %/9,- €**
82 2014 „Grenzgänger" Rotwein trocken **13 %/11,- €**
83 2014 Schwarzriesling** trocken „Alte Rebe" **12 %/10,50 €**
86 2013 Lemberger** trocken „Alte Rebe" **12 %/10,50 €**

Gres

★★★

KONTAKT

Ingelheimer Straße 6
55437 Appenheim
Tel. 06725-3310
Fax: 06725-5529
www.weingut-gres.de
weingut.gres@t-online.de

Inhaber
Klaus Gres
Rebfläche
15 Hektar
Produktion
100.000 Flaschen

BESUCHSZEITEN

Fr./Sa. 8-18 Uhr oder nach Vereinbarung
Weinstube, Straußwirtschaft, Gästezimmer

Seit über 300 Jahren baut die Familie Gres Wein in Rheinhessen an, davor schon im Burgund und im Elsass. Klaus Gres, der seit Abschluss seines Weinbaustudiums für den Weinausbau verantwortlich ist, hat inzwischen den Betrieb von seinem Vater Hans-Jürgen Gres übernommen. Seine Weinberge verteilen sich auf fünf Gemeinden, liegen hauptsächlich aber in den Appenheimer Lagen Hundertgulden, Eselspfad und Daubhaus. Aus dem Niersteiner Hipping erzeugt Klaus Gres einen Lagenriesling. Spätburgunder, Riesling und Silvaner sind die wichtigsten Rebsorten, nehmen je 15 Prozent der Rebfläche ein, dazu gibt es Weißburgunder und eine breite Palette weiterer Rebsorten wie Huxelrebe, Sauvignon Blanc, Chardonnay, Dornfelder, Merlot und Frühburgunder. Die Weißweine werden im Edelstahl ausgebaut, Rotweine im Holz, auch im Barrique. Das Sortiment ist gegliedert in Guts-, Orts- und Lagenweine.

Kollektion

Mit einer stimmigen Kollektion schließt Klaus Gres an das starke Vorjahr an, an der Spitze stehen erneut die Lagen-Rieslinge. Aber auch die Basis stimmt, wie der klare, zupackende Silvaner zeigt. Der Silvaner vom Muschelkalk besitzt viel Fülle und Saft, der Chardonnay gute Konzentration, reife Frucht und feinen Toast. Der Kreide-Riesling ist klar und geradlinig, der Riesling vom Tertiär etwas kraft- und druckvoller. Der Hundertgulden-Riesling besitzt viel Fülle und Saft, reife Frucht und Substanz, der Hipping ist ähnlich konzentriert und füllig, besitzt gute Harmonie und Länge. Der Sauvignon Blanc besticht mit Fülle, Kraft und reintöniger Frucht. Auch die beiden Süßweine überzeugen, der Gewürztraminer ist wunderschön reintönig und konzentriert, der Blanc de Noir-Eiswein ist füllig und saftig bei viel Substanz. Viel hat auch der Patriarch: Viel Konzentration, viel Duft, viel Tannine – von allem etwas zu viel.

Weinbewertung

83	2016 Grüner Silvaner trocken **12,5 %/5,80 €**
84	2016 Riesling „von der Kreide" Engelstadter **12,5 %/7,60 €**
85	2016 Riesling „vom Tertiär" Appenheimer **12,5 %/9,30 €**
85	2016 Silvaner trocken „vom Muschelkalk" Appenheimer **12,5 %/7,60 €**
87	2016 Chardonnay trocken „vom Korallenriff" Appenheimer **13,5 %/11,- €**
87	2016 Sauvignon Blanc trocken Appenheimer Daubhaus **13 %/11,80 €**
89	2016 Riesling trocken Appenheimer Hundertgulden **12,5 %/11,80 €**
89	2016 Riesling trocken Niersteiner Hipping **12,5 %/11,80 €**
86	2016 Gewürztraminer Auslese Appenheimer Daubhaus **10 %/9,30 €**
87	2016 Spätburgunder „Blanc de Noir" Eiswein **9 %/17,90 €**
83	2015 Frühburgunder trocken Appenheimer Daubhaus **13,5 %/11,- €**
83	2013 „Patriarch" Rotwein trocken **13,5 %/24,50 €**

VOLG
271
VOLG
1123
VOLG
562
T 42 KG
VOLG
612
T 43 KG

GRIESEL & COMPAGNIE

★★★

KONTAKT

Grieselstraße 34
64625 Bensheim
Tel. 06251-8696891
Fax: 06251-8696899
www.griesel-sekt.de
info@griesel-sekt.de

Inhaber
Petra Greißl-Streit
Rebfläche
7,5 Hektar
Produktion
50.000 Flaschen

BESUCHSZEITEN

Mi.-Fr. 15-18 Uhr, Sa. 10-14 Uhr oder nach Vereinbarung

Neues Leben in der ehemaligen Domäne Bergstraße der Hessischen Staatsweingüter: 2013 kauften das Ehepaar Jürgen Streit und Petra Greißl-Streit das um 1900 gebaute Gebäude und gründeten das erste Sekthaus an der Hessischen Bergstraße. Der Bensheimer Unternehmer Streit, der eines der führenden Dienstleistungsunternehmen im Bereich Arbeitsmedizin und Arbeitssicherheit aufgebaut hat, hat in Bensheim noch andere geschichtsträchtige Immobilien erworben: Das Hotel Halber Mond gehört dazu, ebenso der Wambolter Hof und das Renaissance-Schloss im Stadtteil Schöneberg. Das Sekthaus, das nach der Straße benannt ist, in der das Gebäude steht, könnte eine neue Perle der Hessischen Bergstraße werden. 2013 wurden die ersten Weine ausgebaut, damals wurden die Trauben von befreundeten Winzern gekauft. Heute werden 7,5 Hektar eigene Flächen in den Auerbacher Lagen Höllberg und Fürstenlager bewirtschaftet. Verantwortlich für den Ausbau der Grundweine und die Sektherstellung im alten Kreuzgewölbekeller, der tief in den Berg Griesel reicht, sind die beiden jungen Kellermeister Niko Brandner und Sebastian Geissler, die beide in Neustadt Weinbau studiert haben. Die Qualitätspyramide ist dreistufig: Tradition, Prestige und Exquisit.

Kollektion

Nach dem viel versprechenden Debüt im vergangenen Jahr festigen Griesel & Compagnie mit dem zweiten Jahrgang ihre Position in der Spitzenklasse der deutschen Schaumweinerzeuger. Hier kann man blind zugreifen, jeder Wein ist ein Treffer. Es kristallisiert sich eine klare Stilistik heraus. Die Sekte der Traditions-Linie bekommen eine etwas höhere Dosage, die Prestige-Sekte liegen länger auf der Hefe. Ausgebaut wird in Stahltanks und in Holzfässern. Im Keller liegen auch viele Barriques. Der Riesling Tradition zeigt grünen Apfel, Holzausbau gibt ihm eine kräftige Statur. Blanc de Noirs hat feine Frucht, Biss und eine gute Tannin-Struktur. Rosé Tradition ist saftig mit feinem Reifeton und viel Extrakt, der Muskateller hat Zitrus-Frische. Der Blanc de Blancs ist der fruchtigste der Sekte mit Johannisbeer-Aromen. Keinen Schwefel haben Riesling und Pinot aus der Prestige-Linie gesehen, sehr elegante Weine mit feinem Reifeton, die dennoch, wie auch der Rosé Prestige, eine gehörige Portion Frische zeigen. —

Weinbewertung

87 2014 Riesling Sekt brut „Tradition" **12,5 %/13,70 €**
87 2014 Muskateller Sekt brut „Tradition" **12,5 %/15,- €**
87 2014 „Blanc de Blancs" Sekt brut „Tradition" **12,5 %/16,- €**
87 2014 „Blanc de Noirs" Sekt brut „Tradition" **12,5 %/16,- €**
89 2014 Pinot Sekt brut nature „Prestige" **12,5 %/22,50 €**
86 2014 Rosé Sekt brut „Tradition" **12,5 %/13,70 €**
89 2014 Rosé Sekt extra-brut „Prestige" **12,5 %/20,50 €**

GRIMM

★☆

KONTAKT

Paulinerstraße 3
76889 Schweigen-Rechtenbach
Tel. 06342-7106
Fax: 06342-249
www.weingutgrimm.de
info@weingutgrimm.de

Inhaber
Bruno Grimm & Andreas Grimm
Rebfläche
10 Hektar
Produktion
75.000 Flaschen

BESUCHSZEITEN

Sa. 9-18 Uhr oder nach Vereinbarung
Probierstube

Bruno Grimm gründete das Weingut, füllte 1974 seine ersten Flaschen ab. Sohn Andreas ist nach Winzerlehre und Weinbautechnikerausbildung seit 2001 für den Keller verantwortlich. Wie andere Winzer in Schweigen auch besitzen Bruno und Andreas Grimm Weinberge sowohl in der Pfalz als auch jenseits der Grenze im Elsass. Ihre Reben wachsen in den Lagen Sonnenberg, Kammerberg, Wormberg und Rädling. Neben Riesling, den weißen Burgundersorten und Gewürztraminer bauen sie vor allem rote Sorten an, die inzwischen etwa ein Drittel der Fläche einnehmen. Die Weißweine werden im Edelstahl ausgebaut, die Rotweine kommen nach der Maischegärung ins Holzfass, ein Teil auch ins Barrique. Mit dem Jahrgang 2013 verzichteten die Grimms erstmals auf die Angabe der Prädikate, das Sortiment gliedert sich seitdem in drei Stufen, die kenntlich gemacht sind durch blaue, silberne und goldene Kapseln.

Kollektion

Jahr für Jahr schicken uns die Grimms eine sehr zuverlässige Kollektion und auch die 2016er Weißweine und die 2015er Rotweine machen da keine Ausnahme. Der aktuelle Pinot Noir „âgé" gefällt uns noch einen Tick besser als sein Jahrgangsvorgänger, er ist eindringlich und kraftvoll, zeigt feine röstige Würze und dunkle Kirschfrucht, besitzt gute Konzentration, Struktur und Länge, auch die beiden anderen Spätburgunder bieten in ihrer jeweiligen Preisklasse viel Wein fürs Geld. Bei den Weißweinen ist dieses Mal der Pinot Gris unser Favorit, er zeigt dezentes Holz und viel gelbe Frucht, besitzt Fülle und Schmelz, der Pinot Blanc ist mit seiner floralen Würze etwas zurückhaltender. Und auch die Basis stimmt, der Riesling ist schlank und frisch, der Weißburgunder zeigt klare Frucht und leicht florale Noten, der Grauburgunder ist etwas fülliger und zeigt nussige Noten, der Gewürztraminer ist reintönig und harmonisch, der Rosé ist schlank bei dezenter Süße. —

Weinbewertung

83 2016 Grauburgunder trocken **12,5 %/5,90 €**
82 2016 Weißburgunder trocken **12,5 %/5,90 €**
82 2016 Riesling trocken **11,5 %/5,90 €**
85 2016 Pinot Gris trocken **14 %/7,10 €**
84 2016 Pinot Blanc trocken **13 %/7,10 €**
83 2016 Gewürztraminer **12,5 %/5,90 €**
82 2016 Rosé trocken „Die Rose" **11 %/5,90 €**
83 2015 Spätburgunder trocken **13,5 %/5,90 €**
86 2015 Spätburgunder „Kalkgestein" **13,5 %/12,- €**
88 2015 Pinot Noir „âgé" **13,5 %/18,- €**

ECKEHART GRÖHL

★★☆

KONTAKT

Uelversheimer Straße 4
55278 Weinolsheim
Tel. 06249-93988
Fax: 06249-93998
www.weingut-groehl.de
info@weingut-groehl.de

Inhaber
Eckehart Gröhl
Rebfläche
20 Hektar
Produktion
170.000 Flaschen

BESUCHSZEITEN

Mo.-Fr. 8-12:30 + 14-17 Uhr, Sa. 8-16 Uhr sowie nach Vereinbarung
Vinothek

Die Familie Gröhl lebt seit dem 16. Jahrhundert in Weinolsheim und baut heute in zwölfter Generation Wein an. Eckehart und Angela Gröhl haben das Weingut 1994 von seinen Eltern gepachtet und 2003 übernommen. Ihre Weinberge liegen in den Weinolsheimer Lagen Hohberg und Kehr, im Dalheimer Kranzberg und im Uelversheimer Aulenberg. Eckehart Gröhl hat 2003 durch Pacht sein Lagenpotenzial um Weinberge an der Rheinfront erweitert, in den Niersteiner Lagen Pettenthal, Hölle und Bergkirche und in den Oppenheimer Lagen Sackträger, Schützenhütte (im Alleinbesitz) und Herrenberg.

Kollektion

Die Gutsweine sind 2016 ein wenig verhalten, ebenso der Riesling vom roten Hang. Sehr gut gefällt uns der Weißburgunder aus der Niersteiner Hölle, der gute Substanz und klare Frucht besitzt. Der Sackträger-Riesling ist würzig und frisch, der Bergkirche-Riesling ist klar und zupackend bei guter Struktur. Unsere Favoriten unter den trockenen Weißweinen sind der Schützenhütte-Riesling, der reintönige Frucht, Kraft und Substanz besitzt, und der füllige, kraftvolle Reserve-Weißburgunder. Gleich zwei Eisweine brachte der Jahrgang 2016: Der litschiduftige Blanc de Noir ist süß und konzentriert, der duftige Riesling ist reintönig. Der Herrenberg-Pinot Noir ist rauchig, geradlinig und klar, ein klein wenig besser gefällt uns der Reserve-Pinot Noir aus der Hölle, der eindringlich Gewürze und Schokolade zeigt, viel Substanz besitzt, aber (noch?) sehr vom Holz dominiert ist.

Weinbewertung

80 2016 Riesling trocken „Roter Hang" Niersteiner **12,5 %/8,90 €**
80 2016 Scheurebe trocken **12,5 %/6,90 €**
82 2016 Sauvignon Blanc trocken **12,5 %/8,50 €**
85 2016 Weißer Burgunder trocken „Kalkstein" Niersteiner Hölle **13 %/9,90 €**
83 2016 Riesling trocken „Alte Reben" Oppenheimer Sackträger **12,5 %/9,50 €**
85 2016 Riesling trocken Niersteiner Bergkirche **12,5 %/12,50 €**
87 2016 Riesling trocken „Reserve" Niersteiner Ölberg **12,5 %/15,20 €**
87 2016 Silvaner trocken „Alte Reben" Niersteiner Brückchen **13 %/19,90 €**
87 2016 Riesling trocken „Roter Hang" Niersteiner Pettenthal **12 %/17,90 €**
88 2016 Riesling trocken „Alte Stadtmauer" Schützenhütte **13 %/23,90 €**
88 2016 Weißer Burgunder trocken „Reserve" Niersteiner Hölle **13 %/23,90 €**
82 2016 Riesling Spätlese „feinherb" Oppenheimer Schützenhütte **11,5 %/8,20 €**
88 2016 Spätburgunder „Blanc de Noir" Eiswein **7 %/24,50 €/0,375l**
89 2016 Riesling Eiswein **7 %/24,50 €/0,375l**
86 2013 Pinot Noir trocken Oppenheimer Herrenberg **13,5 %/17,30 €**
87 2013 Pinot Noir trocken „Reserve" Niersteiner Hölle **13,5 %/26,50 €**

GROH

★★★

KONTAKT

Deichelgasse 8
67595 Bechtheim
Tel. 06242-1443
Fax: 06242-60046
www.heinrichgroh.com
weine@heinrichgroh.de

Inhaber
Axel Groh
Rebfläche
12 Hektar
Produktion
100.000 Flaschen

BESUCHSZEITEN

nach Vereinbarung

Das Weingut Groh wurde 1899 gegründet und wird heute in vierter Generation von Axel Groh geführt. Seine Weinberge liegen in Bechtheim (Geyersberg, Rosengarten), Mettenheim (Schlossberg) und Alsheim (Römerberg). Wichtigste Rebsorten sind die Burgundersorten, die 35 Prozent der Fläche einnehmen, sowie Riesling. Die Weine werden überwiegend trocken ausgebaut. Eine Spezialität des Weingutes sind Barriqueweine, die in der Linie „Haus Groh" vermarktet werden: Bereits 1985 (mit einem Silvaner!) begannen die Grohs mit dem Barriqueausbau. Seit 1999 gibt es einen barriqueausgebauten Cabernet Sauvignon im Programm, inzwischen auch einen Merlot, seit dem Jahrgang 2006 die Cuvée „Trei". Die Barriqueweine der Linie „Edition Haus Groh" sind zum Markenzeichen von Axel Groh geworden, haben aber in den letzten Jahren etwas an Bedeutung verloren.

Kollektion

Auch in diesem Jahr konnten wir erneut keine Barrique-Rotweine verkosten. Dafür springen in der Spitze zwei füllige Chardonnay in die Bresche. Aber auch die Basis überzeugt: Der Grauburgunder ist reintönig und zupackend, der Sauvignon Blanc geradlinig und frisch, die Cuvée aus Weißburgunder und Chardonnay ist harmonisch und süffig. Der Grohkost-Weißburgunder ist kraftvoll und strukturiert, deutlich besser aber gefallen uns die Chardonnay: Der Grohstoff besitzt viel reife Frucht und Substanz, der Rosengarten-Chardonnay zeigt gute Konzentration und reintönige Frucht, besitzt Fülle und Kraft, eindringliche Vanillenoten; der etwas süßere Schlossberg-Chardonnay ist ähnlich füllig und konzentriert, wunderschön saftig. Mit seiner intensiv rhabarberduftigen Huxelrebe Auslese zeigt Axel Groh, dass er sich auch auf Süßweine versteht. Der Rosé ist fruchtbetont, geradlinig und lebhaft, der Spätburgunder Noblesse ist wunderschön reintönig, frisch und zupackend, kann aber die gewohnten Barrique-Rotwein nicht ganz vergessen machen. —

Weinbewertung

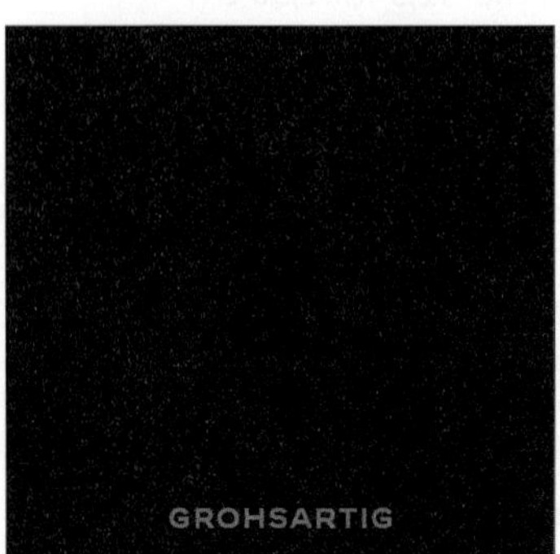

84 2016 Weißburgunder & Chardonnay trocken „Grohsartig" **12,5 %/8,- €**
83 2016 Grauburgunder trocken **12,5 %/8,50 €**
83 2016 Sauvignon Blanc trocken **12 %/8,50 €**
85 2016 Weißburgunder trocken „Grohkost" **13,5 %/15,- €**
86 2016 Chardonnay trocken „Grohstoff" **13,5 %/15,- €**
88 2016 Chardonnay Schlossberg **14 %/26,- €**
88 2016 Chardonnay Rosengarten **14 %/26,- €**
86 2016 Huxelrebe Auslese **9 %/10,- €**
83 2016 Rosé trocken **12 %/8,50 €**
85 2015 Spätburgunder „Noblesse" **13,5 %/9,- €**

GRUBER

★☆

KONTAKT

Tannenhof 1
74182 Obersulm-Eschenau
Tel. 07130-450128
Fax: 07130-450128
www.weingut-gruber.de
info@weingut-gruber.de

Inhaber
Andrea & Markus Gruber
Rebfläche
8 Hektar

BESUCHSZEITEN

Mi./Fr. nachmittags., Sa. ganztägig, ansonsten (auch So.) nach Vereinbarung
Gutsgasthof (1 Woche im Monat geöffnet)

Anneliese und Reinhold Gruber begannen 1990 mit der Selbstvermarktung, seit September 2007 führen Andrea und Markus Gruber – der zuvor schon für den Weinausbau verantwortlich war – das Gut. Ihre Weinberge liegen im Weinsberger Tal, in Eschenau (Paradies), Lehrensteinsfeld (Steinacker), Weinsberg (Ranzenberg) und Affaltrach (Dieblesberg), sowie im Eichelberger Hundsberg, die Reben wachsen auf Gipskeuperböden. Anneliese und Reinhold Gruber bauen insgesamt siebzehn verschiedene Rebsorten an, Hauptrebsorten sind Lemberger und Riesling. Dazu gibt es vor allem Chardonnay, Kerner, Muskateller, Gewürztraminer, Müller-Thurgau und Weißburgunder, sowie die roten Sorten Trollinger, Spätburgunder, Dornfelder und Acolon. Mit der Betriebsübernahme wurde das Sortiment neu gegliedert, auf Prädikatsbezeichnungen für trockene Weine wird seither verzichtet.

Kollektion

Mit der neuen Kollektion schließen die Grubers nahtlos an die guten Vorjahre an. Die 2016er Weißweine präsentieren sich bestechend gleichmäßig, sind fruchtbetont und klar, besonders gut gefällt uns dieses Jahr die zupackende weiße Cuvée C. Aus dem Jahrgang 2015 stammt die reintönige, geradlinige Riesling Auslese. Wer Rosé mag, wird ebenfalls fündig, trocken mit dem kraftvollen, reintönigen Lemberger, süß mit dem betörend süffigen Muskattrollinger. Hoch ist das Einstiegsniveau auch bei den Rotweinen, so gute Trollinger mit Lemberger im Liter findet man selten. Sehr überzeugend ist auch „der Trollinger", fruchtbetont (Kirschen) und zupackend. Am besten aber gefallen uns die beiden Spätburgunder aus dem Steinacker: Die Basis-Version zupackend, fruchtbetont und strukturiert, die Barrique-Variante konzentriert, füllig, kraftvoll. Starke Kollektion! ▬

Weinbewertung

84 2016 „Cuvée C" Weißwein trocken **12 %/6,80 €**
82 2016 Weißer Riesling trocken Eschenauer Paradies **13 %/6,80 €**
83 2016 Muskateller Affaltracher Dieblesberg **11 %/6,80 €**
86 2015 Riesling Auslese Eschenauer Paradies **12 %/9,40 €**
83 2016 Lemberger Rosé trocken Eschenauer Paradies **12 %/6,80 €**
84 2016 Muskattrollinger Rosé **9,5 %/7,40 €**
82 2016 Trollinger mit Lemberger trocken (1l) **12,5 %/5,20 €**
84 2016 „der Trollinger" trocken Eschenauer Paradies **12,5 %/7,40 €**
85 2014 Spätburgunder trocken Lehrensteinsfelder Steinacker **13,5 %/7,40 €**
81 2014 Acolon trocken Eschenauer Paradies **12,5 %/7,40 €**
87 2012 Spätburgunder trocken Barrique Steinacker **14,5 %/9,40 €**
82 2015 Samtrot Spätlese Lehrensteinsfelder Steinacker **12,5 %/7,40 €**

Gunderloch

★★★★

KONTAKT

Carl-Gunderloch-Platz 1
55299 Nackenheim
Tel. 06135-2341
Fax: 06135-2431
www.gunderloch.de
info@gunderloch.de

Inhaber
Johannes Hasselbach
Kellermeister
Johannes Hasselbach,
Markus Weickert
Rebfläche
24 Hektar
Produktion
200.000 Flaschen

BESUCHSZEITEN

Mo.-Fr. 8-16 Uhr

Das Weingut Gunderloch wurde 1890 vom Bankier Carl Gunderloch mit dem Erwerb von Weinbergen im Rothenberg gegründet, 1932 eröffnete er eine Straußwirtschaft, die jedoch später wieder aufgegeben wurde. 1979 traten Fritz und Agnes Hasselbach in den Betrieb ein, den sie anfangs mit ihren Eltern, seit 1986 dann alleine drei Jahrzehnte lang führten, in dieser Zeit vergrößerten sie den Betrieb, unter anderem 1996 durch die Übernahme des Niersteiner Weingutes Balbach Erben. 2013 ist Sohn Johannes Hasselbach in den Betrieb eingestiegen, hat ihn im Jahr 2015 übernommen. Er hatte Wirtschaftswissenschaften studiert, bei einer Weinweltreise bei Weingütern in Kanada, Chile, Neuseeland und Australien Station gemacht. Seine Weinberge liegen im Nackenheimer Rothenberg sowie in den Niersteiner Lagen Pettenthal und Hipping, also alle im Roten Hang, wo die Reben auf rotem Tonschiefer wachsen. 90 Prozent der Rebfläche nimmt Riesling ein, hinzu kommen Silvaner und Grauburgunder, sowie ein klein wenig Sauvignon Blanc, Spätburgunder und Weißburgunder. Johannes Hasselbach hat das Sortiment zweigeteilt in Weine aus dem Weingut Gunderloch und Weine der Carl Gunderloch Weingutsverwaltung. Das Sortiment des Weingutes Gunderloch, in dem es außer einem Guts-Spätburgunder und dem Nackenheimer Silvaner ausschließlich Riesling gibt, ist dreistufig gegliedert in Gutsweine, die Ortsweine aus Nackenheim und Nierstein und die Großen Gewächse aus Rothenberg, Pettenthal und Hipping. Wenn es der Jahrgang erlaubt werden edelsüße Rieslinge bis hin zur Trockenbeerenauslese erzeugt. Seit 2013 wird mit längeren Maischestandzeiten gearbeitet, für jede Lage wird durch eine kleine Vorlese fünf Tage vor der Ernte ein eigener Gäransatz aus den jeweiligen Weinbergen entwickelt. Mit dem „Virgo" („Vergoren Im Rothenberg Ganz Ohne") genannten Wein hat Johannes Hasselbach 2013 ein spannendes Experiment gestartet: Die Trauben werden mit den Füßen eingemaischt, im Weinberg gepresst, der Wein wird ohne jede Zusatzstoffe im Weinberg, aus dem er stammt, also dem Rothenberg, vergoren und ausgebaut. 2016 wurde mit der Renovierung und Erweiterung des Gutshofes begonnen, im August 2017 wurde die Eröffnung des neuen Baus gefeiert.

Kollektion

Unter der Regie von Johannes Hasselbach wurde die Qualität stabilisiert, was sich am klarsten an den Basisweinen zeigt. Der Gutsriesling zeigt zuverlässig sehr gutes Niveau, ist auch 2016 frisch und zupackend, besitzt gute Struktur, klare Frucht und Biss. Deutlich kraftvoller ist dann der „Als wär's ein Stück von mir" genannte Riesling, ist würzig und eindringlich, klar und zupackend, besitzt viel Substanz. Der Nackenheimer Silvaner ist würzig und eindringlich, zeigt gute Konzentration, ist füllig und kraftvoll im Mund, besitzt reife Frucht, gute Struktur und Substanz. Unter den beiden Ortsrieslingen präferieren wir im Jahrgang 2016 ganz leicht den Niersteiner – im vergangenen Jahr war es umgekehrt. Der Niersteiner Riesling ist würzig und rauchig im Bouquet, herrlich eindringlich, besitzt Fülle und Kraft im Mund, klare reife Frucht, gute Struktur, Substanz und Druck. Der Nackenheimer Riesling zeigt rauchig-würzige Noten im Bouquet, ebenfalls viel Konzentration, ist kraftvoll und zupackend im Mund, besitzt feine Frucht und Biss. An der Spitze des trockenen Teils der Kollektion stehen die drei Großen Gewächse. Der Pettenthal zeigt reife Frucht im Bouquet, gelbe Früchte, etwas Pfirsiche, ist wunderschön saftig im Mund, harmonisch, besitzt gute Struktur und Substanz. Der Hipping-Riesling ist würzig und eindringlich im Bouquet, zeigt dezent gelbe Früchte, ist füllig und saftig im Mund, kompakt und klar. Unser Favorit, bei gleicher Bewertung, ist der Wein aus dem Rothenberg, der herrlich rauchig im Bouquet ist, klar und konzentriert, frisch und zupackend im Mund ist, druckvoll, noch jugendlich und verhalten, ein Wein mit viel Potenzial. Der süße Reigen wird wie gewohnt durch den Kabinett Jean-Baptiste eröffnet, der frisch und fruchtbetont ist, wunderschön reintönig, etwas Pfirsiche und Zitrus zeigt, klar und geradlinig ist. Deutlich mehr Substanz besitzt der ebenfalls betörend reintönige Rothenberg-Kabinett, ist klar und strukturiert, druckvoll und zupackend, nachhaltig: ein toller Kabinett! Die Rothenberg-Spätlese ist deutlich konzentrierter und deutlich süßer, zeigt rauchige Noten, weiße Früchte, ist klar und zupackend im Mund bei feiner Frucht. Noch konzentrierter und rauchiger ist die Auslese, zeigt dezent kandierte Früchte, ist füllig und saftig im Mund, besitzt viel Substanz.

Weinbewertung

85	2016 Riesling trocken	**12 %/8,90 €**
87	2016 Riesling trocken „Als wär's ein Stück von mir"	**12,5 %/12,- €**
87	2016 Silvaner trocken „x.t." Nackenheim	**12,5 %/12,90 €**
89	2016 Riesling trocken Nierstein	**12,5 %/12,90 €**
88	2016 Riesling trocken Nackenheim	**12,5 %/14,90 €**
91	2016 Riesling „GG" Nierstein Hipping	**12,5 %/25,- €**
90	2016 Riesling „GG" Nierstein Pettenthal	**12,5 %/30,- €**
91	2016 Riesling „GG" Nackenheim Rothenberg	**12,5 %/35,- €**
86	2016 Riesling Kabinett „Jean-Baptiste"	**10 %/8,90 €**
89	2016 Riesling Kabinett Nackenheim Rothenberg	**9 %/22,50 €**
90	2016 Riesling Spätlese Nackenheim Rothenberg	**7,5 %/25,- €**
91	2016 Riesling Auslese Nackenheim Rothenberg	**7,5 %/17,50 €/0,375l**

LAGEN

ROTHENBERG (NACKENHEIM)
PETTENTHAL (NIERSTEIN)
HIPPING (NIERSTEIN)

REBSORTEN

RIESLING (90 %)
SILVANER
SPÄTBURGUNDER
WEISSBURGUNDER
GRAUBURGUNDER
SAUVIGNON BLANC

G

Louis Guntrum

★☆

KONTAKT

Rheinallee 62
55283 Nierstein
Tel. 06133-97170
Fax: 06133-971717
www.guntrum.de
info@guntrum.de

Inhaber
Louis Konstantin Guntrum
Kellermeister
Dirk Roth
Rebfläche
11 Hektar
Produktion
90.000 Flaschen

BESUCHSZEITEN

Mo.-Do. 7-12 + 13-16:30 Uhr,
Fr. 7-12 Uhr oder nach Vereinbarung
guntrum's weingarten
(Öffnungszeiten siehe Webseite)

Bereits seit 1648 ist Weinbau in der Familie Guntrum urkundlich belegt, seit 1867 ist man im Weinexport tätig, heute noch ist man stark im Export, ist in über 60 Ländern vertreten. Das Gutshaus in Nierstein, der Sitz des Weingutes, wurde in den zwanziger Jahren des letzten Jahrhunderts erbaut. Seit 2003 führt Louis Konstantin Guntrum in elfter Generation den Betrieb. Seine Weinberge liegen in Nierstein in den Lagen Orbel, Pettenthal, Oelberg und Hipping, sowie in Oppenheim in den Lagen Sackträger, Herrenberg und Kreuz. Riesling nimmt drei Viertel der Weinberge ein, dazu gibt es ein wenig Spätburgunder, Grauburgunder, Weißburgunder, Gewürztraminer und andere Sorten. Das Programm ist gegliedert in Rebsorten-, Orts- und Lagenweine, an der Spitze stehen die beiden Großen Gewächse aus Hipping und Pettenthal.

Kollektion

2016 liegen die Vorteile eindeutig beim Riesling, die Weine der anderen Rebsorten präsentieren sich etwas allzu verhalten. Der Ortsriesling aus Nierstein ist frisch und fruchtbetont, klar und zupackend. Der Oelberg-Riesling ist würzig und duftig, klar, geradlinig und zupackend. Unsere leichte Präferenz gilt dem Lagenwein aus dem Sackträger: Er ist würzig und frisch im Bouquet, zeigt reife Frucht, etwas Zitrus im Hintergrund, ist klar und zupackend im Mund, besitzt feine Frische und Frucht, gute Struktur. Die große Überraschung aber und der herausragende Wein im Sortiment ist eindeutig der Reserve-Pinot Noir. Rotwein von der Rheinfront? Es wird Zeit sich daran zu gewöhnen. Er zeigt gute Konzentration im Bouquet, rauchige Noten, reintönige Frucht, rote Früchte, ist wunderschön reintönig auch im Mund, frisch und zupackend, besitzt gute Struktur, herrlich viel Frucht und eine dezente Schokonote.

Weinbewertung

80	2016 Riesling trocken (1l) **12 %/7,80 €**
79	2016 Weißburgunder trocken **13 %/8,20 €**
78	2016 Grauburgunder trocken **13,5 %/8,20 €**
80	2016 Scheurebe trocken **12 %/7,- €**
80	2016 Silvaner trocken Niersteiner **12,5 %/10,- €**
84	2016 Riesling trocken Niersteiner **12,5 %/10,- €**
85	2016 Riesling trocken Nierstein Oelberg **13 %/15,- €**
86	2016 Riesling trocken Oppenheim Sackträger **13 %/15,- €**
79	2016 Riesling „feinherb" Oppenheimer **12 %/10,- €**
82	2016 Riesling Kabinett Nierstein Bergkirche **10,5 %/9,- €**
89	2014 Pinot Noir trocken „Reserve" **13,5 %**

GUSSEK

★★☆

KONTAKT

Winzerhof Gussek
Kösener Straße 66
06618 Naumburg
Tel. 03445-778428
Fax: 03445-778428
www.winzerhof-gussek.de
winzerhofgussek@t-online.de

Inhaber
André Gussek
Rebfläche
9,2 Hektar
Produktion
60.000 Flaschen

BESUCHSZEITEN

nach Vereinbarung

André Gussek war 20 Jahre lang Kellermeister des Landesweingutes Kloster Pforta. 1993 kaufte er die Gebäude und das Gelände der ehemaligen volkseigenen Rebschule in der Kösener Straße und gründete sein eigenes Weingut, seit 1993 werden die Weine im eigenen Keller ausgebaut, die damals 1,8 Hektar Reben wurden anfangs nebenberuflich bewirtschaftet. André Gussek besitzt die Kernlage des steilterrassierten Kaatschener Dachsberg (1 Hektar, unter anderem mit 1927 gepflanzten Silvanerreben), sowie weitere 1,5 Hektar im Dachsberg (in der früheren Lage Boxberg, die heute ebenfalls zum Dachsberg zählt) und in Naumburg ist er in den Lagen Steinmeister und Sonneck vertreten. Zwei Drittel der Weinberge nehmen weiße Rebsorten ein. Hauptrebsorte ist Müller-Thurgau, der gut ein Viertel der Rebfläche einnimmt. Es folgen Spätburgunder, Riesling, Zweigelt, Grauburgunder, Portugieser, Weißburgunder, Silvaner, Kerner und Traminer. Die Weine werden überwiegend trocken ausgebaut. Seit 1994 erzeugt André Gussek auch edelsüße Weine, im Jahr darauf hat er mit dem Barriqueausbau begonnen.

Kollektion

Auch in diesem Jahr präsentiert Andre Gussek wieder eine starke Kollektion, die beste der beiden ostdeutschen Anbaugebiete. Die Basis stimmt, das zeigen die Gutsweine von Müller-Thurgau und Weißburgunder. Der Dachsberg-Weißburgunder besitzt Fülle und Kraft, gute Struktur und Substanz, der Dachsberg-Grauburgunder ist füllig und saftig. Unser Favorit im weißen Segment ist der Steinmeister-Riesling, der Fülle und Kraft mit reintöniger reifer Frucht verbindet. Stark sind auch wieder die Rotweine: Der 2013er Dachsberg-Spätburgunder ist rauchig, füllig und kraftvoll, der 2015er noch etwas kraftvoller, strukturierter, unser Favorit aber ist der Zweigelt, der reintönige Frucht besitzt, viel Kraft, gute Struktur und Substanz. —

Weinbewertung / keine Preisangaben

83	2016 Müller-Thurgau trocken
84	2016 Weißburgunder trocken
84	2016 Riesling trocken Kaatschener
84	2015 Grüner Silvaner trocken Naumburger Steinmeister
87	2015 Weißer Burgunder trocken Barrique Kaatschener Dachsberg
85	2015 Grauer Burgunder trocken Naumburger Göttersitz
88	2015 Riesling*** trocken „Breitengrad 51" Naumburger Steinmeister
86	2016 Grauburgunder*** trocken Kaatschener Dachsberg
83	2016 Roter Traminer Spätlese „feinherb"
86	2013 Spätburgunder*** trocken Kaatschener Dachsberg
87	2015 Spätburgunder trocken Barrique Kaatschener Dachsberg
88	2015 Blauer Zweigelt trocken Barrique Kaatschener Dachsberg

Gysler

★★★

KONTAKT

Großer Spitzenberg 8
55232 Alzey-Weinheim
Tel. 06731-41266
Fax: 06731-44027
www.weingut-gysler.de
info@weingut-gysler.de

Inhaber
Alexander Gysler
Rebfläche
12 Hektar
Produktion
80.000 Flaschen

BESUCHSZEITEN

Di.-Sa., bitte mit Vereinbarung
Hoffest (erstes Septemberwochenende)

Alexander Gysler, Geisenheim-Absolvent, hat das Weingut 1999 nach dem Tod seines Vater Gernot Gysler übernommen, der mit der Flaschenweinvermarktung begonnen hatte. Alexander Gysler bewirtschaftet das Weingut zusammen mit Ehefrau Heike und Mutter Renate. Seine Weinberge befinden sich in den Weinheimer Lagen Hölle, Kirchenstück, Kapellenberg und Mandelberg, eine Parzelle liegt auf Alzeyer Gemarkung. Alexander Gysler hat den Rieslinganbau forciert, die Rieslingfläche in den letzten Jahren auf 40 Prozent erweitert. Daneben spielen die Burgundersorten eine wichtige Rolle, Scheurebe und Huxelrebe möchte er als Spezialitäten erhalten. Im Jahr 2004 hat Alexander Gysler mit der Umstellung auf ökologische Bewirtschaftung begonnen, 2007 war der erste zertifiziert biologische Jahrgang, seit 2008 ist Alexander Gysler Mitglied bei Demeter.

Kollektion

Ein intensiver, zupackender PetNat eröffnet den Reigen, auch der würzige Rieslingsekt überzeugt, noch etwas besser gefällt uns der füllige, zupackende Blanc de Noir. Die 2016er Weißweine sind reintönig und zupackend. Spannend ist der saftige 2015er Weitwinkel-Grauburgunder, noch besser gefällt uns der 2014er Leuchtkraft-Weißburgunder. Beim Kammerton-Riesling gefällt uns der 2015er trotz seiner Süße ein wenig besser als der kraftvolle, noch sehr jugendliche 2016er. Faszinierend ist die kleine Vertikale vom Großen Gewächs, zeigt eindrucksvoll die klare Stilistik, ebenso wie gut die Weine sich auf der Flasche entwickeln, welches Potenzial auch noch im 2016er steckt.

Weinbewertung

85	2016 „Pet Nat" **12 %/14,- €**
85	2015 Riesling Sekt brut **12 %/14,- €**
86	2014 Pinot „Blanc de Noir" Sekt brut **13 %/14,- €**
84	2016 Riesling trocken „Sandstein" **12 %/8,90 €**
84	2016 Scheurebe trocken „Sonnentau" **12 %/8,90 €**
85	2016 Weißburgunder trocken „Sternenglanz" **12 %/8,90 €**
84	2016 Grauburgunder trocken „Feldstärke" **12,5 %/8,90 €**
87	2015 Riesling trocken „Kammerton" Weinheimer **12,5 %/12,50 €**
86	2016 Riesling trocken „Kammerton" Weinheimer **12,5 %/12,50 €**
87	2014 Weißburgunder trocken „Leuchtkraft" Weinheimer **13,5 %/12,50 €**
86	2015 Grauburgunder trocken „Weitwinkel" Weinheimer **13,5 %/12,50 €**
90	2013 Riesling trocken „GG vum Helle Klangwerk" **12,5 %/17,50 €**
89	2014 Riesling trocken „GG vum Helle Klangwerk" **12,5 %/17,50 €**
89	2015 Riesling trocken „GG vum Helle Klangwerk" **12,5 %/18,50 €**
90	2016 Riesling trocken „GG vum Helle Klangwerk" **12,5 %/18,50 €**
85	2016 Riesling Kabinett „feinherb Feldgeflüster" **8,5 %/8,90 €**

HAACK

★☆

KONTAKT

Burg Layen 3
55452 Burg Layen
Tel. 06721-4978016
www.weingut-haack.de
info@weingut-haack.de

Inhaber
Familie Haack
Betriebsleitung
Maximilian Czeppel
Verkauf
Benedikt Buchert
Rebfläche
9,45 Hektar
Produktion
15.000 Flaschen

BESUCHSZEITEN

Mo.-So. nach Vereinbarung

2015 übernahm die Familie Haack das ehemalige Weingut Michael Schäfer in Burg Layen, bestehend aus einer 1732 erbauten dreiseitigen Hofreite, einem Kellereigebäude im Außenbereich und damals acht Hektar Weinbergen. Sohn Lasse studiert Weinbau und Önologie in Geisenheim und von dort hat sich die Familie auch zwei junge Absolventen zur Verstärkung geholt, Maximilian Czeppel leitet den Betrieb und ist für Weinan- und -ausbau zuständig, Benedikt Buchert ist der Vertriebsleiter. Die Weinberge liegen im Dorsheimer Pittermännchen, im Burg Layer Schlossberg und im Laubenheimer Vogelsang. Riesling ist die wichtigste Rebsorte im Betrieb und steht auf 42 Prozent der Fläche, dazu kommen Kerner, Silvaner, Scheurebe, Weißburgunder und Dornfelder. Die ersten Weine des Weinguts wurden im April 2016 gefüllt.

Kollektion

Mit den 2016er Weinen präsentiert uns die Familie Haack ihren zweiten Jahrgang – und der ist eine deutliche Steigerung gegenüber 2015. Wie schon im vergangenen Jahr schrecken die Haacks nicht vor Restsüße zurück, wirklich trockene Weine gibt es nur vier im Sortiment, aber die Weine des aktuellen Jahrgangs sind alle präzise und besitzen ein markantes Säure-Spiel, vor allem die Rieslinge haben deutlich an Profil und Präsenz zugelegt. Unser Favorit ist das Pittermännchen, der trockenste der Rieslinge, der Wein ist straff, elegant und komplex und zeigt feine Tabakwürze, ihm kaum nach stehen der elegante und nachhaltige Vogelsang mit gelber Frucht und ebenfalls etwas Tabak, der Schlossberg mit rauchigen, mineralischen Noten und dezenter Süße und der Schlossberg-Kabinett, der schlank und animierend ist und gute Länge besitzt. Die beiden nochmals präsentierten 2015er Rieslinge haben sich gut entwickelt, zeigen leichte Reifenoten und lebendigen Säure-Biss.

Weinbewertung

81 2016 „Cuvée Weiß" **12,5 %/7,50 €**
82 2016 Scheurebe **12 %/8,50 €**
83 2016 Weißburgunder **12 %/8,50 €**
85 2016 Weißburgunder Holzfass **13 %/13,- €**
83 2016 Riesling **11,5 %/9,- €**
86 2016 Riesling „Alte Reben" **12 %/13,- €**
85 2015 Riesling „Alte Reben" **12,5 %/12,- €**
87 2015 Riesling Burg Layer Schlossberg **13 %/18,- €**
88 2016 Riesling Dorsheimer Pittermännchen **12,5 %/19,- €**
87 2016 Riesling Burg Layer Schlossberg **12 %/18,- €**
87 2016 Riesling Laubenheimer Vogelsang **11 %/16,- €**
87 2016 Riesling Kabinett Burg Layer Schlossberg **7,5 %/10,- €**
80 2016 Rosé **11,5 %/7,50 €**

Fritz Haag

★★★★★

KONTAKT

Dusemonder Straße 44
54472 Brauneberg
Tel. 06534-410
Fax: 06534-1347
www.weingut-fritz-haag.de
info@weingut-fritz-haag.de

Inhaber
Oliver Haag
Rebfläche
17,5 Hektar
Produktion
130.000 Flaschen

BESUCHSZEITEN

nur nach Vereinbarung

Oliver Haag hat das Weingut 2005 von seinem Vater Wilhelm übernommen, führt es heute zusammen mit Ehefrau Jessica. Er hatte seine Lehre bei Dönnhoff und beim Karthäuserhof gemacht, dann in Geisenheim studiert, anschließend war er fast fünf Jahre Betriebsleiter des Rheingauer Wegeler-Gutes, bevor er zurück an die Mosel kam. Sein Vater Wilhelm Haag hatte den Betrieb seit den fünfziger Jahren geführt, dem Gut zu internationalem Renommee verholfen. Oliver Haags Weinberge, ausschließlich mit Riesling bepflanzt, liegen in den besten Lagen von Brauneberg, in der Juffer und in der Juffer-Sonnenuhr, dem Herzstück der Juffer. Die Weine werden mit den natürlichen Hefen vergoren und teils im Holz, teils im Edelstahl ausgebaut. Das Sortiment wurde in den vergangenen Jahren anhand der Vorgaben des VDP behutsam angepasst, seit dem Jahrgang 2008 werden für trockene Weine keine Prädikatsbezeichnungen mehr verwendet, zumindest nicht auf dem Schmucketikett. Im trockenen Segment gibt es folglich nun Gutswein und Ortswein, an der Spitze stehen die beiden Großen Gewächse aus Juffer und Juffer-Sonnenuhr, im feinherben Segment gibt es ebenfalls Guts- und Ortswein, dazu einen Wein aus der Juffer. Auch wenn die trockenen Weine zunehmend an Bedeutung und an Profil gewinnen, sind es doch die restsüßen Rieslinge, für die das Weingut weltweit bekannt ist, vor allem für seine immer wieder großartigen Serien von Spät- und Auslesen, zur Differenzierung der Auslesen werden die Top-Selektionen als Goldkapsel oder gar lange Goldkapsel gekennzeichnet.

Kollektion

Bereits im Vorjahr hatten wir die trockenen Weine loben können – von der Basis über den Brauneberger Riesling bis zu den Großen Gewächsen. Dass sich diese Leistung in 2016 fortsetzen würde, war nicht unbedingt zu erwarten. Doch tatsächlich ist es aller Ehren wert, wie sich das Weingut im durchgegorenen Bereich entwickeln konnte – unabhängig vom Stil der Jahrgänge. Nach mehrfacher Verkostung ist kaum zu bestreiten, dass die Haagschen Großen Gewächse des Jahrgangs 2016 zu den besten ihrer Art an der Mosel zählen. Sie sind straff und präzise, rassig und nachhaltig, entwickeln sich im Glas über Stunden. Den Wein aus der Juffer-Sonnenuhr sehen wir als noch etwas vielschichtiger als den etwas zugänglicheren aus der Juffer. Würdigen muss man allerdings auch den von Liebhabern gern als „kleines Großes Gewächs" bezeichneten „J", einen offen wirkenden, rassigen Riesling, voller Würze und Schmelz. Die drei vorgestellten feinherben Weine reihen sich da gut ein, vor allem derjenige aus der Juffer zeigt beachtlichen Schmelz und nur sehr wenig Süße – unser Geheimtipp der Kollektion! Die süße Kollektion ist umfangreicher, als der Jahrgang erwarten lässt. Wunderschön straff, würzig, mit faszinierendem Süße-Säure-Spiel zeigt sich der Brauneberger Kabinett, der zudem ein ausgezeichnetes Preis-Leistungs-Verhältnis aufweist. Mit dem Versteigerungskabinett Nr. 13 gelingt Oliver Haag dann ein Quantensprung: Dieser Riesling zeigt cremige Würze und Steinobstnoten, ist aber bezüglich des Süße-Säure-Spiels unverkennbar ein Kabinettwein. Was die Versteigerungsweine angeht, ist die als Nr. 14 bezeichnete Spätlese aus der Juffer-Sonnenuhr zwar noch etwas verhalten, leicht hefig, aber sehr lang und dicht. Unter den normalen Auslesen ragt diejenige aus der Juffer-Sonnenuhr heraus, wirkt offener als jene aus der Juffer, besitzt eine vielschichtige Nase nach getrocknetem Apfel und Kräutern und eine beachtliche Länge. Die Auslese Nr. 10 kann man im ersten Moment unterschätzen, sie wirkt ruhiger, ist sehr elegant und besitzt eine leicht cremige Würze. Rassiger, in der Nase deutlich exotischer zeigt sich die Goldkapsel-Auslese aus der Juffer-Sonnenuhr, die bezüglich Komplexität nochmals von der Nr. 12 in den Schatten gestellt wird. An der nominellen Spitze stehen die Lange Goldkapsel, ein Versteigerungswein, der sich bei der Verkostung noch etwas verhalten zeigte, aber faszinierende Struktur aufwies, und die Beerenauslese, die sehr süß und elegant ist, noch Zeit braucht und bekommen sollte.

H

Weinbewertung

85	2016 Riesling trocken **11,5 %/9,80 €**
89	2016 Riesling trocken „J" Brauneberger **12 %/14,50 €**
91	2016 Riesling trocken „GG" Brauneberger Juffer **12,5 %/21,50 €**
92	2016 Riesling trocken „GG" Brauneberger Juffer-Sonnenuhr **13 %/27,- €**
86	2016 Riesling „feinherb" **11 %/9,80 €**
87	2016 Riesling „feinherb" Brauneberger **11,5 %/12,50 €**
90	2016 Riesling „feinherb" Brauneberger Juffer **12 %/19,- €**
88	2016 Riesling Kabinett Brauneberger **8 %/12,50 €**
92	2016 Riesling Kabinett #13 Brauneberger Juffer-Sonnenuhr **Vst.**
89	2016 Riesling Spätlese Brauneberger Juffer **8 %/16,- €**
92	2016 Riesling Spätlese Brauneberger Juffer-Sonnenuhr **7,5 %/20,- €** ☺
93	2016 Riesling Spätlese #14 Brauneberger Juffer-Sonnenuhr **Vst.**
92	2016 Riesling Auslese Brauneberger Juffer **7,5 %/21,50 €** ☺
92	2016 Riesling Auslese Brauneberger Juffer-Sonnenuhr **7,5 %/27,- €**
93	2016 Riesling Auslese #10 Brauneberger Juffer-Sonnenuhr **a.A.**
92	2016 Riesling Auslese Goldkapsel Juffer **7,5 %/18,50 €/0,375l**
93	2016 Riesling Auslese Goldkapsel Juffer-Sonnenuhr **7,5 %/44,- €**
94	2016 Riesling Auslese Goldkapsel #12 Juffer-Sonnenuhr **a.A./0,375l**
95	2016 Riesling Auslese Lange Goldkapsel #15 Juffer-Sonnenuhr **Vst./0,375l**
93+	2016 Riesling Beerenauslese Brauneberger Juffer-Sonnenuhr **a.A./0,375l**

LAGEN

JUFFER-SONNENUHR (BRAUNEBERG)
JUFFER (BRAUNEBERG)

REBSORTEN

RIESLING (100 %)

Willi Haag

★★★

KONTAKT

Burgfriedenspfad 5
54472 Brauneberg
Tel. 06534-450
Fax: 06534-689
www.willi-haag.de
info@willi-haag.de

Inhaber
Marcus Haag
Rebfläche
6 Hektar
Produktion
35.000-45.000 Flaschen

BESUCHSZEITEN

nach Vereinbarung

Die Familie ist seit dem Jahr 1500 in Brauneberg ansässig. Heute wird das Weingut von Marcus Haag geführt, der neben Weinbergen in den beiden Brauneberger Lagen Juffer und Juffer-Sonnenuhr auch Reben in Veldenz, Burgen und Mülheim besitzt, letztere werden für den Gutsriesling genutzt. Die Weinberge, ausschließlich mit Riesling bepflanzt, liegen fast ganz in Steillagen. 80 Prozent der Weine werden süß ausgebaut, jeweils 10 Prozent trocken und halbtrocken bzw. „feinherb". Die Weine präsentieren sich stets als Rieslingklassiker: finessenreich und elegant. Die Kabinette sind Kabinette und keine verkappten Auslesen, und die Spätlesen besitzen immer viel Frische. Werden Auslesen erzeugt, sind sie immer angenehm klar und feingliedrig, nie übertrieben mächtig.

Kollektion

2016 wurden zwei Spätlesen und zwei Auslesen vorgestellt, doch zunächst muss man über den einzigen trockenen Wein der Kollektion und die feinherben Rieslinge reden. Die stoffige trockene Spätlese von alten Reben ist nämlich sehr gelungen, balanciert und animierend – man mag sie sofort trinken, aber sie dürfte auch viel Potenzial aufweisen. Die feinherben Rieslinge wirken für diese Kategorie vergleichsweise süß, besitzen aber Substanz, an der Spitze rangiert der Veldenzer Riesling. Der Brauneberger Kabinettwein mit der Nummer 20 gefällt uns noch etwas besser als sein Pendant mit der Nummer 7, scheint etwas finessenreicher. Der Spätlese aus der Juffer – recht süß, mit attraktiven Apfelnoten – dürfte noch etwas Zeit gut tun, die Spätlese aus der Juffer-Sonnenuhr wirkt derzeit etwas besser balanciert. Schon die Juffer-Auslese mit Noten von kandiertem Apfel überzeugt, die aus der Juffer-Sonnenuhr wirkt nochmals konzentrierter.

Weinbewertung

87 2016 Riesling Spätlese trocken „Alte Reben" **13 %/10,- €**
84 2016 Riesling „feinherb" **11 %/7,- €**
85 2016 Riesling Kabinett „feinherb" Brauneberg Juffer **10 %/9,50 €**
87 2016 Riesling Spätlese „feinherb" „Alte Reben" Veldenz **10 %/10,- €**
84 2016 Riesling **9 %/7,- €**
86 2016 Riesling Kabinett Nr. 20 Brauneberg Juffer **9 %/9,50 €**
85 2016 Riesling Kabinett Nr. 7 Brauneberg Juffer **8,5 %/9,50 €**
87 2016 Riesling Kabinett Piesport Goldtröpfchen **8,5 %/9,50 €**
87 2016 Riesling Spätlese Brauneberg Juffer **8 %/11,50 €**
89 2016 Riesling Spätlese Brauneberg Juffer-Sonnenuhr **7,5 %/13,50 €**
89 2016 Riesling Auslese Brauneberg Juffer **7,5 %/15,- €**
91 2016 Riesling Auslese Brauneberg Juffer-Sonnenuhr **7,5 %/22,- €**

H

Julian Haart

★★★★

KONTAKT

Triererstraße 12
54498 Piesport
Tel. 0160-5543432
www.julian-haart.de
info@julian-haart.de

H

Inhaber
Julian & Nadine Haart
Rebfläche
5 Hektar
Produktion
30.000 Flaschen

BESUCHSZEITEN

nach Vereinbarung

Julian Haart gründete sein Weingut 2010 mit dem Kauf einer großen Parzelle mit 40 Jahre alten Rieslingreben im Wintricher Ohligsberg. Der Devonschieferboden im Ohligsberg ist stark mit hartem Quarzit durchsetzt. Anfang 2011 konnte er weitere Parzellen in Piesport in den Lagen Goldtröpfchen und Schubertslay erwerben, mit vor dem Ersten Weltkrieg gepflanzten Reben. Spätestens mit dieser Akquisition legte er die Grundlagen zu seinem weiteren Aufstieg. Dabei hatte seine Jugend noch nicht unbedingt vermuten lassen, was einige Jahre später passieren sollte. Julian Haart stammt zwar aus einer seit 650 Jahren in Piesport ansässigen Winzerfamilie, ist aber nicht den in dieser Situation zu vermutenden Weg gegangen, sondern hat zunächst als Koch in deutschen Spitzenrestaurants gearbeitet, bevor er über Stationen bei deutschen Spitzenweingütern (Heymann-Löwenstein, Emrich-Schönleber, Egon Müller, Klaus-Peter Keller) die Passion für Riesling verinnerlichte. Nicht zuletzt die Zeit bei Klaus-Peter Keller dürfte den letzten Anschub gegeben haben, um das heutige Qualitätsniveau zu erreichen. Mit dem Jahrgang 2013 hat sich die Rebfläche vergrößert durch die Übernahme eines Teiles der Weinberge seines Onkels (Weingut Joh. Haart). Die inzwischen vorhandenen fünf Hektar bewirtschaftet Haart nun zusammen mit seiner Frau Nadine, angebaut wird ausnahmslos Riesling. Nicht nur Haarts unter eigenem Label erzeugte Weine sind bemerkenswert eigenständig, auch die aus einer Zusammenarbeit mit dem Weingut A.J. Adam erzeugten Spezialitäten aus dem Goldtröpfchen sind von bemerkenswerter Güte. Alle Rieslinge – beginnend beim Riesling Mosel über die Ortsweine und die trockenen Lagenweine bis zu den mehr oder weniger (eher weniger!) süßen Kabinetten – begeistern mit saftiger, würziger Art. In manchen Fällen setzt Julian Haart auf signifikante Maischestandzeiten, um den Weinen eine gewisse Struktur zu verleihen – Übertreibungen sind aber nie festzustellen. Auch die dezidiert süßen Weine, die Spätlesen und Auslesen, zeigen sich enorm saftig, besitzen Kraft und bisweilen einen fast rauchigen Charakter, vibrieren. Wenn man diesen Stil einmal verkostet hat, ist er unabhängig vom Jahrgang leicht wieder zu erkennen.

Kollektion

Der Jahrgang 2015 fiel großartig aus im Weingut Julian Haart. Die Weine waren saftig und zugänglich, besaßen eine bemerkenswerte Tiefe. Der Jahrgang 2016 ist anders ausgefallen als sein Vorgänger, aber nicht weniger spannend. Wieder einmal ist der mit Schrauber verschlossene Basisriesling eine Bank: saftig, nur mit einem Hauch Süße ausgestattet, mit etwas CO_2 und Substanz. Piesporter und Wintricher

Riesling sehen wir diesmal gleichauf, den Erstgenannten schätzen wir als etwas fruchtiger ein, den zweiten als etwas kräuteriger. Ähnlich ist das Bild bei den Lagenweinen aus Piesport und Wintrich. Ersterer wirkt etwas zugänglicher, Letzterer etwas fester, leicht verschlossen, besitzt vielleicht etwas mehr Zukunft. Straff und kräuterwürzig, puristisch trocken und viel versprechend sind beide – da kommen längst nicht alle offiziellen Großen Gewächse des Großen Rings mit. Die süßen Weine sind spannend, wobei vor allem eine an der Mosel manchmal vernachlässigte Kategorie erwähnt werden muss. Was Julian Haart nämlich in seinen Kabinetten an Finesse unterbringt, ist beachtlich. Schon der saftige Goldtröpfchen-Kabinett ist das Musterbeispiel eines ausgewogenen Kabinetts, der Schubertslay-Kabinett dagegen kann als Wein für Fortgeschrittene bezeichnet werden, wirkt rassig, vergleichsweise wenig süß, straff und tief. Der nur in Magnumflaschen verfügbare Kabinett von alten Reben aus dem Ohligsberg konnte bisher nicht verkostet werden. Unter den Spätlesen ist jene aus dem Ohligsberg die saftigste, die aus der Schubertslay die präziseste und anspruchsvollste. Beide und auch jene aus dem Goldtröpfchen zeichnen sich durch eine gute Balance aus, die Süße wirkt nie aufdringlich. Schließlich die Spitze: 2016 war zwar kein Jahrgang der Hochprädikate, aber hier geht es ohnehin nicht um möglichst hohe Mostgewichte, sondern um Balance. Die Ohligsberg-Auslese wirkt mit ihren Noten von saftigem Pfirsich, süßen Kräutern und einem Hauch von reifen Zitrusfrüchten sehr animierend und tiefgründig zugleich. Wir trauen ihr Potenzial für Jahrzehnte zu, aber sie ist schon jetzt ungemein offen und zugänglich.

Weinbewertung

86	2016 Riesling Mosel **11,5 %/10,90 €**
89	2016 Riesling trocken Piesporter **12 %/14,50 €**
89	2016 Riesling trocken Wintricher **12 %/19,- €**
91	2016 Riesling trocken Goldtröpfchen **12,5 %/a.A.**
91	2016 Riesling trocken Ohligsberg **12,5 %/a.A.**
89	2016 Riesling Kabinett Goldtröpfchen **8,5 %/13,50 €**
89	2016 Riesling Kabinett Ohligsberg **8,5 %/14,- €**
89	2016 Riesling Kabinett Schubertslay **9 %/14,50 €**
91	2016 Riesling Spätlese Schubertslay **8 %/19,90 €**
90	2016 Riesling Spätlese Goldtröpfchen **8 %/16,- €**
92	2016 Riesling Spätlese Ohligsberg **7,5 %/19,90 €** ☺
92	2016 Riesling Auslese Ohligsberg **7,5 %/a.A.**

LAGEN

GOLDTRÖPFCHEN (PIESPORT)
SCHUBERTSLAY (PIESPORT)
OHLIGSBERG (WINTRICH)

REBSORTEN

RIESLING (100 %)

Reinhold Haart

★★★★☆

KONTAKT

Ausoniusufer 18
54498 Piesport
Tel. 06507-2015
Fax: 06507-5909
www.haart.de
info@haart.de

H

Inhaber
Johannes Haart, Marcus Haart
Rebfläche
9 Hektar
Produktion
60.000 Flaschen

BESUCHSZEITEN

nach Vereinbarung

Seit 1337 betreibt die Familie Haart Weinbau in Piesport. Das Gut mitsamt der modern-eleganten Vinothek liegt im ursprünglichen Teil des Dorfes, nur wenige Meter von der Mosel entfernt und vor der Piesporter Paradelage, dem Goldtröpfchen. Dieser überwiegend südlich ausgerichtete Steilhang mit verwittertem, tiefgründigem Blauschieferboden ist die wichtigste Lage der Haarts. Theo Haart hat den Betrieb zu einem der Spitzenweingüter der Mosel entwickelt, seit 2007 wird er im Betrieb von Sohn Johannes, Geisenheim-Absolvent, unterstützt, der sich heute um den Keller kümmert, hauptsächlich, aber nicht ausschließlich, denn in einem kleinen Familienweingut kümmert sich jeder um alles. Neben dem Goldtröpfchen ist man im Piesporter Grafenberg vertreten, einem sehr steilen, südost-exponierten Hang mit steinigem, leichtem Rotschieferboden. Der Piesporter Kreuzwingert, nur 0,1 Hektar groß, ist eine Monopollage der Haarts. Der Süd-exponierte Steilhang besitzt einen tonigen, tiefgründigen Boden mit grau-braunem Schiefer. Hinzu kommen Weinberge im Wintricher Ohligsberg, einem sehr steilen, Süd- bis West-exponierten Hang mit hartem blau-grauem Schiefer und Quarzit. Theo und Johannes Haart bauen ausschließlich Riesling an. Die Weine werden spontanvergoren, teils im Fuder, teils im Edelstahl, bleiben sehr lange auf der Vollhefe. Das Sortiment wurde in den letzten Jahren nach den Vorgaben des VDP strukturiert: Gutsriesling und „Haart to Heart" bilden die Basis, dann folgen der Piesporter und der Wintricher Ortswein, schließlich drei Große Gewächse aus Goldtröpfchen, Ohligsberg und – erstmals mit dem Jahrgang 2012 – Kreuzwingert oder Grafenberg. Trockene Weine machen aber je nach Jahrgang nur 30 bis 40 Prozent der Produktion aus, die rest- und edelsüßen Rieslinge dominieren, vom Kabinett bis hin zu den Auslesen wird aus dem Goldtröpfchen und dem Ohligsberg in der Regel die ganze Bandbreite erzeugt, der Grafenberg wird als Kabinett angeboten.

Kollektion

Im Jahr 2014 war der trockene Spitzenwein aus dem Goldtröpfchen unser Favorit, aber auch im süßen Segment ging es weit nach oben. In diesem schwierigen Jahrgang legte das Weingut ein starkes Sortiment vor. 2015 war dann nicht weniger spannend, die Großen Gewächse wirkten puristischer denn je, und wir sahen Ohligsberg und Goldtröpfchen gleichauf. Im süßen Bereich gefiel nicht nur der rassige Kabinettwein aus dem Goldtröpfchen, auch die drei Auslesen präsentierten sich ausgezeichnet, ohne in der Süße übertrieben zu sein. Eine sehr kompakte Leistung. Die trockenen Weine des Jahrgangs 2016 überzeugen, auch wenn sich diverse Abfüllungen bei der ersten Verkostung eher verhalten präsentierten; geradlinig wie selten, straff und durchaus nicht einfach zu beurteilen. Unter den Ortsweinen gefällt der Piesporter Riesling besser als der Wintricher, weil er straffer ist, würziger und auch etwas nachhaltiger, allerdings sind die Unterschiede nicht riesig. Die Großen Gewächse sind erneut sehr puristisch ausgefallen und folglich keine Rieslinge für jedermann. Die Weine aus Grafenberg, Goldtröpfchen und Ohligsberg sind sehr trocken, dabei nicht üppig oder alkoholreich, sondern präzise und fordernd. Sie profitieren sehr von etwas Luft und lassen ein überdurchschnittliches Alterungspotenzial erkennen. Erneut sehen wir Goldtröpfchen und Ohligsberg qualitativ auf vergleichbarem Niveau. Der als feinherb deklarierte „Haart to Heart" bildet den saftigen, allerdings nicht übertrieben süßen oder schmelzigen Übergang zu den Kabinetten und Spätlesen. Mit offener Frucht, einem Touch Steinobst und nach einer Weile auch dezenten Kräuter- und Cassisnoten präsentiert sich der Kabinettwein aus dem Goldtröpfchen, sein Pendant aus dem Ohligsberg ist stärker von Kräutern geprägt, besitzt eine eher herbe Würze; die Süße ist hier wie da nicht aufdringlich. Unter den Spätlesen zeigt sich ein anderes Bild. Der Wein aus dem Goldtröpfchen wirkt verhaltener, straff und fest, der Ohligsberg-Riesling wirkt offener, besitzt ein Süße-Säure-Spiel, das ihn zu langer Lagerung prädestiniert. Die Goldtröpfchen-Auslese ist in jenem typischen Stil gehalten, den man von den hochkarätigen Auslesen der Haarts kennt: leicht cremig mit Anklängen an Pfirsich und Gewürze, saftig, zugänglich, aber alles andere als banal. Auch die Goldkapsel-Auslese ist offen, aber nur verhalten cremig, enorm saftig, nicht zu süß, sondern für einen edelsüßen Riesling sehr animierend.

H

Weinbewertung

88	2016 Riesling trocken Piesporter **12 %/12,50 €**
87	2016 Riesling trocken Wintricher **12 %/12,50 €**
90	2016 Riesling „GG" Grafenberg **12,5 %/24,- €**
91	2016 Riesling „GG" Ohligsberg **12,5 %/27,- €**
91	2016 Riesling „GG" Goldtröpfchen **12,5 %/27,- €**
87	2016 Riesling „feinherb" „Haart to Heart" **10,5 %/9,50 €**
88	2016 Riesling Kabinett Goldtröpfchen **9 %/14,- €**
88	2016 Riesling Kabinett Ohligsberg **8,5 %/14,- €**
90	2016 Riesling Spätlese Goldtröpfchen **8 %/20,- €**
92	2016 Riesling Spätlese Ohligsberg **8 %/20,- €** ☺
92	2016 Riesling Auslese Goldtröpfchen **8 %/32,- €**
93	2016 Riesling Auslese Goldkapsel Goldtröpfchen **8 %/Vst./0,375l**

LAGEN

GOLDTRÖPFCHEN (PIESPORT)
KREUZWINGERT (PIESPORT)
GRAFENBERG (PIESPORT)
OHLIGSBERG (WINTRICH)

REBSORTEN

RIESLING (100 %)

W. HÄFNER

★

KONTAKT

Wilhelm-Enssle-Straße 5
73630 Remshalden-Geradstetten
Tel. 07151-73139
Fax: 07151-75593
www.weingut-haefner.de
info@weinguthaefner.de

H

Inhaber **Sylvia Häfner-Hutt**
Rebfläche **3 Hektar**
Produktion **22.000 Flaschen**

BESUCHSZEITEN

Mi.+Do. 16-18 Uhr, Fr. 10-16 Uhr,
Sa. 9-16 Uhr, nach Vereinbarung
Besenwirtschaft „Besagärtle"

Seit dem 15. Jahrhundert baut die Familie Wein im Remstal an, bereits im Jahr 1443 baute ein gewisser Hennßlin Heffner Wein auf dem Hof Lindhalden oberhalb von Stetten an. Die Weinberge liegen in Geradstetten (Lichtenberg), Hebsack (Lichtenberg), Beutelsbach (Altenberg) und Schnait (Altenberg, Sonnenberg). Neben klassischen Rebsorten wie Riesling, Trollinger, Silvaner, Lemberger, Portugieser, Kerner und Spätburgunder gibt es auch Zweigelt, Dornfelder, Chardonnay, Gewürztraminer und Muskattrollinger, zuletzt wurden etwas Acolon, Regent und verschiedene Cabernetkreuzungen gepflanzt. Die Rotweine – 65 Prozent der Fläche nehmen rote Rebsorten ein – werden maischevergoren, teilweise im Barrique ausgebaut. 2013 hat Sylvia Häfner-Hutt das Weingut von ihrem Vater Wolfgang übernommen. Im Besagärtle, der angeschlossenen Besenwirtschaft, finden 40 Gäste Platz.

Kollektion

Eine stimmige, wie in den Vorjahren sehr gleichmäßige Kollektion präsentiert Sylvia Häfner-Hutt auch in diesem Jahr. Die Basis stimmt, das zeigen die Literweine, weiß wie rot. Unser Favorit im weißen Segment ist die Gewürztraminer Spätlese aus dem Geradstettener Lichtenberg, die wunderschön reintönig, frisch und zupackend ist. Fein ist auch der restsüße Muskat-Trollinger Rosé aus dem Hebsacker Lichtenberg, wunderschön sortentypisch, geradlinig und frisch, süffig und unkompliziert. Die trockene Spätburgunder Auslese aus dem Hebsacker Lichtenberg ist intensiv und kraftvoll, besitzt feine süße Frucht, ist aber insgesamt doch ein wenig unruhig und unausgewogen. Besser gefällt uns da der im Holz ausgebaute Zweigelt, ebenfalls aus dem Hebsacker Lichtenberg, der gute Konzentration und intensive Frucht besitzt, gute Struktur und Frische. —

Weinbewertung

80	2016 Riesling trocken „Wertgeschätzt" G. Lichtenberg (1l) **11,5 %/5,40 €**
82	2016 Chardonnay trocken „Moderne" Geradstetten Lichtenberg **12,5 %/7,50 €**
82	2016 Silvaner „Caligola" **11 %/5,80 €**
84	2016 Gewürztraminer Spätlese „Wertgeschätzt" G. Lichtenberg **11 %/8,50 €**
83	2016 Muskat-Trollinger Rosé „Wertgeschätzt" Hebsack Lichtenberg **12 %/8,20 €**
82	2016 Regent trocken „Moderne" Geradstetten Lichtenberg **12,5 %/6,50 €**
82	2016 Zweigelt trocken „Moderne" Geradstetten Lichtenberg **11,5 %/7,- €**
82	2016 Portugieser trocken „Wertgeschätzt" Schnait Sonnenberg **11,5 %/5,- €**
81	2016 Lemberger trocken „Wertgeschätzt" Hebsack Lichtenberg **12 %/7,- €**
83	2015 Spätburgunder Auslese trocken „Wertgeschätzt" H. Lichtenberg **13%/18,50€**
85	Zweigelt trocken Holzfass „Moderne" Geradstetten Lichtenberg **13 %/9,80 €**
80	2016 „TLA" Rotweincuvée „Kollektion Wertgeschätzt" (1l) **11,5 %/5,50 €**

HÄGE

★☆

KONTAKT

Illinger Straße 13
75428 Illingen-Schützingen
Tel. 07043-8915
Fax: 07043-5930
www.weingut-haege.de
info@weingut-haege.de

Inhaber
Johannes Häge
Rebfläche
5 Hektar

BESUCHSZEITEN

Di., Fr. 16-20 Uhr, Sa. 9-13 Uhr
Gutsschenke

Ilse und Johannes Häge gründeten 1987 ihr eigenes Weingut, ohne einen einzigen Rebstock zu besitzen. 2006 sind sie in die ehemalige Schützinger Kelter umgezogen. Die Weinberge befinden sich in den Lagen Mühlhauser Halde, Schützinger Heiligenberg und Illinger Schanzreiter. Seit den neunziger Jahren wurden zwei Hektar im Schützinger Heiligenberg von Ilse Häge ökologisch bewirtschaftet, 2004 wurden die ersten Weine zertifiziert. 2016, nach dem Tod von Ilse Häge, hat Johannes Häge den kompletten Betrieb auf biologische Bewirtschaftung umgestellt. Neben Riesling gibt es Grauburgunder, Weißburgunder, Silvaner, Müller-Thurgau und Gewürztraminer, dazu die klassischen Württemberger Rotweinsorten wie Trollinger, Lemberger, Spätburgunder und Samtrot, aber auch Regent, Cabernet Sauvignon und Merlot. Die roten Spitzenweine werden zwölf Monate in kleinen Eichenholzfässern ausgebaut. Destillate aus der eigenen Brennerei ergänzen das Sortiment.

Kollektion

Eine stimmige, geschlossene Kollektion präsentiert Johannes Häge auch in diesem Jahr, wie schon im Vorjahr mit roten Spitzen. Die Weißweine zeigen sehr gleichmäßiges Niveau, der Weißburgunder ist frisch und geradlinig, die beiden Rieslinge sind wunderschön zupackend. Am besten gefällt uns der Muskateller aus der Mühlhauser Halde, der reintönig, fruchtbetont und frisch ist. Der Rosé ist klar und geradlinig, der Merlot besitzt reintönige Frucht, feine Frische, Kraft und gute Struktur. An der Spitze der Kollektion stehen die beiden roten Reserveweine. Der Aldebaran, die Cuvée aus Cabernet Sauvignon und Merlot, zeigt intensive Frucht im Bouquet, etwas Cassis, besitzt Fülle und Kraft, gute Struktur und Frische. Noch ein klein wenig besser gefällt uns der Lemberger, der gute Konzentration und Gewürze im Bouquet zeigt, füllig und Kraft besitzt, reife Frucht, gute Struktur und feine Schokonoten.

Weinbewertung

82	2016 Weißburgunder trocken Schützinger Heiligenberg **13 %/7,50 €**
83	2016 Riesling trocken „Sirius" **12 %/6,80 €**
83	2016 Riesling trocken Schützinger Heiligenberg **12,5 %/7,20 €**
84	2016 Muskateller trocken Mühlhauser Halde **12 %/6,80 €**
82	2016 Rosé trocken **12,5 %/6,- €**
80	2015 Lemberger trocken Schützinger Heiligenberg **13 %/6,- €**
81	2015 Spätburgunder trocken **13 %/6,- €**
84	2015 Merlot trocken **14 %/7,20 €**
86	2015 Lemberger trocken „Réserve" **13 %/15,- €**
85	2015 „Aldebaran" Rotwein „Réserve" **13 %/15,- €**

H

DUNLOP
PUROFORT

HÄUSSERMANN

★★

KONTAKT

Seestraße 6
71336 Waiblingen-Neustadt
Tel. 07151-83483
Fax: 07151-272541
www.haeussermann-weingut.de
mail@haeussermann-weingut.de

Inhaber
Albert Häußermann
Rebfläche
3 Hektar
Produktion
25.000 Flaschen

BESUCHSZEITEN

Di. + Fr. 16-19 Uhr

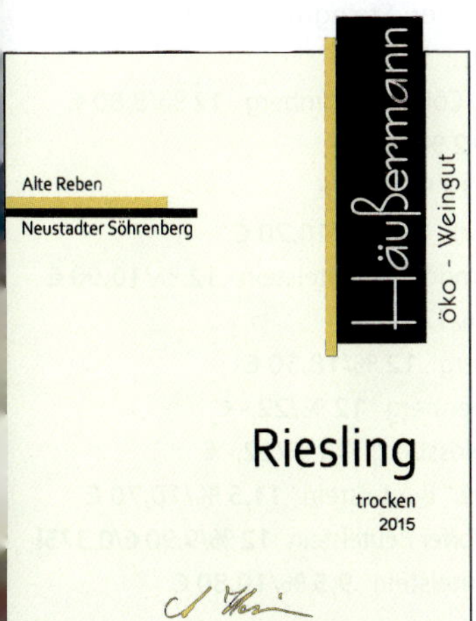

Seit 1735 betreibt die Familie Häußermann Landwirtschaft in Neustadt im Remstal, heute ein Stadtteil von Waiblingen. 1996 übernahmen Marlene und Albert Häußermanns den Wein- und Obstbaubetrieb am Sö(h)renberg und begannen mit der Selbstvermarktung, 2010 erfolgte die Umstellung auf biodynamische Bewirtschaftung, seit 2014 sind sie biodynamisch zertifiziert, bei Ecovin und bei Demeter. Ihre Weinberge liegen im Neustädter Söhrenberg, einem Südwest- bis Südost-exponierten Hang, wo der Boden aus lehmigem Ton auf Gipskeuper besteht (der Terrassenweinberg Haufler, westlich von Neustadt an der Rems gelegen, ist Teil des Söhrenbergs), sowie im östlichen Remstal im Bürger Schlossberg, einer kleinen, recht hoch gelegenen Steillage mit Keuperböden. Trollinger nimmt 30 Prozent der Rebfläche ein, Riesling 20 Prozent, es folgen Spätburgunder, Lemberger, Merlot, Sauvignon Blanc, Muskattrollinger, Cabernet Dorsa, Traminer und Dornfelder. 90 Prozent der Produktion wird direkt an Endverbraucher verkauft, unter anderem auf dem Cannstatter und dem Waiblinger Wochenmarkt. Seit dem Jahrgang 2013 werden alle Weine spontanvergoren, der Ausbau erfolgt teils im Edelstahl, teils im Holz.

Kollektion

Die neue Kollektion hat Spannendes zu bieten. Ein fruchtbetonter, zupackender Trollinger-Sekt eröffnet den Reigen. Der Blanc de Noir ist süffig und klar wie auch der kirschfruchtige Rosé. Der trockene Traminer ist frisch, strukturiert, süffig. Die neue Cuvée Haufler aus dem gleichnamigen Terrassenweinberg steht für uns an der Spitze der Kollektion. Sie ist kraftvoll und zupackend, besitzt gute Struktur, Frucht und Druck. Mit dem Gipskeuper-Riesling gibt es auch einen Orangewein von Albert Häußermann, er ist kraftvoll, stoffig, erstaunlich süß. Im roten Segment überzeugt der Reserve-Spätburgunder aus dem Söhrenberg, der zwar leicht oxidative Noten im Bouquet zeigt, im Mund aber Fülle und Kraft besitzt, gute Struktur und Frische.

Weinbewertung

84 2014 Trollinger „Blanc de Noir" Sekt brut **12 %/12,80 €**
83 2016 „Blanc de Noir" **11 %/8,80 €**
88 2016 „Haufler" Cuvée Weißwein trocken **12,5 %/15,- €**
87 2015 Riesling trocken „Gipskeuper" (Orangewein) **12,5 %/9,80 €**
84 2015 Traminer trocken Burger Schlossberg **13 %/9,80 €**
83 2015 Pinot Noir Rosé trocken **12,5 %/8,80 €**
81 2012 Cabernet Dorsa trocken **13,5 %/8,80 €**
87 2014 Spätburgunder trocken „Reserve" Neustadter Söhrenberg **13,5 %/20,- €**

HAHNMÜHLE

★★★☆

KONTAKT

Alsenzstraße 25
67822 Mannweiler-Cölln
Tel. 06362-993099
Fax: 06362-4466
www.weingut-hahnmuehle.de
info@weingut-hahnmuehle.de

H

Inhaber
Peter & Martina Linxweiler
Rebfläche
16 Hektar
Produktion
90.000 Flaschen

BESUCHSZEITEN

Mo.-Sa. 8-12 + 14-18 Uhr, Sa. 9-15 Uhr und nach Vereinbarung

Martina und Peter Linxweiler bewirtschaften ihr Weingut im Alsenztal – einem Seitental der Nahe – seit 1987 ökologisch, konsequenterweise versorgt eine eigene Wasserkraftanlage in der ehemaligen Getreidemühle den Betrieb mit Strom. Wichtigste Rebsorte ist der Riesling, der gut die Hälfte der Rebfläche einnimmt. Dazu gibt es Gewürztraminer, Silvaner, Chardonnay, Weißburgunder, sowie Spätburgunder als wichtigste rote Sorte. Der „Alisencia" genannte Riesling stammt aus einer Schieferlage, dem Alsenzer Elkersberg. Diese Steillage ist schon lange die Spitzenlage der Hahnmühle, zu der sich mit dem 2015er Jahrgang eine neue Parzelle im von Vulkangestein geprägten Ebernburger Schlossberg gesellt. Die weiteren Weinberge liegen im Cöllner Rosenberg, den Oberndorfer Lagen Beutelstein und Aspenberg und in der südlichsten Lage des Anbaugebiets Nahe, dem Steckweiler Mittelberg. Seit dem Jahrgang 2016 ist Sohn Johannes für den Ausbau der Weine verantwortlich.

Kollektion

Vier trockene Rieslinge führen in diesem Jahr die Kollektion an: Der neu im Programm vertretene Wein vom Aspenberg ist für die Hahnmühle ungewöhnlich fruchtbetont, mit Noten von Pfirsich, Mango und Orangenschale, er zeigt aber auch mineralische Noten und etwas Holz und besitzt feinen Grip, der Elkersberg zeigt ebenfalls viel gelbe Frucht, ist mineralisch, schlank, animierend und besitzt die Eleganz, die wir von den Hahnmühle-Rieslingen gewohnt sind. Der Schlossberg zeigt rauchige und steinige Noten, ist komplex und lang und besitzt viel Druck, Grip und Potential, der „Alisencia" zeigt Stein- und Tabakwürze im Bouquet, ist schlank, elegant und nachhaltig. Sehr gut sind auch der ganz reintönige und harmonische Traminer „IZ" mit dezenter Süße und Länge und der geradlinige, salzig-animierende Silvaner „Steingruben".

Weinbewertung

86	2016 Riesling + Roter Traminer trocken Cöllner Rosenberg **12 %/8,80 €**
87	2016 Silvaner trocken „Steingruben" **12 %/9,90 €**
85	2016 Riesling trocken „Alter Wingert" **12 %/8,40 €**
86	2016 Weißburgunder trocken Oberndorf **12,5 %/10,20 €**
86	2016 Riesling trocken „Sandstein" Oberndorfer Beutelstein **12 %/10,90 €**
88	2016 Riesling trocken „Alisencia" **12 %/12,50 €**
89	2016 Riesling trocken Alsenzer Elkersberg **12 %/18,50 €**
89	2016 Riesling trocken Oberndorfer Aspenberg **12 %/22,- €**
90	2016 Riesling trocken Ebernburger Schlossberg **12 %/22,- €**
86	2016 Riesling + Roter Traminer „feinherb" Beutelstein **11,5 %/10,70 €**
88	2016 Roter Traminer Spätlese „IZ" Oberndorfer Beutelstein **12 %/9,90 €/0,375l**
86	2016 Riesling Spätlese Oberndorfer Beutelstein **9,5 %/10,80 €**

HAHN PAHLKE

★☆

KONTAKT

Kirchgasse 1
67271 Battenberg
Tel. 06359-2118
Fax: 06359-92036
www.hahn-pahlke.de
info@hahn-pahlke.de

Inhaber
Wolfgang Pahlke
Rebfläche
18 Hektar
Produktion
60.000 Flaschen

BESUCHSZEITEN

Mo.-Fr. 8-12 + 13-18 Uhr, Sa. 8-18 Uhr, So. nach Vereinbarung

Seit rund 150 Jahren wird von der Familie in Battenberg Wein angebaut, in den 1950er Jahren wurde der ehemalige Gemischtbetrieb ganz auf den Wein ausgerichtet. Seit 1991 führen Carla und Wolfgang Pahlke das Weingut in siebter Generation, 2012 stieg Sohn Thomas nach seiner Lehre bei Neiss und Horcher, Praktika in der Wachau, auf Mallorca, in Neuseeland und Südafrika und seinem Abschluss als Weinbautechniker in den elterlichen Betrieb ein. Das Sortiment ist gegliedert in Guts-, Orts-, Lagen- und die unter der Regie von Thomas Pahlke entstehenden Premiumweine. Zu 60 Prozent werden weiße Sorten angebaut, wichtigste Sorte ist der Riesling, daneben gibt es Spätburgunder, Grauburgunder, Portugieser und Dornfelder, aber auch Sorten wie Cabernet Sauvignon, Sauvignon Blanc, Chardonnay und Chenin Blanc, der 2011 gepflanzt wurde. 2016 wurde mit der Umstellung auf ökologischen Weinbau begonnen.

Kollektion

Wie auch schon im vergangenen Jahr ist wieder der acht Monate im Barrique ausgebaute Chardonnay „Réserve" aus dem Mandelgarten unser Favorit in der gleichmäßig guten Kollektion, er ist saftig und kraftvoll, zeigt viel röstige Würze, Zitrusnoten und besitzt ein animierendes Säure-Spiel und gute Länge, die normale Version zeigt viel gelbe Frucht, Banane und Pfirsich und besitzt frische Säure. Der Riesling „Alpha" besitzt gute Konzentration und zeigt kalkig-mineralische Würze, beim kraftvollen Chenin Blanc wird die dezente Pfirsichfrucht noch ganz vom Holz dominiert. Die Rotweine setzen ganz auf Kraft und dunkle Frucht, der 18 Monate im Barrique ausgebaute Pinot Noir „Gamma" zeigt deutliche Röstnoten und besitzt gute Struktur, der Portugieser von 60 Jahre alten Reben zeigt etwas Kakao und Schokolade in der Nase und ist ebenfalls gut strukturiert.

Weinbewertung

84 2016 Sauvignon Blanc trocken **12 %/8,- €**
85 2015 Chenin Blanc trocken **14 %/12,50 €**
82 2016 Weißburgunder trocken Neuleininger **12,5 %/7,- €**
82 2016 Riesling trocken Kleinkarlbacher **12 %/7,- €**
84 2016 Riesling trocken „Grasweg" **13 %/9,- €**
83 2016 Grauburgunder trocken „Mönchacker" **14 %/9,- €**
85 2016 Chardonnay trocken Weisenheimer Mandelgarten **13,5 %/9,- €**
87 2015 Chardonnay trocken „Réserve" Mandelgarten **14 %/16,50 €**
83 2015 Riesling trocken „Alte Reben" „Sändchen" **12,5 %/9,80 €**
86 2015 Riesling trocken „Alpha" **13,5 %/12,50 €**
85 2015 Portugieser trocken „Alte Reben" Battenberger Schlossberg **13,5 %/9,50 €**
86 2014 Pinot Noir trocken „Gamma" **13,5 %/16,50 €**

KARL HAIDLE

★★★★☆

KONTAKT

Hindenburgstraße 21
71394 Kernen-Stetten
Tel. 07151-949110
Fax: 07151-46313
www.weingut-karl-haidle.de
info@weingut-karl-haidle.de

Inhaber
Moritz Haidle
Rebfläche
25 Hektar
Produktion
160.000 Flaschen

BESUCHSZEITEN

Mo.-Fr. 9-12 + 13-18 Uhr,
Sa. 9-13 Uhr

Karl Haidle begann 1949 mit damals einem halben Hektar Reben mit der Selbstvermarktung. Hans Haidle, der den Betrieb 1968 mit damals eineinhalb Hektar übernahm, hat zusammen mit Ehefrau Susanne die Rebfläche vergrößert und das Weingut als Spitzen-Betrieb in Württemberg etabliert. Inzwischen hat Sohn Moritz den Betrieb übernommen, der in Geisenheim studierte, Praktika im Inland, aber auch in Australien, Kalifornien und Burgund absolvierte. Die Weinberge liegen alle im Remstal, vor allem in Stetten, wo das Weingut seinen Sitz hat. Moritz Haidle ist vor allem in den Stettener Lagen Pulvermächer, Häder und Mönchberg vertreten, in der Schnaiter Burghalde sowie in Strümpfelbach. Der Boden im Pulvermächer, wo das Weingut seine Spitzenrieslinge erzeugt, ist von Keuper-Verwitterungsgestein geprägt. Im Mönchberg, einer der wärmsten Lagen im Remstal, baut Moritz Haidle überwiegend rote Sorten an, ebenso in der Burghalde in Schnait. Wichtigste Rebsorte ist der Riesling, der knapp 40 Prozent der Weinberge einnimmt. Dazu gibt es an weißen Sorten Grauburgunder, Weißburgunder, Chardonnay, Kerner, Müller-Thurgau und Gewürztraminer. Wichtigste rote Sorten sind Lemberger, Spätburgunder und Trollinger, aber es gibt auch ein wenig Dornfelder, Zweigelt und Acolon, auch Cabernet Franc und Cabernet Sauvignon, die für Cuvées genutzt werden. An der Spitze des Sortiments stehen die Großen Gewächse: Der Riesling aus dem Pulvermächer, der Spätburgunder aus der Burghalde und der Lemberger aus dem Mönchberg, zu denen sich mit dem Jahrgang 2012 erstmals auch ein Weißburgunder aus dem Mönchberg gesellte. Mit dem Jahrgang 2014 gab es eine weitere Neuerung: Aus dem Mönchberg-Lemberger wurden zwei, da Moritz Haidle sich entschied, die Weine aus den Teillagen Gehrnhalde und Berge gesondert auszubauen. Auf gleicher Ebene sind die „Passion" genannten Weine angesiedelt, Barriqueweine von Chardonnay, Zweigelt und Dornfelder, sowie die rote Spitzencuvée Ypsilon, die erstmals 1997 erzeugt wurde und in der Lemberger die Hauptrolle spielt, hinzu kommen in unterschiedlichen Anteilen Zweigelt oder Acolon, in den letzten Jahren auch Cabernet Sauvignon und Cabernet Franc. Wenn es der Jahrgang erlaubt, werden auch edelsüße Rieslinge erzeugt. Moritz Haidle hat 2014 den Keller allein „geschmissen", hat keinen angestellten Kellermeister mehr, hat alle Weine, so es möglich war, spontanvergoren. Die Rieslinge vergärt er wieder in den alten, traditionellen Holzfässern und lässt sie deutlich länger auf der Hefe. Bei den Rotweinen strebt er einen etwas dezenteren Holzeinsatz und niedrigere Alkoholwerte an. 2014 wurde mit der zertifizierten Umstellung auf ökologischen Weinbau begonnen.

Kollektion

Riesling und Lemberger, gerne auch Blaufränkisch genannt, sollen nach Moritz Haidles Vorstellung zukünftig die Säulen des Sortiments sein. Sechs Weißweine hat er uns dieses Jahr präsentiert, ausschließlich Riesling, das ist konsequent. Der Gutsriesling ist reintönig und frisch, der trockene Ortswein geradlinig und zupackend, der halbtrockene „Pfeffer" würziger, lebhaft, der noch etwas süßere „Ritzling" ist lebhaft, besitzt reintönige Frucht und Biss. Der Wein aus dem Häder zeigt feine Würze und reife Frucht, ist füllig und saftig bei viel Substanz. Ganz klar an der Spitze des Riesling-Sextetts steht das Große Gewächs aus dem Pulvermächer, zeigt gute Konzentration und rauchige Noten, ist füllig und druckvoll, besitzt viel reife Frucht, Substanz und Länge. Die Lemberger-Serie präsentiert sich ebenfalls stimmig auf sehr hohem Niveau. Der Blaufränkisch vom bunten Mergel ist frisch und fruchtbetont, wunderschön zupackend, reintönig und strukturiert: Da kommt Trinkfreude auf. Der Häder-Lemberger zeigt viel reife Frucht, rote Früchte, ist reintönig und strukturiert, hat Biss. Das Große Gewächs Berge ist herrlich eindringlich, reintönig und konzentriert, besitzt viel Kraft, viel Substanz, reife Frucht und Länge. Der Wein aus der Gehrnhalde zeigt viel Toast im Bouquet, rauchige Noten, feine Frische, ist kraftvoll und zupackend im Mund, enorm stoffig bei kräftigen Tanninen. Diese prägen auch den Spätburgunder aus der Burghalde, der etwas florale Noten und rote Früchte im Bouquet zeigt, klar, kraftvoll und zupackend ist. Der Ypsilon zeigt herrlich viel Frucht und viel Konzentration im Bouquet, ist wieder einmal bestechend harmonisch im Mund, füllig, fruchtbetont, ein Maul voll Wein, ein Klassiker – es wäre schade, wenn er ganz dem Lemberger weichen müsste. Starke Kollektion!

Weinbewertung

84	2016 Riesling trocken	**12 %/6,80 €**
86	2016 Riesling trocken „Schilfsandstein" Stettener	**12,5 %/9,90 €**
88	2016 Riesling trocken Stettener Häder	**13 %/16,20 €**
91	2016 Riesling „GG" Stettener Pulvermächer	**13 %/32,- €**
85	2016 Riesling Kabinett „Pfeffer" Stettener	**11 %/9,20 €**
87	2016 „Ritzling" Kabinett Weißwein	**10 %/16,20 €**
86	2016 Blaufränkisch trocken „Bunter Mergel"	**13 %/9,80 €**
88	2015 Lemberger trocken Stettener Häder	**13 %/16,40 €**
90	2015 Spätburgunder „GG" Schnaiter Burghalde	**13,5 %/32,- €**
92	2015 Lemberger „GG" „Berge" Stettener Mönchberg	**14,5 %/38,- €**
93	2015 Lemberger „GG" „Gehrnhalde" Stettener Mönchberg	**14 %/48,- €**
92	2015 „Ypsilon" Rotwein-Cuvée trocken	**13,5 %/32,- €**

H

LAGEN

PULVERMÄCHER (STETTEN)
MÖNCHBERG (STETTEN)
– GEHRNHALDE
– BERGE
HÄDER (STETTEN)
LINDHÄLDER (STETTEN)
BURGHALDE (SCHNAIT)
HINTERE KLINGE (ENDERSBACH)

REBSORTEN

RIESLING (38 %)
LEMBERGER (15 %)
SPÄTBURGUNDER (10 %)
TROLLINGER (10 %)

Hain

★★★★

KONTAKT

Am Domhof 5
54498 Piesport
Tel. 06507-2442
Fax: 06507-6879
www.weingut-hain.de
weingut-hain@t-online.de

H

Inhaber
Gernot Hain
Rebfläche
9,5 Hektar
Produktion
70.000 Flaschen

BESUCHSZEITEN

Mo.-Fr. 9-18 Uhr, Sa./So. nach Vereinbarung
Weinhotel „Piesporter Goldtröpfchen"

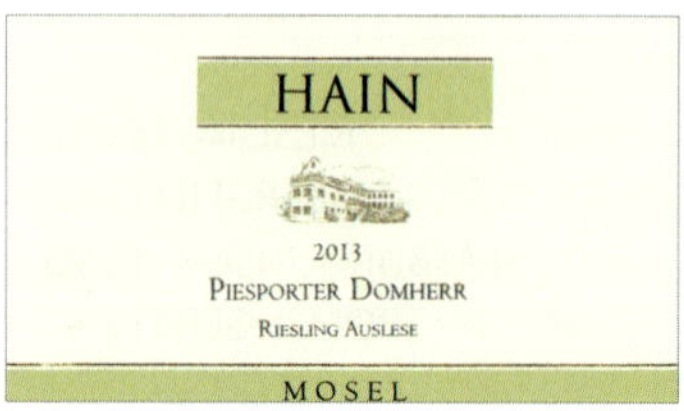

Das Weingut Hain ist ein klassischer Familienbetrieb, der seit langer Zeit in Piesport verwurzelt ist und seine Tradition auf das 17. Jahrhundert zurückführt. Kurt Hain, der Vater des heutigen Inhabers Gernot Hain, begleitete die Erfolge des Betriebes mit, verstarb 2016 im Alter von 82 Jahren. Gernot Hains Weinberge liegen alle in Piesport, vor allem in den Lagen Goldtröpfchen und Domherr. Er baut auf einer Fläche von inzwischen 9,5 Hektar zu 85 Prozent Riesling an, hinzu kommen jeweils 5 Prozent Weißburgunder, Spätburgunder und Chardonnay. Die Weine baut Gernot Hain überwiegend im Edelstahl aus, zu einem kleinen Teil auch in Holzfässern, den Spätburgunder im Barrique. Etwa die Hälfte der Weine wird trocken oder halbtrocken und feinherb ausgebaut, sowohl aus dem Piesporter Goldtröpfchen wie aus dem Domherr, in denen das Weingut zu den wichtigsten Besitzern zählt. Der Riesling von alten Reben und der Felsterrassen-Riesling signalisieren eine besondere Qualität innerhalb des Goldtröpfchens. In der Spitze sind immer wieder Auslesen, aber auch Beerenauslesen zu bewundern, aber auch Eiswein wurde bereits erzeugt, wenn die Bedingungen es zuließen. Seit der ersten Ausgabe empfehlen wir die Weine Gernot Hains, schon damals zählten wir ihn zur Spitze in Piesport, schon damals reüssierte er gleichermaßen mit trockenen und süßen Rieslingen. Seine Weine sind immer schon bestechend reintönig und fruchtbetont, sie zeigen Finesse und Länge, bringen den Charakter des Piesporter Goldtröpfchen ausgezeichnet zum Ausdruck, auch wenn man die Vorzüge der Lage Domherr nicht vergessen sollte. Zum Weingut gehört auch das Hotel Piesporter Goldtröpfchen, für das vor allem Gernot Hains Frau Susanne zuständig ist. Sogar ein eigenes Gutsrestaurant wird geführt, das kurz vor Weihnachten bis zum März geschlossen ist , das aber in der restlichen Zeit den familiären, aber stilvollen Aufenthalt mit ausgezeichneter Weinbegleitung ermöglicht.

Kollektion

Die Kollektion des Jahrgangs 2014 gehörte vor zwei Jahren zu den besten an der ganzen Mosel, brachte fruchtbetonte, aber auch nachhaltige Weine hervor, die in jedem Bereich überzeugten, bei den trockenen Frische vermittelten und bei den süßen eine nicht überall an der Mittelmosel erreichte Balance. Die Kollektion des vergangenen Jahres gab dann Grund, das Weingut auf vier Sterne aufzustufen. Auch mit dem reifen Jahrgang 2015 konnte Hain nämlich ausgezeichnet umgehen, beginnend beim trockenen Kabinett aus dem Piesporter Goldtröpfchen, der mit viel Spiel überzeugte, über den festen, würzigen Drei Sterne-Riesling aus dem Piesporter Domherr bis zu den beiden wunderschön eleganten Auslesen. Mit der neuen Kollektion beweist Gernot Hain, dass die Aufstufung vor einem Jahr ihre Berechtigung hatte und dass er auch weiterhin den Basisweinen viel Aufmerksamkeit widmen will. Straff und würzig ist der trockene Riesling, ein Muster an Frische der Kabinett, der angenehm trocken, straff und präzise ausfällt – Hain reizt die Restzuckerwerte nie aus. Der Drei Sterne-Wein aus der Lage Piesporter Domherr gefällt uns in diesem Jahr etwas besser als sein Pendant aus dem Piesporter Goldtröpfchen. Er ist sehr fest, straff, noch etwas von Hefenoten geprägt, besitzt Anklänge an Kräuter und eine sehr puristische Art ohne jede schmeckbare Süße. Über 24 Stunden lang entwickelte er sich ausgezeichnet, bildet dann auch einen gewissen Schmelz aus. Der Goldtröpfchenwein wirkt dagegen deutlich offener, zeigt eine attraktive Frucht und ebenfalls einen leichten Schmelz. Offen und etwas unruhig in der Nase ist dann der feinherbe Riesling von alten Reben aus dem Piesporter Goldtröpfchen, der zudem herrlich kraftvoll und komplex ausfällt; die Süße ist zu spüren, aber sie wirkt keineswegs – anders als bei vielen anderen Weinen an der Mosel – übertrieben. Die süße Spitze ist, verständlich in diesem Jahrgang, etwas kleiner ausgefallen als im vergangenen Jahr. Die Spätlese aus dem Piesporter Domherr steht ihrem Pendant aus dem Piesporter Goldtröpfchen höchstens um Nuancen nach. Bei der Auslese wiederum ist jene Eleganz zu spüren, die schon seit sehr vielen Jahren typisch ist für dieses Weingut, das nicht im Geringsten zu Übertreibungen neigt, aber immer eine erstaunliche Balance in alle seine Rieslinge hineinarbeitet.

Weinbewertung

87	2016 Riesling Kabinett trocken Piesporter Goldtröpfchen **11,5 %/8,50 €** ☺
85	2016 Riesling trocken Piesporter **11,5 %/7,- €**
90	2016 Riesling trocken*** Piesporter Goldtröpfchen **12,5 %/13,50 €** ☺
90	2016 Riesling trocken*** Piesporter Domherr **12,5 %/13,50 €** ☺
89	2016 Riesling Spätlese „feinherb" Piesporter Goldtröpfchen **11,5 %/11,- €** ☺
90	2016 Riesling Spätlese „feinherb" „Alte Reben" Goldtröpfchen **12 %/13,50 €** ☺
86	2016 Riesling Kabinett Piesporter Goldtröpfchen **8 %/8,50 €**
88	2016 Riesling Spätlese Piesporter Goldtröpfchen **8 %/11,- €**
89	2016 Riesling Spätlese „Felsterrassen" Piesporter Goldtröpfchen **8 %/13,50 €**
90	2016 Riesling Spätlese Piesporter Domherr **8 %/13,50 €** ☺
87	2016 Riesling Kabinett „feinherb" Piesporter Goldtröpfchen **10,5 %/8,50 €** ☺
91	2016 Riesling Auslese Piesporter Goldtröpfchen **8 %/21,- €**

LAGEN

GOLDTRÖPFCHEN (PIESPORT)
DOMHERR (PIESPORT)

REBSORTEN

RIESLING (85 %)
WEISSBURGUNDER (5 %)
CHARDONNAY (5 %)
SPÄTBURGUNDER (5 %)

FRANK J. HALLER

★★

KONTAKT

Masurenstraße 60
70374 Stuttgart
Tel. 0711-51882710
www.weingutfrankjhaller.de
mail@weingutfrankjhaller.de

Inhaber Frank J. Haller
Rebfläche 3 Hektar
Produktion 15.000 Flaschen

BESUCHSZEITEN

Sa. 10-14 Uhr und nach Vereinbarung

Frank Haller stammt nicht aus einer Winzerfamilie: Er absolvierte zunächst eine Lehre zum Hotelfachmann, schloss dann eine Winzerlehre bei Hans Haidle an, nach seiner Ausbildung zum Weinbautechniker arbeitete er sechs Jahre als Kellermeister bei Haidle in Stetten. Mit dem Jahrgang 2007 brachte Frank Haller seine ersten eigenen Weine auf die Flasche. Seine Weinberge liegen im Cannstatter Zuckerle und im Stuttgarter Kriegsberg, inzwischen ist er auch am Nordrand der Schwäbischen Alb in der Beurener Schlosssteige vertreten. Bei den roten Sorten, die 60 Prozent der Fläche einnehmen, liegt der Schwerpunkt auf Lemberger, Spätburgunder und Trollinger, dazu gibt es Zweigelt, sowie inzwischen auch Cabernet Franc. Bei den weißen Sorten überwiegt Riesling, dazu gibt es Silvaner sowie etwas Muskateller und inzwischen auch Chardonnay.

Kollektion

Weil er seine Rotweine nicht rechtzeitig füllen konnte, hatte Frank Haller im vergangenen Jahr keine Weine geschickt. Dieses Jahr ist er wieder dabei, mit einer gewohnt kleinen, überschaubaren Kollektion, die aus zwei Weißweinen und vier Rotweinen besteht. Die weiße Cuvée 0711 besteht aus Silvaner und Riesling, sie zeigt feine Frische im Bouquet, ist lebhaft im Mund, klar und zupackend, besitzt feine süße Frucht. Der Muskateller ist knochentrocken, frisch, geradlinig, zupackend, sortentypisch, aber zurückhaltend. Die rote Cuvée macht wie die weiße eine gute Figur, Lemberger und Zweigelt sind harmonisch vereint, der Wein ist fruchtbetont, geradlinig und frisch, klar, hat Grip. Feine Frische und Frucht zeigt auch der geradlinige, zupackende Spätburgunder. An der Spitze der Kollektion stehen die beiden Rotweine aus dem Cannstatter Zuckerle. Der Zweigelt zeigt reintönige Frucht im Bouquet, feine Frische, rote Früchte, ist reintönig und geradlinig im Mund bei herrlich viel Frucht. Noch ein klein wenig besser gefällt uns der Lemberger, der fruchtbetont im Bouquet ist, reintönig und intensiv, frisch in den Mund kommt, klar und zupackend ist, präzise und druckvoll.

Weinbewertung

84	2016 „0711" Weißwein trocken **12 %/7,50 €**
83	2016 Muskateller trocken **12,5 %/9,- €**
84	2015 „0711" Rotwein trocken **13 %/9,- €**
83	2014 Spätburgunder trocken **13 %/10,50 €**
86	2015 Lemberger trocken Cannstatter Zuckerle **12,5 %/13,50 €**
85	2015 Zweigelt trocken Cannstatter Zuckerle **13 %/16,- €**

Hammel

★

KONTAKT

Weinstraße Süd 4
67281 Kirchheim
Tel. 06359-86401
Fax: 06359-86431
www.weinhammel.de
info@weinhammel.de

Inhaber
Christoph, Thomas & Martin Hammel
Rebfläche
60,6 Hektar
Produktion
580.000 Flaschen

BESUCHSZEITEN

Mo.-Fr. 8-18:30 Uhr, Sa. 9-18 Uhr, So. 13-16 Uhr

Das Weingut Hammel ist seit 1723 im Familienbesitz, heute leiten die Brüder Christoph und Martin das Gut in achter Generation. Angebaut wird eine Vielzahl von Sorten: Riesling, Müller-Thurgau, Scheurebe, Sauvignon Blanc, Chardonnay, Grau- und Weißburgunder, Silvaner, Grüner Veltliner, Dornfelder, Spätburgunder, Portugieser, St. Laurent und Cabernet Sauvignon.

Kollektion

Christoph Hammel ist immer für Überraschungen gut – und dann kann es eben auch mal vorkommen, dass ein Rosé an der Spitze des umfangreichen Sortiments liegt. Der „Hammel and Winepunk"-Rosé aus Sankt Laurent, Spätburgunder, Acolon und Cabernet Sauvignon wurde sechs Monate auf der Vollhefe und zu einem Drittel im Barrique ausgebaut, zeigt komplexe rote Frucht und florale Noten und besitzt Würze, Struktur, Grip und Länge. Aus dem restlichen Sortiment ragen noch der Riesling aus dem Herrenberg, der saftige Halbstück-Sauvignon Blanc und der kraftvolle Herrenberg-Spätburgunder heraus. Auch die im Holz ausgebauten Müller-Thurgau und Scheurebe sind wieder gut gelungen und von der Liebfraumilch macht Hammel auch eine „Premium"-Version mit viel klarer Frucht und frischen Zitrusnoten.

Weinbewertung

79	2016 Grüner Silvaner trocken (1l)	**12 %/4,95 €**
79	2016 Riesling trocken „Literweise" (1l)	**12 %/4,95 €**
81	2016 Chardonnay & Weißburgunder trocken „Collage"	**12,5 %/6,95 €**
81	2016 Grauer Burgunder trocken „Collage"	**12,5 %/6,95 €**
82	2016 Scheurebe trocken Kirchheimer	**12 %/7,50 €**
85	2015 Scheurebe trocken „Kleines Holz"	**13,5 %/12,50 €**
84	2016 Müller-Thurgau trocken „Große Tradition"	**13 %/9,50 €**
83	2015 Grüner Veltliner trocken „Großes Holz"	**12 %/9,50 €**
83	2016 Sauvignon Blanc trocken „Collage"	**12,5 %/9,50 €**
86	2015 Sauvignon Blanc trocken „Halbstück"	**13 %/12,50 €**
86	2015 Riesling trocken Kleinkarlbacher Herrenberg	**13,5 %/12,50 €**
81	2016 „Liebfraumilch" Weißwein	**11,5 %/5,95 €**
84	2016 „Liebfraumilch Premium Edition" Weißwein	**11,5 %/12,50 €**
81	2016 Riesling „feinherb" „Collage"	**12 %/6,95 €**
82	2016 Riesling „gegen/gerade"	**12 %/8,50 €**
80	2016 „Sophie-Helene" Rosé trocken	**12 %/5,95 €**
87	2016 „Hammel and Winepunk" Rosé	**12,5 %/14,50 €**
84	2015 Portugieser trocken „Kleines Holz"	**13 %/12,50 €**
82	2015 Spätburgunder trocken „Großes Holz"	**13,5 %/8,50 €**
86	2014 Spätburgunder trocken Kleinkarlbacher Herrenberg	**13,5 %/25,- €**
81	2015 Sankt Laurent trocken „Großes Holz"	**13,5 %/7,50 €**

HARTENECK

★☆

KONTAKT

Wein- & Sektgut Harteneck
Brezelstraße 15
79418 Schliengen
Tel. 07635-8837, Fax: -823755
www.weingut-harteneck.de
info@weingut-harteneck.de

Inhaber Thomas Harteneck
Rebfläche 8 Hektar
Produktion 60.000 Flaschen

BESUCHSZEITEN

Mo.-Fr. 9-12 + 14-17 Uhr und nach Vereinbarung

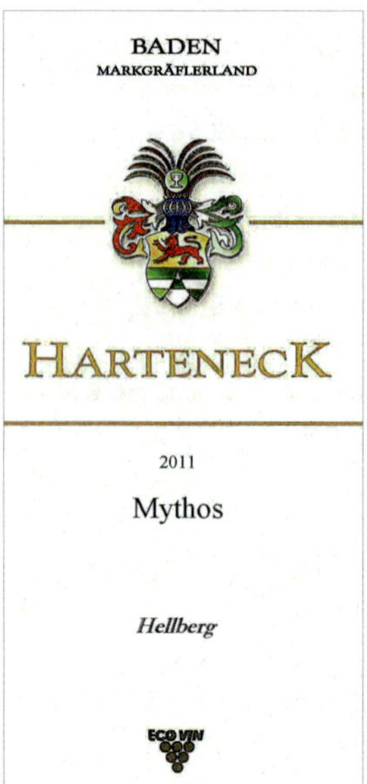

Die Weinbautradition der Familie lässt sich bis in die Mitte des 19. Jahrhunderts in die Pfalz zurückverfolgen. Thomas Harteneck bewirtschaftet seine Weinberge nach biodynamischen Grundsätzen, ist Mitglied sowohl bei Ecovin als auch bei Demeter. Seine Weinberge liegen in Schliengen, wo die Böden von Löss und sandigem Lehm geprägt sind. Wichtigste rote Rebsorte ist Spätburgunder. Dazu gibt es Dornfelder, Regent, Cabernet Sauvignon, Merlot und Cabernet Franc. Bei den weißen Sorten überwiegt Gutedel, wie könnte das auch anders sein im Süden des Markgräflerlandes, gefolgt von Weiß- und Grauburgunder, sowie Auxerrois und inzwischen auch Cabernet Blanc. Im Jahr 2000 zog das Weingut in neue Betriebsgebäude, die nach Plänen von Thomas Harteneck nach ökologischen Gesichtspunkten errichtet wurden. Das Weingut ist Demonstrationsbetrieb „Ökologischer Landbau“. Seit dem Jahrgang 2003 gibt es die Selektionsreihe „SH“, in den letzten Jahren wurden hin und wieder Lagenweine herausgestellt (Hellberg, Geigenmantel), mit dem Jahrgang 2016 wurden erstmals Ortsbezeichnungen verwendet.

Kollektion

Die neue Kollektion präsentiert sich sehr geschlossen, weiß wie rot. Das Einstiegsniveau ist hoch, der Gutedel ist wunderschön reintönig und zupackend. Der Cabernet Blanc zeigt feine Würze und etwas florale Noten, ist frisch und zupackend wie auch der Weißburgunder, der gute Struktur und Substanz besitzt. Unsere leichte Präferenz im weißen Teil der Kollektion gilt dem Grauburgunder der gute Konzentration und reife Frucht besitzt, wunderschön füllig und saftig ist. Die drei Rotweine sehen wir alle auf gleichem Niveau, alle sind von recht kräftigen Tanninen geprägt, noch jugendlich. Der Merlot ist füllig und kraftvoll, besitzt gute Struktur und Substanz, der Cabernet Franc ist reintönig, noch etwas kraftvoller als der Merlot, besitzt aber auch sehr kräftige, dominante Tannine. Der Spätburgunder zeigt reintönige Frucht im Bouquet, rote Früchte, besitzt gute Struktur und feine Frische. ▬

Weinbewertung

84 2016 Gutedel trocken **11,5 %/7,20 €**
82 2016 Auxerrois trocken Mauchen **12,5 %/9,60 €**
85 2016 Grauer Burgunder „SH“ Spätlese trocken **13 %/11,90 €**
84 2016 Cabernet Blanc trocken Bad Bellingen **13 %/9,60 €**
84 2016 Weißburgunder „SH“ **13 %/11,90 €**
85 2015 Merlot „SH“ trocken **13,5 %/12,90 €**
85 2015 Spätburgunder Spätlese „Hellberg“ **14 %/19,90 €**
85 2015 Cabernet Franc Spätlese „Hellberg“ **13,5 %/16,90 €**

HAUCK

★☆

KONTAKT

Sonnenhof
55234 Bermersheim vor der Höhe
Tel. 06731-1272,3195
Fax: 06731-45652
www.weingut-hauck.de
vinum@weingut-hauck.de

Inhaber
Heinz-Günter & Heike Hauck
Rebfläche
30 Hektar

BESUCHSZEITEN

Mo.-Sa. nach Vereinbarung
Weinproben, Weinseminare

Das von Heinz-Günter und Heike Hauck geführte Familienweingut ist in Bermersheim vor der Höhe zuhause, dem vermutlichen Geburtsort von Hildegard von Bingen. Ihre Weinberge liegen hauptsächlich in Bermersheim (Hildegardisberg, Klosterberg), aber auch in Ensheim (Kachelberg), Alzey und Albig (Hundskopf), die Reben wachsen auf tonreichen, kalksteindurchsetzten Böden. Zwei Drittel der Rebfläche nehmen weiße Rebsorten ein, vor allem Riesling, Silvaner, Weißburgunder, Grauburgunder und Müller-Thurgau, aber auch Auxerrois, Chardonnay und Sauvignon Blanc. Wichtigste rote Rebsorten sind Spätburgunder, Portugieser, St. Laurent, Regent und Dornfelder, sowie Merlot und Cabernet Sauvignon. 2017 ist Tochter Jana Hauck in den Betrieb eingestiegen.

Kollektion

Mit der neuen Kollektion schließt Heinz-Günter Hauck nahtlos an das starke Vorjahr an. Die Weißweine sind fruchtbetont und klar, manchmal betont süffig und von merklicher Restsüße geprägt, dann wieder geradlinig, zupackend und durchgegoren. Wie so oft gefällt uns der Grauburgunder besonders gut: Die trockene Spätlese aus dem Hildegardisberg besitzt gute Konzentration und reife Frucht im Bouquet, ist füllig und saftig im Mund, besitzt herrlich viel Frucht und Substanz. Auch Weißburgunder kann überzeugen, diesmal vor allem die süße Auslese, die schön frisch, klar und zupackend ist. Sehr gut sind die beiden vorgestellten Rotweine. Die Cuvée Essential, Merlot und Cabernet Sauvignon, zeigt intensive Frucht, rote Früchte, ist klar und zupackend im Mund, besitzt gute Struktur und reife Frucht. Noch ein klein wenig besser gefällt uns der Reserve-Spätburgunder, der rauchige Noten und reintönige Frucht zeigt, füllig und kraftvoll ist, reife Frucht und gute Struktur besitzt.

Weinbewertung

84 2015 Pinot Noir & Pinot Blanc Sekt brut **12,5 %/10,50 €**
79 2016 Riesling trocken (1l) **12 %/4,80 €**
83 2016 Riesling Spätlese trocken „Alte Reben" Klosterberg **12 %/7,20 €**
82 2016 Silvaner trocken „Hildegard" **12,5 %/5,80 €**
81 2016 Weißburgunder Chardonnay Kabinett trocken **12,5 %/6,- €**
82 2016 Weißer Burgunder Auxerrois trocken „Kunststück" **12,5 %/7,20 €**
83 2016 Chardonnay Spätlese trocken Hildegardisberg **12.5 %/7,50 €**
83 2016 Weißer Burgunder Spätlese trocken Hildegardisberg **13 %/7,20 €**
85 2016 Grauer Burgunder Spätlese trocken Hildegardisberg **13,5 %/7,50 €**
85 2015 Weißburgunder Auslese Bermersheim Hildegardisberg **11 %/10,- €**
85 2015 „Essential" Rotwein trocken Bermersheim Klosterberg **14 %/9,80 €**
86 2015 Spätburgunder trocken „Reserve" Hildegardisberg **14 %/10,50 €**

HAUER

★

N

KONTAKT

In den Kornwiesen 1
67098 Bad Dürkheim
Tel. 06322-63375
Fax: 06322-981247
www.katharinenhof-hauer.de
info@weingut-hauer.de

Inhaber
Volker Hauer
Rebfläche
10 Hektar
Produktion
80.000 Flaschen

BESUCHSZEITEN

Mi.-Fr. 9-12 + 13-17 Uhr, Sa. 15-19 Uhr, So. nach Vereinbarung

Das Weingut Hauer im Katharinenhof liegt direkt vor den Toren Bad Dürkheims. Volker Hauer begann 1980 seine Winzerlehre und richtete den ehemaligen landwirtschaftlichen Mischbetrieb ganz auf Weinbau aus. Die Weinberge befinden sich rund um Bad Dürkheim, in den Dürkheimer Lagen Michelsberg, Steinberg, Rittergarten, Feuerberg, Hochmess und Nonnengarten aber auch im Leistadter Kalkofen und im Kallstadter Steinacker, bei einem Hektar der Fläche erfolgt die Bodenbearbeitung schonend mit einem Pferd. Weiße Sorten nehmen 55 Prozent der Fläche ein, Riesling in erster Linie, aber auch Weißburgunder, Chardonnay, Silvaner, Gewürztraminer, Rivaner und Cabernet Blanc, an Rotweinen werden Spätburgunder, Schwarzriesling, Dornfelder, St. Laurent, Cabernet Sauvignon und Cabernet Mitos angebaut. Auf dem Katharinenhof gibt es neben dem Weingut noch einen Gutsausschank, Ferienwohnungen und Wohnmobilstellplätze.

Kollektion

Zwei Weine sind es, die uns im Sortiment besonders aufgefallen sind: Der Riesling von den Sandstein-Terrassenlagen im Dürkheimer Michelsberg zeigt feine rauchig-mineralische Noten und klare, gelbe Frucht, besitzt Kraft, Konzentration, Süße und ein animierendes Säure-Spiel. Der Riesling OH, auf der Maische vergoren und unfiltriert abgefüllt, ist dagegen knochentrocken ausgebaut, zeigt nussige Noten und komplexe Frucht, mit Aromen von Orangenschale und Apfelsaft, am Gaumen besitzt er noch jugendliche Gerbstoffe, aber auch ein frisches Säure-Spiel und wird von etwas Reifezeit sicher noch profitieren. Die anderen Weißweine sind technisch sauber und mit reichlich Restsüße ausgebaut, der cremige Chardonnay kämpft etwas mit dem hohen Alkoholgehalt, der Cabernet Blanc zeigt typische grüne Noten von Gras, Paprika und Stachelbeere. Die Rotweine sind stoffig, wuchtig und süß, sie besitzen Kraft, zeigen aber durch die Süße wenig Sortentypizität, der Pinot Noir zeigt etwas Holzwürze und rote Frucht, aber auch Noten von Zuckerwatte und etwas Cola, am Gaumen besitzt er gute Substanz und Süße.

Weinbewertung

85	2016 Riesling trocken „OH Orange" **11,5 %/9,50 €**
81	2015 Cabernet Blanc trocken Dürkheimer Feuerberg **12 %/6,80 €**
80	2016 Weißburgunder trocken Dürkheimer Schenkenböhl **13 %/5,80 €**
82	2015 Chardonnay trocken Dürkheimer Fronhof **14,5 %/6,20 €**
82	2015 Riesling Kabinett trocken „Tradition" Rittergarten **12,5 %/6,50 €**
86	2014 Riesling Spätlese trocken „Terrassen" Michelsberg **12,5 %/9,50 €**
81	2013 Cabernet Mitos trocken „Saustark" Dürkheimer Feuerberg **13,5 %/7,80 €**
79	2012 Schwarzriesling trocken Dürkheimer Feuerberg **14 %/6,- €**
83	2009 Pinot Noir Auslese Dürkheimer Schenkenböhl **14 %/9,80 €**

Haupts

★

KONTAKT

Nikolausstraße 7
56814 Ediger-Eller
Tel. 02675-1592
Fax: 02675-911177
www.weingut-haupts.de
info@weingut-haupts.de

Inhaber
Karl Josef Haupts
Rebfläche
3 Hektar
Produktion
24.000 Flaschen

BESUCHSZEITEN

Mo.-Sa. nach Vereinbarung
Winzerstube (bis 45 Personen)

Seit Generationen betreibt die Familie Weinbau in Ediger-Eller. Karl Josef Haupts übernahm das Weingut von seinem Vater Rudi 1992, erweiterte seither den Betrieb. Seine Weinberge befinden sich in den Steillagen rund um Ediger-Eller, so in den Ediger Lagen Elzhofberg, Feuerberg und Osterlämmchen sowie im Ellerer Pfirsichgarten. Riesling nimmt vier Fünftel der Rebfläche ein, hinzu kommen Spätburgunder, Weißburgunder und Müller-Thurgau. Karl Josef Haupts pflanzte auch nach den Flurbereinigungen der achtziger und neunziger Jahre bis 2005 noch wurzelechte Reben. Die Weißweine werden im alten Gewölbekeller in Edelstahltanks ausgebaut. Sie werden gleichmäßig vergoren und bleiben lange auf der Hefe, Rotweine werden im Holz ausgebaut. Seit dem Abschluss seiner Weinbautechnikerschule in Bad Kreuznach im Jahr 2014 ist Sohn Johannes im Betrieb tätig. Zum Weingut gehört bereits seit 1988 eine Straußwirtschaft, die sich in einem restaurierten alten Fachwerkhaus befindet und von Ostern bis Mitte November geöffnet hat. Moderne Gästezimmer bieten die Möglichkeit zum Urlaub im Weingut.

Kollektion

Im vergangenen Jahr hatten Karl Josef und Johannes Haupts eine überzeugende, gleichmäßige Kollektion präsentiert. Die nun vorgestellte fällt ein wenig heterogener aus, hat aber wiederum zuverlässige, sauber gearbeitete Weine zu bieten – und das bereits in der Basis. Zwar ist der Rivaner noch etwas verhalten, aber schon der saftige Kabinett-Riesling aus dem Feuerberg vermittelt auf überzeugende Weise den Charakter des Jahrgangs. Die trockene Rieslingspitze wird aber von zwei 2015ern gebildet – von einem straffen Riesling „S" aus dem Osterlämmchen und von dem durchaus eigenwilligen Reserve-Riesling aus dem Pfirsichgarten. Letzterer ist kraftvoll, voller Schmelz, besitzt eine verhaltene Säure und eigenständigen Charakter. Interessant fällt auch der feinherb vinifizierte Riesling aus dem Elzhofberg aus, saftig und nicht zu süß. ➡

Weinbewertung

83 2013 Riesling Sekt brut Ediger Feuerberg **12 %/8,50 €**
79 2016 Rivaner trocken **12 %/5,- €**
83 2016 Riesling Hochgewächs trocken Ellerer Elzhofberg **12 %/6,50 €**
83 2016 Riesling Kabinett trocken Ediger Feuerberg **11,5 %/6,- €**
85 2015 Riesling trocken „S" Ediger Osterlämmchen **12,5 %/7,50 €**
84 2015 Riesling trocken „Reserve" Ellerer Pfirsichgarten **12,5 %/11,50 €**
81 2016 Weißburgunder „feinherb" **11,5 %/5,- €**
82 2016 Riesling Hochgewächs halbtrocken Ediger Pfirsichgarten **11,5 %/6,50 €**
84 2016 Riesling „feinherb" „Terrassen" Ediger Elzhofberg **11,5 %/8,80 €**
84 2015 Spätburgunder trocken **13,5 %/7,- €**

HAUSER-BÜHLER

★☆

KONTAKT

Neunlindenstraße 34
79235 Vogtsburg-Bickensohl
Tel. 07662-8280
Fax: 07662-8290
www.hauser-buehler.de
info@hauser-buehler.de

Inhaber
Alexandra Hauser-Bühler & Hubertus Bühler
Rebfläche
9 Hektar
Produktion
50.000 Flaschen

BESUCHSZEITEN

täglich nach Vereinbarung
Gutsschänke

Das Weingut wurde 1923 von Adolf Hauser gegründet und unter der Führung seines Sohnes Arno vergrößert und modernisiert. Adolf Hauser hatte einen eigenen Ruländerklon selektioniert, der als „Ruländer H 1" vom Bundessortenamt anerkannt wurde. Seit 1990 führen in dritter Generation Alexandra Hauser-Bühler und Hubertus Bühler den Betrieb. Ihre Weinberge befinden sich in den Bickensohler Lagen Herrenstück und Steinfelsen, im Endinger Engelsberg, im Achkarrer Schlossberg und im Ihringer Winklerberg. Sie bauen zu 80 Prozent Burgundersorten an, dazu gibt es etwas Riesling und Müller-Thurgau, Gewürztraminer und Muskateller. 2012, nach Beendigung seiner Ausbildung zum Weinbautechniker, ist Sohn Felix Bühler in den Betrieb eingestiegen, mit der Betriebserweiterung wurde auf biologischen Weinbau umgestellt. Felix Bühler möchte zukünftig verstärkt mit Spontangärung und mit dem Barriqueausbau arbeiten. Über 90 Prozent der Weine werden trocken ausgebaut, unter 4 Gramm Restzucker je Liter.

Kollektion

Ein kleines Sortiment hat Felix Bühler in diesem Jahr vorgestellt, vier Weißweine, einen Rosé und einen Spätburgunder. Unter den beiden weißen Kabinettweinen aus dem Steinfelsen präferieren wir ganz klar den Grauburgunder, der reife klare Frucht im Bouquet zeigt, gute Struktur und feine Frische im Mund besitzt. Der Chardonnay aus dem Winklerberg ist recht würzig und eindringlich im Bouquet, füllig und saftig im Mund, besitzt klare reife Frucht und gute Struktur, er ist unser Favorit in der kleinen überschaubaren Kollektion. Der feinherbe Gewürztraminer aus dem Herrenstück besticht mit reintöniger Frucht im Bouquet, er ist geradlinig im Mund, kompakt, besitzt viel süße Frucht. Der Rosé aus dem Engelsberg ist fruchtbetont und klar im Bouquet, frisch und zupackend im Mund, besitzt feine Süße, dann Tannine im Abgang. Der Spätburgunder aus dem Herrenstück ist fruchtbetont und frisch im Bouquet, zeigt rote Früchte, ist klar, frisch und zupackend im Mund.

Weinbewertung

81 2016 Weißer Burgunder Kabinett trocken Bickensohler Steinfelsen **12,5 %/7,40 €**
84 2016 Grauer Burgunder Kabinett trocken Bickensohler Steinfelsen **13 %/7,40 €**
85 2016 Chardonnay trocken Ihringer Winklerberg **13 %/9,90 €**
84 2016 Gewürztraminer Spätlese „feinherb" B. Herrenstück **13,5 %/11,- €**
83 2016 Rosé Kabinett trocken Endinger Engelsberg **13 %/7,40 €**
84 2014 Spätburgunder trocken Bickensohler Herrenstück **13 %/8,90 €**

Hausknecht

★★

KONTAKT

Würzburger Straße 59
97250 Erlabrunn
Tel. 09364-2533
Fax: 09364-79346
www.weingut-hausknecht.de
info@weingut-hausknecht.de

Inhaber
Frank Hausknecht
Rebfläche
9,8 Hektar

BESUCHSZEITEN

Mo.-Sa. 8-18 Uhr und nach Vereinbarung
Heckenwirtschaft

Das Weingut Hausknecht war früher ein landwirtschaftlicher Gemischtbetrieb in Erlabrunn, der sich seit den achtziger Jahren ganz auf Wein- und Obstbau konzentrierte und die Rebfläche stetig vergrößerte. 1990 wurden die Betriebsgebäude erweitert, seit 1992 gibt es zweimal jährlich eine Heckenwirtschaft. Anfang der neunziger Jahre übernahm Frank Hausknecht den Betrieb von seinen Eltern Hans und Lydia. Seine Ehefrau Monika übernahm 2003 den elterlichen Betrieb in Escherndorf, weswegen sie Weinberge im Erlabrunner Weinsteig besitzen, aber auch im Escherndorfer Lump und in der Obereisenheimer Höll. Während Lump und Höll von reinem Muschelkalk geprägt sind, findet man im Weinsteig tiefgründigere Böden auf Muschelkalk, aber auch Ausläufer vom Buntsandstein. Weiße Rebsorten nehmen vier Fünftel der Rebfläche ein: Müller-Thurgau, Silvaner, Bacchus, Kerner, Scheurebe, Weißburgunder und Riesling. An roten Sorten bauen sie Spätburgunder, Domina und Dornfelder an.

Kollektion

Einmal mehr ist die Kollektion sehr gleichmäßig und zuverlässig, das Einstiegsniveau ist hoch. Das zeigen die fruchtbetonten, klaren trockenen Kabinettweine, unsere leichte Präferenz gilt dem würzigen, süffigen Silvaner und dem geradlinigen, recht süßen Riesling. Eine Steigerung bringen die Spätlesen. Der Silvaner von alten Reben ist füllig und saftig bei klarer reifer Frucht, sehr typisch„Lump". Der Riesling besitzt viel reife Frucht, Fülle, Kraft und Substanz. Der Weißburgunder ist konzentriert, füllig und saftig, die im Barrique ausgebaute 2015er Variante besitzt Fülle, Kraft, reife Frucht, gute Struktur und Frische. Und wie gewohnt können auch die süßen Spätlesen punkten, der wunderschön reintönige, zupackende Bacchus gefällt uns dabei dieses Jahr ein klein wenig besser als die ebenfalls reintönige, frische Scheurebe.

Weinbewertung

82 2016 Müller-Thurgau Kabinett trocken Erlabrunner Weinsteig **12 %/4,70 €**
82 2016 „Cuvée M" Kabinett trocken **12 %/5,50 €**
83 2016 Silvaner Kabinett trocken Erlabrunner Weinsteig **12 %/5,50 €**
83 2016 Riesling Kabinett trocken Escherndorfer Lump **12,5 %/6,50 €**
85 2016 Silvaner Spätlese trocken „Alte Reben" Escherndorfer Lump **13,5 %/8,50 €**
84 2016 Weißburgunder Spätlese trocken Obereisenheimer Höll **14 %/8,- €**
86 2015 Riesling Spätlese trocken Escherndorfer Lump **14 %/8,50 €**
85 2015 Weißburgunder Spätlese trocken Barrique Obereisenh. Höll **13,5 %/10,20 €**
85 2016 Bacchus Spätlese Erlabrunner Weinsteig **12 %/7,- €**
84 2016 Scheurebe Spätlese Erlabrunner Weinsteig **12,5 %/7,50 €**
82 2016 Spätburgunder Weißherbst Kabinett Erlabrunner Weinsteig **11,5 %/5,70 €**
82 2015 Spätburgunder Spätlese trocken Erlabrunner Weinsteig **14 %/8,80 €**

C.A. Haussmann

★

N

KONTAKT

Wilhelmstraße 13
56841 Traben-Trarbach
Tel. 0172-5375385
Fax: 06541-8167565
www.ca-haussmann.de
weingut@ca-haussmann.de

Inhaber
Stefan Stassen
Rebfläche
4 Hektar
Produktion
35.000 Flaschen

BESUCHSZEITEN

Mo.-Sa. nach Vereinbarung

Weingut C.A. Haussmann

H

Stefan Stassen ist seit 2014 der Inhaber dieses Vier-Hektar-Weingutes in Traben-Trarbach, das seine Geschichte auf das Jahr 1559 zurückführt. Der neue Chef, dessen Familie ebenfalls Weinbautradition bis ins 16. Jahrhundert vorweisen kann, hatte bereits seine Lehre bei Familie Haussmann absolviert, bevor er sich viele Jahre später dazu entschied, den Betrieb zu übernehmen. Angebaut werden außer Riesling (85 Prozent der Rebfläche) noch Grauburgunder (eine Neuanlage, die immerhin ein Zehntel der gesamten Fläche ausmacht) und Rivaner. Stassens Parzellen befinden sich in den Lagen Taubenhaus, Königsberg, Kräuterhaus und Würzgarten (alle Traben-Trarbach) sowie im Ürziger Würzgarten. Außer den Lagennamen wird auch der Begriff „Schieferjuwel" verwendet, bei dem allerdings nicht ganz deutlich wird, welche Aussagekraft er hat.

Kollektion

Zum Einstieg in dieses Buch stellt das Weingut eine überschaubare Kollektion an Rieslingen vor. Der einzige 2015er, Schieferjuwel genannt, eine trockene Spätlese aus dem Ürziger Würzgarten, ist angenehm trocken und würzig, hätte vielleicht noch etwas präziser ausfallen können, besitzt aber Substanz. Die 2016er Rieslinge sind durchweg klar und präzise, darunter der rassige, zupackende Kabinett von alten Reben aus dem Würzgarten Traben-Trarbachs oder die straffe, balancierte trockene Spätlese aus der gleichen Lage. Der trockene Schieferjuwel besitzt gute Fülle und Saft, schöne klare Frucht, gute Harmonie und Länge. Das feinherbe Schieferjuwel reicht da nicht ganz heran, hat nicht ganz die Länge seines trockenen Pendants. Deutlich besser gefällt uns da die feinherbe Spätlese aus dem Traben-Trarbacher Würzgarten, die füllig und saftig ist, gute Harmonie und Länge besitzt. Auch der süße Qualitätswein aus dem Traben-Trarbacher Königsberg reiht sich da gut ein, ist harmonisch und klar. Es handelt sich um einen nachvollziehbaren, klaren Stil von Weinen, auch das Preis-Leistungs-Verhältnis gefällt. ▬

Weinbewertung

85 2016 Riesling Kabinett trocken „Alte Reben" T. Würzgarten **11 %/7,10 €**
86 2016 Riesling trocken „Schieferjuwel" **12 %/8,30 €**
86 2016 Riesling Spätlese trocken Traben-Trarbacher Würzgarten **11 %/8,90 €**
86 2015 Riesling Spätlese trocken „Schieferjuwel" Ü.Würzgarten **11,5 %/11,70 €**
84 2016 Riesling „feinherb" „Schieferjuwel" **11,5 %/8,30 €**
86 2016 Riesling Spätlese „feinherb" Traben-Trarbacher Würzgarten **11 %/8,70 €**
85 2016 Riesling „Tradition" Traben-Trarbacher Königsberg **9 %/6,90 €**

HEDESHEIMER HOF

★★☆

KONTAKT

Hedesheimer Hof
55271 Stadecken-Elsheim
Tel. 06136-2487
Fax: 06136-924413
www.hedesheimer-hof.de
weingut@hedesheimer-hof.de

Inhaber
Michael Beck
Rebfläche
26,9 Hektar
Produktion
200.000 Flaschen

BESUCHSZEITEN

Mo.-Fr. 14-19 Uhr, Sa. 9-16 Uhr
und nach Vereinbarung
Gästezimmer

Gut ein Drittel der Weinberge von Michael Beck sind mit Rotweinreben bepflanzt, vor allem Portugieser, Spätburgunder und Dornfelder, aber auch ein wenig Frühburgunder und St. Laurent. Hinzu kommt Riesling als wichtigste Weißweinsorte, gefolgt von Weiß- und Grauburgunder, Silvaner, Kerner und ein klein wenig Müller-Thurgau, dessen Anteil reduziert wurde. Dafür wurde Auxerrois angepflanzt, der auch im Barrique ausgebaut wird. Die Reben stehen auf unterschiedlichen Böden, in Stadecken in den Lagen Lenchen (Löss) und Spitzberg (Pelosol), in Elsheim in den Lagen Bockstein und Blume (Kalkmergel), sowie im Jugenheimer Goldberg. Alle Weißweine werden, nach Ganztraubenpressung, gezügelt vergoren und in Edelstahltanks ausgebaut. Die Rotweine werden ausschließlich im Holzfass ausgebaut. Mit dem Jahrgang 2013 hat Michael Beck die Einteilung in Guts-, Orts- und Lagenweine auf das ganze Sortiment ausgeweitet; 2017 wurden die vierjährigen Umbau- und Renovierungsarbeiten abgeschlossen.

Kollektion

Stark und stimmig präsentiert sich die neue Kollektion von Michael Beck. Die Ortsweine sind fruchtbetont und saftig, wie auch das Gros der Lagenweine von merklicher Restsüße geprägt. Unter den Lagen-Weißweinen gefallen uns der strukturierte, konzentrierte Marhans-Riesling, der kraftvolle, saftige Riesling aus dem Stadecker Horn und der reintönige, füllige Weißburgunder aus der gleichen Lage am besten. Sehr gutes Niveau zeigen die drei im Barrique ausgebauten Rotweine: Der Spätburgunder ist füllig und saftig bei feiner Schokonote, der St. Laurent ist würzig und konzentriert bei kräftigen Tanninen, der Portugieser zeigt viel reife Frucht, Kirschen und Eukalyptus, besitzt viel Substanz und Kraft.

Weinbewertung

83 2016 Weißer Burgunder trocken Stadecker **12,5 %/6,50 €**
84 2016 Grauer Burgunder trocken Stadecker **12,5 %/6,50 €**
83 2016 Riesling trocken „Terra Fusca" Stadecken-Elsheimer **12 %/7,50 €**
86 2016 Weißer Burgunder trocken Stadecker „Horn" **14 %/9,50 €**
85 2016 Grauburgunder trocken Stadecker Lenchen **14 %/9,50 €**
87 2016 Riesling trocken Elsheimer „Marhans" **13 %/13,50 €**
86 2016 Riesling trocken Stadecker „Horn" **12,5 %/13,50 €**
85 2014 Auxerrois trocken Stadecker Spitzberg **13,5 %/13,50 €**
83 2016 Muskateller Kabinett „feinherb" „Freestyler" **10 %/7,50 €**
84 2016 Riesling Spätlese „Late Night" Elsheimer Blume **8 %/8,50 €**
86 2013 Blauer Spätburgunder trocken Barrique Elsheimer Bockstein **14,5 %/13,-€**
86 2013 Portugieser trocken „Oporta" Barrique Jugenheimer Goldberg **14 %**
85 2013 St. Laurent trocken Barrique Jugenheimer Goldberg **14 %/13,- €**

HEES

★★★☆

KONTAKT

Zur feuchten Ecke 6
55569 Auen
Tel. 06754-373
Fax: 06754-946925
www.jaegerauskurpfalz.de
info@jaegerauskurpfalz.de

Inhaber
Marcus Hees
Rebfläche
7 Hektar
Produktion
40.000 Flaschen

BESUCHSZEITEN

täglich 10-20 Uhr
Landgasthof und Pension

Seit 2007 führt Marcus Hees das 1824 gegründete Weingut in der mittlerweile neunten Generation. Zu Weinbergen in den Auener Lagen Römerstich und Kaulenberg, wo die Reben in steilen Südlagen auf unterschiedlich zusammengesetzten Böden aus Sandstein, Schiefer und Tonschiefer wachsen, kam 2011 eine Anlage im Monzinger Halenberg dazu. Das Angebot ist in Guts-, Orts- und Lagenweine gegliedert. Im Sommer 2014 siedelte Marcus Hees die Produktion des Weinguts aus dem Ortskern aus: Am Ortsrand entstanden neue Gebäude für die Traubenverarbeitung, das Tank- und Flaschenlager.

Kollektion

„Seine bislang stärkste Kollektion" hatten wir letztes Jahr geschrieben – und wir können uns nur wiederholen, Marcus Hees legt mit den Weinen des Jahrgangs 2016 nochmals zu: Die drei Weißburgunder sind herrlich fruchtbetont, in einer frischen, schlanken und eleganten Art, wie man sie an der Nahe nur selten findet, der Weißburgunder-Gutswein ist reintönig mit floralen Noten, der Höhe-Weißburgunder ist komplex mit viel gelber Frucht und feinen Vanillenoten vom dezenten Holz, er besitzt gute Konzentration, Frische und Länge, der Weißburgunder aus dem Römerstich zeigt etwas mehr Holz, aber auch herrlich viel Frucht, feine Zitrusnoten verleihen ihm Frische, er ist animierend, elegant und nachhaltig. Der Lagen-Riesling vom Römerstich zeigt mineralische Noten, besitzt klare, gelbe Frucht, Zitrusnoten, Ananas, ein feines, lebendiges Säure-Spiel und gute Länge, der Halenberg ist ganz zurückhaltend in der Frucht, zeigt steinige Würze, ist animierend und salzig, besitzt feinen Biss und ist sehr nachhaltig. Die drei süßen Rieslinge sind reintönig und würzig, der Kabinett zeigt etwas Brotkruste, ist schlank und elegant mit dezenter Süße, die Spätlese zeigt deutliche steinig-mineralische Noten, dazu Limette und Grapefruit und besitzt animierenden Säure-Biss, die noch als Fassprobe verkostete Auslese zeigt im Bouquet süße Aprikose, reifen Apfel und Zitrusnoten, ist konzentriert, cremig, besitzt einen frischen Säure-Nerv und ist elegant und lang. —

Weinbewertung

85	2016 Weißburgunder trocken **12,5 %/8,7 0€**
85	2016 Riesling trocken **12 %/8,70 €**
88	2016 Weißburgunder trocken Auener Höhe **13 %/13,50 €**
87	2016 Riesling trocken Auener Höhe **12 %/13,50 €**
90	2016 Weißburgunder trocken Römerstich **13 %/18,90 €**
89	2016 Riesling trocken Römerstich **13 %/17,90 €**
90	2016 Riesling trocken Halenberg **13 %/17,90 €**
86	2016 Riesling Kabinett Römerstich **8,5 %/9,90 €**
88	2016 Riesling Spätlese Römerstich **8,5 %/12,90 €**
90	2016 Riesling Auslese Römerstich **8,5 %/15,50 €/0,375l**

Dr. Heger

★★★★★

Kontakt

Bachenstraße 19-21
79241 Ihringen
Tel. 07668-205
Fax: 07668-9300
www.heger-weine.de
info@heger-weine.de

H

Inhaber Sylvia & Joachim Heger
Weinbau Jürgen Kühnle
Kellermeister Jürgen Jehle
Rebfläche 28 Hektar
Produktion 160.000 Flaschen

Besuchszeiten

Mo.-Fr. 8-12 + 13:30-17:30 Uhr, Sa. 10-14 Uhr und nach Vereinbarung

Das 1935 von Dr. Max Heger gegründete Weingut wurde ab 1949 von seinem Sohn Wolfgang (genannt Mimus) geführt. Dessen Sohn Joachim trägt seit 1981 die Verantwortung im Keller, 1992 übernahm Joachim Heger zusammen mit Ehefrau Silvia das Gut. Die Weinberge von Joachim Heger befinden sich vor allem in den Lagen Ihringer Winklerberg und Achkarrer Schlossberg, etwas auch im Freiburger Schlossberg. Wichtigste Rebsorten sind Spätburgunder, Grauburgunder, Weißburgunder, Riesling und Silvaner. Dazu gibt es Chardonnay und Muskateller, aber auch etwas Scheurebe, Cabernet Sauvignon, Müller-Thurgau und Gewürztraminer. Für die ökologische Ausrichtung der Arbeit in den Weinbergen hat Joachim Heger Claude Bourguignon als Berater verpflichtet. Fast alle Weine baut Joachim Heger durchgegoren aus, in manchen Jahren erzeugt er auch mal Auslesen. Als Zweitmarke führt Joachim Heger das 1986 gegründete „Weinhaus Joachim Heger", dessen Weine aus den Erträgen einer Erzeugergemeinschaft entstehen. Das Programm des Weingutes Dr. Heger ist zweistufig gegliedert: Es gibt Weine aus dem Winklerberg als „Erste Lage", darüber stehen die Großen Gewächse aus Winklerberg und Schlossberg. Die aus dem Winklerberg trugen bisher die weingutsinternen Bezeichnungen von Teillagen wie Gras im Ofen, Rappenecker, vorderer Berg oder Häusleboden, seit dem Jahrgang 2013 steht darüber hinaus auch der Gewannname auf dem Etikett.

Kollektion

Mit der neuen Kollektion schließt Joachim Heger an das ganz starke Vorjahr an, präsentiert eine kleine, aber große Kollektion, die weiß wie rot zu den besten in Deutschland zählt. Bis auf Silvaner und Mimus hat Joachim Heger dieses Jahr nur Große Gewächse präsentiert. Der Silvaner, von einem mit einem Pferd namens Willy bewirtschaftet Weinberg, zeigt viel Konzentration und Würze im Bouquet, ist kraftvoll im Mund, präzise, druckvoll, angenehm karg und zupackend – ein sehr eigenständiger Silvaner. Drei Weißburgunder konnten wir verkosten, zwei aus dem Jahrgang 2016, der Gras im Ofen stammt von 2015. Er zeigt gute Konzentration im Bouquet, herrlich viel Frucht, rauchige Noten, eindringlich Brotkruste, ist füllig und saftig im Mund, besitzt reife Frucht, Tannine. Der Rappenecker zeigt gute Konzentration im Bouquet, reintönige reife Frucht, ist kraftvoll im Mund, stoffig, sehr kompakt, jugendlich. Unser Favorit ist der Weißburgunder aus dem Schlossberg, der feine rauchige Noten im Bouquet zeigt, enorm druckvoll und präzise im Mund ist, sehr jugendlich, nachhaltig – toller Wein! Auch unter den beiden Grauburgundern ist der Wein aus dem Schlossberg unser klarer Favorit. Er zeigt rauchige Noten im Bouquet, feine Würze, etwas Toast, ist füllig und saftig im Mund, besitzt viel reife Frucht und Substanz, gute Struktur und Frische, viel Druck und Länge. Der Grauburgunder Vorderer Winklerberg ist rauchig und würzig im Bouquet, recht weich und füllig im Mund, ja üppig, hat nicht den Grip des Schlossberg. Der Chardonnay Gras im Ofen zeigt feine rauchige Noten im Bouquet, klare Holzprägung, ist füllig und druckvoll im Mund, komplex, besitzt viel Substanz und Länge. Dass Heger-Chardonnay sehr gut reift, zeigt der beeindruckende komplexe, noch jugendliche 2011er. Im roten Segment präsentiert Joachim Heger ausschließlich Spätburgunder.

Foto: Baschi Bender

Der Mimus überrascht uns dieses Jahr gleich zwei Mal. Zunächst einmal präsentiert sich der 2015er in prächtiger Verfassung, zeigt gute Konzentration und intensive Frucht, ist klar, kraftvoll und zupackend, besitzt gute Struktur, Druck und Biss. Mindestens genauso überraschend aber ist in welcher Form sich noch der 2005er befindet – klasse! Es folgen die vier Großen Gewächse, und alle vier sind hervorragend, wie im Vorjahr sehen wir Schlossberg und Häusleboden knapp vorne. Der Schlossberg zeigt intensive Frucht, etwas rauchige Noten, feines Holz, ist frisch und präzise, herrlich druckvoll, dezent mineralisch. Der Spätburgunder Vorderer Winklerberg zeigt etwas rauchige Noten, reintönige Frucht, ist klar, frisch und zupackend, besitzt Substanz und Länge. Der Rappenecker zeigt rauchige Noten, dezenten Toast und Vanille, viel reife Frucht, etwas Herzkirschen im Hintergrund, ist klar, frisch und präzise, zupackend, sehr fein, besitzt gute Struktur und schöne Tannine. Der Häusleboden zeigt rauchige Noten, reintönige Frucht, feinen Tost, ist frisch, klar und zupackend im Mund, herrlich präzise und druckvoll, puristisch, nachhaltig.

Weinbewertung

89	2016 Silvaner*** trocken „Pferd Willy" **12 %/21,50 €**
90	2016 Weißburgunder „GG" „Winklen Rappenecker" Winklerberg **13,5 %/28,- €**
91	2015 Weißburgunder „GG" „Hinter Winklen Gras im Ofen" **14 %/32,50 €**
93	2016 Weißburgunder „GG" Achkarren Schlossberg **12,5 %/28,- €**
90	2016 Grauburgunder „GG" „Vorderer Winklerberg" Winklerberg **12,5 %/28,- €**
93	2016 Grauburgunder „GG" Achkarren Schlossberg **13 %/28,- €**
92	2011 Chardonnay trocken Barrique Ihringer Winklerberg **13,5 %**
92	2015 Chardonnay „GG" „Hinter Winklen Gras im Ofen" **13,5 %/32,50 €**
90	2005 Spätburgunder trocken „Mimus" Ihringer Winklerberg
91	2015 Spätburgunder trocken „Mimus" Ihringen Winklerberg **13 %/26,- €**
93	2015 Spätburgunder „GG" Achkarren Schlossberg **13,5 %/50,- €**
91	2015 Spätburgunder „GG" „Vorderer Winklerberg" Winklerberg **13 %/50,- €**
92	2015 Spätburgunder „GG" „Winklen Rappenecker" Winklerberg **13,5 %/50,- €**
93	2015 Spätburgunder „GG" „Wanne Häusleboden" Winklerberg **13,5 %/78,50 €**

LAGEN

WINKLERBERG (IHRINGEN)
– VORDERER WINKLERBERG
– WINKLEN
– HINTER WINKLEN
– WANNE
SCHLOSSBERG (ACHKARREN)
ECKARTSBERG (BREISACH)

REBSORTEN

SPÄTBURGUNDER (30 %)
GRAUBURGUNDER (30 %)
WEISSBURGUNDER (16 %)
RIESLING (7 %)
CHARDONNAY (7 %)
SILVANER (3 %)
MUSKATELLER (2 %)
GEWÜRZTRAMINER (1 %)

HEID

★★★★

KONTAKT

Cannstatter Straße 13/2
70734 Fellbach
Tel. 0711-584112
Fax: 0711-583761
www.weingut-heid.de
info@weingut-heid.de

Inhaber
Markus Heid
Rebfläche
10 Hektar
Produktion
70.000 Flaschen

BESUCHSZEITEN

Mo.-Fr. 17-19 Uhr, Sa. 9-13 Uhr

Das Weingut Heid ist aus einem ehemaligen Gemischtbetrieb entstanden, der neben Weinbau vor allem Obstbau betrieb. Markus Heid übernahm das Weingut 1996 von seinen Eltern. Er setzte verstärkt auf Qualität und ging „weg von der Literflasche und vom Trollinger", der bei seiner Betriebsübernahme über die Hälfte der Weinberge einnahm. Seine Weinberge liegen vor allem in Fellbach in den Lagen Goldberg und Lämmler, hinzu kommen weitere Parzellen im Remstal, vor allem in Stetten (Pulvermächer) und in Neustadt. Drei Viertel seiner Weinberge sind mit roten Reben bepflanzt, vor allem Lemberger, Trollinger und Spätburgunder, aber auch St. Laurent und Syrah, sowie ein klein wenig Cabernet Mitos, Regent, Cabernet Dorio, Cabernet Dorsa, Merlot und Samtrot. Wichtigste Weißweinsorte ist Riesling. Zuletzt hat er Sauvignon Blanc und Johanniter gepflanzt, auch Silvaner findet man noch bei Markus Heid im Anbau. Die Weinberge werden biologisch bewirtschaftet (Ecovin). Die Weißweine werden kühl und langsam vergoren und ebenso wie Trollinger und Rosé lange auf der Feinhefe ausgebaut. Die Weine wurden bisher mit einer bis drei Trauben klassifiziert, mit der Aufnahme in den VDP hat Markus Heid das System angepasst in Gutsweine, Ortsweine (Steinmergel, Kaiserblick) und Lagenweine, an der Spitze stehen die Großen Gewächse aus Lämmler und Pulvermächer, sowie Große Reserve-Weine wie die Cuvée M, die nach Melchisedec Heid benannt ist, der 1699 von Heilbronn nach Fellbach zog. Sie bestand früher aus Lemberger und Spätburgunder, manchmal auch etwas Regent und Cabernet Mitos, in den letzten Jahrgängen gesellten sich aber Syrah und St. Laurent zum Lemberger. Seit dem Jahrgang 2015 trägt auch der Sauvignon Blanc den Zusatz Melchisedec. Die roten Gutsweine werden 4 bis 8 Monate in gebrauchten Barriques ausgebaut, die Ortsweine kommen 7 bis 11 Monate teils in gebrauchte, teils in neue Barriques, die Lagenweine schließlich bleiben 15 bis 22 Monate im Barrique, bei hohem Neuholzanteil. Die Weißweine werden überwiegend im Edelstahl ausgebaut, etwas Sauvignon Blanc und Riesling auch im Holz. Als wir in der ersten Ausgabe die Weine von Markus Heid empfahlen, waren er und das Weingut weitgehend unbekannt. Seither hat er uns Jahr für Jahr mit sehr guten Kollektionen erfreut, nicht nur mit kraftvollen Rotweinen, die den größten Anteil seiner Produktion ausmachen, auch mit fülligen, fruchtintensiven Weißweinen von Riesling und Sauvignon Blanc vermochte er uns immer wieder zu überraschen.

Kollektion

Es ist überhaupt erst das dritte Mal, dass Markus Heid uns einen Sekt präsentiert – und der schlägt sich prächtig. Er ist würzig und fruchtbetont, zeigt rote Früchte, ist klar und zupackend, besitzt gute Struktur und Frische. Der Gutsriesling ist sehr gut, er ist frisch, fruchtbetont und zupackend, besitzt gute Struktur, reintönige Frucht und Biss. Sehr geschlossen präsentiert sich das weiße Steinmergel-Trio. Über den reintönigen Silvaner haben wir uns schon in den letzten Jahren besonders gefreut, war Silvaner doch früher einmal weit verbreitet im Remstal. Auch 2016 ist er wunderschön klar und frisch, harmonisch und zupackend. Der Weißburgunder steht ihm nicht nach ist wunderschön lebhaft und klar, betont süffig mit seiner feinen süßen Frucht. Die nicht alltägliche Cuvée aus Riesling und Sauvignon Blanc gibt es schon länger im Programm von Markus Heid. Sie zeigt feine Würze und Frucht, ist geradlinig, besitzt feine süße Frucht und Biss. Den reinsortigen Sauvignon Blanc kennen wir noch länger, seit dem Jahrgang 2004. Er hat sich in der Remstaler Spitze etabliert – und die Sauvignon Blanc-Konkurrenz ist groß im Remstal! 2016 besitzt er intensive Frucht, Fülle und Kraft, viel Substanz, ist eindringlich und dominant. An der Spitze der weißen Kollektion aber sehen wir wie in den Vorjahren das Große Gewächs aus dem Pulvermächer, ein rauchiger Riesling mit Gelbfruchtaromatik, mit Fülle, Kraft und Substanz und dezent mineralischen Noten. Seinen Guts-Lemberger bietet Markus Heid mit dem Jahrgang 2016 ungeschwefelt an, als leichter Roter für den Sommer – und nennt ihn Blaufränkisch, um seinen Kunden aufzuzeigen, dass Lemberger und Blaufränkisch ein und dieselbe Sorte ist. Der Wein ist frisch, fruchtbetont und zupackend. Der Steinmergel-Pinot Noir ist wunderschön reintönig, zupackend und strukturiert. Der Melchisedec-Syrah ist reintönig und geradlinig, besitzt gute Struktur, Frucht und Biss. Deutlich besser aber gefallen uns im Jahrgang 2015 die beiden Großen Gewächse. Der Spätburgunder zeigt florale Noten, viel Konzentration, viel Frucht, ist druckvoll und hat Potenzial, deutet eine stilistische Weiterentwicklung an. Der Lemberger ist offen, zeigt herrlich viel Frucht, besitzt Fülle und Kraft, viel Substanz, feine Tannine. Klasse Kollektion, im Aufwind!

Weinbewertung

88 2013 Pinot Noir Rosé Sekt brut nature **13 %/18,- €**
85 2016 Riesling trocken **12,5 %/8,- €**
86 2016 Silvaner trocken „Steinmergel" **12 %/10,- €**
86 2016 Grau-/Weißburgunder trocken „Steinmergel" **13,5 %/10,- €**
85 2016 Riesling Sauvignon Blanc trocken „Steinmergel" **12,5 %/10,- €**
89 2016 Sauvignon Blanc trocken „Melchisedec" **13,5 %/18,- €**
91 2016 Riesling „GG" Stettener Pulvermächer **13 %/18,- €**
85 2016 Blaufränkisch trocken „ungeschwefelt" **13 %/8,- €**
87 2016 Pinot Noir trocken „Steinmergel" **13 %/12,- €**
89 2015 Syrah trocken „Melchisedec" **14 %/25,- €**
92 2015 Lemberger „GG" Fellbacher Lämmler **13,5 %/25,- €**
91 2014 Spätburgunder „GG" Fellbacher Lämmler **13 %/25,- €**
91 2015 Spätburgunder „GG" Fellbacher Lämmler **13 %/25,- €**

LAGEN

LÄMMLER (FELLBACH)
GOLDBERG (FELLBACH)
PULVERMÄCHER (STETTEN)

REBSORTEN

RIESLING (21 %)
TROLLINGER (20 %)
SPÄTBURGUNDER (13 %)
LEMBERGER (11 %)
SAUVIGNON BLANC (6 %)
KERNER (5 %)
GRAUBURGUNDER (4 %)
WEISSBURGUNDER (4 %)
SILVANER (3 %)
SYRAH (3 %)
ST. LAURENT (3 %)
REGENT (2 %)

DR. HEIGEL

★

W

KONTAKT

Haßfurter Straße 30
97475 Zeil am Main
Tel. 09524-3110
Fax: 09524-3109
www.weingutdrheigel.de
info@weingutdrheigel.de

Inhaber
WDH Weingutbetriebs GmbH
Rebfläche
12 Hektar
Produktion
120.000 Flaschen

BESUCHSZEITEN

Mi.-Fr. 10-15 Uhr und nach Vereinbarung

H

Zeil am Main liegt zwischen Schweinfurt und Bamberg. Vierzehn Jahre lang haben wir die Weine von Klaus-Peter Heigel empfohlen, er hatte aus dem Hobby-Betrieb seines Vaters das führende Weingut in dieser Region entwickelt. Heute gehört das Weingut einer Investmentgesellschaft, Klaus-Peter Heigel arbeitet als Kellermeister beim Weingut Hans Wirsching in Iphofen. Der Zeiler Mönchshang befindet sich nach wie vor ganz im Besitz des Weinguts Dr. Heigel, das Gros der Trauben kommt heute aus dem Mainstockheimer Hofstück. Der Boden im Mönchshang besteht aus Gipskeuper mit Basalt und Buntsandstein, in Mainstockheim findet man Muschelkalk. Der Fokus liegt auf Silvaner, Riesling und Weißburgunder, ergänzt durch Spezialitäten wie Rieslaner, Domina oder Gelber Muskateller.

Kollektion

Eine stimmige, recht gleichmäßige Kollektion wurde uns zum erneuten Einstieg präsentiert, die stilistisch und qualitativ zwar – noch – nicht an die besten Kollektionen von Klaus-Peter Heigel heranreicht, aber viel versprechende Ansätze zeigt. Der Silvaner Kabinett ist fruchtbetont und geradlinig, die Spätlese besitzt Fülle, Saft und viel reife Frucht. Ein klein wenig besser noch gefällt uns die Spätlese aus dem Mönchshang, sie ist würzig und eindringlich, besitzt feine Gelbfruchtaromatik, gute Struktur und Substanz. Unser Favorit unter den trockenen Weißweinen ist der Weißburgunder S, der wunderschön füllig und saftig ist, viel reife Frucht und Substanz besitzt. Die restsüßen Weine überzeugen, der rauchige, reintönige Muskateller ebenso wie die schmeichelnde, etwas alkoholreiche Rieslaner Spätlese. Kräftige Tannine prägen die beiden sehr guten Rotweine, der rauchige, kraftvolle Merlot steckt sie ein klein wenig besser weg als der geradlinige Spätburgunder.

Weinbewertung

81 Rotling „Secco" **11 %/7,50 €**
81 2016 Müller-Thurgau trocken **13 %/6,90 €**
82 2015 Silvaner Kabinett trocken Mainstockheimer Hofstück **12,5 %/7,90 €**
84 2015 Silvaner Spätlese trocken Mainstockheimer Hofstück **13,5 %/11,- €**
85 2015 Riesling Spätlese trocken Zeiler Mönchshang **13,5 %/12,50 €**
86 2015 Weißer Burgunder „S" trocken Mainstockheimer Hofstück **14 %/16,50 €**
83 2016 Gelber Muskateller „feinfruchtig" Mainstockheimer **12,5 %/7,90 €**
84 2015 Rieslaner Spätlese Zeiler Mönchshang **13,5 %/12,50 €**
81 2016 Rotling „feinfruchtig" **12 %/6,50 €**
86 2015 Merlot „S" trocken Mainstockheimer Hofstück **14,5 %/17,50 €**
85 2015 Spätburgunder „S" trocken Mainstockheimer Hofstück **14,5 %/17,50 €**

HEILIG GRAB

★★

KONTAKT

Zelkesgasse 12
56154 Boppard
Tel. 06742-2371
Fax: 06742-81220
www.heiliggrab.de
weinhausheiliggrab@t-online.de

Inhaber
Rudolf Schoeneberger
Rebfläche
4 Hektar
Produktion
35.000 Flaschen

BESUCHSZEITEN

Öffnungszeiten der Weinstube älteste Weinstube in Boppard, Gartenwirtschaft unter Kastanienbäumen, täglich ab 15 Uhr geöffnet (außer Mo. + Di.); 5 Gästezimmer

Das Weingut Heilig Grab ist ein ganz und gar in Boppard integrierter Betrieb, der seine Weine zum größten Teil in der eigenen Weinstube mit Gartenwirtschaft verkauft, die sich seit mehr als 200 Jahren in Familienbesitz befindet. Den Titel „älteste Weinstube in Boppard" kann dem Haus keiner nehmen, die Herkunft des Namens Heilig Grab, die mit einer Karfreitags-Tradition zu tun hat, erläutert man gern. Rudolf Schoenebergers Weinberge, insgesamt vier Hektar, verteilen sich über die Einzellagen des Bopparder Hamm, allesamt reine Seilzuglagen: Fässerlay, Feuerlay, Ohlenberg und Mandelstein. Hauptrebsorte ist Riesling mit einem Anteil von 85 Prozent, daneben wird lediglich noch Spätburgunder angebaut. Das Gros seiner Weine vinifiziert Rudolf Schoeneberger trocken oder halbtrocken, wenn der Jahrgang es erlaubt erzeugt er aber auch edelsüße Auslesen. Die Weine werden im Edelstahl vergoren und je nach Bedarf anschließend in Eichenfässern gereift.

Kollektion

Sehr stimmig und gleichmäßig präsentiert sich der Jahrgang 2016 bei Rudolf Schoeneberger. Der Riesling von alten Reben ist saftig und frisch, die trockene Feuerlay-Spätlese besitzt reintönige Frucht, noch konzentrierter ist die mit einem Stern versehene Feuerlay-Spätlese, sie ist rauchig, würzig, füllig und saftig. Halbtrocken kann das geradlinige Hochgewächs überzeugen, die Feuerlay-Spätlese besitzt herrlich viel Frucht und Fülle. Die süße Fässerlay-Spätlese ist klar, frisch und zupackend, besitzt feine süße Frucht und Biss.

Weinbewertung

84 2016 Riesling trocken „Alte Reben" Bopparder Hamm Ohlenberg **12,5 %/7,80 €**
86 2016 Riesling Spätlese trocken Bopparder Hamm Feuerlay **12,5 %/8,20 €**
87 2016 Riesling Spätlese* trocken Bopparder Hamm Feuerlay **13 %/12,50 €**
83 2016 Riesling Hochgewächs halbtrocken BH Mandelstein **11,5 %/5,60 €**
87 2016 Riesling Spätlese* halbtrocken Bopparder Hamm Feuerlay **12 %/12,50 €**
87 2016 Riesling Spätlese Bopparder Hamm Fässerlay **8 %/8,20 €** ☺

HEILMANN

★★☆

KONTAKT

Weingut Heilmann KG
Bogenstraße 10
63755 Alzenau-Michelbach
Tel. 06023-2502
Fax: 06023-310921
www.weingut-heilmann.de
info@weingut-heilmann.de

Inhaber
Thomas Brönner
Rebfläche
5 Hektar
Produktion
40.000 Flaschen

BESUCHSZEITEN

Weinstudio Apostelgarten (Vinothek): Mi.-Fr. 14:30-18:30 Uhr, Sa. 9-15 Uhr oder nach Vereinbarung
Häckerwirtschaft (2 x im Jahr)

Nach dem Tod seines Vaters hat Armin Heilmann 1978 den Obst- und Gemüsehandel seiner Familie übernommen. Großvater Josef Gündling hatte mit dem Weinbau begonnen, unter seiner Anleitung begann Armin Heilmann sich intensiver mit Weinbau zu beschäftigen. Anfangs gab es nur Weißweine, 1991 wurde der erste Spätburgunder abgefüllt. Seit der Modernisierung des Betriebes 1994 gibt es eine Häckerwirtschaft in einer ehemaligen Scheune. Armin Heilmanns Weinberge liegen vor allem in den Michelbacher Lagen Apostelgarten und Steinberg, aber auch in Wasserlos (Schlossberg) und Hörstein (Abtsberg), allesamt Lagen mit Urgesteinsböden. Wichtigste Rebsorten sind Riesling, Silvaner und Spätburgunder, dazu gibt es Weißburgunder, Frühburgunder und St. Laurent, auch Domina, Bacchus, Kerner und Sauvignon Blanc. Da Armin Heilmann keinen Nachfolger hat, verkaufte er sein Weingut an den Unternehmer Thomas Brönner, der bereits im Nachbarort Wasserlos, wo er geboren ist, einen Betrieb übernommen hat; dort soll eine neue Kellerei entstehen, in der dann auch die Michelbacher Weine vinifiziert werden.

Kollektion

Die 2016er Guts- und Ortsweine sind jahrgangsbedingt etwas schlanker, zeigen aber gleichmäßig gutes Niveau, der zupackende Michelbacher Riesling gefällt uns am besten, trocken wie feinherb. Der Apostelgarten-Riesling besitzt Fülle und Kraft, reife Frucht, gute Struktur und Substanz, der zu einem Drittel im Holz ausgebaute Weißburgunder steht ihm kaum nach, ist ebenfalls kraftvoll und strukturiert. Unser Favorit im weißen Segment ist der Unglaublich, eine Cuvée aus Faberrebe und Silvaner, zur Hälfte im Holz ausgebaut. Sie ist kraftvoll, fruchtbetont, besitzt gute Struktur und Substanz. Ganz stark sind einmal mehr auch die Rotweine: Der St. Laurent besitzt intensive Frucht, Fülle und Kraft, der rauchige Spätburgunder herrlich viel Frucht, Substanz und Druck.

Weinbewertung

82 2016 „Summertime" Weißwein trocken **11,5 %/7,- €**
83 2016 Riesling trocken „Heilmännchen" **12 %/8,- €**
85 2016 Riesling trocken Michelbach **11,5 %/10,50 €**
82 2016 Silvaner trocken Michelbach **12 %/10,50 €**
86 2016 Weißburgunder trocken Michelbacher Apostelgarten **13 %/14,- €**
87 2016 Riesling trocken Michelbacher Apostelgarten **13 %/14,- €**
88 2015 „Unglaublich" Weißwein trocken **14 %/19,50 €**
82 2016 Bacchus halbtrocken **11 %/7,50 €**
85 2016 Riesling „feinherb" Michelbach **10,5 %/10,50 €**
83 2016 Spätburgunder Weißherbst halbtrocken **11 %/8,- €**
(88) 2015 St. Laurent trocken Barrique Michelbacher Steinberg **13,5 %/25,- €**
(89) 2015 Spätburgunder trocken Barrique Michelbach **13,5 %/25,- €**

Heinemann

★★★☆

Kontakt

Mengenerstraße 4
79238 Ehrenkirchen-Scherzingen
Tel. 07664-6351
Fax: 07664-600465
www.weingut-heinemann.de
weingut-heinemann@t-online.de

Inhaber
Lothar Heinemann
Rebfläche
13 Hektar
Produktion
100.000 Flaschen

Besuchszeiten

Mo.-Fr. 9-12 + 13-18:30 Uhr,
Sa. 9-12 + 13-16 Uhr
Eigene Weinstube in der Freiburger Altstadt (Batzenbergstüble)

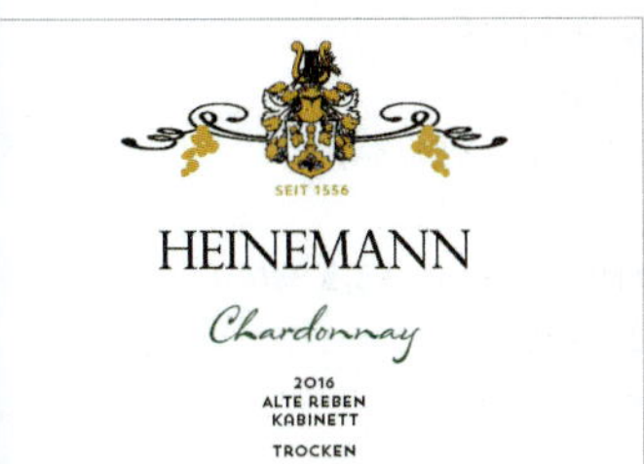

Wichtigste Rebsorten bei Lothar Heinemann in Scherzingen im Markgräflerland sind Gutedel und Spätburgunder, dazu kommen vor allem Chardonnay, Weißburgunder und Müller-Thurgau. Aber auch Gewürztraminer, Muskateller, Nobling und Regent findet man in seinen Weinbergen im Scherzinger Batzenberg und im Pfaffenweiler Oberdürrenberg. Das Gros der Weine wird trocken ausgebaut, wobei trocken bei Heinemann durchgegoren heißt. Sein Vater Ernst Heinemann hatte bereits in den sechziger Jahren als einer der Ersten in Deutschland Chardonnay angepflanzt. Seit 2008 nutzt er statt des Begriffs Spätlese bei trockenen Weinen nur noch die Bezeichnungen „S" (für Selection) bzw. „SR" (für Selection Reserve). Seit der ersten Ausgabe empfehlen wir schon die Weine von Lothar Heinemann. In diesem Zeitraum hat er sich stetig gesteigert, bietet Jahr für Jahr zuverlässige Kollektionen, weiß wie rot, gehört immer zur Spitze im Markgräflerland.

Kollektion

Eine starke Kollektion bietet Lothar Heinemann auch in diesem Jahr, die gewohnt stark beginnt, mit einem reintönigen, feinen Gutedel. Der Muskateller ist klar und zupackend, der Sauvignon Blanc reintönig und lebhaft, der Chardonnay-Kabinett fruchtbetont. Die weißen S-Burgunder besitzen Fülle und Kraft, der Gewürztraminer ist bestechend reintönig, der SR-Chardonnay konzentriert, strukturiert und füllig, der neue SL noch etwas saftiger, noch konzentrierter. Einen schönen Steigerungslauf bietet das Spätburgunder-Trio: Der S zeigt rote Früchte, ist reintönig, strukturiert, zupackend, der SR besitzt deutlich mehr Konzentration, mehr Fülle und Kraft, gute Struktur und Frucht wie auch der neue SL von alten Reben, der viel reife Frucht besitzt und viel Substanz.

Weinbewertung

84	2016 Weißer Gutedel Kabinett trocken „Alte Reben" Batzenberg	**10,5 %/8,- €**
85	2016 Muskateller Kabinett trocken Scherzinger Batzenberg	**12,5 %/11,- €**
87	2016 Sauvignon Blanc Kabinett trocken Scherzinger Batzenberg	**13 %/12,- €**
87	2016 Chardonnay Kabinett trocken „Alte Reben" Batzenberg	**13 %/14,- €**
88	2016 Weißburgunder „S" trocken Scherzinger Batzenberg	**13,5 %/13,- €**
87	2016 Grauburgunder „S" trocken Scherzinger Batzenberg	**13,5 %/13,- €**
89	2016 Chardonnay „SR" trocken Scherzinger Batzenberg	**13 %/18,- €**
90	2016 Chardonnay „SL Alte Reben" trocken Scherzinger Batzenberg	**13 %/48,- €**
87	2016 Gewürztraminer „S" Pfaffenweiler Oberdürrenberg	**10 %/19,- €**
87	2014 Blauer Spätburgunder „S" trocken Scherzinger Batzenberg	**13,5 %/18,- €**
88	2014 Blauer Spätburgunder „SR" trocken Scherzinger Batzenberg	**13,5 %/29,- €**
89	2014 Blauer Spätburgunder „SL Alte Reben" trocken Batzenberg	**13,5 %/48,- €**

G.A. HEINRICH

★★★

KONTAKT

Riedstraße 29, 74076 Heilbronn
Tel. 07131-175948
Fax: 07131-166306
www.weingut-heinrich.de
info@weingut-heinrich.de

Inhaber Björn & Tobias Heinrich
Rebfläche 13,5 Hektar
Produktion 80.000 Flaschen

BESUCHSZEITEN

Mo.-Fr. 9-12 + 13:30-18 Uhr,
Sa. 9-14 Uhr

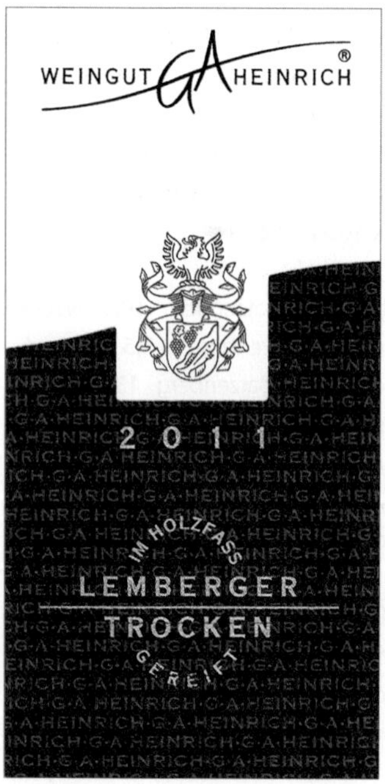

Martin Heinrich hat im Sommer 2017 den Betrieb nun offiziell an seine Söhne Björn und Tobias übergeben. Björn Heinrich hat nach Winzerlehre und Betriebswirtschaftsstudium als Marketing-Manager für Markenartikelunternehmen gearbeitet, Tobias Heinrich hat in Geisenheim studiert. Rote Sorten nehmen 70 Prozent der Fläche ein. Wichtigste Rebsorten sind Trollinger und Lemberger, sowie Riesling, der zwei Drittel der Weißweinfläche einnimmt. Björn und Tobias Heinrich möchten in Zukunft ihre Rotweine erst nach längerer Flaschenreife in den Verkauf bringen, sich als Lemberger- und Burgunderspezialisten positionieren.

Kollektion

Björn und Tobias Heinrich konzentrieren sich auf zwei weiße und zwei rote Rebsorten; Riesling und Weißburgunder, Lemberger und Spätburgunder. Und sie haben das Sortiment neu strukturiert, dreistufig, in eine Basis-Linie, die GA-Linie und Einzellagenweine. Das gefällt uns gut, noch mehr erfreut uns die Qualität der aktuellen Kollektion. Die Basis ist stark bei allen vier Rebsorten, die Weine sind fruchtbetont, klar und frisch. Auch die GA-Linie präsentiert sich geschlossen mit kraftvollen, sortentypischen Weinen, die gute Struktur und Substanz besitzen. Der Löwenherz-Riesling ist druckvoll und nachhaltig, der Hundsberg-Weißburgunder hat Kraft und Substanz. Der Löwenherz-Spätburgunder ist konzentriert, tanninbetont, bei reifer Frucht, der Lemberger XR besitzt enorm viel Substanz und Kraft, der Wollendieb ist füllig, kraftvoll und stoffig, so wie man das kennt. Ganz starke Kollektion!

Weinbewertung

85	2016 Weißer Burgunder trocken **12,5 %/9,- €**
84	2016 Riesling trocken Steillage **12 %/6,50 €**
85	2015 Riesling trocken „alte Reben" **13 %/9,50 €**
87	2015 Riesling trocken „GA" **13 %/17,- €**
86	2016 Weißer Burgunder trocken „GA" **12,5 %/15,- €**
90	2015 Riesling trocken „Löwenherz" **13 %/25,- €**
89	2015 Weißer Burgunder trocken „Hinterer Hundsberg" **13,5 %/22,- €**
85	2014 Spätburgunder trocken **12 %/9,50 €**
85	2015 Lemberger trocken **12,5 %/9,50 €**
87	2014 Spätburgunder trocken „GA" **12,5 %/15,- €**
88	2013 Lemberger trocken „GA" **12,5 %/13,- €**
90	2013 Spätburgunder „G" trocken (Löwenherz) **13 %/34,- €**
90	2003 Lemberger „XR" trocken
90	2011 Lemberger „XR" trocken (Vorderer Hundsberg) **13,5 %/40,- €**
90	2013 „Wollendieb" Rotwein trocken **13 %/28,- €**
82	2015 Riesling trocken (1l) **12 %/5,50 €**

ROLF HEINRICH

★

N

KONTAKT

Riedstraße 23
74076 Heilbronn
Tel. 07131-982240
Fax: 07131-982249
www.heinrich-wein.de
info@heinrich-wein.de

Inhaber
Andreas & Thomas Heinrich
Rebfläche
19 Hektar
Produktion
120.000 Flaschen

BESUCHSZEITEN

Mo.-Fr. 8-12 Uhr, Sa. 8-14 Uhr
oder nach Vereinbarung
Besenwirtschaft

WEINGUT ROLF HEINRICH HEILBRONN

Seit dem 16. Jahrhundert betreibt die Familie Weinbau in Heilbronn, aber erst Rolf Heinrich begann 1955 mit dem Aufbau des eigenen Weingutes, 1972 siedelte er an die Riedstraße aus. Seit 1995 wird das Gut von seinen Söhnen Andreas und Thomas geführt. Ihre Weinberge liegen in den Heilbronner Lagen Wartberg und Stiftsberg. Trollinger, Lemberger, Dornfelder, Samtrot, Clevner, Schwarzriesling und Spätburgunder werden angebaut, dazu die weißen Sorten Riesling, Kerner, Grauburgunder, Muskateller, Müller-Thurgau und Traminer. Alle Rotweine werden für 10 bis 21 Tage maischevergoren.

H

Kollektion

Eine recht gleichmäßige Kollektion präsentieren Andreas und Thomas Heinrich zum Debüt, die weiß wie rot gleichermaßen überzeugt. Die trockenen weißen Kabinettweine sind frisch und fruchtbetont, geradlinig und klar, der Rivaner ist cremig, der Weißburgunder betont süffig, der Riesling zupackend und geradlinig wie auch der Grauburgunder. Heraus ragt die Cuvée blanc, eine teilweise im Barrique ausgebaute Cuvée aus Weißburgunder und Grauburgunder: Sie zeigt gute Konzentration und reife Frucht im Bouquet, ist füllig und saftig im Mund, besitzt viel reife Frucht und Substanz. Der süße Muskateller Kabinett ist reintönig, fruchtbetont, geradlinig, bei den Rosés präferieren wir ganz klar die trockene Variante, die rote Früchte zeigt, klar und zupackend ist. An der Spitze des roten Teils der Kollektion stehen die beiden im Holz ausgebauten Reserveweine des Jahrgangs 2012. Der Dornfelder zeigt viel Duft, besitzt Fülle und Kraft, reife Frucht und gute Struktur. Die Cuvée Nobilis – Burgunder mit etwas Cabernet Mitos – zeigt gute Konzentration, feine Würze, ist füllig und kraftvoll, besitzt reife Frucht, gute Struktur und Frische.

Weinbewertung

81 2016 Rivaner Kabinett trocken **12 %/6,90 €**
82 2016 Riesling Kabinett trocken **12,5 %/7,50 €**
82 2016 Weißburgunder Kabinett trocken **12,5 %/7,50 €**
82 2016 Grauburgunder Kabinett trocken **13 %/7,50 €**
86 2015 „Cuvée blanc" Weißwein trocken „Reserve" **13,5 %/11,50 €**
83 2016 Muskateller Kabinett **11 %/8,50 €**
83 2016 Rosé „de Saignée" trocken **11,5 %/6,60 €**
81 2016 Rosé „de Saignée" „feinherb" **11 %/6,60 €**
85 2012 Dornfelder trocken „Reserve" **13 %/10,90 €**
85 2012 „Cuvée Nobilis" Rotwein trocken „Reserve" **12,5 %/13,50 €**
79 2015 Trollinger-Lemberger (1l) **11 %/5,30 €**
81 2015 Lemberger „feinherb" **12 %/6,90 €**

Heinrichshof

★★☆

KONTAKT

Chur-Kölner-Straße 23
54492 Zeltingen-Rachtig
Tel. 06532-3151
Fax: 06532-933334
www.weingut-heinrichshof.de
mosel@weingut-heinrichshof.de

Inhaber
Peter & Ulrich Griebeler
Rebfläche
6 Hektar
Produktion
60.000 Flaschen

BESUCHSZEITEN

14-18 Uhr
Vinothek: Moselstraße 11

Peter und Ulrich Griebeler übernahmen 2014 den elterlichen Betrieb. Peter Griebeler hat nach seiner Winzerlehre (unter anderem bei Fritz Haag) Weinbau studiert und bei Kellereien im In- und Ausland gearbeitet. Ulrich Griebeler schloss nach der Winzerlehre (unter anderem bei Müller-Catoir) eine Weinbautechnikerausbildung an, arbeitete dann beim Weingut Hofstätter in Südtirol. Sie haben die Rebfläche von 3 auf 6 Hektar erweitert, 3 Hektar liegen in Steillagen. Ihre Weinberge liegen in den Zeltinger Lagen Sonnenuhr, Schlossberg und Himmelreich. Riesling dominiert im Anbau mit vier Fünftel der Fläche, zuletzt wurde Weißburgunder gepflanzt, dazu gibt es ein klein wenig Spätburgunder, Müller-Thurgau und Dornfelder. Die Weine werden kühl und langsam vergoren, teils im Fuder, teils im Edelstahl, bleiben recht lange auf der Feinhefe.

Kollektion

Gleich zwei Jahrgänge überzeugten zuletzt aus dem Weingut Heinrichshof. Erst der 2014er, dann der 2015er, der noch spannender ausfiel als man hätte erwarten können. Vor allem der kraftvolle, würzige „Rothlay"-Riesling überraschte. Aus dem Jahrgang 2016 ist dieser trockene Vorzeigewein nicht weniger interessant ausgefallen: Er zeigt sich noch etwas unfertig, hat aber Würze und Länge, ist angenehm trocken und präzise. Die restlichen trockenen Weine sind in einem ähnlichen Stil gehalten. So besitzt zum Beispiel auch der Weißburgunder, zu je einem Drittel in Tank, Fuder und Tonneau ausgebaut, eine unerwartete Komplexität und einen eigenen Stil. Die mehr oder weniger süßen Weine machen nicht weniger Freude, allen voran die Auslese „8°" aus dem Schlossberg, die eine offene, kühle Frucht zeigt und sehr nachhaltig ist. Im Moment sticht sie den nicht zu süß geratenen, aber noch etwas verhaltenen Eiswein sogar aus.

Weinbewertung

85 2016 Weißburgunder trocken **12,5 %/7,90 €**
84 2016 Riesling trocken „Römische Kapelle" **12 %/8,50 €**
86 2016 Riesling trocken Sonnenuhr **12 %/12,30 €**
87 2016 Riesling trocken Schlossberg **12 %/12,30 €**
89 2016 Riesling trocken „Rothlay" Sonnenuhr **12 %/14,90 €**
84 2016 Riesling Kabinett „feinherb" „In der Heel" **9,5 %/7,90 €**
87 2016 Riesling Spätlese „feinherb" Sonnenuhr **10,5 %/12,30 €**
86 2016 Riesling Spätlese Schlossberg **7,5 %/12,30 €**
90 2016 Riesling Auslese Schlossberg „8°" Sonnenuhr **7,5 %/18,50 €**
87 2016 Riesling Auslese Sonnenuhr **8 %/9,90 €/0,375l**
88 2016 Riesling Auslese** Sonnenuhr **7,5 %/17,50 €**
89 2016 Riesling Eiswein Schlossberg **7,5 %/29,- €/0,375l**

Heitlinger

★★★

Kontakt

Am Mühlberg 3
76684 Östringen-Tiefenbach
Tel. 07259-9112-0, Fax: -911299
www.heitlinger-wein.de
info@weingut-heitlinger.de

Inhaber Weingüter Heitlinger & Burg Ravensburg GmbH, Heinz Heiler
Geschäftsführer: Claus Burmeister
Kellermeister: Jürgen Kern
Rebfläche: 80 Hektar
Produktion: 580.000 Flaschen

Besuchszeiten

Vinothek Tiefenbach Öffnungszeiten siehe Homepage, Restaurant im Weingut Heitlinger Öffnungszeiten siehe Homepage

Albert Heitlinger gründete 1960 das Weingut, sein Sohn Erhard expandierte stark. Inzwischen hat Heinz Heiler das Gut übernommen, seit Januar 2009 ist die Weingut Heitlinger GmbH auch Pächter des benachbarten Weinguts Burg Ravensburg. Claus Burmeister, vorher Betriebsleiter bei Burg Ravensburg, übernahm die Leitung beider Weingüter. Die Weinberge liegen hauptsächlich in Tiefenbach (Keuper- und Lössböden, Sandsteinverwitterungsböden mit Kalkunterlage im Spiegelberg) und im Odenheimer Königsbecher. Wichtigste Rebsorten sind Spätburgunder, Grauburgunder, Weißburgunder und Riesling. Hinzu kommen unter anderem Lemberger, Auxerrois und Dornfelder. Seit 2010 werden die Weinberge biologisch bewirtschaftet.

Kollektion

Noch besser als der Jahrgangsvorgänger ist der Blanc de Noir Sekt von 2013. Durchgegoren, leicht, fein, elegant und fokussiert - ein sehr guter Essensbegleiter. Die Gutsweinlinie ist tadellos, der herrlich fruchtige Auxerrois und der klare Pinot Noir gefallen uns am besten. Die noch einmal vorgestellten Großen Gewächse Pinot Blanc und Pinot Gris von 2015 bestätigen die Beurteilung des Vorjahres – mit weiterem guten Entwicklungspotenzial. Der Riesling Schellenbrunnen von 2016 ist intensiv, zeigt reife, gelbe Frucht, Mirabellen, hat viel Stoff, eine gute Struktur, Länge, Substanz und eine gute Balance. Der 2016er Pinot Blanc Eichelberg hat helle Frucht, ist elegant-kräftig, hat Schmelz mit feinen, rauchigen Noten, salzige Länge. Der Chardonnay Heinberg ist feinwürzig, elegant, zeigt dezente Holztöne und feine helle Frucht. Sehr gut gefallen haben uns die beiden Pinot Noir GG von 2015. Der Wormsberg sticht heraus – dunkle, kühle Frucht, geschliffene Tannine, sehr dicht, braucht noch viel Zeit.

Weinbewertung

86 2013 „Blanc de Noir" Sekt brut **12 %/15,- €**
85 2016 Pinot Gris trocken **12,5 %/9,20 €**
84 2016 Riesling trocken **11 %/9,20 €**
89 2016 Riesling „GG" Schellenbrunnen **13 %/26,- €**
85 2016 Pinot Blanc trocken **11,5 %/9,20 €**
86 2016 Auxerrois trocken **12 %/9,20 €**
89 2016 Pinot Blanc „GG" Eichelberg **13,5 %/26,- €**
88 2015 Pinot Gris „GG" Eichelberg **13,5 %/26,- €**
89 2015 Chardonnay „GG" „Heinberg" **13,5 %/28,- €**
88 2016 Auxerrois trocken „Hassapfel" **13 %/26,- €**
87 2015 Pinot Meunier trocken **12,5 %/14,50 €**
86 2015 Pinot Noir trocken **12,5 %/10,- €**
90 2015 Pinot Noir „GG" Königsbecher **13,5 %/28,- €**
91 2015 Pinot Noir „GG" „Wormsberg" **13,5 %/55,- €**

Erhard & Max Helmstetter

★★☆

KONTAKT

Bainweg 1
63927 Bürgstadt
Tel. 09371-3341
Fax: 09371-66237
www.weingut-helmstetter.de
info@weingut-helmstetter.de

Inhaber
Erhard & Max Helmstetter
Rebfläche
4,9 Hektar
Produktion
27.000 Flaschen

BESUCHSZEITEN

Mo.-Sa. 8-12 + 14-18 Uhr
Main-Vinotel

Seit 100 Jahren betreibt die Familie Weinbau, aber erst in jüngster Zeit wurde aus dem Nebenerwerbsbetrieb ein Weingut. Die Weinberge liegen in den Bürgstadter Lagen Centgrafenberg und Hundsrück (bisher ein Teil des Centgrafenberg). Rote Rebsorten nehmen gut die Hälfte der Rebfläche ein, Spätburgunder spielt die wichtigste Rolle, dazu gibt es Frühburgunder, Portugieser und Domina, sowie die weißen Sorten Riesling, Silvaner, Weißburgunder, Sauvignon Blanc, Bacchus und Müller-Thurgau. 2011 ist man an den Ortsrand von Bürgstadt ausgesiedelt, wo nicht nur das neue Weingut errichtet wurde, sondern auch das so genannte Main-Vinotel mit zehn Zimmern, zwei Ferienwohnungen und einer Vinothek mit Weinlounge und Veranstaltungsräumen.

Kollektion

Mit der neuen Kollektion bestätigen Erhard und Max Helmstetter den starken Eindruck des Vorjahres. Der Blanc de Noir ist klar und geradlinig, der Silvaner frisch und zupackend. Der Grauburgunder zeigt reintönige Frucht, ist klar und zupackend, der Sauvignon Blanc besitzt gute Struktur und Frische, klare Frucht. Unser Favorit im weißen Teil der Kollektion ist der im Holz ausgebaute Weißburgunder, der gute Konzentration im Bouquet zeigt, rauchige Noten, reife Frucht, Fülle und Kraft besitzt, reife Frucht und gute Struktur. Der Churfranken-Spätburgunder, Jahrgang 2013, ist fruchtbetont und würzig, frisch und zupackend. Der 2014er Frühburgunder ist wunderschön fruchtbetont und reintönig im Bouquet, frisch im Mund, geradlinig und zupackend, besitzt gute Struktur und dezente Vanillenoten. Anders als im Vorjahr gefällt uns dieses Jahr der Passion-Spätburgunder ein klein wenig besser als der Frühburgunder: Er zeigt feine Würze und Frucht im Bouquet, dezent rauchige Noten, ist klar im Mund, frisch und zupackend, schön präzise, besitzt gute Struktur und reintönige Frucht, ganz dezent mineralische Noten.

Weinbewertung

83	2016 Silvaner trocken „Tradition" Bürgstadt Centgrafenberg	**11,5 %/7,50 €**
88	2016 Weißburgunder trocken „feines Holz Passion" Centgrafenberg	**12,5 %/15,- €**
83	2016 Grauburgunder trocken „Création" Centgrafenberg	**12,5 %/9,50 €**
85	2016 Sauvignon Blanc trocken „Passion" Centgrafenberg	**12,5 %/12,90 €**
82	2016 Spätburgunder „Blanc de Noir" trocken „Création"	**11,5 %/8,80 €**
84	2013 Spätburgunder trocken „Churfranken" Centgrafenberg	**13,5 %/11,50 €**
87	2014 Frühburgunder trocken „Passion" Bürgstadt Centgrafenberg	**13,5 %/18,- €**
88	2013 Spätburgunder trocken „Passion" Bürgstadt Centgrafenberg	**13,5 %/18,- €**

HEMBERGER

★★

KONTAKT

Aussiedlerhof 3
97348 Rödelsee
Tel. 09323-435
Fax: 09323-5072
www.weingut-hemberger.de
info@weingut-hemberger.de

Inhaber
Roland Hemberger
Rebfläche
10,3 Hektar
Produktion
90.000 Flaschen

BESUCHSZEITEN

Mo.-Sa. 10-17 Uhr

Die Familie Hemberger baut seit Generationen Wein an, bis 1983 aber wurden die Trauben an eine Genossenschaft abgeliefert. Seit 1985 wird das Gut von Roland und Elisabeth Hemberger geführt, die ihren Aussiedlerhof an der Straße zwischen Rödelsee und Iphofen errichtet haben. Die Weinberge liegen in den Rödelseer Lagen Küchenmeister und Schwanleite und im Iphöfer Kronsberg, die Reben wachsen hier, am Schwanberg, am Rande des Steigerwalds, auf Gipskeuperböden. Hauptrebsorten sind Silvaner, Riesling, Domina und alle Burgundersorten, aber es werden auch Müller-Thurgau, Scheurebe, Bacchus, Kerner und Gewürztraminer angebaut. Nach Abschluss seiner Weinbautechnikerausbildung ist 2012 Sohn Tobias in den Betrieb eingestiegen, seit dem Frühjahr 2016 ist er vollzeitig im Betrieb tätig. 2016 wurden drei Große Gewächse eingeführt, die die alten Lagennamen Hoheleite (Silvaner), Vilsenah (Grau- und Weißburgunder-Cuvée) und Im Roth (Spätburgunder) tragen. Diese Weine sind spontanvergoren und werden 18 Monate im Barrique ausgebaut, der Spätburgunder bleibt 24 Monate im Barrique und wird unfiltriert abgefüllt.

Kollektion

Ein spannender „Pet Nat" (kurz für: Pétillant Naturel) eröffnet den Reigen: Klar, zupackend, mit Biss. Die Gutsweine sind frisch und klar, die Weine vom Keuper besitzen mehr Fülle und Kraft. Der Silvaner von alten Reben ist in beiden Jahrgängen kraftvoll und klar, überzeugt auch als süße Auslese. Gute Struktur und Frucht besitzt der Grauburgunder aus der Schwanleite, unser Favorit im weißen Segment aber ist der Silvaner aus der Hoheleite: Konzentriert, deutlich vom Ausbau im Holz geprägt, strukturiert, kraft- und druckvoll, jugendlich. Gleichauf sehen wir den Spätburgunder Im Roth, der intensive Frucht, viel Kraft und Substanz besitzt. Weiter im Aufwind!

Weinbewertung

86	2016 Silvaner „Pet Nat" **12,5 %/12,- €**
81	2016 Silvaner trocken **12,5 %/6,50 €**
82	2016 Riesling trocken **12 %/6,50 €**
83	2016 Silvaner trocken „vom Keuper" Rödelseer Küchenmeister **12,5 %/7,30 €**
84	2016 Riesling trocken „vom Keuper" Rödelseer Schwanleite **12,5 %/7,30 €**
85	2015 Silvaner trocken „Alte Reben" Rödelseer Küchenmeister **13 %/9,- €**
85	2016 Silvaner trocken „Alte Reben" Rödelseer Küchenmeister **13 %/9,- €**
86	2016 Grauer Burgunder trocken Rödelseer Schwanleite **13 %/9,- €**
88	2015 Silvaner trocken „Hoheleite" **13 %/20,- €**
86	2016 Silvaner Auslese Rödelseer Küchenmeister **10,5 %/14,- €**
84	2014 Spätburgunder trocken **13 %/9,- €**
88	2014 Spätburgunder trocken „Im Roth" **13 %/26,- €**

HEMER

★

H

N

KONTAKT

Rathausstraße 1
67550 Abenheim
76684 Östringen-Odenheim
Tel. 06242-2222
Fax: 06242-904649
www.weingut-hemer.de
info@weingut-hemer.de

Inhaber
Stefan & Andreas Hemer
Rebfläche
40 Hektar
Produktion
280.000 Flaschen

BESUCHSZEITEN

Mo.-Sa. 9-18 Uhr

Hemer
das Ökoweingut

Das Weingut Hemer ist ein Familienbetrieb in Abenheim bei Worms. 1960 hat man – bei damals 2 Hektar Weinbergen – erstmals Weine selbst auf Flaschen gefüllt. Bis in die siebziger Jahre wurde noch Viehhaltung betrieben und Spargel angebaut. Heute ist der Betrieb ausschließlich Weingut, wird von den Brüder Andreas und Stefan Hemer geführt. Andreas Hemer ist für Vinifikation und Vermarktung verantwortlich, Stefan Hemer für die Weinberge. Diese liegen im Abenheimer Klausenberg und im Ludwigshöher Teufelskopf. Neben den traditionellen Rebsorten wie Riesling, Silvaner, Grauburgunder, Spätburgunder, Portugieser oder Weißburgunder bauen die Brüder Andreas und Stefan Hemer eine Vielzahl von weiteren Rebsorten an. Die Weinberge werden seit 2003 biologisch bewirtschaftet, man ist Mitglied bei Ecovin. Die Weißweine werden möglichst kühl gelesen und reifen im Edelstahl bis März auf der Feinhefe. Die Rotweine werden maischevergoren und in kleinen und großen Eichenholzfässern ausgebaut.

Kollektion

Eine stimmige Kollektion präsentieren Stefan und Andreas Hemer zum Debüt, die weiß wie rot überzeugt. Die Gutsweine sind fruchtbetont und sortentypisch, der Abenheimer Riesling ist kraftvoll und zupackend, der Silvaner aus dem Klausenberg besitzt Fülle, Substanz und viel süße Frucht. Klar an der Spitze der Kollektion steht der Kapellenstück-Riesling, Jahrgang 2015, der Fülle und Kraft besitzt, reife Frucht, gute Struktur und Druck. Sehr gleichmäßig präsentiert sich der rote Teil der Kollektion, bietet einen geradlinigen Spätburgunder, einen frischen Merlot und die zwölf Monate im Barrique ausgebaute Cuvée Hommage, die intensive Frucht und kräftige Tannine besitzt. —

Weinbewertung

81	2016 Grüner Silvaner trocken **12 %/6,- €**
83	2016 Grauer Burgunder trocken **13 %/6,50 €**
83	2015 Chardonnay trocken **13 %/6,80 €**
84	2015 Riesling trocken Abenheimer **13,5 %/8,- €**
84	2015 Silvaner trocken Abenheimer Klausenberg **12,5 %/9,50 €**
87	2015 Riesling trocken „Kapellenstück" Abenheimer Klausenberg **13 %/15,- €**
83	2015 Gelber Muskateller „feinherb" **11,5 %/6,50 €**
81	2015 Goldmuskateller „lieblich" **9 %/6,50 €**
83	2014 Spätburgunder trocken Abenheimer **13 %/9,50 €**
82	2015 „Cuvée Johann" Rotwein trocken **13,5 %/7,- €**
83	2014 Merlot trocken **13,5 %/7,- €**
85	2014 „Cuvée Hommage N 10" Rotwein trocken Barrique **14 %/12,- €**

HENCH

★★★

KONTAKT

Hauptstraße 32
63927 Bürgstadt
Tel. 09371-5752
Fax: 09371-948287
www.weingut-hench.de
info@weingut-hench.de

Inhaber
Burkhard Hench
Kellermeister
Peter Hench
Rebfläche
7 Hektar

BESUCHSZEITEN

Mo./Mi./Do./Fr. 15-18:30 Uhr, Sa. 9:30-15 Uhr oder nach Vereinbarung, Di./So. geschlossen

Der älteste Teil des mitten in Bürgstadt gelegenen Weingutes geht auf das Jahr 1563 zurück, unter dem Weingut ist ein historischer Sandsteingewölbekeller, aber auch ein 1998 erbauter neuer Keller. Die Weinberge von Burkhard Hench liegen alle im Bürgstadter Centgrafenberg, auch in der neu eingetragenen Lage Hundsrück besitzt er einen Terrassenweinberg. Er baut vor allem Burgundersorten an, der Rotweinanteil beträgt 65 Prozent. Spätburgunder dominiert, nimmt die Hälfte der Rebfläche ein, hinzu kommen Frühburgunder, Pinot Meunier, Domina, Regent und St. Laurent, die weißen Sorten Silvaner und Riesling sowie ein wenig Weißburgunder, Bacchus und Ortega. Burkhard Hench führt den Betrieb zusammen mit Ehefrau Helene, seit 2007 unterstützt von Sohn Peter, der für die Vinifikation verantwortlich ist. Seit 2004 haben sie Versuche mit biologischem Weinbau unternommen, seit 2013 ist man zertifiziert.

Kollektion

Mit der neuen Kollektion schließen Burkhard und Peter Hench nahtlos an die starken Vorjahre an. Der Silvaner ist klar, frisch, zupackend, der Riesling strukturiert und reintönig, der Müller-Thurgau würzig, klar, süffig. Dem Weißburgunder R merkt man deutlich den Holzausbau an, er besitzt Fülle und Kraft, reife Frucht, gute Struktur und Substanz, der Rosé ist frisch, fruchtbetont und süffig. In der Spitze stärker sind auch dieses Jahr wieder die Rotweine. Pinot Meunier und St. Laurent sind reintönig, dies gilt auch für den Basis-Spätburgunder. Der Spätburgunder R zeigt gute Konzentration, reintönige Frucht, ist kraftvoll, strukturiert, zupackend, jugendlich. Vom Frühburgunder konnten wir gleich drei Jahrgänge verkosten, die Steigerung von Jahr zu Jahr ist offensichtlich. 2012 ist rauchig, ganz dezent bitter, 2013 wunderschön reintönig, strukturiert, 2014 intensiv fruchtbetont, präzise und druckvoll.

Weinbewertung

84 2016 Müller-Thurgau **11 %/6,50 €**
85 2016 Silvaner trocken Bürgstadt Centgrafenberg **11,5 %/8,- €**
84 2016 Riesling Bürgstadt Centgrafenberg **11,5 %/9,50 €**
87 2014 Weißburgunder „R" trocken Bürgstadt Centgrafenberg **12 %/18,- €**
84 2016 Rosé „veris" **11 %/7,50 €**
84 2014 Pinot Meunier trocken (Mainhölle Bürgstadt) **12,5 %/9,- €**
85 2015 St. Laurent trocken Bürgstadt Centgrafenberg **13 %/10,- €**
85 2014 Spätburgunder trocken Bürgstadt Centgrafenberg **12,5 %/12,50 €**
87 2012 Frühburgunder trocken Bürgstadt Centgrafenberg **13 %/21,- €**
88 2013 Frühburgunder trocken Bürgstadt Centgrafenberg **13 %/19,- €**
89 2014 Frühburgunder trocken Bürgstadt Centgrafenberg **13 %/17,- €**
89 2014 Spätburgunder „R" trocken Bürgstadt Centgrafenberg **13 %/18,- €**

Henrichs + Friderichs

★★

KONTAKT

Weingut: Paulusstraße 29
56814 Ediger
Tel. 02675-716
Vinothek: Moselstraße 10
56820 Nehren
Tel. 02673-4187
Fax: 02673-960281

Inhaber
Bernadette Friderichs
Rebfläche
1 Hektar
Produktion
8.000 Flaschen

BESUCHSZEITEN

Fr. + Sa. 13:30-17 Uhr (Vinothek); „im Weingut einfach mal klingeln"

H

Bernadette Friderichs und Thomas Henrichs übernahmen 1998 als Quereinsteiger den elterlichen Betrieb in Ediger. Sie ist Sprachheiltherapeutin, er Landschaftsarchitekt. Die „Mons Ignis" und „vom roten Schiefer" genannten Rieslinge kommen aus dem Ediger Feuerberg, einer steilen, felsigen Süd-Südwest-Lage mit eisenhaltigem roten Schiefer. Des Weiteren besitzen sie Weinberge im Bremmer Calmont, in den Ediger Lagen Osterlämmchen und Elzhofberg, sowie im Nehrener Römerberg. Neben Riesling, der zwei Drittel der Fläche einnimmt, bauen sie Gewürztraminer, Weißburgunder, Spätburgunder und Cabernet Sauvignon an. 2003 eröffneten sie eine Vinothek im Nachbarort Nehren. Sie haben sich auf trockene und halbtrockene Weine spezialisiert, seit dem Jahrgang 2003 wird auf Prädikatsbezeichnungen verzichtet.

Kollektion

Aus dem Jahrgang 2016 stellt das Weingut ein kleines Sortiment vor, dessen Weine sich teilweise noch sehr jugendlich präsentieren. So bedürfen der trockene Riesling als auch der stoffige, mit Schmelz ausgestattete Weißburgunder unbedingt noch einer weiteren Reifung. Sehr präsent dagegen ist der trockene Gewürztraminer, der einen leichten Rosenduft zeigt und sehr präzise wirkt; der Alkohol ist gut von der Säure abgepuffert, Süße ist nicht schmeckbar. Auch der „Devonschiefer"-Riesling ist angenehm trocken und fest, ganz anders wirkt der sehr trockene Riesling, der aus den Lagen Feuerberg und Elzhofberg komponiert wurde: Er ist stoffig, fest und puristisch, weist aber auch einen recht hohen Alkohol auf. Saftig und deutlich süß: der nach Constanze und Pauline benannte Riesling. ▬

Weinbewertung

86 2016 Weißburgunder trocken Ediger Feuerberg **13 %/8,50 €**
84+ 2016 Riesling trocken „unverzichtbar" **11 %/6,50 €**
86 2016 Riesling trocken „Devonschiefer" **13 %/8,50 €**
87 2016 Riesling trocken „Mons Ignis + Glimmerstein" **13,5 %/12,50 €**
86 2016 Gewürztraminer trocken **13 %/8,50 €**
85 2016 Riesling „Constanze + Pauline" **9 %/8,50 €**

Hermann

★★★

KONTAKT

Alt-Vogtsburg 19
79235 Vogtsburg
Tel. 07662-6202
Fax: 07662-6202
www.weingut-hermann.de
mail@weingut-hermann.de

Inhaber
Falk Hermann
Rebfläche
4 Hektar
Produktion
25.000 Flaschen

BESUCHSZEITEN

Mo.-Fr. 9-19 Uhr, Sa. 9-17 Uhr
Probierstube

Gitta und Klaus Hermann gründeten 1995 ihr eigenes Weingut in Alt-Vogtsburg am Kaiserstuhl. Sohn Falk, Geisenheim-Absolvent, kümmerte sich von jeher um den Weinausbau, inzwischen hat er den Betrieb übernommen, führt ihn zusammen mit Ehefrau Karin, die ebenfalls Önologin ist. Die Weinberge verteilen sich auf verschiedene Lagen des Kaiserstuhls und liegen in der Oberbergener Bassgeige, den Oberrotweiler Lagen Henkenberg, Eichberg und Käsleberg, im Schelinger Kirchberg und im Gottenheimer Kirchberg am Tuniberg. Im Anbau dominieren die Burgundersorten, die zwei Drittel der Rebfläche einnehmen, vor allem Spätburgunder, aber auch Grauburgunder und Weißburgunder. Hinzu kommen Chardonnay, Sauvignon Blanc, Cabernet Sauvignon und Syrah. Einige der Burgunderanlagen sind über 40 Jahre alt, ab Mitte der neunziger Jahre wurden Burgunderklone gepflanzt. Die Weine werden ausschließlich trocken und durchgegoren ausgebaut. Vor allem die Burgunder reifen recht lange auf der Feinhefe, die Rotweine werden grundsätzlich im Holzfass ausgebaut. Die Weine der Serie „Cantus Avis" („Gesang des Vogels", benannt nach dem Vogelsangpass) kommen für achtzehn Monate komplett in neue Barriques aus französischer Eiche und werden unfiltriert abgefüllt. Sie sind auf Haltbarkeit vinifiziert und reifen hervorragend, wovon wir uns schon des Öfteren überzeugen konnten.

Kollektion

Falk Hermann legt weiter zu, präsentiert ein stimmiges, enorm starkes Pinot Noir-Quartett. Schon der Basis-Pinot Noir ist wunderschön klar, fruchtbetont und zupackend, die 3 Sterne-Variante zeigt feine Frische, reintönige Frucht, etwas florale Noten, ist lebhaft und zupackend, besitzt gute Struktur und feine Frische. Der Cantus Avis zeigt gute Konzentration, etwas schwarze Johannisbeeren, dezent Schokolade, ist füllig und kraftvoll, besitzt gute Struktur und reintönige Frucht. Noch etwas kraft- und druckvoller ist die Reserve-Variante, aber ebenso reintönig. Aber auch bei den Weißweinen geht es voran. Der Sauvignon Blanc besitzt feine Frucht und Biss, der Chardonnay aber ist der beste Weißwein, den wir bisher von Falk Hermann verkostet haben, er zeigt rauchige Noten, feinen Toast, ist füllig, komplex, besitzt viel reife Frucht, gute Struktur und Länge. Bravo!

Weinbewertung

84	2016 Sauvignon Blanc trocken **12,5 %/11,- €**
89	2015 Chardonnay*** trocken **14 %/18,- €**
85	2015 Pinot Noir trocken **13,5 %/11,- €**
88	2015 Pinot Noir*** trocken **13,5 %/16,50 €**
90	2015 Pinot Noir trocken „Cantus Avis" **13,5 %/26,- €**
91	2015 Pinot Noir trocken „ Reserve Cantus Avis" **13,5 %/45,- €**

H

Gut Hermannsberg

★★★★

KONTAKT

Ehemalige Weinbaudomaine
55585 Niederhausen
Tel. 06758-92500
Fax: 06758-925019
www.gut-hermannsberg.de
info@gut-hermannsberg.de

Inhaber
Jens Reidel, Dr. Christine Dinse
Geschäftsführer
Karsten Peter, Achim Kirchner
Betriebsleiter/Kellermeister
Karsten Peter
Rebfläche
30 Hektar
Produktion
150.000 Flaschen

BESUCHSZEITEN

täglich 10-18 Uhr (aktuelle Öffnungszeiten siehe Webseite)
Gästehaus (11 Zimmer),

Die ehemalige Weinbaudomäne wurde 1902 vom Königreich Preußen als Lehr- und Mustergut gegründet und gehörte nach 1946 dem Land Rheinland-Pfalz. 1998 wurde das Gut privatisiert und an die Pfälzer Familie Maurer verkauft, im Sommer 2009 erwarb es der Unternehmer Jens Reidel, 2010 wurde die ehemalige Staatsdomäne in Gut Hermannsberg umbenannt. Betriebsleiter und Kellermeister ist der Pfälzer Karsten Peter. Die Domäne besitzt ausschließlich Weinberge in Lagen, die vom VDP als „Große Lagen" klassifiziert wurden: Kupfergrube (Melaphyr, von eingebrachtem Carbonschiefer überdecktes Eruptivgestein) und Felsenberg (Melaphyr, mit steinig-grusigen Lehmen durchsetzt) in Schlossböckelheim, Hermannsberg (Tonschiefer, Löss und Melaphyr), Steinberg (Porphyrit und steiniger Lehm) und Kertz (Carbonschiefer und Porphyrit) in Niederhausen, aber auch im Altenbamberger Rotenberg (steile Südlage mit Ryolith und Lehm) und in der Traiser Bastei (Ryolithgeröll) ist man vertreten. Neben Riesling, der 95 Prozent der Rebfläche einnimmt, gibt es ein klein wenig Weißburgunder. Das Sortiment ist nach den Vorgaben des VDP-Nahe derzeit dreistufig gegliedert in Gutsweine, Ortsweine und die Weine aus Großen Lagen, die trocken ausgebaut Große Gewächse heißen und bei Gut Hermannsberg aus den Lagen Hermannsberg, Kupfergrube und Bastei, mit dem Jahrgang 2015 auch erstmals aus dem Steinberg und dem Rotenberg und 2016 jetzt auch aus dem Felsenberg stammen. Die Trauben für den Riesling „Steinterrassen" stammen aus den Lagen Steinberg, Rotenberg und Kertz, die Ortsweine stammen aus Niederhausen und Schlossböckelheim, aus Steinberg und Rotenberg werden auch süße Rieslinge erzeugt.

Kollektion

Mit dem neuen Wein aus dem Schlossböckelheimer Felsenberg präsentiert uns Karsten Peter in diesem Jahr erstmals sechs Große Gewächse, drei davon, Kupfergrube, Hermannsberg und Bastei, kommen erst zwei Jahre nach der Ernte in den Verkauf. Diese 2015er Weine sind es auch, die das Sortiment anführen, der Riesling aus der Traiser Bastei ist der nachhaltigste Wein, er ist sehr mineralisch, zeigt steinige Würze, Kräuter und etwas rauchige Noten, besitzt gute Konzentration, herbe Tabakwürze und Grip, ist animierend mit salziger Länge. Der 2015er Riesling aus der Schlossböckelheimer Kupfergrube ist noch sehr verhalten und bleibt auch am zweiten Tag in der offenen Flasche noch leicht verschlossen, am Gaumen besitzt er aber Konzentration, viel Druck und Länge, der Wein aus dem Niederhäuser Hermannsberg zeigt ganz dezente Reifenoten von Gebäck, dazu gelbes

Steinobst und steinige Noten, am Gaumen besitzt er herbe, kräutrige Würze und Zitrusnoten, ist salzig und lang. Der Schlossböckelheimer Felsenberg führt die Großen Gewächse des Jahrgangs 2016 an, er ist sehr mineralisch, zeigt auch klare Frucht und Kräuter, etwas Rosmarin und besitzt lebendigen Säure-Biss, das Große Gewächs aus dem Niederhäuser Steinberg zeigt ebenfalls kräutrige Würze, besitzt gute austarierte Fülle und Zitrusnoten, Ananas, etwas Limette und gute Länge, der Riesling aus dem Altenbamberger Rotenberg ist fruchtbetont mit Noten von Aprikose, Ananas und Orangenschale im Bouquet, zeigt aber auch rauchige Würze und etwas Brotkruste, ist geradlinig und elegant mit feinem Säure-Spiel. Unter den Ortsrieslingen zeigt der Niederhäuser etwas mehr Frucht als der Schlossböckelheimer, der steiniger und würziger ist, beide sind salzig und animierend, der „Steinterrassen"-Riesling ist noch deutlich mineralischer und nachhaltiger, zeigt etwas Tabakwürze, gelbes Steinobst und entwickelt feinen Druck. Der Gutsriesling ist saftig mit leicht süßer Frucht und Zitrusnoten, der im Halbstück ausgebaute Weißburgunder ist noch etwas verhalten und sehr jung, er besitzt Konzentration, feinen Grip und gute Länge. Der restsüße Riesling Kabinett zeigt klare, gelbe Frucht, Zitrusnoten und etwas Brotkruste, die beiden Spätlesen sind schlank und besitzen ein animierendes Säure-Spiel, der Wein aus dem Niederhäuser Steinberg ist mineralisch mit kräutriger Würze, die Spätlese aus dem Altenbamberger Rotenberg ist fruchtbetont.

Jens Reidel, Christine Dinse, Karsten Peter

H

Weinbewertung

88	2016 Weißburgunder trocken „Halbstück" **13 %/19,90 €**
85	2016 Riesling trocken „Just Riesling!" **12 %/9,50 €**
88	2016 Riesling trocken „Vom Schiefer" Niederhäuser **12,5 %/14,50 €**
88	2016 Riesling trocken „Vom Vulkan" Schlossböckelheimer **12,5 %/14,50 €**
89	2016 Riesling trocken „Steinterrassen" **12,5 %/19,90 €**
90	2016 Riesling „GG" Steinberg **12,5 %/26,- €**
90	2016 Riesling „GG" Rotenberg **12,5 %/26,- €**
91	2016 Riesling „GG" Felsenberg **12,5 %/36,- €**
91	2015 Riesling „GG" Hermannsberg **12,5 %/42,- €**
92	2015 Riesling „GG" Bastei **12,5 %/45,- €**
91	2015 Riesling „GG" Kupfergrube **12,5 %/48,- €**
86	2016 Riesling Kabinett **10 %/11,50 €**
88	2016 Riesling Spätlese Altenbamberger Rotenberg **8,5 %/15,50 €**
88	2016 Riesling Spätlese Niederhäuser Steinberg **8,5 %/15,50 €**

LAGEN

HERMANNSBERG (NIEDERHAUSEN)
KUPFERGRUBE (SCHLOSSBÖCKELHEIM)
STEINBERG (NIEDERHAUSEN)
KERTZ (NIEDERHAUSEN)
BASTEI (TRAISEN)
ROTENBERG (ALTENBAMBERG)
FELSENBERG (SCHLOSSBÖCKELHEIM)

REBSORTEN

RIESLING (95 %)
WEISSBURGUNDER (5 %)

Bernd Hermes

★☆

KONTAKT

Im Flurgarten 31-32
54536 Kröv
Tel. 06541-3619 oder 9984
Fax: 06541-3584
www.bernd-hermes.de
weingut@bernd-hermes.de

H

Inhaber
Bernd Hermes
Rebfläche
4,5 Hektar
Produktion
40.000 Flaschen

BESUCHSZEITEN

nach Vereinbarung
Luxusferienwohnungen
(5 Sterne)

Seit Generationen baut die Familie Wein in Kröv an, heute wird der Betrieb von Bernd Hermes geführt. Seine Weinberge liegen in den Kröver Lagen Steffensberg, Letterlay, Kirchlay und Paradies, sowie im Wolfer Klosterberg. Riesling nimmt 70 Prozent der Rebfläche ein, dazu gibt es Müller-Thurgau (mit 20 Prozent der Fläche ein wichtiges Standbein des Weinguts), sowie ein wenig Weißburgunder, Spätburgunder und Dornfelder. Die Weine werden temperaturgesteuert vergoren und reduktiv vinifiziert. Ein neues Flaschenlager und Luxusferienwohnungen im Penthousestil (sie sind mit der Bewertung von fünf Sternen versehen) wurden gebaut. Inzwischen bringt auch Sohn Maximilian, nach Lehrjahren bei Daniel Vollenweider, Thorsten Melsheimer und beim Pfälzer Weingut Fitz-Ritter, seine Erfahrungen in die Weinbereitung ein. Die zusätzliche Kompetenz kann man erkennen, die Weine haben in letzter Zeit deutlich an Finesse und Ausdruck gewonnen, das gilt sowohl für die trockenen und feinherben Rieslinge, allen voran die Spätlesen aus der Letterlay, als auch für die restsüßen Weine vom Kabinett bis hin zur Auslese.

Kollektion

Nachdem die Rieslinge des Jahrgangs 2015 saftig und präsent ausfielen, an der Spitze der Kollektion stand eine bemerkenswerte Auslese aus dem Steffensberg, gelingen auch die 2016er weit überdurchschnittlich gut. Die trockene Spätlese aus der Letterlay ist sehr klar und präzise gearbeitet, der halbtrockene Kabinett aus dem Paradies ist tatsächlich ein halbtrocken wirkender Wein mit nur ganz zarter Süße und guter Balance. Den feinherben MX und die feinherbe Spätlese aus der Letterlay sehen wir fast gleichauf: Beiden Weinen merkt man die Süße an, aber sie besitzen Schmelz und Substanz – die Spätlese mit ihrem kleinen Anteil an Botrytistrauben scheint ein bisschen mehr Fülle und Würze zu besitzen. Die süße Nacktarsch-Spätlese ist harmonisch, saftig und süffig, Highlight der Verkostung aber ist die süße Spätlese aus dem Kröver Steffensberg, die nicht zu süß ausfällt, sehr reintönig und animierend ist und eine überzeugende Frische besitzt.

Weinbewertung

86 2016 Riesling Spätlese trocken Kröver Letterlay **12 %/8,20 €**
85 2016 Riesling Kabinett halbtrocken Kröver Paradies **11 %/7,20 €**
85 2016 Riesling „feinherb" „MX" **11 %/7,90 €**
86 2016 Riesling Spätlese „feinherb" Kröver Letterlay **10,5 %/8,50 €**
85 2016 Riesling Spätlese Kröver Nacktarsch **8 %/7,80 €**
87 2016 Riesling Spätlese Kröver Steffensberg **8,5 %/10,50 €**

Prinz von Hessen

★★

Kontakt

Grund 1, 65366 Geisenheim
Tel. 06722-409180
Fax: 06722-4091820
www.prinz-von-hessen.de
weingut@prinz-von-hessen.de

Inhaber Hessische Hausstiftung
Vorstand Donatus Landgraf von Hessen, Rainer Prinz von Hessen, Jan Rinnert
Betriebsleiter Dr. Clemens Kiefer
Kellermeister Sascha Huber
Vertriebsdirektor Oliver Chegrani
Rebfläche 39 Hektar
Produktion 280.000 Flaschen

Besuchszeiten

Mo.-Fr. 9-17 Uhr, Sa. 11-16 Uhr

PRINZ VON HESSEN WEINGUT

1957 erwarb Philipp Landgraf von Hessen für die Hessische Hausstiftung ein Weingut in Johannisberg mit damals 7 Hektar Weinbergen. In den darauf folgenden Jahren wurde der Besitz stark vergrößert, man erwarb Weinberge in verschiedenen Gemeinden des Rheingaus. Heute konzentriert man sich auf den Johannisberger Klaus, die Winkeler Lagen Hasensprung, Jesuitengarten und Dachsberg, die Kiedricher Sandgrub und den Geisenheimer Kläuserweg. Neben dem dominierenden Riesling werden Weißburgunder und Scheurebe, sowie Spätburgunder und Merlot angebaut. Das Sortiment ist gegliedert in Gutsweine, Ortsweine und Weine aus Großen Lagen, darunter fallen süße und edelsüße Rieslinge sowie drei trockene Große Gewächse aus Klaus, Jesuitengarten und Hasensprung.

Kollektion

Die Weine sind üppig und reif, leider geht die Betonung auf Fülle in Kombination mit der weichen, zugänglichen Art der Weine zu Lasten der Präzision und der Trinkanimation. Das ist sicher mehr noch eine stilistische Frage, als eine der Qualität. Auch wurden einige Weine als Fassproben abgeliefert, ein abschließendes Urteil steht deshalb noch aus. Die Scheurebe zeigt im Duft einen grasig-frischen Charakter, der Pinot Blanc ist intensiv und würzig anhaltend. Der Gutsriesling ist recht kräftig, würzig und erfrischend, der Johannisberger Riesling vereint reifen Schmelz und würzigen Saft. Der Riesling Dachsfilet ist feiner und animierender, was an der etwas pointierteren Säureader liegt. Das Große Gewächs aus dem Hasensprung hat eine passende Balance zwischen reifer Fülle und frischer Trinkanimation. Der Wein aus dem Jesuitengarten ist cremiger und reifer, noch etwas unruhig. Der Riesling aus dem Johannisberger Klaus schließlich ist ebenso opulent, hier tritt der Alkohol am markantesten in Erscheinung. Bei den sehr reifen Spät- und Auslesen mangelt es an Trinkanimation.

Weinbewertung

(84) 2016 Pinot Blanc trocken **15,90 €**
83 2016 Scheurebe trocken **12,5 %/8,90 €**
83 2016 Riesling trocken **12 %/8,90 €**
85 2016 Riesling trocken Johannisberger **13 %/12,90 €**
(85) 2016 Riesling „Dachsfilet“ **22,50 €**
(86) 2016 Riesling „GG“ Winkeler Hasensprung **22,50 €**
(87) 2016 Riesling „GG“ Winkeler Jesuitengarten **28,90 €**
(87) 2016 Riesling „GG“ Johannisberger Klaus **28,90 €**
83 2015 Riesling „Steckenpferd“ **12,5 %/22,50 €**
84 2016 Riesling Spätlese Winkeler Hasensprung **9 %/22,50 €**
85 2016 Riesling Auslese Johannisberger Klaus **8,5 %/19,50 €/0,375 l**

HESSERT

★

KONTAKT

Weingut Hessert GbR
Weinbergstraße 2
55457 Horrweiler
Tel. 06727-469
Fax: 06727-952442
www.weingut-hessert.de
wein@hessert.de

Inhaber
Christian Hessert
Rebfläche
20 Hektar

BESUCHSZEITEN

nach Vereinbarung
Ferienwohnung

H

Helmut und Gertrud Hessert gründeten 1972 ihr eigenes Weingut in Horrweiler, ganz im Westen von Rheinhessen, zwischen Bingen und Bad Kreuznach gelegen, legten die elterlichen Weingüter mit Weinbergen in Horrweiler und Ockenheim zusammen. Seit 2003, nach Abschluss seines Geisenheim-Studiums, ist Christian Hessert im Betrieb tätig, den er inzwischen übernommen hat und mit Ehefrau Corinna führt. Seine Weinberge liegen vor allem in den beiden Horrweiler Lagen Goldberg und Gewürzgärtchen, allerdings verzichtet Christian Hessert auf Lagenangaben. Neben 20 Prozent Riesling baut er 25 Prozent Burgundersorten und je 15 Prozent Silvaner und Dornfelder an. Die Weine werden in zwei Linien angeboten, einer Basislinie und der H-Linie.

Kollektion

Die Weine der Basislinie sind frisch, klar und zupackend, bieten unkomplizierten Trinkgenuss. Der Riesling ragt in dieser Linie heraus, er zeigt feine Frische und Frucht im Bouquet, etwas Zitrus, ist lebhaft im Mund, geradlinig und zupackend. Der Riesling H bietet da nicht unbedingt eine Steigerung, auch wenn er fülliger und konzentrierter ist, mehr Kraft und Substanz besitzt. Noch besser gefällt uns in der H-Linie der Chardonnay, der reife Frucht besitzt, Kraft und Substanz. Im süßen Segment überzeugt die würzig-eindringliche Gewürztraminer Spätlese, die klar und zupackend ist, feine süße Frucht besitzt. Noch ein klein wenig besser bewerten wir die Ortega Auslese, die gute Konzentration und etwas Litschi im Bouquet zeigt, süß und füllig im Mund ist. Die Rotweine sind etwas verhaltener, zeigen gleichmäßiges Niveau, sind geradlinig und klar.

Weinbewertung

84	2016 Riesling trocken **12 %/4,80 €** ☺
81	2016 Weißburgunder trocken **13 %/4,80 €**
80	2016 Chardonnay trocken **13 %/4,80 €**
80	2016 Spätburgunder „Blanc de Noir" trocken **12,5 %/4,80 €**
84	2016 Riesling „H" trocken **13 %/6,50 €**
85	2015 Chardonnay „H" trocken **13 %/6,50 €**
81	2016 Riesling Spätlese **8 %/6,- €**
83	2016 Gewürztraminer Spätlese **10 %/4,80 €**
84	2016 Ortega Auslese **10 %/5,50 €/0,375l**
81	2015 Nero „H" Rotwein trocken **13 %/6,50 €**
82	2015 Cabernet Sauvignon trocken **13,5 %/8,- €**
82	2015 Spätburgunder „H" trocken **13 %/8,- €**

Christian Heussler

★★

KONTAKT

Mühlgasse 5
76835 Rhodt
Tel. 06323-2235
Fax: 06323-980533
www.heussler-wein.de
info@heussler-wein.de

Inhaber
Christian Heußler
Rebfläche
16,5 Hektar
Produktion
90.000 Flaschen

BESUCHSZEITEN

Mo + Mi.-Fr. 10-12 + 13:30-18 Uhr, Sa. 10-17 Uhr

Seit 1750 bearbeitet die Familie Heußler Weinberge in Rhodt und Umgebung, stieg aber erst 1996 in die eigene Vermarktung von Flaschenweinen ein. Die Weinberge befinden sich vor allem in Rhodt in den Lagen Schlossberg (je nach Parzelle Buntsandsteinverwitterung, Rotliegendes, Letten mit Kalkstein und Sand), Rosengarten (überwiegend sandiger Lehm mit fossilem Kalkgestein) und Klosterpfad (Lehm, Sand und schwerer Letten mit hohem Tonanteil), aber auch in den Nachbargemeinden Hainfeld und Edenkoben. Zwei Drittel der Fläche nehmen weiße Sorten ein, vor allem Riesling, Grau- und Weißburgunder, aber auch Chardonnay, Muskateller, Gewürztraminer und Sauvignon Blanc. Wichtigste rote Sorten sind Spätburgunder, Dornfelder und Portugieser. St. Laurent, Dunkelfelder, Cabernet Sauvignon und Syrah kamen in den letzten Jahren hinzu. Die Rosswingert-Weine stammen aus drei Weinbergen, bei denen die Bodenbearbeitung ohne Traktor ausschließlich mit Hilfe des Kaltbluts Rico durchgeführt wird.

Kollektion

Gleich drei Weine sehen wir an der Spitze der diesjährigen Kollektion: Die beiden Rieslinge vom Rosswingert und von den Sandsteinterrassen besitzen Kraft, Fülle und kräutrig-mineralische Noten, der Sandsteinterrassen zeigt die deutlichere Frucht, während der Rosswingert mehr Grip besitzt, der Grauburgunder Rosswingert besitzt feinen Schmelz und zeigt viel gelbe Frucht mit Noten von Birne, Melone und Ananas. Damit ist er etwas komplexer als der Rosengarten-Grauburgunder, der ebenfalls Kraft und Schmelz und nussige Würze besitzt, der Muskateller und die beiden Sauvignon Blancs sind ganz reintönig mit frischer Säure, dem harmonischen Sauvignon Blanc Fumé ist der Ausbau im Holz wieder kaum anzumerken und auch beim fruchtbetonten, kraftvollen Syrah mit leicht pfeffriger Würze bleibt das Holz ganz dezent.

Weinbewertung

83	2016 Muskateller trocken **12,5 %/6,90 €**
83	2016 Sauvignon Blanc trocken **12,5 %/6,90 €**
82	2016 Riesling trocken „Sandstein" **12 %/5,90 €**
86	2016 Sauvignon Blanc trocken „Fumé" **13 %/10,80 €**
86	2016 Grauburgunder trocken „Kalkmergel" Rhodter Rosengarten **13,5 %/7,90 €**
87	2016 Grauburgunder trocken „Rosswingert" Rhodter Schlossberg **13,5 %/10,50 €**
85	2016 Riesling trocken „Roter Sandstein" Rhodter Schlossberg **12,5 %/7,90 €**
86	2016 Riesling trocken „Kalkmergel" Rhodter Schlossberg **12,5 %/8,50 €**
87	2016 Riesling trocken „Sandsteinterrassen" Rhodter Schlossberg **13 %/9,80 €**
87	2016 Riesling trocken „Rosswingert" Rhodter Schlossberg **13 %/9,80 €**
86	2016 Rieslaner Spätlese **7,5 %/10,80 €**
86	2015 Syrah trocken Rhodter Rosengarten **13,5 %/12,80 €**

HEX VOM DASENSTEIN

★

KONTAKT

Burgunderplatz 1
77876 Kappelrodeck
Tel. 07842-9938-0
Fax: 07842-993838
www.dasenstein.de
info@dasenstein.de

Inhaber
275 Mitglieder
Geschäftsführer
Marco Köninger
Kellermeister
Alexander Spinner
Rebfläche
178 Hektar
Produktion
1.500.000 Flaschen

BESUCHSZEITEN

Mo.-Fr. 8-12 + 13:30-17:30 Uhr, Sa. 9-13 Uhr, So. 10-13 Uhr (Mai-Okt.)

Die Genossenschaft von Kappelrodeck wurde 1934 gegründet. Nach der Kappelrodecker Lage Hex vom Dasenstein, einer Steillage im Achertal mit Granit- und Urgesteinsverwitterungsböden, nennt sich die Genossenschaft heute Winzerkeller Hex vom Dasenstein. Die Mitglieder bauen zu 72 Prozent Spätburgunder an, dazu vor allem Müller-Thurgau, Grauburgunder, Riesling und Weißburgunder, sowie Merlot, Gewürztraminer und Sauvignon Blanc. Die Rotweine werden alle maischevergoren und reifen anschließend in Holzfässern, teilweise im Barrique, alle werden mindestens ein Jahr im Holz ausgebaut; im weißen Segment werden geradlinige, sortentypische Weine angestrebt, die Weißweine werden überwiegend im Edelstahl ausgebaut, nur die Grauburgunder Spätlese im großen Holzfass. Die Burgundersorten durchlaufen teilweise den biologischen Säureabbau, der Riesling wird teilweise spontanvergoren. Kellermeister Marco Köninger hat 2012 die Nachfolge des langjährigen Geschäftsführers Jürgen Decker übernommen, ist aber weiterhin zusammen mit Qualitätsmanager Frank Männle für den Keller verantwortlich. Neu im Team, bei Hex vom Dasenstein wie auch beim Tochterweingut Villa Heynburg, ist seit April 2014 Alexander Spinner, der langjährige Betriebsleiter und Kellermeister von Schloss Neuweier.

Kollektion

Die neue Kollektion präsentiert sich geschlossen, weiß wie rot, und bietet ein Highlight: Der Riesling Eiswein zeigt etwas Litschi und Zitrus, ist konzentriert, reintönig und zupackend. Unter den sonstigen Weißweinen gefällt uns der Klingelberger 1782 am besten, der füllig und saftig ist, viel reife süße Frucht besitzt. Das rote Segment bietet einen frischen, zupackenden Merlot, den rauchig-würzigen Spätburgunder von alten Reben und einen fülligen, kraftvollen Tempranillo, den wir als Fassprobe verkostet haben. ▬

Weinbewertung

80	2016 Spätburgunder „Blanc de Noir" trocken **12,5 %/5,70 €**
80	2016 Grauburgunder Kabinett trocken **12,5 %/6,90 €**
82	2016 Grauburgunder Spätlese trocken **13,5 %/7,90 €**
84	2016 Riesling Spätlese trocken „Klingelberger 1782" **13,5 %/15,- €**
80	2016 Rivaner „feinherb" **12 %/4,40 €**
82	2016 Scheurebe Spätlese **11,5 %/8,70 €**
89	2016 Riesling Eiswein **7,5 %/0,375l**
81	2015 Spätburgunder trocken „Karat" **13,5 %/6,40 €**
83	2014 Merlot trocken Barrique **14 %/12,- €**
83	2015 Spätburgunder trocken „Alte Rebe" **13,5 %/8,90 €**
(84)	2015 Tempranillo trocken **13,5 %**
81	2015 Spätburgunder Auslese trocken **14,5 %/14,- €**

HIESTAND

★★

KONTAKT

Weingut & Hofbrennerei Hiestand
Nordhöferstraße 19
67583 Guntersblum
Tel. 06249-2266
Fax: 06249-7835
www.hiestand-weingut.de
info@hiestand-weingut.de

Inhaber
Gunther Hiestand
Rebfläche
12 Hektar
Produktion
90.000 Flaschen

BESUCHSZEITEN

Sa. 10-18 Uhr und nach Vereinbarung
Hoffest am 1. Wochenende im Oktober

Die Weinberge von Gunther Hiestand liegen in den Guntersblumer Lagen Kreuzkapelle, Steig-Terrassen, Bornpfad und Eiserne Hand, sowie im Albiger Schloss Hammerstein. Seine wichtigsten Rebsorten sind Silvaner, Riesling, Weißburgunder und Gewürztraminer, dazu gibt es Grauburgunder, Scheurebe und Sauvignon Blanc sowie rote Sorten wie Portugieser oder Schwarzriesling. Während der Gutshof der Hiestands in der Nordhöferstraße liegt, befindet sich der Keller im Guntersblumer Kellerweg. Dort reifen die Weine in Fässern aus Spessarteiche. Alle Weine werden seit jeher mit den natürlichen Hefen vergoren. Seit 1997 wird das alte Brennrecht wieder ausgeübt und Trauben, Hefe, Holunder, Weinbergpfirsich und Quitte werden in der hauseigenen Destille gebrannt.

Kollektion

Mit der neuen Kollektion schließt Gunther Hiestand nahtlos an die sehr guten Vorjahre an. Schon die Gutsweine sind klar und kraftvoll, strukturiert und zupackend. Deutlich mehr Substanz noch besitzen die Ortsweine. Der Sylvaner ist kraftvoll und füllig, der Riesling geradlinig und würzig, der Gewürztraminer besitzt reintönige Frucht. Die Lagenweine stammen aus dem Jahrgang 2015. Neu ist der Weißburgunder aus dem Kachelberg, der herrlich viel Frucht und Substanz besitzt. Ein klein wenig besser noch gefällt uns der Riesling Kreuz, der würzig und duftig ist, viel Fülle, Saft und reife süße Frucht besitzt. Und mit dem Jahrgang 2015 gibt es schließlich wieder auch edelsüßen Riesling bei Gunther Hiestand: Die Beerenauslese ist duftig und konzentriert, die Trockenbeerenauslese zeigt etwas kandierte Früchte und viel Duft, ist enorm konzentriert und dominant.

Weinbewertung

82	2016 Grüner Sylvaner trocken **11 %/6,90 €**
82	2016 Riesling trocken **12 %/7,50 €**
83	2016 Weißer Burgunder trocken **12,5 %/7,50 €**
83	2016 Grauer Burgunder trocken **12,5 %/7,50 €**
83	2016 Sauvignon Blanc trocken **11,5 %/7,50 €**
85	2016 Sylvaner trocken Guntersblum **13,5 %/12,- €**
85	2016 Riesling trocken Guntersblum **12 %/12,- €**
85	2016 Gewürztraminer trocken Guntersblum **13,5 %/12,- €**
87	2015 Weißer Burgunder „JJ" Kachelberg **13 %/19,50 €**
88	2015 Riesling „JJ" Kreuz **13 %/19,50 €**
84	2016 Gewürztraminer Spätlese Guntersblumer Bornpfad **11 %/12,- €**
88	2015 Riesling Beerenauslese Kreuzkapelle **8 %/29,50 €/0,5l**
90	2015 Riesling Trockenbeerenauslese Kreuzkapelle **8,5 %/60,- €/0,375l**
83	2015 Schwarzriesling trocken Guntersblum **12,5 %/12,- €**

HILLABRAND

★★

KONTAKT

Hüttenheim 96
97348 Hüttenheim
Tel. 09326-1765
Fax: 09326-979008
www.weingut-hillabrand.de
info@weingut-hillabrand.de

H

Inhaber
Markus Hillabrand
Rebfläche
9 Hektar
Produktion
58.000 Flaschen

BESUCHSZEITEN

nach Vereinbarung
Heckenwirtschaft

Seit 1929 baut die Familie Wein in Hüttenheim an. Bis 2006 wurde der Weinbau im Nebenerwerb betrieben, mit dem Abschluss der Winzerlehre, beim Weingut Wirsching in Iphofen, konzentriert sich Markus Hillabrand seither ganz auf Weinbau. Bereits seit 1999 wird eine Heckenwirtschaft im historischen Fachwerkhaus von 1572 betrieben. Die Weinberge liegen größtenteils im Hüttenheimer Tannenberg, ein Teil in Steillagen, dazu besitzt man Parzellen in Bullenheim in der Lage Paradies, die nicht mehr in Unterfranken liegt, sondern schon zu Mittelfranken gehört, sowie im Reuscher Hohenlandsberg. Hüttenheim liegt am Fuß des südlichen Steigerwalds; seit 1199 ist Weinbau in Hüttenheim urkundlich belegt, die Reben wachsen auf Gipskeuperböden, in unterschiedlichen Expositionen. Scheurebe spielt eine wichtige Rolle im Betrieb, dazu gibt es Silvaner, Müller-Thurgau, Bacchus, Riesling, Weißburgunder, sowie die roten Sorten Dornfelder, Regent, Spätburgunder und Domina, zuletzt hat Markus Hillabrand Goldmuskateller gepflanzt.

Kollektion

Ein starker Liter-Silvaner eröffnet in diesem Jahr den Reigen, er ist reintönig, frisch und zupackend. Der g'scheit trockene Silvaner ist strukturiert, kraftvoll, klar und zupackend. Der Silvaner vom steilen Südhang führt das Silvaner-Trio an, er ist füllig und saftig, besitzt viel reife Frucht und gute Struktur. Gleichauf mit ihm sehen wir seinen Kollegen vom steilen Südhang, den Riesling, der feine Würze und Frucht zeigt, Fülle und Kraft besitzt, gute Struktur und Substanz. Die feinherbe Scheurebe vom steilen Südhang besitzt reintönige Frucht, Fülle und Schmelz, die Scheurebe von alten Reben ist ähnlich, etwas strukturierter und griffiger. Der Müller-Thurgau von alten Reben macht ebenfalls eine sehr gute Figur, ist füllig und kraftvoll, besitzt viel reife süße Frucht. Ein würziger, geradliniger Weißburgunder und ein 2015er Spätburgunder, der rote Früchte zeigt, frisch und zupackend ist, runden die stimmige, starke Kollektion ab.

Weinbewertung

84	2016 Silvaner trocken Hüttenheimer Tannenberg (1l)	**12 %/5,50 €** ☺
85	2016 Müller-Thurgau trocken „Alte Reben" Hüttenh. Tannenberg	**12,5 %/7,- €**
85	2016 Silvaner „g'scheit" trocken Hüttenheimer Tannenberg	**13 %/6,50 €**
83	2016 Weißer Burgunder trocken Hüttenheimer Tannenberg	**12,5 %/6,50 €**
87	2016 Silvaner trocken „Steiler Südhang" Hüttenheimer Tannenberg	**14 %/10,- €**
87	2016 Riesling trocken „Steiler Südhang" Hüttenheimer Tannenberg	**13,5%/10,-€**
85	2016 Scheurebe „Alte Reben" Bullenheimer Paradies	**13,5 %/10,- €**
84	2016 Scheurebe „feinherb" „Steiler Südhang" Tannenberg	**12,5 %/9,- €**
84	2015 Spätburgunder trocken Hüttenheimer Tannenberg	**14 %/8,50 €**

HILLER

★★

KONTAKT

Alandsgrundweg 8
97236 Randersacker
Tel. 0931-26094373
www.hiller-wein.de
post@hiller-wein.de

Inhaber
Christian Hiller
Rebfläche
1,5 Hektar
Produktion
4.000 Flaschen

BESUCHSZEITEN

nach Vereinbarung

HILLER

Mitte der siebziger Jahre errichtete Walter Hiller das Betriebs- und Kellereigebäude im Alandsgrund, zwischen Randersacker und Würzburg. Er war Traubenproduzent, erzeugte Wein nur für den Eigenverbrauch. Otto Hiller übernahm später den Betrieb, richtete ihn ganz auf Traubenerzeugung aus und erweiterte die Rebfläche. Erst mit der Übernahme durch Christian Hiller änderte sich alles. Schon während seiner Winzerlehre und später während seines Geisenheim-Studiums – mit Auslandspraktika in Österreich und Kanada – fasste er den Entschluss selbst Wein zu erzeugen. 2014 vinifizierte er seine ersten eigenen Weine, einen Silvaner und einen Spätburgunder. Er führt den kleinen Betrieb im Nebenerwerb zusammen mit Ehefrau Karoline. Ihre Weinberge liegen alle in Randersacker, in den Lagen Marsberg (mit alten Silvanerreben), Sonnenstuhl und Teufelskeller (genau genommen der ehemaligen Lage Hobug, die bereits im 11. Jahrhundert urkundlich erwähnt wurde, ein süd- ganz leicht südwestexponierter Prallhang, der 1971 dem Teufelskeller zugeschlagen wurde und den eigentlichen Teufelskeller vom Alandsgrund trennt, dort wo der Betrieb seinen Sitz hat). Zwei Drittel der Rebfläche nimmt Silvaner ein, ein Viertel Scheurebe, die aber inzwischen gerodet und im Frühjahr 2017 durch Riesling ersetzt wurde, dazu gibt es etwas Spätburgunder. Die Weine werden im Edelstahl vergoren, teils spontan, und lange auf der Feinhefe ausgebaut, der Spätburgunder wird maischevergoren und in Barriques aus heimischer und französischer Eiche ausgebaut und unfiltriert abgefüllt.

Kollektion

Beim guten Debüt im vergangenen Jahr präsentierte Christian Hiller eine sehr gleichmäßige Kollektion. Die sehr puristischen Marsberg-Silvaner von alten Reben der Jahrgänge 2014 und 2015 hat er uns nochmals präsentiert, sie haben sich geöffnet, sind nun deutlich druckvoller und komplexer. Den 2016er hat Christian Hiller, nachdem wir zunächst eine ebenfalls sehr puristische Fassprobe verkosten konnten, dann in einer zweiten „freundlicheren" Variante mit etwas Restsüße. Der Sonnenstuhl-Silvaner ist fruchtbetont und zupackend, der Teufelskeller strukturierter. Spannend ist der Spätburgunder, besitzt gute Struktur, klare reife Frucht und Wärme.

Weinbewertung

83	2016 Silvaner trocken Randersackerer Sonnenstuhl	**12,5 %/7,- €**
85	2016 Silvaner trocken Randersackerer Teufelskeller	**12 %/8,50 €**
88	2014 Silvaner trocken „Alte Reben" Randersackerer Marsberg	**12 %/12,- €**
88	2015 Silvaner trocken „Alte Reben" Randersackerer Marsberg	**14 %/12,- €**
(86)	2016 Silvaner trocken „Alte Reben" Randersackerer Marsberg	**13,5 %/12,- €**
87	2015 Spätburgunder trocken Randersackerer Sonnenstuhl	**14,5 %/14,- €**

Emmerich Himmel

★★★

KONTAKT

Holger-Crafoord-Straße 4
65239 Hochheim
Tel. 06146-6590
Fax: 06146-601570
www.weingut-himmel.de
info@weingut-himmel.de

Inhaber
Emmerich Himmel
Rebfläche
6,7 Hektar
Produktion
40.000 Flaschen

BESUCHSZEITEN

Mi.-Fr. 14-19 Uhr, Sa 10-14 Uhr, nach Vereinbarung; „Weintheke" mit Verkostung jeden 1. Sa. im Monat 11-17 Uhr

Emmerich Himmel übernahm das Weingut 1984 von seinem Vater als Fassweinbetrieb, stellte auf Flaschenweinvermarktung um und siedelte von der Altstadt an den Stadtrand aus. Er baut vor allem Riesling, aber auch Weißburgunder und Spätburgunder an. Seine Reben stehen in verschiedenen Lagen in Hochheim (Hölle, Stein, Kirchenstück und Reichestal) und Kostheim (Weiß Erd). Die Weine werden zum Teil mit den eigenen Hefen vergoren, überwiegend im Edelstahl, ein Teil aber auch im Holz ausgebaut, Spät- und gelegentlich Weißburgunder auch im Barrique. Emmerich Himmel wird heute im Weinberg wie im Keller von Betriebsleiter Sascha Lauer unterstützt, Ehefrau Annette Himmel kümmert sich zusammen mit Yvonne Lauer um den Vertrieb und die kaufmännischen Belange. 2016 haben Annette und Emmerich Himmel das Ehepaar Lauer als Mitgesellschafter aufgenommen, diese haben 2 Hektar Reben in Lagen wie Hölle und Stielweg eingebracht, die neue L-Linie mit „frisch-frechen" Weißweinen wurde kreiert.

Kollektion

Ein beeindruckender, rauchig-kraftvoller Sekt eröffnet den Reigen. Im süßen Segment gibt es einen duftigen, konzentrierten Eiswein, ansonsten dominieren wie gewohnt die trockenen Weine. Unser Favorit ist in diesem Jahr der Lumen Naturale, der Fülle, Kraft und Substanz besitzt. Dichtauf folgt der Stückfass-Riesling, ebenfalls aus dem Jahrgang 2015, der reintönige Frucht, gute Struktur und Druck besitzt. Unter den 2016er präferieren wir das reintönige Erste Gewächs aus dem Kirchenstück, gefolgt von der kraftvollen, deutlich süßeren Stielweg-Spätlese und der zupackenden Spätlese aus der Hölle.

Weinbewertung

88	2014 „Perlenspiel" Sekt brut nature **12 %/15,- €**
82	2016 Riesling trocken „Lässig" **11,5 %/6,- €**
81	2016 Riesling Kabinett trocken „Himmel" **11,5 %/7,- €**
84	2016 Riesling trocken „Lokal" Wickerer Mönchsgewann **12,5 %/8,50 €**
84	2016 Riesling Spätlese trocken „Himmelstraum" **12 %/8,50 €**
85	2016 Riesling Spätlese trocken Hochheimer Hölle **12,5 %/10,- €**
86	2016 Riesling Spätlese trocken Hochheimer Stielweg **12 %/10,- €**
87	2016 Riesling Erstes Gewächs Hochheimer Kirchenstück **12,5 %/18,- €**
88	2015 Riesling Spätlese trocken „Stückfass" Hochheimer Kirchenstück **13 %/15,- €**
89	2015 Riesling Spätlese trocken „Lumen Naturale" Kirchenstück **13,5 %/20,- €**
80	2016 Riesling Classic **12 %/7,- €**
82	2016 Riesling „feinherb" „Liebenswert" **11 %/6,- €**
81	2016 Riesling „lieblich" Mönchsgewann **10 %/8,50 €**
87	2016 Riesling Eiswein Hochheimer Hofmeister **8 %/30,- €/0,375l**
81	2016 Spätburgunder Rosé trocken „Live" **12 %/7,- €**

Christian Hirsch

★★☆

KONTAKT

Kastanienstraße 1
74211 Leingarten
Tel. 07131-401682
Fax: 07131-403493
www.hirschweine.de
info@hirschweine.de

Inhaber
Christian Hirsch
Rebfläche
10 Hektar
Produktion
70.000 Flaschen

BESUCHSZEITEN

Mo. 8-12 Uhr, Di.-Fr. 8-12 + 14-18 Uhr, Sa. 8-13 Uhr

Seit drei Generationen baut die Familie Wein in Leingarten an, am Fuße des Heuchelbergs. Neben dem Ertrag der 10 Hektar eigenen Weinberge wird auch die Ernte einer angeschlossenen Leingartener Erzeugergemeinschaft mit weiteren 35 Hektar verarbeitet und vermarktet. 8 Hektar Weinberge besitzt man in Leingarten, wo die Reben auf Keuperböden wachsen; hinzu kommen 2 Hektar am Neckar, im Lauffener Katzenbeißer, wo Muschelkalkböden vorherrschen. Der Fokus liegt dabei auf den Burgundersorten, Lemberger, Riesling und Sauvignon Blanc. Christian Hirsch hat in Geisenheim und Davis Önologie studiert, war dann bei Reh-Kendermann für die Premiummarken verantwortlich, bevor er im Mai 2013 in den elterlichen Betrieb einstieg. Die Rotweine, 70 Prozent der Produktion, werden maischevergoren und 6 bis 30 Monate in Barriques ausgebaut, ausschließlich schwäbische Eiche wird genutzt. Die Weißweine werden nach Maischestandzeit gekühlt im Edelstahl vergoren und bleiben bis kurz vor der Füllung auf der Vollhefe, 2012 wurden erstmals zwei Weißweine im Barrique ausgebaut.

Kollektion

Mit der neuen Kollektion schließt Christian Hirsch nahtlos an die starken Vorjahre an. Der Südwest-Riesling ist frisch, klar und zupackend, gefällt uns etwas besser als der Riesling R, der viel Fülle und Vanillenoten besitzt. Unser Favorit im weißen Segment ist die Cuvée aus Chardonnay und Grauburgunder, die gute Struktur, Fülle und Kraft besitzt. Insgesamt etwas stärker sind die Rotweine, schon der Einstieg mit dem intensiv fruchtigen, süffigen „Rot und Wild" überzeugt, den wir wie alle anderen präsentierten Rotweine mit „sehr gut" bewertet haben. Unser Favorit in der starken roten Riege ist der Top-Lemberger, der herrlich viel Frucht und Substanz besitzt, viel Konzentration und deutliche Vanillenoten.

Weinbewertung

82 2016 Grauburgunder trocken „Edition Junior" **13,5 %/9,90 €**
85 2016 Riesling trocken „90 Südwest" Leingarten **13,5 %/9,90 €**
84 2015 Riesling „R!" „Großes Geweih" **13,5 %/24,90 €**
87 2015 Grauburgunder Chardonnay „GC" trocken „Großes Geweih" **13,5 %/24,90 €**
85 „Rot und Wild" Rotwein **12,5 %/7,90 €**
86 2014 „CH Cuvée Hirsch" Rotwein trocken „Großes Geweih" **13 %/12,90 €**
87 2014 „Wild" Rotwein trocken „Großes Geweih" **13 %/17,90 €**
85 2014 Trollinger trocken „GT Großes Geweih" **13 %/24,90 €**
85 2013 Pinot Meunier trocken „69" „Großes Geweih" **13 %/24,90 €**
87 2014 Cabernet Sauvignon „RC" trocken „Reserve Großes Geweih" **13,5 %/39,90 €**
89 2014 Lemberger trocken „L! Großes Geweih" **14 %/39,90 €**
88 2016 Pinot Noir Eiswein „-10°" **8,5 %/29,90 €/0,375l**

HIRSCHHOF

★★

KONTAKT

Seegasse 29
67593 Westhofen
Tel. 06244-349
Fax: 06244-57112
www.weingut-hirschhof.de
hirschhof@t-online.de

Inhaber
Tobias Zimmer
Rebfläche
30 Hektar
Produktion
200.000 Flaschen

BESUCHSZEITEN

Mo.-Fr. 8-12 + 13-18 Uhr,
Sa. nach Vereinbarung

Die Ursprünge des Hirschhofs reichen bis ins Jahr 1466 zurück, als ein Vorfahre des heutigen Besitzers seinen Landesherrn vor einem angreifenden Hirsch rettete und zum Dank dafür die Ländereien, das Wappen und den Namen erhielt. Seit 1991 werden alle Rebflächen des Weingutes nach ökologischen Gesichtspunkten bewirtschaftet, man ist Mitglied bei Ecovin. 2014 hat Tobias Zimmer das Gut von seinen Eltern übernommen. Neben den klassischen Sorten wie Riesling (30 Prozent), Silvaner und Burgundern spielen rote Sorten wie St. Laurent, Dornfelder und Portugieser eine wichtige Rolle in den Weinbergen, die vor allem in Westhofen in den Lagen Kirchspiel, Morstein und Aulerde liegen, sowie in Guntersblum und Bechtheim. Aber auch Chardonnay und Sauvignon Blanc baut Tobias Zimmer an. Neben Wein wird Traubensaft hergestellt, ein Riesling-Hefebrand, Marc vom Gewürztraminer sowie – bereits seit 1986 – Sekte im traditionellen Verfahren.

Kollektion

Die neue Kollektion schließt nahtlos an die guten Vorjahre an, ungeachtet der Peronospora-Probleme, die den Ertrag von Tobias Zimmer halbierten. Schon die Basis stimmt, der Liter-Riesling überzeugt mit Frische und Frucht. Reintönig und zupackend präsentiert sich der Weißburgunder Kabinett, die S-Variante ist fülliger und saftiger, recht süß, wie generell alle trockenen Weißweine. Der Chardonnay besitzt Fülle, Saft und viel reife Frucht. Der Riesling Kabinett ist frisch und geradlinig, der im 1.300 Liter-Stückfass spontan vergorene Riesling ist geradlinig und zupackend, der Aulerde-Riesling besitzt viel reife Frucht, zeigt gelbe Früchte und Pfirsiche. Die rote Cuvée aus Cabernet Sauvignon und Merlot ist fruchtbetont, kraftvoll und zupackend, etwas besser aber gefällt uns der Spätburgunder aus dem Morstein, der reintönige Frucht im Bouquet zeigt, Kirschen, fruchtbetont und strukturiert im Mund ist. Stimmige Kollektion!

Weinbewertung

82	2016 Riesling trocken (1l) **12,5 %/6,- €**
84	2016 Weißer Burgunder Kabinett trocken **12 %/6,70 €**
83	2016 Sauvignon Blanc trocken **12 %/7,40 €**
83	2016 Riesling Kabinett trocken **12 %/6,70 €**
85	2016 Riesling trocken „Stückfass" **12,5 %/8,50 €**
85	2016 Chardonnay Spätlese trocken Westhofener Kirchspiel **13 %/8,40 €**
85	2016 Weißburgunder „S" trocken Westhofener Kirchspiel **13 %/12,50 €**
85	2016 Riesling „S" trocken Westhofener Aulerde **13 %/12,50 €**
84	2015 Merlot & Cabernet Sauvignon trocken „Platzhirsch" **13,5 %/10,90 €**
85	2015 Spätburgunder „S" trocken Westhofen Morstein **13,5 %/13,- €**

HIRSCHMANN

★☆

W

KONTAKT

Hauptstraße 10
65375 Oestrich-Winkel
Tel. 06723-2800
Fax: 06723-885484
www.hirschmann-wein.de
info@hirschmann-wein.de

Inhaber
Christoph Hirschmann
Rebfläche
5,8 Hektar
Produktion
50.000 Flaschen

BESUCHSZEITEN

Mo.-Sa. nach Vereinbarung

H

Die Familie betreibt seit dem 17. Jahrhundert Weinbau in Oestrich-Winkel. 1860 erwarb Johann Hirschmann das historische Gutshaus in Winkel, in dessen altem Gewölbekeller immer noch die Weine ausgebaut werden. Christoph und Gabriele Hirschmann bauen neben Riesling auch 15 Prozent Spätburgunder an. Ihre besten Lagen sind Doosberg, Lenchen (beide Oestrich) sowie Hasensprung (Winkel), allerdings werden auch Parzellen im Mittelheimer Edelmann und im Mittelheimer Goldberg bewirtschaftet. Die im Stahl gereiften Rieslinge besitzen auch in schwierigen Jahrgängen eine eindrucksvolle Balance, vom einfachen trockenen Qualitätswein über die „Edition" bis hin zum Ersten Gewächs. Im Vergleich mit den Ersten Gewächsen anderer Rheingauer Weingüter drängt sich dieses nie auf, ist im Alkohol wie im Zucker gemäßigt. Die hin und wieder angebotenen edelsüßen Weine sind vielleicht nicht die Spezialität des Hauses, besitzen aber Charakter, die Rotweine bewahren eine saftige Frische, werden weder vom Alkohol noch vom Holz dominiert – man kann sie als Gastronomieweine bezeichnen.

Kollektion

Schon der milde Riesling Edition ist angenehm saftig und kräftig, der trockene Kabinett aus dem Doosberg ist aromatisch, pointiert und frisch. Sehr reif und würzig ist die trockene Spätlese, ist mild und vollmundig. Stoffig, mineralisch und rund präsentiert sich der kräuterduftige Riesling von alten Reben. Das gilt genau so für das Erste Gewächs aus dem Oestricher Lenchen, das noch etwas mehr Fülle bietet. Der Riesling Classic ist durch und durch leichtfüßig, die halbtrockenen Prädikate ausgewogen und zugänglich, der Kabinett gefällt mit animierender Art, die Spätlese mit Saft und Ausgewogenheit. Auch die weiche fruchtige Spätlese aus dem Lenchen ist gelungen. Etwas rustikal, aber durchaus schmackhaft, rundet der reife Spätburgunder S die Kollektion ab.

Weinbewertung

85 2016 Riesling trocken „Edition" Winkeler Hasensprung **12,5 %/9,60 €**
84 2016 Riesling Kabinett trocken Oestricher Doosberg **12 %/6,10 €**
85 2016 Riesling Spätlese trocken „Oestricher Lenchen" **12 %/7,80 €**
85 2016 Riesling trocken „Alte Reben" Mittelheimer Edelmann **12 %/7,20 €**
86 2016 Riesling trocken Erstes Gewächs Oestricher Lenchen **13 %/15,50 €**
84 2016 Riesling Classic **12 %/5,60 €**
84 2016 Riesling Kabinett halbtrocken Winkeler Hasensprung **11,5 %/6,10 €**
85 2016 Riesling Spätlese halbtrocken Oestricher Doosberg **12 %/7,80 €**
84 2016 Riesling Spätlese **8,5 %/7,80 €**
80 2016 Spätburgunder Weißherbst „feinherb" **12 %/6,10 €**
84 2015 Spätburgunder trocken „S" Oestricher Lenchen **13 %/9,60 €**

HIRSCHMÜLLER

★★☆

KONTAKT

Wein- & Sektgut Hirschmüller
La-Ferté-Bernard-Straße 30
74348 Lauffen
(Verkauf: Leuchtmannshof 12,
74382 Neckarwestheim)
Tel. 07133-1837445 /
0173-3763603
www.weingut-hirschmueller.de
info@weingut-hirschmueller.de

Inhaber
Tobias Hirschmüller &
Wiebke Krüger
Rebfläche
5 Hektar
Produktion
25.000 Flaschen

BESUCHSZEITEN

Fr. 17-19 Uhr und nach
Vereinbarung

Anfang 2013 haben die beiden Önologen Wiebke Krüger und Tobias Hirschmüller das Weingut gegründet. Tobias Hirschmüller stammt aus einer Lauffener Winzerfamilie, die seit Generationen Mitglied der Lauffener Genossenschaft ist. Nach absolvierter Winzerlehre im Remstal studierte er in Geisenheim, sammelte praktische Erfahrungen an der Sonoma Coast in Kalifornien, begann aber schon während seines Studiums die eigenen Weinberge zu bewirtschaften. Wiebke Krüger stammt aus Hannover, studierte ebenfalls in Geisenheim und sammelte praktische Erfahrungen in Franken, in der Schweiz und in Kalifornien. Sie lernten sich bei der Planung ihres Auslands-Praktikums kennen, das zufällig gleichzeitig in Kalifornien stattfand. Die Weinberge liegen in Lauffen, wo die Reben auf Lösslehmböden wachsen, die auf Muschelkalk aufliegen. Wichtigste Rebsorte, wie könnte das anders sein in Lauffen, ist Schwarzriesling (Pinot Meunier) mit einem Anteil von 35 Prozent. Dazu gibt es Lemberger, Chardonnay, Riesling, Spätburgunder, Grauburgunder und Muskateller.

Kollektion

Es geht weiter voran, auch mit der neuen Kollektion legen Wiebke Krüger und Tobias Hirschmüller erneut zu. Sehr gut ist der würzige, zupackende Sekt. Die trockenen Weißweine sind fruchtbetont und reintönig, besitzen feine Frische, der strukturierte Blanc de Noirs gefällt uns besonders gut, noch besser der Réserve-Chardonnay, der Fülle und Kraft besitzt, gute Struktur und Frucht. Auch auf edelsüß versteht man sich im Hause Hirschmüller, das zeigt die klare, nur im Abgang ein klein wenig bittere Riesling Auslese. Der Rosé ist frisch und fruchtbetont, die rote Kollektion – alle Weine wurden unfiltriert abgefüllt – zeigt durchweg hohes Niveau. Der Pinot Meunier ist intensiv, fruchtbetont und kraftvoll, der Réserve-Lemberger besitzt reintönige Frucht, gute Struktur und Frische. Im Aufwind!

Weinbewertung

86 Perlage Rosé Sekt brut nature **11,5 %/14,50 €**
84 2016 Grauburgunder trocken **13 %/8,90 €**
85 2016 Pinot Meunier „Blanc de Noirs" trocken **12,5 %/11,90 €**
83 2016 Muskateller trocken **12 %/7,90 €**
87 2016 Chardonnay trocken „Réserve" **13 %/13,90 €**
87 2015 Riesling Auslese **10 %/7,90 €/0,375l**
84 2016 Rosé trocken **11 %/6,50 €**
84 2015 „dreizehn" Rotwein trocken **13,5 %/9,50 €**
85 2015 Spätburgunder trocken **13 %/11,90 €**
86 2015 Pinot Meunier trocken **14 %/11,90 €**
88 2015 Lemberger trocken „Réserve" **13,5 %/14,50 €**

Hirth

★★

Kontakt

Rebhof 1
74182 Obersulm-Willsbach
Tel. 07134-5369454, Fax: -5298223
www.weinguthirth.de
info@weinguthirth.de

Inhaber
Weingut Hirth GmbH
Betriebsleiter/Kellermeister
Frank Kayser
Rebfläche
10 Hektar
Produktion
75.000 Flaschen

Besuchszeiten

Fr. 10-18 Uhr, Sa. 10-14 Uhr und nach Vereinbarung

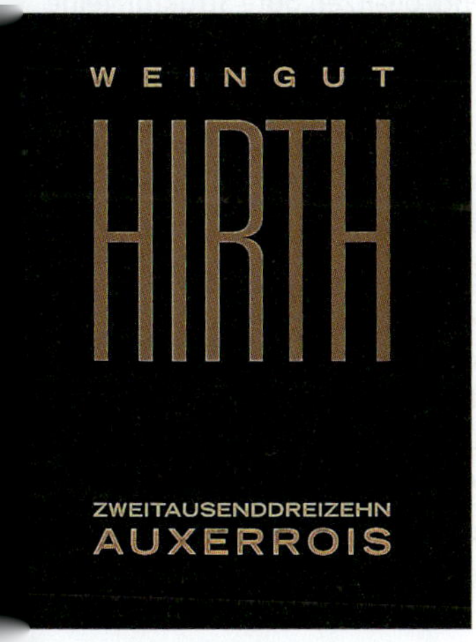

Seit mehreren Generationen betreibt die Familie Hirth Weinbau in Willsbach. Walter Hirth begann Anfang der siebziger Jahre selbst Wein auszubauen, im Jahr 2000 übernahm Helmuth Hirth den Betrieb. 2010 nahm man den Weinbautechniker Gebhard Steng als Außenbetriebsleiter und den Kellermeister Frank Kayser als Betriebsleiter an Bord und gründete die Weingut Hirth GmbH. Die Weinberge liegen in Willsbach und Umgebung, in den Gewannen Föhrenberg, Aurain und Brauchert, die Reben wachsen auf Keuper- und Mergelböden. Die Weinberge sind mit den roten Sorten – drei Fünftel der Fläche – Spätburgunder, Trollinger, Dornfelder, Lemberger Schwarzriesling und St. Laurent bestockt, inzwischen auch Merlot und Cabernet Sauvignon, sowie den weißen Sorten Auxerrois, Riesling, Weißburgunder, Grauburgunder und Chardonnay. Seit 2009 werden die Weinberge biologisch bewirtschaftet, man ist Mitglied bei Ecovin. Die Weißweine werden kühl vergoren, alle Rotweine werden maischevergoren.

Kollektion

Auch die neue Kollektion zeigt das gewohnt zuverlässige, hohe Niveau, so wie wir das nun seit vielen Jahren kennen, sowohl bei den Weißweinen als auch bei den Roten. Die Sekte sind frisch und fruchtbetont, harmonisch. Die weiße Chronos-Cuvée aus Grauburgunder und Riesling ist füllig, saftig, der zur Hälfte im großen Holz ausgebaute Auxerrois frisch und fruchtbetont, der Riesling zupackend und strukturiert. Unser Favorit im weißen Segment ist der sur lie im Barrique ausgebaute Chardonnay, der reife Frucht besitzt, deutlich Vanille, füllig und saftig ist bei viel Substanz. Der Lemberger ist strukturiert und fruchtbetont, der Pinot Noir rauchig, reintönig, die Kairos genannte Cuvée aus Lemberger und Spätburgunder ist fruchtbetont und zupackend. Unser Favorit ist die Calma genannte Cuvée aus Merlot, Cabernet und Lemberger, die gute Konzentration besitzt, Kraft und Substanz, derzeit noch ein wenig harte Tannine.

Weinbewertung

84 2015 Auxerrois Sekt extra-brut **12,5 %/19,- €**
84 2015 Pinot Rosé Sekt brut **13 %/14,- €**
84 2016 Riesling trocken **11,5 %/11,- €**
83 2016 Auxerrois trocken **12 %/12,- €**
85 2016 „Chronos" Weißwein trocken **11,5 %/10,- €**
86 2016 Chardonnay trocken **12 %/16,- €**
83 2014 St. Laurent trocken **11,5 %/11,- €**
85 2014 Lemberger trocken **12,5 %/14,- €**
85 2014 Pinot Noir trocken **12,5 %/14,- €**
85 2015 „Kairos" Rotwein trocken **12 %/12,- €**
87 2014 „Calma" Rotwein trocken **12,5 %/29,- €**

HISS

★★

KONTAKT

Hauptstraße 31
79356 Eichstetten
Tel. 07663-1236
Fax: 07663-2017
www.weingut-hiss.de
info@weingut-hiss.de

Inhaber
Andreas Hiss
Kellermeister
Manuel Mößner
Rebfläche
25 Hektar

BESUCHSZEITEN

9-12 + 15-18 Uhr
Ferienwohnung, Gästezimmer

Karl Hiss legte als Weinküfer und Winzer den Grundstock für den heutigen Betrieb. Sein Sohn Karl-Heinz gründete 1962 zusammen mit Ehefrau Christa eines der ersten selbstvermarktenden Weingüter in Eichstetten. Heute führt Andreas Hiss in dritter Generation zusammen mit Ehefrau Alexandra den Betrieb. Neben den Burgundersorten baut er Riesling, Muskateller, Müller-Thurgau, Chardonnay, Scheurebe und Gewürztraminer, sowie etwas Dornfelder und Cabernet an. Da alle Weinberge in Eichstetten zur riesigen Einzellage Herrenbuck zusammengefasst wurden, hat Andreas Hiss begonnen seine Spitzenweine der Linie Edition mit Gewannnamen näher zu kennzeichnen, so Eichenlaub für den Spätburgunder, Eigenacker für Weißburgunder, Hasen für Grauburgunder und Hagen für Chardonnay.

Kollektion

Eine stimmige Kollektion präsentiert Andreas Hiss in diesem Jahr. Die weißen Kabinettweine sind 2016 ein klein wenig verhaltener, am besten gefällt uns der frische, zupackende Chardonnay. Grauburgunder macht eine gute Figur einmal als Holzfass-Variante im Jahrgang 2016 (reintönig, kraftvoll, strukturiert), dann in der Editionslinie der Wein aus der Gewanne Hasen, Jahrgang 2015, der gute Konzentration, reife Frucht und Struktur besitzt. Edelsüß kann die duftige, saftige Müller-Thurgau Auslese punkten. Der Spätburgunder Eichenlaub, Jahrgang 2012, war im vergangenen Jahr unser Favorit in einer starken Kollektion. Im Jahrgang 2013 gibt es ihn nun gleich in zwei Varianten, als Eichenlaub und Eichenlaub spezial. Die beiden führen die neue Kollektion an, ohne aber ganz an das Niveau ihres Jahrgangsvorgängers heranzureichen. Sie sind beide würzig und eindringlich, geradlinig und zupackend, besitzen gute Struktur, feine Säure und Biss.

Weinbewertung

81	2016 Weißburgunder Kabinett trocken **13 %/7,40 €**
81	2016 Grauburgunder Kabinett trocken **13 %/7,40 €**
83	2016 Chardonnay Kabinett trocken **13 %/8,40 €**
82	2016 Scheurebe trocken **12 %/8,20 €**
84	2016 Grauburgunder trocken Holzfass „6“ **13,5 %/9,90 €**
83	2015 Weißburgunder trocken „Eigenacker“ (Edition) **14,5 %/13,90 €**
85	2015 Grauburgunder trocken „Hasen“ (Edition) **14,5 %/13,90 €**
82	2015 Chardonnay trocken „Hagen“ **13,5 %/13,90 €**
85	2016 Müller-Thurgau Auslese **12,5 %/10,90 €**
86	2013 Spätburgunder trocken „Eichenlaub Spezial“ **13 %/19,50 €**
86	2013 Spätburgunder trocken „Eichenlaub“ **13 %/19,50 €**

Villa Hochdörffer

★

KONTAKT

Lindenbergstraße 79
76829 Landau
Tel. 06341-649630
Fax: 06341-6496329
www.weingut-villa.de
info@weingut-villa.de

Inhaber
Hans-Martin Hochdörffer
Rebfläche
39,5 Hektar
Produktion
200.000 Flaschen

BESUCHSZEITEN

Mo.-Fr. 8-12 + 14-19 Uhr,
Sa./So. nach Vereinbarung

Die Familie Hochdörffer betreibt bereits in der sechsten und siebten Generation Weinbau. Winzermeister Hans-Martin Hochdörffer und seine Frau Lieselotte Hahn-Hochdörffer, ebenfalls gelernte Winzerin, die bei Hans-Günther Schwarz in die Lehre ging, werden von ihren beiden Kindern im Betrieb unterstützt: Seit dem Jahrgang 2012 ist David Hochdörffer, der nach seiner Lehre in den Weingütern Lidy, Georg Mosbacher und Salwey noch eine Ausbildung zum Wirtschafter absolvierte, verantwortlich für den heimischen Keller, seine Schwester Anna ist für Marketing und Export zuständig. Die Familie besitzt knapp 40 Hektar Weinberge in Frankweiler, Nußdorf und Godramstein, angebaut wird ein breites Spektrum an Rebsorten. 60 Prozent der Fläche sind mit Weißweinreben bestockt, wichtigste Sorten sind Riesling, Grauburgunder, Gewürztraminer, Weißburgunder und Chardonnay, bei den roten Sorten sind es Spätburgunder, Dornfelder und Cabernet Sauvignon. Das Sortiment ist in Guts-, Terroir- und Lagenweine gegliedert.

Kollektion

Die drei weißen Lagenweine sind kraftvoll, stoffig, noch sehr jung und mehr oder weniger noch vom Holzausbau geprägt, sehr deutlich ist das beim Münzberg-Chardonnay, der nach Kokos und Banane duftet und gute Substanz besitzt, der Grauburgunder aus dem Kirchenstück zeigt neben dezenter Holzwürze auch klare gelbe Frucht und der Biengarten-Riesling besitzt Saft und Länge und zeigt neben etwas Holzwürze auch feine Zitrusnoten. Bei den Terroirweinen ähneln sich Weißburgunder und Chardonnay, beide sind füllig und zeigen leichte Honignoten, der Grauburgunder mit seinen nussigen Noten und der leicht kalkig-mineralische Riesling sind da doch rebsortentypischerer. Und mit dem sehr stoffigen, wuchtigen, aber kurz bleibenden Spätburgunder aus dem Kaiserberg können wir uns nicht so recht anfreunden.

Weinbewertung

80	2016 Müller-Thurgau trocken (1l) **13 %/6,30 €**
81	2016 Grauer Burgunder trocken (1l) **12 %/6,30 €**
79	2016 Riesling trocken (1l) **11,5 %/6,30 €**
83	2016 Grauer Burgunder trocken „Löss" **13 %/7,50 €**
82	2016 Weißer Burgunder trocken „Löss" **13 %/7,50 €**
82	2016 Chardonnay trocken „Muschelkalk" **11,5 %/7,50 €**
83	2016 Riesling trocken „Kalkstein" **12 %/7,50 €**
84	2016 Grauer Burgunder trocken Nussdorfer Kirchenstück **13,5 %/12,50 €**
85	2016 Chardonnay trocken Godramsteiner Münzberg **13 %/14,50 €**
85	2016 Riesling trocken Frankweiler Biengarten **13,5 %/12,50 €**
83	2016 Gewürztraminer **11 %/7,90 €**
82	2014 Spätburgunder trocken Nussdorfer Kaiserberg **14 %/19,50 €**

HÖFFLIN

★★★★

KONTAKT

Biologisches Weingut Höfflin
Schambachhof
79268 Bötzingen
Tel. 07663-1474
Fax: 07663-1461
www.weingut-hoefflin.de
info@weingut-hoefflin.de

Inhaber
Matthias Höfflin
Rebfläche
12 Hektar
Produktion
70.000 Flaschen

BESUCHSZEITEN

Mo.-Fr. 8:30-12 Uhr, Do./Fr. auch 13-17 Uhr, Sa. 10-16 Uhr oder nach Vereinbarung

Die Höfflins sind 1970 in das Schambachtal ausgesiedelt, einem Kastental bei Bötzingen, seit 1974 wird der Hof – Obst, Gemüse, Reben – biologisch bewirtschaftet (Bioland). 1994 wurde zur Weinlagerung ein Keller gebaut, dessen Dach mit einer Erdschicht bedeckt und begrünt ist. Mit der Selbstvermarktung begann man erst, nachdem Matthias Höfflin seine Ausbildung beendete und im Keller die Regie übernahm. Die Weinberge liegen in Bötzingen sowie im benachbarten Eichstetten. Da die Lagen dort zu sehr großen Lagen zusammengefasst wurden, verzichtete Matthias Höfflin lange Zeit auf Lagenbezeichnungen, seit einigen Jahren nutzt er die Gewannnamen für seine Spitzenweine. Im Anbau dominieren die Burgundersorten, allen voran Spätburgunder, gefolgt von Grau- und Weißburgunder. Dazu gibt es Chardonnay und Auxerrois, aber auch etwas Gewürztraminer. Muskateller, Sauvignon Blanc und Sauvignon Gris, aber auch pilzresistente Sorten wie Regent, Cabernet Carbon, Cabernet Carol (die zusammen die Cuvée Rufus ergeben) und Johanniter. Diese pilzresistenten Rebsorten sollen zukünftig ein Drittel der Rebfläche einnehmen. Alle Weine werden spontanvergoren und durchgegoren ausgebaut. 2015 wurden die Etiketten neu gestaltet, sie zeigen nun die kristalline Struktur der Weine, von einem Schweizer Labor unter dem Mikroskop fotografiert. Seit der ersten Ausgabe empfehlen wir die Weine von Matthias Höfflin. Mehr zufällig sind wir bei einer Veranstaltung mit Biowinzern auf ihn aufmerksam geworden. Die Qualität seiner Weine überraschte uns, wobei wir damals seine reintönigen weißen Burgunder präferierten. Seither steigerte er sich kontinuierlich, die Weine haben an Kraft und Konzentration gewonnen, vor allem auch im roten Segment, bieten Stoff und Fülle, sind kompromisslos vinifiziert, immer eigenständiger, manchmal auch eigenwilliger geworden in den letzten Jahren, nicht mehr so zugänglich, fordernder, puristischer. Sicher mit ein Ergebnis der Spontangärung, die er seit einigen Jahren konsequent praktiziert, die Weine werden dadurch spannender, druckvoller, brauchen aber auch mehr Zeit. Die Weine gewinnen alle mit Flaschenreife an Komplexität, auch die Weißweine, die Rotweine, die jung oft recht verschlossen sind, verlieren das Rigorose, das Harte und Karge, das ihnen jung oft eigen ist, sie sind ganz natürlich vinifiziert, also von sehr guter Haltbarkeit und Entwicklungsfähigkeit.

Kollektion

Ein sehr guter Sekt aus Pinot Noir und Chardonnay eröffnet in diesem Jahr den Reigen, er zeigt feine rauchige Noten, etwas gelbe Früchte, ist füllig und harmonisch, besitzt feine Frische und Biss bei ganz dezent bitter-mineralischen Noten. Die vier 2016er trockenen Kabinett-Weine der Löss_spontan-Klasse zeigen durchgängig sehr gutes Niveau, der geradlinige, zupackende Auxerrois ebenso wie der reintönige, druckvolle Weißburgunder, der würzige, frische Souvignier Gris oder der rauchig-frische, kraftvolle Grauburgunder. Die beiden „Löss/Lehm_spontan"-Weine sind etwas fülliger und kraftvoller, der Grauburgunder ist fruchtbetont, strukturiert und zupackend, der Weißburgunder ist fruchtbetont, reintönig, herrlich geradlinig und zupackend. Der Souvignier Gris aus dem Fohberg zeigt viel Würze und Duft, ist kraftvoll, stoffig, anstrengend, gerbstoffgeprägt. Der Prestige-Gewürztraminer zeigt intensive reintönige Frucht im Bouquet, ist kraftvoll, klar und zupackend im Mund, besitzt gute Struktur und Frucht. Der Meisental-Sauvignon Blanc ist füllig, kompakt, ein ganz klein wenig bitter, der Laire-Chardonnay besitzt viel Druck und Kraft. Der Weißburgunder vom Wächtelberg zeigt rauchige Noten, feine Frische, ist druckvoll und zupackend wie auch der eindringliche Endhahle-Grauburgunder. Die Rotweine stammen alle aus dem Jahrgang 2014. Die etwas gewürzduftige Cuvée besitzt Kraft, Druck und Struktur, der rauchige Schambach-Spätburgunder ist kraftvoll und zupackend, etwas mehr Druck und Substanz noch besitzt der Breitenacker. Klar an der Spitze der Kollektion steht aber in diesem Jahrgang der Biegarten, der gute Konzentration zeigt, reintönige Frucht, frisch und druckvoll im Mund ist, präzise und zupackend, sehr jugendlich. Spannende, sehr eigenständige, teils eigenwillige Kollektion!

H

Weinbewertung

88	2012 Chardonnay + Pinot Noir Sekt extra brut **12,5 %/18,50 €**
87	2016 Auxerrois Kabinett trocken „Löss_spontan" **12 %/9,60 €**
86	2016 Souvignier Gris Kabinett „Löss_spontan" **13 %/9,60 €**
87	2016 Weißburgunder Kabinett trocken „Löss_spontan" **13 %/9,60 €**
87	2016 Grauer Burgunder Kabinett trocken „Löss_spontan" **12,5 %/9,60 €**
88	2015 Weißer Burgunder trocken „Löss/Lehm_spontan" **12,5 %/16,50 €**
89	2015 Weißer Burgunder trocken „Wächtelberg_spontan" **14 %/18,50 €**
90	2015 Grauer Burgunder trocken „Endhahle_spontan_Fumé" **13,5 %/22,50 €**
88	2016 Grauer Burgunder trocken „Löss/Lehm_spontan" **14 %/16,50 €**
89	2016 Souvignier Gris trocken „Fohberg_spontan_Fumé" **13,5 %/22,50 €**
88	2015 Chardonnay trocken „Prestige_spontan" „Laire" **13,5 %/21,- €**
87	2015 Sauvignon Blanc trocken „Meisental_spontan_Fumé" **14,5 %/22,50 €**
89	2016 Gewürztraminer trocken „Prestige_spontan" **14 %/21,- €**
88	2014 Spätburgunder trocken „Prestige_spontan" „Schambach" **12,5 %/18,50 €**
88	2014 „Rufus" Rotweincuvée trocken „Prestige_spontan" **12,5 %/16,50 €**
89	2014 Spätburgunder trocken „Prestige_spontan" „Breitenacker" **12,5 %/22,- €**
92	2014 Spätburgunder trocken „Prestige_spontan" „Biegarten" **12,5 %/42,- €**

LAGEN

– SCHAMBACH
– BREITENACKER
– BIEGARTEN
– WÄCHTELBERG
– ENDHAHLE
– MEISENTAL
– FOHBERG
– LAIRE

REBSORTEN

SPÄTBURGUNDER (30 %)
WEISSBURGUNDER (20 %)
GRAUBURGUNDER (20 %)

HÖFLER

★★★

KONTAKT

Albstädter Straße 1
63755 Alzenau-Michelbach
Tel. 06023-5495
Fax: 06023-31417
www.weingut-hoefler.de
info@weingut-hoefler.de

Inhaber
Edeltraud & Bernd Höfler
Rebfläche
8,5 Hektar
Produktion
60.000 Flaschen

BESUCHSZEITEN

Mo.-Fr. 9-12:30 + 14-18 Uhr,
Sa. 9-14:30 Uhr

Seit 1924 baut die Familie Wein in Michelbach an, als die Brüder Josef und Richard Höfler brachliegende Weinberge neu bepflanzten. Seit 1984 wird das Weingut von Edeltraud und Bernd Höfler geführt, inzwischen werden sie im Betrieb von Sohn Johannes unterstützt. Ihre Weinberge liegen hauptsächlich in Michelbach in den beiden Lagen Apostelgarten (der seit 1985 unter Denkmalschutz steht) und Steinberg, sowie im Hörsteiner Abtsberg. Die Reben wachsen hier, am Westrand des Spessarts, auf Quarzitschiefer, Gneis und Lössböden mit einem hohen Anteil an Mineralien. Riesling nimmt gut ein Drittel der Rebfläche ein, dazu gibt es Müller-Thurgau, Silvaner, Bacchus, Weiß- und Grauburgunder, sowie die roten Sorten Spätburgunder, Domina und Schwarzriesling.

Kollektion

Eine starke, stimmige Kollektion haben Bernd und Johannes Höfler auch dieses Jahr wieder präsentiert. Die Basis ist stark, der Gutsriesling ist klar und zupackend. Die Michelbacher Ortsweine sind geradlinig und reintönig, besitzen feine Frische und Biss, der Steinberg-Riesling besitzt gute Struktur und Druck. An der Spitze der weißen Kollektion steht wie gewohnt das Große Gewächs aus dem Apostelgarten, das klar und konzentriert ist, stoffig und druckvoll, mineralisch und nachhaltig. Ein fruchtbetonter, süffiger Rosé leitet über zum roten Teil der Kollektion, der ebenfalls stark ist. Der Schwarzriesling zeigt rauchige Noten, viel reife Frucht, ist lebhaft, zupackend und strukturiert. Der 2samkeit-Spätburgunder zeigt feine Würze und Duft, rauchige Noten, ist klar und zupackend, besitzt gute Struktur und reintönige Frucht. Der Magnificum-Spätburgunder zeigt viel Duft, ein wenig oxidative Noten, ist im Mund aber füllig und saftig, sehr präsent und offen. Starke Kollektion.

Weinbewertung

84 2016 Riesling trocken **11,5 %/6,50 €**
84 2016 Silvaner trocken Michelbacher **11,5 %/8,50 €**
85 2016 Riesling trocken Michelbacher **12,5 %/9,50 €**
85 2016 „Blanc de Noir" trocken Michelbach **12,5 %/8,- €**
87 2016 Riesling trocken Michelbacher Steinberg **12 %/15,- €**
90 2016 Riesling trocken „GG" Michelbacher Apostelgarten **12,5 %/25,- €**
84 2016 Riesling „feinherb Urgestein" Michelbach **11 %/7,- €**
85 2016 Riesling „feinherb" Michelbach **12 %/9,50 €**
84 2016 Rosé trocken Michelbach **11,5 %/7,50 €**
86 2015 Schwarzriesling trocken „Magnificum" Michelbacher Steinberg **14 %/18,-€**
87 2015 Spätburgunder trocken „2samkeit" Michelbach **14 %/16,- €**
89 2015 Spätburgunder trocken „Magnificum" Michelbacher Steinberg **30,- €**

Höfling

★★★

KONTAKT

Kellereigasse 14
97776 Eußenheim
Tel. 09353-7632
Fax: 09353-1264
www.weingut-hoefling.fwo.de
weingut-hoefling@t-online.de

Inhaber
Klaus Höfling
Rebfläche
20 Hektar
Produktion
150.000 Flaschen

BESUCHSZEITEN

Mo.-Fr. 9-18 Uhr, Sa. 9-16 Uhr
Gastwirtschaft (saisonal geöffnet, bis 65 Personen), kulinarische Weinproben; Bauernladen

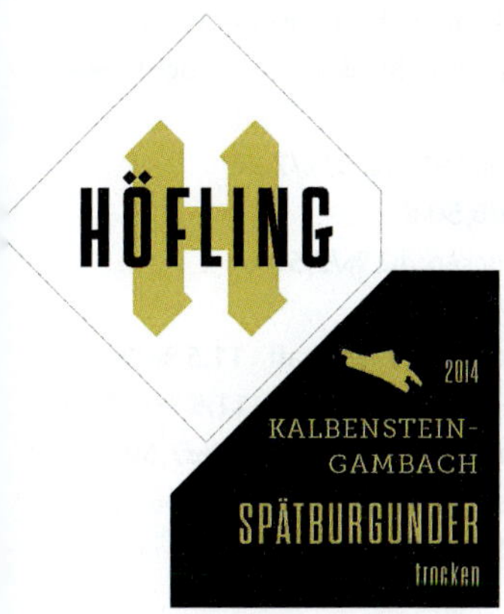

Werner Höfling trat 1988 aus der Genossenschaft aus und begann mit damals 2,6 Hektar die Selbstvermarktung, in den letzten Jahren wurde das Weingut stetig erweitert. 2004 baute man einen neuen Keller, und es wurden eine neue Presse und Maischegärtanks angeschafft. Sohn Klaus, der zuvor schon für den Keller verantwortlich war, hat 2009 den Betrieb übernommen. Die Weinberge verteilen sich auf vier Lagen: Eußenheimer First, Gössenheimer Homburg, Stettener Stein und Gambacher Kalbenstein.

Kollektion

Schon in den vergangenen Jahren hatte Klaus Höfling ganz starke rote Kollektionen, das setzt sich auch im Jahrgang 2015 fort mit einer kraftvollen Domina aus dem Stein, einem reintönigen Frühburgunder aus dem First, der Spätburgunder aus der gleichen Lage steht ihm nicht nach, ist komplex, reintönig und lang, an der Spitze aber steht wie gewohnt der reintönige, druckvolle Spätburgunder aus dem Kalbenstein. Auch starke edelsüße Weine sind wir gewohnt von Klaus Höfling, mit seinen trockenen Weißweinen aber war er noch nie so gut wie dieses Jahr. Der Grenzstein-Silvaner hat Substanz und Kraft, der Riesling ist klar und eindringlich, der Homburg-Weißburgunder kraftvoll und strukturiert. Und die Basis stimmt: Weiter im Aufwind!

Weinbewertung

85	2015 Pinot Sekt brut **12,5 %/12 €**
83	2016 Silvaner trocken (1l) **11 %/0 €**
84	2016 Müller-Thurgau trocken „First Class" **11,5 %/5,7 €**
84	2016 Silvaner trocken Gössenheim **12 %/6,5 €**
85	2016 Weißburgunder trocken Gössenheim **12,5 %/7 €**
85	2016 Scheurebe trocken Gössenheim **12 %/7,5 €**
85	2016 Sauvignon Blanc trocken Gössenheim **12 %/7,5 €**
86	2015 Spätburgunder „Blanc de Noir" trocken First Eußenheim **12,5 %/10,5 €**
88	2015 Weißburgunder trocken Homburg Gössenheim **13,5 %/10,5 €**
89	2015 Riesling trocken Stein Stetten **13 %/12 €**
90	2015 Silvaner trocken „Grenzstein" Stein Stetten **13 %/17 €**
85	2016 Kerner Spätlese First Eußenheim **11 %/8 €**
88	2015 Riesling Auslese Stein Stetten **9,5 %/14 €**
85	2015 Silvaner Auslese Homburg Gössenheim **10 %/12 €**
88	2015 Silvaner Beerenauslese Homburg Gössenheim **9 %/25 €**
84	2015 Spätburgunder trocken Eußenheim **12,5 %/7,5 €**
88	2015 Domina trocken Stein Stetten **13 %/14 €**
89	2015 Frühburgunder trocken First Eußenheim **13 %/30 €**
89	2015 Spätburgunder trocken First Eußenheim **13 %/15 €**
91	2015 Spätburgunder trocken Kalbenstein Gambach **13 %/24 €**

HOFFMANN-SIMON

★★☆

KONTAKT

Kettergasse 24
54498 Piesport
Tel. 06507-5025
Fax: 06507-992227
www.hoffmann-simon.de
weingut@hoffmann-simon.de

Inhaber
Dieter Hoffmann
Rebfläche
10,84 Hektar
Produktion
60.000 Flaschen

BESUCHSZEITEN

nach Vereinbarung

Dieter Hoffmann ist, nach Lehre in der Pfalz und Geisenheim-Studium, seit 1994 im Betrieb, 1999 hat er ihn übernommen. Seine Weinberge liegen vor allem in Piesport in den Lagen Goldtröpfchen, Günterslay und Treppchen, aber auch in Klüsserath (Bruderschaft) und Köwerich (Laurentiuslay, 1,1 Hektar im Herzstück der Lage), sowie in Maring (Honigberg). Er baut neben dem dominierenden Riesling ein klein wenig Müller-Thurgau, Spätburgunder, Sauvignon Blanc, Weißburgunder und Regent an. Die Weine werden im Edelstahl kühl vergoren, die trockenen Rieslinge bleiben recht lange auf der Feinhefe. 2012 begann Dieter Hoffmann mit der Umstellung auf biologischen Weinbau, er ist Mitglied bei Ecovin.

Kollektion

Die starke Kollektion im vergangenen Jahr wurde angeführt von der trockenen Goldtröpfchen Spätlese und zwei sehr guten Auslesen, aus Goldtröpfchen und Bruderschaft. Auslesen hat Dieter Hoffmann dieses Jahr nicht präsentiert, der Jahr 2016 war eher für trockene Rieslinge prädestiniert. Der trockene Blauschiefer-Kabinett ist fruchtbetont, frisch und zupackend, die trockene Spätlese aus der Bruderschaft zeigt gute Konzentration, rauchige Noten, ist klar, frisch und zupackend, besitzt gute Struktur und Frucht. Ganz klar die Nase vorne hat aber auch 2016 wieder die trockene Spätlese aus dem Goldtröpfchen, zeigt gute Konzentration, viel reife Frucht, gelbe Früchte, ist füllig und saftig, besitzt klare Frucht, gute Struktur und Substanz. Der feinherbe Kabinett aus der Günterslay ist frisch, klar und geradlinig, die feinherbe Spätlese aus der Köwericher Laurentiuslay ist wunderschön reintönig und rauchig, strukturiert, frisch und zupackend. Aber nicht nur Riesling gibt es bei Dieter Hoffmann, auch mit weiteren Rebsorten kann er punkten. Der Weißburgunder ist frisch, fruchtbetont und zupackend, der Blanc de Noir fruchtbetont und geradlinig, der Sauvignon Blanc zeigt Stachelbeeren, ist fruchtbetont und zupackend. Sehr gut ist der Barrique-Spätburgunder, rauchig, zupackend, besitzt gute Struktur und Frucht. —

Weinbewertung

83 2016 Riesling Kabinett trocken „Blauschiefer" **10,5 %/7,- €**
84 2016 Weißburgunder trocken **11,5 %/6,50 €**
83 2016 Spätburgunder „Blanc de Noir" trocken **12 %/7,50 €**
84 2016 Sauvignon Blanc trocken **11,5 %/7,50 €**
86 2016 Riesling Spätlese trocken Klüsserather Bruderschaft **11,5 %/9,- €**
89 2016 Riesling Spätlese trocken Piesporter Goldtröpfchen **11,5 %/12,50 €**
83 2016 Riesling Kabinett „feinherb" Piesporter Günterslay **10 %/7,50 €**
86 2016 Riesling Spätlese „feinherb" Köwericher Laurentiuslay **11 %/9,- €**
86 2014 Spätburgunder Barrique **12 %/14,50 €**

Hoffranzen

★

KONTAKT

Classisches Weingut Hoffranzen
Schulstraße 22
54346 Mehring
Tel. 06502-8441
Fax: 06502-980574
www.weingut-hoffranzen.de
info@weingut-hoffranzen.de

Inhaber
Gertrud Hoffranzen
Rebfläche
10 Hektar
Produktion
bis zu 40.000 Flaschen

BESUCHSZEITEN

nach Vereinbarung
Gästehaus

Seit 1601 baut die Familie Wein in Mehring an, heute wird das Weingut von Gertrud Hoffranzen geführt, unterstützt von Tochter Carolin. Die Weinberge liegen in den Mehringer Lagen Zellerberg, Goldkupp und Blattenberg sowie in der Detzemer Maximiner Klosterlay. 95 Prozent der Rebfläche nimmt Riesling ein, hinzu kommen ein wenig Weißburgunder und Spätburgunder. Der trockene und der halbtrockene Spitzenriesling, Layterrassen bzw. Contur, stammen beide aus dem Blattenberg. Alle Weine werden spontanvergoren, alle besitzen eine gewisse Eigenwilligkeit, sind das genaue Gegenteil austauschbarer Mainstreamweine.

Kollektion

Die Weine des Jahrgangs 2015er brachten durchweg interessante oder noch bessere Ergebnisse und bewiesen vor allem Individualität. Eine trockene Auslese namens „Urgestein" wirkte noch verhalten, die Auslese schien sehr viel präsenter, auch eine 2001er Auslese aus dem Blattenberg war noch voll da. Aus dem Jahrgang 2016 wurden Rieslinge vorgestellt, die neben feiner Säure und Eleganz auch eine gewisse Fülle aufweisen und insgesamt vielschichtig und interessant ausfallen. Verhalten wirkt der Riesling mit dem etwas eigenwilligen Namen „Späte Lese", trocken und würzig sowie deutlich zugänglicher ist dagegen der Layterrassen-Riesling, straff und merklich mineralisch. Sein Pendant namens „Contur" weist nur einen winzigen Hauch Süße auf, wirkt duftig, schlank, fest und animierend. Bei den feinherben wie bei den restsüßen Weinen ist die Süße nie – anders als anderswo an der Mosel – störend. Der saftige feinherbe Riesling aus der St. Maximiner Klosterlay ist zugänglich, der Kabinett besitzt eine zarte Süße und überraschende Fülle, die Spätlese namens „Caro" ein bemerkenswertes Süße-Säure-Spiel, keineswegs zu viel Restzucker, hat eine gute Zukunft vor sich.

Weinbewertung

82 2016 Riesling trocken (1l) **12 %/6,- €**
86 2016 Riesling Spätlese trocken „Alte Reben" „Späte Lese" **11 %/9,- €**
87 2016 Riesling „Alte Reben Layterrassen" **12 %/11,- €**
81 2016 Riesling „feinherb" (1l) **10 %/6,- €**
84 2016 Riesling „feinherb" „Manufact" **11,5 %/7,- €**
85 2016 Riesling „feinherb" St. Maximiner Klosterlay **11 %/8,- €**
85 2016 Riesling „Contur" **10,5 %/11,- €**
83 2016 Riesling Kabinett „Tradition" **8,5 %/7,- €**
86 2016 Riesling Spätlese „Caro" **7,5 %/9,- €**

HOFMANN

★★★★

KONTAKT

Vor dem Klopp 4
55437 Appenheim
Tel. 06725-300063
Fax: 06725-300477
www.schiefer-trifft-muschelkalk.de
info@schiefer-trifft-muschelkalk.de

Inhaber
Carolin & Jürgen Hofmann
Rebfläche
21 Hektar
Produktion
210.000 Flaschen

BESUCHSZEITEN

nach Vereinbarung

Klaus und Irene Hofmann begannen 1972 mit der Flaschenweinvermarktung, entwickelten aus dem landwirtschaftlichen Mischbetrieb ein Weingut. Ihr Sohn Jürgen Hofmann, der nach Studium in Geisenheim in Weinbaugebieten wie Kalifornien, Südafrika, Ungarn, Rumänien und Australien gearbeitet hatte, dann als Weinmacher bei Reh-Kendermann für die Premiummarken verantwortlich war, konzentrierte sich seit Ende der neunziger Jahre ganz auf den elterlichen Betrieb, investierte in Kellertechnik und Weinberge in besten Lagen, errichtete ein neues Weingut am Fuße des Kloppbergs. Seine Weinberge liegen in Appenheim in den Lagen Hundertgulden und Eselspfad, in St. Johann im Steinberg, in der Gau-Algesheimer St. Laurenzikapelle sowie im Niersteiner Ölberg. Er baut vor allem Riesling, Silvaner und die Burgundersorten – Weißburgunder, Spätburgunder, Grauburgunder – an, aber auch internationale Sorten wie Sauvignon Blanc, der fast schon so etwas wie das Markenzeichen von Jürgen Hofmann geworden ist, dazu regionale Spezialitäten wie Scheurebe und Huxelrebe. Das Sortiment ist dreistufig gegliedert in Gutsweine, Ortsweine und Lagenweine, im obersten Segment gibt es den Sauvignon Blanc aus der St. Laurenzikapelle, erstmals 2014 auch in einer im Betonei ausgebauten Version, Silvaner und Weißburgunder aus dem Eselspfad sowie die Rieslinge aus Hundertgulden und Ölberg, seit dem Jahrgang 2016 gibt es auch einen Riesling aus dem Gau-Algesheim Goldberg, mit dem Jahrgang 2015 gab es erstmals den Lagen-Chardonnay aus dem St. Johanner Steinberg. Jürgen Hofmanns Ehefrau Carolin, ebenfalls ausgebildete Önologin, stammt aus dem Weingut Willems-Willems in Oberemmel an der Saar, sie führen heute beide Weingüter gemeinsam.

Kollektion

Auch im Jahrgang 2016 können wir uns wieder über das hohe Einstiegsniveau von Jürgen Hofmanns Gutsweinen freuen – und noch mehr natürlich seine Kunden. Der Silvaner ist reintönig und geradlinig, die Scheurebe besitzt viel Frische und reintönige Frucht, der Weißburgunder ist lebhaft und klar, der Riesling zupackend und strukturiert. Eine deutliche Steigerung bringen die Ortsweine, sind fülliger und konzentrierter. Besonders gut gefällt uns wieder einmal der Silvaner aus der Tiefe, zeigt gute Konzentration, feine Würze, ist füllig und kraftvoll, besitzt viel reife Frucht und Substanz. Der Weißburgunder vom Urmeer ist würzig und zupackend, füllig und strukturiert. Der Sauvignon Blanc ist wie immer eine sichere Bank, ist fruchtbetont, geradlinig und klar. Ganz stark ist auch wieder der Chardonnay vom

Korallenriff, wunderschön fruchtbetont und reintönig im Bouquet, klar, frisch und zupackend im Mund bei guter Struktur. Die beiden Ortsrieslinge sehen wir gleichauf. Der Appenheimer zeigt feine rauchige Noten, besitzt reintönige Frucht, gute Struktur und Biss, der Niersteiner ist ein klein wenig druckvoller. Der neue Lagen-Riesling aus dem Goldberg ist würzig und eindringlich im Bouquet, relativ weich und saftig im Mund, besitzt feine Säure und viel Frucht. Der Hundertgulden-Riesling zeigt viel Frische im Bouquet, etwas Zitrus, ist recht offen, saftig, besitzt viel reife Frucht und viel Substanz. Für uns hat dieses Jahr der Ölberg knapp die Nase vorne, ist würziger, präziser, besitzt gute Struktur, feine Frische und Länge. Ganz stark ist auch wieder der Weißburgunder aus dem Eselspfad, einer der besten Weißburgunder Rheinhessens. Er zeigt gute Konzentration im Bouquet, weiße Früchte, besitzt Fülle und Kraft, reintönige Frucht, gute Struktur und Substanz. Rauchig-würzige Noten prägen das Bouquet des Steinberg-Chardonnay, dezent Vanille, reife Frucht, er ist füllig und kraftvoll, besitzt viel reife Frucht und Substanz. Der Sauvignon Blanc aus der St. Laurenzikapelle ist herrlich eindringlich und kraftvoll, besitzt viel reife Frucht, gute Struktur, Druck und Länge, die Betonei-Variante Ovum sehen wir gleichauf, ist ein klein wenig verhaltener, aber ebenso druck- und kraftvoll, beide gehören zu den besten Sauvignon Blanc in Deutschland.

Weinbewertung

85	2016 Grüner Silvaner trocken **12,5 %/7,60 €**
85	2016 Weißer Burgunder trocken **12,5 %/7,60 €**
85	2016 Riesling trocken **12,5 %/7,80 €**
85	2016 Scheurebe trocken **12,5 %/7,60 €**
88	2016 Grüner Silvaner trocken „aus der Tiefe“ Appenheimer **12,5 %/10,50 €**
87	2016 Weißburgunder trocken „Urmeer“ Appenheimer **13 %/10,80 €**
88	2016 Chardonnay trocken „voEm Korallenriff“ **13 %/10,80 €**
87	2016 Sauvignon Blanc trocken **12,5 %/10,80 €**
88	2016 Riesling trocken „vom Muschelkalk“ Appenheimer **12,5 %/10,80 €**
88	2016 Riesling trocken „roter Stein“ Niersteiner **12,5 %/14,20 €**
90	2016 Riesling trocken Nierstein Oelberg **12 %/19,20 €**
89	2016 Riesling trocken Gau-Algesheim Goldberg **12,5 %/19,20 €**
89	2016 Riesling trocken Appenheim Hundertgulden **12,5 %/19,20 €**
90	2016 Weißer Burgunder trocken Appenheim Eselspfad **13 %/19,20 €**
90	2016 Sauvignon Blanc trocken Gau-Algesheim St. Laurenzikapelle **13 %/19,20 €**
90	2016 Sauvignon Blanc trocken „Ovum“ St. Laurenzikapelle **13 %/19,20 €**
89	2016 Chardonnay trocken St. Johann Steinberg **13 %/19,20 €**

LAGEN

HUNDERTGULDEN (APPENHEIM)
ESELSPFAD (APPENHEIM)
ÖLBERG (NIERSTEIN)
ST. LAURENZIKAPELLE (GAU-ALGESHEIM)
STEINBERG (ST. JOHANN)

REBSORTEN

RIESLING (25 %)
SAUVIGNON BLANC (20 %)
WEISSBURGUNDER (15 %)
SILVANER (15 %)
CHARDONNAY
SPÄTBURGUNDER
SCHEUREBE
HUXELREBE

Hofmann

★★★☆

KONTAKT

Strüther Straße 7
97285 Röttingen
Tel. 09338-1577
Fax: 09338-993375
www.weinguthofmann.com
info@weinguthofmann.com

H

Inhaber
Jürgen Hofmann
Rebfläche
8 Hektar
Produktion
60.000 Flaschen

BESUCHSZEITEN

nach Vereinbarung
Heckenwirtschaft, Gästezimmer

Alois Hofmann beschloss 1990 seine Trauben nicht länger an eine Weinkellerei abzuliefern und im Jahr darauf vermarktete er erstmals den Wein seiner damals 1,3 Hektar Weinberge komplett selbst. 2001 ist Sohn Jürgen nach Beendigung seines Geisenheim-Studiums (die Winzerlehre hat er bei Paul Fürst in Bürgstadt gemacht) in den Betrieb eingestiegen, hat ihn mittlerweile übernommen. Seine Weinberge liegen vor allem im Röttinger Feuerstein, wo die Reben auf Muschelkalkböden wachsen, die mit Feuerstein durchzogen sind. Hinzu kommen Weinberge in der Lage Tauberrettersheimer Königin sowie im Markelsheimer Propstberg und im Weikersheimer Schmecker, die zur Region Württemberg gehören. 40 Prozent der Rebfläche nehmen rote Sorten ein: Spätburgunder, Schwarzriesling, Domina, Merlot, Cabernet Sauvignon und Cabernet Franc, aber auch Tauberschwarz, eine alte, einst in Vergessenheit geratene Rotweinsorte, die nur noch in einigen wenigen Weinbergen im Taubertal zu finden ist. 1997 hatte das Weingut den ersten Tauberschwarz geerntet, und inzwischen baut Jürgen Hofmann ihn sogar im Barrique aus. Wichtigste Weißweinsorten sind Silvaner, Müller-Thurgau, Riesling und Bacchus.

Kollektion

Der weiße Flint erweist sich einmal mehr als super zuverlässiger Einstiegswein in eine stimmige, sehr gleichmäßige Kollektion, die ein Highlight im roten Segment aufweist. Der Spätburgunder RR zeigt rauchige Noten und reintönige Frucht, ist klar und zupackend, besitzt gute Struktur und Frucht. Aber auch die weiteren Rotweine machen eine sehr gute Figur, der reintönige Schwarzriesling ebenso wie der intensive „einfache" Spätburgunder oder der intensive, kraftvolle Tauberschwarz. Die Weißweine sind alle von merklicher Restsüße geprägt, uns gefallen 2016 die Silvaner ein klein wenig besser als die Rieslinge, allen voran die saftige trockene 3 Sterne-Spätlese.

Weinbewertung

85 2016 „Flint" Weißwein trocken **11,5 %/7,- €**
85 2016 Silvaner Kabinett trocken Röttinger Feuerstein **11,5 %/7,- €**
83 2016 Riesling Kabinett trocken Röttinger Feuerstein **11,5 %/7,20 €**
86 2016 Silvaner Spätlese trocken Röttinger Feuerstein **12 %/9,80 €**
87 2016 Silvaner*** Spätlese trocken Röttinger Feuerstein **12,5 %/10,80 €**
85 2016 Riesling*** Röttinger Feuerstein **12 %/9,80 €**
85 2016 Riesling „Sankt Martin" Röttinger Feuerstein **12 %/11,50 €**
86 2015 Schwarzriesling trocken **13,5 %/8,- €**
85 2015 Spätburgunder trocken Röttinger Feuerstein **13,5 %/8,- €**
87 2014 Tauberschwarz „R" trocken Propstberg **13,5 %/19,- €**
90 2015 Spätburgunder „RR" trocken Röttinger Feuerstein **13,5 %/25,- €**

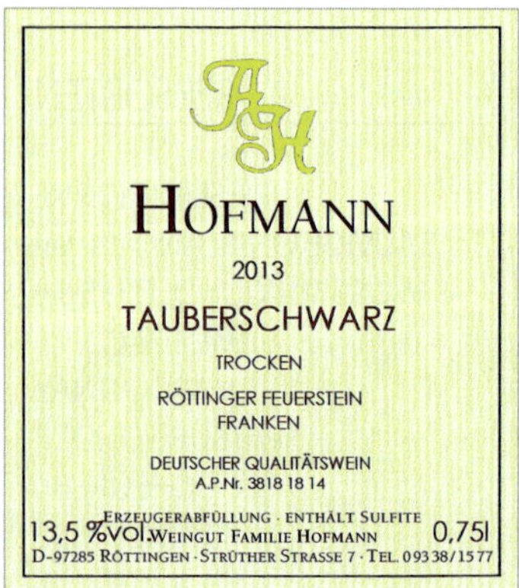

Hofmann

★★★

KONTAKT

Oberndorfer Straße 20
91472 Ipsheim
Tel. 09846-727
Fax: 09846-9791717
www.wein-hofmann.de
weingut@wein-hofmann.de

Inhaber
Bernd Hofmann
Rebfläche
20 Hektar
Produktion
150.000 Flaschen

BESUCHSZEITEN

Mo.-Fr. 9-18:30 Uhr, Sa. 9-17 Uhr

Das Weingut Hofmann liegt in Ipsheim in Mittelfranken, wird von Bernd Hofmann geführt. Die Reben wachsen in den Lagen Bad Windsheimer Rosenberg (Gipskeuperboden mit Kalkstein im Untergrund), Ipsheimer Burg Hoheneck (schwere Tonböden) und Weimersheimer Roter Berg (tiefgründige Böden mit hohem Löss-Lehm-Anteil), im Hüttenheimer Tannenberg (mit Gips durchsetzter Keuper) sowie im Krassolzheimer Pfaffenberg (Gipskeuperböden), wo Regent und Domina angebaut werden. Zu den weißen Sorten Silvaner, Müller-Thurgau, Bacchus, Riesling und Kerner kamen in den letzten Jahren Weißburgunder, Scheurebe, Johanniter, Gewürztraminer und Sauvignon Blanc hinzu. An roten Sorten baut Bernd Hofmann Spätburgunder, Dornfelder, Regent und Domina an. Die Weine werden recht kühl in Edelstahltanks vergoren und bleiben bis März auf der Feinhefe; ausgewählte Rotweine werden im Barrique ausgebaut. Das Sortiment ist in 4 Klassen gegliedert: „L" (leicht und unkompliziert), „J" (jung und lebendig), „F" (feinfruchtig und klar) und „S" (selektiv und vielstimmig), nur die Topweine tragen Lagenbezeichnungen.

Kollektion

Die neue Kollektion ist stark und stimmig und hat mit den beiden Reserve-Weißweinen und dem Cabernet Sauvignon Neues zu bieten. Der frische, reintönige F-Silvaner gefällt uns wieder einmal besonders gut. Die S-Klasse präsentiert sich geschlossen: Der Silvaner besitzt Fülle, Kraft und gute Struktur, der Weißburgunder ist zupackend bei feiner süßer Frucht, der Sauvignon Blanc ist würzig und eindringlich bei reifer Frucht. Der Reserve-Silvaner besitzt viel Substanz, Komplexität und Wärme, ist trotz des hohen Alkohols komplexer als der kompakte, saftige Reserve-Weißburgunder. Der Silvaner Eiswein zeigt kandierte Früchte, ist klar und konzentriert. Spannend ist auch der Cabernet Sauvignon, der rauchige Noten und deutlich Cassis zeigt, gute Struktur und Frucht besitzt. Weiter im Aufwind!

Weinbewertung

84 2016 Silvaner „F" trocken **12,5 %/7,50 €**
82 2016 „Vielfalter" Weißwein trocken **12 %/6,50 €**
83 2016 Riesling „F" trocken **12,5 %/7,50 €**
86 2016 Silvaner „S" trocken **14 %/9,50 €**
86 2016 Weißer Burgunder „S" trocken **13,5 %/9,50 €**
87 2016 Sauvignon Blanc „S" trocken Ipsheimer Burg Hoheneck **13,5 %/12,- €**
89 2015 Silvaner „Reserve" **14,5 %/24,- €**
87 2015 Weißer Burgunder „Reserve" **14 %/24,- €**
88 2016 Silvaner Eiswein Ipsheimer Burg Hoheneck **9 %/39,- €**
88 2015 Cabernet Sauvignon Bad Windsheimer Rosenberg **13 %/26,- €**

HOFMANN

★

KONTAKT

Weinbau Hofmann GbR
Schulgasse 2
97355 Wiesenbronn
Tel. 09325-6871
Fax: 09325-902672
www.weinbau-hofmann.de
info@weinbau-hofmann.de

Inhaber
Mario & Heinrich Hofmann
Rebfläche
4 Hektar
Produktion
30.000 Flaschen

BESUCHSZEITEN

Mo.-Sa. 8-19 Uhr, Sonn- und Feiertage 9-12 + 13-18 Uhr
Probierstube (bis 50 Personen) für Veranstaltungen

Seit 1750 sind die Hofmanns Weinbauern und Büttner (bis 1960) in Wiesenbronn. Michael Hofmann begann 1970 mit der Selbstvermarktung, sein Sohn Heinrich Hofmann übernahm 1993 den 20 Hektar großen Betrieb, einen Teil der Fläche nutzt er für Wein- und Obstbau. Seit 2004 kümmert sich Heinrich Hofmanns Sohn Mario um den Weinbereich. Die Weinberge liegen in Wiesenbronn in den Lagen Wachhügel und Geißberg, sowie im Casteller Kirchberg. Silvaner, Müller-Thurgau, Weißburgunder, Bacchus, Riesling und Grauburgunder werden angebaut, dazu die roten Sorten Spätburgunder, Portugieser, Blauburger, Regent, Dornfelder und Domina. Edelbrände aus der eigenen Brennerei und von eigenen Früchten gewonnene Liköre ergänzen das Sortiment. In einem 200 Jahre alten ehemaligen Kellerhaus, das als Schankwirtschaft und Kegelbahn genutzt wurde, schräg gegenüber vom Weingut gelegen, wurde ein Vinotel mit zwei Zimmern eingerichtet.

Kollektion

Die Liter- und Sommerfrischler-Weine sind geradlinig und frisch, unkomplizierte Zechweine. Die trockene Grauburgunder Spätlese vom Geißberg ist würzig, strukturiert und zupackend, die trockene Riesling Spätlese vom Wachhügel besitzt Fülle und Kraft, reife Frucht und gute Struktur. Der „anno 1712"-Silvaner vom Wachhügel ist klar, fruchtbetont und zupackend, unser Favorit aber ist der Silvaner vom Geißberg, als trockene Spätlese: Er zeigt feine rauchige Noten und gute Konzentration, besitzt Fülle und Kraft, reife Frucht, gute Struktur und Druck. Die Rotweine zeigen gewohnt hohes Niveau, der Blauburger ist klar und zupackend, besitzt gute Struktur und Biss, der Spätburgunder ist reintönig, frisch, zupackend, besitzt viel Substanz und Frucht.

Weinbewertung

80 2016 Müller-Thurgau Kabinett trocken (1l) **12 %/4,75 €**
79 2016 Silvaner Kabinett trocken Wiesenbronner Wachhügel (1l) **11,5 %/4,75 €**
82 2016 Rivaner trocken „Sommerfrischler" **12 %/5,25 €**
81 2016 Bacchus trocken „Sommerfrischler" **12 %/5,25 €**
80 2016 Riesling trocken „Sommerfrischler" **12 %/6,25 €**
83 2016 Silvaner trocken „anno 1712" Wiesenbronner Wachhügel **12 %/6,25 €**
86 2016 Silvaner Spätlese trocken Wiesenbronner Geißberg **13 %/8,- €**
84 2016 Riesling Spätlese trocken Wiesenbronner Wachhügel **12,5 %/8,50 €**
85 2016 Grauer Burgunder Spätlese trocken Wiesenbronner Geißberg **13,5 %/8,- €**
82 2016 Rosé trocken „Sommerfrischler" **11,5 %/5,25 €**
84 2014 Blauburger trocken **12,5 %/7,50 €**
85 2014 Spätburgunder Spätlese trocken Wiesenbronner Wachhügel **12,5 %/7,50 €**

HOFMANN-HERKERT

★★☆

KONTAKT

Schenkenstraße 8-10
63911 Klingenberg
Tel. 09372-3747 oder 408418
Fax: 09372-134691
www.weingut-hofmann-herkert.de
info@weingut-hofmann-herkert.de

Inhaber
Christian Herkert
Rebfläche
3,5 Hektar
Produktion
16.000 Flaschen

BESUCHSZEITEN

nach Vereinbarung
Heckenwirtschaft „Schenken-Weinstube"

Hans und Christa Hofmann kauften 1985 ihren ersten Weinberg, Tochter Karin und ihr Ehemann Friedrich Herkert führten das Weingut weiter, heute leitet ihr Sohn Christian, ausgebildeter Techniker für Weinbau- und Kellerwirtschaft, den Betrieb, der seine Ausbildung unter anderem bei Paul Fürst absolvierte und kurze Zeit bei der Kellerei Terlan arbeitete. Die Reben wachsen vor allem in Klingenberg im Schlossberg (2,4 Hektar), ein Hektar in quergezeilten Buntsandsteinterrassen, daneben ist Christian Herkert in Großostheim in der Lage Harstell vertreten. Silvaner, Müller-Thurgau und Bacchus sind die wichtigsten weißen Rebsorten, dazu gibt es Gewürztraminer und Sauvignon Blanc, an roten Sorten baut Christian Herkert vor allem Spätburgunder und Portugieser (teilweise über 80 Jahre alte Reben) an, dazu ein klein wenig Dornfelder und Regent, die er ausschließlich für Cuvées nutzt. Die Weißweine werden, teils nach Maischestandzeiten, kühl im Edelstahl vergoren und bis Weihnachten auf der Feinhefe ausgebaut; die roten Trauben entrappt und maischevergoren (8 bis 14 Tage).

Kollektion

Eine kleine, aber feine Kollektion präsentiert Christian Herkert in diesem Jahr. Der Sauvignon Blanc ist lebhaft, klar und zupackend, besitzt feine Frucht und Biss. Der Gewürztraminer ist reintönig, lebhaft und zupackend, der Bacchus fruchtbetont, klar und süffig. Der Portugieser ist fruchtbetont und lebhaft, klar und zupackend, durchgegoren wie alle Rotweine von Christian Herkert. An der Spitze der Kollektion aber stehen ganz klar die beiden Spätburgunder. Beide sind faszinierend reintönig, lebhaft und frisch, elegant und zupackend, stellen unter Beweis, dass es beim Spätburgunder nicht auf Konzentration und Alkohol ankommt, im Gegenteil. Sie zeigen rauchige Noten im Bouquet, der „einfache" Spätburgunder ist dabei etwas wilder als sein Kollege von alten Reben, der dafür im Mund noch etwas präziser und druckvoller ist, sie sind lang und nachhaltig, besitzen viel Frische noch im Abgang und ganz dezent mineralische Noten – so macht Spätburgunder Freude!

Weinbewertung

84	2016 Sauvignon Blanc Großostheimer **13,5 %/10,- €**
84	2016 Gewürztraminer Klingenberger **12 %/9,- €**
83	2016 Bacchus Großostheimer **12,5 %/6,80 €**
84	2015 Portugieser Klingenberger **12 %/7,30 €**
88	2015 Spätburgunder Klingenberger Schlossberg **13 %/15,- €**
90	2015 Spätburgunder „Alte Reben" Klingenberger Schlossberg **13 %/25,- €**

TOMOKO
MAPA CE
6-6½
CE 8-8½
CE 9-9½

HOHENBEILSTEIN

★★★

KONTAKT

Schlossgut Hohenbeilstein
Schlossstraße 40
71717 Beilstein
Tel. 07062-937110
Fax: 07062-9371122
www.schlossgut-hohenbeilstein.de
info@schlossgut-hohenbeilstein.de

Inhaber
Hartmann Dippon
Rebfläche
16 Hektar
Produktion
100.000 Flaschen

BESUCHSZEITEN

Mo.-Fr. 9-12 + 13-18 Uhr,
Sa. 9-13 Uhr

Eberhard Dippon erwarb 1959 das von Kommerzienrat Robert Vollmöller gegründete Gut, 1987 begann er mit der Umstellung auf ökologischen Weinbau, seit 1990 führt sein Sohn Hartmann Dippon den Betrieb, seit 1994 ist das Weingut komplett auf ökologischen Weinbau umgestellt, Hartmann Dippon ist Mitglied bei Naturland. Seit 2014 arbeiten Sohn Joscha und Tochter Elske voll im Betrieb mit. Der zum Teil terrassierte Hohenbeilsteiner Schlosswengert gehört Hartmann Dippon im Alleinbesitz. Am Eingang zur Burg hat er einen Lehrweinpfad mit pilzresistenten Rebsorten angelegt. Neben klassischen Württemberger Rebsorten wie Trollinger, Riesling, Lemberger, Spätburgunder, Weißburgunder, Silvaner, Samtrot oder Muskattrollinger werden Cabernet-Neuzüchtungen angebaut, aber auch pilzresistente Rebsorten wie Regent, Cabernet Blanc oder Johanniter. Das Sortiment ist gegliedert in Gutsweine, die Reihe Silberling respektive Silberling Edition J (von Junior Joscha Dippon) und die Großen Gewächse aus den Filetstücken des Schlosswengerts.

Kollektion

Eine stimmige, starke Kollektion präsentiert Hartmann Dippon auch in diesem Jahr. Die Gutsweine sind frisch und fruchtbetont, der Rosé geradlinig, betont süffig, der Lemberger besitzt reintönige Frucht und feine Frische. Die Silberling-Weine sind etwas kraftvoller, aber ebenso fruchtbetont und geradlinig, der Riesling Winterlese, mit Auslesecharakter, ist dick und konzentriert. Unter den beiden Großen Gewächsen ziehen wir ganz klar den Weißburgunder vor, er zeigt gute Konzentration, rauchige Noten, besitzt Fülle und Kraft, reife Frucht, gute Struktur und Substanz. Der Riesling ist etwas allzu mächtig geraten, mehr Verkostungs- denn Trinkwein. Der Spätburgunder Edition J ist strukturiert, frisch und zupackend, das Große Gewächse besitzt Kraft, Struktur und Druck. Gleichauf sehen wir den Lemberger, der intensive Frucht, Fülle, Kraft, gute Struktur und Substanz besitzt. —

Weinbewertung

83	2016 Weißburgunder trocken „Silberling" **13,5 %/8,20 €**
87	2015 Riesling „GG" Hohenbeilsteiner Schlosswengert **14,5 %/19,- €**
89	2014 Weißburgunder „GG" Hohenbeilsteiner Schlosswengert **13,5 %/21,- €**
87	2015 Riesling „Winterlese" **10 %/18,80 €/0,5l**
83	2016 Lemberger Rosé trocken **12,5 %/7,- €**
84	2015 Lemberger trocken **13 %/7,- €**
86	2014 Spätburgunder trocken „Edition J" **13,5 %/16,90 €**
89	2014 Spätburgunder „GG" Hohenbeilsteiner Schlosswengert **13,5 %/23,- €**
89	2014 Lemberger „GG" Hohenbeilsteiner Schlosswengert **13,5 %/23,- €**
84	2016 Muskattrollinger „Silberling" **12 %/9,20 €**

FÜRST HOHENLOHE-OEHRINGEN

★★★★

KONTAKT

Wiesenkelter
74613 Öhringen-Verrenberg
Tel. 07941-94910
Fax: 07941-37349
www.verrenberg.de
info@verrenberg.de

Inhaber
Fürst Kraft zu Hohenlohe-Oehringen
Betriebsleiter
Joachim Brand
Rebfläche
28 Hektar
Produktion
150.000-175.000 Flaschen

BESUCHSZEITEN

Mo.-Fr. 9-18 Uhr, Sa. 10-14 Uhr
Restaurant Wiesenkelter direkt am Weingut

Dem Weingut Fürst Hohenlohe-Öhringen gehört der 17 Hektar große Verrenberger Verrenberg im Alleinbesitz, ein erstmals 1260 urkundlich erwähnter Südhang mit bis zu 45 Prozent Hangneigung, wo die Reben in 260 bis 310 Meter Höhe auf Gipskeuperböden wachsen, die teilweise Einlagerungen von Muschelkalk aufweisen. Die weiteren Weinberge liegen ebenfalls in Verrenberg (Goldberg). 2016 kamen 8 Hektar in Untersteinbach und Harsberg hinzu, beides Ortsteile der Gemeinde Pfedelbach. Dort wachsen die Reben auf fast 400 Meter, der Keuperboden enthält weniger Lehmanteil als in Verrenberg. Das Weingut wurde 1253 gegründet, befindet sich seit 26 Generationen in Familienbesitz. 2008 errichtete man eine neue moderne Kellerei am Fuße des Verrenberg, das dazugehörige Restaurant Wiesenkelter wird von einem Pächter betrieben. Joachim Brand ist seit 2008 im Betrieb, 2011 übernahm er die Nachfolge des langjährigen Gutsverwalters Siegfried Röll. Nach der Ernte 2008 wurden ersten Versuche mit biologischem Weinbau unternommen, inzwischen ist man zertifizierter Biobetrieb. Wichtigste Rebsorte ist Riesling, der mehr als die Hälfte der Fläche einnimmt. Dazu gibt es Weißburgunder, Chardonnay und Sauvignon Blanc, Müller-Thurgau und Kerner wurden ebenso abgeschafft wie Grauburgunder. Bei den roten Sorten, die zwei Fünftel der Rebfläche einnehmen, dominieren Lemberger und Spätburgunder, dazu gibt es Cabernet Franc und Cabernet Sauvignon, Trollinger wurde etwas reduziert, dafür mehr Merlot angelegt, auch Malbec wurde versuchsweise gepflanzt. Das Sortiment ist eingeteilt in Gutsweine, Lagenweine der Gewanne „Butzen", sowie Hades-Weine und Große Gewächse, wenn es der Jahrgang erlaubt werden auch edelsüße Weine erzeugt. Das Weingut gehört als Mitglied der Hades-Gruppe zu den Pionieren des Barriqueausbaus in Deutschland, ebenso zu den Vorreitern roter Cuvées in Deutschland. Bereits 1986 wurde erstmals die nach dem Wappenspruch des Hauses benannte Cuvée „Ex flammis orior" erzeugt, die heute meist aus 60 bis 70 Prozent Lemberger, sowie Cabernet Franc und Merlot besteht, seit Anfang der neunziger Jahre gibt es die zweite Spitzencuvée „In senio", die nach Bordeauxvorbild aus Cabernet Franc, Merlot und Cabernet Sauvignon besteht. Die einzelnen Rebsorten werden gesondert vinifiziert und ein Jahr gesondert ausgebaut, dann werden die endgültigen Cuvées zusammengestellt und die Weine kommen für ein weiteres Jahr ins Barrique. Die Weine werden nach Maischestandzeiten von bis zu 36 Stunden teilweise spontan-, teilweise mit Reinzuchthefen vergoren.

Kollektion

Die neue Kollektion überzeugt und beeindruckt, in der Spitze wie an der Basis. Der Guts-Riesling ist frisch, fruchtbetont, klar, geradlinig und zupackend, der Guts-Lemberger steht ihm nicht nach, besitzt reintönige Frucht, feine Frische, ist klar und zupackend. Die beiden roten Ortsweine sehen wir gleichauf, der

Lemberger ist konzentriert, reintönig, zupackend, all das trifft auch auf den wunderschön sortentypischen Spätburgunder zu. Der Sauvignon Blanc ist frisch und fruchtbetont, klar und zupackend, der Muskateller ist faszinierend reintönig, besitzt herrlich viel Frucht, der Weißburgunder ist würzig und strukturiert. Bei den weißen Ortsweinen gibt es aber auch eine Neuerung, der feinherben Riesling aus Untersteinbach. Er ist frisch, fruchtbetont, besitzt Struktur und Frucht. Der trockene Verrenberger Riesling ist reintönig, zeigt feine Frische, etwas Zitrus, ist kraftvoll, klar und zupackend, besitzt gute Struktur. Eine klasse Riesling, da hat es das Große Gewächs schwer ihn zu übertrumpfen, es zeigt rauchig-würzige Noten, ist kompakt, kraftvoll, recht verschlossen, braucht Zeit. Erstaunlich präsent ist hingegen der Hades-Chardonnay, zeigt gute Konzentration, rauchige Noten, besitzt Fülle und Kraft, viel Substanz, aber auch klare Frucht. Nun folgt noch ein Rotwein-Sextett aus zwei Großen Gewächsen und vier Hades-Weinen. Der Spätburgunder ist füllig, kraftvoll, besitzt reife Frucht und Substanz, der Lemberger besitzt intensive Frucht, feinen Toast, viel Kraft und viel Tannine, braucht Zeit. Der Malbec ist duftig-intensiv, aber strukturiert, der Merlot zeigt rauchige Noten, reintönige Frucht, besitzt gute Substanz. Die beiden roten Top-Cuvée sind so stark wie noch nie. Der Ex flammis orior zeigt florale Noten, besitzt reife Frucht, gute Struktur und Druck, der In senio ist würzig, rauchig, zeigt rote Früchte, besitzt Fülle, Kraft, gute Struktur, Substanz und Länge.

Joachim Brand

Weinbewertung

84	2016 Riesling trocken **11 %/6,90 €**
85	2016 Weißer Burgunder trocken Verrenberg **13 %/14,50 €**
88	2016 Riesling trocken Verrenberg **12 %/12,90 €**
86	2016 Sauvignon Blanc trocken Verrenberg **12 %/12,90 €**
90	2016 Chardonnay trocken „Hades" **13 %/26,- €**
89	2016 Riesling „GG" Verrenberger Verrenberg **12,5 %/26,- €**
87	2016 Riesling „feinherb" Untersteinbach **10,5 %/9,40 €**
86	2016 Muskateller Verrenberg **10,5 %/10,40 €**
84	2015 Lemberger trocken **12,5 %/7,90 €**
86	2015 Spätburgunder trocken Verrenberg **13,5 %/13,60 €**
86	2015 Lemberger trocken Verrenberg **12,5 %/13,60 €**
90	2015 Spätburgunder trocken „GG" Verrenberger Verrenberg **14 %/33,- €**
90	2015 Lemberger trocken „GG" Verrenberger Verrenberg **14 %/33,- €**
90	2015 Merlot trocken „Hades" **13,5 %/28,- €**
89	2015 Malbec trocken „Hades" **13 %/30,- €**
91	2015 „Ex flammis orior" Rotwein trocken „Hades" **13,5 %/38,- €**
92	2015 „In senio" Rotwein trocken „Hades" **14 %/40,- €**

LAGEN

VERRENBERG (VERRENBERG)

REBSORTEN

RIESLING (45 %)
LEMBERGER (15 %)
BURGUNDERSORTEN (25 %)

Hollerith

★★

KONTAKT

Gartenstraße 17
67487 Maikammer
Tel. 06323-6168
Fax: 06323-6362
www.weingut-hollerith.de
info@weingut-hollerith.de

H

Inhaber
Peter & Florian Hollerith
Kellermeister
Florian Hollerith
Rebfläche
9,5 Hektar
Produktion
60.000 Flaschen

BESUCHSZEITEN

nach Vereinbarung

Hugo Hollerith, der Vater des heutigen Besitzers Peter Hollerith, kaufte Weinberge, baute den Hof und betrieb eine Rebschule. Peter Hollerith begann dann 1981 mit der Selbstvermarktung. Inzwischen ist sein Sohn Florian in den Betrieb eingestiegen und ist für den Keller verantwortlich. Die Weinberge liegen in den Maikammer Lagen Heiligenberg, Kapellenberg und Immengarten. Bei den weißen Sorten dominiert der Riesling. Hinzu kommen Weiß- und Grauburgunder, Chardonnay und Sauvignon Blanc. Etwa die Hälfte der Rebfläche ist mit roten Sorten bestockt. Neben Spätburgunder hat das Weingut auch Cabernet Sauvignon und Merlot im Anbau, mit dem Jahrgang 2009 kam noch Syrah dazu. Bereits seit Ende der achtziger Jahre baut Peter Hollerith Weine im Barrique aus.

Kollektion

Einmal mehr sind es die Rotweine, die uns in der Kollektion der Holleriths am meisten beeindrucken, allen voran der Pinot Noir aus dem Heiligenberg, der in seiner 2014er Version kraftvoll, aber sehr harmonisch und elegant ist, komplexe Frucht und Krokantwürze zeigt und ein lebendiges Säure-Spiel, Druck und Länge besitzt. Die beiden anderen Spätburgunder zeigen reintönige, dunkle Kirschfrucht, sie bieten in ihrer jeweiligen Preisklasse viel Wein fürs Geld, wobei der Wein aus dem Heiligenberg wesentlich nachhaltiger und intensiver ist. Unter den beiden Cuvées zeigt der „Prima Luce" aus Merlot und Cabernet Sauvignon dunkle Frucht, röstige Würze und etwas Schokolade, ist kraftvoll und harmonisch, der „No Limit" aus Merlot, Cabernet Sauvignon und Syrah ist nachhaltiger, zeigt viel Beerenfrucht, Cassis und Brombeeren und ist gut strukturiert. Im weißen Segment sticht der Sauvignon Blanc „Fumé" hervor, der feine röstige Würze, klare Stachelbeerfrucht und Zitrusnoten zeigt, Frische und Länge besitzt, der normale Sauvignon Blanc ist ganz auf der grünen Seite und der Weißburgunder zeigt typische florale Noten, aber auch noch sehr deutliches Holz.

Weinbewertung

81 2016 Riesling trocken (1l) **12,5 %/4,80 €**
82 2016 Chardonnay trocken **13 %/6,80 €**
84 2016 Sauvignon Blanc „S" trocken **12,5 %/9,50 €**
86 2016 Sauvignon Blanc trocken „Fumé" **13,5 %/16,- €**
84 2016 Weißer Burgunder „S" trocken Maikammer Kapellenberg **13,5 %/7,80 €**
83 2015 Spätburgunder trocken **13,5 %/6,80 €**
86 2014 „Prima Luce" Rotwein trocken **14 %/20,- €**
88 2014 „No Limit" Rotwein trocken **14 %/25,- €**
86 2014 Spätburgunder trocken Maikammer Heiligenberg **13,5 %/12,- €**
89 2014 Pinot Noir trocken Maikammer Heiligenberg **13,5 %/32,- €**

Holub

★★★

KONTAKT

Weinstraße 4
79336 Herbolzheim
Tel. 07643-9141412
Fax: 07643-9141414
www.weingut-holub.com
info@weingut-holub.com

Inhaber
Horst Holub
Rebfläche
1,5 Hektar
Produktion
6.000 Flaschen

BESUCHSZEITEN

Mo.-Do. 9-17 Uhr, Fr. 9-12 Uhr und nach Vereinbarung

Es begann mit 7 Ar Spätburgunder, die Horst Holub 1999 zu seinem 50. Geburtstag zum Geschenk erhielt. Ein Barrique ergab die erste Ernte. Jedes Jahr kamen dann einige Parzellen hinzu, so dass heute mehr als 1 Hektar Weinberge Horst Holub gehören, Spätburgunder und Grauburgunder vor allem, aber auch ein klein wenig Weißburgunder. Die Weinberge befinden sich in den Lagen Malterdinger Bienenberg, Nordweiler Herrenberg und Herbolzheimer Kaiserberg und sind größtenteils mit 25 bis 40 Jahre alten Reben bepflanzt. Den Weinberg in der Lage Amolterner Steinhalde am Kaiserstuhl hat Horst Holub 2009 aufgegeben und dafür Weinberge im Breisgau in den Lagen Herbolzheimer Sonnhalde (Grau- und Weißburgunder) und Bombacher Sommerhalde (Spätburgunder) hinzugenommen, wodurch sich insgesamt der Anteil des Weißburgunders zu Lasten des Spätburgunders erhöht hat. Die Spätburgunder werden nach der Maischegärung (2 bis 3 Wochen) etwa achtzehn Monate in neuen Barriques aus französischer Eiche ausgebaut und dann unfiltriert abgefüllt. Die Weißburgunder werden teils im Edelstahl, teils in einjährigen französischen Barriques, die Grauburgunder ganz in neuen und einjährigen Barriques ausgebaut.

Kollektion

Wieder eine starke Kollektion, die Horst Holub präsentiert, Weiß- und Rotweine überzeugen gleichermaßen. Der Basis-Grauburgunder schon ist sehr gut, geradlinig, zupackend und strukturiert. Der Weißburgunder aus dem Bienenberg zeigt rauchige Noten, ist füllig, kraftvoll, besitzt süße Frucht, gute Struktur und Substanz. Auch er Bienenberg-Grauburgunder besitzt dezente Süße, gute Konzentration, feinen Toast, ist kraftvoll und stoffig bei klarer reifer Frucht. Der Grauburgunder aus der Sundhalde ist etwas würziger, zurückhaltender, er besitzt Fülle und Kraft, gute Struktur und Substanz. Der Spätburgunder zeigt reintönige Frucht, feine Frische, rote Früchte, ist frisch und zupackend im Mund, sehr reintönig und präzise, jugendlich. Auch der SH besticht mit Reintönigkeit und Frische, ist klar und zupackend, besitzt gute Struktur und Frucht, feine Frische noch im Abgang. Schöne Stilistik!

Weinbewertung

85 2016 Grauburgunder **14 %/8,80 €**
88 2015 Weißburgunder Spätlese Malterdinger Bienenberg **13 %/12,50 €**
88 2015 Grauburgunder Spätlese Herbolzheimer Sundhalde **13,5 %/12,50 €**
89 2015 Grauburgunder Spätlese Malterdinger Bienenberg **14 %/12,50 €**
87 2015 Spätburgunder **13,5 %/14,50 €**
89 2015 Spätburgunder „SH" **14 %/24,- €**

L. Honold

★

KONTAKT

Am Hummelberg 1
76684 Östringen
Tel. 07253-278627
Fax: 07253-278628
www.weingut-honold.de
info@weingut-honold.de

Inhaber
Ludwig Honold
Rebfläche
10 Hektar
Produktion
65.000 Flaschen

BESUCHSZEITEN

Mo.-Fr. 10-12 + 15-18 Uhr,
Sa. 9-13 Uhr

Das Weingut wurde 1938 von Ludwig Honold gegründet und dann von seinem Sohn Theo auf die heutige Größe erweitert. Seit 1985 führt Ludwig Honold, der Enkel des Gründers, das Gut. 1999 ist das Weingut auf den 234 Meter hoch gelegenen Hummelberg oberhalb von Östringen ausgesiedelt. Ludwig Honolds Weinberge liegen in Östringen (Hummelberg, Rosenkranzweg) und Malsch. 70 Prozent der Rebfläche nehmen weiße Sorten ein: Müller-Thurgau, Riesling, Grauburgunder, Weißburgunder, Sauvignon Blanc, Auxerrois und Chardonnay. An roten Sorten gibt es Portugieser, Spätburgunder, Lemberger, Trollinger und Dornfelder. Zuletzt hat er pilzresistente Sorten gepflanzt: 2003 Cabernet Cortis und Cabernet Carbon, 2006 Muscaris und 2008 Cabernet Blanc, inzwischen eine weitere Versuchssorte; einen Hektar „Piwis" besitzt er insgesamt. Die Weißweine werden kalt vergoren und lange auf der Hefe ausgebaut. Die Rotweine werden maischevergoren und dann in kleinen Holzfässern ausgebaut. In der angeschlossenen Brennerei werden Schnäpse, Tresterbrände und ein Bitterlikör erzeugt.

Kollektion

Vom Jahrgang 2016 konnten wir in diesem Jahr keine Lagenweine verkosten, sie wurden erst nach Redaktionsschluss abgefüllt. Ein Lagenwein von 2015 war auf der diesjährigen Verkostungsliste. Der Weißburgunder vom Östringer Hummelberg hat ein feines Bouquet, im Mund ist er weich mit kräftigem Schmelz, der Holzeinsatz ist sehr gelungen, man sollte dem Wein noch etwas Zeit zur weiteren Entwicklung geben. Der Blanc de Noirs Sekt zeigt ein leichtes Rosé, er ist duftig mit heller Frucht. Gute Konzentration und Zitrus-Frische zeigt der Weißburgunder-Sekt. Der Chardonnay ist klar und frisch, ein guter Essensbegleiter. Der Grauburgunder ist mild, hat süße Frucht und expressiven Schmelz. Der Cabernet Blanc hat eine grün-grasige Nase mit viel Frucht im Hintergrund, noch etwas intensiver ist der Sauvignon Blanc. Der Lemberger ist typisch mit etwas Marzipan, der Spätburgunder ist nicht zu schwer mit gutem Tanningerüst.

Weinbewertung

86 2014 „Blanc de Noirs" Sekt brut **12 %/11,- €**
85 2014 Weißburgunder Sekt brut **12,5 %/11,- €**
84 2016 Grauburgunder trocken **13,5 %/6,80 €**
84 2016 Chardonnay trocken **12,5 %/6,80 €**
83 2016 Cabernet Blanc trocken **12,5 %/6,80 €**
84 2016 Sauvignon Blanc trocken **12 %/7,20 €**
81 2016 „Anthelu" Weißwein trocken **12 %/5,70 €**
87 2015 Weißburgunder Spätlese trocken Östringer Hummelberg **14,5 %/12,- €**
85 2015 Spätburgunder trocken **13,5 %/7,20 €**
83 2015 Lemberger trocken **13,5 %/7,20 €**

CLEMENS HONRATH

★★

KONTAKT

Obere Grabenstraße 2
55450 Langenlonsheim
Tel. 06704-729
Fax: 06704-717
www.weingut-honrath.de
info@weingut-honrath.de

Inhaber
Clemens Honrath
Rebfläche
6,5 Hektar
Produktion
45.000 Flaschen

BESUCHSZEITEN

Mo.-Fr. 9-18 Uhr (nach Vereinbarung)
Gästehaus

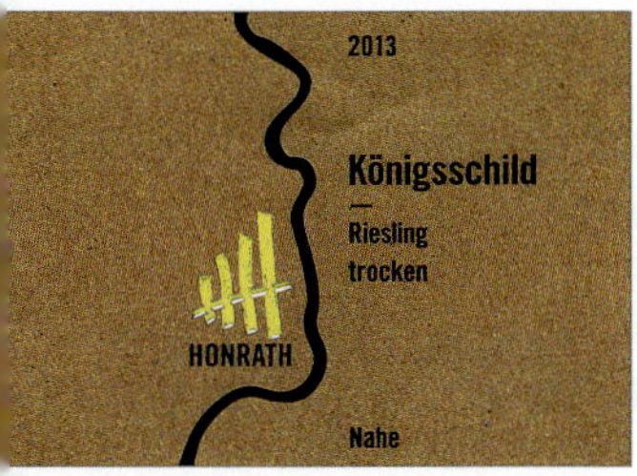

Die Familie baut schon lange Wein in Langenlonsheim an, so richtig Schwung in den Betrieb kam aber erst 2007, als Christian Honrath in den Betrieb einstieg, der in diesem Jahr sein Geisenheim-Studium abschloss, Praktika bei Emrich-Schönleber, in Neuseeland (Oyster Bay Winery) und Südafrika absolviert hatte. Heute führt er das Weingut zusammen mit seinen Eltern Inge und Clemens, der mit der Übernahme des Betriebs 1977 aus der Genossenschaft ausgetreten war und das eigene Weingut aufbaute. Die Weinberge liegen fast ganz auf Langenlonsheimer Gemarkung, in den Lagen Rothenberg, Königsschild, Löhrer Berg und Steinchen, nur ein Grauburgunder-Weinberg liegt in Guldental in der Lage Hipperich. Weiße Sorten nehmen drei Viertel der Rebfläche ein, vor allem Riesling, gefolgt von Weiß- und Grauburgunder. Wichtigste rote Rebsorten sind Spätburgunder und Acolon. Die Weine werden in kleinen Gebinden zum Teil spontan vergoren. Das Programm wurde in den letzten Jahren neu strukturiert und dreistufig gegliedert in Gutsweine, die „Gesteinsweine" von Löss und Kieselstein sowie Lagenweine.

Kollektion

In diesem Jahr konnten wir nur eine kleine Kollektion aus neun Weinen verkosten, darunter zwei Weine, die neu im Programm sind: Eine reintönige, trockene Scheurebe mit viel Saft und Frische und einen geradlinigen „Blanc de Noir" vom Spätburgunder mit deutlichen floralen Noten und einem lebendigen Säure-Spiel. Neben dem in diesem Jahr sehr kraftvoll und stoffig ausgefallenen Grauburgunder sind es aber wieder einmal die Rieslinge, die das Sortiment anführen, eine durchgängige Handschrift erkennen lassen und gewohnt schlank und präzise sind. Der Rothenberg-Riesling an der Spitze ist dieses Mal nicht ganz so konsequent trocken ausgebaut, wie in den vergangenen Jahren und zeigt klare gelbe Frucht und viel steinige Würze, er ist komplex, salzig und animierend, knapp dahinter liegt der Wein aus dem Königsschild, der viel Riesling fürs Geld bietet und ebenfalls sehr animierend ist, ganz geradlinig und steinig mit Noten von Brotkruste.

Weinbewertung

82 2016 Müller-Thurgau trocken „Herr Müller" **11,5 %/5,- €**
83 2016 Scheurebe trocken **11,5 %/6,- €**
83 2016 Spätburgunder „Blanc de Noir" trocken **12,5 %/7,- €**
84 2016 Riesling trocken „Löss" **12 %/6,50 €**
85 2016 Riesling trocken „Kieselstein" **12,5 %/6,50 €**
86 2016 Grauer Burgunder trocken Guldentaler Hipperich **14 %/9,- €**
84 2016 Weißer Burgunder trocken Langenlonsheimer Steinchen **12,5 %/6,80 €**
87 2016 Riesling trocken Langenlonsheimer Königsschild **12 %/7,80 €** ☺
88 2016 Riesling trocken Langenlonsheimer Rothenberg **12 %/11,80 €**

HORCHER

★★★

KONTAKT

Freinsheimer Straße 86a
67169 Kallstadt
Tel. 06322-941520
Fax: 06322-941521
www.weingut-horcher.de
w.gruen@horcher-wein.de

Inhaber
Herbert Beltle
Betriebsleiter
Wolfgang Grün
Eigene Rebfläche
5 Hektar
Produktion
50.000 Flaschen

BESUCHSZEITEN

jederzeit nach Vereinbarung

Herbert Beltle, Gastronom in Berlin, erwarb 2005 ein Weingut in der Pfalz. Seine Weinberge liegen alle in Kallstadt in den Lagen Kreidkeller, Steinacker und Saumagen, auf Lagenbezeichnungen wird verzichtet. Betriebsleiter ist seit Gründung des Weingutes der gebürtige Heidelberger Wolfgang Grün, der nach Studium und Praktika in verschiedenen Ländern auch bei Paul Fürst arbeitete. Wolfgang Grün macht sich viel Arbeit mit seinen Reben und seinen Weinen, entwickelt klare Vorstellungen über die Stilistik. Bei einigen Weinen ergibt das eine hohe Wiedererkennbarkeit, bei anderen weist der Jahrgang den Weg. Ein starres Schema gibt es also nicht.

Kollektion

Unser Favorit unter den reintönigen Weißweinen ist in diesem Jahr der im großen Holzfass ausgebaute, schlanke und sehr elegante Chardonnay „B" mit viel gelber Frucht, Kräuterwürze und feinen Zitrusnoten. Der Riesling „Lagenspiel", eine Cuvée aus Kallstadter Lagen, ist saftig und sehr fruchtbetont und besitzt, wie auch der feinherbe Riesling, ein harmonisches Süße-Säure-Spiel. Auch die Rotweine überzeugen wieder alle und sind gut strukturiert, der Merlot zeigt dunkle Beerenfrucht, der Spätburgunder „Wald" zeigt kühle, kräutrige Würze, besitzt noch jugendliche Tannine und könnte noch zulegen. Die „Cuvée Cabernet" besitzt ebenfalls einiges an Potential, ist konzentriert und kraftvoll mit Noten von dunkler Frucht und Lakritze. —

Weinbewertung

80 2016 „Secco Verde" Perlwein **11 %/8,90 €**
86 2013 „HB" Rosé Sekt brut **12,5 %/14,50 €**
87 2014 „HB" Sekt brut **13 %/14,50 €**
82 2016 „Cuvée Horcher Weiß" „Bronze" (1l) **12 %/6,90 €**
83 2015 Riesling trocken „Bronze" **11,5 %/7,50 €**
85 2016 Sauvignon Blanc „Silber" **12 %/9,50 €**
85 2016 Grauburgunder „Silber" **13 %/9,50 €**
86 2016 Chardonnay „Silber" **12 %/9,50 €**
86 2016 Riesling „Lagenspiel" „Silber" **12 %/9,50 €**
88 2016 Chardonnay „B" „Gold" **12,5 %/19,- €**
86 2016 Riesling „feinherb" „Silber" **10,5 %/9,50 €**
83 2016 Rosé „Silber" **12 %/8,90 €**
84 2015 „Cuvée Horcher Rot" „Bronze" (1l) **13 %/7,50 €**
86 2015 „Cuvée Aigner Rot" „Silber" **13,5 %/12,50 €**
90 2015 „Cuvée Cabernet" „Gold" **13,5 %/a.A.**
87 2015 Merlot „Silber" **13,5 %/12,50 €**
85 2015 Spätburgunder „Silber" **13 %/9,50 €**
89 2015 Spätburgunder „Wald" „Gold" **14 %/29,- €**

Alfons Hormuth

★

KONTAKT

Edenkobener Straße 11
67487 St. Martin
Tel. 06323-5309
Fax: 06323-3238
www.alfons-hormuth.de
info@alfons-hormuth.de

Inhaber
Andreas Hormuth
Rebfläche
9,5 Hektar

BESUCHSZEITEN

nach Vereinbarung

Andreas Hormuth hat das Weingut 1989 von seinem Vater Alfons übernommen, der bereits 1959 mit der Flaschenweinvermarktung begonnen hatte, führt den Betrieb zusammen mit Ehefrau Tanja. Seine Weinberge befinden sich vor allem in St. Martin (Baron, Kirchberg), aber auch in Alsterweiler, Edenkoben und Edesheim. 40 Prozent der Fläche nehmen rote Sorten ein, wobei zu Portugieser, Dornfelder und Spätburgunder zuletzt Frühburgunder, Cabernet Mitos, Merlot und Cabernet Sauvignon hinzugekommen sind. Die wichtigsten weißen Sorten sind Riesling, Gewürztraminer, Weißburgunder und Grauburgunder, dazu gibt es Silvaner, Kerner und Müller-Thurgau, sowie als Spezialitäten Huxelrebe, inzwischen auch Muskateller, Chardonnay und Sauvignon Blanc. Die besten Weine des Jahrgangs wurden bis vor wenigen Jahren in der Serie „Expression" vermarktet, mittlerweile ist darüber noch die „Passion"-Linie für im Holz ausgebaute Weine angesiedelt.

Kollektion

Andreas Hormuth bleibt auch in diesem Jahr seiner Stilistik treu und hat wieder – mit Ausnahme des schlanken, frischen Rosés – eine Kollektion aus sehr kraftvollen, stoffigen Weinen abgefüllt. Unsere Favoriten sind zwei „Passion"-Weine, der im letzten schon einmal verkostete Chardonnay hat sich gut entwickelt, ist harmonischer geworden und zeigt klare Typizität mit viel gelber Frucht, der Pinot Noir zeigt viel reintönige Frucht, Schwarzkirsche und Cassis und feine, gut eingebundene Röstnoten. Der Grauburgunder aus der „Expression"-Linie ist reintönig, besitzt Schmelz und florale Noten, der Sauvignon Blanc ist harmonisch und zeigt Noten von grüner Stachelbeere, der „Passion"-Weißburgunder leidet etwas unter dem hohen Alkoholgehalt und zeigt viel gelbe Frucht und röstige Würze.

Weinbewertung

78 2016 Riesling trocken (1l) **12 %/4,50 €**
79 2016 Weißburgunder Kabinett trocken **12,5 %/4,50 €**
82 2016 Weißburgunder trocken „Expression" **13,5 %/6,10 €**
83 2016 Sauvignon Blanc trocken „Expression" **13 %/6,90 €**
83 2016 Grauburgunder trocken „Expression" **14 %/6,50 €**
84 2015 Weißburgunder trocken „Passion" St. Martiner Baron **14,5 %/9,90 €**
86 2015 Chardonnay trocken „Passion" St. Martiner Kirchberg **14 %/14,30 €**
81 2016 Spätburgunder trocken „blanc de noir" „Expression" **13 %/6,90 €**
82 2016 Cabernet Sauvignon & Merlot Rosé trocken „Expression" **12,5 %/7,- €**
82 2015 Cabernet Sauvignon & Merlot trocken „Expression" **14 %/8,40 €**
84 2015 Frühburgunder trocken „Passion" St. Martiner Baron **14,5 %/14,60 €**
86 2015 Pinot Noir trocken „Passion" St. Martiner Baron **14,5 %/18,10 €**

Hothum

★☆

KONTAKT

Wein- und Sektgut Am Rothes
Germaniastraße 30
55459 Aspisheim
Tel. 06727-8696
Fax: 06727-8411
www.hothum.com
info@hothum.com

Inhaber
Karlfried & Andreas Hothum GbR
Rebfläche
15 Hektar

BESUCHSZEITEN

nach Vereinbarung

Seit dem 19. Jahrhundert baut die Familie Wein in Aspisheim an, das ganz im Nordwesten Rheinhessens liegt, wenige Kilometer südlich von Bingen. Karlfried und Regina Hothum betreiben seit 1989 ökologischen Weinbau nach den Richtlinien von Naturland und Ecovin, stellten den landwirtschaftlichen Gemischtbetrieb ganz auf Weinbau um. Heute führen ihre Söhne Andreas und Christoph, beide Önologen, den eingeschlagenen Weg fort. „Am Rothes" bedeutet im rheinhessischen Dialekt „Am Rathaus", der Name des Weingutes rührt daher, dass es direkt am Rathaus in Aspisheim liegt. Die Weinberge liegen vor allem in und um Aspisheim (Sonnenberg, Johannisberg), aber auch im St. Johanner Steinberg und in Bingen in der Lage Schlossberg Schwätzerchen, wo die Reben auf Quarzitböden wachsen, sowie in Burgsponheim an der Nahe, wo ihr Bruder Benjamin einen Steillagenweinberg pachten konnte, mit Riesling bestockt. Riesling und Silvaner sind die wichtigsten Rebsorten, gefolgt von Dornfelder, Portugieser, Grau-, Weiß- und Spätburgunder, sowie Sauvignon Blanc, St. Laurent, Frühburgunder und Gewürztraminer, dazu gibt es diverse Neuzüchtungen.

Kollektion

Der Chardonnay-Sekt ist fruchtbetont, etwas apflig, der Sauvignon Blanc klar und zupackend, besitzt gute Struktur und Biss. Beeindruckender aber sind die Rieslinge, von denen wir dieses Jahr ein sehr stimmiges Quintett verkosten konnten. Bei den drei Ortsweinen sind die unterschiedlichen Lagen und Böden sehr gut herausgearbeitet, der Burgsponheimer ist rauchig, zupackend, jugendlich, der Aspisheimer etwas offener, besitzt gute Struktur und Frucht, der Binger Riesling ist druckvoll, leicht mineralisch, ebenfalls noch sehr jugendlich. Die Spätlese vom Johannisberg zeigt reife Frucht und feine Würze im Bouquet, etwas Apfel, besitzt feine süße Frucht, gute Struktur und Biss. An der Spitze der Kollektion aber steht der trockene Lagen-Riesling aus dem Binger Schlossberg, der viel reife Frucht besitzt, füllig ist, saftig und kraftvoll, gute Struktur und Substanz besitzt. ▬

Weinbewertung

82	2014 Chardonnay Sekt brut **12,5 %/10,50 €**
80	2016 Grüner Silvaner trocken **12 %/5,20 €**
84	2016 Riesling trocken „vom Muschelkalk" Aspisheimer **12,5 %/6,90 €**
85	2016 Riesling trocken „vom Quarzit" Binger **12,5 %/7,90 €**
85	2016 Riesling trocken „vom Schiefer" Burgsponheimer **12,5 %/7,90 €**
83	2016 Sauvignon Blanc trocken Aspisheimer **12,5 %/7,50 €**
87	2015 Riesling trocken Binger Schlossberg Schwätzerchen **12,5 %/12,50 €**
85	2016 Riesling Spätlese Aspisheimer Johannisberg **10 %/14,90 €**

Simon Huber

★★

KONTAKT

Mattenhofweg 3
77723 Gengenbach
Tel. 07803-934850
Fax: 07803-934840
www.simonhuber-wein.de
mail@simonhuber-wein.de

Inhaber
Simon Huber
Rebfläche
2,5 Hektar
Produktion
14.000 Flaschen

BESUCHSZEITEN

Mo./Di./Do./Fr. 15-19 Uhr,
Sa. 10-18 Uhr, So. 10-12 Uhr
Hotel-Restaurant

Simon Huber gründete 2012 sein eigenes Weingut, Keller und Vinothek befinden sich im Hotel-Restaurant Pfeffer & Salz. Nach Winzer- und Weintechnikerausbildung sammelte er Erfahrungen in Österreich und Neuseeland, zurück in Baden gründete er zusammen mit Ehefrau Julia das eigene Weingut. Seine Weinberge liegen teils in Gengenbach in der Ortenau, teils in Ettenheim im Breisgau. In Gengenbach wachsen die Reben auf Granitverwitterungsböden. Hier baut er Riesling, Müller-Thurgau und Spätburgunder an. In Ettenheim wachsen die Burgundersorten auf Muschelkalkböden mit Lösslehmauflage. Derzeit arbeitet Simon Huber hauptsächlich mit Vertragswinzern zusammen, ist aber dabei, nach und nach eigene Weinberge aufzubauen, die er selbst bewirtschaftet. Spätburgunder nimmt 30 Prozent der Rebfläche ein, Riesling und Grauburgunder jeweils ein Fünftel, dazu gibt es Müller-Thurgau, Weißburgunder und St. Laurent. Die Weißweine werden teils im Edelstahl, teils im Holz ausgebaut, bleiben lange auf der Feinhefe, die Rotweine werden maischevergoren und in neuen oder gebrauchten Barrique ausgebaut.

Kollektion

Mit einer gleichmäßigen, starken Kollektion schließt Simon Huber an die guten Vorjahre an. Die Weißweine sind frisch, fruchtbetont und geradlinig, schön sortentypisch, meist von merklicher Restsüße geprägt. Durchgegoren sind die Grauburgunder, und der Reservewein des Jahrgangs 2015 ist unser Favorit im weißen Teil der Kollektion, er ist konzentriert, füllig und kraftvoll, besitzt reife klare Frucht und gute Struktur. In der Spitze noch ein klein wenig besser gefallen uns die Reserve-Rotweine. Der St. Laurent besitzt reintönige Frucht, gute Struktur, Frucht und Frische, der Spätburgunder ist ebenfalls herrlich reintönig, konzentriert, besitzt Fülle und Kraft, gute Struktur, Frische und herrlich viel Frucht. Weiter im Aufwind!

Weinbewertung

83 2016 „Cuvée S" Weißwein trocken **12 %/5,90 €**
84 2016 Riesling trocken **12,5 %/7,80 €**
83 2016 Weißer Burgunder trocken **13 %/7,80 €**
83 2016 Grauer Burgunder trocken **13,5 %/7,80 €**
86 2015 Grauer Burgunder trocken „Réserve" **14 %/12,50 €**
84 2016 Riesling „feinfruchtig" **11,5 %/7,80 €**
83 2016 Spätburgunder Rosé trocken **12,5 %/6,90 €**
84 2015 Spätburgunder trocken **13,5 %/8,20 €**
87 2015 St. Laurent trocken „Réserve" **13,5 %/14,50 €**
87 2015 Spätburgunder trocken „Réserve" **13,5 %/14,50 €**

BERNHARD HUBER

★★★★★

KONTAKT

Heimbacher Weg 19
79364 Malterdingen
Tel. 07644-929722-0
Fax: 07644-929722-99
www.weingut-huber.com
info@weingut-huber.com

Inhaber
Barbara Huber
Rebfläche
28 Hektar
Produktion
175.000 Flaschen

BESUCHSZEITEN

Mo.-Fr. 14-18 Uhr, Sa. 10-12 Uhr

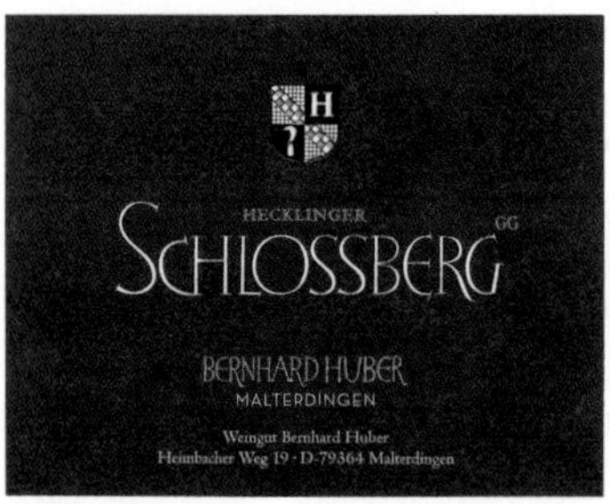

Barbara Huber führt Bernhard Hubers Werk fort zusammen mit Sohn Julian. Der Weg von Bernhard und Barbara Huber war bemerkenswert. Bei Null hatten sie angefangen, 1987 mit der Selbstvermarktung begonnen, in einem Jahrzehnt zusammen den Betrieb als Spitzenweingut etabliert, dann sich aber nicht zufrieden zurückgelehnt, sondern immer weiter an der Qualität gefeilt, die Weine sind immer noch besser geworden. Das Portfolio an Weinbergen haben sie stetig erweitert über das heimatliche Malterdingen und den Bienenberg hinaus, mit Weinbergen im Hecklinger Schlossberg und in der Bombacher Sommerhalde. Und von Anfang an auf Spätburgunder gesetzt und sich immer an Burgund orientiert, Burgund war Bernhard Hubers zweites Zuhause. Zwei Drittel der Weinberge nimmt Spätburgunder ein, dazu gibt es Chardonnay, Weißburgunder und Grauburgunder, daneben ein klein wenig Auxerrois, Muskateller, Freisamer, Riesling und Müller-Thurgau. Der Guts-Spätburgunder, früher als Spätburgunder von jungen Reben bekannt, bildet die Basis des Sortiments, es folgt der Malterdinger Spätburgunder und dann der Spätburgunder von alten Reben, quasi der Zweitwein hinter den Großen Gewächsen. An der Spitze der roten Kollektion stehen vier Große Gewächse, die Spätburgunder aus Bienenberg, Sommerhalde und Schlossberg, sowie der Wildenstein, ein besonderer Weinberg innerhalb des Bienenbergs. Im weißen Teil der Kollektion gibt es Große Gewächse vom Bienenberg für Weißburgunder und Grauburgunder. Vom Chardonnay gab es immer zwei Weine, einen Chardonnay ohne Lagenbezeichnung und den Schlossberg-Chardonnay, mit dem Jahrgang 2014 wurde ein weiterer Lagen-Chardonnay aus dem Bienenberg eingeführt, der ebenso wie erstmals auch der Schlossberg-Chardonnay als Großes Gewächs bezeichnet wird, der Chardonnay ohne Lagenbezeichnung erhielt den Zusatz „Alte Reben".

Kollektion

Julian Huber konzentriert sich ganz auf zwei Rebsorten: Chardonnay und Spätburgunder. Spätburgunder ist schon seit jeher die Hauptrebsorte im Betrieb, die Rebsorte, der Bernhard Hubers große Liebe galt. Der Chardonnay war auch schon immer seine bevorzugte Weißweinsorte gewesen, ganz so konsequent wie jetzt sein Sohn Julian aber war er nicht, gab es doch auch Auxerrois und Muskateller, einen Müller-Thurgau in der Magnum, den zum Klassiker gewordenen Malterer – und natürlich großartige Weißburgunder und vor allem Grauburgunder, mit denen er oft zur Spitze in Deutschland zählte. Zehn aktuelle Weine konnten wir dieses Jahr verkosten: Sechs Spätburgunder, drei Chardonnay und immerhin noch einen Weißburgunder. Der macht eine prächtige Figur, zeigt feine rauchige Noten im Bouquet, dezenten Toast, ist klar und fruchtbetont im Mund, herrlich präzise und kraftvoll. Das Chardonnay-Trio hatte uns im vergangenen Jahr begeistert, die

Wildheit, die Frische und Lebendigkeit, die Säure. Das hat im Jahrgang 2014 hervorragend gepasst, und auch die 2015er sind wieder enorm stark – und doch haben wir uns bei allen Weinen die Frage gestellt, ob es denn so viel Säure braucht. Für uns schien sie 2014 ein klein wenig besser integriert, sie macht aber die Huber'schen Chardonnay unverwechselbar, alle drei waren ohne Mühe zu identifizieren in unserem Chardonnay-Finale. Der Chardonnay von alten Reben zeigt deutlichen Toast und viel Würze, ist zupackend und dominant, besitzt enorm viel Säure und Biss. Aber säuregeprägt, wie gesagt, sind sie alle, auch der Bienenberg, der ebenfalls deutlich Toast zeigt, viel Frische im Mund besitzt, viel Kraft und Biss. Auch der Schlossberg weist Toastnoten im Bouquet auf, ist frisch und zupackend, herrlich präzise – bei viel Säure und Biss; er ist der duckvollste der drei Weine. Das Spätburgunder-Sextett beginnt mit einem faszinierend reintönigen Malterdinger, der lebhaft, klar und zupackend ist. Der Spätburgunder von alten Reben zeigt etwas rote Beeren im Bouquet, ist frisch und lebhaft, geradlinig und klar, merklich säurebetont. Unter den vier Großen Gewächsen präferieren wir im Jahrgang 2015 eindeutig die beiden Weine aus dem Bienenberg. Die Sommerhalde zeigt herrlich viel Frucht im Bouquet, ist wunderschön reintönig und lebhaft im Mund, präzise und zupackend, besitzt gute Struktur, Länge und viel Frische. Der Schlossberg zeigt rauchig-würzige Noten, anfangs ein wenig streng, ist fruchtbetont und lebhaft im Mund, herrlich klar, besitzt sehr viel Säure und Biss. Der Bienenberg zeigt reintönige Frucht, gute Konzentration, feine Frische, etwas rauchige Noten, ist klar im Mund, frisch, präzise, herrlich druckvoll, sehr reintönig, besitzt kräftige Tannine, viel Frucht und Länge. Die Nase vorne aber hat auch 2015 wieder der Wildenstein, der enorm viel Frucht im Bouquet zeigt, etwas Johannisbeeren, herrlich eindringlich ist, kraftvoll und stoffig im Mund ist, zupackend, viel Substanz, Druck und Länge besitzt.

Weinbewertung

89	2015 Weißer Burgunder trocken **13 %/14,50 €**
91	2015 Chardonnay trocken „Alte Reben" **13 %/27,- €**
92	2015 Chardonnay trocken „GG" Bienenberg **13 %/40,- €**
93	2015 Chardonnay trocken „GG" Schlossberg **13 %/59,- €**
89	2015 Spätburgunder trocken Malterdinger **13 %/16,80 €**
89	2015 Spätburgunder trocken „Alte Reben" **13 %/27,- €**
94	2015 Spätburgunder „GG" Malterdinger Bienenberg **13 %/40,- €**
92	2015 Spätburgunder „GG" Bombacher Sommerhalde **13 %/40,- €**
92	2015 Spätburgunder „GG" Hecklinger Schlossberg **13 %/59,- €**
95	2015 Spätburgunder „GG" „Wildenstein" **13 %/120,- €**

LAGEN

BIENENBERG (MALTERDINGEN)
- WILDENSTEIN
SCHLOSSBERG (HECKLINGEN)
SOMMERHALDE (BOMBACH)

REBSORTEN

SPÄTBURGUNDER (65 %)
CHARDONNAY (10 %)
WEISSBURGUNDER (10 %)
GRAUBURGUNDER (7 %)

Huck-Wagner

★☆

Kontakt

Engetalstraße 31
79588 Efringen-Kirchen
Tel. 07628-1462
Fax: 07628-800319
www.huck-wagner.de
huck-wagner@gmx.de

H

Inhaber
Familie Huck-Wagner
Rebfläche
14 Hektar
Produktion
100.000 Flaschen

Besuchszeiten

Mo.-Sa. 8-19 Uhr
Weinproben (bis 50 Personen)

Efringen-Kirchen, die Heimat des Weingutes Huck-Wagner, liegt am Fuße des Ölbergs. Dort befindet sich auch der größte Teil der Weinberge, die Reben wachsen in Efringen auf Jura-Kalk-Formationen. Hinzu kommen Parzellen in den Lagen Binzener Sonnhole und Blansinger Wolfer. Wichtigste Rebsorten sind Gutedel (auch die Spielart Roter Gutedel), Müller-Thurgau und Spätburgunder. Dazu gibt es Silvaner – inzwischen im Markgräflerland eine Seltenheit, Muskateller, Grauburgunder, Riesling, Chardonnay, Weißburgunder und Gewürztraminer, sowie Regent und Merlot. Die Weine werden überwiegend trocken ausgebaut. Sekte und Brände ergänzen das Sortiment. Das Weingut wird seit 1992 in dritter Generation von Christine Huck-Wagner, die für den Keller verantwortlich ist, und Ehemann Roland Wagner geführt, 2005 haben sie den Betrieb übernommen.

Kollektion

Mit der neuen Kollektion schließen Christina Huck-Wagner und Roland Wagner nahtlos an die gute Vorjahreskollektion an. Schon die Basis präsentiert sich zuverlässig auf gutem Niveau, alle Weine sind fruchtbetont und sortentypisch. Der Sekt ist klar, frisch und zupackend, der Muskateller besitzt gute Struktur und feine Frische. Unter den Kabinettweinen gefällt uns der frische, reintönige Gutedel besonders gut, der Grauburgunder ist fruchtbetont und geradlinig. Deutlich fülliger und kraftvoller ist die trockene Grauburgunder Spätlese, besitzt feine süße Frucht und Biss. Das rote Segment wartet mit einem gewürzduftigen Merlot auf, der kraftvoll, klar und zupackend ist, gute Struktur und Biss besitzt. An der Spitze der Kollektion aber steht wieder einmal der kraftvolle im Barrique ausgebaute Spätburgunder in der 0,5 Liter-Flasche. ▬

Weinbewertung

83 2014 Silvaner Sekt brut **12,5 %/9,- €**
82 2016 Roter Gutedel trocken **12,5 %/5,50 €**
84 2016 Gutedel Kabinett trocken Efringer Ölberg **11,5 %/5,50 €**
82 2016 Silvaner Kabinett trocken Efringer Ölberg **13 %/5,50 €**
82 2016 Weißburgunder Kabinett trocken Binzener Sonnhohle **13,5 %/6,80 €**
83 2016 Grauburgunder Kabinett trocken Efringer Ölberg **13,5 %/7,20 €**
84 2016 Muskateller trocken Blansinger Wolfer **12 %/7,20 €**
83 2016 Chardonnay Spätlese trocken Efringer Ölberg **13,5 %/9,- €**
85 2016 Grauburgunder Spätlese trocken Efringer Ölberg **14 %/10,- €**
84 2015 Merlot trocken Efringer Ölberg **14 %/8,50 €**
82 2015 Spätburgunder Spätlese trocken Efringer Ölberg **13,5 %/9,50 €**
86 2014 Spätburgunder trocken Barrique Efringer Ölberg **13 %/9,20 €/0,5l**

Hüls

★★☆

KONTAKT

Moselweinstraße 44
54536 Kröv
Tel. 06541-8189369
Fax: 06541-8167926
www.weinguthuels.de
kontakt@weinguthuels.de

Inhaber
Markus Hüls
Rebfläche
5 Hektar
Produktion
25.000 Flaschen

BESUCHSZEITEN

Mo.-Sa. 10-17 Uhr

HÜLS
STEILLAGEN-CHARAKTERWEINE

Markus Hüls stammt aus einem Weingut, hat zu Hause und bei Markus Molitor seine Winzerlehre gemacht. Inzwischen hat er sein eigenes Weingut gegründet, das inzwischen auf 5 Hektar gewachsen ist, bietet darüber hinaus einen Steillagenbewirtschaftungsservice als Dienstleistung für andere Weingüter an. Seine Weinberge liegen in Kröv in den Lagen Steffensberg, Letterlay und Kirchlay. Neben Riesling baut er ein wenig Spätburgunder und Weißburgunder an. Die Weine werden nach Maischestandzeiten spontanvergoren, teils im traditionellen Fuder, teils im Edelstahl, bleiben lange auf der Feinhefe. Sie werden auf dem Etikett mit Zahlen von 1 bis 9 gekennzeichnet, die den Grad der Restsüße von trocken bis edelsüß wiedergeben: Eine Methode, die in ähnlicher Form im Elsass Verbreitung gefunden und sich dort bewährt hat, in Deutschland aber noch als Neuheit gilt.

Kollektion

Die 2015er überzeugten komplett – vom saftigen Basisriesling bis zum komplexen Wein aus der Letterlay. Dieses Mal zeigt sich, dass die Leistungen des Weinguts nachhaltig sind. Schon der saftige 2016er Weißburgunder mit seiner offenen Frucht ist eine unbedingte Empfehlung wert, die offizielle Steigerung, das saftige, leicht nach Birne duftende „Goldstück", finden wir allerdings nicht wesentlich spannender. Attraktiv, verspielt, beinah trocken ist das „Schieferspiel", auch der Letterlay-Riesling wirkt sensorisch praktisch trocken und dazu etwas präziserer als der schmelzige Steffensberg-Wein. Der saftige Wein von alten Reben ist duftig, besitzt eine gewisse Fülle; noch süßere Weine wurden nicht präsentiert. Dafür stellte Markus Hüls zwei Rotweine vor, die beide überzeugen: der normale Spätburgunder, sortentypisch mit kühler Frucht und der Letterlay-Wein mit eher warmer Frucht, Noten von dunklen Beeren und dunklen Kirschen.

Weinbewertung

86	2016 Weißburgunder trocken **12 %/8,50 €**
86	2016 Weißburgunder „Goldstück" **12,5 %/17,50 €**
83	2016 Riesling trocken **11,5 %/8,50 €**
85	2016 Riesling „Schieferspiel" **11,5 %/12,50 €**
84	2016 Riesling „feinherb" **10,5 %/8,50 €**
87	2016 Riesling „Alte Reben" **10 %/14,50 €**
88	2016 Riesling Kröver Letterlay **12 %/21,- €**
87	2016 Riesling Kröver Steffensberg **11,5 %/21,- €**
86	2015 Spätburgunder trocken **13 %/13,50 €**
89	2015 Spätburgunder trocken Kröver Letterlay **13 %/39,- €**

Fritz Ekkehard Huff

★★★

KONTAKT

Hauptstraße 90
55283 Nierstein
Tel. 06133-58003
Fax: 06133-58617
www.weinguthuff.de
info@weingut-huff.de

Inhaber
Fritz Ekkehard Huff
Kellermeister
Christine Huff &
Jeremy Bird-Huff
Rebfläche
8 Hektar
Produktion
45.000 Flaschen

BESUCHSZEITEN

nach Vereinbarung

Seit über 300 Jahren baut die Familie Wein in Schwabsburg an, aus dem ursprünglichen Gemischtbetrieb entwickelte sich nach und nach ein reines Weingut. Heute führen Fritz Ekkehard Huff und seine Ehefrau Doris den Betrieb. Seit Beendigung ihres Geisenheim-Studiums 2010 ist Tochter Christine für die Vinifikation verantwortlich, unterstützt von ihrem Ehemann Jeremy, einem gebürtigen Neuseeländer. Die Weinberge liegen in Nierstein und Schwabsburg, unter anderem in den Lagen Schloss Schwabsburg, Orbel und Paterberg, zuletzt kam eine Parzelle im Pettenthal hinzu. Riesling und die Burgundersorten dominieren im Anbau, dazu gibt es Silvaner und Scheurebe, rote Sorten wie Spätburgunder oder St. Laurent nehmen inzwischen 30 Prozent der Fläche ein. Das Sortiment ist dreistufig gegliedert in Guts-, Orts- und Lagenweine, an der Spitze der Kollektion stehen die Lagenrieslinge aus Orbel und Pettenthal sowie der „Rabenturm" aus dem nicht flurbereinigten Filetstück der Lage Schloss Schwabsburg mit über 50 Jahre, teilweise 80 Jahre alten Reben.

Kollektion

Das Weingut ist einer der Aufsteiger der letzten Jahre, und auch die neue Kollektion überzeugt. Man zeigt uns den fruchtbetonten, geradlinigen Liter-Riesling: das überzeugt. Die Gutsweine zeigen sehr gleichmäßiges Niveau, egal ob trocken oder feinherb, egal ob Weiß- oder Grauburgunder, Riesling oder Silvaner. Mit den Ortsweinen dann bewegt man sich auf sehr gutem Niveau. Der Niersteiner Grauburgunder ist fruchtbetont, zupackend und strukturiert, der Riesling vom Rotliegenden besitzt gute Struktur, Frucht und Biss und der zupackende Sauvignon Blanc überzeugt ohnehin immer. Spannend ist die Riesling-Serie, bietet einen zupackenden Orbel, den klaren puristischen Pettenthal und den rauchig-würzigen, kraftvollen Rabenturm.

Weinbewertung

81 2016 Riesling trocken (1l) **11,5 %/5,80 €**
83 2016 Sylvaner trocken **12 %/6,- €**
83 2016 Weißburgunder trocken **12,5 %/6,90 €**
85 2016 Grauburgunder trocken Niersteiner **13 %/8,30 €**
83 2016 Riesling trocken **12 %/6,90 €**
85 2016 Riesling trocken „vom Rotliegenden" **12 %/8,30 €**
85 2016 Sauvignon Blanc trocken „The Yellow Bird" **12,5 %/8,60 €**
85 2016 Riesling trocken Schwabsburger **11,5 %/9,20 €**
86 2016 Riesling trocken Orbel **12 %/13,80 €**
88 2016 Riesling trocken „Rabenturm" **12 %/20,70 €**
87 2016 Riesling trocken Pettenthal **12 %/25,- €**
83 2016 Riesling „feinherb" **11 %/6,70 €**
88 2015 Riesling Beerenauslese Schloss Schwabsburg **9 %/26,80 €/0,375l**

GEORG GUSTAV HUFF

★★★

KONTAKT

Woogstraße 1
55283 Nierstein
Tel. 06133-50514
Fax: 06133-61395
www.weinguthuff.com
info@weingut-huff.com

Inhaber
Dieter Huff
Rebfläche
22 Hektar
Produktion
180.000 Flaschen

BESUCHSZEITEN

Mo.-Fr. 8-12 + 13:30-18 Uhr,
Sa. 9-17 Uhr, So. 10-12 Uhr

Seit 300 Jahren baut die Familie Wein in Nierstein an. Dieter Huff hat das Weingut 1989 übernommen. Die Weinberge liegen unter anderem in den Niersteiner Lagen Hipping, Pettenthal, Schloss Schwabsburg, Bildstock, Ebersberg und Kirchplatte. Riesling nimmt etwa ein Viertel seiner Rebfläche ein. Es folgen Spätburgunder, Dornfelder, Müller-Thurgau, Portugieser, Chardonnay, Grauburgunder und Weißburgunder. Sohn Daniel, Weinbautechniker, ist seit 2003 für den Ausbau der Weine verantwortlich. Der jüngere Sohn Stefan ist nach Beendigung seiner Technikerausbildung in Weinsberg und praktischen Erfahrungen in Rheinhessen (Peth-Wetz), an der Ahr (Burggarten), in Österreich und in Australien 2010 ebenfalls in den Betrieb eingestiegen, kümmert sich um den Ausbau der Rotweine.

Kollektion

Nach einer starken 2015er Kollektion bestätigen die Huffs mit dem Jahrgang 2016 den sehr guten Eindruck des Vorjahres. Die Basis stimmt, das zeigt der Riesling Roter Hang, der Silvaner besitzt Fülle und Kraft. Der Reserve-Pinot Blanc besitzt gute Struktur, Substanz und klare Frucht. Sehr gleichmäßig präsentieren sich wie schon im Vorjahr die Lagen-Rieslinge. Der Schloss Schwabsburg-Wein besitzt reife Frucht, etwas gelbe Früchte, ist wunderschön füllig und saftig. Der Hipping von alten Reben ist ebenfalls füllig, er besitzt viel reife Frucht und Substanz. Der Pettenthal zeigt feine Würze und Duft, besitzt Fülle und Kraft. Unsere leichte Präferenz gilt dieses Jahr dem Riesling vom Rehbacher Steig Sonnenseite: Er zeigt rauchig-würzige Noten im Bouquet, besitzt viel reife Frucht, Substanz und gute Struktur, ist noch sehr jugendlich. Die würzige, konzentrierte Beerenauslese stammt noch aus dem Jahrgang 2015, die Rotweine aus 2014, der rauchige, zupackende Spätburgunder von alten Reben gefällt uns besonders gut.

Weinbewertung

85	2016 Silvaner trocken Niersteiner Kirchplatte **12 %/9,70 €**
87	2016 Pinot Blanc „Reserve" **13 %/10,20 €**
83	2016 Riesling trocken „Roter Hang" **12 %/5,60 €**
87	2016 Riesling trocken Niersteiner Schloss Schwabsburg **12 %/11,20 €**
87	2016 Riesling trocken Niersteiner Pettenthal **12,5 %/10,20 €**
87	2016 Riesling trocken „Alte Reben" Niersteiner Hipping **12,5 %/16,- €**
88	2016 Riesling trocken „Rehbacher Steig Sonnenseite" Pettenthal **12,5 %/22,- €**
87	2016 Riesling Auslese Niersteiner Schloss Schwabsburg **8 %/9,70 €**
87	2015 Riesling Beerenauslese Niersteiner Schloss Schwabsburg **7 %/15,-€/0,375l**
84	2014 Spätburgunder trocken **13 %/10,50 €**
84	2014 Frühburgunder trocken **13 %/10,50 €**
87	2014 Spätburgunder trocken „Alte Reben" **13 %/17,- €**

HUFF-DOLL

★★☆

KONTAKT

Weedstraße 6
55457 Horrweiler
Tel. 06727-343
Fax: 06727-5366
www.huff-doll.de
weingut@huff-doll.de

H

Inhaber
Bettina & Ulrich Doll
Rebfläche
13 Hektar
Produktion
60.000 Flaschen

BESUCHSZEITEN

Mo.-Sa. nach Vereinbarung

Seit 1848 bewirtschaftet die Familie Weinberge rund um Horrweiler, wo die Reben auf schweren, kalkhaltigen Böden wachsen. Gudrun und Ernst Doll übernahmen 1960 das Gut und stellten von einem landwirtschaftlichen Mischbetrieb auf Weinbau und Flaschenweinvermarktung um. 2002 ist ihr Sohn Ulrich, Weinbautechniker, in den Betrieb eingestiegen, den er inzwischen übernommen hat. Seit 2011 ist auch seine Frau Bettina im Betrieb tätig, kümmert sich um Büro und Marketing. Die Weinberge liegen in Horrweiler, nur beim Spitzenriesling wird die Lage Gewürzgärtchen auf dem Etikett hervorgehoben. Grauburgunder, Riesling und Spätburgunder sind die wichtigsten Rebsorten, gefolgt von Silvaner und Weißburgunder, dazu gibt es Müller-Thurgau, Chardonnay, Dornfelder, St. Laurent und Portugieser. 2014 konnte die Rebfläche kräftig erweitert werden von bisher gut 8 Hektar auf nun 13 Hektar.

Kollektion

Ein zitruswürziger Rieslingsekt eröffnet in diesem Jahr den Reigen. Die Scheurebe ist fruchtbetont und geradlinig. In der Prestige-Linie gefällt uns der klare, geradlinige Grauburgunder besonders gut, die Rieslinge der Jahrgänge 2014 und 2015 sind klar und zupackend. Unser eindeutiger Favorit ist auch ein Riesling, stammt aber aus dem Jahrgang 2016: Der Gewürzgärtchen-Riesling ist füllig und kraftvoll, besitzt gute Substanz und Frucht, ist noch sehr jugendlich. Im roten Segment setzen Bettina und Ulrich Doll ganz auf Cuvées. Rote Freude nennt sich die fruchtbetonte, frische Basiscuvée, Rote Leidenschaft der Wein aus dem Mittelsegment, er ist lebhaft, fruchtbetont, zupackend. Milena Johanna ist nun kein reinsortiger Spätburgunder mehr, sondern ebenfalls eine Cuvée, kraftvoll, stoffig, jugendlich.

Weinbewertung

83 2015 Riesling Sekt brut **12 %/9,50 €**
82 2016 Scheurebe trocken „Independent“ **12 %/6,90 €**
81 2016 Grauburgunder trocken **13 %/6,90 €**
84 2016 Grauburgunder trocken „Prestige“ **13,5 %/8,50 €**
84 2014 Riesling trocken „Prestige“ **12 %/8,50 €**
85 2015 Riesling trocken „Prestige“ **12 %/8,50 €**
84 2015 Riesling Spätlese trocken **12,5 %/9,50 €**
82 2016 Silvaner trocken „Prestige“ **13,5 %/8,90 €**
87 2016 Riesling trocken Gewürzgärtchen **12,5 %/11,50 €**
81 2016 Rosé trocken **12,5 %/6,90 €**
83 2015 „Rote Freude“ Rotwein trocken **14 %/6,90 €**
84 2015 „Rote Leidenschaft“ Rotwein trocken **13,5 %/9,20 €**
85 2014 Spätburgunder trocken **13,5 %/8,90 €**
84 2015 „Milena Johanna“ Rotwein trocken **14 %/12,90 €**

Hummel

★★★☆

KONTAKT

Wein & Sektgut Bernd Hummel,
Inh. Daniel Rhein
Oberer Mühlweg 5
69254 Malsch
Tel. 07253-27148
Fax: 07253-25799
www.weingut-hummel.de
info@weingut-hummel.de

Inhaber
Daniel Rhein
Rebfläche
8,5 Hektar
Produktion
50.000 Flaschen

BESUCHSZEITEN

Mo.-Fr. 17-19 Uhr, Sa. 9-13 Uhr
und nach Vereinbarung

Daniel Rhein ist seit 1. Juli 2016 neuer Inhaber des Weinguts Hummel in Malsch. Der junge Oberfranke hat in Geisenheim Weinbau und Önologie studiert und an der Uni Gießen einen Masterabschluss erlangt. Während des Studiums hatte er bereits ein Praktikum bei Bernd Hummel gemacht. Bernd Hummel hat vor allem durch seine Rotweine bundesweite Bekanntheit erlangt, gehören sie doch immer wieder zur Spitze in Deutschland, auch die Weißweine sind stetig besser geworden, und auch auf die Herstellung von Sekten verstand er sich wie nur wenig andere in Deutschland. Burgundersorten (inklusive Schwarzriesling und Auxerrois) nehmen 80 Prozent der Rebfläche ein, rote Sorten zusammen zwei Drittel. Spätburgunder, Lemberger, Schwarzriesling und Cabernet Sauvignon werden angebaut, aber auch Cabernet Mitos, Regent und Dornfelder. Bei den weißen Sorten dominieren Riesling und die Burgundersorten. Zuletzt wurden Sauvignon Blanc, Muskateller und Syrah gepflanzt.

Kollektion

Die 2016er Weißweine tragen bereits die Handschrift des neuen Inhabers Daniel Rhein, für die 2015er Rotweinen war Bernd Hummel in den Weinbergen und im Keller verantwortlich. Bei den Weißweinen gibt es keinen Bruch, Rhein und Hummel haben ähnliche Vorstellungen und arbeiten in die gleiche Richtung. Die Kabinett-Weißweine sind alle von fruchtiger Klarheit, nicht zu schwer. Der voluminöse 2015er Chardonnay von 2015 ist sehr duftig mit voller reifer Frucht. Die Rotweine sind mächtig, vielschichtig und dicht – Bernd Hummel hat einen würdigen Abschluss geschaffen. Sehr konzentriert ist der Lemberger, der Merlot noch sehr verschlossen. Der Schwarzriesling versteckt seine Frucht noch hinter Röstaromen. Viel Zeit sollte man auch den Spätburgundern geben. Der „R" zeigt reife Kirschnoten, der „RR" hat eine burgundisch-dunkle Aromatik, der „RRR" ist stimmig mit guter Tannin- und Säurestruktur.

Weinbewertung

84	2016 Auxerrois Kabinett trocken Malscher Ölbaum **12,5 %/9,90 €**
85	2016 Weißburgunder Kabinett trocken Malscher Ölbaum **12,5 %/9,90 €**
85	2016 Grauburgunder Kabinett trocken Malscher Ölbaum **12,5 %/9,90 €**
86	2016 Chardonnay Kabinett trocken Malscher Ölbaum **13 %/9,90 €**
88	2015 Chardonnay trocken „Reserve" Malscher Ölbaum **14,5 %/35,- €**
87	2015 „Sibylla" Rotwein trocken „Reserve" **13,5 %/19,- €**
89	2015 Schwarzriesling Spätlese trocken „R" Malscher Rotsteig **14 %/39,- €**
90	2015 Lemberger Auslese trocken „R" Malscher Rotsteig **14,5 %/35,- €**
88	2015 Merlot trocken „Reserve" Malscher Rotsteig **14 %/35,- €**
89	2015 Spätburgunder Auslese trocken „R" Malscher Rotsteig **14 %/56,- €**
90	2015 Spätburgunder Auslese trocken „RR" Malscher Rotsteig **14 %/75,- €**
90	2015 Spätburgunder Auslese trocken „RRR" Malscher Rotsteig **14 %/129,- €**

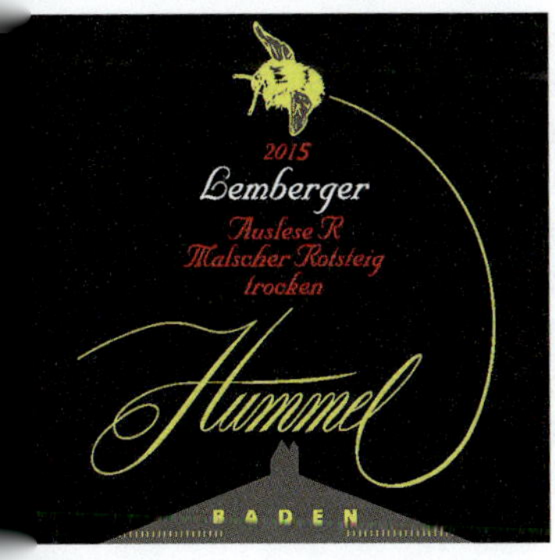

Kilian und Martina Hunn

★★

KONTAKT

Rathausstraße 2
79288 Gottenheim
Tel. 07665-6207
Fax: 07665-6223
www.weingut-hunn.de
mail@weingut-hunn.de

H

Inhaber
Kilian & Martina Hunn
Rebfläche
24 Hektar
Produktion
190.000 Flaschen

BESUCHSZEITEN

Mo.-Fr. 8-12:30 Uhr + 14:30-19 Uhr, Sa. 8-16 Uhr
Straußwirtschaft (Mitte Juni bis Ende Aug., Mo.-Fr. ab 17 Uhr, Sa. ab 16 Uhr)

Das Weingut Hunn in Gottenheim, westlich von Freiburg am Tuniberg gelegen, wurde 1982 von Felix Hunn gegründet mit damals einem halben Hektar Weinberge. 1998 übernahmen es Sohn Kilian und Ehefrau Martina. Nach und nach erweiterten sie die Rebfläche auf die heutige Größe (überwiegend in der Lage Gottenheimer Kirchberg). Der Gottenheimer Kirchberg ist eine mit einer Lössschicht überzogene Kalkscholle aus der Zeit des Jura. Des Weiteren sind sie im Merdinger Bühl und im Opfinger Sonnenberg vertreten. Die Burgundersorten nehmen drei Viertel der Weinberge ein. Wichtigste Rebsorte ist Spätburgunder mit einem Anteil von 35 Prozent. Es folgen Weiß- und Grauburgunder, Chardonnay, Riesling und Müller-Thurgau. Die Rotweine kommen nach der Maischegärung in Eichenholzfässer, ausgewählte Weine auch ins Barrique. Die Weißweine vergären langsam und kühl. Die Weine werden überwiegend trocken und durchgegoren ausgebaut. Seit 1993 gibt es im traditionellen Verfahren erzeugte Sekte. Schon in der ersten Ausgabe empfahlen wir die Weine von Kilian Hunn. 2011 wurde die Ausstattung geändert, drei verschiedene Farben kennzeichnen die Weinlinien „Die jungen Frischen", „Die jungen Wilden" und die „Hunn-Selectionen".

Kollektion

Die neue Kollektion schließt nahtlos an die guten Vorjahre an. Die „Junge Frische"-Linie bietet fruchtbetonte, geradlinige Weine, der zupackende Rosé gefällt uns besonders gut. Die „Jungen Wilden" sind kraft- und druckvoller, aber ebenso fruchtbetont und sortentypisch. Die Reserve-Weine besitzen dann deutlich mehr Substanz, der Grauburgunder ist herrlich saftig, der Chardonnay zeigt dezenten Toast, besitzt viel Kraft, der Viognier ist füllig, konzentriert, sehr sortentypisch. Unser Favorit aber ist der wunderschön reintönige, elegante Pinot Noir, der gute Struktur und Frische besitzt.

Weinbewertung

82 2016 Weißburgunder Kabinett trocken („Junge Frische") **13 %/8,20 €**
81 2016 Grauburgunder Kabinett trocken („Junge Frische") **13 %/9,- €**
83 2016 Auxerrois trocken („Junge Wilde") **13 %/9,90 €**
83 2016 Grauburgunder trocken („Junge Wilde") **13 %/9,50 €**
84 2016 Chardonnay Kabinett trocken („Junge Wilde") **13 %/9,50 €**
83 2016 Sauvignon Blanc trocken („Junge Wilde") **13 %/9,90 €**
85 2015 Grauburgunder „Reserve" **14 %/16,50 €**
86 2015 Chardonnay „Reserve" **13,5 %/16,50 €**
87 2015 Viognier „Reserve" **14 %/23,50 €**
84 2016 Spätburgunder Rosé Kabinett trocken („Junge Frische") **12,5 %/7,40 €**
84 2014 Rotweincuveé trocken **13 %/9,90 €**
88 2014 Pinot Noir trocken **13,5 %/16,50 €**

Huster

★☆

KONTAKT

Huster Ökologischer Weinbau
Rosenstraße 13
55218 Ingelheim
Tel. 06130-944114
Fax: 06130-944116
www.weingut-huster.de
info@weingut-huster.com

Inhaber
Raimund & Tobias Huster
Rebfläche
12 Hektar

BESUCHSZEITEN

Mo.-Fr. 17-19 Uhr, Sa. 9-17 Uhr
oder nach Vereinbarung
Straußwirtschaft

Friedrich und Anneliese Huster gründeten 1955 den Betrieb als typischen rheinhessischen Gemischtbetrieb mit Viehzucht, Acker- und Weinbau, Anfang der siebziger Jahre spezialisierte man sich auf Wein. Sohn Raimund begann mit damals 3 Hektar Reben mit der Flaschenweinvermarktung. Zusammen mit Ehefrau Jutta Huster baut er den Betrieb weiter aus, eröffnet 1996 eine Straußwirtschaft, die drei Monate im Jahr an den Wochenenden geöffnet hat. Im gleichen Jahr wurde auf ökologische Bewirtschaftung umgestellt. Nach Abschluss seines Geisenheim-Studiums stieg Sohn Tobias 2008 in den Betrieb ein und übernahm die Verantwortung für den Keller. 2012 wurden Traubenproduktion und Außenbetrieb ausgesiedelt, befinden sich nun inmitten der Ingelheimer Weinberge. 55 Prozent der Rebfläche nehmen weiße Sorten ein, wie Riesling, Silvaner, Weiß- und Grauburgunder. Wichtigste rote Rebsorten sind Spätburgunder, Portugieser, Regent und Sankt Laurent. Die Rotweine werden maischevergoren und im Holz ausgebaut, die Weißweine nach langem Feinhefelager nur einmal vor der Füllung filtriert.

Kollektion

Mit der neuen Kollektion bestätigen Raimund und Tobias Huster den guten Eindruck des Vorjahres, die Weine präsentieren sich gleichmäßig, weiß wie rot. Unter den Gutsweinen gefallen uns der fruchtbetonte, zupackende Riesling und der geradlinige, süffige Souvignier Gris besonders gut. Der Blanc de Noir ist konzentriert und strukturiert, der Gewürztraminer besitzt Fülle und Kraft, reife Frucht und gute Struktur. Unser Favorit im weißen Segment ist der Riesling aus dem Burgberg, der kraftvoll, fruchtbetont und zupackend ist. Das rote Segment bietet einen intensiven, sehr reintönigen Syrah, einen fruchtbetonten, geradlinigen Spätburgunder und einen füllig-saftigen Frühburgunder aus dem Jahrgang 2013. —

Weinbewertung

83 2016 Riesling trocken **12,5 %/6,30 €**
81 2016 Silvaner trocken **12 %/6,10 €**
83 2016 Souvignier Gris trocken **12,5 %/6,70 €**
81 2016 Grauer Burgunder trocken **12,5 %/6,10 €**
85 2015 Riesling trocken „Q1" Ingelheimer Burgberg **12,5 %/10,- €**
84 2016 Spätburgunder „Blanc de Noir" trocken „Q1" **12,5 %/7,- €**
84 2016 Gewürztraminer trocken „Q1" **12,5 %/7,60 €**
81 2016 Weißburgunder **12 %/6,30 €**
82 2015 Frühburgunder trocken „Q1" **13,5 %/9,70 €**
86 2015 Syrah trocken **13,5 %/9,10 €**
84 2013 Spätburgunder Spätlese trocken **13 %/11,80 €**
86 2013 Frühburgunder Auslese trocken „Q1" **14 %/14,80 €**

H

IDLER

★★☆

KONTAKT

Hauptstraße 74
71384 Weinstadt-Strümpfelbach
Tel. 07151-600631
www.weingut-idler.de
info@weingut-idler.de

Inhaber
Marcel Idler
Rebfläche
6 Hektar

BESUCHSZEITEN

Sa. 10-13 Uhr oder nach Vereinbarung

Marcel Idler gründete 2012, mit 24 Jahren, sein eigenes Weingut, das mitten in Strümpfelbach liegt. Marcel Idler hat nach seiner Winzerlehre in Geisenheim studiert und zahlreiche Praktika absolviert (Südafrika, Roussillon, Provence, Schweiz). Seine Weinberge liegen in Strümpfelbach, wo die Reben auf kalkhaltigen Keuper- und Mergelböden wachsen, die mit Schichten von Sandstein durchzogen sind. Er baut vor allem Trollinger, Riesling und Lemberger an, aber auch Müller-Thurgau, Silcher und Cabernet Blanc, Sauvignon Blanc, sowie an weiteren roten Rebsorten Cabernet Sauvignon, Merlot, Portugieser und Dornfelder, hat inzwischen den Sortenspiegel ergänzt um Rebsorten wie Weißburgunder, Chardonnay und Grauburgunder. Die Weine werden teils im Holz, teils im Edelstahl ausgebaut.

Kollektion

Mit der neuen Kollektion bestätigt Marcel Idler den starken Eindruck der Vorjahre, wobei in der Spitze diesmal die Rotweine vorne liegen. Die Weißweine präsentieren sich sehr geschlossen, angefangen vom fruchtbetonten, geradlinigen Gutsriesling. Der Riesling vom bunten Mergel weist Zitrusnoten auf, der Riesling von alten Reben ist deutlich saftiger, besitzt viel reife süße Frucht. Die weiße Burgundercuvée ist etwas zu sehr von Vanillenoten geprägt – bei viel Substanz und reifer süßer Frucht. Die meisten Rotweine hatten wir schon im vergangenen Jahr vorgestellt. Neu ist der reintönige, frische geradlinige Guts-Lemberger. Die beiden R-Rotweine des Jahrgangs 2014 sahen wir im vergangenen Jahr noch gleichauf, dieses Jahr nun gilt unsere Präferenz dem Lemberger, der mit seiner reintönigen Frucht besticht, dabei Fülle und Kraft besitzt.

Weinbewertung

82 2015 Pinot Sekt brut **11,5 %/12,50 €**
82 2016 Riesling trocken **11,5 %/6,90 €**
83 2016 „Vom Keupergrund" Weißwein trocken **11,5 %/7,20 €**
84 2015 Riesling trocken „vom bunten Mergel" **12 %/8,90 €**
82 2016 Weißburgunder trocken „vom Gipskeuper" **12 %/8,60 €**
85 2015 „n-not" Weißwein trocken **13,5 %/13,50 €**
85 2015 Riesling „alte Reben" **13 %/14,50 €**
84 2015 „Vom Keupergrund" Rotwein trocken **13 %/8,60 €**
84 2015 Trollinger trocken „alte Reben" **13 %/7,90 €**
82 2015 Lemberger trocken **13 %/10,50 €**
87 2014 „Vom Keupergrund" Rotwein trocken „Reserve" **14 %/18,50 €**
88 2014 Lemberger trocken „Reserve" **13,5 %/22,- €**

IHLE

★

KONTAKT

Höfe am Sträßel 3
69231 Rauenberg
Tel. 06222-64692
Fax: 06222-64259
www.weingut-ihle.de
weingut.ihle@t-online.de

Inhaber
Michael Ihle, Andreas Ihle, Sabine Haas
Rebfläche
6 Hektar
Produktion
35.000 Flaschen

BESUCHSZEITEN

Mo.-Fr. 10-12 + 16-18:30 Uhr,
Sa. 10-14 Uhr
Besenwirtschaft (Mitte März bis Anfang Juni und Mitte Sept. bis Ende Nov.)

Der Ihle-Hof in Rauenberg ist nicht nur ein Weingut, sondern auch ein Bauernhof mit Schweinen, Hühnern, Ziegen und Pferden. Im Hofladen kann man alle Produkte aus der eigenen Produktion erwerben. Das Weingut besteht seit 1988, heute wird es von drei Geschwistern geführt. Für Weinberge und Keller sind Michael Ihle und Andreas Ihle verantwortlich, ihre Schwester Sabine kümmert sich um den Verkauf und die Besenwirtschaft. Die Weinberge liegen alle in der einzigen für Rauenberg eingetragenen Lage, dem Burggraf, allerdings wird die Lage nicht auf den Etiketten angegeben. An weißen Sorten werden Müller-Thurgau, Weißburgunder, Grauburgunder, Auxerrois, Riesling, Scheurebe und Gewürztraminer angebaut, inzwischen auch Cabernet Blanc. An roten Sorten gibt es Portugieser, Spätburgunder, Dornfelder, Lemberger, St. Laurent, Cabernet Mitos und Syrah. Auch Sekt wird hergestellt, ebenso Edelbrände und Liköre.

Kollektion

Eine gute Kollektion zeigt uns das Weingut Ihle auch in diesem Jahr. An der Spitze der 2016er Weißweine steht eine Weißburgunder Spätlese mit viel Frucht, elegantem Druck, saftigem Schmelz ohne spürbare Süße. Die fünf weiteren Weißweine von 2016 sind alle gut, leicht und klar mit typischer Frucht. Die Charta Cuvée ist kräftig mit guter Struktur. Die Riesling Spätlese von 2015 hat uns ebenfalls sehr gut gefallen, sie ist kräftig mit exotischer, reifer Frucht und etwas Kräutern, zeigt viel Stoff und Druck. Der Weißburgunder von 2015 aus dem Barrique ist offenbar „hängengeblieben", hatte wegen Überreife nicht die Kraft, durchzugären. Bei 14,5 Prozent Alkohol machten die Hefen schlapp: Ein süßer Kraftprotz mit 15 Gramm Restzucker. Bei den Rotweinen haben uns der rotfruchtige Spätburgunder mit noch jungen Tanninen und der würzig-warme Syrah am besten gefallen.

Weinbewertung

83 2016 Cabernet Blanc trocken **12,5 %/8,60 €**
83 2016 Auxerrois Kabinett trocken **12,5 %/6,80 €**
86 2015 Riesling Spätlese trocken **13,5 %/8,60 €**
83 2016 Riesling Kabinett trocken **12 %/6,80 €**
84 2016 Grauburgunder Kabinett trocken **12,5 %/6,80 €**
86 2016 Weißburgunder Spätlese trocken **13 %/8,60 €**
83 2015 Weißburgunder Barrique **14,5 %/12,80 €**
85 2016 „Charta" Weißwein trocken **13 %/8,90 €**
83 2015 Lemberger trocken „Alte Reben" **12 %/8,90 €**
82 2015 Cabernet Sauvignon trocken **12 %/8,90 €**
86 2015 Syrah trocken Barrique **12 %/19,80 €**
85 2014 Spätburgunder trocken Barrique **12,5 %/15,80 €**

Ilmbacher Hof

★★

KONTAKT

Lange Gasse 36
97346 Iphofen
Tel. 09323-3657
Fax: 09323-6306
www.ilmbacher-hof.de
info@ilmbacher-hof.de

Inhaber
Thomas Fröhlich
Rebfläche
4,7 Hektar
Produktion
35.000 Flaschen

BESUCHSZEITEN

Mo.-Sa. 10-18 Uhr, Di. 14-18 Uhr, sonn- und feiertags nach Vereinbarung
Besenwirtschaft
Ferienwohnungen

Der mitten in Iphofen gelegene Ilmbacher Hof, ursprünglich ein Gutshof der Kartäusermönche des Klosters Ilmbach, befindet sich seit sechs Generationen im Besitz der Familie Fröhlich, wird heute von Thomas und Andrea Fröhlich geführt. Ihre Weinberge liegen in den Iphöfer Lagen Julius-Echter-Berg, Kalb und Kronsberg (mit über 40 Jahre alten Reben), sowie im Rödelseer Küchenmeister, die Reben wachsen auf Keuperböden. Silvaner ist die wichtigste Rebsorte im Betrieb, nimmt knapp ein Drittel der Weinberge ein, es folgen Müller-Thurgau und Bacchus, Kerner, Riesling, Scheurebe und Weißburgunder. Rote Sorten wie Domina, Regent oder Acolon nehmen 14 Prozent der Rebfläche ein. Die Weine werden teils im Holz, teils im Edelstahl ausgebaut, Thomas Fröhlich hat zuletzt weiter in Holz investiert. Im Mai 2016 war erstmalig die Besenwirtschaft geöffnet, dann wieder im September.

Kollektion

Mit der neuen Kollektion legt Thomas Fröhlich in der Spitze zu. Und die Basis stimmt, das zeigen der frische, geradlinige Liter-Silvaner oder die lebhafte, süffige SommerTime-Cuvée. Der Müller-Thurgau von alten Reben ist frisch, klar, harmonisch, wir ziehen jedoch den Editions-Müller-Thurgau vor, der füllig und kraftvoll ist, reife Frucht und Substanz besitzt. Die Scheurebe ist fruchtbetont, frisch, zupackend, der Riesling besitzt ebenfalls feine Frische und reintönige Frucht. Der Julius-Echter-Berg-Silvaner ist konzentriert, füllig und saftig, der Silvaner von alten Reben, über 40 Jahre alt, besitzt Fülle und Kraft, gute Struktur und reife Frucht. Unser Favorit aber ist der Freigeist, der wunderschön reintönig und konzentriert ist, Fülle und Saft besitzt, gute Struktur und Substanz. Sehr gut gefällt uns auch der einzige Rotwein, die achtzehn Monate im Holz ausgebaute Domina, sie zeigt reintönige Frucht, gute Konzentration, ist klar und zupackend, hat Struktur und Biss.

Weinbewertung

81 2016 Silvaner trocken (1l) **12 %/6,- €**
86 2016 Müller-Thurgau trocken „Edition 104" **12 %/7,- €** ☺
86 2016 Weißer Burgunder trocken „JMF" Iphöfer Kronsberg **12,5 %/9,50 €**
84 2016 Scheurebe trocken Iphöfer Kronsberg **12,5 %/9,50 €**
85 2016 Silvaner trocken Iphöfer Julius-Echter-Berg **12,5 %/9,50 €**
85 2016 Riesling trocken Iphöfer Kronsberg **12,5 %/9,50 €**
84 2016 Müller-Thurgau trocken „Alte Reben" **13 %/12,- €**
85 2016 Silvaner trocken „Alte Reben" **13 %/12,- €**
87 2015 Silvaner trocken „Freigeist" **14 %/18,- €**
82 2016 „SommerTime" Weißwein **12 %/6,- €**
85 2015 Domina „999" trocken **12,5 %/10,- €**

IMMENGARTEN HOF

★★☆

KONTAKT

Marktstraße 62
67487 Maikammer
Tel. 06321-59400
Fax: 06321-57437
www.immengarten-hof.de
info@immengarten-hof.de

Inhaber
Frank Höhn
Rebfläche
15 Hektar
Produktion
100.000 Flaschen

BESUCHSZEITEN

Mo.-Fr. 14-18 Uhr und nach Vereinbarung, Sa. 10-17 Uhr, So. 10:30-12:30 Uhr
Gästezimmer, Ferienwohnung

Der Immengarten Hof in Maikammer gehört seit 1865 der Familie Höhn. Frank Höhn, der seit dem Jahr 2000 seine Eltern im Betrieb unterstützt hatte, hat das Gut 2010 übernommen. Die Weinberge liegen nicht nur in Maikammer (Heiligenberg, Kapellenberg) sondern auch in Diedesfeld (Berg), Hambach (Schlossberg) und Venningen. Die Sortenvielfalt ist groß bei den Höhns, über 20 verschiedene Rebsorten werden angebaut. So findet man neben Dornfelder, Spätburgunder und Sankt Laurent auch Merlot, Syrah, Cabernet Franc, Blaufränkisch und einige der Weinsberger Neuzüchtungen (Cabernet Dorsa, Cabernet Cubin). Im weißen Segment gibt es Riesling, Weiß- und Grauburgunder, Auxerrois, Chardonnay, Sauvignon Blanc, Muskateller und Gewürztraminer, dazu aber auch Neuzüchtungen wie Kerner, Müller-Thurgau und Huxelrebe.

Kollektion

Frank Höhns Rotweine sind immer verlässlich gut – und so führen sie auch in diesem Jahr das Sortiment an. Der Cabernet Dorsa und die Cuvée „Cupido" sind sehr saftig und fruchtbetont mit viel dunkler Beerenfrucht, das Holz bleibt jeweils sehr dezent, beide besitzen gefällige Süße. Den Spätburgunder hatten wir im vergangenen Jahr schon einmal verkostet, er zeigt dezente Röstnoten und dunkle Kirschfrucht, ist harmonisch und besitzt noch Potential, er wird noch vom „Flagship"-Merlot übertroffen, der neben dunkler Pflaumenfrucht auch kräutrige Würze mit Noten von Eukalyptus zeigt, gute Struktur und Länge besitzt. Unter den beiden trockenen Rieslingen ist der „Kiessand" ganz zitruswürzig, animierend und frisch, der Buntsandstein zeigt Noten von süßer gelber Frucht, Aprikose und Mango, ist sehr füllig, der süße Riesling „Honey" ist noch etwas fülliger, mit viel klarer Frucht und einem harmonischen Süße-Säure-Spiel. Der Muskateller ist eindringlich und reintönig mit klarer Zitruswürze, der Chardonnay zeigt feine röstige Würze, Banane und Zitrusnoten im Bouquet, er ist kraftvoll und besitzt lebendigen Säure-Biss.

Weinbewertung

84 2016 Gelber Muskateller trocken **13 %/7,50 €**
85 2016 Riesling trocken „Kiessand" **12,5 %/7,50 €**
85 2016 Riesling trocken „Buntsandstein" **12,5 %/7,50 €**
85 2015 Chardonnay Maikammer Heiligenberg **13,5 %/10,80 €**
84 2016 Riesling „Honey" **11,5 %/6,90 €**
85 2012 „Cupido" Rotwein **13,5 %/9,90 €**
86 2012 Cabernet Dorsa **13,5 %/9,90 €**
88 2012 Merlot „Flagship" **14 %/15,90 €**
87 2012 Spätburgunder „R" **13 %/15,90 €**

IMMENGARTEN HOF
Wein- und Sektgut Familie Höhn

IMMICH-ANKER

★

N

KONTAKT

Am Steffensberg 19
56850 Enkirch
Tel. 06541-6230
Fax: 06541-4965
www.mosel.net
immich-anker@mosel.net

Inhaber
Daniel S. Immich
Rebfläche
3,3 Hektar
Produktion
23.000 Flaschen

BESUCHSZEITEN

Vinothek täglich ab 9 Uhr,
Weinproben nach Vereinbarung

Daniel Immich führt das Weingut im Zentrum von Enkirch seit 2009. Selbstverständlich war diese Entscheidung nicht, denn Immich studierte erst Politik, BWL, Englisch und Germanistik, arbeitete in England, begann 2007 eine Winzerausbildung bei Clüsserath-Weiler und in den Bischöflichen Weingütern. Die Familie kann ihre Weinbaugeschichte bis ins Jahr 1425 zurückverfolgen, was nicht bedeutet, dass nicht auch neue Ideen umgesetzt werden. So hat Immich alte Flächen rekultiviert und eine schonende Weinpresse angeschafft, er investierte auch in Edelstahltanks. Die Weine vergären teils spontan, auf die Zugabe von Enzymen verzichtet er. Dank seiner Erfahrungen hat Immich auch im Export Erfolge vorzuweisen; die USA sind ein wichtiger Markt geworden.

Kollektion

Nachdem wir im vergangenen Jahr zuverlässige 2015er verkostet hatten, mit dem Jahrgang 2014 aber nicht ganz zufrieden waren, machen die 2016er nun deutlich mehr Freude. Das Niveau ist sehr gleichmäßig, was man durchaus positiv sehen kann, allerdings fehlen die absoluten Spitzenweine. Die Schaumweine besitzen eine verblüffende Frucht, die Kräuter mit Pfirsich und etwas Schaumzucker verbinden, der ohne Dosage abgefüllte „1425" gefällt mit seiner Frische, leichten Hefenoten und der puristischen Art noch ein bisschen besser als der als „brut" bezeichnete Schaumwein; beide lagerten drei Jahre auf der Hefe. Ein fester trockener Basisriesling und der „Eisbruch"-Riesling (betont straff, kräuterwürzig) gefallen. Der aus 2015 vorgestellte „Eisbruch sur lie" ist eigenwillig, würzig und cremig, durchaus lang. Die trockenen „Alten Reben" gefallen gut, auch der „Liebling vom Chef" kann sich, eher unkompliziert, sehen lassen. So kann es weitergehen.

Weinbewertung

82 Riesling „Secco" trocken **11 %/7,-- €**
85 Riesling Sekt brut „1425 Zero Dosage" Enkircher Zeppwingert **12 %/16,- €**
85 Riesling Sekt brut „1425" Enkircher Zeppwingert **12 %/10,50 €**
83 2016 Riesling trocken **11,5 %/6,90 €**
83 2016 Riesling Spätlese Enkircher Steffensberg **7,5 %/8,70 €**
85 2016 Riesling Spätlese halbtrocken „Liebling vom Chef" **11,5 %/8,70 €**
84 2016 Riesling trocken „Eisbruch" **12 %/7,80 €**
85 2015 Riesling trocken „sur lie" „Eisbruch" **12 %/9,20 €**
86 2016 Riesling trocken „Alte Reben" Enkircher Zeppwingert **12 %/8,50 €**
85 2016 Riesling Spätlese „feinherb" „Alte Reben" Zeppwingert **10,5 %/9,50 €**
84 2016 Riesling „feinherb" „Eschewingert" **11 %/7,50 €**

Isegrim

★

KONTAKT

Am Spielberg 2
67098 Bad Dürkheim-Ungstein
Tel. 06322-7731
Fax: 06322-981062
www.weingut-isegrim.de
isegrimhof@gmx.de

Inhaber
Klaus Wolf
Rebfläche
12 Hektar
Produktion
100.000 Flaschen

BESUCHSZEITEN

Di.-Fr. 18-19 Uhr, Sa. 9-16 Uhr oder nach Vereinbarung

WEINGUT ISEGRIM

Die Eltern von Klaus Wolf, dem heutigen Besitzer, zogen 1959 aus der Dorfmitte von Ungstein in das neu gebaute Weingut am Ortsrand, mitten in den Weinbergen. 1980 begann Vater Adolf Wolf mit der Umstellung auf kontrolliert biologischen Anbau, seit 1984 ist das Weingut Mitglied bei Bioland. Tochter Mira studiert derzeit in Geisenheim. Die Weinberge liegen vor allem im Ungsteiner Herrenberg, aus dem man zum Beispiel die trockenen Spitzenrieslinge Am Mandelbaum und Siebenmorgen erzeugt, aber auch in den weiteren Ungsteiner Lagen Weilberg, Osterberg und Bettelhaus, sowie im Dürkheimer Spielberg und im Freinsheimer Musikantenbuckel. Riesling nimmt die Hälfte der Rebfläche ein. Hinzu kommen Weißburgunder, Chardonnay, Auxerrois, Silvaner, Gewürztraminer und Muskateller. An roten Sorten, die ein Viertel der Rebfläche einnehmen, gibt es Spätburgunder, Dornfelder, Merlot, St. Laurent, Cabernet Dorsa und Portugieser; alle Rotweine werden im Fass ausgebaut.

Kollektion

Statt Weingut Isegrim-Hof nennt man sich nun nur noch Weingut Isegrim. Die neue Kollektion schließt nahtlos an die guten Vorjahre an, gefällt uns in der Spitze sogar noch besser als 2015. Die 2016er Weißwein sind klar und geradlinig, der zupackende trockene Riesling Kabinett gefällt uns in der Basis-Linie besonders gut. Der Siebenmorgen-Riesling ist enorm würzig, klar und zupackend, ein klein wenig besser gefällt uns der Riesling Am Mandelbaum, er besitzt Fülle und Kraft, reife Frucht, gute Struktur und Substanz. Gleichauf sehen wir den Chardonnay, der gute Konzentration zeigt, feine Würze, etwas gelbe Früchte, füllig und kraftvoll ist, reife Frucht besitzt, gute Substanz und merkliche Süße. Mit dem intensiv rotfruchtigen Merlot und dem würzigen, geradlinigen Spätburgunder runden zwei Rotweine die stimmige Kollektion ab.

Weinbewertung

82 2016 Sylvaner trocken Ungstein **12 %/6,90 €**
83 2016 Riesling Kabinett trocken Ungsteiner Herrenberg **12 %/6,90 €**
82 2016 Auxerrois trocken Freinsheimer **13 %/6,90 €**
82 2016 Weißburgunder trocken **11,5 %/6,90 €**
82 2016 Chardonnay + Weißburgunder trocken Ungstein **11 %/6,90 €**
82 2016 Spätburgunder „Blanc de Noir" trocken **12,5 %/6,90 €**
85 2016 Riesling Spätlese trocken „Siebenmorgen" Herrenberg **12,5 %/9,90 €**
86 2016 Riesling Spätlese trocken „Am Mandelbaum" Herrenberg **12,5 %/9,90 €**
86 2016 Chardonnay Spätlese trocken Ungstein **12 %/9,90 €**
83 2015 Merlot trocken **14,5 %/7,40 €**
83 2015 Spätburgunder trocken Dürkheimer Spielberg **14,5 %/9,90 €**

Max Jäck

★

KONTAKT

Aussiedlerhof 7a
69198 Schriesheim
Tel. 06203-692725
Fax: 06203-692726
www.weingut-max-jaeck.de
max@weingut-max-jaeck.de

Inhaber
Maximilian Jäck
Rebfläche
2,5 Hektar
Produktion
12.000 Flaschen

BESUCHSZEITEN

Mo.-Do. 9-13 + 15-18:30 Uhr, Fr. 8-13 + 15-18:30 Uhr, Sa. 8-13 Uhr

Max Jäck hat sein Weingut 2014 mit Übernahme von zwei Hektar Rebfläche aus dem elterlichen Betrieb (Obstbau, Weinbau, Brennerei, Hofladen, Veranstaltungslocation) gegründet. Vater und Großvater haben auch schon Wein angebaut, aber anderes Obst stand bei den Jäcks immer im Vordergrund. Nach der Ausbildung zum Weinküfer im Weingut Adam Müller in Leimen studierte Max Jäck Weinbau und Oenologie in Geisenheim , Praktika machte er in der Südtiroler Kellerei St. Michael in Eppan und im Weingut Bernd Hummel in Malsch. Das Basissegment nennt Jäck „Stiel", das sind Literweine aus zum Teil mehreren Parzellen die im Edelstahl ausgebaut und früh, nach etwa drei Monaten, gefüllt werden. Das ertragsreduzierte Mittelsegment heißt „Schale", Weißweine und Rosé bleiben bis zu sechs Monate im Edelstahltank, Rotweine kommen nach der Maischegärung für zwölf Monate in gebrauchte Barriques. Die Weißweine im stark ertragsreduzierten Premiumsegment „Kern" werden nach zwei bis drei Tagen Maischestandzeit zwölf Monate in neuen und gebrauchten Barriques ausgebaut und unfiltriert abgefüllt, die Rotweine bleiben 18 Monate in Barriques.

Kollektion

Zum Debüt im vergangenen Jahr hatte Max Jäck ordentliche Weine vorgestellt. Das ist auch in diesem Jahr der Fall, dazu kommen einige Weine, die bereits das Prädikat sehr gut verdienen. Das ist zum einen der Spätburgunder „Kern" aus dem Jahr 2014. Ein Wein mit Substanz, der sich gut in Richtung Eleganz entwickeln dürfte, wenn die Röstnoten der Barrique-Toastung in den Hintergrund treten. Der Wein hat viel Saft, zeigt exotische Gewürze. Auch der Grauburgunder „Kern" ist sehr gut, er ist kräftig mit feiner Würze, der Alkoholgehalt ist grenzwertig, der Wein hält das aber aus. Knapp dahinter rangieren die beiden anderen Weine aus der 2015er Kern-Linie. Klar, leicht und duftig sind die 2016-Weißweine. Der 2015er Spätburgunder „Schale" ist ein elsässischer Pinot-Typ mit kräftigen Tanninen.

Weinbewertung

82 2016 Grauburgunder trocken „Schale" **13 %/7,50 €**
82 2016 Weißburgunder trocken „Schale" **13 %/7,50 €**
82 2016 Riesling trocken „Schale" **12,5 %/7,- €**
86 2015 Grauburgunder trocken „Kern" **14 %/13,50 €**
85 2015 Weißburgunder trocken „Kern" **14 %/12,50 €**
85 2015 Riesling trocken „Kern" **13,5 %/12,50 €**
83 2016 Spätburgunder Rosé trocken „Schale" **13 %/7,- €**
80 2016 Spätburgunder Rosé „feinherb" „Stiel" (1l) **12 %/6,- €**
82 2015 Spätburgunder trocken „Schale" **14 %/9,- €**
87 2014 Spätburgunder trocken „Kern" **13,5 %/18,- €**

Jäger

★

KONTAKT

Rheinstraße 17
55437 Ockenheim
Tel. 06725-2330
Fax: 06725-5586
www.jaegerwein.de
weingut@jaegerwein.de

Inhaber
Armin & Diana Jäger
Rebfläche
16 Hektar
Produktion
90.000 Flaschen

BESUCHSZEITEN

Mo.-Fr. 10-12 + 13-17 Uhr,
Sa./So. nach Vereinbarung

Das Ockenheimer Weingut Jäger wird seit dem Jahr 2000 in fünfter Generation von den Geschwistern Armin und Diana Jäger geführt. Unterstützt werden sie im Betrieb von Dianas Sohn Benedikt, der sich zusammen mit Armin Jäger um Weinbau und Keller kümmert, während Diana Jäger für den Vertrieb verantwortlich ist. Dem Weingut ist eine Rebveredlung und Rebenzüchtung angegliedert, man betreibt eine eigene Klonen- und Rebsortenzüchtung. Die Weinberge liegen zu 90 Prozent auf Ockenheimer Gemarkung in den Lagen Kreuz, Hockenmühle, Laberstall, Schönhölle und St. Jakobsberg, dazu sind sie in den Binger Lagen Pfarrgarten und Schwarzenberg vertreten. Die Reben wachsen auf recht unterschiedlichen Böden, so finden sich Kalk- und Mergelböden mit unterschiedlichem Tonanteil, aber auch Löss und Sand. Weißburgunder, Riesling, Müller-Thurgau, Silvaner, Grauburgunder und Chardonnay sind die wichtigsten weißen Rebsorten, im roten Segment dominieren Spätburgunder, Dornfelder und Portugieser. Die Weißweine werden nach mehr oder weniger langen Maischestandzeiten in temperaturgesteuerten Edelstahltanks überwiegend spontanvergoren, alle Rotweine werden ein bis zwei Wochen maischevergoren und anschließend in Holzfässern ausgebaut.

Kollektion

Wie beim guten Debüt im vergangenen Jahr präsentiert sich auch die neue Kollektion sehr gleichmäßig, wenn auch in der Spitze ein wenig verhaltener. Im weißen Segment gefällt uns der Riesling aus der Hockenmühle am besten, er besitzt Fülle und Kraft, reife Frucht und gute Struktur. Auch der Schönhölle-Silvaner überzeugt mit Fülle und Saft, die Schönburger Spätlese zeigt feine Zitrusnoten, ist süffig und klar. Das rote Segment wird angeführt vom fülligen, saftigen Werkstück, einer Cuvée aus Cabernet Sauvignon und Portugieser.

Weinbewertung

80	2016 Silvaner trocken Ockenheimer **12,5 %/5,- €**
81	2016 Riesling Spätlese trocken Ockenheimer Laberstall **12,5 %/5,20 €**
81	2016 Weißburgunder trocken Ockenheimer Kreuz **13 %/5,- €**
80	2016 Grauer Burgunder trocken Ockenheimer St. Jakobsberg **14 %/5,20 €**
80	2016 Chardonnay Spätlese trocken Ockenheimer St. Jakobsberg **13,5 %/5- €**
81	2016 Sauvignon Blanc trocken Ockenheimer Schönhölle **12 %/5,20 €**
83	2016 Silvaner trocken Ockenheimer Schönhölle **13 %/9,- €**
84	2016 Riesling trocken Ockenheimer Hockenmühle **13 %/9,50 €**
83	2016 Schönburger Spätlese Ockenheimer Kreuz **9,5 %/5,40 €**
81	2015 Blauer Spätburgunder trocken Ockenheimer Schönhölle **13 %/5,20 €**
81	2015 Cabernet Sauvignon trocken Ockenheimer Hockenmühle **13,5 %/5,50 €**
84	2013 „Werkstück" Rotwein trocken **13,5 %/7,50 €**

Jägle

★★

KONTAKT

Balger Straße 8
79341 Kenzingen
Tel. 07644-4105
Fax: 07644-930031
www.weingut-jaegle.de
info@weingut-jaegle.de

Inhaber
Gudrun & Bernhard Jägle
Kellermeister
Bernhard Jägle
Vertrieb/Verkauf
Gudrun Jägle
Außenbetrieb
Matthias Hesse
Rebfläche
12 Hektar
Produktion
80.000 Flaschen

BESUCHSZEITEN

Mo.-Do. 16:30-18:30 Uhr, Fr. 15-18:30 Uhr, Sa. 9-13 Uhr oder nach Vereinbarung

Das Weingut Jägle, 1987 gegründet, liegt in Kenzingen im Breisgau. Alle Weinberge liegen in Kenzingen in den Lagen Hummelberg und Roter Berg, wo die Reben teils auf Löss-, Löss-Lehm-, Kalkmergel- und Muschelkalkböden wachsen. Riesling und Spätburgunder sind die beiden wichtigsten Rebsorten im Betrieb, nehmen jeweils etwa ein Viertel der Weinberge ein. An roten Sorten bauen Gudrun und Bernhard Jägle neben Spätburgunder auch etwas Merlot, Cabernet Sauvignon und Dornfelder an. An weißen Sorten gibt es neben Riesling noch Müller-Thurgau, Weißburgunder, Chardonnay, Grauburgunder, Roter Traminer und Auxerrois. Die Weißweine werden kühl vergoren, durchlaufen den biologischen Säureabbau, die Rotweine werden maischevergoren und in großen oder kleinen Eichenholzfässern ausgebaut. Die Spitzenweine von alten Reben werden in der Reihe „MJ" (Methode Jägle) angeboten. In der hauseigenen Destillerie werden Edelbrände erzeugt.

Kollektion

Die neue Kollektion ist stimmig und stark, schließt nahtlos an die überzeugende Vorjahreskollektion an. Eine frischer, zupackender Crémant aus Chardonnay und Pinot Noir eröffnet den Reigen. Die Gutsweine besitzen gute Struktur und Frucht, sind reintönig und zupackend, unsere leichte Präferenz gilt in diesem Jahr dem geradlinigen Auxerrois. Der Weißburgunder MJ ist füllig und kraftvoll, besitzt reife Frucht und gute Struktur, noch ein klein wenig besser aber gefällt uns der Chardonnay MJ, der kraft- und druckvoll ist, gute Struktur und Substanz besitzt. Auch die Rotweine sind wieder stark, der Cabernet Sauvignon ist kraftvoll, zupackend und strukturiert, der RE-Spätburgunder zeigt reife rote Früchte, besitzt gute Struktur, Frucht und Biss.

Weinbewertung

85 2015 Crémant Sekt brut **12,5 %/11,80 €**
83 2016 Riesling trocken **12,5 %/6,80 €**
84 2016 Auxerrois trocken **12,5 %/7,80 €**
82 2016 Weißer Burgunder trocken **13 %/6,80 €**
83 2016 Grauer Burgunder trocken **13,5 %/7,50 €**
83 2016 Chardonnay trocken **13 %/8,80 €**
85 2015 Weißer Burgunder trocken „MJ" **13,5 %/10,- €**
86 2015 Chardonnay trocken „MJ" **13,5 %/14,- €**
83 2016 Traminer trocken **13,5 %/8,50 €**
82 2016 Rosé trocken **12 %/6,80 €**
85 2015 Cabernet Sauvignon trocken **13 %/11,50 €**
85 2015 Spätburgunder trocken „RE" **13,5 %/14,- €**

Jakoby-Mathy

★★★

KONTAKT

Königstraße 4
54538 Kinheim
Tel. 06532-3819
Fax: 06532-953443
www.jakobypur.de
info@jakobypur.de

Inhaber
Erich Jakoby
Rebfläche
4,5 Hektar
Produktion
40.000 Flaschen

BESUCHSZEITEN

nach Vereinbarung

Seit der Mitte des 19. Jahrhunderts betreibt die Familie Weinbau an der Mosel. Heute führt Erich Jakoby zusammen mit seinen beiden Söhnen den Betrieb. Erich Jakoby und Sohn Peter sind für den Keller zuständig, während dessen Bruder Stefan sich in erster Linie um den Verkauf kümmert. Angebaut wird vor allem Riesling, aber auch Spätburgunder, Kerner, Müller-Thurgau und Dornfelder. Die Weinberge liegen vor allem in den Kinheimer Lagen Rosenberg (mit der alten Gewanne Eulenlay) und Hubertuslay. Die Weine werden zum großen Teil an Privatkunden verkauft, ein guter Teil geht in den Export.

Kollektion

Die Weine des Jahrgangs 2015 wirkten wunderbar saftig, beispielsweise der Lay-Riesling und die Beerenauslese, aber auch die im vergangenen Jahr gezeigte 2006er Goldkapsel-Spätlese begeisterte mit klarer Frucht. Die 2016er überzeugen nun auf ganzer Linie mit ihrem eleganten, ruhigen Stil, teilweise werden sogar die Höhenflüge des Vorgängers erreicht. Ein sehr feiner, geradliniger Sekt und die beiden trockenen Rieslinge – die „Bergspitze" ist eher verhalten, besitzt aber eine beachtliche Substanz – werden freilich von den mehr oder weniger süßen Weinen noch in den Schatten gestellt. Der saftige feinherbe Kabinett überzeugt bereits mit unerwartetem Schmelz, der mit süßer Steinobst-Frucht aufwartende Rosenberg-Kabinett steht der rassigen Spätlese aus gleicher Lage kaum nach. Eine bemerkenswerte Süße-Säure-Balance besitzt die Auslese mit Anklängen an getrockneten Apfel und Cassis, die vorgestellten edelsüßen Weine begeistern. Vor allem der Goldkapsel-Eiswein mit seiner glasklaren, seidigen Art und Anklängen an Nektarinenkompott, aber auch der weniger süße, eher mit mineralischer Würze und Noten von Zitrusschalen aufwartende normale Eiswein; rassige Eleganz besitzt die Beerenauslese. —

Weinbewertung

86 2014 Pinot Rosé Sekt brut „Reserve" Kinheimer Hubertuslay **12 %/16,90 €**
85 2016 Riesling Kabinett trocken „Aufstieg" Kinheimer Hubertuslay **11 %/7,50 €**
86 2016 Riesling Spätlese trocken „Bergspitze" Hubertuslay **11,5 %/9,50 €**
86 2016 Riesling Kabinett „feinherb" „Weitblick" Hubertuslay **10 %/7,50 €**
85 2016 Riesling Kabinett Kinheimer Rosenberg **8 %/7,50 €**
87 2016 Riesling Spätlese Kinheimer Rosenberg **8 %/9,50 €**
89 2016 Riesling Auslese Kinheimer Rosenberg **7,5 %/14,- €**
92 2016 Riesling Beerenauslese Kinheimer Rosenberg **7,5 %/25,- €/0,375l**
91 2016 Riesling Eiswein Kinheimer Hubertuslay **8 %/25,- €/0,375l**
93 2016 Riesling Eiswein Goldkapsel Kinheimer Hubertuslay **7,5 %/65,- €/0,375l**

Jesuitenhof

★★

Kontakt

Obertor 6
67246 Dirmstein
Tel. 06238-2942
Fax: 06238-4601
www.jesuitenhof.de
jesuitenhof.dirmstein@t-online.de

Inhaber
Klaus & Moritz Schneider
Rebfläche
25 Hektar
Produktion
140.000 Flaschen

Besuchszeiten

Mo.-Fr. 8-18 Uhr, Sa. 8-16 Uhr oder nach Vereinbarung

J

Der Jesuitenhof in Dirmstein ist seit 1803 als Guts- und Weingutsbetrieb in Familienbesitz. Nach einer Erbteilung 1969 wurde die Flaschenweinvermarktung eingestellt. Erst Mitte der achtziger Jahre wurde wieder mit der Selbstvermarktung begonnen, die Betriebsfläche seither auf die heutige Größe von 25 Hektar erweitert. Seit Beendigung seines Geisenheim-Studiums 2011 und einem Praktikum in Neuseeland ist Moritz Schneider fest in den Betrieb eingestiegen. Die Weinberge liegen vor allem in Dirmstein in den Lagen Mandelpfad und Herrgottsacker, sowie im Jesuitenhofgarten, der Klaus und Moritz Schneider im Alleinbesitz gehört. Die 2,5 Hektar innerhalb der ehemaligen Klostergartenmauer sind ausschließlich mit Riesling und Spätburgunder bestockt. Wichtigste Rebsorte ist Riesling, es folgen Spätburgunder, Weißburgunder und Grauburgunder.

Kollektion

Die drei in diesem Jahr verkosteten Spätburgunder ähneln sich stilistisch sehr, sie zeigen dezente Röstnoten und Schwarzkirschfrucht, sind kraftvoll, gut strukturiert und harmonisch mit gut eingebundenem Holz, der „Kleine Garten" besitzt aber etwas mehr Grip und ist nachhaltiger als die Weine aus dem Jesuitenhofgarten und dem Kirschgarten. Eindringlich mit dunkler Frucht und etwas grüner Paprika ist auch die Cuvée aus Cabernet Sauvignon und Merlot, die eine reife Tanninstruktur besitzt. Bei den Weißweinen ragen der Riesling aus dem Jesuitenhofgarten, der viel klare, gelbe Frucht mit Noten von Aprikosen, Pfirsichen und Orangenschale besitzt, und der Sauvignon Blanc mit Noten von gerösteten Haselnüssen und gelber Frucht heraus. Unter den beiden im Halbstück ausgebauten Weinen aus dem Mandelpfad zeigt der Weißburgunder klare Birnenfrucht und dezente Holzwürze, der Riesling zeigt Kräuterwürze, beide besitzen gute Konzentration und Kraft.

Weinbewertung

83	2016 Riesling trocken **12,5 %/6,- €**
85	2016 Silvaner trocken „Kalkmergel" Laumersheimer **13,5 %/8,50 €**
84	2016 Weißer Burgunder trocken „Kalkmergel" Dirmsteiner **13,5 %/8,- €**
85	2016 Riesling trocken „Kalkmergel" Dirmsteiner **13 %/8,- €**
87	2016 Sauvignon Blanc trocken Laumersheimer Steinbuckel **13 %/14,- €**
86	2016 Weißer Burgunder trocken „Halbstück" Mandelpfad **13,5 %/11,50 €**
87	2016 Riesling trocken Dirmsteiner Jesuitenhofgarten **13 %/10,50 €**
86	2016 Riesling trocken „Halbstück" Dirmsteiner Mandelpfad **13 %/11,50 €**
87	2015 Cabernet Sauvignon & Merlot trocken Herrgottsacker **14 %/15,- €**
86	2015 Spätburgunder trocken Dirmsteiner Jesuitenhofgarten **14 %/10,50 €**
87	2015 Spätburgunder trocken Laumersheimer Kirschgarten **13,5 %/15,- €**
88	2015 Spätburgunder trocken „Kleiner Garten" Jesuitenhofgarten **13,5 %/18,- €**

JOHANNES B.

★★☆

KONTAKT

Höhe 1
70736 Fellbach
Tel. 0711-534128, 0174-2486728
Fax: 0711-5360777
www.weingut-johannesb.de
info@weingut-johannesb.de

Inhaber
Johannes Bauerle
Rebfläche
10 Hektar
Produktion
65.000 Flaschen

BESUCHSZEITEN

Mi.-Fr. 17-19 Uhr, Sa. 10-14 Uhr
und nach Vereinbarung

Johannes Bauerle, gelernter Weinküfer und Weinbautechniker (Veitshöchheim) mit Auslandserfahrungen in Neuseeland und Südtirol, übernahm 2013 die elterlichen Weinberge und begann selbst Wein auszubauen. Seine Weinberge liegen in den Fellbacher Lagen Lämmler und Goldberg, in den Cannstatter Lagen Zuckerle, Steinhalde und Berg, sowie in der Lage Kupferhalde am Stromberg. Der Sortenspiegel im Betrieb wurde im Hinblick auf die Neuausrichtung in den letzten Jahren verändert, zu Rebsorten wie Riesling, Trollinger und Lemberger kamen Weißburgunder, Spätburgunder, Cabernet Sauvignon, Muskattrollinger und Sauvignon Blanc hinzu, aber es gibt auch Müller-Thurgau, Kerner, Grauburgunder und Acolon.

Kollektion

Johannes Bauerle legt weiter zu, sowohl beim Weißwein als auch bei den Roten. Der zur Hälfte im Holz ausgebaute Sauvignon Blanc ist rauchig, klar, frisch und strukturiert, der Grauburgunder zeigt gelbe Früchte, hat Fülle und Kraft, besitzt gute Struktur und reife Frucht. Der Urgesteins-Riesling, aus der Cannstatter Steinhalde, ist füllig und saftig bei reifer süßer Frucht. Klar besser gefällt uns der Riesling „Plan B“, der sechs Monate brauchte, bis er durchgegoren war: Er zeigt reife gelbe Früchte, besitzt Fülle, Kraft, reintönige Frucht, gute Struktur und Substanz. Der frische, geradlinige Weißherbst leitet über zum roten Segment, das mit vier sehr guten Weinen aufwartet. Aus 55 Prozent Cabernet Sauvignon und 45 Prozent Lemberger besteht die Cuvée „Dickes B“, zeigt etwas Gewürze und Schokolade, besitzt reife Frucht, gute Struktur und Kraft. Der Urgesteins-Spätburgunder zeigt rauchige Noten, ist kraftvoll, klar und strukturiert, deutlich besser aber gefällt uns der Großmutter-Spätburgunder, ist reintöniger, hat das Holz besser integriert, besitzt Fülle, Kraft, gute Struktur und viel Frucht. Gleichauf sehen wir den wunderschön reintönigen Wolfersberg-Spätburgunder, der konzentriert, fruchtbetont, kraftvoll und strukturiert ist.

Weinbewertung

84 2016 Sauvignon Blanc trocken „Partie Fumé“ **13 %/11,- €**
85 2016 Grauburgunder trocken „Mergel + Keuper“ **13,5 %/12,- €**
84 2016 Riesling trocken „Urgestein“ **13 %/12,- €**
86 2016 Riesling trocken „Plan B“ **13,5 %/13,50 €**
82 2016 Trollinger Weißherbst trocken „Alte Reben“ **12 %/5,90 €**
86 2015 „Dickes B“ Rotwein trocken Barrique **14 %/18,- €**
85 2015 Spätburgunder trocken Barrique „Urgestein“ Steinhalde **13,5 %/16,50 €**
88 2015 Lemberger trocken Barrique „Wolfersberg“ **14 %/19,50 €**
88 2015 Spätburgunder trocken Barrique „Großmutter“ Zuckerle **14 %/32,- €**

SCHLOSS JOHANNISBERG

★★★★

KONTAKT

Weinbaudomäne Schloss Johannisberg
65366 Geisenheim-Johannisberg
Tel. 06722-70090
Fax: 06722-700933
www.schloss-johannisberg.de
info@schloss-johannisberg.de

Geschäftsführer
Stefan Doktor, Marcel Szopa
Rebfläche
38 Hektar
Produktion
230.000 Flaschen

BESUCHSZEITEN

Mo.-Fr. 10-13 + 14-18 Uhr,
Sa. + So. 11-18 Uhr
Gutsschänke Schloss Johannisberg (täglich ab 11:30 Uhr geöffnet, Tel. 06722-96090, Fax: 7392, schloss-johannisberg@freenet.de)

Das Weingut gehört zu den traditionsreichsten Betrieben Deutschlands. Bereits im 18. Jahrhundert waren die hier erzeugten Weine berühmt, seit 1784 existieren lückenlose Aufzeichnungen über die Qualität der Ernte. Schloss Johannisberg gehört seit 1980 mehrheitlich der Oetker-Gruppe, die die Verwaltung mit dem des ebenfalls der Oetker-Gruppe gehörenden Weingutes G.H. von Mumm zusammenlegte. Heute gehört Schloss Johannisberg zu 100 Prozent der Henkell & Söhnlein Sektkellereien KG, die zur Oetker-Gruppe gehört. Auf Schloss Johannisberg wird ausschließlich Riesling angebaut. Die 35 Hektar Weinberge umgeben voll arrondiert das Schloss und bilden die Monopollage Schloss Johannisberger. Da Schloss Johannisberg ein eigener Ortsteil von Geisenheim ist, erlaubt das Weingesetz, dass Schloss Johannisberger ohne Ortsbezeichnung auf dem Etikett stehen darf. Die Reben wachsen auf einem Untergrund aus Taunusquarzit mit einer Lehm-Löss-Auflage. Nach der Ganztraubenpressung werden die Weine langsam und kühl vergoren. Mit Einführung des deutschen Weingesetzes 1971 hat man die gutseigene Kennzeichnung der Weine mit Lackfarben an die Prädikatsstufen des Weingesetzes angepasst. Christian Witte, der seit 2005 Gutsverwalter von Schloss Johannisberg und G.H. von Mumm war, hat den Betrieb wieder in die Spitze der Rheingauer Betriebe geführt. Neue Fässer wurden angeschafft, das Sortiment wurde gestrafft (so gibt es keinen trockenen Grünlack mehr, sondern oberhalb des Kabinetts Rotlack gleich das Große Gewächs). Als Gelblack wird der trockene bzw. feinherb vinifizierte Basiswein bezeichnet, der inzwischen vom Weißlack ergänzt wird, als Grünlack die immer mit Süße ausgestattete Spätlese. Auslesen kommen mit rosafarbener Kapsel auf den Markt (sie können auch eine Fass-Bezeichnung tragen), Trockenbeerenauslesen firmieren als Goldlack. Vergleichsweise neu ist der Silberlack, eine Zusatzbezeichnung für das trockene Große Gewächs. Kaum ein anderer Betrieb in Deutschland kann eine so große Menge eines trockenen Spitzenrieslings anbieten, und dieser besitzt sogar einen eigenen Stil, ist betont würzig, ruht in sich selbst. Vor allem der Ausbau in großen Holzfässern trägt zu diesen Eigenschaften bei. Der Schloss Johannisberger Silberlack gehört regelmäßig zu den besten trockenen Weinen des Rheingaus. Die Süßweine wirken dagegen schon jung saftig, sie sind ungemein reintönig und komplex, sicher auch eine Folge der Weinbergsarbeit. Christian Witte ist nun innerhalb des Oetker-Konzerns in anderer Funktion tätig, die Geschäftsführung von Schloss Johannisberg haben Stefan Doktor und Marcel Szopa übernommen.

Kollektion

Seit dem Jahrgang 2016 steht das Weingut unter neuer Leitung. Da gilt es in erster Linie eine erfolgreiche Tradition zu wahren. Das neue Team hat aber die Absicht über Verbesserungen in der Weinbergsarbeit die Qualitäten des Betriebes noch weiter zu steigern. Insgesamt nur sechs Weine wurden in diesem Jahr eingereicht, sie bilden den Kern der Produktion und sind jeder für sich stimmig und von sehr guter Qualität. Mineralisch kühl, kompakt strukturiert und von attraktiv saftiger, zugleich würziger Frucht ist der Gelblack-Riesling, er ist druckvoll und lang. Agil und konzentriert zugleich präsentiert sich der Bronzelack. Er offenbart würzig-herbe Fruchtaromen, mineralischen Schmelz, animierende Frische und großzügige Länge, braucht jedoch noch Zeit. Der Silberlack duftet zurückhaltend kühl, am Gaumen fasziniert er mit subtilem Druck, präziser Frucht und eine durch feine Salzigkeit bestens abgepufferte Säure. Trotz und gerade wegen seiner fast zarten Art gehört er zu den trockenen Spitzen der Region. Der feinherbe Rotlack Kabinett balanciert spannungsvoll zwischen saftiger apfelfrischer Frucht und herber Schalenaromatik. Man muss sehen, wie er sich entwickelt, denn im Moment geht ihm die Präzision der anderen Weine etwas ab. Die Spätlese Gelblack ist ausgesprochen klar und feinsaftig und dürfte mit ihrer großen Balance zwischen Süße und Säure zu den besten des Jahrgangs im Rheingau gehören. Sie ist jahrgangsbedingt eher filigran. Gekrönt wird die Kollektion von einer Rosalack Auslese, die mit reintöniger Frucht begeistert. Sie vereint zartwürzigen Schmelz und delikate Säure, punktet nicht mit Opulenz, sondern mit Filigranität und Frische.

Weinbewertung

87 2016 Riesling trocken „Gelblack“ Schloss Johannisberger **12,5 %/15,- €**
89 2016 Riesling trocken „Bronzelack“ Schloss Johannisberger **12,5 %/22,- €**
84 2016 Riesling Kabinett „Rotlack“ Schloss Johannisberger **11 %/22,- €**
91 2016 Riesling trocken „GG“ „Silberlack“ Schloss Johannisberger **12,5 %/42,- €**
89 2016 Riesling Spätlese „Grünlack“ Schloss Johannisberger **8 %/36,- €**
92 2016 Riesling Auslese „Rosalack“ Schloss Johannisberger **7,5 %/74,- €**

LAGEN

SCHLOSS JOHANNISBERGER

REBSORTEN

RIESLING (100 %)

2720

STAATSWEINGUT MIT JOHANNITERGUT

★

KONTAKT

Breitenweg 71
67435 Neustadt-Mußbach
Tel. 06321-671319
Fax: 06321-671222
www.staatsweingut-johanni-
tergut.de
staatsweingut-neustadt@dlr.rlp.de

Inhaber Land Rheinland-Pfalz
Direktor Dr. Günter Hoos
Betriebsleiter Sascha Wolz
Außenbetrieb Steffen Schüssler
Rebfläche 22,5 Hektar
Produktion 150.000 Flaschen

BESUCHSZEITEN

Mo. 14-17 Uhr, Di-Fr. 9-13 + 14-17 Uhr

Das Staatsweingut in seiner heutigen Form ist 1970 entstanden, als das Land Rheinland-Pfalz das Johannitergut erwarb, eines der ältesten Weingüter in Deutschland, dessen Ursprünge bis ins 8. Jahrhundert zurück reichen. In den siebziger und achtziger Jahren wurden am Ortsrand von Mußbach neue Gebäude für die staatliche Lehr- und Forschungsanstalt (SLFA) errichtet, die seit 1993 diesen Namen trägt. Sie unterhält Lehr- und Versuchsbetriebe für Weinbau, Gartenbau, Obstbau und Rebveredlung. Die Weinberge des Staatsweinguts liegen im Haardter Herrenletten, in den Mußbacher Lagen Johannitergarten (im Alleinbesitz), Glockenzehnt, Kurfürst und Eselshaut, im Gimmeldinger Kapellenberg, im Königsbacher Ölberg, in Ruppertsberg und im Deidesheimer Herrgottsacker. Ein gutes Drittel der Rebfläche ist mit Riesling bestockt. An sonstigen Rebsorten hat man alles zu bieten, was in der Pfalz üblicherweise angebaut wird, einschließlich der vor 500 Jahren bekanntesten Rebsorte in der Pfalz, den wegen unsicherer Erträge in Vergessenheit geratenen Gänsfüßer.

Kollektion

In diesem Jahr konnten wir einige nur in sehr kleiner Menge produzierte Rotweine verkosten: Syrah, Cabernet Franc und Tempranillo ähneln sich stilistisch, alle sind sehr stoffig, mit viel dunkler Frucht und gut eingebundenem Holz – nur die jeweilige Sortentypizität vermissen wir dann doch. Am besten gefällt uns der harmonische Cabernet Franc, der Syrah ist gut gemacht, ist aber zu wuchtig und hat staubige Tannine. Bis auf die trockenen Spätlesen sind die Weißweine alle recht verhalten, der Weißburgunder zeigt klare gelbe Frucht und ein lebendiges Säure-Spiel, unter den Rieslingen ist der kalkig-mineralische Herrenletten etwas komplexer und nachhaltiger als der Ölberg, der Noten von Zitrusfrüchten, Ananas und Limette zeigt.

Weinbewertung

80 2016 Muskateller trocken Haardter **11,5 %/7,- €**
81 2016 Grauburgunder trocken Haardter **12,5 %/6,20 €**
80 2016 Riesling Kabinett trocken Gimmeldinger Kapellenberg **11,5 %/6,80 €**
82 2016 Riesling Kabinett trocken Deidesheimer Herrgottsacker **11 %/6,80 €**
82 2016 Riesling Kabinett trocken Mußbacher Johannitergarten **11,5 %/6,80 €**
84 2016 Weißburgunder Spätlese trocken „Kalkmergel" Herrenletten **12,5 %/12,50 €**
84 2016 Riesling Spätlese trocken Königsbacher Ölberg **12 %/12,50 €**
85 2016 Riesling Spätlese trocken „Kalkmergel" Herrenletten **12,5 %/12,50 €**
83 2014 Rieslaner Auslese Haardter Herrenletten **8,5 %/10,50 €/0,5l**
83 2015 Tempranillo trocken **14,5 %/16,50 €**
84 2015 Syrah trocken **15 %/16,50 €**
85 2015 Cabernet Franc trocken **14,5 %/16,50 €**

J

FRANK JOHN

★★★★☆

KONTAKT

Weingut Hirschhorner Hof
Hirschhornring 34
67435 Neustadt
Tel. 06321-670537
Fax: 06321-670804
www.hirschhornerhof.de
f.john@hirschhornerhof.de

J

Inhaber
Frank John
Rebfläche
3 Hektar
Produktion
25.000 Flaschen

BESUCHSZEITEN

nach Vereinbarung
Ferienwohnung

Frank John wurde bekannt als Betriebsleiter des Deidesheimer Weingutes Reichsrat von Buhl, fast neun Jahre war er dort tätig. Er ist Diplom-Agraringenieur, hat in Hohenheim und Gießen studiert, dann in Montpellier, sich sein Studium über einen eigenen Weinhandel finanziert, bei Hans-Günter Schwarz assistiert, vier Jahre bei Heyl zu Herrnsheim gearbeitet, zur Zeit der Umstellung auf biologischen Weinbau. 1994 ging er dann zu Reichsrat von Buhl; nach seinem Ausscheiden dort begann er sein eigenes Projekt, mehrere eigene Projekte, genau genommen. Unter der Bezeichnung Hirschhorner Hof erzeugte er im Jahrgang 2003 seinen ersten Wein, gleichzeitig begann er als Berater für Weingüter zu arbeiten, vor allem was biologischen und biodynamischen Weinbau betrifft, heute berät er Weingüter in ganz Europa. Von Anfang an setzte Frank John auf biologisch und biodynamisch erzeugte Trauben, die teils aus den eigenen Weinbergen kommen, teils von Winzern stammen, die ihre Weinberge nach den Vorgaben von Frank John biodynamisch bewirtschaften, Winzer, die er meist schon aus seiner Zeit bei Reichsrat von Buhl kennt, als eine seiner Aufgaben war, die an Buhl abliefernden Winzer weinbautechnisch zu beraten. 2013 ist Frank John Demeter beigetreten, sein kompletter Betrieb ist Demeter-zertifiziert. Inzwischen ist der Hirschhorner Hof auf dem Etikett verschwunden, Frank John stellt seinen eigenen Namen in den Vordergrund, vielleicht wird es einmal Frank John & Sohn werden, sollte denn Sohn Sebastian, der am Niederrhein Landwirtschaft studiert hat und nun in Stuttgart-Hohenheim seinen Master machen wird, den Betrieb einmal fortführen wollen; oder aber Frank John & Tochter, wenn die Tochter, die gerade Abitur gemacht hat und in Geisenheim studieren will, vielleicht einmal den Betrieb übernehmen wird; dann würde Frank John auch die eigene Rebfläche vergrößern, die bisher etwa die Hälfte der Produktion deckt. Die Trauben für seine Weine kommen überwiegend aus nördlich von Neustadt gelegenen Weinbergen, aus Gimmeldingen und Königsbach, auch aus Kallstadt und einigen anderen Gemeinden. Alle Moste werden spontanvergoren, Frank John vergärt ganze Beeren mit den Mosten, arbeitet mit mehr oder weniger langen Maischestandzeiten; alle Weine werden in Eichenholzfässern unterschiedlicher Größe ausgebaut, Frank John nutzt Fässer mit 500, 1200 und 2400 Litern Inhalt, die malolaktische Gärung wird nicht verhindert, sie erfolgt ebenfalls spontan. Alle Weine bleiben recht lang auf der Feinhefe, ohne dass Schwefel zugegeben wird, fast ein Jahr der Riesling, noch länger der Spätburgunder, den Frank John erst nach knapp zwei Jahren abfüllt. Der Riesling, in 1200 und 1400 Liter-Fässern ausgebaut, wird einmal ganz leicht filtriert, der Spätburgunder wird unfiltriert abgefüllt, die Schwefelgaben sind auf ein Minimum reduziert. Der Spätburgunder wird nur in Tonneaux ausgebaut. Alle Weine werden trocken und durchgegoren ausgebaut. Alle Weine kommen frühestens ein halbes Jahr nach der Abfüllung in den Verkauf. Das Programm ist überschaubar: Es gibt je einen Riesling und einen Spätburgunder, dazu einen Rieslingsekt, ein weiterer Sekt, ein Blanc de Noir, soll zukünftig das Sortiment ergänzen. Beim Rieslingsekt bietet Frank John je nach Dauer des Ausbaus drei Varianten: 32 Monate, 41 Monate oder 50 Monate Flaschenreifung, diese drei Varianten basieren auf leicht unterschiedlichen Cuvées, in denen der Anteil der ersten Pressung variiert, eine vierte Variante mit 100 Monaten Flaschenreife liegt im Keller, deren Cuvée ist identisch mit der mit 50 Monaten Flaschenreifung. Frank John bietet seinen Kunden an, jede ungeöffnete Flasche ohne Angabe von Gründen zurückzunehmen und gegen einen anderen Jahrgang auszutauschen.

Kollektion

In diesem Jahr nun stellen wir erstmals einen 50 Monate auf der Hefe gereiften Sekt vor, der 2012er Riesling wurde im Juli 2017 degorgiert. Er zeigt feine rauchige Noten im Bouquet, ganz dezent Anklänge an Brioche, ist wunderschön komplex und eindringlich im Mund, harmonisch gereift, dabei sehr lebendig und frisch, besticht mit viel Länge. Der Buntsandstein-Riesling präsentiert sich auch 2016 wieder in bestechender Form – bei nur 12 Prozent Alkohol. Er zeigt gelbe Früchte im Bouquet, rauchig-hefige Noten im Hintergrund, ist füllig und klar im Mund, druckvoll, geradlinig, besitzt gute Struktur und Substanz, feine Länge und Nachhall. Mit dem Pinot Noir hat Frank John weiter zugelegt, er gefiel uns noch nie so gut wie nun im Jahrgang 2015, obwohl er auch schon in Jahrgängen wie 2011 oder 2013 hervorragend war. Der 2015er nun ist fruchtbetont im Bouquet, frisch, reintönig, zeigt etwas Johannisbeeren, ist klar und frisch im Mund, herrlich präzise und reintönig, besitzt viel Substanz und Länge. Eine kleine, aber doch große Kollektion!

Weinbewertung

91 2012 Riesling -50- Sekt brut nature **12 %/35,- €**
91 2016 Riesling trocken „Buntsandstein" **12 %/17,- €** ☺
92 2015 Pinot Noir trocken **13 %/36,- €**

LAGEN

GIMMELDINGEN
KÖNIGSBACH
KALLSTADT

REBSORTEN

RIESLING (60 %)
SPÄTBURGUNDER (40 %)

Jonas

★

KONTAKT

Schwalbacher Str. 101
65343 Eltville
Tel. 06123-2367
Fax: 06123-5805
www.weingut-jonas.de
steffen.jonas@weingut-jonas.de

Inhaber
Wilhelm & Silvia Jonas
Rebfläche
9 Hektar
Produktion
60.000 Flaschen

BESUCHSZEITEN

Di.-Sa. 10-19 Uhr

Johann Jonas legte 1925 den Grundstein für Gutshaus samt Weingut in Eltville, nach und nach wurde die Fläche auf die heute bewirtschafteten neun Hektar vergrößert. Der Betrieb wird inzwischen von Wilhelm und Silvia Jonas geleitet, allerdings teilen sich die Brüder Steffen Jonas, staatlich geprüfter Wirtschafter und Weinbautechniker, Axel Jonas und Markus Jonas die anfallenden Aufgaben. Angebaut werden primär Riesling (82 Prozent der Rebfläche) und Spätburgunder (15 Prozent), auch der Rote Riesling ist jetzt im Anbau. Es werden Parzellen in zahlreichen Lagen des Rheingaus bewirtschaftet – in Kalbspflicht, Langenstück, Sonnenberg und Taubenberg (alle in Eltville), in den Kiedricher Lagen Klosterberg und Sandgrub sowie in den Rauenthaler Lagen Rothenberg, Steinmächer und Wülfen. An der Spitze des Sortiments stehen die Weine namens „Prima Noctis"; sie zeigen mit ihrer in der Regel kraftvollen, animierenden Art die Zukunft des Betriebes auf.

Kollektion

Wieder präsentiert das Weingut eine in sich schlüssige Kollektion. Der Sekt ist vollmundig, klar und recht mild. Die trockene Spätlese aus dem Rothenberg ist dezent würzig und recht stoffig, aber durch herbe Schalenaromen auch etwas fordernd. Deshalb hat in diesem Jahr der Prima Noctis wieder die Nase vorne: Er ist in sich harmonisch, verbindet Frische mit herber Stoffigkeit, ist anhaltend würzig. Dem halbtrockenen Literriesling steht die Restsüße sehr gut zu Gesicht, er ist recht kräftig und bietet guten Trinkfluss. Der duftige feinherbe Gewürztraminer hingegen schafft es die aromatische Frucht mit animierender Frische zu kombinieren. Anhaltend würzig ist der feinherbe Spätburgunder Rosé. Der trockene rote Spätburgunder ist sortentypisch, ein rustikaler Tischwein.

Weinbewertung

82	2015 Riesling Sekt brut Eltviller Sonnenberg **11,5 %/8,80 €**
80	2016 Riesling Perlwein trocken „Josecco" Kiedricher Sandgrub **10 %/6,50 €**
80	2016 Riesling trocken Eltviller Taubenberg (1l) **12 %/5,- €**
83	2016 Riesling Spätlese trocken Rauenthaler Rothenberg **12 %/8,- €**
84	2016 Riesling trocken „Prima Noctis" Rauenthaler Rothenberg **12,5 %/9,50 €**
81	2016 Riesling halbtrocken Eltviller Langenstück (1l) **12 %/5,- €**
80	2016 Roter Riesling „feinherb" Kiedricher Sandgrub **11,5 %/6,50 €**
82	2016 Gewürztraminer Kabinett „feinherb" Kiedricher Sandgrub **11,5 %/6,90 €**
82	2016 Riesling Spätlese Rauenthaler Steinmächer **9,5 %/8,- €**
81	2016 Spätburgunder Rosé Kabinett „feinherb" Kiedricher Sandgrub **12 %/6,90 €**
80	2016 Rotling „feinherb" Rauenthaler Steinmächer (1l) **11,5 %/5,20 €**
81	2016 Spätburgunder trocken Eltviller Taubenberg (1l) **13,5 %/7,50 €**

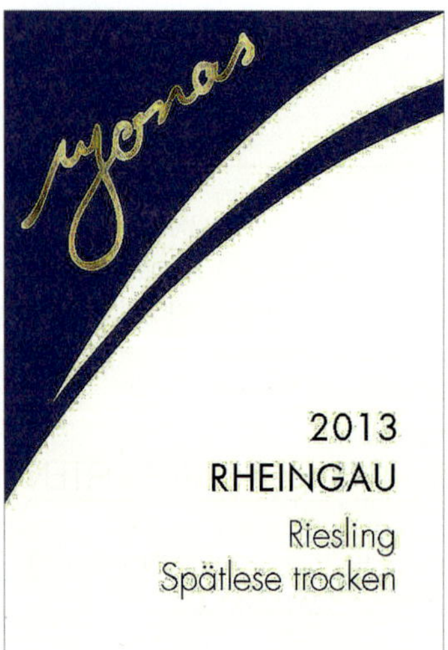

JOSTEN & KLEIN

★★★

KONTAKT

Ringofenstraße 3
53424 Remagen
Tel. 02643-902550
Fax: 02643-902570
www.josten-klein.com
info@josten-klein.com

Inhaber
Torsten Klein & Marc Josten
Rebfläche
8 Hektar
Produktion
60.000 Flaschen

BESUCHSZEITEN

nach Vereinbarung

Marc Josten, Weinbautechniker, und Torsten Klein, Diplom-Önologe, gründeten 2011 ihr eigenes Weingut, Torsten Klein kümmert sich um den Weinausbau, Marc Josten um die Weinberge. Ihre Weinberge erstrecken sich über zwei Anbaugebiete, Ahr und Mittelrhein. An der Ahr sind sie in den Mayschosser Lagen Mönchberg und Laacherberg und im Ahrweiler Daubhaus vertreten. Am Mittelrhein liegen ihre Weinberge alle in Leutesdorf, wo es heute nur noch die Lage Gartenlay gibt, sie nutzen zusätzlich den Gewannnamen Im Forstberg, der namensgebend für die einstige Einzellage Forstberg war. In Leutesdorf bauen sie neben Riesling Grauburgunder und Sauvignon Blanc an, an der Ahr Spätburgunder und ein wenig Frühburgunder.

Kollektion

Weine aus den beiden Basislinien wurden dieses Jahr nicht vorgestellt, neben dem Glanzstück-Pinot Noir und dem Frühburgunder gab es ausschließlich Lagenweine zu verkosten, die sich alle in prächtiger Form präsentieren. Die trockenen Lagen-Rieslinge sind bärenstark, besitzen Fülle und Substanz, der Wein aus der Gartenlay ist rauchiger und kraftvoller, der Forstberg deutlich offener, einnehmender. Auch die süßen Rieslinge zeigen hohes Niveau, sind wunderschön reintönig und füllig, besitzen Substanz und Länge. Und trotzdem ist es wieder ausgerechnet der Sauvignon Blanc, der uns besonders beeindruckt hat, ein kraftvoller, stoffiger, vom Holz geprägter Wein. Die Ahr-Kollektion steht den Weinen vom Mittelrhein nicht nach. Der Daubhaus-Pinot Noir zeigt etwas Gewürze, besitzt Fülle und Kraft, der Laacherberg ist rauchiger, etwas intensiver, strukturiert, etwas von floralen Noten geprägt. Unter den beiden Mönchberg-Weinen präferieren wir auch 2015 wieder ganz leicht die Privatedition, die feine Frische und reintönige Frucht besitzt, der Mönchberg Pinot Noir ist konzentrierter, floraler, stoffiger, jugendlich.

Weinbewertung

89 2015 Riesling trocken Leutesdorf Gartenlay **13,5 %/29,- €**
88 2015 Riesling trocken Leutesdorf „Im Forstberg" **13 %/32,- €**
90 2015 Sauvignon Blanc trocken Leutesdorf Gartenlay **13,5 %/55,- €**
87 2016 Riesling Spätlese Leutesdorf Gartenlay **7,5 %/16,- €**
88 2016 Riesling Spätlese Leutesdorf „Im Forstberg" **7,5 %/19,- €**
89 2016 Riesling Auslese Leutesdorf „Im Forstberg" **7 %/25,- €**
85 2015 Pinot Madeleine trocken Mayschoß **13 %/19,- €**
84 2015 Pinot Noir trocken „Glanzstück" **13 %/26,- €**
88 2015 Pinot Noir trocken Ahrweiler Daubhaus **13 %/36,- €**
88 2015 Pinot Noir trocken Mayschoß Laacherberg **13 %/36,- €**
89 2015 Pinot Noir trocken (Privatedition) Mayschoß Mönchberg **13 %/36,- €**
88 2015 Pinot Noir trocken Mayschoß Mönchberg **13 %/48,- €**

JÜLG

★★★

KONTAKT

Hauptstraße 1
76889 Schweigen-Rechtenbach
Tel. 06342-919090
Fax: 06342-919091
www.weingut-juelg.de
info@weingut-juelg.de

Inhaber
Familie Werner Jülg
Rebfläche
17 Hektar
Produktion
130.000 Flaschen

BESUCHSZEITEN

täglich außer Do. + Fr. (Weinstube geschlossen)
Pfälzer Weinstube, bewirteter Innenhof

Die Weinberge der Familie Jülg liegen rund um Schweigen, jeweils ungefähr zur Hälfte auf der deutschen und der französischen Seite der Grenze. Nach dem Weingesetz gibt es nur eine Einzellage für Schweigen, den Sonnenberg, der aber aus unterschiedlichen Bodenarten wie Kalkmergel, Ton, Löss und Sand besteht. Deshalb unterscheiden die Jülgs nach Teillagen wie Kammerberg, St. Paul oder Wormberg. Da diese aber auf der französischen Seite liegen, können sie in Deutschland nicht als eigenständige Gewanne eingetragen werden und dürfen auch nicht auf den Etiketten verwendet werden. Der Amtsschimmel wiehert in Schweigen besonders laut – zu Ungunsten der Winzer. An weißen Sorten bauen Werner und sein Sohn Johannes Jülg vor allem Riesling, Weiß- und Grauburgunder an, aber auch Silvaner, Gewürztraminer, Muskateller, Sauvignon Blanc und bereits in den 1960er Jahren gepflanzten Chardonnay. An roten Sorten gibt es Spätburgunder, St. Laurent, Merlot, Cabernet Sauvignon und Dornfelder.

Kollektion

In diesem Jahr sind die Rieslinge sehr säuregeprägt, schon der Gutsriesling ist sehr animierend, der Sonnenberg besitzt Druck, ist salzig und nachhaltig, der Springberg zeigt viel klare, gelbe Frucht und besitzt Länge. Der Chardonnay „Opus O" ist prägnanter als sein Jahrgangsvorgänger, ist noch sehr vom Holz geprägt, besitzt Substanz und Konzentration, zeigt viel gelbe Frucht, ist elegant und nachhaltig, in eine ähnliche Richtung geht der neue Sauvignon Blanc „Opus O" mit Noten von gerösteten Haselnüssen, gelber Frucht und dezenter Stachelbeerwürze. Unter den Spätburgundern bereitet der „Kalkmergel" mit seiner kühlen Frucht jetzt schon Trinkspaß, die anderen wirken noch sehr jung, vor allem der kraftvolle und harmonische Pinot Noir zeigt mit seiner mächtigen Tanninstruktur noch längst nicht alles, was in ihm steckt.

Weinbewertung

83 2016 Weißburgunder trocken **12,5 %/7,10 €**
85 2016 Riesling trocken **12,5 %/7,10 €**
87 2016 Weißburgunder trocken Schweigener Sonnenberg **13 %/15,- €**
88 2016 Chardonnay trocken Schweigener Sonnenberg **13 %/15,- €**
88 2016 Riesling trocken Dörrenbacher Springberg **13 %/15,- €**
89 2016 Riesling trocken Schweigener Sonnenberg **13 %/15,- €**
90 2016 Sauvignon Blanc trocken „Opus O" **13 %/48,- €**
91 2016 Chardonnay trocken „Opus O" **13 %/48,- €**
86 2015 Spätburgunder trocken „Kalkmergel" **13 %/10,50 €**
88 2015 Spätburgunder trocken „Réserve" **14 %/16,- €**
90 2015 Spätburgunder trocken Schweigener Sonnenberg **14 %/24,- €**
91 2015 Pinot Noir trocken **14 %/36,- €**

Julianenhof

★

KONTAKT

Uttrichstraße 9
55283 Nierstein
Tel. 06133-58121
Fax: 06133-57451
www.weingut-julianenhof.de
schmitt@weingut-julianenhof.de

Inhaber
Jochen Schmitt
Rebfläche
13 Hektar
Produktion
60.000 Flaschen

BESUCHSZEITEN

nach Vereinbarung

Seit 1618 baut die Familie Wein in Nierstein an, seit Anfang der neunziger Jahre ist Jochen Schmitt im Weingut aktiv, der den Betrieb heute zusammen mit Ehefrau Beatrice führt. Ihre Weinberge befinden sich in verschiedenen Niersteiner Lagen wie Pettenthal, Hipping, Orbel oder Rehbach. Riesling spielt die wichtigste Rolle im Betrieb, aber es werden eine Vielzahl weiterer Rebsorten wie Silvaner, Müller-Thurgau, Grauburgunder, Weißburgunder, Chardonnay, Sauvignon Blanc und Bacchus sowie die roten Sorten Spätburgunder, Dornfelder und Cabernet Cubin angebaut. Seit Anfang der neunziger Jahre ist dem Weingut ein Gästehaus angegliedert.

Kollektion

Beim guten Debüt im vergangenen Jahr gefiel uns die Geschlossenheit der Kollektion, die trockenen Riesling Spätlesen aus Pettenthal und Hipping standen an der Spitze. Die neue Kollektion nun ist wesentlich unausgewogener, zeigt eine kräftige Diskrepanz zwischen Guts- und Ortsweinen auf der einen Seite, den trockenen Langen-Rieslingen und den edelsüßen Weinen auf der anderen Seite, die ganz klar die Kollektion anführen. Der Pettenthal-Riesling ist füllig, kraftvoll und zupackend, deutlich besser aber gefällt uns im Jahrgang 2016 der Wein aus dem Orbel, der gute Konzentration zeigt, Zitrus, kraftvoll ist, reintönige Frucht besitzt, gute Struktur und Substanz. Die beiden edelsüßen Weine des Jahrgangs 2015 gefallen uns ebenfalls sehr gut. Die Chardonnay Auslese zeigt viel Duft im Bouquet, Litschi, ist konzentriert und süß im Mund, füllig und schmeichelnd. Die Riesling Beerenauslese aus dem Pettenthal besitzt herrlich viel Frucht und Substanz, ist konzentriert und dominant. In der Basis allerdings sehen wir Steigerungsbedarf. —

Weinbewertung

78 2016 Grauer Burgunder trocken **12 %/6,- €**
79 2016 Chardonnay trocken Niersteiner **13 %/6,50 €**
80 2015 Sauvignon Blanc trocken **13 %/7,- €**
80 2016 Riesling trocken „Roter Hang“ **12,5 %/7,- €**
86 2016 Riesling trocken Niersteiner Orbel **12 %/9,50 €**
84 2016 Riesling trocken Niersteiner Pettenthal **12 %/12,50 €**
80 2016 Riesling „feinherb“ „Roter Hang“ **12 %/7,- €**
79 2016 Bacchus Kabinett **8,5 %/4,70 €**
78 2016 Riesling Spätlese „lieblich“ „Roter Hang“ **9,5 %/7,- €**
85 2015 Chardonnay Auslese **8,5 %/8,50 €**
87 2015 Riesling Beerenauslese Niersteiner Pettenthal **8,5 %/16,- €/0,375l**
80 2016 Spätburgunder Weißherbst **12 %/4,70 €**

JULIUS

★

KONTAKT

Hauptstraße 5
67599 Gundheim
Tel. 06244-905218
Fax: 06244-905219
www.weingut-julius.de
info@weingut-julius.de

Inhaber
Georg Julius
Rebfläche
19 Hektar

BESUCHSZEITEN

Mo.-Fr. 10-18 Uhr, Sa. 10-17 Uhr
nach Vereinbarung
„Design Vinothek"

Georg und Helene Julius kauften 1926 einen Bauernhof mit Ackerbau, Vieh und einigen Reben in Gundheim, legten damit den Grundstock für das heutige Weingut. Ihr Enkel Georg Julius führt heute mit Ehefrau Marianne den Betrieb, sie erweiterten das Gut von damals 5 Hektar auf die heutige Größe. Die Weinberge befinden sich unter anderem im Nieder-Flörsheimer Frauenberg, in den Gundheimer Lagen Mandelbrunnen und Sonnenberg, im Abenheimer Klausenberg, im Dalsheimer Sauloch, im Bermersheimer Hasenlauf und in den Westhofener Lagen Morstein (2009 mit Riesling bepflanzt) und Rotenstein. Die Weinberge werden seit 2007 ökologisch bewirtschaftet, 2010 war der erste zertifiziert biologische Jahrgang (Mitglied bei Naturland). 60 Prozent der Weinberge sind mit weißen Sorten bepflanzt, vor allem Riesling, Silvaner, Müller-Thurgau, Weißburgunder, Grauburgunder, Chardonnay und Sauvignon Blanc. Wichtigste rote Sorten sind Dornfelder, Spätburgunder, Portugieser und Merlot. Die Weine werden überwiegend trocken ausgebaut.

Kollektion

Wie schon im Vorjahr präsentiert Georg Julius eine gleichmäßige Kollektion mit klaren, fruchtbetonten Weinen. Der Rivaner im Liter ist geradlinig, das passt. Die trockenen Weißweine sind etwas verhaltener als im Jahr zuvor, meist etwas schlanker, zeigen aber gleichmäßig gutes Niveau. Unser klarer Favorit ist der Riesling aus dem Morstein, der gute Konzentration und reife Frucht im Bouquet zeigt, füllig und saftig im Mund ist, viel reife süße Frucht und Substanz besitzt. Gleichauf an der Spitze steht für uns der im Barrique ausgebaute Spätburgunder aus dem Gundheimer Sonnenberg, Jahrgang 2015. Er zeigt Gewürze im Bouquet, feine Frische, etwas Johannisbeeren, ist frisch und geradlinig im Mund, kraftvoll und zupackend, besitzt gute Struktur und kräftige Tannine.

Weinbewertung

80	2016 Rivaner trocken (1l) **12 %/4,80 €**
82	2016 Silvaner trocken Westhofener Rotenstein **12 %/7,20 €**
82	2016 Sauvignon Blanc trocken Abenheimer Klausenberg **12 %/7,90 €**
81	2016 Weißer Burgunder trocken Abenheimer Klausenberg **13 %/7,90 €**
82	2016 Grauer Burgunder trocken Nieder-Flörsheimer Frauenberg **13 %/7,90 €**
81	2016 Chardonnay trocken Abenheimer Klausenberg **12,5 %/7,90 €**
82	2016 Riesling trocken Bermersheimer Hasenlauf **12 %/7,50 €**
85	2016 Riesling trocken Westhofener Morstein **12 %/15,- €**
82	2016 Goldmuskateller (halbtrocken) **11,5 %/8,50 €**
85	2015 Spätburgunder trocken (Barrique) Gundheimer Sonnenberg **13 %/12,50 €**

JULIUSSPITAL WÜRZBURG

★★★

KONTAKT

Klinikstraße 1, 97070 Würzburg
Tel. 0931-3931400
Fax: 0931-3931414
www.juliusspital.de
weingut@juliusspital.de

Inhaber
Stiftung des öffentlichen Rechts
Leiter
Horst Kolesch
Rebfläche
180 Hektar
Produktion
1.000.000 Flaschen

BESUCHSZEITEN

Mo.-Do. 7:30-16:30 Uhr, Fr. 7:30-15 Uhr; Weinstuben (Juliuspromenade 19), täglich 10-24 Uhr; Weinverkauf im Weineck „Julius Echter" (Koellikerstraße 1a), Mo.-Fr. 9:30-18:30 Uhr, Sa. 9-16 Uhr

Die Stiftung Juliusspital wurde 1576 vom Würzburger Fürstbischof Julius Echter von Mespelbrunn gegründet. Das Weingut der Stiftung trägt mit seinen Erlösen zu den gemeinnützigen Stiftungsaufgaben (z.B. Klinik, Altenpflege) bei. Der ausgedehnte Besitz verteilt sich auf viele Lagen, darunter so renommierte Namen wie Würzburger Stein, Würzburger Innere Leiste, Iphöfer Julius-Echter-Berg, Randersackerer Pfülben, Volkacher Karthäuser, Rödelseer Küchenmeister oder Escherndorfer Lump. Wichtigste Rebsorten sind Silvaner, Riesling und Müller-Thurgau.

Kollektion

Der Weißburgunder-Gutswein ist frisch und geradlinig, die beiden Würzburger Ortsweine besitzen reintönige Frucht. Sehr gleichmäßig präsentieren sich auch die Lagenweine. Der Kronsberg-Silvaner zeigt Birnen und viel Konzentration, etwas besser gefällt uns der reintönige, saftige Silvaner vom Stein. Auch der Weißburgunder vom Stein besitzt viel Fülle und Saft, die beiden Rieslinge von Kronsberg und Stein sind kraftvoll, klar und zupackend. An der Spitze der Kollektion stehen die Großen Gewächse, die mit dem Jahrgang 2015 erstmals erst zwei Jahre nach der Ernte präsentiert werden. Der Karthäuser-Weißburgunder besitzt viel reife Frucht und Substanz, der Riesling vom Stein ist konzentriert und rauchig, besitzt Fülle, Kraft und herrlich viel Frucht wie auch der saftige Silvaner vom Stein. Unsere ganz leichte Präferenz gilt dem Silvaner vom Julius-Echter-Berg, der stoffig und konzentriert ist, reintönig und lang. Auch auf edelsüß versteht man sich beim Juliusspital, auch wenn dies dieses Jahr nur ein einziger Wein beweist, die wunderschön reintönige Riesling Auslese aus dem Stein.

Weinbewertung

81 2016 Weißer Burgunder trocken **12,5 %/8,- €**
83 2016 Silvaner trocken Würzburger **12,5 %/9,50 €**
83 2016 Riesling trocken Würzburger **13 %/9,50 €**
86 2016 Silvaner trocken Iphöfer Kronsberg **13,5 %/12,50 €**
87 2016 Silvaner trocken Würzburger Stein **13 %/14,- €**
87 2016 Weißburgunder trocken Würzburger Stein **13 %/14,- €**
86 2016 Riesling trocken Iphöfer Kronsberg **12,5 %/12,50 €**
86 2016 Riesling trocken Würzburger Stein **13 %/14,- €**
90 2015 Silvaner trocken „GG" Würzburger Stein **13,5 %/30,- €**
91 2015 Silvaner trocken „GG" Iphöfer Julius-Echter-Berg **14 %/30,- €**
89 2015 Weißer Burgunder trocken „GG" Volkacher Karthäuser **14 %/32,- €**
90 2015 Riesling trocken „GG" Würzburger Stein **14 %/32,- €**
88 2016 Riesling Auslese Würzburger Stein **8,5 %/16,- €/0,5l**

Georg Jung

★

KONTAKT

Alzeyer Straße 4
55278 Undenheim
Tel. 06737-246
Fax: 06737-9952
www.wein-macht-jung.de
info@wein-macht-jung.de

Inhaber
Georg Jung
Rebfläche
17 Hektar
Produktion
50.000 Flaschen

BESUCHSZEITEN

täglich 8 -18 Uhr und nach Vereinbarung
Gästezimmer (3 Doppelzimmer), Ferienwohnung

Das Weingut Jung, ursprünglich ein typischer rheinhessischer Mischbetrieb, konzentriert sich heute ganz auf Wein. Georg Jung übernahm den Betrieb 1994 von seinem Vater Walter, führt ihn zusammen mit Ehefrau Helga. Sohn Johannes, ihr Jüngster, absolvierte eine Winzerlehre und sammelte Erfahrungen in Neuseeland, mit dem Jahrgang 2015 war er erstmals für die Traubenverarbeitung verantwortlich. Ihre Weinberge liegen im Undenheimer Goldberg, wo die Reben überwiegend auf Löss wachsen, sowie im Selzener Gottesgarten und im Spiesheimer Osterberg, wo Lösslehmböden vorherrschen. Das Sortenspektrum ist groß, umfasst mehr als zwanzig verschiedene Rebsorten, Riesling, Silvaner, Weißburgunder, Grauburgunder, Müller-Thurgau und Sauvignon Blanc gehören dazu ebenso wie viele Neuzüchtungen, Bacchus, Ortega und Huxelrebe (mit 50 Jahre alten Reben) beispielsweise, aus denen süße Weine erzeugt werden, unter den roten Sorten findet man St. Laurent und Portugieser, Spätburgunder, Dornfelder und Cabernet Dorsa.

Kollektion

Die Weißwein-Basis stimmt auch 2016, das zeigt der zupackende Müller-Thurgau im Liter. Ansonsten sind es vor allem die weißen Burgunder (und vor allem aus dem Jahrgang 2015), die am meisten überzeugen. Die trockene Grauburgunder Spätlese zeigt gute Konzentration, ist im Mund geprägt vom Kontrast aus Süße und Säure. Der 2015er Grauburgunder „aus der Sau" ist enorm würzig und füllig, besitzt viel reife süße Frucht wie auch der saftige Weißburgunder „gib gern". Die sehr sortentypische Ortega Spätlese besitzt Säure und Biss. Cabernet Dorsa und Pinot Noir sind kraftvoll und klar, unser Favorit in der aktuellen Kollektion ist aber ganz eindeutig der im Barrique ausgebaute Sankt Laurent aus dem Jahrgang 2014, der klar und kraftvoll ist, gute Struktur und reife klare Frucht besitzt.

Weinbewertung

80	2016 Müller-Thurgau trocken (1l) **12,5 %/4,- €**
82	2016 Weißburgunder trocken **12 %/5,50 €**
82	2016 Sauvignon Blanc **12 %/6,50 €**
83	2016 Grauburgunder Spätlese trocken **13,5 %/6,50 €**
81	2016 Riesling trocken **11,5 %/5,- €**
84	2015 Weißburgunder trocken „gib gern" **13 %/8,- €**
85	2015 Grauburgunder Spätlese trocken „aus der Sau" **13,5 %/9,- €**
81	2016 Riesling Spätlese halbtrocken **11 %/5,60 €**
83	2016 Ortega Spätlese **7,5 %/6,- €**
82	2014 Cabernet Dorsa trocken **14 %/6,- €**
83	2013 Pinot Noir trocken **13,5 %/6,70 €**
87	2014 Sankt Laurent trocken Barrique **13,5 %/10,50 €**

JAKOB JUNG

★★★

KONTAKT

Eberbacher Straße 22
65346 Eltville-Erbach
Tel. 06123-900620
Fax: 06123-900621
www.weingut-jakob-jung.de
info@weingut-jakob-jung.de

Inhaber
Alexander Johannes Jung
Rebfläche
16 Hektar
Produktion
100.000 Flaschen

BESUCHSZEITEN

Mo.-Fr. 13-18 Uhr, Sa. 10-17 Uhr
Weinproben (bis 50 Personen)

Seit 1799 befindet sich das Weingut im Besitz der Familie. Ludwig Jung stieg 1969 mit 18 Jahren in den Betrieb ein, inzwischen wird das Gut von seinem Sohn Alexander Johannes Jung geleitet. Vater Ludwig ist allerdings immer noch aktiv und unterstützt den Junior im Weinberg. Alexander Jung absolvierte ein Studium in Geisenheim sowie Praktika in Baden und Südafrika. Die Reben befinden sich in Erbach (Steinmorgen, Honigberg, Michelmark, Hohenrain) und Kiedrich (Sandgrub). Wichtigste Rebsorte ist der Riesling, der 85 Prozent der Fläche einnimmt. Hinzu kommen vor allem Spätburgunder, aber auch Chardonnay und Weißburgunder. Die Rieslinge von Alexander Johannes Jung bleiben nach einer kühlen Gärung, die im Edelstahl stattfindet, recht lange auf der Feinhefe, damit sie mehr Fruchtfülle und Extrakt erhalten. Sie werden größtenteils erst im Spätsommer abgefüllt. Die Weine werden meist trocken und halbtrocken angeboten.

Kollektion

Der Gutsriesling ist schlank, frisch und zugänglich süffig. Das gilt für den Ortswein aus Erbach der etwas mehr Substanz aufweist und salzig-herb endet. Die Alten Reben bieten deutlich mehr Schmelz und Struktur, sind kompakt, gerbstoffherb und nachhaltig. Der Riesling aus dem Steinmorgen ist kraftvoll, fest und salzig, der Charta-Riesling ist transparenter und frischer. Das Große Gewächs aus dem Hohenrain ist vielschichtig, mineralisch durchwirkt, hat Tiefe, ist konzentriert und klar, setzt auf Substanz und markante Salzigkeit. Das aus dem Siegelsberg ist reifer, fast cremig, endet beerig und wuchtig, ist trotzdem transparent. Bemerkenswert ausgewogen und eingängig ist der feinherbe Riesling aus dem Steinmorgen. Von den drei cassistönigen, reifen Spätburgundern sticht der Alexander Johannis „R" hervor, der üppig ist, über markantes, feines Tannin und großzügige frische Länge verfügt.

Weinbewertung

84	2016 Weißburgunder & Chardonnay trocken **12,5 %/11,90 €**
83	2016 Riesling trocken **12 %/7,90 €**
84	2016 Riesling trocken Erbach **12 %/9,40 €**
86	2016 Riesling trocken „Alte Reben" **12,5 %/12,90 €**
87	2016 Riesling trocken Erbach Steinmorgen **12,5 %/12,90 €**
87	2016 Riesling trocken „Charta" **12,5 %/12,90 €**
89	2016 Riesling trocken „GG" Erbach Hohenrain **13 %/23,40 €**
90	2016 Riesling trocken „GG" Erbach Siegelsberg **13 %/27,40 €**
85	2016 Riesling „feinherb" Erbach Steinmorgen **11,5 %/12,90 €**
86	2013 Spätburgunder trocken **13,5 %/15,40 €**
88	2012 Spätburgunder trocken „Alexander Johannes" **14 %/20,40 €**
90	2013 Spätburgunder trocken „Alexander Johannes R" **13,5 %/38,40 €**

Junglen

★☆

KONTAKT

Stablostrasse 20
54536 Kröv
Tel. 06541-3292
Fax: 06541-814537
www.junglenwein.de
info@junglenwein.de

Inhaber
Markus Junglen
Rebfläche
4,6 Hektar
Produktion
35.000 Flaschen

BESUCHSZEITEN

täglich (am besten nach Vereinbarung)
„Ferienwohnungen, Gästezimmer, Straußwirtschaft (Sept. & Okt.)

Hermann-Josef Junglen und Ehefrau Gerti bauten den Nebenerwerbsbetrieb zum Weingut aus, seit 2008 wurden sie im Betrieb unterstützt von Sohn Markus, nach Winzerlehre, Technikerlehre und vier Jahren Kellermeistertätigkeit an der unteren Mosel. 2016 übernahmen Markus und Linda Junglen die Verantwortung komplett. Ihre Weinberge liegen in Kröv und Kinheim. Der Kröver Steffensberg ist ein steiler Südwesthang mit tiefgründigen Devonschieferböden, in der über 160 Hektar großen Einzellage Kröver Paradies sind die Böden schwerer, vor allem im unteren Teil. Gleiches gilt für den Kinheimer Rosenberg. Außer Riesling, der mit 65 Prozent dominiert, werden auch Müller-Thurgau, Weiß- und Spätburgunder (allein die rote Sorte nimmt stolze 12 Prozent der Fläche ein), Sauvignon Blanc und Dornfelder angebaut. Die Weißweine werden kühl vergoren, teilweise mit den natürlichen Hefen, teils im Edelstahl, teils im Holz ausgebaut. 90 Prozent der Produktion wird an Privatkunden verkauft. Das Weingut bietet Ferienwohnungen und Gästezimmer an, im Herbst hat die Straußwirtschaft geöffnet.

Kollektion

Nach einem saftig und zupackend ausgefallenen Jahrgang 2015 stellt Markus Junglen nun eine überzeugende, sehr gleichmäßige neue Kollektion vor, in der sich allerdings neben allerlei 2016ern auch drei 2015er verbergen. Die Basis überzeugt mit einem saftigen trockenen Riesling oder dem süffigen, schlanken Sauvignon Blanc. Spannender sind die trockenen Top-Rieslinge: die duftige 2016er Spätlese aus der Letterlay und der 2015er „Edition M" aus dem Steffensberg, kompakt, mit Fülle, aber auch feiner Säure. Die feinherbe „Edition M" aus 2015 hat Substanz, auch die süßen 2016er gefallen mit ihrer geradlinigen, animierenden Art. Eine rote 2014er Cuvée, im Barrique ausgebaut, zeigt Anklänge an Kakao und dunkle Beeren, ist saftig und nachhaltig. ▬

Weinbewertung

83 2016 Riesling trocken **11,5 %/5,60 €**
82 2016 Sauvignon Blanc trocken **12 %/7,50 €**
82 2016 Spätburgunder „Blanc de Noir" **12 %/6,50 €**
86 2016 Riesling Spätlese trocken Kröver Letterlay **12 %/8,50 €**
86 2015 Riesling trocken „Edition M" Kröver Steffensberg **13 %/11,50 €**
85 2015 Weißburgunder trocken „Edition M" Kröver Paradies **13 %/11,50 €**
82 2016 Riesling „feinherb" **11 %/5,60 €**
85 2016 Riesling Spätlese „feinherb" Kröver Steffensberg **11,5 %/8,50 €**
86 2015 Riesling „feinherb" „von Alten Reben" Kröver Steffensberg **12,5 %/11,50 €**
84 2016 Riesling Kabinett Kröver Paradies **9 %/6,- €**
85 2016 Riesling Spätlese Kröver Steffensberg **8,5 %/8,50 €**
85 2014 Cuvée Rotwein trocken Barrique **13,5 %/13,50 €**

Am Kaiserbaum, Hammel-Hundinger

★☆

KONTAKT

Hauptstraße 33
67229 Gerolsheim
Tel. 06238-3562
Fax: 06238-929272
www.weingut-am-kaiserbaum.de
info@weingut-am-kaiserbaum.de

Inhaber
Familie Hundinger
Rebfläche
20 Hektar

BESUCHSZEITEN

Mi.-Fr. 13-18 Uhr, Sa. 10-17 Uhr
und nach Vereinbarung

Das Weingut am Kaiserbaum ist in der nördlichen Pfalz, in Gerolsheim, gelegen. Die Weinberge befinden sich vor allem in Gerolsheim (Lerchenspiel) und Weisenheim (Rosenbühl, Hasenzeile), aber auch in Freinsheim, Laumersheim und Herxheim. Der Anteil der mit Spätburgunder und anderen roten Sorten bestockten Rebfläche ist hoch. Seit einigen Jahren bringt auch Gerald Hundinger seine Rotwein-Erfahrung ein. Sammeln konnte er diese unter anderem bei seinem Önologie-Studium in Bordeaux und bei Rotwein-Pionieren in der Pfalz. Burgundersorten und Riesling liegen bei den weißen Sorten im Fokus des jungen Kellermeisters, der letzter Schüler des Weißweinspezialisten Hans-Günter Schwarz bei Müller-Catoir war. Bei den edelsüßen Weinen spielen Rieslaner und Gewürztraminer eine besondere Rolle.

Kollektion

Während wir im vergangenen Jahr noch feststellten, dass einige der trockenen Weißweine doch recht füllig und süß waren, sind in diesem Jahr die trockenen Weißen alle elegant und harmonisch, mit einem feinen, animierenden Säure-Spiel, das den Weinen Frische verleiht – eine sehr klare Stilistik. Auch unser Favorit in der aktuellen Kollektion, die Rieslaner Beerenauslese, setzt ganz auf Frische und Finesse, ist zwar cremig, aber nicht so ölig-dicht wie ihr Jahrgangsvorgänger, ist komplex und lebendig. Auch die restsüße Cuvée aus Gewürztraminer und Riesling besitzt Frische, ist saftig und schlank und wird aromatisch vom Gewürztraminer bestimmt. Der trockene Goldberg-Riesling zeigt kräutrige Würze und Orangenschalen, die Cuvée aus Chardonnay und Weißburgunder, der „Mandelbaam"-Weißburgunder und der ganz geradlinige und konsequent trocken ausgebaute Grauburgunder zeigen klare gelbe Frucht und florale Würze, bei der Cuvée „Frauke" aus Cabernet Blanc und Riesling kommen zu den grasigen und grünen Noten nach Paprika vom Cabernet Blanc dezente Zitrusnoten vom Riesling. Bleibt noch die harmonische rote Cuvée „Gerald" mit dunkler Beerenfrucht, Brombeere und kräutriger Würze.

Weinbewertung

81 2016 Riesling trocken (1l) **12 %/5,- €**
83 2016 „Frauke" Weißwein trocken **12 %/9,50 €**
83 2016 Grauburgunder trocken **13 %/7,- €**
83 2016 Weißburgunder trocken „Unner'm Mandelbaam" **12 %/7,- €**
84 2016 Chardonnay & Weißburgunder trocken Weisenheimer Rosenbühl **13 %/9,50 €**
85 2016 Riesling trocken Freinsheimer Goldberg **12,5 %/9,50 €**
84 2016 Gewürztraminer & Riesling „fruchtig" **11,5 %/9,50 €**
83 2016 Riesling „fruchtig" Weisenheimer Rosenbühl **9 %/9,- €**
89 2016 Rieslaner Beerenauslese Gerolsheimer Lerchenspiel **9,5 %/28,- €/0,375l**
85 2015 „Gerald" Rotwein trocken **14 %/10,- €**

KALKBÖDELE

★★☆

KONTAKT

Weingut der Gebrüder Mathis
Enggasse 21
79291 Merdingen
Tel. 07668-902672
Fax: 07668-94505
www.kalkboedele.de
weingut@kalkboedele.de

Inhaber
Sonja Mathis-Stich
Gutsverwalter/Kellermeister
Manfred Zimmermann
Rebfläche
20 Hektar
Produktion
130.000 Flaschen

BESUCHSZEITEN

Mo.-Fr. 10-12 + 14-17 Uhr,
Sa. 10-13 Uhr

K

Paul Mathis, Gründer eines Kalkwerks in Merdingen, und seine Brüder Bernhard und Franz begannen 1978 mit der Herstellung eigener Weine vom Tuniberg. Sie setzten von Anfang an auf trocken ausgebaute Weine und auf den Barriqueausbau. Heute wird das Weingut von Sonja Mathis-Stich geführt, Betriebsleiter und Kellermeister ist Manfred Zimmermann. Rote Rebsorten nehmen über die Hälfte der Rebfläche ein, Spätburgunder vor allem, aber auch Merlot, Cabernet Sauvignon und Lagrein. Das Weingut ist auf Spätburgunder spezialisiert, der mehr als die Hälfte der Rebfläche einnimmt. Weiß- und Grauburgunder sind die wichtigsten weißen Sorten, dazu gibt es Müller-Thurgau und Chardonnay, aber auch Auxerrois und Riesling, dazu ein wenig Cabernet Sauvignon und Merlot. Die Rotweine werden maischevergoren und in Holzfässern ausgebaut, auch ein Teil der Weißweine kommt ins Holz. Alle Weine werden durchgegoren ausgebaut. Schon seit der ersten Ausgabe empfehlen wir die Weine vom Kalkbödele, in den letzten Jahren haben die Kollektionen deutlich an Konstanz gewonnen, die Weißweine sind fruchtbetonter und reintöniger geworden, den Holzeinsatz bei den Rotweinen scheint man etwas zurückgefahren zu haben.

Kollektion

Die neue Kollektion zeigt eine noch deutlichere Diskrepanz zwischen Weiß- und Rotweinen als zuletzt. Die weißen Kabinettweine sind fruchtbetont, geradlinig und frisch, der Grauburgunder gefällt uns am besten. Klar an der Spitze des weißen Sortiments steht der im Holz ausgebaute Pinot Gris des Jahrgangs 2015, der Fülle, Kraft und reife Frucht besitzt. Die Spätburgunder-Riege beeindruckt. Der Alte Reben ist frisch und zupackend, der im Barrique ausgebaute Tradition besitzt gute Struktur und Frucht. Der im Kastanienbarrique ausgebaute Wein zeigt intensive Frucht, rauchige Noten, besitzt Fülle und Kraft wie auch der Reserve, der noch etwas reintöniger und eleganter ist. Bravo!

Weinbewertung

82	2016 Auxerrois Kabinett trocken **12 %/7,80 €**
82	2016 Weißburgunder Kabinett trocken **13 %/8,30 €**
83	2016 Grauburgunder Kabinett trocken **13,5 %/8,30 €**
80	2016 „Blanc de Noirs" Kabinett trocken **13,5 %/8,30 €**
83	2016 Riesling Spätlese trocken **12 %/8,30 €**
86	2015 Pinot Gris trocken Holzfass Merdinger Bühl **14 %/10,50 €**
83	2014 Spätburgunder trocken **12,5 %/8,80 €**
85	2014 Spätburgunder trocken „Alte Reben" Merdinger Bühl **12,5 %/9,80 €**
86	2014 Spätburgunder trocken Barrique „Tradition" Merdinger Bühl **13 %/13,- €**
88	2014 Spätburgunder trocken „Edition Kastanie" Merdinger Bühl **13,5 %/15,- €**
89	2013 Spätburgunder trocken „Reserve" Merdinger Bühl **13,5 %/25,- €**

Kallfelz

★★

KONTAKT

Hauptstraße 60-62
56856 Zell-Merl
Tel. 06542-93880
Fax: 06542-938850
www.kallfelz.de
info@kallfelz.de

Inhaber
Andrea Kallfelz
Kellermeister
Dennis Lehmen
Rebfläche
60 Hektar
Produktion
500.000 Flaschen

BESUCHSZEITEN

Mo.-Fr. 8-18 Uhr, Sa. 9-14 Uhr, sonst nach Vereinbarung

KALLFELZ
RIESLING
WEIN & SEKT

Albert Kallfelz, der 1972 das elterliche Weingut übernahm, feierte 2017 das 110-jährige Bestehen des Betriebes, inzwischen hat er den Betrieb offiziell an seine Frau Andrea übergeben, ist aber weiterhin aktiv. Der gemeinsame Sohn Maximilian arbeitet nach der Winzerlehre im Weingut mit. Von 1,8 Hektar im Jahr 1972 hat das Weingut die Rebfläche auf die heutige Größe von nicht weniger als 60 Hektar erweitert. Neben den Trauben aus den eigenen Weinbergen verarbeitet es auch die Ernte von Winzern, mit denen Pacht- und Bewirtschaftungsverträge bestehen. Zwei Drittel der Weinberge befinden sich in Steillagen, an der Spitze jene Flächen, die sich in der Spitzenlage Merler Königslay-Terrassen befinden. Daneben besitzt der Betrieb größere Flächen in den Merler Lagen Adler, Stephansberg und Fettgarten. In den achtziger Jahren vergrößerte sich das Weingut durch Zukauf des heutigen Stammsitzes in der Hauptstraße, 1990 erwarb es die kreiseigene Lehr- und Versuchsanstalt samt Rebflächen, im Jahr 2000 vergrößerte man die Betriebsgebäude und schuf zusätzliche Lagerkapazitäten. Neben Riesling, der über 90 Prozent der Fläche einnimmt, gibt es heute etwas Weißburgunder und Müller-Thurgau, allerdings werden diese Sorten immer nur als Qualitätswein ohne Prädikat ausgebaut. Über 85 Prozent der Weine baut das Weingut trocken aus.

Kollektion

Die 2016er sind so ausgefallen, wie man es angesichts der Bedingungen von Frühjahr, Sommer und Herbst erwarten konnte: Straff, geradlinig und würzig. Ein süffiger Schoppen-Riesling steht am Anfang des Programms, der duftige, feste trockene Riesling aus den Königslay-Terrassen ist schon jetzt zugänglich, sein feinherbes Pendant besitzt Schmelz und eine nicht übertriebene Süße. Die saftige, nach Steinobst duftende Auslese ist keine dramatische Steigerung zur Spätlese, aber rundum empfehlenswert sind beide.

Weinbewertung

82 2016 Riesling Hochgewächs trocken „Schoppen" (1l) **11,5 %/6,70 €**
83 2016 Riesling Hochgewächs trocken **11,5 %/7,50 €**
86 2016 Riesling trocken Merler Stephansberg **12 %/8,80 €**
85 2016 Riesling trocken Merler Adler **11 %/8,15 €**
87 2016 Riesling trocken Merler Königslay-Terrassen **12 %/10,35 €**
83 2016 Riesling Hochgewächs „feinherb" **11 %/7,50 €**
85 2016 Riesling „feinherb" Merler Fettgarten **11,5 %/8,35 €**
84 2016 Riesling „feinherb" Merler Adler **10 %/8,15 €**
87 2016 Riesling „feinherb" Merler Königslay-Terrassen **11,5 %/10,35 €**
84 2016 Riesling Merler Adler **8,5 %/6,90 €**
87 2016 Riesling Spätlese Merler Königslay-Terrassen **7,5 %/10,45 €**
88 2016 Riesling Auslese Merler Königslay-Terrassen **7,5 %/21,35 €/0,5l**

KAMPF

★★

KONTAKT

Langgasse 75
55237 Flonheim
Tel. 06734-1626
Fax: 06734-7117
www.weingut-kampf.de
info@weingut-kampf.de

Inhaber
Hanspeter & Patrick Kampf
Rebfläche
12 Hektar
Produktion
30.000 Flaschen

BESUCHSZEITEN

Mo.-Fr. 8-12 + 13-19 Uhr, Sa. 8-15 Uhr nach Vereinbarung

Lange Zeit wurden die Weine zwar ausgebaut, aber dann füllfertig an andere Betriebe verkauft. Mit dem Einstieg von Patrick Kampf hat sich dies geändert: Geisenheim-Studium, Praktika bei Wagner-Stempel, Schäfer-Fröhlich und BattenfeldSpanier, bei Pichler in Oberloiben und bei Hartford Family in Sonoma – da will man mehr erreichen. Seit 2008 werden die Weinberge biologisch bewirtschaftet, 2011 war der erste zertifizierte Jahrgang. Der Fokus liegt auf Riesling, dazu gibt es Weiß- und Grauburgunder, Scheurebe, Sauvignon Blanc und Silvaner, auch etwas rote Sorten. Das Sortiment ist gegliedert in Gutsweine, Ortsweine und Lagenweine, wobei die Gutsweine absolut dominieren, einen Lagen-Riesling aus der Uffhofener La Roche gab es erstmals 2012, dann wieder im Jahrgang 2015.

Kollektion

Auch die neue Kollektion ist sehr stimmig, schließt nahtlos an die guten Vorjahre an, wie im Vorjahr steht der La Roche-Riesling an der Spitze, erneut gefolgt vom Flonheimer Ortsriesling. Die Gutsweine präsentieren sich sehr gleichmäßig. Die Cuvée Weiss aus Riesling, Müller-Thurgau und Scheurebe zeigt viel Würze und Duft im Bouquet, ist frisch und zupackend. Die Cuvée aus Weißburgunder und Chardonnay besitzt gute Fülle und reife Frucht, auch der Grauburgunder ist füllig, sehr cremig. Die Scheurebe ist geradlinig und klar, besser gefällt uns der cremige Sauvignon Blanc, der Fülle, Saft und gute Struktur besitzt. Der Gutsriesling ist klar, geradlinig und zupackend, der Flonheimer Riesling ist deutlich konzentrierter, zeigt gelbe Früchte, viel Würze, ist füllig, saftig, besitzt reife Frucht und Substanz, ist noch recht jugendlich. Auch der La Roche-Riesling ist noch enorm jugendlich, konzentriert, zeigt in Ansätzen Gelbfruchtaromatik, besitzt Fülle und Kraft, herrlich viel Frucht und Substanz, ist druckvoll und strukturiert, hat Biss. —

Weinbewertung

83 2016 Cuvée Weiss trocken **12,5 %/6,- €**
83 2016 Weißburgunder & Chardonnay trocken **13 %/7,50 €**
83 2016 Grauburgunder trocken **13,5 %/7,50 €**
83 2016 Riesling trocken **12,5 %/7,50 €**
82 2016 Scheurebe trocken **13 %/7,50 €**
84 2016 Sauvignon Blanc trocken **13,5 %/8,50 €**
85 2016 Riesling trocken Flonheim **12,5 %/12,- €**
88 2016 Riesling trocken La Roche **12,5 %/22,- €**
82 2016 Riesling Kabinett **8,5 %/9,50 €**
81 2016 Spätburgunder Rosé trocken **12,5 %/7,- €**

Graf von Kanitz

★★★

KONTAKT

Rheinstraße 49
65391 Lorch
Tel. 06726-346, Fax: 06726-2178
www.weingut-graf-von-kanitz.de
info@weingut-kanitz.de

Inhaber Sebastian Graf von Kanitz
Betriebsleiter Jens Pape
Rebfläche 14 Hektar
Produktion 70.000 Flaschen

BESUCHSZEITEN

Mo.-Fr. 8-16 Uhr, Mai bis Okt.
Sa. 10-15 Uhr und nach Vereinbarung

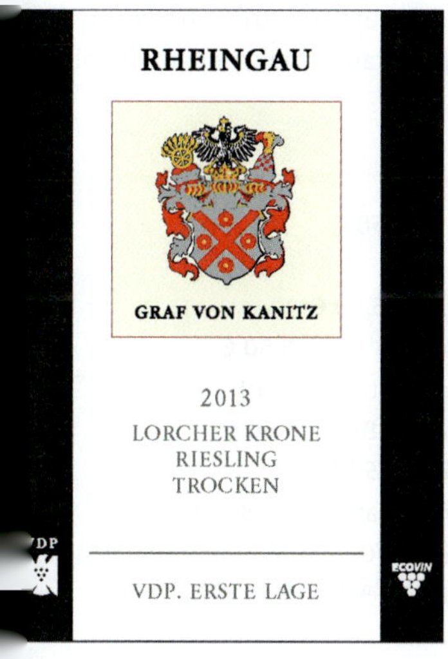

Bis ins 13. Jahrhundert lassen sich die Wurzeln des Weingutes zurückverfolgen. Gegründet von den Herren von Staffel, gehörte es einige Jahrhunderte den Freiherrn von Stein bevor es 1926 in direkter Erbfolge in den Besitz der Grafen von Kanitz kam. Seit den sechziger Jahren werden die Weinberge ökologisch bewirtschaftet, seit 1992 ist man Mitglied bei Ecovin. Die Weinberge liegen in den Lorcher Lagen Bodental-Steinberg, Kapellenberg, Pfaffenwies, Schlossberg und Krone. Neben dem dominierenden Riesling (70 Prozent) spielt vor allem der Spätburgunder eine wichtige Rolle, auch etwas Grauburgunder wird im Schlossberg angepflanzt, dazu gibt es Weißburgunder und etwas Gewürztraminer in der Lorcher Pfaffenwies. Der langjährige Betriebsleiter Kurt Gabelmann hat die Verantwortung 2015 an seinen bisherigen Assistenten Jens Pape übergeben, der schon den Jahrgang 2014 ausgebaut hatte. Alle Weine sind vegan.

Kollektion

Der Riesling Sekt ist klar und eingängig. Das gilt auch für Blanc de Noirs, Gutriesling und den fülligen Gewürztraminer. Der Lorcher Riesling ist merklich konzentrierter. Er besitzt Struktur und Frische. Auch der Riesling aus der Pfaffenwies ist wie alle Weine anfänglich etwas zurückhaltend, an der Luft entwickelt er Schmelz und Länge. Der Schiefer aus derselben Lage bietet noch mehr Ausgewogenheit und Konzentration, hier unterstützt der etwas höhere Restzucker merklich die Frucht und die passende Säure bei moderatem Alkohol, lässt Trinkfluss aufkommen. Dem gibt der Riesling aus der Lorcher Krone wiederum etwas mehr Substanz und Struktur hinzu, ist nachhaltig. Der aromatische feinherbe Riesling ist ein einfacher Zechwein mit passendem Süße-Säure-Spiel. Der fruchtige Kabinett ist herzhaft, frisch und zugänglich.

Weinbewertung

82	2014 Riesling Sekt brut **13 %/11,50 €**
81	2016 „Blanc de Noirs" trocken **12 %/7,50 €**
82	2016 Gewürztraminer trocken Lorch **12,5 %/7,70 €**
83	2016 Riesling trocken **12,5 %/7,30 €**
84	2016 Riesling trocken Lorch **12 %/7,70 €**
85	2016 Riesling trocken Lorcher Pfaffenwies **12 %/8,90 €**
86	2016 Riesling trocken Lorcher Krone „Alte Reben" **12 %/15,50 €**
86	2016 Riesling trocken Lorcher Pfaffenwies „Schiefer" **11,5 %/11,50 €**
83	2016 Grauburgunder „feinherb" Lorch **13 %/11,50 €**
83	2016 Riesling halbtrocken **11,5 %/7,30 €**
84	2016 Riesling Kabinett Lorcher Kapellenberg **10 %/9,90 €**

KANZLERHOF

★★

KONTAKT

Hauptstraße 23
54340 Pölich
Tel. 06507-9389660 /
0175-7145501
Fax: 06507-9389661
www.kanzlerhof.de
weingutkanzlerhof@web.de

Inhaber
Familie Schömann-Kanzler
Rebfläche
4,9 Hektar
Produktion
33.000 Flaschen

BESUCHSZEITEN

täglich nach Vereinbarung
Weinstube, Gästezimmer,
Straußwirtschaft Schömann

Seit vielen Generationen betreibt die Familie Schömann-Kanzler ein Weingut in Pölich, das heute von Alfred Schömann geführt wird. Die Weinberge des Kanzlerhofs liegen in den Lagen Mehringer Blattenberg und Pölicher Held (zum Teil noch mit wurzelechten Reben bestockt). Neben Riesling, der 90 Prozent der Rebfläche einnimmt, gibt es ein klein wenig Weißburgunder und Müller-Thurgau. Das Stammhaus, der Kanzlerhof, wo die Weine heute noch vinifiziert werden, wurde im Jahr 1578 als Fronhaus der Trierer Abtei St. Maximin errichtet. Der Ausbau der Weine erfolgt teils im traditionellen Fuderfass, teils im Edelstahl. 80 Prozent der Weine werden trocken oder halbtrocken ausgebaut. Zum Weingut gehören ein Gästehaus und Schömanns Weinstube, die ab April an Wochenenden geöffnet hat.

Kollektion

Die 2015er waren im letzten Jahr wunderbar saftig und zupackend geraten, die Goldkapsel-Spätlese und die ungewöhnlich preiswerte Beerenauslese liefen den trockenen und feinherben Weinen den Rang ab. Nun werden 2016er vorgestellt, die verblüffend gleichmäßig ausfallen. Der 2014er Cremant hat eine angenehme Reife, der Weißburgunder wirkt nicht ganz trocken, aber angenehm süffig. Der Kabinett aus dem Blattenberg ist mit einer zugänglichen, saftigen Art einer unserer Favoriten, auch die Blattenberg-Spätlese in feinherber Version ist sehr gelungen. Bei der Goldkapsel-Spätlese widersteht das Weingut der Versuchung, zu viel Süße zu belassen: Der Wein ist ausgezeichnet balanciert. Ebenso wie die saftige, rassige Auslese, die zum Zeitpunkt der Verkostung allerdings noch etwas vom Schwefel geprägt und nicht recht zugänglich war. Eine 2015er Beerenauslese aus der Lage Pölicher Held hat sich dagegen ausgezeichnet entwickelt, ist herrlich saftig und nachhaltig.

Weinbewertung

85	2014 Cremant brut **12,5 %/10,- €**
82	2016 Riesling trocken Pölicher (1l) **11,5 %/5,50 €**
83	2016 Weißburgunder **13 %/6,50 €**
84	2016 Riesling trocken „Schieferheld" **12,5 %/6,50 €**
85	2016 Riesling Kabinett „feinherb" Pölicher Held **11 %/6,50 €**
87	2016 Riesling Spätlese „feinherb" Mehringer Blattenberg **10,5 %/8,50 €** ☺
85	2016 Riesling Kabinett Mehringer Blattenberg **8,5 %/6,50 €**
86	2016 Riesling Spätlese Pölicher Held **8,5 %/7,50 €**
88	2016 Riesling Spätlese Goldkapsel Mehringer Blattenberg **8 %/9,50 €** ☺
87	2016 Riesling Auslese Pölicher Held **8 %/Vst./0,375l**
90	2015 Riesling Beerenauslese Pölicher Held **9,5 %/24,- €/0,375l**

Kapellenhof

★ ☆

Kontakt

Weingut Kapellenhof Oek.Rat
Schätzel Erben
Kapellenstraße 18
55278 Selzen
Tel. 06737-204
Fax: 06737-8670
www.kapellenhof-selzen.de
kapellenhof@t-online.de

Inhaber
Thomas Schätzel
Rebfläche
17,5 Hektar
Produktion
120.000 Flaschen

Besuchszeiten

Mo.-Fr. 7:30-12 + 13-18 Uhr,
Sa. 9-14 Uhr
Kauper's Restaurant im Kapellenhof
Wohnmobilstellplätze

Der Kapellenhof in Selzen wurde erstmals 1373 als „Capell-Hube" urkundlich erwähnt, gehörte bis zum 16. Jahrhundert dem Wormser Domstift. Heute wird das Gut in fünfter Generation von Thomas Schätzel geführt, der nach dem Abschluss seines Weinbaustudiums 1984 in den elterlichen Betrieb eingetreten ist. Seine wichtigsten Lagen sind Hahnheimer Knopf, wo die Reben auf Kalkmergelböden wachsen, und Selzener Gottesgarten und Osterberg, auch im Sörgenlocher Moosberg ist er vertreten. Weißweine machen vier Fünftel der Produktion aus. Wichtigste Rebsorte ist Riesling, der gut ein Drittel der Rebfläche einnimmt, gefolgt von Silvaner, Müller-Thurgau, Grau- und Weißburgunder, sowie Chardonnay und Sauvignon Blanc. An roten Sorten baut Thomas Schätzel Dornfelder, Spätburgunder, Portugieser, sowie ein wenig St. Laurent und Cabernet Cubin an. Das Sortiment ist gegliedert in Liter-, Guts-, Orts- und Lagenweine.

Kollektion

Zwei Neuerungen gab es im vergangenen Jahr, O-Range und Beyond, beide gibt es auch 2016 wieder, mit dem Unterschied, dass der Beyond in diesem Jahr ein Chardonnay und kein Grauburgunder ist. Er zeigt gute Konzentration, Gewürze, Vanille, besitzt Fülle, Kraft, reife Frucht, gute Struktur und Substanz. Auch der O-Range überzeugt wie sein Vorgänger, ist intensiv, kraft- und druckvoll. Noch etwas besser bewerten wir wie im Vorjahr schon auch im Jahrgang 2016 wieder den Riesling Oekonomierat E, der Fülle und Kraft besitzt, reintönige Frucht und Substanz. Besser als sein Vorgänger gefällt uns der Sylvaner von alten Reben im Osterberg, der viel reife, reintönige Frucht besitzt. Die Guts- und Ortsweine sind sehr gleichmäßig, frisch, fruchtbetont und geradlinig, teils ein wenig verhalten.

Weinbewertung

82 2016 Grüner Silvaner trocken **12 %/5,70 €**
81 2016 Riesling trocken „Cabinet" **12 %/6,- €**
82 2016 Sauvignon Blanc trocken **13 %/7,- €**
83 2016 Riesling trocken „Kalkmergel" Hahnheim **12 %/7,80 €**
83 2016 Chardonnay trocken Selzen **12 %/7,- €**
81 2016 Spätburgunder „Blanc de Noirs" trocken Selzen **12 %/6,80 €**
88 2016 Sylvaner trocken „Alte Reben" Selzener Osterberg **12 %/15,- €**
88 2016 Riesling trocken „Oekonomie-Rat E" Hahnheimer Knopf **12 %/15,- €**
87 2016 Grauer Burgunder trocken „O-Range" Sörgenlocher Moosberg **12,5 %/18,- €**
87 2016 Chardonnay trocken „Beyond" Selzener Osterberg **13 %/21,- €**
82 2016 Weißer Burgunder „feinherb" „Kalkmergel" Hahnheim **13 %/7,- €**
81 2016 Grauer Burgunder „feinherb" „Kalkstein" Sörgenloch **13 %/7,- €**
82 2016 Riesling „feinherb" Hahnheim **12 %/7,- €**

KARLSMÜHLE

★★☆

KONTAKT

Im Mühlengrund
54318 Mertesdorf
Tel. 0651-5123
Fax: 0651-5610296
www.weingut-karlsmühle.de
anfrage@weingut-karlsmuehle.de

Inhaber
Peter Geiben
Rebfläche
14,5 Hektar
Produktion
70.000 Flaschen

BESUCHSZEITEN

Mo.-Sa. 8-17 Uhr und nach Vereinbarung
Gutsausschank Karlsmühle (Di.-So. ab 12 Uhr)

K

Die Geschichte der Mühle, die als älteste Gesteinsmühle nördlich der Alpen gilt, reicht bis weit ins erste nachchristliche Jahrtausend zurück. 1889 heiratete der erste Geiben in die Besitzerfamilie ein, seit Ende der siebziger Jahre führt Peter Geiben den im Ruwertal gelegenen Betrieb. Die Mertesdorfer Einzellagen Lorenzhöfer Mäuerchen und Lorenzhöfer Felslay gehören ihm im Alleinbesitz (vermarktet werden sie nur als Lorenzhöfer), hinzu kommen Weinberge in den Lagen Nies'chen, Kehrnagel, sowie im Kaseler Timpert auf der linken Ruwerseite, der Peter Geiben ebenfalls im Alleinbesitz gehört und wodurch die Karlsmühle zum einzigen Ruwer-Weingut geworden ist, das auf beiden Ruwerseiten Weinberge besitzt. Neben 90 Prozent Riesling gibt es ein wenig Spätburgunder und Weißburgunder, Müller-Thurgau, Dornfelder und Elbling. Die Weine werden überwiegend im Edelstahl ausgebaut. Das dazugehörige Hotel und das Restaurant werden von einem Pächter betrieben.

Kollektion

2016 fallen die Rieslinge nicht nur zuverlässig, sondern auch gleichmäßig gut aus – und das betrifft ausdrücklich auch die Basis der Literweine, die wir in diesem Jahr in trockener und feinherber Variante verkosten konnten. Der Kabinett aus dem Lorenzhöfer wirkt nicht vollkommen trocken, besitzt aber eine erfreuliche Balance. Mit der trockenen Spätlese, einer Selektion von alten Reben, setzt Peter Geiben nicht zum ersten Mal ein Ausrufezeichen. Der Wein ist straff, voller Würze, angenehm trocken und nachhaltig. Die noch unfertige, leicht cremige Timpert-Spätlese und der wunderbar balancierte Nies'chen-Kabinett zeigen Klasse, die mit Anklängen an Apfel, Hefe und etwas Cassis aufwartende Spätlese besitzt ein tolles Süße-Säure-Spiel. Von den edelsüßen Weinen ziehen wir den nachhaltigen, komplexen Eiswein (leichte Birnennoten) der etwas rustikaler wirkenden Auslese vor.

Weinbewertung

83	2016 Riesling trocken (1l) **12 %/7,- €**
85	2016 Riesling trocken „Molaris L." **12 %/8,50 €**
85	2016 Riesling Kabinett trocken Lorenzhöfer **11 %/8,50 €**
89	2016 Riesling Spätlese trocken „Selektion alte Reben" Lorenzhöfer **12,5 %/12,- €** ☺
83	2016 Riesling „feinherb" (1l) **10 %/7,- €**
85	2016 Riesling „feinherb Molaris L." **11 %/8,50 €**
87	2016 Riesling Kabinett „feinherb" Kaseler Nies'chen **11 %/8,50 €** ☺
88	2016 Riesling Spätlese „feinherb" Kaseler Timpert **11,5 %/12,- €**
88	2016 Riesling Kabinett Kaseler Nies'chen **8,5 %/8,50 €** ☺
89	2016 Riesling Spätlese Kaseler Nies'chen **7,5 %/12,- €** ☺
89	2016 Riesling Auslese Kaseler Nies'chen **7,5 %/20,50 €**
92	2016 Riesling Eiswein Lorenzhöfer **7,5 %/37,- €/0,375l**

Karp-Schreiber

★☆

KONTAKT

Moselweinstraße 186
54472 Brauneberg
Tel. 06534-236
Fax: 06534-790
www.karp-schreiber.de
karp-schreiber@t-online.de

Inhaber
Jobst-Julius Karp
Rebfläche
7 Hektar
Produktion
40.000 Flaschen

BESUCHSZEITEN

nach Vereinbarung

Die Familie betreibt seit dem 17. Jahrhundert Weinbau an der Mosel und möchte Weine erzeugen, die reife Säure und Frucht miteinander vereinen. Geleitet wird der Betrieb inzwischen von Jobst-Julius Karp, der vor allem Riesling anbaut (zu 80 Prozent), allerdings auch Weißburgunder und Regent im Ertrag hat. Der junge Mann studierte in Geisenheim, verbrachte einige Zeit in Kalifornien, in Neuseeland in der Kellerei Cloudy Bay, in Australien sowie in Spanien. Die professionelle Basis für die Erzeugung überdurchschnittlich guter Weine ist also allein schon durch die Erfahrung gelegt worden, und mit den Lagen Brauneberger Juffer und Juffer-Sonnenuhr sind auch die entsprechenden Flächen vorhanden. Die Straußwirtschaft öffnet traditionell zweimal im Jahr und bietet dann Speisen, die weit über das normale Angebot einer derartigen Winzerwirtschaft hinausgehen. Auch stilvoll übernachten kann man auf dem Weingut.

Kollektion

Auch 2015 wurde nur ein kleines Sortiment angestellt, aber eines, das mit stoffigen, saftigen Weinen überzeugte, die Beerenauslese erinnerte in ihrer Fülle an eine Trockenbeerenauslese. Diesmal wird noch, als Nachzügler, ein fast trockener 2015er aus der Juffer-Sonnenuhr vorgestellt, der mit einer durchaus eigenwilligen Art, vergleichsweise viel Alkohol und Schmelz daherkommt: ein würziger, nachhaltiger, komplexer Wein, der noch reifen kann und der den Charakter dieses speziellen Jahrgangs sehr gut aufzeigt. Zugänglicher ist dagegen der trockene 2016er Kabinett, als saftiges Schnäppchen entpuppt sich der feinherbe „My Karp". Vergleichsweise wenig Süße weist die feinherbe Spätlese von alten Reben auf, ihr restsüßes Pendant ist sehr präzise gearbeitet, saftig, zupackend und komplex. Insgesamt eine beachtliche Kollektion, die das Können des jugendlich-dynamischen Weinguts aufzeigt.

Weinbewertung

85 2016 Riesling Kabinett trocken Brauneberger Juffer **12,5 %/7,90 €**
85 2016 Riesling „feinherb" „My Karp" **10 %/6,- €** ☺
87 2016 Riesling Spätlese „feinherb" „Alte Reben" **11,5 %/9,90 €**
85 2016 Riesling Kabinett Brauneberger Juffer **9 %/7,90 €**
88 2015 Riesling Spätlese Brauneberger Juffer-Sonnenuhr **13 %/15,- €**
88 2016 Riesling Spätlese Brauneberger Juffer-Sonnenuhr **8 %/15,- €**

K

KARTHÄUSERHOF

★★★

W

KONTAKT

Karthäuserhof, Eitelsbach
54292 Trier-Eitelsbach
Tel. 0651-5121
Fax: 0651-53557
www.karthaeuserhof.com
mail@karthaeuserhof.com

Inhaber
Albert Behler
Geschäftsführerin
Julia Lübcke
Kellermeister
Sascha Dannhäuser
Rebfläche
17,5 Hektar
Produktion
140.000 Flaschen

BESUCHSZEITEN

Mo.-Fr. 9-17 Uhr

K

Bis ins 14. Jahrhundert reicht die Geschichte, über Epochen hinweg sammelte der Betrieb Ruhm an, wurde nicht zuletzt durch sein charakteristisches Etikett und den feinziselierten Ruwer-Weinstil bekannt. Auf die Mönche und, seit 1811, die Familie Rautenstrauch folgten die Tyrells, bis Christoph Tyrell das Weingut an seinen Cousin Albert P. Behler übergab. Ein paar Jahre lange war dann nicht recht zu erkennen, wohin der Weg führte, doch nun scheint alles geregelt. Julia Lübcke wechselte aus dem Weinhandel nach Trier, fungiert seit diesem Jahr als Geschäftsführerin, Sascha Dannhäuser ist Kellermeister, erhebliche Investitionen sind geplant, beispielsweise für eine Vinothek.

Kollektion

Zum Wiedereinstieg wurden nicht nur 2016er vorgestellt, sondern auch ältere Jahrgänge. Die 2011er Beerenauslese zeigt Ruwer-Stilistik in Perfektion, ist voller Kräuternoten, Anklängen an kandierte Zitronen und Pfirsiche, glasklar und lang. Die Auslese Nr. 57 nicht ganz so konzentriert, aber ungemein saftig, finessenreich, kommt der Ruwer-Perfektion schon recht nahe. Etwas enttäuschend ist nur die 2007er Auslese, während das Große Gewächs aus 2009 den Charakter des warmen Jahrgangs zeigt, aber auch viel Schmelz mitbringt. Der 2013er Riesling Tyrell's Edition zeigt ausgezeichnet, was die Stärken des Gutes sind und wohin die Reise gehen kann: Der Wein besitzt eine straffe Art, ist aber sehr präzise und fein, weist in der Nase Kräuterwürze auf. Auch bei den 2015ern ist der Charakter der Lage auf angenehme Weise präsent, unter den 2016ern überzeugt beispielsweise der herrlich filigrane Kabinettriesling. So kann es weitergehen!

Weinbewertung

86 2016 Weißburgunder trocken **13 %/9,90 €**
84 2016 Riesling trocken **12 %/9,90 €**
86 2015 Riesling Kabinett trocken **11,5 %/12,50 €**
86 2016 Riesling Kabinett trocken **11 %/12,50 €**
88 2015 Riesling Spätlese trocken **12 %/15,90 €**
87 2016 Riesling Spätlese trocken **12 %/15,90 €**
88 2013 Riesling Spätlese trocken „Tyrell's Edition" **11 %/19,90 €**
88 2009 Riesling „GG" trocken Karthäuserhofberg **12,5 %/32,- €**
90 2011 Riesling „GG" trocken Karthäuserhofberg **13 %/29,- €**
86 2016 Riesling Kabinett „feinherb" „Schieferkristall" Karthäuserhofberg **10 %/12,50 €**
87 2016 Riesling Kabinett Karthäuserhofberg **8,5 %/13,50 €**
88 2016 Riesling Spätlese Karthäuserhofberg **8 %/17,50 €**
87 2007 Riesling Auslese Karthäuserhofberg **9 %/26,- €**
93 2011 Riesling Auslese „Nr. 57" Karthäuserhofberg **8 %/27,- €/0,375l**
95 2011 Riesling Beerenauslese „Nr. 29" Karthäuserhofberg **8,5 %/106,- €/0,375l**

KASSNER-SIMON

★

KONTAKT

Am Musikantenbuckel 7
67251 Freinsheim
Tel. 06353-989320
Fax: 06353-989321
www.kassner-simon.de
info@kassner-simon.de

Inhaber
Thomas Simon
Rebfläche
16,3 Hektar
Produktion
120.000 Flaschen

BESUCHSZEITEN

Mo.-Sa. 13-18 Uhr, So. 10-13 Uhr
Landhotel „Altes Wasserwerk"

Das 1949 von Mathilde Kassner und Willi Simon gegründete Weingut wird heute von Thomas Simon geführt. 2011 wurde mit dem Neubau der Kellerei am Ortsrand von Freinsheim begonnen, nachdem die neue Vinothek fertig gestellt war, zog das Weingut Anfang 2016 dann komplett aus der Ortsmitte an den Fuß des Musikantenbuckels. Simons Weinberge befinden sich in den Freinsheimer Lagen Musikantenbuckel, Oschelskopf und Schwarzes Kreuz. Für seine Spitzenweine nutzt er die Gewannnamen „Im Tal" (im Musikantenbuckel, an der Gemarkungsgrenze zu Bissersheim) und „Auf dem mittleren Groß" (im Oschelskopf, an der Gemarkungsgrenze zu Herxheim). Wichtigste Rebsorte ist Riesling, der gut ein Drittel der Rebfläche einnimmt. Es folgen die roten Sorten Spätburgunder, Merlot und Portugieser, sowie an weißen Sorten Weiß- und Grauburgunder, Scheurebe, Auxerrois, Chardonnay, Rieslaner und Müller-Thurgau. Dazu gibt es Dornfelder und Cabernet Dorsa, Cabernet Sauvignon und Cabernet Franc. Das Sortiment ist gegliedert in Guts-, Premium- und Spitzenweine, bereits seit 1988 werden auch eigene Sekte erzeugt.

Kollektion

Auch dieses Jahr sind alle Weine wieder reintönig, einige der Weißweine präsentieren sich allerdings etwas verhalten. Gut gelungen sind die sehr fruchtbetonte Cuvée aus Chardonnay und Weißburgunder, der Weißburgunder „Im Tal" mit viel gelber Frucht und dezenter Holzwürze und der Riesling „Groß", der gute Konzentration besitzt und viel Luft braucht, um sich zu entfalten und ein feines, nachhaltiges Säure-Spiel zu entwickeln. Bei den Rotweinen zeigt die Cuvée „Kostbar" schon deutliche Reifenoten, etwas Schokolade und Trockenfrüchte, der Spätburgunder „Im Tal" zeigt feine, kühle Frucht und dezente Krokantwürze und besitzt Struktur und Länge.

Weinbewertung

84	2012 Riesling Sekt extra brut **12,5 %/12,- €**
80	2016 Riesling trocken (1l) **12 %/5,50 €**
80	2016 Grauer Burgunder trocken **13 %/6,80 €**
82	2016 Riesling trocken **12 %/6,80 €**
84	2016 Chardonnay-Weißburgunder Spätlese trocken **13,5 %/8,70 €**
82	2016 Sauvignon Blanc trocken Freinsheimer Musikantenbuckel **12,5 %/8,70 €**
85	2016 Weißer Burgunder Spätlese trocken Freinsheimer „Im Tal" **14 %/13,- €**
84	2016 Riesling Spätlese trocken Freinsheimer Oschelskopf **12,5 %/8,70 €**
86	2016 Riesling Spätlese trocken „Groß" Freinsheimer Oschelskopf **13 %/13,- €**
84	2016 Rieslaner Auslese Freinsheimer Oschelskopf **9,5 %/10,40 €**
85	2012 „Kostbar" Rotwein trocken **14 %/17,50 €**
87	2014 Spätburgunder trocken Freinsheimer „Im Tal" **13,5 %/17,50 €**

KASTLER FRIEDLAND

★☆

KONTAKT

Coswiger Straße 23
01445 Radebeul
Tel. 0175-1780763
Fax: 0351-4241947
www.kastlerfriedland.de
info@kastlerfriedland.de

Inhaber
Dr. Bernd Kastler & Enrico Friedland
Rebfläche
4 Hektar
Produktion
13.000 Flaschen

BESUCHSZEITEN

nach Vereinbarung

Bernd Kastler erwarb 2002 zusammen mit seiner Ehefrau das Haus des Weinbaupioniers Carl Pfeiffer samt einem Weinberg in der Lage Radebeuler Johannisberg, den ursprünglich Pfeiffer, einer der Wiederbegründer des sächsischen Weinbaus im beginnenden 20. Jahrhundert, angelegt hatte. Enrico Friedland bearbeitet seit 2004 einen Steillagenweinberg im Radebeuler Goldener Wagen, den er zusammen mit einem Haus in Radebeul erwarb, inzwischen kam ein Weinberg im Radebeuler Steinrücken hinzu. Die beiden Hobbywinzer haben sich zusammengetan um ihre Weine gemeinsam auszubauen und zu vermarkten. Sie begannen unter dem Namen Kastler Friedland im April des Jahres 2014 fünf Weißweine des Jahrgangs 2013 zu vermarkten. Weißburgunder nimmt 30 Prozent ihrer Weinberge ein, es folgen Spätburgunder, Riesling, Kerner und Silvaner, hinzu kommen auch Traminer, Bacchus, Morio-Muskat, Scheurebe, Müller-Thurgau, Grauburgunder und Regent. Das Weingut befindet sich auf einem 1827 erbauten Anwesen, das Bernd Kastler 2004 erwarb und bis 2007 sanierte, neben dem Weingut gibt es auf dem Anwesen das Restaurant „Charlotte K" und Fremdenzimmer.

Kollektion

Nach einer starken Kollektion im vergangenen Jahr präsentieren Bernd Kastler und Enrico Friedland erneut eine sehr gleichmäßige und überzeugende Kollektion. Die 2016er Weißweine sind frisch, klar und fruchtbetont, unsere Favoriten sind der zupackende Weißburgunder und die Fette Henne genannte Cuvée aus im Fass ausgebauten Traminer, Müller-Thurgau und Johanniter, die viel Duft und reife süße Frucht besitzt. Die Kollektion aber wird angeführt von drei im Holz ausgebauten 2015er Weinen. Der Weißburgunder ist würzig, duftig, hat Fülle, Kraft und Substanz, der Regent ist fruchtbetont und intensiv, zupackend und strukturiert, der Spätburgunder ist wunderschön reintönig, besitzt feine Frische und Frucht. —

Weinbewertung

82 2016 „Charlotte 23" Weißwein Radebeuler Lößnitz **11 %/10,- €**
83 2016 „Fette Henne" Weißwein Radebeuler Lößnitz **12 %/12,50 €**
83 2016 Weißburgunder **13 %/13,50 €**
81 2016 Silvaner Radebeuler Goldener Wagen **11,5 %/12,50 €**
82 2016 Kerner Radebeuler Steinrücken **12,5 %/13,50 €**
82 2016 Scheurebe **12 %/13,50 €**
82 2016 Morio-Muskat Radebeuler Johannisberg **11,5 %/13,50 €**
85 2015 Weißburgunder Holzfass **13,5 %/16,- €**
84 2015 Regent Holzfass **12,5 %/17,50 €**
85 2015 Spätburgunder Holzfass **13 %/19,- €**

GEBRÜDER KAUER

★★☆

KONTAKT

Bürgermeister Dielhenn-Straße 1
55452 Windesheim
Tel. 06707-255
Fax: 06707-517
www.kauerwein.de
info@kauerwein.de

Inhaber
Markus & Christoph Kauer
Rebfläche
11,5 Hektar
Produktion
90.000 Flaschen

BESUCHSZEITEN

Vinothek Bruchgasse: Di./Do.
17-19 Uhr und nach Vereinbarung

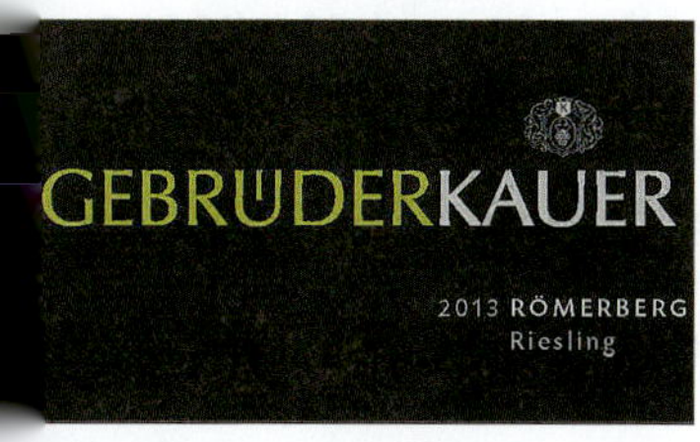

Der einstige landwirtschaftliche Gemischtbetrieb hat sich seit den achtziger Jahren ganz auf Weinbau konzentriert. 1992 hat Markus Kauer die Führung des Gutes übernommen, seit 2000 steht ihm sein Cousin Christoph zur Seite, der sich um den Weinausbau kümmert. Die Weinberge liegen in den Windesheimer Lagen Sonnenmorgen, Rosenberg, Saukopf und Römerberg, sowie im Schlossböckelheimer Felsenberg. Die Reben wachsen auf Sandsteinverwitterungsböden des Rotliegenden und des Hunsrückschiefers, aber auch auf Sand und Lehm, im Felsenberg auf Vulkangestein. Die Burgundersorten – Weißburgunder, Grauburgunder, Spätburgunder – nehmen inzwischen 45 Prozent der Rebfläche ein, Riesling wächst auf 42 Prozent der Rebfläche, hinzu kommen Müller-Thurgau und Scheurebe.

Kollektion

Die trockenen Rieslinge der Kauers sind in diesem Jahr etwas schlanker als im vergangenen Jahr, aber genauso stark. Angefangen beim einfachen Gutsriesling zeigen sie alle klare mineralische Noten und eine durchgängige Handschrift, sind mehr auf Würze denn auf Frucht ausgerichtet. Wir sehen zwar auch in diesem Jahr wieder die Rieslinge aus Schlossböckelheim vor jenen aus Windesheim, aber der Abstand ist 2016 nur sehr gering. So ähneln sich die Rieslinge aus Römerberg und Felsenberg zunächst sehr, beide sind sie komplex und elegant, besitzen gute Konzentration und salzig-animierende Art, mit mehr Luft zeigen sich dann auch die Unterschiede, der Römerberg zeigt dann etwas mehr Frucht, Zitrusnoten und grünen Apfel, während der Felsenberg seine typische Tabakwürze entfaltet und der etwas nachhaltigere Wein ist. Stark sind auch die beiden „R"-Weißburgunder, der 2016er präsentiert sich noch sehr jung mit guter Substanz und deutlicher Holzwürze, der 2015er ist harmonisch und elegant mit sehr gut eingebundenem Holz.

Weinbewertung

83 2016 Scheurebe trocken **12 %/9,20 €**
83 2016 Weißburgunder trocken **12,5 %/7,20 €**
83 2016 Riesling trocken **12 %/7,20 €**
86 2016 Grauburgunder „S" trocken **13,5 %/11,- €**
85 2016 Weißburgunder „S" trocken Windesheimer **13 %/11,- €**
87 2016 Weißburgunder „R" trocken Windesheimer **13,5 %/15,- €**
88 2015 Weißburgunder „R" trocken Windesheimer **13 %/15,- €**
86 2016 Riesling trocken „Roter Sandstein" Windesheimer **12 %/9,20 €**
87 2016 Riesling trocken „Vulkangestein" Schlossböckelheimer **12 %/11,50 €**
88 2016 Riesling trocken Windesheimer Römerberg **12,5 %/14,50 €**
89 2016 Riesling trocken Schlossböckelheimer Felsenberg **12,5 %/16,50 €**
86 2016 Riesling Kabinett Windesheimer Römerberg **9 %/8,40 €**

Dr. Kauer

★★★

KONTAKT

Mainzer Straße 21
55422 Bacharach
Tel. 06743-2272
Fax: 06743-93661
www.weingut-dr-kauer.de
info@weingut-dr-kauer.de

Inhaber
Martina & Dr. Randolf Kauer
Rebfläche
3,6 Hektar
Produktion
25.000 Flaschen

BESUCHSZEITEN

nach Vereinbarung

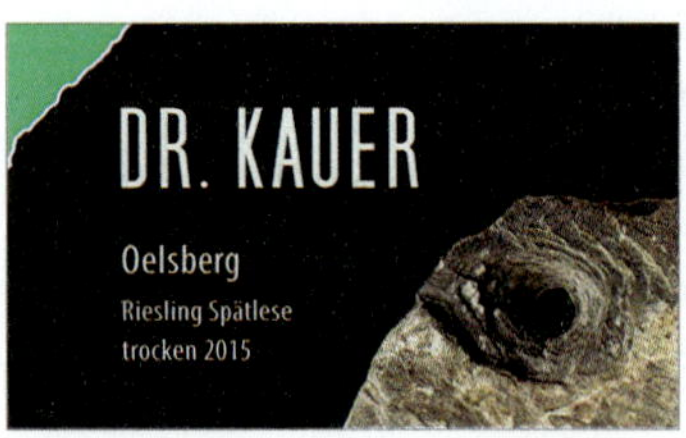

Randolf Kauer legte 1982 mit Beginn seines Weinbau-Studiums den Grundstein für sein eigenes Weingut, erweiterte es seither nach und nach auf die heutige Betriebsgröße. Zusammen mit seiner Ehefrau Martina bewirtschaftet Randolf Kauer, der im Hauptberuf an der Fachhochschule Geisenheim Professor für ökologischen Weinbau ist, die Weinberge nach den Richtlinien des ökologischen Weinbaus (Mitglied bei Ecovin), 1996 wurden die Räumlichkeiten einer ehemaligen Weinkellerei in Bacharach bezogen. Die Weinberge, allesamt Steillagen, liegen in den Bacharacher Lagen Wolfshöhle und Kloster Fürstental, im Oberweseler Oelsberg, im Oberdiebacher Fürstenberg und im Urbarer Beulsberg. 90 Prozent der Rebfläche nimmt Riesling ein, die restliche Fläche ist mit Spätburgunder bestockt. 2009 wurden Traubenannahme und Kelterhaus komplett erneuert. Randolf Kauer hat eine benachbarte Parzelle in der Wolfshöhle, vor allem aber weitere Parzellen im Fürstenberg erworben, die nach und nach bepflanzt werden. Tochter Anne beendete ihr Geisenheim-Studium und wird in den Betrieb einsteigen.

Kollektion

Nach einer starken 2015er Kollektion bleibt 2016 in der Spitze ein wenig dahinter zurück. Die Basis überzeugt, der Gutsriesling ist frisch, klar und zupackend. Unter den trockenen Kabinettweinen gilt unsere klare Präferenz dem Wein aus der Wolfshöhle, der würzig, eindringlich und druckvoll ist. Die trockene Spätlese von alten Reben im Bacharacher Kloster Fürstental ist füllig und saftig, besitzt viel reife Frucht und Substanz, ihr Pendant aus dem Oelsberg zeigt feine rauchige Noten, besitzt gute Struktur und Druck. Der feinherbe Kabinett ist rauchig und würzig, etwas besser gefällt uns der süße Fürstenberg-Kabinett, der wunderschön lebhaft und reintönig ist. Angeführt wird das restsüße Segment von der feinherben Spätlese aus dem Oelsberg, die viel Würze und Duft zeigt, gute Kraft und Struktur besitzt. ➖

Weinbewertung

85 2012 Riesling Sekt brut **12,5 %/13,- €**
83 2014 Spätburgunder Rosé Sekt brut **12,5 %/13,- €**
83 2016 Riesling trocken **12 %/7,80 €**
82 2016 Riesling Kabinett trocken Bacharacher Kloster Fürstental **11 %/9,- €**
85 2016 Riesling Kabinett trocken Bacharacher Wolfshöhle **10,5 %/9,- €**
86 2016 Riesling Spätlese trocken „Alte Reben" Kloster Fürstental **12 %/12,80 €**
87 2016 Riesling Spätlese trocken „Alte Reben" Oberweseler Oelsberg **12 %/12,80 €**
84 2016 Riesling Kabinett „feinherb" Bacharacher Kloster Fürstental **10 %/9,- €**
87 2016 Riesling Spätlese „feinherb" Oberweseler Oelsberg **12 %/12,80 €**
85 2016 Riesling Kabinett Oberdiebacher Fürstenberg **9,5 %/9,- €**
83 2016 Spätburgunder Rosé trocken „Tornado" **12 %/7,80 €**

KAUFMANN

★★★☆

KONTAKT

Rheinallee 6
65347 Hattenheim
Tel. 06723-2475
Fax: 06723-7963
www.kaufmann-weingut.de
info@kaufmann-weingut.de

Inhaber
Urban Kaufmann
Rebfläche
20 Hektar
Produktion
120.000 Flaschen

BESUCHSZEITEN

Mo.-Fr. 8-17 Uhr, Sa. 9-13 Uhr oder nach Vereinbarung

Der Schweizer Urban Kaufmann, Inhaber einer Appenzeller-Käserei, und Eva Raps, VDP-Geschäftsführerin, übernahmen 2013 das Weingut Hans Lang in Hattenheim, sie gaben ihre bisherigen Tätigkeiten auf und konzentrieren sich seither ganz auf das Weingut. Die Weinberge liegen in den Hattenheimer Lagen Wisselbrunnen, Hassel und Schützenhaus, sowie in den Hallgartener Lagen Hendelberg, Jungfer und Schönhell. Neben Riesling, der drei Viertel der Fläche einnimmt, gibt es Spätburgunder, aber auch etwas Weißburgunder Chardonnay, Silvaner und Grauburgunder, der Spätburgunder-Anteil wurde von Urban Kaufmann erhöht, er hat 2014 weitere Parzellen mit französischen Klone in Dichtpflanzung angelegt. Die Weinberge werden weiterhin biologisch bewirtschaftet, 2009 hatte Johann Maximilian Lang den kompletten Betrieb auf ökologische Bewirtschaftung umgestellt. Die Weine werden überwiegend im Edelstahl ausgebaut, teilweise aber auch in kleinen und großen Eichenholzfässern. Neben der Linie Hans Lang wurde mit dem Jahrgang 2014, zunächst mit drei Weinen, die neue Linie „kaufmann" eingeführt, die mit dem Jahrgang 2015 erweitert wurde; 2017 erfolgte die Umbenennung des Weingutes. Im Sommer 2016 wurde die neue Vinothek fertiggestellt.

Kollektion

Eine beeindruckende Kollektion: Bei jedem Wein ist der Wille zur Perfektion spürbar, jeder ist ein Individualist. Der Uno ist eine aromatische Cuvée aus Weißburgunder und Chardonnay mit Substanz, Druck und Länge. Der Gutsriesling ist reif, saftig und ausgewogen, der Ortswein aus Hattenheim filigran, puristisch und straff. Der Tell schießt dann zielgenau den Apfel vom Kopf: Ein gewagter, markant salziger, druckvoller Riesling mit Schmelz, Reife, Tiefe und großem Potenzial. Das Große Gewächs aus dem Wisselbrunnen ist beerig, reif, mild, dabei konzentriert, strukturiert und lang. Das Große Gewächs aus der Hassel ist komplexer, stoffig-würzig, ein vollmundiger Riesling. Beide Spätburgunder sind kühl und präzise. Der markante Hassel-Spätburgunder entwickelt großartige Finesse und subtilen, nachhaltigen Druck.

Weinbewertung

87	2016 Weißburgunder & Chardonnay trocken „Uno" **13 %/18,50 €**
86	2016 Riesling trocken **12,5 %/10,50 €**
87	2016 Riesling trocken Hattenheim **11,5 %/13,80 €**
89	2016 Riesling trocken „Tell" **12,5 %/18,50 €**
90	2016 Riesling trocken „GG" Hattenheim Wisselbrunnen **13 %/25,- €**
91	2016 Riesling trocken „GG" Hattenheim Hassel **12,5 %/25,- €**
85	2016 Riesling Kabinett „feinherb" **12 %/13,80 €**
87	2015 Pinot Noir trocken **12,5 %/18,50 €**
90	2015 Pinot Noir „GG" Hattenheim Hassel **13 %/35,- €**

Kees-Kieren

★★★

KONTAKT

Hauptstraße 22
54470 Graach
Tel. 06531-3428
Fax: 06531-1593
www.kees-kieren.de
weingut@kees-kieren.de

Inhaber
Ernst-Josef & Werner Kees
Rebfläche
6,5 Hektar
Produktion
50.000 Flaschen

BESUCHSZEITEN

Mo.-Fr. 9-18 Uhr, Sa. 10-18 Uhr
und nach Vereinbarung
Gutsausschank, Tage der offenen Weinkeller (Pfingsten, Mo.-Fr., und Fronleichnam, Do.-So.)
Gästezimmer

K

Seit 1980 führen die Brüder Ernst-Josef und Werner Kees diesen Graacher Betrieb, der seine Weinbautradition über 300 Jahre zurückverfolgen kann. Ihre Weinberge liegen in Graach (Himmelreich, Domprobst), Erden (Treppchen), Kinheim (Rosenberg, Hubertuslay) und Kesten (Paulinshofberg). Neben Riesling, der 90 Prozent der Fläche einnimmt, gibt es Spätburgunder, Müller-Thurgau und Kerner. Die Weine werden überwiegend spontanvergoren und in traditionellen Fuderfässern ausgebaut. Dem Weingut ist ein Gutsausschank angeschlossen, auch Gästezimmer werden angeboten. Seit der ersten Ausgabe empfehlen wir die Weine von Ernst-Josef und Werner Kees. Meist setzten süße und edelsüße Rieslinge die Glanzlichter, von denen es auch viele ältere Jahrgänge noch im Verkauf gibt, in den letzten Jahren aber haben trockene und feinherbe Rieslinge einen immer größeren Stellenwert bekommen.

Kollektion

Die 2016er sind etwas schlanker und feingliedriger ausgefallen als 2015, die Spitze mag nicht ganz so dicht besetzt sein wie 2015, aber überzeugen können die Weine auf jeden Fall. Das trockene Hochgewächs ist zugänglich und stoffig, noch besser allerdings gefällt der Kabinett aus dem Domprobst, kraftvoll und voller Würze. Das Große Gewächs aus dem Domprobst sehen wir diesmal etwas vor dem „S" aus gleicher Lage: Beide Weine sind geradlinig, präzise, zugänglich, animieren zum Genuss. Viel Schmelz besitzt die feinherbe Spätlese, während der Treppchen-Kabinett wunderbar rassig ausfällt. Die Spätlese aus gleicher Lage, bei der Verkostung noch etwas vom Schwefel beeinflusst, ist das Musterbeispiel einer hochklassigen Spätlese mit zupackender Art, Anklängen an Kernobst, Zitrus und Kräuter. Große Erfolge sind auch die dreifach besternte Auslese aus dem Domprobst und der vielschichtige, tiefgründige Himmelreich-Eiswein mit Anklängen an Kräuter und exotische Früchte.

Weinbewertung

85 2016 Riesling Hochgewächs trocken **12,5 %/6,40 €**
86 2016 Riesling Kabinett trocken Graacher Domprobst **11,5 %/8,50 €**
88 2016 Riesling Spätlese trocken „S" Graacher Domprobst **12,5 %/12,50 €**
89 2016 Riesling** „GG" Graacher Domprobst **12,5 %/18,- €**
85 2016 Riesling Kabinett „feinherb" Graacher Himmelreich **10,5 %/8,- €**
85 2016 Riesling Kabinett „feinherb" Graacher Himmelreich **10,5 %/8,- €**
88 2016 Riesling Spätlese „feinherb" Graacher Domprobst **11 %/11,- €**
89 2016 Riesling Kabinett** Erdener Treppchen **8 %/10,- €** ☺
88 2016 Riesling Spätlese** Graacher Himmelreich **8 %/12,50 €**
90 2016 Riesling Spätlese** Erdener Treppchen **7,5 %/Vst.**
92 2016 Riesling Auslese*** Graacher Domprobst **7,5 %/Vst./0,375l**
93 2016 Riesling Eiswein Graacher Himmelreich **7 %/32,- €/0,375l**

KEIL

★ ☆

KONTAKT

Alt-Renzener Weg 2
74629 Pfedelbach-Untersteinbach
Tel. 07949-528
Fax: 07949-940645
www.weingut-keil.de
info@weingut-keil.de

Inhaber
Ralf Keil
Rebfläche
3,5 Hektar
Produktion
30.000 Flaschen

BESUCHSZEITEN

Mo.-Fr. 18 -20 Uhr, Sa. 13:30-18 Uhr, oder nach Vereinbarung
Probierstube mit integrierter Schaubrennerei (bis 50 Personen)
Ferienwohnungen

Ralf Keil gründete 2004 mit damals 1,7 Hektar Weinbergen sein eigenes Weingut. Seine Weinberge liegen alle im Steinbacher Tal in der Lage Heuholzer Dachsteiger. Dort wachsen die Reben überwiegend auf schweren Keuperböden, einzelne Parzellen sind mit Muschelkalk durchsetzt. Ralf Keil hat neue Rebsorten gepflanzt und mit dem Barriqueausbau begonnen. Neben traditionellen Rebsorten wie Riesling, Trollinger, Lemberger und Spätburgunder, die vier wichtigsten Rebsorten im Betrieb, gibt es 12 weitere Rebsorten, darunter internationale Rebsorten wie Chardonnay und Sauvignon Blanc oder Neuzüchtungen wie Cabernet Dorsa und Cabernet Mitos. Die besten Weine werden betriebsintern mit 2 oder 3 Sternen gekennzeichnet, zusätzlich aber auch mit Prädikatsbezeichnungen versehen. Neben Weinbergen besitzt Ralf Keil auch 5 Hektar mit Sonderkulturen, darunter Obst und Beerenfrüchte, stellt daraus Destillate und Liköre her, in seiner Probierstube ist eine Schaubrennerei integriert.

Kollektion

Wie in den Vorjahren präsentiert sich auch die neue Kollektion sehr homogen, weiß wie rot, wobei wir ganz leichte Vorteile im weißen Segment sehen, sind uns doch einige der Rotweine etwas zu sehr vom Holz geprägt. Am besten das Holz „weggesteckt" hat der Cabernet Cubin, er ist strukturiert, fruchtbetont und zupackend. Der Merlot besitzt viel Substanz, aber etwas allzu dominante Gewürz- und Duftnoten. Die 2015er Spätburgunder Auslese bevorzugen wir als Weißherbst, sie besitzt, bei reichlich hohem Alkohol, gute Struktur und reife Frucht. Der Sauvignon Blanc ist füllig und geradlinig, der zupackende Kerner ist von feinen Zitrusnoten geprägt. Eher Aprikosen findet man im Bouquet des geradlinigen Rieslings, der Muskateller ist wunderschön fruchtbetont und intensiv, besitzt gute Struktur und reintönige Frucht.

Weinbewertung

83	2016 Sauvignon Blanc** trocken Heuholzer Dachsteiger **13 %/6,20 €**
83	2016 Kerner** Spätlese trocken Heuholzer Dachsteiger **14 %/5,50 €**
84	2016 Muskateller** Heuholzer Dachsteiger **12 %/4,90 €** ☺
83	2016 Riesling Kabinett Heuholzer Dachsteiger **11 %/5,50 €**
84	2015 Spätburgunder Weißherbst Auslese*** trocken Dachsteiger **14 %/6,80 €**
81	2015 „Cuvée C"** Rotwein trocken Holzfass Heuholzer Dachsteiger **12,5 %/6,50 €**
82	2015 Lemberger** trocken Holzfass Heuholzer Dachsteiger **13 %/8,90 €**
84	2015 Cabernet Cubin** trocken Holzfass Heuholzer Dachsteiger **14 %/8,90 €**
83	2015 Merlot*** trocken Heuholzer Dachsteiger **13,5 %/14,50 €**
82	2015 Samtrot Auslese*** trocken Holzfass Heuholzer Dachsteiger **14 %/14,50 €**
81	2015 Spätburgunder Auslese*** trocken Holzfass Dachsteiger **14 %/12,50 €**

FRANZ KELLER

★★★★★

KONTAKT

Weingut Schwarzer Adler
Badbergstraße 24
79235 Vogtsburg-Oberbergen
Tel. 07662-93300
Fax: 07662-719
www.franz-keller.de
keller@franz-keller.de

Inhaber
Fritz Keller
Rebfläche
60 Hektar
Produktion
400.000 Flaschen

BESUCHSZEITEN

Mo.-Fr. 8-18 Uhr, Sa. 10-18 Uhr, So. 10-16 Uhr
Hotel und Restaurant Schwarzer Adler, Restaurant Keller-Wirtschaft, Winzerhaus Rebstock

K

Kein Anderer in Deutschland hat sich so für trockene, durchgegorene Weine eingesetzt wie Franz Keller. Sein Sohn Fritz Keller führt diesen Weg konsequent fort: Alle Weine sind durchgegoren und trocken, auch wenn dies nicht auf dem Etikett vermerkt ist. Dafür stehen Restzucker und Säure auf dem Etikett. Seine Weinberge liegen vor allem in der Oberbergener Bassgeige, wo er begonnen hat Gewannnamen wieder zu beleben wie Leh, Kähner oder Schäfacker. Dazu ist er im Oberbergener Pulverbuck vertreten, im Achkarrer Schlossberg, im Jechtinger Enselberg sowie in den Oberrotweiler Lagen Kirchberg und Eichberg. Im Anbau dominieren die Burgundersorten und Chardonnay. Dazu kommen vor allem Müller-Thurgau und Silvaner, beide aber mit abnehmender Bedeutung. Ein wenig Sauvignon Blanc hat Fritz Keller gepflanzt, auch Merlot und Cabernet Sauvignon. Alle Selectionsweine werden zu 100 Prozent im Holz ausgebaut. Bei den Weißweinen geht Fritz Keller weg vom Barrique und hin zu 360 Liter-Fässern. Er hat begonnen das Sortiment neu zu strukturieren, vor allem die Selections-Linien S und A. Diese trugen lange Zeit keine Lagenbezeichnungen, seit 2013 ist dies anders. Die S-Linie bleibt wie bisher ohne Lagennamen, die A-Linie aber trägt nun Lagennamen. 2013 wurde der neue Keller mitten in den Oberbergener Weinbergen eröffnet, mit einem Restaurant, der Kellerwirtschaft, nunmehr Fritz Kellers drittes Restaurant nach Schwarzem Adler und Rebstock. Winzer, Gastronom und Hotelier, aber auch Weinhändler ist Fritz Keller, und nebenher (?) noch Präsident des SC Freiburg. Nur gut, dass er inzwischen Unterstützung von Sohn Friedrich hat – und natürlich von einem Team von engagierten Mitarbeitern.

Kollektion

Eine starke Kollektion folgt auf die nächste. Beim Sekt spielt man schon lange ganz oben mit, gleich vier starke Sekte wurden dieses Jahr präsentiert. Oft hat uns ja der Dosage Zéro vom Chardonnay am besten gefallen, und er ist auch dieses Jahr wieder sehr gut, rauchig, leicht salzig, noch besser aber gefällt uns in diesem Jahr der rauchige, elegante Brut-Chardonnay, auch der geradlinige Riesling-Sekt und der rauchige, füllige Pinot überzeugen. Die Gutsweine vom Löss präsentieren sich geschlossen, sind frisch, geradlinig und fruchtbetont – bei den niedrigen Alkoholwerten kommt Freude auf, da kann man gleich ein Glas mehr trinken. Auch die Bassgeige-Fraktion gibt ein geschlossenes Bild, die Weine sind kraftvoll, stoffig, sortentypisch, besitzen Struktur und Substanz und ebenfalls moderate Alkoholwerte, der reintönige Pulverbuck-Weißburgunder reiht sich da ein. Der Franz Anton-Weißburgunder ist füllig, kompakt, der Grauburgunder hat Saft und Substanz, unser Favorit ist der rauchige Chardonnay, der kraftvoll, komplex und lang ist. Die weißen Großen Gewächse werden nun erst im zweiten Jahr nach der Ernte gezeigt. Der Leh-Weißburgunder ist zurückhaltend, kraftvoll, verschlossen wie auch der kompakte, rauchige

Kirchberg-Chardonnay. Der Kähner besitzt reintönige Frucht, Fülle und Saft, der Schlossberg-Grauburgunder ist etwas verhaltener, hat aber viel Druck und Länge. Auch im roten Segment stimmt die Basis, der Bassgeige-Spätburgunder ist zupackend und strukturiert. Die Bordeaux-Cuvée ist rauchig, würzig, tanninbetont, besser gefällt uns der Franz Anton-Spätburgunder, der rauchige Noten, Frucht und Kraft besitzt. Die Lagen-Spätburgunder sind hervorragend: Enselberg ist frisch, fruchtbetont, leicht floral, Eichberg „burgundisch", präzise, säurebetont, Kirchberg zupackend, strukturiert, tanninbetont, Schlossberg präzise, frisch, herrlich reintönig. Starke Kollektion!

Weinbewertung

88 2015 Riesling Sect brut **12,5 %/15,- €**
88 2013 Chardonnay Sect dosage zéro **12 %/29,- €**
90 2014 Chardonnay Sect brut **12 %/16,- €**
88 2014 Pinot Sect brut **12,5 %/16,- €**
86 2016 Müller-Thurgau „vom Löss" **10,5 %/7,50 €**
86 2016 Riesling „vom Löss" **11 %/9,- €**
86 2016 Weißburgunder „vom Löss" **12,5 %/9,50 €**
85 2016 Grauburgunder „vom Löss" **13 %/9,50 €**
89 2016 Weißburgunder Oberbergener Bassgeige **12,5 %/12,50 €**
89 2016 Grauburgunder Oberbergener Bassgeige **12,5 %/12,50 €**
89 2016 Chardonnay Oberbergener Bassgeige **12,5 %/14,- €**
89 2016 Weißburgunder Oberbergener Pulverbuck **12,5 %/17,- €**
90 2016 Weißburgunder „Franz Anton" **13 %/18,- €**
90 2016 Grauburgunder „Franz Anton" **12,5 %/18,- €**
92 2016 Chardonnay „Franz Anton" **12,5 %/21,- €** ☺
92 2015 Weißburgunder „GG" „Im Leh" Oberbergener Bassgeige **13,5 %/35,- €**
92 2015 Grauburgunder „GG" „Kähner" Oberbergener Bassgeige **13 %/22,- €** ☺
92 2015 Grauburgunder „GG" Schlossberg **13 %/35,- €**
92 2015 Chardonnay „GG" Kirchberg **13,5 %/35,- €**
86 2016 Riesling Kabinett Oberbergener Bassgeige **7,5 %/9,50 €**
85 2016 „Jedentag Saignée" Rosé **12 %/8,50 €**
85 2016 „Jedentag" Rotwein **13 %/9,- €**
85 2015 Spätburgunder „vom Löss" **13 %/11,- €**
88 2015 Spätburgunder Oberbergener Bassgeige **13 %/15,- €**
90 2015 Spätburgunder „Franz Anton" **13 %/20,- €**
89 2015 Merlot Cabernet Sauvignon „Franz Anton" **13,5 %/22,- €**
91 2015 Spätburgunder Jechtinger Enselberg **12,5 %/27,- €**
92 2015 Spätburgunder „GG" Eichberg **12,5 %/45,- €**
92 2015 Spätburgunder „GG" Kirchberg **12,5 %/45,- €**
94 2015 Spätburgunder „GG" Schlossberg **12,5 %/60,- €**

LAGEN

BASSGEIGE (OBERBERGEN)
– KÄHNER
– LEH
– SCHÄFACKER
PULVERBUCK (OBERBERGEN)
SCHLOSSBERG (ACHKARREN)
EICHBERG (OBERROTWEIL)
KIRCHBERG (OBERROTWEIL)
ENSELBERG (JECHTINGEN)

REBSORTEN

GRAUBURGUNDER (38 %)
SPÄTBURGUNDER (30 %)
WEISSBURGUNDER (17 %)
CHARDONNAY (8 %)

GERD KELLER

★★☆

KONTAKT

Rechentshofer Straße 8
74343 Sachsenheim
Tel. 07147-7909 oder
0170-2343949
www.weinbauer-gerd-keller.de
kontakt@weinbauer-gerd-keller.de

Inhaber
Gerd Keller
Rebfläche
5 Hektar
Produktion
36.000 Flaschen

BESUCHSZEITEN

Fr. 17-19 UHr, Sa. 9-16 Uhr oder nach Vereinbarung

Bereits mit 17 Jahren bepflanzte Gerd Keller die ersten Terrassenlagen im Geigersberg in Ochsenbach, einen halben Hektar, seit dem Jahr 2000 erzeugt er selber Wein. Seine Lehre hatte er bei Wöhrwag in Stuttgart absolviert, später dann im In- und Ausland Erfahrungen gesammelt, unter anderem bei Bründlmayer und Mosbacher, bei anderen Betrieben gearbeitet, erst seit 2013 kümmert er sich ganz um das eigene Weingut. Seine Weinberge liegen alle im Kirbachtal, in den Lagen Hohenhaslacher Kirchberg, Ochsenbacher Liebenberg (mit den Terrassen am Geigersberg) und Häfnerhaslacher Heiligenberg, wo die Reben auf Keuperböden wachsen. Zu 70 Prozent baut Gerd Keller Rotweine an, Lemberger vor allem, dazu Trollinger, Portugieser, Schwarzriesling, Regent, Spätburgunder, Cabernet Sauvignon und Merlot, inzwischen hat er Muskat-Trollinger gepflanzt und in den Terrassen am Geigersberg etwas Syrah. Dazu gibt es weiße Sorten wie Riesling, Grauburgunder, Kerner, Müller-Thurgau und Gewürztraminer, neu gepflanzt hat Gerd Keller Weißburgunder, Sauvignon Blanc und Muskateller.

Kollektion

Eine starke Kollektion präsentiert Gerd Keller auch in diesem Jahr, einmal mehr ist das Einstiegsniveau hoch, die Preise sind nach wie vor sehr moderat. Paradebeispiel dafür ist der Graßdackel-Riesling im Liter, der wunderschön fruchtbetont und zupackend ist. Besonders spannend ist einmal mehr der Nachtgrabb-Riesling, er besitzt gute Struktur, klare Frucht und Druck. Weißburgunder und Grauburgunder sind reintönig und harmonisch, sehr gut wie auch die weiße Cuvée. Ein Schnäppchen ist auch der zupackende Feger, die Rotweine zeigen allesamt sehr gutes Niveau, die intensiv fruchtbetonte Rambaß-Cuvée ebenso wie der reintönige Spätburgunder oder der fruchtbetonte, intensive Lemberger. Unser Favorit ist die noch sehr jugendliche Geigenspiel-Cuvée, zeigt Pfeffer, Brombeeren, besitzt gute Struktur, Frucht. ➨

Weinbewertung

85 2016 „Hannah" Weißwein trocken **12,5 %/6,40 €**
85 2016 Weißburgunder trocken Hohenhaslacher Kirchberg **12,5 %/9,90 €**
85 2016 Grauburgunder trocken Hohenhaslacher Kirchberg **12,5 %/6,80 €**
87 2016 Riesling trocken „Nachtgrabb" **13,5 %/7,50 €** ☺
83 2016 Riesling „Graßdackel" (1l) **11,5 %/4,50 €** ☺
83 2016 Muskattrollinger „Badkap" **12 %/6,40 €**
85 2016 Rosé trocken „Feger" **11 %/4,80 €** ☺
85 2015 „Rambaß" Rotwein trocken **13 %/6,40 €**
86 2015 Spätburgunder trocken Hohenhaslacher Kirchberg **13 %/7,50 €**
(87) 2015 Lemberger trocken „Alte Reben" Hohenhaslacher Kirchberg **13,5 %/11,90 €**
88 2014 „Geigenspiel" Rotwein trocken Ochsenbacher Geigersberg **13 %/11,90 €**

Karlheinz Keller

★★★☆

Kontakt

Landgrafenstraße 74-76
67549 Worms-Pfiffligheim
Tel. 06241-75562
Fax: 06241-74836
www.weingutkeller.de
info@weingutkeller.de

Inhaber
Karlheinz & Markus Keller
Rebfläche
21 Hektar
Produktion
180.000 Flaschen

Besuchszeiten

Mo./Di./Do./Fr. 9-18 Uhr,
Mi. 9-13 Uhr, Sa. 9-14 Uhr

Karlheinz Keller übernahm 1975 den elterlichen Betrieb und verdoppelte seither die Rebfläche. Seit 1997 werden er und Ehefrau Petra im Betrieb von Sohn Markus unterstützt. Die Weinberge liegen in Pfiffligheim (Nonnenwingert, Lössböden), Pfeddersheim (St. Georgenberg und Hochberg, roter Kiesboden mit hohem Lehmanteil, auch Löss und teils Kalk), Mettenheim (Schlossberg) und Nieder-Flörsheim (Frauenberg). Rotweine nehmen 35 Prozent der Fläche ein. Spätburgunder ist inzwischen die wichtigste rote Rebsorte, dazu gibt es St. Laurent, aber auch Merlot, Cabernet Sauvignon, Syrah und Lagrein, inzwischen auch Zinfandel. Riesling nimmt ein Viertel der Fläche ein, Weiß- und Grauburgunder sowie Chardonnay zusammen ein weiteres Viertel, auch im weißen Segment ist Markus Keller experimentierfreudig wie der Anbau von Viognier, Sauvignon Blanc und Grüner Veltliner zeigen.

Kollektion

Die neue Kollektion ist bärenstark, alle Weine haben wir mit sehr gut oder hervorragend bewertet. Die Weißweine gewinnen an Profil, sind fruchtbetont und klar, besitzen Substanz und Frische. An der Spitze steht der gelbfruchtige Riesling aus dem Schlossberg, der viel reife Frucht und Substanz besitzt. In der Spitze noch etwas beeindruckender sind die Rotweine, aber auch hier ist die R-Linie schon sehr überzeugend, alle Weine bieten reintönige Frucht, Kraft und Substanz. Der intensive Spätburgunder ist stark wie nie, der Syrah ist faszinierend reintönig und kraftvoll, der Zinfandel zeigt intensive Frucht (Zinfandel!), am stärksten aber ist der Lagrein, der ebenfalls herrlich eindringlich und reintönig ist, viel Kraft und Druck besitzt. Klar im Aufwind!

Weinbewertung

86 2016 Weißburgunder „S" trocken Pfeddersheimer St. Georgenberg **13 %/6,50 €** ☺
86 2016 Grauer Burgunder „S" trocken Wormser Nonnenwingert **13 %/6,50 €** ☺
85 2016 Grüner Veltliner „S" trocken Wormser Nonnenwingert **13 %/7,50 €**
86 2016 Chardonnay „S" trocken Pfeddersheimer St. Georgenberg **13 %/6,20 €** ☺
87 2016 Riesling „S" trocken Nieder-Flörsheimer Frauenberg **13 %/7,20 €** ☺
86 2016 Riesling „S" trocken Pfeddersheimer St. Georgenberg **13 %/7,20 €**
89 2016 Riesling trocken Schlossberg (Theresia von Waldner) **3,5 %/10,60 €** ☺
86 2015 Spätburgunder „R" trocken Pfeddersheimer Hochberg **13,5 %/9,- €**
87 2015 Syrah „R" trocken Wormser Nonnenwingert **13,5 %/9,- €**
87 2015 Merlot „R" trocken Wormser Nonnenwingert **13,5 %/7,80 €** ☺
86 2015 Lagrein „R" trocken Pfeddersheimer St. Georgenberg **13,5 %/9,80 €**
89 2014 Spätburgunder trocken „Pfrimmrotliegendes" St. Georgenberg **14 %/15,- €**
91 2015 Lagrein trocken St. Georgenberg (Theresia von Waldner) **13,5 %/25,- €**
90 2015 Syrah trocken Nonnenwingert (Theresia von Waldner) **14 %/25,- €**
89 2015 Zinfandel trocken Nonnenwingert (Theresia von Waldner) **14 %/25,- €**

Keller

★★★★★

KONTAKT

Bahnhofstraße 1
67592 Flörsheim-Dalsheim
Tel. 06243-456
Fax: 06243-6686
www.keller-wein.de
info@keller-wein.de

Inhaber
Klaus Keller
Rebfläche
19,5 Hektar
Produktion
100.000 Flaschen

BESUCHSZEITEN

Mo.-Fr. 8-12 + 13-17 Uhr,
Sa. 10-15 Uhr

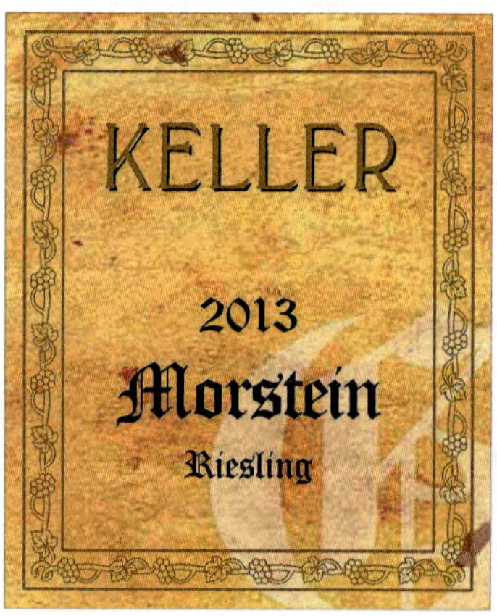

K
K

Klaus Keller hat das Weingut aufgebaut, das heute von seinem Sohn Klaus Peter geführt wird. Klaus Keller hatte sich schon in den neunziger Jahren einen Namen gemacht für seine edelsüßen Weine, heute steht der Name Keller ganz oben, trocken wie edelsüß. Die Rieslinge der Kellers wachsen im Dalsheimer Hubacker, einem nach Südosten geneigten Hang (Kalksteinfels), sowie in Westhofen in den Lagen Morstein, Brunnenhäuschen (Abtserde) und Kirchspiel. Die Spätburgunder kommen von Muschelkalkböden aus dem Dalsheimer Bürgel und vom Nieder-Flörsheimer Frauenberg, mit dem Jahrgang 2012 kam ein Wein aus dem Morstein hinzu, von überpropften alten Reben. 2009 hat Klaus Peter Keller Weinberge im Niersteiner Pettenthal zugepachtet, die er 2011 erwerben konnte, dazu einen halben Hektar im besten Teil des Niersteiner Hipping. Die Kellers bauen vor allem Riesling und die Burgundersorten an. Dazu gibt es Silvaner, Rieslaner und Scheurebe. Die Moste werden bei niedrigen Temperaturen möglichst spontan vergoren. Die Gärung dauert mindestens acht bis zehn Wochen, edelsüße Spitzenweine gären oft ein halbes Jahr. Die Weine werden teils im Edelstahl, teils in Eichenholzfässern ausgebaut. Das Programm ist gegliedert in Gutsweine, den Westhofener Riesling als Ortswein, dazwischen steht der Riesling von der Fels, an der Spitze stehen die großen Gewächse aus Hubacker, Morstein, Kirchspiel, Abtserde, Pettenthal und Hipping (Riesling), bzw. Bürgel, Frauenberg und Morstein (Spätburgunder), darüber steht der G-Max, der keine Lagenbezeichnung trägt. Top-Weiß- und Grauburgunder tragen die Bezeichnung „S", der Spitzensilvaner hört auf den Namen Feuervogel.

Kollektion

Die Ortswein-Riege ist gewohnt stark: Der Silvaner ist frisch, fruchtbetont, geradlinig, die Scheurebe ist konzentriert, hat viel Frucht, ist aber sehr strukturiert, kraftvoll, der „von der Fels" ist saftig, geradlinig und frisch. Der Feuervogel-Silvaner weist wie auch einige Rieslinge im Bouquet eine deutlichere Sponti-Prägung auf als zuletzt. Er ist stoffig, kraftvoll, noch jugendlich-verhalten. Spannend ist das Riesling-Ortswein-Duo. Der Niersteiner Riesling ist deutlich verhaltener, puristischer, geradlinig, klar und zupackend, der Westhofener punktet mit der etwas offensiveren Frucht, besitzt gute Struktur, Druck und Länge. Sehr geschlossen präsentiert sich das Riesling-Quintett der Großen Gewächse. Wie schon bei den Ortsrieslingen ist der Niersteiner Wein, das Große Gewächs aus dem Pettenthal, deutlich verschlossener, sehr sponti-geprägt, puristisch, enorm druckvoll, jugendlich, braucht Zeit. Wie gewohnt sehr eigenständig präsentiert sich der Wein aus dem Hubacker, zeigt rauchig-würzige Noten, gute Konzentration, ist füllig im Mund, enorm komplex, besitzt viel reife Frucht, gute Struktur, Substanz, Frische und Länge. Das Kirchspiel trumpft auch 2016 wieder groß auf, ist reintönig, herrlich eindringlich und konzentriert, kraftvoll, komplex, druckvoll und lang, ist deutlich offener als seine anderen Westhofener Kollegen. Der Morstein ist enorm stoffig und kraftvoll, dabei verschlossen, er ist druckvoll, komplex, nachhaltig, braucht noch viel Zeit bis er zeigen kann, was in ihm steckt. Das gilt auch für die Abtserde, die von einigen Verkostern als zu verschlossen angesehen wurde, auch durch die kräftige Sponti-Prägung, ein Wein, der viel Konzentration besitzt, viel Kraft und Druck, enorm nachhaltig ist. Der G-Max dann setzt den mit dem Jahrgang 2015 eingeschlagenen Weg fort, scheint für die Ewigkeit gemacht und entzieht sich im jetzigen Stadium eigentlich jeder Bewertung: Er ist kraftvoll, stoffig, präzise, druckvoll, enorm tanninbetont. Die süße Riesling-Fraktion ist deutlich schwächer besetzt als sonst, der Jahrgang gab es nicht her. Der Pettenthal-Kabinett ist lebhaft, säurebetont, reintönig, zupackend – man würde ihn eher Mosel oder Saar zuordnen. Die Hipping-Auslese ist würzig, eindringlich, zeigt etwas Orangen, ist kraftvoll, reintönig und zupackend. Die Auslese aus dem Pettenthal zeigt viel Duft, ist klar, präzise, enorm druckvoll, noch etwas stoffiger ist die Abtserde-Auslese, zeigt etwas Litschi und Orangen. Beim Spätburgunder setzt Klaus Peter Keller zunehmend auf Purismus, was exemplarisch der duftige, leicht florale Frauenberg zeigt, der viel Druck und Frische besitzt, während der fülligere Bürgel mit Substanz und Kraft punkten kann. Eigenständige, ganz starke Kollektion!

Weinbewertung

86	2016 Silvaner trocken **12 %/8,50 €**
88	2016 Scheurebe trocken **12 %/9,80 €** ☺
88	2016 Riesling trocken „von der Fels" **12,5 %/17,- €**
90	2016 Sylvaner „Feuervogel" **13 %/28,50 €**
89	2016 Riesling trocken Nierstein **12 %/29,- €**
90	2016 Riesling trocken Westhofen **12,5 %/29,- €**
93	2016 Riesling „GG" Kirchspiel **13 %/38,- €**
93	2016 Riesling „GG" Hubacker **12,5 %/42,- €**
92	2016 Riesling „GG" Pettenthal **12,5 %/Vst.**
93	2016 Riesling „GG" Morstein **12,5 %/a.A.**
94	2016 Riesling „GG" „Abts E" **12,5 %/70,- €**
93+	2016 Riesling „G-Max" **12,5 %/a.A.**
88	2016 Riesling Kabinett Pettenthal **8,5 %/29,- €**
91	2016 Riesling Auslese Hipping **8,5 %/69,- €**
92	2016 Riesling Auslese Pettenthal **8,5 %/69,- €**
93	2016 Riesling Auslese „Abts E" **8,5 %/69,- €**
92	2015 Spätburgunder „GG" Bürgel **13 %/45,- €**
90	2015 Spätburgunder „GG" Frauenberg **13 %/70,- €**

LAGEN

HUBACKER (DALSHEIM)
BÜRGEL (DALSHEIM)
FRAUENBERG (NIEDER-FLÖRSHEIM)
MORSTEIN (WESTHOFEN)
KIRCHSPIEL (WESTHOFEN)
AULERDE (WESTHOFEN)
BRUNNENHÄUSCHEN - ABTSERDE (WESTHOFEN)
HIPPING (NIERSTEIN)
PETTENTHAL (NIERSTEIN)
SILBERBERG (MONSHEIM)

REBSORTEN

RIESLING (60 %)
BURGUNDER/SILVANER (30 %)
SCHEUREBE/RIESLANER (10 %)

Lorenz & Corina Keller

★☆

KONTAKT

Steinbuck 36
79771 Klettgau-Erzingen
Tel. 07742-858664
Fax: 07742-858670
www.weingut-lck.de
info@weingut-lck.de

Inhaber
Lorenz Keller
Rebfläche
12 Hektar
Produktion
70.000 Flaschen

BESUCHSZEITEN

Do. 15-20 Uhr, Fr. 15-18 Uhr,
Sa. 10-15 Uhr

Das Weingut Lorenz und Corina Keller befindet sich ganz im Süden von Baden, in Erzingen im Klettgautal, an der Schweizer Grenze. Lorenz Keller ist gelernter Weinküfer, Corina Keller Konditormeisterin. Die schon zum Teil von Schweizer Luft verwöhnten Trauben wachsen größtenteils in der Lage Erzinger Kapellenberg, einem Südhang, 400 bis 450 Meter über dem Meeresspiegel, benannt nach der weithin sichtbaren Bergkapelle. Die Juraausläufer mit ihren lehm- und tonhaltigen Kalkböden bieten eine gute Grundlage für alle Burgundersorten, neben Spät-, Weiß- und Grauburgunder werden Chardonnay und Müller Thurgau, sowie Dornfelder, Cabernet Dorsa und Cabernet Cortis angebaut, zuletzt wurde versuchsweise Elbling gepflanzt. Das Sortiment im Hause Keller wir durch die hauseigene Confiserie abgerundet.

Kollektion

Die Kollektion ist sehr eigenständig, wie schon in den letzten Jahren. Der Sekt ist rauchig, klar, zupackend, der Müller-Thurgau frisch und fruchtbetont. Der Zeitnah-Weißburgunder ist geradlinig, der 102°-Weißburgunder füllig und saftig. Der Grauburgunder ist klar, lebhaft, geradlinig, der füllige, kraftvolle Chardonnay gehört zu unseren Favoriten in der aktuellen Kollektion, er besitzt reife Frucht, gute Struktur und Substanz. Sehr gut gefällt uns auch der wunderschön reintönige, zupackende trockene Muskateller, die Scheurebe zeigt etwas Cassis, ist geradlinig und hat Biss. Sehr stimmig ist auch der rote Teil der Kollektion. Die rote Cuvée ist füllig und kraftvoll, besitzt reife Frucht und Substanz. Der Holzfass-Spätburgunder ist klar und geradlinig, die Barrique-Version zeigt gute Konzentration, rauchige Noten, besitzt gute Struktur und Frucht, den konzentrierten Spätburgunder Eiswein hatten wir schon im vergangenen Jahr vorgestellt. Im Aufwind!

Weinbewertung

83 2015 Cuvée Sekt brut „Zeitreise" **12,5 %/12,90 €**
82 2016 Müller-Thurgau trocken „Zeitnah" Erzinger Kapellenberg **12,5 %/6,60 €**
83 2016 Weißburgunder trocken „Zeitnah" Erzinger Kapellenberg **13 %/8,30 €**
84 2016 Weißburgunder „102°" trocken „Zeitlos" Erzinger Kapellenberg **14 %/18,90 €**
83 2016 Grauburgunder trocken „Zeitreise" Erzinger Kapellenberg **13,5 %/9,30 €**
85 2016 Chardonnay trocken „Zeitlos" Erzinger Kapellenberg **13 %/14,90 €**
85 2016 Muskateller trocken „Zeitreise" Erzinger Kapellenberg **12 %/9,- €**
83 2016 Scheurebe „Zeitnah" Erzinger Kapellenberg **12,5 %/9,50 €**
84 2015 Spätburgunder trocken Holzfass „Zeitreise" Kapellenberg **13 %/9,50 €**
84 2015 „Cuvee Ungewohnt" Rotwein trocken „Zeitlos" Kapellenberg **13,5 %/14,- €**
86 2015 Spätburgunder trocken Barrique „Zeitlos" Kapellenberg **13,5 %/15,80 €**
87 2015 Spätburgunder Eiswein „Zeitlos" Erzinger Kapellenberg **10,5 %/39,- €/0,375l**

Lothar Kern

★

N

KONTAKT

Hauptstraße 17
76833 Böchingen
Tel. 06341-63461
Fax: 06341-960489
www.weingut-kern.com
info@weingut-kern.com

Inhaber
Lothar Kern
Rebfläche
22 Hektar
Produktion
40.000 Flaschen

BESUCHSZEITEN

Mo.-Sa. 10-12 + 14-17 Uhr

Das Weingut Lothar Kern befindet sich gerade in der Phase des Generationenwechsels: Während Lothar Kern in dem ehemaligen landwirtschaftlichen Gemischtbetrieb noch für den Außenbetrieb zuständig ist, kümmert sich sein Sohn Michael, staatlich geprüfter Techniker für Weinbau und Önologie, um den Keller und das Marketing. Renate Kern, Lothars Frau und Michaels Mutter, ist für Büro und Kundenmanagement verantwortlich. Auf rund einhundert verschiedenen Parzellen – unter anderem in den Lagen Böchinger Rosenkranz, Walsheimer Silberberg, Godramsteiner Münzberg und Frankweiler Königsgarten – stehen 19 verschiedene Rebsorten: Wichtigste weiße Sorten sind Müller Thurgau, Riesling und Grauburgunder, bei den roten Sorten sind es Dornfelder, Spätburgunder und Regent. Neben Reben gibt es noch einen Anteil an Obstbäumen, deren Ertrag in der hauseigenen Brennerei verwertet wird. Das Sortiment ist gegliedert in Traditionsweine in der Literflasche, die „Privat Edition" und die Linie „Privat Réserve" für im Holz ausgebaute Weine.

Kollektion

Chardonnay, Weiß- und Grauburgunder sind gut gemacht, fruchtbetont und harmonisch, sind aber auch recht uniform und ähneln sich in ihrer Aromatik sehr, der Weißburgunder zeigt klare gelbe Frucht, Pfirsich, Aprikose und Birne, ist kraftvoll und besitzt Schmelz, der Chardonnay zeigt ebenfalls gelbe Frucht mit Noten von Pfirsich, Birne und Mango und ist leicht cremig, der Grauburgunder zeigt neben Pfirsich und Birne noch etwas florale Würze, besitzt Saft und Kraft. Der Riesling ist saftig und sauber, zeigt kräutrige Noten und Zitruswürze, der Muskateller ist reintönig, zeigt neben Zitrusnoten auch etwas Litschi, er ist frisch und besitzt ein ausgewogenes Süße-Säure-Spiel. Die Ortega Auslese aus dem Jahrgang 2015 zeigt schon deutliche Reifenoten im Bouquet, duftet nach frischen Datteln, ist am Gaumen konzentriert und cremig und besitzt ein lebendiges Säure-Spiel. Die beiden Weine in der Literflasche fallen gegen die anderen Weine etwas ab, sie sind saftig und sauber, aber auch recht einfach, der Rivaner zeigt etwas Würze, der Silvaner besitzt wenig Typizität.

Weinbewertung

79	2016 Rivaner trocken „Tradition" Böchinger Bischofskreuz (1l)	**11,5 %/3,90 €**
78	2016 Silvaner trocken „Tradition" Böchinger Bischofskreuz (1l)	**12 %/3,90 €**
82	2016 Gelber Muskateller trocken „Privat Edition"	**11,5 %/5,90 €**
82	2016 Grauburgunder trocken „Privat Edition" Böchinger Rosenkranz	**13,5 %/5,- €**
83	2016 Weißburgunder trocken „Privat Edition" Böchinger Rosenkranz	**13,5 %/5,50 €**
82	2016 Chardonnay trocken „Privat Edition" Godramsteiner Münzberg	**13,5 %/5,- €**
81	2016 Riesling trocken „Privat Edition" Böchinger Rosenkranz	**12 %/5,50 €**
84	2015 Ortega Auslese „Privat Reserve" Böchinger Rosenkranz	**7,5 %/15,- €/0,5l**

K

kern

Kerpen

★★★★

KONTAKT

Uferallee 6
54470 Bernkastel-Wehlen
Tel. 06531-6868, Fax: 06531-3464
www.weingut-kerpen.de
info@weingut-kerpen.de

Inhaber
Martin Kerpen
Rebfläche
8 Hektar
Produktion
65.000 Flaschen

BESUCHSZEITEN

Mo.-Fr. 10-18 Uhr, Sa. 10-15:30 Uhr und nach Vereinbarung; Weinprobierstube, Weinkellerwoche (Christi Himmelfahrt bis Pfingsten), Riesling Café (Mitte Mai-Ende Juni + Mitte Aug.-Ende Sept.)

Das Weingut blickt auf 250 Jahre Tradition zurück, die Familie Kerpen betreibt Weinbau in der achten Generation. Martin Kerpen hat 1988 den elterlichen Betrieb übernommen, inzwischen ist auch Sohn Matthias auf dem besten Wege, die Geschichte der Kerpens als einer der führenden Weinbaubetriebe weiterzuführen. Als Jahrgangsbester beendete der Filius seine zweijährige Ausbildung zum Winzer, die er im Weingut Melsheimer in Reil und im Weingut Meßmer in der Pfalz absolvierte, mit der 2016er Spätlese aus dem Graacher Himmelreich legte er inzwischen seinen Jungfernwein vor. Das Gros der Weinberge des Betriebes liegt in Steillagen in Wehlen (Sonnenuhr) und Graach (Domprobst, Himmelreich), hinzu kommen Parzellen im Bernkasteler Bratenhöfchen, die Martin Kerpen jüngst neu angelegt hat. Er baut ausschließlich Riesling an, etwa 60 Prozent seiner Weine baut er trocken und halbtrocken aus, er nutzt für seine trockenen und halbtrockenen Weine die Prädikatsbezeichnungen, an der Spitze steht das Große Gewächs aus der Wehlener Sonnenuhr (einmalig im Jahrgang 2010 hatte er auch ein Großes Gewächs aus dem Graacher Domprobst erzeugt). Seine Auslesen klassifiziert Kerpen intern, gemäß seiner eigenen Einschätzung, mit ein bis drei Sternen, die besten Spätlesen erhalten ebenfalls einen Stern. Auch jenseits der Auslesekategorie werden immer wieder faszinierende Weine vorgestellt, die keineswegs ausschließlich süß schmecken, sondern in der Regel eine faszinierende Komplexität mitbringen. Etwa ein Drittel der Weine wird exportiert. Seit einem Vierteljahrhundert veranstaltet das Weingut an Pfingsten eine Wein-Kultur-Woche, jedes Jahr wird ein Wein mit einem Künstleretikett ausgestattet. Zwei Mal im Jahr, von Mitte Mai bis Ende Juni und von Mitte August bis Ende September, hat die Straußwirtschaft am Moselufer geöffnet, die nun den Namen „Riesling Café" trägt. Schon seit der ersten Ausgabe empfehlen wir die Weine von Martin Kerpen, schon damals zählte er für uns zu den Spitzenweingütern an der Mosel, schon damals lobten wir das hohe Niveau und die Zuverlässigkeit seiner Kollektion. So ist es bis heute geblieben – die Klarheit und Präzision seiner Weine ist immer wieder aufs Neue überzeugend.

Kollektion

Im Jahrgang 2014 war die Diskrepanz zwischen trockenen und süßen Weinen deutlich zu bemerken – Spät- und Auslese standen an der Spitze der Kollektion. Der folgende Jahrgang brachte sowohl im trockenen als auch im süßen Bereich Überzeugendes. Einerseits gefiel die trockene Spätlese von alten Reben, andererseits war die süße Spitze mit Spätlese, Auslese und Beerenauslese aus der Lage Wehlener Sonnenuhr dicht besetzt. Im Jahrgang 2016 sind die trockenen Wein erfreulich gleichmäßig ausgefallen. Enttäuschungen gibt es nicht, die Basis ist tadellos gearbeitet und interessanter als bei vielen Betrieben der Konkurrenz. Der „Blauschiefer" genannte Einstiegswein besitzt eine keineswegs selbstverständliche Qualität, wirkt saftig und animierend. Noch besser gefällt uns allerdings der puristisch trockene „Zero", der ohne jede schmeckbare Süße auskommt, frisch und feingliedrig wirkt, schlank und stoffig: Himmelreich auf die bestmögliche Weise und auch eine gelungene Interpretation des Jahrgangs 2016. Stoffig wirkt die Spätlese von alten Reben, sie ist etwas feingliedriger als in 2015, besitzt Substanz und könnte sich nochmals positiver entwickeln. Das diesmal vorgestellte Große Gewächs stammt aus dem Jahrgang 2015, wirkt aber jugendlich, frisch, eher elegant als massiv, mit ausgezeichneter Balance zwischen Kraft und Frucht. Man lässt sich Zeit im Weingut Kerpen, und das halten wir für die richtige Entscheidung. Der feinherbe Kabinett aus dem Himmelreich gefällt seiner finessenreichen Art wegen etwas besser als die saftige Spätlese aus dem Domprobst, aber gelungen sind beide. Unter den beiden Versteigerungsweinen sehen wir diesmal die zweifach besternte Auslese aus der Wehlener Sonnenuhr einen Hauch vor der einfach besternten Spätlese aus dem Graacher Himmelreich. Letztere verfügt über eine straffe, animierende Art, duftet nach Kräutern und Kernobst, ist elegant und süffig im besten Sinne. Die elegante Auslese dagegen ist in der Nase eher verhalten, zeigt eine fast rauchige Apfelfrucht und kräuterige Würze. Ein Eiswein aus dem Bernkasteler Bratenhöfchen krönt die diesjährige Kollektion: Er ist frisch, zeigt Anklänge an getrockneten Apfel und Kräuter, wirkt straff und fein. Ein großer Erfolg.

Weinbewertung

84	2016 Riesling trocken „Blauschiefer" **11,5 %/7,- €**
86	2016 Riesling Kabinett trocken „Zero" Graacher Himmelreich **11 %/8,50 €**
86	2016 Riesling Kabinett trocken Wehlener Sonnenuhr **10,5 %/9,- €**
87	2016 Riesling Spätlese trocken „Alte Reben" Wehlener Sonnenuhr **11,5 %/12,50 €**
89	2016 Riesling „GG" Wehlener Sonnenuhr **12 %/16,50 €**
87	2016 Riesling Kabinett „feinherb" Graacher Himmelreich **10,5 %/9,- €**
86	2016 Riesling Spätlese „feinherb" Graacher Domprobst **10,5 %/10,50 €**
83	2016 Riesling Classic **11,5 %/7,- €**
85	2016 Riesling Kabinett Wehlener Sonnenuhr **8 %/9,- €**
89	2016 Riesling Spätlese* Graacher Himmelreich **7 %/Vst.**
90	2016 Riesling Auslese** Wehlener Sonnenuhr **7 %/Vst.**
92	2016 Riesling Eiswein Bernkasteler Bratenhöfchen **6,5 %/40,- €/0,375l**

LAGEN

SONNENUHR (WEHLEN)
DOMPROBST (GRAACH)
HIMMELREICH (GRAACH)
BRATENHÖFCHEN (BERNKASTEL)

REBSORTEN

RIESLING (100 %)

August Kesseler

★★★★

KONTAKT

Lorcher Straße 16
65385 Assmannshausen
Tel. 06722-2513
Fax: 06722-47477
www.august-kesseler.de
info@august-kesseler.de

Inhaber
August Kesseler
Kellermeister
Max Himstedt
Rebfläche
23 Hektar
Produktion
110.000 Flaschen

BESUCHSZEITEN

nach Vereinbarung

August Kesseler hat 1977 das elterliche Weingut – gegründet 1924 und bei der Betriebsübernahme ein Fassweinbetrieb – übernommen und von damals 2,5 Hektar nach und nach auf die heutige Größe erweitert. Die Weinberge liegen in Assmannshausen, Rüdesheim, Lorch und Lorchhausen. In Assmannshausen ist er im berühmten Höllenberg begütert, in Rüdesheim in den Berg-Lagen Schlossberg, Rottland und Roseneck, aber auch im Bischofsberg. Hinzu kommen Reben im Lorchhäuser Seligmacher und im Lorcher Schlossberg. Die Hälfte der Weinberge nimmt Riesling ein, Spätburgunder bringt es auf einen Anteil von 40 Prozent. Das Weingut liegt am Fuße des Höllenbergs, die Weine werden in einem 1792 in den Schiefer des Höllenbergs geschlagenen Keller vinifiziert. Die Pinot Noir werden nach klassischer, offener Maischegärung bis zu 22 Monate im Barrique ausgebaut, August Kesseler gehört zu den Pionieren des Barriqueausbaus in Deutschland. Die Rieslinge werden reduktiv im Edelstahl ausgebaut. Das Sortiment wurde in den letzten Jahren vierstufig gestaltet in Gutsweine, Ortsweine und Weine aus Ersten und Großen Lagen. Trockene Große Gewächse werden vom Riesling in den Lagen Berg Schlossberg und Berg Roseneck erzeugt, vom Spätburgunder, aber nur in sehr guten Jahrgängen, aus Höllenberg und Berg Schlossberg. Der nach Kellermeister Max Himstedt benannte Spätburgunder Cuvée Max ist zwar ein Gutswein, de facto aber der Zweitwein hinter den großen Lagen-Spätburgundern. In der Erste Lagen-Kategorie bietet August Kesseler Rieslinge aus Lorcher Schlossberg und Lorchhäuser Seligmacher an.

Kollektion

Der Gutsriesling ist schlank, frisch und trinkanimierend. Spannend ist der Vergleich zwischen den beiden Jahrgängen des Rüdesheimer Ortsweins. Der gereifte 2013er ist würzig, konzentriert und sehr harmonisch, der 2015er noch unentwickelt und säurebetont, seine Stärken liegen in der Präzision und in der

kühlen Frucht. Der Riesling aus dem Lorcher Schlossberg ist kräutrig-würzig und noch recht zurückhaltend, bleibt immer kühl und fein ziseliert. Der Riesling aus dem Lorchhäuser Seligmacher aus 2015 duftet dezent nussig, am Gaumen zeigt er feine Reife. Der Berg Schlossberg mit seiner gereiften Aromatik von Waldhonig und kandiertem Ingwer ist ein Riesling, der sich in seiner opulenten, beerigen Art fast wie ein Rotwein trinkt und nicht zu kalt getrunken werden sollte. Seine tiefgründige Würze setzt sich am Gaumen fort und wird in einer großzügigen Länge von einer passenden Frischeader und markanten aber feinen Bitterstoffen ergänzt. Der 2012er Berg Roseneck ist in erster perfekter Trinkreife. Er balanciert gekonnt zwischen milder Textur und fein ziselierter Frischeader, ist ein zupackender präziser Riesling mit mineralischer Finesse und saftigem Fruchtkern, trinkanimierend und delikat. Die farbintensive 2011er Beerenauslese aus dem Schlossberg ist weit, aber perfekt entwickelt, sie ist opulent und würzig, von guter Konzentration und Fülle. Auch die Rotweine bieten herausragende Qualität. Schon der Gutswein „Pinot Noir N" aus 2014 mit saftig-würziger Frucht, ist saftig und reif. Der 2013er Pinot Noir duftet intensiv, er besitzt puristische Saftigkeit und milden Schmelz, ist süffig auf hohem Niveau, ein Wein zum Trinken, nicht zum Philosophieren. Der 2011er Pinot Noir „Cuvée Max" ist im ersten Eindruck sehr reif. An der Luft verfeinert er sich jedoch deutlich, wird tiefgründiger, besitzt Tiefe und Substanz, ist nachhaltig und jetzt perfekt zu trinken. Der 2012er Pinot Noir aus dem Höllenberg besitzt dunkelbeerige Frucht und feine Toastwürze, ist ausgewogen, kraftvoll, opulent und saftig, wird von engmaschigen und hochfeinen Tanninen fest zusammen gehalten, ein wahrer Gaumenschmaus mit Tiefe, großer Länge und weiterem Potenzial.

Weinbewertung

84	2016 Riesling trocken „The Daily August" **12 %/8,50 €**
86	2013 Riesling trocken Rüdesheim **13 %/15,- €**
87	2015 Riesling trocken Rüdesheim **12 %/15,- €**
89	2015 Riesling trocken „Alte Reben" Lorcher Schlossberg **13 %/30,- €**
90	2015 Riesling trocken Lorchhäuser Seligmacher **12,5 %/36,50 €**
91	2013 Riesling „GG" Rüdesheim Berg Schlossberg **13,5 %/37,50 €**
91	2012 Riesling „GG" Rüdesheim Berg Roseneck **12,5 %/37,50 €**
91	2011 Riesling Beerenauslese Rüdesheim Berg Schlossberg **10 %/80,- €/0,375l**
84	2012 Pinot Noir Rosé „feinherb" **12 %/9,95 €**
86	2014 Pinot Noir trocken „N" **13,5 %/12,- €**
89	2013 Pinot Noir trocken **13,5 %/30,- €**
91	2011 Spätburgunder trocken „Cuvée Max" **14 %/75,- €**
92	2012 Pinot Noir Assmannshäuser Höllenberg **14 %/100,- €**

K

LAGEN

HÖLLENBERG (ASSMANNSHAUSEN)
BERG SCHLOSSBERG (RÜDESHEIM)
BERG ROTTLAND (RÜDESHEIM)
BERG ROSENECK (RÜDESHEIM)
BISCHOFSBERG (RÜDESHEIM)
SELIGMACHER (LORCHHAUSEN)
SCHLOSSBERG (LORCH)

REBSORTEN

RIESLING (50 %)
SPÄTBURGUNDER (40 %)

KIEFER

★★☆

KONTAKT

Bötzinger Straße 13
79356 Eichstetten
Tel. 07663-1063
Fax: 07663-3927
www.weingutkiefer.de
info@weingutkiefer.de

Inhaber
Helen & Martin Schmidt
Kellermeister
Markus Weishaar
Rebfläche
140 Hektar
Produktion
1.150.000 Flaschen

BESUCHSZEITEN

Mo.-Fr. 8-12 + 13-17:30 Uhr,
Sa. 10-14 Uhr

Helen und Martin Schmidt übernahmen 2008 den Betrieb, der 1851 von Friedrich Kiefer gegründet worden war. Der Önologe Martin Schmidt war bereits seit dem Jahrgang 2003 für die Vinifikation der Weine verantwortlich, sowohl des 12 Hektar großen eigenen Weingutes als auch der angeschlossenen Erzeugergemeinschaft. In den letzten Jahren wurden neue Weinberge erworben, der Keller erneuert und neue große Holzfässer und Barriques für den Ausbau der Rotweine angeschafft. Das Weingut ist auf die Burgundersorten spezialisiert: 38 Prozent der Rebfläche nimmt Spätburgunder ein, 19 Prozent Grauburgunder und 10 Prozent Weißburgunder. Hinzu kommen Rebsorten wie Scheurebe, Muskateller oder Sauvignon Blanc. Die Paradelage des Weingutes, der Eichstetter Herrenbuck, besteht aus Löss-, Lehm- und Vulkanverwitterungsböden in unterschiedlicher Zusammensetzung. Die Weine werden nach intensiver Vorklärung langsam und kühl vergoren und auf der Feinhefe ausgebaut. Die Rotweine werden maischevergoren und in großen Eichenholzfässern oder im Barrique ausgebaut.

Kollektion

Sauvignon Blanc präsentiert Martin Schmidt dieses Jahr gleich in drei Varianten. Der Sekt ist würzig, geradlinig, sehr sortentypisch, die Auslese zeigt viel Duft, Pfirsiche, ist süß, klar und zupackend im Mund. Am besten gefällt uns die Rebsorte als Innovation: kraftvoll, reife Frucht, Substanz, gute Struktur. Sehr gleichmäßig präsentieren sich die trockenen weißen Kabinettweine, sie sind klar, geradlinig und fruchtbetont. In der Dreistern-Klasse konnten wir dieses Jahr nur einen Weißwein verkosten: Der Weißburgunder besitzt rauchige Noten, feine Frische, gute Struktur, Druck und Biss. Stark und stimmig ist auch das Spätburgunder-Trio. Der Tradition zeigt rote Früchte, ist frisch, klar und zupackend, der Innovation ist würziger, aber ebenso klar, kraftvoll und geradlinig. An der Spitze steht der Dreistern, der reintönige Frucht besitzt, gute Struktur, Kraft und Frische. Überzeugende Kollektion! ▬

Weinbewertung

84 2015 Sauvignon Blanc Sekt brut **13,5 %/10,90 €**
84 2016 Weißburgunder Kabinett trocken Eichstetter Herrenbuck **12,5 %/7,70 €**
83 2016 Grauburgunder Kabinett trocken Eichstetter Herrenbuck **13 %/7,90 €**
84 2016 Auxerrois trocken Eichstetter Herrenbuck **12,5 %/7,90 €**
88 2016 Sauvignon Blanc trocken „Innovation" Eichstetter Herrenbuck **13 %/13,90 €**
88 2015 Weißburgunder trocken „Dreistern" Eichstetter Herrenbuck **13,5 %/14,90 €**
87 2015 Sauvignon Blanc Auslese **10,5 %/11,50 €**
85 2015 Spätburgunder Spätlese trocken „Tradition" Herrenbuck **13,5 %/11,50 €**
86 2013 Spätburgunder trocken „Innovation" Eichstetter Herrenbuck **13 %/13,90 €**
88 2013 Spätburgunder trocken „Dreistern" Eichstetter Herrenbuck **13 %/21,50 €**

KIEFER-SEUFERT

★

KONTAKT

St. Erasmusstraße 16
79282 Ballrechten-Dottingen
Tel. 07634-8342
Fax: 07634-591011
www.ksweingut.de
info@ksweingut.de

Inhaber
Philipp Kiefer
Rebfläche
8,5 Hektar
Produktion
55.000 Flaschen

BESUCHSZEITEN

Mo-Fr. 9-12:30 + 13:30-18 Uhr, Sa. 9-14 Uhr und nach Vereinbarung

Seit vier Generationen baut die Familie Wein in Ballrechten-Dottingen im Markgräflerland an, wird heute von Philipp Kiefer geführt, der das Gut 2012 mit 22 Jahren nach dem Tod seines Vaters übernommen hat. Seine Weinberge liegen hauptsächlich im Ballrechten-Dottinger Castellberg, daneben ist Philipp Kiefer in der Nachbarlage Wettelbrunner Maltesergarten vertreten. Gutedel ist mit Abstand wichtigste Rebsorte im Betrieb, gefolgt von Spätburgunder, hinzu kommen Weißburgunder und Grauburgunder, Sauvignon Blanc und – im Versuchsanbau – Sauvignon Gris, aber auch Regent, Chardonnay, Müller-Thurgau, Nobling, Muskateller, Riesling und Gewürztraminer.

Kollektion

Eine stimmige, starke Kollektion präsentierte Philipp Kiefer zum Debüt im vergangenen Jahr, die angeführt wurde vom barriqueausgebauten Chardonnay des Jahrgangs 2016. Die neue Kollektion überzeugt, ist ebenso stimmig, der im Barrique ausgebaute Chardonnay des Jahrgangs 2016 reicht allerdings nicht an seinen Vorgänger heran, er besitzt Substanz und Fülle, aber auch eine dezente Bitternote. Die beiden Sekte sind frisch und süffig. Reintönige Frucht zeigen die beiden Gutedel, beide sind frisch und reintönig. Der trockene Weißburgunder Kabinett ist recht würzig wie auch der trockene Chardonnay Kabinett, der Souvignier Gris zeigt viel Duft, ist frisch und zupackend. Die trockene Grauburgunder Spätlese aus dem Castellberg ist kompakt, mehr Kraft trotz weniger Alkohol hat die im Barrique ausgebaute Variante, die aus dem Wettelsbrunner Maltesergarten stammt, Fülle und Kraft besitzt, etwas zu sehr von Vanillenoten geprägt ist. Die Spätburgunder Weißherbst Beerenauslese zeigt intensiv rote Früchte, der trockene Spätburgunder ist geradlinig und frisch.

Weinbewertung

82 2013 Gutedel Sekt brut **12,5 %/8,90 €**
81 2015 Muskateller Sekt extra trocken **12 %/11,90 €**
83 2016 Gutedel Kabinett trocken Ballrechten-Dottinger Castellberg **11,5 %/5,90 €**
82 2016 Gutedel trocken „I love" Ballrechten-Dottinger Castellberg **12,5 %/5,90 €**
82 2016 Weißer Burgunder Kabinett trocken B.-D. Castellberg **13 %/6,90 €**
81 2016 Chardonnay Kabinett trocken B.-D. Castellberg **13,5 %/8,50 €**
82 2016 Sauvignon Gris trocken Ballrechten-Dottinger Castellberg **13 %/9,50 €**
82 2016 Grauer Burgunder Spätlese trocken B.-D. Castellberg **14 %/9,50 €**
84 2016 Grauer Burgunder Spätlese trocken Barrique W. Maltesergarten **13,5 %/14,- €**
83 2016 Chardonnay Spätlese trocken Barrique B.-D. Castellberg **13,5 %/14,- €**
85 2015 Spätburgunder Weißherbst Beerenauslese B.-D. Castellberg **12 %/24,- €**
82 2015 Spätburgunder Spätlese trocken Holzfass B.-D. Castellberg **13,5 %/10,50 €**

JUL. FERD. KIMICH

★★

KONTAKT

Weinstraße 54
67146 Deidesheim
Tel. 06326-342
Fax: 06326-980414
www.weingut-kimich.de
info@weingut-kimich.de

Inhaber
Franz Arnold
Rebfläche
19,5 Hektar
Produktion
125.000 Flaschen

BESUCHSZEITEN

Mo.-Sa. 8-12 + 13:30-18 Uhr,
Sonn- und Feiertage 10-13 Uhr
oder nach Vereinbarung

Der Elsässer Küfer Andreas Kimich gründete 1758 ein Weingut, das noch heute in der achten Generation in Familienbesitz ist. 1949 heiratete Joachim Arnold eine Tochter von Julius Ferdinand Kimich, heute führt Franz Arnold zusammen mit seinem Sohn Matthias, Geisenheim-Absolvent und für den Ausbau der Weine verantwortlich, das Gut. Die Weinberge liegen in den Deidesheimer Lagen Grainhübel, Kieselberg, Paradiesgarten, Kalkofen, Mäushöhle und Leinhöhle, in den Forster Lagen Ungeheuer und Pechstein sowie im Ruppertsberger Reiterpfad. Riesling ist die wichtigste Rebsorte, nimmt über 80 Prozent der Rebfläche ein. Dazu gibt es etwas Grauburgunder, Müller-Thurgau, Gewürztraminer, Weißburgunder, Chardonnay, Auxerrois, Sauvignon Blanc, Spätburgunder und Regent.

Kollektion

Alle trockenen Rieslinge sind in diesem Jahr animierend und besitzen reife Säure, die Spätlesen sind wieder sehr kraftvoll und füllig mit reichlich Restsüße. Ganz stark ist der Grainhübel, der gute Konzentration besitzt, viele klare Frucht und steinige Würze zeigt und komplex, leicht salzig und lang ist, knapp dahinter sehen wir den Kalkofen mit klaren kalkig-mineralischen Noten und viel Druck, der Pechstein zeigt kräutrig-mineralische Noten und noch leicht verhaltene Frucht und das Ungeheuer ist sehr füllig mit süßer Frucht, die aber durch die Säure gut abgepuffert wird. Der Kieselberg-Riesling zeigt viel gelbe Frucht mit Noten von Aprikosen und Orangenschale, unter den beiden Kabinett-Weinen ist die Leinhöhle ganz fruchtbetont, die Mäushöhle ist etwas straffer mit Kräuterwürze und animierender Säure. Der Sauvignon Blanc ist reintönig mit Noten von grünen Stachelbeeren, die süße Auslese aus dem Kalkofen zeigt lagentypische kalkig-kräutrige Würze, besitzt viel klare Frucht, feine Süße und ist cremig, ganz klar und lang. Neu im Sortiment ist der gelungene, harmonische Syrah, der etwas Beerenfrucht und Noten von Kaffee und Pfeffer zeigt und kraftvoll und elegant ist.

Weinbewertung

83	2016 Sauvignon Blanc Kabinett trocken **12 %/8,80 €**
84	2016 Riesling Kabinett trocken Deidesheimer Leinhöhle **12,5 %/8,60 €**
85	2016 Riesling Kabinett trocken Deidesheimer Mäushöhle **13 %/8,80 €**
86	2016 Riesling Spätlese trocken Deidesheimer Kieselberg **13,5 %/11,30 €**
87	2016 Riesling Spätlese trocken Forster Pechstein **13,5 %/12,30 €**
88	2016 Riesling Spätlese trocken Deidesheimer Kalkofen **13,5 %/12,30 €**
87	2016 Riesling Spätlese trocken Forster Ungeheuer **13,5 %/12,80 €**
89	2016 Riesling Spätlese trocken Deidesheimer Grainhübel **13,5 %/15,60 €**
88	2016 Riesling Auslese Deidesheimer Kalkofen **10,5 %/16,80 €**
87	2015 Syrah trocken **14 %/22,80 €**

Kinges-Kessel

★

KONTAKT

Langgasse 30
67591 Mörstadt
Tel. 06247-377
Fax: 06247-1067
www.kinges-kessel.de
weingut@kinges-kessel.de

Inhaber
Familie Kessel
Betriebsleitung
Hans & Jochen Kessel
Kellermeister
Jochen Kessel
Rebfläche
12 Hektar

BESUCHSZEITEN

Mo.-Sa. 8-17 Uhr oder nach Vereinbarung
Winzerhotel & Weinrestaurant (ab 17 Uhr)

KINGES-KESSEL
WEINGUT · MÖRSTADT · TRADITION SEIT 1864

Seit fünf Generationen betreibt die Familie Weinbau in Mörstadt, heute führt Hans Kessel den Betrieb. Seine Weinberge befinden sich in den Mörstadter Lagen Nonnengarten und Katzenbuckel sowie im benachbarten Flörsheim-Dalsheim, dort in den Nieder-Flörsheimer Lagen Goldberg, Frauenberg und Steig. Riesling, die Burgundersorten und Silvaner sind die wichtigsten weißen Rebsorten im Betrieb, bei den roten Sorten dominieren Spätburgunder, St. Laurent und Dornfelder. Sohn Jochen Kessel hat nach Abschluss einer Weinbautechnikerausbildung in Weinsberg und diversen Praktika im Ausland (Kanada, Neuseeland) die Verantwortung im Keller übernommen. Dem Weingut sind ein Winzerhotel sowie ein ganzjährig geöffnetes Weinrestaurant angeschlossen.

Kollektion

Wie schon in den beiden vergangenen Jahren überzeugt auch die neue Kollektion wieder mit der gleichmäßigen Qualität aller Weine, weiß wie rot. Der Weißburgunder ist frisch und geradlinig wie auch der Blanc de Noir, beide sind wie alle Weißweine von einer merklichen Restsüße geprägt. Der Riesling aus dem Goldberg ist füllig und saftig, besitzt viel reife süße Frucht, die süße Spätlese aus dem Nonnengarten ist fruchtbetont und zupackend. Der Chardonnay aus dem Katzenbuckel besitzt viel Würze, viel Fülle und Kraft, gute Struktur und Substanz, der Sauvignon Blanc aus dem Nonnengarten ist konzentriert und kraftvoll, besitzt herrlich viel Frucht und Substanz. Die Rotweine stehen den Weißen nicht nach. Der St. Laurent ist reintönig, fruchtbetont und zupackend, der Holzfass-Spätburgunder ist frisch, klar und zupackend. Am besten gefällt uns der im Barrique ausgebaute Spätburgunder aus dem Nieder-Flörsheimer Steig, der gute Konzentration und Gewürznoten im Bouquet zeigt, füllig und kraftvoll ist, klare reife Frucht und gute Struktur besitzt.

Weinbewertung

82	2016 Weißburgunder trocken **13 %/5,70 €**
81	2016 Spätburgunder „Blanc de Noir" trocken **12,5 %/5,80 €**
85	2016 Sauvignon Blanc „S" trocken Mörstadter Nonnengarten **13,5 %/6,40 €**
84	2016 Chardonnay „S" trocken Mörstadter Katzenbuckel **13,5 %/6,70 €**
83	2016 Riesling „S" trocken Nieder-Flörsheimer Goldberg **13 %/7,70 €**
83	2016 Riesling Spätlese Mörstadter Nonnengarten **9,5 %/5,80 €**
83	2015 Saint Laurent trocken Holzfass **13,5 %/5,90 €**
83	2015 Spätburgunder „S" trocken Holzfass Nieder-Flörsheimer Steig **13,5 %/6,70 €**
85	2015 Spätburgunder trocken Barrique Nieder-Flörsheimer Steig **14 %/9,70 €**

KINZINGER

★☆

KONTAKT

Berghof
71665 Vaihingen/Enz
Tel. 07042-4660
Fax: 07042-370988
www.weingut-kinzinger.com
info@weingut-kinzinger.com

Inhaber
Gerd & Michael Kinzinger
Kellermeister
Michael Kinzinger
Rebfläche
5,5 Hektar
Produktion
42.000 Flaschen

BESUCHSZEITEN

Mi.+Do. 9-13 + 17-18 Uhr,
Fr. 9-18 Uhr, Sa. 9-13 Uhr
Besenwirtschaft Kinzinger
Berghof

Seit 2011 gibt es das Weingut Kinzinger. Der schon lange bestehende Weinbaubetrieb wurde mit dem Einstieg von Sohn Michael erweitert, man setzt seither ganz auf Selbstvermarktung. Michael Kinzinger absolvierte seine Ausbildung im Remstal bei den Weingütern Bernhard Ellwanger und Schnaitmann, bis zu Beginn seiner Technikerausbildung in Weinsberg im Herbst 2012 hat er bei Hofstätter in Tramin und Wachtstetter in Pfaffenhofen gearbeitet. Die Reben wachsen auf tiefgründigen Keuperböden in den beiden Vaihinger Stadtteilen Horrheim (Klosterberg) und Enzweihingen (Halde). Rotweine nehmen zwei Drittel der Rebfläche ein. Trollinger, Lemberger und Spätburgunder spielen die wichtigste Rolle, dazu gibt es Muskattrollinger, Acolon, Merlot und Schwarzriesling. An weißen Sorten gibt es Sauvignon Blanc, Silvaner, Riesling und Kerner. Weißweine erhalten Maischestandzeiten von 6 bis 36 Stunden, werden anschließend gezügelt im Edelstahl vergoren und lange auf der Feinhefe ausgebaut. Rotweine werden maischevergoren, teils im Edelstahl, teils im 300 Liter-Barrique ausgebaut. Neben dem Weingut betreibt die Familie eine Edelbrennerei, einen Hofladen zur Vermarktung der eigenen landwirtschaftlichen Produkte sowie eine Besenwirtschaft, die zehn Wochen im Jahr geöffnet ist.

Kollektion

Eine wie in den Vorjahren sehr gleichmäßige Kollektion präsentiert Michael Kinzinger, mit wie im Vorjahr leichten Vorteilen im roten Segment. Die weiße Cuvée ist saftig und süffig, der Riesling geradlinig und klar, der Sauvignon Blanc zeigt intensive Frucht wie auch der zupackende Muskattrollinger Rosé. Die rote Cuvée ist intensiv fruchtig, der kirschduftige Trollinger sehr reintönig. Sehr gute ist der Horrheimer Spätburgunder, wunderschön reintönig und zupackend, auch der Enzweihinger Lemberger besticht mit intensiver, reintöniger Frucht, der Kaphorn-Merlot ist fruchtbetont, zupackend und strukturiert: schöne durchgängige Stilistik!

Weinbewertung

83 2016 Riesling trocken „Muschelkalk" **12 %/6,50 €**
84 2016 Sauvignon Blanc trocken „Bergluft" **12,5 %/8,90 €**
82 2016 „White" Weißwein **12 %/5,90 €**
83 2016 Rosé „Saignée" trocken **12,5 %/6,50 €**
83 2016 Muskat-Trollinger Rosé **12 %/6,20 €**
83 2016 „Red" Rotwein trocken **12,5 %/5,90 €**
83 2015 Trollinger trocken „Gipskeuper" **12,5 %/6,50 €**
85 2015 Spätburgunder trocken Horrheim **13 %/9,50 €**
86 2015 Lemberger trocken Enzweihingen **13 %/9,50 €**
86 2015 Merlot trocken „Kaphorn" **13,5 %/12,50 €**

KIRCHNER

★☆

KONTAKT

Burgstraße 21
67251 Freinsheim
Tel. 06353-3441 oder 1838
Fax: 06353-5056900
www.weingut-kirchner.de
info@weingut-kirchner.de

Inhaber
Ralph Kirchner
Rebfläche
17 Hektar
Produktion
120.000 Flaschen

BESUCHSZEITEN

nach Vereinbarung

Ulrike und Günter Kirchner haben 1974 ihr eigenes Weingut gegründet, mittlerweile hat Sohn Ralph den Betrieb übernommen. Ihre Weinberge liegen in Freinsheim in den Lagen Schwarzes Kreuz (sandige Böden auf schwerem Grund), Oschelskopf (hoher Lehm- und Kalkanteil), Rosenbühl (schwere Böden mit Humusauflage) und Musikantenbuckel (teils leichte lehmige Sandböden, teils schwere Lehmböden), aber auch in Kallstadt im Saumagen (Kalksandstein) und im Steinacker (kalkig-steiniger Boden), sowie im Herxheimer Honigsack (kalkhaltiger, mit Lehm und Ton vermischter Boden). Zu 60 Prozent werden weiße Rebsorten und zu 40 Prozent rote Sorten angebaut, das Hauptaugenmerk liegt bei Riesling und den Burgundersorten. Das Sortiment ist in Guts-, Orts- und Lagenweine gegliedert, die weißen Lagenweine werden spontan in großen Holzfässern vergoren, die roten Lagenweine reifen in Barriques. Im April 2015 wurde eine neue Vinothek eingeweiht und der Sitz des Weinguts aus dem Ortskern an den Rand von Freinsheim verlegt.

Kollektion

In diesem Jahr kann Ralph Kirchner mit weißen und roten Spitzen aufwarten: Der Saumagen-Riesling besitzt gute Konzentration, kalkig-mineralische Würze, viel klare Frucht, Aprikose und grüner Apfel, und salzige Länge, während der Honigsack-Riesling eher auf der kräutrigen Seite ist, ebenfalls gute Konzentration besitzt und Noten von Orange und Limette zeigt. Das rote Segment wird von der Cuvée „XXL" aus Cabernet Sauvignon und Cabernet Dorsa angeführt, die dunkle Frucht und dezente Röstnoten zeigt und gute Struktur besitzt, ebenso kraftvoll und füllig ist, wie auch der Cabernet Sauvignon vom Musikantenbuckel, der noch ganz jugendlich ist. Auch der starke „1 & 1+"-Rosé überzeugt mit seiner klaren roten Frucht und floralen, leicht nussigen Noten.

Weinbewertung

83	2016 Sauvignon Blanc trocken Freinsheim **12,5 %/7,50 €**
82	2016 Auxerrois trocken Freinsheim **13 %/7,50 €**
83	2016 Weißburgunder trocken Freinsheim **13,5 %/7,90 €**
87	2016 Riesling trocken Herxheimer Honigsack **12,5 %/18,50 €**
88	2016 Riesling trocken Kallstadter Saumagen **13 %/20,- €**
84	2016 Gewürztraminer Spätlese Freinsheimer Oschelskopf **11 %/7,20 €**
82	2016 Rosé trocken „1 & 1" **11,5 %/5,50 €**
85	2016 Rosé trocken „1 & 1+" **12 %/10,50 €**
82	2015 Spätburgunder trocken **13 %/5,50 €**
87	2015 „XXL" Rotwein trocken **13,5 %/23,- €**
84	2015 Portugieser trocken „Alte Reben" Freinsheim **13 %/8,50 €**
86	2014 Cabernet Sauvignon trocken Freinsheimer Musikantenbuckel **14 %/18,50 €**

Kirsten

★★★★

KONTAKT

Krainstraße 5, 54340 Klüsserath
Tel. 06507-99115, Fax: -99113
www.weingut-kirsten.de
mail@weingut-kirsten.de

Inhaber
Bernhard Kirsten
Rebfläche
15 Hektar
Produktion
70.000 Flaschen

BESUCHSZEITEN

nach Vereinbarung

Bernhard Kirsten hat 2007 seine ersten Versuche mit biologischem Weinbau angestellt, in einer 1,6 Hektar großen Parzelle im Herzstück der Klüsserather Bruderschaft. Im Jahr darauf hat er den gesamten Betrieb, komplett umgestellt. Ein mutiges Unterfangen angesichts einer Betriebsgröße von heute 15 Hektar, die sich auf verschiedene Gemeinden und etwa 70 Parzellen verteilen, alle in Steillagen. Das Gros seiner Weinberge liegt in seiner Heimatgemeinde Klüsserath, für die aber nur eine einzige Lage in das Lagenregister eingetragen ist, die Klüsserather Bruderschaft. Dass diese bei etwa 200 Hektar Reben nicht homogen sein kann, ist sonnenklar, das Herzstück aber, das heute den ganzen Weinbergen der Gemeinde den Namen gab, ist ein beeindruckender Steilhang, eine spannende Lage mit viel Potenzial, wie man aus den Weinen von Bernhard Kirsten erkennen kann. Des Weiteren ist er in der Köwericher Laurentiuslay vertreten, im Pölicher Held, wo er 2 Hektar besitzt, die er hauptsächlich für Süßweine und zur Sektproduktion nutzt, im Mehringer Zellerberg und im Longuicher Maximiner Herrenberg. Riesling dominiert, schon lange aber gibt es auch etwas Weißburgunder und Spätburgunder, inzwischen sogar ein wenig Sauvignon Blanc. Die Weine werden spontan vergoren, und nur bei trockenen Weinen, die nicht zu Ende gären wollen, werden später Reinzuchthefen zugesetzt. Außer den Klassikern „Herzstück" (aus der ursprünglichen Bruderschaft) und „Alte Reben" erzeugt er den „von Geldern pur", alle drei aus der Klüsserather Bruderschaft; dazu gibt es den Riesling „1904", der von alten Rebstöcken aus dem Longuicher Maximiner Herrenberg stammt, und den BK. Die Lagenweine tragen alle die Bezeichnung Spätlese auf dem Rückenetikett, ganz egal ob sie trocken, halbtrocken oder restsüß ausgebaut sind. Das Weingut Kirsten hat sich in den letzten Jahren auch immer wieder dem Sekt gewidmet und dort eine Präzision erreicht, wie sie an der Mosel keineswegs üblich ist. Vor allem der so genannte „Heldensekt" bekommt die Balance zwischen Fülle und Frische ausgezeichnet hin.

Kollektion

In den vergangenen Jahren zählten die trockenen und fast trockenen Weine nicht nur zur Spitze der Mosel, sondern zeigten auch einen eigenen Stil. Die 2014er gefielen, das Weingut hatte sich ausgezeichnet behauptet. Mit dem enorm dichten „Free Run", den Kirsten aus dem Jahrgang 2015 erzeugte, wurde die Suche nach neuen Ausdrucksmöglichkeiten nochmals auf die Spitze getrieben. Ein Wein, der bei der Verkostung, gerade gefüllt, nur ansatzweise zeigen konnte, was in ihm

Kirsten
Wein· Sekt· Gut·
Mosel

steckt. Präziser und zugänglicher war da schon der enorm straffe, vielschichtige „1904“. Dieses Mal wurde zwar kein „Free Run“ vorgestellt, aber schon die Basis mit einem festen, balancierten, nachhaltigen trockenen Wein aus der Bruderschaft ist sehr gelungen, da dieser eine spannende Balance zwischen Frische und Schmelz aufweist, der feinherbe Riesling steht ihm nicht nach, besitzt gute Harmonie und feine reife Frucht. Der „Wolkentanz“ genannte Riesling besitzt eine winzige Spur von Süße, ist aber wunderschön balanciert. Dass er nicht nur die Erzeugung von Riesling beherrscht, zeigt Bernhard Kirsten mit einem Sauvignon Blanc, der sehr präzise und saftig ausfällt, nach Kräutern duftet, Anklänge an Stachelbeeren und sehr frische Guave zeigt. Ein wirklich animierender, würziger Wein mit Frische. Der Riesling von alten Reben in der Klüsserather Bruderschaft ist offen, leicht cremig, dann würzig und vibrierend, er besitzt viel Fülle, reife Frucht und Substanz. Mit dem Herzstück aus der Bruderschaft gelingt ein Riesling voller Schmelz und attraktiver Frucht, mit viel Saft und Länge. Der „von Geldern pur“ ist enorm saftig, kräuterwürzig und lang, präzise und zupackend, dabei unverkennbar mineralisch. Noch würziger ist der mineralische, wenngleich zum Zeitpunkt der Verkostung noch sehr verschlossene „1904“ von uralten Reben im Maximiner Herrenberg, ein kraft- und druckvoller Riesling, enorm jugendlich, ein Wein mit viel Potenzial. Süße Weine spielen beim Weingut Kirsten generell nicht die Rolle, die sie bei anderen Weingütern spielen. Was allerdings nicht bedeutet, dass man die Spätlese aus der Laurentiuslay unterschätzen sollte, die nach frischen Pfirsichen duftet und eine grandiose Würze aufweist. Sie ist zwar nicht süß, besitzt aber einige wenige Gramm Restzucker und einen grandiosen Schmelz, dürfte in ein paar Jahren aber noch interessanter sein.

K

Weinbewertung

87 2016 Sauvignon Blanc trocken **12 %/12,- €**
88 2016 Riesling trocken Klüsserather Bruderschaft **12 %/9,50 €** ☺
90 2016 Riesling Spätlese trocken „von Geldern Pur“ Bruderschaft **13 %/18,- €**
90 2016 Riesling Spätlese „Herzstück“ Klüsserather Bruderschaft **13 %/18,- €**
87 2016 Riesling „Wolkentanz“ **11 %/8,50 €** ☺
88 2016 Riesling „feinherb“ Klüsserather Bruderschaft **11,5 %/10,- €** ☺
89 2016 Riesling Spätlese Kowericher Laurentiuslay **12 %/15,- €**
90 2016 Riesling Spätlese „Alte Reben“ Klüsserather Bruderschaft **12,5 %/22,- €**
91 2016 Riesling Spätlese halbtrocken „1904“ Maximiner Herrenberg **11,5 %/22,- €**

LAGEN

BRUDERSCHAFT (KLÜSSERATH)
HELD (PÖLICH)
LAURENTIUSLAY (KÖWERICH)
ZELLERBERG (MEHRING)
MAXIMINER HERRENBERG (LONGUICH)

REBSORTEN

RIESLING (72 %)
WEISSBURGUNDER (20 %)
SPÄTBURGUNDER (5 %)
SAUVIGNON BLANC (3 %)

KISSEL

★

KONTAKT

Ernst-Ludwig-Straße 3
55291 Saulheim
Tel. 06732-960240
Fax: 06732-960241
www.kissel-weine.de
info@kissel-weine.de

Inhaber
Familie Kissel
Rebfläche
20 Hektar
Produktion
14.000 Flaschen

BESUCHSZEITEN

nach Vereinbarung

Seit Beginn des achtzehnten Jahrhunderts betreibt die Familie Landwirtschaft in Saulheim. Karl Kissel konzentrierte sich 1923 ganz auf Weinbau und Weinhandel, erwarb nach und nach Weinberge. Heute führt der Enkel des Gründers, ebenfalls mit Vornamen Karl, das Haus zusammen mit Ehefrau Marika und Sohn Magnus. Ihre Weinberge liegen alle in Saulheim, vor allem in den Lagen Schlossberg und Probstey, aber auch in der Hölle und im Haubenberg ist man vertreten, die Böden bestehen aus Muschelkalk, Ton und Kalkmergel. Riesling, Silvaner, Grauburgunder, Weißburgunder, Chardonnay und Müller-Thurgau sind die wichtigsten weißen Rebsorten, dazu gibt es etwas Sauvignon Blanc, Morio-Muskat, Ortega und Gelber Muskateller. Spätburgunder und Dornfelder führen das rote Segment an, in dem es noch Portugieser, Regent und Merlot gibt.

Kollektion

Beim guten Debüt mit sehr gleichmäßigen Weinen im vergangenen Jahr zeigte die Kollektion viel versprechende Ansätze, bei Chardonnay und Riesling, aber auch bei Grauburgunder, Silvaner oder Regent. 2016 kann nun nicht daran anknüpfen, die Weine sind zwar alle korrekt, aber doch allzu verhalten, sehr gleichförmig, aber zu wenig komplex – und dies gilt für alle Rebsorten. Im trockenen Segment vermögen am ehesten der geradlinige Haubenberg-Weißburgunder und der lebhafte, zupackende Schlossberg-Riesling zu überzeugen. Feinherb macht der Sauvignon Blanc aus dem Schlossberg die beste Figur, er zeigt feinen Duft und florale Noten, ist geradlinig, süffig. Die liebliche Silvaner Spätlese ist unkompliziert und süffig, der lebhafte Morio-Muskat zeigt eine feine Muskatnote. —

Weinbewertung

79	2016 Silvaner trocken Saulheimer **13 %/5,20 €**
81	2016 Weißer Burgunder trocken Saulheimer Haubenberg **12,5 %/5,80 €**
80	2016 Grauer Burgunder Spätlese trocken Saulheimer Hölle **13,5 %/6,50 €**
80	2016 Spätburgunder „Blanc de Noir" trocken Saulheimer Probstey **12,5 %/6,50 €**
81	2016 Riesling trocken Saulheimer Schlossberg **13 %/6,80 €**
80	2016 Muskateller Spätlese trocken Saulheimer Probstey **13 %/6,90 €**
82	2016 Sauvignon Blanc „feinherb" Saulheimer Schlossberg **13 %/6,80 €**
79	2016 Chardonnay halbtrocken Saulheimer Schlossberg **12,5 %/6,70 €**
80	2016 Riesling „feinherb" Saulheimer Schlossberg **12,5 %/6,90 €**
81	2016 Silvaner Spätlese „lieblich" Saulheimer **10 %/6,60 €**
81	2016 Morio-Muskat „lieblich" Saulheimer Probstey **11 %/5,40 €**
80	2016 Spätburgunder Weißherbst halbtrocken Saulheimer Probstey **12 %/6,70 €**

KISSINGER

★★★☆

KONTAKT

Außerhalb 13
55278 Uelversheim
Tel. 06249-7969
Fax: 06249-7989
www.weingutkissinger.de
info@weingutkissinger.de

Inhaber
Jürgen Kissinger
Rebfläche
12,65 Hektar
Produktion
80.000 Flaschen

BESUCHSZEITEN

nach Vereinbarung
Jahrgangspräsentation Ende April/Anfang Mai

Jürgen Kissinger vergrößerte den väterlichen Betrieb nach und nach, errichtete im Jahr 2000 neue Gutsgebäude außerhalb von Uelversheim. Er führt das Weingut zusammen mit Ehefrau Sonja, inzwischen werden sie im Betrieb von Sohn Moritz unterstützt. Ihre Weinberge liegen vor allem in Uelversheim (Tafelstein) und Dienheim (Kreuz), aber auch in Oppenheim (Herrenberg, Sackträger) und Guntersblum (Steinberg). Neben Riesling spielen die weißen Burgunder, Chardonnay und Spätburgunder eine wichtige Rolle, dazu gibt es traditionelle Rebsorten wie Silvaner und Portugieser, aber auch internationale Sorten wie Sauvignon Blanc und Merlot. Das Gros der Weine baut Jürgen Kissinger trocken aus. Das Sortiment ist gegliedert in Liter- und Gutsweine, die Lagenweine von der Rheinterrasse, sowie Premium (Goldkapsel) und S-Weine. Letztere werden im 500 Liter-Fass ausgebaut, in dieser Kategorie gibt es einen Riesling aus dem Dienheimer Tafelstein und einen Weißburgunder aus dem Uelversheimer Tafelstein.

Kollektion

Eine starke Kollektion präsentiert Jürgen Kissinger auch in diesem Jahr, jeder Wein überzeugt, so wie wir das lange schon gewohnt sind. Beschränken wir uns auf die Highlights. Der Weißburgunder S ist konzentriert, füllig und kraftvoll, besitzt reife Frucht und Substanz. Der im Barrique ausgebaute Chardonnay ist würzig, kraftvoll, besitzt reintönige Frucht, gute Struktur und Substanz. Der Tafelstein-Riesling zeigt Würze und Zitrus, besitzt reintönige Frucht und gute Struktur. Die Nase vorne hat der im 500 Liter-Fass ausgebaute Geierscheiß-Riesling, der rauchige Noten zeigt, gelbe Früchte Fülle und Kraft besitzt, gute Struktur und Druck. Ganz stark ist auch der reintönige Spätburgunder – hat Potenzial, wie der harmonisch entwickelte 2004er zeigt.

Weinbewertung

86	2016 Riesling trocken Oppenheimer Herrenberg **12,5 %/8,20 €**
85	2016 Weißburgunder trocken Uelversheimer Tafelstein **12,5 %/8,20 €**
88	2016 Weißburgunder („S") trocken Uelversheimer Tafelstein **13,5 %/17,80 €**
85	2016 Chardonnay trocken Guntersblum Steinberg **12,5 %/8,20 €**
84	2016 Grauburgunder trocken Dienheimer Kreuz **12,5 %/8,20 €**
85	2016 Sauvignon Blanc trocken „Fumé Duo No1" **12,5 %/9,70 €**
85	2016 Scheurebe trocken „Duo No2" **12,5 %/7,40 €**
88	2016 Chardonnay trocken Barrique Uelversheim Tafelstein **13 %/12,30 €**
87	2016 Riesling trocken Dienheimer Tafelstein **12,5 %/12,30 €**
90	2016 Riesling „S" trocken „Geierscheiß" **12,5 %/17,80 €**
87	2016 Riesling Auslese Oppenheimer Sackträger **8 %/12,30 €**
89	2004 Spätburgunder Auslese trocken Barrique Oppenheimer Herrenberg **14 %**
88	2014 Spätburgunder trocken Barrique Oppenheimer Herrenberg **13,5 %/14,10 €**

KISTENMACHER-HENGERER

★★★

KONTAKT

Eugen-Nägele-Straße 23-25
74074 Heilbronn
Tel. 07131-172354
Fax: 07131-172350
www.kistenmacher-hengerer.de
kistenmacher-hengerer-wein@t-online.de

Inhaber
Hans Hengerer
Rebfläche
12 Hektar
Produktion
80.000 Flaschen

BESUCHSZEITEN

Mo.-Fr. 16-18:30 Uhr,
Sa. 9-11 + 13-16 Uhr

Das Weingut in seiner heutigen Form ist in den fünfziger Jahren entstanden, wird seit Mitte der neunziger Jahre von Hans Hengerer zusammen mit Ehefrau Sabine geführt. Ihre Weinberge liegen hauptsächlich in den Heilbronner Lagen Stiftsberg, Wartberg und Stahlbühl, hinzu kommen Weinberge auf Löwensteiner und Fleiner (Eselsberg) Gemarkung. Sie bauen zu 60 Prozent rote Rebsorten an, vor allem Trollinger, Spätburgunder und Lemberger. Dazu gibt es Muskattrollinger, Clevner und Schwarzriesling, seit 2000 auch Merlot, seit 2005 Cabernet Franc. Bei den weißen Sorten dominiert Riesling, dazu kommen etwas Kerner, Müller-Thurgau und Muskateller, Weiß- und Grauburgunder. Die Rotweine werden überwiegend maischevergoren, auch die Weißweine durchlaufen heute den biologischen Säureabbau, was einen stilistischen Wandel mit sich gebracht hat. Das Programm ist vierstufig gegliedert in Guts-, Orts-, Erste Lage- und Große Lage-Weine. Sohn Jonathan macht zur Zeit eine Winzerlehre.

Kollektion

Eine starke Kollektion präsentiert Hans Hengerer, stark vor allem im roten Segment. Die Weißweine sind fruchtbetont, harmonisch, mit dem enorm üppigen und leicht alkohol-bitteren Großen Gewächs aber ist Hans Hengerer über das Ziel hinausgeschossen. Durchweg sehr gut und hervorragend sind die Rotweine, ob Trollinger oder Cabernet Franc, Lemberger oder Spätburgunder. Die neuen Großen Gewächse überzeugen mit Frucht und Komplexität, besitzen gute Struktur und Substanz, der wunderschön reintönige Stiftsberg-Lemberger und der kraftvolle Junges Schwaben-Spätburgunder kommen ihnen nahe.

Weinbewertung

85 2013 Pinot Sekt brut **13 %/15,90 €**
84 2016 Weißer Riesling trocken **12,5 %/7,50 €**
84 2016 „von Weiß & Grau“ Weißwein trocken Heilbronn **13,5 %/10,90 €**
85 2016 Weißer Riesling trocken „Theresa“ Flein **12,5 %/10,90 €**
85 2016 Gelber Muskateller trocken Heilbronn **12,5 %/10,90 €**
87 2015 Weißer Riesling trocken „GG Sonnenstrahl“ Wartberg **14,5 %/24,- €**
85 2016 Weißer Riesling Spätlese Heilbronn **10 %/11,90 €**
88 2015 Weißer Riesling Auslese „V“ Heilbronn Stiftsberg **11,5 %/29,- €**
85 2015 Trollinger „V“ trocken „Alte Reben“ **13 %/7,90 €**
87 2014 Cabernet Franc trocken „Frederic“ **13 %/14,50 €**
88 2014 Lemberger trocken Heilbronn Stiftberg **13 %/18,- €**
86 2015 Blauer Spätburgunder „S“ trocken Fleiner Eselsberg **14 %/18,- €**
89 2014 Blauer Spätburgunder trocken „Junges Schwaben“ Stiftsberg **13 %/24,- €**
90 2014 Blauer Spätburgunder trocken „GG“ „Gewann Klinge“ Stiftsberg **13 %/33,- €**
89 2014 Lemberger trocken „GG“ „Sonnenstrahl“ Heilbronn Wartberg **13 %/33,- €**

EBERHARD KLEIN

★★

KONTAKT

Blumenstraße 1
74399 Walheim
Tel. 07143-35745
Fax: 07143-35720
www.schalkstein.de
terrassenweinbau@t-online.de

Inhaber
Eberhard Klein
Rebfläche
3,3 Hektar

BESUCHSZEITEN

nach Vereinbarung

Knapp die Hälfte der Weinberge von Eberhard Klein liegt in terrassierten Steillagen am Zusammenfluss von Neckar und Enz, wo die Reben auf Muschelkalkböden wachsen. Bis auf einen Weinberg in Besigheim (Wurmberg) liegen alle Parzellen in Walheim, darunter einige im ursprünglichen Schalkstein, der 1971 Namensgeber für alle Walheimer Weinberge wurde. Die Weinberge, 28 Parzellen, zwischen 4 und 40 Ar groß, sind dauerbegrünt. Eberhard Klein baut Riesling, Grauburgunder, Traminer, Lemberger, Trollinger, Schwarzriesling und Zweigelt an, in den letzten Jahren setzte er verstärkt auf Chardonnay und Spätburgunder, legte Merlot neu an. Die Weißweine werden komplett spontanvergoren, die Rotweine teilweise, alle Rotweine werden in großen und kleinen Eichenholzfässern ausgebaut, Weißweine kommen ebenfalls gelegentlich ins Barrique. In der hauseigenen Brennerei werden Obst- und Tresterbrände erzeugt, die teilweise in Fässern aus Eichen-, Eschen- oder Kirschholz reifen.

Kollektion

Einmal mehr präsentiert Eberhard Klein eine starke Kollektion, die weiß wie rot gleichermaßen überzeugt. Der Steillagen-Riesling besitzt feine Frucht, Säure und Biss, der Riesling von alten Reben ist noch etwas druckvoller. Der Grauburgunder ist wunderschön reintönig und rauchig, besitzt gute Struktur und reife Frucht, die weiße Cuvée ist saftig, harmonisch. Unser Favorit im weißen Segment ist der Chardonnay, der gute Konzentration und rauchige Noten zeigt, füllig und kraftvoll ist, reife Frucht, gute Struktur und Substanz besitzt. Der Trollinger ist wunderschön fruchtbetont und reintönig, die rote Cuvée klar und zupackend. Auch der Lemberger besticht mit seiner reintönigen Frucht, ist frisch und zupackend, geradlinig und strukturiert. Unser eindeutiger Favorit unter den Rotweinen ist aber der im Barrique ausgebaute Merlot, der herrlich eindringlich und konzentriert ist, dezent Vanille zeigt, füllig und kraftvoll ist, reife Frucht und gute Struktur besitzt, Substanz und Länge.

Weinbewertung

83	2016 Riesling trocken Steillagen **12 %/6,20 €**
84	2016 Grauburgunder trocken **13,5 %/7,40 €**
86	2016 Chardonnay trocken **13 %/10,50 €**
83	2016 „Epona" Weißwein **12,5 %/10,50 €**
84	2016 Riesling „Alte Reben" **12,5 %/8,20 €**
84	2015 Trollinger trocken Steillage **12,5 %/5,20 €**
84	2015 Lemberger trocken **13,5 %/6,20 €**
82	2015 „Epona" Rotwein trocken **13,5 %/6,80 €**
87	2015 Merlot Barrique **13,5 %/13,50 €**

GERHARD KLEIN

★★★

KONTAKT

Weinstraße 38
76835 Hainfeld
Tel. 06323-2713
Fax: 06323-81343
www.weingut-gerhard-klein.de
klein-wein@t-online.de

Inhaber
Peter, Gerhard & Sieglinde Klein
Inhaber
Peter Klein & Jürgen Wadle
Rebfläche
24 Hektar
Produktion
130.000 Flaschen

BESUCHSZEITEN

Mo.-Fr. 8-18 Uhr, Sa. 9-17 Uhr

Hainfeld SÜDLICHE WEINSTRAßE
KLEIN

K

Gerhard und Sieglinde Klein haben die Regie in dem 350 Jahre alten Familienbetrieb ihren Kindern Barbara und Peter überlassen. Die Weinberge liegen vor allem in den Hainfelder Lagen Letten, Kirchenstück und Kapelle, hinzu kommen Parzellen im Burrweiler Altenforst, Weyherer Michelsberg und Ilbesheimer Kalmit. Neben Burgundersorten und Riesling wurden Sauvignon Blanc, Cabernet Sauvignon, Syrah und Grüner Veltliner gepflanzt.

Kollektion

Auch dieses Jahr präsentieren die Kleins eine rundum überzeugende, starke Kollektion. Alle Weißweine sind fruchtbetont und sortentypisch, neu im Programm ist der Scheurebe „Fumé", eine eigenwillige, aber gelungene Scheu-Interpretation mit klarer Cassisfrucht, Zitrusnoten und rauchiger Würze. Die Rieslinge von Kalmit und Altenforst sind animierend und nachhaltig, Kalmit zeigt neben kräutriger Würze auch gelbe Frucht, Altenforst zeigt steinige und rauchige Noten. Der Kalmit-Weißburgunder besitzt Kraft und Konzentration und zeigt florale Würze, der Letten-Weißburgunder ist ähnlich, aber etwas weniger komplex, die beiden Grünen Veltliner zeigen viel gelbe Frucht und pfeffrige Würze, der Sauvignon Blanc „Fumé" ist ebenfalls gelbfruchtig, besitzt leichte Süße und Frische. Die Rotweine zeigen alle einen dezenten Holzeinsatz, am deutlichsten ist das Holz beim harmonischen, eleganten und strukturierten Kalmit-Spätburgunder, der Syrah zeigt dunkle Beerenfrucht, ist würzig, lang.

Weinbewertung

85 2016 Goldmuskateller trocken **12 %/8,50 €**
86 2016 Grüner Veltliner trocken „vom Löss" **13 %/10,- €**
85 2016 Grauburgunder trocken „vom Löss" **13,5 %/9,- €**
84 2016 Riesling trocken „Kalkmergel" **12,5 %/6,50 €**
86 2016 Riesling trocken „vom Schiefer" **12,5 %/10,- €**
87 2016 Scheurebe trocken „Fumé" **13 %/13,50 €**
88 2016 Sauvignon Blanc trocken „Fumé" **13 %/13,50 €**
88 2016 Grüner Veltliner trocken Weyherer Michelsberg **13,5 %/14,50 €**
88 2016 Weißburgunder trocken Hainfelder Letten **13,5 %/13,50 €**
89 2016 Weißburgunder trocken Ilbesheimer Kalmit **13,5 %/15,- €**
88 2016 Chardonnay trocken Hainfelder Letten **13,5 %/14,50 €**
87 2016 Riesling trocken Hainfelder Letten **13 %/13,50 €**
88 2016 Riesling trocken Ilbesheimer Kalmit **12,5 %/15,- €**
88 2016 Riesling trocken Burrweiler Altenforst **12,5 %/18,- €**
85 2015 St. Laurent „S" trocken **13,5 %/10,- €**
86 2015 Frühburgunder „S" trocken **14 %/12,50 €**
88 2015 Syrah „S" trocken **14 %/20,- €**
88 2015 Spätburgunder trocken Ilbesheimer Kalmit **13 %/23,- €**

Klenert

★

KONTAKT

Rathausstraße 4
76703 Kraichtal
Tel. 07250-3319755
Fax: 07250 -3319950
www.klenert-wein.de
david@klenert-wein.de

Inhaber
David Klenert
Rebfläche
6,2 Hektar
Produktion
10.000 Flaschen

BESUCHSZEITEN

Verkaufsstelle Münzesheim, Ulmenstraße 10: Mo. 8-12 Uhr, Di. 15-18 Uhr, Do. 15-18 Uhr, Fr. 8-12 + 15-18 Uhr, Sa. 8-14 Uhr

KLENERT

David Klenert, Bachelor Weinbau & Oenologie, ist im Schwarzrieslingdorf Kürnbach aufgewachsen und somit von klein auf mit Wein und Weinanbau verwachsen. Er studierte von 2009 bis 2013 im dualen System Weinbau & Oenologie in Neustadt an der Weinstraße. Während des Studiums lernte er verschiedene Weinbauregionen in Deutschland kennen und reiste darüber hinaus nach Neuseeland und in die Schweiz, um sich Ideen und Anregungen zu holen. Diese Zeit formte seine Art des Weinanbaus und verfeinerte den eigenen Stil des Weinausbaus. Unterstützt wird David Klenert von seiner Frau Eva. Die Sozialpädagogin unterstützt das „Abenteuer Selbständigkeit". David Klenerts Weinberge liegen im Lerchenberg und im Silberberg, zwei Lagen, die sich jeweils über mehrere Gemarkungen im Kraichgau erstrecken. Er hat sich auf klassische Sorten konzentriert: Angebaut werden die weißen Sorten Grauburgunder, Weißburgunder, Chardonnay, Riesling und Auxerrois sowie die Rotweinsorten Spätburgunder, Schwarzriesling und Lemberger. Klenert ist bestrebt, die Eigenheiten jeder Sorte herauszuarbeiten. Sein Ziel ist bei den Weißweinen Frische, Frucht und Eleganz, bei den Rotweinen Frucht, Wärme und Substanz.

Kollektion

Beim Debüt im vergangenen Jahr zeigten uns die Klenerts eine homogene Kollektion mit frischen, saftigen Weißweinen und fruchtigen, jungen Rotweinen. In diesem Jahr haben wir nur einen Rotwein verkostet. Die rote Cuvée des Jahrgangs 2015 ist leicht und von großer Klarheit, diesen Wein kann man unbedenklich auf die elsässische Variante, nämlich gekühlt, trinken. Gerade nicht mehr trocken ist die weiße Cuvée, sie ist sehr saftig und feinfruchtig. Der Riesling besitzt viel Süße und feine Frucht, ist ein schmeichelnd eleganter Wein mit Biss. Der Grauburgunder ist frisch und klar mit typischer Birnenfrucht, sehr fein und schnörkellos. Der Auxerrois zeigt saftige, süße Frucht mit Biss, ein unkomplizierter, gleichwohl eleganter Wein. Der Chardonnay kommt frisch und leichtfüßig daher, ein Wein von entwaffnender Einfachheit. —

Weinbewertung

83	2016 Cuvée weiß **12,5 %/6,50 €**
84	2016 Riesling trocken **12,5 %/7,50 €**
84	2016 Auxerrois trocken **12,5 %/7,50 €**
84	2016 Chardonnay trocken **12,5 %/8,50 €**
85	2016 Grauburgunder trocken **12,5 %/7,50 €**
83	2015 Cuvée Rot trocken **13 %/7,50 €**

WOLFGANG KLOPFER

★★★★

KONTAKT

Gundelsbacher Straße 1
71384 Weinstadt-Großheppach
Tel. 07151-603848
Fax: 07151-600956
www.weingut-klopfer.de
info@weingut-klopfer.de

Inhaber
Wolfgang Klopfer
Kellermeister
Christoph Klopfer
Rebfläche
15 Hektar
Produktion
90.000 Flaschen

BESUCHSZEITEN

Di.- Fr. 16-19 Uhr, Sa. 9-16 Uhr
Probierstube

Wein baut die Familie Klopfer schon lange im Remstal an, das eigene Weingut hat Wolfgang Klopfer Anfang der achtziger Jahre gegründet, führt es zusammen mit Ehefrau Dagmar. Seit 2013 ist Sohn Christoph im Betrieb tätig, der in Neustadt Weinbau studiert hat (sein Kooperationsbetrieb war das Weingut Bassermann-Jordan), Auslandserfahrungen im kanadischen Okanagan Valley sammelte. Christoph Klopfer kümmert sich überwiegend um den Keller. Ihre Weinberge, ein großer Teil in Steillagen, liegen in Großheppach in den Lagen Steingrüble (mit den Gewannen Trosthalde und Klingenberg) und Wanne, sowie im Kleinheppacher Greiner, aber auch in Grunbach (Klingle), Gundelsbach und Geradstetten (Lichtenberg), hinzu kommt eine terrassierte Steillage im Cannstatter Zuckerle, in der Riesling angebaut wird, wo man Trockenmauern restauriert und eine pilzresistente rote Sorte aus der Schweiz (VB Cal. 1-22) neu angepflanzt hat, die 2015 den ersten Ertrag brachte und den „Mauerpfeffer" genannten Wein ergibt. Rote Sorten nehmen zwei Drittel ihrer Fläche ein. Trollinger, Schwarzriesling, Lemberger und Spätburgunder sind die Hauptsorten. Seit 1995 bauen sie auch Merlot, Cabernet Dorio und Cabernet Dorsa an, später dann kamen Frühburgunder und Zweigelt hinzu. Mit Abstand wichtigste Weißweinsorte ist Riesling, dazu gibt es Sauvignon Blanc und Sauvignon Gris – zusammen einen Hektar, Weiß- und Grauburgunder, etwas Gewürztraminer, inzwischen auch Goldmuskateller. Die Weinberge werden seit 2013 biologisch bewirtschaftet, man ist seit 2015 Mitglied bei Ecovin, 2015 war auch der erste zertifizierte Jahrgang. Wolfgang Klopfer hat von Beginn an das Gros seiner Weine trocken ausgebaut. Die Rotweine werden maischevergoren und im Holz ausgebaut, sie bleiben wie auch die Weißweine lange auf der Hefe.

Kollektion

Mit der neuen Kollektion setzt sich der von Wolfgang und Christoph Klopfer eingeschlagene Weg fort, die Weine gewinnen an Statur, wobei in der Spitze die Roten nach wie vor ein klein wenig stärker sind als die Weißen. Der Weißburgunder-Gutswein ist fruchtbetont und würzig, klar, frisch und zupackend – ein solcher Einstieg in die Kollektion überzeugt und bereitet Freude. Und es geht weiter so: Der Sauvignon Blanc ist rauchig, klar und intensiv im Bouquet, fruchtbetont, geradlinig und klar im Mund, der Goldriesling zeigt viel Frische und enorme Würze, ist reintönig im Mund, zupackend und geradlinig bei feinem Biss. Der Weißburgunder aus dem Steingrüble zeigt reife Frucht und feine Würze im Bouquet, ist füllig und saftig im Mund, besitzt reife süße Frucht und Substanz. Der trockene Lagen-Riesling aus dem Zuckerle zeigt feine Reife im Bouquet, gute Konzentration, ist füllig und saftig im Mund, kompakt, recht süß. Zu dem dieses Jahr präsentierten Lagen-Riesling aus dem Steingrüble aber gehört die Süße dazu, denn dieses Jahr wurde eine Trockenbeerenauslese präsentiert. Sie zeigt eindringlich Gewürze viel Konzentration, kandierte Früchte, ist konzentriert und dick im Mund, besitzt enorm viel Substanz. In der Spitze noch etwas stärker sind die Rotweine von Wolfgang und Christoph Klopfer. Auch im roten Segment ist das Einstiegsniveau hoch. Der Frühburgunder ist fruchtbetont, frisch und reintönig im Bouquet, harmonisch und klar im Mund, besitzt gute Struktur und reintönige Frucht. Der Zweigelt ist fruchtbetont im Bouquet, reintönig, zeigt reife Frucht, Kirschen, ist frisch und zupackend im Mund bei reintöniger Frucht. Die Cuvée K zeigt intensive Frucht, rote Früchte, besitzt gute Struktur, Frische und Frucht. Ganz spannend ist der Mauerpfeffer aus dem Cannstatter Zuckerle, zeigt intensiv rote und dunkle Früchte, ist füllig im Mund, kraftvoll, besitzt reife Frucht, gute Struktur und Druck. Der Lemberger aus dem Kleinheppacher Greiner zeigt gute Konzentration im Bouquet, reintönige Frucht, etwas Gewürze, ist frisch im Mund, klar und zupackend, besitzt gute Struktur, Frische und reintönige Frucht, schließt nahtlos an die starken Vorgänger an. Der Spätburgunder aus dem Steingrüble ist so gut wie nie zuvor, zeigt faszinierend reintönige Frucht, schöne Frische, ist lebhaft und frisch im Mund, harmonisch und elegant, komplex und klar, besitzt gute Struktur, reintönige Frucht und viel Länge.

Foto: Rainer Kwiotek

Weinbewertung

86	2016 Weißburgunder trocken **12,5 %/7,10 €**
86	2016 Sauvignon Blanc trocken **12,5 %/10,20 €**
85	2016 Goldmuskateller trocken **11,5 %/10,20 €**
88	2015 Riesling trocken Cannstatter Zuckerle **12,5 %/13,- €**
88	2015 Weißburgunder trocken Großheppacher Steingrüble **13 %/13,- €**
91	2015 Riesling Trockenbeerenauslese Steingrüble **8,5 %/a.A./0,375l**
86	2015 Zweigelt trocken **12,5 %/9,80 €**
86	2015 Frühburgunder trocken **12,5 %/12,80 €**
87	2015 „Cuvée K" Rotwein trocken **12,5 %/12,80 €**
89	2015 „Mauerpfeffer" Rotwein trocken Cannstatter Zuckerle **12,5 %/18,- €**
91	2014 Lemberger trocken Kleinheppacher Greiner **12,5 %/26,- €**
91	2015 Spätburgunder trocken Großheppacher Steingrüble **13 %/26,- €**

LAGEN

STEINGRUEBLE (GROSSHEPPACH)
GREINER (KLEINHEPPACH),
KLINGLE (GRUNBACH),
ZUCKERLE (CANNSTATT),
WANNE (GROSSHEPPACH)
LICHTENBERG (GERADSTETTEN)

REBSORTEN

RIESLING (25 %)
LEMBERGER (10 %)
SPÄTBURGUNDER (10 %)
SAUVIGNON BLANC (7 %)
WEISSBURGUNDER (7 %)
ZWEIGELT (7 %)
GRAUBURGUNDER (6 %)
MERLOT (6 %)

KLOSTERMÜHLE ODERNHEIM

★☆

KONTAKT

Am Disibodenberg
55571 Odernheim
Tel. 06753-124841
Fax: 06753-124847
www.klostermuehle-odernheim.de
mail@klostermuehle-odernheim.de

Geschäftsführer Christian Held
Betriebsleiter Thomas Zenz
Rebfläche 13 Hektar
Produktion 110.000 Flaschen

BESUCHSZEITEN

im Ladengeschäft: Boos von Waldeckscher Hof KG, Obergasse 26 in 55590 Meisenheim Di.- Fr. 13-18 Uhr, Sa. 10-17 Uhr; abends und am Sonntag nach Vereinbarung

Seit über 1000 Jahren besteht das Weingut Klostermühle am Fuße des Disibodenbergs, ursprünglich als Wirtschaftshof des gleichnamigen Klosters. 1992 wurde es von Peter Becker und Christian Held erworben, die den Betrieb erweiterten und die Sektproduktion begründeten. 2016 wurde das Weingut generalsaniert, die Kellertechnik wurde erneuert.

Kollektion

Sage und schreibe 23 Weine aus sechs verschiedenen Jahrgängen haben wir in diesem Jahr verkostet, unser Favorit ist der sehr kraftvolle, stoffige Spätburgunder „M110" aus dem Jahrgang 2011, der jetzt auf den Punkt gereift ist, knapp dahinter folgt der ebenfalls stoffige 2009er Spätburgunder „u.b.F.", der ebenfalls deutlich gereifte Frucht und kräutrige Würze zeigt. Unter den Weißweinen liegen zwei Weine aus dem Jahrgang 2015 vorne, der Montfort-Chardonnay ist füllig und weich und zeigt gut eingebundenes Holz, beim Grauburgunder aus dem Kapellenberg ist das Holz deutlicher, der Wein zeigt aber auch viel gelbe Frucht. —

Weinbewertung

82 2015 Gewürztramimer Sekt brut „Einmalig" „Monopol Held" **13 %/14,90 €**
83 2015 Pinot Sekt brut Montfort „Monopol Held" **12,5 %/13,40 €**
84 2012 Pinot Noir Rosé Sekt brut Montfort „Monopol Held" **13,5 %/13,40 €**
82 2009 Pinot Noir Sekt brut Montford „Monopol Held" **13,5 %/14,90 €**
81 2015 „Weißgold Cuvée" trocken **12,5 %/9,90 €**
83 2016 Silvaner trocken **13 %/8,40 €**
83 2016 Grauburgunder trocken **13,5 %/8,90 €**
82 2016 Weißburgunder trocken **13 %/8,90 €**
80 2016 Riesling trocken **12 %/6,90 €**
82 2015 Riesling trocken*** **12 %/9,40 €**
85 2015 Grauburgunder trocken*** **13 %/14,90 €**
83 2016 Riesling Auslese trocken Odernheimer Kloster Disibodenberg **12 %/14,90 €**
84 2015 Chardonnay Weißburgunder trocken Odernheimer Montfort **12,5 %/15,90 €**
86 2015 Grauburgunder trocken „Alte Reben" Kapellenberg **13 %/19,- €**
86 2015 Chardonnay trocken Odernheimer Montfort **13 %/28,- €**
81 2016 Riesling „feinherb" **11,5 %/6,90 €**
84 2015 Riesling Auslese Odernheimer Kloster Disibodenberg **8,5 %/14,90 €/0,5l**
84 2013 Spätburgunder Beerenauslese Odernheimer Montfort **7,5 %/19,- €/0,5l**
82 2016 Spätburgunder Weißherbst trocken **13 %/8,40 €**
85 2015 Frühburgunder trocken Odernheimer Kapellenberg **13 %/14,90 €**
83 2015 Spätburgunder trocken*** **13 %/14,90 €**
86 2009 Spätburgunder trocken „ubF" Odernheimer Montfort **14 %/28,- €**
87 2011 Spätburgunder trocken „M110" Odernheimer Montfort **15 %/44,- €**

KLOSTER EBERBACH

★★

KONTAKT

Hessische Staatsweingüter GmbH Kloster Eberbach, Kloster Eberbach, 65346 Eltville
Tel. 06123-6046-0, Fax: -420
www.kloster-eberbach.de
weingut@kloster-eberbach.de

Inhaber Land Hessen
Direktor Dieter Greiner
Önologe Ralf Bengel
Kellermeister Bernd Kutschick
Rebfläche 252 Hektar

BESUCHSZEITEN

Vinothek im Kloster Eberbach: April-Oktober tägl. 10-19 Uhr; November-März tägl. 10-18 Uhr; Vinothek Domäne Bergstraße (im ehemaligen Rebmuttergarten), Darmstädter Straße 133, 64646 Heppenheim (Tel. 06252-1262690), April-Okt. tägl. 10-19 Uhr; Nov.-März: Mo.-Fr. 10-18 Uhr; Sa., So. & Feiertage 10-16 Uhr; Gästehaus Kloster Eberbach; Klosterschänke Kloster Eberbach, Gutsauschank Baiken (Eltville)

Die Hessischen Staatsweingüter sind das größte Weingut in Deutschland: Außer den Rheingauer Gütern (Domäne Assmannshausen, Kloster Eberbach) wird auch das an der Hessischen Bergstraße von Kloster Eberbach aus verwaltet. Die Hessische Landesregierung hat den Staatsbetrieb in eine GmbH umgewandelt, die aber weiterhin zu hundert Prozent in Staatsbesitz ist.

Kollektion

Der Sekt ist druckvoll und cremig, Weiß- und Grauburgunder von der hessischen Bergstraße sind sortentypisch, stoffig und würzig. Die Rieslinge aus dem Rheingau leiden, wie schon im letzten Jahr, etwas unter kernigen Gerbstoffen. Schade, dass hier das bei jedem Wein spürbare Potenzial der Weinberge nicht besser ausgenutzt wird. Gelungen sind das Große Gewächs aus dem Marcobrunn mit seiner reifen Frucht und Mineralität und der Steinberger aus dem Cabinettkeller mit seinem Schmelz. Wie im Vorjahr sind die Rotweine herausragend. Schon der Crescentia Spätburgunder bietet Höllenberg pur. Die Großen Gewächse sind beide reif, vollmundig und delikat. Der Spätburgunder Crescentia Goldkapsel straff und präzise, dabei griffig, er wird Zeit brauchen. Dagegen ist der Mauerwein milder, ohne dass es ihm an Frische und Struktur fehlen würde.

Weinbewertung

87 2015 „Blanc de Noirs" Sekt brut „Crescentia" Höllenberg **13 %/21,- €**
84 2016 Weißburgunder trocken „Crescentia" Herrnwingert **12,5 %/11,40 €**
84 2016 Grauburgunder trocken „Crescentia" Centgericht **13 %/11,40 €**
82 2016 Riesling trocken „Crescentia" Heppenheimer Steinkopf **12 %/11,40 €**
83 2016 Riesling trocken „Crescentia" Wiesbadener Neroberg **12 %/11,40 €**
83 2016 Riesling trocken „Crescentia" Steinberger **12 %/11,40 €**
83 2016 Riesling trocken „Crescentia" Rauenthaler Baiken **11,5 %/11,40 €**
87 2016 Riesling trocken „GG" Erbacher Marcobrunn **12 %/32,- €**
88 2015 Riesling „aus dem Cabinettkeller" Steinberger **12,5 %/59,- €**
83 2016 Riesling „Crescentia" feinherb Rüdesheimer Berg Roseneck **11,5 %/11,40 €**
83 2016 Riesling Kabinett „Crescentia" Steinberger **8 %/11,40 €**
84 2016 Riesling Spätlese „Crescentia" Erbacher Siegelsberg **9,5 %/16,20 €**
85 2015 Pinot Noir trocken „Crescentia" **12,5 %/14,90 €**
88 2015 Spätburgunder trocken „Crescentia" Höllenberg **12,5 %/20,40 €**
90 2015 Spätburgunder trocken „GG" Rüdesheimer Berg Schlossberg **13 %/39,- €**
90 2015 Spätburgunder trocken „GG" Assmannshäuser Höllenberg **12,5 %/59,- €**
90+ 2015 Spätburgunder trocken „Crescentia Goldkapsel" Höllenberg **12,5 %/Vst.**
91+ 2015 Spätburgunder trocken Höllenberg „Mauerwein Goldkapsel" **14 %/Vst.**
90 2015 Frühburgunder trocken „Crescentia Goldkapsel" Höllenberg **13 %/Vst.**

K

KLUMPP

★★★★

KONTAKT

Heidelberger Straße 100
76646 Bruchsal
Tel. 07251-16719
Fax: 07251-10523
www.weingutklumpp.com
info@weingut-klumpp.com

Inhaber
Ulrich Klumpp
Kellermeister
Markus Klumpp
Außenbetriebsleiter
Andreas Klumpp
Rebfläche
25 Hektar
Produktion
160.000 Flaschen

BESUCHSZEITEN

Mo.-Fr. 9-12 + 14-18 Uhr,
Sa. 9-13 Uhr oder nach Vereinbarung

KLUMPP

Ulrich Klumpp machte sich 1983 selbstständig mit damals 4,5 Hektar Weinbergen. 1990 baute er das neue Weingut am Stadtrand von Bruchsal. Bereits seit 1985 stellte er Versuche mit ökologischer Bewirtschaftung an, 1995 stellte er komplett um, bewirtschaftet seither seinen gesamten Betrieb nach den Richtlinien des ökologischen Weinbaus (Ecovin). Seit 2004 ist Markus Klumpp für die Vinifikation zuständig, seit 2010 ist auch der zweite Sohn Andreas im Betrieb tätig. Die Böden im Kraichgau sind sehr heterogen, man findet auf kleinstem Raum Buntsandstein, Muschelkalk und Keuper. Seit 2007 tragen die Premiumweine Lagenbezeichnungen. Grauburgunder, Spätburgunder (Alte Reben) und St. Laurent kommen aus der neu eingetragenen Lage Rothenberg in Bruchsal (zuvor trugen sie die Bezeichnung Eichholz), einer 2,7 Hektar großen Lage im Alleinbesitz. Weißburgunder und Chardonnay, sowie die Cuvée M aus Cabernet Sauvignon, Merlot und Cabernet Franc und der Syrah kommen aus dem Kirchberg in Unteröwisheim, einer windexponierten Südlage aus Kalksandstein mit hoher Lössauflage. Der Pinot Noir wächst im Weiherberg südlich von Bruchsal, einer windoffenen Süd-Ost-Lage mit Kalksandsteinverwitterungsboden mit lehmiger Tonauflage, die 1,1 Hektar große Lage gehört ganz dem Weingut Klumpp. Im Zeuterner Himmelreich (Tonmergel in unterschiedlichen Verwitterungsstufen) wachsen Riesling und Lemberger. Ein weiterer Lagen-Riesling wird im Bruchsaler Klosterberg erzeugt (Muschelkalk mit dünner Löss- bzw. Keuperauflage). Wichtigste Rebsorte ist Spätburgunder, gefolgt von Riesling, Grauburgunder, Weißburgunder, Auxerrois (die älteste Anlage wurde 1965 gepflanzt) und Lemberger. Bei den roten Sorten setzen die Klumpps neben Spätburgunder und Lemberger verstärkt auf St. Laurent, rote Rebsorten nehmen etwa die Hälfte der Rebfläche ein. Alle Rotweine werden in kleinen Bütten maischevergoren (12 bis 18 Tage), die Maische wird dabei 3 bis 4 Mal täglich von Hand untergetaucht. Alle Rotweine reifen seit 2007 mindestens 6 Monate im Barrique, die Lagenweine 18 Monate in überwiegend neuen Barriques. Trauben, Maische und Most werden nur mittels Gravitation bewegt, ohne Pumpeneinsatz. Die Weißweine werden gekühlt vergoren, die Burgunder durchlaufen ganz oder zur Hälfte (bei Edelstahlausbau) den biologischen Säureabbau, die Rieslinge nicht. Sie werden überwiegend im Edelstahl ausgebaut. 95 Prozent der Weine wird trocken ausgebaut.

Kollektion

Die Gutsweine aus dem Hause Klumpp sind zuverlässig sehr gut, von wieder erkennbarer Klarheit und stoffiger Textur. Alle vier vorgestellten Weine sind gute Essensbegleiter, die ausgeprägte Säurestruktur hält allem stand. Der Riesling zeigt typische Pfirsicharomen, viel Frucht und Biss, eine gelungene Balance. Der Weißburgunder ist sehr frisch, hat viel helle Frucht und Blütenaromen. Der Auxerrois ist eindringlich, zupackend, er hat viel Frucht bei guter Dichte und Länge. Der Grauburgunder ist zupackend, säurebetont, zeigt viel Frucht. Der Weißburgunder vom Unteröwisheimer Kirchberg zeigt viel Frucht von Äpfeln und eine feine, dezente Holzwürze, er hat viel Spiel. Der Grauburgunder aus dem Bruchsaler Rothenberg zeigt viel gelbe Frucht mit rauchigen, feinwürzigen Noten, er zeigt gute Konzentration, er ist vielschichtig und dicht. Der Chardonnay vom Kirchberg hat ein feines, elegantes Bouquet, er ist feinwürzig und hat viel Saft und eine sehr gute, kräftige Frucht. Die Rotweine der Familie Klumpp sind nicht üppig-süß, sondern von transparenter Leichtigkeit, sie haben einen saftigen Kern, es herrscht eine große Harmonie zwischen Fruchtsäure und Tanninen - eine sehr aktuelle, in Deutschland moderne - und burgundische - Interpretation von Rotwein. Das gilt für alle Rebsortenweine. Bei den Cuvées gesellt sich die etwas strengere Art des Bordeaux hinzu. Der Pinot Noir aus dem Bruchsaler Weiherberg zeigt kühle, saftige burgundische Frucht, gute Konzentration, Eleganz und Tiefe, die Tannine sind feinkörnig und fließend. Der Blaufränkisch aus dem Zeuterner Himmelreich hat viel Frucht und Röstaromen im Bouquet, auch Tabak. Er zeigt saftige Würze und eine dichte Tanninstruktur, die sich noch abschleifen muss, um die im Ansatz vorhandene Eleganz zu zeigen. Der Wein ist konzentriert, aber nicht fett. St. Laurent Rothenberg ist wie im Vorjahr ein Musterexemplar dieser Rebsorte, mit sehr einladender, enorm saftiger Frucht. Die Tanninstruktur ist elegant, noch etwas röstig, das wird sich mit der Zeit geben. Die Cuvée mit der Nummer 1 ist gut komponiert, zeigt viel Frucht, Kirsche und Johannisbeere, eine leichte Süße ist gut eingebunden. Ein spannendes Geschmacksbild bietet die Cuvée M, sie ist herrlich duftig mit feinen, vielschichtigen, fruchtig-würzigen Aromen. Feinkörnige Tannine und elegante Würze erinnern an einen sehr guten Bordeaux.

Weinbewertung

85	2016 Riesling trocken	**12,5 %/9,50 €**
87	2016 Auxerrois trocken	**13 %/10,50 €**
86	2016 Weißburgunder trocken	**12,5 %/9,50 €**
86	2016 Grauburgunder trocken	**13 %/9,50 €**
88	2016 Weißburgunder trocken Unteröwisheimer Kirchberg	**13 %/14,- €**
89	2016 Grauburgunder trocken Bruchsaler Rothenberg	**13 %/17,- €**
90	2016 Chardonnay trocken Unteröwisheimer Kirchberg	**13 %/21,- €**
90	2014 St. Laurent trocken Bruchsaler Rothenberg	**13,5 %/19,- €**
86	2015 „Cuvée N 1“ Rotwein trocken	**13 %/9,50 €**
90	2014 Blaufränkisch trocken Zeuterner Himmelreich	**13,5 %/17,- €**
92	2014 Pinot Noir trocken Bruchsaler Weiherberg	**13,5 %/17,- €** ☺
92	2012 „Cuvée M“ Rotwein trocken Unteröwisheimer Kirchberg	**14 %/25,- €**

K

LAGEN

ROTHENBERG (BRUCHSAL)
WEIHERBERG (BRUCHSAL)
KIRCHBERG (UNTERÖWISHEIM)
HIMMELREICH (ZEUTERN)
KLOSTERBERG (BRUCHSAL)

REBSORTEN

SPÄTBURGUNDER (25 %)
GRAUBURGUNDER (20 %)
WEISSBURGUNDER (15 %)
RIESLING (15 %)
BLAUFRÄNKISCH (10 %)
AUXERROIS (5 %)
CHARDONNAY (5 %)
ST. LAURENT (5 %)

Klundt

★★☆

KONTAKT

Mörzheimer Hauptstraße 15
76829 Landau
Tel. 06341-32392
Fax: 06341-932703
www.klundt.de
weingut@klundt.de

Inhaber
Hans und Sven Klundt
Rebfläche
14,5 Hektar

BESUCHSZEITEN

Mo.-Fr. 9-12:30 und 13:30-18 Uhr, Sa. 9-16 Uhr nach Voranmeldung

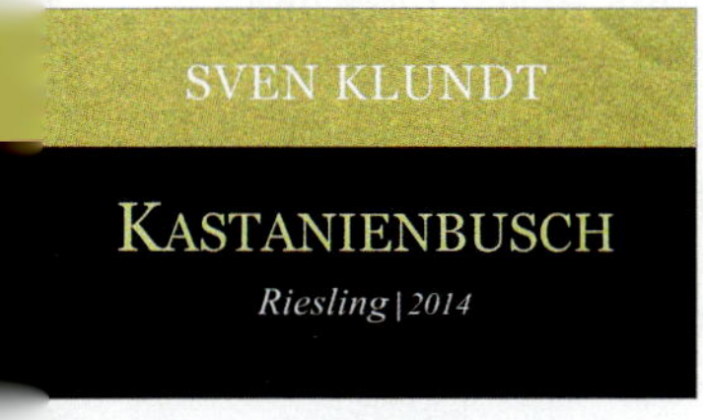

Die Familie Klundt richtete in den 1970er Jahren ihren traditionellen landwirtschaftlichen Mischbetrieb mehr und mehr auf Weinbau aus, Hans Klundt beschäftigte sich aber hauptsächlich mit der Erzeugung von Fasswein. Sven Klundt, Geisenheim-Absolvent mit Auslandserfahrungen in Österreich, begann mit dem Jahrgang 2009 seine eigenen Weine zu erzeugen. Er konzentriert sich dabei auf nur wenige Rebsorten, Weißburgunder, Chardonnay, Riesling, Sauvignon Blanc, Silvaner, Muskateller und Pinot Noir, die er als Guts- und Ortsweine, „Obsession"-Weine und als Lagenweine vermarktet. Die Lagenweine stammen aus dem Birkweiler Kastanienbusch (Rotliegendes), dem Hochborn (eine Parzelle im Godramsteiner Münzberg, Kalk) und dem Wacholderberg (eine Parzelle im Mörzheimer Pfaffenberg, Kalkmergel).

Kollektion

Sven Klundt präsentiert uns wieder eine rundum überzeugende Kollektion, bei der schon der saftige und frische Liter-Riesling konsequent trocken ausgebaut ist, was für alle Weine gilt – bis auf den cremigen, dichten und komplexen Silvaner-Eiswein, der viel süße Frucht und kräftigen Säure-Biss besitzt. Der Riesling aus dem Kastanienbusch braucht einen Tag, um sich richtig zu öffnen, dann zeigt er prägnante steinige Würze, etwas gelbe Frucht mit Noten von Orangenschale, ist elegant, animierend und sehr nachhaltig. Der zweite Lagenwein, der „Wacholder[berk]"-Weißburgunder, besitzt Kraft und Konzentration, zeigt klare Frucht und florale Würze, ist komplex und lang, der Spätburgunder aus dem Kastanienbusch setzt ganz auf Kraft, dunkle Frucht und kräutrige Würze. Und auch die restlichen Weine wie der steinig-mineralische Riesling und der cremige und nussige Weißburgunder aus der„Obsession"-Linie oder der leicht erdige, rauchige und geradlinige Silvaner sind ganz reintönig und klar.

Weinbewertung

82 2016 Riesling trocken (1l) **12 %/4,- €** ☺
83 2016 Chardonnay trocken **12,5 %/5,90 €**
86 2016 Weißer Burgunder trocken „Obsession" **12,5 %/8,50 €**
86 2016 Riesling trocken „Obsession" **12,5 %/9,- €**
85 2016 Silvaner trocken Birkweiler **12,5 %/8,- €**
84 2016 Riesling trocken Birkweiler **12,5 %/8,- €**
88 2016 Weißer Burgunder trocken „Wacholder[berk]" Pfaffenberg **13,5 %/11,- €**
90 2016 Riesling trocken Birkweiler Kastanienbusch **13,5 %/15,- €** ☺
89 2016 Silvaner Eiswein **9 %/25,- €/0,375l**
85 2015 Pinot Noir trocken „Obsession" **13 %/9,50 €**
88 2015 Pinot Noir trocken Birkweiler Kastanienbusch **13,5 %/16,- €**

KNAB

★★★★

KONTAKT

Hennengärtle 1a
79346 Endingen
Tel. 07642-6155
Fax: 07642-931377
www.knabweingut.de
regina-rinker@t-online.de

Inhaber
Thomas & Regina Rinker
Rebfläche
22 Hektar
Produktion
150.000 Flaschen

BESUCHSZEITEN

Mo.-Fr. 17-18:30 Uhr, Sa. 10-14 Uhr, April bis Okt. Sa. 10-16 Uhr, oder nach Vereinbarung

Thomas und Regina Rinker haben das Weingut Knab 1994 übernommen. Ihr Sohn Johannes ist nach Geisenheim-Studium und praktischen Erfahrungen in Neuseeland, Italien und der Schweiz 2016 in den Betrieb eingestiegen. Ihre Weinberge befinden sich fast ganz in der großen Lage Endinger Engelsberg (mit den früheren Einzellagen Wihlbach, Schönenberg, Eckkinzig) sowie in der Amolterer Steinhalde. Jeweils etwa 30 Prozent der Fläche nehmen Weißburgunder, Grauburgunder und Spätburgunder ein, dazu gibt es etwas Chardonnay, aber auch ein klein wenig Muskateller, Gewürztraminer, Auxerrois und Riesling. Die Weine werden, teils nach Maischestandzeiten, kühl vergoren und lange auf der Feinhefe ausgebaut. Die Weißweine werden im Edelstahl ausgebaut, der Chardonnay auch im Barrique. Die Spätburgunder werden alle im Holz ausgebaut. Thomas Rinker nutzt nach wie vor Prädikate bei den Weißweinen, an der Spitze der Kollektion stehen die 3 Sterne-Selektionen von Weißburgunder, Grauburgunder und Spätburgunder, die seit dem Jahrgang 2015 bei den Weißweinen präzisere Lagennamen tragen. Es gibt nun jeweils zwei Grauburgunder und Weißburgunder. Die 3 Sterne-Weißburgunder stammen aus den Endinger Lagen Wihlbach (kalkreicher Lössboden, über 35 Jahre alte Reben) und Schönenberg, eine hochgelegene Terrassenlage mit Vulkanverwitterungsboden, auf dem über 40 Jahre alte Reben stehen, die Grauburgunder aus der Amolterer Steinhalde (Vulkanverwitterungsböden) und aus der Endinger Lage Wihlbach (tiefgründige Lössböden). Der 3 Sterne-Spätburgunder Endinger Engelsberg trägt keine präzisere Lagenbezeichnung. In besonders guten Jahrgängen werden vom Spätburgunder spezielle Selektionen erzeugt.

Kollektion

Im vergangenen Jahr hatte Thomas Rinker erstmals seine nach Lagen differenzierten 3 Sterne-Weiß- und Grauburgunder vorgestellt, dieses Jahr nun den zweiten Jahrgang, die Unterschiede zwischen den jeweiligen beiden Weinen – und natürlich damit der Lagen – treten klar zu Tage. Aber beginnen wir zunächst mit den trockenen Kabinettweinen, die wie immer eine sichere Bank sind. Der Grauburgunder zeigt reintönige Frucht im Bouquet, gelbe Früchte, ist klar, frisch und geradlinig im Mund, minimal besser gefällt uns 2016 der Weißburgunder, der fruchtbetont und frisch im Bouquet ist, lebhaft im Mund, ebenso klar, frisch und zupackend wie der Grauburgunder. Die beiden trockenen Spätlesen sehen wir gleichauf. Der Weißburgunder zeigt feine Frische und reintönige Frucht im Bouquet, ist lebhaft im Mund, frisch und zupackend, besitzt gute Struktur und reintönige Frucht. Der

Grauburgunder ist fruchtbetont und frisch im Bouquet, ebenfalls wunderschön reintönig, ist klar im Mund, frisch und zupackend, reintönig und lang, beide trockenen Spätlesen sind mustergültige Vertreter ihrer Rebsorte. Bei den 3 Sterne-Weißburgunder-Selektionen gefällt uns wie schon beim Debüt im Vorjahr der Wihlbach etwas besser als der Schönenberg. Er zeigt feine Frische und reintönige Frucht, ist klar, kraftvoll und zupackend, besitzt gute Struktur und Biss. Der Schönenberg zeigt ebenfalls gute Konzentration und reintönige Frucht, ist füllig und saftig, besitzt viel reife Frucht und einen eigenwilligen Kontrast von Säure und Süße. Die beiden Grauburgunder sehen wir gleichauf. Der Wihlbach zeigt gute Konzentration, reintönige Frucht, feine Würze, ist füllig und saftig, besitzt herrlich viel Frucht und gute Struktur, der Wein aus der Steinhalde ist ebenfalls konzentriert und herrlich reintönig, füllig und komplex, besitzt ein klein wenig mehr Spannung als der Wihlbach. Auch der im Barrique ausgebaute Chardonnay aus dem Jahrgang 2015 macht eine sehr gute Figur, zeigt viel reife Frucht, Vanille, ist klar, frisch und zupackend, besitzt gute Struktur und reintönige Frucht. Die Rotweine stehen den Weißen nicht nach, zeigen ebenfalls stimmiges, hohes Niveau. Der im Barrique ausgebaute Spätburgunder zeigt rauchige Noten, feine Würze und Frucht, ist frisch, reintönig und zupackend. Die 3 Sterne-Selektion zeigt gute Konzentration und reife Frucht, ist füllig und kraftvoll, besitzt viel Substanz, gute Struktur und Frucht. Noch ein klein wenig stärker ist die Reserve-Version, zeigt ebenfalls viel Konzentration, noch etwas intensivere Frucht, rote Früchte, besitzt Fülle und Kraft, viel reife Frucht und Substanz, gute Struktur und Druck. Ganz starke Kollektion!

Weinbewertung

85	2016 Weißburgunder Kabinett trocken Endinger Engelsberg	**13,5 %/7,90 €**
84	2016 Grauburgunder Kabinett trocken Endinger Engelsberg	**13,5 %/7,90 €**
88	2016 Weißburgunder Spätlese trocken Endinger Engelsberg	**14 %/10,60 €**
88	2016 Grauburgunder Spätlese trocken Endinger Engelsberg	**14 %/10,80 €**
90	2016 Weißburgunder Spätlese*** trocken „Wihlbach"	**14 %/16,80 €**
88	2016 Weißburgunder Spätlese*** trocken „Schönenberg"	**14 %/16,80 €**
90	2016 Grauburgunder Spätlese*** trocken „Wihlbach"	**14,5 %/16,80 €**
90	2016 Grauburgunder Spätlese*** trocken Amolterer Steinhalde	**14 %/16,80 €**
89	2015 Chardonnay Spätlese trocken Barrique Endinger Engelsberg	**14 %/14,- €**
87	2015 Spätburgunder trocken Barrique Endinger Engelsberg	**13 %/14,- €**
90	2015 Spätburgunder*** trocken Endinger Engelsberg	**13,5 %/23,- €**
91	2015 Spätburgunder*** trocken „Reserve" Endinger Engelsberg	**13,5 %/42,- €**

LAGEN

ENGELSBERG (ENDINGEN)
– WIHLBACH (ENDINGEN)
– SCHÖNENBERG (ENDINGEN)
– ECKKINZIG (ENDINGEN)
STEINHALDE (AMOLTERN)

REBSORTEN

WEISSBURGUNDER (30 %)
GRAUBURGUNDER (30 %)
SPÄTBURGUNDER (30 %)
CHARDONNAY (5 %)

ALFONS KNAUER

★

N

KONTAKT

Kühngasse 1
97337 Dettelbach
Tel. 09324-3494
www.weingut-knauer.de
info@weingut-knauer.de

Inhaber
Wolfgang Knauer
Rebfläche
10 Hektar
Produktion
80.000 Flaschen

BESUCHSZEITEN

Mo.-Fr. 9-18 Uhr, Sa. 9-16 Uhr
Gästezimmer, Ferienwohnung

Seit dem 19. Jahrhundert betreibt die Familie Weinbau im Nebenerwerb, seit Mitte der siebziger Jahre des zwanzigsten Jahrhunderts konzentriert man sich ganz auf Wein, begann 1978 mit der Selbstvermarktung. Zu Beginn des letzten Jahrzehnts erweiterte Wolfgang Knauer die Rebfläche. 2012 begann die Zusammenarbeit mit dem Winzermeister Kilian Klein-Tebbe und dessen heutiger Ehefrau Jess Weaver, Önologin aus Neuseeland, die für den Keller verantwortlich sind. Seither wurde in Kellertechnik investiert, Rebfläche und Sortiment wurden nochmals erweitert. Wolfgang Knauer führt das Weingut zusammen mit Ehefrau Doris, die sich zusammen mit Tochter Johanna um Vermarktung und Vertrieb kümmert. Die Weinberge liegen alle in Dettelbach, in den Lagen Berg-Rondell und Sonnenleite, wobei hauptsächlich der Name der Großlage Honigberg verwendet wird. Zu 85 Prozent werden weiße Rebsorten angebaut. Der Ausbau der Weine erfolgt teils im Edelstahl, teils im Holz, ausgewählte Weine werden in 500 Liter-Fässern aus lokaler Steigerwald-Eiche oder französischer Eiche vergoren und ausgebaut.

Kollektion

Man vermeint zwei Kollektionen in einer zu verkosten, so unterschiedlich sind die Weine. Auf der einen Seite stehen die fruchtbetonten Basisweine, die alle betont süffig sind, fast schon gefällig, obwohl gesetzlich trocken deutlich von Restsüße geprägt, also alles andere als „fränkisch trocken". Diametral entgegensetzt dazu sind die beiden vorgestellten 2014er, Pinot Noir und Pinot Blanc, beide durchgegoren, strukturiert und kraftvoll, die Frucht steht im Hintergrund. Der Weißburgunder zeigt rauchige Noten, gute Konzentration, besitzt Fülle und Substanz, der Spätburgunder zeigt rote Früchte im Bouquet, ist geradlinig, kraftvoll, besitzt feine Frische und Frucht.

Weinbewertung

82	2016 „Blanc de Blancs" Kabinett trocken Dettelbacher Honigberg **12 %/5,50 €**
82	2016 Rivaner Kabinett trocken Dettelbacher Honigberg **12 %/5,50 €**
82	2016 Grüner Silvaner Kabinett trocken Dettelbacher Honigberg **12,5 %/6,- €**
82	2016 Riesling Kabinett trocken Dettelbacher Honigberg **12 %/6,- €**
82	2016 Weißer Burgunder Kabinett trocken Dettelbacher Honigberg **12,5 %/7,- €**
81	2016 „Blanc de Noir" Kabinett trocken Dettelbacher Honigberg **12 %/6,- €**
82	2016 Scheurebe Kabinett trocken Dettelbacher Honigberg **12,5 %/6,- €**
85	2014 Pinot Blanc trocken Dettelbacher Berg-Rondell **13,5 %/12,50 €**
80	2016 Rotling Kabinett „feinfruchtig" Dettelbacher Honigberg **12 %/4,50 €**
85	2014 Pinot Noir trocken Dettelbacher Berg-Rondell **12,5 %/12,50 €**

Knauss

★★★★

KONTAKT

Nolten 2
71384 Weinstadt-Strümpfelbach
Tel. 07151-606345
Fax: 07151-960145
www.weingut-knauss.com
info@weingut-knauss.com

Inhaber
Familie Knauß
Betriebsleiter
Andi Knauß
Rebfläche
15 Hektar
Produktion
90.000 Flaschen

BESUCHSZEITEN

Di. 16-19 Uhr, Fr. 16-19 Uhr, Sa. 10-13 Uhr, Mo.-Do. nach Vereinbarung
Besenwirtschaft „Sonna-Besa"

Mit damals 50 Ar Reben begann 1995 das Abenteuer Selbstvermarktung. 1998 ist man an den Ortsrand von Strümpfelbach ausgesiedelt, seit dem Einstieg von Andreas Knauß im Jahr 2003 wurde die Rebfläche kräftig erweitert, 2012 wurde ein komplett neuer Keller erbaut. Die Weinberge liegen vor allem in Strümpfelbach in den Lagen Altenberg und Nonnenberg, aber auch in Schnait besitzt die Familie Knauß 5 Hektar Reben in den Lagen Altenberg und Burghalde, des Weiteren ist man in Beutelsbach (Altenberg, Sonnenberg) und in Endersbach vertreten. In Löwenstein besitzt man eine über einen Hektar große Parzelle mit 1982 gepflanztem Lemberger. Die Remstaler Böden sind sehr variabel, man findet Gipskeuper, Schilfsandstein, Stubensandstein, Kieselsandstein und Mergel. Seit 2013 werden die Weinberge biologisch bewirtschaftet, 2015 begann die zertifizierte Umstellung. 65 Prozent der Fläche ist mit roten Reben bestockt. Der Schwerpunkt liegt auf gebietstypischen Sorten wie Trollinger, Lemberger, Spätburgunder und Riesling. Dazu gibt es internationale Sorten wie Merlot, Chardonnay und Sauvignon Blanc. Die Weine werden überwiegend mit den weinbergseigenen Hefen vergoren, mit je nach Jahrgang unterschiedlich langen Maischestandzeiten. Die Weißweine werden kalt und gezügelt vergoren, im Edelstahl, aber auch im Holz ausgebaut, die Rotweine prinzipiell alle auf der Maische vergoren und teils im Edelstahl, teils in kleinen (300 oder 500 Liter) oder großen Eichenholzfässern ausgebaut. Andreas Knauß hat in den letzten Jahren den Holzausbau forciert, den Neuholz-Anteil aber reduziert. Die Spitzenweine werden unfiltriert abgefüllt. 40 Prozent der Produktion wird exportiert. Mit dem Jahrgang 2016 hat Andi Knauß sein Sortiment neu gegliedert. Die Basis bilden weiterhin die Gutsweine, dann kommen die Ortsweine (die bisherigen Selektionsweine) und schließlich die Lagenweine (die bisherigen Reserveweine). Im weißen Segment gibt es Riesling aus dem Altenberg in Schnait (genau genommen aus der Gewanne Sandmorgen, auf Stubensandstein), Sauvignon Blanc aus dem Altenberg in Beutelsbach, Chardonnay aus dem Sonnenberg in Beutelsbach und Grauburgunder aus dem Strümpfelbacher Nonnenberg. An der Spitze des roten Segments stehen der Spätburgunder aus dem Nonnenberg (auf buntem Mergel), der Lemberger aus dem Altenberg in Schnait und der Lemberger aus dem Löwensteiner Wohlfahrtsberg. Dazu gibt es die rote Altenberg-Cuvée, die anfangs überwiegend aus Merlot bestand, seit 2012 aber dominiert Lemberger (60 bis 70 Prozent), hinzu kommen Merlot und Zweigelt.

Kollektion

Das Programm ist neu strukturiert, auch die Etiketten sind neu, noch bemerkenswerter aber ist die Qualitätssteigerung, die Weißweine haben in der Spitze weiter zugelegt, die Rotweine sind feiner geworden. Und die Basis stimmt, das

zeigen die frische weiße Cuvée aus Kerner, Müller-Thurgau und Riesling und der präzise, reintönige Gutsriesling. Der Sauvignon Blanc ist kraftvoll, geradlinig und zupackend, der Schnaiter Riesling hat Grip und reintönige Frucht, die GrauWeiße Cuvée ist kraftvoll und strukturiert. Ganz stark sind dann die weißen Lagenweine. Der Riesling vom Schnaiter Altenberg ist kraftvoll, stoffig und zupackend, der Sauvignon Blanc vom Beutelsbacher Altenberg ist füllig und kraftvoll bei viel Substanz, noch jugendlich, hat Potenzial. Der Grauburgunder vom Nonnenberg ist füllig und saftig, besitzt viel reife Frucht, gute Struktur und Substanz. Der Chardonnay vom Beutelsbacher Sonnenberg zeigt gute Konzentration, reife Frucht, gelbe Früchte, ist füllig, saftig, besitzt viel reife Frucht, gute Struktur und Druck. Die Rotweine sind ebenfalls stark, können den Weißen Paroli bieten. Die Basis stimmt auch hier, das zeigt die fruchtbetonte Cuvée, der Trollinger besitzt reintönige Frucht und feine Frische, der Spätburgunder aus Schnait ist ebenso reintönig und geradlinig wie der Lemberger aus Strümpfelbach. Die Lagenweine dann sind bärenstark. Der Lemberger vom Schnaiter Altenberg ist konzentriert und kraftvoll, besitzt gute Struktur und Substanz, der Lemberger vom Wohlfahrtsberg besitzt reintönige Frucht und kräftige Tannine. Die Altenberg-Cuvée besitzt intensive Frucht, viel Kraft und Struktur, der Nonnenberg-Spätburgunder ist intensiv, reintönig und kraftvoll. Im Aufwind!

Weinbewertung

84 2016 „Weiß" Weißwein trocken **11 %/7,20 €**
85 2016 Riesling trocken **11,5 %/7,60 €**
88 2016 Sauvignon Blanc trocken **12 %/14,50 €**
87 2016 Riesling trocken Schnait **11,5 %/10,90 €**
87 2016 „GrauWeisse Reben" Weißwein trocken **13 %/11,90 €**
90 2016 Riesling trocken Schnait Altenberg **12 %/19,80 €**
89 2016 Sauvignon Blanc trocken Beutelsbach Altenberg **25,- €**
89 2016 Grauburgunder trocken Strümpfelbach Nonnenberg **23,- €**
90 2015 Chardonnay trocken Beutelsbach Sonnenberg **25,- €**
84 2016 Rosé trocken **12 %/7,20 €**
86 2016 Trollinger trocken Strümpfelbach **12,5 %/7,60 €**
87 2016 Spätburgunder trocken Schnait **12,5 %/10,90 €**
87 2016 Lemberger trocken Strümpfelbach **13 %/11,90 €**
85 2016 „Cuvée Rot" Rotwein trocken **11,90 €**
91 2015 Spätburgunder trocken Strümpfelbach Nonnenberg **13 %/25,- €**
90 2015 Lemberger trocken Schnait Altenberg **25,- €**
90 2015 Lemberger trocken Löwenstein Wohlfahrtsberg **25,- €**
90 2015 Altenberg Rotwein trocken **28,- €**

LAGEN

NONNENBERG (STRÜMPFELBACH)
ALTENBERG (STRÜMPFELBACH)
ALTENBERG (BEUTELSBACH)
SONNENBERG (BEUTELSBACH)
ALTENBERG (SCHNAIT)
BURGHALDE (SCHNAIT)
WOHLFAHRTSBERG (LÖWENSTEIN)

REBSORTEN

LEMBERGER (18 %)
RIESLING (14 %)
TROLLINGER (13 %)
SPÄTBURGUNDER (12 %)
MERLOT (8 %)
WEISSBURGUNDER (6 %),
CHARDONNAY (5 %)
SAUVIGNON BLANC (5 %)
ZWEIGELT (5 %)
GRAUBURGUNDER (4 %)

Knewitz

★★★☆

Kontakt

Rheinblick 13
55437 Appenheim
Tel. 06725-2949
Fax: 06725-96003
www.weingut-knewitz.de
info@weingut-knewitz.de

Inhaber
Gerold Knewitz
Kellermeister
Tobias & Björn Knewitz
Rebfläche
20 Hektar
Produktion
120.000 Flaschen

Besuchszeiten

nach Vereinbarung

Die Weinberge der Familie Knewitz verteilen sich auf vier Gemeinden und sechs Lagen: In Appenheim die Lagen Hundertgulden (Kalkstein) und Eselspfad (Löss, gelber Sand), Goldberg und St. Laurenzikapelle in Gau-Algesheim (Kalkstein und Kalkmergel), Steinacker in Nieder-Hilbesheim (am Waldrand, mit hohem Eisenerzanteil im Boden) und schließlich Schlossberg in Ingelheim (Löss über Kalkstein), wo ausschließlich Spätburgunder angebaut wird. Riesling nimmt inzwischen mehr als ein Drittel der Rebfläche ein, hinzu kommen Weißburgunder und Silvaner, Chardonnay und Spätburgunder. Seit 2010 baut Sohn Tobias Knewitz die Weine aus, der nach Winzerlehre bei Dautermann, Kuhn und Meßmer in Geisenheim studierte. Inzwischen ist auch der jüngere Bruder Björn nach Abschluss seiner Weinküfer-Ausbildung in den Betrieb eingestiegen. Das Sortiment ist gegliedert in Gutsweine, Ortsweine und Lagenweine, zum Weißburgunder aus dem Eselspfad und den Rieslingen aus Hundertgulden und Goldberg gesellte sich mit dem Jahrgang 2014 ein Riesling aus dem Steinacker.

Kollektion

Tobias und Björn Knewitz präsentieren erneut eine starke Kollektion. Der Appenheimer Silvaner ist füllig und kraftvoll, der rauchig-würzige Holzfass-Chardonnay besitzt gute Struktur, der Reserve-Chardonnay zeigt dezenten Toast, ist noch etwas stoffiger und kraftvoller. Der Appenheimer Weißburgunder besitzt Fülle, Kraft und reintönige Frucht, der Eselspfad-Weißburgunder ist noch etwas konzentrierter. Spannend ist die Riesling-Serie, das Ortswein-Duo ist würzig und klar, der Eisenerz-Riesling, der etwas kraftvollere. Der Wein aus dem Goldberg besitzt gute Substanz und viel reife Frucht, der Hundertgulden ist fruchtbetont, intensiv, saftig, unser Favorit ist der Steinacker, der herrlich druckvoll, mineralisch und nachhaltig ist. Weiter klar im Aufwind!

Weinbewertung

83	2016 Riesling trocken **12,5 %/8,90 €**
88	2016 Chardonnay trocken Holzfass **13 %/13,50 €**
86	2016 Silvaner trocken Appenheimer **13 %/11,90 €**
87	2016 Weißer Burgunder trocken Appenheimer **13 %/13,50 €**
87	2016 Riesling trocken „Eisenerz" Nieder-Hilbersheim **12,5 %/13,50 €**
86	2016 Riesling trocken „Kalkstein" Appenheimer **12,5 %/13,50 €**
88	2016 Weißer Burgunder trocken Appenheimer Eselspfad **13 %/22,- €**
89	2016 Riesling trocken Gau-Algesheimer Goldberg **12,5 %/20,- €**
90	2015 Riesling trocken Nieder-Hilbersheimer Steinacker **13 %**
91	2016 Riesling trocken Nieder-Hilbersheimer Steinacker **12,5 %/25,- €**
89	2016 Riesling trocken Appenheimer Hundertgulden **12,5 %/25,- €**
89	2016 Chardonnay trocken „Réserve" **13 %/25,- €**

Knipser

★★★★★

KONTAKT

Hauptstraße 47
67229 Laumersheim
Tel. 06238-742
Fax: 06238-4377
www.weingut-knipser.de
mail@weingut-knipser.de

Inhaber
Werner Knipser, Volker Knipser, Stephan Knipser
Rebfläche
60 Hektar
Produktion
400.000 Flaschen

BESUCHSZEITEN

Mo.-Fr. 10-12 + 14-18 Uhr,
Sa. 10-16 Uhr

Werner und Volker Knipser haben Laumersheim bekannt gemacht. Für Rotwein zunächst, aber in den letzten Jahren erzeugen sie regelmäßig auch faszinierende Chardonnay, Grauburgunder und Rieslinge, die zur Spitze in der Pfalz und in Deutschland zählen. Daneben gibt es insbesondere noch Weißburgunder, Sauvignon Blanc, Gewürztraminer und Silvaner Blanc. Als Spezialitäten bauen sie früher in der Pfalz und in Deutschland weit verbreitete Sorten wie Gelber Orleans oder Blauer Arbst an, die inzwischen ganz aus deutschen Weinbergen verschwunden sind. An roten Sorten gibt es neben Spätburgunder, Sankt Laurent und Dornfelder schon recht lange auch internationale Rebsorten wie Cabernet Sauvignon, Cabernet Franc, Merlot und Syrah. Seit 2005 ist auch Werner Knipsers Sohn Stephan im Betrieb tätig.

Kollektion

27 Weine – und einmal mehr kein Ausfall, die Basis ist solide, das Mittelsegment stimmt, die Spitze ist sehr breit. Alleine fünf faszinierende Spätburgunder konnten wir verkosten, die in Deutschland ganz oben mitspielen, der Kirschgarten zeigt dunkle Kirschfrucht und ganz dezentes Holz im Bouquet, besitzt eine gute Struktur, noch ganz jugendliche Tannine und ist sehr lang, der Reserve-Spätburgunder zeigt sehr feine Röstnoten, etwas Kaffee und Kräuter, ist konzentriert und sehr nachhaltig, der Spätburgunder RdP zeigt deutliches, aber sehr feines Holz im Bouquet, ist kraftvoll und sehr animierend im Mund, besitzt eine jugendliche Tanninstruktur. Der Spätburgunder aus dem Mandelpfad ist fein, komplex und elegant, momentan der zugänglichste der Weine, die frühestens vier Jahre nach der Ernte in den Verkauf kommen, der Spätburgunder aus dem Burgweg ist etwas kraftvoller und kräutriger, besitzt wie alle der Weine ein frisches Säure-Spiel und gute Länge. Der St. Laurent ist für die Rebsorte ungewöhnlich kraftvoll, zeigt dunkle Frucht, Kräuter, Mokka und Schokolade, der Syrah zeigt rote und dunkle Beerenfrucht, etwas Gewürznelke, ist leicht pfeffrig, harmonisch und elegant. Die Cuvée aus Cabernet Sauvignon und Merlot zeigt kräutrige Würze, etwas Lakritze, Leder und grüne Paprika, ist ausgewogen und lang, die Cuvée „X" ist noch etwas komplexer und konzentrierter, zeigt dunkle Beeren, feine Röstnoten, Leder, Mokka und etwas Eisen, besitzt frische Säure, jugendliche Struktur und Länge. An der Spitze des weißen Segments liegt wieder der Vier Sterne-Chardonnay, er ist noch ganz von jugendlicher Frucht geprägt, besitzt feine röstige Würze, gute Konzentration, Grip und Länge, die Drei-Sterne-Version zeigt Pfirsich, geröstete Haselnüsse und Zitrusnoten. Etwas

nachhaltiger und präsenter ist der Drei-Sterne-Grauburgunder, der gute Konzentration besitzt und von einem feinen Säure-Spiel getragen wird, der Kirschgarten-Weißburgunder zeigt feines Holz, Pfirsich und etwas Vanille, besitzt Saft, Schmelz, Grip und Länge. Unter den beiden Großen Gewächsen vom Riesling zeigt der Steinbuckel kräutrige Würze und etwas zurückhaltende Frucht, besitzt Biss, Länge und Potential, der Mandelpfad zeigt etwas steinige Noten und klare, gelbe Frucht, besitzt ein animierendes Säure-Spiel. Und die in Deutschland wohl einmalige Cuvée aus Marsanne und Viognier ist herrlich fruchtbetont und komplex, zeigt Noten von Aprikose, Pfirsich, reifem Apfel, Birne und Grapefruit, besitzt dezentes Holz und ein lebendiges Säure-Spiel.

Weinbewertung

86 2016 Chardonnay Weißburgunder **12,5 %/10,30 €**
89 2016 Marsanne Viognier trocken **13 %/ab 2020**
85 2016 Sauvignon Blanc trocken **11,5 %/9,80 €**
88 2016 Grauburgunder trocken **12,5 %/12,40 €**
86 2016 Riesling trocken Kapellenberg **12 %/8,60 €**
87 2016 Silvaner trocken „Kalkmergel" **12,5 %/12,40 €**
87 2016 Riesling trocken „Kalkmergel" **12,5 %/12,40 €**
89 2016 Riesling trocken „Halbstück" **13 %/24,- €**
91 2016 Grauburgunder trocken*** **13,5 %/a.A./ab 9/2020**
90 2016 Chardonnay trocken*** **13 %/a.A./ab 9/2020**
93 2016 Chardonnay trocken**** **13,5 %/a.A./ab 9/2021**
92 2016 Weißburgunder „GG" Kirschgarten **13 %/27,- €**
91 2016 Riesling „GG" Steinbuckel **13 %/27,- €**
91 2016 Riesling „GG" Mandelpfad **13 %/27,- €**
86 2016 „Clarette" Rosé trocken **12 %/8,60 €**
86 2014 „Gaudenz" Rotwein trocken **13 %/9,80 €**
89 2014 Cabernet Sauvignon & Merlot trocken „Kalkmergel" **13 %/22,- €**
91 2014 „Cuvée X" Rotwein trocken **13,5 %/39,- €**
88 2014 St. Laurent trocken **13,5 %/22,- €**
90 2014 Syrah trocken **13,5 %/40,- €**
86 2015 Blauer Spätburgunder trocken **13 %/10,30 €/ab 2018**
88 2015 Spätburgunder trocken „Kalkmergel" **13,5 %/19,- €/ab 2018**
92 2015 Spätburgunder „GG" Burgweg **13 %/a.A./ab 9/2019**
91 2015 Spätburgunder „GG" Mandelpfad **13 %/a.A./ab 9/2019**
93 2015 Spätburgunder „GG" Kirschgarten **13,5 %/a.A./ab 9/2019**
93 2015 Spätburgunder trocken „Reserve" **13,5 %/a.A./ab 9/2020**
93 2015 Spätburgunder trocken „RdP" **13,5 %/a.A./ab 9/2020**

LAGEN

KIRSCHGARTEN (LAUMERSHEIM)
STEINBUCKEL (LAUMERSHEIM)
BURGWEG (GROSSKARLBACH)
MANDELPFAD (DIRMSTEIN)

REBSORTEN

SPÄTBURGUNDER (25 %)
RIESLING (25 %)
CHARDONNAY
MERLOT
CABERNET SAUVIGNON
GRAUBURGUNDER
ST. LAURENT
SAUVIGNON BLANC

KNOBLOCH

★★☆

KONTAKT

Saurechgäßchen 7
55234 Ober-Flörsheim
Tel. 06735-344
Fax: 06735-8244
www.bioweingut-knobloch.de
info@bioweingut-knobloch.de

Inhaber
Ralf & Arno Knobloch
Rebfläche
33,1 Hektar
Produktion
300.000 Flaschen

BESUCHSZEITEN

siehe
www.bioweingut-knobloch.de

Klaus Knobloch wurde 1988 Mitglied bei Ecovin, heute wird das Weingut von seinen Söhnen Ralf (Keller) und Arno (Weinberge) geführt. In den letzten Jahren setzten sie verstärkt auf die weißen Burgundersorten, Riesling und Rotwein. An roten Sorten gibt es Dornfelder, Spätburgunder, Portugieser, St. Laurent, Lemberger, Regent, Cabernet Mitos und Dunkelfelder. Die Rotweine werden maischevergoren, überwiegend im Holz ausgebaut. Für die Weine der Edelsteinlinie, die aus den besten Lagen Westhofener Morstein und Brunnenhäuschen, Gundersheimer Höllenbrand, Dintesheimer Felsen und Esselborner Goldberg stammen, wird der Ertrag auf 25 bis 30 hl/ha reduziert. Die Rotweine der Edelsteinlinie werden 12 Monate in neuen und gebrauchten Barriques ausgebaut. Die Barriqueweine werden bis zu 18 Monate im Holz ausgebaut, wobei meist drei Viertel neue Barriques verwendet werden, in der Regel Allier- und Spessarteiche. In den letzten Jahren wurden alle Weißweine mit Maischestandzeiten ausgebaut, bis zu 24 Stunden für den Riesling „No. 1", die Weine werden überwiegend mit ihren eigenen Hefen vergoren. 2015 wurde im Gundersheimer Höllenbrand Spätburgunder und Riesling gepflanzt und in der Westhofener Steingrube Riesling.

Kollektion

Die Basis stimmt, die Gutsweine sind fruchtbetont und geradlinig, der stachelbeerduftige, zupackende Sauvignon Blanc gefällt uns besonders gut. Im Mittelsegment ist der reintönige, füllige Weißburgunder unser Favorit, der saftige Grauburgunder und der zupackende Riesling stehen ihm kaum nach, alle drei sind sehr gut. An der Spitze der Weißweine steht der füllig-saftige Riesling No 1 aus dem Höllenbrand. Sehr stimmig präsentieren sich auch die Rotweine, an der Spitze steht der SK-Spätburgunder, der Fülle und Kraft besitzt, reife Frucht, gute Struktur und Gewürznoten.

Weinbewertung

82 2016 Riesling Kabinett trocken **11,5 %**
82 2016 Weißer Burgunder trocken **12 %/6,30 €**
82 2016 Grauer Burgunder trocken **12 %/6,30 €**
84 2016 Sauvignon Blanc trocken **12 %/8,- €**
85 2016 Riesling trocken „Jade" Westhofen Brunnenhäuschen **12,5 %/9,50 €**
82 2016 Auxerrois trocken „Edeltopas" Ober-Flörsheim **13 %/9,50 €**
86 2016 Weißer Burgunder trocken „Achat" Westhofen Morstein **13,5 %/9,50 €**
85 2016 Grauer Burgunder trocken „Feueropal" Westhofen Steingrube **13,5 %/9,50 €**
87 2016 Riesling trocken „No. 1" Gundersheim Höllenbrand **12,5 %/19,- €**
85 2015 Regent trocken „Violan" Ober-Flörsheim **14 %/9,50 €**
83 2015 Spätburgunder trocken „Turmalin" Ober-Flörsheim **14 %/9,50 €**
88 2015 Spätburgunder trocken „SK" Ober-Flörsheim **14 %/25,- €**

Knodt-Trossen

★☆

KONTAKT

Plenterstraße 47
54536 Kröv
Tel. 06541-4795
Fax: 06541-4765
www.weingut-knodt-trossen.de
info@weingut-knodt-trossen.de

Inhaber
Andrea & Udo Knodt
Rebfläche
3 Hektar
Produktion
25.000 Flaschen

BESUCHSZEITEN

nach Vereinbarung

Das Weingut wird heute von Andrea und Udo Knodt geleitet und verfügt über Parzellen in den Lagen Paradies, Kirchlay, Letterlay und Steffensberg (alle in Kröv) sowie in der Kinheimer Hubertuslay. Neben Riesling baut das Weingut auch Weiß- und Spätburgunder, Dornfelder und Kerner an. Das Kürzel „J.A." kennzeichnet Weine, die den Töchtern Josephine und Aline gewidmet werden und bei denen die Spitze dessen erreicht werden soll, was in einem Jahr machbar ist. Doch auch jenseits dieser Spitze sind die Weine klar und feingliedrig, neigen nicht zu Opulenz, besitzen eine feine Frucht. Die Weißweine werden in temperaturgesteuerten Tanks ausgebaut und lange auf der Feinhefe gelagert, für die Rotweinbereitung kommen Barriques zum Einsatz. Dem Weingut sind Ferienwohnungen und Gästezimmer angeschlossen.

Kollektion

Die Kollektion des vergangenen Jahres gefiel durchweg gut mit ihrem saftigen, würzigen Stil. Die 2016er kommen da in ihrer Gesamtheit nicht ganz heran, können aber mit ihrer Gleichmäßigkeit überzeugen. Da wäre zum Beispiel der angenehm frische, balancierte „Grauschiefer"-Kabinett, der vom süffigen Weißburgunder mit Schmelz flankiert wird. Mit der trockenen Spätlese aus dem Steffensberg gelingt Udo Knodt ein fester, saftiger Wein voller Würze. Die feinherbe Spätlese aus gleicher Lage kommt da nicht ganz mit, besitzt aber einen attraktiven Schmelz. Der einzige deutlich süße Wein des vorgestellten Sortiments, der Kabinett aus der Hubertuslay, ist angenehm balanciert und rassig. Den typischen Rotweinstil des Hauses spiegelt schließlich der Spätburgunder aus 2015 wider: Er wirkt elegant, zeigt ganz leicht cremige Noten und einen Anklang an Schokolade, ist ausgewogen.

Weinbewertung

82 2016 Riesling trocken (1l) **11,5 %/5,50 €**
84 2016 Weißburgunder trocken **12,5 %/6,- €**
82 2016 Spätburgunder „Blanc de Noir" trocken **12,5 %/7,20 €**
83 2016 Riesling Kabinett trocken „Grauschiefer" Kröver Kirchlay **11 %/6,50 €**
84 2016 Riesling trocken „K" Kröver Kirchlay **12 %/7,- €**
87 2016 Riesling Spätlese trocken „J.A." Kröver Steffensberg **12,5 %/11,- €**
83 2016 Riesling „feinherb" **11 %/6,- €**
86 2016 Riesling Spätlese „feinherb" Kröver Steffensberg **11,5 %/9,- €**
85 2016 Riesling Kabinett Kinheimer Hubertuslay **9 %/6,50 €**
84 2016 Riesling „vom blauen Schiefer" **11,5 %/6,20 €**
85 2015 Spätburgunder trocken **13 %/7,50 €**

Ludwig Knoll

★★★★☆

KONTAKT

Weingut Am Stein
Mittlerer Steinbergweg 5
97070 Würzburg
Tel. 0931-25808
Fax: 0931-25880
www.weingut-am-stein.de
mail@weingut-am-stein.de

Inhaber
Ludwig Knoll
Kellermeister
Dominik Diefenbach
Rebfläche
30 Hektar
Produktion
200.000 Flaschen

BESUCHSZEITEN

Mo.-Fr. 10-12:30 + 14-18 Uhr,
Sa. 10-14 Uhr
„Weinstein" Weinbar - Restaurant; Gästezimmer

Das Weingut Am Stein liegt umgeben von Reben am Fuße des berühmten Würzburger Stein. Ludwig Knoll hat es 1990 von seinem Vater übernommen und führt es mit Ehefrau Sandra. Er besitzt Weinberge in den Würzburger Lagen Innere Leiste und Stein, sowie im Stettener Stein, aber auch in Randersacker, Escherndorf und Thüngersheim. Gut die Hälfte seiner Reben aber besitzt er im Stettener Stein. In dessen Kernlage wachsen die Reben 80 Meter über dem Main oberhalb eines Kalksteinabbruches auf Muschelkalkböden. 2007 stellte Ludwig Knoll auf biologische Bewirtschaftung um, inzwischen werden die Weinberge nach der biodynamischen Methode bearbeitet. Silvaner und die Burgundersorten (Weißburgunder, Grauburgunder, Spätburgunder) nehmen jeweils ein Viertel der Rebfläche ein, Riesling 20 %. Dazu gibt es Rieslaner, Müller-Thurgau, Bacchus und Scheurebe. Die Weine werden spontanvergoren, einige werden unfiltriert abgefüllt; der Ausbau erfolgt teils im Edelstahl, teils im Holz, teils auch im Betonei – Ludwig Knoll hat nach der Kellererweiterung 2015 im neuen Steinkeller, der dem ganzheitlichen Konzept der Biodynamie auch bei der Weinbereitung Rechnung trägt, nun mehr Platz, so dass er sich noch einige Betoneier zulegen konnte. Die Basis des Programms bilden die Gutsweine, dann folgen die Ortsweine aus Stetten, Würzburg und Randersacker, sowie die Lagenweine aus Würzburger Stein, Würzburger Innere Leiste und Randersackerer Pfülben. Die Spitze des Programms bilden „Vinz" (Silvaner und Scheurebe von den besten Parzellen im Stettener Stein mit über 40 Jahre alten Reben), „Montonia" (im Barrique ausgebaute Burgunder, der Weißburgunder wird zur Hälfte im großen Holzfass ausgebaut) und die beiden Großen Gewächse aus dem Stettener Stein; Silvaner und Riesling, edelsüße Spitzen ergänzen Jahr für Jahr das Programm. Die „Hoch 3" genannten Weine stammen von alten Reben aus dem Stettener Stein, ebenfalls aus der steilen Kernlage direkt am Main, von Weinbergen, die Ludwig Knoll zusammen mit zwei Freunden bewirtschaftet. Bei der Vinifikation arbeitet Ludwig Knoll zunehmend mit Spontangärung und längeren Maischestandzeiten, mit höheren Resttrubgehalten und längerem Vollhefelager, setzt verstärkt auf große Holzfässer, aber auch auf Betoneier und Amphoren, viele Weine werden ohne Filtration abgefüllt. Der Ausbau im Betonei über fast alle Rebsorten hinweg und der Rückverschnitt mit in der Amphore maischevergorenen Partien ist strukturbildend.

Kollektion

Mit der neuen Kollektion schließt Ludwig Knoll nahtlos an die starken Vorjahre an. Ein PetNat darf nicht fehlen, er gehört zu den besten seiner Art. Die Sekte sind füllig, die Basisweine bereiten Freude, helle Freude. Das Orstwein-Segment präsentiert sich geschlossen, der reintönige, saftige

Grauburgunder von über 50 Jahre alten Reben in Stetten gefällt uns besonders gut. Hervorragend sind die drei Erste Lagen-Weine: Der Silvaner vom Würzburger Stein reintönig, frisch, präzise, der von der Inneren Leiste harmonisch, saftig, lang, der Riesling steht ihm nicht nach, besitzt herrlich reintönige Frucht. Der Montonia-Weißburgunder besitzt gute Fülle und Substanz, die Vinz-Scheurebe ist enorm druckvoll und dominant, noch besser gefällt uns der Silvaner, der Saftigkeit mit Präzision verbindet. An der Spitze der Kollektion steht der Silvaner Großes Gewächs, er ist komplex, druckvoll, enorm lang und nachhaltig. Der Riesling ist auch hervorragend, füllig, saftig, nachhaltig. Zwei faszinierend reintönige Trockenbeerenauslesen, ein zupackender Eiswein und der klare, kraftvolle Montonia-Spätburgunder runden eine großartige Kollektion ab.

Weinbewertung

87 „Pure & Naked PetNat"
86 2012 Pinot Cuvée Sekt extra-brut **12,5 %/25,- €**
85 2014 Silvaner Sekt brut **12 %/18,- €**
85 2016 Müller-Thurgau trocken „Frank & Frei" **11,5 %/7,50 €**
84 2016 „Helle Freude" Weißwein trocken **11,5 %/8,- €**
87 2016 Silvaner trocken Randersackerer **11,5 %/10,- €**
86 2016 Silvaner trocken Würzburger **11,5 %/10,- €**
88 2016 Grauburgunder trocken Stettener **12 %/10,- €** ☺
86 2016 Riesling trocken Stettener **11,5 %/10,- €**
87 2016 Riesling Randersackerer **11 %/10,- €**
90 2016 Silvaner trocken Würzburger Stein **12,5 %/15,- €** ☺
90 2016 Silvaner trocken Würzburger Innere Leiste **12,5 %/15,- €** ☺
90 2016 Riesling trocken Würzburger Innere Leiste **12 %/15,- €** ☺
92 2016 Silvaner trocken „Vinz" „Alte Reben" **12,5 %/22,- €** ☺
91 2016 Scheurebe trocken „Vinz" „Alte Reben" **12,5 %/22,- €**
90 2016 Weißburgunder trocken „Montonia" **12,5 %/22,- €**
89 2016 Silvaner trocken „Hoch 3" **12,5 %/24,- €**
94 2016 Silvaner „GG" Stettener Stein **12,5 %/35,- €**
92 2016 Riesling „GG" Stettener Stein **12,5 %/35,- €**
88 2016 Riesling Auslese Randersackerer Pfülben **10 %/22,- €/0,375l**
93 2016 Riesling Eiswein Stettener Stein **7 %/69,- €/0,375l**
92 2014 Rieslaner Trockenbeerenauslese Randersackerer Sonnenstuhl **6 %/59,- €/0,375l**
93 2015 Riesling Trockenbeerenauslese Stettener Stein **7 %/59,- €/0,375l**
83 2016 „Rote Wonne" Rotwein trocken **12 %/7,50 €**
87 2015 Spätburgunder trocken Würzburger Innere Leiste **12,5 %/15,- €**
90 2015 Spätburgunder trocken „Montonia" **12,5 %/26,- €**

K

LAGEN

STEIN (STETTEN)
INNERE LEISTE (WÜRZBURG)
STEIN (WÜRZBURG)
PFÜLBEN (RANDERSACKER)
SONNENSTUHL (RANDERSACKER)

REBSORTEN

SILVANER (30 %)
RIESLING (20 %)
MÜLLER-THURGAU (10 %)
SCHEUREBE (8 %)
SPÄTBURGUNDER (8 %)
WEISSBURGUNDER (6 %)
GRAUBURGUNDER (4 %)

BARON KNYPHAUSEN

★☆

KONTAKT

Erbacher Straße 28
65346 Eltville-Erbach
Tel. 06123-790710
Fax: 06123-7907118
www.baron-knyphausen.de
weingut@baron-knyphausen.com

Inhaber
Frederik zu Knyphausen
Kellermeister
Arne Wilken
Rebfläche
10 Hektar
Produktion
70.000 Flaschen

BESUCHSZEITEN

Mo.-Mi. 10-17 Uhr, Do. + Fr. 10-19 Uhr, Sa. + So. 10-16 Uhr

Der im 12. Jahrhundert von den Zisterziensern der Abtei Kloster Eberbach gegründete Draiser Hof in Erbach ist seit 1818 Sitz des Weinguts Baron Knyphausen. Seit Januar 2015 wird das Weingut wieder von der Familie geführt, Frederik zu Knyphausen, der älteste Sohn von Gerko Freiherr zu Knyphausen, hat die Führung des Betriebes übernommen. Die Weinberge verteilen sich auf eine Vielzahl von Lagen in Erbach (Steinmorgen, Michelmark, Hohenrain, Marcobrunn), Kiedrich (Sandgrub), Eltville (Rheinberg) und Hattenheim (Rheingarten). Riesling nimmt drei Viertel der Rebfläche ein, hinzu kommen Spätburgunder und Roter Riesling. 2011 wurde im Eltviller Rheinberg ein Weinberg im Gemischten Satz angepflanzt, der Gelber Orleans, Weißer Heunisch, Elbling, Silvaner, Riesling, Roter Riesling und Gewürztraminer enthält.

Kollektion

Der trockene Riesling ist säurebetont, besitzt Substanz und Trinkfluss. Der Ortsriesling aus Erbach ist ebenso geradlinig und frisch, verfügt aber über mehr Rückgrat. Der Riesling aus dem Steinmorgen duftet würzig und gelbfruchtig, am Gaumen ist er kompakt und stoffig und wird mit etwas Flaschenreife sicher weiter zulegen. Vollmundig und reif präsentiert sich der Riesling Charta, ein herzhafter und fülliger Riesling mit Substanz. Der florale Gemischte Satz bietet eingängiges Trinkvergnügen, vereint Frische und Substanz. Der Rote Riesling duftet nach reifen Aprikosen, seine spürbare Fruchtsüße verleiht ihm eine Saftigkeit, die durch dezent herbe Aromen und angenehme Frische am Gaumen austariert ist. Die fruchtige Spätlese ist saftig herb, aber etwas brav. Das gilt nicht für die rotbeerige Auslese, die prägnant zwischen Süße und Säure spielt und würzig nachhallt. Der analytisch knochentrockene Spätburgunder aus 2015 duftet sehr würzig, ihm mangelt es etwas an Finesse, sicher nicht an physiologischer Reife.

Weinbewertung

83	2016 Riesling trocken **12,5 %/8,70 €**
84	2016 Riesling trocken Erbach **12,5 %/11,- €**
85	2016 Riesling Erbacher Steinmorgen **12,5 %/19,- €**
86	2016 Riesling trocken „Charta" **12,5 %/12,- €**
85	2016 Roter Riesling **12,5 %/15,- €**
85	2016 Rheingauer Gemischter Satz Weißwein **12 %/15,- €**
83	2016 Riesling „feinherb" **11,5 %/8,70 €**
83	2016 Riesling Spätlese **8 %/13,50 €**
86	2016 Riesling Auslese **8 %/19,50 €**
84	2015 Spätburgunder trocken **13 %/13,50 €**

Bernhard Koch

★★

N

KONTAKT

Weinstraße 1
76835 Hainfeld
Tel. 06323-2728
Fax: 06323-7577
www.weingut-koch.com
info@weingut-koch.com

Inhaber
Bernhard Koch
Rebfläche
50 Hektar
Produktion
450.000 Flaschen

BESUCHSZEITEN

Mo.-Sa. 9-11:30 Uhr + 13-18 Uhr
Weinpavillon mit Gutsausschank (Mi-Fr. 14-22 Uhr + Sa./So. 12-22 Uhr)

Weinbau wird in der Familie nachweislich seit 1610 betrieben, heute leitet Bernhard Koch den Betrieb zusammen mit seiner Frau Christine. Und die nächste Generation steht in den Startlöchern: Der ältere Sohn Alexander hat nach der Lehre bei Knipser und Dr. Heger 2014 ein Weinbaustudium in Geisenheim begonnen, sein Bruder Konstantin begann 2015 sein Studium der Weinbetriebswirtschaft in Heilbronn. Gerade mal fünf Hektar eigene Weinberge hatte Bernhard Koch Anfang der 1990er Jahre, heute sind es stolze 50 Hektar, die wichtigsten Lagen sind Letten und Kapelle in Hainfeld und der Weyherer Michelsberg, daneben sind die Kochs aber auch in den Flemlinger Lagen Herrenbuckel und Vogelsprung, im Hainfelder Kirchenstück, dem Walsheimer Silberberg, in den Edesheimer Lagen Rosengarten und Mandelhang, im Roschbacher Rosenkränzel und im Burrweiler Altenforst vertreten.

Kollektion

Zum ersten Mal seit sechs Jahren konnten wir wieder eine Auswahl von Bernhard Kochs Weinen verkosten – und es hat sich viel getan in dieser Zeit: Vor allem mit seinen Pinot Noirs ist Koch bekannt geworden, die verkosteten Weine haben eine durchgängige Stilistik, besitzen Kraft und zeigen dunkle Frucht und röstige Würze, „Grande Réserve" und „HE" sind deutlich feiner, komplexer, harmonischer und finessenreicher als die Weine aus Kirchenstück und „Réserve", der „HE" ist elegant mit sehr dezentem Holz, der „Grande Réserve" ist animierend und nachhaltig. Die beiden Chardonnay sind sehr vom Holz geprägt, zeigen auch viel gelbe Frucht und sind weich, stoffig und fast opulent, der „Grande Réserve" ist der harmonischere und längere der beiden Weine. Und auch zwei sehr reintönige, schlanke Auslesen konnten wir verkosten, der Rieslaner ist konzentriert und cremig, der Riesling besitzt feine Frische.

Weinbewertung

86 2016 Riesling trocken „Granit" **12,5 %/9,60 €**
86 2016 Grauburgunder trocken „Réserve" Hainfelder Letten **13,5 %/9,- €**
85 2016 Weißburgunder trocken „Réserve" Walsheimer Silberberg **13 %/9,- €**
87 2015 Chardonnay trocken „Réserve" Hainfelder Letten **13,5 %/15,50 €**
87 2016 Riesling trocken „Réserve" Heinfelder Letten **12,5 %/12,50 €**
89 2015 Chardonnay trocken „Grande Réserve" Hainfelder Letten **13,5 %/24,- €**
88 2015 Rieslaner Auslese Roschbacher Rosenkränzel **7,5 %/10,50 €**
87 2015 Riesling Auslese Hainfelder Kirchenstück **7 %/10,50 €**
87 2014 Pinot Noir trocken Hainfelder Kirchenstück **14 %/18,- €**
89 2014 Pinot Noir trocken „Réserve" Hainfelder Letten **13,5 %/24,- €**
90 2013 Pinot Noir trocken „Réserve HE" **13,5 %/28,- €**
91 2013 Pinot Noir trocken „Grande Réserve" Hainfelder Letten **13,5 %/39,50 €**

Holger Koch

★★★☆

KONTAKT

Mannwerk 3
79235 Bickensohl
Tel. 07662-912258
Fax: 07662-949859
www.weingut-holger-koch.de
hk@weingut-holger-koch.de

Inhaber
Holger Koch, Gabriele Engesser
Rebfläche
8 Hektar
Produktion
50.000 Flaschen

BESUCHSZEITEN

nach Vereinbarung

Holger Koch war unter anderem Praktikant beim Grafen Neipperg in St. Emilion und Kellermeister bei Franz Keller in Oberbergen bevor er den Winzerhof der Familie übernahm, den er zusammen mit seinen Eltern und Ehefrau Gabriele Engesser führt. 2001 war sein erster Jahrgang. Seine Weinberge befinden sich in Bickensohl, liegen in 50 bis 400 Meter Höhe, seine besten Weinberge liegen in Gewannen wie Halbuck, Eichbuck, Katzenloch und Scheibenhardt. Er baut ausschließlich Weiß-, Grau- und Spätburgunder an. Die Weine werden spontanvergoren, die weißen Qualitätsweine im Edelstahl ausgebaut, Rotweine und weiße Selektionsweine kommen in Barriques aus französischer Eiche, inzwischen nutzt Holger Koch überwiegend 300 und 500 Liter-Fässer, auch 1.200 Liter-Fässer. Die Weine bleiben bis zur Abfüllung auf der Feinhefe liegen. Alle Weine sind durchgegoren und trocken, auch wenn dies nicht auf dem Etikett vermerkt ist. Das Programm ist gegliedert in die Kaiserstuhl-Linie, die Herrenstück-Linie und die Selectionsweine (***), in jeder Linie gibt es je Rebsorte einen Wein, nur beim Pinot Noir differenziert Holger Koch zwei Selectionsweine (1 respektive 3 Sterne), darüber hinaus gibt es den Pinot Noir Reserve aus der Terrassenlage Halbuck.

Kollektion

Schon der Einstieg ist sehr gut, die beiden Kaiserstuhl-Weine besitzen gute Struktur und Frucht, sind geradlinig und zupackend. Der Herrenstück-Weißburgunder besitzt gute Kraft, Frische und Frucht wie auch der Grauburgunder, der noch ein klein wenig druckvoller ist. Der 3 Sterne-Grauburgunder zeigt gute Konzentration und reintönige Frucht, ist klar und zupackend bei feiner Süße, der Weißburgunder zeigt gelbe Früchte, etwas Vanille, ist füllig und saftig, besitzt viel reife Frucht und Substanz. Sehr stimmig ist die Pinot Noir-Serie vom zupackenden Herrenstück über den herrlich reintönigen, strukturierten 1 Stern-Pinot Noir hin zum präzisen, druckvollen 3 Sterne-Pinot Noir des Jahrgangs 2014. Stimmige, starke Kollektion!

Weinbewertung

85	2016 Weißburgunder Kaiserstuhl **12,5 %/8,80 €**
85	2016 Grauburgunder Kaiserstuhl **13 %/9,- €**
87	2016 Weißburgunder Herrenstück **13 %/12,- €**
87	2016 Grauburgunder Herrenstück **13 %/12,- €**
89	2016 Weißburgunder*** Selektion **13,5 %/17,50 €**
88	2016 Grauburgunder*** Selektion **13,5 %/17,50 €**
86	2015 Pinot Noir Herrenstück **13 %/12,50 €**
89	2015 Pinot Noir* Selektion **13 %/19,- €**
90	2014 Pinot Noir*** **13 %/28,- €**

Arndt Köbelin

★★★★

KONTAKT

Altweg 131
79356 Eichstetten
Tel. 07663-1414
Fax: 07663-912666
www.weingut-koebelin.de
info@weingut-koebelin.de

Inhaber
Arndt Köbelin
Weinverkauf
Monika Köbelin
Rebfläche
18 Hektar
Produktion
110.000 Flaschen

BESUCHSZEITEN

Do. + Fr. 9-12 + 15-18 Uhr, Sa. 9-12 Uhr und nach Vereinbarung

Arndt Köbelin gründete – nach Küferlehre und Tätigkeit in verschiedenen Betrieben, zuletzt als Kellermeister der Winzergenossenschaft Durbach – 2005 sein eigenes Weingut. Seine Eltern hatten bis dahin den Ertrag ihrer 3,5 Hektar Reben an die örtliche Genossenschaft abgeliefert. Arndt Köbelin erweiterte nach und nach die Rebfläche, baute 2006 ein neues Weingut mit Keller, 2011 wurde ein neuer Degustations- und Verkaufsraum eröffnet. Die Weinberge liegen alle im Eichstetter Herrenbuck, der einzigen Lage, die das Weingesetz für Eichstetten „übriggelassen" hat. Die Lage ist sehr unterschiedlich, nicht nur, was die Höhe betrifft (von 200 bis 350 Meter), sondern auch, was den Boden betrifft. Während am Waldrand die Reben auf Vulkanverwitterungsböden wachsen, stehen andere Reben auf bis zu 50 Meter hohen Lössschichten in den Eichstetter „Burgunderterrassen". Arndt Köbelin baut vor allem die Burgundersorten an, Spätburgunder, Grauburgunder und Weißburgunder nehmen jeweils etwa ein Viertel der Rebfläche ein. Dazu gibt es Riesling, Müller-Thurgau, Scheurebe, Muskateller, Gewürztraminer und Elbling, sowie Sauvignon Blanc. Die ältesten Reben sind über 40 Jahre alt, Junganlagen werden mit altem, ungeklontem Pflanzmaterial bestockt. Die Trauben werden schonend gepresst und langsam mit den weinbergseigenen Hefen vergoren. Sie werden lange auf der Hefe ausgebaut, auch die Weißweine durchlaufen teilweise den biologischen Säureabbau. Die Spätburgunder werden unfiltriert abgefüllt. Das Programm ist gegliedert in Gutsweine, die als Kabinettweine angeboten werden, und drei Selektionsweine sowie den Eichenlaub-Spätburgunder, diese stammen von alten Reben. Die beiden weißen Selektionsweine – Weißburgunder (von 1970 gepflanzten Reben) und Grauburgunder – werden in 500 Liter-Fässern vergoren und ausgebaut und tragen seit dem Jahrgang 2014 den Namen Lösswand auf dem Etikett, der Spätburgunder wird im Barrique ausgebaut. An der Spitze des Sortiments steht der Reserve-Spätburgunder aus der Einzellage Eichenlaub, der erstmals im Jahrgang 2010 erzeugt wurde. Mit dem Jahrgang 2015 gibt es erstmals auch zwei weiße Reserveweine, den Weißburgunder aus dem Steinenweg und den Grauburgunder Kaltenbrunnen. In den letzten Jahren hat Arndt Köbelin verstärkt auch edelsüße Weine erzeugt. Arndt Köbelin führt das Weingut zusammen mit Ehefrau Monika, die sich hauptsächlich um Verkauf und Marketing kümmert.

Kollektion

In der Basis bleiben die 2016er Weißweine ein wenig hinter ihren Vorgängern zurück, in der Spitze aber ist die Kollektion bärenstark wie zuletzt, weiß wie rot. Der Rivaner ist fruchtbetont und frisch, wunderschön klar und zupackend, besitzt feine süße Frucht. Der trockene Weißburgunder

Kabinett zeigt gute Konzentration und reintönige Frucht, ist klar und zupackend, wunderschön süffig und frisch, wie auch der Grauburgunder, bei dem ein eigenwilliger Säurebiss irritiert. Der Muskateller ist frisch, fruchtbetont, wunderschön reintönig, besitzt feine süße Frucht. Der Lösswand-Weißburgunder zeigt gute Konzentration, rauchige Noten, dezent Vanille, ist füllig und kraftvoll, besitzt reife Frucht und gute Struktur. Den Lösswand-Grauburgunder sehen wir gleichauf, er ist rauchig und konzentriert, frisch und komplex, besitzt feine dezent süße Frucht. Die beiden weißen Reserve-Weine führen klar die Kollektion an. Der Weißburgunder aus dem Steinenweg zeigt feinen Toast im Bouquet, rauchige Noten, reife Frucht, ist füllig und komplex im Mund, besitzt viel reife Frucht und gute Substanz, das Holz ist sehr schön integriert. Gleichauf sehen wir den Grauburgunder Kaltenbrunnen, der feinen Toast zeigt, viel Würze ein herrlich eindringliches Bouquet besitzt, füllig und kraftvoll im Mund ist, druckvoll, deutlich vom Holz geprägt ist und feine süße Frucht besitzt. Edelsüßes gibt es auch regelmäßig bei Arndt Köbelin, dieses Jahr hat er eine Rosé Auslese vom Spätburgunder präsentiert, die intensive Frucht zeigt, rote Früchte, süß, klar und konzentriert ist bei ganz dezenter Bitternote. Sehr stimmig präsentiert sich das Spätburgunder-Trio. Der Holzfass-Spätburgunder ist würzig und eindringlich, kraftvoll und frisch, die Lösswand-Selektion zeigt gute Konzentration, feine Würze, rote Früchte, besitzt Fülle und Kraft, reife süße Frucht und feine Frische. Eine weitere Steigerung bringt der Reserve-Spätburgunder aus der Lage Eichenlaub, Jahrgang 2014: Er zeigt intensive Frucht im Bouquet, rote Früchte, dezent Gewürze, Bitterschokolade, ist füllig und kraftvoll, enorm konzentriert, besitzt viel Substanz und reintönige Frucht. Starke Kollektion!

Weinbewertung

84 **2016 Rivaner Kabinett trocken 12 %/6,- €**
85 2016 Weisser Burgunder Kabinett trocken **13 %/8,50 €**
83 2016 Grauer Burgunder Kabinett trocken **13 %/8,50 €**
84 2016 Muskateller Kabinett trocken **12 %/9,50 €**
88 2016 Weißer Burgunder*** trocken „Lösswand" **13,5 %/15,50 €**
88 2016 Grauer Burgunder*** trocken „Lösswand" **13,5 %/15,50 €**
92 2016 Weißer Burgunder*** trocken „Reserve" „Steinenweg" **14 %/35,- €**
92 2016 Grauer Burgunder*** trocken „Reserve" „Kaltenbrunnen" **14 %/35,- €**
87 2016 Spätburgunder Rosé Auslese „edelsüß" **12 %/14,50 €**
86 2015 Spätburgunder trocken Holzfass **13,5 %/10,- €**
89 2015 Spätburgunder*** trocken Barrique „Lösswand" **13,5 %/18,50 €**
91 2014 Spätburgunder*** trocken „Reserve" „Eichenlaub" Barrique **13,5 %/40,- €**

LAGEN

HERRENBUCK (EICHSTETTEN)
– EICHENLAUB
– NIEMANDSTAL
– STEINENWEG
– KALTENBRUNNEN

REBSORTEN

SPÄTBURGUNDER (25 %)
WEISSBURGUNDER (25 %)
GRAUBURGUNDER (25 %)
MÜLLER-THURGAU (10 %)
RIESLING
SAUVIGNON BLANC
MUSKATELLER
GEWÜRZTRAMINER
SCHEUREBE

DR. KOEHLER

★★☆

KONTAKT

Pfandturmstraße 16
67595 Bechtheim
Tel. 06242-1525
Fax: 06242-904881
www.dr-koehler-wein.de
info@dr-koehler-wein.de

Inhaber
Christian Dreißigacker
Rebfläche
18 Hektar
Produktion
100.000 Flaschen

BESUCHSZEITEN

nach Vereinbarung

Die Familie Dreißigacker hat 2006 das bereits seit 1898 bestehende Weingut Dr. Koehler übernommen. Christian Dreißigacker führt das Gut, hat mit der Umstellung auf zertifiziert biologischen Weinbau begonnen. Seine Weinberge liegen hauptsächlich in Bechtheim, in Lagen wie Hasensprung und Rosengarten, auch im Geyersberg. Im Anbau dominieren Riesling, die Burgundersorten und Chardonnay, dazu gibt es Silvaner, Scheurebe, Dornfelder und Portugieser, inzwischen auch Sauvignon Blanc. Das Programm ist gegliedert in Gutsweine, Ortsweine und Lagenweine. Die Weine der Pfandturm-Linie entstehen in Zusammenarbeit mit befreundeten Weingütern.

Kollektion

Wie schon im vergangenen Jahr eröffnet der sehr gute Brut Nature-Sekt, eine Cuvée aus Spätburgunder, Schwarzriesling und Chardonnay, also die klassische Champagne-Cuvée, den Reigen. Er ist würzig, frisch, geradlinig, kraftvoll und zupackend, besitzt gute Struktur, feine rauchige Noten. Die Gutsweine zeigen sehr gleichmäßiges Niveau. Der Sauvignon Blanc ist reintönig, frisch und fruchtbetont, der Grauburgunder besitzt klare Frucht und schöne Frische. Unsere leichte Präferenz gilt der Cuvée aus Weißburgunder und Chardonnay, ein fruchtbetonter, zupackender Wein. Eine deutliche Steigerung bringen dann die beiden Bechtheimer Ortsweine. Der Grauburgunder zeigt gute Konzentration und klare reife Frucht, ist frisch und zupackend, besitzt gute Struktur und Frucht. Klare reife Frucht zeigt auch der Chardonnay im Bouquet, er besitzt reintönige Frucht im Mund, feine Frische, gute Struktur und Substanz. Das Highlight der Kollektion ist einmal mehr der Weißburgunder aus dem Bechtheimer Geyersberg. Er zeigt gute Konzentration im Bouquet, Vanille, rauchige Noten, ist füllig und kraftvoll im Mund, besitzt reife süße Frucht, viel Substanz, die Restsüße ist im Jahrgang 2015 etwas merklicher als in den Vorjahren, wodurch er etwas weniger Druck und Spannung aufbaut – nichtsdestotrotz ein sehr guter Weißburgunder.

Weinbewertung

86	Sekt brut nature **12,5 %/28,- €**
82	2016 Grauburgunder trocken **13 %/8,- €**
83	2016 Chardonnay & Weißburgunder trocken **12,5 %/8,- €**
82	2016 Sauvignon Blanc trocken **12 %/8,- €**
85	2015 Grauburgunder trocken Bechtheimer **13,5 %/12,- €**
85	2015 Chardonnay trocken Bechtheimer **13,5 %/12,- €**
88	2015 Weißburgunder trocken Bechtheimer Geyersberg **13,5 %/18,- €**

Koehler-Ruprecht

★★★☆

Kontakt

Weinstraße 84
67169 Kallstadt
Tel. 06322-1829
Fax: 06322-8640
www.koehler-ruprecht.com
info@koehler-ruprecht.com

Inhaber
Weingut Koehler-Ruprecht GmbH
Betriebsleiter/Geschäftsführer
Dominik Sona
Kellermeister
Franziska Schmitt
Außenbetrieb
Ulrich Meyer
Rebfläche
12,5 Hektar
Produktion
70.000 - 80.000 Flaschen

Besuchszeiten

Mo.-Fr. 9-11:30 + 13-17 Uhr oder nach Vereinbarung

Bernd Philippi machte die eigenwilligsten und faszinierendsten Weine in der Pfalz. Kein anderer gab seinen Spitzen-Weinen so viel Zeit, bis er sie in den Verkauf brachte. Verkostet man einmal ältere Jahrgänge seiner Weine, dann kann man verstehen warum. Aber auch schon in ihrer Jugend waren sie enorm stoffig und bestachen durch ihre Nachhaltigkeit. Sie trotzten stets dem Trend, möglichst frische, konsumreife Weine sehr jung auf den Markt zu bringen. Philippi hat das Weingut 2009 an die Familie Sauvage, der auch das Weingut Burn Cottage in Neuseeland gehört, verkauft, Betriebsleiter Dominik Sona und sein Team, Kellermeisterin Franziska Schmitt und Außenbetriebsleiter Ulrich Meyer, sollen auf Wunsch der Besitzerfamilie den Philippi-Stil aufrecht erhalten. Nach wie vor werden alle Weine spontan in Holzfässern vergoren. Zum 31. Dezember 2014 verließ das Weingut den VDP.

Kollektion

Die trockenen 2015er Saumagen-Rieslinge sind ungewohnt kraftvoll, bleiben aber stets elegant, da der Alkohol jeweils sehr gut eingebunden ist. Kabinett und Spätlese sind etwas verhalten in der Frucht, der Kabinett zeigt nussige Würze, die Spätlese besitzt feine kalkige Mineralität, Grip und Länge, die trockene Auslese zeigt deutliche gelbe Frucht, besitzt Schmelz und mineralisch-salzige Länge. Der Chardonnay ohne Lagenbezeichnung ist komplex im Bouquet mit Noten von gerösteten Haselnüssen, Brotkruste und Zitrusfrüchten, am Gaumen besitzt er Schmelz, ist elegant und nachhaltig. Und während die Beerenauslese aus dem Saumagen herrlich eindringlich, konzentriert, cremig, animierend und nachhaltig ist, wissen wir bei der restsüßen Auslese nicht, wohin die Reise auf lange Sicht gehen wird, der Wein wirkt in der Nase schon deutlich gereift, zeigt oxidativ-nussige Würze und ist sehr weich und füllig.

Weinbewertung

85	2015 Weißburgunder Kabinett trocken **12,5 %/7,- €**
87	2015 Chardonnay Spätlese trocken Kallstadter Annaberg **13 %/12,- €**
89	2015 Chardonnay Spätlese trocken **13 %/18,- €**
85	2015 Riesling Kabinett trocken Kallstadter **13 %/7,- €**
86	2015 Riesling Kabinett trocken Kallstadter Saumagen **13,5 %/10,- €**
88	2015 Riesling Spätlese trocken Kallstadter Saumagen **14 %/18,- €**
90	2015 Riesling Auslese trocken Kallstadter Saumagen **14 %/30,- €**
86	2015 Muskateller Kabinett **11,5 %/9,- €**
86	2015 Scheurebe Spätlese Kallstadter Annaberg **9 %/12,- €**
87+?	2015 Riesling Auslese Kallstadter Saumagen **10 %/25,- €/0,375l**
92	2015 Riesling Beerenauslese Kallstadter Saumagen **9,5 %/96,- €/0,375l**
83	2014 Spätburgunder Kabinett trocken **12,5 %/8,- €**
88	2014 Pinot Noir Spätlese trocken **13 %/22,- €**

K

Christoph Koenen

★★

KONTAKT

Am Eichhaus 4a
54518 Minheim
Tel. 06507-939970
Fax: 06507-939975
www.ck-weine.de
info@ck-weine.de

Inhaber
Simone & Christoph Koenen
Rebfläche
3,5 Hektar
Produktion
20.000 Flaschen

BESUCHSZEITEN

täglich nach Vereinbarung

Christoph Koenen übernahm im Jahr 2000 den elterlichen Betrieb in Minheim, begann nach und nach mit der Selbstvermarktung. Alle seine Weinberge liegen in Minheim, allerdings nutzt er keine Lagenbezeichnungen. Er baut zu 95 Prozent Riesling an, daneben gibt es Weißburgunder. Seit dem Umzug in ein neues Kellereigebäude werden die Weine überwiegend im Edelstahl vergoren und sehr lange auf der Feinhefe ausgebaut. Sein Spitzenriesling von alten Reben, Goldschiefer genannt, wurde 2015 erstmals im Holz ausgebaut.

Kollektion

Nach einem überzeugenden Programm 2015 wurde nun eine vergleichsweise kleine Kollektion vorgestellt. Der trockene Weißburgunder ist ausgewogen, schlank und fest, der trockene Minheimer Riesling gefällt noch ein bisschen besser als der „Schiefertanz" genannte Wein, der sehr saftig und beinahe trocken ausfällt. Nur der „Wirewalker", der als „vollendet feinherb" beschrieben wird, war bei der Verkostung etwas verhalten, recht unzugänglich, obwohl die Substanz deutlich zu spüren ist. Deutlich zugänglicher als dieser: Der balancierte, fruchtige, sehr animierende Kabinett. Der bei Christoph Koenen verwendete Schraubverschluss ist positiv hervorzuheben, wie überhaupt die gesamte Gestaltung und Namensgebung die an der Mosel leider manchmal vernachlässigte Moderne abbildet.

Weinbewertung

84 2016 Riesling trocken **11,5 %/6,90 €**
86 2016 Riesling trocken Minheimer **11 %/7,90 €**
85 2016 Riesling „Schiefertanz" **11,5 %/7,90 €**
85 2016 Riesling „Wirewalker vollendet feinherb" **10,5 %/12,90 €**
86 2016 Riesling Kabinett **8,5 %/9,90 €**

ROBERT KÖNIG

★★

N

KONTAKT

Landhaus Kenner
65385 Assmannshausen
Tel. 06722-1064
Fax: 06722-48656
www.weingut-robert.koenig.de
info@weingut-robert-koenig.de

Inhaber
Robert König
Rebfläche
8 Hektar
Produktion
45.000 Flaschen

BESUCHSZEITEN

nach Vereinbarung
Schlemmerwochen (Mai) und
Tage der offenen Keller
(September)

Weinbau wird in der Familie König schon seit dem Jahr 1704 betrieben, seit dem Tod von Robert König 2016 wird das Gut nun von dessen Lebenspartnerin Birgit Block und Sohn Phillip König weitergeführt. Die Spezialität sind Spätburgunder (etwa 90 Prozent der Rebfläche sind mit dieser Sorte bepflanzt), allerdings sind auch Frühburgunder, Weißburgunder und etwas Riesling im Anbau. Bewirtschaftet werden Parzellen im Assmannshäuser Höllenberg sowie im Assmannshäuser Frankenthal und in Rüdesheim. Im Gegensatz zu den meisten anderen Rheingauer Rotweinerzeugern pflegt man einen fruchtbetonteren, eleganteren Spätburgunderstil bei dem allein wichtig ist, das, was in den Trauben aus den berühmten Lagen aromatisch angelegt ist, zu erhalten. Die Weine sind vergleichsweise hellfarbig, die Frucht ist präsent, nie wirkt das Holz aufdringlich. Allzu lange Ausbauzeiten im Fass sind hier unbekannt, die Weine werden zeitig gefüllt, sie werden sehr trocken ausgebaut. Man würde sich wünschen, dass mehr Winzer im Rheingau solche animierenden Rotweine erzeugen. Eine Besonderheit des Weinguts sind eigenwillige edelsüße Weine aus der Rebsorte Spätburgunder.

Kollektion

Alle Spätburgunder sind strukturiert und reif. Die Weine aus dem Frankenthal und Drachenstein sind kühler, während die aus dem Höllenberg fülliger sind, ins Dunkelfruchtige tendieren. Der nach Waldbeeren duftende Höllenberg-Kabinett verbindet gute Konzentration und saftige Frucht mit Frische. Der florale 2015er Empor aus dem Frankenthal ist konzentriert und dunkelbeerig. Der Zenith aus derselben Lage zeigt feine Kirschfrucht, ist präzise und straff. Der kraftvolle Zenith S zeigt Cassis und Brombeeren, Graphit und Zeder, bietet Tiefe und Finesse. Die Auslese aus dem Drachenstein ist noch vom Holz geprägt, besitzt feine rotbeerige Frucht und markante Tannine. Die Höllenberg-Reserve zeigt reife schwarze Früchte im Bouquet, dunkle Schokolade und Zeder, bleibt trotz 14,5 Prozent Alkohol am Gaumen saftig und straff. Die Zeit wird erweisen, wie weit die Tannine sich integrieren können, die Statur dazu hat er.

Weinbewertung

85	2014 Kabinett trocken Asmannshäuser Höllenberg	**12,5 %/9,75 €**
85	2015 „Empor" Assmannshäuser Frankenthal	**12,5 %/9,75 €**
86	2015 „Zenith" Asmannshäuser Frankenthal	**13,5 %/14,25 €**
87	2015 „Zenith S" Assmannshäuser Höllenberg	**13,5 %/23,25 €**
87	2015 Auslese trocken Rüdesheimer Drachenstein	**14,5 %/33,25 €**
88	2015 „RK Reserve" Assmannshäuser Höllenberg	**14,5 %/21,25 €**

K

König Johann

★

N

KONTAKT

Saartalstraße 9-9a
54329 Konz-Filzen
Tel. 06501-969810
Fax: 06501-9698120
www.koenig-johann.eu
info@koenig-johann.eu

Inhaber
Andrea Schmitt, Sarah & Dennis Schmitt
Rebfläche
10 Hektar
Produktion
65.000 Flaschen

BESUCHSZEITEN

Mo- Sa. 10-18 Uhr

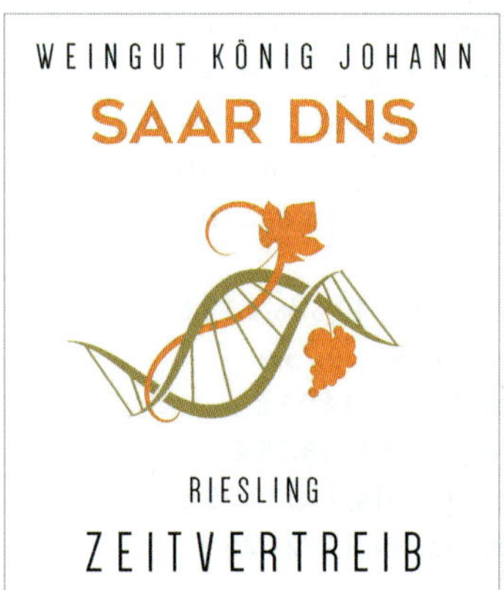

König Johann ist ein Traditionsweingut in Konz-Filzen, das den Generationenwechsel schon früh vollzogen hat. Neben Andrea Schmitt, der Mutter, sind nun auch die beiden Töchter, die Zwillingsschwestern Sarah und Nicole, sowie Sohn Dennis Schmitt in diesem Betrieb involviert, der über zehn Hektar Reben verfügt. Bewirtschaftet werden Parzellen in den Filzener Lagen Steinberger, Unterberg und Urbelt sowie im Serriger König Johann Berg. Außer Riesling, der mit 94 Prozent der Fläche dominiert, finden sich auch kleine Anteile Weißburgunder und Regent. Die Weine werden inzwischen zum Teil mit originellen Bezeichnungen wie „Hummingbird" oder „Mehrwert" bezeichnet. Man spürt das Bemühen um ein zeitgemäßes Marketing und einen unverwechselbaren Stil des Weinguts. Gästezimmer und eine Straußwirtschaft werden ebenfalls betrieben und ergänzen das Gesamtprogramm des Familienbetriebes.

Kollektion

Zum Debüt in diesem Buch stellt das Weingut Rieslinge der Jahrgänge 2016 sowie einen Crémant ohne Jahrgangsangabe vor. Die Weine überzeugen, beginnend beim Crémant, der saftig und animierend ist, wenngleich nicht wirklich puristisch, oder beim einzigen trockenen Wein, der vorgestellt wurde, dem etwas unzugänglich wirkenden „Fernblick"-Riesling aus dem Serriger König Johann Berg. Dass er sich noch entwickelt, ist sehr zu vermuten. Offener zeigt sich dagegen der saftige Riesling namens Zeitvertreib, der eine leichte Süße und eine beachtliche Balance aufweist. Der Mehrwert wiederum, eine Spätlese aus dem Filzener Steinberger, besitzt eine deutlicher ausgeprägte Süße und könnte sich mit etwas Zeit noch besser entwickeln. Spät- und Auslese mit der Lagenbezeichnung Wiltinger Scharzberg sind klare, finessenreiche und gut balancierte Saarweine. Den Charakter des Jahrgangs 2016 hat man hier von A bis Z auf eine erfreuliche Weise herausgearbeitet.

Weinbewertung

84	2016 Crémant brut **12 %/12,50 €**
86	2016 Riesling trocken „Fernblick" Serriger König Johann Berg **11 %/7,50 €**
83	2016 Riesling Classic „Hummingbird" **11,5 %/6,90 €**
85	2016 Riesling „feinherb" „Lebenslust" Filzener Steinberger **8 %/8,50 €**
86	2016 Riesling Kabinett „Zeitvertreib" **9 %/7,90 €**
85	2016 Riesling Spätlese „Mehrwert" Filzener Steinberger **8,5 %/9,90 €**
86	2016 Riesling Spätlese Wiltinger Scharzberg **9 %/9,90 €**
87	2016 Riesling Auslese Wiltinger Scharzberg **8 %/8,- €/0,5l**

Königsrain

★☆

Kontakt

Königsrainstraße 19
77887 Sasbachwalden
Tel. 0151-23549011
www.koenigsrain.de
koenigsrain@googlemail.com

Inhaber
Katja & Tobias Pfeifer
Rebfläche
1,8 Hektar
Produktion
11.000 Flaschen

Besuchszeiten

Sa. + So. ganztägig

Katja und Tobias Pfeifer, die beide aus Weinbaubetrieben stammen, gründeten 2011 ihr eigenes Weingut, 2012 erzeugten sie ihre ersten Weine, ganze 2000 Flaschen. Ihre Weinberge liegen in Sasbachwalden und angrenzenden Gemarkungen. Knapp die Hälfte der Rebfläche nimmt Spätburgunder ein, hinzu kommt ein Viertel Riesling, dazu gibt es jeweils etwa 10 Prozent Müller-Thurgau, Grauburgunder und Sauvignon Blanc.

Kollektion

Nach guten Kollektionen in den vergangenen Jahren ist der neue Jahrgang ein klarer Schritt voran, die Weine besitzen Kraft, gute Struktur und Druck bei reintöniger Frucht, zeigen eine klare Handschrift. Die beiden Sekte sind lebhaft, fruchtbetont, zupackend. Sehr gleichmäßig präsentiert sich das weiße Segment angefangen beim geradlinigen Riesling über einen zupackenden, durchgegorenen Sauvignon Blanc bis hin zum klaren, fruchtbetonten Grauburgunder. Der Rosé ist fruchtbetont und süffig, der Basis-Spätburgunder geradlinig und reintönig. Unser Favorit in der aktuellen Kollektion ist der Premium-Spätburgunder, der rauchige Noten und reintönige Frucht im Bouquet zeigt, fruchtbetont, klar und zupackend im Mund ist, gute Struktur besitzt, Frische und feine Frucht.

Weinbewertung

84 Riesling Sekt brut **12,5 %/12,- €**
84 Pinot Rosé Sekt brut **12,5 %/12,- €**
83 2016 Riesling trocken **12 %/7,- €**
84 2016 Sauvignon Blanc trocken **12,5 %/7,- €**
84 2016 Grauburgunder trocken **13 %/7,- €**
82 2016 Rosé trocken **12,5 %/7,- €**
83 2015 Spätburgunder trocken „Basis“ **12,5 %/8,- €**
85 2015 Spätburgunder trocken „Premium“ **12,5 %/12,- €**

Nick Köwerich

★★☆

KONTAKT

Maximinstraße 11
54340 Leiwen
Tel. 06507-4282
Fax: 06507-3037
www.weingutkoewerich.de
weingut.koewerich@t-online.de

Inhaber
Nick Köwerich
Rebfläche
10 Hektar
Produktion
90.000 Flaschen

BESUCHSZEITEN

nach Vereinbarung

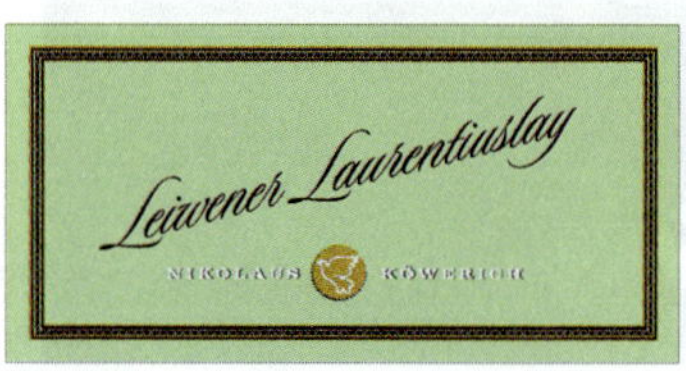

Nick Köwerich, Geisenheim-Absolvent, übernahm das Weingut 1994 von seinen Eltern Annemie und Stefan. Er baut ausschließlich Riesling an. Seine Weinberge liegen in der Leiwener Laurentiuslay, der Köwericher Laurentiuslay sowie der Klüsserather Bruderschaft. Das Programm ist klar und überschaubar, es werden vergleichsweise wenige Weine erzeugt, in manchen Jahren ergänzen edelsüße Spezialitäten das Programm. „Einblick No. 1" und „Für Feen und Elfen" werden reduktiv ausgebaut, der „Für Träumer und Helden"-Riesling im großen Holzfass. Das Weingut ist mit seinem Marketingkonzept, den ungewöhnlichen Weinnamen und den originellen Etiketten weit über die Region hinaus bekannt geworden. In der Linie Nikolaus Köwerich gibt es auch ältere Jahrgänge noch im Verkauf, von denen Nick Köwerich regelmäßig welche zu unseren Verkostungen einschickt.

Kollektion

In der 2015er Kollektion suchte man trockene Weine vergeblich. Auch diesmal unterschreitet keiner der vorgestellten Rieslinge die gesetzliche Grenze, was allerdings an der Klasse des Angebots nichts ändert. Im besten Sinne süffig präsentiert sich der Riesling „Einblick No. 1", der deutlich süßere „Für Feen und Elfen" wirkt etwas verhalten. Wunderschön saftig und präsent dagegen der beinah trockene Riesling aus der Köwericher Laurentiuslay („Nic und Nick"). Duftig, saftig, wenngleich für einen Kabinett recht süß: der „Mademoiselle Mosel"; kraftvoll, mit Ansätzen von Kräutern in der Nase: die Spätlese. Nachdem im Vorjahr ein 2000er (!) begeisterte, wurden nun gleich drei Weine aus dem Jahrgang 2001 vorgestellt. Sie haben sich ausgezeichnet entwickelt, an der Spitze die Auslese mit nur leicht gereifter Frucht, Anklängen an Pfirsich und Kräuter, verbunden mit einer winzigen Karamell-Nuance und enormer Saftigkeit. Die Beerenauslese ist wunderschön animierend, besitzt eine rassig wirkende Säure, ist nicht zu süß.

Weinbewertung

83	2016 Riesling „Einblick No. 1" **11 %/7,90 €**
83	2016 Riesling „Für Feen und Elfen" **10 %/9,90 €**
88	2016 Riesling Köwericher Laurentiuslay „Nic und Nick" **12 %/14,90 €**
86	2016 Riesling Kabinett „Mademoiselle Mosel" Laurentiuslay **8,5 %/12,90 €**
87	2016 Riesling Kabinett Leiwener Laurentiuslay **8,5 %/18,- €**
87	2016 Riesling Spätlese „Für Träumer und Helden" Bruderschaft **8,5 %/14,90 €**
88	2001 Riesling Spätlese Leiwener Laurentiuslay **8,5 %/28,- €**
88	2001 Riesling Spätlese Leiwener Laurentiuslay **8,5 %/28,- €**
89	2001 Riesling Auslese Leiwener Laurentiuslay **8,5 %/38,- €/0,5l**
88	2001 Riesling Beerenauslese Leiwener Laurentiuslay **8,5 %/68,- €/0,375l**

DR. ANDREAS KOPF

★☆

KONTAKT

Am Frohnacker 1
76829 Landau-Mörzheim
Tel. 06341-32355
Fax: 06341-939395
www.weingut-dr-kopf.de
biolandhofkopf@t-online.de

Inhaber
Dr. Andreas Kopf
Rebfläche
1,4 Hektar
Produktion
10.000 Flaschen

BESUCHSZEITEN

nach Vereinbarung

Mit einer Rebfläche von nur 1,4 Hektar gehört der Betrieb von Dr. Andreas Kopf zu den ganz kleinen Weingütern in der Pfalz. In seinem Hauptberuf als Lehrer – nach Winzerlehre und Studium der Agrarwissenschaften – unterrichtet Andreas Kopf die angehenden Winzer an der Berufsbildenden Schule des DLR Rheinpfalz (Dienstleistungszentrum Ländlicher Raum), der „Weinbauschule" in Neustadt an der Weinstraße. Seit 1991 ist er Mitglied bei Bioland. In seinen Weinbergen in den Lagen Mörzheimer Pfaffenberg und Wollmesheimer Mütterle baut er an weißen Sorten Weißburgunder und Grauburgunder an, daneben Riesling und einen Silvaner von alten, 1959 gepflanzten Reben, dazu gibt es Spätburgunder als einzige rote Rebsorte, den er teils als Weißherbst, teils als Rotwein ausbaut, den roten manchmal in Pfälzer Eiche.

Kollektion

Wie wir das von Andreas Kopf kennen, ist seine Kollektion wieder auf einem gleichmäßig guten Niveau, nur die etwas verhaltene Cuvée „Chat au Garage" schert etwas nach unten aus. Einen eindeutigen Favoriten haben wir in diesem Jahr keinen, drei Weine liegen gleichauf: Der wie immer sehr gelungene Sylvaner ist cremig und füllig und zeigt viel klare Birnenfrucht, etwas Zitrusnoten und besitzt ein animierendes Säure-Spiel, der „Blanc de noirs"-Sekt zeigt ebenfalls viel klare Frucht und etwas nussige Würze und der im Barrique ausgebaute Weißburgunder profitiert vom gut eingesetzten Holz. Dadurch ist er etwas prägnanter als der normale Weißburgunder, beide besitzen gute Konzentration, ein frisches Säure-Spiel, sind geradlinig und konsequent trocken ausgebaut. Der Riesling ist leicht mit knackigem Säure-Biss, zeigt Kräuternoten und etwas Zitruswürze, der Grauburgunder ist saftig und cremig, zeigt Noten von Birne und Nuss, und während der „Blanc de noirs" vom Spätburgunder eher florale Noten zeigt, ist der Weißherbst ganz rotfruchtig und leicht füllig. —

Weinbewertung

84	2014 „Blanc de noirs" Sekt extra trocken **12,5 %/12,- €**
80	2016 „Cuvée Chat au Garage" Weißwein trocken **12,5 %/6,- €**
84	2016 Sylvaner Kabinett trocken **12,5 %/7,- €**
83	2016 Grauer Burgunder Kabinett trocken **13 %/7,- €**
83	2016 Weißer Burgunder Kabinett trocken **12,5 %/7,- €**
84	2016 Weißer Burgunder Kabinett trocken Barrique **12,5 %/8,- €**
83	2016 Riesling Kabinett trocken **12 %/7,- €**
82	2016 Spätburgunder „Blanc de noirs" Kabinett trocken **13 %/7,- €**
81	2016 Spätburgunder Weißherbst Kabinett trocken **12 %/5,50 €**

K

KORRELL

★★★

KONTAKT

Weingut Johanneshof
Parkstraße 4
55545 Bad Kreuznach-Bosenheim
Tel. 0671-63630
Fax: 0671-71954
www.korrell.com
weingut@korrell.com

Inhaber
Britta & Martin Korrell
Rebfläche
25 Hektar
Produktion
160.000 Flaschen

BESUCHSZEITEN

Mo.-Fr. 10-12 + 13.30-18 Uhr,
Sa. 10-15 Uhr

K

Seit 1832 baut die Familie Wein im Nahetal an, heute führen Martin und Britta Korrell das Gut in sechster Generation. Die Weinberge befinden sich in den Kreuznacher Lagen Rosenberg, St. Martin und Paradies, hinzu kamen zuletzt Flächen in der Schlossböckelheimer Lage In den Felsen und Königsfels, im Norheimer Kirschheck und in der Niederhäuser Klamm. 2015 konnte Martin Korrell eine Parzelle im Schlossböckelheimer Felsenberg erwerben, die er neu mit Riesling bestockt hat. Wichtigste Rebsorte beim Weingut Korrell ist der Riesling, der die Hälfte der Fläche einnimmt. Dazu gibt es 40 Prozent Burgundersorten, etwas Portugieser, Müller-Thurgau, Scheurebe und Gelber Muskateller. Mit dem Jahrgang 2015 wurde das Sortiment reduziert, nur noch das Paradies wird als Lagenwein abgefüllt, die anderen Lagen ergeben den Riesling „von den großen Lagen".

Kollektion

Die trockenen Rieslinge aus dem Paradies und „von den großen Lagen" konnten wir aus zwei Jahrgängen verkosten, der 2016er Paradies ist ganz fruchtbetont, besitzt Saft, Kraft und gute Länge, die Lagencuvée aus 2016 ist mineralischer und würziger, zeigt etwas Tabak und Stein. Ihre 2015er Pendants zeigen schon Reifenoten nach Quitte und Mürbeteig, der „von den Großen Lagen" zeigt steinige Noten, besitzt gute Länge und ist präsenter als der Paradies. Der „Steinmauer" aus Grauburgunder, Weißburgunder und Chardonnay zeigt viel gelbe Frucht, besitzt gute Konzentration und ist harmonisch. Unter den rest- und edelsüßen Weinen ist die Cuvée aus Muskateller und Riesling herrlich fruchtbetont, ein animierender, frischer Spaßwein par excellence, die Riesling Auslese ist cremig-dicht und komplex, duftet nach Aprikose, Quitte, Mango und Mandarine, der Eiswein ist eindringlich und konzentriert, mit viel klarer Frucht, Zitruswürze und frischem Säure-Biss.

Weinbewertung

84 2016 Grauer Burgunder trocken **13 %/8,50 €**
84 2016 Weißer Burgunder trocken **12,5 %/8,50 €**
83 2016 Riesling trocken **12 %/8,50 €**
87 2016 Grauburgunder Weißburgunder & Chardonnay trocken „Steinmauer" **13 %/15,-€**
88 2016 Riesling trocken „von den Großen Lagen" **13 %/15,- €**
88 2015 Riesling trocken „von den Großen Lagen" **13 %/15,- €**
88 2016 Riesling trocken Kreuznacher Paradies **13 %/18,- €**
87 2015 Riesling trocken Kreuznacher Paradies **13,5 %/18,- €**
85 2016 Muskateller & Riesling „fruchtig" **8,5 %/9,- €**
84 2016 Riesling „feinherb" **12 %/8,50 €**
89 2016 Riesling Auslese Kreuznacher Paradies **8,5 %/18,- €/0,375l**
91 2016 Riesling Eiswein Kreuznacher Paradies **6 %/32,- €/0,375l**

Krämer

★★

KONTAKT

Untere Pforte 19
55578 Gau-Weinheim
Tel. 06732-8460
Fax: 06732-63288
www.kraemer-straight.de
info@kraemer-straight.de

Inhaber
Hans-Bernhard & Tobias Krämer
Rebfläche
19 Hektar

BESUCHSZEITEN

nach Vereinbarung

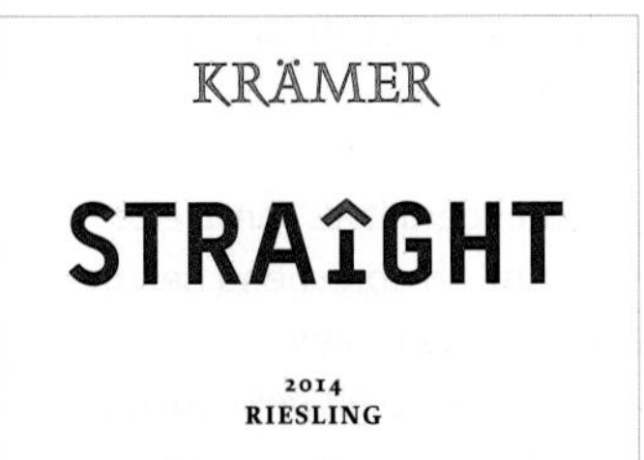

Tobias Krämer, Winzersohn aus Rheinhessen, ist nach Ausbildung und Geisenheim-Studium in den elterlichen Betrieb eingestiegen und kreierte dort seine eigene Weinlinie, die er Krämer Straight nennt. 2013 hat er seine ersten vier Weißweine erzeugt: Riesling, Silvaner, Grauburgunder und Chardonnay, dazu eine rote Cuvée aus Cabernet, Regent und Dornfelder. Die Weinberge der Familie Krämer liegen rund um Gau-Weinheim am Wißberg, die Böden sind von weißem Kalkstein geprägt, der dem Wißberg („weißer Berg") auch seinen Namen einbrachte. Den Großteil seiner Weine verkaufen Hans-Bernhard und Tobias Krämer bisher als Fassware, das Flaschenweingeschäft soll mit der Straight-Linie zukünftig an Bedeutung gewinnen.

Kollektion

Mit der neuen Kollektion legt Tobias Krämer weiter zu. Die Weine weisen nicht ganz so extreme Spontangärnoten auf wie in den beiden Vorjahren. Der Silvaner ist rauchig, klar und zupackend, der Riesling würzig und eindringlich, besitzt Fülle und Kraft, reife Frucht und gute Struktur: starker Gutsriesling! Der Grauburgunder ist würzig, frisch und druckvoll. Neu im Sortiment ist der Sauvignon Blanc: Er ist intensiv und fruchtbetont im Bouquet, klar und zupackend im Mund, besitzt gute Struktur und Frucht, ist sehr puristisch, durchgegoren, hebt sich wohltuend ab vom meist restsüßen rheinhessischen Sauvignon Blanc-Allerlei. Unser Favorit in der Straight-Linie ist der Chardonnay, der rauchig und herrlich eindringlich ist, klar und kraftvoll, reintönige Frucht, gute Substanz und ganz dezente Süße besitzt. 2016 bringt auch den ersten Lagenwein von Tobias Krämer, den Riesling aus der Uffhofener La Roche. Und es ist ein prächtiges Debüt: Er zeigt rauchige Noten im Bouquet, feine Würze, ist füllig und saftig im Mund, besitzt viel reife Frucht, gute Struktur, Frische und Druck. Die rote Cuvée zeigt intensive Frucht im Bouquet, dunkle Früchte, ist füllig und kraftvoll im Mund bei guter Substanz und etwas bitteren Tanninen. Eine überzeugende Kollektion, Weine mit einer klaren Handschrift: Im Aufwind!

Weinbewertung

84	2016 Silvaner trocken „Straight" **12,5 %/7,90 €**
85	2016 Riesling trocken „Straight" **12,5 %/7,90 €**
84	2016 Sauvignon Blanc trocken „Straight" **12,5 %/7,90 €**
84	2016 Grauburgunder trocken „Straight" **12,5 %/7,90 €**
86	2016 Chardonnay trocken „Straight" **12,5 %/8,90 €**
89	2016 Riesling trocken La Roche **13 %/14,50 €**
84	2014 „Red Stuff" Rotwein trocken **13 %/8,90 €**

KRAEMER

★★★★

KONTAKT

Ökologischer Weinbau Kraemer
Lange Dorfstraße 24
97215 Auernhofen
Tel. 09848-96845
Fax: 09848-96847
www.kraemer-oeko-logisch.de
info@kraemer-oeko-logisch.de

K

Inhaber
Stephan Krämer
Rebfläche
3,5 Hektar
Produktion
15.000 Flaschen

BESUCHSZEITEN

nach Vereinbarung
Ferienwohnungen

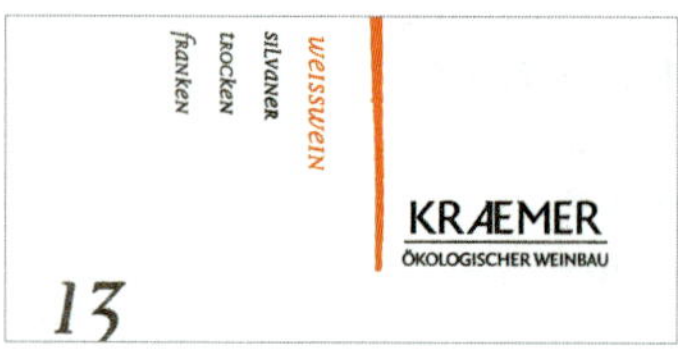

Seit 1989, mit dem Beitritt zu Naturland, bewirtschaftet die Familie Krämer ihr Land ökologisch, auch die 1983 erworbenen Weinberge in Tauberzell. Erst in den letzten Jahren hat Stephan Krämer den Weinausbau forciert, der bei Philipp Wittmann in Westhofen und Gerhard Roth in Wiesenbronn in die Lehre ging. Die Weinberge liegen in der Steillage Tauberzeller Hasennestle. Weinbau in Tauberzell ist seit dem 13. Jahrhundert urkundlich belegt. Im 16. Jahrhundert waren 89 Hektar mit Reben bestockt, 1973 gab es ganze 0,6 Hektar. Mit der Flurbereinigung 1984 wurde der beste Teil unter der Bezeichnung Hasennestle rekultiviert, danach gab es auch wieder Neuanpflanzungen außerhalb der flurbereinigten Lage, die Reben wachsen auf Muschelkalkböden an einem überwiegend südwest-exponierten Hang, der nicht flurbereinigte Teil ist süd-exponiert. Von einem befreundeten Ökowinzer in Iphofen kauft er Trauben aus der Lage Kronsberg zu, inzwischen hat er mehrere Weinberge im Röttinger Feuerstein erworben, ebenfalls im fränkischen Teil der Tauber gelegen, flussabwärts von Tauberzell. Auch in Röttingen gibt es Weinbau seit dem Mittelalter, Ende des 17. Jahrhunderts sollen 180 Hektar mit Reben bepflanzt gewesen sein, auch hier wachsen die Reben an einem süd-exponierten Hang auf Muschelkalkböden mit Feuerstein-Einlagerungen. Den ersten Wein aus Röttingen gab es im Jahrgang 2013, inzwischen besitzt Stefan Krämer 1,5 Hektar an einem Stück im steilsten Teil des Feuerstein. Silvaner und Müller-Thurgau sind die wichtigsten Rebsorten, dazu gibt es Johanniter, Bacchus und Scheurebe, sowie ein wenig Regent. Zuletzt kam mit den Röttinger Weinbergen etwas Riesling hinzu. Im Röttinger Feuerstein hat er eine 20 Ar große Fläche im Altfränkischen Satz bestockt, mit 13 verschiedenen Rebsorten, darunter mehrere Silvaner-Varianten aber auch alte, in Vergessenheit geratene Sorten wie Adelfränkisch. Die Weine werden teils im Edelstahl, teils im Holz ausgebaut, spontanvergoren, blieben anfangs mindestens fünf Monate auf der Hefe, inzwischen ist Stefan Krämer dazu übergegangen sie noch länger auf der Hefe zu belassen, im Jahrgang 2014 hat er erstmals einige Weine unfiltriert abgefüllt, die Schwefelgaben sind sehr niedrig. Alle Weine werden durchgegoren ausgebaut, die Scheurebe gab es ab und an auch mit etwas Restzucker. Inzwischen arbeitet Stefan Krämer verstärkt mit Maischeangärung, füllt die Weine später ab.

Kollektion

Seine 2016er Weine hat Stefan Krämer noch später gefüllt als sonst, erst Ende August. Bis dahin lagen sie auf der Hefe – und entsprechend hefegeprägt, ja -dominiert war noch der eine oder andere Wein, als wir die Kollektion Anfang September verkosteten. Das gilt beispielsweise für die beiden Müller-Thurgau, die beide kompakt und füllig sind, aber doch von

Hefenoten dominiert, der Silex-Müller-Thurgau aus Röttingen scheint uns etwas komplexer als sein Muschelkalk-Gegenpart aus Tauberzell. PetNat gibt es dieses Jahr in zwei Varianten, weiß und rosé, unsere leichte Präferenz gilt der deutlich puristischeren und druckvolleren weißen Version. Die weiße Cuvée von Keuper und Kalk ist kraftvoll, geradlinig, kompakt, ein feiner Einstieg in die Kollektion. Der weißgekelterte Pinot Meunier ist klar, kompakt, noch etwas verhalten, geradlinig, besitzt gute Substanz und Frische. Der Silex-Riesling zeigt im Jahrgang 2015 viel Duft im Bouquet, viel Hefewürze, ist dann überraschend klar und lebhaft im Mund, geradlinig und zupackend, dabei doch sehr hefegeprägt. Jahrgang 2016 zeigt intensive Hefeprägung im Bouquet, ist klar und frisch im Mund, enorm präzise und zupackend, besitzt viel Druck und Substanz, ist jugendlich. Enorm spannend ist dann die Silvaner-Serie von Stephan Krämer. Der Steillagen-Silvaner ist klar und kraftvoll, fruchtbetont, besitzt gute Struktur und Substanz. Der Silvaner von alten Reben ist im Jahrgang 2016 völlig von Hefenoten geprägt, auch nach Tagen tut man sich schwer ihn zu bewerten – ein Wein, den wir hoffentlich im nächsten Jahr noch einmal verkosten dürfen. Denn der 2015er ist grandios, faszinierend reintönig, druckvoll, präzise, enorm mineralisch und nachhaltig. Den Muschelkalk-Silvaner und den Silex-Silvaner hatten wir in unserem Silvaner-Finale platziert – wo beide aufgrund ihrer starken Hefeprägung ganz leicht zu identifizieren waren. Anders aber als beispielsweise die beiden Müller-Thurgau sind sie präsent, der Wein vom Hasennestle zeigt intensive Frucht, ist füllig, saftig, besitzt viel Substanz; der Silvaner vom Feuerstein ist ähnlich kraftvoll und füllig, ist aber ein klein wenig mineralischer und nachhaltiger. Spannende Weine!

Foto: Holger Riegel

K

Weinbewertung

87	2016 Müller-Thurgau „PetNat" brut nature „Muschelkalk" **12 %**
86	2016 Rosé „PetNat" brut nature „Muschelkalk" **12,5 %**
86	2016 „Cuvée Keuper & Kalk" Weißwein trocken **12,5 %/7,50 €**
86	2016 Müller-Thurgau trocken Steillage „Muschelkalk" **12 %/9,50 €**
87	2016 Müller-Thurgau trocken Steillage „Silex" **12 %/9,50 €**
88	2016 Silvaner trocken Steillage **12,5 %/8,50 €** ☺
86	2016 Pinot Meunier weiß gekeltert trocken Terrassen **12,5 %/11,50 €**
91	2015 Silvaner trocken „Alte Reben" **13,5 %/12,- €** ☺
86	2016 Silvaner trocken Steillage „Alte Reben" **13 %/12,- €**
90	2016 Silvaner trocken Steillage „Muschelkalk" **12,5 %/18,- €**
91	2016 Silvaner trocken Steillage „Silex" **13 %/18,- €** ☺
89	2015 Riesling trocken Steillage „Silex" **12,5 %/15,- €**
90	2016 Riesling trocken Steillage „Silex" **12,5 %/15,- €**

LAGEN

HASENNESTLE (TAUBERZELL)
FEUERSTEIN (RÖTTINGEN)
KRONSBERG (IPHOFEN)

REBSORTEN

SILVANER
MÜLLER-THURGAU
SCHEUREBE
JOHANNITER
RIESLING
REGENT
BACCHUS

Kranz

★★★★

KONTAKT

Mörzheimer Straße 2
76831 Ilbesheim
Tel. 06341-939206
Fax: 06341-939207
www.weingut-kranz.de
info@weingut-kranz.de

Inhaber
Familie Kranz
Rebfläche
20 Hektar
Produktion
100.000 Flaschen

BESUCHSZEITEN

Mo.-Mi. 8-12 Uhr, Do.-Fr. 8-12 + 14-18 Uhr, Sa. 9-16 Uhr

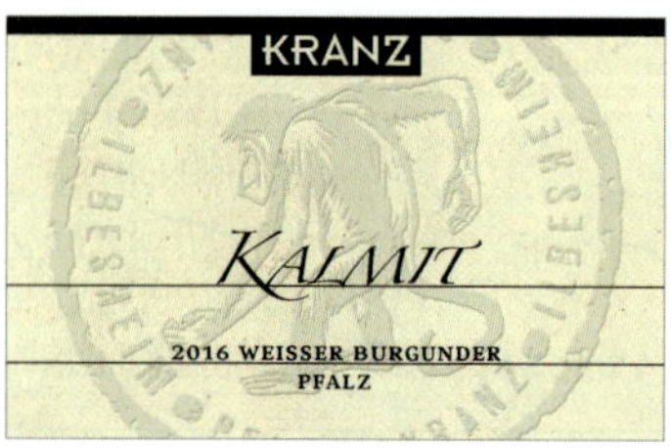

Wein wird schon lange angebaut in der Familie Kranz, aber erst in den siebziger Jahren entschlossen sich Robert und Lilo Kranz ihren Wein selbst abzufüllen und zu vermarkten. Seit 1990 ist Sohn Boris für den Weinausbau im Betrieb verantwortlich, den er mittlerweile übernommen hat und zusammen mit seiner Ehefrau Kerstin führt. Ihre Weinberge liegen vor allem in Ilbesheim und Arzheim, aber auch in Ranschbach und Göcklingen. Das Weingesetz von 1971 hat die ehemaligen Einzellagen in den beiden Gemeinden Ilbesheim und Arzheim in drei sehr große Lagen zusammen gefasst, Rittersberg für Ilbesheim, Seligmacher und Rosengarten für Arzheim. 2008 wurde die Einzellage Kalmit neu in die Lagenrolle eingetragen, als erste neue Einzellage in der Pfalz seit Verabschiedung des Deutschen Weingesetzes, aber auch diese neue Lage Kalmit wurde recht groß „geschnitten", umfasst neben der eigentlichen Lage Kalmit mehrere frühere Einzellagen wie Kirchberg oder Westerberg. Die Lage Kalmit enthält Landschneckenkalk im Untergrund, im Oberboden findet man wechselnd Löss, Mergel oder Lehm. Um diesen Unterschieden Rechnung zu tragen, differenziert Boris Kranz innerhalb der Lage Kalmit weitere Teillagen, nutzt die in Rheinland-Pfalz heute gegebene Möglichkeit alte Gewann-Namen eintragen zu lassen und diese als Lagenbezeichnung auf dem Etikett zu verwenden. Innerhalb der Lage Kalmit hat Boris Kranz die Lagen Kirchberg und Westerberg eintragen lassen, innerhalb der Arzheimer Lage Seligmacher die Gewanne Am Fürstenweg und Klingenwingert. Wichtigste Rebsorten im Betrieb sind Riesling, Weißburgunder (mit steigender Tendenz) und Spätburgunder, dazu gibt es Silvaner, Auxerrois und bereits seit dem Jahrgang 1999 auch Chardonnay, zuletzt wurden Grauburgunder und Sauvignon Blanc gepflanzt. Mit der Aufnahme in den VDP 2012 hat Boris Kranz sein Sortiment neu am vierstufigen VDP-Modell ausgerichtet und in Gutsweine, Ortsweine, Erste Lage- und Große Lage-Weine unterteilt. An der Spitze der Kollektion stehen drei Große Gewächse aus dem Kalmit (Riesling, Weißburgunder, Spätburgunder), sowie ein weiterer Riesling als Großes Gewächs aus dem Kirchberg. Riesling aus Westerberg, Weißburgunder aus Klingenwingert und Chardonnay und Spätburgunder aus der Lage Am Fürstenweg bietet er in der Erste Lage-Linie an.

Kollektion

In einer Kollektion auf gleichmäßig hohem Niveau hat uns in diesem Jahr das Spätburgunder-Große Gewächs aus dem Kalmit am meisten beeindruckt, der Wein ist herrlich komplex im Bouquet, zeigt viel kühle Frucht mit Noten von Cassis, Schwarzkirsche, Erdbeere und Himbeere, auch am Gaumen ist er sehr aromatisch und expressiv, das Holz ist perfekt eingebunden und er besitzt eine noch jugendliche Tanninstruktur und Länge. Auch der Spätburgunder aus der Ersten Lage Am Fürstenweg ist sehr eindringlich und zeigt viel rote Frucht, rote Johannisbeeren und Erdbeeren, er ist kühl, harmonisch und elegant mit sehr dezentem Holz und guter Struktur, der Gutswein vom Spätburgunder zeigt dagegen eher dunkle Frucht, ist saftig und frisch. Die beiden Großen Gewächse vom Riesling besitzen gute Konzentration, der Kalmit zeigt neben kräutrigen und kreidig-mineralischen Noten auch etwas gelbe Frucht und ist würzig und nachhaltig, der Kirchberg ist ganz zurückhaltend in der Frucht und zeigt steinige Noten, am Gaumen besitzt er ganz dezente, animierende Bitternoten von herber Grapefruit und gute Länge. Das Große Gewächs vom Weißburgunder ist konzentriert und ganz reintönig, zeigt viel klare Frucht, Birne, Aprikose, etwas Pfirsich und Kräuternoten, ist kraftvoll, animierend und lang. Stark sind auch die drei weißen Erste Lage-Weine, der Chardonnay besitzt gute Konzentration, zeigt feine Röstnoten, etwas Zitruswürze, ist kraftvoll und geradlinig, besitzt ein feines Säure-Spiel und Frische, der Westerberg-Riesling ist kräutrig und zeigt Zitrusnoten, Ananas, besitzt animierenden Säure-Biss und gute Länge und der Weißburgunder vom Klingenwingert zeigt noch deutliche Holznoten, besitzt Saft und Kraft. Der Landschneckenkalk-Weißburgunder hingegen zeigt sehr klare Frucht, Birne und Melone, ist konzentriert und besitzt ein nachhaltiges Säure-Spiel, der Riesling vom Landschneckenkalk zeigt kreidige und kräutrige Noten, ist mineralisch und besitzt salzige Länge, der Ranschbacher Riesling ist puristisch, steinig und animierend.

Weinbewertung

84 2016 Sylvaner trocken **12,5 %/7,70 €**
88 2016 Weißer Burgunder trocken „vom Landschneckenkalk" **13,5 %/15,50 €**
87 2016 Riesling trocken „Rotliegend" Ranschbach **12,5 %/12,50 €**
88 2016 Riesling trocken „vom Landschneckenkalk" Ilbesheim **12,5 %/15,50 €**
88 2016 Weißer Burgunder trocken Arzheimer Klingenwingert **13,5 %/17,- €**
89 2016 Chardonnay trocken Arzheimer Am Fürstenweg **13 %/17,- €**
89 2016 Riesling trocken Ilbesheimer Westerberg **12,5 %/17,- €**
90 2016 Weißer Burgunder „GG" Kalmit **13,5 %/28,- €**
90 2016 Riesling „GG" Kirchberg **12,5 %/28,- €**
90 2016 Riesling „GG" Kalmit **12,5 %/28,- €**
84 2015 Spätburgunder trocken **13,5 %/8,- €**
88 2014 Spätburgunder trocken Arzheimer Am Fürstenweg **13,5 %/18,- €**
91 2014 Spätburgunder „GG" Kalmit **13 %/32,- €**

LAGEN

KALMIT (ILBESHEIM)
– WESTERBERG (ILBESHEIM)
– KIRCHBERG (ILBESHEIM)
SELIGMACHER (ARZHEIM)
– AM FÜRSTENWEG (ARZHEIM)
– KLINGENWINGERT (ARZHEIM)

REBSORTEN

RIESLING (25 %)
WEISSBURGUNDER (20 %)
SPÄTBURGUNDER (20 %)

KRANZ-JUNK

★☆

KONTAKT

Brunnenstraße 7
54472 Brauneberg
Tel. 06534-223
Fax: 06534-18314
www.kranz-junk.de
kranz-junk@t-online.de

Inhaber
Gerti & Josef Kranz
Rebfläche
6 Hektar
Produktion
40.000 Flaschen

BESUCHSZEITEN

jederzeit nach Vereinbarung
Gästezimmer

Seit dem 15. Jahrhundert betreibt die Familie Weinbau an der Mosel, heute führen Gerti und Josef Kranz den kleinen Brauneberger Familienbetrieb. Ihre Weinberge liegen vor allem in Brauneberg, in der Juffer und in der Juffer-Sonnenuhr, aber auch im Klostergarten und im Mandelgraben, daneben sind sie auch im Kestener Paulinshofberg vertreten. Riesling ist naturgemäß die wichtigste Rebsorte im Betrieb, aber in den beiden letzten Jahrzehnten wurde der Rebsortenspiegel nach und nach erweitert, es gibt heute auch Weißburgunder, Grauburgunder und Chardonnay, Spätburgunder und Dornfelder. Die Weine werden überwiegend im Edelstahl ausgebaut, zum Teil aber auch noch im klassischen Fuder, der Spätburgunder auch im Barrique. Gerti und Josef Kranz bieten zudem Gästezimmer an.

Kollektion

Nach einem guten und sehr stimmigen Debüt im vergangenen Jahr überzeugen auch die 2016er, auch wenn der Chardonnay recht verhalten wirkt und eine im Moment etwas störende Fülle aufweist und der Weißburgunder zwar sehr saftig ist, aber eine nicht ganz stimmige Süße aufweist. Am besten gefällt uns in diesem Segment der sehr direkte, saftige Grauburgunder. Der Literriesling ist eine Bank mit seiner direkten, würzigen Art, die trockene Spätlese aus der Juffer-Sonnenuhr ist wunderschön straff und würzig, auch wenn sie nicht allzu lang wirkt. Herrlich frisch und präzise ist der restsüße Kabinett aus der Juffer, während die Auslese aus der Juffer-Sonnenuhr mit ihrer zupackenden Art gefällt; die hohe Restsüße ist besser abgepuffert, als es die Werte vermuten lassen. Mit dem im Holz ausgebauten Spätburgunder aus dem Jahrgang 2015 gelingt dem Weingut ein sehr feiner, eleganter Rotwein, der eine eher helle Farbe und viel Frucht mitbringt, bei dem die Eleganz nicht einem zu intensiven Holzfassausbau geopfert wurde.

Weinbewertung

83 2016 Riesling trocken (1l) **11,5 %/6,20 €**
84 2016 Weißburgunder trocken **12,5 %/6,90 €**
85 2016 Grauburgunder trocken **13 %/6,90 €**
84 2016 Chardonnay trocken **13,5 %/6,90 €**
86 2016 Riesling Spätlese trocken Brauneberger Juffer-Sonnenuhr **12 %/11,- €**
81 2016 Spätburgunder „Blanc de Noir" **12,5 %/7,70 €**
85 2016 Riesling Kabinett Brauneberger Juffer **9 %/7,70 €**
87 2016 Riesling Auslese Brauneberger Juffer-Sonnenuhr **8,5 %/14,- €**
85 2015 Spätburgunder trocken Holzfass **13 %/9,50 €**

Kranz Junk Weingut wine estate

Krebs

★★☆

KONTAKT

Großkarlbacher Straße 10
67251 Freinsheim
Tel. 06353-3149
Fax: 06353-1012
www.weingut-krebs.eu
info@weingut-krebs.eu

Inhaber
Harald & Jürgen Krebs
Rebfläche
16 Hektar
Produktion
70.000 Flaschen

BESUCHSZEITEN

Mo.-Fr. 10-12 + 14-18 Uhr, Sa. 9-17 Uhr und nach Vereinbarung
Ferienwohnungen

Harald Krebs wagte 1982 mit seinem am Ortsrand Freinsheims gelegenen Weingut und 7 Hektar Reben den Schritt in die Selbständigkeit. Seit 2005 wird er im Betrieb unterstützt von Sohn Jürgen, der bei den Weingütern Lucashof, Knipser und Kuhn seine Lehre und 2008 seinen Abschluss als Weinbautechniker machte. Die Weinberge von Harald und Jürgen Krebs liegen in den Freinsheimer Einzellagen Schwarzes Kreuz, Musikantenbuckel, Oschelskopf (mit der Gewanne Auf dem mittleren Groß) und Goldberg, sowie in den Herxheimer Lagen Honigsack und Himmelreich. 60 Prozent der Rebfläche nehmen weiße Sorten ein, vor allem Riesling, gefolgt von Weißburgunder, Grauburgunder und Sauvignon Blanc. An roten Sorten gibt es Spätburgunder, Merlot, Cabernet Sauvignon und Dornfelder. Die Weißweine bleiben bis zur Füllung auf der Feinhefe. Der Ausbau erfolgt überwiegend im Edelstahl, Riesling kommt auch schon einmal ins Halbstückfass. Die Rotweine werden alle maischevergoren und größtenteils im Holz ausgebaut, die Topweine kommen bis zu zwanzig Monate ins neue Barrique.

Kollektion

Viele starke Weine führen die aktuelle Kollektion an: Sahen wir im vergangenen Jahr die beiden Spätburgunder „Gross" und Musikantenbuckel gleichauf, geben wir dieses Mal knapp dem Musikantenbuckel den Vorzug, er ist der elegantere und länger anhaltendere Wein, zeigt feine rote Frucht, dezente Röstnoten und besitzt noch jugendliche, aber reife Tannine, Struktur und Länge, der „Gross" zeigt etwas dunklere Frucht, das Holz ist hier ebenfalls sehr gut eingebunden. Die drei Lagenrieslinge besitzen gute Konzentration, Saft und Kraft, der Himmelreich ist komplex, nachhaltig, animierend und salzig-mineralisch und besitzt viel Druck und Länge, der „Gross" ist herrlich fruchtbetont, der Honigsack ganz geradlinig und druckvoll mit steinig-mineralischer Würze. –

Weinbewertung

83	2016 Riesling & Gewürztraminer trocken „Krebs Weiß" **12,5 %/6,50 €**
83	2016 Weißburgunder trocken **12,5 %/6,50 €**
82	2016 Riesling trocken **12 %/6,50 €**
84	2016 Sauvignon Blanc trocken Freinsheim **12,5 %/8,50 €**
85	2016 Grauburgunder trocken Freinsheim **13 %/8,50 €**
88	2016 Riesling trocken „Auf dem mittleren Gross" Oschelskopf **13,5 %/16,- €**
88	2016 Riesling trocken Herxheimer Honigsack **13,5 %/16,- €**
89	2016 Riesling trocken Herxheimer Himmelreich **13,5 %/24,- €**
83	2015 Spätburgunder trocken **12,5 %/7,50 €**
86	2015 Spätburgunder trocken Freinsheim **13 %/13,50 €**
88	2014 Spätburgunder trocken „Gross" Freinsheimer Oschelskopf **13 %/24,- €**
89	2014 Spätburgunder trocken Freinsheimer Musikantenbuckel **12,5 %/28,- €**

Kreiselmeyer

★

KONTAKT

Kirchplatz 4
91472 Ipsheim
Tel. 09846-977208
Fax: 09846-327
www.weingut-kreiselmeyer.de
info@weingut-kreiselmeyer.de

Inhaber
Thomas Kreiselmeyer
Rebfläche
8 Hektar
Produktion
55.000-60.000 Flaschen

BESUCHSZEITEN

im Gasthof Goldener Hirsch,
Mi.-Mo. 9-19 Uhr

Ipsheim liegt im Oberen Aischtal, in Mittelfranken, am Rand von Steigerwald und Frankenhöhe, ganz im Süden des fränkischen Weinbaugebietes. Hier ist das Weingut Kreiselmeyer zuhause, das aus einem ursprünglichen landwirtschaftlichen Gemischtbetrieb, zu dem ein Gasthof gehörte, entstand. Im Jahr 2010 übernahm Thomas Kreiselmeyer die Rebflächen seiner Eltern, expandierte, bewirtschaftet heute zusammen mit seiner Ehefrau Sabine 8 Hektar Reben. Die Weinberge liegen vor allem in Ipsheim in der sehr großen Einzellage Burg Hoheneck sowie im Weimersheimer Roter Berg, aber auch im Bad Windsheimer Rosenberg ist Thomas Kreiselmeyer vertreten. Während in Ipsheim und Bad Windsheim Gipskeuperböden vorherrschen, findet man in Weimersheim Lösslehmböden mit einer rötlichen Färbung. Silvaner, Bacchus und Müller-Thurgau sind die wichtigsten Rebsorten im Betrieb, hinzu kommen insbesondere Scheurebe, Weißburgunder, Grauburgunder und Gewürztraminer, sowie die roten Sorten Dornfelder, Domina und Spätburgunder, die Rotweine werden teils im Edelstahl, teils im Holz ausgebaut. Auf Lagenbezeichnungen verzichtet Thomas Kreiselmeyer.

Kollektion

Eine sehr gleichmäßige Kollektion präsentierte Thomas Kreiselmeyer beim guten Debüt im vergangenen Jahr, eine ebenso gleichmäßige Kollektion stellt er nun auch in diesem Jahr vor. Das Einstiegsniveau überzeugt, der Silvaner ist frisch und fruchtbetont, der Weißburgunder Kabinett besitzt reintönige Frucht. Die feinfruchtigen Weißweine sind lebhaft und süffig, die trockene Gewürztraminer Spätlese besitzt gute Konzentration, klare Frucht, ist zupackend und kraftvoll. Unser Favorit im weißen Segment aber ist die trockene Grauburgunder Spätlese, die reintönige Frucht zeigt, gelbe Früchte, frisch und zupackend ist, gute Struktur und Substanz besitzt. Noch etwas besser gefällt uns der einzige vorgestellte Rotwein, die trockene Spätburgunder Spätlese aus dem Jahrgang 2015. Sie ist frisch und fruchtbetont im Bouquet, zeigt rote Früchte, ist lebhaft im Mund, klar und zupackend. —

Weinbewertung

82 2016 Silvaner trocken **12 %/6,- €**
83 2016 Weißburgunder Kabinett trocken **12,5 %/7,- €**
84 2016 Grauburgunder Spätlese trocken **13,5 %/9,50 €**
83 2016 Gewürztraminer Spätlese trocken **13 %/9,- €**
82 2016 Bacchus Kabinett „feinfruchtig" **11,5 %/6,- €**
81 2015 Scheurebe „feinfruchtig" **12 %/6,50 €**
85 2015 Spätburgunder Spätlese trocken **13,5 %/9,- €**

KREMERS WINZERHOF

★★

KONTAKT

Mühlgasse 12
63920 Großheubach
Tel. 09371-3270
Fax: 09371-3271
www.kremers-winzerhof.de
winzerhof-kremer@t-online.de

Inhaber
Stefan Kremer
Kellermeister
Stefan & Ulrich Kremer
Rebfläche
9 Hektar
Produktion
60.000 Flaschen

BESUCHSZEITEN

Mo.-Fr. 8:30-18:30 Uhr,
Sa. 8:30-15 Uhr
Heckenwirtschaft

Kremers Winzerhof, mit Sitz in der „unteren Mühle" im Ortszentrum von Großheubach, hat sich seit 1975 auf Weinbau spezialisiert und die alte Mühle zur Heckenwirtschaft umgebaut. Stefan Kremer übernahm, nach Ausbildung und Tätigkeit beim Staatlichen Hofkeller, 1990 den elterlichen Betrieb, führt ihn zusammen mit Ehefrau Christine, heute unterstützt von Sohn Ulrich, der zusammen mit seinem Vater für den Weinausbau verantwortlich ist. Die Weinberge liegen alle im Großheubacher Bischofsberg.

Kollektion

Eine umfangreiche Kollektion mit vielen spannenden Weinen präsentieren Stefan und Ulrich Kremer in diesem Jahr. Die 2016er Qualitäts- und Kabinettweine sind geradlinig und klar. Sehr gut gefällt uns der Silvaner aus dem Granitfass, der kraftvoll und zupackend ist, gute Struktur und Substanz besitzt. Der First-Chardonnay ist füllig und saftig, besitzt gute Struktur und reife Frucht. Die Cuvée 1, Weißburgunder mit 30 Prozent Silvaner, zeigt weiße und gelbe Früchte, besitzt gute Struktur, Fülle und Frucht. Der 2015er First-Riesling ist konzentriert, kraftvoll und zupackend, der 2014er First-Silvaner zeigt deutliche Reife, besitzt aber Fülle und Saft. Auch der rote Teil der Kollektion ist stark. Der im Barrique ausgebaute St. Laurent ist klar, kraftvoll und strukturiert, der Cabernet Dorsa besitzt Fülle und Kraft, gute Struktur und Substanz. Unser Favorit ist der rauchige, stoffige Reserve-Pinot Noir. Im Aufwind!

Weinbewertung

83 2016 Müller-Thurgau Kabinett trocken Großheubacher Bischofsberg **12 %/5,80 €**
83 2016 Silvaner Kabinett trocken Großheubacher Bischofsberg **12,5 %/7,- €**
82 2016 Weißer Burgunder Kabinett trocken Bischofsberg **12,5 %/8,- €**
82 2016 Riesling Kabinett Großheubacher Bischofsberg **11,5 %/7,- €**
83 2016 Scheurebe trocken Großheubacher **12,5 %/7,50 €**
82 2016 Muskateller trocken Großheubacher **12 %/8,- €**
86 2014 Silvaner trocken „The First" Großheubacher Bischofsberg **13,5 %/10,50 €**
87 2016 Silvaner trocken „Granit-Steinfass" **13 %/18,- €**
88 2016 Chardonnay trocken „The First" Großheubacher Bischofsberg **12,5 %/10,50 €**
87 2015 Riesling trocken „The First" Großheubacher Bischofsberg **12,5 %/10,50 €**
88 2016 „Cuvée 1" Weißwein trocken Großheubacher Bischofsberg **12,5 %/12,- €**
83 2015 Spätburgunder trocken Großheubacher **13,5 %/8,- €**
84 2015 Spätburgunder Kabinett trocken „Churfranken" Bischofsberg **13,5 %/8,50 €**
84 2015 Spätburgunder Kabinett trocken Großheubacher Bischofsberg **13 %/8,50 €**
86 2015 St. Laurent trocken Großheubacher Bischofsberg **13 %/10,50 €**
86 2015 Cabernet Dorsa trocken Großheubacher Bischofsberg **13 %/11,- €**
85 2015 „Othello" Rotwein trocken Großheubacher Bischofsberg **13 %/10,50 €**
88 2014 Pinot Noir trocken „Reserve" Großheubacher Bischofsberg **14 %/22,50 €**

Kress

★★

KONTAKT

Mühlbachstraße 115
88662 Überlingen
Tel. 07551-65855
Fax: 07551-3600
www.weingut-kress.de
info@weingut-kress.de

Inhaber
Familie Kress
Rebfläche
31 Hektar
Produktion
200.000 Flaschen

BESUCHSZEITEN

Mo.-Fr. 9-12:30 + 14-18 Uhr,
Sa. 10-13 Uhr

Kristin und Thomas Kress haben nach ihrem Austritt aus der Genossenschaft 2001 ihren ersten eigenen Wein erzeugt. 2013 wurde das traditionsreiche Spitalweingut zum Heiligen Geist in Überlingen übernommen, das 25 Hektar Weinberge bewirtschaftet, die größtenteils von der Stadt bzw. dem Spital- und Spendfonds gepachtet sind. Damit haben sie ihre ursprünglich 7,5 Hektar in Hagnau mehr als vervierfacht. In Hagnau bauen sie vor allem Auxerrois, Weißburgunder, Grauburgunder, Spätburgunder, Müller-Thurgau und Kerner an, mit der Übernahme kamen viel Müller-Thurgau und Spätburgunder hinzu, dazu gibt es Chardonnay, Riesling und Gewürztraminer, Cabernet Sauvignon und Sauvignon Blanc wurden neu gepflanzt. Sohn Johannes hat seine Winzerlehre beim Weingut Dr. Heger beendet und ist jetzt im Betrieb tätig.

Kollektion

Nachdem wir im vergangenen Jahr weitere Fortschritte feststellen konnten, präsentiert sich die neue Kollektion nun ein wenig verhalten, was die 2016er Weine betrifft. Mit Ausnahme des lieblichen Gewürztraminers, der reintönige Frucht, feine Frische und gute Struktur besitzt. Sehr gut ist auch der Goldbach-Pinot Blanc aus dem Jahrgang 2015, er besitzt Fülle, Kraft und reife süße Frucht. Unser Favorit in der aktuellen Kollektion ist der Goldbach-Pinot Noir des Jahrgangs 2014: Intensive Frucht, rote Früchte prägen das Bouquet, im Mund ist er füllig und kraftvoll, besitzt reife süße Frucht, gute Struktur und Substanz, etwas Schokonoten. Daneben aber gibt es noch eine spannende Neuerung, einen Rotwein in Amarone-Art, „Einer von 486" genannt. Gute Konzentration, herrlich viel Frucht und Gewürze prägen das Bouquet, er besitzt intensive Frucht, Fülle und Opulenz – kann sich tatsächlich mit Amarone messen.

Weinbewertung

80 2016 Müller-Thurgau trocken **12,5 %/8,50 €**
81 2016 Kerner trocken **13 %/12,40 €**
82 2016 Sauvignon Blanc trocken **13,5 %/14,20 €**
81 2016 Auxerrois trocken **12,5 %/13,20 €**
81 2016 Weißburgunder trocken **13 %/13,20 €**
81 2016 Grauburgunder trocken **13,5 %/11,20 €**
80 2016 „Blanc de Noirs" trocken **13 %/12,40 €**
85 2015 Pinot Blanc „Goldbach" **14 %/24,- €**
85 2016 Gewürztraminer **12 %/12,40 €**
81 2016 Pinot Noir Rosé trocken **13 %/10,40 €**
87 2014 Pinot Noir „Goldbach" **13 %/24,- €**
85 2015 „Einer von 486" Rotwein trocken **18,5 %/56,- €**

KRESS

K

H.J. KREUZBERG

★★★★

KONTAKT

Schmittmann-Straße 30
53507 Dernau
Tel. 02643-1691
Fax: 02643-3206
www.weingut-kreuzberg.de
info@weingut-kreuzberg.de

Inhaber Ludwig Kreuzberg & Frank Josten
Geschäftsführer Ludwig Kreuzberg & Frank Josten
Kellermeister Ludwig Kreuzberg & Albert Schamaun
Rebfläche 9,2 Hektar
Produktion 60.000 Flaschen

BESUCHSZEITEN

Mo.-Fr. 10-12 + 14-18 Uhr,
Sa./So. 10-15 Uhr
Straußwirtschaft und Pension

Hermann-Josef Kreuzberg, Prokurist des Dernauer Winzervereins, gründete 1953 sein eigenes Gut, das in 40 Jahren auf 3,5 Hektar anwuchs. Ludwig Kreuzberg hat es 1994 übernommen und auf die heutige Größe von mehr als 9 Hektar erweitert. 2013 ist Frank Josten in die Geschäftsführung eingetreten, führt seither zusammen mit Ludwig Kreuzberg den Betrieb. Sandra Kreuzberg betreut die zugehörige Straußwirtschaft und die Pension. Die Weinberge, über 60 Parzellen, liegen in den Dernauer Lagen Pfaffenwingert und Hardtberg, im Marienthaler Trotzenberg, in den Ahrweiler Lagen Rosenthal und Silberberg sowie in den Neuenahrer Lagen Schieferlay und Sonnenberg; zwei Drittel der Rebfläche liegt in Steillagen. Spätburgunder nimmt gut drei Viertel der Weinberge ein, Frühburgunder ist zweitwichtigste Rebsorte, dazu gibt es Dornfelder und Portugieser, seit 1999 auch Regent, Cabernet Sauvignon und Cabernet Franc, sowie ein klein wenig Riesling und Weißburgunder. Das Gros der Rotweine wird nach der klassischen Maischegärung – 10 bis 12 Tage für die Basisweine, 14 bis 20 Tage für die Großen Gewächse – in großen Holzfässern oder im Barrique ausgebaut, alle durchlaufen die malolaktische Gärung und werden ganz schonend filtriert. Weißweine und Weißherbst werden kalt vergoren um Frische und Lebendigkeit zu erhalten. An der Spitze des Sortiments stehen der Spätburgunder Devonschiefer R, sowie vier Große Gewächse – die Spätburgunder aus Schieferlay, Silberberg und Sonnenberg, und der Frühburgunder aus dem Hardtberg. Der Devonschiefer R (2011 gab es einmalig auch einen Devonschiefer RR) ist bisher eine Lagencuvée, wird aber voraussichtlich zukünftig ganz aus einer Lage kommen, aus dem Trotzenberg oder aber aus einem neuen Weinberg in der Walporzheimer Alte Lay.

Kollektion

Der Blanc de Noir stammt aus dem Saftabzug aller Parzellen, er ist fruchtbetont, würzig und frisch. Der Casa Blanca ist ein Blanc de Noir von Cabernet Sauvignon-Trauben, er wird sechs Monate in gebrauchten Barriques ausgebaut. Er zeigt rauchige Noten, gute Konzentration, besitzt gute Struktur, Druck und Frucht. Der Spätburgunder ist frisch, fruchtbetont und zupackend, besitzt gute Struktur und Biss wie auch der Unplugged, der reintönige Frucht zeigt, rote Früchte, kräftigere Tannine besitzt als der Basis-Spätburgunder. Gute Konzentration und reintönige Frucht prägen das Bouquet des Devonschiefer, er ist klar, harmonisch, zupackend und strukturiert. Der Frühburgunder ist frisch und fruchtbetont im Bouquet, klar und zupackend im Mund, besitzt gute Struktur und Biss. Der Frühburgunder aus dem Hardtberg zeigt rauchig-würzige Noten, viel reife Frucht, rote Früchte, ist fruchtbetont und präzise im Mund, druckvoll und ganz dezent mineralisch. Ganz stark sind auch die drei Großen Gewächse vom

Spätburgunder. Der Wein aus der Schieferlay zeigt reintönige Frucht, feine Frische, etwas florale Noten, ganz dezent Schokolade im Hintergrund, besitzt klare Frucht, gute Struktur und Präzision. Der Sonnenberg-Spätburgunder zeigt gute Konzentration, viel reife Frucht, ist füllig und saftig, besitzt viel reife Frucht und Substanz, Frische und Biss. Der Spätburgunder aus dem Silberberg ist unser Favorit unter den drei Großen Gewächsen, er zeigt reintönige Frucht, feine Frische, etwas Kirschen, ganz dezent florale Noten, ist füllig und saftig im Mund, kraftvoll bei jugendlichen Tanninen. Gleichauf sehen wir den Devonschiefer R, der auch im Jahrgang 2015 wieder eine Lagencuvée aus Trotzenberg und Alte Lay ist und zu 100 Prozent in neuem Holz ausgebaut wurde. Er zeigt viel Konzentration, dezent florale Noten, ist füllig und kraftvoll, besitzt viel Substanz, gute Struktur und Frische. Der zweieinhalb Jahre im Barrique ausgebaute Likörwein Bin 14 besitzt viel Frucht und Konzentration, Süße und Säure. Wir halten uns da lieber an die Spätburgunder, bei denen Ludwig Kreuzberg weiter auf Frische und Spannung setzt. Starke Kollektion!

Weinbewertung

85 2016 Spätburgunder „Blanc de Noir" trocken **12 %/9,- €**
87 2016 „Casa Bianca" „Blanc de Noir" trocken **11,5 %/15,- €**
86 2015 Spätburgunder trocken **13 %/10,- €**
86 2015 Spätburgunder „Unplugged" **12,5 %/15,- €**
87 2015 Frühburgunder „C" **13 %/22,- €**
89 2015 Spätburgunder „Devonschiefer" **13 %/22,- €**
90 2015 Frühburgunder „GG" Dernauer Hardtberg **13 %/36,- €**
91 2015 Spätburgunder „GG" Neuenahrer Schieferlay **13 %/31,- €**
92 2015 Spätburgunder „GG" Ahrweiler Silberberg **13 %/35,- €**
91 2015 Spätburgunder „GG" Neuenahrer Sonnenberg **13 %/39,- €**
92 2015 Spätburgunder „Devonschiefer R" **13,5 %/Vst.**
88 „Bin 14" **18 %**

LAGEN

HARDTBERG (DERNAU)
PFARRWINGERT (DERNAU)
TROTZENBERG (MARIENTHAL)
SCHIEFERLAY (NEUENAHR)
SONNENBERG (NEUENAHR)
SILBERBERG (AHRWEILER)
ROSENTHAL (AHRWEILER)
ALTE LAY (WALPORZHEIM)

REBSORTEN

SPÄTBURGUNDER (77 %)
FRÜHBURGUNDER (9 %)
DORNFELDER (4 %)
CABERNET (4 %)
PORTUGIESER (2 %)
RIESLING (2 %)
WEISSBURGUNDER (2 %)

Thorsten Krieger

★☆

KONTAKT

Theresienstraße 71
76835 Rhodt
Tel. 06323-704998
Fax: 06323-938728
www.weingut-thorsten-krieger.de
info@weingut-thorsten-krieger.de

Inhaber
Thorsten Krieger
Rebfläche
15 Hektar

BESUCHSZEITEN

nach Vereinbarung

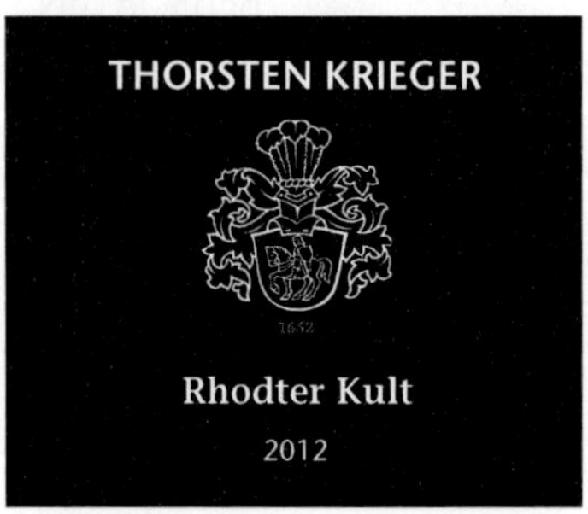

Das Weingut Krieger befindet sich seit 1652 in Familienbesitz. Mit dem Jahrgang 2001 hat Thorsten Krieger das Weingut von seinem Vater Ludwig übernommen, er hat in Heilbronn Betriebswirtschaft mit Schwerpunkt Weinwirtschaft studiert, eine Sommelierausbildung angeschlossen. Seine Weinberge befinden sich vor allem in den Rhodter Lagen Rosengarten, Klosterpfad und Schlossberg, aber auch im Edenkobener Bergel und im Burrweiler Schäwer. Weiße Sorten nehmen 65 Prozent der Rebfläche ein. Sortenschwerpunkte sind Riesling, sowie weiße und rote Burgunder. Hinzu kommen Dornfelder, Dunkelfelder, St. Laurent und Portugieser, sowie Scheurebe, Chardonnay und Gewürztraminer. Neu gepflanzt wurden zuletzt Cabernet Sauvignon, Merlot und Regent.

Kollektion

Zu unserem Favoriten der vergangenen Jahre, dem Pinot Noir aus dem Rosengarten, gesellt sich in diesem Jahr ein ebenbürtiger Syrah: Während der Pinot Noir klare rote Frucht mit Noten von Süßkirschen und Cassis zeigt und eine reife Tanninstruktur und Potential besitzt, zeigt der Syrah dunkle Frucht und etwas pfeffrige Würze, ist elegant und lang mit noch jugendlichen Tanninen. Die Cuvée „Rhodter Kult" aus Merlot und Cabernet Sauvignon zeigt kräutrige Würze mit Noten von Lakritze, besitzt gute Struktur, ist aber auch recht süß. Die beiden Auslesen sind cremig, besitzen gute Konzentration und reintönige Frucht, der Rieslaner hat die markantere Säure, ist frischer als der Gewürztraminer. Die restlichen Weine sind ebenfalls reintönig, der trockene Riesling Kabinett zeigt Kräuterwürze und etwas rauchige Noten, Weiß- und Grauburgunder sind kraftvoll und cremig, der Chardonnay besitzt Fülle und der Sauvignon Blanc ist ganz auf der grünen Seite, mit Noten von Gras und grüner Paprika.

Weinbewertung / keine Preisangaben

83	2016 Sauvignon Blanc trocken **12,5 %**
84	2016 Grauburgunder trocken **13,5 %**
84	2016 Weißburgunder trocken **13 %**
83	2016 Chardonnay trocken **13 %**
83	2016 Riesling trocken **12 %**
85	2016 Riesling Kabinett trocken **12 %**
86	2016 Gewürztraminer Auslese **9,5 %**
87	2016 Rieslaner Auslese **9,5 %**
85	2015 „Rhodter Krieger" Rotwein trocken **13,5 %**
86	2014 Merlot & Cabernet Sauvignon trocken „Rhodter Kult" **14 %**
88	2015 Syrah trocken Rhodter Rosengarten **13,5 %**
88	2015 Pinot Noir trocken Rhodter Rosengarten **14 %**

Rüdiger Kröber

★★★☆

KONTAKT

Hahnenstraße 14
56333 Winningen
Tel. 02606-351
Fax: 02606-2600
www.weingut-kroeber.de
info@weingut-kroeber.de

Inhaber
Rüdiger Kröber
Rebfläche
7 Hektar
Produktion
50.000 Flaschen

BESUCHSZEITEN

Mo.-Sa. 9-18 Uhr

Ute und Rüdiger Kröber übernahmen das Weingut 1991 von Erika und Werner Kröber. Werner Kröber hatte als Küfer den Grundstock für das Weingut gelegt. Seither haben Ute und Rüdiger Kröber, die inzwischen von Sohn Florian im Betrieb unterstützt werden, die Rebfläche mehr als verdoppelt, indem sie Weinberge in Steil- und Terrassenlagen zugekauft haben. Ihre Weinberge befinden sich in den Winninger Lagen Uhlen, Röttgen, Brückstück und Hamm. Die Hälfte der Weinberge liegt in Steillagen, weitere 40 Prozent in Terrassenlagen. Neben Riesling – 92 Prozent der Rebfläche – gibt es ein klein wenig Spätburgunder und Weißburgunder. Die Weine werden teils im Holz, teils im Edelstahl ausgebaut, zuletzt wurden zwei neue Doppelstückfässer angeschafft. Rüdiger Kröber arbeitet heute überwiegend mit Spontangärung, nutzt Maischestandzeiten (bis zu 18 Stunden), so der Jahrgang es erlaubt, und lässt die Weine recht lange auf der Hefe – weshalb sie heute wesentlich mehr Zeit brauchen als noch vor einem Jahrzehnt.

Kollektion

Im Jahrgang 2016 ist bereits der Literwein zu würdigen. Er präsentiert sich angenehm trocken und saftig. Der Kabinett-Riesling aus der Lage Hamm ist dann auch im Vergleich mit dem „Schiefer"-Riesling ein Quantensprung: fest, stoffig, voller Würze, alles andere als beliebig. Unter den drei vorgestellten Uhlen-Weinen des Jahrgangs 2016 wirkt die „August-Horch-Edition" am verschlossensten, besitzt aber Schmelz und enormes Potenzial. Sehr spannend ist der 18 Monate auf der Hefe gelagerte Wein aus dem Uhlen, dicht, voller Schmelz und Würze, dabei keineswegs anstrengend, sondern lang und elegant: ein gelungenes Experiment, das man gern wiederholen dürfte. Süßere Weine als der feinherbe Röttgen-Riesling (viel Schmelz, eher trocken) wurden dieses Mal nicht vorgestellt. —

Weinbewertung

84 2016 Riesling trocken (1l) **11,5 %/6,50 €** ☺
84 2016 Riesling trocken „vom Schiefer" **11,5 %/7,- €**
87 2016 Riesling Kabinett trocken Winninger Hamm **11,5 %/7,50 €** ☺
88 2016 Riesling Uhlen „S" **11,5 %/10,50 €**
89 2016 Riesling Uhlen „Blaufüßer Lay" **11,5 %/15,- €**
89 2016 Riesling trocken „August-Horch-Edition 2017" Uhlen „Laubach" **12 %/18,50 €**
86 2015 Riesling „Steinig" **11,5 %/9,50 €**
86 2016 Riesling Kabinett „feinherb" Winninger Brückstück **11 %/7,50 €**
87 2016 Riesling „feinherb Alte Reben" Winninger Röttgen **11 %/9,80 €**
88 2015 Riesling Uhlen „Laubach" **12 %/17,50 €**

Krone Assmannshausen

★★★☆

KONTAKT

Niederwaldstraße 2
65385 Assmannshausen
Tel. 06722-2525
Fax: 06722-48346
www.weingut-krone.de
info@weingut-krone.de

Inhaber
Familie Drieseberg
Betriebsleiter
Michael Burgdorf
Kellermeister
Michael Burgdorf, Dominic Borgwardt, Peter Perabo
Rebfläche 5,5 Hektar
Produktion 20.000 Flaschen

BESUCHSZEITEN

nach Vereinbarung (Verkauf auch über Hotel Krone Assmannshausen)

Seit dem 16. Jahrhundert gibt es das Gasthaus Krone in Assmannshausen, seit 1860 das gleichnamige Weingut, für das im gleichen Jahr ein 60 Meter langer Felsenkeller gebaut wurde, in dem die Weine noch heute vinifiziert werden. 2006 wurden erstmals in der Geschichte Hotel und Weingut nicht gemeinsam an die nächste Eigentümergeneration übergeben. Das Weingut blieb im Besitz von Botho Jung, im Jahr 2007 ist die Familie Drieseberg (Weingüter Wegeler) als Mitgesellschafter in das Weingut Krone eingestiegen, das sie seit dem Tod von Botho Jung im Jahr 2014 allein führt. Die Weinberge liegen in den Assmannshäuser Lagen Höllenberg, Frankenthal und Hinterkirch, sowie in Rüdesheim im Berg Schlossberg und im Drachenstein, aber auch im Lorcher Schlossberg. Spätburgunder nimmt vier Fünftel der Fläche ein, dazu gibt es etwas Weißburgunder und Riesling. Der Spitzen-Spätburgunder des Hauses trägt seit 2005 den Namen Juwel – aber keinen Lagennamen, auch wenn er überwiegend aus dem Höllenberg stammt. Der Höllenberg-Spätburgunder, der einzige Wein des Weingutes mit Lagenbezeichnung, ist betriebsintern hinter dem Juwel angesiedelt. Die Top-Spätburgunder stammen von in den sechziger Jahren gepflanzten Burgunderklonen und werden in französischen Barriques ausgebaut.

Kollektion

Das Weingut stellt in diesem Jahr neben aktuellen Weißweinen aus 2016 schon im Vorjahr präsentierte Spätburgunder im markant puristischen Stil vor. Der Weißburgunder ist ausgewogen und fein. Knackig und geradlinig ist der Blanc de Noir, ebenso wie der Riesling „Alte Reben", der markant salzig endet. Der 2014er Spätburgunder ist leicht, klar, frisch und würzig, hat Substanz. Mit reifer Frucht und feinen Tanninen übertrifft ihn der Ortswein aus Assmannshausen jedoch deutlich. Beide Höllenberg-Spätburgunder sind beeindruckend, der 2013er ist reif und saftig, strukturiert und nachhaltig, der 2012er ist fülliger, auch er besitzt noch viel markante Tannine. Klarer Favorit ist der ätherische 2012er Juwel, der konzentriert und reif ist und über feine Tannine verfügt, lang und nachhaltig ist.

Weinbewertung

86 2016 Weißburgunder trocken **13 %/18,40 €**
86 2016 Riesling „Alte Reben" **12 %/15,90 €**
83 2016 Spätburgunder „Blanc de Noir" **11 %/15,90 €**
85 2014 Spätburgunder trocken **12 %/18,50 €**
87 2014 Spätburgunder trocken Assmannshäuser **12,5 %/22,- €**
90 2012 Spätburgunder trocken Assmannshäuser Höllenberg **13,5 %/43,- €**
90 2013 Spätburgunder trocken Assmannshäuser Höllenberg **13 %/43,- €**
92 2012 Spätburgunder trocken „Juwel" Assmannshäuser **14 %/61,- €**

KRONENHOF

★

KONTAKT

Langgasse 8
55435 Gau-Algesheim
Tel. 06725-95703
Fax: 06725-95704
www.kronenhof.de
weingut@kronenhof.de

Inhaber
Andreas Hattemer
Rebfläche
8,5 Hektar
Produktion
30.000 Flaschen

BESUCHSZEITEN

Fr. 13-18 Uhr, Sa. 10-13 Uhr
oder nach Vereinbarung

Seit Mitte des 15. Jahrhunderts betreiben die Hattemers Weinbau in Gau-Algesheim. Vor hundert Jahren, damals noch ein landwirtschaftlicher Mischbetrieb mit Ackerbau und Viehhaltung, bezog man den Kronenhof im Stadtkern von Gau-Algesheim. 2001 übernahm Andreas Hattemer, Geisenheim-Absolvent, von seinem Vater Bernhard die Leitung des Weinguts. Er stellte auf ökologische Bewirtschaftung um, ist seit 2008 Mitglied bei Ecovin. Die Weinberge liegen alle in Gau-Algesheim in den Lagen Steinert, Johannisberg, Rothenberg und Goldberg. Riesling nimmt ein Viertel der Rebfläche ein, hinzu kommen mit etwa gleichen Anteilen Silvaner, Grauburgunder, Weißburgunder, Müller-Thurgau, Spätburgunder und Portugieser, des Weiteren Scheurebe, Cabernet Blanc, Kerner, Merlot und Frühburgunder. Dem Weingut ist ein Gästehaus angeschlossen.

Kollektion

Eine stimmige Kollektion präsentiert Andreas Hattemer zum Debüt. Silvaner und Weißburgunder sind geradlinig und frisch, etwas besser gefällt uns der zupackende, reintönige Grauburgunder. Der Cabernet Blanc ist geradlinig und klar, die trockene Riesling Spätlese fruchtbetont und geradlinig. Eine deutliche Steigerung bringt der Riesling von alten Reben aus dem Steinert, er zeigt feine rauchige Noten im Bouquet, ist füllig und kraftvoll im Mund bei viel Substanz. Der im Holz ausgebaute Quercus-Grauburgunder zeigt viel Duft im Bouquet, etwas Vanille, ist kompakt und kraftvoll im Mund. Die Kerner Spätlese ist frisch und fruchtbetont, besitzt feine süße Frucht. Sehr homogen präsentiert sich der rote Teil der Kollektion. Der Spätburgunder ist frisch und fruchtbetont, besitzt gute Struktur und Biss. Der Frühburgunder zeigt rauchig-würzige Noten im Bouquet, ist kraftvoll und zupackend wie auch der frische, reintönige Merlot.

Weinbewertung

81	2016 Grüner Silvaner trocken **12,5 %/5,50 €**
80	2016 Weißer Burgunder trocken **12,5 %/5,50 €**
82	2016 Grauer Burgunder trocken **13,5 %/7,- €**
82	2016 Riesling Spätlese trocken **12 %/7,- €**
82	2016 Cabernet Blanc trocken **12 %/7,40 €**
85	2015 Riesling trocken „Alte Reben" Gau-Algesheimer Steinert **13,5 %/9,50 €**
84	2015 Grauer Burgunder trocken „Quercus" Gau-Algesh. Rothenberg **14 %/12,50 €**
81	2016 Riesling halbtrocken **11,5 %/5,50 €**
83	2016 Kerner Spätlese **10 %/6,40 €**
83	2015 Spätburgunder trocken **13 %/6,- €**
83	2014 Frühburgunder trocken Gau-Algesheimer Johannisberg **13,5 %/8,50 €**
83	2015 Merlot trocken **13 %/7,- €**

Kublin

★

N

KONTAKT

Obere Guldenstraße 12
79346 Endingen
Tel. 0172-7235915
www.weingut-kublin.de
info@weingut-kublin.de

Inhaber
Wolfram & Sebastian Kublin
Rebfläche
4 Hektar
Produktion
17.000 Flaschen

BESUCHSZEITEN

nach Vereinbarung

Weingut KUBLIN

K

Der Wein- und Obstbaubetrieb Kublin liegt im Endinger Ortsteil Königschaffhausen, wurde 1992 von Petra und Wolfram Kublin gegründet. Weinbau spielte anfangs nur eine Nebenrolle, mit dem Einstieg von Sohn Sebastian im Jahr 2004 wurde die Rebfläche nach und nach erweitert. Die Burgundersorten dominieren im Anbau, wie könnte das anders sein am Kaiserstuhl. Grauburgunder ist die wichtigste Rebsorte im Betrieb, nimmt ein Drittel der Rebfläche ein, gefolgt von Spätburgunder und Müller-Thurgau, dazu gibt es Weißburgunder und Chardonnay, aber auch Gewürztraminer. Das Sortiment ist zweistufig gegliedert. Die Basis bilden die Qualitäts- und Kabinettweine, das Premium-Segment wird Edition SK genannt. Die Weine werden langsam und gekühlt vergoren und überwiegend trocken ausgebaut. Destillate aus eigener Herstellung ergänzen das Sortiment.

Kollektion

Die Kollektion ist stimmig, hat ihre Spitzen in der SK-Linie. Aber auch schon der Grauburgunder im Liter ist fruchtbetont und klar, der Grauburgunder Kabinett etwas zu süffig und süß wie auch der lebhafte Weißburgunder Kabinett. Der geradlinige feinherbe Gewürztraminer ist frisch und lebhaft, der erdbeerduftige Rosé süffig und frisch. Der Weißburgunder SK zeigt gute Konzentration und reintönige Frucht, ist füllig und saftig, besitzt viel reife süße Frucht, aber auch gute Struktur. Der SK-Grauburgunder zeigt feine Würze und Frucht, ist füllig und kraftvoll, besitzt ebenfalls viel reife süße Frucht und dezent bitter-alkoholische Noten im Abgang. Der im Barrique ausgebaute Chardonnay hat ebenso viel Alkohol, aber ihm merkt man das nicht an, er ist konzentriert, rauchig, besitzt Fülle und Kraft, gute Struktur und Substanz. Beim Premium-Spätburgunder hingegen ist der Alkohol ein wenig zu hoch geraten, was ihn ganz dezent bitter im Abgang macht, er ist klar und zupackend, zeigt wunderschön reintönige Frucht im Bouquet. Ein gutes Debüt mit viel versprechenden Ansätzen.

Weinbewertung

79	2016 Grauer Burgunder trocken (1l) **13,5 %/4,80 €**
81	2016 Weißer Burgunder Kabinett trocken **13,5 %/6,- €**
81	2016 Grauer Burgunder Kabinett trocken **14 %/6,- €**
84	2016 Weißer Burgunder trocken „Edition SK" **13,5 %/10,80 €**
85	2016 Grauer Burgunder trocken „Edition SK" **14 %/10,80 €**
85	2015 Chardonnay Spätlese trocken „Edition SK" Barrique **14 %/12,80 €**
82	2016 Gewürztraminer Kabinett „feinherb" **12,5 %/6,50 €**
81	2016 Spätburgunder Rosé Kabinett trocken **13 %/5,- €**
84	2015 Spätburgunder trocken „Edition SK" **14,5 %/12,80 €**

KÜHLING

★★

KONTAKT

Gartenstraße 2
67599 Gundheim
Tel. 06244-666
Fax: 06244-840
www.weingut-kuehling.de
info@weingut-kuehling.de

Inhaber
Berthold & Benedikt Kühling
Rebfläche
16 Hektar
Produktion
60.000 Flaschen

BESUCHSZEITEN

nach Vereinbarung

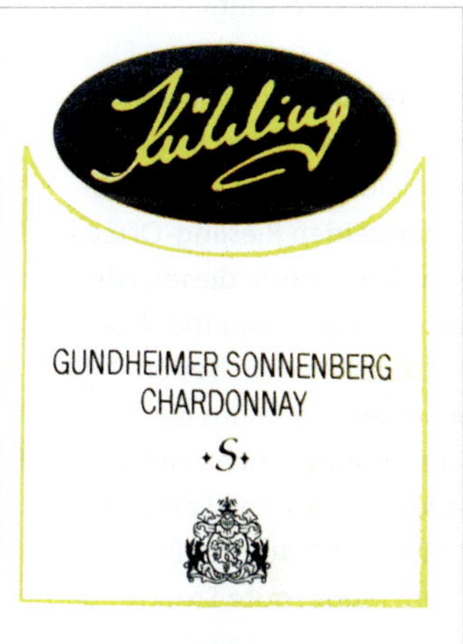

Berthold und Silvia Kühling führen heute das Gut, das sich seit mehreren Generationen in Familienbesitz befindet. 2008, nach Beendigung seines Geisenheim-Studiums, ist Sohn Benedikt in den Betrieb eingestiegen. Ihre Weinberge liegen in Gundheim (Sonnenberg, Hungerbiene, Mandelbrunnen), Westhofen (Rotenstein), Abenheim (Klausenberg) und Monzernheim (Steinböhl). Riesling nimmt ein Viertel der Rebfläche ein, die Burgundersorten zusammen 35 Prozent, dazu gibt es Sauvignon Blanc, Müller-Thurgau, Silvaner, Dornfelder und andere Rebsorten. Die Rotweine werden maischevergoren und überwiegend im Holzfass, auch im Barrique ausgebaut. Die Weißweine werden großteils im Edelstahl ausgebaut. Seit 2007 werden die Weinberge ökologisch bewirtschaftet, man ist Mitglied bei Naturland; 2010 war der erste zertifiziert biologische Jahrgang. Im gleichen Jahr wurde das Sortiment neu gegliedert in Guts-, Orts- und Lagenweine, Prädikatsbezeichnungen werden für trockene Weine nicht länger verwendet.

Kollektion

Eine starke, stimmige Kollektion präsentieren Berthold und Benedikt Kühling auch in diesem Jahr, die Spitzen gewinnen an Komplexität. Die Basis stimmt, das beweist der geradlinige, fruchtbetonte Gutsriesling. Der Mandelbrunnen-Weißburgunder ist rauchig und fruchtbetont, der Grauburgunder aus der Hungerbiene besitzt gute Struktur und Frucht, der Chardonnay aus dem Sonnenberg hat Fülle und Kraft. Der Rotenstein-Riesling ist geradlinig, besitzt feine süße Frucht und Biss, deutlich druckvoller und stoffiger ist der Steinböhl-Riesling. Die Spätlese ist klar und zupackend, der Gundheimer Pinot Noir geradlinig und frisch, die rote Cuvée hat gute Struktur und Kraft. An der Spitze steht der Reserve-Pinot Noir aus dem Sonnenberg, der rauchige Noten zeigt, kraftvoll, klar und zupackend ist.

Weinbewertung

82	2016 Riesling trocken **12 %/6,30 €**
84	2016 Weißburgunder trocken Gundheimer Mandelbrunnen **13 %/8,50 €**
85	2016 Riesling „S" trocken Westhofener Rotenstein **13 %/8,20 €**
82	2016 Grauburgunder trocken Gundheimer **13 %/6,80 €**
83	2016 Chardonnay trocken Bermersheimer **13 %/6,90 €**
86	2016 Grauburgunder trocken Gundheimer Hungerbiene **13 %/8,50 €**
87	2016 Chardonnay „S" trocken Gundheimer Sonnenberg **13,5 %/10,80 €**
87	2016 Riesling trocken Monzernheimer Steinböhl **13 %/13,50 €**
84	2016 Riesling Spätlese **10 %/7,20 €**
84	2015 Pinot Noir trocken Gundheimer **13 %/8,30 €**
85	2015 Cabernet Sauvignon & Merlot trocken Gundheimer **13 %/9,80 €**
88	2015 Pinot Noir trocken „Reserve" Gundheimer Sonnenberg **13 %/13,- €**

K

KÜHLING-GILLOT

★★★★☆

KONTAKT

Ölmühlstraße 25
55294 Bodenheim
Tel. 06135-2333
Fax: 06135-6463
www.kuehling-gillot.com
info@kuehling-gillot.de

Inhaber
Carolin Spanier-Gillot &
H.O. Spanier
Rebfläche
15 Hektar
Produktion
100.000 Flaschen

BESUCHSZEITEN

Mo.-Fr. 9-12 + 14-17 Uhr, Sa. 10-12 Uhr und nach Vereinbarung

Das Weingut Kühling-Gillot entstand in seiner heutigen Form 1970 durch die Heirat von Roland Gillot und Gabi Kühling, mit der die beiden Weingüter Kühling und Gillot verschmolzen wurden. Seit 2002 führt Tochter Carolin das Gut, die mit Hans Oliver Spanier vom Weingut BattenfeldSpanier verheiratet ist, sie führen beide Weingüter gemeinsam. Ihre Weinberge liegen in den Niersteiner Lagen Pettenthal und Ölberg, inzwischen sind sie auch im Hipping vertreten, in den Oppenheimer Lagen Kreuz, Sackträger und Herrenberg, im Nackenheimer Rothenberg (mit teils wurzelechten Reben) und im Bodenheimer Burgweg. Wichtigste Rebsorte ist Riesling mit einem Anteil von 60 Prozent. Es folgt Spätburgunder, hinzu kommen ein wenig Grauburgunder, Scheurebe, Gewürztraminer und Chardonnay, Silvaner und Weißburgunder gibt es nicht mehr bei Kühling-Gillot, diese Rebsorten erhält man im Weingut BattenfeldSpanier. Die Weine der beiden Weingüter werden von Hans Oliver Spanier vinifiziert, behalten aber ihre eigene Lagenidentität. Das Programm von Kühling-Gillot ist in drei Stufen gegliedert: Die Basis bilden die Gutsweine, Qvinterra genannt, es folgen die Ortsweine, die Rieslinge aus Nierstein, Nackenheim und Oppenheim, sowie der Chardonnay aus Oppenheim, an der Spitze stehen die Großen Gewächse, wobei man sich beim Riesling inzwischen auf die Lagen Pettenthal und Rothenberg beschränkt, mit dem Jahrgang 2014 ist ein Wein aus dem Hipping hinzugekommen, aus Oppenheim werden vom Riesling keine Großen Gewächse mehr erzeugt, aber es gibt einen Spätburgunder aus dem Oppenheimer Kreuz, einen weiteren aus dem Bodenheimer Burgweg. Wenn es der Jahrgang erlaubt, werden auch edelsüße Weine erzeugt. Die Weinberge werden biologisch bewirtschaftet.

Kollektion

Nur einen Gutswein konnten wir dieses Jahr verkosten, den Qvinterra-Riesling, aber der ist sehr gut, zeigt rauchige Noten, ist frisch, klar und zupackend, besitzt gute Struktur und Frucht: Der Einstieg stimmt. Spannend ist wieder einmal der Vergleich der beiden Riesling-Ortsweine aus Nierstein und Nackenheim, der Oppenheimer wurde dieses Jahr nicht präsentiert. Der Nackenheimer hatte im vergangenen Jahr die Nase vorne, 2016 ist er rauchig, reintönig, herrlich eindringlich, besitzt Fülle, Kraft und viel reife Frucht. Ein klein wenig besser gefällt uns dieses Jahr der Niersteiner, zeigt gute Konzentration, reintönige Frucht, ist füllig und kraftvoll, besitzt viel reife Frucht, gute Struktur, Druck und Länge. Auch der Chardonnay R ist hervorragend, zeigt rauchige Noten im Bouquet, dezenten Toast, besitzt herrlich viel Frucht im Mund, gute Struktur und Substanz. An der Spitze der Kollektion aber stehen ganz eindeutig die drei Großen Riesling-Gewächse. Zuletzt hatte immer der Wein von wurzelechten Reben im Rothenberg die Nase vorne, dieses Jahr sehen wir ihn nur auf Platz 3 – und das nicht, weil er schwächer, nein, weil seine beiden Kollegen so stark sind. Der Rothenberg zeigt gute Konzentration im Bouquet, würzig-rauchige Noten, deutliche Sponti-Prägung, ist stoffig im Mund, kompakt, besitzt viel Substanz und Kraft, ist noch sehr jugendlich. Der Hipping ist wunderschön rauchig und konzentriert, klar und kraftvoll, besitzt viel Substanz, gute Struktur, Länge, Druck und Nachhall. Auch der Pettenthal zeigt wie seine beiden Kollegen im Jahrgang 2016 eine ausgeprägte Sponti-Prägung im Bouquet, rauchige Noten, ist wunderschön reintönig, er kommt klar und zupackend in den Mund, baut enormen Druck auf, ist präzise, strukturiert, enorm nachhaltig, dezent mineralisch – einer der ganz großen Rieslinge des Jahrgangs in Deutschland! Neben trockenem Riesling gibt es 2016 auch einige feine restsüße Weine bei Kühling-Gillot. Der Kabinett aus der Steillage ist rauchig, herrlich eindringlich, frisch, zupackend und strukturiert, der Pettenthal-Kabinett ist etwas konzentrierter, faszinierend reintönig, besitzt herrlich viel Frucht und Frische. Die Rothenberg-Spätlese zeigt gute Konzentration und rauchige Noten im Bouquet, herrlich viel Frucht, ist klar und füllig im Mund, enorm füllig und saftig. Nicht ganz so saftig ist die Spätlese aus dem Pettenthal, im Vergleich mit der Rothenberg-Spätlese fast „moseltypisch", sie ist faszinierend frisch und lebendig, reintönig und lang. Der Spätburgunder aus dem Kreuz zeigt reintönige Frucht im Bouquet, feine Frische, dezent rauchige Noten, ist harmonisch und elegant im Mund, wunderschön reintönig, frisch und lang. Eine ganz starke Kollektion!

Weinbewertung

86	2016 Riesling trocken „Qvinterra" **12 %/10,90 €**
90	2016 Riesling Nierstein **12 %/21,- €**
89	2016 Riesling Nackenheim **12 %/19,50 €**
90	2016 Chardonnay „R" trocken **12,5 %/22,- €**
93	2016 Riesling „GG" Hipping **12,5 %/45,- €**
94	2016 Riesling „GG" Pettenthal **12,5 %/45,- €**
92	2016 Riesling „GG" „wurzelecht" Rothenberg **12,5 %/85,- €**
87	2016 Riesling Kabinett Pettenthal **10 %/16,50 €**
88	2016 Riesling Kabinett Steillage Nierstein **8,5 %/14,50 €**
90	2016 Riesling Spätlese Rothenberg **9,5 %/19,50 €**
91	2016 Riesling Spätlese Pettenthal **9,5 %/19,50 €**
90	2015 Spätburgunder „GG" Kreuz **13 %/35,- €**

LAGEN

PETTENTHAL (NIERSTEIN)
OELBERG (NIERSTEIN)
HIPPING (NIERSTEIN)
ROTHENBERG (NACKENHEIM)
KREUZ (OPPENHEIM)
BURGWEG (BODENHEIM)

REBSORTEN

RIESLING (60 %)
SPÄTBURGUNDER (10 %)

Peter Jakob Kühn

★★★★★

Kontakt

Mühlstraße 70
65375 Oestrich-Winkel
Tel. 06723-2299
Fax: 06723-87788
www.weingutpjkuehn.de
info@weingutpjkuehn.de

Inhaber
Peter Jakob Kühn
Rebfläche
20 Hektar
Produktion
110.000 Flaschen

Besuchszeiten

Mo.-Fr. 9-17 Uhr, Sa. 11-17 Uhr,
So. geschlossen

Seit über 200 Jahren baut die Familie Wein im Rheingau an. Das Weingut in seiner heutigen Form haben Peter Jakob und Angela Kühn seit Ende der siebziger Jahre aufgebaut. Heute werden sie im Betrieb unterstützt von Sohn Peter Bernhard und den Töchtern Kathrin und Sandra. Die Weinberge liegen in den Oestricher Lagen Doosberg (mit der alten Einzellage Landpflecht), Lenchen und Klosterberg, im Mittelheimer St. Nikolaus (mit der alten Einzellage Schlehdorn) und im Hallgartener Hendelberg und der alten Einzellage Hallgartener Frühenberg, sowie in der Hallgartener Jungfer. Neben dem dominierenden Riesling wird ein klein wenig Spätburgunder angebaut. Seit 2004 arbeitet Peter Jakob Kühn biologisch und biodynamisch, seit 2009 ist er Mitglied bei Demeter. Die Weine werden mit den natürlichen Hefen vergoren, ohne Temperaturkontrolle, teilweise durchlaufen sie auch die malolaktische Gärung. Peter Jakob und Peter Bernhard Kühn haben in den letzten Jahren wieder verstärkt auf Holz gesetzt, heute werden alle Orts- und Lagenweine im Holz ausgebaut. Und sie haben die Ausbaudauer deutlich verlängert. Die Weine der ersten Lagen (Klosterberg, Hendelberg) bleiben ein Jahr im Fass, die Großen Gewächse (Doosberg, St. Nikolaus) zwei Jahre, noch länger – angestrebt sind drei Jahre – sollen zukünftig Schlehdorn und Landgeflecht im Fass bleiben.

Kollektion

Die trockenen 2016er Rieslinge öffnen sich im Basisbereich recht schnell im Glas, sie präsentieren sich jedoch gewohnt straff und phenolisch herb, bei den gehobenen Qualitäten fluktuieren sie stark, präsentieren sich erst mit langer Belüftung merklich offener, trotzdem ist jedes Urteil bei den Rieslingen dieses Weingutes immer als Momentaufnahme zu verstehen. Der Jacobus ist geradlinig, frisch, dabei eingängig saftig. Ein wirklich toller, animierender Gutsriesling, der die Handschrift des Weingutes voll und ganz transportiert. Der Rheinschiefer-Riesling von den Hallgartener Weinbergen entfaltet im Geschmack einen durchgängig subtilen Druck, bleibt sich in seiner markant kühlen und zurückhaltenden Art bis in den langen Nachgeschmack treu. Ätherisch und pur wirkt der Quarzit, der Ortswein aus den Oestricher Lagen, wie aus Stein gemeißelt. Feine Würze und nasser Stein prägen sein Aroma, man erahnt getrocknete Gelbfrüchte. Er ist kompromisslos trocken, kraftvoll, dank einer subtilen ätherischen Ader präzise und fein, entwickelt mit der Luft immer mehr Schmelz und Fülle. Der Lagen-Riesling aus dem Oestricher Klosterberg wirkt da schon recht aufgeschlossen, konzentriert, bleibt lang und pointiert würzig und

anregend herb: ein echtes Highlight der Kollektion. Der Riesling aus dem Hallgartener Hendelberg ist dagegen feiner, immer kühl und fokussiert, besitzt feine Frische, ist lang und nachhaltig, ganz leicht salzig und mineralisch. Die beiden Großen Gewächse aus dem Jahrgang 2015 sind eindringlich, wieder einmal kompromisslos eigenwillig. Sie ändern ihren Geschmack ständig. Der Riesling aus dem Mittelheimer St. Nikolaus präsentiert sich in echter Frühform, er ist vollmundig, großzügig, immer wieder auch etwas karg, ist dabei sehr intensiv und würzig, lang und nachhaltig. Seine prägnanten, dabei filigranen Gerbstoffe dringen beharrlich durch, sind bestens eingebettet. Dagegen ist sein Kollege aus dem Oestricher Doosberg mineralischer gewirkt, drahtig, kompakt und herb. Seine knackige Säureader lässt ihn in Kombination mit seinen prägnanten Schalenaromen noch recht sperrig erscheinen, er ist dabei gaumenwässernd und sehr lang, birgt spürbar großes Potenzial. Der fruchtige Kabinett aus dem Oestricher Lenchen ist ansprechend herb gelungen, balanciert ausgezeichnet zwischen saftiger Fruchtsüße und markanter Frische, ist ein offenherziger Wein, wunderschön zugänglich und süffig. Die Spätlese aus dem Lenchen ist vital und reintönig, die Kombination von harmonischer Säure, spürbarer Gerbstoffherbe und feiner Frucht ist gelungen, sie ist cremig, harmonisch, zugänglich und animierend. Die Auslese aus dem Oestricher Lenchen mit ihrer reinen beerigen Art bietet feinen Schmelz und tropisch herbes Frucht-Säure-Spiel, das man für edelsüße Qualitäten in diesem Jahr nicht besser hätte einfangen können. Auch die Beerenauslese ist sehr reintönig und eindringlich, sie ist cremig und fein, wunderschön konzentriert, dabei elegant, lang und nachhaltig.

Weinbewertung

86	2016 Riesling trocken „Jacobus“ **12 %/11,50 €**
88	2016 Riesling trocken „Rheinschiefer“ Hallgarten **11,5 %/14,50 €**
89	2016 Riesling trocken „Quarzit“ Oestrich **12 %/16,50 €**
90	2016 Riesling trocken Oestrich Klosterberg **12,5 %/20,50 €**
89	2016 Riesling trocken Hallgarten Hendelberg **12,5 %/21,50 €**
92	2015 Riesling trocken Mittelheim St. Nikolaus **13 %/35,- €**
93	2015 Riesling trocken Oestrich Doosberg **13 %/37,- €**
87	2016 Riesling Kabinett Oestricher Lenchen **9,5 %/14,- €**
88	2016 Riesling Spätlese Oestricher Lenchen **8 %/23,- €**
91	2016 Riesling Auslese Oestricher Lenchen **7 %/35,- €/0,375 l**
93	2016 Riesling Beerenauslese **6,5 %/80,- €/0,375 l**

K

LAGEN

DOOSBERG (OESTRICH)
- LANDGEFLECHT
LENCHEN (OESTRICH)
ST. NIKOLAUS (MITTELHEIM)
- SCHLEHDORN
KLOSTERBERG (OESTRICH)
HENDELBERG (HALLGARTEN)

REBSORTEN

RIESLING (95 %)
SPÄTBURGUNDER (5 %)

WOLFGANG KÜHN

★★☆

KONTAKT

Ludwigstraße 29
63913 Klingenberg
Tel. 09372-3169
Fax: 09372-12365
www.weingut-wolfgang-kuehn.de
weingut_kuehn@web.de

Inhaber
Wolfgang & Ulrike Kühn
Rebfläche
2,5 Hektar
Produktion
15.000 Flaschen

BESUCHSZEITEN

nach Vereinbarung
Häckerwirtschaft (2 x im Jahr)

Wolfgang Kühn übernahm 1987 die elterlichen Weinberge, die alle im Klingenberger Schlossberg liegen, der rote Bundsandsteinböden besitzt und nach Süd-Südwest exponiert ist. Alle Weinberge befinden sich in denkmalgeschützten kleinen Terrassen. Spätburgunder nimmt die Hälfte der Rebfläche ein, es folgen Portugieser, Frühburgunder, St. Laurent, Müller-Thurgau, Silvaner, Riesling und Gewürztraminer, sowie die pilzresistenten Sorten Regent, Rondo und Johanniter, dazu gibt es ein wenig Cabernet Sauvignon. Der Altrod stammt aus einer Parzelle mit in den dreißiger Jahren gepflanzten Reben, in der Portugieser, Spätburgunder und St. Laurent wachsen, aber auch einige unbekannte Rebsorten; wenn Wolfgang Kühn einzelne Reben in dieser Parzelle ersetzt, pflanzt er Spätburgunder. Der Spitzen-Spätburgunder „U" stammt aus einer Parzelle mit alten Reben, die Ulrike Kühn allein bearbeitet. Alle Rotweine werden zwei bis drei Wochen maischevergoren und durchgegoren ausgebaut.

K

Kollektion

Die neue Kollektion ist sehr gleichmäßig. Die beiden Weißweine sind klar, fruchtbetont und zupackend, die Spitzen aber findet man bei Wolfgang Kühn wie gewohnt im roten Segment. Die 2014er Spätburgunder sind etwas verhaltener als gewohnt, auch wenn die sehr gute trockene Spätlese reintönige Frucht, gute Struktur und Frische besitzt. Alle anderen Rotweine stammen aus dem Jahrgang 2015. Der Regent ist frisch und zupackend, der St. Laurent überzeugt mit Fülle, Kraft und klarer Frucht. Der Frühburgunder besitzt reintönige Frucht, feine Frische und gute Struktur, bleibt aber ein wenig zurückhaltend, im Vergleich zu früheren Jahrgängen. Weshalb in diesem Jahr kein Burgunder unser Favorit im Kühn'schen Sortiment ist, sondern der Cabernet Sauvignon: Er zeigt reintönige Frucht im Bouquet, etwas Cassis, ist klar und zupackend im Mund, besitzt gute Struktur und Frucht.

Weinbewertung

84	2016 Silvaner Kabinett trocken Klingenberger Schlossberg	**12 %/8,50 €**
83	2016 Johanniter Kabinett trocken Klingenberger Schlossberg	**12,5 %/8,50 €**
84	2015 Portugieser trocken Klingenberger Schlossberg	**12 %/6,50 €**
82	2015 „Altrod" Rotwein trocken Klingenberger Schlossberg	**12,5 %/10,50 €**
83	2014 Spätburgunder trocken Klingenberger Schlossberg	**12,5 %/10,50 €**
84	2015 Regent trocken Klingenberger Schlossberg	**12 %/8,50 €**
86	2015 St. Laurent trocken Klingenberger Schlossberg	**13 %/12,50 €**
87	2015 Cabernet Sauvignon trocken Klingenberger Schlossberg	**12,5 %/12,50 €**
85	2015 Frühburgunder Spätlese trocken Klingenberger Schlossberg	**12,5 %/25,- €**
86	2014 Spätburgunder Spätlese trocken Klingenberger Schlossberg	**12,5 %/15,- €**

FRANZ KÜNSTLER

★★★★

KONTAKT

Geheimrat-Hummel-Platz 1a
65239 Hochheim
Tel. 06146-8386-0
Fax: 06146-7335
www.weingut-kuenstler.de
info@weingut-kuenstler.de

Inhaber
Gunter Künstler
Rebfläche
48 Hektar
Produktion
310.000 Flaschen

BESUCHSZEITEN

Mo.-Fr. 8-12 + 13-18 Uhr,
Sa. 10-15 Uhr, So. (saisonal, siehe Homepage) 11-16 Uhr

Die Geschichte des Weinguts Künstler unterscheidet sich deutlich von dem anderer Betriebe im Rheingau. Seit Mitte des 17. Jahrhunderts betrieb die Familie Künstler in Südmähren Weinbau. Nach dem Zweiten Weltkrieg musste sie die Heimat verlassen. Franz Künstler leitete 15 Jahre lang andere Weingüter in Hochheim, bevor er sich 1965 selbstständig und rasch Karriere machte. Bereits in den Siebzigern schloss der Newcomer qualitativ zu vielen etablierten Erzeugern auf. Seit 1988 führt sein Sohn Gunter das Weingut, seit 1994 ist es Mitglied im VDP. 1996 übernahm Künstler das Weingut Aschrott Erben, vor einigen Jahren zog er in neue Räume um: Hier ist ausreichend Platz, um die Erträge der mit der Zeit auf 48 Hektar angewachsenen Rebfläche zu verarbeiten. Künstler baut 80 Prozent Riesling an, hinzu kommen Spätburgunder und kleine Mengen Chardonnay, Sauvignon Blanc und Grüner Veltliner. Er bewirtschaftet Parzellen in den Hochheimer Lagen Hölle, Kirchenstück oder Domdechaney, aber auch im Kostheimer Weiß Erd oder im Rüdesheimer Berg Rottland. Die Hochheimer Lagen Stein und Reichestal sind von großer Bedeutung für die Rotweinerzeugung. Im Keller wie im Außenbetrieb wird Gunter Künstler von Rolf Schregel unterstützt.

Kollektion

Die 2016er Kollektion steht der aus dem Vorjahr in nichts nach. Zwar fehlen witterungsbedingt die edelsüßen Spitzen, dafür sind gerade die weißen Basisqualitäten sogar besser geraten als im letzten Jahr, was auch daran liegt, dass der Alkoholgehalt durch die Bank deutlich unter denen des Vorjahres angesiedelt ist, wodurch wieder mehr Raum für feine mineralische Noten da ist und bei harmonisch reifer Säure Leichtigkeit, Trinkfreude und Frische in den Vordergrund geraten. Der Sauvignon Blanc ist schlank und frisch, er ist animierend und stoffig. Der trockene Gutsriesling ist saftig, aromatisch, trinkfreudig, besitzt Kraft und Harmonie. Der trockene Riesling aus dem Herrnberg ist stoffiger, vollmundiger und würziger. Seine perfekt eingepassten herben Schalenaromen verleihen ihm Struktur und passen wunderbar zu seiner fülligen Art. Mit feiner tropisch-herber Aromatik und mineralischem Schliff glänzt der trockene Kabinett aus der Hölle. Er ist lebendig, geradlinig, sehr fein, animierend frisch, ist nachhaltig bei dezent salzigen Noten. Mit vollmundigem Saft und milder Würze folgt der Riesling aus dem Stielweg. Dem steht in diesem Jahr eine gut passende Frischeader gegenüber, die ihn geradezu delikat erscheinen lässt. Es folgt ein großzügiger beeriger Nachhall und feine Schalennoten. Die Kombination aus Kraft und Frische schafft Spannung und Tiefe. Die Großen Gewächse bilden ein geschlossenes Bild. Sie sind feiner und leichter als im Vorjahr, neigen nicht zur Opulenz und Cremigkeit, bleiben kühl und animierend, ohne Nachhaltigkeit und Tiefe zu missen. Das Große Gewächs aus der Weiß Erd in Kostheim ist heuer eher schlank ausgefallen. Das ist jedoch kein Nachteil, denn es spielt dabei gekonnt zwischen feiner Saftigkeit und markanter Frische. Druck und Würze sind da. Dagegen ist das Große Gewächs aus dem Kirchenstück sofort präsent, straff und präzise, es verfügt über mineralische Würze, dichten Schmelz, feine Saftigkeit und große Nachhaltigkeit. Das Große Gewächs aus der Hölle steht wieder an der Spitze der Weine aus dem Oberen Rheingau. Es präsentiert sich fein, fast filigran, beeindruckt mit Frische und Eleganz, ist nicht so muskulös wie im Vorjahr, dafür präzise und mineralisch kühl bis in den langen Nachgeschmack. Die Großen Gewächse aus Rüdesheim sind ihrer Herkunft nach noch kühler und filigraner. Der Berg Rottland ist sehr fein geraten, leichtfüßig und dezent herb. Sein subtiler Druck entfaltet sich zusehends. Er besitzt feine Würze, klare Fruchtaromen und eine pointierte Säure. Der Schlossberg hat auch in diesem Jahr wieder die Nase vorne. Er ist feiner gewirkt, sehr mineralisch und geschliffen, entfaltet subtile Würze und feine Salzigkeit. Der Spätburgunder Tradition ist saftig mild, besitzt griffige Tannine und Substanz. Mit Konzentration, feinmaschigen, herben Tanninen, perfekt reifer Frucht und süßwürziger Länge, legt der Wein aus dem Hochheimer Stein noch mal eine deutliche Schippe drauf. Dem Großen Gewächs aus dem Reichestal mit seiner Kraft und perfekt reifen Frucht steht eine große Zukunft bevor.

Weinbewertung

86 2016 Riesling trocken **12,5 %/9,90 €**
87 2016 Riesling trocken Hochheimer Herrnberg **12,5 %/11,- €**
87 2016 Riesling Kabinett trocken Hochheimer Hölle **12 %/13,- €**
87 2016 Sauvignon Blanc trocken „Kalkstein" **12,5 %/17,90 €**
88 2016 Riesling trocken „Alte Reben" Hochheimer Stielweg **12,5 %/17,50 €**
89 2016 Riesling trocken „GG" Kostheimer Weiß Erd **13 %/24,- €**
90 2016 Riesling trocken „GG" Hochheimer Kirchenstück **13 %/32,- €**
92 2016 Riesling trocken „GG" Hochheimer Hölle **12,5 %/34,- €**
90 2016 Riesling trocken „GG" Rüdesheimer Berg Rottland **12,5 %/32,- €**
91 2016 Riesling trocken „GG" Rüdesheimer Berg Schlossberg **12,5 %/45,- €**
87 2016 Riesling Spätlese Hochheim Hölle **7,5 %/16,50 €**
86 2015 Spätburgunder trocken „Tradition" **13,5 %/14,20 €**
89 2015 Spätburgunder trocken Hochheimer Stein **14 %/25,50 €**
91 2015 Spätburgunder trocken „GG" Hochheimer Reichestal **13 %/45,- €**

LAGEN

HERRNBERG (HOCHHEIM)
HÖLLE (HOCHHEIM)
KIRCHENSTÜCK (HOCHHEIM)
STIELWEG (HOCHHEIM)
DOMDECHANEY (HOCHHEIM)
STEIN (HOCHHEIM)
REICHESTAL (HOCHHEIM)
WEISS ERD (KOSTHEIM)
BERG ROSENECK (RÜDESHEIM)
BERG ROTTLAND (RÜDESHEIM)

REBSORTEN

RIESLING (80 %)
SPÄTBURGUNDER (12,5 %)
CHARDONNAY (3,5 %)
SAUVIGNON BLANC (1,3 %)
GRÜNER VELTLINER (0,6 %)

Philipp Kuhn

★★★★☆

KONTAKT

Großkarlbacherstraße 20
67229 Laumersheim
Tel. 06238-656
Fax: 06238-4602
www.weingut-philipp-kuhn.de
weingut-philipp-kuhn@gmx.de

Inhaber
Philipp Kuhn
Rebfläche
28 Hektar
Produktion
185.000 Flaschen

BESUCHSZEITEN

Mo.-Sa. 10-12 + 13-17 Uhr
(telefonische Voranmeldung)
und nach Vereinbarung

Philipp Kuhn übernahm 1992 mit gerade einmal 20 Jahren bereits die Verantwortung für das elterliche Weingut. Heute erzeugt er zu ungefähr 60 Prozent Weißweine und zu 40 Prozent Rotweine. Seine Weinberge liegen rund um Laumersheim, in den Lagen Kirschgarten, Steinbuckel und Kapellenberg, im Großkarlbacher Burgweg, in Kallstadt im Saumagen und Steinacker und seit einigen Jahren auch im Zeller Schwarzen Herrgott. Der Schwerpunkt beim Rotwein liegt auf Spätburgunder, daneben gibt es Cabernet Sauvignon, Merlot, Frühburgunder, St. Laurent, und Blaufränkisch. Alle Rotweine werden in Holzfässern ausgebaut, die Topweine lagern bis zu 20 Monate in neuen Barriques. Bei den Weißweinen dominiert Riesling, gefolgt von Weißburgunder, Sauvignon Blanc, Chardonnay und Grauburgunder, daneben gibt es etwas Viognier und Gewürztraminer. Der Ausbau erfolgt teils im Edelstahl, teils in Holzfässern (auch Barriques). Seit der ersten Ausgabe empfehlen wir die Weine von Philipp Kuhn, kaum ein Anderer in Deutschland hat sich in diesem Zeitraum so gesteigert, so dass er heute mit Rotweinen und Weißweinen regelmäßig zur Jahrgangsspitze in Deutschland zählt. Philipp Kuhn setzt bei den Rotweinen auf Haltbarkeit, die Spätburgunder sind beim Verkostungstermin knapp zwei Jahre nach der Lese oft noch sehr verschlossen, zeigen aber bereits ihre Qualität und deuten großes Potenzial an. Es wäre schade, diese Weine zu früh zu öffnen. Einige Jahre Flaschenreife sollte man ihnen gönnen. Aber auch seine Weißweine werden von Jahr zu Jahr besser, einige sind besser als die besten Roten.

Kollektion

Drei weiße Große Gewächse stehen in diesem Jahr an der Spitze von Philipp Kuhns Kollektion: Der Pinot Blanc aus dem Kirschgarten zeigt feine Noten von gerösteten Haselnüssen, etwas Schießpulver und viel gelbe Frucht, besitzt Konzentration, Frische und gute Länge, der Riesling vom Schwarzen Herrgott zeigt kalkige und steinige Noten im Bouquet, ist geradlinig, schlank und animierend, besitzt Druck und Länge, der Wein aus dem Saumagen ist ungewöhnlich fruchtbetont, zeigt viel gelbe Frucht, Pfirsich, Aprikose, Zitrusnoten und grünen Apfel, aber auch kreidig-mineralische Würze, er ist konzentriert und sehr nachhaltig, besitzt guten Grip. Der Kirschgarten-Riesling zeigt kräutrige Noten und etwas Limette, besitzt Kraft und Konzentration, der Steinbuckel zeigt noch etwas deutlicher Kräuter, Rosmarin und etwas Stein, besitzt Würze und Biss und der Große Garten-Riesling ist fruchtbetont mit Noten von Aprikose, Pfirsich, Grapefruit und besitzt feinen Grip. Auch die Rieslinge aus Ersten Lagen sind stark, der Wein aus dem Steinacker zeigt steinig-mineralische Würze, ist geradlinig, animierend und salzig, der Burgweg-Riesling zeigt Kräuter und Zitruswürze, besitzt Biss und ist nachhaltig, der Riesling aus dem Kapellenberg ist gelbfruchtig, kräutrig und animierend. Bei den weißen „Réserve"-Weinen ist der Grauburgunder noch deutlich vom Holz geprägt, ist zurückhaltend in der Frucht, besitzt gute Konzentration, Substanz und Zitrusfrische, Chardonnay und Sauvignon Blanc zeigen nur dezentes Holz, der Chardonnay dazu viel gelbe Frucht, Banane, Aprikose, Pfirsich, er ist harmonisch und lang, der Sauvignon Blanc besitzt dezente Stachelbeerwürze, ein frisches Säure-Spiel und gute Länge. Die beiden Großen Gewächse vom Pinot Noir hatten wir im vergangenen Jahr schon einmal verkostet, das Holz hat sich beim Kirschgarten mittlerweile harmonisch eingebunden, der Wein zeigt viel klare Frucht, Schwarzkirsche, Cassis, besitzt gute Struktur und ist insgesamt etwas komplexer und nachhaltiger als der aromatisch ähnliche Steinbuckel. Die beiden roten „Réserve"-Weine sind sehr fruchtbetont, der Cabernet Franc zeigt schwarze Johannisbeeren und Brombeeren, ist kraftvoll und gut strukturiert, der Pinot Noir zeigt süße Kirschfrucht, Cassis, Süßholz und dezente Röstnoten und besitzt ein frisches Säure-Spiel.

K

Weinbewertung

88	2013 „Blanc de Noirs" Sekt brut nature **12 %/16,50 €**
87	2016 Riesling trocken „vom Kalksteinfels" Laumersheimer **12,5 %/12,90 €**
89	2016 Sauvignon Blanc trocken „Réserve" Dirmsteiner **12,5 %/19,80 €**
90	2016 Grauer Burgunder trocken „Réserve" Laumersheimer **13 %/19,80 €**
89	2016 Chardonnay trocken „Réserve" Dirmsteiner **13 %/19,80 €**
88	2016 Riesling trocken Laumersheimer Kapellenberg **13 %/16,50 €**
89	2016 Riesling trocken Großkarlbacher Burgweg **13 %/16,50 €**
89	2016 Riesling trocken Kallstadter Steinacker **13 %/16,50 €**
92	2016 Pinot Blanc „GG" Kirschgarten **13 %/27,- €**
90	2016 Riesling „GG" Im Großen Garten **13 %/27,- €**
91	2016 Riesling „GG" Steinbuckel **13 %/27,- €**
91	2016 Riesling „GG" Kirschgarten **13 %/30,- €**
92	2016 Riesling „GG" Schwarzer Herrgott **12,5 %/30,- €**
92	2016 Riesling „GG" Saumagen **13 %/30,- €**
89	2014 Cabernet Franc trocken „Réserve" Laumersheimer **14 %/25,- €**
89	2014 Pinot Noir trocken „Réserve" Laumersheimer **14 %/23,- €**
90	2014 Pinot Noir „GG" Steinbuckel **14 %/37,- €**
91	2014 Pinot Noir „GG" Kirschgarten **14 %/37,- €**

LAGEN

KIRSCHGARTEN (LAUMERSHEIM)
STEINBUCKEL (LAUMERSHEIM)
BURGWEG (GROSSKARLBACH)
SAUMAGEN (KALLSTADT)
SCHWARZER HERRGOTT (ZELL)
KAPELLENBERG (LAUMERSHEIM)
STEINACKER (KALLSTADT)

REBSORTEN

RIESLING (28 %)
SPÄTBURGUNDER (22 %)
WEISSBURGUNDER (18 %)
SAUVIGNON BLANC (7 %)
CABERNET SAUVIGNON (5 %)
MERLOT (5 %)
CHARDONNAY (4 %)

Kurz-Wagner

★

Kontakt

Haigern 8
74388 Talheim
Tel. 07133-8436
Fax: 07133-963196
www.kurz-wagner.de
info@kurz-wagner.de

Inhaber
Oliver Kurz
Rebfläche
15 Hektar
Produktion
100.000 Flaschen

Besuchszeiten

Mo.-Fr. 18-20 Uhr, Sa. 9-16 Uhr
oder nach Vereinbarung
Ferienwohnung
Wohnmobilstellplätze

Die Großeltern von Oliver Kurz pachteten 1964 den Landgasthof Haigern und gründeten das Weingut, das auf einer Anhöhe zwischen Talheim und Flein inmitten der Weinberge liegt. Seine Eltern Sybille und Otto Kurz haben nach und nach Betriebsgebäude und Rebfläche erweitert. Oliver Kurz unterstützte seit 2002 seine Eltern im Weingut, ist seither für den Weinausbau verantwortlich, 2012 hat er den Betrieb übernommen. Seine Weinberge liegen in Heilbronn (Stiftsberg) und Talheim (Schlossberg). Ein Drittel der Fläche nehmen weiße Sorten ein: Riesling, Chardonnay, Weißburgunder, Grauburgunder, Kerner, Scheurebe und Gewürztraminer. An roten Sorten gibt es Spätburgunder, Lemberger, Schwarzriesling, Samtrot, Trollinger, Dornfelder, Acolon, Cabernet Dorsa, Cabernet Mitos und Merlot. Die Rotweine werden teils maischevergoren, teils maischeerwärmt, der Ausbau erfolgt teils im Holz, teils im Edelstahl. Im roten Segment kreierte Oliver Kurz zwei Cuvées: Der Baron genannte Wein besteht aus Acolon, Cabernet Dorsa und Cabernet Mitos, der Othello aus Merlot und Cabernet Mitos.

Kollektion

Seit dreizehn Jahren empfehlen wir die Weine von Oliver Kurz, immer wieder bietet er sehr gleichmäßige, grundsolide Kollektionen – und so auch dieses Jahr. Waren früher oft einzelne Rotweine die Spitzen der Kollektion, so gefällt uns dieses Jahr klar ein Weißwein am besten. Die nach Tochter Marie „m1" benannte Cuvée aus Chardonnay und Weißburgunder wurde zu 30 Prozent im Barrique ausgebaut. Sie zeigt reife Frucht und etwas rauchige Noten im Bouquet, ist klar, frisch und zupackend im Mund, besitzt gute Struktur und Frucht. Unter den sonstigen Weißweinen gilt unsere leichte Präferenz dem reintönigen, frischen, zupackenden Weißburgunder. Auch die Rotweine präsentieren sich sehr gleichmäßig, mit leichten Vorteilen beim Lemberger, der klar und frisch, geradlinig und zupackend ist.

Weinbewertung

83 2016 Weißburgunder trocken Talheimer Schlossberg **12,5 %/5,80 €**
82 2016 Grauburgunder trocken Talheimer Schlossberg **13 %/5,80 €**
85 2016 Chardonnay mit Weißburgunder „m1" **13,5 %/8,- €**
81 2016 Riesling Classic **12,5 %/5,20 €**
82 2016 Gewürztraminer Spätlese **10,5 %/6,50 €**
82 2016 Pinot Noir Rosé trocken Talheimer Schlossberg **12,5 %/5,20 €**
82 2014 Spätburgunder „S" trocken Holzfass Talheimer Schlossberg **13 %/7,- €**
82 2013 „Baron" Rotwein trocken Holzfass **13 %/7,- €**
83 2014 Lemberger „S" trocken Holzfass Heilbronner Stiftsberg **13,5 %/7,50 €**

Kusterer

★★★★

KONTAKT

Untere Beutau 44
73728 Esslingen
Tel. 0711-357909
Fax: 0711-3508105
www.weingut-kusterer.de
weinwelt.hmkusterer@
weingut-kusterer.de

Inhaber
Hans und Monika Kusterer
Rebfläche
6 Hektar
Produktion
40.000 Flaschen

BESUCHSZEITEN

Di. 16-19 Uhr, Sa. 9-13 Uhr und nach Vereinbarung
Gravitationskelter, Gayernweg 55, Sa. 11-16 Uhr

Das Weingut Kusterer lag lange Zeit im Herzen der Altstadt von Esslingen. 2012 wurde eine neue viergeschossige Kelter mitten in die Weinberge der Neckarhalde gebaut, inklusive Vinothek. Anfang der neunziger Jahre erwarben Hans und Monika Kusterer ein Keltergebäude aus dem 14. Jahrhundert, das sie restaurierten und wo sie heute Veranstaltungen abhalten. Die knapp 6 Hektar Weinberge von Hans und Monika Kusterer befinden sich in den um das Jahr 1200 angelegten Terrassen des Esslinger Schenkenberg, wo sie 50 Parzellen besitzen, sowie in der kleinsten Einzellage Württembergs, der Esslinger Neckarhalde. 2007 konnten sie diese Lage ganz erwerben, bauen hier Spätburgunder und Chardonnay an. Der Schenkenberg besteht im unteren Teil aus buntem Mergel, dazwischen findet man Stubensandstein, darüber Knollenmergel. Die Neckarhalde besteht aus kalkhaltigem, tonreichen Knollenmergel. Die wichtigsten Rebsorten von Hans und Monika Kusterer sind Lemberger, Spätburgunder und Riesling, gefolgt von Merlot (den es bereits seit 1994 im Weingut gibt, der aber anfangs vor allem für Cuvées genutzt wurde), Zweigelt, Trollinger und Muskattrollinger. Hinzu kommen Grauburgunder und Chardonnay, ein wenig Silvaner, zuletzt wurde ein klein wenig Cabernet Franc gepflanzt, in Zukunft soll etwas mehr Chardonnay hinzukommen, auch um daraus einen Sekt zu erzeugen. Sohn Maximilian studierte in Geisenheim, hat 2012 seinen ersten eigenen Wein kreiert, ist nun im Betrieb tätig, man setzt verstärkt auf Maischestandzeiten und Holzeinsatz. Die Top-Rotweine werden alle mindestens zwei Jahre in neuen Barriques ausgebaut, der Spätburgunder Rosenholz drei Jahre. Alle Weine werden in der Regel durchgegoren ausgebaut. In den letzten Jahren wurden das Sortiment und die Etiketten neu gestaltet, man nutzt seither für die Topweine alte Flurstücksbezeichnungen wie Herzogen (Steillage im oberen Teil des Schenkenbergs, tonreicher, tiefgründiger Boden mit Mergelanteil, mit Zweigelt bestockt), Rosenholz (Südwest-exponiert mit kalkhaltigem Bunten Mergel, mit Spätburgunder bepflanzt) oder Felsen (Steillage im oberen Teil des Schenkenbergs, Stubensandstein, darüber geringe Bodenauflage mit Buntem Mergel, hier wächst Lemberger).

Kollektion

Auch in diesem Jahr ist das Einstiegsniveau wieder hoch, so wir wie das kennen, sowohl bei den Weißweinen als auch bei den Rotweinen. Der Riesling vom bunten Mergel ist würzig und klar im Bouquet, kommt frisch in den Mund, ist geradlinig, klar und zupackend. Der Steillage-Grauburgunder ist wie immer eine sichere Bank, ist fruchtbetont, sehr sortentypisch, klar und geradlinig, besitzt feine süße Frucht und Biss. Die Cuvée von Sohn Maximilian ist frisch und fruchtbetont, zeigt weiße Früchte, ist frisch und zupackend im Mund, besitzt gute Struktur und Frucht. Etwas kraftvoller wird es mit dem Chardonnay, der weiße und gelbe Früchte im Bouquet zeigt, ebenfalls klar, frisch und zupackend ist, feine Frucht und Biss besitzt. Der Merlot ist frisch und lebhaft, besitzt feine süße Frucht und Biss. In der aktuellen Kollektion aber haben eindeutig die Rotweine die Nase vorne. Eine sehr gute Figur macht schon der Blaufränkisch aus der Steillage, im Barrique ausgebaut, unfiltriert abgefüllt, er ist fruchtbetont, frisch, wunderschön reintönig, ist zupackend im Mund, besitzt gute Struktur und reintönige Frucht. Der Felsen-Blaufränkisch ist deutlich konzentrierter und kraftvoller, faszinierend reintönig im Bouquet, ist klar und präzise im Mund, frisch und zupackend, besitzt gute Struktur und Frucht. Der Mélac ist im Jahrgang 2013 recht würzig im Bouquet, zeigt ein wenig florale Noten, rote Früchte, ist geradlinig im Mund, frisch, besitzt feine Frucht, gute Struktur und Biss, ganz dezent mineralische und florale Noten, hat nicht ganz den Druck und die Nachhaltigkeit manch früherer Jahrgänge, besticht aber mit seiner Präzision und Geradlinigkeit. Eine starke Vorstellung geben dieses Jahr auch die Spätburgunder, mit zwei Weinen des Jahrgangs 2013. Der Wein aus der Neckarhalde, im Barrique ausgebaut, zeigt rauchige Noten im Bouquet, reintönige Frucht, rote Früchte, ist klar und zupackend im Mund, besitzt gute Struktur, reintönige Frucht und Biss. Deutlich beeindruckender ist der Rosenstolz-Spätburgunder, der fruchtbetont und frisch im Bouquet ist, wunderschön reintönig, rote Früchte zeigt, frisch, klar und zupackend ist, gute Struktur und wunderschön reintönige Frucht besitzt.

Weinbewertung

86	2016 Riesling trocken „vom bunten Mergel" **13 %/9,80 €**
87	2016 Grauburgunder trocken Steillage **13 %/13,50 €**
87	2016 „Maximilian's" Weißweincuvée **12,5 %/13,50 €**
87	2016 Chardonnay trocken Neckarhalde **13 %/15,- €**
84	2016 Merlot Rosé trocken **12,5 %/9,50 €**
87	2013 Blaufränkisch trocken **13,5 %/9,80 €**
89	2013 Blaufränkisch trocken „Felsen" **13,5 %/17,- €**
88	2013 Spätburgunder trocken Neckarhalde **13,5 %/16,- €**
90	2013 „Mélac" Rotwein trocken **13,5 %/25,- €**
90	2013 Spätburgunder trocken „Rosenholz" **13,5 %/30,- €**

K

LAGEN

SCHENKENBERG (ESSLINGEN)
- HERZOGEN
- ROSENHOLZ
- FELSEN
NECKARHALDE (ESSLINGEN)

REBSORTEN

LEMBERGER (15 %)
SPÄTBURGUNDER (15 %)
RIESLING (12 %)
MERLOT (10 %)
ZWEIGELT (10 %)
TROLLINGER (10 %)
MUSKATTROLLINGER (10 %)
GRAUBURGUNDER (8 %)
CHARDONNAY (6 %)

Andreas Laible

KONTAKT

Am Bühl 6
77770 Durbach
Tel. 0781-41238
Fax: 0781-38339
www.weingut-laible.de
post@andreas-laible.com

Inhaber
Andreas Christian Laible
Rebfläche
7,5 Hektar
Produktion
50.000 Flaschen

BESUCHSZEITEN

Mo.-Fr. 8-11:30 + 13:30-18 Uhr,
Sa. 8-16 Uhr oder nach
Vereinbarung

Bis ins 17. Jahrhundert lässt sich die Weinbautradition der Familie Laible in Durbach zurückverfolgen. Andreas Laible hatte zusammen mit Ehefrau Ingrid das Weingut in der Spitze der deutschen Rieslingerzeuger etabliert. Heute führt sein Sohn Andreas Christian Laible zusammen mit Ehefrau Petra den Betrieb. Ihre Weinberge liegen alle im Durbacher Plauelrain, einer teils sehr steilen Süd-Lage mit Granitverwitterungsböden, Porphyr, Gneis und Achat. Gut die Hälfte der Rebfläche nimmt Riesling ein, ein Dutzend verschiedene Riesling-Klone werden angebaut, einige hat Andreas Laible sen. selbst selektioniert. Neben Riesling werden vor allem die Burgundersorten angebaut, Spätburgunder, Weißburgunder und Grauburgunder, aber auch Chardonnay, Traminer (Clevner) und Gewürztraminer, Scheurebe, Muskateller und Sauvignon Blanc. Der Achat als der Spitzen-Riesling des Weingutes ist seit dem Jahrgang 2005 nur noch die Nummer 2, wurde an der Spitze abgelöst durch das Große Gewächs, das seit dem Jahrgang 2013 den Namen der Gewanne Am Bühl auf dem Etikett trägt. Mit dem Jahrgang 2007 gab es erstmals ein Großes Gewächs vom Grauburgunder, 2010 dann vom Weißburgunder, der aber heute nicht mehr erzeugt wird, 2011 folgte ein Spätburgunder, 2013 ein Chardonnay, 2014 kam ein zweiter Grauburgunder aus der Gewanne Stollenberg hinzu. An der Spitze der Kollektion stehen heute insgesamt fünf Große Gewächse, die aus den Gewannen Am Bühl (Riesling, Grauburgunder, Chardonnay, Spätburgunder) und Stollenberg (Grauburgunder) kommen. Neben trockenen Weinen werden auch süße und edelsüße Weine angeboten, Riesling vor allem, aber auch Traminer, Gewürztraminer und Scheurebe. Die zweite Stufe bilden die Erste Lage-Weine aus dem Plauelrain, die Basis stellen die Gutsweine dar.

Kollektion

Gutsweine wurden 2016 nicht vorgestellt, die zweite Stufe der VDP-Pyramide, die Ortsweine, gibt es gar nicht im Programm von Andreas Laible, also steigen wir gleich bei den Plauelrain-Weinen ein. Dort gibt es das gewohnte Quartett von vier Rieslingen. Der Steinrassel-Riesling ist recht würzig im Bouquet, kraftvoll und klar im Mund, besitzt reife Frucht, gute Struktur und Substanz. Der 1782 zeigt rauchige Noten, reife Frucht, ist klar und zupackend, besitzt gute Struktur und Biss, hat aber nicht ganz den Charme seiner Kollegen. Der Riesling „An der Kapelle" ist kompakt und klar besitzt gute Substanz, unser Favorit in diesem Quartett aber ist der Achat, der intensive reife Frucht im Bouquet zeigt, wunderschön füllig und saftig ist, viel reife Frucht und Substanz besitzt. Der Chardonnay aus dem Plauelrain zeigt feine Frische und reintönige Frucht, ist klar, frisch und süffig, die trockene Scheurebe ist fruchtbetont und reintönig, besitzt feine süße Frucht und Biss. Unter den vier weißen Großen Gewächsen sind im

Jahrgang 2016 Riesling und Chardonnay unsere Favoriten. Der Grauburgunder Am Bühl zeigt gute Konzentration, etwas gelbe Früchte, ist füllig und saftig bei viel reifer Frucht. Der Stollenberg-Grauburgunder ist würzig und konzentriert, besitzt viel reife Frucht und Substanz. Der Chardonnay Am Bühl zeigt gute Konzentration und reintönige Frucht, feine Frische, ist füllig, saftig, besitzt reife Frucht, gute Struktur und Länge. Der Riesling ist konzentriert und würzig, füllig und kraftvoll, besitzt viel Frucht und viel Substanz. Die rauchig-würzige halbtrockene Riesling Spätlese leitet über zu den süßen Weißweinen. Die Gewürztraminer Spätlese zeigt reintönige Frucht, Rosen, ist frisch, klar und zupackend. Die Gewürztraminer Auslese zeigt gute Konzentration und reife Frucht, ist füllig und saftig bei viel Substanz. Etwas besser gefällt uns die Clevner Auslese, die feinen Duft zeigt, klar und zupackend ist, gute Struktur und reintönige Frucht besitzt. Die Scheurebe Auslese zeigt viel Duft und reintönige Frucht, ist frisch, klar und zupackend. Die Riesling Auslese zeigt reintönige Frucht, feine Frische, etwas Pfirsiche, ist wunderschön reintönig, frisch und zupackend, die Auslese aus der Gewanne Am Bühl ist noch konzentrierter, ebenso reintönig. Der 2014er Spätburgunder Am Bühl zeigt gute Konzentration, etwas rauchige Noten, ganz dezent florale Noten und Speck, besitzt gute Fülle und Substanz. Sehr gleichmäßige, starke Kollektion!

L

Weinbewertung

86	2016 Chardonnay trocken Durbacher Plauelrain **13 %/15,- €**
88	2016 Riesling trocken „Steinrassel" Durbacher Plauelrain **12,5 %/14,- €**
88	2016 Riesling trocken „An der Kapelle" Durbacher Plauelrain **12,5 %/15,- €**
88	2016 Klingelberger trocken „1782" Durbacher Plauelrain **12,5 %/16,- €**
89	2016 Riesling trocken „Achat" Durbacher Plauelrain **12,5 %/18,50 €**
90	2016 Riesling „GG Am Bühl" Durbacher Plauelrain **12,5 %/24,- €**
89	2016 Grauburgunder „GG Am Bühl" Durbacher Plauelrain **14 %/24,- €**
88	2016 Grauer Burgunder trocken „GG Stollenberg" Durbacher Plauelrain **14 %/24,- €**
90	2016 Chardonnay trocken „GG Am Bühl" Durbacher Plauelrain **13,5 %/24,- €**
86	2016 Scheurebe trocken Durbacher Plauelrain **13 %/12,50 €**
86	2016 Riesling Spätlese halbtrocken Durbacher Plauelrain **12,5 %/12,50 €**
86	2016 Gewürztraminer Spätlese Durbacher Plauelrain **11 %/13,- €**
89	2016 Scheurebe Auslese Durbacher Plauelrain **10,5 %/16,50 €**
89	2016 Clevner-Traminer Auslese Durbacher Plauelrain **10,5 %/16,50 €**
88	2016 Gewürztraminer Auslese Durbacher Plauelrain **10 %/16,50 €**
89	2016 Riesling Auslese Durbacher Plauelrain **10,5 %/16,50 €**
90	2016 Riesling Auslese „Am Bühl" Durbacher Plauelrain **10 %/20,- €**
89	2014 Spätburgunder trocken „GG Am Bühl" **13,5 %/30,- €13,5 %/14,- €**

LAGEN

PLAUELRAIN (DURBACH)
– AM BÜHL
– STOLLENBERG

REBSORTEN

RIESLING (55 %)
SPÄTBURGUNDER (13 %)
WEISSBURGUNDER (10 %)
GRAUBURGUNDER (6 %)
GEWÜRZTRAMINER & TRAMINER (5 %)
CHARDONNAY (3 %)
MUSKATELLER (3 %)
SCHEUREBE (3 %)
SAUVIGNON BLANC (3 %)

ALEXANDER LAIBLE

★★★

KONTAKT

Unterweiler 48
77770 Durbach
Tel. 0781-2842380
Fax: 0781-2842180
www.weingut-alexanderlaible.de
info@weingut-alexanderlaible.de

Inhaber
Alexander Laible
Rebfläche
12,5 Hektar
Produktion
70.000 Flaschen

L

BESUCHSZEITEN

Mo.-Fr. 14-18 Uhr, Sa. 9-17 Uhr

Alexander Laible, Sohn von Andreas Laible übernahm 2007 ein Anwesen am Eingang zum Durbachtal und im Herbst des gleichen Jahres erzeugte er seinen ersten eigenen Wein. Nach Winzerlehre und Ausbildung zum Weinbautechniker war er mehrere Jahre an der Mosel tätig, seit 2004 ist er wieder in der Ortenau. Seine Weinberge liegen zum Teil in Sinzheim bei Baden-Baden, in den Lagen Sätzler und Frühmessler, teils aber auch im Durbacher Plauelrain. Die Reben wachsen teils auf Lehmlöss, teils auf Kalkmergel und Muschelkalk. Riesling ist die wichtigste Rebsorte, nimmt knapp die Hälfte der Weinberge ein, dazu gibt es Spätburgunder, Weißburgunder, Grauburgunder und Chardonnay, sowie ein wenig Scheurebe und Lemberger.

Kollektion

Mit dem neuen Jahrgang schließt Alexander Laible nahtlos an die sehr gute Vorjahreskollektion an. Die Kollektion zeigt konstant hohes Niveau, bemängeln könnte man allenfalls, dass die Weine der Chara-Linie ihren Muschelkalk- respektive Kalkmergel-Kollegen oft zu ähnlich sind, was teilweise sicherlich der durchgängig merklichen Restsüße zuzuschreiben ist. Am deutlichsten unterscheiden sich die beiden Grauburgunder, unsere Präferenz gilt dem wunderschön reintönigen Muschelkalk-Wein. Die beiden Weißburgunder sind reintönig, saftig, beide sehr gut, beim Sauvignon Blanc gilt unsere Präferenz dem zupackenden Chara-Wein, Freunde trockener Muskateller werden am SL ihre Freude haben. Stark ist einmal mehr das Riesling-Quartett, wird angeführt vom fülligen, herrlich saftigen Tausend Sterne. An der Spitze der Kollektion aber steht der neue Heaven-Chardonnay, der faszinierend rauchig und reintönig im Bouquet ist, konzentriert und saftig im Mund ist, herrlich viel Frucht und Substanz besitzt, ohne die merkliche Süße wäre er sicherlich noch druckvoller und spannender. Starke Kollektion!

Weinbewertung

84	2016 Riesling*** trocken „SL" **13 %/11,50 €**
85	2016 Riesling trocken*** „Kalkmergel" **13 %/14,50 €**
85	2016 Riesling trocken*** „Chara" **13 %/15,- €**
88	2016 Riesling trocken „Tausend Sterne" **13 %/22,- €**
85	2016 Weißburgunder trocken „Muschelkalk" **13 %/15,- €**
85	2016 Weißburgunder trocken „Chara" **13 %/14,50 €**
85	2016 Grauburgunder*** trocken „Muschelkalk" **13 %/15,- €**
84	2016 Grauburgunder*** trocken „Chara" **13 %/14,50 €**
85	2016 Muskateller *** trocken „SL" **12,5 %/12,50 €**
85	2016 Sauvignon Blanc*** trocken „Chara" **13 %/14,50 €**
84	2016 Sauvignon Blanc*** trocken „Marie Sophie" **13 %/12,- €**
89	2016 Chardonnay trocken „Heaven" **13 %/40,- €**

LAMBERTH

★★☆

KONTAKT

Kirchstraße 20
55278 Ludwigshöhe
Tel. 06249-8611
Fax: 06249-906434
www.weingut-lamberth.de
info@weingut-lamberth.de

Inhaber
Armin & Carsten Lamberth
Rebfläche
19 Hektar
Produktion
60.000 Flaschen

BESUCHSZEITEN

Mo.-Sa. nach Vereinbarung

Das Weingut Lamberth wird in dritter Generation von Armin Lamberth geführt. Inzwischen steigt mit Carsten Lamberth und Ehefrau Nicole, beide Weinbauingenieure, die nächste Generation in den Betrieb mit ein, wobei Carsten Lamberth bis 2011 acht Jahre lang Kellermeister beim Weingut Knipser in Laumersheim war. Im elterlichen Weingut verantwortete er schon zuvor die Weine der „Edition CL", die Lagenweine, die aus den besten vor allem kalkgeprägten Lagen wie Guntersblumer Himmelthal und Authental stammen; dazu ist man in der Guntersblumer Kreuz-Kapelle, im Dienheimer Tafelstein und im Ludwigshöher Teufelskopf vertreten. Besondere Weine werden im Barrique ausgebaut, herausragende Weine werden als Reserveweine mit „R" gekennzeichnet, so der Riesling von alten Reben aus der östlichen Parzelle des Teufelskopfs, die durch starke Lösslehmauflage über Kalkstein geprägt ist, oder der Grauburgunder aus der Parzelle Himmelthal, dem Filetstück der gleichnamigen Einzellage (dünne Lösslehmauflage über Kalkstein), sowie der Himmelthal-Merlot.

Kollektion

Starke Kollektion auch in diesem Jahr: Ein fruchtbetonter Silvaner im Schnäppchenformat, der zupackende Sauvignon Blanc und der reintönige, jugendliche Authental-Riesling gefallen besonders gut, auch das süße Segment überzeugt. Der Himmelthal-Merlot, Jahrgang 2012, zeigt eindringlich Gewürznoten, besitzt Fülle und Kraft, gute Struktur, Substanz und reintönige Frucht. Dass er reifen kann, zeigt eindrücklich der 2007er – und dies gilt auch für den Grauburgunder desselben Jahrgangs, der sich in blendender Form befindet, recht saftig-süß daherkommt.

Weinbewertung

84 2016 Silvaner trocken **11,5 %/5,- €** ☺
83 2016 Cabernet Sauvignon & Merlot „Blanc de Noir" trocken **12,5 %/6,50 €**
85 2016 Sauvignon Blanc trocken **11,5 %/6,50 €**
82 2016 Riesling trocken **12 %/6,50 €**
83 2016 Chardonnay & Weißburgunder trocken „Kalkstein" **12,5 %/8,50 €**
(86) 2016 Riesling trocken Authental **12,5 %/12,- €**
88 2007 Grauburgunder Auslese trocken „R" Guntersblumer Himmelthal **14,5 %**
84 2016 Riesling Spätlese „Alte Reben" **8,5 %/6,50 €**
85 2015 Gewürztraminer Auslese Guntersblumer Kreuzkapelle **8 %/11,50 €**
82 2016 „Cuvée Rosé" trocken **12 %/5,- €**
83 2013 „Ein Stück vom Himmel" Rotwein trocken **13,5 %/6,80 €**
84 2013 Spätburgunder trocken „Kalkstein" **13 %/9,80 €**
88 2007 Merlot „R" trocken Guntersblumer Himmelthal
87 2012 Merlot „R" trocken Guntersblumer Himmelthal **14 %/18,- €**

LANDERER

★★☆

KONTAKT

Niederrotweil 3
79235 Vogtsburg-Oberrotweil
Tel. 07662-1070, Fax: 07662-94485
www.weingut-landerer.de
info@weingut-landerer.de

Inhaber
Karin & Johannes Landerer
Rebfläche
20 Hektar
Produktion
150.000 Flaschen

BESUCHSZEITEN

Mo.-Fr. 8-12 + 14-18 Uhr, Sa 8-12 + 14-17 Uhr und nach Vereinbarung
Ferienwohnungen(****)

Das Weingut Landerer ist aus einem bäuerlich-landwirtschaftlichen Betrieb entstanden und wurde seit 1989 von Thomas und Karin Landerer geführt; seit dem Tod von Thomas Landerer führt Karin Landerer den Betrieb zusammen mit ihrem Sohn Johannes, der nach seiner Technikerausbildung bei Weingütern in Deutschland und Italien arbeitete und seit 2013 im elterlichen Weingut tätig ist. 1989 gab es 6 Hektar Reben, die Ernte wurde zum Teil als Trauben, zum Teil als Fasswein weiterverkauft. Thomas und Karin Landerer sanierten den Winzerhof und erweiterten die Rebfläche. Neben Reben bewirtschaftet man 4 Hektar Obstanlagen, deren Früchte in der hauseigenen Brennerei zu Obstbränden verarbeitet werden. Die Weinberge befinden sich in den Oberrotweiler Lagen Käsleberg, Henkenberg und Eichberg. Spätburgunder nimmt 40 Prozent der Rebfläche ein. Hinzu kommen 30 Prozent Grauburgunder, aber auch Müller-Thurgau und Weißburgunder. Chardonnay, Sauvignon Blanc, Muskateller, Merlot und Cabernet Sauvignon ergänzen das Programm. Die Weine werden teils im Edelstahl, teils in Holzfässern ausgebaut.

Kollektion

Mit der neuen Kollektion schließt Johannes Landerer nahtlos an die starke Vorjahreskollektion an. Die 2016er Weißweine sind frisch, klar und fruchtbetont, unser Favorit ist der Sauvignon Blanc aus dem Käsleberg, der Fülle und Kraft besitzt, reintönige Frucht, gute Struktur und Substanz. Insgesamt etwas stärker noch sind die Spätburgunder. Der Alte Reben ist frisch und reintönig, der Pinot Blanc zeigt intensive Frucht, besitzt gute Struktur und Frische. Der Wein aus dem Henkenberg besitzt herrlich viel Frucht, Fülle und Kraft, noch ein klein wenig komplexer ist der Eichberg-Spätburgunder, reintönig, zupackend, strukturiert und kraftvoll.

Weinbewertung

84	2016 Weißburgunder Kabinett trocken Oberrotweiler **13 %/8,20 €**
83	2016 Grauburgunder Kabinett trocken Oberrotweiler **13 %/8,20 €**
83	2016 Sauvignon Blanc trocken Oberrotweiler **12,5 %/9,- €**
83	2016 Weißburgunder & Chardonnay trocken Oberrotweiler **13 %/9,50 €**
86	2016 Sauvignon Blanc trocken Oberrotweiler Käsleberg **12,5 %/15,- €**
83	2016 Muskateller „feinfruchtig" **11,5 %/8,- €**
83	2016 Spätburgunder Rosé trocken **12,5 %/7,50 €**
82	2015 „Insider" Rotwein trocken **13,5 %/9,50 €**
84	2015 Spätburgunder trocken „Alte Reben" Oberrotweiler **13,5 %/9,30 €**
86	2014 Pinot Noir trocken (Schwarze Erde) Oberrotweiler **13,5 %/12,50 €**
88	2014 Spätburgunder trocken Oberrotweiler Henkenberg **13 %/18,- €**
89	2014 Spätburgunder trocken Oberrotweiler Eichberg **12,5 %/28,- €**

ANITA LANDESVATTER

★

KONTAKT

Schlossstraße 15
74336 Brackenheim
Tel. 07135-9318781
Fax: 07135-9318782
www.weingut-landesvatter.de
info@weingut-landesvatter.de

Inhaber
Anita Landesvatter
Rebfläche
5 Hektar
Produktion
40.000 Flaschen

BESUCHSZEITEN

Fr. 14-18 Uhr, Sa. 11-16 Uhr oder nach Vereinbarung

Nach ihrer Winzerlehre arbeitete Anita Landesvatter ein Jahr in Kalifornien, schon während der anschließenden Technikerausbildung gründete sie 1998 auf dem Anwesen der Eltern und Großeltern in Brackenheim ihr eigenes Weingut. Zusammen mit ihrem Ehemann bewirtschaftet sie 5 Hektar Weinberge im Diefenbacher König sowie in Brackenheim (Zweifelberg) und in Haberschlacht (Dachsberg), die Reben wachsen auf Keuper- und Sandsteinböden. Trollinger und Lemberger sind die wichtigsten Rebsorten, nehmen jeweils ein Fünftel der Fläche ein, es folgen Riesling und Muskattrollinger. Dazu gibt es Muskateller, Chardonnay, Weißburgunder und Cabernet Mitos, aber auch Acolon, Portugieser, Dornfelder, Traminer und Silvaner. Die Rotweine, 70 Prozent der Rebfläche, werden maischevergoren, die Spitzenweine werden im Holz ausgebaut.

Kollektion

Eine sehr gleichmäßige Kollektion präsentierte Anita Landesvatter zum Debüt im vergangenen Jahr, und eine ebenso gleichmäßige Kollektion folgt in diesem Jahr nach, mit leichten Vorteilen im roten Segment. Unter den trockenen Weißweinen gilt unsere leichte Präferenz dem zitrusduftigen, geradlinigen Chardonnay, bei den restsüßen Weißweinen dem zupackenden, süffigen feinherben Riesling und dem reintönigen Muskateller. Lemberger Weißherbst und Rosé sind fruchtbetont und süffig. In der Spitze gefallen uns wie eingangs erwähnt die Roten ein wenig besser. Das gilt vor allem für die im Holz ausgebaute Cuvée 44, die intensive Frucht und viel Vanille im Bouquet zeigt, rote und dunkle Früchte, füllig und kraftvoll ist, gute Struktur und Substanz besitzt. Gleichauf sehen wir den rauchig-würzigen Spätburgunder, der herrlich füllig ist, reife süße Frucht besitzt und ganz dezente Speck- und Vanillenoten.

Weinbewertung

81	2015 Riesling Sekt trocken Diefenbacher König **12 %/9,50 €**
81	2016 Weißburgunder trocken Diefenbacher König **13 %/5,50 €**
82	2016 Chardonnay trocken Diefenbacher König **12,5 %/5,50 €**
82	2016 Riesling „feinherb" Haberschlachter Dachsberg **12,5 %/5,- €**
81	2016 „Cuvée Maria" Weißwein **11,5 %/5,- €**
82	2016 Muskateller **12 %/5,50 €**
82	2016 Lemberger Weißherbst **12 %/5,50 €**
82	2016 Rosé **11,5 %/5,- €**
81	2015 Trollinger trocken Brackenheimer Zweifelberg **11,5 %/5,- €**
84	2014 „44er" Rotwein trocken Holzfass **13,5 %/6,50 €**
82	2013 Lemberger trocken Holzfass Brackenheimer Zweifelberg **13,5 %/6,90 €**
84	2013 Spätburgunder trocken Holzfass Diefenbacher König **13 %/9,50 €**

L

Landgraf

★★★★

KONTAKT

Außerhalb 9
55291 Saulheim
Tel. 06732-5126
Fax: 06732-62646
www.weingut-landgraf.de
info@weingut-landgraf.de

Inhaber
Andre Landgraf
Rebfläche
20 Hektar
Produktion
150.000 Flaschen

BESUCHSZEITEN

Hofverkauf: Mo.-Fr. 10-12 + 16-18 Uhr; Verkostungen nach Vereinbarung

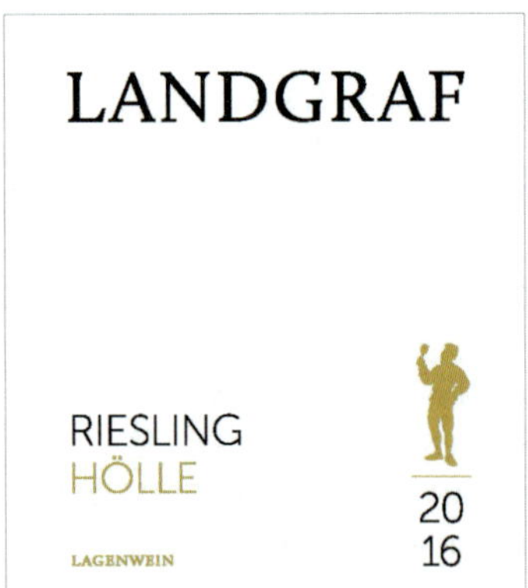

L

Seit 1752 betreibt die Familie Weinbau. Bernd Landgraf konzentrierte sich zunehmend auf Weinbau und erweiterte die Rebfläche. Seit 2001 wird er im Betrieb unterstützt von Sohn Andre, Geisenheim-Absolvent, der ihn inzwischen übernommen hat. Der ältere Bruder Johannes gründete 2006 mit seiner Ehefrau Julia das Weingut Becker-Landgraf in Gau-Odernheim. Die Weinberge liegen allesamt in Saulheim, etwa 20 Kilometer südwestlich von Mainz, in den Lagen Hölle, Schlossberg und Haubenberg. Der Schlossberg ist eine geschützte, leicht ansteigende Lage, deren Boden aus tertiärem Mergel mit einer Kalksteinschicht besteht. Die Hölle ist eine offene, nach Süden ausgerichtete Hanglage, deren Boden aus tiefgründigem Löss besteht, der mit Kalkstein durchsetzt ist. Sortenschwerpunkte sind Riesling mit inzwischen 40 Prozent Anteil an der Gesamtfläche, die weißen Burgunder – Weißburgunder und Grauburgunder – sowie Spätburgunder, mit steigender Tendenz. Dazu gibt es Chardonnay, etwas Silvaner und Portugieser, zuletzt wurden ein wenig Cabernet Sauvignon und Merlot gepflanzt. Weiße Rebsorten nehmen knapp drei Viertel der Rebfläche ein. Die Weine werden zum größten Teil direkt an den Endverbraucher vermarktet. Seit 2004 werden die Weinberge biologisch bewirtschaftet. Das Sortiment ist klar gegliedert in Gutsweine, Ortsweine (Saulheimer) und die Spitzenweine mit Lagenbezeichnung, Rieslinge aus Schlossberg und Hölle sowie Weißburgunder und Spätburgunder aus der Hölle. Vielleicht kommen zukünftig Lagenweine aus dem Haubenberg hinzu, wo Andre Landgraf Riesling und Spätburgunder gepflanzt hat. Bei den Weißweinen arbeitet Andre Landgraf mit Maischestandzeiten, Spontangärung und langem Feinhefelager, ausgebaut werden sie teils im Edelstahl, teils im Holz, auch die Weißweine durchlaufen oft ganz oder teilweise die malolaktische Gärung. Rotweine werden maischevergoren und im kleinen oder großen Holzfass ausgebaut. Orts- und Lagenweine werden prinzipiell nicht filtriert. Die Weine haben in den letzten Jahren stetig an Profil gewonnen. Seit 2006 werden alle mit den natürlichen Hefen vergoren, inzwischen wird selbst bei den Gutsweinen mit Maischestandzeiten gearbeitet. Diese Gutsweine sind stets von guter, zuverlässiger Qualität, überzeugen mit reintöniger Frucht. Die Ortsweine bringen eine weitere Steigerung, ein Mehr an Fülle und Kraft. Die herausragenden Weine aber sind die Lagenweine, die in den letzten Jahren stets zu den Jahrgangsbesten in Rheinhessen gehörten.

Kollektion

Auch in diesem Jahr präsentiert Andre Landgraf wieder eine durch und durch stimmige Kollektion, die Abstufung in Gutsweine, Ortsweine und Lagenweine ist absolut nachvollziehbar, mit der Ausnahme vielleicht, dass der Ortsriesling einfach schon „zu gut" ist. Und schon die Gutsweine sind allesamt sehr gut:

Der Riesling ist würzig und zupackend, geradlinig und frisch, der Weißburgunder wunderschön reintönig und harmonisch, der Grauburgunder, dem unsere leichte Präferenz gilt, ist klar, kraftvoll und zupackend. Die Saulheimer Ortsweine bringen eine weitere klare Steigerung. Der Weißburgunder besitzt viel reife Frucht, Fülle und Kraft, gute Struktur und Substanz. Der Grauburgunder zeigt gelbe Früchte im Bouquet, ist wunderschön füllig, stoffig und strukturiert. Der Chardonnay zeigt gute Konzentration, feine Frische, reintönige Frucht, ist füllig und stoffig im Mund, besitzt viel reife Frucht und Substanz. Der Riesling zeigt gute Konzentration und viel reife Frucht, ist füllig, kraftvoll, druckvoll und zupackend. Da tun sich die Lagen-Rieslinge schwer, dies noch zu toppen. Der Wein aus der Hölle zeigt feine Würze und Duft, besitzt herrlich viel Frucht. Der Schlossberg-Riesling ist ebenso duftig, würzig und eindringlich, ist füllig und saftig im Mund, derzeit recht kompakt. Unser Favorit im weißen Segment ist in diesem Jahr der Weißburgunder aus der Hölle, der gute Konzentration und viel reife Frucht zeigt, füllig und kraftvoll ist, viel reife Frucht und Substanz besitzt. Ganz stark sind in diesem Jahr die Spätburgunder, hier legt Andre Landgraf weiter zu. Der Ortswein zeigt reintönige Frucht und feine Frische, ist strukturiert und reintönig im Mund, frisch und zupackend. Der Spätburgunder aus der Hölle zeigt gute Konzentration, reintönige Frucht, ist klar im Mund, fruchtbetont, zupackend, besitzt gute Struktur und Frucht, Jahrgang 2012 präsentiert sich unverändert in prächtiger Form. Noch besser gefällt uns der Pinot Noir Henri, der reintönige Frucht zeigt, feine Frische, dezenten Toast, klar, frisch und zupackend ist, gute Struktur, Präzision und reintönige Frucht besitzt.

Weinbewertung

85	2016 Weißburgunder trocken	**12,5 %/7,90 €**
86	2016 Grauburgunder trocken	**12,5 %/7,90 €**
85	2016 Riesling trocken	**12 %/7,90 €**
87	2016 Weißburgunder trocken Saulheimer	**13 %/11,90 €**
88	2016 Grauburgunder trocken Saulheimer	**13 %/11,90 €**
89	2016 Riesling trocken Saulheimer	**13 %/11,90 €** ☺
88	2016 Chardonnay trocken „Kalkstein" Saulheimer	**13,5 %/15,90 €**
90	2015 Weißburgunder trocken Saulheimer Hölle	**13,5 %/20,50 €**
89	2016 Riesling trocken Saulheimer Hölle	**13 %/20,50 €**
89	2016 Riesling trocken Saulheimer Schlossberg	**13 %/20,50 €**
88	2015 Spätburgunder trocken Saulheimer	**13,5 %/12,90 €**
90	2012 Spätburgunder trocken Saulheimer Hölle	**13 %**
90	2014 Spätburgunder trocken Saulheimer Hölle	**13 %/21,90 €**
91	2013 Pinot Noir trocken „Henri"	**13 %/25,90 €**

LAGEN

SCHLOSSBERG (SAULHEIM)
HÖLLE (SAULHEIM)
HAUBENBERG (SAULHEIM)

REBSORTEN

RIESLING (40 %)
WEISSBURGUNDER (20 %)
GRAUBURGUNDER (16 %)
SPÄTBURGUNDER (13 %)

Landmann

★☆

KONTAKT

Umkircher Straße 29
79112 Freiburg-Waltershofen
Tel. 07665-6756
Fax: 07665-51945
www.weingut-landmann.de
info@weingut-landmann.de

Inhaber
Jürgen Landmann
Rebfläche
26 Hektar
Produktion
150.000 Flaschen

BESUCHSZEITEN

Mo.-Sa. 8-19 Uhr
7 Ferienwohnungen

Josef Landmann hatte seine Trauben immer an die Genossenschaft abgeliefert. Als seine Söhne Peter und Jürgen das Weingut 1995 mit 2 Hektar Weinbergen übernahmen, bauten sie einen eigenen Keller und begannen mit der Selbstvermarktung. Inzwischen ist Jürgen Landmann alleiniger Inhaber, Peter Landmann hat die Genossenschaft Staufen im Markgräflerland übernommen und in ein privates Weinhaus überführt. Das Gros der Weinberge liegt in der Lage Freiburg-Waltershofener Steinmauer. 1999 konnte man Weinberge in der Lage Freiburger Kapellenberg, an der Südwestseite des Tunibergs, erwerben, hinzu kommen Weinberge in der Lage Merdinger Bühl. Spätburgunder ist die wichtigste Rebsorte, nimmt 41 Prozent der Fläche ein. Hinzu kommen Weißburgunder, Müller-Thurgau, Grauburgunder, Sauvignon Blanc und Chardonnay, sowie ein wenig Cabernet Sauvignon, Gewürztraminer, Riesling und Bronner. Von Anfang an wurden die Weine unter Verzicht auf Prädikatsbezeichnungen konsequent trocken ausgebaut. Seit 2007 werden die Weinberge kontrolliert biologisch bewirtschaftet (Mitglied bei Bioland).

Kollektion

Die neue Kollektion hat ihre Stärken ganz klar im roten Segment. Die 2016er Weißweine sind ein wenig verhalten, der 2015er Chardonnay ist allzu sehr vom Barrique dominiert. Das Holz ist bei den Rotweinen deutlich besser integriert. Der SL-Spätburgunder ist füllig, kraftvoll und strukturiert, der Barrique-Spätburgunder besitzt reife Frucht, gute Struktur und Substanz. In prächtiger Form präsentiert sich der im Barrique ausgebaute Cabernet Sauvignon aus dem Jahrgang 2009, zeigt intensive Frucht im Bouquet, etwas Cassis, dezent Paprika, ist füllig und kraftvoll im Mund, besitzt reintönige Frucht und gute Struktur.

Weinbewertung

83 Pinot & Chardonnay Sekt brut **12,5 %/13,90 €**
80 2016 Rivaner trocken Freiburger **11,5 %/6,90 €**
81 2016 „Cuvée La Tuni" Weißwein trocken Freiburger **12 %/6,90 €**
81 2016 Weißburgunder trocken Freiburger Steinmauer **13 %/9,90 €**
81 2016 Pinot Gris trocken Tuniberger **13,5 %/9,90 €**
82 2016 Sauvignon Blanc trocken Freiburger **12 %/13,30 €**
83 2015 Chardonnay trocken Barrique Freiburger Steinmauer **13,5 %/21,60 €**
81 2016 Pinot Noir Rosé trocken Freiburger **12,5 %/8,90 €**
83 2014 Spätburgunder trocken Freiburger Steinmauer **13,5 %/9,90 €**
86 2014 Spätburgunder trocken „SL" Freiburger Steinmauer **13,5 %/14,30 €**
87 2014 Spätburgunder trocken Barrique Freiburger Steinmauer **13,5 %/21,60 €**
87 2009 Cabernet Sauvignon trocken Barrique Kapellenberg **14,5 %/31,60 €**

PETER LANDMANN

★☆

KONTAKT

Auf dem Rempart 2
79219 Staufen
Tel. 07633-5510
Fax: 07633-500472
www.landmann-wein.de
info@landmann-wein.de

Inhaber
Peter Landmann
Rebfläche
27 Hektar
Produktion
160.000 Flaschen

BESUCHSZEITEN

Mo.-Sa. 9-18 Uhr, So. 10-16 Uhr

Peter Landmann hatte zusammen mit seinem Bruder Jürgen das Weingut Landmann in Freiburg-Waltershofen am Tuniberg aufgebaut. 2013 trennten sie sich, er übernahm die Winzergenossenschaft Staufen und wandelte sie in ein privates Weingut um. Neben den eigenen Weinbergen, die biologisch bewirtschaftet werden (Bioland), verarbeitet er im Weinhaus Peter & Judit Landmann die Trauben von ehemaligen Genossenschafts-Winzern. Seine Weinberge liegen teils im Markgräflerland im Staufener Schlossberg und im Ehrenstetter Ölberg, teils am Tuniberg in den Lagen Kapellenberg und Steinmauer. In Judit Landmanns Heimat in Villány (Ungarn) bauen sie Syrah, Cabernet Sauvignon, Cabernet Franc und Merlot an. Spätburgunder und Gutedel sind die wichtigsten Rebsorten, nehmen jeweils ein gutes Viertel der Rebfläche ein, es folgen Grauburgunder, Weißburgunder, Chardonnay und Müller-Thurgau, aber auch Cabernet Sauvignon, Cabernet Franc, Syrah, Sauvignon Blanc, Gewürztraminer, Riesling, Muskateller und Merlot werden angebaut.

Kollektion

Mit der neuen Kollektion schließt Peter Landmann an das starke Debüt vor zwei Jahren, sie besticht durch ihr gleichmäßig gutes Niveau. Der Sekt ist würzig, etwas floral, der Sauvignon Blanc zeigt etwas Stachelbeeren und Tropenfrüchte. Der Muskateller ist fruchtbetont und frisch, der Gewürztraminer zeigt feinen Rosenduft, ist klar, harmonisch und süffig, der Riesling ist würzig und zupackend. Gute Fülle, Saft und Substanz besitzt der Grauburgunder, unser Favorit im weißen Segment aber ist der Weißburgunder, der reintönige reife Frucht, gute Struktur und Substanz besitzt. Anders als in den Vorjahren wurde mit dem Spätburgunder des Jahrgangs 2014 nur ein einziger Rotwein vorgestellt, der aber macht eine sehr gute Figur, zeigt rauchige Noten, ist füllig und kraftvoll, besitzt reife Frucht, gute Struktur, Substanz und Biss.

Weinbewertung

83 Pinot & Chardonnay Sekt brut **12 %/12,50 €**
82 2016 Gutedel trocken Staufener Schlossberg **11 %/6,80 €**
84 2016 Sauvignon Blanc trocken Staufener Schlossberg **12,5 %/8,90 €**
84 2016 Riesling Spätlese trocken Staufener Schlossberg **12 %/12,50 €**
85 2016 Weißer Burgunder Spätlese trocken Staufener Schlossberg **13,5 %/12,50 €**
84 2016 Grauer Burgunder Spätlese trocken Staufener Schlossberg **13,5 %/12,50 €**
83 2015 Chardonnay Spätlese trocken Staufener Schlossberg **13,5 %/12,50 €**
83 2016 Muskateller („feinherb") Markgräflerland **10 %/9,90 €**
83 2016 Gewürztraminer Spätlese Staufener Schlossberg **11,5 %/12,50 €**
85 2014 Spätburgunder trocken Staufener Schlossberg **13 %/12,50 €**

Philipp Lang

★★

KONTAKT

Alter Weg 52
79112 Freiburg-Munzingen
Tel. 07664-59283
Fax: 07664-400052
www.philipp-lang.com
contact@philipp-lang.com

Inhaber
Philipp Lang
Rebfläche
10 Hektar

BESUCHSZEITEN

nach Vereinbarung Mo.-Sa.

Seit mehreren Generationen betreibt die Familie Weinbau und eine Küferei am Tuniberg. 2009 gründete Philipp Lang nach Abschluss seines Geisenheim-Studiums zusammen mit seinem Vater Meinrad Lang das Weingut. Die Reben wachsen alle auf tiefgründigen Löss-Lehmböden im Munzinger Kapellenberg. Spätburgunder, Grauburgunder und Weißburgunder nehmen zusammen 70 Prozent der Rebfläche ein. Hinzu kommen 15 Prozent Riesling, aber auch Muskateller, Gewürztraminer und Müller-Thurgau, inzwischen auch Syrah. Die Weißweine werden kalt vergoren, lagern meist bis zum Frühjahr auf der Hefe, die Spätburgunder werden entrappt und lange auf der Maische vergoren, dann überwiegend in Stückfässern oder im Barrique ausgebaut.

Kollektion

Wie schon in den vergangenen Jahren präsentiert Philipp Lang eine stimmige Kollektion, die weiß wie rot gleichermaßen überzeugt. Wie schon im Vorjahr gefällt uns die trockene Grauburgunder Spätlese besonders gut, sie zeigt feine Würze und reife Frucht, ist füllig im Mund, kraftvoll, besitzt gute Substanz und reintönige Frucht. Gleichauf sehen wir den im Holz ausgebauten Chardonnay des Jahrgangs 2015, der viel reife Frucht und viel Substanz besitzt, aber auch viel Alkohol und deutliche Restsüße. Beim Riesling ziehen wir die zupackende trockene Variante ganz leicht der feinherben vor, die Gewürztraminer Spätlese ist frisch und saftig. Sehr eigenständig ist die Spätburgunder Weißherbst Trockenbeerenauslese aus dem Jahrgang 2013, zeigt viel Duft, feine Würze, ist klar und konzentriert im Mund, intensiv. Sehr gut gefällt uns die trockene Spätburgunder Spätlese des Jahrgangs 2014, zeigt feine Würze und Frucht im Bouquet, ist kraftvoll im Mund, klar und zupackend bei guter Struktur.

Weinbewertung

81 2016 Weißburgunder Kabinett trocken **13 %/7,20 €**
85 2016 Grauburgunder Spätlese trocken **13,5 %/9,20 €**
83 2016 Riesling Spätlese trocken **12,5 %/8,40 €**
85 2015 Chardonnay Auslese trocken **14,5 %/18,90 €**
82 2016 Riesling Spätlese „feinherb" **11,5 %/8,40 €**
82 2016 Muskateller Spätlese **10,5 %/9,20 €**
83 2016 Gewürztraminer Spätlese **11 %/9,20 €**
81 2016 Spätburgunder Rosé Kabinett trocken **11,5 %/5,80 €**
86 2013 Spätburgunder Weißherbst Trockenbeerenauslese **11,5 %/24,- €/0,375l**
85 2014 Spätburgunder Spätlese trocken **13,5 %/12,90 €**

Langenwalter

★★

KONTAKT

Bahnhofstraße 45
67256 Weisenheim am Sand
Tel. 06353-7390
Fax: 06353-4152
www.weingut-langenwalter.de
info@weingut-langenwalter.de

Inhaber
Thorsten Langenwalter
Rebfläche
30 Hektar
Produktion
160.000 Flaschen

BESUCHSZEITEN

Mo.- Mi., Fr. 9:30-19 Uhr,
Sa. 9-17 Uhr
Weinprobierstube (max. 50 Personen)

Die Familie von Thorsten Langenwalter betreibt seit dem 17. Jahrhundert Weinbau in der Pfalz. Willi Langenwalter hatte in den sechziger Jahren mit der Selbstvermarktung begonnen, sein Sohn Klaus und dessen Ehefrau Renate erweiterten den Betrieb. 2002 stieg ihr Sohn Thorsten in den Betrieb mit ein, den er mittlerweile übernommen hat und zusammen mit Ehefrau Daniela führt. 2012 hat er den Betrieb der Schwiegereltern in Freinsheim übernommen. Die Weinberge liegen in Weisenheim am Sand in den Lagen Burgweg, Hahnen, Goldberg, Altenberg, Hasenzeile und Halde, sowie in den Freinsheimer Lagen Schwarzes Kreuz und Musikantenbuckel, die Reben wachsen teils auf sandigen Lehmböden, teils auf kalkhaltigen, tiefgründigen Böden, teils auf Lösslehm. Hauptrebsorte ist Riesling, dicht gefolgt von Weißburgunder, Grauburgunder und Spätburgunder, hinzu kommen Chardonnay, Cabernet Sauvignon und Portugieser sowie etwas Gewürztraminer, Silvaner und St. Laurent. Die Weißweine werden kühl vergoren und überwiegend im Edelstahl ausgebaut, die Rotweine kommen nach der Maischegärung ins Holz, auch ins Barrique. Die Weine werden vorwiegend trocken ausgebaut und größtenteils an Privatkunden verkauft.

Kollektion

Die vier verkosteten Rotweine setzen ganz auf Kraft und besitzen gute Substanz, die Goldberg-Cuvée zeigt dunkle Frucht, röstige Würze, Mokka und Kräuter im Bouquet und besitzt eine gute Struktur, der Spätburgunder zeigt ebenfalls dunkle Frucht und besitzt ein reifes Tanningerüst, und während der „Terra Silex" dezente Röstnoten zeigt und Saft und Kraft besitzt, ist der St. Laurent der eleganteste der Rotweine, mit Kirsch- und Cassisfrucht. Unser Favorit im weißen Segment ist der Riesling vom Burgweg mit kräutriger Würze, Fülle und guter Länge, knapp gefolgt vom Grauburgunder aus dem Altenberg mit nussiger Würze und feinem Schmelz und dem cremigen, weichen Weißburgunder vom Hahnen, der noch deutlich vom Holz geprägt ist.

Weinbewertung

82 2016 Muskateller trocken **11,5 %/7,25 €**
83 2016 Weißer Burgunder trocken „vom Löss" **12,5 %/6,90 €**
82 2016 Riesling trocken „vom Löss" **12,5 %/6,90 €**
85 2016 Grauer Burgunder trocken Weisenheimer Altenberg **13,5 %/10,75 €**
85 2015 Weißer Burgunder trocken Weisenheimer Hahnen **13,5 %/16,80 €**
86 2016 Riesling trocken Weisenheimer Burgweg **13 %/16,80 €**
84 2015 „Terra Silex" Rotwein trocken **13,5 %/11,65 €**
86 2014 „Der Goldberg" Rotwein trocken Weisenheimer Goldberg **13,5 %/22,- €**
84 2015 Sankt Laurent trocken Weisenheimer Halde **13 %/11,65 €**
86 2014 Spätburgunder trocken „Auf dem Kalkstein" Altenberg **13 %/23,10 €**

L

Ulrich Langguth

★

KONTAKT

Rissbacherstraße 1
56841 Traben-Trarbach
Tel. 06541-9396
Fax: 06541-4557
www.langguth-ulrich.com
info@langguth-ulrich.com

Inhaber Patrick & Markus Langguth
Betriebsleiter Paul Gräber
Rebfläche 4 Hektar
Produktion 25.000 Flaschen

BESUCHSZEITEN

Mo.-Fr. 8-17 Uhr, Sa. nach Vereinbarung

Seit 1789 betreibt die Familie Weinhandel an der Mosel. Das heutige Weingut Ulrich Langguth wurde im Rahmen einer Erbteilung 1921 von Ulrich Langguth gegründet und wird heute von seinen Enkeln Patrick und Markus Langguth geführt, unterstützt von Betriebsleiter Paul Gräber. Ihre Weinberge, alle in Steillagen, liegen im Trabener Gaispfad, in der Enkircher Ellergrub sowie in den Piesporter Lagen Goldtröpfchen und Günterslay. Neben dem dominierenden Riesling wird ein klein wenig Reichensteiner (in der Günterslay) angebaut, der unter dem Namen „Madeleine vom Grauschiefer" vermarktet wird. Der 1905 von Franz Langguth erbaute Gutskeller befindet sich in Enkirch. Das Weingut bietet auch noch ältere Jahrgänge – zurück bis 1985 – zum Verkauf an. Die Weine werden teils im traditionellen Fuder, teils im Edelstahl ausgebaut.

Kollektion

Eine stimmige Kollektion stellten die Langguths und Betriebsleiter Paul Gräber zum Debüt im vergangenen Jahr vor; an der Spitze standen das Große Gewächs und die Auslese aus dem Goldtröpfchen, die bewiesen, dass man sich hier nicht nur um die mehr oder weniger süßen Weine, sondern auch um die trockenen kümmert. In diesem Jahr setzen sich die positiven Ergebnisse fort. Ein straffer 2014er Rieslingsekt steht am Beginn des Sortiments, der trockene Gaispfad-Riesling ist überraschend präzise gearbeitet, die Spätlese aus der Enkircher Ellergrub hat Klasse. Eher originell als wirklich komplex präsentiert sich die „Madeleine", die eine gewisse Fülle mitbringt. Rätsel gibt noch der „Urschiefer"-Riesling aus dem Trabener Gaispfad auf, der nicht ganz trocken ist, sehr verschlossen wirkt, stoffig und fest; hier ist Zeit angebracht. Die Goldtröpfchen-Spätlese wirkt rassiger als jene aus der Günterslay, die Auslese ist saftig, nicht übertrieben süß, besitzt ein feines Süße-Säure-Spiel.

Weinbewertung

85	2014 Riesling Sekt brut Trabener Gaispfad **13 %/14,- €**
83	2016 „Madeleine" **12 %/8,- €**
85	2016 Riesling trocken Trabener Gaispfad **12,5 %/9,50 €**
86	2016 Riesling Spätlese trocken „Alte Reben" Enkircher Ellergrub **11,5 %/11,- €**
86?	2016 Riesling „vom Urschiefer Reserve" Trabener Gaispfad **12 %/13,50 €**
83	2016 Riesling Hochgewächs „feinherb" „Renaissance" **11 %/8,50 €**
85	2016 Riesling Spätlese Piesporter Günterslay **8 %/11,- €**
86	2016 Riesling Spätlese Piesporter Goldtröpfchen **8 %/12,- €**
86	2016 Riesling Auslese Piesporter Günterslay **8 %/14,- €**

LANGWERTH VON SIMMERN'SCHES RENTAMT

★★★

KONTAKT

Kirchgasse
65343 Eltville
Tel. 06123-92110
Fax: 06123-921133
www.weingut-langwerth-von-simmern.de
weingut-langwerth-von-simmern@t-online.de

Inhaber
Georg R. Freiherr Langwerth von Simmern
Rebfläche
30 Hektar
Produktion
180.000 Flaschen

BESUCHSZEITEN

Mo.-Fr. 10-12 + 14-17 Uhr,
Sa. 10-17 Uhr
Gutsausschank „Gelbes Haus",
Eltville

Bis ins Jahr 1464 lässt sich die Weinbautradition der Familie Langwerth von Simmern zurückverfolgen, als Johann Langwerth von Simmern für seine Verdienste als Kanzler des Herzogs Ludwig von Pfalz-Zweibrücken mit Weinbergen im Hattenheimer Mannberg belehnt wurde, acht Jahre später, nach dem Erwerb der Hattenheimer Burg, ließ sich die Familie im Rheingau nieder. Das Weingut wird heute von Georg Reinhard Langwerth von Simmern und seiner Frau Andrea geführt. Ihre Weinberge befinden sich unter anderem in den Hattenheimer Lagen Mannberg und Nussbrunnen, im Erbacher Marcobrunn, in den Rauenthaler Lagen Baiken und Rothenberg sowie im Eltviller Sonnenberg, wo auch ein wenig Spätburgunder und Sauvignon Blanc angebaut werden, Riesling aber dominiert im Anbau nimmt 98 Prozent der Rebfläche ein.

Kollektion

Die Kollektion beginnt mit einer Phalanx trockener Kabinettweine, die alle knackig sind. Am besten gelungen sind der mineralische Kabinett aus dem Hattenheimer Nussbrunnen und der würzige Vertreter aus dem Rauenthaler Baiken, von denen vor allem der zweite über Konzentration und Länge verfügt. Auch die beiden trockenen Spitzenweine sind in diesem Jahr sehr frisch, sie wurden nicht angereichert, werden ab diesem Jahrgang als „Alte Reben" und nicht mehr als Große Gewächse bezeichnet. Der Marcobrunn ist offenherzig saftig, würzig und geradlinig, zeigt dabei Finesse und Länge. Der Riesling aus dem Mannberg ist deutlich stoffiger und nachhaltiger. Der feinherbe Kabinett ist saftig, zugänglich und trinkanimierend. Dagegen ist der fruchtige Kabinett eher mild. Das gilt auch für die würzig-saftige Spätlese. Die gereifte Trockenbeerenauslese von 2005 ist eindrucksvoll konzentriert und bietet intensive Würze, Tannenhonig, Ingwerstangen und kandierte Kräuter.

Weinbewertung

82 2016 Riesling trocken „1464" **12 %/9,90 €**
83 2016 Riesling Kabinett trocken Rauenthaler **12 %/9,90 €**
83 2016 Riesling Kabinett trocken Hattenheimer **12 %/9,90 €**
84 2016 Riesling Kabinett trocken Hattenheimer Nussbrunnen **12,5 %/12,- €**
85 2016 Riesling Kabinett trockenRauenthaler Baiken **12,5 %/12,50 €**
87 2016 Riesling trocken „Alte Rebe" Erbacher Marcobrunn **13,5 %/25,- €**
87 2016 Riesling trocken „Alte Rebe" Hattenheimer Mannberg **13,5 %/25,- €**
83 2016 Riesling Kabinett „feinherb" Eltviller **12 %/9,90 €**
84 2016 Riesling Kabinett Erbacher Marcobrunn **9 %/12,50 €**
84 2016 Riesling Spätlese Blaukapsel Erbacher Marcobrunn **9,5 %/20,- €**
89 2005 Riesling Trockenbeerenauslese Erbacher Marcobrunn **7,5 %/a.A./0,375l**

LANIUS-KNAB

★★★

KONTAKT

Mainzer Straße 38
55430 Oberwesel
Tel. 06744-8104
Fax: 06744-1537
www.lanius-knab.de
weingut@lanius-knab.de

Inhaber
Jörg Lanius
Rebfläche
9 Hektar
Produktion
55.000 Flaschen

BESUCHSZEITEN

Mo.-Sa. 9-18 Uhr, April-Dez. auch So. 10-18 Uhr
So. + feiertags kulinarische Weinproben, Gewölbekellerführung mit Weinprobe

Jörg Lanius übernahm 1991 den elterlichen Betrieb, baute ich kontinuierlich aus und führt ihn zusammen mit Ehefrau Anja Lanius-Kastien. Die Weinberge liegen im Engehöller Tal in den Lagen Engehöller Bernstein (grauer Schiefer, mit der Gewanne Am Lauerbaum) und Goldemund (Schiefer mit eingelagertem Quarzit und hohem Lehmanteil) sowie im Oberweseler Oelsberg (Schiefer, Lösslehm und Buntsandstein). Neben dem dominierenden Riesling baut Jörg Lanius ein wenig Spätburgunder an. Die Weine werden im Edelstahl mit den traubeneigenen Hefen vergoren und reifen anschließend in alten Eichenholzfässern. Jörg Lanius bringt den neuen Jahrgang immer erst recht spät in den Verkauf. Eine Spezialität sind edelsüße Weine, von denen er in vielen Jahren eine breite Auswahl bis hin zur Trockenbeerenauslese im Programm hat.

Kollektion

Die neue Kollektion ist enorm stark, schon die Gutsrieslinge sind kraftvoll und strukturiert. Der trockene Rheinschiefer-Riesling ist klar und zupackend, der Bernstein-Riesling zeigt rauchige Noten, besitzt Fülle und Saft, viel reife süße Frucht. Viel reife süße Frucht besitzen auch die beiden Großen Gewächse. Der Lauerbaum zeigt feine Würze, viel Duft, besitzt Fülle, Kraft und Substanz, ganz leichte jugendliche Bitternoten. Der Wein aus dem Oelsberg ist würzig und eindringlich, kraftvoll und zupackend, sehr nachhaltig. Ein stimmiges feinherbes Trio leitet über zum süßen und edelsüßen Segment. Die Spätlese aus dem Bernstein ist würzig, kraftvoll und zupackend, die Oelsberg-Spätlese besitzt viel Konzentration und reife Frucht, ist wunderschön reintönig und saftig. Die Lauerbaum-Auslese schließlich zeigt rauchige Noten und reintönige Frucht im Bouquet, ist kraftvoll im Mund, klar, frisch und zupackend, besitzt gute Struktur und Biss. Im Aufwind!

Weinbewertung

83 2016 Riesling trocken **12 %/7,70 €**
85 2016 Riesling trocken „Rheinschiefer" Oberweseler **12,5 %/9,- €**
87 2016 Riesling trocken Engehöller Bernstein **13 %/13,- €**
89 2016 Riesling trocken „GG" „Am Lauerbaum" Engehöller Bernstein **13,5 %/26,- €**
90 2016 Riesling trocken „GG" Oberweseler Oelsberg **13 %/26,- €**
83 2016 Riesling „feinherb" **11 %/7,70 €**
84 2016 Riesling „feinherb Rheingold" Oberweseler **11,5 %/9,- €**
86 2016 Riesling „feinherb" Engehöller Bernstein **12 %/13,- €**
87 2016 Riesling Spätlese Engehöller Bernstein **8,5 %/13,- €**
88 2016 Riesling Spätlese Oberweseler Oelsberg **8 %/18,- €**
90 2016 Riesling Auslese „Am Lauerbaum" Engehöller Bernstein **8,5 %/25,- €/0,5l**

PAUL LAQUAI

★★☆

KONTAKT

Park Wispertal 2
65391 Lorch
Tel. 06726-830838
Fax: 06726-830840
www.weingut-laquai.de
kontakt@weingut-laquai.de

Inhaber
Gundolf Laquai, Gilbert Laquai
Rebfläche
22 Hektar
Produktion
100.000 Flaschen

BESUCHSZEITEN

zu den Öffnungszeiten der Weinwirtschaft und im Weingut nach Vereinbarung
Weinproben (bis 30 Personen)
Weinwirtschaft Laquai in Lorch, Schwalbacher Straße 20 (Tel. 839213); Gutsausschank Langehof in Eltville-Rauenthal, Martinsthaler Straße 4 (Inh. Matthias Klein)

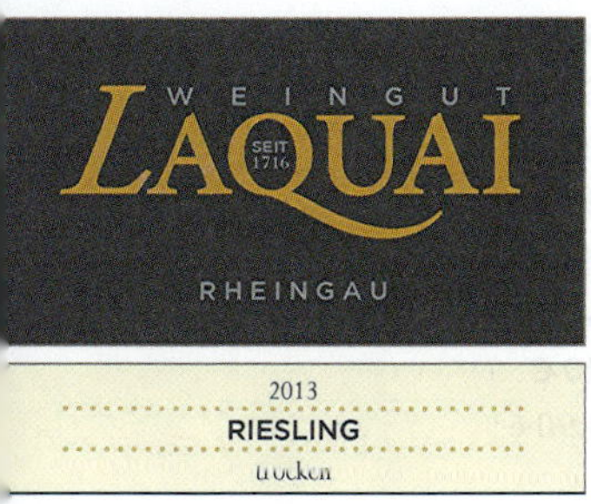

Das Weingut Paul Laquai ging 1990 an die beiden Brüder Gilbert und Gundolf Laquai über. Seither wurde die Rebfläche von 3,5 auf heute 22 Hektar erweitert, auf 12 Hektar wurden alte, brachliegende Rebflächen rekultiviert, teils in Querterrassen. Mit der Erweiterung des Weingutes wurden die alten Anlagen zu klein, deshalb kaufte man in Wispertal bei Lorch neue Betriebsgebäude. 2003 haben Gilbert und Gundolf Laquai eine Gutsschänke im alten Fachwerkhaus der Familie in Lorch eröffnet, einige Jahre später kam die Gutsschänke Langehof in Rauenthal hinzu. Die Weinberge, fast alle in Steillagen, liegen vor allem in Lorch, in den Lagen Kapellenberg, Bodental-Steinberg, Schlossberg und Pfaffenwies. Riesling ist die dominierende Rebsorte im Betrieb, gefolgt von Spätburgunder, dazu gibt es etwas Weißburgunder, Merlot, Cabernet Sauvignon, Silvaner und Auxerrois. An der Spitze der Kollektion stehen zwei Erste Gewächse, ein Riesling von 50 Jahre alten Reben im Schlossberg und ein Spätburgunder aus dem Bodental-Steinberg. Edelbrände ergänzen das Sortiment.

Kollektion

Die gesamte Kollektion überzeugt. Der Sekt ist opulent, cremig, ausgesprochen mild, der Blanc de Noirs saftig und würzig, ein unkomplizierter Sommertrunk. Der Weißburgunder bietet sortentypischen Trinkgenuss, der würzige Auxerrois ist noch kraftvoller. Der Riesling vom Löss ist kräftig und saftig, der vom Schiefer fein und mineralisch. Die trockene Spätlese ist druckvoll und würzig, hat Potenzial. Das Erste Gewächs aus derselben Lage ist cremig, hat Kraft und Länge. Von den Rotweinen hat es uns das Erste Gewächs mit seinem würzigen, fülligen Schmelz, der von feinen Gerbstoffen flankiert wird, besonders angetan. Der Cabernet Sauvignon duftet sortentypisch nach Cassis und dunklen Waldbeeren, besitzt reife Frucht und deutliche Toastnoten.

Weinbewertung

85	2015 Spätburgunder „Blanc de Noir" Sekt brut **13,5 %/11,50 €**
85	2016 Weißer Burgunder trocken Lorcher Bodental-Steinberg **12 %/8,50 €**
86	2016 Auxerrois trocken Lorcher Bodental-Steinberg **12,5 %/11,50 €**
85	2016 Riesling trocken „vom Löss" Lorcher Kapellenberg **12,5 %/8,50 €**
84	2016 Riesling trocken „vom Schiefer" Lorcher Schlossberg **12,5 %/8,50 €**
86	2016 Riesling Spätlese trocken Lorcher Schlossberg **12,5 %/14,50 €**
87	2016 Riesling Erstes Gewächs Lorcher Schlossberg **13,5 %/18,- €**
84	2016 Riesling „vom Quarzit" feinherb **11 %/8,50 €**
83	2016 Spätburgunder „Blanc de Noir" trocken **12 %/7,50 €**
85	2015 Spätburgunder trocken Lorcher Bodental-Steinberg **13,5 %/11,50 €**
86	2014 Cabernet Sauvignon trocken Lorcher Kapellenberg **13,5 %/15,- €**
87	2014 Spätburgunder trocken Erstes Gewächs Bodental-Steinberg **13,5 %/25,- €**

Lauermann & Weyer

★

KONTAKT

Leininger Ring 79
67278 Bockenheim
Tel. 06359-4231
Fax: 06359-409238
www.lauermannundweyer.de
info@lauermannundweyer.de

Inhaber
Heinrich Weyer
Rebfläche
20 Hektar

BESUCHSZEITEN

Mo.-Fr. 8-12 + 13-18 Uhr,
Sa. 9-12 + 13-16 Uhr

Seit Mitte des 18. Jahrhunderts wird in der Familie Weinbau betrieben, seit 1904 besteht das Weingut am nördlichen Zipfel der deutschen Weinstraße, ist seither in Familienbesitz. Heute wird es von Heinrich und Elisabeth Weyer geführt, unterstützt werden sie dabei von den Söhnen Hans Jörg und Hans Heinrich. Die insgesamt 20 Hektar Reben wachsen auf unterschiedlichsten Bodentypen wie Kalkstein, Ton oder Letten, die für geschmackliche Vielfalt sorgen. Die Weißweine werden gezügelt vergoren, die Rotweine durchlaufen die Maischegärung. Das Sortiment ist gegliedert in Gutsweine, Prädikatsweine und Lagenweine aus Bockenheim wie den Riesling aus der Goldgrube, den Riesling „Mulde" aus dem ältesten Weinberg des Betriebes oder den Riesling „Kerzenstümmel".

Kollektion

Die beiden Rieslinge „Kerzenstümmel" und „Mulde" sind im Vergleich zu den Vorjahren im Jahrgang 2015 ungewöhnlich kraftvoll, der höhere Alkoholgehalt ist aber bei beiden Weinen gut eingebunden. Was der „Mulde" mit den schlankeren 2014ern gemeinsam hat, ist die klare Frucht, neben Noten von Quitte und Aprikose zeigt der Wein auch steinige Würze und animierende Zitrusnoten, während der „Kerzenstümmel" noch etwas zugeknöpft ist, aber auch kräutrig-mineralische Noten erkennen lässt und guten Druck und salzige Länge besitzt. Auch der Weißburgunder „B" besitzt viel Kraft und Stoff, ist aber harmonisch mit gut dosierter Holzwürze und wirkt mit seinen feinen Zitrusnoten ganz burgundisch, Chardonnay, Weiß- und Grauburgunder sind ebenfalls sehr harmonisch, zeigen reintönige Frucht, besitzen Kraft und feine Frische. Spätburgunder und Saint Laurent sind gut strukturiert und zeigen dunkle Frucht und Noten von Mokka, der Spätburgunder, Jahrgang 2014, ist der kraftvollere von den beiden und zeigt ein wenig kräutrige Würze.

Weinbewertung

81 2016 Riesling trocken „HW" (1l) **12,5 %/4,70 €**
83 2016 Grauburgunder trocken **13,5 %/5,90 €**
84 2016 Weißburgunder trocken **13 %/5,90 €**
84 2016 Chardonnay trocken **13 %/5,90 €**
86 2015 Weißburgunder trocken „B" **14,5 %/8,60 €**
86 2015 Riesling trocken „Mulde" **14 %/8,90 €**
87 2015 Riesling trocken „Kerzenstümmel" **13,5 %/12,90 €**
84 2015 Saint Laurent trocken **13,5 %/8,40 €**
85 2014 Spätburgunder trocken **13,5 %/8,90 €**

Laurentiushof

★☆

KONTAKT

Gartenstraße 13
56814 Bremm
Tel. 02675-508
Fax: 02675-910285
www.weingut-laurentiushof.de
info@weingut-laurentiushof.de

Inhaber
Thomas Franzen-Martiny
Rebfläche
5,3 Hektar
Produktion
35.000 Flaschen

BESUCHSZEITEN

nach Vereinbarung
Komfort-Ferienhaus und
Luxus-Loft-Wohnung

Thomas Franzen-Martiny und Liz Martiny führen den Laurentiushof in Bremm nach ökologischen Richtlinien; das Weingut ist Mitglied bei Ecovin. Ihre Weinberge liegen in Bremm, Neef und Bullay, gut die Hälfte davon befindet sich in Steillagen wie dem Bremmer Calmont oder dem Neefer Frauenberg, ein Teil der Reben ist 100 Jahre alt. Riesling nimmt drei Viertel der Fläche ein, hinzu kommen 20 Prozent Elbling sowie etwas Weißburgunder, Müller-Thurgau und Spätburgunder. Die Weine werden spontanvergoren und im Edelstahl ausgebaut. Dem Weingut sind ein Komfort-Ferienhaus und eine Luxus-Luft-Wohnung angeschlossen, die weit über das hinausgehen, was anderswo bezüglich Ferienwohnungen an der Mosel üblich ist.

Kollektion

Im Jahrgang 2014 beeindruckte der Urgesteins-Riesling aus der Lage Calmont, auch 2015 war dies der Favorit in einem straffen, starken und gleichmäßigen Programm, das sich bereits mit dem Elbling gut einzuführen wusste. Dieses Mal ist das Sortiment noch etwas überschaubarer als in den Vorjahren, es wurden lediglich vier Weine vorgestellt. Doch auch bei den Verkostungen für diese Ausgabe des Weinführers können wir zunächst den Elbling würdigen. Thomas Franzen-Martiny beweist eindrucksvoll, dass diese uralte Sorte hier ihre Berechtigung hat, wenn sie dermaßen straff und würzig ausfällt und nicht mit übertriebenem Restzucker auf vermeintliche Harmonie eingestellt wird. Der Literwein aus Riesling ist noch ein bisschen vielschichtiger, zeigt Schmelz und eine attraktive Frucht. Angenehm fest und trocken fällt der Riesling „Urgestein“ aus, der Würze zeigt und nachhaltig ist. Ebenso gut allerdings können wir den feinherben Wein aus dem Neefer Frauenberg bewerten; die Süße ist hier nicht aufdringlich, die Nachhaltigkeit ist besonders zu loben. —

Weinbewertung

84 2016 Elbling trocken Bremmer Laurentiusberg (1l) **12 %/6,20 €** ☺
84 2016 Riesling trocken (1l) **11,5 %/6,50 €** ☺
87 2016 Riesling trocken „Urgestein“ Bremmer Calmont **11,5 %/8,40 €** ☺
87 2016 Riesling „feinherb“ Neefer Frauenberg **11,5 %/8,40 €** ☺

L

Hubert Lay

★★

KONTAKT

Scherkhofenstraße 52
79241 Ihringen
Tel. 07668-1870
Fax: 07668-626
www.weingut-hubert-lay.de
info@weingut-hubert-lay.de

Inhaber
Hubert Lay
Rebfläche
5,3 Hektar
Produktion
22.000 Flaschen

BESUCHSZEITEN

nachmittags und samstags
oder nach Vereinbarung

Hubert und Gisela Lay übernahmen 1987 das Weingut von seinen Eltern Adolf und Johanna, 1990 stellten sie auf biologische Bewirtschaftung um, sie sind Mitglied bei Ecovin. 1997 wurden die Betriebsgebäude erneuert, die Rebfläche wurde erweitert. Seit 2008 arbeiten sie nach biodynamischen Richtlinien. Nach Winzerlehre, Abschluss seiner Weinbautechnikerausbildung und verschiedenen Stationen bei badischen Weingütern ist 2013 Sohn Christian in den Betrieb eingestiegen. Die Weinberge liegen alle in Ihringen, in den Lagen Fohrenberg und Winklerberg. Spätburgunder ist die mit Abstand wichtigste Rebsorte im Betrieb, es folgen Grauburgunder, Riesling, Chardonnay, Weißburgunder und Silvaner, dazu gibt es etwas Müller-Thurgau, Regent, Muskateller, Gewürztraminer und Cabernet Sauvignon. Die Weine werden teilweise ohne den Zusatz von Schwefel und unfiltriert abgefüllt. Die Spitzenweine werden in der SL-Linie („Selektion Lay") angeboten. Edelbrände aus der hauseigenen Brennerei sowie ein Balsamico-Essig aus Gewürztraminer ergänzen das Programm.

Kollektion

Auf ein starkes Debüt im vergangenen Jahr folgt eine nochmals stärkere neue Kollektion. Die fruchtbetonten, sortentypischen Kabinettweine zeigen hohes Einstiegsniveau. Am besten gefällt uns im weißen Segment die reintönige, füllige trockene Grauburgunder Spätlese aus dem Winklerberg. Auch im roten Segment ist die Basis stark wie der schwefelfreie Spätburgunder oder der Rosé beweisen, die wie alle schwefelfreien Weine absolut stabil und klar sich präsentieren. Der 2014er Spätburgunder SL ist rauchig, klar und zupackend, der 2015er besitzt etwas mehr Fülle und Substanz, aber ebenso reintönige Frucht. Highlight der Kollektion ist aber ganz klar der 2015er Pinot Noir, der faszinierend reintönig und präzise ist. Im Aufwind!

Weinbewertung

83 2016 Silvaner Kabinett trocken **13 %/6,70 €**
83 2016 Weißburgunder Kabinett trocken **13 %/6,90 €**
84 2016 Grauburgunder Kabinett trocken **14 %/7,- €**
86 2016 Grauburgunder Spätlese trocken „SL" Ihringer Winklerberg **14,5 %/12,- €**
83 2016 Weißburgunder trocken „schwefelfrei" **14 %/8,90 €**
84 2016 Gewürztraminer Spätlese trocken Ihringer Winklerberg **13,5 %/11,- €**
83 2016 Rosé trocken „schwefelfrei" **12,5 %/8,90 €**
83 2015 Spätburgunder trocken „schwefelfrei" **12 %/9,40 €**
84 2014 Spätburgunder trocken „Wiedehopf" „schwefelfrei" **12 %/11,40 €**
86 2014 Spätburgunder trocken „SL" „unfiltriert" Ihringer Winklerberg **12 %/14,50 €**
86 2015 Spätburgunder trocken „SL" „unfiltriert" Ihringer Fohrenberg **13,5 %/14,50 €**
89 2015 Pinot Noir Spätlese trocken „SL" Ihringer Winklerberg **13,5 %/22,- €**

WEINBAU DER LEBENSHILFE

★★

KONTAKT

Sägmühle 15
67098 Bad Dürkheim
Tel. 06322-980580
Fax: 06322-938197
www.lebenshilfe-weinbau.de
weinbau@lebenshilfe-duew.de

Inhaber
Lebenshilfe Bad Dürkheim e.V.
Rebfläche
20 Hektar
Produktion
160.000 Flaschen

BESUCHSZEITEN

Mo.-Do. 8-12 + 13-16 Uhr, Fr. 8-12 + 13-18 Uhr, Sa. 10-15 Uhr

Die Lebenshilfe Bad Dürkheim e.V. ist ein 1965 von Angehörigen geistig behinderter Menschen gegründeter Selbsthilfeverein. Seit Anfang der 1980er Jahre wird im Rahmen der Schaffung persönlichkeitsfördernder Arbeitsplätze auch Weinbau betrieben, seit Beginn wird biologisch gewirtschaftet. Heute arbeiten hier vier ausgebildete Winzer zusammen mit rund 30 zu betreuenden Mitarbeitern. Unter den 20 Hektar Rebfläche sind knapp drei Hektar rekultivierte Terrassenweinberge, am Wachenheimer Schlossberg (karger Sandstein) und dem Dürkheimer Michelsberg (Kalkeinlagerungen), von denen die Riesling-Lagenweine des Betriebs stammen. Rote Lagenweine werden in der Wachenheimer Altenburg (Cabernet Sauvignon) und im Friedelsheimer Schlossgarten (Spätburgunder) angebaut. Die Guts- und Ortsweine stammen von Lagen rund um Bad Dürkheim und Wachenheim.

Kollektion

Wie immer werden uns die Riesling-Lagenweine ein Jahr später präsentiert, der 2015er Riesling „Die Burg" aus dem Schlossberg führt die sehr stimmige Kollektion an: Er besitzt gute Konzentration, viel klare, gelbe Frucht ein animierendes Säure-Spiel und gute Länge, der normale Schlossberg-Riesling zeigt leichte Reifennoten und etwas Holzwürze, besitzt Kraft und frischen Säure-Biss, etwas prägnanter und intensiver zeigt sich der Riesling aus dem Michelsberg mit viel Stoff, Zitrusnoten und leicht gereifter Frucht. Unter den Ortsweinen ist der Dürkheimer Riesling präsenter als der Wachenheimer, beide sind konsequent trocken ausgebaut, die Gutsweine sind schlank, frisch und reintönig. Die Scheurebe Auslese zeigt viel klare, süße Frucht, Quittengelee und Zitrusfrüchte, der 2012er Cabernet Sauvignon ist eindringlich und reintönig mit viel schwarzer Johannisbeere im Bouquet und ist jetzt trinkreif, der Spätburgunder zeigt Noten von Kaffee und Krokant und besitzt kühle rote Frucht.

Weinbewertung

83	2016 Weißburgunder trocken **12 %/7,10 €**
83	2016 Grauburgunder trocken **12 %/7,80 €**
82	2016 Riesling trocken „5 Wingert" **12 %/6,- €**
83	2016 Riesling trocken Wachenheimer **12,5 %/7,50 €**
85	2015 Riesling trocken Dürkheimer **13,5 %/8,50 €**
86	2015 Riesling trocken Wachenheimer Schlossberg **13 %/11,- €**
87	2015 Riesling trocken Dürkheimer Michelsberg **13,5 %/15,- €**
88	2015 Riesling trocken „Die Burg" Wachenheimer Schlossberg **13,5 %/18,- €**
87	2015 Scheurebe Auslese Wachenheimer Königswingert **9 %/15,50 €**
82	2015 Spätburgunder trocken **13,5 %/7,80 €**
86	2014 Spätburgunder trocken Friedelsheimer Schlossgarten **13 %/18,- €**
87	2012 Cabernet Sauvignon trocken Wachenheimer Altenburg **14 %/18,- €**

Lehnert-Veit

★★★

KONTAKT

In der Dur 6-10
54498 Piesport
Tel. 06507-2123
Fax: 06507-7145
www.weingut-lv.net
info@lehnert-veit.de

Inhaber
Erich & Peter Lehnert
Rebfläche
11 Hektar
Produktion
60.000 Flaschen

BESUCHSZEITEN

täglich 9-20 Uhr
Vinothek von Mai - Oktober,
Gästezimmer, Gutsausschank

Die Weinbautradition des Betriebs reicht bis ins Jahr 1653 zurück, als ein gewisser Eucharius Lehnert Weinberge bewirtschaftete. Heute führen Erich Lehnert und Sohn Peter das Gut, dem eine Straußwirtschaft und Gästezimmer angeschlossen sind. Ihre Weinberge liegen in den Piesporter Lagen Goldtröpfchen, Falkenberg, Günterslay und Treppchen. Neben Riesling, der 70 Prozent der Rebfläche einnimmt, bauen sie Spätburgunder und Weißburgunder an, sowie ein wenig Chardonnay, Sauvignon Blanc und Merlot. 2013 wurden ein neuer Keller und eine neue Vinothek gebaut. Das Sortiment ist gegliedert in Gutsweine (roter Schraubverschluss), Ortsweine (blauer Schraubverschluss/blaue Kapsel) und Lagenweine (goldener Schraubverschluss/goldene Kapsel), an der Spitze der Kollektion stehen das Große Gewächs aus Riesling und die Erste Lage-Weine aus Spätburgunder, die jeweils ein Jahr später präsentiert werden, als dies bei vielen Kollegen üblich ist.

Kollektion

Für alle trockenen Weine vom – neuen – Großen Herrgott bis zum Großen Gewächs aus dem Jahr 2015 gilt, dass sie stilistisch konsequent gearbeitet wurden, angenehm trocken und fest wirken. Der Spitzenwein verfügt dazu noch über einen attraktiven Schmelz, ist in einem ruhigen, überzeugenden Stil gehalten. Der Kabinett aus dem Goldtröpfchen ist rassig, besitzt ein schönes Süße-Säure-Spiel, die Spätlese ist deutlich süßer, aber ebenfalls gut balanciert. Sehr gelungen ist im Jahrgang 2016 die Auslese aus dem Piesporter Goldtröpfchen, frisch und duftig, mit Anklängen an getrockneten Apfel, etwas Steinobst und Kräuter sowie Hefe. Schließlich die Rotweine, die aus dem Jahrgang 2014 stammen. Der Günterslay-Spätburgunder besitzt Waldbeernoten, wirkt elegant und fein, jener aus dem Falkenberg wirkt leicht rauchig und noch etwas verschlossen, straff und animierend.

Weinbewertung

84 2016 Riesling trocken „Kies" **11,5 %/7,- €**
85 2016 Riesling trocken „Schiefer" **11,5 %/7,- €**
87 2016 Riesling trocken Günterslay **12 %/9,- €**
87 2016 Riesling trocken Großer Herrgott **12 %/9,- €**
89 2015 Riesling trocken „GG" Goldtröpfchen **13 %/18,- €**
86 2016 Riesling „feinherb" Falkenberg **11 %/9,- €**
88 2016 Riesling Spätlese Goldtröpfchen **7,5 %/15,- €**
85 2016 Riesling Kabinett Goldtröpfchen **8 %/10,- €**
91 2016 Riesling Auslese Goldtröpfchen **7,5 %/20,- €**
87 2014 Spätburgunder trocken Günterslay **13 %/13,- €**
89 2014 Spätburgunder trocken Falkenberg **13,5 %/18,- €**

L

Leiling

★

N

KONTAKT

Hauptstraße 3
76889 Schweigen-Rechtenbach
Tel. 06342-7039
www.weingut-leiling.de
post@weingut-leiling.de

Inhaber
Herbert & David Leiling
Rebfläche
15 Hektar
Produktion
70.000 Flaschen

BESUCHSZEITEN

Mo.-Fr. 9-12 + 14-17 Uhr

Herbert und David Leilings Weinberge liegen, wie bei vielen Schweigener Winzern, zum großen Teil auf der französischen Seite der Grenze, in verschiedenen Gewannen des Schweigener Sonnenbergs wie Steingrub, Rädling, Hohlaub und Banholz. Die Verwendung der Gewannbezeichnungen auf den Etiketten ist allerdings von der Weinkontrolle verboten. Auf je einem Viertel der Rebfläche stehen Spätburgunder und Weiß- und Grauburgunder, dazu kommen 20 Prozent Riesling und 30 Prozent andere Sorten wie Chardonnay, Auxerrois, Gewürztraminer und Dornfelder. „Boom Bottles", ausgestattet mit auffälligen Etiketten und ausgefallenen Namen, nennt David Leiling die Weine, die er ganz nach seinen Vorstellungen ausbaut, das handselektierte Lesegut wird nach einer Maischestandzeit in einer alten Korbkelter gepresst und vor allem in großem und kleinem Holz lange auf der Feinhefe ausgebaut und anschließend ohne Schönung gefüllt, die Weißweine werden nur mittels Sedimentation geklärt.

Kollektion

Die beiden verkosteten Spätburgunder unterscheiden sich deutlich, „The King" erinnert in der Nase an Rum-Trauben-Nuss-Schokolade und bleibt recht kurz, der „Grandfather Clones" von über 50 Jahre alten Reben ist wesentlich sortentypischer und eleganter als der „King", zeigt süße Kirschfrucht und etwas Cassis, besitzt gute Struktur aber auch etwas zuviel Süße. Der Chardonnay zeigt deutliche Holzwürze im Bouquet mit Noten von Kokos und Banane, auch beim Grauburgunder „Prima Ballerina 2.Oak" ist das Holz sehr prägnant, aber insgesamt etwas besser eingebunden, der Wein zeigt auch gelbe Frucht, ist kraftvoll und weich, der andere „Prima Ballerina"-Grauburgunder zeigt gelbe Frucht, Zitrusnoten und nussige Würze und besitzt Frische. Bei den Rieslingen vermissen wir etwas die Typizität, sie sind von leichten Honignoten geprägt.

Weinbewertung

78 2016 Riesling trocken (1l) **12,5 %/5,- €**
82 2015 Chardonnay/Weißburgunder „Fräulein Hildegart" **13,5 %/9,50 €**
81 2016 Weißer Burgunder „Hôpital" **13 %/9,50 €**
82 2015 Riesling „Hôpital" **14 %/9,50 €**
84 2016 Grauer Burgunder „Prima Ballerina" **13,5 %/11,- €**
84 2016 Grauer Burgunder „Prima Ballerina 2.Oak" **14 %/16,- €**
82 2014 Chardonnay **14 %/15,- €**
81 2015 Riesling Kabinett „Prinz Lollipop" **9,5 %/11,- €**
79 2016 „Prinzessin Vaaleanpunainen" Rosé **12 %/8,- €**
82 2014 Spätburgunder „The King" **13,5 %/14,50 €**
85 2012 Pinot Noir Spätlese „Project Grandfather Clones" **13,5 %/25,- €**

Dr. Leimbrock - C. Schmidt

★★

KONTAKT

Bergfried 2
54486 Mülheim an der Mosel
Tel. 06534-357
Fax: 06534-948727
www.dr-leimbrock.de
info@dr-leimbrock.de

Inhaber
Ulrike Oeffling
Rebfläche
9 Hektar
Produktion
40.000 Flaschen

BESUCHSZEITEN

Mo.-Fr. 9:30-12 + 14-18 Uhr,
Sa./So. 9:30-12 Uhr und nach Vereinbarung

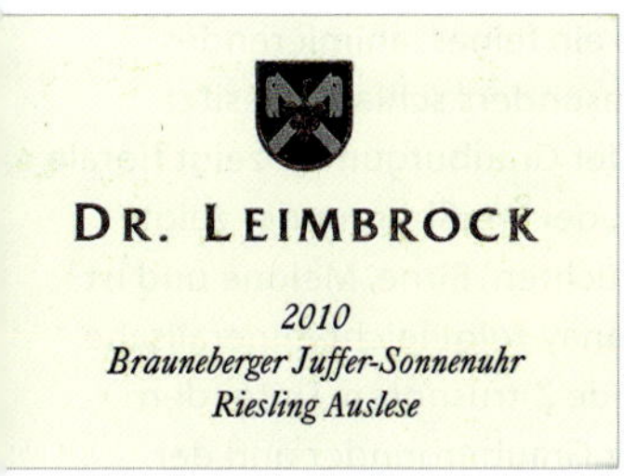

Das Weingut ist seit mehr als 250 Jahren in Familienbesitz, entstand in seiner heutigen Form 1967, als Friedhelm Leimbrock und Lore Leimbrock, geb. Schmidt, die Betriebe ihrer Vorfahren Conrad Schmidt, Dr. Wilhelm Leimbrock und Friedrich Herrmann zusammenlegten. Das Weingut wird heute von Ulrike Oeffling geführt. Die Weinberge befinden sich in den Brauneberger Lagen Juffer und Juffer-Sonnenuhr, im Graacher Himmelreich, der Bernkasteler Badstube, dem Veldenzer Grafschafter Sonnenberg und der Mülheimer Sonnenlay. Neben Riesling, der 91 Prozent der Rebfläche einnimmt, gibt es ein wenig Weißburgunder und Kerner. Der Schwerpunkt der Produktion liegt auf trockenen und halbtrockenen Rieslingen, allerdings werden immer wieder feine Süßweine bis hinauf zur Trockenbeerenauslese erzeugt.

Kollektion

Durchaus eigenwillig präsentiert sich der Sekt: kraftvoll, angenehm trocken, mit einer Spur karamelliger Würze im Nachhall. Unter den stillen 2016ern haben wir gleich mehrere Favoriten – etwa den festen, präzisen Kabinett Im Bitsch. Zwischen der trockenen Spätlese aus der Juffer-Sonnenuhr und dem „Steckenpferd" liegen Welten: Letzterer präsentiert sich straff, würzig, vibrierend mineralisch, auch die zupackende Auslese macht Freude. Dieses Jahr wurden zwei 2007er Beerenauslesen vorgestellt: der Badstube-Wein kräuterwürzig und sehr elegant mit eher wenig Restzucker, der Juffer-Sonnenuhr-Riesling deutlich süßer, üppiger, leicht von Karamellnoten geprägt, etwas rustikal.

Weinbewertung

84 2015 Riesling Sekt brut „Friedrich Herrmann" **12,5 %/11,50 €**
83 2016 Weißer Burgunder trocken **12,5 %/7,- €**
85 2016 Riesling Kabinett trocken Veldenzer „Im Bitsch" **11,5 %/7,70 €**
85 2016 Riesling Kabinett trocken Brauneberger Juffer **11 %/8,- €**
88 2016 Riesling Spätlese trocken „Steckenpferd" Bratenhöfchen **12 %/14,- €**
85 2016 Riesling Spätlese trocken Mülheimer Sonnenlay **11,5 %/9,10 €**
86 2016 Riesling Spätlese trocken Brauneberger Juffer-Sonnenuhr **11,5 %/12,60 €**
81 2016 Riesling Classic **11,5 %/6,- €**
85 2016 Riesling Spätlese halbtrocken Mülheimer Sonnenlay **11,5 %/9,20 €**
87 2016 Riesling Spätlese halbtrocken Brauneberger Juffer-Sonnenuhr **11,5 %/12,60 €**
84 2016 Riesling Spätlese „feinherb" Graacher Himmelreich **11 %/9,80 €**
83 2016 Riesling Kabinett Bernkasteler Badstube **9 %/8,- €**
85 2016 Riesling Spätlese Mülheimer Sonnenlay **8,5 %/9,20 €**
87 2016 Riesling Spätlese Brauneberger Juffer-Sonnenuhr **10 %/12,60 €**
88 2016 Riesling Auslese Graacher Himmelreich **8,5 %/18,- €**
90 2007 Riesling Beerenauslese Bernkasteler Badstube **10,5 %/54,- €**
88 2007 Riesling Beerenauslese Brauneberger Juffer-Sonnenuhr **9 %/58,- €**

Jürgen Leiner

★★★★

KONTAKT

Arzheimer Straße 14
76831 Ilbesheim
Tel. 06341-30621
Fax: 06341-34401
www.weingut-leiner.de
info@weingut-leiner.de

Inhaber
Sven Leiner
Rebfläche
16 Hektar
Produktion
150.000 Flaschen

BESUCHSZEITEN

nach Vereinbarung
Ferienwohnungen

Das in den siebziger Jahren gegründete Weingut Jürgen Leiner liegt im Ortskern von Ilbesheim, am Fuß der Kleinen Kalmit. Die Weinberge liegen in Ilbesheim, Arzheim und Göcklingen. Nachdem Sohn Sven, der mittlerweile das Weingut leitet, nach seinem Geisenheim-Studium in den Familienbetrieb einstieg, stellte er zunächst auf biologischen Anbau um und ging anschließend noch einen Schritt weiter zur biodynamischen Bewirtschaftung, seit 2011 ist das Weingut Demeter-zertifiziert. Riesling und Grauburgunder nehmen jeweils rund 20 Prozent der Weinberge ein, Weißburgunder, Chardonnay und Spätburgunder zusammen weitere 40 Prozent, dazu kommen noch etwas Gewürztraminer, Dornfelder und Tempranillo, den Leiner 1998 gepflanzt hat und mit dem Jahrgang 2001 erstmals auf die Flasche brachte. Die besten Weine wurden eine zeitlang mit Gewannnamen bezeichnet, seit dem 2013er Jahrgang ergänzt durch den Ortsnamen, respektive mit der Lagenbezeichnung Ilbesheimer Kalmit, die mit dem Jahrgang 2009 als Einzellage anerkannt wurde. Mit dem Jahrgang 2014 schließlich fallen bei den Ortsweinen die Gewannnamen weg, Sven Leiner bleibt einem dreistufigen System: Handwerk-Linie als Gutsweine, Ortsweine sowie Lagenweine der Ilbesheimer Kalmit. Die Rotweine kommen nach der Maischegärung ins Holzfass oder Barrique. Die Weine der „Handwerk"-Linie werden komplett spontan im Edelstahl vergoren und liegen bis Ende Februar auf der Vollhefe. Die Orts- und Lagenweine vom Riesling, Chardonnay, Weiß- und Grauburgunder bleiben lange auf der Presse, wodurch Leiner auf eine Mostvorklärung verzichten kann. Für ihren anschließenden Ausbau gibt es kein Patentrezept, je nach Jahrgang verwendet Leiner verschiedene Holzgebinde und verschiedene Anteile von Holz und Edelstahl, die Weine bleiben meist bis kurz vor der nächsten Ernte auf der Vollhefe.

Kollektion

Sven Leiners Gutsweine, die vier Weine aus der „Handwerk"-Linie bieten viel Trinkspaß mit Anspruch, sie sind schlank, besitzen aber gute Konzentration, sind sehr reintönig, ohne zu sehr auf die Frucht zu setzen, sind würzig und besitzen jeweils ein feines, animierendes Säure-Spiel. Der Riesling ist frisch und besonders schlank, besitzt Tabakwürze und etwas steinige Noten, der Grauburgunder zeigt florale und nussige Würze und ist leicht cremig, der Weißburgunder zeigt Noten von weißen Blüten und gelben Früchten, Birne, Melone und ist ebenfalls leicht cremig, und der Chardonnay zeigt leicht mineralische Würze, ist schlank und besitzt animierende Zitrusnoten. Unter den starken Ortsweinen ragen besonders der Grauburgunder und der

Chardonnay heraus, zwei sehr spannende Interpretationen der jeweiligen Rebsorte: Der Grauburgunder zeigt gelbe Frucht, Birne, Zitrusnoten und leicht rauchig-mineralische Würze, er ist komplex und cremig, besitzt Struktur, Grip und Länge, der Chardonnay zeigt komplexe gelbe Frucht im Bouquet, Birne, dezent Banane und Zitrusnoten, er ist weich, kraftvoll, sehr stoffig und nachhaltig, das Holz bleibt ganz im Hintergrund. Der Göcklinger Riesling ist schlank und elegant, zeigt leichte Reifenoten, etwas Mürbegebäck und Tabakwürze, besitzt ein animierendes Säure-Spiel und gute Länge, den Ilbesheimer Weißburgunder konnten wir aus zwei Jahrgängen verkosten, der 2015 zeigt Noten von Apfelmost und florale Würze, ist schlank, elegant und nachhaltig, der 2014er zeigt feine Reifenoten, etwas Quitte, ist kraftvoller als sein Pendant aus 2015, besitzt Konzentration, Länge und Biss. Der Riesling-Lagenwein von der Kalmit ist nicht ganz so stark wie sein Jahrgangsvorgänger, zeigt feine mineralische Würze und leichte Reifenoten von Gebäck und Quitte, er ist kraftvoll und konzentriert, besitzt animierenden Säure-Grip und gute Länge. Der Spätburgunder zeigt dunkle und rote Frucht, Cassis, Kräuter, feine röstige Würze und etwas dunkle Schokolade im Bouquet, ist kraftvoll und fleischig und besitzt noch jugendlich-feste Tannine, mit dem „Kuriosum" beweist Sven Leiner erneut, dass man auch aus Dornfelder ansprechende Weine erzeugen kann, er zeigt kräutrige Noten, rote und dunkle Früchte, besitzt eine reife Tanninstruktur und hat überhaupt nichts grobes an sich, wie so oft bei dieser Rebsorte, und zeigt sogar Ansätze zur Eleganz.

Weinbewertung

86 2016 Grauer Burgunder trocken „Handwerk" **12,5 %/8,- €**
86 2016 Weißer Burgunder trocken „Handwerk" **12,5 %/8,- €**
86 2016 Chardonnay trocken „Handwerk" **12 %/8,- €**
86 2016 Riesling trocken „Handwerk" **11,5 %/8,- €**
89 2015 Grauer Burgunder trocken Ilbesheim **13,5 %/14,- €**
88 2015 Weißer Burgunder trocken Ilbesheim **12,5 %/14,- €**
88 2014 Weißer Burgunder trocken Ilbesheim **12,5 %/14,- €**
89 2015 Chardonnay trocken Ilbesheim **14,5 %/18,- €**
88 2015 Riesling trocken Göcklingen **12 %/14,- €**
89 2015 Riesling trocken Ilbesheimer Kalmit **13,5 %/18,- €**
87 2015 Dornfelder trocken „Kuriosum" **13,5 %/12,- €**
87 2014 Spätburgunder trocken Ilbesheim **13,5 %/17,- €**

LAGEN

KALMIT (ILBESHEIM)

REBSORTEN

RIESLING (20 %)
GRAUBURGUNDER (20 %)
WEISSBURGUNDER (15 %)
SPÄTBURGUNDER (15 %)
CHARDONNAY (10 %)

L

Leipold

★★

KONTAKT

Landsknechtstraße 14
97332 Obervolkach
Tel. 09381-4472
Fax: 09381-716728
www.weingut-leipold.de
paul-leipold@t-online.de

Inhaber
Paul & Inge Leipold
Rebfläche
5,7 Hektar
Produktion
45.000 Flaschen

L

BESUCHSZEITEN

Mo.-Fr. 9-12 + 13-19 Uhr,
Sa. 9-17 Uhr

Weinbau wird in der Familie in Obervolkach, einem Ortsteil von Volkach, seit den dreißiger Jahren des letzten Jahrhunderts betrieben, aber erst mit der Übernahme des Betriebes durch Paul Leipold wurde die Fläche erweitert und in die Vermarktung investiert. Die Weinberge liegen alle im Obervolkacher Landsknecht, einem zwischen Obervolkach und Rimbach gelegenen, im westlichen Teil (Stettenberg) steilen Südhang mit Muschelkalkböden, der östliche Teil ist etwas flacher, die schwereren Böden dort bestehen aus tonigem Lehm. Ein Drittel der Fläche nimmt Silvaner ein, hinzu kommen vor allem Müller-Thurgau und Bacchus, aber auch Domina und Spätburgunder, Regent, Dornfelder, Scheurebe und Traminer, inzwischen auch Riesling. Sohn Peter absolvierte 2014 die Weinbaufachschule in Veitshöchheim, hatte im Herbst 2013 ein Praktikum in Burgund gemacht, arbeitete zwei Jahre bei Klaus Peter Keller in Flörsheim-Dalsheim, ist aber 2017 in den elterlichen Betrieb eingestiegen, in Teilzeit arbeitet er im Außenbetrieb bei Rainer Sauer in Escherndorf.

Kollektion

Eine stimmige, sehr gleichmäßige Kollektion haben Paul und Peter Leipold auch mit dem Jahrgang 2016 auf die Flasche gebracht. Die Literweine sind einmal mehr zuverlässig gut, bieten sortentypische Frucht, wie alle Weine. An der Spitze stehen die trockenen Spätlesen. Der Müller-Thurgau von alten Reben ist konzentriert, füllig und saftig, besitzt viel reife süße Frucht. Der Silvaner von alten Reben besitzt Fülle und Kraft, reife Frucht und gute Struktur, noch etwas besser gefällt uns der Schilfsandstein-Silvaner, der füllig und saftig ist und reife süße Frucht besitzt. Der Jungfernertrag der Riesling-Anlage (mit Saar-Genetik) erbrachte einige wenige Flaschen einer reintönigen, zupackenden Spätlese. Sehr gut ist auch wieder der Spätburgunder, er ist klar, fruchtbetont, strukturiert und zupackend. ▬

Weinbewertung

82 2016 Silvaner Kabinett trocken (1l) **12 %/5,70 €**
83 2016 Müller-Thurgau Kabinett trocken Obervolkacher **12,5 %/5,- €**
84 2016 Silvaner trocken „Muschelkalk" Obervolkacher **12,5 %/6,- €**
82 2016 Scheurebe trocken Obervolkacher **12 %/5,- €**
85 2016 Müller-Thurgau Spätlese trocken „Alte Reben" Landsknecht **12,5 %/7,50 €**
85 2016 Silvaner Spätlese trocken „Alte Reben" Landsknecht **13,5 %/8,- €**
86 2015 Silvaner Spätlese trocken „Schilfsandstein" Landsknecht **13,5 %/10,- €**
84 2016 Scheurebe Spätlese trocken „Alte Reben" Landsknecht **13,5 %/8,50 €**
82 2016 Bacchus halbtrocken (1l) **10,5 %/4,50 €**
84 2016 Riesling Spätlese **8 %**
85 2015 Spätburgunder trocken Obervolkacher Landsknecht **13,5 %/7,- €**

LEISS

★★★

KONTAKT

Lennacher Straße 7
74189 Gellmersbach
Tel. 07134-14389
Fax: 07134-20621
www.weingut-leiss.de
info@weingut-leiss.de

Inhaber
Wolf-Peter Leiss
Rebfläche
17 Hektar
Produktion
120.000 Flaschen

BESUCHSZEITEN

Mo.-Fr. 9:30-12 + 17:30-19 Uhr,
Sa. 9-16 Uhr
Besenwirtschaft

Das von Gerhard Leiss gegründete Weingut wird heute von seinem Sohn Wolf-Peter und dessen Ehefrau Christa geführt. Tochter Stefanie studiert Weinbetriebswirtschaft, Sohn Gerhard studierte, nach Ausbildung bei Aldinger, in Geisenheim. Die Weinberge liegen vor allem in Gellmersbach (Dezberg) und Erlenbach (Kayberg, mit Teillage Herzgrüble), die Reben wachsen teils auf Gipskeuper-, teils auf Sandsteinverwitterungsböden. Wichtigste rote Sorten sind Lemberger und Trollinger, gefolgt von Spätburgunder und Schwarzriesling. Riesling nimmt gut ein Viertel der Rebfläche ein, dazu gibt es ein wenig Kerner, Müller-Thurgau und Gewürztraminer. Die 1998 erstmals erzeugte Cuvée Nobilis aus Cabernet Cubin und Lemberger war lange Zeit die Spitzencuvée von Gerhard Leiss, inzwischen gibt es eine weitere rote Top-Cuvée, Kyrie Leiss genannt.

Kollektion

Die neue Kollektion ist wieder bärenstark. Die Basis stimmt, das zeigen die fruchtbetonten, süffigen Freistil-Weine. Unter den 2016er Weißweinen gefällt uns der reintönige, zupackende Sauvignon Blanc besonders gut. Wer Holz bei Sauvignon Blanc mag, wird vom 2015er Gipskeuper begeistert sein, der herrlich viel Frucht und Substanz besitzt, gute Struktur und Kraft. Der Tonmergel-Grauburgunder steht ihm nicht nach, er zeigt rauchige Noten, gute Konzentration, besitzt herrlich viel Frucht und gute Struktur. Auch der Schilfsandstein-Riesling ist sehr gut, zeigt feine Reife, besitzt Substanz und Saft. Die Rotweine, allesamt aus dem Jahrgang 2014, sind in der Spitze noch ein klein wenig stärker. Der Spätburgunder ist wunderschön reintönig, der Lemberger duftig und kraftvoll. Die Cuvée Nobilis besitzt herrlich viel Frucht, Saft und Kraft, noch etwas konzentrierter, schmeichelnder und nachhaltiger ist die Cuvée Kyrie Leiss. Weiter im Aufwind!

Weinbewertung

83 2016 „Freistil" Weißwein **12 %/6,- €**
84 2016 Grauburgunder trocken Dezberg **13 %/8,50 €**
87 2016 Sauvignon Blanc trocken Dezberg **12,5 %/10,- €**
83 2016 Riesling trocken „Vorspiel" **12 %/6,- €**
87 2015 Riesling trocken „Schilfsandstein" **13,5 %/14,- €**
88 2015 Grauburgunder trocken „Tonmergel" **14 %/14,- €**
88 2015 Sauvignon Blanc trocken „Gipskeuper" **13 %/17,- €**
83 2016 „Freistil" Rosé **12 %/6,- €**
87 2014 Spätburgunder trocken „Kalkmergel" **13,5 %/15,- €**
85 2014 Lemberger trocken „Gipskeuper" Kayberg **14 %/17,- €**
89 2014 „Cuvée Nobilis" Rotwein trocken „Gipskeuper" **14 %/19,50 €**
90 2014 „Kyrie Leiss" Rotwein trocken „Gipskeuper" **14 %/23,- €**

Leitz

★★★★☆

KONTAKT

Theodor-Heuss-Straße 5
65385 Rüdesheim
Tel. 06722-48711
Fax: 06722-47658
www.leitz-wein.de
Johannes.leitz@leitz-wein.de

Inhaber
Johannes Leitz
Rebfläche
43 Hektar
Produktion
360.000 Flaschen

BESUCHSZEITEN

Mo.-Fr. 8-17 Uhr n. Vereinbarung

Weinbau gibt es in der Familie Leitz bereits seit 1744, aber erst in den fünfziger Jahren des letzten Jahrhunderts hatte sich Josef Leitz, der Großvater des heutigen Besitzers Johannes Leitz, ganz auf Weinbau spezialisiert. Nach dem frühen Tod des Vaters hat die Mutter von Johannes Leitz das Weingut als Feierabendbetrieb erhalten. Er selbst vinifizierte bereits 1985 seinen ersten Jahrgang. Seither hat Johannes Leitz das Weingut beträchtlich vergrößert und zu einem der führenden Betriebe im Rheingau entwickelt. Das Gros seiner Weinberge liegt in Rüdesheim. Er ist in allen vier Rüdesheimer Berg-Lagen vertreten, in Rottland, Roseneck, Schlossberg und Kaisersteinfels, sowie in den weiteren Rüdesheimer Lagen Drachenstein, Magdalenenkreuz, Bischofsberg, Kirchenpfad und Klosterlay. 100 Prozent Riesling und 2 Prozent Spätburgunder, steht plakativ auf der Webseite des Weingutes. Seine Spitzenweine, mit natürlichen Hefen vergoren und im Holz vinifiziert, erzeugt er aus dem Rüdesheimer Berg, aus den Lagen Berg Roseneck, Berg Schlossberg und Berg Rottland sowie aus dem Berg Kaisersteinfels, wo er alte, brachliegende Terrassen rekultiviert hat. Mit dem Jahrgang 2011 fielen die „Alten Reben", die lange die Prestigegewächse des Hauses waren, weg: Die Spitzenrieslinge nennen sich nun „Terrassen" (Kaisersteinfels), „Hinterhaus" (Rottland), „Katerloch" (Roseneck) und „Ehrenfels" (Schlossberg), mit dem Jahrgang 2016 kam ein Großes Gewächs aus dem Rosengarten hinzu. Der Riesling aus dem Berg Kaisersteinfels wurde lange Zeit halbtrocken ausgebaut, 2015 wurde er erstmals trocken angeboten als Großes Gewächs wie seine drei Kollegen. In diesem Jahrgang 2015 gab es auch erstmals einen Wein der neuen „Erste Lage"-Kategorie des Rheingauer VDP, den Riesling aus dem Rüdesheimer Drachenstein. Das Sortiment ist insgesamt klar und straff gegliedert, der Gutsriesling nennt sich „Eins-Zwei-Dry", dann folgen der Rüdesheimer Ortwein und der „Magic Mountain", der ebenfalls ein Rüdesheimer Orts-Riesling ist. Das Gros der Weine wird trocken ausgebaut, im restsüßen Segment gibt es einen feinherben Kabinett aus dem Kirchenpfad, einen süßen Kabinett aus der Klosterlay sowie zwei Spätlesen aus Magdalenenkreuz und Berg Roseneck.

Kollektion

Eine der stimmigsten 2016er Kollektionen im Rheingau wird in diesem Jahr von Johannes Leitz und seinem Team vorgestellt. Die Basis ist eingängig, alltagstauglich und animierend, die Lagenweine sind fein und konzentriert, sie bieten tolles Reifepotenzial. Der Eins-Zwei-Dry ist leicht und süffig, der Rüdesheimer Riesling bringt deutlich mehr Struktur und mineralische Frische ins Glas. Mit delikater Frucht, würzigen Schmelz und milder Länge ist der Magic Mountain ein zugänglicher, konzentrierter

Riesling mit Nachhall, der sich schon jung sehr gut trinken lässt. Der Drachenstein-Riesling spiegelt mit seiner frischen Ader die Kühle der Lage wieder, ist fest verwoben, von guter Konzentration und endet dezent salzig. Zu den Großen Gewächsen ist in diesem Jahr mit dem Rüdesheimer Rosengarten ein weiteres hinzu gekommen, das mit seiner markant kühlen Struktur, tollem Spiel, sehr feiner Frucht, tiefgründigem Schmelz und großer Länge beeindruckt. Das Große Gewächs aus dem Roseneck ist fruchtbetont und duftig, geradezu grazil am Gaumen, bleibt in seiner eleganten Art federleicht, verrät aber auch sehr gute Reife und feine Konzentration. Der Riesling aus dem Kaisersteinfels ist dagegen kompakter, besitzt markanten Säurebiss, der spannungsvoll mit seinem würzigen Fruchtgeschmack korrespondiert, ist lang, wird wie alle Lagenweine noch zulegen können. Der Berg Rottland ist dagegen weicher und zugänglicher, baut am Gaumen stetigen Druck auf, besitzt passende Frische, ist nachhaltig. Der Primus inter Pares ist für uns in diesem Jahr das Große Gewächs aus dem Schlossberg, das kompromisslos straff und kühl wirkt. Seine Leichtigkeit ist nur vorgetäuscht, denn es bietet subtile Kraft ohne Ende, ist salzig und gerbstoffwürzig, besitzt einen strahlenden Charakter, mit markanter Terroirprägung, die zwar allen Großen Gewächsen zu eigen ist, hier aber am deutlichsten hervortritt. Ein echter Klassiker. Die fruchtigen Rieslinge sind in diesem Jahr zugänglich, saftig und frisch, das gilt sowohl für den süßlich-herben, würzigen Kirchenpfad-Kabinett als auch für die elegante Spätlese aus dem Magdalenenkreuz. Der Kabinett aus dem Kaisersteinfels ist deutlich stoffiger, verbindet Kraft und Würze mit animierender Frucht, ist lang und nachhaltig.

Weinbewertung

84	2016 Riesling trocken „Eins-Zwei-Dry" **12 %/8,90 €**
85	2016 Riesling trocken Rüdesheimer **12 %/12,- €**
87	2016 Riesling trocken „Magic Mountain" Rüdesheimer **12,5 %/17,50 €**
89	2016 Riesling trocken Rüdesheimer Drachenstein **12,5 %/25,- €**
91	2016 Riesling trocken „GG" Rüdesheimer Rosengarten **12,5 %/a.A./0,375l**
91	2016 Riesling trocken „GG" „Katerloch" Rüdesheim Berg Roseneck **12,5 %/35,- €**
91	2016 Riesling trocken „GG" Terrassen Rüdesheimer Berg Kaisersteinfels **12 %/35,- €**
91	2016 Riesling trocken „GG" „Hinterhaus" Rüdesheim Berg Rottland **12,5 %/38,- €**
93	2016 Riesling trocken „GG" „Ehrenfels" Rüdesheimer Berg Schlossberg **12,5 %/40,- €**
84	2016 Riesling Kabinett Rüdesheimer Kirchenpfad **11 %/9,90 €**
88	2016 Riesling Kabinett Berg Kaisersteinfels **10 %/22,- €**
86	2016 Riesling Spätlese Rüdesheimer Magdalenenkreuz **7,5 %/12,50 €**

LAGEN

BERG SCHLOSSBERG – EHRENFELS (RÜDESHEIM)
BERG ROTTLAND – HINTERHAUS (RÜDESHEIM)
BERG ROSENECK – KATERLOCH (RÜDESHEIM)
BERG KAISERSTEINFELS (RÜDESHEIM)
DRACHENSTEIN (RÜDESHEIM)
BISCHOFSBERG (RÜDESHEIM)
KIRCHENPFAD (RÜDESHEIM)
MAGDALENENKREUZ (RÜDESHEIM)

REBSORTEN

RIESLING (99 %)
SPÄTBURGUNDER (1 %)

Günter Leitzgen

★★

Kontakt

Wein- und Sektgut
Auf Cales 28
56814 Bremm
Tel. 02675-1673
Fax: 02675-1709
www.leitzgen-weine.de
info@leitzgen-weine.de

Inhaber
Günter & Susanne Leitzgen
Rebfläche
3 Hektar
Produktion
25.000 Flaschen

Besuchszeiten

nach Vereinbarung

Nach zehn Jahren Tätigkeit als Kellermeister in zwei großen Kellereibetrieben machte sich Günter Leitzgen selbständig. Seine Weinberge befinden sich in Bremm (darunter der legendäre Calmont), Eller (Pfirsichgarten und Bienenlay) und Neef (Frauenberg). Neben Riesling baut er ein wenig Müller-Thurgau und immerhin ein Fünftel Elbling an. Die Weine werden langsam und kühl vergoren, teilweise mit natürlichen Hefen, die Spitzenweine lagern anschließend rund sechs Monate auf der Feinhefe. Das Gros der Weine wird trocken oder halbtrocken ausgebaut. Sekt spielt eine bedeutende Rolle im Sortiment.

Kollektion

Im vergangenen Jahr konnten wir unter anderem die beiden Schaumweine loben – der eine ein Elbling aus 2014, der andere ein Riesling aus 2014. Auch diesmal sind die beiden präsentierten Sekte überdurchschnittlich gelungen, wie der nach Kräutern duftende 2013er Riesling extra dry beweist, dem die leichte Süße gut steht. Der saftige Schaumwein aus 2014 dagegen zeigt den Charakter einer langen Lagerung auf der Hefe, besitzt eine gewisse Fülle und Schmelz, ohne allerdings breit zu wirken. Unter den stillen Weinen, die zum größten Teil einen gewissen, für das Weingut typischen Schmelz aufweisen, gefällt der mit Stern ausgezeichnete Calmont-Riesling mit seiner straffen Art besser als der recht füllige Bienenberg-Wein. Der als feinherb bezeichnete „Prestige"-Riesling besitzt zwar einen Hauch von Süße, ist aber saftig, straff und voller Substanz. Dezidiert süße Weine sucht man in der vorgestellten Kollektion des Jahrgangs 2016 vergeblich. Am ehesten geht noch der feinherbe Riesling namens „Spielerei" in diese Richtung: Er ist verspielt, besitzt eine saftige Art und eine schöne Länge, macht viel Spaß und wirkt gänzlich unangestrengt.

Weinbewertung

87 2014 Riesling Sekt brut „Royal" **12 %/19,90 €**
86 2013 Riesling Sekt extra dry „Tradition" **12 %/14,90 €**
83 2016 Elbling trocken **12 %/6,70 €**
83 2016 Riesling trocken **12 %/6,90 €**
85 2016 Riesling trocken Calmont **12,5 %/8,60 €**
87 2016 Riesling trocken „Stern" Calmont **13 %/10,40 €**
85 2016 Riesling trocken Bienenlay **12,5 %/8,60 €**
85 2016 Riesling trocken Pfirsichgarten **13 %/10,40 €**
83 2016 Riesling halbtrocken **11,5 %/6,90 €**
84 2016 Riesling halbtrocken Bremmer Calmont **11,5 %/8,60 €**
87 2016 Riesling „feinherb" „Prestige" **13 %/11,50 €**
85 2016 Riesling „feinherb" „Spielerei" **11,5 %/8,90 €**

Schloss Lieser

★★★★★

KONTAKT

Am Markt 1
54470 Lieser
Tel. 06531-6431
Fax: 06531-1068
www.weingut-schloss-lieser.de
info@weingut-schloss-lieser.de

Inhaber
Thomas & Ute Haag
Rebfläche
22 Hektar
Produktion
130.000 Flaschen

BESUCHSZEITEN

Mo.-Fr. 10-17 Uhr, Sa. 10-15 Uhr
Apartment

Das Weingut Schloss Lieser wurde 1904 in unmittelbarer Nachbarschaft zum 1875 aus Grauschiefer erbauten Schloss Lieser errichtet, das Sitz der Freiherren von Schorlemer war, heute das Wahrzeichen von Lieser ist. Nach mehreren Besitzerwechseln übernahm 1992 Thomas Haag die Betriebsleitung des Gutes. Thomas Haag ist der älteste Sohn von Wilhelm Haag (Weingut Fritz Haag in Brauneberg). Er hat seine ersten Erfahrungen im elterlichen Weingut gesammelt, dann in Geisenheim studiert, ein Jahr an der Saar gearbeitet, bevor sich die Chance ergab als Betriebsleiter bei Schloss Lieser einzusteigen. 1997 konnte er dann zusammen mit Ehefrau Ute das Gut übernehmen, sie haben es von Grund auf saniert und auf die heutige Größe erweitert. Das Gros ihrer Weinberge liegt in Lieser, vor allem in der Lage Niederberg-Helden, wo sie 6,5 Hektar besitzen, des Weiteren sind sie in der Brauneberger Juffer-Sonnenuhr und der Brauneberger Juffer vertreten, in Kesten und neuerdings auch in der Wehlener Sonnenuhr und im Graacher Himmelreich, inzwischen ist das Weingut auch im Piesporter Goldtröpfchen vertreten. Der Jahrgang 2016 ist der erste, in dem Thomas Haag auch Weine aus der Prestigelage Bernkasteler Doctor erzeugt. Das Weingut baut ausschließlich Riesling an, sieht man einmal ab von den paar Stock Spätburgunder, die es bei einem Zukauf mit erworben hat. Die Weine werden alle spontanvergoren und im Edelstahl ausgebaut.

Kollektion

Schon der Einstieg ist überzeugend, beispielsweise mit dem frischen, würzigen trockenen Kabinett oder der stoffigen, nachhaltigen Spätlese. In der Spitze stellt das Weingut nicht weniger als sieben (!) Große Gewächse vor, die überwiegend noch recht verschlossen sind. Der Riesling aus dem Himmelreich etwa wirkt hefig, frisch, kompakt mit Kräuter- und ganz leichten, durchaus verblüffenden Gewürznoten, ist kraftvoll, weist eine markante Säure auf und gehört in diesem Jahrgang ganz an die Spitze der Mosel. Sein Pendant aus dem Niederberg-Helden ist deutlich verschieden, besitzt eine dunkle Würze, ist sehr straff, hat noch viel Zukunft. Das Goldtröpfchen bringt eine beachtliche Fülle mit, besitzt eine besonders ausgeprägte Würze im Nachhall, ist herrlich lang: einer der spannendsten trockenen Weine an der Mosel. Viel Finesse zeigt der Spitzenriesling aus der Brauneberger Juffer-Sonnenuhr, während der Doctor-Wein straff, finessenreich, aber noch verschlossen ist. Selbiges trifft auch auf den Riesling aus der Sonnenuhr zu, der bei der Verkostung noch hefig-unruhig wirkte, aber sehr puristisch, präzise und lang ausfällt. Im süßen Bereich überzeugt auf Schloss Lieser schon die Basis mit dem unverwechselbaren Süße-Säure-Spiel – etwa der Kabinett „SL“ mit hefigen und kräuterigen Noten und unerwarteter Länge. Der Sonnenuhr-Kabinett wirkt etwas saftiger und tiefgründiger als jener aus dem Himmelreich, der Goldtröpfchen-Kabinett ist vielleicht der saftigste Vertreter dieser Kategorie. Eine Versteigerungsspätlese aus dem Bernkasteler Doctor begeistert mit komplexer, verführerischer Frucht und Anklängen an reifes Steinobst, verbunden mit einer leichten Kräuterwürze, ist straff, sehr elegant und feingliedrig. Die Auslese aus dem Piesporter Goldtröpfchen wirkt im besten Sinne süffig und elegant, interessanter ist die derzeit deutlich süße, aber tiefgründige Auslese aus der Wehlener Sonnenuhr, noch vielschichtiger wirkt jene aus dem Bernkasteler Doctor, die eine reife Frucht mit einer dezenten Kräuterwürze verbindet. Die Lange Goldkapsel aus der Juffer-Sonnenuhr ist mitnichten üppig, sondern herrlich fokussiert, in der Nase von reifem Steinobst geprägt, daneben finden sich würzige Anklänge von getrocknetem Apfel und Kräutern, alles verbunden mit einem dezent cremigen Eindruck am Gaumen und einer schönen Säure.

Weinbewertung

86	2016 Riesling trocken „SL" **11 %/8,90 €**
87	2016 Riesling Kabinett trocken „SL" **11,5 %/11,50 €**
89	2016 Riesling Spätlese trocken „SL" **12 %/17,- €**
92	2016 Riesling trocken „GG" Graach Himmelreich **28,- €**
92	2016 Riesling trocken „GG" Piesport Goldtröpfchen **28,- €**
90+	2016 Riesling trocken „GG" Bernkastel Doctor **48,- €**
90	2016 Riesling trocken „GG" Brauneberg Juffer **26,- €**
92	2016 Riesling trocken „GG" Juffer-Sonnenuhr **28,- €**
92	2016 Riesling trocken „GG" Wehlen Sonnenuhr **28,- €**
91	2016 Riesling trocken „GG" Lieser Niederberg-Helden **28,- €**
86	2016 Riesling „SL" **10,5 %/8,90 €**
88	2016 Riesling Kabinett „SL" **8,5 %/11,50 €**
90	2016 Riesling Kabinett Piesporter Goldtröpfchen **13,- €** ☺
89	2016 Riesling Kabinett Brauneberger Juffer **13,- €**
88	2016 Riesling Kabinett Graacher Himmelreich **13,- €**
89	2016 Riesling Kabinett Wehlener Sonnenuhr **13,- €**
89	2016 Riesling Spätlese Lieser Niederberg-Helden **17,50 €**
89	2016 Riesling Spätlese Brauneberger Juffer-Sonnenuhr **18,50 €**
90	2016 Riesling Spätlese Piesporter Goldtröpfchen **18,50 €**
89	2016 Riesling Spätlese Wehlener Sonnenuhr **18,50 €**
92	2016 Riesling Spätlese Bernkasteler Doctor **Vst.**
90	2016 Riesling Auslese Piesporter Goldtröpfchen **28,- €**
92	2016 Riesling Auslese Lieser Niederberg-Helden **26,- €**
93	2016 Riesling Auslese Bernkasteler Doctor **32,- €/0,375l**
91	2016 Riesling Auslese Wehlener Sonnenuhr **28,- €**
92	2016 Riesling Auslese Goldkapsel Brauneberger Juffer-Sonnenuhr **41,- €/0,375l**
92	2016 Riesling Auslese Goldkapsel Lieser Niederberg-Helden **38,- €/0,375l**
92	2016 Riesling Auslese Goldkapsel Wehlener Sonnenuhr **41,- €/0,375l**
94	2016 Riesling Auslese Lange Goldkapsel Brauneberger Juffer-Sonnenuhr **Vst./0,375l**

LAGEN

NIEDERBERG-HELDEN (LIESER)
JUFFER-SONNENUHR (BRAUNEBERG)
JUFFER (BRAUNEBERG)
SONNENUHR (WEHLEN)
HIMMELREICH (GRAACH)
GOLDTRÖPFCHEN (PIESPORT)

REBSORTEN

RIESLING (100 %)

LINDENHOF

★★★

KONTAKT

Lindenhof
55452 Windesheim
Tel. 06707-330
Fax: 06707-8310
www.weingutlindenhof.de
info@weingutlindenhof.de

Inhaber
Martin Reimann
Rebfläche
10 Hektar
Produktion
70.000 Flaschen

BESUCHSZEITEN

Mo.-Fr. 10-12 + 14-18 Uhr, Sa. 10-12 + 14-16 Uhr und nach Vereinbarung

Der Lindenhof ist seit über 100 Jahren in Familienbesitz und wird heute von Martin Reimann geführt. Er hat in den letzten Jahren geringere Lagen aufgegeben oder verpachtet und Weinberge in guten Lagen hinzugekauft. Seine Weinberge liegen in Windesheim im Fels (steil abfallender Südhang mit stark verwittertem Sandstein), im Römerberg (rote Sandsteinverwitterung), im Rosenberg (leicht erwärmbarer Boden, entstanden aus tertiären Meeressand) und im Sonnenmorgen (tiefgründiger Terrassenkies mit Lössauflage) sowie im Schweppenhäuser Steyerberg (Schiefergestein). Neben 45 Prozent Riesling und 45 Prozent Spät- und Weißburgunder stehen in seinen Weinbergen noch etwas Chardonnay, Gewürztraminer und Dornfelder. Ende des Sommers 2015 wurde auf dem Weingut eine neue Vinothek eingeweiht.

Kollektion

Martin Reimann präsentiert uns in diesem Jahr eine starke Kollektion, bei der er im Vergleich zum Vorjahr bei etlichen Weinen zulegen kann: Der „Reserve"-Riesling vom Fels ist noch leicht verschlossen, wirkt kompakt, zeigt steinige Würze, besitzt einen festen Kern, Konzentration und Druck, ist sehr nachhaltig, der „normale" Fels-Riesling besitzt eine gute Balance zwischen klarer, gelber Frucht, deutlich steiniger Würze und Kräuternoten, ist animierend und lang. Der Weißburgunder-„Reserve" zeigt zwar noch deutliche Holzwürze mit Noten von Kokos und Vanille im Bouquet, besitzt aber gute Substanz, Konzentration und Biss und ist sehr nachhaltig, beim Weißburgunder „S" aus dem Sonnenmorgen ist das Holz sehr dezent, der Wein zeigt etwas Zitruswürze und florale Noten. Unter den beiden Spätburgundern zeigt der „S" dunkle Frucht, etwas Schwarzkirsche und feine röstige Würze, der Rosenberg-„Reserve" ist rotfruchtig mit Noten von Cassis und Süßkirsche, besitzt Eleganz, gute Struktur und Länge.

Weinbewertung

84 2016 Weißer Burgunder trocken **12 %/8,- €**
84 2016 Riesling trocken **12 %/8,- €**
86 2016 Weißer Burgunder „S" trocken Windesheimer **13 %/10,50 €**
88 2016 Weißer Burgunder „S" trocken Windesheimer Sonnenmorgen **13,5 %/14,50 €**
90 2015 Weißer Burgunder trocken „Reserve" Sonnenmorgen **13,5 %/21,50 €**
86 2016 Riesling trocken „Grauschiefer" Schweppenhäuser Steyerberg **12,5 %/10,50 €**
88 2016 Riesling trocken Windesheimer Fels **12,5 %/14,50 €**
89 2016 Riesling trocken „Reserve" Windesheimer Fels **12,5 %/21,50 €**
83 2016 Riesling „feinherb" **11 %/8,- €**
85 2016 Riesling Kabinett Windesheimer Römerberg **9 %/8,50 €**
86 2015 Spätburgunder „S" trocken Windesheimer **13,5 %/14,50 €**
88 2015 Spätburgunder trocken „Reserve" Windesheimer Rosenberg **13,5 %/21,50 €**

LÖFFLER

★☆

KONTAKT

Fohrenbergstraße 43
79219 Staufen-Wettelbrunn
Tel. 07633-6307
Fax: 07633-808994
www.weingut-loeffler.de
info@weingut-loeffler.de

Inhaber
Wolfgang Löffler
Kellermeister
Wolfgang & Andreas Löffler
Rebfläche
14 Hektar
Produktion
120.000 Flaschen

BESUCHSZEITEN

Mo.-Fr. 9-12 + 14:30-17 Uhr,
Sa. 9-12 Uhr
Straußwirtschaft

Wolfgang Löffler arbeitete als Kellermeister bei Winzergenossenschaften, bevor er 1988 das eigene Weingut gründete, 1994 zog er in einen Neubau in Staufen-Wettelbrunn. 1996 erweiterte man den Betrieb um Keller, Flaschenlager und Veranstaltungsraum, 2009 wurde ein Holzfasskeller gebaut. Seit 2001 wird Wolfgang Löffler im Betrieb von Sohn Andreas unterstützt, der ausgebildeter Weinküfer und Kellermeister ist. Die Weinberge liegen im Castellberg in Ballrechten-Dottingen, sowie im Grunerner Altenberg. Gutedel nimmt knapp ein Drittel der Rebfläche ein, Spätburgunder ein Viertel, dazu gibt es jeweils 11 Prozent Müller-Thurgau, Weißburgunder und Grauburgunder, sowie etwas Regent, Gewürztraminer, Chardonnay und Sauvignon Blanc. Von den bewirtschafteten Obstwiesen werden in der hauseigenen Brennerei Edelbrände und Liköre erzeugt. Dem Weingut ist eine Straußwirtschaft angeschlossen, die sowohl im Frühjahr als auch im Herbst mehrere Monate geöffnet hat.

Kollektion

Die Basisweine sind ein wenig verhalten im Jahrgang 2016, am besten gefallen uns der geradlinige Weißburgunder und der frische, süffige restsüße Muskateller. Die Reserve-Weine aber präsentieren sich geschlossen auf sehr gutem Niveau, zeigen gekonnte Vinifikation im Holz. Der Grauburgunder zeigt gute Konzentration, feinen Toast, etwas Vanille, besitzt gute Struktur und Frucht. Auch der Chardonnay ist konzentriert, zeigt feinen Toast, besitzt gute Struktur und Kraft. Unsere leichte Präferenz aber gilt dem Weißburgunder, der wunderschön rauchig und kraftvoll ist, komplex und reintönig, gute Struktur und Frische besitzt. Gleichauf sehen wir den Spätburgunder des Jahrgangs 2014, er ist konzentriert, rauchig, kraftvoll und zupackend, besitzt gute Struktur und reintönige Frucht.

Weinbewertung

81	2016 Rivaner trocken Ballrechten-Dottinger Castellberg **11,5 %/6,- €**
81	2016 Gutedel Kabinett trocken Ballrechten-Dottinger Castellberg **11 %/6,- €**
81	2016 Gutedel trocken „Grüner Markgräfler" **10,5 %/6,- €**
82	2016 Weißburgunder trocken „Edition" Ballrechten-D. Castellberg **12,5 %/7,- €**
80	2016 Grauburgunder trocken „Edition" Ballrechten-D. Castellberg **13,5 %/7,- €**
80	2016 Sauvignon Blanc trocken Ballrechten-Dottinger Castellberg **13 %/9,- €**
86	2015 Chardonnay trocken „Reserve" Ballrechten-Dottinger Castellberg **13,5 %/15,-€**
87	2015 Weißburgunder trocken „Reserve" Ballrechten-D. Castellberg **13 %/15,- €**
86	2015 Grauburgunder trocken „Reserve" Ballrechten-D. Castellberg **13,5 %/15,- €**
82	2016 Muskateller „Edition" Ballrechten-Dottinger Castellberg **10,5 %/8,- €**
87	2014 Spätburgunder trocken „Reserve" Ballrechten-D. Castellberg **14 %/15,- €**
80	2015 „Black Forest" Rotweincuvée trocken B.-D.Castellberg **13,5 %/15,- €**

LOERSCH

★★★☆

KONTAKT

Tannenweg 11
54340 Leiwen/Zummet
Tel. 06507-3229
Fax: 06507-3205
www.weingut-loersch.de
info@weingut-loersch.de

Inhaber
Alexander Loersch
Rebfläche
6 Hektar
Produktion
55.000 Flaschen

BESUCHSZEITEN

nach Vereinbarung
Gästehaus

Alexander Loersch ist seit dem Jahr 2002 im elterlichen Weingut für den Ausbau der Weine verantwortlich, 2009 hat er den Betrieb von seinem Vater übernommen. Seine Weinberge liegen in den Trittenheimer Lagen Apotheke und Altärchen, im Leiwener Klostergarten, im Dhroner Hofberg und im Piesporter Goldtröpfchen. Neben Riesling (96 Prozent) wird Spätburgunder angebaut. Die Weine werden temperaturgekühlt mit den natürlichen Hefen vergoren, teils im Fuder, teils im Edelstahl ausgebaut, die Rotweine auch im Barrique. Der trockene Spitzenriesling, Devon-Terrassen genannt, stammt von 60 bis 100 Jahre alten Reben im Kernstück der Trittenheimer Apotheke, der zweite trockene Spitzenwein stammt aus der bereits 1659 urkundlich erwähnten Lage Vogelsang, heute Teil der Apotheke. Dem auf der Zummethöhe zwischen Trittenheim und Leiwen gelegenen Weingut ist ein Gästehaus angeschlossen.

Kollektion

2015 gelang Alexander Loersch eine Meisterleistung. Nun wurde noch ein letzter 2015er angestellt – der „Jungheld Luis-Alexander", ein durchgegorener Wein aus dem Akazienfass, ein Jahr im Holz, ein weiteres in der Flasche gereift. Ein saftiger, würziger Wein mit einer gewissen Fülle, aber nicht zu viel Alkohol, faszinierend eigenständig. Unter den 2016ern gefällt der fast trockene Kabinett-Riesling aus dem Altärchen, aber bereits der trockene Blauschiefer-Einstiegswein ist spannender, als es die meisten Mosel-Basisrieslinge sind. Der Goldtröpfchen-Kabinett ist unruhiger als jener aus der Apotheke, aber auch tiefgründiger. Die beiden Auslesen sind hier, beinah eine Rarität im Jahrgang 2016 an der Mosel, nur mit edelfaulen und rosinierten Trauben bzw. Beeren erzeugt, ohne jeglichen Eisweinanteil. Die normale Auslese ist enorm saftig, leicht cremig, lang, jene von alten Reben besitzt einen Nektarinenduft, wirkt fast rauchig und sehr animierend. ▬

Weinbewertung

85 2016 Riesling trocken „Blauschiefer" **10,5 %/7,50 €**
86 2016 Riesling „feinherb" „Glimmerschiefer" **10 %/7,50 €**
87 2016 Riesling Kabinett „feinherb" Dhroner Hofberg **10 %/9,50 €**
89 2016 Riesling Spätlese „feinherb" „Fels-Terrassen" Apotheke **11 %/18,- €**
90 2015 Riesling „Jungheld Luis-Alexander" Trittenheimer Apotheke **12,5 %/32,- €**
87 2016 Riesling Kabinett Piesporter Goldtröpfchen **8 %/10,- €**
86 2016 Riesling Kabinett Trittenheimer Altärchen **10 %/9,50 €**
86 2016 Riesling Kabinett Trittenheimer Apotheke **8 %/9,50 €**
89 2016 Riesling Spätlese „Alte Reben" Trittenheimer Apotheke **8 %/16,50 €**
90 2016 Riesling Auslese Trittenheimer Apotheke **8 %/20,- €**
90 2016 Riesling Auslese „Alte Reben" Trittenheimer Apotheke **8 %/17,50 €/0,375l**

Fürst Löwenstein

★★★

KONTAKT

Schlosspark 3
63924 Kleinheubach
Tel. 09371-9486600
Fax: 09371-9486633
www.loewenstein.de
weingut@loewenstein.de

Inhaber
Dr. Stephanie Erbprinzessin zu Löwenstein
Technischer Leiter Peter Arnold
Außenbetriebsleiter (Franken)
Martin Amend
Außenbetriebsleiter (Rheingau)
Henning Brömser
Rebfläche: 22 Hektar
Produktion: 100.000 Flaschen

BESUCHSZEITEN

Mo.-Fr. 10-12 + 13-18 Uhr,
Sa. 10-15 Uhr; Tagungshotel im Schloss, Schlosspark am Main

Das traditionsreiche Weingut mit Gründungsjahr 1611 besitzt Weinberge in Franken und im Rheingau. 2009 wurde das Weingut komplett umstrukturiert, 2010 zog man von Kreuzwertheim in den Fürstlichen Schlosspark nach Kleinheubach. Seit dieser Umstrukturierung konzentriert man sich auf die Spitzenlagen, auf den unter Denkmalschutz gestellten Terrassenweinberg Kallmuth in Homburg und auf die Lagen Jungfer, Schönhell und Hendelberg in Hallgarten. In dem Kallmuth benachbarten Lengfurter Oberrot wird Spätburgunder angebaut. Wichtigste Rebsorten sind Silvaner und Riesling. Nach dem Tod von Carl Friedrich Prinz zu Löwenstein hat seine Frau Erbprinzessin Stephanie zu Löwenstein die Leitung der Betriebe übernommen, neuer Technischer Leiter ist seit 2016 Peter Arnold.

Kollektion

Eine starke Kollektion präsentiert das Weingut in diesem Jahr, angefangen beim geradlinigen Sekt bis hin zu den Großen Gewächsen. Und die Basis überzeugt, allen voran der fruchtbetonte, zupackende Gutssilvaner. Kallmuth-Silvaner und -Riesling besitzen Fülle und Saft, der S-Silvaner besitzt reife Frucht und Substanz, der gelbfruchtige R-Riesling gute Struktur und reintönige Frucht. Der Sauvignon Blanc beeindruckt mit Fülle und Kraft. Sehr gut sind auch der Hallgartener Ortswein, der süffige feinherbe Schönhell-Kabinett und der präzise, druckvolle Riesling aus dem Hendelberg. Der Coronilla ist duftig, füllig und saftig, unsere Präferenz aber gilt im Jahrgang 2016 eindeutig dem Asphodill, der füllig und komplex ist, viel reife Frucht und Substanz besitzt, druckvoll und nachhaltig ist bei ganz dezenter Bitternote.

Weinbewertung

85 2013 Silvaner Sekt brut **12 %/13,- €**
84 2016 Silvaner trocken **12,5 %/6,80 €**
82 2016 Silvaner trocken „CF" **13 %/9,- €**
83 2016 Riesling trocken **12,5 %/6,80 €**
85 2016 Silvaner trocken Homburg Kallmuth **13 %/12,50 €**
85 2016 Riesling trocken Homburg Kallmuth **12,5 %/12,50 €**
86 2016 Riesling trocken Hallgarten **12,5 %/12,- €**
87 2016 Silvaner „S" trocken Homburg Kallmuth **13 %/17,90 €**
88 2016 Riesling „R" trocken Homburg Kallmuth **12,5 %/17,90 €**
88 2016 Riesling trocken Hallgarten Hendelberg **12,5 %/17,- €**
89 2016 Sauvignon Blanc trocken „1102" Homburg Kallmuth **13 %/25,- €**
91 2016 Silvaner trocken „GG" „Asphodill" Homburg Kallmuth **13 %/35,- €**
88 2016 Riesling trocken „GG" „Coronilla" Homburger Kallmuth **12,5 %/35,- €**
86 2016 Riesling Kabinett „feinherb" Hallgarten Schönhell **11,5 %/12,- €**
82 2016 Riesling „feinherb" **12 %/6,80 €**

Carl Loewen

★★★★☆

KONTAKT

Matthiasstraße 30
54340 Leiwen
Tel. 06507-3094
Fax: 06507-802332
www.weingut-loewen.de
mail@weingut-loewen.de

Inhaber
Karl Josef & Christopher Loewen
Rebfläche
14 Hektar
Produktion
110.000 Flaschen

BESUCHSZEITEN

Mo.-Fr. nach Vereinbarung,
Sa. 13-16 Uhr

Die Geschichte des Weinguts lässt sich auf die Zeit Napoleons zurückführen. Damals war ein Vorfahr von Karl Josef Loewen Verwalter des Detzemer Gutshofs der Benediktinerabtei St. Maximin. Mit der Säkularisation übernahm er Weinberge des Klosters in der Detzemer Maximiner Klosterlay. Darauf basiert das heutige Weingut Carl Loewen. 1982 wurden Weinberge in der Laurentiuslay erworben, 1995 ein Weinberg in der Thörnicher Ritsch. 2008 wurde das Weingut Carl Schmitt-Wagner in Longuich übernommen, womit Karl Josef Loewen, der heutige Besitzer, seinen Weinbergsbesitz noch einmal vergrößert hat. Seine großen Lagen sind Laurentiuslay (Grauschiefer), Maximin Herrenberg (Südlage, roter Schiefer), Ritsch (brüchiger Grauschiefer) und Maximin Klosterlay (Blauschiefer), dazu besitzt er Weinberge im Leiwener Klostergarten (wo beispielsweise Varidor und „Alte Reben" herstammen) und im Pölicher Held. Neben Riesling baut er ein wenig Weißburgunder und Müller-Thurgau an. 2008 wurde das Weingut Carl Schmitt-Wagner übernommen. Inzwischen unterstützt Sohn Christopher seinen Vater im Betrieb. Karl Josef Loewen hat sein Programm klar gegliedert. Es gibt Riesling im Liter, Blauschiefer, Quant (erstmals 2004 erzeugt), Varidor, „Neun" (ein bewusst alkoholarmer trockener Riesling) und den Riesling von alten Reben (die jüngsten 1962 gepflanzt, die ältesten nach dem Krieg) im trockenen Segment. Dann folgen trockene Lagenweine: Aus der Maximin Klosterlay, „Alte Reben" von fast 100-jährigen wurzelechten Reben der Laurentiuslay, „Herrenberg 1896" von 1896 gepflanzten wurzelechten Reben und das Große Gewächs aus der Thörnicher Ritsch. Aus diesen Lagen erzeugt Karl Josef Loewen auch süße und edelsüße Rieslinge, hin und wieder Eisweine aus dem Klostergarten. Alkoholarme, klassische Moselrieslinge will Karl Josef Loewen erzeugen. 12,5 % Alkohol in trockenen Rieslingen ist für ihn das Maximum dessen, was Moselriesling braucht, angestrebt sind 11,5 bis 12 Volumenprozente. Alle Weine werden spontanvergoren, alle Lagenweine im Fuder ausgebaut. Schon seit der ersten Ausgabe zählen wir das Weingut Carl Loewen zu den Top-Betrieben an der Mosel. Schon damals fiel besonders auf, dass trockene und edelsüße Rieslinge gleichermaßen überzeugen. Dies gilt nach wie vor: Wie nur wenige andere Winzer an der Mosel zeigt Karl Josef Loewen hohes Niveau sowohl im trockenen als auch im restsüßen Segment, schon die Basisweine sind immer zuverlässig gut. Mit Sohn Christopher ist neuer Schwung ins Weingut gekommen, neue Ideen sind zu spüren, auch neue Weine wie der „1896". Auch Engagement in der Lage Thörnicher Ritsch gehört dazu: Das Weingut erwarb 2016 eine Brache, bestockte sie mit Reben aus eigener Selektion, 2017 konnte eine weitere Fläche erworben werden.

Kollektion

2015 waren die Weine der Loewens sehr präzise. Die 2016er zeigen sich erneut sehr präzise, gehören vermutlich zu den konstantesten Leistungen der letzten Dekade. Bereits der Varidor wirkt faszinierend klar, fast schon offensiv, besitzt Noten von Apfel, frischer Melone und Kräuter sowie Nachhall. Ein besonders gutes Preis-Leistungs-Verhältnis weist der straffe, würzige Wein von alten Reben auf, der Laurentiuslay-Wein ist noch etwas vibrierender, in der Nase sehr präsent, mit frischen Zitrus- und Kernobstnoten. In der trockenen Spitze ist die Auswahl groß: Der frische, finessenreiche, messerscharf gearbeitete Ritsch-Riesling braucht noch Zeit, der Herrenberg-Riesling „1896" aus nun 120 Jahren alten Stöcken ist am präsentesten, vielschichtig und kräuterwürzig, das Große Gewächs aus dem Herrenberg hat vermutlich am meisten Struktur, wirkt fest, sehr präzise und nachhaltig. Der schon als Kultwein zu bezeichnende Riesling „1896" dagegen ist in der Nase zwar expressiv, aber im Mund merkwürdig zugeknöpft; er braucht unstreitig noch Zeit. Im süßen Bereich ist das Sortiment überschaubar, aber nichts weniger als faszinierend. Noten von Kräutern ziehen sich durch alle Qualitätsstufen, von der Spätlese aus der Laurentiuslay, sehr balanciert und vergleichsweise wenig süß, über die ziselierte Ritsch-Auslese mit reifen Zitrus-Anklängen bis zur üppigeren, aber immer noch sehr finessenreichen und leicht exotisch wirkenden Auslese aus dem Maximin Herrenberg. Der sehr feine, straffe, kräuterwürzige Eiswein steht noch ganz am Anfang seiner Entwicklung, er wirkt glasklar und fein, sehr nachhaltig und rassig. Ein großer Wein, der Potenzial für viele Jahrzehnte aufweisen dürfte.

Weinbewertung

88 2016 Riesling trocken „Varidor" **12 %/8,50 €** ☺
89 2016 Riesling „Alte Reben" **12 %/9,90 €** ☺
90 2016 Riesling trocken „Alte Reben" Laurentiuslay **12 %/14,50 €** ☺
91 2016 Riesling trocken „1896 Alte Reben" Maximin Herrenberg **12 %/19,90 €**
91 2016 Riesling trocken „GG" Maximin Herrenberg **12,5 %/25,- €**
87 2016 Riesling Maximin Klosterlay **12 %/12,50 €**
90+ 2016 Riesling trocken „GG" Ritsch **12,5 %/24,- €**
89+ 2016 Riesling „1896" **12 %/40,- €**
89 2016 Riesling Spätlese Laurentiuslay **8,5 %/13,50 €**
93 2016 Riesling Auslese Maximin Herrenberg **7 %/19,90 €** ☺
91 2016 Riesling Auslese Ritsch **8 %/18,- €** ☺
94 2016 Riesling Eiswein Klostergarten **6,5 %/Vst.**

LAGEN

LAURENTIUSLAY (LEIWEN)
RITSCH (THÖRNICH)
MAXIMIN HERRENBERG (LONGUICH)
MAXIMIN KLOSTERLAY (LONGUICH)
KLOSTERGARTEN (LEIWEN)

REBSORTEN

RIESLING (96 %)
WEISSBURGUNDER (3 %)
MÜLLER-THURGAU (1 %)

Theo Loosen

★

KONTAKT

Mittelstraße 12
56818 Klotten
Tel. 02671-7501
Fax: 02671-4839
www.weingut-loosen.de
weingut-loosen@t-online.de

Inhaber
Familien Theo & Hans-Theo Loosen
Rebfläche
5,7 Hektar
Produktion
50.000 Flaschen

BESUCHSZEITEN

ganzjährig 9-18 Uhr, am liebsten nach Vereinbarung
Gästezimmer

Theo Loosen und Sohn Hans-Theo Loosen führen zusammen dieses Familienweingut in Klotten, das auch Gästezimmer anbietet. Ihre Weinberge liegen in den Klottener Lagen Brauneberg, Burg Coraidelstein (dem ursprünglichen Burgberg wurde nach der Flurbereinigung 1983 die Lage Sonnengold zugeschlagen) und Rosenberg, wo vor allem Dornfelder und Müller-Thurgau angebaut werden. Der Brauneberg mit seinem reinen Schieferverwitterungsboden wurde in den Steuerkarten des 19. Jahrhunderts unter seinem ursprünglichen Namen Wirges der höchsten Kategorie zugerechnet. Riesling ist die mit Abstand wichtigste Rebsorte (75 % der Fläche), die ältesten Reben sind über 60 Jahre alt. Dazu gibt es Weißburgunder, Müller-Thurgau, Dornfelder und Spätburgunder, sowie als Spezialität – fast ist man versucht zu sagen Kuriosität – Ehrenfelser. Der „Vignoble R" ist eine Cuvée aus Spätburgunder und Cabernet Dorsa, im Barrique gereift. Die Rieslinge werden teilweise mit den natürlichen Hefen vergoren. 2011 wurde die neue Vinothek fertig gestellt; 2013 wurde durch Zukauf und Neuanlage von Querterrassen die Rebfläche ein wenig vergrößert.

Kollektion

Unter den trockenen Weinen des Jahrgangs 2016 gefällt schon der „Grauschiefer", noch deutlich präziser und stoffiger wirkt der „S" vom Klottener Brauneberg. Während wir dem Chardonnay – eine Teilmenge wurde im neuen Holz gelagert – noch etwas mehr Präzision wünschen würden, kommt der trockene „Querdenker" aus einer mit Querterrassen angelegten Parzelle sehr elegant daher, mit Frucht und beachtlicher Struktur. Eine ausgezeichnete Balance besitzt der „Finesse"-Wein, dessen Süße zwar zu merken, die aber nicht aufdringlich ist. Eine Spätlese aus der Lage Klottener Burg Coraidelstein wiederum ist saftig und rassig, nicht extrem lang, aber sehr gut balanciert. ▬

Weinbewertung

85	2015 Riesling Sekt trocken **12 %/10,- €**
84	2016 „Weil wir's können" Weißweincuvée **12 %/7,50 €**
83	2016 Chardonnay trocken **13 %/9,50 €**
84	2016 Riesling trocken „Grauschiefer" **12 %/7,- €**
86	2016 Riesling trocken „S" Klottener Brauneberg **12 %/9,- €**
87	2016 Riesling trocken „Querdenker" **12,5 %/11,50 €**
83	2016 Riesling halbtrocken „Grauschiefer" **11 %/7,- €**
86	2016 Riesling „Finesse" **11 %/9,- €**
84	2016 Riesling „Grauschiefer" **9 %/7,- €**
85	2016 Riesling Spätlese Klottener Burg Coraidelstein **8,5 %/9,- €**

Bioweingut Lorenz

★★

Kontakt

Gaustraße 28
55278 Friesenheim
Tel. 06737-9703
Fax: 06737-1448
www.weingut-lorenz.de
info@weingut-lorenz.de

Inhaber
Wendelin & Johannes Lorenz
Rebfläche
15 Hektar
Produktion
150.000 Flaschen

Besuchszeiten

Sa. 9-12 + 13-17 Uhr, werktags nach Vereinbarung

Das Bioweingut Lorenz, inzwischen Mitglied bei Bioland, wird heute von Wendelin Lorenz und Sohn Johannes, Geisenheim-Absolvent, geführt. Ihre Weinberge liegen rund um Friesenheim, im Windschatten des Petersberg. Die Reben wachsen hier teils auf tiefgründigen Löss- und Lehmböden, teils auf kalkreichen Ton-Mergelböden, sie werden seit 2003 biologisch bewirtschaftet. Wendelin und Johannes Lorenz bauen Riesling an, Weißburgunder, Chardonnay, Müller-Thurgau, Huxelrebe und Scheurebe, sowie an roten Sorten Dornfelder, Regent, Cabernet Sauvignon und St. Laurent. Die Weine werden spontan vergoren, Weißweine lagern bis Ende März auf der Feinhefe, Rotweine bleiben bis zu vier Jahre im Keller. 95 Prozent der Produktion wird trocken ausgebaut. Das Sortiment ist klar und übersichtlich, mit Kopfstand und Urschrei wurden zwei leicht verständliche Markenweine geschaffen, die Rebsortenweine tragen als Zusatz die dominierende Bodenart auf dem Etikett, nur für süße und edelsüße Weine (vor allem von Huxelrebe und Scheurebe) werden Prädikatsbezeichnungen verwendet.

Kollektion

Die neue Kollektion ist bestechend gleichmäßig. Der Kopfstand ist würzig, etwas floral, der Silvaner klar, frisch und zupackend, der Kalkmergel-Weißburgunder besitzt reintönig, gute Struktur und feine Frische, der Weißburgunder aus dem Knopf ist etwas weniger charmant und offen, aber deutlich druckvoller. Der Kalkfels-Riesling ist reintönig und zupackend, der Wein aus dem Bergpfad deutlich würziger, zupackender, jugendlicher. Der Orange ist würzig, duftig, kompakt, die beiden edelsüßen Huxelreben zeigen viel Duft, etwas Rhabarber, sind reintönig, saftig und zupackend. Der gewürzduftige Cabernet Sauvignon besitzt reife Frucht und kräftige Tannine, der Urschrei – Dornfelder, Regent, Portugieser und Cabernet Sauvignon – ist füllig und kraftvoll.

Weinbewertung

84	2016 Grüner Silvaner trocken „Kalkriff" **11,5 %/7,50 €**
85	2016 Weißer Burgunder trocken „Kalkmergel" **12,5 %/8,- €**
84	2016 „Kopfstand" Weißwein **11 %/7,50 €**
84	2016 Chardonnay trocken „Kalkfels" **12,5 %/8,- €**
85	2016 Riesling trocken „Kalkfels" **12 %/8,- €**
86	2016 Riesling trocken Friesenheimer Bergpfad **12 %/12,- €**
86	2016 Weißer Burgunder trocken Friesenheimer Knopf **12,5 %/12,- €**
86	2016 „Orange" Weißwein **12 %/12,- €**
86	2016 Huxelrebe Auslese Friesenheimer Bergpfad **7 %/8,- €/0,375l**
87	2015 Huxelrebe Beerenauslese Friesenheimer Bergpfad **6 %/20,- €/0,375l**
85	2013 „Urschrei" Rotwein **13 %/8,- €**
84	2013 Cabernet Sauvignon trocken „Kalkfels" **13 %/9,- €**

Lother

★

N

KONTAKT

Birkenstraße 3
97537 Wipfeld
Tel. 09384-1867
Fax: 09384-8486
www.weingut-lother.de
info@weingut-lother.de

Inhaber
Sebastian Lother
Rebfläche
14 Hektar
Produktion
130.000 Flaschen

BESUCHSZEITEN

Mo.+ Mi.-Fr. 9-18 Uhr,
Sa. 9-16 Uhr

Wipfeld liegt am rechten Mainufer zwischen Schweinfurt und Volkach, an der Mündung des Kembachs in den Main. Weinbau in Wipfeld ist seit dem 13. Jahrhundert urkundlich erwähnt. Ende des 19. Jahrhunderts gab es 40 Hektar Reben in Wipfeld, nach dem Ersten Weltkrieg waren davon noch knapp 15 Hektar übrig geblieben. Heute gibt es etwa 85 Hektar Reben in der Lage Zehntgraf, die allerdings keine historische Wipfelder Einzellage ist, sondern eine sprachliche Neuschöpfung des Deutschen Weingesetzes von 1971. Seit drei Generationen baut die Familie Lother Wein in Wipfeld an, heute wird der Betrieb von Sebastian Lother geführt. Seine Weinberge liegen überwiegend im Wipfelder Zehntgraf, aber auch in der Obereisenheimer Höll ist er vertreten, die Reben wachsen auf Muschelkalkböden. Bacchus, Müller-Thurgau und Silvaner sind die mit Abstand wichtigsten Rebsorten, dazu gibt es Kerner, Grauburgunder, Scheurebe, Gewürztraminer, Grauburgunder und Chardonnay, sowie die roten Sorten Domina, Spätburgunder, Cabernet Dorsa, Blauburger und Dornfelder. Liköre, Edelbrände, Gelees, Traubenkernöl und Rotweinessig runden das Sortiment ab.

Kollektion

Vier Weine aus dem neuen Jahrgang 2016 sowie zwei Barriqueweine des Jahrgangs 2014 präsentiert Sebastian Lother zum Debüt. Der Silvaner ist fruchtbetont, reintönig und zupackend, besitzt gute Struktur und Frische, der Riesling hat Biss, ist aber ein wenig verhalten, sehr jugendlich. Der Gewürztraminer zeigt gute Konzentration und reintönige Frucht im Bouquet, ist klar und füllig im Mund, zupackend, besitzt feine süße Frucht, der Bacchus ist lebhaft und süffig, wunderschön sortentypisch. Etwas schwer taten wir uns mit dem zwölf Monate im Barrique ausgebauten Chardonnay, der zwar viel Konzentration besitzt, enorm stoffig ist, allerdings ist für unseren Geschmack die Holznote etwas allzu kräftig und dominant. Beim Pinot Noir stört sie uns nicht so sehr, im Gegenteil, er betört mit Vanille- und Schokonoten im Bouquet, mit viel reifer Frucht und rauchige Noten, er ist üppig im Mund, enorm füllig, besitzt viel Stoff und viel Wärme.

Weinbewertung

83 2016 Silvaner Kabinett trocken Wipfelder Zehntgraf **12 %/5,90 €**
82 2016 Riesling „K" trocken **12 %/6,30 €**
81 2014 Chardonnay Spätlese trocken Barrique Wipfelder Zehntgraf **14 %/11,90 €**
84 2016 Gewürztraminer Spätlese trocken Wipfelder Zehntgraf **14 %/9,90 €**
82 2016 Bacchus Kabinett halbtrocken Wipfelder Zehntgraf **11,5 %/5,90 €**
85 2014 Pinot Noir trocken Wipfelder Zehntgraf **15 %/12,90 €**

Lucashof

★★★

KONTAKT

Wiesenweg 1a
67147 Forst
Tel. 06326-336
Fax: 06326-5794
www.lucashof.de
weingut@lucashof.de

Inhaber
Klaus Lucas
Rebfläche
25 Hektar
Produktion
180.000 Flaschen

BESUCHSZEITEN

Mo.-Fr. 8-12 + 13-18 Uhr,
Sa. 8-16 Uhr, So. 10-12 Uhr
Landhotel (7 Doppelzimmer)

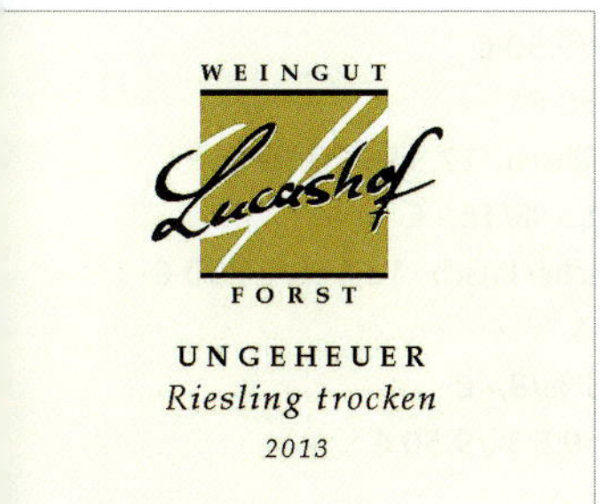

Anfang der sechziger Jahre wurde der Lucashof gegründet, heute führen Klaus Lucas und Ehefrau Christine das Weingut und das angeschlossene Landhotel. Bruder Hans Lucas ist für die Weinberge verantwortlich. Neben Weinbergen in den Forster Lagen Ungeheuer, Pechstein, Musenhang, Elster, Bischofsgarten und Stift besitzt die Familie Lucas auch Reben im Deidesheimer Herrgottsacker und in den Wachenheimer Lagen Goldbächel und Altenberg. 90 Prozent der Weinberge sind mit Riesling bepflanzt. Die Trauben werden schonend gepresst, langsam vergoren und dann in Edelstahltanks oder Holzfässern ausgebaut. Seit der ersten Ausgabe empfehlen wir die Weine von Klaus Lucas, seine Kollektionen sind immer höchst zuverlässig. Im trockenen Segment ragen meist die Spätlesen aus Ungeheuer und Pechstein hervor. Und in manchen Jahren wartet der Lucashof auch mit edelsüßen Rieslingen auf, die immer wunderschön reintönig und elegant sind.

Kollektion

Zwei Rieslinge aus 2015, die wir im vergangenen Jahr schon verkostet hatten, führen das aktuelle Sortiment an: Beide zeigen leichte Reifenoten, das Ungeheuer etwas deutlicher als der Pechstein, den wir dieses Jahr einen Punkt besser bewerten, er besitzt gute Konzentration, etwas Fülle, ist salzig, animierend und etwas nachhaltiger und frischer als das Ungeheuer, das Noten von Quitte und dezente steinige Noten zeigt. Gut gelungen sind auch der Chardonnay-Sekt, der gute Konzentration besitzt, cremig, würzig und frisch ist, das 2016er Ungeheuer mit klarer Frucht und typischer kräutrig-mineralischer Würze, der Forster Riesling „P. Lucas" mit leicht steiniger Würze und Fülle und die restsüße Gewürztaminer-Spätlese mit reintöniger Frucht und frischer Zitruswürze. Chardonnay, Weiß- und Grauburgunder zeigen klare Frucht, sind frisch und schlank.

Weinbewertung

86 2015 Chardonnay „Blanc de Blanc" Sekt brut **12,5 %/14,- €**
85 2016 Grauburgunder trocken **12,5 %/8,- €**
83 2016 Weißburgunder trocken **12 %/7,80 €**
84 2016 Chardonnay trocken **12 %/8,- €**
86 2016 Riesling trocken „P. Lucas" Forster **12 %/9,50 €**
83 2016 Riesling trocken Forster Stift **11,5 %/7,20 €**
84 2016 Riesling trocken Deidesheimer Herrgottsacker **12 %/8,- €**
85 2016 Riesling trocken Forster Musenhang **12 %/9,50 €**
86 2016 Riesling trocken Forster Ungeheuer **12,5 %/9,90 €**
88 2015 Riesling Spätlese trocken „LS" Forster Ungeheuer **13,5 %/19,- €**
89 2015 Riesling Spätlese trocken „LS" Forster Pechstein **13 %/21,- €**
86 2016 Gewürztraminer Forster Musenhang **10 %/12,50 €**

L

Gebr. Ludwig

★★☆

KONTAKT

Im Bungert 10
54340 Thörnich
Tel. 06507-3760
Fax: 06507-4677
www.gebruederludwig.de
info@gebruederludwig.de

Inhaber
Thomas Ludwig
Rebfläche
10,5 Hektar
Produktion
90.000 Flaschen

BESUCHSZEITEN

nach Vereinbarung
neues Gästehaus am Weingut

Seit dem Jahr 1628 betreibt die Familie Ludwig Weinbau in Thörnich. Seit 2005 wird das Gut von Meike und Thomas Ludwig geführt. Ihre Weinberge liegen hauptsächlich in der Thörnicher Lage Ritsch, einer steilen, reinen Südlage, in der ausschließlich Riesling angebaut wird; der Schieferboden der Ritsch ist mit Quarzit durchzogen. Daneben sind sie in der Thörnicher Schießlay vertreten, wo neben Riesling auch Burgundersorten angebaut werden, sowie in der Klüsserather Bruderschaft, wo die Reben auf etwas tiefgründigeren Schieferböden stehen als in der Thörnicher Ritsch. Riesling – mit bis zu 100 Jahre alten Reben – nimmt 80 Prozent der Rebfläche ein, hinzu kommen Sauvignon Blanc, Weißburgunder, Grauburgunder und St. Laurent, sowie ein klein wenig Frühburgunder. Sekt spielt eine wichtige Rolle im Betrieb, alle Sekte werden mindestens 18 Monate auf der Hefe ausgebaut.

Kollektion

Obwohl das Weingut auch für Schaumwein bekannt ist, wurde diesmal bis Redaktionsschluss kein Sekt vorgestellt. Dafür sind die Stillweine durchweg empfehlenswert, zumal sie einen eigenen Stil aufweisen. Schon der saftige Literwein macht sehr viel Spaß, Weißburgunder und Rivaner sind sehr präzise, der Grauburgunder zeigt im Nachhall eine Spur Tabak und ist angenehm trocken. Letzteres gilt auch für den Sauvignon Blanc aus 2016, der Kräuternoten aufweist und sehr straff ausfällt. Der Pinot Blanc aus der Serie „Handwerk“ zeigt dagegen Noten von Quitte und Tabak, besitzt eine vergleichsweise dunkle Farbe und Tabakwürze im Nachhall – eigenwillig und interessant. Unter den Rieslingen ist der Ritsch-Vertreter straff, offen und voller Würze, der Riesling „Handwerk“ dagegen zeigte sich bei der Verkostung sehr verschlossen, wirkte fest und trocken; ihn in einigen Monaten nochmals zu probieren, dürfte sich lohnen.

Weinbewertung

84 2016 Riesling trocken (1l) **12 %/6,50 €** ☺
84 2016 Rivaner trocken **12 %/6,50 €**
85 2016 Riesling trocken Thörnicher **12 %/8,- €**
86 2016 Weißer Burgunder trocken **12 %/9,50 €**
86 2016 Grauer Burgunder trocken **12,5 %/9,50 €**
86 2016 Sauvignon Blanc trocken **12 %/9,50 €**
87 2016 Riesling trocken „Ritsch“ Thörnicher Ritsch **12,5 %/10,50 €**
86 2015 Pinot Blanc trocken „Handwerk“ **12,5 %/16,- €**
88+ 2016 Riesling trocken „Handwerk“ Thörnischer Ritsch **12,5 %/24,90 €**
84 2015 Sauvignon Blanc trocken „Handwerk“
83 2016 Riesling „feinherb“ Thörnicher **11,5 %/8,- €**
86 2016 Riesling Kabinett Thörnicher Ritsch **9,5 %/9,50 €**

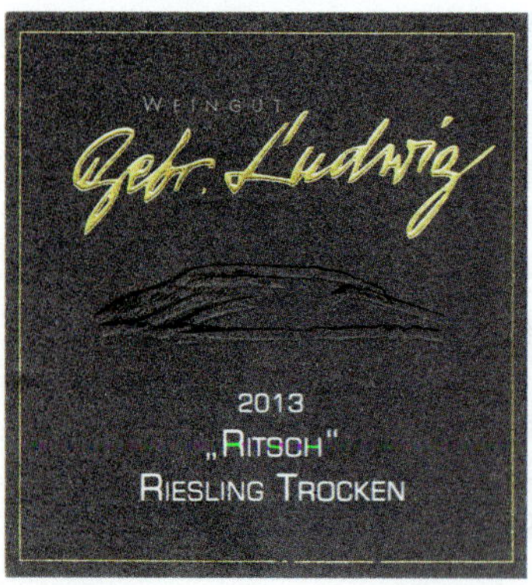

LÜCKEL

★

N

KONTAKT

Schlossstraße 21
06632 Freyburg
Tel. 034464-359160
Fax: 034464-359162
www.weingut-lueckel.de
info@weingut-lueckel.de

Inhaber
Andrea & Jörg Lückel
Kellermeister
Jörg Lückel
Rebfläche
1 Hektar
Produktion
5.000 Flaschen

BESUCHSZEITEN

nach Vereinbarung

Den Grundstein des Weingutes legten Andrea und Jörg Lückel mit der Rodung und Bepflanzung einer Steillage in der weinhistorischen Lage Haldecke in Freyburg (heute Freyburger Edelacker). Danach kam ein weiterer Weinberg mit Steilterrassen im Naumburger Steinmeister hinzu, sie nutzen aber auch den Großlagennamen Freyburger Schweigenberg und den Bereichsnamen Schloss Neuenburg für ihre Weine. Spätburgunder und Zweigelt sind die wichtigsten Rebsorten, gefolgt von Riesling und Silvaner, Cabertin, Dornfelder, Gutedel, Portugieser und Müller-Thurgau. Die Weine werden lange auf der Feinhefe ausgebaut, teils im Barrique.

Kollektion

Eine eigenwillige, sehr eigenständige Kollektion präsentiert Jörg Lückel zum Debüt. Der Gutedel von alten Reben ist frisch, reintönig und geradlinig, der Blanc de Noirs frisch und fruchtbetont. Der im Barrique ausgebaute Silvaner zeigt viel Würze und deutliche Reife im Bouquet, ist kompakt im Mund, gereift, nicht ganz harmonisch. Besser gefällt uns da schon der ebenfalls im Barrique ausgebaute Chardonnay, der feine Würze im Bouquet zeigt, reife Frucht, Vanille, weich und geschmeidig im Mund ist bei deutlicher Süße und viel Substanz. Der feinherbe Silvaner ist süffig und unkompliziert, der Rosé besitzt feine Frische und Würze, zeigt etwas rote Früchte. Sehr eigenwillig sind dann die Weine mit Prädikatsbezeichnungen, die alle relativ weit vergoren und damit recht hoch im Alkohol sind. Die im Barrique ausgebaute Riesling Auslese, halbtrocken ausgebaut, zeigt gute Konzentration und Vanille im Bouquet, ist füllig und saftig im Mund bei guter Substanz und dezenter Bitternote. Die Blanc de Noir Beerenauslese vom Zweigelt ist duftig, süß und konzentriert, aber ein wenig alkoholisch-bitter im Abgang. Am besten gefällt uns die Weißburgunder Trockenbeerenauslese, die viel Substanz und Konzentration besitzt, duftig, süß und dick ist.

Weinbewertung

83	2016 Gutedel trocken „Alte Reben Muschelkalkterrassen" Steinmeister **12,5 %/11,-€**
82	2016 „Blanc de Noirs" „Muschelkalkterrassen" Schloss Neuenburg **12,5 %/9,- €**
82	Silvaner trocken Barrique „Muschelkalkterrasse" Steinmeister **12,5 %/16,- €**
84	Chardonnay trocken Barrique „Muschelkalkterrasse" Edelacker **12,5 %/19,- €**
81	2016 Silvaner „feinherb" Freyburger Schweigenberg **13 %/9,- €**
85	2015 Riesling Auslese Barrique „Muschelkalkterrassen" Steinmeister **13,5 %/15,-€/0,5l**
85	2016 Zweigelt „Blanc de Noir" Beerenauslese Edelacker **13,5 %/35,- €/0,375l**
88	2015 Weißer Burgunder Trockenbeerenauslese Schweigenberg **10,5 %/40,-€/0,375l**
82	2016 Rosé trocken „Muschelkalkterrassen" Schloss Neuenburg **12,5 %/9,- €**

L

Lütz

★

KONTAKT

Bahnhofstraße 40
56862 Pünderich
Tel. 06542-969518
Fax: 06542-961493
www.weingut-luetz.de
info@weingut-luetz.de

Inhaber
Jörg Lütz
Rebfläche
5 Hektar
Produktion
35.000 Flaschen

L

BESUCHSZEITEN

8-12 + 13-18 Uhr oder nach Vereinbarung
Ferienwohnungen, Gästezimmer

Das Pündericher Familienweingut wird heute von Jörg Lütz und seiner Lebensgefährtin Anita Keller geleitet. Die Hälfte ihrer Weinberge – bewirtschaftet werden insgesamt 5 Hektar – liegt im Steilhang, wo fast ausschließlich Riesling angebaut wird. Die Weinberge befinden sich vor allem in Pünderich in den Lagen Marienburg und Nonnengarten, aber auch in der Reiler Goldlay ist Jörg Lütz vertreten. Neben Riesling, der 55 Prozent der Weinberge einnimmt, was für die Mosel vergleichsweise wenig ist, gibt es noch Spätburgunder, Dornfelder, Müller-Thurgau und Weißburgunder. Die Weine werden spontan vergoren und lange auf der Feinhefe ausgebaut. Zwei Drittel der Weine werden im Edelstahl ausgebaut, ein Drittel wird im Holz vinifiziert.

Kollektion

Das kleine Sortiment des Jahrgangs 2015 präsentierte sich erfreulich gleichmäßig – die feinherbe, ausgewogene Spätlese „Viadukt" sahen wir im vergangenen Jahr an der Spitze der Kollektion, aber auch der Rest machte Spaß. Die 2016er wirken nun kompakt, recht füllig, besitzen Schmelz und weisen einen durchaus eigenwilligen Stil auf, mit dem man sich vertraut machen muss. Der als trocken bezeichnete Rieslingsekt ist saftig und voluminös, besitzt eine leichte Süße und vergleichsweise viel Alkohol, ohne allerdings übertrieben üppig zu wirken. Die Pauemi genannte Spätlese ist von der Fülle geprägt und sehr verhalten, könnte sich noch entwickeln, deutlich präziser wirken der angenehm trockene Kabinett namens „Leichtfuß" und der etwas kraftvollere, stoffige „Auftakt"-Riesling. Am besten allerdings ist die Herzblut-Spätlese, straff und trocken, auch wenn der Alkohol noch ein ganz klein wenig störend wirkt. Süße Weine wurden nicht vorgestellt.

Weinbewertung

83 2015 Riesling Sekt trocken „Aureus" **13 %/10,- €**
84 2016 Riesling Hochgewächs trocken „Auf Takt" **12 %/7,30 €**
83 2016 Riesling Kabinett trocken „Leichtfuß" **11,5 %/6,90 €**
85 2016 Riesling Spätlese trocken „Herzblut" **13 %/9,50 €**
84 2016 Riesling Hochgewächs „feinherb" „Classis Nohr" **11 %/7,30 €**
83 2016 Riesling Spätlese „feinherb" „Pauemi" **11 %/9,50 €**

Lutz

★☆

KONTAKT

Amthof 1
75038 Oberderdingen
Tel. 07045-201900
Fax: 07045-2019030
www.weingut-lutz.com
kontakt@weingut-lutz.com

Inhaber
Manuel Lutz
Rebfläche
17 Hektar
Produktion
140.000 Flaschen

BESUCHSZEITEN

Mo.-Sa. 9-18 Uhr; Weinstube Lutz Mi.-So. 11-22 Uhr

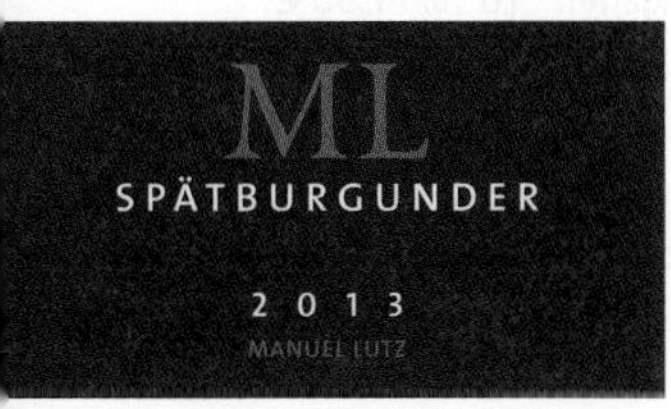

Das Weingut Lutz hat seinen Sitz mitten in Oberderdingen, in der im 18. Jahrhundert erbauten Amtsschreiberei des ehemaligen Rentamts Derdingen. Seit 2012 führt Manuel Lutz in vierter Generation den Betrieb. Oberderdingen liegt in Württemberg, direkt an der Grenze zu Baden, Manuel Lutz besitzt Weinberge sowohl auf Württemberger Seite in der Oberderdinger Kupferhalde, als auch im benachbarten Kraichgau in den Lagen Sulzfelder Lerchenberg und Kürnbacher Lerchenberg, die Reben wachsen auf Gipskeuperböden. Riesling und Lemberger sind seine wichtigsten Rebsorten, es folgen Trollinger, Schwarzriesling, Grauburgunder, Weißburgunder, Spätburgunder, Cabernet, Sauvignon Blanc und andere mehr. Zum Weingut gehören ein Gästehaus und eine Weinstube. Die Spitzenweine werden in der Linie „ML" (Manuel Lutz) vermarktet, bei diesen Weinen gibt Manuel Lutz in einer Broschüre, nicht auf dem Etikett, die genaue Herkunft an.

Kollektion

Beim guten Debüt im vergangenen Jahr hatten uns die 2012er ML-Rotweine am besten gefallen, allen voran die Cuvée, knapp vor dem Lemberger. Dieses Jahr sind die Barrique-Rotweine wieder unsere Favoriten, nur sehen wir den Lemberger diesmal knapp vorne, er zeigt reintönige Frucht, etwas rauchige Noten, ist kraftvoll, klar und zupackend, besitzt gute Struktur und Frucht. Die gewürzduftige Cuvée ist konzentriert, kraftvoll, stoffig, von kräftigen Tanninen geprägt, was auch für den Merlot gilt, der intensive Frucht besitzt, gute Struktur und Substanz. Auch der Spätburgunder zeigt intensive Frucht, etwas Kapern, ist kraftvoll, strukturiert, tanninbetont. In der roten Editions-Linie ist der reintönige, fruchtbetont Lemberger unser Favorit, im weißen Segment der füllige, strukturierte Weißburgunder. Stimmige Kollektion!

Weinbewertung

85 2015 Weißburgunder trocken „Edition" Sulzfelder Lerchenberg **12 %/7,90 €**
83 2016 Grauburgunder trocken „Edition" Sulzfelder Lerchenberg **13 %/7,90 €**
82 2016 „Blanc de Noir" trocken „Edition" Oberderdinger Kupferhalde **12 %/7,90 €**
82 2016 Rosé trocken Oberderdinger Kupferhalde **12 %/6,90 €**
82 2015 Lemberger trocken Oberderdinger Kupferhalde **12,5 %/5,90 €**
81 „Amtschreibercuvée" Rotwein trocken Oberderdinger Kupferhalde **13 %/7,90 €**
81 2013 Spätburgunder trocken „Edition" Oberderdinger Kupferhalde **13 %/7,90 €**
84 2014 Lemberger trocken „Edition" Oberderdinger Kupferhalde **12,5 %/8,90 €**
86 2015 Merlot trocken „ML" **13 %/14,90 €**
85 2013 Spätburgunder trocken „ML" **12,5 %/18,90 €**
87 2014 Lemberger trocken „ML" **13 %/18,90 €**
86 2015 „ML Cuvée" Rotwein trocken **14 %/18,90 €**

Andreas Männle

★

KONTAKT

Heimbach 12
77770 Durbach
Tel. 0781-41486
Fax: 0781-42981
www.weingut-maennle.de
info@weingut-maennle.de

Inhaber
Alfred Männle
Kellermeister
Thomas Männle
Rebfläche
15,3 Hektar
Produktion
130.000 Flaschen

BESUCHSZEITEN

Mo.-Fr. 9-12 + 13:30-18 Uhr, Sa. 9-12 + 13:30-16 Uhr, März-Dez. So. 10-12 Uhr

Das bereits 1561 urkundlich erwähnte Weingut ist seit 1919 in Familienbesitz. Alfred Männle bewirtschaftet in dritter Generation die Weinberge am Durbacher Bienenberg. In der Lage Durbacher Bienengarten wachsen die Reben auf steinig-felsigen Granitverwitterungsböden. Riesling und die Burgundersorten spielen die Hauptrolle, dazu gibt es Chardonnay, Gewürztraminer und Clevner, Müller-Thurgau und Scheurebe. Für den Weinausbau ist Sohn Thomas verantwortlich. Nach Entrappung und kurzer Maischestandzeit – je nach Rebsorte 4 bis 40 Stunden – werden die Trauben gekeltert, der Most dann kühl und gezügelt vergoren, teils in Edelstahltanks, teils in Barriques, bleibt lange auf der Feinhefe. Edeldestillate und Liköre ergänzen das Programm.

Kollektion

Mit der neuen Kollektion schließen Thomas und Alfred Männle an die guten 2014er an. Die im vergangenen Jahr anzutreffenden Bitternoten sind dieses Jahr kaum vorhanden, die Restsüße ist nach wie vor deutlich. Die Weißweine präsentieren sich sehr gleichmäßig, bieten wie gewohnt füllige, reife Weine mit süßer Frucht. Die beiden Rieslinge, in der Ortenau meist Klingelberger genannt, machen eine gute Figur, sie sind füllig und saftig, besitzen klare reife Frucht. Auch die Scheurebe Spätlese ist wie immer eine sichere Bank, sie ist reintönig und zupackend, besitzt feine süße Frucht. Stimmig präsentieren sich auch die vier Spätburgunder, alle aus dem Jahrgang 2014. Die im Barrique ausgebaute trockene Spätlese zeigt etwas Vanille und Speck, besitzt Fülle und Kraft, reife Frucht und Substanz, gleichauf sehen wir den fülligen, kraftvollen Spätburgunder Edition. Noch einen Punkt höher haben wir den Spätburgunder in der Weißherbst Auslese-Variante bewertet, der Wein zeigt reintönige reife Frucht, feine Kirschnoten. Gute Kollektion! —

Weinbewertung

82	2016 Weißburgunder Kabinett trocken Durbacher Biengarten	**12,5 %/9,50 €**
83	2016 Klingelberger Kabinett trocken Durbacher Biengarten	**12 %/9,50 €**
84	2016 Klingelberger Spätlese trocken Durbacher Biengarten	**13 %/11,50 €**
83	2016 Grauburgunder Spätlese trocken Durbacher Biengarten	**14 %/11,50 €**
82	2016 Chardonnay Spätlese trocken Durbacher Biengarten	**14 %/11,50 €**
83	2016 Gewürztraminer Spätlese trocken Durbacher Biengarten	**14,5 %/11,50 €**
84	2016 Scheurebe Spätlese Durbacher Biengarten	**10 %/11,50 €**
86	2016 Spätburgunder Weißherbst Auslese Durbacher Biengarten	**11 %/18,- €/0,5l**
81	2014 Spätburgunder Kabinett trocken Durbacher Biengarten	**13,5 %/10,50 €**
83	2014 Spätburgunder Spätlese trocken Durbacher Biengarten	**14 %/13,50 €**
85	2014 Spätburgunder Spätlese trocken Barrique Durbacher Biengarten	**14,5 %/20,-€**
85	2014 Spätburgunder trocken „Edition" Durbacher Biengarten	**14 %/25,- €**

Heinrich Männle

★

KONTAKT

Sendelbach 16
77770 Durbach
Tel. 0781-41101
Fax: 0781-440105
www.weingutmaennle.de
info@weingutmaennle.de

Inhaber
Heinrich & Sylvia Männle
Rebfläche
5,5 Hektar
Produktion
30.000 Flaschen

BESUCHSZEITEN

Mo.-Fr. 8-18 Uhr, Sa. 8-16 Uhr,
So. nach Vereinbarung
Naturstein-Gewölbekeller für Weinlehrproben,
3 Ferienwohnungen (4 Sterne)

Seit 1737 ist der Erbguthof in einem Durbacher Seitental in Familienbesitz. Bis 1956 wurden die Weine im Fass verkauft, in den sechziger Jahren hat man dann die Rebfläche im Durbacher Kochberg vergrößert, neue Weinberge angelegt. Heute führt Heinrich Männle– bekannt als „Rotwein-Männle" – zusammen mit Tochter Sylvia den Betrieb. 3,5 Hektar seiner Weinberge liegen in einer arrondierten Fläche in der Lage Durbacher Kochberg direkt beim Weingut. Die weiteren Parzellen befinden sich in den Durbacher Lagen Plauelrain und Ölberg. Spätburgunder ist mit einem Anteil von 60 Prozent die wichtigste Rebsorte, hinzu kommen Weiß- und Grauburgunder, Scheurebe, Riesling, Gewürztraminer, Chardonnay und Müller-Thurgau sowie bereits seit 1991 auch Cabernet Sauvignon und Merlot. Die Barriqueweine bleiben alle mindestens 20 Monate im Fass, seit 2007 werden alle Weine in Holzfässern ausgebaut. Seit der ersten Ausgabe empfehlen wir die Weine von Heinrich Männle, gehört das Weingut zu den zuverlässigsten Betrieben in der Ortenau. Rotweine und Weißweine überzeugen gleichermaßen, auch die edelsüßen Weine – Scheurebe! – gehören immer wieder zur Spitze in der Region.

Kollektion

Gewohnt eigenständige, ja eigenwillige Rotweine präsentieren Heinrich und Sylvia Männle auch in diesem Jahr, wie die sechs Jahre im Barrique ausgebaute Cuvée aus Cabernet Sauvignon und Merlot oder die vom Kontrast aus Süße und Tanninen geprägten, enorm alkoholreichen Spätburgunder-Auslesen. Gleichmäßig präsentieren sich die Weißweine, passen eher ins gewohnte Bild. Sie sind saftig und füllig, fruchtbetont und harmonisch. Die 2016er waren zum Zeitpunkt der Verkostung noch sehr jugendlich, der reintönige Plauelrain-Grauburgunder und die beiden Weißburgunder gefallen uns zusammen mit dem saftigen feinherben Traminer am besten.

Weinbewertung

84 2015 Weißburgunder Spätlese trocken „Fass 28" Durbacher Kochberg **13 %/14,20 €**
84 2016 Weißburgunder Spätlese trocken „Fass 22" Durbacher Kochberg **12,5 %/14,20 €**
82 2016 Grauburgunder Spätlese trocken Durbacher Kochberg **13,5 %/14,60 €**
84 2016 Grauburgunder Spätlese trocken „Fass 16" Plauelrain **13,5 %/14,60 €**
83 2016 Chardonnay Spätlese trocken Durbacher Plauelrain **13,5 %/14,20 €**
84 2016 Clevner (Traminer) Spätlese „feinherb" Durbacher Plauelrain **13 %**
87 2003 Weißburgunder Beerenauslese Durbacher Kochberg **10,5 %/37,50 €/0,375l**
82 2013 Spätburgunder Spätlese trocken Durbacher Kochberg **14 %/12,90 €**
83 2010 Cabernet Sauvignon + Merlot trocken Barrique Kochberg **14 %/27,50 €**
82* 2003 Spätburgunder Auslese Durbacher Kochberg **13,5 %/31,- €**
81+? 2015 Spätburgunder Auslese Nr. 09/17 Durbacher Kochberg **15,5 %/0,5l**
81 2015 Spätburgunder Auslese Nr. 15/17 Durbacher Kochberg **15 %/0,5l**

M

MAIBACHFARM

★☆

KONTAKT

Im Maibachtal 100
53474 Bad Neuenahr-Ahrweiler
Tel. 02641-36679, Fax: -36643
www.maibachfarm.de
info@maibachfarm.de /
aw@maibachfarm.de

Inhaber
Renate Günther
Betriebsleiter
Alexander Weber
Rebfläche
9 Hektar
Produktion
45.000 Flaschen

BESUCHSZEITEN

Mo.-Fr. 10-12 + 13-17 Uhr, Sa./So. 11-17 Uhr; Verkaufsladen Ahr Gourmet in der Stadt: Mo.-So. 10-18:30 Uhr, Di. Ruhetag; Straußwirtschaft (saisonal geöffnet, Juli-Okt. an allen Wochenenden und Feiertagen)

Die Maibachfarm liegt südlich von Ahrweiler in einem Seitental der Ahr. Ende der neunziger Jahre wurde es gegründet mit dem Ziel ein biologisch wirtschaftendes Musterweingut an der Ahr aufzubauen, man ist Mitglied bei Bioland. Neben Weinbau gibt es auf der Maibachfarm Schafe und Esel, Streuobstwiesen und eine Brennerei. Die Maibachfarm besitzt Weinberge in Toplagen der Ahr, so im Ahrweiler Silberberg, im Heimersheimer Burggarten, in der Walporzheimer Domlay und im Recher Herrenberg. Spätburgunder nimmt 70 Prozent der Rebfläche ein, dazu gibt es 10 Prozent Frühburgunder, aber auch Weißburgunder, Grauburgunder, Regent und andere Rebsorten. 2013 hat Alexander Weber die Betriebsleitung übernommen.

Kollektion

Die Stärken liegen im roten Segment, wie könnte das auch anders sein bei einem Weingut von der Ahr. Weiß gefallen uns am besten, der frische, zupackende, etwas süße Blanc de Noir und der füllige, kraftvolle Ahrweiler Grauburgunder. Die rote Basis stimmt, Frühburgunder und Spätburgunder sind frisch, geradlinig und zupackend, der Ahrweiler Spätburgunder ist geradlinig und klar. Die weiteren fünf Rotweine haben wir alle mit sehr gut bewertet, obwohl wir doch ein klein wenig irritiert sind. Wozu braucht es diesen merklichen Restzucker in allen Weinen? Er steht in Kontrast zu den Tanninen – für unser Empfinden. Der Spätburgunder von den Walporzheimer Terrassen besitzt gute Struktur und Biss, der Wein aus dem Burggarten ist füllig und saftig, der Silberberg-Spätburgunder frisch und zupackend. Gewürze und rote Früchte zeigt der Herrenberg-Spätburgunder im Bouquet, er besitzt Fülle, Kraft und Substanz. Der Frühburgunder R zeigt reintönige Frucht, besitzt viel reife süße Frucht.

Weinbewertung

80	2016 Spätburgunder „Blanc de Noir" **12,5 %/9,50 €**
83	2016 Spätburgunder „Blanc de Noir" „R" **13 %/16,- €**
82	2016 Grauburgunder trocken **13 %/10,50 €**
85	2016 Grauburgunder trocken Ahrweiler **13 %/17,- €**
83	2015 Frühburgunder trocken **13 %/11,50 €**
83	2015 Spätburgunder trocken **13 %/9,50 €**
84	2015 Spätburgunder trocken Ahrweiler **13 %/14,50 €**
86	2015 Spätburgunder Terrassen Walporzheimer **13,5 %/29,- €**
87	2015 Spätburgunder Heimersheimer Burggarten **12,5 %/29,- €**
86	2015 Spätburgunder Ahrweiler Silberberg **13,5 %/29,- €**
87	2015 Spätburgunder Recher Herrenberg **13,5 %/29,- €**
86	2015 Frühburgunder „R" **13,5 %/35,- €**

MAIER

★★★

KONTAKT

Zehnmorgenweg 2
71409 Schwaikheim
Tel. 07195-5565
Fax: 07195-139508
www.maier-weingut.de
info@maier-weingut.de

Inhaber Lothar & Rose Maier GbR
Rebfläche 13 Hektar
Produktion 75.000 Flaschen

BESUCHSZEITEN

Di.-Fr. 17-19 Uhr, Sa. 10-14 Uhr
Besenwirtschaft täglich ab 11 Uhr, Mo. Ruhetag

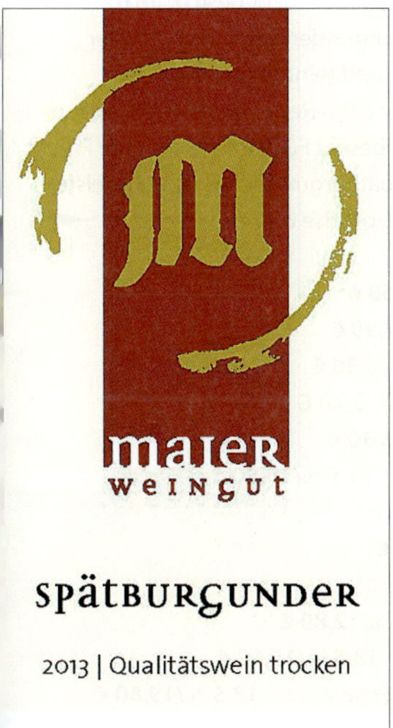

Das Weingut in seiner heutigen Form besteht seit 1986 als Lothar Maier begann den Weinbaubetrieb auszuweiten und zusammen mit Ehefrau Rose eine Besenwirtschaft eröffnete. Heute werden sie im Betrieb unterstützt von Sohn Michael, Geisenheim-Absolvent, der seine eigene Weinlinie „vom Stein" kreiert hat. Ihre Weinberge liegen im Remstal, alle in einer Entfernung von nicht mehr als fünf Kilometer vom Weingut.

Kollektion

Auch die neue Kollektion ist sehr stark, mit Vorteilen im roten Segment. Aber auch die Weißweine überzeugen, allen voran der Sauvignon Blanc vom Stein, der Fülle und Kraft besitzt, gute Struktur und Substanz. Der im Tonneau ausgebaute Grauburgunder ist reintönig und stoffig, der Söhrenberg-Riesling füllig und saftig, der Silvaner von alten Reben kraftvoll und zupackend. Bei den Rotweinen trumpft wieder die Cuvée Drombach auf, die je nach Jahrgang unterschiedliche Anteile von Cabernet Sauvignon und Franc, Merlot sowie Lemberger oder Zweigelt enthält. 2014 ist kraftvoll und zupackend, 2015 deutlich fülliger und saftiger. Der Spätburgunder vom Stein macht in beiden Jahrgängen ebenfalls eine sehr gute Figur, ist herrlich reintönig und kraftvoll, noch besser gefällt uns die noch etwas komplexere Reserve-Version vom Haselstein, der Lemberger vom Stein besitzt Kraft und Struktur. Bravo!

Weinbewertung

85	2016 Silvaner trocken „Alte Reben" **12,5 %/8,90 €**
84	2016 Weißburgunder trocken **12 %/7,50 €**
84	2016 Riesling trocken „Alte Reben" **12,5 %/8,90 €**
83	2016 Sauvignon Blanc trocken **12,5 %/9,40 €**
86	2015 Riesling trocken Neustadter Söhrenberg **13,5 %/12,80 €**
84	2016 Traminer trocken **13 %/9,50 €**
88	2016 Sauvignon Blanc trocken „vom Stein" Steinreinacher Hörnle **13 %/15,20 €**
87	2016 Grauburgunder trocken „vom Stein" Breunigsweiler Haselstein **13 %/14,50 €**
84	2015 Trollinger trocken „Alte Reben" **13 %/5,80 €**
86	2016 Lemberger trocken **13 %/6,10 €**
86	2015 Zweigelt trocken **13,5 %/8,90 €**
85	2015 „Elegantis" Rotwein trocken **14 %/7,70 €**
84	2015 Spätburgunder trocken **13,5 %/9,30 €**
88	2015 Lemberger trocken „vom Stein" Hanweiler Berg **14,5 %/18,80 €**
89	2014 Spätburgunder trocken „vom Stein" Steinreinacher Hörnle **13 %/18,80 €**
89	2015 Spätburgunder trocken „vom Stein" Steinreinacher Hörnle **13,5 %/18,80 €**
88	2014 „Der Drombach" Rotwein trocken Hanweiler Berg **13 %/19,80 €**
89	2015 „Der Drombach" Rotwein trocken Hanweiler Berg **14,5 %/19,80 €**
90	2014 Spätburgunder trocken „vom Stein Reserve" Haselstein **12,5 %/29,- €**

MAIER

★

KONTAKT

Karlsruher Straße 8, 76532
Baden-Baden-Haueneberstein
Tel. 07221-64197
Fax: 07221-995479
www.weingut-maier.de
info@weingut-maier.de

Inhaber
Volker Maier
Rebfläche
8,5 Hektar
Produktion
70.000 Flaschen

BESUCHSZEITEN

Di.-Fr. 9-12 + 15-18 Uhr, Sa. 9-13 Uhr, Mi. nachm. geschlossen, sowie nach Vereinbarung

Volker Maier pflegt badische Weinbau-Tradition in fünfter Generation. Urgroßvater und Winzer Ignatz Fritz begann mit Reben in Neuweier, von denen einige Lagen noch heute im Familienbesitz sind. Der Weißwein vom Ignatz war ausgezeichnet, beurkundete der Landwirtschaftliche Verein Großherzogtum Baden anno 1884 in Bühl. Volker Maier übernahm nach seinem Geisenheim-Studium 2001 den Betrieb mit damals gerade einmal einem halben Hektar Reben, heute bewirtschaftet er zehn Hektar. 2006 erwarb er die Gebäude der ehemaligen Winzergenossenschaft Bühlertal und renovierte sie: Dort baut er heute die Weine aus. Seine Weinberge liegen zwischen Baden-Baden und Bühlertal. Hauptsorte ist der Riesling, dazu werden Grauburgunder, Weißburgunder, Müller-Thurgau, Scheurebe und Gewürztraminer angebaut, dazu die roten Sorten Dornfelder, St. Laurent und Spätburgunder. Das Weingut befindet sich in der Umstellung zu einem zertifizierten Öko-Weinbetrieb.

Kollektion

Zum Debüt im vergangenen Jahr präsentierte Volker Maier eine stimmige Kollektion mit Spitzen bei Riesling und Spätburgunder. Die Weißweine der Jahrgänge 2015 und 2016 zeigen nun in diesem Jahr sehr gleichmäßiges Niveau, an der Spitze steht ganz klar der halbtrockene SI-Riesling aus dem Mauerberg, der füllig und saftig ist, viel reife süße Frucht besitzt. Im roten Segment konnten wir ein prächtiges Spätburgunder-Trio verkosten. Der Holzfass-Spätburgunder zeigt feine Frische und reintönige Frucht, ist fruchtbetont und strukturiert. Der Wein von alten Reben zeigt gute Konzentration, reife Frucht, etwas rauchige Noten, besitzt Fülle und Kraft, reife Frucht und Substanz. Unser klarer Favorit ist der Spätburgunder aus dem Engelsfelsen, der herrlich reintönig und konzentriert, präzise und zupackend ist. –

Weinbewertung

79 2016 Riesling trocken „BB" (1l) **12 %/6,60 €**
82 2015 Weißer Burgunder trocken **12 %/7,90 €**
81 2015 Grauer Burgunder trocken **12,5 %/8,30 €**
82 2016 Riesling Kabinett trocken „BB" **12 %/8,20 €**
82 2015 Gewürztraminer trocken **12,5 %/8,30 €**
85 2015 Riesling „SI" Neuweierer Mauerberg **13,5 %/15,80 €**
81 2016 Scheurebe **11,5 %/8,20 €**
81 2016 Riesling Kabinett „BT" **11 %/8,20 €**
80 2016 Badisch Rotgold **12 %/7,60 €**
84 2014 Spätburgunder trocken „HF" **13,5 %/12,80 €**
85 2014 Spätburgunder trocken „Alte Rebe" **13,5 %/15,60 €**
87 2013 Spätburgunder trocken Bühlertaler Engelsfelsen **13,5 %/19,80 €**

Manderschied

★

KONTAKT

Dorfstraße 4
76889 Kapellen-Drusweiler
Tel. 0176-20611691
Fax: 06343-9891281
www.weingut-manderschied.de
weingut-manderschied@gmx.de

Inhaber
Martin Manderschied
Rebfläche
30 Hektar
Produktion
50.000 Flaschen

BESUCHSZEITEN

nach Vereinbarung

Wilfried Manderschied, Winzer aus Kapellen-Drusweiler in der Südpfalz, hat lange Zeit Fasswein an Großkellereien und andere Weingüter verkauft. 2002, mit dem Einstieg von Martin Manderschied, wurden die ersten eigenen Flaschenweine erzeugt. Die Weinberge liegen in den Gemarkungen der Gemeinden Kapellen-Drusweiler (in der Lage Rosengarten) und Bad Bergzabern (Lage Altenberg). Heute wachsen auf 70 Prozent der Rebfläche Weißweinreben – hauptsächlich Riesling, Chardonnay, Weißburgunder und Grauburgunder, aber auch Silvaner, Sauvignon Blanc, Gewürztraminer und Scheurebe – und auf 30 Prozent Rotweinreben, in erster Linie Spätburgunder, Dornfelder, Cabernet Sauvignon und Cabernet Dorsa. Das Sortiment ist gegliedert in Liter-, Guts- und Selectionsweine. Im September 2008 wurde mit der Umstellung auf biologischen Weinbau begonnen, mit dem Jahrgang 2011 waren die Weine des Bioland-Betriebs erstmals zertifiziert biologisch.

Kollektion

Die aktuelle Kollektion von Martin Manderschied präsentiert sich aus einem Guss, die Weißweine sind alle geradlinig und schnörkellos, sind konsequent trocken ausgebaut, auf gefällige Süße wird mit Ausnahme der halbtrocken ausgebauten, duftigen Rosengartencuvée komplett verzichtet. Alle Weine sind reintönig und klar, am besten gefallen uns unter den Weißweinen der schlanke Riesling „S" mit Kräuterwürze und Zitrusnoten, der Grauburgunder mit feinem Schmelz und Noten von etwas Honigmelone und Nuss, der saftige Chardonnay mit klarer gelber Frucht und der Sauvignon Blanc mit grasiger Würze, Noten von grüner Stachelbeere und frischer Säure. Bei den Rotweinen zeigt der Spätburgunder röstige Würze und Noten von Sauerkirschen und Mokka und wirkt insgesamt noch sehr jung mit jugendlich-präsenten Tanninen, die Cuvée „Collin" ist kraftvoll mit dunkler Frucht.

Weinbewertung

83 2016 Sauvignon Blanc trocken **12 %/6,70 €**
83 2016 Grauburgunder trocken **13,5 %/6,70 €**
82 2016 Weißburgunder trocken **12 %/6,20 €**
83 2016 Chardonnay trocken **12,5 %/6,20 €**
82 2016 Riesling trocken **12 %/6,20 €**
83 2016 Riesling „S" trocken **12 %/7,90 €**
82 2016 „Rosengartencuvée" Weißwein **12 %/5,70 €**
83 2015 „Cuvée Collin" Rotwein trocken **14 %/7,90 €**
85 2015 Spätburgunder „S" trocken **13 %/13,- €**

M

Margarethenhof

★

KONTAKT

Kirchstraße 17
54441 Ayl
Tel. 06581-2538
Fax: 06581-6829
www.margarethenhof-ayl.de
mail@margarethenhof-ayl.de

Inhaber
Jürgen Weber
Rebfläche
20 Hektar

BESUCHSZEITEN

Mo.-Fr. 9:30-12:30 + 14-18 Uhr, Sa. 9:30-17 Uhr und nach Vereinbarung

Weingut Margarethenhof Jürgen Weber

Das Weingut, ursprünglich in Tawern zuhause, wird heute in dritter Generation von Jürgen und Dorothee Weber geführt, die seit 2000 den Betrieb erweitert haben und im benachbarten Ayl das historische Gebäude des ehemaligen Winzervereins erwarben. Die Weinberge liegen sowohl an der Saar auf Schieferböden (dort vor allem in der Ayler Kupp) als auch an der Obermosel, wo die Reben auf Muschelkalk wachsen. Riesling nimmt 50 Prozent der Rebfläche ein, Elbling 30 Prozent, hinzu kommen 20 Prozent Burgundersorten – Weißburgunder, Grauburgunder, Auxerrois – und etwas Sauvignon Blanc sowie rote Rebsorten, Spätburgunder und Dornfelder. Die Weine werden langsam und kühl in Edelstahltanks vergoren. Das Sortiment ist klar und überschaubar, lässt auf Basis- und Rebsortenweine die Lagenweine folgen, stellt Riesling von alten Reben aus der Ayler Kupp unter dem Begriff „Gold Line" an die Spitze.

Kollektion

Im vergangenen Jahr hatte das Weingut geradlinige, stoffige und nachhaltige Weine vorgestellt, die sowohl bei den Burgundersorten als auch bei den Rieslingen überraschende Qualität zeigten. Die nun präsentierte Kollektion kann da anschließen, auch wenn die Spitzen aus 2015 nicht durchweg erreicht werden können. Die beiden Schaumweine sind zwar als brut gekennzeichnet, besitzen aber eine merkliche Süße – sowohl beim Riesling Cremant, der eine schöne Fülle mitbringt, als auch beim Elbling. Genau der ist im stillen Bereich sehr animierend und präzise ausgefallen, unter den Burgundersorten gefällt der etwas unruhig wirkende, aber komplexe Auxerrois am besten. Der trockene Saar-Riesling ist ein Musterbeispiel an Gutswein, das trockene Hochgewächs wirkt nochmals spannender. Nichts geht aber über den 2015er „Gold Line" in feinherber Variante, einen würzigen, dichten Riesling, der Schmelz mit Frische verbindet.

Weinbewertung

85 Riesling Cremant brut **12 %/11,90 €**
85 Elbling Sekt brut **12 %/9,95 €**
83 2016 Elbling trocken „Der Spritzige" **10,5 %/5,50 €**
83 2016 Grauer Burgunder Classic **11,5 %/7,50 €**
84 2016 Auxerrois trocken **12 %/8,90 €**
83 2016 Weißer Burgunder trocken **12 %/7,50 €**
84 2016 Saar-Riesling trocken **12 %/7,50 €**
85 2016 Riesling Hochgewächs trocken Ayler Kupp **12 %/8,50 €**
85 2016 Riesling „feinherb" „Schieferstein" Ayler Kupp **11 %/8,50 €**
87 2015 Riesling „feinherb" „Gold Line Alte Reben" Ayler Kupp **12 %/14,90 €**
85 2015 Riesling Kabinett Ayler Kupp **9 %/8,50 €**

Margarethenhof

★☆

KONTAKT

Wiesenweg 4
67147 Forst
Tel. 06326-8302
Fax: 06326-980161
www.margarethenhof-forst.de
info@margarethenhof-forst.de

Inhaber
Franz & Elisabeth Lucas
Rebfläche
17 Hektar
Produktion
140.000 Flaschen

BESUCHSZEITEN

Mo.-Sa. 9-12 + 13-18 Uhr, Sonn- + Feiertage nur nach Vereinbarung

Das 1950 von Günther Lucas und seiner Mutter Margaretha gegründete Weingut Margarethenhof besitzt Weinberge in besten Lagen von Forst (Ungeheuer, Musenhang, Jesuitengarten und Pechstein) und Deidesheim (Herrgottsacker). Der Riesling ist mit einen Flächenanteil von 70 Prozent die wichtigste Sorte bei Franz und Elisabeth Lucas. Dazu kommen an Weißweinen Weiß- und Grauburgunder, Chardonnay und Auxerrois, aber auch Sauvignon Blanc, Rieslaner und Scheurebe, im roten Bereich sind es Spätburgunder Dornfelder, Sankt Laurent und etwas Portugieser. Sohn Martin ist seit 2011 fest im Weingut und hat seit 2015 freie Hand bei allen Entscheidungen, zusammen mit seiner Schwester Yvonne, die nach ihrem Geisenheimstudium auch noch beim Weinbau der Lebenshilfe in Bad Dürkheim mitverantwortlich für Keller und Weinverkauf ist. In den vergangenen Jahren wurde in schonendere Verarbeitungsmöglichkeiten im Keller investiert, bei den Weißweinen wird zunehmend mit Maischestandzeiten gearbeitet. Das Sortiment ist in Basis (Literweine), Kernstück (Rebsortenweine) und Spitze (Lagenweine) gegliedert.

Kollektion

Da die 2016er Lagenrieslinge zum Zeitpunkt der Verkostung noch nicht gefüllt waren, konnten wir noch einmal ihre 2015er Pendants probieren: Alle vier Weine haben sich gut entwickelt und werden jetzt höher bewertet, der Musenhang zeigt kräutrige Würze, das Ungeheuer zeigt feine Reifenoten und besitzt ein markantes Säure-Spiel, der Pechstein ist mineralisch und zitruswürzig und der Jesuitengarten besitzt Kraft, guten Grip und Länge. Unter den 2016er Weinen gefallen uns der schlanke, gelbfruchtige Sauvignon Blanc mit frischer Säure und der sehr kraftvolle, fruchtbetonte und cremige Chardonnay mit seinem sehr dezenten Holzeinsatz am besten.

Weinbewertung

80	2016 Riesling trocken „Basis" Forster Schnepfenpflug (1l) **11,5 %/4,80 €**
84	2016 Sauvignon Blanc trocken „Kernstück" **12 %/6,70 €**
83	2016 Grauburgunder trocken „Kernstück" **13 %/6,50 €**
82	2016 Weißburgunder trocken „Kernstück" **12 %/6,30 €**
84	2016 Chardonnay trocken „Kernstück" **14 %/6,50 €**
83	2016 Riesling Kabinett trocken „Kernstück" Forster Mariengarten **12 %/6,30 €**
85	2015 Riesling trocken „Spitze" Forster Musenhang **13,5 %/8,- €**
86	2015 Riesling trocken „Spitze" Forster Ungeheuer **14 %/9,- €**
86	2015 Riesling trocken „Spitze" Forster Pechstein **13,5 %/9,- €**
87	2015 Riesling trocken „Spitze" Forster Jesuitengarten **13,5 %/11,50 €**
82	2016 Riesling Kabinett „feinherb" „Kernstück" Herrgottsacker **11,5 %/6,30 €**
85	2015 Rieslaner Auslese „Spitze" Forster Elster **10 %/11,50 €/0,5l**

MARKELSHEIM

★

KONTAKT

Weingärtner Markelsheim eG
Scheuerntorstraße 19
97980 Bad Mergentheim-Markelsheim
Tel. 07931-90600
Fax: 07931-906030
www.markelsheimer-wein.de
info@markelsheimer-wein.de

Inhaber 300 Mitglieder
Geschäftsführender Vorstand
Michael Schmitt
Rebfläche 189 Hektar
Produktion 800.000 Flaschen

BESUCHSZEITEN

Mo.-Fr. 9-12 + 13-18 Uhr,
Sa. 9-12 + 13-16 Uhr,
So. (April-Dez.) 10-16 Uhr

Die 1898 gegründete Genossenschaft von Markelsheim gehört zu den ältesten in Württemberg. Ihre Mitglieder bewirtschaften das Gros der Weinberge im Tauber- und Vorbachtal, die zu Württemberg gehören. Weinbau hat hier eine lange Tradition, wurde in Markelsheim bereits 1096 erstmals urkundlich erwähnt. Bis ins späte 19. Jahrhundert hinein waren die Rebflächen wesentlich größer, Weinbau war neben Ackerbau und Viehzucht der zentrale Wirtschaftsfaktor im Taubertal. Durch Fusionen mit den Genossenschaften von Niederstetten 1978 und Laudenbach 1999 wuchs die Mitgliederzahl, so dass heute Weinberge in den Gemeinden Markelsheim, Laudenbach, Weikersheim, Schäftersheim, Vorbachzimmern, Haagen, Ebertsbronn, Elpersheim, Niederstetten und Oberstetten bewirtschaftet werden. Auf 85 Hektar wachsen weiße Rebsorten, Müller-Thurgau und Silvaner vor allem, aber auch Riesling, Kerner, Weiß- und Grauburgunder sowie Traminer und inzwischen auch Sauvignon Blanc. Rotwein wird auf 100 Hektar angebaut, es dominiert der Schwarzriesling, hinzu kommen Acolon, Zweigelt, Spätburgunder, Dornfelder, Trollinger sowie die regionale Spezialität Tauberschwarz.

Kollektion

Beim guten Debüt im vergangenen Jahr standen zwei Silvaner aus dem Probstberg an der Spitze der Kollektion, eine trockene Auslese und ein Eiswein des Jahrgangs 2012. Die neue Kollektion ist bestechend gleichmäßig, besonders gut gefällt uns der klare, zupackende Blanc de Blancs-Sekt. Der trockene Kerner ist reintönig und frisch, der Grauburgunder fruchtbetont, der Sauvignon Blanc ist der eher florale Typ. Unter den restsüßen Weißweinen gilt unsere leichte Präferenz der saftig-süffigen Silvaner-Spätlese. Die beiden restsüßen Schwarzrieslinge des Jahrgangs 2015 besitzen reintönige Frucht, gute Struktur, Tannine und Biss.

Weinbewertung

84	2015 Pinot Blanc de Blancs Sekt brut nature **13,5 %/12,50 €**
81	2015 Kerner Sekt trocken Markelsheimer **11,5 %/7,30 €**
83	2016 Kerner Kabinett trocken Markelsheimer Tauberberg **12 %/4,40 €**
82	2016 Sauvignon Blanc Kabinett trocken Markelsheimer Tauberberg **12,5 %/5,95 €**
82	2016 Grauburgunder Kabinett trocken Markelsheimer Tauberberg **12,5 %/5,10 €**
82	2016 Bacchus Markelsheimer Tauberberg **11 %/3,95 €**
83	2016 Silvaner Spätlese Markelsheimer Tauberberg **11 %/5,95 €**
82	2015 Traminer Spätlese Markelsheimer Tauberberg **11,5 %/6,90 €**
82	2016 Schwarzriesling Weißherbst Kabinett Markelsheimer Tauberberg **11,5 %/4,80 €**
82	2016 Tauberschwarz Rosé trocken Markelsheimer Tauberberg **11 %/5,- €**
83	2015 Schwarzriesling Spätlese Markelsheimer Tauberberg **12 %/6,20 €**
84	2015 Schwarzriesling Auslese Markelsheimer Tauberberg **11,5 %/6,90 €**

Max Markert

★★☆

KONTAKT

Am Zöller 1
97246 Eibelstadt
Tel. 09303-1795
Fax: 09303-1090
www.weingut-markert.de
info@weingut-markert.de

Inhaber
Max Markert
Kellermeister
Thomas Heil
Rebfläche
11,1 Hektar
Produktion
75.000 Flaschen

BESUCHSZEITEN

nach Vereinbarung

Eibelstadt, am Main gelegen zwischen Randersacker und Sommerhausen, ist lange nicht so bekannt wie seine Nachbargemeinden, was daran liegt, dass es nur einen Winzer von Renommee gibt, Max Markert. Er betreibt Weinbau erst seit 1995 im Vollerwerb. 1974 hatte er seine ersten Reben gepflanzt, seit 1977 das Weingut im Nebenerwerb geführt. Seine Weinberge liegen in den Eibelstadter Lagen Mönchsleite, Kapellenberg und Teufelstor (seit 1971 Großlage), sowie im Randersackerer Dabug, die Reben wachsen auf Muschelkalkböden. Weiße Rebsorten nehmen drei Viertel der Fläche ein: Silvaner, Müller-Thurgau, Bacchus, Kerner, Scheurebe, Rieslaner, Riesling und Weißburgunder baut er an. An roten Sorten gibt es Domina, Spätburgunder, Portugieser, Dornfelder und Cabernet Dorsa, die Rotweine werden teils im Edelstahl, teils in großen oder kleinen Eichenholzfässern ausgebaut. Neben überwiegend trocken ausgebauten Weinen erzeugt Max Markert auch Edelbrände in der eigenen Brennerei.

Kollektion

Einmal mehr präsentiert Max Markert eine sehr zuverlässige, stimmige Kollektion in der wie gewohnt jeder Wein überzeugt. Im weißen Segment gefallen uns die Silvaner besonders gut. Der Kabinett von alten Reben ist wunderschön reintönig, fruchtbetont, die Kapellenberg-Spätlese, Jahrgang 2015, ist füllig und saftig bei reifer Frucht und guter Struktur. Aus dem gleichen Jahrgang stammt der im Holz ausgebaute Magna, der Fülle und Kraft besitzt bei viel Substanz. Sehr gut sind auch die drei präsentierten Rotweine: Der Spätburgunder ist rauchig und zupackend, die Domina kraftvoll und klar, der Cabernet Dorsa besitzt Konzentration, Struktur und Frucht.

Weinbewertung

82	2014 Weißburgunder Sekt brut **13 %/13,- €**
83	2014 Riesling Sekt brut **12,5 %/13,- €**
83	2016 Müller-Thurgau trocken „Frank & Frei M-TH" **12 %/6,50 €**
82	2016 Silvaner Kabinett trocken **11,5 %/6,- €**
85	2016 Silvaner Kabinett trocken „alte Reben" Kapellenberg **12,5 %/7,50 €**
84	2016 Riesling trocken Eibelstadter Kapellenberg **11,5 %/6,- €**
84	2016 Scheurebe Kabinett trocken Eibelstadter Kapellenberg **12 %/7,50 €**
82	2016 „Alina" Blanc de Noir Spätlese trocken Eibelstadter Mönchsleite **13 %/9,- €**
87	2015 Silvaner Spätlese trocken Eibelstadter Kapellenberg **14 %/9,- €**
87	2015 Silvaner Spätlese trocken „Magna" Holzfass Kapellenberg **14,5 %/14,- €**
83	2016 Rosé trocken **11,5 %/6,50 €**
85	2014 Spätburgunder trocken Eibelstadter Kapellenberg **13 %/8,- €**
86	2015 Cabernet Dorsa trocken Holzfass Eibelstadter Kapellenberg **13 %/9,- €**
85	2015 Domina trocken Eibelstadter Mönchsleite **12,5 %/7,50 €**

Martin

★☆

N

KONTAKT

Ziegelanger 6
97475 Zeil am Main
Tel. 0160-94906447
Fax: 09524-5701
www.weingut-max-martin.de
info@weingut-max-martin.de

Inhaber
Maximilian Martin
Rebfläche
6,25 Hektar
Produktion
50.000 Flaschen

BESUCHSZEITEN

Mi.-So. 11-20 Uhr, Mo./Di. nach Vereinbarung

Ziegelanger liegt am Main, zwischen Haßfurt und Bamberg, ist ein Ortsteil von Zeil am Main. Hier ist das Weingut Martin zuhause, das in vierter Generation von Max Martin geführt wird. Die Reben wachsen in den Lagen Ziegelanger Ölschnabel, Steinbacher Nonnenberg und Krümler Himmelreich, die alle zur Großlage Zeiler Kapellenberg gehören. Silvaner und Müller-Thurgau sind die wichtigsten Rebsorten, gefolgt von Bacchus, Kerner, Dornfelder, Spätburgunder, Blauer Silvaner und Riesling. Der Familie Martin gehören auch das Restaurant Martinsklause und der Weinhandel Johann Bapt. Messerschmitt in Bamberg, der 2006 übernommen wurde.

Kollektion

Es freut uns sehr, dass wir wieder ein Weingut aus Zeil am Main im Buch vorstellen können – und noch mehr freuen wir uns über das durchweg gute und sehr gute Niveau der Weine von Max Martin. Das fängt schon beim Literwein an: Der Liter-Silvaner ist frisch und fruchtbetont, geradlinig und klar. Und gleich vier weitere Silvaner hat Max Martin vorgestellt. Der blaue Silvaner ist würzig und klar, besitzt feine süße Frucht. Noch etwas süßer ist der Kapellenberg-Silvaner, dabei ebenso saftig und klar. Deutlich trockener ist der Silvaner aus dem Ölschnabel, besitzt reintönige Frucht (Birnen), gute Konzentration, ist füllig, saftig und strukturiert. Unser Favorit im Silvaner-Reigen und in der ganzen Kollektion ist der Silvaner vom Keuper, ebenfalls aus dem Ziegelanger Ölschnabel. Er besitzt gute Konzentration, herrlich viel Frucht, Fülle und Kraft, gute Struktur und Länge. Der Dornfelder ist fruchtbetont, klar und geradlinig, der restsüße Bacchus ist frisch und klar, besitzt feine süße Frucht. Der Riesling aus dem Ölschnabel ist konzentriert, klar und zupackend, besitzt gute Struktur und Frische. Einen Wein aus dem Krümler Himmelreich haben wir bisher noch nie verkostet, das hat sich nun mit dem sehr guten Weißburgunder vom Keuper geändert, der Fülle und Kraft besitzt, reife Frucht und Substanz. Starkes Debüt!

Weinbewertung

82	2016 Silvaner trocken (1l)	**12 %/6,- €**
83	2016 Silvaner Zeiler Kapellenberg	**11,5 %/6,50 €**
82	2016 Blauer Silvaner Steinbacher Nonnenberg	**12 %/7,- €**
85	2016 Silvaner trocken Ziegelanger Ölschnabel	**12,5 %/8,- €**
84	2016 Riesling trocken Ziegelanger Ölschnabel	**12,5 %/8,- €**
87	2016 Silvaner trocken „vom Keuper" Ziegelanger Ölschnabel	**13 %/13,50 €**
86	2016 Weißburgunder trocken „vom Keuper" Krümler Himmelreich	**13 %/13,50 €**
83	2016 Bacchus „Non plus ultra" Zeiler Kapellenberg	**11 %/6,50 €**
82	2015 Dornfelder trocken „Barbarossa" Zeiler Kapellenberg	**12,5 %/6,50 €**

Marx

★★☆

KONTAKT

Im Setzling 6
55452 Windesheim
Tel. 06707-316
Fax: 06707-1669
www.weingutmarx.com
info@weingutmarx.com

Inhaber
Rainer Marx
Rebfläche
9,5 Hektar
Produktion
75.000 Flaschen

BESUCHSZEITEN

nach Vereinbarung
Ferienwohnung

Seit über 300 Jahren betreibt die Familie Weinbau an der Nahe. Die Weinberge von Rainer Marx, der das Gut 2005 von seinen Eltern übernahm, liegen in Windesheim (Fels, Rosenberg, Römerberg, Sonnenmorgen), Waldlaubersheim (Altenberg) und Schweppenhausen (Schlossgarten). Die Weißweine werden langsam und kühl vergoren und im Edelstahl ausgebaut. Die Rotweine kommen nach der Maischegärung in Eichenholzfässer, teilweise auch ins Barrique. Rainer Marx verzichtet bei trockenen Weinen auf Prädikatsbezeichnungen, die nach eigener Einschätzung besten Weine tragen die Zusatzbezeichnungen S und R. Grauburgunder ist mit einem Flächenanteil von 25 Prozent die wichtigste Rebsorte, auf je 20 Prozent stehen Spätburgunder, Riesling und Weißburgunder, daneben gibt es noch etwas Chardonnay, Scheurebe, Müller-Thurgau und Cabernet Dorsa.

Kollektion

Rainer Marx präsentiert uns Jahr um Jahr immer sehr zuverlässige und stimmige Kollektionen, in denen stets alle Weine überzeugen. Und er schafft es auch immer wieder, uns zu überraschen: So in diesem Jahr mit einem leicht zwiebelschalenfarbenen Pinot Sekt, ganz konsequent trocken ausgebaut. Er besitzt gute Konzentration, Kraft und Frische, ist komplex, zeigt klare Frucht mit Noten von Quitte und Birne und ist herrlich würzig und animierend – sehr gut! Die zweite Spitze des Sortiments ist der kraftvolle „R"-Grauburgunder mit dezenter Holzwürze, feinen Zitrusnoten und guter Länge. Ähnlich präsentiert sich auch der Chardonnay, der unter den „S"-Weinen etwas herausragt und einen Tick komplexer und nachhaltiger ist als die ebenfalls sehr reintönigen und substanzreichen Weiß- und Grauburgunder. Lang am Gaumen bleibt auch der leicht tabakwürzige „R"-Riesling, der Fülle und Mineralität vereint, die saftige und frische Scheurebe bietet unkomplizierten Trinkspaß.

Weinbewertung

88 2012 Pinot Sekt brut nature **13 %/18,- €**
83 2016 Scheurebe trocken **12,5 %/7,50 €**
83 2016 Grauer Burgunder trocken **12,5 %/7,- €**
83 2016 Weißer Burgunder trocken **12,5 %/6,80 €**
86 2016 Grauer Burgunder „S" trocken Waldlaubersheimer Altenburg **13,5 %/9,- €**
88 2016 Grauer Burgunder „R" trocken Windesheimer Römerberg **13,5 %/15,- €**
86 2016 Weißer Burgunder „S" trocken Windesheimer Rosenberg **13,5 %/8,70 €**
87 2016 Chardonnay „S" trocken Waldlaubersheimer Altenburg **13,5 %/10,20 €**
83 2016 Riesling „S" trocken Windesheimer Sonnenmorgen **12 %/8,70 €**
86 2016 Riesling „R" trocken Windesheimer Fels **12,5 %/14,- €**
86 2016 Riesling Spätlese Schweppenhäuser Schlossgarten **7,5 %/8,50 €**
86 2014 Spätburgunder „S" trocken Windesheimer Rosenberg **13,5 %/12,- €**

Mathis

★

Kontakt

Alte Straße 8
76889 Klingenmünster
Tel. 06349-5576
Fax: 06349-7364
www.mathiswein.de
info@mathisweine.de

Inhaber
Ingo Mathis
Rebfläche
13,5 Hektar
Produktion
95.000 Flaschen

Besuchszeiten

Di.-Sa. 10-18 Uhr, So. 10-14 Uhr

Das Weingut Mathis wurde in den 1950er Jahren gegründet, seit 2009 leitet Ingo Mathis in der dritten Generation das Gut zusammen mit Ehefrau Monika. Seit mehr als dreißig Jahren betreibt die Familie eine Weinstube, um die sich Ingos jüngerer Bruder Jakob und Vater Wilfried kümmern, zudem gibt es ein kleines Gästehaus. 70 Prozent der Weinberge sind mit weißen Sorten bestockt, angebaut werden Riesling, Weiß- und Grauburgunder, Chardonnay, Muskateller, Sauvignon Blanc und Gewürztraminer, an roten Sorten gibt es Portugieser, Spätburgunder, Cabernet Sauvignon, Merlot und Syrah.

Kollektion

Sage und schreibe 22 Weine haben wir in diesem Jahr von Ingo Mathis verkostet: Einige davon sind doch recht verhalten und zeigen wenig Typizität, anders sieht es bei den beiden Chardonnay aus, die klare Frucht, feine Holznoten und etwas Zitruswürze besitzen, auch der kraftvolle Gewürztraminer ist ganz reintönig, ebenso wie der füllige und stoffige, im 600 Liter-Fass ausgebaute Grauburgunder. Die Rotweine besitzen Frucht, Kraft und Würze, sind aber bis auf den noch ganz jugendlichen Pinot Noir wenig nachhaltig.

Weinbewertung

79 2016 Riesling (1l) **12,5 %/5,10 €**
81 2016 Scheurebe „Sandsteinfels" Klingenmünsterer **12,5 %/7,50 €**
83 2016 Sauvignon Blanc „Early Bird" Klingenmünsterer **12,5 %/8,- €**
80 2016 Auxerrois „Lösslehm" Klingenmünsterer **13 %/7,20 €**
79 2016 Grauer Burgunder „Vintage" Heuchelheimer **13 %/7,80 €**
80 2016 Pinot Blanc „Lösslehm" Klingenmünsterer **13,5 %/7,50 €**
79 2016 „Blanc de Noir" Klingenmünsterer **11,5 %/6,10 €**
84 2016 Chardonnay „Lehm" Klingenmünsterer **13 %/9,10 €**
82 2016 Riesling „Quarzsand" Klingenmünsterer **12,5 %/7,50 €**
83 2016 Muskateller „Quarzsand" Klingenmünsterer Maria Magdalena **12,5 %/8,50 €**
84 2016 Gewürztraminer „Alte Reben" Maria Magdalena **13,5 %/9,80 €**
85 2015 Grauer Burgunder „600.2" Klingenmünsterer Maria Magdalena **14 %/16,50 €**
86 2015 Chardonnay „500.3" Klingenmünsterer Maria Magdalena **13 %/13,50 €**
80 2016 Cabernet Blanc Klingenmünsterer **12,5 %/6,80 €**
84 2015 Sauvignon Blanc „Fumée" Klingenmünsterer Maria Magdalena **12 %/9,- €/0,5l**
83 2015 Gewürztraminer Auslese „Lehm" Maria Magdalena **10 %/8,- €/0,5l**
79 2016 „Saignée" Rosé Klingenmünsterer **12 %/6,80 €**
80 2016 „Mathis" Rosé „Early Bird" Klingenmünsterer **12 %/5,80 €**
82 „Cuvée Pallas" Rotwein Klingenmünsterer **13,5 %/9,80 €**
81 2015 Saint Laurent „im großen Holzfass gereift" Klingenmünsterer **13,5 %/8,50 €**
84 2014 Saint Laurent „Quarzit" Klingenmünsterer Maria Magdalena **13,5 %/15,50 €**
85 2014 Pinot Noir Klingenmünsterer Maria Magdalena **14 %/16,50 €**

KARL MAY

★★★☆

KONTAKT

Ludwig-Schwamb-Straße 22
67574 Osthofen
Tel. 06242-2356
Fax: 06242-3690
www.weingut-karl-may.de
info@weingut-karl-may.de

Inhaber
Karl May, Peter May, Fritz May
Rebfläche
34 Hektar
Produktion
150.000 Flaschen

BESUCHSZEITEN

nach Vereinbarung

Der schon im Jahr 1309 beurkundete Liebenauer Hof wurde nach der Säkularisation 1815 von den Vorfahren der heutigen Besitzer erworben. Karl May erweiterte zusammen mit Ehefrau Irmgard den Betrieb auf die heutige Größe. Sie werden inzwischen im Betrieb unterstützt von den beiden Söhnen Peter und Fritz May. Ihre Weinberge liegen vor allem in Osthofen und Bechtheim, ihre Lagenweine erzeugen sie im Osthofener Goldberg und im Bechtheimer Geyersberg. Die breite Rebsortenpalette wird angeführt von Riesling, der 30 Prozent der Rebfläche einnimmt. Es folgen Weißburgunder, Silvaner, Grauburgunder und Spätburgunder. 2010 wurde das 300 Jahre alte Fachwerkhaus renoviert, ein neues Barriquelager errichtet und die Vinothek fertig gestellt.

Kollektion

Nach der starken Vorjahreskollektion geht es auch dieses Jahr weiter voran. Der Gutsriesling ist reintönig und zupackend, der Liter-Riesling steht ihm kaum nach, der Weißburgunder-Gutswein besitzt klare Frucht und Biss. Der Orts-Riesling ist strukturiert, fruchtbetont, zupackend, der Grauburgunder zeigt feine rauchige Noten, besitzt Fülle und Kraft, gute Struktur und Substanz. Auch beim Chardonnay spielt man in Rheinhessen oben mit, er besitzt reintönige Frucht, gute Struktur und Frische. Unser Favorit aber ist der rauchige, kraftvolle Goldberg-Riesling, der gute Struktur, Druck und Nachhall besitzt. Die Rotweine zeigen geschlossen sehr hohes Niveau. Der Alte Fritz besitzt eindringliche Gewürznoten, Fülle, Kraft und Substanz, die neue „Großer Bruder" genannte Cuvée ist nochmals konzentrierter und stoffiger. Der Frühburgunder ist füllig und kraftvoll, der Spätburgunder aus dem Geyersberg besitzt gute Struktur und Frucht, enorm viel Kraft, noch mehr Substanz und Druck zeichnen den Reserve-Spätburgunder aus.

Weinbewertung

83 2016 Riesling trocken (1l) **12,5 %/6,- €**
84 2016 Riesling trocken **12,5 %/7,90 €**
84 2016 Weißer Burgunder trocken **12,5 %/7,90 €**
86 2016 Riesling trocken Osthofener **13 %/10,90 €**
88 2015 Grauer Burgunder trocken Osthofener **13 %/11,90 €**
91 2016 Riesling trocken Osthofener Goldberg **13 %/18,90 €**
89 2015 Chardonnay trocken „Réserve" **13,5 %/25,- €**
88 2015 „Der Alte Fritz" Rotwein trocken **14 %/18,90 €**
87 2015 Frühburgunder trocken Osthofen „Vordere Mulde" **14 %/18,90 €**
89 2015 Spätburgunder trocken Bechtheimer Geyersberg **13 %/18,90 €**
90 2015 Spätburgunder trocken „R" **13 %/25,- €**
89 2015 „Großer Bruder" Rotwein trocken **14 %/30,- €**

M

Rudolf May

★★★★

KONTAKT

Im Eberstal
97282 Retzstadt
Tel. 09364-5760
Fax: 09364-896434
www.weingut-may.de
info@weingut-may.de

Inhaber
Petra & Rudolf May
Rebfläche
13,6 Hektar
Produktion
85.000 Flaschen

BESUCHSZEITEN

nach Vereinbarung
Weinprobierraum für Veranstaltungen

Seit 1987 vermarktet Rudolf May seine Weine selbst. Seither hat er seine Rebfläche vervielfacht. 1997 wurde der Betrieb in das Eberstal an den Ortsrand von Retzstadt ausgesiedelt, wo Petra und Rudolf May ein neues Weingut errichtet haben. Die Weine wachsen in Retzstadt und Umgebung, hauptsächlich auf Muschelkalkböden. Die wichtigsten Lagen sind Retzstadter Langenberg, Retzbacher Benediktusberg und Thüngersheimer Johannisberg mit der Teillage Rothlauf, im Stettener Stein hat Rudolf May Grauburgunder stehen. Eindeutig wichtigste Rebsorte bei Rudolf May ist heute der Silvaner, der inzwischen 64 Prozent seiner Rebfläche einnimmt. Dazu gibt es Riesling, Müller-Thurgau, Rieslaner, Grau- und Weißburgunder, sowie an roten Sorten Spätburgunder und ein klein wenig Dornfelder und Regent. Ausgewählte Weine, auch Weißweine, baut er im Barrique aus. Die Spitzenweine werden in der Linie „Recis" vermarktet, mit der Aufnahme in den VDP wurde aus dem Recis-Silvaner, der von 1966 gepflanzten Reben stammt und zur Hälfte im Betonei, zur Hälfte im Edelstahl ausgebaut wird, 2013 das Große Gewächs Rothlauf (eine Teillage des Thüngersheimer Johannisberg), so dass es kurzfristig wieder nur einen Recis-Silvaner gab, den Recis 1963, der erstmals 2011 erzeugt wurde. Im Jahrgang 2014 durfte dieser dann erstmals ebenfalls als Großes Gewächs vermarktet werden, nachdem der VDP die Einzellage ebenfalls als Große Lage anerkannte, er trägt nun die Bezeichnung Himmelspfad nach der Gewanne im Herzstück des Retzstadter Langenbergs, aus der er stammt. Der älteste Sohn von Petra und Rudolf May, Benedikt, hat seine Winzerlehre in der Pfalz bei Münzberg und Mosbacher absolviert, dann Praktika an der Mosel und in Australien gemacht, ist inzwischen im Betrieb tätig. Es war schon beeindruckend zu verfolgen, wie Rudolf May sich kontinuierlich gesteigert hat. Als wir ihn in der ersten Ausgabe vorstellten, war er noch weitgehend unbekannt, ebenso Retzstadt, wo er zuhause ist. Damals waren seine Weine klar, saftig und süffig. Diese Stilistik findet man auch heute noch bei seinen Weinen: Sie sind reintönig, fruchtbetont und wunderschön süffig, haben dabei aber deutlich an Struktur und Komplexität gewonnen, profitieren von geringerer Restsüße, denn „fränkisch trocken" ausgebaut zeigen sie, was in ihnen steckt, gewannen sie in den jüngsten Jahren mehr und mehr an Länge und Nachhaltigkeit.

Kollektion

Acht Silvaner hat Rudolf May dieses Jahr präsentiert – und das Einstiegsniveau ist hoch, wie der süffige, unkomplizierte Guts-Silvaner beweist. Der Retzstadter Ortswein ist deutlich kraftvoll, zeigt reintönige Frucht, feine Frische, ist klar und harmonisch im Mund. Der Silvaner aus dem Retzstadter Langenberg zeigt gute Konzentration im Bouquet, reintönige Frucht, etwas weiße Früchte und gelbe Früchte, ist klar und harmonisch, füllig, besitzt gute

Struktur und Substanz. Der Silvaner aus dem Benediktusberg gefällt uns noch ein klein wenig besser, zeigt herrlich viel Frucht, gute Konzentration, ist füllig und harmonisch im Mund, besitzt klare reife Frucht, gute Struktur und Länge. „Der Schäfer" aus dem Langenberg ist stoffig und konzentriert, sehr kompakt, aber doch nicht ganz so komplex und druckvoll wie die ersten drei Jahrgänge. Ganz große Klasse aber sind wieder die beiden Großen Gewächse. Der Wein aus dem Rothlauf in Thüngersheim zeigt intensive Frucht im Bouquet, ist herrlich eindringlich und reintönig, besitzt viel Fülle und Substanz im Mund, reife Frucht, viel Kraft, ist noch sehr jugendlich. Wie schon im Vorjahr gefällt uns der Himmelspfad-Silvaner aus dem Langenberg ein klein wenig besser, der intensive Frucht im Bouquet zeigt, leicht rauchige Noten, gelbe Früchte, enorm konzentriert im Mund ist, viel Fülle und Substanz besitzt, intensive reife Frucht. Eine Trockenbeerenauslese rundet die Silvaner-Kollektion ab, sie zeigt gute Konzentration, viel Duft, kandierte Früchte, Gewürze, dezent Kaffee, ist dominant süß und konzentriert im Mund, braucht Zeit und hat Potenzial. Aber auch aus anderen Rebsorten gibt es eine Reihe interessanter Weine. Der weisfruchtige Weißburgunder aus dem Langenberg zeigt reintönige Frucht, besitzt gute Fülle, Harmonie und Substanz. Der Grauburgunder aus dem Benediktusberg ist reintönig und konzentriert, besitzt viel Saft, Struktur und reife Frucht. Der Langenberg-Riesling ist fruchtbetont, kraftvoll, herrlich klar und zupackend, dezent mineralisch. Der Langenberg-Spätburgunder zeigt feine Frische, reife Frucht, ist klar, frisch und strukturiert, deutlich mehr Kraft und Substanz besitzt der Spätburgunder aus dem Benediktusberg, reintönige Frucht, gute Struktur und Druck, Frische und Biss. Erneut eine enorm starke Kollektion!

Weinbewertung

85	2016 Silvaner trocken	**12 %/7,50 €**
87	2016 Silvaner trocken Retzstadt	**12 %/9,50 €**
88	2016 Silvaner trocken Retzstadt Langenberg	**13 %/13,- €**
89	2016 Silvaner trocken Retzbach Benediktusberg	**13 %/16,- €**
89	2016 Riesling trocken Retzstadt Langenberg	**12,5 %/15,- €**
88	2016 Silvaner trocken „Der Schäfer" Langenberg Retzstadt	**13 %/19,- €**
88	2016 Weißburgunder trocken Retzstadt Langenberg	**13 %/13,- €**
87	2016 Grauburgunder trocken Retzbach Benediktusberg	**13,5 %/12,- €**
91	2016 Silvaner trocken „GG" „Rothlauf" Johannisberg Thüngersheim	**13,5 %/36,- €**
92	2016 Sylvaner trocken „GG" „Himmelspfad" Langenberg Retzstadt	**13 %/36,- €**
91	2015 Silvaner Trockenbeerenauslese Retzstadt Langenberg	**7,5 %/60,- €/0,375l**
87	2016 Spätburgunder trocken Retzstadt Langenberg	**13 %/14,- €**
90	2014 Spätburgunder „Recis" Retzbach Benediktusberg	**13 %/32,- €**

M

LAGEN

LANGENBERG (RETZSTADT)
- HIMMELSPFAD (RETZSTADT)
- DER SCHÄFER (RETZSTADT)
BENEDIKTUSBERG (RETZBACH)
- ROTHLAUF (THÜNGERSHEIM)
STEIN (STETTEN)

REBSORTEN

SILVANER (66 %)
SPÄTBURGUNDER (9 %)
WEISSBURGUNDER (7 %)
GRAUBURGUNDER (7 %)
RIESLING (6 %)
MÜLLER-THURGAU (6 %)

Jochen Mayer

★

KONTAKT

Friedrichstraße 9
71384 Weinstadt-Großheppach
Tel. 07151-609736
www.weingut-jochen-mayer.de
jm@weingut-jochen-mayer.de

Inhaber
Jochen Mayer
Rebfläche
5 Hektar
Produktion
40.000 Flaschen

BESUCHSZEITEN

Fr. 17-19 Uhr, jederzeit Mo.-Sa. nach Vereinbarung

M

Die Familie baut schon lange Wein im Remstal an, aber erst 1986 begann man mit der Selbstvermarktung, als Jochen Mayer anfing seine eigenen Weine zu erzeugen. Seine Weinberge befinden sich hauptsächlich in den beiden Großheppacher Lagen Wanne und Steingrüble sowie im Grunbacher Klingle, aber auch in Kleinheppach (Steingrüble) und Neustadt. Drei Fünftel seiner Weinberge nehmen rote Rebsorten ein: Lemberger, Spätburgunder, Zweigelt, Syrah, Merlot, Schwarzriesling, Trollinger und Muskattrollinger. An weißen Sorten gibt es Riesling, Weißburgunder, Sauvignon Blanc, Chardonnay, Kerner und Müller-Thurgau. Das Sortiment ist gegliedert in Gutsweine (2 Sterne), Selektionsweine (3 Sterne) und Premiumweine (Blue Label, im Barrique ausgebaut).

Kollektion

Eine gute gleichmäßige Kollektion präsentiert Jochen Mayer auch in diesem Jahr, mit ganz leichten Vorteilen im roten Segment. Bei den Weißweinen überzeugen der fruchtbetonte, zupackende Sauvignon Blanc und die trockene Riesling Spätlese aus dem Steingrüble, die kraftvoll, harmonisch und füllig ist. Unser eindeutiger Favorit unter den Weißweinen ist der im Barrique ausgebaute Chardonnay, der gute Konzentration und viel reife Frucht im Bouquet zeigt, Fülle und Kraft besitzt, reife Frucht und gute Substanz. Das rote Segment bietet einen kraftvollen, geradlinigen Merlot, einen stoffigen Lemberger, der reife Frucht, gute Struktur und Substanz besitzt, und einen leicht pfeffrig-würzigen Shiraz, der fruchtbetont, geradlinig und zupackend ist. Unser eindeutiger Favorit aber ist die Ägidius genannte Cuvée aus Zweigelt, Merlot und Shiraz, die gute Konzentration im Bouquet zeigt, Gewürze, reife Frucht, füllig und saftig im Mund ist, viel reife Frucht und Substanz besitzt.

Weinbewertung

80 2016 Rivaner trocken Großheppacher Steingrüble **12,5 %/5,- €**
82 2016 Weißburgunder** trocken **13,5 %/6,80 €**
80 2016 „Blanc de Noir“ trocken **12 %/6,50 €**
83 2016 Sauvignon Blanc** trocken **12,5 %/7,50 €**
83 2015 Riesling Spätlese trocken Großheppacher Steingrüble **13 %/8,80 €**
86 2015 Chardonnay*** trocken Barrique **14 %/13,50 €**
82 2015 Acolon** trocken **13,5 %/5,50 €**
82 2015 Spätburgunder*** trocken **13,5 %/9,90 €**
85 2015 Lemberger*** trocken **13,5 %/9,90 €**
83 2015 Merlot*** trocken **13,5 %/9,90 €**
85 2015 Shiraz trocken (blue Label) **14 %/17,50 €**
87 2015 „Ägidius“ Rotwein trocken Barrique (blue Label) **14 %/17,50 €**

Mayschoss-Altenahr

★☆

KONTAKT

Winzergenossenschaft
Ahrrotweinstraße 42
53508 Mayschoß
Tel. 02643-93600
Fax: 02643-936093
www.wg-mayschoss.de
baltes@wg-mayschoss.de

Inhaber
420 Mitglieder
Geschäftsführer
Matthias Baltes
Kellermeister
Rolf Münster
Verkaufsleiter
Rudolf Stodden
Rebfläche
150 Hektar
Produktion
1.400.000 Flaschen

BESUCHSZEITEN

ganzjährig 8-18 Uhr (außer 1.+2. Weihnachtstag, Neujahr)

Der Winzerverein Mayschoß wurde 1868 gegründet, ist damit die älteste Winzergenossenschaft der Welt. 1982 erfolgte die Fusion mit der Winzergenossenschaft Altenahr, im September 2009 mit der 1871 gegründeten Winzergenossenschaft Walporzheim. Über 400 Mitglieder hat die Winzergenossenschaft, die Weinberge in einer Vielzahl von Lagen bewirtschaften, unter anderem im Walporzheimer Kräuterberg, in den Mayschosser Lagen Laacherberg und Mönchberg sowie im Altenahrer Eck. Gut drei Fünftel der Weinberge der Mitglieder nimmt Spätburgunder ein, ein Fünftel Riesling, je 5 Prozent Portugieser und Frühburgunder, hinzu kommen 10 Prozent mit anderen weißen und roten Rebsorten wie Domina, Dornfelder, Müller-Thurgau, Kerner, Weißburgunder und Regent.

Kollektion

Es gibt Neues zu berichten von der Winzergenossenschaft Mayschoss-Altenahr. Den Lagen-Spätburgunder aus dem Kräuterberg kennen wir schon lange. Neu aber sind die beiden Mayschosser Lagenweine aus Laacherberg und Mönchberg, preislich über dem Kräuterberg angesiedelt. Der Kräuterberg zeigt feine Würze, rote Früchte, besitzt Fülle und Kraft, reife Frucht und gute Substanz. Etwas besser noch gefällt uns der Spätburgunder aus dem Laacherberg, der rauchige Noten im Bouquet zeigt, rote Früchte, enorm kompakt und konzentriert ist, reintönige Frucht besitzt, gute Struktur und Substanz. Der Mönchberg ist der jugendlichste und verschlossenste der drei Spitzenweine, er zeigt gute Konzentration im Bouquet, rauchige Noten, Gewürze, besitzt viel Substanz und Kraft, braucht aber noch Zeit. Der Goldkapsel-Frühburgunder ist sehr würzig, kraftvoll und konzentriert, besitzt reife Frucht, eine dezente Schokonote und viel Substanz. Der Pinot Noir R zeigt viel Duft, Gewürze, dezent Vanille, ist füllig und kompakt im Mund. Im weißen Segment überraschen die Mayschosser Genossen mit einer litschi-duftigen, reintönigen Riesling Auslese, die wunderschön saftig und harmonisch ist. —

Weinbewertung

80 2016 Spätburgunder „Blanc de Noir" „feinherb" **12,5 %/7,70 €**
83 2016 Riesling trocken „S" **12,5 %/11,50 €**
87 2016 Riesling Auslese „edelsüß" **8,5 %/20,- €**
80 2015 Spätburgunder trocken (Klassiker) **13,5 %/10,40 €**
84 2015 Frühburgunder trocken (Goldkapsel) **13,5 %/18,90 €**
84 2015 Pinot Noir „R" trocken **14 %/20,90 €**
86 2015 Spätburgunder trocken Walporzheimer Kräuterberg **14 %/28,- €**
87 2015 Spätburgunder trocken Mayschosser Laacherberg **14 %/38,- €**
86 2015 Spätburgunder trocken Mayschosser Mönchberg **14 %/38,- €**

MAYSCHOSS ALTENAHR
WINZERGENOSSENSCHAFT

M

MEDINGER

★★★

KONTAKT

Brühlstraße 6
71394 Kernen-Stetten
Tel. 07151-44513, Fax: 07151-41737
www.weingut-medinger.de
weingut.medinger@t-online.de

Inhaber Barbara Medinger-Schmid & Markus Schmid
Rebfläche 5,8 Hektar
Produktion 35.000 Flaschen

BESUCHSZEITEN

Mo.-Fr. 18-19:30 Uhr,
Sa. 15:30-18 Uhr

M

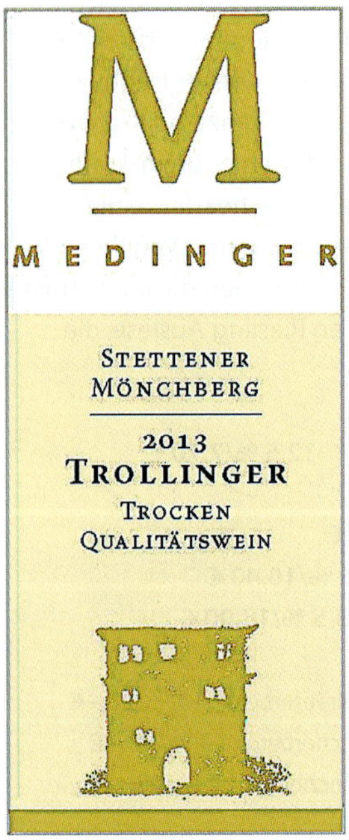

Weinbau betreibt die Familie seit dem 18. Jahrhundert, aber erst 1988, als Barbara Medinger ihre Ausbildung beendet hatte, begann man mit der Selbstvermarktung. Barbara Medinger Schmid und Ehemann Markus Schmid führen das Weingut, sie kümmert sich um den Ausbau der Weine, er um den Außenbetrieb. Seit 2013 werden sie im Betrieb unterstützt von Sohn Christian. Die Weinberge befinden sich in den Stettener Lagen Pulvermächer, Häder und Mönchberg, sowie im Strümpfelbacher Altenberg. Riesling ist die wichtigste weiße Sorte, dazu gibt es Kerner, Sauvignon Blanc und Chardonnay. An roten Sorten gibt es Trollinger, Lemberger, Schwarzriesling, Spätburgunder und Dornfelder, aber auch Regent, Cabernet Cubin, Syrah und Acolon. Die Rotweine werden in 800 bis 1000 Liter-Fässern ausgebaut, teilweise auch im Barrique, Barriqueweine werden 18 bis 24 Monate im Fass ausgebaut.

Kollektion

Die neue Kollektion ist gleichmäßig und überzeugt. Wie so oft gefallen uns in der Spitze die Rotweine ein wenig besser als die Weißen. Die Rieslinge präsentieren sich einmal mehr stimmig, der trockene M ist füllig und saftig, die feinherbe Pulvermächer-Spätlese fruchtbetont und würzig, die Terra-Spätlese, mit 11 Gramm Restzucker ebenfalls im feinherben oder halbtrockenen Bereich angesiedelt, zeigt viel Würze, besitzt Fülle und Kraft, reife Frucht und Substanz. Der Kerner ist geradlinig, der Chardonnay reintönig und harmonisch. Die trockenen roten Auslesen sind fruchtbetont und sortentypisch, an der Spitze der Kollektion aber stehen wieder einmal die gewürzduftigen roten Barriqueweine. Der Lemberger zeigt rote Früchte, besitzt gute Struktur und reife Frucht, der Cabernet Cubin ist konzentriert, saftig, tanninbetont, die Cuvée M rauchig, jugendlich, enorm tanninbetont.

Weinbewertung

82	2016 Kerner Kabinett trocken **11,5 %/6,50 €**
85	2016 Riesling „M" trocken Stettener Pulvermächer **12,5 %/9,90 €**
84	2016 Chardonnay trocken **12,5 %/7,80 €**
84	2016 Riesling Spätlese „S" „feinherb" Stettener Pulvermächer **11,5 %/8,50 €**
86	2016 Riesling Spätlese „Terra" **12,5 %/12,50 €**
83	2015 Spätburgunder Auslese trocken **13,5 %/9,90 €**
84	2015 Lemberger Auslese trocken **13 %/9,90 €**
83	2015 Cabernet Cubin Auslese trocken **14,5 %/9,90 €**
88	2015 Lemberger trocken Barrique **13,5 %/21,- €**
88	2015 Cabernet Cubin trocken Barrique **14,5 %/21,- €**
88	2015 „Cuvée M" Rotwein trocken Barrique **14 %/21,- €**
83	2016 Muskattrollinger **12 %/7,- €**

MEHLING

★★

KONTAKT

Weinstraße 55
67146 Deidesheim
Tel. 06326-274
Fax: 06326-7473
www.weingut-mehling.de
info@weingut-mehling.de

Inhaber
Bernd Otte & Anne Mehling-Otte
Rebfläche
9 Hektar
Produktion
45.000 Flaschen

BESUCHSZEITEN

Mo.-Sa. 9-12 + 14-18 Uhr,
So. nach Vereinbarung

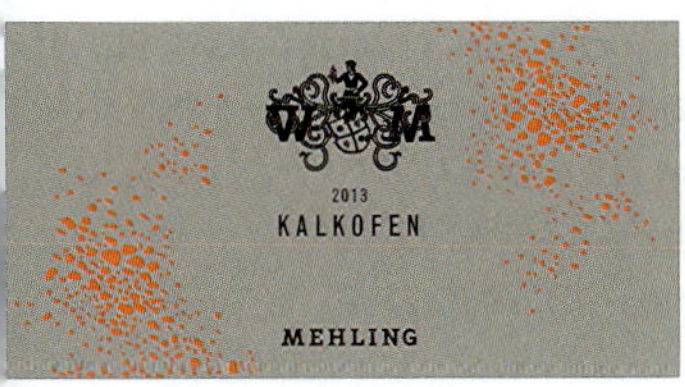

Der Jahrgang 2014 brachte eine Zäsur im Weingut Mehling: Seitdem sind Kathrin Otte, nach Beendigung ihres Önologie-Studiums in Geisenheim und dem Sammeln von beruflichen Erfahrungen in anderen Betrieben, und ihr Freund Christoph Knäbel, der vorher für den Außenbetrieb beim Weingut Christmann verantwortlich war, für den Weinan- und -ausbau zuständig, Knäbel für die Weinberge, Otte für den Keller. Kathrins Eltern Bernd Otte und Anne Mehling-Otte sind weiterhin im Weingut tätig, wollen sich aber mehr und mehr in den Hintergrund zurückziehen. Seit 2014 werden knapp zwei Hektar Weinberge mehr bewirtschaftet (unter anderem in Lagen wie Königsbacher Ölberg, Forster Ungeheuer und Forster Musenhang). Ebenso wurde 2014 die dreijährige Umstellungsphase zum ökologischen Weinbau beendet, das Weingut ist nun offiziell zertifiziert. Riesling ist mit einem Anteil von 80 Prozent die wichtigste Rebsorte, weitere weiße Sorten sind Weißburgunder, Grauburgunder, Chardonnay, Gewürztraminer und Muskateller. Als Rotweine werden Dornfelder und Spätburgunder angebaut.

Kollektion

Wie im vergangenen Jahr stehen wieder die Rieslinge aus den Großen Lagen Ungeheuer und Ölberg an der Spitze einer stets reintönigen, klar gegliederten Kollektion. Die Weine lagen nach einer Maischestandzeit und spontanen Vergärung 15 Monate auf der Vollhefe, stehen noch ganz am Anfang ihrer Entwicklung und besitzen Potential, der Ungeheuer besitzt eine geradlinige, schnörkellose Art, zeigt viel lagentypische kräutrig-mineralische Würze und gelbe Frucht, ist animierend und nachhaltig, der Ölberg zeigt ebenfalls viel gelbe Frucht und besitzt gute Konzentration und animierende Zitrusnoten. Knapp dahinter liegen der Kalkofen-Riesling mit kreidigen Noten, Kraft und Fülle und der Riesling aus dem Paradiesgarten, der schon leichte Reifennoten zeigt, aber auch ein frisches Säure-Spiel besitzt.

Weinbewertung

82	2016 Riesling trocken „Herr Mehling" **11,5 %/6,80 €**
83	2016 Riesling trocken Ruppertsberger Reiterpfad **12 %/7,80 €**
84	2016 Riesling trocken Deidesheimer Herrgottsacker **12 %/7,80 €**
85	2016 Riesling trocken Deidesheimer Leinhöhle **12 %/9,50 €**
85	2016 Riesling trocken Deidesheimer Kieselberg **12 %/9,50 €**
85	2016 Riesling trocken Forster Musenhang **12 %/9,50 €**
86	2015 Riesling Spätlese trocken Deidesheimer Paradiesgarten **12,5 %/10,50 €**
87	2015 Riesling Spätlese trocken Deidesheimer Kalkofen **13,5 %/15,- €**
89	2015 Riesling trocken Forster Ungeheuer **13,5 %/15,- €**
88	2015 Riesling trocken Königsbacher Ölberg **13 %/18,- €**
86	2015 Riesling Auslese Deidesheimer Kalkofen „Lux Capta" **12 %/15,- €**

M

MEIER

★★☆

KONTAKT

Hübühl 9
76835 Weyher
Tel. 06323-988599
Fax: 06323-988598
www.v-z-s.de
wein@v-z-s.de

Inhaber
Helmut, Barbara & Georg Meier
Rebfläche
15 Hektar
Produktion
100.000 Flaschen

BESUCHSZEITEN

Mo.-Fr. 14-19 Uhr, Sa. 9-16 Uhr
Ferienwohnungen

Barbara Meiers Urgroßvater Valentin Ziegler gründete das Weingut 1885, Helmut Meier übernahm mit seiner Frau 1999 den Betrieb. Seit 2005 ist Sohn Georg, der unter anderem bei Siegrist und Christmann in die Lehre ging, für den Ausbau der Weine verantwortlich. Nachdem es in den Jahren zuvor bereits eine „Georg Meier"-Weinlinie gab, entschloss sich die Familie mit dem Jahrgang 2015 zur Namensänderung: Das ehemalige Weingut Valentin Ziegler Sohn heißt jetzt Weingut Meier. Die Weinberge liegen im Weyherer Michelsberg (Buntsandstein), im Burrweiler Altenforst (Granit und Rotliegendes), im Hainfelder Letten (Ton- und Kalkmergel), im Roschbacher Rosenkränzel und im Rhodter Rosengarten.

Kollektion

Wir mögen die geradlinige, schnörkellose und präzise Art von Georg Meiers Rieslingen. Was wir die vergangenen Jahre weniger mochten, war das Bezeichnungswirrwarr: Ortsweine, die auf dem Etikett einen Lagennamen tragen und dazu noch eine Terroirbezeichnung? Damit ist mit dem neuen Jahrgang Schluss, Georg Meier hat sein Sortiment nun klar und nachvollziehbar in Basis-, Guts-, Orts- und Lagenweine gegliedert. Ansonsten gibt es leider wenig Neues zu vermelden, sieben der zwölf angestellten Weine hatten wir schon im letzten Jahr verkostet. Die Rieslinge aus 2015 zeigen leichte Reifenoten, besitzen aber alle ein sehr lebendiges Säure-Spiel, noch markanter ist die Säure bei den Rieslingen aus 2016. Der 2016er Lagenriesling aus dem Michelsberg zeigt viel kräutrige und steinige Würze, ist salzig und lang, sein Pendant aus 2015 besitzt Konzentration und Druck, der im Holzfass ausgebaute 2015er Altenforst-Riesling wirkt noch jung, zeigt deutliche Holzwürze und ist salzig und nachhaltig. Und auch die beiden schon einmal verkosteten Rotweine aus 2013 wirken noch ganz jung, sind kraftvoll, harmonisch und elegant. —

Weinbewertung

82 2016 Scheurebe trocken Weyher **12,5 %/6,90 €**
85 2016 Chardonnay trocken Roschbach **13 %/10,40 €**
86 2016 Riesling trocken „Schiefer" Burrweiler **13 %/9,40 €**
86 2016 Riesling trocken „Granit" Weyher **13 %/9,40 €**
85 2015 Riesling trocken „Rotliegendes" Burrweiler Altenforst **13 %/12,- €**
86 2015 Riesling Spätlese trocken „Schiefer" Burrweiler Altenforst **13 %/12,- €**
86 2015 Riesling Spätlese trocken „Granit" Weyher Michelsberg **13 %/12,- €**
88 2015 Riesling trocken „Rotliegendes Holzfass Goldkapsel" Altenforst **13 %/22,- €**
88 2015 Riesling Spätlese trocken „Granit Goldkapsel" Michelsberg **13,5 %/17,- €**
88 2016 Riesling trocken Weyher Michelsberg **13,5 %/17,- €**
88 2013 St. Laurent trocken Weyher Michelsberg **13,5 %/22,- €**
88 2013 Spätburgunder trocken Hainfeld Letten **13,5 %/22,- €**

St. Meinhard

★☆

KONTAKT

Kirchstraße 13
55545 Bad Kreuznach-Winzenheim
Tel. 0671-43030
Fax: 0671-43006
www.weingut-meinhard.de
info@weingut-meinhard.de

Inhaber
Steffen Meinhard
Rebfläche
9 Hektar
Produktion
55.000 Flaschen

BESUCHSZEITEN

täglich nach Vereinbarung
Weinstube (ganzjährig geöffnet)

Das Weingut wurde 1885 von Daniel Meinhard, dem Urgroßvater des heutigen Besitzers, gegründet. Seit den 1950er Jahren werden Flaschenweine produziert, Ende der 1960er Jahre wurde der landwirtschaftliche Mischbetrieb aufgegeben und die Familie konzentrierte sich ganz auf den Weinanbau. Seit 1990 wird das Gut von Steffen und Angela Meinhard geführt. Ihre Weinberge liegen in den Winzenheimer Lagen Berg und Honigberg, im Bad Kreuznacher St. Martin und in der Bretzenheimer Pastorei. Wichtigste Rebsorten sind die weißen und roten Burgundersorten, die zusammengenommen auf 70 Prozent der Rebfläche wachsen, gefolgt von 20 Prozent Riesling. Dazu gibt es Chardonnay, Gewürztraminer, Silvaner und Portugieser. Das Sortiment ist gegliedert in Gutsweine, Lagenweine („S") und Premiumweine („R"). Seit mehreren Jahrzehnten schon betreibt die Familie auch eine jeweils im Frühjahr und Herbst für insgesamt vier Monate geöffnete Straußwirtschaft, im Sommer 2014 wurde in einer ehemaligen Schreinerei die neue, moderne Vinothek eröffnet.

Kollektion

Mit der neuen Kollektion schließt Steffen Meinhard nahtlos an die guten Vorjahre an, auch wenn wir dieses Jahr keinen Sekt wie den Triple X verkosten konnten, der im Vorjahr unser Favorit war. Die Gutsweine sind frisch, klar und fruchtbetont, die S-Linie bringt eine deutliche Steigerung. Der Riesling aus besten Lagen ist geradlinig und frisch bei feiner Zitrusnote, besser gefällt uns der Pastorei-Riesling, der kraftvoll, klar und zupackend ist. Der Weißburgunder zeigt feine Würze und Frucht, der Grauburgunder besitzt reintönige Frucht, gute Struktur und Frische. Alle sind von merklicher Restsüße geprägt, was auch für die beiden Weine der R-Klasse gilt. Der 2014er Weißburgunder ist füllig und cremig, besitzt reife Frucht und Substanz. Der St. Martin-Grauburgunder, Jahrgang 2015, besitzt gute Konzentration, viel Fülle und Saft. Und dass Steffen Meinhard sich auch auf Rotweine versteht, stellt er mit dem kraftvollen, zupackenden Pastorei-Spätburgunder unter Beweis.

Weinbewertung

81 2016 Riesling trocken **11,5 %/6,- €**
82 2016 Weißburgunder trocken **12,5 %/5,50 €**
83 2016 Riesling „S" trocken „beste Lagen" **11,5 %/9,80 €**
85 2016 Riesling „S" trocken Pastorei **11,5 %/9,- €**
84 2016 Weißburgunder „S" trocken Berg **13,5 %/9,- €**
84 2016 Grauburgunder „S" trocken Berg **13,5 %/9,- €**
86 2014 Weißburgunder „R" trocken Winzenheimer Berg **13 %/16,- €**
86 2015 Grauburgunder „R" trocken Kreuznacher St. Martin **13,5 %/16,- €**
85 2013 Spätburgunder „S" trocken Bretzenheimer Pastorei **13,5 %/9,- €**

M

Meiser

★

KONTAKT

Alzeyer Straße 131
55239 Gau-Odernheim
Tel. 06733-508
Fax: 06733-8326
www.weingut-meiser.de
frank.meiser@weingut-meiser.de

Inhaber
Frank Meiser
Rebfläche
30 Hektar
Produktion
150.000 Flaschen

M

BESUCHSZEITEN

nach Vereinbarung
Gutsschänke (Fr., Sa., Mo. ab 18 Uhr, Sonn- und feiertags ab 11 Uhr), Gästehaus

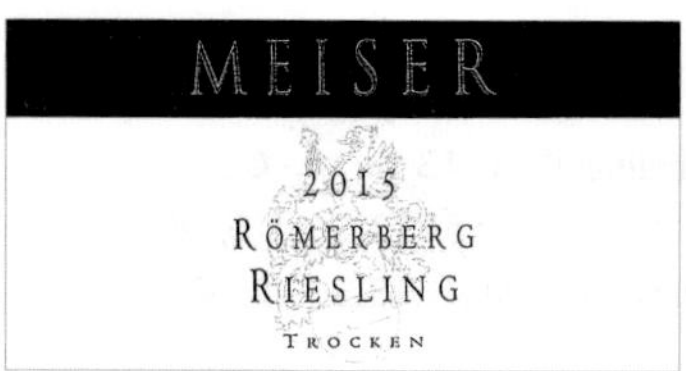

Seit 1696 ist die Familie in Gau-Köngernheim ansässig, heute ein Ortsteil von Gau-Odernheim, betreibt dort Landwirtschaft und Weinbau. In den 30er Jahren des letzten Jahrhunderts hat man verstärkt in den Weinbau investiert. Heute führt Frank Meiser das Gut, er ist bereits seit 1990 für die Vinifikation verantwortlich. Seine Weinberge erstrecken sich von Bechtheim (Hasensprung) und Westhofen über Gau-Köngernheim und Gau-Odernheim (Herrgottspfad) bis nach Lonsheim (Mandelberg), Alzey (Römerberg, Rotenfels) und Weinheim (Kirchenstück, Hölle), die Reben wachsen auf unterschiedlichen Böden wie Löss, Kalkschotter, Kalkmergel, Rotliegendem, Austernsand oder vulkanischem Gestein. Die Burgundersorten nehmen die Hälfte der Rebfläche ein, Riesling 20 Prozent, ein Vielzahl weiterer weißer und roter Rebsorten wie Silvaner, Scheurebe, Chardonnay, Gewürztraminer und Huxelrebe, Dornfelder und Portugieser ergänzt das Programm. Dem Weingut sind eine Gutsschänke sowie ein Gästehaus angeschlossen. Das Gros der Weine wird über den Fachhandel vertrieben.

Kollektion

Beim guten Debüt im vergangenen Jahr standen die Huxelrebe Auslese und drei trockene Lagenweine an der Spitze der Kollektion. Letztere wurden dieses Jahr erneut vorgestellt, sie bestätigen den Eindruck des Vorjahres, der füllige, kraftvolle Mandelberg-Riesling gefällt uns erneut besonders gut. Der Liter-Riesling bietet solide Qualität, der Westhofener Grauburgunder ist reintönig, fruchtbetont und geradlinig. Im Riesling-Ortswein-Trio gefällt uns der würzige, zupackende Kalkstein-Riesling aus Alzey am besten. —

Weinbewertung

80 2016 Riesling trocken (1l) **11,5 %/6,10 €**
81 2016 Weißer Burgunder trocken **12 %/5,50 €**
83 2016 Riesling trocken „Kalkstein" Alzeyer **12 %/7,70 €**
81 2016 Riesling trocken „Löss" Bechtheimer **12 %/7,30 €**
82 2016 Riesling trocken „Sandstein" Weinheimer **11,5 %/9,- €**
83 2016 Grauer Burgunder trocken Westhofener **13 %/7,30 €**
81 2016 Chardonnay trocken Gau-Köngernheimer **12,5 %/7,30 €**
82 2016 Gewürztraminer Spätlese trocken Weinheimer Kirchenstück **14 %/7,70 €**
84 2015 Weißer Burgunder trocken Gau-Odernheimer Herrgottspfad **13 %/11,50 €**
86 2015 Riesling trocken Lonsheimer Mandelberg **12,5 %/13,- €**
84 2015 Riesling trocken Alzeyer Rotenfels **12 %/13,- €**
79 2016 Riesling halbtrocken (1l) **11,5 %/6,10 €**
81 2016 Gelber Muskateller „feinherb" **12 %/7,- €**
81 2016 Scheurebe Kabinett Alzeyer Römerberg **10 %/5,50 €**

DR. MELSHEIMER

★★☆

KONTAKT

Wolfer Weg 11
56841 Traben-Trarbach
Tel. 06541-811075
Fax: 06541-812844
www.weingut-dr-melsheimer.de
www.graifen.de
md@graifen.de

Inhaber
Fritz Horst Melsheimer
Verwalter Matthias Decker
Kellermeister
Thorsten Melsheimer
Rebfläche 2 Hektar
Produktion 10.000 Flaschen

BESUCHSZEITEN

nach Vereinbarung und zu Öffnungszeiten des Restaurants „Die Graifen" (Tel. 06541-811075)

Weingut
Dr. Melsheimer

Fritz Horst Melsheimer baut ausschließlich Riesling an. Die Reben stehen in den Lagen Trarbacher Schlossberg und Trabener Würzgarten sowie den beiden Enkircher Lagen Steffensberg und Zeppwingert. Seit 2009 werden die Weinberge biologisch bewirtschaftet (Mitglied bei Ecovin). Der Ausbau der Weine erfolgt überwiegend im traditionellen Fuder. Die Weine werden zum Teil über das Restaurant „Die Graifen" vermarktet, die Sortimentsplanung erfolgt in Abstimmung mit dem Restaurant. Um den Ausbau der Weine kümmert sich Thorsten Melsheimer (siehe Weingut Melsheimer) – womit über die Qualität schon einiges gesagt wäre.

Kollektion

Wie schon seit Jahren gewohnt, ist auch in diesem Jahr die vorgestellte Kollektion klein und überschaubar, besteht aus einem Sekt und jeweils zwei trockenen und feinherben Rieslingen. Der extra-trockene Riesling-Sekt aus dem Jahrgang 2014 hatte uns im vergangenen Jahr noch besser gefallen, dieses Jahr irritierte uns die eindringliche Würze im Bouquet. Der trockene Riesling aus dem Trarbacher Schlossberg zeigt das gewohnt zuverlässige Niveau, er zeigt feine Würze im Bouquet, rauchige Noten, etwas Pfirsiche, gelbe Früchte, ist klar im Mund, frisch und zupackend, besitzt gute Struktur und Frucht. Klar die Nase vorne aber hat wie auch schon in den vergangenen Jahren der Fabelwein, der gute Konzentration und viel reife Frucht im Bouquet zeigt, klar im Mund ist, frisch, zupackend, gute Struktur und reintönige Frucht besitzt, nahtlos an seine sehr guten Vorgänger anschließt. Der feinherbe Riesling im Liter ist frisch und fruchtbetont im Bouquet, klar und geradlinig im Mund, besitzt feine Frucht, Säure und Biss. Unser Favorit in der aktuellen Kollektion ist der feinherbe Riesling aus dem Trarbacher Schlossberg, der uns noch ein klein wenig besser gefällt als sein trockener Kollege. Er zeigt viel Würze im Bouquet, ein klein wenig Kräuter, gute Konzentration und klare Frucht, ganz leicht rauchige Noten, ist saftig und klar im Mund, harmonisch und fruchtbetont, frisch und zupackend, besitzt gute Struktur, reintönige Frucht, Substanz und Länge. –

Weinbewertung

84	2014 Riesling Sekt extra-trocken **12 %**
85	2016 Riesling trocken „Süd-Ost" Trarbacher Schlossberg
87	2016 Riesling trocken „Fabel-Wein"
82	2016 Riesling „feinherb" (1l)
88	2016 Riesling „feinherb" „Süd-West" Trarbacher Schlossberg

M

Melsheimer

★★★★

KONTAKT

Dorfstraße 21, 56861 Reil
Tel. 06542-2422, Fax: -1265
www.melsheimer-riesling.de
mail@melsheimer-riesling.de

Inhaber
Thorsten Melsheimer
Rebfläche
12 Hektar
Produktion
55.000 Flaschen

M

BESUCHSZEITEN

Mo.-Fr. 9-11 + 14-18 Uhr,
Sa. 11-18 Uhr, So. 10-12 Uhr
Gästehaus (Frühstückspension, Ferienwohnungen)

Das Weingut ist seit 200 Jahren in Familienbesitz. 1995, nach seinem Weinbaustudium, ist Thorsten Melsheimer in den Betrieb eingestiegen, begann mit der Umstellung auf biologischen Weinbau. Seit 1997 ist er Mitglied bei Ecovin, inzwischen bewirtschaftet er seine Weinberge nach biodynamischen Prinzipien, seit 2013 ist er auch Demeter-zertifiziert. Die Weinberge liegen zur Hälfte in Steilstlagen, vor allem in der Lage Mullay-Hofberg, die erstmals 1143 urkundlich als Hofgut Molun des Klosters Springiersbach belegt ist, und ihm heute zu 90 Prozent gehört. Einzelne Parzellen im Mullay-Hofberg baut Thorsten Melsheimer in manchen Jahren gesondert aus, so Schäf, Kellerchen, Langeberg und Pfefferberg; trockene Premiumweine gibt es nur in Jahren, in denen botrytisfreies Lesegut eingebracht werden kann. Einige Flächen werden extensiv bewirtschaftet, um die Landschaft zu erhalten, wie Thorsten Melsheimer betont. Inzwischen verfügt das Weingut sogar über eine kleine Ziegenherde. Zwei Hektar Reben besitzt das Gut in der Reiler Goldlay, hinzu kommen kleine Flächen im Burger Thomasberg (0,5 Hektar), Burger Hahnenschrittchen (0,5 Hektar), in der Pündericher Marienburg (0,2 Hektar), der Kröver Burglay (0,2 Hektar) und der Reiler Falkenlay (0,04 Hektar). Thorsten Melsheimer baut ausschließlich Riesling an, sieht man von Versuchsanlagen mit pilzresistenten Rebsorten ab. Die Weine werden natürlich vergoren, ohne Reinzuchthefen, ohne Erwärmung und Kühlung, ohne Zusatz von Schwefel, normalerweise werden alle Weine in traditionellen Fuderfässern ausgebaut, nur falls er einmal kleine Mengen an Auslesen erzeugt, kommen diese in kleine Edelstahltanks. Der Vade Retro wird in gebrauchten Barriques ausgebaut, ohne Zusatz von Schwefel und ohne Pumpvorgang, ebenso der erstmals 2014 erzeugte maischevergorene Orange-Riesling. Die Vergärung dauert extrem lange, oft über ein Jahr, so dass Thorsten Melsheimer seine Weine oft erst im zweiten Jahr nach der Ernte auf den Markt bringt, im Normalfall durchlaufen alle trockenen Weine den biologischen Säureabbau. Filtration und Schwefel reduziert er auf ein Minimum. Ein wichtiges Standbein ist die Sektproduktion: Hier möchte Thorsten Melsheimer die bisher zwei bis drei Jahre Hefelager in den nächsten Jahren deutlich verlängern auf bis zu fünf Jahre.

Kollektion

Wie immer sehr spät hat Thorsten Melsheimer seine Weine auch dieses Jahr wieder präsentiert, unmittelbar vor Redaktionsschluss. Wir haben uns trotzdem noch ausführlich mit ihnen befasst, ihnen Zeit gelassen, denn das brauchen sie, vor allem die lange auf der Hefe ausgebauten trockenen und halbtrockenen Rieslinge. Und etwas mehr Zeit gibt Thorsten Melsheimer inzwischen auch seinen Sekten – was ihnen gut zu Gesicht steht. Spannend ist aber auch der Rurale, wie Thorsten Melsheimer seinen „PetNat" nennt, eine Cuvée aus 80 Prozent Riesling und 20 Prozent Johanniter. Er ist rauchig, intensiv, enorm eindringlich, lebhaft und puristisch. Der Riesling ohne Dosage ist rauchig und würzig im Bouquet, enorm eindringlich, ist klar und zupackend, besitzt gute Struktur, Substanz, Frische und Länge, die Brut-Version präsentiert sich ähnlich, ist nicht ganz so fordernd, aber ebenso klar und eindringlich, harmonisch, besitzt gute Struktur und Fülle. Ganz spannend ist die Cuvée Prestige, eine höchst ungewöhnliche Cuvée aus Riesling und Spätburgunder, sie zeigt feine rauchige Noten, Würze, feine Hefeprägung, ist füllig, komplex, harmonisch – bitte nicht zu kalt trinken! Der trockene Guts-Riesling ist frisch und klar, geradlinig und zupackend – das Einstiegsniveau ist gewohnt hoch. Ganz spannend ist dann wieder der ohne jeden Zusatz von Schwefel ausgebaute Vade Retro, zeigt viel Duft, ist deutlich von der langen Hefelagerung geprägt, besitzt Fülle und Kraft, gute Struktur und Druck, feine Frische im Abgang. Der feinherbe Riesling ist frisch und fruchtbetont im Bouquet, zeigt reintönige Frucht, ist frisch und geradlinig im Mund. Der feinherbe Kabinett ist rauchig, würzig, herrlich eindringlich, klar und zupackend, besitzt gute Struktur und Frucht. Der restsüße Kabinett ist etwas würziger im Bouquet, ebenso frisch und klar im Mund. Die Schäf-Spätlese ist konzentriert und rauchig im Bouquet, klar und frisch im Mund, zupackend, besitzt gute Struktur, Frucht und Länge. Die Auslese zeigt etwas kandierte Früchte im Bouquet, ist süß und konzentriert im Mund, recht dick. Viel Duft zeigt auch der Eisweine im Bouquet, viel Konzentration, würzig-rauchige Noten, hat Kraft und Biss, ist konzentriert und dick, jugendlich, anstrengend. Erneut eine sehr eigenständige, starke Kollektion von Thorsten Melsheimer! —

Weinbewertung

86	2015 „Rurale" **10,5 %**
90	2011 „Cuvée Prestige" Sekt brut nature **11 %/22,- €**
89	2013 Riesling Sekt „Dosage Zéro" Reiler Mullay-Hofberg **11 %/14,- €**
88	2013 Riesling Sekt brut Reiler Mullay-Hofberg **11 %/14,- €**
86	2016 Riesling trocken **10,5 %/9,- €**
90	2015 Riesling „Vade Retro" **11 %/20,- €**
85	2016 Riesling „feinherb" **9,- €**
86	2016 Riesling Kabinett „feinherb" Reiler Mullay-Hofberg **10 %/12,- €**
86	2016 Riesling Kabinett Reiler Mullay-Hofberg **9 %/12,- €**
89	2016 Riesling Spätlese „Schäf" Reiler Mullay-Hofberg **7,5 %/18,- €**
89	2016 Riesling Auslese Reiler Mullay-Hofberg **7,5 %/16,- €/0,375l**
91	2016 Riesling Eiswein Reiler Mullay-Hofberg **7 %/52,- €/0,375l**

LAGEN

MULLAY-HOFBERG (REIL)
- LANGEBERG
- KELLERCHEN
- PFEFFERBERG
- SCHÄF
GOLDLAY (REIL)

REBSORTEN

RIESLING (FAST 100 %)

M

THOMAS MEND

★★

KONTAKT

Weinbergstraße 13
97346 Iphofen
Tel. 09323-3013
Fax: 09323-870171
www.weingut-mend.de
info@weingut-mend.de

Inhaber
Thomas Mend
Rebfläche
9 Hektar (Iphofen)
0,5 Hektar (Dänemark)
Produktion
60.000 Flaschen

BESUCHSZEITEN

Mo.-Fr. 9-18 Uhr, Sa. 10-17 Uhr, So. 10-12 Uhr

Seit 1992 führt Thomas Mend in vierter Generation das Gut. Seine Weinberge liegen in den Iphöfer Lagen Julius-Echter-Berg, Kronsberg und Kalb. Bei den Rebsorten dominiert Silvaner, der die Hälfte der Weinberge einnimmt. Es folgen Riesling, Weißburgunder und Müller-Thurgau, dazu gibt es Bacchus, Scheurebe und Kerner, sowie die roten Sorten Spätburgunder, Domina, Dornfelder und Portugieser. 90 Prozent der Weine werden trocken ausgebaut. 2009 hat Thomas Mend zwei kleine Weinberge in Semsogard in Ostjütland (Dänemark) angelegt mit 1.000 Stock Seyval Blanc, im April 2011 kamen 500 Stock Johanniter hinzu. Seit 2012 gibt es eine „225" genannte Linie mit im Barrique spontanvergorenen Weinen, in der neben einem Silvaner mit dem Jahrgang 2015 erstmals auch eine Scheurebe angeboten wird.

Kollektion

Mit der neuen Kollektion legt Thomas Mend weiter zu, bietet zuverlässige Basisweine und eine Reihe sehr guter trockener Spätlesen und Barriqueweine. Die Silvaner-Serie ist stimmig, bietet einen reintönigen, zupackenden ST aus dem Kroneberg, die füllige, saftige Spätlese aus dem Julius-Echter-Berg und den kraftvollen, strukturierten 225, der im Barrique spontan vergoren wurde wie auch die 225-Scheurebe, die Fülle und Saft besitzt, aber etwas zu süß geraten ist. Die Weißburgunder Spätlese besitzt reintönige Frucht, Kraft und Substanz, die Riesling Spätlese ist konzentriert, füllig und saftig, die 24 Monate im Barrique ausgebaute rote Cuvée besitzt intensive Frucht und gute Struktur, selbst der feine duftige, zupackende Seyval Blanc von den Weinbergen in Dänemark macht eine gute Figur. Im Aufwind!

Weinbewertung

84 2016 Müller-Thurgau trocken Iphöfer Julius-Echter-Berg **12,5 %/6,20 €**
82 2016 Scheurebe trocken **12,5 %/5,50 €**
83 2016 Silvaner trocken Iphöfer Kronsberg **12,5 %/6,20 €**
83 2016 Kerner trocken Iphöfer Kalb **14 %/6,90 €**
83 2016 Weißburgunder trocken Iphöfer Kronsberg **12,5 %/6,80 €**
84 2016 Riesling trocken Iphöfer Kalb **12 %/6,80 €**
82 2016 Silvaner Kabinett trocken Iphöfer Kronsberg **12,5 %/6,70 €**
85 2016 Silvaner „ST" trocken Iphöfer Kronsberg **12,5 %/8,90 €**
86 2016 Silvaner Spätlese trocken Iphöfer Julius-Echter-Berg **13,5 %/9,20 €**
86 2016 Weißburgunder Spätlese trocken Iphöfer Kronsberg **13,5 %/9,20 €**
85 2016 Riesling Spätlese trocken Iphöfer Kalb **13,5 %/9,20 €**
87 2016 Silvaner trocken „225" Iphöfer Kronsberg **12,5 %/9,90 €**
85 2016 Scheurebe trocken „225" Iphöfer Julius-Echter-Berg **12,5 %/9,90 €**
85 2013 „Johann" Rotwein trocken **12,5 %/8,50 €**
84 2016 Seyval Blanc Norre Sem (Dänemark) **11,5 %/12,80 €**

MERL

★

KONTAKT

Schwabenheimer Straße 32
55218 Ingelheim
Tel. 06130-1300
Fax: 06130-941450
www.weingut-merl.de
info@weingut-merl.de

Inhaber
Hans-Peter & Dominik Merl
Rebfläche
21 Hektar

BESUCHSZEITEN

Mo.-Sa. 9-19 Uhr

Der Christopherushof in Groß-Winternheim, seit 1972 ein Stadtteil von Ingelheim, wird heute von Hans-Peter Merl und Sohn Dominik sowie ihren Ehefrauen Erna und Bettina geführt. Früher ein landwirtschaftlicher Mischbetrieb mit Ackerbau, Viehzucht und Obst- und Weinbau, hat man sich seit den neunziger Jahren ganz auf Weinbau spezialisiert, sich aber erst in den letzten Jahren verstärkt auf den Flaschenweinverkauf konzentriert. Die Weinberge befinden sich in den Groß-Winternheimer Lagen Schlossberg, Klosterbruder, Heilig Häuschen und Bockstein. Neben traditionellen Rebsorten wie Spätburgunder, Portugieser, Riesling und Silvaner werden auch Sorten wie St. Laurent, Dornfelder, Domina, aber auch die weißen Burgundersorten, Gewürztraminer, Chardonnay und Sauvignon Blanc angebaut.

Kollektion

Wie schon im vergangenen Jahr präsentieren Hans-Peter und Dominik Merl wieder eine stimmige, sehr gleichmäßige Kollektion, mit leichten Vorteilen in diesem Jahr im roten Segment. Der Sauvignon Blanc ist frisch, klar und geradlinig, der Unikum-Riesling zeigt etwas Zitrus im Bouquet, ist fruchtbetont, klar und zupackend im Mund, der feinherbe Gewürztraminer ist lebhaft und reintönig, der süße Kerner süffig und frisch. Unser Favorit im weißen Segment aber ist der im Barrique ausgebaut Chardonnay, der füllig und saftig ist, viel reife süße Frucht besitzt. Bestechend fruchtbetont und reintönig präsentiert sich der St. Laurent, der Krönungswein ist klar und zupackend, deutlich mehr Substanz noch aber hat die im Barrique ausgebaute trockene Spätburgunder-Auslese, die Fülle und Kraft besitzt, viel reife Frucht und gute Struktur. ▬

Weinbewertung

82 2016 Sauvignon Blanc trocken **12,5 %/6,10 €**
81 2016 Weißer Burgunder trocken **13 %/4,90 €**
79 2016 Grauer Burgunder trocken **13,5 %/4,90 €**
83 2016 Riesling trocken „Unikum" **12,5 %/5,70 €**
80 2016 Pinot Noir „blanc de noirs" trocken **13 %/4,90 €**
81 2016 Chardonnay trocken **13 %/5,20 €**
84 2016 Chardonnay trocken Barrique **13 %/8,30 €**
82 2016 Gewürztraminer „feinherb" **12 %/5,60 €**
82 2016 Kerner „süß" **10 %/5,20 €**
83 2015 St. Laurent trocken **12 %/4,90 €**
82 2015 Blauer Spätburgunder trocken „Krönungswein" **13,5 %/8,20 €**
85 2015 Spätburgunder Auslese trocken Barrique **13,5 %/14,- €**

M

Heinrich Mertes

★

KONTAKT

Hermeskeiler Straße 36
54326 Waldrach
Tel. 06500-480
Fax: 06500-9109876
www.mertes-waldrach.de
mail@mertes-waldrach.de

Inhaber
Wolfgang Mertes
Rebfläche
2,5 Hektar
Produktion
15.000 Flaschen

BESUCHSZEITEN

Sa. 9-16 Uhr und nach Vereinbarung
Ferienwohnung, Gästezimmer

Heinrich und Alberta Mertes gründeten das Weingut, heute wird es von Wolfgang Mertes geführt, der hauptberuflich als Betriebsleiter und Kellermeister beim Weingut Reichsgraf von Kesselstatt auf Schloss Marienlay in Morscheid arbeitet. Seine Weinberge liegen alle in Steillagen, hauptsächlich in den Waldracher Lagen Sonnenberg und Meisenberg. Neben 65 Prozent Riesling baut er 30 Prozent Spätburgunder und 5 Prozent andere Rebsorten an.

Kollektion

Im vergangenen Jahr überzeugte die Gleichmäßigkeit der vorgestellten Kollektion, die sich den Vorzügen des Jahrgangs auf überzeugende Weise widmete. Vom trockenen Kabinett bis zur Ein-Stern-Auslese zeigten alle Weine eine angenehme zupackende Art, machten auf den ersten Eindruck Spaß. Lobenswert schien uns das Sortiment auch deshalb, weil es an der Ruwer nicht mehr viele Weine gibt, die diesen würzigen, kraftvollen Stil repräsentieren. Süße Spitzen wurden dieses Mal nicht vorgestellt, aber überzeugen konnten die 2016er sehr wohl – sofern man traditionell wirkende Weine mit deutlicher Säure mag. Der Literriesling zeigte sich angenehm trocken, fast puristisch und saftig, der „Buntschiefer" genannte Wein präsentiert sich erstaunlich würzig, zeigt eine vibrierende Art. Schmelz besitzt der teilweise im Holz vinifizierte Wein von alten Reben aus dem Sonnenberg, ist kraftvoll, zupackend und würzig, versehen mit einer kraftvollen Säure. Sehr gleichmäßig wirkt die Kollektion an feinherb ausgebauten Rieslingen: Der „Quarzit-Schiefer" ist etwas straffer und salziger als die deutlich süßere Spätlese. Das Preisniveau ist nach wie vor sehr sympathisch.

Weinbewertung

83 2016 Riesling trocken Waldracher (1l) **11,5 %/6,- €**
86 2016 Riesling trocken „Buntschiefer" Waldracher Meisenberg **12 %/8,50 €**
87 2016 Riesling trocken „Alte Reben" Waldracher Sonnenberg **12,5 %/9,- €**
85 2016 Riesling Kabinett „feinherb" Waldracher Sonnenberg **10 %/7,- €**
86 2016 Riesling „feinherb" „Quarzit-Schiefer" Waldracher Sonnenberg **11,5 %/8,50 €**
86 2016 Riesling Spätlese „feinherb" Waldracher Sonnenberg **9,5 %/8,50 €**

Johann-Peter Mertes

★★

KONTAKT

Kirchstraße 19
54441 Kanzem
Tel. 06501-17163
Fax: 06501-16629
www.weingut-mertes.de
peter.mertes@weingut-mertes.de

Inhaber
Johann Peter Mertes
Rebfläche
11,8 Hektar
Produktion
62.000 Flaschen

BESUCHSZEITEN

Mo.-Sa. 8-18 Uhr und nach Vereinbarung

Seit 1891 besteht das Weingut in Kanzem an der Saar, das heute in vierter Generation vom Geisenheim-Absolventen Johann Peter Mertes und seiner Frau Dagmar geführt wird. Die beiden verfügen über Parzellen in den Kanzemer Lagen Altenberg und Sonnenberg (in den Teillagen Breizwingert und Sank), den Wawerner Lagen Ritterpfad und Goldberg (fast 2 Hektar im Filetstück, wo bereits seit 1981 auch Spätburgunder angebaut wird), im Ockfener Bockstein und in den Saarburger Lagen Kupp (wo insbesondere die Grundweine für die Sekte gewonnen werden) und Stirn, dessen alleiniger Besitzer Johann Peter Mertes seit 2009 ist. Neben Riesling, der 95 Prozent der Fläche einnimmt, wird noch eine kleine Menge Spätburgunder angebaut.

Kollektion

Die 2015er fielen sehr gleichmäßig und erfreulich aus, an der Spitze der Kollektion standen der Stirn-Riesling von alten Reben und die Spätlese aus dem Kanzemer Altenberg. Einen Nachgeschmack auf den Jahrgang 2015 liefert nun der Sekt, der saftig und überdurchschnittlich komplex ausfällt, auch wenn er nicht absolut trocken wirkt. Die 2016er bringen dann den Charakter der Saarweine ausgezeichnet zum Ausdruck. Schon der Literwein ist rassig und geradlinig, der feste, gut strukturierte Riesling aus dem Ritterpfad gefällt noch etwas besser als jener aus dem Goldberg. Fest, stoffig, angenehm trocken ist der Riesling von alten Reben aus dem Kanzemer Altenberg. Die beiden feinherben Weine unterscheiden sich stilistisch: Der Sank wirkt offener, saftig, besitzt Schmelz, der Stirn-Vertreter scheint schlanker und noch eine Spur präziser. Substanz besitzen auch die Kabinettweine (wiederum ist der Stirn-Wein etwas geradliniger) und die substanzreiche süße, aber keineswegs zu süße Spätlese aus dem Altenberg. —

Weinbewertung

85	2015 Riesling Sekt brut **12,5 %/11,- €**
83	2016 Riesling trocken Kanzem Sonnenberg (1l) **12,5 %/6,50 €**
84	2016 Riesling trocken Wawern Goldberg **12 %/7,80 €**
85	2016 Riesling trocken Wawern Ritterpfad **11 %/8,90 €**
87	2016 Riesling Spätlese trocken „Alte Reben" Kanzem Altenberg **12 %/10,80 €**
84	2016 Riesling „feinherb" Ockfener Bockstein **11,5 %/7,80 €**
87	2016 Riesling Kabinett „feinherb" „Alte Reben" Saarburger Stirn **11 %/10,80 €**
87	2016 Riesling Spätlese „feinherb" „Sank Alte Reben" Sonnenberg **11 %/9,80 €**
86	2016 Riesling Kabinett Saarburger Stirn **9 %/9,50 €**
85	2016 Riesling Kabinett Ockfener Bockstein **10,5 %/9,50 €**
87	2016 Riesling Spätlese Kanzemer Altenberg **8 %/12,50 €**

M

MERTZ

★

N

KONTAKT

Hauptstraße 16
55599 Eckelsheim
Tel. 06703-1271
Fax: 06703-3806
www.weingut-mertz.de
info@weingut-mertz.de

Inhaber
Sina Mertz
Rebfläche
11 Hektar
Produktion
30.000 Flaschen

BESUCHSZEITEN

nach Vereinbarung

Sina Mertz hat mit 25 Jahren das elterliche Weingut übernommen und komplett neu ausgerichtet – neue Sortimentsstruktur, neue Weine, neue Etiketten. Ihr Weingut liegt in Eckelsheim, im Westen von Rheinhessen, nicht weit vom Anbaugebiet Nahe. Hier herrschen Porphyrböden vor, insbesondere in den Eckelsheimer Weinbergen. Ihre Weinberge liegen in Eckelsheim (Eselstreiber, Kirchberg), Wöllstein (Ölberg, Äffchen) und Gumbsheim. Riesling nimmt ein Viertel der Rebfläche ein, es folgen Silvaner und Grauburgunder, Scheurebe, Weißburgunder, Spätburgunder und Dornfelder und eine Reihe weiterer Rebsorten. Das Sortiment ist gegliedert in Liter- und Gutsweine, Ortsweine und Lagenweine, Orts- und Lagenweine werden spontan vergoren und bis zur Füllung auf der Vollhefe gelassen.

Kollektion

Schon die Basis stimmt, wie der geradlinige Silvaner im Liter beweist. Oder die starken Gutsweine, der klare, zupackende Grauburgunder beispielsweise oder der fruchtbetonte Weißburgunder, der gute Struktur und süße Frucht besitzt. Die Ortsweine präsentieren sich sehr gleichmäßig, bieten aber nicht unbedingt eine Steigerung, dazu sind die Gutsweine zu gut. Der Riesling vom Porphyr ist frisch und zupackend, die Scheurebe vom Kliff fruchtbetont und klar, der Riesling Kabinett besitzt feine süße Frucht und Biss. An der Spitze der Kollektion steht der Lagen-Riesling aus dem Kirchberg, der Fülle und Kraft besitzt, reintönige Frucht und gute Intensität, noch jugendlich ist. Aber nicht nur mit ihren Weißweinen, auch mit ihren Rotweinen überzeugt Sina Mertz voll und ganz. Der Spätburgunder aus dem Eselstreiber ist lebhaft und zupackend, besitzt gute Struktur und reintönige Frucht, der Dornfelder R zeigt gute Konzentration, Gewürze, ist kraftvoll, klar und zupackend, besitzt gute Substanz und Frucht. Ein starkes Debüt von Sina Mertz!

Weinbewertung

81	2016 Silvaner trocken (1l) **12 %/4,- €**
84	2016 Weißburgunder trocken **13 %/5,- €** ☺
83	2016 Grauburgunder trocken **13,5 %/5,20 €**
83	2016 Riesling trocken „vom Porphyr" Eckelsheimer **11 %/9,80 €**
83	2016 Scheurebe trocken „vom Kliff" Eckelsheimer **12 %/6,70 €**
86	2016 Riesling trocken Eckelsheimer Kirchberg **12 %/13,20 €**
82	2016 Riesling halbtrocken **9,5 %/5,- €**
83	2016 Riesling Kabinett Eckelsheimer **9 %/7,30 €**
85	2015 Dornfelder „R" trocken **12,5 %/12,50 €**
85	2015 Spätburgunder trocken Eselstreiber **13 %/13,20 €**

MESSMER

★★★

KONTAKT

Gaisbergstraße 5
76835 Burrweiler
Tel. 06345-2770
Fax: 06345-7917
www.weingut-messmer.de
m.messmer@weingut-messmer.de

Inhaber
Familie Meßmer
Kellermeister
Gregor Meßmer
Rebfläche
23 Hektar
Produktion
200.000 Flaschen

BESUCHSZEITEN

Mo.-Fr. 8-11:30 + 13:30-17 Uhr,
Sa. 9-13 Uhr
Komfort-Ferienwohnungen

Herbert und Elisabeth Meßmer gründeten 1960 ihr Weingut. Beide stammen aus Winzerfamilien und machten sich mit dem Kauf eines bestehenden Weingutes selbstständig. Seit 1984 ist mit Gregor Meßmer und dessen Frau Sieglinde die zweite Generation im Weingut tätig. Der zweite Sohn Martin ist zuständig für die Bereiche Marketing und Vertrieb. Die Weinberge liegen in Burrweiler in den Lagen Schäwer, Altenforst und Schlossgarten, im Weyherer Michelsberg, in der Gleisweiler Hölle und in der Hainfelder Kapelle. Riesling nimmt 35 Prozent der Rebfläche ein. Es folgen Spätburgunder, Grauburgunder und Weißburgunder, dazu gibt es St. Laurent, Gewürztraminer, Rieslaner und Muskateller, aber auch Chardonnay, Cabernet Sauvignon und Merlot. Das Sortiment ist vierstufig gegliedert, an der Spitze stehen die Großen Gewächse aus Schäwer (Riesling), Auf der Hohl (Spätburgunder) sowie Im Goldenen Jost (Weißburgunder), zwei Teillagen des Schlossgartens.

Kollektion

Gregor Messmer bringt nach und nach einige Weine erst später in den Verkauf. Der 2014er Schlossgarten-Grauburgunder ist einer unserer Favoriten, er zeigt fein gereifte, gelbe Frucht, Quitte, Birne und Vanille, besitzt Schmelz und Kraft, sein 2015er Pendant ist noch etwas frischer, besitzt gute Konzentration und Zitrusnoten, die 2015er Barrique-Version des Grauburgunders aus dem Schlossgarten zeigt noch deutliche Röstnoten, etwas Kokos und Zitrusfrüchte. Die beiden weißen Großen Gewächse sind aus dem Jahrgang 2015, der Weißburgunder zeigt komplexe gelbe Frucht mit Noten von Birne, Melone und Mango, besitzt Substanz und Länge, der Schäwer-Riesling zeigt leichte Noten von Feuerstein, besitzt Konzentration, Druck und gute Länge. Der Top-Spätburgunder trägt ab dem Jahrgang 2014 die Gewannbezeichnung Auf der Hohl, er besitzt süße rote und dunkle Frucht, dezente Holzwürze und gute Struktur.

Weinbewertung

86	2016 Grauburgunder trocken „Muschelkalk" Burrweiler **13,5 %/9,- €**
86	2016 Riesling trocken „Schiefer" Burrweiler **12 %/9,20 €**
87	2015 Riesling trocken „einzig & artig" Burrweiler **13 %/14,50 €**
87	2014 Riesling trocken „einzig & artig" Weyherer Michelsberg **13 %/12,50 €**
88	2015 Grauburgunder trocken Burrweiler Schlossgarten **13,5 %/16,50 €**
89	2014 Grauburgunder trocken Burrweiler Schlossgarten **13,5 %/16,50 €**
88	2015 Grauburgunder trocken Barrique Burrweiler Schlossgarten **13,5 %/16,50 €**
89	2015 Weißburgunder „GG" „Im Goldenen Jost" **14 %/25,- €**
89	2015 Riesling „GG" Schäwer **13 %/25,- €**
85	2016 Muskateller „feinherb" Burrweiler **12,5 %/10,50 €**
86	2014 Sankt Laurent trocken **12,5 %/15,- €**
88	2014 Spätburgunder „GG" „Auf der Hohl" **13,5 %/30,- €**

Mett & Weidenbach

★☆

KONTAKT

Mainzer Straße 31
55218 Ingelheim
Tel. 06132-2682
Fax: 06132-3271
www.weingut-mett.de
info@weingut-mett.de

Inhaber
Jürgen Mett
Rebfläche
14 Hektar
Produktion
120.000 Flaschen

BESUCHSZEITEN

Di.-Fr. 9-12:30 + 14-18 Uhr,
Sa. 9-14 Uhr
Vinothek mit Kreuzgewölbe

Die Familie Mett bewirtschaftet seit 1842, seit fünf Generationen, Weinberge auf den Hügeln rund um Ingelheim, unter anderem in den Lagen Pares und Rotes Kreuz. Mehr als zwei Drittel der Weinberge sind mit roten Sorten bestockt, wobei Spätburgunder zusammen mit Frühburgunder mit 30 Prozent den größten Anteil einnimmt. Neben Spätburgunder wird vor allem noch Riesling, Silvaner, Grauburgunder, Müller-Thurgau und Portugieser angebaut, aber auch Cabernet Sauvignon. 2004 übernahm Jürgen Mett einige Weinberge seiner Schwiegereltern (Weingut Weidenbach) in besten Ober-Ingelheimer Lagen. Weißweine werden im Edelstahl ausgebaut, Rotweine werden 6 bis 14 Tage auf der Maische vergoren. 80 Prozent der Weine sind trocken ausgebaut. Die Weine werden zum größten Teil ab Hof an Privatkunden verkauft.

Kollektion

Die neue Kollektion überzeugt, zeigt gutes, gleichmäßiges Niveau, mit wie gewohnt leichten Vorteilen im roten Segment. Die Gutsweine sind frisch und geradlinig, eine deutliche Steigerung bringen die Ortsweine. Der Chardonnay ist würzig und füllig, der Silvaner wunderschön reintönig und zupackend, der Grauburgunder besitzt viel Fülle und Kraft. Der Riesling aus der Unft zeigt etwas Zitrus im Bouquet, ist frisch und zupackend im Mund. Im roten Segment überzeugt die fruchtbetonte, zupackende Cuvée aus Cabernet Sauvignon und Spätburgunder, der Pares-Frühburgunder zeigt leichte Kräuternoten im Bouquet, ist klar und strukturiert im Mund. Noch etwas besser gefällt uns der Spätburgunder aus dem Pares, der reintönige Frucht besitzt, gute Struktur und Substanz, und Spätburgunder gibt es im Jahrgang 2016 gar in edelsüßer Form, der Eiswein aus dem Lottenstück ist reintönig, zupackend, sehr säurebetont.

Weinbewertung

81	2016 Grüner Silvaner trocken **11,5 %/5,50 €**
80	2016 Spätburgunder „Blanc de Noir" trocken **12,5 %/6,30 €**
84	2016 Sylvaner trocken Ingelheimer **12 %/8,90 €**
84	2016 Grauer Burgunder trocken Ingelheimer **13,5 %/8,80 €**
83	2016 Chardonnay "S" trocken Ingelheimer **13 %/8,80 €**
84	2016 Weißer Riesling trocken „in der Unft" Ingelheimer **12,5 %/10,50 €**
82	2014 Blauer Spätburgunder trocken Ingelheimer **13 %/9,20 €**
84	2014 „No. 6" Cabernet Sauvignon Spätburgunder trocken Ingelheimer **13 %/9,20 €**
81	2014 „Mariage" Rotwein trocken Ingelheimer **13 %/9,20 €**
85	2014 Blauer Frühburgunder trocken Ingelheimer Pares **13,5 %/18,90 €**
86	2014 Blauer Spätburgunder trocken Ingelheimer Pares **13,5 %/16,50 €**
87	2016 Spätburgunder Eiswein Ingelheimer Lottenstück **7,5 %/26,- €/0,375l**

Uli Metzger

★★

Kontakt

Langgasse 32
67269 Grünstadt
Tel. 06359-5335
Fax: 06359-83218
www.weinmetzger.de
info@weinmetzger.de

Inhaber
Uli Metzger
Rebfläche
19 Hektar
Produktion
180.000 Flaschen

Besuchszeiten

Mo.-Fr. 9-12 + 13-18 Uhr, Sa. 10-16 Uhr

Nach seiner Ausbildung zum Wirtschafter und Winzermeister war Uli Metzger ab 1987 im elterlichen Betrieb tätig, den er schließlich 2010 übernahm. Ab da ging alles sehr schnell: Er investierte in den Keller, in neue Tanks und Fässer, die Vinothek wurde umgestaltet – und das Sortiment komplett neu gegliedert. Seit dem Jahrgang 2011 werden die Weine in drei Stufen klassifiziert, die Flanke steht für die Gutsweine, das Pastorenstück für das Mittelsegment und das Filet für die Weine aus besten Lagen. Die entsprechende optische Umsetzung auf den Etiketten sorgte für Aufsehen, machte den Betrieb aus der Nordpfalz in kürzester Zeit bekannt. Aber es sind nicht nur die Etiketten, auch die Qualität stimmt.

Kollektion

Einige der Weißweine sind dieses Jahr sehr verhalten und notieren deutlich tiefer als ihre Jahrgangsvorgänger, dazu gehören der leicht süße Liter-Riesling, der Grauburgunder und auch der sehr zugeknöpfte Weißburgunder aus dem Schlossberg. Gut gelungen sind der im Halbstück ausgebaute Sauvignon Blanc mit viel gelber Frucht und dezenter Holzwürze und der von kräutriger Würze und gelber Frucht geprägte Riesling Special Cut. Die beiden Chardonnay sind sich stilistisch sehr ähnlich, zeigen deutliche Holzwürze und viel gelbe Frucht mit Pfirsich- und Zitrusnoten, der Grande Réserve ist animierender und prägnanter als der Réserve. Über jeden Zweifel erhaben sind auch die Pinot Noir, der Prago ist ganz der fruchtbetonte Typ mit jugendlicher Kraft, Kräuternoten und etwas Krokantwürze. „Arthos" zeigt neben Schwarzkirschen etwas Erdbeeren und feine Röstnoten im Bouquet, ist fleischig, gut strukturiert und noch ganz jugendlich, der Melandor zeigt rote Beerenfrucht und feine Krokantwürze, besitzt gute Konzentration, Struktur, ein feines, jugendliches Säure-Spiel, ist elegant und lang.

Weinbewertung

79 2016 Riesling trocken (1l) **11,5 %/4,90 €**
82 2016 Sauvignon Blanc trocken **12 %/7,90 €**
80 2016 Grauburgunder trocken **12 %/6,50 €**
87 2016 Sauvignon Blanc trocken „Halbstück" **12,5 %/17,50 €**
84 2016 Weißburgunder trocken Bockenheimer Schlossberg **13 %/13,50 €**
85 2016 Riesling trocken Mühlheimer Sonnenberg **12,5 %/9,40 €**
87 2016 Riesling trocken „Special Cut" **12,5 %**
86 2016 Chardonnay trocken „Réserve" Asselheimer St. Stephan **13 %/16,50 €**
88 2016 Chardonnay trocken „Grande Réserve" Asselheimer St. Stephan **13 %**
88 2015 Pinot Noir trocken „Prago" **13 %/28,- €**
90 2015 Pinot Noir trocken „Arthos" **13 %/38,- €**
91 2015 Pinot Noir trocken „Melandor" **13 %/48,- €**

Stiftsweingut Frank Meyer

★☆

W

Kontakt

Winzergasse 4
76889 Gleiszellen-Gleishorbach
Tel. 06343-9395880
Fax: 06343-9395881
www.stiftsweingut-meyer.de
info@stiftsweingut-meyer.de

Inhaber
Frank Meyer
Rebfläche
11,5 Hektar
Produktion
75.000-90.000 Flaschen

Besuchszeiten

Sa. 10-17 Uhr, wochentags nach Vereinbarung

Stiftsweingut
Frank Meyer
Gleiszellen

Es kommt selten vor, dass ein Weingut umzieht – und noch seltener, dass dabei gleich der Ort gewechselt wird. Frank und Manuela Meyer, die das Weingut seit 1999 führen und inzwischen von ihren Söhnen Nico und Johannes unterstützt werden, haben sich dieser Mammutaufgabe im Verlauf des Jahres 2015 gestellt. Sie haben den alten Klosterkeller der ehemaligen Benediktinerabtei in Klingenmünster verlassen und sind in einen Winzerhof im Nachbardorf Gleiszellen gezogen, dessen historische Wurzeln bis 1754 zurück reichen. Ihre Weinberge befinden sich in den Lagen Maria Magdalena in Klingenmünster und Frühmess in Gleiszellen. Weiße Sorten stehen auf 70 Prozent der Rebfläche, wichtigste weiße Rebsorten sind Riesling, Weiß- und Grauburgunder, Chardonnay, Sauvignon Blanc und Silvaner, bei den roten Sorten sind es Spätburgunder und Portugieser.

Kollektion

Nachdem man nach all dem Umzugsstress im vergangenen Jahr vergessen hatte rechtzeitig die Weine zu schicken, kamen diese nun dieses Jahr zur rechten Zeit. Eine homogene Kollektion präsentieren die Meyers, weiß wie rot. Auffällig ist der für die Südpfalz ungewöhnlich hohe Restzucker auch bei den trockenen Weinen – was diesen die Spannung nimmt. Dem fülligen saftigen Silvaner aus dem Jahrgang 2015 beispielsweise, dem lebhaften Frühmesss-Chardonnay oder dem üppig-süßen Maria Magdalena-Weißburgunder. Interessant sind der fruchtbetonte, geradlinig Roter Riesling und der reintönige, zupackende Muskateller. Die rote Cuvée ist frisch und geradlinig, der Pinot Noir ist frisch, fruchtbetont und zupackend. Unser Favorit im roten Segment aber ist der Maria Magdalena-Portugieser, der gute Konzentration und rauchige Noten im Bouquet zeigt, füllig und kraftvoll ist, reife Frucht und Substanz besitzt.

Weinbewertung

81 2015 Sauvignon Blanc Sekt brut **12,5 %/12,- €**
82 2016 Riesling trocken „Kalkfels" **12 %/7,80 €**
83 2016 Roter Riesling trocken „Kalkfels" **12 %/12,- €**
84 2015 Silvaner Spätlese „S" trocken Maria Magdalena **13,5 %/12,50 €**
84 2016 Weißer Burgunder „S" trocken Maria Magdalena **13 %/12,50 €**
80 2016 „Blanc de Noir" **13 %/6,80 €**
84 2016 Chardonnay „Kalkfels" „Wild Nico Select" Gleiszeller Frühmess **13,5 %/9,- €**
83 2016 Muskateller „Kalkfels" „Wild Nico Select" **12 %/7,80 €**
81 2016 Spätburgunder Rosé trocken **13 %/9,- €**
82 „Wilder Roter" Rotwein trocken „Wild Nico Select" **14 %/9,50 €**
83 2015 „Black Pin" Pinot Noir trocken „Wild Nico Select" **14 %/9,50 €**
84 2012 Portugieser „S" trocken Klingenmünsterer Maria Magdalena **14 %/14,- €**

Meyer

★☆

KONTAKT

Alte Iphöfer Straße 15b
97348 Rödelsee
Tel. 09323-5198
Fax: 09323-6372
www.weingut-karl-meyer.de
info@weingut-karl-meyer.de

Inhaber
Karl Meyer
Rebfläche
11,2 Hektar

BESUCHSZEITEN

Mo.-Sa. 8-12 + 13-18 Uhr,
So. 10-12 Uhr

Das 1984 gegründete Weingut wird von Karl und Ilse Meyer geführt, die im Betrieb von ihren Kindern André und Corinna unterstützt werden. Die Weinberge liegen vor allem in der Rödelseer Lage Küchenmeister, daneben ist man in der Rödelseer Schwanleite und im Iphöfer Kronsberg vertreten. Die Reben wachsen hier, an den Hängen des Schwanbergs am Rande des Steigerwalds, auf Gipskeuperböden. Weiße Sorten dominieren im Betrieb: Silvaner, Müller-Thurgau, Bacchus, Scheurebe, Kerner, Ortega und Kanzler werden angebaut, inzwischen auch Weißburgunder, Grauburgunder und Riesling. An roten Sorten gibt es Spätburgunder, Domina, Dornfelder und Portugieser, sowie Cabernet Dorsa. Die Weine werden im Edelstahl ausgebaut, ein Teil der Rotweine im Barrique.

Kollektion

Mit der neuen Kollektion schließt Karl Meyer nahtlos an die guten Vorjahre an, einmal mehr stehen die trockenen weißen Spätlesen an der Spitze. Aber auch die Kabinettweine machen eine gute Figur, allen voran der würzige, zupackende trockene Riesling, der reintönige Frucht und feine Frische besitzt, sowie die leicht cassisduftige feinherbe Scheurebe, die wunderschön klar und süffig ist. Die trockene Grauburgunder Spätlese zeigt rauchige Noten im Bouquet, ist klar und zupackend im Mund, besitzt gute Struktur und feine Frucht. Etwas besser noch gefallen uns die beiden Silvaner. Der Wein von alten Reben ist füllig und saftig, besitzt reife Frucht, gute Struktur und Substanz. Der Level Fünfzehn, Jahrgang 2015, zeigt gute Konzentration, reife Frucht, etwas Vanille, besitzt Fülle, Kraft und Substanz. Der Spätburgunder zeigt intensive Frucht, ist klar und geradlinig, ein klein wenig besser gefällt uns die Domina, die reintönige Frucht und feine Frische im Bouquet zeigt, klar, strukturiert und fruchtbetont im Mund ist. Feine Kollektion!

Weinbewertung

81	2016 Silvaner Kabinett trocken Rödelseer Küchenmeister	**13,5 %/7,50 €**
84	2016 Riesling Kabinett trocken Rödelseer Küchenmeister	**13,5 %/8,- €**
82	2016 Weißer Burgunder Kabinett trocken Rödelseer Küchenmeister	**13 %/8,- €**
84	2016 Grauer Burgunder Spätlese trocken Rödelseer Schlossberg	**13,5 %/9,80 €**
85	2016 Silvaner Spätlese trocken „Alte Reben" Rödelseer Küchenmeister	**13 %/12,- €**
86	2015 Silvaner Spätlese trocken „Level Fünfzehn" Küchenmeister	**13,5 %/17- €**
83	2016 Scheurebe Kabinett „feinherb" Rödelseer Küchenmeister	**13 %/7,50 €**
84	2015 Domina Spätlese trocken Rödelseer Küchenmeister	**13,5 %/12,- €**
83	2015 Spätburgunder Spätlese trocken Rödelseer Küchenmeister	**13 %/12,- €**

KARHEINZ & ANDREAS MEYER

★★

KONTAKT

Bahnhofstraße 10
76831 Heuchelheim-Klingen
Tel. 06349-5895
Fax: 06349-7812
www.meyer-weingut.de
mail@meyer-weingut.de

Inhaber
Karl-Heinz & Andreas Meyer
Rebfläche
17 Hektar
Produktion
100.000 Flaschen

M

BESUCHSZEITEN

Mo.-Fr. 9-12 + 13-17 Uhr, Sa. 9-16 Uhr, Anmeldung erwünscht

Das 1949 von Edmund Meyer gegründete Weingut begann Anfang der fünfziger Jahre mit der Selbstvermarktung. Karl-Heinz Meyer und Ehefrau Gudrun haben sich seit der Übernahme 1980 ganz auf Weinbau konzentriert und die ursprüngliche Rebfläche von 3,5 Hektar deutlich erweitert. Nach Abschluss seiner Technikerprüfung – und Ausbildung bei Weingütern wie Siegrist, Dr. Wehrheim und Christmann – ist Sohn Andreas im Juni 2008 in den Betrieb eingestiegen. 2013 wurde er in das „Spitzentalente"-Programm des VDP Pfalz aufgenommen. Die Weinberge liegen in Heuchelheim (Herrenpfad), Klingenmünster (Maria Magdalena) und Appenhofen (Steingebiss). Die Weißweine werden nach gezügelter Gärung lange auf der Hefe ausgebaut, die Rotweine kommen nach klassischer Maischegärung in Eichenholzfässer. Das Sortiment ist gegliedert in Literweine, Gutsweine (Blaukapsel), Terroirweine (Silberkapsel) und Lagenweine (Goldkapsel).

Kollektion

Ganz stark sind in diesem Jahr die Weißburgunder, sie sind herrlich reintönig und besitzen Druck und Grip. An der Spitze der Kollektion stehen der neu im Programm vertretene 2015er Weißburgunder „Réserve", der feine Holzwürze und Noten von Kokos und Zitrusfrüchten zeigt und ein frisches Säure-Spiel und gute Länge besitzt und der Wein aus dem Herrenpfad mit viel klarer, gelber Frucht und feinem Schmelz. Der ebenfalls neue Chardonnay „Réserve" zeigt neben dezentem Holz viel komplexe gelbe Frucht und besitzt Kraft und Länge, der Riesling aus dem Herrenpfad zeigt steinige Noten und besitzt markanten Säure-Biss, der 2015er Maria-Magdalena-Riesling besitzt gute Konzentration, aber auch etwas spürbaren Alkohol und zeigt leichte Reifenoten von Quitte und Gebäck. Und auch der Spätburgunder ist ganz reintönig mit kühler Frucht und kräutriger Würze. ➡

Weinbewertung

84 2016 Weißburgunder trocken **12,5 %/6,10 €**
82 2016 Riesling trocken **12 %/6,10 €**
86 2016 Grauer Burgunder trocken „Kalkmergel" Heuchelheim **13,5 %/8,50 €**
86 2016 Weißer Burgunder trocken „Muschelkalk" Klingenmünster **13,5 %/8,50 €**
85 2016 Riesling trocken „Kalkmergel" Heuchelheim **12,5 %/8,50 €**
86 2016 Riesling trocken „Buntsandstein" Klingenmünster **12,5 %/8,50 €**
88 2015 Weißer Burgunder trocken „Réserve" **14 %/14,90 €**
87 2015 Chardonnay trocken „Réserve" **13,5 %/14,90 €**
88 2016 Weißer Burgunder trocken Heuchelheimer Herrenpfad **13,5 %/13,90 €**
87 2016 Riesling trocken Heuchelheimer Herrenpfad **13 %/13,90 €**
87 2015 Riesling trocken Klingenmünster Maria Magdalena **13,5 %/17,50 €**
86 2015 Spätburgunder trocken „Kalkmergel" Heuchelheim **13,5 %/9,50 €**

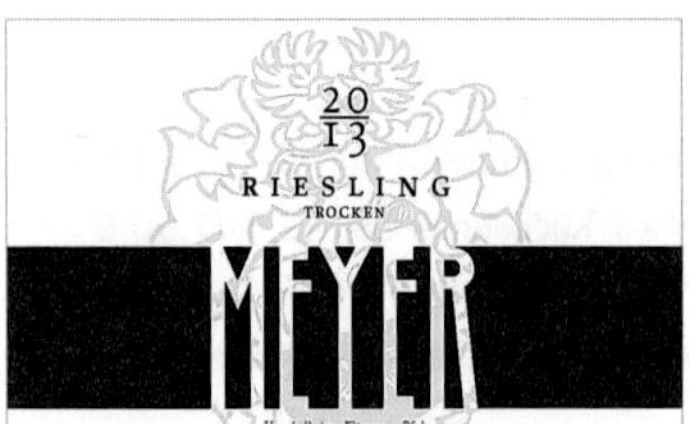

KLAUS MEYER

★★☆

KONTAKT

Theresienstraße 80a
76835 Rhodt
Tel. 06323-93233
Fax: 06323-93235
www.weingut-meyer.com
marius@weingut-meyer.com

Inhaber
Klaus Meyer & Marius Meyer
Kellermeister
Marius Meyer
Rebfläche
15 Hektar
Produktion
150.000 Flaschen

BESUCHSZEITEN

Mo.-Sa. 14-18 Uhr, So. 10-12 Uhr

KLAUS MEYER | *Rhodt unter Rietburg*

SPÄTBURGUNDER
RHODT UNTER RIETBURG
2012

Klaus und Dorit Meyer haben das Weingut in Rhodt unter Rietburg 1987 gegründet. 2006 hat Sohn Marius Meyer nach Lehr- und Wanderjahren unter anderem bei Ökonomierat Rebholz in Siebeldingen und Praktika in Österreich, Burgund und Neuseeland die Verantwortung für den Keller übernommen. Seither wurde die Rebfläche auf 15 Hektar erweitert, wichtigste Rebsorten sind Riesling, Weiß- Grau- und Spätburgunder, Gewürztraminer, Dornfelder und St. Laurent. Die Reben stehen im Schlossberg und im Rosengarten in Rhodt und im Edenkobener Bergel, neu hinzugekommen sind mit dem Jahrgang 2014 Parzellen im Godramsteiner Münzberg, der Frankweiler Kalkgrube und in Schäwer und Altenforst in Burrweiler.

Kollektion

Die Burgunder sind in diesem Jahr alle sehr kraftvoll und stoffig, sind zwar reintönig, ähneln sich in ihrer fruchtbetonten Art und ihrem feinen Süße-Säure-Spiel aber auch sehr, die Rieslinge sind differenzierter und bilden das jeweilige Terroir beziehungsweise die Lage gut ab. Schlossberg, Schäwer und Bergel liegen vorne, der Schlossberg besitzt Grip, Länge und klare Zitrusfrucht, der Schäwer ist leicht rauchig, salzig und animierend und der Bergel ist kräutrig und mineralisch mit feinem Biss. Sehr gut ist auch der Réserve-Sekt mit feiner hefiger Würze, der trotz des Alters nur ganz dezente Reifenoten zeigt und noch feine Frische besitzt, unter den beiden Roten hat der Blaufränkisch die bessere Struktur und ist etwas komplexer und länger als der Syrah. ▬

Weinbewertung

88	2007 „Réserve" Sekt brut **12,5 %/16,50 €**
86	2016 Grauburgunder trocken Rhodt **13,5 %/8,50 €**
85	2016 Weißburgunder trocken Rhodt **13,5 %/8,50 €**
85	2016 Chardonnay trocken Rhodt **13,5 %/9,50 €**
85	2016 Riesling trocken „Buntsandstein" Rhodt **12,5 %/8,50 €**
85	2016 Riesling trocken „Kalkstein" Godramstein **13 %/8,50 €**
86	2016 Riesling trocken „Rotliegendes" Rhodt **13 %/9,50 €**
87	2016 Riesling trocken „Granit" Rhodt **13,5 %/9,50 €**
88	2016 Sauvignon Blanc trocken „In der Blenk" Rhodt Schlossberg **13,5 %/15,- €**
87	2016 Grauburgunder trocken „Im Tiergarten" Rhodt Rosengarten **14 %/12,50 €**
87	2016 Weißburgunder trocken Rhodt Rosengarten **14 %/15,- €**
88	2016 Riesling trocken Burrweiler Schäwer **13,5 %/12,50 €**
88	2016 Riesling trocken Edenkoben Bergel **13,5 %/12,50 €**
87	2016 Riesling trocken Weyher Michelsberg **13,5 %/12,50 €**
88	2016 Riesling trocken Rhodt Schlossberg **13 %/15,- €**
87	2015 Syrah trocken Rhodt Rosengarten **13,5 %/21,50 €**
88	2015 Blaufränkisch trocken Walsheim Silberberg **13,5 %/21,50 €**

M

STEFAN MEYER

★★☆

KONTAKT

Edesheimer Straße 17
76835 Rhodt
Tel. 06323-2348
Fax: 06323-81446
www.meyer-rhodt.de
weingut@meyer-rhodt.de

Inhaber
Stefan Meyer
Rebfläche
12 Hektar
Produktion
100.000 Flaschen

BESUCHSZEITEN

Mo.-Fr. 13-18 Uhr, Sa. 10-16 Uhr
Ferienwohnung, Reisemobilstellplätze

M

Die Familie Meyer betreibt seit 1702 Weinbau in Rhodt. Seit 2007, nach Abschluss seiner Ausbildung zum Weinbautechniker und Auslandsaufenthalten in Kalifornien und Österreich, ist Sohn Stefan im Betrieb tätig, 2010 übernahm er das Weingut von seinem Vater. Die besten Lagen sind Rhodter Schlossberg (Buntsandstein und roter Sandstein), Rhodter Rosengarten (Muschelkalk, schwerer Lehm), Rhodter Klosterpfad und Edenkobener Schwarzer Letten (schwerer Lehm). Die Lagenweine werden im Holz ausgebaut, die Weißweine in großen Holzfässern und 500 Liter-Fässern, die Rotweine liegen elf bis achtzehn Monate in großen Fässern und neuen Barriques. Das Sortiment ist gegliedert in Literweine, die „3/4"-Liter-Linie und Orts- und Lagenweine.

Kollektion

Unseren Favoriten der vergangenen Jahre, den Syrah vom Klosterpfad, konnten wir dieses Mal leider nicht verkosten, aber an seine Stelle treten im aktuellen Jahrgang zwei andere starke Rotweine: Die erstmals vorgestellte Cuvée „Großes Rhodt" hat eine tiefdunkle, schwarzviolette Farbe, zeigt im eindringlichen Bouquet Pflaumenkompott, Schwarzkirsche, dunkle Schokolade und etwas Mokka, ist kraftvoll und konzentriert, besitzt eine noch sehr jugendliche, mächtige Tanninstruktur und könnte mit etwas Reifezeit noch zulegen. Der Pinot Noir vom Schwarzen Letten besitzt viel charmante Frucht mit Noten von vollreifen Schwarzkirschen, zeigt feine röstige Würze und etwas Gewürznelke, ist kraftvoll, besitzt ein animierendes Säure-Spiel und gute Struktur. Der Orts-Pinot Noir zeigt etwas kühlere Frucht mit Noten von Johannisbeeren, besitzt ebenfalls Säure und Struktur. Der Rosengarten-Chardonnay zeigt röstige Würze und leicht zurückhaltende Frucht mit Zitrusnoten im Bouquet, am Gaumen ist das Holz schon gut eingebunden und der Wein besitzt Konzentration und Länge, während der Orts-Chardonnay zunächst leicht unklare Aromatik zeigt, mit Luft dann aber gelbe Frucht und ein frisches Säure-Spiel erkennen lässt. Der Orts-Grauburgunder zeigt feine Noten von gerösteten Haselnüssen und etwas Zitruswürze, ist saftig und harmonisch. ▬

Weinbewertung/keine Preisangaben

84 2016 Riesling trocken „3/4-Liter" **12,5 %**
86 2016 Grauer Burgunder trocken „aus" Rhodt **13 %**
85 2016 Chardonnay trocken „aus" Rhodt **13 %**
87 2016 Chardonnay trocken Rhodter Rosengarten **13 %**
88 2015 „Großes Rhodt" Rotwein trocken **13,5 %**
86 2015 Pinot Noir trocken „aus" Rhodt **13,5 %**
88 2015 Pinot Noir trocken Edenkobener Schwarzer Letten **13,5 %**

Meyerhof

★☆

KONTAKT

Meyerhof
55237 Flonheim
Tel. 06734-8714
Fax: 06734-6857
www.weingut-meyerhof.de
info@weingut-meyerhof.de

Inhaber
Bernd & Alina Hammer
Kellermeister
Bernd & Alina Hammer
Rebfläche
12 Hektar
Produktion
70.000 Flaschen

BESUCHSZEITEN

Mo.-Fr. 9-12 + 14-18 Uhr,
Sa. 10-17 Uhr
Gästehaus

Bernd Hammer hat 1981 das von seinem Großonkel Artur Meyer gegründete und nach ihm benannte Weingut übernommen. Nach ihrem Geisenheim-Studium ist 2013 seine Tochter Alina in den Betrieb eingestiegen, die Praktika unter anderem beim Weingut Georg Breuer und beim Winzerhof Thörle absolvierte. Zusammen führen sie heute den Meyerhof, sind auch zusammen für den Keller verantwortlich. Ihre Weinberge liegen in der Uffhofener La Roche (kalkreiche Ton-, Schluff- und Sandsteine des Oberrotliegenden, mit über 40 Jahre alten Rieslingreben) und in den Flonheimer Lagen Geisterberg (Sandstein, steinhaltige, quarzitreiche Böden) und Rothenpfad (Löss- und Lehmböden mit Anteilen von vulkanischem Basaltgestein). 60 % der Rebfläche nehmen weiße Sorten ein wie Riesling, Grauburgunder und Chardonnay, aber auch Sauvignon Blanc und Huxelrebe, hinzu kommen Spätburgunder und Dornfelder, Cabernet Sauvignon, Merlot und andere Sorten. Die Weine werden teilweise spontanvergoren, lange auf der Feinhefe ausgebaut. Das Sortiment ist gegliedert in Guts-, Orts- und Lagenweine. Dem Weingut ist seit 2014 ein modernes Gästehaus mit 10 Gästezimmern angeschlossen.

Kollektion

Der sich schon im vergangenen Jahr abzeichnende Aufwärtstrend hält an, die Kollektion ist sehr stimmig, schon das Einstiegsniveau ist hoch, die Gutsweine sind allesamt fruchtbetont und sortentypisch. Fülliger und kraftvoller sind die Weine des Mittelsegments, der Riesling zeigt feine Zitrusnoten, der Grauburgunder besitzt gute Struktur und reintönige Frucht, der Chardonnay ist lebhaft und zupackend. Der Geisterberg-Sauvignon Blanc besitzt intensive Frucht, Fülle und Kraft, der La Roche-Riesling besitzt viel Substanz und reife süße Frucht. Mit dem reintönigen Spätburgunder und der kraftvollen Cuvée runden zwei sehr gute Rotweine die Kollektion ab. Weiter im Aufwind!

Weinbewertung

82 2016 Riesling trocken **12 %/5,- €**
82 2016 Grauer Burgunder trocken **12 %/5,20 €**
84 2016 Riesling trocken „vom Rotliegenden" **13 %/6,50 €**
85 2016 Grauer Burgunder trocken „vom Basalt" **12,5 %/6,50 €**
85 2016 Chardonnay trocken „vom Löss" **12,5 %/6,50 €**
85 2016 Sauvignon Blanc trocken Flonheimer Geisterberg **13 %/9,90 €**
87 2016 Riesling trocken Uffhofer La Roche **13 %/9,90 €**
82 2016 Riesling „feinherb" **11 %/5,20 €**
82 2016 „Feierlaune" Weißwein **11 %/5,50 €**
81 2016 „Sommerbrise" Rosé **11 %/5,50 €**
85 2014 Spätburgunder trocken „vom Sandstein" **13 %/7,- €**
85 2014 „Rotes Wunder" Rotwein trocken **13 %/8,90 €**

Meyer-Näkel

★★★★★

Kontakt

Hardtbergstraße 20
53507 Dernau
Tel. 02643-1628
Fax: 02643-3363
www.meyer-naekel.de
weingut@meyer-naekel.de

Inhaber
Werner Näkel
Rebfläche
18 Hektar
Produktion
130.000 Flaschen

Besuchszeiten

nach Vereinbarung
Gutsschenke Restaurant Hofgarten Weingut Meyer-Näkel, Inhaber Hartwig Näkel, Bachstraße 26, 53507 Dernau (An der Kirche, Tel. 02643-1540); Ferienwohnung

Werner Näkel ist der renommierteste Winzer an der Ahr, ihm ist der Aufschwung, den die Region in den letzten zwanzig Jahren genommen hat, maßgeblich zu verdanken. Als er in den achtziger Jahren anfing trockene Weine zu erzeugen und Rotweine im Barrique auszubauen, war die Verwunderung groß. Heute sind Ahrweine überwiegend trocken, Barriqueausbau für die Spitzenweine ist heute eine Selbstverständlichkeit. Entstanden ist das Weingut 1950 mit der Heirat von Paula Meyer und Willibald Näkel, den Eltern von Werner Näkel, die 1,5 Hektar Reben besaßen. Unter Werner Näkels Regie hat sich die Rebfläche vervielfacht auf heute gut 18 Hektar. Walporzheimer Kräuterberg, Dernauer Pfarrwingert und Neuenahrer Sonnenberg sind seine Paradelagen. Spätburgunder ist die absolute Nummer Eins in den Weinbergen, nimmt drei Viertel der Rebfläche ein. Dazu gibt es 12 Prozent Frühburgunder, etwas Weißburgunder (erster Jahrgang war 2003) und Riesling. Seine Spitzenweine baut er in 300 Liter-Fässern aus, medium getoastet. Werner Näkel füllte diese früher meist im Herbst vor der neuen Ernte ab, heute bleiben die Topweine deutlich länger im Fass. Inzwischen hat Werner Näkel starke Unterstützung erhalten: Tochter Meike, Geisenheim-Absolventin, ist seit 2005 im Betrieb und kümmert sich um die Vinifikation, die zweite Tochter Dörte, ebenfalls Geisenheim-Absolventin, ist seit 2008 mit dabei. Zusammen mit Neil Ellis erzeugt Werner Näkel auch in Südafrika Weine, die unter dem Namen „Zwalu" (auf deutsch „Neubeginn") vermarktet werden. Aber auch in Portugal ist er aktiv, an der Quinta da Carvalhosa beteiligt, im Douro-Gebiet. Das Spätburgunder-Sortiment ist klar und überschaubar gegliedert in Guts-Spätburgunder, Blauschiefer, und Spätburgunder S, an der Spitze der Kollektion stehen die drei Großen Gewächse aus Kräuterberg, Pfarrwingert und Sonnenberg, aus dem Pfarrwingert gibt es auch einen Frühburgunder als Großes Gewächs.

Kollektion

Der weiße Teil der Kollektion präsentiert sich geschlossen auf hohem Niveau. Der Riesling zeigt etwas Zitrus, ist klar, frisch, dezent mineralisch, der Weißburgunder besitzt klare Frucht und gute Struktur. 2016 gibt es auch eine S-Variante, zu 20 Prozent in neuem Holz ausgebaut, ein rauchiger, konzentrierter Weißburgunder, der noch sehr jugendlich ist. Blanc de Noir hat Werner Näkel schon Mitte der achtziger Jahre erzeugt, sein Illusion ist ein Klassiker, fruchtbetont, ganz leicht rauchig, klar, der Rosé ist lebhaft und geradlinig. Der Frühburgunder besitzt reintönige Frucht, eigenwillige Tannine und Biss, der Spätburgunder ist ebenfalls reintönig, herrlich fruchtbetont, jugendlich. Die 2015er

Spätburgunder-Serie ist stark, kulminiert in gleich mehreren hervorragenden Großen Gewächsen. Der in gebrauchten Barriques ausgebaute G ist harmonisch, füllig und klar, der Blauschiefer – 20 Prozent neues Holz – zeigt gute Konzentration und reintönige Frucht, ist frisch und zupackend. Der S ist deutlich kraftvoller, noch enorm tanninbetont, aber ebenso reintönig und fruchtig. Neu ist das Große Gewächs aus dem Silberberg, in dem Werner Näkel einen halben Hektar gepachtet hat. Er zeigt viel reife reintönige Frucht, ist komplex im Mund, sehr lang. Das Große Gewächs aus dem Sonnenberg ist wunderschön reintönig, zeigt herrlich viel Frucht, ist frisch, zupackend, so präzise und druckvoll wie nie – fast könnte man meinen, er wäre auf Schiefer gewachsen. Der Kräuterberg zeigt intensive Frucht, florale Noten, rote Früchte, ist füllig und komplex, herrlich frisch und zupackend, präzise, ganz leicht floral und ein klein wenig mineralisch am Ende. Unsere ganz leichte Präferenz gilt in diesem Jahr dem Pfarrwingert, der faszinierend klar und konzentriert ist, füllig und doch präzise, komplex und frisch, lang und nachhaltig. Beide gehören zu den großen Weinen des Jahrgangs in Deutschland. Während sie auf Frische und Finesse setzen, setzt der 2013er SR, der von über 20 Jahre alten Burgunder-Klonen im Rosenthal stammt, ganz auf Fülle und Konzentration, ist kraftvoll, konzentriert, besitzt herrlich viel Frucht und Substanz. Fazit: Einmal mehr eine großartige Kollektion!

Weinbewertung

87 2016 Riesling **12 %/9,80 €**
87 2016 Weißburgunder **12,5 %/11,- €**
88 2016 Weißburgunder „S" **13 %/27,- €**
87 2016 Spätburgunder „Blanc de Noir" „Illusion" **13 %/12,50 €**
85 2016 Rosé **12 %/9,90 €**
87 2016 Spätburgunder **13,5 %/11,80 €**
88 2015 Spätburgunder „G" **13,5 %/15,- €**
87 2015 Frühburgunder **13,5 %/17,- €**
89 2015 Spätburgunder „Blauschiefer" **13,5 %/19,- €**
89 2015 Spätburgunder „S" **13,5 %/29,- €**
92 2013 Spätburgunder „SR" **14 %/Vst.**
92 2015 Spätburgunder „GG" Ahrweiler Silberberg **13,5 %/39,- €**
92 2015 Spätburgunder „GG" Neuenahrer Sonnenberg **13,5 %/45,- €**
95 2015 Spätburgunder „GG" Dernauer Pfarrwingert **13,5 %/48,- €**
94 2015 Spätburgunder „GG" Walporzheimer Kräuterberg **13,5 %/72,- €**

LAGEN

KRÄUTERBERG (WALPORZHEIM)
PFARRWINGERT (DERNAU)
SONNENBERG (NEUENAHR)
SILBERBERG (AHRWEILER)

REBSORTEN

SPÄTBURGUNDER (75 %)
FRÜHBURGUNDER (12 %)
WEISSBURGUNDER (5 %)
RIESLING (5 %)

MICHEL

★★★★★

KONTAKT

Winzerweg 24
79235 Achkarren
Tel. 07662-429
Fax: 07662-763
www.weingut-michel.com
info@weingut-michel.com

Inhaber
Josef Michel
Rebfläche
14 Hektar
Produktion
90.000 Flaschen

M

BESUCHSZEITEN

Mo.-Fr. 14-17 Uhr, Sa. 10-13 Uhr
und gerne nach Vereinbarung
Straußwirtschaft

Das Gros der Weinberge von Josef Michel liegt in Achkarren in den Lagen Schlossberg und Castellberg. Hinzu kommen 2 Hektar in Munzingen am Tuniberg in der Lage Kapellenberg, wo er ausschließlich Spätburgunder stehen hat. Die Liebe von Josef Michel galt schon immer eindeutig den Burgundersorten, die zusammen über 90 % der Weinberge einnehmen – Spätburgunder liegt knapp vor Grauburgunder, dann folgt mit etwas Abstand Weißburgunder. Das bisschen Chardonnay, den man ja auch meist zu den Burgundern zählt, und Müller-Thurgau fällt da nicht ins Gewicht. Josef Michel nutzt nach wie vor das Prädikatssystem auch für trockene Weine, erzeugt Kabinettweine aus Castellberg und Schlossberg, Spätlesen nur aus dem Schlossberg, die Spitze des weißen Sortiments stellen die 3 Sterne-Selektionen von Weißburgunder und Grauburgunder dar, seit dem Jahrgang 2014 gibt es auch Chardonnay in zwei Versionen, als Spätlese und 3 Sterne-Selektion. Beim Spätburgunder gibt es die Basisweine aus Kapellenberg und Achkarren, dann den Wein von alten Reben, schließlich die Barrique-Selektion aus dem Schlossberg, diese seit einigen Jahren auch in einer Reserve-Variante. Mit dem Jahrgang 2014 kam der Sumertal-Spätburgunder neu hinzu, der betriebsintern zwischen Alte Reben und 3 Sterne-Selektion angesiedelt ist. Seit der ersten Ausgabe empfehlen wir die Weine von Josef Michel, seit damals rechnen wir ihn zu den Top-Winzern in Deutschland. Zweifel kamen nie auf, im Gegenteil, Jahr für Jahr hat er uns bestärkt in unserer Auffassung, Jahr für Jahr hat er weiter zugelegt. Immer bestechend reintönig und fruchtbetont präsentieren sich seine Qualitäts- und Kabinettweine, die Spätlesen und 3 Sterne-Selektionen von Weiß- und Grauburgunder gehören immer zu den Jahrgangsbesten in Deutschland, und mit seinen Spätburgundern spielt er seit einigen Jahren auch in der allerersten Liga. Nur was die Preise betrifft nicht – die Kunden dürfen sich freuen! Das Ziel von Josef Michel ist es reintönige Weine zu erzeugen, die Frucht, Spiel und Frische aufweisen. Was ihm in den letzten Jahren, ja in den fast zwei Jahrzehnten, die wir seine Weine nun kennen, immer ganz fantastisch gelungen ist, die Konzentration auf die Burgunder macht sich eben bezahlt.

Kollektion

Jahr für Jahr präsentiert Josef Michel fast die gleichen Weine und fast immer beschränkt er sich dabei auf die vier Rebsorten Weißburgunder, Grauburgunder, Chardonnay und Spätburgunder, aber außer ein klein wenig Müller-Thurgau baut er ja auch nichts anderes an. Diese Beschränkung auf die Burgundersorten ist sicherlich eines der Geheimnisse seines Erfolges, ein anderes ist die außergewöhnliche Lage, in der das Gros seiner Reben steht, der Achkarrer Schlossberg, von dem auch in diesem Jahr alle verkosteten Weine stammen. Der Weißburgunder Kabinett ist würzig und frisch,

geradlinig und zupackend, besser gefällt uns im Jahrgang 2016 der Grauburgunder, der reintönige Frucht zeigt, gelbe Früchte, gute Harmonie im Mund besitzt, reife Frucht und Frische. Es folgen drei trockene Spätlesen und drei 3 Sterne-Selektionen, ebenfalls als trockene Spätlesen, von den drei Rebsorten Weißburgunder, Grauburgunder und Chardonnay. Beim Weißburgunder sehen wir beide gleichauf, die „normale" Spätlese ist füllig und geradlinig, besitzt feine süße Frucht, die Selektion ist deutlich intensiver im Bouquet, zeigt weiße und gelbe Früchte, ist füllig und saftig im Mund, beisitzt ebenfalls viel reife süße Frucht. Die Grauburgunder Spätlese ist wunderschön reintönig im Bouquet, frisch, klar und geradlinig im Mund, die Selektion zeigt etwas rauchig-würzige Noten, klare reife Frucht, besitzt viel Kraft im Mund, gute Struktur und Biss. Beim Chardonnay ziehen wir die „normale" Spätlese vor, sie zeigt gute Konzentration, feine Frische, reintönige Frucht, ist lebhaft und zupackend im Mund bei wunderschön reintöniger Frucht. Die Selektion ist enorm würzig und eindringlich, ist füllig und saftig im Mund ohne aber Druck aufzubauen. Der Spätburgunder von alten Reben zeigt gute Konzentration, rauchige Noten, reintönige Frucht, ist kraftvoll im Mund, besitzt gute Struktur und Frische. Ganz hervorragend ist die 3 Sterne-Selektion vom Spätburgunder, zeigt gute Konzentration, etwas florale Noten, Kräuter, ist frisch, klar, zupackend und strukturiert, auch Jahrgang 2013 präsentiert sich in blendender Verfassung. Der Spätburgunder R ist fruchtbetont, frisch, faszinierend reintönig, kommt klar und frisch in den Mund, ist präzise bei guter Substanz, herrlich reintönig, zupackend, lang und nachhaltig – und der prächtige 2008er beweist, dass dies kein Zufall ist. Starke Burgunder!

Weinbewertung

86	2016 Weißburgunder Kabinett trocken Achkarrer Schlossberg **13 %/8,40 €**
87	2016 Grauburgunder Kabinett trocken Achkarrer Schlossberg **13 %/8,40 €** ☺
90	2016 Weißburgunder Spätlese trocken Achkarrer Schlossberg **13,5 %/11,40 €** ☺
90	2016 Grauburgunder Spätlese trocken Achkarrer Schlossberg **13,5 %/11,40 €** ☺
91	2016 Chardonnay Spätlese trocken Achkarrer Schlossberg **13,5 %/13,50 €** ☺
90	2016 Weißburgunder Spätlese*** trocken Achkarrer Schlossberg **14 %/17,- €**
91	2016 Grauburgunder Spätlese*** trocken Achkarrer Schlossberg **14 %/17,- €** ☺
89	2016 Chardonnay Spätlese*** trocken Achkarrer Schlossberg **14 %/17,- €**
87	2015 Spätburgunder trocken „Alte Reben" **13,5 %/11,80 €**
92	2013 Spätburgunder*** trocken Achkarrer Schlossberg **13,5 %**
92	2015 Spätburgunder*** trocken Barrique Achkarrer Schlossberg **13,5 %/24,- €**
92	2008 Spätburgunder „R" Achkarrer Schlossberg **13,5 %**
94	2015 Spätburgunder „R" trocken Barrique Achkarrer Schlossberg **13,5 %/35,- €**

LAGEN

SCHLOSSBERG (ACHKARREN)
CASTELLBERG (ACHKARREN)
WINKLERBERG (IHRINGEN)
KAPELLENBERG (MUNZINGEN)

REBSORTEN

SPÄTBURGUNDER (35 %)
GRAUBURGUNDER (33 %)
WEISSBURGUNDER (23 %)
CHARDONNAY (7 %)
MÜLLER-THURGAU (2 %)

DIETER MICHEL

★★

KONTAKT

Dittelsheimer Weg 31
55234 Hochborn
Tel. 06735-283
Fax: 06735-1598
www.weingut-michel.de
info@weingut-michel.de

Inhaber
Dieter Michel
Rebfläche
20 Hektar
Produktion
60.000 Flaschen

BESUCHSZEITEN

nach Vereinbarung

Dieter und Anneli Michel studierten zur gleichen Zeit in Hohenheim Agrarwissenschaft. In den achtziger Jahren übernahmen Sie Annelis elterlichen Gemischtbetrieb, 1992 begannen sie mit der Selbstvermarktung. Die Weinberge liegen unter anderem im Westhofener Morstein und im Gundersheimer Höllenbrand, wo vor allem rote Rebsorten angebaut werden, des Weiteren ist man im Dautenheimer Himmelacker vertreten. Wichtigste Rebsorten sind Riesling, Dornfelder und Silvaner, dazu gibt es vor allem noch Weißburgunder, Grauburgunder und Chardonnay, Spätburgunder und Portugieser, aber auch rheinhessische Spezialitäten wie Scheurebe und Huxelrebe. Erst in den neunziger Jahren des letzten Jahrhunderts begann man mit der Selbstvermarktung. Sohn Sebastian hat nach seiner Winzerausbildung (bei Gaul, Seehof, Dreissigacker) in Geisenheim studiert, ist seit 2013 für den Weinausbau verantwortlich. Das Sortiment ist gegliedert in Guts-, Orts- und Lagenweine.

Kollektion

Dieses Jahr konnten wir doch noch die ursprünglich schon für das vergangene Jahr avisierten trockenen Lagenweine verkosten: Sie machen eine prächtige Figur, führen eine stimmige, starke Kollektion an. Die Gutsweine sind fruchtbetont, frisch, sortentypisch, die Ortsweine sind kraftvoll, bieten mehr Substanz. An der Spitze der Kollektion stehen aber ganz klar die Lagenweine. Der Silvaner aus dem Morstein ist füllig, stoffig, besitzt viel Substanz und reife Frucht. Der Riesling aus dem Himmelacker besitzt reintönige Frucht, gute Struktur und Substanz, viel Fülle und Saft. Ein klein wenig besser noch gefällt uns der Morstein-Riesling, der Fülle und Kraft besitzt, reife Frucht, gute Struktur und Druck. Weiter im Aufwind!

Weinbewertung

81	2016 Riesling trocken „J.J.Class" **11,5 %/7,50 €**
82	2016 Weißburgunder & Chardonnay trocken **12,5 %/7,50 €**
82	2016 Grauburgunder trocken **12,5 %/8,- €**
84	2016 Weißburgunder trocken Westhofener **12,5 %/11,50 €**
84	2016 Riesling trocken Dautenheimer **12 %/11,50 €**
84	2016 Riesling trocken Westhofener **12 %/11,50 €**
87	2015 Sylvaner trocken Morstein **13 %/18,- €**
87	2015 Riesling trocken Himmelacker **13 %/15,- €**
88	2015 Riesling trocken Morstein **13 %/20,- €**
82	2016 Riesling Kabinett Westhofener Morstein **9 %/8,50 €**
86	2015 Beerenauslese Weißwein Morstein **9 %/16,50 €/0,375l**
81	2015 „Zwitschern rot" Rotwein **12 %/7,50 €**

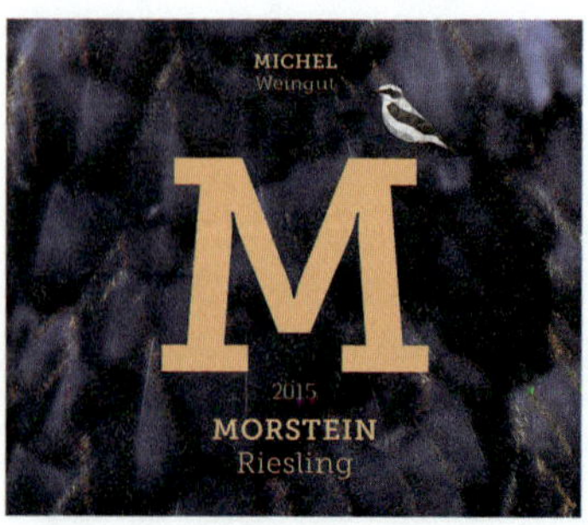

Cisterzienser Weingut Michel

★☆

KONTAKT

Dalbergstraße 28
67596 Dittelsheim-Heßloch
Tel. 06244-4921
Fax: 06244-5499
www.cisterzienser-weingut.de
info@cisterzienser-weingut.de

Inhaber Familie Michel
Rebfläche 30 Hektar
Produktion 200.000 Flaschen

BESUCHSZEITEN

Mo.-Fr. 8-11:30 + 13-19 Uhr, Sa. 9-13 Uhr (Bitte um Anmeldung)

Das heutige Cisterzienser Weingut Michel geht auf ein im Jahr 1173 vom Cisterzienser Kloster Otterberg gegründetes Wein- und Hofgut zurück. 1780 wurde es von den Vorfahren der heutigen Eigentümer erworben. Ulrich Michel, Geisenheim-Absolvent, ist seit 1993 für den Weinausbau verantwortlich. Bis in die neunziger Jahre war das Gut ein landwirtschaftlicher Gemischtbetrieb. Inzwischen hat man die Ackerflächen verpachtet und konzentriert sich ganz auf den Weinbau. Die Weinberge befinden sich in Hessloch (Mondschein) – dort überwiegen tiefgründige Löss-Lehmböden mit hohem Kalkanteil – und im Bechtheimer Hasensprung (mit der ehemaligen Einzellage Löwenberg), wo die Böden eisenerzhaltig sind und mineralische Noten an die Weine abgeben. Wichtigste Rebsorte ist inzwischen mit einem Anteil von einem Viertel der Riesling. Es folgen Weiß-, Grau- und Spätburgunder, Dornfelder, Sauvignon Blanc, Silvaner, Frühburgunder, Merlot und Cabernet Sauvignon. Die Rotweine werden nach der Maischegärung im Holzfass ausgebaut, Weißweine im Edelstahl. Ulrich Michel hat zuletzt weitere Maischegärtanks angeschafft, aber auch Barriques aus französischer und amerikanischer Eiche, sowie 500 Liter-Fässer und kleine Edelstahltanks, um die einzelnen Lagen besser herausarbeiten zu können. 70 Prozent der Produktion wird an Privatkunden verkauft.

Kollektion

Nach einer guten, gleichmäßigen Kollektion im vergangenen Jahr liegen die Vorteile in diesem Jahr eindeutig im weißen Segment, sind doch die Rotweine allzu sehr von Gewürz- und Vanillenoten dominiert, der Spätburgunder zeigt eindringlich Weihrauchnoten. Die Weißweine sind allesamt saftig, merklich süß bei guter Fülle und Substanz. Der Sauvignon Blanc zeigt Tropenfrüchte im Bouquet, der achtzehn Monate auf der Hefe ausgebaute Weißburgunder Eminenz zeigt feine Vanillenoten, ist deutlich charmanter als der kompakte, im Barrique ausgebaute Chardonnay. Unser Favorit aber ist der Löwenerz-Silvaner, der füllig und saftig ist, reintönig, viel reife süße Frucht besitzt.

Weinbewertung

83	2016 Sauvignon Blanc trocken **13 %/8,50 €**
82	2015 Riesling „S" trocken „Löwenerz" **13 %/8,50 €**
85	2015 Silvaner „S" trocken „Löwenerz" **13,5 %/8,50 €**
82	2015 Chardonnay trocken (Barrique) **13,5 %/9,50 €**
84	2015 Weißburgunder trocken „Eminenz" **12,5 %/14,50 €**
81	2014 Cabernet Sauvignon Merlot trocken Barrique **13,5 %/10,50 €**
82	2014 Merlot trocken Barrique **13 %/10,50 €**
81	2014 Spätburgunder „S" trocken „Kalkstein" **13,5 %/12,90 €**

M

Michel-Pfannebecker

★★☆

KONTAKT

Langgasse 18/19
55234 Flomborn
Tel. 06735-355,1363
Fax: 06735-8365
www.michel-pfannebecker.de
info@michel-pfannebecker.de

Inhaber
Heinfried & Gerold Pfannebecker
Rebfläche
11,7 Hektar
Produktion
60.000 Flaschen

BESUCHSZEITEN

Mo.-Sa. 9-18 Uhr
nach Vereinbarung

Bis ins 17. Jahrhundert lässt sich die Geschichte der Familien Michel (aus Burgund) und Pfannebecker (aus Holland) in Flomborn zurückverfolgen. Heute führen Heinfried und Gerold Pfannebecker den Betrieb, den sie ganz auf Weinbau ausgerichtet haben. Heinfried Pfannebecker kümmert sich vor allem um die Weinberge, Gerold Pfannebecker mehr um den Keller. Die Weinberge liegen in Flomborn (Feuerberg, Goldberg) und Westhofen (Steingrube, Morstein), im Eppelsheimer Felsen, im Ober-Flörsheimer Blücherpfad und im Gundersheimer Höllenbrand. Die Reben wachsen auf leichten bis mittelschweren Lösslehmböden, teils mit extrem hohem Kalkanteil. Riesling nimmt gut ein Viertel der Rebfläche ein, es folgen Silvaner, Spätburgunder, Grauburgunder, Weißburgunder und Chardonnay, dazu gibt es etwas Müller-Thurgau, Scheurebe, Gewürztraminer und Würzer. Rote Sorten nehmen insgesamt ein Drittel der Fläche ein, neben Spätburgunder gibt es Portugieser, Dornfelder, Merlot und Cabernet Sauvignon. Die Rotweine werden maischevergoren und kommen anschließend in Eichenholzfässer, auch in Barriques. Das Gros der Weine wird trocken ausgebaut.

Kollektion

2016 überzeugt voll und ganz, angefangen beim Liter-Riesling. Die beiden Feuerberg-Silvaner besitzen reintönige Frucht, der Selections-Silvaner ist fülliger und kraftvoller. Auch in der Riesling-Riege hat der Selections-Wein – aus der Steingrube – die Nase vorne, er besitzt Fülle, Kraft und gute Struktur, ist noch sehr jugendlich. Der Morstein-Riesling kommt ihm nahe, besitzt gute Struktur und Biss. Der Weißburgunder ist füllig und saftig, der Grauburgunder wunderschön reintönig, was auch für die zupackende Scheurebe gilt. An der Spitze der Kollektion aber steht mit dem Spätburgunder aus dem Morstein ein Rotwein: reintönig, rauchig, strukturiert, feine Tannine.

Weinbewertung

81 2016 Riesling trocken (1l) **12,5 %/4,80 €**
84 2016 Silvaner Spätlese trocken Flomborner Feuerberg **12,5 %/6,90 €**
86 2016 Silvaner Selection Rheinhessen Flomborner Feuerberg **13 %/9,80 €**
84 2016 Riesling Spätlese trocken Eppelsheimer Felsen **12,5 %/7,20 €**
83 2016 Riesling Spätlese trocken Flomborner Feuerberg **12 %/7,20 €**
87 2016 Riesling Selection Rheinhessen Westhofener Steingrube **13 %/10,50 €**
86 2016 Riesling Spätlese trocken Westhofener Morstein **12 %/8,70 €**
85 2016 Weißburgunder Spätlese trocken Flomborner Feuerberg **13 %/7,40 €**
85 2016 Grauer Burgunder Spätlese trocken Flomborner Feuerberg **13 %/7,20 €**
85 2016 Scheurebe Spätlese trocken Flomborner Feuerberg **13 %/6,50 €**
85 2015 Spätburgunder trocken Flomborner Feuerberg **13,5 %/7,80 €**
89 2014 Spätburgunder trocken Westhofener Morstein **14 %/16,50 €**

KARL-HERMANN MILCH

★★★

KONTAKT

Rüstermühle, Mühlstraße 14
67590 Monsheim
Tel. 06243-337
Fax: 06243-6707
www.weingut-milch.de
info@weingut-milch.de

Inhaber
Karl-Hermann Milch
Rebfläche
13 Hektar
Produktion
65.000 Flaschen

BESUCHSZEITEN

Mo.-Fr. nach Vereinbarung,
Sa. 9-12 + 13-17 Uhr

Karl-Hermann Milch übernahm 2001 das Weingut von seinem Vater Karlheinz Milch. Die Weinberge liegen in den Monsheimer Lagen Silberberg (mit der Gewanne Im Blauarsch) und Rosengarten sowie im Mörstadter Nonnengarten (mit der Gewanne Im Wasserland).

Kollektion

Neunzehn Weine haben wir verkostet, davon dreizehn Chardonnay, von den Topweinen jeweils zwei Jahrgänge, schön, dass Karl-Hermann Milch trotzdem seinen Literriesling mitgeschickt hat. Das Programm gewinnt an Profil. Schon bei den Ortsweinen können Chardonnay, aber auch Grauburgunder überzeugen, der Reserve-Grauburgunder ist konzentriert und strukturiert. Der Blauarsch-Chardonnay ist saftig, hat Substanz, der Wein aus dem Nonnengarten ist strukturiert, jugendlich, der Rosengarten-Chardonnay etwas offener, die beiden Jahrgänge des 809 besitzen Fülle und Kraft. Die 2015er Reserve-Chardonnay sind füllig, kraftvoll, etwas wärmer als die 2016er, aber wie diese immer noch jugendlich, stoffig, der 2016er Nonnengarten hat viel Potenzial, der Blauarsch präsentiert sich schon etwas komplexer. Viel Substanz besitzen beide „Im Wasserland-Chardonnay", hier hat Karl-Hermann Milch kleinbeerige Chardonnay-Klone aus Burgund gepflanzt. Beide zeigen feine Toastnoten, gute Struktur und Kraft, beide sind noch enorm jugendlich. —

Weinbewertung

80 2016 Riesling trocken (1l) **12 %/5,50 €**
83 2016 Riesling trocken **12,5 %/5,90 €**
83 2016 Grauer Burgunder trocken „vom Kalkstein" **13 %/7,40 €**
83 2016 Chardonnay trocken „Valentin" **13 %/7,40 €**
83 2016 Weißer Burgunder trocken Monsheim **13 %/9,50 €**
86 2016 Chardonnay trocken Monsheim **13,5 %/11,50 €**
86 2016 Grauer Burgunder trocken Monsheim **13 %/11,50 €**
89 2016 Grauer Burgunder trocken „Reserve" „Im Blauarsch" Monsheim **13,5 %/29,- €**
88 2016 Chardonnay trocken „Im Blauarsch" Monsheim **13,5 %/17,50 €**
88 2016 Chardonnay trocken Mörstadt Nonnengarten **13,5 %/17,50 €**
87 2016 Chardonnay trocken Monsheim Rosengarten **13,5 %/17,50 €**
88 2015 Chardonnay trocken „809" **13,5 %/25,- €**
88 2016 Chardonnay trocken „809" **13,5 %/25,- €**
89 2015 Chardonnay trocken „Réserve" „Im Blauarsch" Monsheim **14 %/29,- €**
90 2016 Chardonnay trocken „Réserve" „Im Blauarsch" Monsheim **14 %/29,- €**
89 2015 Chardonnay trocken „Réserve" Mörstadt Nonnengarten **14 %/29,- €**
89 2016 Chardonnay trocken „Réserve" Mörstadt Nonnengarten **14 %/29,- €**
90 2015 Chardonnay trocken „Im Wasserland" Mörstadt **13,5 %/49,- €**
90 2016 Chardonnay trocken „Im Wasserland" Mörstadt **13,5 %/49,- €**

Theo Minges

★★★★

KONTAKT

Bachstraße 11
76835 Flemlingen
Tel. 06323-93350
Fax: 06323-93351
www.weingut-minges.com
info@weingut-minges.com

Inhaber
Theo Minges
Rebfläche
25 Hektar
Produktion
180.000 Flaschen

BESUCHSZEITEN

Mo.-Fr. 9-12 + 13-18 Uhr,
Sa. 9-17 Uhr

Ende der siebziger Jahre übernahm Theo Minges den elterlichen Betrieb, den er seither mit Ehefrau Martina führt, heute werden sie unterstützt von Tochter Regine, Geisenheim-Absolventin. Das Weingut hat seinen Sitz in einem Anwesen, das im 16. Jahrhundert den Grafen von der Leyen gehörte, von denen unter anderem der heute noch erhaltene Zehntkeller stammt, seit 1847 ist das Anwesen im Besitz der Familie Minges. Die Weinberge befinden sich in der Gleisweiler Hölle, den Flemlinger Lagen Vogelsprung und Herrenbuckel, im Böchinger Rosenkranz und in den Burrweiler Lagen Schlossgarten und Schäwer. Riesling ist die wichtigste Rebsorte im Betrieb, nimmt ein gutes Drittel der Rebfläche ein, ein Fünftel entfällt auf die weißen Burgundersorten, es folgen Spätburgunder und Scheurebe, dazu gibt es Chardonnay, Scheurebe, Gewürztraminer, Rieslaner und Muskateller, Dornfelder und St. Laurent sowie Cabernet Sauvignon, Cabernet Franc und Merlot. Seit dem Jahrgang 2013 ist das Weingut Bio-zertifiziert. Für die Weißweine werden die Trauben nach Maischestandzeiten von 6 bis 30 Stunden schonend gepresst und langsam und kühl im Holz oder im Edelstahl vergoren, sie reifen lange auf der Vollhefe. Seine Rotweine baut Theo Minges sehr lange im Fass aus. Das Programm ist gegliedert in Gutsweine, Ortsweine, Erste Lage und Große Lage. Ein Erste Lage-Riesling kommt aus der Gleisweiler Hölle, ein Grauburgunder aus dem Böchinger Rosenkranz. Das Große Gewächs aus der Hölle trägt seit dem Jahrgang 2014 den Gewannnamen Unterer Faulenberg. Ein weiterer Großes Gewächs-Riesling, erstmals 2014 erzeugt, kommt aus dem Burrweiler Schäwer, der Weißburgunder aus dem Böchinger Rosenkranz trägt seit dem Jahrgang 2014 den Gewannnamen Im untern Kreuz, der Spitzen-Spätburgunder stammt aus der Gewanne Zinkelerde im Böchinger Rosenkranz. Schon in der ersten Ausgabe lobten wir die Weine von Theo Minges, besonders die Rieslinge und Rotweine. Die Rieslinge haben sich seither immer mehr als seine Stärke erwiesen, auch die Rotweine haben uns immer beeindruckt, wenn wir denn welche zu verkosten bekamen, denn nicht jedes Jahr hat Theo Minges uns Rotweine vorgestellt. Die Qualität ist stetig gestiegen, die Konsistenz der Kollektionen ist beeindruckend.

Kollektion

Im vergangenen Jahr waren die drei Großen Gewächse sehr kraftvoll und stoffig, im Jahrgang 2016 präsentieren sich aber vor allem die beiden Rieslinge wesentlich eleganter: Der Schäwer zeigt steinig-schiefrige Würze und etwas Kräuter, am Gaumen besitzt er auch etwas gelbe Frucht, Zitrusnoten, gute Konzentration und Grip, ist animierend und lang, der Untere Faulenberg ist dagegen ganz fruchtbetont, zeigt gelbe Frucht,

Aprikose, Pfirsich, Zitrusnoten, Orangenschale und dezente rauchig-mineralische Würze, besitzt viel Saft und ein feines Säure-Spiel. Wie die beiden Rieslinge ist auch das Große Gewächs vom Weißburgunder konsequent trocken ausgebaut, der Wein zeigt ein komplexes Bouquet mit sehr dezentem Holz, klarer Birnen- und Pfirsichfrucht und floralen Noten, besitzt gute Konzentration, animierende, ganz dezente Bitternoten und gute Länge. Der Riesling „Kalkstein" und der Grauburgunder „Muschelkalk" sind im Bouquet noch sehr deutlich vom Holz geprägt, beiden zeigen Noten von Kokos und dezente Frucht, der Riesling entwickelt mit etwas Luft ein sehr feines Säure-Spiel und gute Länge, der Grauburgunder zeigt auch etwas Zitrusnoten und besitzt Konzentration und Schmelz. Beim Chardonnay „Kalkmergel" ist das Holz schon besser eingebunden, der Wein besitzt Kraft, gelbe Frucht und frische Säure, der Riesling „Froschkönig" aus dem Jahrgang 2014 zeigt feine Reifenoten nach Quitte und Mürbegebäck, besitzt am Gaumen aber noch sehr lebendigen und animierenden Säure-Biss, ist elegant und nachhaltig. Der Riesling „Buntsandstein" zeigt kräutrige Würze, ist füllig mit süßer, gelber Frucht nach Aprikose und Ananas, der Wein aus der Hölle zeigt deutliche Zitrusnoten, Ananas, Orangenschale und besitzt guten Säure-Grip und der restsüße Goldmuskateller ist ganz reintönig, besitzt feine, süße Frucht, Zitruswürze, ist ausgewogen und harmonisch. Die beiden verkosteten Rotweine zeigen viel dunkle Frucht und kräutrige Würze, die Cuvée „Eva" zeigt zusätzlich noch etwas dunkle Schokolade und Lakritze im Bouquet, ist kraftvoll und gut strukturiert und wirkt trotz des Jahrgangs 2012 noch ganz jugendlich, der Spätburgunder „ZE" besitzt ebenfalls gute Struktur und Konzentration, setzt ganz auf Kraft und Stoff.

Weinbewertung

87 2016 Grauburgunder trocken „Muschelkalk" **13 %/12,50 €**
87 2016 Chardonnay trocken „Kalkmergel" **13 %/12,50 €**
86 2016 Riesling trocken „Buntsandstein" **12,5 %/12,- €**
87 2016 Riesling trocken „Kalkstein" **12,5 %/14,- €**
88 2014 Riesling trocken „Froschkönig" **13 %/17,- €**
86 2016 Riesling trocken Gleisweiler Hölle **12,5 %/9,80 €**
90 2016 Weißburgunder „GG" Rosenkranz „Im untern Kreuz" **13,5 %/24,- €**
90 2016 Riesling „GG" Schäwer **13 %/24,- €**
90 2016 Riesling „GG" Hölle „Unterer Faulenberg" **13 %/24,- €**
85 2016 Goldmuskateller **10,5 %/8,80 €**
88 2012 „Cuvée Eva" Rotwein trocken **14 %/20,- €**
88 2013 Spätburgunder trocken „ZE" **14 %/22,- €**

LAGEN

HÖLLE (GLEISWEILER)
– UNTERER FAULENBERG
ROSENKRANZ (BÖCHINGEN)
– IM UNTERN KREUZ
– ZINKELERDE
SCHLOSSGARTEN (BURRWEILER)
SCHÄWER (BURRWEILER)
VOGELSPRUNG (FLEMLINGEN)
HERRENBUCKEL (FLEMLINGEN)

REBSORTEN

RIESLING (35 %)
SPÄTBURGUNDER (12 %)
SCHEUREBE (8 %)

MISSBACH

★

KONTAKT

Schönbergstraße 32
79285 Ebringen
Tel. 07664-6513
Fax: 07664-60209
www.weingut-missbach.de
missbach-wein@t-online.de

Inhaber
Ralf Mißbach
Rebfläche
6 Hektar + 9 Hektar Erzeugergemeinschaft

BESUCHSZEITEN

Mo.-Fr. 8-12 + 14-18 Uhr,
Sa. 9-12:30 Uhr oder nach Vereinbarung

Mathias Mißbach gründete 1789 den Weinbaubetrieb, Namensgeber des Weingutes ist Ludwig Mißbach, der den Betrieb 1923 übernahm. Seit 1997 führt Ralf Mißbach das Weingut in siebter Generation. 1994 erfolgte die Umstellung der Rebflächen auf ökologische Bewirtschaftung (Ecovin). Neben den eigenen Weinbergen wird die Ernte von weiteren Weinbergen vermarktet, die Vertragswinzer nach Ralf Mißbachs Vorgaben bewirtschaften. Neben Gutedel, Weißburgunder, Grauburgunder, Riesling, Gewürztraminer, Chardonnay und Spätburgunder werden auch verschiedene pilzresistente Sorten wie Maréchal Foch, Léon Millot oder Cabernet Carol angebaut.

Kollektion

Die neue Kollektion – alle vorgestellten Weine stammen aus biologischem Anbau – ist sehr zuverlässig und gleichmäßig, bietet aber keine Spitzen. Der Riesling-Sekt ist frisch und fruchtbetont, geradlinig und klar. Die beiden Gutedel sind extrem unterschiedlich: Während der Grüne Markgräfler frisch, geradlinig und lebhaft ist, zeigt der Chasselas gute Konzentration, gelbe Früchte, ist dann aber eigenwillig bissig im Mund. Des Weiteren konnten wir vier trockene Kabinettweine verkosten. Der Weißburgunder zeigt feine Würze im Bouquet, ist klar, fruchtbetont und zupackend im Mund, der Grauburgunder besitzt etwas mehr Substanz, zeigt gelbe Früchte und feine Frische im Bouquet, ist klar und geradlinig im Mund. Der Chardonnay ist fruchtbetont, geradlinig, etwas einfach, der Riesling zeigt eigenwillig florale Noten im Bouquet, ist füllig und saftig im Mund, besitzt gute Struktur und Biss. Der Rosa Markgräfler, ein Spätburgunder Rosé, ist ebenso frisch und lebhaft wie sein weißer Kollege. Der trockene Spätburgunder Kabinett aus dem Jahrgang 2014 ist frisch und fruchtbetont im Bouquet, zeigt rote Früchte, ist klar und zupackend im Mund, fruchtbetont und frisch.

Weinbewertung

83 2015 Riesling Sekt brut Ebringer Sommerberg **12,5 %/12,50 €**
82 2016 Gutedel trocken „Grüner Markgräfler" **10,5 %/6,- €**
82 2016 Chasselas trocken **12 %/6,80 €**
82 2016 Weißburgunder Kabinett trocken **12,5 %/8,50 €**
83 2016 Grauburgunder Kabinett trocken **13 %/8,50 €**
83 2016 Riesling Kabinett trocken **12 %/8,50 €**
81 2016 Chardonnay Kabinett trocken **12,5 %/8,50 €**
82 2016 Spätburgunder Rosé trocken „Rosa Markgräfler" **11,5 %/7,- €**
83 2014 Spätburgunder Kabinett trocken **13 %/8,50 €**

MÖDINGER

★★

KONTAKT

Waldstraße 27
71384 Weinstadt
Tel. 07151-61172
Fax: 07151-610162
www.moedinger-weingut.de
info@moedinger-weingut.de

Inhaber
Familie Mödinger
Rebfläche
3 Hektar
Produktion
18.000 Flaschen

BESUCHSZEITEN

Fr. 16-19 Uhr, Sa. 10-13 Uhr und nach Vereinbarung

Seit vier Generationen baut die Familie Wein im Remstal an, im Nebenerwerb, war lange Zeit Mitglied einer Genossenschaft, ehe man selbst mit dem Weinausbau begann, nachdem Sven Mödinger seine Winzerlehre abgeschlossen hatte. Die Weinberge liegen in den Strümpfelbacher Lagen Altenberg und Nonnenberg sowie den Beutelsbacher Lagen Altenberg und Burghalde. Angebaut werden hauptsächlich typische Württemberger Rebsorten wie Riesling, Müller-Thurgau oder Kerner – weiße Rebsorten nehmen 70 Prozent der Fläche ein – sowie rote Sorten wie Trollinger, Lemberger, Portugieser, Dornfelder und Muskattrollinger. Die Top-Weine, derzeit ein Riesling und ein Schillerwein, stammen aus der ehemaligen Einzellage Gastenklinge, die direkt am Gut liegt. Die Rotweine werden alle maischevergoren. Die Weine kann man alle auch in der hauseigenen Besenwirtschaft genießen, dem Koppa-Besa.

Kollektion

Auch in diesem Jahr stehen die Gastenklinge-Weine wieder an der Spitze der Kollektion. Der 2015er Riesling ist füllig und saftig, besitzt reife Frucht und gute Substanz, der 2016er ist noch etwas druckvoller und zupackender. Der Schillerwein ist wunderschön intensiv und zupackend, strukturiert und fruchtbetont, für einen Schiller ungewohnt druckvoll. Die 2016er Weißweine schließen nahtlos an ihre Vorgänger an. Die Alte Reben-Cuvée ist fruchtbetont im Bouquet, klar und zupackend im Mund, besitzt gute Struktur und feine süße Frucht. Der feinherbe Riesling ist frisch und geradlinig, deutlich besser gefällt uns die trockene Variante, Diego genannt: Frische und Frucht prägen das Bouquet, im Mund ist er klar und zupackend, besitzt feine Frucht und Biss. Sehr gut gefällt uns der Lemberger des Jahrgangs 2015, er ist fruchtbetont im Bouquet, wunderschön reintönig, besitzt klare Frucht im Mund, gute Struktur, Frische und Biss – und einen für das Remstal moderaten Preis, was für viele Mödinger-Weine gilt. Die Lemberger-Syrah-Cuvée zeigt intensive Frucht, ist klar, zupackend und strukturiert. ▬

Weinbewertung

84	2016 „Alte Reben" Weißwein trocken	**12 %/6,80 €**
84	2016 Riesling trocken „Diego"	**11,5 %/7,50 €**
87	2015 Riesling trocken „Gastenklinge"	**13,5 %/9,50 €**
88	2016 Riesling trocken „Gastenklinge"	**12,5 %/9,50 €** ☺
82	2016 Riesling „feinherb"	**11,5 %/7,- €**
86	2015 Schillerwein trocken „Gastenklinge"	**14 %/8,20 €**
85	2015 Lemberger trocken	**14 %/6,20 €**
83	2015 „Nelly" Rotwein trocken	**12,5 %/6,50 €**
85	2016 Lemberger / Syrah trocken	**13 %/14,- €**

M

Mönchhof, Robert Eymael

★★☆

KONTAKT

Mönchhof, 54539 Ürzig
Tel. 06532-93164
Fax: 06532-93166
www.moenchhof.de
info@moenchhof.de

Inhaber
Robert Eymael
Rebfläche
10 Hektar

BESUCHSZEITEN

Mo.-Sa. 9-17 Uhr, am Wochenende nach Vereinbarung
3 Gästezimmer

Der Mönchhof in Ürzig, der ehemals der Zisterzienserabtei Himmerod gehörte, ist eines der ältesten Weingüter an der Mosel. 1804, nach der Säkularisierung unter Napoleon, ersteigerte die Familie Eymael das Weingut in Paris, seither ist es in Familienbesitz, wird seit 1994 von Robert Eymael geführt, der später auch das Weingut Christoffel Erben übernahm. Auch nach dem Verkauf des Weinguts Mönchhof an chinesische Investoren bleibt Robert Eymael verantwortlich für das operative Geschäft. Die Weinberge liegen im Ürziger Würzgarten (zu dessen Fuß das Weingut liegt) sowie in den beiden Erdener Lagen Treppchen und Prälat, sie sind mit wurzelechten, teilweise hundert Jahre alten Rieslingreben bepflanzt – andere Sorten werden hier aus Prinzip nicht angebaut. Das Weingut hat seinen Sitz in einem Gutsgebäude aus dem 16. Jahrhundert. Alle Weine werden im alten Gewölbekeller in Holzfässern ausgebaut. Dem Weingut ist ein Gästehaus angeschlossen.

Kollektion

Die Weine des Jahrgangs 2015 präsentierten sich saftig und zugänglich, ab der Spitze sahen wir die saftige Auslese aus dem Prälat, allerdings gefielen auch schon die Basis mit straffen, geradlinigen Weinen. Aus dem Jahrgang 2016 wurde nun lediglich ein sehr kleines Sortiment vorgestellt, die trockenen und feinherb ausgebauten Rieslinge steckten – bis auf einen einzigen Wein – zum Zeitpunkt der Probeneinreichung noch in der Gärung. Doch an der Wertschätzung der fertigen Weine ändert dies nichts. Stoffig, kraftvoll, ausgestattet mit einer vorzüglichen Balance zeigt sich die trockene Spätlese von alten Reben. Der duftige Kabinett aus der Lage Würzgarten gefällt ebenso wie die saftigere, offen wirkende Spätlese, die gleichwohl eine beachtliche Substanz aufweist. Enorm rassig ist die Auslese aus dem Prälat.

Weinbewertung

88 2016 Riesling Spätlese trocken „Alte Reben" Ürzig Würzgarten **12 %/14,60 €**
86 2016 Riesling Kabinett Ürzig Würzgarten **8,5 %/11,80 €**
88 2016 Riesling Spätlese Ürzig Würzgarten **8,5 %/13,90 €**
90 2016 Riesling Auslese Erden Prälat **8 %/26,80 €**

RUDI MÖWES

★☆

KONTAKT

Hübühl 10
76835 Weyher
Tel. 06323-5602
Fax: 06323-980158
www.weingut-moewes.de
info@weingut-moewes.de

Inhaber
Rudi & Michael Möwes
Rebfläche
10,1 Hektar
Produktion
75.000 Flaschen

BESUCHSZEITEN

nach Vereinbarung
Ferienhaus „An der Dorflinde",
Ferienwohnung

Die Weinberge von Rudi und Michael Möwes liegen im Weyherer Michelsberg, in Burrweiler Altenforst und in den Rhodter Lagen Schlossberg und Rosengarten, 2013 kam eine Parzelle im Hainfelder Letten dazu. Die Reben wachsen auf unterschiedlichen Böden von Schiefer über Granit, Rotliegendem, Kalkmergel bis Buntsandstein. Weiße Sorten nehmen 65 Prozent der Rebfläche ein: Riesling, Weißburgunder, Grauburgunder, Chardonnay und Silvaner, aber auch Müller-Thurgau, Kerner, Scheurebe, Rieslaner und Muskateller. An roten Sorten bauen sie Spätburgunder, Sankt Laurent, Portugieser und Dornfelder an. Die Rotweine werden nach der Maischegärung im großen oder kleinen Holz ausgebaut, der Ausbau der Weißweine erfolgt nach einer kontrollierten Vergärung im Edelstahl, seit dem 2014er Jahrgang wird ein Chardonnay im Barrique ausgebaut.

Kollektion

Die Weine der aktuellen Kollektion sind – mit Ausnahme des Barrique-Chardonnay – im Vergleich zum vergangenen Jahr wesentlich schlanker, alle Weine sind sortentypisch, aber auch recht verhalten. Bei einigen der Weine, so etwa beim Buntsandstein-Riesling, dem Sauvignon Blanc und dem Muskateller erkennen wir auch leichte Bitternoten. Angeführt wird das Sortiment vom gelungenen, stoffigen Barrique-Spätburgunder mit viel dunkler Frucht und dezenter Holzwürze, gefolgt von der cremigen Rieslaner Auslese mit klarer, süßer Frucht und guter Konzentration. Unter den Rieslingen gefällt uns der Wein vom Granit aus dem Pfarrgarten am besten, der Kräuterwürze und Noten von grünem Apfel und Zitrusfrüchten zeigt, beim im Barrique ausgebauten kraftvollen und fülligen Chardonnay dominieren im Bouquet noch die Röstnoten, am Gaumen zeigt er aber auch schon gelbe Frucht und Zitruswürze. —

Weinbewertung

81 2016 Sauvignon Blanc trocken Hainfeld **12 %/7,- €**
80 2016 Weißbugunder trocken „Kalkmergel" Rhodt unter Rietburg **12 %/5,- €**
82 2016 Riesling trocken „Buntsandstein" Weyher **11,5 %/5,30 €**
83 2016 Riesling trocken „Schiefer" Weyher **12 %/5,80 €**
82 2016 Gelber Muskateller trocken „Kalkmergel" Weyherer Michelberg **11 %/7,- €**
84 2016 Chardonnay trocken „Kalkmergel" Barrique Hainfelder Letten **14 %/11,50 €**
84 2016 Riesling trocken „Granit" Weyherer Pfarrgarten **12,5 %/7,50 €**
82 2016 Riesling „Granit-Schiefer" Burrweiler Altenforst **11,5 %/6,50 €**
83 2016 Gewürztraminer Spätlese Hainfelder Letten **11 %/7,50 €**
82 2015 Ruländer Auslese Rhodter Schlossberg **9 %/8,- €**
85 2016 Rieslaner Auslese Weyherer Michelberg **8 %/8,50 €**
86 2015 Spätburgunder Auslese trocken Barrique Weyherer Pfarrgarten **14 %/18,- €**

M

Mohr

★★★

KONTAKT

Rheinstraße 21
65391 Lorch
Tel. 06726-9484
Fax: 06726-1694
www.weingut-mohr.de
info@weingut-mohr.de

Inhaber
Jochen Neher
Rebfläche
6,5 Hektar
Produktion
40.000 Flaschen

BESUCHSZEITEN

nach Vereinbarung
Straußwirtschaft (Ende April-Ende Juni, Mitte Oktober-Anfang November)

Das 1875 von Wilhelm Mohr gegründete Weingut wird heute von dessen Urenkel Jochen Neher und seiner Frau Saynur Sonkaya-Neher geführt. Ihre Weinberge liegen in den Lorcher Lagen Krone (grauer Taunusschiefer), Bodental-Steinberg (roter und blauer Phyllitschiefer) und Schlossberg (blauer Taunusschiefer), wo Jochen Neher einen Weinberg mit 1934 gepflanzten Reben besitzt, die wohl ältesten im Rheingau, sowie im Assmannshäuser Höllenberg (roter Phyllitschiefer und Quarzit). Hauptrebsorte im Betrieb ist der Riesling, der drei Viertel der Rebfläche einnimmt. Daneben gibt es Spätburgunder (im Höllenberg sowie im Bodental-Steinberg) und Weißburgunder, sowie ein klein wenig Silvaner, Scheurebe und Muskateller. Die Weinberge werden biologisch bewirtschaftet, Jochen Neher ist seit 2014 Mitglied bei Ecovin.

Kollektion

Das Weingut ist weiter im Aufwind. Ein süffig-saftiger Weißburgunder eröffnet die insgesamt sehr stimmige Kollektion. Der holzwürzige Orangewein aus derselben Sorte ist ambitioniert, im Bouquet von süßen Holzfassaromen geprägt, sehr klar und für einen maischevergorenen Weißwein sehr präzise gearbeitet. Der trockene Gutsriesling erfüllt in seiner klaren Art alle Erwartungen. Der Riesling von alten Reben ist mineralisch, die trockene Spätlese etwas fülliger und reifer. Das Erste Gewächs aus der Krone ist kühl und würzig, durch eine dezente Fruchtsüße sehr zugänglich. Der Riesling aus dem Bodental-Steinberg ist tiefgründig, stoffig und lang. Die Spitze der trockenen Rieslinge gehört dem Riesling 34 aus dem Schlossberg, der sein mineralisches Potenzial schon jung offenbart und mit einer zupackenden Säureader ausgestattet ist. Von den beiden Pinots hat der Höllenberg die Nase vorne: Er ist saftig reif, zugleich kühl und präzise.

Weinbewertung

84	2016 Weißburgunder trocken **12,5 %/9,90 €**
87	2015 Pinot Blanc trocken „Ana's Orange" **13 %/30,- €**
83	2016 Riesling trocken **12,5 %/9,20 €**
83	2016 Riesling trocken „Alte Reben" **12 %/15,90 €**
85	2016 Riesling Spätlese trocken **12,5 %/15,90 €**
87	2016 Riesling trocken Erstes Gewächs Lorcher Krone **12,5 %/25,- €**
88	2016 Riesling trocken Erstes Gewächs Lorcher Bodental-Steinberg **12,5 %/28,- €**
89	2016 Riesling trocken „34" Lorcher Schlossberg **12,5 %/34,- €**
83	2016 Riesling „feinherb" **11,5 %/9,20 €**
85	2016 Riesling Spätlese **9,5 %/15,90 €**
84	2015 Pinot Noir trocken **13,5 %/12,90 €**
86	2015 Spätburgunder trocken Assmannshäuser Höllenberg **12,5 %/17,90 €**

Molitor - Rosenkreuz

★★★☆

KONTAKT

Am Rosenkreuz 1
54518 Minheim
Tel. 06507-6739
Fax: 06507-992109
www.weingut-molitor.eu
weingutmolitor-rosenkreuz@
freenet.de

Inhaber
Achim W. Molitor
Rebfläche
6 Hektar
Produktion
36.000 Flaschen

BESUCHSZEITEN

tägl. 11-18 Uhr im Gutsausschank Molitor in Bernkastel, Karlstraße 1

Achim Molitor hat 1995 ein Weingut in Minheim gekauft. Dadurch kam er in den Besitz von 4 Hektar Weinbergen in Piesport, darunter über 50 Jahre alte Reben im Piesporter Goldtröpfchen. Hinzu kam ein Hektar mit 50 bis 100 Jahre alten Reben in Wintrich, zuletzt hat er weitere Parzellen im Piesporter Berg erworben und neu bepflanzt. Bis auf eine Parzelle direkt am Weingut liegen alle Weinberge in Steillagen. Neben 95 Prozent Riesling baut er 5 Prozent Spätburgunder an. Alle Weine werden spontanvergoren und teils im Fuder, teils im Edelstahl ausgebaut, der Pinot Noir im Barrique. 1998 investierte Achim Molitor in neue Kelter- und Kelleranlagen in Minheim, 2004 eröffnete er eine Weinstube in Bernkastel.

Kollektion

Ein prächtiger, komplexer, gereifter Riesling-Sekt eröffnet den Reigen. Der Bernkasteler Riesling ist puristisch, zupackend, die trockene Goldtröpfchen-Spätlese füllig und saftig. Die Großen Gewächse sind puristisch, fast durchgegoren, zupackend, zum jetzigen Zeitpunkt anstrengend, das druckvolle Goldtröpfchen hat die Nase vorne. Die feinherbe Spätlese ist saftig, füllig, die kräuter-duftige Goldtröpfchen-Auslese und die würzige, saftige Falkenberg-Auslese besitzen viel Substanz, der Eiswein ist konzentriert und zupackend – und dass Achims Molitor Weine, trocken wie süß, sehr gut reifen, stellt er auch dieses Jahr wieder unter Beweis. Der rauchig-würzige Pinot Noir ist ebenso spannend wie der reintönige, zupackende Mont Piesport.

Weinbewertung

88 2008 Riesling Sekt brut nature **12,5 %/16,- €**
86 2016 Riesling trocken „Alte Reben" Bernkasteler **12 %/10,- €**
86 2007 Riesling Spätlese trocken Wintricher Ohligsberg **12 %**
85 2016 Riesling Spätlese trocken Piesporter Goldtröpfchen **11 %/12,- €**
87 2016 Riesling trocken „GG" Piesporter Grafenberg **12 %/16,- €**
89 2016 Riesling trocken „GG" Piesporter Goldtröpfchen **12 %/30,- €**
88 2016 Riesling trocken „GG" Wintrich Ohligsberg **13 %/20,- €**
85 1997 Riesling Spätlese **10,5 %**
87 2016 Riesling Spätlese „feinherb" Piesport Falkenberg **9,5 %/10,- €**
88 2016 Riesling Auslese* Piesporter Goldtröpfchen **8 %/20,- €**
89 1997 Riesling Auslese** **8 %/30,- €**
88 2016 Riesling Auslese** Piesporter Falkenberg **8,5 %/24,- €**
90 2007 Riesling Beerenauslese Piesporter Goldtröpfchen **10 %/30,- €/0,375l**
90 2016 Riesling Eiswein Piesporter Falkenberg **8,5 %/38,- €/0,375l**
86 2007 Pinot Noir trocken **13,5 %**
86 2015 Pinot Noir trocken **13,5 %/18,- €**
88 2015 Pinot Noir trocken „Mont Piesport" **13 %/24,- €**

M

MARKUS MOLITOR

★★★★★

KONTAKT

Haus Klosterberg
54470 Bernkastel-Wehlen
Tel. 06532-954000
Fax: 06532-9540029
www.markusmolitor.com
info@markusmolitor.com

Inhaber
Markus Molitor
Rebfläche
100 Hektar
Produktion
500.000 Flaschen

M

BESUCHSZEITEN

Mo.-Fr. 10-17 Uhr, Sa./So. nach Vereinbarung
Vinothek (bis 50 Personen)

Ganz klein und sehr jung hat er angefangen, heute ist Markus Molitor größter Weingutsbesitzer an der mittleren Mosel. Direkt am Weingut besitzt Markus Molitor 10 Hektar Weinberge, das größte arrondierte Stück an der Mittelmosel (Wehlener Klosterberg). Beträchtlichen Besitz hat er auch in der Zeltinger Sonnenuhr, ist aber auch auf der Wehlener Seite vertreten und im Zeltinger Schlossberg. Hinzu kommen unter anderem Weinberge im Graacher Domprobst und Himmelreich, Erdener Treppchen, Ürziger Würzgarten und in der Bernkasteler Lay, auch in Kinheim. An der Saar hat er 3 Hektar im Saarburger Rausch erworben, einen halben Hektar im Ockfener Bockstein, zuletzt kamen Weinberge in Kinheim hinzu; als nächstes Projekt folgte die Wiederbestockung des Geisbergs, einer brachgefallenen Lage in Ockfen, danach erwarb er die ehemalige Staatsdomäne in Serrig. Neben Riesling baut er Weiß- und Spätburgunder an. Die Burgunder werden bei ihm prinzipiell im Holz ausgebaut. Markus Molitor vergärt alle Weine mit den natürlichen Hefen. Zum Keltern benutzt er in den letzten Jahren verstärkt Korbpressen, lässt die Weine 12 bis 18 Stunden macerieren, je nach Jahrgang auch mal zwei Tage. Zum Ausbau nutzt er Edelstahl und Holzfässer, hat den Holzfassanteil in den letzten Jahren weiter vergrößert. Er baut die Weine lange auf der Feinhefe aus und füllt sehr spät ab. In ihrer Jugend wirken sie dadurch oft etwas streng und verschlossen. Solche Weine sollte man eigentlich erst nach ein paar Monaten Flaschenreife zeigen. Sie altern großartig, auch die trockenen Weine und selbst in Jahrgängen wie 2003. Bezeichnungen wie trocken oder „feinherb" hat Markus Molitor mit dem Jahrgang 2007 abgeschafft. Für ihn trocken schmeckende Weine (auch wenn nicht im gesetzlich trockenen Bereich) werden mit weißer Kapsel ausgestattet, feinherbe mit grüner und süße mit goldener.

Kollektion

63 Weine von Markus Molitor haben wir verkostet – und ein jeder wäre es wert vorgestellt zu werden. Noch nie hat ein Molitor-Wein enttäuscht, und das bei einem inzwischen auf über 100 Hektar – Steillage, versteht sich – angewachsenen Betrieb! Schon die Basis ist stark, die Haus Klosterberg-Weine oder der geradlinig Schiefersteil-Riesling, es folgen tolle trockene Kabinettweine, mit Kabinett-Charakter, der saftige Würzgarten und der strukturierte Fuder 6 stechen besonders hervor. Der Alte Reben Mosel ist eine sichere Bank, Sonnenuhr und Bockstein sind bei den Spätlesen besonders spannend, aber es folgen ja noch die stoffigen Auslesen aus Sonnenuhr und Himmelreich. Auch feinherb spielt Molitor die komplette Klaviatur, die komplexe, nachhaltige Auslese aus dem Rosenberg überrascht, die 3 Sterne-Auslese aus der Sonnenuhr ist grandios wie gewohnt. Die süßen Kabis sind lebendig und klar wie auch die faszinierend reintönigen Spätlesen – und alles fast ohne Alkohol! Grandios ist die Serie an Auslesen, an der Spitze der gewaltige 3 Sterne-Wein

aus der Sonnenuhr. Zwei Eisweine waren im September schon gefüllt, ein paar „dickere" Sachen noch am Gären. Die Pinot Noir sind 2014 frisch, präzise, zupackend, ein wenig floral, schlanker als frühere Jahrgänge. Das Highlight ist der 3 Sterne-Wein aus dem Himmelreich, der druckvollste Molitor-Pinot Noir des Jahrgangs. Markus Molitor stellt wieder einmal eine der großen Kollektionen des Jahrgangs in Deutschland!

Weinbewertung

87 2016 Pinot Blanc Haus K. **12 %/9,90 €**
87 2016 Riesling „Schiefersteil" **12 %/11,80 €**
88 2016 Riesling Kabinett Ürziger Würzgarten **10,5 %/15,80 €**
89 2016 Riesling Kabinett „Fuder 6" Zeltinger Sonnenuhr **10,5 %/24,- €**
91 2016 Riesling Spätlese Ockfener Bockstein **11 %/19,50 €**
91 2016 Riesling Spätlese Zeltinger Sonnenuhr **11 %/22,- €**
89 2016 Riesling „Alte Reben" Mosel **11,5 %/17,80 €**
92 2016 Riesling Auslese** Zeltinger Sonnenuhr **11,5 %/38,- €**
93 2016 Riesling Auslese*** Graacher Himmelreich **12 %/76,- €**
92 2016 Riesling Auslese*** Zeltinger Sonnenuhr **12 %/78,- €**
88 2016 Riesling Kabinett Ürziger Würzgarten **9,5 %/15,80 €**
91 2016 Riesling Auslese** Zeltinger Himmelreich **11,5 %/36,- €**
93 2016 Riesling Auslese*** Kinheimer Rosenberg **11 %/76,- €**
92 2016 Riesling Auslese*** Graacher Himmelreich **11,5 %/76,- €**
94 2016 Riesling Auslese*** Zeltinger Sonnenuhr **11,5 %/78,- €**
88 2016 Riesling Kabinett Wehlener Sonnenuhr **7,5 %/14,80 €**
88 2016 Riesling Kabinett Ürziger Würzgarten **7,5 %/15,80 €**
89 2016 Riesling Kabinett Zeltinger Sonnenuhr **7,5 %/17,- €**
90 2016 Riesling Spätlese Kinheimer Rosenberg **8 %/19,50 €**
90 2016 Riesling Spätlese Ürziger Würzgarten **7,5 %/19,50 €**
91 2016 Riesling Spätlese Zeltinger Sonnenuhr **7,5 %/22,- €**
91 2016 Riesling Auslese* Zeltinger Schlossberg **7,5 %/27,- €**
92 2016 Riesling Auslese** Ockfener Bockstein **7,5 %/36,- €**
93 2016 Riesling Auslese*** Zeltinger Schlossberg **7,5 %/76,- €**
93 2016 Riesling Auslese*** Kinheimer Hubertuslay **7,5 %/76,- €**
93 2016 Riesling Auslese*** Wehlener Sonnenuhr **7,5 %/76,- €**
95 2016 Riesling Auslese*** Zeltinger Sonnenuhr **7,5 %/78,- €**
93 2016 Riesling Eiswein Brauneberger Mandelgraben **6,5 %/58,- €**
96 2016 Riesling Eiswein* Brauneberger Mandelgraben **6,5 %/100,- €**
89 2014 Pinot Noir* Brauneberger Mandelgraben **13 %/27,- €**
90 2014 Pinot Noir** Brauneberger Klostergarten **13 %/39,80 €**
90 2014 Pinot Noir** Trarbacher Schlossberg **13 %/42,- €**
91 2014 Pinot Noir*** Brauneberger Klostergarten **13 %/79,- €**
92 2014 Pinot Noir*** Graacher Himmelreich **13 %/95,- €**

LAGEN

SONNENUHR (ZELTINGEN)
SCHLOSSBERG (ZELTINGEN)
SONNENUHR (WEHLEN)
DOMPROBST (GRAACH)
HIMMELREICH (GRAACH)
WÜRZGARTEN (ÜRZIG)
TREPPCHEN (ERDEN)
RAUSCH (SAARBURG)
BOCKSTEIN (OCKFEN)
LAY (BERNKASTEL)
BADSTUBE (BERNKASTEL)
KLOSTERBERG (WEHLEN)
ROSENBERG (KINHEIM)
HUBERTUSLAY (KINHEIM)
HIMMELREICH (ZELTINGEN)

REBSORTEN

RIESLING (92 %)
SPÄTBURGUNDER (5 %)
WEISSBURGUNDER (3 %)

MONTIGNY

★★★

KONTAKT

Weidenpfad 46
55452 Laubenheim
Tel. 06704-1468
Fax: 06704-1602
www.montigny.de
sascha.montigny@montigny.de

Inhaber
Sascha Montigny
Rebfläche
7,5 Hektar
Produktion
55.000 Flaschen

M

BESUCHSZEITEN

Mo.-Fr. 10-12 + 14-18 Uhr,
Sa. 10-14 Uhr, jeweils nach Vereinbarung

Das Weingut Montigny wurde in den sechziger Jahren von den Eltern des heutigen Besitzers gegründet, Sascha Montigny hat es 1994 übernommen. Ungewöhnlich für die Nahe ist, dass die Hälfte der Rebfläche mit roten Sorten bestockt ist. Spätburgunder, den es bereits seit 1975 gibt, ist die wichtigste rote Sorte. Zweite wichtige Rotweinsorte ist der St. Laurent. Der Schwerpunkt bei den Weißweinen liegt beim Riesling, der ein Viertel der Rebfläche einnimmt, dazu gibt es Grauburgunder und Weißburgunder.

Kollektion

Die drei roten Spitzen aus dem Jahrgang 2015 zeigen alle noch deutliche Röstnoten und sind sehr kraftvoll, der Spätburgunder aus der Krone ist komplex, zeigt rote und dunkle Frucht und etwas Kräuterwürze, er besitzt eine noch ganz jugendliche Struktur und Länge, der Saint Laurent zeigt dunkle Frucht und etwas Lakritze, ist konzentriert und gut strukturiert und die Cuvée „Mariage" zeigt, wie ihr Jahrgangsvorgänger, viel dunkle Frucht und etwas Mokka. Der Laubenheimer Spätburgunder zeigt viel rote Frucht, Cassis und Himbeeren und ist elegant. Sehr gut gefällt uns auch der „Blanc de Noir"-Sekt vom Spätburgunder, der florale Noten zeigt und kraftvoll, cremig und harmonisch ist, der Riesling Sekt ist etwas kürzer und zeigt deutliche Zitrusfrucht. Weiß- und Grauburgunder sind kraftvoll und füllig, der Grauburgunder ist noch vom Holz geprägt. Die beiden Rieslinge vom Karthäuser zeigen kräutrige Würze, die trockene Version zeigt deutliche Zitrusfrucht, der feinherbe Wein besitzt ein ausgewogenes Süße-Säure-Spiel.

Weinbewertung

84	2012 Riesling Sekt brut **12 %/10,- €**
86	2012 Spätburgunder „Blanc de noir" Sekt brut **13 %/12,- €**
84	2016 Weißburgunder trocken Laubenheimer **13,5 %/7,50 €**
82	2015 Riesling trocken Laubenheimer **13 %/5,50 €**
85	2016 Grauburgunder trocken Laubenheimer Karthäuser **13,5 %/9,50 €**
84	2016 Riesling trocken Laubenheimer Karthäuser **12,5 %/8,- €**
84	2016 Riesling „feinherb" Laubenheimer Karthäuser **12 %/8,- €**
82	2016 Saint Laurent Rosé trocken **11,5 %/7,50 €**
84	2016 Frühburgunder Rosé trocken „Saignée" Laubenheimer Krone **13 %/8,50 €**
82	2015 „Les Deux" Rotwein trocken **13,5 %/9,- €**
87	2014 „Cuvée Mariage" Rotwein trocken Laubenheimer Krone **13,5 %/17,50 €**
86	2014 Spätburgunder trocken Laubenheimer **13,5 %/14,50 €**
87	2015 „Cuvée Mariage" Rotwein trocken Laubenheimer Krone **14 %/18,50 €**
88	2015 Saint Laurent „R" trocken Laubenheimer Krone **14 %/22,50 €**
89	2015 Spätburgunder trocken Laubenheimer Krone **14,5 %/29,- €**

S. J. MONTIGNY

★☆

KONTAKT

In den zehn Morgen 41
55559 Bretzenheim
Tel. 0671-48313040
Fax: 0671-483130419
www.weingut-montigny.de
info@weingut-montigny.de

Inhaber
S.J. Montigny KG
Rebfläche
35 Hektar
Produktion
200.000 Flaschen

BESUCHSZEITEN

Mo.-Fr. 8-17 Uhr

Das 2009 gegründete Weingut verfügte bei seiner Gründung zunächst über keine eigenen Rebflächen, die Trauben stammten von Winzern mit denen Anbauverträge abgeschlossen wurden. Zudem hat Steffen J. Montigny ebenfalls 2009 zwei Hektar in Grebin in Schleswig-Holstein bepflanzt, mit pilzresistenten Sorten wie Regent, Solaris und Johanniter. Nach der Übernahme des Bad Kreuznacher Weinguts Ökonomierat August E. Anheuser im Januar 2014 mitsamt Weinbergen in den Kreuznacher Lagen Kauzenberg (gelber und roter Sandstein), Krötenpfuhl (Terrassenschotter mit Löss), Kahlenberg (Sandstein mit mergeligem Material), Narrenkappe (roter, schwach verfestigter Sandstein mit Löss), Steinberg (Terrassenschotter) und der Bretzenheimer Pastorei (toniger Mergel) stammte der 2014er Jahrgang erstmals komplett aus eigenen Weinbergen. Riesling steht auf der Hälfte der Rebfläche, dazu kommen Weiß- und Grauburgunder, Chardonnay und Spätburgunder. 2017 wurden zwei Hektar neu mit Chardonnay und Weißburgunder bepflanzt.

Kollektion

Von den eigentlich vier Lagenrieslingen konnten wir aus dem Jahrgang 2016 nur zwei verkosten, der Krötenpfuhl steht an der Spitze des gewohnt guten Sortiments, er ist geradlinig mit feiner Tabakwürze, steinigen Noten und einem animierenden Säure-Spiel, der Wein aus der Monopollage Steinberg besitzt Fülle und viel klare gelbe Frucht. Aus der Narrenkappe konnten wir einen lange auf der Hefe im Tonneau gereiften 2014er Riesling verkosten, der etwas Holzwürze und leicht gereifte Frucht zeigt, aber noch verhalten ist. Weiß- und Grauburgunder sind beide sehr reintönig, während der Spätburgunder doch sehr süß geraten ist und nach Pflaumen und Zuckerwatte duftet. Und als kleine Randnotiz: Der Solaris von den Weinbergen in Schleswig-Holstein hat uns mit seiner frischen, schmelzigen Art noch nie so gut gefallen wie in diesem Jahr.

Weinbewertung

84	2016 Grauer Burgunder trocken **12,5 %/8,50 €**
84	2016 Weißer Burgunder trocken **12,5 %/8,50 €**
83	2016 Riesling trocken **12 %/8,50 €**
85	2016 Sauvignon Blanc trocken Kreuznacher **13 %/10,- €**
85	2015 Chardonnay trocken Barrique Kreuznacher **13,5 %/14,- €**
85	2016 Riesling trocken Kreuznacher **12 %/10,- €**
86	2016 Riesling trocken Kreuznacher Steinberg **12 %/12,- €**
88	2016 Riesling trocken Kreuznacher Krötenpfuhl **13 %/18,- €**
87	2014 Riesling trocken „500" Kreuznacher Narrenkappe **13 %/18,- €**
82	2016 „So mookt wi dat" Weißwein **13 %/15,- €**
82	2016 Riesling „feinherb" **11,5 %/8,50 €**
82	2015 Spätburgunder trocken **12,5 %/8,50 €**

MOOSMANN

★★☆

KONTAKT

Schwarzwaldstraße 78
79183 Waldkirch-Buchholz
Tel. 07681-7574
Fax: 07681-25118
www.weingut-moosmann.de
weingut.moosmann@t-online.de

Inhaber
Georg Moosmann
Rebfläche
25 Hektar

BESUCHSZEITEN

Mo.-Fr. 8-18:30 Uhr, Sa. 8-16 Uhr

1986 begann Siegfried Moosmann seine Weine selbst auszubauen, seit 1994 ist Sohn Georg Moosmann für den Weinausbau verantwortlich, 2014 hat er den Betrieb von seinem Vater übernommen. Von ursprünglich 7,5 Hektar ist die Rebfläche auf die heutige Größe angewachsen. Die Weinberge liegen vor allem in Buchholz und Sexau (Sonnhalde), aber auch in Mundingen (Alte Burg) und Herbolzheim (Kaiserberg), dort stehen die Reben auf tiefgründigen Lössböden. Die Hälfte der Rebfläche nimmt Spätburgunder ein, es folgen Grauburgunder, Weißburgunder und Chardonnay. Dazu gibt es etwas Müller-Thurgau, Riesling, Gewürztraminer und Muskateller, seit 2005 auch Sauvignon Blanc. Im Oktober 2017 wurde die neue Vinothek in der Schwarzwaldstraße bezogen. Nachdem der Riesling bereits seit dem Jahrgang 2013 den Namen der Gewanne Reichenbächle trägt, werden seit 2017 auch die besten Weiß-, Grau- und Spätburgunder mit Gewannnamen bezeichnet.

Kollektion

Die neue Kollektion ist stark, schon das Einstiegsniveau ist hoch wie der reintönige, fruchtbetonte Grauburgunder zeigt. Der Sauvignon Blanc ist geradlinig und zupackend, der Muskateller besitzt gute Struktur und reintönige Frucht. Der Reichenbächle-Riesling ist kraftvoll und zupackend, der Scheibenbühl-Grauburgunder besitzt viel reife süße Frucht und Substanz. Ein klein wenig schlanker ist der kraftvolle Scheibenbühl-Weißburgunder, besitzt aber viel reife reintönige süße Frucht. Unser Favorit unter den trockenen Weißweinen ist der im Barrique ausgebaute Chardonnay des Jahrgangs 2015, der herrlich stoffig und druckvoll ist. Spannend ist auch der konzentrierte, reintönige Opal S von getrockneten Trauben. Im roten Segment ziehen wir den kraftvollen, strukturierten Barrique-Spätburgunder des Jahrgangs 2014 der allzu üppigen, reifen trockenen 2015er Auslese vor. —

Weinbewertung

82	2014 Pinot Sekt brut **12,5 %/11,50 €**
84	2016 Grauburgunder Kabinett trocken **13 %/6,80 €**
84	2016 Sauvignon Blanc trocken Buchholzer Sonnhalde **13 %/9,20 €**
85	2016 Muskateller trocken Herbolzheimer Kaiserberg **12,5 %/8,- €**
87	2016 Riesling Spätlese trocken „Reichenbächle" Sonnhalde **12,5 %/15,50 €**
87	2016 Weißburgunder Spätlese trocken „Scheibenbühl" Sonnhalde **13,5 %/15,50 €**
87	2016 Grauburgunder Spätlese trocken „Scheibenbühl" Sonnhalde **14,5 %/15,50 €**
88	2015 Chardonnay Spätlese trocken „Barrique" Sonnhalde **14,5 %/15,50 €**
88	2016 „Opal*S" Weißwein **9,5 %/22,- €/0,5l**
84	2015 Spätburgunder trocken „Alte Rebe" Buchholzer Sonnhalde **13,5 %/9,- €**
87	2014 Spätburgunder trocken Barrique Buchholzer Sonnhalde **13,5 %/16,80 €**
86	2015 Spätburgunder Auslese trocken „Wachtbühl" Sonnhalde **15 %/29,- €**

M

Georg Mosbacher

★★★★☆

KONTAKT

Weinstraße 27
67147 Forst
Tel. 06326-329
Fax: 06326-6774
www.georg-mosbacher.de
info@georg-mosbacher.de

Inhaber
Familie Mosbacher
Betriebsleiter
Sabine Mosbacher-Düringer,
Jürgen Düringer
Rebfläche
20 Hektar
Produktion
140.000 Flaschen

M

BESUCHSZEITEN

Mo.-Fr. 8-12 + 13:30-18 Uhr,
Sa. 9-13 Uhr

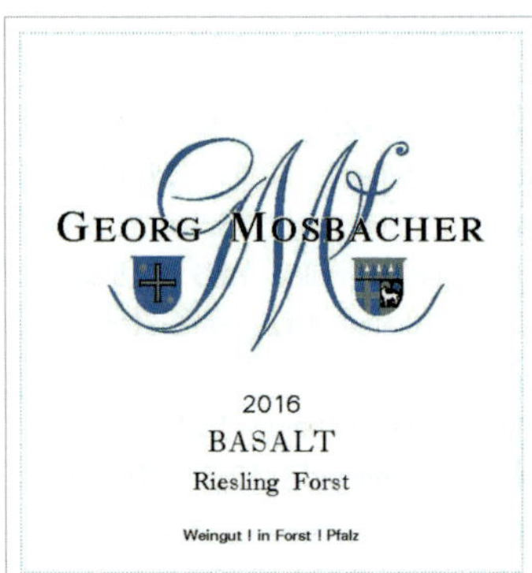

Seit über 200 Jahren betreibt die Familie Weinbau in Forst. Richard Mosbacher Sen. gründete das Weingut 1920 zusammen mit seinen Schwestern und benannte es nach seinem Vater Georg. Sein Sohn Richard und Ehefrau übernahmen das Gut in den sechziger Jahren, seit 1992 leiten Tochter Sabine und ihr Ehemann Jürgen Düringer, beide Geisenheim-Absolventen, den Betrieb. 1993 wurde das Weingut in den VDP aufgenommen. Die Weinberge liegen in Forst und Deidesheim. Große Gewächse erzeugen sie in den Forster Lagen Pechstein (Basalt, Buntsandsteingeröll), Ungeheuer (Buntsandstein mit Kalkgeröll und Basalt), Jesuitengarten (kräftiger Lehmboden, durchzogen mit Buntsandstein und Basaltgeröll) und Freundstück (Buntsandsteingeröll, stellenweise etwas Kalkgeröll), sowie im Deidesheimer Kieselberg (lehmiger Sand, stellenweise Buntsandstein und Geröll). Weitere Weinberge besitzen sie in den Forster Lagen Musenhang, Stift und Elster, in den Deidesheimer Lagen Herrgottsacker, Mäushöhle und Leinhöhle und in Wachenheim in den Lagen Gerümpel, Altenburg und Goldbächel. Riesling ist die mit Abstand wichtigste Rebsorte im Betrieb, steht auf drei Vierteln der Rebfläche. Daneben gibt es ein klein wenig Weiß- und Grauburgunder, Gewürztraminer, Sauvignon Blanc und Cabernet Blanc, Rotweinsorten stehen auf 10 Prozent der Fläche, Spätburgunder, Dornfelder und Merlot.

Kollektion

Während im vergangenen Jahr die beiden Großen Gewächse aus Pechstein und Jesuitengarten gleichauf die Kollektion anführten, geben wir in diesem Jahr knapp dem Riesling aus dem Pechstein den Vorzug, er ist der mineralischste und komplexeste Wein im Sortiment. Er zeigt feine rauchige und steinige Würze im Bouquet, dazu etwas Kräuter, Rosmarin und klare Pfirsichfrucht, ist salzig und animierend, besitzt am Gaumen feinen Druck und gute Länge. Der Riesling aus dem Jesuitengarten mit deutlich steinigen Noten und dezenter Holzwürze besitzt Fülle, viel klare, gelbe Frucht, ist animierend, der Ungeheuer-Riesling ist ebenfalls fruchtbetont, zeigt Noten von Aprikose, Pfirsich und Ananas, aber auch etwas Stein, er wird mit viel Luft immer intensiver, besitzt guten Säure-Grip, ist lang und nachhaltig. Der Riesling aus dem Freundstück zeigt deutliche Zitruswürze, Ananas, Orangenschale und kräutrig-mineralische Noten, besitzt Kraft und gute Konzentration. Der Wein aus dem Kieselberg zeigt im Bouquet ebenfalls kräutrige und mineralische Würze, er ist füllig im Mund, besitzt viel süße, gelbe Frucht und ein frisches Säure-Spiel. Die Orts- und Erste Lagen-Rieslinge bleiben knapp hinter ihren Pendants des

Vorjahres zurück, der Forster Riesling besitzt kräutrig-mineralische Noten und klare Frucht, ist konzentriert und nachhaltig, der Wachenheimer Riesling ist kraftvoll und füllig mit viel süßer Frucht und Zitrusnoten und der Deidesheimer Riesling ist ganz geradlinig und noch etwas verhalten, im Mund besitzt er noch sehr präsente Holzwürze. Die Erste Lagen-Rieslinge sind alle recht füllig, die Weine aus Musenhang und Gerümpel zeigen steinig-mineralische Noten, mit Luft kommt auch die Frucht deutlicher zur Geltung, beide besitzen ein feines, frisches Säure-Spiel, die Rieslinge aus der Mäushöhle und aus der Leinhöhle sind fruchtbetonter und besitzen kräutrige Würze, der Wein aus der Mäushöhle zeigt Pfirsich und Zitrusnoten im Bouquet, der Wein aus der Leinhöhle Aprikose und etwas grünen Apfel. Weiß- und Grauburgunder aus der Wachenheimer Altenburg besitzen dezente Röstnoten, der Sauvignon Blanc zeigt etwas deutlicheres Holz mit feinen Noten von gerösteten Haselnüssen, alle drei Weine sind sehr kraftvoll, der Grauburgunder ist dabei weich, zeigt etwas Pfirsichfrucht im Bouquet, besitzt gute Substanz im Mund und ist nachhaltig, der Sauvignon Blanc ist gelbfruchtig und sehr ausgewogen und besitzt ein frisches Säure-Spiel, der Weißburgunder zeigt neben Aprikosen- und Birnenfrucht auch dezente florale Würze im Bouquet.

Weinbewertung

85 2016 Cabernet Blanc trocken **12,5 %/10,- €**
88 2016 Sauvignon Blanc trocken „Fumé" **13,5 %/18,- €**
84 2016 Riesling trocken **12 %/8,- €**
87 2016 Riesling trocken „Kalkstein" Deidesheim **13 %/15,- €**
88 2016 Riesling trocken „Buntsandstein" Wachenheim **13 %/16,- €**
88 2016 Riesling trocken „Basalt" Forst **13 %/17,- €**
88 2016 Grauburgunder trocken „sl" Wachenheimer Altenburg **14 %/16,- €**
87 2016 Weißburgunder trocken „sl" Wachenheimer Altenburg **13,5 %/16,- €**
86 2016 Riesling trocken Deidesheimer Mäushöhle **12,5 %/11,- €**
86 2016 Riesling trocken Deidesheimer Leinhöhle **12,5 %/13,- €**
87 2016 Riesling trocken Forster Musenhang **12,5 %/14,- €**
87 2016 Riesling trocken Wachenheimer Gerümpel **12,5 %/15,- €**
90 2016 Riesling „GG" Kieselberg **13 %/28,- €**
90 2016 Riesling „GG" Freundstück **13 %/28,- €**
91 2016 Riesling „GG" Ungeheuer **13 %/33,- €**
92 2016 Riesling „GG" Pechstein **13 %/33,- €**
91 2016 Riesling „GG" Jesuitengarten **13 %/35,- €**

LAGEN

UNGEHEUER (FORST)
PECHSTEIN (FORST)
FREUNDSTÜCK (FORST)
JESUITENGARTEN (FORST)
KIESELBERG (DEIDESHEIM)
LEINHÖHLE (DEIDESHEIM)
MÄUSHÖHLE (DEIDESHEIM)
HERRGOTTSACKER (DEIDESHEIM)
GERÜMPEL (WACHENHEIM)
ALTENBURG (WACHENHEIM)
GOLDBÄCHEL (WACHENHEIM)
MUSENHANG (FORST)
STIFT (FORST)
ELSTER (FORST)

REBSORTEN

RIESLING (76 %)
SPÄTBURGUNDER (7 %)
WEISSBURGUNDER (6 %)
SAUVIGNON BLANC (3 %)
GRAUBURGUNDER (2 %)
MERLOT (2 %)

Eugen Müller

★★★

KONTAKT

Weinstraße 34a
67147 Forst
Tel. 06326-330
Fax: 06326-6802
www.weingut-eugen-mueller.de
kontakt@weingut-eugen-mueller.de

Inhaber
Stephan Müller
Rebfläche
17 Hektar
Produktion
150.000 Flaschen

BESUCHSZEITEN

Mo.-Fr. 8-12 + 13:30-18 Uhr,
Sa. 10-16 Uhr
Ferienwohnungen

Eugen Müller heiratete in die Familie Wallbillich ein, die seit 1767 eine Küferei in Forst betrieb. 1952 baute er seinen ersten Wein aus, später kaufte und pachtete er Weinberge zu, 1971 gründete er das Weingut Eugen Müller, das dann von seinem Sohn Kurt Müller und heute von dessen Sohn Stephan geführt wird. Er besitzt Weinberge in den besten Lagen von Forst: Kirchenstück (Buntsandsteingeröll mit Kalksteingeröll, sandigem Lehm und Basalt), Jesuitengarten (Sandsteingeröll, sandiger Lehm und Basalt), Pechstein (Basalt), Ungeheuer (Buntsandstein vermischt mit Kalksandsteingeröll und Basalt) und Freundstück (Buntsandsteingeröll mit Kalksteingeröll durchsetzt). Mehr als drei Viertel der Weinberge sind mit Riesling bestockt. Hinzu kommen Weiß- und Grauburgunder, aber auch rote Sorten wie Dornfelder, Spätburgunder, Portugieser, Dunkelfelder und Cabernet Cubin.

Kollektion

Wie schon im vergangenen Jahr ist das Niveau bei den trockenen Lagen-Spätlesen sehr hoch, das Kirchenstück liegt ganz knapp vorne, es ist komplex, animierend, besitzt viel Grip und Druck, der Pechstein zeigt rauchig-mineralische Noten und etwas Tabak, der Jesuitengarten ist gelbfruchtig und zeigt etwas steinige Noten, der Freundstück zeigt kräutrige Würze und besitzt Fülle und das Ungeheuer zeigt deutliche Zitrusnoten und feine mineralische Würze. Die beiden Sauvignon Blancs zeigen gelbe Frucht und sind füllig, der „Fumé“ zeigt feine Holzwürze und besitzt Grip, der Weißburgunder besitzt Schmelz und klare, gelbe Frucht.

Weinbewertung

85	2016 Sauvignon Blanc trocken **13 %/9,- €**
87	2016 Sauvignon Blanc trocken „Fumé“ **13 %/12,50 €**
87	2016 Weißburgunder trocken „BF“ **13 %/12,50 €**
83	2016 Riesling Kabinett trocken (1l) **11,5 %/6,50 €**
85	2016 Riesling Kabinett trocken Forster Jesuitengarten **12 %/9,90 €**
88	2016 Riesling Spätlese trocken Forster Jesuitengarten **13 %/18,- €**
88	2016 Riesling Spätlese trocken Forster Freundstück **13 %/18,- €**
88	2016 Riesling Spätlese trocken „Im Ziegler“ Forster Ungeheuer **13 %/18,- €**
88	2016 Riesling Spätlese trocken Forster Pechstein **12,5 %/18,- €**
89	2016 Riesling Spätlese trocken „Cyriakus“ Forster Kirchenstück **13 %/20,- €**
85	2016 Gewürztraminer Spätlese Reiterpfad **10 %/12,50 €**
86	2016 Riesling Spätlese Forster Ungeheuer **9 %/13,50 €**
86	2016 Riesling Auslese Forster Kirchenstück **8,5 %/16,50 €/0,5l**
85	2013 „Element“ Rotwein trocken **13,5 %/10,50 €**
84	2014 Spätburunder trocken „BF“ **13,5 %/8,90 €**

GEORG-MÜLLER-STIFTUNG

★★☆

KONTAKT

Eberbacher Straße 7-9
65347 Hattenheim
Tel. 06723-2020
Fax: 06723-2035
www.georg-mueller-stiftung.de
info@georg-mueller-stiftung.de

Inhaber
Peter Winter
Betriebsleiter
Tim Lilienström
Rebfläche
17 Hektar
Produktion
100.000 Flaschen

BESUCHSZEITEN

Mo.-Fr. 9-12 + 14-17 Uhr,
Wochenende nach Vereinbarung

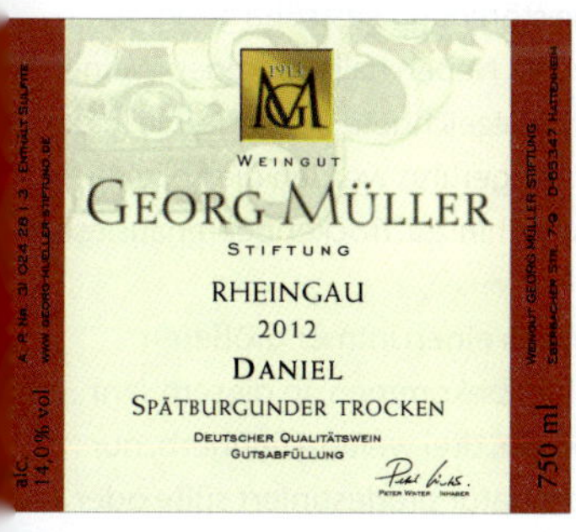

Georg Müller, Miteigentümer der Eltviller Sektkellerei „Matheus Müller", stiftete 1913 sein Weingut seiner Heimatgemeinde. Hattenheim wurde 1972 zu Eltville eingemeindet, seitdem trug das Weingut den Namen „Weingut der Stadt Eltville". 2003 erwarb schließlich Peter Winter das Gut. Seine Weinberge liegen vor allem in Hattenheim, in den Lagen Schützenhaus, Wisselbrunnen, Nussbrunnen, Hassel und Engelmannsberg, sowie in der Hallgartener Jungfer. Riesling nimmt 80 Prozent der Fläche ein, Spätburgunder 15 Prozent. Dazu gibt es ein klein wenig Frühburgunder, Auxerrois, Scheurebe, Ehrenfelser und Müller-Thurgau. Das Weingut hat sich auf klare, elegante Weine spezialisiert und verfolgt diesen Kurs auch unter Betriebsleiter Tim Lilienström weiter. Der Ausbau der Weißweine erfolgt in aller Regel im Edelstahl, für die Rotweine sowie weiße Spezialitäten kommen auch Barriques zum Einsatz.

Kollektion

Die Rieslinge sind allesamt geradlinig und zupackend. Der Gutsriesling ist saftig, der Ortswein aus Hattenheim bietet mehr Finesse und Substanz. Mit Ausgewogenheit, würzigem Kern und Nachhaltigkeit punktet der Klosterberg, das Große Gewächs aus dem Nussbrunnen duftet gereift, ist stoffig, würzig und lang. Der feinherbe Riesling aus dem Schützenhaus und der fruchtige Erbacher Ortswein sind süffig. Die edelsüßen Weine wurden nur in sehr geringen Mengen produziert, die druckvolle würzige Goldkapsel Auslese gefällt uns am besten. Der Frühburgunder ist recht mild und reif in der Frucht, die Spätburgunder bieten mehr Frische und Struktur. Auch wenn das Große Gewächs am meisten Fülle bietet, ziehen wir den eleganten Spätburgunder aus dem Engelmannsberg vor. ▬

Weinbewertung

83 2016 Riesling trocken **12 %/8,80 €**
84 2016 Riesling trocken Hattenheim **12,5 %/10,80 €**
85 2016 Riesling trocken Oestrich Klosterberg **12,5 %/14,80 €**
86 2016 Riesling trocken „GG" Hattenheim Nussbrunnen **13 %/27,50 €**
83 2016 Riesling „feinherb" Hattenheim Schützenhaus **12 %/11,80 €**
82 2016 Riesling Erbach **9 %/10,80 €**
85 2016 Riesling Spätlese Goldkapsel Hattenheim Nussbrunnen **10 %/a.A./0,375l**
87 2016 Riesling Auslese Goldkapsel Hattenheim Hassel **8,5 %/a.A./0,375l**
88 2016 Riesling Eiswein Hattenheim Hassel **8 %/a.A./0,375l**
86 2015 Frühburgunder trocken „Edition PW" **13 %/16,80 €**
86 2015 Spätburgunder trocken „Daniel" **13,5 %/19,80 €**
88 2015 Spätburgunder trocken Hattenheimer Engelmannsberg **13,5 %/28,- €**
87 2015 Spätburgunder trocken „GG" Hattenheim Hassel **14 %/38,- €**

M

MATTHIAS MÜLLER

★★★★

KONTAKT

Mainzer Straße 45
56322 Spay
Tel. 02628-8741
Fax: 02628-3363
www.weingut-matthiasmueller.de
info@weingut-matthiasmueller.de

Inhaber
Familie Matthias Müller
Rebfläche
18,5 Hektar
Produktion
130.000 Flaschen

BESUCHSZEITEN

ganztägig, Mo. bis So.
Kulinarische Veranstaltungen in der neuen Vinothek

Seit 300 Jahren baut die Familie Wein am Mittelrhein an. Lange Zeit ein traditioneller Mischbetrieb, konzentriert man sich seit drei Generationen mehr und mehr auf Weinbau und die Flaschenweinvermarktung. Matthias Müller übernahm Ende der neunziger Jahre den Betrieb von seinen Eltern Heinrich und Hilde Müller, führt ihn seither mit Ehefrau Marianne. Die Söhne Johannes und Christoph wirken bereits bei der Erzeugung der Weine mit, Johannes Müller ist nach Abschluss seines Geisenheim-Studiums seit März 2016 voll im Betrieb tätig. Die Weinberge von Matthias Müller liegen in den Steillagen des Bopparder Hamm. Der Bopparder Hamm liegt zwischen Boppard und Spay an der größten Schleife des Rheins im Oberen Mittelrheintal, das seit 2002 zum Unesco-Weltkulturerbe zählt. Er bildet die größte zusammenhängende Rebfläche im Weinbaugebiet Mittelrhein, ist überwiegend Süd-exponiert. Die Weinberge von Matthias Müller liegen hauptsächlich in den Lagen Feuerlay, Mandelstein, Ohlenberg und Engelstein. Neben 92 Prozent Riesling baut er ein wenig Grauburgunder und Weißburgunder an, allerdings haben diese Sorten nur einen geringen Einfluss auf den in den letzten Jahren immer mehr gewachsenen Ruhm des Weinguts. Bereits seit dem Jahrgang 2000 werden ausgewählte Spitzenweine in der „Edition MM" (nach den Initialen von Matthias und Marianne Müller) vermarktet. 2007 gab es dann das erste Große Gewächs, aus dem Mandelstein, 2009 gab es dann ein Großes Gewächs aus dem Ohlenberg, 2010 und 2011 wieder aus dem Mandelstein, 2012 bis 2015 aus dem Engelstein, mit dem Jahrgang 2016 gab es dann erstmals zwei Große Gewächse, eines aus dem Engelstein, das andere aus dem Filetstück des Ohlenbergs, der Gewanne „An der Rabenlei", die schon immer gesondert ausgebaut wurde. 2010 wurde eine neue Kelterhalle mit Flaschenlager gebaut, eine neue Vinothek wurde eröffnet. Es gibt wohl kaum ein zweites Weingut am Mittelrhein, das so intensiv in die Zukunft der Region investiert. Matthias Müller versucht alle Weine spontan zu vergären, das heißt ohne Reinzuchthefen. Alle seine Rieslinge weisen sehr eigenständige Aromen auf, unterscheiden sich klar voneinander. Die nominell trockenen Weine sind meist von einer zarten, bemerkbaren, aber kaum je störenden Restsüße geprägt, aber dennoch ungemein saftig und animierend. Neben halbtrockenen Weinen gibt es seit einigen Jahren noch mit „feinherb" bezeichnete Rieslinge, die in der Restsüße noch einmal deutlich höher liegen. Angeführt werden die Kollektionen in der Regel von edelsüßen Rieslingen, bis hin zur Trockenbeerenauslese.

Kollektion

Trockene Rieslinge haben in den letzten Jahren einen immer größeren Stellenwert im Programm von Matthias Müller bekommen, in diesem Jahr sind sieben der elf präsentierten Weine trocken, drei weitere feinherb, nur einer süß. Sicherlich war nun 2016 auch nicht dafür prädestiniert süße oder edelsüße Weine zu erzeugen, die Tendenz hin zu trocken aber zeichnet sich schon seit einigen Jahren ab. Wobei trocken bei Matthias Müller immer bedeutet, dass die Weine im oberen Bereich dessen angesiedelt sind, was gesetzlich erlaubt ist, die meisten trockenen Rieslinge sind nah an den zulässigen 9 Gramm Restzucker. Aber Rieslinge vom Mittelrhein vertragen das. Der Riesling von alten Reben ist klar, fruchtbetont und zupackend, besitzt feine süße Frucht. Der Mandelstein-Riesling ist enorm würzig, aber ebenso fruchtbetont und zupackend. Sein Kollege aus der Feuerlay ist kraftvoller, konzentrierter, aber ebenfalls klar und zupackend. In diesem Lagen-Trio ist der Wein aus dem Ohlenberg unser leichter Favorit, er ist wunderschön reintönig und frisch, fruchtbetont, besitzt gute Struktur und Länge. Aus dem Ohlenberg stammt in diesem Jahr wie so oft auch der trockene Edition MM-Riesling. Er zeigt gute Konzentration und reife Frucht im Bouquet, ist füllig und kraftvoll im Mund, besitzt viel reife Frucht und Substanz. Das Große Gewächs aus dem Engelstein zeigt rauchige Noten, gute Konzentration, ist füllig und saftig bei reifer süßer Frucht. Unsere ganz leichte Präferenz, bei gleicher Bewertung, gilt dem neuen Großen Gewächs, dem Riesling aus der Rabenlei, der ebenfalls rauchig und konzentriert ist, etwas gelbe Früchte zeigt, gute Substanz und viel reife süße Frucht besitzt. Der feinherbe Riesling von alten Reben zeigt etwas gelbe Früchte, ist klar und geradlinig im Mund, Der Wein aus der Feuerlay ist würzig, frisch und zupackend, besitzt feine süße Frucht und Biss. Mächtig viel Stoff besitzt der feinherbe Riesling aus der Edition MM, der 2016 wie so oft aus dem Mandelstein stammt. Er zeigt gute Konzentration, reife Frucht, gelbe Früchte, ist füllig und saftig, besitzt herrlich viel Frucht und Substanz, gute Struktur und Biss. Die süße Spätlese aus dem Engelstein schließlich ist würzig und frisch, lebhaft, klar und zupackend. Eine starke, stimmige Kollektion!

Weinbewertung

84	2016 Riesling trocken „Alte Reben" Bopparder Hamm	**12,5 %/8,- €**
83	2016 Riesling trocken Bopparder Hamm Mandelstein	**13 %/10,- €**
85	2016 Riesling trocken Bopparder Hamm Feuerlay	**13 %/9,- €**
86	2016 Riesling trocken Bopparder Hamm Ohlenberg	**13 %/10,- €**
88	2016 Riesling trocken „Edition MM" Bopparder Hamm Ohlenberg	**13 %/14,30 €**
89	2016 Riesling trocken „GG" Bopparder Hamm Engelstein	**13,5 %/20,- €**
89	2016 Riesling trocken „GG" „An der Rabenlei" Bopparder Hamm	**13 %/20,- €**
85	2016 Riesling „feinherb Alte Reben" Bopparder Hamm	**12 %/8,- €**
86	2016 Riesling „feinherb" Bopparder Hamm Feuerlay	**12 %/10,- €**
89	2016 Riesling „feinherb Edition MM" Bopparder Hamm Mandelstein	**12,5 %/14,30€**
86	2016 Riesling Spätlese Bopparder Hamm Engelstein	**8 %/10,- €**

M

LAGEN

MANDELSTEIN
(BOPPARDER HAMM)
ENGELSTEIN
(BOPPARDER HAMM)
OHLENBERG
(BOPPARDER HAMM)
– AN DER RABENLEI
(BOPPARDER HAMM)
FEUERLAY
(BOPPARDER HAMM)

REBSORTEN

RIESLING (92 %)
GRAUBURGUNDER (6 %)
WEISSBURGUNDER (2 %)

Max Müller I

★★★★

KONTAKT

Hauptstraße 46
97332 Volkach
Tel. 09381-1218
Fax: 09381-1690
www.max-mueller.de
info@max-mueller.de

Inhaber
Rainer & Monika Müller
Rebfläche
18,4 Hektar
Produktion
120.000 Flaschen

BESUCHSZEITEN

Mo.-Fr. 9-18 Uhr, Sa. 9-15 Uhr, So. 10-12 Uhr

Das seit 1991 von Rainer und Monika Müller geführte Familienweingut hat seinen Sitz in einem 1692 von den Würzburger Fürstbischöfen erbauten Winzerhof. Die Weinberge liegen in Volkach, Astheim, Sommerach, Escherndorf und Obereisenheim. Wichtigste Rebsorte ist Silvaner, der 38 Prozent der Rebfläche einnimmt. Es folgen Müller-Thurgau und Riesling, dazu gibt es Weißburgunder, Scheurebe und Bacchus. Die roten Sorten Spätburgunder, Domina und Portugieser nehmen 12 Prozent der Rebfläche ein. Die Weißweine werden teils im Edelstahl, teils im Holz ausgebaut, besondere Lagen im Halbstückfass, die Weine bleiben lange auf der Vollhefe. Die Maischestandzeiten wurden ausgedehnt, ebenso Spontangärung und Batonnage. Die Rotweine kommen nach der Maischegärung ins große Holzfass, Domina auch ins Barrique. 2008 wurde eine moderne Vinothek eröffnet. Traditionell bildeten die trockenen Spätlesen die Spitze des Sortiments; diese Spitze wurde durch die Lancierung neuer Weine in den vergangenen Jahren erweitert. 2008 wurden zwei Silvaner neu eingeführt. Der Eigenart genannte Silvaner wird in neuen 600 Liter-Fässern ausgebaut; der Silvaner Alte Reben stammt von über 40 Jahre alten Reben in der Lage Wilm, einer Teillage des Sommeracher Katzenkopf. Mit dem Jahrgang 2011 wurden gleich drei „neue" Weine im Top-Segment eingeführt: Die trockene Riesling Spätlese aus dem Lump gibt es nun auch in einer „Alte Reben"-Version; der „Lump 64", stammt von einem 1964 gemischt gepflanzten Weinberg aus etwa 55 Prozent Riesling, 40 Prozent Silvaner und etwas Traminer; der Riesling „Berg" stammt aus dem steilen Filetstück des Volkacher Ratsherr. 2012 brachte das Debüt des „Main Stoff", eines maischevergorenen Silvaners, 2015 des Lump-Silvaners. Nicht viele Weingüter in Franken zeigen seit den neunziger Jahren ein solch konstant hohes Niveau. Rainer Müller hat die Rebfläche kontinuierlich erweitert, der Qualität tat dies keinen Abbruch, im Gegenteil. In den letzten Jahren haben die Spitzenweine weiter an Profil und Klasse gewonnen, vor allem der Silvaner von alten Reben und der „Eigenart"-Silvaner, aber auch Weißburgunder, Riesling und Lump 64. Sohn Christian hat die Verantwortung im Keller übernommen.

Kollektion

Mit der neuen Kollektion bestätigen die Müllers die Auszeichnung als Weingut des Jahres im vergangenen Jahr, sie schließt nahtlos an die starken Vorjahre an. Einfach Müller: süffig, frisch, fruchtbetont – die Basis stimmt. Wunderschön reintönig und harmonisch ist der trockene Silvaner Kabinett, der Ratsherr-Silvaner besitzt gute Fülle, reintönige Frucht und Substanz. Enorm viel Konzentration besitzt der Lump-Silvaner, ist offen, zeigt gelbe Früchte, Birnen, ist saftig und füllig. Auch der Eigenart-Silvaner ist offen,

zeigt herrlich viel Frucht, ist füllig und saftig, besitzt viel Substanz und Länge. Unser Favorit in der starken Silvaner-Riege ist in diesem Jahr der Wein von alten Reben im Katzenkopf, der intensive Frucht zeigt, rauchige Noten, wunderschön füllig und saftig ist, reintönige reife Frucht besitzt, Substanz und Länge. Aber nicht nur die Silvaner überzeugen, auch mit anderen Rebsorten trumpft das Weingut auf. Die Scheurebe ist wunderschön reintönig, harmonisch, süffig und lang. Der Weißburgunder besitzt reintönige Frucht, gute Harmonie und Länge, die Holzfass-Variante ist konzentriert, rauchig, kraftvoll und stoffig. Der Berg-Riesling ist frisch und würzig im Bouquet, klar und zupackend im Mund, geradlinig, hat Biss, der Riesling aus dem Lump ist konzentriert, klar und saftig, besitzt reintönige Frucht, gute Struktur und Frische. Noch sehr jugendlich ist der Gemischte Satz von 1964 gepflanzten Reben, zeigt feine Würze und Duft, gute Konzentration, ist kraftvoll im Mund, stoffig, kompakt, besitzt viel Substanz. Starke Kollektion!

Weinbewertung

85 2016 Müller-Thurgau trocken „Einfach Müller" **11,5 %/7,- €**
88 2016 Silvaner Kabinett trocken Volkacher Ratsherr **12 %/8,50 €** ☺
89 2016 Silvaner trocken Volkach Ratsherr **13 %/16,- €**
89 2016 Weißburgunder trocken Sommerach Katzenkopf **12,5 %/11,50 €** ☺
88 2016 Scheurebe trocken Sommeracher Katzenkopf **12,5 %/11,50 €**
89 2016 Riesling trocken „Berg" **13 %/16,- €**
89 2016 Riesling trocken Escherndorfer Lump **13 %/16,- €**
91 2016 Silvaner trocken „Eigenart" Holzfass **13 %/18,- €** ☺
92 2016 Silvaner trocken „Alte Reben" Katzenkopf **13 %/21,- €** ☺
90 2016 Silvaner trocken Eschendorfer Lump **13 %/24,- €**
90 2016 Weißburgunder trocken Holzfass Sommerach Katzenkopf **13 %/18,- €**
90 2016 „Lump 64" Gemischter Satz trocken **12,5 %/a.A.**

LAGEN

RATSHERR (VOLKACH)
KARTHÄUSER (VOLKACH)
LUMP (ESCHERNDORF
KATZENKOPF (SOMMERACH)

REBSORTEN

SILVANER (38 %)
MÜLLER-THURGAU (18 %)
RIESLING (15 %)
WEISSBURGUNDER (7 %

Müller!

★

KONTAKT

Müller! Das Weingut
Am Marktplatz 12
97762 Hammelburg
Tel. 09732-78770
Fax: 09732-787749
www.weingut-weinhotel-mueller.de
weingut@frankenwein-mueller.de

Inhaber
Thomas & Florian Müller GbR
Rebfläche
8,5 Hektar
Produktion
30.000 Flaschen

BESUCHSZEITEN

Mo.-Mi. 9-21 Uhr, Di. nach Vereinbarung
Weinhotel, Restaurant, Vinothek

Thomas Müller, damals Betriebsleiter des Städtischen Weinguts Schloss Saaleck, und Ehefrau Gabriele gründeten 1991 ihr eigenes Weingut. 2008 übernahmen sie den Gasthof Zum Engel am Hammelburger Marktplatz, den sie zum Weinhotel Müller umbauten und in dem sie eine Vinothek einrichteten. Heute ist Sohn Florian Müller, gelernter Weinbautechniker mit Auslandserfahrungen in Neuseeland und Österreich, für den Weinausbau verantwortlich. Die Weinberge von Thomas und Florian Müller liegen vor allem in den Hammelburger Lagen Trautlestal und Heroldsberg, aber auch in der Fuchsstadter Rubenhöll und im Feuerthaler Kreuz. Silvaner ist mit einem Anteil von 40 Prozent die mit Abstand wichtigste Rebsorte, es folgen Müller-Thurgau, Bacchus, Kerner, Weißburgunder und Riesling, als Spezialität gibt es Merzling, an roten Sorten werden Domina, Spätburgunder, Regent und Dornfelder angebaut, die Spitzenweine werden im Barrique ausgebaut, hin und wieder auch Weißweine.

Kollektion

Die 2016er Weißweine sind frisch und geradlinig, deutlich besser gefällt uns aus diesem Jahrgang der Spätburgunder, der feine Frische und reintönige Frucht besitzt. Die herausragenden Weine der Kollektion stammen aus den Vorjahren. Der erbgut-Silvaner, Jahrgang 2014, ist kompakt, kraftvoll und strukturiert. Noch etwas besser gefällt uns der adhoc-Silvaner, der ebenfalls füllig und kraftvoll ist, gute Struktur und Substanz besitzt, noch ein klein wenig druckvoller ist. Gleichauf sehen wir den im Barrique ausgebauten Weißburgunder, Jahrgang 2014, der deutlich vom Holzausbau geprägt ist, aber reife Frucht dagegenhält, gute Struktur und Druck besitzt.

Weinbewertung

80 2016 Silvaner trocken **12 %/5,60 €**
81 2016 Müller-Thurgau trocken **12 %/5,60 €**
81 2016 Müller-Thurgau Kabinett Hammelburger Heroldsberg **11,5 %/6,30 €**
81 2016 Silvaner Kabinett Hammelburger Heroldsberg **12 %/7,- €**
82 2016 Weißer Burgunder Kabinett Hammelburger Heroldsberg **12,5 %/7,50 €**
80 2016 Riesling Kabinett Hammelburger Heroldsberg **12 %/7,50 €**
86 2014 Weißburgunder Spätlese Barrique Hammelburger Heroldsberg **13 %/13,50 €**
85 2014 Silvaner Spätlese trocken „erbgut" Hammelburger Heroldsberg **13 %/16,50 €**
86 2015 Silvaner Spätlese „adhoc" Hammelburger Heroldsberg **13 %/16,50 €**
80 2016 „Läuft Weiß" Weißwein **11,5 %/5,60 €**
82 2016 Bacchus **11,5 %/5,60 €**
81 2016 „Läuft Rosa" Rotling **11,5 %/5,60 €**
82 2016 „Läuft Rot" Rotwein **12,5 %/6,80 €**
84 2016 Spätburgunder trocken Hammelburger Heroldsberg **13 %/7,50 €**

Müller-Dr. Becker

★☆

KONTAKT

Vordergasse 14-18
67592 Flörsheim-Dalsheim
Tel. 06243.5524
Fax: 06243.6227
www.mueller-dr-becker.de
info@mueller-dr-becker.de

Inhaber
Jochen Becker
Rebfläche
14 Hektar
Produktion
120.000 Flaschen

BESUCHSZEITEN

Mo.-Fr. 9-18 Uhr, um Anmeldung wird gebeten, Wochenende nach Vereinbarung

Die Familie betreibt Weinbau in der zwölften Generation, seit 2006 führt Jochen Becker das Gut, der nach seinem Studium in Hohenheim bei Weingütern in Kalifornien und in Südfrankreich Praxiserfahrungen sammelte. Seine Weinberge liegen alle in Dalsheim in den Lagen Bürgel, Hubacker, Steig und Sauloch, die Reben wachsen auf unterschiedlichen Böden von tiefgründigen Lehm-Löss-Böden über Muschelkalkböden bis hin zu schweren Lettenböden. Gut drei Fünftel der Fläche nehmen weiße Rebsorten ein wie Riesling (30 Prozent), Weißburgunder, Grauburgunder, Chardonnay, Silvaner, Müller-Thurgau und Gewürztraminer, auch Muskateller oder Muskat-Ottonel. An roten Sorten gibt es hauptsächlich Spätburgunder, Schwarzriesling und St. Laurent.

Kollektion

Wie schon in den Vorjahren ist die Kollektion recht stimmig, dieses Jahr aber finden wir unseren Favoriten im roten Segment. Fangen wir damit an: Der Bürgel-Spätburgunder des Jahrgangs 2014 zeigt rauchige Noten und reintönige Frucht, ist klar und zupackend, besitzt gute Struktur und Frucht. Auch der Saint Laurent, ebenfalls aus dem Bürgel und ebenfalls Jahrgang 2014, ist sehr gut, zeigt gute Konzentration und Gewürze, besitzt Fülle und Kraft, reife Frucht, gute Struktur und Substanz. Der Schwarzriesling ist lebhaft und reintönig, die rote Cuvée frisch und zupackend. Der Silvaner ist lebhaft und zupackend wie auch der sehr sortentypische Muskateller, der Chardonnay besitzt gute Struktur und gute Konzentration. Stimmig ist die Riesling-Linie: Der Literwein ist lebhaft, der Dalsheimer Ortswein würzig und zupackend, der Bürgel-Riesling besitzt reintönige Frucht, gute Struktur und Frische. Ein klein wenig besser noch gefällt uns in diesem Jahr der Riesling vom Brummelochsenboden, der Fülle und Kraft besitzt, gute Struktur, Substanz und Frucht.

Weinbewertung

79	2016 Riesling trocken (1l) **11,5 %/5,- €**
82	2016 Grüner Silvaner trocken **11,5 %/5,50 €**
83	2016 Riesling trocken „Unikat" Dalsheimer **13 %/9,50 €**
84	2016 Riesling trocken Dalsheimer „vom" Bürgel **13 %/7,30 €**
85	2016 Riesling „vom Brummelochsenboden" Sauloch **13 %/9,50 €**
85	2016 Weißer Burgunder „Alte Reben" Dalsheimer Steig **13 %/9,40 €**
85	2015 Chardonnay trocken „MDCXXV" Dalsheimer Bürgel **13 %/9,80 €**
83	2016 Gelber Muskateller und Muskat Ottonel Dalsheimer Steig **12 %/8,80 €**
83	2015 Schwarzriesling trocken Dalsheimer Bürgel **12,5 %/7,30 €**
85	2014 Saint Laurent trocken „MDCXXV" Dalsheimer Bürgel **14 %/16,- €**
87	2014 Spätburgunder trocken „MDCXXV" Dalsheimer Bürgel **13,5 %/18,- €**
83	2015 „Arras" Rotwein trocken **13 %/11,50 €**

Müller-Catoir

★★★★

KONTAKT

Mandelring 25
67433 Neustadt-Haardt
Tel. 06321-2815
Fax: 06321-480014
www.mueller-catoir.de
weingut@mueller-catoir.de

Inhaber
Philipp David Catoir
Betriebsleiter
Martin Franzen
Rebfläche
21 Hektar
Produktion
135.000 Flaschen

M

BESUCHSZEITEN

Mo.-Fr. 8-12 + 13-17 Uhr,
Sa. 10-14 Uhr (Gruppen nach Vereinbarung)

Die Familie Catoir, eine Hugenottenfamilie, betreibt nachweislich seit 1744 Weinbau in der Pfalz, hat ihren Sitz in einem im 18. Jahrhundert ursprünglich im Barockstil erbauten Gutshaus im Neustadter Stadtteil Haardt. An der Wende vom 19. zum 20. Jahrhunderts erhielt das Gebäude sein heutiges Gesicht als es – ganz typisch für die Gründerzeit – im neoklassizistischen Stil erweitert wurde. Jakob Heinrich Catoir hatte zusammen mit Kellermeister Hans Günter Schwarz das Weingut Müller-Catoir seit den sechziger Jahren in die Pfälzer Spitzenklasse geführt. 2002 hat sein Sohn Philipp David Catoir, studierter Architekt, den Betrieb übernommen, führt ihn in neunter Generation, und auch im Keller fand ein Stabwechsel statt, Martin Franzen hat die Nachfolge von Hans Günter Schwarz angetreten. Franzen stammt ursprünglich von der Mosel, hat in Geisenheim und Dijon studiert und war danach an der Nahe und in der Ortenau tätig. Die Weinberge von Philipp David Catoir liegen in den Haardter Lagen Bürgergarten, Herzog, Mandelring und Herrenletten, in den Gimmeldinger Lagen Mandelgarten und Schlössel, in der Mußbacher Eselshaut, aber auch in Neustadt (Grain, Mönchgarten) und Hambach (Römerbrunnen). Im Kernstück des Bürgergartens besitzt er eine 2,8 Hektar große arrondierte Fläche, „Im Breumel" genannt, von Sandsteinmauern umgeben, aus der das einzige Große Gewächs erzeugt wird. Der Boden im Breumel ist tiefgründig und karger als im unteren Teil des Bürgergartens, besteht aus Buntsandsteinschotter mit hohem zersetzten Steinanteil und Lösslehmeinlagerungen, die Lage ist Süd-Südost-exponiert, erwärmt sich morgens schnell, kühlt abends aber durch die Nähe zum Waldrand deutlich ab. Riesling ist mit Abstand die wichtigste Rebsorte, nimmt 60 Prozent der Rebfläche ein. Hinzu kommen Weißburgunder und Grauburgunder, Rieslaner, Muskateller und Scheurebe, sowie Spätburgunder. Seit dem Jahrgang 2015 ist das Weingut ökologisch zertifiziert.

Kollektion

Auch im Jahrgang 2016, in dem es nur wenige edelsüße Weine gab, wurde bei Müller-Catoir wieder eine kleine Menge einer ganz und gar faszinierenden Trockenbeerenauslese vom Rieslaner aus dem Haardter Herzog erzeugt: Der tiefgoldenfarbene Wein ist konzentriert und komplex im Bouquet, zeigt Noten von süßen Aprikosen, Pfirsichen, Nougat und Waldhonig, er ist ölig-dicht, besitzt einen präzisen Säure-Biss und viel Potential, ist herrlich nachhaltig und bleibt lange, lange am Gaumen. Auch die Rieslaner-Beerenauslese ist sehr gut gelungen, zeigt Aromen von Aprikosen, grünem Apfel, Nougat und etwas Kakao, ist cremig und konzentriert, besitzt Zitruswürze, ein animierendes Säure-Spiel und gute Länge. Die Rieslaner-Auslese zeigt ebenfalls die typischen Nougatnoten, süße Aprikosen und etwas Kräuterwürze, besitzt Kraft, Frische, Biss und Länge, die Riesling-Spätlese aus dem Bürgergarten ist eindringlich und reintönig, zeigt Pfirsich, Aprikose, Zitrusnoten und etwas mineralische Würze, besitzt gute Konzentration, ist schlank und elegant. Unter den trockenen Weinen liegt wie gewohnt das Große Gewächs „Im Breumel" vorne, der Riesling zeigt Steinobstnoten, etwas mineralische Würze und Brotkruste, besitzt Kraft und gute Konzentration, ist aber auch schlank, wirkt insgesamt noch sehr kompakt und jung und besitzt Potential. Auch die beiden Erste Lage-Rieslinge sind noch sehr jung und brauchen noch Zeit. Gaben wir letztes Jahr knapp dem Herrenletten den Vorzug, so sehen wir sie in diesem Jahr gleichauf, der Bürgergarten ist steinig-mineralisch, zeigt etwas Brotkruste, bleibt in der Frucht zurückhaltend, ist nachhaltig und besitzt Biss, der Herrenletten ist ebenfalls noch leicht verschlossen, zeigt etwas Zitrusnoten, Ananas und Grapefruit, besitzt gute Konzentration und Potential. Auch die beiden Ortsrieslinge sehen wir auf einem Niveau, beide zeigen sie steinig-mineralische Noten, der Riesling aus Haardt zudem etwas Brotkruste und Zitruswürze, der Gimmeldinger Riesling zeigt Noten von grünem Apfel und Grapefruit, beide besitzen feinen, lebendigen Säure-Biss. Der Gutsriesling ist kräutrig, saftig und frisch, der Weißburgunder zeigt klare Birnenfrucht und florale Noten, ist saftig, geradlinig und reintönig, die trockene Scheurebe zeigt Zitrusnoten und etwas Cassis im Bouquet, ist fruchtbetont, würzig und frisch.

Weinbewertung

85 2016 Riesling trocken „MC" **12 %/9,- €**
86 2016 Scheurebe trocken Haardt **12 %/12,- €**
86 2016 Weißburgunder trocken Haardt **12,5 %/12,- €**
86 2016 Riesling trocken Haardt **12 %/12,- €**
86 2016 Riesling trocken Gimmeldingen **12 %/12,- €**
88 2016 Riesling trocken Haardter Bürgergarten **12 %/18,- €**
88 2016 Riesling trocken Haardter Herrenletten **12,5 %/18,- €**
90 2016 Riesling „GG" Bürgergarten „Im Breumel" **12,5 %/28,- €**
88 2016 Riesling Spätlese Haardter Bürgergarten **8,5 %/18,- €**
89 2016 Rieslaner Auslese Haardter Herzog **11 %/18,- €/0,375l**
91 2016 Rieslaner Beerenauslese Haardter Herzog **10 %/38,- €/0,375l**
94 2016 Rieslaner Trockenbeerenauslese Haardter Herzog **8,5 %/64,- €/0,375l**

LAGEN

HERRENLETTEN (HAARDT)
BÜRGERGARTEN (HAARDT)
- IM BREUMEL (HAARDT)
HERZOG (HAARDT)
MANDELRING (HAARDT)
MANDELGARTEN (GIMMELDINGEN)
SCHLÖSSEL (GIMMELDINGEN)

REBSORTEN

RIESLING (60 %)
WEISSBURGUNDER (15 %)
GRAUBURGUNDER (5 %)
MUSKATELLER (5 %)
SCHEUREBE (5 %)
RIESLANER (5 %)
SPÄTBURGUNDER (5 %)

MÜNZBERG

★★★

KONTAKT

Böchinger Straße 51
76829 Landau-Godramstein
Tel. 06341-60935
Fax: 06341-64210
www.weingut-muenzberg.de
wein@weingut-muenzberg.de

Inhaber
Gunter Keßler
Rebfläche
17 Hektar
Produktion
120.000 Flaschen

M

BESUCHSZEITEN

Mo.-Fr. 8-12 + 14-18 Uhr,
Sa. 9-16 Uhr

Lothar Keßler zog 1974 aus dem Godramsteiner Ortskern an den Münzberg um. Nachdem seine Söhne Rainer und Gunter Keßler das Gut zunächst gemeinsam führten ist seit Oktober 2013 Gunter alleine dafür verantwortlich. 60 Prozent der Fläche nehmen die Burgundersorten und Chardonnay ein.

Kollektion

Gunter Keßler präsentiert uns einmal mehr eine Kollektion wie aus einem Guss, in der, bis auf die Gewürztraminer und Liter- und Gutsrieslinge, alle Weine konsequent trocken ausgebaut sind, vordergründige Primärfrucht spielt bei den Weinen keine Rolle, stattdessen setzt Keßler auf würzige und mineralische Noten. Bei den Guts-, Orts- und Erste Lage-Weinen sehen wir in diesem Jahr jeweils Chardonnay, Weiß- und Grauburgunder auf einem gleichmäßigen Niveau, Riesling liegt knapp dahinter, aber alle Weine sind sehr sortentypisch. An der Spitze liegen die drei Großen Gewächse, der Weißburgunder besitzt Konzentration, Kraft und Länge, zeigt feine gelbe Frucht und florale Noten, der Riesling zeigt viel kräutrig-mineralische Würze, besitzt Biss, der Spätburgunder zeigt dunkle Kirschfrucht, besitzt Eleganz und Struktur.

Weinbewertung

87	2013 Pinot Sekt brut **12 %/16,- €**
83	2016 „Spicy & Sweet" Perlwein **9,5 %/9,50 €**
81	2016 Riesling trocken (1l) **12,5 %/5,50 €**
84	2016 Grauer Burgunder trocken **13 %/7,50 €**
84	2016 Weißer Burgunder trocken **12 %/7,50 €**
84	2016 Riesling trocken **12 %/7,50 €**
87	2016 Grauer Burgunder trocken „Kalkmergel" Godramstein **13,5 %/12,- €**
87	2016 Weißer Burgunder trocken „Löss-Lehm" Godramstein **13,5 %/12,- €**
87	2016 Chardonnay trocken „Kalkgestein" Godramstein **13 %/12,- €**
86	2016 Riesling trocken „Kalkgestein" Godramstein **12,5 %/12,- €**
88	2016 Grauer Burgunder trocken Godramstein Schneckenberg **13,5 %/16,- €**
88	2016 Weißer Burgunder trocken Godramstein Ochsenloch **13,5 %/16,- €**
88	2016 Chardonnay trocken Godramstein Stahlbühl **13,5 %/22,- €**
87	2016 Riesling trocken Godramstein An der Kalkgrube **12,5 %/16,- €**
90	2016 Weißer Burgunder „GG" Münzberg „Schlangenpfiff" **13,5 %/22,50 €**
89	2016 Riesling „GG" Münzberg „Schlangenpfiff" **12,5 %/22,50 €**
85	2016 Gewürztraminer Kabinett **9,5 %/8,50 €**
83	2016 Spätburgunder Rosé trocken **12 %/7,50 €**
84	2014 „Cuvée Gustav" Rotwein trocken **13 %/15,- €**
83	2014 Spätburgunder trocken **13 %/9,- €**
86	2014 Spätburgunder trocken „Kalkgestein" Godramstein **13 %/18,- €**
89	2014 Spätburgunder „GG" Münzberg „Schlangenpfiff" **13,5 %/30,- €**

Münzenberger

★☆

Kontakt

Lindenplatz 9
55270 Zornheim
Tel. 06136-44573
Fax: 06136-46904
www.weingut-muenzenberger.de
info@weingut-muenzenberger.de

Inhaber
Andreas Münzenberger
Rebfläche
18 Hektar
Produktion
50.000 Flaschen

Besuchszeiten

nach Vereinbarung

Andreas Münzenberger führt heute in zweiter Generation das 1963 von Hans-Walter Münzenberger gegründete Weingut, hat sich ganz auf Weinbau spezialisiert. Seine Weinberge liegen in Zornheim in den Lagen Pilgerweg, Vogelsang, Mönchbäumchen und Guldenmorgen, in den beiden Hahnheimer Lagen Knopf und Moosberg, aber auch in Selzen (Gottesgarten, Osterberg) und in Nierstein (Pfaffenkappe). 17 weiße und 10 rote Rebsorten baut er an, wobei die weißen Rebsorten wie Riesling, Müller-Thurgau, Grauburgunder, Silvaner oder Sauvignon Blanc 70 Prozent der Fläche einnehmen. Wichtigste rote Rebsorten sind Dornfelder, Portugieser, Spätburgunder und Frühburgunder.

Kollektion

Eine umfangreiche, sehr stimmige Kollektion präsentiert Andreas Münzenberger in diesem Jahr. Der Kalkmergel-Weißburgunder ist fruchtbetont und lebhaft, der Sauvignon Blanc zeigt intensiv Stachelbeeren, ist klar, zupackend und strukturiert. Auch die umfangreiche Riesling-Riege kann sich sehen lassen. Der Feuerstein-Riesling ist rauchig, kraftvoll und strukturiert, der Lagenwein aus dem Guldenmorgen besitzt Fülle und Kraft, reintönige Frucht, ist noch sehr jugendlich. Dies gilt auch für den Riesling von alten Reben im Osterberg, der konzentriert, füllig und saftig ist, der ebenfalls präsentierte 2014er zeigt deutliche Reife, besitzt feine süße Frucht. Auch die Rotweine überzeugen, der fruchtbetonte Frühburgunder ebenso wie die intensive Cuvée Infinity, an der Spitze steht der rauchige, kraftvolle Spätburgunder von alten Reben im Vogelsang.

Weinbewertung

83 2016 Pinot Noir „Blanc de Noir" trocken „Surprise" **11,5 %/6,30 €**
84 2016 Weißburgunder trocken „Kalkmergel" Zornheim **12 %/6,90 €**
81 2016 Grauer Burgunder Classic **13 %/6,90 €**
84 2016 Sauvignon Blanc trocken „Zwei Erden" **11,5 %/6,80 €**
82 2016 Chardonnay trocken „Grüner Letten" Selzen **12,5 %/6,90 €**
81 2016 Riesling trocken „Vinum Montanum" Zornheim **11,5 %/7,20 €**
84 2016 Riesling trocken „Feuerstein" Hahnheim **11,5 %/7,90 €**
86 2016 Riesling trocken „Beyond the Matrix" Zornheimer Guldenmorgen **12 %/12,90 €**
83 2014 Riesling trocken „Alte Reben" Selzener Osterberg **13,5 %/14,90 €**
86 2016 Riesling trocken „Alte Reben" Selzener Osterberg **13 %/15,80 €**
83 2016 Gelber Muskateller „feinherb" „La Fleur" **10,5 %/6,50 €**
84 2015 Frühburgunder trocken „Red Romance" Zornheim **12 %/7,30 €**
84 2015 „Infinity" Rotwein trocken **13 %/8,90 €**
83 2015 Spätburgunder trocken „Kalkstein" Hahnheim **13 %/6,90 €**
85 2014 Spätburgunder trocken Barrique „Alte Reben" Vogelsang **13,5 %/16,90 €**

G.H. von Mumm

★★☆

KONTAKT

Am Erntebringer 9a
65366 Geisenheim
Tel. 06722-70090
Fax: 06722-700933
www.mumm.de
info@schloss-johannisberg.de

Geschäftsführer
Stefan Doktor, Marcel Szopa
Rebfläche
60 Hektar
Produktion
400.000 Flaschen

BESUCHSZEITEN

Mo.-Fr. 10-13 + 14-18, Sa. + So. 11-17 Uhr
Guts-Restaurant Burg Schwarzenstein (täglich ab 12 Uhr geöffnet, Tel. 06722-99500)
Gutsschänke Schloss Johannisberg (täglich ab 11:30 Uhr geöffnet, Tel. 06722-96090)

Der Weinhändler Gottlieb Mumm erwarb 1811 die gesamte Ernte des Jahrgangs von Schloss Johannisberg und legte damit den Grundstein für das 1822 gegründete Gut G.H. von Mumm, er erweiterte die Rebfläche und gründete 1827 mit Partnern in Reims ein noch heute existierendes Champagnerhaus. In den fünfziger Jahren des 20. Jahrhunderts wurde das Weingut von der Oetker-Gruppe übernommen und 1980 mit dem ebenfalls zur Gruppe gehörenden Schloss Johannisberg zusammengelegt. Beide Betriebe werden als getrennte Weingüter geführt, stehen aber unter gemeinsamer Verwaltung. Die Weinberge liegen in verschiedenen Rheingauer Gemarkungen, so in Johannisberg (Hölle, Schwarzenstein, Hansenberg, Mittelhölle, Vogelsang, Goldatzel, Klaus), Assmannshausen (Höllenberg, Hinterkirch), Rüdesheim (Berg Rottland, Drachenstein), Geisenheim und Winkel. Neben dem dominierenden Riesling gibt es Spätburgunder und ein klein wenig Weißburgunder.

Kollektion

Da in diesem Jahrgang keine Spitzenweine gezeigt wurden, muss der Blick auf die einfachen bis mittleren Qualitäten genügen. Die Weine sind zwar klar und frisch, es mangelt ihnen jedoch etwas an Substanz und Individualität. Von den Weißweinen gefallen uns am besten der brillant klare und geradlinige trockene Kabinett Burg Schwarzenstein mit seiner mineralischen Ader, sowie die beiden fülligeren Riesling-Ortsweine aus Rüdesheim und Johannisberg, von denen der Johannisberger noch ein wenig konzentrierter und nachhaltiger als der Rüdesheimer ist. Beide Spätburgunder sind fruchtbetont, aber eher einfach. Der 2015er Gutswein ist sortentypisch, frisch und klar und genau wie der kräftigere 2015er Assmannshäuser Spätburgunder sehr trocken ausgebaut.

Weinbewertung

82	2016 Weißburgunder trocken	**13,5 %/9,30 €**
82	2016 Riesling trocken „Mineral"	**13 %/8,50 €**
84	2016 Riesling trocken Rüdesheimer	**12,5 %/11,50 €**
85	2016 Riesling trocken Johannisberger	**12,5 %/11,50 €**
83	2016 Riesling Kabinett trocken „Burg" Schwarzenstein	**11,5 %/11,- €**
83	2016 Roter Riesling „feinherb"	**12,5 %/13,- €**
84	2016 Riesling „feinherb Taunusquarzit"	**12 %/8,50 €**
81	2016 Spätburgunder Weißherbst Assmannshäuser	**12 %/8,90 €**
83	2015 Spätburgunder trocken	**13,5 %/10,- €**
84	2015 Spätburgunder trocken Assmannshäuser	**13,5 %/15,- €**

Mussler

★

KONTAKT

Am Goldberg 6
67281 Bissersheim
Tel. 06359-2490
Fax: 06359-86688
www.weingut-mussler.de
info@weingut-mussler.de

Inhaber
Sabine Mussler
Kellermeister
Steffen Mickley
Rebfläche
49 Hektar
Produktion
250.000 Flaschen

BESUCHSZEITEN

Mo.-Fr. 8-18 Uhr, Sa. 9-17 Uhr oder nach Vereinbarung

Johann Jacob Mussler begründete 1831 die Weinbautradition in der Familie, in den 1960er Jahren siedelten Ortrud und Arnold Mussler aus Platzgründen aus der Ortsmitte an den Rand von Bissersheim aus. 1999 übernahm Tobias Mussler die Leitung des Weinguts und weitete nach und nach die Betriebsgröße auf heute stattliche 49 Hektar aus. Im Mai 2016 verstarb er überraschend im Alter von nur 40 Jahren, seine Frau Sabine führt den Betrieb weiter. Angebaut werden etwa jeweils zur Hälfte weiße und rote Sorten, von Riesling, Grau-, Weiß- und Spätburgunder über Portugieser, Sankt Laurent und Gewürztraminer bis zu Sauvignon Blanc, Merlot und Cabernet Sauvignon. Das Sortiment ist gegliedert in Basisweine in der Literflasche, Guts-, Orts- und Lagenweine aus den besten Weinbergen des Betriebs im Kirchheimer Steinacker, dem Laumersheimer Steinbuckel und dem Bissersheimer Goldberg. Weitere Anlagen besitzt Sabine Mussler in den Laumersheimer Lagen Kapellenberg und Kirschgarten, im Großkarlbacher Burgweg und im Dirmsteiner Mandelpfad.

Kollektion

Ein Rotwein-Trio führt in diesem Jahr das Sortiment an, ganz vorne liegt ein sehr charmanter, runder und harmonischer Merlot mit viel klarer Frucht und guter Struktur, gefolgt von einem kräuterwürzigen, kraftvollen Cabernet Sauvignon und einem noch sehr vom Holz geprägten Spätburgunder. Ebenfalls sehr viel rauchige und röstige Würze zeigt der Sauvignon Blanc, der aber auch klare, typische Frucht besitzt. Die beiden Rieslinge aus dem Jahrgang 2015 zeigen schon leichte Reifenoten, der Kirschgarten besitzt deutlich mehr Substanz als der „Chako". Und die Gutsweine – Grauburgunder, Chardonnay, Blanc de Noir und Rosé – sind zwar sauber und frisch, könnten aber etwas mehr Sortentypizität zeigen.

Weinbewertung

80 2016 Riesling trocken (1l) **13 %/4,20 €**
83 2015 Riesling trocken „Chako" **12,5 %/14,80 €**
80 2016 Grauer Burgunder trocken **13 %/6,- €**
80 2016 Chardonnay trocken **13 %/6,- €**
84 2015 Sauvignon Blanc trocken Freinsheim **13 %/10,40 €**
85 2015 Riesling trocken Laumersheimer Kirschgarten **13 %/17,80 €**
79 2016 „Blanc de Noir" trocken **13 %/6,- €**
80 2016 „Cuvée Rosé" trocken **13 %/6,20 €**
83 2014 „Cuvée S" Rotwein trocken Bissersheim **14,5 %/9,40 €**
85 2014 Cabernet Sauvignon trocken Laumersheimer Steinbuckel **14,5 %/15,90 €**
86 2014 Merlot trocken Bissersheimer Goldberg **14 %/15,90 €**
85 2013 Spätburgunder trocken Bissersheimer Goldberg **13,5 %/22,90 €**

M

Georg Naegele

★★

KONTAKT

Schlossstraße 27-29
67434 Neustadt-Hambach
Tel. 06321-84896
Fax: 06321-30708
www.naegele-wein.de
info@naegele-wein.de

Inhaber
Familie Bonnet
Rebfläche
14 Hektar
Produktion
100.000 Flaschen

BESUCHSZEITEN

Mo.-Fr. 9:30-12 + 13-17:30 Uhr, Sa. 9:30-12 Uhr und nach Vereinbarung
Vinothek und Probenräume im alten Barockanwesen, Jahrgangspräsentation und Weinfest „Schwarz-Rot-Gold" am 3. Juni-Wochenende

N

Das Weingut Georg Naegele am Schlossberg in Hambach ist ein bereits 1796 gegründetes Familien-Weingut. Zu den Trauben der 14 Hektar eigenen Weinberge werden die Trauben von befreundeten Winzern hinzugekauft. Eva und Ralf Bonnet führen heute das Gut, unterstützt von ihren Eltern Volker und Gerda Bonnet. In den Weinbergen haben sie verstärkt rote Sorten angepflanzt, wie Domina, Cabernet Sauvignon, Cabernet Franc, Merlot, Dornfelder oder Spätburgunder. Hauptrebsorte ist aber weiterhin der Riesling mit einem Anteil von einem Drittel. An weißen Sorten gibt es noch Chardonnay, Grau- und Weißburgunder, Gewürztraminer, Rieslaner, Silvaner, Kerner und Müller-Thurgau. Unter dem Namen „Naegele Chronos" werden die im Barrique ausgebauten Spitzenweine angeboten.

Kollektion

Wie schon im vergangenen Jahr ist der „Sekt ohne Namen" aus Chardonnay und Spätburgunder unser Favorit in der aktuellen Kollektion, er ist saftig, animierend und sehr kraftvoll, gut gelungen sind auch die anderen Sekte, der fruchtbetonte Riesling mit frischem Säure-Spiel und der sehr aromatische, reintönige und geradlinige Muskateller-Sekt. Die Rotweine sind wie gewohnt sehr stoffig und kraftvoll, der „Chronos" zeigt viel rote und dunkle Frucht, die Spätburgunder besitzen Substanz und süße Frucht, auch wenn der Sortencharakter etwas unter dem hohen Alkoholgehalt leidet. Unter den Weißweinen sind der kräutrig-mineralische, füllige und komplexe Kirchenberg-Riesling und die „Chronos"-Cuvée aus Weißburgunder und Chardonnay mit feiner Holzwürze, Zitrusnoten, Fülle, Substanz und Potential unsere Favoriten.

Weinbewertung

86 2015 Muskateller Sekt extra brut „Muscat de Bonnet" **12,5 %/13,50 €**
86 2015 Riesling Sekt brut „Naegele De Luxe" **13 %/12,50 €**
88 2013 „Sekt ohne Namen 2.0" Sekt brut nature **13,5 %/15,- €**
87 2016 Weißburgunder & Chardonnay trocken „Naegele Chronos" **14 %/12,- €**
84 2016 Chardonnay trocken Hambacher Schlossberg **13 %/8,50 €**
82 2016 Riesling Kabinett trocken Hambacher Schlossberg **12 %/6,80 €**
84 2016 Riesling Spätlese trocken Hambacher Schlossberg **12,5 %/8,20 €**
86 2016 Grauburgunder trocken Hambach „Am Heidengraben" **13,5 %/9,50 €**
86 2016 Weißburgunder trocken Hambach „Im Kirschgarten" **13,5 %/10,- €**
87 2016 Riesling trocken Hambach „Am Kirchenberg" **13,5 %/11,- €**
84 2016 Riesling Spätlese Hambacher Römerbrunnen **10 %/8,20 €**
82 2016 „Blanc de Noirs" trocken **12 %/6,50 €**
87 2015 „Naegele Chronos" Rotwein trocken **14,5 %/15,- €**
85 2014 Spätburgunder trocken „Naegele Feuer" Schlossberg **14 %/12,50 €**
87 2015 Spätburgunder trocken „Naegele Kairos" Schlossberg **14 %/20,- €**

NÄGELE

★☆

KONTAKT

Schafgasse 12
74889 Sinsheim-Weiler
Tel. 07142-967512
Fax: 07143-811931
www.naegele-baden.de
weingut@naegele-baden.de

Inhaber
Tobias Nägele
Rebfläche
1,7 Hektar
Produktion
8.000 Flaschen

BESUCHSZEITEN

Fr. 9-18 Uhr oder nach Vereinbarung

Tobias Nägele ist nach Winzerlehre beim Weingut Zipf und Wirtschafterausbildung in Weinsberg seit 2003 Winzermeister, arbeitet seither im elterlichen 10 Hektar-Betrieb in Hessigheim, der seine Trauben an die Genossenschaft abliefert. 2011 kaufte er Weinberge in Michelfeld im Kraichgau und pachtete die Weinberge des Weinguts Rapp-Kiess am Eichtersheimer Kletterberg (mit 1975 gepflanzten Spätburgunder- und Rieslingreben), für den ersten Jahrgang 2012 kaufte er noch Trauben aus dem Eschelbacher Sonnenberg zu, ist auch im Michelbacher Himmelfeld vertreten. Vergoren wurden die Weine in Hessigheim, abgefüllt aber dann in Sinsheim, wo man eine alte Scheune erwarb und zur Weinkellerei umbaute. 2013 eröffnete er offiziell sein Weingut in Sinsheim-Weiler. Anfangs hatte Tobias Nägele Riesling, Kerner, Spätburgunder, Grauburgunder, Müller-Thurgau und Dornfelder im Anbau. 2014 hat er einen Hektar Reben neu bepflanzt mit Lemberger, Cabernet Franc, Sauvignon Blanc, Weißburgunder und Chardonnay.

Kollektion

Riesling und Spätburgunder bilden auch weiterhin die Spitze im Sortiment von Tobias Nägele, in diesem Jahr kommt eine Spätlese von Chardonnay hinzu. Fast durchgegoren, ist diese Spätlese dennoch herrlich saftig, zeigt viel klare Frucht, Schmelz und kräftiges Spiel. Die zweite weiße Spitze ist der Riesling Steillage von 2015. Er hat an Intensität noch zugelegt, hat eine feine, rauchige Würze und ist für eine Spätlese von 2015 eher leicht. Gut gefällt uns auch der Sekt mit frischen Zitrus- und Apfeltönen, er ist fokussiert mit feiner Perlage. Gerade nicht mehr trocken ist der Riesling Alte Reben, ähnlich wie die Steillage zeigt er feine Würze und saftige Frucht. Der Spätburgunder von 2015, im vergangenen Jahr als Fassprobe verkostet, hat sich gut entwickelt, er ist eindringlich, dicht, die saftige Frucht ist gut eingebunden in einem feinen Tanninkleid. –

Weinbewertung

86	2015 „Grande Cuvée" Sekt brut **12,5 %/12,80 €**
83	2016 „Weiß+trocken" Weißwein trocken **12 %/6,- €**
83	2016 „Weiß+Holz" Weißwein **13 %/7,90 €**
84	2016 Riesling trocken „Alte Reben" **12 %/8,50 €**
86	2016 Riesling trocken „Steillage" **12,5 %/9,80 €**
83	2016 Weißburgunder Kabinett trocken **13 %/8,90 €**
86	2016 Chardonnay Spätlese trocken **13,5 %/11,80 €**
82	2016 Sauvignon Blanc Kabinett trocken **12 %/12,90 €**
83	2016 Rosé trocken **12 %/6,- €**
82	2015 „Rot+Holz" Rotwein **12,5 %/7,90 €**
84	2014 Spätburgunder „Alte Reben" **13 %/9,80 €**
86	2015 Spätburgunder „Alte Reben" **13,5 %/9,80 €**

N

Nägelsförst

★★☆

KONTAKT

Nägelsförst 1
76534 Baden-Baden (Varnhalt)
Tel. 07223-35550
Fax: 07223-355556
www.naegelsfoerst.de
info@naegelsfoerst.de

Inhaber Weingut Nägelsförst GmbH & Co. KG
Betriebsleiter Steffen Röll
Produktion Annette Bähr
Verkauf Waldemar Krapiec
Rebfläche 33 Hektar
Produktion 170.000 Flaschen

BESUCHSZEITEN

Mo.-Fr. 9-18 Uhr, Sa. 10-16 Uhr, So. geschlossen
Probierstube, Herrenhaus mit Bankett-Räumen, Gutspark für Wein-Menüs

Gut Nägelsförst wurde 1268 als Hofgut des Zisterzienserinnenklosters Lichtenthal gegründet. Aus der Klosterchronik geht hervor, dass die Nonnen bereits 1344 Pinot Noir am „Klosterberg", dem Hausberg von Gut Nägelsförst pflanzten. Die Reben hatten die Nonnen aus dem Mutterkloster aus Cîteaux bei Beaune im Burgund mitgebracht. Mit dieser Erstpflanzung war der Grundstein für den Weinbau in der Region gesetzt. Nach der Säkularisierung gelangte das Anwesen in den Besitz der Markgrafen von Baden, später gehörte es unter anderem einem Bankier. Im Frühjahr 2016 hat ein süddeutscher Unternehmer das Weingut gekauft. Die Weinberge liegen im Varnhalter Klosterbergfelsen (granithaltige Böden), im Umweger Stich den Buben (Granit und Löss) und im Neuweierer Mauerberg (Granit und Porphyrschutt mit Lösslehmauflagen), aber auch in Waldulm und in Bühlertal. Wichtigste Rebsorten sind Riesling und Spätburgunder. Die restliche Fläche verteilt sich auf Weißburgunder, Chardonnay, Grauburgunder, Gewürztraminer und Sauvignon Blanc, sowie auf Cabernet Sauvignon und Merlot, inzwischen gibt es sogar etwas Tempranillo.

Kollektion

Eine stimmige Kollektion präsentiert Steffen Röll in diesem Jahr mit geradlinigen, kraftvollen Weinen. Die Rieslinge sind besonders stark, der gelbfruchtige Klosterbergfelsen besitzt reintönige Frucht, gute Struktur, Substanz, etwas besser noch gefällt uns der Wein aus dem Mauerberg, der etwas druckvoller und nachhaltiger ist. Gleichauf sehen wir den Stich den Buben-Weißburgunder, der Fülle, Struktur und reife Frucht besitzt. Auch auf edelsüß versteht man sich, das zeigt die präzise, reintönige Auslese, der füllige, recht süße Engelsfelsen-Spätburgunder rundet die gelungene Kollektion ab. —

Weinbewertung

82	2016 Riesling trocken **12,5 %/7,90 €**
84	2016 Riesling trocken Baden-Baden **12,5 %/12,90 €**
85	2016 Sauvignon Blanc trocken **12,5 %/9,90 €**
86	2016 Chardonnay trocken Baden-Baden **13,5 %/12,90 €**
84	2016 Weißburgunder trocken **13 %/8,90 €**
85	2016 Grauburgunder trocken **13 %/8,90 €**
88	2016 Riesling trocken „Steinterrassen" Mauerberg **13 %/15,90 €**
87	2016 Riesling trocken Klosterbergfelsen **12,5 %/15,90 €**
88	2016 Weißburgunder trocken Stich den Buben **13,5 %/18,90 €**
85	2016 Gewürztraminer „feinherb" Sinzheim **12,5 %/12,90 €**
87	2016 Riesling Auslese Mauerberg **10,5 %/a.A.**
84	2015 Spätburgunder trocken „Alte Reben" Bühlertal **14 %/12,90 €**
87	2015 Spätburgunder trocken Engelsfelsen **14 %/29,90 €**

NAGEL

★★

KONTAKT

Winzerhof Nagel
Raiffeisenstraße 1
97337 Dettelbach
Tel. 09324-2963
Fax: 09324-903602
www.winzerhof-nagel.de
mail@winzerhof-nagel.de

Inhaber
Roland Nagel
Rebfläche
4,2 Hektar
Produktion
28.000 Flaschen

BESUCHSZEITEN

Mo.-Fr. 9-18 Uhr, Sa. 10-17 Uhr, Sonn- und Feiertage nach Vereinbarung
Zimmer, Ferienwohnungen

Roland Nagel führt heute den Winzerhof in Dettelbach, unterstützt von Sohn Tobias, der seine Lehre beim Juliusspital in Würzburg absolvierte und im Rahmen seiner Weintechnikerausbildung Praktika bei Knoll in der Wachau und bei Preisinger im Burgenland machte. Die Weinberge liegen in Dettelbach in den beiden Dettelbacher Lagen Berg-Rondell und Sonnenleite. Silvaner nimmt 60 Prozent der Rebfläche ein, dazu gibt es Weißburgunder, Müller-Thurgau und Bacchus, Riesling, Chardonnay und Sauvignon Blanc wurden neu angelegt, 2016 wurden Kerner und Domina gerodet, dafür nochmals Weißburgunder und erstmals Spätburgunder gepflanzt. Das Programm ist in drei Linien gegliedert: Die Weine der Basislinie Stahlnagel werden im Edelstahl ausgebaut, sie sollen unkomplizierten Trinkspaß bieten. Für die Linie Ankernagel werden die Trauben aus der besten Lage, dem Berg-Rondell, ausgewählt, seit dem Jahrgang 2016 werden sie komplett im Tonneau ausgebaut. Die Weine der Holznagel-Linie schließlich stammen von den ältesten Weinbergen, sie werden mit den traubeneigenen Hefen im Holzfass vergoren und darin ausgebaut, bleiben lange auf der Hefe und werden unfiltriert abgefüllt. Dem Weingut ist ein Gästehaus angeschlossen.

Kollektion

Nach dem fulminanten Debüt im vergangenen Jahr legen Roland und Tobias Nagel weiter nach. Die Basis stimmt, das zeigen die süffige Party-Cuvée und die Stahlnagel-Weine: Der Silvaner ist fruchtbetont und geradlinig, der Weißburgunder lebhaft und zupackend, der Bacchus besitzt feine Frucht und Biss. Der Ankernagel-Silvaner ist sehr gut, zeigt reife Frucht, rauchige Noten, ist füllig und kraftvoll, besitzt viel Substanz. Noch ein klein wenig besser gefällt uns der Holznagel-Silvaner, der viel reife Frucht im Bouquet zeigt, füllig und stoffig ist, reife Frucht besitzt, gute Struktur und Frische. Unser Favorit aber ist wie schon im Vorjahr der Holznagel-Weißburgunder, der gute Konzentration und klare reife Frucht zeigt, füllig und kraftvoll ist, reintönige Frucht besitzt, Substanz, gute Struktur und Frische. Im Aufwind! —

Weinbewertung

83 2016 Silvaner trocken „Stahlnagel" **12,5 %/8,- €**
84 2016 Bacchus trocken „Stahlnagel" **11,5 %/6,- €**
84 2016 Weißburgunder trocken „Stahlnagel" **13 %/7,50 €**
(86) 2016 Silvaner trocken „Ankernagel" **12,5 %/11,- €**
(87) 2016 Silvaner trocken „Holznagel" **12,5 %/15,- €**
(88) 2016 Weißburgunder trocken „Holznagel" **13 %/15,- €**
82 2016 „No Cuvée No Party" Weißwein „Stahlnagel" **11,5 %/7,- €**

N

Nauerth-Gnägy

★★★

KONTAKT

Müllerstraße 5
76889 Schweigen-Rechtenbach
Tel. 06342-919042, 06349-8529
Fax: 06342-919043, 06349-6795
www.nauerth-gnaegy.de
info@nauerth-gnaegy.de

Inhaber
Familie Nauerth-Gnägy
Rebfläche
28 Hektar
Produktion
180.000 Flaschen

BESUCHSZEITEN

Sa. 9-17 Uhr und nach Vereinbarung
Weinprobierstube, Destillate aus eigener Brennerei, Gästezimmer

Das Weingut Nauerth-Gnägy entstand im Sommer 2011 aus einer Fusion der Weingüter Nauerth in Heuchelheim-Klingen und Gnägy in Schweigen-Rechtenbach, nachdem Mareen Nauerth und Michael Gnägy 2009 geheiratet hatten. In Rechtenbach wurde ein neues Betriebsgebäude gebaut, in dem seit dem Jahrgang 2013 die Weine ausgebaut werden. Die wichtigsten Rebsorten im Betrieb sind Riesling, Weiß-, Grau- und Spätburgunder, dazu gibt es Sauvignon Blanc, Auxerrois, Chardonnay und Gewürztraminer, bereits seit 1994 gibt es bei Gnägy Cabernet Sauvignon, seit 2001 auch Merlot. Mit der Fusion wurde das Sortiment neu in Guts-, Orts- und Lagenweine gegliedert, auf den Etiketten gekennzeichnet mit den Kürzeln ng.1, ng.2 und ng.3. Mit dem Jahrgang 2011 durften erstmals die Schweigen-Rechtenbacher Lagenbezeichnungen Herrenwingert (schwerer, kalkhaltiger Tertiär-Tonboden) und Pfarrwingert (Muschelkalk) benutzt werden, zwei Lagen, die vormals zum Schweigener Sonnenberg gehörten.

Kollektion

Die Rotweine der Familie Nauert-Gnägy sind ganz auf die Reife angelegt und entwickeln sich sehr gut, selbst der 2012er Cabernet Sauvignon ist noch jung, zeigt dunkle Frucht und kräutrige Würze mit Noten von Eukalyptus, das Holz ist gut eingebunden und der Wein besitzt Struktur. Auch die beiden Spätburgunder aus 2014 sind noch sehr jung, der Sonnenberg zeigt reintönige Schwarzkirschfrucht und etwas Mokka, er ist kraftvoll und besitzt ein noch sehr deutliches Tanningerüst, der Herrenwingert zeigt ein ähnliches Bouquet, ist insgesamt aber eleganter und feiner und besitzt gute Länge. Die Weißweine sind alle reintönig, die Lagenweine besitzen gute Konzentration, der kraftvolle Weißburgunder zeigt etwas Holz und frische Zitruswürze, Grauburgunder und Chardonnay sind füllig, beide besitzen viel süße Frucht.

Weinbewertung

83 2016 Sylvaner trocken „ng.2" **12,5 %/6,10 €**
84 2016 Sauvignon Blanc trocken „ng.2" **12,5 %/7,50 €**
83 2016 Auxerrois trocken „ng.2" **12,5 %/6,10 €**
84 2016 Weißer Burgunder trocken „ng.2" **13,5 %/6,10 €**
86 2016 Grauer Burgunder trocken „ng.3" Pfarrwingert **14 %/9,20 €**
87 2016 Weißer Burgunder trocken „ng.3" Schweigener Sonnenberg **14 %/9,20 €**
87 2016 Chardonnay trocken „ng.3" Herrenwingert **13 %/9,80 €**
86 2016 Riesling trocken „ng.3" Herrenwingert **13 %/9,20 €**
85 2016 Gewürztraminer „ng.2" **13 %/7,10 €**
87 2012 Cabernet Sauvignon trocken „ng.3" **14 %/10,90 €**
87 2014 Spätburgunder trocken „ng.3" Schweigener Sonnenberg **13,5 %/13,10 €**
88 2014 Pinot Noir trocken „ng.3" Herrenwingert **13,5 %/19,60 €**

Ewald Neder

★★☆

KONTAKT

Urbanusweg 5
97729 Ramsthal
Tel. 09704-5692
Fax: 09704-7469
www.weingut-neder.de
wein@weingut-neder.de

Inhaber
Ewald Neder
Kellermeister
Lorenz Neder
Rebfläche
11 Hektar
Produktion
52.000 Flaschen

BESUCHSZEITEN

Mo.-Fr. 14-18 Uhr, Sa. 9-16 Uhr
oder nach Vereinbarung
Probierstube (bis 20 Personen)
und Weinpavillon im Hof

WEINGUT NEDER

Ganz im Norden des fränkischen Anbaugebietes liegt in einem Seitental der Fränkischen Saale der Ort Ramsthal mit etwa 50 Hektar Weinbergen. Eugen Neder begann Ende der siebziger Jahre mit der Flaschenweinvermarktung und dehnte die Rebfläche aus, die größte Erweiterung erfolgte mit der Flurbereinigung 1981, in dem Jahr, in dem Ewald Neder den Betrieb mit damals 4,5 Hektar Weinbergen von seinen Eltern übernahm. 1991 errichtete er neben dem Wohnhaus im Urbanusweg ein neues Kellereigebäude, das 2015 vergrößert wurde. Seine Weinberge liegen allesamt in Steillagen vor allem im Ramsthaler St. Klausen, wo die Reben in Höhen von 280 bis 360 Meter auf Muschelkalkböden wachsen. Hinzu kommen Weinberge im Wirmsthaler Scheinberg (Muschelkalkböden mit etwas mehr Lössauflage) und seit kurzem im Westheimer Längberg. Er baut Silvaner, Müller-Thurgau, Bacchus, Kerner, Grauburgunder, Weißburgunder und Scheurebe an, sowie die roten Sorten Domina, Dornfelder und Regent. Seit 2012 ist Sohn Lorenz im Betrieb tätig, der nach Ausbildung bei Gerhard Roth, Praktika im Burgenland und Wagram sowie Technikerschule in Veitshöchheim die Verantwortung für den Keller übernommen hat.

Kollektion

Hoch ist auch 2016 wieder das Einstiegsniveau, solche klaren, geradlinigen Literweine wie Müller-Thurgau und Kerner bereiten uns Freude, und das nicht zum ersten Mal. Die Kabinettweine sind durch die Bank sortentypisch, kraftvoll, geradlinig – und natürlich durchgegoren. Die Spätlesen sind ebenso durchgegoren, aber nochmals stoffiger: Der Silvaner ist konzentriert, klar, zupackend, der Weißburgunder besitzt reife Frucht, Fülle, gute Struktur und Frische, der Grauburgunder besitzt viel Kraft, gute Struktur, Substanz und Biss. Zwei intensiv fruchtige, kraftvolle Domina runden die starke Kollektion ab.

Weinbewertung

83 2016 Müller-Thurgau trocken Ramsthaler St. Klausen (1l) **12 %/5,- €** ☺
83 2016 Kerner Kabinett trocken Ramsthaler St. Klausen (1l) **12 %/5,50 €**
85 2016 Silvaner Kabinett trocken Wirmsthaler Scheinberg **11,5 %/6,50 €**
85 2016 Silvaner Kabinett trocken Ramsthaler St. Klausen **12 %/6,50 €**
85 2016 Grauer Burgunder Kabinett trocken Ramsthaler St. Klausen **12,5 %/7,- €**
84 2016 Scheurebe Kabinett trocken Ramsthaler St. Klausen **12 %/6,50 €**
86 2016 Silvaner Spätlese trocken Ramsthaler St. Klausen **13 %/10,50 €**
87 2016 Weißer Burgunder Spätlese trocken Ramsthaler St. Klausen **13,5 %/10,50 €**
88 2016 Grauer Burgunder Spätlese trocken Ramsthaler St. Klausen **14 %/10,50 €**
83 2016 Bacchus „feinfruchtig" Ramsthaler St. Klausen **11,5 %/6,- €**
85 2014 Domina trocken Holzfass Ramsthaler St. Klausen **13 %/9,50 €**
87 2014 Domina trocken Barrique Ramsthaler St. Klausen **13,5 %/14,50 €**

Neef-Emmich

★★

Kontakt

Alzeyerstraße 15
67593 Bermersheim
Tel. 06244-905254
Fax: 06244-905255
www.neef-emmich.de
info@neef-emmich.de

Inhaber
Dirk Emmich
Rebfläche
20 Hektar
Produktion
120.000 Flaschen

Besuchszeiten

nach Vereinbarung
Weinprobierstube,
Raum zur Weinverkostung

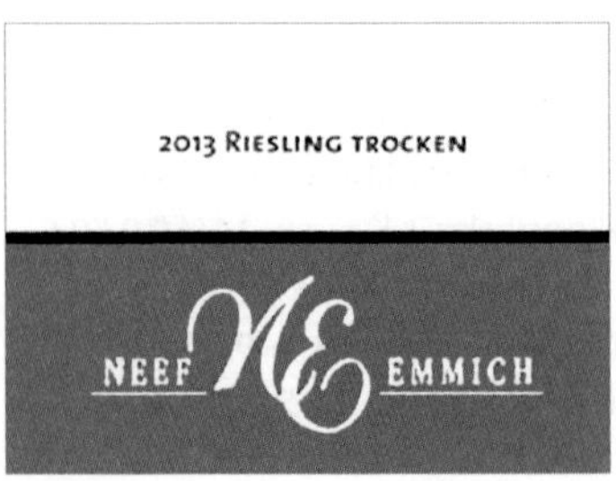

N

Die Weinberge von Dirk Emmich liegen in Bermersheim (Seilgarten, Hasenlauf) und benachbarten Gemeinden wie Westhofen (Rotenstein), Gundersheim (Höllenbrand) und Albig (Hundskopf, Schloss Hammerstein), wo unterschiedliche Böden zu finden sind von Kalkgestein über Rotliegendes bis hin zu schwerem Tonmergel. Riesling nimmt ein Viertel der Rebfläche ein, es folgen Silvaner, Müller-Thurgau, Weiß- und Grauburgunder sowie einige Bukettsorten im Weißweinbereich. An roten Sorten gibt es St. Laurent, Spätburgunder, Dornfelder und Portugieser. Dirk Emmich hat Weinbergsflächen im Höllenbrand in Gundersheim erworben, wo er nach der Flurbereinigung 2012 Riesling und Spätburgunder pflanzte. Die Rotweine werden nach der Maischegärung im Holz ausgebaut. 2010 wurde das Kelterhaus innerhalb des historischen Baubestandes umgebaut. Im Sommer 2012 wurde ein neuer Verkostungsraum in einer ehemaligen Kuhkapelle eröffnet.

Kollektion

Starke Gutsweine eröffnen in diesem Jahr den Reigen, sie sind fruchtbetont, klar, zupackend, die Ortsweine dann etwas fülliger. Die Lagenweine stehen an der Spitze der Kollektion, alle sind saftig und füllig, immer von deutlicher Restsüße geprägt. Unser Favorit ist der Höllenbrand-Riesling, Jahrgang 2016, der Kraft und gute Struktur besitzt, viel reife Frucht. Der Barrique-Grauburgunder ist von Gewürznoten und süßer Frucht geprägt, der Frühburgunder zeigt intensive Frucht, Vanille, bestechend lebhaft und ein klein wenig bitter ist die Siegerrebe Beerenauslese. Aufwärtstendenzen! —

Weinbewertung

83 2016 Grüner Silvaner trocken **12,5 %/6,80 €**
83 2016 Riesling trocken **12 %/6,80 €**
81 2016 Weißer Burgunder trocken **12,5 %/6,80 €**
83 2016 Grauer Burgunder trocken **13 %/6,80 €**
84 2016 Riesling trocken Dalsheimer **12,5 %/8,90 €**
84 2016 Weißer Burgunder trocken Westhofener **13 %/8,90 €**
86 2015 Sylvaner trocken Bermersheimer Seilgarten **14 %/13,- €**
86 2016 Weißer Burgunder trocken Westhofener Rotenstein **13 %/13,- €**
85 2015 Grauburgunder trocken „Reserve" Barrique **14 %/24,- €**
87 2016 Riesling trocken Albiger Hundskopf **12,5 %/13,- €**
86 2015 Riesling trocken Gundersheimer Höllenbrand **13,5 %/13,- €**
87 2016 Riesling trocken Gundersheimer Höllenbrand **12,5 %/19,- €**
82 2016 Riesling „feinherb" **11,5 %/6,80 €**
86 2016 Huxelrebe Auslese **8 %/7,- €**
89 1999 Siegerrebe Beerenauslese Westhofener Bergkloster **10 %/0,375l**
85 2013 Frühburgunder trocken Barrique Westhofener **14 %/19,- €**

NEIPPERG

★★★

KONTAKT

Weingut des Grafen Neipperg
Schloss Neipperg
74193 Schwaigern
Tel. 07138-5081
Fax: 07138-4007
www.graf-neipperg.de
info@graf-neipperg.de

Inhaber
Erbgraf zu Neipperg
Kellermeister
Bernd Supp
Rebfläche
31,5 Hektar
Produktion
180.000 Flaschen

BESUCHSZEITEN

Mo.-Fr. 8-12 + 13-16 Uhr und nach Vereinbarung
Gaststätte „Zum alten Rentamt"

Die beiden Spitzenlagen des Gutes sind seit dem 13. Jahrhundert mit Reben bestockt. Im Neipperger Schlossberg ebenso wie in der Schwaigerner Ruthe wachsen die Reben auf Keuperböden. Anders in der dritten Lage des Weinguts, die seit dem Jahrgang 2008 ebenfalls auf Etiketten erscheint: Im Klingenberger Schlossberg – Klingenberg ist ein Stadtteil von Heilbronn – besteht der Boden aus Lösslehm auf Muschelkalkgestein. Aus dem Klingenberger Schlossberg, eine der kleinsten Einzellagen Württembergs, wird ausschließlich ein Riesling erzeugt. Lemberger und Riesling sind die wichtigsten Rebsorten im Weingut, es folgen Trollinger, Schwarzriesling, Spätburgunder und Müller-Thurgau, dazu gibt es Dornfelder, Samtrot, Weißburgunder und Muskateller, aber auch Merlot, aus dem der Spitzenrotwein des Hauses, der „S.E." bereitet wird. 2011 gab es erstmals auch einen Syrah „S.E.", 2013 den Cabernet Sauvignon.

Kollektion

Der Muskateller ist fruchtbetont und reintönig, die Ortsweine sind geradlinig und klar, der zitrusduftige Riesling überzeugt ebenso wie der fruchtbetonte Lemberger, der Mönchsberg-Lemberger besitzt Fülle, Kraft und reintönige Frucht, der Ruthe-Riesling ist kraftvoll und strukturiert. Herausragend sind wieder einmal die roten Großen Gewächse, allen voran die Lemberger. Der kirschduftige Lemberger aus der Ruthe ist kraftvoll und stoffig, der Wein aus dem Schlossberg offener, ist rauchig, füllig, präzise, ebenfalls noch recht tanninbetont. Der Spätburgunder zeigt florale Noten, Preiselbeeren, besitzt Kraft und Substanz. Die S.E.-Linie ist zwar preislich über den Großen Gewächsen angesiedelt, kann aber hinsichtlich Komplexität nicht ganz mithalten, sieht man einmal vom kraftvollen, reintönigen Syrah ab, der Cabernet Sauvignon besitzt gute Struktur und Substanz, der Merlot Fülle und viel reife Frucht. ━

Weinbewertung

84 2015 Riesling trocken Neipperger **12,5 %/9,20 €**
82 2016 Weißburgunder trocken Neipperger **13 %/9,20 €**
84 2016 Muskateller trocken **12,5 %/8,90 €**
89 2016 Riesling trocken „GG" Schwaigerner Ruthe **13 %/19,50 €**
84 2014 Spätburgunder trocken Neipperger **12,5 %/14,- €**
84 2015 Lemberger trocken Neipperger **12,5 %/14,- €**
87 2015 Lemberger trocken Dürrenzimmerner Mönchsberg **13,5 %/20,- €**
90 2015 Spätburgunder trocken „GG" Neipperger Schlossberg **13,5 %/30,- €**
91 2015 Lemberger trocken „GG" Schwaigerner Ruthe **13,5 %/30,- €**
93 2015 Lemberger trocken „GG" Neipperger Schlossberg **14 %/30,- €**
88 2015 Merlot trocken „S.E." **15 %/47,- €**
90 2015 Syrah trocken „S.E." **14 %/47,- €**
89 2015 Cabernet Sauvignon trocken „S.E." **14,5 %/47,- €**

Ludi Neiss

★★★

KONTAKT

Hauptstraße 91
67271 Kindenheim
Tel. 06359-4327
Fax: 06359-40476
www.weingut-neiss.de
info@weingut-neiss.de

Inhaber
Familie Neiss
Rebfläche
35 Hektar
Produktion
400.000 Flaschen

BESUCHSZEITEN

N

Mo. + Mi.-Fr. 9-12 + 13:30-17:30 Uhr, Sa. 10-14 Uhr, Di. geschlossen
Veranstaltungsraum

Axel Neiss ist es zu verdanken, dass Weinkenner in Deutschland den Namen Kindenheim kennen. Nachdem er 1997 das Weingut von seinem Vater übernommen hatte, stellte er auf klassische Rebsorten um und konzentrierte sich auf die besten Lagen in Kindenheim und Bockenheim, wo die Reben auf schweren, kalksteindurchzogenen Lehmböden wachsen. In den letzten Jahren sind neben den barriqueausgebauten Rotweinen die Rieslinge immer wichtiger geworden in seinem Sortiment. Das Jahr 2013 war für die Familie Neiss geprägt vom eindrucksvollen Neubau des Weinguts, das 2014 eingeweiht wurde. 2015 wurde das Sortiment neu gegliedert, in Guts-, Orts-, Lagen- und Spitzenweine.

Kollektion

Die beiden „Glockenspiel"-Spätburgunder hatten wir im vergangenen Jahr schon einmal verkostet, beide sind immer noch sehr jung, das Holz ist jeweils sehr gut eingebunden, der „Reserve" besitzt gute Substanz, Struktur und Länge, die „normale" Version ist etwas fruchtbetonter, ist harmonisch und besitzt ebenfalls Potential. Gut gelungen sind auch der ausgewogene, leicht pfeffrige Syrah mit viel klarer Beerenfrucht und der ganz reintönige Frühburgunder, der, wie alle anderen Rotweine, nur dezenten Holzeinsatz erkennen lässt. Die Weißweine sind in diesem Jahr alle sehr elegant, das weiße Segment wird angeführt von den beiden Weinen aus dem Burgweg, der Weißburgunder zeigt viel klare, gelbe Frucht und feine rauchige Würze, ist animierend und nachhaltig, der Riesling besitzt gute Konzentration, Zug und nachhaltige kräutrig-mineralische Würze. Der Chardonnay aus dem Schlossberg ist saftig und cremig, zeigt komplexe gelbe Frucht mit Noten von Pfirsich, Melone, Banane und Zitrusfrüchten, der Weißburgunder aus derselben Lage ist ebenfalls ganz reintönig und besitzt gute Konzentration.

Weinbewertung

86 2016 „That's Neiss" Weißwein trocken **13 %/11,50 €**
87 2016 Weißburgunder trocken „Alte Reben" Schlossberg **13 %/13,- €**
89 2016 Weißburgunder trocken Kindenheimer Burgweg **13 %/22,50 €**
88 2016 Chardonnay trocken Bockenheimer Schlossberg **13 %/18,- €**
86 2016 Riesling trocken Bockenheimer Heiligenkirche **13 %/11,50 €**
88 2016 Riesling trocken „Alte Reben" Bockenheimer Sonnenberg **13 %/15,50 €**
89 2016 Riesling trocken Kindenheimer Burgweg **13 %/22,50 €**
86 2015 „That's Neiss" Rotwein trocken **13 %/11,50 €**
88 2014 Syrah trocken Kindenheimer Katzenstein **13 %/20,30 €**
88 2015 Frühburgunder trocken Bockenheimer Vogelsang **13,5 %/21,- €**
89 2014 Spätburgunder trocken „Glockenspiel" Vogelsang **13 %/26,50 €**
90 2014 Spätburgunder trocken „Glockenspiel Reserve" Vogelsang **13 %/39,20 €**

NELLES

★★

KONTAKT

Göppinger Straße 13a
53474 Bad Neuenahr-Ahrweiler
Tel. 02641-24349
Fax: 02641-79586
www.weingut-nelles.de
info@weingut-nelles.de

Inhaber
Toni Nelles
Kellermeister
Philip Nelles
Rebfläche
8,5 Hektar
Produktion
60.000 Flaschen

BESUCHSZEITEN

Mo.-Fr. 9-12 + 14-18 Uhr,
Sa. 10-14 Uhr
Hotel-Restaurant Weinhaus
Nelles (Tel. -6868)

Die Anfänge des Weinguts lassen sich bis ins Jahr 1479 zurückverfolgen, weshalb diese Jahreszahl auch die Etiketten ziert. Seit den siebziger Jahren führt Thomas Nelles das Gut, wird dabei unterstützt von Sohn Philip, der für den Weinausbau verantwortlich ist. Die Weinberge liegen vor allem in den Heimersheimer Lagen Landskrone (3,8 Hektar) und Burggarten (1,8 Hektar), sowie im Neuenahrer Sonnenberg (1 Hektar). Drei Viertel der Rebfläche nimmt Spätburgunder ein, hinzu kommen Riesling, Grauburgunder, Frühburgunder, Domina und Weißburgunder. Bereits seit Ende der achtziger Jahre gibt es „B 48" und „B 52" als Spitzenweine des Hauses, seit dieser Zeit werden auch keine Prädikatsbezeichnungen mehr verwendet. Die beiden Spitzen-Spätburgunder „B 48" und „B 52" werden seit einigen Jahren als Große Gewächse bezeichnet und mit Lagennamen (Landskrone respektive Burggarten) ausgezeichnet. Die Rotweine werden entrappt und maischevergoren, alle werden im Holz ausgebaut, geschönt wird nicht und sie werden möglichst ohne Filtration abgefüllt.

Kollektion

Wie schon in den vergangenen Jahren sind die Großen Gewächse die herausragenden Weine der Kollektion. Im weißen Segment gefällt uns der reintönige Riesling von alten Reben am besten, 2015 ist ein wenig druckvoller als 2016. Der Pinot Noir ist frisch und fruchtbetont, zeigt Erdbeeren, er ist zupackend im Mund, besitzt reintönige Frucht. Eine Steigerung bringt der Spätburgunder 1Ahr, der rauchig und würzig ist, gute Struktur und Frische besitzt, klare Frucht und etwas florale Noten. Das Große Gewächs aus der Landskrone zeigt intensive Frucht, ist frisch und zupackend, reintönig. Unsere leichte Präferenz gilt dem Wein aus dem Burggarten: 2014 ist intensiv, etwas floral, jugendlich-verschlossen, hat Potenzial, 2015 ist floral, frisch, rotfruchtig, reintönig und zupackend.

Weinbewertung

84 2015 Riesling „Alte Reben" **12,5 %/11,- €**
83 2016 Riesling „Alte Reben" **12,5 %/11,- €**
82 2016 Grauburgunder **12,5 %/11,- €**
81 2016 Spätburgunder „Blanc de Noir" **12 %/10,50 €**
83 2015 Spätburgunder „Ruber" **12,5 %/11,- €**
85 2015 Pinot Noir **13 %/14,50 €**
86 2014 Spätburgunder „1 Ahr" **13 %/24,- €**
83 2015 Pinot Madeleine Frühburgunder trocken **13 %/19,50 €**
88 2015 Spätburgunder „B-48" „GG" Heimersheimer Landskrone **13,5 %/35,- €**
89 2014 Spätburgunder „B 52" „GG" Heimersheimer Burggarten **13,5 %/45,- €**
89 2015 Spätburgunder „B 52" „GG" Heimersheimer Burggarten **13,5 %/45,- €**

NEUBERGER

★★☆

KONTAKT

Freudenberger Straße 7
63927 Bürgstadt
Tel. 09371-2562
Fax: 09371-7008
www.weingut-neuberger.de
info@weingut-neuberger.de

Inhaber
Burkhard Neuberger
Rebfläche
11 Hektar
Produktion
80.000 Flaschen

BESUCHSZEITEN

Di.-Fr. 9-12 + 14-18:30 Uhr,
Sa. 9-15 Uhr
Häckerwirtschaft (3 x jährlich)

Bis 1983 war das Gut ein landwirtschaftlicher Gemischtbetrieb, dann hat man sich ganz auf Weinbau konzentriert. Burkhard Neuberger besitzt über 30 Parzellen im Bürgstadter Berg. Spätburgunder nimmt die Hälfte seiner Weinberge in den beiden Bürgstadter Lagen Centgrafenberg und Hundsrück ein, hinzu kommen weitere rote Sorten wie Frühburgunder, Domina, Cabernet Dorsa und Cabernet Mitos. Die Rotweine werden alle maischevergoren und grundsätzlich trocken ausgebaut. An weißen Sorten gibt es Riesling, Silvaner, Müller-Thurgau, Weißburgunder, Bacchus, Kerner und Rieslaner. Liköre und Brände ergänzen das Sortiment. Dreimal im Jahr hat die Häckerstube geöffnet, im Winter im historischen Fachwerkhaus, im Sommer im Innenhof des Gutes. Mit dem Jahrgang 2016 wurde das Sortiment neu strukturiert, auf Prädikatbezeichnungen für trockene Weine wird nun verzichtet.

Kollektion

Die neue Kollektion schließt an die guten Vorjahre an, die Vorteile liegen wie gewohnt im roten Segment. Die Weißweine sind fruchtbetont und geradlinig, unter den Ortsweinen gefällt uns der zupackende Riesling besonders gut. Der halbtrockene Centgrafenberg-Riesling besitzt gute Struktur, Frucht und Frische, der im Holz ausgebaute Weißburgunder des Jahrgangs 2015 ist frisch und zupackend, besitzt gute Struktur und reife süße Frucht. Der Frühburgunder ist reintönig und geradlinig, noch besser aber gefallen uns die beiden Spitzen-Spätburgunder. Der Wein aus dem Centgrafenberg ist herrlich reintönig, frisch und zupackend, besitzt gute Struktur und Frucht, sein Kollege aus dem Hundsrück zeigt feine rauchige Noten im Bouquet, besitzt feine süße Frucht im Mund, gute Struktur, Frische und Biss.

Weinbewertung

82	2016 Spätburgunder „Blanc de Noir" trocken Bürgstadter **12 %/6,90 €**
81	2016 Silvaner trocken Bürgstadter **12 %/5,80 €**
83	2016 Riesling trocken Bürgstadter **12 %/6,90 €**
82	2016 Weißburgunder trocken Bürgstadter **12 %/6,90 €**
82	2016 Silvaner trocken Bürgstadt Centgrafenberg **13 %/10,- €**
85	2015 Weißburgunder trocken Holzfass Centgrafenberg **13,5 %/13,- €**
82	2016 Bacchus „feinfruchtig" Bürgstadter **11,5 %/5,80 €**
85	2016 Riesling Bürgstadt Centgrafenberg **13 %/11,- €**
82	2015 Spätburgunder trocken Bürgstadter **13,5 %/8,- €**
86	2015 Frühburgunder trocken Bürgstadt Centgrafenberg **14 %/13,- €**
87	2015 Spätburgunder trocken Bürgstadt Centgrafenberg **13,5 %/13,- €**
88	2014 Spätburgunder trocken Bürgstadt Hundsrück **14 %/17,- €**

J. Neus

★★

KONTAKT

Bahnhofstraße 96
55218 Ingelheim
Tel. 06132-73003
Fax: 06132-2690
www.weingut-neus.de
info@weingut-neus.de

Inhaber
Familie Schmitz
Betriebsleiter
Lewis Schmitt
Kellermeister
Julien Meissner
Rebfläche
12 Hektar
Produktion
50.000 Flaschen

BESUCHSZEITEN

Di.-Fr. 9-17 Uhr, Sa. 11-15 Uhr

Das 1881 von Josef Neus gegründete Weingut, seit Gründung des Betriebes in Familienbesitz, wurde 2013 von der Unternehmerfamilie Schmitz übernommen. Die Weinberge liegen in Ingelheim, vor allem in den beiden Paradelagen Pares und Horn. Spätburgunder spielt klar die wichtigste Rolle im Betrieb, nimmt 70 Prozent der Weinberge ein, dazu gibt es St. Laurent und etwas Frühburgunder, aber auch weiße Sorten wie Riesling, Silvaner, Weißburgunder und Chardonnay. Das Sortiment ist gegliedert in Gutsweine, Ortsweine und Lagenweine (Große Gewächse). Die Weine werden im größten Gewölbekeller Rheinhessens ausgebaut, der Ende des 19. Jahrhunderts unter dem Anwesen errichtet wurde. Die ältesten Fässer, Fuderfässer von der Mosel, von der Josef Neus stammte, sind aus den Jahren 1893 und 1897 und werden seitdem kontinuierlich genutzt. Die Rotweine werden alle maischevergoren und mindestens ein Jahr im Holz ausgebaut.

Kollektion

Eine stimmige Kollektion präsentiert das Weingut, auch wenn die Gutsweine etwas verhalten sind. Die Ortsweine sind klar, geradlinig, der Spätburgunder Blanc de Noir von alten Reben besitzt Fülle, Kraft und gute Struktur. Auch unter den roten Ortsweinen gefällt uns der rauchige, reintönige Alte Reben-Spätburgunder am besten. An der Spitze der Kollektion stehen die Großen Gewächse. 2014 sehen wir sie gleichauf, Horn rauchiger, strukturierter, Pares deutlich tanninbetonter, 2015, bei der Großen Gewächs-Premiere in Wiesbaden verkostet, sind beide deutlich spannender, aber ebenso tanninbetont.

Weinbewertung

82 2016 Silvaner trocken **12 %/7,50 €**
80 2016 Riesling trocken **12 %/7,50 €**
82 2016 Weißer Burgunder trocken **12,5 %/7,50 €**
81 2016 Pinot Noir „Blanc de Noir" trocken **13 %/7,50 €**
83 2016 Weißer Burgunder trocken Ingelheim **13 %/13,50 €**
84 2016 Riesling trocken Ingelheim **13 %/13,50 €**
85 2016 Spätburgunder „Blanc de Noir" trocken „Alte Reben" **13 %/22,- €**
81 2016 Rosé trocken **12,5 %/7,50 €**
82 2015 Spätburgunder trocken „Muschelkalk" **13 %/8,90 €**
83 2015 Frühburgunder trocken Ingelheim **13,5 %/13,50 €**
84 2015 Spätburgunder trocken Ingelheim **13 %/13,50 €**
86 2015 Spätburgunder trocken „Alte Reben" Ingelheim **13,5 %/18,- €**
87 2014 Spätburgunder trocken „GG" Horn Ingelheimer **13,5 %/32,- €**
87 2014 Spätburgunder trocken „GG" Pares Ingelheimer **13,5 %/35,- €**
89 2015 Spätburgunder trocken „GG" Horn Ingelheimer
88 2015 Spätburgunder trocken „GG" Pares Ingelheimer

N

Neuspergerhof

★☆

Kontakt

Bioland Weingut Neuspergerhof
76865 Rohrbach
Tel. 06349-4110803
Fax: 06349-3668
www.neuspergerhof.de
info@neuspergerhof.de

Inhaber
Hans & Jochen Gradolph
Rebfläche
15 Hektar
Produktion
50.000 Flaschen

N

Besuchszeiten

Sa. 10-15 Uhr Vinothek geöffnet

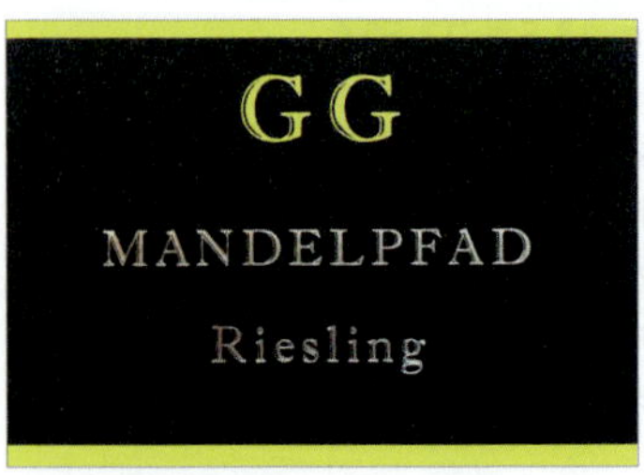

Hans Gradolph baute 1977 den Neuspergerhof außerhalb von Rohrbach und baute das Weingut zu einem selbstvermarktenden Betrieb auf. Seit 2009 ist sein Sohn Jochen, studierter Betriebswirt, als Quereinsteiger für den Ausbau der Weine verantwortlich, seit 2015 werden die Weinberge in der Umstellungsphase ökologisch bewirtschaftet. Die Weinberge liegen im Rohrbacher Mandelpfad und im Billigheimer Venusbuckel und sind durch sandige Lehmböden geprägt, angebaut werden zu 60 Prozent weiße Sorten, Riesling und die Burgundersorten, aber auch Chardonnay, Sauvignon Blanc, Silvaner, Kerner und Müller-Thurgau, an roten Sorten gibt es Spätburgunder, Merlot, Dornfelder, Cabernet Dorio und Portugieser. Das Sortiment ist gegliedert in Gutsweine in der Literflasche, die mit der Bodenstruktur gekennzeichneten Ortsweine, die teilweise mit Gewannnamen bezeichneten Lagenweine und das „Große Gewächs" aus dem knapp 30 Jahre alten Weinberg „Im Galgengrund".

Kollektion

Angeführt wird das gleichmäßig gute Sortiment in diesem Jahr von der sehr kraftvollen und stoffigen Cuvée „Auszeit Grand Réserve" aus Merlot und Cabernet Sauvignon, auch die beiden anderen Rotweine besitzen gute Substanz und sind füllig und süß. Der im vergangenen Jahr schon einmal verkostete 2015er Riesling „GG" zeigt Reifenoten und viel gelbe Frucht, ist saftig und weich, die Cuvée „Genusszeit" aus Weißburgunder und Chardonnay besitzt gute Konzentration, zeigt viel gelbe Frucht und etwas florale Noten, der Chardonnay zeigt dezente Röstnoten und etwas Kokos, ist harmonisch und kraftvoll. Der Weißburgunder ist etwas präsenter als der Grauburgunder, der Cabernet Blanc präsentiert sich ganz harmonisch, einer der wenigen rundum überzeugenden Vertreter dieser Rebsorte. —

Weinbewertung

80 2016 Riesling (1l) **13 %/5,90 €**
83 2016 Grauburgunder „Kalkmergel" **13,5 %/8,40 €**
84 2016 Weißburgunder „Sandlöss" **13,5 %/8,40 €**
83 2016 Riesling „Bienenglück" „Löss Pleistozän" **13 %/8,9 0€**
85 2016 „Genusszeit" Weißwein Mandelpfad **13 %/9,40 €**
84 2016 Cabernet Blanc Mandelpfad **13,5 %/9,40 €**
85 2016 Chardonnay Barrique „Sperberbaum" **13,5 %/11,40 €**
86 2015 Riesling „GG" Mandelpfad **13 %/18,90 €**
83 2016 Merlot Rosé „Lösslehm" **13 %/8,20 €**
83 2015 Spätburgunder „Alte Reben" **14 %/9,40 €**
85 2014 „Auszeit" Rotwein Mandelpfad **14 %/12,90 €**
87 2015 „Auszeit Grand Réserve" Rotwein Mandelpfad **14,5 %/19,80 €**

SCHLOSS NEUWEIER

★★★☆

KONTAKT

Mauerbergstraße 21
76534 Baden-Baden (Neuweier)
Tel. 07223-96670
Fax: 07223-60864
www.weingut-schloss-neuweier.de
kontakt@weingut-schloss-neuweier.de

Inhaber
Robert Schätzle
Rebfläche
15 Hektar
Produktion
100.000 Flaschen

BESUCHSZEITEN

Nov.-April Mo.-Fr. 9-12 + 13-17 Uhr, Sa. 10-17 Uhr; Mai bis Okt.: Mo.-Fr. 9-12 + 13--18 Uhr, Sa. 10-17 Uhr

Die Geschichte des Schlosses reicht bis ins 12. Jahrhundert zurück. 2012 wurde es von Klaus Schätzle erworben, dessen Sohn Robert den Betrieb führt, er hatte zuvor unter anderem für Joachim Heger und Fritz Keller gearbeitet, bei Zind-Humbrecht und Clos du Val. Wichtigste Lagen sind der Neuweierer Mauerberg, unter anderem mit dem jahrzehntelang brachgelegenen Teilstück, dem so genannten „Goldenen Loch", und der Neuweierer Schlossberg, der dem Weingut im Alleinbesitz gehört. Riesling ist mit einem Anteil von 85 Prozent die mit Abstand wichtigste Rebsorte bei Schloss Neuweier. Hinzu kommen Spätburgunder, Weißburgunder, Sauvignon Blanc, Scheurebe und Gewürztraminer.

Kollektion

Nach einer ungewöhnlichen 2015er Kollektion – ungewöhnlich, weil sie zur Hälfte aus durch und durch beeindruckenden edelsüßen Weinen bestand – ist mit dem neuen Jahrgang wieder „Normalität" eingekehrt, sprich: Alle Weine sind trocken ausgebaut. Ein feiner geradliniger Literriesling eröffnet den Reigen, der Gutsriesling ist betont süffig, der Sauvignon Blanc etwas floral, die Scheurebe würzig und zupackend wie auch die Cuvée Ancestral aus Riesling und Scheurebe. Der Schlossberg-Riesling ist wunderschön klar, frisch und zupackend. Das Große Gewächs Goldenes Loch zeigt rauchige Noten, reintönige Frucht, ist füllig und kraftvoll, besitzt reife Frucht und Substanz. Gleichauf sehen wir den Mauer-Wein, der zupackend und strukturiert ist, dezent mineralische Noten aufweist. Jahrgang 2015 ist deutlich fülliger und saftiger, deutlich süßer, dadurch weniger druckvoll. Nach der edelsüßen Überraschung im vergangenen Jahr, überrascht Robert Schätzle uns dieses Jahr mit zwei kraftvollen Pinot Noir, beide konzentriert und zupackend, der mit der Nummer 1/17 noch enorm tanninbetont, der mit der 2/17 fruchtbetonter.

Weinbewertung

82 2016 Riesling trocken (1l) **12,5 %/7,60 €**
83 2016 Riesling trocken **12 %/8,50 €**
85 2016 Sauvignon Blanc trocken **12 %/16,- €**
86 2016 Riesling trocken „Alte Reben" Neuweierer **12 %/11,90 €**
87 2016 „Assemblage Ancestral" Weißwein trocken Neuweier **13 %/a.A.**
87 2016 Riesling trocken Neuweierer Schlossberg **13 %/15,- €**
84 2016 Scheurebe trocken Neuweier **13 %/a.A.**
89 2015 Riesling trocken „GG" „Mauer-Wein" Neuweierer Mauerberg **13 %/28,50 €**
90 2016 Riesling trocken „GG" „Mauer-Wein" Neuweierer Mauerberg **12,5 %/28,50 €**
90 2016 Riesling trocken „GG" Neuweierer „Goldenes Loch" **12 %/28,50 €**
87 2015 Pinot Noir „1/17" trocken Neuweierer Heiligenstein **13 %/48,- €**
88 2015 Pinot Noir „2/17" trocken Neuweierer Heiligenstein **13 %/48,- €**

SVEN NIEGER

★★★

KONTAKT

Gartenstraße 21
76534 Baden-Baden
Tel. 07223-2837795
Fax: 07223-2837796
www.sven-nieger.de
info@sven-nieger.de

Inhaber
Sven Nieger
Rebfläche
5 Hektar

BESUCHSZEITEN

nach Vereinbarung

N

Sven Nieger ist Geisenheim-Absolvent, hat Praktika in Deutschland, aber auch in Österreich und Neuseeland absolviert. Im Jahr 2010 wurde er Besitzer eines eigenen Weinbergs in Varnhalt, 2011 hat er dann seine ersten eigenen Weine erzeugt. Inzwischen sind fünf Hektar daraus geworden, in Varnhalt in der Lage Klosterbergfelsen, im Neuweierer Mauerberg und im Umweger Stich den Buben. Sven Nieger baut zu 80 Prozent Riesling an, ein Hektar ist mit Spätburgunder bestockt.

Kollektion

Wie schon der Jahrgang 2015 wurde auch der Jahrgang 2016 komplett als Badischer Landwein gefüllt – was uns einerseits prinzipiell völlig egal ist, andererseits aber wüssten wir doch gerne etwas mehr über die Weine, wo sie gewachsen sind. Sei's drum. Die Kollektion überzeugt, eine zupackende weiße Cuvée mit Säure und Biss eröffnet den Reigen. Die Riesling-Phalanx ist beeindruckend. Ungeschminkt zeigt rauchige Noten ist kraftvoll, saftig, besitzt viel Substanz und Frucht. Ungeniert zeigt intensive Frucht, besitzt viel Fülle, Saft und Kraft. Das duftige Mauerblümchen besitzt herrlich viel Frucht, während der Underdog konzentriert ist, wunderschön reintönig, gute Struktur und Kraft besitzt, reintönige Frucht. Unser Favorit nennt sich Unbestechlich, zeigt viel Konzentration, rauchige Noten, gelbe Früchte, ist stoffig und kraftvoll, besitzt viel Substanz und reife Frucht. Ungezähmt kommt ihm nahe, ist enorm würzig und dominant, saftig und konzentriert, besitzt viel reife süße Frucht. Der Rosé ist fruchtbetont und würzig, klar, frisch und zupackend, ein strukturierter, kraftvoller Rosé. Der nur in der Magnum erhältliche Pinot Noir zeigt rauchige Noten und klare reife Frucht, ist kraftvoll im Mund, etwas allzu bissig und tanninbetont, da heißt es die Entwicklung abwarten. Erneut eine starke Kollektion!

Weinbewertung

84 2016 „Cuvée unbeschwert" Weißwein **12,5 %/9,50 €**
87 2016 Riesling „ungeschminkt" **12 %/10,- €**
88 2016 Riesling „ungeniert" **12 %/15,- €**
89 2016 Riesling „Mauerblümchen" **12 %/15,- €**
89 2016 Riesling „Underdog" **12 %/15,- €**
90 2016 Riesling „unbestechlich" **12 %/20,- €**
89 2016 Riesling „ungezähmt" **12,5 %/25,- €**
85 2016 Rosé trocken „Sophia" **12,5 %/10,- €**
85 2014 Spätburgunder **12,5 %/25,- €**
87 2014 Pinot Noir **12,5 %/65,- €/1,5l**

WEINGUT AM NIL

★★★

KONTAKT

Neugasse 21
67169 Kallstadt
Tel. 06322-8011
Fax: 06322-68655
www.weingutamnil.de
info@weingutamnil.de

Inhaber Dr. Ana Pohl
Kellermeister Johannes Häge
Rebfläche 26 Hektar
Produktion 130.000 Flaschen

BESUCHSZEITEN

Mo.-Fr. 8-12 Uhr + 13-17 Uhr,
Sa./So. 14-20 Uhr
Restaurant (Mi.-Fr. ab 16 Uhr,
Sa./So. ab 12 Uhr)

Die Familie Pohl übernahm im Herbst 2010 das traditionsreiche Weingut Schuster in Kallstadt, hat seither den Betrieb rundum erneuert, ein Restaurant eröffnet und die Rebfläche erweitert. Dreieinhalb Hektar besitzt man im Kallstadter Saumagen, nach dessen ehemaliger Teillage Nill das Weingut benannt wurde. Hinzu kommen je ein Hektar Reben in den Ungsteiner Lagen Herrenberg und Weilberg, daneben ist man in den Kallstadter Lagen Steinacker und Kreidkeller, im Ungsteiner Nussriegel, Dürkheimer Hochbenn sowie in Herxheim vertreten. Riesling nimmt gut 60 Prozent der Rebfläche ein. Dazu gibt es Spätburgunder, Weiß- und Grauburgunder und Sauvignon Blanc, 2014 wurden Cabernet Sauvignon, Merlot und Cabernet Franc gepflanzt. Die Rotweine werden komplett spontanvergoren, die Weißweine teilweise. Das Sortiment ist gegliedert in Guts-, Orts- und Lagenweine. Geisenheim-Absolvent Johannes Häge, der aus dem Weingut Häge in Schützingen stammt, ist für den Weinausbau verantwortlich.

Kollektion

Bis auf die Gutsweine und die Roten hatten wir alle Weine schon einmal im vergangenen Jahr verkostet, die beiden Ungsteiner Rieslinge zeigen etwas deutlichere Reifenoten als die Kallstadter, die ein sehr feines, nachhaltiges Säure-Spiel besitzen. Der Saumagen-Riesling an der Spitze hat sich gut entwickelt, weshalb wir ihn einen Punkt höher notieren, er besitzt viel Druck, Länge und Potential und ist deutlich eleganter als der Wein aus dem Herrenberg, der ein typischer, üppiger Pfälzer mit Saft, Kraft und Konzentration ist. Der Chardonnay ist schlank und frisch mit dezenter Holzwürze und Zitrusnoten, die Gutsweine besitzen gute Konzentration, sind ganz sortentypisch und frisch. Die beiden Spätburgunder sind sehr unterschiedlich: Der Gutswein zeigt dunkle Frucht, ist kraftvoll und fleischig, der Saumagen-Spätburgunder zeigt rote Frucht mit Noten von Kirschen und Cassis, ist harmonisch und elegant.

Weinbewertung

86	2015 Riesling Sekt brut **11 %/14,90 €**
86	2016 Grauburgunder trocken **12,5 %/9,50 €**
85	2016 Weißburgunder trocken **12 %/9,50 €**
85	2016 Riesling trocken **12 %/8,90 €**
86	2015 Chardonnay trocken **12,5 %/14,50 €**
86	2015 Riesling trocken Ungsteiner **12,5 %/14,50 €**
87	2015 Riesling trocken Kallstadter **13 %/14,50 €**
88	2015 Riesling trocken Ungsteiner Herrenberg **13 %/19,50 €**
90	2015 Riesling trocken Kallstadter Saumagen **13,5 %/21,50 €**
85	2015 Spätburgunder trocken **13,5 %/12,50 €**
88	2015 Spätburgunder trocken Kallstadter Saumagen **13,5 %/24,90 €**

Ingo Norwig

★

KONTAKT

Am Frohnbach 1
54472 Burgen
Tel. 06534-763
Fax: 06534-763
www.weingut-norwig.de
weingut-norwig@t-online.de

Inhaber
Ingo Norwig
Rebfläche
8,5 Hektar
Produktion
60.000 Flaschen

BESUCHSZEITEN

nach Vereinbarung
Ferienwohnungen/Ferienhaus

Die Weinberge von Ingo Norwig befinden sich in den Lagen Brauneberger Juffer, Mülheimer Sonnenlay, Veldenzer Kirchberg, Burgener Hasenläufer und Kirchberg. Er baut neben Riesling, der gut die Hälfte der 8,5 Hektar Rebfläche einnimmt, auch ein wenig Müller-Thurgau, Grauburgunder, Kerner, Spätburgunder und Dornfelder an, auch Ortega gehört ins Repertoire. Die Weine werden gezügelt vergoren und bleiben recht lange auf der Feinhefe. Schon seit der ersten Ausgabe empfehlen wir die Weine von Ingo Norwig, vor allem die süßen Spät- und Auslesen hatten es uns schon damals angetan, Jahr für Jahr bietet er seither sehr zuverlässige Kollektionen auf gutem Niveau, trocken wie süß – zu nach wie vor sehr moderaten Preisen. Auch Ferienwohnungen und ein Ferienhaus gehören zum Gesamtpaket.

Kollektion

Im vergangenen Jahr hatte uns Ingo Norwig ein sehr ausgewogenes, rundum gelungenes Sortiment an Weinen vorgestellt, das Stärken sowohl im trockenen wie auch im restsüßen Bereich hatte. Die Ortega-Beerenauslese aus dem Brauneberger Mandelgraben sahen wir dennoch etwas hinter den Auslesen aus Riesling. Diesmal stellt Ingo Norwig ein überschaubares Sortiment an 2016ern an, in dem sich kein Ortega-Vertreter findet. Der trockene Grauburgunder besitzt Substanz, wirkte bei der Verkostung aber noch etwas unbalanciert, dürfte sich aber gut entwickeln. Besser gefällt der 2015er Riesling aus dem Veldenzer Kirchberg, der einen eigenwilligen Stil aufweist. Mit einem Duft nach Steinobst und Pfirsichhaut sowie Kräutern besitzt er einen deutlichen Alkohol und Schmelz, hinter dem sich freilich Substanz verbirgt. Ein spannender Wein, der sich noch gut entwickeln dürfte. Die beiden süßen Abfüllungen könnten nicht unterschiedlicher sein: der eine ein wunderschön saftiger Literwein, herrlich süffig, der andere ein saftiger, deutlich süßer, aber gut balancierter Eiswein aus dem Burgener Hasenläufer, der im Duft Anklänge an kandiertes Gemüse zeigt.

Weinbewertung / keine Preisangaben

83	2016 Grauburgunder trocken **13,5 %**
84	2016 Spätburgunder „Blanc de Noir“ trocken Klostergarten **13 %**
88	2015 Riesling Auslese trocken Veldenzer Kirchberg **13,5 %**
87	2016 Riesling Spätlese „feinherb“ **10,5 %**
84	2016 Riesling (1l) **10 %**
90	2016 Riesling Eiswein Burgener Hasenläufer **7 %/0,375l**

Martin Notz

★★

KONTAKT

Langmantel 1, 74343
Sachsenheim-Hohenhaslach
Tel. 07147-12759
Fax: 07147-8414
www.weingut-notz.de
info@weingut-notz.de

Inhaber
Martin Notz
Rebfläche
11,5 Hektar
Produktion
90.000 Flaschen

BESUCHSZEITEN

Di.-Fr. 14-18 Uhr, Sa. 8:30-16 Uhr

Seit Generationen baut die Familie Wein in Hohenhaslach an, das Weingut wird heute von Martin Notz und seiner Ehefrau Andrea geführt. Der älteste Sohn Philipp studierte Weinbau und Önologie in Geisenheim, der jüngste Sohn Julian hat seine Winzerlehre bei den Weingütern Wachtstetter und Leiss absolviert, anschließend die Technikerschule für Weinbau in Weinsberg besucht, beide haben 2016 erfolgreich abgeschlossen und sind nun im Betrieb tätig, Philipp kümmert sich mehr um den Keller, Julian um den Außenbetrieb. Die Weinberge liegen alle im Hohenhaslacher Kirchberg: Im unteren Teil des Hanges dominiert Gipskeuper, im oberen Teil wachsen die Reben auf Buntem Mergel, die Weinberge sind überwiegend Süd-exponiert. Lemberger nimmt gut ein Drittel der Rebfläche ein, gefolgt von Trollinger und Riesling, hinzu kommt eine breite Palette an weiteren Rebsorten wie Müller-Thurgau, Dornfelder, Kerner, Spätburgunder, Muskateller, Portugieser, Muskattrollinger und Acolon, inzwischen ergänzen Grauburgunder, Weißburgunder und Cabernet Franc den Rebsortenspiegel.

Kollektion

Mit der neuen Kollektion schließt Martin Notz nahtlos an die starken Vorjahre an, die Kollektion präsentiert sich geschlossen, weiß wie rot. Schon die weiße S-Linie besitzt Fülle und Kraft, die weiße Burgundercuvée dazu noch reife süße Frucht, der Schilfsandstein-Riesling zeigt intensive Frucht. Unsere leichte Präferenz gilt dem Steinmergel-Grauburgunder, der wunderschön füllig und saftig ist, gute Struktur und Substanz besitzt. In der Spitze gefallen uns die Rotweine noch etwas besser. Der Spätburgunder vom bunten Mergel zeigt feine rauchige Noten, besitzt reintönige Frucht, gute Struktur und Frische. Das Paradestück besitzt intensive Frucht und kräftige Tannine, der gewürzduftige Gipskeuper-Lemberger besitzt Fülle, Kraft und eine feine Schokonote. —

Weinbewertung

83	2016 Riesling „S" trocken Hohenhaslacher Kirchberg **12,5 %/6,50 €**
84	2016 Grauburgunder „S" trocken Hohenhaslacher Kirchberg **13 %/7,50 €**
85	2016 Grau- & Weißburgunder trocken **13,5 %/10,- €**
85	2016 Riesling trocken „Schilfsandstein" Hohenhaslacher Kirchberg **13 %/12,- €**
83	2016 Weißburgunder trocken „Steinmergel" Kirchberg **13,5 %/12,- €**
86	2016 Grauburgunder trocken „Steinmergel" Kirchberg **13,5 %/12,- €**
82	2015 Lemberger „S" trocken Hohenhaslacher Kirchberg **13,5 %/10,- €**
87	2015 Spätburgunder trocken „Bunter Mergel" Kirchberg **13,5 %/17,- €**
84	2015 Portugieser trocken „Tonmergel" Hohenhaslacher Kirchberg **13 %/12,- €**
85	2015 Lemberger trocken „Eichenfässle" Hohenhaslacher Kirchberg **14 %/14,- €**
87	2014 „Paradestück" Rotwein trocken „Gipskeuper" **14 %/22,- €**
87	2014 Lemberger trocken „Gipskeuper" Hohenhaslacher Kirchberg **14 %/22,- €**

N

OBERBERGEN

★

KONTAKT

Winzergenossenschaft
Badbergstraße 2
79235 Vogtsburg-Oberbergen
Tel. 07662-94600
Fax: 07662-946024
www.wg-oberbergen.com
ralf.kreutner@wg-oberbergen.com

Inhaber
450 Mitglieder
Geschäftsführer
Erwin Vogel
Kellermeister
Wolfgang Schupp
Rebfläche
360 Hektar
Produktion
3.000.000 Flaschen

BESUCHSZEITEN

Mo.-Fr. 8:30-18 Uhr (15. März - 31. Oktober), 8:30-12 + 13:30-17 Uhr (Nov. - 14. März), Sa. 8:30-13 Uhr (nicht Jan.-März), So. 11-15 Uhr (15. März - 31. Oktober)

Die Genossenschaft von Oberbergen, wo Weinbau seit dem 13. Jahrhundert urkundlich belegt ist, wurde 1924 gegründet, 1998 übernahm man die Nachbargenossenschaft Schelingen. In der bekannten Lage Bassgeige, der auch ein Teil der Schelinger Weinberge zugeschlagen wurde, finden sich die steilsten Terrassen am Kaiserstuhl. Die Bassgeige ist die Paradelage der Oberbergener Genossen, zweitwichtigste Lage ist der Schelinger Kirchberg. Die Mitglieder der Oberbergener Genossenschaft bauen neben Spätburgunder vor allem weiße Sorten wie Müller-Thurgau, der mehr als ein Drittel der Rebfläche einnimmt, Silvaner, Weiß- und Grauburgunder sowie Chardonnay an. Daneben gibt es insbesondere noch Gewürztraminer und Muskateller, aus denen regelmäßig restsüße und auch edelsüße Weine erzeugt werden wie hin und wieder auch aus den Burgundersorten. Erwin Vogel, zuvor Leiter der Verwaltung und der Finanzbuchhaltung, hat 2014 die Nachfolge des langjährigen Geschäftsführers Rolf Hofschneider angetreten.

Kollektion

Die edelsüßen Weine stehen zusammen mit den Weinen der Edition TT-Linie an der Spitze der diesjährigen Kollektion. Der TT-Weißburgunder ist füllig und saftig, besitzt reife süße Frucht, noch ein klein wenig besser gefällt uns der als Fassprobe verkostete Grauburgunder, der reintönige Frucht und gute Substanz besitzt. Der TT-Spätburgunder ist klar, fruchtbetont und zupackend. Die verkosteten edelsüßen Weine stammen alle aus dem Jahrgang 2015: Die Müller-Thurgau Beerenauslese zeigt eingelegte süße Aprikosen, kandierte Früchte, die Weißburgunder ist konzentriert, dominant süß, noch dicker und konzentrierter ist dann die Ruländer Trockenbeerenauslese.

Weinbewertung

79	2016 Grauer Burgunder Kabinett trocken Oberbergener Bassgeige	**13 %/6,25 €**
80	2016 Weißburgunder Spätlese trocken Oberbergener Bassgeige	**14 %/7,55 €**
81	2016 Grauer Burgunder Spätlese trocken Oberbergener Baßgeige	**14 %/7,55 €**
80	2015 Grauer Burgunder Spätlese trocken „Edition BL" Baßgeige	**14 %/8,90 €**
84	2015 Weißer Burgunder trocken „Edition TT" Baßgeige	**14,5 %/13,50 €**
(85)	2016 Grauer Burgunder trocken „Edition TT" Baßgeige	**14,5 %/11,50 €**
83	2016 Muskateller Kabinett Oberbergener Bassgeige	**11 %/6,60 €**
82	2015 Gewürztraminer Spätlese Oberbergener Baßgeige	**11,5 %/10,35 €**
85	2015 Müller-Thurgau Beerenauslese Baßgeige	**9,5 %/23,50 €/0,375l**
85	2015 Weißer Burgunder Beerenauslese Bassgeige	**9 %/23,50 €/0,375l**
87	2015 Ruländer Trockenbeerenauslese Bassgeige	**8,5 %/24,70 €/0,375l**
84	2014 Spätburgunder trocken „Edition TT" Oberbergener Baßgeige	**13,5 %/11,50 €**

Oesterlein

★☆

KONTAKT

Am Oberen Tor 9
97877 Dertingen
Tel. 09397-259, Fax: 09397-929373
www.weingut-oesterlein.de
weingut-oesterlein@t-online.de

Inhaber
Lothar & Marina Klüpfel
Rebfläche
10 Hektar
Produktion
50.000 Flaschen

BESUCHSZEITEN

Mo.-Sa. 8-20 Uhr, Di. geschlossen

Walter Oesterlein gründete Anfang der sechziger Jahre das Weingut, begann mit 0,18 Hektar und den beiden Rebsorten Müller-Thurgau und Gutedel selbst Wein auszubauen. Im Jahr 2000 übernahm Tochter Marina zusammen mit ihrem Ehemann Lothar Klüpfel den Betrieb. Ihre Weinberge liegen alle im Dertinger Mandelberg. Das Sortenspektrum ist breit, sie bauen Silvaner, Müller-Thurgau, Scheurebe und Spätburgunder an, aber auch Sauvignon Blanc, Chardonnay, Grauburgunder, Riesling, Cabernet Sauvignon und Merlot, dazu ein wenig Kerner, Bacchus, Dornfelder, Schwarzriesling und Blaufränkisch. Sohn Georg absolvierte eine Ausbildung an der Lehr- und Versuchsanstalt in Veitshöchheim, Sohn Richard machte eine Lehre bei Paul Fürst. Mittlerweile sind beide in Veitshöchheim und machen dort die Weiterbildung zum Weinbautechniker.

Kollektion

Nach einer gleichmäßigen, etwas verhaltenen Kollektion im vergangenen Jahr gibt es dieses Jahr wieder Spitzen, im roten Segment. Die weißen Kabinettweine sind geradlinig und klar, am besten gefällt uns der frische, fruchtbetonte Grauburgunder. Der Riesling von alten Reben besitzt feine Frucht und Biss, deutlich besser aber gefällt uns der Silvaner von alten Reben, der füllig und saftig ist, reife Frucht und gute Struktur besitzt. Der Sauvignon Blanc besitzt Süße, Säure und Biss, der Rosé ist frisch und fruchtbetont. Spannend wird es im roten Segment. Vom Merlot gibt es 2016 eine intensiv fruchtige, konzentriert Beerenauslese. Der Cabernet Sauvignon, Jahrgang 2014, besitzt klare Frucht, gute Struktur und Biss. Der Basis-Spätburgunder ist frisch und zupackend, Highlight der Kollektion aber ist ganz klar der Spätburgunder RS des Jahrgangs 2015: intensive, reintönige Frucht, gute Struktur, Frische und Biss, schöne Präzision. —

Weinbewertung

81 2016 Silvaner Kabinett trocken Dertinger Mandelberg **12 %/6,60 €**
82 2016 Grauer Burgunder Kabinett trocken Dertinger Mandelberg **13,5 %/7,90 €**
80 2016 Chardonnay Kabinett trocken Dertinger Mandelberg **13 %/7,90 €**
84 2016 Silvaner „Alte Reben" Dertinger Mandelberg **12,5 %/7,90 €**
82 2016 Riesling trocken „Alte Reben" Dertinger Mandelberg **12,5 %/7,90 €**
81 2016 Bacchus Kabinett Dertinger Mandelberg **11,5 %/6,60 €**
82 2016 Sauvignon Blanc Spätlese Dertinger Mandelberg **9 %/9,70 €**
82 2016 Rosé trocken Dertinger Mandelberg **12 %/6,60 €**
83 2015 Spätburgunder trocken Dertinger Mandelberg **14,5 %/7,90 €**
88 2015 Spätburgunder trocken „RS" Dertinger Mandelberg **14 %/22,50 €**
86 2014 Cabernet Sauvignon trocken „RS" Dertinger Mandelberg **13 %/22,50 €**
85 2016 Merlot Beerenauslese Dertinger Mandelberg **9,5 %/30,- €/0,375l**

RICHARD ÖSTREICHER

★★★★

KONTAKT

Hauptstraße 15
97334 Sommerach
Tel. 09381-1698
www.weingut-richard-oestreicher.de
weingut@richard-oestreicher.de

Inhaber Richard Östreicher
Rebfläche 3,5 Hektar
Produktion 20.000 Flaschen

BESUCHSZEITEN

nach Vereinbarung
Weinstube, 3 Pensionszimmer

0

Richard Östreicher hat seit der Betriebsübernahme von seinem Vater 1995 quasi alles verändert, das über 250 Jahre alte Anwesen umgestaltet, die Remise wurde zur Weinstube. Aber auch in den Weinbergen leitete er einen radikalen Wandel ein in dem er verstärkt auf Weiß- und Spätburgunder setzte, Cabernet Sauvignon und Merlot pflanzte, 2012 kam Chardonnay hinzu, das Rebmaterial stammt zum Teil aus Meursault aus den Weinbergen von Coche-Dury, 2015 gab es den ersten Ertrag. Seine Weinberge liegen vor allem im Sommeracher Katzenkopf, ein kleiner Teil auch in angrenzenden Gemarkungen. Im Katzenkopf ist Richard Östreicher bestrebt sich auf die Toplagen zu konzentrieren, in der Gewanne Hölzlein steht der Weißburgunder, in der früheren Einzellage Augustbaum sein Silvaner, den Chardonnay hat er im Engelsberg gepflanzt (dem eigentlichen Engelsberg), der Spätburgunder steht im Original Katzenkopf (dieser wurde 2015 erstmals separat ausgebaut), in der Gewanne Rosen und in der Gewanne Berg, Cabernet Sauvignon und Merlot in der Gewanne Rosen. Über 40 Prozent der Rebfläche nehmen heute rote Sorten ein: Spätburgunder, Cabernet Sauvignon und Merlot. Durch den Tausch von Parzellen ist derzeit Silvaner die wichtigste Rebsorte, dazu gibt es Riesling, Weißburgunder und Chardonnay sowie ein klein wenig Müller-Thurgau. Die Rotweine reifen nach langer Maischegärung in kleinen Bottichen lange auf der Hefe, werden ohne Filtration abgefüllt und kommen, abgesehen vom neuen Spätburgunder Tradition, erst im dritten Jahr nach der Ernte in den Verkauf. Alle Weine werden spontanvergoren und durchgegoren ausgebaut. Die Weine von Richard Östreicher sind kraftvoll und puristisch, strukturiert und druckvoll, sie profitieren alle von etwas Flaschenreife, auch die Weißweine, wer Primärfrucht sucht ist hier fehl am Platz.

Kollektion

Am ehesten findet man Primärfrucht noch im Sommergewitter, einer Cuvée aus 60 Prozent Silvaner und 40 Prozent Riesling, die klar und frisch, geradlinig und zupackend ist. Der Augustbaum-Silvaner wird Jahr für Jahr spannender, er zeigt viel Würze und Frische im Bouquet, dezent gelbe Früchte, ist füllig und kraftvoll im Mund, druckvoll, verschloss, jugendlich. Gleiches gilt auch für den Hölzlein-Weißburgunder, er wird immer druckvoller und nachhaltiger. Zwei Jahrgänge konnten wir in diesem Jahr verkosten. 2016 zeigt viel Würze im Bouquet, gute Konzentration, ist kraftvoll im Mund stoffig, besitzt viel Druck, Substanz und Länge. 2015 ist noch etwas würziger und strenger im Bouquet, aber ebenso füllig und druckvoll, sehr präzise, puristisch, jugendlich und nachhaltig – in ihrer wohltuenden Kargheit scheinen Richard Östreichers Weißburgunder der Gegenentwurf zum oft allzu expressiven, üppigen badischen Weißburgunder-Stil zu sein. Der Chardonnay, der neu im Programm ist, vermag diese Spannung, diesen Druck noch nicht aufzubauen, mag sein, dass es einfach daran liegt, dass die Reben noch sehr jung sind. Er zeigt gute Konzentration im Bouquet, ist kraftvoll und kompakt im Mund, aber doch etwas zu verhalten. Auch bei den Rotweinen ist die Basis schon sehr gut, der Spätburgunder Tradition ist fruchtbetont und intensiv, klar und zupackend, besitzt gute Struktur und Frucht. Der 2014er Spätburgunder No. 1 zeigt rauchige Noten im Bouquet, feine Frische, dezent rote Früchte, ist klar und frisch im Mund, präzise, druckvoll und strukturiert. Der 2015er Spätburgunder aus dem Original-Katzenkopf zeigt rote Früchte im Bouquet, ist fruchtbetont, intensiv, im Mund dann präsentiert er sich klar und zupackend, tanninbetont, ja karg bei guter Struktur. Der 2014er Merlot ist reintönig im Bouquet, klar und zupackend im Mund, puristisch, kraftvoll, jugendlich, besitzt gute Struktur und Druck, hat Potenzial, der 2012 ist offener, zeigt dezent Gewürze, besitzt gute Struktur und kräftige Tannine. Beim Cabernet Sauvignon ist es sehr ähnlich: Jahrgang 2014 zeigt gute Konzentration im Bouquet, reintönige Frucht, feine Frische, ist präzise und druckvoll, jugendlich-karg, besitzt gute Struktur und Potenzial, Jahrgang 2012 zeigt rauchig-würzige Noten, klare Frucht, dezent Cassis, ist zupackend im Mund, kraftvoll, strukturiert, präzise, immer noch sehr jugendlich. Fazit: Auch dieses Jahr hat Richard Östreicher wieder eine spannende, sehr eigenständige Kollektion!

Weinbewertung

86	2016 „Sommergewitter" Weißwein Sommeracher Katzenkopf	**12 %/7,50 €**
89	2012 Scheurebe „Alte Reben" Sommeracher Katzenkopf	**12,5 %**
91	2016 Silvaner „Augustbaum" Sommeracher Katzenkopf	**13 %/18,- €** ☺
92	2015 Weißburgunder „Hölzlein" Sommeracher Katzenkopf	**13,5 %/25,- €**
92	2016 Weißburgunder „Hölzlein" Sommeracher Katzenkopf	**13,5 %/25,- €**
90	2015 Chardonnay	**13,5 %/35,- €**
86	2016 Spätburgunder „Tradition" Sommeracher Katzenkopf	**13 %/12,50 €**
90	2014 Spätburgunder „No. 1" Sommeracher Katzenkopf	**13 %/30,- €**
90	2015 Spätburgunder „Katzenkopf" Sommeracher Katzenkopf	**13,5 %/35,- €**
90	2012 Merlot Sommeracher Katzenkopf	**13,5 %/34,- €**
89	2014 Merlot Sommeracher Katzenkopf	**13 %/34,- €**
90	2012 Cabernet Sauvignon Sommeracher Katzenkopf	**13,5 %/38,- €**
89	2014 Cabernet Sauvignon Sommeracher Katzenkopf	**12,5 %/38,- €**

LAGEN

0

KATZENKOPF (SOMMERACH)
– HÖLZLEIN
– AUGUSTBAUM
– KATZENKOPF

REBSORTEN

SILVANER (29 %)
SPÄTBURGUNDER (21 %)
CHARDONNAY (12 %)
RIESLING (12 %)
CABERNET SAUVIGNON (12 %)
MERLOT (9 %)
WEISSBURGUNDER (5 %)

Johann F. Ohler

★☆

KONTAKT

Meerspinnstr. 33
67435 Neustadt-Gimmeldingen
Tel. 06321-6116
Fax: 06321-60382
www.weingut-ohler.de
webmaster@weingut-ohler.de

Inhaber
Sabine Ohler-Jost
Kellermeister
Nicolas Neff
Rebfläche
8,4 Hektar
Produktion
45.000-50.000 Flaschen

BESUCHSZEITEN

Mo.-Fr. 9-12 + 14-18 Uhr, Sa. 10-16 Uhr oder nach Vereinbarung

Seit mehr als 200 Jahren betreibt die Familie Weinbau in Gimmeldingen. 1758 begründete Johann Michael Ohler die Weinbautradition in der Familie, sein Enkel Georg betrieb ab 1890 neben dem Weinbau eine Küferei. Sein Sohn wiederum, Johann Friedrich, der Namensgeber des heutigen Weinguts, begann in den 1920er Jahren mit der Flaschenvermarktung, 1962 hat Reinhard Ohler die Küferei eingestellt und sich ganz auf Weinbau konzentriert. Sabine Ohler-Jost übernahm 2007 das Weingut von ihrem Vater Reinhard Ohler und führt es zusammen mit ihrem Ehemann Arnim Jost. Ihre Weinberge liegen in Gimmeldingen in den Lagen Mandelgarten und Schlössel, in Königsbach im Idig und im Ölberg, in der Mußbacher Eselshaut sowie in Haardt. Riesling nimmt knapp die Hälfte der Rebfläche ein, es folgen Spätburgunder, Weißburgunder, Cabernet Sauvignon, Chardonnay, St. Laurent und Regent. Die Weißweine werden im Edelstahl ausgebaut, die Rotweine im großen Holzfass oder im Barrique.

Kollektion

Unseren Favoriten der vergangenen Jahre, den Chardonnay „JFO“ konnten wir in diesem Jahr nicht verkosten, an seine Stelle tritt dieses Mal der Riesling von alten Reben aus dem Mandelgarten, der klare, gelbe Frucht zeigt, Konzentration, Kraft und feinen Säure-Biss besitzt. Der restsüße Riesling „[zy:s]“ ist füllig und weich, besitzt feine Süße und leicht zurückhaltende Säure. Weiß- und Grauburgunder zeigen klare Frucht und florale Würze, besitzen Saft und Fülle, der Chardonnay ist stoffig und würzig. Der Rosé aus Cabernet Sauvignon gefällt uns in seiner frischen, schlanken Art und mit seiner reintönigen, leicht floral unterlegten Frucht jedes Jahr gut, der Spätburgunder-Gutswein bleibt etwas verhalten, der Ölberg-Spätburgunder besitzt gute Struktur und leicht gereifte, rote Frucht.

Weinbewertung

81 2016 Riesling trocken (1l) **12,5 %/5,90 €**
83 2016 Riesling trocken „Aus den Gärten“ **13 %/7,- €**
84 2016 Grauer Burgunder trocken **13,5 %/8,- €**
84 2016 Weißer Burgunder trocken **13 %/8,- €**
84 2016 Chardonnay trocken **14 %/8,20 €**
83 2015 Riesling Kabinett trocken Gimmeldinger Schlössel **12,5 %/8,- €**
85 2016 Riesling trocken „Alte Reben“ Gimmeldinger Mandelgarten **13 %/11,- €**
84 2016 Riesling „[zy:s]“ **9,5 %/14,50 €/0,5l**
82 2016 Spätburgunder „Blanc de Noirs“ trocken **12,5 %/7,- €**
84 2016 Cabernet Sauvignon Rosé trocken „CS“ **11,5 %/8,90 €**
82 2015 Spätburgunder trocken **13 %/8,- €**
85 2012 Spätburgunder trocken Königsbacher Ölberg **13,5 %/25,- €**

SCHLOSS ORTENBERG

★★☆

KONTAKT

Am St. Andreas 1
77799 Ortenberg
Tel. 0781-93430
Fax: 0781-934320
www.weingut-schloss-ortenberg.de
info@weingut-schloss-ortenberg.de

Inhaber
Zweckverband
Weingut Schloss Ortenberg
Geschäftsführer
Matthias Wolf
Kellermeister
Hanspeter Rieflin
Rebfläche
45 Hektar
Produktion
300.000 Flaschen

BESUCHSZEITEN

Mo.-Fr. 8-12 + 13-17 Uhr,
Sa. 9-12:30 Uhr

Das Weingut Schloss Ortenberg ist 1997 durch Zusammenlegung des Weingutes Schloss Ortenberg des Ortenaukreises mit dem St. Andreas-Weingut der Stadt Offenburg entstanden, es ist das größte kommunale Weingut in Deutschland. Das 1300 gegründete St. Andreas-Hospital bewirtschaftete seit 1500 Rebhöfe, vor der Fusion umfasste es 29 Hektar Reben. Das 1950 gegründete Weinbauversuchsgut des Ortenaukreises führte seit 1992 den Namen Weingut Schloss Ortenberg, der dann auch für das fusionierte Weingut übernommen wurde. Seit 2010 ist Matthias Wolf Geschäftsführer. Die Weinberge liegen vor allem in Ortenberg (Schlossberg, Freudental), Käfersberg (Andreasberg), Zunsweier (Halde), sowie in Zell-Weierbach (Abtsberg) und Gengenbach (Nollenköpfle). Die Reben stehen auf Granitverwitterungsböden.

Kollektion

Eine stimmige, gute Kollektion präsentiert Schloss Ortenberg in diesem Jahr. Die Granit-Weine sind frisch und klar, der Klingelberger von alten Reben ist zupackend und strukturiert, der Wein vom Schlossberg ist füllig und saftig. Die Sauvignon Blanc & Gris-Cuvée besitzt intensive Frucht, Fülle und Kraft, der 2015er Reserve-Chardonnay ist von Vanillenoten geprägt, er besitzt aber Fülle und Saft, reife Frucht und Substanz. Auch die beiden Beerenauslesen stammen aus dem Jahrgang 2015: Der Klingelberger zeigt eingelegte süße Aprikosen, besitzt viel Substanz, die cassisduftige Scheurebe ist konzentriert, klar und dominant. Sehr gleichmäßig präsentiert sich der rote Teil der Kollektion. Die Furore genannte Cuvée zeigt intensive Frucht, der Merlot ist füllig und saftig bei reifer klarer Frucht. Der Spätburgunder von alten Reben ist rauchig, fruchtbetont und zupackend, der Schlossberg-Spätburgunder besitzt noch mehr süße Frucht.

Weinbewertung

82 2016 Weißburgunder Kabinett trocken „Granit" **13 %/8,80 €**
81 2016 Weißburgunder & Chardonnay trocken „Granit" **13,5 %/9,- €**
84 2016 Klingelberger trocken „Alte Reben" **12 %/11,- €**
86 2016 Sauvignon Blanc et Gris trocken **13 %/13,50 €**
86 2015 Chardonnay trocken „Reserve" **13,5 %/15,- €**
85 2016 Klingelberger trocken Ortenberger Schlossberg **12 %/18,- €**
88 2015 Klingelberger Beerenauslese **10,5 %/24,- €/0,375l**
88 2015 Scheurebe Beerenauslese **7,5 %/24,- €/0,375l**
84 2015 „Furore" Rotwein trocken **14 %/14,- €**
85 2015 Spätburgunder Spätlese trocken „Alte Reben" **14 %/12,- €**
85 2015 Merlot trocken „Reserve" **14 %/17,50 €**
86 2014 Spätburgunder Spätlese trocken Ortenberger Schlossberg **13 %/19,50 €**

Oswald

★

Kontakt

Alzeyer Straße 18
55234 Wahlheim
Tel. 06731-43315
Fax: 06731-996696
www.oswald-wein.de
info@oswald-wein.de

Inhaber
Simon Müller-Oswald
Betriebsleitung
Simon Müller-Oswald &
Klara Mittrücker
Rebfläche
9 Hektar
Produktion
25.000 Flaschen

Besuchszeiten

nach Vereinbarung

Das Wahlheimer Weingut wird von Simon Müller-Oswald geführt, der im dualen Studiengang Weinbau und Önologie in Neustadt studiert hat und das Weingut von seinem Onkel Volker Oswald übernommen hat. Die Hälfte der Weinberge liegt direkt beim Weingut in Wahlheim (südlich von Alzey) in der Lage Schelmen, an einem Südhang, dessen warmer, fruchtbarer Boden aus lehmigem Ton mit Kalkmergel besteht. Die anderen Weinberge liegen in der Rheinebene bei Alsheim (Goldberg, Fischerpfad) und Gimbsheim, wo die Reben auf sandigen Lehmböden mit hohem Kolluviallössanteil wachsen, sowie in den Siefersheimer Lagen Heerkretz und Martinsberg. Riesling ist die wichtigste Rebsorte im Betrieb, nimmt gut ein Fünftel der Rebfläche ein, es folgen Grauburgunder, Weißburgunder und Silvaner sowie Spätburgunder, dazu gibt es unter anderem Müller-Thurgau, Chardonnay und Cabernet Mitos.

Kollektion

Ein geradliniger Rosé-Sekt eröffnet den Reigen. Die Gutsweine sind 2016 ebenso wie die Ortsweine etwas verhalten. Die beiden Barrique-Chardonnay sind noch stark vom Holz geprägt, der Goldberg-Riesling ist klar und zupackend, der Wein aus der Heerkretz kraft- und druckvoller. Alle wurden ebenso wie die Barrique-Rotweine als Fassproben verkostet, brauchen noch Zeit. Der zupackende, kraftvolle Schelmen-Spätburgunder erscheint uns im roten Segment am viel versprechendsten, der St. Laurent ist kompakt, kraftvoll.

Weinbewertung

83	Spätburgunder Rosé Sekt Brut **13 %/12,- €**
81	2016 Grauburgunder trocken **13 %/5,90 €**
80	2016 Chardonnay trocken **13 %/5,90 €**
(83)	2016 Riesling trocken Alsheimer Goldberg **12,5 %/10,90 €**
(85)	2016 Riesling trocken Siefersheimer Heerkretz **12,5 %/10,90 €**
(84)	2016 Chardonnay trocken Barrique Alsheimer **13,5 %/11,90 €**
83	2016 Chardonnay trocken Barrique Siefersheimer **13,5 %/11,90 €**
(82)	2016 Silvaner trocken Wahlheimer **13 %/9,90 €**
(81)	2016 Weißburgunder trocken Wahlheimer **13 %/9,90 €**
80	2016 „Pura Vida" Weißweincuvée „feinherb" **12 %/6,90 €**
80	2016 „Pura Vida" Sauvignon Blanc „feinherb" **12,5 %/7,90 €**
79	2016 Riesling Kabinett **9,5 %/5,90 €**
80	2016 Riesling Spätlese Alsheimer Goldberg **9,5 %/10,90 €**
80	2016 „Pura Vida" Rosé „feinherb" **12 %/6,90 €**
82	2014 Cabernet Mitos trocken **13,5 %/5,90 €**
(82)	2015 Spätburgunder trocken Barrique Siefersheimer Martinsberg **13,5 %/12,90 €**
(85)	2015 Spätburgunder trocken Barrique Wahlheimer Schelmen **14 %/12,90 €**
(83)	2016 St. Laurent trocken Barrique Siefersheimer **13,5 %/11,90 €**

Paulinshof

★★☆

Kontakt

Paulinsstraße 14
54518 Kesten
Tel. 06535-544
Fax: 06535-1267
www.paulinshof.de
paulinshof@t-online.de

Inhaber
Klaus & Oliver Jüngling
Rebfläche
10 Hektar
Produktion
75.000 Flaschen

Besuchszeiten

Mo.-Fr. 8-18 Uhr, Sa. 9-17 Uhr
und nach Vereinbarung

Der Paulinshof ist ein ehemaliger Stiftshof der Kirche St. Paulin, der erstmals im Jahr 936 urkundlich erwähnt wurde, der Hof in seiner heutigen Form stammt aus dem Jahr 1716. Er wurde 1803 säkularisiert, seit 1967 gehört er Klaus und Christa Jüngling, die ihn heute zusammen mit Sohn Oliver führen, der für den Keller verantwortlich ist. Die Lage Brauneberger Kammer, eine der kleinsten Einzellagen an der Mosel, bewirtschaften sie im Alleinbesitz. Daneben gehören ihnen Weinberge in den Kestener Lagen Paulins-Hofberger, Paulinsberg und Herrenberg, sowie in den Brauneberger Lagen Juffer und Juffer-Sonnenuhr, seit 2008 sind sie auch in der Trittenheimer Apotheke vertreten. Neben Riesling bauen sie ein klein wenig Weißburgunder an. Die Weine werden überwiegend trocken und halbtrocken ausgebaut. An der Spitze des Sortiments stehen die Großen Gewächse, von denen manchmal gleich mehrere erzeugt werden.

Kollektion

Im Jahrgang 2016 sind die Weine präziser und finessenreicher denn je – beispielsweise die trockene Spätlese aus der Juffer-Sonnenuhr, die noch etwas straffer ist als ihr Pendant aus der Juffer, das eine offene Frucht aufweist. Herauszuheben ist auch der „Klang der Tiefe" genannte Wein, der frisch, saftig und präzise ist. Das Große Gewächs aus dem Paulins-Hofberger wirkt etwas präziser, frischer, würziger als der straffe, duftige, noch etwas verhaltene wirkende Spitzenwein aus der Brauneberger Kammer. Im feinherben Bereich ist ein Wein animierender als der andere, die Kammer-Spätlese zeigt sich am saftigsten. Wirklich süß sind nur die beiden Auslesen, aber die haben es in sich: die 2015er Auslese erfreulich frisch, mit Anklängen an Zitrusschale und Mirabellen, schlank, animierend und lang, jene aus 2005 wunderbar gereift, nicht übertrieben breit, noch mit viel Potenzial. —

Weinbewertung

86	2016 Riesling Kabinett trocken Brauneberger Juffer **12 %/9,95 €**
88	2016 Riesling Spätlese trocken „Klang der Tiefe" **12,5 %/12,90 €**
87	2016 Riesling Spätlese trocken Brauneberger Juffer **12,5 %/15,- €**
88	2016 Riesling Spätlese trocken Brauneberger Juffer-Sonnenuhr **12,5 %/15,- €**
90	2016 Riesling „GG" Kestener Paulins-Hofberger **13 %/20,- €**
89	2016 Riesling „GG" Brauneberger Kammer **12,5 %/20,- €**
85	2016 Riesling „vom roten Schiefer" **11 %/9,90 €**
88	2016 Riesling „feinherb" Kestener Paulins-Hofberger **11,5 %/15,- €**
88	2016 Riesling Spätlese „feinherb" Brauneberger Kammer **12 %/16,- €**
89	2016 Riesling Spätlese „wurzelecht" Trittenheimer Apotheke **7,5 %/15,- €**
91	2015 Riesling Auslese Brauneberger Kammer **10 %/17,- €/0,375l**
90	2005 Riesling Auslese Brauneberger Kammer **9 %/37,- €/0,5l**

P

Axel Pauly

★★★☆

KONTAKT

Hochstraße 80
54470 Lieser
Tel. 06531-6143, Fax: -915007
www.wein-pauly.de
info@wein-pauly.de

Inhaber
Axel & Sabrina Pauly
Rebfläche
8,9 Hektar
Produktion
70.000 Flaschen

BESUCHSZEITEN

Mo.-Sa. 8-19 Uhr und nach Vereinbarung

Das Weingut der Paulys ist ein typischer Familienbetrieb, lange geführt von Rudolf und Ursel Pauly. Seit 2004 ist Axel Pauly für den Keller verantwortlich, 2009 übernahm er das Weingut, und inzwischen wurde auch der Name des Gutes angepasst. Axel Paulys Frau Sabrina ist mittlerweile ebenfalls im Betrieb tätig. 2009 wurden weitere Parzellen im Niederberg-Helden gepachtet oder erworben, 2010 Weinberge mit alten Reben in Bernkastel-Kues (Kardinalsberg) und Lieser (Niederberg-Helden), 2014 in Bernkastel-Kues (unter anderem mit alten Spätburgunder-Reben) und in der so genannten Bärlay im Lieser Niederberg-Helden. Riesling nimmt drei Viertel der Rebfläche ein, dazu gibt es Dornfelder, Müller-Thurgau, Spätburgunder, Weißburgunder und Frühburgunder.

Kollektion

Die 2016er lassen einen weiteren, durchaus mutigen Trend zum Experiment erkennen. Mit einem maischevergorenen Riesling stellt Pauly einen Wein vor, der sich sehen lassen kann, denn die Gerbstoffe sind unaufdringlich, die Struktur ist eher weich zu nennen, und in der Nase zeigt der Wein leicht cremige Noten und Anklänge an Mandeln, aber auch schöne Säure und Länge, dürfte sich noch entwickeln. Die konventionell ausgebauten Rieslinge besitzen eine bewundernswerte Präzision, sind straff und würzig, beginnend beim „Purist" genannten Wein über die rassige „Drei Helden" genannte Abfüllung bis zur nicht übertrieben süßen Spitze. Die Rotweine sind sehr präzise ausgefallen mit diesmal perfekt integriertem Holz. Der Spätburgunder besitzt Noten von Kräutern und Gewürzen sowie einen Hauch von Zwetschgen – der Frühburgunder wirkt noch eine Spur finessenreicher.

Weinbewertung

86	2016 Weißburgunder trocken **12 %/7,60 €**
88	2015 Weißburgunder „unfiltriert" trocken **13 %/18,- €**
87	2016 Riesling Kabinett trocken „purist" **11 %/8,20 €** ☺
85	2016 Riesling trocken „Tres Naris" **11,5 %/7,60 €**
87	2016 Riesling trocken „Helden" Lieserer Niederberg-Helden **12,5 %/10,80 €**
87+	2016 Riesling „unfiltriert" Lieserer Niederberg-Helden **12,5 %/18,- €**
89	2016 Riesling „Drei Helden" Lieserer Niederberg-Helden **12,5 %/18,- €**
86	2016 Riesling „feinherb" „Generations" **11 %/7,60 €**
87	2016 Riesling „feinherb" „Steinerd" Kardinalsberg **10,5 %/10,80 €**
86	2016 Riesling Kabinett Bernkastel-Kueser Kardinalsberg **8,5 %/8,20 €**
89	2016 Riesling Spätlese Lieserer Niederberg-Helden **8 %/10,80 €** ☺
88	2016 Riesling Auslese Lieserer Niederberg-Helden **7,5 %/9,80 €**
89	2015 Frühburgunder trocken Lieserer Niederberg-Helden **13 %/18,- €**
88	2015 Spätburgunder trocken **13 %/18,- €**

Dr. Pauly-Bergweiler

★★☆

KONTAKT

Gestade 15
54470 Bernkastel-Kues
Tel. 06531-3002
Fax: 06531-7201
www.pauly-bergweiler.de
info@pauly-bergweiler.com

Inhaber
Stefan Pauly
Rebfläche
16,2 Hektar
Produktion
134.000 Flaschen

BESUCHSZEITEN

Mo.-Fr. 13–18 Uhr, Sa. 14-18 Uhr, So. nach Vereinbarung

Stefan Pauly übernahm 2006 das Weingut von seinen Eltern Peter und Helga, die den Betrieb viele Jahre führten. Seine Weinberge liegen in Bernkastel (Alte Badstube am Doctorberg, Badstube, Schlossberg, Lay, Johannisbrünnchen), Graach (Himmelreich, Domprobst), Wehlen (Sonnenuhr, Klosterberg), Zeltingen (Himmelreich), Ürzig (Goldwingert, Würzgarten), Erden (Treppchen, Prälat) und Brauneberg (Juffer, Juffer-Sonnenuhr). Die 1,8 Hektar große Alte Badstube am Doctorberg ist die Paradelage des Betriebes, sie ist fast komplett im Besitz der Familie.

Kollektion

Unter den 2016ern finden sich ebenfalls zahlreiche gelungene Rieslingbeispiele – etwa das saftige, stoffige, mit Spiel ausgestatte Große Gewächs aus dem Doctorberg, noch etwas spannender als sein Pendant aus dem Goldwingert; jenes aus der Lay ist würzig, eher verschlossen, hat Potenzial. Ein Schnäppchen ist der recht süß wirkende, aber substanzreiche feinherbe Wein aus der Alten Badstube am Doctorberg. Unter den Spätlesen überzeugt jene aus der Wehlener Sonnenuhr (präzise!) besonders, die fülligere und süßere aus der Badstube am Doctorberg dürfte sich noch entwickeln. Eine Goldwingert-Auslese in einem sehr eleganten, ruhigen Stil und der zum Zeitpunkt der Verkostung noch etwas vom Schwefel geprägte, aber interessante Eiswein bilden die süße Spitze.

Weinbewertung

85	2016 Riesling trocken Ürziger Würzgarten **11,5 %/10,90 €**
87	2016 Riesling trocken Bernkasteler alte Badstube am Doctorberg **12 %/13,85 €**
87	2016 Riesling trocken „GG" Ürziger Goldwingert **12 %/20,- €**
88	2016 Riesling trocken „GG" alte Badstube am Doctorberg **12 %/20,- €**
88	2016 Riesling trocken „GG" Bernkasteler Lay **12 %/20,- €**
86	2016 Riesling „feinherb" alte Badstube am Doctorberg **10,5 %/13,85 €**
86	2016 Riesling Spätlese „feinherb" Graacher Himmelreich **10,5 %/13,- €**
85	2016 Riesling Kabinett Bernkasteler Badstube **9 %/10,30 €**
87	2016 Riesling Kabinett Wehlener Sonnenuhr **8 %/10,30 €**
88	2016 Riesling Spätlese Wehlener Sonnenuhr **7,5 %/13,- €**
86	2016 Riesling Kabinett Bernkasteler alte Badstube am Doctorberg **8 %/14,- €**
87	2016 Riesling Spätlese Graacher Himmelreich **8 %/13,- €**
87	2016 Riesling Spätlese Bernkasteler alte Badstube am Doctorberg **7,5 %/15,- €**
88	2016 Riesling Auslese Wehlener Sonnenuhr **8,5 %/24,- €**
88	2016 Riesling Auslese Bernkasteler alte Badstube am Doctorberg **8 %/25,- €**
87+	2016 Riesling Auslese Erdener Prälat **7,5 %/25,- €/0,375l**
89	2016 Riesling Auslese Ürziger Goldwingert **8 %/25,- €**
90	2016 Riesling Eiswein Bernkasteler Johannisbrünnchen **8 %/Vst./0,375l**

P

Peters

★★

KONTAKT

Zum Schlossberg
54459 Wiltingen
Tel. 06501-18753
Fax: 06501-18755
www.peterswein.de
info@peterswein.de

Inhaber
Johannes Peters
Rebfläche
7 Hektar
Produktion
60.000 Flaschen

BESUCHSZEITEN

nach Vereinbarung

Johannes Peters arbeitete nach seiner Ausbildung und einem Auslandspraktikum in Australien bei verschiedenen deutschen Weingütern, bevor er 1991 das elterliche Weingut in Wiltingen übernahm, wo seine Familie seit mehr als 250 Jahren Weinbau betreibt. In den siebziger Jahren war die Familie aus dem Dorfkern an den Fuß des Wiltinger Schlossbergs ausgesiedelt. Die Weinberge von Johannes Peters liegen in den Wiltinger Lagen Scharzhofberger, Braunfels, Kupp, Rosenberg und Klosterberg. Drei Fünftel der Rebfläche nimmt Riesling ein, der Rest verteilt sich auf Weißburgunder, Grauburgunder, Müller-Thurgau und Sauvignon Blanc. Die Weine werden temperaturkontrolliert vergoren und teilweise im Holzfass, teilweise im Edelstahltank auf der Feinhefe ausgebaut. Der Großteil der Weine wird trocken ausgebaut. Seit der ersten Ausgabe empfehlen wir die Weine von Johannes Peters, der, ungewöhnlich an der Saar, schon immer den Schwerpunkt auf trockene Weine setzte und schon früh auch Weißburgunder lancierte und immer schon ein überschaubares, klar gegliedertes Sortiment hat.

Kollektion

Wie gewohnt eröffnet der frische, zupackende Rieslingsekt den Reigen. Dass Riesling auch im Liter schmecken kann, beweist Johannes Peters sowohl mit der trockenen als auch mit der halbtrockenen Variante. Noch besser gefällt uns der frische, reintönige Rivaner, der Weißburgunder besitzt gute Struktur und Frucht, die Cuvée aus Weiß- und Grauburgunder ist wunderschön füllig und saftig. An der Spitze der Kollektion aber stehen im Jahrgang 2016 die Rieslinge. Der Grauschiefer aus dem Scharzhofberger zeigt etwas floral-würzige Noten, ist frisch, klar und zupackend. Deutschlich spannender noch ist die trockene Spätlese aus dem Klosterberg, die Fülle und Saft besitzt, gute Struktur und Substanz. Stimmige Kollektion! —

Weinbewertung

84 Riesling Sekt brut **12,5 %/10,71 €**
84 2016 Rivaner trocken **11,5 %/5,83 €**
82 2016 Riesling trocken (1l) **11,5 %/6,78 €**
82 2016 Sauvignon Blanc trocken **11,5 %/8,21 €**
84 2016 „Grau-Weiß" Weißwein trocken **12,5 %/7,38 €**
84 2016 Weißburgunder trocken **12 %/7,14 €**
83 2016 „Strandgut" Weißwein trocken **12 %/7,14 €**
85 2016 Riesling trocken „Grauschiefer" Scharzhofberger **12 %/6,78 €**
83 2016 Riesling Kabinett trocken „Blauschiefer" Wiltinger Braunfels **11 %/7,85 €**
87 2016 Riesling Spätlese trocken Wiltinger Klosterberg **11,5 %/9,88 €**
82 2016 Riesling halbtrocken (1l) **11 %/6,78 €**
82 2016 Riesling Classic **11,5 %/7,38 €**

P

Peth-Wetz

★★★

KONTAKT

Alzeyer Straße 16
67593 Bermersheim
Tel. 06244-4494
Fax: 06244-4424
www.peth-wetz.com
info@peth-wetz.com

Inhaber **Christian Peth**
Rebfläche **30 Hektar**
Produktion **200.000 Flaschen**

BESUCHSZEITEN

Mo.-Sa. 8-11 + 14-18 Uhr,
Anmeldung erwünscht

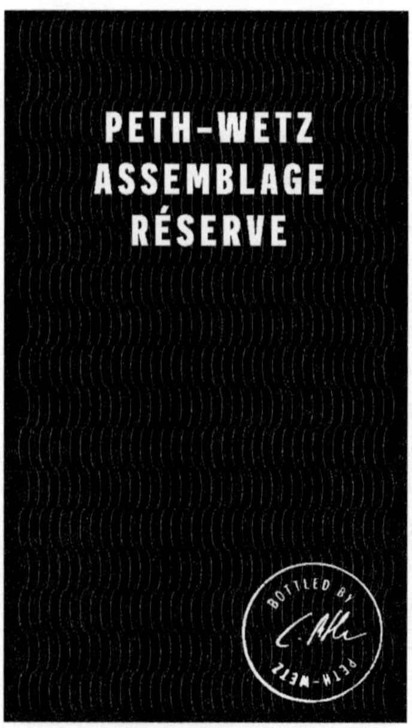

Christian Peth hat seine Ausbildung bei Keller und Knipser absolviert, in Geisenheim studiert und Praktika in USA, Australien und Chile gemacht. Er führt heute in vierter Generation zusammen mit Ehefrau Maja das Weingut. Die Weinberge befinden sich vor allem in Bermersheim und Westhofen. Die wichtigsten Lagen sind Westhofener Rotenstein (sehr kalkhaltig), Bermersheimer Hasenlauf (leichte Lösslehmböden mit hohem Kalkgehalt) und Dalsheimer Hubacker (Terra Fusca-Böden mit hohem Kalkgehalt), in den letzten Jahren kamen Weinberge in Siefersheim (Heerkretz) hinzu. Es werden vor allem Riesling und die Burgundersorten angebaut, auch Müller-Thurgau und Silvaner. Bei den roten Sorten setzte Christian Peth in den letzten Jahren verstärkt auf Spätburgunder, hat aber auch Cabernet Sauvignon, Cabernet Franc, Merlot, Petit Verdot und Malbec gepflanzt. Daneben gibt es Dornfelder, Portugieser und St. Laurent.

Kollektion

Mit der neuen Kollektion bestätigt Christian Peth den starken Eindruck vom Vorjahr, die Stärken liegen erneut im roten Segment. Aber auch die Weißweine überzeugen. Die Gutsweine sind kraftvoll, klar und zupackend, dies gilt auch für den Rosé. Der Riesling Unfiltered zeigt etwas Zitrus, besitzt viel Fülle und Saft, der Chardonnay Unfiltered ist deutlich vom Ausbau im Holz geprägt, besitzt gute Struktur und Substanz. Die Rotweine sind alle sehr gut, angefangen beim fruchtbetonten, zupackenden Assemblage, die Reserve-Version ist nochmals intensiver, kraftvoller, fülliger. Der Pinot Noir zeigt intensiven Toast, besitzt reife Frucht und gute Struktur. Der Merlot ist reintönig, konzentriert, der Cabernet Sauvignon besitzt intensive Frucht und viel Kraft, der Petit Verdot ist reintönig, floral, zupackend, der gewürzduftige Malbec hat Substanz und Kraft.

Weinbewertung

84	2016 Sauvignon Blanc **12 %/8,- €**
84	2016 Chardonnay & Weißer Burgunder **13 %/8,- €**
84	2016 Grauer Burgunder **12,5 %/7,50 €**
86	2016 Riesling „Unfiltered" **13 %/11,50 €**
87	2015 Chardonnay „Unfiltered" **14 %/16,- €**
84	2016 „Klarett" Rosé **12 %/8,50 €**
86	2014 „Assemblage Unfiltered" Rotwein **14 %/9,- €**
87	2014 Pinot Noir „Unfiltered" **13,5 %/18,- €**
89	2014 „Assemblage Reserve" Rotwein **14 %/28,- €**
89	2014 Merlot „Grand Vintage" **14 %/42,- €**
89	2014 Cabernet Sauvignon „Grand Vintage" **14 %/42,- €**
89	2014 Petit Verdot „Grand Vintage" **14 %/48,- €**
88	2014 Malbec „Grand Vintage" **14 %/50,- €**

Petri

★★☆

KONTAKT

Weinstraße 43
67273 Herxheim am Berg
Tel. 06353-2345
Fax: 06353-4181
www.weingut-petri.de
info@weingut-petri.de

Inhaber
Sigrun & Gerd Petri
Rebfläche
22 Hektar
Produktion
150.000 Flaschen

BESUCHSZEITEN

Mo.-Fr. 9-12 + 13:30-18 Uhr,
Sa. 9-12 + 13:30-17 Uhr
Gutsausschank (mit Pfälzer Spezialitäten)

Als Gerd Petri das Weingut 1977 von seinem Vater übernahm, wurde noch die komplette Ernte als Fassware vermarktet. Inzwischen wird alles über die Flasche verkauft. Die Weinberge liegen in den Herxheimer Lagen Himmelreich und Honigsack, aber auch im Kallstadter Saumagen. Wichtigste Rebsorte ist Riesling, der gut zwei Fünftel der Weinberge einnimmt. Hinzu kommen vor allem Spätburgunder und Grauburgunder, aber auch Weißburgunder, Chardonnay, St. Laurent und Portugieser. Cabernet Cubin, Merlot und Frühburgunder vervollständigen das Programm. Seine Rotweine baut Gerd Petri alle im Holzfass aus, ebenso wie die meisten Rieslinge. 80 Prozent der Weine werden trocken ausgebaut. Inzwischen ist mit den Söhnen Maximilian und Philipp die 14. Generation in den Betrieb eingestiegen, sie erzeugen ihre eigene Weinlinie „Generation 14".

Kollektion

Was wir im vergangenen Jahr schon bemerkten, stellen wir auch bei der aktuellen Kollektion wieder fest: Bis auf die beiden Rieslinge aus dem Saumagen sind die Weißweine wieder etwas zurückhaltend in der Säure, weshalb es ihnen dann auch an Frische mangelt. Die trockene Spätlese aus dem Saumagen besitzt gute Substanz, zeigt sowohl klare gelbe Frucht als auch kalkig-mineralische Noten, ist animierend und leicht salzig, der feinherbe Saumagen-Riesling ist herrlich reintönig im Bouquet, besitzt dezente Süße und feinen Säure-Biss. Beim Riesling „Haute Futaie" ist das Holz noch sehr dominant und steht noch etwas vor der Frucht, wie auch beim Chardonnay, der aber schon etwas deutlichere Frucht, Pfirsich und Banane, zeigt. Die Scheurebe Beerenauslese ist konzentriert und cremig, nur an Nachhaltigkeit fehlt es ihr leicht, gut gefällt uns auch der Spätburgunder aus dem Honigsack mit kühler Frucht, sehr dezentem Holz und einer reifen Tanninstruktur.

Weinbewertung

81	2016 Riesling trocken (1l) **12 %/5,30 €**
84	2015 Auxerrois Kabinett trocken **14 %/8,80 €**
83	2016 Grauburgunder Spätlese trocken **13 %/7,30 €**
85	2014 Chardonnay Spätlese trocken Barrique Himmelreich **13 %/10,- €**
82	2016 Riesling Kabinett trocken Herxheimer Honigsack **11,5 %/5,50 €**
84	2016 Riesling Spätlese trocken Herxheimer Honigsack **12 %/7,30 €**
87	2016 Riesling Spätlese trocken Kallstadter Saumagen **12,5 %/8,90 €**
86	2016 Riesling Spätlese trocken „Haute Futaie" Honigsack **12,5 %/13,10 €**
86	2016 Riesling Spätlese „feinherb" „Alte Reben" Kallstadter Saumagen **12 %/11,- €**
87	2016 Scheurebe Beerenauslese Herxheimer Honigsack **9 %/10,50 €/0,375l**
83	2015 Pinot Madeleine Frühburgunder trocken **14 %/7,- €**
87	2015 Spätburgunder Spätlese trocken „Selektion" Honigsack **13,5 %/21,- €**

Karl Pfaffmann

★★★

KONTAKT

Allmendstraße 1
76833 Walsheim
Tel. 06341-61856
Fax: 06341-62609
www.weingut-karl-pfaffmann.de
info@weingut-karl-pfaffmann.de

Inhaber
Helmut & Markus Pfaffmann
Rebfläche
63 Hektar
Produktion
450.000 Flaschen

BESUCHSZEITEN

Mo.-Fr. 8-12 + 13-18 Uhr,
Sa. 10-16 Uhr

Etwa ein Drittel der Weinberge von Helmut Pfaffmann und Sohn Markus sind mit roten Reben bepflanzt, vor allem Spätburgunder, Dornfelder und Portugieser, aber auch Dunkelfelder, Sankt Laurent, Cabernet Sauvignon und Merlot. Wichtigste Weißweinsorte ist Riesling, gefolgt von Weiß- und Grauburgunder, Chardonnay, Müller-Thurgau, Silvaner, Huxelrebe und Gewürztraminer. Die Weinberge befinden sich in Walsheim, Nussdorf, Gleisweiler und Knöringen.

Kollektion

Wie wir das von den Pfaffmanns kennen, sind alle Weißweine wieder sehr reintönig, aber auch recht füllig und süß, an der Spitze des Sortiments steht eine konzentrierte, komplexe Riesling Beerenauslese mit viel süßer Frucht, einem frischen Säure-Spiel und guter Länge. Stark sind auch wieder die Weine der im vergangenen Jahrgang eingeführten Réserve und Grande Réserve-Kategorien, der Chardonnay ist kraftvoll mit klarer Frucht und feinen Röstnoten, der Riesling ist ganz der fruchtbetonte Typ mit dezenter Holzwürze, der Grauburgunder Pauline zeigt gelbe Frucht, etwas Kokos und nussige Noten, die Cuvée Lara aus Cabernet Sauvignon und Merlot ist stoffig, besitzt viel dunkle Frucht, Kräuterwürze und gute Struktur und der Pinot Noir Charlotte setzt ebenfalls ganz auf Kraft, feine Röstnoten und viel klare Schwarzkirschfrucht.

Weinbewertung

83	2016 Sauvignon Blanc trocken Nußdorfer Bischofskreuz **12,5 %/6,90 €**
83	2016 Weißburgunder trocken Nußdorfer Bischofskreuz **12,5 %/6,10 €**
84	2016 Gelber Muskateller trocken „Selection" Walsheimer Silberberg **13 %/8,50 €**
86	2016 Grauburgunder trocken „Selection" Walsheimer Silberberg **13,5 %/8,50 €**
87	2016 Grauburgunder trocken „Réserve" „Pauline" Silberberg **13,5 %/15,70 €**
85	2016 Weißburgunder trocken „Selection" Knöringer Hohenrain **13,5 %/9,50 €**
86	2016 Chardonnay trocken „Selection" Walsheimer Silberberg **13,5 %/8,50 €**
86	2016 Chardonnay trocken „Selection" Walsheimer „Linzenbuckel" **13,5 %/11,50 €**
88	2016 Chardonnay trocken „Grande Réserve" Silberberg **13,5 %/23,90 €**
86	2016 Riesling trocken „Selection" Walsheimer Silberberg **13,5 %/9,50 €**
86	2016 Riesling trocken „Selection" Nußdorfer „Am weißen Kreuz" **13,5 %/11,50 €**
88	2016 Riesling trocken „Grande Réserve" Walsheimer „Rossberg" **13,5 %/18,90 €**
88	2016 Riesling Auslese Walsheimer Silberberg **9 %/14,50 €**
91	2016 Riesling Beerenauslese Walsheimer Silberberg **7 %/19,60 €/0,375l**
83	2015 „Red Vineyard" Rotwein trocken **13,5 %/8,90 €**
88	2015 Cabernet Sauvignon & Merlot trocken „Réserve Lara" **14,5 %/21,90 €**
82	2015 Spätburgunder trocken Holzfass Walsheimer Silberberg **13,5 %/7,60 €**
84	2015 Spätburgunder trocken „Selection" Walsheimer Silberberg **13,5 %/11,20 €**
88	2015 Pinot Noir trocken „Réserve" „Charlotte" Silberberg **13,5 %/21,90 €**

Thomas Pfaffmann

★☆

KONTAKT

Wein.Gut.Pan Thomas Pfaffmann
Lindenbergstraße 36
76829 Landau-Nußdorf
Tel. 06341-969187
Fax: 06341-969188
www.vinopan.de
info@vinopan.de

Inhaber
Thomas Pfaffmann
Rebfläche
12 Hektar

BESUCHSZEITEN

Mo.-Fr. 9-19 Uhr, Sa. 9-18 Uhr, Anmeldung erwünscht

WEIN.GUT.PAN
NUSSDORF

Theobald Pfaffmann wollte seine Weine nicht mehr länger an den Handel abgeben und hat deshalb 1983 mit der Selbstvermarktung begonnen. Nach seiner Ausbildung zum Weinbautechniker und Praktika in Frankreich und Australien ist Sohn Thomas seit 2003 im heimischen Betrieb tätig und seitdem für den Ausbau der Weine verantwortlich. 2016 hat er den Betrieb von seinen Eltern übernommen und den alten Namen, Weingut Theobald Pfaffmann, in Wein.Gut.Pan Thomas Pfaffmann geändert. Die Familie baut zu 60 Prozent weiße und zu 40 Prozent rote Sorten an. Die Rotweine werden maischevergoren und in Holzfässern, auch Barriques, ausgebaut. Die Weine werden überwiegend trocken angeboten.

Kollektion

In diesem Jahr führen zwei starke Rotweine die Kollektion an. Beide sind kraftvoll und zeigen dezente Röstnoten, der Pinot Noir zeigt Noten von Cassis und Schwarzkirschen und besitzt eine gute Struktur mit reifen, noch jugendlichen Tanninen, die „Pan Noir"-Cuvée aus Cabernet Sauvignon, Cabernet Franc und Merlot zeigt Kräuterwürze und etwas Paprika und ist ebenfalls gut strukturiert. Unter den Weißen liegen drei Weine gleichauf, der 2016er Riesling „Zeitlos" ist sehr fruchtbetont, die beiden anderen wurden im Holz ausgebaut, das beim Weißburgunder noch deutlich die Frucht dominiert, der Wein besitzt viel Saft und Kraft, beim Sauvignon Blanc „Fumé" ist das Holz schon besser eingebunden und lässt genügend Raum für die typische Stachelbeerwürze. Die beiden Sekte wurden uns letztes Jahr schon einmal vorgestellt, beide sind reintönig und immer noch frisch, der Pinot-Sekt ist geradliniger und etwas nachhaltiger als der Rosé. Und jedes Jahr ist auch der kraftvolle, cremige Auxerrois eine Empfehlung wert.

Weinbewertung

86 2011 „Pan" Pinot Sekt brut **12,5 %/16,- €**
85 2011 „Pan" Rosé Sekt brut **12,5 %/16,- €**
83 2016 Sauvignon Blanc trocken **12,5 %/9,- €**
83 2016 Chardonnay trocken **13 %/9,50 €**
83 2016 Riesling trocken „Kalkmergel" **12,5 %/7,50 €**
84 2016 Auxerrois trocken Kaiserberg **13,5 %/9,- €**
85 2016 Sauvignon Blanc trocken „Fumé" **13 %/14,- €**
85 2016 Weißer Burgunder trocken „Zeitlos" **13,5 %/15,- €**
85 2016 Riesling trocken „Zeitlos" **12,5 %/15,- €**
84 2015 Riesling trocken „Zeitlos" **13,5 %/15,- €**
83 2015 Sankt Laurent trocken **13 %/8,50 €**
86 2014 „Pan Noir" Rotwein trocken **13,5 %/16,- €**
87 2014 Pinot Noir trocken **13,5 %/18,50 €**

Pfeffingen – Fuhrmann-Eymael

★★★★

Kontakt

Pfeffingen 2
67098 Bad Dürkheim-Pfeffingen
Tel. 06322-8607 / 5591
Fax: 06322-8603
www.pfeffingen.de
info@pfeffingen.de

Inhaber
Doris Eymael, Jan Eymael
Kellermeister
Rainer Gabel
Rebfläche
17 Hektar
Produktion
100.000 Flaschen

Besuchszeiten

Mo.-Fr. 8-12 + 13-18 Uhr,
Sa. 9-12 + 13-16 Uhr,
So. nach Vereinbarung

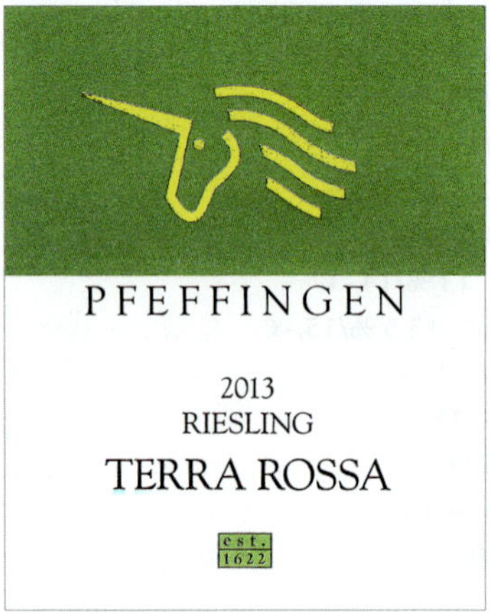

Das Weingut Pfeffingen hat seinen Namen vom gleichnamigen Bad Dürkheimer Ortsteil, der zwischen 500 und 600 n. Chr. gegründet wurde und Ausgangspunkt für die Besiedlung der Gegend war. Die Familie betreibt seit rund 250 Jahren Weinbau in der Pfalz, 1991 übernahm Doris Eymael das Weingut von ihrem Vater Karl Fuhrmann, seit 2002 leitet ihr Sohn Jan nach seinem Geisenheim-Studium und Auslandspraktika in Kalifornien, Bordeaux und Australien den Familienbetrieb. In den letzten Jahren wurden die Weinberge umstrukturiert, Riesling bleibt mit einem Anteil von 50 Prozent die wichtigste Rebsorte, ein weiterer Schwerpunkt liegt bei Weißburgunder, Chardonnay und Spätburgunder, die zusammen auf 25 Prozent der Fläche stehen. Scheurebe ist seit mehr als 50 Jahren eine Spezialität des Weinguts, sie nimmt mittlerweile 20 Prozent der Fläche ein und wird in mehreren Varianten angeboten, trocken, im Holz ausgebaut, je nach Jahrgang als Auslese, Beerenauslese und Trockenbeerenauslese, oder auch als Sekt. Daneben gibt es noch etwas Silvaner, Gewürztraminer, St. Laurent und Cabernet Dorsa, zuletzt wurde Merlot gepflanzt. Als weitere Spezialität gibt es den Roten Riesling, vom Großvater als spontane Mutation im Weinberg entdeckt und von Jan Eymael gezielt weiter vermehrt, eine robuste, dickschalige Sorte, die etwas moderatere Säure als der Riesling aufweist. Das Sortiment ist vierstufig gegliedert in Gutsweine, Ortsweine und Weine aus Erster Lage und Großer Lage. Die drei Großen Gewächse stammen aus den besten Lagen des Weinguts, Herrenberg und Weilberg, die Rieslinge wachsen im Herrenberg in der von Sandsteinmauern und Hecken geschützten Teillage „Mardelskopf" (Kalkstein mit Löss-Lehm-Auflage) und im ein Hektar großen Herzstück des Weilbergs (Terra Rossa-Böden), der Weißburgunder stammt aus der Parzelle „Vogelsang" im Herrenberg. Der Riesling aus dem Ungsteiner Nussriegel (Buntsandstein, teilweise auch Lehmboden mit Kalksteinanteilen) fällt in die zweite VDP-Lagenkategorie, in die Kategorie Erste Lage. Nachdem Jan Eymael in den vergangenen Jahren in neue Stückfässer investiert hat, steht für 2018 ein Umbau im Keller an, in dessen Zuge ein neuer Barriquekeller eingerichtet werden soll.

Kollektion

Auch in diesem Jahr konnten wir wieder vier Scheureben verkosten, die uns sogar noch etwas besser gefallen haben als ihre Jahrgangsvorgänger: Die Beerenauslese ist konzentriert und reintönig, zeigt Aprikose, Zitruswürze und Kräuternoten, am Gaumen ist der Wein cremig und harmonisch, besitzt ein lebendiges, animierendes Säure-Spiel und gute

Länge, die Auslese zeigt ebenfalls viel klare, süße Frucht, Aprikose, Cassis und Zitrusnoten, ist konzentriert mit frischem Säure-Nerv. Der trockene Ortswein zeigt Zitrusnoten, Orange, Limette und Cassis, ist saftig, frisch und harmonisch, die Scheurebe „SP" ist im Bouquet noch sehr vom Holz geprägt, zeigt Noten von gerösteten Haselnüssen, am Gaumen besitzt er gute Konzentration und ein animierendes Säure-Spiel.
Auch der Rote Riesling zeigt deutliche Holzwürze mit Noten von Kokos, aber auch etwas Kräuter, Rosmarin, ist konzentriert, füllig und weich, der „Kalkstein"-Riesling zeigt kreidige Noten und leicht zurückhaltende gelbe Frucht, besitzt guten Grip, der „Terra Rossa"-Riesling aus 2014 zeigt leicht gereifte Frucht, etwas Petrol und Mürbegebäck, ist füllig und lang und der Riesling aus dem Nussriegel zeigt deutliche steinig-mineralische Noten und kräutrige Würze, ist am Gaumen füllig mit leicht verhaltener Säure. Unter den Großen Gewächsen gefällt uns einmal mehr der Riesling aus dem Herrenberg am besten, er zeigt kräutrig-mineralische Noten und etwas Stein im Bouquet, besitzt Kraft und gute Konzentration, ist salzig und etwas würziger und nachhaltiger als der Weilberg, der sehr fruchtbetont ist, mit Noten von Aprikose, Mango, Orangenschale aber auch etwas Kräuterwürze, er ist animierend und besitzt gute Länge. Der Weißburgunder aus dem Herrenberg zeigt reintönige Birnenfrucht und florale Würze, besitzt Schmelz, Würze und ein nachhaltiges Säure-Spiel. Bleibt noch der Spätburgunder: Dunkle Frucht, Schwarzkirsche, Brombeere und etwas Mokka finden wir hier, das Holz ist gut eingebunden, am Gaumen besitzt der Wein Eleganz und Frische.

Weinbewertung

87	2016 Scheurebe trocken Ungstein **12,5 %/12,- €**
88	2016 Scheurebe trocken „SP" Ungstein **13 %/17,- €**
87	2016 Roter Riesling trocken „SP" Ungstein **12,5 %/16,- €**
86	2016 Riesling trocken „Kalkstein" Ungstein **13,5 %/13,50 €**
87	2014 Riesling trocken „Terra Rossa" Ungstein **13 %/13,50 €**
88	2016 Riesling trocken Ungstein Nussriegel **12 %/16,80 €**
90	2016 Weißburgunder „GG" Herrenberg **13 %/22,- €**
90	2016 Riesling „GG" Weilberg **13 %/26,- €**
91	2016 Riesling „GG" Herrenberg **13,5 %/26,- €**
89	2016 Scheurebe Auslese Ungsteiner Herrenberg **10 %/15,- €/0,375l**
91	2016 Scheurebe Beerenauslese Ungsteiner Herrenberg **9 %/24,- €/0,375l**
88	2015 Spätburgunder trocken „SP" Ungstein **13,5 %/22,- €**

LAGEN

WEILBERG (UNGSTEIN)
HERRENBERG (UNGSTEIN)

REBSORTEN

RIESLING (60 %)
SCHEUREBE (15 %)
WEISSBURGUNDER (10 %)
SPÄTBURGUNDER (10 %)

Pfirmann

★★★☆

KONTAKT

Wollmesheimer Hauptstraße 84
76829 Landau-Wollmesheim
Tel. 06341-32584
Fax: 06341-930066
www.weingut-pfirmann.de
info@weingut-pfirmann.de

Inhaber
Jürgen Pfirmann
Rebfläche
13,5 Hektar
Produktion
70.000 Flaschen

BESUCHSZEITEN

nur nach Vereinbarung

Das Weingut Pfirmann wird heute in fünfter Generation von Jürgen Pfirmann geführt, der bereits seit seinem Abschluss zum Weinbautechniker 2001 für den Ausbau der Weine verantwortlich ist. Die Weinberge befinden sich in den Lagen Wollmesheimer Mütterle, Mörzheimer Pfaffenberg, Leinsweiler Sonnenberg und Ilbesheimer Kalmit. Wichtigste Rebsorte ist Riesling, gefolgt von Spätburgunder, Weiß- und Grauburgunder, Dornfelder, Chardonnay, Silvaner, Merlot und Cabernet Sauvignon. Die Weißweine werden in Edelstahltanks ausgebaut und bleiben bis zur Abfüllung auf der Hefe. Die Rotweine werden maischevergoren und in kleinen oder großen Holzfässern ausgebaut. Das Programm ist gegliedert in Gutsweine, Terroirweine und Lagenweine.

Kollektion

Jürgen Pfirmanns Rieslinge aus dem Jahrgang 2016 besitzen alle markanten Säure-Biss, unter den Terroirweinen besitzt der „Landschneckenkalk" am meisten Grip, ist animierend und nachhaltig, der „Kalkmergel" zeigt Zitruswürze, der „Buntsandstein" ist auf der kräutrigen Seite. Der Riesling von der Kalmit zeigt kalkig-kreidige Noten, ist kraftvoll und lang, noch etwas nachhaltiger ist der Mütterle, der rauchig-tabakige Noten im Bouquet zeigt und Druck und salzige Länge besitzt. Die Weißburgunder-Terroir- und Lagenweine und der Chardonnay besitzen viel Kraft und Stoff, der Alkohol macht sich beim mit viel Holzwürze versehenen Chardonnay etwas bemerkbar, die Weißburgunder sind harmonischer, der nachhaltige Kalmit zeigt feine rauchige Noten und florale Würze, der neue Zollstock zeigt viel gelbe Frucht und besitzt ein animierendes Säure-Spiel und auch der Landschneckenkalk ist fruchtbetont, besitzt feinen Schmelz.

Weinbewertung

84 2016 Gelber Muskateller trocken **12 %/7,90 €**
83 2016 Weißer Burgunder trocken **12,5 %/6,20 €**
86 2016 Weißer Burgunder trocken „Kalkmergel" **13 %/8,20 €**
87 2016 Weißer Burgunder trocken „Landschneckenkalk" **13,5 %/8,20 €** ☺
86 2016 Riesling trocken „Buntsandstein" **12,5 %/8,20 €**
87 2016 Riesling trocken „Kalkmergel" **12,5 %/8,20 €** ☺
87 2016 Riesling trocken „Landschneckenkalk" **13 %/8,20 €** ☺
88 2016 Weißer Burgunder trocken Wollmesheimer „Am Zollstock" **13,5 %/11,- €**
87 2016 Chardonnay trocken Wollmesheimer „Am Zollstock" **14 %/11,- €**
88 2016 Sauvignon Blanc trocken Wollmesheimer Mütterle **13 %/14,50 €**
89 2016 Weißer Burgunder trocken Ilbesheimer Kalmit **14 %/14,50 €**
89 2016 Riesling trocken Wollmesheimer Mütterle **13 %/14,50 €**
88 2016 Riesling trocken Ilbesheimer Kalmit **13 %/14,50 €**
88 2015 Spätburgunder trocken Ilbesheimer Kalmit **13,5 %/18,- €**

Pflüger

★★★

KONTAKT

Gutleutstraße 48
67098 Bad Dürkheim
Tel. 06322-63148
Fax: 06322-66043
www.weingut-pflueger.de
info@pflueger-wein.de

Inhaber
Familie Pflüger
Rebfläche
23,5 Hektar
Produktion
280.000 Flaschen

BESUCHSZEITEN

Mo.-Fr. 9-12 + 14-18 Uhr,
Sa. 10-16 Uhr

Alexander Pflüger ist nach seinem Abschluss als Ingenieur für Weinbau und Oenologie 2007 ins väterliche Weingut eingestiegen, im Jahr 2010 übernahm er zusammen mit seiner Frau Aline die Verantwortung im Betrieb. Das Weingut arbeitet seit über 20 Jahren biologisch und biodynamisch, ist Mitglied bei Ecovin und Demeter. Die Weinberge liegen in den Dürkheimer Lagen Michelsberg, Spielberg, Fuchsmantel und Fronhof und im Ungsteiner Herrenberg. Wichtigste Rebsorte ist mit 40 Prozent Flächenanteil der Riesling, daneben gibt es 20 Prozent Spätburgunder, 15 Prozent Weißburgunder, 10 Prozent Sankt Laurent und noch etwas Sauvignon Blanc, Chardonnay, Gewürztraminer, Merlot, Cabernet Sauvignon, Regent und Lemberger.

Kollektion

In diesem Jahr waren die Rieslinge zum Zeitpunkt der Verkostung noch leicht verhalten, aber da sie schon die gewohnten mineralischen Noten zeigten, vertrauen wir darauf, dass sie einfach noch etwas Zeit brauchen, um sich zu entfalten. Die Rieslinge vom Buntsandstein und aus Dürkheim sind ganz fruchtbetont, der Spielberg-Riesling ist ungewohnt füllig und zeigt die kräutrigen Noten, die wir von ihm kennen, noch etwas steiniger und mit guter Länge präsentiert sich der Fuchsmantel, der Herrenberg zeigt neben leicht steinigen und kräutrigen Noten auch Zitruswürze mit Noten von animierend-bitterer Grapefruit, der Riesling vom Michelsberg ist komplex und nachhaltig, besitzt mineralische Noten, feinen Druck und Biss. Der Weißburgunder aus der gleichen Lage zeigt viel reintönige gelbe Frucht und dezentes Holz, auch der St. Laurent ist ganz klar in der Frucht, zeigt auch etwas wilde Würze, ist aber zu süß, der Fronhof-Pinot Noir ist eleganter als in den Vorjahren, zeigt Schwarzkirsche und feine Röstnoten, besitzt gute Konzentration und Struktur.

Weinbewertung

85 2016 „Biodynamite" Weißwein **12,5 %/10,90 €**
84 2016 Sauvignon Blanc trocken „Quarzit" **12,5 %/7,80 €**
84 2016 Weißburgunder trocken „Quarzit" **12,5 %/7,80 €**
83 2016 Riesling trocken „Buntsandstein" **12 %/7,80 €**
85 2016 Riesling Dürkheimer **12,5 %/10,- €**
87 2016 Weißburgunder trocken Dürkheimer Michelsberg **13 %/16,- €**
87 2016 Riesling trocken Dürkheimer Fuchsmantel **12,5 %/13,50 €**
86 2016 Riesling trocken Dürkheimer Spielberg **13 %/13,50 €**
87 2016 Riesling trocken Ungesteiner Herrenberg **13 %/16,- €**
88 2016 Riesling trocken Dürkheimer Michelsberg **13,5 %/16,- €**
84 2015 St. Laurent trocken Friedelsheimer **13,5 %/11,50 €**
87 2015 Pinot Noir trocken Dürkheimer Fronhof **14 %/21,- €**

P

KLOSTER PFORTA

★

KONTAKT

Landesweingut Kloster Pforta
Saalhäuser
06628 Bad Kösen
Tel. 034463-3000
Fax: 034463-30025
www.kloster-pforta.de
service@kloster-pforta.de

Inhaber
Land Sachsen-Anhalt
Betriebsleiter
Prof. Dr. Fritz Schumann
Kellermeister
Christoph Lindner
Weinbauleiterin
Franziska Zobel
Rebfläche
50 Hektar
Produktion
350.000 Flaschen

BESUCHSZEITEN

Verkaufsstelle Schulpforte
täglich von 10-18 Uhr

Das Zisterzienser-Kloster Pforta wurde 1137 gegründet, mit dieser Gründung begann der Weinbau in der Region. Bereits Mitte des 12. Jahrhunderts wurde der zwischen Bad Kösen und Schulpforte gelegene Köppelberg von Mönchen mit Reben bepflanzt (urkundlich belegt erstmals 1154). Das heutige Landesweingut Kloster Pforta, 1993 vom Land Sachsen-Anhalt gegründet, ist heute Besitzer dieser Reben am Köppelberg. Es ist ein Muster- und Demonstrationsweingut, das den bestehenden und künftigen Weinbau an Saale und Unstrut fördern soll. Neben dem Köppelberg (Muschelkalk), einer teilweise verpachteten Monopollage, besitzt man die Monopollagen Saalhäuser (Muschelkalk) und Gosecker Dechantenberg (roter Buntsandstein), ist vertreten im Eulauer Heideberg, Naumburger Paradies (tiefgründige Lösslehmböden), Großjenaer Blütengrund (Lösslehm- und Gesteinsböden) und Freyburger Schweigenberg (Muschelkalk). Bei den weißen Rebsorten dominieren Weißburgunder, Müller-Thurgau, Silvaner, Riesling, Morio-Muskat, Traminer und Gutedel, zuletzt wurde Blauer Silvaner, Weißer Heunisch und Elbling gepflanzt. An roten Sorten (ein Viertel der Fläche), gibt es die traditionellen Portugieser und Spätburgunder, dazu André und recht viel Zweigelt, der bereits seit 1983 angebaut wird. Die Weinberge im Köppelberg sind auf ökologische Bewirtschaftung umgestellt und zur Zertifizierung angemeldet. Das Programm ist gegliedert in Gutsweine (bronze), Lagenweine (silber) und Klosteredition (gold).

Kollektion

Die Weißweine präsentieren sich sehr gleichmäßig, unsere Favoriten sind der duftige, lebhafte Grauburgunder vom Eulauer Heideberg und der Saalhäuser-Weißburgunder, der füllig und saftig ist, viel reife Frucht und Substanz besitzt. Der Roter Traminer Eiswein zeigt viel Duft, etwas Kaffee, ist dominant süß und konzentriert. Das rote Segment hat einen sehr guten Zweigelt von alten Reben zu bieten, Jahrgang 2013, der gute Konzentration und intensive Frucht zeigt, Fülle und Kraft besitzt, gute Struktur und reife Frucht.

Weinbewertung

81 2016 Müller-Thurgau trocken **12 %/7,60 €**
82 2016 Bacchus trocken **11,5 %/8,70 €**
82 2016 Weißer Heunisch trocken Pfortenser Klöppelberg **12 %/10,- €**
84 2015 Grauer Burgunder trocken Eulauer Heideberg **12,5 %/12,50 €**
83 2016 Weißer Riesling trocken Gosecker Dechantenberg **12,5 %/17,90 €**
85 2015 Weißer Burgunder trocken „Breitengrad 51" Saalhäuser **13,5 %/21,- €**
86 2015 Roter Traminer Eiswein **6,5 %/43,- €/0,375l**
83 2015 André trocken Eulauer Heideberg **13,5 %/16,90 €**
86 2013 Blauer Zweigelt trocken „Alte Reben" Saalhäuser **14 %/18,90€**

Philipps-Eckstein

★★☆

Kontakt

Panoramastr. 11
54470 Graach
Tel. 06531-6542
Fax: 06531-4593
www.weingut-philipps-eckstein.de
info@weingut-philipps-eckstein.de

Inhaber
Patrick Philipps
Rebfläche
6,5 Hektar
Produktion
60.000 Flaschen

Besuchszeiten

täglich 12:30-18 Uhr
Gästehaus (8 Doppelzimmer, 1 Einzelzimmer), Winzerwirtschaft (60 Sitzplätze, Fr. 17-22 Uhr, Sa. 13-22 Uhr, So. 13-20 Uhr)

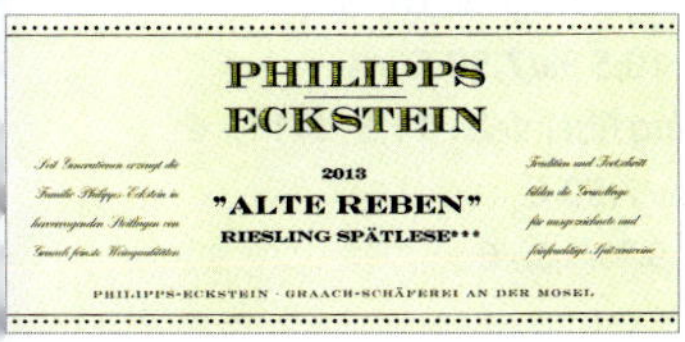

Hans und Gisela Philipps bewirtschafteten seit 1969 einen knappen Hektar Reben im Nebenerwerb. 1987 wagten sie den Schritt in die Selbständigkeit und eröffneten im Graacher Ortsteil Schäferei eine Weinstube mit Winzerwirtschaft und Gästezimmern. Zehn Jahre später stieg Sohn Patrick in den Betrieb ein, den er heute mit Ehefrau Michaela führt. Die Rebfläche ist mittlerweile auf 6,5 Hektar gestiegen. Seine Weinberge befinden sich vor allem in den Graacher Lagen Domprobst und Himmelreich, hinzu kommen Parzellen in der Bernkasteler Lay. Riesling nimmt das Gros der Weinberge ein, dazu gibt es noch etwas Weißburgunder, Spätburgunder, Grauburgunder und Chardonnay. Das Weingut verfügt über Gästezimmer, auch für die kulinarische Untermalung der Weinprobe wird gesorgt.

Kollektion

Auch wenn das Weingut für mehr oder weniger süße Weine bekannt geworden ist, sollte man nicht die trockenen Rieslinge vergessen. Dieses Jahr wurden zwei vorgestellt, an der Spitze die „Alten Reben", verschlossen, fest, mit langem, würzigen Nachhall. Unter den feinherben Weinen gefällt beispielsweise die Spätlese „Spontan", die ihrem Namen Ehre macht und etwas unruhige Spontangärnoten zeigt, kraftvoll und balanciert ist. Ihr Pendant ohne die spontane Zusatzbezeichnung wirkt etwas klarer, aber auch süßer. Der Kabinett von alten Reben besitzt Anklänge an Kräuter und Kandis sowie überdurchschnittliche Würze. Unter den vier süßen Spätlesen gefällt jene von alten Domprobst-Reben am besten, weil sie die schönste Balance hat, nach Apfel, Hefe und Steinobst duftet, zupackend ist und Substanz aufweist. Eine Drei-Sterne-Auslese mit Anklängen an Apfel, Apfelschale und Kräuter rundet das hochklassige Sortiment ab.

Weinbewertung

85 2016 Riesling Kabinett trocken Graacher Domprobst **11 %/8,50 €**
87 2016 Riesling Spätlese trocken „Alte Reben" Graacher Domprobst **12 %/10,- €**
86 2016 Riesling Kabinett „feinherb" Graacher Domprobst **10,5 %/8,50 €**
87 2016 Riesling Spätlese „feinherb" „Spontan" Graacher Domprobst **10,5 %/9,50 €**
87 2016 Riesling Spätlese „feinherb" Graacher Domprobst **11,5 %/10,50 €**
87 2016 Riesling Kabinett „Alte Reben" Graacher Domprobst **7,5 %/8,50 €** ☺
88 2016 Riesling Spätlese** Graacher Himmelreich **7,5 %/9,- €** ☺
89 2016 Riesling Spätlese „Alte Reben" Graacher Domprobst **7,5 %/12,50 €**
88 2016 Riesling Spätlese „Laurine" Graacher Domprobst **7,5 %/9,50 €** ☺
89 2016 Riesling Spätlese „Gehr" Graacher Himmelreich **7,5 %/12,- €** ☺
89 2016 Riesling Auslese Graacher Domprobst **7,5 %/17,- €**

P

Philipps-Mühle

★★★

KONTAKT

Gründelbach 49, 56329 St. Goar
Tel. 06741-1606, Fax: 06741-981838
www.philipps-muehle.de
info@philipps-muehle.de

Inhaber
Thomas & Martin Philipps
Rebfläche
6 Hektar
Produktion
30.000 Flaschen

BESUCHSZEITEN

täglich von 9-18 Uhr oder nach Vereinbarung;

Martin und Thomas Philipps rücken den Weinbau mehr und mehr in den Mittelpunkt der alten Getreidemühle, der ein Hofladen und eine Winzerschenke angeschlossen sind. Thomas Philipps studierte nach einer Ausbildung zum Hotelfachmann in Geisenheim Önologie, sein Bruder Martin machte eine Winzerlehre beim Weingut Toni Jost, studierte anschließend ebenfalls in Geisenheim. Sie haben die Rebfläche binnen kurzer Zeit von 0,3 Hektar auf heute 6 Hektar erweitert, möchten weitere Brachflächen rekultivieren. Ihre Weinberge liegen vor allem in den St. Goarer Lagen Frohwingert und Ameisenberg, aber auch im Urbarer Beulsberg und in Ober- und Niederheimbach. Sie bauen 80 Prozent Riesling und 15 Prozent Müller-Thurgau an, dazu etwas Weißburgunder. Das Sortiment ist in drei Linien gegliedert: Das Basissegment Steilhang, das Mittelsegment trägt den Namen der Großlage St. Goarer Burg Rheinfels und das Premiumsegment mit den Weinen aus den St. Goarer Einzellagen, dem trockenen Riesling aus dem Frohwingert und dem restsüßen Riesling aus dem Ameisenberg, der von 60 Jahre alten Reben stammt.

Kollektion

Das Konzept ist klar, die Stilistik überzeugt: Es geht weiter voran! Die Sekte zeigen feine rauchige Noten, besitzen gute Komplexität. Der Müller-Thurgau ist lebhaft und klar, besitzt feine süße Frucht. Das Steilhang-Trio präsentiert sich geschlossen, ist fruchtbetont, klar, zupackend. Im Mittelsegment gilt unsere leichte Präferenz dem trockenen Rheinfels-Riesling, beide sind würzig und rauchig, frisch, fruchtbetont und zupackend, der trockene Wein ist ein klein wenig druckvoller als sein halbtrockenes Pendant. Zugelegt haben Thomas und Martin Philipps mit ihrem trockenen Spitzenriesling, dem Frohwingert, der reintönig ist, füllig, kraftvoll, gute Struktur, Druck und Frucht besitzt. Der Ameisenberg präsentiert sich klar, zupackend, besitzt feine süße Frucht. Starke, stilsichere Kollektion!

Weinbewertung

86 2014 Riesling Sekt brut **12,5 %/12,50 €**
86 2014 Pinot Blanc Sekt brut **12,5 %/13,50 €**
84 2016 Müller-Thurgau trocken **12 %/7,50 €**
84 2016 Riesling trocken „Steilhang" **11 %/7,50 €**
86 2016 Riesling trocken St. Goarer Burg Rheinfels **12 %/11,- €**
89 2016 Riesling trocken St. Goarer Frohwingert **13 %/16,- €**
84 2016 Riesling halbtrocken „Steilhang" **10,5 %/7,50 €**
85 2016 Riesling halbtrocken St. Goarer Burg Rheinfels **11,5 %/11,- €**
84 2016 Riesling lieblich „Steilhang" **10 %/7,50 €**
87 2016 Riesling St. Goarer Ameisenberg **9 %/16,- €**

Plag

★★★☆

KONTAKT

Leiberger Weg 1
75057 Kürnbach
Tel. 07258-234
Fax: 07258-9269561
www.weingut-plag.de
info@weingut-plag.de

Inhaber
Philipp Plag
Rebfläche
13,5 Hektar
Produktion
95.000 Flaschen

BESUCHSZEITEN

Mi. + Fr. 14-18 Uhr, Sa. 9-12 + 13-16 Uhr und nach Vereinbarung
Besenwirtschaft „Plag's Weinstube" (3 x im Jahr eine Woche)

Reinhold Plag, der Urgroßvater des heutigen Besitzers, trat 1982 aus der Genossenschaft aus und begann mit der Selbstvermarktung. Sohn Werner Plag baute den Betrieb aus, heute führt dessen Sohn Philipp das Gut. Das Weingut ist in Kürnbach im Kraichgau zu Hause, wo auch die Weinberge liegen, die Reben wachsen auf Keuperböden. 70 Prozent der Rebfläche nehmen rote Rebsorten ein. Schwarzriesling ist die wichtigste Rebsorte im Betrieb, gefolgt von Pinot Noir, Lemberger, Riesling und Weißburgunder. Dazu gibt es etwas Müller-Thurgau, Gewürztraminer, Dunkelfelder, Cabernet Dorsa und Samtrot. Die Weine werden seit 2006 in den drei Linien Gutsweine, Premiumweine und Excellance vermarktet, die Excellance-Weine werden im Barrique ausgebaut.

Kollektion

Im vergangenen Jahr hatten wir bereits einen Aufwärtstrend festgestellt, in diesem Jahr setzt Philipp Plag noch einen drauf, zeigt eine herausragende Rotwein-Kollektion. Spätburgunder, Lemberger, aber auch Syrah und Cuvée müssen keinen Vergleich scheuen. Vier rote Weine und ein weißer Wein der Excellance-Linie bilden die Spitze einer sehr starken Kollektion: Der Pinot Noir zeigt eine großartige kühle Frucht mit sehr guter Struktur, ein sehr klassischer, burgundischer Wein. Der Lemberger mit feinem Veilchen-Duft ist würzig, elegant und dicht. Der Syrah zeigt viel Pfeffer und kühle Frucht, ist elegant und saftig, da stimmt alles. Eine fein ziselierte Struktur besitzt die elegante Cuvée, die Tannine fließen über eine reife, saftige Frucht. Auch an den Rotweinen der „S"-Serie gibt es nichts auszusetzen. Der Chardonnay Excellance zeigt feines Holz, viel Schmelz, ist elegant, hat weiteres Potenzial.

Weinbewertung

85 2016 Riesling trocken „Premium" **13 %/7,- €**
85 2016 Auxerrois trocken „Premium" **12,5 %/7,- €**
85 2016 Weißburgunder trocken „Premium" **13 %/7,- €**
86 2016 Grauburgunder trocken „Premium" **13,5 %/7,50 €**
86 2015 Weißburgunder trocken „S" **13,5 %/9,50 €**
87 2016 Grauburgunder trocken „S" **13,5 %/9,50 €**
89 2015 Chardonnay trocken „Excellance" **14 %/15,50 €**
88 2015 Schwarzriesling trocken Barrique „Albert" **13,5 %/12,50 €**
88 2015 Spätburgunder trocken „S" **13,5 %/9,50 €** ☺
88 2015 Merlot trocken „S" **14,5 %/15,50 €**
87 2015 Lemberger trocken „S" **13,5 %/9,50 €**
90 2015 Lemberger trocken „Excellance" **14 %/19,50 €**
92 2015 Pinot Noir trocken „Excellance" **13,5 %/16,50 €** ☺
90 2015 Syrah trocken „Excellance" **13,5 %/21,50 €**
91 2015 Cuvée rot trocken „PP" „Excellance" **14 %/24,- €**

Karl O. Pohl

★★

KONTAKT

Reitzengang 9
54470 Bernkastel-Wehlen
Tel. 06531-8372
Fax: 06531-1792
www.weinpohl.de
info@weinpohl.de

Inhaber
Stefan K. & Christopher Pohl
Rebfläche
2 Hektar

BESUCHSZEITEN

täglich 9-20 Uhr
Gutsweinstube (Mai-Oktober, Mi.-Sa. ab 17 Uhr, So. ab 11 Uhr und nach Vereinbarung)

Dieses kleine Wehlener Weingut befindet sich seit 400 Jahren in Familienbesitz. Die Weinberge liegen in der Wehlener Sonnenuhr sowie in den beiden Graacher Lagen Himmelreich und Domprobst. Es wird ausschließlich Riesling angebaut, alle Weine werden im Edelstahl ausgebaut. In der von Mai bis Oktober geöffneten Gutsweinstube werden moseltypische Spezialitäten serviert und Weinproben für bis zu 50 Personen durchgeführt. Im Sommer 2014 haben die Brüder Stefan und Christopher Pohl das Weingut übernommen. Seit der zweiten Ausgabe dieses Buches empfehlen wir bereits das Weingut Pohl, damals begeisterten uns vor allem die restsüßen, gereiften Rieslinge – und in den meisten Jahrgängen seither hatten die süßen Spätlesen und Auslesen die Nase vorne, was nicht bedeutet, dass nicht auch die trockenen oder halbtrockenen bzw. feinherben Weine überzeugen könnten. Im Gegenteil: Diese Rieslinge haben sich über die Jahre weiter gesteigert, sind heute wesentlich gleichmäßiger als früher.

Kollektion

Die Kollektion des Vorjahres fiel umfangreich aus, der Jahrgang hatte vom trockenen, rassigen Kabinett bis zur saftigen Auslese aus der Sonnenuhr alles zu bieten. Diesmal wurde als Nachzügler noch ein 2015er Sekt aus der Sonnenuhr vorgestellt, saftig und würzig, mit einem gewissen Schmelz ausgestattet. Unter den trockenen nichtschäumenden Weinen gefällt die Spätlese aus dem Domprobst am besten, weil sie balanciert ist und Nachhall besitzt. Für sie wie für alle trockenen Weine gilt, dass die Restsüße nicht zu spüren ist. Die feinherbe Spätlese aus dem Himmelreich wirkt etwas unauffälliger, ist aber auch angenehm saftig. Mit einer gewissen Fülle überrascht der Himmelreich-Kabinett in süßer Variante, die Spätlese aus der Sonnenuhr punktet mit einem Süße-Säure-Spiel, und die elegante, süffige, im Moment deutlich süß wirkende Auslese muss sich nicht verstecken.

Weinbewertung

85 2015 Riesling Sekt brut Wehlener Sonnenuhr **12,5 %/11,- €**
83 2016 Riesling trocken Wehlener Sonnenuhr **12 %/7,50 €**
85 2016 Riesling Kabinett trocken Graacher Himmelreich **11 %/8,- €**
87 2016 Riesling Spätlese trocken Graacher Domprobst **12,5 %/11,- €**
85 2016 Riesling Spätlese trocken Wehlener Sonnenuhr **11,5 %/9,80 €**
85 2016 Riesling Kabinett halbtrocken Graacher Himmelreich **11 %/8,- €**
86 2016 Riesling Spätlese „feinherb" Graacher Himmelreich **11,5 %/9,- €**
85 2016 Riesling Kabinett Graacher Himmelreich **8 %/8,- €**
86 2016 Riesling Spätlese Wehlener Sonnenuhr **8 %/9,80 €**
87 2016 Riesling Auslese Graacher Himmelreich **7,5 %/14,- €**

PORZELT

★★★

KONTAKT

Steinstraße 91
76889 Klingenmünster
Tel. 06349-8186
Fax: 06349-3950
www.weingut-porzelt.de
info@weingut-porzelt.de

Inhaber
Andreas Porzelt
Rebfläche
14 Hektar
Produktion
95.000 Flaschen

BESUCHSZEITEN

Mo.-Sa. 9-12 + 14-18 Uhr
Gästehaus, Weinstube (bis 50 Personen)

Das Weingut wird heute in dritter Generation von Andreas Porzelt geführt, der 1998 nach seiner Ausbildung zum Weinbautechniker die Regie im Keller übernahm. Die Weinberge liegen im Klingenmünsterer Maria Magdalena, Heuchelheimer Herrenpfad und Gleiszeller Kirchberg. Die wichtigsten Rebsorten sind Riesling, Portugieser, Spätburgunder, Weiß- und Grauburgunder und Dornfelder, aber auch Merlot, Schwarzriesling und Gewürztraminer werden angebaut, ungewöhnlich ist der hohe Anteil von Silvaner, der auf gut 20 Prozent der Rebfläche steht. Bei Weißweinen wird teilweise mit Maischestandzeiten gearbeitet, sie werden kühl vergoren und teils im Edelstahl, teils im Holz ausgebaut. Die Rotweine werden maischevergoren und in Eichenholzfässern ausgebaut. Im Sommer 2011 wurde Andreas Porzelt in das Talenteprogramm des Pfälzer VDP aufgenommen. In den letzten Jahren wurde der Betrieb auf biologischen Anbau umgestellt, seit dem Jahrgang 2015 sind die Weine zertifiziert.

Kollektion

Zu den beiden Spitzen des Vorjahres, den Lagenweinen von Silvaner und Chardonnay, gesellt sich in diesem Jahr ein dritter Wein, der Kirchberg-Spätburgunder, der saftig, kühl, elegant und komplex ist und viel klare Frucht nach Kirsche, Cassis, etwas Erdbeere und sehr dezentes Holz zeigt. Der Kirchberg-Chardonnay zeigt ebenfalls nur einen Hauch von Holz, ist elegant und frisch mit feinen Zitrusnoten, bei dem im 500 Liter-Tonneaux ausgebauten Silvaner vom Kirchberg ist das Holz mit dezenten Kokosnoten etwas präsenter, der Wein besitzt klare Frucht, Schmelz und Länge. Auch die beiden anderen Silvaner sind sehr gut, der „Tonmergel" ist fruchtbetont mit leicht erdiger Würze, der „Muschelkalk" besitzt Konzentration und Schmelz. Der Maria Magdalena-Riesling besitzt Saft, Kraft, viel Frucht und kräutrige Würze. —

Weinbewertung/keine Preisangaben

83 2016 Riesling trocken **12 %/8,10 €**
87 2016 Silvaner trocken „Muschelkalk" **13 %/13,10 €**
87 2016 Silvaner trocken „Tonmergel" Klingenmünster **12,5 %/12,10 €**
86 2016 Sauvignon Blanc trocken Klingenmünster **12,5 %/11,10 €**
87 2016 Grauer Burgunder trocken Klingenmünster **13,5 %/11,10 €**
89 2016 Silvaner trocken „500.4" Gleiszellen Kirchberg **13 %/22,10 €**
88 2016 Weißer Burgunder trocken Klingenmünster Kirchberg **13,5 %/17,10 €**
89 2016 Chardonnay trocken Klingenmünster Kirchberg **13 %/19,10 €**
88 2016 Riesling trocken Klingenmünster Maria Magdalena **12,5 %/17,10 €**
85 2015 Merlot trocken Klingenmünster **13,5 %/11,10 €**
86 2015 Spätburgunder trocken „Muschelkalk" Klingenmünster **13 %/18,10 €**
89 2015 Spätburgunder trocken Klingenmünster Kirchberg **13 %/26,10 €**

Poss

★★☆

KONTAKT

Goldgrube 20-22
55452 Windesheim
Tel. 06707-342, Fax: 06707-8332
www.weingut-poss.de
info@weingut-poss.de

Inhaber
Karl-Hans & Harald Poss
Rebfläche 12 Hektar
Produktion 70.000 Flaschen

BESUCHSZEITEN

Mi.-Fr. 10-13 Uhr, Sa. 11-17 Uhr
oder nach Vereinbarung
Neue moderne Vinothek „Pinoteca" mit direktem Zugang zu einem ehemaligen römischen Weinkeller einer ehemaligen Villa Rustica aus dem 3. Jahrhundert

P

Die Weinberge von Karl-Hans und Harald Poss befinden sich in den Windesheimer Lagen Römerberg, Rosenberg, Saukopf und Fels, im Winzenheimer Berg, sowie in Waldlaubersheim. Die Burgundersorten spielen mit einem Flächenanteil von zusammen 85 Prozent die Hauptrolle bei den Poss-Brüdern, 40 Prozent der Rebfläche nimmt Weißburgunder ein, Grauburgunder 35 Prozent und Spätburgunder 10 Prozent, dazu kommen Riesling sowie etwas Chardonnay, Cabernet Dorsa und St. Laurent.

Kollektion

Die Familie Poss überrascht uns in diesem Jahr mit ihrer neuen „vogelfrei"-Linie, hinter der die junge Generation im Weingut steckt, Nikolay, Nadine und David. Der „vogelfrei"-Würzer wurde auf der Maische vergoren und in gebrauchten Barriques ausgebaut, er ist sehr aromatisch mit Noten von Holunder, Birnenmost und Zitrusfrüchten, am Gaumen ist er konzentriert, aber schlank und frisch, der Riesling wurde im Granitfass ausgebaut, zeigt feine mineralische Würze und viel klare Frucht nach reifen Mirabellen und Mandarinen, er ist komplex, schlank und animierend. Der 2016er Grauburgunder wurde nach der Maischegärung ebenfalls im Granitfass ausgebaut, er ist kraftvoll, konzentriert und komplex, zeigt Noten von Brotkruste und Birne besitzt ein animierendes Säure-Spiel, der 2015 Grauburgunder wurde nach zwei Monaten Maischekontakt in neuen Barriques ausgebaut, mit seinem strahlenden, hellen Rot erinnert er eher an einen Spätburgunder, zeigt florale Noten und rote Beeren, Erdbeeren und Kirschen im Bouquet, besitzt jugendliche Tannine, das Holz ist kaum spürbar, er ist würzig, elegant und harmonisch – ein Wein, der sich eigentlich jeder Kategorie und jedem Bewertungsschema entzieht. Aber auch das „normale" Programm wollen wir nicht ganz vergessen, der Grauburgunder vom Fels ist kraftvoll und füllig, zeigt feine Holzwürze und Zitrusnoten, der Weißburgunder aus dem Römerberg ist ganz reintönig, besitzt feinen Schmelz und gute Länge. ▬

Weinbewertung

83 2016 Weißer Burgunder trocken **13 %/9,40 €**
84 2016 Grauer Burgunder trocken **13 %/9,40 €**
86 2016 Weißer Burgunder „S" trocken **13,5 %/13,90 €**
87 2016 Grauer Burgunder „S" trocken **13,5 %/13,90 €**
87 2016 Würzer trocken „vogelfrei" **11,5 %/18,- €**
87 2016 Riesling trocken „vogelfrei" **12 %/18,- €**
89 2016 Grauer Burgunder trocken „vogelfrei" **14 %/23,- €**
90 2015 Grauer Burgunder trocken Barrique „vogelfrei" **14,5 %/35,- €**
88 2015 Weißer Burgunder trocken Windesheimer Römerberg **13,5 %/19,80 €**
89 2014 Grauer Burgunder trocken Windesheimer Fels **13,5 %/25,50 €**

Posthof – Doll & Göth

★☆

KONTAKT

Kreuznacher Straße 2
55271 Stadecken-Elsheim
Tel. 06136-3000
Fax: 06136-6001
www.doll-goeth.de
weingut.posthof@doll-goeth.de

Inhaber
Roland Doll
Rebfläche
18 Hektar
Produktion
180.000 Flaschen

BESUCHSZEITEN

Mo.-Fr. 8-12 + 13:30-18:30 Uhr,
Sa. 9-17 Uhr + nach Vereinbarung
Weinbar – Rotwein-Lounge
– Weintafel

Mit der Heirat von Erika Göth und Roland Doll 1988 wurde der Grundstein gelegt für die Zusammenlegung der beiden Weingüter Göth in Gau-Bischofsheim und Doll in Stadecken, seit 1993 firmiert man Weingut Posthof Doll & Göth, mit Sitz in der ehemaligen kaiserlichen Postagentur in Stadecken. Erika und Roland Doll führen den Betrieb, Sohn Linus hat nach Lehrjahren an der Nahe und in Nierstein sein Studium in Geisenheim begonnen. Die Weinberge liegen in Stadecken (Lenchen, Spitzberg), Elsheim (Bockstein, Blume), Gau-Bischofsheim (Kellersberg, Glockenberg, Herrnberg) und Essenheim (Teufelspfad). Riesling nimmt ein Fünftel der Rebfläche ein, es folgen, Grauburgunder, Silvaner, Dornfelder, Weißburgunder, Spätburgunder und St. Laurent. Dazu gibt es Spezialitäten wie Gewürztraminer, Huxelrebe und Scheurebe. Zuletzt sind Merlot und Syrah hinzugekommen, im Spitzberg wurde Chardonnay gepflanzt.

Kollektion

Mit der neuen Kollektion schließt Roland Doll nahtlos an die guten Vorjahre an, sie präsentiert sich geschlossen, überzeugt weiß wie rot, die Basis stimmt, an der Spitze stehen die durchweg sehr guten Lagenweine. Der Weißburgunder aus dem Spitzberg ist füllig und kraftvoll, geprägt vom Kontrast aus Säure und Süße. Der Lenchen-Riesling ist fruchtbetont und zupackend, der Riesling aus dem Kellersberg im Jahrgang 2016 noch verhalten und verschlossen, der 2015er zeigt feine Zitrusnoten, besitzt Fülle und Saft, gute Struktur und Länge. Sehr gut sind auch die beiden Rotweine. Die ein Jahr im Holz ausgebaute rote Cuvée ist klar und fruchtbetont, frisch, zupackend und strukturiert, der im Barrique ausgebaute Merlot aus dem Bockstein ist kraftvoll, besitzt reintönige Frucht, gute Struktur und feine Tannine.

Weinbewertung

83 2014 Chardonnay Sekt brut **13 %/11,60 €**
82 2016 Silvaner trocken „RS“ **12,5 %/5,80 €**
81 2016 Grauer Burgunder trocken **13 %/6,60 €**
81 2016 Morio-Muskat trocken **13 %/6,50 €**
85 2016 Riesling trocken Stadecker Lenchen **12,5 %/7,10 €**
85 2016 Weißer Burgunder trocken Stadecker Spitzberg **13 %/7,10 €**
86 2015 Riesling trocken Gau-Bischofsheimer Kellersberg **12,5 %/8,10 €**
85 2016 Riesling trocken Gau-Bischofsheimer Kellersberg **12,5 %/8,10 €**
81 2016 Riesling Classic **12 %/5,30 €**
84 2016 Grauer Burgunder „feinherb“ Gau-Bischofsheimer Kellersberg **12,5 %/7,10 €**
85 2014 Cuvée „R“ Rotwein trocken **13 %/8,10 €**
86 2015 Merlot trocken Elsheimer Bockstein **14 %/15,60 €**

P

PRINZ

★★★★

KONTAKT

Im Flachsgarten 5
65375 Hallgarten (Oestrich-Winkel)
Tel. 06723-999847
Fax: 06723-999848
www.prinz-wein.de
info@prinz-wein.de

Inhaber
Familie Prinz
Rebfläche
7 Hektar
Produktion
50.000 Flaschen

BESUCHSZEITEN

nach Vereinbarung

P

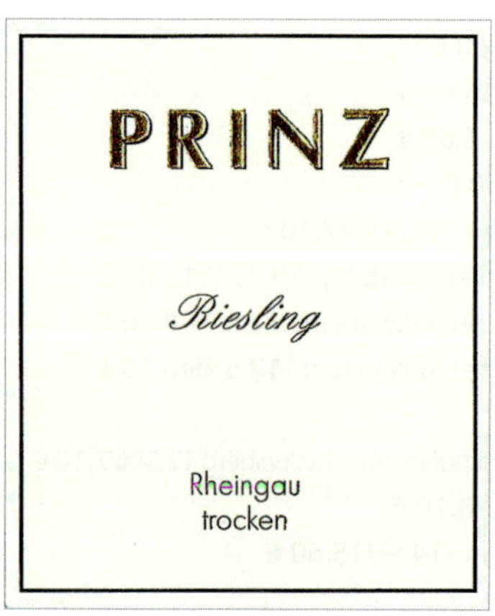

Ein Weingut, das sich entwickelt hat wie kaum ein zweites in der Region. Großeltern und Eltern von Fred Prinz lieferten die Trauben noch an die Genossenschaft ab, 1991 vermarktete man dann die ersten 3.000 Flaschen eigenen Wein. Fred Prinz führte den Betrieb lange im Nebenerwerb, arbeitete nach dem Studium bei Breuer, dann bei den Staatsweingütern Kloster Eberbach. 2003 bot sich die Möglichkeit, einen Betrieb im Ort zu übernehmen, Keller, Lager und Weinberge inklusive. Im Jahr darauf wagte Fred Prinz den Schritt in die Selbständigkeit, schon ein Jahr später wurde er in den VDP aufgenommen. Inzwischen sind die beiden Kinder intensiv dabei, sich auf die Mitarbeit vorzubereiten, einem weiteren Ausbau des Gutes steht nichts mehr im Wege. Die Weinberge des Betriebes befinden sich rund um Hallgarten in den Lagen Schönhell (teils sandige, teils steinige Lösslehmböden), Hendelberg (blauer und grüner Schiefer, Phyllit) und Jungfer (Taunusquarzit mit Lösslehmeinlagerungen). Über 90 Prozent der Rebfläche nimmt Riesling ein, traditionell gibt es Spätburgunder, hinzu kamen Sauvignon Blanc (erste Ernte 2006) und Roter Riesling (erste Ernte 2008). Der neu gepflanzte Traminer soll das Sortiment demnächst ergänzen, wird aber den Riesling als Hauptrebsorte selbstverständlich nicht verdrängen können. Das Programm ist in vier Linien gegliedert. Die Basis bilden die Gutsweine, dann folgen die Kabinettweine und der Riesling „Tradition". Die dritte Linie bilden die traditionellen Spätlesen, trocken wie süß. Auch der Rote Riesling und der Sauvignon Blanc gehören in diese Linie. Das Topsegment schließlich wird von den beiden Großen Gewächsen gekrönt. Die Weine werden fast ganz im Edelstahl vinifiziert, nur für den Riesling „Tradition" wird ein Teil des Weines im Halbstück ausgebaut, auch der in kleinen Mengen ausgebaute Spätburgunder kommt mit Holz in Berührung. Die Basisweine werden überwiegend mit Reinzuchthefen vergoren, alle höherwertigen Weine mit natürlichen Hefen, wobei Fred Prinz dies nicht dogmatisch sieht, auch noch einmal etwas Hefen zusetzt, wenn die Weine nicht weit genug vergären.

Kollektion

Das Weingut präsentiert – wie immer – eine in sich sehr stimmige Kollektion, die jedoch zwangsläufig etwas im Schatten des grandiosen Vorjahres steht. Die Rieslinge wirken insgesamt milder und nicht so fest strukturiert, dafür sind sie aufgeschlossener. Der Riesling trocken ist wie immer einer der verlässlichsten Gutsweine des Rheingaus, der mit seiner präzisen, kühlen Art begeistert, schnörkellos, fein, mineralisch und trinkanimierend ist. Er setzt die kühle Frucht des Jahrgangs mustergültig in Szene. Auch der rassige Kabinett trocken ist in seiner Präzision geradezu beispielhaft für seine Art, er ist leichtfüßig, jahrgangstypisch dezent grasig und endet mit feiner salziger Frische. Der Ortsriesling aus Hallgarten zeigt sich ebenso kräuterfrisch, ist etwas fülliger, aber auch mineralisch durchdrungen, leicht und kompakt. Er ist etwas gerbstoffbetonter, was ihm Rückgrat verleiht. Der Hendelberg präsentiert sich zurückhaltend und gewohnt fein. Sein subtiler Druck entwickelt sich zusehends mit Luft, er erreicht nicht das grandiose Niveau des Vorjahres, ist aber für sich ein sehr feiner, zupackender, mineralischer Riesling mit weiterem Potenzial. Daran schließt sich der Frühernberg mit einer Nuance mehr Reife und Würze an, was ihm sehr gut steht. Auch hier sitzt alles passend, er ist zwar etwas trockener ausgebaut als der Hendelberg, wirkt aber etwas fülliger nach. Er bietet mineralisch durchwirkten feinen Schmelz und sehr gutes Reifepotenzial. Der Sauvignon Blanc ist auf den Punkt gebracht, seine perfekte Reife changiert zwischen reifer Gelbfrucht und mineralischer Kühle: Neuseeland trifft auf Sancerre. Dezent vegetal, lang, einfach gelungen. Da passt sich auch der Rote Riesling sehr gut ein, auch er verzichtet auf demonstrative Süße, trotzdem kommt seine feine rotbeerige Art sehr gut zur Geltung, auch weil sie bei guter Reife mit seiner grasigen Frische sehr gelungen kontrastiert, ein Speisenbegleiter par Excellence. Der fruchtige Kabinett aus der Juffer ist leichtgängig und spielt animierend zwischen Süße, Säure und herbfrischer Länge. Die tropischfruchtige Spätlese aus derselben Lage ist voll vitaler Saftigkeit, wirkt süß-herb, ist eher mild. Der 2014er Spätburgunder aus dem Hendelberg duftet intensiv nach dunklen Beeren und ätherischem Toast, er entfaltet Druck und milde reife Frucht, die von feinen Tanninen flankiert werden.

Weinbewertung

86	2016 Sauvignon Blanc trocken **13,5 %/16,60 €**
86	2016 Roter Riesling trocken **12,5 %/16,60 €**
84	2016 Riesling trocken **12 %/9,- €**
85	2016 Riesling Kabinett trocken Hallgarten **11,5 %/11,40 €**
85	2016 Riesling trocken Hallgarten **12 %/11,40 €**
88	2016 Riesling trocken Hallgartener Hendelberg **13 %/16,60 €**
88	2016 Riesling trocken Hallgartener Frühernberg **13 %/16,60 €**
85	2016 Riesling Kabinett Hallgartener Jungfer **8 %/12,- €**
87	2016 Riesling Spätlese Hallgartener Jungfer **8,5 %/22,- €**
88	2014 Spätburgunder trocken Hallgartener Hendelberg **13 %/22,- €**

P

LAGEN

JUNGFER (HALLGARTEN)
SCHÖNHELL (HALLGARTEN)
HENDELBERG (HALLGARTEN)

REBSORTEN

RIESLING (90 %)
SPÄTBURGUNDER (7 %)
SAUVIGNON BLANC (3 %)

Hans Prinz

★

KONTAKT

Suttonstraße 13
65399 Kiedrich
Tel. 06123-3192
Fax: 06123-6013817
www.wein-prinz.de
info@wein-prinz.de

Inhaber
Thomas Prinz
Kellermeister
Philipp Prinz
Rebfläche
8,5 Hektar
Produktion
50.000 Flaschen

BESUCHSZEITEN

Mo.-Sa. 9-19 Uhr oder nach Vereinbarung

Weingut Hans
PRINZ

Seit 1792 werden in diesem Familienbetrieb Reben angebaut, inzwischen 8,5 Hektar, auf denen Riesling mit 85 Prozent der Fläche dominiert. Daneben gibt es kleine Mengen an Spätburgunder, Grauburgunder, Cabernet Dorsa und Dornfelder. Die Lagen Kiedricher Gräfenberg, Wasseros, Sandgrub und Klosterberg bürgen für Qualität. Während Thomas Prinz das Weingut leitet, fungiert Sohn Philipp als Kellermeister, hat mit seiner „Privat-Linie" einen eigenen Stil entwickelt. In dieser Linie werden Riesling und Spätburgunder ausgebaut; die Trauben müssen gehobene Auslesequalität aufweisen, die Vergärung erfolgt spontan. Der Riesling Privat wird nach einer kurzen Maischestandzeit schonend abgepresst, die Vergärung erfolgt in einem speziell für das Weingut angefertigten Stückfass. Der Privat-Spätburgunder reift in Barriques. Zum Gesamtangebot der Familie gehört seit 2013 auch das von Theresa Prinz geführte „Historische Weinhaus Engel".

Kollektion

Der sehr gut geratene würzige Sekt mit seiner cremig-weichen, üppigen Frucht und mildem Mousseux ist neu in diesem Jahr. Der trockene Literriesling ist klar und animierend, ebenso wie der mineralische trockene Kabinett. Die trockene Spätlese mit ihrem milden reifen Kern weist eine ansprechende Kräuternote auf. Noch kräftiger zeigt sich die Gräfenberg-Spätlese, besitzt würzigen Schmelz und einen langen Nachhall. Der im Holzfass gereifte „Riesling Privat" ist kraftvoll und kompakt, der hohe Alkohol ist zwar spürbar, aber bestens integriert. Auch die halbtrockenen bis fruchtigen Weine sind stimmig und im besten Sinne süffig. Die Fruchtsüße ist bei jedem Wein passend gewählt. Die Riesling Spätlese mit ihrer leichtgängigen, balancierten Art sei hier nur beispielhaft genannt. Der im Barrique gereifte üppige Spätburgunder bietet aromatische Fülle, ansprechende Tanninwürze und Frische.

Weinbewertung

86	2014 „1792" Riesling Sekt brut „Privat" **13 %/14,90 €**
82	2016 Riesling trocken Kiedricher Heiligenstock (1l) **12,5 %/5,- €**
83	2016 Riesling Kabinett trocken Rauenthaler Steinmächer **12 %/5,50 €**
84	2016 Riesling Spätlese trocken „Terroir Phyllit" Klosterberg **13 %/7,50 €**
85	2016 Riesling Spätlese trocken „Alte Reben" Kiedricher Gräfenberg **13 %/7,50 €**
86	2016 Riesling Spätlese trocken „Privat" **14 %/11,- €**
82	2016 Riesling Classic (1l) **12 %/5,50 €**
83	2016 Riesling Kabinett halbtrocken Kiedricher Sandgrub **11,5 %/5,50 €**
82	2016 Grauer Burgunder „feinherb" „Sommertraum" **12,5 %/5,50 €**
83	2016 „Sophia" Weißwein „feinherb" **12,5 %/6,90 €**
84	2016 Riesling Spätlese Kiedricher Sandgrub **8 %/7,50 €**
84	2014 Spätburgunder trocken „Privat" **14,5 %/12,- €**

Christine Pröstler

★★☆

Kontakt

Obere Hauptstraße 100
97225 Retzbach
Tel. 09364-8178895
Fax: 09364-8178896
www.cproestlerweine.de
kontakt@cproestlerweine.de

Inhaber
Christine Pröstler
Rebfläche
7 Hektar
Produktion
50.000 Flaschen

Besuchszeiten

Mi. 16-19 Uhr, Sa. 10-14 Uhr und nach Vereinbarung

Christine Pröstler studierte in Geisenheim, absolvierte Praktika in Südafrika und Neuseeland, arbeitete dann bei Reh-Kendermann, war seit 2010 als Kellermeisterin beim Staatlichen Hofkeller in Würzburg, konzentriert sich seit 2012 ganz auf den eigenen Betrieb. Ihr Vater bewirtschaftete seine Weinberge im Nebenerwerb, die Trauben wurden an eine Genossenschaft abgeliefert. Davon übernahm Christine Pröstler 1,4 Hektar, verkaufte aber einen Teil der Trauben aus Platzmangel an ein anderes Weingut. In den elterlichen Weinbergen im Retzbacher Benediktusberg (Muschelkalkböden) wachsen zu 80 Prozent weiße Sorten wie Silvaner, Müller-Thurgau, Bacchus, Weißburgunder, Grauburgunder und Riesling, an roten Sorten gibt es Domina, Schwarzriesling, Regent und Spätburgunder. Christine Pröstlers erster Jahrgang war 2008. Am Ortsrand von Retzbach wurde 2012 das neue Weingut errichtet.

Kollektion

Ganz stark ist auch wieder die neue Kollektion, das Einstiegsniveau ist hoch, wie die zupackende weiße Cuvée oder der lebhafte Gutssilvaner zeigen. Auch die Ortsweine zeigen ein geschlossenes Bild, der Riesling ist lebhaft und zupackend, der Silvaner fruchtbetont und klar, der Grauburgunder besitzt gute Struktur und reintönige Frucht, der Weißburgunder ist frisch und zupackend. Der im Holz ausgebaute Silvaner aus dem Scharlachberg ist füllig und kraftvoll, besitzt reife Frucht, gute Struktur und Druck. Ganz stark sind wieder die zweiten Füllungen der Benediktusberg-Lagenweine aus 2015: Der Weißburgunder ist füllig, zupackend, der Silvaner besitzt intensive Frucht, Fülle und Kraft. Aber auch auf Rotwein versteht sich Christine Pröstler, wie die intensiv fruchtige, reintönige Domina und der lebhafte, strukturierte Spätburgunder beweisen. Weiter im Aufwind!

Weinbewertung

84	2016 „Märry" Weißwein-Cuvée trocken **11,5 %/6,80 €**
83	2016 Silvaner trocken **11 %/6,80 €**
85	2016 Riesling trocken Retzbacher **12 %/9,80 €**
85	2016 Silvaner trocken Retzbacher **12 %/9,80 €**
87	2016 Silvaner trocken Holzfass Thüngersheimer Scharlachberg **13 %/15,50 €**
86	2016 Weißburgunder trocken Retzbacher **12 %/9,80 €**
85	2016 Grauburgunder trocken Retzbacher **13,5 %/9,80 €**
83	2016 Sauvignon Blanc trocken Retzbacher **12 %/12,50 €**
88	2015 Silvaner trocken Retzbacher Benediktusberg (21/17) **12,5 %/22,- €**
88	2015 Weißburgunder trocken Retzbacher Benediktusberg **14 %/16,- €**
85	2014 Domina trocken Retzbacher **13 %/12,50 €**
88	2014 Spätburgunder trocken Retzbacher Benediktusberg **13 %/19,50 €**

S. A. Prüm

★★★☆

KONTAKT

Uferallee 25-26
54470 Bernkastel-Wehlen
Tel. 06531-3110
Fax: 06531-8555
www.sapruem.com
info@sapruem.com

Inhaber
Saskia A. Prüm
Kellermeister
Miguel Louro
Rebfläche
30 Hektar
Produktion
240.000 Flaschen

BESUCHSZEITEN

Mo.-Fr. 8-12 + 13-17 Uhr,
Sa. 10-16 Uhr
Vinothek, exklusives Gästehaus, Veranstaltungsräume, Café Jodocus saisonal geöffnet

Seit dem 12. Jahrhundert betreibt die Familie nachweislich Weinbau in Bernkastel, Wehlen, Graach und Zeltingen, Jodocus Prüm baute 1842 die berühmte Sonnenuhr, die der gleichnamigen Wehlener und Zeltinger Lage ihren Namen gab. Das heutige Weingut S.A. Prüm entstand aus einer Erbteilung im Jahr 1911, wurde von Sebastian Alois Prüm gegründet. Seit 1971 leitete Raimund Prüm das Weingut, inzwischen hat Tochter Saskia, eine Geisenheim-Absolventin, die Leitung übernommen; Kellermeister ist inzwischen Miguel Louro. Die Weinberge liegen traditionell in der berühmten Wehlener Sonnenuhr, außerdem verfügt man über Besitz in Graach (Domprobst) und Bernkastel (Graben, Lay, Bratenhöfchen), in Ürzig (Würzgarten), Erden, Kinheim und Lösnich. Durch Übernahmen von Flächen an der Ruwer (Sommerau) und im Ockfener Bockstein an der Saar hat sich das Weingut auf stolze 30 Hektar vergrößert. Es wird ausschließlich Riesling angebaut. Seit 1999 ist dem Gut ein Gästehaus angeschlossen. Die trockene Spitze bilden die Großen Gewächse.

Kollektion

Das Sortiment des Jahrgangs 2016 ist geprägt von den Erweiterungen an Saar und Ruwer. Die trockenen Spitzenweine des Jahrgangs wurden noch nicht präsentiert, das nachverkostete 2015er GG aus dem Dompropst zeigt eine gute Entwicklung. Alle Weine sind straff, nicht übertrieben süß, in der Regel vielschichtig. Weinmacher Louro scheint seine Vorstellung umsetzen zu können. Der „Prüm Blue" ist angenehm saftig, der halbtrockene Sommerauer frisch, deutlich ruwertypisch mit Anklängen an gehackte Kräuter, fast ätherisch. Deutlich saftiger die süßen Weine aus Wehlen, am spannendsten aber gelingen die Bockstein-Rieslinge, vor allem Kabinett und Spätlese (offene Frucht mit Kräuterwürze, getrocknetem Apfel und Steinobst), während die Auslese noch ein bisschen verhalten ist, aber wunderschöne Noten von getrocknetem Apfel zeigt. Eine sehr gelungene Kollektion.

Weinbewertung

85	2016 Riesling Kabinett trocken „Prüm Blue" **11,5 %/13,50 €**
86	2016 Riesling trocken Wehlen **12 %/19,50 €**
90	2015 Riesling „GG" Graacher Dompropst
87	2016 Riesling halbtrocken Sommerau **10,5 %/16,50 €**
85	2016 Riesling Kabinett halbtrocken „Sebastian A." **10,5 %/13,50 €**
87	2016 Riesling Kabinett Ürzig Würzgarten **8,5 %/16,50 €**
87	2016 Riesling Kabinett Wehlen Sonnenuhr **8 %/16,50 €**
88	2016 Riesling Kabinett Ockfen Bockstein **8 %/16,50 €**
89	2016 Riesling Spätlese Ockfen Bockstein **7,5 %/22,- €**
88	2016 Riesling Spätlese Wehlen Sonnenuhr **7,5 %/21,50 €**
89	2016 Riesling Auslese Ockfen Bockstein **8 %/31,50 €**

Querbach

★★★★☆

KONTAKT

Lenchenstraße 19
65375 Oestrich-Winkel
Tel. 06723-3887
Fax: 06723-87405
www.querbach.com
info@querbach.com

Inhaber
Peter Querbach
Rebfläche
10 Hektar
Produktion
60.000-80.000 Flaschen

BESUCHSZEITEN

Mo.-Fr. 8-12 + 14-17:30 Uhr, Sa. 9-14 Uhr und nach Vereinbarung

Die Weinberge von Peter Querbach liegen vor allem in den beiden Oestricher Lagen Doosberg und Lenchen, aber auch in Hallgarten (Schönhell) und Winkel (Hasensprung) ist er vertreten. Neben Riesling baut er etwas Spätburgunder an, den er teils als Rotwein, teils als Blanc de Noir und Sekt ausbaut; zukünftig soll etwas mehr Spätburgunder angepflanzt werden. Das Sortiment ist klar gestaltet: Die Basis bilden der Schoppen genannte Riesling, anfangs nur im Liter, inzwischen aber in der 0,75 Liter-Flasche erhältlich, und der Riesling Classic, der mit dem Jahrgang 2014 den Namen Riesling „sur lie" erhielt, dann folgt der Orts-Riesling aus Hallgarten, schließlich die beiden Lagenrieslinge aus dem Oestricher Lenchen („Querbach N° 1") und dem Oestricher Doosberg, der heute den Namen Milestone trägt. Pinot Noir sowie Sekte, mal aus Riesling, mal aus Pinot Noir, ergänzen immer wieder das Sortiment. Bereits seit dem Jahrgang 1999 bietet das Weingut Querbach seine Weine mit dem von Peter Querbach entwickelten Verschlusssystem, basierend auf einem Edelstahlverschluss (eine Art Kronkorken) an. Nach einer Maischestandzeit von etwa zwölf Stunden werden die Moste mit den natürlichen Hefen vergoren, alle Weine werden in Edelstahltanks ausgebaut. Die Weine bleiben recht lange auf der Hefe und werden relativ spät abgefüllt, sie liegen im Restzucker im oberen trockenen respektive unteren halbtrockenen Bereich. Seit der ersten Ausgabe empfehlen wir die Querbach'schen Weine, schon damals waren wir beeindruckt vom guten Niveau der Basis-Rieslinge, schon damals fanden wir den Spitzenwein aus dem Doosberg hervorragend. Die Weine zeigen eine klare Handschrift, sie sind klar und geradlinig, besitzen Frucht und Kraft, die Kollektionen sind immer stimmig, man findet immer eine klare Steigerung von den Guts- hin zu den Orts- und Lagenweinen. Und es sind Weine, die hervorragend altern können, wovon wir uns schon mehrfach überzeugen konnten, nicht nur die Topweine. Und für Liebhaber gereifter Rieslinge ein Tipp: Peter Querbach hat noch viele alte Jahrgänge im Verkauf – und diese bietet er erstaunlicherweise zu den gleichen Preisen an wie die jeweils aktuellen Weine.

Kollektion

Bei einem Besuch in Oestrich im September 2016 waren alle Rieslinge noch am Gären, so dass wir im vergangenen Jahr nochmals den Jahrgang 2014 vorgestellt hatten. Dieses Jahr nun präsentiert Peter Querbach einige Weine aus 2015 (eine Partie ist wohl immer noch am Gären), einige aus dem Jahrgang 2016, dazu einige Weine aus den vorausgegangenen Jahrgängen, die aber immer noch im Verkauf sind. Den Auftakt bildet der Schoppen, ein duftiger, saftiger Riesling mit Substanz und süßer Frucht. Der 2015er sur lie ist ebenfalls duftig, saftig, recht süß, der etwas druckvollere, zupackendere 2014er gefällt uns derzeit besser. Der Riesling Edition zeigt 2015 feine Würze und rauchige Noten, ist klar, frisch und zupackend, besitzt viel reife süße Frucht. Auch 2014 zeigt

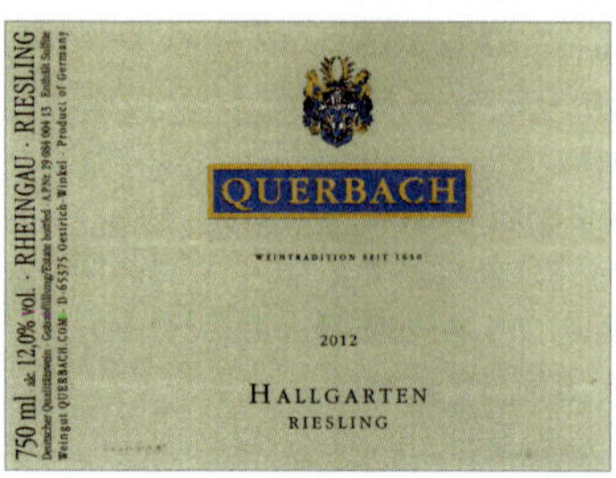

rauchige Noten, feine Würze und Duft, ist füllig und saftig, besitzt viel reife Frucht und Substanz. Der 2016er Hallgarten ist duftig, zeigt gelbe Früchte, besitzt Fülle und Kraft, die süße Frucht prägt derzeit den Wein. 2014 zeigt gelbe Früchte, besitzt ebenfalls viel Fülle und Kraft, Struktur und Substanz, zeigt wohin die Reise auch beim 2016er gehen könnte. Vom Querbach No. 1 aus dem Oestricher Lenchen konnten wir drei Jahrgänge verkosten. Jahrgang 2016 ist konzentriert, herrlich reintönig und eindringlich, besitzt Fülle und Saft, viel reife Frucht und Substanz, gute Struktur und ganz dezent mineralische Noten. 2014 zeigt herrlich viel Frucht, feinen Duft, ist reintönig, saftig und füllig, besitzt gute Struktur, viel Frucht und Druck. Unsere leichte Präferenz gilt dem Jahrgang 2012: Gute Konzentration, feine Würze und reife Frucht prägen das Bouquet, im Mund ist er füllig, saftig, recht süß, besitzt aber enorm viel Substanz und Länge. Gleich vier Jahrgänge verkosteten wir von Peter Querbachs Flaggschiff, dem Milestone aus dem Doosberg. Jahrgang 2016: duftig, füllig, saftig, viel Substanz, noch etwas unruhig. Jahrgang 2015 zeigt rauchige Noten im Bouquet, viel reife Frucht, ist füllig und kraftvoll im Mund, klar und zupackend, mineralisch, noch enorm jugendlich. 2014 zeigt viel Frucht und Duft, besitzt sehr viel von allem, viel Substanz, viel Stoff, viel Süße. 2012 ist herrlich eindringlich und konzentriert, füllig und stoffig, komplex, druckvoll und lang. Peter Querbach selbst hält ihn für den besten Milestone der letzten fünfzehn Jahre – wir können uns vorstellen, dass der 2015er mit etwas Flaschenreife ihm Paroli bieten kann. Alle Weine reifen hervorragend, nicht nur die Rieslinge, das zeigt der lebhafte, frische 2006er Pinot Noir.

Peter Querbach & Peter Weritz

Weinbewertung

85	2016 Riesling „Schoppen" **12 %/6,90 €**
87	2014 Riesling „sur lie" **12 %/8,70 €**
86	2015 Riesling „sur lie" **12 %/8,70 €**
88	2014 Riesling „Edition" **12 %/9,90 €** ☺
88	2015 Riesling „Edition" **12 %/9,90 €** ☺
90	2014 Riesling Hallgarten **12,5 %/11,75 €** ☺
88	2016 Riesling Hallgarten **12 %/11,75 €**
91	2012 Riesling „Querbach No. 1" Oestrich Lenchen **12 %/14,40 €** ☺
90	2014 Riesling „Querbach No. 1" Oestrich Lenchen **12 %/14,40 €** ☺
90	2016 Riesling „Querbach No. 1" Oestrich Lenchen **12 %/14,40 €** ☺
93	2012 Riesling „Milestone" Oestrich Doosberg **12 %/20,40 €** ☺
92	2014 Riesling „Milestone" Oestrich Doosberg **12 %/20,40 €** ☺
92	2015 Riesling „Milestone" Oestrich Doosberg **12 %/20,40 €** ☺
91	2016 Riesling „Milestone" Oestrich Doosberg **12 %/20,40 €**
86	2006 Pinot Noir **13 %**

LAGEN

LENCHEN (OESTRICH)
DOOSBERG (OESTRICH)
HASENSPRUNG (WINKEL)

REBSORTEN

RIESLING (98 %)
SPÄTBURGUNDER (2 %)

Q

QUINT

★

KONTAKT

Schulstraße 1
54487 Wintrich
Tel. 06534-93150
Fax: 06534-93152
www.weingut-quint.de
info@weingut-quint.de

Inhaber
Thomas & Constantin Quint
Rebfläche
7,3 Hektar
Produktion
50.000 Flaschen

BESUCHSZEITEN

nach Vereinbarung

Q

Das Familienweingut in Wintrich wird heute von Thomas und Constantin Quint geführt. Ihre Weinberge liegen vor allem in Wintrich in den beiden Lagen Schwarzer Herrgott und Stefanslay, ein kleiner Teil im Nachbarort Brauneberg in der Lage Mandelgarten. Thomas und Constantin Quint besitzen eine für die Mosel erstaunliche Sortenvielfalt. Riesling, die Paradesorte der Mosel, nimmt nur 36 Prozent der Rebfläche ein. Weitere weiße Sorten im Anbau sind Müller-Thurgau, Chardonnay, Weißburgunder, Grauburgunder, Kerner und Sauvignon Blanc. Rote Sorten nehmen 30 Prozent der Rebfläche ein, neben Dornfelder, Merlot und Spätburgunder gibt es ein wenig Cabernet Dorsa. Die Weißweine werden gekühlt vergoren überwiegend im Edelstahl ausgebaut, teilweise auch im Barrique. Rotweine werden maischevergoren und durchlaufen den biologischen Säureabbau, die besten Rotweine werden im Barrique ausgebaut. Die Vermarktung erfolgt vor allem über Endverbraucher, aber auch über Gastronomie und Fachhandel.

Kollektion

Die Kollektion des vergangenen Jahres gefiel mit Weinen vom Weißburgunder über den Barrique-Chardonnay bis zu den saftigen Rieslingen aus der Lage Wintricher Großer Herrgott. Die Weine aus 2016 kommen da nicht ganz heran. Beim Sauvignon Blanc etwa, der mit leicht gemüsigen Noten aufwartet, wäre etwas mehr Präzision wünschenswert. Besser dagegen präsentieren sich die Weine aus den Burgundersorten, wobei der Weißburgunder etwas geradliniger wirkt als der Grauburgunder. Nicht ganz an den Jahrgangsvorgänger kommt derzeit der Barrique-Chardonnay heran. Eine feinherbe Spätlese aus Riesling fällt saftig aus, noch etwas finessenreicher ist der Riesling namens „Quintessenz". Die 2015er Beerenauslese wiederum zeigt sich mit klarer Frucht, sie wirkt saftig und zugänglich, eher straff als opulent. ━

Weinbewertung

83 2016 Riesling trocken **11,5 %/5,- €**
83 2016 Weißburgunder trocken **12 %/6,50 €**
82 2016 Grauburgunder trocken **12,5 %/6,50 €**
79 2016 Sauvignon Blanc trocken **13 %/6,- €/0,5l**
85 2016 Riesling „Quintessenz" **11 %/9,50 €**
84 2015 Chardonnay trocken Barrique **13 %/13,50 €**
83 2016 „Blanc de Noir" „feinherb" **11 %/7,20 €**
80 2016 Chardonnay „feinherb" **12 %/7,- €**
85 2016 Riesling Spätlese „feinherb" Wintricher Großer Herrgott **11 %/8,- €**
86 2015 Riesling Beerenauslese Wintricher Großer Herrgott **6,5 %/25,- €/0,375l**
81 2015 „Cuvée Constantin" Rotwein trocken Barrique **13 %/13,50 €**

• WEINGUT QUINT WINTRICH/MOSEL

Raddeck

★★☆

KONTAKT

Am Hummertal 100
55283 Nierstein
Tel. 06133-58115
Fax: 06133-58331
www.raddeckwein.de
info@raddeckwein.de

Inhaber
Stefan Raddeck
Rebfläche
25 Hektar

BESUCHSZEITEN

Mo.-Fr. 9-18 Uhr, Sa. 9-16 Uhr, sonst nach Vereinbarung

Birgit und Hans Raddeck stellten nach Abschluss der Lehre von Sohn Stefan beim Weingut Roth in Wiesenbronn 2003 auf ökologische Bewirtschaftung um. Inzwischen hat Stefan Raddeck das Gut übernommen, das 2009 vom Ortskern in das Hummertal ausgesiedelt wurde. Er hat die Rebfläche erweitert, weitere Flächen im Roten Hang und auf dem Paterberg erworben, in Holzfässer investiert. Wichtigste weiße Rebsorten sind Riesling, Weißburgunder, Silvaner und Müller-Thurgau, im roten Segment, das gut die Hälfte der Rebfläche einnimmt, sind es Spätburgunder, Dornfelder und Portugieser. Viele Weine werden spontanvergoren, bei Weißweinen wird mit bis zu 36 Stunden Maischestandzeit gearbeitet. Das Sortiment ist gegliedert in Gutsweine, „Edition 2Hügel" und „Edition S", in letzterer gab es lange Zeit nur einen Riesling S, der immer aus dem Heiligenbaum stammte, auch wenn dies nicht auf dem Etikett stand, seit dem Jahrgang 2012 gibt es drei Lagenrieslinge aus Heiligenbaum, Pettenthal und Orbel, hinzu kommt die rote Cuvée S.

Kollektion

Eine starke Kollektion präsentiert Stefan Raddeck auch in diesem Jahr, erstmals hat ein Rotwein unsere höchste Bewertung erhalten. Die Gutsweine sind klar und geradlinig, die Ortsweine dann deutlich fülliger, der saftige Weißburgunder und der kraftvolle Kalkstein-Riesling gefallen uns am besten. Unter den Lagen-Rieslingen ist der gelbfruchtige Orbel unser Favorit, der Pettenthal ist kraftvoll und strukturiert, der Heiligenbaum saftig, recht offen. Der Spätburgunder ist rauchig, kraftvoll, die neue leicht cassisduftige Cuvée MC – Merlot, Cabernet Sauvignon und Cabernet Dorsa – fruchtbetont, deutlich stärker ist die rauchige Cuvée S, besitzt Fülle, Kraft, reife Frucht und Substanz.

Weinbewertung

81 2016 Riesling trocken **12 %/6,- €**
80 2016 Grauburgunder trocken **12,5 %/6,- €**
81 2016 Weißburgunder & Chardonnay trocken **12,5 %/7,50 €**
82 2016 Sauvignon Blanc trocken **12,5 %/7,50 €**
82 2016 Weißburgunder trocken **13 %/6,50 €**
84 2016 Weißburgunder trocken „2Hügel" Niersteiner **13,5 %/8,70 €**
83 2016 Riesling trocken „2Hügel Roter Hang" **13 %/8,70 €**
85 2016 Riesling trocken „vom Kalkstein" **13 %/8,70 €**
85 2016 Riesling „S" trocken Heiligenbaum **13,5 %/12,50 €**
86 2016 Riesling „S" trocken Pettenthal **13,5 %/13,- €**
87 2016 Riesling „S" trocken Orbel **13,5 %/14,50 €**
85 2014 „Cuvée MC" Rotwein trocken **13,5 %/9,50 €**
86 2014 Spätburgunder trocken Barrique „2Hügel" **13,5 %/12,50 €**
88 2014 Cuvée „S" Rotwein trocken **13,5 %/16,50 €**

R

RAEVENHOF

★

N

KONTAKT

Im Brühl 24
54441 Ayl
Tel. 06581-3668
Fax: 06581-6962
www.raevenhof.de
info@raevenhof.de

Inhaber
Rudolf Becker-Reuter
Rebfläche
4,6 Hektar
Produktion
8.000-10.000 Flaschen

BESUCHSZEITEN

Mo.-Sa. 9-18 Uhr

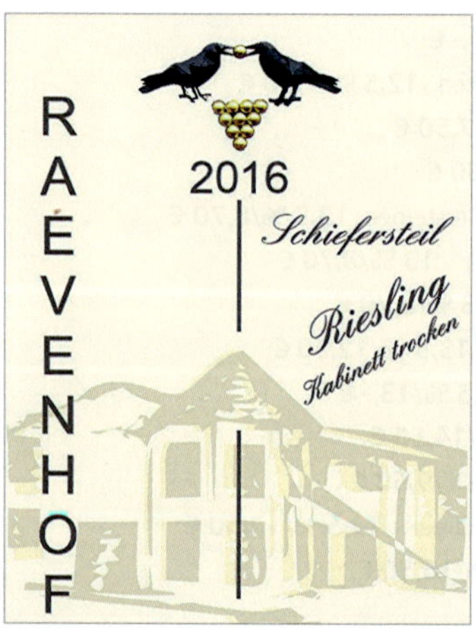

Das 4,6 Hektar umfassende Weingut in Ayl wird von Rudolf Becker-Reuter geleitet. Zusammen mit seiner Familie bewirtschaftet er Flächen in der Ayler Kupp und im weniger bekannten Ayler Scheidterberg. Angebaut werden zu 96 Prozent Riesling, den Rest nimmt Grauburgunder ein. Der Winzer ist nicht nur handwerklich gewieft, man profitiert hier auch von einem erfolgreich absolvierten Biologie-Studium. Naturschonende Bodenbearbeitung und organische Düngung gehören zu den Prinzipien im Weinberg, im Keller kommt die Ganztraubenpressung zum Einsatz. Außer mit dem Rebbau befasst sich der Betrieb auch mit der Erzeugung von Tafelobst auf immerhin vier Hektar, betreibt eine für ihre Brände bekannte Destillerie. Auch ein Gästehaus (von November bis Ende März geschlossen) gehört zum Gesamtpaket.

Kollektion

Zum Einstieg in dieses Buch stellte Rudolf Becker-Reuter eine kleine Kollektion aus fünf Weinen vor, die mit ihrer Gleichmäßigkeit ebenso überzeugt wie mit dem guten Preis-Leistungs-Verhältnis. Der angenehm trockene Grauburgunder, als Pinot Gris bezeichnet, weist eine schöne Würze im Bouquet auf, besitzt einen gewissen Schmelz, gute Fülle und Nachhall. Unter den vier Rieslingen der Ayler Kupp war der trockene Kabinett am forderndsten, da er wirklich sehr trocken ist, sehr straff und zupackend, eine ausdrucksstarke Säure besitzt. Deutlich zugänglicher und süffiger dagegen ist der feinherbe Kabinett, er besitzt gute Harmonie und feine Frische. Das restsüße Hochgewächs ist frisch und geradlinig, unkompliziert, allerdings nicht allzu lang. Am vielschichtigsten dagegen ist der süße Kabinett-Riesling aus der Kupp, zeigt Anklänge an Apfel und Cassis im Bouquet, besitzt ein schöne Süße-Säure-Spiel im Mund und beachtliche Würze. Ein gelungenes Debüt!

Weinbewertung

83 2016 Pinot Gris trocken **12,5 %/6,50 €**
85 2016 Riesling Kabinett trocken Ayler Kupp **11,5 %/7,- €**
85 2016 Riesling Kabinett „feinherb" Ayler Kupp **10,5 %/7,- €**
84 2016 Riesling Hochgewächs Ayler Kupp **9,5 %/7,- €**
86 2016 Riesling Kabinett Ayler Kupp **8 %/7,50 €**

RAMMERSWEIER

★

KONTAKT

Winzergenossenschaft
Rammersweier, Weinstraße 87
77654 Offenburg
Tel. 0781-31424, Fax: 0781-34674
www.wg-rammersweier.de
info@wg-rammersweier.de

Mitglieder 100
Vorstandsvorsitzender
Meinrad Hurst
Geschäftsführer
Georg Lehmann
Kellermeister
Siegfried Kiefer
Rebfläche
56 Hektar
Produktion
300.000 Flaschen

BESUCHSZEITEN

Mo.-Fr. 8-12 + 14-18 Uhr,
Sa. 9-13 Uhr

Seit dem 13. Jahrhundert ist Weinbau in Rammersweier urkundlich belegt, seit 1971 ist Rammersweier ein Stadtteil von Offenburg. 1926 gründeten 29 Winzer die Winzergenossenschaft Rammersweier, die mit 100 Mitgliedern und 56 Hektar Weinbergen zu den kleinsten Genossenschaften in Baden zählt. Müller-Thurgau ist die wichtigste Rebsorte in den Weinbergen der Mitglieder, nimmt zwei Fünftel der Rebfläche ein, auf ein Drittel bringt es Spätburgunder. Es folgen Riesling und Grauburgunder, des Weiteren gibt es Weißburgunder, Chardonnay, Kerner, Scheurebe, Gewürztraminer, sowie als Spezialitäten pilzresistente Rebsorten wie Solaris und Muscaris. Auf Lagenbezeichnungen bei den Weinen wird verzichtet.

Kollektion

Wie schon in den Vorjahren präsentiert auch in diesem Jahr Kellermeister Siegfried Kiefer wieder eine sehr gleichmäßige, zuverlässige Kollektion, die bei Weißweinen als auch bei Rotweinen gleichermaßen überzeugt. Die Traditions-Linie bietet zuverlässig gute Qualität, der Riesling zeigt feine Zitrusnoten, der Grauburgunder ist kompakt, etwas verhalten, besser gefällt uns der Weißburgunder, der reintönig, fruchtbetont und zupackend ist. Unser Favorit in dieser Linie ist aber der Spätburgunder Rosé, der wunderschön fruchtbetont ist, klar und zupackend, feine Süße und Biss besitzt – ein feiner Zechwein. Den Chardonnay bevorzugen wir eindeutig in der barriqueausgebauten Variante, er zeigt gute Konzentration, reife Frucht, Vanille, ist füllig und kraftvoll im Mund, besitzt gute Struktur und Substanz, ist wie alle Weißweine aber auch von einer merklichen Restsüße geprägt. Die Spätburgunder bieten einen Steigerungslauf von der trockenen Spätlese über den Barrique-Spätburgunder hin zum Premiumwein, der Fülle und Kraft besitzt und kräftige Tannine.

Weinbewertung

81 2016 Riesling trocken „Tradition" **12 %/5,80 €**
80 2016 Grauburgunder trocken „Tradition" **13 %/5,80 €**
82 2016 Weißburgunder Kabinett trocken „Tradition" **12 %/6,50 €**
80 2016 Chardonnay trocken **13 %/7,- €**
85 2015 Chardonnay trocken Barrique **14 %/10,50 €**
79 2016 Solaris **10,5 %/5,30 €**
81 2016 Muscaris Kabinett **12,5 %/6,40 €**
83 2016 Spätburgunder Rosé trocken „Tradition" **12 %/5,40 €**
81 2013 „Cuvée R" Rotwein trocken **13,5 %/7,30 €**
80 2015 Spätburgunder Spätlese trocken **14,5 %/9,- €**
83 2013 Spätburgunder trocken Barrique **13,5 %/14,- €**
85 2012 Spätburgunder trocken „Premium" **14 %/19,90 €**

FAMILIE RAUEN

★★☆

KONTAKT

Hinterm Kreuzweg 5
54340 Thörnich
Tel. 06507-8382
Fax: 06507-3403
www.familie-rauen.de
info@weingut-familie-rauen.de

Inhaber
Maria & Harald Rauen,
Matthias Rauen
Rebfläche
12,5 Hektar
Produktion
80.000 Flaschen

BESUCHSZEITEN

nach Vereinbarung
Weinprobierstube,
Ferienapartments****

Harald Rauen übernahm 1982 das elterliche Weingut, damals überwiegend Fassweinbetrieb, und verlagerte 1997 den Sitz von Detzem nach Thörnich. Seine Weinberge befinden sich in den Lagen Detzemer Würzgarten, Detzemer Maximiner Klosterlay und Thörnicher Ritsch. Neben Riesling gibt es ein wenig Weißburgunder, Spätburgunder, Müller-Thurgau und Dornfelder, sowie Sauvignon Blanc. Die Weißweine werden im Edelstahl vergoren und bleiben bis zum Frühjahr auf der Feinhefe; die Rotweine werden nach zweiwöchiger Maischegärung mindestens zwölf Monate im Barrique ausgebaut und nicht filtriert. 80 bis 90 Prozent der Weine werden trocken ausgebaut, zwei Drittel der Produktion wird über den Fachhandel vermarktet. Inzwischen unterstützt Sohn Matthias seine Eltern im Betrieb. 2011 wurde ein Gästehaus mit fünf Apartments eröffnet.

Kollektion

Der Jahrgang 2015 wirkte nochmals überzeugender als die Vorgängerjahrgänge, nicht nur bei den süßen Weinen wie der Beerenauslese, sondern auch bei den trockenen wie den Alten Reben. Mit dem Jahrgang 2016 wird die Kompetenz bei den trockenen Weinen nochmals ausgebaut, vor allem mit der Linie „Fingerprint", die Matthias Rauen entwickelt hat. Der stoffige, trockene, puristische „Hinkellay" gefällt in dieser Reihe sehr gut, doch auch die anderen trockenen Weine sind überzeugend. Der feste, würzige, straffe „Königsberg"-Riesling oder der feste, wieder etwas feiner und saftiger wirkende „Kirchenberg"-Wein. Der „Meilenstein" ist zu Beginn noch verhalten, entwickelt sich aber schnell zu einem rassigen Riesling mit Süße-Säure-Spiel. Die offene, zupackende Auslese wirkt derzeit etwas süß, der klare, saftige Eiswein besitzt Noten von Aprikosenkompott. Gelungen ist schließlich auch der präzise vinifizierte Spätburgunder, wiederum als „Fingerprint" vermarktet.

Weinbewertung

87	2016 Riesling trocken „Hinkellay" **12 %/11,50 €**
85	2016 Riesling trocken „Königsberg" **13 %/11,50 €**
85	2016 Riesling trocken „Kirchenberg" **12 %/7,- €**
84	2016 Riesling halbtrocken „Grauschiefer" **11,5 %/7,- €**
86	2016 Riesling „feinherb" „vom Schieferfels" **11,5 %/11,50 €**
84	2016 Riesling Thörnicher Ritsch **7,5 %/8,50 €**
87	2016 Riesling „Meilenstein" **9,5 %/11,50 €**
87	2016 Riesling Auslese **9 %/9,50 €/0,5l**
89	2016 Riesling Eiswein **8 %/30,- €/0,375l**
85	2015 Spätburgunder trocken „Fingerprint" **12 %/12,50 €**

RAUMLAND

★★★★☆

KONTAKT

Sekthaus Raumland
Alzeyer Straße 134
67592 Flörsheim-Dalsheim
Tel. 06243-908070
Fax: 06243-908077
www.raumland.de
info@raumland.de

Inhaber
Volker Raumland
Rebfläche
9,9 Hektar
Produktion
100.000 Flaschen

BESUCHSZEITEN

nach Vereinbarung

R

Volker und Heide-Rose Raumland haben 1990 die Villa Merkel in Flörsheim-Dalsheim gekauft, 1991 dann haben sie die ersten Sekte aus eigenen Trauben erzeugt, vorher hatten sie Trauben zugekauft. Volker Raumland stammt aus einem Weingut in Bockenheim in der Pfalz, Heide-Rose Raumland stammt aus Württemberg, ist die Schwester von Hans-Peter Wöhrwag, der das gleichnamige Weingut in Untertürkheim führt. Volker Raumland hat als Betriebsleiter bei einem Pfälzer Weingut gearbeitet, nebenher mit einer mobilen Sektabfüllung begonnen; die Idee dafür war durch ein Sekt-Projekt während des Geisenheim-Studiums entstanden. Bis beides zusammen nicht länger zu vereinbaren war, er ganz auf die Sektabfüllung setzte und sich schließlich die Gelegenheit ergab, das Anwesen in Flörsheim-Dalsheim zu erwerben, mit vier Hektar Weinbergen. Diese haben Volker und Heide-Rose Raumland neu angelegt, mit Rebsorten natürlich, aus denen sie Sekt bereiten wollten. Ihre weiteren Weinberge liegen in Hohen-Sülzen und Bockenheim, seit 2002 sind die Weinberge biologisch zertifiziert. Spätburgunder ist mit Abstand die wichtigste Rebsorte im Betrieb, nimmt zwei Fünftel der Weinberge ein. Dazu gibt es Chardonnay, Weißburgunder und Riesling, sowie ein wenig Schwarzriesling. Nach der Ganztraubenpressung – die Taille wird inzwischen nicht mehr verwendet – werden die Weine lange bei kühler Temperatur vergoren. Seit 1997 durchlaufen alle Sekte den biologischen Säureabbau. Volker Raumlands Sekte werden Spitzenchampagner immer ähnlicher, ohne dass sie versuchen, diese zu kopieren, nein, sie sind eigenständig – und sie brauchen Zeit, profitieren vom langen Hefelager. Und Volker Raumland arbeitet permanent an weiteren, kleinen Veränderungen, probiert aus, was möglich ist. Die jüngsten Jahrgänge sind noch präziser und druckvoller, die Dosage hat Volker Raumland insgesamt weiter reduziert, bei manchen Cuvées verzichtet er völlig auf Dosage, die meisten anderen werden im Bereich extra-brut dosiert.

Kollektion

Auch in diesem Jahr präsentiert Volker Raumland wieder die stärkste Sekt-Kollektion in ganz Deutschland, das Einstiegsniveau ist hier so hoch wie bei keinem anderen Sekt-Spezialisten, und in der Spitze findet jeder etwas für sich, viele Vorlieben werden bedient. Uns ist die Basis wichtig, und die stimmt auch wieder mit allen vier Sekten, die alle aus dem Jahrgang 2012 stammen. Der Riesling ist würzig und eindringlich im Bouquet, klar im Mund, harmonisch und zupackend. Die Cuvée Marie-Luise, ein Blanc de Noir ganz aus Spätburgunder, zeigt feine Würze und rauchige Noten, ist fruchtbetont im Mund, klar, harmonisch und elegant bei guter Struktur. Die Cuvée Katharina, eine Burgundercuvée, die überwiegend aus Spätburgunder und Schwarzriesling besteht, steht ihr nicht nach, zeigt ebenfalls würzig-rauchige Noten im Bouquet, ist harmonisch und komplex im Mund, besitzt gute Struktur, Frische und Frucht. Der Rosé, der uns im vergangenen Jahr besonders gut gefallen hatte, ein reinsortiger Spätburgunder, scheint durch das längere Hefelager an jugendlichen Charme eingebüßt zu haben, er zeigt rote Früchte im Bouquet, ist fruchtbetont auch im Mund, harmonisch und klar. Der 2009er Blanc de Blancs, ein reinsortiger Weißburgunder, zeigt feine rauchige Noten im Bouquet, schöne Frische, sehr reintönige Frucht, ist frisch im Mund, geradlinig und klar, besitzt feine Frucht und Biss. Der Riesling Prestige zeigt rauchige Noten im Bouquet, feine Reife, ist füllig im Mund, kraftvoll, besitzt reife Frucht, Substanz, gute Struktur und Biss. Der 2011er Chardonnay Prestige knüpft nahtlos an den im vergangenen Jahr verkosteten 2009er an, zeigt dezente Reife im Bouquet, rauchige Noten, ist wunderschön klar im Mund, harmonisch und elegant, besitzt feine Frische und gute Struktur. Der Pinot Prestige zeigt feine rauchige Noten, reintönige Frucht, ist frisch im Mund, klar und zupackend bei ganz dezenter Bitternote im Abgang. Der 2004er Vintage-Pinot kann sein Alter nicht länger verbergen, er ist gereift, zeigt deutliche Altersnoten – das muss man mögen. Deutliche Reife zeigt auch der 2007er Vintage Chardonnay, dezent Brioche, ist füllig im Mund, harmonisch und klar, aber doch etwas zu wenig komplex. Ganz anders der MonRose aus demselben Jahrgang: Er zeigt feine rauchige Noten im herrlich eindringlichen Bouquet, ist klar und komplex im Mund, elegant, besitzt gute Struktur, Fülle und Frische. Unser Favorit aber ist das IX. Triumvirat, Jahrgang 2009, das feine Würze im Bouquet zeigt rauchige Noten, etwas Brotkruste, füllig und komplex ist, gute Struktur und Substanz besitzt, viel Frische und viel Länge.

Weinbewertung

87 (2012) Riesling Sekt brut (deg. 6/2017) **12 %/16,- €**
88 (2012) „Cuvée Marie-Luise" Sekt brut (deg. 3/2016) **12 %/17,- €**
88 (2012) „Cuvée Katharina" Sekt brut (deg. 11/2016) **12 %/17,- €**
89 2009 „Blanc de Blancs Prestige" Sekt brut (deg. 8/2016) **12 %/25,- €**
89 2008 Riesling „Prestige" Sekt brut (deg. 3/2016) **12 %/24,- €**
90 2011 Chardonnay „Prestige" Sekt brut (deg. 2/2017) **12 %/31,- €**
87 2010 Pinot „Prestige" Blanc de Noir Sekt brut **12 %/23,50 €**
86 2004 Pinot Brut „Vintage" Sekt brut (deg.9/2014) **12 %/68,- €**
92 2009 „IX. Triumvirat Grande Cuvée" Sekt brut (deg. 11/2016) **12 %/38,- €**
87 2007 Chardonnay „Vintage" Sekt brut (deg. 9/2016) **12 %/68,- €**
91 2007 „MonRose" Sekt brut (deg. 10/2016) **12 %/85,- €**
87 (2012) Rosé „Prestige" Sekt brut (deg. 5/2017) **12 %/18,- €**

LAGEN

BÜRGEL (DALSHEIM)
KIRCHENSTÜCK (HOHEN-SÜLZEN)
SILBERBERG (MÖLSHEIM)
SCHLOSSBERG (BOCKENHEIM)

REBSORTEN

SPÄTBURGUNDER (39 %)
CHARDONNAY (39 %)
RIESLING (10 %)
WEISSBURGUNDER (9 %)
SCHWARZRIESLING (3 %)

Burg Ravensburg

★★★☆

KONTAKT

75054 Sulzfeld
Tel. 07269-91410
Fax: 07269-914140
www.burg-ravensburg.de
weingut@burg-ravensburg.de

Inhaber
Weingüter Heitlinger & Burg Ravensburg GmbH, Heinz Heiler
Geschäftsführer
Claus Burmeister
Kellermeister: Jürgen Kern
Rebfläche: 36 Hektar
Produktion: 260.000 Flaschen

BESUCHSZEITEN

Vinothek in Tiefenbach (Am Mühlberg 3), Restaurant im Weingut Heitlinger, Tiefenbach, siehe Webseite

Das Weingut Burg Ravensburg besitzt 18 Hektar Weinberge arrondiert um die gleichnamige Burg mit den drei Einzellagen Löchle, Dicker Franz und Husarenkappe. Die Reben wachsen hier auf Gipskeuperböden. Die Husarenkappe ist eine reine Rieslinglage, das Löchle überwiegend Burgunderlage und die Lage Dicker Franz ist für ihren Lemberger bekannt. Wichtigste Rebsorte ist Riesling, gefolgt von Lemberger, Schwarzriesling, Spätburgunder, Weißburgunder, Grauburgunder und Trollinger. 2009 wurde das Weingut von Heinz Heiler übernommen, dem auch das Weingut Heitlinger in Tiefenbach gehört. Claus Burmeister ist seither für beide Weingüter verantwortlich. Seit 2010 werden die Weinberge ökologisch bewirtschaftet.

Kollektion

Der Blaufränkisch Dicker Franz erinnert an einen Syrah, so pfeffrig strömt es aus dem Glas. Er ist intensiv würzig, hat viel Biss und eine gute Struktur. Ein Leichtgewicht ist der Riesling-Sekt Rabanus, aber nur den Alkoholgehalt betreffend, aber er hat genügend Reife und Extrakt, um als eleganter und pikanter Schaumwein zu bestehen. Von den Großen Gewächsen des Jahrgangs 2016 war bis Redaktionsschluss nur der Riesling Kapellenberg gefüllt, er ist eindringlich duftig, zeigt viel reife gelbe Frucht und Würze, hat eine sehr gute Struktur. Die 2015er Großen Gewächse haben sich gut entwickelt, sind immer noch jugendlich. Köstlich ist die Trockenbeerenauslese eine sehr gute Säurestruktur hält den Wein zusammen und macht ihn sehr elegant. ▬

Weinbewertung

86	2014 „Rabanus" Riesling Sekt brut **12 %/15,- €**
84	2016 Riesling trocken Sulzfeld **11,5 %/9,80 €**
86	2015 „Creichgowe" Weißwein trocken **12,5 %/9,80 €**
86	2016 Weißburgunder trocken Sulzfeld **13 %/9,80 €**
88	2016 Riesling trocken Sulzfelder Lerchenberg **12,5 %/15,- €**
88	2016 Riesling trocken Eichelberger „Götzen" **12,5 %/15,- €**
89	2015 Riesling „GG" Husarenkappe **13,5 %/35,- €**
89	2016 Riesling „GG" Kapellenberg **13,5 %/28,- €**
88	2015 Riesling Auslese **8,5 %/26,- €**
92	2015 Riesling Trockenbeerenauslese **8 %/125,- €**
88	2015 Weißburgunder „GG" Löchle **13,5 %/28,- €**
89	2015 Grauburgunder „GG" Löchle **13,5 %/28,- €**
89	2014 Pinot Noir „GG" Löchle **13 %/29,- €**
85	2015 Blaufränkisch trocken Sulzfeld **13,5 %/10,- €**
86	2015 Pinot Noir trocken Sulzfeld **13,5 %/10,- €**
86	2015 Blaufränkisch trocken Sulzfelder Lerchenberg **13,5 %/15,- €**
90	2013 Blaufränkisch „GG" Dicker Franz **13,5 %/29,- €**

Rebenhof - Johannes Schmitz

★★★

KONTAKT

Hüwel 2-3
54539 Ürzig
Tel. 06532-4546
Fax: 06532-1565
www.rebenhof.de
info@rebenhof.de

Inhaber
Johannes Schmitz
Rebfläche
7,2 Hektar
Produktion
60.000 Flaschen

BESUCHSZEITEN

täglich nach Vereinbarung
Gästezimmer, Apartment, Ferienwohnung, kulinarische Wochenenden

Der Rebenhof in Ürzig wird von Johannes und Doris Schmitz bewirtschaftet, angebaut wird ausschließlich Riesling. Die Weinberge liegen größtenteils in Steillagen an der Ürziger Moselschleife, in der Lage Ürziger Würzgarten; die meisten Lagenrieslinge von Johannes Schmitz kommen aus dem Würzgarten, teils von alten, wurzelechten Reben, allerdings gibt es auch einen Wein aus dem Erdener Treppchen. Die Trauben aus benachbarten Lagen gehen in den Gutsriesling ein. Johannes Schmitz baut ausschließlich Riesling an. Er vergärt die Weine langsam und kühl, teils in Holzfässern, teils im Edelstahl, lässt sie recht lange auf der Feinhefe liegen. Der „Riesling-Manufaktur Rebenhof", wie Johannes Schmitz sein Weingut bezeichnet, ist ein Gästehaus angeschlossen, kulinarische Wochenenden werden veranstaltet.

Kollektion

Die Weine des Jahrgangs 2015 fielen wunderbar saftig und zugänglich aus, ohne an Struktur einzubüßen. Das Große Gewächs aus dem Würzgarten gefiel ebenso wie die Phalanx an Süßweinen, bis hinauf zur Auslese aus dem Fass Nr. 14 und der deutlich süßen, glasklaren und eleganten Beerenauslese. Im Jahrgang 2016 beweist Johannes Schmitz wieder einmal, wie wichtig ihm die Produktion erstklassiger Basisweine ist: Einen so saftigen, balancierten Literriesling können weiß Gott nicht alle Weingüter vorweisen. Die trockene Spätlese aus dem Treppchen ist präsent, jene von alten Reben aus dem Würzgarten wirkt dagegen noch recht unzugänglich mit ihrer kompakten, würzigen Art, in der ein Hauch von Süße auszumachen ist. Der als feinherb deklarierte Riesling „Von den Felsen" besitzt eine dezent cremige Art und viel Schmelz, ist merklich süß. Steinobst prägt den „Urglück" genannten Wein aus dem Würzgarten, eine herrlich saftige Spätlese, der sich die mit kühler Frucht und Anklängen an getrockneten Apfel und Melone aufwartende Auslese anschließt.

Weinbewertung

84 2016 Riesling trocken (1l) **11,5 %/7,80 €**
86 2016 Riesling trocken „vom Vulkangestein" Ürziger Würzgarten **11 %/7,50 €**
86 2016 Riesling Kabinett trocken „von wurzelechten Reben" Würzgarten **11 %/9,- €**
87 2016 Riesling Spätlese trocken Erdener Treppchen **11,5 %/13,- €**
88 2016 Riesling Spätlese trocken „von alten Reben" Würzgarten **12 %/15,- €**
84 2016 Riesling „feinherb" (1l) **11 %/7,80 €**
86 2016 Riesling Kabinett „feinherb" „vom roten Schiefer" Würzgarten **9,5 %/8,50 €**
88 2016 Riesling Spätlese „feinherb" „Von den Felsen" Würzgarten **11 %/a.A.**
86 2016 Riesling Kabinett „vom Grauen Schiefer" **8,5 %/9,- €**
89 2016 Riesling Spätlese „Urglück" Ürziger Würzgarten **7,5 %/13,- €**
90 2016 Riesling Auslese „Fass Nr. 5" Ürziger Würzgarten **9 %/a.A./0,5l**

Rebholz

★★★★☆

KONTAKT

Weingut Oekonomierat Rebholz
Weinstraße 54
76833 Siebeldingen
Tel. 06345-3439
Fax: 06345-7954
www.weingut-oekonomierat-rebholz.de
wein@oekonomierat-rebholz.de

Inhaber
Hansjörg Rebholz
Rebfläche
22 Hektar
Produktion
120.000 Flaschen

BESUCHSZEITEN

Mo.-Fr. 9-12 + 14-17:30 Uhr,
Sa. 10-16 Uhr, Vereinbarung erwünscht

Wichtigste Rebsorten bei Hansjörg Rebholz sind Riesling und Spätburgunder. Hinzu kommen die weißen Burgundersorten, Chardonnay, Silvaner und Sauvignon Blanc, sowie als Spezialitäten Gewürztraminer und Muskateller. An der Basis des Programms von Hansjörg Rebholz stehen die Rebsorten- bzw. Gutsweine, darüber die Orts- bzw. Terroirweine. Darüber wiederum stehen die Weine aus Ersten Lagen – wie dem Frankweiler Biengarten und dem Godramsteiner Münzberg – und Großen Lagen, aus denen die Großen Gewächse stammen: Riesling aus dem Birkweiler Kastanienbusch, Riesling, Weißburgunder und Spätburgunder aus dem Siebeldinger Im Sonnenschein, Riesling aus dem alten Gewann „Ganz Horn" im Siebeldinger Im Sonnenschein und erstmals mit dem Jahrgang 2012 ein Weißburgunder aus dem Birkweiler Mandelberg. Daneben gibt es noch die im Barrique ausgebauten „R"-Weine. Seit 2005 werden die Weinberge nach ökologischen Richtlinien bewirtschaftet, kurz darauf folgte die Umstellung auf biodynamischen Anbau.

Kollektion

Dass bei den Großen Gewächsen vom Riesling der Kastanienbusch schon früh sehr präsent und zugänglich ist – aber auch hervorragend reifen kann – das kennen wir schon von den vergangenen Jahrgängen. Dass das aber auch für den „Ganz Horn" gilt, ist ungewöhnlich, noch ungewöhnlicher ist, dass er sehr fruchtbetont ist, Noten von Pfirsich, Aprikose, Orangenschale und grünem Apfel, aber auch kräutrig-mineralische Würze im Bouquet zeigt, am Gaumen besitzt er gute Konzentration, animierenden, markanten Säure-Biss, salzige Länge, er ist das komplexeste der drei Großen Gewächse, die alle über mehrere Tage sehr stabil in der offenen Flasche bleiben. Der Riesling aus dem Kastanienbusch zeigt ebenfalls viel Frucht, Aprikose und grünen Apfel, dazu herbe Grapefruit, besitzt viel Würze, mineralische Noten, Brotkruste und Tabak und ist nachhaltig, das Große Gewächs Im Sonnenschein ist sehr mineralisch, würzig und kräutrig, zeigt Noten von Rosmarin im Bouquet, besitzt am Gaumen herbe Frucht, gute Konzentration und Länge. Die beiden Großen Gewächse vom Weißburgunder unterscheiden sich ebenfalls deutlich, der Wein aus dem Mandelberg zeigt viel gelbe Frucht im Bouquet, Quitte und Birnenmost, besitzt Saft und Kraft, einen feinen Säure-Nerv und gute Länge, der Weißburgunder Im Sonnenschein zeigt nussige Würze, etwas Walnussschale und Bienenwachs im Bouquet, besitzt Kraft und Konzentration und ist nachhaltig. Und der Spätburgunder Im Sonnenschein, Jahrgang 2012, zeigt schon leicht gereifte rote und dunkle

Frucht, etwas Süß- und Schwarzkirsche, besitzt sehr gut eingebundenes Holz, ein lebendiges Säure-Spiel, gute Struktur und Länge. Der Chardonnay zeigt viel gelbe Frucht im Bouquet, Pfirsich und Zitrusnoten, nussige Würze und etwas Vanille, er ist saftig und weich, auch der Weißburgunder „vom Muschelkalk" zeigt nussige Noten und etwas Zitrusfrucht, besitzt Schmelz und Konzentration, der Weißburgunder „vom Lösslehm" zeigt klare Birnenfrucht und kräutrige Würze, ist geradlinig und nachhaltig. Der Riesling „vom Rotliegenden" zeigt viel gelbe Frucht, Aprikose, Orangenschale, grünen Apfel und feine mineralische Noten, ist saftig, schlank und elegant, der „Buntsandstein" ist zurückhaltend in der Frucht, zeigt kräutrig-mineralische Würze, besitzt Konzentration und einen feinen Säure-Biss. Der Riesling aus dem Biengarten zeigt zwar kräutrige Würze, bleibt aber etwas zurückhaltender als in den Vorjahren, als die Kräuternoten sehr prägnant und ganz typisch für diesen Wein waren, er ist in diesem Jahr sehr schlank, besitzt etwas mineralische Noten und Zitruswürze, ist geradlinig und nachhaltig. Der Muskateller ist in diesem Jahr noch schlanker als in den Vorjahren, besitzt viel klare, reintönige Frucht, Holunder und Zitrusfrüchte, der Silvaner ist ebenfalls reintönig mit klarer Birnenfrucht, feiner Würze und einem lebendigen Säure-Spiel. Und der Spätburgunder „vom Muschelkalk" zeigt dunkle Kirschfrucht, kräutrige Würze und sehr dezentes Holz, besitzt frische Säure und gute Länge. Sehr schöne Kollektion!

Weinbewertung

86	2016 Muskateller trocken	**10 %/13,80 €**
87	2016 Silvaner trocken	**13 %/9,20 €**
91	2016 Chardonnay trocken „R"	**13 %/31,- €**
88	2016 Weißer Burgunder trocken „vom Lösslehm"	**12,5 %/18,30 €**
88	2016 Riesling trocken „vom Buntsandstein"	**12 %/18,30 €**
88	2016 Riesling trocken „vom Rotliegenden" Birkweiler	**11,5 %/18,30 €**
89	2016 Weißer Burgunder trocken „vom Muschelkalk" Siebeldinger	**12,5 %/23,- €**
89	2016 Riesling trocken Frankweiler Biengarten	**11,5 %/23,- €**
91	2016 Weißer Burgunder „GG" Mandelberg	**13,5 %/39,- €**
91	2016 Weißer Burgunder „GG" Im Sonnenschein	**13 %/39,- €**
91	2016 Riesling „GG" Kastanienbusch	**12 %/46,- €**
91	2016 Riesling „GG" Im Sonnenschein	**12,5 %/41,- €**
92	2016 Riesling „GG" „Ganz Horn" Im Sonnenschein	**12,5 %/41,- €**
89	2015 Spätburgunder trocken „vom Muschelkalk" Siebeldinger	**13 %/31,- €**
91	2012 Spätburgunder „GG" Im Sonnenschein	**13,5 %/52,- €**

LAGEN

IM SONNENSCHEIN (SIEBELDINGEN)
– GANZ HORN (SIEBELDINGEN)
KASTANIENBUSCH (BIRKWEILER)
MANDELBERG (BIRKWEILER)
LATT (ALBERSWEILER)
BIENGARTEN (FRANKWEILER)

REBSORTEN

RIESLING (40 %)
SPÄTBURGUNDER (20 %)
WEISSBURGUNDER (15 %)
CHARDONNAY (8 %)

F.-J. Regnery

★★★

KONTAKT

Mittelstraße 39
54340 Klüsserath
Tel. 06507-4636
Fax: 06507-3053
www.weingut-regnery.de
mail@weingut-regnery.de

Inhaber
Peter Regnery
Rebfläche
7,5 Hektar
Produktion
50.000 Flaschen

BESUCHSZEITEN

täglich nach Vereinbarung

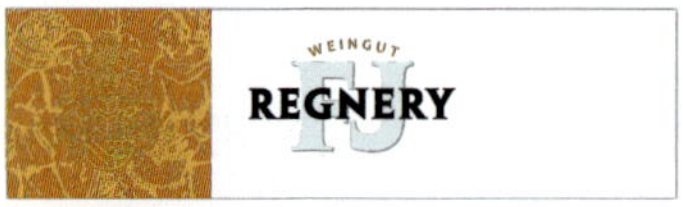

Die Geschichte des Weinguts Regnery geht auf das 17. Jahrhundert zurück. Franz-Josef Regnery hatte seine Weinberge in Flachlagen verkauft und Parzellen in den besten Lagen der Klüsserather Bruderschaft hinzugekauft. Davon profitiert heute sein Sohn Peter, der 2000 sein Studium in Geisenheim beendet und inzwischen das Weingut übernommen hat. Während seines Studiums hatte er jeweils zweimonatige Praktika in Neuseeland (Corban's) und Südafrika (Louisvale) gemacht. Neben 68 Prozent Riesling baut Peter Regnery 30 Prozent Spätburgunder an, von dem es bei ihm vier verschiedene Klone gibt, zuletzt hat er ein klein wenig Syrah gepflanzt, auch eine kleine Menge Cabernet Sauvignon existiert. Die Rieslinge werden teilweise im Edelstahl ausgebaut, doch reifen alle besseren Qualitäten im Fuderfass. 80 Prozent der Weine werden trocken abgefüllt.

Kollektion

Bei den 2016ern Rieslingen ergibt sich ein vergleichbares Bild wie im Vorjahr. Der trockene, würzige, im ersten Moment verschlossene Wein der Edition Michelskirch ist ein wunderschön zupackender Riesling, der Alte Reben-Riesling ist derzeit mit seiner würzigen, mineralischen Art etwas spannender als das verhaltene Große Gewächs, das einen gewissen Schmelz mitbringt. Süße Weine ähnlich der grandiosen Auslese aus 2015 konnten wir diesmal nicht verkosten, aber die cremig-würzige feinherbe Edition Michelskirch ist ein guter Ersatz. Die 2015er Rotweine sind kompakt, sortentypisch, nicht vom Holz überlagert. Ein rauchiger Syrah, der Anklänge an schwarze und getrocknete Beeren zeigt und dessen Alkohol gut integriert ist, macht besonders viel Freude. Was Rotwein angeht, ist Regnery eine der absoluten Mosel-Referenzen.

Weinbewertung

84	2016 Riesling Kabinett trocken Klüsserather Bruderschaft **11 %/6,50 €**
84	2016 Spätburgunder „Blanc de Noir" trocken Bruderschaft **12,5 %/7,50 €**
87	2016 Riesling trocken „Edition Michelskirch" **12 %/10,50 €**
88	2016 Riesling Auslese trocken „Alte Reben" Bruderschaft **12,5 %/12,50 €**
88	2016 Riesling trocken „GG" Bruderschaft **12 %/19,50 €**
82	2016 Riesling „feinherb" (1l) **11,5 %/6,50 €**
87	2016 Riesling „feinherb" „Edition Michelskirch" **10,5 %/10,50 €**
83	2016 Riesling Kabinett „feinherb" Klüsserather Bruderschaft **10,5 %/6,50 €**
85	2016 Riesling Kabinett Klüsserather Bruderschaft **9,5 %/8,50 €**
85	2015 Spätburgunder trocken Holzfass Klüsserather Bruderschaft **13 %/7,50 €**
87	2015 Spätburgunder trocken „Bestes Fuder" Klüsserather Bruderschaft **13 %/10,- €**
88	2015 Spätburgunder trocken Barrique Klüsserather Bruderschaft **13,5 %/13,50 €**
89	2015 Spätburgunder Auslese trocken Klüsserather Bruderschaft **13,5 %/19,- €**
90	2015 Syrah trocken **14 %/21,50 €**

R

REH

★★★

KONTAKT

Weierbachstraße 12
54340 Schleich
Tel. 06507-99110
Fax: 06507-99111
www.weingut-reh.de
weingut-reh@t-online.de

Inhaber
Winfried & Sigrid Reh
Rebfläche
9,5 Hektar
Produktion
50.000 Flaschen

BESUCHSZEITEN

nach Vereinbarung

Die Weinberge von Sigrid und Winfried Reh liegen vor allem in den Mehringer Lagen Blattenberg (mit der Teillage Layet) und Zellerberg, aber auch im Pölicher Held, im Schleicher Sonnenberg und im Rioler Römerberg. Im Mehringer Blattenberg besitzen sie 1,1 Hektar wurzelechte Rieslingreben, die vor über 100 Jahren gepflanzt wurden. Riesling nimmt 85 Prozent der Rebfläche ein, dazu gibt es je 5 Prozent Spätburgunder, Weißburgunder und Müller-Thurgau. Einen Großteil ihrer Weine bauen die Rehs trocken und feinherb aus, allerdings werden immer in kleinen Mengen restsüße Spätlesen und, wenn es der Jahrgang erlaubt, Auslesen sowie Beerenauslesen erzeugt. Sohn Lukas wird in den Betrieb einsteigen.

Kollektion

Die 2015er gefielen uns im vergangenen Jahr ausgezeichnet, beispielsweise der Weißburgunder. Einen solchen stellt das Weingut Reh diesmal leider nicht vor, allerdings gefällt der saftige Literriesling bereits ausgezeichnet; man merkt ihm eine Spur von Restsüße an, aber die ist stimmig. Straffer ist das Hochgewächs, gelungen sind auch die „Schieferterrassen". Der Übergang zum „Layet 1900" ist gleichwohl ein Quantensprung. Der Wein besitzt eine schöne, ruhig wirkende Frucht, Anklänge an Kräuter sowie eine stoffige Eleganz und im Nachhall einen Hauch Tabak. Kraftvoll, saftig, straff und gut balanciert ist der feinherbe Wein von alten Reben aus dem Zellerberg. Auch das süße Programm ist sehr gelungen. Die Spätlese mit klarer Frucht, Anklängen an getrockneten Apfel und animierender Säure leitet über zur eleganten Auslese. Die Beerenauslese wirkt leicht cremig, zeigt Anklänge an Blütenhonig, ist jetzt schon zugänglich, aber auch voller Substanz. Das gute Preis-Leistungs-Verhältnis aller Weine, nicht nur der Spitze, ist wieder mal besonders hervorzuheben.

Weinbewertung

84 2016 Riesling trocken (1l) **11,5 %/5,50 €** ☺
85 2016 Riesling Hochgewächs trocken **12 %/6,- €** ☺
85 2016 Riesling trocken „Schieferterrassen" **12 %/7,- €**
88 2016 Riesling Spätlese trocken „Layet 1900" Mehringer Blattenberg **12 %/9,- €** ☺
84 2016 Riesling „feinherb" Sonnenberg (1l) **11 %/5,50 €** ☺
85 2016 Riesling „feinherb" „Schieferterrassen" **11,5 %/7,- €**
89 2016 Riesling Spätlese „feinherb" „Alte Reben" Mehringer Zellerberg **11,5 %/9,- €** ☺
84 2016 Riesling Sonnenberg (1l) **9,5 %/5,50 €** ☺
89 2016 Riesling Spätlese Mehringer Zellerberg **8,5 %/9,- €** ☺
90 2016 Riesling Auslese „Zenit" Mehringer Blattenberg **8 %/10,- €/0,375l**
92 2016 Riesling Beerenauslese Mehringer Blattenberg **8,5 %/30,- €/0,375l**
84 2016 Spätburgunder Rosé „feinherb" **12 %/6,50 €**

R

Reibold

★★

KONTAKT

Wallstraße 19
67251 Freinsheim
Tel. 06353-1821
Fax: 06353-4548
www.weingut-reibold.de
post@weingut-reibold.de

Inhaber
Hans-Dieter, Philipp & Johannes Reibold
Rebfläche
12 Hektar
Produktion
100.000 Flaschen

BESUCHSZEITEN

Mo.-Sa. 10-18 Uhr

Seit 1975 werden im Weingut Reibold eigene Flaschenweine vermarktet. Hans-Dieter Reibold hatte den Betrieb zusammen mit seinem Vater aufgebaut, 2012 wurden seine beiden Söhne Philipp und Johannes zu Miteigentümern des Familienweinguts. Philipp Reibold hat seine Winzerlehre bei den Weingütern Pfeffingen – Fuhrmann-Eymael und Gabel gemacht, Johannes Reibold bei Schick und Knipser, wo er auch heute noch in Teilzeit arbeitet. Die Weinberge der Reibolds liegen vor allem in Freinsheimer Lagen wie Schwarzes Kreuz und Musikantenbuckel, aber auch im Herxheimer Honigsack und im Großkarlbacher Burgweg. Angebaut werden zu 60 Prozent weiße Rebsorten und zu 40 Prozent rote Sorten, wichtigste Sorte ist mit einem Flächenanteil von 30 Prozent der Riesling, gefolgt von Spätburgunder, Chardonnay, Grauburgunder, Cabernet Sauvignon, Weißburgunder, Merlot und Cabernet Franc sowie etwas Sauvignon Blanc, Dornfelder, Portugieser, Scheurebe und Gewürztraminer.

Kollektion

Erstmals konnten wir zwei Sekte der Familie Reibold verkosten, Chardonnay und Pinot sind beide schlank, frisch und animierend, der Pinot ist der etwas würzigere und nachhaltigere Sekt. Die drei Rotweine sind sehr reintönig und zeigen nur dezentes Holz, der Pinot Noir ist elegant, kühl und komplex mit feinen Noten von Schwarzkirsche und Krokant und einem reifen Tanningerüst. Der Riesling Kalkstein ist ganz trocken, geradlinig und animierend, die Cuvée aus Chardonnay und Weißburgunder zeigt viel klare gelbe Frucht und besitzt ein frisches Säure-Spiel und der Sauvignon Blanc ist frisch und schlank mit typischer Stachelbeerwürze. Bleiben noch die beiden weißen „Réserve"-Weine aus 2015: Beide zeigen klare Frucht und feine Holzwürze, der Chardonnay ist etwas komplexer, animierender und nachhaltiger als der Weißburgunder. —

Weinbewertung

86 2014 Chardonnay Sekt brut nature **11,5 %/16,- €**
87 2014 Pinot Sekt brut **11,5 %/16,- €**
85 2016 Chardonnay & Weißburgunder trocken **12,5 %/8,20 €**
84 2016 Sauvignon Blanc trocken **11,5 %/7,50 €**
83 2016 Riesling trocken Musikantenbuckel **12 %/7,- €**
85 2016 Riesling trocken „Kalkstein" **12 %/9,50 €**
87 2015 Weißburgunder trocken „Reserve" **13 %/15,- €**
88 2015 Chardonnay trocken „Reserve" **13 %/15,- €**
87 2016 Riesling Spätlese **9 %/12,50 €**
84 2015 St. Laurent trocken **13 %/7,50 €**
86 2015 Spätburgunder trocken Freinsheimer **13 %/12,- €**
88 2015 Pinot Noir **13,5 %/22,- €**

Reiss

★☆

N

KONTAKT

Unterdürrbacher Straße 182
97080 Würzburg
Tel. 0931-94600
Fax: 0931-960408
www.weingut-reiss.com
info@weingut-reiss.com

Inhaber
Christian Reiss
Rebfläche
17 Hektar
Produktion
110.000 Flaschen

BESUCHSZEITEN

Mo.-Sa. 8-18 Uhr

1960 gründete Bruno Reiss das im Dürrbachtal am Fuß des Pfaffenbergs gelegene Weingut. Heute führt sein Sohn Christian den Betrieb. Die Weinberge liegen in Würzburg in den Lagen Pfaffenberg und Stein, hinzu kommen Weinberge in den Randersackerer Lagen Sonnenstuhl und Pfülben, im Veitshöchheimer Sonnenschein, im Stettener Stein sowie in Thüngersheim (Scharlachberg) und Himmelstadt. Silvaner, die mit Abstand wichtigste Rebsorte, nimmt gut ein Drittel der Rebfläche ein, es folgen Riesling, Müller-Thurgau, Grau- und Weißburgunder.

Kollektion

Eine umfangreiche Kollektion präsentiert Christian Reiss zum Debüt mit frischen, geradlinigen Kabinettweinen, eigenständigen Spätlesen und tollen edelsüßen Spitzen bis hin zur Trockenbeerenauslese. Die trockenen Silvaner Spätlesen zeigen durchweg sehr gutes Niveau, egal ob im Holz oder im Edelstahl ausgebaut, der minimal bittere Amphoren-Wein hat Substanz und Kraft. Der Pfülben-Riesling ist reintönig, zupackend, die im Holz ausgebauten Weißburgunder besitzen gute Struktur und Frucht.

Weinbewertung

81	„Matinée secco" Perlwein **11 %**
81	2015 Silvaner Sekt brut **12,5 %/15,- €**
82	2016 Müller-Thurgau Kabinett trocken Würzburger Stein **12 %/8,50 €**
82	2016 Silvaner Kabinett trocken Würzburger Pfaffenberg **12 %/7,50 €**
81	2016 Silvaner Kabinett trocken Würzburger Stein **13 %/11,50 €**
81	2016 Weißer Burgunder Kabinett trocken Veitsh. Sonnenschein **13,5 %/9,50 €**
80	2016 Grauer Burgunder Kabinett trocken Würzburger Pfaffenberg **12,5 %/9,50 €**
80	2016 Spätburgunder „Blanc de Noir" Kabinett trocken Pfaffenberg **12,5 %/9,50 €**
86	2015 Silvaner Spätlese trocken Holzfass Randersackerer Sonnenstuhl **14,5 %/22,50 €**
87	2016 Silvaner Spätlese trocken Würzburger Stein **13,5 %/19,50 €**
87	2016 Silvaner Spätlese trocken Holzfass Sonnenstuhl **13,5 %/22,50 €**
85	2015 Weißer Burgunder Spätlese trocken Holzfass Pfaffenberg **14,5 %/22,50 €**
87	2016 Weißer Burgunder Spätlese trocken Holzfass Pfaffenberg **14 %/22,50 €**
87	2015 Silvaner Spätlese trocken „Amphore" **15 %/32,50 €**
87	2016 Riesling Spätlese trocken Randersackerer Pfülben **13 %/19,50 €**
83	2016 Traminer Spätlese trocken Würzburger Pfaffenberg **13,5 %/14,- €**
82	2016 Scheurebe Kabinett Würzburger Pfaffenberg **11 %/9,50 €**
85	2016 Rieslaner Spätlese Thüngersheimer Scharlachberg **11,5 %/14,- €**
87	2016 Silvaner Auslese Würzburger Pfaffenberg **9 %/17,- €/0,375l**
88	2015 Riesling Beerenauslese Randersackerer Pfülben **9 %/35,- €/0,375l**
90	2016 Riesling Beerenauslese Randersackerer Pfülben **7 %/35,- €/0,375l**
90	2015 Kerner Trockenbeerenauslese Veitsh. Sonnenschein **6,5 %/60,- €/0,375l**

Reuscher-Haart

★★

KONTAKT

Sankt-Michael-Straße 20-22
54498 Piesport
Tel. 06507-2492
Fax: 06507-5674
www.weingut-reuscher-haart.de
info@weingut-reuscher-haart.de

Inhaber
Mario Schwang
Rebfläche
6,2 Hektar
Produktion
45.000 Flaschen

BESUCHSZEITEN

jederzeit nach Vereinbarung
Ferienwohnungen

Seit 1337 existiert das Weingut Reuscher-Haart, der Doppel-Name entstand 1919 mit der Heirat von Elisabeth Haart und Matthias Reuscher, den Urgroßeltern des heutigen Besitzers Mario Schwang, der, nach Geisenheim-Studium und Arbeit in der Provence, das Weingut 2006 von seinem Vater Hugo Schwang übernahm und es zusammen mit seiner Ehefrau Sabine führt. 95 Prozent der Rebfläche nimmt Riesling ein, dazu gibt es ein wenig Müller-Thurgau, Regent und, eine echte Rarität an der Mosel, noch Cabernet Blanc. Die Weinberge befinden sich in den Piesporter Lagen Goldtröpfchen, Domherr, Falkenberg, Treppchen, Grafenberg und Günterslay. Die Weine werden kalt vergoren und lagern etwa drei Monate auf der Feinhefe.

Kollektion

Im vergangenen Jahr begeisterte der trockene Riesling „Urgestein", aber auch die Basis – ein saftiger, zugänglicher Literriesling – gefiel sehr. Auch 2016 ist die Klasse der Einstiegsweine ausdrücklich hervorzuheben. Kombiniert mit den günstigen Preisen ergibt sich auf diese Weise das Bild eines Weinguts, dessen Arbeit man sehr empfehlen kann – beginnend beim ungeheuer saftigen Piesporter Riesling über den balancierten, wirklich trocken wirkenden Kabinett-Riesling bis zur würzigen, sehr straffen, aber auch mit Fülle ausgestatteten Spätlese aus dem Goldtröpfchen. Der Urgesteins-Riesling wirkt in der Nase etwas verhalten, im Mund fest, fast puristisch, trocken und präzise, besitzt eine attraktive Frucht, wirkt fast verspielt. Die merkliche Süße im feinherben „ÜberSchwang" wird auf angenehme Weise abgepolstert, der etwas hefige, unruhige Piesporter Riesling ist ungewöhnlich straff und nachhaltig für einen Basiswein, und bei Kabinett und Spätlese gefällt die Balance. Die Süße wirkt hier alles andere als aufdringlich, alle Weine sind schon jetzt zugänglich.

Weinbewertung

84 2016 Riesling trocken Piesporter **12,5 %/5,50 €**
86 2016 Riesling Kabinett trocken Piesporter **11,5 %/6,50 €** ☺
87 2016 Riesling Spätlese trocken Piesporter Goldtröpfchen **12,5 %/9,- €**
89 2016 Riesling Spätlese trocken „Urgestein" Piesporter Domherr **12,5 %/10,- €** ☺
85 2016 Riesling Kabinett „feinherb" Piesporter Goldtröpfchen **11 %/6,80 €**
88 2016 Riesling Spätlese „feinherb" „ÜberSchwang" Goldtröpfchen **11 %/9,50 €** ☺
85 2016 Riesling Piesporter **9 %/5,50 €** ☺
86 2016 Riesling Kabinett Piesporter Goldtröpfchen **9 %/6,80 €** ☺
88 2016 Riesling Spätlese Piesporter Goldtröpfchen **9 %/9,50 €** ☺
83 2016 Regent Rosé trocken „RH" **12,5 %/6,- €**

REVERCHON

★★

KONTAKT

Saartalstraße 2-3
54329 Konz-Filzen
Tel. 06501-923500
Fax: 06501-923509
www.weingut-reverchon.de
kontakt@weingut-reverchon.de

Inhaber
Hans Maret
Betriebsleiter/Kellermeister
Ralph Herke
Rebfläche
18 Hektar
Produktion
120.000 Flaschen

BESUCHSZEITEN

Mo.-Do. 8-14 Uhr, Fr. 8-16 Uhr
und nach Vereinbarung

Das Gut wurde 1685 von der Kirche an die Familie Staadt verkauft, 1921 kam es in den Besitz der Familie Reverchon, 2007 wurde es von der Weingut Reverchon KG unter Führung des geschäftsführenden Gesellschafters Hans Maret übernommen. Inzwischen wurde die Rebfläche erweitert, die Spontanvergärung eingeführt, auch eine Vinothek wurde mittlerweile eröffnet. Die Weinberge befinden sich in den Filzener Lagen Herrenberg und Pulchen sowie im Konzer Karthäuser Klosterberg, neuerdings auch im Ockfener Bockstein. Außer Riesling, 84 Prozent der Rebfläche, werden Weißburgunder, Spätburgunder sowie Chardonnay angebaut; ein Viertel der Produktion entfällt auf die Sektherstellung. Seit 2014 ist Ralph Herke, vormals auf Schloss Vollrads tätig, Betriebsleiter und Kellermeister.

Kollektion

Nicht nur der Menge nach ist das Weingut längst zum Sektspezialisten geworden, auch die Qualität ist eindeutig. Diesmal wurden ein feiner, eleganter Riesling ohne Jahrgang sowie ein mit Schmelz ausgestatteter 2011er Blanc de Noir vorgestellt. Dazu der 2011er Riesling Crémant – frisch, duftig, nicht extrem dicht, aber sehr fein. Unter den stillen Weinen überzeugen beispielsweise der stoffige Weißburgunder und der elegante, ruhige Alte Reben-Riesling aus 2015. Der 2016er Kabinett aus dem Pulchen (hefig, schöne Balance, straffe Art) und die finessenreiche, saartypische 2015er Auslese sind Highlights unter den süßen Rieslingen. Auch Rotwein beherrscht man, wie der elegante, klare und duftige 2015er Spätburgunder beweist.

Weinbewertung

85 Riesling brut **12 %/11,90 €**
87 2010 Riesling Crémant brut **12 %/17,90 €**
87 2011 „Blanc et Noir" Sekt brut **12 %/15,90 €**
84 2016 Weißburgunder trocken **12 %/8,50 €**
83 2016 Riesling trocken Saar **11,5 %/8,50 €**
88 2015 Riesling trocken „Alte Reben" Filzener Herrenberg **11,5 %/13,90 €**
86 2016 Riesling trocken Filzener Herrenberg **11,5 %/9,90 €**
86 2016 Riesling Kabinett „feinherb" Filzener Herrenberg **10,5 %/10,90 €**
84 2016 Riesling „feinherb" „Mineral" **11 %/8,50 €**
84 2016 Riesling „Schiefer" **9 %/8,50 €**
87 2016 Riesling Kabinett Filzener Pulchen **9,5 %/10,90 €**
86 2015 Riesling Spätlese Filzener Herrenberg **8 %/13,90 €**
88 2015 Riesling Auslese Filzener Herrenberg **8 %/24,90 €**
83 2016 Spätburgunder Rosé trocken Saar **12 %/7,90 €**
82 2016 Spätburgunder Rosé „feinherb" Saar **11,5 %/7,90 €**
86 2015 Spätburgunder trocken Filzener Herrenberg **13 %/13,90 €**

RICHARD RICHTER

★★☆

KONTAKT

Marktstraße 19
56333 Winningen
Tel. 02606-311
Fax: 02606-312
www.weingut-richter.net
info@weingut-richter.net

Inhaber
Thomas & Claus-Martin Richter
Rebfläche
8,6 Hektar
Produktion
61.000 Flaschen

BESUCHSZEITEN

Mo.-Fr. 8-18 Uhr, Sa.+ So. nach Vereinbarung
Weinproben im Gewölbefasskeller

Karl-Friedrich Richter gründete 1838 ein Weinhandelshaus. Heute wird das Gut von den Cousins Thomas und Claus-Martin Richter geführt, die Handelsaktivitäten hat man bereits 1990 aufgegeben. 87 Prozent ihrer Rebfläche nimmt Riesling ein, dazu gibt es etwas Spätburgunder, Weißburgunder und Chardonnay. Die Weinberge liegen alle auf Winninger Gemarkung in den Lagen Uhlen, Brückstück, Röttgen und Hamm. Die Rieslinge werden temperaturgeführt vergoren und in Edelstahltanks ausgebaut, die Spätburgunder in gebrauchten Barriques. Die Weine werden überwiegend trocken und feinherb ausgebaut, an der Spitze des Sortiments stehen seit dem Jahrgang 2014 die Großen Gewächse aus Röttgen und Laubach sowie der Réserve-Riesling, der immer erst ein Jahr später in den Verkauf kommt und nicht immer aus der gleichen Lage stammt: eine überzeugende Idee.

Kollektion

Der Jahrgang 2015 war ein echter Erfolg für das Weingut, weil die Rieslinge trotz aller Fülle straff waren und die von diesem Betrieb bekannte kräuterige Würze besaßen. Die 2016er stehen da kaum nach, sind verführerisch klare, duftige und würzige Weine, die zum größten Teil schon jetzt Spaß machen. Bereits der trockene Basiswein aus dem Brückstück gefällt ausgezeichnet, der Chardonnay verfügt über eine leicht cremige Note und Schmelz, ohne breit zu wirken, und die festen, puristisch trockenen und würzigen Spitzen überzeugen allesamt. Dem „Roth Lay" mit seiner dunkel wirkenden Würze trauen wir am meisten Potenzial zu. Noch spannender ist allerdings der Réserve-Wein aus 2015, der viel Schmelz besitzt, dazu eine beachtliche Tiefe; obwohl er offiziell nicht trocken ist, wirkt er geschmacklich trocken. Unter den feinherben Weinen gefällt beispielsweise der wunderschön saftige, offene „Terra V.", die süße Spätlese wirkt etwas verhalten. Eine bemerkenswerte Kollektion!

Weinbewertung

85	2016 Riesling Kabinett trocken Brückstück **12 %/8,- €**
87	2016 Chardonnay trocken **12,5 %/12,50 €**
87	2016 Riesling trocken Brückstück Terrassen **12 %/13,50 €**
89+	2016 Riesling „GG" Röttgen Terrassen **13 %/19,50 €**
90	2016 Riesling „GG" Uhlen „Roth Lay" Terrassen **13 %/19,50 €**
90	2016 Riesling „GG" Uhlen „Laubach" Terrassen **13 %/19,50 €**
91	2015 Riesling Réserve Uhlen „Laubach" Terrassen **13 %/Vst.**
86	2016 Riesling Kabinett „feinherb" Brückstück **10,5 %/8,- €**
87	2016 Riesling „feinherb" Brückstück Terrassen **12 %/13,50 €**
86	2016 Riesling Kabinett Brückstück **9,5 %/8,- €**
88	2016 Riesling Spätlese „feinherb" „Terra V." Terrassen **12 %/16,50 €**
86	2016 Riesling Spätlese Röttgen **9 %/16,50 €**

RICHARD RICHTER WEINGUT

Vincenz Richter

★☆

KONTAKT

Kapitelholzsteig 1
01662 Meißen
Tel. 03521-731606
Fax: 03521-731923
www.vincenz-richter.de
weingut@vincenz-richter.de

Inhaber
Thomas Herrlich
Rebfläche
9,5 Hektar
Produktion
45.000 Flaschen

BESUCHSZEITEN

Vinothek Kapitelholzsteig 1
Di.-Sa. 14-18 Uhr, Vinothek
Dresdner Straße 147 Mo.-Fr. 9-14 Uhr (außer an Feiertagen)

Das Weingut wurde 1873 von Vincenz Anton Richter gegründet und wird heute, nach der Neugründung 1990, in vierter Generation von Thomas Herrlich geführt. 2009 begann man einen neuen Betriebssitz unterhalb des Kapitelbergs im ehemaligen Stadtweingut der Stadt Meißen zu erstellen, der 2010 bezogen werden konnte. Die Weinberge von Thomas Herrlich liegen hauptsächlich direkt am Weingut, im Meißner Kapitelberg (mit Granit-Syenit-Verwitterungsböden), in unmittelbarer Nachbarschaft des Spaargebirges, im Kapitelberg liegt auch das Präbende genannte Gewann. Daneben ist Thomas Herrlich im Weinböhlaer Gellertberg vertreten, wo die Reben auf leichten Sandböden wachsen, dort werden Müller-Thurgau, Kerner und Spätburgunder angebaut, in Sörnewitz wird Kerner, Riesling und Scheurebe angebaut. 40 Prozent der Rebfläche von Thomas Herrlich nimmt Riesling ein, die mit Abstand wichtigste Rebsorte. Es folgen Kerner und Müller-Thurgau, Auxerrois, Spätburgunder, Grauburgunder, Scheurebe, Weißburgunder und Traminer.

Kollektion

Auch dieses Jahr präsentiert Thomas Herrlich eine kleine, aber sehr stimmige, gleichmäßige Kollektion. Der Müller-Thurgau ist wie immer eine sichere Bank, er ist fruchtbetont und frisch im Bouquet, zeigt etwas Aprikosen, ist frisch, klar und zupackend im Mund, besitzt gute Struktur und dezente Süße. Der Kerner weist 9 Gramm Restzucker auf, ist so gerade noch trocken. Er zeigt reintönige Frucht und feine Frische im Bouquet, ist klar im Mund, frisch und zupackend. Neu im Programm von Thomas Herrlich ist der Auxerrois, der 2014 auf 0,8 Hektar im Weinböhlaer Gellertsberg gepflanzt wurde. Er ist würzig im Bouquet, zeigt feine Frucht, ist klar und geradlinig im Mund, frisch und saftig. Der Riesling aus der Präbende ist frisch und fruchtbetont im Bouquet, zeigt etwas Zitrus, er ist wunderschön klar und zupackend im Mund, besitzt gute Struktur, Frische und reintönige Frucht. Der Jahr für Jahr höchst zuverlässige Traminer zeigt im Jahrgang 2016 reintönige reife Frucht im Bouquet, Rosen, ist klar und zupackend im Mund, besitzt gute Struktur, Frische und Frucht.

Weinbewertung

83 2016 Müller-Thurgau trocken Meißner Spaargebirge **12,5 %/7,90 €**
83 2016 Kerner **12 %/8,90 €**
84 2016 Riesling trocken „Präbende" Meißner Kapitelberg **12,5 %/8,90 €**
83 2016 Auxerrois trocken **12 %/10,- €**
84 2016 Traminer trocken Meißner Kapitelberg **12 %/12,50 €**

Rieger

★ ☆

N

KONTAKT

Noblingstraße 13b
79426 Buggingen-Betberg
Tel. 07634-2013
Fax: 07634-553452
www.weingutrieger.de
info@weingutrieger.de

Inhaber
Philipp Rieger
Rebfläche
15 Hektar
Produktion
120.000 Flaschen

BESUCHSZEITEN

Mo.-Fr. 10-12 + 14-18 Uhr,
Sa. 10-15 Uhr
Straußwirtschaft (Frühjahr und Herbst)

RIEGER

Seit Generationen ist der Hof in Familienbesitz, war ein landwirtschaftlicher Gutshof mit Ackerbau, Viehhaltung und Weinbau. Mitte der achtziger Jahre spezialisierten sich Bernhard und Josepha Rieger auf Weinbau, die Flaschenvermarktung wurde forciert, 1986 wurde die Besenwirtschaft eröffnet. 2001 begann Sohn Philipp seine Winzerlehre, machte später ein Praktikum in der Toskana und stieg 2008 voll in den elterlichen Betrieb ein, den er inzwischen übernommen hat. Seit 2005 werden alle Weinberge biologisch bewirtschaftet (Ecovin), seit 2010 befassen sich Philipp und Bernhard Rieger mit biodynamischem Anbau, sie sind demeter-zertifiziert. Die Weinberge liegen in Betberg (Maltesergarten), Britzingen (Sonnhole) und Laufen (Altenberg). Spätburgunder, Grauburgunder und Gutedel sind die wichtigsten Rebsorten, dazu gibt es Weißburgunder, Muskateller, Riesling, Gewürztraminer, Cabernet Sauvignon, Merlot und Regent.

Kollektion

Eine überzeugende Kollektion präsentiert Philipp Rieger zum Debüt. Die Basis stimmt, angefangen beim der „Lust auf Wein" genannten Weißweincuvée über den reintönigen, zupackenden Gutedel, den kompakten Grauburgunder hin zum frischen, saftig-süffigen Weißburgunder. Eine deutliche Steigerung bringen die SR-Weine von alten Reben. Der Weißburgunder von 1960 gepflanzten Reben zeigt gute Konzentration im Bouquet, ist füllig und kraftvoll im Mund, besitzt viel reife Frucht, ist leider etwas zu süß geraten. Der Grauburgunder – von 1966 gepflanzten Reben – zeigt reintönige Frucht im Bouquet, ist klar und zupackend im Mund, besitzt gute Struktur und Frucht. Die Rotweine stehen den Weißen nicht nach. Der Spätburgunder zeigt schon in der Holzfass-Variante gute Struktur, ist fruchtbetont, klar und zupackend. Der achtzehn Monate im Barrique ausgebaute Bettebura-Spätburgunder besitzt gute Struktur, reintönige Frucht, viel Kraft und Substanz. Der zweite Jahrgang der Padaperc genannten Cuvée, ebenfalls achtzehn Monate im Barrique ausgebaut, ist ihm ebenbürtig, er ist kraftvoll, strukturiert, fruchtbetont.

Weinbewertung

83 2016 Weißer Gutedel trocken **11 %/6,- €**
84 2016 Weißer Burgunder trocken **13 %/8,50 €**
82 2016 Grauer Burgunder trocken **13 %/8,50 €**
85 2015 Weißer Burgunder „SR Alte Rebe" **14 %/18,- €**
86 2016 Grauer Burgunder „SR Alte Rebe" **13,5 %/12,- €**
81 2016 „Lust auf Weiß" Weißwein **11,5 %/7,- €**
84 2014 Spätburgunder Holzfass **13 %/9,- €**
86 2015 Spätburgunder Auslese trocken „Bettebura" **14 %/18,- €**
86 2015 Cabernet&Merlot „Padaperc" **13,5 %/18,- €**

RIFFEL

★★★☆

KONTAKT

Mühlweg 14A
55411 Bingen
Tel. 06721-994690
Fax: 06721-994691
www.weingut-riffel.de
service@weingut-riffel.de

Inhaber
Erik & Carolin Riffel
Rebfläche
15 Hektar
Produktion
80.000 Flaschen

BESUCHSZEITEN

April bis Dez.: Mo.-Do. 17-19 Uhr, Fr. 13-19 Uhr, Sa. 10-17 Uhr, Jan. bis März: Mo.-Fr. 17-19 Uhr, Sa. 10-16 Uhr

RIFFEL

Das Weingut Riffel hat in den siebziger Jahren die ersten eigenen Weine vermarktet und sich danach immer mehr auf Weinbau spezialisiert. Die wichtigsten Rebsorten sind Riesling, der knapp die Hälfte der Rebfläche einnimmt, Silvaner und Weißburgunder, dazu gibt es Chardonnay und Sauvignon Blanc sowie Spätburgunder. An der Binger Lage Scharlachberg besitzt das Weingut über 5 Hektar, die anderen Weinberge liegen in den Bingener Lagen Schlossberg Schwätzerchen und Bubenstück, inzwischen ist man auch im Binger Kirchberg vertreten. 2009 wurde das Weingut komplett auf biologische Bewirtschaftung umgestellt, so dass 2012 der erste zertifizierte Jahrgang war, man ist Mitglied bei Ecovin.

Kollektion

Eine umfangreiche, starke Kollektion präsentiert Erik Riffel in diesem Jahr. Ein kraftvoller, überzeugender PetNat eröffnet den Reigen. Die Gutsweine sind fruchtbetont und sortentypisch, der zupackende Silvaner gefällt uns am besten. Silvaner und Riesling vom Quarzit besitzen Fülle und Kraft, gute Struktur und Druck, der Weißburgunder ist rauchig, klar, der Grauburgunder besitzt gute Konzentration und reintönige Frucht. Der gelbfruchtige Scharlachberg-Riesling ist kraftvoll, stoffig, der Silvaner besitzt gute Harmonie und reife Frucht. Der Reserve-Silvaner zeigt gute Konzentration, dezent Vanille, besitzt Fülle, Kraft, Substanz und Biss. Eine reintönige, frische Riesling Auslese rundet die gelungene Kollektion ab.

Weinbewertung

87	2016 „Pet Nat" **11 %/18,90 €**
85	2016 Silvaner trocken **12 %/6,90 €**
84	2016 Weißer Burgunder trocken **12 %/7,90 €**
84	2016 Riesling trocken **12 %/7,90 €**
84	2016 Sauvignon Blanc trocken **12 %/7,90 €**
87	2016 Silvaner trocken „Quarzit" Binger **12,5 %/12,- €**
87	2016 Weißer Burgunder trocken „Tonmergel" Binger **13 %/12,- €**
87	2016 Grauer Burgunder trocken „Tonmergel" Binger **14 %/12,- €**
87	2016 Riesling trocken „Quarzit" Binger **12,5 %/12,- €**
89	2016 Silvaner trocken Binger Scharlachberg **12,5 %/22,- €**
90	2016 Riesling trocken Binger Scharlachberg **13 %/24,50 €**
86	2016 Gewürztraminer trocken Binger Scharlachberg **12,5 %/24,50 €**
88	2015 Silvaner trocken „Reserve" **12,5 %/24,50 €**
83	2016 Riesling „feinherb" **11,5 %/7,90 €**
84	2016 Riesling Kabinett Scharlachberg **9,5 %/9,90 €**
88	2016 Riesling Auslese Binger Scharlachberg **7,5 %/12,90 €/0,375l**
85	2015 Spätburgunder trocken Binger **13 %/12,- €**

R

Rings

★★★★

KONTAKT

Dürkheimer Hohl 21
67251 Freinsheim
Tel. 06353-2231
Fax: 06353-915164
www.weingut-rings.de
info@weingut-rings.de

Inhaber
Steffen & Andreas Rings
Rebfläche
28,5 Hektar
Produktion
190.000 Flaschen

BESUCHSZEITEN

Mo.-Sa. 10-12 + 13-17 Uhr

Seit sechs Generationen wird in der Familie Rings Weinbau betrieben. 1960 siedelte Friedrich Weinsheimer in die Dürkheimer Hohl aus und errichtete den neuen Winzerhof. 1973 übernahmen seine Tochter Traudel und ihr Mann Willi Rings den Betrieb. Bis zum Jahr 2000 haben sie ihren Wein als Fasswein verkauft, erst als Steffen Rings seine Ausbildung beendete und die Verantwortung im Keller übernahm, begann man mit der Selbstvermarktung. Zum 1. Juni 2015 wurde das Weingut in den VDP aufgenommen, ein steiler Aufstieg! Heute führt Steffen Rings den Betrieb zusammen mit seinem Bruder Andreas. Das Gros ihrer Weinberge liegt in Freinsheim, in den Lagen Schwarzes Kreuz und Gottesacker, zugekauft haben sie Weinberge in Lagen wie Weilberg, Nussriegel und Saumagen. Im Jahr 2011 rekultivierten sie eine jahrzehntelang brachliegende Gewanne in der Lage Leistadter Felsenberg und bestockten den nach Süden ausgerichteten Hang mit einem Pinot Noir-Klon aus dem Burgund. Rote Rebsorten nehmen die Hälfte der Rebfläche ein: vor allem Spätburgunder, aber auch Cabernet Sauvignon, Merlot, Portugieser, St. Laurent und Syrah. Neben Riesling gibt es an weißen Sorten Weißburgunder und Grauburgunder, Chardonnay, Silvaner und Sauvignon Blanc. Momentan wird der Betrieb auf biologischen Anbau umgestellt, ab dem Jahrgang 2017 werden die Weine biologisch zertifiziert sein. Und eine weitere große Neuerung steht an: In der Lage Schwarzes Kreuz wird ein komplett neues Weingut in den Hang gebaut, in dem ab Herbst 2018 Produktion, Keller und Lager ein neues Zuhause finden werden.

Kollektion

Steffen und Andreas Rings haben sich mittlerweile fest in der Spitze der Pfalz etabliert und angesichts ihrer ungebrochenen Dynamik ist auch für die nächsten Jahre noch einiges zu erwarten. Diese Vermutung wird durch die aktuelle Kollektion untermauert, einmal mehr zählen die Rieslinge, die Spätburgunder, Syrah und rote Cuvées zu den besten ihrer Art in der Pfalz – und darüber hinaus. Neu im Programm ist der Kallstadter Spätburgunder aus dem unteren Teil des Steinackers und Junganlagen im Saumagen, er zeigt Noten von Kirschkern, feine röstige Würze und einen Hauch von Mokka im Bouquet, er ist – wie auch der Freinsheimer Orts-Spätburgunder – harmonisch und gut strukturiert, ist aber etwas komplexer und eleganter als dieser. Eleganz besitzt auch der Steinacker-Spätburgunder mit seiner Schwarzkirschfrucht, sehr dezentem Holz und reifen Tanninen, Saumagen und Felsenberg wirken im Jahrgang 2015 etwas wilder und würziger als bisher, „sehr burgundisch" fiel als Stichwort in der Diskussion, beide besitzen dunkle Frucht, jugendliche Struktur und

Länge. Der Saumagen zeigt im Moment noch deutliches Holz, der Felsenberg ist schon etwas harmonischer, beide werden ihr ganzes Potential aber erst in einigen Jahren offenbaren. Etwas ernsthafter als in den vergangenen Jahren wirken auch die beiden dunkelfruchtigen Cuvées, das „Kleine Kreuz" hat deutlich an Struktur gewonnen, das „Kreuz" besitzt neben viel Kraft und jugendlichem Tanningerüst auch viel kräutrige Frische mit Noten von Lakritze und Eukalyptus. Stark sind auch die beiden Syrah mit viel dunkler Beerenfrucht und feiner, pfeffriger Würze, die neue „Große Réserve" braucht einen Tag, um sich zu öffnen, besitzt mächtige Struktur und ist herrlich animierend und sehr nachhaltig. Das ebenfalls neue Große Gewächs vom Weißburgunder zeigt feine röstige Würze und Zitrusnoten, besitzt Substanz und Länge, bei den beiden Riesling-Großen Gewächsen zeigt der Saumagen viel kräutrige und kreidige Würze, ist animierend, leicht salzig und ist etwas komplexer und besitzt mehr Grip als der ganz fruchtbetonte Weilberg mit feinem Druck. Der Steinacker-Riesling zeigt nur wenig Frucht, ist kreidig und steinig, animierend und lang und auch der Orts-Weißburgunder ist schon beeindruckend gut, zeigt etwas Holz und viel gelbe Frucht, besitzt Schmelz und Würze.

Weinbewertung

85 2016 Riesling trocken „Kalkmergel" **12 %/8,60 €**
88 2016 Weißer Burgunder trocken Freinsheim **13,5 %/12,- €**
86 2016 Riesling trocken Freinsheim **13 %/12,- €**
88 2016 Riesling trocken Ungsteiner Nussriegel **13 %/17,- €**
89 2016 Riesling trocken Kallstadter Steinacker **13 %/19,- €**
90 2016 Weißer Burgunder „GG" Weilberg **13,5 %/32,- €**
90 2016 Riesling „GG" Weilberg **13 %/32,- €**
91 2016 Riesling „GG" Saumagen **13,5 %/36,- €**
88 2015 „Das Kleine Kreuz" Rotwein trocken **14 %/20,- €**
91 2015 „Das Kreuz" Rotwein trocken **14 %/40,- €**
90 2015 Portugieser trocken „Réserve" **13 %/32,- €**
91 2015 Syrah trocken „Réserve" **14 %/40,- €**
92 2015 Syrah trocken „Große Réserve" **14 %/69,- €**
85 2015 Spätburgunder trocken **12,5 %/11,90 €**
87 2015 Spätburgunder trocken Freinsheim **13 %/16,- €**
88 2015 Spätburgunder trocken Kallstadt **13 %/19,- €**
89 2015 Spätburgunder trocken Kallstadter Steinacker **13 %/28,- €**
92 2015 Spätburgunder trocken Kallstadter Saumagen **13 %/46,- €**
92 2015 Spätburgunder trocken Leistadter Felsenberg **13 %/69,- €**

LAGEN

SCHWARZES KREUZ (FREINSHEIM)
GOTTESACKER (FREINSHEIM)
SAUMAGEN (KALLSTADT)
STEINACKER (KALLSTADT)
WEILBERG (UNGSTEIN)
NUSSRIEGEL (UNGSTEIN)
HERZFELD (LEISTADT)
– FELSENBERG (LEISTADT)

REBSORTEN

RIESLING (30 %)
SPÄTBURGUNDER (20 %)

RINKE

★★

N

KONTAKT

Grünhäuser Mühle,
Hauptstraße 4
54318 Mertesdorf
Tel. 0151-8305335 / 0151-11181457
Fax: 0651-9935838
www.weingut-rinke.com
info@weingut-rinke.com

Inhaber
Dr. Marion Rinke,
Alexander Rinke
Rebfläche
4,5 Hektar
Produktion
12.000 Flaschen

BESUCHSZEITEN

nach Vereinbarung und zu den Öffnungszeiten der Grünhäuser Mühle

Das Quereinsteiger-Weingut von Alexander und Marion Rinke existiert nicht als Form eines repräsentativen Gebäudes, sondern als Projekt mit mehreren Standorten. Alles begann mit der Rekultivierung des Langsurer Brüderbergs nach Art eines Gemischten Satzes; vor allem Chardonnay, aber auch diverse weitere Sorten wurden angepflanzt, der Ertrag wurde (und wird bis heute) von Gernot Kollmann, dem Leiter des Weinguts Immich-Batterieberg ausgebaut. Rotwein aus dem Langsurer Brüderberg gehört ebenfalls zum Repertoire. Später kamen noch Flächen an der Saar dazu, die mit Riesling und Weißburgunder bestockt sind und die man an der Saar vinifiziert.

Kollektion

Zum Debüt in diesem Buch stellt das Weingut neben seinem Gemischten Satz aus dem Langsurer Brüderberg auch reinsortigen Pinot Noir (ebenfalls vom Brüderberg) und Riesling vor, Letzterer kommt von der Saar. Vor allem die Weißweine aus dem Brüderberg besitzen einen Stil, wie es ihn an der Mosel kein zweites Mal gibt. Die cremige Würze des Chardonnay ist zu spüren, aber auch die Anwesenheit aromatischer Rebsorten wie Muscat, Traminer und Viognier lässt sich nicht verleugnen. Zugänglich ist der Muschelkalk-Wein, während die „Terrassen S" genannten Spitzen noch etwas verschlossen wirken – vor allem der würzige 2015er, der mit Noten von Kräutern, ganz leicht cremigen Anklängen, Kernobst, Blüten und Gewürzen aufwartet und sich im Glas gut entwickelt. Der 2014er wirkt etwas aromatischer und straffer, der 2016er konnte, weil die Gärung nicht abgeschlossen war, nicht mehr vorgestellt werden. Unter den beiden Saar-Rieslingen überzeugt der Wein von alten Reben aus dem Oberemmeler Altenberg – straff, rassig, vielschichtig, eher in einem ruhigen Stil gehalten und voller Würze, dabei mit vergleichsweise wenig Restzucker ausgestattet, der würzige Riesling aus dem Wiltinger Klosterberg steht ihm kaum nach. Sehr elegant ist der Pinot Noir aus dem Jahrgang 2015, der nach gequetschten schwarzen Beeren duftet, im Nachhall Tabaknoten aufweist und Struktur mitbringt.

Weinbewertung

87	2016 „Muschelkalk" Weißwein Langsurer Brüderberg	**11,5 %/14,- €**
88	2014 „Terrassen S" Weißwein Langsurer Brüderberg	**12,5 %/18,50 €**
89	2015 „Terrassen S" Weißwein Langsurer Brüderberg	**11,5 %/18,50 €**
87	2016 Riesling „Alte Reben" Wiltinger Klosterberg	**9,5 %/12,50 €**
88	2016 Riesling „Alte Reben" Oberemmeler Altenberg	**10 %/13,- €**
88	2015 Pinot Noir „S" Langsurer Brüderberg	**12 %/19,50 €**

R

Stefan Rinklin

★★☆

KONTAKT

Hauptsraße 102,
79268 Bötzingen
Tel. 07663-949706
Fax: 07663-949707
www.weingut-stefan-rinklin.de
kontakt@weingut-stefan-rinklin.de

Inhaber Stefan Rinklin
Rebfläche 6 Hektar
Produktion 41.000 Flaschen

BESUCHSZEITEN

nach Vereinbarung

Das Weingut wurde 2007 von Stefan Rinklin und Miriana Rinklin gegründet. Stefan Rinklin ist ausgebildeter Weinküfer, hat bei Schwörer im Breisgau gearbeitet, bei Fritz Keller am Kaiserstuhl, dann bei Dörflinger im Markgräflerland und beim Weingut Fischer, wieder am Kaiserstuhl, bevor er den Schritt in die Selbständigkeit wagte. Auch seine Ehefrau Miriana ist Weinküferin, hat Weinmarketing in Heilbronn studiert. Ihre Weinberge liegen alle in Bötzingen. Sie bauen hauptsächlich die Burgundersorten an, Grauburgunder liegt an erster Stelle, gefolgt von Weißburgunder und Spätburgunder, dazu gibt es ein klein wenig Müller-Thurgau. Die Weine werden alle trocken ausgebaut, bleiben recht lange auf der Feinhefe, auf Prädikatsangaben wird verzichtet, anfangs ebenso auf Lagenangaben, wobei sich dies inzwischen geändert hat und Stefan Rinklin heute die Bötzinger Kleinlagen/Gewanne für seine Spitzenweine verwendet.

Kollektion

Stefan Rinklin traut sich was. Er traut sich beispielsweise seine Literweine vorzustellen, die auch 2016 wieder beide fruchtbetont, geradlinig und klar sind. Einen deutlichen Sprung bieten die sehr guten Weine in der Dreiviertelliter-Flasche. Der Weißburgunder ist wunderschön reintönig, füllig und kraftvoll, der Grauburgunder besitzt feine Frische, reintönige Frucht und Biss. Die nächste Stufe bilden die beiden neuen Weine aus dem Meisental. Der Weißburgunder ist zupackend, strukturiert wie auch der Grauburgunder, der ein klein wenig druckvoller ist. Auch der frische, lebhafte, betont süffige Weißherbst ist neu im Programm. Und neu sind, wie eingangs gesagt, auch die Lagenbezeichnungen bei den Rotweinen. Der bisherige Holzfass-Spätburgunder stammt aus dem Tiefental: Er ist fruchtbetont, reintönig, zupackend, besitzt gute Struktur und Biss. Der im Barrique ausgebaute Spätburgunder trägt zukünftig den Lagennamen Biegarten auf dem Etikett. Er steht wie gewohnt an der Spitze der Kollektion, ist wunderschön reintönig, präzise und druckvoll, besticht mit Finesse und Frische.

Weinbewertung

82 2016 Weißburgunder trocken (1l) **13 %/7,- €**
82 2016 Grauburgunder trocken (1l) **13 %/7,- €**
85 2016 Weißburgunder trocken **13,5 %/7,50 €**
85 2016 Grauburgunder trocken **13,5 %/8,50 €**
86 2016 Weißburgunder trocken Bötzinger „Meisental" **13,5 %/9,50 €**
87 2016 Grauburgunder trocken Bötzinger „Meisental" **13,5 %/10,- €**
83 2016 Spätburgunder trocken Weißherbst **13 %/7,50 €**
87 2015 Spätburgunder trocken Bötzinger „Tiefental" **13 %/12,50 €**
89 2014 Spätburgunder trocken Barrique Bötzinger (Biegarten) **13 %/21,- €**

A. & E. Rippstein

★★☆

KONTAKT

Sandgasse 26
97522 Sand am Main
Tel. 09524-1341
Fax: 09524-301046
www.weingut-rippstein.de
info@weingut-rippstein.de

Inhaber
Mathias Rippstein
Rebfläche
8 Hektar
Produktion
60.000 Flaschen

BESUCHSZEITEN

Sa. 15-18 Uhr und nach Vereinbarung
Heckerstube (täglich von April bis September)
Weinsommerfest am 2. Wochenende im August

Die Familie baut seit Generationen Wein in Sand am Main an, heute führt Mathias Rippstein das Gut. Die Reben wachsen teils auf verwittertem Sandsteinkeuper, teils auf tonigem Lehm und lehmigen Sand in den beiden Sander Lagen Kronberg und Himmelsbühl. Wichtigste Rebsorte ist Silvaner, der 40 Prozent der Fläche einnimmt. Es folgen Müller-Thurgau, Weißburgunder, Riesling, Bacchus und Kerner. Rote Sorten nehmen 20 % der Fläche ein, vor allem Domina, dazu gibt es Dornfelder und Merlot. Die Weißweine werden langsam bei 16 bis 18° C vergoren und bis März auf der Feinhefe ausgebaut, teilweise mit Batonnage. Die roten Trauben werden entrappt, zwei Tage kaltmaceriert, dann maischevergoren (10 bis 16 Tage) und anschließend 12 bis 18 Monate im Barrique ausgebaut bevor sie unfiltriert abgefüllt werden.

Kollektion

Eine stimmige, gleichmäßige Kollektion präsentiert Mathias Rippstein auch mit dem Jahrgang 2016. Der Secco aus Müller-Thurgau und Riesling gehört zu den besten Vertretern seiner Art, ist frisch, fruchtbetont und süffig. Gleich vier trockene Weißburgunder stellt Mathias Rippstein vor, die Linie stimmt: fruchtbetont der Gutswein, etwas saftiger der Kabinett, die Spätlesen besitzen Substanz und reife süße Frucht, der „M" ist deutlich rauchiger und würziger. Noch mehr Geschütz führt Rippstein beim Silvaner auf, auch hier stimmt die Linie, reicht vom geradlinigen Gutswein über fruchtbetonte Kabinettweine und dem saftig-strukturierten Wein von alten Reben hin zur intensiv birnenduftigen trockenen Spätlese, einer reintönigen Auslese und der dicken Trockenbeerenauslese. Eine tanninbetonte Domina rundet das Sortiment ab.

Weinbewertung

85 2016 „Secco Saignée" trocken **12 %/7,- €**
82 2016 Silvaner trocken Sander Kronberg **12,5 %/6,- €**
83 2016 Silvaner Kabinett trocken Sander Kronberg **12,5 %/7,- €**
83 2016 Weißer Burgunder trocken **12,5 %/6,50 €**
84 2016 Weißer Burgunder Kabinett trocken Sander Himmelsbühl **12,5 %/7,- €**
83 2016 Pinot Noir „Blanc de Noir" Kabinett trocken Sander Kronberg **12 %/7,- €**
83 2016 Riesling Kabinett trocken **12 %/7,- €**
85 2016 Silvaner trocken „alte Reben" Sander Kronberg **13 %/8,- €**
84 2016 Silvaner Kabinett trocken „Novo" Sander Kronberg **12 %/8,- €**
86 2016 Silvaner Spätlese trocken Sander Kronberg **12,5 %/8,50 €**
87 2016 Weißer Burgunder Spätlese trocken Sander Himmelsbühl **13 %/8,50 €** ☺
87 2016 Weißer Burgunder Spätlese trocken „M" **13 %/9,50 €**
87 2016 Silvaner Auslese Sander Kronberg **8,5 %/9,- €/0,375l**
89 2015 Silvaner Trockenbeerenauslese Sander Kronberg **6,5 %/34,- €/0,375l**
85 2014 Domina „S" trocken **13,5 %/11,- €**

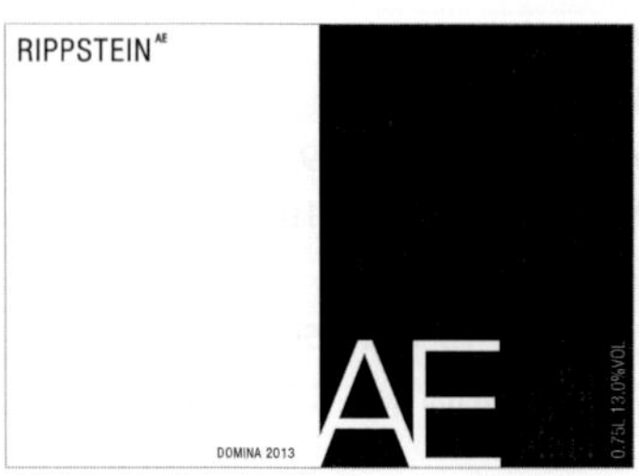

Bernhard Rippstein

★☆

KONTAKT

Anger 14
97522 Sand am Main
Tel. 09524-1566
www.rippstein.de
info@rippstein.de

Inhaber
Stefan Rippstein
Rebfläche
6 Hektar
Produktion
40.000 Flaschen

BESUCHSZEITEN

Do.+Fr. 14-18 Uhr, Sa. 9-16 Uhr

Das Weingut wurde 1980 von Bernhard und Elfriede Rippstein gegründet, heute wird es von ihrem Sohn Stefan geführt. In den Weinbergen in den Sander Lagen Himmelsbühl und Kronberg und im Steinbacher Nonnenberg baut er Müller-Thurgau, Bacchus, Silvaner und Kerner an, inzwischen komplettieren Weißburgunder, Riesling und Scheurebe das Programm. An roten Rebsorten gibt es Dornfelder, Schwarzriesling und Cabernet Dorsa, inzwischen auch Domina und Spätburgunder. Ein Teil der Rotweine wird im Barrique ausgebaut, auch vom Silvaner gibt es eine Barrique-Variante, sowie eine weitere, die im großen Holzfass ausgebaut wird. Stefan Rippstein nutzt Prädikatsbezeichnungen auch für trockene Weine, auf Lagenbezeichnungen verzichtet er.

Kollektion

Mit einer stimmigen Kollektion schließt Stefan Rippstein an die guten Vorjahre an. Der Perlwein ist frisch, klar und zupackend, der Blanc de Noir ein wenig verhalten. Der Müller-Thurgau im Liter ist saftig und süffig, der trockene Kabinett zeigt feine Würze, ist lebhaft, ebenfalls enorm süffig, von merklicher Restsüße geprägt. Der trockene Silvaner Kabinett ist wunderschön reintönig und frisch, der trockene Riesling Kabinett ist fruchtbetont und frisch, enorm süffig. Unser Favorit unter den trockenen Weißweinen ist die Weißburgunder Spätlese, die fruchtbetont und reintönig ist, feine süße Frucht besitzt. Der süße Kerner Kabinett ist fruchtbetont, frisch und geradlinig. Sehr gut gefällt uns die Scheurebe Auslese, die viel reife Frucht im Bouquet zeigt, etwas Holunder, Cassis, süß und konzentriert im Mund ist, wunderschön reintönig und zupackend. Als einziger Rotwein wird wie so oft schon der Cabernet Dorsa präsentiert, diesmal als trockene Spätlese. Er zeigt intensive Frucht im Bouquet, rote Früchte, etwas Cassis, ist fruchtbetont im Mund, frisch, geradlinig und zupackend.

Weinbewertung

82 2016 „Secco Bernstein" trocken **11,5 %/6,60 €**
81 2016 Müller-Thurgau trocken (1l) **12 %/4,90 €**
83 2016 Müller-Thurgau Kabinett **11,5 %/5,60 €**
83 2016 Silvaner Kabinett trocken **11,5 %/5,50 €**
82 2016 Riesling Kabinett trocken **11,5 %/6,- €**
85 2016 Weißburgunder Spätlese trocken **13,5 %/6,50 €**
81 2016 „Blanc de Noir" Kabinett trocken **11 %/6,- €**
82 2016 Kerner Kabinett **12 %/5,40 €**
87 2016 Scheurebe Auslese **8,5 %/6,90 €/0,375l**
84 2016 Cabernet Dorsa Spätlese trocken **13 %/6,50 €**

Erwin Riske

★★

N

Kontakt

Wingertstraße 26-28
53507 Dernau
Tel. 02643-8406
Fax: 02643-3531
www.weingut-riske.de
weingut-riske@t-online.de

Inhaber
Volker Riske
Rebfläche
7 Hektar
Produktion
45.000 Flaschen

Besuchszeiten

Mo.-Fr. nach Vereinbarung, Sa. 10-18 Uhr, So. + feiertags 15-18 Uhr und zu den Öffnungszeiten der Straußwirtschaft: 1. Mai - Mitte Juni, 1. Sept. bis Mitte Nov., Di.-Do. 15-20 Uhr (Sept./Okt.), Fr. 15-22 Uhr, Sa. 12-22 Uhr, So. + feiertags 12-20 Uhr; *****Ferienwohnungen

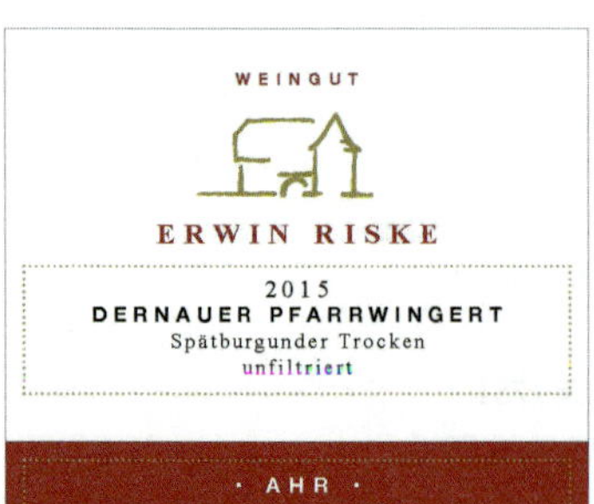

Volker Riske führt zusammen mit Ehefrau Mechthild in vierter Generation den Betrieb. Seit 2016 ist Sohn Jan Riske, Geisenheim-Absolvent, im Betrieb tätig, unterstützt seinen Vater im Weinberg, im Keller und bei der Vermarktung. Neben Weinbergen an der Ahr besitzt Volker Riske auch zwei Hektar Reben in Leutesdorf (Gartenlay) am Mittelrhein, wo überwiegend Riesling sowie ein klein wenig Müller-Thurgau und Weißburgunder angebaut werden. Die Ahr-Weinberge liegen vor allem in den Dernauer Lagen Hardtberg und Pfarrwingert, sowie im Neuenahrer Sonnenberg, aber auch in Marienthal, Ahrweiler und Bachem. Spät- und Frühburgunder nehmen drei Viertel der Fläche ein, Riesling 15 Prozent, dazu gibt es Portugieser, Dornfelder sowie Weißburgunder und Müller-Thurgau. Die Rotweine werden alle spontanvergoren, die Spitzen-Spätburgunder werden alle fünfzehn bis achtzehn Monate in neuen Barriques ausgebaut und unfiltriert abgefüllt. Die Riskes bieten auch Ferienwohnungen an, bereits seit 1997 hat die Straußwirtschaft saisonal geöffnet.

Kollektion

Mit einer starken Kollektion meldet sich das Weingut zurück. Der Riesling von alten Reben ist würzig, füllig und saftig, noch etwas besser gefällt uns der Spontan-Riesling, der rauchig ist, etwas druckvoller, beide besitzen viel reife süße Frucht. Der rote Reigen beginnt mit dem frischen, zupackenden E.R., der Schieferfels besticht mit reintöniger Frucht, guter Struktur und Frische. Der Frühburgunder zeigt rote Früchte, ist geradlinig und klar, der Schieferturm besitzt gute Struktur und feine reintönige Frucht. An der Spitze der Kollektion stehen die drei Lagen-Spätburgunder. Der Wein aus dem Sonnenberg zeigt intensive Frucht, rote Früchte, dezent florale Noten, ist klar, fruchtbetont und zupackend im Mund. Der Hardtberg-Spätburgunder zeigt ebenfalls intensive Frucht, besitzt gute Struktur und viel Frische. Unser Favorit ist der Wein aus dem Pfarrwingert, der herrlich viel Frucht zeigt, dezent Johannisbeeren, wunderschön reintönig und zupackend ist. Starke Kollektion!

Weinbewertung

85	2015 Riesling trocken „Alte Reben" **12,5 %/9,90 €**
86	2015 Riesling trocken „Spontan" **12,5 %/14,- €**
83	2015 Spätburgunder trocken „E.R." **13 %/9,90 €**
85	2015 Spätburgunder trocken „Schieferfels" **13,5 %/13,90 €**
84	2014 Frühburgunder trocken **13 %/15,90 €**
86	2015 Spätburgunder trocken „Schieferturm" **13,5 %/15,90 €**
87	2015 Spätburgunder trocken Bad Neuenahrer Sonnenberg **13,5 %/19,90 €**
88	2015 Spätburgunder trocken Dernauer Hardtberg **13,5 %/24,50 €**
89	2015 Spätburgunder trocken Dernauer Pfarrwingert **13,5 %/29,- €**

RÖMERHOF

★★

KONTAKT

Burgstraße 2
54340 Riol
Tel. 06502-2189
Fax: 06502-20671
www.weingut-roemerhof.de
mail@weingut-roemerhof.de

Inhaber
Franz-Peter & Daniel Schmitz
Rebfläche
10 Hektar
Produktion
65.000 Flaschen

BESUCHSZEITEN

nach Vereinbarung

Franz-Peter Schmitz hat seit den siebziger Jahren das Weingut aufgebaut. Heute wird er im Betrieb von seinem Sohn Daniel unterstützt, der in Geisenheim studiert hat und Auslandserfahrungen in Chile, Argentinien und Österreich sammelte. Ihre Weinberge liegen im Schweicher Herrenberg, im Longuicher Maximiner Herrenberg, im Rioler Römerberg sowie in den Mehringer Lagen Zellerberg und Blattenberg. Familie Schmitz bewirtschaftet steile Parzellen – beispielsweise die Felsenterrasse im Zellerberg – und besitzt über 60 Jahre alte Reben. Neben Riesling, der gut die Hälfte der Fläche einnimmt, bauen sie Müller-Thurgau (immerhin 20 Prozent der Fläche) und Weißburgunder sowie Spät- und Frühburgunder an. Die Weine werden teils in Holzfässern, teils in Edelstahltanks ausgebaut. Das Gros der Weine wird trocken und halbtrocken ausgebaut, der immer saftige und zugängliche Sekt namens „Rigodulum" gehört hier schon lange zur Tradition.

Kollektion

Im vergangenen Jahr gab es hier Stärken in allen Geschmacksrichtungen, an der Spitze indes sahen wir den „No. 1", konnten aber auch die elegante Auslese und viele andere Weine hoch bewerten. In der neuen Kollektion bringt der Sekt zwar eine gewisse Fülle mit, die dem Jahrgang 2015 zuzurechnen ist, aber er wirkt auch gut balanciert und besitzt neben Schmelz auch Frische. Der Einstieg bei den stillen Rieslingen ist gelungen, die trockene Spätlese von alten Reben aus dem Zellerberg bringt einen ersten Höhepunkt, weil sie stoffig ist und eine fast nussige Würze aufweist. Fülle und Schmelz weist die halbtrockene Spätlese Selection auf, der „Felsenterrasse"-Wein ist noch etwas konzentrierter, besitzt überdurchschnittliche Würze, Struktur und gut eingebundene Süße. Rassig und animierend ist die „normale" Spätlese, frisch, duftig und schlank, aber auch rassig und tiefgründig die Spätlese „No. 1".

Weinbewertung

85 2015 Riesling Sekt brut „Rigodulum" **12,5 %/13,- €**
84 2016 Riesling Kabinett trocken Mehringer Blattenberg **12 %/6,80 €**
86 2016 Riesling Spätlese trocken Mehringer Zellerberg **12,5 %/8,50 €**
88 2016 Riesling Spätlese trocken „Alte Reben" Mehringer Zellerberg **12,5 %/10,50 €**
87 2016 Riesling Spätlese halbtrocken „Selection" Zellerberg **12,5 %/8,30 €** ☺
88 2016 Riesling Spätlese halbtrocken „Felsenterrasse" Zellerberg **12 %/10,50 €**
86 2016 Riesling Spätlese „feinherb vom grauen Tonschiefer" Zellerberg **12 %/9,30 €**
86 2016 Riesling Spätlese Mehringer Zellerberg **9,5 %/8,50 €**
88 2016 Riesling Spätlese „No. 1" Longuicher Maximiner Herrenberg **8,5 %/10,50 €**

R

RÖMERHOF

★

N

KONTAKT

Mont Royal
56841 Traben-Trarbach
Tel. 06541-8129-11/0160-4787641
Fax: 06541-8129-29
www.roemerwein.de
juergen.roemer@roemerwein.de

Inhaber
Jürgen Römer
Rebfläche
5 Hektar
Produktion
40.000 Flaschen

BESUCHSZEITEN

zu den üblichen Bürozeiten und jederzeit nach Vereinbarung

R

Jürgen Römer leitet das Weingut, einen traditionsreichen, aber durchaus modern aufgestellten Betrieb, der mittelfristig eine Umstellung auf Bioweinbau anstrebt. Bewirtschaftet werden heute fünf Hektar in den Lagen Trabener Würzgarten, Trabener Kräuterhaus, Kröver Steffensberg und Kröver Letterlay. Riesling ist die einzige Weißweinsorte des Betriebes und nimmt 92 Prozent der Rebfläche ein, dazu werden noch Dornfelder und Spätburgunder angebaut. Die Weine werden teilweise mit dem Begriff „Necto“ versehen, der sich vom lateinischen Wort für verknüpfen oder verflechten ableitet, hinzukommen je nach Charakter römischen Ziffern. Daneben finden sich allerdings auch klassische Lagenweine bis hinauf zu edelsüßen Spezialitäten.

Kollektion

Zum Debüt in diesem Buch stellte Jürgen Römer vor allem Weine der Jahrgänge 2015 und 2016 vor. Ausnahmen sind die beiden Sekte aus 2013, der Riesling eher würzig, kräuterig, der Dornfelder saftig, wenngleich eigenwillig. Die saftigen Stillweine aus 2015er gefallen durchweg gut oder sehr gut, beispielsweise die nach saftigem Steinobst duftende Auslese aus dem Kröver Steffensberg, die vom nach Kräutern und Zitrus duftenden Necto III sogar noch ganz leicht übertroffen wird. Allerdings sind auch Necto I und Necto II präzise gearbeitete, saftige Rieslinge. Die 2016er sind dann deutlich straffer gehalten und erreichen nicht ganz das Level der Vorgängerweine, was Länge und Komplexität angeht. Unter den älteren vorgestellten Weinen gefallen die 2007er Auslesen, obwohl sie einen durchaus eigenwilligen Stil aufweisen. Hellgolden mit etwas Kaffeewürze im Nachhall jene aus dem Würzgarten, noch etwas süffiger und saftiger, nicht extrem süß und mit deutlicher Würze im Nachhall der Vertreter aus dem Steffensberg. —

Weinbewertung

84 2013 Riesling Sekt brut **12 %/12,50 €**
83 2013 Dornfelder Sekt trocken **11 %/12,50 €**
86 2015 Necto I **12,5 %/11,95 €**
85 2016 Necto I **11,5 %/10,50 €**
86 2015 Necto II **11,5 %/11,95 €**
85 2016 Necto II **12,5 %/10,50 €**
87 2015 Necto III **8,5 %/17,50 €**
85 2016 Necto III **7,5 %/15,- €**
87 2015 Riesling Auslese Kröver Steffensberg **9 %/23,- €**
88 2007 Riesling Auslese Kröver Steffensberg **8,5 %/24,- €**
88 2007 Riesling Auslese Trabener Würzgarten **9 %/24,- €**
80 2015 Rotling **11 %/6,50 €**

zur Römerkelter

★★

KONTAKT

In der Duhr 6
54484 Maring-Noviand
Tel. 06535-430
Fax: 06535-7739
www.roemerkelter.de
info@roemerkelter.de

Inhaber
Timo Dienhart
Rebfläche
15 Hektar
Produktion
85.000 Flaschen

BESUCHSZEITEN

Mo.-Fr. 8-18 Uhr und nach Vereinbarung

In zehnter Generation führt Timo Dienhart den Familienbetrieb in Maring-Noviand. Er hat in den letzten Jahren eine klare Philosophie entwickelt und sich nicht nur mit guten Weinen einen Namen gemacht, sondern auch mit zertifiziert biologischem Anbau. Dienhart, der auch über 20 Jahre Erfahrungen mit biodynamischen Methoden verfügt, ist Mitglied bei Ecovin, produziert vegane Weine und denkt auch bei der Stilistik nicht daran, alles ebenso zu machen wie die Konkurrenz. 15 Hektar bewirtschaftet er, zu knapp 70 Prozent Riesling, hinzu kommen 15 Prozent Spätburgunder, ein beachtlicher Anteil Rivaner und 6 Prozent pilzwiderstandsfähige Rebsorten. Seine Parzellen verteilen sich auf die Lagen Honigberg und Klosterberg, Sonnenuhr und Römerpfad. Die Weißweine werden zum Großteil im Stahl, aber auch im großen Fass oder im Steinzeug ausgebaut, die Rotweine im kleinen Fass.

Kollektion

Viele interessante Weine stellt Timo Dienhart vor, zum Großteil aus 2016, zum kleineren Teil aus 2015. Schon der Basiswein „beetle" machte mit straffer Art und prägnanter Säure Spaß. Bei den vier Honigberg-Weinen sind die Parzellenunterschiede gut herausgearbeitet worden: Der feste, straffe, kräuterwürzige Wein aus der Kreutzlay gefällt noch etwas besser als sein Pendant aus dem Kräuterwingert. Eine durchaus eigenwillige Art besitzt der Falkenborn, etwas mehr Süße auch – hier heißt es abwarten. Auch der feste „Titan" mit herber Würze und beachtlicher Länge braucht noch Zeit. Faszinierend vielschichtig dagegen und auch jetzt schon präsent ist der Steinzeug aus 2015. Auch im dezidiert süßen Bereich kann sich Dienhart beweisen: Die Trockenbeerenauslese ist klar, saftig und üppig, besitzt Noten von Aprikosenkompott und kandiertem Steinobst. Der Spätburgunder mit Noten von reifen Kirschen und Waldbeeren weist überdurchschnittliche Würze auf. —

Weinbewertung

85 2016 „Blanc de Noirs" Weißherbst trocken **12 %/9,80 €**
84 2016 Riesling trocken „beetle" **11,5 %/8,20 €**
85 2016 Riesling trocken „Kräuterwingert" Honigberg **12 %/9,80 €**
88 2016 Riesling trocken „Titan" Honigberg **12,5 %/11,80 €**
86 2016 Riesling trocken „Kreutzlay" Honigberg **12,5 %/16,80 €**
90 2016 Riesling trocken „Steinzeug" **12,5 %/28,- €**
87 2016 Riesling „feinherb" „Falkenborn" Honigberg **11 %/16,80 €**
85 2016 Riesling Kabinett „feinherb" „Blauschiefer" Honigberg **10,5 %/9,80 €**
86 2016 Riesling Spätlese „Fass 9" Honigberg **8 %/9,80 €**
88 2015 Riesling Auslese Honigberg **7,5 %/16,80 €**
89 2015 Riesling Trockenbeerenauslese Honigberg **6,5 %/68,- €/0,375l**
87 2015 Spätburgunder trocken **13,5 %/11,80 €**

RÖMMERT

★☆

KONTAKT

Erlachhof 1
97332 Volkach
Tel. 09381-2366
Fax: 09381-4185
www.weingut-roemmert.de
info@weingut-roemmert.de

Inhaber
Peter Heidecker
Kellermeister
Sebastian Schubert
Rebfläche
12 Hektar
Produktion
100.000 Flaschen

BESUCHSZEITEN

Mo.-Do. 8-18 Uhr, Fr. 8-14 Uhr, Sa. 10-14 Uhr, So. + feiertags 10-12 Uhr und nach Vereinbarung

Seit seiner Gründung 1923 wurde das Weingut immer von der Mutter an die Tochter vererbt, zuletzt wurde es von Andrea Flammersberger geführt, 2015 hat Peter Heidecker das Gut übernommen. Das Gros der Weinberge liegt in Volkach in der Lage Ratsherr, dessen Kernstück direkt am Main liegt und Muschelkalkböden aufweist. Silvaner, Müller-Thurgau und Riesling spielen eine wichtige Rolle, dazu gibt es Bacchus, Kerner, Rieslaner, Traminer, Scheurebe, Weißburgunder und Chardonnay. An roten Sorten werden Spätburgunder, Schwarzriesling, Domina, Dornfelder, Acolon und Regent angebaut. Um den Keller kümmert sich seit dem Jahrgang 2012 Sebastian Schubert. Seit der ersten Ausgabe empfehlen wir die Weine des Weinguts Römmert, eine Kerner Beerenauslese begeisterte uns damals. Die süßen und edelsüßen Weine sind heute nicht mehr ganz so wichtig im Programm, die trockenen ab und an etwas trockener geworden, auch fränkisch trockene Weine findet man heute hin und wieder. Reintönig waren die Weine schon immer und sind es auch heute noch, trocken wie süß.

Kollektion

Die Basisweine sind 2016 ein klein wenig verhalten, am besten gefallen uns der lebhafte Frank & Frei-Müller-Thurgau und der reintönige, geradlinige Silvaner Kabinett. Sehr gut gefällt uns die trockene Silvaner Spätlese, die gelbe Früchte zeigt, füllig und saftig ist bei guter Struktur und reifer Frucht. Die im Barrique ausgebaute Burgundercuvée Hemera zeigt eindringliche Vanillenoten im Bouquet, ist wie der Silvaner sehr füllig und saftig, besitzt gute Substanz. Die restsüße Riesling Spätlese ist harmonisch und klar, fruchtbetont und zupackend. Unser Favorit in der aktuellen Kollektion ist die rote Burgundercuvée aus dem Jahrgang 2012, die rote Früchte zeigt, Kirschen, klar und zupackend ist, gute Struktur, feine Vanillenoten und reife Frucht besitzt.

Weinbewertung

82 2016 Müller-Thurgau trocken „Frank & Frei" **12 %/6,50 €**
82 2016 Silvaner Kabinett trocken Volkach Ratsherr **12,5 %/8,50 €**
80 2016 Riesling Kabinett trocken **12,5 %/8,- €**
85 2015 Silvaner Spätlese trocken Volkacher Ratsherr **12,5 %/16,50 €**
85 2014 „Hemera" Weißer Burgunder Chardonnay Volkach Ratsherr **13 %/21,- €**
80 „Denkfreiheit" Weißwein **12,5 %/9,90 €**
81 2016 Scheurebe Kabinett **12 %/7,50 €**
85 2016 Riesling Spätlese Volkach Ratsherr **11,5 %/9,- €**
81 2016 Rotling **11 %/6,50 €**
82 „Denkanstoss" Rotwein trocken **13 %/12,50 €**
86 2012 „NYX" Pinot Rotwein trocken Volkacher Ratsherr **14 %/26,- €**

Wein | Gut | Franken

RÖSCHARD

★☆

KONTAKT

Breslauer Straße 75
79576 Weil am Rhein
Tel. 07621-74000
Fax: 07621-577332
www.weingut-roeschard.com
info@weingut-roeschard.de

Inhaber
Gerd Röschard
Rebfläche
8,5 Hektar

BESUCHSZEITEN

Mo.-Fr. 8-13 + 17-19 Uhr,
Sa. 8-13 Uhr

Ganz im Süden des Markgräflerlandes, in Weil am Rhein an der Grenze zur Schweiz, ist das Weingut Röschard zuhause, das heute in dritter Generation von Gerd Röschard und seinem Bruder Werner geführt wird; Werners Sohn Ralf ist seit dem Jahrgang 2011 für den Weinausbau verantwortlich. Ralf Röschard, der das Weingut einmal weiterführen soll, hat seine Winzerlehre beim Weingut Klumpp in Bruchsal absolviert und inzwischen die Ausbildung zum Weinbautechniker in Weinsberg begonnen. Die Weinberge liegen im Weiler Schlipf und in der Haltinger Stiege. Der Weiler Schlipf ist eine Süd- bis Südwest-exponierte Lage mit schweren, kalkhaltigen Böden. In der etwas flacheren Haltinger Stiege, teils West-, teils Süd-exponiert, herrschen lehmhaltige Böden mit Lössauflage vor, hier baut Gerd Röschard vor allem weiße Rebsorten an, im Weiler Schlipf Spätburgunder und Chardonnay. Die Markgräfler Paraderebsorten Gutedel und Spätburgunder sind die wichtigsten Rebsorten im Betrieb, dazu gibt es Weißburgunder, Grauburgunder und Chardonnay. Die Weißweine werden gekühlt vergoren und lange auf der Hefe ausgebaut; alle Rotweine werden maischevergoren. Sekte und Perlweine ergänzen zusammen mit Edelbränden das Sortiment. In den kommenden Jahren sollen die Rebfläche etwas erweitert und der Ausbau im Holz forciert werden.

Kollektion

Nachdem wir im vergangenen Jahr ausschließlich Weißweine verkosten konnten, darunter zwei Gutedel im Schnäppchenformat, sind dieses Jahr wieder die Spätburgunder präsent, Jahrgang 2014, und sie führen, wie vor zwei Jahren die 2013er, eine ansonsten gleichmäßige Kollektion an. Der Gutedel ist frisch, reintönig und zupackend, der Weißburgunder würzig, recht süß, noch störender haben wir die Süße beim feinherben Grauburgunder empfunden. Der Rosé ist unkompliziert und süffig, der Basis-Spätburgunder klar und zupackend. Deutlich komplexer, dabei auch ganz dezent bitter im Abgang, ist der im großen Holz ausgebaute Spätburgunder. Unser eindeutiger Favorit ist der im Barrique ausgebaute Spätburgunder SR, der rauchige Noten zeigt, reintönige Frucht, gute Struktur besitzt, Frische und Frucht. –

Weinbewertung

83	2016 Gutedel trocken **12 %/5,50 €**
82	2016 Weißburgunder trocken **12,5 %/7,20 €**
81	2016 Grauburgunder „feinherb" **13 %/7,50 €**
81	2016 Rosé trocken **13 %/5,80 €**
83	2014 Spätburgunder trocken **13 %/6,80 €**
85	2014 Spätburgunder trocken „Großes Fass" **13 %/9,50 €**
87	2014 Spätburgunder trocken „SR" **13 %/15,50 €**

Josef Rosch

★★★★☆

KONTAKT

Mühlenstraße 8
54340 Leiwen
Tel. 06507-4230
Fax: 06507-8287
www.weingut-rosch.de
weingut-josef-rosch@t-online.de

Inhaber
Werner Rosch
Rebfläche
8,5 Hektar
Produktion
70.000 Flaschen

BESUCHSZEITEN

nach Vereinbarung

R

Anfang der achtziger Jahre hat Werner Rosch den elterlichen Betrieb übernommen, mit damals gerade einmal 1,2 Hektar Weinbergen. Bis heute sind 8,5 Hektar daraus geworden, ob es einmal mehr werden sollen, muss Sohn Nico entscheiden, der seinen Vater im Betrieb unterstützt. Der Sohn hat bei Kühn, dem Karthäuserhof und Knipser gelernt, dann die Ausbildung in Weinsberg gemacht, danach bot er anderen Winzer seinen Steillagen-Bewirtschaftungs-Service an. Die Weinberge von Werner Rosch liegen vor allem in Leiwen in der Laurentiuslay und im Klostergarten sowie in den Trittenheimer Lagen Apotheke und Altärchen. Darüber hinaus ist er in der Klüsserather Bruderschaft und in der Lage Dhron Hofberger vertreten, inzwischen auch im Piesporter Goldtröpfchen. Werner Rosch baut seit jeher ausschließlich Riesling an. Zur Säurereduzierung werden die Trauben 5 bis 8 Stunden eingemaischt, ohne Schwefel, alle Weine werden spontanvergoren. Im trockenen Segment gibt es in der Spitze einen Lagenwein aus dem Dhron Hofberger (als Spätlese trocken) sowie als Großes Gewächs einen Apotheke-Riesling. Die Weine aus Bruderschaft und Laurentiuslay werden feinherb ausgebaut. Süßweine spielen eine wichtige Rolle im Betrieb. Der Basiswein ist der Kabinett aus dem Klostergarten, dann gibt es Spätlesen und Auslesen (mit bis zu 3 Sternen) aus Apotheke und Goldtröpfchen, wenn es der Jahrgang erlaubt werden auch Beerenauslesen und Trockenbeerenauslesen sowie Eisweine erzeugt. 30 Prozent der Produktion werden exportiert. Die Weine von Werner Rosch sind nach wie vor Geheimtipps, auch deshalb, weil der Winzer selten so im Rampenlicht steht wie andere Kollegen der Region.

Kollektion

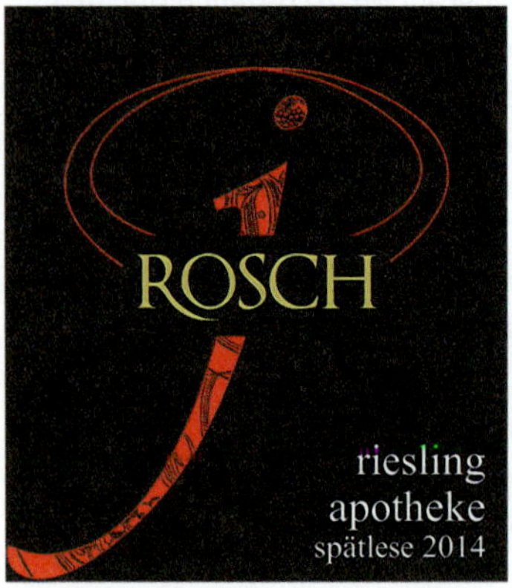

Unter den trockenen Weinen des Vorjahres sahen wir den Apotheke-Riesling deutlich vorn, konnten aber auch wieder einmal die Basis sehr loben – nicht zum ersten Mal, denn Engagement im Einsteigerbereich ist Rosch seit jeher sehr wichtig. Diesmal sind die Einsteigerqualitäten ebenfalls ausgezeichnet ausgefallen, schon der trockene Leiwener Riesling wirkt fest, ist tatsächlich angenehm trocken und gut balanciert. Die Spätlese aus dem Dhroner Hofberg wirkt etwas zugänglicher als der feste, mineralische, zum Zeitpunkt der Verkostung noch recht verschlossen wirkende Spitzenwein, das Große Gewächs aus der Trittenheimer Apotheke. Ein Riesling, der straff und würzig ist, aber gänzlich unaufgeregt; der vergleichsweise hohe Alkohol ist sehr gut ins Gesamtbild integriert, und einige Monate der Reife auf der Flasche dürften diesem sehr gelungenen Wein gut tun. Die beiden feinherben

Weine – der herrlich saftige Basiswein und die füllige, harmonische Spätlese aus der Klüsserather Bruderschaft – leiten über zu den deutlich süßen Rieslingen. Der Kabinett aus dem Klostergarten wirkt schon herrlich zugänglich, ist sehr gut balanciert, wenig süß, von einer überdurchschnittlichen Frische geprägt: einer der schönstens Kabinettweine, die man an der Mittelmosel finden kann. Deutlich saftiger, süßer und fülliger präsentieren sich die beiden Spätlesen. Jene aus der Apotheke wirkt eher feingliedrig, elegant, würzig, die aus dem Piesporter Goldtröpfchen ist saftiger, süßer, länger und trotz der vergleichsweise hohen Süße gut balanciert. Die Auslese aus der Trittenheimer Apotheke und jene aus der Lage Piesporter Goldtröpfchen sind ein weiteres ausgezeichnetes Beispiel dafür, wie die Charaktere der Lagen herausgearbeitet werden können. Der Trittenheimer Wein wirkt schon in der Nase offen, fast schon offensiv, besitzt Noten von reifer Zitrusschale und Anklängen an exotische Früchte, wirkt ziseliert und fein, entwickelt sich über Tage hinweg eindrucksvoll. Sein Pendant aus Piesport ist schon auf den ersten Schluck deutlich kompakter, zeigt Noten von getrocknetem Apfel und Steinobst, wirkt etwas fülliger und auch süßer. Was der Apotheke-Wein an Eleganz vorweist, zeigt der aus dem Piesporter Goldtröpfchen an Kraft: langen Nachhall besitzen beide. Auch die Drei-Sterne-Auslese aus der Trittenheimer Apotheke überzeugt sehr und zeigt wieder den rassigen Charakter der Lage und nicht zuletzt den finessenreichen Stil des Hauses. Das ausgezeichnete Preis-Leistungs-Verhältnis teilt der süße Spitzenwein mit den restlichen Abfüllungen des Weinguts Rosch, seien sie trocken, fast trocken oder süß.

Weinbewertung

86	2016 Riesling trocken Leiwener **11,5 %/7,50 €**
89	2016 Riesling Spätlese trocken Dhroner Hofberg **12,5 %/14,50 €**
90+	2016 Riesling trocken Apotheke **13 %/22,- €**
91	2016 Riesling Laurentiuslay **12 %/22,- €**
86	2016 Riesling „feinherb" Leiwener **10,5 %/7,50 €**
88	2016 Riesling Spätlese „feinherb" Klüsserather Bruderschaft **10,5 %/14,50 €**
88	2016 Riesling Kabinett Leiwener Klostergarten **8,5 %/10,50 €**
89	2016 Riesling Spätlese Trittenheimer Apotheke **8,5 %/14,- €**
90	2016 Riesling Spätlese Piesporter Goldtröpfchen **8 %/17,- €**
92	2016 Riesling Auslese Trittenheimer Apotheke **8 %/14,- €/0,5l** ☺
92	2016 Riesling Auslese Piesporter Goldtröpfchen **7 %/19,- €/0,5l**
93	2016 Riesling Auslese*** Trittenheimer Apotheke **7 %/20,- €/0,375l**

LAGEN

LAURENTIUSLAY (LEIWEN)
APOTHEKE (TRITTENHEIM)
HOFBERG (DHRON)
BRUDERSCHAFT (KLÜSSERATH)
GOLDTRÖPFCHEN (PIESPORT)
KLOSTERGARTEN (LEIWEN)

REBSORTEN

RIESLING (100 %)

Rosenhof

★★

KONTAKT

Schriesheimer Straße 101
68526 Ladenburg
Tel. 0151-40524106
www.weingut-rosenhof.eu
m.schmidt@weingut-rosenhof.eu

Inhaber
Matthias Schmidt
Rebfläche
3,5 Hektar
Produktion
20.000 Flaschen

BESUCHSZEITEN

Fr. 15-18 Uhr

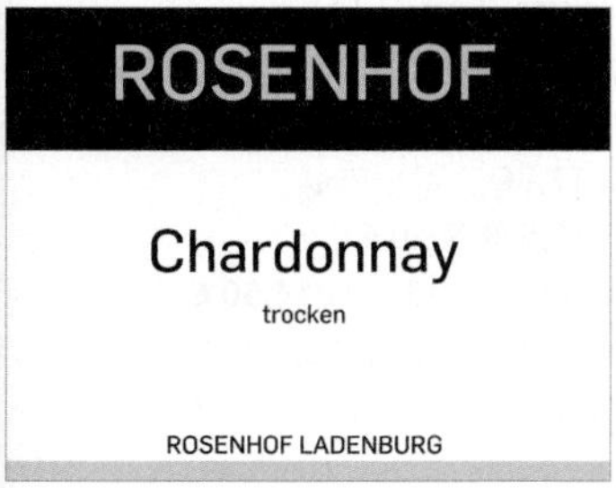

Matthias Schmidt übernahm von seinem Vater Rebflächen in Schriesheim und gründete 2010 das Weingut Rosenhof, dies hat seinen Sitz zwischen Ladenburg und Schriesheim, im ehemaligen Gutshof Rosenhof, nach dem das Weingut auch benannt ist. Hier befindet sich die komplette Traubenverarbeitung, der Weinausbau und die Vinothek. Die Weinberge bewirtschaftet Matthias Schmidt in der Lage Schriesheimer Kuhberg. Vor allem Riesling, aber auch Grauburgunder, Weißburgunder, Chardonnay, Silvaner, Gewürztraminer, Sauvignon Blanc sowie die roten Sorten Spätburgunder, Cabernet Sauvignon & Merlot. Die Premium Rot- und Weißweine werden zum Teil im Holz ausgebaut. Mattias Schmidt, hat bei Georg Bielig in Schriesheim eine Ausbildung zum Winzer gemacht, in Weinsberg den Weinbautechniker. Er betreibt sein eigenes Weingut von 3,5 Hektar im Nebenerwerb. Hauptberuflich ist er in einem Weinbaubetrieb an der Bergstraße tätig. Unterstützt wird er im eigenen Weingut von seiner Lebensgefährtin Annika Büchler, die als geprüfte Sommelière ihr Wissen im Bereich Marketing und Vertrieb einbringt. Das Weingut ist Gründungsmitglied der Weiße Burgunder Charta, einem Zusammenschluss von Weingütern aus den benachbarten Bereichen Kraichgau und Badische Bergstraße.

Kollektion

Matthias Schmidt war im vergangenen Jahr die Entdeckung an der Badischen Bergstraße. Bei allen seinen Weinen ist die Rebsortentypizität klar herausgearbeitet. Die Weißweine von 2016 sind jahrgangsbedingt etwas leichter als die Schwergewichte von 2015, allerdings nicht weniger dicht, dafür zeigen sie mehr Eleganz. Der Riesling ist klar und duftig, der Weißburgunder ist kräftig, hat saftigen Biss und entwickelt salzige Länge. Kräftig ist auch der Grauburgunder, hat eine etwas süßere, saftige Frucht, viel Spiel und salzige Länge. Der Chardonnay hat Spiel und Substanz, braucht noch etwas Zeit, endet mineralisch-salzig. Kräftige Würze, viel Frucht und Spiel hat die Charta Cuvée, sie zeigt eine schöne Harmonie von Holz und Wein. Sehr feinduftig ist der Gewürztraminer, süß, eher leicht. Der Spätburgunder ist elegant, er hat sehr viel Spiel und eine gute Säurestruktur.

Weinbewertung

86 2016 Grauburgunder trocken **13,5 %/7,90 €**
87 2016 Chardonnay trocken **13,5 %/8,80 €**
86 2016 Weißburgunder trocken **13,5 %/7,90 €**
85 2016 Riesling trocken **12 %/6,10 €**
88 2016 „Charta-Cuvée" Weißwein trocken **13,5 %/8,90 €** ☺
85 2015 Gewürztraminer Spätlese **12 %/9,80 €**
88 2014 Spätburgunder trocken Barrique **13,5 %/27,- €**

R

ROTH

★★★☆

KONTAKT

Büttnergasse 11
97355 Wiesenbronn
Tel. 09325-902004
Fax: 09325-902520
www.weingut-roth.de
info@weingut-roth.de

Inhaber
Nicole Roth, Gerhard Roth
Rebfläche
22,5 Hektar
Produktion
135.000 Flaschen

BESUCHSZEITEN

Mo.-Fr. 9-12 + 13-17 Uhr,
Sa. 9-12 + 13-16 Uhr
„Rothweinhotel"
(23 Doppelzimmer)

Gerhard Roth gehört zu den Pionieren biologischen Anbaus in Deutschland, bereits seit 1974 bewirtschaftet er seine Weinberge ökologisch. Seine Weinberge liegen vor allem in Wiesenbronn in den Lagen Wachhügel und Geißberg. Seit dem Jahrgang 2008 gibt es eine neue Lage in Wiesenbronn, Heller Berg; die gut 2 Hektar große Lage ist komplett im Besitz von Gerhard Roth und Tochter Nicole, Geisenheim-Absolventin. Inzwischen sind sie auch im benachbarten Rödelsee vertreten, wo sie Weinberge im Rödelseer Küchenmeister und im Filetstück Hoheleite besitzen.

Kollektion

Mit einer absolut stimmigen Kollektion schließen Gerhard und Nicole Roth an das starke Vorjahr an. Die Basis stimmt, das zeigen der geradlinige Johanniter oder die lebhafte zupackende Scheurebe. „`m Pfarrer seiner" ist ein maischevergorener und im Stückfass aus Wiesenbronner Eiche ausgebauter Müller-Thurgau: Konzentration, Druck, Substanz – spannend! Der neun Monate im Betonei ausgebaute gemischte Satz Q.E.D. – Silvaner, Weißburgunder, Riesling, Traminer – ist stoffig und druckvoll, besitzt gute Struktur und Substanz. Der Küchenmeister-Silvaner besitzt herrlich viel Frucht und Substanz, der Heller Berg ist kraftvoll, fruchtbetont, sehr jugendlich, noch etwas besser gefällt uns der Silvaner von 1963 im Geißberg gepflanzten Reben, der viel Konzentration, reife Frucht und Länge besitzt. Auch der harmonische, füllige Grauburgunder überzeugt – wie auch alle Rotweine. Der Blaufränkisch ist fruchtbetont, reintönig, geradlinig, der Blaufränkisch Heller Berg besitzt Fülle, Kraft und Substanz, der Pinot Noir besitzt feine Frische, gute Struktur und Biss. Unser Favorit ist der achtzehn Monate im Barrique ausgebaute Purpur aus Spätburgunder, Domina, Blaufränkisch und Cabernet, der Fülle und Kraft, Druck und Länge besitzt.

Weinbewertung

85 2016 Johanniter trocken **12 %/6,50 €**
85 2016 Scheurebe trocken Wiesenbronn **12 %/8,50 €**
89 2016 „`m Pfarrer seiner" Weißwein trocken **12 %/14,- €**
89 2016 „Q.E.D." Weißwein trocken **13 %/15,- €**
88 2016 Silvaner trocken Rödelseer Küchenmeister **13 %/12,50 €**
88 2016 Grauburgunder trocken Wiesenbronner Geißberg **13,5 %/12,50 €**
89 2016 Silvaner „G" trocken Wiesenbronner Heller Berg **13 %/17,- €**
90 2015 Silvaner trocken „alte Reben" **14 %/17,- €**
86 2015 Blaufränkisch trocken Wiesenbronn **13,5 %/9,50 €**
88 2015 Pinot Noir trocken Wiesenbronner Wachhügel **13,5 %/14,50 €**
89 2015 Blaufränkisch „G" trocken Wiesenbronner Heller Berg **13,5 %/18,50 €**
90 2014 „Purpur" Rotwein trocken **13,5 %/18,50 €**

ROTHE

★★★

KONTAKT

Hauptstraße 14
97334 Nordheim
Tel. 09381-8479530
Fax: 09381-8479532
www.wein-rothe.de
info@wein-rothe.de

Inhaber
Manfred Rothe
Rebfläche
10 Hektar
Produktion
60.000-70.000 Flaschen

BESUCHSZEITEN

nach Vereinbarung
Gästezimmer

Die Weinberge von Manfred Rothe liegen vor allem in der Mainschleife bei Nordheim und Sommerach, auch im Astheimer Karthäuser. Bis 2002 hat er sie im Nebenerwerb bewirtschaftet, seither ist er vollberuflich Winzer. Auf den Muschelkalkböden baut er traditionelle Sorten wie Müller-Thurgau, Silvaner, Bacchus, Grauburgunder und Scheurebe, aber auch pilzresistente Neuzüchtungen wie Helios oder Muscaris an. An roten Sorten gibt es Domina, Schwarzriesling, Spätburgunder, Regent und Zweigelt. Die Rotweine werden im Holz ausgebaut, in 500 Liter-Fässern, in denen sie zwölf Monate bleiben, alle werden komplett durchgegoren. Spezialität von Manfred Rothe sind lange gereifte Weine und Weine von alten Reben. Die Weine der „Grande"-Linie stammen von ertragsreduzierten Anlagen und bleiben lange auf der Hefe. Die Weinberge werden biologisch bewirtschaftet (Bioland). Seit dem Kauf eines Weingutes in Nordheim hat er heute deutlich mehr Platz und Möglichkeiten zum Ausbau seiner Weine.

Kollektion

Erneut eine starke Kollektion, angefangen beim zupackenden Muscaris-Sekt. Die weiße Basis stimmt, die Weine sind fruchtbetont, klar, der reintönige Silvaner gefällt uns besonders gut. In der Grande-Linie überzeugt einmal mehr der kraftvolle Müller-Thurgau, der Silvaner besitzt viel Substanz. Der Indigenius hat Kraft, Tannine und Biss wie auch der puristisch-verschlossene Kvevri, ein Silvaner aus der Amphore. Sein rotes Pendant, 2014 ein Zweigelt, ist strukturiert, jugendlich. Rot trumpft Manfred Rothe mit einem wunderschön reintönigen Schwarzriesling und einem kirschduftigen Zweigelt auf. Im Aufwind!

Weinbewertung

86 Muscaris Sekt brut nature **13,5 %/15,- €**
83 2016 Bacchus trocken **12 %/6,- €**
84 2016 Müller-Thurgau trocken **12 %/6,- €**
85 2016 Silvaner trocken **13 %/7,- €**
86 2016 Müller-Thurgau trocken „Grande" **11,5 %/8,- €**
87 2015 Silvaner trocken „Grande" **13 %/10,- €**
85 2016 Scheurebe trocken „Grande" **12 %/10,- €**
89 2013 Silvaner trocken „Indigenius" **12,5 %/25,- €**
85 2015 Grauer Burgunder trocken **13,5 %/8,50 €**
90 2014 „Kvevri" Weißwein **12,5 %/45,- €**
88 2014 Weißer Burgunder **13 %/12,- €**
88 2015 Schwarzriesling trocken **12,5 %/12,- €**
88 2015 Blauer Zweigelt trocken **12,5 %/10,- €** ☺
85 2016 Domina trocken **13,5 %/10,- €**
89 2014 „Kvevri" Rotwein **13,5 %/45,- €**

R

Rothweiler

★★

KONTAKT

GuterWein Rothweiler
Neuer Weg 21
64625 Bensheim-Auerbach
Tel. 06251-76569
Fax: 06251-76569
www.hanno-rothweiler.de
mail@hanno-rothweiler.de

Inhaber
Hanno Rothweiler
Rebfläche
4 Hektar (+ 2 ha Traubenzukauf)
Produktion
50.000 Flaschen

BESUCHSZEITEN

Mo.-Fr. 17-19 Uhr, Sa. 10-13 Uhr
und nach Vereinbarung

Hanno Rothweiler, der nicht aus einer Winzerfamilie stammt, hat schon während seiner Ausbildung 1983 seine ersten eigenen Weine gemacht. Seine Weinberge liegen in den Lagen Zwingenberger Steingeröll, Auerbacher Fürstenlager sowie in den Heppenheimer Lagen Steinkopf und Eckweg. Wichtigste Rebsorte in seinem Betrieb ist Riesling, der knapp die Hälfte seiner Rebfläche einnimmt. Es folgen Grauburgunder, St. Laurent und Syrah. Dazu gibt es Sorten wie Ehrenfelser, Silvaner, Chardonnay, Gewürztraminer, Muskateller, Merlot und Dakapo, Roter Riesling und Auxerrois. Die Rotweine werden mit den Rappen maischevergoren und dann gut ein Jahr im Barrique ausgebaut. Die Weine baut Hanno Rothweiler zu 90 Prozent trocken aus. Neben Weinen führt Hanno Rothweiler auch Obstbrände und Liköre im Programm.

Kollektion

Ein Sekt und ein St. Laurent aus dem Barrique stehen in diesem Jahr an der Spitze einer einmal mehr stimmigen Kollektion. Der Sekt ist durchgegoren und wurde nach dem Degorgieren nicht gesüßt. Er ist himbeer-rosa, feinfruchtig und würzig. Der St. Laurent hat Würze und Frucht in der Nase, feine fließende Tannine geben Harmonie, gute Struktur. Der Weißherbst ist ein typischer Cabernet Sauvignon mit reifem Paprika-Aroma. Der Liter-Riesling ist frisch, klar und leicht. Der Rote Riesling wirkt leicht, hat aber Substanz. Eine schöne Frucht hat die gerade nicht mehr trockene Riesling Cuvée. Der Auxerrois ist ebenfalls schön leicht, klar und frisch. Sehr gut ist der Chardonnay, ein dezenter Holzeinsatz gibt Struktur. Der Muskateller ist eindringlich, herrlich leicht mit Holunder- und Zitrus-Aromen. Die rote Cuvée ist weich und rund, mit guter Tanninstruktur und dunkler Kirschfrucht. Der Dakapo ist kräftig und zupackend. Der Syrah ist wie die anderen Rotweine sehr klar; wenn Frucht und Tannine sich harmonisieren, dürfte er Eleganz zeigen.

Weinbewertung

87 2015 Regent Rosé Sekt brut nature **13 %/16,80 €**
83 2016 Riesling trocken Auerbacher Fürstenlager (1l) **12 %/6,90 €**
84 2016 Roter Riesling trocken Auerbacher Fürstenlager **12 %/8,90 €**
85 2016 Gelber Muskateller trocken Auerbacher Fürstenlager **12 %/8,90 €**
84 2016 Auxerrois trocken Auerbacher Fürstenlager **12,5 %/8,90 €**
86 2016 Chardonnay trocken Auerbacher Fürstenlager **13 %/9,90 €**
84 2016 Riesling Cuvée „feinherb" **12 %/7,90 €**
84 2016 Cabernet Sauvignon trocken Weißherbst Auerbacher Fürstenlager **12 %/8,90 €**
85 2015 Rotwein-Cuvée trocken **13 %/9,80 €**
84 2015 Dakapo trocken **13 %/9,90 €**
86 2015 Syrah trocken Auerbacher Fürstenlager **13 %/10,60 €**
87 2015 St. Laurent trocken Barrique **13 %/11,50 €/0,5l**

Johann Ruck

★★★☆

W

KONTAKT

Marktplatz 19
97346 Iphofen
Tel. 09323-800880
Fax: 09323-800888
www.ruckwein.de
post@ruckwein.de

Inhaber
Johann Ruck
Rebfläche
13 Hektar
Produktion
80.000 Flaschen

BESUCHSZEITEN

Mo.-Fr. 9-12 + 13-18 Uhr,
Sa. 10-15 Uhr, So. 10-12 Uhr

Johann Balthasar Ruck gründete 1839 das Weingut in Iphofen, seither ist es in Familienbesitz, wird immer von einem Johann Ruck geführt, denn der älteste Sohn erhält stets den Namen Johann. Johann Ruck (senior) hat den Betrieb in die fränkische Spitze gebracht, heute führt sein Sohn Johann (junior, vormals Hansi) den Betrieb, in dem er bereits seit dem Jahr 2000 tätig ist, Johann Ruck Senior kümmert sich um die Weinberge, sein Sohn um die Vinifikation. Die Weinberge liegen in den Iphöfer Lagen Julius-Echter-Berg (2,5 Hektar), Kronsberg (5 Hektar) und Kalb, in den Rödelseer Lagen Schwanleite und Küchenmeister, sowie in Markt Eimersheim in der Lage Vogelsang. Silvaner ist mit einem Anteil von zwei Fünftel die mit Abstand wichtigste Rebsorte bei den Rucks. Es folgen Riesling und Müller-Thurgau, dazu gibt es Grauburgunder, Scheurebe, Rieslaner, Bacchus, Spätburgunder und Domina, inzwischen auch Sauvignon Blanc.

Kollektion

Die Gutsweine sind 2016 geradlinig und frisch, am besten gefällt uns in diesem Segment der fruchtbetonte Grauburgunder. Der birnenduftige Kalb-Silvaner ist klar und geradlinig, der Silvaner von alten Reben im Kronsberg strukturiert und zupackend, der Wein aus dem Julius-Echter-Berg reintönig und frisch. Das Große Gewächs aus dem Julius-Echter-Berg, Jahrgang 2015, besitzt Fülle und Kraft, viel reife Frucht und Substanz. Gleichauf sehen wir den Riesling-Kollegen, ebenfalls aus dem Jahrgang 2015, der feine Frische zeigt, reife Frucht, gute Präzision und Druck besitzt. Auch der zupackende 2016er Echter-Berg-Riesling kann punkten, die Scheurebe von alten Reben zeigt gute Konzentration und reintönige Frucht, ist klar, fruchtbetont und zupackend, der reintönige restsüße Rieslaner aus dem Küchenmeister rundet die starke Kollektion ab.

Weinbewertung

84 2016 Silvaner trocken **12 %/8,50 €**
84 2016 Riesling trocken **12 %/8,50 €**
85 2016 Grauburgunder trocken **12,5 %/8,50 €**
85 2016 Silvaner trocken Iphöfer Kalb **12 %/10,50 €**
87 2016 Silvaner trocken „Alte Reben" Iphöfer Kronsberg **12,5 %/13,80 €**
88 2016 Scheurebe trocken „Alte Reben" Iphöfer Julius-Echter-Berg **13,5 %/15,- €**
86 2016 Sauvignon Blanc trocken Iphöfer Kronsberg **12 %/14,50 €**
88 2016 Silvaner trocken Iphöfer Julius-Echter-Berg **13 %/16,50 €**
88 2016 Riesling trocken Iphöfer Julius-Echter-Berg **12,5 %/14,50 €**
90 2015 Silvaner „GG" Julius-Echter-Berg **14 %/24,- €**
90 2015 Riesling „GG" Iphöfer Julius-Echter-Berg **13 %/24,- €**
87 2016 Rieslaner Spätlese Rödelseer Küchenmeister **11 %/12,- €**

RUDLOFF

★★☆

KONTAKT

Mainstraße 19
97334 Nordheim
Tel. 09381-2130
Fax: 09381-2136
www.weingut-rudloff.de
info@weingut-rudloff.de

Inhaber
Peter Rudloff
Rebfläche
4,5 Hektar
Produktion
42.000 Flaschen

BESUCHSZEITEN

Mo.-Fr. 11-18 Uhr, Sa. 9-14 Uhr
und nach Vereinbarung
Gästeführungen,
2 Ferienwohnungen

Seit Ende des 19. Jahrhunderts sind die Müllers Winzer in Nordheim. Das heutige Gut wurde 1980 von Dorothea Rudloff, geb. Müller, erbaut. 1998 richtete man eine Probierstube und Ferienwohnungen ein. Bereits seit 1990 ist Sohn Peter für den Weinausbau verantwortlich, der inzwischen den Betrieb auch übernommen hat. Hauptberuflich arbeitet er beim Juliusspital, ist dort für den Außenbetrieb in den Würzburger Weinbergen verantwortlich. Seine Weinberge befinden sich in den Nordheimer Lagen Vögelein und Kreuzberg, sowie im Sommeracher Katzenkopf. Silvaner und Müller-Thurgau sind nach wie vor die wichtigsten Rebsorten, Weißburgunder ist immer wichtiger geworden, dazu gibt es Riesling, Scheurebe, Bacchus und Gewürztraminer, sowie Zweigelt, Domina, Spätburgunder, Cabernet Dorio und Cabernet Dorsa. Das Programm ist in vier Linien unterteilt: Gute Traube, Junge Triebe, Klassische Beere und Edle Rebe. Die Weine werden gezügelt und langsam vergoren, teils mit den natürlichen Hefen, die einfachen Linien werden im Edelstahl ausgebaut. Die besten Weine, rot wie weiß, kommen in Barriques oder Tonneaux, wobei Peter Rudloff darauf achtet, dass die Holznote nicht dominiert.

Kollektion

Mit der neuen Kollektion schließt Peter Rudloff nahtlos an die starken Vorjahre an. Die Basis stimmt, das zeigen die frischen, fruchtbetonten „Schwarzer Peter"-Weine, die frische, zupackende Scheurebe oder der reintönige Weißburgunder Kabinett. Die Spätlesen sind allesamt sehr gut, sie besitzen Substanz und Kraft. Der Gewürztraminer gefällt uns solo ein wenig besser als in der Cuvée mit Silvaner. Der Silvaner von alten Reben ist füllig und saftig, der Reserve-Silvaner besitzt viel Konzentration und Substanz, was auch für den druckvollen Reserve-Weißburgunder gilt. Auch rot beherrscht Peter Rudloff sein Metier, wie der intensive, reintönige Zweigelt und die kraftvolle Cuvée beweisen.

Weinbewertung

83	2016 „Schwarzer Peter" Weißwein trocken „Junge Triebe"	**12 %/5,50 €**
83	2016 Scheurebe trocken „Klassische Beere" Nordheimer Kreuzberg	**12 %/6,- €**
84	2016 Weißer Burgunder Kabinett trocken „Klassische Beere" Vögelein	**13 %/6,80 €**
85	2016 Silvaner & Traminer Spätlese trocken „Klassische Beere" Vögelein	**13 %/8,- €**
86	2016 Gewürztraminer Spätlese trocken „Klassische Beere" Vögelein	**13 %/8,50 €**
85	2015 Silvaner Spätlese trocken „alte Reben" „Klassische Beere" Vögelein	**13 %/7,50 €**
88	2015 Silvaner Spätlese trocken „Reserve" „Edle Rebe" Vögelein	**14 %/19,- €**
88	2015 Weißer Burgunder Spätlese trocken „Reserve" „Edle Rebe" Vögelein	**13 %/19,- €**
82	2016 „Schwarzer Peter Rosa" Rosé trocken „Junge Triebe"	**11,5 %/5,50 €**
83	2015 „Schwarzer Peter" Rotwein trocken „Junge Triebe"	**13 %/7,- €**
86	2015 Zweigelt trocken „Klassische Beere"	**13 %/9,- €**
88	2015 „Kunstwerk" Rotwein Spätlese trocken „Reserve" „Edle Rebe"	**14 %/21,- €**

Rüdiger

★

KONTAKT

Hindenburgstraße 83
75334 Straubenhardt
Tel. 0157-77923536
www.weingut-ruediger.de
info@ruedigers-weinwelt.de

Inhaber Jens Rüdiger
Rebfläche 2 Hektar
Produktion 10.000 Flaschen

BESUCHSZEITEN

Sa. 9:30-13 Uhr

Jens Rüdiger absolvierte seine Winzerausbildung beim Weingut Reichsrat von Buhl in der Pfalz, schloss sein Studium in Gießen mit dem Master in Önologie ab. Parallel zum Geisenheim-Studium gründete er 2011 sein eigenes Weingut, aus ersten Versuchsflächen sind inzwischen 2 Hektar Weinberge geworden. Diese liegen alle in Keltern im Enzkreis, zwischen Karlsruhe und Pforzheim, in den Ortsteilen Ellmendingen (Lage Keulebuckel) und Dietlingen (Lage Klepberg). Er baut vor allem die für die Region typischen Rebsorten Müller-Thurgau (die Hauptrebsorte in Dietlingen) und Schwarzriesling (zusammen mit Spätburgunder die Hauptrebsorte in Ellmendingen) an, inzwischen baut er auch etwas Riesling und Spätburgunder an. Die Reben wachsen an süd- teils west-exponierten Hängen, die Böden bestehen aus Muschelkalk, zum Teil mit Buntsandstein, im Ellmendinger Keulebuckel finden sich auch Auflagen von Keuper.

Kollektion

Der „MTH" genannte Müller-Thurgau hat den typischen Mandelton und Biss, er ist sehr lebendig, vollmundig - das sprichwörtliche Maul voll Wein. Der Müller-Thurgau S ist etwas süßer, aber auch feiner und weicher, hat jedoch genügend Biss. Der „Holzschlag" hat Biss und ist kräftig, trotz spürbaren Holzeinsatzes steht eine blumige Frucht im Vordergrund, ist sehr jugendlich, braucht Zeit. Der Rosé wirkt noch sehr unruhig und streng. Der Spätburgunder von 2016 ist ziemlich süß und hat viel Frucht, unterlegt von strengen Tönen. Ähnlich, aber nicht ganz so süß ist der Schwarzriesling.

Weinbewertung

83 2015 Müller-Thurgau trocken „S" **11,5 %/6,90 €**
82 2016 Müller-Thurgau trocken „MTH" **12 %/5,90 €**
79 2016 Rosé trocken **12,5 %/6,90 €**
84 2016 „Holzschlag" Weißwein trocken **12,5 %/7,40 €**
78 2016 Spätburgunder trocken **12,5 %/8,90 €**
77 2016 Pinot Meunier trocken „S" **12,5 %/7,90 €**

Ruppert-Deginther

★★

Kontakt

Kämmerergasse 8
67596 Dittelsheim-Hessloch
Tel. 06244-292
Fax: 06244-57134
www.ruppert-deginther.de
kontakt@ruppert-deginther.de

Inhaber
Karl-Joachim Ruppert
Rebfläche
28 Hektar
Produktion
150.000 Flaschen

Besuchszeiten

nach Vereinbarung

R

Seit sechs Generationen betreibt die Familie Weinbau in Hessloch. Heute wird der Betrieb von Karl-Joachim Ruppert und Ehefrau Gabi geführt. Karl-Joachim Ruppert hatte den landwirtschaftlichen Gemischtbetrieb auf Weinbau umgestellt, die Rebfläche vergrößert und die Vermarktung ausgebaut. Sohn Justus ist nach Geisenheim-Studium und Praktika bei Klaus Peter Keller und Knipser in den Betrieb eingestiegen und kümmert sich hauptsächlich um die Weinberge. Zuletzt wurde die Traubenannahme komplett geändert, so dass keine Pumpen mehr verwendet werden müssen; neue Edelstahltanks in Größen von 240 bis 2.100 Liter wurden angeschafft. Die Weinberge liegen in den Hesslocher Lagen Liebfrauenberg und Mondschein, im Bechtheimer Hasensprung und in der Westhofener Aulerde. Der Riesling „Calx" (zuvor: „Weißer Stein") stammt aus der ehemaligen Einzellage Lebkuchenberg, heute Teil der Lage Hesslocher Edle Weingärten. Rote Sorten wie Dornfelder, Portugieser und Spätburgunder nehmen 30 Prozent der Rebfläche ein. Wichtigste weiße Sorten sind Riesling und Silvaner. Die roten Lagenweine werden zwei Jahre in deutschen oder französischen Barriques ausgebaut.

Kollektion

Auch in diesem Jahr präsentieren die Rupperts wieder eine stimmige, starke Kollektion mit hohem Einstiegsniveau bei Guts- und Ortsweinen, die allesamt kraftvoll und saftig sind. An der Spitze der meist von spürbarer Restsüße geprägten Weißweine stehen die füllige, kraftvolle Burgunder-Cuvée, der reintönige, strukturierte Grauburgunder, der konzentrierte, kraftvolle Chardonnay und der Riesling Calx, der füllig und saftig ist, herrlich viel Frucht und Substanz besitzt. Im roten Segment gefällt uns die Rotwild genannte Cuvée am besten, die intensive Toastnoten aufweist, Fülle und Kraft und viel reife Frucht besitzt.

Weinbewertung

83	2016 Silvaner trocken Hesslocher **12,5 %/7,70 €**
82	2016 Sauvignon Blanc trocken **13 %/7,70 €**
84	2016 Riesling trocken Hesslocher **12,5 %/8,50 €**
84	2016 Riesling trocken Westhofener **12,5 %/8,35 €**
87	2016 Riesling trocken „Calx" **12,5 %/17,- €**
86	2016 Grauer Burgunder trocken Bechtheimer **13,5 %/8,10 €**
86	2015 Chardonnay trocken „Calx" **14 %/12,80 €**
86	2016 Burgunder „Trilogie" Weißwein trocken Hesslocher **13,5 %/10,15 €**
83	2014 Spätburgunder trocken Bechtheimer **13 %/11,05 €**
83	2015 „SchwarzWild" Rotwein trocken **14 %/12,90 €**
85	2014 „RotWild" Rotwein trocken **14 %/15,60 €**

RUX

★★★

KONTAKT

Heidenburgstraße 20
70378 Stuttgart
Tel. 07111-51861894
www.ruxwein.de
rux@ruxwein.de

Inhaber
Heike & Christoph Ruck
Rebfläche
3,5 Hektar
Produktion
25.000 Flaschen

BESUCHSZEITEN

Sa. 10-16 Uhr und nach Vereinbarung (So. nicht)

Heike Ruck hat bei Hans-Peter Wöhrwag gelernt, dann in Geisenheim studiert. Von ihrem Großvater übernahm sie 70 Ar Reben, ist 2008 aus der Genossenschaft ausgetreten und hat ihren eigenen Wein gemacht, einen tatsächlichen Garagenwein. Inzwischen hat sie sich vergrößert, ihr Mann Christoph Ruck ist nun mit an Bord, der seit 2003 Betriebsleiter bei Schloss Lehrensteinsfeld war, aus dem bekannten Weingut in Iphofen stammt. Anfangs hatten Heike und Christoph Ruck nur 0,85 Hektar Reben, weshalb die 2011er Weißweine, ganz schnell ausverkauft waren; im Jahrgang 2012 wurden 2,5 Hektar bewirtschaftet, inzwischen ist ein weiterer Hektar hinzugekommen. Bisher gibt es Riesling und Sauvignon Blanc, Trollinger, Lemberger und Spätburgunder, die Weine stammen überwiegend aus steilen Terrassenlagen im Cannstatter Zuckerle, hinzu kommen Reben im Münster Berg und im Endersbacher Wetzstein.

Kollektion

Auch dieses Jahr präsentieren Heike und Christoph Ruck wieder eine kleine, aber sehr feine Kollektion mit eigenständigen Weinen. Gleich drei Rieslinge präsentieren sie in diesem Jahr. Der Wein aus dem Endersbacher Wetzstein, Jahrgang 2016, ist würzig und eindringlich, klar und zupackend, besitzt gute Struktur und feine süße Frucht. Ein klein wenig druckvoller noch ist der 2016er Riesling aus dem Cannstatter Zuckerle, ebenso würzig und zupackend, strukturiert und fruchtbetont. Unser Favorit im Riesling-Trio ist aber ganz klar der Wein von alten Reben, ebenfalls aus dem Cannstatter Zuckerle, aber Jahrgang 2015. Er zeigt feine Reife, besitzt Fülle und Kraft, Druck und Präzision, Länge und Nachhall. Der Chardonnay aus dem Wetzstein stammt ebenfalls aus dem Jahrgang 2015. Er zeigt reintönige Frucht im Bouquet, feine Frische, ist kraftvoll im Mund, klar und zupackend, besitzt gute Struktur und Druck. Der kleine Nimbus genannte Trollinger aus dem Zuckerle ist fruchtbetont und frisch, lebhaft und zupackend, herrlich reintönig und geradlinig. Der 2015er Spätburgunder zeigt reintönige Frucht im Bouquet, feine Frische, rote Früchte, ist lebhaft im Mund, frisch und fruchtbetont, reintönig, besitzt gute Struktur und Substanz. ➡

Weinbewertung

85 2016 Riesling trocken Endersbacher Wetzstein **12 %/9,- €**
86 2016 Riesling trocken Cannstatter Zuckerle **12,5 %/11,- €**
88 2015 Riesling trocken „Alte Reben" Cannstatter Zuckerle **13 %/14,- €**
88 2015 Chardonnay trocken Endersbacher Wetzstein **13 %/14,- €**
86 2015 Trollinger trocken „Der kleine Nimbus" Cannstatter Zuckerle **12 %/8,50 €**
88 2015 Spätburgunder trocken Cannstatter Zuckerle **13 %/14,- €**

R

Schloss Saaleck

★★

KONTAKT

Privat-Weingut Schloss Saaleck
Am Marktplatz 1
97762 Hammelburg
Tel. 09732-7887450
Fax: 09732-7887451
www.weingut-schloss-saaleck.de
info@weingut-schloss-saaleck.de

Inhaber Ulrike Lange
Rebfläche 18 Hektar

BESUCHSZEITEN

Mo.-Fr. 8-13 + 14-18 Uhr, Sa. 9-14 Uhr, So. 11-16 Uhr (Juni-Okt.)

Hammelburg nennt sich „älteste Weinstadt Frankens", denn in einer Schenkungsurkunde Karl des Großen aus dem Jahr 777 ist erstmals Weinbau in Franken dokumentiert. Schloss Saaleck, lange Zeit in Klosterbesitz, wurde 1816 bayerische Staatsdomäne, nach mehreren Besitzerwechseln wurde es das Städtische Weingut der Stadt Hammelburg. 2011 verkaufte die Stadt das Weingut an die Familie Lange aus Bergtheim; Ulrike Lange führt zusammen mit Ehemann Thomas das Gut. Der 15 Hektar große Saalecker Schlossberg gehört dem Weingut im Alleinbesitz; der historische Teil der Lage ist von einer 1729 errichteten Weinbergsmauer umgeben, die Weinberge des benachbarten Seitentals, Walterstal genannt, gehören ebenfalls zum Saalecker Schlossberg. Daneben ist man im Hammelburger Heroldsberg vertreten, genau genommen im Eschental, die Böden in allen Lagen sind vom Muschelkalk geprägt. Angebaut werden Silvaner, Weiß- und Grauburgunder und Riesling, aber auch Müller-Thurgau, Bacchus, Perle, Ortega, Kerner, Dornfelder, Domina, Spätburgunder, Schwarzriesling und Zweigelt. Die Weinberge werden biologisch bewirtschaftet (in Umstellung, Mitglied bei Naturland).

Kollektion

Auch 2016 warten Ulrike und Thomas Lange wieder mit einer starken, stimmigen Kollektion auf. Die trockenen Kabinettweine sind fruchtbetont und klar, der Silvaner zeigt feine Komplexität. Die halbtrockene Perle, als Landwein angeboten, ist wunderschön saftig und süffig. In der „sponti mineral"-Linie überzeugt der Riesling mit viel Säure und Biss, aber auch dieses Jahr gilt unsere Präferenz dem Bacchus, der rauchige Noten zeigt, herrlich komplex und druckvoll ist. „Burg und Er", die Burgundercuvée aus Weiß- und Grauburgunder, besitzt viel Substanz und reife Frucht. Neu im Programm ist der als Rhöngold bezeichnete duftige Cabernet Blanc. Die Rubino genannte Cuvée aus Spätburgunder und Zweigelt ist fruchtbetont, klar und zupackend, der zwölf Monate im Holz ausgebaute Spätburgunder ist rauchig, strukturiert und tanninbetont, recht deutlich vom Holz geprägt.

Weinbewertung

83 2016 Müller-Thurgau Kabinett trocken Saalecker Schlossberg **11 %/6,50 €**
84 2016 Silvaner Kabinett trocken Saalecker Schlossberg **11 %/8,- €**
85 2016 Riesling trocken „sponti mineral" Hammelburger Heroldsberg **12 %/9,- €**
87 2016 Bacchus trocken „sponti mineral" Hammelburger Heroldsberg **12 %/9,- €**
86 2016 „Burg und Er" Weißwein trocken Hammelburger Heroldsberg **13 %/9,- €**
84 2016 Perle halbtrocken **11,5 %/7,50 €**
83 2016 Cabernet Blanc „Rhöngold" **11,5 %/10,50 €**
84 „Rubino" Rotwein trocken Saalecker Schlossberg **13 %/7,50 €**
84 2014 Spätburgunder trocken Saalecker Schlossberg **13 %/10,50 €**

PRINZ ZU SALM-DALBERG'SCHES WEINGUT

★★

KONTAKT

Schloss Wallhausen 3
55595 Wallhausen
Tel. 06706-944411
Fax: 06706-944434
www.salm-salm.de
info@prinzsalm.de

Inhaber
Felix Prinz zu Salm-Salm
Rebfläche
18 Hektar
Produktion
120.000 Flaschen

BESUCHSZEITEN

Mo.-Fr. 9-15 Uhr, Sa. 12-17 Uhr (ab April)

Seit 800 Jahren und aktuell in der 32. Generation betreibt die Familie Weinbau an der Nahe. Michael Prinz zu Salm-Salm, der 17 Jahre Vorsitzender des VDP war, begann 1988 mit der Umstellung auf ökologischen Weinbau, das Weingut ist seit 1995 zertifizierter Naturland-Betrieb. 2013 wurde das vorher separat geführte Weingut Rheingraf in Bingen mit dem Stammbetrieb an der Nahe zusammengeführt und Felix Prinz zu Salm-Salm übernahm 2014 die alleinige Regie. Die Weinberge liegen in Wallhausen (Felseneck, Johannisberg), Roxheim (Berg), Sommerloch (Steinrossel) und Dalberg (Ritterhölle), sowie in Bingen (Scharlachberg, Kirchberg). Riesling dominiert im Anbau, nimmt 74 Prozent der Rebfläche ein. Daneben gibt es Weiß-, Grau- und Spätburgunder sowie etwas Scheurebe und Merlot.

Kollektion

Felix Prinz zu Salm-Salm möchte seinen Großen Gewächsen in Zukunft mehr Zeit zur Reifung geben und sie erst nach zwei Jahren in den Verkauf bringen, wie er das jetzt bereits bei seinen Erste Lage-Weinen macht. Deshalb konnten wir in diesem Jahr keine aktuellen Großen Gewächse verkosten, an der Spitze der Kollektion steht die schlanke, elegante Auslese aus dem Scharlachberg, die viel klare Frucht zeigt, ein frisches Säure-Spiel und gute Länge besitzt. Sehr überrascht hat uns der eindringliche, kühle und schlanke Spätburgunder, der klare Kirsch-, Himbeer- und Cassisfrucht und nur sehr dezentes Holz zeigt und Frische besitzt. Die beiden Erste Lage-Rieslinge sind saftig, weich und füllig, zeigen leichte Reifenoten, aber auch klare mineralische Würze, die Ritterhölle ist leicht rauchig, der Steinrossel besitzt etwas mehr Grip und Länge. Bei den restsüßen Rieslingen ist der Kabinett weich mit zurückhaltender Säure, der „Two Princes" ist etwas nachhaltiger und besitzt mehr Spannung und die Spätlese aus dem Roxheimer Berg zeigt viel gelbe Frucht, Aprikose und Zitrusfrüchte, besitzt etwas mineralische Würze und ein lebendiges Säure-Spiel. ▬

Weinbewertung

82	2016 Riesling trocken **13 %/9,20 €**
84	2016 Riesling „vom roten Schiefer" **12,5 %/13,50 €**
84	2016 Riesling trocken „Grünschiefer" **12,5 %/13,50 €**
85	2015 Riesling trocken Dalberger Ritterhölle **12,5 %/19,50 €**
86	2015 Riesling trocken Sommerlocher Steinrossel **12,5 %/19,50 €**
84	2016 Riesling „Two Princes" **10 %/9,20 €**
83	2016 Riesling Kabinett **8,5 %/9,50 €**
87	2016 Riesling Spätlese Roxheimer Berg **8,5 %/19,50 €**
88	2016 Riesling Auslese Scharlachberg Bingen **7 %/27,- €**
88	2014 Spätburgunder trocken Barrique **12 %/19,- €**

S

Salwey

★★★★

KONTAKT

Hauptstraße 2
79235 Oberrotweil
Tel. 07662-384
Fax: 07662-6340
www.salwey.de
weingut@salwey.de

Inhaber
Konrad Salwey
Rebfläche
23 Hektar
Produktion
150.000 Flaschen

BESUCHSZEITEN

Mo.-Fr. 14-18 Uhr, Sa. 11-17 Uhr
und nach Vereinbarung

Seit 2002 bereits war Konrad Salwey für An- und Ausbau der Weine im Weingut verantwortlich, das er seit dem Tod seines Vaters Wolf-Dietrich Salwey führt. Das Gros seiner Weinberge liegt in Oberrotweil am Kaiserstuhl, in den Lagen Käsleberg (Lössboden), Henkenberg und Eichberg (beide vulkanischen Ursprungs mit Asche und tuffhaltigem Gestein), sowie der kleinen Lage Kirchberg mit steinigen, felsigen Böden, die dem Weingut zu etwa 80 Prozent gehört. Im Oberrotweiler Kirchberg wurden 2009 die Weinberge wieder überwiegend in ihren Zustand vor der Terrassierung zurückversetzt, mit Hangneigungen bis zu 45 Prozent. Den Rinzberghof und die Weinberge im Glottertal, einem Schwarzwaldtal, an dessen Südwesthängen auf Gneisverwitterungsböden in der Lage Eichberg vor allem Spätburgunder angebaut wird, hat Konrad Salweys Schwester Franziska übernommen. Spätburgunder und Grauburgunder sind mit Abstand die wichtigsten Rebsorten im Betrieb, hinzu kommt noch Weißburgunder, Konrad Salwey möchte sich nach und nach ganz auf diese drei Burgundersorten konzentrieren. Das Sortiment ist dreistufig gegliedert in Gutsweine, RS-Weine und Große Gewächse. RS steht für Reserve Salwey: Weiß- und Grauburgunder werden zu 80 Prozent im großen Holzfass, zu 20 Prozent im Barrique ausgebaut, der RS-Spätburgunder in zu jeweils einem Drittel neuen, zweit- und drittbelegten Barriques. An der Spitze stehen die Großen Gewächse aus den drei großen Oberrotweiler Lagen Eichberg, Henkenberg und Kirchberg. Die Jahrgänge 2012, 2013 und 2014 (in diesem Jahrgang wiesen die weißen Großen Gewächse alle nur 12 Prozent Alkohol auf dem Etikett aus) setzen konsequent den Weg fort, den Konrad Salwey mit dem Jahrgang 2011 begonnen hat. Er hat auch beschlossen seine Großen Gewächse, weiß wie rot, erst im dritten Jahr nach der Ernte in den Verkauf zu bringen, dies erstmals mit dem Jahrgang 2015 umgesetzt, der also erst 2018 auf den Markt kommen wird. Die Weine sind sämtlich durchgegoren – leider nicht die Selbstverständlichkeit, wie man sie bei Burgundern erwarten sollte – und trotzdem sehr niedrig im Alkohol, puristisch klar und präzise bei betonter Säure, was sehr an Burgund denken lässt.

Kollektion

Da Konrad Salwey zukünftig die Großen Gewächse erst nach drei Jahren in den Verkauf bringt, hat er uns aus dem Jahrgang 2015 nur Weißburgunder RS und Grauburgunder RS geschickt. Grund für uns, noch mal einige weitere Weiß- und Rotweine aus den vorausgegangenen Jahren genauer unter die Lupe zu nehmen. Doch zunächst zu den beiden 2015er Weinen. Der Weißburgunder RS ist frisch und klar im Bouquet, wenn auch etwas zurückhaltend, ist klar und zupackend im Mund, besitzt viel Biss und Säure. Klar besser gefällt uns der Grauburgunder RS, der fruchtbetont und frisch im Bouquet ist, reintönig, gelbe Früchte zeigt, herrlich viel Frucht auch im Mund besitzt, klar und zupackend ist bei guter Struktur und reintöniger Frucht. Der 2013er Weißburgunder RS ist herrlich zupackend und geradlinig hat viel Frucht und Biss – ob sich der 2015er auch dahin entwickelt, bleibt abzuwarten. Danach standen drei Jahre vom Großen Gewächs aus dem Henkenberg auf dem Tisch. Unser Favorit war der Jahrgang 2013, der viel reife Frucht und Substanz besitzt, bei nur 12,5 Prozent Alkohol, druckvoll und reintönig ist. Der 2011er besitzt viel Fülle und Saft, aber auch schon merkliche Reife, 2014 dagegen ist recht karg, hat viel Biss. Das gilt auch für den zupackenden, noch enorm jugendlichen 2014er Weißburgunder aus dem Kirchberg. Der 2010er Grauburgunder aus dem Henkenberg präsentiert sich in blendender Form, ist füllig, saftig, reintönig und lang. Der 2013er Eichberg-Grauburgunder besitzt Substanz und Druck, der 2014er dann ist allzu karg, was unwillkürlich unsere schon im vergangenen Jahr aufgeworfene Frage aufbrachte: „Wie schlank darf Grauburgunder sein"? Der 2009er Spätburgunder RS ist gereift, aber harmonisch, Jahrgang 2013 zeigt rote Früchte, besitzt Frische, Süße, Säure und Biss. Der 2010er Henkenberg-Spätburgunder ist kraftvoll und zupackend, besitzt viel Substanz, aber auch deutlich Holz, besser gefällt uns der Jahrgang 2013, besitzt Fülle, Saft und reintönige Frucht. Auch der 2013er Eichberg-Spätburgunder macht eine gute Figur, betört mit seinem Bouquet, ist im Mund noch von kräftigen Tanninen geprägt, der 2012er besitzt reintönige Frucht und kräftige Säure. Im nächsten Jahr werden unsere Kommentare zum Jahrgang 2015 folgen.

Weinbewertung

89	2013 Weißburgunder trocken „RS" Kaiserstuhl **12,5 %**
87	2015 Weißburgunder trocken „RS" Oberrotweil **13 %/15,- €**
89	2015 Grauburgunder trocken „RS" Oberrotweil **12,5 %/15,- €**
90	2011 Weißburgunder trocken „GG" Henkenberg Oberrotweil **13,5 %**
91	2013 Weißburgunder trocken „GG" Henkenberg Oberrotweil **12,5 %**
90	2014 Weißburgunder trocken „GG" Henkenberg Oberrotweil **12 %**
91	2014 Weißburgunder trocken „GG" Kirchberg Oberrotweil **12 %**
91	2010 Grauburgunder trocken „GG" Henkenberg Oberrotweil **13 %**
90	2013 Grauburgunder trocken „GG" Eichberg Oberrotweil **13 %**
88	2014 Grauburgunder trocken „GG" Eichberg Oberrotweil **12 %**
88	2009 Spätburgunder trocken „RS" Kaiserstuhl **13 %**
89	2013 Spätburgunder trocken „RS" Kaiserstuhl **13 %**
90	2010 Spätburgunder trocken „GG" Henkenberg Oberrotweil **13,5 %**
91	2013 Spätburgunder trocken „GG" Henkenberg Oberrotweil **13,5 %**
89	2012 Spätburgunder trocken „GG" Eichberg Oberrotweil **12,5 %**
90	2013 Spätburgunder trocken „GG" Eichberg Oberrotweil **13,5 %**

LAGEN

KIRCHBERG (OBERROTWEIL)
EICHBERG (OBERROTWEIL)
HENKENBERG (OBERROTWEIL)
KÄSLEBERG (OBERROTWEIL)

REBSORTEN

GRAUBURGUNDER (40 %)
SPÄTBURGUNDER (40 %)
WEISSBURGUNDER (18 %)

SANDER

★★★

KONTAKT

In den Weingärten 11
67582 Mettenheim
Tel. 06242-1583
Fax: 06242-6589
www.weingut-sander.de
info@weingut-sander.de

Inhaber
Familie Sander
Rebfläche
25 Hektar
Produktion
200.000 Flaschen

BESUCHSZEITEN

nach Vereinbarung

S

Bereits in den fünfziger Jahren hatte Otto Heinrich Sander konsequent auf chemische Mittel verzichtet und sich dem ökologischen Weinbau verschrieben, das Weingut gilt allgemein als ältestes Bio-Weingut in Deutschland. Sohn Gerhard, der den Betrieb 1979 übernahm, und Enkel Stefan führen heute diese Arbeit fort, das Weingut wird biodynamisch bewirtschaftet, ist Mitglied bei Naturland und Demeter. Die Weinberge liegen vor allem in den Mettenheimer Lagen Schlossberg und Michelsberg, aber auch im Bechtheimer Geyersberg. Riesling ist die wichtigste Rebsorte, gefolgt von Weißburgunder, Spätburgunder und Sauvignon Blanc. Dazu gibt es Chardonnay, Silvaner und Müller-Thurgau, aber auch Dornfelder, Cabernet Sauvignon und Merlot. Die Weine werden zu über 90 Prozent trocken ausgebaut.

Kollektion

Eine starke Kollektion präsentiert das Weingut auch in diesem Jahr, wieder einmal mit dem hervorragenden Schlossberg-Riesling an der Spitze. Schon der fruchtbetonte, würzige Gutsriesling überzeugt, der Lössterrassen-Riesling ist füllig und saftig, betont süffig. Der Michelsberg-Riesling zeigt rauchige Noten, ist klar und zupackend, besitzt gute Struktur und Frucht. Deutlich intensiver und konzentrierter ist der Wein aus dem Schlossberg, er ist füllig, stoffig und druckvoll. Der Sauvignon Blanc zeigt intensive Frucht, ist füllig und süffig, die Fumé-Variante zeigt rauchige Noten, ist kraftvoll, besitzt reife Frucht, gute Struktur und Substanz. Der Silvaner von alten Reben ist füllig und harmonisch, besitzt herrlich viel Frucht, der Chardonnay zeigt gute Konzentration und rauchige Noten, besitzt Fülle, Kraft und viel süße Frucht. Auch der Michelsberg-Weißburgunder ist füllig und kraftvoll, besitzt herrlich viel Frucht und Substanz. Auch der einzige vorgestellte Rotwein überzeugt, der Michelsberg-Spätburgunder besitzt gute Konzentration, herrlich viel Frucht, gute Struktur und Fülle. ▬

Weinbewertung

82 2016 Riesling trocken **12 %/8,50 €**
85 2016 Riesling trocken „Lössterrassen" Mettenheimer **12,5 %/10,90 €**
85 2016 Sauvignon Blanc trocken **12,5 %/10,90 €**
87 2016 Chardonnay trocken **13 %/10,90 €**
87 2016 Silvaner trocken „Alte Rebe" Mettenheimer Schlossberg **12,5 %/14,90 €**
88 2016 Weißburgunder trocken Mettenheimer Michelsberg **13 %/15,50 €**
88 2016 Riesling trocken Mettenheimer Michelsberg **13 %/17,90 €**
90 2016 Riesling trocken Mettenheimer Schlossberg **12,5 %/22,50 €**
87 2016 Sauvignon trocken „Blanc fumé" **12,5 %/13,40 €**
87 2015 Spätburgunder trocken Mettenheimer Michelsberg **13,5 %/19,90 €**

Sankt Annagarten

★★

Kontakt

St. Annagärten 1
71717 Beilstein
Tel. 07062-3166
Fax: 07062-22851
www.sankt-annagarten.de
info@sankt-annagarten.de

Inhaber
Hans & Renate Wiedenmann GbR
Rebfläche
13 Hektar
Produktion
100.000 Flaschen

Besuchszeiten

Mo.-Fr. 9-12 + 13:30-19 Uhr,
Sa. 9-15 Uhr

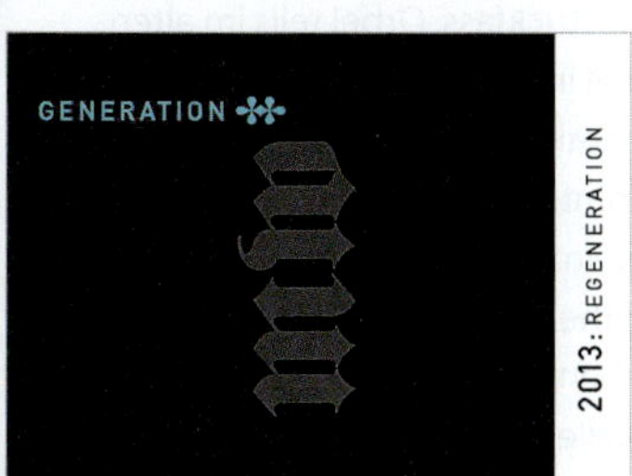

Die Weinberge von Hans und Renate Wiedenmann liegen zwar alle am Beilsteiner Wartberg, dort aber gibt es Teillagen mit unterschiedlichen Böden. Während am eigentlichen Wartberg roter Mergel dominiert findet man in der Gewanne Freudenberg Gipskeuper vor, in der Gewanne Forst Schilfsandstein. Trollinger und Riesling sind die wichtigsten Rebsorten, gefolgt von Schwarzriesling, Lemberger, Samtrot und Grauburgunder, zuletzt neu gepflanzt wurden Spätburgunder und Sauvignon Blanc. Nach Stationen in Geisenheim, Südafrika und Siebeldingen (Weingut Rebholz) ist Sohn Marcel seit 2007 offiziell im Weingut tätig, für Weinberge, Vinifikation und Marketing zuständig. 2012 war der erste zertifizierte Jahrgang aus biologischem Anbau. Marcel Wiedenmann vermarktet seine Lieblingsweine in der Linie „Generation". Daneben werden zur Bezeichnung der Weine die Namen von Gesteinsformationen verwendet, Prädikate, der Name der großen Einzellage Wartberg und Gewannnamen: Eine verwirrende Vielfalt.

Kollektion

Die Gipskeuper- und Schilfsandstein-Weißweine des Jahrgangs 2016 sind ein wenig verhalten, am besten gefällt uns der frische, zupackende trockene Riesling Kabinett. Sehr gut sind die beiden Weine der Linie Generation: Der Sauvignon Blanc zeigt intensive Frucht im Bouquet, besitzt Fülle, Kraft und Substanz, der Riesling ist konzentriert und würzig, besitzt viel reife Frucht, Saft und Substanz. Die „Letzte Lese" war 2015 ein Riesling Eiswein, 2016 nun folgt ein Sémillon Eiswein nach. Er zeigt viel Duft, etwas Litschi, ist konzentriert und eindringlich, klar und dominant. Da die beiden Rotweine vom roten Keuper etwas verhalten sind, finden wir im Trollinger der Generations-Linie unseren eindeutigen Favoriten im roten Segment, er ist fruchtbetont und reintönig, füllig, kraftvoll und strukturiert. —

Weinbewertung

82	2016 Riesling Kabinett trocken „Gipskeuper" **12 %/6,90 €**
81	2016 Grauer Burgunder Spätlese trocken „Gipskeuper" **13,5 %/8,30 €**
80	2016 Grauer Burgunder Spätlese trocken „Schilfsandstein" **13 %/8,30 €**
85	2016 Sauvignon Blanc Spätlese trocken „Generation" **12 %/12,80 €**
85	2015 Riesling Auslese trocken „Generation" „Sandberg am Fels" **13 %/13,80 €**
88	2016 Semillon Blanc Eiswein „Letzte Lese 2016 Generation" **11,5 %/19,- €**
85	2015 Trollinger trocken „Generation" „Grebwiewanna" Wartberg **13,5 %/10,- €**
80	2015 Spätburgunder trocken „Roter Keuper" **13 %/10,- €**
82	2015 Lemberger trocken „Roter Keuper" **12,5 %/10,- €**

S

St. Antony

★★★★

KONTAKT

Wilhelmstraße 4
55283 Nierstein
Tel. 06133-509110
Fax: 06133-50911299
www.st-antony.de
info@st-antony.de

Inhaber
Familie Meyer & Felix Peters
Geschäftsführer Felix Peters
Rebfläche 40 Hektar
Produktion 220.000 Flaschen

BESUCHSZEITEN

Mo.-Fr. 9-18 Uhr, Sa. 10-15 Uhr

1912 kaufte die Gute-Hoffnungs-Hütte, die Vorgängerfirma der MAN AG, ein kalkhaltiges Gelände mit Weinbergen in Nierstein um dort Kalk für die Eisenproduktion abzubauen. 1920 wurden die ersten Weine erzeugt und abgefüllt. 2005 verkaufte die MAN AG St. Antony an Detlev Meyer. Das ehemalige Weingut Heyl zu Herrnsheim wurde ebenfalls von Detlef Meyer erworben und in das Weingut St. Antony integriert. Die Weine werden vom selben Team und im selben Keller (ein Neubau ist in Planung) ausgebaut, Heyl zu Herrnsheim bleibt aber als eigenständige Marke erhalten. Ein guter Teil der Rebfläche liegt im Roten Hang. Dort besitzt das Weingut größere Anteile an den Lagen Orbel, Oelberg, Hipping und Pettenthal, die nur 0,6 Hektar große Lage Zehnmorgen besitzt man seit 2010 ganz, die Lage Brudersberg ist ebenfalls im Alleinbesitz des Weingutes, wird aber ausschließlich für die Marke Heyl zu Herrnsheim genutzt. Wichtigste Rebsorte ist Riesling, der 60 Prozent der Fläche einnimmt. Dazu gib es vor allem Spätburgunder, Weißburgunder und Blaufränkisch, den es bereits seit 2008 im Roten Hang gibt. Seit 2007 werden alle Weinberge biologisch, seit 2011 biodynamisch bewirtschaftet. Geschäftsführer ist seit 2006 Felix Peters, der nach Restaurant- und Sommelierausbildung in Geisenheim studierte, dann als Betriebsleiter im Burgenland arbeitete bevor er zu St. Antony kam. Das Programm ist gegliedert in Gutsweine, Ortsweine und Lagenweine. Beim Riesling gibt es seit 2016 insgesamt sechs Große Gewächse: Zu den Weinen aus Orbel und Pettenthal gesellten sich mit dem Jahrgang 2014 die Großen Gewächse aus Zehnmorgen (der erstmals 2012 gesondert ausgebaut und erstmals 2014 als Großes Gewächs deklariert wurde, der Wein stammt von einer Parzelle mit 1955 gepflanzten Reben) und Hipping (der bis zum Verkauf des Weingutes schon einige Jahre lang als Großes Gewächs angeboten worden war), seit 2015 gibt es auch wieder ein Großes Gewächs aus dem Oelberg, diesen Wein gab es wie den Hipping im letzten Jahrzehnt schon als Großes Gewächs; 2016 kam schließlich das Große Gewächs aus dem Brudersberg hinzu, ein Wein, der lange unter dem Namen Heyl zu Herrnsheim vermarktet wurde. Die Weine werden allerdings nicht identisch ausgebaut: Oelberg und Hipping im Edelstahl, Zehnmorgen im gebrauchten Halbstückfass, Orbel teils im alten Doppelstückfass, teils im Edelstahl, Pettenthal im Barrique. Seit 2014 gibt es als weiteren Spitzenriesling den Riesling Oenothek, der aus einer speziellen Parzelle (Oberer Schmitt) im Pettenthal stammt. Im roten Segment stehen zwei Spätburgunder Große Gewächse aus Kranzberg und Paterberg zusammen mit den beiden Blaufränkisch Rothe Bach (eine Parzelle im Pettenthal) und Lange Berg (aus der Lage Oberer Auflangen, seit 1971 Bestandteil des Oelberg) an der Spitze der Kollektion, der Rothe Bach stammt von einer 1978 gepflanzten Rieslingparzelle, die Reben wurden überpropft.

Kollektion

Nach einer bärenstarken Kollektion mit einer beeindruckenden Phalanx an Rieslingen bleiben diese 2016 in der Spitze ein wenig hinter ihren Vorgängern zurück, dafür springen die 2015er Rotweine in die Bresche. Der Chardonnay ist frisch und geradlinig, der Rotschiefer-Riesling klar und zupackend, recht süß, der Niersteiner Riesling, ganz aus dem Oelberg, ist fülliger und saftiger. Das Große Gewächs aus dem Orbel zeigt viel Duft, ist offen, füllig und saftig, auch der Wein aus dem Oelberg ist offen und zugänglich, zeigt dezent Zitrus, ist klar und zupackend im Mund. Der Zehnmorgen ist würzig, kraftvoll und strukturiert, der Pettenthal duftig, deutlich vom Ausbau im Holz geprägt, besitzt Kraft, viel reife Frucht und Substanz. Der gelbfruchtige Hipping – unser Favorit – besitzt reintönige Frucht, Kraft, gute Struktur, Substanz und Biss, der Brudersberg zeigt gelbe Früchte und Zitrus, ist füllig und saftig, sehr zugänglich. Der Niersteiner Pinot Noir ist fruchtbetont, frisch und strukturiert. Das Große Gewächs aus dem Kranzberg zeigt rote Früchte, etwas florale Noten, besitzt gute Struktur und Substanz, ist deutlich zugänglicher als sein noch enorm tanninbetonter Kollege aus dem Paterberg, der rauchige Noten zeigt, kompakt und verschlossen im Mund ist. In der Spitze stärker sind die Blaufränkisch, wobei auch die beiden Ortsweine mit Kraft und Frucht überzeugen, allen voran der intensive Alte Reben. Der Lange Berg ist reintönig, präzise, frisch und druckvoll, der duftige Rothe Bach besitzt Frische, Präzision und Spannung. Stark!

Weinbewertung

84	2016 Chardonnay trocken **13 %/8,50 €**
85	2016 Riesling trocken „Rotschiefer" **11,5 %/10,80 €**
85	2016 Riesling trocken Nierstein **12,5 %/14,80 €**
89	2016 Riesling trocken „GG" Nierstein Zehnmorgen **12,5 %/28,- €**
89	2016 Riesling trocken „GG" Nierstein Orbel **12,5 %/18,90 €**
90	2016 Riesling trocken „GG" Nierstein Pettenthal **12,5 %/25,- €**
90	2016 Riesling trocken „GG" Nierstein Hipping **12,5 %/22,- €**
88	2016 Riesling trocken „GG" Nierstein Oelberg **12,5 %/22,- €**
88	2016 Riesling trocken „GG" Nierstein Brudersberg **12,5 %/25,- €**
87	2015 Pinot Noir trocken Nierstein **12,5 %/16,- €**
86	2015 Blaufränkisch trocken „Am Turm" Nierstein **12,5 %/14,80 €**
88	2015 Blaufränkisch trocken „Alte Reben" Nierstein **13 %/17,- €**
89	2015 Pinot Noir trocken „GG" Nierstein Kranzberg **12,5 %/24,- €**
88+	2015 Pinot Noir trocken „GG" Nierstein Paterberg **12,5 %/28,- €**
90	2015 Blaufränkisch trocken Nierstein „Lange Berg" **12,5 %/36,- €**
92	2015 Blaufränkisch trocken Nierstein „Rothe Bach" **13 %/42,- €**

LAGEN

PETTENTHAL (NIERSTEIN)
– ROTHE BACH (NIERSTEIN)
ORBEL (NIERSTEIN)
ZEHNMORGEN (NIERSTEIN)
HIPPING (NIERSTEIN)
OELBERG (NIERSTEIN)
– LANGE BERG (NIERSTEIN)
KRANZBERG (NIERSTEIN)
PATERBERG (NIERSTEIN)
BRUDERSBERG (NIERSTEIN)

REBSORTEN

RIESLING (55 %)
BLAUFRÄNKISCH (15 %)
WEISSBURGUNDER (10 %)
SPÄTBURGUNDER (10 %)
CHARDONNAY (5 %)

ST. HILDEGARD

★

KONTAKT

Abtei St. Hildegard
Klosterweg 1
65378 Rüdesheim
Tel. 06722-499130
Fax: 06722-499185
www.abtei-st-hildegard.de
weingut@abtei-st-hildegard.de

Inhaber
Abtei St. Hildegard
Rebfläche
7,5 Hektar
Produktion
40.000-50.000 Flaschen

BESUCHSZEITEN

Mo.-Sa. 9.30-17 Uhr, ab März bis 22.12. auch an Sonntagen 14-17 Uhr

S

Die Tradition des Weinbaus reicht hier zurück bis in die Zeit der Gründung der Abtei im 12. Jahrhundert, also bis in jene Epoche, in der die Gründungsäbtissin Hildegard von Bingen noch selbst aktiv war. Die Weinberge liegen meist rings um die Abtei in Lagen, deren Namen deutliche Hinweise auf die Bedeutung der Kirche vermitteln – wie dem Rüdesheimer Klosterberg oder der Klosterlay, im Kirchenpfad oder im Bischofsberg. Auch in der Rüdesheimer Lage Magdalenenkreuz sowie im Assmannshäuser Hinterkirch werden Parzellen bearbeitet. 87 Prozent der Rebfläche nimmt Riesling ein, auf dem restlichen Teil stehen Spätburgunderreben. Die Weine werden, nachdem vor mehr als 20 Jahren die alten Fässer ausrangiert wurden, komplett reduktiv im Stahltank ausgebaut. Neuerdings sind für die Rotweinbereitung wieder Fässer im Gebrauch. Schwester Thekla Baumgart fungiert seit vielen Jahren als verantwortliche „Winzerschwester", unterstützt von Winzermeister Arnulf Steinheimer. Dass man hier ein Faible für den Glasverschluss entwickelt hat und attraktive Etiketten verwendet, traut man einem so in der Geschichte verwurzelten Weingut nicht unbedingt zu. Die Spitzenweine werden als Klosteredition vermarktet und tragen die Namen Domus Domini (trocken), Mons Sanctus (halbtrocken) und Hildegardis Scivias (süß), deren Etiketten zeigen Ausschnitte aus einer der bekanntesten Miniaturen „Die Chöre der Engel" aus dem Werk Hildegards von Bingen.

Kollektion

Der fruchtige Sekt punktet mit Saftigkeit und Frische. Die trockene Spätlese ist geradlinig und frisch, der Riesling Classic, der ausgewogen und zugänglich ist, zeigt eine eigenwillig würzige, rotbeerige Aromatik. Der Pilgertrunk ist leichtfüßig und erfrischend, konzentrierter und aromatischer entfaltet sich die feinherbe Spätlese. Die süße Spätlese gefällt uns in ihrer saftigen, an eine kleine Auslese erinnernde Art am besten. Klar, mit milder, süßlicher Frucht punktet der Spätburgunder Weißherbst. Der Spätburgunder ist vollmundig und von beeriger Fülle.

Weinbewertung

82	2016 Riesling „Klostersecco" **11,5 %/9,80 €**
84	2015 Riesling Sekt brut **13 %/12,50 €**
84	2016 Riesling Spätlese trocken „Domus Domini" **13 %/12,50 €**
83	2016 Riesling Classic **12 %/10,- €**
82	2016 Riesling „feinherb" „Pilgertrunk" **11,5 %/8,80 €**
84	2016 Riesling Spätlese „feinherb" „Benedictus" **11,5 %/12,- €**
85	2016 Riesling Spätlese „Hildegardis Scivias" **8,5 %/15,50 €**
83	2016 Spätburgunder Weißherbst Spätlese **12,5 %/10,- €**
85	2015 Spätburgunder trocken „Magnum Rubrum" **14,5 %/21,50 €**

St. Nikolaus-Hof

★★

KONTAKT

Mühlenstraße 44
54340 Leiwen
Tel. 06507-8107
Fax: 06507-802821
www.st-nikolaus-hof.de
klausschweicher@t-online.de

Inhaber
Klaus & Annegret Schweicher
Rebfläche
7,5 Hektar

BESUCHSZEITEN

nach Vereinbarung
Weinprobierstube (10 Personen)

Der Vater von Klaus Schweicher hatte diesen Leiwener Betrieb bis in die achtziger Jahre als reinen Fassweinbetrieb geführt und dann nach und nach begonnen, Weine auch über die Flasche zu verkaufen. Im Jahr 2000 übernahm Klaus Schweicher den Betrieb und setzte seither konsequent auf Ertragsbeschränkung und Qualität. Durch Zukauf hat er seine Fläche in der Leiwener Spitzenlage Laurentiuslay vergrößert, wo er Querterrassen anlegte und einen Hektar neu bepflanzte. Daneben besitzt Klaus Schweicher unter anderem auch Weinberge im Wintricher Ohligsberg und in der Trittenheimer Apotheke, sowie im Leiwener Klostergarten. Neben Riesling, der 96 Prozent seiner Weinberge einnimmt, baut Klaus Schweicher etwas Spät- und Weißburgunder an. Besonders stolz ist Klaus Schweicher auf die Lage „Vor dem Stortel", gut einen halben Hektar groß, die sich im Alleinbesitz des Gutes befindet.

Kollektion

Klaus Schweichers 2016er Weine gefallen uns gut, besser als im Vorjahr, vor allem die trockenen Rieslinge. Nicht zu verachten ist aber auch der klare, recht süße Weißburgunder, der Spätburgunder Rosé ist etwas für Erdbeerliebhaber. Sehr gut ist die trockene Spätlese aus dem Stortel, würzig und eindringlich, sie besitzt Fülle und Kraft, reife Frucht und Substanz, gute Struktur und Frische. Eine weitere Steigerung bringt die trockene Auslese, ebenfalls aus dem Stortel: Gute Konzentration und reife Frucht prägen das Bouquet, gelbe Früchte, im Mund präsentiert sie sich füllig und saftig, besitzt reife süße Frucht, gute Struktur und Substanz. Das halbtrockene Hochgewächs ist frisch und geradlinig, die halbtrockene Spätlese zeigt reife Frucht und feine Würze, besitzt Fülle und Saft, der feinherbe Kabinett ist klar und zupackend bei feiner süßer Frucht. Das süße Hochgewächs ist frisch, lebhaft und süffig. Sehr gut gefällt uns die süße Spätlese aus der Apotheke, zeigt feine Würze, etwas gelbe Früchte, besitzt viel reife süße Frucht und Substanz. Stimmige, starke Kollektion!

Weinbewertung

83 2016 Weißburgunder trocken Leiwener Klostergarten **13 %/6,50 €**
86 2016 Riesling Spätlese trocken „Vor dem Stortel" Laurentiuslay **11,5 %/8,50 €**
88 2016 Riesling Auslese trocken „Vor dem Stortel" Laurentiuslay **12 %/10,50 €**
82 2016 Riesling Hochgewächs halbtrocken Leiwener Klostergarten **11,5 %/6,50 €**
84 2016 Riesling Spätlese halbtrocken „Vor dem Stortel" Laurentiuslay **11 %/8,50 €**
84 2016 Riesling Kabinett „feinherb" „Vor dem Stortel" Laurentiuslay **10,5 %/7,- €**
82 2016 Riesling Hochgewächs Leiwener Klostergarten **9 %/6,50 €**
85 2016 Riesling Spätlese Trittenheimer Apotheke **7,5 %/8,50 €**
82 2016 Spätburgunder Rosé „feinherb" Leiwener Klostergarten **11,5 %/6,50 €**

S

ST. REMIGIUS

★★

KONTAKT

Rittgasse 17
79291 Merdingen
Tel. 07668-5718
Fax: 07668-7252
www.remigiusweine.de
info@remigiusweine.de

Inhaber
Edgar Bärmann & Conrad Isele
Rebfläche
9 Hektar
Produktion
45.000 Flaschen

BESUCHSZEITEN

nach Vereinbarung
Weinproben mit Vesper
(bis 35 Personen)

Das Weingut St. Remigius wurde 1988 von Edgar Bärmann und Conrad Isele gegründet. Neben Weinbergen am Tuniberg in den Lagen Merdinger Bühl und Niederrimsinger Rotgrund besitzen sie auch Weinberge am Kaiserstuhl, und zwar in der Lage Achkarrer Schlossberg. Gut die Hälfte der Rebfläche nimmt Spätburgunder ein. Es folgen Grau- und Weißburgunder. Dazu gibt es etwas Chardonnay, Müller-Thurgau, Riesling, Muskateller, Sauvignon Blanc und andere Versuchssorten, inzwischen auch Merlot, den sie im Niederrimsinger Rotgrund gepflanzt haben. Die Weine werden überwiegend trocken ausgebaut. Nicht nur Spätburgunder, sondern auch Chardonnay und Weißburgunder kommen ins Barrique. Neben Weinbau besitzen Edgar Bärmann und Conrad Isele eineinhalb Hektar mit Kern- und Steinobst, deren Ertrag in der hauseigenen Brennerei verwertet wird.

Kollektion

Auch in diesem Jahr präsentieren Edgar Bärmann und Conrad Isele wieder eine gewohnt kleine, aber wie immer enorm zuverlässige und gleichmäßige Kollektion mit gleichermaßen überzeugenden Weiß- und Rotweinen. Der Weißburgunder ist frisch und fruchtbetont geradlinig und zupackend. Der Sauvignon Blanc zeigt reife Frucht im Bouquet, etwas Stachelbeeren, besitzt gute Struktur, feine Frische und Frucht. Der Grauburgunder zeigt reintönige Frucht, gelbe Früchte, ist kraftvoll, strukturiert und fruchtbetont im Mund. Die relativ trocken ausgebaute Muskateller Auslese ist reintönig im Bouquet, zeigt etwas Zitrus, sie ist kraftvoll im Mund, zupackend, jugendlich. Sie stammt aus dem Niederrimsinger Rotgrund, so wie auch der Merlot, der wunderschön reintönig und frisch ist, geradlinig und fruchtbetont. Der im Barrique ausgebaute Reserve-Spätburgunder zeigt reintönige Frucht im Bouquet, rote Früchte, ist wunderschön reintönig auch im Mund, strukturiert und zupackend. Die trockene Spätburgunder-Auslese aus dem Schlossberg zeigt viel reife Frucht, ist deutlich offener, ist füllig, harmonisch, fruchtbetont, von reifer Spätburgunderfrucht geprägt. —

Weinbewertung

84	2016 Weißer Burgunder „SR" trocken Achkarrer Schlossberg	**14 %/9,20 €**
85	2015 Grauer Burgunder „SR" trocken Achkarrer Schlossberg	**14 %/9,20 €**
84	2016 Sauvignon Blanc „SR" trocken Achkarrer Schlossberg	**13 %**
85	2015 Muskateller Auslese Niederrimsinger Rotgrund	**14 %/12,- €**
85	2015 Merlot „SR" trocken Niederrimsinger Rotgrund	**14 %/11,- €**
86	2015 Spätburgunder trocken Barrique „Reserve"	**14 %/13,50 €**
86	2015 Spätburgunder Auslese trocken Achkarrer Schlossberg	**14 %/17,50 €**

HEINER SAUER

★★★☆

KONTAKT

Hauptstraße 44
76833 Böchingen
Tel. 06341-61175
Fax: 06341-64380
www.weingut-sauer.com
info@weingut-sauer.com

Inhaber
Heiner Sauer
Rebfläche
25 Hektar
Produktion
150.000 Flaschen

BESUCHSZEITEN

nach Vereinbarung

Die Familie von Heiner Sauer betreibt schon sehr lange Weinbau, das Weingut in seiner jetzigen Form aber existiert erst seit 1987. Von Anfang an hat Heiner Sauer nach biologischen Grundsätzen gearbeitet und sich dem Bioland-Verband angeschlossen. Seine Weinberge liegen im Böchinger Rosenkranz (der einzigen Einzellage in Böchingen), in den Nußdorfer Lagen Herrenberg und Kaiserberg, im Godramsteiner Münzberg, im Frankweiler Biengarten, in der Gleisweiler Hölle und im Burrweiler Schäwer. Riesling und Weißburgunder sind seine wichtigsten Weißweinsorten, bei den Rotweinen sind es Spätburgunder und St. Laurent. 1998 gründete Heiner Sauer als Geschäftsführer und Teilhaber das ebenfalls ökologisch bewirtschaftete Gut Bodegas Palmera in Utiel-Requeña.

Kollektion

In diesem Jahr zeigen sich fast alle Weißweine von Heiner Sauer etwas verhalten und besitzen nicht ganz die Präsenz, die wir von ihnen gewohnt sind. Ausnahmen davon sind der wieder sehr mineralische „Steinreich"-Riesling, der Druck und Grip besitzt, animierend und salzig ist, der 2015er Riesling aus der Hölle mit fein gereifter Frucht und guter Länge und der Weißburgunder aus dem Münzberg, der gute Substanz und Kraft besitzt und klare Frucht und florale Würze zeigt. Die beiden Sauvignon Blancs zeigen gelbe Frucht, der „Löss" ist schlank, der „Fumé" kraftvoll mit kaum spürbarem Holz, der Gewürztraminer aus dem Herrenberg ist cremig und sehr reintönig mit gut austariertem Süße-Säure-Spiel. Die beiden verkosteten Rotweine aus dem Mittelsegment zeigen klare Frucht und dezentes Holz, der Spätburgunder ist allerdings ungewöhnlich süß.

Weinbewertung

85 2013 Pinot Sekt brut **12,5 %/12,50 €**
85 2016 Sauvignon Blanc trocken „Löss" **12 %/8,50 €**
86 2016 Grauburgunder trocken „Löss" Nußdorf **14 %/9,50 €**
87 2016 Chardonnay trocken „Löss" Nußdorf **13,5 %/9,50 €**
84 2016 Riesling trocken „Buntsandstein" Gleisweiler **11,5 %/6,90 €**
85 2016 Riesling trocken „Kalkmergel" „Zinkler" Böchingen **12 %/7,50 €**
88 2016 Riesling trocken „Steinreich" Godramstein **12,5 %/13,- €**
87 2016 Sauvignon Blanc trocken „Fumé" Böchinger Rosenkranz **13,5 %/14,50 €**
87 2016 Grünfränkisch trocken Böchinger Rosenkranz **13 %/15,- €**
88 2016 Weißburgunder trocken Godramsteiner Münzberg **13,5 %/11,- €**
88 2016 Riesling trocken Gleisweiler Hölle **13,5 %/13,- €**
87 2016 Gewürztraminer Nußdorfer Herrenberg **13 %/11,50 €**
85 2015 Spätburgunder trocken „Kalkmergel" **13 %/11,- €**
86 2015 St. Laurent trocken „Kalkmergel" Böchingen **13 %/11,- €**

S

Horst Sauer

★★★★★

KONTAKT

Bocksbeutelstraße 14
97332 Escherndorf
Tel. 09381-4364
Fax: 09381-6843
www.weingut-horst-sauer.de
mail@weingut-horst-sauer.de

Inhaber
Magdalena & Horst Sauer
Rebfläche
18,5 Hektar
Produktion
150.000 Flaschen

BESUCHSZEITEN

Mo.-Fr. 9-12 + 13-18 Uhr,
Sa. 11-17 Uhr

Seit Mitte der achtziger Jahre hat Horst Sauer seinen Betrieb kontinuierlich auf die heutige Größe ausgedehnt. Seine Weinberge liegen in den Escherndorfer Lagen Lump und Fürstenberg. Silvaner nimmt inzwischen fast 40 Prozent der Fläche ein, ein knappes Viertel ist mit Müller-Thurgau bestockt, 15 Prozent mit Riesling. Dazu gibt es etwas Bacchus, Scheurebe, Weißburgunder, Spätburgunder und Domina. Seit 2005 werden Magdalena und Horst Sauer im Betrieb von Tochter Sandra unterstützt. Sandra Sauer kümmert sich um die Burgunder (in Weinberg und Keller), Horst Sauer um die edelsüßen Weine, um das sonstige Sortiment kümmern sie sich gemeinsam. Sie sind dabei ihr Sortiment dem VDP-Modell anzupassen, was gar nicht so einfach ist, wie bei vielen anderen fränkischen Betrieben auch. Die ehemaligen Kabinettweine sind nun die Ortsweine, die ehemaligen Spätlesen tragen ja schon einige Zeit das „S" auf dem Etikett, sie sind nun die Weine aus den so genannten „Ersten Lagen", Lump und Fürstenberg, während die Großen Gewächse nun die Bezeichnung „Escherndorf am Lumpen 1655" tragen. Daneben gibt es den Sehnsucht genannten Silvaner, wie das Große Gewächs erstmals 2001 erzeugt, der teils im Barrique, teils im Edelstahl vergoren wird, der Ausbau erfolgt in gebrauchten Barriques. Seit unserer ersten Ausgabe haben wir Horst Sauer und sein Weingut mit unserer Höchstnote bedacht, und in diesem ganzen Zeitraum kam uns nie der leiseste Zweifel, ob diese Höchstbewertung denn gerechtfertigt sei. Schon damals waren wir begeistert von seinen edelsüßen Weinen, genauso begeistert aber auch vom hohen Niveau seiner Basisweine. Niemand macht Jahr für Jahr so schönen Müller-Thurgau. Aufmerksamkeit erregt man mit Müller-Thurgau nicht, und ist er noch so gut. In Deutschland ist Riesling gefragt, in Franken der Silvaner. Und Horst und Sandra Sauer beherrschen beide Rebsorten, von der Basis bis zur Spitze, vom Gutswein bis hin zu den Großen Gewächsen.

Kollektion

Auch 2016 trumpfen Horst und Sandra Sauer groß auf, gehören sie sowohl mit ihren trockenen als auch mit ihren edelsüßen Weinen zur Spitze in Franken und Deutschland. Der Just Silvaner ist ein süffiger Einstiegswein für jedermann, die Escherndorfer Ortsweine besitzen reintönige Frucht und feine Frische. Der Müller-Thurgau vom Fürstenberg ist füllig und saftig, besitzt reife Frucht und Substanz, der Blauer Silvaner ist reintönig, frisch und zupackend, unser Favorit im Fürstenberg-Trio aber ist der Weißburgunder, der noch nie so gut war wie 2016, frisch und reintönig im Bouquet ist, viel reife Frucht zeigt, klar und zupackend ist, gute Struktur und reintönige Frucht besitzt. Der Riesling S vom Lump ist herrlich eindringlich, füllig und saftig, der Silvaner S zeigt faszinierend reintönige Frucht (Lump!), ist klar, fruchtbetont, druckvoll und strukturiert. Der Sehnsucht-Silvaner zeigt viel reife weiße Früchte im Bouquet, besitzt Fülle, Substanz und Harmonie. Ganz großartig sind die beiden Großen Gewächse. Der Silvaner zeigt intensiv reife gelbe Früchte, ein klein wenig Tropenfrüchte, ist rauchig, offen, konzentriert, besitzt viel Substanz und Komplexität, ist üppig, stoffig und lang. Der Riesling ist rauchig, herrlich eindringlich und reintönig, zupackend, besitzt gute Struktur und Frucht, ist noch sehr jugendlich. Die wunderschön reintönige Scheurebe Spätlese leitet über ins edelsüße Segment.

Bestechend reintönig sind die beiden Auslesen, besitzen herrlich viel Frucht, vereinen Frische und Saftigkeit. Reintönig sind dann auch die beiden Beerenauslesen. Der Silvaner zeigt Litschi, etwas Tropenfrüchte, Pfirsiche, ist konzentriert und dominant bei herrlich viel Substanz. Der Riesling zeigt etwas eingelegte süße Aprikosen, besitzt viel Substanz und Länge. Trockenbeerenauslesen gibt es 2016 nicht, dafür drei faszinierende Eisweine. Der Müller-Thurgau zeigt eingelegte süße Aprikosen, Litschi, etwas Tropenfrüchte, ist süß und konzentriert, aber auch frisch und zupackend, der Riesling ist konzentriert, zeigt viel Pfirsiche, unsere leichte Präferenz gilt dem Silvaner, der üppig und konzentriert ist, reintönig und lang. Großartige Kollektion!

Weinbewertung

84	2016 Silvaner trocken „Just" **11,5 %/7,- €**
86	2016 Riesling trocken Escherndorfer **12 %/10,- €**
84	2016 Müller-Thurgau trocken Escherndorfer **12 %/7,20 €**
86	2016 Müller-Thurgau „S" trocken Escherndorfer Fürstenberg **13,5 %/10,- €**
86	2016 Silvaner trocken Escherndorfer **12 %/8,20 €**
86	2016 Blauer Silvaner „S" trocken Escherndorfer Fürstenberg **12,5 %/12,- €**
89	2016 Silvaner „S" trocken Escherndorfer Lump **13 %/12,50 €**
88	2016 Riesling „S" trocken Escherndorfer Lump **13 %/13,50 €**
90	2016 Weißer Burgunder „S" trocken Escherndorfer Fürstenberg **13 %/15,- €** ☺
93	2016 Silvaner trocken „GG" „Escherndorf am Lumpen" **13,5 %/24,- €** ☺
90	2016 Silvaner trocken „Sehnsucht" **19,- €**
93	2016 Riesling trocken „GG" „Escherndorf am Lumpen" **13 %/25,- €** ☺
88	2016 Scheurebe Spätlese Escherndorfer Lump **12,5 %/12,- €**
90	2016 Silvaner Auslese Escherndorfer Lump **8 %/19,50 €/0,5l**
91	2016 Riesling Auslese Escherndorfer Lump **9 %/19,50 €/0,5l**
93	2016 Silvaner Beerenauslese Escherndorfer Lump **7,5 %/36,- €/0,5l**
93	2016 Riesling Beerenauslese Escherndorfer Lump **6,5 %/36,- €/0,5l**
94	2016 Silvaner Eiswein Escherndorfer Lump **6 %/62,- €/0,5l**
93	2016 Riesling Eiswein Escherndorfer Lump **6,5 %/62,- €/0,5l**
92	2016 Müller-Thurgau Eiswein Escherndorfer Lump **7 %/65,- €/0,5l**

LAGEN

LUMP (ESCHERNDORF)
FÜRSTENBERG (ESCHERNDORF)

REBSORTEN

SILVANER (38 %)
MÜLLER-THURGAU (23 %)
RIESLING (15 %)

RAINER SAUER

★★★★★

KONTAKT

Bocksbeutelstraße 15
97332 Escherndorf
Tel. 09381-2527
Fax: 09381-71340
www.weingut-rainer-sauer.de
info@weingut-rainer-sauer.de

Inhaber
Rainer Sauer
Rebfläche
15 Hektar
Produktion
135.000 Flaschen

BESUCHSZEITEN

Mo.-Fr. 9-12 + 13-18 Uhr,
Sa. 10-17 Uhr
Wein-Sommerfest (3. Juli-Wochenende)

Seit 1979 führen Helga und Rainer Sauer das elterliche Weingut und haben mit der Selbstvermarktung begonnen. Seither haben sie den Betrieb auf die heutige Größe erweitert, wovon ein guter Teil im Escherndorfer Lump liegt, insgesamt 7 Hektar in Steillagen. Die anderen Weinberge liegen im Fürstenberg, hinzu kommen 40 Ar in Untereisenheim. Helga und Rainer Sauer werden im Betrieb unterstützt von Sohn Daniel, der 2007 seinen Abschluss in Geisenheim machte. Silvaner ist die mit Abstand wichtigste Rebsorte, nimmt über 60 Prozent der Weinberge ein. Mit weitem Abstand folgen Müller-Thurgau und Riesling, dazu gibt es etwas Traminer, Kerner, Weißburgunder und rote Sorten. Seit 2007 werden 2,5 Hektar von Daniel Sauer biodynamisch bewirtschaftet. Seit 1999 gibt es den Silvaner „L" aus dem Herzstück des Lump, in den letzten Jahren hat Rainer Sauer sein Silvaner-Sortiment weiter differenziert mit „Freiraum" (von Sohn Daniel vinifiziert), „Alte Reben" und „Muschelkalk", setzt nach und nach Spontangärung ein und hat vor einigen Jahren begonnen einen Wein in einem 900 Liter-Beton-Ei auszubauen, einen Silvaner, was sonst, der Wein hat den Namen „ab ovo" erhalten. Mit der Anpassung an das vierstufige VDP-Modell wurde auf Prädikatsbezeichnungen bei den trockenen Weinen verzichtet, die vormaligen Kabinettweine sind nun die Ortsweine, die Spätlesen wurden die Erste Lage-Weine aus dem Lump, „L" und „ab ovo" tragen keine Lagenbezeichnung mehr, die Großen Gewächse erhalten wie bei allen VDP-Betrieben die Bezeichnung „Escherndorf am Lumpen 1655". Schon in der ersten Ausgabe haben wir die Weine von Rainer Sauer empfohlen, seither hat er gewaltig zugelegt. Wer sich für Silvaner interessiert, der kommt an ihm nicht vorbei, und wer sich nicht für Silvaner interessiert, der sollte nach Escherndorf fahren und Rainer und Daniel Sauer besuchen! Qualitätswein und Kabinett sind wunderschön reintönig, die Spitzen-Silvaner sind puristisch und doch erstaunlich komplex, faszinieren mit ihrer Nachhaltigkeit. Dass auch die Weine aus anderen Rebsorten sehr gut sind, das versteht sich von selbst.

Kollektion

2016 haben Rainer und Daniel Sauer eine faszinierende Silvaner-Kollektion auf die Flasche gebracht, gleich neun Silvaner haben sie uns wieder präsentiert – worüber man aber nicht die drei anderen vorgestellten Weine vergessen sollte. Der Weißburgunder vom Lump zeigt reintönige Frucht, weiße Früchte, ist klar und harmonisch im Mund, besitzt reife Frucht und gute Substanz. Der Riesling ist würzig und fruchtbetont, zeigt klare Frucht, Aprikosen, ist klar im Mund, frisch und zupackend, besitzt gute Struktur und Frucht. Ganz hervorragend ist das Große Gewächs vom Riesling, würzig und eindringlich, zeigt reife Frucht, besitzt gute Struktur, reintönige Frucht und viel Druck. Nun zur beeindruckenden Silvaner-Serie, die wie immer mit einem faszinierend klaren, geradlinigen Guts-Silvaner beginnt, reintönig und frisch, ein Wein, den man immer mit Freude trinkt. Der Escherndorfer Silvaner besitzt ein wenig mehr Fülle und Kraft, ist aber ebenso reintönig und harmonisch, fruchtbetont, saftig und süffig. Der Muschelkalk-Silvaner ist dann ein klein wenig druckvoller, er zeigt reintönige Frucht, feine Frische, ist klar und zupackend im Mund, kraftvoll, harmonisch und lang. Der Freiraum ist wie immer recht offen und zugänglich, klar und fruchtbetont, saftig und lang. Mit dem Lump-Silvaner kommt etwas mehr Fülle und Konzentration ins Spiel, er ist fruchtbetont, saftig, harmonisch, besitzt gute Substanz und Länge. Noch etwas konzentrierter und stoffiger ist der Silvaner von alten Reben, füllig, reintönig, harmonisch und lang. Der Silvaner L, lange Zeit das Aushängeschild von Horst Sauer, zeigt wie immer viel Konzentration, herrlich viel Frucht, ist klar und eindringlich, besitzt viel Fülle und Frucht, gute Substanz und Länge. An der Spitze ist im Jahrgang 2016 ein spannender Zweikampf um die Pole Position zu beobachten zwischen dem Große Gewächs und dem „ab ovo". Der „ab ovo" zeigt viel reife Frucht im Bouquet, ist anders als im Vorjahr, als er in unserem Silvaner-Finale völlig verschlossen war, in diesem Jahr zumindest im Bouquet recht offen, fruchtbetont und intensiv, präsentiert sich in blendender Form, zeigt viel reife Frucht, weiße Früchte, ist füllig und konzentriert im Mund, stoffig und druckvoll, sehr jugendlich. Das Große Gewächs zeigt gute Konzentration und reintönige Frucht im Bouquet, ist füllig und konzentriert im Mund, herrlich saftig, besitzt viel reife Frucht und Substanz, ist wie der „ab ovo" sehr jugendlich, steht ganz am Anfang seiner Entwicklung. Großartige Silvaner-Serie!

Weinbewertung

86 2016 Silvaner trocken **12 %/6,80 €** ☺
87 2016 Silvaner trocken Escherndorf **12,5 %/8,50 €** ☺
88 2016 Silvaner trocken „Muschelkalk" Escherndorf **12,5 %/9,50 €** ☺
88 2016 Silvaner trocken „Freiraum" **12,5 %/11,50 €**
89 2016 Silvaner trocken Escherndorfer Lump **13 %/12,- €** ☺
90 2016 Silvaner trocken „Alte Reben" Escherndorfer Lump **13,5 %/13,50 €** ☺
88 2016 Riesling trocken Escherndorfer Lump **13 %/13,- €**
90 2016 Silvaner „L" trocken **13,5 %/17,- €**
88 2016 Weißburgunder trocken Eschendorfer Lump **13,5 %/14,- €**
92 2016 Silvaner trocken „ab ovo" **13 %/22,- €** ☺
92 2016 Silvaner trocken „GG" „Escherndorf am Lumpen 1655" **13 %/27,- €**
91 2016 Riesling trocken „GG" „Escherndorf am Lumpen 1655" **13 %/27,- €**

LAGEN

LUMP (ESCHERNDORF)
FÜRSTENBERG (ESCHERNDORF)

REBSORTEN

SILVANER (65 %)
MÜLLER-THURGAU (20 %)
RIESLING (11 %)

M. Schädler

★

KONTAKT

Weinstraße Süd 43
67487 Maikammer
Tel. 06321-5235
Fax: 06321-57394
www.m-schaedler.de
weingut@m-schaedler.de

Inhaber
Steffen Mugler
Rebfläche
10 Hektar
Produktion
60.000 Flaschen

BESUCHSZEITEN

Sa. 9-18 Uhr, So. 9-12 Uhr und nach Vereinbarung

S

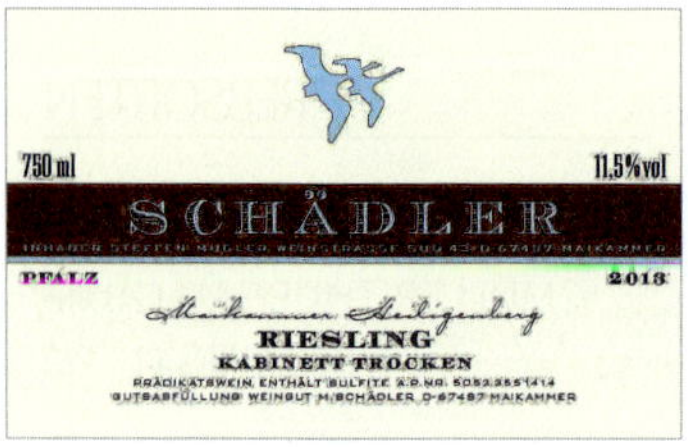

Steffen Mugler war nach seiner Lehre bei Bassermann-Jordan und einer Zeit beim Kallstadter Weingut Henninger über zehn Jahre lang im elterlichen Weingut Mugler in Gimmeldingen für den An- und Ausbau der Weine verantwortlich, mit Michael Andres zusammen gründete er 1989 die Sektkellerei Andres & Mugler. 2002 übernahm er mit seiner Frau Daniela das Weingut Manfred Schädler in Maikammer. Seine Weinberge liegen in den Maikammer Lagen Heiligenberg, Kirchenstück und Mandelhöhe, wichtigste Rebsorte ist mit einem Flächenanteil von 40 Prozent der Riesling, im weiten Abstand folgen Spät-, Weiß- und Grauburgunder, außerdem werden noch Chardonnay, Sauvignon Blanc, Scheurebe, Auxerrois, Müller-Thurgau und Merlot angebaut. Neben den Schädler-Weinen gibt es noch eine Selections-Linie, bei der Steffen Mugler seinen eigenen Namen auf dem Etikett führt. Seit 2011 wirtschaftet Mugler biodynamisch.

Kollektion

In der Spitze hat Steffen Mugler in diesem Jahr leicht zugelegt, unser Favorit, der Grauburgunder aus dem Heiligenberg, hat uns noch nie so gut gefallen, er besitzt gute Konzentration, reintönige Frucht und etwas florale Noten und zeigt dezente Holzwürze und Zitrusnoten. Zwei der Rieslinge hatten wir im vergangenen Jahr schon einmal verkostet, beide haben sich gut entwickelt: Der 2015er Heiligenberg-Riesling zeigt leichte Reifenoten, klare Frucht, Quitte und Zitrusnoten und besitzt ein feines Säure-Spiel, die Riesling Auslese aus dem Kirchenstück besitzt ebenfalls frische Säure und viel klare, leicht gereifte, süße Frucht. Der 2016er Kirchenstück-Riesling besitzt gute Konzentration und kräutrige Würze, die anderen Weißen sind gewohnt klar und reintönig. Der Spätburgunder zeigt rote Frucht und auch Noten von dunkler Schokolade, ist aber noch sehr jung und könnte mit etwas Reifezeit noch zulegen.

Weinbewertung

82	2016 „Creation M“ Weißwein trocken **12 %/5,70 €**
83	2016 Sauvignon Blanc trocken **12 %/6,70 €**
82	2016 Weißburgunder trocken Maikammer Kapellenberg **12,5 %/5,70 €**
87	2016 Grauburgunder trocken „Mugler“ Maikammer Heiligenberg **13 %/8,50 €** ☺
81	2016 Riesling Kabinett trocken Maikammer Heiligenberg **12 %/5,60 €**
85	2016 Riesling trocken „Mugler“ Mailammer Kirchenstück **12,5 %/8,30 €**
86	2015 Riesling trocken „Mugler“ Mailammer Heiligenberg **12,5 %/8,50 €**
81	2016 „Blanc de Noir“ trocken **12 %/5,70 €**
82	2016 Scheurebe Maikammer Kapellenberg **12 %/6,40 €**
83	2016 Muscaris Spätlese Maikammer Mandelhöhe **9 %/6,20 €**
85	2015 Riesling Auslese Maikammer Kirchenstück **9 %/6,40 €/0,5l**
85	2016 Spätburgunder trocken „Mugler“ Maikammer Heiligenberg **12,5 %/11,80 €**

SCHÄFER

★☆

KONTAKT

Schießmauer 56
67345 Neustadt a.d. Weinstraße
Tel. 06321-6447
Fax: 06321-68770
www.weingutschaefer.com
weingutschaefer@t-online.de

Inhaber
Axel Schäfer
Rebfläche
20 Hektar
Produktion
160.000 Flaschen

BESUCHSZEITEN

Mo.-Fr. 8-18 Uhr, Sa. 10-17 Uhr,
So. 10-12 Uhr (März-Okt.)

Edgar Schäfer füllte 1948 seinen ersten Wein in Flaschen und gründete das Familienweingut, das 1964 an den Rand von Mußbach aussiedelte. 1991 übernahm Sohn Axel den Betrieb und baute die Rebfläche aus. Nach seiner Ausbildung zum Weinbautechniker und einem Praktikum in Neuseeland stieg Frank Schäfer 2013 in das Gut ein. Im selben Jahr konnten die Schäfers Weinberge des ehemaligen Weinguts Karl-Heinz Kaub im Haardter Herrenletten und Bürgergarten übernehmen und auch den Keller als zweite Betriebsstätte in Haardt erwerben. Hier baut Frank Schäfer seine „Limit" genannte Premiumlinie aus, bei der er mit Maischestandzeiten arbeitet und seine Weine lange auf der Vollhefe lässt. Die Weinberge sind in den Mußbacher Lagen Eselshaut und Glockenzehnt, im Gimmeldinger Mandelgarten und den Lagen Herzog, Herrenletten und Bürgergarten in Haardt. Zu zwei Drittel werden weiße Sorten angebaut, mit einem Schwerpunkt auf Riesling und den Burgundersorten, wichtigste rote Sorten sind Spätburgunder, St. Laurent und Merlot.

Kollektion

Bis auf zwei einfache Rotweine haben wir in diesem Jahr nur Weine aus Frank Schäfers „Limit"-Linie verkostet, die auf geschlossen gutem Niveau sind. Die beiden Spätburgunder zeigen rote Frucht, der Mandelgarten zeigt etwas dezenteres Holz und ist gleichzeitig präsenter und strukturierter als der Bürgergarten. Der Weißburgunder ist harmonisch, während der sehr stoffige Grauburgunder etwas den Alkohol spüren lässt, beide zeigen feine Holzwürze und florale Noten. Bei den Rieslingen ist der Dreißig Morgen ganz fruchtbetont, der Glockenzehnt ist noch etwas verhalten, der Herzog ist präsenter, ist schlank und kräuterwürzig. Der 2016er Herrenletten ist harmonischer und ausgewogener als sein stoffiges, schon gereiftes Pendant aus 2015, der Rothenstein besitzt gute Konzentration, feine mineralische Würze und gute Länge. ▬

Weinbewertung

86	2016 Grauburgunder trocken „Limit" Haardter Herzog **14 %/14,- €**
86	2016 Weißburgunder trocken „Limit" Haardter Herzog **13 %/12,- €**
85	2016 Riesling trocken „Limit" „Dreißig Morgen" **12,5 %/12,- €**
87	2016 Riesling trocken „Limit" „Am Rothenstein" **12,5 %/18,- €**
85	2016 Riesling trocken „Limit" Mußbacher Glockenzehnt **12,5 %/12,- €**
86	2016 Riesling trocken „Limit" Haardter Herzog **12 %/12,- €**
87	2016 Riesling trocken „Limit" Haardter Herrenletten **12,5 %/15,- €**
86	2015 Riesling trocken „Limit" Haardter Herrenletten **14 %/15,- €**
83	2014 „Cuvée AS" Rotwein trocken **13,5 %/15,- €**
80	2015 Spätburgunder trocken **13,5 %/6,50 €**
86	2014 Spätburgunder trocken „Limit" Haardter Bürgergarten **13,5 %/18,- €**
87	2014 Spätburgunder trocken „Limit" Gimmeldinger Mandelgarten **13,5 %/22,- €**

S

Joh. Bapt. Schäfer

★★★★

KONTAKT

Burg Layen 8
55452 Burg Layen
Tel. 06721-43552
Fax: 06721-47841
www.jbs-wein.de
schaefer@jbs-wein.de

Inhaber
Sebastian Schäfer
Rebfläche
8 Hektar
Produktion
60.000 Flaschen

BESUCHSZEITEN

nur nach Vereinbarung

Das Weingut Joh. Bapt. Schäfer ist ein Familienbetrieb in vierter Generation, die erste Flaschenabfüllung erzeugte man mit dem 1921er Jahrgang. Seit Beendigung seiner Lehre 1997 baut Sohn Sebastian die Weine aus, 2002 hat er den Betrieb übernommen, sein Programm neu strukturiert und die Weinberge auf Riesling (65 Prozent der Rebfläche) und Weiß-, Grau- und Spätburgunder (30 Prozent der Fläche) ausgerichtet, daneben gibt es noch Chardonnay etwas Scheurebe und Silvaner. Die Weinberge befinden sich in den Dorsheimer Lagen Goldloch (0,6 Hektar, von Felsen geprägter Lehmboden mit Quarzit und Quarzitkonglomeraten) und Pittermännchen (1,5 Hektar, mit Tonschiefer und Kieselsteinen durchsetzter Lehmboden), sowie in Laubenheim, wo neben einem Hektar Riesling im Karthäuser (rote Sandsteinverwitterung) vorwiegend Burgunderreben stehen. Hinzu kommen Weinberge in Rümmelsheim, darunter ein Weinberg im Burg Layer Schlossberg (Ton mit rötlicher und bläulicher Schieferverwitterung). Die Weine werden teils spontanvergoren und lange auf der Feinhefe ausgebaut, teils im Holz, in wenigen Barriques und in Stück- und Doppelstückfässern, teils im 2003 neu erbauten Edelstahlkeller. 2013 wurde das Weingut in den VDP aufgenommen – die erste Neuaufnahme an der Nahe seit 12 Jahren. Aus Pittermännchen und Goldloch, wo schon immer seine besten trockenen Rieslinge herstammten, erzeugt Sebastian Schäfer jetzt zwei Große Gewächse, beide Weine stammen von 30 bis 40 Jahre alten Reben und werden mit langem Hefekontakt in großen Holzfässern ausgebaut.

Kollektion

Schon in der ersten Ausgabe hatten wir die Weine von Sebastian Schäfer vorgestellt, ihn damals erstmals auch besucht. Und schon damals waren wir sehr angetan von der Kollektion des weitgehend unbekannten Winzers. Die Weine sind immer höchst zuverlässig, bestechen durch Reintönigkeit und Frische, wenn es der Jahrgang zulässt erzeugt er reintönige, konzentrierte edelsüße Rieslinge, die den Weinen der berühmteren Nahe-Kollegen ebenbürtig sind. Nachdem wir im vergangenen Jahr eine sehr umfangreiche Kollektion aus 18 Weinen verkosten konnten, mit Prädikaten vom Kabinett über drei Beerenauslesen bis zu einer Trockenbeerenauslese, sind es in diesem Jahr nur neun Weine, die uns Sebastian Schäfer präsentiert – 2016 war eben nicht das Jahr für rest- und edelsüße Weine. Dafür gefällt uns der einzige süße Wein, den wir verkostet haben, ausgemacht gut, der Kabinett aus dem Pittermännchen zeigt kräutrig-mineralische Würze, Noten von Rosmarin und etwas Stein, am Gaumen besitzt er viel klare

Frucht mit Zitrusnoten – ein sehr konzentrierter, mineralischer und dennoch ganz klassischer, schlanker Kabinett. Bei den trockenen Weinen gibt es 2016 keine Abstriche zu machen, sie besitzen wie üblich Klasse: Der Gutsriesling ist ungewöhnlich fruchtbetont, zeigt Zitrusfrucht und reife Aprikosen, aber auch Kräuterwürze, er ist frisch, schlank und besitzt feinen Biss. Die beiden Burgunder sind ganz reintönig, besitzen klare Frucht und Frische, der Weißburgunder zeigt Birnenfrucht und florale Noten, der Grauburgunder ist etwas komplexer, ist leicht nussig, zeigt ebenfalls Birne und auch etwas Zitruswürze. Der Dorsheimer Riesling ist in diesem Jahr ebenfalls sehr fruchtbetont, zeigt Aromen von Aprikose, Grapefruit und etwas Mirabelle im Bouquet, ist füllig, aber auch animierend und leicht salzig und besitzt gute Länge, der Rümmelsheimer Riesling ist eindringlich und würzig, ist sehr mineralisch mit Noten von Stein und etwas Brotkruste, am Gaumen besitzt er auch klare, gelbe Frucht, Zug und Druck, ist elegant, leicht salzig und nachhaltig. Auch der Schlossberg ist deutlich mineralisch geprägt, zeigt steinige Würze, etwas Tabak und rauchige Noten im Bouquet, mit reichlich Luft wird auch die Frucht etwas deutlicher, er ist schlank, elegant und animierend. Die beiden Großen Gewächse hatten wir im vergangenen Jahr gleich hoch bewertet, unter den 2016ern geben wir aber ganz knapp dem Goldloch den Vorzug. Beide sind eher zurückhaltend in der Frucht und mehr auf würzige Noten ausgerichtet, während der Wein aus dem Goldloch steinig-mineralische Noten zeigt, dazu etwas Zitrusfrucht, Grapefruit und Orangenschale, ist das Pittermännchen ganz auf der kräutrigen Seite, mit sehr dezenter Aprikosenfrucht. Beide Großen Gewächse sind sehr animierend und salzig, besitzen feinen Druck und gute Länge, das Goldloch ist dabei noch etwas nachhaltiger und auch komplexer als der Wein aus dem Pittermännchen.

Weinbewertung

86	2016 Weißer Burgunder trocken	**13 %/11,80 €**
87	2016 Grauer Burgunder trocken	**13 %/11,80 €**
87	2016 Riesling trocken	**12 %/9,90 €**
89	2016 Riesling trocken „Kieselstein" Rümmelsheim	**12 %/13,80 €**
88	2016 Riesling trocken Dorsheim	**12,5 %/14,80 €**
89	2016 Riesling trocken Burg Layer Schlossberg	**12 %/18,- €**
90	2016 Riesling „GG" Pittermännchen	**12,5 %/29,- €**
91	2016 Riesling „GG" Goldloch	**12,5 %/31,- €**
88	2016 Riesling Kabinett Dorsheim Pittermännchen	**8,5 %/12,50 €**

LAGEN

GOLDLOCH (DORSHEIM)
PITTERMÄNNCHEN (DORSHEIM)
SCHLOSSBERG (BURG LAYEN)
KARTHÄUSER (LAUBENHEIM)

S

REBSORTEN

RIESLING (60 %)
WEISSBURGUNDER (12 %)
SPÄTBURGUNDER (9,5 %)

Karl Schaefer

★★

Kontakt

Weinstraße 30
67098 Bad Dürkheim
Tel. 06322-2138
Fax: 06322-8729
www.weingutschaefer.de
info@weingutschaefer.de

Inhaber
Dr. Job & Nana von Nell
Rebfläche
18 Hektar
Produktion
80.000 Flaschen

Besuchszeiten

Mo.-Fr. 9-12 + 13-18 Uhr,
Sa. 10-16 Uhr

Der Arzt Dr. Christian Schaefer kaufte 1843 das klassizistische Gutshaus in Bad Dürkheim, sein Sohn Karl Schaefer vergrößerte das Gut und wurde einer der ersten Flaschenweinvermarkter in der Region. Bis 2009 hatte es in fünfter Generation Gerda Lehmeyer geführt, dann wurde es von Job und Nana von Nell übernommen. Die Weinberge liegen in Bad Dürkheim (Steinberg, Spielberg, Michelsberg), Wachenheim (Fuchsmantel, Gerümpel), Forst (Pechstein) und Ungstein (Herrenberg, Weilberg). Im Fuchsmantel und in der darin befindlichen Teillage Quetschenbaum besitzt man 6 Hektar Reben. Die dominierende Rebsorte ist Riesling, der 80 Prozent der Rebfläche einnimmt. Daneben gibt es eine für die Mittelhaardt ungewöhnlich breite Palette an anderen Rebsorten wie Weißburgunder, Chardonnay, Grauburgunder, Gewürztraminer, Muskateller, Rieslaner und Spätburgunder. Seit 2008 sind die Weine biologisch zertifiziert.

Kollektion

In diesem Jahr sehen wir die Erste Lage-Weine und die Großen Gewächse fast auf einen Niveau und selbst wenn der komplexe und nachhaltige Herrenberg-Riesling mit klarer Frucht, dezenter rauchig-mineralischer Würze und feinem Druck die Nase knapp vorne hat, heben sich die Großen Gewächse doch nicht deutlich ab. Der Michelsberg zeigt Noten von Stein, grünem Apfel und Grapefruit, der Gerümpel zeigt kräutrige Würze und leichte Holznoten, der „Quetschenbaum" ist geradlinig mit etwas Tabakwürze und der Spielberg ist kraftvoll und zeigt dezente steinige Würze. Der Basalt-Riesling wurde teilweise in neuen Barriques spontan vergoren und zeigt noch sehr deutliche Holzwürze und Kokosnoten, die die Frucht dominieren, er besitzt aber gute Substanz und könnte sich mit etwas Zeit noch steigern. Beim „Fuchsteufelsweiß" aus Chardonnay und Weißburgunder ist das Holz schon besser eingebunden, der Wein besitzt klare, gelbe Frucht und Schmelz, ist weich und elegant.

Weinbewertung

80	2016 Riesling trocken (1l) **12,5 %/6,80 €**
82	2016 Riesling trocken **12 %/8,- €**
87	2015 Chardonnay & Weißburgunder trocken „Fuchsteufelsweiß" **12,5 %/20,- €**
84	2016 Riesling trocken „Sonnentropfen" Dürkheim **12 %/10,50 €**
83	2016 Riesling trocken „Basalt" Forst **12,5 %/12,- €**
86	2016 Riesling trocken Dürkheimer Spielberg **13 %/13,50 €**
87	2016 Riesling trocken „Quetschenbaum" Fuchsmantel **12,5 %/13,50 €**
87	2016 Riesling trocken Wachenheimer Gerümpel **12 %/15,- €**
87	2016 Riesling „GG" Michelsberg **13 %/25,- €**
88	2016 Riesling „GG" Herrenberg **12,5 %/25,- €**
86	2016 Riesling Spätlese „Schöne Anna" Dürkheimer Spielberg **11 %/15,- €**

REINHARD SCHÄFER

★★

KONTAKT

Weinbergstraße 21
71711 Steinheim-Kleinbottwar
Tel. 07148-8937
Fax: 07148-4545
www.schaeferwein.com
info@schaeferwein.com

Inhaber
Reinhard Schäfer
Rebfläche
5 Hektar

BESUCHSZEITEN

Mo.-Fr. 17-18:30 Uhr, Sa. 8-13 Uhr oder nach Vereinbarung
Weinproben (mit Essen), Ferienwohnung auf dem Weingut

Reinhard Schäfer war zweiter Kellermeister bei der Genossenschaft in Mundelsheim als er sich 1981 mit damals 70 Ar selbstständig machte. Von Anfang an hat er auf durchgegorene Weine gesetzt – damals eine Seltenheit in Württemberg. Seine inzwischen auf 5 Hektar angewachsene Rebfläche liegt rund um Kleinbottwar, vor allem am Götzenberg. Die Reben wachsen hier auf tiefgründigen Keuperböden. Reinhard Schäfer baut zu 70 Prozent rote Sorten an, zu 30 Prozent weiße Sorten, bei denen Riesling und Grauburgunder dominieren. Hinzu kommen als Spezialitäten Silvaner und Gewürztraminer, aber auch Müller-Thurgau, inzwischen auch Johanniter und Sauvignon Blanc. Bei den Rotweinen spielen die Burgundersorten (Spätburgunder, Samtrot, Schwarzriesling) die Hauptrolle, hinzu kommen Lemberger und Trollinger, sowie etwas Cabernet Dorsa, Dornfelder und Merlot. Die Rotweine werden nach der Maischegärung (bis zu 3 Wochen) überwiegend in Holzfässern ausgebaut und reifen in einem aus dem Fels gehauenen Gewölbekeller aus dem 17. Jahrhundert; die Weine werden, mit wenigen Ausnahmen, durchgegoren ausgebaut. 2009 begann Reinhard Schäfer mit der Umstellung auf biologischen Weinbau (Ecovin), 2012 war der erste zertifizierte Jahrgang.

Kollektion

Unter den 2016er Weinen gefallen uns der reintönige, zupackende Traminer – durchgegoren! – und der ebenfalls bestechend reintönige Samtrot Rosé – leicht restsüß – besonders gut. Sehr stimmig präsentieren sich die 2015er Rotweine: Die Cuvée ist intensiv fruchtig, der Lemberger S klar und zupackend, der Cabernet Dorsa ist frisch und geradlinig. Unser Favorit in der S-Klasse ist der fruchtbetonte, reintönige, frische Merlot. Der Spätburgunder N° 1 zeigt gute Konzentration und ein klein wenig Speck, besitzt gute Struktur und Frucht. Unser klarer Favorit aber ist der Lemberger N° 1, der herrlich viel reintönige Frucht besitzt, gute Struktur, Frische und Druck.

Weinbewertung

82	2016 Rivaner trocken **11,5 %/5,40 €**
84	2016 Traminer „S" trocken **12 %/7,80 €**
82	2016 Silvaner „N° 1" **11,5 %/10,80 €**
84	2016 Samtrot Rosé trocken **11,5 %/5,80 €**
83	2015 „Opilio" Rotwein trocken **12,5 %/6,80 €**
84	2015 Lemberger „S" trocken **13 %/8,50 €**
83	2015 Cabernet Dorsa „S" trocken **13 %/8,50 €**
85	2015 Merlot „S" trocken **13,5 %/13,50 €**
85	2015 Spätburgunder „N° 1" trocken **13,5 %/14,50 €**
88	2015 Lemberger „N° 1" trocken **13,5 %/14,50 €**

S

W.J. SCHÄFER

★★☆

KONTAKT

Elisabethenstraße 4
65239 Hochheim
Tel. 06146-2112
Fax: 06146-61560
www.weingut-schaefer-hochheim.de
info@wj-schaefer.de

Inhaber
Josef Schäfer
Rebfläche
7 Hektar
Produktion
50.000 Flaschen

BESUCHSZEITEN

Mo.-Fr. 10-19 Uhr, Sa. 10-14 Uhr

Wilhelm Joseph Schäfer hat den Betrieb in seiner heutigen Form aufgebaut. Seit 1988 wird das Weingut von Josef Schäfer geführt, der neben dem dominierenden Riesling ein wenig Spätburgunder und, seit 2004, auch etwas Weißburgunder anbaut. Als Spezialität des Hauses wird auf 5 Prozent der sieben Hektar Fläche der Gewürztraminer gepflegt. Die Weinberge befinden sich in den Hochheimer Lagen Domdechaney, Kirchenstück, Hölle und Reichestal, im Stielweg und im Stein. Josef Schäfer ist stolz auf seine alten Reben, die ältesten wurden 1943 gepflanzt, und sie dürften einen Grund liefern für die beachtliche Struktur der hier erzeugten Weine. Jahr für Jahr gelingen saftige, rassige Rieslinge, die sofort überzeugen und eine duftige Art aufweisen – bis hinauf zu den immer mal wieder produzierten, im besten Sinne süffigen edelsüßen Spezialitäten.

Kollektion

Die Weine sind fruchtbetont bei teils hohen Alkoholwerten, sind etwas für Liebhaber saftiger, eher üppiger Weine. Der trockene Kabinett aus dem Reichestal vereint reife Frucht mit passendem Säurebiss. Der tropisch duftende Stielweg-Kabinett ist saftig, endet attraktiv salzig. Mit mineralischem Kern und delikatem Schmelz gefällt der trockene Kabinett aus der Hölle. Die trockene Spätlese aus dem Kirchenstück punktet mit perfekter Reife und salziger Frische im Nachhall. Sortentypisch und kräftig ist der Gewürztraminer. Der Weißburgunder ist cremig mild, recht wuchtig, vom Alkohol geprägt. Ob 15 Prozent Alkohol bei einem Riesling sinnvoll sind? Das wuchtige Erste Gewächs ist in seiner jugendlichen Frische noch mit Genuss zu trinken, neigt aber schon jetzt etwas zu Behäbigkeit. Die fruchtige Spätlese ist saftig, mild und aufgeschlossen. Der Eiswein ist gelungen, konzentriert und reintönig. Beim Spätburgunder, der üppig, reif und beerig ist, stimmt die Balance leider nicht ganz, er trägt deutlich an der Last des Alkohols.

Weinbewertung

82 2016 Spätburgunder „Blanc de Noir" trocken **12,5 %/6,50 €**
85 2015 Weißburgunder Spätlese trocken **14 %/13,50 €**
85 2016 Gewürztraminer Spätlese trocken **13 %/10,50 €**
83 2016 Riesling Kabinett trocken Hochheimer Reichestal **12,5 %/6,50 €**
84 2016 Riesling Kabinett trocken Hochheimer Stielweg **12,5 %/7,- €**
85 2016 Riesling Kabinett trocken Hochheimer Hölle **12,5 %/7,50 €**
86 2016 Riesling Spätlese trocken Hochheimer Kirchenstück **13 %/10,50 €**
86 2016 Riesling Erstes Gewächs Hochheimer Hölle **15 %/16,- €**
85 2016 Riesling Spätlese Hochheimer Domdechaney **9 %/12,- €**
88 2016 Riesling Eiswein **7 %/25,- €/0,375l**
86 2015 Spätburgunder Spätlese trocken Hochheimer Reichestal **15 %/16,- €**

Schäfer-Heinrich

★★★

KONTAKT

Im Letten 3
74074 Heilbronn
Tel. 07131-162454
Fax: 07131-165659
www.schaefer-heinrich.de
weingut@schaefer-heinrich.de

Inhaber
Elke & Andreas Hieber
Rebfläche
16 Hektar
Produktion
150.000 Flaschen

BESUCHSZEITEN

Mo.-Do. 17-19:30 Uhr, Fr. 13-19:30 Uhr, Sa. 9-18 Uhr oder nach Vereinbarung

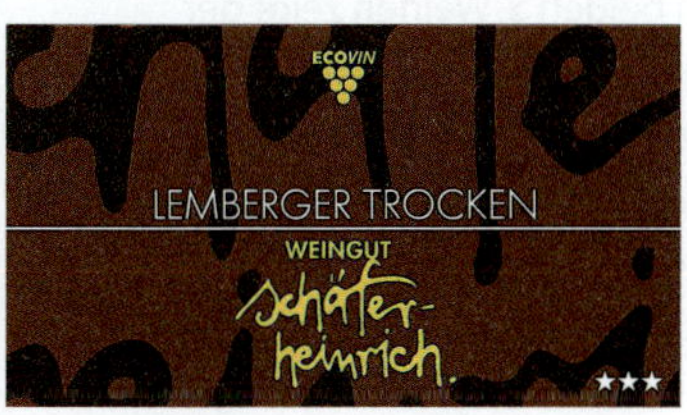

Elke und Andreas Hieber übernahmen 1986 das elterliche Weingut und stellten Schritt für Schritt auf ökologische Bewirtschaftung um, 1990 wurden sie Mitglied beim Bundesverband Ökologischer Weinbau (Ecovin). Auch ihre Kinder sind am Wein interessiert: Tochter Sarah hat in Geisenheim studiert, Sohn Lars ist nach Weinlehre und Weintechnikerausbildung in den Betrieb eingestiegen. 70 Prozent der Weinberge sind mit roten Rebsorten bestockt, vor allem Trollinger und Lemberger, aber auch Spätburgunder, Clevner, Dornfelder, Samtrot, Regent, Cabernet Cubin und Cabernet Mitos. Bei den weißen Sorten dominiert Riesling. Daneben gibt es etwas Kerner, Grauburgunder und Müller-Thurgau. Die Rotweine werden alle maischevergoren (bis zu drei Wochen).

Kollektion

Mit der neuen Kollektion schließen Elke und Andreas Hieber nahtlos an die starken Vorjahre an. Unter den trockenen Rieslingen gefällt uns die reintönige, leicht zitrusduftige Spätlese ein klein wenig besser als die geradlinige Natur-Variante, die Auslese besitzt feine Würze und Duft. Der Jungfernertrag des Sauvignon Blanc ist herrlich klar und zupackend. Die trockene Grauburgunder Spätlese ist reintönig, frisch und zupackend, die im Barrique ausgebaute Auslese besitzt Konzentration, Fülle und Kraft. Der Trollinger ist frisch, fruchtbetont und geradlinig, der Clevner reintönig, lebhaft und zupackend. Spontanvergoren, ohne Zusatz von Schwefel, unfiltriert: Was ist das? 2015 verbirgt sich dahinter eine duftige, zupackende Cuvée aus Cabernet Cortis und Dornfelder. An der Spitze der Kollektion stehen die drei Barrique-Rotweine. Der gewürzduftige Merlot ist reintönig und zupackend, die Cuvée CM besitzt Schokonoten, Fülle und Kraft, dies gilt auch für den Cabernet Cubin, der – für die Sorte typisch – viel Tannine aufweist.

Weinbewertung

85	2016 Riesling** Spätlese trocken Heilbronner Stiftsberg **12,5 %/9,10 €**
84	2016 Riesling** „N" trocken Heilbronner Stiftsberg **12,5 %/9,60 €**
85	2016 Grauburgunder** Spätlese trocken Heilbronner Stiftsberg **13,5 %/9,30 €**
85	2016 Sauvignon Blanc** trocken Heilbronner Stiftsberg **13 %/11,80 €**
87	2016 Grauburgunder*** Auslese trocken Barrique Stiftsberg **13,5 %/16,50 €**
87	2015 Riesling*** Auslese „edelsüß" Heilbronner Stiftsberg **12,5 %/10,80 €**
84	2015 Trollinger** trocken Heilbronner Stiftsberg **13 %/8,70 €**
86	2015 Clevner** „N" trocken Heilbronner Stiftsberg **12,5 %/12,30 €**
84	2015 „Was ist das?" Rotwein trocken **12,5 %/10,50 €**
88	2014 Merlot*** trocken Barrique **13,5 %/20,- €**
88	2013 „CM"*** Rotweincuvée trocken Barrique **13,5 %/19,40 €**
88	2012 Cabernet Cubin*** trocken Barrique **14,5 %/19,40 €**

S

Schäfer-Fröhlich

★★★★★

KONTAKT

Schulstraße 6
55595 Bockenau
Tel. 06758-6521
Fax: 06758-8794
www.weingut-schaefer-froehlich.de
info@weingut-schaefer-froehlich.de

Inhaber
Hans, Karin & Tim Fröhlich
Rebfläche
20 Hektar
Produktion
120.000 Flaschen

BESUCHSZEITEN

nach Vereinbarung

Bockenau liegt im Tal des Ellerbachs, eines Nebenflusses der Nahe. Seit Anfang der siebziger Jahre wird das Weingut Schäfer-Fröhlich von Hans und Karin Fröhlich geführt, seit 1995 ist ihr Sohn Tim Fröhlich für den Weinausbau verantwortlich. Neben Weinbergen in Bockenau (mit ihrer Paradelage Felseneck, aber auch dem Bockenauer Stromberg) besitzen sie auch Weinberge in Schlossböckelheim (Felsenberg, Kupfergrube) und Monzingen (Halenberg, Frühlingsplätzchen). Sie bauen zu 85 Prozent Riesling an, hinzu kommen 15 Prozent Burgundersorten: Weißburgunder, Grauburgunder und Spätburgunder. Das Programm ist gegliedert in Guts-, Orts- und Lagenweine, insgesamt sechs Große Gewächse hat Tim Fröhlich im Programm. Eine breite Palette an rest- und edelsüßen Rieslingen – je nachdem, was der Jahrgang erlaubt – bis hin zu Trockenbeerenauslesen oder einem Eiswein, ergänzen das Sortiment.

Kollektion

Im vergangenen Jahr hatten wir bei den Großen Gewächsen festgestellt, dass sie auch nach Tagen in der offenen Flasche zwar sehr stabil, aber auch schwierig unterscheidbar bleiben. Das ist dieses Jahr ähnlich, zumal bei einigen Weinen wie Halenberg und Felsenberg die markanten schwefligen Noten viel von der Aromatik zudecken. Der Halenberg ist trotzdem einer unserer beiden Favoriten, da er am Gaumen viel Konzentration, Druck und Grip besitzt und animierend, salzig und lang ist, das Felseneck sehen wir gleichauf, es zeigt neben dem Schwefel in der Nase etwas steinig-mineralische Noten, ist kraftvoll, besitzt Zitruswürze, Druck und salzige Länge. Der Stromberg ist zunächst sehr verhalten, braucht zwei Tage, um sich etwas zu öffnen, zeigt Zitrusnoten, entwickelt mit Luft feinen Druck und besitzt ein frisches Säure-Spiel, die Kupfergrube zeigt nur dezente Schwefelnoten und viel steinig-mineralische Würze, besitzt Zitruswürze, saure Grapefruit und sehr markanten Säure-Biss. Das Frühlingsplätzchen braucht ebenfalls viel Luft, bis sich die Frucht mit Noten von Orangenschale und Ananas entwickelt, der Felsenberg zeigt neben Schwefel etwas Kräuter- und Zitrusnoten im Bouquet, besitzt ein feines, animierendes Säure-Spiel und gute Länge. Vulkangestein, Schiefergestein und der Gutsriesling zeigen viel klare Frucht und besitzen Fülle, der Schiefergestein zeigt auch rauchige Noten und Tabakwürze. Die Burgunder sind wie immer sehr reintönig, der Gutsweißburgunder zeigt florale Noten, ist saftig und frisch, unter den beiden S-Weinen zeigt der Weißburgunder florale Würze, klare Birnen- und Aprikosenfrucht, der Grauburgunder zeigt dezente nussige Würze, ist kraftvoll und cremig. Der Weißburgunder R ist eindringlich, zeigt sehr dezentes Holz und viel gelbe Frucht, Aprikose, Melone, Birne und Zitrusnoten, er ist konzentriert, elegant und nachhaltig, der Spätburgunder zeigt schon leicht gereifte Frucht und Krokantwürze, wirkt süßer, als er seinen Werten nach ist und besitzt gute

Struktur und Substanz. Das Sortiment der rest- und edelsüßen Rieslinge startet mit zwei feinherben Weinen: Der Schiefergestein zeigt etwas Stein- und Zitruswürze, besitzt dezente Süße und frische Säure, der „unterm Brünnchen" ist ausdrucksstärker, zeigt neben Zitrusnoten auch etwas Brotkruste, besitzt gute Konzentration, ist animierend und nachhaltig. Der Kabinett zeigt klare Frucht, etwas Käsekuchen und kräutrige Noten im Bouquet, ist saftig und frisch, die Spätlese zeigt kräutrig-mineralische Würze und besitzt klare Frucht, Zitrusfrüchte, süße Ananas und ein animierendes Säure-Spiel, die „Goldkapsel"-Spätlese ist noch komplexer und konzentrierter, besitzt feinen Schmelz und Zitruswürze, ist elegant und lang. Die Auslese besitzt ebenfalls gute Konzentration, zeigt viel klare Frucht, Aprikose und Orangenschale, ist cremig mit feinem Säure-Nerv, die „Goldkapsel"-Version ist ähnlich in der Aromatik, aber etwas präsenter, komplexer, noch konzentrierter und eleganter. Der „Goldkapsel"-Eiswein zeigt herrlich viel Frucht, Aprikosenmark, reifen Apfel, Mango, Mandarine und etwas Kräuter, ist konzentriert, cremig und harmonisch mit frischem Säure-Biss und sehr guter Länge.

Weinbewertung

86 2016 Weißer Burgunder trocken **13 %/9,90 €**
85 2016 Riesling trocken **12 %/9,90 €**
88 2016 Grauburgunder „S" trocken **13 %/15,50 €**
88 2016 Weißer Burgunder „S" trocken **13 %/15,50 €**
90 2016 Weißer Burgunder „R" trocken **13 %/35,- €**
87 2016 Riesling trocken „Vulkangestein" **12 %/15,50 €**
88 2016 Riesling trocken „Schiefergestein" Bockenauer **12,5 %/18,90 €**
91 2016 Riesling „GG" Felsenberg **13 %/39,- €**
91 2016 Riesling „GG" Frühlingsplätzchen **13 %/39,- €**
91 2016 Riesling „GG" Stromberg **12,5 %/42,- €**
91 2016 Riesling „GG" Kupfergrube **12,5 %/42,- €**
92 2016 Riesling „GG" Halenberg **12,5 %/42,- €**
92 2016 Riesling „GG" Felseneck **12,5 %/45,- €**
87 2016 Riesling „feinherb" „Schiefergestein" Bockenauer **12 %/18,90 €**
90 2016 Riesling „feinherb" Bockenauer Felseneck „unterm Brünnchen" **12 %**
87 2016 Riesling Kabinett Bockenauer Felseneck **7,5 %/14,90 €**
88 2016 Riesling Spätlese Bockenauer Felseneck **7,5 %/18,90 €**
90 2016 Riesling Spätlese „Goldkapsel" Bockenauer Felseneck **7,5 %/23,- €**
90 2016 Riesling Auslese Bockenauer Felseneck **7 %/25,- €/0,375l**
91 2016 Riesling Auslese „Goldkapsel" Bockenauer Felseneck **7 %/0,375l**
93 2016 Riesling Eiswein „Goldkapsel" Bockenauer Felseneck **6,5 %/0,375l**
88 2013 Späburgunder „R" trocken Bockenauer **14 %/28,- €**

LAGEN

FELSENECK (BOCKENAU)
STROMBERG (BOCKENAU)
HALENBERG (MONZINGEN)
FRÜHLINGSPLÄTZCHEN (MONZINGEN)
FELSENBERG (SCHLOSSBÖCKELHEIM)
KUPFERGRUBE (SCHLOSSBÖCKELHEIM)

REBSORTEN

RIESLING (85 %)
WEISSBURGUNDER (5 %)
GRAUBURGUNDER (5 %)
SPÄTBURGUNDER (5 %)

EGON SCHÄFFER

★★

KONTAKT

Astheimer Straße 17
97332 Escherndorf
Tel. 09381-9350
Fax: 09381-4834
www.weingut-schaeffer.de
info@weingut-schaeffer.de

Inhaber
Egon Schäffer
Kellermeister
Peter Schäffer
Rebfläche
3,44 Hektar
Produktion
25.000 Flaschen

BESUCHSZEITEN

Mo.-Sa. 9-18 Uhr; Ferienwohnung

S

Die Weinberge von Egon Schäffer liegen in den Escherndorfer Lagen Lump (eine große Parzelle in der ältesten urkundlich belegten Lage Frankens, der Eulengrube, die 1971 Teil des Lump wurde) und Fürstenberg, sowie im Untereisenheimer Sonnenberg, zwei Drittel in Steillagen. Silvaner ist seine wichtigste Rebsorte, es folgen Müller-Thurgau und Riesling, dazu gibt es etwas Weißburgunder, Bacchus, Spätburgunder und Schwarzriesling. Seit 2014 ist Egon Schäffers Sohn Peter für den Weinausbau verantwortlich. Die Weine werden teils im Edelstahl, teils im Holz ausgebaut, Süßreserve und Anreicherung sind seit jeher tabu. Egon Schäffer baut seine Weine konsequent durchgegoren aus und lässt ihnen viel Zeit zur Reife, alle Weine bleiben mindestens sechs Monate auf der Hefe, die Spitzenweine kommen erst nach einem Jahr in den Verkauf. Dem Weingut ist eine Brennerei angeschlossen in der Obst- und Tresterbrände erzeugt werden.

Kollektion

Zwei zupackende trockene Literweine eröffnen den Reigen. Das Ortswein-Segment präsentiert sich geschlossen, unsere leichte Präferenz gilt dem klaren, zupackenden Silvaner aus Untereisenheim. Auch die Weine aus Ersten Lagen, Jahrgang 2015, präsentieren sich sehr geschlossen. Der Weißburgunder aus dem Fürstenberg besitzt gute Struktur und reintönige Frucht, der trockene Lump-Silvaner ist klar, fruchtbetont und zupackend, bei der restsüßen Variante geht die Spannung verloren, die dann wieder der Lump-Riesling hat, der füllig und kraftvoll ist, reife Frucht, gute Struktur und Biss besitzt. Die Großen Gewächse werden wie bei allen Escherndorfer VDP-Weingütern mit dem Markenamen „Escherndorf am Lumpen 1655" bezeichnet. Der Riesling ist konzentriert und füllig, leicht bitter, der Silvaner besitzt Fülle und Kraft, viel reife Frucht und Substanz. Starke, stimmige Kollektion!

Weinbewertung

82 2016 Müller-Thurgau (1l) **11,5 %/6,50 €**
81 2016 Silvaner (1l) **12 %/7,80 €**
84 2015 Silvaner trocken Untereisenheim **13 %/7,80 €**
83 2015 Silvaner trocken Escherndorf **13,5 %/8,30 €**
83 2016 Müller-Thurgau trocken Escherndorf **12 %/7,80 €**
85 2015 Weißburgunder trocken Escherndorfer Fürstenberg **14 %/15,10 €**
85 2015 Riesling trocken Escherndorfer Lump **13 %/14,60 €**
85 2015 Silvaner trocken Escherndorfer Lump **13,5 %/13,60 €**
87 2015 Riesling trocken „GG" „Escherndorf am Lumpen 1655" **14 %/23,60 €**
88 2015 Silvaner trocken „GG" „Escherndorf am Lumpen 1655" **14,5 %/23,60 €**
82 2015 Silvaner Escherndorfer Lump **13,5 %/12,60 €**
83 2016 „es-binoh" Rosé trocken **13 %/8,- €**

Gregor & Thomas Schätzle

★★★

KONTAKT

Heinrich-Kling-Straße 38
79235 Vogtsburg-Schelingen
Tel. 07662-9461-0
Fax: 07662-946120
www.weingutschaetzle.de
info@weingutschaetzle.de

Inhaber
Thomas Schätzle
Rebfläche
13 Hektar
Produktion
80.000 Flaschen

BESUCHSZEITEN

Mo.-Fr. 8-12 + 13:30-18 Uhr, Sa. 9-16 Uhr oder nach Vereinbarung

Gregor Schätzle erbaute 1972 einen Aussiedlerhof außerhalb von Schelingen und verließ 1982 mit damals 5 Hektar Reben die Genossenschaft. 1994 übernahm Thomas Schätzle das Weingut von seinem Vater. Seine Weinberge befinden sich vor allem in der Lage Schelinger Kirchberg (Verwitterungsgestein vulkanischen Ursprungs), aber auch in der Oberbergener Bassgeige (mit Lösslehm überlagertes Vulkangestein) und in der Amolterner Steinhalde. Wichtigste Rebsorten sind Spätburgunder und Grauburgunder, die jeweils etwa ein gutes Drittel der Rebfläche einnehmen. Dazu gibt es Müller-Thurgau, Weißburgunder, Chardonnay, Gewürztraminer und Merlot. Die Spitzenweine von den Terrassen im Schelinger Kirchberg werden lange im Barrique ausgebaut und seit dem Jahrgang 2005 in der Linie „RS" (Reserve Schätzle) angeboten, in der es Grauburgunder, Chardonnay und Spätburgunder gibt. Anfang 2013 ist Tochter Franziska in den Betrieb eingestiegen; sie hat in Geisenheim und Dijon studiert, in Burgund, Bordeaux, Neuseeland und Spanien sowie anschließend drei Jahre in der Bundesgeschäftsstelle des VDP gearbeitet, bevor sie zurück an den Kaiserstuhl kam.

Kollektion

Unter den Sekten gefällt uns der würzige, eigenwillige Blanc de Blancs am besten. Der Grauburgunder-Gutswein ist klar und geradlinig, die Schelinger Ortsweine sind fülliger, der zupackende Grauburgunder gefällt uns am besten. Eine deutliche Steigerung bringt der Schatz vom Vulkan, ist wunderschön reintönig, füllig und harmonisch. Der RS-Grauburgunder ist rauchig, füllig und kraftvoll, der RS-Chardonnay von Vanillenoten geprägt, die bei guter Struktur und Substanz den Wein dominieren. Die Spätburgunder-Serie ist stimmig vom geradlinigen Schelinger über den zupackenden, klaren Schatz vom Vulkan hin zum kraftvollen, konzentrierten RS. —

Weinbewertung

82	2012 Pinot & Chardonnay Sekt brut **12,5 %/19,- €**
84	„Blanc de Blancs" Sekt brut **12,5 %/12,- €**
82	2016 Grauburgunder trocken **13 %/7,80 €**
83	2016 Weißburgunder trocken Schelinger **13 %/9,50 €**
84	2016 Grauburgunder trocken Schelinger **14 %/9,50 €**
82	2016 Chardonnay trocken Schelinger **13 %/9,50 €**
87	2016 Grauburgunder trocken „Schatz vom Vulkan" **14 %/14,50 €**
88	2015 Grauburgunder „RS" trocken Schelinger Kirchberg **14,5 %/21,- €**
87	2015 Chardonnay „RS" trocken Schelinger Kirchberg **14 %/21,- €**
84	2014 Spätburgunder trocken Schelinger **12,5 %/12,- €**
86	2014 Spätburgunder trocken „Schatz vom Vulkan" **13,5 %/18,- €**
89	2014 Spätburgunder „RS" trocken Schelinger Kirchberg **13,5 %/42,- €**

S

Leopold Schätzle

★☆

KONTAKT

Wilhelmshöfe 1
79346 Endingen
Tel. 07642-3361
Fax: 07642-2460
www.schaetzle-weingut.de
leopold@schaetzle-weingut.de

Inhaber
Leopold Schätzle
Rebfläche
15 Hektar
Produktion
100.000 Flaschen

BESUCHSZEITEN

Mo.-Fr. 9-12 + 13:30-18:30 Uhr,
Sa. 9-12 + 13:30-15:30 Uhr und
nach Vereinbarung
Ferienwohnung
Wohnmobilstellplätze

S

Leopold Schätzle begann 1970 mit einem Hektar Weinberg und einem gemieteten Keller. Zwei Jahre später baute er einen Aussiedlerhof zwischen Endingen und Riegel. Seine Weinberge liegen in den Endinger Lagen Steingrube (im Alleinbesitz) und Engelsberg. Dazu ist er in der Oberbergener Bassgeige, aber auch im Breisgau in den Lagen Bombacher Sommerhalde und Kenzinger Hummelberg vertreten. Mit Abstand wichtigste Rebsorte ist Spätburgunder, der knapp die Hälfte der Rebfläche einnimmt, gefolgt von Riesling, Grauburgunder, Müller-Thurgau, Weißburgunder, Scheurebe, Muskateller und Gewürztraminer. Leopold Schätzle wird heute im Betrieb von zwei seiner Kinder unterstützt, Leopold jun. und Cäcilia Schätzle.

Kollektion

Sieben Rotweine und zwei Weißweine haben die Schätzles dieses Jahr vorgestellt. Und nur der Weißburgunder stammt aus dem Jahrgang 2016, alle anderen stammen aus 2015. Darunter auch die fulminante Scheurebe Trockenbeerenauslese, die klar und konzentriert ist, herrlich viel Substanz besitzt. Die Rotweine sind auch 2015 wie gewohnt mit ein wenig Restsüße ausgebaut. Der Spätburgunder aus der Sommerhalde ist klar, fruchtbetont und zupackend, der trockene Kabinett ist lebhaft bei feiner süßer Frucht. Die rote Cuvée „Schätzle Noir" gibt es in zwei Varianten: Frisch, würzig und zupackend als Holzfass-Variante, intensiv fruchtig die Barrique-Version, die rote und dunkle Früchte im Bouquet zeigt, gute Struktur und Frische besitzt. Die trockene Spätburgunder Spätlese aus dem Hummelberg zeigt reintönige Frucht im Bouquet, rote Früchte, ist geradlinig im Mund, frisch, fruchtbetont und strukturiert. Unser Favorit ist ihr Pendant aus der Endinger Steingrube: Gute Konzentration und reife reintönige Frucht prägen das Bouquet, im Mund besitzt sie Fülle und Kraft, reife Frucht, gute Struktur und Substanz. ▬

Weinbewertung

81	2016 Weißburgunder Kabinett trocken Heckl. Burg Lichteneck	**12,5 %/7,80 €**
89	2015 Scheurebe Trockenbeerenauslese Endinger Engelsberg	**10,5 %/0,375l**
84	2015 Spätburgunder trocken Bombacher Sommerhalde	**13 %/8,10 €**
83	2015 Spätburgunder Kabinett trocken Hecklinger Burg Lichteneck	**13 %/9,90 €**
82	2015 „Schätzle Noir" Rotwein trocken Holzfass	**13,5 %/12,20 €**
85	2015 Spätburgunder Spätlese trocken Holzfass Hummelberg	**13,5 %/15,40 €**
87	2015 Spätburgunder Spätlese trocken Holzfass End. Steingrube	**14 %/14,90 €**
85	2015 „Schätzle Noir" Rotwein Spätlese trocken „SL" Barrique	**14 %/24,80 €**
82	2015 Spätburgunder Kabinett halbtrocken Kenz. Hummelberg	**13 %/9,90 €**

Scheidgen

★☆

KONTAKT

Hauptstraße 10
56598 Hammerstein
Tel. 02635-2329
Fax: 02635-6082
www.weingut-scheidgen.de
winzer@weingut-scheidgen.de

Inhaber
Georg Scheidgen
Rebfläche
21 Hektar
Produktion
200.000 Flaschen

BESUCHSZEITEN

Mo.-Sa. 8-19 Uhr, So. 9:30-18 Uhr
Weinprobierstube bis 60 Personen; Ferienwohnung

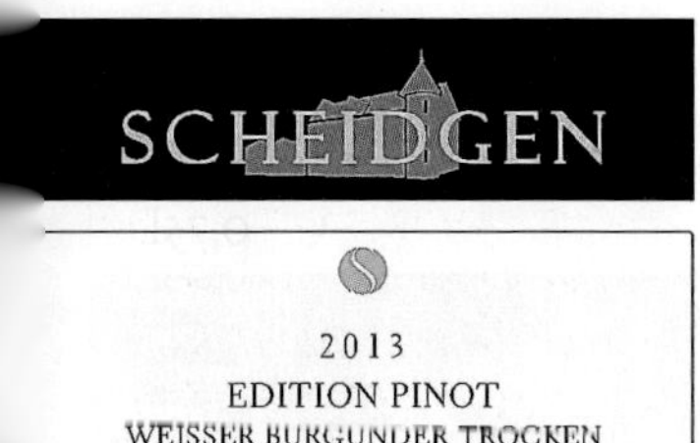

Seit sieben Generationen baut die Familie Wein am Mittelrhein an, heute wird der Betrieb von Georg Scheidgen geführt, der das Weingut stetig vergrößert hat, inzwischen ist das Weingut Scheidgen der größte Betrieb am Mittelrhein. Die Weinberge von Georg Scheidgen liegen in den Hammersteiner Lagen In den Layfelsen, Schlossberg und Hölle, in der Leutesdorfer Gartenlay sowie in den Rheinbrohler Lagen Römerberg und Monte Jupp, wo zuletzt brachliegende Rebflächen rekultiviert und mit Grauburgunder bepflanzt wurden, auch in Hammerstein wurden brachliegende Flächen rekultiviert. Elf verschiedene Rebsorten baut Georg Scheidgen an, neben Riesling, der die Hälfte der Rebfläche einnimmt, spielen Grau- und Weißburgunder eine wichtige Rolle, daneben gibt es Chardonnay, Silvaner, Kerner und Müller-Thurgau sowie an roten Sorten Portugieser, Dornfelder und Spätburgunder. Die Weißweine werden kühl, die Rotweine werden auf der Maische vergoren, die Weine werden überwiegend im Edelstahl ausgebaut.

Kollektion

Auch die 2016er Weine präsentieren sich im gewohnten Stil, sie sind füllig und saftig, wie so oft recht hoch im Alkohol und in der Restsüße. Der gelbfruchtige, saftige Grauburgunder gefällt uns dieses Jahr etwas besser als der würzige, recht süße Weißburgunder, gleichauf sehen wir den dritten Burgunder, den im Barrique ausgebauten Spätburgunder des Jahrgangs 2015, der rauchige Noten und Gewürze zeigt, kraftvoll und zupackend ist. Unter den trockenen Rieslingen gefällt uns die Selection von alten Reben aus den Layfelsen am besten, ein fülliger, saftiger, sehr eindringlicher Wein. Das halbtrockene Felsenspiel aus der Gartenlay kann ihm Paroli bieten, ist ähnlich füllig und saftig. Dies trifft auch auf die Gartenlay-Auslese zu, die etwas gelbe Früchte zeigt, viel reife Frucht und Substanz besitzt.

Weinbewertung

83 2016 Weißer Burgunder trocken „Edition Pinot" Hölle **13 %/8,30 €**
85 2016 Grauer Burgunder Auslese trocken Monte Jupp **13 %/18,- €**
81 2016 Riesling trocken „von den Terrassen" Schlossberg **13 %/7,70 €**
84 2016 Riesling trocken „Selection Alte Reben" In den Layfelsen **13,5 %/13,50 €**
83 2016 Riesling trocken „Meisterstück" Leutesdorfer Gartenlay **13,5 %/16,40 €**
85 2016 Riesling „Felsenspiel" Leutesdorfer Gartenlay **12 %/8,30 €**
82 2016 Riesling Spätlese halbtrocken „Edition N 1" In den Layfelsen **13 %/9,80 €**
83 2016 Riesling halbtrocken „Bestes Fass" In den Layfelsen **13,5 %/21,50 €**
83 2016 Riesling „Vom Blauschiefer" **13 %/7,70 €**
86 2016 Riesling Auslese Leutesdorfer Gartenlay **7,5 %/15,80 €**
85 2015 Spätburgunder trocken Barrique Leutesdorfer Gartenlay **13,5 %/16,40 €**

Scheller

★★

KONTAKT

Bocksbeutelweingut Scheller
Weinbergstraße 24
97509 Stammheim
Tel. 09381-3295
Fax: 09381-710686
www.bocksbeutelweingut.de
info@bocksbeutelweingut.de

Inhaber
Michael Scheller
Rebfläche
4,8 Hektar
Produktion
37.000 Flaschen

BESUCHSZEITEN

nach Vereinbarung

Stammheim liegt nördlich von Volkach, am linken Mainufer. Wahrzeichen und Namensgeber des Bocksbeutelweinguts Scheller ist seit 2003 ein fast 12 Meter hoher Bocksbeutel am Stammheimer Eselsberg, in dem 50 Personen Platz finden. Michael Scheller, der seit 2008 für den Weinausbau verantwortlich ist, hat 2015 den Betrieb von den Eltern übernommen und um 2 Hektar erweitert. Die Reben wachsen auf Muschelkalkböden mit Lössauflage im Stammheimer Eselsberg, einer überwiegend Süd- bis Südwest-exponierten Hanglage. Neben Silvaner baut Michael Scheller Müller-Thurgau, Bacchus, Kerner, Weißburgunder und Rieslaner an, dazu die roten Sorten Domina und Dornfelder, inzwischen auch Scheurebe.

Kollektion

Die neue Kollektion überzeugt, bietet fruchtbetonte, sortentypische Kabinettwein. Die Weißburgunder Spätlese ist klar und zupackend, unser Favorit unter den trockenen Weißweinen ist in diesem Jahr aber der Silvaner von alten Reben, der herrlich reintönig, frisch und zupackend ist. Süß wartet Michael Scheller mit zwei sehr guten Rieslanern auf: die Spätlese frisch und zupackend, die Beerenauslese reintönig und konzentriert. Auch die beiden Domina überzeugen, der Basiswein ist reintönig und fruchtbetont, die Barrique-Variante besitzt intensive Frucht, gute Struktur und Substanz.

Weinbewertung

83 2016 Silvaner Kabinett trocken **13 %/6,50 €**
86 2016 Silvaner Spätlese trocken „alte Reben" **13,5 %/9,- €**
84 2016 Weißburgunder Spätlese trocken **13,5 %/9,- €**
83 2016 Bacchus Kabinett **11,5 %/6,50 €**
82 2016 Scheurebe Kabinett **12 %/6,70 €**
83 2016 Kerner Spätlese **12 %/8,50 €**
85 2016 Rieslaner Spätlese **9,5 %/9,50 €**
88 2015 Rieslaner Beerenauslese **9 %/15,- €/0,375l**
84 2016 Domina trocken **13 %/7,50 €**
86 2015 Domina trocken Barrique **13,5 %/10,- €**

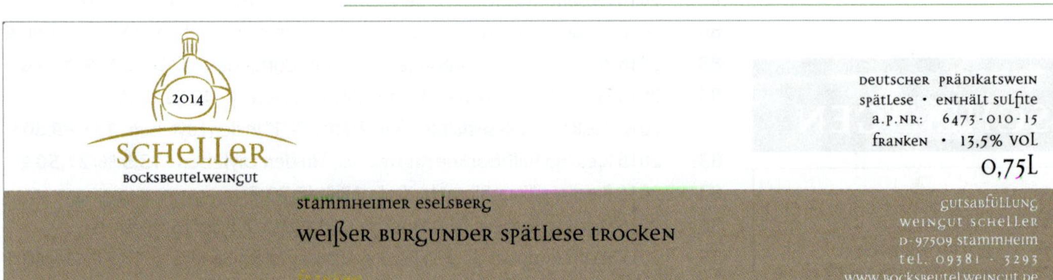

S

CHÂTEAU SCHEMBS

★★★☆

KONTAKT

Herrnsheimer Hauptstraße 1c
67550 Worms
Tel. 06241-52056
Fax: 06241-591720
www.schembs-worms.de
info@schembs-worms.de

Inhaber
Arno Schembs
Rebfläche
10 Hektar
Produktion
60.000 Flaschen

BESUCHSZEITEN

nur nach Vereinbarung
Weingeschäft in der Herrnsheimer Hauptstraße 50,52,54 (Do./Fr. 15-19 Uhr, Sa. 10-14 Uhr)

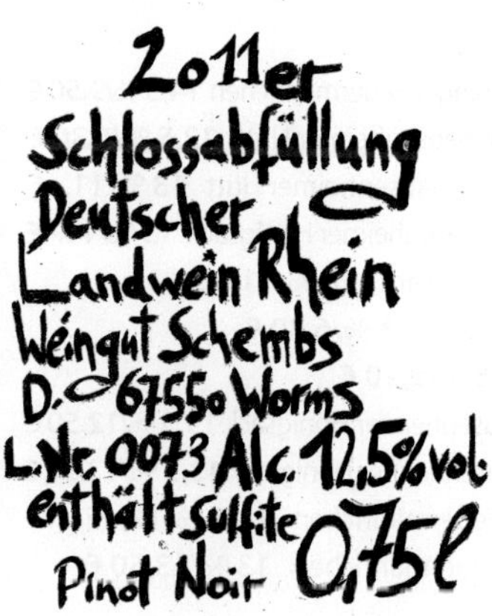

Wichtigste Rebsorten bei Arno Schembs sind Riesling und Spätburgunder, die zusammen mehr als die Hälfte seiner Weinberge einnehmen. Dazu gibt es vor allem noch Weißburgunder und Grauburgunder, Schwarzriesling, Dornfelder und Chardonnay, aber auch Sauvignon Blanc und Muskateller. Die Weine baut er „eigentlich nur trocken" aus. Bereits Mitte der achtziger Jahre begann er sich im Vertrieb auf den Fachhandel zu konzentrieren. Seine Weinberge liegen in verschiedenen Gemeinden im Norden von Worms, auch im Liebfrauenstift Kirchenstück, einer ehemals sehr berühmten Lage (und Namensgeber für die Liebfraumilch), ist er vertreten. Zusammen mit Freunden hat er Räumlichkeiten im Herrnsheimer Schloss gepachtet. Jeweils einen Weiß- und Rotwein baut er im Schloss aus.

Kollektion

Riesling gibt es in diesem Jahr in vier Varianten, darunter zwei Premierenweine. Der Sekt ist rauchig und reif, lebhaft und zupackend, hat Biss. Der Riesling „süß & lecker" ist genau das, was sein Name besagt. Der neue Lagenriesling aus dem Osthofener Goldberg ist klar und zupackend, besitzt reintönige Frucht, ist recht süß. Das Highlight der Kollektion ist die zweite Neuerung im Programm, der Riesling Rheinstoff, Jahrgang 2014, der viel Konzentration besitzt, herrlich viel Frucht, enorm stoffig und druckvoll ist, noch sehr jugendlich. Der Sauvignon Blanc ist fruchtbetont, intensiv, etwas floral, der Chardonnay ist klar und zupackend bei herrlich viel Frucht. Betörend intensiv und reintönig ist wieder einmal die Muskateller-Cuvée, ebenso intensiv ist der Orange-Muskateller, im Mund dann aber deutlich stoffiger, kraft- und druckvoller. Auch die beiden Rotweine machen eine sehr gute Figur, der Purple Jam zeigt reife rote Früchte, ist zupackend und strukturiert, der Noir ist fruchtbetont und intensiv, klar, frisch und zupackend. Stimmige, starke Kollektion! —

Weinbewertung

85	2013 „Wild at heart" Riesling Sekt brut **12,5 %/14,50 €**
86	2016 Sauvignon Blanc trocken „Wilde 16" **12 %/8,70 €**
86	2016 Riesling Osthofener Guldberg **12 %/8,70 €**
85	2016 Roter & Gelber Muskateller Cuvée trocken **12 %/7,80 €**
87	2016 Chardonnay „raw like sushi" **13 %/10,- €**
91	2014 Riesling trocken „Rheinstoff" **12,5 %/36,- €**
88	2016 „Wild and Orange" Roter Muskateller **12,5 %/19,- €**
85	2016 Riesling „süß & lecker" **9 %/8,70 €**
86	2014 „Purple Jam" Rotwein trocken **13 %/10,- €**
85	2015 „Noir" Rotwein trocken **13,5 %/10,- €**

Schenk-Siebert

★

Kontakt

Leiningerstraße 16
67269 Grünstadt
Tel. 06359-2159
Fax: 06359-83034
www.weingut-schenk-siebert.de
schenk-siebert@t-online.de

Inhaber
Gerhard & Hildegard Siebert
Rebfläche
37 Hektar
Produktion
250.000 Flaschen

Besuchszeiten

Mo.-Fr. 10-18 Uhr, Sa. 10-16 Uhr, So. geschlossen

Die Vorfahren der heutigen Besitzer Gerhard und Hildegard Siebert betrieben schon seit 1675 Weinbau. Das Weingut in seiner heutigen Form entstand Mitte der 1980er Jahre, als Gerhard Siebert den elterlichen Betrieb in Grünstadt verließ und ins Weingut seiner Ehefrau einstieg. Heute werden sie von Sohn Christoph unterstützt, der nach seiner Ausbildung bei Karl Pfaffmann, Dr. Deinhard und im elterlichen Betrieb sowie einem sechsmonatigen Aufenthalt im südafrikanischen Stellenbosch seit 2012 für den Außenbetrieb zuständig ist. Die 37 Hektar Weinberge der Familie liegen rund um Sausenheim, Grünstadt und Neuleiningen, aber auch in Kirchheim und Weisenheim, die besten Lagen sind Hütt und Honigsack in Sausenheim und das Neuleininger Feuermännchen, wo die Reben auf Muschelkalk- und Steinverwitterungsböden wachsen. Wichtigste Rebsorte ist Riesling mit einem Flächenanteil von 30 Prozent, auf einem Drittel der Fläche wachsen Spät-, Grau- und Weißburgunder, daneben gibt es noch etliche weitere Sorten.

Kollektion

In diesem Jahr haben wir einen klaren Favoriten unter den Weinen der Familie Siebert: Der 2015er Spätburgunder aus dem Feuermännchen zeigt viel klare, reintönige Frucht und feine, kühle Würze, zudem ist er harmonischer und weniger stoffig als die vier anderen Rotweine, die alle auf süße, dunkle Frucht setzen, aber wenig Sortentypizität erkennen lassen und leicht trocknende Tannine besitzen. Der Chardonnay besitzt gute Substanz und zeigt röstige Würze, etwas Kokos und Banane, ist weich und stoffig. Unter den Rieslingen gefällt uns die trockene Spätlese aus dem Honigsack am besten, der Wein ist saftig, füllig und harmonisch mit klarer Frucht, die Spätlese aus der Hütt ist ebenfalls füllig und zeigt Zitrusnoten, lässt es aber, wie auch die anderen Rieslinge, etwas an Frische vermissen.

Weinbewertung

79	2016 Riesling trocken (1l) **12,5 %/5,20 €**
84	2015 Chardonnay Spätlese trocken Neuleininger Feuermännchen **14,5 %/9,50 €**
82	2016 Riesling Kabinett trocken „Aufstand" Sausenheimer Hütt **12,5 %/6,30 €**
83	2016 Riesling Spätlese trocken „Alte Reben" Sausenheimer Hütt **13 %/11,- €**
84	2016 Riesling Spätlese trocken „Kalkstein" Sausenheimer Honigsack **13 %/11,- €**
80	2016 Riesling Spätlese Sausenheimer Honigsack **10 %/11,- €**
79	2016 Spätburgunder „Blanc de Noir" trocken **13 %/6,30 €**
81	2014 „Cuvée Trio" Rotwein trocken **13,5 %/9,20 €**
82	2015 Schwarzriesling Spätlese trocken Sausenheimer Honigsack **13,5 %/12,50 €**
83	2015 Spätburgunder Spätlese trocken Sausenheimer Honigsack **13,5 %/13,50 €**
86	2015 Spätburgunder Spätlese trocken Feuermännchen **13,5 %/17,- €**
83	2013 Spätburgunder Spätlese trocken Feuermännchen **13 %/13,50 €**

SCHERER&ZIMMER

★☆

KONTAKT

Im Bergfeld 1
79189 Bad Krozingen
Tel. 0160-8421315
www.weingut-scherer.de
info@weingut-scherer.de

Rebfläche
2 Hektar
Produktion
12.000 Flaschen

BESUCHSZEITEN

nach Vereinbarung

Scherer&Zimmer wurde 2011 in Bad Krozingen gegründet von Felix Scherer und Michael Zimmer. Felix Scherer stammt vom Schererhof in Bad Krozingen, einem Spargelhof, der auch Reben besitzt, hat eine Lehre beim Staatsweingut Blankenhornsberg gemacht, dann in Geisenheim studiert. Michael Zimmer ist in Berlin aufgewachsen, hat mit Felix Scherer zusammen in Ihringen gelernt, war auch in Geisenheim, ging dann aber ein Jahr nach Neuseeland bevor er zurück nach Deutschland kam, wo beide dann das gemeinsame Projekt starteten. Spätburgunder ist ihre wichtigste Rebsorte, gefolgt von Gutedel, Weißburgunder, Grauburgunder und Müller-Thurgau, auch Muskateller und Sauvignon Blanc bauen sie an, seit 2013 werden die Reben biologisch bewirtschaftet, sie sind Mitglied bei Ecovin.

Kollektion

Eine spannende Kollektion präsentieren Felix Scherer und Michael Zimmer zum Debüt mit Weinen, die eine klare Handschrift zeigen, alle Weine werden trocken und möglichst natürlich ausgebaut. Der Gutedel ist frisch und zupackend, geradlinig wie auch der reintönige Weißburgunder. Der Grauburgunder ist etwas konzentrierter, besitzt gute Struktur, Frische und Frucht. Spannender noch sind die Sponti-Varianten: Der Gutedel ist enorm intensiv und rauchig, kraftvoll und zupackend, besitzt gute Struktur und Druck. Dies zeichnet auch den Sponti-Weißburgunder aus, der gelbe Früchte im Bouquet zeigt, gute Konzentration, Fülle und Kraft besitzt. Auch der Sauvignon Blanc ist spannend, kraftvoll, besitzt Substanz und Frucht, ist noch sehr jugendlich. Gutedel gibt es noch in einer dritten Variante, maischevergoren: Er zeigt gelbe Früchte, Orangen, ist stoffig, recht komplex, besitzt gute Struktur und Frische. Der Rosé, aus dem Jahrgang 2014!, ist kraftvoll, füllig, strukturiert, reintönig, noch jugendlich. Die beiden Spätburgunder sind geradlinig, recht schlank, schön präzise, zupackend. Tolles Debüt!

Weinbewertung

83	2016 Gutedel trocken **10,5 %/5,90 €**
86	2015 Gutedel trocken „spontan" **12 %/12,- €**
88	2015 Gutedel trocken „MG" **12 %/22,- €**
83	2016 Weißburgunder trocken **13 %/7,90 €**
86	2015 Weißburgunder trocken „spontan" **13,5 %/18,- €**
84	2016 Grauburgunder trocken **13,5 %/8,90 €**
86	2016 Sauvignon Blanc trocken **13 %/11,90 €**
86	2014 Rosé trocken **12 %/7,90 €**
84	2013 Spätburgunder trocken **12 %/9,- €**
84	2014 Spätburgunder trocken **12,5 %/9,- €**

S

SCHERNER-KLEINHANSS

★★

KONTAKT

Alzeyer Straße 10
67592 Flörsheim-Dalsheim
Tel. 06243-435
Fax: 06243-5665
www.scherner-kleinhanss.de
info@scherner-kleinhanss.de

Inhaber
Klaus Scherner
Rebfläche
12 Hektar
Produktion
80.000 Flaschen

BESUCHSZEITEN

nach Vereinbarung
Kulinarische Weinproben

Seit 1726 ist das Gut in Familienbesitz, wird heute in neunter Generation von Klaus Scherner geführt. Klaus Scherner war nach seinem Studium in Geisenheim sechs Jahre in Nordamerika tätig, bevor er die Verantwortung im Weingut der eigenen Familie übernahm. Seine Weinberge liegen in den Nieder-Flörsheimer Lagen Frauenberg (Muschelkalk, Löss, quarz- und kieshaltige Böden), Goldberg (Lehmmergel auf Kalksteinuntergrund) und Steig (Löss), im Monsheimer Rosengarten (Löss mit Kies), dem Dalsheimer Bürgel (schwere Böden) und dem Dalsheimer Sauloch (Löss mit Muschelkalk). Weißburgunder nimmt ein Viertel der Rebfläche ein, es folgen Riesling und Spätburgunder, Grauburgunder, Müller-Thurgau und Dornfelder, als Spezialitäten gibt es Muskat-Ottonel und Sauvignon Blanc. Die Weine werden überwiegend trocken ausgebaut. Seit der ersten Ausgabe stellen wir die Weine von Klaus Scherner vor, und immer überzeugen uns die Kollektionen mit gutem Niveau bei nach wie vor moderaten Preisen. Oft war es ein Riesling aus dem Goldberg, der uns besonders gefällt, zuletzt auch ein Morstein-Riesling, hin und wieder sind es barriqueausgebaute Weine oder edelsüße Spitzen.

Kollektion

Ein rauchiger, saftiger Weißburgunder-Sekt eröffnet in diesem Jahr den Reigen. Der Liter-Riesling ist wie immer eine sichere Bank. Der Grauburgunder ist reintönig und süffig wie auch der recht süße Lössterrassen-Weißburgunder und der noch etwas fülligere, saftigere Dalsheimer Weißburgunder. Der Sauvignon Blanc zeigt feine Würze und Duft, der Dalsheimer Riesling ist saftig, geradlinig, ein klein wenig bitter. Unser Favorit ist der würzige, duftige Goldberg-Riesling, der füllig und saftig ist, viel reife Frucht und Substanz besitzt. Der Spätburgunder ist klar und geradlinig, die im Barrique ausgebaute rote Cuvée, Cabernet Sauvignon und Cabernet Mitos, zeigt gute Konzentration, Gewürze, dunkle Früchte, besitzt Fülle, Kraft und dezente Schokonoten.

Weinbewertung

85 2015 „Blanc de Blancs" Sekt brut **12 %/15,- €**
81 2016 Riesling trocken „vom Muschelkalk" (1l) **12 %/6,50 €**
84 2016 Weißer Burgunder trocken „Lössterrassen" **12,5 %/7,50 €**
83 2016 Grauer Burgunder trocken **12,5 %/7,50 €**
85 2016 Weißer Burgunder trocken Dalsheimer **12,5 %/10,50 €**
84 2016 Sauvignon Blanc trocken **12 %/10,50 €**
84 2016 Riesling trocken Dalsheimer **12 %/10,50 €**
87 2016 Riesling trocken Nieder-Flörsheimer Goldberg **12,5 %/15,- €**
82 2016 Spätburgunder Rosé trocken **12,5 %/7,50 €**
83 2015 Blauer Spätburgunder trocken **13 %/7,50 €**
85 2015 „Cuvée J" Rotwein trocken **13 %/10,50 €**

SCHEU

★★★

KONTAKT

Weinhof Scheu
Hauptstraße 33
76889 Schweigen-Rechtenbach
Tel. 06342-7229
Fax: 06342-919975
www.weinhof-scheu.de
info@weinhof-scheu.de

Inhaber
Klaus Scheu
Rebfläche
14 Hektar
Produktion
90.000 Flaschen

BESUCHSZEITEN

Mo.-Fr. nach Vereinbarung,
Sa. 10-18 Uhr

Der Weinhof Scheu wurde 1964 mit damals 2 Hektar Reben von Günter Scheu und seiner Frau gegründet. 1996 hat Klaus Scheu den Betrieb übernommen. Die Weinberge liegen im Schweigener Sonnenberg, der aus klar unterscheidbaren Teillagen besteht: Im Raedling mit seinem Boden aus Kalkgestein und schwerem Letten wachsen Weiß- und Grauburgunder, im Strohlenberg – Kalkboden, der mit Buntsandstein, Silikat und Sand versetzt ist – werden Riesling und Weißburgunder angebaut. Beide liegen auf französischem Staatsgebiet. In der Kernlage, dem ursprünglichen Sonnenberg mit seinen leichteren, mit Kalkmergelsteinen gesprenkelten Böden stehen vor allem Riesling und Gewürztraminer. Riesling und Weißburgunder sind die wichtigsten Sorten im Betrieb. Hinzu kommen Grauburgunder, Spätburgunder, Müller-Thurgau, Scheurebe, Rieslaner, Gewürztraminer und die nur im Weinhof Scheu angebaute autochthone Sorte Philipp Cuntz.

Kollektion

Neben guten Rieslingen und Weißburgundern erzeugt Klaus Scheu auch immer wieder sehr überzeugende, reintönige Gewürztraminer, die trockene Version vom Sonnenberg besitzt Fülle, Stoff und Konzentration und die Auslese ist saftig und frisch mit harmonischem Süße-Säure-Spiel. Die vier Weißburgunder sind in diesem Jahr ganz fruchtbetont, der „Kalkstein" zeigt deutliche florale Würze, der Raedling zeigt komplexe gelbe Frucht mit Noten von Pfirsich, Birne und Zitrusfrüchten und der Strohlenberg besitzt Schmelz und Fülle und zeigt dezente Holzwürze. Die Rieslinge zeigen alle klare Zitrusnoten, der Liter-Wein ist saftig und knackig, „léger" ist frisch und schlank, der „Kalkstein" zeigt etwas kalkig-kreidige Würze und besitzt Biss und der Sonnenberg ist kraftvoll und füllig mit kräutrigen Noten und einem nachhaltigen Säure-Spiel.

Weinbewertung

81 2016 Riesling trocken (1l) **12 %/5,10 €**
83 2016 Scheurebe trocken **12 %/7,- €**
83 2016 Weißer Burgunder trocken **12,5 %/7,- €**
83 2016 Riesling trocken „léger" **11,5 %/6,50 €**
83 2016 Philipp Cuntz trocken Schweigen **13 %/8,- €**
85 2016 Weißburgunder trocken „Kalkstein" Schweigen **13,5 %/9,- €**
85 2016 Riesling trocken „Kalkstein" Schweigen **12,5 %/9,- €**
88 2016 Gewürztraminer trocken Sonnenberg **14 %/14,50 €**
87 2016 Weißburgunder trocken Raedling **13,5 %/14,50 €**
88 2016 Weißburgunder trocken Strohlenberg **13,5 %/14,50 €**
88 2016 Riesling trocken Sonnenberg **13 %/14,50 €**
87 2015 Gewürztraminer Auslese „109 Oe" Schweigen **11 %/10,- €/0,5l**

Scheuring

★

KONTAKT

Lutzgasse 6
97276 Margetshöchheim
Tel. 0931-463633
Fax: 0931-3046438
www.weingut-scheuring.de
info@weingut-scheuring.de

Inhaber
Ilonka Scheuring
Rebfläche
12 Hektar
Produktion
25.000 Flaschen

BESUCHSZEITEN

jederzeit nach Vereinbarung, Sa. 8-15 Uhr
Heckenwirtschaft (nach Fasching der 1. Samstag, im Herbst nach der Weinlese Ende Okt./Anfang Nov.)

Die Familie Scheuring betreibt seit 1983 Weinbau in Margetshöchheim, wenige Kilometer mainabwärts von Würzburg. Im Jahr 2008 ist Tochter Ilonka Scheuring, nach Ausbildung zur Weinküferin in Veitshöchheim, Auslandsaufenthalten in Südtirol (Kellerei Kaltern) und Neuseeland (Palliser Estate) und Abschluss als Weinbautechnikerin, in den Betrieb eingestiegen, den sie im Jahr 2010 übernommen hat. Ihre Weinberge liegen in Margetshöchheim (Bärental) und in den benachbarten Gemeinden Erlabrunn (Weinsteig) und Leinach (Himmelberg), aber auch auf der gegenüberliegenden Mainseite in Thüngersheim (Scharlachberg), Retzbach (Benediktusberg) und Stetten (Stein). Silvaner nimmt ein Viertel der Rebfläche ein, dazu gibt es 15 Prozent Scheurebe, aber auch Riesling, Weißburgunder und Grauburgunder, Müller-Thurgau, Bacchus und Kerner, dazu die roten Sorten Spätburgunder, Cabernet Dorsa, Domina und Blaufränkisch. Die Heckenwirtschaft der Scheurings ist im Frühjahr und im Herbst geöffnet.

Kollektion

Auch in diesem Jahr präsentiert Ilonka Scheuring eine sehr gleichmäßige kleine Kollektion. Aus dem Jahrgang 2016 konnten wir zwei Weine der Basic-Linie verkosten. Der Silvaner ist frisch und fruchtbetont, klar und zupackend, die Scheurebe zeigt feinen Duft im Bouquet, ist lebhaft im Mund, zupackend, besitzt reintönige Frucht und feine Frische. Die drei weißen Weine der Klassik-Linie stammen alle aus dem Jahrgang 2015. Der Riesling ist würzig und recht duftig im Bouquet, klar im Mund, frisch, geradlinig, besitzt feine süße Frucht. Der Silvaner ist frisch und fruchtbetont, zeigt feine Würze und Reife, ist reintönig im Mund, zupackend, besitzt gute Struktur und dezente Süße. Am besten gefällt uns der Grauburgunder, der gute Konzentration im Bouquet zeigt, reife Frucht, gelbe Früchte, füllig und kraftvoll im Mund ist, reife Frucht besitzt und gute Struktur. Der Spätburgunder, Jahrgang 2014, ist fruchtbetont und frisch im Bouquet, zeigt rote Früchte, ist lebhaft und klar dann im Mund, besitzt schöne Frische, feine reintönige Frucht und Biss.

Weinbewertung

83 2016 Silvaner trocken (Basic) **12 %/8,- €**
82 2015 Riesling trocken (Klassik) **12,5 %/10,50 €**
83 2016 Silvaner trocken (Klassik) **13 %/10,50 €**
84 2015 Grauer Burgunder trocken (Klassik) **13,5 %/10,50 €**
82 2016 Scheurebe trocken (Basic) **12 %/8,- €**
83 2014 Spätburgunder trocken (Klassik) **12 %/10,50 €**

Schiefer

★★☆

KONTAKT

Südstraße 12
74348 Lauffen
Tel. 07133-203821
Fax: 07133-203823
www.weingut-schiefer.de
info@weingut-schiefer.de

Inhaber
Michael Schiefer
Rebfläche
4 Hektar
Produktion
30.000 Flaschen

BESUCHSZEITEN

Sa. 9-15 Uhr und nach Vereinbarung

Michael Schiefer studierte nach Winzerlehre bei Jürgen Ellwanger und Geisenheim-Studium zunächst in Berlin und Lissabon Musikwissenschaft und Philosophie, bevor er im Jahr 2000 doch den elterlichen Betrieb übernahm und aus der Genossenschaft austrat. Seine Weinberge liegen alle in Lauffen am Neckar, ein Hektar in Terrassenlagen am Neckar. Vor allem die Burgundersorten baut er an, aber auch Trollinger, Lemberger, Kerner und Gewürztraminer, dazu rote Neuzüchtungen wie Cabernet Cubin. Spätburgunder möchte er in den kommenden Jahren weiter forcieren; den Weißweinanteil hat Michael Schiefer von ursprünglich 10 Prozent auf heute 35 Prozent erhöht, Weiß- und Grauburgunder spielen eine wichtige Rolle, dazu gibt es Kerner, Gewürztraminer, inzwischen auch Riesling. Die Rotweine werden vier bis sechs Wochen auf der Maische vergoren. Abgesehen von hin und wieder erzeugten edelsüßen Spezialitäten werden alle Weine trocken und durchgegoren ausgebaut.

Kollektion

Die drei Weißweine des Jahrgangs 2016 präsentieren sich sehr gleichmäßig: Der Grauburgunder ist reintönig und geradlinig, der Weißburgunder strukturiert und zupackend, der rosenduftige Gewürztraminer kraftvoll und frisch. In der Spitze aber sind die Rotweine klar stärker. Unser Favorit ist der 4 Sterne-Spätburgunder, der viel Konzentration und etwas Gewürze im Bouquet zeigt, füllig und kraftvoll ist bei reifer Frucht und viel Substanz. Spannend ist auch der „pino d'or", ein duftiger, im Barrique ausgebauter Orangewein, der kraftvoll und eindringlich ist, ein klein wenig bitter, viel Potenzial besitzt. Der Cabernet Cubin ist stoffig und konzentriert, besitzt kräftige Tannine, so wie man das kennt von dieser Rebsorte. Sehr gleichmäßig präsentiert sich die 2 Sterne-Liga, die Weine sind kraftvoll, sortentypisch, zupackend.

Weinbewertung

84	2016 Weißer Burgunder** trocken **8,90 €**
83	2016 Grauer Burgunder** trocken **8,90 €**
83	2016 Gewürztraminer** trocken **9,90 €**
81	2014 Lemberger trocken **6,- €**
82	2013 „Mirot" Rotwein trocken **5,90 €**
84	2015 Samtrot** trocken Holzfass **9,80 €**
83	2014 Spätburgunder** trocken Holzfass **9,80 €**
84	2015 Lemberger** trocken Holzfass **9,90 €**
85	2015 Cabernet Cubin*** trocken Barrique **19,- €**
87	2015 „pino d'or" trocken Barrique*** **9,90 €/0,375l**
88	2015 Spätburgunder**** trocken Barrique **29,- €**

Frank Schiele

★★☆

KONTAKT

Weieräcker 17
69231 Rauenberg
Tel. 0151-16331028
www.weinbau-schiele.de
info@weinbau-schiele.de

Inhaber
Sina & Marius Schiele
Kellermeisterin
Simona Maier
Rebfläche
1 Hektar
Produktion
5.000 Flaschen

BESUCHSZEITEN

nach Vereinbarung
Weinprobierraum für Veranstaltungen

Frank Schiele ist tot, völlig unerwartet ist er verstorben. Im September 2015 hatte er uns noch erzählt, dass er noch einmal „angreifen wolle", wenn er denn einmal seinen Hauptberuf – er leitete ein Labor für Zahntechnik – aufgebe und sich ganz auf sein Hobby Weinbau konzentrieren könne. 2005 hatte Franke Schiele seine ersten Weine erzeugt. Seine Kinder Sina und Marius wollen den kleinen Betrieb weiterführen. Für den Weinausbau verantwortlich ist Kellermeisterin Simona Maier. Die Weinberge liegen in Rauenberg auf dem Mannaberg und der Oberen Baufel, aber auch auf dem Mühlberg, der auf Dielheimer Gemarkung liegt. Lagenbezeichnungen werden nicht genutzt. Die Reben wachsen teils auf Löss-, teils auf Mergelböden. Die Weinberge bestehen etwa jeweils zur Hälfte aus den roten Sorten Spätburgunder, Cabernet Sauvignon und Merlot, die andere Hälfte nehmen weiße Sorten ein: Chardonnay und Auxerrois, 2010 kam Riesling in den Ertrag, 2012 kam Sauvignon Blanc hinzu. Die Rotweine werden etwa drei Wochen maischevergoren, die Weißweine bei etwa 13 Grad kühl vergoren. 2013 wurde ein neuer Gewölbekeller gebaut, im Jahr darauf hatte Frank Schiele in eine neue Kelter investiert.

Kollektion

Die im Barrique ausgebauten Rotweine sind seit jeher die Stärke des Weingutes, da aber die 2014er zu Redaktionsschluss noch nicht gefüllt waren, konnten wir dieses Jahr neben fünf Weißweinen nur einen einzigen Rotwein verkosten, die Cold Red genannte Cuvée aus 2016, ein frischer, fruchtbetonter Rotwein, der gekühlt getrunken werden sollte. Unser Favorit unter den Weißweinen ist der im Barrique ausgebaute Auxerrois, der reintönige Frucht im Bouquet zeigt, frisch und zupackend im Mund ist, geradlinig und kraftvoll, deutlich vom Ausbau im Holz geprägt ist. Die restlichen Weißweine sind alle vom Kontrast aus Süße und Säure geprägt, sie sind geradlinig und frisch, haben Biss. Am besten gefallen uns die zupackende, lebhafte Cuvée aus Auxerrois, Chardonnay, Riesling und Sauvignon Blanc sowie der geradlinige, reintönige Chardonnay.

Weinbewertung

82 2016 Auxerrois trocken **11,5 %/8,- €**
83 2016 Chardonnay trocken **12,5 %/8,- €**
83 2016 „Cuvée Weiß" Weißwein trocken **11 %/8,- €**
82 2016 Sauvignon Blanc trocken **11,5 %/12,- €**
86 2016 Auxerrois trocken Barrique **12 %/12,- €**
83 2016 „Cold Red" Rotwein **12 %/10,- €**

S

SCHLÖR

★★★★

KONTAKT

Martin-Schlör-Straße 22
97877 Wertheim-Reicholzheim
Tel. 09342-4976
Fax: 09342-6959
www.weingut-schloer.de
info@weingut-schloer.de

Inhaber
Konrad Schlör
Rebfläche
6,5 Hektar
Produktion
25.000 Flaschen

BESUCHSZEITEN

nach Vereinbarung

Reicholzheim liegt im badischen Teil des Taubertals, im badischen Weinbaubereich Tauberfranken. Hier sind Konrad und Monika Schlör zuhause, die 1984 die Genossenschaft verließen, mit damals 3 Hektar Reben ihr eigenes Weingut gründeten und seither ihre Weine selbst vermarkten. Ihre Weinberge liegen im Reicholzheimer First, in unmittelbarer Nachbarschaft zum Kloster Bronnbach, das von Zisterziensermönchen aus Burgund gegründet wurde. Die süd-exponierte Lage First, bis zu 300 Meter hoch gelegen, wurde erstmals 1476 urkundlich als „Fyerst" erwähnt. Der Boden besteht aus Unterem Muschelkalk mit hohem Steinanteil und Wellenkalk, die westliche Spitze des Hangfußes steht auf Oberem Buntsandstein. Schwarzriesling und Spätburgunder nehmen schon lange zusammen über 40 Prozent der Rebfläche ein, mit der Neupflanzung von Pinot Noir- und mischbeerigen Spätburgunder-Klonen wurde die Rotweinfläche auf nahezu 50 Prozent erweitert. An weißen Sorten gibt es Weißburgunder, Müller-Thurgau, Riesling und Silvaner. Die Weißweine werden kühl oder kalt vergoren, die Rotweine werden alle maischevergoren, ausgewählte Weine werden bis zu 18 Monate im Barrique ausgebaut, sie durchlaufen alle die malolaktische Gärung. Im Weingut Schlör wurde investiert: Ein neues Barriquelager wurde gebaut, weitere neue Maischegärtanks ermöglichen es nun, jeden Tank im Herbst nur einmal befüllen zu müssen. Dadurch können alle Rotweine bei optimaler Reife geerntet werden. Das Sortiment ist vierstufig gegliedert in Gutsweine, Ortsweine, Reicholzheimer First und schließlich die Großen Gewächse, die an der Spitze der Kollektion stehen, diese tragen seit dem Jahrgang 2014 (Weißburgunder) bzw. 2013 (Spätburgunder) den Gewannnamen Oberer First. Schon seit der ersten Ausgabe empfehlen wir die Weine von Konrad Schlör und sein Weingut als sehr guten Betrieb, schon damals stellten wir fest: „Was für eine schöne Überraschung in Tauberfranken!". Und man mag es rückwirkend kaum glauben: Für die erste Ausgabe dieses Buches hatte Konrad Schlör ausschließlich Weißweine eingeschickt. Im Jahr darauf folgten dann die ersten Rotweine, und seither sind Rotweine immer wichtiger geworden in seinem Programm, vor allem mit Spätburgunder und Schwarzriesling hat er sich weit über die Region hinaus einen Namen gemacht, 2016 zeichneten wir ihn für die beste Rotweinkollektion des Jahres in Deutschland aus. Konrad Schlörs Rotweine sind über die Jahre hinweg zunehmend feiner geworden, sie setzen ganz auf Eleganz, Finesse und Frische; die Weißweine können in der Spitze da noch nicht ganz gleichziehen, die Basis und das hohe Einstiegsniveau überzeugt aber wie bei den Roten.

Kollektion

Das gilt selbstverständlich auch wieder in diesem Jahr. Der Müller-Thurgau ist wie immer eine sichere Bank, ist würzig und frisch, reintönig und zupackend. Der Reicholzheimer Weißburgunder ist fruchtbetont, wunderschön reintönig und strukturiert. Der Erste Lage-Weißburgunder ist nochmals fülliger und kraftvoller, frisch und zupackend, wunderschön reintönig und druckvoll. Das Große Gewächs dann besitzt nochmals deutlich mehr Substanz und Konzentration, zeigt reife Frucht, dezenten Toast, besitzt gute Struktur und Substanz, ist kompakt, jugendlich. Vom Riesling konnten wir den Erste Lage-Wein aus dem First verkosten, der würzig und klar ist, frisch und zupackend, sowie einen Eiswein, litschiduftig, konzentriert und süß, reintönig und dominant. Auch der rote Einstiegswein, die Cuvée M, ist nun schon seit sehr vielen Jahren eine sichere Bank, er zeigt reife Frucht, dunkle Früchte, ist klar, kraftvoll, geradlinig, besitzt gute Struktur und Frucht. Der Reicholzheimer Schwarzriesling ist wunderschön fruchtbetont und reintönig, frisch, klar und zupackend, der Spätburgunder zeigt gute Konzentration, etwas Kirschen, ist klar, strukturiert und fruchtbetont. So richtig spannend wird es dann mit der R-Klasse. Der Schwarzriesling ist faszinierend reintönig und frisch, zeigt etwas Kirschen, dezent rauchige Noten, ist lebhaft im Mund, komplex, wunderschön reintönig und lang. Der Spätburgunder steht ihm nicht nach, zeigt herrlich viel Frucht, feine Frische, rauchige Noten, ist wunderschön saftig im Mund, besitzt viel reife süße Frucht. Die zeichnet auch das Große Gewächs aus, das intensive Frucht zeigt, herrlich eindringlich und reintönig im Bouquet ist, klar und präzise im Mund, zupackend, faszinierend reintönig. Bärenstarke Kollektion!

Weinbewertung

85 2016 Müller-Thurgau trocken Reicholzheim **11,5 %/6,50 €**
87 2016 Weißburgunder trocken Reicholzheim **13 %/8,50 €** ☺
89 2016 Weißburgunder trocken Reicholzheimer First **12,5 %/12,50 €**
88 2016 Riesling trocken Reicholzheimer First **12,5 %/12,50 €**
89 2016 Weißburgunder trocken „GG" Oberer First **13,5 %/22,- €**
90 2016 Riesling Eiswein Reicholzheimer First **7,5 %/39,- €/0,5l**
86 2015 „M" Rotwein trocken **13 %/9,- €**
86 2015 Schwarzriesling trocken Reicholzheim **13,5 %/12,- €**
87 2015 Spätburgunder trocken Reicholzheim **13,5 %/16,- €**
91 2015 Schwarzriesling „R" trocken Reicholzheimer First **13,5 %/23,- €**
91 2015 Spätburgunder „R" trocken Reicholzheimer First **13,5 %/25,- €**
93 2015 Spätburgunder trocken „GG" „Oberer First" **13,5 %/35,- €**

LAGEN

FIRST (REICHOLZHEIM)
- OBERER FIRST (REICHOLZHEIM)

REBSORTEN

SCHWARZRIESLING (21 %)
SPÄTBURGUNDER (20 %)
WEISSBURGUNDER (15 %)
MÜLLER-THURGAU (15 %)
RIESLING (10 %)
SILVANER (8 %)

H. SCHLUMBERGER

★★★★

KONTAKT

Privat-Weingut H. Schlumberger
Weinstraße 19
79295 Sulzburg-Laufen
Tel. 07634-8992
Fax: 07634-8255
www.schlumbergerwein.de
info@schlumbergerwein.de

Inhaber
Claudia Schlumberger-Bernhart
Rebfläche
9 Hektar
Produktion
50.000 Flaschen

BESUCHSZEITEN

Mo.-Fr. 10-12 + 14-18 Uhr,
Sa. 10-14 Uhr
Probierraum im Keller
Ferienwohnung

Weinbau wird in der Familie seit über 500 Jahren betrieben, das Weingut in seiner heutigen Form geht zurück auf Hartmut Schlumberger, der sich stolz „Privat-Weingut" nannte und schon früh auf trockene, durchgegoren ausgebaute Weine setzte. Heute wird der Betrieb von seiner Tochter Claudia und deren Ehemann Ulrich Bernhart geführt, der aus dem gleichnamigen Weingut in Schweigen in der Südpfalz stammt. Die Weinberge liegen alle rund um Laufen im Markgräflerland, einer Gemeinde, in der Weinbau schon seit dem 8. Jahrhundert urkundlich belegt ist. In Laufen gibt es nur eine eingetragene Einzellage, den Altenberg, aber deutlich unterschiedliche Teillagen mit unterschiedlichen Kalk- und Lehmanteilen. Spätburgunder nimmt ein Viertel der Rebfläche ein, hat flächenmäßig den lange Zeit dominierenden Gutedel überholt, ebenso der Weißburgunder, der heute ein Fünftel der Fläche einnimmt. Danach folgen Gutedel und Grauburgunder, schließlich Riesling, Sauvignon Blanc und Chardonnay, sowie Cabernet Sauvignon und Merlot. Bereits seit Mitte der fünfziger Jahre sind die Weinberge begrünt, seit 2008 ist man Mitglied im Beratungsring ökologischer Weinbau, 2012 wurde mit der zertifizierten Umstellung begonnen. 70 Prozent der Produktion wird an Privatkunden verkauft. Aus dem Herzstück des Altenberg, Wingerte genannt, der höchstgelegenen Lage in Laufen, erzeugen Claudia Schlumberger-Bernhart und Ulrich Bernhart ihre Großen Gewächse. Der Grauburgunder wurde erstmals 2007 erzeugt, der Weißburgunder 2008, der Spätburgunder wurde erstmals mit dem Jahrgang 2006, nach der Aufnahme in den VDP, als Großes Gewächs bezeichnet, vorher sorgte er als „Pinot Noir R" für Furore, seit dem Jahrgang 2009 trägt er den Zusatz Wingerte, Weiß- und Grauburgunder seit 2010. Unter den Großen Gewächsen stehen Weiß- und Grauburgunder Laufener Altenberg (bis 2009 als trockene Spätlesen bezeichnet) und die Kalkstein-Weine von Riesling und Chardonnay, die seit dem Jahrgang 2014 den Zusatz Muggardter Berg tragen. Die immer betörend reintönige Kalkstein-Scheurebe gibt es nicht mehr, der Weinberg wurde gerodet.

Kollektion

Der immer zuverlässige, wunderschön reintönige und alkoholarme Gutedel eröffnet wie gewohnt den Reigen. Der trockene Weißburgunder Kabinett ist klar, frisch und zupackend, ein klein wenig besser gefällt uns der Grauburgunder, der lebhaft ist, reintönig und strukturiert. Der Sauvignon Blanc ist fruchtbetont und klar, lebhaft und klar, ist seit langem schon eine sichere Bank. Eine deutliche Steigerung bringen die Erste Lage-Weine aus Altenberg und Muggardter Berg. Der Weißburgunder zeigt gute Konzentration, dezent rauchige Noten, reife Frucht, ist füllig, harmonisch, kraftvoll, besitzt gute Struktur, Substanz und Frucht, gefällt uns wie schon im Vorjahr ein klein bisschen besser als der Grauburgunder, der reintönige Frucht zeigt, gelbe Früchte, füllig und saftig ist, reife Frucht und gute Struktur besitzt. Aus dem Muggardter Berg kommen der Riesling – pfirsichduftig, füllig, kraftvoll, geprägt vom Kontrast aus Süße und Säure – und der Chardonnay, der rauchige Noten zeigt, dezenten Toast, stoffig und konzentriert ist, viel Substanz besitzt, noch sehr jugendlich ist. Ganz stark sind 2016 die Großen Gewächse. Der Weißburgunder ist rauchig, konzentriert, zeigt weiße und gelbe Früchte, besitzt Fülle und Kraft, gute Struktur und Druck. Der Grauburgunder ist ihm ebenbürtig, zeigt feine Frische, Würze, gelbe Früchte, ist klar und frisch im Mund, präzise und druckvoll. Die Cuvée aus Cabernet Sauvignon und Merlot zeigt gute Konzentration, reife Frucht, etwas Cassis, ist klar, kraftvoll und zupackend, besitzt gute Struktur und viel Biss. Dazu gibt es im roten Segment eine sehr stimmige Spätburgunder-Serie aus dem Jahrgang 2014. Der Gutswein ist fruchtbetont, klar und zupackend, der Spätburgunder S ist würziger, rauchiger, aber ebenso so klar und zupackend. Eine deutliche Steigerung bringt dann der Pinot Noir aus dem Altenberg, zeigt rauchige Noten, reintönige Frucht, ist frisch, klar und präzise, besitzt gute Struktur und reintönige Frucht. Klar an der Spitze steht das Große Gewächs, das gute Konzentration zeigt, dezent Gewürze, klare Frucht, fruchtbetont und zupackend im Mund ist, gute Struktur besitzt, reife Frucht, Druck und Frische. Überzeugende Kollektion, die Großen Gewächse sind stark wie schon lange nicht!

Weinbewertung

84	2016 Gutedel Kabinett trocken **11 %/6,50 €**
84	2016 Weißburgunder Kabinett trocken **12,5 %/8,50 €**
85	2016 Grauburgunder Kabinett trocken **12,5 %/8,50 €**
86	2016 Sauvignon Blanc trocken **13,5 %/12,50 €**
89	2016 Weißburgunder trocken Laufener Altenberg **13 %/12,50 €**
88	2016 Grauburgunder trocken Laufener Altenberg **13 %/12,50 €**
87	2016 Riesling trocken „Kalkgestein" „Muggardter Berg" **12 %/13,50 €**
89	2016 Chardonnay trocken „Kalkgestein" „Muggardter Berg" **13 %/15,50 €**
91	2016 Weißburgunder „GG" „Wingerte" Altenberg **13,5 %/19,- €**
91	2016 Grauburgunder „GG" „Wingerte" Altenberg **13 %/19,- €**
84	2014 Spätburgunder trocken **12,5 %/8,50 €**
85	2014 Spätburgunder „S" trocken **12,5 %/12,- €**
88	2014 Pinot Noir trocken Laufener Altenberg **13 %/18,- €**
88	2015 Cabernet Sauvignon & Merlot trocken **13,5 %/18,- €**
91	2014 Pinot Noir „GG" „Wingerte" Altenberg **13 %/30,- €**

LAGEN

ALTENBERG (LAUFEN)
- WINGERTE
- MUGGARDTER BERG

REBSORTEN

SPÄTBURGUNDER (25 %)
WEISSBURGUNDER (20 %)
GUTEDEL (15 %)
GRAUBURGUNDER (15 %)
RIESLING (5 %)
CHARDONNAY (4 %)
SAUVIGNON BLANC (4 %)
CABERNET SAUVIGNON
MERLOT

RAINER SCHLUMBERGER

★★

KONTAKT

Obere Holzgasse 4
79295 Sulzburg-Laufen
Tel. 07634-592240
Fax: 07634-592241
www.weingut-schlumberger.de
info@weingut-schlumberger.de

Inhaber
Rainer Schlumberger
Rebfläche
5,5 Hektar
Produktion
25.000-30.000 Flaschen

BESUCHSZEITEN

Mo.-Sa. 14-18 Uhr und nach Vereinbarung

S

Rainer und Stephanie Schlumberger führen in vierter Generation diesen Laufener Betrieb, schon Urgroßvater Wilhelm Konrad, dessen Portrait die Etiketten ziert, hatte Wein im Markgräflerland angebaut. Die Weinberge liegen alle in Laufen, wo alle ehemaligen Einzellagen wie beispielsweise die Lage Eich 1971 zur nunmehr einzigen Lage Altenberg zusammengefasst wurden. Wichtigste Rebsorten bei Rainer Schlumberger sind Spätburgunder und Gutedel mit 40 bzw. knapp 20 Prozent Anteil an der Rebfläche, es folgen Weißburgunder, Grauburgunder und als Spezialität Huxelrebe, die uns sonst noch bei keinem anderen badischen Weingut begegnet ist. Spezialität ist der naturtrüb abgefüllte, als Tafelwein verkaufte Gutedel (seit 1999). Tochter Josefine, die in Geisenheim studiert, wurde im September 2015 zur Deutschen Weinkönigin gekrönt. Seit der ersten Ausgabe empfehlen wir die Weine von Rainer Schlumberger. Sie sind immer klar und geradlinig, immer zuverlässig, fruchtbetont und sortentypisch, mit trockenen weißen Spätlesen oder mit barriqueausgebauten Rotweinen gehört er immer wieder zur Spitze im Markgräflerland.

Kollektion

Eine starke Kollektion präsentiert Rainer Schlumberger in diesem Jahr, die mit einem überzeugenden Gutedel-Trio beginnt, unsere Präferenz gilt der fülligen, kraftvollen naturtrüben Variante. Spannend ist auch die trockene Huxelrebe, nicht minder die saftige Spätlese, die beiden Weißburgunder bestechen mit reintöniger Frucht, die trockene Spätlese besitzt Fülle und Substanz. Und rot gibt es gleich zwei sehr gute Spätburgunder in diesem Jahr: Der Eich ist fruchtbetont und floral, lebhaft und zupackend, sehr eigenständig, besitzt gute Struktur und Frische, der Königinnen-Wein zeigt intensive Frucht, etwas Gewürze, besitzt gute Struktur und Frische. Im Aufwind!

Weinbewertung

82 2016 Weißburgunder Secco „sur lie" „FritzS" **12,5 %/8,- €**
82 2016 Gutedel trocken „Grüner Markgräfler" **10,5 %/6,- €**
83 2016 Gutedel Kabinett trocken Laufener Altenberg **12 %/6,- €**
84 2016 Gutedel trocken „mit Feinhefe" **12,5 %/6,- €**
84 2016 Huxelrebe trocken Laufener Altenberg **12,5 %/6,- €**
84 2016 Weißburgunder Kabinett trocken Laufener Altenberg **12,5 %/7,- €**
82 2016 Grauburgunder Kabinett trocken Laufener Altenberg **13,5 %/7,- €**
86 2015 Weißburgunder Spätlese trocken Laufener Altenberg **14,5 %/9,50 €**
85 2016 Huxelrebe Spätlese Laufener Altenberg **11 %/9,50 €**
82 2016 Spätburgunder Rosé trocken Laufener Altenberg **13,5 %/8,- €**
88 2013 Pinot Noir „Eich" **13,5 %/15,- €**
88 2015 Spätburgunder trocken Barrique „Königinnen-Magnum" **13,5 %/45,-€/1,5l**

BERTHOLD SCHMACHTENBERGER

★☆

KONTAKT

Klosterstraße 43
97236 Randersacker
Tel. 0931-707850
Fax: 0931-708961
www.weine-mit-charakter.de
mail@weine-mit-charakter.de

Inhaber
Markus Schmachtenberger
Rebfläche
9 Hektar
Produktion
60.000 Flaschen

BESUCHSZEITEN

Mo.-Fr. 9-19 Uhr, Sa. 9-17 Uhr

Berthold Schmachtenberger führte seit 1977 in elfter Generation den Betrieb, der sich bis ins Jahr 1598 in den Nachbarort Eibelstadt zurückverfolgen lässt, 2015 haben Markus und Claudia Schmachtenberger das Gut übernommen. Ihre Weinberge liegen vor allem in Randersacker (Muschelkalk) in den Lagen Sonnenstuhl, Marsberg und Teufelskeller, sowie in der früheren Lage Gerstberg (heute Großlage Ewig Leben), wo sie rote Rebsorten und Silvaner anbauen. Die Weinberge in Sulzfeld und Iphofen wurden gegen Weinberge in Randersacker getauscht, befinden sich aber weiterhin im Eigentum der Familie. Markus Schmachtenberger baut vor allem Silvaner an, der knapp zwei Fünftel der Rebfläche einnimmt, aber auch Müller-Thurgau, Weißburgunder, Bacchus, Sauvignon Blanc, Scheurebe, Riesling, Kerner, Traminer und Rieslaner. Hinzu kommen die roten Sorten Domina, Spätburgunder, Dornfelder und Portugieser. Bereits seit einigen Jahren wurden 1,5 Hektar nach ökologischen Richtlinien bewirtschaftet, 2017 wurde der komplette Betrieb umgestellt. Die Spitzenweine werden in der Linie „Greif" ausgebaut. Im Herbst 2012 wurde die neue Vinothek eröffnet.

Kollektion

Sehr stimmig ist die neue Kollektion von Markus Schmachtenberger, schon die Kabinettweine bieten überzeugendes Niveau. So das Silvaner-Trio: Ewig Leben fruchtbetont und zupackend, Quaderkalk wunderschön reintönig, der Wein von alten Reben aus dem Sonnenstuhl fruchtbetont und zupackend. Der Riesling besitzt gute Struktur und Frucht, der Quaderkalk-Weißburgunder ist reintönig und zupackend, der Spätburgunder lebhaft und klar. An der Spitze der Kollektion stehen die beiden Greif-Weine: Der Silvaner aus dem Sonnenstuhl besitzt gute Konzentration und reife Frucht, Kraft, gute Struktur und Biss, die Cuvée Caractère aus dem Marsberg ist füllig, strukturiert, enorm druckvoll und nachhaltig.

Weinbewertung

81	2016 Rivaner Kabinett trocken Randersackerer Ewig Leben	**11,5 %/5,- €**
83	2016 Silvaner Kabinett trocken Randersackerer Ewig Leben	**12 %/5,50 €**
81	2016 Weißburgunder trocken Randersackerer Sonnenstuhl	**12,5 %/6,20 €**
84	2016 Silvaner Kabinett trocken „Quaderkalk" Rand. Ewig Leben	**13 %/6,50 €**
84	2016 Silvaner Kabinett trocken „Alte Reben" Rand. Sonnenstuhl	**12,5 %/8,- €**
83	2016 Weißburgunder Kabinett trocken „Quaderkalk" Sonnenstuhl	**13,5 %/7,- €**
84	2016 Riesling Kabinett trocken „Quaderkalk" Rand. Marsberg	**12,5 %/7,- €**
82	2016 Sauvignon Blanc Kabinett trocken Randersackerer Marsberg	**12,5 %/6,20 €**
86	2016 Silvaner Spätlese trocken „Greif" Rand. Sonnenstuhl	**13 %/9,80 €**
87	2015 „Caractère Greif" Spätlese trocken Rand. Marsberg	**14 %/16,- €**
84	2015 Spätburgunder trocken Randersackerer Ewig Leben	**13 %/8,- €**

Heinrich Schmidt

★★

Kontakt

Hauptstraße 8
55452 Windesheim
Tel. 06707-414
Fax: 06707-1725
www.weingut-heinrich-schmidt.de
weingut-heinrich-schmidt@t-online.de

Inhaber
Günter Schmidt
Rebfläche
8,5 Hektar
Produktion
50.000 Flaschen

Besuchszeiten

nach Vereinbarung

Seit dem 18. Jahrhundert betreibt die Familie Weinbau in Windesheim im Guldenbachtal, aber erst in den achtziger Jahren des 20. Jahrhunderts konzentrierte man sich ganz auf Weinbau. Seit 1990 führt Günter Schmidt den Betrieb, Sohn Lukas soll einmal die Nachfolge antreten. Die Weinberge liegen in den Windesheimer Lagen Römerberg, Fels, Sonnenmorgen, Saukopf und Rosenberg sowie im Schweppenhäuser Schlossgarten, die Hälfte davon in Steillagen. Auf den Schweppenhäuser Schieferverwitterungsböden baut Günter Schmidt vor allem Riesling und Spätburgunder an, in Windesheim überwiegend Grau- und Weißburgunder. Die Burgundersorten nehmen inzwischen zwei Drittel der Rebfläche ein: Spätburgunder ist die wichtigste Rebsorte im Betrieb, gefolgt von Weißburgunder, dazu gibt es Grauburgunder und als Spezialität Frühburgunder. Riesling, Müller-Thurgau, Scheurebe und Dornfelder komplettieren das Sortiment. Die Spitzenweine werden in den Linien S (Selektion) und R (Reserve) vermarktet.

Kollektion

Die Gliederung des Sortiments in Guts-, S- und R-Weine können wir wieder einmal klar nachvollziehen: Die Gutsweine von Scheurebe, Weiß- und Grauburgunder sind saftig, frisch und reintönig, die S-Weine besitzen mehr Kraft und viel klare Frucht, der Riesling aus dem Schlossgarten zeigt Kräuterwürze und Zitrusnoten, der Weißburgunder ist ganz fruchtbetont und besitzt gute Konzentration, wie auch der Grauburgunder, der von einer feinen Säure getragen wird. Die beiden R-Weine aus dem Jahrgang 2015 hatten wir im vergangenen Jahr schon einmal verkostet, während wir damals den Weißburgunder leicht vorne sahen, werten wir den Grauburgunder jetzt etwas auf, da das Holz bei ihm besser eingebunden ist, der Weißburgunder ist immer noch sehr deutlich vom Holz geprägt, beide besitzen Kraft, Schmelz und klare gelbe Frucht. Sehr gut ist auch wieder der stoffige, sehr reintönige Frühburgunder R, bei dem das Holz ebenfalls gut eingebunden ist.

Weinbewertung

82 2016 Weißburgunder trocken **12,5 %/6,50 €**
82 2016 Grauburgunder trocken **12,5 %/6,50 €**
85 2016 Weißburgunder „S" trocken **13,5 %/8,50 €**
85 2016 Grauburgunder „S" trocken **13,5 %/8,50 €**
88 2015 Weißburgunder „R" trocken **14 %/12,50 €**
88 2015 Grauburgunder „R" trocken Windesheimer Fels **14 %/10,60 €**
85 2016 Riesling „S" trocken Schweppenhäuser Schlossgarten **12,5 %/8,50 €**
83 2016 Scheurebe „feinherb" **12 %/6,50 €**
83 2014 Spätburgunder „S" trocken Schweppenhäuser Schlossgarten **13 %/9,50 €**
87 2013 Frühburgunder „R" trocken Schweppenhäuser Schlossgarten **14 %/16,50 €**

Schmidt

★

KONTAKT

Bullenheim 157
97258 Bullenheim
Tel. 09339-407
Fax: 09339-1509
www.schmidt-wein.de
weingut.schmidt@email.de

Inhaber
Frank & Lukas Schmidt
Rebfläche
14 Hektar
Produktion
80.000 Flaschen

BESUCHSZEITEN

Mo.-So.
Weinstube „Johannesstuben", Sept. bis Juni, Sa./So./Feiertage ab 11 Uhr

Bullenheim liegt im südlichen Steigerwald. Hier baut die Familie Schmidt seit langem Wein an, im Vollerwerb existiert das Weingut aber erst seit 1989, genauso lange gibt es die ursprünglich als Häckerwirtschaft betriebene Weinstube „Johannesstuben". Heute wird der Betrieb geführt von Frank Schmidt und seinem Sohn Lukas, der nach Auslandsaufenthalten in Südtirol und in der Steiermark 2015 seine Ausbildung zum Weinbautechniker abgeschlossen hat, mit dem Jahrgang 2015 im elterlichen Betrieb erstmals für den Weinausbau verantwortlich war. Die Weinberge von Frank und Lukas Schmidt liegen hauptsächlich in Bullenheim, dessen einzige Einzellage den Namen Paradies trägt, daneben sind sie noch im Frankenberger Schlossstück vertreten, die Reben wachsen auf Gipskeuperböden. An weißen Sorten bauen sie Riesling, Silvaner, Scheurebe, Bacchus, Traminer, Müller-Thurgau und Goldmuskateller an, dazu gibt es die roten Sorten Spätburgunder, Domina, Dornfelder, Portugieser, Regent und Cabernet Dorsa.

Kollektion

Mit einer stimmigen, guten Kollektion hatten wir das Weingut im vergangenen Jahr erstmals vorgestellt. Mit der neuen Kollektion schließen Frank und Lukas Schmidt nahtlos daran an, schon die Basisweine, nun Hangwerk genannt, überzeugen, sind fruchtbetont und sortentypisch, am besten gefällt uns der zupackende, reintönige Weißburgunder. Zugkraft heißen nun die Weine der Top-Linie, die Scheurebe ist geradlinig und zupackend, der Riesling zeigt viel Würze und Duft, besitzt Fülle und Kraft, reife Frucht und gute Struktur. Am besten aber gefallen uns zwei Silvaner aus dem Jahrgang 2015. Die Reserve von alten Reben besitzt Fülle und Kraft, herrlich viel Frucht und gute Struktur. Der Meisterschluck N° 2 ist enorm konzentriert, füllig und kraftvoll, besitzt gute Struktur und Substanz, ist deutlich, vielleicht etwas allzu deutlich vom Ausbau im Holz geprägt. ▬

Weinbewertung

83 2016 Weißer Burgunder trocken „Hangwerk" Paradies **12,5 %/6,50 €**
82 2016 Riesling trocken „Hangwerk" **12,5 %/6,50 €**
82 2016 Scheurebe trocken „Hangwerk" Bullenheimer Paradies **12,5 %/6,50 €**
85 2015 Silvaner trocken „Alte Reben Reserve" Paradies **13,5 %/9,50 €**
84 2016 Riesling trocken „Zugkraft" Bullenheimer Paradies **13,5 %/9,50 €**
83 2016 Scheurebe trocken „Zugkraft" Bullenheimer Paradies **13,5 %/9,50 €**
85 2015 Silvaner trocken „Meisterschluck N° 2" **13,5 %/18,- €**
82 2016 Bacchus „feinherb" „best of" Bullenheimer Paradies **12 %/7,- €**
82 2016 Rotling „feinherb" „Hangwerk" **11 %/6,50 €**
81 2015 Spätburgunder trocken „Bullo" **13,5 %/13,50 €**

Claes Schmitt Erben

★★★☆

KONTAKT

Moselweinstraße 43
54349 Trittenheim
Tel. 06507-701736
Fax: 06507-701738
www.claeswein.de
info@claeswein.de

Inhaber
Niko Schmitt
Rebfläche
4,8 Hektar
Produktion
37.000 Flaschen

BESUCHSZEITEN

nach Vereinbarung
Gästehaus

Niko Schmitt absolvierte seine Winzerlehre beim Weingut Dr. Crusius und anschließend in Weinsberg die Ausbildung zum Weinbautechniker. Im Jahr 2001 übernahm er das elterliche Weingut, und nach und nach verfeinerte er den Stil der Weine, die Vinifikation findet teils im Edelstahl, teils im Holz statt. Der Name des Weingutes wurde geändert im Andenken an den Großvater des heutigen Besitzers, der Nikolaus Schmitt hieß, kurz Claes genannt. Die Weinberge befinden sich in den beiden Trittenheimer Lagen Apotheke und Altärchen. 2006 kam eine steile Terrassenlage mit 70 Jahre alten Rebstöcken hinzu, der Jungheld, ein Gemeinschaftsprojekt von Niko Schmitt und Paul Weltner aus Rödelsee; seit 2012 ist er auch im Neumagener Rosengärtchen vertreten. Neben Riesling, der 80 Prozent der Rebfläche einnimmt, gibt es Müller-Thurgau und Spätburgunder, 2010 wurde ein klein wenig Sauvignon Blanc gepflanzt. Inzwischen machen die trockenen und feinherben Weine 90 Prozent der Produktion aus. 2010 wurde die „Weinlounge" fertig gestellt.

Kollektion

Ein feinherb ausgebauter Riesling aus der Jungheld, aber auch die beiden Auslesen überzeugten in der starken Kollektion des Vorjahres am meisten. Diesmal ist das Sortiment der 2016er noch gleichmäßiger als im vergangenen Jahr. Der Kabinett aus der Apotheke wirkt wunderbar straff und präzise, angenehm trocken und straff. Etwas verhalten dagegen zeigt sich der Riesling aus dem Rosengärtchen. Am spannendsten im komplett trockenen Bereich fällt dagegen der Sonntheilen-Riesling aus, trocken, straff, mit Schmelz und Würze, in einem ganz eigenen Stil gehalten. Der Jungheld-Wein wirkt im besten Sinne etwas süffiger, vermittelt Schmelz, hat Länge und Eleganz, die Süße wird nur angedeutet. Deutlich saftiger wirkt der feinherbe Wein aus der Apotheke, mit wunderschöner Frische und Süße-Säure-Spiel präsentieren sich Kabinett und Spätlese aus dem Rosengärtchen. Der Eiswein wirkte, kurz nach der Abfüllung verkostet, recht schlank und aprikosenduftig, war noch etwas von der Süße geprägt; die Substanz spricht dafür, dass er sich in einiger Zeit harmonischer präsentieren wird.

Weinbewertung

86 2016 Riesling Kabinett trocken Trittenheimer Apotheke **11,5 %/7,80 €**
88 2016 Riesling trocken „Sonntheilen" **12,5 %/11,80 €**
87 2016 Riesling „feinherb" Trittenheimer Apotheke **11,5 %/11,80 €**
90 2016 Riesling „Jungheld" Trittenheimer Apotheke **12 %/15,80 €**
86 2016 Riesling Kabinett Neumagener Rosengärtchen **9 %/8,80 €**
87 2016 Riesling Spätlese Neumagener Rosengärtchen **8,5 %/9,80 €**
87 2016 Riesling trocken Neumagener Rosengärtchen **12,5 %/9,80 €**
89+? 2016 Riesling Eiswein Trittenheimer Altärchen **8 %/a.A.**

SCHMITT

★★

KONTAKT

In den Weingärten 7
67582 Mettenheim
Tel. 06242-1717
Fax: 06242-60004
www.wgt-schmitt.de
wgt.schmitt@t-online.de

Inhaber
Daniel Schmitt
Rebfläche
18 Hektar

BESUCHSZEITEN

nach Vereinbarung

Nach Geisenheim-Studium und Auslandsaufenthalten in Neuseeland (Isabel Estate) und Südafrika übernahm Daniel Schmitt 2009 das elterliche Weingut, das am Ortsrand von Mettenheim inmitten der Weinberge liegt. Er erweiterte seither die Rebfläche von 8 auf 18 Hektar, vergrößerte das Weingut. Seine Weinberge liegen in Mettenheim (Schlossberg, Michelsberg, Goldberg) und Bechtheim (Geyersberg, Stein). Das Sortiment ist gegliedert in Guts-, Orts- und Lagenweine, Letztere kommen bisher aus dem Mettenheimer Schlossberg (Riesling, Spätburgunder) dem Bechtheimer Geyersberg (Spätburgunder) und dem Bechtheimer Stein (Spätburgunder). Daniel Schmitt baut Riesling an, dazu Weißburgunder, Grauburgunder und Spätburgunder, sowie Sauvignon Blanc, Scheurebe, Huxelrebe und Silvaner, aber auch Cabernet Dorsa. Die Weine werden überwiegend trocken ausgebaut.

Kollektion

Die neue Kollektion ist ein großer Schritt voran. Schon die Gutsweine zeigen hohes Niveau: Der Riesling ist rauchig, fruchtbetont und zupackend, der Grauburgunder besitzt reintönige Frucht, gute Struktur und Frische, die Weißburgunder-Chardonnay-Cuvée zeigt etwas gelbe Früchte, besitzt gute Struktur und Frucht. Der Mettenheimer Weißburgunder zeigt gute Konzentration und reife Frucht, ist füllig und saftig, besitzt reife süße Frucht. Die Süße irritiert nicht beim Mettenheimer Riesling, der etwas gelbe Früchte zeigt, klar und zupackend ist, gute Struktur und Frucht besitzt. Der Schlossberg-Silvaner aus 2015 zeigt gute Konzentration und reife Frucht, ist füllig und saftig im Mund bei viel Substanz. Die Highlights der Kollektion aber finden wir im roten Segment. Der Spätburgunder aus dem Stein zeigt gute Konzentration, viel reife Frucht, ist kraftvoll, füllig, strukturiert, besitzt gute Substanz und dezente Schokonoten. Noch ein klein wenig besser gefällt uns der Cabernet Franc, ebenfalls aus dem Stein, der gute Konzentration zeigt, feine Würze, reintönige Frucht, füllig und stoffig im Mund ist, enorm viel Kraft und Substanz besitzt. Klar im Aufwind!

Weinbewertung

83 2016 Riesling trocken **12,5 %/6,60 €**
84 2016 Grauer Burgunder trocken **13 %/6,80 €**
84 2016 Chardonnay Weißburgunder trocken **12,5 %/6,80 €**
84 2016 Weißburgunder trocken Mettenheim **13 %/8,70 €**
85 2016 Riesling trocken Mettenheim **12,5 %/8,60 €**
85 2015 Silvaner Mettenheimer Schlossberg **13 %/12,50 €**
87 2014 Spätburgunder Stein **13 %/14,50 €**
88 2014 Cabernet Franc Bechtheimer Stein **13,5 %/18,50 €**

S

EGON SCHMITT

★★★

KONTAKT

Am Neuberg 6
67098 Bad Dürkheim
Tel. 06322-5830
Fax: 06322-68899
www.weingut-egon-schmitt.de
info@weingut-egon-schmitt.de

Inhaber
Familie Schmitt
Rebfläche
19 Hektar
Produktion
150.000 Flaschen

BESUCHSZEITEN

Mo.-Fr. 10:30-12 + 14-18 Uhr
(Mi. nach Voranmeldung),
Sa. 9-15 Uhr

Bis in die siebziger Jahre war das Weingut ein Gemischtbetrieb in der Stadtmitte von Bad Dürkheim. 1976 bauten Inge und Egon Schmitt den Betrieb am Neuberg, zwei Jahre später folgte der Austritt aus der Genossenschaft. Sohn Jochen ist nach seinem Geisenheim-Studium seit 1997 für den Keller verantwortlich. Die Weinberge befinden sich in verschiedenen Dürkheimer und Ungsteiner Lagen: Spielberg, Hochbenn, Fronhof, Rittergarten und Herrenberg, außerdem im Kallstadter Kreidkeller. An roten Sorten gibt es neben Spätburgunder, Sankt Laurent und Regent auch Cabernet Sauvignon, Merlot und Lagrein. Wichtigste Weißweinsorte ist der Riesling, daneben gibt es die Burgundersorten, aber auch Chardonnay, Scheurebe und Gewürztraminer. 2016 ist der erste Jahrgang, der im neuen Kelterhaus bereitet wurde, in dem die weißen Trauben nur mit der Schwerkraft und die roten ausschließlich über Förderband bewegt werden.

Kollektion

In diesem Jahr ist die Reihenfolge unserer weißen Favoriten, den Rieslingen aus dem Herrenberg und dem Spielberg umgekehrt: Beide sind kraftvoll, besitzen Druck und Länge und zeigen steinige Würze, der Herrenberg ist füllig mit viel gelber Frucht, der Spielberg ist puristisch, animierend und besitzt salzige Länge. Der Kreidkeller zeigt deutliche kreidige Mineralität und besitzt Grip, der Sauvignon Blanc zeigt grasige Würze mit Noten von Stachelbeere, der Weißburgunder besitzt gute Konzentration und florale und nussige Noten. Unser roter Favorit ist, wie so oft, der kraftvolle und nachhaltige „Duca XI" mit schwarzer Johannisbeere und kräutrigen Noten nach Minze, Eukalyptus und Lakritze im Bouquet, der Merlot ist füllig und stoffig, der Lagrein zeigt viel Beerenfrucht und besitzt noch jugendliche Tannine. —

Weinbewertung

86 2016 Sauvignon Blanc trocken **12,5 %/10,- €**
84 2016 Riesling trocken „Drei Steine" **11,5 %/7,80 €**
85 2016 Weißer Burgunder trocken Dürkheimer Fronhof **13 %/8,50 €**
86 2016 Riesling trocken Kallstadter Kreidkeller **12,5 %/9,50 €**
89 2016 Riesling trocken Dürkheimer Spielberg **13,5 %/13,- €**
88 2016 Riesling trocken „Ausblick" Ungsteiner Herrenberg **13,5 %/14,- €**
83 2016 „Drei Reben Blanc" Weißwein **11 %/6,50 €**
83 2016 Spätburgunder Rosé trocken **11 %/7,- €**
89 2013 „Duca XI" Rotwein trocken **14 %/19,80 €**
86 2014 Lagrein trocken **13,5 %/13,- €**
87 2014 Merlot trocken **14,5 %/13,- €**
87 2015 Spätburgunder trocken Leistadter Kalkofen **13 %/16,- €**

SCHMITT'S KINDER

★★★★

KONTAKT

Am Sonnenstuhl
97236 Randersacker
Tel. 0931-7059197
Fax: 0931-7059198
www.schmitts-kinder.de
info@schmitts-kinder.de

Inhaber
Martin Schmitt
Rebfläche
14 Hektar
Produktion
100.000 Flaschen

BESUCHSZEITEN

Mo.-Fr. 8-18 Uhr, Sa. 9-17 Uhr

Die Familie betreibt seit Generationen Weinbau in Randersacker, das Stammhaus im Ortskern wurde 1712 erbaut. Der Name Schmitt's Kinder geht auf eine Erbteilung von 1910 zurück: Entgegen den fränkischen Gepflogenheiten wurde der Betrieb nicht aufgeteilt sondern von den Geschwistern zusammen bewirtschaftet und weitergeführt. 1984 wurde ein neuer Betrieb am Fuß des Sonnenstuhls erbaut. Karl Martin und Renate Marie Schmitt bauten das Weingut aus, 2014 hat Sohn Martin Schmitt den Betrieb übernommen, der bereits seit 2008 für den Keller verantwortlich war. Seine Weinberge liegen in den Randersackerer Lagen Sonnenstuhl, Marsberg (mit der ehemaligen Einzellage Spielberg), Teufelskeller und Pfülben. Silvaner ist die wichtigste Rebsorte, die gut ein Drittel der Fläche einnimmt. Es folgen Riesling, Müller-Thurgau, Spätburgunder, Bacchus, Domina und Weißburgunder, sowie etwas Rieslaner und Scheurebe. Die Weine werden langsam vergoren und lange auf der Feinhefe ausgebaut, teils im Edelstahl, teils im Holz, alle Erste und Große Lage-Weine werden normalerweise zur Hälfte im Holz ausgebaut, einzelne Partien kommen ins Barrique, die Spätburgunder werden achtzehn Monate im Barrique ausgebaut. Das Sortiment wurde und wird noch schrittweise an das 4-stufige System des fränkischen VDP angepasst. An der Spitze der trockenen Weine stehen derzeit drei Große Gewächse, Silvaner und Riesling aus dem Pfülben, sowie Spätburgunder aus dem Sonnenstuhl. Martin Schmitt hat zuletzt weiter in den Keller investiert, in Saftvorabzug und Kühlung, hat neue Stückfässer angeschafft. Des Weiteren hat er neue Silvaner-Premium-Klone gepflanzt, die bei höherer Säure einen natürlichen (also ohne Ausdünnen) Ertrag von nur 50 Hektoliter je Hektar erbringen sollen. Seit der ersten Ausgabe schon empfehlen wir die Weine von Schmitt's Kinder, seither zählt das Weingut zur fränkischen Spitze. Wie kaum ein anderes Weingut hat es in diesem Zeitraum Jahr für Jahr homogene Kollektionen sowohl im trockenen als auch im edelsüßen Segment hervorgebracht. Die Weine sind füllig und kraftvoll, dabei aber immer auch wunderschön reintönig, schon die Gutsweine machen viel Freude.

Kollektion

Gutsweine wurden dieses Jahr nicht vorgestellt, bei einem Besuch vor Ort konnten wir uns aber überzeugen, dass die Basis stimmt, die weiße Basiscuvée, Blanc de Blancs genannt, ist frisch, klar und fruchtbetont. Der Randersackerer Silvaner ist klar, fruchtbetont und geradlinig, der Silvaner vom Sonnenstuhl ist etwas druckvoller, zupackender, besitzt weniger Süße. Besser noch gefällt uns der Silvaner von alten Reben im

Marsberg, 1973 gepflanzt, der komplett im Holz ausgebaut wurde. Er ist fruchtbetont und würzig im Bouquet, klar, kraftvoll und zupackend im Mund. An der Spitze der Silvaner-Serie steht das Große Gewächs aus dem Pfülben, das viel reife süße Frucht besitzt, recht füllig, ja üppig ist, wenn auch nicht ganz so alkoholreich wie sein Vorgänger, der 2015er aber präsentiert sich ungeachtet dessen in prächtiger Form. Die Weine des Jahrgangs 2016, teils unmittelbar nach der Füllung verkostet, präsentieren sich überwiegend verschlossen, brauchen Luft. Das sieht man auch am kraftvollen, zupackenden Weißburgunder aus dem Marsberg oder dem Spielberg-Riesling, der gute Konzentration und reife Frucht zeigt, füllig und stoffig ist, kraft- und druckvoll. Das Große Gewächs aus dem Pfülben zeigt gute Konzentration im Bouquet, viel reife Frucht, gelbe Früchte, etwas Pfirsiche, ist füllig und kraftvoll im Mund, besitzt viel reife Frucht, gute Struktur und Substanz, ist noch recht jugendlich. Harmonisch entwickelt ist jetzt Jahrgang 2007, besitzt viel reife süße Frucht, Substanz und Länge. Die 2016er edelsüßen Weine waren zum Zeitpunkt der Verkostung noch nicht gefüllt, die 2015er Rieslaner Auslese aus dem Sonnenstuhl zeigt reife Frucht im Bouquet, etwas Grapefruit, kandierte Früchte, ist süß, konzentriert und klar im Mund. In prächtiger Verfassung präsentiert sich der Spätburgunder Tradition, so gut wie noch nie, er ist frisch und klar, kraftvoll und zupackend. Deutlich kraftvoller und jugendlicher ist das Große Gewächs, das etwas florale Noten im Bouquet aufweist, kompakt und stoffig im Mund ist, noch sehr jugendlich.

Weinbewertung

84	2016 Silvaner trocken Randersackerer **11,5 %/7,20 €**
85	2016 Silvaner trocken Randersackerer Sonnenstuhl **12,5 %/9,40 €**
86	2016 Weißer Burgunder trocken Randersackerer Marsberg **13 %/12,10 €**
86	2016 Riesling trocken Randersackerer Sonnenstuhl **12 %/11,70 €**
87	2016 Silvaner trocken „Alte Reben" Randersackerer Marsberg **13 %/13,10 €**
88	2016 Riesling trocken „Spielberg" Randersackerer Marsberg **12 %/15,- €**
91	2015 Silvaner trocken „GG" Randersackerer Pfülben **14,5 %/22,- €**
89	2016 Silvaner trocken „GG" Randersackerer Pfülben **13,5 %/23,80 €**
89	2007 Riesling trocken „GG" Randersackerer Pfülben **13 %/25,- €**
90	2016 Riesling trocken „GG" Randersackerer Pfülben **13 %/25,80 €**
89	2015 Rieslaner Auslese Randersackerer Sonnenstuhl **11 %/12,60 €/0,375l**
88	2015 Spätburgunder trocken „Tradition" Rand. Sonnenstuhl **13,5 %/14,50 €**
90	2015 Spätburgunder trocken „GG" Randersackerer Sonnenstuhl **13,5 %/38,- €**

LAGEN

SONNENSTUHL (RANDERSACKER)
PFÜLBEN (RANDERSACKER)
MARSBERG (RANDERSACKER)
- SPIELBERG (RANDERSACKER)

REBSORTEN

SILVANER (35 %)
RIESLING (16 %)
MÜLLER-THURGAU (14 %)
SPÄTBURGUNDER (8 %)
DOMINA
BACCHUS
SCHEUREBE
WEISSBURGUNDER
RIESLANER
SAUVIGNON BLANC

Rainer Schnaitmann

★★★★☆

KONTAKT

Untertürkheimer Straße 4
70734 Fellbach
Tel. 0711-574616
Fax: 0711-5780803
www.weingut-schnaitmann.de
info@weingut-schnaitmann.de

Inhaber
Rainer Schnaitmann
Rebfläche
25 Hektar
Produktion
160.000 Flaschen

BESUCHSZEITEN

Mo., Mi., Do. 9-12 + 13-17 Uhr, Di. + Fr. 9-12:30 + 13:30-18:30 Uhr, Sa. 9-13 Uhr

Rainer Schnaitmann vermarktete mit dem Jahrgang 1997 die ersten Weine unter dem eigenen Etikett. „Das war ein Aufruhr in Fellbach, als sich der Rainer selbständig machte", erinnert sich sein Vater noch heute. Davor hatte der Geisenheim-Absolvent Praktika in Neuseeland (Morton) und in Südtirol (Waldthaler) gemacht. Das Gros seiner Weinberge liegt im Fellbacher Lämmler, aber auch in benachbarten Lagen ist er vertreten, so in Uhlbach im Götzenberg, in Untertürkheim im Mönchberg oder in Schnait im Altenberg. Seine wichtigsten Rebsorten sind Riesling, Spätburgunder und Lemberger, dazu gibt es Schwarzriesling und Trollinger, aber auch internationale Rebsorten wie Cabernet Sauvignon, Merlot, Syrah und Sauvignon Blanc, sowie Spezialitäten wie Gewürztraminer und Muskattrollinger; auch einen Silvaner aus Schnait, einem einst für Silvaner bekannten Ort, hat Rainer Schnaitmann im Programm. Ausgesuchte Weine werden im Barrique ausgebaut und seit dem ersten Jahrgang unter dem Namen „Simonroth" verkauft, nach dem Namen der Lämmler-Teillage, in der Rainer Schnaitmann seine größte zusammenhängende Parzelle besitzt. Darüber stehen die Großen Gewächse aus dem Lämmler – Riesling, Spätburgunder, Lemberger – und dem Götzenberg (Riesling). 2011 wurde für reinsortige Weine aus Fellbacher und Stuttgarter Lagen die Bezeichnung Steinwiege eingeführt. Inzwischen werden die Weinberge biologisch bewirtschaftet, 2013 wurde die Zertifizierung begonnen, Rainer Schnaitmann ist aber bisher noch keinem Verband beigetreten. Schon in der ersten Ausgabe empfahlen wir die Weine von Rainer Schnaitmann – den damals noch niemand kannte, kein Wunder, hatte er doch erst zwei Jahre zuvor mit der Selbstvermarktung begonnen. Heute kennt man ihn nicht nur in Württemberg, sondern in ganz Deutschland. Jahr für Jahr konnte er die Qualität steigern, Jahr für Jahr haben uns seine Kollektionen besser gefallen. Dies gilt gleichermaßen für Weiß- wie für Rotweine.

Kollektion

Ein faszinierender Sekt eröffnet den Reigen, der nicht dosierte Blanc de Noir gehört zu den besten Sekten in Deutschland, er zeigt rauchige Noten, feine Reife, ist klar, druckvoll und zupackend. Der Steinwiege-Weißburgunder ist fruchtbetont, reintönig, zupackend, der Grauburgunder besitzt feine Frische, gute Struktur und Harmonie, der Grau.Weiss ist kraftvoller und konzentrierter, besitzt viel reife Frucht und Substanz. Der Iflinger Sauvignon Blanc ist konzentriert und kraftvoll, eigenwillig verschlossen, sehr jugendlich. Viel Duft, Gewürze und Litschi zeigt die Gewürztraminer Auslese im Bouquet, ist süß, konzentriert, herrlich reintönig im Mund, die Riesling Spätlese ist würzig und harmonisch, klar und elegant, besitzt feine süße Frucht. Unsere Favoriten im weißen Teil der Kollektion aber sind die beiden trockenen Rieslinge. Der 2016 Riesling aus dem Schnaiter Altenberg ist rauchig, fruchtbetont, herrlich eindringlich, besitzt Fülle und Kraft, reife Frucht und Substanz. Deutlich druckvoller noch ist das Große Gewächs aus dem Götzenberg, Jahrgang 2015, ist strukturiert und kraftvoll, mineralisch, enorm nachhaltig. Auch die roten Steinwiege-Weine zeigen wie die weißen sehr gutes Niveau, der Trollinger ist frisch, reintönig und fruchtbetont, der Lemberger zeigt rote Früchte, ist klar, geradlinig und zupackend. Der Spätburgunder von jungen Reben besitzt herrlich viel Frucht, ist reintönig, zupackend und strukturiert. Sehr geschlossen präsentiert sich das Simonroth-Trio. Der Spätburgunder ist wunderschön fruchtbetont, zeigt intensiv rote Früchte, besitzt gute Struktur, reintönige Frucht und Kraft. Der Lemberger ist ebenfalls intensiv fruchtbetont im Bouquet, herrlich reintönig, besitzt gute Struktur, klare Frucht und viel Frische. Die Cabernet-Merlot-Cuvée zeigt reife Frucht, etwas Vanille, ist harmonisch, saftig, besitzt reife Frucht, gute Struktur und Frische. Eine weitere Steigerung bringen dann die beiden Großen Gewächse aus dem Lämmler. Der Spätburgunder zeigt herrlich viel Frucht, Herzkirschen, dezent Gewürze, ist frisch und elegant, besitzt reife Frucht, gute Struktur und Biss. Der Lemberger steht ihm nicht nach, zeigt reife reintönige Frucht, ist frisch und zupackend im Mund, präzise und druckvoll. Bärenstarke Kollektion!

Weinbewertung

90	2013 „Evoé! Blanc de Noir" Sekt brut nature **12,5 %/18,90 €**
86	2016 Weißburgunder „Steinwiege" **11,5 %/9,20 €**
86	2016 Grauburgunder „Steinwiege" **12 %/9,20 €**
88	2016 „Grau.Weiss" Weißwein trocken **12,5 %/15,20 €**
90	2016 Riesling trocken Schnaiter Altenberg **12 %/16,50 €**
89	2016 Sauvignon Blanc trocken „Iflinger" **13 %/18,50 €**
92	2015 Riesling trocken „GG" Götzenberg Uhlbach **13 %/28,- €**
88	2016 Riesling Spätlese Schnaiter Altenberg **9 %/16,50 €**
89	2016 Gewürztraminer Auslese „Badmer" **7 %/12,50 €**
85	2016 Trollinger trocken „Steinwiege" **12,5 %/7,20 €**
85	2016 Lemberger „Steinwiege" **13 %/11,20 €**
88	2015 Spätburgunder trocken „Junge Reben" **12,5 %/16,50 €**
90	2015 Lemberger „Simonroth" **13 %/19,50 €**
90	2015 Spätburgunder „Simonroth" **13 %/28,- €**
89	2015 „Simonroth MC" Rotwein **13,5 %/28,- €**
92	2015 Spätburgunder „GG" Fellbacher Lämmler **13 %/45,- €**
92	2015 Lemberger „GG" Fellbacher Lämmler **13,5 %/38,- €**

LAGEN

LÄMMLER (FELLBACH)
GÖTZENBERG (UHLBACH)
ALTENBERG (SCHNAIT)

S

REBSORTEN

SPÄTBURGUNDER (20 %)
RIESLING (15 %)
LEMBERGER (15 %)
SAUVIGNON BLANC (10 %)
TROLLINGER (10 %)
MERLOT (10 %)
CABERNET SAUVIGNON (7 %)

DR. SCHNEIDER

★

KONTAKT

Rosenbergstraße 10
79379 Müllheim-Zunzingen
Tel. 07631-2915
Fax: 07631-15399
www.weingut-dr-schneider.de
info@weingut-dr-schneider.de

Inhaber
Dr. Gustav Schneider
Rebfläche
12,5 Hektar
Produktion
90.000-95.000 Flaschen

BESUCHSZEITEN

Mo.-Sa. 14-18 Uhr
Gutsschänke Di.-Sa. 17-23 Uhr, So./Feiertage 12-23 Uhr (Tel. 07631-171230); Weinetiketten-Museum, Hoffeste (Ende Mai und Ende August)

Das 1950 von der Familie Bolanz im Müllheimer Stadtteil Zunzingen gegründete Gut wurde 1995 von Elisabeth und Gustav Schneider übernommen und in Weingut Dr. Schneider umbenannt. Die Weinberge liegen in den Gemarkungen Zunzingen (Rosenberg), Badenweiler (Römerberg), Müllheim (Reggenhag und Pfaffenstück) sowie in Auggen (Letten). Vor allem die Burgundersorten werden angebaut: Spätburgunder nimmt ein Drittel der Rebfläche ein, gefolgt von Gutedel, Weißburgunder und Grauburgunder, dazu gibt es internationale Sorten wie Chardonnay, Sauvignon Blanc, Cabernet Franc, Merlot und Cabernet Sauvignon. Rote Sorten nehmen 44 Prozent der Rebfläche ein. 2004 wurde eine Gutsschänke eröffnet, die regionale Speisen anbietet; bereits seit 1997 gib es ein Weinetiketten-museum auf dem Weingut.

Kollektion

Die neue Kollektion gefällt uns gut, auch wenn wir eine gewisse Diskrepanz zwischen Weiß- und Rotweinen konstatieren müssen. Im weißen Segment sind der würzige, süffige Crémant und der ebenfalls recht würzige und duftige Weißburgunder Edition Julien unsere Favoriten. Durchweg sehr gut sind die vier präsentierten Rotweine, allesamt im Barrique ausgebaut. Die Cabernet-Cuvée zeigt rote Früchte im Bouquet, etwas Kirschen, Cassis, ist klar, frisch und zupackend im Mund. Die Cuvée Antoine, Merlot und Cabernet Franc, zeigt gute Konzentration, intensive Frucht, ist füllig und kraftvoll, besitzt reife Frucht und gute Struktur. Der Spätburgunder aus dem Römerberg zeigt feine rauchige Noten im Bouquet, ist klar und kraftvoll im Mund, zupackend, besitzt gute Struktur und Frucht. Ein klein wenig besser noch gefällt uns sein Pendant aus dem Zunzinger Rosenberg, der viel Konzentration im Bouquet zeigt, feine Frische, rote Früchte, klar im Mund ist, frisch und zupackend, gute Struktur und reintönige Frucht besitzt. —

Weinbewertung

83	2013 „Edition Jacob" Pinot Crémant Brut	**12,5 %/13,- €**
82	2016 Rivaner trocken	**11,5 %/5,80 €**
81	2016 Grauer Burgunder trocken	**14 %/9,- €**
81	2016 Sauvignon Blanc trocken	**12 %/9,50 €**
83	2016 Weißer Burgunder trocken „Edition Julien"	**13 %/10,- €**
85	2015 Cuvée Cabernet trocken Barrique	**14,5 %/15,- €**
85	2015 „Edition Antoine" Rotwein trocken Barrique	**14 %/19,50 €**
86	2015 Spätburgunder trocken Barrique Zunzinger Rosenberg	**13,5 %/18,- €**
85	2015 Spätburgunder trocken Barrique Badenweiler Römerberg	**13,5 %/18,- €**

G.A. Schneider

★☆

Kontakt

Wilhelmstraße 6
55283 Nierstein
Tel. 06133-5655
Fax: 06133-5415
www.schneider-nierstein.de
ursula@schneider-nierstein.de

Inhaber
Ursula Müller
Rebfläche
17 Hektar
Produktion
100.000 Flaschen

Besuchszeiten

Mo.-Sa. nach Vereinbarung

Mehr als 40 Jahre führte Albrecht Schneider den Betrieb, 2012 hat seine Tochter Ursula ihn übernommen, führt ihn seither mit ihrem Ehemann Steffen Müller, Geisenheim-Absolvent, der selbst ein Weingut in Nierstein besitzt und seither auch für den Weinausbau im Weingut G.A. Schneider verantwortlich ist. Ursula Müllers Weinberge liegen in den Niersteiner Lagen Hipping, Oelberg, Orbel und Pettenthal, wo die Reben auf Rotliegendem wachsen, sowie im Paterberg (mit dem Filetstück Hummerthal), dort ist der Boden vom Muschelkalk geprägt. Riesling ist mit Abstand die wichtigste Rebsorte im Betrieb, dazu gibt es Grauburgunder, Weißburgunder, Müller-Thurgau und Silvaner, sowie Scheurebe, Sauvignon Blanc, Gewürztraminer, Dornfelder und Spätburgunder.

Kollektion

Riesling heißt ganz klar der Gewinner unter den Rebsorten in der aktuellen Kollektion. Schon unter den 2016er Weinen haben die Rieslinge knapp die Nase vorne, spannender noch wird es mit dem Jahrgang 2015. Im trockenen Segment ragen die beiden Spätlesen hervor. Der Hummerthal-Riesling aus dem Paterberg zeigt rauchige Noten, feine Reife, ist füllig und kraftvoll, besitzt reife Frucht und gute Substanz. Der Hipping Berg-Riesling zeigt gute Konzentration, reife Frucht, gelbe Früchte, ist füllig und saftig im Mund, besitzt viel süße reife Frucht, die mit leichten Bitternoten im Abgang kontrastiert. Die süße Hipping-Spätlese ist frisch, fruchtbetont und zupackend. Dass Niersteiner Riesling hervorragend reifen kann, zeigt die Beerenauslese aus dem Orbel, die viel Duft und feine Reife im Bouquet zeigt, stoffig und konzentriert im Mund ist bei dezenten Bitternoten im Abgang.

Weinbewertung

81	2016 Weißer Burgunder trocken **12,5 %/6,80 €**
81	2016 Grauer Burgunder trocken **12,5 %/6,80 €**
81	2016 Sauvignon Blanc trocken **12 %/7,20 €**
82	2016 Spätburgunder „Blanc de Noir" trocken **13 %/7,20 €**
82	2016 Riesling trocken „vom Kalk" **12,5 %/8,30 €**
83	2016 Riesling trocken „vom Rotliegenden" **12,5 %/8,30 €**
86	2015 Riesling Spätlese trocken „Hummerthal" Paterberg **13,5 %/13,50 €**
86	2015 Riesling Spätlese trocken „Berg" Niersteiner Hipping **13,5 %/17,50 €**
82	2016 Riesling „Last night a Riesling saved my life" „Roter Hang" **11,5 %/7,30 €**
82	2016 Riesling Kabinett Niersteiner Paterberg **12 %/7,30 €**
84	2015 Riesling Spätlese Niersteiner Hipping **9 %/8,30 €**
87	2006 Riesling Beerenauslese Niersteiner Orbel **11 %/16,- €/0,375l**

S

K.H. SCHNEIDER

★★☆

KONTAKT

Meddersheimer Straße 29
55566 Bad Sobernheim
Tel. 06751-2505
Fax: 06751-3657
www.weingut-schneider.com
info@weingut-schneider.com

Inhaber
Bernd Schneider
Rebfläche
13,5 Hektar
Produktion
70.000 Flaschen

BESUCHSZEITEN

Mo.-Sa. 10-18 Uhr, So. nach Vereinbarung

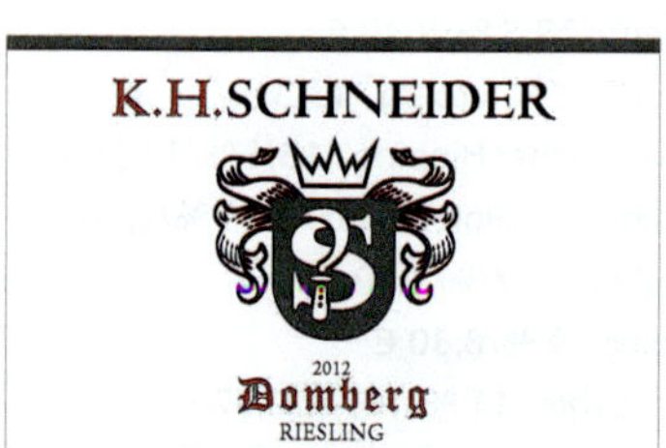

Das Weingut wurde 1956 von Karlheinz Schneider gegründet, seit 1999 führen Bernd Schneider und seine Frau Marion den Betrieb. Nach Abschluss seines Studiums in Heilbronn, sowie praktischen Erfahrungen in Neuseeland und bei Wagner-Stempel ist Sohn Andi in den Betrieb eingetreten und für den Weinausbau verantwortlich, Bruder Christoph hat seine Winzerlehre abgeschlossen und kümmert sich um den Außenbetrieb. Die Weinberge liegen in den Bad Sobernheimer Lagen Marbach und Domberg (60 Prozent Steillagen), wo die Böden aus rotem Lehm mit hohem Steinanteil bestehen, teils mit Schiefer durchsetzt, 2011 kamen 0,9 Hektar Riesling in Schlossböckelheim dazu, darunter eine Parzelle im Felsenberg. Riesling nimmt 40 Prozent der Rebflächen ein, die Burgundersorten und Müller-Thurgau je 20 Prozent.

Kollektion

Jahrgangsbedingt ist der süße Teil des Sortiments 2016 wesentlich kleiner als im vergangenen Jahr, in dem wir Prädikate bis hinauf zur Trockenbeerenauslese verkosten konnten, der Riesling-Kabinett aus Schlossböckelheim ist harmonisch, besitzt dezente Süße und feinen Schmelz, die Spätlese aus dem Marbach ist noch verhalten in der Frucht und präsentiert sich würzig mit Noten von Brotkruste, während die Spätlese aus dem Domberg viel klare, süße Frucht zeigt und füllig und kraftvoll ist. Die drei trockenen Lagenrieslinge sind noch sehr jung, sind präzise, geradlinig und herb, ja fast puristisch und besitzen einen präzisen, sehr markanten Säure-Biss, Domberg und Marbach zeigen steinige Noten und sind ganz verhalten in der Frucht, nur etwas Grapefruit erkennen wir, beide besitzen gute Länge, der Marbach ist sehr animierend. Der Riesling aus dem Felsenberg ist sehr mineralisch mit viel steiniger Würze, wirkt noch etwas streng und zugeknöpft, entwickelt aber mit etwas Luft viel Druck und Grip, ist herrlich animierend und bleibt lange am Gaumen.

Weinbewertung

82	2016 Grauburgunder trocken **13 %/7,50 €**
83	2016 Riesling trocken **11,5 %/7,50 €**
86	2016 Sauvignon Blanc trocken Sobernheimer **12,5 %/10,50 €**
85	2016 Riesling trocken „Roter Tonschiefer" Sobernheimer **12 %/9,80 €**
86	2016 Riesling trocken „Vulkanstein" Schlossböckelheimer **12 %/10,50 €**
87	2016 Riesling trocken Sobernheimer Domberg **12,5 %/16,- €**
88	2016 Riesling trocken Sobernheimer Marbach **12,5 %/16,- €**
89	2016 Riesling trocken Schlossböckelheimer Felsenberg **12,5 %/17,50 €**
84	2016 Riesling Kabinett Sobernheimer **8,5 %/8,- €**
86	2016 Riesling Kabinett Schlossböckelheimer **8,5 %/9,- €**
86	2016 Riesling Spätlese Sobernheimer Marbach **9 %/10,- €**
87	2016 Riesling Spätlese Sobernheimer Domberg **9 %/10,50 €**

SCHNEIDER – MIRJAM SCHNEIDER

★★★

KONTAKT

Klein-Winternheimer-Weg 6
55129 Mainz-Hechtsheim
Tel. 06131-59678
Fax: 06131-9728804
www.schneider-weingut.com
info@schneider-weingut.com

Inhaber
Lothar Schneider &
Mirjam Schneider
Rebfläche
6 Hektar
Produktion
45.000 Flaschen

BESUCHSZEITEN

Mo.-Fr. 9-12 + 14-18 Uhr,
Sa. 8:30-14 Uhr oder nach Vereinbarung,
Mi. nachmittags geschlossen

Bereits 2002 hat Mirjam Schneider die Regie im Keller übernommen, 2005 beendete sie ihre Ausbildung zur Weinbautechnikerin, machte ein Praktikum in Neuseeland (Neudorf Vineyards), seit 2006 ist sie im elterlichen Betrieb tätig. Die Weinberge liegen in Laubenheim in den Lagen Edelmann (Lösslehm, im Untergrund Kalkstein) und Johannisberg (Lösslehm mit hohem Lehmanteil), im Gau-Bischofsheimer Kellersberg, einem Südhang mit sandigen Lösslehmböden, wo Spätburgunder und Merlot wachsen, sowie im Niersteiner Pettenthal (Rotliegendes). Sie konzentriert sich auf klassische Rebsorten wie Riesling, Silvaner und Portugieser, dazu die Burgundersorten, baut aber auch Merlot an. Die Weißweine werden langsam und kühl im Edelstahl vergoren, die Rotweine kommen nach der Maischegärung ins Holz, werden lange auf der Feinhefe ausgebaut. Die Weine werden betriebsintern mit drei (Gutsweine), vier (Ortsweine) oder fünf Sternen (Lagenweine) klassifiziert. 2014 wurde ein neuer Verkaufs- und Verkostungsraum inklusive Hofladen („Kraut & Reben") fertig gestellt. Seit 2014 ist Mirjam Schneiders Freund Marc Schühle für den Außenbetrieb zuständig.

Kollektion

Eine starke, stimmige Kollektion präsentiert Mirjam Schneider auch in diesem Jahr. Schon die Gutsweine besitzen Kraft und Struktur, sind frisch und geradlinig. Unter den Ortsweinen gefallen uns der zupackende Grauburgunder, der kraftvolle, füllige Weißburgunder und der reintönige, frische Sauvignon Blanc besonders gut. An der Spitze der Kollektion stehen die Lagenweine. Der Edelmann-Silvaner besitzt reife, reintönige Frucht, gute Struktur und viel Kraft. Der Edelmann-Riesling ist würzig und saftig, noch jugendlich. An der Spitze steht 2016 ganz klar aber sein Kollege aus dem Pettenthal, der herrlich präzise und druckvoll, reintönig und zupackend ist. Bravo! ➡

Weinbewertung

83 2016 Silvaner*** trocken **12,5 %/6,60 €**
83 2016 Riesling*** trocken **12,5 %/7,- €**
85 2016 Weißer Burgunder**** trocken Bodenheimer **13 %/8,- €**
85 2016 Grauer Burgunder**** trocken Hechtsheimer **14 %/8,20 €**
83 2016 Merlot „Blanc de Noir" trocken Gau-Bischofsheimer **13,5 %/8,20 €**
84 2016 Scheurebe**** trocken „Distelfink" **12 %/8,40 €**
85 2016 Sauvignon Blanc**** trocken „Wirbelwind" **12 %/8,40 €**
88 2016 Silvaner***** trocken Laubenheimer Edelmann **13 %/10,80 €**
88 2016 Riesling***** trocken Laubenheimer Edelmann **13 %/13,50 €**
91 2016 Riesling***** trocken Niersteiner Pettenthal **13 %/25,- €**
84 2016 Riesling**** „feinherb" Gau-Bischofsheim **12,5 %/8,- €**
85 2013 Spätburgunder**** trocken Gau-Bischofsheimer **14 %/9,90 €**

S

Wolfgang Schneider

★☆

KONTAKT

Naheweinstraße 35
55452 Guldental
Tel. 06707-324
Fax: 06707-7201
www.weingut-wolfgang-schneider.de
info@weingut-wolfgang-schneider.de

Inhaber
Wolfgang & Nils Schneider
Rebfläche
17,5 Hektar
Produktion
130.000 Flaschen

BESUCHSZEITEN

täglich nach Vereinbarung

Das heutige Weingut wurde über mehrere Generationen als landwirtschaftlicher Gemischtbetrieb mit Weinbau, Ackerbau und Viehzucht geführt. Die Viehzucht gab Wolfgang Schneider, der den Betrieb zusammen mit Ehefrau Birgitt seit 1975 führt, bereits 1978 auf, 1993 verpachtete er die Äcker und spezialisierte sich ganz auf Weinbau. Sohn Nils, Diplom-Ingenieur für Weinbau und Önologie, arbeitet seit 2003 im Betrieb mit. Die Weinberge befinden sich in verschiedenen Lagen von Guldental (Hipperich, Sonnenberg, Apostelberg), aber auch in Roxheim und in Langenlonsheim. Besonderes Augenmerk liegt im Weingut auf den Burgundersorten, hinzu kommen Riesling und Müller-Thurgau, aber auch Silvaner, Gewürztraminer, Bacchus, Scheurebe, Dornfelder und Regent. Bereits seit Ende der siebziger Jahre werden Rotweine erzeugt, seit 1988 Sekte.

Kollektion

An der Spitze des diesjährigen Sortiments von Wolfgang und Nils Schneider liegt ungewöhnlicherweise ein Rotwein, ein mächtiger, kraftvoller, stoffiger Frühburgunder mit dezenter Süße, der trotz des hohen Alkoholgehaltes harmonisch und ausgewogen ist. Er ist ganz sortentypisch, wie auch der Barrique-Spätburgunder, der uns mit seiner klaren Sauerkirschfrucht und dezentem Holzeinsatz viel besser gefällt als seine Jahrgangsvorgänger. Auch die weißen Spitzen setzen ganz auf Kraft und Konzentration, der Grauburgunder „S" besitzt viel klare Frucht und guten Säure-Grip, der Grüne Silvaner „S" ist saftig und stoffig, ebenso wie der reintönige Gewürztraminer, allerdings haben Silvaner und Gewürztraminer auch etwas mit dem Alkohol zu kämpfen. Der Chardonnay „S" ist da wesentlich schlanker und besitzt feinen Schmelz, schlank ist auch der Riesling „S" mit Zitrusnoten und kräutriger Würze. —

Weinbewertung

81 2016 Grauer Burgunder trocken **13,5 %/5,- €**
81 2016 Weißer Burgunder trocken **13 %/5,- €**
81 2016 Scheurebe trocken Guldentaler Apostelberg **13 %/6,- €**
85 2016 Gewürztraminer „S" Auslese trocken Guld. Schlosskapelle **14 %/7,50 €**
85 2016 Grüner Silvaner „S" trocken Guldentaler Hipperich **13,5 %/7,- €**
85 2016 Grauer Burgunder „S" trocken Guldentaler Hipperich **13,5 %/8,50 €**
85 2016 Chardonnay „S" Spätlese trocken Guldentaler Sonnenberg **13 %/8,- €**
82 2016 Riesling Spätlese trocken Guldentaler Hipperich **12 %/5,50 €**
84 2016 Riesling Spätlese „S" trocken Guldentaler Hipperich **12,5 %/8,50 €**
81 2016 Riesling Classic **13 %/5,- €**
86 2015 Frühburgunder Auslese trocken Guldentaler Hipperich **15 %/11,- €**
85 2015 Spätburgunder trocken Barrique Guldentaler Sonnenberg **13,5 %/9,90 €**

SCHNEIDER-PFEFFERLE

★

KONTAKT

Kolpingstraße 7
79423 Heitersheim
Tel. 07634-2836
Fax: 07634-551393
www.weingut-schneider-pfefferle.de
info@weingut-schneider-pfefferle.de

Inhaber
Katharina & Mathias Pfefferle
Rebfläche
7,5 Hektar
Produktion
30.000 Flaschen

BESUCHSZEITEN

nach Vereinbarung
Schneider's Straußwirtschaft,
Gästezimmer

Das Gut war lange Zeit ein landwirtschaftlicher Gemischtbetrieb, besteht als Weingut erst seit 2001, 1997 wurden die ersten Flaschen Wein erzeugt. Mit dem Einstieg von Katharina Pfefferle wurde alles anders. Sie hat in Geisenheim studiert, ist für den Weinausbau verantwortlich, ihr Ehemann Mathias Pfefferle, eigentlich Architekt, baute mit ihr zusammen das Weingut auf, ist für den Außenbetrieb zuständig. Mit 2,5 Hektar haben sie begonnen, seither die Rebfläche stetig erweitert, mit der Umstellung auf biologischen Weinbau begonnen, sind seit 2012 Mitglied bei Ecovin. Ihre Weinberge liegen in den Heitersheimer Lagen Maltesergarten und Sonnhohle. Sie bauen vor allem die klassischen Rebsorten an, Spätburgunder und Gutedel, Weißburgunder und Grauburgunder, dazu Sauvignon Blanc (den es bereits seit 1999 gibt), Müller-Thurgau, Chardonnay, Merlot und Cabernet Sauvignon. Ein Teil der Weine wird in kleinen und großen Eichenholzfässern ausgebaut, alle Rotweine kommen sowieso ins Holz, neuestes Projekt ist ein Grauburgunder aus dem Betonei. Bereits seit 1984 gibt es Schneiders „Straußi", eine der ersten Straußwirtschaften im Markgräflerland.

Kollektion

Beim guten Debüt im vergangenen Jahr überzeugte das gleichmäßig gute Niveau der Kollektion, der 2014er Merlot war unsere Favorit. Sein Jahrgangsnachfolger, nun als Reserve bezeichnet, gefällt uns ebenfalls sehr gut, er besitzt Fülle und Kraft, reintönige Frucht, gute Struktur und Frische. Die weiße Basis stimmt, etwas kraftvoller und fülliger sind die Weine der S-Linie, der cremige Chardonnay ist unser Favorit in dieser Linie. Der spannendste Wein der Kollektion entstammt aber dem Experiment mit dem Betonei, in dem ein Grauburgunder vergoren und dann zehn Monate auf der Hefe ausgebaut wurde, er wurde unfiltriert abgefüllt: Der Steiwii zeigt gute Konzentration und reife Frucht, ist kraftvoll und strukturiert, geradlinig, klar und druckvoll. —

Weinbewertung

81	2016 Gutedel trocken „Grüner Markgräfler" **10 %/6,- €**
81	2016 Weißer Burgunder trocken **14 %/7,50 €**
82	2016 Grauer Burgunder trocken **14 %/7,50 €**
83	2015 Grauer Burgunder „S" trocken **14 %/12,- €**
84	2015 Chardonnay „S" trocken **13 %/10,50 €**
82	2015 Sauvignon Blanc „S" trocken **13 %/10,50 €**
87	2015 Grauer Burgunder trocken „Steiwii." **14 %/19,50 €**
81	„RED!RED!RED" Rotwein trocken **13,5 %/8,80 €**
85	2015 Merlot trocken „Reserve" **14,5 %/18,- €**

S

MARTIN SCHÖMANN

★★

KONTAKT

Uferallee 50
54492 Zeltingen
Tel. 06532-2347
Fax: 06532-1010
www.schoemann-weine.de
info@schoemann-weine.de

Inhaber
Martin Schömann
Rebfläche
5,7 Hektar
Produktion
30.000 Flaschen

BESUCHSZEITEN

nach Vereinbarung

S

Das von Martin Schömann mit großem Engagement geführte Weingut gehört seit Jahren zu den besten Betrieben Zeltingens. Auf 5,7 Hektar baut er praktisch ausschließlich Riesling an, wenn man mal von dem einen Prozent Dornfelder absieht. Das Weingut, das inzwischen Mitglied bei Ecovin und Demeter ist, verfügt über Flächen in den Lagen Zeltinger Sonnenuhr, Zeltinger Himmelreich und Zeltinger Schlossberg sowie im Graacher Himmelreich. Spontanvergärung hat hier Vorrang, der Ausbau im Eichenfass gehört zur Tradition des Weinguts. Schömann hat sich einen Namen gemacht für trockene Weine, hat in den letzten Jahren aber auch immer wieder bei den leicht und ganz süßen Rieslingen gepunktet, einen eigenen, sehr würzigen Stil gefunden.

Kollektion

Zum Wiedereinstieg stellt Martin Schömann Rieslinge der Jahrgänge 2015 und 2016 vor, die nicht nur durchweg überzeugen, sondern in den meisten Fällen auch einen unverwechselbaren Stil zeigen. Der trockene Kabinett aus dem Graacher Himmelreich ist straff und im Nachhall erstaunlich würzig, dabei völlig trocken. Eine trockene Spätlese aus dem Himmelreich und aus 2015 besitzt Kräuterwürze, einen ruhigen Stil und Schmelz, ist erfreulich puristisch: ein eigenständiger Charakter. Noch spannender die komplexe Spätlese aus der Sonnenuhr. Bei den süßen Weinen ist das Bild nicht weniger überzeugend. Die 2015er Spätlese verfügt über reife Würznoten und eine saftige Art, die extrem spät gelesenen 2016er Süßweine besitzen beide Anklänge an kandierten Apfel und Struktur, unterscheiden sich aber auch bezüglich Süße und Fülle. Deutlich süß, im besten Sinne süffig ist die 2015er Auslese „Kalk", elegant und saftig, recht dunkel mit herben Würznoten, Kräuternoten und viel Struktur die Beerenauslese. —

Weinbewertung

84	2016 Riesling trocken Zeltinger Himmelreich (1l) **10,5 %/8,50 €**
87	2015 Riesling Kabinett trocken Graacher Himmelreich **12 %/8,50 €** ☺
87	2015 Riesling Spätlese trocken Zeltinger Himmelreich **13 %/11,50 €**
88	2015 Riesling Spätlese trocken Zeltinger Sonnenuhr **13 %/13,50 €**
83	2016 Riesling „feinherb" Zeltinger Himmelreich **10,5 %/7,90 €**
85	2016 Riesling „feinherb" „Devon" **11 %/9,50 €**
86	2016 Riesling Kabinett Zeltinger Schlossberg **9,5 %/9,50 €**
89	2015 Riesling Spätlese Zeltinger Sonnenuhr **8,5 %/13,50 €**
88	2016 Riesling Spätlese „14.11.16" Zeltinger Sonnenuhr **9 %/19,50 €**
89	2015 Riesling Auslese „Kalk" Zeltinger Sonnenuhr **8,5 %/29,50 €**
89	2016 Riesling Auslese „06.12.16" Zeltinger Sonnenuhr **7,5 %/39,50 €**
91	2015 Riesling Beerenauslese Zeltinger Sonnenuhr **8 %/35,- €/0,375l**

Meinolf Schömehl

★★

Kontakt

Binger Straße 2
55452 Dorsheim
Tel. 06721-45675
Fax: 06721-48623
www.schoemehl.de
weingut@schoemehl.de

Inhaber
Hartmut Hahn,
Elke Schömehl-Hahn
Kellermeister
Hartmut Hahn
Rebfläche
14 Hektar
Produktion
90.000 Flaschen

Besuchszeiten

Mo.-Sa. 9-12 + 13-18 Uhr und nach Vereinbarung

Das von Meinolf und Otti Schömehl gegründete Weingut wird seit den neunziger Jahren von Hartmut Hahn und Elke Schömehl-Hahn geführt. Ihre Weinberge liegen in den Dorsheimer Lagen Pittermännchen, Goldloch und Burgberg sowie in den Laubenheimer Lagen Karthäuser, Hörnchen und Vogelsang. Riesling spielt schon lange die wichtigste Rolle im Betrieb, weiße Burgunder – Weißburgunder, Grauburgunder, Auxerrois – und rote Sorten wie Spätburgunder, St. Laurent und Frühburgunder haben in den beiden letzten Jahrzehnten an Bedeutung gewonnen. Dazu gibt es vor allem noch Müller-Thurgau, Dornfelder, Silvaner, Scheurebe und Gewürztraminer. Nach Erweiterungen in den Jahren 2011 und 2013 wurden auch 2015 nochmals Riesling und Spätburgunder gepflanzt. Das Riesling-Spektrum reicht von trockenen bis hin zu edelsüßen Weinen, Weiß-, Grau- und Spätburgunder werden in Basislinie und S-Linie vermarktet.

Kollektion

Die Kollektion präsentiert sich durchgängig auf gutem Niveau: Die beiden trockenen Rieslinge unterscheiden sich deutlich, der Burgberg von alten Reben ist füllig und sehr fruchtbetont, der Goldloch zeigt steinig-mineralische Würze und besitzt guten Säure-Grip, die beiden halbtrockenen Rieslinge besitzen viel Saft, klare Frucht und dezente Süße, der Karthäuser ist etwas animierender und mineralischer als das Pittermännchen. Die beiden restsüßen Rieslinge vom Karthäuser zeigen viel klare Frucht, die Spätlese besitzt auch kräutrig-mineralische Würze und feinen Biss. Unter den Burgundern ragt der S-Grauburgunder mit dezenter Holznoten und guter Konzentration heraus, der S-Weißburgunder ist ähnlich in der Stilistik, etwas verhaltener. Die Rotweine zeigen klare, süße Frucht, der Saint Laurent Schwarzkirsche und Pflaume, der Spätburgunder Cassis, beide besitzen Struktur und mittlere Länge.

Weinbewertung

82	2016 Weißburgunder trocken Laubenheimer	**12,5 %/6,- €**
83	2016 Grauburgunder trocken Laubenheimer	**13 %/6,20 €**
85	2016 Weißburgunder „S" trocken Laubenheimer Hörnchen	**13 %/8,70 €**
86	2016 Grauburgunder „S" Spätlese trocken Laubenh. Hörnchen	**13,5 %/8,90 €**
85	2016 Riesling trocken „Alte Reben" Dorsheimer Burgberg	**12,5 %/7,50 €**
86	2016 Riesling trocken Dorsheimer Goldloch	**12,5 %/7,80 €**
84	2016 Riesling Kabinett halbtrocken Dorsheimer Pittermännchen	**11,5 %/6,80 €**
85	2016 Riesling Spätlese halbtrocken Laubenheimer Karthäuser	**12 %/7,20 €**
84	2016 Riesling Kabinett Laubenheimer Karthäuser	**9,5 %/6,80 €**
86	2016 Riesling Spätlese Laubenheimer Karthäuser	**7,5 %/8,50 €**
83	2015 Saint Laurent trocken „Edition B" Laubenheimer Krone	**13 %/9,60 €**
84	2015 Spätburgunder „S" trocken Laubenheimer Vogelsang	**13,5 %/9,90 €**

S

Franziska Schömig

★★

KONTAKT

Versbacher Straße 13
97222 Rimpar
Tel. 0151-54671919
www.weingut-franziska-schoemig.de
info@weingut-franziska-schoemig.de

Inhaber
Franziska Schömig
Rebfläche
2,7 Hektar
Produktion
10.000 Flaschen

BESUCHSZEITEN

nach Vereinbarung

Klemens Rumpel und Manfred Schömig bewirtschaften seit 1986 Reben im Rimparer Kobersberg, einem Südhang mit Muschelkalkböden. 2016 hat Manfred Schömigs Tochter Franziska den Betrieb übernommen, der Jahrgang 2016 wurde erstmals von ihr eigenverantwortlich ausgebaut, erstmals im eigenen Keller; Franziska Schömig ist weiterhin beim Weingut Ludwig Knoll in Würzburg tätig. Von Beginn an wurden die Weinberge nach ökologischen Gesichtspunkten bearbeitet, das Weingut ist Mitglied bei Naturland und beim Bund Fränkischer Ökowinzer, Klemens Rumpel ist Vorsitzender des Bundes Fränkischer Ökowinzer. Franziska Schömig baut Silvaner und Müller-Thurgau, sowie Domina und Portugieser an, Letzterer wurde lange nur für den Rotling genutzt, im Jahrgang 2014 wurde er erstmals auch als Rosé vinifiziert. Nachdem jahrelang die Weine ausschließlich ab Hof verkauft wurden, versendet man inzwischen auch Weine.

Kollektion

Franziska Schömig setzt den eingeschlagenen Weg fort, aber es gibt auch zwei Neuerungen. Die eine betrifft die Namensgebung der Domina, die nun als Herbstblut bezeichnet wird, der fünfzehn Monate im großen Holzfass ausgebaute Wein ist strukturiert und fruchtbetont bei kräftigen Tanninen. Die zweite Neuerung ist ein Versuchswein, ein maischevergorener Silvaner, der wunderschön druckvoll und präzise ist. Viel Freude bereiten 2016 wieder die beiden Perlweine: Der weiße ist lebhaft, geradlinig, herrlich süffig und saftig, was alles auch auf die rote Variante zutrifft. Der Silvaner ist fruchtbetont, wunderschön reintönig, besitzt reife Frucht und feinen Biss. Unter den beiden Müller-Thurgau bevorzugen wir ganz klar die trockene Sponti-Variante, ein kraftvoller, fruchtbetonter Müller-Thurgau, der gute Struktur und Substanz besitzt, der halbtrockene Wein ist saftig und süffig. Dies trifft auch auf den Rotling zu, während der durchgegorene Portugieser Rosé wunderschön puristisch und reintönig ist, Biss hat. Eine gewohnt stimmige, zuverlässige Kollektion!

Weinbewertung

85 2016 „Schnelzer Secco weiß" Perlwein **11,5 %/6,- €** ☺
85 2016 „Schnelzer Secco" Rotling Perlwein **11,5 %/6,- €** ☺
85 2016 Silvaner trocken Rimparer Kobersberg **12 %/6,- €** ☺
88 2016 Silvaner (Maischegärung)
86 2016 Müller-Thurgau „spontan" Rimparer Kobersberg **12 %/6,- €** ☺
83 2016 Müller-Thurgau halbtrocken Rimparer Kobersberg **11,5 %/5,- €**
83 2016 Rotling halbtrocken Rimparer Kobersberg **11,5 %/5,- €**
84 2016 Portugieser Rosé trocken Rimparer Kobersberg **12 %/5,- €** ☺
86 2015 „Herbstblut" Rotwein trocken Rimparer Kobersberg **12,5 %/8,- €**

S

SCHLOSS SCHÖNBERG

★★

N

KONTAKT

Lahnstraße 27-29
64625 Bensheim
Tel. 0176-20454340
Fax: 06251-8696899
www.schloss-schoenberg.com
info@schloss-schoenberg.com

Inhaber
Jürgen Streit & Petra Greißl-Streit GbR
Betriebsleiterin
Rabea Trautmann
Rebfläche
6,5 Hektar
Produktion
30.000 Flaschen

BESUCHSZEITEN

Grieselstraße 34: Mi.-Fr. 15-18 Uhr, Sa. 10-14 Uhr

Die Unternehmerfamilie Streit gründete im Jahr 2013 das Sektgut Griesel & Compagnie in der ehemaligen Domäne Bergstraße der hessischen Staatsweingüter. Nun haben Jürgen Streit und Petra Greißl-Streit das nächste Projekt in Angriff genommen: Im Renaissance-Schloss Schönberg wurde ein Weingut gegründet. Von einem aufgebenden Betrieb konnten Weinberge im Auerbacher Fürstenlager und im Auerbacher Höllberg übernommen werden. Betriebsleiterin ist Rabea Trautmann. Die ehemalige Landschaftsarchitektin aus Ostwestfalen kam als Quereinsteigerin zum Wein, machte vor sieben Jahren eine Ausbildung zur Winzerin im südbadischen Weingut Engelhof und arbeitete dort auch nach der Lehre. Den Aufbau eines Weinguts an der Hessischen Bergstraße sieht sie als spannende Herausforderung. Die ersten Weine wurden im Keller des Sekthauses Griesel ausgebaut, mittelfristig ist auch ein Weinkeller in den Gewölben des Schlosses geplant. Im Weinberg soll so naturnah wie möglich gearbeitet werden, auf Herbizide wurde bereits verzichtet.

Kollektion

Zum Zeitpunkt der Verkostung waren nur die Gutsweine gefüllt, zwei Ortsweine und ein Lagenwein wurden als Fassproben bewertet. Noch ein Jahr reifen sollen ein Spätburgunder und ein Riesling. Rabea Trautmann ist ein Fan von Burgundern im Holz, aber auch der Dornfelder durfte als Rosé im neuen Stückfass vergären. Der Wein ist durchgegoren, hat eine feine Frucht. Substanz hat der gerade nicht mehr trockene Müller-Thurgau, zeigt süße Frucht und ein feines Mandelaroma. Der Riesling ist frisch und klar, zeigt viel reife Frucht, ordentlich Biss und salzige Länge. Der Grauburgunder ist eindringlich duftig, zeigt Aromen von reifer Birne und Melone, hat Kraft, Volumen und Länge. Der Weißburgunder ist ebenfalls eindringlich duftig, der Holzeinsatz verleiht eine gute Struktur. Der Bensheimer Grauburgunder zeigt viel exotische Würze und rauchigen Schmelz, hat Stoff und Länge. Der Grauburgunder Altarberg aus dem Auerbacher Fürstenlager ist noch etwas unruhig, zeigt aber viel versprechende Ansätze, er ist bereits sehr fokussiert, könnte elegant werden. Insgesamt zeichnet sich eine klare Stilistik ab, wir sind auf die weitere Entwicklung des jungen Weinguts gespannt. Gelungenes Debüt!

Weinbewertung

86 2016 Riesling trocken **13,5 %/8,50 €**
86 2016 Grauburgunder trocken **13 %/8,50 €**
(87) 2016 Weißburgunder trocken Bensheim **13 %/15,50 €**
(88) 2016 Grauburgunder trocken Bensheim **13 %/13,50 €**
(89) 2016 Grauburgunder trocken „Albertsberg" **12,5 %/21,- €**
84 2016 Müller-Thurgau „Fumé" **13 %/9,50 €**
85 2016 Rosé trocken **11 %/9,50 €**

GRAF VON SCHÖNBORN

★★★

KONTAKT

Schloss Hallburg
97332 Volkach
Tel. 09381-2415
Fax: 09381-3780
www.schoenborn.de
schlosshallburg@schoenborn.de

Inhaber
Graf Paul von Schönborn
Gutsdirektor
Georg Hünnerkopf
Rebfläche
32 Hektar
Produktion
220.000 Flaschen

BESUCHSZEITEN

Mo.-Do. 9-17 Uhr, Fr. 9-14 Uhr, So. und Feiertage 11-17 Uhr in der Vinothek Schlossweinstuben (Pächter: Karin und Peter Hartmann)

Das 30 Hektar große, arrondierte Weingut Schloss Hallburg ist seit 1806 in Familienbesitz, urkundlich erstmals erwähnt wurde das Schloss bereits 1284. Die beiden reinen Südlagen Hallburger Schlossberg und Gaibacher Schlosspark mit Muschelkalk- und Keuperverwitterungsböden sind Monopollagen von Schloss Hallburg. Dazu besitzt man Weinberge im Gaibacher Kapellenberg, unter anderem einen 1867 gepflanzten Silvanerweinberg, ist neuerdings auch im Volkacher Ratsherr vertreten.

Kollektion

Die Basis ist auch 2016 wieder stark, die Gutsweine überzeugen durch die Bank, am besten gefallen uns der fruchtbetonte, zupackende Müller-Thurgau, der klare, geradlinige Weißburgunder und die reintönige, lebhafte Scheurebe. Der Hallburger Silvaner ist frisch und geradlinig, der Gaibacher Silvaner von alten Reben besitzt reife Frucht und gute Struktur. Eine weitere Steigerung bringt der Schlossberg-Silvaner, der reintönig, konzentriert und zupackend ist. Gleichauf sehen wir den Silvaner aus dem Ratsherr, der herrlich viel Frucht, gute Struktur und Substanz besitzt. Auch der Schlossberg-Riesling gibt eine starke Vorstellung, ist füllig, kraftvoll, besitzt reintönige Frucht, gute Struktur und Frische. Die 2015er weißen 3 Sterne-Burgunder sind konzentriert, füllig und kraftvoll, unsere leichte Präferenz gilt dem saftigen Weißburgunder. Und dass Georg Hünnerkopf und sein Team sich auch auf Rotwein verstehen, beweist eindrucksvoll der rauchige 2014er Spätburgunder, der intensive Frucht und jugendliche Tannine besitzt. —

Weinbewertung

84	2016 Müller-Thurgau trocken **11,5 %/6,80 €**
83	2016 Silvaner trocken **11 %/7,20 €**
84	2016 Weißer Burgunder trocken **12 %/8,- €**
83	2016 Grauer Burgunder trocken **13 %/8,- €**
82	2016 Riesling trocken **11 %/7,50 €**
84	2016 Scheurebe trocken **11,5 %/7,50 €**
86	2016 Silvaner trocken „Alte Reben" Gaibacher
84	2016 Silvaner trocken Hallburger **12 %/8,80 €**
88	2016 Silvaner trocken Hallburger Schlossberg **12,5 %/13,- €**
88	2016 Silvaner trocken Vollkacher Ratsherr **13 %/16,80 €**
88	2016 Riesling trocken Hallburger Schlossberg **12 %/13,- €**
85	2016 Traminer trocken Hallburger
88	2015 Weißer Burgunder*** Hallburger **14 %/16,80 €**
87	2015 Grauer Burgunder*** Hallburger **13,5 %/16,80 €**
83	2016 Rosé trocken **11 %/6,80 €**
88	2014 Spätburgunder trocken*** Hallburger Schlossberg **13 %/28,80 €**

EUGEN SCHÖNHALS

★★

KONTAKT

Hauptstraße 23
55234 Biebelnheim
Tel. 06733-960050
Fax: 06733-960052
www.weingut-schoenhals.de
schoenhals@weingut-schoenhals.de

Inhaber
Eugen Schönhals
Kellermeister
Martin Knab
Rebfläche
13 Hektar
Produktion
94.000 Flaschen

BESUCHSZEITEN

Mo.-Sa. nach telefonischer Vereinbarung

Eugen Schönhals stellte 1986 auf ökologischen Weinbau um, ist seit 1988 Ecovin-Mitglied. Seit 1995 führt er den Betrieb zusammen mit Martin Knab. Weiße Rebsorten nehmen gut drei Fünftel der Rebfläche ein, Riesling ist mit einem Anteil von 30 Prozent die mit Abstand wichtigste Rebsorte im Betrieb. Es folgen Spätburgunder, Weißburgunder, Dornfelder und Müller-Thurgau, dann Regent, Cabernet Blanc, Saphira, Heroldrebe, Cabertin und Rondo, dazu gibt es eine pilzresistente Neuzüchtung aus der Schweiz, die bisher noch keinen Namen hat. Pilzresistente Rebsorten gibt es bei Eugen Schönhals bereits seit 1990. Die Kollektionen sind Jahr für Jahr sehr zuverlässig, weiß wie rot, bereits seit der ersten Ausgabe empfehlen wir das Weingut, schon damals hatte Eugen Schönhals die Sorten Rondo und Saphira im Programm.

Kollektion

Mit der neuen Kollektion schließen Eugen Schönhals und Martin Knab nahtlos an die guten Vorjahre an, einmal mehr ist der Pinot Noir S unser eindeutiger Favorit, der seit vielen Jahren nun schon konstant sehr gute Qualität bietet. Die Basis überzeugt, das zeigen die beiden Gutsrieslinge: Frisch und geradlinig die trockene Variante, fruchtbetont und süffig der feinherbe Sonnengruß. Deutlich kraftvoller und zupackender ist der Riesling S, der reintönige Frucht und gute Struktur besitzt. Der Cabernet Blanc ist geradlinig, sortentypisch, der Blanc de Noirs ist fruchtbetont und zupackend. Insgesamt ein klein wenig besser noch gefällt uns der rote Teil der Kollektion. Die Crescendo genannte Cuvée zeigt viel Duft und reife Frucht im Bouquet, ist füllig und kraftvoll im Mund, besitzt reife Frucht, gute Struktur und Tannine. Der Pinot Noir ist fruchtbetont im Bouquet, leicht rauchig, würzig, ist klar und fruchtbetont auch im Mund, besitzt gute Struktur und Frische. Eine deutliche Steigerung bietet der Pinot Noir S: Rauchige Noten und reintönige Frucht prägen das Bouquet, gute Konzentration, er ist füllig, klar und zupackend im Mund, besitzt gute Struktur und reintönige Frucht. —

Weinbewertung

82	2016 Riesling trocken „Steine" **12 %/6,10 €**
82	2016 Cabernet Blanc trocken **13 %/6,50 €**
82	2016 Spätburgunder „Blanc de Noirs" trocken **13 %/7,80 €**
84	2016 Riesling „S" trocken **13 %/8,80 €**
82	2016 Riesling „feinherb" „Sonnengruß" **13 %/8,80 €**
84	2014 Pinot Noir trocken **13 %/8,80 €**
87	2015 Pinot Noir „S" trocken **13,5 %/14,50 €**
84	2015 „Crescendo" Rotwein trocken **13,5 %/13,20 €**

S

F. B. SCHÖNLEBER

★★☆

KONTAKT

Obere Roppelsgasse 1
65375 Oestrich-Winkel
Tel. 06723-3475
Fax: 06723-4759
www.fb-schoenleber.de
info@fb-schoenleber.de

Inhaber
Bernd & Ralf Schönleber
Rebfläche
12 Hektar
Produktion
85.000 Flaschen

BESUCHSZEITEN

Mo.-Sa. nach Vereinbarung
Hotel

S

F. B. Schönleber
WEIN- UND SEKTGUT

Bis ins Jahr 1783 ist Weinbau in der Familie urkundlich belegt. Franz und Katharina Schönleber übernahmen es 1965 und vergrößerten die Rebfläche, heute führen ihre Söhne Bernd und Ralf Schönleber den Betrieb, Ralf kümmert sich um den Außenbetrieb, Bernd ist für den Keller verantwortlich. Ihre Weinberge liegen in Oestrich (Doosberg, Lenchen, Klosterberg), Winkel (Hasensprung, Jesuitengarten), Mittelheim (St. Nikolaus, Edelmann) und Erbach (Steinmorgen), neben Riesling bauen sie ein wenig Spätburgunder an. Die Weine werden im Edelstahl vergoren, die Sektproduktion spielt eine wichtige Rolle im Betrieb. Zum Weingut gehört ein Hotel mit einer Gutsschänke.

Kollektion

Wieder präsentiert das Weingut eine in sich stimmige Kollektion von Sekten und 2016er Rieslingen, die mit Saftigkeit und Frische aufwarten. Beide 2014er Sekte überzeugen: Der Riesling extra brut ist ausgewogen und würzig, überzeugt mit Konzentration und herb-frischer Länge. Die Cuvée Katharina ist cremig und mild, auch sie verfügt über einen ausgeprägten Sortencharakter und Länge. Die Cuvée Creation hat sich seit der Verkostung im Vorjahr sehr positiv entwickelt: Ein barocker, cremiger Sekt mit vollreifem Geschmack und dekadenter Fülle. Ein erfrischender und süffiger Literriesling eröffnet die 2016er Stillweinkollektion. Auch der Franz Bernhard aus Mittelheimer Lagen ist frisch und mit schöner Würze versehen. Mit ansprechendem Zitrusduft wartet der Riesling aus dem Edelmann auf. Kräuterfrisch folgen die Alten Reben, die über Druck verfügen und würzig-herb nachwirken. Der mineralisch geprägte Riesling „Bestes Fass" fügt sich zu einem saftigen und straffen Trinkvergnügen mit Tiefe, Substanz und Länge. Der feinherbe Editions-Riesling ist saftig und rund. Der mildwürzige feinherbe Erbacher Steinmorgen fügt sich bestens ein in die Kollektion animierender Weine.

Weinbewertung

86	2014 Riesling Sekt extra-brut **13 %/13,30 €**
87	2014 Riesling Sekt brut „Cuvée Katharina" **13 %/13,30 €**
88	2013 Riesling & Spätburgunder Sekt brut „Creation" **13 %/15,60 €**
83	2016 Riesling trocken (1l) **12,5 %/7,30 €**
85	2016 Riesling trocken „Franz Bernhard" **12,5 %/7,60 €**
85	2016 Riesling trocken Mittelheim Edelmann **12,5 %/8,30 €**
86	2016 Riesling trocken „Alte Reben" Oestrich Klosterberg **13 %/10,30 €**
87	2016 Riesling trocken „Bestes Fass" Mittelheim Edelmann **13 %/12,30 €**
84	2016 Riesling halbtrocken „Edition" Mittelheim Edelmann **12,5 %/8,30 €**
87	2016 Riesling „feinherb" Erbach Steinmorgen **12,5 %/12,30 €**

SCHOLLER

★☆

KONTAKT

Alte Kirchstraße 7
76831 Birkweiler
Tel. 06345-3529
Fax: 06345-8535
www.weingut-scholler.de
info@weingut-scholler.de

Inhaber
Helmut & Bettina Scholler
Rebfläche
30 Hektar

BESUCHSZEITEN

Mo.-Fr. nach Vereinbarung,
Sa. 9-16 Uhr
Ferienwohnungen

Seit 1991 führen Helmut und Bettina Scholler dieses Weingut, das seit Jahrhunderten in Familienbesitz ist und seit 1889 den Namen Scholler trägt. Hauptrebsorten sind Riesling, Weißburgunder und Spätburgunder mit je 15 Prozent. Es folgen Müller-Thurgau, Silvaner und Sankt Laurent. Hinzugekommen sind zuletzt Chardonnay, Regent und noch mehr Sankt Laurent, rote Sorten nehmen inzwischen 30 Prozent der Weinberge von Helmut Scholler ein. Im Birkweiler Kastanienbusch wird Riesling und Spätburgunder auf Rotliegendem und Weißburgunder auf Buntsandsteinverwitterungsböden angebaut, im Mandelberg Riesling und Chardonnay auf Muschelkalk. Im Rosenberg mit seinen lehmigen und tonigen Böden wachsen Gewürztraminer, Weißburgunder, Spätburgunder und Sankt Laurent. Im Nussdorfer Herrenberg mit seinen Lössböden wachsen Silvaner, Riesling, Portugieser und Spätburgunder.

Kollektion

In diesem Jahr führen zwei Sekte und zwei bereits im vergangenen Jahr verkostete Weißweine das Sortiment an: Der „Blanc de Noirs"-Sekt vom Spätburgunder ist saftig und frisch mit etwas hefiger Würze, dezenter roter Frucht und feinem Säure-Spiel, der Rosé aus Spätburgunder und Cabernet Sauvignon zeigt klare, rote Beerenfrucht, ist fruchtbetont und frisch. Der Weißburgunder aus dem Kastanienbusch zeigt florale und kräutrige Würze, ist stoffig und schon leicht gereift, den Chardonnay aus dem Mandelberg notieren wir etwas tiefer als im vergangenen Jahr, da sich der hohe Alkoholgehalt doch bemerkbar macht. Der Grauburgunder aus dem Seligmacher und die Chardonnay-, Weißburgunder- und Sauvignon Blanc-Ortsweine sind reintönig und klar. Die beiden vorgestellten Rotweine enttäuschen, zeigen grüne und süßlich-säuerliche Noten, sind leicht unharmonisch und bleiben kurz.

Weinbewertung

85 2015 Spätburgunder und Cabernet Sauvignon Rosé Sekt brut **12,5 %/10,80 €**
85 2015 Spätburgunder „Blanc de Noirs" Sekt brut **13 %/10,80 €**
83 2016 Sauvignon Blanc trocken „Tonmergel" **11,5 %/6,50 €**
82 2016 Weißburgunder trocken „Sandstein" Birkweiler **13 %/6,- €**
83 2016 Chardonnay trocken „Kalkstein" Birkweiler **12,5 %/6,50 €**
82 2016 Riesling trocken „Rotliegendes" Birkweiler **11,5 %/6,- €**
84 2016 Grauburgunder trocken Ranschbacher Seligmacher **13 %/7,50 €**
85 2015 Weißburgunder trocken Birkweiler Kastanienbusch **14 %/7,90 €**
85 2015 Chardonnay trocken Birkweiler Mandelberg **15 %/8,90 €**
80 2016 Spätburgunder trocken „Blanc de Noirs" **12 %/6,- €**
78 2015 Merlot trocken „Kieselsandstein" **13 %/6,- €**
79 2014 Merlot Spätburgunder trocken Birkweiler Kastanienbusch **13 %/8,90 €**

S

SCHREIBER

★

KONTAKT

Johanneshof, 65239 Hochheim
Tel. 06146-9171, Fax: -61737
www.weingut-schreiber.de
info@weingut-schreiber.de

Inhaber
Uwe Schreiber
Rebfläche
9 Hektar
Produktion
60.000 Flaschen

BESUCHSZEITEN

Mo.-Fr. 10-19 Uhr, Sa. 10-16 Uhr

Vor allem Riesling baut das Weingut Schreiber an, ein mittelständischer Familienbetrieb, der seinen Sitz im Johanneshof in Hochheim am Main hat und heute von Uwe Schreiber geleitet wird. Auf den 9 Hektar Fläche stehen heute 75 Prozent der weißen Leitsorte des Anbaugebietes Rheingau, dazu 20 Prozent Spätburgunder (die Fläche wurde im Laufe der Zeit deutlich ausgeweitet) und etwas Weißburgunder und Merlot. Bewirtschaftet werden Parzellen in den Hochheimer Lagen Kirchenstück, Hölle, Reichestal, Stein, Berg und Stielweg. Im Keller spielt der Stahltank eine wichtige Rolle, allerdings werden in kleinem Umfang auch Barriques eingesetzt. Eine Spezialität des Hauses sind die Sekte aus eigener Produktion. Sie werden in den Geschmacksstufen extra trocken, brut, aber auch brut nature angeboten.

Kollektion

Die beiden Sekte sind gelungen, gegen die klare, präzise Art des Brut Nature, der in seinem Preissegment Maßstäbe setzt, hat der Brut mit seiner merklichen Süße das Nachsehen, ist aber auch empfehlenswert. Der Literriesling ist mild und süffig wie auch der sortentypische Weißburgunder. Der trockene Riesling aus Hochheim ist schlank, punktet mit klarer Frucht und straffer Säureader. Der Riesling von alten Reben ist duftiger, reifer und länger. Mit Substanz, Schmelz und Frische hat auch in diesem Jahr wieder das Erste Gewächs aus dem Kirchenstück unter den trockenen Rieslingen die Nase vorne. Der halbtrockene Riesling aus dem Stielweg ist mild und süffig, der fruchtige Kabinett saftig, zugänglich und ansprechend frisch. Der Spätburgunder ist würzig, mild, ansprechend fruchtbetont, der Merlot hingegen wirkt etwas eingekocht und überreif.

Weinbewertung

86 2015 Riesling Sekt brut nature Hochheimer Stein **13 %/9,- €**
84 2015 Riesling Sekt brut Hochheimer Stein **13 %/9,- €**
83 2016 Weißburgunder trocken Hochheimer Stein **12,5 %/8,50 €**
82 2016 Riesling trocken (1l) **12 %/5,- €**
83 2016 Riesling trocken Hochheimer Hölle **12 %/6,50 €**
85 2016 Riesling trocken „Alte Reben" Hochheimer Reichestal **12,5 %/8,- €**
86 2016 Riesling trocken Erstes Gewächs Hochheimer Kirchenstück **13 %/15,- €**
83 2016 Riesling Kabinett halbtrocken Hochheimer Stielweg **11 %/6,50 €**
82 2016 Riesling Kabinett Hochheim **9 %/5,90 €**
81 2016 Spätburgunder Rosé „feinherb" Hochheim **12 %/6,50 €**
82 2015 Spätburgunder trocken **13 %/8,90 €**
79 2015 Merlot trocken Hochheimer Hölle **13,5 %/12,50 €**

Dr. Schreiber

★

N

KONTAKT

Fronstraße 34
67550 Worms-Abenheim
Tel. 06242-2279
Fax: 06242-60032
www.weingutschreiber.de
mail@weingutschreiber.de

Inhaber
Dr. Andreas Schreiber
Rebfläche
14 Hektar
Produktion
120.000 Flaschen

BESUCHSZEITEN

nach Vereinbarung

Andreas Schreiber, der in Hohenheim Allgemeine Agrarwissenschaft studiert und promoviert hat, kümmert sich seit 2011 um sein eigenes Weingut in Abenheim bei Worms. Seine Weinberge liegen im Abenheimer Klausenberg, im Herrnsheimer Schloss sowie in Osthofen. Weiße Rebsorten dominieren im Anbau, vor allem Grauburgunder, Riesling, Weißburgunder und Sauvignon Blanc sowie andere Sorten wie Gewürztraminer, Silvaner oder Muskateller. An roten Sorten, die 40 Prozent der Rebfläche einnehmen, baut Andreas Schreiber eine breite Palette an Rebsorten wie Spätburgunder, Dornfelder, Portugieser, Merlot, Cabernet Sauvignon, Regent, St. Laurent und Syrah an.

Kollektion

Eine sehr gleichmäßige Kollektion präsentiert Andreas Schreiber zum Debüt, die weiß wie rot gleichermaßen überzeugt. Die weißen Gutsweine sind frisch und geradlinig: Der Sauvignon Blanc zeigt viel Duft, der Silvaner gefällt uns in diesem Segment am besten, er ist würzig, fruchtbetont und zupackend. Deutlich kraftvoller sind die Ortsweine der S-Linie. Der Abenheimer Riesling ist fruchtbetont und frisch, zeigt etwas Zitrus und Pfirsiche, ist klar und zupackend im Mund bei feiner süßer Frucht. Der Weißburgunder aus Herrnsheim ist würzig und eindringlich, klar, füllig und saftig-süffig. Der Osthofener Sauvignon Blanc zeigt viel Duft und florale Noten im Bouquet, ist frisch und saftig im Mund, besitzt viel reife süße Frucht. Dies gilt auch für den Riesling aus dem Weinberg an der Kapelle, der Fülle und Saft besitzt, gute Konzentration und eine feine Gelbfruchtaromatik. Der Spätburgunder Exclusive ist fruchtbetont, betont süffig, der Portugieser von alten Reben besitzt Fülle, Kraft und klare Frucht, der im Barrique ausgebaute, leicht gewürzduftige Spätburgunder besitzt viel reife Frucht und Substanz. –

Weinbewertung

82	2016 Grüner Silvaner trocken **12,5 %/5,70 €**
80	2016 Grauer Burgunder trocken **12,5 %/5,80 €**
81	2016 Sauvignon Blanc trocken **13 %/6,50 €**
83	2016 Riesling „S" trocken Abenheimer **12,5 %/5,90 €**
83	2016 Weißburgunder „S" trocken Herrnsheimer **12,5 %/6,70 €**
84	2016 Sauvignon Blanc „S" trocken Osthofener **12,5 %/7,20 €**
84	2016 Riesling „S" trocken „Kapelle" **12,5 %/8,70 €**
80	2016 Spätburgunder „Blanc de Noir" **12 %/5,70 €**
83	2016 Gelber Muskateller **10,5 %/6,30 €**
82	2016 Spätburgunder trocken „Exclusive" **12,5 %/6,70 €**
84	2016 Portugieser trocken „Select alte Reben" **13,5 %/9,20 €**
85	2014 Spätburgunder trocken Barrique **12,5 %/11,70 €**

SCHREIBER-KIEBLER

★

KONTAKT

Hauptstraße 42
55270 Klein-Winternheim
Tel. 06136-89219
Fax: 06136-88427
www.schreiber-kiebler.de
weingut@schreiber-kiebler.de

Inhaber
Familie Schreiber-Kiebler
Rebfläche
10 Hektar

BESUCHSZEITEN

Mo.-Fr. 9-19 Uhr, Sa. 9-18 Uhr

Franz und Brigitte Kiebler werden heute im Betrieb unterstützt von Sohn Stephan und dessen Ehefrau Romy, die aus einem Ökoweingut stammt, über den Umweg als Konditorin und Patissière doch noch zum Wein und zurück in die Heimat kam und seit 2011 für die Vinifikation verantwortlich ist. Die Reben wachsen in den Lagen Klein-Winternheimer Geiershölle (Tonböden mit Kalksteineinlagen), Hahnheimer Moosberg und Sörgenlocher Moosberg (Lehmböden mit hohem Anteil an Kalksteinen) sowie im Ober-Olmer Kapellenberg. Riesling und Müller-Thurgau sind derzeit mit einem Anteil von je einem Fünftel die meist angebauten Rebsorten, es folgen Chardonnay, Morio-Muskat und Regent, dann Portugieser, Silvaner, Weißburgunder, Spätburgunder, Dornfelder und St. Laurent. Flaschenausstattung und Vinothek wurden neu gestaltet, die Spitzenweine des Sortiments werden mit den Weinbergskoordinaten versehen, sowohl Riesling als auch Spätburgunder stammen aus dem Moosberg, der Riesling aus Hahnheim, der Spätburgunder aus Sörgenloch.

Kollektion

Auch in diesem Jahr ist die Kollektion sehr gleichmäßig und zuverlässig. Im weißen Segment überzeugt einmal mehr der Moosberg-Riesling, der Fülle und Kraft, reife Frucht und gute Substanz besitzt. Noch ein klein wenig besser gefällt uns der Chardonnay aus dem Kapellenberg, der viel Fülle und Substanz besitzt. Unser roter Favorit ist wie im Vorjahr der Spätburgunder aus dem Moosberg. Der im Vorjahr schon vorgestellte sehr gute 2014er wird noch übertroffen von seinem druckvollen, zupackenden Jahrgangsnachfolger.

Weinbewertung

82	2016 Silvaner trocken Ober-Olmer Kapellenberg **12,5 %/5,40 €**
80	2016 Weißer Burgunder trocken Sörgenlocher Moosberg **13 %/5,20 €**
81	2016 Grauer Burgunder trocken Ober-Olmer Kapellenberg **13 %/6,90 €**
79	2016 Spätburgunder „Blanc de Noir" trocken Sörgenl. Moosberg **12,5 %/5,20 €**
84	2016 Riesling trocken Hahnheimer Moosberg **13 %/8,20 €**
85	2016 Chardonnay Auslese trocken Ober-Olmer Kapellenberg **14 %/11,30 €**
82	2016 Riesling „süß-fruchtig" Ober-Olmer Kapellenberg **10,5 %/5,80 €**
79	2016 Chardonnay Classic **12,5 %/5,50 €**
81	2016 Morio-Muskat (Wildrose) Klein-Winternheimer Geiershölle **11,5 %/5,40 €**
82	2014 Portugieser trocken **13 %/6,- €**
80	2015 Portugieser trocken Klein-Winternheimer Geiershölle **13 %/6,- €**
81	2014 Saint Laurent trocken Ober-Olmer Kapellenberg **13 %/6,60 €**
83	2015 Saint Laurent trocken Ober-Olmer Kapellenberg **13,5 %/6,60 €**
85	2014 Spätburgunder trocken Sörgenlocher Moosberg **13,5 %/9,50 €**
86	2015 Spätburgunder trocken Sörgenlocher Moosberg **13,5 %/9,50 €**

Arno Schröder

★

KONTAKT

Alzeyer Straße 42
55234 Wahlheim
Tel. 06731-43322
Fax: 06731-948087
www.schroeder-wein.de
info@schroeder-wein.de

Inhaber
Arno & Patrick Schröder
Rebfläche
10 Hektar
Produktion
30.000 Flaschen

BESUCHSZEITEN

nach Vereinbarung

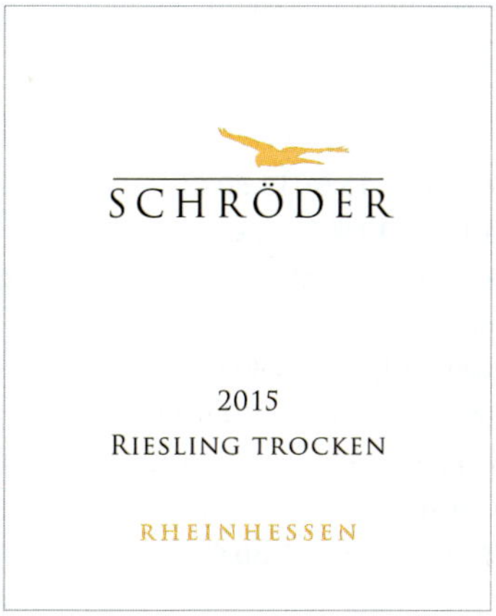

Arno Schröder richtete den einstigen landwirtschaftlichen Gemischtbetrieb zusammen mit Ehefrau Helga ganz auf Wein aus. Heute führt er das Weingut zusammen mit seinem Sohn Patrick, der in Geisenheim Weinbau und Önologie studiert hat. Ihre Weinberge liegen in der Wahlheimer Lage Schelmen, im Esselborner Goldberg, aber auch in Freimersheim und Kettenheim, die Reben wachsen hier überwiegend auf sehr kalkhaltigen Böden. In den Alzeyer Lagen Rotenfels, Kapellenberg und Wartberg sowie in der Weinheimer Hölle herrschen rotliegende Buntsandstein- und Magmatit-Verwitterungsböden vor. Riesling und die Burgundersorten dominieren im Betrieb, hinzu kommen Dornfelder, Silvaner und Müller-Thurgau, sowie vor allem weitere rote Rebsorten wie Portugieser, Regent, Cabernet Dorsa oder Merlot.

Kollektion

Beim guten Debüt im vergangenen Jahr war der 2015er Weißburgunder aus dem Wahlheimer Schelmen unser Favorit. In diesem Jahr folgt eine stimmige Kollektion nach, auch ohne Weißburgunder. Die Gutsweine sind geradlinig und frisch, spannender wird es dann im Mittelsegment, wobei 2016 bei Arno und Patrick Schröder ganz klar die Rieslinge den Ton angeben, trocken und süß. Der feinherbe Riesling ist klar und süffig, die Spätlese aus dem Rotenfels besitzt reintönige Frucht und Biss. Bei der Auslese erfährt man leider nicht aus welcher Lage sie stammt, sie zeigt gute Konzentration, feine Würze, etwas Litschi, besitzt feine Frische und Frucht, Säure und Biss. Der trockene Riesling 270NN ist würzig und klar im Bouquet, frisch und zupackend im Mund bei guter Struktur. Unser Favorit in der 2016er Kollektion aber ist der trockene Riesling aus der Weinheimer Hölle, der gute Konzentration und reife Frucht im Bouquet zeigt, füllig und saftig im Mund ist, reife Frucht besitzt, gute Struktur und Substanz.

Weinbewertung

81 2016 Riesling trocken **12 %/5,30 €**
81 2016 Grauburgunder trocken **12,5 %/5,50 €**
83 2016 Riesling trocken „270NN" **11,5 %/6,30 €**
82 2016 Chardonnay „S" trocken **12,5 %/7,- €**
86 2016 Riesling trocken Weinheimer Hölle **13,5 %/9,90 €**
82 2016 Riesling „feinherb" **11 %/5,- €**
83 2016 Riesling Spätlese Alzeyer Rotenfels **7,5 %/6,20 €**
85 2016 Riesling Auslese **7 %/9,50 €**
81 2016 Merlot Rosé „feinherb" **10,5 %/4,90 €**

Martin Schropp

★☆

KONTAKT

Straßenäcker 1
74235 Erlenbach
Tel. 07132-7644
Fax: 07132-5553
www.schroppwein.de
weingut@schroppwein.de;
vertrieb@schroppwein.de

Inhaber
Martin Schropp
Rebfläche
13 Hektar

BESUCHSZEITEN

Mo.-Fr. 15-18 Uhr, Sa. 8-18 Uhr
oder nach Vereinbarung
Besenwirtschaft „Schroppbesen"

Hermann Schropp pflanzte die ersten Reben, sein Sohn Martin konzentrierte sich mehr und mehr auf Weinbau, 1992 dann übernahm Enkel Martin den Betrieb und spezialisierte sich ganz auf Wein. Der Hof und das Gros der Weinberge liegen in Erlenbach-Binswangen in der Lage Erlenbacher Kayberg, des Weiteren ist man im Neckarsulmer Scheuerberg vertreten. 70 Prozent der Fläche nehmen rote Rebsorten ein. Hauptrebsorten sind Lemberger, Trollinger, Muskat-Trollinger und Riesling, hinzu kommen Sorten wie Weiß- und Grauburgunder, Gewürztraminer und Cabernet Blanc, aber auch Zweigelt, Samtrot und Cabernet Mitos. Die Weine werden teils im Edelstahl, teils im Holz und Barrique ausgebaut.

Kollektion

Mit der neuen Kollektion schließt Martin Schropp an die guten Vorjahreskollektionen an, einmal mehr präsentieren sich Weißweine wie Rotweine sehr geschlossen auf gleichmäßig gutem Niveau. Der Sandstein-Riesling ist würzig und frisch, fruchtbetont und geradlinig, der Weißburgunder füllig und süß, der Cabernet Blanc frisch, klar und zupackend, der Gewürztraminer besitzt viel reintönige süße Frucht. Unser Favorit im weißen Segment ist der Sonderling, ein Neuzugang im Programm von Martin Schropp, den man auch als Grauburgunder Rosé bezeichnen könnte, ein duftiger, eigenwilliger Wein, der im Mund enorm druckvoll ist. Der süffige reintönig Muskattrollinger Weißherbst ist etwas für süße Schlecker, der halbtrocken ausgebaute Merlot Rosé auch, er ist klar und zupackend, besitzt feine Frucht. Der Basis-Lemberger ist frisch, klar und zupackend, unser Favorit im roten Segment ist aber ganz klar der im Holz ausgebaute Lemberger. Er zeigt gute Konzentration im Bouquet, etwas Gewürze und reife Frucht, ist füllig und kraftvoll im Mund, besitzt reintönige reife Frucht, gute Struktur und Frische. —

Weinbewertung

83	2016 Riesling „Sandstein" Erlenbacher Kayberg **13 %/13,80 €**
82	2016 Weißer Burgunder Erlenbacher Kayberg **13 %/8,50 €**
83	2016 Cabernet Blanc Erlenbacher Kayberg **13 %/13,80 €**
85	2016 Grauburgunder „Sonderling" Erlenbacher Kayberg **14 %/17,- €**
84	2016 Gewürztraminer Erlenbacher Kayberg **12,5 %/13,80 €**
82	2016 Muskat-Trollinger Weißherbst Erlenbacher Kayberg **11 %/7,20 €**
83	2016 Merlot Rosé Erlenbacher Kayberg **11 %/8,50 €**
82	2015 Lemberger trocken Erlenbacher Kayberg **12,5 %/7,20 €**
85	2015 Lemberger Holzfass Erlenbacher Kayberg **13 %/9,80 €**

SCHROTH

★★

KONTAKT

Auweg 42
67269 Asselheim
Tel. 06359-8015251
Fax: 06359-8015257
www.weingut-schroth.de
michael@weingut-schroth.de

Inhaber
Michael Schroth
Rebfläche
19 Hektar
Produktion
130.000 Flaschen

BESUCHSZEITEN

Mo.-Sa. 9-17 Uhr, So. nach Vereinbarung; März/April/Aug./Sept. Vinothek Sa./So. 13-20 Uhr

Michael Schroth führt heute mit seiner Frau und seinem Vater in zweiter Generation dieses Asselheimer Weingut. Ausgebildet wurde er in Bissersheim bei Siegel Heilmann und bei Bassermann-Jordan in Deidesheim, die Meisterschule beendete er im Jahr 2002. Die Weinberge liegen in den Asselheimer Lagen St. Stephan, Höllenpfad und Goldberg, die Reben wachsen auf kalkreichen Lehmböden. Die weißen Sorten werden größtenteils im Edelstahl ausgebaut (die Lagenweine auch im Barrique); Rotweine werden maischevergoren und teils im Barrique und Holzfass, teils im Edelstahl ausgebaut. Die Parzellen der Gutsweine werden mit der Maschine gelesen, die Ortsweine werden auf einen Ertrag von 5.000 Liter pro Hektar reduziert und von Hand gelesen.

Kollektion

Michael Schroth präsentiert uns in diesem Jahr eine Kollektion auf gleichmäßig gutem Niveau, ob rot, weiß oder Sekt, alle Weine überzeugen. Die Rotweine sind alle kraftvoll und stoffig mit dunkler Frucht und gut dosierten Rötnoten, unser Favorit ist der reintönige Cabernet Sauvignon, der Noten von schwarzen Johannisbeeren, grüner Paprika und Lakritze zeigt und gute Struktur und Länge besitzt, der Merlot und der Spätburgunder zeigen Noten von Schwarzkirsche und Mokka, die Cuvée Handgemacht ist noch deutlich vom Holz geprägt und der Dornfelder gehört mit seinen Noten nach Pflaumen und Schwarzkirschen zu den besten Vertretern der Rebsorte in der Pfalz. Das weiße Segment wird angeführt vom eindringlichen, sehr fruchtbetonten Réserve-Riesling, aber der schon leicht gereifte 2014er Goldberg-Riesling und die reintönigen Sauvignon Blanc, Weißburgunder und Grauburgunder stehen ihm kaum nach, der Sekt zeigt rauchige Würze und besitzt Frische. ▬

Weinbewertung

86 „Handgeformt Cuvée" Sekt brut **12,5 %/13,90 €**
86 2015 Grauer Burgunder Asselheimer St. Stephan **13,5 %/8,90 €**
86 2015 Weißburgunder trocken Asselheimer St. Stephan **12,5 %/8,90 €**
85 2015 Chardonnay trocken Asselheimer St. Stephan **13,5 %/8,90 €**
86 2016 Sauvignon Blanc trocken „Réserve" Asselheimer Goldberg **13,5 %/11,40 €**
86 2014 Riesling trocken Asselheimer Goldberg **13 %/11,40 €**
87 2015 Riesling trocken „Réserve" Asselheimer Goldberg **13 %/14,90 €**
86 2014 „Handgemacht Cuvée rot" trocken „unflititriert" **14 %/17,40 €**
85 2015 Dornfelder trocken „unfiltriert" Asselheimer Höllenpfad **13,5 %/11,40 €**
86 2015 Merlot trocken „unfiltriert" Asselheimer St. Stephan **14 %/15,90 €**
87 2015 Cabernet Sauvignon trocken „unfiltriert" St. Stephan **14,5 %/15,90 €**
86 2015 Spätburgunder trocken „unfiltriert" Asselheimer Goldberg **14 %/15,90 €**

C. von Schubert

★★★★

KONTAKT

Maximin Grünhaus
54318 Mertesdorf
Tel. 0651-5111
Fax: 0651-52122
www.vonschubert.com
info@vonschubert.com

Inhaber
Maximin von Schubert
Geschäftsführer
Dr. Carl-Ferdinand von Schubert
Rebfläche
34 Hektar
Betriebsleiter
Stefan Kraml
Produktion
150.000 Flaschen

BESUCHSZEITEN

Mo.-Fr. 8:15-12 + 13-16:30 Uhr, Sa. 9-12 Uhr oder nach Vereinbarung

Jahrhunderte lang war das Gut im Besitz der Benediktinerabtei Sankt Maximin in Trier. Nach der Säkularisation kam der Betrieb zunächst unter französische Verwaltung, 1810 wurde das Gut an den ersten weltlichen Besitzer verkauft. 1882 kaufte Carl Ferdinand Freiherr von Stumm-Halberg den Besitz, den er seiner Tochter Ida am Tage ihrer Hochzeit mit Conrad von Schubert schenkte. Heute führt Carl-Ferdinand von Schubert in fünfter Generation den Betrieb. Die Weinberge befinden sich in einer arrondierten Lage auf der linken Seite der Ruwer. Alle drei Teile dieser Lage, Bruderberg, Herrenberg und Abtsberg, gehören ihm im Alleinbesitz. Der 14 Hektar große Abtsberg besteht im Untergrund aus blauem Devonschiefer, im Herrenberg, 19 Hektar groß, dominiert roter Devonschiefer. Der nur 1,1 Hektar große Bruderberg hat als direkter Nachbar des Abtsbergs ebenfalls blauen Schieferboden. Lange Jahre hatte man nur Riesling angebaut, 2004 wurde dann ein Hektar im Herrenberg mit Weißburgunder bepflanzt, inzwischen legte man einen weiteren Hektar Weißburgunder dort an, 2007 wurde eine erste, 90 Ar große Parzelle im Abtsberg mit Spätburgunder bepflanzt, 2011 eine zweite, 30 Ar groß. Die Weine werden mit ihren natürlichen Hefen vergoren, teils im klassischen Fuder, teils in kleinen Edelstahltanks. Bei den trockenen Weinen wird seit einigen Jahren auf Prädikatsangaben verzichtet. Neben dem Gutsriesling gibt es die beiden Lagenrieslinge (bis 2009 Kabinett trocken) und die beiden Weine von alten Reben (bis 2007 Spätlese trocken). Erstmals 2009 wurde der Fusion genannte Riesling erzeugt, der in Barriques aus Grünhaus-Eiche ausgebaut wird, fast zwei Jahre auf der Vollhefe bleibt, dann weitere zwei Jahre auf der Flasche, bevor er in den Verkauf kommt. An der Spitze des feinherben Teils des Sortiments stehen die beiden Superior-Weine, die mit dem Jahrgang 2005 eingeführt wurden. Wie nur bei wenigen anderen Weingütern in Deutschland, zeigen die Weine von Carl-Ferdinand von Schubert eine klare, unverwechselbare Handschrift, sind wieder erkennbar. Sie sind kraftvoll und mineralisch, in ihrer Jugend oft etwas streng und verschlossen, selbst die nominell einfachen Rieslinge sind von bemerkenswerter Struktur.

Kollektion

Im vergangenen Jahr hatte das Weingut spannende, vielschichtige Weine vorgestellt, vom Sekt aus 2013 über die Großen Gewächse bis zu den Auslesen, sogar der Spätburgunder machte mit seiner Eleganz Freude. 2016 ist fast noch interessanter ausgefallen. Die trockenen oder fast trockenen Weine begeistern, nicht nur die Rieslinge, sondern auch die Weißburgunder. Der Pinot Blanc Réserve ist bestens balanciert, besitzt

S

Eleganz und Frucht, ist lang und präzise. Die beiden Großen Gewächse gehören zwar nicht zu den expressivsten Weinen ihrer Art, besitzen aber eine faszinierende Würze. Immer deutlicher wird, dass sich das Weingut auch auf große trockene Weine versteht, auch wenn die mit Schmelz aufwartenden Superior-Rieslinge noch immer eine Stärke sind. Jener aus dem Abtsberg ist etwas verhaltener als sein Pendant aus dem Herrenberg, aber auch kraftvoller und vielschichtiger. Die süßen Weine beeindrucken auch in diesem Jahr nicht weniger. Unter den beiden Spätlesen liegt der Abtsberg leicht an der Spitze, die Kabinette sehen wir gleichauf, wobei der Abtsberg etwas verschlossener wirkt. Exzellent ausgefallen sind die beiden Versteigerungsweine. Ein Kabinett, der Understatement beweist und enorm straff, frisch, fest ist, mit dem typischen, von wilden Kräutern geprägten Stil, wie man ihn in diesem Weingut seit Jahrzehnten kennt. Die Auslese dann zeigt eine deutlich reifere Aromatik, inklusive Steinobst, gehackten Kräutern, Spuren von gebackenem Apfel und Cassis: straff, würzig, elegant. Der Eiswein wird zwar nicht versteigert, ist aber ebenfalls ein Highlight, von kühler Frucht und Anklängen an Kräuter geprägt, nicht extrem süß, dabei sehr präzise und lang – man möchte ihn sofort trinken, aber er dürfte sich über Jahrzehnte entwickeln.

Weinbewertung

87	2016 Pinot Blanc Maximin Grünhäuser	**12 %/10,90 €**
88	2016 Pinot Blanc Réserve Maximin Grünhäuser	**13 %/14,90 €**
85	2016 Riesling Maximin	**11 %/8,40 €**
87	2016 Riesling „Monopol" Maximin Grünhäuser	**11,5 %/10,90 €**
88	2016 Riesling „Alte Reben" Maximin Grünhäuser	**11,5 %/15,90 €**
91	2016 Riesling trocken „GG" Maximin Grünhäuser Herrenberg	**11,5 %/24,90 €**
91	2016 Riesling trocken „GG" Maximin Grünhäuser Abtsberg	**12 %/27,90 €**
89	2016 Riesling „Superior" Maximin Grünhäuser Herrenberg	**11,5 %/24,90 €**
91	2016 Riesling „Superior" Maximin Grünhäuser Abtsberg	**11 %/27,90 €**
87	2016 Riesling Kabinett Maximin Grünhäuser Bruderberg	**7,5 %/13,90 €**
89	2016 Riesling Kabinett Maximin Grünhäuser Herrenberg	**7,5 %/14,90 €**
89	2016 Riesling Kabinett Maximin Grünhäuser Abtsberg	**7,5 %/15,90 €**
92	2016 Riesling Kabinett Maximin Grünhäuser Abtsberg	**7 %/Vst.**
91	2016 Riesling Spätlese Maximin Grünhäuser Abtsberg	**7 %/17,90 €** ☺
90	2016 Riesling Spätlese Maximin Grünhäuser Herrenberg	**7 %/16,90 €**
92+	2016 Riesling Auslese Maximin Grünhäuser Herrenberg	**7 %/Vst.**
95	2016 Riesling Eiswein Maximin Grünhäuser Herrenberg	**7 %/75,- €/0,375l**
87	2015 Pinot Noir trocken Maximin Grünhäuser	**13,5 %/32,- €**

LAGEN

ABTSBERG
(MAXIMIN GRÜNHAUS)
HERRENBERG
(MAXIMIN GRÜNHAUS)
BRUDERBERG
(MAXIMIN GRÜNHAUS)

REBSORTEN

RIESLING (90 %)
WEISSBURGUNDER (6 %)
SPÄTBURGUNDER (4 %)

Schumacher

★★★

KONTAKT

Hauptstraße 40
67273 Herxheim am Berg
Tel. 06353-93590
Fax: 06353-935922
www.schumacher-weine.de
weingut-schumacher@t-online.de

Inhaber
Annetrud Franke
Gutsverwalter
Martin Leyh
Rebfläche
7 Hektar
Produktion
35.000 Flaschen

BESUCHSZEITEN

Mo.+Fr. 14-17 Uhr, Sa. 10-14 Uhr

Die Weinberge von Annetrud Franke liegen vor allem in Herxheim. Die Spitzen des Sortiments stammen aus dem ursprünglichen Herxheimer Himmelreich, einer 3,5 Hektar großen Lage unmittelbar beim Weingut, die von einer bis zu 5 Meter hohen Kalk- und Buntsandsteinmauer umgeben ist. Nach der Ausweitung des Lagennamens Himmelreich 1971 wurden die Weine aus diesem Weinberg mit dem Zusatz „Garten" versehen, aktuell hat die Aufsichts- und Dienstleistungsdirektion die Verwendung dieses Begriffs allerdings untersagt, wie auch den Begriff „Felsenberg" für Weine aus einer Teillage des Honigsacks. Bis auf weiteres tragen die Weine aus dem „Garten" so die Kennzeichnungen „G" und „GR" (für die Reserve). Im Himmelreich herrschen mineralstoffreiche Kalkböden vor, mit einer sandigen Lehmauflage im „Garten". Weitere Weinberge besitzt das Weingut im Herxheimer Honigsack (sandiger Lehm auf Kalkgeröll), im Kallstadter Saumagen (Muschelkalk), im Dirmsteiner Herrgottsacker (Lösslehm) und im Freinsheimer Musikantenbuckel (lehmiger Sand).

Kollektion

Schon im vergangenen Jahr hatten wir festgestellt, dass den Rieslingen etwas ihre gewohnte Präsenz und Brillanz fehlt, was sich in diesem Jahr fortsetzt, die Rieslinge sind eher zurückhaltend in der Frucht und wir vermissen etwas den Säure-Grip, der den Weinen mehr Lebendigkeit und Frische verleihen würde, der „GR" ist nicht ganz durchgegoren, zeigt etwas rauchige Noten und besitzt Fülle und leicht süße Frucht. Sehr reintönig sind die weißen Burgunder mit einem sehr guten Auxerrois an der Spitze, der Konzentration besitzt und klare Frucht und feine röstige Würze zeigt. Die drei Spätburgunder zeigen rote Frucht und Noten von Kakao, „G" und „GR" sind gut strukturiert, der 2013er „GR" zeigt aber auch schon leichte Reifenoten und etwas Trockenfrüchte.

Weinbewertung

87 2015 Spätburgunder „Blanc de Noir" Crémant „Dosage Zéro" **13 %/14,50 €**
85 2016 Grauburgunder trocken **12,5 %/9,- €**
85 2016 Weißburgunder trocken **12 %/9,- €**
86 2016 Weißburgunder trocken Herxheimer Himmelreich **12 %/12,- €**
87 2016 Auxerrois trocken Herxheimer Himmelreich **13,5 %/16,- €**
86 2016 Riesling trocken Kallstadter Saumagen **12,5 %/12,- €**
86 2016 Riesling trocken Herxheimer Himmelreich **12 %/12,- €**
87 2016 Riesling trocken „G" Herxheimer Himmelreich **12,5 %/16,- €**
88 2016 Riesling „GR" Herxheimer Himmelreich **12,5 %/21,- €**
87 2014 Spätburgunder trocken Dirmsteiner Herrgottsacker **13 %/13,- €**
89 2014 Spätburgunder trocken „G" Herxheimer Himmelreich **13,5 %/23,- €**
89 2013 Spätburgunder trocken „GR" Herxheimer Himmelreich **14 %/34,- €**

PAUL SCHUMACHER

★★★

KONTAKT

Marienthaler Straße 6
53474 Marienthal
Tel. 02641-4345
Fax: 02641-359419
www.weingut-ps.de
ps-info@weingut-ps.de

Inhaber
Paul Schumacher
Rebfläche
4,8 Hektar
Produktion
20.000 Flaschen

BESUCHSZEITEN

Mo.-Do. 9-12 Uhr, Fr.-So. 10-12 Uhr oder nach Vereinbarung
Straußwirtschaft Mai, Sept., Okt., Sa. + So. ab 12 Uhr

Paul Schumacher hat zunächst für andere und nur im Nebenerwerb für sich selbst Wein gemacht, bevor er die Gebäude des ehemaligen Winzervereins Marienthal bezog und sich auf sein eigenes Weingut konzentrierte. Seine Weinberge liegen unter anderem im Walporzheimer Kräuterberg, im Marienthaler Trotzenberg und im Ahrweiler Silberberg. Inzwischen ist Paul Schumacher auch am Mittelrhein vertreten, in Leutesdorf baut er auf einem halben Hektar Riesling an. Er baut vor allem Spätburgunder an, der 70 Prozent der Rebfläche einnimmt, aber auch Frühburgunder und Riesling, sowie ein klein wenig Merlot und Cabernet Sauvignon. Zwei Drittel der Reben sind über 40 Jahre, die ältesten sind 75 Jahre alt. Aufgrund der steigenden Nachfrage kauft er seit 2005 auch Trauben von anderen Winzern zu. Im Keller arbeitet er mit offener Maischegärung (8 bis 14 Tage), teilweise mit Kaltmaceration, langen Maischestandzeiten, Mostentzug, Spontangärung und Holzfassausbau, ein Teil der Weine wird ohne Filtration abgefüllt.

Kollektion

Die neue Kollektion ist stark, wobei die Spitzen wie gewohnt im roten Segment zu finden sind, wobei auch Riesling und Blanc de Noir eine gute Figur machen. Die 2015er Rotweine überzeugen schon in der Basis, Spätburgunder und Frühburgunder sind reintönig und zupackend. Der Frühburgunder Allegria besitzt gute Struktur und reintönige Frucht, der Carpe Diem-Spätburgunder ist herrlich frisch und zupackend. Der PurPinot überzeugt wie gewohnt mit viel reintöniger Frucht. Eine weitere klare Steigerung kommt dann mit den Lagen-Spätburgundern. Der Trotzenberg zeigt reintönige Frucht und feine Frische, ist klar und präzise im Mund, druckvoll, wunderschön reintönig. Klar die Nase vorne aber hat der Wein aus dem Kräuterberg, der faszinierendste Kräuterberg, den Paul Schumacher bisher erzeugt hat. Er ist reintönig und konzentriert, frisch und zupackend, enorm strukturiert, druckvoll, präzise, noch sehr jugendlich. —

Weinbewertung

82 2016 Riesling „Rheinspiel" Leutesdorf **11,5 %/9,- €**
83 2016 Spätburgunder „Blanc de Noir" **11,5 %/9,- €**
84 2015 Spätburgunder **13 %/9,- €**
84 2015 Frühburgunder **13 %/13,50 €**
86 2015 Spätburgunder „Carpe Diem" **13,5 %/12,50 €**
86 2015 Frühburgunder „Allegria" **13 %/20,- €**
87 2015 Spätburgunder „PurPinot" **13,5 %/20,- €**
89 2015 Spätburgunder Marienthaler Trotzenberg **13,5 %/26,- €**
91 2015 Spätburgunder Walporzheimer Kräuterberg **13,5 %/42,- €**

Schumacher

★

N

KONTAKT

Am Moselstausee 32
56858 St. Aldegund
Tel. 06542-900788
Fax: 06542-900789
joachim-schumacher@
vinotheca-sutoris.de
www.vinotheca.sutoris.de

Inhaber
Joachim Schumacher
Rebfläche
3 Hektar

BESUCHSZEITEN

nach Vereinbarung

St. Aldegund ist nicht unbedingt das, was man einen aufstrebenden Weinort nennen kann. Nur wenige Winzer im Städtchen haben Ambitionen. Joachim Schumacher ist einer von ihnen und hat sich seit einigen Jahren nicht nur auf Riesling, sondern auch auf Rotwein spezialisiert. Spätburgunder, Frühburgunder und Schwarzriesling, aber auch Merlot und Cabernet Sauvignon sind vorhanden. Er erzeugt sehr individuelle Weine, oft spontan vergoren, spät gefüllt, teilweise mit üppiger Frucht und Würze. Die besten brauchen Zeit, bevor sie sich voll entfalten, sie entwickeln sich dann aber auch gut. Das Barrique spielt vor allem für Rotwein eine Rolle, wurde aber auch schon für Riesling genutzt. Auch mit schwefelfreien Weinen experimentiert Joachim Schumacher. Die Weine tragen lateinische Bezeichnungen.

Kollektion

Es wurden Rieslinge und Rotweine aus den Jahrgängen 2014 und 2015 vorgestellt, darunter eine kräuterwürzige, nach Pfirsichschale duftende trockene Auslese aus dem Neefer Frauenberg, die durchaus interessant wirkt. Ihr deutlich süßeres Pendant namens „Gratianus" zeigt Noten von Aprikose und Kräutern, wirkt am Gaumen ganz leicht malzig. Unter den Rotweinen gefällt beispielsweise die im Barrique gereifte Cuvée „Aus Pinot-X wird P-X!", eine Cuvée aus Spät- und Frühburgunder sowie Pinot Negro (Pinot Meunier bzw. Schwarzriesling) mit klarer Frucht und Anklängen an Maulbeere und Tabak. Der leicht rauchige, üppige „Valentinianus" ist eine durchaus eigenwillige Interpretation des Spätburgunders, eher kraftvoll als elegant. Von den beiden Cuvées aus Cabernet Sauvignon und Merlot ist der eine ein reiner Ablaufwein, der warme Frucht zeigt und eine schöne Frucht aufweist, während der andere ohne Schwefelzusatz ausgebaut wurde und eigenwillig, aber interessant ist. ▬

Weinbewertung

82	2015 Riesling Kabinett trocken „Facil" **10,5 %/8,50 €**
83	2014 Riesling trocken „Antik" **11,5 %/8,50 €**
86	2014 Riesling Auslese trocken „Probus" Neefer Frauenberg **12,5 %/14,50 €**
84	2015 Riesling Spätlese „feinherb" „Devon" **10 %/9,50 €**
86	2014 Riesling Auslese „Gratianus" Neefer Frauenberg **11 %/34,50 €/0,5l**
86	2015 Riesling Auslese „Augustus" Neefer Frauenberg **8 %/14,50 €**
86	2015 „Aus Pinot-X wird P-X" Rotwein trocken Barrique **13 %/12,50 €**
86	2015 Spätburgunder Auslese trocken „Valentinianus" Frauenberg **13,5 %/36,50 €**
85	2015 Frühburgunder trocken Barrique „Commodus" **14 %/32,50 €**
86	2015 Cabernet Sauvignon x Merlot trocken Barrique „Ablauf" **13 %/24,50 €**
84	2015 Cabernet Sauvignon x Merlot trocken Barrique „schwefelfrei" **13 %/24,50 €**

VINOTHECA SUTORIS

BETTINA SCHUMANN

★★

N

KONTAKT

Weinhaus Bettina Schumann
Lilienstraße 9
79353 Bahlingen am Kaiserstuhl
Tel. 0160-92146529
www.schumann-wein.com
frau@schumann-wein.de

Inhaber
Bettina Schumann
Rebfläche
6 Hektar
Produktion
60.000 Flaschen

BESUCHSZEITEN

nach Vereinbarung

Bettina Schumann, gebürtige Berlinerin, studierte in Geisenheim, erwarb zusätzlich ein Diplom der Partner-Universität Udine. 2009 wurde sie Betriebsleiterin beim Weingut Zimmerlin in Bötzingen am Kaiserstuhl. 2010 gründete sie zusammen mit ihrem damaligen Partner das Weinhaus Rabe. 2015 gab sie die Stelle als Betriebsleiterin auf, arbeitet seither als önologische Beraterin, gleichzeitig gründete sie das Weinhaus Schumann, erzeugte mit dem Jahrgang 2015 ihre ersten Weine. Die Trauben kauft sie von Partnerwinzern zu, produziert werden die Weine in Königschaffhausen in den Räumen der ehemaligen St. Katharinen-Kellerei. Sie konzentriert sich bisher ganz auf die Burgundersorten, erzeugt zu jeweils etwa einem Drittel Weißburgunder, Grauburgunder und Spätburgunder. Die Weinnamen zeugen von ihrer Berliner Herkunft, die Etiketten von ihrer zweiten Passion, auf allen sind Schuhe abgebildet.

Kollektion

Ein ganz starkes Debüt! Die Kollektion zeigt eine klare Handschrift, Bettina Schumann setzt auf Frische und Frucht – von Gefälligkeit aber findet man keine Spur, die Weine besitzen gute Struktur, sind reintönig und zupackend. So wie beispielsweise der Weißburgunder, der herrlich konzentriert und klar ist, oder der Spätburgunder Rosé Mittenmang, der intensiv rote Früchte zeigt, frisch und zupackend ist. Famose Schose ist der Name für einen reintönigen, kraftvollen, fülligen Grauburgunder, aber auch für einen Rosé, ebenfalls aus Grauburgunder – und er trägt die Bezeichnung Rosé zurecht, ist kraftvoll, stoffig, druckvoll, herrlich zupackend. Nur in der Magnum gibt es einen weiteren Rosé, Chaiselongue genannt und „standardgemäß" vom Spätburgunder gekeltert, ein fruchtintensiver, zupackender Wein. Der Clou vom Ganzen, ist ein klasse Grauburgunder, zeigt gute Konzentration, intensive Frucht, besitzt viel Fülle, Kraft und Substanz. Der Spätburgunder Achtkantig ist fruchtbetont, klar, frisch, zupackend, der Haute Volaute besitzt reintönige Frucht, Fülle und Kraft, gute Struktur, Frische und Druck. Bravo!

Weinbewertung

86 2016 Weißer Burgunder „Bis in die Puppen" **13 %/10,90 €**
85 2016 Grauer Burgunder „Famose Schose" **13,5 %/11,90 €**
88 2015 Grauer Burgunder „Dit is der Clou von't Janze" **13 %/19,50 €**
84 2016 Blauer Spätburgunder Rosé „Mittenmang" **13 %/10,90 €**
86 2016 Grauer Burgunder Rosé „Famose Schose" **13,5 %/14,- €**
86 2016 Blauer Spätburgunder Rosé „Chaiselongue" **13,5 %/33,- €/1,5l**
85 2015 Blauer Spätburgunder „Achtkantig" **13 %/11,90 €**
88 2015 Blauer Spätburgunder „Haute Volaute" **13 %/19,50 €**

Schumann

★☆

KONTAKT

Beethovenstraße 36
54470 Lieser
Tel. 06531-6353
Fax: 06531-6454
www.weingut-schumann.de
info@weingut-schumann.de

Inhaber
Ulrich Schumann
Rebfläche
4 Hektar
Produktion
30.000 Flaschen

BESUCHSZEITEN

täglich nach Vereinbarung
Ferienhaus

Bereits seit dem 16. Jahrhundert betreibt die Familie Weinbau an der Mosel, heute führt Ulrich Schumann den Betrieb. Seine Weinberge liegen in Lieser in den Lagen Rosenlay, Niederberg-Helden und Schlossberg, sowie im Piesporter Goldtröpfchen; 70 Prozent seiner Weinberge befinden sich in Steillagen. Ulrich Schumann baut zu 85 Prozent Riesling an, dazu gibt es ein wenig Müller-Thurgau und Weißburgunder, der 2013 erstmals angebaut wurde (der bisher angebotene Weißburgunder stammte wie auch die Rotweine von zugekauften Trauben). Die Weine werden fast ausschließlich an Privatkunden verkauft. Seit 1992 ist dem Weingut ein Ferienhaus angeschlossen. Ulrich Schumann vergärt seine Weine teils mit Reinzuchthefen, teils mit den natürlichen Hefen; fast alle Weine werden im Edelstahl vergoren und ausgebaut, um sehr klare, fruchtige Rieslinge zu erzeugen. Neu im Sortiment ist indes der „Thurm"-Riesling aus einer alten Gemarkungslage, der im großen neuen Holzfass ausgebaut wird. Vom Turmzimmer des Weinguts aus hat man einen guten Blick auf genau diese Parzelle.

Kollektion

Im vergangenen Jahr lag der Fokus, dem Jahrgang angemessen, auf der Erzeugung einiger Premiumweine, was sehr gut gelang. Diesmal ist alles dabei, vom saftigen Literwein, der ohne Fehl und Tadel vinifiziert wurde, über den stoffigen Weißburgunder mit feiner Frucht bis zum „Thurm"-Riesling, der straff und würzig ausfällt, gut balanciert ist und eine schöne Säure mitbringt. Die Kabinettweine aus der Rosenlay sind noch etwas verhalten, der „Vino Vincento", eine halbtrockene Spätlese aus der Lage Rosenlay, wirkt schon deutlich saftiger, die feinherbe Spätlese aus dem Goldtröpfchen gefällt nochmals besser. Auch die nach süßem Apfel duftende rassige Spätlese aus der Lage Niederberg-Helden macht viel Spaß, ist unkompliziert und ausgewogen, besitzt Substanz.

Weinbewertung

83	2016 Riesling trocken (1l) **11,5 %/5,80 €**
84	2016 Weißburgunder **13 %/7,50 €**
87	2016 Riesling trocken „Thurm" **12 %/9,50 €**
84	2016 Riesling Kabinett halbtrocken Lieser Rosenlay **11 %/6,80 €**
85	2016 Riesling Spätlese halbtrocken „Vino Vincento" Lieser Rosenlay **12,5 %/9,- €**
86	2016 Riesling Spätlese „feinherb" Piesport Goldtröpfchen **11,5 %/9,- €**
83	2016 Riesling (1l) **10 %/5,80 €**
84	2016 Riesling Kabinett Lieser Rosenlay **10 %/6,80 €**
87	2016 Riesling Spätlese Lieser Niederberg-Helden **8 %/9,- €**

Paul Schunk

★★☆

KONTAKT

Hauptstraße 26
56814 Bruttig
Tel. 02671-1458
Fax: 02671-8221
www.weingut-schunk.de
info@weingut-schunk.de

Inhaber
Paul Schunk
Rebfläche
2,8 Hektar
Produktion
27.000 Flaschen

BESUCHSZEITEN

täglich nach Vereinbarung

Seit 1625 betreibt die Familie Schunk Weinbau in Bruttig im Cochemer Krampen. Paul Schunk baut vor allem Riesling an – vier Fünftel der Rebfläche sind mit dieser Sorte bestockt, dazu gibt es etwas Müller-Thurgau und Elbling. Seine Weinberge liegen in den Bruttiger Lagen Götterlay (eine Steillage mit graublauem, aber auch rotem Schiefer) und Pfarrgarten (Terrassen-Steillage mit grauem und rötlichem steinigem Schiefer, in der Paul Schunk wurzelechte Rieslingreben besitzt), im Fankeler Rosenberg (eine Südwest-exponierte Steillage mit steinigem Quarzit, in der Paul Schunk ebenfalls noch wurzelechte Rieslingreben stehen hat) und im Valwiger Herrenberg. Die Weine gären überwiegend mit natürlichen Hefen, der Ausbau erfolgt im Edelstahl oder im Fuder, das Gros der Weine wird trocken und halbtrocken ausgebaut.

Kollektion

Das Weingut ist immer für geradlinige, saftige Weine gut, die nach der Abfüllung nicht lange reifen müssen, um Spaß zu machen. Im Jahrgang 2016 ist das nicht anders, schon der süffige trockene Bruttig-Fankeler Riesling weist für einen Basiswein überdurchschnittlich viel Substanz aus. Die trockene Spätlese von alten Reben aus dem Rosenberg ist straff und präsent, klar und zupackend, der „Vinovation" genannte Spitzenwein dagegen wirkt verhalten, ist geradlinig und würzig, hat aber Substanz; er sollte sich gut entwickeln, allerdings scheint er momentan nicht zu zeigen, was in ihm steckt. Der feinherben Spätlese von alten Reben im Pfarrgarten merkt man die Süße an, die drei deutlich süßen Weine bauen auf kluge Weise aufeinander auf. Mit Süße-Säure-Spiel und Finesse wartet der Kabinett aus dem Kapellenberg auf, während die Spätlese aus dem Rathausberg eine schöne Saftigkeit zeigt und die Auslese aus der Götterlay eine im besten Sinne süffige Eleganz aufweist.

Weinbewertung

83 2016 Riesling trocken Bruttig-Fankel **11 %/5,- €**
84 2016 Riesling Kabinett trocken Bruttiger Rathausberg **11 %/6,- €**
85 2016 Riesling Spätlese trocken „Alte Reben" Fankeler Rosenberg **11,5 %/8,70 €**
87 2016 Riesling Auslese trocken „Vinovation" **12 %/11,50 €**
84 2016 Riesling Kabinett „feinherb" Bruttiger Kapellenberg **9,5 %/6,- €**
86 2016 Riesling Spätlese „feinherb" „Alte Reben" Pfarrgarten **10 %/8,50 €**
85 2016 Riesling Kabinett Bruttiger Kapellenberg **9 %/6,- €** ☺
86 2016 Riesling Spätlese Bruttiger Rathausberg **11 %/8,- €**
88 2016 Riesling Auslese Bruttiger Götterlay **8 %/10,50 €**

Schwaab

★

KONTAKT

In der Lauch 93
56072 Koblenz
Tel. 0261-4030840
Fax: 0261-4030841
www.weinkeller-schwaab.de
info@weinkeller-schwaab.de

Inhaber
Christof Schwaab
Kellermeister
Björn Maus
Rebfläche
6 Hektar
Produktion
35.000 Flaschen

BESUCHSZEITEN

Mo.-Fr. 9-12 + 14-18 Uhr,
Sa. 9-13 Uhr

Christof Schwaab hat Betriebswirtschaft studiert, dann für Champagnerhäuser in Deutschland im Marketing gearbeitet, 1998 übernahm er das elterliche Weingut in Koblenz-Güls mit dem historischen Felsenkeller aus dem Jahr 1861, der ursprünglich als Bergwerk geplant und begonnen wurde. Seit Beginn des 18. Jahrhunderts bewirtschaftet die Familie Weinberge in Erden, 1890 zog Nikolaus Schwaab von Erden nach Güls, wo er eine Mühle betrieb und Weinberge erwarb und damit den Grundstock für das heutige Weingut legte, zu dem auch ein 1953 im heutigen Koblenzer Stadtteil Metternich gegründetes Weinhaus mit Restaurant gehört. Die Weinberge liegen vor allem im süd-südost-exponiertem Koblenzer Marienberg, wo die Reben in Querterrassen auf steinigen Schiefer-Sandstein-Quarzitböden mit relativ hohem Eisengehalt wachsen. Des Weiteren ist Christof Schwaab im Gülser Bienengarten vertreten, der 2005 querterrassiert wurde und neben Schiefer-Sandstein-Quarzitböden auch tiefgründige kalkhaltige Kiesböden besitzt. Riesling nimmt mehr als zwei Drittel der Weinberge ein, dazu gibt es Weißburgunder, Müller-Thurgau und Spätburgunder. Destillate und Liköre ergänzen das Sortiment. Neben Weinproben und Kellerbesichtigungen bietet das Weingut auch Weinberg-Spaziergänge und Weinseminare an.

Kollektion

Die 2015er Kollektion fiel überzeugend und gleichmäßig aus, an der Spitze sahen wir den feinherben Riesling aus dem Marienberg und die restsüße Spätlese aus gleicher Lage. Diesmal liegen die Bewertungen erneut eng zusammen. Der Einstiegswein, ein trockener, präzise gearbeiteter Riesling, macht bereits jetzt Spaß, der „1890" betitelte Wein ist deutlich kraftvoller und würziger gehalten, er braucht noch etwas Zeit, ist aber erfreulich trocken und klar. Das gilt umso mehr für den trockenen Riesling „von Terrassen" aus dem Koblenzer Marienberg, der sich voller Kraft und Würze zeigt und spannender wirkt als der mit Schmelz ausgestattete Weißburgunder. Im besten Sinne süffig ist der feinherbe „Manwerc"-Riesling, Spiel besitzt der nur verhalten süße „Schiefer"-Wein.

Weinbewertung

82 2016 Riesling trocken „Schiefer" **12,5 %/6,50 €**
85 2016 Riesling trocken „1890" **13 %/7,90 €**
86 2016 Riesling trocken „von Terrassen" Koblenzer Marienberg **13 %/11,50 €**
84 2016 Weißburgunder „Siberlinie" Koblenzer Marienberg **13,5 %/8,50 €**
83 2016 Riesling „Schiefer" **11,5 %/6,50 €**
84 2016 Riesling „feinherb" „Manwerc" **12,5 %/7,90 €**

Schwaab & Sohn

★

KONTAKT

Im Unterdorf 10
54492 Erden
Tel. 06532-933999
Fax: 06532-1052
www.weingut-schwaab.de
info@weingut-schwaab.de

Inhaber
Hans-Hermann Schwaab & Hermann-Josef Schwaab
Rebfläche
7 Hektar
Produktion
50.000 Flaschen

BESUCHSZEITEN

April-Okt. 12-19 Uhr,
Mi. Ruhetag, oder nach Vereinbarung
Gutsweinstube, Gästezimmer

Der Diplom-Ingenieur für Weinbau und Oenologie Hans-Hermann Schwaab und sein Vater Hermann-Josef Schwaab führen das Erdener Weingut, das über sieben Hektar Rebfläche verfügt, seit 2010 gemeinsam. Der Betrieb konzentriert sich keineswegs ausschließlich auf Riesling. Angebaut werden auch Müller-Thurgau, Dornfelder, Spätburgunder sowie kleine Mengen Kerner und Chardonnay. Neben Parzellen im Erdener Treppchen sind Reben im Erdener Prälat ein Trumpf des Gutes. Der Stil ist klar erkennbar, die Weine sind saftig und zugänglich, ohne beliebig zu wirken. Kontrollierte Vergärung und ein langer Ausbau auf der Hefe gehören zu den Prinzipien des Hauses. Das Weingut verfügt auch über ein Gästehaus und betreibt eine Gutsweinstube.

Kollektion

Beim guten Debüt im vergangenen Jahr standen Spätlese und Auslese aus dem Treppchen an der Spitze einer stimmigen, gleichmäßigen Kollektion. Im Jahrgang 2016 nun liegen die Vorteile noch eindeutiger im restsüßen Segment. Die trockenen Rieslinge sind geradlinig, aber doch etwas verhalten, am besten gefällt uns die duftige, zupackende Spätlese. Spannender wird es im feinherben Segment: Der Liter-Riesling ist frisch und zupackend, die Spätlese aus dem Treppchen zeigt feine Frische und Frucht im Bouquet, ist lebhaft, geradlinig, besitzt feine süße Frucht, die Auslese aus dem Prälat schließlich zeigt viel Würze und reife Frucht im Bouquet, ist kraftvoll und saftig, besitzt viel reife Frucht und Substanz. Der süße Kabinett aus dem Treppchen ist frisch und fruchtbetont, lebhaft, klar und süffig, die süße Treppchen-Spätlese ist reintönig und lebhaft, wunderschön geradlinig und süffig. An der Spitze der Kollektion steht die Auslese aus dem Treppchen, die würzig und eindringlich im Bouquet ist, etwas Litschi und Pfirsiche zeigt, klar und harmonisch dann im Mund ist, wunderschön lebhaft, süffig und lang.

Weinbewertung

80 2016 Riesling trocken (1l) **12 %/5,20 €**
81 2016 Riesling Kabinett trocken Erdener Herrenberg **11 %/5,90 €**
82 2016 Riesling Spätlese trocken Erdener Treppchen **12 %/7,50 €**
81 2016 Riesling „feinherb" (1l) **12 %/4,80 €**
83 2016 Riesling Spätlese „feinherb" „Vincent IV" Erdener Treppchen **11 %/7,50 €**
85 2016 Riesling Auslese „feinherb" Erdener Prälat **12 %/14,50 €**
83 2016 Riesling Kabinett Erdener Treppchen **8,5 %/5,90 €**
84 2016 Riesling Spätlese Erdener Treppchen **8 %/7,50 €**
87 2016 Riesling Auslese Erdener Treppchen **8 %/13,50 €**

S

Stefan Schwaab

★☆

KONTAKT

Marktstraße 7
67487 Maikammer
Tel. 06321-58411
Fax: 06321-5421
www.weingutschwaab.de
info@weingutschwaab.de

Inhaber
Marion & Stefan Schwaab
Rebfläche
3,12 Hektar
Produktion
25.000 Flaschen

BESUCHSZEITEN

Mo.-Fr. 9-18 Uhr, Sa. 9:30-17 Uhr, So. 10-12 Uhr

Das Familienweingut besteht in der fünften Generation, 2002 übernahm Stefan Schwaab die Verantwortung im Betrieb. Die etwas über drei Hektar Rebfläche verteilt sich auf Parzellen in den Maikammer Lagen Heiligenberg, Mandelhöhe und Kirchenstück, auf Berg und Paradies in Diedesfeld und den Alsterweiler Kapellenberg. Angebaut wird ein breites Spektrum an Rebsorten: Riesling, Silvaner, Weiß- und Grauburgunder, Chardonnay, Auxerrois, Sauvignon Blanc, Rieslaner und Muskateller, ergänzt durch die roten Sorten Dornfelder, Spätburgunder, Cabernet Dorsa und Cabernet Sauvignon. Die Weißweine werden kalt vergoren und im Edelstahl ausgebaut, zum Teil aber auch im Holzfass spontan vergoren, die Rotweine werden im großen Holz oder im Barrique ausgebaut. Neben den Basisweinen gibt es die S-Linie mit Weinen aus selektiertem Traubengut und die D-Linie für spontan vergorene, in 500 Liter-Fässern ausgebaute Weißweine.

Kollektion

In diesem Jahr sind die Weißweine sehr kraftvoll und stoffig, die Weine besitzen alle gute Substanz, aber teilweise auch eine recht uniforme, vom Holz geprägte Aromatik. Unser Favorit ist der Auxerrois „D" mit viel gelber Frucht und Noten von Kokos und Zitrusfrüchten, der ein lebendiges Säure-Spiel besitzt und bei dem das Holz sich nur dezent zeigt, der Sauvignon Blanc hingegen besitzt sehr prägnante Röstnoten, die die Frucht noch dominieren. Der Weißburgunder „D" besitzt gute Konzentration und braucht noch etwas Zeit, um sich zu harmonisieren, der Riesling „D" zeigt neben etwas Holzwürze viel klare gelbe Frucht mit Noten von Pfirsichen und Zitrusfrüchten. Bei den Rotweinen besitzt der Spätburgunder gute Substanz, aber wir vermissen etwas die Typizität, der Cabernet Sauvignon war zum Zeitpunkt der Verkostung sehr vom Alkohol geprägt. ▬

Weinbewertung

83	2016 Grauer Burgunder trocken Maikammer Mandelhöhe	**13,5 %/6,90 €**
84	2016 Auxerrois trocken Maikammer Heiligenberg	**13 %/7,40 €**
87	2016 Auxerrois trocken „D" Maikammer Heiligenberg	**14 %/12,90 €**
86	2016 Sauvignon Blanc trocken „D" „Fumé" Diedesfelder Paradies	**14 %/12,90 €**
86	2016 Weißer Burgunder trocken „D" Maikammer Kirchenstück	**14 %/12,90 €**
85	2016 Chardonnay trocken „D" Maikammer Heiligenberg	**14 %/12,90 €**
86	2016 Riesling trocken „D" „Johanniskreuz" M. Heiligenberg	**13,5 %/12,90 €**
84	2016 Muskateller „feinherb" Maikammer Mandelhöhe	**11,5 %/7,90 €**
83	2016 Cabernet Sauvignon „Blanc de Noir" trocken Mandelhöhe	**12,5 %/9,50 €**
81	2015 „Cuvée Noir" Rotwein trocken Maikammer Mandelhöhe	**13,5 %/7,40 €**
82	2015 Cabernet Sauvignon trocken „S" „Croda Negra" Mandelhöhe	**14 %/17,50 €**
83	2015 Spätburgunder trocken „S" „Croda Negra" Diedesf. Berg	**14,5 %/25,50 €**

SCHWAB

★☆

KONTAKT

Bühlstraße 17
97291 Thüngersheim
Tel. 09364-89183
Fax: 09364-89184
www.weingut-schwab-franken.de
info@weingut-schwab-franken.de

Inhaber
Thomas Schwab
Rebfläche
12 Hektar
Produktion
85.000 Flaschen

BESUCHSZEITEN

Mo.-Fr. 8-18 Uhr, Sa./So. nach Vereinbarung
Probierstube (bis 70 Personen), Vinothek, Ferienzimmer (5 Doppelzimmer, 1 Einzelzimmer)

Das Weingut Schwab war ursprünglich ein landwirtschaftlicher Mischbetrieb, bevor Gregor und Barbara Schwab Mitte der siebziger Jahre sich ganz auf Weinbau spezialisierten. Seit 1990 bewirtschaftet mit Thomas und Andrea Schwab die nächste Generation das Familienweingut, seit Herbst 2014 ist auch ihr Sohn Martin im Betrieb tätig. Die Weinberge liegen in den Thüngersheimer Lagen Johannisberg (mit der Gewanne Rothlauf, aus der das Große Gewächs kommt) und Scharlachberg. Silvaner und Müller-Thurgau nehmen jeweils ein Viertel der Rebfläche ein, es folgen Riesling, Bacchus, Weißburgunder und Scheurebe, dazu gibt es Solaris, sowie die roten Sorten Dornfelder, Portugieser und Spätburgunder. Das Sortiment wird vierstufig gegliedert in Gutsweine, Ortsweine, die Lagenweine aus dem Johannisberg und das Große Gewächs (Silvaner) aus dem Rothlauf, einer Lage, die früher als Rothlaufsberg zu den fünf besten Lagen Thüngersheims zählte, 1971 aber im Johannisberg aufging.

Kollektion

Im Ortswein-Segment gefällt uns unter den trockenen Weißweinen die intensiv holunder- und cassisduftige Scheurebe besonders gut. Etwas stärker noch sind die restsüßen Ortsweine: Die Riesling Spätlese ist fruchtbetont und zupackend, besitzt feine Frische und Biss, die Solaris Auslese zeigt feinen Duft, etwas Litschi, weist feine süße Frucht und etwas Zitrusnoten auf. Im Erste Lage-Segment gibt es den Silvaner aus dem Johannisberg und den Riesling aus dem Scharlachberg. Der Silvaner ist würzig, klar, kompakt, der Riesling ist füllig und kraftvoll, besitzt reife Frucht und gute Struktur. An der Spitze der Kollektion steht eindeutig das Große Gewächs, der Silvaner aus dem Rothlauf, Jahrgang 2015: Er zeigt gute Konzentration und reintönige Frucht, ist füllig, saftig, besitzt reife Frucht und gute Struktur.

Weinbewertung

81 2016 „enjoy white" Weißwein trocken **11,5 %/6,- €**
82 2016 Müller-Thurgau trocken Thüngersheim **11,5 %/6,50 €**
81 2016 Silvaner trocken Thüngersheim **12 %/7,30 €**
82 2016 Weißburgunder trocken Thüngersheim **12 %/7,30 €**
81 2016 Riesling trocken Thüngersheim **11,5 %/7,30 €**
83 2016 Scheurebe trocken Thüngersheim **13 %/7,30 €**
84 2016 Silvaner trocken Thüngersheimer Johannisberg **13 %/10,- €**
85 2016 Riesling trocken Thüngersheimer Scharlachberg **13 %/12,- €**
88 2015 Silvaner trocken „GG Rothlauf" Thüngersheimer Johannisberg **14 %/19,- €**
84 2016 Riesling Spätlese Thüngersheim **11,5 %/10,- €**
85 2015 Solaris Auslese Thüngersheim **8,5 %/10,- €/0,5l**
83 2015 „Fruitione Rubro" Rotwein trocken Thüngersheim **12,5 %/15,- €**

S

SCHWARZ

★★

N

KONTAKT

Ötztaler Straße 44
70327 Stuttgart
Tel. 0711-334727
Fax: 0711-332413
www.weingut-schwarz.eu
info@weingut-schwarz.eu

Inhaber
Markus Schwarz
Rebfläche
9 Hektar
Produktion
60.000 Flaschen

BESUCHSZEITEN

Di.-Fr. 9:30-13 + 15-18 Uhr,
Sa. 9-13 Uhr oder nach
Vereinbarung
Besenwirtschaft

S

Seit mehr als 300 Jahren baut die Familie Wein an, heute führt Markus Schwarz den Betrieb, unterstützt von Sohn Ludwig und Tochter Stefanie. Stefanie hat Internationale Weinwirtschaft studiert und ein Auslandspraktikum in Ontario gemacht, kümmert sich um Marketing und Weinberge, Ludwig Schwarz hat nach Lehre bei Drautz-Able, Jürgen Ellwanger und Aldinger die Weinbautechnikerausbildung absolviert, mit Auslandsaufenthalt in Südafrika, ist verantwortlich für Keller und Außenbetrieb. Die Weinberge befinden sich in den Untertürkheimer Lagen Mönchberg und Altenberg, am Rotenberger Schlossberg und in Wangen. 65 Prozent der Fläche nehmen rote Rebsorten ein, der Fokus liegt auf Trollinger, Lemberger, Spätburgunder und Merlot. Wichtigste weiße Rebsorte ist der Riesling, dazu gibt es Silvaner und Weißburgunder sowie ein klein wenig Müller-Thurgau und Kerner. Die Rotweine werden maischevergoren und in großen oder kleinen Eichenholzfässern ausgebaut. Der Ausbau der Weißweine erfolgt überwiegend im Edelstahl, Weißburgunder und Silvaner kommen auch schon mal ins Barrique.

Kollektion

Die Weine zeigen eine klare Handschrift, eine schöne Stilistik, weiß wie rot. Der Silvaner ist reintönig, zupackend, strukturiert, der Riesling würzig, frisch und klar, die Kerner Spätlese ist reintönig, zeigt Aprikosen und Pfirsiche. Unser Favorit im weißen Segment aber ist der Impuls-Weißburgunder, der Fülle und Kraft besitzt, reife Frucht, gute Struktur und Substanz. Noch ein klein wenig stärker sind die Rotweine. Der Trollinger ist wunderschön klar, zupackend, der Lemberger fruchtbetont, reintönig, der Spätburgunder besitzt reintönige Frucht, gute Struktur und Frische, der Impuls-Lemberger zeigt etwas Gewürze, ist füllig, kraftvoll, strukturiert, der Impuls-Merlot besitzt reintönige Frucht, gute Struktur und Grip. Ganz starkes Debüt!

Weinbewertung

84 2016 Silvaner trocken **13 %/7,70 €**
82 2016 „Weiß" Weißwein trocken **12,5 %/8,50 €**
84 2015 Riesling trocken Untertürkheimer Altenberg **13,5 %/6,70 €**
87 2015 Weißburgunder trocken „Impuls" **14 %/15,- €**
85 2016 Kerner Spätlese **12 %/9,- €**
83 2016 Rosé trocken **12 %/6,- €**
85 2015 Trollinger trocken Untertürkheimer Mönchberg **12,5 %/5,50 €** ☺
86 2015 Spätburgunder trocken **13,5 %/9,70 €**
85 2015 Lemberger trocken **13,5 %/9,70 €**
87 2014 Lemberger trocken „Impuls" **13,5 %/17,- €**
88 2014 Merlot trocken „Impuls" **13,5 %/19,- €**
83 2015 „Rot" Rotwein **12 %/7,20 €**

SCHWEDHELM

★★★

KONTAKT

Klosterhof
67308 Zellertal
Tel. 06355-521
Fax: 06355-3673
www.schwedhelm-zellertal.de
info@schwedhelm-zellertal.de

Inhaber
Schwedhelm GbR
Rebfläche
17 Hektar
Produktion
125.000 Flaschen

BESUCHSZEITEN

Mo.-Sa. 8-18 Uhr und nach Vereinbarung

Das Weingut Schwedhelm nannte sich bis zum Jahrgang 2014 Klosterhof und ist ein noch junges Weingut im Zellertal. Entstanden ist es, nachdem Stephan Schwedhelm 2006 sein Geisenheim-Studium beendete und in den elterlichen Betrieb eingestiegen ist, heute führt er ihn zusammen mit seinem Bruder Georg. Die Weinberge liegen in den Zeller Lagen Kreuzberg (Ton mit hohem Anteil an Kalkstein, mit der Gewanne Karlspfad), Klosterstück (Lehm, Einschlüsse von Kalkmergel, hauptsächlich rote Sorten im Anbau) und Schwarzer Herrgott (Tonmergel mit hohem Anteil an Kalkstein), wo ausschließlich Riesling und Gewürztraminer angebaut wird. Riesling ist die wichtigste Rebsorte, nimmt gut 40 Prozent der Rebfläche ein, es folgen Spätburgunder, Weißburgunder und Müller-Thurgau, Portugieser, Silvaner und Dornfelder. Seit 2010 werden die Weinberge biologisch bewirtschaftet, 2014 war der erste zertifizierte Jahrgang. Im Frühjahr 2015 wurde eine neue Vinothek eröffnet.

Kollektion

Alle Weißweine der Schwedhelm-Brüder sind auch in diesem Jahr wieder präzise und animierend, die Rieslinge sind sehr elegant und zeigen deutliche mineralische Noten: An der Spitze steht einmal mehr der beeindruckende, komplexe Riesling vom Schwarzen Herrgott mit feinen rauchigen und steinigen Noten, Tabakwürze und etwas Brotkruste, er besitzt Grip, Druck und salzige Länge, auch der Wotanfels ist spannend, er zeigt gelbe Frucht und Zitrusnoten, Ananas und Orangenschale, und ist ebenfalls mineralisch und salzig, der Kreuzberg ist ganz geradlinig und der trockenste der Rieslinge, er zeigt rauchige Noten, ist elegant und lang. Der Weißburgunder vom Karlspfad besitzt Konzentration und feinen Schmelz, zeigt kräutrige und florale Würze und nicht vergessen werden sollte die gelungene, sehr reintönige Scheurebe, ein herrlicher, saftiger und frischer Trinkspaß. ▬

Weinbewertung

83	2016 Müller-Thurgau trocken **12,5 %/5,50 €**
83	2016 Riesling trocken **12 %/6,- €**
84	2016 Silvaner trocken Zellertal **12,5 %/7,- €**
85	2016 Scheurebe trocken Zellertal **12,5 %/8,- €**
85	2016 Sauvignon Blanc trocken Zellertal **12,5 %/8,- €**
85	2016 Weißburgunder trocken Zellertal **12,5 %/8,- €**
85	2016 Riesling trocken Zellertal **12,5 %/8,- €**
87	2016 Weißburgunder trocken Zeller Karlspfad **13 %/11,- €**
86	2016 Riesling trocken Zeller Kreuzberg **12,5 %/10,50 €**
88	2016 Riesling trocken „Wotanfels" **12,5 %/14,- €**
90	2016 Riesling trocken Zeller Schwarzer Herrgott **12,5 %/17,- €**
85	2015 Spätburgunder trocken Zellertal **13 %/8,90 €**

S

Albrecht Schwegler

★★★★

KONTAKT

Steinstraße 35, 71404 Korb
Tel. 07151-34895
Fax: 07151-34978
www.albrecht-schwegler.de
weingut@albrecht-schwegler.de

Inhaber
Albrecht Schwegler
Rebfläche
7 Hektar
Produktion
30.000 Flaschen

BESUCHSZEITEN

nach Vereinbarung

Andrea und Albrecht Schwegler erzeugten 1990 ihre ersten Weine, ausschließlich Rotweine, seit dem Einstieg von Julia und Aaron Schwegler im Jahr 2009 wurde die Rebfläche vergrößert auf inzwischen 7 Hektar. Aaron Schwegler absolvierte eine Winzerlehre bei Bernhard Ellwanger und Joachim Heger, machte Praktika bei Daniel Gantenbein in der Schweiz und bei Jim Clendenen in Kalifornien, bei Seyfried in Neuseeland. Die Weinberge liegen in Korb und angrenzenden Gemeinden, Lagenbezeichnungen wurden bisher noch nie verwendet, alle Weine sind Cuvées verschiedener Lagen. Neue Weinberge werden mit einer Dichte von 7.500 bis 14.000 Reben je Hektar sehr dicht bepflanzt. Die Schweglers setzten beim Rotwein von Anfang an ganz auf Cuvées. Zweigelt ist die wichtigste Rebsorte, dazu gibt es Lemberger, Merlot und Trollinger, dann wurden auch etwas Syrah, Regent und Cabernet Franc angepflanzt. Sie verwenden ausschließlich französische Barriques, nur Allier- und Limousineiche. Die Weine werden zwei Jahre lang nach Rebsorten getrennt im Fass ausgebaut, sie bleiben bis sechs bis acht Wochen vor der Füllung im Barrique, dann erst werden die Cuvées zusammengestellt, abgefüllt wird ohne jede Filtration und ohne jede Schönung. Vier Weine gab es lange Zeit nur – und die auch nicht in jedem Jahr. Zunächst einmal in der Literflasche, „d'r Oifache", der meist einen größeren Anteil Trollinger enthält und Wein aus zwei aufeinander folgenden Jahrgängen und in dritt- bis fünftbelegten Barriques ausgebaut wird. Dann kommt der „Beryll", der in zweitbelegten Barriques ausgebaut wird, anschließend der „Saphir", der zu etwa zwei Dritteln in neuen, zu einem Drittel in zweitbelegten Barriques ausgebaut wird, und schließlich – aber wirklich nur in Spitzenjahren – der „Granat", der es zu gewissem Kultstatus unter Weinliebhabern gebracht hat. 1990 gab es den ersten Granat, dann erst wieder 1993, 1994 und 1997. Danach alle zwei Jahre: 1999, 2001, 2003, seither immer außer 2008. Es gibt keine feste Regel, wie sich der Granat zusammensetzt, außer Trollinger hat jede Rebsorte die Chance Bestandteil des Granat zu werden, der Granat wird ausschließlich in neuen Barriques ausgebaut. Weißwein spielte lange Zeit überhaupt keine Rolle im Hause Schwegler, ab 2006 gab es dann ein paar Jahrgänge lang etwas Kerner, inzwischen gibt es den „Rock'n Roll", der im Jahrgang 2013 eine Cuvée aus jeweils zur Hälfte Riesling und Grauburgunder war, im Barrique ausgebaut. Mit dem Jahrgang 2015 wird es erstmals nach 2009 wieder reinsortigen Riesling aus dem Hause Schwegler geben, wir hatten im vergangenen Jahr die Gelegenheit zwei Partien, beide noch verschlossen, aus dem Fass zu verkosten.

S

Kollektion

Neben fünf Rotweinen stellte Aaron Schwegler einen Riesling vor, Origami White auf dem Etikett genannt, ohne Jahrgang. Er ist frisch und fruchtbetont, zeigt etwas Zitrus im Bouquet, ist lebhaft im Mund, geradlinig und frisch. D'r Oifache im Liter darf natürlich in keinem Jahr fehlen, er ist fruchtbetont und frisch, zeigt rote Früchte, ist klar und zupackend im Mund bei feiner Frucht. Dann folgt das übliche Trio, so es denn erzeugt wird, mit Beryll, Saphir und Granat, alle aus dem Jahrgang 2014. Der Beryll ist fruchtbetont im Bouquet, zeigt etwas rauchige Noten, rote Früchte, ist klar im Mund, frisch und zupackend, besitzt gute Struktur und Frucht. Deutlich stoffiger und konzentrierter ist der Saphir, fruchtbetont und intensiv, zeigt rote Früchte im Bouquet, etwas Kirschen, ist klar im Mund, frisch und fruchtbetont, druckvoll und präzise, zupackend. Der 2014er Granat dann hat viel, sehr viel, von allem. Viel Holz, viel Konzentration, viel Tannine, eindringliche Gewürznoten, viel Kraft und Substanz, auch viel Alkohol. Nur momentan kommt das so gar nicht zusammen, bei aller Bewunderung für das Reifepotenzial des Weines – im vergangenen Jahr haben wir ausführlich darüber berichtet – bleiben doch Zweifel, ob das „Viel" alles jemals zusammenkommt, sich integriert, harmonisch entwickelt. Dann kann auch der 2014er Granat groß werden, wie so viele seiner Vorgänger, wir würden uns freuen. Momentan aber würden wir uns ganz klar an den Saphir halten, dessen Präzision und Frische überzeugt. Auf die Spitze getrieben wird das Ganze noch vom Solitär des Jahrgangs 2011. Schon im Bouquet zeigt er viel reife Frucht, überreife Noten, erinnert mehr an einen Amarone, denn an einen Rotwein aus dem Remstal. Er zeigt Gewürze, überreife Frucht, rote Früchte, ist enorm konzentriert dann auch im Mund, besitzt viel reife Frucht, Herzkirschen, eingelegte Früchte – wo soll das hinführen. Natürlich, der 2003er war ähnlich monströs, und hat sich gut entwickelt, davon konnten wir uns im vergangenen Jahr überzeugen. Aber ist dies prototypisch für Rotwein aus dem Remstal?

Weinbewertung / keine Preisangaben

85 Riesling trocken „Origami White" **12 %**
84 „dr'Oifache" Rotwein (1l) **12 %**
87 2014 „Beryll" Rotwein **13,5 %**
89 2014 „Saphir" Rotwein **14 %**
90 2014 „Granat" Rotwein **14,5 %**
90 2011 „Solitär" Rotwein **14,5 %**

LAGEN

LAGENNAMEN WERDEN NICHT GENUTZT

REBSORTEN

ZWEIGELT (30 %)
CABERNET FRANC (10 %)
CABERNET SAUVIGNON (10 %)
CHARDONNAY (10 %)
RIESLING (10 %)
MERLOT (7 %)
LEMBERGER (6 %)
TROLLINGER (6 %)
SPÄTBURGUNDER (5 %)
CABERTIN (2 %)
REGENT (2 %)
GRAUBURGUNDER (2 %)

S

SCHWEICKARDT

★★

KONTAKT

Breitgasse 48
55437 Appenheim
Tel. 06725-2723
Fax: 06725-963046
www.weingut-schweickardt.de
info@weingut-schweickardt.de

Inhaber
Gunnar Schweickardt
Rebfläche
13 Hektar

BESUCHSZEITEN

Mo.-Fr. 8-19 Uhr, Sa. 9-16 Uhr
Vinothek (bis 70 Personen),
Gästezimmer

Der Weidenhof ist ein 1870 gegründeter Familienbetrieb, der von Gunnar Schweickardt geführt wird. Seine Weinberge liegen vor allem in den Appenheimer Lagen Eselspfad und Hundertgulden, aber auch im Appenheimer Daubhaus, sowie im Gau-Algesheimer Goldberg. Der Boden im Eselspfad ist durch einen hohen Sandanteil geprägt, im Daubhaus findet man leichten Lösslehm mit etwas Feinsandanteil, in den Lagen Hundertgulden und Goldberg tonige Lehmböden. Riesling ist die wichtigste Rebsorte, nimmt ein Viertel der Fläche ein, es folgen Weißburgunder und Grauburgunder, auch Chardonnay und Silvaner werden angebaut, aber ebenso Bacchus, Huxelrebe und Kerner, 2009 brachte Sauvignon Blanc den ersten Ertrag. An roten Sorten gibt es Spätburgunder, Frühburgunder, Portugieser, St. Laurent, Dornfelder und Merlot, die Rotweine werden maischevergoren und im Holz ausgebaut.

Kollektion

Mit der neuen Kollektion schließt Gunnar Schweickardt nahtlos an das gute Vorjahr an. Die Gutsweine sind fruchtbetont und sortentypisch, besonders gut gefallen uns der frische, reintönige Silvaner und der kraftvolle Sauvignon Blanc, der reife Frucht und gute Struktur besitzt. Die beiden weißen Lagenweine des Jahrgangs 2015 hatten wir schon im vergangenen Jahr vorgestellt, der Grauburgunder aus dem Eselspfad ist füllig und kraftvoll, besitzt viel reife süße Frucht, der Hundertgulden-Riesling ist kraftvoll, strukturiert und kompakt. Deutlich spannender ist Jahrgang 2016: Reintönig, füllig, stoffig. Der Frühburgunder ist wunderschön fruchtbetont und reintönig, der Spätburgunder zeigt rauchige Noten, rote Früchte. Unser Favorit aber ist in diesem Jahr mit dem Spätburgunder S des Jahrgangs 2014 ein Rotwein: Er zeigt rauchige Noten im Bouquet, gute Konzentration, reife Frucht, ist füllig und kraftvoll im Mund, besitzt viel reife klare Frucht, Substanz und gute Struktur.

Weinbewertung

83 2016 Grüner Silvaner trocken **12,5 %/5,10 €**
81 2016 Grauer Burgunder trocken **13,5 %/5,50 €**
84 2016 Sauvignon Blanc trocken **12,5 %/6,80 €**
82 2016 Scheurebe trocken **12,5 %/6,50 €**
84 2015 Grauer Burgunder „S" trocken Appenheimer Eselspfad **13,5 %/12,- €**
86 2015 Riesling trocken Appenheimer Hundertgulden **12,5 %/9,80 €**
89 2016 Riesling trocken Appenheimer Hundertgulden **13 %/9,80 €** ☺
82 2016 Weißer Burgunder „vom Löss-Lehm" **13 %/6,90 €**
84 2015 Frühburgunder trocken **14 %/9,- €**
85 2015 Spätburgunder trocken **14 %/7,90 €**
87 2014 Spätburgunder „S" trocken **13,5 %/14,30 €**

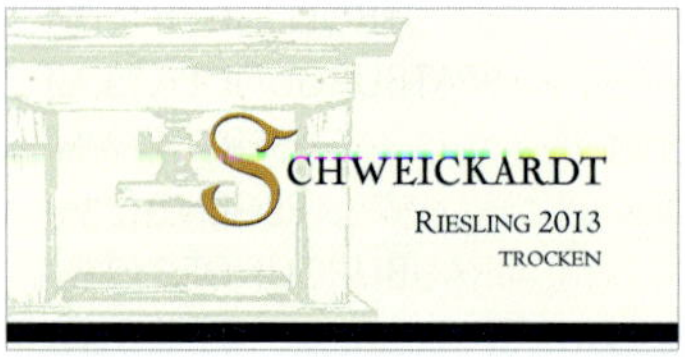

S

Schweizer

★

KONTAKT

Keltenweg 1
79241 Ihringen
Tel. 07668-908411
Fax: 07668-908028
www.weingut-schweizer.de
schweiz.m@gmx.de

Inhaber
Martin Schweizer
Rebfläche
3,5 Hektar
Produktion
14.000 Flaschen

BESUCHSZEITEN

Di. + Fr. 14-18 Uhr und nach Vereinbarung

Das Weingut Schweizer wird von Martin und Nadine Schweizer geführt. Ursprünglich wurden die Trauben verkauft, 2007 begann man selbst Wein auszubauen, hat nach und nach den Nebenerwerbsbetrieb zu einem Weingut entwickelt, das auch Ferienwohnungen und ein Apartment anbietet und eine Schnapsbrennerei betreibt. Die Weinberge liegen ausschließlich in Ihringen in den beiden Lagen Fohrenberg und Winklerberg. Spätburgunder und Grauburgunder sind die wichtigsten Rebsorten im Betrieb, nehmen jeweils etwa ein Drittel der Fläche ein. Es folgen Muscaris, Auxerrois, Weißburgunder, Sauvignon Blanc und Souvignier Gris. 2015 wurde eine neue Vinothek erbaut.

Kollektion

Eine stimmige Kollektion präsentieren Nadine und Martin Schweizer zum Debüt, überwiegend mit Weinen aus dem Ihringer Fohrenberg. Der trockene Auxerrois Kabinett ist frisch und fruchtbetont, reintönig und süffig. Auch der lebhafte Sauvignon Blanc, ebenfalls als trockener Kabinett angeboten, ist fruchtbetont und reintönig, besitzt feine süße Frucht, ist wie alle Weißweine von einer merklichen Restsüße geprägt. Der Weißburgunder ist sehr konzentriert, zeigt reife Frucht, weiße und gelbe Früchte, besitzt Fülle, Kraft und gute Struktur. Der Grauburgunder, wie der Weißburgunder eine trockene Spätlese, ist ebenfalls reintönig und konzentriert, füllig und saftig. Die feinherbe weiße Cuvée ist frisch und fruchtbetont, noch etwas süßer ist der saftig-süffige Blanc de Noir. Der Rosé ist recht trocken, zeigt rote Früchte im Bouquet, ist frisch und geradlinig im Mund. Der trockene Spätburgunder Kabinett ist fruchtbetont und frisch, geradlinig und zupackend. Die trockene Spätburgunder Spätlese zeigt viel intensive Frucht im Bouquet, eindringlich rote Früchte, ist fruchtbetont auch im Mund, geradlinig und klar, besitzt gute Struktur und Frische. ▬

Weinbewertung

83	2016 Auxerrois Kabinett trocken Ihringer Fohrenberg	**12 %/9,- €**
85	2016 Weißburgunder Spätlese trocken Ihringer Fohrenberg	**13 %/9,- €**
85	2016 Grauer Burgunder Spätlese trocken Ihringer Fohrenberg	**13 %/9,- €**
83	2016 Sauvignon Blanc Kabinett trocken Ihringer Fohrenberg	**12 %/9,- €**
82	2016 „Ihrivino" Weißwein Kabinett „feinherb" Ihringer Fohrenberg	**12 %/7,- €**
83	2016 Pinot Noir „Blanc de Noirs" Spätlese Ihringer Winklerberg	**13,5 %/9,- €**
81	2015 Spätburgunder Rosé Spätlese trocken Ihringer Winklerberg	**13,5 %/9,- €**
83	2015 Spätburgunder Kabinett trocken Ihringer Fohrenberg	**13 %/9,80 €**
84	2014 Spätburgunder Spätlese trocken Ihringer Winklerberg	**12 %/9,80 €**

Schwörer

★☆

KONTAKT

Weingut-Weinhaus
Schwörer GmbH
Grol 8
77770 Durbach
Tel. 0781-42362
Fax: 0781-33408
www.weingut-schwoerer.de
info@weingut-schwoerer.de

Inhaber
Josef Rohrer
Kellermeister
Bruno Serrer
Rebfläche
25 Hektar
Produktion
180.000 Flaschen

BESUCHSZEITEN

Mo.-Fr. 8:30-12 + 13:30-18 Uhr,
Sa. 8:30-13 Uhr, So. 10-12 Uhr
(außer Jan./Febr.)

Die Familie Schwörer hatte seit 1812 mit Wein zu tun in Durbach, zunächst als Weinküferei und Weinkommission, später kam dann Weinbau hinzu. Franz Schwörer und nach ihm Hermann Schwörer bauten den Betrieb aus, man schloss Pacht- und Bewirtschaftungsverträge mit Durbacher Winzern. 2001 übernahm Josef Rohrer, zuvor Gutsverwalter des Weingutes Graf Wolff Metternich in Durbach, das Gut. Die Weinberge befinden sich in den Durbacher Lagen Plauelrain, Kochberg und Ölberg wo die Reben auf Granitverwitterungsböden wachsen. Riesling und Spätburgunder sind die wichtigsten Rebsorten. Hinzu kommen Müller-Thurgau, Grauburgunder, Traminer, Weißburgunder und Chardonnay, dazu Spezialitäten wie Scheurebe, inzwischen auch Cabernet Sauvignon und Sauvignon Blanc. Die Rotweine werden alle im Holz ausgebaut. In der hauseigenen Brennerei werden Edelbrände erzeugt.

Kollektion

Die 2016er Weißweine präsentieren sich sehr gleichmäßig, sie sind harmonisch und klar, besitzen Substanz und Fülle, sind alle von merklicher Restsüße geprägt. Das Highlight der Kollektion ist wie schon im Vorjahr die Scheurebe Beerenauslese, die herrlich reintönig ist, gute Substanz und feine Frische besitzt. Die Rotweine sind auch in diesem Jahr ein klein wenig stärker als die trockenen Weißweine. Der Cabernet Sauvignon zeigt rote Früchte im Bouquet, etwas Paprika, rote Johannisbeeren, ist klar und zupackend im Mund. Die trockene Spätburgunder Auslese zeigt viel reife Frucht im Bouquet, ist klar im Mund, besitzt gute Struktur und Fülle. Ein klein wenig besser noch gefällt uns der im Barrique ausgebaute Spätburgunder aus dem Plauelrain, der Gewürznoten zeigt, Fülle und Kraft besitzt gute Struktur und klare Frucht.

Weinbewertung

82	2016 Weißburgunder Kabinett trocken Durbacher Kochberg **12,5 %/7,80 €**
82	2016 Clevner Traminer Kabinett trocken Durbacher Ölberg **13,5 %/7,80 €**
82	2016 Klingelberger Riesling trocken „HS" Durbacher **13 %/8,50 €**
82	2016 Klingelberger Riesling Spätlese trocken Durbacher Plauelrain **13 %/9,50 €**
82	2016 Grauburgunder Spätlese trocken Durbacher Plauelrain **13,5 %/9,5 €**
83	2016 Chardonnay Spätlese trocken „HS" **14 %/9,60 €**
88	2016 Scheurebe Beerenauslese Durbacher Ölberg **9,5 %/36,- €/0,5l**
81	2016 Spätburgunder Rosé trocken Durbacher **12,5 %/7,50 €**
82	2015 Spätburgunder trocken „HS" Durbacher **14 %/11,50 €**
86	2015 Spätburgunder trocken Barrique Durbacher Plauelrain **13,5 %/12,50 €**
84	2015 Cabernet Sauvignon trocken Barrique Durbacher **13,5 %/13,50 €**
85	2015 Spätburgunder Auslese trocken „HS" Durbacher **14 %/12,50 €**

LOTHAR SCHWÖRER

★★☆

KONTAKT

Waldstraße 6
77971 Kippenheim-Schmieheim
Tel. 07825-7411
Fax: 07825-2381
www.weingut-lothar-schwoerer.de
mail@weingut-lothar-schwoerer.de

Inhaber
Lothar Schwörer
Rebfläche
11 Hektar
Produktion
65.000 Flaschen

BESUCHSZEITEN

Mo.-Fr. 16-19 Uhr, Sa. 9-15 Uhr

Lothar und Cornelia Schwörer führen das Weingut seit 1993 in fünfter Generation. Sie haben die Rebfläche verdoppelt, das Sortenspektrum erweitert und in neue Kellerei- und Betriebstechnik investiert. Ihre wichtigsten Lagen sind Schmieheimer Kirchberg (mit der Premiumlage Kalkofen) und Kippenheimer Haselstaude. Die Reben wachsen hier, im nördlichen Breisgau, teils auf Kalkstein, teils aber auch auf Löss und auf Muschelkalkverwitterungsböden. Zwei Drittel der Rebfläche nehmen die Burgundersorten ein, vor allem Spätburgunder, aber auch Auxerrois (10 Prozent der Fläche!), Grauburgunder und Weißburgunder. Hinzu kommen Riesling und Müller-Thurgau, Chardonnay und Muskateller. Die Weine aus dem Gewann Kalkofen (weiß-gelblicher Kalksteinfels) tragen die Bezeichnung „Vom Kalksteinfels". Zuletzt hat Lothar Schwörer weitere Filetstücke in seinen Paradelagen erworben.

Kollektion

Die neue Kollektion ist ein wenig verhaltener als gewohnt. Der Weißburgunder ist fruchtbetont und süffig, der Grauburgunder geradlinig und klar. Wie immer eine sichere Bank ist der Hugenottenwein genannte Auxerrois, der reintönige Frucht, frisch und zupackend ist. Noch ein klein wenig besser gefällt uns der Chardonnay, der ebenfalls schon seit vielen Jahren gleichmäßig gute Qualität zeigt. 2016 ist er frisch und fruchtbetont, lebhaft und geradlinig. Der Riesling Sur lie ist fruchtbetont und zupackend, der Riesling vom Kalksteinfels, feinherb ausgebaut, besitzt mehr Fülle und Saft, gute Konzentration und viel Würze. Den Muskateller, mal trocken mal süß ausgebaut, schätzen wir auch schon seit vielen Jahren, der süße, aber nicht übermäßig süße 2016er Wein besitzt feine Frucht und Biss. Angeführt wird die Kollektion vom im Barrique ausgebauten Spätburgunder von alten Reben, Jahrgang 2014, der rauchige Noten und etwas Vanille zeigt, fruchtbetont und strukturiert ist.

Weinbewertung

81 2016 Müller Thurgau trocken „Steigflug" **12 %/5,80 €**
82 2016 Weißburgunder trocken Schmieheimer Kirchberg **12,5 %/8,30 €**
84 2016 Chardonnay trocken Kippenheimer Haselstaude **12,5 %/8,30 €**
82 2016 Grauburgunder trocken Schmieheimer Kirchberg **12 %/8,30 €**
83 2016 Auxerrois trocken „Hugenottenwein" **13,5 %/8,30 €**
83 2016 Riesling trocken „Sur lie" **12,5 %/8,30 €**
85 2016 Riesling „vom Kalksteinfels" **12,5 %/11,30 €**
83 2016 Gelber Muskateller **11 %/9,- €**
82 2016 Spätburgunder Rosé trocken **12 %/8,30 €**
83 2014 Spätburgunder trocken „Fass Nr. 1" **13,5 %/9,80 €**
86 2014 Spätburgunder trocken „Alte Reben" **13,5 %/17,- €**

Seeger

★★★★★

KONTAKT

Rohrbacher Straße 101
69181 Leimen
Tel. 06224-72178
Fax: 06224-78363
www.seegerweingut.de
info@seegerweingut.de

Inhaber
Thomas Seeger
Rebfläche
10 Hektar
Produktion
70.000 Flaschen

BESUCHSZEITEN

Do./Fr. 15-18 Uhr, Sa. 10-14 Uhr oder nach Vereinbarung Gutsausschank „Jägerlust", Di.-Fr. 18-23 Uhr, Tel. 06224-77207

S

Thomas Seeger hat 1984 seinen ersten Wein gemacht, noch als Geisenheim-Student. Nach und nach hat er die Regie im Keller und im Betrieb übernommen und das elterliche Weingut zu einem der deutschen Spitzenbetriebe aufgebaut. Seine Weinberge liegen vor allem im Herrenberg, der teils zu Leimen, teils zu Heidelberg gehört. Einzelne Gewanne hat er schon immer gesondert ausgebaut, heute findet man auch Namen wie Oberklamm und Spermen auf dem Etikett, zukünftig vielleicht auch Lange Wingert. Spätburgunder und Weißburgunder sind die wichtigsten Rebsorten, gefolgt von Grauburgunder, Lemberger (inzwischen Blaufränkisch genannt) und Riesling, dazu gibt es Spätburgunder, Schwarzriesling und einige wenige andere Sorten. Die Weine werden überwiegend spontanvergoren, teils im Edelstahl, teils im Holz, und recht lange auf der Hefe ausgebaut. Thomas Seeger hat das vierstufige VDP-Modell umgesetzt mit der Einteilung in Guts- und Ortsweine (zuvor Kabinett), Lagenweine aus dem Heidelberger Herrenberg („AS") und Große Gewächse aus den besten Gewannen im Leimener Herrenberg (Oberklamm, Spermen). Alle Weine werden trocken und durchgegoren ausgebaut.

Kollektion

Die Basis überzeugt auch 2016, das zeigen die fruchtbetonten, sortentypischen Gutsweine. Die Ortsweine sind dann schon deutlich kräftiger und druckvoller, der Auxerrois ist geradlinig, hat Grip, der Weißburgunder ist zupackend und strukturiert, am besten gefällt uns der Grauburgunder, der Kraft, Substanz und Länge besitzt. Der Sauvignon Blanc ist wunderschön reintönig, fruchtbetont und süffig, ein Klasse für sich ist der im Barrique ausgebaute, erstmals im Vorjahr erzeugte Sauvignon Blanc R, der Kraft und Struktur besitzt, viel Druck und Nachhall. Ganz stark sind auch 2016 wieder die weißen AS-Burgunder aus dem Herrenberg. Der Auxerrois ist kraftvoll und stoffig, der Weißburgunder besitzt viel Präzision und Druck, der Grauburgunder ist cremiger, hat viel Substanz. Die beiden Rieslinge sehen wir gleichauf: Philipp Georg klar und zupackend mit feiner süßer Frucht und Biss, Anna-Marie geradliniger, ein wenig druckvoller. Die Steigerung bringt das in gebrauchten Barriques ausgebaute Große Gewächs, der Riesling aus der Oberklamm, der ein klein wenig Zitrus im Bouquet zeigt, präzise und zupackend ist, gute Struktur und Frucht besitzt, noch sehr jugendlich ist. Der Oberklamm-Weißburgunder ist rauchig, komplex, enorm lang und nachhaltig, der Grauburgunder zeigt feinen Toast, besitzt Fülle, gute Struktur, Druck und Länge. Der Chardonnay S besitzt Fülle und Kraft, der neue Chardonnay R ist noch etwas komplexer und druckvoller. Auch im roten Segment ist die Basis stark. Neu im Programm ist der füllige, harmonische Frühburgunder R. Schwarzriesling trumpft auf wie gewohnt, der S ist fruchtbetont und elegant, der R faszinierend reintönig und lang. Der Blaufränkisch S ist füllig, harmonisch, das etwas gewürzduftige Große Gewächs hat 2015 ganz deutlich die Nase vorne, ist kraft- und druckvoll, nachhaltig, noch sehr jugendlich. Die Cuvée Anna präsentiert sich in prächtiger Form, die Cuvée Naan ist enorm intensiv. Die Spätburgunder beginnt hervorragend mit dem kraftvollen, harmonischen S, der Spermen hat Druck und Substanz, der Oberklamm ist stoffig, noch enorm jugendlich, was auch für den RRR, der gute Präzision besitzt, aber noch verschlossen ist. Starke Kollektion!

Weinbewertung

85 2016 Weißer Burgunder trocken **12,5 %/7,50 €**
85 2016 Grauer Burgunder trocken **12 %/7,50 €**
87 2016 Auxerrois trocken Heidelberger **11,5 %/8,90 €**
88 2016 Weißer Burgunder trocken Heidelberger **12 %/8,90 €** ☺
89 2016 Grauer Burgunder trocken Heidelberger **12 %/8,90 €** ☺
89 2016 Sauvignon Blanc „S" Leimener Herrenberg **12,5 %/13,50 €**
89 2016 Riesling trocken „Philipp Georg" Heidelberger Herrenberg **12 %/14,50 €**
89 2016 Riesling trocken „Anna Marie" Heidelberger Herrenberg **12 %/14,50 €**
89 2016 Auxerrois „AS" Heidelberger Herrenberg **12,5 %/14,50 €**
90 2016 Weißer Burgunder „AS" Heidelberger Herrenberg **12,5 %/13,50 €** ☺
90 2016 Grauer Burgunder „AS" Heidelberger Herrenberg **12,5 %/13,50 €** ☺
88 2016 „Georg" Weißwein **13 %/13,50 €**
92 2016 Sauvignon Blanc „R" Leimener Herrenberg **13 %/29,50 €**
92 2016 Chardonnay „S" **13,5 %/22,- €** ☺
93 2016 Weißer Burgunder „GG" Oberklamm **12,5 %/21,50 €**
92 2016 Grauer Burgunder „GG" Oberklamm **12,5 %/21,50 €**
92 2016 Riesling „GG" Oberklamm **13 %/25,- €**
93 2016 Chardonnay „R" **13,5 %/29,50 €**
86 2015 Blauer Spätburgunder **12,5 %/8,40 €**
85 2015 Blaufränkisch **12,5 %/8,20 €**
89 2015 „Cuvée Anna" Rotwein **13 %/14,80 €**
89 2015 Blaufränkisch „S" **13 %/19,50 €**
89 2015 Schwarzriesling „S" **13 %/19,50 €**
90 2015 Spätburgunder „S" Heidelberger Herrenberg **13 %/22,- €**
89 2015 „Naan" Rotwein **13 %/20,50 €**
93 2015 Blaufränkisch „R" „GG" Spermen **13 %/27,50 €**
92 2015 Schwarzriesling „R" **13 %/27,50 €**
90 2015 Frühburgunder „R" **13 %/27,50 €**
91 2015 Spätburgunder „R" „GG" Spermen **13 %/36,- €**
91 2015 Spätburgunder „RR" „GG" Oberklamm **13 %/64,- €**
92 2015 Spätburgunder „RRR" Heidelberger Herrenberg **13 %/120,- €**

LAGEN

HERRENBERG (LEIMEN)
– OBERKLAMM
– SPERMEN
– LANGE WINGERT
HERRENBERG (HEIDELBERG)

REBSORTEN

SPÄTBURGUNDER (25 %)
WEISSBURGUNDER (25 %)
GRAUBURGUNDER (15 %)
LEMBERGER (15 %)
RIESLING (10 %)
SAUVIGNON BLANC (6 %)
SCHWARZRIESLING (2 %)

SELBACH-OSTER

★★★★☆

KONTAKT

Uferallee 23
54492 Zeltingen
Tel. 06532-2081
Fax: 06532-4014
www.selbach-oster.de
info@selbach-oster.de

Inhaber
Johannes Selbach
Rebfläche
22 Hektar
Produktion
140.000-150.000 Flaschen

BESUCHSZEITEN

nach Vereinbarung
Ratsschänke auf dem Marktplatz in Zeltingen (www.ratsschaenke-zeltingen.de)

Die Geschichte des Weinguts Selbach-Oster lässt sich bis ins Jahr 1600 zurückverfolgen. Heute führt Johannes Selbach zusammen mit Ehefrau Barbara das Gut. Sie besitzen Weinberge in den besten Lagen von Zeltingen (Schlossberg, Sonnenuhr, Himmelreich), Wehlen (Sonnenuhr), Graach (Domprobst) sowie in den Bernkasteler Lagen Graben, Bratenhöfchen und Mathiasbrünnchen, die aber unter dem Namen der (kleinen) Großlage Badstube vermarktet werden. Mehr als die Hälfte der Weinberge ist mit alten, wurzelechten Reben bepflanzt. Neben Riesling baut Johannes Selbach ein klein wenig Weißburgunder an. Die Trauben werden mit niedrigem Druck schonend gekeltert, die Klärung erfolgt durch Absitzen lassen. Die Weine werden bei niedrigen Temperaturen vergoren, überwiegend mit den natürlichen Hefen, und etwa zur Hälfte im traditionellen Fuder, zur Hälfte im Edelstahl ausgebaut; aufgrund des Platzmangels im Keller hat Johannes Selbach inzwischen erste Doppelfuder angeschafft. Ein großer Teil der Produktion wird exportiert. Johannes Selbachs Vater hatte die Idee, die besten Parzellen gesondert auszubauen und zwar so, wie gewachsen, „nature", also ohne Selektion von edelsüßen Beeren. 2003 wurde erstmals die Schmitt genannte Parzelle im Schlossberg gesondert ausgebaut, 2004 dann die Parzelle Rotlay in der Sonnenuhr, 2008 sah das Debüt des Anrecht aus dem Zeltinger Himmelreich. 2011 wurde dann erstmals der Bömer im Schlossberg gesondert vinifiziert, im Gegensatz zu den anderen, die in der Regel als Auslese geerntet aber nicht als solche bezeichnet werden, soll der Bömer möglichst immer trocken ausgebaut werden; nur der Schmitt wurde 2009 ein einziges Mal trocken ausgebaut. Diese Weine wurden bisher nur in wenigen Jahrgängen geerntet. Ansonsten nutzt Johannes Selbach sowohl für trockene als auch für halbtrockene respektive feinherbe und süße Rieslinge Prädikatsbezeichnungen. An der Spitze des trockenen Sortiments stehen die Spätlese von alten Reben aus der Sonnenuhr und der Bömer, den feinherben Teil führt die 2012 eingeführte Spätlese von „Ur-Alten Reben" an. Die Rieslinge von Selbach-Oster bestechen durch ihre Eleganz und Reintönigkeit, die Süße ist niemals vordergründig, der Alkoholgehalt immer sehr moderat: klassische Mosel-Rieslinge! Zusammen mit Paul Hobbs hat Johannes Selbach in den Vereinigten Staaten ein neues, ambitioniertes Projekt begonnen. Im Bundesstaat New York, an den Finger Lakes, genau genommen am südlichen, recht steilen Ende des Lake Seneca, haben sie auf schieferähnlichen, aber doch deutlich härterem Gestein Riesling gepflanzt. 20 Hektar sollen es einmal werden, für 2018 ist der erste Ertrag geplant.

Kollektion

Nach zwei hochklassigen Jahrgängen 2014 und 2015 gelingt auch 2016 ausgezeichnet, auch wenn sich manche Rieslinge noch sehr verschlossen präsentieren. Nicht so der trockene Basisriesling mit Anklängen an Kräuter und

Apfel sowie viel Frucht am Gaumen, ohne Zweifel einer der besten Gutsrieslinge der Region, oder der erstaunlich straffe Zeltinger Kabinett. Die stoffige, dichte, aber noch verhaltene Sonnenuhr-Spätlese dagegen braucht noch etwas Zeit. Der Bömer-Riesling ist am verschlossensten, zeigt Noten von Kernobst und Kräutern und viel Substanz: Wir trauen diesem Wein eine ausgezeichnete Entwicklung zu. Unter den nicht ganz trockenen Weinen gefällt jener von alten Reben ausgezeichnet, das Pendant von uralten Reben besitzt noch mehr Struktur und mineralische Würze: einer der besten feinherben Weine der Mittelmosel. Im süßen Bereich ist das Bild ähnlich wie im trockenen. Die Basis ist sehr stark ausgefallen, die Spitze ist teilweise noch etwas verhalten, zeigt aber eine sehr gleichmäßige Qualität. Hervorgehoben werden muss der Schlossberg-Kabinett, der noch eine Nuance spannender ist als sein Pendant aus der Sonnenuhr. Die Auslese aus dem Anrecht wirkt im ersten Moment sehr verhalten, jung, unruhig, mit süß wirkender Frucht und Anklängen an Kern- und Steinobst sowie einer vibrierenden Struktur; hier gilt es abzuwarten. Während der Schmitt-Riesling ebenfalls erst ansatzweise seine Klasse verrät, ist der Rotlay schon sehr präsent, kraftvoll, leicht exotisch, lang und finessenreich. Schließlich der Eiswein aus dem Zeltinger Himmelreich, voller süßer, leicht exotischer Frucht, Anklänge an kandierte Äpfel und getrocknete Birnen, subtil und nachhaltig. Ein Eiswein mit Potenzial für Jahrzehnte.

Foto: Gintautas Jašinskas

Weinbewertung

85	2016 Riesling trocken	**12,5 %/8,- €**
88	2016 Riesling Kabinett trocken Zeltinger	**12 %/10,- €** ☺
89	2016 Riesling Spätlese trocken Zeltinger Sonnenuhr	**12,5 %/15,- €**
88+	2016 Riesling trocken „Bömer" Zeltinger Schlossberg	**12,5 %/18,- €**
86	2016 Riesling Kabinett halbtrocken Zeltinger Himmelreich	**10,5 %/10,50 €**
89	2016 Riesling Spätlese „feinherb" „Alte Reben" Domprobst	**11,5 %/17,50 €**
90	2016 Riesling Spätlese „feinherb" „Ur-Alte Reben" Sonnenuhr	**12 %/18,- €**
87	2016 Riesling Kabinett Zeltinger Sonnenuhr	**8,5 %/11,- €**
88	2016 Riesling Kabinett Zeltinger Schlossberg	**8,5 %/11,- €**
90	2016 Riesling Spätlese Zeltinger Schlossberg	**8 %/15,50 €**
88	2016 Riesling Spätlese Bernkasteler Badstube	**8 %/15,- €**
91	2016 Riesling Auslese „Anrecht" Zeltinger Himmelreich	**8,5 %/23,- €**
92	2016 Riesling Auslese „Rotlay" Zeltinger Sonnenuhr	**8 %/35,- €**
91	2016 Riesling Auslese „Schmitt" Zeltinger Schlossberg	**8 %/31,- €**
90	2016 Riesling Spätlese* Wehlener Sonnenuhr	**8 %/18,50 €**
90	2016 Riesling Spätlese* Zeltinger Sonnenuhr	**8 %/18,- €**
91	2016 Riesling Auslese* Zeltinger Schlossberg	**8 %/23,- €**
93	2016 Riesling Eiswein Zeltinger Himmelreich	**7 %/60,- €/0,375l**

LAGEN

SCHLOSSBERG (ZELTINGEN)
- SCHMITT
- BÖMER
SONNENUHR (ZELTINGEN)
- ROTLAY
HIMMELREICH (ZELTINGEN)
- ANRECHT
SONNENUHR (WEHLEN)
DOMPROBST (GRAACH)
BADSTUBE (BERNKASTEL)

REBSORTEN

RIESLING (98 %)
WEISSBURGUNDER (2 %)

SELT

★★

KONTAKT

Zehnthofstraße 22
56599 Leutesdorf
Tel. 02631-75118
Fax: 02631-77352
www.weingutselt.de
weinmaster@weingutselt.de

Inhaber
Horst Peter Selt
Rebfläche
5 Hektar
Produktion
45.000 Flaschen

BESUCHSZEITEN

Mo.-Fr. nach Vereinbarung,
Sa. 9-18 Uhr
2 x jährlich Hoffest

S

Die Familie baut seit dem 18. Jahrhundert Wein am Mittelrhein an. Seit 1979 führt Horst Peter Selt den Betrieb. Seine Weinberge befinden sich überwiegend in Steillagen mit bis zu 75 Prozent Steigung. Riesling ist bei ihm die wichtigste Rebsorte mit einem Anteil von 70 Prozent. Hinzu kommen etwas Weißburgunder, Kerner, Müller-Thurgau, Dornfelder und Portugieser. Seit dem Jahrgang 2006 kennzeichnet Horst Peter Selt seine Weine mit den Bezeichnungen Blauschiefer (Forstberg), Goldschiefer (Gartenlay) und Rosenschiefer (Rosenberg), weil er seine Weine lagenspezifisch ausbaut, die Leutesdorfer Winzerschaft aber mehrheitlich beschlossen hat, die Leutesdorfer Weinbergslagen Forstberg, Gartenlay und Rosenberg in der Lagenbezeichnung Gartenlay zu vereinen – alles andere als ein zeitgemäßer Beschluss, wünscht man doch in vielen anderen Weinbaugemeinden kleinere, präzisere Herkunftsbezeichnungen. Die Weine werden gekühlt in Edelstahltanks mit den natürlichen Hefen vergoren. 70 Prozent der Weine werden trocken ausgebaut, weitere 25 Prozent halbtrocken, wenn es der Jahrgang erlaubt werden auch edelsüße Weine erzeugt.

Kollektion

Mit einer starken, überzeugenden 2016er Kollektion schließt Horst Peter Selt nahtlos an die sehr guten 2015er an. Der Weißburgunder ist frisch und zupackend, der Rivaner ist würzig und besitzt feine süße Frucht. Einen schönen Steigerungslauf bieten die drei trockenen Rieslinge. Der Blauschiefer-QbA ist klar und zupackend, der Goldschiefer-Kabinett besitzt wunderschön reintönige Frucht und feine Frische, die Blauschiefer-Spätlese ist würzig und rauchig, frisch und zupackend, besitzt reintönige Frucht, gute Struktur und Biss. Der halbtrockene Kabinett ist klar, geradlinig und süffig, der Felsenspiel-Riesling, ebenfalls halbtrocken, besitzt viel reife Frucht und viel Substanz, aber auch eine ganz minimale Bitternote im Abgang. Gekrönt wird die starke Kollektion von einer konzentrierten, reintönigen, zupackenden Goldschiefer-Auslese. ➖

Weinbewertung

83 2016 Rivaner trocken „Blauschiefer" Leutesdorfer **12 %/5,90 €**
83 2016 Weißburgunder trocken „Blauschiefer" Leutesdorfer **13 %/6,10 €**
83 2016 Riesling trocken „Blauschiefer" Leutesdorfer **12 %/6,10 €**
84 2016 Riesling Kabinett trocken „Goldschiefer" Leutesdorfer **12,5 %/7,- €**
86 2016 Riesling Spätlese trocken „Blauschiefer" Leutesdorfer **13 %/9,50 €**
84 2016 Riesling Kabinett halbtrocken „Rosenschiefer" Leutesdorfer **12 %/7,- €**
85 2016 Riesling „Felsenspiel" Leutesdorfer **12 %/8,- €**
88 2016 Riesling Auslese „Goldschiefer" Leutesdorfer **8 %/14,- €/0,5l**

Sermann-Kreuzberg

★★★

KONTAKT

Seilbahnstraße 22
53505 Altenahr
Tel. 02643-7105
Fax: 02643-901646
www.sermann.de
info@sermann.de

Inhaber
Klaus Sermann
Rebfläche
7,5 Hektar
Produktion
60.000 Flaschen

BESUCHSZEITEN

täglich 10-18 Uhr und nach Vereinbarung
Gästezimmer (4 Doppelzimmer)

Seit 1775 betreibt die Familie Weinbau aber erst seit 1936 besteht das eigene Weingut. Mit der Übernahme des Gutes durch Klaus Sermann im Jahr 1995 und dem Erwerb des Weingutes Kreuzberg in Reimerzhoven wurde das Weingut auf knapp 6 Hektar Weinberge erweitert, heute besitzt Klaus Sermann über 7 Hektar Reben. Seine Weinberge liegen in Altenahr (Eck, Übigberg), Ahrweiler (Forstberg), Mayschoss (Burgberg) und Dernau (Hardtberg), sowie in Marienthal (Trotzenberg). Spätburgunder nimmt drei Fünftel der Rebfläche ein. Es folgen Frühburgunder, Riesling und Portugieser, im rekultivierten Übigberg wurde Weißburgunder angebaut. Klaus Sermann wird inzwischen im Betrieb unterstützt von seinem Neffen Lukas, Geisenheim-Absolvent. Zum Weingut gehören ein Gutsausschank und ein Gästehaus.

Kollektion

Die neue Kollektion schließt nahtlos an die starken Vorjahre an. Der Rivaner ist frisch und klar, der Guts-Riesling fruchtbetont, zupackend, der Blanc de Noir besitzt gute Struktur und Frische. Der Altenahrer Weißburgunder ist füllig, kraftvoll, der Wein vom Übigberg besitzt gute Struktur und Substanz, auch der druckvolle, spontanvergorene Riesling von alten Reben überzeugt. Die rote Basis ist fruchtbetont, klar, der Ahrweiler Spätburgunder reintönig und zupackend. An der Spitze der Kollektion stehen wie gewohnt die Lagen-Rotweine. Der Frühburgunder vom Burgberg besitzt Struktur, klare Frucht und Biss, der Wein vom Hardtberg ist kraft- und druckvoller, von kräftigen Tanninen geprägt. Der Spätburgunder vom Eck ist füllig, strukturiert, der Trotzenberg präzise, reintönig, der Goldkapsel-Wein vom Eck rauchig, intensiv. Stark!

Weinbewertung

84 2016 Rivaner trocken **11,5 %/5,40 €**
86 2016 Weißburgunder trocken Altenahrer **12,5 %/7,50 €**
85 2016 Riesling trocken **12 %/6,- €** ☺
84 2016 Spätburgunder „Blanc de Noir" trocken „Bellabianca" **12 %/6,70 €**
88 2016 Weißburgunder trocken Altenahrer Übigberg **12,5 %/13,50 €**
87 2016 Riesling „1939 Alte Rebe" Altenahrer Eck **12,5 %/12,80 €**
84 2016 „Bellorosé" Rosé trocken **12 %/6,70 €**
84 2016 Spätburgunder trocken **12,5 %/6,60 €**
84 2016 Frühburgunder trocken **12,5 %/8,80 €**
86 2016 Spätburgunder trocken Ahrweiler **12,5 %/8,80 €**
88 2015 Frühburgunder trocken Mayschosser Burgberg **13,5 %/14,- €**
87 2015 Spätburgunder trocken Altenahrer Eck **13,5 %/14,- €**
88 2015 Spätburgunder trocken Marienthaler Trotzenberg **13 %/15,- €**
89 2015 Frühburgunder trocken „Goldkapsel" Dernauer Hardtberg **13,5 %/21,- €**
90 2015 Spätburgunder trocken „Goldkapsel" Altenahrer Eck **13,5 %/21,- €**

Seufert

★★

N

KONTAKT

Silvaner Weingut Seufert
Bahnhofstraße 33
97346 Iphofen
Tel. 09323-3344
Fax: 09323-5202
www.weingut-seufert.de
weinhaus-seufert@t-online.de

Inhaber
Jürgen & Laura Seufert
Rebfläche
5 Hektar
Produktion
30.000 Flaschen

BESUCHSZEITEN

nach Vereinbarung

S

Seit Generationen baut die Familie Wein in Iphofen an, heute führen Jürgen Seufert und Ehefrau Edith den Betrieb, unterstützt von Tochter Laura, die die Weinbautechnikerschule in Veitshöchheim absolviert hat, während ihrer Ausbildung unter anderem bei Ludwig Knoll und Peter Jakob Kühn sowie in Südtirol war, derzeit in Geisenheim studiert. Die Weinberge liegen alle in Iphofen, in den Lagen Kronsberg, Kalb und Julius-Echter-Berg. Silvaner nimmt 80 Prozent der Rebfläche ein, weswegen man sich Silvaner-Weingut nennt, dazu gibt es Riesling, Müller-Thurgau, Bacchus, Kerner und Domina. Dem Weingut ist ein Hotel Garni mit 4 Gästezimmern und zwei Apartments angeschlossen.

Kollektion

Eine kleine, aber feine Kollektion hat Laura Seufert zum Debüt vorgestellt, fünf Silvaner und einen Riesling. Letzterer, ein 2015er aus dem Kronsberg, präsentiert sich in prächtiger Form, ist fruchtbetont und würzig im Bouquet, dezent rauchig, kommt frisch und klar in den Mund, zupackend, besitzt gute Struktur, reife süße Frucht, Substanz und Druck. Der Guts-Silvaner ist der einzige Wein aus dem Jahrgang 2016, alle anderen, aktuell im Verkauf, stammen aus dem Jahrgang 2015. Der Guts-Silvaner ist frisch, fruchtbetont, wunderschön reintönig und zupackend, besitzt feine süße Frucht: Die Basis stimmt. Vom Jahrgang 2015 gibt es zunächst ein Lagen-Trio. Der Kalb-Silvaner zeigt intensive Frucht im Bouquet, feinen Duft, ist frisch im Mund, klar und geradlinig bei feiner Frucht. Der Wein aus dem Julius-Echter-Berg ist konzentrierter und reifer, zeigt reife Frucht im Bouquet, Aprikosen und Birnen, besitzt Fülle und Kraft, gute Struktur und reife Frucht. Der Kronsberg-Silvaner hingegen ist deutlich schlanker, er zeigt feine Würze und reife Frucht, ist klar, fruchtbetont und zupackend, besitzt gute Struktur und Frucht, schöne Präzision. Anarchie ist der Name für einen maischevergorenen Silvaner: Er zeigt gute Konzentration und viel reife Frucht, besitzt Fülle und Kraft, ist schön saftig, aber gleichzeitig doch anstrengend und etwas verhalten, wie das meist so ist bei maischevergorenen Weißweinen – uns hat er überzeugt. Ein starkes Debüt!

Weinbewertung

83 2016 Silvaner trocken **12,5 %/6,90 €**
85 2015 Silvaner Kabinett trocken Iphöfer Kalb **12,5 %/8,50 €**
86 2015 Silvaner trocken Iphöfer Kronsberg **12 %/8,50 €**
86 2015 Silvaner Spätlese trocken Iphöfer Julius-Echter-Berg **13 %/8,50 €**
88 2015 Riesling trocken „Herzstück" Iphöfer Kronsberg **13,5 %/15,- €**
88 2015 Silvaner trocken „Anarchie" „Herzstück" **11,5 %/15,- €**

SEYBOLD

★★

KONTAKT

In den Herrenäckern 28/1
74348 Lauffen/Neckar
Tel. 07133-12899
Fax: 07133-12899
www.weingut-seybold.de
info@weingut-seybold.de

Inhaber
Peter Seybold
Rebfläche
4 Hektar

BESUCHSZEITEN

Sa. 9-14 Uhr oder nach Vereinbarung

Der kleine Familienbetrieb in Lauffen am Neckar wird heute in vierter Generation von Peter und Gudrun Seybold geführt. Sie werden im Betrieb von ihren Kindern unterstützt. Sohn Christian hat neben dem Studium praktische Erfahrungen in Neuseeland und Baden gesammelt. Cathrin Seybold, gelernte Goldschmiedin, führt als Weinerlebnisführerin durch die Lauffener Weinberge. Die Weinberge liegen größtenteils in Lauffen, aber da die ehemaligen Einzellagen zur sehr großen Lage Lauffener Katzenbeißer zusammengefasst wurden, verzichtet man auf Lagenangaben. Die Reben wachsen teils auf Muschelkalk, teils auf Lösslehmböden. Schwarzriesling, Lemberger, Grauburgunder, Weißburgunder und Riesling sind die wichtigsten Rebsorten. 2014 wurden die ersten beiden Weine erzeugt, im Jahrgang 2015 wurde erstmals eine umfassende Kollektion vorgestellt mit der in die Selbstvermarktung gestartet wurde. Die Weinberge werden biologisch bewirtschaftet, 2016 ist der erste biologisch zertifizierte Jahrgang. Die Weißweine werden lange auf der Feinhefe ausgebaut, die Rotweine maischevergoren, die Weine der Y-Linie werden im Eichenholz oder im Granitfass ausgebaut. Die Weine werden wenn immer möglich durchgegoren.

Kollektion

Nach einem überzeugenden Debüt im letzten Jahr legt Peter Seybold eine weitere starke Kollektion nach. Die Sekte sind klar, frisch, der reintönige, saftige Blanc de Noir gefällt uns besonders gut. Die Weißburgunder sind fruchtbetont und sortentypisch, in der Basislinie bereitet der lebhafte Muskateller besondere Freude. Stark ist die Y-Linie: Der Weißburgunder besitzt Fülle und Kraft, gute Struktur, ist jugendlich verhalten, der Riesling herrlich intensiv, besitzt Substanz, Druck und Frucht. Die rote Cuvée ist fruchtintensiv und kraftvoll, der würzige Y-Lemberger besitzt gute Struktur und Frucht. Weiter so! ▬

Weinbewertung

84 2015 Riesling Sekt extra-brut **12 %/13,50 €**
86 2015 Pinot Meunier „Blanc de Noir" Sekt brut **12,5 %/13,50 €**
83 2016 Weißburgunder trocken **13 %/7,50 €**
83 2016 Grauburgunder trocken **13,5 %/7,50 €**
83 2016 VB Cal 06-04 trocken **13,5 %/7,50 €**
84 2016 Muskateller trocken **12 %/7,50 €**
86 2016 Weißburgunder „Y" trocken **13 %/13,50 €**
87 2016 Riesling „Y" trocken **13 %/13,50 €**
83 2015 Schwarzriesling trocken **12,5 %/9,50 €**
82 2015 Lemberger trocken **13,5 %/9,50 €**
86 2015 „Cyvée" Rot „Y" trocken **13,5 %/13,50 €**
86 2015 Lemberger „Y" trocken **14,5 %/18,50 €**

S

GEORG SIBEN ERBEN

★

KONTAKT

Weinstraße 21
67146 Deidesheim
Tel. 06326-989363
Fax: 06326-989365
www.weingut-siben.de
info@weingut-siben.de

Inhaber
Andreas Siben
Rebfläche
12 Hektar
Produktion
80.000 Flaschen

BESUCHSZEITEN

Di.-So. 10-18 Uhr

Anfang des 18. Jahrhunderts übersiedelte die Familie Siben aus den Niederlanden in die Pfalz und gründete 1710 das Weingut, das sich seither im Familienbesitz befindet. Die Familie war Gründungsmitglied des Vereins der Naturweinversteigerer der Rheinpfalz, des Vorläufers des heutigen VDP Pfalz, Wolfgang Siben war von 1967 bis 1999 dessen Vorsitzender. Heute wird das Weingut in zehnter Generation von Andreas Siben geleitet, der auf beste Lagen in Deidesheim wie Grainhübel, Kalkofen, Kieselberg, Langenmorgen, Paradiesgarten, Leinhöhle und Herrgottsacker zurückgreifen kann, aber auch im Ruppertsberger Reiterpfad und im Forster Ungeheuer Weinberge besitzt. Wichtigste Rebsorte ist mit einem Flächenanteil von 80 Prozent der Riesling, außerdem gibt es Burgundersorten (Weiß-, Grau- und Spätburgunder), Regent, Auxerrois, Gewürztraminer und Muskateller. Seit Anfang der 1990er Jahre werden die Weinberge ökologisch bewirtschaftet.

Kollektion

In diesem Jahr besitzen die zwei Großen Gewächse gute Konzentration und lebendige Säure, beide zeigen aber auch etwas Schwefel in der Nase, das Ungeheuer ist präsenter, komplexer und klarer in der Frucht als der verhaltene Langenmorgen-Riesling. Auch in anderen Weinen erkennen wir Schwefelnoten in unterschiedlich starker Ausprägung, nur ganz dezent beim Kalkofen-Riesling, der Substanz und Konzentration besitzt, teilweise aber auch störend wie beim Liter-Riesling und dem Riesling aus dem Paradiesgarten, der neben Schwefelnoten auch eine unharmonische Bitternote besitzt. Ganz fruchtbetont ist dagegen der Leinhöhlen-Riesling, der Kieselberg zeigt etwas steinig-mineralische Würze. Die Burgunder sind alle etwas verhalten, der Auxerrois zeigt hier die deutlichste Frucht, der Spätburgunder besitzt Struktur, die deutliche Süße verwischt aber die Sortentypizität.

Weinbewertung

77 2016 Riesling trocken (1l) **12,5 %/6,30 €**
82 2016 Auxerrois trocken Ruppertsberg **12,5 %/8,- €**
82 2016 Grauburgunder trocken Ruppertsberg **13 %/8,- €**
74 2016 Riesling trocken Deidesheimer Paradiesgarten **12,5 %/8,- €**
84 2016 Riesling trocken Deidesheimer Leinhöhle **12 %/8,- €**
84 2016 Riesling trocken Deidesheimer Kieselberg **13 %/10,90 €**
84+? 2016 Riesling trocken Deidesheimer Kalkofen **12,5 %/10,90 €**
86 2016 Riesling „GG" Langenmorgen **12,5 %/23,- €**
87 2016 Riesling „GG" Ungeheuer **12,5 %/23,- €**
83 2016 Riesling halbtrocken Deidesheimer Herrgottsacker **12 %/8,- €**
80 2016 „Blanc de Noirs" trocken Deidesheim **12,5 %/8,- €**
81 2015 Spätburgunder trocken Ruppertsberger Reiterpfad **13,5 %/10,90 €**

SIEGLOCH

★★☆

KONTAKT

Albertviller Straße 51
71364 Winnenden
Tel. 07195-177120
Fax: 07195-177137
www.weingut-siegloch.de
info@weingut-siegloch.de

Inhaber
David & Markus Siegloch
Rebfläche
9 Hektar
Produktion
50.000 Flaschen

BESUCHSZEITEN

Do. + Fr. 16-18:30 Uhr,
Sa. 9-13 Uhr

Das Weingut entstand 1993 durch die Zusammenlegung der Weinberge der Familien Klöpfer in Winnenden und Siegloch in Cannstatt. Seit 2006, seit sich die Brüder Markus und David Siegloch im Betrieb engagieren, hat man den Betrieb umstrukturiert, es wurde in den Keller investiert, ein neuer Barriquekeller wurde errichtet. 2013 haben Markus und David Siegloch das Weingut übernommen, im Jahr darauf von „Siegloch-Klöpfer" in Siegloch umbenannt. Ihre Weinberge liegen in Winnenden (Haselstein, Holzenberg) und Bad Cannstatt (Zuckerle, Berg). Auf den Muschelkalkböden im Cannstatter Zuckerle wachsen überwiegend Rotweine. Auf den Stubensandsteinböden in Winnenden, bis zu 400 Meter hoch, werden vor allem in den höhergelegenen Weinbergen weiße Sorten angebaut. Rote Sorten aber überwiegen im Anbau: Neben Trollinger und Lemberger gibt es Muskattrollinger, Spätburgunder, Zweigelt, Portugieser, Dornfelder, Merlot, Cabernet Franc und Syrah. An weißen Sorten werden Riesling, Weißburgunder, Sauvignon Blanc, Müller-Thurgau und Muskateller angebaut. Die Weine der Vogelfrei-Linie werden alle spontanvergoren, weder filtriert noch geschönt.

Kollektion

Wie im Vorjahr stimmt die Basis, die Weine sind frisch, geradlinig und fruchtbetont, spannend aber wird es bei der Vogelfrei-Linie. Der Welzenstein, ein maischevergorener Riesling aus Breuningsweiler, ist stoffig und kraftvoll, der Reserve-Riesling, aus dem oberen Teil des Haselstein, besitzt viel Saft und Substanz. Der Weißburgunder, aus dem Winnender Haselstein, ist rauchig, stoffig und druckvoll. Die rote Burgundercuvée ist fruchtbetont und zupackend, der Merlot, aus dem Cannstatter Berg, geradlinig, viel Fülle und Saft besitzt der Lemberger.

Weinbewertung

84 2013 Pinot „R" Sekt brut nature **12,5 %/16,- €**
81 2016 Riesling trocken (1l) **10,5 %/5,20 €**
82 2016 Riesling trocken **11,5 %/6,70 €**
87 2015 „Welzenstein" Weißwein trocken „vogelfrei" **13 %/14,- €**
87 2015 Riesling trocken „vogelfrei Réserve" **13,5 %/16,- €**
88 2015 Weißburgunder trocken „vogelfrei" **14 %/14,- €**
83 2016 Muskateller „nass" **10,5 %/6,70 €**
82 2016 „O.S.T Original.Siegloch.Trinkhilfe" Rosé trocken **11 %/7,50 €**
82 2015 „O.S.T Original.Siegloch.Trinkhilfe" Rotwein trocken **13,5 %/8,50 €**
84 2015 „von Früh bis Spät" Rotwein trocken „vogelfrei" **12,5 %/10,50 €**
84 2015 Merlot trocken „vogelfrei" **14 %/14,- €**
(84) 2016 Merlot trocken „vogelfrei"
(86) 2015 Lemberger „R" trocken „vogelfrei"

Siegrist

★★★★

KONTAKT

Am Hasensprung 4
76829 Leinsweiler
Tel. 06345-1309
Fax: 06345-7542
www.weingut-siegrist.de
wein@weingut-siegrist.de

Inhaber
Familien Siegrist & Schimpf
Rebfläche
16 Hektar
Produktion
100.000 Flaschen

BESUCHSZEITEN

Mo.-Fr. 8-12 + 13:30-18 Uhr,
Sa. bis 16 Uhr

Die Familie Siegrist betreibt in Leinsweiler seit vielen Generationen Weinbau, bis in die 1970er Jahre hinein in der damals häufigen Form als landwirtschaftlicher Gemischtbetrieb. Als Thomas Siegrist 1974 zusammen mit seiner Frau Gisela den Betrieb übernahm, konzentrierte er sich nur noch auf den Weinbau und stellte konsequent auf Selbstvermarktung um. Schon Mitte der 1980er Jahre begann er als einer der ersten Winzer in der Pfalz damit, seine Rotweine im Barrique auszubauen – woraufhin die damit offensichtlich überforderte Weinkontrolle ihm bescheinigte, diese Weine seien „nicht verkehrsfähig". Heute führt er das Weingut, das längst eine feste Größe in der Südpfalz ist, zusammen mit seiner Tochter Kerstin und seinem Schwiegersohn Bruno Schimpf, der die Verantwortung im Keller übernommen hat. Ihre Weinberge liegen in Leinsweiler (Sonnenberg), Ilbesheim (Kalmit), Eschbach und Wollmesheim. Im Kernstück des Leinsweiler Sonnenbergs besitzen sie 2,5 Hektar. Auf 70 Prozent der Rebfläche stehen weiße Sorten, wichtigste Rebsorte ist Riesling, mit einem Anteil von 30 Prozent an der Gesamtfläche, gefolgt von Weißburgunder, Chardonnay, Grauburgunder, Sauvignon Blanc, Muskateller und etwas Silvaner. Wichtigste rote Sorte ist der Spätburgunder, der auf 12 Prozent der Fläche steht, außerdem gibt es noch Cabernet Sauvignon, Frühburgunder, Dornfelder und Merlot. Das Sortiment ist gegliedert in Gutsweine, Ortsweine und Lagen- sowie Reserve-Weine, Große Gewächse gibt es mit Riesling und Spätburgunder aus dem Sonnenberg und dem Spätburgunder aus der Kalmit. Seit der ersten Ausgabe empfehlen wir die Siegrist-Weine und seither haben Thomas Siegrist und Bruno Schimpf stetig zugelegt, beim Weißwein wie beim Rotwein. Und dass die Weine Zeit brauchen und hervorragend reifen können, davon konnten wir uns in der Vergangenheit immer wieder bei der Verkostung älterer Jahrgänge überzeugen.

Kollektion

Die roten Spitzen konnten wir in diesem Jahr nicht verkosten, Thomas Siegrist und Bruno Schimpf wollen ihre Spätburgunder aus dem Jahrgang 2015 frühestens 2019 in den Verkauf bringen und geben ihnen daher ein weiteres Jahr zur Reifung, bevor sie die Weine zur Verkostung anstellen. Neu ist in diesem Jahr im Mittelsegment der Kollektion der Pinot Noir „Schelmenstück", er zeigt feine, kühle rote Frucht, Cassis und Kirsch und dezente Krokantwürze, er besitzt gute Konzentration, Kräuternoten, dezentes Holz, Struktur und Potential. Ganz der Charmeur ist der Merlot mit dunkler Kirschfrucht, Pflaume und Minze im Bouquet, er besitzt reife Tannine und zeigt nur sehr dezentes Holz, die „Cuvée" Johan Adam Hauck" aus 60 Prozent Cabernet Sauvignon, 30 Prozent Frühburgunder und 10 Prozent Dornfelder zeigt Aromen von dunkler Frucht, etwas grüner Paprika und Schokolade. Die Gutsweine sind wieder sehr klar und reintönig, besonders gut gefallen uns in diesem Jahr Pinot Blanc und Pinot Gris, beide besitzen gute Konzentration und viel Schmelz ohne anbiedernde Süße, der Pinot Blanc zeigt klare Birnenfrucht und florale Noten, ist schlank und elegant, der Pinot Gris hat eine zart zwiebelschalenrosa Farbe, besitzt klare, gelbe Frucht und feine nussige Würze. Der Sauvignon Blanc zeigt Noten von grünen Stachelbeeren und Kräutern, ist saftig und besitzt ein frisches Säure-Spiel, der Riesling ist frisch, schlank und gelbfruchtig und der „Blanc de Noir" zeigt florale Würze und besitzt Biss. Der von wurzelechten Reben stammende, im Barrique ausgebaute Riesling Rudus ist noch sehr vom Holz geprägt, zeigt Kokos und Zitruswürze in der Nase, ist kraftvoll, besitzt ein lebendiges Säure-Spiel und Potential, das Holz ist beim Pinot Blanc Concretus wesentlich dezenter und lässt der gelbe Frucht nach Birne und Aprikosen viel Raum, er besitzt gute Konzentration, Schmelz und Länge. Sehr gut gelungen ist wieder die Réserve-Version des Sauvignon Blancs, er zeigt komplexe Frucht im Bouquet, Pfirsich, Maracuja und etwas grüne Stachelbeere, das Holz ist sehr gut eingebunden, der Wein besitzt feinen Schmelz und animierenden Säure-Biss, ist harmonisch und sehr nachhaltig, das Große Gewächs, der Riesling vom Sonnenberg zeigt viel klare Frucht, Aprikose, Pfirsich, Orangenschale und kräutrige Würze, ist konzentriert, besitzt Grip und Länge.

Weinbewertung

85	2016 Sauvignon Blanc trocken **12,5 %/9,- €**
86	2016 Pinot Gris trocken **13 %/8,- €**
86	2016 Pinot Blanc trocken **12 %/8,- €**
84	2016 Riesling trocken **11,5 %/7,50 €**
88	2016 Pinot Blanc trocken „Concretus"
90	2016 Sauvignon Blanc trocken „Réserve" **14 %/24,- €**
88	2014 Riesling trocken „Rudus" **13 %/18,- €**
90	2016 Riesling „GG" Sonnenberg **24,- €**
85	2016 Pinot Noir „Blanc de Noir" trocken **12,5 %/8,- €**
85	2014 „Cuvée Johan Adam Hauck" Rotwein trocken **13 %/9,- €**
87	2014 Merlot trocken **13,5 %/14,- €**
88	2013 Pinot Noir trocken „Schelmenstück" **13 %/22,- €**

LAGEN

SONNENBERG (LEINSWEILER)
KALMIT (ILBESHEIM)

REBSORTEN

RIESLING (30 %)
WEISSBURGUNDER (14 %)
SPÄTBURGUNDER (12 %)
CHARDONNAY (11 %)
GRAUBURGUNDER (6 %)
CABERNET SAUVIGNON (6 %)
FRÜHBURGUNDER (5 %)
SAUVIGNON BLANC (4 %)
DORNFELDER (4 %)
MUSKATELLER (3 %)
MERLOT (3 %)

Siener

★★★☆

KONTAKT

Weinstraße 31
76831 Birkweiler
Tel. 06345-3539
Fax: 06345-919100
www.weingutsiener.de
info@weingutsiener.de

Inhaber
Peter Siener
Rebfläche
15,5 Hektar
Produktion
100.000 Flaschen

BESUCHSZEITEN

Mo. + Mi.-Fr. 9-12 + 14-18 Uhr, Sa. 10-16 Uhr (um Anmeldung wird gebeten), Di. So. + feiertags geschlossen

Seit Peter Siener in den elterlichen Betrieb eingestiegen ist ging es qualitativ steil bergauf, die Rebfläche wurde mehr als verdoppelt. Seine Weinberge liegen vor allem in Birkweiler, ein großer Teil im Kastanienbusch und in der Lage Am Dachsberg (seit 1971 ein Teil des Kastanienbuschs), aber auch im Mandelberg und im Rosenberg sowie im Leinsweiler Sonnenberg ist Peter Siener vertreten. Riesling, Spätburgunder und Weißburgunder sind die wichtigsten Rebsorten, dazu gibt es Grauburgunder, Silvaner, St. Laurent sowie ein wenig Chardonnay, Cabernet Sauvignon und Merlot. Seit dem Jahrgang 2015 werden die Weine komplett spontanvergoren, teils mit Maischestandzeiten, die Weißweine bleiben lange auf der Feinhefe, die Spätburgunder reifen zwei Jahre im Fass.

Kollektion

In diesem Jahr sind alle Weißweine sehr schlank und elegant, an der Spitze der rundum überzeugenden Kollektion liegt der „Schiefer"-Riesling, der trotz seines sehr moderaten Alkoholgehalts viel Druck entwickelt, er ist komplex und animierend, besitzt Grip und salzige Länge. Der Dachsberg-Riesling ist sehr mineralisch und zeigt viel Zitrusfrucht, Ananas und Limette, der Riesling vom Rotliegenden ist ganz fruchtbetont mit feinem Säure-Biss. Die zweite Spitze, der Weißburgunder aus dem Mandelberg zeigt deutliche Holzwürze und etwas Kokos, ist konzentriert, druckvoll und lang, der Chardonnay aus der gleiche Lage ist mineralisch, aber auch noch leicht verhalten und könnte noch zulegen, der Rosenberg-Weißburgunder zeigt viel gelbe Frucht und feine florale Würze. Die beiden Spätburgunder sind kraftvoll und fleischig, der Dachsberg zeigt Noten von Schwarzkirschen und Pflaumen im Bouquet, der Kastanienbusch zeigt dunkle, kräutrige Würze und etwas Cassis, besitzt Konzentration, Struktur und Länge.

Weinbewertung

87 2015 Chardonnay & Spätburgunder Sekt brut **12 %/15,50 €**
85 2016 Weißer Burgunder trocken **12 %/8,40 €**
86 2016 Riesling trocken **11,5 %/8,40 €**
88 2016 Weißer Burgunder trocken Birkweiler Rosenberg **12,5 %/13,50 €**
88 2016 Riesling trocken „Rotliegend" Birkweiler Kastanienbusch **12 %/13,50 €**
89 2016 Riesling trocken Birkweiler Am Dachsberg **11 %/13,50 €**
90 2016 Weißer Burgunder trocken Birkweiler Mandelberg **12,5 %/21,50 €**
88 2016 Chardonnay trocken Birkweiler Mandelberg **12,5 %/21,50 €**
90 2016 Riesling trocken „Schiefer" Birkweiler Kastanienbusch **12 %/21,50 €**
83 2016 „Blanc de Noir" **11 %/8,40 €**
87 2014 Spätburgunder trocken Birkweiler Am Dachsberg **14 %/18,50 €**
89 2014 Pinot Noir trocken Birkweiler Kastanienbusch **14 %/32,- €**

Siggi

★★☆

KONTAKT

Besigheimer Straße 75
74994 Hessigheim
Tel. 0173-7054970
www.siggi-weine.de
info@siggi-weine.de

Inhaber
Siegfried Mayer
Rebfläche
2 Hektar
Produktion
6.000 Flaschen

BESUCHSZEITEN

nach Vereinbarung

Siegfried Mayers Urgroßvater hatte schon Wein im Neckartal angebaut, er selbst, genannt Siggi, hat lange als Önologe in verschiedenen Weinbaugebieten gearbeitet. 2014 gründete er mit 2 Hektar Reben sein eigenes Weingut in Hessigheim, verließ die Genossenschaft. Seine Weinberge liegen im Hessigheimer Felsengarten und im Besigheimer Wurmberg, wo die Reben auf Muschelkalkböden wachsen, sowie im Kirchheimer Kirchberg, dessen Boden teils aus Muschelkalk, teils aus Keuper besteht. Riesling, Lemberger, Spätburgunder und Sauvignon Blanc sind seine wichtigsten Rebsorten, dazu gibt es Trollinger, Silvaner, Cabernet Sauvignon und andere Sorten. Siegfried Mayer möchte seine Weinberge zukünftig biologisch bewirtschaften. Die Weine werden mit den natürlichen Hefen vergoren, nach langen Maischestandzeiten teils im Holz, teils im Edelstahl sehr lange auf der Hefe ausgebaut.

Kollektion

Eine starke Kollektion auf hohem Niveau präsentierte Siegfried Mayer zum Debüt im vergangenen Jahr, mit der neuen Kollektion schließt er nahtlos daran an. Der Sauvignon Blanc-Sekt ist würzig und zupackend, der FassDrei-Sauvignon Blanc ist reintönig, strukturiert, jugendlich. Die weiße Cuvée ist fruchtbetont und geradlinig, der Silvaner ist reintönig, zupackend, besitzt feine süße Frucht. Der Muschelkalk-Riesling ist ebenfalls wunderschön reintönig, besitzt gute Struktur und feine süße Frucht. Unser Favorit unter den Weißweinen ist der FassVier-Riesling, der Fülle und Kraft vereint mit reintöniger Frucht. Die Rotweine stehen den Weißen nicht nach. Die rote Cuvée ist fruchtbetont, zeigt intensiv rote Früchte, ist klar und strukturiert. Der Trollinger besitzt reintönige Frucht, gute Struktur und Frische, der Muschelkalk-Lemberger zeigt etwas florale Noten, ist geradlinig und zupackend. Betörend reintönig ist der Spätburgunder, besitzt gute Struktur, Frische und Finesse. Im Aufwind!

Weinbewertung

85 2014 Sauvignon Blanc Sekt brut **12,5 %/13,50 €**
84 2016 „Weisser Siggi" Weißwein trocken **12,5 %/10,- €**
85 2016 Silvaner trocken „Muschelkalk" **12,5 %/12,- €**
86 2016 Sauvignon Blanc trocken „FassDrei" **12,5 %/12,50 €**
88 2016 Riesling trocken „FassVier" **13 %/16,- €**
85 2016 Riesling „Muschelkalk" **12 %/12,50 €**
85 2015 „Roter Siggi" Rotwein trocken **13,5 %/12,- €**
85 2016 Trollinger trocken Terrassen **12 %/12,50 €**
85 2015 Lemberger trocken „Muschelkalk" **13,5 %/14,50 €**
88 2015 Spätburgunder trocken „Muschelkalk" **13,5 %/14,50 €**

S

JOSEF J. SIMON

★★

KONTAKT

Vogteistraße 15
79112 Freiburg-Tiengen
Tel. 07664/6116480
Fax: 07664/6116472
www.josef-simon-wein.de
mail@josef-simon-wein.de

Inhaber
Josef J. Simon
Rebfläche
4 Hektar
Produktion
25.000 Flaschen

BESUCHSZEITEN

nach Vereinbarung
(Tel. 0179-1050690)

Josef Simons Großvater und ebenso sein Vater waren Mitglied bei einer Genossenschaft, der Vater bewirtschaftete zusammen mit seiner Ehefrau 4 Hektar Weinberge. Josef Simon selbst absolvierte eine Winzerlehre, studierte aber anschließend Betriebswirtschaft und kam erst 2005 in die Heimat zurück und es dauerte noch ein paar Jahre, bis er beschloss, selbst Wein am Tuniberg zu erzeugen. 2009 gründete er mit seiner Ehefrau zusammen das eigene Weingut. Heute bewirtschaften sie 4 Hektar Reben am Tuniberg, zu einem Drittel Spätburgunder, zu einem Drittel Weiß- und Grauburgunder, hinzu kommen Sorten wie Sauvignon Blanc, Muskateller und Müller-Thurgau. Alle Weine werden trocken und durchgegoren ausgebaut.

Kollektion

Sehr gleichmäßig präsentiert sich die neue Kollektion schließt nahtlos an die guten Vorjahre an. Der Sekt, ein Blanc de Noirs von Spätburgunder-Trauben, ist klar und frisch. Die Weißweine präsentieren sich klar und fruchtbetont. Sehr gut gefällt uns der Sauvignon Blanc, der reintönige Frucht zeigt, Stachelbeeren, ein wenig Rhabarber, frisch und zupackend ist, gute Struktur und Frucht besitzt. Sehr gut ist auch der reintönige Muskateller, ist geradlinig und zupackend bei viel Biss. Schon der „normale" Spätburgunder ist ernsthaft, gekonnt vinifiziert, frisch und zupackend, reintönig und präzise, in allen drei verkosteten Jahrgängen. Der Pinot Noir besitzt die gleichen Eigenschaften, ist aber noch etwas kraft- und druckvoller. 2012 besitzt gute Struktur, viel Frische und Biss, 2014 hat sich schön entwickelt, zeigt rauchige Noten, ist herrlich präzise und zupackend, druckvoll, faszinierend reintönig – ein Wein mit viel Potenzial.

Weinbewertung

83 2014 Pinot Sekt brut **11,5 %/12,- €**
82 2016 „Lummbe Ziig" Weißwein trocken **11,5 %/7,- €**
85 2016 Sauvignon Blanc trocken **12 %/8,50 €**
83 2014 Weißburgunder trocken **12 %/7,- €**
83 2015 Grauburgunder trocken **13,5 %/7,50 €**
85 2016 Muskateller trocken **11,5 %/8,50 €**
82 2016 Rosé trocken **12,5 %/7,50 €**
85 2012 Spätburgunder trocken **13 %/8,50 €**
85 2013 Spätburgunder trocken **12,5 %/8,50 €**
84 2014 Spätburgunder trocken **12,5 %/8,50 €**
86 2012 Pinot Noir trocken Barrique **12,5 %/18,- €**
88 2014 Pinot Noir trocken Barrique **12,5 %/18,- €**

S

Simonis

★

N

KONTAKT

Rathausstraße 61
56862 Pünderich
Tel. 06542-2867
Fax: 06542-1578
www.weingut-simonis.de
info@weingut-simonis.de

Inhaber
Elke Simonis, Nico Simonis
Rebfläche
3,2 Hektar
Produktion
30.000 Flaschen

BESUCHSZEITEN

Mo.-Fr. 8-12 + 13-17 Uhr
Ferienwohnungen

Der Weinort Pünderich ist allmählich auf dem Weg, sich zu einer Hochburg des guten Rieslings zu entwickeln. Zur erweiterten Spitze des Ortes muss man inzwischen auch das Weingut Simonis rechnen, einen von Elmar und Elke Simonis sowie Sohn Nico Simonis geführten Betrieb, der etwas mehr als drei Hektar bewirtschaftet. Seit Nico Simonis hat nach seiner Technikerausbildung die Verantwortung im Keller übernommen. Riesling dominiert in diesem Weingut, das Parzellen in den Lagen Pündericher Marienburg und Pündericher Nonnengarten besitzt, nimmt drei Viertel der Rebfläche ein, aber auch Weiß- und Grauburgunder sowie Spätburgunder spielen eine nicht zu unterschätzende Rolle, hinzu kommen ein klein wenig Müller-Thurgau und Dornfelder. Die Weißweine werden langsam und gekühlt vergoren und in Edelstahltanks ausgebaut; seit 2012 wird der Großteil der Rieslinge spontanvergoren. Alle Rotweine werden nach klassischer Maischegärung hergestellt und entweder im großen Holzfass oder im Barrique gereift. Mehrere Ferienwohnungen komplettieren das Angebot des Hauses.

Kollektion

Zum Debüt in diesem Buch wurden, mit Ausnahme des saftigen, angenehm trockenen Grauburgunders, ausschließlich Rieslinge vorgestellt. Der Wein namens „Viadukt" ist gleich in drei Varianten am Start, einmal in trockener Ausführung, dann in feinherber und deutlich süßer: Die Unterschiede sind nicht gewaltig, aber der feinherbe Riesling gefällt am besten, weil er eine schöne Balance aufweist, nicht zu süß ausfällt und animierend wirkt. Die trockene Marienburg-Spätlese ist wunderschön stoffig, besitzt eine sehr angenehme Säure, der halbtrockene Kabinett aus dem Pündericher Nonnengarten wirkt spannend, besitzt viel Spiel. Die recht süße Spätlese aus der Lage Pündericher Marienburg kann diese Leistung wenigstens im Moment nicht steigern.

Weinbewertung

82 2016 Grauer Burgunder trocken **13 %/7,- €**
83 2016 Riesling Kabinett trocken „Rot-Schiefer" **11,5 %/5,80 €**
84 2016 Riesling Hochgewächs trocken „Viadukt" **12,5 %/6,30 €**
86 2016 Riesling Spätlese trocken Pündericher Marienburg **12,5 %/9,20 €**
85 2016 Riesling Kabinett halbtrocken Pündericher Nonnengarten **11 %/5,80 €** ☺
85 2016 Riesling Hochgewächs „feinherb" „Viadukt" **12 %/6,30 €**
84 2016 Riesling Hochgewächs „Viadukt" **9,5 %/6,30 €**
85 2016 Riesling Spätlese Pündericher Marienburg **8 %/9,20 €**

S

Simon-Bürkle

★★★

KONTAKT

Wiesenpromenade 13
64673 Zwingenberg
Tel. 06251-76446
Fax: 06251-788641
www.simon-buerkle.de
info@simon-buerkle.de

Inhaber
Dagmar Simon, Johannes Bürkle
Rebfläche
12 Hektar
Produktion
80.000 Flaschen

BESUCHSZEITEN

Mo.-Fr. 9-12 + 15-18 Uhr,
Sa. 9-13 Uhr

S

Die Studienkollegen Kurt Simon, der 2003 verstarb, und Wilfried Bürkle, im Januar 2013 im Alter von 54 Jahren verstorben, haben 1991 gemeinsam dieses Weingut in Zwingenberg gegründet und an die Spitze im Anbaugebiet Hessische Bergstraße geführt. Wilfried Bürkles Sohn Johannes führt das Weingut nun gemeinsam mit Dagmar Simon. Die Weinberge liegen in den Zwingenberger Lagen Steingeröll und Alte Burg, im Auerbacher Höllberg und im Alsbacher Schöntal. Riesling, Weiß- und Grauburgunder, Chardonnay, Silvaner und Kerner werden angebaut, hinzu kommt ein für die Hessische Bergstraße recht hoher Rotweinanteil von 15 Prozent, der sich aufteilt auf Spätburgunder, Lemberger, Cabernet Sauvignon, St. Laurent und Dunkelfelder. 90 Prozent der Weine werden trocken oder halbtrocken ausgebaut.

Kollektion

Eine umfangreiche, sehr gute, stimmige Kollektion zeigen Johannes Bürkle und Dagmar Simon in diesem Jahr. Die Rebsorten sind sehr schön herausgearbeitet, es herrscht schnörkellose Klarheit. Immer wieder spannend sind die Rieslinge. Die Lagencuvée „Granit" zeigt feine Aromen von spontaner Vergärung, hat viel Frucht, ist frisch und zupackend. Die Beerenauslese ist sehr fokussiert, eine monumentale Säure hält die vielfruchtige Süße in Schach. Mit reifer Frucht und geschliffenen Tanninen punktet der Cabernet Sauvignon. Kühle Frucht zeichnet den strukturierten Spätburgunder aus, er ist sehr frisch und klar.

Weinbewertung

87 2015 Riesling Sekt brut **12,5 %/13,- €**
86 2016 Muskateller Sekt brut **12,5 %/13,- €**
83 2016 Silvaner trocken (1l) **12,5 %/6,50 €**
85 2016 Auxerrois trocken Alsbacher Schöntal **12,5 %/8,50 €**
83 2016 Riesling trocken (1l) **12,5 %/6,50 €**
86 2016 Grauburgunder trocken **13 %/8,50 €**
85 2015 Muskateller trocken Auerbacher Höllberg **12,5 %/8,50 €**
84 2015 Gewürztraminer trocken Alsbacher Schöntal **12,5 %/8,50 €**
88 2016 Riesling trocken „Granit" **12,5 %/8,50 €** ☺
85 2015 Scheurebe trocken Auerbacher Höllberg **13 %/8,50 €**
87 2015 Weißburgunder Spätlese trocken Zwingenberger Steingeröll **14 %/11,- €**
83 2014 Riesling halbtrocken (1l) **11,5 %/6,50 €**
82 2014 Silvaner „feinherb" Zwingenberger Steingeröll (1l) **12 %/6,50 €**
86 2014 Riesling Spätlese Auerbacher Höllberg **11,5 %/9,50 €**
89 2014 Riesling Beerenauslese Auerbacher Höllberg **9 %/35,- €/0,375l**
87 2014 „Pan" Rotwein trocken **13,5 %/17,- €**
88 2012 Spätburgunder trocken Zwingenberger Steingeröll **13,5 %/19,- €**
89 2011 Cabernet Sauvignon trocken Auerbacher Höllberg **14 %/29,- €**

SINGER-BADER

★★

KONTAKT

Rosenstraße 1
71404 Korb
Tel. 07151-9865707
Fax: 07151-9865708
www.weingut-singer.de
www.weingut-bader.de
www.weinkorb.de
info@weinkorb.de

Inhaber
Julian Singer & Hans Bader
Rebfläche
9 Hektar

BESUCHSZEITEN

Mi.+Fr. 15-19 Uhr, Sa. 11-14 Uhr
Vinothek „Weinkorb"

Aus den Weingütern Bader in Stetten und dem Weingut Singer in Korb wird nun das Weingut Singer-Bader. Hans und Iris Bader hatten ihr Weingut in Stetten aufgebaut, ihre Tochter Barbara hatte zusammen mit Ehemann Julian Singer 2009 ihr eigenes Weingut gegründet, nun werden beide Weingüter zu einem Betrieb zusammengelegt, die Weine beider Weingüter werden schon seit einigen Jahren zusammen vertrieben. Julian Singer absolvierte seine Lehre bei Bernhard Ellwanger und Aldinger, studierte dann in Geisenheim. Die Bader'schen Weinberge liegen in den Stettener Lagen Pulvermächer, Mönchberg, Lindhälder und Häder, die von Julian und Barbara Singer in der Korber Sommerhalde, im Steinreinacher Hörnle und im Kleinheppacher Sonnenberg. Neben Riesling und Trollinger, Lemberger und Spätburgunder gibt es eine breite Palette an internationalen Sorten wie Sauvignon Blanc, Zweigelt, Merlot, Cabernet Sauvignon, Cabernet Franc und Syrah.

Kollektion

In der ansonsten sehr gleichmäßigen Bader'schen Kollektion gefällt uns ganz klar der 2015er Surlis am besten, eine im Holz ausgebaute Cuvée aus Weißburgunder, Riesling und Sauvignon Blanc. Sie zeigt gute Konzentration im Bouquet, reife Frucht, dezent Vanille, ist füllig und kraftvoll im Mund, besitzt reife Frucht, gute Struktur und Substanz. Bei Julian Singer finden wir gleich zwei Favoriten: Der Syrah zeigt gute Konzentration, Brombeeren, ist frisch, klar und zupackend, besitzt gute Struktur und reintönige Frucht. Gleichauf sehen wir den Lemberger, der gute Konzentration und intensive Frucht im Bouquet zeigt, gute Struktur besitzt, reintönige Frucht, Tannine und Biss.

Weinbewertung

WEINGUT BADER

82 2015 Weißburgunder trocken **13 %/8,40 €**
83 2016 Riesling trocken „alte Y Reben" Stettener Pulvermächer **12,5 %/11,- €**
83 2016 Sauvignon Blanc trocken „Visavis" **12 %/9,50 €**
86 2015 „Cuvée Surlis" Weißwein trocken Holzfass **12,5 %/11,- €**
82 2016 Riesling & Sauvignon Blanc „Plaisir" **11,5 %/8,10 €**

WEINGUT SINGER

81 2016 Scheurebe „feinherb" „Elixier" **11 %/8,20 €**
83 2014 Spätburgunder trocken **14 %/8,50 €**
84 2014 Merlot trocken **14 %/12,50 €**
87 2014 Syrah trocken **14,5 %/18,- €**
87 2015 Lemberger trocken **14 %/25,- €**
82 2016 Muskattrollinger **13 %/7,80 €**

S

SINSS

★★☆

KONTAKT

Hauptstraße 18
55452 Windesheim
Tel. 06707-253
Fax: 06707-8510
www.weingut-sinss.de
info@weingut-sinss.de

Inhaber
Familie Sinß
Rebfläche
10 Hektar
Produktion
70.000 Flaschen

BESUCHSZEITEN

Mo.-Sa. 9-18 Uhr und nach Vereinbarung

Rudolf Sinß übernahm 1985 den elterlichen Betrieb. In den neunziger Jahren richtete er das Weingut auf Riesling und die Burgundersorten aus. Seine Weinberge liegen in den Windesheimer Lagen Rosenberg, Römerberg und Sonnenmorgen. Riesling und Spätburgunder nehmen jeweils ein Viertel der Rebfläche ein, dicht gefolgt von Weiß- und Grauburgunder, dazu gibt es ein wenig Chardonnay, Scheurebe und Müller-Thurgau. Die Rotweine werden alle maischevergoren und teilweise in Holzfässern, auch Barriques, ausgebaut. Die Weißweine werden in Edelstahltanks kühl vergoren. Nach seinem Geisenheim-Studium ist Sohn Johannes Sinß seit 2010 für den Weinausbau verantwortlich. 2016 ist auch Johannes Bruder Markus mit in den Betrieb eingestiegen, die beiden haben mit dem gleichen Jahrgang begonnen, die Weinberge biologisch zu bewirtschaften.

Kollektion

Die Rieslinge lassen alle klare steinig-mineralische Noten erkennen, schon der schlanke Gutsriesling ist von etwas Tabakwürze geprägt, die wir auch bei den beiden Lagenrieslingen wieder finden, der Sonnenmorgen zeigt neben mineralischen Noten auch klare Frucht, etwas Aprikose und grünen Apfel und besitzt eine gute Länge, noch etwas nachhaltiger ist der komplexe Römerberg-Riesling, der salzig und animierend ist. Der Grauburgunder vom Rosenberg ist kraftvoll und zeigt neben gelber Frucht noch sehr deutliche Röstnoten, der Réserve von Grau- und Weißburgunder aus der gleichen Lage ist ebenfalls kraftvoll, zeigt rauchige und etwas mineralische Würze, leicht gereifte Frucht und florale Noten. Unter den Spätburgundern ist der neu im Programm vertretene „Konstantin" sehr fruchtbetont, zeigt nur dezente röstige Würze und ist sehr elegant und gut strukturiert, während der Rosenberg R dunklere Frucht, Mokka und mehr Röstnoten zeigt.

Weinbewertung

83 2016 Grauburgunder trocken **12,5 %/7,80 €**
84 2016 Riesling trocken **11,5 %/7,50 €**
85 2016 Weißburgunder „S" trocken Windesheim **12,5 %/10,- €**
86 2016 Riesling „S" trocken Windesheim **12 %/9,80 €**
88 2015 Grau & Weißburgunder trocken „Réserve" Rosenberg **13,5 %/22,- €**
87 2016 Grauburgunder „R" trocken Windesheim Rosenberg **13,5 %/17,50 €**
87 2016 Riesling trocken Windesheim Sonnenmorgen **12,5 %/14,- €**
88 2016 Riesling „R" trocken Windesheim Römerberg **12,5 %/17,50 €**
86 2016 Riesling Kabinett Windesheim Römerberg **8,5 %/9,50 €**
84 2015 Spätburgunder „S" trocken Windesheim **13 %/12,50 €**
87 2014 Spätburgunder „R" trocken Windesheim Rosenberg **13,5 %/19,50 €**
88 2014 Spätburgunder trocken „Konstantin" **13,5 %/a.A.**

Six

★☆

KONTAKT

Friedhofstraße 1a
97717 Wirmsthal
Tel. 09704-6317
www.six-wein.de
info@six-wein.de

Inhaber
Familie Six
Rebfläche
3 Hektar
Produktion
20.000 Flaschen

BESUCHSZEITEN

nach Vereinbarung

Wirmsthal liegt ganz im Norden des fränkischen Weinbaugebietes, unmittelbar nördlich von Ramsthal, ist seit 1978 ein Ortsteil des Marktes Euerdorf. Wirmsthal liegt in einem Seitental des Sulzbaches, der bei Euerdorf in die Saale mündet. Im 19. Jahrhundert, als es über 1.000 Hektar Reben an der Saale gab, wurde im ganzen Tal Wein angebaut und Wirmsthal war ein wichtiges Weinbauzentrum und keineswegs der nördlichste Weinort in Franken. Heute gibt es noch etwa 8,5 Hektar Reben unmittelbar nordwestlich und nordöstlich des Ortes, dazu große Brachflächen. Anton Six hatte Weinbau immer im Nebenerwerb betrieben, seit absehbar war, dass die Söhne sich für Wein interessieren, wurde die Rebfläche erweitert und in die Selbstvermarktung investiert. 2015 wurde die Rebfläche von 1,3 Hektar auf 3 Hektar erweitert. Die Weinberge liegen im Wirmsthaler Scheinberg, der seit 1971 einzigen Lage in Wirmsthal, sowie im Ramsthaler St. Klausen, die Reben wachsen an Südhängen auf Muschelkalkböden, bestehen derzeit aus 85 Prozent weißen und 15 Prozent roten Sorten. 2015 haben Daniel und Oliver Six den Betrieb übernommen. Die Weine werden alle spontanvergoren und sechs Monate auf der Vollhefe ausgebaut, der Rotwein bleibt neun Monate auf der Vollhefe, in Spessarteiche.

Kollektion

Die umfangreicher gewordene Kollektion zeigt sehr gleichmäßige Qualität. Die 2016er Weine sind frisch, klar und fruchtbetont, unser Favorit ist der würzige, zupackende Bacchus. Die spannendsten Weine stammen aus den Vorjahren. Der Pinot Meunier ist fruchtbetont, reintönig und strukturiert, die rauchige Domina hat Struktur und Biss. Der 2014er Kordon-Silvaner besitzt Kraft und Frucht, gute Struktur und Druck, auch der Silvaner der fränkischen Jungwinzer-Gruppe Ethos überzeugt.

Weinbewertung / Preise nur auf Anfrage

83 2016 „Secco de Six" Perlwein **11,5 %**
82 2016 Silvaner trocken Wirmsthaler Scheinberg **12 %**
83 2016 Müller-Thurgau trocken Wirmsthaler Scheinberg **11,5 %**
82 2016 Bacchus trocken Wirmsthaler Scheinberg **11,5 %**
84 2016 Bacchus trocken Ramsthaler St. Klausen **12,5 %**
83 2016 „Blanc de Six" Weißwein Frankens Saalestück **12 %**
85 2015 Silvaner trocken „Ethos No. 1" **13 %**
86 2014 Silvaner trocken „Kordon" Wirmsthaler Scheinberg **12 %**
83 2016 „Rosé de Six" Frankens Saalestück **11,5 %**
82 2016 Rotling Frankens Saalestück **11,5 %**
85 2015 Pinot Meunier „R" trocken Ramsthaler St. Klausen **12,5 %**
84 2015 Domina trocken Wirmsthaler Scheinberg **13 %**

SOHNS

★★

KONTAKT

Nothgottesstraße 33
65366 Geisenheim
Tel. 06722-8940
Fax: 06722-75588
www.weingut-sohns.de
info@weingut-sohns.de

Inhaber Erich & Pascal Sohns
Rebfläche 8,5 Hektar
Produktion 50.000 Flaschen

BESUCHSZEITEN

Mo.-Sa. nach Vereinbarung
Straußwirtschaft (Ende Juli bis Mitte Sept.), Ferienwohnungen

Jakob Sohns kaufte 1933 den ersten Weinberg. Hauptberuflich baute er Weinflaschenregale, im Nebenerwerb erweiterte er die Weinbaufläche, entwickelte zusammen mit Sohn Otto nach dem Zweiten Weltkrieg das Weingut zum Haupterwerbsbetrieb. Otto Sohns übernahm 1969 das Gut mit 3 Hektar Reben, forcierte den Flaschenweinverkauf, sein Sohn Erich stieg nach Weinbaustudium 1983 in den Betrieb ein, erweiterte die Rebfläche auf 6 Hektar und eröffnete 1987 zusammen mit Ehefrau Sabine die Sohn'sche Straußwirtschaft. Ihr Sohn Pascal studierte zunächst Sportökonomie in München, zog dann mit Ehefrau Denise ins Rheingau, mit Beendigung des anschließenden Weinbaustudiums trat er 2012 in den Betrieb ein. Die Weinberge liegen vor allem in den Geisenheimer Lagen Kläuserweg, Kilzberg, Fuchsberg, Mäuerchen und Mönchspfad. Das Weingut wurde in den letzten Jahren erweitert, ist inzwischen auch im Lorchhäuser Seligmacher und im Winkeler Hasensprung vertreten. 2017 wurde das neue Weingut inmitten der Weinberge fertiggestellt.

Kollektion

Wieder eine tolle Kollektion. Der Sekt ist würzig-mild und saftig, der florale Weißburgunder fruchtig, zugänglich und frisch, der im Holz ausgebaute Weißburgunder M ist mild-würzig bei stoffig-herber Textur. Der Geisenheimer Riesling ist klar, eingängig und frisch, der aus dem Fuchsberg geradlinig und saftig. Der Riesling aus dem Hasensprung straff und substanzreich, der aus dem Seligmacher fülliger. Das Erste Gewächs besitzt würzigen Schmelz und eine filigrane Struktur. Die „Alten Reben" vereinen saftige würzige Frucht mit Schmelz. Der „Bene" ist kompakt, dabei stoffig und reif. Beide Spätburgunder zeigen Stil und Reife: Der aus dem Mönchspfad ist saftig mild, der „M" kraftvoll, würzig und nachhaltig. —

Weinbewertung

84 2015 Cuvée Pascal Sekt brut **12,5 %/11,50 €**
83 2016 Weißburgunder trocken Geisenheimer Mönchspfad **13 %/7,80 €**
86 2015 Weißburgunder trocken „M" Geisenheimer Mönchspfad **13,5 %/12,- €**
82 2016 Riesling trocken Geisenheimer **12 %/7,- €**
83 2016 Riesling trocken Geisenheimer Fuchsberg **12,5 %/9,- €**
84 2016 Riesling trocken Winkeler Hasensprung **13 %/10,50 €**
84 2016 Riesling trocken Lorchhäuser Seilgmacher **13 %/11,50 €**
87 2016 Riesling Erstes Gewächs Geisenheimer Kläuserweg **12,5 %/16,- €**
86 2015 Riesling „Bene" Geisenheimer Kläuserweg **13 %/19,- €**
86 2016 Riesling „Alte Reben" Geisenheimer Kläuserweg **12,5 %/12,50 €**
85 2015 Spätburgunder trocken Geisenheimer Mönchspfad **13,5 %/10,50 €**
87 2015 Spätburgunder „M" trocken Geisenheimer Mäuerchen **13,5 %/16,- €**

SEKTHAUS SOLTER

★★★

KONTAKT

Zum Niederwald Denkmal 2
65385 Rüdesheim
Tel. 06722-2566
Fax: 06722-910402
www.sekthaus-solter.de
mail@sekthaus-solter.de

Inhaber
Sekthaus Solter GmbH & Co. KG
Geschäftsführerin
Verena Solter
Rebfläche
8 Hektar
Produktion
80.000 Flaschen

BESUCHSZEITEN

Mo.-Fr. 8-17 Uhr, Sa. 10-17 Uhr
Hoffest Ende Mai

Helmut Solter, gebürtiger Kaiserstühler, Geisenheim-Absolvent, sammelte Erfahrungen in der Champagne, spezialisierte sich seit 1988 ganz auf Schaumweine, baute eines der namhaftesten Sektgüter Deutschlands auf. 2013 ist Solter völlig überraschend verstorben. Seine Witwe und das gesamte Team führen den Betrieb in seinem Sinne fort. Die Sekte des Hauses werden aus Riesling, aber auch aus Weiß- und Grauburgunder, aus Chardonnay und sogar aus Gewürztraminer oder Schwarzriesling hergestellt. Inzwischen werden die Weinberge ökologisch bewirtschaftet. Das Gut nennt inzwischen zehn Hektar Reben in Lagen wie Rüdesheimer Berg Schlossberg, Assmannshäuser Frankenthal oder Geisenheimer Rothenberg sein eigen. Eine Spezialität sind die viele Jahre auf der Hefe gereiften Riesling-Réserve-Sekte, die nach Bedarf degorgiert werden.

Kollektion

Der Riesling brut ist klar, schlank und apfelfrisch, etwas für Liebhaber knackiger Rheingausekte. Die duftige Riesling-Réserve aus 2012 mit ihrem weicheren, saftigen Charakter bietet Frische und eine von süßer Apfelfrucht getragene Länge. Der Blanc de Blancs mit feiner Briochenote ist staubtrocken und etwas ungestüm, aber genau diese ungeschminkt straffe Art ist absolut stimmig. Die Cuvée Henri verbindet cremigen Schmelz mit akzentuierter Frische. Die Pinot Cuvée duftet nussig und kräutrig, hat einen eigenwillig würzigen Geschmack. Die Cuvée Dolce Vita fällt durch ihren merklich süßlich-cremigen Charakter ein wenig aus der Reihe, ist saftig und vollmundig. Dem Pinot Meunier mangelt es nicht an Eigenart und Säureader, jedoch vermisst man im Spannungsfeld von Frische und Gerbstoffwürze (noch) etwas die Zugänglichkeit: Ein exzentrischer Sekt für Fortgeschrittene. Die undosierte, fein toastige Chardonnay-Réserve ist straff und geradlinig, besitzt viel feinen Schmelz. Das kann sich auch im Kontext der Vorbilder aus der Champagne durchaus sehen lassen. Der nach roten Beeren duftende Pinot Rosé verbindet saftige Frucht mit schöner Frische. Eine gewohnt starke Kollektion!

Weinbewertung

86 „Blanc de Blancs" Sekt extra brut **12,5 %/13,50 €**
86 „Cuvée Henri Réserve" Sekt brut **12,5 %/15,- €**
84 Riesling Sekt brut **11,5 %/12,50 €**
87 2011 Pinot Cuvée Sekt brut **12 %/16,- €**
87 „Cuvée Dolce Vita" Sekt brut **12,5 %/25,- €**
87 2012 Riesling Sekt brut „Réserve" **12,5 %/21,- €**
87 Pinot Meunier Sekt brut **12,5 %/25,- €**
88 2013 Chardonnay Sekt „Réserve" **12 %/25,- €**
87 Pinot Noir Rosé Sekt brut **12,5 %/12,50 €**

SCHLOSS SOMMERHAUSEN

★★★☆

KONTAKT

Hauptstraße 25
97286 Sommerhausen
Tel. 09333-260
Fax: 09333-1488
www.sommerhausen.com
info@sommerhausen.com

Inhaber
Martin Steinmann
Rebfläche
20 Hektar
Produktion
180.000 Flaschen

BESUCHSZEITEN

Weinverkauf im Schloss: Mo.-Fr. 10-18 Uhr, Sa. 10-16 Uhr, So. + Feiertage 10-14 Uhr
Weinproben in Gewölbekeller und Kelterhalle

Johann Kaspar Steinmann kaufte 1968 das Schloss Sommerhausen mit den dazugehörigen Weinbergen. Heute führt Sohn Martin das Weingut, die vormals zum Weingut gehörende Rebschule wird von seiner Schwester weitergeführt. Dadurch, dass dem Weingut immer eine Rebzüchtung angeschlossen war, erklärt sich auch, dass neben Silvaner und Riesling die Burgundersorten – mit für Franken ungewöhnlichen 35 Prozent – einen wichtigen Platz in den Weinbergen in Sommerhausen, Eibelstadt, Randersacker und Iphofen einnehmen. Auch Spezialitäten wie Chardonnay, Rieslaner, Blauer Silvaner oder Auxerrois – den es bereits seit 1976 gibt – findet man bei Schloss Sommerhausen. An roten Sorten gibt es neben Spät- und Frühburgunder – von dem Schloss Sommerhausen eigene Klone hat – auch Zweigelt und Blauburger. Bereits seit 1984 kommen besondere Weine ins Barrique, seit 1982 wird Sekt erzeugt, seit 1990 werden sie komplett im eigenen Haus hergestellt, alle werden mindestens drei Jahre, meist vier Jahre und mehr auf der Hefe ausgebaut. Die Großen Gewächse, aus der früheren Einzellage Altenberg, tragen heute den Namen „Alttenberg 1172".

Kollektion

Ein deutlich gereifter Auxerrois-Sekt eröffnet den Reigen, rauchig, komplex, gereift – das muss man mögen. Noch älter ist der Dry: 120 Monate Barrique, ohne Schwefel, zu Käse spannend, für die Gastronomie, nicht mit Punkten zu fassen. Eine tolle Quaderkalk-Serie: Kraftvolle Weine mit Frucht und Substanz, teils moderat im Alkohol wie Silvaner oder Auxerrois. Eine klare Steigerung bieten die Erste Lage-Weine: Der Silvaner ist rauchig, kraftvoll und strukturiert, der Riesling druckvoll und zupackend, stoffig, jugendlich-verschlossen. An der Spitze stehen die Großen Gewächse, der Riesling rauchig, mit viel Substanz, der Silvaner kraftvoll, stoffig. Sehr eigenständige Kollektion!

Weinbewertung

88	2008 Auxerrois Sekt extra brut **12,5 %/22,- €**
85	2016 Grüner Silvaner trocken „Quaderkalk" **11,5 %/8,50 €**
85	2016 Auxerrois trocken „Quaderkalk" **12 %/9,50 €**
86	2016 Weißer Burgunder trocken „Quaderkalk" **13 %/11,50 €**
86	2016 Grauer Burgunder trocken „Quaderkalk" **13 %/11,50 €**
85	2015 Chardonnay trocken „Quaderkalk" **13,5 %/12,50 €**
85	2016 „Dinarazade" trocken „Quaderkalk" **13,5 %/12,50 €**
88	2016 Silvaner trocken Sommerhäuser Steinbach **12 %/12,- €**
89	2016 Riesling trocken Sommerhäuser Steinbach **12,5 %/23,- €**
90	2016 Silvaner „GG" „Alttenberg 1172" **13 %/23,- €**
90	2016 Riesling „GG" „Alttenberg 1172" **13,5 %/23,- €**
87	2006 „Dry" Weißwein **17 %/19,50 €/0,375l**

Sonnenberg

★★

KONTAKT

Heerstraße 98
53474 Bad Neuenahr-Ahrweiler
Tel. 02641-6713, Fax: -201037
www.weingut-sonnenberg.de
info@weingut-sonnenberg.de

Inhaber
Marc Linden
Rebfläche
6 Hektar
Produktion
45.000 Flaschen

BESUCHSZEITEN

Mo.-Fr. 10:30-12 + 14-18 Uhr, Sa. 10:30-14 Uhr, So. 10:30-12 Uhr
Straußwirtschaft (Herbst, Do./Fr. 18-22 Uhr, Sa. 15-22 Uhr)
Ferienwohnungen/Ferienhaus

Das Weingut Sonnenberg wurde 1981 von Norbert und Elsbeth Görres mit 1,5 Hektar Weinbergen gegründet, heute führt ihr Enkel Marc Linden zusammen mit Ehefrau Michaela das Gut. Sie bewirtschaften 6 Hektar Weinberge, wovon sich ein Hektar in denkmalgeschützten Terrassenlagen befindet. Die Reben wachsen in den Neuenahrer Lagen Sonnenberg und Schieferlay, sowie in den Ahrweiler Lagen Rosenthal und Ursulinengarten, wo Frühburgunder angebaut wird. Spätburgunder ist die mit weitem Abstand wichtigste Rebsorte im Betrieb, nimmt 70 Prozent der Rebfläche ein. Hinzu kommen Grauburgunder, Weißburgunder, Frühburgunder und Riesling. Zwei Drittel der Weine wird trocken ausgebaut. Zum Weingut gehört eine Straußwirtschaft, die im Herbst geöffnet hat, man bietet auch Ferienwohnungen und ein Ferienhaus an, ebenso geführte Weinbergswanderungen.

Kollektion

Im vergangenen Jahr führten die Spätburgunder R, A und S eine stimmige starke Kollektion an, in diesem Jahr nun konnten wir als hochkarätigsten Spätburgunder nur den S verkosten. Die Weißweine sind klar, wenn auch ein wenig verhalten, der frische, süffige Weißburgunder gefällt uns zusammen mit den beiden saftigen süßen Grauburgundern am besten. Der rote Landwein im Liter ist geradlinig, der Frühburgunder zeigt reife Frucht, rote Früchte, Erdbeeren, ist geradlinig bei feiner reifer Frucht. Der Basis-Spätburgunder besitzt feine Säure und Biss, bei der feinherben Version stört uns der Kontrast aus Süße und Bitternote. Besser gefällt uns der Wein aus der Schieferlay, der zwar auch ganz leicht bitter im Abgang ist, aber auch schön klar, fruchtbetont und zupackend. Unser Favorit ist der Spätburgunder S, der rote Früchte zeigt, feine Frische besitzt, gute Struktur und Frucht, Säure und Biss.

Weinbewertung

82 2016 Weißburgunder trocken **11,5 %/8,- €**
82 2016 Grauburgunder „feinherb" **11,5 %/8,- €**
79 2016 Ahrweiler Landwein Weißwein „feinherb" (1l) **11,5 %/6,50 €**
81 2016 Spätburgunder „Blanc de Noir" „feinherb" **12 %/9,- €**
82 2016 Grauburgunder „mild" **9,5 %/7,- €**
81 2016 Ahrtaler Landwein Rotwein trocken (1l) **12 %/6,50 €**
82 2016 Spätburgunder trocken **12,5 %/8,- €**
83 2016 Spätburgunder trocken Neuenahrer Schieferlay **13,5 %/9,- €**
84 2016 Frühburgunder trocken **13 %/15,- €**
85 2015 Spätburgunder „S" trocken **13,5 %/14,- €**
81 2016 Spätburgunder „feinherb" **13,5 %/10,- €**

SONNENBERG

★

KONTAKT

Am Sonnenberg 1
67271 Neuleiningen
Tel. 06359-82660
Fax: 06359-83002
www.nippgen.net
info@nippgen.net

Inhaber
Elli Nippgen
Rebfläche
8 Hektar

BESUCHSZEITEN

Mo.-Fr. 8-12 + 13-19 Uhr, Sa. 8-18 Uhr, So.+ feiertags bis 12 Uhr oder nach Vereinbarung
Hotel, Restaurant

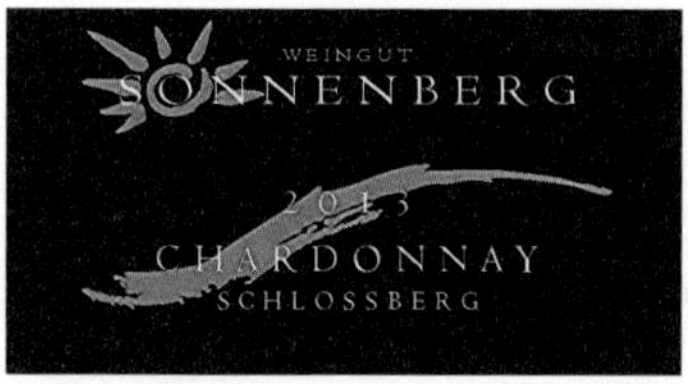

Die Familie Nippgen siedelte 1960, mit damals 4 Hektar Reben, in den Sonnenberg oberhalb von Neuleiningen aus, neben Wein wurden damals noch Kartoffeln, Getreide und Rüben angebaut. 1970 übernahmen Karlheinz Nippgen und seine Frau den Betrieb. 1976 bauten sie ein kleines Hotel, in den achtziger Jahren wurde das Restaurant verpachtet und die Landwirtschaft aufgegeben. Sohn Kai hat mittlerweile einen Barriquekeller eingerichtet. Auf 40 Prozent der Fläche stehen rote Reben: Spätburgunder, Schwarzriesling, Dornfelder, Portugieser, Acolon und Syrah. Alle Rotweine werden maischevergoren, teils im Barrique ausgebaut. Wichtigste Weißweinsorten sind Riesling, Weißburgunder, Grauburgunder und Chardonnay, aber auch Bukettsorten wie Gewürztraminer, Sauvignon Blanc und Scheurebe werden angebaut. Die Reben wachsen auf Kalk-Lehmböden mit hohem Muschelkalkanteil in den Neuleininger Lagen Feuermännchen, Schlossberg und Sonnenberg. Das Sortiment ist in Guts-, Orts- und Lagenweine gegliedert.

Kollektion

Kai Nippgen präsentiert uns in diesem Jahr eine Kollektion auf gleichmäßig gutem Niveau, in der vor allem die Rotweine zugelegt haben, das Holz wird zurückhaltender eingesetzt und die Sortentypizität ist besser herausgearbeitet. Wir haben drei Favoriten in der Kollektion: Neben dem Riesling von alten Reben aus dem Feuermännchen, der viel klare Frucht und kräutrige Würze zeigt, ist das der harmonische und nachhaltige Gewürztraminer, der viel reintönige Frucht zeigt, und der neu im Programm vertretene Syrah, der nach Brombeeren, schwarzen Johannisbeeren und Kräutern duftet, feine Röstnoten zeigt und gute Struktur besitzt. Nur knapp dahinter liegen der kraftvolle Spätburgunder mit dunkler Frucht und Mokkanoten und der cremige Chardonnay mit viel klarer gelber Frucht nach Mango und Pfirsichen. ➛

Weinbewertung

83 2015 Crémant brut **12 %/12,50 €**
83 2016 Sauvignon Blanc trocken **12,5 %/7,60 €**
82 2016 Grauer Burgunder trocken **12,5 %/6,- €**
85 2016 Gewürztraminer Spätlese trocken „Alte Reben" Sonnenberg **13 %/9,50 €**
84 2016 Chardonnay Spätlese trocken Neuleininger Schlossberg **13,5 %/8,50 €**
85 2016 Riesling Spätlese trocken „Alte Reben" Feuermännchen **13 %/8,50 €**
82 2016 Riesling „vom Muschelkalk" **12,5 %/6,30 €**
85 2014 Syrah trocken **13,5 %/13,50 €**
83 2014 Schwarzriesling trocken „Alte Reben" Sonnenberg **13,5 %/10,70 €**
84 2014 Spätburgunder Spätlese trocken „Alte Reben" Sonnenberg **13,5 %/12,- €**

Sonnenhof

★★

KONTAKT

Sonnenhof 2
71665 Vaihingen
Tel. 07042-81888-0
Fax: 07042-81888-6
www.weingutsonnenhof.de
info@weingutsonnenhof.de

Inhaber
Martin & Joachim Fischer
Vertrieb
Udo Braust
Rebfläche
50 Hektar
Produktion
380.000 Flaschen

BESUCHSZEITEN

Mo.-Fr. 8-12 + 13-18 Uhr,
Sa. 9-12 Uhr + 13-17 Uhr
Probierstube (bis 50 Personen)

Bis in die siebziger Jahre waren auf dem Bezner-Hof und dem Fischer-Hof Weinbau und Landwirtschaft nebeneinander betrieben worden. Dann hat sich Albrecht Fischer – bei gerade mal 5 Hektar Weinbergen – ganz auf Weinbau verlegt und den Betrieb, Gründungsmitglied der Hades-Gruppe, stark erweitert. 2008 haben seine Söhne Martin und Joachim das Weingut übernommen. Das Gros der Reben wächst an Südhängen mit Keuperböden, viele der Weinberge gehörten ehemals dem Kloster Maulbronn. Zwei Drittel der Weinberge liegen im Gündelbacher Wachtkopf, direkt beim Weingut. Hinzu kommen Weinberge im Hohenhaslacher Kirchberg, im Spielberger und Ochsenbacher Liebenberg und im Häfnerhaslacher Heiligenberg. Rote Sorten nehmen drei Viertel der Fläche ein, den größten Anteil haben Lemberger, Spätburgunder und Trollinger. Dazu gibt es Muskat-Trollinger, Dornfelder, Schwarzriesling, Samtrot, Regent, Cabernet Mitos, Acolon, Merlot, Syrah und Cabernet Sauvignon. Wichtigste weiße Sorte ist Riesling, es folgen Grauburgunder, Chardonnay, Müller-Thurgau, Kerner, Gewürztraminer und Muskateller, zuletzt wurde Weißburgunder gepflanzt.

Kollektion

Nur einen 2016er konnten wir dieses Jahr verkosten, dazu drei Weißweine des Jahrgangs 2015 und vier Rotweine aus 2013. Der S-Riesling ist fruchtbetont, lebhaft und zupackend. Die beiden Hades-Weißweine sehen wir gleichauf: Der Chardonnay zeigt Gewürze im Bouquet, besitzt Fülle und Kraft, der Grauburgunder besitzt reintönige Frucht und gute Substanz, bleibt aber etwas monolithisch. Die roten Barriqueweine sind alle von kräftigen Gewürz- und Vanillenoten geprägt. Der Spätburgunder ist stoffig und tanninbetont, die Schoko- und Gewürznoten überlagern etwas die Frucht. Dies gilt auch für den kraftvollen, stoffigen Lemberger, der gute Struktur und Substanz besitzt. Am besten gefällt uns die rote Cuvée Agnatus, die im Bouquet zwar auch von Gewürz-, Vanille- und Schokonoten geprägt ist, aber dem Holz viel Fülle, Kraft und reife Frucht entgegen zu setzen hat, gute Struktur und feine Frische besitzt.

Weinbewertung

81 2016 Riesling Kabinett trocken Gündelbacher Wachtkopf **11 %/8,- €**
84 2015 Riesling „S" trocken Gündelbacher Wachtkopf **13 %/12,- €**
87 2015 Grauburgunder trocken „Hades" **12,5 %/17,- €**
87 2015 Chardonnay trocken „Hades" **12,5 %/17,- €**
82 2013 Spätburgunder „S" trocken Gündelbacher Wachtkopf **12,5 %/12,- €**
86 2013 Spätburgunder trocken „Hades" **13 %/25,- €**
86 2013 Lemberger trocken „Hades" **14 %/25,- €**
88 2013 „Agnatus" Rotwein trocken „Hades" **13 %/28,- €**

Sonnenhof

★☆

KONTAKT

Sonnenhof 1
79241 Ihringen
Tel. 07668-5801
Fax: 07667-7767
www.sonnenhofwein.de
info@sonnenhofwein.de

Inhaber
Michael Mattmüller
Rebfläche
10 Hektar
Produktion
90.000 Flaschen

BESUCHSZEITEN

10-18 Uhr

Seit drei Generation baut die Familie Wein am Kaiserstuhl an, heute wird der Sonnenhof in Ihringen von Michael Mattmüller geführt. Seine Weinberge liegen in den Ihringer Lagen Winklerberg (Vulkanverwitterungsböden) und Fohrenberg (teils Vulkanverwitterungsböden und teils tiefgründige Löss-Lehm-Böden) sowie im Merdinger Bühl (Löss mit Kalkanteilen). Mehr als vier Fünftel der Rebfläche nehmen die Burgundersorten ein, hauptsächlich Spätburgunder und Grauburgunder, aber auch Weißburgunder, hinzu kommen Müller-Thurgau und Chardonnay, sowie ein klein wenig Scheurebe, Gewürztraminer und Silvaner, aber auch Cabernet Cubin. Die im Barrique ausgebauten besten Weine eines Jahrgangs werden als „Grande Réserve" vermarktet.

Kollektion

Die neue Kollektion ist nicht ganz so gleichmäßig wie im vergangenen Jahr, gefällt uns in der Spitze aber besser. Das ist vor allem den Grauburgundern zu verdanken, von denen Michael Mattmüller gleich fünf präsentiert hat, vor allem den beiden Fohrenberg-Weinen des Jahrgangs 2015. Sehr gut gefällt uns die trockene Spätlese aus dem Fohrenberg, sie zeigt gute Konzentration, reife gelbe Früchte, ist füllig und kraftvoll, besitzt gute Struktur, Frische und Biss. Noch besser finden wir den im Barrique ausgebauten Grauburgunder Grande Réserve, für uns der herausragende Wein der Kollektion. Er zeigt gute Konzentration im Bouquet, Vanille, ist füllig und saftig im Mund, besitzt Reife, viel Substanz und eindringliche Vanillenoten. Im roten Segment kann der gewürzduftige Cabernet Cubin punkten, er besitzt gute Struktur und Frucht. Der Oskar genannte Pinot Noir ist konzentriert und stark, derzeit noch etwas von Gewürz-, Schoko- und Vanillenoten überlagert und von kräftigen Tanninen geprägt.

Weinbewertung

80	2016 Grauer Burgunder Kabinett trocken Ihringer	**13 %/7,50 €**
83	2016 Grauer Burgunder trocken „Praedium" Ihringer	**13 %/7,95 €**
82	2016 Grauer Burgunder Selektion trocken Ihringer	**13 %/8,- €**
85	2015 Grauer Burgunder Spätlese trocken Ihringer Fohrenberg	**13,5 %/9,- €**
81	2016 Chardonnay Spätlese trocken Ihringer Winklerberg	**13,5 %/9,50 €**
87	2015 Grauer Burgunder trocken „Grande Réserve" Fohrenberg	**13,5 %/15,90 €**
79	2015 Spätburgunder Kabinett trocken Ihringer Winklerberg	**13 %/7,50 €**
82	2015 Pinot Noir trocken	**13 %/8,80 €**
80	2016 Pinot Noir trocken	**13 %/8,80 €**
84	2014 Cabernet Cubin Spätlese trocken Ihringer Winklerberg	**13 %/9,80 €**
81	2015 Spätburgunder Spätlese trocken Ihringer Winklerberg	**13 %/13,50 €**
84+?	2015 Pinot Noir trocken „Cuvée Oskar" Ihringer Winklerberg	**14 %/28,90 €**

S

UWE SPIES

★★☆

KONTAKT

Hauptstraße 26
67596 Dittelsheim-Heßloch
Tel. 06244-7416
Fax: 06244-57500
www.weingut-spies.de
info@weingut-spies.de

Inhaber
Uwe & David Spies
Rebfläche
20 Hektar

BESUCHSZEITEN

Mo.-Fr. 14-18 Uhr, Sa. 9-17 Uhr
möglichst nach Vereinbarung

Werner und Elisabeth Spies begannen 1958 mit der Selbstvermarktung, nach und nach konzentrierten sie sich ganz auf Weinbau. Seit 1989 führen Uwe und Ingrid Spies das Gut, haben es auf die heutige Größe erweitert. Sohn David ist zusammen mit seinem Vater für den Weinausbau verantwortlich und seit 2016 Mitinhaber. Er studierte nach seiner Winzerausbildung (bei Bassermann-Jordan und Rings) in Geisenheim, ist nach Abschluss des Studiums 2015 in den Betrieb eingestiegen. Die Reben wachsen hauptsächlich in den Dittelsheimer Lagen Pfaffenmütze, Geiersberg und Leckerberg, vorwiegend auf sehr kalkhaltigen Löss- und Tonmergelböden. Inzwischen wurde von der Gemeinde eine größere Fläche im Dittelsheimer Kloppberg gekauft, wo 2017 Riesling und Weißburgunder gepflanzt wurden, im Morstein wurde ein Chardonnay-Weinberg gepachtet. Riesling nimmt 30 Prozent der Fläche ein, es gibt Silvaner, Grauburgunder, Weißburgunder und Sauvignon Blanc. Wichtigste rote Rebsorte ist Spätburgunder, dazu gibt es Dornfelder, Portugieser, Merlot und St. Laurent. Das Programm ist gegliedert in Guts-, Orts- und Lagenweine.

Kollektion

Auch 2016 ist das Einstiegsniveau wieder hoch, der Liter-Riesling bereitet Freude, der Silvaner ist reintönig und zupackend. Die Ortsweine sind kraftvoll und sortentypisch, besitzen gute Struktur und Substanz, auch die restsüßen Weine – Riesling Spätlese und Scheurebe Auslese – sind wunderschön reintönig, besitzen viel Frucht. An der Spitze der Kollektion steht der trockene Leckerberg-Riesling, der Konzentration und reintönige Frucht besitzt, füllig und druckvoll ist. Kaum nach steht ihm der Blutmond genannte Spätburgunder, der konzentriert und kraftvoll ist, reife Frucht und gute Struktur besitzt.

Weinbewertung

82 2016 Riesling trocken (1l) **11,5 %/5,10 €**
83 2016 Grüner Silvaner trocken **12 %/5,80 €**
83 2016 Sauvignon Blanc trocken Dittelsheimer **12 %/6,90 €**
85 2016 Riesling trocken Dittelsheimer **12 %/7,- €**
85 2016 Grauburgunder trocken Dittelsheimer **13 %/6,50 €**
85 2016 Grauburgunder „S" trocken Dittelsheimer **13,5 %/7,90 €**
88 2016 Riesling trocken Dittelsheimer Leckerberg **12 %/12,30 €**
85 2016 Riesling Spätlese Dittelsheimer Leckerberg **9 %/8,50 €**
85 2016 Scheurebe Auslese „kalk.stein.scheu" Brunnenhäuschen **9,5 %/9,90 €**
83 2016 Merlot Rosé „feinherb" **10,5 %/5,70 €**
85 2015 „Davids Goliat" Rotwein trocken Barrique **14 %/9,20 €**
87 2015 Spätburgunder trocken Barrique „Blutmond" **14 %/13,- €**

SPIESS

★★★

KONTAKT

Riederbacherhof
Gaustraße 2
67595 Bechtheim
Tel. 06242-7633
Fax: 06242-6412
www.spiess-wein.de
info@spiess-wein.de

Inhaber
Jürgen Spiess
Verwalter (Außenbetrieb)
Christian Spiess
Kellermeister
Johannes Spiess
Rebfläche
29 Hektar
Produktion
210.000 Flaschen

BESUCHSZEITEN

Mo.-Fr. 8-12 + 13-18 Uhr,
Sa. 8-18 Uhr, So. Vormittag
nach Vereinbarung

Seit Beginn des 16. Jahrhunderts betreibt die Familie Landwirtschaft in Bechtheim. Ursprünglich ein typischer landwirtschaftlicher Mischbetrieb, hat man sich in den letzten Jahren ganz auf Weinbau konzentriert. Heute führen Jürgen Spiess und seine Ehefrau Ute den Riederbacherhof. Sie werden im Betrieb unterstützt von ihren beiden Söhnen: Johannes Spiess absolvierte seine Winzerlehre bei Keller und Knipser, studierte dann in Geisenheim, ist seit 2011 für den Keller verantwortlich. Der zweite Sohn Christian Spiess hatte seine Winzerlehre bei Philipp-Kuhn und Wagner-Stempel gemacht, ist im elterlichen Betrieb seit 2014 für den Außenbetrieb verantwortlich. Die Weinberge liegen in Bechtheim in den Lagen Hasensprung, Geyersberg, Stein, Heilig-Kreuz und Rosengarten. Riesling nimmt knapp ein Drittel der Rebfläche ein, es folgen Weißburgunder und Spätburgunder.

Kollektion

Die neue Kollektion schließt nahtlos an das Vorjahr an, bietet hohes Einstiegsniveau und interessante Spitzen. Der Riesling ist klar, geradlinig, süffig, der Grauburgunder frisch, reintönig und zupackend. Auch bei den Ortsweinen liegen sie gleichauf, der Riesling zeigt intensive Frucht, besitzt Fülle und Kraft, der Grauburgunder ist rauchig, reintönig und strukturiert. Sehr gut ist auch die kraftvolle, fruchtbetonte Cuvée aus Weißburgunder und Chardonnay, der Chardonnay S besitzt viel reife Frucht und Substanz, der Chardonnay R ist enorm konzentriert, stoffig und kraftvoll. Gleichauf sehen wir den Weißburgunder R, der gelbe Früchte zeigt, gute Struktur besitzt, reife Frucht und feine Frische, aber auch den Riesling aus dem Geyersberg, der intensiv und konzentriert ist, füllig und kraftvoll. Sehr gut sind auch die beiden Rotweine, der Merlot zeigt eindringlich Gewürze, besitzt Kraft, Frucht und Struktur wie auch der ebenfalls gewürzduftige Hasensprung-Spätburgunder.

Weinbewertung

84 2016 Riesling trocken **12,5 %/6,40 €**
84 2016 Grauer Burgunder trocken **13,5 %/8,10 €**
87 2016 Grauburgunder trocken Bechtheimer **14 %/11,30 €**
87 2016 Weißburgunder & Chardonnay trocken **13,5 %/10,60 €**
87 2016 Chardonnay „S" trocken **13,5 %/11,30 €**
87 2016 Riesling trocken Bechtheimer **12,5 %/11,90 €**
89 2016 Riesling trocken Bechtheimer Geyersberg **13 %/21,- €**
89 2016 Weißer Burgunder „R" trocken **13 %/25,- €**
89 2016 Chardonnay „R" trocken **13,5 %/25,- €**
84 2016 Riesling Kabinett **7,5 %/7,- €**
87 2014 Merlot „R" trocken **13,5 %/19,- €**
87 2014 Spätburgunder trocken Bechtheimer Hasensprung **13 %/22,- €**

SPIESS

★★★

KONTAKT

Spiess Weinmacher
Friedrich-Ebert-Straße 53
67574 Osthofen
Tel. 06242-60899
Fax: 06242-912374
www.wein-spiess.de
info@wein-spiess.de

Inhaber
Burkhard & Christine Spiess
Rebfläche
23 Hektar

BESUCHSZEITEN

Mo.-Fr. 9-12 + 14-18 Uhr,
Sa. 9-17 Uhr und nach
Vereinbarung

Das Weingut von Burkhard und Christine Spiess liegt mitten in Osthofen. Zum Weingut gehört auch das Restaurant mit Weinbar „Vis à Vis". Die Weinberge liegen im Osthofener Goldberg, in den Bechtheimer Lagen Geyersberg, Rosengarten und Stein sowie in den Westhofener Lagen Kirchspiel und Aulerde. Spätburgunder und Riesling sind die wichtigsten Rebsorten im Betrieb, dazu gibt es Scheurebe, Weißburgunder und Chardonnay, aber auch ein klein wenig Cabernet Sauvignon, Merlot und Syrah. Die Weißweine werden im Edelstahl kontrolliert gekühlt vergoren, die Rotweine werden alle im Holz ausgebaut.

Kollektion

Nach einem bärenstarken Debüt im vergangenen Jahr legt Burkhard Spiess mit der neuen Kollektion nochmals zu, insbesondere die Lagen-Rieslinge begeistern. Aber auch die Gutsweine überzeugen, der trockene Riesling ist lebhaft und zupackend, der feinherbe süffig, die Scheurebe würzig und lebhaft und die Cuvée aus Weißburgunder und Chardonnay besitzt klare Frucht und feine Frische. Der Westhofener Chardonnay ist geradlinig, besser gefallen uns im Ortsweinsegment der fruchtbetonte, zupackende Weißburgunder und der gelbfruchtige Bechtheimer Riesling, der strukturiert und zupackend ist. Eine Klasse für sich sind die Lagen-Rieslinge. Der Wein aus dem Goldberg zeigt viel Würze und Duft, reife Frucht, ist füllig und saftig bei viel Substanz. Nochmals deutlich spannender ist der Geyersberg-Riesling, zeigt viel reife Frucht, ist druckvoll, präzise, mineralisch und salzig. Sehr gut sind auch die drei präsentierten Rotweine. Der Merlot zeigt gute Konzentration, etwas Gewürze, besitzt Fülle und Kraft, der Osthofener Spätburgunder ist fruchtbetont und zupackend, klar an der Spitze steht der rauchige Geyersberg-Spätburgunder, der Kraft, Frucht und Substanz besitzt.

Weinbewertung

83	2016 Riesling trocken **12 %/6,90 €**
82	2016 Scheurebe trocken **12 %/6,80 €**
84	2016 Chardonnay & Weißburgunder trocken **13 %/7,10 €**
85	2016 Riesling trocken Bechtheimer **12,5 %/9,80 €**
85	2016 Weißburgunder trocken Osthofener **13 %/9,80 €**
83	2016 Chardonnay trocken Westhofener **13 %/11,80 €**
90	2016 Riesling trocken Osthofener Goldberg **12,5 %/16,50 €**
92	2016 Riesling trocken Bechtheimer Geyersberg **13 %/18,50 €** ☺
82	2016 Riesling „feinherb" **12 %/7,- €**
86	2015 Spätburgunder trocken Osthofener **13,5 %/12,90 €**
85	2015 Merlot trocken Westhofener **14 %/15,- €**
88	2014 Spätburgunder trocken Bechtheimer Geyersberg **14 %/25,- €**

SPIESS
WEINMACHER · HAUS EICHRODT

S

Spiess

★

KONTAKT

Neugasse 5
67366 Weingarten (Pfalz)
Tel. 06344-2830
Fax: 06344-938098
www.wein-gut-spiess.de
info@wein-gut-spiess.de

Inhaber
Wilfried & Adrian Spieß
Rebfläche
25 Hektar
Produktion
90.000 Flaschen

BESUCHSZEITEN

Mo.-Sa. 9-19:30 Uhr,
So. 10-13 Uhr

Albert Spieß füllte 1965 in dem damaligen landwirtschaftlichen Mischbetrieb seinen ersten Wein in die Flasche ab, einen Müller-Thurgau. Als sein Sohn Wilfried 1993 den Ackerbau und die Viehzucht aufgab und sich nur noch auf den Weinbau konzentrierte, wurde aus dem Betrieb das erste Vollerwerbsweingut im weit draußen in der Rheinebene gelegenen Weingarten. Sohn Adrian ist nach seinem Weinbaustudium in Geisenheim 2012 in den Familienbetrieb eingestiegen und führt nun zusammen mit seinem Vater das Weingut. Auf 25 Hektar werden 19 verschiedene Rebsorten angebaut. Das Sortiment ist gegliedert in Basisweine in der Literflasche, Gutsweine und Lagenweine aus den besten Parzellen des Weingartener Schlossbergs.

Kollektion

Auch in diesem Jahr sind alle Weine von Wilfried und Adrian Spieß wieder ganz mustergültig und reintönig und bieten sehr viel Wein für kleines Geld. Die Basis- und Gutsweine sind frisch, sauber und klar, die Lagenweine besitzen mehr Substanz, unsere beiden Favoriten, Chardonnay und Grauburgunder, wurden mit gutem Gespür für den Holzeinsatz ausgebaut. Der Grauburgunder zeigt gute Konzentration, ist saftig und harmonisch, besitzt feine Holzwürze und Zitrusnoten, der Chardonnay zeigt Noten von Banane, Melone und etwas Kokos und besitzt Saft und Kraft. Ebenfalls gut gelungen ist der schlanke und harmonische Sauvignon Blanc mit typischer Stachelbeerwürze, die beiden restsüß ausgebauten Muskateller und die „Cuvée Blanc" aus Muskateller, Scheurebe und Sauvignon Blanc sind sehr aromatisch, schlank und frisch. Unter den beiden Rotweinen hat der im Barrique ausgebaute Spätburgunder mit feiner Krokantwürze und klarer Sauerkirschfrucht die Nase vorne, der „Rote Ritter" aus Syrah, Spätburgunder und Dornfelder ist etwas verhaltener.

Weinbewertung

80	2016 Riesling trocken (1l) **12,5 %/3,20 €**
82	2016 Weißburgunder Kabinett trocken **13 %/4,50 €**
82	2016 Riesling Kabinett trocken **12,5 %/4,50 €**
83	2016 Sauvignon Blanc Kabinett trocken Schlossberg **11,5 %/5,50 €**
84	2016 Chardonnay Spätlese trocken Weingartener Schlossberg **13,5 %/6,50 €**
85	2016 Grauburgunder Spätlese trocken Weingartener Schlossberg **14 %/7,50 €**
79	2016 Riesling halbtrocken (1l) **12 %/3,20 €**
79	2016 Kerner (1l) **12 %/3,20 €**
82	2016 „Cuvée Blanc" Weißwein **11,5 %/4,50 €**
82	2016 Muskateller **11,5 %/4,50 €**
82	„Roter Ritter" Rotwein Weingartener Schlossberg **14 %/8,- €**
84	2015 Spätburgunder trocken Barrique Weingartener Schlossberg **13,5 %/8,- €**

Eugen Spindler

★

KONTAKT

Lindenhof, Weinstraße 55
67147 Forst
Tel. 06326-338
Fax: 06326-7556
www.spindler-lindenhof.de
info@spindler-lindenhof.de;

Inhaber
Peter Spindler & Timo Spindler
Rebfläche
11 Hektar

BESUCHSZEITEN

Mo.-Fr. 10-12 Uhr + 14-17 Uhr,
Sa. 10 -16 Uhr

Die Familie Spindler, deren Vorfahren aus dem Burgund stammen, betreibt seit 1620 Weinbau an der Mittelhaardt. Vor drei Generationen wurde der stattliche Weinbergsbesitz in drei Weingüter aufgeteilt. Eines davon ist der Lindenhof, dessen Gutsgebäude mit ihren Sandsteingewölbekellern Mitte des 19. Jahrhunderts erbaut wurden. Im Innenhof stehen zwei über einhundert Jahre alte Lindenbäume, denen das Weingut seinen Namen zu verdanken hat. Die heutigen Eigentümer sind Peter Spindler und Sohn Timo, der auch die Verantwortung für den An- und Ausbau der Weine übernommen hat. Die Weinberge liegen in den Forster Lagen Jesuitengarten, Pechstein, Ungeheuer und Musenhang, in Deidesheim in den Lagen Langenmorgen, Leinhöhle und Herrgottsacker, sowie in den Ruppertsberger Lagen Hoheburg und Reiterpfad. Wichtigste Rebsorte ist der Riesling, daneben gibt es Weißburgunder, Grauburgunder, Chardonnay, Gewürztraminer und Scheurebe, an roten Sorten werden Spätburgunder, Cabernet Sauvignon und Dornfelder angebaut. Die Weißweine werden in Edelstahltanks ausgebaut. Die Rotweine vergären auf der Maische und reifen in Eichenholzfässern und Barriques.

Kollektion

In diesem Jahr konnten wir nur eine kleine Kollektion aus sechs Weinen verkosten, darunter einen Sekt und zwei Rotweine: Der Riesling-Sekt zeigt schon leicht gereifte Frucht, ist füllig und besitzt leichte Süße und mittlere Länge, der Cabernet Sauvignon zeigt typische Noten nach grüner Paprika und dezent schwarze Johannisbeere, bleibt aber insgesamt etwas verhalten, der Spätburgunder besitzt etwas mehr Substanz, ist saftig und füllig, lässt es aber durch seine süße Frucht etwas an Sortentypizität vermissen. Der Chardonnay ist in der Nase noch sehr vom Holz geprägt, zeigt Noten von frisch gesägtem Holz und Kokos, im Mund ist das Holz schon besser eingebunden, der Wein besitzt Substanz und Stoff und auch etwas frische Zitruswürze. Unter den beiden Rieslingen bevorzugen wir den Wein aus dem Pechstein, der von einem lebendigen Säure-Spiel getragen wird und mehr Grip und Spannung besitzt und etwas präsenter ist als der fülligere Ungeheuer-Riesling, der aber ebenfalls klare Frucht und Zitrusnoten zeigt. —

Weinbewertung

83 2015 Riesling Sekt brut **13 %/10,50 €**
85 2016 Chardonnay trocken „Fumé" Deidesheimer Langenmorgen **14,5 %/12,- €**
85 2016 Riesling trocken Forster Pechstein **13 %/9,50 €**
84 2016 Riesling trocken Forster Ungeheuer **13 %/10,50 €**
82 2014 Cabernet Sauvignon trocken **13 %/10,50 €**
84 2014 Spätburgunder trocken Deidesheimer Herrgottsacker **13,5 %/12,- €**

S

Heinrich Spindler

★★★★

KONTAKT

Weinstraße 46
67147 Forst
Tel. 06326-96291-0
Fax: 06326-96291-22
www.weingutheinrichspindler.de
info@weingutheinrichspindler.de

Inhaber
Markus & Hans Spindler
Rebfläche
20 Hektar
Produktion
130.000 Flaschen

BESUCHSZEITEN

Mo.-Fr. 9-18 Uhr, Sa. 10-16 Uhr
Weinrestaurant (Di.-Sa.
11:30-21:30 Uhr warme Küche)

S

Seit 1620 ist die Familie in Forst ansässig, als Sontag Spindler sich während des Dreißigjährigen Krieges dort niederließ. Das heutige Gutshaus wurde im Jahr 1770 erbaut, 1933 wurde der Gutsausschank eröffnet. Seit 1978 führt Hans Spindler in zehnter Generation den Betrieb, 2007 ist Sohn Markus in den Betrieb eingestiegen, der in Geisenheim studiert hat und Auslandspraktika in Frankreich, Österreich und Kalifornien absolvierte. Ihre Weinberge liegen vor allem in Forst, wo sie in sämtlichen Spitzenlagen vertreten sind, in Ungeheuer, Pechstein, Kirchenstück, Freundstück und Jesuitengarten, sowie in Musenhang und Elster. Hinzu kommen Weinberge in Ruppertsberg (Reiterpfad) und Deidesheim (Herrgottsacker). Das Gros der Rebfläche ist mit Riesling bestockt, dazu gibt es Weiß- und Grauburgunder, Gewürztraminer, Spätburgunder und Sauvignon Blanc, auch etwas Blaufränkisch und Merlot. Seit 2012 wird die gesamte Rebfläche biologisch bewirtschaftet. Florian Schindler, der Bruder von Markus, ist 2013 in den Gutsausschank eingestiegen. Die Spitzenrieslinge werden größtenteils in Holzfässern vergoren und lange auf der Feinhefe ausgebaut. Rotweine werden maischevergoren und in Doppelstückfässern oder Barriques ausgebaut. Das Sortiment ist vierstufig gegliedert in Guts-, Orts-, Erste Lage- und Große Lage-Weine. Die Gutsweine tragen eine beige Kapsel, die Ortsweine aus Deidesheim, Forst und Ruppertsberg eine grüne. Die mit einer goldenen Kapsel ausgestatteten Erste Lage-Weine kommen aus den beiden Forster Lagen Elster und Musenhang sowie aus dem Deidesheimer Herrgottsacker. Die Große Lage-Weine tragen eine schwarze Kapsel und kommen ausschließlich aus den Forster Spitzenlagen Freundstück, Jesuitengarten, Kirchenstück, Pechstein und Ungeheuer, seit dem Jahrgang 2016 kommen die Weine im September nach dem Erntejahr auf den Markt. Seit der ersten Ausgabe schon empfehlen wir die Weine der Spindlers, schon damals waren wir überrascht von ihren durchweg klaren, fruchtbetonten Rieslingen – und den moderaten Preisen. In den letzten Jahren sind die Preise vor allem für die Weine von Großen Lagen gestiegen, aber die Weine haben auch an Konzentration und Kraft gewonnen, die Guts- und Ortsweine überraschen immer wieder mit ihrer Präzision und Reintönigkeit. Nicht viele Weingüter in der Pfalz zeigten eine solche Zuverlässigkeit und Konstanz in den beiden vergangenen Jahrzehnten.

Kollektion

Die vierstufige Gliederung des Sortiments ist wieder einmal klar nachvollziehbar: Die drei Gutsweine sind sortentypisch und reintönig, der Sauvignon Blanc ist ganz gelbfruchtig und frisch mit Noten von

Aprikose, Maracuja und Pfirsich, der Weißburgunder zeigt Birnenfrucht und florale Würze und der Riesling zeigt kräutrige Noten und ist saftig, frisch und schlank. Bei den Ortsweinen zeigt der Forster Kräuter, gelbe Frucht und etwas grünen Apfel und besitzt ein feines Säure-Spiel, der Ruppertsberger ist etwas fülliger und zeigt Zitrusnoten, aber auch Ananas und Orangenschale. Der Riesling aus der ersten Lage Elster zeigt kräutrig-mineralische Noten, ist saftig, füllig und weich mit dezenter Zitruswürze, der Musenhang ist ganz fruchtbetont, zeigt Aprikosen, Ananas, Orangenschale und grünen Apfel im Bouquet und besitzt feinen Biss. Unter den vier Rieslingen aus den großen Lagen ist der Freundstück der fruchtbetonteste und fülligste Wein, er zeigt Zitrusnoten von Ananas und Orangenschale, etwas grünen Apfel und kräutrige Würze und besitzt gute Länge, im direkten Vergleich besitzt der Wein aus dem Ungeheuer frischere Säure und mehr Grip als der Freundstück, er zeigt die für die Lage typischen kräutrig-mineralischen Noten, besitzt Saft, Kraft, viel klare Frucht und gute Länge. Und während im vergangenen Jahr der Kirchenstück-Riesling unser klarer Favorit war, teilen sich Kirchenstück und Jesuitengarten in 2016 die Spitze des Sortiments: Beide Weine entwickeln feinen Druck, sind sehr animierend und nachhaltig, besitzen Kraft und Eleganz, der Jesuitengarten zeigt viel klare, gelbe Frucht und etwas steinige Noten, beim Kirchenstück ist die Frucht etwas zurückhaltender, dafür sind die steinig-mineralischen Noten ausgeprägter. Und die 2015er Beerenauslese aus dem Ungeheuer ist sehr eindringlich und komplex, zeigt süße Aprikosen und Zitruswürze, ist konzentriert und cremig und besitzt feine Frische und gute Länge.

Weinbewertung

86 2016 Sauvignon Blanc trocken **12 %/9,- €**
85 2016 Weißburgunder trocken **12,5 %/8,20 €**
84 2016 Riesling trocken „Rural" **11,5 %/6,80 €**
86 2016 Riesling trocken Ruppertsberger **12,5 %/8,20 €**
86 2016 Riesling trocken Forster **12,5 %/8,80 €**
87 2016 Riesling trocken Elster Forst **12 %/10,60 €**
87 2016 Riesling trocken Musenhang Forst **12,5 %/12,20 €**
88 2016 Riesling trocken Freundstück Forst **13 %/17,- €**
89 2016 Riesling trocken Ungeheuer Forst **13 %/17,- €**
90 2016 Riesling trocken Jesuitengarten Forst **13 %/26,- €**
90 2016 Riesling trocken Kirchenstück Forst **13 %/28,- €**
90 2015 Riesling Auslese Ungeheuer Forst **7,5 %/40,- €/0,375l**

LAGEN

UNGEHEUER (FORST)
PECHSTEIN (FORST)
KIRCHENSTÜCK (FORST)
FREUNDSTÜCK (FORST)
JESUITENGARTEN (FORST)
MUSENHANG (FORST)
ELSTER (FORST)
REITERPFAD (RUPPERTSBERG)
HERRGOTTSACKER (DEIDESHEIM)

REBSORTEN

RIESLING (82 %)
WEISSBURGUNDER (5 %)
SPÄTBURGUNDER (5 %)
GRAUBURGUNDER (3 %)
SAUVIGNON BLANC (3 %)

Josef Spreitzer

★★★★☆

KONTAKT

Rheingaustraße 86
65375 Oestrich-Winkel
Tel. 06723-2625
Fax: 06723-4644
www.weingut-spreitzer.com
info@weingut-spreitzer.de

Inhaber
Bernd & Andreas Spreitzer
Rebfläche
21 Hektar
Produktion
150.000 Flaschen

BESUCHSZEITEN

Mo.-Fr. 9-12 + 13:30-18:30 Uhr, Sa. 10-16 Uhr„ Schlemmerwochen" Ende April/Anfang Mai

Das Weingut Spreitzer wird seit 1997 von den Brüdern Bernd und Andreas Spreitzer geführt, die den Betrieb von ihrem Vater Bernhard übernahmen. Der Großvater Josef Spreitzer war Verwalter des Oestricher Weinguts Hess, das er 1929 kaufte und damit den Grundstein für das heutige Weingut legte. Das Gut ist in einer Jugendstilvilla in der Nähe des Rheins untergebracht, wo die Weine in einem alten, 1743 erbauten Gewölbekeller lagern. Die Weinberge liegen in den Oestricher Lagen Lenchen und Doosberg, im Winkeler Jesuitengarten, im Hattenheimer Wisselbrunnen sowie im Mittelheimer St. Nikolaus. Die Weinberge sind zu 97 Prozent mit Riesling bepflanzt, hinzu kommt etwas Spätburgunder. Die Moste werden, wenn möglich, spontanvergoren. Der Ausbau der Weine erfolgt teils im Edelstahl, teils in Holzfässern, wobei auch die im Edelstahl vergorenen Weine für kurze Zeit ins Holzfass kommen. An der Spitze des trockenen Teils der Kollektion stehen die Großen Gewächse aus den Lagen Lenchen und Wisselbrunnen, neu hinzugekommen ist mit dem Jahrgang 2012 der Riesling aus dem Mittelheimer St. Nikolaus. Das Große Gewächs aus dem Lenchen stammt aus der ehemaligen Einzellage Rosengarten, die isoliert vom restlichen Lenchen in Rheinnähe liegt und teilweise von Mauern umgeben ist und inzwischen wieder offiziell als Einzellage eingetragen ist, so dass der Weine seit 2013 als „Oestricher Rosengarten" bezeichnet werden darf. Im restsüßen Segment werden, wenn es der Jahrgang erlaubt, alle Prädikate bis hin zur Trockenbeerenauslese geerntet. Das restsüße Pendant zu den Großen Gewächsen ist die mit dem Jahrgang 2000 eingeführte Spätlese „303", deren Name an eine vom Großvater geerntete 1920er Oestricher Bremerberg-Eiserberg Trockenbeerenauslese erinnert. Dieser Wein wurde mit einem Mostgewicht von 303 Grad Oechsle gelesen, zwei Jahre vergoren. Sieben Jahre später dann wurde auf der Versteigerung im Kloster Eberbach das ganze Fass (600 Liter) zum Preis von 75.000 Reichsmark verkauft. Die Spätlese 303 kommt immer aus der ehemaligen Lage Eiserberg. Zuletzt haben Bernd und Andreas Spreitzer ihre Vinothek neu gestaltet und in eine Photovoltaikanlage investiert.

Kollektion

Die 2016er Rieslinge sind wieder einmal stark, wenn auch nicht ganz auf dem Niveau des Vorjahres. Der Gutsriesling ist fruchtbetont, würzig und recht kräftig. Der Buntschiefer von den Hallgartener Weinbergen bringt mehr Druck und Struktur ins Glas, der Muschelkalk aus Oestrich ist fein und animierend, ist am säurebetontesten von den dreien. Die Rieslinge von alten Reben zeigen ganz unterschiedlichen Charakter.

Während der Hendelberg mineralisch kühl und straff strukturiert ist und mit markanter Gerbstoffwürze endet, ist der Doosberg-Riesling opulent, würzig, besitzt cremige Textur und großzügige Länge. Der halbtrockene Wein aus dem Jesuitengarten ist der mildeste der drei, durch die stützende Fruchtsüße ist er sehr saftig, aber auch etwas mürbe geraten. Die großen Gewächse sind in sich stimmig, der Wein aus dem Rosengarten ist von barocker Fülle, der Wisselbrunnen-Riesling straff, kräftig und salzig-herb im langen Nachgeschmack. Unser Favorit ist jedoch der hefewürzige, komplexe und enorm kraftvolle Riesling aus dem Mittelheimer St. Nikolaus, der gute Struktur und Substanz besitzt und das größte Potenzial bietet. Die fruchtigen und edelsüßen Rieslinge sind im schwierigen Jahrgangskontext alle sehr gut gelungen, der Kabinett aus dem Lenchen ist saftig herb und trinkfreudig, ebenso wie die kräftige Lenchen-Spätlese und die stoffige und animierend saftige Spätlese „303", die lang und würzig nachhallt. Reintönig und edel präsentiert sich die konzentrierte Auslese aus dem Hallgartener Hendelberg, genau wie die beiden perfekt gelungenen Eisweine aus dem Hallgartener Würzgarten, die beide wunderschön reintönig und konzentriert sind, viel Stoff und Substanz bieten, wobei der Eiswein mit der Goldkapsel mit seiner explosiven Exotik ein wenig beeindruckender noch ist.

Weinbewertung

84	2016 Riesling trocken **12 %/7,90 €**
86	2016 Riesling trocken „Buntschiefer" Hallgarten **12 %/10,- €**
85	2016 Riesling trocken „Muschelkalk" Oestrich **12 %/10,- €**
87	2016 Riesling trocken „Alte Reben" Hallgarten Hendelberg **12,5 %/14,- €**
88	2016 Riesling trocken „Alte Reben" Oestrich Doosberg **12,5 %/14,- €**
90	2016 Riesling „GG" Hattenheim Wisselbrunnen **13 %/25,- €**
89	2016 Riesling „GG" Oestrich Rosengarten **13 %/25,- €**
91	2016 Riesling „GG" Mittelheim St. Nikolaus **13 %**
86	2016 Riesling halbtrocken „Alte Reben" Winkel Jesuitengarten **12,5 %/14,- €**
86	2016 Riesling Kabinett Oestrich Lenchen **8,5 %/10,- €**
87	2016 Riesling Spätlese Oestrich Lenchen **7,5 %/14,- €**
89	2016 Riesling Spätlese „303" Oestrich Lenchen **7,5 %/22,- €**
90	2016 Riesling Auslese Hallgarten Hendelberg **7,5 %/19,50 €(0,375l**
92	2016 Riesling Eiswein Hallgarten Würzgarten **8 %/90,- €/0,375l**
93	2016 Riesling Eiswein Goldkapsel Hallgarten Würzgarten **8 %/0,375l**

LAGEN

LENCHEN (OESTRICH)
ROSENGARTEN (OESTRICH)
DOOSBERG (OESTRICH)
ST. NIKOLAUS (MITTELHEIM)
WISSELBRUNNEN (HATTENHEIM)
JESUITENGARTEN (WINKEL)
HENDELBERG (HALLGARTEN)
WÜRZGARTEN (HALLGARTEN)

REBSORTEN

RIESLING (97 %)
SPÄTBURGUNDER (3 %)

SPRINGER

★

KONTAKT

Staufenberger Weg 4
74074 Heilbronn
Tel. 07131-570695
Fax: 07131-256196
www.weingut-springer.de
info@weingut-springer.de

Inhaber
Felix Springer
Rebfläche
6 Hektar

BESUCHSZEITEN

Mo.-Do. 12-13:30 Uhr, Fr. 13-19 Uhr, Sa. 9-18 Uhr und nach Vereinbarung
Besenwirtschaft

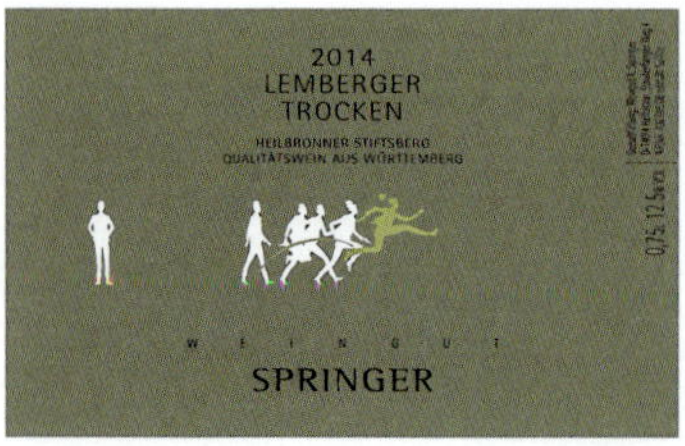

Felix Springer absolvierte seine Lehre bei Ellwanger, studierte dann in Geisenheim, machte ein Praxissemester bei Paul Fürst – seit 2007 ist er für den Weinausbau im elterlichen Weingut verantwortlich, das er inzwischen übernommen hat. Seine Weinberge liegen hauptsächlich im Heilbronner Stiftsberg, aber auch im Fleiner Sonnenberg ist er vertreten. Hauptrebsorten sind Trollinger, Riesling, Spätburgunder und Lemberger. Dazu gibt es Schwarzriesling, Samtrot, Weißburgunder, Cabernet Dorsa, Müller-Thurgau, Clevner, Gewürztraminer und Dornfelder, aber auch Zweigelt und Frühburgunder. Das Gros der Weine wird an Privatkunden verkauft, ein Teil in der Besenwirtschaft ausgeschenkt.

Kollektion

Nach einer sehr gleichmäßigen Kollektion im vergangenen Jahr liegen in diesem Jahr die Stärken wieder eindeutig im roten Segment. Unter den vier präsentierten Weißweinen gefallen uns die Rieslinge am besten: Der trockene Kabinett ist frisch und zupackend, besitzt Säure und Biss, der restsüße Kabinett ist geradlinig und klar bei feiner süßer Frucht. Spannender wird es bei den Rotweinen. Der Zweigelt ist würzig, klar und geradlinig. Der Basis-Spätburgunder ist frisch und fruchtbetont, geradlinig und klar, der im Holzfass ausgebaute Spätburgunder zeigt rauchig-würzige Noten im Bouquet, rote Früchte, ist geradlinig im Mund, klar und zupackend. Der ebenfalls im Holz ausgebaute Frühburgunder steht ihm nicht nach, besitzt reintönige Frucht, gute Struktur und feine Frische. Der 2015er Lemberger ist frisch und fruchtbetont, lebhaft und süffig. Unser Favorit ist der im Barrique ausgebaute Lemberger aus dem Jahrgang 2014: Er zeigt gute Konzentration im Bouquet, intensive Frucht, ist herrlich eindringlich, besitzt Fülle und Kraft im Mund, reife Frucht, gute Struktur und Biss. ▬

Weinbewertung

79	2016 Rivaner trocken Heilbronner Stiftsberg **12 %/4,50 €**
81	2016 Riesling Kabinett trocken Heilbronner Stiftsberg **12 %/5,30 €**
80	2016 Weißburgunder trocken Heilbronner Stiftsberg **12,5 %/5,90 €**
81	2016 Riesling Kabinett Heilbronner Stiftsberg **10,5 %/5,30 €**
82	2015 Lemberger trocken Heilbronner Stiftsberg **13,5 %/5,30 €**
82	2014 Spätburgunder trocken Heilbronner Stiftsberg **12 %/5,40 €**
84	2015 Frühburgunder trocken Holzfass Heilbronner Stiftsberg **13,5 %/6,50 €**
84	2014 Spätburgunder trocken Holzfass Heilbronner Stiftsberg **13,5 %/7,50 €**
81	2015 Zweigelt trocken Holzfass Heilbronner Stiftsberg **13,5 %/6,50 €**
86	2014 Lemberger trocken Barrique Heilbronner Stiftsberg **13 %/9,50 €**

Stachel

★★☆

KONTAKT

Bahnhofstraße 40
67487 Maikammer
Tel. 06321-5112
Fax: 06321-58561
www.weingut-stachel.de
info@weingut-stachel.de

Inhaber
Erich Stachel
Kellermeister
Matthias Stachel
Rebfläche
18 Hektar
Produktion
100.000 Flaschen

BESUCHSZEITEN

Mo., Mi., Fr. 9-12 + 14:30-18 Uhr,
Di. + Do. 9-12 Uhr, Sa. 10-13 Uhr

Matthias Stachel absolvierte seine Ausbildung bei den Weingütern Emil Bauer, Knipser und Müller-Catoir. Nach Praktika in Kalifornien und Neuseeland und einer Weiterbildung zum Weinbautechniker unterstützt er seit 2003 seinen Vater Erich im elterlichen Betrieb. Der Junior ist seitdem für den Keller verantwortlich, der Senior kümmert sich um den Außenbetrieb. Die Weinberge von Erich und Matthias Stachel liegen in Maikammer (Heiligenberg und Kirchenstück), Diedesfeld (Paradies und Johanniskirchel) und Kirrweiler (Mandelberg und Römerweg). An weißen Sorten bauen sie Riesling, Weißburgunder, Auxerrois, Silvaner, Chardonnay, Kerner, Müller-Thurgau, Gewürztraminer und Sauvignon Blanc an. An roten Sorten gibt es Spätburgunder, St. Laurent, Dornfelder, Syrah, Regent, Merlot, Cabernet Sauvignon und Malbec.

Kollektion

Die präsentierten Rotweine sind einmal mehr sehr beeindruckend und sogar noch etwas stärker als in den Vorjahren. Die 2014er Syrah und Malbec und der 2015er Cabernet Sauvignon besitzen zwar einen sehr hohen Alkoholgehalt, der aber – wie auch das dezent stützende Holz – jeweils perfekt eingebunden ist, die Weine sind harmonisch und besitzen sogar Eleganz. Die vier Wochen auf der Maische vergorene und 19 Monate im Barrique ausgebaute Cuvée „Ericius" zeigt kräutrige Würze, Mokkanoten und etwas Leder im Bouquet, ist komplex, gut strukturiert und besitzt Länge und Potential. Auch der Syrah ist sehr komplex, mit dunkler Beerenfrucht und pfeffriger Würze, der Malbec zeigt Noten von Pflaumen und Mokka, der Cabernet Sauvignon besitzt reife Tannine, zeigt etwas Lakritz und kühle Noten von Minze im Bouquet, der Merlot ist kräutrig, kraftvoll und samtig und der Spätburgunder zeigt viel klare, kühle Frucht. Unter den Weißen favorisieren wir den gelbfruchtigen Sauvignon Blanc und den stoffigen und kraftvollen Chardonnay.

Weinbewertung

85 2015 Chardonnay Sekt brut **12,5 %/10,60 €**
83 2016 Auxerrois trocken Maikammer **12,5 %/6,10 €**
82 2016 Riesling trocken Maikammer **12 %/6,- €**
85 2016 Sauvignon Blanc trocken Diedesfelder Paradies **13 %/9,70 €**
85 2015 Chardonnay trocken Maikammer Kirchenstück **14 %/12,50 €**
84 2016 Riesling trocken „Alte Reben" Alsterweiler Kapellenberg **12,5 %/10,50 €**
90 2015 „Ericius Rotwein Cuvée" trocken **14,5 %/25,- €**
88 2014 Malbec trocken Maikammer Heiligenberg **15 %/28,- €**
88 2015 Merlot trocken Maikammer Kirchenstück **14,5 %/18,50 €**
88 2015 Cabernet Sauvignon trocken Maikammer Kirchenstück **15 %/19,50 €**
89 2014 Syrah trocken Maikammer Heiligenberg **15 %/32,- €**
88 2014 Spätburgunder trocken Maikammer Heiligenberg **13,5 %/19,- €**

Stahl

★★★☆

KONTAKT

Winzerhof Stahl
Lange Dorfstraße 21
97215 Auernhofen
Tel. 09848-96896
Fax: 09848-96898
www.winzerhof-stahl.de
mail@winzerhof-stahl.de

Inhaber
Christian Stahl
Rebfläche
23 Hektar
Produktion
180.000 Flaschen

BESUCHSZEITEN

täglich nach Vereinbarung
Weinrestaurant (Events und Menüs nach Anmeldung)

Bis 1984 war der Betrieb ein Bauernhof mit Ackerbau und Viehzucht. In diesem Jahr kaufte Albrecht Stahl im Zuge der Flurbereinigung Weinbergflächen im zehn Kilometer entfernten Taubertal. Anfangs wurde der Ertrag komplett an eine Weinkellerei abgeliefert, erst 1992 begann Albrecht Stahl seine Weine selbst auszubauen. Sohn Christian ist seit dem Jahrgang 2000 für die Vinifikation verantwortlich, inzwischen hat er den Betrieb übernommen. Die Weinberge liegen nicht nur im Tauberzeller Hasennestle und an der Tauber, sondern auch in Randersacker, Sommerhausen, Eibelstadt und Marktbreit, wo Christian Stahl Flächen gepachtet hat. Die angebauten Rebsorten sind Müller-Thurgau, Silvaner, Bacchus, Kerner, Spätburgunder, Regent und Domina. Zuletzt kamen Grauburgunder und Tauberschwarz hinzu, ein Teil des Bacchus wurde durch Scheurebe und Sauvignon Blanc ersetzt. Seit dem Jahrgang 2004 wird auf Prädikatsbezeichnungen verzichtet, die Weine werden betriebsintern in die Linien Federstahl, Damaszener Stahl und Edelstahl respektive Ehl-Stahl klassifiziert.

Kollektion

Federstahl-Weine konnten wir dieses Jahr nicht verkosten, aber was Christian Stahl präsentiert, ist bärenstark, das Programm nimmt Konturen an und weiter an Fahrt auf. Die reintönige Botenstoff-Scheurebe begeistert, noch viel mehr Druck hat der Zweimännerwein aus dem Cyriakusberg, der Sauvignon Blanc ist stoffig und reintönig, die Fass 500-Variante, konzentriert, noch immer sehr jugendlich, das gilt auch für den konzentrierten, stoffigen Chardonnay. Der reintönige Hasennest-Müller-Thurgau bereitet wie immer viel Freude, die Silvaner-Serie gewinnt an Profil: Springinsfeld besitzt klare Frucht und Druck, Edelstahl hat deutlich mehr Kraft und Substanz, was vom „Best of" noch gesteigert wird, Fass 500 beginnt sich zu öffnen. Bravo!

Weinbewertung

87 2016 Müller-Thurgau trocken „Hasennest" „Damaszener Stahl" **12,5 %/12,50 €**
88 2016 Silvaner trocken „[springinsfeld] Damaszener Stahl" **12,5 %/10,50 €**
88 2016 Scheurebe trocken „[Botenstoff] Damaszener Stahl" **12,5 %/10,50 €**
86 2016 Riesling trocken „Damaszener Stahl" **12,5 %/11,50 €**
88 2016 Silvaner trocken „Edelstahl" Sonnenstuhl **13,5 %/15,- €**
89 2016 Silvaner trocken „Edelstahl best of" **14 %/17,- €**
87 2016 Silvaner trocken „Dallmayr" **13,5 %/o.A.**
89 2015 Sauvignon Blanc trocken „Fass 500 GSKR Edelstahl" **13,5 %/38,- €**
89 2016 Sauvignon Blanc trocken [zweimännerwein] **13,5 %/18,- €**
89 2015 Silvaner trocken „Fass 500 GSKR Edelstahl" **13,5 %/28,- €**
90 2015 Chardonnay trocken „Fass 500 GSKR Edelstahl" **13,5 %/38,- €**
89 2016 Scheurebe trocken Cyriakusberg „[zweimännerwein] Ehl-Stahl" **13,5 %/22,- €**

Stallmann-Hiestand

★★★

KONTAKT

Eisgasse 15
55278 Uelversheim
Tel. 06249-8463
Fax: 06249-8614
www.weingut-stallmann-hiestand.de
info@weingut-stallmann-hiestand.de

Inhaber
Christoph Hiestand
Rebfläche
20 Hektar
Produktion
180.000 Flaschen

BESUCHSZEITEN

nach Vereinbarung

Christoph Hiestand will noch stärker auf die klassischen Rebsorten setzen, auf die Burgunder, hat Chardonnay neu gepflanzt. Die Weinberge liegen in Dienheim (Tafelstein, Kreuz, Siliusbrunnen), Uelversheim (Aulenberg, Schloss, Tafelstein mit der Lage Geierscheiß) sowie Guntersblum (Kreuz, Bornpfad, Steigterrassen). Riesling und Spätburgunder sind die wichtigsten Rebsorten, gefolgt von den weißen Burgundern, Silvaner und Gewürztraminer. Portugieser, Weinsberger Cabernet-Kreuzungen (Cabernet Dorsa, Cabernet Cubin), Sankt Laurent und Sauvignon Blanc sind wichtige Bestandteile des Sortiments. Christoph Hiestand, als gelernter Krankenpfleger quasi Quereinsteiger, schloss 2007 sein Geisenheim-Studium ab, hatte Praktika bei Meyer-Näkel, Nederburg (Südafrika) und Knipser absolviert bevor er in den Betrieb einstieg, den er inzwischen übernommen hat und zusammen mit Ehefrau Nora führt.

Kollektion

Ein reintöniger Liter-Weißburgunder eröffnet den Reigen, ein Wein im Schnäppchenformat wie auch der Aulenberg-Weißburgunder. Der Tafelstein-Riesling ist füllig und kraftvoll, der aus dem Kreuz noch ein klein wenig druckvoller. Der halbtrockene Riesling ist geradlinig und frisch, der Geierscheiß-Riesling konzentriert und saftig, wunderschön reintönig. Der stachelbeerduftige Sauvignon Blanc ist wunderschön reintönig. Der Schloss-Grauburgunder ist herrlich kraftvoll und konzentriert, der wunderschön reintönige Aulenberg-Wein steht ihm kaum nach. Der 2015er Chardonnay besitzt gute Struktur und Substanz, der 2016er ist noch etwas kraft- und druckvoller. Die gute rote Riege wird angeführt vom fruchtintensiven Tafelstein-Spätburgunder.

Weinbewertung

83	2016 Weißer Burgunder trocken (1l) **13 %/4,70 €** ☺
86	2016 Riesling trocken Tafelstein **13 %/8,20 €**
87	2016 Riesling trocken Kreuz **13 %/10,50 €**
87	2016 Weißer Burgunder trocken Uelversheimer Aulenberg **13,5 %/8,40 €** ☺
89	2016 Grauer Burgunder trocken Schloss **14 %/16,- €**
88	2016 Grauer Burgunder trocken Uelversheimer Aulenberg **14 %/10,50 €**
86	2016 Sauvignon Blanc trocken **12 %/8,20 €**
88	2015 Chardonnay trocken **14 %/16,- €**
89	2016 Chardonnay trocken Kreuzkapelle **14 %/16,- €**
83	2016 Riesling halbtrocken **12,5 %/5,90 €**
86	2016 Riesling Spätlese „Geierscheiß" Uelversheimer Tafelstein **8,5 %/9,50 €**
84	2015 „Unikum" Rotwein trocken **13,5 %/10,50 €**
86	2015 Merlot trocken **13,5 %/14,50 €**
87	2015 Spätburgunder trocken Dienheimer Tafelstein **14 %**

Roland Staudt

★

KONTAKT

Am Maustal 3
97320 Sulzfeld
Tel. 09321-6826
Fax: 09321-6927
www.weingut-staudt.de
info@weingut-staudt.de

Inhaber
Roland Staudt
Rebfläche
10 Hektar
Produktion
80.000 Flaschen

BESUCHSZEITEN

Mo.-Sa., So. nach Vereinbarung

Roland Staudt erzeugte 1984 seinen ersten Jahrgang. Seine Weinberge liegen alle in den beiden Sulzfelder Einzellagen Maustal und Cyriakusberg, wo die Reben auf Muschelkalkböden wachsen. Er baut vor allem Müller-Thurgau und Silvaner an, die jeweils etwa ein Viertel seiner Rebfläche einnehmen. Hinzu kommen Bacchus, Kerner, Riesling, Weißburgunder, Rieslaner und Grauburgunder als weitere weiße Rebsorten; an roten Sorten, die 8 Prozent der Rebfläche einnehmen, gibt es Spätburgunder, Dornfelder, Cabernet Dorsa und Domina. Die Weißweine werden in temperaturgesteuerten Edelstahltanks ausgebaut, die Rotweine kommen nach der Maischegärung ins Holz. Auf Prädikatsbezeichnungen verzichtet Roland Staudt inzwischen, die trockenen Spitzenweine werden in der S-Linie vermarktet.

Kollektion

Den diesjährigen Reigen eröffnet ein würziger, frischer Liter-Silvaner. Von den Cyriakusberg-Weißweinen gefallen uns der reintönige, zupackende Weißburgunder und der sehr sortentypische halbtrockene Rieslaner am besten. Unser Favorit im weißen Segment ist aber im Maustal gewachsen: Der im Barrique ausgebaute Silvaner zeigt gute Konzentration und viel reife Frucht im Bouquet, ist füllig und schmeichelnd im Mund, besitzt viel reife süße Frucht – für Fans halbtrocken ausgebauter Barriqueweine. Die Rotweine sind überwiegend frisch und klar, geradlinig und zupackend, auch im roten Segment sticht ein Wein hervor, der im Barrique ausgebaute Cabernet Dorsa aus dem Cyriakusberg, Jahrgang 2015: Er zeigt gute Konzentration im Bouquet, feine Würze und Frucht, ist füllig und kraftvoll im Mund, besitzt viel reife Frucht, gute Struktur und Frische.

Weinbewertung

79 2016 Silvaner trocken Sulzfelder (1l) **12 %/5,90 €**
81 2016 Silvaner trocken „Junge Reben" Sulzfelder **13 %/6,50 €**
83 2016 Weißburgunder trocken Sulzfelder Cyriakusberg **13 %/9,- €**
82 2016 Grauburgunder trocken Sulzfelder Cyriakusberg **13 %/8,- €**
85 2016 Silvaner Barrique Sulzfelder Maustal **12,5 %/9,- €**
82 2016 Sauvignon Blanc Sulzfelder **13 %/7,- €**
83 2016 Rieslaner Sulzfelder Cyriakusberg **13 %/8,- €**
80 2016 „Alte Steige" Rotwein trocken **13 %/6,90 €**
82 2016 Cabernet Dorsa trocken Sulzfelder **13 %/7,- €**
82 2016 Domina trocken Sulzfelder Maustal **13 %/9,- €**
86 2015 Cabernet Dorsa „S" trocken Barrique Sulzfelder Cyriakusberg **13 %/19,- €**
82 2015 Spätburgunder „S" trocken Sulzfelder Maustal **13,5 %/9,50 €**

STAUFFER

★

N

KONTAKT

Borngasse 24/26
55234 Flomborn
Tel. 06735-1521
Fax: 06735-1579
www.weingutstauffer.de
info@weingutstauffer.de

Inhaber
Karl-Michael, Doris & Alexander Stauffer
Rebfläche
16 Hektar
Produktion
80.000 Flaschen

BESUCHSZEITEN

nach Vereinbarung

Seit 1790 bewirtschaftet die Familie Weinberge in Flomborn, einem kleinen Ort südlich von Alzey, der alte Winzerhof ist seit der Säkularisierung in Familienbesitz. Seit 1989 wird das ehemalige Klostergut von Karl-Michael und Doris Stauffer geführt, 2011 ist Sohn Alexander in den Betrieb eingestiegen und übernahm seither immer mehr die Verantwortung im Keller. Karl-Michael Stauffer hat Landwirtschaft mit Schwerpunkt Weinbau an der Universität Hohenheim studiert, Alexander Stauffer studierte in Geisenheim sowie an der University of California in Davis, sammelte Erfahrungen im In- und Ausland. Die Weinberge liegen zum größten Teil in Flomborner Lagen Feuerberg und Goldberg, sowie im Eppelsheimer Felsen, die Lagen sind sehr kalksteingeprägt und liegen relativ hoch. Die Burgundersorten nehmen ein knappes Drittel der Rebfläche ein, es folgen Riesling, Portugieser (davon 1,5 Hektar mit über 80 Jahre alten wurzelechten Reben), Müller-Thurgau und Silvaner. Das Sortiment ist gegliedert in Guts-, Orts- und Lagenweine. Die Rotweine werden überwiegend im Holzfass ausgebaut, die Weißweine meist im Edelstahl.

Kollektion

Eine stimmige, überzeugende Kollektion präsentiert Alexander Stauffer zum Debüt. Die Basis stimmt, die Weine sind frisch, klar und fruchtbetont, die geradlinige, reintönige Scheurebe gefällt uns besonders gut. Die roten Ortsweine sind klar und zupackend, der Portugieser aus dem Goldberg eigenwillig rauchig und würzig bei viel Substanz. Besser gefällt uns der strukturierte, reintönige Felsen-Chardonnay, noch besser der Riesling aus dem Feuerberg, der Fülle und Kraft besitzt, viel reife Frucht, gute Struktur und Substanz. Unser Favorit aber ist der sehr gekonnt vinifizierte Hochzeitsfass-Grauburgunder, der Fülle und Kraft mit Komplexität und Substanz vereint. —

Weinbewertung

80	2016 Cuvée „vom Kalk" Weißwein trocken **12,5 %/5,80 €**
80	2015 Weißer Burgunder trocken **12,5 %/6,- €**
82	2016 Grauer Burgunder trocken **13 %/5,80 €**
83	2015 Scheurebe trocken Eppelsheimer Felsen **13 %/6,- €**
85	2015 Riesling trocken Flomborner Feuerberg **13,5 %/11,60 €**
84	2015 Chardonnay trocken Eppelsheimer Felsen **12,5 %/10,60 €**
87	2015 Grauer Burgunder trocken „Hochzeitsfass" **13,5 %/17,50 €**
81	2016 Riesling Classic **12,5 %/5,80 €**
81	2016 Portugieser Weißherbst „feinherb" **12,5 %/5,- €**
82	2014 Merlot trocken Flomborn **13,5 %/8,70 €**
83	2014 Cabernet Sauvignon trocken Flomborn **12,5 %/8,20 €**
83?	2014 Blauer Portugieser trocken Flomborner Goldberg **13 %/10,60 €**

S

Steffen-Prüm

★★

KONTAKT

Triererstraße 12
54484 Maring-Noviand
Tel. 06535-420
Fax: 06535-1538
www.sgsteffenpruem.com
info@weingutsteffen-pruem.de

Inhaber
Gerd Steffen
Rebfläche
3,8 Hektar
Produktion
35.000 Flaschen

BESUCHSZEITEN

täglich nach Vereinbarung

Die Weinberge von Gerd und Marita Steffen, geborene Prüm, liegen hauptsächlich im Lesuratal in Maring-Noviand in den Lagen Sonnenuhr und Honigberg, in Lieser in den Lagen Rosenlay und Niederberg-Helden, inzwischen sind sie auch im Erdener Treppchen vertreten. Sie bauen hauptsächlich Riesling an, der vier Fünftel der Fläche einnimmt, hinzu kommen ein wenig Müller-Thurgau, Findling, Dornfelder, Portugieser, Regent und Schwarzriesling. Die Weine werden im Edelstahl vergoren, danach teilweise in Eichenholzfässern ausgebaut, wirken in der Regel kraftvoll und saftig, besitzen meist eine beachtliche Würze.

Kollektion

Sehr gleichmäßig zeigte sich bei der Verkostung im vorigen Jahr die 2015er Kollektion, die gleich mehrer Höhepunkte aufwies – beispielsweise die trockene Spätlese aus der Rosenlay oder das breite süße Repertoire mit Spätlesen aus Sonnenuhr, Honigberg und Treppchen und Auslese und Beerenauslese aus der Sonnenuhr. Diesmal stellt das Weingut drei trockene 2016er vor, die alle gefallen. Dass der Gutsabfüllung genannte und auch als „No 1" bezeichnete Wein alles andere als ein einfacher Basisriesling ist, wird schnell deutlich: Er besitzt reife Frucht, Saft und Substanz. Die trockene Spätlese aus der Rosenlay in Lieser ist erstaunlich duftig, sehr trocken, bringt auch eine gewisse Fülle mit. Stoffiger und kraftvoller fällt die Sonnenuhr-Spätlese aus, Schmelz besitzt sie ebenfalls. Der feinherb ausgebaute Niederberg-Helden-Kabinett (schöne Balance) leitet über zu den sehr gleichmäßigen süßen Weinen, unter denen die „SL" genannte Spätlese aus dem Honigberg besonders gut gefällt, weil sie sehr saftig ist und einen schönen Nachhall aufweist. Die beiden merklich süßen Weine aus dem Erdener Treppchen wirken noch etwas verhalten, sind aber auch sehr zu empfehlen.

Weinbewertung

84 2016 Riesling trocken „No 1" **12,5 %/9,50 €**
86 2016 Riesling Spätlese trocken Rosenlay **12 %/11,50 €**
87 2016 Riesling Spätlese trocken „S" Sonnenuhr **12 %/12,50 €**
85 2016 Riesling Kabinett „feinherb" Helden **11 %/9,50 €**
85 2016 Riesling Kabinett Honigberg **9 %/9,50 €**
87 2016 Riesling Spätlese Sonnenuhr **8 %/11,50 €**
88 2016 Riesling Spätlese „SL" Honigberg **8,5 %/12,90 €**
86 2016 Riesling Spätlese „ET" Erdener Treppchen **8 %/14,50 €**
88 2016 Riesling Auslese „ET" Erdener Treppchen **8 %/16,50 €**

STEFFENS-KESS

★★★

KONTAKT

Moselstrasse 63
56861 Reil
Tel. 06542-1246
Fax: 06542-1353
www.steffens-kess.de
weingut@steffens-kess.de

Inhaber
Harald Steffens
Rebfläche
4 Hektar
Produktion
35.000 Flaschen

BESUCHSZEITEN

nach Vereinbarung

Harald Steffens und Marita Keß bewirtschaften seit 1982 ihre Weinberge biologisch, sind Mitglied bei Ecovin. Ihre Weinberge liegen überwiegend in Steillagen der mittleren Mosel, in der Reiler Goldlay, im Burger Wendelstück und im Burger Hahnenschrittchen. Sie bauen fast ausschließlich Riesling an (97 Prozent), nur eine kleine Parzelle ist mit Müller-Thurgau bepflanzt, kaufen ein wenig zu von ebenfalls biologisch arbeitenden Winzern. Die Weine werden in Eichenholzfässern ausgebaut, ist in einem Jahrgang die Menge überdurchschnittlich groß, kommen einige Partien auch ins Edelstahl. Praktisch alle Weine werden trocken abgefüllt, nur in Ausnahmejahren, wenn die Gärung stockt, gibt es auch Weine mit ein wenig Restsüße. Neben Wein stellt Harald Steffens Riesling-Balsam-Essig her, den er in Holzfässern aus Eiche und Maulbeerbaum ausbaut, sowie Mosto Cotto, ein Konzentrat aus schonend eingedampftem Rieslingtraubensaft. Auch dank seines Blogs, in dem Steffens häufig über die Arbeit in Weinberg und Keller berichtet, gehört er zu den bekanntesten Winzern in diesem Teil der Mosel.

Kollektion

Im vergangenen Jahr konnten wir einen Schaumwein aus 2014 verkosten und herausfinden, dass sich Harald Steffens auch auf Sekt versteht; die Stillweine aus 2015 waren saftig und ausdrucksstark, an der Spitze sahen wir die komplexe Spätlese aus der Goldlay. Aus dem Jahrgang 2016 wurden wiederum ausschließlich trockene Rieslinge vorgestellt, was für einen Betrieb von der Mosel nach wie vor außergewöhnlich ist. Schon der geradlinige, zugängliche Literwein gefällt ausgezeichnet, der Wein aus dem Hahnenschrittchen ist kraftvoll und zupackend, der Goldlay-Riesling steht ihm nicht nach. Der Goldlay-Kabinett begeistert mit seiner Präzision und einem überdurchschnittlichen Spiel, ist ein kein wenig druckvoller als der ebenfalls sehr präzise Kabinett aus dem Hahnenschrittchen. Die Spätlesen sind etwas kraftvoller, aber alles andere als übertrieben. Es sind Weine, die man wirklich trinken mag.

Weinbewertung

85 2016 Riesling trocken (1l) **11 %/7,20 €** ☺
87 2016 Riesling trocken Burger Hahnenschrittchen **11 %/7,20 €** ☺
87 2016 Riesling trocken Reiler Goldlay **11 %/7,30 €** ☺
87 2016 Riesling Kabinett trocken Burger Hahnenschrittchen **11 %/8,30 €** ☺
88 2016 Riesling Kabinett trocken Reiler Goldlay **11 %/8,60 €** ☺
89 2016 Riesling Spätlese trocken Burger Hahnenschrittchen **11,5 %/11,40 €** ☺
88 2016 Riesling Spätlese trocken Burger Wendelstück **11,5 %/11,20 €**

S

Karl Stein

★

KONTAKT

Auf dem Stiel 12
55585 Oberhausen
Tel. 06755-242
Fax: 06755-741
www.steinwein.de
info@steinwein.de

Inhaber
Edith & Karl Rainer Schneider
Rebfläche
12 Hektar
Produktion
85.000 Flaschen

BESUCHSZEITEN

Mo.-Sa. 8-17 Uhr und nach Vereinbarung

Seit 1801 erzeugt die Familie Wein in Oberhausen an der Nahe, 1960 kam die Sektherstellung dazu, heute wird der Betrieb geführt von Edith Schneider und ihrem Sohn Karl Rainer, der seit 2010 für die Weinbereitung zuständig ist. Riesling nimmt mittlerweile 55 Prozent der Rebfläche ein, dazu gibt es 30 Prozent Weißburgunder und Grauburgunder, sowie ein wenig Gewürztraminer, Silvaner, Müller-Thurgau und Chardonnay, sowie an roten Sorten Spätburgunder, St. Laurent, Lemberger und Dornfelder. Die Reben stehen in den Oberhäuser Lagen Leistenberg, Rotenberg, Kieselberg und Felsenberg sowie im Niederhäuser Felsensteyer, ein Drittel der Fläche wird in Steillagen bewirtschaftet.

Kollektion

An der Spitze der gleichmäßig guten Kollektion diesen Jahres liegen zwei 2014er Sekte, der Riesling Sekt ist schlank und frisch mit klarer Frucht und Zitruswürze, der Pinot Sekt ist geradlinig und leicht cremig und zeigt etwas gereifte Fruchtnoten. Der Silvaner Blitz, der Müller-Thurgau Hanggarten und der Riesling Wolf sind unkomplizierte Spaßweine mit klarer Frucht und viel Trinkfluss, die drei süßen Spätlesen zeigen ebenfalls reintönige Frucht, der Gewürztraminer dominiert die Cuvée mit dem Riesling aromatisch, der reinsortige Gewürztraminer ist etwas nachhaltiger als die Riesling Spätlese vom Felsenberg. Die trockenen Rieslinge von Kieselberg, Leistenberg und Felsensteyer besitzen in diesem Jahr sehr markanten Säure-Biss und etwas jugendlich-strenge Frucht. Der Wein aus dem Niederhäuser Felsensteyer ist der nachhaltigste der drei Rieslinge, zeigt etwas steinige Würze und besitzt viel Zitrusfrucht mit Noten von Grapefruit und Ananas. —

Weinbewertung

84 2014 Riesling Sekt brut **11,5 %/16,- €**
85 2014 Pinot Sekt brut **12 %/16,- €**
81 2016 Müller-Thurgau „Hanggarten“ **11,5 %/6,- €**
82 2016 Silvaner trocken „Blitz“ **12,5 %/6,50 €**
84 2016 Riesling trocken Oberhäuser Kieselberg **12,5 %/7,- €**
84 2016 Riesling trocken Oberhäuser Leistenberg **12,5 %/9,- €**
85 2016 Riesling trocken Niederhäuser Felsensteyer **12,5 %/10,- €**
83 2016 Riesling „feinherb“ „Wolf“ **11 %/8,- €**
83 2016 Riesling Spätlese Oberhäuser Felsenberg **8 %/7,50 €**
84 2016 Riesling & Gewürztraminer Spätlese Oberhäuser Rotenberg **8 %/7,50 €**
84 2016 Gewürztraminer Spätlese Oberhäuser Rotenberg **8 %/8,- €**

Artur Steinmann

★★★

KONTAKT

Plan 4
97286 Sommerhausen
Tel. 09333-250
Fax: 09333-1855
www.pastoriushaus.de
info@pastoriushaus.de

Inhaber
Artur Steinmann
Rebfläche
18 Hektar
Produktion
120.000 Flaschen

BESUCHSZEITEN

Mo.-Sa. 9-12 + 13-18 Uhr,
So. 9-12 Uhr
Hotel (1 Einzelzimmer, 6 Doppelzimmer, 1 Appartement)

Das 1916 von Karl Steinmann gegründete Gut hat seinen Sitz in einem im 17. Jahrhundert erbauten Haus, in dem Franz David Pastorius geboren wurde, der erste deutsche Auswanderer nach Amerika, der 1683 in Pennsylvania die Stadt German-Town gründete. Karl Steinmanns Sohn konzentrierte sich seit den sechziger Jahren auf Weinbau, seit 1982 führt Enkel Artur Steinmann das Gut. Seine Weinberge liegen vor allem in Sommerhausen (Steinbach, Reifenstein sowie Ölspiel, die Lage, die 1971 zur Großlage „umfunktioniert" wurde), dazu ist er in Frickenhausen im Kapellenberg vertreten. Silvaner ist die wichtigste Rebsorte, nimmt etwa ein Drittel der Weinberge ein. Es folgen Müller-Thurgau und Riesling, dazu gibt es Weißburgunder, Scheurebe sowie ein klein wenig Kerner und Traminer. Rote Rebsorten nehmen ein Fünftel der Fläche ein: Schwarzriesling, Spätburgunder, Dornfelder und Domina. Dem Weingut ist ein Hotel mit Tagungsräumen angeschlossen. Artur Steinmann ist Initiator der Gruppe Frank & Frei und Präsident des Fränkischen Weinbauverbandes.

Kollektion

Eine starke Kollektion präsentiert Artur Steinmann in diesem Jahr. Bestechend hoch ist das Einstiegsniveau mit den Frank & Frei- und den Kabinettweinen. Der Müller-Thurgau ist frisch, fruchtbetont und saftig-süffig, die fruchtige Scheurebe reintönig und zupackend, der Frank & Frei-Silvaner ist lebhaft, klar und süffig, noch etwas besser gefällt uns der geradlinige, zupackende Kabinett. Der Riesling-Jubiläumswein zeigt gute Konzentration, viel reife Frucht, Aprikosen, besitzt herrlich viel Frucht und Substanz. Die trockene Silvaner Spätlese ist reintönig, frisch und strukturiert. In blendender Form präsentiert sich der Concord des Jahrgangs 2013, ist stoffig, kraftvoll, kompakt, hat Substanz und Druck. Da lassen sich auch die Rotweine nicht lumpen: Der Zweigelt zeigt intensive Frucht, ist klar, zupackend und strukturiert, die rotfruchtige Cuvée Pastorius ist fruchtbetont und kraftvoll, besitzt gute Struktur und Substanz.

Weinbewertung

84 2016 Müller-Thurgau trocken „Frank & Frei" **12 %/6,50 €**
84 2016 Grüner Silvaner trocken „Frank & Frei" **12 %/6,50 €**
85 2016 Silvaner Kabinett trocken Sommerhausen Ölspiel **12,5 %/8,50 €**
87 2015 Silvaner Spätlese trocken Sommerhausen Steinbach **14 %/14,- €**
88 2015 Riesling Spätlese trocken „Jubiläumswein" Steinbach **14 %/13,- €**
89 2013 Silvaner Spätlese trocken „Concord" Sommerhausen Steinbach **12 %/25,-€**
84 2016 Scheurebe Kabinett Sommerhausen Ölspiel **12,5 %/8,50 €**
87 2015 Zweigeltrebe Spätlese trocken Sommerhausen Steinbach **13 %/11,- €**
87 2014 „Pastorius" Rotwein trocken **13 %/12,- €**

S

Günther Steinmetz

★★

N

Kontakt

Moselweinstraße 154
54472 Brauneberg
Tel. 06534-751
Fax: 06534-940921
www.weingut-guenther-steinmetz.de
info@weingut-guenther-steinmetz.de

Inhaber
Stefan & Edith Steinmetz
Rebfläche
12 Hektar
Produktion
60.000 Flaschen

Besuchszeiten

nach Vereinbarung

Aus dem traditionell arbeitenden Familienbetrieb ist binnen weniger Jahre ein Weingut geworden, das unübliches Engagement zeigt. Schon Vater Günther hatte ein Interesse für Rotwein gezeigt, der Sohn baute dieses Engagement noch aus. Vier Fünftel der gesamten Fläche sind dennoch mit Riesling bestockt, 12 Prozent sind für Pinot Noir vorgesehen, der Rest verteilt sich auf andere Sorten, weiß wie rot. Stefan Steinmetz hat seine eigene Klassifikation entwickelt: Herausragende Weine in der gutseigenen Hierarchie werden mit „GB" oder „GP" bezeichnet, was für Großer Brauneberger beziehungsweise Großer Piesporter steht, darüber rangieren allerdings die Weine von den Terrassen aus Rosengärtchen und Treppchen. Nicht vergessen sollte man allerdings die Gemeinschaftsprojekte, die Steinmetz mit anderen jungen Winzern gestartet hat – mit Christian Hermann, Martin Gerlach oder Constantin Richter, mit dem er einen Gemischten Satz angelegt hat.

Kollektion

Die Weine des Jahrgangs 2016 sind außerordentlich ausgefallen. Schon der praktisch trockene Brauneberger Riesling ist ein Musterbeispiel für die Region und für den Stil des Hauses, zeigt frische Aromen von Kern- und Steinobst, Kräutern und Zitrusfrüchten, ist unruhig, aber spannend. Der Brauneberger Juffer „GB" ist noch etwas verhalten, saftig, fast trocken. Offener, enorm fest und vibrierend ist der „GP" aus dem Piesporter Grafenberg, der Kestener „GK" besitzt etwas mehr Kräuterwürze. Noch etwas hefig und unruhig zeigt sich bei der Verkostung der Wein aus der Geierslay, enorm kraftvoll mit gut integriertem Restzucker präsentiert sich der Terrassen-Wein aus dem Treppchen. Am festesten wirkt der Terrassen-Riesling aus dem Rosengärtchen. Süßweine stehen nicht dermaßen im Vordergrund wie bei anderen Weingütern, doch die Goldkapsel-Spätlese zeigt eine bemerkenswerte Balance.

Weinbewertung

87 2016 Riesling Brauneberger **8,50 €** ☺
87 2016 Riesling Kabinett „feinherb" Brauneberger Juffer **9,80 €**
91 2016 Riesling „GW" Wintricher Geierslay **22,- €**
90 2016 Riesling „GP" Piesporter Grafenberg **22,- €**
89 2016 Riesling „GB" Brauneberger Juffer **22,- €**
90 2016 Riesling „GK" Kestener Paulinshofberg **22,- €**
91 2016 Riesling „von den Terrassen" Piesporter Treppchen **26,50 €**
92 2016 Riesling „von den Terrassen" Neumagener Rosengärtchen **32,- €**
88 2016 Riesling Kabinett Mülheimer Sonnenlay **11,50 €**
91 2016 Riesling Spätlese Goldkapsel Kestener Paulinsberg **18,50 €**

Steinmühle

★★☆

KONTAKT

Eulenberg 18
67574 Osthofen
Tel. 06242-1478
Fax: 06242-1580
www.weingut-steinmuehle.de
info@weingut-steinmuehle.de

Inhaber
Axel May
Rebfläche
16 Hektar

BESUCHSZEITEN

nach Vereinbarung
Gästehaus

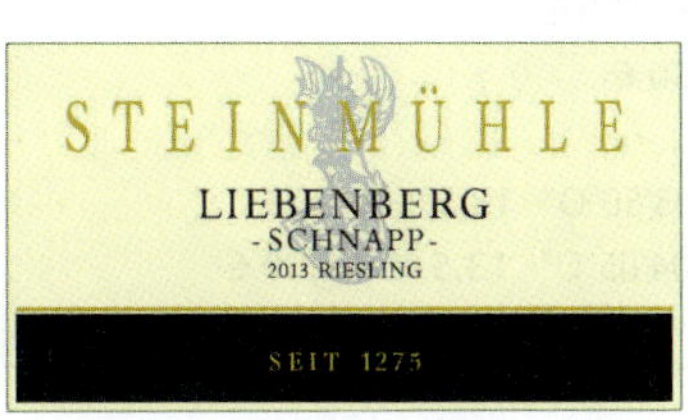

Das 1275 erstmals erwähnte Hof- und Weingut Steinmühle ist seit Anfang des 18. Jahrhunderts im Besitz der Familie, wird seit 2009, nach Abschluss seines Geisenheimstudiums, von Axel May geführt. Die Weinberge liegen vor allem in Osthofen in den Lagen Liebenberg (mit der Gewanne Auf dem Schnapp), Goldberg und Klosterberg, sowie im Dittelsheimer Leckerberg. Axel May will stärker auf Riesling setzen, daneben gibt es die Burgundersorten und Silvaner, Sauvignon Blanc brachte 2014 den ersten Ertrag. Mit dem Jahrgang 2011 wurde das Sortiment neu gegliedert in Guts-, Orts- und Lagenweine. Derzeit gibt es als Lagenweine den Riesling „Auf dem Schnapp", den Leckerberg-Riesling und den Klosterberg-Spätburgunder, zukünftig sollen Lagenrieslinge aus dem Goldberg hinzukommen. 2013 wurde eine neue Kelter- und Abfüllhalle errichtet, Presse und Traubenannahme wurden erneuert, so dass bis zur Abfüllung kein Pumpen mehr nötig ist. Die Weine werden spontanvergoren, teils im Edelstahl, teils in 500 Liter-Holzfässern. Im Februar 2014 wurde das Gästehaus Steinmühle eröffnet.

Kollektion

Eine ganz starke Kollektion präsentiert Axel May auch in diesem Jahr, bestechend hoch ist das Einstiegsniveau, nicht nur beim Riesling, auch bei Grauburgunder und Sauvignon Blanc. Unter den Osthofener Ortsweinen gefallen uns zwei sehr gut: Der Grauburgunder besitzt reintönige Frucht, gute Struktur und Druck, der Riesling ist konzentriert, fruchtbetont und zupackend. Der Schnapp-Riesling zeigt gute Konzentration, etwas Zitrus, besitzt Fülle und Kraft, gute Struktur und Substanz, sein Jahrgangsvorgänger besticht mit feiner Würze und mineralischen Noten, präsentiert sich in blendender Form. Aber auch auf Spätburgunder versteht sich Axel May, das beweist er mit dem intensiv fruchtigen, kraftvollen, zupackenden Wein aus dem Klosterberg.

Weinbewertung

84 2016 Riesling trocken **12 %/6,90 €**
84 2016 Grauburgunder trocken **13 %/6,90 €**
84 2016 Sauvignon Blanc trocken **11,5 %/7,50 €**
82 2016 Scheurebe trocken **11,5 %/7,50 €**
83 2016 Weißburgunder trocken Osthofen **13,5 %/10,50 €**
86 2016 Grauburgunder trocken Osthofen **13 %/10,50 €**
86 2016 Riesling trocken Osthofen **12 %/10,50 €**
88 2015 Riesling trocken „Auf dem Schnapp" Liebenberg **13,5 %/14,50 €**
88 2016 Riesling trocken „Auf dem Schnapp" Liebenberg **12,5 %/14,50 €**
81 2016 Weißburgunder „feinherb" **12 %/6,90 €**
83 2015 Spätburgunder trocken **13 %/6,90 €**
87 2015 Spätburgunder trocken Osthofener Klosterberg **13 %/17,50 €**

Jürgen Stentz

★

KONTAKT

Hauptstraße 47
76829 Landau-Mörzheim
Tel. 06341-30121
Fax: 06341-34565
www.stentz.de
info@stentz.de

Inhaber
Jürgen Stentz
Rebfläche
14 Hektar
Produktion
80.000 Flaschen

BESUCHSZEITEN

Mi.-Fr. 9-12 + 14-18 Uhr, Sa. 9-14 Uhr oder nach Vereinbarung
Weinprobierstube (bis 40 Personen)

S

Das Weingut Stentz ist in einem alten, denkmalgeschützten Fachwerkgehöft, einer ehemaligen Wagnerei, untergebracht. Jürgen und Astrid Stentz haben das Weingut 1999 von seinen Eltern übernommen. Sie bauen vor allem Riesling und die Burgundersorten – weiß wie rot – an, aber auch Muskateller, Silvaner, Müller-Thurgau, Portugieser und Dornfelder. Die Weißweine werden vorgeklärt und kühl und langsam vergoren. Die Rotweine kommen nach der Maischegärung ins große Eichenholzfass oder ins Barrique. Die Sekte bleiben mindestens achtzehn Monate auf der Hefe, bevor sie degorgiert werden.

Kollektion

Auch in diesem Jahr sehen wir wieder die beiden Selektionsweine mit der Goldkapsel und den geographischen Koordinaten auf dem Etikett an der Spitze der Kollektion, die sich insgesamt auf gutem Niveau befindet. Der Weißburgunder liegt wieder vorne, auch wenn der Grauburgunder in diesem Jahr fast zu ihm aufschließen konnte, beide besitzen gute Substanz, Konzentration und Länge und zeigen viele klare gelbe Frucht. Der Grauburgunder ist etwas herber als der Weißburgunder, der etwas komplexer ist und auch dezente Holzwürze zeigt. Bei den Gutsweinen ist es genau anders herum, hier ist der Weißburgunder etwas zurückhaltender, Chardonnay und Grauburgunder sind wesentlich präsenter und klarer im Ausdruck, der Chardonnay zeigt florale Würze und der Grauburgunder besitzt Saft, Fülle und klare Birnen- und Melonenfrucht. Und auch den demi-sec ausgebauten Muskateller-Sekt konnten wir wieder verkosten, er ist wieder sehr eindringlich und aromatisch, ist sogar etwas komplexer und auch harmonischer als in den Vorjahren, ist saftig und frisch mit Noten von Holunder, Zitrusfrüchten und Kräutern und bietet wieder viel unkomplizierten Trinkspaß.

Weinbewertung

84	2015 Muskateller Sekt demi-sec **12,5 %/9,90 €**
82	2016 Muskateller trocken **11,5 %/6,50 €**
83	2016 Grauer Burgunder trocken **12 %/6,50 €**
81	2016 Weißer Burgunder trocken **12 %/6,50 €**
83	2016 Chardonnay trocken **12,5 %/7,50 €**
82	2016 Riesling trocken **12,5 %/6,50 €**
86	2016 Grauer Burgunder „49 09'55"N 8 03'50"O" **13,5 %/9,90 €**
87	2016 Weißer Burgunder „49 10'24"N 8 04'05"O" **13,5 %/11,50 €**
83	2016 Muskateller **9 %/7,50 €**

STERN

★★★☆

KONTAKT

Hauptstraße 199
76879 Hochstadt
Tel. 06347-8634
Fax: 06347-7309
www.weingut-stern.de
info@weingut-stern.de

Inhaber
Wolfgang & Dominic Stern
Rebfläche
10,5 Hektar
Produktion
75.000 Flaschen

BESUCHSZEITEN

Mo.-Fr. 9-18 Uhr, Sa. 9-17 Uhr
und nach Vereinbarung
Weinstube „Zum Sterne Sepp"
in Hochstadt

Josef Stern kaufte 1952 den ersten Weinberg, 1960 begann er mit der Brennerei. 1980 übernahm Sohn Wolfgang den Betrieb, den er heute mit seinem Sohn Dominic führt. In den Weinbergen rund um Hochstadt wachsen die Reben auf sandigen Lössböden mit leichtem Kalkgehalt. Die Sterns haben den Anbau von Riesling und den Burgundersorten in den letzten Jahren forciert, zuletzt haben sie in Lagen an der Mittelhaardt investiert, im Forster Ungeheuer, Deidesheimer Kieselberg und Ruppertsberger Reiterpfad. Die Burgundersorten nehmen mittlerweile 40 Prozent der Rebfläche ein, Riesling 30 Prozent. Hinzu kommen Silvaner, Gewürztraminer, Müller-Thurgau, Dornfelder und Portugieser, aber auch Rieslaner, Merlot und Cabernet Sauvignon. Die „Pinotimes" genannten Weine entstehen aus der Zusammenarbeit der Cousins Dominic Stern und Philipp Kiefer (siehe Aloisiushof).

Kollektion

An der Spitze der sehr starken Kollektion liegen in diesem Jahr zwei neue Pinot Noirs, der „Réserve" zeigt feine, klare rote Frucht, etwas Eukalyptus und dezentes Holz im Bouquet, ist harmonisch, sehr elegant und besitzt Potential, der „Pinotimes"-Réserve lässt noch weniger Holz erkennen, zeigt Noten von vollreifen Süßkirschen und etwas Minze und besitzt reife, aber noch ganz jugendliche Tannine. Im Gegensatz zu den eleganten Pinots ist die Cuvée „55" ganz kraftvoll und stoffig, zeigt schwarze Johannisbeere, Pflaume und röstige Würze im Bouquet und besitzt Länge, „Josef" ist von dunklen Beerenfrüchten geprägt und ebenfalls sehr kraftvoll und lang. Kraft und Konzentration besitzen auch die drei Rieslinge von den Mittelhaardter Lagen, der Reiterpfad ist ganz fruchtbetont, das Ungeheuer besitzt Fülle, baut mit Luft feinen Druck auf und bleibt mit seiner typischen kräutrig-mineralischen Würze lange am Gaumen, der Kieselberg ist sehr animierend und besitzt salzige Länge.

Weinbewertung

88	2011 Pinot Sekt brut **12,5 %/15,50 €**
88	2016 Sauvignon Blanc trocken „Fumé" **13 %/16,50 €**
87	2016 Pinot Blanc trocken „Pinotimes" **13,5 %/16,90 €**
87	2016 Riesling trocken Hochstadter Roter Berg **13,5 %/10,50 €**
88	2016 Riesling trocken „Alte Reben" Ruppertsberger Reiterpfad **12,5 %/22,- €**
89	2016 Riesling trocken Deidesheimer Kieselberg **12,5 %/24,- €**
89	2016 Riesling trocken Forster Ungeheuer **13 %/28,- €**
88	2015 „Cuvée Josef" Rotwein trocken **14 %/15,- €**
89	2014 „Cuvée 55" Rotwein trocken **14,5 %/29,- €**
89	2015 Pinot Noir trocken „Pinotimes" **13,5 %/21,90 €**
90	2015 Pinot Noir trocken „Réserve" **13,5 %/26,- €**
90	2015 Pinot Noir trocken „Pinotimes" „Réserve" **14 %/a.A.**

S

Stich

★★★☆

KONTAKT

Freudenberger Straße 73
63927 Bürgstadt
Tel. 09371-5705
Fax: 09371-80973
www.weingut-stich.de
info@weingut-stich.de

Inhaber
Gerhard & Helga Stich
Rebfläche
9,5 Hektar
Produktion
50.000 Flaschen

BESUCHSZEITEN

Mo.-Fr. 8:30-18:30 Uhr,
Sa. 8:30-16 Uhr
Gutsausschank „Im Löwen" (ab Ostermontag 2 Wochen, 10 Tage Anfang Juli, 14 Tage ab Mitte Nov.), Weinproben (8 bis 150 Personen)

Das Weingut von Gerhard und Helga Stich hat seinen Sitz im 1901 erbauten ehemaligen Gasthof „Zum Löwen". Neben Weinbergen in den Bürgstadter Lagen Centgrafenberg und Hundsrück (Buntsandsteinverwitterungsböden) besitzt Gerhard Stich auch Weinberge am Fuß des Steigerwaldes in der Lage Prichsenstadter Krone, wo die Reben auf tiefgründigen, steinigen Muschelkalkböden wachsen. Wichtigste Rebsorte ist Spätburgunder, es folgen Silvaner, Müller-Thurgau, Weißburgunder, Riesling, Gewürztraminer und Frühburgunder. Das Sortiment ist gegliedert in Gutsweine und „Klassisches Franken", die Spitzenweine werden in der Löwenlinie angeboten.

Kollektion

Stimmig ist auch die neue Kollektion von Gerhard Stich, bietet gewohnt zuverlässige Qualität in der Basis, wie den reintönigen, zupackenden Müller-Thurgau oder den fruchtbetonten, druckvollen Silvaner Kabinett. An der Spitze der Weißweine stehen die beiden Weißburgunder: Der Wein von alten Reben ist frisch, klar und zupackend, der im Barrique ausgebaute Weißburgunder aus der Löwenlinie, Jahrgang 2015, ist rauchig, kraftvoll und strukturiert, besitzt gute Substanz und Frucht. Die Weißherbst Auslese zeigt gute Konzentration, Kirschen, ist süß, klar und konzentriert. Wie gewohnt etwas stärker sind in der Spitze auch in diesem Jahr wieder die Rotweine. Der 2013er Hundsrück-Spätburgunder zeigt gute Konzentration, rauchige Noten, reintönige Frucht, ist kraftvoll und zupackend im Mund, besitzt gute Struktur, reintönige Frucht und Biss. Der 2012 AAA ist noch konzentrierter und eindringlicher im Bouquet, bietet noch mehr Fülle und Kraft, ist stoffig, jugendlich, bereitet aber momentan auch nicht mehr Trinkfreude als der etwas zugänglichere 2013er. Starke Kollektion!

Weinbewertung

84 2016 Müller-Thurgau trocken „Frank & Frei" **11,5 %/6,50 €**
83 2016 „Tigris" Weißwein trocken **12 %/7,- €**
83 2016 Silvaner trocken Bürgstadter Centgrafenberg **12 %/7,- €**
85 2016 Silvaner Kabinett trocken Prichsenstadter Krone **12,5 %/7,50 €**
84 2016 Riesling Kabinett trocken Bürgstadter Centgrafenberg **12 %/8,80 €**
87 2016 Weißburgunder trocken „Alte Reben" Prichsenstadter Krone **13 %/11,- €**
88 2015 Weißburgunder Spätlese trocken (Löwenlinie) Pr. Krone **14 %/16,- €**
83 2016 „Onca" Rosé **11 %/7,- €**
84 2015 Spätburgunder trocken Bürgstadter Centgrafenberg **12,5 %/9,- €**
87 2015 Spätburgunder Weißherbst Auslese Centgrafenberg **10,5 %/18,- €/0,5l**
89 2013 Spätburgunder trocken Barrique Bürgstadter Hundsrück **13,5 %/24,- €**
89 2012 Spätburgunder „AAA" trocken „Löwenlinie" Hundsrück **13,5 %/38,- €**

Stigler

★★☆

KONTAKT

Bachenstraße 29
79241 Ihringen
Tel. 07668-297
Fax: 07668-94120
www.weingut-stigler.de
info@weingut-stigler.de

Inhaber
Andreas Stigler
Rebfläche
12 Hektar
Produktion
85.000 Flaschen

BESUCHSZEITEN

nach Vereinbarung

Wichtigste Rebsorten bei Andreas Stigler sind Spätburgunder und Riesling, gefolgt von Weißburgunder und Silvaner. Das Gros seiner Weinberge liegt im Ihringer Winklerberg. Daneben besitzt Andreas Stigler auch Weinberge im Oberrotweiler Eichberg, im Ihringer Fohrenberg und seit 1992 im Freiburger Schlossberg, wo vor allem Spätburgunder steht, er zuletzt aber etwas Cabernet Franc und Petit Verdot gepflanzt hat. Spätburgunder ist mit einem guten Drittel Anteil die wichtigste Rebsorte im Betrieb, dazu gibt es ein Viertel Riesling, dann folgen Weißburgunder, Grauburgunder, Silvaner und Gewürztraminer. An der Spitze der Kollektion stehen die Großen Gewächse, die familieninterne Bezeichnungen oder Markennamen tragen wie Pagode oder Herrgottswinkel, Backöfele oder Roter Boden. Andreas Stigler erzeugt keine Weine für den schnellen Konsum, seine Weine sind Spätentwickler und kommen oft erst ein Jahr nach der Ernte in den Verkauf.

Kollektion

Die weißen Guts- und Ortsweine sind kompakt und kraftvoll bei reifer Frucht, zeigen gleichmäßige Qualität, heraus ragt der Chenin Blanc, der wunderschön reintönig und zupackend ist, gute Struktur und Frische besitzt, der Alkohol ist nicht merklich. Der maischevergorene Fohrenberg-Grauburgunder ist intensiv im Bouquet, enorm tanninbetont im Mund. Unter den Großen Gewächsen ziehen wir ganz klar die beiden 2016er den fülligen, saftigen 2015ern vor. Der Riesling ist klar, geradlinig und zupackend, besitzt feine Frucht und Biss, der Chardonnay besitzt Fülle und Kraft, viel reife Frucht, gute Struktur, den hohen Alkohol merkt man ihm nicht an, er ist unser Favorit in der diesjährigen Kollektion. Der rauchig-würzige Spätburgunder besitzt feine süße Frucht und Tannine, die Cuvée aus Cabernet Franc und Petit Verdot ist etwas unausgewogen, geprägt vom Kontrast aus Süße und Tanninen.

Weinbewertung

83	2016 Weißburgunder trocken **13,5 %/9,90 €**
83	2016 Weißburgunder & Chardonnay trocken **13,5 %/10,- €**
84	2016 Sauvignon Blanc trocken Ihringen Winklerberg **14 %/16,- €**
88	2016 Chenin Blanc trocken **14 %/19,- €**
84	2016 Grauburgunder trocken „F1" Oberrotweil **13,5 %/16,- €**
85	2016 Grauburgunder trocken „M" Ihringen Fohrenberg **13 %/18,- €**
86	2015 Weißburgunder „GG" „Pagode" Ihringen Winklerberg **14,5 %/23,- €**
86	2015 Grauburgunder „GG Pagode" Ihringen Winklerberg **14 %/23,- €**
87	2016 Riesling „GG Vorderer Winklerberg" Ihringen **13,5 %/23,- €**
89	2016 Chardonnay „GG Winklerfeld" Ihringen **14,5 %/23,- €**
83	2015 „Cave" Cabernet Franc & Petit Verdot trocken **13 %/29,- €**
85	2013 Spätburgunder „GG" Freiburg Schlossberg **13 %/29,- €**

Jean Stodden

★★★★★

KONTAKT

Rotweinstraße 7-9
53506 Rech
Tel. 02643-3001
Fax: 02643-3003
www.stodden.de
info@stodden.de

Inhaber
Dr. Brigitta & Alexander Stodden
Rebfläche
7 Hektar
Produktion
45.000 Flaschen

BESUCHSZEITEN

Mo.-Fr. 9-12 + 13-18 Uhr,
Sa. 10-13 Uhr

Seit dem 16. Jahrhundert baut die Familie Wein im Ahrtal an, im Jahr 1900 begann Alois Stodden selbst Wein zu keltern. Gerhard Stodden machte seit den neunziger Jahren den Betrieb auch überregional bekannt. Seit seinem Tod 2013 führt sein Sohn Alexander Stodden den Betrieb, der zuvor schon ein Jahrzehnt zusammen mit seinem Vater das Weingut geleitet hatte, zusammen hatten sie ihren Stil verfeinert hin zu mehr Eleganz und Finesse, hin zu mehr Burgund. Alexander Stoddens Weinberge liegen zu 90 Prozent in Steilhängen: Der Recher Herrenberg ist die Paradelage, hinzu kommen Weinberge in den Lagen Neuenahrer Sonnenberg, Ahrweiler Rosenthal, Mayschosser Mönchberg und Dernauer Hardtberg und Burggarten. Neben Spätburgunder wird ein wenig Riesling und Frühburgunder angebaut. Alle Trauben werden entrappt, nach einer Maischegärung von bis zu 24 Tagen kommen alle Rotweine ins Holz, ausgesuchte Weine werden im Barrique ausgebaut. Diese Weine werden in der Serie „JS" vermarktet, die es seit 1989 gibt. In den letzten Jahren wurde der Barriqueanteil kräftig erhöht, ebenso der Anteil neuen Holzes; genutzt werden 228 Liter-Barriques aus Alliereiche, medium getoastet; seit 1999 finden für die Spitzenweine nur noch neue Barriques Verwendung, seit dem Jahrgang 1999 werden sie unfiltriert abgefüllt. Ziel ist es gerbstoffreiche Weine zu erzeugen, die sich durch gute Lagerfähigkeit auszeichnen. Während die meisten anderen Winzer an der Ahr ihre Spitzenweine schon im August oder September des auf die Ernte folgenden Jahres abfüllen, bleiben bei Alexander Stodden die Weine mindestens fünfzehn Monate im Barrique oder im großen Holzfass. Mit dem Effekt, dass seine Weine wesentlich haltbarer sind als die manch anderer Ahrwinzer. Aber auch mit dem Effekt, dass sie jünger, in manchen Jahrgängen etwas unzugänglicher sind. An der Spitze der Kollektion stehen der Spätburgunder Alte Reben (der immer aus dem Herrenberg stammt, was allerdings nicht auf dem Etikett steht) und die Großen Gewächse: Zu den Spätburgundern aus Herrenberg, Rosenthal, Sonnenberg und Mönchberg gesellten sich mit dem Jahrgang 2012 ein Spätburgunder aus dem Hardtberg sowie ein Frühburgunder aus dem Herrenberg.

Kollektion

Mit der neuen Kollektion schließt Alexander Stodden nahtlos an die vielen hervorragenden Kollektionen des letzten Jahrzehnts an. Das Einstiegsniveau ist bestechend hoch. Der Blanc de Noir ist frisch, fruchtbetont, reintönig, füllig und saftig, besitzt reife Frucht und gute Struktur. Der im Fuder ausgebaute Basis-Spätburgunder ist wunderschön klar, frisch und präzise, der in gebrauchten Barrique ausgebaute Spätburgunder J zeigt rauchige Noten, ist kraftvoll und klar, besitzt gute Substanz bei etwas zurückhaltenderer Frucht. Eine weitere Steigerung bringt der JS, zeigt reintönige Frucht, rote Früchte, ist klar und harmonisch im Mund, besitzt gute Struktur und Tannine, er wird ebenfalls in überwiegend gebrauchten, aber auch ein wenig neuen Barriques ausgebaut. Der Recher Spätburgunder zeigt reintönige Frucht, feine Frische, ist kraftvoll und tanninbetont bei dezenter jugendlicher Bitternote. Der Frühburgunder zeigt gute Konzentration im Bouquet, reintönige Frucht, feine Frische, ist füllig im Mund, harmonisch, besitzt viel reife Frucht, gute Struktur und Frische. Es folgt eine Batterie an hochklassigen Spätburgundern, fünf Große Gewächse, Lange Goldkapsel und Alte Reben. Der Hardtberg zeigt gute Konzentration, herrlich viel Frucht, etwas rauchige Noten, ist füllig, kraftvoll, druckvoll, besitzt gute Struktur und kräftige Tannine. Der Sonnenberg zeigt rauchig-würzige Noten, besitzt Fülle und Kraft, reintönige Frucht und Tannine. Der Rosenthal besticht mit seinem reintönigen Bouquet und auch im Mund ist er betörend reintönig, fruchtbetont und strukturiert. Unser Favorit ist der Herrenberg, er zeigt rauchig-würzige Noten, dezenten Toast, ist füllig, druck- und kraftvoll, nachhaltig. Er wurde in unserer Schlussverkostung etwas kontrovers diskutiert, war manchem Verkoster nicht fruchtintensiv genug: Ist eben ein Klassiker! Der Mönchberg zeigt rauchige Noten, dezent Vanille, ist füllig, komplex, besitzt viel reife Frucht und gute Struktur. Die Lange Goldkapsel ist fruchtbetont, intensiv, kraftvoll und zupackend. Der Alte Reben schließlich ist würzig und konzentriert, kraftvoll und tanninbetont bei klarer reifer Frucht. Hochklassige Kollektion!

Weinbewertung

87	2016 Spätburgunder „Blanc de Noir" **12,5 %/14,- €**
87	2015 Spätburgunder **13 %/14,- €**
88	2015 Spätburgunder „J" **13 %/17,- €**
89	2015 Spätburgunder „JS" **13 %/24,- €**
91	2015 Frühburgunder „GG" Herrenberg **13 %/37,- €**
90	2015 Spätburgunder Recher **12,5 %/31,- €**
92	2015 Spätburgunder „GG" Hardtberg **13 %/45,- €**
91	2015 Spätburgunder „GG" Sonnenberg **13 %/55,- €**
92	2015 Spätburgunder „GG" Rosenthal **13 %/65,- €**
93	2015 Spätburgunder „GG" Herrenberg **13 %/75,- €**
92	2015 Spätburgunder „GG" Mönchberg **13 %/Vst.**
92	2015 Spätburgunder „Lange Goldkapsel" **13 %/85,- €**
91	2015 Spätburgunder „Alte Reben" **13 %/95,- €**

LAGEN

HERRENBERG (RECH)
HARDTBERG (DERNAU)
ROSENTHAL (AHRWEILER)
SONNENBERG (NEUENAHR)
MÖNCHBERG (MAYSCHOSS)

REBSORTEN

SPÄTBURGUNDER (88 %)
FRÜHBURGUNDER (6 %)
RIESLING (5 %)
DORNFELDER (1 %)

J. STÖRRLEIN & KRENIG

★★★★

KONTAKT

Schulstraße 14
97236 Randersacker
Tel. 0931-708281
Fax: 0931-701155
www.stoerrlein.de
info@stoerrlein.de

Inhaber
Armin Störrlein & Martin Krenig
Rebfläche
12,5 Hektar
Produktion
80.000 Flaschen

BESUCHSZEITEN

Mo.-Sa. 8-19 Uhr, So. nach Vereinbarung
mehrmals kultur-kulinarische Wochenenden

An den neuen Namen hat man sich inzwischen gewöhnt: Störrlein & Krenig. 2008 wurde das Weingut Josef Störrlein mit dem Weinbaubetrieb von Armin Störrleins Schwiegersohn Martin Krenig (4,5 Hektar) verschmolzen und trägt seither den Namen Weingut J. Störrlein & Krenig. Armin Störrlein und Tochter Christiane Störrlein-Krenig kümmern sich im Wesentlichen um Vinifikation und Vermarktung, Martin Krenig um die Bewirtschaftung der Weinberge. Durch den Zusammenschluss besitzt das Weingut nun über 5 Hektar von mehr als 30 Jahre alten Silvaner- und Rieslingreben. Die Weinberge von Armin Störrlein und Martin Krenig liegen in den Randersackerer Lagen Sonnenstuhl, Marsberg und Pfülben. Silvaner ist die mit Abstand wichtigste Rebsorte im Betrieb, nimmt zwei Fünftel der Weinberge ein. Es folgen Riesling und Müller-Thurgau, dazu gibt es die roten Sorten Spätburgunder, Schwarzriesling und Domina, sowie Frühburgunder und Cabernet Sauvignon. Weißburgunder hat in den letzten Jahren an Bedeutung gewonnen, die Burgundersorten zusammen nehmen inzwischen ein Viertel der Rebfläche ein. Die Rotweine baut Armin Störrlein immer im Holz aus (teils auch im Barrique). Die Weißweine werden, teilweise nach Maischestandzeiten, teils im Edelstahl, teils im Holz ausgebaut, alle bleiben mindestens bis April auf der Feinhefe, geschönt wird nicht. Guts- und Ortsweine bilden die Basis des Sortiments, dann kommen Lagenweine der Trias-Linie, die Trias-Kennzeichnung tragen auch die Großen Gewächse, die alle aus dem schon im 15. Jahrhundert urkundlich erwähnten Sonnenstuhl kommen, aus den Weinbergen, die unter dem Turm liegen: Silvaner, Riesling, Weißburgunder und Spätburgunder. Auch edelsüße Weine spielen seit langem eine wichtige Rolle, regelmäßig werden Auslesen, Beerenauslesen und Trockenbeerenauslesen erzeugt; nicht zu vergessen sind die immer zuverlässigen Sekte. Eine Besonderheit ist der Frentsch, ein Gemischter Satz, der zu 40 Prozent Silvaner enthält, dazu Muskateller, Gewürztraminer, Riesling, Weißburgunder und ein wenig Spätburgunder. Seit der ersten Ausgabe empfehlen wir das Weingut, schon damals haben wir es als einen der Top-Betriebe in Franken gelobt, haben besonders gewürdigt, dass hier gleichermaßen hervorragende Weiß- und Rotweine erzeugt werden. Dies gilt uneingeschränkt auch heute noch. In den jüngsten Jahrgängen ging es weiter voran, die Basisweine sind noch reintöniger und fruchtbetonter, die Spitzenweine haben weiter an Komplexität gewonnen.

Kollektion

Nach einer bärenstarken Kollektion im vergangenen Jahr ist Armin Störrlein und Martin Krenig auch die neue Kollektion hervorragend gelungen. Der Müller-Thurgau im Liter ist wie immer eine Freude, er ist fruchtbetont, klar und zupackend. Der Blanc de Blancs ist klar und frisch wie auch der kirschduftige Noir, der aus Spätburgunder und Schwarzriesling besteht, hellgekeltert. Der Silvaner vom Muschelkalk ist geradlinig, fruchtbetont, der Mineral besitzt reintönige Frucht, gute Struktur und Biss, der Silvaner von alten Reben im Marsberg ist füllig und saftig, besitzt gute Struktur und Substanz, der Sonnenstuhl-Silvaner ist deutlich lebhafter, geradlinig und zupackend. Der Riesling aus dem Teufelskeller besitzt Fülle und Kraft, Substanz und Druck, der Frentsch genannte Gemischte Satz ist fruchtbetont und würzig, lebhaft und zupackend. Der Silvaner Unterm Turm besitzt viel reife Frucht und Substanz, dass er reifen kann zeigt das entwickelte Große Gewächs von 2009. Auch der Riesling Unterm Turm ist hervorragend, zeigt etwas gelbe Früchte, Pfirsiche, ist kraftvoll und stoffig, jugendlich. Spannend ist die neue Pure Grapes-Linie. Silvaner und Weißburgunder hatten wir schon im vergangenen Jahr vorgestellt (allerdings nicht unter diesem Namen), beide sind kraftvoll und stoffig, immer noch sehr jugendlich. Der Frühburgunder zeigt reintönige Frucht, feine rauchige Noten, ist füllig, harmonisch und komplex. Auch sonst machen die Rotweine eine sehr gute Figur: Der Casparus – Cabernet Sauvignon und Spätburgunder – ist fruchtbetont, klar und zupackend, der Spätburgunder wunderschön rauchig und reintönig, die Trockenbeerenauslese enorm süß, konzentriert und dominant: braucht viel Zeit.

Weinbewertung

84 2016 Müller-Thurgau trocken Rand. Ewig Leben (1l) **12 %/6,40 €** ☺
85 2016 „Blanc de Blanc" Weißwein trocken **12 %/7,50 €**
84 2016 „Noir" Weißwein **13 %/7,60 €**
85 2016 Silvaner trocken „vom Muschelkalk" **12 %/6,60 €**
86 2016 Silvaner trocken „Mineral pur" Randersacker **12,5 %/8,20 €**
89 2016 Sylvaner trocken „Alte Reben" Randersacker Marsberg **13 %/10,- €** ☺
88 2016 Silvaner trocken Randersacker Sonnenstuhl **12 %/10,- €** ☺
89 2016 Riesling trocken Randersacker Teufelskeller **12 %**
88 2016 „Frentsch" Weißwein trocken **13 %/11,- €**
90 2009 Silvaner „GG" Randersacker Sonnenstuhl
91 2016 Silvaner „GG" „Unterm Turm" Randersacker Sonnenstuhl **13,5 %/25,- €**
91 2016 Riesling „GG" „Unterm Turm" Randersacker Sonnenstuhl **13 %/26,- €**
90 2015 Weißburgunder „WB" trocken „Pure Grapes" Teufelskeller **14 %/28,- €**
90 2015 Sylvaner „SY" trocken „Pure Grapes" Randersacker Marsberg **14 %/29,- €**
87 2015 „Casparus" Rotwein trocken **13 %/17,50 €**
89 2015 Frühburgunder trocken „FR" „Pure Grapes" Marsberg **14,5 %/30,- €**
89 2015 Spätburgunder trocken Randersacker Sonnenstuhl **13,5 %**
90 2016 Spätburgunder Trockenbeerenauslese Sonnenstuhl **8 %/50,- €/0,375l**

LAGEN

SONNENSTUHL (RANDERSACKER)
PFÜLBEN (RANDERSACKER)
MARSBERG (RANDERSACKER)

REBSORTEN

SILVANER (40 %)
BURGUNDER (25 %)
RIESLING (10 %)

Stortz-Nicolaus

★★

KONTAKT

Weinstraße 601
67434 Neustadt-Diedesfeld
Tel. 06321-31575
Fax: 06321-927870
www.stortz-nicolaus.de
info@stortz-nicolaus.de

Inhaber
Roland Stortz-Nicolaus
Rebfläche
5,1 Hektar
Produktion
25.000 Flaschen

BESUCHSZEITEN

Sa. 10-17 Uhr und nach Vereinbarung

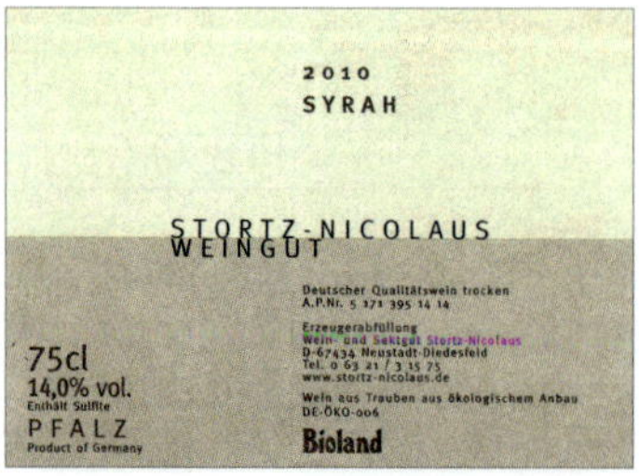

Roland Stortz-Nicolaus hat nach dem Studium in Geisenheim im elterlichen Betrieb gearbeitet, dann war er im Vertrieb von Wilmes tätig, hat in Neuseeland gearbeitet, später auch in Südafrika. Im Jahr 2000 übernahm er den elterlichen Betrieb, bepflanzte vier Fünftel der Weinberge neu und stellte von Fassweinvermarktung auf Flaschenvermarktung um. 2002 erzeugte er die ersten Weine, 2003 war dann der erste „richtige" Jahrgang, mit Weinen aus den neu angelegten Weinbergen. Seine Weinberge liegen alle in Diedesfeld. Zu 60 Prozent baut er rote Sorten an, vor allem Spätburgunder, aber auch Merlot, Cabernet Sauvignon und Syrah. 2005 pflanzte er Auxerrois, im Jahr darauf Riesling, den er bis dahin, ganz ungewöhnlicherweise für ein Pfälzer Weingut, nicht im Programm hatte. Auch Sauvignon Blanc hat er gepflanzt, dazu Muskateller, der mit der Ernte 2013 in Ertrag kam, inzwischen auch Grauburgunder. Seit der Betriebsübernahme werden die Weinberge biologisch bewirtschaftet, seit 2004 ist Roland Stortz-Nicolaus Mitglied bei Bioland, seit 2006 bietet er zertifiziert biologische Weine an.

Kollektion

Die drei in diesem Jahr verkosteten Rotweine sind alle sehr stoffig, beim Merlot mit seiner dunklen Pflaumenfrucht und dem rotfruchtigen Pinot Noir macht sich der hohe Alkoholgehalt etwas bemerkbar, der Syrah ist harmonischer, zeigt kräutrige Würze, Lakritze und etwas Schokolade im Bouquet und ist sehr kraftvoll. Die Weißweine sind leicht verhalten, die beiden Chardonnay und der Pinot Blanc besitzen Saft und Kraft, sind aber mit ihren Kokosnoten noch sehr deutlich vom Ausbau im Holz geprägt. Der Auxerrois zeigt florale Würze, der schlanke Sauvignon Blanc Stachelbeere und etwas Maracuja, der „Blanc de Noirs"-Sekt ist cremig, zeigt gelbe Frucht und leicht nussige Würze.

Weinbewertung

85 2015 „Blanc de Noirs" Sekt brut **12,5 %/11,50 €**
83 2016 Auxerrois trocken **13 %/7,50 €**
82 2016 Weißer Burgunder trocken **12 %/6,90 €**
83 2016 Gelber Muskateller **12,5 %/8,50 €**
83 2016 Sauvignon Blanc trocken **11,5 %/8,50 €**
81 2016 Riesling Spätlese trocken **12,5 %/8,- €**
84 2014 Pinot Blanc trocken **13,5 %/10,- €**
84 2016 Chardonnay trocken **14 %/10,- €**
85 2016 Chardonnay „R" **14 %/15,- €**
84 2014 Merlot trocken **14 %/10,- €**
85 2015 Pinot Noir trocken **15 %/11,- €**
86 2012 Syrah trocken **14,5 %/17,50 €**

STRAUCH

★★☆

KONTAKT

Strauch Sektmanufaktur
Dalbergstraße 14-18
67574 Osthofen
Tel. 06242-913000
Fax: 06242-9130020
www.strauch-sektmanufaktur.de
is@strauch-sektmanufaktur.de

Inhaber
Isabel Strauch-Weißbach &
Tim Weißbach
Rebfläche
25 Hektar
Produktion
40.000 Flaschen

BESUCHSZEITEN

Mo.-Fr. 8-12 + 13-18 Uhr,
Sa. 10-14 Uhr oder nach
Vereinbarung

Aus der traditionellen Sektkellerei Dalbergerhof entstand 2011 ein neuer Betrieb, die Strauch Sektmanufaktur. Isabel Strauch-Weißbach und Tim Weißbach erzeugen mit neuen Geräten aus Frankreich ausschließlich Sekte im traditionellen Verfahren, aus eigenen biologischen Grundweinen. Ihre Weinberge liegen vor allem in Osthofen (Goldberg, Liebenberg) und Mettenheim (Michelsberg). Ihre Hauptrebsorten sind Chardonnay, Spätburgunder, Weißburgunder, Schwarzriesling, Riesling, Silvaner und Gewürztraminer. Die Grundweine werden nach Ganztraubenpressung teils im Edelstahl, teils im Holzfass oder Barrique ausgebaut. Die Trauben für ihren Lagensekt „Der Michelsberg" stammen von einem 1,5 Hektar großen, mit Bruchsteinmauern umgebenen Weinberg, in dessen Mitte die Michaelskapelle steht. Dieser Weinberg ist mit alten Riesling- und Gewürztraminerreben bepflanzt.

Kollektion

Es geht weiter voran, Isabel Strauch-Weißbach und Tim Weißbach entwickeln ihre Stilistik, die Sekte gewinnen an Profil. Der Weißburgunder Zero, ohne Schwefel und ohne Dosage auf die Flasche gebracht, gefällt uns einmal mehr sehr gut, ist druckvoll und zupackend, besitzt gute Struktur und Frucht. Der mit 7 Gramm dosierte Pinot Blanc steht ihm nicht viel nach, ist rauchig und fruchtbetont, harmonisch, geradlinig und klar. Der 40 Monate auf der Hefe ausgebaute Riesling ist rauchig und zupackend, besitzt gute Substanz und Komplexität, der zwei Jahre jüngere Brut-Riesling ist klar und zupackend. Das zweite Degorgement des Michelsbergs zeigt feine Reife, besitzt gute Substanz. Der Blanc de Blancs, eine Cuvée aus Silvaner und Chardonnay, zeigt weiße Früchte im Bouquet ist klar und zupackend im Mund, besitzt gute Struktur und Biss. Ganz stark ist der Rosé aus Chardonnay, Schwarzriesling und Spätburgunder, zeigt feine rauchige Noten, ist klar und harmonisch, besitzt gute Struktur und Frische. Die beiden süßen Sekte – Cuvée Isabel mit Gewürztraminer-Dosage und Cuvée Marie-Christin mit Siegerrebe-Dosage – sind süß, etwas duftig, vom Dosagelikör dominiert.

Weinbewertung

88 2014 „Zero" Sekt brut nature **12 %/19,90 €**
87 2012 Riesling Sekt „40 Monate" extra brut **12 %/17,50 €**
85 2014 Riesling Sekt brut **12 %/13,90 €**
87 2012 „Der Michelsberg" Sekt brut (2. Degorgement) **12 %/35,- €**
86 2014 Pinot Blanc Sekt brut **12 %/15,90 €**
86 2014 „Blanc de Blancs" Sekt brut **12 %/15,90 €**
88 2014 Rosé Sekt brut **12 %/18,90 €**
83 2014 „Cuvée Isabel" Sekt demi-sec **12 %/15,90 €**
83 2014 „Cuvée Marie-Christin" Sekt doux **12 %/17,90 €**

STREBEL

★

N

KONTAKT

Winzerhof Strebel
Geisbergstraße 8
97922 Lauda-Beckstein
Tel. 0172-9164096
Fax: 09343-613496
www.winzerhof-strebel.de
strebelst@t-online.de

Inhaber
Silke Pabel
Rebfläche
1,3 Hektar
Produktion
10.000 Flaschen

BESUCHSZEITEN

nach Vereinbarung

Winzerhof STREBEL

Seit vier Generationen baut die Familie Wein im Taubertal an, mit der Selbstvermarktung wurde aber erst 2012 begonnen. Stefan Strebel, Techniker für Weinbau und Kellerwirtschaft, führt zusammen mit seinen Eltern Hilde und Horst Strebel den Betrieb. Die Weinberge liegen im Becksteiner Kirchberg und im Marbacher Frankenberg, die Reben wachsen auf Muschelkalkböden. Das Gros der Trauben wird an die Genossenschaft abgeliefert, eigene Weine werden aus den Rebsorten Grauburgunder, Schwarzriesling und Sauvignon Blanc bereitet und unter dem Namen von Stefan Strebels Schwester Silke Pabel vermarktet. Neben den 17 Hektar Weinbergen werden 5 Hektar Streuobstwiesen bewirtschaftet, in zwei eigenen Brennereien werden Destillate und Liköre erzeugt. Die trockenen Weine werden ohne Prädikatsbezeichnungen vermarktet, die Spitzenweine der Edition S werden im Barrique ausgebaut.

Kollektion

Eine stimmige, starke Kollektion präsentiert Stefan Strebel zum Debüt. Der Sauvignon Blanc ist würzig und eindringlich, frisch und geradlinig. Der Blanc de Noir ist fruchtbetont, besitzt gute Struktur und Frische. Geradlinig und süffig ist die Leidenschaft, die halbtrockene Cuvée aus Grauburgunder und Sauvignon Blanc. Grauburgunder konnten wir gleich dreimal auch reinsortig verkosten. Der Basiswein ist klar, frisch und geradlinig. Der Grauburgunder Edition S zeigt gute Konzentration im Bouquet, reife Frucht, Vanille, ist füllig und kraftvoll im Mund, besitzt reife Frucht, gute Struktur und Substanz, dezente Vanillenoten. Die Auslese schließlich zeigt viel Würze und Duft im Bouquet, etwas Litschi, ist dick und konzentriert im Mund, ganz dezent bitter. Sehr gut gefällt uns der einzige vorgestellte Rotwein, der Schwarzriesling Edition S. Er ist fruchtbetont und intensiv im Bouquet, herrlich reintönig, ist frisch und klar im Mund, fruchtbetont und zupackend, besitzt gute Struktur und reintönige Frucht. Ein schönes Debüt, eine erfreuliche Entdeckung im Taubertal! —

Weinbewertung

82 2016 Grauer Burgunder trocken Marbacher Frankenberg **13 %/6,50 €**
82 2016 Sauvignon Blanc trocken Becksteiner Kirchberg **11 %/8,- €**
84 2016 Schwarzriesling „Blanc de Noir" trocken B. Kirchberg **12,5 %/7,50 €**
86 2016 Grauer Burgunder trocken „Edition S" M. Frankenberg **13,5 %/10,- €**
82 2016 „Leidenschaft" Weißwein halbtrocken **11,5 %/5,50 €**
84 2015 Grauer Burgunder Auslese „edelsüß" M. Frankenberg **9,5 %/13,- €/0,375l**
85 2015 Schwarzriesling trocken „Edition S" Becksteiner Kirchberg **13 %/10,- €**

S

STRITZINGER

★★☆

KONTAKT

Bergwerkstraße 19
63911 Klingenberg
Tel. 09372-922954
Fax: 09372-922512
www.weinbau-stritzinger.de
info@weinbau-stritzinger.de

Inhaber
Anja Stritzinger
Rebfläche
2 Hektar
Produktion
10.000 Flaschen

BESUCHSZEITEN

nach Vereinbarung

Willi Stritzinger war 1985 Gründungsmitglied beim Bundesverband ökologischer Weinbau, 1972 hatte er mit einem Traminerweinberg mit dem Weinbau begonnen. Nach langjährigem Probieren wagte er 1990 die Umstellung auf ökologischen Weinbau (Mitglied bei Bioland). Seit 2001 führt seine Tochter Anja das Gut. Ihre Weinberge liegen fast alle in Steillagen im Klingenberger Schlossberg, hinzu kommt ein Weinberg im Bürgstadter Centgrafenberg, die Reben wachsen auf Buntsandsteinverwitterungsböden. Zu 60 Prozent baut Anja Stritzinger rote Sorten an, vor allem Spätburgunder, dazu Portugieser und Regent, zuletzt hat sie Pinotin gepflanzt. Die Rotweine werden etwa zehn Tage auf der Maische vergoren. An weißen Sorten gibt es Riesling, der ein Fünftel der gesamten Fläche einnimmt, Gewürztraminer, Johanniter und Müller-Thurgau. Das Weingut ist Demonstrationsbetrieb Ökologischer Landbau.

Kollektion

Mit einer starken Kollektion schließt Anja Stritzinger nahtlos an das sehr gute Vorjahr an. Der trockene Riesling zeigt gelbe Früchte und feine Würze, ist klar und druckvoll im Mund, der halbtrockene steht ihm nicht nach, ist wunderschön saftig und fruchtbetont. Der Johanniter aus dem Kirchweinberg, einem Teil des Schlossbergs, ist frisch, geradlinig und fruchtbetont, der Gewürztraminer zeigt viel Duft, reintönige Frucht, ist füllig und saftig im Mund bei klarer reifer Frucht. Der Portugieser zeigt reintönige Frucht, Kirschen, ist klar und geradlinig, besitzt feine Frische und Biss. Der konzentrierte, intensive Regent ist deutlich vom Ausbau im Holz geprägt, er besitzt Fülle und Kraft, reintönige Frucht, hat Biss. Der Churfranken-Spätburgunder ist fruchtbetont im Bouquet, sehr reintönig, ist zupackend im Mund, besitzt klare Frucht und Biss. Kraftvoller noch ist der 2015er Schlossberg-Spätburgunder, besitzt herrlich viel Frucht, Tannine und Biss. Unser Favorit ist aber der schon im Vorjahr präsentierte Rotwein Alter Satz von einem alten Weinberg mit mehr als zwanzig Rebsorten, der Wein hat Frische, Frucht und Biss.

Weinbewertung

86	2016 Riesling Kabinett trocken Klingenberger Schlossberg **12 %/13,50 €**
86	2016 Riesling Kabinett halbtrocken Klingenberger Schlossberg **11,5 %/13,90 €**
85	2016 Johanniter Kabinett trocken Klingenberger Schlossberg **11,5 %/12,90 €**
86	2016 Gewürztraminer Kabinett Klingenberger Schlossberg **12,5 %/13,50 €**
84	2016 Portugieser trocken Churfranken **11,5 %/8,90 €**
86	2014 Regent trocken Barrique Klingenberger Schlossberg **12,5 %/18,- €**
86	2016 Spätburgunder Spätlese trocken Churfranken **12 %/13,50 €**
87	2015 Spätburgunder Spätlese trocken Schlossberg **12,5 %/16,50 €**
89	2015 „Vinum frankonium pupureum" Rotwein trocken Schlossberg **12,5 %/23,-€**

S

STROHM

★☆

KONTAKT

Neu-Offsteiner Straße 44
67591 Offstein
Tel. 06243-905117
Fax: 06243-905118
www.weingut-strohm.de
weingut-strohm@t-online.de

Inhaber
Rüdiger Strohm
Rebfläche
13 Hektar

BESUCHSZEITEN

nach Vereinbarung
3 Gästesuiten

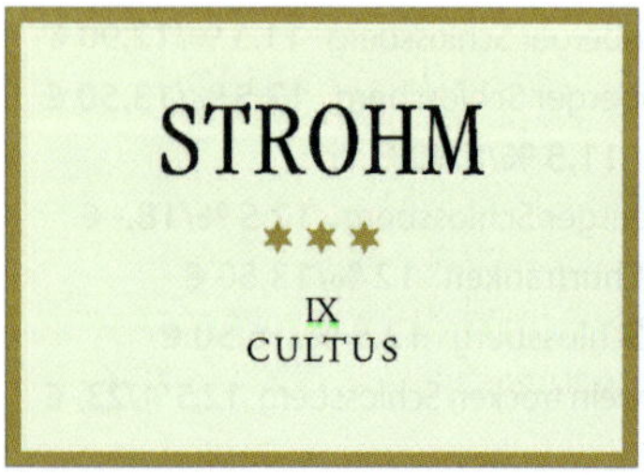

Das Weingut Strohm liegt in Offstein, ganz im Süden Rheinhessens. Es wird geführt von Rüdiger Strohm und Lydia Bollig-Strohm, die von der Mosel stammt und 1991/1992 Deutsche Weinkönigin war. 1996 haben sie das Weingut von den Eltern übernommen, im Jahr darauf mit der Selbstvermarktung begonnen. 70 Prozent der Rebfläche nehmen weiße Rebsorten ein, die Hälfte davon wiederum der Riesling. Hinzu kommen Weißburgunder und Grauburgunder, aber auch Chardonnay und Sauvignon Blanc. Wichtigste rote Rebsorten sind Spätburgunder, Cabernet Dorsa und Dornfelder. Rüdiger Strohm verwendet für seine Weine keine Prädikatsbezeichnungen und auch keine Lagenangaben, die Weine werden intern mit bis zu drei Sternen klassifiziert.

Kollektion

Mit der neuen Kollektion schließt Rüdiger Strohm nahtlos an das Vorjahr an. Die Basis ist stark: Der feinherbe Literriesling ist klar und frisch, der Rivaner lebhaft und zupackend. Sehr gleichmäßig präsentiert sich das 2 Sterne-Segment mit geradlinigen, sortentypischen Weinen, unsere leichte Präferenz gilt dem reintönigen, zupackenden Chardonnay. Der Riesling von alten Reben zeigt feine Reife, besitzt Fülle und Saft. Unser Favorit unter den Weißweinen ist aber einmal mehr die im Barrique ausgebaute Cuvée Nobilis, im Jahrgang 2012 ein reinsortiger Chardonnay: Sie zeigt viel Würze im Bouquet, ist füllig und saftig im Mund, besitzt reife Frucht und gute Struktur. Sehr gut sind auch die beiden roten Cuvées. Der Amicus, Spätburgunder und Acolon, zeigt viel Duft, ist frisch und kraftvoll, besitzt gute Struktur und Tannine. Der Cultus, eine im Barrique ausgebaute Cuvée aus Spätburgunder, Cabernet Dorsa und Acolon, zeigt ebenfalls viel Duft, ist kraftvoll und zupackend bei guter Struktur. ➡

Weinbewertung

82 2016 Rivaner* trocken **11 %/5,50 €**
82 2016 Weißburgunder** trocken **13 %/7,50 €**
83 2016 Grauburgunder** trocken **13,5 %/7,80 €**
83 2016 Sauvignon Blanc** trocken **13 %/7,80 €**
83 2016 Chardonnay** trocken **13,5 %/7,80 €**
82 2016 Riesling** trocken **13 %/7,80 €**
84 2015 Riesling*** trocken „Alte Reben" **13 %/13,- €**
86 2012 „VIII Nobilis" Weißwein*** trocken Barrique **13 %/15,- €**
81 2016 Riesling* halbtrocken (1l) **11 %/5,80 €**
82 2016 Rosé** trocken **11 %/7,- €**
85 2012 „V Amicus"*** Rotwein trocken **13,5 %/13,- €**
86 „IX Cultus"*** Rotwein trocken Barrique **13,5 %/23,- €**

S

STROMBERG-ZABERGÄU

★

N

KONTAKT

Weingärtner
Stromberg-Zabergäu eG
Neipperger Straße 60
74336 Brackenheim
Tel. 07135-98550
Fax: 07135-985555
www.wg-sz.de
info@wg-sz.de

Mitglieder 1100
Vorstandsvorsitzender
Rainer Lang
Kellermeister
Thomas Eberbach,
Uwe Hirschmüller
Rebfläche
760 Hektar
Produktion
6.500.000 Flaschen

BESUCHSZEITEN

Mo.-Fr. 8-18 Uhr, Sa. 8-13 Uhr

2012 schlossen sich die Strombergkellerei Bönnigheim und der Weinkeller Brackenheim zusammen und nennen sich seither Weingärtner Stromberg-Zabergäu. Die 1925 gegründete Brackenheimer Genossenschaft hatte mit den Genossenschaften Neipperg und Haberschlacht, Meimsheim und Botenheim fusioniert. Der 1919 gegründeten Bönnigheimer Genossenschaft schlossen sich später die Winzer aus Kirchheim-Hohenstein, Hohenhaslach, Hofen und Erligheim an. Die Weingärtner Stromberg-Zabergäu sind derzeit die drittgrößte Württemberger Genossenschaft, besitzen über 20 Millionen Liter Lagerkapazität an den Standorten Bönnigheim und Brackenheim. Die Weinberge der Mitglieder erstrecken sich über eine Vielzahl von Lagen an Heuchelberg und Stromberg. Rote Rebsorten nehmen gut drei Viertel der Rebfläche ein, vor allem Lemberger, Trollinger, Schwarzriesling und Spätburgunder. Bei den weißen Sorten dominiert Riesling.

Kollektion

Eine stimmige Kollektion präsentieren die Weingärtner Stromberg-Zabergäu zum Debüt. Der Pinot Blanc ist würzig und süffig, der epos-Riesling besitzt klare Frucht und Zitrusbiss. Der epos-Grauburgunder ist klar und kraftvoll, der Sauvignon Blanc besitzt reintönige Frucht, zeigt Stachelbeeren und Tropenfrüchte. Unser Favorit im weißen Segment ist der im Barrique ausgebaute Chardonnay, der feine rauchige Noten zeigt, Fülle und Kraft besitzt, gute Struktur und reife Frucht. Die Basis stimmt, das zeigen der trockene Trollinger im Liter oder der restsüße Württemberger Klassiker, der Trollinger mit Lemberger. Sehr gut gefällt uns der epos-Spätburgunder, der reintönige Frucht und gute Struktur besitzt. Mehr Substanz und Stoff noch besitzen der Signum-Lemberger und die Cuvée Octavio, sind aber beide allzu sehr von Gewürz-, Vanille- und Schokonoten dominiert. ▬

Weinbewertung

82 2016 Pinot Blanc trocken (Schloss Brackenheim) **12,5 %/8,57 €**
83 2016 Riesling trocken „epos" **12,5 %/8,33 €**
84 2016 Grauburgunder trocken „epos" **13,5 %/8,93 €**
84 2016 Sauvignon Blanc trocken „epos" **12,5 %/11,90 €**
86 2015 Chardonnay trocken „Nobilis" (Barrique) **13 %/19,04 €**
81 2016 Trollinger Weißherbst Steillage Kirchheimer Kirchberg **11,5 %/5,59 €**
81 2016 Trollinger trocken Hohenhaslacher Kirchberg (1l) **12 %/5,18 €**
81 2015 Lemberger trocken „Mann im Fass" **13 %/6,66 €**
86 2015 Spätburgunder trocken „epos I" (Barrique) **13,5 %/16,66 €**
85 2015 Lemberger trocken „Signum I" **14 %/22,02 €**
85 2015 „Octavio" Rotwein trocken (Barrique) **14 %/22,02 €**
81 2016 Trollinger mit Lemberger Hohenhaslacher Kirchberg **12 %/4,76 €**

Studert-Prüm

★★★

KONTAKT

Uferallee 22
54470 Bernkastel-Wehlen
Tel. 06531-2487
Fax: 06531-3920
www.studert-pruem.com
info@studert-pruem.com

Inhaber
Michael Studert
Rebfläche
2,2 Hektar
Produktion
20.000 Flaschen

BESUCHSZEITEN

Mo.-Do. 9-12 Uhr, 16-17:30 Uhr, Fr. 9-12 Uhr, sonst nach Vereinbarung

Die Weinbaugeschichte des Betriebes beginnt mit der Säkularisation; 1805 kam der Maximinhof in Familienbesitz. Der Name Studert taucht freilich schon Ende des 16. Jahrhunderts in den Annalen auf. Studert-Prüm entstand 1971 mit der Zusammenlegung des Weinguts Studert mit dem Weingut Peter Prüm. Lange Zeit wurde das Gut von den Brüdern Stephan und Gerhard Studert geführt, im vergangenen Jahr aber hat Gerhard Studert seinen Teil an das Weingut Dr. Loosen verkauft. Stephan Studerts Sohn Michael, der bisher schon für den Weinausbau verantwortlich war, firmiert nun auch als Inhaber. Er baut in seinen Weinbergen ausschließlich Riesling an. Der größte Teil der Reben befindet sich in der Wehlener Sonnenuhr (1,5 ha), aber Studert besitzt auch Weinberge im Graacher Himmelreich und im Bernkasteler Graben. Die Weine werden teils im Edelstahl, teils im Holz ausgebaut; allerdings reifen auch die zunächst im Edelstahl ausgebauten Weine für mindestens drei Monate im Holz.

Kollektion

Im vergangenen Jahr konnten wir keinen Basiswein verkosten, aber eine von trocken über feinherb bis edelsüß faszinierend hochklassige Kollektion. Diesmal stellt Michael Studert ein überschaubares, aber kaum weniger beeindruckendes Sortiment vor, das von einem 2015er Maximiner Cabinet Sekt angeführt wird. Ein als trocken deklarierter, de facto also merklich süßer Schaumwein, der gleichwohl saftig ist, stoffig und nachhaltig: Die Balance wird gewahrt. Der trockene 2016er Riesling aus der Sonnenuhr ist noch etwas jung, verhalten und unentwickelt, doch er zeigt bereits eine sehr klare Frucht, wirkt stoffig und nachhaltig, hat viel Potenzial. Der feinherbe Kabinett aus der Sonnenuhr wirkt derzeit recht süß, der Badstube-Kabinett ist duftig und verspielt. Eine betont saftige, angenehm ausgewogene Spätlese leitet über zur Auslese aus der Sonnenuhr, die in einem ruhigen Stil angelegt ist und mit Noten von getrocknetem Apfel aufwartet. Kein spektakulärer Wein, aber einer, der typisch ist für den äußerst geradlinigen, extrem zuverlässigen Stil des Hauses und auch noch sehr preiswert ist.

Weinbewertung

87 2015 Riesling Sekt trocken „Cabinet" Maximiner **12,5 %/11,20 €**
88 2016 Riesling Spätlese trocken Wehlener Sonnenuhr **12,5 %/10,50 €**
87 2016 Riesling Kabinett „feinherb" Wehlener Sonnenuhr **10,5 %/9,20 €**
86 2016 Riesling Kabinett Bernkasteler Badstube **8,5 %/9,20 €**
88 2016 Riesling Spätlese Wehlener Sonnenuhr **8,5 %/10,- €** ☺
89 2016 Riesling Auslese Wehlener Sonnenuhr **7,5 %/13,- €**

Christian Sturm

★☆

KONTAKT

Freudenberger Straße 91
63927 Bürgstadt
Tel. 09371-67854
Fax: 09371-959725
www.weingut-sturm.com
info@weingut-sturm.com

Inhaber
Christian Sturm
Rebfläche
9 Hektar
Produktion
60.000 Flaschen

BESUCHSZEITEN

Di.-Fr. 9-12 + 14-18:30 Uhr, Sa. 9-15 Uhr oder nach Vereinbarung; Häckerwirtschaft (Januar, Pfingsten, August)

Seit dem 15. Jahrhundert baut die Familie Wein am Centgrafenberg in Bürgstadt an. 1993 übernahm Christian Sturm gemeinsam mit Ehefrau Michaela das Gut von seinem Vater Ludwig. Das Gros seiner Weinberge liegt im Bürgstadter Centgrafenberg, daneben ist er auch im Dertinger Mandelberg vertreten, der zum badischen Anbaugebiet Tauberfranken gehört, dort werden Bacchus und Regent angebaut. An roten Sorten baut Christian Sturm Spätburgunder, Frühburgunder, Regent, Dornfelder und Portugieser an. Hinzu kommen die weißen Rebsorten Silvaner, Müller-Thurgau, Riesling, Weißburgunder und Bacchus, inzwischen auch Scheurebe. Die Weißweine werden im Edelstahl ausgebaut. Die Rotweine werden maischevergoren und im Holz ausgebaut. Die Häckerwirtschaft ist drei Mal im Jahr geöffnet. Mit dem Jahrgang 2015 hat Christian Sturm sein Sortiment neu gestaltet, er verzichtet nun auf Prädikatsbezeichnungen bei trockenen Weinen, die bisherigen Kabinettweine werden nun in der Sandsturm-Linie angeboten, sollen einmal den Namen Bürgstadter Berg tragen, wenn denn einmal der Antrag auf Eintrag als geschützte Ursprungsbezeichnung von der EU genehmigt ist.

Kollektion

Die neue Kollektion schließt an die Vorjahre an – und bietet in der Rotwein-Spitze eine spannende Neuerung. Auch im weißen Segment gibt es Neues zu berichten: Die Scheurebe ist sehr gut, zeigt intensive Frucht, gute Konzentration, besitzt Fülle und Kraft, reife Frucht und gute Struktur. Gleichauf sehen wir den Sturm & Drang-Weißburgunder, der würzig ist, klar und zupackend, gute Struktur und viel Frucht besitzt. Der Frühburgunder aus der Sturm & Drang-Linie ist rauchig und würzig im Bouquet, reintönig und geradlinig im Mund. Der Topwein aber ist eindeutig der Herzblut-Spätburgunder, der nur in der Magnum angeboten wird, von Sohn Felix ausgebaut, der seine Ausbildung abgeschlossen hat. Er zeigt gute Konzentration, dezenten Toast, besitzt Fülle und Kraft, reintönige Frucht, gute Struktur, Frische und Länge. —

Weinbewertung

82	2016 Weißer Burgunder trocken „Sandsturm" Bürgstadter **12,5 %/7,50 €**
80	2016 Riesling trocken „Sandsturm" Bürgstadter **12,5 %/7,50 €**
81	2016 Spätburgunder „weißgekeltert" trocken „Sandsturm" Bürgst. **12,5 %/7,50 €**
82	2015 Silvaner trocken „Sturm und Drang" Centgrafenberg **13,5 %/10,90 €**
85	2015 Weißer Burgunder trocken „Sturm & Drang" Centgrafenberg **13,5 %/12,50 €**
85	2015 Scheurebe trocken „Mama's Liebling Made by Felix" **13 %/12,50 €**
82	2015 Spätburgunder trocken „Churfranken" „Sandsturm" **13,5 %/9,50 €**
84	2015 Frühburgunder trocken „Sturm & Drang" Centgrafenberg **13,5 %/14,50 €**
88	2015 Spätburgunder trocken „Herzblut Made by Felix" **13,5 %/45,- €/1,5l**

SUPP

★★

KONTAKT

Weinsberger Straße 16
74189 Weinsberg-Gellmersbach
Tel. 07134-14360
Fax: 07134-23263
www.supp-weingut.de
info@supp-weingut.de

Inhaber
Benjamin Supp & Martin Supp
Rebfläche
8 Hektar

BESUCHSZEITEN

Mi.-Do. 17-19 Uhr, Fr. 14-19 Uhr, Sa. 9-16 Uhr oder nach Vereinbarung
Pension
Gaststube „Dezbergstube“

Seit Generationen betreibt die Familie Weinbau in Gellmersbach, seit 1982 vermarktet sie Weine selbst. Bereits seit 1988 gibt es selbst hergestellte Sekte, seit 1994 baut Martin Supp Weine im Barrique aus. Nach Lehre bei Kistenmacher-Hengerer und im Staatsweingut und seinem Abschluss in Weinsberg ist Benjamin Supp in den Betrieb eingestiegen, den er zusammen mit seinem Vater führt. Die Weinberge liegen rings um Gellmersbach, im unteren Teil des Hanges wachsen die Reben auf Lehm-Lössböden, im oberen Teil auf Keuper und Sandsteinverwitterungsböden. An weißen Sorten werden Riesling, Kerner, Grauburgunder, Muskateller und Gewürztraminer angebaut, an roten Sorten Trollinger, Lemberger, Spätburgunder, Schwarzriesling, Samtrot, Cabernet Mitos und Muskattrollinger, seit 2011 auch Syrah. Die Weißweine werden kühl vergoren und durchlaufen teilweise den biologischen Säureabbau, auch der Riesling. Die Weine werden zu 95 Prozent an Privatkunden verkauft, die Hälfte davon außerhalb Württembergs.

Kollektion

Die neue Kollektion präsentiert sich sehr gleichmäßig, weiß wie rot. Und sie ist vielfältig, enthält einen reintönigen, zupackenden Muskateller, eine lebhafte, süffige weiße Cuvée, einen klaren, frischen 3 Sterne-Grauburgunder oder die deutlich fülligere, kraftvolle 5 Sterne-Variante, die viel reife Frucht und Substanz besitzt. Die als Fassproben verkosteten edelsüßen Blanc de Noir vom Trollinger sind duftig, füllig und saftig, der Eiswein zeigt kandierte Früchte im Bouquet. Der fruchtintensive, leicht brombeerduftige Syrah ist füllig und kraftvoll, der Pinot Meunier wunderschön reintönig, frisch und strukturiert. Der Spätburgunder zeigt etwas Gewürze und Vanille, besitzt Fülle und Substanz, auch die ebenfalls vanille- und gewürzduftige Cuvée N°1 besitzt reife Frucht und Konzentration. ▬

Weinbewertung

81 2012 Pinot „Blanc de Noir“ Sekt brut **13,5 %/11,- €**
85 2016 Riesling*** trocken **13,5 %/7,50 €**
83 2016 Grauburgunder*** trocken **13,5 %/7,50 €**
84 2016 Muskateller*** trocken **12 %/8,20 €**
86 2016 Grauburgunder***** trocken **14,5 %/12,50 €**
83 2016 „Generation S**“ Weißwein **12 %/5,80 €**
(86) 2016 Trollinger „Blanc de Noir“ Auslese **10,5 %**
(89) 2016 Trollinger „Blanc de Noir“ Eiswein **8,5 %**
85 2015 Syrah*** trocken **13,5 %/9,50 €**
86 2015 Pinot Meunier**** trocken **13,5 %/12,80 €**
85 2015 Spätburgunder „RS“ **** trocken **14,5 %/9,80 €**
86 2013 „Cuvée N°1“***** Rotwein trocken **14 %/15,50 €**

S

TESCH

★★★★

KONTAKT

Naheweinstraße 99
55450 Langenlonsheim
Tel. 06704-93040
Fax: 06704-930415
www.weingut-tesch.de
info@weingut-tesch.de

Inhaber
Dr. Martin Tesch
Rebfläche
18,9 Hektar
Produktion
140.000 Flaschen

BESUCHSZEITEN

Mo.-Fr. 8-18 Uhr oder nach Vereinbarung

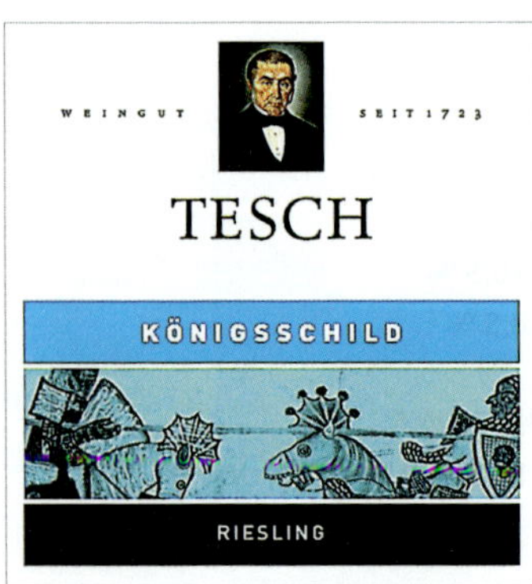

T

Das Weingut Tesch war bis in die siebziger Jahre hinein eines der größten Güter an der Nahe. Neben 35 Hektar Weinbergen gehörten noch 100 Hektar landwirtschaftliche Flächen zum Betrieb. Hartmut Tesch hat sich dann ganz auf Weinbau konzentriert. Heute führt seit 1997 sein Sohn Dr. Martin Tesch den Betrieb. Er konzentrierte sich auf nur wenige Rebsorten – neben Riesling, der 90 Prozent der Fläche einnimmt, gibt es etwas Weißburgunder und Spätburgunder – und verkleinerte die Weinbergsfläche wesentlich und konsequent auf die besten Lagen. Gleichzeitig straffte er sein Sortiment, verzichtete dabei auf Prädikatsbezeichnungen und baute seine Weine nur noch trocken aus – einzelne süße Rieslinge gibt es nur noch in ausgewählten Jahrgängen. Mit dem „Riesling-Unplugged" griff Martin Tesch den Naturweingedanken wieder auf und gehörte damit vor 15 Jahren zu den Ersten, die eine Gegenbewegung initiierten zu dem, was damals in Deutschland in Mode war: Immer alkoholreichere und süßere – angeblich trockene – Weine zu erzeugen. Er setzt auf durchgegorene Weine, die nicht aufgebessert werden, das heißt der Alkoholgehalt wird weder durch Chaptalisierung noch durch andere kellertechnische Verfahren (wie beispielsweise Konzentration der Moste) erhöht. Jahr um Jahr schickt Martin Tesch uns sein „Mixed Sixpack" zur Verkostung, sechs Rieslinge, die den Großteil seiner Produktion ausmachen und bei denen die verschiedenen Lagen schon anhand der Etikettenfarbe unterschieden werden können. Neben dem „Unplugged" sind stets seine fünf Lagenweine im Paket, bestehend aus Karthäuser, St. Remigiusberg und Krone in Laubenheim und Löhrer Berg und Königsschild in Langenlonsheim. Im Karthäuser findet sich roter Sandsteinverwitterungsboden, der die Wärme gut aufnimmt und speichert, der gleich daneben liegende St. Remigiusberg ist geprägt von verwittertem Vulkangestein und eisenerzdurchzogenem Lehm. Die Krone liegt zwischen Laubenheim und Langenlonsheim, der windexponierte, steile Südosthang besteht aus Lösslehm und Sandsteinverwitterung, unmittelbar daneben schließt sich der Löhrer Berg an, wo der Boden aus mit Flusskies durchsetztem Lehm besteht, hier besitzt Tesch über 40 Jahre alte Rieslingreben. Südlich davon liegt das Königsschild mit von Muschelkalk durchsetztem lockeren Lösslehm, in dem die Reben besonders tief wurzeln. Seit 1994 war das Weingut Tesch Mitglied im VDP – war, denn im April 2014 verließ Martin Tesch den Verband, einvernehmlich, wie es hieß, und wohl, weil die Qualitätspyramide des VDP für sein Sortiment keinen Sinn macht.

Kollektion

Die sechs Rieslinge des Jahrgangs 2016 sind alle schlank und elegant und brauchen – wie wir das aus den vergangenen Jahren von Martin Teschs Weinen schon gewohnt sind – einiges an Zeit und Luft um sich zu öffnen. Der „Unplugged" ist ganz geradlinig und der trockenste der Rieslinge, er ist sehr fruchtbetont und zeigt Aromen von Aprikose, Mango und Orangenschale im Bouquet, am Gaumen ist er frisch, besitzt etwas mineralische Würze und ein feines, animierendes Säure-Spiel. Der Löhrer Berg zeigt nach Belüftung ebenfalls viel gelbe Frucht, Pfirsich und Zitrusnoten, etwas Grapefruit und Orangenschale und ist animierend und frisch mit feinem Biss. Der Königsschild zeigt kräutrig-mineralische Noten und viel Zitruswürze, Ananas, Grapefruit und Limette, er ist saftig, animierend, elegant und besitzt gute Länge. Die Weine aus Krone und Karthäuser sehen wir in diesem Jahr einmütig auf Platz zwei der Kollektion, knapp hinter dem Wein, der quasi jedes Jahr unser Favorit ist, dem St. Remigiusberg. Der Krone-Riesling zeigt deutlich kräutrige und steinig-mineralische Würze, mit Luft werden die Kräuternoten immer deutlicher, dazu kommen Noten von dunkler Bratensauce, am Gaumen besitzt er viel gelbe Frucht, ist salzig, animierend und nachhaltig, der Karthäuser zeigt ebenfalls steinige Noten im Bouquet, dazu viel Zitrusfrucht, etwas Ananas, Grapefruit und Orange, er besitzt Grip und entwickelt mit Luft viel feinen Druck und Länge. Der St. Remigiusberg braucht wie immer am längsten, bis er sich öffnet, dann ist er eindringlich und zeigt deutliche steinig-mineralische Würze, mit viel Luft entwickelt sich auch gelbe Frucht im Bouquet, er besitzt gute Konzentration und Druck, ist salzig, animierend, elegant und nachhaltig.

Weinbewertung

86 2016 Riesling trocken „Unplugged" **12,5 %/9,50 €**
87 2016 Riesling trocken Langenlonsheimer Löhrer Berg **12,5 %/13,90 €**
88 2016 Riesling trocken Langenlonsheimer Königsschild **12,5 %/13,90 €**
89 2016 Riesling trocken Laubenheimer Karthäuser **12,5 %/13,90 €**
89 2016 Riesling trocken Laubenheimer Krone **12,5 %/13,90 €**
90 2016 Riesling trocken Laubenheimer St. Remigiusberg **12,5 %/15,90 €**

LAGEN

KARTHÄUSER (LAUBENHEIM)
KRONE (LAUBENHEIM)
ST. REMIGIUSBERG (LAUBENHEIM)
LÖHRER BERG (LANGENLONSHEIM)
KÖNIGSSCHILD (LANGENLONSHEIM)

REBSORTEN

RIESLING (84 %)
WEISSBURGUNDER (8 %)
SPÄTBURGUNDER (8 %)

Wwe Dr. H. Thanisch, Erben Müller-Burggraef

★★★

KONTAKT

Saarallee 24
54470 Bernkastel-Kues
Tel. 06531-7570
Fax: 06531-7910
www.dr-thanisch.de
weingut@dr-thanisch.de

Inhaber
Barbara Rundquist
Gutsverwalter
Maximilian Ferger
Rebfläche
15 Hektar
Produktion
75.000 Flaschen

BESUCHSZEITEN

Mo.-Fr. 10-16 Uhr,

Das Weingut in seiner heutigen Form entstand mit der Teilung des Gutes Witwe Dr. H. Thanisch im Jahr 1988, die Weinbautradition in der Familie reicht aber Jahrhunderte zurück, 1882 hatte die Familie den Berncasteler Doctor erworben. Inhaberin ist heute Barbara Rundquist, Gutsverwalter ist Maximilian Ferger. Die Weinberge verteilen sich auf viele Lagen der mittleren Mosel in Bernkastel (Doctor, Lay, Graben, Badstube), Wehlen (Sonnenuhr), Graach (Himmelreich), Brauneberg (Juffer-Sonnenuhr), Lieser (Niederberg-Helden, Schlossberg) und Kues (Weisenstein, Kardinalsberg). Früher gab es ausschließlich Riesling, inzwischen wird auch etwas Spätburgunder angebaut. Die Weine werden überwiegend spontan, kühl und langsam vergoren, teils im Edelstahl, teils im traditionellen Fuder ausgebaut.

Kollektion

In den vergangenen Jahren konnte das Weingut seine Position auf erfreuliche Weise ausbauen, unter den 2015ern gefielen beispielsweise die Spätlese aus dem Graben und die Doctor-Auslese. Dieses Mal wurden etwa zur Hälfte 2015er und 2016er vorgestellt, darunter ein saftiger, wunderbar süffiger Sekt, der Substanz aufweist, oder die feste, straffe, sehr gut balancierte Spätlese aus dem Graacher Himmelreich. Ihr Pendant aus der Wehlener Sonnenuhr wirkt etwas kompakter, der trockene Vertreter aus dem Berncasteler Doctor (2015) dagegen ist durchaus eigenwillig, besitzt Anklänge an Kräuter, auch eine gewisse Reife, dazu Schmelz. Ganz anders der restsüße Doctor-Kabinett aus 2016, rassig, mit Anklängen an Kernobst und Kräuter, ganz leicht cremig und elegant. Unter den Spätlesen ist das Niveau sehr einheitlich (der Doctor-Riesling wirkt etwas verhalten), unter den Auslesen gefällt die rassige, nicht übertrieben süße Version aus der Juffer-Sonnenuhr deutlich besser als die süffige Auslese aus der Lay.

Weinbewertung

86	2015 Riesling Sekt brut **12 %/15,- €**
85	2015 Riesling Kabinett trocken **11 %/10,- €**
87	2015 Riesling Spätlese trocken Graacher Himmelreich **11 %/18,- €**
87	2015 Riesling Spätlese trocken Wehlener Sonnenuhr **11 %/18,- €**
88	2015 Riesling Spätlese trocken Bernkasteler Doctor **11 %/35,- €**
89	2016 Riesling Kabinett Berncasteler Doctor **7,5 %/20,- €**
88	2016 Riesling Spätlese Bernkasteler Graben **8 %/18,- €**
88	2016 Riesling Spätlese Berncasteler Doctor **8 %/35,- €**
88	2016 Riesling Spätlese Brauneberger Juffer-Sonnenuhr **8 %/18,- €**
91	2016 Riesling Auslese Brauneberger Juffer-Sonnenuhr **8 %/30,- €**
89	2016 Riesling Auslese Bernkasteler Lay **8 %/30,- €**
90	2016 Riesling Auslese Berncasteler Doctor **8 %/25,- €/0,375l**

T

Wwe Dr. H. Thanisch, Erben Thanisch

★★★☆

KONTAKT

Saarallee 31
54470 Bernkastel-Kues
Tel. 06531-2282
Fax: 06531-2226
www.thanisch.com
sofia@thanisch.com

Inhaber
Sofia Thanisch
Rebfläche
7,5 Hektar
Produktion
40.000-50.000 Flaschen

BESUCHSZEITEN

nach Vereinbarung

Das Weingut besitzt eine lange Geschichte, die bis ins 17. Jahrhundert reicht. Als eigentliche Gründer gelten indes Dr. Hugo Thanisch und – ab 1895 – dessen Witwe Katharina. Bereits in der ersten Hälfte des 20. Jahrhunderts war das Gut weltberühmt für seine Doctorweine. Nach der Teilung des Betriebes führt Sofia Thanisch, eine Urenkelin von Katharina und Hugo Thanisch, das Weingut Wwe. Dr. H. Thanisch – Erben Thanisch. Sie besitzt einen Teil der kleinen, aber weltweit bekannten Lage Doctor, ist darüber hinaus in den Bernkasteler Lagen Lay und Badstube vertreten. Sie baut auf 6,5 Hektar Rebfläche ausschließlich Riesling an. Die Weine werden in kleinen Gebinden bis 2000 Liter Inhalt, etwa jeweils zur Hälfte im Holz und im Edelstahl ausgebaut

Kollektion

Im vergangenen Jahr wurden die Weine von Sofia Thanisch recht spät vorgestellt, sie waren im trockenen Bereich sehr verschlossen, zeigten noch nicht wirklich, was sie können. Inzwischen haben sie sich allerdings gut entwickelt, wie beispielsweise eine Nachverkostung des Großen Gewächses aus dem Berncasteler Doctor bewies. Konsequenterweise wurden aus dem Jahrgang 2016 bis Redaktionsschluss keine Großen Gewächse vorgestellt, ihnen ist weitere Reifung zu gönnen. Die restlichen Weine sind teilweise noch etwas verhalten, zeigen aber eine wunderschöne Finesse – wie bereits der herrlich saftige feinherbe Kabinett beweist, der eine süße Frucht aufweist, wie auch der nach Kernobst und Kräutern duftende restsüße Badstube-Kabinett zeigt. Unter den Doctorweinen gefällt die hochwertigere der beiden Spätlesen, die nach Kräutern und cremigem Apfel duftet und sehr präzise gearbeitet ist, ausgezeichnet; die Auslese ist ebenfalls gelungen, sehr elegant und fein. ▬

Weinbewertung

86	2016 Riesling trocken **12,5 %/9,- €**
90	2015 Riesling „GG" Berncasteler Doctor **31,- €**
86	2016 Riesling Kabinett „feinherb" **9,5 %/9,90 €**
87	2016 Riesling Kabinett „feinherb" Bernkasteler Badstube **9,5 %/13,- €**
88	2016 Riesling Kabinett Bernkasteler Badstube **8,5 %/13,- €**
89	2016 Riesling Kabinett Berncasteler Doctor **8 %/21,- €**
88	2016 Riesling Spätlese Bernkasteler Badstube **8,5 %/16,- €**
90	2016 Riesling Spätlese Berncasteler Doctor **8 %/28,- €**
90+	2016 Riesling Spätlese „J" Berncasteler Doctor **8,5 %/38,- €**
92	2016 Riesling Auslese Berncasteler Doctor **8,5 %/42,- €**

T

THEN

★★☆

KONTAKT

Hauptstraße 1
97334 Sommerach
Tel. 09381-9268
Fax: 09381-4810
www.weingut-arthur-then.de
info@weingut-arthur-then.de

Inhaber
Arthur & Daniel Then
Rebfläche
5 Hektar
Produktion
50.000 Flaschen

BESUCHSZEITEN

Mo.-Fr. 8-18 Uhr, Sa. 9-16 Uhr, So. 10-15 Uhr
Gästezimmer

Seit fünf Generationen baut die Familie Wein in Sommerach an. Das Weingut, das heute von Arthur Then und seinem Sohn Daniel geführt wird, hat seinen Sitz mitten in Sommerach in einem historischen Fachwerkgebäude mit einem Gewölbekeller aus dem 16. Jahrhundert. Die Weinberge liegen vor allem im Sommeracher Katzenkopf, aber auch im Sommeracher Rosenberg (Bacchus, Müller-Thurgau), im Nordheimer Vögelein (etwas Riesling) und im Volkacher Ratsherr, allesamt Lagen mit Muschelkalkböden. Weiße Rebsorten nehmen 80 Prozent der Rebfläche ein. Silvaner spielt die Hauptrolle, Weißburgunder wird immer wichtiger, aber auch Müller-Thurgau, Bacchus, Scheurebe, Riesling sowie als Kuriosität Faberrebe (25 Ar mit 40 Jahre alten Reben) werden angebaut, dazu die roten Rebsorten Spätburgunder, Portugieser und Domina. Ein Silvaner wird in einem Betonei vergoren und ausgebaut, ab 2017 möchte Daniel Then auch Scheurebe und Weißburgunder in Betoneiern ausbauen.

Kollektion

Es geht weiter voran, auch mit der neuen Kollektion legt Daniel Then zu. Der Löwe-Silvaner ist frisch und klar, der Kabinett vom Berg dann ist schon sehr gut, ist fruchtbetont, füllig, kraftvoll, besitzt reife Frucht und gute Struktur. Die trockene Silvaner Spätlese aus dem Ratsherr ist noch etwas konzentrierter, fülliger und kraftvoller, noch spannender ist der im Betonei spontanvergorene Silvaner, der Kraft und Druck besitzt und gute Struktur. Die trockene Scheurebe Spätlese zeigt gute Konzentration, Cassis, besitzt gute Struktur und Grip. Der Weißburgunder besitzt Fülle und Kraft, gute Struktur und Frucht. Auch auf edelsüß versteht sich Daniel Then, das zeigt die litschiduftige, konzentrierte Silvaner Beerenauslese. Und auf Rotwein sowieso, wie der rauchige, reintönige 2013er Spätburgunder noch einmal beweist.

Weinbewertung

82	2016 Silvaner trocken „Löwe" **11,5 %/5,50 €**
83	2016 Riesling Kabinett trocken Nordheimer Vögelein **12 %/6,80 €**
82	2016 Scheurebe trocken Sommeracher Katzenkopf **12 %/6,80 €**
86	2016 Silvaner Spätlese trocken Volkacher Ratsherr **12,5 %/9,50 €**
84	2016 Faberrebe Weißburgunder Spätlese trocken „Oskar 1.0" **12 %/7,50 €**
85	2016 Silvaner Kabinett trocken „Am Berg" Somm. Katzenkopf **12,5 %/7,80 €**
88	2016 Silvaner Spätlese trocken „The Egg Sponti Authentisch" Ratsherr **13 %/21,- €**
88	2016 Weißburgunder Spätlese trocken „Sponti Authentisch" **13 %/10,50 €**
88	2016 Scheurebe Spätlese trocken „Sponti Authentisch" **12,5 %/12,50 €**
88	2015 Silvaner Beerenauslese Sommeracher Katzenkopf **8,5 %/25,- €**
83	2015 Spätburgunder Spätlese trocken Sommeracher Katzenkopf **13,5 %/9,50 €**
88	2013 Spätburgunder Spätlese trocken „Authentisch" Katzenkopf **13,5 %/21,- €**

THEN
Weingut · Sommerach

Thörle

★★★☆

KONTAKT

Ostergasse 40
55291 Saulheim
Tel. 06732-5443
Fax: 06732-960860
www.thoerle-wein.de
info@thoerle-wein.de

Inhaber
Christoph & Johannes Thörle
Rebfläche
25 Hektar
Produktion
150.000 Flaschen

BESUCHSZEITEN

Mo.-Fr. 9-12 + 14-18 Uhr (bitte anmelden), Sa. 10-16 Uhr
Gästehaus

Rudolf und Uta Thörle begannen 1985 mit der Selbstvermarktung, aus dem landwirtschaftlichen Gemischtbetrieb wurde nach und nach ein reines Weingut. 2006 haben ihre Söhne Christoph und Johannes den Betrieb übernommen, ihn seither fokussiert auf Riesling, Silvaner und die Burgundersorten. Ihre Weinberge liegen alle in Saulheim in den Lagen Hölle, Schlossberg und Probstey, wo die Reben auf sehr kalkhaltigen Böden wachsen. Wichtigste Rebsorte ist Riesling, der die Hälfte der Fläche einnimmt. Es folgen Spätburgunder und Silvaner. Christoph und Johannes Thörle haben Maischestandzeiten eingeführt, alle Weine werden spontanvergoren. Die Rotweine werden in Eichenholzfässern ausgebaut, die Weißweine im Edelstahl, aber auch verstärkt in neuen (Silvaner, Burgunder) und älteren Holzfässern (500 bis 1.200 Liter).

Kollektion

Eine bärenstarke Kollektion präsentieren Christoph und Johannes Thörle in diesem Jahr. Die Gutsweine sind klar und geradlinig, der Saulheimer Riesling hat Kraft und Substanz. Der Reserve-Chardonnay ist füllig, saftig, strukturiert, der Reserve-Sauvignon Blanc reintönig und kraftvoll, der Probstey-Silvaner besitzt gute Struktur und klare reife Frucht. An der Spitze stehen die Lagen-Rieslinge: Der Wein aus der Probstey zeigt gelbe Früchte, Apfel, ist füllig, saftig, der Schlossberg, unser Favorit, ist rauchig, strukturiert, druckvoll, der Hölle-Riesling besitzt viel reife Frucht und Substanz. Sehr reintönig sind die süßen Rieslinge, allen voran die füllige, komplexe Hölle-Spätlese. Und stark, wenn auch alle noch sehr jugendlich, sind die Spätburgunder: Der gewürzduftige Kalkstein, der verschlossen Probstey, der intensive Wein aus der Hölle. Im Aufwind!

Weinbewertung

83 2016 Silvaner trocken **12 %/8,50 €**
84 2016 Riesling trocken **12 %/9,20 €**
87 2016 Riesling trocken „Kalkstein" Saulheimer **12,5 %/14,- €**
88 2015 Chardonnay trocken „Reserve" Saulheimer **13 %/26,- €**
88 2016 Sauvignon Blanc trocken „Reserve" Saulheimer **12,5 %/26,- €**
88 2016 Silvaner trocken Saulheimer Probstey **13 %/24,- €**
89 2016 Riesling trocken Saulheimer Probstey **12,5 %/24,- €**
90 2016 Riesling trocken Saulheimer Schlossberg **12,5 %/27,- €**
90 2016 Riesling trocken Saulheimer Hölle **12,5 %/30,- €**
84 2016 Riesling Kabinett **8,5 %/11,90 €**
85 2016 Riesling Kabinett Hölle **9,5 %/16,- €**
88 2016 Riesling Spätlese „Goldkapsel" Hölle **9 %/21,- €**
87 2015 Spätburgunder trocken „Kalkstein" Saulheimer **13 %/18,- €**
88 2015 Spätburgunder trocken Saulheimer Probstey **13 %/33,- €**
89 2015 Spätburgunder trocken Saulheimer Hölle **12,5 %/39,- €**

Thüringer Weingut

★☆

KONTAKT

Thüringer Weingut „Sonnenburg" Bad Sulza GmbH
Sonnendorf 17
99518 Bad Sulza
Tel. 036461-20600, Fax: -20861
www.thueringer-wein.de
info@thueringer-wein.de

Inhaber
Familie Burkhardt, Stadt Bad Sulza, Andreas Clauß
Geschäftsführer Andreas Clauß
Rebfläche 45 Hektar
Produktion 180.000 Flaschen

BESUCHSZEITEN

Mo.-Fr. 10-18 Uhr, Sa. 10-16 Uhr, So. 10-13 Uhr; Weinproben im Gewölbekeller (ab 25 Personen)

Das Thüringer Weingut Bad Sulza wurde 1992 als erstes Weingut in Thüringen gegründet. Die Weinberge in Thüringen gehören weinbaugeografisch zum Weinanbaugebiet Saale-Unstrut, das größtenteils im Bundesland Sachsen-Anhalt liegt. 1998 hat das Thüringer Weingut seine neue Betriebsstätte in Sonnendorf, einem Ortsteil von Bad Sulza, bezogen. Die Weinberge liegen an den Hängen des Ilmtals, vor allem in Bad Sulza, wo dem Weingut eine 22 Hektar große Fläche gehört und die Reben auf Muschelkalkböden wachsen. Die Lage heißt Sonnenberg, die Kernlage Sommerleite möchte man zukünftig als Einzellage eintragen lassen und nutzen. 14 Hektar liegen in Auerstedt (Tamsel, im Alleinbesitz), hinzu kommen 20 Ar im Dornburger Schlossberg (ebenfalls im Alleinbesitz), wo zwei kleine Terrassen gerodet und mit alten deutschen Sorten bepflanzt wurden. 2010 wurde ein Weinberg im Jenaer Grafenberg wiederbelebt, im Ortsteil Kunitz wurden 5 Hektar mit Bacchus, Weißburgunder, Acolon und Cabernet Jura bestockt. Die Böden bestehen aus Röt, einer besonderen Formation des Buntsandsteins. Hauptrebsorte ist Müller-Thurgau. Weitere wichtige weiße Rebsorten sind Kerner, Gutedel, Weiß- und Grauburgunder, sowie Riesling und Traminer.

Kollektion

Bestechend gleichmäßig ist die neue Kollektion von Andreas Clauß. Der Grafenberg-Riesling ist frisch und zupackend, der Sauvignon Blanc reintönig und kraftvoll, der Müller-Thurgau besitzt Fülle und Kraft. Der Auxerrois ist reintönig, hat Substanz, die Riesling-Traminer-Cuvée ist kraftvoll und zupackend. Besonders gut gefällt uns der Chardonnay, der gute Struktur und Substanz besitzt. Die konzentrierte, im Barrique ausgebaute Kerner Auslese, der fruchtbetonte Pinotin und die kraftvolle, aber sehr tanninbetonte rote Cuvée runden eine gelungene Kollektion ab.

Weinbewertung

82 2016 Gutedel trocken **12,5 %/7,80 €**
83 2016 Bacchus trocken Jenaer Grafenberg **12,5 %/8,50 €**
84 2016 Riesling trocken Jenaer Grafenberg **12,5 %/9,80 €**
84 2016 Sauvignon Blanc trocken **13 %/12,- €**
84 2016 Müller-Thurgau trocken Holzfass Bad Sulzaer Sonnenberg **12,5 %/14,- €**
84 2016 Auxerrois trocken Bad Sulzaer Sonnenberg **12,5 %/12,- €**
86 2016 Chardonnay trocken Bad Sulzaer Sonnenberg **12,5 %/14,- €**
84 2016 Riesling-Traminer trocken „Quadrat 1" **12,5 %/17,- €**
84 2016 Muskat-Ottonel „fruchtig" **12 %/12,- €**
86 2015 Kerner Auslese Barrique Auerstedter Tamsel **15 %/22,- €**
84 2016 Pinotin trocken **13,5 %/9,50 €**
84 2013 „MiCaDo" Rotwein trocken Bad Sulzaer Sonnenberg **13,5 %/19,- €**

RALF TRAUTWEIN

★☆

KONTAKT

Hauptstraße 106
79268 Bötzingen
Tel. 0170-3426385
Fax: 07663-913463
www.weingut-ralf-trautwein.de
weingut.trautwein@gmx.de

Inhaber
Ralf Trautwein
Rebfläche
8,3 Hektar
Produktion
45.000 Flaschen

BESUCHSZEITEN

nach Vereinbarung

Ralf Trautwein ist ausgebildeter Weinküfer, war dann einige Jahre Betriebsleiter des Schlossguts Istein im Markgräflerland. Während dieser Zeit, 2001, gründete er sein eigenes Weingut. Seine Weinberge befinden sich überwiegend in den Bötzinger Lagen Eckberg und Lasenberg, wo die Reben teils auf Vulkangestein, teils auf Löss wachsen. Spätburgunder ist die wichtigste Rebsorte im Betrieb, nimmt gut ein Drittel der Rebfläche ein. Hinzu kommen jeweils ein Fünftel Grauburgunder und Weißburgunder, aber auch Müller-Thurgau, Auxerrois, Sauvignon Blanc, Chardonnay, Muskateller und Acolon werden angebaut. Die besten Weiß- und Rotweine werden im Holz ausgebaut. Ralf Trautwein verwendet Prädikatsbezeichnungen, auch für trockene Weine, aber keine Lagenbezeichnungen. Edelbrände ergänzen das Programm.

Kollektion

Nach guten Kollektionen in den beiden vergangenen Jahren vermag Ralf Trautwein auch mit dem Jahrgang 2016 daran anzuschließen, seine 2015er Weißweine sind sehr gekonnt vinifiziert, zeigen einen geschickten Umgang mit Holz, das immer schön integriert ist. Die 2016er Weißweine sind frisch, klar und geradlinig, am besten gefällt uns der Sauvignon Blanc, der fruchtbetont und reintönig ist, feine süße Frucht besitzt, die Restsüße ist etwas allzu merklich, was auch für einige der anderen Weine gilt. Sehr gut gefällt uns die trockene Grauburgunder Spätlese aus dem Jahrgang 2015, sie zeigt gute Konzentration und reife Frucht im Bouquet, ist füllig und kraftvoll im Mund, besitzt reife süße Frucht, gute Struktur und Substanz. Gleichauf sehen wir den Chardonnay, ebenfalls eine trockene Spätlese aus dem Jahrgang 2015: Feine Würze und Frucht prägt das Bouquet, er besitzt reintönige Frucht, gute Struktur und viel Kraft. Der Rosé ist frisch, klar und zupackend, der im großen Holz ausgebaute Pinot Noir zeigt feine Frische und reintönige Frucht. ▬

Weinbewertung

81 2016 Auxerrois trocken **12,5 %/6,- €**
82 2016 Weißer Burgunder Kabinett trocken **13 %/6,50 €**
82 2016 Grauer Burgunder Kabinett trocken **13 %/7,- €**
84 2016 Sauvignon Blanc trocken **12,5 %/8,- €**
87 2015 Grauer Burgunder Spätlese trocken*** Holzfass **13,5 %/9,50 €**
87 2015 Chardonnay Spätlese trocken*** Holzfass **14,5 %/13,- €**
83 2016 Spätburgunder Rosé Kabinett trocken **12,5 %/6,- €**
83 2015 Pinot Noir trocken Holzfass **12,5 %/7,- €**

Julius Treis

★★

KONTAKT

Fischelstraße 24-26
56861 Reil
Tel. 06542-900200
Fax: 06542-900201
www.julius-treis.de
weingut@julius-treis.de

Inhaber
Familie Treis
Rebfläche
7 Hektar
Produktion
45.000 Flaschen

BESUCHSZEITEN

Mo.-Sa. 9-18 Uhr, So. 10-14 Uhr
Ferienwohnung
Schöppchengarten mit
Selbstbedienung

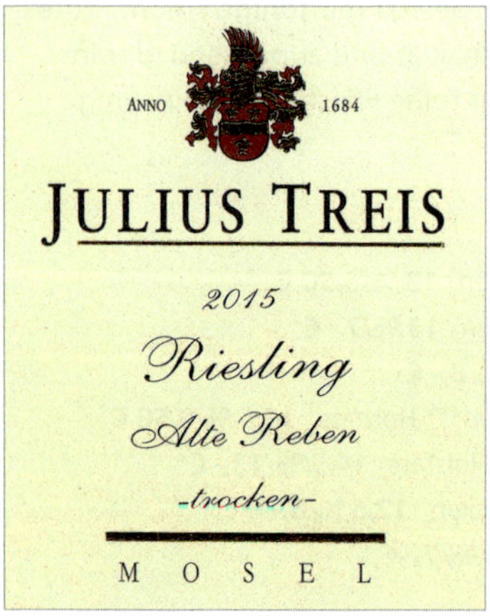

Die Familie betreibt seit dem 17. Jahrhundert Weinbau an der Mosel. Nach Abschluss seines Weinbaustudiums ist Tobias Treis in den Betrieb eingestiegen, unterstützt seine Eltern Irma und Theo Treis. Die Weinberge liegen unter anderem in der bekanntesten Reiler Lage, dem Mullay-Hofberg, aber auch in den weiteren Reiler Lagen Falklay, Goldlay und Sorentberg ist man vertreten. Der Sorentberg ist eine brachgefallene Steilstlage im Seitental des Alfbaches in der Nähe der Burg Arras, die Tobias Treis begonnen hat zu rekultivieren. 5 Hektar will Tobias Treis in dieser reinen Südlage mit Riesling bepflanzen, Jahrgang 2015 hat den ersten Ertrag gebracht. Neben Riesling, der 80 Prozent der Rebfläche einnimmt, werden auch ein klein wenig Müller-Thurgau, Kerner, Weißburgunder, Dornfelder und Spätburgunder angebaut. Die Weine werden spontanvergoren und reifen lange auf der Hefe, teils im Edelstahl, teils im Holz.

Kollektion

Im vergangenen Jahr konnten wir konstatieren, dass es weiter vorangeht in diesem aufstrebenden Weingut. Die Weine des Jahrgangs 2016 wirken nun noch straffer und präziser, als dies früher zu beobachten war in diesem Betrieb. Man kann das schon beim würzigen trockenen Basisriesling spüren, merkt es erst recht beim kompakten, schön trockenen Weißburgunder aus dem großen Holzfass, der seinen Alkohol gut integriert. In der Nase verhalten, am Gaumen aber sehr straff ist die „Alte Rebe", ein trockener Spitzenwein. Aus 2015 wird ein Sorentberg-Riesling „von 1000 alten Reben" vorgestellt, der offiziell mit dem Etikett des Weinguts Sorentberg vermarktet wird und mit Noten von Kräutern, Kernobst und etwas frischen Himbeeren sowie einer enormen Saftigkeit verblüfft. Unter den süßen Weinen beeindruckt der duftige Kabinett, während die süße Spätlese kurz nach der Abfüllung merkwürdig mostig wirkte und kaum zu beurteilen war.

Weinbewertung

84	2016 Riesling trocken **11,5 %/8,50 €**
85	2016 Weißburgunder trocken „großes" Holzfass **13,5 %/8,- €**
87	2016 Riesling trocken „Alte Rebe" **12,5 %/14,50 €**
87	2016 Riesling „Rotschiefer" Reiler Sorentberg (Wgt. Sorentberg) **11,5 %/16,- €**
89	2015 Riesling „von 1000 alten Reben" (Wgt. Sorentberg) **12,5 %/65,- €**
84	2016 Riesling „feinherb" **10,5 %/8,50 €**
86	2016 Riesling Spätlese „feinherb" Reiler Mullay-Hofberg **11 %/14,50 €**
86	2016 Riesling Kabinett Reiler vom heißen Stein **8,5 %/8,50 €**
80+?	2016 Riesling Spätlese Reiler Mullay-Hofberg **8 %/14,50 €**

Trinks-Trinks

★☆

N

KONTAKT

Bischof-Blum-Platz 4
65366 Geisenheim
Tel. 06722-406097
www.trinks-trinks.de
weingut@trinks-trinks.de

Inhaber
Johanna Döring & Matthias Friedel
Rebfläche
1,25 Hektar
Produktion
9.000 Flaschen

BESUCHSZEITEN

nach Vereinbarung

Das Weingut Trinks-Trinks wurde mit dem Jahrgang 2014 aus der Taufe gehoben. Zuvor hatten die an der Forschungsanstalt in Geisenheim arbeitenden Johanna Döring und Matthias Friedel im Jahr 2009 gemeinsam einen heruntergekommenen Hof erworben und vollständig renoviert. 2013 übernahmen sie dann auch die zum Weingut gehörenden Weinberge mit über 25 Jahre alten Rieslingreben, die überschaubare 1,2 Hektar groß sind und sich auf drei Gewanne in den Geisenheimer Lagen Mäuerchen und Mönchspfad erstrecken. Diese werden separat ausgebaut. Alle Reben wachsen auf Lösslehm, aber mit unterschiedlichen Ausprägungen. Während der Boden im Gewann "In allen Ehren" tiefgründiger und sandiger ist, ist der in der „Steingrub", wie der Name schon verrät, skelettartiger, steiniger. In der warmen Lage „Im Schorchen" schließlich kommt eine Beimengung von kalkhaltigem Löss hinzu. Alle Weinberge werden nach ökologischen Standards bewirtschaftet, die Traubenlese erfolgt ausschließlich per Hand. Im mittelalterlichen Keller des Weingutes werden die Moste mit weinbergseigenen Hefen spontan vergoren, lange auf der Hefe belassen und frühestens im Sommer nach der Lese gefüllt. Durch die schonende und auf ein geringes Maß reduzierte Einflussnahme im Keller, und die dort vorherrschenden natürlichen Temperaturschwankungen, keltern die beiden Newcomer von Anfang an individuelle Rieslinge, die über innere Stimmigkeit verfügen. Es wird spannend sein zu sehen, wohin der weitere Weg führt.

Kollektion

Der Sekt ist frisch und saftig, zeigt erste Reife und würzige Noten. Der Mitanand ist gaumenfüllend und nachhaltig. Der Riesling „Im Schorchen" ist stoffig und kompakt, hat Biss und Würze. Während der 2014er „In allen Ehren" im Bouquet getrocknete Kräuter zeigt, ist er im Mund frisch und fokussiert, entfaltet subtilen Druck und Länge. Der 2015er zeigt rotbeerige Frucht und intensiven Blütenduft, ist noch etwas verschlossen, verspricht weitere Entwicklung. Der halbtrocken schmeckende 2014er „Steingrub" vereint Schmelz und Fruchtfülle, ist konzentriert und gaumenfüllend. Alle Weine ruhen in sich und zeigen eine klare Handschrift: Sie sind ausgewogen, würzig, haben Substanz und Potenzial. Ein beachtliches Debüt!

Weinbewertung

85	2014 Riesling Sekt brut „Feiertag"	**12,5 %/14,- €**
84	2015 Riesling trocken „Mitanand"	**12 %/8,- €**
85	2015 Riesling trocken „Im Schorchen"	**12,5 %/11,- €**
86	2015 Riesling trocken „In allen Ehren"	**12,5 %/11,- €**
86	2014 Riesling trocken „In allen Ehren"	**12,5 %/11,- €**
86	2014 Riesling trocken „Steingrub"	**12,5 %/11,- €**

Michael Trossen

★☆

KONTAKT

Jesuitenhofstraße 42
54536 Kröv
Tel. 06541-812005
Fax: 06541-812033
www.das-weingut.com
mt@das-weingut.com

Inhaber
Michael Trossen
Rebfläche
4 Hektar
Produktion
35.000 Flaschen

BESUCHSZEITEN

Mo-Sa 14-18 Uhr oder nach Vereinbarung
Gästehaus Trossen

Die Weinberge von Michael Trossen, insgesamt vier Hektar, liegen alle in Kröv in den Lagen Letterlay, Steffensberg, Kirchlay und Paradies. Das Weingut hat seinen Fokus in den letzten Jahren ganz klar auf Riesling gelegt, was sich auch in der Rebsortenstatistik des Hauses widerspiegelt. Riesling nimmt 82 Prozent der Rebfläche ein, dazu gibt es jeweils 9 Prozent Spätburgunder und Weißburgunder. Unter dem Namen Bergblüter werden die Spitzen-Rieslinge aus den Steillagen Kröver Letterlay und Kröver Steffensberg vermarktet. Dem Weingut ist ein Gästehaus angeschlossen.

Kollektion

Nach einem stimmigen Debüt vor zwei Jahren gefielen in der für die vergangene Ausgabe verkosteten Kollektion auch die 2015er Weißweine, die um einen noch etwas kantig wirkenden 2014er Spätburgunder ergänzt wurden. Die „Bergblüter"-Auslese war unser Favorit. Diese Rollen übernehmen diesmal die feinherb ausgebaute Spätlese aus 2015 – sie war im vergangenen Jahr noch nicht fertig – und ihr trockenes Pendant aus 2016, beide aus der Kröver Letterlay. Die eine besitzt einen ruhigen Stil und viel Schmelz, entwickelte sich im Glas ausgezeichnet, die andere zeigt den Charakter des Jahrgangs 2016 auf das Beste, ist schlank, straff, voller Würze. Unter den restlichen trockenen Weinen gefällt der „RnB" mit seiner zupackenden Art ebenso wie der feingliedrige Kabinettwein. Eine ausdrückliche Erwähnung verdienen aber auch die Literweine, die eine saftige Art und ein gutes Preis-Leistungs-Verhältnis aufweisen. Duftig, mit Anklängen an Apfel kommt die süße Bergblüter-Spätlese aus der Letterlay daher, die aber noch etwas allzu sehr auf der süßen Seite scheint und ihre Stärken derzeit nicht ganz ausspielen kann. —

Weinbewertung

82	2016 Riesling trocken (1l) **11,5 %/5,60 €**
84	2016 Weißburgunder trocken **12,5 %/6,30 €**
85	2016 Riesling Kabinett trocken Kröver Kirchlay **11 %/6,30 €**
87	2016 Riesling Spätlese trocken „Bergblüter" Kröver Letterlay **12,5 %/8,90 €**
84	2016 Riesling & Burgunder trocken „RnB" **12 %/7,90 €**
82	2016 Riesling halbtrocken (1l) **10,5 %/5,60 €**
83	2016 Riesling „feinherb" **10 %/6,30 €**
87	2015 Riesling Spätlese „feinherb" „Bergblüter" Kröver Letterlay **11,5 %/8,90 €**
83	2016 Riesling (1l) **8,5 %/5,60 €**
84	2016 Riesling Kabinett Kröver Kirchlay **7,5 %/6,30 €**
86	2016 Riesling Spätlese „Bergblüter" Kröver Letterlay **7,5 %/8,90 €**

Daniel Twardowski

★★★

KONTAKT

Im Hof 23
54347 Neumagen-Dhron
Tel. 0160-97766714, 06507-9389225
Fax: 06507-9391826
www.pinot-noix.com/de

Inhaber
Daniel Twardowski
Rebfläche
2,8 Hektar
Produktion
3.000 Flaschen

BESUCHSZEITEN

nach Vereinbarung

Daniel Twardowski studierte Betriebswirtschaft in Heilbronn, war schon seit dem Abitur als Weinraritäten-Händler tätig, mit Schwerpunkt Burgund. 2006 gründete er sein eigenes Weingut, begann in diesem Jahr einige Steillagenparzellen im Dhroner Hofberg mit Spätburgunder zu bepflanzen, französische Pinotklone wählte er dafür aus. Im Keller setzt er auf „Low Tech", die Trauben werden auf einer alten Korbpresse gekeltert, kommen bei niedrigen Temperaturen in Holz-Cuves, dann in Barriques aus französischer Eiche. Heute bewirtschaftet er knapp 3 Hektar Reben, wovon allerdings erst zwei Drittel in Ertrag stehen, alle im Dhroner Hofberg, ausschließlich Pinot Noir. Im Dhroner Hofberg findet man roten und blauen Schiefer, alle Arbeiten werden per Hand ausgeführt, Herbizide werden nicht eingesetzt. Erzeugt wird bisher nur ein Wein, Pinot Noix genannt. Er wird in französischen Barriques ausgebaut, medium light getoasted, derzeit werden zu 60 Prozent neue Fässer verwendet, je nach Jahrgang bleibt der Wein vierzehn bis achtzehn Monate im Barrique bevor er unfiltriert abgefüllt wird. Erster Jahrgang war 2011, in diesem Jahr wurden 1.800 Flaschen erzeugt, in den beiden Folgejahren dann etwas weniger, 2014 stieg die Produktion auf 3.000 Flaschen. Der Wein kommt erst nach achtzehn Monaten Flaschenlagerung in den Verkauf.

Kollektion

Das Programm des Weinguts ist stets ausgesprochen übersichtlich, gibt Daniel Twardowski doch lediglich einen einzigen Wein in den Verkauf. Im vergangenen Jahr, beim beeindruckenden Debüt in diesem Buch, konnten wir die beiden hervorragenden Weine der Jahrgänge 2011 und 2012 sowie den noch verschlossenen 2013er verkosten. Der 2013er hat sich seit dem vergangenen Jahr geöffnet, ist ein wunderschön eleganter, finessenreicher Pinot Noir, der eine verführerische Frische mitbringt. Der 2014er wirkt demgegenüber etwas verhaltener, zeigt die typischen Pinot Noir-Noten in der Nase, neben Kirsche auch etwas schwarze, wilde Beeren, ganz winzige cremige Noten. Im Mund ist er sehr präsent, saftig, mit viel Eleganz und sauberen, gut integrierten Tanninen, fest, straff, mit würzigem Nachhall, in dem das Holz bei der Verkostung noch etwas zu spüren war. Er dürfte sich in einiger Zeit noch spannender präsentieren und wird sich über viele Jahre hinweg gut entwickeln.

Weinbewertung

91 2013 „Pinot Noix" **13 %/70,- €**
91 2014 „Pinot Noix" **12,5 %/70,- €**

UNGERER

★☆

KONTAKT

Harsberger Straße 15
74629 Pfedelbach-Renzen
Tel. 07949-940690
Fax: 07949-940699
www.weingut-ungerer.de
info@weingut-ungerer.de

Inhaber
Familie Ungerer
Rebfläche
9 Hektar
Produktion
75.000 Flaschen

BESUCHSZEITEN

Mo.-Do. 17:30-19 Uhr, Fr. 14-19 Uhr, Sa. 8-13 Uhr oder nach Vereinbarung
Weinstube (6 Tage im Monat geöffnet)

Karl Ungerer und Sohn Karlheinz begannen 1993 mit der Selbstvermarktung. Alle ihre Weinberge befinden sich in der Lage Heuholzer Dachsteiger, wo die Reben auf Keuperböden wachsen. 65 Prozent der Fläche nehmen rote Sorten ein, vor allem Lemberger, Trollinger und die Burgundersorten, dazu gibt es Dornfelder und Cabernet Mitos, zuletzt wurde etwas Regent in einer Steillage gepflanzt, auch Cabernet Franc gibt es inzwischen im Anbau. Mit Abstand wichtigste weiße Rebsorte ist Riesling, dazu gibt es Kerner und Chardonnay, Silvaner, Bacchus und Sauvignon Blanc. Die Rotweine werden maischevergoren. Die Weißweine vergären in Edelstahltanks, ausgesuchte Partien auch im Barrique (Chardonnay) oder Betonei (Riesling). Destillate (von eigenem Obst), Liköre und Gelees ergänzen das Sortiment.

Kollektion

In diesem Jahr liegen die Stärken eindeutig im roten Segment. Die Weißweine sind frisch und klar, aber etwas verhaltener als im Jahrgang 2015. Aus diesem Jahrgang stammt der im Barrique ausgebaute Chardonnay, der eindringliche Vanillenoten und Wärme besitzt. Unter den 2016er Weißweinen gefällt uns der fruchtbetonte, klare, zupackende Sauvignon Blanc am besten. Der Trollinger ist fruchtbetont und geradlinig, der Schwarzriesling frisch und zupackend, der im Barrique ausgebaute Pinot Noir besitzt gute Struktur und Frucht. An der Spitze der Kollektion stehen die drei roten Cuvées des Jahrgangs 2015, alle im Barrique ausgebaut, alle mit viel süßer Frucht ausgestattet und dezenter Restsüße. Unglaublich ist klar und zupackend, Saltatium virium enorm duftig, besitzt gute Struktur und Biss. Unser Favorit trägt den Namen Respekt, besitzt Fülle und Kraft, viel reife Frucht und Substanz.

Weinbewertung

81 2016 Sylvaner trocken „Edition Q" **13,5 %/8,93 €**
80 2016 Riesling Kabinett trocken Heuholzer Dachsteiger **11,5 %/6,30 €**
82 2016 Riesling trocken „Edition Q" **13,5 %/10,47 €**
82 2016 „Flaschenpost" Weißwein trocken **13 %/10,95 €**
83 2016 Sauvignon Blanc trocken „Sehnsucht" **13 %/10,83 €**
84 2015 Chardonnay trocken Barrique **14 %/19,04 €**
82 2016 Trollinger trocken „Alte Rebe" Heuholzer Dachsteiger **12 %/6,19 €**
82 2015 Pinot Meunier trocken **13 %/9,28 €**
85 2015 „Unglaublich" Rotwein trocken Barrique **13 %/13,21 €**
84 2015 Pinot Noir trocken Barrique **14 %/19,04 €**
86 2015 „Saltatium virium" Rotwein trocken Barrique **13,5 %/20,23 €**
88 2015 „Respekt" Rotwein trocken Barrique **13,5 %/29,75 €**

UNSER

★

KONTAKT

Reichertsgraben 2
74211 Leingarten
Tel. 07131-401580
Fax: 07131-2049525
www.weingut-unser.de
info@weingut-unser.de

Inhaber
Andreas & Florian Unser
Rebfläche
3,5 Hektar
Produktion
40.000 Flaschen

BESUCHSZEITEN

Do. + Fr. 9-18 Uhr, Sa. 10-14 Uhr
Besenwirtschaft

Die Brüder Andreas und Florian Unser bewirtschaften das in Leingarten am Fuß des Heuchelbergs gelegene Gut in vierter Generation, haben den Betrieb 2011 von ihrem Vater Franz Unser übernommen. Früher ein landwirtschaftlicher Gemischtbetrieb, konzentriert man sich inzwischen ganz auf Weinbau. 1996 begann man mit der Flaschenweinvermarktung, heute wird die Produktion komplett über die Flasche vermarktet. Dem Weingut ist eine Besenwirtschaft angeschlossen. Die Weinberge von Andreas und Florian Unser befinden sich in den Lagen Leingartener Grafenberg, Nordheimer Sonntagsberg und Massenbachhausener Krähenberg. Riesling, Trollinger und Lemberger sind die wichtigsten Rebsorten im Betrieb. Des Weiteren werden Chardonnay, Acolon, Müller-Thurgau, Dornfelder, Schwarzriesling, Samtrot, Portugieser, Traminer, Spätburgunder, Johanniter, Grauburgunder und Weißburgunder angebaut.

Kollektion

Beim Debüt im vergangenen Jahr hatte uns ein im Barrique ausgebauter trockener Spätburgunder am besten gefallen. Anders als im Vorjahr wurden uns in diesem Jahr überwiegend restsüße Rotweine präsentiert, die allesamt fruchtbetont und saftig sind, unkomplizierten Trinkgenuss bieten, am besten gefällt uns die Samtrot Auslese, die intensiv Erdbeeren im Bouquet zeigt, feine süße Frucht, Säure und Biss besitzt. Der einzige vorgestellte trockene Rotwein, der Dornfelder, ist eindringlich, fruchtbetont und strukturiert. Die beiden Rosé-Sekte sind fruchtbetont, geradlinig und klar. Im weißen Segment gefallen uns die beiden trockenen Weine am besten. Der Grauburgunder ist fruchtbetont und reintönig, harmonisch, besitzt reife Frucht, gute Struktur und Frische. Der im Holz ausgebaute Chardonnay verrät deutlich den Ausbau im Bouquet, besitzt Fülle und Kraft im Mund, klare Frucht und gute Struktur. ➡

Weinbewertung

82 Pinot Noir Rosé Sekt brut **12 %/9,20 €**
82 2014 Acolon Rosé Sekt brut Leingartener Grafenberg **12,5 %/9,20 €**
83 2016 Grauburgunder Spätlese trocken Leingartener Grafenberg **12 %/6,50 €**
84 (2014) Chardonnay trocken Holzfass Leingartener Grafenberg **13 %/6,90 €**
82 2016 Weißburgunder Leingartener Grafenberg **10,5 %/4,90 €**
81 2016 Chardonnay Leingartener Grafenberg **10,5 %/5,40 €**
80 2016 Lemberger Weißherbst Leingartener Grafenberg (1l) **10,5 %/4,10 €**
82 2015 Dornfelder trocken Leingartener Grafenberg (1l) **12 %/4,- €** ☺
80 2015 Trollinger Lemberger Leingartener Grafenberg (1l) **12,5 %/4,50 €**
81 2016 Schwarzriesling mit Samtrot Leingartener Grafenberg (1l) **10,5 %/4,50 €**
81 2016 Lemberger Leingartener Grafenberg **12 %/4,50 €**
83 2015 Samtrot Auslese Leingartener Grafenberg **12 %/8,50 €**

WEINMANUFAKTUR UNTERTÜRKHEIM

★★

KONTAKT

Strümpfelbacher Straße 47
70327 Stuttgart
Tel. 0711-336381-0
Fax: 0711-336381-24
www.weinmanufaktur.de
info@weinmanufaktur.de

Inhaber
87 Mitglieder
Geschäftsführer
Dr. Stefan Hübner
Kellermeister
Jürgen Off
Rebfläche
85 Hektar
Produktion
700.000 Flaschen

BESUCHSZEITEN

Mo.-Fr. 9-18 Uhr, Sa. 9-14 Uhr
Weinproben (nach Vereinbarung)

Die Weinberge der 1887 gegründeten Untertürkheimer Genossenschaft liegen in den Untertürkheimer Lagen Mönchberg und Altenberg. Zwei Drittel der Weinberge sind mit roten Reben bestockt. Wichtigste Rebsorte ist der Trollinger, der knapp die Hälfte der Rebfläche einnimmt. Danach kommt Riesling, dann – mit gehörigem Abstand – Müller-Thurgau, Kerner, Lemberger und die Burgundersorten, aber auch Gewürztraminer, Muskattrollinger, Regent und Merlot. Die Weine sind betriebsintern mit bis zu drei Sternen klassifiziert, auf Prädikatsbezeichnungen bei trockenen Weinen wird verzichtet. Die Weißweine werden überwiegend im Edelstahl ausgebaut, der Grauburgunder auch im Holzfass. Die einfachen Rotweine werden maischeerhitzt, die besseren (2 Sterne- und 3 Sterne-Weine) maischevergoren. Die besten Weine kommen im 1902 erbauten Kreuzgewölbekeller auch ins große Holzfass oder ins Barrique. Die als Barriqueweine gekennzeichneten Weine kommen ausschließlich in neue Fässer, Weine mit der Bezeichnung „Holzfass" werden in gebrauchten Barriques ausgebaut. Kellermeister Jürgen Off ist seit 1987 in Untertürkheim tätig, seit 2001 trägt er die Verantwortung im Keller.

Kollektion

Da die angekündigte Nachsendung der 2015er Barrique-Rotweine uns vor Redaktionsschluss nicht mehr erreichte, haben dieses Jahr ganz eindeutig die Weißweine die Nase vorne im Programm der Untertürkheimer Genossen. Vor allem der Jahrgang 2015 trumpft auf, beispielsweise mit der Riesling Trockenbeerenauslese, die süß und konzentriert ist, enorm dick, Rosinen im Bouquet zeigt. Der 3 Sterne-Riesling zeigt gute Konzentration, viel reife Frucht, etwas Zitrus und gelbe Früchte, ist füllig und saftig im Mund, besitzt viel reife Frucht und Substanz. Der 3 Sterne-Chardonnay zeigt klare Frucht im Bouquet, gelbe Früchte, dezent Vanille, besitzt Fülle und Kraft, reife Frucht, gute Struktur und Substanz. Auch die weiße 2 Sterne-Klasse überzeugt mit einem zupackenden Grauburgunder und einen reintönigen Viognier.

Weinbewertung

81 2016 Rivaner* trocken **12 %/6,30 €**
83 2016 Grauer Burgunder** trocken **13,5 %/9,60 €**
83 2016 Viognier** trocken **13 %/9,90 €**
87 2015 Riesling*** trocken **13,5 %/17,- €**
87 2015 Chardonnay*** trocken **13,5 %/18,- €**
82 2016 Kerner* „feinherb" **12 %/6,30 €**
88 2015 Riesling Trockenbeerenauslese **10 %/42,- €**
82 2015 Merlot** trocken **13,5 %/10,60 €**
82 2015 Lemberger** trocken **13,5 %/9,60 €**

U

Van Volxem

★★★★

KONTAKT

Dehenstraße 2
54459 Wiltingen
Tel. 06501-16510
Fax: 06501-13106
www.vanvolxem.com
office@vanvolxem.com

Inhaber
Roman Niewodniczanski
Gutsdirektor
Dominik Völk
Rebfläche
64 Hektar
Produktion
300.000 Flaschen

BESUCHSZEITEN

Mo.-Sa. nach Vereinbarung

Das 1743 errichtete Klosterweingut des Luxemburger Jesuitenkollegs wurde auf den Fundamenten einer römischen Hofanlage erbaut. Im Zuge der Säkularisation wurde es Eigentum des aus Brüssel immigrierten Brauers Gustav van Volxem. In den neunziger Jahren des letzten Jahrhunderts war es unter dem Namen Jordan & Jordan bekannt, doch als Roman Niewodniczanski das Gut im Jahr 2000 übernahm, gab er ihm wieder den Namen Van Volxem. Er restaurierte den Betrieb und erweiterte seither kontinuierlich die Rebfläche. Das Weingut wurde binnen weniger Jahre zum größten Betrieb an der Saar und einem der größten an der Mosel, das durchschnittliche Alter der Reben liegt bei über 40 Jahren. Die ältesten Reben, beispielsweise im Wiltinger Gottesfuß, wurden Ende des 19. Jahrhunderts gepflanzt. Zu den Weinbergen in den Wiltinger Lagen Scharzhofberger, Braunfels, Klosterberg und Gottesfuß gesellten sich vor allem Weinberge in Wawern hinzu, in den Lagen Goldberg und Ritterpfad, aber auch im Kanzemer Altenberg und im Ockfener Bockstein. Jüngstes Projekt ist die Rekultivierung des Ockfener Geisbergs, einer einst berühmten Saar-Lage, die in den siebziger Jahren brachgefallen war. Zusammen mit Markus Molitor hat Roman Niewodniczanski 14 Hektar im Kernstück der Lage erworben und 2016 neu bepflanzt. Neben dem dominierenden Riesling gibt es ein wenig Weißburgunder sowie Chardonnay. Nach der schonenden Pressung werden die Weine im traditionellen Fuder langsam vergoren, ausschließlich mit den eigenen Hefen. Das Programm ist klar gegliedert: Die Basis bilden Schiefer-Riesling und Saar-Riesling, es folgen Alte Reben-Riesling und Wiltinger Riesling (aus dem Wiltinger Braunfels), dann die Lagen-Rieslinge aus Goldberg, Scharzhofberger und Scharzhofberger „P" (aus der Parzelle Pergentsknopp), Volz (seit 1971 Teil des Wiltinger Braunfels), Altenberg und Gottesfuß. Im süßen Segment bildet der Rotschiefer die Basis, hinzu kommen Kabinettweine und Spätlesen, gelegentlich auch edelsüße Weine, nur süße und edelsüße Weine tragen Prädikatsbezeichnungen. 2016 wurde mit dem Bau einer neuen Kellerei begonnen.

Kollektion

Nach einem sehr gelungenen Jahrgang 2015 ist die neue Kollektion ebenfalls bemerkenswert – bietet gerade im trockenen Bereich eine Vielzahl faszinierender Rieslinge. Der Jahrgang 2016 geriet an der Saar nämlich nicht überall einfach und gleichmäßig, ist aber bei Roman Niewodniczanski sehr präzise ausgefallen. Schon der Weißburgunder ist sehr balanciert, ganz leicht cremig, dabei wunderbar elegant und nachhaltig, keineswegs breit. Der Schiefer-Riesling ist klar und geradlinig, der Saar-Riesling straff und rassig, besitzt dennoch Spiel, während der Wiltinger Riesling eine überdurchschnittliche Finesse besitzt, der Alte Reben-Riesling darüber hinaus eine mineralische Würze. Dann folgen sechs Einzellagen-Rieslinge, von denen drei als Große Gewächse, die anderen drei als Große Lagen-Weine bezeichnet werden – obwohl die Restzucker-Werte bei allen sechs fast identisch sind, knapp unter 10 Gramm liegen. Der Goldberg zeigt reintönige Frucht, etwas gelbe Früchte, besitzt Kraft und Struktur, gute Substanz und Druck. Der Volz ist würzig, eindringlich, kompakt und fest, viel versprechend und lang, schon präsent. Der Scharzhofberger ist konzentriert und klar, duftig, kompakt bei feiner Frucht, guter Substanz, er hat Nachhall. Der Riesling von alten Reben im Altenberg ist offen, zeigt Noten von süßem Apfel und Kräutern, ist saftig und füllig im Mund bei reifer süßer Frucht. Der Pergentsknopp zeigt viel Duft und Würze, ist reintönig, kraftvoll, besitzt reife Frucht, gute Struktur und Substanz, leicht salzige Noten. Unsere ganz leichte Präferenz gilt dem Riesling von alten Reben im Gottesfuß, der faszinierend klar und konzentriert ist, viel Substanz besitzt, viel Kraft und faszinierend viel Druck, er ist der nachhaltigste der sechs Lagen-Rieslinge. Was die feinherben und fruchtigen Rieslinge angeht, sie sind alle saftig, leicht und verspielt, besitzen eine im besten Sinne süffige Art. Die Spätlese aus dem Bockstein ragt heraus, ist faszinierend reintönig und frisch, komplex, elegant und lang.

Weinbewertung

87	2016 Weißburgunder **12 %/11,90 €**
85	2016 Riesling „Schiefer" **12 %/9,90 €**
86	2016 Riesling Saar **12 %/12,60 €**
87	2016 Riesling Wiltinger **12 %/13,90 €**
89	2016 Riesling „Alte Reben" **12 %/16,90 €**
91	2016 Riesling „GG" Wawern Goldberg **12 %/26,- €**
91	2016 Riesling „GG" Wiltingen „Volz" **12 %/28,- €**
91	2016 Riesling „GG" Scharzhofberger **12 %/28,- €**
90	2016 Riesling „Alte Reben" Kanzem Altenberg **12 %/39,- €**
92	2016 Riesling „Alte Reben" Wiltingen Gottesfuß **12 %/39,- €**
92	2016 Riesling „P" Scharzhofberger „Pergentsknopp" **12 %/39,- €**
86	2016 Riesling „VV" **12 %/9,90 €**
86	2016 Riesling Kabinett „Rotschiefer" **10 %/12,60 €**
86	2016 Riesling Kabinett Wawern Ritterpfad **8,5 %/14,90 €**
90	2016 Riesling Spätlese Ockfen Bockstein **8 %/19,90 €**

LAGEN

GOTTESFUSS (WILTINGEN)
BRAUNFELS (WILTINGEN)
– VOLZ (WILTINGEN)
KUPP (WILTINGEN)
SCHARZHOFBERGER
– PERGENTSKNOPP
GOLDBERG (WAWERN)
RITTERPFAD (WAWERN)
– IM WINDVOGT (WAWERN)
ALTENBERG (KANZEM)
BOCKSTEIN (OCKFEN)
GEISBERG (OCKFEN)

V

REBSORTEN

RIESLING (90 %)

SCHLOSS VAUX

★★☆

KONTAKT

Sektkellerei Schloss Vaux
Kiedricher Straße 18a
65343 Eltville
Tel. 06123-6206-0
Fax: 06123-63339
www.schloss-vaux.de
kontor@schloss-vaux.de

Vorstand Nikolaus Graf von Plettenberg
Vertriebsleiter Christoph Graf
Rebfläche 7 Hektar
Produktion 360.000 Flaschen

BESUCHSZEITEN

Mo.-Fr. 8-18 Uhr, Sa. 10-14 Uhr

Die 1868 gegründete Sektmanufaktur Schloss Vaux verdankt ihren Namen dem gleichnamigen Herrschaftsgebäude bei Metz. Ein Freundeskreis übernahm das Unternehmen, seit 1998 führt Nikolaus Graf von Plettenberg die Sektmanufaktur, der inzwischen unterstützt wird von Vertriebsleiter Christoph Graf. 2014 wurden die Lagen des Weinguts Erbslöh übernommen, man besitzt nun selbst 6 Hektar Riesling und 1 Hektar Spätburgunder. Die Grundweine stammen teils aus dem Rheingau, teils aus der Pfalz und aus Rheinhessen, Riesling, Spätburgunder und Weißburgunder sind die wichtigsten Rebsorten. 2007 wurde erstmals ein Sekt aus Sauvignon Blanc erzeugt, inzwischen hat man auch einen Sekt aus Grünem Veltliner im Programm. Die Dosage der überwiegend brut ausgebauten Sekte liegt deutlich unter den gesetzlich zulässigen Höchstwerten, viele sind im Bereich extra-brut dosiert.

Kollektion

In diesem Jahr kann man eine spürbare Entwicklung hin zu Präzision und Klarheit erkennen. Der 2015er Riesling ist fruchtig und saftig. Die 2014er Rheingauer Reserve ist pointierter, vielschichtiger, hat animierenden Gerbstoffbiss . Der aromatische Sauvignon Blanc bietet neben reifer Gelb- und Apfelfrucht auch feine herbe Schalenaromen. In den Vorjahren viel er auch schon mal barocker aus, heuer stimmen die Proportionen besser. Der würzige Pinot Blanc ist wegen seiner zurückhaltenden Säure besonders füllig und cremig, harmonisch, aber auch etwas zahm. Eigenwillig florale und deutlichen Briochenoten zeigt der Veltliner, ist zupackend, saftig und frisch. Der 2010er Riesling aus dem Berg Schlossberg ist kraftvoll, besitzt vollmundigen Schmelz und passenden Säurenerv. Der Blanc de Noirs duftet nach Walderdbeeren, überzeugt im Mund mit Cremigkeit und Nachhall. Die Rosé-Reserve ist sehr präsent, duftet nach Pflaumen und süßen Gewürzen. Der rot gekelterte Assmannshäuser Pinot Noir ist etwas für Rotwein-Liebhaber, die sich an seinem intensiven dunkelbeerigen Aroma und cremigen Schmelz erfreuen werden.

Weinbewertung

85 2015 Riesling Sekt brut **13 %/13,- €**
87 2014 Sauvignon Blanc Sekt brut **12,5 %/16,- €**
85 2014 Pinot Blanc Sekt brut **13 %/16,- €**
86 2015 „Blanc de Noirs“ Sekt brut **12,5 %/15,- €**
86 2014 Riesling Sekt brut Rheingauer „Reserve“ **12 %/19,- €**
87 2014 Grüner Veltliner Sekt brut **12 %/20,- €**
87 2013 Pinot Noir Sekt brut Assmannshäuser **12,5 %/24,- €**
89 2010 Riesling Sekt brut Rüdesheimer Berg Schlossberg **12,5 %/44,- €**
87 2014 Rosé „Reserve“ Sekt brut **12 %/26,- €**

Stefan Vetter

★★★

KONTAKT

Neuweg 2
97753 Gambach
Tel. 0160-2030448
www.vetter-wein.de
vetter_stefan@gmx.de

Inhaber
Stefan Vetter
Rebfläche
2,3 Hektar
Produktion
6.500 Flaschen

BESUCHSZEITEN

nach Vereinbarung

Stefan Vetter ist Franke, hat aber zunächst im Burgenland gearbeitet. 2010 pachtete er seinen ersten Weinberg, mit 1958 gepflanzten Reben im Casteller Kirchberg, zwei Jahre später, nach seiner Rückkehr aus dem Burgenland, kamen weitere Parzellen hinzu, in Iphofen, auch im Gambacher Kalbenstein, 2015 ist er ganz nach Gambach gezogen, konzentriert sich nun auf den Kalbenstein und auf Silvaner, der gut zwei Drittel seiner Weinberge einnimmt, dazu gibt es etwas Müller-Thurgau und Riesling. Stefan Vetter hat sich dem „vin nature" verschrieben, die Weinberge werden manuell bearbeitet, biologisch, versteht sich, die Weine werden auf einer Korbpresse gekeltert, weder geschönt noch filtriert, sie werden im Holz ausgebaut, teils in Stückfässern, teils in 300 Liter-Barriques, sie durchlaufen die malolaktische Gärung, Silvaner und Riesling bleiben 18 Monate im Fass, vor der Abfüllung wird ein klein wenig geschwefelt, im Jahrgang 2013 hat Stefan Vetter einen Silvaner 18 Monate maischevergoren und überhaupt nicht geschwefelt.

Kollektion

Stefan Vetter setzt den eingeschlagenen Weg konsequent fort. Neu ist in diesem Jahr ein Spätburgunder, der fruchtbetont und würzig im Bouquet ist, frisch, schlank und zupackend im Mund. Der Riesling ist würzig, lebhaft, eindringlich, etwas unruhig. Sehr stimmig ist einmal mehr die Sylvaner-Serie. Der Steinterrassen-Sylvaner zeigt viel Würze und Duft, ist sehr karg im Mund, zupackend, strukturiert. Der Muschelkalk-Sylvaner stammt von über 50 Jahre alten Reben im Kalbenstein, er ist würzig, zeigt etwas gelbe Früchte, Orangen, viel Duft, ist stoffig im Mund, kompakt. Der Keuper-Sylvaner, von ebenfalls über 50 Jahre alten Reben, aber im Casteller Kirchberg, ist etwas offener, klar und kraftvoll, hat Saft und Substanz. Der Rosenrain stammt von einer kleinen Parzelle mit wurzelechten Reben im Kalbenstein. Er ist würzig, duftig, eindringlich hat Fülle, Kraft, Struktur und Biss, ist noch sehr jugendlich. Präzise und druckvoll ist auch der achtzehn Monate auf der Maische vergorene „Schale, Stiel & Stengel", kraftvoll und stoffig. Erneut eine spannende, extrem eigenständige Kollektion!

Weinbewertung

87 2015 Sylvaner trocken „Steinterrassen Sandstein" **10,5 %/16,- €**
87 2015 Riesling trocken „Steinterrassen Sandstein & Muschelkalk" **11,5 %/16,- €**
88 2015 Sylvaner trocken „CK" „Keuper" **11,5 %/27,- €**
88 2015 Sylvaner trocken „GK" „Muschelkalk" **12 %/27,- €**
89 2015 Sylvaner trocken „Rosenrain" **11 %/42,- €**
89 2015 Sylvaner trocken „Schale, Stiel & Stengel" **11,5 %**
85 2016 Spätburgunder trocken „Steinterrassen" **11 %**

V

VIERMORGENHOF

★

KONTAKT

In den Viermorgen 8
54538 Kinheim
Tel. 06532-2025
Fax: 06532-1680
www.viermorgenhof.de
daniel@viermorgenhof.de

Inhaber
Reinhard Molitor
Rebfläche
6,5 Hektar
Produktion
16.000 Flaschen

BESUCHSZEITEN

Mo.-So. jederzeit nach Vereinbarung

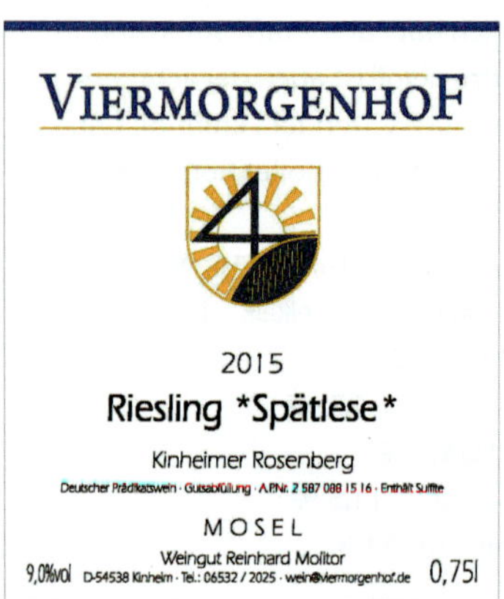

Der Viermorgenhof, benannt nach dem alten Flurstück „in den Viermorgen", hat seit 1974 seinen Sitz auf der rechten Moselseite im Kinheimer Ortsteil Kindel, wird heute von Reinhard Molitor geführt. Seine Weinberge befinden sich in den Kinheimer Lagen Rosenberg und Hubertuslay. Neben Riesling werden etwas Müller-Thurgau, Weißburgunder, Spätburgunder sowie Cabernet Blanc und die pilzwiderstandsfähige Rebsorte Cal 6-04 angebaut. Sohn Daniel hat in Geisenheim und Gießen Önologie studiert und wurde in Gießen zum Doktor der Agrarwissenschaften promoviert. Zusammen mit Ehefrau Julia, die aus dem Weingut Meulenhof in Erden stammt, hat er mit dem Jahrgang 2015 die Weinlinie Stairs n' Roses kreiert, in der es unter anderem einen Orangewein und eine Lagencuvée aus Erden und Kinheim gibt. In der eigenen Brennerei werden Branntweine, Edelbrände und Obstliköre erzeugt.

Kollektion

Beim Debüt im vergangenen Jahr sahen wir Stärken im süßen und edelsüßen Sortiment der klassischen Linie, aber auch unter den eher modern wirkenden Abfüllungen der Linie Stairs n' Roses. Eine Einschätzung, die wir dieses Mal bestätigen können. Man traut sich etwas zu in diesem Betrieb, auch wenn man über Namen wie „Ohrenschwein" – gemeint ist ein Orange Wine – diskutieren kann. Wir probierten einen 2015er, der 18 Monate gereift war und der mit seiner Würze, die Anklänge an Marzipan beinhaltete, mit seiner kraftvollen, trockenen Art, aber auch einer attraktiven Säure überzeugte. Ein Orange Wine, der auch jene überzeugen könnte, die dieser Weingattung skeptisch gegenüberstehen. Aus dem klassischen Sortiment macht beispielsweise der kräuterwürzige Sekt (42 Monate auf der Hefe) Spaß, aus dem modernen der „Honeymoon", ein Wein aus in Kisten eingetrockneten Trauben. Anders als man vermuten könnte, ist diese Spezialität sehr frisch und duftig, zeigt Noten von Birne, Aprikose und Zitrus, besitzt trotz hoher Süße Eleganz.

Weinbewertung

84 Riesling Sekt extra-brut **12,5 %/8,50 €**
82 2016 Riesling trocken (1l) **12 %/5,- €**
83 2016 Riesling Spätlese trocken **12,5 %/7,- €**
86 2015 Stairs n' Roses Ohrenschwein 18 Monate gereift **12 %/9,80 €**
79 2016 Weißburgunder Classic **12,5 %/5,50 €**
82 2016 Riesling Classic **11 %/5,50 €**
83 2016 Riesling Spätlese „feinherb" **11 %/7,- €**
86 2016 Riesling Kabinett „Stairs n' Roses" „Sweet Child" **8 %/9,- €**
85 2016 Riesling Spätlese Kinheimer Rosenberg **8 %/7,- €**
85 2016 Riesling Auslese Kinheimer Rosenberg **7,5 %/10,- €**
87 2016 „Stairs n' Roses" „Honeymoon" **9 %/15,- €/0,375l**

Villa Heynburg

★

KONTAKT

Burgunderplatz 3
77876 Kappelrodeck
Tel. 07842-9967500
Fax: 07842-9967505
www.villa-heynburg.de
info@villa-heynburg.de

Geschäftsführer
Marco Köninger
Kellermeister
Alexander Spinner
Rebfläche
8 Hektar
Produktion
50.000 Flaschen

BESUCHSZEITEN

Mo.-Fr. 8-12 + 13:30-17:30 Uhr, Sa. 9-13 Uhr, So. 10-13 Uhr (Mai-Okt.)

Die Villa Heynburg am Fuß von Schloss Rodeck war einst Mittelpunkt eines adligen Weingutes, seit 1990 ist das Grundstück im Besitz des Winzerkellers Hex vom Dasenstein. Aus ausgesuchten Parzellen und ertragsreduzierten Anlagen wird seit 2008 unter dem Namen Villa Heynburg eine eigene Weinlinie vermarktet. Spätburgunder ist die wichtigste Rebsorte, gefolgt von Weißburgunder, Grauburgunder und Chardonnay, dazu gibt es Riesling, Müller-Thurgau, St. Laurent, Cabernet Sauvignon und Gewürztraminer. Alle Rotweine werden maischevergoren und im Barrique ausgebaut, die Basislinie in gebrauchten Barriques, Reserve- und Grande Reserve-Weine in neuen oder einmal belegten Fässern, sie werden unfiltriert abgefüllt. Die weißen Burgunder werden teils im Edelstahl, teils im Barrique ausgebaut, der Riesling nur im Edelstahl, alle durchlaufen teilweise den biologischen Säureabbau, bleiben lange auf der Hefe und werden spät gefüllt. Geschäftsführer ist wie beim Winzerkeller Hex vom Dasenstein Marco Köninger, für den Weinausbau ist seit April 2014 Alexander Spinner verantwortlich, der langjährige Betriebsleiter und Kellermeister von Schloss Neuweier.

Kollektion

Mit einer starken Kollektion schließt Alexander Spinner an die guten Vorjahre an, unsere leichte Präferenz gilt dem roten Segment. Die 2016er Weißweine sind fruchtbetont und klar, der reintönige, zupackende Riesling gefällt uns besonders gut. Noch etwas besser finden wir den fülligen, kraftvollen Chardonnay Nr. 13 aus dem Jahrgang 2015, der Rosé ist ein fruchtbetonter Zechwein. Den Cabernet Sauvignon hatten wir schon im vergangenen Jahr vorgestellt. Der Spätburgunder zeigt dezent Gewürze, besitzt Fülle und Kraft, steht der noch etwas gewürzduftigeren Reserve-Variante kaum nach. Unser Favorit ist der St. Laurent, der intensive Frucht zeigt, Schokolade, Fülle und Kraft besitzt, reife Frucht, gute Struktur und Substanz.

Weinbewertung

82	2015 Weißburgunder Crémant brut **13 %/14,- €**
84	2016 Riesling trocken **13 %/7,90 €**
82	2016 Weißburgunder trocken **13,5 %/7,90 €**
82	2016 Grauburgunder trocken **14 %/7,90 €**
81	2016 Chardonnay trocken **13,5 %/9,90 €**
85	2015 Chardonnay trocken „Nr. 13" **14 %/9,90 €**
83	2016 „Freistil" Rosé trocken **12,5 %/6,20 €**
87	2014 St. Laurent trocken „Reserve" **13,5 %/15,- €**
85	2013 Spätburgunder trocken **14 %/9,90 €**
86	2013 Spätburgunder trocken „Réserve" **13,5 %/15,- €**
84	2013 Cabernet Sauvignon trocken **14 %/18,- €**

V

Weinbau am Schwanberg

Der Schwanberg mit seinen Weinlagen

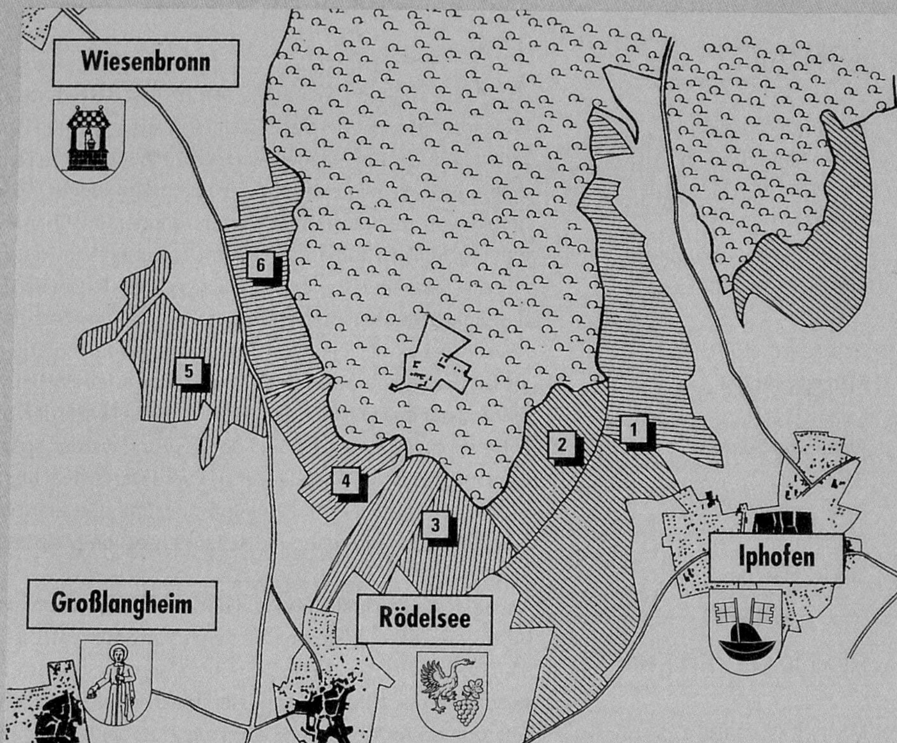

Heute wächst der Wein in folgenden Lagen am Schwanberg:

Iphofen

1 Iphöfer Kronsberg

2 Iphöfer Julius Echter Berg

Rödelsee

3 Rödelseer Küchenmeister

4 Rödelseer Schwanleite

Großlangheim

5 Großlangheimer Kiliansberg

Wiesenbronn

6 Wiesenbronner Wachhügel

Die Ursprünge des Weinbaus am Schwanberg liegen im dunkeln. Doch kann davon ausgegangen werden, daß hier seit rund 1000 Jahren Wein angebaut wird.

Der Schwanberg verleiht „seinem“ Wein ein ganz besonderes Aroma: würzig, rassig, kräftig oder zart, elegant und duftig.
Es ist für jeden Geschmack etwas dabei.

Und wenn wir auf unsere Winzer hören, so haben auch sie nur das höchste Lob zu vergeben: „Mer kann na trink.“

VOLLHALS

★

KONTAKT

Crailsheimerstraße 3
97348 Rödelsee
Tel. 09323-3738
Fax: 09323-3736
www.weingut-vollhals.de
info@weingut-vollhals.de

Inhaber
Jens Vollhals
Rebfläche
7,08 Hektar
Produktion
80.000 Flaschen

BESUCHSZEITEN

Mo.-Fr. 8-18 Uhr
Häckerstube

Jens Vollhals, Weinbautechniker, hat das Weingut 2012 von seinen Eltern Erwin und Sigrid Vollhals übernommen. Seine Weinberge liegen alle am Fuße des Steigerwalds, vor allem in den beiden Rödelseer Lagen Küchenmeister und Schwanleite, aber auch im Wiesenbronner Wachhügel, im Iphöfer Kronsberg und im Großlangheimer Kiliansberg, die Reben wachsen auf Gipskeuperböden. Silvaner ist die wichtigste Rebsorte im Betrieb, nimmt gut ein Drittel der Rebfläche ein. Es folgen Müller-Thurgau und Bacchus, Scheurebe, Grauburgunder und Riesling, dazu gibt es die roten Sorten Dornfelder, Regent und Domina.

Kollektion

Die Silvaner stachen im vergangenen Jahr aus einer guten, gleichmäßigen Kollektion hervor, den fülligen, saftigen Barrique-Silvaner konnten wir dieses Jahr erneut verkosten. Die Basis stimmt wie schon im letzten Jahr, der Liter-Silvaner aus dem Küchenmeister ist geradlinig und klar, der trockene Silvaner Kabinett aus der Schwanleite, Jahrgang 2015, besitzt reife Frucht und Saft. Etwas opulenter noch ist die trockene Küchenmeister-Spätlese, besitzt viel Fülle und reife Frucht. Sehr gleichmäßig präsentieren sich die fünf Kabinettweine des Jahrgangs, die wir mit Ausnahme der lustvollen Cuvée identisch bewertet haben. Der Grauburgunder ist fruchtbetont und geradlinig, die Scheurebe schön sortentypisch, der Riesling frisch und zupackend, der Müller-Thurgau geradlinig und frisch. Eine gute Figur machen auch die beiden Rotweine des Jahrgangs 2015. Die Domina aus der Schwanleite ist würzig und eindringlich, klar und zupackend, der Regent aus dem Kronsberg besitzt sortentypische Frucht, ist geradlinig und zupackend. Erneut eine stimmige, gleichmäßige Kollektion.

Weinbewertung

81 2016 Silvaner Kabinett trocken Rödelseer Küchenmeister (1l) **12,5 %/5,10 €**
83 2015 Silvaner Kabinett trocken Rödelseer Schwanleite **13 %/6,90 €**
82 2016 Müller-Thurgau Kabinett **12,5 %/5,80 €**
82 2016 Scheurebe Kabinett **12 %/5,80 €**
82 2016 Grauburgunder Kabinett **13 %/5,80 €**
82 2016 Riesling Kabinett **13 %/5,80 €**
84 2015 Silvaner Spätlese trocken Rödelseer Küchenmeister **13,5 %/13,50 €**
86 2015 Silvaner Spätlese „nature" Barrique **13,5 %/14,50 €**
81 2016 „LustVoll" Weißwein Kabinett **12,5 %/5,80 €**
82 2015 Bacchus Spätlese „lieblich" Rödelseer Küchenmeister **13 %/13,50 €**
84 2015 Domina trocken Rödelseer Schwanleite **13 %/6,90 €**
84 2015 Regent trocken Iphofer Kronsberg **12,5 %/6,90 €**

V

DR. EVA VOLLMER

★★★

KONTAKT

Nieder-Olmer-Straße 65
55129 Mainz-Ebersheim
Tel. 06136-46472
Fax: 06136-46489
www.evavollmer-wein.de
info@evavollmer-wein.de

Inhaber
Dr. Eva Vollmer &
Robert Wagner
Rebfläche
11 Hektar
Produktion
40.000 Flaschen

BESUCHSZEITEN

Mo./Di./Do. 16-19 Uhr, Fr. 13-19 Uhr, Sa. 9-18 Uhr

Eva Vollmer und Robert Wagner gründeten 2007 ihr eigenes Weingut. Sie ist Diplom-Ingenieurin für Weinbau, machte Praktika in Deutschland und Kalifornien. Ihr Vater Ottmar Vollmer führte einen typischen rheinhessischen Gemischtbetrieb, die Trauben wurden an eine Genossenschaft abgeliefert. Die Weinberge von Eva Vollmer und Robert Wagner liegen in Ebersheim (Hüttberg), Gau-Bischofsheim (Herrnberg), Zornheim und Harxheim, seit einigen Jahren ist sie auch im Niersteiner Pettenthal vertreten. Die Weinberge werden biologisch bewirtschaftet. Riesling und Weißburgunder sind die wichtigsten Rebsorten im Betrieb, es folgen Spätburgunder, Dornfelder, Silvaner und Scheurebe, Roter Riesling ergänzt inzwischen das Sortiment.

Kollektion

Auf das klasse Debüt im vergangenen Jahr folgt eine noch stärkere Kollektion nach. Die Gutsweine sind stark, der Weißburgunder ist klar und geradlinig, der Riesling frisch und zupackend, als Roter Riesling noch ein klein wenig druckvoller. Im Ortswein-Segment ist der füllige, kraftvolle Kalkader-Riesling besonders hervorzuheben, er besitzt gute Struktur und viel reintönige Frucht. Stärker noch ist der im Halbstück ausgebaute Weißburgunder des Jahrgangs 2014, formell gehört er ja zu den Ortsweinen. Er besitzt rauchige Noten, gute Konzentration, Fülle, Kraft, gute Struktur und reintönige Frucht, steht zusammen mit den beiden Lagen-Rieslingen an der Spitze der Kollektion. Der Hüttberg-Riesling zeigt reintönige Frucht im Bouquet, dezente Reife, ist klar im Mund, füllig, kraftvoll, besitzt herrlich viel Frucht und Substanz. Ein klein wenig besser noch gefällt uns der Pettenthal, zeigt rauchige Noten, feine Reife, ist klar und strukturiert im Mundfrisch, zupackend und wunderschön nachhaltig.

Weinbewertung

84	2016 Weißburgunder trocken **13 %/9,20 €**
84	2016 Riesling trocken **12 %/8,90 €**
85	2016 Roter Riesling trocken **13 %/13,20 €**
86	2016 Riesling trocken „Kalkader" Ebersheim **13 %/12,20 €**
84	2016 Scheurebe trocken „Kalkader" Ebersheim **12,5 %/11,20 €**
84	2016 Silvaner trocken „Tonmergel" Harxheim **13 %/11,80 €**
83	2016 Spätburgunder Weißherbst trocken Ebersheim **13 %/10,50 €**
88	2014 Weißburgunder trocken „Halbstück" Gau-Bischofsheim **13 %/14,20 €**
88	2015 Riesling trocken Ebersheimer Hüttberg **13,5 %/17,20 €**
89	2015 Riesling trocken Niersteiner Pettenthal **13,5 %/25,- €**
82	2016 „11 komma 2" Weißwein „feinherb" **11,5 %/8,50 €**
85	2016 Riesling „feinherb" „Tonmergel" Gau-Bischofsheim **12,5 %/10,80 €**

Vols

★★☆

KONTAKT

Zuckerberg 3A
54441 Ayl
Tel. 06581-9850300
Fax: 06581-9850301
www.vols.de
info@vols.de

Inhaber
Helmut Plunien
Rebfläche
8 Hektar

BESUCHSZEITEN

nach Vereinbarung

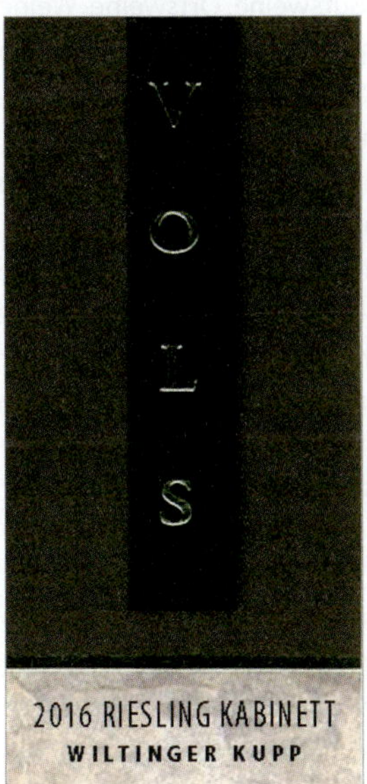

Aus einem kleinen Nebenerwerbsbetrieb entstand nach und nach ein namhaftes Saarweingut, das heute über eine Rebfläche von acht Hektar verfügt. Helmut Plunien, einst Güterdirektor der Bischöflichen Weingüter, begann mit einer überschaubaren Fläche im Wiltinger Schlangengraben. 2010 übernahm er das Weingut Altenhofen in Ayl und damit Weinberge in den Ayler Lagen Kupp, Scheidt und Schonfels; in der Wiltinger Kupp konnte Helmut Plunien einen Rieslingweinberg mit 40 Jahre alten Reben erwerben. Riesling spielt die Hauptrolle in seinen Weinbergen, aber es gibt auch Weißburgunder, Spätburgunder, Chardonnay, Müller-Thurgau und sogar Cabernet Sauvignon. Das Sortiment beginnt mit den Basisweinen wie dem Saar-Riesling, geht über Orts- und Lagenweine bis zum „Vols I", der auf stark verwittertem Devonschiefer in einer wurzelechten Parzelle wächst, die unmittelbar an den Scharzhofberger angrenzt. Der Schlangengraben-Riesling stammt von Rebstöcken, die 1920 gepflanzt wurden. Die Trauben werden mittels selektiver Handlese geerntet, alle Weine werden spontanvergoren und bleiben bis kurz vor der Abfüllung auf der Vollhefe. Für Rotweine kommt das Barrique zum Einsatz.

Kollektion

Aus dem Jahrgang 2016 stellte Helmut Plunien eine Fülle an sehr feinen, duftigen Rieslingen an. Der trocken wirkende Wiltinger Kabinett gefällt uns im Basisbereich mit am besten, der Ayler Riesling in feinherber Variante ist deutlich süß, aber ziseliert – er kann noch Reife vertragen. Der leicht süße Riesling aus der Ayler wirkt etwas verspielter und straffer als sein unruhig-hefig wirkendes Pendant aus der Wiltinger Kupp. Subtil präsentiert sich der „Vols I" mit ausgezeichneter Balance, duftig, schlank und nachhaltig, während der geschmacklich trockene Schlangengraben-Riesling eine komplexe Nase mit Noten von Kräutern und Kernobst zeigt, straff ist und Zukunft hat.

Weinbewertung

85 2016 Weißer Burgunder trocken **11 %/8,- €**
83 2016 „Blanc de Noir" **10 %/8,- €**
84 2016 Riesling „feinherb" Saar **10 %/7,50 €**
85 2016 Riesling „feinherb" Ayler **10 %/8,50 €**
86 2016 Riesling Kabinett Wiltinger **10,5 %/8,50 €**
87 2016 Riesling Kabinett Wiltinger Kupp **8 %/12,50 €**
87 2016 Riesling Kabinett Ayler Kupp **7,5 %/12,50 €**
87+ 2016 Riesling Schlangengraben **11 %/18,- €**
88 2016 Riesling Spätlese „Vols I" **8 %/18,- €**

Wachtstetter

★★★★

KONTAKT

Michelbacher Straße 8
74397 Pfaffenhofen
Tel. 07046-329
Fax: 07046-931000
www.wachtstetter.de
info@wachtstetter.de

Inhaber
Rainer Wachtstetter
Rebfläche
19 Hektar
Produktion
120.000 Flaschen

BESUCHSZEITEN

Do. + Fr. 9-12 + 13:30-18 Uhr,
Sa. 9-16 Uhr und nach
Vereinbarung
Gasthaus Adler

Seit Generationen baut die Familie Wein an, aber erst 1979 begannen Ernst Combé und sein Schwiegersohn Roland Wachtstetter selbst Wein abzufüllen. Mitte der achtziger Jahre wurden die landwirtschaftlichen Flächen verpachtet, erfolgte die Konzentration auf Wein, 1987 stieg Rainer Wachtstetter in den Betrieb ein, kümmert sich seither um den Weinausbau, 2003 hat er das Weingut übernommen, führt es zusammen mit Ehefrau Anette. Bereits seit Beginn des 20. Jahrhunderts gehört der Familie auch das Gasthaus Adler. Seit Rainer Wachtstetter die Regie übernommen hat, wurde die Rebfläche erweitert, der Rotweinanteil ist zuletzt deutlich angestiegen, inzwischen aber hat Rainer Wachtstetter auch sein Herz für weiße Rebsorten entdeckt, glaubt man in den Verkostungen erkennen zu können. Die Weinberge liegen an den steilen Südhängen des Heuchelbergs, hauptsächlich in Pfaffenhofen, die dortige Einzellage heißt Hohenberg. Im unteren Teil des Hanges wachsen die Reben auf Gipskeuper, im oberen Drittel auf Schilfsandsteinböden. Lemberger nimmt gut ein Drittel der Rebfläche ein, es folgen Spätburgunder und Trollinger, vor beiden liegt allerdings inzwischen der Riesling, der ein Fünftel der Fläche einnimmt. Dazu gibt es Grauburgunder, Weißburgunder und Gewürztraminer, sowie einige weitere rote Sorten. Die Rotweine werden im Holz ausgebaut – die Spitzenweine 12 bis 24 Monate im Barrique – und meist unfiltriert abgefüllt, die Weißweinen werden überwiegend im Edelstahl vergoren, nur der Grauburgunder kommt auch ins Holz. Das Sortiment ist vierstufig gegliedert in Gutsweine, Ortsweine, Weine aus Ersten Lagen und Großen Lagen. Die barriqueausgebauten Spitzenweine vermarktet Rainer Wachtstetter in der Linie „Ernst Combé", benannt nach seinem Großvater, der Spitzen-Rotwein war lange Zeit der Lemberger „Junges Schwaben". Seit dem Jahrgang 2009 ergänzt ein Lemberger-Großes Gewächs das Programm, wie der Lemberger Junges Schwaben, der 2002 eingeführt wurde, stammt er aus dem Pfaffenhofener Hohenberg, allerdings kommen sie von unterschiedlichen, auch räumlich getrennten Parzellen. Die Parzelle für den Junges Schwaben ist windoffener, die für das Große Gewächs liegt in einer leichten Mulde. Er trägt seit dem Jahrgang 2011 wie auch der mit dem Jahrgang 2013 erstmals präsentierte Riesling Großes Gewächs den Namen Glaukós. Mit dem Jahrgang 2013 gab es erstmals auch einen Spätburgunder als Großes Gewächs; zum Weingut gehört eine Brennerei.

Kollektion

Wie schon seit einigen Jahren eröffnet der weißgekelterte Lemberger-Sekt den Reigen, er ist rauchig und würzig, klar und zupackend. Die beiden weißen Gutsweine sind frisch und fruchtbetont, der Riesling zeigt etwas Zitrus, der Weißburgunder ist klar und süffig. Eine deutliche Steigerung bringt der Ortswein aus Weiler, zeigt dezent rauchige Noten, besitzt gute Struktur und

Frucht. Der Anna genannte Orts-Riesling ist fruchtbetont, geradlinig, saftig, der Grauburgunder besitzt klare reife Frucht. Unser Favorit unter den weißen Ortsweinen ist der Gewürztraminer, der wunderschön reintönig, strukturiert und fruchtbetont ist. Sehr hohes Niveau zeigen auch die beiden Erste Lage-Weine, der Grauburgunder ist konzentriert, fruchtbetont und zupackend, der Riesling besitzt Fülle, Kraft, reife Frucht und Substanz. Der 2016er Glaukós, bei der Vorpremiere der Großen Gewächse in Wiesbaden verkostet, ist kraftvoll, noch verschlossen, 2015 beginnt sich zu öffnen, besitzt Fülle und Saft, viel reife Frucht und Substanz. Der kirschfruchtige Trollinger von alten Reben ist wunderschön reintönig wie auch der Guts-Lemberger, der Pfaffenhofener Lemberger ist zupackend, strukturiert, der Spätburgunder fruchtbetont und geradlinig. Der Samtrot zeigt intensive Erdbeerfrucht, der Ernst Combé-Lemberger etwas Schokolade und Vanille wie auch die Cuvée, die Fülle, Kraft und Substanz besitzt. Der 2014er Glaukós-Lemberger ist kompakt, konzentriert, besitzt reife Frucht, der in Wiesbaden verkostete 2015er verspricht mehr Komplexität und intensivere Frucht, der duftige Spätburgunder besitzt Fülle und Saft. Gewohnt starke Kollektion, die Weißen legen weiter zu!

Weinbewertung

86 2015 Lemberger Sekt „weißgekeltert" brut **12,5 %/13,- €**
84 2016 Riesling trocken **12 %/7,- €**
84 2016 Weißburgunder trocken **12,5 %/7,- €**
86 2016 Riesling trocken „Anna" Pfaffenhofen **12,5 %/9,80 €**
87 2016 Weißburgunder trocken „Weiler a.d. Zaber" **13 %/9,80 €**
86 2016 Grauburgunder trocken Pfaffenhofen **13 %/9,80 €**
88 2016 Gewürztraminer trocken Pfaffenhofen **12,5 %/9,80 €** ☺
89 2016 Riesling trocken Pfaffenhofen Hohenberg **13 %/16,- €**
88 2016 Grauburgunder trocken Pfaffenhofen Hohenberg **13 %/16,- €**
90 2015 Riesling trocken „GG" „Glaukós" Pfaffenhofen Hohenberg **13 %/20,- €**
90 2016 Riesling trocken „GG" „Glaukós" Pfaffenhofen Hohenberg
85 2015 Trollinger trocken „Alte Reben" **13 %/9,80 €**
85 2015 Lemberger trocken **13 %/7,- €**
86 2015 Spätburgunder trocken Pfaffenhofen **13 %/9,80 €**
86 2015 Lemberger trocken „Felix" Pfaffenhofen **13 %/9,80 €**
87 2015 Samtrot trocken Pfaffenhofen Hohenberg **13 %/14,50 €**
88 2015 Lemberger trocken „Ernst Combé" Pfaffenhofen Hohenberg **13,5 %/18,- €**
89 2015 „Cuvée Ernst Combé" Rotwein trocken **13,5 %/18,- €**
90 2014 Lemberger trocken „GG" „Glaukós" Pfaffenhofen Hohenberg 13 %/25,- €
92 2015 Lemberger trocken „GG" „Glaukós" Pfaffenhofen Hohenberg
90 2015 Spätburgunder trocken „GG" „Glaukós" Pfaffenhofen Hohenberg

LAGEN

HOHENBERG (PFAFFENHOFEN)
KAISERBERG (GÜGLINGEN)

REBSORTEN

LEMBERGER (35 %)
RIESLING (25 %)
SPÄTBURGUNDER (10 %)
TROLLINGER (10 %)
GRAUBURGUNDER
GEWÜRZTRAMINER
SAMTROT

Schloss Wackerbarth

★★

KONTAKT

Wackerbarthstraße 1
01445 Radebeul
Tel. 0351-89550
Fax: 0351-8955150
www.schloss-wackerbarth.de
kontakt@schloss-wackerbarth.de

Inhaber Sächsische Aufbaubank
Geschäftsführerin Sonja Schilg
Betriebsleiter Jürgen Aumüller
Rebfläche 104 Hektar
Produktion 600.000 Flaschen

BESUCHSZEITEN

Gutsmarkt: täglich 9:30-22 Uhr; Gasthaus: Di.-Sa. 12-22 Uhr, So. 10-18 Uhr; Veranstaltungen

Reichsgraf August Christoph von Wackerbarth, Minister im Kabinett von August dem Starken, ließ sich in Niederlößnitz, heute Stadtteil von Radebeul, in den Jahren 1727 bis 1730 als Alterssitz ein Barockschloss mit Französischem Garten erbauen. Heute ist Schloss Wackerbarth Sitz des Sächsischen Staatsweingutes, das 1928 in Radebeul gegründet worden war und seit 1998 unter der Regie der Sächsischen Aufbaubank steht. 2002 wurde die umfangreiche, zweijährige Sanierung des Schlosses abgeschlossen. Dieses bewirtschaftet an der Sächsischen Weinstraße zwischen Diesbar-Seußlitz und Radebeul über 100 Hektar Weinberge, ein Drittel davon in Steillagen. Dazu gehören die Radebeuler Lagen Goldener Wagen, Steinrücken und Johannisberg, die 2015 neu in die Lagenrolle eingetragene Lage Paradies (zuvor Teil des Steinrücken), sowie die Seußlitzer Lage Heinrichsburg. An weißen Sorten gibt es vor allem Riesling, Bacchus, Müller-Thurgau, Kerner und Weißburgunder, dazu Spezialitäten wie Traminer, Scheurebe und Goldriesling. An roten Rebsorten baut man Dornfelder, Spätburgunder und Frühburgunder an, inzwischen auch Blaufränkisch. Die Sektproduktion spielt eine sehr wichtige Rolle auf Schloss Wackerbarth.

Kollektion

Die neue Kollektion ist gleichmäßig und stark, wird angeführt vom Blaufränkisch, dessen Vorgänger uns schon im vergangenen Jahr sehr gut gefallen hatte. Der 2015er zeigt rauchige Noten, reife Frucht, gute Konzentration, besitzt Fülle und Kraft, reife Frucht, gute Struktur und Substanz. Der Grauburgunder ist fruchtbetont und zupackend, die Scheurebe ist klar und geradlinig. Der Riesling Kabinett ist recht würzig, dies gilt auch für die Spätlese, die mehr Fülle und süße Frucht besitzt. Trocken ausgebaut ist die Cuvée Edition 1950, die kraftvoll und zupackend ist, gute Struktur und Substanz besitzt. Der Traminer gefällt uns solo besser als in der Cuvée mit Riesling, besitzt reintönige süße Frucht, viel Fülle und Saft. ━

Weinbewertung

82 2014 Pinot Sekt brut **12 %/18,90 €**
83 2016 Grauburgunder trocken **12,5 %/13,50 €**
83 2016 Riesling Kabinett Radebeuler Wackerbarthberg **9,5 %/14,90 €**
85 2016 „Edition 1950" Radebeuler Goldener Wagen **13 %/19,90 €**
83 2016 Scheurebe **11,5 %/13,50 €**
85 2016 Riesling Spätlese Radebeuler Paradies **9 %/15,90 €**
83 2016 Riesling & Traminer Radebeuler Paradies **10,5 %/14,90 €**
85 2016 Traminer Spätlese Radebeuler Goldener Wagen **12 %/15,90 €**
86 2015 Blaufränkisch trocken **14 %/18,90 €**

Wageck-Pfaffmann

★★★☆

KONTAKT

Luitpoldstraße 1
67281 Bissersheim
Tel. 06359-2216
Fax: 06359-86668
www.wageck-pfaffmann.de
weingut@wageck-pfaffmann.de

Inhaber
Gunter & Gertraud Pfaffmann
Frank & Thomas Pfaffmann
Rebfläche
50 Hektar
Produktion
300.000 Flaschen

BESUCHSZEITEN

Mo.-Sa. 8-12 + 13-18 Uhr, So. 10-12 Uhr und nach Vereinbarung

Das Weingut in seiner heutigen Form ist entstanden, als Gunter Pfaffmann aus Walsheim 1973 in den Betrieb eingeheiratet hat. Gunter und Gertraud Pfaffmann werden im Betrieb unterstützt von ihren Söhnen Frank und Thomas. Geisenheim-Absolvent Frank kümmert sich hauptsächlich um Keller und Außenbetrieb, Thomas ist für Büro und Verkauf zuständig. Die Weinberge der Familie Pfaffmann liegen in Bissersheim (Goldberg, Steig, Orlenberg), Großkarlbach (Burgweg und Osterberg) und Kirchheim (Steinacker). In den letzten Jahren wurde das Sortiment gestrafft und in Guts-, Orts- und Lagenweine gegliedert, dazu kommen in den besten Jahren noch einige „Réserve"-Weine, auf den neuen Etiketten steht wieder der alte Weingutsname Wageck.

Kollektion

Die drei 2015er Lagenspätburgunder sind sogar noch etwas stärker als ihre Vorgänger aus 2014, sie zeigen nur sehr dezentes Holz, besitzen gute Struktur mit noch jugendlichen Tanninen, brauchen viel Luft und bleiben über Tage hinweg stabil in der offenen Flasche, der Burgweg zeigt kühle Sauerkirschfrucht und kräutrige Noten, der Goldberg besitzt gute Konzentration, zeigt Erd- und Himbeeren im Bouquet und der Geisberg zeigt dunkle Kräuterwürze, ist elegant und sehr lang. Stark sind auch die beiden Lagenchardonnay, der Sülzner Weg zeigt feine Röstnoten und klare, gelbe Frucht, besitzt Konzentration und Länge, der neue Geisberg zeigt mineralische Noten und feine Zitruswürze, das Holz ist kaum spürbar, er ist elegant und nachhaltig. Sehr gute Kollektion, in der auch der Sauvignon Blanc „Fumé", der St. Laurent und die Cuvée „Wilhelm" glänzen!

Weinbewertung

82 2016 „Heroine" Weißwein trocken **12,5 %/7,90 €**
83 2016 Riesling trocken „Fundament" **12 %/7,90 €**
84 2016 Sauvignon Blanc trocken „Tertiär" **12,5 %/9,90 €**
85 2016 Weißer Burgunder trocken „Kalkmergel" Großkarlbach **13,5 %/13,90 €**
86 2016 Chardonnay trocken „Kalkmergel" Bissersheim **13 %/13,90 €**
89 2016 Sauvignon Blanc trocken „Fumé" „Réserve" Goldberg **13 %/19,90 €**
89 2016 Chardonnay trocken Bissersheimer Links am Sülznerweg **13 %/22,90 €**
90 2016 Chardonnay trocken „Geisberg" **13 %/34,90 €**
86 2015 Spätburgunder trocken „Tertiär" **13,5 %/11,90 €**
89 2014 „Cuvée Wilhelm" Rotwein trocken **14 %/21,90 €**
88 2015 Portugieser trocken „Réserve" „Alte Reben HW1931" **13,5 %/28,90 €**
89 2015 St. Laurent tr. „Réserve" Bissersheimer Goldberg **13 %/28,90 €**
90 2015 Spätburgunder trocken Großkarlbacher Burgweg **13 %/29,90 €**
91 2015 Spätburgunder trocken Bissersheimer Goldberg **13 %/29,90 €**
92 2015 Pinot Noir trocken „Geisberg" **13 %/54,90 €**

Dr. Heinz Wagner

★★★

KONTAKT

Bahnhofstraße 3
54439 Saarburg
Tel. 06581-2457
Fax: 06581-6093
www.weingutdrwagner.de
info@weingutdrwagner.de

Inhaber
Christiane Wagner
Rebfläche
7 Hektar
Produktion
50.000 Flaschen

BESUCHSZEITEN

Mo.-Fr. 9:30-12 + 13:30-17 Uhr,
Sa. 9:30-13 Uhr
Ferienhaus, Ferienwohnung

Josef Heinrich Wagner gründete 1880 eine Wein- und Sektkellerei, seit 2009 wird das daraus entstandene Familienweingut in nunmehr fünfter Generation von Geisenheim-Absolventin Christiane Wagner geführt, die den Betrieb von ihrem Vater Heinz übernahm. Ihre Weinberge befinden sich in den Saarburger Lagen Rausch und Kupp sowie im Ockfener Bockstein. Angebaut wird ausschließlich Riesling. Die Weine werden im traditionellen Fuder vergoren und ausgebaut, reifen im größten Gewölbekeller der Saar. Seit den neunziger Jahren wird auch wieder Sekt erzeugt und die alte Familientradition fortgeführt, war Josef Heinrich Wagner doch der Erste an der Saar, der Sekte im klassischen Verfahren erzeugte.

Kollektion

Christine Wagner bewies im vergangenen Jahr, dass sie ausgezeichnet mit einem eher warmen Jahr zurechtgekommen ist. Nun zeigt die junge Winzerin, wie gut ihr Selbiges beim deutlich verschiedenen 2016er gelungen ist. Ein nach Kräutern und Hefe duftender Sekt führt das Programm an, ist frisch und würzig, überdurchschnittlich lang, alles andere als sättigend. Perfekt balanciert sind der Basiswein in trockener Version und der etwas filigranere trockene Kabinett. Den trockenen „Alten Reben" steht im feinherben Bereich ein gleichwertiger Partner zur Verfügung: Die „Josef Heinrich" genannte Spätlese besitzt eine wunderschöne Kräuterwürze und viel Schmelz, verfügt dabei zwar über eine merkliche Süße, ist aber dennoch ausgewogen. 2016 wurde zum zweiten Mal ein Großes Gewächs aus der Rausch erzeugt, der Wein besitzt Fülle, Saft und Substanz. Exzellent gelungen, im bestmöglichen Saarstil, sind auch die süßen Weine, vom Bockstein-Kabinett bis zur eleganten Auslese aus gleicher Lage. Eine sehr überzeugende Leistung, konsequent vom Anfang bis zum Ende.

Weinbewertung

86 Riesling Sekt brut **14,90 €**
86 2016 Riesling trocken Saar **12 %/8,60 €**
87 2016 Riesling Kabinett trocken **10,5 %/10,80 €**
89 2016 Riesling Spätlese trocken „Alte Reben" **12 %/14,90 €**
90 2016 Riesling „GG" Rausch Saarburg **12 %/21,50 €**
87 2016 Riesling „Generation V" **11,5 %/11,60 €**
85 2016 Riesling „feinherb" Saar **10,5 %/8,60 €**
87 2016 Riesling Kabinett „feinherb" **9 %/10,80 €**
89 2016 Riesling Spätlese „Josef Heinrich" Saarburger Rausch **9 %/14,90 €**
87 2016 Riesling Kabinett Ockfener Bockstein **8 %/10,80 €**
90 2016 Riesling Spätlese Ockfener Bockstein **7 %/14,90 €** ☺
90 2016 Riesling Auslese Ockfener Bockstein **8 %/22,50 €**

WAGNER

★

KONTAKT

Kelteräcker 1, 71397
Leutenbach-Weiler zum Stein
Tel. 07195-61509, Fax: -174616
www.wagnerweingut.de
info@wagnerweingut.de

Inhaber: Weingut Wagner GbR
Rebfläche: 3,5 Hektar
Produktion: 22.000 Flaschen

BESUCHSZEITEN

Mi. + Fr. 17-19 Uhr, Sa. 9-13 Uhr und nach Ver.; Besenwirtschaft

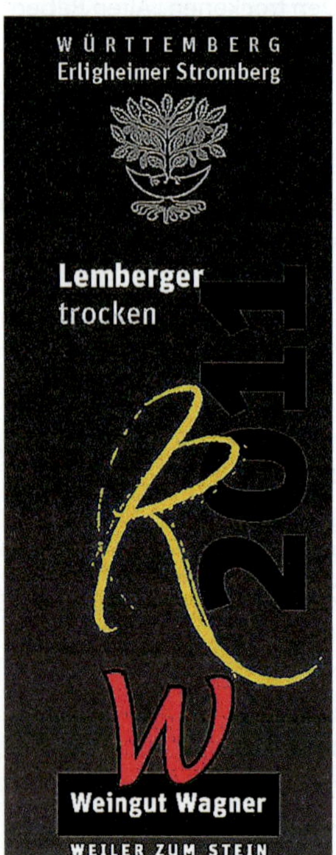

Die Wagners in Leutenbach-Weiler zum Stein begannen 1994 mit der Selbstvermarktung, im Dezember 1999 wurde die Besenwirtschaft eröffnet, die seither viermal im Jahr für jeweils knapp drei Wochen geöffnet hat. Die Weinberge liegen alle in Erligheim, wo die Reben auf Keuperböden wachsen. Der Großteil der Rebfläche ist mit roten Reben bestockt: Lemberger, Trollinger, Spätburgunder, Portugieser und Muskat-Trollinger, neuerdings wird auch Merlot angebaut. Alle Rotweine werden maischevergoren. An weißen Sorten gab es anfangs nur Riesling, Sauvignon Blanc und Gewürztraminer wurden neu gepflanzt. Junior Robin Wagner hat seine Winzerlehre (bei Klopfer und Wachtstetter) abgeschlossen, anschließend ein Praktikum in Australien absolviert, derzeit besucht er die Technikerschule in Weinsberg. Er ist für den Weinausbau verantwortlich, hatte bereits 2010 einen Lemberger im Barrique ausgebaut. Die weißen Selektionsweine („S")werden lange auf der Feinhefe ausgebaut, die roten werden im Holz ausgebaut und ebenso wie die im Barrique ausgebauten Reserveweine („R") unfiltriert abgefüllt. Halbtrockene Weine werden mit dem Buchstaben „M" (Mild) gekennzeichnet. Die gesamte Produktion wird über die Flasche vermarktet.

Kollektion

Es geht voran. Die Kollektion präsentiert sich geschlossen, vor allem die Rotweine überzeugen, besitzen reintönige Frucht. Aber auch die beiden Weißweine können sich sehen lassen: Der Riesling ist geradlinig und frisch bei feiner süßer Frucht, der Sauvignon Blanc ist reintönig und zupackend. Die rote Cuvée ist frisch und fruchtbetont, der Merlot zeigt rauchig-würzige Noten, ist füllig und kraftvoll, besitzt reife Frucht und gute Struktur. Auch der Spätburgunder ist frisch und fruchtbetont, klar und zupackend bei feiner Frucht. Der Lemberger S ist wunderschön reintönig im Bouquet, klar und geradlinig im Mund, frisch und zupackend. Der beste Wein der Kollektion ist einmal mehr der Lemberger R: Er ist fruchtbetont im Bouquet, zeigt rauchige Noten, ist frisch im Mund, reintönig und zupackend, besitzt gute Struktur und klare Frucht. Im Aufwind!

Weinbewertung

82	2016 Riesling trocken „S" Erligheimer Stromberg **12,5 %/7,30 €**
82	2016 Sauvignon Blanc „S" trocken Erligheimer Stromberg **12,5 %/9,10 €**
81	2015 „Vision S" Rotwein trocken Erligheimer Stromberg **13 %/7,- €**
82	2015 Spätburgunder „S" trocken Erligheimer Stromberg **13 %/8,50 €**
85	2015 Merlot „S" trocken Erligheimer Stromberg **13,5 %/9,10 €**
84	2015 Lemberger „S" trocken Erligheimer Stromberg **13 %/8,50 €**
86	2015 Lemberger „R" trocken Erligheimer Stromberg **13 %/15,60 €**

W

WAGNER

★☆

KONTAKT

Hauptstraße 30
55270 Essenheim
Tel. 06136-87438
Fax: 06136-814709
www.wagner-wein.de
info@wagner-wein.de

Inhaber
Ulrich Wagner,
Dr. Andreas Wagner
Rebfläche
17 Hektar
Produktion
100.000 Flaschen

BESUCHSZEITEN

an allen Tagen geöffnet: Mo.-Sa. 8-20 Uhr, So. 13-18 Uhr Straußwirtschaft (Mai, Juni, Juli, Sept.); „Hoffestspiele", Kleinkunstbühne: Theater, Kabarett und Musik im alten Fachwerkhof (Jun./Juli), Weinbergswanderungen, Krimi-Wanderungen, Krimi-Lesungen aus den eigenen Büchern

Bereits im Jahr 1692 erwarben die Vorfahren der heutigen Besitzer Weinberge in Essenheim. 2002 haben die Brüder Ulrich und Andreas Wagner das Weingut von ihrem Vater Rudolf übernommen. Geisenheim-Absolvent Ulrich hatte nach Studienabschluss praktische Erfahrungen in Südafrika und beim Weingut Dr. Heger gesammelt. Er ist für den Keller verantwortlich, während der promovierte Historiker Andreas – der seit 2007 mehrere Winzerkrimis veröffentlichte – sich um die Vermarktung kümmert. Inzwischen ist auch der dritte Bruder Christian im Betrieb tätig. Ihre wichtigsten Lagen sind Teufelspfad in Essenheim und Blume und Bockstein in Elsheim. Sie bauen Riesling, Grauburgunder, Silvaner, Weißburgunder und Sauvignon Blanc an, dazu die roten Sorten Spätburgunder, Merlot, Cabernet Sauvignon und Syrah. Die besten Weine eines Jahrgangs werden in der Linie „Jean" (der Name des Urgroßvaters) vermarktet, darüber gibt es seit einigen Jahren eine Reserve-Linie.

Kollektion

Die 2016er Weißweine sind sehr zurückhaltend, allzu verhalten, mit einer Ausnahme: Der Reserve-Riesling aus dem Teufelspfad zeigt gute Konzentration im Bouquet, viel Würze und reife Frucht, ist füllig und kraftvoll im Mund, besitzt reife Frucht und gute Substanz. Geschlossener präsentiert sich das rote Segment, in dem vor allem die beiden 2013er Weine überzeugen. Die Cuvée aus Cabernet Sauvignon und Merlot zeigt rote Früchte im Bouquet, Cassis, ist füllig und kraftvoll im Mund, besitzt reife Frucht und gute Struktur. Sehr von Gewürznoten geprägt ist der Reserve-Spätburgunder aus dem Teufelspfad, die Gewürznoten und Tannine treten heute sehr in den Vordergrund, jung war er uns viel versprechender erschienen, bestach er mit Kraft und jugendlichem Elan.

Weinbewertung

80	2016 Weißer Burgunder trocken Essenheim Domherr **12 %/5,- €**
80	2016 Scheurebe Spätlese trocken Essenheim Teufelspfad **12,5 %/8,- €**
81	2016 Riesling trocken „Mergel Jean" Essenheim Teufelspfad **13 %/8,- €**
80	2016 Riesling trocken „Löss Jean" Essenheim Teufelspfad **12,5 %/8,- €**
82	2016 Weißer Burgunder Spätlese trocken „Jean" Elsheimer Blume **12,5 %/8,- €**
80	2016 Grauer Burgunder Spätlese trocken „Mergel Jean" Teufelspfad **13,5 %/8,- €**
81	2016 Sauvignon Blanc trocken „Löss Jean" Essenheim Teufelspfad **12,5 %/8,- €**
85	2016 Riesling Spätlese trocken „Reserve" Essenheim Teufelspfad **13 %/18,- €**
81	2016 Spätburgunder Rosé trocken Essenheim Teufelspfad **12,5 %/5,- €**
81	2015 Spätburgunder Spätlese trocken „Mergel Jean" Teufelspfad **14 %/19,- €**
84	2013 Cabernet Sauvignon & Merlot trocken Essenheim Teufelspfad **13 %/12,- €**
84	2013 Spätburgunder Spätlese trocken „Reserve" Teufelspfad **13,5 %/18,- €**

W

Wagner-Stempel

★★★★

KONTAKT

Wöllsteiner Straße 10
55599 Siefersheim
Tel. 06703-960330
Fax: 06703-960331
www.wagner-stempel.de
info@wagner-stempel.de

Inhaber
Daniel Wagner
Rebfläche
20 Hektar
Produktion
160.000 Flaschen

BESUCHSZEITEN

nach Vereinbarung

Seit Daniel Wagner 1992 sich um die Vinifikation kümmerte, inzwischen ist er Inhaber des Gutes, ging es steil bergauf, so war er 2007 unser Aufsteiger des Jahres in Deutschland. 1845 wurde der Grundstein des Wagnerschen Hofes gelegt, Daniel Wagner führt heute in neunter Generation das Gut. Seine Weinberge liegen in den Siefersheimer Lagen Heerkretz, Höllberg und Goldenes Horn. Das Besondere an den Siefersheimer Lagen ist der Porphyrfels im Untergrund, der den Weinen eine ganz eigene Note verleiht. Hauptlage ist die Siefersheimer Heerkretz, in der Daniel Wagner inzwischen 9 Hektar in mehr als 20 Parzellen besitzt, wovon allerdings 3 Hektar derzeit brachliegen. Die Heerkretz, ein vulkanischer Steilabbruch südlich von Siefersheim, ist stark zerklüftet, südost-exponiert, der Boden besteht aus Porphyr und Ton. Der Höllberg, nördlich von Siefersheim gelegen, ist süd- bis west-exponiert, besitzt steindurchsetzte Böden auf Porphyr. Aber nicht nur in Siefersheim besitzt Daniel Wagner Weinberge, auch in den Nachbargemeinden Fürfeld und Neu-Bamberg ist er vertreten. Wichtigste Rebsorte ist Riesling mit einem Anteil von 50 Prozent. Dazu gibt es ein Viertel weiße Burgundersorten und Chardonnay, 15 Prozent Silvaner, sowie Scheurebe und Sauvignon Blanc. Rote Rebsorten nehmen ganze 5 Prozent der Rebfläche ein. Alle Rotweine kommen ins Barrique und werden unfiltriert abgefüllt. Seit September 2008 werden die Weinberge zertifiziert biologisch bewirtschaftet. Das Sortiment ist dreistufig gegliedert in Gutsweine, Ortsweine und Lagenweine, diese werden trocken als Große Gewächse (aus Heerkretz und Höllberg) oder süß mit Prädikatsbezeichnungen vermarktet. Seit der ersten Ausgabe empfehlen wir die Weine von Wagner-Stempel, im Jahr davor hatten wir die Weine erstmals in Mondo vorgestellt. In diesen fast zwei Jahrzehnten wurde aus einem unbekannten Weingut eine feste Größe in Rheinhessen, der vormals unbekannte Ort Siefersheim ist heute mit seinen Lagen Höllberg und Heerkretz allen Weinfreunden bekannt.

Kollektion

Eine stimmige, starke Kollektion präsentiert Daniel Wagner im Jahrgang 2016, die beste Kollektion der letzten Jahre. Schon die Gutsweine zeigen geschlossen sehr gutes Niveau, sind durch die meist merkliche Restsüße betont süffig, aber auch wunderschön reintönig und frisch, das gilt für Silvaner wie Riesling, Weißburgunder wie Scheurebe. Unsere ganz leichte Präferenz gilt dem nach Stachelbeeren und etwas Rhabarber duftenden Sauvignon Blanc. Eine klare Steigerung bringen die Ortsweine. Vom Riesling gibt es wie schon im Vorjahr wieder drei Ortsweine. Der Rotliegend-Riesling aus Neu-Bamberg ist rauchig und würzig, besitzt viel reife süße Frucht. Noch ein klein wenig besser gefallen uns seine beiden Kollegen: Der Porphyr aus Siefersheim ist rauchig, herrlich eindringlich, strukturiert und druckvoll, der Melaphyr aus Fürfeld ist würzig, geradlinig, herrlich zupackend. Der Siefersheimer Silvaner zeigt gute Konzentration und reintönige Frucht, gelbe Früchte, ist füllig und saftig bei viel Substanz. Der Siefersheimer Weißburgunder steht ihm nicht nach, besitzt reintönige Frucht, gute Struktur und Druck. Der Reserve-Chardonnay zeigt reintönige Frucht, aber auch deutliche Holzprägung, besitzt gute Fülle, Saft und reife Frucht. Der Reserve-Sauvignon Blanc zeigt reife Frucht, dezent Vanille, ist füllig und dominant, besitzt viel Substanz und viel reife Frucht. Eine Neuerung gibt es in der Spitze, nämlich ein drittes Großes Gewächs: Seit dem Jahrgang 2016 bewirtschaftet Daniel Wagner einen Weinberg im oberen, querterrassierten Teil des Binger Scharlachbergs (im Gegenzug die Brüder Runkel vom Weingut Bischel einen Weinberg in der Heerkretz). Der Wein ist rauchig, kraftvoll, druckvoll, sehr jugendlich, kann sich auf Anhieb neben den etablierten Großen Gewächsen behaupten. Der Heerkretz besitzt viel Konzentration, Substanz und Druck, ist enorm jugendlich, der Höllberg ist deutlich offener, dadurch derzeit komplexer, zeigt dezent Zitrus und Orange, ist lang und nachhaltig. Ganz stark ist auch der Versteigerungs-Riesling EMT, präzise, sehr reintönig, herrlich mineralisch und nachhaltig. Kabinett und Spätlese, beide wunderschön reintönig, runden das Sortiment ab. Im Aufwind!

Weinbewertung

85 2016 Silvaner trocken **12 %/8,50 €**
85 2016 Weißburgunder trocken **12,5 %/8,90 €**
85 2016 Scheurebe trocken **12 %/8,90 €**
85 2016 Riesling trocken **12 %/8,90 €**
86 2016 Sauvignon Blanc trocken **12,5 %/13,50 €**
88 2016 Sauvignon Blanc trocken „Reserve" **13 %/16,- €**
88 2016 Silvaner trocken Siefersheim **13 %/16,- €**
88 2016 Weißburgunder trocken Siefersheim **13 %/16,- €**
88 2016 Riesling trocken „Melaphyr" Fürfeld **12,5 %/16,- €**
88 2016 Riesling trocken „vom Porphyr" Siefersheim **12,5 %/16,- €**
87 2016 Riesling trocken „Rotliegend" Neu-Bamberg **13 %/16,- €**
89 2016 Chardonnay trocken „Reserve" **13 %/24,- €**
92 2016 Riesling trocken „EMT" **13 %/Vst.**
93 2016 Riesling „GG" Höllberg Siefersheim **13 %/28,- €**
92 2016 Riesling „GG" Scharlachberg Bingen **13 %/36,- €**
92 2016 Riesling „GG" Heerkretz Siefersheim **13 %/36,- €**
86 2016 Riesling Kabinett Siefersheim **8,5 %/11,50 €**
88 2016 Riesling Spätlese Heerkretz Siefersheim **7,5 %/16,- €**

LAGEN

HEERKRETZ (SIEFERSHEIM)
HÖLLBERG (SIEFERSHEIM)
GOLDENES HORN (SIEFERSHEIM)
SCHARLACHBERG (BINGEN)

REBSORTEN

RIESLING (50 %)
BURGUNDERSORTEN (25 %)
SILVANER (15 %)

A. Waigand

★★☆

KONTAKT

Dr. Vits-Straße 8
63906 Erlenbach am Main
Tel. 09372-4596
Fax: 09372-940230
www.waigand-wein.de
kontakt@waigand-wein.de

Inhaber
Albert Waigand
Ansprechpartner
Verena Waigand-Sacher
Rebfläche
1,8 Hektar
Produktion
12.000 Flaschen

BESUCHSZEITEN

nach Vereinbarung
Häckerwirtschaft (4 x im Jahr)

Alois Waigand pflanzte kurz nach dem Zweiten Weltkrieg die ersten Reben. Nach und nach erwarb er weitere Parzellen im Erlenbacher Hochberg. Heute führen Albert und Heike Waigand den Betrieb, unterstützt von Tochter Verena, die nach Weinküferlehre ihr Studium der Weinbetriebswirtschaft in Heilbronn abgeschlossen hat. Die Weinberge liegen alle in Querterrassen im steilen Erlenbacher Hochberg, wo die Reben wie im unmittelbar angrenzenden Klingenberger Schlossberg auf roten Buntsandsteinböden wachsen. An weißen Sorten, die die Hälfte der Fläche einnehmen, werden Silvaner, Müller-Thurgau, Riesling und Weißburgunder angebaut, wichtigste rote Rebsorte ist Spätburgunder, daneben gibt es ein wenig Portugieser, sowie Dornfelder und Cabernet Mitos, die ältesten Portugieserreben wurden 1951 gepflanzt. Die Weine werden teils im Edelstahl, teils im Holz (Weißburgunder und Spätburgunder) ausgebaut. Zusammen mit der Stadt Erlenbach wurde ein brachliegender Weinberg in der Teillage Felsenröder 2014 neu bestockt, aus dem einmal ein Premium-Spätburgunder entstehen soll.

Kollektion

Auch in diesem Jahr haben die Waigands wieder eine Reihe spannender Weine zu bieten. Die Basis stimmt, das beweisen der lebhafte, zupackende Sommer-Feeling-Müller-Thurgau und der geradlinige feinherbe Riesling Kabinett. Der Blanc de Noirs ist fruchtbetont und zupackend, besitzt gute Struktur, Frische und Biss. Der Weißburgunder wurde spontan vergoren, dann fünfzehn Monate im neuen Barrique ausgebaut. Er zeigt viel reife Frucht im Bouquet, etwas Vanille, gute Konzentration, ist füllig im Mund, fast opulent, schmeichelnd und lang, hat das Holz sehr gut integriert. Der Portugieser besitzt trotz seiner „nur" 12,5° Alkohol viel Fülle und Kraft, reife Frucht, gute Struktur und Biss, ist reintönig und herrlich eindringlich im Bouquet. Noch ein klein wenig besser gefällt uns der Spätburgunder aus dem Jahrgang 2013, zeigt rauchig-würzige Noten im Bouquet, etwas rote Früchte, ist klar und zupackend im Mund, besitzt reintönige Frucht und gute Struktur. ▬

Weinbewertung

82	2016 Müller-Thurgau „Sommer-Feeling" Erlenbacher Hochberg	**11,5 %/5,60 €**
88	2015 Weißer Burgunder Spätlese trocken „Felsenröder" Hochberg	**14 %/21,- €**
85	2016 „Blanc de Noirs" Spätlese trocken Erlenbacher Hochberg	**13 %/7,50 €**
82	2015 Riesling Kabinett „feinherb" Erlenbacher Hochberg	**12 %/9,- €**
86	2015 Portugieser trocken „BF" Erlenbacher Hochberg	**12,5 %/10,50 €**
87	2013 Spätburgunder „S" trocken Erlenbacher Hochberg	**13 %/12,50 €**

FELIX WALDKIRCH

★

KONTAKT

Weinstraße 53
76835 Rhodt unter Rietburg
Tel. 06323-5825
Fax: 06323-81137
www.weingut-waldkirch.de
info@weingut-waldkirch.de

Inhaber
Felix Waldkirch
Rebfläche
8 Hektar
Produktion
60.000 Flaschen

BESUCHSZEITEN

nach Vereinbarung

Felix Waldkirch absolvierte zunächst Ausbildungen als Koch und Hotelbetriebswirt, bevor er sich nach einem Praktikum beim Weingut Rebholz entschloss, noch eine dritte Lehrzeit zu machen und in Bad Kreuznach die Prüfungen zum Weinbautechniker abzulegen. Nachdem er bereits seit 2003 im elterlichen Weingut für die Weinbereitung verantwortlich gewesen ist, übernahm er 2012 den Betrieb, der sich seit mehr als vier Generationen im Familienbesitz befindet. Seine besten Lagen sind Schlossberg und Rosengarten in Rhodt, der Weyherer Michelsberg und der Edenkobener Bergel. Wichtigste Rebsorte ist der Riesling, der auf einem Viertel der Fläche steht, dazu kommen Grauburgunder, Weißburgunder, Spätburgunder und Dornfelder, sowie Scheurebe, Sauvignon Blanc und Gewürztraminer. Zum Weingut gehören ein kleines Hotel und Ferienappartements.

Kollektion

Wie auch schon im vergangenen Jahr zeigt Felix Waldkirch uns nur drei trockene Weine und setzt ansonsten ganz auf restsüße Kabinette, Spätlesen und Auslesen. Die 2016er besitzen alle eine prägnantere Säure als ihre Jahrgangsvorgänger und sind dadurch wesentlich lebendiger und frischer. Unter den vier Kabinetten liegt der spontan vergorene Schlossberg-Riesling vorne, er zeigt viel klare Frucht und Kräuter- und Zitruswürze und besitzt animierenden Säure-Biss, die beiden Riesling Spätlesen sind ebenfalls spontan vergoren, beide sind ganz reintönig, auch hier bevorzugen wir den Wein aus dem Schlossberg mit seinen komplexen Zitrusnoten nach Ananas und Limette. Auch die Sauvignon Blanc Auslese zeigt viel Frucht, mit Noten von Pfirsichen, Mango, Mirabellen, Maracuja und Quitten. Bei den trockenen Weinen ist der spontan über die Dauer von einem Jahr vergorene Riesling aus dem Michelsberg mit kompakten Fruchtkern und guter Länge unser Favorit.

Weinbewertung

79 2016 „M" Weißwein trocken **11 %/7,20 €**
83 2016 Riesling trocken „Rote Heide" Edenkoben **13 %/8,50 €**
86 2015 Riesling trocken Weyherer Michelsberg **12,5 %/14,50 €**
83 2016 Scheurebe & Riesling Kabinett **9,5 %/7,- €**
84 2016 Gewürztraminer Kabinett **10 %/6,90 €**
84 2016 Scheurebe Spätlese **8 %/8,90 €**
87 2015 Sauvignon Blanc Auslese **8 %/8,50 €/0,375l**
84 2016 Riesling Kabinett „Wanderlust" **8,5 %/7,20 €**
85 2016 Riesling Kabinett Rhodter Schlossberg **8,5 %/8,20 €**
86 2016 Riesling Spätlese Edenkobener Bergel **8,5 %/10,50 €**
87 2016 Riesling Spätlese Rhodter Schlossberg **7,5 %/11,50 €**
86 2016 Riesling Auslese Weyherer Michelsberg **7,5 %/9,50 €/0,375l**

W

Walldorf-Pfaffenhof

★★

Kontakt

Mainzerstraße 50
55291 Saulheim
Tel. 06732-5055
Fax: 06732-63249
www.pfaffenhof.de
walldorf@pfaffenhof.de

Inhaber
Kerstin Walldorf-Dexheimer & Hans Jürgen Dexheimer
Rebfläche
13 Hektar
Produktion
75.000 Flaschen

Besuchszeiten

Mo.-Fr. 9-12 + 15-18 Uhr, Sa. 10-12 Uhr und nach Vereinbarung

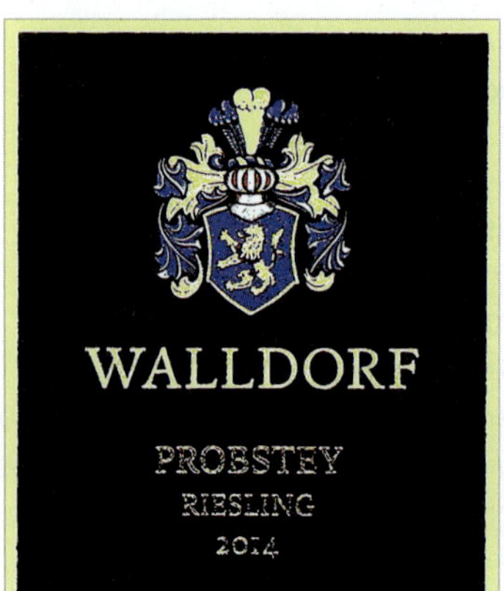

Das 1896 von Jakob Walldorf gegründete Weingut wird heute in vierter Generation von Kerstin Walldorf-Dexheimer und Hans Jürgen Dexheimer geführt. Sohn Maximilian hat seine Winzerlehre unter anderem bei Knipser absolviert, nach einem Auslandsaufenthalt in Neuseeland in Geisenheim studiert. Die Weinberge liegen hauptsächlich in den Saulheimer Lagen Hölle, Probstey und Haubenberg. Riesling nimmt knapp ein Fünftel der Rebfläche ein, es folgen Weiß-, Grau- und Spätburgunder sowie Silvaner. Dazu gibt es Müller-Thurgau und Sauvignon Blanc, Scheurebe und Gewürztraminer, weitere rote Rebsorten im Anbau sind Cabernet Sauvignon, Merlot, Dornfelder, Portugieser und Schwarzriesling. Die Weine werden teils im Edelstahl, teils in großen oder kleinen Eichenholzfässern ausgebaut. Die Kollektion ist eingeteilt in Gutsweine, Ortsweine und Lagenweine, von denen es derzeit Riesling und Spätburgunder gibt, beide aus der Saulheimer Probstey. Seit 2014 werden alle Weine spontanvergoren, die Ortsweine werden komplett im traditionellen Stückfass ausgebaut, die Gutsweine etwa zur Hälfte.

Kollektion

Ein sehr guter Sekt aus Pinot Noir, Chardonnay und Pinot Meunier eröffnet in diesem Jahr den Reigen, achtzehn Monate auf der Hefe ausgebaut, er ist rauchig, kraftvoll und strukturiert. Die 2016er Gutsweine sind frisch und geradlinig. Die Ortsweine stammen alle aus 2015, da Maximilian Dexheimer seine Weine lange reifen lässt. Am besten gefallen uns der saftige Silvaner und der rauchige, füllige, kraftvolle Riesling. An der Spitze der Kollektion steht der Probstey-Riesling, der etwas gelbe Früchte und Vanille im Bouquet zeigt, Fülle und Kraft besitzt, reife Frucht und Substanz. In sehr guter Form präsentieren sich auch die beiden 2014er Spätburgunder. Der Ortswein zeigt reife Frucht und rauchige Noten, etwas Cassis, ist klar und zupackend wie auch der noch kraftvollere, noch konzentriertere Wein aus der Probstey.

Weinbewertung

86	2014 „Hannes" Sekt brut nature **12 %/17,- €**
82	2016 Silvaner trocken **12 %/7,- €**
81	2016 Weißburgunder trocken **12 %/7,- €**
82	2016 Riesling trocken **12 %/7,- €**
82	2016 Chardonnay trocken **12,5 %/7,- €**
84	2015 Silvaner trocken Saulheimer **13 %/12,- €**
82	2015 Weißburgunder trocken Saulheimer **14 %/12,- €**
85	2015 Riesling trocken Saulheimer **13,5 %/12,- €**
87	2015 Riesling trocken Saulheimer Probstey **13 %/18,- €**
85	2014 Spätburgunder Saulheimer **13 %/17,- €**
87	2014 Spätburgunder Saulheimer Probstey **13 %/30,- €**

Walter

★★☆

KONTAKT

Hauptstraße 188
56867 Briedel
Tel. 06542-98690
Fax: 06542-986925
www.weingut-walter.de
info@weingut-walter.de

Inhaber
Alfred & Gerrit Walter
Rebfläche
7 Hektar
Produktion
65.000 Flaschen

BESUCHSZEITEN

Mo.-Sa. nach Vereinbarung
Weinbistro Mai-Okt. Fr. + Sa. ab 17:30 Uhr
Ferienhaus „Domizil am Weingarten"

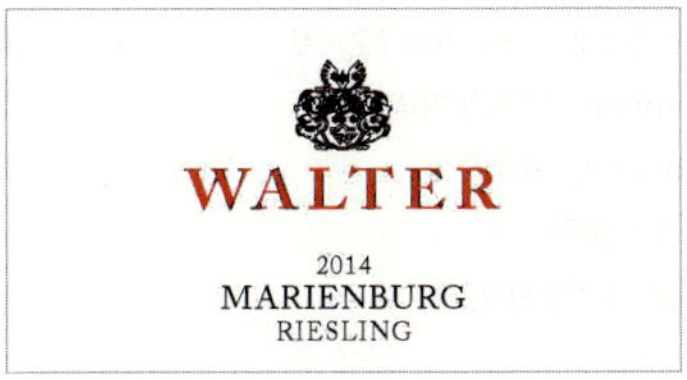

Seit 1568 betreibt die Familie Weinbau in Briedel. Heute wird das Gut von Alfred Walter und seinem Sohn Gerrit geführt, der nach seinem Studium in Geisenheim und einer Tätigkeit als Kellermeister des rheinhessischen Weinguts Dreißigacker in den Betrieb eingestiegen ist. Ihre Weinberge, inzwischen 7 Hektar, liegen überwiegend in Steillagen in Briedel (Weisserberg, Schäferlay) und Pünderich (Marienburg). Riesling ist die wichtigste Rebsorte im Betrieb, daneben gibt es ein wenig Weißburgunder, aber auch Müller-Thurgau und Spätburgunder. 2012 wurde das neue Kelterhaus fertiggestellt, seither kann die ganze Traubenverarbeitung mittels Schwerkraft erfolgen. Vergrößert und erneuert wurden auch Abfüll- und Verkostungsbereich mit einer an Wochenenden geöffneten Weinbar, neue Etiketten runden das moderne Erscheinungsbild ab. Das Sortiment ist eingeteilt in Guts-, Orts- und Lagenweine, die Spitzenweine aus Marienburg und Weisserberg werden trocken, für Mosel-Verhältnisse sehr trocken ausgebaut; nur restsüße Weine tragen Prädikatsbezeichnungen.

Kollektion

Im Jahrgang 2015 war ein deutlicher Fortschritt zu beobachten, und auch 2016 ist gelungen. Schon der feste, trockene und präzise gearbeitete Weißburgunder verrät das Können des Kellermeisters, der Briedeler Riesling besitzt mit seiner straffen, puristischen Art ein ausgezeichnetes Preis-Leistungs-Verhältnis. Auch die beiden trockenen Spitzenweine sind in einem vergleichbaren Stil gehalten. Sie wurden bald nach der Füllung verkostet und präsentierten sich sehr verschlossen, der Weisserberg schien noch etwas offener und würziger als der Marienburg. Offener zeigen sich der Kabinett-Riesling mit Noten von Birne, Apfel, Hefe und einer faszinierenden Balance sowie die schmelzige Spätlese. Der Weisserberg-Spätburgunder aus 2015 ist alles andere als ein gefälliger Rotwein, sondern ein fester, würziger, puristischer Vertreter seiner Art mit Substanz.

Weinbewertung

84 2016 Weißburgunder trocken **12,5 %/7,90 €**
83 2016 Riesling trocken **12 %/7,90 €**
86 2016 Riesling trocken Briedeler **12,5 %/10,50 €**
88 2016 Riesling trocken Marienburg **12,5 %/16,- €**
88 2016 Riesling trocken Weisserberg **12,5 %/16,- €**
85 2016 Riesling „feinherb" Briedeler **11,5 %/10,50 €**
85 2016 Riesling Kabinett **9,5 %/7,90 €**
87 2016 Riesling Kabinett Pündericher Marienburg **9,5 %/a.A.**
86 2016 Riesling Spätlese Briedeler Schäferlay **8 %/10,50 €**
86 2015 Spätburgunder trocken Briedeler Weisserberg **13 %/15,- €**

JOSEF WALTER

★★★

KONTAKT

Freudenberger Straße 21-23
63927 Bürgstadt
Tel. 09371-948766
Fax: 09371-948767
www.weingut-josef-walter.de
info@weingut-josef-walter.de

Inhaber
Christoph & Daniela Walter
Rebfläche
3,5 Hektar
Produktion
18.000 Flaschen

BESUCHSZEITEN

Mi. + Fr. 9-12, Mo.-Fr. 14-18 Uhr,
Sa. 9-14 Uhr u. n. Vereinbarung
Hoffest erstes Juliwochenende

W

WEINGUT JOSEF WALTER

Das Bürgstadter Weingut war ursprünglich ein landwirtschaftlicher Gemischtbetrieb, der nebenher auch Wein anbaute. Christoph Walter ist nach seiner Ausbildung in Veitshöchheim und Stationen bei verschiedenen Weingütern 1996 in den Betrieb eingestiegen und hat die Verantwortung im Keller übernommen. Er begann mit dem Barriqueausbau und konzentrierte sich ganz auf Wein. Heute führt er den Betrieb zusammen mit Ehefrau Daniela. Ihre Weinberge liegen alle in Bürgstadt, im Centgrafenberg und im Hundsrück. Drei Viertel der Rebfläche nehmen rote Rebsorten ein, vor allem Spätburgunder, der 70 Prozent der Fläche einnimmt, und Frühburgunder, aber auch etwas Domina und Regent. An weißen Rebsorten gibt es vor allem Silvaner und Riesling, dazu etwas Müller-Thurgau und Bacchus, der Kerner wurde gerodet, durch Riesling ersetzt. Neben dem Spätburgunder J (von 1982 gepflanzten) Reben gibt es heute zwei weitere Top-Spätburgunder, Pinot Noir (erstmals 2009) und Hundsrück (erstmals 2011).

Kollektion

Überwiegend Rotweine präsentiert Christoph Walter auch in diesem Jahr, so wie wir es gewohnt sind. Der einzige Weißwein, der Silvaner S, ist fruchtbetont, lebhaft, klar und zupackend. Gleich drei Rotweine des Jahrgangs 2007 hat Christoph Walter uns eingepackt, sie schlagen sich prächtig, der einfache Spätburgunder ist deutlich gereift, der johannisbeerduftige J ist wunderschön reintönig, besitzt gute Struktur und Frucht, der Frühburgunder zeigt deutliche Reife im Bouquet, besitzt dann aber überraschend viel Frische, reintönige Frucht und Biss im Mund. Der 2013er Frühburgunder ist fruchtbetont, reintönig und zupackend, der Spätburgunder ist rauchig und strukturiert, etwas druckvoller und komplexer. Der 2013er Pinot Noir zeigt rauchige Noten, ist kraftvoll, stoffig, jugendlich, er steht zusammen mit dem 2014er Hundsruck an der Spitze, Letzterer ist konzentriert, etwas floral, noch etwas unruhig, aber kraftvoll und konzentriert. Weiter im Aufwind!

Weinbewertung

85 2016 Silvaner „S" trocken Centgrafenberg **12 %/10,- €**
84 2014 Spätburgunder trocken **13 %/8,50 €**
86 2007 Spätburgunder trocken Centgrafenberg **13 %/12,50 €**
87 2007 Frühburgunder „J" trocken Centgrafenberg **13 %/22,- €**
88 2013 Frühburgunder „J" trocken Centgrafenberg **13,5 %/22,- €**
88 2007 Spätburgunder „J" trocken Centgrafenberg **13,5 %/22,- €**
89 2013 Spätburgunder „J" trocken Centgrafenberg **13,5 %**
90 2013 Pinot Noir trocken Centgrafenberg **13,5 %**
90 2014 Spätburgunder „J" trocken Hundsrück **13,5 %/32,- €**

Wasem

★☆

KONTAKT

Edelgasse 5
55218 Ingelheim
Tel. 06132-2220
Fax: 06132-2448
www.weingut-wasem.de
info@wasem.de

Inhaber
Burkhard & Holger Wasem
Rebfläche
34 Hektar
Produktion
280.000 Flaschen

BESUCHSZEITEN

Mo.-Fr. 7:30-18:30 Uhr,
Sa. 9:30-18 Uhr, So. 12-17 Uhr
Wasems Kloster Engelthal,
Weinhotel Wasem

Die Familie Wasem baut nachweislich seit 1726 Wein an. Der Rodensteiner Hof in Ober-Ingelheim, Sitz des Weingutes, gehörte im 17. Jahrhundert dem Adelsgeschlecht Ritter Hundt von Saulheim. 1912 begann Julius Wasem mit der Selbstvermarktung, als Erster in Ingelheim. Bekannt wurde er unter anderem als Erhaltungszüchter der Sorte Frühburgunder. Heute führen Burkhard und Holger Wasem den Betrieb. Ihre Weinberge liegen in verschiedenen Ingelheimer Lagen wie Horn, Pares, Sonnenhang, Burgberg oder Schlossberg, aber auch in der Elsheimer Blume. Zwei Drittel der Weinberge sind mit roten Reben bepflanzt: Spätburgunder und Frühburgunder vor allem, aber auch Portugieser, St. Laurent, Merlot und Cabernet Sauvignon. Wichtigste weiße Sorten sind Grauburgunder, Weißburgunder und Riesling.

Kollektion

Nach einer guten Kollektion im vergangenen Jahr gefällt uns der neue Jahrgang der Wasems nochmals besser, präsentiert sich nochmals geschlossener, die Weißweine haben weiter zugelegt. Und das liegt nicht allein an den drei edelsüßen Weinen, die uns in diesem Jahr präsentiert wurden, die alle reintönig und konzentriert sind, die Riesling Trockenbeerenauslese ist enorm dick, zeigt kandierte Früchte, die Huxelrebe Auslese ist fruchtbetont und zupackend, die Gewürztraminer Auslese glänzt mit reintöniger Frucht. Nein, auch die trockenen Gutsweine überzeugen, sie sind fruchtbetont, sehr sortentypisch, und der trockene Lagenriesling aus der Elsheimer Blume ist füllig und saftig, besitzt reife Frucht und gute Struktur. Die Rotweine sind kraftvoll und tanninbetont, geradlinig und strukturiert.

Weinbewertung

83 2016 Silvaner trocken **12,5 %/5,- €**
83 2016 Weißer Burgunder trocken Elsheimer **13 %/7,50 €**
82 2016 Grauer Burgunder trocken **13 %/7,- €**
85 2015 Riesling trocken Elsheimer Blume **13,5 %/9,50 €**
86 2016 Huxelrebe Auslese **8,5 %/15,- €**
85 2016 Gewürztraminer Auslese **7,5 %/15,- €**
87 2016 Riesling Trockenbeerenauslese **6,5 %/a.A.**
81 2014 Spätburgunder trocken **13,5 %/6,50 €**
81 2014 „Einzylinder" Rotwein trocken **13 %/11,20 €**
81 2013 Frühburgunder trocken Ingelheimer **14 %/11,- €**
83 2015 Frühburgunder trocken Ingelheimer Sonnenhang **14 %/14,50 €**
83 2014 Merlot trocken Ingelheimer **12,5 %/11,50 €**
84 2014 Spätburgunder trocken Ingelheimer Sonnenhang **14 %/15,- €**

FRITZ WASSMER

★★★★

KONTAKT

Lazariterstraße 2
79189 Bad Krozingen-Schlatt
Tel. 07633-3965
Fax: 07633-4458
www.weingut-wassmer-schlatt.de
mail@weingutfritzwassmer.de

Inhaber
Fritz Waßmer
Rebfläche
38 Hektar
Produktion
192.000 Flaschen

BESUCHSZEITEN

Mo.-Fr. 9-18 Uhr, Sa. 10-16 Uhr,
April bis Juni: täglich 8-20 Uhr

Fritz Waßmer stammt aus Schlatt im Markgräflerland, baut wie sein Bruder Martin nicht nur Wein an, sondern auch Erdbeeren und Spargel, dazu verkauft er Weihnachtsbäume. 1999 hat er sich erste Weinberge im Breisgau gekauft. 1999 erzeugte Fritz Waßmer seine ersten Rotweine, zwei Jahre später die ersten Weißweine. 2003 haben die neu gepflanzten Burgunderklone ihren ersten Ertrag gebracht. Im Breisgau liegt auch heute noch das Gros seiner Weinberge, dort ist er in Lagen wie Kenzinger Roter Berg, Malterdinger Bienenberg, Bombacher Sommerhalde oder in den Kleinterrassen im Herbolzheimer Kaiserberg vertreten. Aber auch im Markgräflerland ist er aktiv, unter anderem im Staufener Schlossberg, am Kaiserstuhl ist er im Achkarrer Schlossberg vertreten. Zu über 60 Prozent baut er Pinot Noir an. Er pflanzte ausschließlich Klone aus Burgund, auf schwach tragenden Unterlagsreben, bis zu 13.000 Stock je Hektar. Grauburgunder und Weißburgunder sind die nächst wichtigen Rebsorten, dazu gibt es Syrah, Chardonnay, Viognier, Merlot, Cabernet Sauvignon, Auxerrois und Riesling. Die Trauben werden in kleinen Kisten nach Schlatt transportiert und dort verarbeitet. Alle Spätburgunder werden spontanvergoren, teils in Holzgärtanks, teils in Edelstahltanks. Anfangs verzichtete Fritz Waßmer auf Lagenbezeichnungen, erst mit dem Jahrgang 2011 steht bei Weißweinen auf den Topweinen die Lage auf dem Etikett, Weißburgunder und Chardonnay kommen aus dem Staufener Schlossberg, der Grauburgunder aus der Bombacher Sommerhalde, mit dem Jahrgang 2015 kam ein Grauburgunder aus dem Achkarrer Schlossberg hinzu. Bei Rotweinen dauerte es vier Jahre länger, erst seit dem Jahrgang 2015 tragen die Top-Rotweine Lagennamen auf dem Etikett.

Kollektion

Mit diesem Jahrgang 2015 hat Fritz Waßmer sein Sortiment erweitert, drei Lagen-Spätburgunder sind hinzu gekommen, ebenso ein Lagen-Syrah und ein weiterer Lagen-Grauburgunder, auch Cabernet Sauvignon und Merlot tragen nun Lagennamen – dass dafür auch Weine aus dem Programm verschwunden sind, können wir nicht erkennen. Weiße Basisweine hat Martin Waßmer nicht präsentiert, die R-Klasse beeindruckt mit Fülle und Kraft. Der Sauvignon Blanc besitzt viel reife Frucht und Substanz, der Weißburgunder ist etwas von Vanillenoten geprägt, der Grauburgunder hat das Holz besser integriert, er besitzt gute Struktur und klare Frucht. Der Chardonnay ist füllig und saftig, sehr jugendlich, deutlich konzentrierter ist der noch sehr holzgeprägte Chardonnay aus dem Staufener Schlossberg, besitzt Fülle, Kraft und Substanz. Der Weißburgunder aus dem Staufener Schlossberg zeigt feine rauchige Noten im Bouquet, Burgund lässt grüßen, im Mund sind dann doch die Vanillenoten etwas zu ausgeprägt, hervorragend aber ist er allemal. Der gelbfruchtige Grauburgunder aus der Sommerhalde besitzt Fülle und Kraft, der neue Grauburgunder aus dem

Achkarrer Schlossberg besitzt etwas mehr Frische und Druck. Die Spätburgunder-Serie beginnt wie gewohnt mit einem feinen Gutswein und dem fruchtintensiven M, der Wein von alten Reben ist rauchig und zupackend, der XXL zeigt Herzkirschen im Bouquet, ist harmonisch, füllig und saftig, der CCL ist enorm konzentriert und derzeit noch vom Holz dominiert. Viel Konzentration und Kraft besitzen auch die drei neuen Lagen-Spätburgunder. Der Wein aus der Sommerhalde zeigt etwas florale Noten, ist zupackend und strukturiert, der Roter Berg-Spätburgunder zeigt intensive Frucht, etwas Bitterschokolade, ist stoffig, jugendlich, tanninbetont, der Wein aus den Weinbergen am Steinbruch in Herbolzheim zeigt Gewürznoten und Herzkirschen, ist füllig und saftig bei reifer Frucht und jugendlichen Bitternoten. Beim Syrah hat der stoffige neue Wein vom Achkarrer Schlossberg die Nase vorne, der Cabernet Sauvignon aus dem Staufener Schlossberg präsentiert sich ebenfalls in blendender Form. Beeindruckende Kollektion!

Weinbewertung

88	2015 Sauvignon Blanc „R" trocken **13,5 %/16,50 €**
87	2015 Weißer Burgunder „R" trocken **13,5 %/16,50 €**
89	2014 Grauer Burgunder „R" trocken **13,5 %/16,50 €**
88	2015 Chardonnay trocken **13,5 %/18,50 €**
91	2015 Weißer Burgunder Schlossberg Staufen **13,5 %/44,- €**
90	2015 Grauer Burgunder Sommerhalde Bombach **13,5 %/48,- €**
91	2015 Grauer Burgunder Schlossberg Achkarren **13,5 %/48,- €**
90	2015 Chardonnay Schlossberg Staufen **13,5 %/48,- €**
85	2015 Spätburgunder trocken **13,5 %/8,60 €**
86	2015 Spätburgunder „M" trocken **13,5 %/16,50 €**
88	2015 Cuvée „Felix" Merlot & Cabernet Franc **14 %/24,50 €**
88	2015 Spätburgunder trocken „Alte Reben" **13,5 %/29,- €**
91	2014 Syrah trocken **13,5 %/29,- €**
89	2015 Syrah trocken **14 %/29,- €**
91	2015 Spätburgunder „XXL" trocken **13,5 %/39,- €**
90	2015 Spätburgunder „CCL" trocken **13,5 %/68,- €**
90	2015 Spätburgunder Sommerhalde Bombach **13,5 %/a.A.**
91	2015 Spätburgunder Roter Berg Kenzingen **13,5 %/a.A.**
90	2015 Spätburgunder „Steinbruch" Kaiserberg Herbolzheim **13,5 %/a.A.**
91	2015 Syrah Schlossberg Achkarren **13,5 %/a.A.**
90	2015 Merlot Roter Berg Kenzingen **13,5 %/a.A.**
92	2015 Cabernet Sauvignon Schlossberg Staufen **13,5 %/a.A.**
89	2016 Syrah Beerenauslese **11 %/29,80 €/0,375l**

LAGEN

SCHLOSSBERG (STAUFEN)
SOMMERHALDE (BOMBACH)
SCHLOSSBERG (ACHKARREN)
ROTER BERG (KENZINGEN)
BIENENBERG (MALTERDINGEN)
KAISERBERG (HERBOLZHEIM)

REBSORTEN

SPÄTBURGUNDER (61 %)
GRAUBURGUNDER (13 %)
WEISSBURGUNDER (12 %)
SYRAH (3 %)
CHARDONNAY (3 %)
VIOGNIER (2 %)
MERLOT (2 %)
CABERNET SAUVIGNON (2 %)
AUXERROIS (1 %)
RIESLING (1 %)

Martin Wassmer

★★★★

KONTAKT

Am Sportplatz 3
79189 Bad Krozingen-Schlatt
Tel. 07633-15292
Fax: 07633-13384
www.weingut-wassmer.de
wassmer-krozingen@t-online.de

Inhaber
Martin Waßmer
Rebfläche
35 Hektar
Produktion
189.000 Flaschen

BESUCHSZEITEN

April-Juni tägl. 8-20 Uhr, sonst Mo.-Sa. 9-18 Uhr oder nach Vereinbarung
Weinprobierstube, Bauernladen

Martin Waßmer stammt aus einem landwirtschaftlichen Betrieb, der schon seit Generationen auch Weinbau betreibt. Während seiner Ausbildung zum Koch begann er 1980 mit dem Anbau von Spargel. Spargel und Erdbeeren sind flächenmäßig seine wichtigsten landwirtschaftlichen Produkte. Seine Liebe gilt aber dem Wein. Durch Seminare und Besuche bei Winzern im In- und Ausland verschaffte er sich Kenntnisse im Weinan- und -ausbau und er beschloss selbst Wein zu erzeugen. 1998 lieferte er zum letzten Mal an die Genossenschaft ab. Die Reben standen ursprünglich nur im Schlatter Maltesergarten, im Bad Krozinger Steingrüble und im Laufener Altenberg. Seither hat er sein Lagen-Portfolio erweitert, ist heute im Dottinger Castellberg und im Staufener Schlossberg vertreten, ebenso im Auggener Letten und im Ehrenstetter Ölberg, alles bekannte Lagen im Markgräflerland, neuerdings besitzt er aber auch im Breisgau Weinberge, im Glottertal genau genommen, in der Lage Roter Bur. Wichtigste Rebsorte ist ganz klar der Spätburgunder, der 60 Prozent der Weinberge von Martin Waßmer einnimmt. Hinzu kommen Weißburgunder und Grauburgunder, Chardonnay und Sauvignon Blanc, sowie ein wenig Riesling, Muskateller, Müller-Thurgau, Gewürztraminer und Gutedel. Alle Weine werden möglichst mit ihren natürlichen Hefen vergoren und recht lange auf der Hefe ausgebaut. Die Rotweine kommen alle ins Holzfass, die besten Qualitäten ins Barrique. Die Klärung erfolgt durch Absetzen der Schwebstoffe, filtriert wird möglichst nicht. Anfangs gab es nur trockene Weine bei Martin Waßmer, in den letzten Jahren aber wartet er immer wieder auch mit edelsüßen Weinen auf. An der Spitze des Sortiments stehen Lagenweine, die Topweine werden als „GC" bezeichnet. In dieser Linie, die die SW-Linie als vormalige Top-Linie ablöste, gab es seit 2003 einen Pinot Noir ohne Lagenbezeichnung, aus dem dann mit dem Jahrgang 2009 zwei Weine mit Lagenbezeichnung wurden, die Pinot Noir von Maltesergarten und Castellberg. Im gleichen Jahrgang 2009 gab es mit Weißburgunder und Chardonnay aus dem Castellberg erstmals zwei weiße GC-Weine. 2011 gab es erstmals einen Grauburgunder GC aus dem Castellberg, 2012 einen Grauburgunder GC aus dem Auggener Letten, seit dem Jahrgang 2014 komplettieren die GC-Spätburgunder aus dem Ehrenstetter Ölberg und dem Glottertäler Roter Bur das Top-Segment.

Kollektion

Eine bärenstarke Kollektion präsentiert Martin Waßmer in diesem Jahr, die Weißweine gewinnen an Profil, die Rotweinen gehören wieder zum Besten, was Deutschland zu bieten hat. Der SW-Sauvignon Blanc zeigt reintönige reife Frucht, besitzt gute Struktur und Kraft, auch der SW-Chardonnay hat Fülle, Kraft und Substanz. Unser Favorit im weißen Segment ist der Chardonnay aus dem Castellberg, der rauchige Noten und feinen Toast zeigt, füllig und kraftvoll ist, viel reife Frucht, Substanz und Druck besitzt. Der neue Grauburgunder aus dem Achkarrer Schlossberg steht ihm kaum nach, ist konzentriert, reintönig, füllig, komplex und strukturiert, der Sauvignon Blanc aus dem Auggener Letten ist ebenfalls konzentriert und reintönig bei viel Substanz, ist aber derzeit noch sehr vom Holz dominiert. Die beiden Weißburgunder sehen wir gleichauf, beide sind rauchig, füllig und kraftvoll, der Wein aus dem Castellberg ist sehr holzgeprägt, der aus dem Staufener Schlossberg besitzt gute Struktur und Frische. Im roten Segment gibt es zwei Cuvées (die Cuvée Chapelle ist allzu tanninbetont) und einen fülligen, reintönigen Syrah – und Spätburgunder im Überfluss. Der Gutswein schon ist sehr gut, wunderschön reintönig wie der Maltesergarten, der SW ist rauchig, strukturiert, elegant. Der Roter Bur besticht mit Frische und Druck, der Wein aus dem Ölberg besitzt faszinierend viel Frucht, gute Struktur und Länge, ist faszinierend reintönig wie seine Kollegen. Der Pinot Noir vom Castellberg zeigt intensive Frucht, Herzkirschen, ist kraftvoll, komplex, noch sehr tanninbetont, der 2010er präsentiert sich derzeit in bestechender Form. Unsere ganz leichte Präferenz gilt dem etwas zugänglicheren Maltesergarten, der intensive Frucht zeigt, Cassis, präzise und zupackend ist, gute Struktur und viel reintönige Frucht besitzt. Großartig!

Weinbewertung

88	2016 Sauvignon Blanc „SW" Spätlese trocken Markgräflerland	**13,5 %/18,50 €**
88	2016 Chardonnay „SW" trocken Markgräflerland	**13,5 %/17,50 €**
90	2016 Weißer Burgunder Spätlese trocken Staufener Schlossberg	**13,5 %/29,- €**
90	2016 Weißer Burgunder „GC" Spätlese trocken Dottinger Castellberg	**13,5 %/38,- €**
91	2016 Grauer Burgunder „GC" Spätlese trocken Achkarrer Schlossberg	**13,5 %/38,- €**
90	2016 Grauer Burgunder „GC" Spätlese trocken Auggener Letten	**14 %/42,- €**
92	2016 Chardonnay „GC" Spätlese trocken Dottinger Castellberg	**13,5 %/58,- €**
85	2016 Muskateller Kabinett Markgräflerland	**10 %/9,90 €**
86	2015 Spätburgunder trocken Markgräflerland	**13,5 %/9,50 €**
88	2015 Spätburgunder trocken Schlatter Maltesergarten	**13,5 %/15,50 €**
86	2015 „Calmo" Rotwein trocken Markgräflerland	**14 %/18,- €**
90	2015 Spätburgunder „SW" trocken Schlatter	**13 %/28,- €**
88	2015 „Chapelle" Rotwein trocken Ehrenstetter Ölberg	**14,5 %/66,- €**
90	2015 Syrah trocken Dottinger Castellberg	**14,5 %/34,- €**
92	2015 Spätburgunder „GC" trocken Glottertäler Roter Bur	**13,5 %/45,- €**
92	2015 Spätburgunder „GC" trocken Ehrenstetter Ölberg	**13,5 %/45,- €**
93	2010 Pinot Noir „GC" trocken Dottinger Castellberg	**14 %**
94	2015 Pinot Noir „GC" trocken Dottinger Castellberg	**14 %/68,- €**
95	2015 Pinot Noir „GC" trocken Schlatter Maltesergarten	**13,5 %/49,- €**

LAGEN

MALTESERGARTEN (SCHLATT)
CASTELLBERG (DOTTINGEN)
LETTEN (AUGGEN)
ÖLBERG (EHRENSTETTEN)
SCHLOSSBERG (STAUFEN)
ALTENBERG (LAUFEN)
ROTER BUR (GLOTTERTAL)
SCHLOSSBERG (ACHKARREN)

REBSORTEN

SPÄTBURGUNDER (60 %)
WEISSBURGUNDER (10 %)
GRAUBURGUNDER (10 %)
SAUVIGNON BLANC (5 %)
CHARDONNAY (5 %)

WEBER

★★

KONTAKT

Im Offental 1
77955 Ettenheim
Tel. 07822-8948-0
Fax: 07822-8948-12
www.weingut-weber.de
info@weingut-weber.de

Inhaber
Michael Weber
Rebfläche
20 Hektar
Produktion
150.000 Flaschen

BESUCHSZEITEN

Mo.-Fr. 10-18 Uhr, Sa. 10-14 Uhr

Nach dem Zweiten Weltkrieg kauften Kosmas und Frieda Weber das Land vom damaligen Erzbergwerk, zunächst um Walnussbäume zu pflanzen, später folgte dann Wein. 1975 errichteten Werner und Margot Weber das Weingut am Rand der Weinberge, seit 1978 gab es eine Straußwirtschaft, seit 1999 ist diese ganzjährig geöffnet, wurde zum Restaurant. Sohn Michael kümmert sich um den Wein, während seine Schwestern sich um Büro respektive Restaurant kümmern. Die Weinberge liegen alle im Ettenheimer Kaiserberg, wo die Reben auf tiefgründigen, lehmhaltigen Lössböden wachsen. Grauburgunder ist die wichtigste Rebsorte im Betrieb, nimmt knapp ein Viertel der Rebfläche ein, dicht gefolgt von Spätburgunder und Weißburgunder, die auf jeweils einem Fünftel der Fläche wachsen. Es folgen Müller-Thurgau, Riesling, Scheurebe und Sauvignon Blanc, hinzu kommen Spezialitäten wie Chardonnay oder Gewürztraminer. Das Sortiment ist in drei Kategorien eingeteilt: Liter, Selektion („SE") und Premium.

Kollektion

Die 2016er Weißweine präsentieren sich sehr stimmig und gleichmäßig. Die trockenen SE-Weine sind fruchtbetont, klar und geradlinig, unsere leichte Präferenz gilt Grauburgunder und Sauvignon Blanc, noch ein klein wenig besser gefällt uns die reintönige restsüße Scheurebe. Noch gleichmäßiger präsentieren sich die drei Premium-Weißweine: Der Weißburgunder ist füllig und kraftvoll, besitzt reife süße Frucht, der Grauburgunder ist reintönig, strukturiert, der Chardonnay ist konzentriert, besticht ebenfalls mit seiner reintönigen Frucht. Der SE-Spätburgunder ist frisch und geradlinig, herausragender Wein der aktuellen Kollektion ist aber eindeutig der Barrique-Spätburgunder, der rauchige Noten und viel Konzentration zeigt, kraftvoll und zupackend im Mund ist, druckvoll und frisch, sehr reintönig und strukturiert, der bislang beste Spätburgunder, den Michael Weber uns präsentiert hat.

Weinbewertung

81	2016 Riesling „SE" trocken Ettenheimer Kaiserberg **12 %/8,- €**
82	2016 Weißer Burgunder „SE" trocken Ettenheimer Kaiserberg **13 %/8,- €**
83	2016 Grauer Burgunder „SE" trocken Ettenheimer Kaiserberg **13 %/8,- €**
83	2016 Sauvignon Blanc „SE" trocken Ettenheimer Kaiserberg **12 %/9,- €**
85	2016 Weißer Burgunder trocken „Premium" Ettenheimer Kaiserberg **13,5 %/15,- €**
85	2016 Grauer Burgunder trocken „Premium" Ettenheimer Kaiserberg **13,5 %/15,- €**
85	2016 Chardonnay trocken „Premium" Ettenheimer Kaiserberg **13,5 %/15,- €**
84	2016 Scheurebe „SE" „lieblich" Ettenheimer Kaiserberg **11 %/8,50 €**
82	2016 Spätburgunder Rosé „SE" trocken Ettenheimer Kaiserberg **12,5 %/8,- €**
84	2015 Spätburgunder „SE" trocken Ettenheimer Kaiserberg **13 %/8,- €**
88	2015 Spätburgunder trocken Barrique Ettenheimer Kaiserberg **13,5 %/16,- €**

UDO WEBER

★

KONTAKT

Soonwaldstraße 41
55569 Monzingen
Tel. 06751-3278
Fax: 06751-2076
www.weingut-udo-weber.de
info@weingut-udo-weber.de

Inhaber
Udo Weber
Kellermeister
Laura & Udo Weber
Rebfläche
13 Hektar
Produktion
70.000 Flaschen

BESUCHSZEITEN

Mo.-Fr. 8-12:30 + 13:30-19 Uhr,
Sa. 9-18 Uhr, So. + Feiertage
nach Vereinbarung

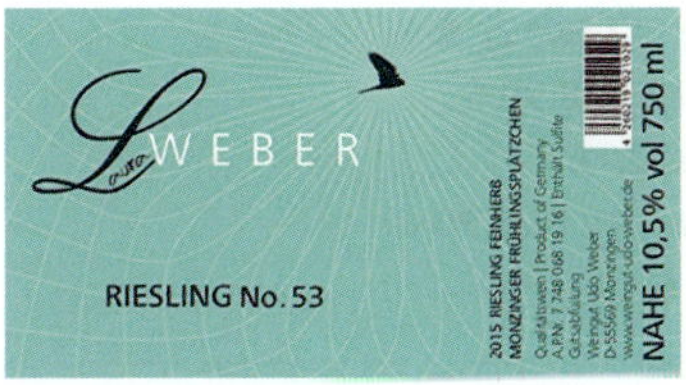

Weinbau wird in der Familie Weber schon seit Jahrhunderten betrieben, das Weingut in Monzingen geht zurück auf das Jahr 1732, seit 1991 wird es von Udo und Sabine Weber geführt, die die Rebfläche nach und nach vergrößerten. Nach ihrem Geisenheim-Abschluss ist Tochter Laura, ehemalige Weinkönigin der Nahe, in den Familienbetrieb eingestiegen und verantwortet ihre eigene Weinlinie, die „Edition L". Die Weinberge der Familie liegen vor allem in den Monzinger Lagen Frühlingsplätzchen und Halenberg, aber auch im benachbarten Weilerer Heiligenberg. Wichtigste Rebsorte ist mit einem Anteil von 50 Prozent der Riesling, dazu kommen je rund 10 Prozent Weißburgunder, Grauburgunder, Chardonnay und Spätburgunder, sowie etwas Frühburgunder, Dornfelder, Portugieser, Scheurebe, Bacchus und Muskateller. Das Sortiment ist gegliedert in Gutsweine, Erdreichweine und Lagenweine, die ausschließlich aus dem Frühlingsplätzchen und dem Halenberg stammen.

Kollektion

Einige Jahre lang konnten wir keine Weine der Familie Weber verkosten, doch jetzt kehren sie mit einer Kollektion auf gleichmäßig gutem Niveau ins Buch zurück: Alle Weine präsentieren sich sortentypisch, an der Spitze des Sortiments stehen die beiden Riesling-Lagenweine, dem Frühlingsplätzchen geben wir knapp den Vorzug, der Wein ist ganz reintönig und zeigt viel klare Frucht, Aprikose, Orangenschale und dezente mineralische Noten, der Halenberg-Riesling aus 2015 zeigt deutliche Reifenoten in der Nase, ist konzentriert und kraftvoll. Der 2015er Chardonnay aus der „Edition L" ist noch sehr vom Holz geprägt, zeigt Noten von frisch gesägtem Holz und Kokos, besitzt Fülle und gute Substanz und könnte noch zulegen – wenn er denn das Holz verdaut. Viel klare Frucht zeigen auch die beiden anderen Weine aus der „Edition L", der halbtrockene Riesling aus dem Frühlingsplätzchen mit dezenter Süße und die saftige, aromatische Cuvée aus Sauvignon Blanc und Scheurebe.

Weinbewertung

83	2016 Sauvignon Blanc & Scheurebe trocken „Duo Surprise L No. 1" **12,5 %/8,90 €**
82	2016 Chardonnay trocken „vom Löss Lehm" **12,5 %/7,90 €**
82	2016 Riesling trocken „vom Grünschiefer" **12 %/7,20 €**
83	2016 Riesling trocken „vom Vulkangestein" **12 %/7,20 €**
83	2016 Grauburgunder „S" trocken Monzinger Frühlingsplätzchen **13,5 %/9,90 €**
84	2015 Chardonnay trocken „Edition L" „No. 5" Frühlingsplätzchen **13,5 %/10,90 €**
85	2016 Riesling „S" trocken Monzinger Frühlingsplätzchen **13 %/9,90 €**
84	2015 Riesling „S" trocken „Großer Genuss" Monzinger Halenberg **12,5 %/12,50 €**
81	2016 Muskateller „feinherb" „vom Quarzit" **11,5 %/7,20 €**
83	2016 Riesling „feinherb" „Edition L" „No. 53" Frühlingsplätzchen **10,5 %/7,90 €**
84	2015 Riesling Auslese Monzinger Frühlingsplätzchen **7 %/7,90 €**

Wedekind

★

KONTAKT

Karolingerstraße 1
55283 Nierstein
Tel. 0160-3859751
www.weingut-wedekind.de
mail@weingut-wedekind.de

Inhaber
Philipp Wedekind
Rebfläche
10 Hektar
Produktion
75.000 Flaschen

BESUCHSZEITEN

Do. + Fr. 14-18 Uhr, Sa. 10-18 Uhr, So. 14-18 Uhr (Mai - Sept.)

Mit einem halben Hektar fing Philipp Wedekind an, machte aus dem Hobby seines Vaters seinen Beruf. Seither hat sich seine Rebfläche vervielfacht, nach und nach erwarb er Parzellen in Nierstein. Er absolvierte seine Lehre bei rheinhessischen Biobetrieben, studierte dann in Geisenheim. 2008 begann er mit der Umstellung auf biologischen Weinbau, ist Mitglied bei Ecovin, er führt das Weingut mit Ehefrau Esther, die ebenfalls in Geisenheim studierte. Alle ihre Weinberge liegen in Nierstein, in den Lagen Hipping, Heiligenbaum, Oelberg, Kranzberg, Bergkirche, Schloss Schwabsburg, Orbel und Pettenthal. Riesling ist die mit Abstand wichtigste Rebsorte, daneben gibt es Weißburgunder, Grauburgunder, Silvaner und Chardonnay sowie weiße pilzresistente Neuzüchtungen wie Johanniter oder Cabernet Blanc. An roten Sorten gibt es Spätburgunder, Portugieser und Dornfelder sowie die pilzresistenten Neuzüchtungen Cabernet Jura und Pinotin. Die Rieslinge werden teils im Edelstahl, teils im großen Holzfass spontanvergoren, die Rotweine werden teilweise im Barrique ausgebaut.

Kollektion

Beim guten Debüt im vergangenen Jahr beeindruckten uns vor allem die Lagenrieslinge, allen voran der Wein aus dem Hipping. Auch im Jahrgang 2016 führen die Lagenrieslinge die Kollektion an, dieses Jahr sehen wir alle drei gleichauf. Der Wein aus dem Hipping ist geradlinig und zupackend, schlank und präzise, noch jugendlich. Der Heiligenbaum zeigt feine Würze und rauchige Noten, ist klar und zupackend, ein wenig offener. Der restsüße Oelberg-Riesling ist füllig und saftig, besitzt reife süße Frucht. Aber auch sonst überzeugt die Kollektion mit geradlinigen, frischen Weißweinen, am besten gefällt uns der würzige, zupackende Pinot Blanc, der rote Cabernet Jura ist klar, fruchtbetont und geradlinig. —

Weinbewertung

82 2016 Weißburgunder trocken **13 %/6,20 €**
82 2016 Cabernet Blanc trocken **12 %/8,- €**
81 2016 Spätburgunder „Blanc de Noirs" trocken **12,5 %/8,- €**
81 2016 Chardonnay trocken **13 %/8,50 €**
84 2016 Pinot Blanc trocken **13,5 %/8,50 €**
82 2016 Riesling trocken „Roter Hang" **12,5 %/8,90 €**
85 2016 Riesling trocken Niersteiner Heiligenbaum **12,5 %/12,- €**
85 2016 Riesling trocken Niersteiner Hipping **12 %/12,- €**
81 2016 Riesling halbtrocken „Roter Hang" **12 %/8,90 €**
85 2016 Riesling Niersteiner Oelberg **12 %/12,- €**
81 2016 Spätburgunder Weißherbst „feinherb" **12 %/6,30 €**
83 2015 Cabernet Jura trocken **13 %/9,50 €**

W

Wegeler, Gutshaus Rheingau

★★★☆

KONTAKT

Friedensplatz 9
65375 Oestrich-Winkel
Tel. 06723-7031
Fax: 06723-1453
www.wegeler.com
info@wegeler.com

Inhaber
Familie Wegeler-Drieseberg
Gutsverwalter
Michael Burgdorf
Kellermeister
Andreas Holderrieth,
Maike Münster
Rebfläche
48 Hektar
Produktion
360.000 Flaschen

BESUCHSZEITEN

nach Vereinbarung

Julius Wegeler heiratete 1861 Emma Deinhard, nachdem ihr Vater verstarb, wurde Wegeler, zuvor Exportbeauftragter, Leiter der Sektkellerei. 1882 erwarb er ein Weingut im Rheingau mit Weinbergen in Rüdesheim und Oestrich, die ebenso wie das Herrenhaus in Oestrich-Winkel noch heute der Familie gehören. Geheimrat J. Wegeler Erben zählt mit Weinbergen in Rüdesheim (Berg Schlossberg, Berg Rottland, Berg Roseneck), Winkel (Jesuitengarten, Hasensprung), Geisenheim (Rothenberg, Kläuserweg), Johannisberg (Hölle), Mittelheim (St. Nikolaus) und Oestrich (Lenchen) zu den größten Privatgütern im Rheingau. Ausschließlich Riesling wird angebaut, man ist in fünfzehn als Erstes Gewächs klassifizierten Lagen vertreten. Michael Burgdorf leitet seit 2004 als Gutsverwalter den Betrieb.

Kollektion

Auch in diesem Jahr ist die Kollektion wieder enorm stark. Der „Geheimrat J" sticht mit seinem rauchig-würzigen Duft wie gewohnt hervor, er präsentiert sich fein, mit würzigem Schmelz und präziser Säurestruktur. Das Große Gewächs aus dem Jesuitengarten ist knackig und von herber Fruchtigkeit, dabei fokussiert und stoffig. Der Wein aus dem Schlossberg ist eingängiger, besitzt beerige Fülle und langen Nachhall. Filigran und zugleich straff und dabei mineralisch unterbaut ist das Große Gewächs aus dem Oestricher Rosengarten, Trinkfluss und Entwicklungspotenzial sind vorhanden. Der Rothenberg ist verschlossener, deutet seine Klasse aber bereits an. Der packende Kabinett mit seiner saftig-nervigen Ader bereitet Trinkfreude, genau wie die zugängliche Spätlese mit ihrer zwischen reifen Beerenaromen und frischer Säureader changierenden Art. Die Trockenbeerenauslese ist opulent würzig und beerig, beeindruckt mit fantastischer Säure und immensem Potenzial. Eine herausragende Leistung in 2016.

Weinbewertung

83	2016 Riesling trocken **12 %/11,- €**
84	2016 Riesling trocken Oestricher **12,5 %/13,50 €**
90	2015 Riesling trocken „Geheimrat J" **12,5 %/33,- €**
89	2016 Riesling trocken „GG" Winkel Jesuitengarten **13 %/29,- €**
91	2016 Riesling trocken „GG" Rüdesheim Berg Schlossberg **13 %/29,- €**
91	2016 Riesling trocken „GG" Geisenheim Rothenberg **13 %/53,- €**
90	2016 Riesling trocken „GG" Oestrich Rosengarten **13 %/32,- €**
85	2016 Riesling „feinherb" Johannisberger **11,5 %/13,50 €**
86	2016 Riesling Kabinett Rüdesheim Berg Schlossberg **8 %/15,- €**
87	2016 Riesling Spätlese Rüdesheim Berg Rottland **7,5 %/24,- €**
93	2016 Riesling Trockenbeerenauslese Geisenheim Rothenberg **6 %/310,- €/0,375l**

Wegeler, Gutshaus Mosel

★★★☆

KONTAKT

Martertal 2
54470 Bernkastel-Kues
Tel. 06531-2493
Fax: 06531-8723
www.wegeler.com
info@wegeler.com

Inhaber
Familie Wegeler-Drieseberg
Gutsverwalter/Kellermeister
Norbert Breit
Rebfläche
15 Hektar
Produktion
100.000 Flaschen

BESUCHSZEITEN

nach Vereinbarung

Julius Wegeler, Leiter der Sektkellerei Deinhard und bereits 1882 Besitzer eines Weingutes im Rheingau, ließ 1902 das Weingut im Bernkasteler Ortsteil Kues nach dem Prinzip der Gravitation erbauen. Bereits zwei Jahre zuvor hatte er einen Teil der weltberühmten Lage Bernkasteler Doctor erworben. Heute besitzt das Weingut Weinberge in besten Lagen der Mittelmosel, außer im Bernkasteler Doctor (teils mit über 100 Jahre alten, wurzelechten Reben) ist man in der Wehlener Sonnenuhr vertreten, in den Bernkasteler Lagen Badstube und Lay sowie im Graacher Himmelreich. Es wird ausschließlich Riesling angebaut, die Weine werden im Edelstahl ausgebaut. Früher wurden vor allem süße und edelsüße Weine erzeugt, in den letzten Jahren aber sind trockene Weine immer wichtiger geworden, machen heute zwei Drittel der Produktion aus, die über die Gastronomie und den Fachhandel vertrieben wird.

Kollektion

Der Jahrgang 2015 gefiel ausgezeichnet, und auch 2016 ist als gelungen zu bezeichnen. Alle Weine sind fein, elegant, duftig und ausdrucksstark. Der trockene Bernkasteler beispielsweise ist wunderbar stoffig und präzise gearbeitet. Unter den Großen Gewächsen wirkt der Riesling aus der Sonnenuhr in der Nase noch sehr unruhig, mit Noten von Hefe und Kräutern, ist im Mund allerdings sehr präzise. Noch schwieriger zu beurteilen war im Sommer 2017 der Doctor-Spitzenwein, sehr hefig, unruhig, mit Noten von süßem Kernobst und einer eher schlanken Art. Der feinherbe Lay-Riesling gefällt ausgezeichnet mit seiner Würze und der sehr verhaltenen Süße: ein spannender Wein. Unter den beiden Spätlesen wirkt der Sonnenuhr-Riesling derzeit etwas präsenter als der noch sehr jugendliche Doctor-Wein. Die Auslese war zum Zeitpunkt der Verkostung noch deutlich von Kohlensäure geprägt, zeigte aber auch eine sehr feine Art; gut möglich, dass er sich nochmals besser entwickelt.

Weinbewertung

85	2016 Riesling trocken Bernkasteler **11,5 %/13,50 €**
90	2016 Riesling „GG" Wehlen Sonnenuhr
91	2016 Riesling „GG" Bernkastel Doctor
85	2016 Riesling „feinherb" **11 %/11,- €**
89	2016 Riesling „feinherb" Bernkastel Lay **11,5 %/21,- €**
86	2016 Riesling Kabinett Bernkastel Badstube **8,5 %/15,- €**
89	2016 Riesling Spätlese Wehlen Sonnenuhr **8 %/21,- €**
88	2016 Riesling Spätlese Bernkastel Doctor **8 %/46,- €**
92	2016 Riesling Auslese Bernkastel Doctor **8 %/34,- €/0,375l**

Wegner

★★★

Kontakt

Am Neuberg 4
67098 Bad Dürkheim
Tel. 06322-989327
Fax: 06322-989328
www.weingut-wegner.de
info@weingut-wegner.de

Inhaber Joachim Wegner
Rebfläche 9,9 Hektar
Produktion 90.000 Flaschen

Besuchszeiten

Mo.-Fr. 9-12 + 13-18:30 Uhr
Ferienwohnung

Karl Wegner ist 1976 an den Neuberg in Bad Dürkheim ausgesiedelt. Damals noch reiner Fassweinbetrieb, hat er dann 1980 mit der Flaschenvermarktung begonnen. 1989, nach Beendigung seines Geisenheim-Studiums, ist Sohn Joachim, der heutige Besitzer, in den Betrieb eingestiegen und seither für den Keller verantwortlich. Wichtigste Rebsorte ist Riesling mit einem Anteil von 35 Prozent. Rotweine nehmen 40 Prozent der Rebfläche ein, vor allem Spätburgunder, Dornfelder, Cabernet Sauvignon und Merlot.

Kollektion

In diesem Jahr konnten wir neben frischen Weißweinen und gereiften Rotweinen auch einen 20 Jahre alten Sekt verkosten, der 1997er Chardonnay zeigt deutliche Reifenoten, etwas Bratapfel und Quitte, besitzt eine feine Perlage und gute Länge. Unter den Rotweinen sind die 2009er „Cuvée Philipp" mit rauchiger Würze, Mokka und dunkler Frucht und der 2010er Pinot Noir „R", der klare Frucht zeigt, Cassis und Erdbeeren, jetzt auf dem Punkt und trinkreif, während der 2010er „Kleinod"-Pinot Noir, der würziger, nachhaltiger und komplexer ist, noch etwas reifen kann. Der stoffige 2011er Merlot ist mit seiner kühlen, kräutrigen Würze noch jugendlich, besitzt Struktur, Länge und Potential, einer der besten Merlot der Pfalz. Sehr gut sind der maischevergorene, animierende Riesling 14 mit Kraft und Druck und der Lunatic mit viel Holz, das aber schon gut eingebunden ist und Raum für viel gelbe Frucht lässt.

Weinbewertung

87	1997 Chardonnay „Blanc de Blanc" Sekt extra-brut **13 %/25,30 €**
82	2016 Riesling Kabinett trocken Dürkheimer Fronhof (1l) **12 %/5,50 €**
84	2016 Weißburgunder & Auxerrois trocken „2klang" Dürkheimer **12,5 %/8,70 €**
84	2016 Sauvignon Blanc trocken Dürkheimer Schenkenböhl **12 %/8,80 €**
86	2016 Sauvignon Blanc trocken „Fumé" Dürkheimer Feuerberg **12 %/16,30 €**
85	2016 Chardonnay Spätlese trocken Dürkheimer Feuerberg **13 %/8,- €**
83	2016 Riesling Kabinett trocken Dürkheimer Rittergarten **12 %/7,- €**
85	2016 Riesling trocken „Flaggenturm" Dürkheimer Fuchsmantel **12,5 %/8,- €**
86	2016 Riesling Spätlese trocken „Vision" Ungsteiner Herrenberg **13 %/9,50 €**
86	2016 Riesling Spätlese trocken „WestSide" Dürkheimer Spielberg **13 %/12,80 €**
88	2016 Riesling trocken „Lunatic" Ungsteiner Herrenberg **13 %/16,30 €**
89	2015 Riesling Spätlese trocken „14" „Maischegärung" Herrenberg **13,5 %/25,30 €**
85	2016 Gewürztraminer Spätlese Dürkheimer Feuerberg **10,5 %/8,30 €**
88	2009 „Philipp" Rotwein trocken Dürkheimer Feuerberg **14 %/18,80 €**
89	2011 Merlot trocken „Ausspann" Dürkheimer Feuerberg **14 %/18,80 €**
82	2015 Spätburgunder trocken Holzfass Dürkheimer **13,5 %/7,- €**
86	2010 Pinot Noir „R" trocken Dürkheimer Schenkenböhl **13,5 %/15,30 €**
88	2010 Pinot Noir trocken „Kleinod" Dürkheimer Schenkenböhl **13,5 %/21,30 €**

Dr. Wehrheim

★★★★

Karl Wehrheim stellte den Betrieb Ende der vierziger Jahre von Fasswein- auf Flaschenweinvermarktung um unter dem Namen Weingut Hohenberg. Sein Sohn Heinz Wehrheim entwickelte das Weingut, das fortan den Namen Dr. Wehrheim in den Vordergrund stellte, zu einem der führenden Betriebe in der Südpfalz, seit 1984 ist sein Sohn Karl-Heinz im Betrieb tätig, den er seit 1992 führt, mittlerweile zusammen mit seinem Sohn Franz. Als eines der ersten Weingüter im Süden der Pfalz hat man konsequent auf trocken ausgebaute Weine, auf Burgundersorten und Riesling gesetzt. Der Riesling nimmt heute ein Drittel der Weinberge ein, Weißburgunder ein knappes Drittel, es folgen mit weitem Abstand Grauburgunder, Spätburgunder, Silvaner und Chardonnay dazu kommen etwas St. Laurent, Sauvignon Blanc und Muskateller. Wichtigste Lagen sind die beiden Birkweiler Lagen Kastanienbusch und Mandelberg. Der Kastanienbusch, wo knapp die Hälfte der Weinberge in elf verschiedenen Parzellen liegen, besteht aus unterschiedlichen Böden: Aus Rotliegendem, Buntsandstein und Keuper. Der Mandelberg hingegen besteht aus Muschelkalk. Hier hat Karl-Heinz Wehrheim zwei Parzellen mit Weißburgunder, aus denen sein Großes Gewächs Mandelberg stammt. Beim Riesling erzeugt Karl-Heinz Wehrheim zwei Große Gewächse: Der Kastanienbusch-Riesling stammt vom Rotliegenden, der Riesling Köppel vom Buntsandstein im oberen Teil des Kastanienbuschs. Seit dem Jahrgang 2012 tragen nur die Weine aus Ersten und Großen Lagen Lagenbezeichnungen, die Ortsweine bezeichnet Karl-Heinz Wehrheim zusätzlich nach dem Terroir, auf dem sie gewachsen sind. Im Ausbau arbeitet er verstärkt mit Maischestandzeiten bei den Weißweinen. Alle Rotweine kommen ins Barrique (die „einfachen" Weine in gebrauchte Barriques). 2007 wurde mit der Umstellung auf biodynamischen Weinbau begonnen, mit dem Jahrgang 2010 gab es die ersten zertifizierten Bioweine.

Kollektion

Bei den Rieslingen der Guts- und Ortsweinkategorien sind „Rotstück" und „Rotliegendes" jeweils präsenter und ausdrucksstärker als „Buntstück" und „Buntsandstein", bei den Weißburgunder-Ortsweinen ist der „Muschelkalk" etwas komplexer als der kraftvolle „Buntsandstein", er besitzt gute Substanz und Länge, beide sind ganz reintönig mit floraler Würze. Der „Keuper"-Chardonnay ist noch sehr vom Holz geprägt, der Chardonnay aus dem Rosenberg, bei dem das in der Vergangenheit auch oft der Fall war, zeigt in diesem Jahr wesentlich weniger Holz, ist harmonisch, besitzt feine Zitruswürze, ein lebendiges Säure-Spiel und gute Substanz. Stark ist auch der kräutrige

KONTAKT

Weinstraße 8
76831 Birkweiler
Tel. 06345-3542
Fax: 06345-3869
www.weingut-wehrheim.de
wein@weingut-wehrheim.de

Inhaber
Karl-Heinz & Franz Wehrheim
Rebfläche
20 Hektar
Produktion
110.000 Flaschen

BESUCHSZEITEN

Mo.-Fr. 9-12 + 14-18 Uhr, Sa. 10-16 Uhr; 3. Wochenende im August Sommergutsausschank, Hoffest 1. Wochenende im September

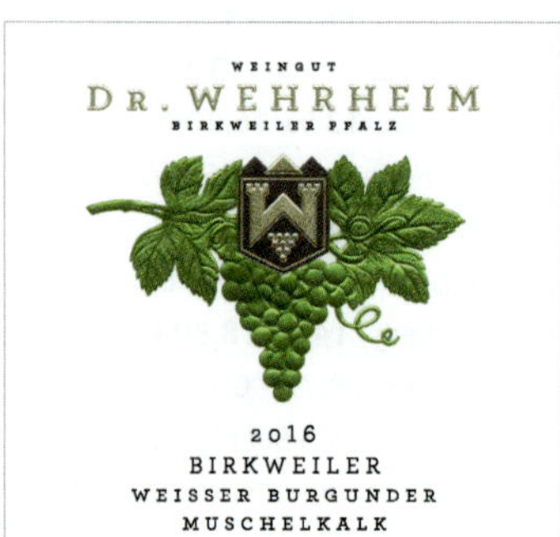

„Dachsberg"-Riesling, der Noten von Stein, Grapefruit und Orangenschale zeigt, kraftvoll und animierend ist und salzige Länge besitzt. Wie die anderen Weißburgunder ist auch das Große Gewächs vom Mandelberg ganz reintönig, zeigt Birnenfrucht, nussige und florale Würze, ist konzentriert, wirkt noch sehr jung und besitzt Grip und Potential, übertroffen wird es noch vom Kastanienbusch-Riesling, der herrlich viel klare, gelbe Frucht, Pfirsich, Aprikose, Zitrusfrucht und Orangenschale im Bouquet zeigt und am Gaumen viel Saft und Kraft, guten Grip und salzig-mineralische Würze besitzt. Die beiden Spätburgunder sind rotfruchtig, harmonisch und elegant, beim Großen Gewächs ist das alles etwas ausgeprägter, der Wein zeigt feine rote Beerenfrucht, dezente röstige Würze, etwas Süßholz, ist säurefrisch und lang, der „Muschelkalk" ist sehr fruchtbetont mit Noten von roten Johannisbeeren, Erdbeeren und Himbeeren und besitzt gute Struktur. Ein feiner, cremiger, animierender Sekt mit leichten Reifenoten und eine überraschende Riesling Auslese aus dem Kastanienbusch, die gute Konzentration, feinen Schmelz, viel klare Frucht, Eleganz und Länge besitzt, runden das Sortiment ab.

Weinbewertung

88 2013 Weißer Burgunder Sekt brut **12 %/18,20 €**
85 2016 Muskateller trocken **12 %/10,- €**
85 2016 Weißer Burgunder trocken „Buntstück" **12,5 %/8,90 €**
85 2016 Riesling trocken „Buntstück" **12 %/8,90 €**
86 2016 Riesling trocken „Rotstück" **12 %/9,- €**
87 2016 Grauer Burgunder trocken „Keuper" Birkweiler **13 %/15,60 €**
87 2016 Weißer Burgunder trocken „Buntsandstein" Birkweiler **13,5 %/14,70 €**
88 2016 Weißer Burgunder trocken „Muschelkalk" Birkweiler **13 %/16,90 €**
87 2016 Chardonnay trocken „Keuper" Birkweiler **13 %/16,90 €**
87 2016 Riesling trocken „Buntsandstein" Birkweiler **12 %/15,- €**
88 2016 Riesling trocken „Rotliegendes" Birkweiler **13 %/16,40 €**
88 2016 Grauer Burgunder trocken Birkweiler Am Dachsberg **13,5 %/21,- €**
89 2016 Chardonnay trocken Birkweiler Rosenberg **13,5 %/23,- €**
89 2016 Riesling trocken Birkweiler Am Dachsberg **13 %/24,- €**
90 2016 Weißer Burgunder „GG" Mandelberg **13 %/34,50 €**
91 2016 Riesling „GG" Kastanienbusch **12,5 %/33,- €**
89 2015 Riesling Auslese Birkweiler Kastanienbusch **8 %/30,- €**
88 2014 Spätburgunder trocken „Muschelkalk" Siebeldingen **13 %/20,- €**
91 2014 Spätburgunder „GG" „Köppel" Kastanienbusch **13 %**

LAGEN

KASTANIENBUSCH (BIRKWEILER)
– AM DACHSBERG (BIRKWEILER)
MANDELBERG (BIRKWEILER)
ROSENBERG (BIRKWEILER)

REBSORTEN

RIESLING (33 %)
WEISSBURGUNDER (30 %)
GRAUBURGUNDER (10 %)
SPÄTBURGUNDER (10 %)
SILVANER (7 %)
CHARDONNAY (5 %)
MUSKATELLER (2 %)

Weich

★

KONTAKT

Bahnhofstraße 17
54340 Riol
Tel. 06502-2648
Fax: 06502-2619
www.weingut-weich.de
weingut-weich@t-online.de

Inhaber
Bernhard Weich
Rebfläche
9 Hektar
Produktion
50.000 Flaschen

BESUCHSZEITEN

täglich ab 17 Uhr, So. Ruhetag
Weinstube, Gästehaus

Bernhard Weich führt heute dieses Familienweingut in Riol. Seine besten Lagen sind der Schweicher Annaberg (roter Schiefer) und der Mehringer Zellerberg (grauer Devonschiefer), daneben ist er in den Lagen Schweicher Herrenberg, Longuicher Hirschlay, Feller Maximiner Burgberg und Rioler Römerberg vertreten. Riesling nimmt gut die Hälfte der Rebfläche ein, führt eine für die Mosel ungewöhnlich breite Palette an weiteren Rebsorten an: Spätburgunder, Grauburgunder, Weißburgunder, Merlot, aber auch Sauvignon Blanc und Kerner. Bernhard Weich hat in den letzten Jahren einige Weinberge übernommen, vor allem in der Steillage Mehringer Zellerberg. Dem Weingut ist ein Gästehaus angeschlossen, in der hauseigenen Brennerei werden Geiste und Brände destilliert.

Kollektion

Im vergangenen Jahr gefiel die feinherbe Riesling Spätlese aus der Lage Mehringer Zellerberg besonders gut, aber auch den Rest des Sortiments konnten wir empfehlen. In diesem Jahr sind die meisten Weine sehr klar, würzig und präzise ausgefallen, nur hier und da wäre etwas mehr Fokussierung angebracht. Der trockene Rivaner macht Spaß mit seiner frischen Art, der schmelzige, leicht nussig wirkende Grauburgunder gefällt etwas besser als der merklich süße Weißburgunder. Recht süß wirkt der Sauvignon Blanc mit Anklängen an Guavenkompott. Deutlich mehr auf den Punkt gearbeitet wurden die Rieslinge, vor allem der trockene Wein aus dem Zellerberg, straff und würzig, und die Anklänge an Kräuter zeigende Spätlese, die zwar eine deutliche Süße, aber auch eine rassige Säure aufweist. Die 2015er Spätlese aus dem Annaberg kann da nicht ganz mithalten. Gelungen sind die Rotweine, ein 2014er Merlot mit attraktiver Frucht und ein 2015er Spätburgunder, bei dem nur eine Spur Bitternis zu schmecken war.

Weinbewertung

81 2016 Rivaner trocken **13 %/4,60 €**
81 2016 Weißburgunder **12,5 %/5,90 €**
83 2016 Grauburgunder **13 %/6,50 €**
80 2016 Sauvignon Blanc **12,5 %/7,50 €**
85 2016 Riesling Spätlese trocken Mehringer Zellerberg **12 %/6,50 €**
81 2016 Blauer Spätburgunder „Blanc de Noir" „feinherb" **12,5 %/5,90 €**
82 2016 Riesling Kabinett „feinherb" Schweicher Annaberg **10,5 %/5,50 €**
85 2015 Riesling Spätlese „feinherb" Mehringer Zellerberg **11,5 %/6,50 €**
85 2016 Riesling Spätlese Mehringer Zellerberg **7,5 %/6,50 €**
84 2015 Riesling Spätlese Schweicher Annaberg **12 %/6,50 €**
84 2015 Blauer Spätburgunder trocken **12,5 %/7,50 €**
84 2014 Merlot trocken **13,5 %/6,50 €**

Weigel

★★☆

Kontakt

Petershöfe 3
74369 Löchgau
Tel. 0179-1400455
www.weingut-weigel.de
info@weingut-weigel.de

Inhaber
Philipp & Annika Weigel
Rebfläche
1,2 Hektar
Produktion
8.000 Flaschen

Besuchszeiten

Mo. 9-18 Uhr, Sa. 9-14 Uhr

Eigentlich wollte Philipp Weigel nach dem Abitur Mechatroniker werden, die Lehrstelle hatte er schon, erfuhr dann aber im Urlaub, dass sein Lehrbetrieb dicht gemacht hatte. Da er aus einem Weinbaubetrieb stammt, die Trauben wurden aber immer an eine Genossenschaft abgeliefert, war die Alternative schnell gefunden: Er machte ein Praktikum im Weingut Dautel, entschloss sich danach, zusammen mit Christian Dautel in Geisenheim Weinbau und Önologie zu studieren. Dort lernte er seine Frau Annika, geborene Strebel aus Rheinhessen, kennen. Nach Praktika bei der Felsengartenkellerei und beim Weingut Church Road in Neuseeland begann er 2011 selbst Wein zu erzeugen. Die Weinberge liegen am Löchgauer Berg sowie im Hohenhaslacher Kirchberg. Philipp und Annika Weigel konzentrieren sich vor allem auf zwei Rebsorten: Lemberger, den es auch als Rosé gibt, und Weißburgunder. Ein Weingut im eigentlichen Sinne gibt es noch nicht, es gibt weder Kelter und Fässer, noch einen Keller. Die Weine werden im Weingut Dautel in Bönnigheim ausgebaut. Die Weine kann man im Hofladen des elterlichen Betriebes auf dem Petershof erwerben.

Kollektion

Nach dem bärenstarken Debüt mit einer kleinen aber feinen Kollektion liefern Philipp und Annika Weigel auch mit dem neuen Jahrgang eine starke Kollektion. Das Sortiment ist größer geworden. Der intensive, konzentrierte Riesling ist neu im Programm, er besitzt Fülle und Kraft, reife Frucht, gute Struktur und Druck. Neu sind auch die Löwen: Der Party Löwe aus Sauvignon Blanc, Weißburgunder und Kerner ist fruchtbetont, würzig und zupackend. Süßer Löwe nennt sich ein Gewürztraminer mit Substanz und Biss. Die Rosa Löwin schließlich ist fruchtbetont, klar und zupackend. An der Spitze der Kollektion aber sehen wir Weißburgunder und Lemberger. Der Weißburgunder zeigt gute Konzentration und reife Frucht, ist füllig und kraftvoll, besitzt reintönige Frucht, gute Struktur und Substanz. Der Lemberger ist fruchtbetont im Bouquet, intensiv, herrlich reintönig, ist fruchtbetont auch im Mund, klar und zupackend, besitzt gute Struktur und Frische. Im Auge behalten!

Weinbewertung

86	2016 Riesling trocken **12,5 %/10,- €**
88	2016 Weißburgunder trocken **13 %/11,- €**
84	2016 „Party Löwe" Weißwein halbtrocken **12 %/6,90 €**
85	2016 „Süßer Löwe" Weißwein halbtrocken **8,5 %/6,90 €**
84	2016 „Rosa Löwin" Rosé trocken **12,5 %/6,90 €**
88	2015 Lemberger trocken **13,5 %/12,- €**

Weik

★★☆

KONTAKT

Lutwitzistraße 10
67435 Neustadt-Mußbach
Tel. 06321-66838
Fax: 06321-60941
www.weingut-weik.de
mail@weingut-weik.de

Inhaber
Bernd Weik
Rebfläche
6,5 Hektar
Produktion
40.000 Flaschen

BESUCHSZEITEN

Di.-Fr. 14-18 Uhr, Sa. 10-16 Uhr
und nach Vereinbarung

Seit 1954 erzeugt der Familienbetrieb im Herzen von Mußbach eigene Weine, 1982 übernahm Bernd Weik das Weingut von seinem Vater. Neben seiner Tätigkeit im Weingut ist Weik beratender Önologe am Dienstleistungszentrum Ländlicher Raum Rheinpfalz in seinem Heimatort. Seine Weinberge liegen in Mußbach (Eselshaut), in Gimmeldingen (Biengarten), Haardt (Bürgergarten) und Königsbach (Idig). Wichtigste Rebsorte ist der Riesling mit einem Anteil von 30 Prozent an der Rebfläche, gefolgt von Sauvignon Blanc, der auf 15 Prozent der Fläche steht und von Weik schon seit den frühen 1990er Jahren angebaut wird, Spätburgunder, St. Laurent, Grauburgunder, Weißburgunder, Chardonnay und Auxerrois. Rote Sorten nehmen 30 Prozent der Rebfläche ein. Die Topweine vermarktet Bernd Weik seit dem Jahrgang 2007 in der Linie „Löwenherz".

Kollektion

Aus einer Kollektion auf gleichmäßig gutem Niveau ragen zwei Weine knapp heraus: Der Löwenherz-Sauvignon Blanc zeigt nur ganz dezentes Holz und viel klare Frucht mit Noten von Pfirsich, Maracuja und etwas grüner Stachelbeere, ganz fruchtbetont ist auch der Löwenherz -Riesling, zeigt Aprikose, Pfirsich und Orangenschale im Bouquet und besitzt animierenden Säure-Biss. Auch die beiden Rieslinge vom Buntsandstein aus dem Idig und dem Gewann Beim Steinernen Bild sind fruchtbetont und leicht füllig, während der Riesling aus dem Biengarten mineralisch und leicht animierend ist. Der Sauvignon Blanc aus der Meerspinne zeigt grüne Noten von Bohnen und Stachelbeeren, ist saftig und frisch, die süße Riesling Auslese zeigt kräutrige Würze und Zitrusnoten, besitzt ein ausgewogenes Süße-Säure-Spiel. Und die beiden Pinot Noirs sind harmonisch, der Rothenstein zeigt etwas mehr Frucht, der Biengarten ist dafür besser strukturiert.

Weinbewertung

82	2016 Riesling trocken **12 %/7,- €**
85	2016 Sauvignon Blanc trocken Gimmeldinger Meerspinne **12,5 %/10,20 €**
84	2016 Weißburgunder trocken Mußbacher Eselshaut **13 %/8,60 €**
84	2016 Riesling trocken „vom Buntsandstein" „Beim Steinernen Bild" **12,5 %/8,20 €**
84	2016 Riesling trocken „vom Buntsandstein" Königsbacher Idig **12,5 %/8,60 €**
85	2016 Riesling trocken „vom Kalkstein" Gimmeldinger Biengarten **12,5 %/8,80 €**
87	2016 Sauvignon Blanc trocken „Löwenherz" **12,5 %/17,- €**
86	2015 Pinot Blanc trocken „Löwenherz" **13 %/14,50 €**
87	2016 Riesling trocken „Löwenherz" **13 %/14,- €**
86	2016 Riesling Auslese Mußbach „Beim Steinernen Bild" **10 %/9,- €**
86	2013 Pinot Noir trocken Mußbach „Am Rothenstein" **13,5 %/14,50 €**
86	2014 Pinot Noir trocken Gimmeldinger Biengarten **13,5 %/14,50 €**

ROBERT WEIL

★★★★★

KONTAKT

Mühlberg 5
65399 Kiedrich
Tel. 06123-2308
Fax: 06123-1546
www.weingut-robert-weil.com
info@weingut-robert-weil.com

Inhaber
Suntory, Wilhelm Weil
Rebfläche
90 Hektar
Produktion
680.000 Flaschen

BESUCHSZEITEN

Mo.-Fr. 8-17.30, Sa. 10-17,
So. 11-17 Uhr

Gegründet wurde das Weingut von Robert Weil, der 1867 die ersten Weinberge im Kiedricher Berg kaufte und 1875 mit dem Erwerb eines Anwesens in Kiedrich das Weingut gründete, das auch heute noch seinen Namen trägt. Seit 1987 wird es in vierter Generation von Wilhelm Weil geführt, der in Keller und Weinberge investierte. Die Weinberge liegen in Kiedrich, wo Wilhelm Weil sich in den letzten Jahren verstärkt in den „Berglagen" engagierte. Das Weingut besitzt seit langem den größten Teil des Kiedricher Gräfenberg, der Paradelage des Betriebes. Der Kiedricher Turmberg gehört dem Weingut im Alleinbesitz. Diese Lage, die früher Spitzenweine hervorbrachte, wurde im Zuge des 1971er Weingesetzes abgeschafft, doch sie erbrachte in den Jahrzehnten zuvor Spitzenweine, seit 2005 gibt es nun wieder Turmberg-Rieslinge, die Lage wurde offiziell in die Lagenrolle eingetragen – als erste neue Lage im Rheingau seit Verabschiedung des Deutschen Weingesetzes. Mit dem Jahrgang 2007 kam ein weiterer Lagenwein hinzu, derjenige aus dem Klosterberg, der höchstgelegen Kiedricher Einzellage. Das Weingut baut zu 100 Prozent Riesling an. In diesen Berglagen reifen die Weine sehr lange am Stock, sie werden meist drei bis vier Wochen später geerntet als in den direkt am Rhein gelegenen flacheren Lagen. Nach etwa achtzehnstündiger Sedimentation werden die Moste recht zügig vergoren und mit nur einer Filtration relativ früh gefüllt. Das trockene Segment ist gegliedert in Gutsriesling, Kiedricher Riesling, die beiden Lagenrieslinge aus Turmberg und Klosterberg (beide als Erste Lagen klassifiziert) sowie das Große Gewächs aus dem Gräfenberg. Mit edelsüßen Weinen hat Wilhelm Weil dem Weingut in den neunziger Jahren zu weltweitem Renommee verholfen. Fast in jedem Jahr wird eine Vielzahl an edelsüßen Rieslingen bis hin zur Trockenbeerenauslese erzeugt, aus dem Gräfenberg, aber auch aus dem Turmberg. 2015 wurde der mitten in Kiedrich gelegene Keller erweitert und modernisiert.

Kollektion

Eine bärenstarke Sammlung prägnanter und klar differenzierter Weine werden in diesem Jahr vom Team um Wilhelm Weil vorgestellt, die in der Dichte und in der Spitze der Qualitäten herausragt. Die Kühle des Jahrgangs wurde perfekt eingefangen, die Lagenweine sind wunderbar herausgearbeitet, straff und trinkanimierend. Der Literwein ist frisch und süffig, der in der normalen Flasche ein Paradebeispiel für feinen, mineralischen Rheingauriesling mit Finesse und Animation. Mit Stoff und Würze wartet der Kiedricher Ortswein auf. Die Ersten Lagen sind klar unterscheidbar, der Klosterberg vollmundig, druckvoll und würzig, der Turmberg mineralisch durchdrungen, straff und salzig im langen Nachhall. Das Große Gewächs aus dem Gräfenberg kombiniert mit großer Eleganz druckvollen Schmelz mit feinster, reifer

Zitrusaromatik und animierendem Säurenerv, wird zu einem Klassiker heranreifen. Bei den fruchtigen und edelsüßen Rieslingen genießt man die freie Auswahl, denn alle sind perfekt gelungen. Der Rheingau Kabinett ist herzhaft klar und markant frisch. Während die Spätlese aus dem Turmberg bei aller Substanz immer pointiert kühl, fast drahtig bleibt, ist die aus dem Gräfenberg reifer, kraftvoller, ausgeprägt würzig und lang. Ähnlich verhält es sich mit den Auslesen, die beide von höchster Präzision sind. Die aus dem Turmberg ist eher herb und kühl, die aus dem Gräfenberg cremig, prägnant säurebetont und zugleich fein konzentriert. Das toppt die konzentriertere Goldkapsel Auslese aus dem Gräfenberg locker, denn sie ist in jeder Hinsicht perfekt, straff, filigran, rein und innervierend lang. Die Beerenauslesen bleiben dem Lagencharakter treu, die aus dem Turmberg ist kühl und prägnant, die würzige Beerenauslese aus dem Gräfenberg druckvoller, sie verfügt über intensive Säure und große Würze. Die Gräfenberg Beerenauslese Goldkapsel ist massiv, üppig und hochkonzentriert, schließt von ihrer Dichte an die Trockenbeerenauslesen an. Beide sind auf höchstem Niveau, die aus dem Turmberg fein und mit prägnanter Säure versehen, die aus dem Gräfenberg fülliger, dekadent würzig und ewig lang. In diesem Jahr wurde wieder ein Eiswein gekeltert, der ätherisch-herb, hochkonzentriert und knackig gelungen ist.

Weinbewertung

84 2016 Riesling trocken (1 l) **12 %/13,60 €**
86 2016 Riesling trocken **12 %/14,30 €**
88 2016 Riesling trocken Kiedrich **12,5 %/17,60 €**
90 2016 Riesling trocken Kiedrich Klosterberg **12,5 %/25,90 €**
90 2016 Riesling trocken Kiedrich Turmberg **12,5 %/25,90 €**
92 2016 Riesling trocken „GG" Kiedrich Gräfenberg **13 %/41,20 €**
87 2016 Riesling Kabinett **8,5 %/17,60 €**
91 2016 Riesling Spätlese Kiedrich Turmberg **8,5 %/41,20 €**
92 2016 Riesling Spätlese Kiedrich Gräfenberg **8,5 %/41,20 €**
92 2016 Riesling Auslese Kiedrich Turmberg **8,5 %/74,- €**
93 2016 Riesling Auslese Kiedrich Gräfenberg **8,5 %/74,- €**
95 2016 Riesling Auslese Goldkapsel Kiedrich Gräfenberg **8,5 %/Vst.**
93 2016 Riesling Beerenauslese Kiedrich Turmberg **7,5 %/310,- €**
94 2016 Riesling Beerenauslese Kiedrich Gräfenberg **8 %/310,- €**
95 2016 Riesling Beerenauslese Goldkapsel Gräfenberg **8 %/Vst.**
94 2016 Riesling Eiswein Kiedrich Gräfenberg **8 %/430,- €**
95 2016 Riesling Trockenbeerenauslese Kiedrich Turmberg **7 %/645,- €**
96 2016 Riesling Trockenbeerenauslese Kiedrich Gräfenberg **7 %/645,- €**

LAGEN

GRÄFENBERG (KIEDRICH)
TURMBERG (KIEDRICH)
KLOSTERBERG (KIEDRICH)

REBSORTEN

RIESLING (100 %)

IM WEINEGG

★★

KONTAKT

Kirchstraße 38
65239 Hochheim
Tel. 06146-907399-0
Fax: 06146-907399-18
www.weinegg.de
f.schmidt@weinegg.de

Inhaber
Fabian Schmidt
Rebfläche
6,1 Hektar
Produktion
40.000 Flaschen

BESUCHSZEITEN

Mi. 18-20 Uhr, Fr. 18-21, Sa. 12-14 + 18-21 Uhr, So. 14-19 Uhr

Fabian Schmidt ist Quereinsteiger, gleich im Anschluss an das Studium Weinbau und Önologie in Geisenheim unterschrieb er den Gesellschaftervertrag für das Weingut Im Weinegg – auch deshalb, weil alte Rebbestände, historische Gebäude und Gewölbekeller zum unter Denkmalschutz stehenden, komplett sanierten Anwesen gehören. Seine Weinberge liegen alle in Hochheim in den Lagen Hofmeister, Stein, Hölle, Reichestal und Stielweg, die ältesten Reben sind über 50 Jahre alt. 85 Prozent der Rebfläche nimmt Riesling ein, dazu gibt es Grauburgunder, Spätburgunder, Merlot und die nur selten anzutreffende Rebsorte Rotberger. Die Weine werden in alten Rheingauer Stückfässern (ovale Eichenholzfässer, 1.300 Liter groß) ausgebaut, lange auf der Feinhefe gelagert und frühestens im März des auf die Ernte folgenden Jahres abgefüllt.

Kollektion

Eine erneut starke Kollektion klarer, saftiger Weine präsentiert Fabian Schmidt auch in diesem Jahr. Einem süffigen Literriesling folgt ein trinkanimierender, leichtfüßiger trockener Kabinett. Die trockene Spätlese aus dem Reichestal ist druckvoll, kompakt und angenehm frisch, die aus der Domdechaney füllig und gerbstoffwürzig, sie wird etwas Zeit brauchen. Von den feinherben Rieslingen gefallen uns besonders die Spätlese aus dem Hofmeister mit ihrer prallen Saftigkeit und die konzentrierten alten Reben aus der Hölle, die Schmelz mit Würze und Frische verbindet. Die 2015er alten Reben aus dem Reichestal sind noch etwas konzentrierter, eindringlicher, die Süße behält die Oberhand. Die fruchtige Spätlese hat genügend davon, sie ist tropisch-herb und saftig. Zwei feine Rotweine schließen die Kollektion ab: Der Spätburgunder ist kräftig, saftig und angenehm trocken, genauso wie der ätherisch duftende, konzentrierte, reife Merlot.

Weinbewertung

82 2016 Riesling trocken Hochheimer (1l) **11,5 %/5,80 €**
84 2016 Riesling Kabinett trocken Hochheimer Hölle **11 %/7,- €**
85 2016 Riesling Spätlese trocken Hochheimer Reichestal **12,5 %/8,50 €**
87 2016 Riesling Spätlese trocken Hochheimer Domdechaney **13,5 %/14,50 €**
83 2016 Grauburgunder Spätlese trocken Hochheimer Hofmeister **12,5 %/8,50 €**
83 2016 Riesling Kabinett „feinherb" **10,5 %/6,- €**
85 2016 Riesling Spätlese „feinherb" Hochheimer Hofmeister **11,5 %/8,50 €**
86 2015 Riesling „feinherb" „Alte Reben" Hochheimer Hölle **12,5 %/12,50 €**
85 2015 Riesling „feinherb" „Alte Reben" Hochheimer Reichestal **12,5 %/12,50 €**
85 2016 Riesling Spätlese Hochheimer Kirchenstück **8 %/14,50 €**
84 2015 Spätburgunder trocken Hochheimer **12 %/8,50 €**
88 2015 Merlot trocken Hochheimer Reichestal **13,5 %/19,80 €**

W

WEINFACTUM

★★

KONTAKT

Rommelstraße 20
70376 Stuttgart
Tel. 0711-542266
Fax: 0711-557291
www.weinfactum.de
info@weinfactum.de

Inhaber
74 Mitglieder
Geschäftsführer
Marc Nagel
Kellermeister
Thorsten Klimek
Rebfläche
51 Hektar
Produktion
500.000 Flaschen

BESUCHSZEITEN

Mo.-Fr. 9-19 Uhr, Sa. 9-14 Uhr

Weinfactum: An den neuen Namen muss man sich erst noch gewöhnen. Die Mitglieder der 1923 gegründeten Genossenschaft von Bad Cannstatt bewirtschaften Weinberge in den nördlichen Teilen der Landeshauptstadt Stuttgart, und zwar in den Cannstatter Lagen Zuckerle, Berg und Steinhalde, im Münsterer Berg, Rielingshäuser Kelterberg und Steinheimer Schalkstein. Die Reben wachsen teils auf Keuperböden mit Löss, teils auf Muschelkalkböden, gut ein Drittel der Weinberge befindet sich in terrassierten Steillagen. Trollinger nimmt knapp die Hälfte der Rebfläche ein, Riesling 19 Prozent. Es folgen Schwarzriesling, Lemberger, Spätburgunder, Dornfelder, Müller-Thurgau und Kerner. Dazu gibt es ein wenig Samtrot sowie internationale Rebsorten wie Sauvignon Blanc, Merlot, Syrah und Cabernet Sauvignon. 15 der Mitglieder sind Vollerwerbswinzer, die etwa 90 Prozent der verarbeiteten Trauben abliefern. Seit 2005 werden keine Prädikatsbezeichnungen mehr verwendet, alle Weine werden betriebsintern mit bis zu 3 Sternen gekennzeichnet. Die Weine der Premiumserie stammen von alten, ertragsreduzierten Anlagen.

Kollektion

Nach guten, immer zuverlässigen Kollektion in den vergangenen Jahren legen die Bad Cannstatter Genossen mit der neuen Kollektion in der Spitze zu. Zum Beispiel mit dem sehr guten Reserve-Riesling, der Fülle und Kraft besitzt, klare reife Frucht und Substanz. Der rote Teil der Kollektion ist insgesamt ein wenig stärker, bietet klare, fruchtbetonte 2 Sterne-Weine, die gewürzduftige, tanninbetonte Cuvée Edition 1923 und drei sehr gute 2012er Reserveweine. Der Pinot Noir zeigt allzu intensiv Gewürze, besitzt Fülle und Kraft, der Lemberger besitzt reife Frucht, feine Schokonoten, gute Struktur und Substanz, der strukturierte Shiraz zeigt intensive Frucht, etwas Pfeffer.

Weinbewertung

81 2016 Muskateller „Secco" **11,5 %/8,40 €**
83 2016 Sauvignon Blanc** trocken **13 %/10,20 €**
82 2016 Weißer Burgunder** trocken **12,5 %/9,- €**
88 2015 Riesling trocken „Réserve" **13,5 %/26,- €**
82 2015 „Masterblend No. 2 Réserve" Weißwein trocken **13,5 %/26,- €**
81 2016 Trollinger* Weißherbst Cannstatter Zuckerle **11,5 %/5,90 €**
83 2014 „Travertin"** Rotwein trocken **13 %/9,- €**
83 2014 Spätburgunder** trocken **13 %/9,20 €**
85 2014 „Edition 1923"*** Rotwein trocken Holzfass **13,5 %/14,- €**
88 2012 Shiraz trocken „Réserve" **14,5 %/38,- €**
86 2012 Pinot Noir trocken „Réserve" **14 %/28,- €**
88 2012 Lemberger trocken „Réserve" **14 %/32,- €**

Weingart

★★★★

KONTAKT

Mainzer Straße 32
56322 Spay
Tel. 02628-8735
Fax: 02628-2835
www.weingut-weingart.de
mail@weingut-weingart.de

Inhaber
Familie Florian Weingart
Rebfläche
5 Hektar
Produktion
39.000 Flaschen

BESUCHSZEITEN

Mo.-Sa. 11-19 Uhr
Weinproben bis 30 Personen
Ferienwohnungen

Das Weingut Weingart hat sich in den letzten Jahrzehnten zu einem der führenden Betriebe am Mittelrhein entwickelt. Adolf Weingart hatte den landwirtschaftlichen Mischbetrieb ganz auf Weinbau umgestellt, seit 1996 wird das Gut mit seinen 5 Hektar Reben von seinem Sohn Florian geführt. Florian Weingarts Weinberge liegen im Bopparder Hamm, in den Lagen Feuerlay, Ohlenberg und Engelstein, sowie im Spayer Engelstein; den Pachtvertrag für die Weinberge in der Lage Schloss Fürstenberg hat Florian Weingart dagegen beendet. Mit dem Jahrgang 2014 (respektive 2013 beim Spätburgunder) nutzte Weingart erstmals die Gewannnamen „In der Zech" (in Spay in der Lage Engelstein gelegen) und „Am Weißen Wacke" (im Bopparder Hamm Engelstein).Riesling dominiert in diesem Weingut, dazu gibt es 15 Prozent Spätburgunder – eine vergleichsweise große Fläche, welche die Bedeutung des Rotweines zeigt. Ein Großteil der Weine wird halbtrocken oder etwas süßer ausgebaut, allerdings gehören auch die trockenen Weine regelmäßig zur Spitze am Mittelrhein. Sekte ergänzen das Angebot, und wenn Auslesen oder Trockenbeerenauslesen gelingen, sind die in der Regel von großartiger Balance. Das Weingut gehört seit über einem Jahrzehnt zu den Spitzenbetrieben am Mittelrhein. Wobei sich in diesem Jahrzehnt die Weine stilistisch verändert haben. Sie haben deutlich an Profil gewonnen, sind – teils durch die inzwischen praktizierte Spontangärung – vielleicht etwas weniger fruchtbetont und zugänglich als früher, dafür aber präziser und nachhaltiger. Experimente, beispielsweise mit einem gewissen Anteil an Botrytistrauben, gefallen sehr; man kann nie genau wissen, was Florian Weingart als nächstes macht, und genau das verleiht der Sache Spannung. Weine, die sich „anarchie" nennen oder die mit einem „+" bezeichnet werden, sind meist besonders interessant, saftig und vibrierend. Was die Anarchie angeht, ist Weingart ohnehin aufgeschlossen, plant schon seit geraumer Zeit ein Buch über die Ethik des Weines, philosophiert gern über anarchistischen Wein. Vielleicht gehört zu dieser Anarchie auch, dass die Preise immer noch überraschend fair sind. In jedem Fall ist dieser Betrieb eines der bemerkenswertesten und am individuellsten arbeitenden Weingüter nicht nur am Mittelrhein, sondern weit darüber hinaus. 2017 wurde mit einem Kellerneubau in den Weinbergen begonnen, mit einem kreisrunden Keller, komplett in der Erde.

Kollektion

Vier trockene und vier feinherbe Rieslinge hat Florian Weingart dieses Jahr präsentiert, drei süße Rieslinge sowie einen Spätburgunder aus dem Jahrgang 2015. Dieser präsentiert sich in blendender Form, ist wie schon in den vergangenen Jahren der beste unter den wenigen Rotweinen vom Mittelrhein. Er zeigt gute Konzentration und rauchige Noten im Bouquet, reintönige Frucht, ist klar, frisch und zupackend im Mund, besitzt gute Struktur. Den trockenen Kabinett aus dem Ohlenberg gibt es in zwei Versionen. Der „normale" Wein ist frisch und zupackend, der mit einem „+" versehene Kabinett ist deutlich würziger und eindringlicher. Die trockene Spätlese aus dem Ohlenberg zeigt feine Würze und rauchige Noten, ist frisch, klar und druckvoll. Aus der Lage „Am Weißen Wacke" gibt es im Jahrgang 2016 auch eine trockene Spätlese, die rauchig-würzige Noten im Bouquet zeigt, Fülle und Kraft besitzt, reintönige Frucht, gute Struktur und merklich Säure. Der feinherbe Gutsriesling ist klar, frisch und geradlinig, auch hier gibt es eine etwas rauchigere, druckvollere „+"-Variante. Die Anarchie genannt Spätlese aus der Feuerlay ist nicht ganz trocken geworden: Sie zeigt herrlich viel Frucht und gute Konzentration, ist füllig und kraftvoll, besitzt gute Struktur und Substanz. Die feinherbe Spätlese „Am Weißen Wacke" kann der trockenen Paroli bieten, sie zeigt gute Konzentration und reintönige Frucht, ist füllig und saftig, besitzt gute Struktur und Frische. Eine zweite Spätlese hat Florian Weingart im Jahrgang 2016 ebenfalls Anarchie genannt, sie stammt aus dem Engelstein und hat 33,5 Gramm Restzucker. Sie zeigt gute Konzentration und herrlich viel Frucht, ist füllig und saftig bei viel Substanz. Der süße Riesling ist wunderschön frisch und lebhaft, klar und zupackend. Der Kabinett aus dem Engelstein ist frisch und klar, lebhaft und süffig, besitzt feine süße Frucht.

Weinbewertung

84	2016 Riesling Kabinett trocken Boppatder Hamm Ohlenberg	**12 %/8,- €**
85	2016 Riesling Kabinett trocken „+" Bopparder Hamm Ohlenberg	**12 %/8,50 €**
87	2016 Riesling Spätlese trocken Bopparder Hamm Ohlenberg	**12,5 %/10,50 €**
88	2016 Riesling Spätlese trocken „Am Weißen Wacke" Engelstein	**13 %/11,- €**
84	2016 Riesling „feinherb"	**11 %/7,- €**
85	2016 Riesling „feinherb" „+"	**10,5 %/7,50 €**
88	2016 Riesling Spätlese „anarchie" Bopparder Hamm Feuerlay	**12,5 %/16,- €**
88	2016 Riesling Spätlese „feinherb" „Am Weißen Wacke" Engelstein	**12 %/10,50 €**
88	2016 Riesling Spätlese „anarchie" Bopparder Hamm Engelstein	**10,5 %/13,- €**
85	2016 Riesling	**9,5 %/7,- €**
85	2016 Riesling Kabinett Bopparder Hamm Engelstein	**8 %/8,- €**
88	2015 Spätburgunder Spätlese trocken Spay „In der Zech"	**13,5 %/17,- €**

LAGEN

ENGELSTEIN (BOPPARDER HAMM) – AM WEISSEN WACKE (BOPPARDER HAMM) OHLENBERG (BOPPARDER HAMM) FEUERLAY (BOPPARDER HAMM) FEUERLAY (SPAY) – IN DER ZECH (SPAY)

REBSORTEN

RIESLING (85 %)
SPÄTBURGUNDER (15 %)

W

DER WEINHOF

★☆

KONTAKT

Klotzenhof 11
63920 Großheubach
Tel. 09371-948183
Fax: 09371-948178
www.weinhof-paul.de
kontakt@weinhof-paul.de

Inhaber
Alexander Paul
Rebfläche
3 Hektar
Produktion
14.000-18.000 Flaschen

BESUCHSZEITEN

siehe Homepage oder nach Vereinbarung
Häckerwirtschaft

Der Weinhof Paul ist auf dem Klotzenhof zuhause, der am Waldrand zwischen Großheubach und Röllbach liegt. Das Weingut wurde Anfang der achtziger Jahre des letzten Jahrhunderts gegründet. Die Weinberge von Alexander Paul liegen im Großheubacher Bischofsberg, im Bürgstadter Centgrafenberg und im Miltenberger Steingrübler, ein Hektar befindet sich in natur- und denkmalgeschützten Sandsteinterrassen. Seit 2016 führt Alexander Paul auch Weine aus dem Wipfelder Zehntgraf im Programm. Er baut jeweils zur Hälfte weiße und rote Rebsorten an. Silvaner, Müller-Thurgau, Riesling und Bacchus sind die wichtigsten weißen Rebsorten, Spätburgunder, Frühburgunder, Dornfelder und Regent die roten. Die Trauben für die Weinlinie „Anno Dazumal" stammen aus Sandsteinterrassen, sie werden in kleinen Eichenholzfässern ausgebaut und nicht filtriert; auch der Blanc de Noir 207 stammt von Terrassen, aus einem Weinberg in der Teillage Rosenberg, in dem es 207 Stufen gibt. Dem Weingut ist eine Häckerwirtschaft angeschlossen, in der fränkische Spezialitäten und Hausmacherwurst angeboten werden.

Kollektion

Eine sehr schöne Kollektion präsentiert Alexander Paul, mit Weinen der Jahrgänge 2016 und 2015. Überzeugend ist wieder einmal die Liter-Qualität: Sortentypische Weine, fruchtbetont und saftig-süffig. Dies gilt auch für die restlichen Weißweine des Jahrgangs 2016. Ganz stark sind die beiden Blanc de Noirs: Der zwölf Monate im Holz ausgebaute Bischofsberg-Wein ist füllig, kraftvoll, jugendlich, hat das Holz schön integriert, der Wein aus dem Steingrübler, sur lie im großen Holz ausgebaut, unfiltriert, besitzt Kraft und Struktur. Zwei sehr ernsthafte Blanc de Noirs! Stimmig und stark auch die Rotweine, strukturiert, fruchtbetont, gekonnt vinifiziert. Im Aufwind!

Weinbewertung

82 2016 Müller-Thurgau Großheubacher Bischofsberg (1l) **12 %/6,- €**
82 2016 Silvaner trocken Großheubacher Bischofsberg (1l) **12 %/6,80 €**
83 2016 Silvaner trocken Miltenberger Steingrübler **12 %/7,- €**
83 2016 Müller-Thurgau Miltenberger Steingrübler **12 %/6,- €**
83 2016 Riesling Großheubacher Bischofsberg **12 %/7,50 €**
86 2015 „Blanc de Noir 207" trocken Holzfass Großheubacher Bischofsberg **13 %/8,50 €**
86 2015 „Blanc de Noir" Spätlese trocken Miltenberger Steingrübler **13 %/8,50 €**
84 2016 Weißer Burgunder Wipfelder Zehntgraf **13 %/8,50 €**
83 2016 Grauer Burgunder Wipfelder Zehntgraf **12,5 %/7,50 €**
84 2015 Dornfelder trocken Großheubacher Bischofsberg **13 %/8,50 €**
83 2014 Regent trocken „Anno Dazumal" Holzfass Bischofsberg **12 %/7,80 €**
84 2015 Spätburgunder Großheubacher Bischofsberg **13 %/8,50 €**

WEINMANN

★

KONTAKT

Rommersheimer Straße 105
55286 Wörrstadt
Tel. 06732-933958
Fax: 06732-933959
www.mein-weinmann.de
info@mein-weinmann.de

Inhaber
Gunter & Ute Weinmann
Rebfläche
21 Hektar

BESUCHSZEITEN

Mo.-Fr. 10-18 Uhr, Sa. 10-16 Uhr

Wir sind ein junges Weingut ohne Geschichte. Solche Sätze liest man selten, versuchen doch oft gerade junge Weingüter irgendwo einen weinbautreibenden Vorfahren zu finden. Gunter Weinmann begann 1997 mit der Flaschenabfüllung, seit 2007 führt er zusammen mit Ehefrau Ute den Betrieb. Ihre Weinberge liegen in vielen verschiedenen Gemeinden und Lagen, in Saulheim (Hölle, Heiligenhaus), Wörrstadt (Eselskreisch, eine alte Einzellage, die 1971 im Kachelberg aufgegangen ist), Stadecken, Vendersheim und Sulzheim (Schildberg). Seit 2012 gibt es auch Pfälzer Wein im Programm, denn sie haben Ute Weinmanns elterlichen Betrieb gepachtet, dessen Trauben werden ebenfalls in Wörrstadt verarbeitet. Riesling, Silvaner, Weißburgunder und Grauburgunder sind die wichtigsten weißen Rebsorten, aber es gibt auch Scheurebe und Müller-Thurgau, Chardonnay und Grüner Veltliner. Bei den roten Sorten überwiegen Frühburgunder, Spätburgunder und Cabernet Sauvignon, sie bauen aber auch Merlot, Portugieser und Dornfelder an.

Kollektion

In der ansonsten sehr gleichmäßigen Kollektion im vergangenen Jahr war der im Barrique ausgebaute Eselskreisch-Spätburgunder des Jahrgangs 2012 unser eindeutiger Favorit. Und auch in diesem Jahr hat wieder ein Rotwein ganz klar die Nase vorne, und wieder ist es ein im Barrique ausgebauter Rotwein aus dem Jahrgang 2012: Die Cuvée aus Frühburgunder und Merlot zeigt reife Frucht im Bouquet, Vanille, rote Früchte, ist füllig und kraftvoll im Mund, besitzt viel reife Frucht, gute Substanz und feine Schokonoten. Ansonsten ist die Kollektion recht verhalten, die Weine des Jahrgangs 2016 sind frisch und geradlinig, weisen aber zu wenig Komplexität auf, unabhängig von der Rebsorte und egal ob sie trocken, feinherb oder süß ausgebaut sind. Die angekündigten Lagen-Weißweine, der Weißburgunder aus dem Schildberg und der Riesling aus der Saulheimer Hölle, haben uns vor Redaktionsschluss leider nicht mehr erreicht.

Weinbewertung

80 2016 Weißburgunder trocken **13 %/5,30 €**
81 2016 Grauburgunder trocken **12,5 %/5,60 €**
78 2016 Chardonnay & Weißburgunder „feinherb" **12 %/5,60 €**
81 2016 Grüner Veltliner trocken **12,5 %/7,30 €**
79 2016 Riesling süß **8 %/6,90 €**
81 2016 Cabernet Sauvignon Rosé trocken **12 %/6,90 €**
86 2012 Frühburgunder & Merlot trocken Barrique **14,5 %/17,40 €**

Weinreich

★★★

KONTAKT

Riederbachstraße 7
67595 Bechtheim
Tel. 06242-7675
Fax: 06242-7678
www.weinreich-wein.de
info@weinreich-wein.de

Inhaber
Weinreich GbR
Rebfläche
16 Hektar
Produktion
120.000 Flaschen

BESUCHSZEITEN

nach Vereinbarung
Gutsschänke, Gästehaus

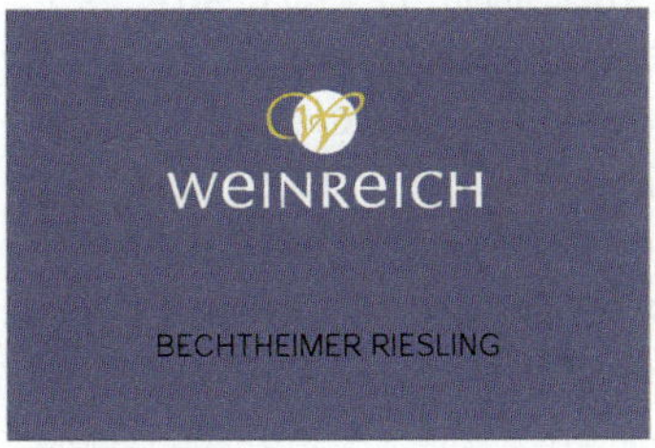

Marc Weinreich schloss 2009 sein Studium als Weinbauingenieur ab. Etwa zur gleichen Zeit verstarb sein Vater, so dass Marc Weinreich Betriebsleiter des Schuhmacher-Weinreich genannten Weinguts wurde. Zusammen mit seiner Ehefrau Nina entwickelte er ein neues Betriebskonzept: Weinreich. Er begann mit der Umstellung auf ökologische Bewirtschaftung, vergärt überwiegend mit den natürlichen Hefen. Heute führt er zusammen mit seinem Bruder Jan das Weingut. Die Weinberge liegen in den Bechtheimer Lagen Stein, Geyersberg, Hasensprung und Rosengarten. 30 Prozent der Fläche nimmt Riesling ein, ein Viertel Silvaner, ein weiteres Viertel Weiß- und Grauburgunder, hinzu kommen vor allem Chardonnay, Spätburgunder und Schwarzriesling. Das Sortiment ist eingeteilt in Guts-, Orts- und Lagenweine – Rieslinge aus Geyersberg und Hasensprung, ein Weißburgunder aus dem Stein sowie ein Spätburgunder aus dem Rosengarten bilden die Spitze des Sortiments. 2017 stellten Marc und Jan Weinreich ihr neues Naturwein-Segment vor.

Kollektion

Vier Naturweine, alle vier spannend: „Perlen vor die Säue" heißt der duftige, eigenwillig vordergründige PetNat aus Riesling und Silvaner, Tacheles der druckvolle, puristische maischevergorene Bacchus, im Holzfass ausgebaut. „Heiter bis Wolkig" ist eine zusammen maischevergorene, recht duftige Cuvée aus Kerner und Dornfelder, „Des Wahnsinns fette Beute" maischevergorener und im Tonneau ausgebauter Chardonnay, duftig, offen, geradlinig und tanninbetont. Bei all diesen Weinen wurde nichts zugesetzt, auch kein Schwefel. Auch das „normale" Sortiment überzeugt, schon die Gutsweine sind alle sehr gut, alle sind kraftvoll, fruchtbetont und zupackend, der Bechtheimer Riesling hat Kraft und Spannung, der Hasensprung-Riesling besitzt viel reife Frucht, Kraft und Druck, ist noch sehr jugendlich. Super-spannende Kollektion!

Weinbewertung

85 2016 „Perlen von die Säue" **11,5 %/15,- €**
85 2014 Pinot Sekt brut nature **12 %/21,50 €**
85 2016 Silvaner trocken **12 %/8,- €**
85 2016 Riesling trocken **12 %/8,50 €**
86 2016 Grauburgunder trocken **13 %/8,50 €**
84 2016 Weißburgunder & Chardonnay trocken **13 %/9,- €**
87 2016 Weißburgunder trocken Bechtheimer **13 %/12,- €**
88 2016 Riesling trocken Bechtheimer **12,5 %/12,- €**
89 2016 Riesling trocken Bechtheimer Hasensprung **13 %/18,50 €**
88 2016 „Tacheles" **11,5 %/12,- €**
86 2016 „Heiter bis Wolkig" **12 %/11,50 €**
87 2015 „Des Wahnsinns fette Beute" **13 %/21,50 €**

W

WEINREUTER

★☆

KONTAKT

BioWeingut Weinreuter
Riedhöfe 2
74211 Leingarten
Tel. 07131-402540
Fax: 07131-402588
www.weingut-weinreuter.de
weingut-weinreuter@gmx.de

Inhaber
Dietmar & Michaela Weinreuter
Rebfläche
12 Hektar
Produktion
70.000 Flaschen

BESUCHSZEITEN

Do. 18-22 Uhr, Sa. 8-16 Uhr oder nach Vereinbarung

Das Weingut Weinreuter liegt in Leingarten, im Leintal, am Fuße des Heuchelbergs. Ursprünglich ein landwirtschaftlicher Gemischtbetrieb, hat man sich nach und nach auf Weinbau spezialisiert, die Trauben aber größtenteils an eine Genossenschaft abgeliefert. Philipp Weinreuter absolvierte seine Winzerlehre bei Drautz-Able und Salwey, mit Beginn seiner Technikerausbildung in Weinsberg wurden 2008 erste Flächen biologisch bewirtschaftet, 2009 wurde die komplette Fläche umgestellt. Seit 2012 sind die Weine bio-zertifiziert. Zum Betrieb gehören noch Felder, die ebenfalls ökologisch bewirtschaftet werden, so dass im Weinausschank neben den eigenen Weinen auch saisonale Gerichte aus eigenem biologischem Anbau angeboten werden. Gut die Hälfte der Weinberge liegt im Talheimer Schlossberg, dazu ist man in Leingarten (Grafenberg, Leiersberg), Lehrensteinsfeld (Steinacker), Weinsberg (Ranzenberg), Nordheim (Sonntagsberg), Schozach (Schelmenklinge) und Talheim (Sonnenberg) vertreten. Rote Sorten nehmen 70 Prozent der Rebfläche ein: Schwarzriesling, Spätburgunder, Samtrot, Trollinger und Lemberger, auch einige Weinsberger Neuzüchtungen sowie pilzwiderstandsfähige Rebsorten. Im weißen Segment gibt es Riesling, Weißburgunder, Grauburgunder, Sauvignon Blanc, Cabernet Blanc, Traminer und Kerner. Weitere Piwis sollen folgen, ebenso Versuche mit biodynamischer Bewirtschaftung.

Kollektion

Eine stimmige Kollektion präsentiert Dietmar Weinreuter in diesem Jahr, schon die Basis überzeugt, der Crémant ist fruchtbetont und geradlinig. Im weißen Segment gefallen uns der füllige, kraftvolle Grauburgunder und der intensive, im Barrique ausgebaute Traminer besonders gut. Der reintönige, kraftvolle Pinot Noir, der intensive, strukturierte Barrique-Lemberger und der konzentrierte, tanninbetonte VB 91-26-29 (Piwi) führen das rote Segment an. —

Weinbewertung

81	2016 „Philippus Secco Blanc" **10,5 %/6,90 €**
83	2015 Crémant Blanc de Noir brut **12,5 %/14,90 €**
82	2016 Weißburgunder trocken Leingarten Grafenberg **13,5 %/9,- €**
86	2016 Grauburgunder trocken Leingarten Grafenberg **13 %/9,- €**
84	2016 Riesling Kabinett trocken Talheim Sonnenberg **11,5 %/9,- €**
85	2016 Traminer Spätlese trocken Leingarten Grafenberg **12,5 %/12,50 €**
81	2014 „Blutsbande" Rotwein trocken Holzfass **13,5 %/9,90 €**
84	2015 Pinotin trocken Leingarten Grafenberg **12,5 %/9,90 €**
86	2015 VB 91-26-29 trocken Barrique Leingarten Grafenberg **13,5 %/18,- €**
86	2015 Lemberger trocken Barrique Leingarten Grafenberg **14 %/18,- €**
83	2013 Spätburgunder Auslese trocken „Reserve" Barrique **14,5 %/18,- €**
86	2014 Pinot Noir trocken Holzfass **13 %/45,- €/1,5l**

WEINSBERG

★★★☆

KONTAKT

Staatsweingut Weinsberg
Traubenplatz 5
74189 Weinsberg
Tel. 07134-504-167
Fax: 07134-504-168
www.sw-weinsberg.de
staatsweingut@lvwo.bwl.de

Inhaber
Land Baden-Württemberg
Direktor
Dr. Dieter Blankenhorn
Kellermeister
Florian Solymari
Rebfläche 40 Hektar
Produktion 250.000 Flaschen

BESUCHSZEITEN

Mo.-Fr. 9-17 Uhr

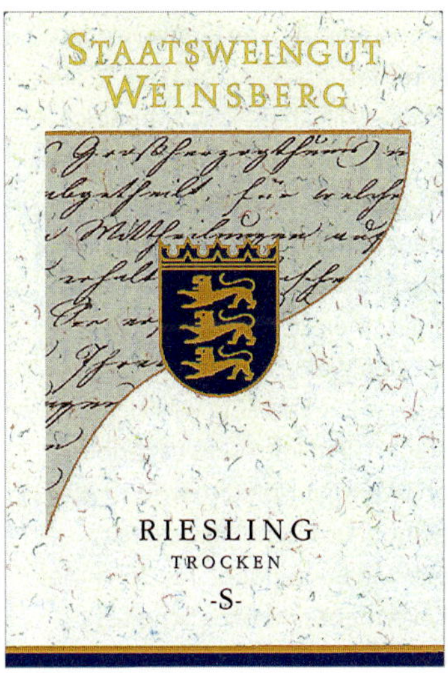

Von den 40 Hektar Weinbergen des Staatsweingutes Weinsberg befinden sich 18 Hektar in Weinsberg in den Lagen Schemelsberg und Ranzenberg, darunter 3 Hektar Mauerweinberge am Burgberg, 10 Hektar im Gundelsheimer Himmelreich (darunter 2,5 Hektar Terrassenweinberge) und 12 Hektar rund um die Burg Wildeck (im Alleinbesitz) bei Abstatt. Die im Jahr 1868 als „Königliche Weinbauschule" gegründete Wein- und Obstbauschule in Weinsberg ist das älteste Weinbau-Lehrinstitut in Deutschland. Aus der Weinsberger Rebenzüchtung sind Rebsorten wie Kerner oder Dornfelder hervorgegangen. 1999 wurden sechs Rotwein-Neuzüchtungen der Öffentlichkeit vorgestellt: Acolon, Cabernet Cubin, Cabernet Dorio, Cabernet Dorsa, Cabernet Mitos und Palas. Das Staatsweingut ist Gründungsmitglied der Hades-Gruppe. Nach der Jahrtausendwende hat man in die Kellerwirtschaft investiert und einen Kellerneubau fertig gestellt.

Kollektion

Mit der aktuellen Kollektion schließt der neue Kellermeister Florian Solymari nahtlos an die guten Vorjahre an. Der Kerner ist würzig und zupackend, recht süffig wie auch der Sauvignon Blanc, der Burg Wildeck-Riesling besitzt gute Struktur und Frucht. Das füllige, saftige Große Gewächs von der Burg Wildeck trägt nun den Zusatz Herrschaftsberg, den Grauburgunder hatten wir schon im letzten Jahr vorgestellt, neu ist der kraftvolle Fumé Blanc. Hohes Niveau zeigen die sechs präsentierten Rotweine. Der Himmelreich-Spätburgunder zeigt viel Frische und Duft, eindringlich Sauerkirschen. Der Lemberger vom Schemelsberg zeigt viel reife Frucht und Gewürznoten, besitzt Fülle und Kraft, ist sehr sortentypisch wie auch der duftige, saftige Pinotage. Der Syrah ist klar und zupackend, der Traum füllig und reif, der Grande Reserve zeigt Gewürznoten, Vanille und Schokolade, besitzt viel Kraft und Substanz.

Weinbewertung

83	2016 „Justinus K." Weißwein trocken **13 %/7,80 €**
84	2016 Sauvignon Blanc „S" trocken **13,5 %/11,80 €**
85	2016 Riesling trocken Burg Wildeck **12,5 %/12,50 €**
89	2016 Riesling trocken „GG Herrschaftsberg" Burg Wildeck **13 %/19,90 €**
89	2015 Grauburgunder trocken „GG" Burg Wildeck **13,5 %/19,90 €**
86	2016 Fumé Blanc trocken „Hades" **13 %/24,- €**
89	2015 Spätburgunder trocken „GG" Gundelsheimer Himmelreich **13 %/25,80 €**
90	2015 Lemberger trocken „GG" Weinsberger Schemelsberg **13,5 %/25,80 €**
88	2015 Pinotage trocken „Hades" **14,5 %/27,- €**
89	2015 Syrah trocken „Reserve Hades" **13 %/32,- €**
90	2015 „Grande Reserve" Rotwein trocken „Hades" **14 %/32,- €**
90	2012 „Traum" Rotwein trocken **13,5 %/49,- €**

Nik Weis – St. Urbans-Hof

★★★★☆

KONTAKT

Urbanusstraße 16
54340 Leiwen
Tel. 06507-9377-0
Fax: 06507-9377-30
www.nikweis.com
info@nikweis.com

Inhaber
Nik Weis
Rebfläche
40 Hektar
Produktion
240.000 Flaschen

BESUCHSZEITEN

Mo.-Fr. 8-17,
Sa. nach Vereinbarung
Landhaus St. Urban (Büdlicher-brück/Naurath)

Der Sankt Urbans-Hof wurde 1947 auf einer Anhöhe bei Leiwen von Nicolaus Weis erbaut. In den sechziger Jahren übernahm sein Sohn Hermann den Betrieb, baute die betriebseigene Rebschule zu einer der größten in Deutschland aus. Er erweiterte auch die Rebfläche, indem er große Parzellen an der Saar – in Ockfen, Wiltingen und Schoden – erwarb. Seit 1997 ist dessen Sohn Nik Weis im Betrieb, den er heute führt und inzwischen in Weingut Nik Weis – St. Urbans-Hof umbenannt hat. Er strukturierte den Betrieb weiter um, indem er Weinberge in Spitzenlagen erwarb und schwächere Parzellen abgab. Seine Weinberge befinden sich in drei Lagen an der Saar und drei Lagen an der mittleren Mosel. Schon seit über 100 Jahren besitzt die Familie Reben in der Leiwener Laurentiuslay, im Piesporter Goldtröpfchen erwarb man Ende der neunziger Jahre die ersten Parzellen. Die Weinberge im Mehringer Blattenberg kamen 2004 durch Nik Weis' Ehefrau zum Weingut; die Trauben aus dem Blattenberg ergeben den Mehringer Alte Reben, zukünftig wird es vielleicht einen Lagenwein aus dem Blattenberg geben, genau genommen aus der alten Lage Layet, die in den preußischen Lagenkarten des 19. Jahrhunderts der obersten Kategorie zugerechnet wurde. An der Saar ist Nik Weis in den Lagen Ockfener Bockstein (mit der alten Einzellage Zickelgarten, die erstmals 2011 gesondert ausgebaut wurde), Schodener Saarfeilser Marienberg und Wiltinger Schlangengraben vertreten. Im Schlangengraben besitzt er einen 9 Hektar großen arrondierten Weinberg, der in den 1920er Jahren angelegt wurde, ein Teil der Reben stammt noch aus dieser Zeit, die Weine aus dem Schlangengraben ergeben den Wiltinger Alte Reben und sind Teil des Gutsrieslings. Nik Weis baut ausschließlich Riesling an. Die Trauben werden alle in Leiwen gekeltert, ausgebaut und abgefüllt. Die Weine werden spontanvergoren und teils im Edelstahl, teils im Holzfass ausgebaut. 65 % der Produktion werden exportiert. Trockene Rieslinge, die aber nicht unbedingt gesetzlich, sondern nur geschmacklich trocken sein müssen, tragen ein weißes Etikett. 2011 und 2012 hat Nik Weis ein Großes Gewächs aus der Laurentiuslay erzeugt, 2012 auch aus dem Bockstein. Aus dem Jahrgang 2015 erzeugte Nik Weis je ein Großes Gewächs aus Bockstein und Saarfeilser, dazu einen nicht ganz trockenen Große Lage-Wein aus dem Saarfeilser, 2016 wurden nicht weniger als drei Große Gewächse vorgestellt. Süße Weine tragen ein schwarzes Etikett: In diesem Segment gibt es als mengenmäßig wichtigsten Wein den Gutsriesling, alle weiteren Weine tragen Prädikats- und Lagenbezeichnungen. Zusammen mit Martin Foradori (Weingut Hofstätter, Südtirol) hat Nik Weis die 6 Hektar Weinberge des Weinguts Dr. Fischer in Ockfen übernommen, die vor allem im Bockstein liegen. In Kooperation mit Johannes Fischer, dem weiterhin das Gut gehört, soll Kellermeister Markus Scholtes diesem Gut wieder zum alten Glanz verhelfen.

Kollektion

Die 2016er überzeugen schon in der Basis, etwa mit dem nach Kernobst und Kräutern duftenden Riesling „Schiefer", dessen leichte Süße ausgezeichnet ins Gesamtbild integriert wurde, der straff und vibrierend wirkt. Der Mehringer Riesling wirkt deutlich trockener und tiefgründiger als sein Wiltinger Pendant, der Saarfeilser Riesling fällt etwas aus der Reihe mit der komplexen Würze. Unter den großen Gewächsen schien der Bockstein bei der Verkostung der verschlossenste zu sein, während Laurentiuslay schlank, straff, würzig wirkte und der Saarfeilser fast ätherisch, elegant und präzise daherkam. Auch den süßen Weinen tut Entwicklung gut. Die Spätlese aus der Laurentiuslay wirkte bei der Verkostung noch sehr primärfruchtig, jene aus dem Bockstein war zugänglicher mit einem faszinierenden Süße-Säure-Spiel, sehr terroirtypisch. Die Versteigerungsspätlese aus dem Piesporter Goldtröpfchen wirkt sehr vielschichtig in der Nase, erinnert an reifes Steinobst, gebackene Äpfel, mit Anklängen an gehackte Kräuter: ein Wein für viele Jahre der Entwicklung. Dies gilt auch für die drei vorgestellten Auslesen. Wunderbar saftig, elegant die Goldtröpfchen-Auslese, schon jetzt schön zu trinken, ziseliert und kräuterwürzig die Bockstein-Auslese, die verblüffend verhalten in der Süße wirkt und gerade deshalb überzeugt, sehr zugeknöpft die Saarfeilser Auslese.

Weinbewertung

86	2016 Riesling Saar (schwarzes Etikett) **9,5 %/9,80 €**
89	2016 Riesling „Alte Reben" Mehringer **11 %/17,80 €**
87	2016 Riesling „Schiefer" **10,5 %/11,60 €**
88	2016 Riesling „Alte Reben" Wiltinger **10 %/15,80 €**
90+	2016 Riesling „GG" Bockstein **12 %/29,- €**
92	2016 Riesling „GG" Laurentiuslay **12,5 %/45,- €**
91	2016 Riesling „GG" Saarfeilser **12 %/27,50 €**
90	2016 Riesling „GL" Saarfeilser **11 %/22,- €**
91	2016 Riesling Spätlese Saarfeilser **7,5 %/27,50 €**
93	2016 Riesling Spätlese Vst. Goldtröpfchen **7,5 %**
91	2016 Riesling Spätlese Goldtröpfchen **7,5 %/27,50 €**
92	2016 Riesling Spätlese Bockstein **7,5 %/27,50 €**
91+	2016 Riesling Spätlese Laurentiuslay **a.A.**
93	2016 Riesling Auslese Goldtröpfchen **7,5 %/19,50 €/0,375l**
93	2016 Riesling Auslese Bockstein **7,5 %/0,375l**
92+	2016 Riesling Auslese Saarfeilser **7,5 %/0,375l**

LAGEN

LAURENTIUSLAY (LEIWEN)
GOLDTRÖPFCHEN (PIESPORT)
BOCKSTEIN (OCKFEN)
– ZICKELGARTEN (OCKFEN)
SAARFEILSER (SCHODEN)
SCHLANGENGRABEN (WILTINGEN)
BLATTENBERG (MEHRING)
– LAYET (MEHRING)

W

REBSORTEN

RIESLING (100 %)

Weishaar

★★

Kontakt

Hauptstraße 164
79356 Eichstetten
Tel. 07663-4800
Fax: 07663-949953
www.weingut-weishaar.de
mail@weingut-weishaar.de

Inhaber
Gabriele & Karl-Heinz Weishaar
Rebfläche
5 Hektar
Produktion
45.000 Flaschen

Besuchszeiten

nach Vereinbarung

1989 gründeten Gabriele und Karl-Heinz Weishaar das Weingut aus einem lange Zeit als landwirtschaftlicher Mischbetrieb geführten Gut. Für den Weinausbau ist Sohn Markus verantwortlich, der nach Weinküferlehre, Neuseelandaufenthalt und Weinbautechnikerausbildung heute hauptberuflich als Kellermeister beim Eichstetter Weingut Kiefer arbeitet. Ihre Weinberge liegen alle in Eichstetten, wo die Reben auf überwiegend süd- und südost-exponierten Terrassen wachsen. Spätburgunder und Grauburgunder sind die wichtigsten Rebsorten, gefolgt von Weißburgunder und Muskateller. Dazu gibt es Scheurebe, Chardonnay, Riesling und Müller-Thurgau. Liköre und Brände ergänzen das Sortiment.

Kollektion

Beim starken Debüt im vergangenen Jahr führten die Barriqueweine eine stimmige Kollektion an, allen voran Chardonnay und Pinot Noir. Die neue Kollektion schließt nahtlos daran an. Die Kabinettweine sind reintönig und zupackend, sehr gleichmäßig, trocken wie feinherb. Der 3 Stern-Weißburgunder ist rauchig, füllig, deutlich vom Holz geprägt, etwas besser hat dies der Grauburgunder integriert, der reintönige Frucht, gute Struktur und Substanz besitzt, aber doch auch deutliche Barriquenoten. Dies gilt auch für den Chardonnay, der Fülle und Kraft besitzt, gute Struktur und reife Frucht. Unser Favorit im weißen Segment ist der spontan vergorene, achtzehn Monate auf der Hefe ausgebaute Riesling „Wildes Grub", der komplex ist, druckvoll, noch sehr jugendlich. Sehr gut gefällt uns auch die intensive, konzentrierte Muskateller Beerenauslese. Auch die Spätburgunder überzeugen voll und ganz: Der 2013er Pinot Noir zeigt reintönige Frucht, ist lebhaft, strukturiert, zupackend, noch ein wenig besser gefällt uns 2014, ist herrlich reintönig, lebendig, komplex und frisch, besitzt gute Struktur und Biss. ➖

Weinbewertung

82	2016 Weißer Burgunder Kabinett trocken Eichstetter Herrenbuck	**13,5 %/6,90 €**
82	2016 Grauer Burgunder Kabinett trocken Eichstetter Herrenbuck	**13,5 %/6,90 €**
87	2015 Riesling*** trocken „Wildes Grub" Eichstetter Herrenbuck	**12,5 %/30,- €/1,5l**
85	2015 Weißer Burgunder*** trocken Barrique Eichstetter Herrenbuck	**14 %/12,50 €**
86	2015 Grauer Burgunder*** trocken Barrique Eichstetter Herrenbuck	**13,5 %/12,50 €**
86	2015 Chardonnay*** trocken Barrique Eichstetter Herrenbuck	**14 %/13,50 €**
82	2016 Riesling Kabinett „feinherb" Eichstetter Herrenbuck	**12 %/6,60 €**
81	2016 Muskateller Kabinett „feinherb" Eichstetter Herrenbuck	**11,5 %/6,60 €**
87	2015 Muskateller Beerenauslese Eichstetter Herrenbuck	**11 %/16,90 €/0,5l**
81	2014 Spätburgunder trocken Eichstetter Herrenbuck	**13 %/7,30 €**
87	2013 Pinot Noir*** trocken Barrique Eichstetter Herrenbuck	**13 %/15,- €**
88	2014 Pinot Noir*** trocken Barrique Eichstetter Herrenbuck	**13 %/15,- €**

WEITZEL

★★☆

KONTAKT

Backesgasse 7
55218 Ingelheim-Großwinternheim
Tel. 06130-447
Fax: 06130-8438
www.biowein-weitzel.de
eweitzel@biowein-weitzel.de

Inhaber
Eckhard & Elke Weitzel
Rebfläche
7 Hektar
Produktion
35.000 Flaschen

BESUCHSZEITEN

werktags nach Vereinbarung

Eckhard und Elke Weitzel führen das Gut in dritter Generation. Sie stellten 1993 auf ökologischen Weinbau um, sind seit 2013 Mitglied bei Bioland. Die Weinberge liegen in Großwinternheim, gut die Hälfte davon in der Lage Bockstein, einem von Trockenmauern durchzogenen Südhang mit Kalksteinverwitterungsböden und einer Steigung von bis zu 45 Prozent. Rote Sorten nehmen 60 Prozent der Fläche ein. Neben Portugieser und Spätburgunder gibt es Cabernet Sauvignon, St. Laurent und Dornfelder. Die Rotweine werden entrappt und etwa 8 Tage lang maischevergoren und anschließend im Holz ausgebaut. Bei den Weißweinen dominiert Riesling, dazu gibt es Grauburgunder, Weißburgunder, Silvaner und Morio-Muskat, die Weißweine werden kühl und langsam vergoren. Seit 2006 arbeitet Tochter Romy, Weinbautechnikerin, im Betrieb mit.

Kollektion

Auch die neue Kollektion ist wieder sehr gleichmäßig, weiß wie rot. Unter den Ingelheimer Ortsweinen gefällt uns der Weißburgunder von alten Reben besonders gut, er ist füllig, saftig und süffig. Sehr gleichmäßiges, hohes Niveau zeigen die Lagenweine aus dem Bockstein: Der Grauburgunder ist füllig und saftig, der Riesling reintönig, besitzt viel reife süße Frucht, unser Favorit ist der Riesling von den Terrassen, der viel reife Frucht, gute Struktur und Substanz besitzt. Auch im stimmigen roten Segment sind es die beiden Spätburgunder aus der Terrassenlage, die wir vorne sehen: Jahrgang 2013 würzig, eindringlich, tanninbetont, 2014 kraftvoll, klar und zupackend, etwas fruchtbetonter und frischer als sein Vorgänger. —

Weinbewertung

84 2016 Grüner Silvaner Spätlese trocken Bockstein **13 %/7,50 €**
82 2016 Riesling trocken „Tertiär" Ingelheimer **12 %/6,- €**
82 2016 Weißer Burgunder Spätlese trocken Ingelheimer **13 %/6,50 €**
86 2016 Grauer Burgunder Spätlese trocken Bockstein **13 %/7,50 €**
85 2016 Weißer Burgunder Spätlese trocken „Alte Reben" Ingelheimer **13,5 %/8,90 €**
85 2016 Riesling Spätlese trocken Groß-Winternheimer Bockstein **12,5 %/8,- €**
87 2015 Riesling Spätlese trocken Terrasse Bockstein **13 %/12,50 €**
82 2016 Morio-Muskat Spätlese Ingelheimer **12,5 %/6,50 €**
83 2015 Blauer Portugieser trocken „Alte Reben" Ingelheimer **13,5 %/5,50 €**
83 2015 Sankt Laurent trocken Groß-Winternheimer Bockstein **13,5 %/7,50 €**
81 2016 Spätburgunder trocken Ingelheimer **13 %/6,50 €**
84 2014 Spätburgunder trocken Groß-Winternheimer Bockstein **13,5 %/7,50 €**
84 2014 „Cuvée No. 4" Rotwein trocken **13,5 %/6,90 €**
86 2013 Spätburgunder trocken Terrasse Bockstein **14 %/14,50 €**
87 2014 Spätburgunder trocken Terrasse Bockstein **13,5 %/12,50 €**

WELTNER

★★★★

KONTAKT

Wiesenbronner Straße 17
97348 Rödelsee
Tel. 09323-3646, Fax: -3846
www.weingut-weltner.de
weingut.weltner@t-online.de

Inhaber
Paul Weltner
Rebfläche
10 Hektar
Produktion
70.000 Flaschen

BESUCHSZEITEN

Mo.-Fr. 9-12 + 13:30-18 Uhr,
Sa. 10-16 Uhr

Seit dem 16. Jahrhundert betreibt die Familie Weinbau, seit vier Generationen in Rödelsee. Seit 2005 führt Paul Weltner das Gut. Seine Weinberge liegen an den südwestlichen Hängen des Schwanberges, in den Rödelseer Lagen Küchenmeister – mit der Hoheleite – und Schwanleite sowie im Iphöfer Julius-Echter-Berg. Seine wichtigste Lage ist der Küchenmeister, dessen Boden aus Schilfsandstein und Dolomit, Gipskeuper und tonigem Mergel mit großen Anteilen an Kalk, Kalium und Magnesium besteht. Aus der Gewanne Hoheleite im Küchenmeister erzeugt er seine Großen Gewächse. Die an den Küchenmeister angrenzende Lage Schwanleite ist überwiegend nach Westen exponiert. Der Boden besteht aus dem gleichen Mineralienmix wie im Küchenmeister, vor allem im vorderen, an den Küchenmeister angrenzenden Teil der Schwanleite, wo Paul Weltner alte Scheurebe- und Silvanerreben stehen hat. Südöstlich grenzt an den Küchenmeister der Julius-Echter-Berg, dort baut Paul Weltner Silvaner, Riesling und Weißburgunder an. Mehr als die Hälfte seiner Weinberge ist mit Silvaner bestockt, dazu gibt es Riesling, Weißburgunder, Müller-Thurgau, Scheurebe und Sauvignon Blanc, aber auch Spätburgunder und Domina. 90 % der Weine werden trocken ausgebaut. Das Programm ist vierstufig gegliedert in Gutsweine, Ortsweine, dann folgen die Erste Lage-Weine aus den Lagen Küchenmeister, Schwanleite (mit Silvaner und Scheurebe von 1968 gepflanzten Reben) und Julius-Echter-Berg, an der Spitze stehen die beiden Großen Gewächse aus der Hoheleite, Silvaner und Riesling, Letzterer wurde erstmals im Jahrgang 2012 als Großes Gewächs erzeugt. Schon seit der ersten Ausgabe empfehlen wir die Weine von Paul Weltner, schon damals waren wir sehr angetan von der Frische und Reintönigkeit aller Weine. Seither ist es stetig weiter vorangegangen, die Weine haben an Fülle und Ausdruck gewonnen ohne diese Reintönigkeit zu verlieren, von den Gutsweinen bis hin zur Spitze sind alle Kollektionen immer sehr zuverlässig.

Kollektion

Was für ein wunderschöner Guts-Silvaner! Pardon: Guts-Sylvaner, denn Paul Weltner nutzt ja die alte Schreibweise: Frisch, fruchtbetont, wunderschön reintönig, harmonisch, süffig – macht einfach Spaß. Der Rödelseer Sylvaner ist deutlich kraftvoller und kompakter, besitzt gute Struktur und Substanz. Der Rödelseer Riesling ist frisch, fruchtbetont und reintönig im Bouquet, klar und zupackend im Mund, besitzt gute Struktur, Biss und Frucht. Dann folgt wie gewohnt das Erste Lage-Trio vom Sylvaner. Der Wein aus dem Küchenmeister zeigt gute Konzentration, etwas rauchige Noten, reintönige Frucht, dezent gelbe Früchte, besitzt gute Substanz, Struktur und klare reife Frucht. Der Wein von alten Reben in der Schwanleite zeigt feine Frische im Bouquet, weiße und gelbe Früchte, ist harmonisch im Mund, klar, kompakt, besitzt gute Struktur und Substanz. Unsere ganz leichte Präferenz gilt in diesem Jahr dem Wein aus dem Julius-Echter-Berg, der reintönige Frucht im Bouquet zeigt, gute Konzentration, füllig und fruchtbetont im Mund ist, harmonisch und lang. Der Riesling aus dem Küchenmeister zeigt rauchige Noten, feine Würze, ist klar, frisch und zupackend, besitzt gute Struktur, reife Frucht und Druck. Die Scheurebe aus der Schwanleite ist etwas verhaltener als gewohnt, sie ist klar im Bouquet, geradlinig im Mund, besitzt gute Struktur und feine Frische. Stark ist der Weißburgunder aus dem Küchenmeister, zeigt herrlich viel Frucht, weiße Früchte, ist füllig und harmonisch, fruchtbetont, strukturiert und lang. Dieses Jahr konnten wir nur ein Großes Gewächs verkosten, den Sylvaner aus der Hoheleite. Er zeigt gute Konzentration, viel reife Frucht, gelbe Früchte, dezent Birnen, ist füllig und kraftvoll, besitzt viel Stoff und Substanz, aber auch merkliche Tannine und eine dezente Bitternote. Die Riesling Auslese aus dem Küchenmeister ist konzentriert und reintönig im Bouquet, frisch klar und zupackend im Mund, besitzt feine Frische und Länge. Eine sehr gute Figur macht auch der Spätburgunder aus dem Küchenmeister, mit dem Paul Weltner an seine bisher besten Spätburgunder-Jahrgänge 2007 und 2011 anknüpft. Er zeigt rauchige Noten im Bouquet, gute Konzentration, reife Frucht, ist frisch im Mund, klar und zupackend, besitzt gute Struktur und reife Frucht. Starke Kollektion!

Weinbewertung

87 2016 Sylvaner trocken **12 %/7,50 €** ☺
87 2016 Sylvaner trocken Rödelsee **12,5 %/9,50 €**
85 2016 Riesling trocken Rödelseer **13 %/9,50 €**
88 2016 Sylvaner trocken Rödelseer Küchenmeister **12,5 %/14,- €**
88 2016 Sylvaner trocken „Alte Reben" Rödelseer Schwanleite **12,5 %/14,- €**
89 2016 Sylvaner trocken Iphöfer Julius-Echter-Berg **12,5 %/15,- €**
88 2016 Riesling trocken Rödelseer Küchenmeister **13 %/14,- €**
89 2016 Weißer Burgunder trocken Rödelseer Küchenmeister **12,5 %/14,- €**
86 2016 Scheurebe trocken Rödelseer Schwanleite **12,5 %/14,- €**
91 2016 Sylvaner „GG" Rödelseer „Hoheleite" **13 %/32,- €**
89 2016 Riesling Auslese Rödelseer Küchenmeister **9,5 %/19,50 €/0,375l**
89 2015 Spätburgunder trocken Rödelseer Küchenmeister **13 %/19,- €**

LAGEN

KÜCHENMEISTER (RÖDELSEE)
- HOHELEITE
SCHWANLEITE (RÖDELSEE)
JULIUS-ECHTER-BERG
(IPHOFEN)

REBSORTEN

SILVANER (55 %)
RIESLING (15 %)
SCHEUREBE (8 %)
MÜLLER-THURGAU (5 %)

Arndt F. Werner

★★★

KONTAKT

Mainzer Straße 97
55218 Ingelheim
Tel. 06132-1090
Fax: 06132-431335
www.weingutwerner.de
info@weingutwerner.de

Inhaber
Arndt & Birgit Werner
Rebfläche
20 Hektar
Produktion
100.000 Flaschen

BESUCHSZEITEN

Mo.-Fr. 9-12:30 + 14-18 Uhr,
Sa. 9:30-14 Uhr

Anfang der achtziger Jahre übernahm Arndt Werner, Diplom-Geograph, das Gut mit damals 3 Hektar Weinbergen von seinem Vater und begann mit der Umstellung auf ökologischen Weinbau. 1983 gründete er mit gleich denkenden Winzern den ersten Verband ökologischer Winzer in Deutschland. Heute ist Arndt Werner Mitglied bei Ecovin und Bioland. Darüber hinaus ist das Weingut Demonstrations-Ökoweingut des Bundesministeriums für Landwirtschaft und Verbraucherschutz. Arndt Werner baut an roten Sorten Spätburgunder, Portugieser, Frühburgunder, Regent und Cabernet Sauvignon an. An weißen Sorten gibt es Riesling, Silvaner und Chardonnay, sowie Grauburgunder und Weißburgunder, inzwischen kam Cabernet Blanc hinzu. Nach der Teilaussiedlung an den Rand der Weinberge befinden sich Keller und Weinverkauf weiterhin im alten Hofgut, 2016 wurde neu- und umgebaut. Sohn Thomas ist, nach Geisenheim-Studium, zusammen mit seinem Vater für den Keller verantwortlich, er hat die neue Top-Linie „Aula Regia" initiiert.

Kollektion

Die Basis stimmt, das zeigt der geradlinige Cabernet Blanc. Unter den Selectionsweinen gefallen uns der füllige, saftige Silvaner und der Riesling vom Ingelheim Horn am besten, der viel reife Frucht und Substanz besitzt. Gleichauf sehen wir den Aula Regia-Chardonnay, der reife süße Frucht besitzt, gute Struktur und Substanz. Auch im roten Segment liefern sich S-Klasse und Aula Regia ein Kopf-an-Kopf-Rennen. Der Frühburgunder ist intensiv, zupackend, der Cabernet Sauvignon kraftvoll und strukturiert, der Portugieser würzig, konzentriert, der Spätburgunder rauchig, sehr reif. Starke Kollektion!

Weinbewertung

84	2015 Riesling Sekt brut **12,5 %/12,80 €**
84	2016 Cabernet Blanc trocken **12,5 %/6,80 €**
87	2016 Silvaner trocken Selection Gau Algesheimer Johannisberg **13,5 %/12,80 €**
86	2016 Weißer Burgunder „S" trocken Ingelheimer Lottenstück **13,5 %/13,80 €**
84	2016 Grauer Burgunder „S" trocken Ingelheim am Rhein **13,5 %/11,80 €**
84	2016 Chardonnay „S" trocken Ingelheim am Rhein **12,5 %/10,80 €**
88	2016 Chardonnay trocken „Aula Regia" Ingelheimer Lottenstück **13 %/15,80 €**
83	2016 Riesling „S" Ingelheim am Rhein **12,5 %/9,80 €**
88	2016 Riesling trocken Selection Ingelheimer Horn **13 %/13,80 €**
83	2015 Blauer Portugieser trocken „S" Ingelheim am Rhein **13 %/8,80 €**
83	2014 Regent trocken „S" Ingelheim am Rhein **14 %/9,80 €**
88	2015 Blauer Frühburgunder „S" trocken Ingelheimer Lottenstück **14 %/19,80 €**
88	2015 Cabernet Sauvignon „S" trocken Ingelheimer Höllenweg **14 %/19,80 €**
87	2015 Blauer Portugieser trocken „Aula Regia" Sonnenhang **13,5 %/24,80 €**
88	2013 Blauer Spätburgunder trocken „Aula Regia" Burgberg **14 %/24,80 €**

W

O. Werner & Sohn

★★☆

KONTAKT

Römerstraße 17
54340 Leiwen
Tel. 06507-4341
Fax: 06507-8355
www.weingut-werner.de
weingut1@aol.com

Inhaber
Bernhard Werner
Rebfläche
6 Hektar
Produktion
45.000 Flaschen

BESUCHSZEITEN

Mo.-Sa. 10-18 Uhr

Bernhard Werner war Gründungsmitglied und fast zehn Jahre Vorsitzender der „Vereinigung der Leiwener Jungwinzer", die seit Mitte der achtziger Jahre mit hochwertigen Rieslingen auf sich aufmerksam machen. Seine Weinberge liegen im Schweicher Annaberg, der Trittenheimer Apotheke sowie den Leiwener Lagen Laurentiuslay und Klostergarten. Neben 85 Prozent Riesling baut er 10 Prozent Spätburgunder sowie ein wenig St. Laurent und Müller-Thurgau an. Die Weine werden spontanvergoren und im klassischen Fuder ausgebaut; die trockenen Rieslinge werden teilweise gegen Ende des Gärverlaufs nochmals mit Reinzuchthefen beimpft, um in den trockenen Bereich zu gelangen. 80 Prozent seiner Weine baut Bernhard Werner trocken oder halbtrocken aus.

Kollektion

Viele überzeugende Weine stellte das Weingut von Bernhard Werner im vergangenen Jahr vor – darunter Große Gewächse, die etwas unzugänglich wirkten, aber eine weit überdurchschnittliche Substanz zeigten. Auch ihre Pendants aus 2016 wirkten bei der Verkostung im Sommer 2017 noch nicht ganz ausgewogen: Der Wein aus der Apotheke zeigt eine klare Frucht und Schmelz, jener aus dem Annaberg ist in der Nase verschlossen, deutet im Mund nur an, dass einiges in ihm steckt. Zugänglicher wirken der Riesling „vom steilen Hang" und die trockene Spätlese aus dem Annaberg: straffe Weine mit frischer Säure und Würze. Die beiden feinherben Rieslinge zeigen eine merkbare Süße, sind aber verführerisch, duftig und unbedingt empfehlenswert. Schließlich die restsüße Phalanx aus Kabinett, Spätlese und Auslese aus dem Annaberg: Schon der nach Apfel und Hefe duftende Kabinett macht viel Spaß, die Spätlese wirkt gerade am zugänglichsten. Der Annaberg-Auslese ziehen wir momentan ihr Pendant aus der Apotheke vor: duftig, zugänglich, schlank und verblüffend elegant. ▬

Weinbewertung

85	2016 Riesling trocken „vom steilen Hang" **12 %/8,10 €**
87	2016 Riesling Spätlese trocken Schweicher Annaberg **11,5 %/10,50 €**
88	2016 Riesling trocken „GG" Trittenheimer Apotheke **12,5 %/19,- €**
87	2016 Riesling trocken „GG" Schweicher Annaberg **12 %/19,- €**
86	2016 Riesling Kabinett „feinherb" Trittenheimer Apotheke **10 %/7,80 €**
87	2016 Riesling Spätlese „feinherb" Leiwener Laurentiuslay **11 %/10,50 €**
86	2016 Riesling Kabinett Schweicher Annaberg **7,5 %/7,80 €**
88	2016 Riesling Spätlese Schweicher Annaberg **8 %/11,20 €**
88	2016 Riesling Auslese Schweicher Annaberg **7 %/18,- €**
90	2016 Riesling Auslese Trittenheimer Apotheke **8,5 %/25,- €/0,5l**

Domdechant Werner

★★★

KONTAKT

Domdechant Werner'sches Weingut
Rathausstraße 30, Postfach 1205
65234 Hochheim
Tel. 06146-835037
Fax: 06146-835038
www.domdechantwerner.com
weingut@domdechantwerner.com

Inhaber
Dr. Franz-Werner Michel
Rebfläche
12,5 Hektar
Produktion
100.000 Flaschen

BESUCHSZEITEN

Mo.-Fr. 8:30-17 Uhr, Sa. 9-12 Uhr oder nach Vereinbarung
Weinproben für Gruppen ab 20 Personen nach Absprache

Der Vater des Mainzer Domdechanten Dr. Franz Werner erwarb 1780 vom Grafen Jork dieses Hochheimer Weingut. Domdechant Werner wird heute in siebter Generation von Franz-Werner Michel geführt, unterstützt wird er von Tochter Catharina Mauritz. Das Weingut hat seinen Sitz in einem klassizistischen Gutshaus am Stadtrand von Hochheim. Die Weinberge von Franz-Werner Michel liegen in den Hochheimer Lagen Domdechaney, Kirchenstück, Hölle, Stein, Stielweg und Reichestal. Neben Riesling, der 98 Prozent der Rebfläche einnimmt, baut Franz-Werner Michel ein klein wenig Spät- und Frühburgunder an. Die Weine werden überwiegend an Gastronomie und Fachhandel verkauft, etwa die Hälfte der Produktion wird exportiert.

Kollektion

Die trockenen 2016er Rieslinge des Weingutes sind erwartungsgemäß etwas schlanker und frischer ausgefallen als im letzten Jahr, was ihnen sehr gut steht, dabei verfügen sie über eine gute Reife. Der Gutsriesling ist recht stoffig geraten, spielt gaumenfüllend zwischen Saft und Frische. Frischer und geradliniger wirkt dagegen der feinsaftige trockene Kabinett. Dem druckvollen Charakter des Rieslings aus dem Hochheimer Kirchenstück, der vollmundig würzig schmeckt, steht eine passende feine Säure gegenüber, die ihm Trinkfluss verleiht. Der Riesling aus der Domdechaney entfaltet noch mehr reifes Aroma, er ist anhaltender, endet saftig kühl. Bei den Großen Gewächsen gibt es keinen Favoriten. Beide sind druckvoll, würzig, saftig und lang. Während das aus dem Kirchenstück noch etwas kompakter erscheint, offeriert das Große Gewächs aus der Domdechaney beerige Fülle, große Länge und delikate herbe Noten im Nachgeschmack. Ein saftig-milder und kräftiger Riesling Classic führt uns zu den fruchtigen Rieslingen aus der Hochheimer Hölle von denen wir die cremige Spätlese mit ihrem kraftvollen Spiel und animierender Ader bevorzugen.

Weinbewertung

84 2016 Riesling trocken **13 %/9,50 €**
84 2016 Riesling Kabinett trocken **12,5 %/10,95 €**
86 2016 Riesling trocken Hochheimer Kirchenstück **14 %/15,- €**
87 2016 Riesling trocken Hochheimer Domdechaney **14 %/17,50 €**
88 2016 Riesling trocken „GG“ Hochheimer Kirchenstück **13,5 %/26,- €**
88 2016 Riesling trocken „GG“ Hochheimer Domdechaney **13,5 %/30,- €**
83 2016 Riesling Classic **12,5 %/10,95 €**
84 2016 Riesling Kabinett Hochheimer Hölle **10 %/10,95 €**
86 2016 Riesling Spätlese Hochheimer Hölle **9,5 %/15,- €**
83 2016 Spätburgunder Rosé trocken **12,5 %/10,95 €**

Wernersbach

★★

W

Kontakt

Spitalstraße 41
67596 Dittelsheim-Heßloch
Tel. 06244-4477
Fax: 06244-249
www.wernersbach-weine.de
weingut@wernersbach-weine.de

Inhaber
Stephan Wernersbach
Rebfläche
11 Hektar
Produktion
70.000 Flaschen

Besuchszeiten

nach Vereinbarung

Das Weingut in seiner heutigen Form wurde 1941 gegründet, doch lässt sich bis ins 17. Jahrhundert zurück Weinbau in der Familie nachweisen. 2005, noch während seines Studiums, hat Stephan Wernersbach die Weinberge übernommen, die von seinen Eltern als „Hobby" bewirtschaftet wurden. Zusammen mit Bruder Florian und den Eltern baute er das Gut auf. Die Weinberge liegen in Hessloch (Edle Weingärten, Liebfrauenberg, Mondschein), Dittelsheim (Geiersberg) und Bechtheim (Hasensprung), inzwischen ist Stephan Wernersbach auch in der Westhofener Aulerde vertreten. Riesling, Silvaner, die Burgundersorten und Portugieser dominieren im Sortiment, hinzu kommen Sorten wie Scheurebe, Gelber Muskateller, Spätburgunder, Chardonnay, Würzer, Cabernet Sauvignon und Cabernet Dorio. Die Weißweine werden nach kühler Gärung im Edelstahl ausgebaut, Rotweine kommen nach der Maischegärung ins Holz, teils auch ins Barrique.

Kollektion

Mit einer starken Kollektion meldet sich Stephan Wernersbach zurück. Schon die Gutsweine sind stark, Silvaner und Riesling besitzen reintönige Frucht und gute Struktur. Die Ortsweine sind etwas kraftvoller und konzentrierter, aber ähnlich sortentypisch und strukturiert. Ganz klar an der Spitze der Kollektion stehen die drei Lagenrieslinge. Der Mondschein-Riesling zeigt reintönige Frucht, gelbe Früchte, ist füllig, saftig und kraftvoll. Der Wein aus dem Liebfrauenberg zeigt viel Würze und reife Frucht, besitzt Fülle und Kraft, gute Struktur und Substanz. Noch ein klein wenig besser gefällt uns der Aulerde-Riesling, der gute Konzentration und reintönige Frucht zeigt, gute Struktur und Frische besitzt, Kraft, Druck und Länge. Eine gute Figur macht auch der kraftvolle, füllige Portugieser.

Weinbewertung

83	2016 Grüner Silvaner trocken **12,5 %/6,50 €**
83	2016 Riesling trocken **12,5 %/6,50 €**
83	2016 Weißer Burgunder trocken „vom Kalkstein" Hesslocher **13 %/8,50 €**
83	2016 Grauer Burgunder trocken „vom Kalkstein" Hesslocher **13 %/8,50 €**
84	2016 Riesling trocken „Auf den Aupern" Hesslocher **13,5 %/8,50 €**
84	2016 Scheurebe trocken „vom Kalkstein" Hesslocher **13 %/8,50 €**
83	2016 Gelber Muskateller trocken „vom Kalkstein" Hesslocher **13 %/8,50 €**
89	2016 Riesling trocken Westhofener Aulerde **13 %/15,90 €**
87	2016 Riesling trocken „Réserve" Hesslocher Mondschein **13 %/15,90 €**
88	2016 Riesling trocken Hesslocher Liebfrauenberg **13,5 %/15,90 €**
82	2016 Spätburgunder Rosé trocken **12 %/6,50 €**
85	2015 Blauer Portugieser trocken Hesslocher Edle Weingärten **13 %/12,20 €**

Werther Windisch

★☆

KONTAKT

Schulstraße 3
55278 Mommenheim
Tel. 06138-5587
www.werther-windisch.de
info@werther-windisch.de

Inhaber
Hans-Albert & Jens Windisch
Rebfläche
11 Hektar

BESUCHSZEITEN

nach Vereinbarung

Anfang der achtziger Jahre übernahm Hans-Albert Windisch das Gut von seinem Schwiegervater, fokussierte den Mischbetrieb immer stärker auf Weinbau. Sohn Jens machte seine Ausbildung bei Gröhl und Wagner-Stempel, absolvierte ein Praktikum in Neuseeland (Johner Estate/ Masterton), ist für den Weinausbau verantwortlich. Die Weinberge liegen in den Harxheimer Lagen Schlossberg und Lieth, in Mommenheim, Zornheim und Selzen, zu 90 % werden weiße Rebsorten angebaut. Wichtigste Rebsorte ist Silvaner, gefolgt von Weißburgunder, Riesling und Gewürztraminer, an roten Sorten gibt es Portugieser und Spätburgunder. Das Sortiment ist gegliedert in Guts-, Orts- („8°14' E") und Lagenweine, zum Silvaner Harxheimer Lieth gesellt sich mit dem Jahrgang 2013 ein Riesling aus dem Schlossberg.

Kollektion

Nach einer guten 2015er Kollektion bleibt der Jahrgang 2016 insgesamt ein wenig hinter dem Vorgänger zurück, die Kollektion aber ist stimmig, mit Spitzen bei den Lagenweinen. Die Gutsweine präsentieren sich sehr gleichmäßig, sie sind klar und frisch, recht schlank, aber doch ein wenig verhalten, vor allem die trockenen Weißweine. Der Riesling Kabinett ist frisch und geradlinig, der Rosé fruchtbetont, betont süffig, der Spätburgunder klar und zupackend. Die weißen Ortsweine sind ebenfalls ein wenig verhalten, unsere leichte Präferenz gilt dem klaren, zupackenden Silvaner. Sehr gut gefallen uns die beiden Lagenweine. Der Lieth-Silvaner zeigt gute Konzentration und reife Frucht, ist klar und zupackend bei guter Struktur. Noch etwas besser gefällt uns der Riesling aus dem Schlossberg, der würzig und konzentriert ist, klar und zupackend, gute Struktur und Frische besitzt.

Weinbewertung

80	2016 „Weiß" Weißwein trocken **11,5 %/5,90 €**
80	2016 Silvaner trocken **12 %/7,50 €**
81	2016 Riesling trocken **12 %/7,50 €**
81	2016 Weißburgunder trocken **12 %/7,50 €**
83	2016 Silvaner trocken „8grad14minuten" **12,5 %/11,- €**
82	2016 Riesling trocken „8grad14minuten" **12,5 %/11,- €**
82	2016 Weißburgunder trocken „8grad14minuten" **12,5 %/11,- €**
86	2016 Silvaner trocken Lieth **12,5 %/18,50 €**
85	2016 Riesling trocken Schlossberg **12,5 %/18,50 €**
82	2016 Riesling Kabinett **9 %/9,- €**
82	2016 Rosé trocken **11,5 %/5,90 €**
82	2015 Spätburgunder **12,5 %/7,50 €**

Schloss Westerhaus

★★

KONTAKT

Hofgut Westerhaus
55218 Ingelheim
Tel. 06130-6674
Fax: 06130-6608
www.schloss-westerhaus.de
info@schloss-westerhaus.de

Inhaber
Ivonne & Johannes Graf von Schönburg-Glauchau
Kellermeister
Toni Frank
Rebfläche
18,5 Hektar
Produktion
100.000 Flaschen

BESUCHSZEITEN

Di.-Fr. 9-12 + 14-17 Uhr,
Sa. 10-16 Uhr

Das im Jahr 1900 von Heinrich Opel, einem der Söhne Adam Opels, gekaufte Weingut wird heute in vierter Generation von Ivonne Gräfin von Schönburg-Glauchau und ihrem Ehemann Johannes Graf von Schönburg-Glauchau geführt. 12 Hektar Weinberge befinden sich direkt unterhalb des Schlosses in der arrondierten Einzellage Oberingelheimer Schloss Westerhaus (im Alleinbesitz), wo die Reben auf Muschelkalkböden wachsen. Die weiteren Weinberge befinden sich in den Ingelheimer Lagen Sonnenhang und Schlossberg, sowie in den Schwabenheimer Lagen Klostergarten und Sonnenberg. Knapp zwei Drittel der Weinberge nehmen weiße Rebsorten ein. Neben Riesling liegt der Schwerpunkt auf Grauburgunder und Weißburgunder, auch Auxerrois und Chardonnay werden angebaut. Bei den roten Sorten dominiert Spätburgunder, dazu gibt es ein wenig Frühburgunder. In den letzten Jahren wurden die alten Holzfässer zum Teil durch Edelstahl ersetzt, aber es wurden auch neue Barriques, Halbstück- und Stückfässer angeschafft. Das Sortiment ist dreistufig gegliedert in Gutsweine, Ortsweine und die beiden Großen Gewächse.

Kollektion

Die Großen Gewächse des Jahrgangs 2016 waren zur Nachsendung angekündigt, haben uns aber nicht erreicht. So dass wir das Bild dieses Jahr nur mit Guts- und Ortsweinen zeichnen müssen. Die weißen 2016er Gutsweine sind klar und geradlinig, aber doch ein wenig verhalten, das ist bei vielen Betrieben in Rheinhessen so. Besser gefallen da schon die Ortsweine. Der Chardonnay ist füllig und saftig, besitzt viel reife süße Frucht, der Riesling Kabinett ist frisch und würzig, klar und zupackend, besitzt gute Struktur und Frucht. Der 2015er Silvaner ist harmonisch, klar und zupackend. In sehr guter Form präsentiert sich der vor zwei Jahren schon einmal vorgestellte Spätburgunder Grand Prix, Jahrgang 2013, ist fruchtbetont und reintönig im Bouquet, klar, frisch und zupackend im Mund bei guter Struktur.

Weinbewertung

81 2016 Weißer Burgunder trocken **13 %/7,50 €**
82 2016 Grauer Burgunder trocken **13 %/7,50 €**
81 2016 Riesling trocken **12,5 %/7,50 €**
82 2016 Chardonnay & Weißer Burgunder trocken **12,5 %/9,50 €**
84 2015 Silvaner trocken „II" Ingelheimer **12 %**
83 2016 Chardonnay trocken „y86" Ingelheim **12,5 %/14,50 €**
81 2016 Riesling „feinherb" **12 %/7,50 €**
83 2016 Riesling Kabinett Ingelheim **9,5 %/9,50 €**
86 2013 Spätburgunder trocken „Grand Prix" Ingelheimer **12,5 %/15,90 €**

Michael Wiesler

★★

KONTAKT

Krozinger Straße 26
79219 Staufen
Tel. 07633-6905
Fax: 07633-6917
www.weingut-wiesler.de
kontakt@weingut-wiesler.de

Inhaber
Michael Wiesler
Rebfläche
6,8 Hektar
Produktion
35.000 Flaschen

BESUCHSZEITEN

Mo.-Fr. 15-18:30 Uhr,
Sa. 9-13:30 Uhr
Weinproben (10 bis 40 Personen)
Gutsschänke Apr. + Mai,
Sept. + Okt., Do.-So. ab 16 Uhr

Karl Alfred Wiesler gründete 1927 das Weingut, das 1971 von den Söhnen Bernhard und Klaus Wiesler übernommen wurde. Michael Wiesler, der Sohn von Bernhard und Enkel des Gründers, übernahm 1990 den Betrieb, den er zusammen mit Ehefrau Kristina führt. 1994 modernisierten sie den Betrieb und errichteten einen Verkaufsraum, 2003 eröffneten sie dann die Gutsschänke. Die Weinberge liegen überwiegend in Hang- und Steillagen, alle im Staufener Schlossberg, wo die Reben auf Kalkverwitterungsböden wachsen. Ein Teil der Weinberge wurde bereits in den fünfziger Jahren gepflanzt. Gutedel ist die wichtigste Rebsorte im Betrieb, nimmt über ein Viertel der Rebfläche ein. Es folgen die Burgundersorten, Spätburgunder an erster Stelle, dann Weißburgunder und Grauburgunder, dazu gibt es etwas Riesling und Gewürztraminer.

Kollektion

Die neue Kollektion ist stark, präsentiert sich geschlossen auf gutem und sehr gutem Niveau. Schon die Basis überzeugt, wie die beiden reintönigen Gutedel in trockener und feinherber Variante beweisen. Deutlich spannender noch ist der Gutedel in der elf Monate auf der Hefe ausgebauten Editions-Variante, besitzt Kraft und Struktur, ist klar und zupackend. Der Weißburgunder von 1954 gepflanzten Reben steht ihm kaum nach, er besitzt Fülle und Kraft, gute Struktur und Würze. Der Grauburgunder ist reintönig und zupackend, die Cuvée Lieschen, Grauburgunder und Riesling, geradlinig, die Cuvée Gretchen, Weiß- und Grauburgunder, deutlich fülliger, recht süß wie auch der würzige, zupackende Riesling. Am spannendsten aber ist einmal mehr der Spätburgunder von 1954 gepflanzten Reben, Jahrgang 2013, der 23 Monate auf der Feinhefe im Barrique ausgebaut und unfiltriert abgefüllt wurde. Er zeigt gute Konzentration und reintönige Frucht im Bouquet, ist füllig und kraftvoll im Mund, klar und zupackend, besitzt viel reife Frucht, gute Struktur und Substanz.

Weinbewertung

82	2016 Gutedel trocken Staufener Schlossberg **11,5 %/5,80 €**
83	2016 Grauer Burgunder trocken Staufener Schlossberg **13 %/7,80 €**
83	2016 „Lieschen" Weißwein „Edition Wiesler" trocken Schlossberg **12 %/8,50 €**
86	2015 Gutedel trocken „Edition Wiesler" Staufener Schlossberg **12 %/7,40 €**
85	2015 Weißburgunder trocken „Edition Wiesler" Staufener Schlossberg **13 %/12,- €**
83	2016 Gutedel „feinherb" Staufener Schlossberg **11 %/5,80 €**
83	2016 „Gretchen" Weißwein „Edition Wiesler" „feinherb" Schlossberg **13 %/10,50 €**
84	2015 Riesling „Edition Wiesler" („feinherb") Staufener Schlossberg **12,5 %/8,50 €**
83	2014 Spätburgunder trocken Staufener Schlossberg **12,5 %/8,20 €**
87	2013 Spätburgunder trocken „Edition Wiesler" Staufener Schlossberg **13 %/22,- €**

WILHELMSHOF

★★★☆

KONTAKT

Queichstraße 1
76833 Siebeldingen
Tel. 06345-919147
Fax: 06345-919148
www.wilhelmshof.de
mail@wilhelmshof.de

Inhaber
Familie Roth-Ochocki
Rebfläche
18 Hektar
Produktion
150.000 Flaschen

BESUCHSZEITEN

Mo.-Fr. 8-12 + 13-18 Uhr,
Sa. 9-16 Uhr

Christa und Herbert Roth, beide Diplom-Önologen, übernahmen 1975 den Wilhelmshof. Christa Roths Vater, Wilhelm Jung, hatte 1949 mit der Flaschenweinvermarktung begonnen. Christa und Wilhelm Roth strukturierten die Weinberge um, konzentrierten sich ganz auf Riesling, Weißburgunder, Spätburgunder und Grauburgunder. Und sie begannen Sekte zu erzeugen, mit denen sie sich bald auch außerhalb der Region einen Namen machten, die Sekte werden ausschließlich brut oder extra brut angeboten. 2005 sind ihre Tochter Barbara und deren Ehemann Thorsten Ochocki in den Betrieb eingestiegen.

Kollektion

Die Weißweine brauchen in diesem Jahr viel Luft, um sich zu öffnen, zeigen dann aber alle sehr reintönige Frucht. Der Weißburgunder von alten Reben ist konzentriert und elegant, zeigt viel klare, gelbe Frucht und nur dezentes Holz, wesentlich präsenter ist das Holz bei der 2015er Burgunder-Cuvée, die stoffig, weich und buttrig ist und Noten von Vanille und Kokos zeigt. Gänzlich ohne Holz, dafür mit viel klarer Frucht und einem lebendigen Säure-Spiel zeigt sich der Sonnenschein-Weißburgunder, der Grauburgunder aus dieser Lage ist etwas konzentrierter, er ist cremig und zeigt florale und nussige Würze, der Riesling vom Petersbuckel zeigt kräutrige Würze und Zitrusnoten und besitzt ein feines Säure-Spiel. Die beiden Spätburgunder ähneln sich in ihrer Stilistik, zeigen dunkle Kirschfrucht und feine röstige Würze, der „Wilhelm" ist etwas komplexer und nachhaltiger und wirkt noch sehr jung. Der 2008er „Patina"-Sekt wurde im Mai 2017 degorgiert und zeigt deutliche Reifenoten, besitzt aber auch noch ein frisches Säure-Spiel, ist cremig, animierend und elegant, der „Blanc de Noirs"-Sekt besitzt gute Konzentration, zeigt etwas rauchige Noten und Zitruswürze, ist cremig und lang und der Riesling-Sekt ist ganz sortentypisch und besitzt markanten Säure-Biss.

Weinbewertung

86 2015 Riesling Sekt extra brut Siebeldinger Königsgarten **12,5 %/12,50 €**
88 2015 Pinot „Blanc de Noirs" Sekt brut Siebeldinger Königsgarten **12,5 %/17,- €**
89 2008 Pinot „Patina" Sekt brut **12,5 %/44,- €**
88 2015 Burgunder Cuvée Spätlese trocken **14,5 %/16,- €/0,5l**
85 2016 Weißer Burgunder Kabinett trocken „Muschelkalk" **12,5 %/7,- €**
88 2016 Grauer Burgunder Spätlese trocken Im Sonnenschein **13,5 %/11,50 €**
87 2016 Weißer Burgunder Spätlese trocken Im Sonnenschein **13 %/11,50 €**
86 2016 Riesling Spätlese trocken Frankweiler Petersbuckel **12,5 %/11,50 €**
89 2016 Weißer Burgunder Spätlese trocken „Alte Reben" **13 %/19,- €**
88 2014 Spätburgunder Spätlese trocken Im Sonnenschein **13 %/21,- €**
89 2014 Spätburgunder Spätlese trocken „Wilhelm" „Alte Reben" **13,5 %/35,- €**

W

Wilker

★☆

KONTAKT

Hauptstraße 30
76889 Pleisweiler-Oberhofen
Tel. 06343-2202
Fax: 06343-4379
www.wilker.de
weingut@wilker.de

Inhaber
Heinz & Jürgen Wilker
Rebfläche
20 Hektar
Produktion
150.000 Flaschen

BESUCHSZEITEN

Mo.-Sa. 9-18 Uhr, So. 10-12 Uhr Gutsausschank und Flammkuchenabende (nach Anmeldung), Hotel mit Restaurant

Heinz und Helga Wilker haben 1965 erstmals Weine selbst vermarktet. Heinz Wilker hat seither den ehemaligen landwirtschaftlichen Gemischtbetrieb ganz auf Wein ausgerichtet. Aus den Maisfeldern wurden Weinberge und aus dem Kuhstall der Weinkeller. Seit 1990 arbeitet Sohn Jürgen, der unter anderem Praktika in Oregon, Australien und Südafrika gemacht hat, im Betrieb mit und ist für den Keller verantwortlich. Rote Sorten nehmen 40 Prozent der Weinberge ein. Die wichtigsten roten Sorten sind Dornfelder, Spätburgunder, Portugieser und Trollinger. In den letzten Jahren wurden Acolon, Cabernet Cubin, Cabernet Dorsa, Cabernet Sauvignon und Frühburgunder gepflanzt. Das Weingut Wilker ist einer der ganz wenigen Betriebe in der Pfalz, der Trollinger anbaut, eine Rebsorte, die früher häufiger in den Weinbergen zwischen Wissembourg und Bad Bergzabern zu finden war. Wichtigste Weißweinsorte ist Riesling, gefolgt von Weißburgunder, Müller-Thurgau, Grauburgunder und Silvaner.

Kollektion

Die weißen Burgunder und die beiden Chardonnay sind in diesem Jahr sehr kraftvoll, der Grauburgunder aus dem Schlossberg, der das weiße Segment der Kollektion anführt, ist trotz seines hohen Alkoholgehalts harmonisch, besitzt viel reife Frucht, gut eingebundenes Holz und Länge. Beim Chardonnay aus dem Schlossberg finden wir röstige Würze und Zitrusnoten im Bouquet, während der Chardonnay-Ortswein neben gelber Frucht auch leicht florale Noten zeigt. Die übrigen Ortsweine sind ebenfalls reintönig und klar, Riesling und Grauburgunder besitzen Fülle und sind etwas süßer als Weißburgunder und Sauvignon Blanc. Unter den drei verkosteten Rotweinen ragt der Frühburgunder heraus, er ist komplex, zeigt Schwarzkirsche und Mokka im Bouquet, besitzt Struktur und Länge und ist insgesamt noch deutlich vom Holz geprägt. ▬

Weinbewertung

81 2016 Silvaner trocken **12 %/5,- €**
83 2016 Sauvignon Blanc trocken Pleisweiler-Oberhofen **13 %/8,20 €**
83 2016 Grauer Burgunder trocken Pleisweiler-Oberhofen **14 %/8,50 €**
83 2016 Weißer Burgunder trocken Pleisweiler-Oberhofen **13,5 %/8,20 €**
84 2016 Chardonnay trocken Pleisweiler-Oberhofen **13,5 %/8,50 €**
82 2016 Riesling trocken Pleisweiler-Oberhofen **12,5 %/8,20 €**
86 2016 Grauer Burgunder trocken Pleisweiler-Oberhofener Schlossberg **14,5 %/14,- €**
85 2016 Chardonnay trocken Pleisweiler-Oberhofener Schlossberg **13,5 %/14,- €**
80 2015 Dornfelder trocken Pleisweiler-Oberhofen **13,5 %/7,90 €**
82 2014 „Cuvée No. 9" Rotwein Pleisweiler Oberhofener Schlossberg **13,5 %/14,- €**
86 2015 Frühburgunder trocken Pleisweiler-Oberhofener Schlossberg **14 %/20,- €**

WILLEMS-WILLEMS

★★★☆

KONTAKT

Mühlenstraße 13
54329 Konz-Oberemmel
Tel. 06501-15816
Fax: 06501-150387
www.weingut-willems.de
info@weingut-willems.de

Inhaber
Carolin & Jürgen Hofmann
Technischer Betriebsleiter
Peter Thelen
Rebfläche
6,2 Hektar
Produktion
35.000 Flaschen

BESUCHSZEITEN

nach Vereinbarung

Maria Willems, geborene Willems (daher der Name Willems-Willems für das Weingut) hat den Betrieb 1971 übernommen, inzwischen ist Tochter Carolin, verheiratete Hofmann, für den Betrieb zuständig. Ihre praktischen Erfahrungen sammelte sie in Australien und Südafrika, sowie beim Deutzerhof an der Ahr. 90 Prozent der Rebfläche nimmt Riesling ein, hinzu kommen Spätburgunder und Weißburgunder. Die Weinberge liegen überwiegend in Oberemmel in den Lagen Altenberg (blauer Schiefer) und Rosenberg, sowie in Niedermennig im Herrenberg (rötlicher Schiefer). Trockene und feinherbe Rieslinge werden ohne Prädikatsbezeichnungen angeboten, die nur noch für süße Weine verwendet werden. Die nominell besten Rieslinge kommen aus Altenberg und Herrenberg, der Riesling „Unter der Kapelle" stammt von über 70 Jahre alten Reben aus dem Filetstück des Altenberg, der „Edmond" ist ebenfalls ein Riesling von sehr alten Reben, ebenfalls aus dem Altenberg. Die Rotweine werden maischevergoren und teils im Barrique ausgebaut

Kollektion

In den vergangenen Jahren war bei diesem Weingut eine stetige Aufwärtsbewegung festzustellen, die 2016er schließen da nahtlos an. Im an der Saar herausfordernden Jahrgang hat sich das Weingut ausgezeichnet geschlagen, was sich schon beim enorm straffen Basisriesling bemerkbar macht. Der trockene Herrenberg-Wein zeigt im Nachhall eine leichte Sanddorn-Würze und Struktur, der Kabinett aus dem Altenberg besitzt Blütennoten, ein großartiges Süße-Säure-Spiel, auch die Herrenberg-Spätlese begeistert mit Anklängen an gelbe Pflaumen und Earl Grey sowie saftiger Art. Die vorgestellten 2015er haben sich ausgezeichnet entwickelt; besonders die Auslese von alten Reben gefällt mit ihrer Kombination aus Saftigkeit und mineralischer Würze, die Beerenauslese ist lang, mineralisch, nachhaltig – ein großartiger Wein.

Weinbewertung

85 2016 Riesling trocken Saar **11,5 %/8,80 €**
87 2016 Riesling trocken „Schiefer" **11,5 %/11,- €**
90 2016 Riesling trocken Niedermenniger Herrenberg **11,5 %/19,50 €**
87 2016 Riesling „feinherb" „Auf der Lauer" **11 %/11,- €**
87 2016 Riesling „feinherb" Oberemmeler Rosenberg **10,5 %/10,50 €**
86 2016 Riesling Kabinett „feinherb" **8,5 %/9,50 €**
89 2016 Riesling „feinherb" Oberemmeler Altenberg **10,5 %/19,50 €**
88 2016 Riesling Kabinett Oberemmeler Altenberg **8 %/14,80 €**
89 2016 Riesling Spätlese Niedermenniger Herrenberg **7,5 %/16,50 €**
90 2015 Riesling Auslese „Alte Reben" Oberemmeler Rosenberg **7,5 %/23,80 €**
92 2015 Riesling Auslese Goldkapsel Oberemmeler Altenberg **7,5 %/38,- €**
92 2015 Riesling Beerenauslese Niedermenniger Herrenberg **7,5 %/48,- €/0,375l**

W

Katrin Wind

★★

KONTAKT

Nauweg 6
76829 Arzheim
Tel. 06341-33339
info@weingut-wind.eu
www.weingut-wind.eu

Inhaber
Katrin Wind
Rebfläche
4 Hektar
Produktion
6.000 Flaschen

BESUCHSZEITEN

nach Vereinbarung

Katrin Winds Eltern bewirtschafteten 3,5 Hektar im Nebenerwerb und verkauften den Großteil der Ernte als Fasswein. Das änderte sich 2011 mit dem Einstieg von Katrin Wind und der Gründung des eigenen Weingutes. Die Rebfläche soll aber nur behutsam erweitert werden, da Katrin Wind und ihre Eltern alle anfallenden Arbeiten in Handarbeit erledigen. Ihre Weinberge liegen im Arzheimer Kalmit und im Birkweiler Kastanienbusch. Gut ein Drittel der Rebfläche nimmt Riesling ein, auf knapp der Hälfte stehen weiße Burgunder, auf einem Fünftel rote Burgunder. Riesling und Weißburgunder gilt ihr Hauptaugenmerk. Alle Weine werden mit den natürlichen Hefen vergoren und durchgegoren ausgebaut.

Kollektion

Die Konzentration auf wenige Rebsorten und nur eine Handvoll Weine kann durchaus viele Vorteile mit sich bringen: Schwache Weine gibt es keine in Katrin Winds Sortiment, da sie allen Sorten die nötige Aufmerksamkeit schenken kann. Der „nackte" Riesling zeigt etwas zurückhaltende, aber klare Frucht, ist schlank, frisch und animierend mit feinen steinig-mineralischen Noten, der Weißburgunder-Ortswein vom Landschneckenkalk zeigt im Bouquet viel klare, gelbe Frucht, Birne, Pfirsich und Aprikose, dazu florale und leicht nussige Noten, er besitzt gute Substanz und Länge. Der Sauvignon Blanc „Fumé" zeigt nur sehr dezentes Holz, gelbe Frucht mit Noten von Pfirsich und Maracuja, sowie etwas Stachelbeerwürze, er ist saftig und animierend. Und der Riesling vom Kapellenstück in der Arzheimer Kalmit zeigt neben steinigen und kräutrigen Noten klare, gelbe Frucht, besitzt gute Konzentration, ist elegant, animierend und salzig mit frischem Säure-Biss.

Weinbewertung

86 2016 Riesling trocken „Nackteriesling" **11,5 %/8,50 €**
87 2016 Sauvignon Blanc trocken „Fumé" Arzheimer **12,5 %/14,- €**
87 2016 Weißer Burgunder trocken „vom Landschneckenkalk" Arzheimer **13 %/14,- €**
88 2016 Riesling trocken Arzheimer Kalmit „Kapellenstück" **12 %/25,- €**

Wind-Rabold

★

KONTAKT

Wein- und Sektgut Wind-Rabold
Gaisbergstraße 9
76835 Burrweiler
Tel. 06345-3692
Fax: 06345-5226
www.wind-rabold.de
wein@wind-rabold.de

Inhaber
Rita & Josef Rabold
Rebfläche
15 Hektar
Produktion
65.000 Flaschen

BESUCHSZEITEN

nach Vereinbarung Mo.-Fr. 9-18 Uhr, Sa. 9-17 Uhr

Rita und Josef Rabold führen das Weingut in fünfter Generation, seit 2014 unterstützt von Sohn Christoph, der mittlerweile zunehmend die Verantwortung im Keller und bei der Vermarktung übernimmt. Ihre Weinberge liegen vor allem in Burrweiler (Altenforst, Schäwer, Schlossgarten), aber auch in Hainfeld (Kapelle), Flemlingen, Böchingen und Arzheim. Dort wurde die Betriebsfläche vor vier Jahren in der Lage „Kalmit", die von Landschnecken- und Muschelkalk geprägt ist, erweitert. Zwei Drittel der Weinberge nehmen weiße Sorten ein, vor allem Riesling, mit einem Flächenanteil von 28 Prozent, aber auch Müller-Thurgau, Weißburgunder, Grauburgunder, Silvaner, Chardonnay, Sauvignon Blanc, Auxerrois, Muskateller und Gewürztraminer. An roten Sorten gibt es Spätburgunder, Sankt Laurent, Dornfelder und Regent. Sekt spielt eine wichtige Rolle im Betrieb, bereits seit 1994 werden eigene Sekte erzeugt.

Kollektion

Die Rabolds präsentieren uns ihre beste Kollektion seit Jahren, die Weine sind in diesem Jahr viel deutlicher in der Frucht, alle sind sortentypisch und schlank, die Riesling-Lagenweine sind deutlich mineralisch geprägt und schon der Riesling in der Literflasche ist knackig-trocken und tadellos. Angeführt wird das Sortiment vom Grauburgunder „CR", der noch deutliche Röstnoten zeigt und das Holz noch etwas verdauen muss, aber gute Substanz und ein feines Säure-Spiel besitzt und einmal mehr von einem Sekt, der Chardonnay ist cremig, besitzt feine Würze und Frische und ist etwas komplexer als der Pinot Blanc-Sekt. Der Riesling aus dem Altenforst zeigt viel klare Frucht und mineralische Würze und besitzt gute Länge, der Riesling aus der Kalmit ist eher zurückhaltend in der Frucht und zeigt steinige Noten.

Weinbewertung

83 2015 Pinot blanc Sekt brut **12,5 %/8,80 €**
85 2015 Chardonnay Sekt brut **12,5 %/9,30 €**
80 2016 Silvaner trocken (1l) **12,5 %/3,60 €**
81 2016 Riesling Kabinett trocken Burrweiler Bischofskreuz (1l) **12 %/4,50 €**
82 2016 Auxerrois trocken **12,5 %/6,90 €**
81 2016 Grauburgunder Kabinett trocken **12 %/4,90 €**
81 2016 Chardonnay trocken **13 %/4,80 €**
83 2016 Riesling trocken „Grenzenlos" **12 %/10,- €**
85 2016 Grauburgunder trocken „CR" **12,5 %/9,30 €**
83 2016 Weißburgunder Spätlese trocken Hainfelder Kapelle **12,5 %/6,20 €**
83 2016 Riesling Spätlese trocken „Muschelkalk" Arzheimer Kalmit **12 %/6,20 €**
84 2016 Riesling Spätlese trocken „Schiefer" Burrweiler Altenforst **12 %/6,20 €**

VON WINNING

★★★★☆

KONTAKT

Weinstraße 10
67146 Deidesheim
Tel. 06326-221
Fax: 06326-7920
www.von-winning.de
weingut@von-winning.de

Inhaber
Jana Niederberger
Betriebsleiter
Stephan Attmann
Außenbetriebsleiter
Joachim Jaillet
Kellermeister
Kurt Rathgeber
Rebfläche
48 Hektar
Produktion
400.000 Flaschen

BESUCHSZEITEN

Fr. 8-18 Uhr, Sa. 10-18 Uhr, So./ Feiertage 11-18 Uhr

Das Weingut Dr. Deinhard entstand 1849, im Jahr nach der Heirat von Friedrich Deinhard (Sohn des Besitzers der Wein- und Sektkellerei Deinhard in Koblenz) mit Auguste Jordan, die ihre geerbten Weinberge in die Ehe einbrachte. Ihr Sohn Andreas Deinhard baute den Besitz aus, nach seinem Tod übernahm sein Schwiegersohn Hauptmann von Winning die Führung des Gutes. Nach dessen Tod erwarb es die Familie Hoch, die es 2007 an den inzwischen verstorbenen Achim Niederberger verkaufte, der zuvor schon die Weingüter Reichsrat von Buhl und Bassermann-Jordan erworben hatte. Das Weingut besitzt Weinberge in besten Lagen von Deidesheim (Mäushöhle, Grainhübel, Paradiesgarten, Kalkofen, Kieselberg, Herrgottsacker, Langenmorgen, Leinhöhle), Forst (Ungeheuer – 4 Hektar, Jesuitengarten, Pechstein und Kirchenstück) und Ruppertsberg (Reiterpfad, Nußbien, Linsenbusch, Spiess). 85 Prozent der Rebfläche nimmt Riesling ein, hinzu kommen Weißburgunder, Grauburgunder, Chardonnay, Gewürztraminer und Spätburgunder, inzwischen auch Sauvignon Blanc. Das Weingut hat nach der Übernahme durch Achim Niederberger den Namen von Winning erhalten und bietet seit dem Jahrgang 2008 zur Linie „Dr. Deinhard" (Ausbau im Edelstahl) auch eine Linie „von Winning" an: Über Maischestandzeiten, Holzeinsatz, langes Hefelager, keine Schönung und möglichst moderate Filtration möchte Betriebsleiter Stephan Attmann seiner Vorstellung von einem großen trockenen Riesling nahe kommen.

Kollektion

Nach wie vor werden alle Großen Gewächse bei von Winning im Holz ausgebaut, aber während der Jesuitengarten noch deutliche, wenn auch sehr feine röstige Würze zeigt, macht sich das Holz bei Langenmorgen und Grainhübel überhaupt nicht mehr bemerkbar, bei Kalkofen, Ungeheuer und Pechstein präsentiert es sich als gut eingebundene aromatische Komponente, die eher stützende als dominierende Funktion einnimmt. Der Pechstein zeigt herrlich viel gelbe Frucht, Pfirsich, Aprikose, grünen Apfel, Orangenschale und feine mineralische Würze, er ist konzentriert, besitzt ein animierendes Säure-Spiel und ist sehr nachhaltig, der Ungeheuer zeigt klare, gelbe Frucht und sehr feines Holz, besitzt etwas Fülle und feinen Biss, ist harmonisch, animierend und lang. Der Jesuitengarten zeigt feine Röstnoten und Pfirsichfrucht, ist füllig und weich, aber auch animierend und lang, der Grainhübel ist ganz fruchtbetont, zeigt Aprikose, Pfirsich, Zitrusfrüchte, Mandarine und Apfel im komplexen Bouquet, besitzt auch kräutrige Würze, baut feinen Druck auf und ist nachhaltig. Der Kalkofen zeigt sehr dezentes Holz und etwas kreidige Würze, ist am Gaumen fruchtbetont, besitzt Grip und Länge, der Langenmorgen ist noch etwas verhalten, zeigt kräutrige Würze, besitzt Fülle und feinen Säure-Biss. Unter den Erste Lage-Rieslingen ragt der Ölberg hervor, er ist zurückhaltend in der Frucht, zeigt Kräuter und etwas Stein, ist animierend, besitzt Fülle und Grip, der Reiterpfad liegt knapp dahinter, zeigt kräutrig-mineralische Noten, Zitruswürze und grünen Apfel, ist füllig und lang, der Paradiesgarten ist ebenfalls fruchtbetont, würzig und füllig mit gutem Grip. Der Weißburgunder „I" zeigt leichte Reifenoten, etwas Mürbeteig und feine Zitruswürze, ist konzentriert, cremig und lang, der Sauvignon Blanc „I" zeigt im komplexen Bouquet Pfirsich, Maracuja, etwas Stachelbeere und feine rauchige Würze, ist saftig und frisch. Der Pinot Noir „I" zeigt feine röstige Würze, klare Frucht und etwas Gewürznelke, besitzt noch jugendliche Säure, Frische und gute Länge, die Cuvée „Noir" zeigt dunkle Frucht, Pflaume, Beeren, ist kraftvoll und gut strukturiert.

Weinbewertung

87 Rosé Sekt brut **13 %/24,- €**
87 2016 Sauvignon Blanc trocken „II" **12,5 %/11,- €**
88 2016 Sauvignon Blanc trocken „I" **13 %/19,50 €**
87 2016 Weißer Burgunder trocken „II" **13 %/13,- €**
89 2014 Weißer Burgunder trocken „I" **13 %/25,- €**
86 2016 Chardonnay trocken „II" **13 %/13,- €**
85 2016 Riesling trocken „Drache" **12 %/8,80 €**
86 2016 Riesling trocken „WinWin" **12 %/11,- €**
86 2016 Riesling trocken Deidesheimer **11,5 %/13,- €**
88 2016 Riesling trocken Deidesheimer Paradiesgarten **12 %/15,50 €**
87 2016 Riesling trocken Deidesheimer Mäushöhle **12 %/15,50 €**
87 2016 Riesling trocken Deidesheimer Herrgottsacker **12 %/15,50 €**
88 2016 Riesling trocken Ruppertsberger Reiterpfad **12 %/16,50 €**
89 2016 Riesling trocken Königsbacher Ölberg **12 %/19,50 €**
92 2016 Riesling „GG" Grainhübel **12,5 %/25,- €**
91 2016 Riesling „GG" Kalkofen **12,5 %/29,- €**
90 2016 Riesling „GG" Langenmorgen **12,5 %/29,- €**
93 2016 Riesling „GG" Ungeheuer **12,5 %/29,- €**
92 2016 Riesling „GG" Jesuitengarten **12,5 %/50,- €**
93 2016 Riesling „GG" Pechstein **12,5 %/50,- €**
85 2016 Rosé trocken „WinWin" **11,5 %/12,90 €**
88 2015 „Noir" Rotwein trocken **14 %/24,- €**
90 2015 Pinot Noir trocken „I" **13 %/36,- €**

LAGEN

KALKOFEN (DEIDESHEIM)
GRAINHÜBEL (DEIDESHEIM)
KIESELBERG (DEIDESHEIM)
LANGENMORGEN (DEIDESHEIM)
KALKOFEN (DEIDESHEIM)
UNGEHEUER (FORST)
PECHSTEIN (FORST)
KIRCHENSTÜCK (FORST)
JESUITENGARTEN (FORST)
SPIESS (RUPPERTSBERG)
REITERPFAD (RUPPERTSBERG)
ÖLBERG (KÖNIGSBACH)

REBSORTEN

RIESLING (85 %)

HANS WINTER

★★

KONTAKT

Weingasse 2
69126 Heidelberg-Rohrbach
Tel. 06221-336717
Fax: 06221-395235
www.weingut-hanswinter.de
info@weingut-hanswinter.de

Inhaber
Hans Winter
Kellermeister
Hans Christian Winter
Rebfläche
8,1 Hektar
Produktion
60.000 Flaschen

BESUCHSZEITEN

Mo.-Fr. ab 17:30 Uhr,
Sa. 9-13 Uhr oder nach
Vereinbarung

Das Weingut Winter liegt mitten im historischen Ortskern des Heidelberger Stadtteils Rohrbach, wo die Familie schon seit Jahrhunderten Weinbau betreibt. Die Weinberge von Hans Winter liegen in den Heidelberger Lagen Burg und Herrenberg, die Reben wachsen am Hangfuß auf Löss, oben in der Lage Burg auf Sandsteinverwitterungsböden, im Herrenberg auf Kalkstein. Weiße Sorten dominieren im Anbau, vor allem Riesling, der ein Viertel der Rebfläche einnimmt. Die Burgundersorten gewinnen immer mehr an Bedeutung, Grauburgunder und Weißburgunder, auch Auxerrois, dazu gibt es Chardonnay, zuletzt wurde etwas Muskateller gepflanzt. Knapp ein Viertel der Weinberge nehmen rote Sorten ein, neben Spätburgunder und Portugieser gibt es Dornfelder und Regent. Die Weißweine werden kühl und langsam vergoren, alle Rotweine werden maischevergoren, im Holz ausgebaut. Für den Weinausbau ist Hans Winters Sohn Hans Christian Winter verantwortlich.

Kollektion

Die neue Kollektion ist bestechend gleichmäßig – und wird erstmals eröffnet mit zwei Sekten, die beide frisch, klar und harmonisch sind. Der reintönige Auxerrois mit feiner Säure und Biss gefällt uns in diesem Jahr besonders gut, aber auch der geradlinige Weißburgunder, der gelbfruchtige Grauburgunder und der cremige Chardonnay sind in guter Form. Der Riesling Kabinett ist klar und zupackend, die trockenen Spätlesen waren Anfang September noch nicht gefüllt, dafür hat Hans Christian Winter eine saftig-süffige süße Spätlese präsentiert. Der Rosé ist reintönig und geradlinig, der Regent zeigt intensive, reintönige Frucht, besitzt Tannine und Grip. Der Spätburgunder ist reintönig und geradlinig wie auch der Wein der S-Klasse, der aber mehr Fülle und Saft besitzt.

Weinbewertung

85	Pinot Sekt brut **12 %/10,50 €**
85	Riesling Sekt brut **12 %/9,50 €**
85	2016 Auxerrois trocken Heidelberger Burg **13 %/7,10 €**
84	2016 Weißburgunder trocken Heidelberger Herrenberg **13 %/7,10 €**
84	2016 Grauburgunder trocken Heidelberger Burg **13 %/7,10 €**
83	2016 Chardonnay trocken Heidelberger Burg **13 %/7,10 €**
85	2016 Riesling Kabinett trocken Heidelberger Herrenberg **12,5 %/7,10 €**
85	2016 Riesling Spätlese „E" Heidelberger Herrenberg **10 %/9,50 €**
84	2016 Spätburgunder Rosé trocken Heidelberger Herrenberg **12,5 %/7,50 €**
84	2015 Spätburgunder trocken Heidelberger Herrenberg **13,5 %/7,50 €**
85	2015 Regent trocken Heidelberger Herrenberg **12 %/7,- €**
86	2015 Spätburgunder „S" trocken Heidelberger Herrenberg **13,5 %/11,- €**

WINTER

★★★☆

KONTAKT

Heilgebaumstraße 34
67596 Dittelsheim-Heßloch
Tel. 06244-7446
Fax: 06244-57046
www.weingut-winter.de
info@weingut-winter.de

Inhaber
Edmund & Stefan Winter
Rebfläche
20 Hektar
Produktion
120.000 Flaschen

BESUCHSZEITEN

Mo.-Fr. 8-12 + 13-18 Uhr, Sa. 9-17 Uhr mit Anmeldung

Im Jahrgang 2000 hat Stefan Winter, damals noch in der Ausbildung, die ersten Weine erzeugt. Seine Lehre machte er bei Klaus Keller und Bassermann-Jordan, dann die Ausbildung zum Weinbautechniker. Er hat den Rebsortenspiegel verändert hin zu Riesling, der inzwischen fast zwei Drittel der Rebfläche einnimmt, und den Burgundersorten (mit Schwerpunkt auf Grauburgunder), daneben spielen Silvaner und Chardonnay eine Rolle im Betrieb. Die Winterschen Weinberge liegen alle rund um Dittelsheim in den Lagen Geiersberg, Leckerberg, Kloppberg, Pfaffenmütze und Mönchhube. Stefan Winter hat schon früh sein Programm in Gutsweine, Ortsweine und Lagenweine gegliedert, letztere kommen aus dem Leckerberg (Kalksteinverwitterung), dem südlich von Dittelsheim gelegenen Geiersberg (schwerer Tonmergel mit Kalksteineinlage) sowie dem Kloppberg (Tonmergel mit hohem Kalkgehalt), stammen von jeweils über 40 Jahre alten Reben.

Kollektion

Das Einstiegsniveau ist gewohnt hoch, das zeigen die Gutsweine. Der Grauburgunder ist frisch und zupackend, besitzt feine süße Frucht und Biss. Der Silvaner ist wunderschön reintönig, harmonisch und saftig, der Riesling fruchtbetont und würzig, zupackend und strukturiert. Der Dittelsheimer Riesling ist ähnlich fruchtbetont und würzig, nur deutlich konzentrierter und kraftvoller, besitzt reintönige Frucht und Grip, der Weißburgunder ist komplex, allein druckvoller als in der Cuvée mit Chardonnay. An der Spitze der Kollektion stehen wieder die drei Großen Gewächse, die sich wie im Vorjahr ein Kopf-an-Kopf-Rennen liefern. Der Leckerberg zeigt rauchige Noten, feine Würze, ist füllig und saftig im Mund, besitzt viel reife Frucht und feine Frische. Etwas rauchige Noten zeigt der herrlich eindringliche und reintönige Kloppberg im Bouquet, ist füllig und stoffig im Mund, druckvoll und klar. Der Geiersberg ist recht offen im Bouquet, zeigt reife Frucht, ist kraft- und druckvoll, zupackend, jugendlich, der Spätburgunder ist wunderschön reintönig.

Weinbewertung

84 2016 Silvaner trocken **12 %/8,50 €**
84 2016 Riesling trocken **12 %/8,50 €**
83 2016 Grauburgunder trocken **13 %/8,50 €**
(88) 2016 Weißburgunder trocken Dittelsheim **12,50 €**
(87) 2016 Chardonnay & Weißburgunder trocken Dittelsheim **12,50 €**
86 2016 Riesling trocken Dittelsheim **12,5 %/12,50 €**
88 2016 Riesling trocken „GG" Leckerberg **12,5 %/27,- €**
89 2016 Riesling trocken „GG" Kloppberg **12,5 %/27,- €**
89 2016 Riesling trocken „GG" Geiersberg **12,5 %/27,- €**
88 2014 Spätburgunder trocken Dittelsheim **13 %**

WINTERLING

★★☆

KONTAKT

Wein- und Sektgut Winterling
Im Brühl 15
67150 Niederkirchen
Tel. 06326-8952
Fax: 06326-980436
www.winterling-sekt.de
info@winterling-sekt.de

Inhaber
Anne & Martin Winterling,
Sebastian Winterling,
Susanne Winterling-Eichberger
Rebfläche
12 Hektar
Produktion
100.000 Flaschen

BESUCHSZEITEN

Mo.-Fr. 9-12 + 14-18 Uhr,
Sa. 9-16 Uhr
Austern-Sektprobe (Samstage an Adventstagen)

Anne und Martin Winterling begannen 1984 mit dem Weinbau in Niederkirchen, heute hat sich der Familienbetrieb zu einem beachtlichen Sekt- und Weingut entwickelt. Die (Still-)Weinkarte wird zwar immer umfangreicher, das Hauptaugenmerk liegt aber auf Crémant und Sekt. Seit 2014 wird mit einer neuen, vollautomatischen Degorgieranlage gearbeitet. Die Weinberge werden biologisch bewirtschaftet. Der älteste Sohn Stefan arbeitet als Betriebsleiter eines Weinguts auf Mallorca und hat einige Bekanntheit als Hersteller des Gins „Eva" erworben. Der zweite Sohn Sebastian ist nach Abschluss seines Geisenheim-Studiums im Betrieb tätig, wie auch Tochter Susanne, die 2010 ihr Studium der Internationalen Weinwirtschaft abschloss. Bei den Weißweinen liegt der Schwerpunkt auf Riesling und Sauvignon Blanc, die Burgundersorten werden versektet, aus Spätburgunder wird auch Rotwein gemacht.

Kollektion

Wie schon in den Vorjahren führen die Crémants das Sortiment an, mit dem starken „Geliebten Gretchen" an der Spitze. Die Cuvée aus Spätburgunder und Schwarzriesling, deren Grundweine in 500 Liter-Fässern ausgebaut wurden, zeigt dezente Röstnoten und leicht gereifte Frucht, besitzt Schmelz, Konzentration, gute Länge und ein animierendes Säure-Spiel. Knapp dahinter liegt „La Coulée d'Or" aus Chardonnay, Spätburgunder und Schwarzriesling, der ebenfalls feine Röstnoten zeigt und kraftvoll, cremig und animierend ist und der „Fleur de Rosé" aus Spätburgunder und Chardonnay mit feiner Kirschfrucht und guter Länge, der saftig ist, aber auch straffe Art besitzt. Bei den Stillweinen ist der Spätburgunder gut strukturiert, zeigt rote Beerenfrucht und kühle Cassisnoten, der Chardonnay ist noch sehr deutlich vom Holzausbau geprägt, die Frucht ist noch ganz im Hintergrund.

Weinbewertung

84 2015 „Sommerling" Sekt brut **12,5 %/10,50 €**
84 2014 Riesling Crémant brut **12,5 %/12,- €**
85 2015 Pinot Rosé Crémant brut **13 %/13,- €**
87 2015 „Fleur de Rosé" Crémant brut **12,5 %/14,50 €**
87 2013 „La Coulée d'Or" Crémant brut **12,5 %/14,50 €**
88 2013 „Geliebtes Gretchen" Blanc de Noirs Crémant brut **12,5 %/23,- €**
84 2016 Sauvignon Blanc trocken **13 %/8,90 €**
83 2016 Riesling trocken „East Side" **12,5 %/6,90 €**
86 2015 Chardonnay „S" Spätlese trocken **13 %/17,50 €**
83 2016 Spätburgunder & Schwarzriesling Rosé Kabinett trocken **12,5 %/7,50 €**
84 2014 „Alter Garten" Rotwein trocken **14 %/8,90 €**
86 2013 Spätburgunder „S" trocken „Schwarzer Sand" **13 %/17,50 €**

Winzervereinigung Freyburg-Unstrut

★☆

Kontakt

Querfurter Straße 10
06632 Freyburg
Tel. 034464-30622
Fax: 034464-30626
www.winzervereinigung-freyburg.de
info@winzervereinigung-freyburg.de

Mitglieder 420
Geschäftsführer
Hans-Albrecht Zieger
Produktionsleiter
Hans-Albrecht Zieger
Kellermeisterin
Kathleen Romberg
Rebfläche
400 Hektar

Besuchszeiten

Mo.-Fr. 7-18 Uhr, Sa. 10-18 Uhr, So. 10-16 Uhr

Die 1934 gegründete Winzervereinigung Freyburg ist heute der größte Erzeuger in den ostdeutschen Anbaugebieten. Fünf große Agrarbetriebe mit zusammen 240 Hektar Weinbergen sind Mitglied, dazu 420 Winzer, die zusammen weitere 120 Hektar bewirtschaften. 2015 hat die der Winzervereinigung angeschlossene Agrargenossenschaft Gleina die Thüringer Weinberge des sächsischen Weinguts Schloss Proschwitz übernommen, deren Weine bisher als „Weinhaus Weimar" vermarktet wurden, nun unter dem Namen „Werkstück Weimar" das Sortiment ergänzen. Die Sortenvielfalt bei den Mitgliedern der Winzervereinigung ist groß: Müller-Thurgau, Silvaner, Kerner, Riesling, Weißburgunder, Grauburgunder, Traminer, Bacchus und Gutedel, dazu gibt es Hölder, Morio-Muskat und Ortega. Rote Rebsorten nehmen ein Viertel der Fläche ein: Dornfelder, Portugieser, Spätburgunder, Lemberger, Zweigelt, André und Regent. Die Weine werden als Qualitätsweine angeboten, von fünf Sorten werden trockene Spätlesen erzeugt.

Kollektion

Auch die neue Kollektion überzeugt wieder auf der ganzen Linie, in der Spitze gefällt sie uns nochmals besser, was vor allem dem beeindruckenden Zweigelt aus der Kellermeisteredition zu verdanken ist, der intensive Frucht zeigt, Kirschen, Fülle und Kraft besitzt, gute Struktur und Substanz. Auch der Spätburgunder vom Kreisberg macht eine sehr gute Figur, er besitzt viel reife Frucht, gute Struktur und Frische. Der Silvaner vom Poetenweg ist klar und zupackend, der Traminer aus dem Höhnstedter Steineck ist reintönig und kraftvoll. Unsere Favoriten im weißen Segment sind der füllige, kraftvolle Himmelshöhe-Weißburgunder und der Poetenweg-Grauburgunder, der gute Struktur und reintönige Frucht besitzt. Dass man sich auch auf Sekt versteht zeigt der würzige, zupackende Auxerrois.

Weinbewertung

84 2015 Auxerrois Sekt brut „Werkstück" Weimarer Poetenweg **12,5 %/14,40 €**
82 2016 Müller-Thurgau trocken **12 %/5,40 €**
84 2016 Silvaner trocken „Werkstück Werktag" Weimarer Poetenweg **12 %/6,80 €**
83 2016 Hölder trocken Bereich Schloss Neuenbürg **12 %/6,30 €**
81 2016 Weißburgunder trocken Bereich Schloss Neuenbürg **12,5 %/6,- €**
85 2016 Weißburgunder Spätlese trocken Seeburger Himmelshöhe **13,5 %/7,90 €**
85 2015 Grauburgunder trocken „Werkstück" Weimarer Poetenweg **12,5 %/9,40 €**
84 2016 Traminer Spätlese trocken Höhnstedter Steineck **13 %/8,40 €**
82 2016 Bacchus halbtrocken **12 %/5,50 €**
83 2016 Dornfelder Rosé halbtrocken „Werkstück" Weimarer Poetenweg **11,5 %/7,20 €**
85 2016 Spätburgunder Spätlese trocken Höhnstedter Kreisberg **12,5 %/10,20 €**
87 2015 Blauer Zweigelt trocken Barrique „Kellermeisteredition" **12 %/13,50 €**

W

Hans Wirsching

★★★★

KONTAKT

Ludwigstraße 16
97346 Iphofen
Tel. 09323-87330
Fax: 09323-873390
www.wirsching.de
info@wirsching.de

Inhaber
Dr. Heinrich Wirsching
Betriebsleiter
Dr. Uwe Matheus
Kellermeister
Dr. Klaus-Peter Heigel
Rebfläche
90 Hektar
Produktion
600.000 Flaschen

BESUCHSZEITEN

täglich 8-18 Uhr, Sonn- und Feiertage 10-12:30 Uhr
„Zur Iphöfer Kammer“ (Marktplatz 24)

Das Weingut Wirsching gehört heute zu den größten und renommiertesten Weingütern in Franken. Seit 1630, seit nunmehr vierzehn Generationen, ist es in Familienbesitz, das heutige Stammhaus stammt aus dem 16. Jahrhundert. Hans Wirsching legte nach dem Zweiten Weltkrieg den Grundstein für das heutige Gut, er wurde für Silvaner bekannt und war der Erste, der in Franken Scheurebe pflanzte und war auch mitverantwortlich dafür, dass die beste Iphöfer Lage den Namen Julius-Echter-Berg erhielt. Seine Söhne Heinrich Wirsching und der 1990 verstorbene Hans Wirsching erweiterten seit 1966 den Betrieb. Heute stehen seine älteste Tochter Andrea und die jüngste Tochter Lena, die Weinwirtschaft in Geisenheim studierte, bereit um seine Nachfolge anzutreten, unterstützt vom langjährigen Betriebsleiter Uwe Mattheus. Die Wirschings verfügen über beträchtlichen Weinbergbesitz in den Iphöfer Renommierlagen Julius-Echter-Berg (gut ein Drittel der Lage gehört dem Weingut Wirsching,) Kronsberg und Kalb, wo die Böden aus Gipskeuper mit Einlagen von Schilfsandstein bestehen. Auch in benachbarten Gemeinden besitzt man Weinberge, diese Trauben werden für die Gutsweine verwendet. Wichtigste Rebsorte ist der Silvaner mit einem Anteil von 40 Prozent. Es folgen Riesling, Grau- und Weißburgunder, aber auch Scheurebe und Spätburgunder, Gewürztraminer, Rieslaner, Müller-Thurgau, Bacchus und Chardonnay werden angebaut. An der Spitze der Kollektion stehen vier Große Gewächse, je zwei Rieslinge und Silvaner, aus den Lagen Julius-Echter-Berg und Kronsberg. 2015 hat Klaus-Peter Heigel die Nachfolge des langjährigen Kellermeisters Werner Probst angetreten. Die Großen Gewächse des Hauses Wirsching können hervorragend reifen, das bestätigen sie immer wieder in Vertikalproben, nicht nur der Riesling, auch der Silvaner. Sie überzeugen in den letzten Jahren – wie das gesamte Sortiment der überwiegend durchgegoren ausgebauten Weine – mit Frische und Klarheit, Rasse und Eleganz.

Kollektion

Der Guts-Silvaner ist frisch und geradlinig, der Riesling zupackend, ein klein wenig kraftvoller. Der Iphöfer Silvaner ist würzig und frisch, besitzt feine süße Frucht, der Müller-Thurgau ist klar, geradlinig und zupackend. Am besten gefällt uns im Ortswein-Segment die Scheurebe, die reintönige Frucht zeigt, Cassis, klar und geradlinig im Mund ist bei feiner Frucht. Der Kalb-Silvaner ist würzig, eindringlich und klar, der Wein aus dem Julius-Echter-Berg besitzt mehr Fülle und Kraft, gute Struktur und reintönige Frucht. Der Echter-Berg-Riesling zeigt gute Konzentration und reintönige Frucht, ist klar, zupackend und strukturiert. Gleich vier Weißweine von alten Reben im Iphöfer Kronsberg präsentiert das Weingut in diesem Jahr, einen weiteren aus dem Julius-Echter-Berg. Der Weißburgunder ist klar und geradlinig, besitzt gute Struktur und Frische, der Grauburgunder ist konzentrierter und kraftvoller, besitzt viel Substanz aber auch leichte Bitternoten. Die Scheurebe zeigt gute Konzentration und herrlich viel Frucht, besitzt Fülle und Kraft, gute Struktur, Substanz und Biss. Der gelbfruchtige, konzentrierte Silvaner ist füllig und saftig, unser Favorit aber unter den „Alten Reben" ist der Riesling, der druckvoll und präzise ist, kraftvoll und zupackend. Ganz stark ist auch die Burgundercuvée TriTerra, konzentriert, füllig und stoffig, besitzt gute Struktur und Substanz, der Spätburgunder recht gewürzduftig und reif. Erst im zweiten Jahr nach der Ernte werden mit dem Jahrgang 2015 die Großen Gewächse vermarktet. Der Kronsberg-Silvaner ist würzig und eigenwillig verhalten, geradlinig und zupackend, der Wein aus dem Julius-Echter-Berg ist kompakt, besitzt viel reife Frucht und Substanz. Besser gefallen uns im Jahrgang 2015 die beiden Rieslinge. Der Wein aus dem Kronsberg ist offen, zeigt feine Frische, besitzt Fülle, Reife und Substanz. Deutlich kraftvoller ist das Große Gewächs aus dem Julius-Echter-Berg, zeigt gute Konzentration, reife reintönige Frucht, besitzt viel Fülle und Substanz. Stimmige, starke Kollektion!

Weinbewertung

83	2016 Silvaner trocken **12 %/6,80 €**
84	2016 Riesling trocken **12,5 %/7,50 €**
84	2016 Silvaner trocken Iphöfer **12,5 %/8,- €**
84	2016 Müller-Thurgau trocken Iphöfer **12 %/6,50 €**
85	2016 Scheurebe trocken Iphöfer **12,5 %/9,80 €**
85	2016 Silvaner trocken Iphöfer Kalb **13 %/9,80 €**
87	2016 Silvaner trocken Iphöfer Julius-Echter-Berg **13 %/13,50 €**
87	2016 Riesling trocken Iphöfer Julius-Echter-Berg **13 %/12,50 €**
88	2016 Silvaner trocken „Alte Reben" Iphöfer Kronsberg **13,5 %/14,50 €**
89	2016 Riesling trocken „Alte Reben" Iphöfer Kronsberg **13,5 %/14,50 €**
87	2016 Weißburgunder trocken „Alte Reben" Iphöfer Kronsberg 13,5 %/16,50 €
88	2016 Grauburgunder trocken „Alte Reben" Iphöfer Julius-Echter-Berg **14,5 %/16,50 €**
89	2016 Scheurebe trocken „Alte Reben" Iphöfer Kronsberg **13,5 %/17,50 €**
89	2014 „TriTerra" Weißwein trocken **14 %/19,50 €**
89	2015 Silvaner „GG" Iphöfer Kronsberg **13,5 %/24,- €**
89	2015 Silvaner „GG" Iphöfer Julius-Echter-Berg **14 %/28,- €**
90	2015 Riesling „GG" Iphöfer Kronsberg **14 %/24,- €**
91	2015 Riesling „GG" Iphöfer Julius-Echter-Berg **13,5 %/28,- €**
87	2013 Spätburgunder „S" trocken Iphöfer **13 %/28,- €**

LAGEN

JULIUS-ECHTER-BERG (IPHOFEN)
KRONSBERG (IPHOFEN)
KALB (IPHOFEN)

REBSORTEN

SILVANER (40 %)
RIESLING (22 %)
WEISSBURGUNDER (8 %)
SCHEUREBE (7 %)
SPÄTBURGUNDER (7 %)

WITTMANN

★★★★★

KONTAKT

Mainzer Straße 19
67593 Westhofen
Tel. 06244-905036, Fax: -5578
www.wittmannweingut.com
info@wittmannweingut.com

Inhaber
Günter & Philipp Wittmann
Rebfläche 30 Hektar
Produktion 200.000 Flaschen

BESUCHSZEITEN

nach Vereinbarung

Günter und Elisabeth Wittmann begannen Mitte der achtziger Jahre mit der Umstellung auf ökologische Bewirtschaftung und sind seit 1990 Mitglied bei Naturland. Sohn Philipp führt diesen Weg konsequent fort, seit 2004 arbeitet er biodynamisch. Seine Weinberge liegen vor allem in Westhofen, wo er aus vier Lagen Große Gewächse erzeugt. In der Aulerde, der wärmsten, am tiefsten gelegenen Lage mit Tonmergelböden und geringen Anteilen an Lösslehm und Kalkstein, besitzt er 4 Hektar im Kernstück der Lage. Im angrenzenden Kirchspiel besitzt er Weinberge vor allem im oberen Bereich der Lage; die Böden im Kirchspiel bestehen aus Tonmergel mit Kalksteineinlagen und Kalksteinverwitterungslehm. Das Brunnenhäuschen ist ein Südhang, der bis auf 240 Meter ansteigt. Der Boden besteht aus Tonmergel mit Kalkstein und Kalksteinfelsen im Untergrund, enthält einen hohen Eisenoxidanteil (Terra Rossa). Philipp Wittmanns Weinberge liegen vor allem im unteren Teil des Brunnenhäuschens in der Gewanne Abtserde. Der westlich angrenzende Morstein ist die bekannteste Lage in Westhofen, ein Südhang mit schweren Tonmergelböden mit Kalksteineinlagerungen und Kalksteinfels im Untergrund. Die Weine werden teils mit den eigenen Hefen, teils mit Reinzuchthefen vergoren, recht lange auf der Hefe ausgebaut und nur einmal vor der Abfüllung filtriert. Alle trockenen Weine werden als Qualitätswein vermarktet, nur süße Weine werden mit Prädikatsangaben versehen. Das Programm ist gegliedert in Gutsweine, Ortsweine und Große Gewächse aus den Lagen Aulerde, Kirchspiel, Brunnenhäuschen und Morstein, daneben gibt es den Versteigerungs-Riesling La Borne, benannt nach einer Gewanne im Morstein. Die Spitzenweine der anderen weißen Sorten – Chardonnay, Weißburgunder – wurden lange Zeit mit dem Zusatz „S" vermarktet. Seit dem Jahrgang 2014 werden diese länger im Fass ausgebaut und kommen nicht mehr im Jahr nach der Ernte auf den Markt, sondern erst im Frühjahr des darauf folgenden Jahres und tragen nun die Zusatzbezeichnung „Reserve". Dafür gab es erstmals mit dem Jahrgang 2014 eine Cuvée aus Weißburgunder und Chardonnay. Süße und edelsüße Rieslinge bis hin zur Trockenbeerenauslese ergänzen hin und wieder das Programm.

Kollektion

Auch in diesem Jahr ist das Einstiegsniveau wieder sehr hoch, schon die Gutsweine sind alle sehr gut. Der Silvaner ist frisch und klar, geradlinig und lebhaft, der Grauburgunder zeigt gelbe Früchte im Bouquet, ist füllig und harmonisch, besitzt gute Struktur und feine Frische, der Weißburgunder zeigt reintönige Frucht im Bouquet, ist füllig und harmonisch im Mund bei klarer reifer Frucht, der Riesling zeigt rauchige Noten, reintönige Frucht, ist klar und zupackend, besitzt herrlich viel Frucht, Substanz und feine Süße. Neues gibt

W

es aber auch im Hause Wittmann, und zwar im Ortswein-Segment. Zum altbekannten Westhofener Riesling und dem im vergangenen Jahr eingeführten Niersteiner Riesling gesellt sich ein dritter, aus Gundersheim. Der Gundersheimer zeigt gute Konzentration und rauchige Noten, ist klar, frisch und zupackend, druckvoll und präzise. Der Niersteiner ist würziger im Bouquet, aber ebenso klar und frisch, zupackend und strukturiert. Gute Konzentration zeigt der Westhofener im Bouquet, ist füllig und saftig, besitzt viel reife Frucht, Substanz, gute Struktur und Frische. Der La Borne-Riesling zeigt viel Duft und Würze im Bouquet, ist eindringlich, kraftvoll, nachhaltig, noch etwas unruhig. Unter den vier Großen Gewächsen ist dieses Jahr der Morstein unser eindeutiger Favorit, einer der großen Rieslinge des Jahrgangs in Deutschland. Er ist würzig und herrlich eindringlich, füllig, stoffig, öffnet sich langsam, ist druckvoll und komplex, enorm lang und nachhaltig. Der Riesling aus dem Brunnenhäuschen zeigt gute Konzentration und feine Würze, ist frisch und klar, reintönig und saftig, präzise und zupackend. In blendender Form präsentiert sich auch der Kirchspiel-Riesling, ist rauchig, herrlich eindringlich, füllig und kraftvoll, besitzt viel Substanz, Druck und Länge. Der Wein aus der Aulerde zeigt viel reife Frucht im Bouquet, ist klar und zupackend im Mund, druckvoll, salzig, mineralisch, nachhaltig. Der 2015er Reserve-Chardonnay zeigt feine Würze im Bouquet, etwas verhaltene Frucht, ist stoffig im Mund, kompakt bei dezenten Tanninen. Wir ziehen derzeit den Reserve-Weißburgunder vor, der deutlich offener ist, weiße und gelbe Früchte zeigt, füllig und saftig ist, reintönige reife Frucht besitzt, Substanz und Länge. Ganz starke Kollektion!

Weinbewertung

86	2016 Silvaner trocken **12,5 %/9,20 €**
88	2016 Weißer Burgunder trocken **12,5 %/11,70 €**
87	2016 Grauer Burgunder trocken **13 %/11,70 €**
87	2016 Riesling trocken **12 %/11,70 €**
89	2016 Riesling trocken Gundersheimer **12 %/17,- €**
88	2016 Riesling trocken Niersteiner **12,5 %/18,50 €**
89	2016 Riesling trocken Westhofener **12,5 %/19,- €**
92	2016 Riesling „GG" Aulerde **33,50 €**
92	2016 Riesling „GG" Kirchspiel **42,50 €**
92	2016 Riesling „GG" Brunnenhäuschen **48,50 €**
94	2016 Riesling „GG" Morstein **48,50 €**
91	2016 Riesling trocken „Alte Reben La Borne" **Vst.**
92	2015 Weißer Burgunder „Réserve" **13,5 %/35,50 €**
90	2015 Chardonnay „Réserve" **14 %/35,50 €**

LAGEN

MORSTEIN (WESTHOFEN)
KIRCHSPIEL (WESTHOFEN)
AULERDE (WESTHOFEN)
BRUNNENHÄUSCHEN (WESTHOFEN)

REBSORTEN

RIESLING (75 %)
WEISSBURGUNDER (15 %)
SILVANER (10 %)

WÖHRLE

★★★★☆

KONTAKT

Weinbergstraße 3
77933 Lahr
Tel. 07821-25332
Fax: 07821-39398
www.woehrle-wein.de
info@woehrle-wein.de

Inhaber
Familie Wöhrle
Rebfläche
15 Hektar
Produktion
100.000 Flaschen

BESUCHSZEITEN

Mo.-Fr. 17-19 Uhr, Sa. 10-14 Uhr und nach Vereinbarung

Das Weingut der Familie Wöhrle ist ein Familienbetrieb, der 1979 aus dem traditionsreichen Weingut der Stadt Lahr und dem Weinbaubetrieb Wöhrle entstanden ist. 1988 haben Hans und Monika Wöhrle ein Drittel der Rebfläche auf ökologische Bewirtschaftung umgestellt, seit 1990 wird die gesamte Fläche ökologisch bewirtschaftet. Seit dem Jahr 2002 ist Sohn Markus im Betrieb tätig. Die Reben stehen alle am Lahrer Schutterlindenberg. Da der Schutterlindenberg aber mit der Einführung des Deutschen Weingesetzes zur Großlage „befördert" wurde, nutzt man seit dem Jahrgang 2004 anstelle der Bezeichnung Schutterlindenberg den Lagennamen Lahrer Kronenbühl. Die Großen Gewächse tragen seit dem Jahrgang 2009 die Lagenbezeichnungen Herrentisch und Kirchgasse. Der Herrentisch ist eine 5 Hektar große Südlage mit tiefgründigen Löss- und Lösslehmböden, von dort kommt aus einem halben Hektar großen Weinberg der Weißburgunder. Grau- und Spätburgunder kommen aus der Kirchgasse, einem 3 Hektar großen Südhang mit humusreichem Lösslehmboden, der sich im Alleinbesitz des Weingutes befindet und als neue Einzellage anerkannt wurde. Im Anbau dominieren die Burgundersorten und Riesling, bereits seit 1990 gibt es auch Chardonnay. Zuletzt wurden pilzresistente Sorten wie Johanniter und Bronner gepflanzt. Rote Sorten nehmen inzwischen 30 Prozent der Rebfläche ein. Alle Weine werden grundsätzlich durchgegoren. Die weißen Großen Gewächse werden komplett im Halbstück ausgebaut, zur Hälfte werden neue Fässer genutzt, der Spätburgunder wird in neuen Barriques ausgebaut. Das Sortiment ist vierstufig gegliedert, wobei das Basis-Segment (die Gutsweine) praktisch keine Bedeutung hat. Wichtig im Programm sind die Lahrer Ortsweine, die ehemaligen Kabinettweine, die seit dem Jahrgang 2014 keine Prädikatsbezeichnung mehr tragen, aber nach wie vor „Kabinett-Charakter" aufweisen. Dann folgen die Erste Lage-Weine aus dem Lahrer Kronenbühl, die früheren trockenen Spätlesen. An der Spitze der Kollektion stehen die Großen Gewächse, Grauburgunder und Weißburgunder aus der Kirchgasse und Weißburgunder aus dem Herrentisch, und seit dem Jahrgang 2012 gibt es den Chardonnay „Gottsacker" von den ältesten Chardonnayreben des Betriebes, die in dieser Gewanne auf tiefgründigen, kalkhaltigen Böden wachsen. Seit der ersten Ausgabe empfehlen wir die Weine der Wöhrles, schon damals waren wir begeistert von der Stilistik, die Reintönigkeit und Frucht in den Vordergrund stellt. Jahr für Jahr sind die Kollektionen höchst zuverlässig, in den jüngsten Jahrgängen hat man in der Spitze weiter zugelegt, die eingeführten Großen Gewächse präsentieren sich komplex und nachhaltig.

Kollektion

Auch den Jahrgang 2016 hat Markus Wöhrle wieder hervorragend bewältigt, schon die Lahrer Ortsweine zeigen durch die Bank sehr gutes Niveau. Der Auxerrois ist frisch und fruchtbetont, lebhaft und geradlinig, sehr reintönig, wie alle Weine. Der Weißburgunder ist etwas würziger, kraftvoller, zupackender, besitzt gute Struktur und feine Frucht. Gleichauf sehen wir den Grauburgunder, der feine Frische im Bouquet aufweist, lebhaft im Mund ist, zupackend und strukturiert. Eine weitere klare Steigerung bieten die Kronenbühl-Weine. Der Riesling ist fruchtbetont im Bouquet, intensiv, herrlich reintönig, ist klar und zupackend im Mund, besitzt viel Saft und Substanz, gute Struktur und Druck. Der Grauburgunder zeigt klare reife Frucht, gelbe Früchte, ist füllig und saftig im Mund, besitzt herrlich viel Frucht und Substanz. Für uns hat der Weißburgunder in diesem Segment knapp die Nase vorne, er zeigt weiße Früchte, feine rauchige Noten, ist füllig, saftig, faszinierend reintönig, besitzt gute Struktur und Druck. Das Große Gewächs vom Herrentisch ist nochmals rauchiger, würziger, braucht Luft um sich zu entfalten, ist kraftvoll, komplex, besitzt gute Struktur und Substanz. Der Grauburgunder zeigt intensive Frucht, gute Konzentration, ist kraftvoll, stoffig, zupackend, besitzt gute Struktur und Druck. Der Gottsacker-Chardonnay zeigt gute Konzentration, herrlich viel Frucht, besitzt viel Fülle und Saft, gute Komplexität, Länge und Nachhall. Der Kronenbühl-Spätburgunder zeigt rote Früchte, ist fruchtbetont, geradlinig, zupackend, strukturiert. Ganz hervorragend ist der Spätburgunder aus der Kirchgasse, der beste Spätburgunder, den Markus Wöhrle bisher erzeugt hat, er ist rauchig, konzentriert, herrlich eindringlich, besitzt gute Substanz und Kraft, schöne Komplexität und Länge.

Weinbewertung

85	2016 Auxerrois trocken Lahrer	**12,5 %/9,80 €**
86	2016 Weißburgunder trocken Lahrer	**13 %/9,10 €**
86	2016 Grauburgunder trocken Lahrer	**13 %/9,10 €**
90	2016 Weißburgunder trocken Lahrer Kronenbühl	**13,5 %/13,90 €**
89	2016 Grauburgunder trocken Lahrer Kronenbühl	**13,5 %/13,90 €**
89	2016 Riesling trocken Lahrer Kronenbühl	**12,5 %/13,90 €**
91	2016 Weißburgunder „GG" Lahrer Herrentisch	**13,5 %/21,50 €**
91	2016 Grauburgunder „GG" Lahrer Kirchgasse	**13,5 %/21,50 €**
92	2016 Chardonnay „GG" „Gottsacker" Lahrer Kronenbühl	**13,5 %/24,50 €**
87	2015 Spätburgunder trocken Lahrer Kronenbühl	**13,5 %/21,- €**
91	2015 Spätburgunder „GG" Lahrer Kirchgasse	**13,5 %/32,- €**

LAGEN

KRONENBÜHL (LAHR)
– GOTTSACKER (LAHR)
HERRENTISCH (LAHR)
KIRCHGASSE (LAHR)

REBSORTEN

GRAUBURGUNDER (23 %)
SPÄTBURGUNDER (23 %)
WEISSBURGUNDER (20 %)
AUXERROIS (13 %)
RIESLING (6 %)
MÜLLER-THURGAU (6 %)
CHARDONNAY (3 %)
MUSKATELLER (3 %)

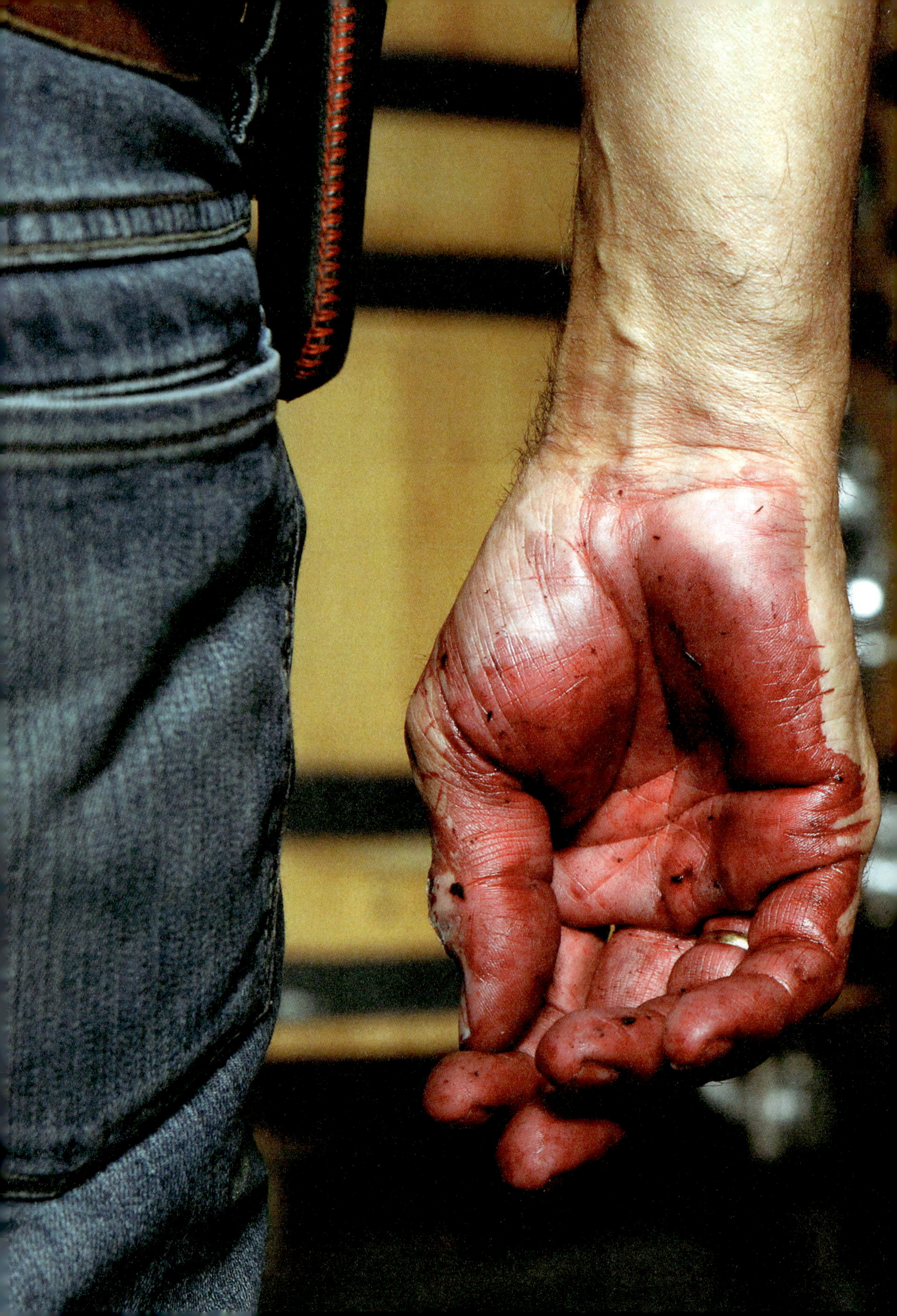

Wöhrle

★☆

KONTAKT

Leininger Ring 64
67278 Bockenheim
Tel. 06359-4215
Fax: 06359-949367
www.weingut-woehrle.de
info@weingut-woehrle.de

Inhaber
Andreas Wöhrle
Rebfläche
13,5 Hektar
Produktion
75.000-80.000 Flaschen

BESUCHSZEITEN

Sa. 9-15 Uhr oder nach Vereinbarung

Der im 18. Jahrhundert errichtete Hof ist seit 1844 im Besitz der Familie. Martin Wöhrle hatte 1964 den Betrieb von seinem Großonkel übernommen, sich nach und nach mit ökologischer Wirtschaftsweise beschäftigt, bereits seit 1980 erfolgt die Bewirtschaftung nach ökologischen Richtlinien, Martin Wöhrle war Gründungsmitglied bei Ecovin. Sohn Andreas Wöhrle trat nach dem Abschluss seines Studiums 1999 in den Betrieb ein, schon vorher war er für den Weinausbau verantwortlich. Seine Weinberge liegen in den Bockenheimer Lagen Vogelsang, Schlossberg, Heiligenkirche und Goldgrube. Riesling ist die mit Abstand wichtigste Rebsorte, es folgen Grau-, Weiß- und Spätburgunder und Müller-Thurgau, dazu gibt es Merlot, Cabernet Sauvignon, Dornfelder, Portugieser, Chardonnay, Gewürztraminer, Cabernet Blanc, Silvaner, Auxerrois und Cabertin. Alle Rotweine werden im Holzfass ausgebaut, teils im Barrique, teils im traditionellen Stückfass. Die Weißweine werden, nach Maischestandzeiten, überwiegend im Edelstahl ausgebaut, die Moste werden teils spontanvergoren, teils mit Reinzuchthefen.

Kollektion

In diesem Jahr haben uns Andreas Wöhrles Rotweine überrascht, allen voran ein sehr gelungener Cabernet Sauvignon mit Cassisfrucht, feiner röstiger Würze und einer reifen Tanninstruktur. Fast genauso gut ist der Spätburgunder aus dem Schlossberg, der dezente Röstnoten zeigt und frisch und harmonisch ist, und sogar der „kleine" Spätburgunder aus dem Vogelsang zeigt viel klare, typische Frucht und etwas Krokantwürze. Die Weißweine sind ebenfalls alle reintönig, hier ragen der füllige Riesling aus der Goldgrube mit Noten von Kräutern und Stein und der wieder einmal sehr gute, konzentrierte, cremige, leicht florale Auxerrois aus dem Vogelsang heraus.

Weinbewertung

81	2016 Riesling trocken (1l)	**12 %/5,50 €**
83	2016 Cabernet Blanc Spätlese trocken Bockenheimer Heiligenkirche	**13 %/7,30 €**
82	2016 Grauer Burgunder trocken Bockenheimer Schlossberg	**13,5 %/6,90 €**
82	2016 Weißer Burgunder trocken Bockenheimer Grafenstück	**13,5 %/5,90 €**
85	2016 Auxerrois trocken Bockenheimer Vogelsang	**14 %/8,50 €**
82	2016 Riesling trocken „vom Grafenstück" Bockenheim	**12,5 %/5,90 €**
83	2016 Riesling trocken „vom Vogelsang" Bockenheim	**12,5 %/6,90 €**
85	2016 Riesling trocken „aus der Goldgrube" Bockenheim	**13 %/8,50 €**
83	2015 Riesling Spätlese „feinherb" „Alte Reben" Vogelsang	**13 %/10,- €**
87	2015 Cabernet Sauvignon trocken Barrique Schlossberg	**13,5 %/17,- €**
84	2015 Spätburgunder trocken Bockenheimer Vogelsang	**12,5 %/8,50 €**
86	2015 Spätburgunder Spätlese trocken Bockenheimer Schlossberg	**13 %/14,- €**

W

WÖHRWAG

★★★★

KONTAKT

Grunbacher Straße 5
70327 Stuttgart-Untertürkheim
Tel. 0711-331662
Fax: 0711-332431
www.woehrwag.de
info@woehrwag.de

Inhaber
Hans-Peter Wöhrwag
Rebfläche
20 Hektar
Produktion
150.000 Flaschen

BESUCHSZEITEN

Mo.-Fr. 8-12:30 + 14-18 Uhr,
Sa. 9-14 Uhr

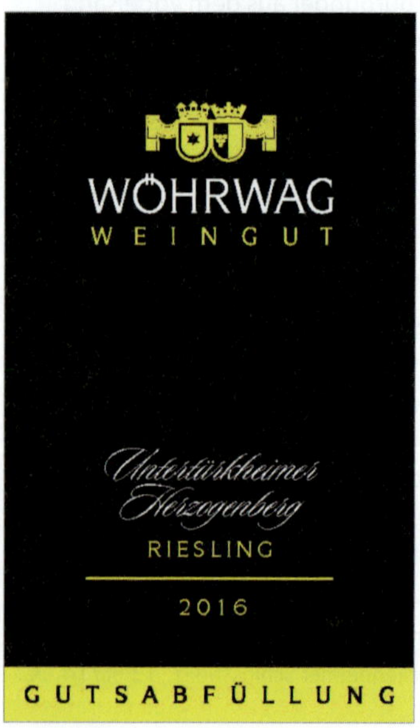

Hans-Peter Wöhrwag kehrte 1989 auf das elterliche Weingut zurück, nach Lehre in der Pfalz und am Kaiserstuhl, nach Geisenheim-Studium und praktischen Erfahrungen im Napa Valley. Seither hat er, unterstützt von Ehefrau Christin, das Weingut zum führenden Stuttgarter Betrieb aufgebaut. Seine Weinberge liegen im Untertürkheimer Herzogenberg, einer Lage im Alleinbesitz von Hans-Peter Wöhrwag. Die Böden dieses etwa 40 Prozent steilen Südhanges bestehen aus Gipskeuper, durchsetzt mit kalkhaltigem Sedimentgestein, das schon von jeher Kreidenstein genannt wurde. Hans-Peter Wöhrwag baut zu 55 Prozent weiße Sorten, zu 45 Prozent rote Sorten an. Wichtigste Rebsorte ist Riesling, der 40 Prozent der Fläche einnimmt. Hinzu kommen Weiß- und Grauburgunder, aber auch ein wenig Sauvignon Blanc, Müller-Thurgau und Muskateller. Bei den roten Sorten dominierte früher der Trollinger. Nach dem schweren Hagel 2000 rodete Hans-Peter Wöhrwag aber zwei Hektar Trollinger und legte dort Lemberger an, der inzwischen die wichtigste rote Rebsorte ist. Nach Merlot und Trollinger folgen Spätburgunder und Cabernet Sauvignon. Merlot wurde anfangs nur für Cuvées verwendet, 2008 gab es den ersten sortenreinen Merlot. Im roten Segment spielen Cuvées eine wichtige Rolle: Moritz, Philipp und X heißen diese. Die Cuvée X bestand ursprünglich aus Merlot und Lemberger, heute besteht sie aus Merlot, Cabernet Sauvignon und ein klein wenig Cabernet Franc, die Cuvée Philipp aus Lemberger und Merlot. Die Weißweine werden langsam und kühl vergoren, die Rieslinge im Edelstahl ausgebaut, die weißen Burgunder oft auch im Holz. Die Rotweine werden kaltmaceriert und maischevergoren, werden dann im kleinen oder großen Eichenholzfass ausgebaut. Das Sortiment ist dreistufig gegliedert in Gutsweine, Erste Lage-Weine und Große Lage-Weine, zu denen neben den Großen Gewächsen die Großen Reserven – Philipp und Cuvée X – zählen, aber auch edelsüße Rieslinge. Schon in der ersten Ausgabe zählten wir Hans-Peter Wöhrwag zu den Topwinzern in Württemberg. Damals hatten es uns vor allem seine Rieslinge angetan, die schon immer herrlich präzise und reintönig waren und es heute noch sind. Seither hat er aber auch bei den Rotweinen kräftig zugelegt, mit seinen Cuvées natürlich, allen voran die Cuvée X, die Jahr für Jahr zu den besten Cuvées aus Bordeauxrebsorten in Deutschland gehört; aber auch mit Lemberger und Pinot Noir versteht Hans-Peter Wöhrwag immer wieder zu punkten. Mit Weiß- und Grauburgunder hat er ebenso kräftig zugelegt, die Großen Gewächse baut er in neuen 500 Liter-Fässern aus, und dass er sich auch auf Muskateller und Sauvignon Blanc versteht, verwundert da nicht.

Kollektion

Mit einer durch die Bank starken Kollektion schließt Hans-Peter Wöhrwag an die sehr guten Vorjahre an. Der Sauvignon Blanc ist wunderschön reintönig im Bouquet, etwas floral, besitzt gute Struktur und Frische. Der Goldkapsel-Riesling ist lebhaft, klar und zupackend, der Mineral ist 2016 sehr ähnlich, besitzt gute Struktur und Biss. Das Große Gewächs ist recht würzig, besitzt Fülle und Kraft, reife Frucht und Substanz. Der Weißburgunder zeigt rauchige Noten, gute Konzentration, besitzt Fülle und Kraft, reife Frucht und Substanz. Der Grauburgunder ist als Erste Lage-Wein würzig und konzentriert, zupackend und strukturiert, das Große Gewächs zeigt viel Duft, dezent rauchige Noten, besitzt gute Struktur, Präzision und Druck. Der Rädles-Trollinger ist würzig und fruchtbetont im Bouquet, frisch und fruchtbetont auch im Mund, besitzt gute Struktur und eine ganz dezente Bitternote im Abgang. Die nun als Große Reserve bezeichneten roten Cuvées gibt es schon seit den neunziger Jahren. Die Cuvée Philipp zeigt feine Frische und Würze im Bouquet, etwas rauchige Noten, rote Früchte, ist klar im Mund, frisch und zupackend, besitzt gute Struktur und reife Frucht. Etwas komplexer noch ist die Cuvée X, zeigt gute Konzentration, viel reife Frucht, besitzt Fülle und Kraft, Substanz, gute Struktur und viel Frucht. Wie schon im vergangenen Jahr aber gilt unsere leichte Präferenz bei den Rotweinen auch 2015 wieder den beiden Großen Gewächsen. Der Lemberger ist herrlich eindringlich im Bouquet, zeigt rauchige Noten, viel reife Frucht, ist klar im Mund, fruchtbetont, zupackend und strukturiert, recht tanninbetont. Der Pinot Noir, von 1990 gepflanzten Pinot Noir-Klonen aus Burgund, zeigt reintönige Frucht, feine Frische, Johannisbeeren und Preiselbeeren, ist präzise und frisch im Mund bei dezenter Schokonote und viel Länge.

Weinbewertung

87 2016 Grauburgunder trocken Untertürkheimer Herzogenberg **13,5 %/10,80 €**
87 2016 Sauvignon Blanc trocken Untertürkheimer Herzogenberg **13 %/14,90 €**
86 2016 Riesling trocken „Goldkapsel" Untertürkheimer Herzogenberg **12,5 %/9,50 €**
86 2016 Riesling trocken „Mineral" Untertürkheimer Herzogenberg **13 %/12,50 €**
90 2016 Weißburgunder „GG" Untertürkheimer Herzogenberg **13,5 %/22,50 €**
91 2016 Grauburgunder „GG" Untertürkheimer Herzogenberg **13,5 %/22,50 €**
90 2016 Riesling „GG" Untertürkheimer Herzogenberg **13 %/22,50 €**
84 2016 Trollinger trocken „Rädles" Untertürkheimer Herzogenberg **12,5 %/7,50 €**
88 2015 „Philipp" Rotwein trocken „Große Reserve" **14 %/18,50 €**
91 2015 Pinot Noir „GG" Untertürkheimer Herzogenberg **13,5 %/28,50 €**
91 2015 Lemberger „GG" Untertürkheimer Herzogenberg **13,5 %/24,50 €**
90 2015 „X" Rotwein trocken „Große Reserve" **13,5 %/24,50 €**

LAGEN

HERZOGENBERG (UNTERTÜRKHEIM)

REBSORTEN

RIESLING (40 %)
LEMBERGER (13 %)
TROLLINGER (10 %)
MERLOT (9 %)
WEISSBURGUNDER (6 %)
SPÄTBURGUNDER (6 %)
GRAUBURGUNDER (6 %)
CABERNET SAUVIGNON (3 %)
SAUVIGNON BLANC (2 %)
MÜLLER-THURGAU (2 %)

Kirchengut Wolf

★☆

KONTAKT

Berenbruchstraße 4
56841 Traben-Trarbach
Tel. 06541-6394
Fax: 06541-6395
www.kirchengut-wolf.de
info@kirchengut-wolf.de

Inhaber
Markus Boor
Rebfläche
4,5 Hektar
Produktion
25.000 Flaschen

BESUCHSZEITEN

immer nach Vereinbarung

Das Weingut wurde von einer kirchlichen Bruderschaft gegründet, die 1478 das Wolfer Kloster bezog, mit dem Bau des Kellers wurde 1488 begonnen. Während der Reformation wurde die Bruderschaft aufgelöst und die evangelische Kirchengemeinde gegründet. Markus und Ulrike Boor pachteten das Kirchengut Wolf 2001, stellten sofort auf biologische Bewirtschaftung um, sind Mitglied bei Ecovin. Markus Boor, Diplom-Betriebswirt, absolvierte während seines Studiums ein halbjähriges Praktikum bei einem kalifornischen Weingut, arbeitete dann als Betriebsleiter an der Nahe und im Rheingau. Ihre Weinberge liegen vor allem in der Wolfer Goldgrube, aber sie besitzen auch Reben in den Wolfer Lagen Klosterberg und Schatzgarten sowie im Trabener Würzgarten. Außer Riesling bauen die Boors auch Müller-Thurgau, Weißburgunder, Merlot, Dornfelder oder Spätburgunder an, Cabernet Blanc brachte 2010 den ersten Ertrag. Die Weine werden im traditionellen Holzfass ausgebaut.

Kollektion

In der Kollektion des Vorjahres gefiel beispielsweise der als brut nature bezeichnete Sekt. Ein solcher wird diesmal nicht vorgestellt, aber dafür gefällt nicht nur der zugängliche, feste Rivaner, sondern auch der stoffige, angenehm trockene Weißburgunder und die schön balancierte trockene Spätlese aus der Wolfer Goldgrube. Der Cabernet Blanc zeigt eine eher verhaltene Säure, besitzt Würze und Fülle. Ob sich dies Sorte an der Mosel durchsetzt, ist dennoch völlig offen, auch bei dem aus den Rebsorten VB Cal 604 und Donauriesling gewonnenen Wein namens Futura kann man diskutieren: Dieses durchaus interessante Experiment besitzt eine gewisse Säure, aber auch eine eigenwillige Würze, wirkt saftig und animierend, ist aber nicht allzu lang. Ausgewogen und animierend gelingt schließlich ein trockener Merlot, der zeigt, was man aus dieser Rebsorte auch an der Mosel machen kann.

Weinbewertung

83 2016 Rivaner trocken **12 %/6,- €**
83 2016 Cabernet Blanc trocken **12,5 %/7,50 €**
84 2016 Weißburgunder trocken **12,5 %/7,50 €**
84 2016 Riesling trocken „Schiefer" **11,5 %/7,50 €**
86 2016 Riesling Spätlese trocken Wolfer Goldgrube **12 %/10,50 €**
83 2016 „Futura" Weißwein **11 %/7,50 €**
83 2016 Riesling „Schiefer" „feinherb" **10,5 %/7,50 €**
86 2016 Riesling Spätlese Wolfer Goldgrube **7,5 %/10,50 €**
84 2014 Merlot trocken **12,5 %/8,50 €**

Peter & Julian Wolf

★

KONTAKT

Brunnenstraße 2
55599 Eckelsheim
Tel. 06703-1346
Fax: 06703-3181
www.weingut-peter-wolf.de
info@weingut-peter-wolf.de

Inhaber
Peter & Julian Wolf
Rebfläche
19 Hektar
Produktion
90.000 Flaschen

BESUCHSZEITEN

nach Vereinbarung
Gästezimmer

Seit sieben Generationen baut die Familie Wein in Eckelsheim an, einem kleinen Weinort in der Rheinhessischen Schweiz, der drei Einzellagen besitzt, in denen die Weinberge der Familie Wolf liegen: Eselstreiber, Kirchberg und Sonnenköpfchen. 1981 übernahmen Ulla und Peter Wolf den im Ortskern von Eckelsheim liegenden Betrieb, konzentrierten den früheren landwirtschaftlichen Mischbetrieb ganz auf Weinbau. Seit 2011, nach Beendigung seines Geisenheim-Studiums, ist Sohn Julian im Betrieb tätig und für den Weinausbau verantwortlich. Die Reben wachsen in Eckelsheim teils auf schwerem Mergel, teils auf Lösslehm und auf leichtem Porphyr. Riesling nimmt ein Fünftel der Rebfläche ein, es folgen Spätburgunder, Dornfelder, Weißburgunder und Grauburgunder.

Kollektion

Nach guten Kollektionen in den beiden vergangenen Jahren präsentiert sich der Jahrgang 2016 in der Spitze etwas verhaltener. Im weißen Segment gefallen uns die beiden Grauburgunder gut, der Wein aus dem Eselstreiber ist fruchtbetont und zupackend, sein Kollege aus dem Wöllsteiner Äffchen ist etwas fülliger, besitzt reintönige Frucht, gute Struktur und Frische. Der Silvaner aus dem Sonnenköpfchen ist fruchtbetont, frisch und zupackend, die Riesling Spätlese ist geradlinig, frisch und zupackend, süffig und unkompliziert. Die im Barrique ausgebaute rote Cuvée Il Lupo besitzt Fülle und Kraft, reife Frucht, gute Struktur, eindringlich Schokonoten und Tanninen, ist aber doch recht duftig, merklich oxidativ, so dass wir eigentlich den Spätburgunder im roten Segment vorziehen, der frisch und klar ist, kraftvoll und zupackend, gute Struktur und reintönige Frucht besitzt.

Weinbewertung

78 2016 Riesling trocken Eckelsheimer Eselstreiber (1l) **12 %/4,50 €**
82 2016 Grauer Burgunder trocken Eckelsheimer Eselstreiber **13 %/5,10 €**
79 2016 Chardonnay trocken **13 %/5,10 €**
81 2016 Spätburgunder „Blanc de Noirs" trocken **12,5 %/5,40 €**
80 2016 Riesling trocken „J-Linie" Eckelsheimer Kirchberg **13 %/7,20 €**
82 2016 Sylvaner trocken „J-Linie" Eckelsheimer Sonnenköpfchen **13 %/7,50 €**
81 2016 Weißer Burgunder trocken „J-Linie" Eckelsheimer Eselstreiber **13,5 %/7,20 €**
83 2016 Grauer Burgunder trocken „J-Linie" Wöllsteiner Äffchen **13,5 %/7,70 €**
80 2016 Weißer Burgunder Classic **12,5 %/5,- €**
82 2016 Riesling Spätlese **9,5 %/5,10 €**
83 2015 Spätburgunder trocken Holzfass **13 %/5,30 €**
83 2015 „Il Lupo" Rotwein trocken Barrique **14 %/13,30 €**

Wolf

★★

KONTAKT

Hauptstraße 36
76831 Birkweiler
Tel. 06345-919203
Fax: 06345-919204
www.weingut-wolf-birkweiler.de
info@weingut-wolf-birkweiler.de

Inhaber
Klaus & Mathias Wolf
Rebfläche
15 Hektar
Produktion
100.000 Flaschen

BESUCHSZEITEN

nach Vereinbarung Mo.-Fr. 9-18 Uhr, Sa. 9-17 Uhr

W

Weinbau wird in der Familie Wolf seit etlichen Jahrhunderten betrieben, 1620 wurde der Winzer Hans Wolf erstmals urkundlich in Birkweiler erwähnt. Bis in die 1980er Jahre wurden die Trauben an die Genossenschaft abgeliefert, 1986 übernahm Klaus Wolf das Familienweingut und begann mit der Flaschenweinvermarktung, im Frühjahr 2011 ist Sohn Mathias in den Betrieb eingestiegen und kümmert sich seitdem um den Keller. Die Familie besitzt etliche Parzellen in den von verschiedenen Bodenstrukturen geprägten Teilen des Birkweiler Kastanienbuschs, unter anderem im Gewann Am Dachsberg, sowie Weinberge in den anderen Birkweiler Lagen Mandelberg und Rosenberg. Zu 70 Prozent werden weiße Rebsorten angebaut, vor allem Riesling und die Burgundersorten, daneben gibt es noch Chardonnay, Silvaner, Scheurebe und Gewürztraminer, für die Rotweine sind es Spätburgunder, Sankt Laurent und etwas Cabernet Sauvignon.

Kollektion

In diesem Jahr konnten wir nur eine kleine Kollektion aus sieben Weinen verkosten, darunter vier Rieslinge, die im Vergleich zum Vorjahr insgesamt etwas präziser ausgefallen sind. Der Gutsriesling vom roten Sandstein zeigt Kräuterwürze und Noten von grünem Apfel, ist klar und frisch, der Riesling aus dem Rotliegenden zeigt kräutrig-mineralische Noten, etwas Aprikose und Zitrusnoten, der Dachsberg-Riesling ist sehr animierend, besitzt gute Konzentration, feinen Druck, viel klare Frucht und ein nachhaltiges Säure-Spiel und der Riesling vom Schiefer aus dem Kastanienbusch ist im Bouquet noch leicht verschlossen, zeigt etwas steinig-mineralische Noten, besitzt Kraft und Grip, ist animierend und lang. Die beiden Weißburgunder und der Chardonnay wurden gekonnt in 500 Liter-Tonneaux ausgebaut, bei dem Chardonnay ist das Holz mit Kokosnoten noch am deutlichsten erkennbar, der Wein besitzt klare gelbe Frucht und Zitrusnoten. Der Weißburgunder aus dem Mandelberg besitzt Saft und Kraft, feine florale Würze und ein frisches Säure-Spiel, der Kastanienbusch-Weißburgunder ist noch etwas präsenter und nachhaltiger, besitzt gute Konzentration, klare Frucht, florale Würze und feine Zitrusnoten.

Weinbewertung

83 2016 Riesling trocken „Roter Sandstein" **12,5 %/6,- €**

86 2016 Weißburgunder trocken „aus dem Muschelkalk" Mandelberg **13,5 %/9,- €**

86 2016 Chardonnay trocken „aus dem Tonstein" Birkweiler Mandelberg **13,5 %/9,- €**

86 2016 Riesling trocken „aus dem Rotliegenden" Kastanienbusch **13 %/9,- €**

87 2016 Riesling trocken „aus dem Buntsandstein" „Am Dachsberg" **13,5 %/9,- €**

87 2016 Weißburgunder trocken Terrassenlage Kastanienbusch **13,5 %/12,50 €**

88 2016 Riesling trocken „aus dem Schiefer" Kastanienbusch **13,5 %/12,50 €**

HERZOG VON WÜRTTEMBERG

★★

KONTAKT

Schloss Monrepos
71634 Ludwigsburg
Tel. 07141-225525
Fax: 07141-225530
www.hofkammer.de
weingut@hofkammer.de

Inhaber Herzog von Württemberg
Kellermeister Moriz Just
Kaufmännische Leiterin Claudia Krügele
Rebfläche 40 Hektar
Produktion 250.000 Flaschen

BESUCHSZEITEN

Mo.-Fr. 10-12 + 13-18 Uhr,
Sa. 10-16 Uhr
Schlosshotel Monrepos mit Restaurant; Gutsschenke, Golfplatz, Seeschloss Monrepos

Weinbau lässt sich im Hause Württemberg bis ins 13. Jahrhundert zurückverfolgen, die Kammerschreiberei, der Vorläufer der heutigen Hofkammer, wurde 1649 als private Vermögensverwaltung gegründet, im gleichen Jahr wurde der Steinbachhof von Herzogin Anna-Katharina erworben, der 1757 an die Kammerschreiberei überging. Heute ist das Weingut mit 40 Hektar Weinbergen das größte private Weingut in Württemberg. Die Weinberge verteilen sich auf 8 Lagen: Maulbronner Eilfingerberg (14,6 Hektar mit Schilfsandsteinverwitterungsboden auf Gipskeuper), Mundelsheimer Käsberg (Muschelkalk), Untertürkheimer Mönchberg (mit Steinen durchsetzte Gipskeuperböden), Stettener Brotwasser (2,8 Hektar im Alleinbesitz, Schilfsandsteinboden), Hohenhaslacher Kirchberg, Asperger Berg und Gündelbacher Steinbachhof und Wachtkopf. Weiße Rebsorten wachsen auf 23 Hektar: Riesling vor allem, aber auch Silvaner, Traminer und Weißburgunder. An roten Sorten werden Trollinger, Lemberger, Spätburgunder und Zweigelt angebaut, inzwischen wurden auch internationale Sorten wie Merlot, Cabernet Sauvignon und Sauvignon Blanc angelegt.

Kollektion

Die neue Kollektion hat ihre Spitzen im roten Segment. Aber auch die Weißweine können überzeugen, wobei wir neben dem reintönigen, zupackenden Sauvignon Blanc ausschließlich Riesling verkosteten. Der Gutsriesling ist frisch und geradlinig wie auch die beiden Lagenweine aus Eilfingerberg und Brotwasser. Aus dieser Stettener Monopollage stammt auch das Große Gewächs, das feine Würze und Duft zeigt, füllig und saftig ist, reife Frucht und gute Struktur besitzt. Der gewürzduftige Zweigelt ist frisch und zupackend, der ebenfalls sehr duftige Merlot besitzt Kraft und gute Struktur. Der gewürzduftige Syrah besitzt intensive Frucht, der Dux viel Konzentration und Schokonoten, der Lemberger Gewürznoten, Kraft und Substanz.

Weinbewertung

82 2016 Riesling trocken **12 %/7,- €**
85 2016 Sauvignon Blanc trocken **13 %/15,- €**
83 2016 Riesling trocken Maulbronner Eilfingerberg **12 %/9,- €**
83 2016 Riesling trocken Stettener Brotwasser **12 %/11,- €**
87 2016 Riesling „GG" Stettener Brotwasser **12,5 %/25,- €**
82 2016 „Attempto" Rosé trocken **12,5 %/10,- €**
84 2014 Zweigelt trocken Hohenhaslacher Kirchberg **13 %/15,- €**
85 2014 Merlot trocken Untertürkheimer Mönchberg **13,5 %/20,- €**
88 2015 Syrah trocken Mundelsheimer Käsberg **13,5 %/45,- €**
89 2012 „Dux" Rotwein trocken **13,5 %/45,- €**
89 2015 Lemberger „GG" Untertürkheimer Mönchberg **14 %/29,- €**

Seit 1677
HERZOG von WÜRTTEMBERG
DAS WEINGUT AUF DER DOMÄNE MONREPOS

Würtzberg

★★

N

KONTAKT

Würtzberg 1
54455 Serrig
Tel. 06581-9200992
Fax: 06581-9200993
www.weingut-wuertzberg.de
office@weingut-wuertzberg.de

Inhaber Familie Heimes
Gutsverwalter Günther Thies
Kellermeister Franz Lenz
Rebfläche 14 Hektar
Produktion 80.000 Flaschen

BESUCHSZEITEN

Do./Fr. 14-18 Uhr, Sa. 10-17 Uhr
und nach Vereinbarung

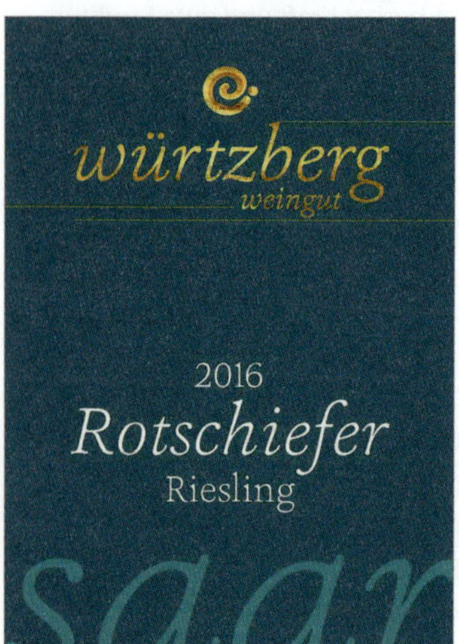

Das eindrucksvolle Weingut in Serrig, am südlichen Ende des zum Anbaugebiet Mosel zählenden Teils der Saar, kennen viele noch unter dem Namen Weingut Dr. Siemens, andere wissen noch vom ehemaligen Inhaber Bert Simon zu berichten, der hier einst für den Weinausbau zuständig war. Zum 1. Juli 2016 nun haben Dorothee Heimes und Ludger Neuwinger-Heimes sowie ihre Kinder das Anwesen samt Weinbergen und Keller erworben. Aus juristischen Gründen war damit ein Namenswechsel verbunden, und die Rückkehr zum Gründungsnamen des ehemaligen preußischen Gutes von 1898 bot sich an. Zurzeit werden 14 Hektar Reben bewirtschaftet, darunter 9 Hektar Riesling, 3 Hektar Pinot Blanc und etwas Pinot Noir und Auxerrois, allerdings stehen weitere Anpflanzungen an. Sohn Felix Heimes, der in Geisenheim studiert hat, sowie Kellermeister Franz Lenz und Gutsverwalter Günter Thies bilden das operative Führungs-Trio.

Kollektion

Die Weine sind geradlinig, das Terroir von Würtzberg (eher roter Schiefer) und Herrenberg (eher blauer Schiefer) wird gut herausgearbeitet. Die Weine überzeugen mit ihrer Gleichmäßigkeit. Ein saftiger, frischer Pinot Blanc und der reintönige Auxerrois beeindrucken in der Basis, der würzige Pinot Blanc „R" ist dagegen noch sehr verhalten. Beide Weißburgunder sind nicht puristisch trocken, mit Schmelz ausgestattet. Auch bei den Rieslingen ist eine mehr oder weniger deutliche Süße bemerkbar, die allerdings zur Harmonie beiträgt. Der saftige Einsteigerwein namens „Scivaro" gefällt unmittelbar, der Rotschiefer ist saftiger, der Blauschiefer süßer. An der Spitze sehen wir beispielsweise die straffen, saftigen „Alten Reben", während der vergleichsweise trockene „T" noch sehr verhalten, aber ausdrucksstark wirkt. Sehr gelungen ist der duftige Kupp-Kabinett mit Anklängen an Cassis sowie die restsüße Spätlese. —

Weinbewertung

85	2016 Auxerrois **12 %/8,- €**
85	2016 Pinot Blanc **12 %/8,- €**
85	2016 Pinot Blanc „R" **12,5 %/12,- €**
86	2016 Riesling „Scivaro" **12 %/9,- €**
86	2016 Riesling Kabinett „Terra Saar" **11,5 %/11,- €**
87	2016 Riesling „Rotschiefer" **12 %/12,50 €**
86	2016 Riesling „Blauschiefer" **11,5 %/12,50 €**
88+	2016 Riesling Spätlese „T" Würtzberg **11,5 %/16,- €**
88	2016 Riesling „Alte Reben" **10,5 %/19,- €**
88	2016 Riesling Kabinett Kupp **10,5 %/11,- €**
87	2016 Riesling Kabinett Würtzberg **8,5 %/11,- €**
89	2016 Riesling Spätlese Herrenberg **8 %/18,- €**

W

Wurm

★★

KONTAKT

Binger Weg 1a
65391 Lorch
Tel. 06726-830083
Fax: 06726-830084
www.weingut-wurm.de
info@weingut-wurm.de

Inhaber
Robert Wurm
Rebfläche
8 Hektar
Produktion
50.000 Flaschen

BESUCHSZEITEN

täglich (Anmeldung erbeten)

Robert Wurm, gebürtiger Franke, übernahm 2014 das Weingut Ottes und zählt damit zur immer größer werdenden Zahl der Quereinsteiger, die im Rheingau von sich reden machen. Der neue Inhaber hatte zunächst den Namen Ottes beibehalten, ab 2016 wird er unter seinem eigenen Namen geführt. Die Weinberge befinden sich in den Lorcher Lagen Kapellenberg, Schlossberg, Bodental-Steinberg, Krone und Pfaffenwies sowie im Oestricher Lenchen. Riesling nimmt drei Viertel der Rebfläche ein, hinzu kommen Spätburgunder, sowie ein wenig Weißburgunder, Cabernet Sauvignon, Silvaner und Müller-Thurgau. Die Moste werden kühl vergoren. Das Programm wurde neu strukturiert, die Rotweine werden noch unter dem Namen des alten Weingutes mit dem Zusatz „made by Wurm" gefüllt. Mit den Etikettendesigns lässt Robert Wurm die Nähe zu seiner zweiten Heimat Korea und seinem Hobby Kendo in den neuen Markenauftritt einfließen. Flagschiff der neuen Kollektion ist der Schiefer-Riesling, dahinter folgen die trockenen Lagenrieslinge aus Kapellenberg und Schlossberg.

Kollektion

Alle Weißweine sind klar, präzise und kühl. Sie sind durch die Bank geradlinig, verzichten auf zu starke Primärfrucht, überzeugen mit Gerbstoffwürze und Frische. Der saftige Lorcher Schlossberg und der Schiefer-Riesling mit seinem würzigen, druckvollen Schmelz wissen zu überzeugen. Die Rotweine sind staubtrocken, haben würzige Tannine, sind dennoch trinkfreudig. Der Spätburgunder Namu mit intensiver Johannisbeerfrucht, Kraft und Länge ragt heraus, aber auch die Cuvée „Fusion" aus Spätburgunder und Cabernet Sauvignon gefällt, bietet Saft und Druck genauso wie der Spätburgunder aus der Pfaffenwies.

Weinbewertung

81 2016 „Seoulful Summerwine" Weißwein trocken **11,5 %/6,90 €**
82 2016 Weißburgunder trocken Lorcher **12 %/7,90 €**
82 2016 Riesling trocken Lorcher **12 %/9,- €**
82 2016 Riesling trocken „+" Lorcher **12 %/9,- €**
83 2016 Riesling trocken Lorcher Kapellenberg **13,5 %/15,50 €**
84 2016 Riesling trocken Lorcher Schlossberg **13,5 %/15,50 €**
85 2016 Riesling trocken „Schiefer" Lorcher **13,5 %/22,- €**
82 2016 Rosé trocken Lorcher **12,5 %/7,90 €**
84 2015 Cabernet Sauvignon trocken Lorcher **13 %/10,50 €**
85 2015 „Fusion" Rotwein trocken **13,5 %/12,50 €**
84 2015 Spätburgunder trocken Lorcher **13,5 %/10,50 €**
85 2015 Spätburgunder trocken Lorcher Pfaffenwies **13,5 %/15,50 €**
87 2016 Spätburgunder trocken „Namu" **14,5 %/28,90 €**

W

ZÄHRINGER

★☆

KONTAKT

Johanniterstraße 61
79423 Heitersheim
Tel. 07634-50489-0
Fax: 07634-50489-99
www.weingut-zaehringer.de
info@weingut-zaehringer.de

Inhaber
Fabian Zähringer
Rebfläche
35 Hektar
Produktion
200.000 Flaschen

BESUCHSZEITEN

Mo.-Fr. 9-12 + 14-18 Uhr,
Sa. 10-13 Uhr

Das 1844 gegründete Weingut wird heute in sechster Generation von Fabian Zähringer geführt. Seine Reben wachsen vor allem in den Heitersheimer Lagen Sonnhohle und Maltesergarten, aber auch im Dottinger Castellberg und im Laufener Altenberg. Von der nur 7 Hektar großen Heitersheimer Sonnhohle besitzt man 4,5 Hektar, Spätburgunder nimmt zwei Fünftel der Rebfläche ein, Gutedel und Grauburgunder jeweils ein Fünftel, es folgen Weißburgunder und Chardonnay, dazu gibt es Müller-Thurgau, Gewürztraminer, Johanniter und Sauvignon Blanc. Seit 1987 werden die Weinberge biologisch bewirtschaftet (Ecovin), seit 2005 nach biodynamischen Grundsätzen, seit 2010 ist man Demeter-zertifiziert. Das Vierlig ist ein altes Fassmaß aus dem Markgräflerland für ein Fass mit 600 Liter Inhalt, die Vierlig-Weine reifen in solchen Fässern. Die Selektionsweine (SZ) stammen aus der Heitersheimer Sonnhohle. Neben den Trauben der eigenen Weinberge wird auch der Ertrag einer Demeter-zertifizierten Erzeugergemeinschaft verarbeitet. Seit 2014 werden auch die Weinberge des Bio-Pioniers Wendelin Brugger in Laufen bewirtschaftet.

Kollektion

Die neue Kollektion ist nicht ganz so gleichmäßig wie im vergangenen Jahr, was an den ein wenig verhaltenen Gutsweinen liegt. Der Crémant überzeugt, er ist klar und geradlinig, die Spitze des weißen Teils der Kollektion bilden die SZ-Weine: Der Weißburgunder besitzt Fülle und Kraft, der Chardonnay zeigt dezenten Toast, besitzt gute Struktur und Substanz, der Viognier besticht mit seinem reintönigen Bouquet. Geschlossen auf sehr gutem Niveau präsentieren sich die Rotweine. Der Vierlig-Spätburgunder ist klar, strukturiert, zupackend, der Merlot zeigt intensive Frucht, ist reintönig und geradlinig. Unser eindeutiger Favorit aber ist der Pinot Noir SR, der reintönig und konzentriert ist, frisch und strukturiert, jugendlich.

Weinbewertung

84	2015 Crémant brut **12 %/14,90 €**
81	2015 Gutedel trocken **11,5 %/6,50 €**
80	2016 Grauburgunder trocken **13 %/9,90 €**
79	2016 Sauvignon Blanc trocken **12,5 %/11,90 €**
80	2015 Gewürztraminer trocken **13 %/11,90 €**
85	2015 Weißburgunder „SZ“ trocken **13 %/16,90 €**
85	2015 Chardonnay „SZ“ trocken **13,5 %/19,90 €**
84	2015 Viognier „SZ“ trocken **13,5 %/19,90 €**
85	2015 Spätburgunder trocken „Vierlig“ **12,5 %/12,90 €**
85	2015 Merlot trocken **14,5 %/14,90 €**
88	2014 Pinot Noir „SR“ trocken **12,5 %/25,- €**

GEORG ZANG

★★

KONTAKT

Nordheimer Straße 8
97334 Sommerach
Tel. 09381-2888
Fax: 09381-6111
www.zangwein.de
info@weingut-georg-zang.de

Inhaber
Georg Zang
Rebfläche
7 Hektar
Produktion
55.000 Flaschen

BESUCHSZEITEN

Mo.-Sa. 9-17 Uhr, So. und feiertags 10-12 + 13-15 Uhr

Seit 2005 führen Georg und Heike Zang in fünfter Generation das Gut. Ihre Weinberge liegen auf der Weininsel, vor allem im Sommeracher Katzenkopf, aber auch im Volkacher Kirchberg und im Sommeracher Rosenberg. Weiße Rebsorten spielen die wichtigste Rolle, Silvaner vor allem, der 35 Prozent der Fläche einnimmt, gefolgt von Müller-Thurgau, der ein Viertel der Weinberge einnimmt. Es folgen Riesling, Bacchus, Weißburgunder, Scheurebe und Rieslaner, bei den roten Sorten hat Georg Zang sich auf Domina und Schwarzriesling spezialisiert. Die Weißweine werden im Edelstahl ausgebaut, die Rotweine im Holz, die Domina auch im Barrique. Georg Zang nutzt nach wie vor Prädikatsbezeichnungen wie Kabinett und Spätlese auch für seine trockenen Weine. Edelbrände ergänzen das Sortiment.

Kollektion

Mit der neuen Kollektion schließt Georg Zang nahtlos an die guten Vorjahre an. Schon die Kabinettweine zeigen zuverlässig gutes Niveau, alle sind fruchtbetont und sortentypisch, unsere leichte Präferenz gilt dem reintönigen, saftigen Silvaner. Die Spätlesen bieten eine klare Steigerung. Die Scheurebe besitzt Fülle und Kraft, reife Frucht und gute Struktur, der Weißburgunder ist wunderschön reintönig, strukturiert und fruchtbetont, der Riesling füllig und saftig, der Silvaner von alten Reben zeigt reife Birnenfrucht, besitzt gute Struktur und Substanz. Ganz spannend ist der maischevergorene Understatement-Silvaner, zurückhaltend im Bouquet, aber kraft- und druckvoll im Mund, mit gute Struktur und Fülle. Die Rieslaner Auslese zeigt intensive Frucht und etwas Litschi im Bouquet, ist geradlinig im Mund bei verhaltener Süße. Und mit der reintönigen, zupackenden Domina beweist Georg Zang, dass er sich auch auf Rotweine bestens versteht.

Weinbewertung

82	2016 Rivaner Kabinett trocken Sommeracher Katzenkopf **11,5 %/4,90 €**
83	2016 Silvaner Kabinett trocken Sommeracher Katzenkopf **12 %/6,20 €**
82	2016 Bacchus Kabinett trocken Sommeracher Katzenkopf **12 %/5,50 €**
82	2016 Riesling Kabinett trocken Sommeracher Katzenkopf **11,5 %/5,60 €**
85	2016 Scheurebe Spätlese trocken Sommeracher Katzenkopf **12,5 %/6,50 €**
85	2016 Silvaner Spätlese trocken „Alte Reben" Katzenkopf **13 %/7,50 €**
86	2016 Weißburgunder Spätlese trocken Sommeracher Katzenkopf **13 %/8,- €**
84	2016 Riesling Spätlese trocken Volkacher Kirchberg **12,5 %/7,- €**
87	2015 Silvaner trocken „understatement" Volkacher Kirchberg **12,5 %/8,- €** ☺
86	2015 Rieslaner Auslese Sommeracher Katzenkopf **13 %/12,- €/0,375l**
85	2015 Domina trocken Volkacher Kirchberg **13 %/6,60 €**

Rainer Zang

★★

KONTAKT

Kreuzbergstraße 2
97334 Nordheim
Tel. 09381-6761
Fax: 09381-3942
www.oekoweingut-zang.de
info@oekoweingut-zang.de

Inhaber
Rainer Zang
Rebfläche
6,5 Hektar
Produktion
30.000 Flaschen

BESUCHSZEITEN

Mo.-Sa. 9-12 + 14-18 Uhr,
So. nach Vereinbarung

Seit dem 17. Jahrhundert baut die Familie Wein in Nordheim an, seit 1990 bewirtschaften Rainer und Christa Zang ihr Weingut biologisch, sind Mitglied bei Naturland. Ihre Weinberge liegen in den Nordheimer Lagen Vögelein und Kreuzberg sowie im Sommeracher Katzenkopf. Neben klassischen fränkischen Rebsorten wie Silvaner, Müller-Thurgau, Riesling, Bacchus, Spätburgunder und Weißburgunder bauen sie auch pilzresistente Neuzüchtungen wie Johanniter, Regent und Bronner an. Die Weine werden teils im Edelstahl, teils im Holz ausgebaut, sie durchlaufen in der Regel den biologischen Säureabbau, bleiben sehr lange ohne Schwefel auf der Hefe, mindestens ein Jahr. Bocksbeutel hat Rainer Zang zuletzt 2008 genutzt, heute füllt er seine Weine in Bordeaux- und Burgunderflaschen ab. Das Programm ist gegliedert in die Linie „Pur" und die Linie „Avantgarde", die Avantgarde-Weine bezeichnet Rainer Zang seit dem Jahrgang 2014 mit der genauen Herkunft. Sohn Maximilian studiert am Weincampus Neustadt.

Kollektion

Der Jahrgang 2015 steht derzeit im Mittelpunkt. Aus 2016 konnten wir zwei Fassproben verkosten, die uns sehr gut gefallen haben, der Bronner besitzt reife Frucht und Substanz, der Gegenstrom-Müller-Thurgau Struktur und Frische. Dieser Müller-Thurgau gefällt uns auch 2015 besonders gut, ist druckvoll, präzise und lang. Auch der zweite Gegenstrom-Wein, der Silvaner, macht eine sehr gute Figur, ist reintönig, besitzt Substanz und Kraft – und das auch ohne die manchmal hohen Alkoholwerte, die man immer wieder bei Rainer Zang findet. Beim Traminer beispielsweise, der enorm üppig und kompakt ist, oder beim Chardonnay, der dem Alkohol aber viel Frucht und eine schöne Komplexität entgegensetzt. Recht üppig und süß kommt der Johanniter daher, während der klare, zupackende Riesling oder der fein gereifte Weißburgunder zeigen, dass es auch mit weniger Alkohol geht. Wer eigenständige, manchmal eigenwillige Weine sucht, wird hier nicht enttäuscht.

Weinbewertung

86	2015 Silvaner Kabinett trocken „Gegenstrom" Vögelein	**12,5 %/12,- €**
(86)	2016 Bronner Kabinett trocken Nordheimer Vögelein	**12,5 %/8,- €**
85	2015 Johanniter Spätlese „Am Knox" Nordheimer Vögelein	**13,5 %/9,- €**
84	2015 Riesling Kabinett trocken Nordheimer Vögelein	**12,5 %/9,- €**
87	2015 Müller-Thurgau Kabinett trocken „Gegenstrom" Kreuzberg	**12,5 %/11,- €**
(86)	2016 Müller-Thurgau Kabinett trocken „Gegenstrom" Kreuzberg	**12 %/11,- €**
85	2015 Weißer Burgunder Kabinett trocken Nordheimer Vögelein	**12 %/9,- €**
87	2015 Chardonnay Spätlese trocken „Kapellenstück" Vögelein	**14 %/12,- €**
85	2015 Traminer Auslese trocken Sommeracher Katzenkopf	**14,5 %/16,- €**

ZEHNTHOF

★★★★★

KONTAKT

Kettengasse 3
97320 Sulzfeld
Tel. 09321-6536
Fax: 09321-5077
www.weingut-zehnthof.de
luckert@weingut-zehnthof.de

Inhaber
Familie Luckert
Rebfläche
17 Hektar
Produktion
90.000 Flaschen

BESUCHSZEITEN

Mo.-Sa. 8-12 + 13-18 Uhr

Theo Luckert füllte 1962 seinen ersten Jahrgang auf Flaschen, begann mit der Selbstvermarktung. 1970 erwarb er den ehemaligen Zehnthof aus dem Jahr 1558, der Sitz und Namensgeber des Weingutes ist. Heute bewirtschaften die Brüder Ulrich und Wolfgang Luckert mit ihren Familien die ausschließlich in Sulzfeld in den Lagen Maustal und Cyriakusberg liegenden Weinberge. Inzwischen wurde die ehemalige Lage Sonnenberg, die 1971 Teil des Cyriakusberg wurde, wieder als Einzellage in die Lagenrolle eingetragen. Wichtigste Rebsorte beim Zehnthof ist Silvaner, der heute über die Hälfte der Rebfläche einnimmt, inzwischen werden alle vier Silvaner-Spielarten angebaut: Gelber, Grüner, Blauer und Roter Silvaner. Hatte man bisher schon viele alte, teils 60jährige Reben, so wurde dies durch den Zukauf eines alten Weinbergs mit wurzelechten, im Jahr 1875 gepflanzten Reben noch getoppt, den die Luckerts unmittelbar vor der geplanten Rodung erwerben konnten. Dieser Weinberg ist einer der ganz wenigen, die zur damaligen Zeit sortenrein gepflanzt wurden; 2012 wurde erstmals ein Wein aus diesem Weinberg erzeugt, Creutz genannt nach der alten Einzellage. Weitere weiße Sorten sind Weißburgunder, Müller-Thurgau und Riesling, bereits seit 1986 gibt es Chardonnay, Sauvignon Blanc brachte 2003 die erste Ernte, Muskateller ist der bislang letzte Neuzugang im Programm. An roten Sorten gibt es Spätburgunder und Domina, in den neunziger Jahren wurden Frühburgunder und Merlot neu gepflanzt, ebenso kam Cabernet Sauvignon hinzu. Die Weine werden spontanvergoren, oft mit Maischestandzeiten auch bei Weißweinen, alle werden im Holz ausgebaut in Fässern mit 1.500 bis 3.000 Liter Inhalt, alle Weine durchlaufen bereits seit 2003 den biologischen Säureabbau, die Schwefelgaben bei Füllung sind minimal. Alle Weine werden durchgegoren ausgebaut. Ulrich und Wolfgang Luckert wollen verstärkt große Holzfässer für Vergärung und Ausbau der Weine nutzen. Ihr Hauptaugenmerk gilt allerdings der weinbaulichen Arbeit. So nutzen sie seit Jahren ausschließlich die Kordon-Erziehung, reduzieren weiter stark die Erträge. Bereits 2005 haben sie Teilflächen auf ökologische Bewirtschaftung umgestellt, 2008 war die Hälfte des Betriebes umgestellt, 2009 der komplette Betrieb, sie sind Mitglied bei Naturland. Inzwischen ist Wolfgangs Sohn Philipp in den Betrieb eingestiegen.

Kollektion

Das Einstiegsniveau ist enorm hoch, der wunderschön reintönige Müller-Thurgau macht uns wie jedes Jahr besonders viel Freude. Zum zweiten Mal konnten wir nun den roten Silvaner verkosten, das reicht noch nicht aus um zu definieren, was ihn geschmacklich von den anderen drei Silvaner-Varianten unterscheidet, alle Sulzfelder Silvaner präsentieren sich frisch und klar, unsere leichte Präferenz gilt dem Wein von alten Reben, der wunderschön saftig und lang ist. Der Chardonnay ist harmonisch und klar, der Muskateller wunderschön reintönig und zupackend. Der Steinriegel-Riesling ist kraftvoll und klar, der Gelbkalk-Silvaner besitzt herrlich viel Frucht, unser Favorit im Erste Lage-Segment ist in diesem Jahr der Weißburgunder, der wunderschön reintönig und konzentriert ist, füllig, kraftvoll und lang. Ganz stark ist auch wieder die „Unter der Mauer"-Cuvée, hat Kraft und Struktur, Substanz und Biss. Auch beim Riesling können die Luckerts ganz oben in Deutschland mitspielen, das zeigt das stoffige, druckvolle Große Gewächs, das noch viel Potenzial besitzt. Der Silvaner ist ebenfalls bärenstark, ist rauchig und konzentriert, herrlich eindringlich, noch etwas besser gefällt uns der Creutz-Silvaner von uralten Reben, ist komplex, druckvoll, nachhaltig. Auch die Roten sind stark, schon die fruchtbetonten Ortsweine zeigen sehr gutes Niveau, der Sonnenberg-Frühburgunder ist faszinierend reintönig. Große Klasse ist der Maustal-Spätburgunder, präzise, puristisch, nachhaltig, jugendlich, der Grand Noir steht ihm nicht nach, ist druckvoll, komplex, mineralisch, faszinierend lang. Kurzum: Eine der großen Kollektionen des Jahrgangs in Deutschland, weiß wie rot!

Weinbewertung

88 2016 Müller-Thurgau trocken Sulzfeld **12 %/8,- €** ☺
87 2016 Blauer Silvaner trocken Sulzfeld **12,5 %/11,- €**
87 2016 Roter Silvaner trocken Sulzfeld **12,5 %/11,- €**
88 2016 Silvaner trocken Sulzfeld **12 %/10,- €** ☺
89 2016 Silvaner trocken „Alte Reben" Sulzfeld **12,5 %/13,- €**
88 2016 Riesling trocken Sulzfeld **12 %/11,- €**
85 2016 Weißer Burgunder trocken Sulzfeld **13,5 %/11,- €**
88 2016 Sauvignon Blanc trocken Sulzfeld **12,5 %/11,- €**
88 2016 Chardonnay trocken Sulzfeld **13 %/11,- €**
88 2016 Gelber Muskateller trocken Sulzfeld **12 %/11,- €**
90 2016 Silvaner trocken „Gelbkalk" Sonnenberg **13 %/16,- €**
89 2016 Riesling trocken „Steinriegel" „Berg I" **12,5 %/16,- €**
92 2016 Weißer Burgunder trocken Terrassen „Berg I" **13,5 %/16,- €** ☺
92 2016 Silvaner „GG" Sulzfelder Maustal **13,5 %/40,- €**
93 2016 Riesling „GG" Sulzfelder Maustal **13 %/40,- €**
91 2016 „Unter der Mauer"*** Weißwein trocken **13,5 %/32,- €**
93 2016 Sylvaner*** trocken „Creutz" **13,5 %/80,- €**
88 2015 Spätburgunder trocken Sulzfeld **13 %/17,- €**
87 2015 Frühburgunder trocken Sulzfeld **13 %/17,- €**
90 2015 Frühburgunder trocken Sonnenberg **13,5 %/35,- €**
91 2009 Spätburgunder***
94 2015 Spätburgunder „GG" Sulzfelder Maustal **13,5 %/40,- €**
94 2015 Grand Noir*** Rotwein **13,5 %/35,- €**
91 2007 Cabernet Sauvignon*** **14 %**

LAGEN

MAUSTAL (SULZFELD)
CYRIAKUSBERG (SULZFELD)
- BERG I
SONNENBERG (SULZFELD)

REBSORTEN

SILVANER (55 %)
WEISSBURGUNDER (15 %)
RIESLING (10 %)
MÜLLER-THURGAU (5 %)

ZEHNTKELLER

★★

KONTAKT

Bahnhofstraße 12
97343 Iphofen
Tel. 09323-844-0
Fax: 09323-844-123
www.zehntkeller.de
zehntkeller@romantikhotels.com

Inhaber
Heinrich Seufert
Kellermeister
Josef Schneider
Rebfläche
26 Hektar
Produktion
180.000 Flaschen

BESUCHSZEITEN

täglich 7-22 Uhr
Hotel mit 59 Zimmern/107 Betten

Der erstmals 1436 urkundlich erwähnte Zehntkeller war lange Zeit Sitz des Zehntgerichts, befindet sich seit Anfang des 20. Jahrhunderts in Familienbesitz. Nach und nach wurde das Gut zur Weinschänke, zur ländlichen Gaststätte und schließlich zum Hotel und Restaurant ausgebaut. Zum Haus gehören 26 Hektar Reben rund um den Schwanberg in den Iphöfer Lagen Julius-Echter-Berg, Kronsberg und Kalb sowie im Rödelseer Küchenmeister. Die wichtigsten Rebsorten sind Silvaner (30 Prozent) und Müller-Thurgau (20 Prozent), gefolgt von Riesling, Bacchus, Scheurebe, Kerner, Weißburgunder, Grauburgunder, Chardonnay (bereits seit Anfang der neunziger Jahre) und Sauvignon Blanc. Der Rotweinanteil liegt bei 20 Prozent: Spätburgunder, Frühburgunder, Blaufränkisch, Dornfelder, St. Laurent, Merlot (erste Ernte 2003) und Cabernet Sauvignon (erste Ernte 2004) werden angebaut. Die besten Rotweine werden dreizehn Monate im Barrique ausgebaut. Spitzenweine erhalten den Zusatz „SZ" auf dem Etikett („Selektion Zehntkeller"). 2009 begann das Weingut die Umstellung auf biologischen Weinbau (Bioland).

Kollektion

Auch im Jahrgang 2016 ist die Kollektion wieder von bestechender Gleichmäßigkeit. Der fruchtbetonte St. Laurent-Sekt eröffnet den Reigen. Die Kabinettweine sind klar und fruchtbetont, so kraftvoll und zupackend, dass die trockenen Spätlesen nicht immer eine Steigerung bringen. Die Weißburgunder Spätlese zeigt gute Konzentration, feine Frische, ist füllig und saftig, besitzt reife Frucht und gute Struktur. Der Silvaner von alten Reben im Kronsberg besitzt reintönige Frucht, Kraft, Substanz und Biss, besser gefällt uns der Wein aus dem Julius-Echter-Berg, der gute Struktur, reife Frucht und Länge besitzt. Gleichauf sehen wir den Julius-Echter-Berg-Riesling, der gute Konzentration besitzt, viel reife süße Frucht, Kraft und Substanz.

Weinbewertung

84	2015 Saint Laurent Rosé Sekt brut **13 %/12,- €**
83	2016 Silvaner Kabinett trocken Iphöfer Kalb **11,5 %/6,90 €**
84	2016 Silvaner Kabinett trocken Iphöfer Julius-Echter-Berg **12 %/8,- €**
84	2016 Scheurebe Kabinett trocken Iphöfer Kronsberg **12,5 %/8,- €**
85	2016 Weißburgunder Spätlese trocken Iphöfer Kalb **13 %/10,- €**
84	2016 Grauburgunder Spätlese trocken Iphöfer Kronsberg **13 %/10,- €**
84	2016 Chardonnay Spätlese trocken Iphöfer Kalb **13 %/10,- €**
84	2016 Sauvignon Blanc Spätlese trocken Iphöfer Kronsberg **13 %/13,- €**
87	2016 Silvaner Spätlese trocken Iphöfer Julius-Echter-Berg **12,5 %/12,- €**
85	2016 Silvaner Spätlese trocken „Alte Reben" Iphöfer Kronsberg **12 %/15,- €**
87	2016 Riesling Spätlese trocken „Alte Reben" Julius-Echter-Berg **12,5 %/15,- €**
84	2013 Chardonnay Spätlese trocken „SZ" Barrique Iphöfer Kalb **12,5 %/19,- €**

Zelt

★★★

KONTAKT

Binsenstraße 2
67229 Laumersheim
Tel. 06328-3281
Fax: 06328-1233
www.weingutzelt.de
info@weingutzelt.de

Inhaber
Ernst & Mario Zelt
Rebfläche
13 Hektar
Produktion
100.000 Flaschen

BESUCHSZEITEN

Mo.-Fr. 10-12 + 14-18 Uhr,
Sa. 10-16 Uhr

Die Familie betreibt seit vier Generationen Weinbau, bis Mitte der neunziger Jahre war das Gut ein landwirtschaftlicher Gemischtbetrieb, der seinen Wein größtenteils an Kellereien verkaufte. Erst als Geisenheim-Absolvent Mario Zelt sich entschied das Weingut fortzuführen, konzentrierte man sich ganz auf Wein. Die Weinberge liegen vor allem in den Laumersheimer Lagen Kirschgarten (Kalkmergel) und Mandelberg (kalkgeprägter Lehmboden), im Großkarlbacher Burgweg (Löss-Lehmschicht über Kalkgestein) und im Bissersheimer Goldberg (Lehm und Kalk). Wichtigste weiße Rebsorte ist Riesling, gefolgt von Weißburgunder, Chardonnay und Sauvignon Blanc. Wichtigste rote Rebsorte ist der Spätburgunder, es folgen St. Laurent und Merlot.

Kollektion

Die vier Lagenrieslinge sind wesentlich schlanker als im vergangenen Jahr, an der Spitze liegt wieder der Kirschgarten mit deutlichen kräutrig-mineralischen Noten, Holzwürze und salziger Länge, der Goldberg besitzt Fülle und Zitrusnoten, Ananas und Limette, Steinbuckel und Kapellenberg zeigen viel gelbe Frucht und besitzen Biss. Die Weiß- und Grauburgunder zeigen klare, reintönige Frucht und florale Noten, beim Weißburgunder aus dem Kirschgarten ergänzt durch dezentes Holz. Und auch die Roten sind ganz reintönig, die Cuvée „Trilogie" mit dunkler Frucht und jugendlicher Struktur, die Burgunder mit kühler Frucht und dezenten Röstnoten, mit dem feinen, eleganten Kirschgarten-Spätburgunder an der Spitze, der reife Tannine und Länge besitzt.

Weinbewertung

83	2016 Riesling trocken **11,5 %/7,50 €**
86	2016 Sauvignon Blanc trocken Laumersheimer **12,5 %/9,80 €**
86	2016 Grauburgunder trocken „Kalkstein" Laumersheimer **13 %/9,80 €**
86	2016 Weißburgunder trocken „Kalkstein" Laumersheimer **13 %/9,80 €**
86	2016 Riesling trocken „Kalkstein" Laumersheimer **12,5 %/9,80 €**
88	2016 Weißburgunder trocken Laumersheimer Kirschgarten **13,5 %/21,- €**
87	2016 Riesling trocken Laumersheimer Kapellenberg **12,5 %/14,- €**
88	2016 Riesling trocken Bissersheimer Goldberg **13 %/21,- €**
88	2016 Riesling trocken Laumersheimer Steinbuckel **12,5 %/21,- €**
89	2016 Riesling trocken Laumersheimer Kirschgarten **13 %/21,- €**
88	2015 „Cuvée Trilogie" Rotwein trocken **13,5 %/28,- €**
88	2015 Frühburgunder trocken Bissersheimer Goldberg **13,5 %/20,- €**
86	2015 Spätburgunder trocken „Kalkstein" Laumersheimer **13,5 %/15,- €**
88	2015 Spätburgunder trocken Großkarlbacher Burgweg **13,5 %/20,- €**
89	2015 Spätburgunder trocken Laumersheimer Kirschgarten **13,5 %/28,- €**

Oliver Zeter

★★★

KONTAKT

Eichkehle 25
67433 Neustadt-Haardt
Tel. 06321-481522
Fax: 06321-481522
www.oliver-zeter.de
hallo@oliver-zeter.de

Inhaber
Oliver Zeter, Christian Zeter
Rebfläche
6 Hektar (Eigenbesitz),
18 Hektar (Pacht- bzw. Vertragsweinberge)
Produktion
200.000 Flaschen

BESUCHSZEITEN

Mo.-Do. 10-16 Uhr, Fr. 10-18 Uhr, Sa. 10-15 Uhr

Oliver Zeter konzentriert sich seit 2016 ganz auf das Weingut, sein Bruder ist für die Weinagentur Zeter verantwortlich. 2017 wurde der Sitz des Weinguts nach Neustadt-Haardt verlegt. Sauvignon Blanc ist die wichtigste Rebsorte im Betrieb, neben deutschen Rebsorten spielen internationale Sorten eine wichtige Rolle, darunter Viognier, Syrah, Cabernet Sauvignon und Franc, inzwischen gibt es auch Chenin Blanc.

Kollektion

Wieder eine starke Kollektion von Oliver Zeter! Die Rotweine sind alle kraftvoll und stoffig, der Syrah floral, geradlinig, der Pinot Noir wunderschön reintönig, der Z – Cabernet Sauvignon und Franc mit etwas Syrah – kraftvoll, der Zahir, ein Bordeaux-Blend, ist konzentriert und stoffig, sehr jugendlich. Die Rieslinge gewinnen an Profil, allen voran der strukturierte, druckvolle Weilberg. Die große Überraschung ist der faszinierend reintönige Chenin Blanc. Dass Viognier stark auftrumpft, ist nicht ganz so überraschend, für diese Rebsorte ist Oliver Zeter bekannt, der Basis-Viognier ist wunderschön reintönig und eindringlich, der im Holz ausgebaute Zafrán ist rauchig und kraftvoll. Und auch dass seine Sauvignon Blanc großartig sein können, das weiß man schon. Die Serie ist stark, vom zupackenden Basiswein über den druckvollen Steingebiss hin zum komplexen, nachhaltigen Fumé und dem famosen maischevergorenen Baer. Im Aufwind!

Weinbewertung

86 2016 Sauvignon Blanc trocken **12,5 %/11,50 €**
88 2015 Viognier trocken **13,5 %/17,- €**
85 2016 Muskateller trocken **11 %/8,- €**
86 2016 Riesling trocken Nussriegel Ungstein **12 %/10,- €**
89 2015 Chenin Blanc **13 %/18,50 €**
88 2015 Chardonnay trocken **13 %/17,- €**
88 2015 Riesling trocken Weilberg Ungstein **13 %/16,- €**
88 2016 Weißburgunder trocken „Réserve" **13 %/14,- €**
88 2016 Sauvignon Blanc trocken Steingebiss Appenhofen **12 %/13,50 €**
90 2015 Sauvignon Blanc trocken „Fumé" **13 %/17,- €**
90 2016 Sauvignon Blanc trocken „Fumé" **13 %/17,- €**
91 2014 Sauvignon Blanc „Baer" **12,5 %/35,- €**
90 2015 Viognier „Zafrán" **13,5 %/35,- €**
87 2016 Sauvignon Blanc „Sweetheart" **7,5 %/10,- €**
87 2014 „Z" Rotwein trocken **13,5 %/15,- €**
86 2014 Syrah trocken **13,5 %/22,- €**
88 2014 Pinot Noir „Réserve" **13 %/20,- €**
88 2014 „Zahir" Rotwein trocken **14 %/39,- €**

ZILLIKEN

★★★★

KONTAKT

Weingut Forstmeister Geltz-Zilliken
Heckingstraße 20
54439 Saarburg
Tel. 06581-2456
Fax: 06581-6763
www.zilliken-vdp.de
info@zilliken-vdp.de

Inhaber
Dorothee Zilliken
Rebfläche
11 Hektar
Produktion
70.000 Flaschen

BESUCHSZEITEN

nach Vereinbarung

Bereits seit mehr als 260 Jahren befindet sich das Weingut in Familienbesitz. Der königlich-preußische Forstmeister Ferdinand Geltz führte den Betrieb Anfang des 20. Jahrhunderts in die Spitze der Region, das Weingut ist Gründungsmitglied des Großen Rings; seit 1947 trägt es den Namen Forstmeister Geltz-Zilliken. Hans-Joachim Zilliken hatte nach seinem Geisenheim-Studium die Verantwortung im Keller übernommen, seit 1981 führte er das Weingut, und seit 2007 wurde er im Betrieb unterstützt von seiner Tochter Dorothee, ebenfalls Geisenheim-Absolventin. Inzwischen hat Dorothee Zilliken das Weingut übernommen, 2016 war der erste Jahrgang, den sie in eigener Regie ausbaute. Daneben hat sie auch noch die Position der stellvertretenden Vorsitzenden im Großen Ring übernommen. Ihre wichtigste Lage ist der Saarburger Rausch (Devonschiefer, Diabas), wo sie 10 Hektar Reben besitzt. Hinzu kommt ein Hektar im Ockfener Bockstein (Devonschiefer, Quarz). Die Zillikens bauen ausschließlich Riesling an, alle Weine werden im Holz ausgebaut. Der Name Zilliken steht für klassischen Saar-Riesling – Saar-Riesling mit enormem Reifepotenzial. Zilliken-Rieslinge stehen für Eleganz und Frische, sie sind immer reintönig, lebendig und komplex, dabei lang und nachhaltig. Lange Zeit stand der Name Zilliken für süßen und edelsüßen Saar-Riesling, zuletzt aber sind die trockenen Weine wichtiger geworden: 2011 hatte Hans-Joachim Zilliken sein Sortiment im trockenen und feinherben Segment etwas differenziert, neben Gutsriesling gibt es seither einen Ortsriesling, trocken auch in einer „Alte Reben"-Variante; der Spitzenwein im trockenen Segment ist das Große Gewächs aus dem Rausch, von dem künftig ein Teil später auf den Markt gebracht werden soll, die feinherbe Variante wird Diabas genannt. Der Einstieg im feinherben Sortiment nennt sich dagegen Butterfly und existiert seit 2002 – es handelt sich stets um einen saftigen, oft leicht cremigen Wein, dessen Etikett aus dem im Weingut üblichen Rahmen fällt.

Kollektion

Im vergangenen Jahr begeisterte Dorothee Zilliken mit einer Phalanx an saftigen, dichten Weinen, die gleichwohl die typische Saar-Finesse mitbrachten. Der Jahrgang 2016 fällt ganz anders und vor allem mengenmäßig verhalten aus, die Wetterbedingungen hinterließen drastische Spuren in den Weinbergen. Doch was noch zu probieren ist, überzeugt sehr. Die vier trockenen Weine besitzen eine filigrane, fast zarte Art, allerdings auch Substanz, sogar der Einstiegswein, für dessen Erzeugung zugekaufte Trauben Verwendung fanden, gefällt mit straffer Würze und gut eingebundener Säure. Mit dem Großen Gewächs aus dem Rausch gelingt dem Weingut dann ein sehr fester, geradliniger

Wein mit wenig Alkohol, aber einer beachtlichen Substanz. Es handelt sich vielleicht nicht um den massivsten trockenen Spitzenwein der Mosel, aber über einen sehr feinen und eigenständigen Riesling. Das feinherb vinifizierte Segment beginnt beim saftigen „Butterfly" und endete beim „Diabas", der sich zunächst verhalten zeigt, dann aber schnell öffnet und einen eigenen, leicht cremigen Stil mitbringt. Was die süßen Weine angeht, spielt der Jahrgang 2016 den Zillikens in die Karten, auch wenn die Spitze nicht ganz so dicht besetzt ist wie im Jahrgang 2015. Finesse ergibt sich automatisch, etwa beim Kabinett aus dem Rausch, voller Eleganz, duftig, zart und verführerisch in seinem Süße-Säure-Spiel. Man neigt im ersten Moment dazu, ihn zu unterschätzen, aber das wäre ein Fehler. Die Versteigerungsspätlese mit einer expressiven Nase und Noten von kandiertem Apfel sowie einer beachtlichen Länge ist noch etwas spannender als die ebenfalls hochklassige Auslese, die in sich ruht und Eleganz aufweist. Und was die Versteigerung angeht: Im September 2017 stellte Hanno Zilliken eine Riesling Auslese Lange Goldkapsel Saarburger Rausch aus dem Jahrgang 1997 vor, lediglich 24 Magnumflaschen, deren Qualität auf begeisternden Zuspruch stieß. Bereits aus der Normalflasche zeigt sich der Wein noch immer faszinierend, dicht, vibrierend und beinah jugendlich mit Anklängen an exotische Früchte, kandierte Ananas, dazu Steinobst und Kräuter, enorm straff und lang. Es handelt sich vermutlich um einen der spannendsten Süßweine, die im Hause Zilliken je erzeugt wurden – und ein Ende der Entwicklung ist nicht abzusehen. Noch immer ist dieser Süßwein frisch und beinah jugendlich, dürfte noch für viele Jahre Potenzial aufweisen.

Weinbewertung

86	2016 Riesling trocken **11,5 %/10,- €**
87	2016 Riesling trocken Saarburg **11 %/13,- €**
89	2016 Riesling trocken „Alte Reben" Saarburg **11,5 %/23,- €**
91	2016 Riesling „GG" Rausch **11,5 %/35,- €**
87	2016 Riesling „Butterfly" **11 %/10,- €**
87	2016 Riesling „feinherb" Saarburg **10,5 %/13,- €**
91	2016 Riesling „Diabas" Rausch **11 %/35,- €**
90	2016 Riesling Kabinett Rausch **8,5 %/19,- €**
90	2016 Riesling Spätlese Rausch **7,5 %/28,- €**
93	2016 Riesling Spätlese (Vst.) Rausch **7,5 %**
92	2016 Riesling Auslese Rausch **7,5 %/50,- €**
96	1997 Riesling Auslese Lange Goldkapsel Rausch **Vst./1,5l**

LAGEN

RAUSCH (SAARBURG)
BOCKSTEIN (OCKFEN)

REBSORTEN

RIESLING (100 %)

Z

ADRIAN ZIMMER

★

N

KONTAKT

Nibelungenstraße 17
76684 Östringen-Odenheim
Tel. 0175-2414359
www.weingut-adrian-zimmer.de
info@weingut-adrian-zimmer.de

Inhaber
Adrian Zimmer
Rebfläche
1,8 Hektar
Produktion
10.000 Flaschen

BESUCHSZEITEN

nach Vereinbarung; Vinothek

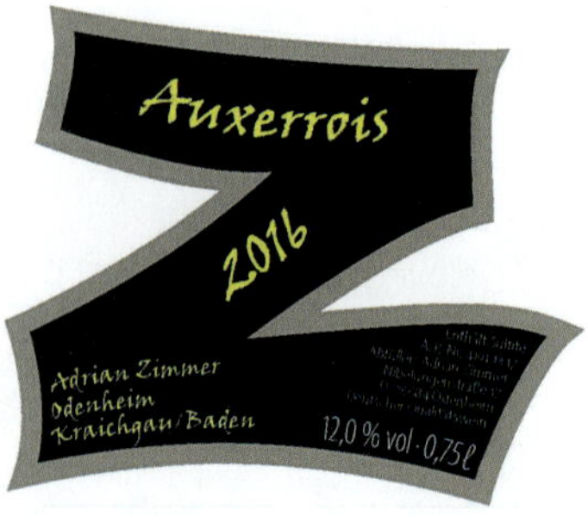

Odenheim liegt im Kraichgau, nördlich von Bruchsal, am Katzbach, einem Nebenfluss des Kraichbaches. Odenheim wurde als Oternheim bereits 769 im Lorcher Codex erwähnt. Seit 1974 ist Odenheim ein Teil des westlich liegenden Östringen. Alle Lagen in Odenheim wurden 1971 zur Lage Königsbecher zusammengefasst. Die größte Fläche liegt am Mühlberg (in Richtung Tiefenbach), die Weinberge am Kappelberg liegen heute brach, in der Lage Gaugelter gibt es noch eine kleine arrondierte Fläche, ebenso nördlich davon am Rosenberg. Die Weinberge sind süd- und südost-exponiert, der Boden besteht aus Löss und Buntem Mergel. Adrian Zimmer stammt aus einer Winzerfamilie in Odenheim. Er hat nach seinem Geisenheim-Studium bei verschiedenen badischen Betrieben gearbeitet, 2014 seine ersten eigenen Weine erzeugt und sein eigenes Weingut gegründet. Alle seine Weinberge liegen im Odenheimer Königsbecher. Er baut vor allem die Burgundersorten an: Weiß- und Grauburgunder, Spätburgunder und Auxerrois. Des Weiteren gibt es Gewürztraminer, sowie Merlot, St. Laurent und Blaufränkisch. Ende 2017 wurde eine Vinothek eröffnet.

Kollektion

Sehr stimmig präsentiert sich die kleine Kollektion, die Adrian Zimmer zum Debüt vorgestellt hat, überzeugt weiß wie rot. Der Auxerrois ist fruchtbetont und würzig im Bouquet, zeigt weiße und gelbe Früchte, ist klar und frisch im Mund, geradlinig, süffig. Der Pinot Blanc ist wunderschön klar, fruchtbetont und geradlinig, etwas fülliger als der Auxerrois, aber ebenso frisch und süffig. Der Pinot Gris besitzt viel reife Frucht, ist ebenso geradlinig und zupackend. Der Rosé ist fruchtbetont im Bouquet, klar und frisch im Mund, betont süffig, ist wie auch alle Weißweine von einer merklichen Restsüße geprägt. Diese findet man nicht bei den Rotweinen: Der St. Laurent ist frisch und klar, geradlinig und strukturiert, der hier Blaufränkisch genannte Lemberger zeigt reife Frucht im Bouquet, feine Würze, rote Früchte, ist reintönig und fruchtbetont im Mund, frisch und zupackend, besitzt gute Struktur und Druck. Ein gutes Debüt!

Weinbewertung

82	2016 Auxerrois **12 %/6,50 €**
83	2016 Pinot blanc **13 %/6,50 €**
84	2016 Pinot gris **13 %/7,- €**
83	2016 Rosé **12 %/6,50 €**
83	St. Laurent **12,5 %/8,50 €**
84	Blaufränkisch **13 %/8,50 €**

R. Zimmerlin

★★

KONTAKT

Kirchweg 2
79268 Bötzingen
Tel. 07663-1299
Fax: 07663-3510
www.weingut-zimmerlin.com
info@weingut-zimmerlin.com

Inhaber
Alexander Steiner
Rebfläche
20 Hektar
Produktion
170.000 Flaschen

BESUCHSZEITEN

Mo.-Fr. 9-13 Uhr und nach Vereinbarung

Heinrich und Maria Zimmerlin waren noch Nebenerwerbswinzer, die nächste Generation aber, Rudolf und Olga Zimmerlin, gründeten 1955 das Weingut. Ihr Sohn Dietmar erweiterte den Betrieb, kaufte auch Trauben von befreundeten Winzern zu und eröffnete 1980 in Freiburg eine Weinstube. Nach seinem Tod führte seine Ehefrau Claudia den Betrieb weiter. Im April 2010 hat Alexander Steiner das Weingut übernommen, seit Oktober 2010 ist Steffen Röll beratender Önologe des Weingutes. Seine Weinberge liegen in den Bötzinger Lagen Eckberg und Lasenberg, im Eichstetter Herrenbuck und im Bahlinger Silberberg. Spätburgunder spielt die wichtigste Rolle im Betrieb, es folgen Grauburgunder und Weißburgunder, dazu gibt es Auxerrois und Chardonnay, sowie ein wenig Müller-Thurgau, Silvaner, Gewürztraminer und Scheurebe.

Kollektion

Eine stimmige Kollektion präsentiert Alexander Steiner in diesem Jahr, die weiß wie rot gleichermaßen überzeugt. Angefangen beim frischen, geradlinigen Camerino in der Literflasche über den reintönigen, zupackenden Auxerrois, den frischen, geradlinigen Edition-Weißburgunder, den wunderschön reintönigen, saftigen Grauburgunder und den lebhaften, zupackenden Chardonnay. Unser Favorit im weißen Segment ist der Weißburgunder von alten Reben aus dem Bötzinger Eckberg, der fruchtbetont und reintönig im Bouquet ist, gute Konzentration und reife Frucht zeigt, kraftvoll und zupackend im Mund ist bei klarer Frucht. Der Rosé ist fruchtbetont und geradlinig, der Spätburgunder Edition frisch und zupackend. Unser Favorit unter den Rotweinen ist aber ganz eindeutig der Spätburgunder von alten Reben aus dem Eckberg, der feine Frische im Bouquet zeigt, rote Früchte, rauchige Noten, klar und zupackend im Mund ist, gute Struktur besitzt, feine Frische und Frucht.

Weinbewertung

81	2016 „Camerino" Weißwein trocken (1l) **12,5 %/6,90 €**
82	2016 Auxerrois trocken „Edition" **12,5 %/7,60 €**
83	2016 Weißburgunder trocken „Edition" **13 %/7,90 €**
84	2016 Grauburgunder trocken „Edition" **13 %/8,30 €**
83	2016 Chardonnay trocken „Edition" **13 %/7,90 €**
85	2015 Weißburgunder trocken „Alte Reben" Bötzinger Eckberg **13 %/10,- €**
82	2016 Spätburgunder Rosé trocken „Edition" **13 %/7,50 €**
83	2014 Spätburgunder trocken „Edition" **13 %/7,90 €**
86	2013 Spätburgunder trocken „Alte Reben" Bötzinger Eckberg **13,5 %/11,60 €**

Z

Zimmerle

★★★★

KONTAKT

Kirchstraße 14
71404 Korb
Tel. 07151-33893
Fax: 07151-37422
www.zimmerle-weingut.de
info@zimmerle-weingut.de

Inhaber
Jens Zimmerle
Rebfläche
15 Hektar
Produktion
80.000-100.000 Flaschen

BESUCHSZEITEN

Mo.-Fr. 17-18:30 Uhr,
Sa. 9-15 Uhr

Die Weinbautradition der aus Südtirol stammenden Familie lässt sich bis ins Jahr 1647 zurückverfolgen. 1979 verlies Friedrich Zimmerle die Genossenschaft und begann mit der Selbstvermarktung. In den letzten Jahren wurde er schon im Betrieb unterstützt von Sohn Jens Zimmerle, der für den Weinausbau verantwortlich war. 2016 hat Jens Zimmerle den Betrieb von seinem Vater übernommen. Jens Zimmerle hatte in Heilbronn Weinwirtschaft studiert, dann in Bordeaux gearbeitet. Seine Weinberge liegen in den Korber Lagen Berg und Sommerhalde, im Kleinheppacher Steingrüble, in der Großheppacher Wanne, sowie in Steinreinach (Hörnle), Hanweiler und Breunigsweiler. Vielfältige Bodentypen, wie Bunter Mergel, verschiedene Keuperarten, Muschelkalk, und unterschiedliche Höhenlagen bieten die Möglichkeit jede Rebsorte an ihrem optimalen Standort anzubauen. Die Weinberge werden biologisch bewirtschaftet, zertifiziert. Jens Zimmerle baut zu zwei Drittel Rotweinsorten und zu einem Drittel Weißweinsorten an. Neben den Burgundersorten gibt es Zweigelt, Lemberger, Merlot und Cabernet Sauvignon, Trollinger darf natürlich auch nicht fehlen, dazu die weißen Sorten Riesling, Sauvignon Blanc, Chardonnay, Grauburgunder und Kerner. Die Weißweine werden kalt vergoren, die Rotweine nach Saftabzug maischevergoren (3 bis 4 Wochen, der Spätburgunder etwas kürzer), ausgesuchte Weine kommen 14 bis 24 Monate ins Barrique. Für seine Barriqueweine nutzt Jens Zimmerle überwiegend französische, aber auch schwäbische Eiche. An der Spitze des Sortiments stehen die Goldadler- und Dreiegg-Weine, sowie im Barrique ausgebaute Cuvées, die Cuvée Triologie aus Cabernet Sauvignon, Merlot und etwas Zweigelt und die nur in wenigen Jahren, erstmals 2005, erzeugte Cuvée „Age virilter time deum“, die jeweils zur Hälfte aus Cabernet Sauvignon und Merlot besteht. Bisher arbeitet Jens Zimmerle in drei verschiedenen Kellern, die getrennt von einander liegen. Um die Betriebsabläufe zu verbessern, ist ein neues Projekt geplant: Am Ortsrand von Korb, schon auf Waiblinger Gemarkung, soll ein neues Weingut errichtet werden, mit Besenwirtschaft und einer Ferienwohnung.

Kollektion

Mit seiner neuen Kollektion schließt Jens Zimmerle nahtlos an die starken Vorjahre an. Der Sauvignon Blanc Vogel ist kraftvoll, stoffig, herrlich geradlinig und zupackend. Der Goldadler-Sauvignon Blanc stammt von den ältesten Anlagen, die Mitte der neunziger Jahre gepflanzt wurden. Er ist stoffig und kraftvoll, besitzt viel Substanz und Druck. Der 2016er Viognier ist bereits der 10. Jahrgang – wir kennen ihn erst seit dem Jahrgang 2013: Er besticht mit reintöniger Frucht und feiner Frische, ist klar und zupackend. Der Chardonnay Berg ist füllig und klar, besitzt gute Struktur und Druck, ist

sehr puristisch bei ganz dezenter Bitternote. Der Dreiegg-Chardonnay wird in wenig getoastetem Vogesen-Holz ausgebaut (zur Hälfte neu), er ist füllig und kraftvoll, besitzt viel reife Frucht, dezent rauchige Noten, gute Struktur und Substanz. Der Steingrüble-Riesling wächst auf Kieselsandstein in 450 Meter Höhe. Jahrgang 2014 zeigt feine Reife, ist sehr puristisch, 2015 ist fülliger und kraftvoller, besitzt gute Struktur und Biss. Der Goldadler-Grauburgunder, zu 80 Prozent im neuen Holz ausgebaut, zeigt gute Konzentration und viel reife Frucht, ist füllig und kraftvoll bei klarer reifer Frucht. Der klare, leichte, geradlinige Rosé leitet über ins rote Segment, dessen Basis die merlotgeprägte, fruchtbetonte Cuvée Trio bildet. Der Herrschaft-Zweigelt ist fruchtbetont, intensiv, herrlich reintönig, die Goldadler-Variante aus der Sommerhalde, genau genommen der ehemaligen Einzellage Reutlinger, ist ebenfalls faszinierend reintönig, kraftvoll, zupackend und strukturiert. Der Goldadler-Lemberger zeigt gute Konzentration und dezente Schokolade, ist füllig, kraftvoll, reintönig, besitzt gute Struktur und Säure. Der Spätburgunder besitzt wunderschön reintönige Frucht, gute Struktur und ebenfalls viel Säure und Biss. Die Cuvée Triologie besteht im Jahrgang 2014 aus 60 Prozent Merlot, 30 Prozent Cabernet Sauvignon und 10 Prozent Zweigelt. Sie zeigt herrlich viel Frucht, Kirschen, besitzt gute Struktur und Substanz, viel Druck und Länge. Der 2011er „Age virilter time deum" präsentiert sich nach wie vor in prächtiger Form, es wird Jahrgang 2015 folgen.

Weinbewertung

87	2016 Sauvignon Blanc trocken „Vogel" **12,5 %/14,70 €**
88	2015 Riesling trocken „Goldadler" Kleinheppacher Steingrüble **13 %/18,50 €**
88	2014 Riesling trocken „Goldadler" Kleinheppacher Steingrüble **12,5 %/18,50 €**
87	2016 Chardonnay trocken Berg **12,5 %/14,70 €**
87	2016 Viognier trocken Berg **12,5 %/16,50 €**
90	2016 Sauvignon Blanc trocken „Goldadler" Korber Sommerhalde **12,5 %/20,50 €**
90	2016 Grauburgunder trocken „Goldadler" Korber Berg **12,5 %/20,50 €**
90	2016 Chardonnay trocken „Dreiegg" **12,5 %/23,- €**
85	2016 „Essenziell" Rosé trocken **11,5 %/7,80 €**
86	2015 „Trio" Rotwein trocken **13,5 %/10,50 €**
88	2015 Zweigelt trocken „Herrschaft" **13 %/14,70 €**
90	2014 Lemberger trocken „Goldadler" Korber Berg **13 %/25,- €**
90	2014 Zweigelt trocken „Goldadler" Korber Sommerhalde **12,5 %/25,- €**
91	2014 Spätburgunder trocken „Goldadler" Korber Berg **13 %/27,- €**
92	2014 „Triologie" Rotwein trocken **13 %/28,50 €**
91	2011 „Age virilter time deum" Rotwein trocken **13,5 %**

LAGEN

SOMMERHALDE (KORB)
– VOGEL (KORB)
BERG (KORB)
WANNE (GROSSHEPPACH)
STEINGRÜBLE (KLEINHEPPACH)

REBSORTEN

RIESLING (20 %)
TROLLINGER (20 %)
MERLOT (10 %)
LEMBERGER (10 %)
SPÄTBURGUNDER (10 %)
WEISSE BURGUNDER (10 %)
SAUVIGNON BLANC (5 %)
ZWEIGELT (5 %)

Zimmermann

★☆

KONTAKT

Auf dem Schliengener Berg
79418 Schliengen
Tel. 07635-665
Fax: 07635-463
www.zimmermann-wein.de
info@zimmermann-wein.de

Inhaber
Karl-Ernst Zimmermann
Rebfläche
17 Hektar
Produktion
120.000 Flaschen

BESUCHSZEITEN

Mo.-Fr. 9-14 Uhr und während der Öffnungszeiten der Weinschenke

Das Weingut Zimmermann besteht seit 1985 und wird geführt von Karl-Ernst Zimmermann. Seine Weinberge liegen in Schliengen, Bad Bellingen, Liel, Mauchen und Niedereggenen, alle in der Lage Sonnenstück. Gutedel ist die wichtigste Rebsorte, nimmt ein Viertel der Weinberge ein. Es folgen Spätburgunder, Sauvignon Blanc, Merlot und Syrah, aber auch Weißburgunder, Grauburgunder, Chardonnay, Riesling, Regent, Muskateller und Müller-Thurgau werden angebaut. In der Weinschenke auf dem Schliengener Berg werden Markgräfler Spezialitäten angeboten.

Kollektion

Gleich drei Sekte präsentiert Karl-Ernst Zimmermann in diesem Jahr, alle drei überzeugen. Der Rosé ist fruchtbetont und süffig, recht süß, der Crémant ist frisch und fruchtbetont, zupackend wie auch die geradlinige Cuvée. Der Gutedel ist klar und unkompliziert, süffig, recht süß, dies gilt auch für den zupackenden roten Gutedel. Der Rhine Hill-Chardonnay ist fruchtbetont und harmonisch, saftig und süffig, der Angel Hill-Chardonnay, Jahrgang 2013 ist deutlich, allzu deutlich vom Ausbau im Holz dominiert, zeigt viel Würze und Duft. Unsere Favoriten finden wir in diesem Jahr im roten Teil der Kollektion. Drei Rotweine des Jahrgangs 2014 stellt Karl-Ernst Zimmermann vor, der Merlot ist uns allzu duftig, etwas oxidativ, die beiden Spätburgunder aber überzeugen. Der Rhine Hill-Spätburgunder ist wunderschön frisch und fruchtbetont im Bouquet, ist klar und geradlinig im Mund, fruchtbetont und zupackend, bietet unkomplizierten Trinkgenuss. Deutlich ambitionierter tritt der Pinot Noir der Angel Hill-Serie auf, zeigt rauchig-würzige Noten im Bouquet, reintönige Frucht, ist frisch und harmonisch im Mund, klar und elegant, besitzt feine süße Frucht, gute Struktur, Frische und Biss.

Weinbewertung

84 „Cuvée_3" Sekt brut **12,5 %/15,- €**
84 Crémant brut **12,5 %/15,- €**
83 Rosé Sekt brut **12,5 %/15,- €**
82 2016 Gutedel trocken „BB Rhine Hill" Bad Bellinger Sonnenstück **12 %/6,80 €**
82 2016 Roter Gutedel trocken „Rhine Hill" **12 %/6,80 €**
83 2015 Chardonnay „Rhine Hill" **13 %/7,90 €**
82 2013 Chardonnay „Angel Hill" **14 %/14,50 €**
84 2014 Spätburgunder trocken „Rhine Hill" **13 %/7,90 €**
85 2014 Pinot Noir trocken „Angel Hill" **13,5 %/14,50 €**
80 2014 Merlot trocken „Angel Hill" **14 %/19,50 €**

Zimmermann

★★★

KONTAKT

Grabenstraße 5
67157 Wachenheim
Tel. 06322-2384
Fax: 06322-65160
www.wein-zimmermann.de
info@wein-zimmermann.de

Inhaber
Jürgen Zimmermann
Rebfläche
10 Hektar
Produktion
80.000 Flaschen

BESUCHSZEITEN

Mo.-Fr. 9-18 Uhr, Sa. 9-17 Uhr

Emil Zimmermann, der Vater des heutigen Inhabers, hat sich in den fünfziger Jahren ganz auf Weinbau spezialisiert. Seit 1990 ist Sohn Jürgen im Betrieb, 1996 hat er ihn übernommen. Die Weinberge liegen alle rings um Wachenheim, in den Lagen Fuchsmantel, Gerümpel, Königswingert, Luginsland, Schlossberg und Altenburg. Riesling ist die wichtigste Rebsorte, nimmt zwei Drittel der Weinberge ein. Hinzu kommen Weißburgunder, Grauburgunder und Chardonnay, aber auch Scheurebe, Silvaner, Sauvignon Blanc, Müller-Thurgau und Gewürztraminer. Der Rotweinanteil – Spätburgunder, Portugieser, Merlot und Cabernet Sauvignon – liegt bei 10 Prozent. Die Weine werden teils im Edelstahl, teils im Holz ausgebaut.

Kollektion

Bei Jürgen Zimmermanns Rieslingen erkennen wir von der Basis bis zur Spitze eine klare Handschrift: Die Weine aus dem Jahrgang 2016 sind alle schlank und präzise und zeigen klare, reintönige Frucht, unser Favorit, der Altenburg, entwickelt mit Luft viel feinen Druck, zeigt leicht rauchige und kräutrige Würze, ist elegant und besitzt salzige Länge, der Gerümpel ist etwas fülliger, zeigt gelbe Frucht, ist nachhaltig und ebenfalls leicht salzig, der Fuchsmantel ist saftig, sehr fruchtbetont und zeigt auch kräutrige Würze, die Kräuternoten finden wir auch beim Königswingert und dem Luginsland, der trockene Kabinett ist sehr leicht mit feiner Zitruswürze. Auch der Gewürztraminer ist herrlich reintönig mit Noten von Rosenblättern und Litschi, er ist cremig, besitzt dezente Süße und Frische, der Sauvignon Blanc ist schlank und frisch mit Aromen und Maracuja und Stachelbeere, der Grauburgunder ist der kraftvollste Wein im Sortiment und zeigt etwas Holz, der Spätburgunder ist harmonisch, zeigt Noten von Süßkirsche, Krokant und Gewürznelken im Bouquet.

Weinbewertung

85 2015 Riesling Sekt brut **12,5 %/11,- €**
85 2016 Sauvignon Blanc trocken **11,5 %/8,10 €**
85 2016 Grauer Burgunder trocken **13,5 %/8,90 €**
83 2016 Weißburgunder trocken **12,5 %/7,50 €**
83 2016 Riesling Kabinett trocken **11 %/6,20 €**
84 2016 Riesling Kabinett trocken Wachenheimer Luginsland **12 %/7,50 €**
85 2016 Riesling Kabinett trocken Wachenheimer Königswingert **12 %/7,80 €**
87 2016 Riesling Spätlese trocken Wachenheimer Fuchsmantel **12,5 %/9,80 €**
88 2016 Riesling Spätlese trocken Wachenheimer Gerümpel **12,5 %/12,- €**
89 2016 Riesling Spätlese trocken Wachenheimer Altenburg **12,5 %/12,- €** ☺
86 2016 Gewürztraminer Spätlese **12 %/9,50 €**
86 2015 Spätburgunder trocken **13,5 %/10,50 €**

Arthur & Fabian Zimmermann

★☆

KONTAKT

Backhausgasse 3
55599 Siefersheim
Tel. 06703-960320
Fax: 06703-960324
www.weingut-zimmermann.de
mail@weingut-zimmermann.de

Inhaber
Arthur & Fabian Zimmermann
Rebfläche
8 Hektar
Produktion
25.000 Flaschen

BESUCHSZEITEN

Mo.-Fr. 18-19 Uhr, Sa. 13-18 Uhr,
So. 10-12 Uhr
Hofausschank, Gästezimmer

Das Weingut im alten Ortskern von Siefersheim wurde seit 1990 von den Brüdern Jörg und Arthur Zimmermann geführt, seit diesem Jahr führt Arthur Zimmermann nun den Betrieb zusammen mit seinem Sohn Fabian, der nach Lehre bei den Weingütern Hauck, Schweinhardt und Knipser seine Ausbildung zum Weinbautechniker absolvierte und seit Juli 2015 voll im Betrieb tätig ist. Ihre Weinberge liegen in Siefersheim in den Lagen Goldenes Horn, Martinsberg und Höllberg, sowie in den Wöllsteiner Lagen Äffchen und Ölberg. Weißweinsorten nehmen 80 % der Rebfläche ein, Riesling ist mit einem Anteil von 35 % die wichtigste Rebsorte, es folgen Müller-Thurgau, Weißburgunder, Silvaner, Spätburgunder, Portugieser, Dornfelder und St. Laurent. Bisher wird nur ein kleiner Teil der erzeugten Trauben für die eigene Flaschenweinvermarktung genutzt. Die Fazit genannten Weine sind quasi das Fazit der Lehrjahre von Fabian Zimmermann, sie bilden das Top-Segment im Sortiment, das dreistufig gegliedert ist in Literweine, Gutsweine und Fazit-Weine, die „aus den besten Lagen stammen", der jeweilige Lagenname wird leider nicht verraten.

Kollektion

Der Weißburgunder-Sekt eröffnet den Reigen, er ist frisch, harmonisch und klar. Die Weißweine sind in diesem Jahr ein klein wenig verhaltener, am besten gefallen uns der geradlinige, zupackende Weißburgunder und der fruchtbetonte, frische Riesling. Dafür gibt es aus dem Jahrgang wieder die beiden Rotweine, die uns im Jahrgang 2012 schon sehr gut gefallen hatten. Der Spätburgunder Freundschaftsspiel zeigt intensive Frucht, rote Früchte, ist klar und zupackend im Mund, besitzt gute Struktur und reintönige Frucht. Gleichauf sehen wir den St. Laurent Fazit, der wunderschön reintönig im Bouquet ist, feine Kirschfrucht zeigt, gute Struktur besitzt und auch im Mund mit seiner Reintönigkeit punktet.

Weinbewertung

84	Pinot Blanc Sekt brut **13 %/12,- €**
81	2016 Rivaner trocken (1l) **12,5 %/4,20 €**
80	2016 Riesling trocken (1l) **12,5 %/4,80 €**
82	2016 Silvaner trocken **12,5 %/5,80 €**
83	2016 Weißburgunder trocken **13 %/6,20 €**
83	2016 Riesling trocken **12,5 %/6,80 €**
80	2016 Spätburgunder Rosé „feinherb" **12,5 %/6,20 €**
82	2015 „Johanna L." Rotwein trocken **14 %/7,50 €**
87	2015 St. Laurent trocken „Fazit" **14 %/12,- €**
87	2015 Spätburgunder trocken „Freundschaftsspiel" **13,5 %/14,- €**

ZIMMER-MENGEL

★

KONTAKT

Im Adelpfad 1
55270 Engelstadt
Tel. 06130-1788
Fax: 06130-7770
www.weingut-zimmer-mengel.de
fabian_mengel@gmx.de; info@weingut-zimmer-mengel.de

Inhaber
Andreas Mengel
Kellermeister
Fabian Mengel
Rebfläche
20 Hektar
Produktion
100.000 Flaschen

BESUCHSZEITEN

Mo.-Sa. nach Vereinbarung,
Fr. bis So. Straußwirtschaft geöffnet

Das Weingut Zimmer-Mengel wird heute von Andreas und Stephanie Mengel geführt, unterstützt von Sohn Fabian, der nach seinem Geisenheim-Studium 2010 in den Betrieb eingestiegen und für den Weinausbau verantwortlich ist. Seither wurden Edelstahltanks, aber auch Holzfässer angeschafft, auch die Gutsweine werden inzwischen teilweise im Holz ausgebaut. Die Weinberge liegen in den Engelstadter Lagen Römerberg und Adelpfad sowie den Elsheimer Lagen Bockstein und Blume. Der Schwerpunkt liegt auf den Burgundersorten (40 Prozent) und Riesling (20 Prozent), aber auch Silvaner, Scheurebe und Portugieser spielen eine wichtige Rolle, dazu gibt es Cabernet Sauvignon, Merlot, Dornfelder, Müller-Thurgau und Gewürztraminer. Mit einem Freund bewirtschaftet Fabian Mengel einen Riesling-Weinberg in Bernkastel-Kues an der Mosel mit 70 Jahre alten, wurzelechten Reben. Mit dem Jahrgang 2013 wurde das Sortiment umgestellt und dreistufig gegliedert in Guts-, Orts- und Lagenweine. Der Spitzenriesling aus dem Adelpfad stammt von einem Nordhang mit 25 Jahre alten Reben, die Reben wachsen auf kreidehaltigen Böden mit Ton- und Kalkmergel im Untergrund.

Kollektion

Ein schöner Liter-Silvaner eröffnet den Reigen, spannend wird es aber dann erst mit der rauchigen, strukturierten weißen Cuvée. Der Engelstadter Riesling ist fruchtbetont und zupackend, der Adelpfad-Riesling besitzt viel Substanz, ist aber noch verschlossen und könnte noch zulegen, wie Jahrgang 2015 eindrucksvoll beweist. Die Gewürztraminer Spätlese ist wunderschön reintönig, der Portugieser besitzt Kraft und Struktur. Stimmige Kollektion.

Weinbewertung

81	2016 Silvaner trocken (1l) **12,5 %/4,60 €**
80	2016 Weißburgunder trocken **13 %/5,70 €**
81	2016 Grauburgunder trocken **13 %/5,90 €**
81	2016 Scheurebe trocken **12 %/5,70 €**
85	2016 „&" Weißweincuvée trocken Holzfass **12,5 %/7,90 €**
84	2016 Riesling trocken Engelstadter **12 %/8,90 €**
87	2015 Riesling trocken Engelstadter Adelpfad **12 %/14,50 €**
86	2016 Riesling trocken Engelstadter Adelpfad **12 %/14,50 €**
80	2016 „Blanc de Noirs" „feinherb" **12,5 %/5,70 €**
84	2015 Gewürztraminer Spätlese Engelstadter Adelpfad **11 %/6,70 €**
81	2015 Frühburgunder trocken Holzfass **12,5 %/6,90 €**
82	2015 „&" Rotweincuvée trocken Barrique **13 %/8,90 €**
83	2013 Portugieser trocken Barrique Jugenheimer Goldberg **13 %/14,50 €**
84	2014 Portugieser trocken Barrique Jugenheimer Goldberg **13 %/14,50 €**

ZIPF

★★★

KONTAKT

Vorhofer Straße 4
74245 Löwenstein
Tel. 07130-6165
Fax: 07130-9725
www.zipf.com
weingut@zipf.com

Inhaber
Familie Zipf
Rebfläche
13 Hektar
Produktion
80.000 Flaschen

BESUCHSZEITEN

Mo.-Fr. 13-18:30 Uhr, Sa. 9-15:30 Uhr, So. 9-11:30 Uhr (nach Vereinbarung)
Probierstube (bis 15 Personen)

Weinbau betreibt die Familie Zipf in Löwenstein schon seit über 100 Jahren, das Weingut wurde jedoch erst 1964 von Hermann Zipf gegründet, dann bis 2004 von Reinhold Zipf geführt, als Sohn Jürgen, gelernter Weinbautechniker, den Betrieb übernahm. Er baut zu knapp drei Fünftel rote Sorten an, neben Lemberger, Schwarzriesling und Trollinger vor allem Spätburgunder und Acolon. Bei den weißen Sorten dominiert Riesling, dazu gibt es etwas Kerner, Scheurebe, Silvaner und Gewürztraminer. Jürgen Zipfs Weinberge liegen hauptsächlich in Löwenstein, im Wohlfahrtsberg, der einzigen Lage, die das Weingesetz für Löwenstein vorsieht, auch wenn der Boden alles andere als einheitlich ist, findet man doch teils Mergelschichten, teils Sandsteinbänke über dem Keupergestein; des Weiteren ist er im Unterheinrieter Sommerberg vertreten. Die Weine bleiben recht lange auf der Feinhefe und durchlaufen fast alle den biologischen Säureabbau – auch Riesling. Die Weine werden überwiegend trocken oder halbtrocken ausgebaut, betriebsintern mit bis zu vier Sternen klassifiziert.

Kollektion

Auch dieses Jahr ist die Kollektion von Jürgen Zipf wieder bestechend gleichmäßig, das Einstiegsniveau sehr hoch. Ein sehr guter, harmonischer Riesling-Sekt eröffnet den Reigen. Der Silvaner ist lebhaft und zupackend, der Riesling fruchtbetont, der Weißburgunder besitzt Fülle, Saft und reife süße Frucht, der Grauburgunder ist etwas strukturierter, druckvoller. Unser Favorit im weißen Segment aber ist der stoffige Chardonnay, der reife Frucht und viel Substanz besitzt. Der Zweigelt ist fruchtbetont und würzig, der Spätburgunder reintönig, lebhaft und strukturiert, der Lemberger fruchtbetont, zupackend, unser eindeutiger Rotwein-Favorit aber ist der im Barrique ausgebaute Merlot, der Fülle, Kraft, gute Struktur und reintönige Frucht besitzt.

Weinbewertung

86 2014 Riesling Sekt brut **12,5 %/11,50 €**
84 2016 Riesling** trocken Löwensteiner **12 %/6,70 €**
84 2016 Grüner Silvaner** trocken Löwensteiner **12,5 %/6,80 €**
85 2016 Weißer Burgunder*** trocken Löwensteiner Wohlfahrtsberg **13 %/9,90 €**
86 2016 Grauer Burgunder*** trocken Unterheinrieter Sommerberg **13 %/9,90 €**
87 2015 Chardonnay*** trocken „Fass 504" Wohlfahrtsberg **13,5 %/12,50 €**
84 2016 „3-Fach-Z"*** Weißwein „feinherb" **13 %/8,50 €**
84 2016 Rosé*** trocken „Geschwisterliebe" **12,5 %/8,- €**
84 2014 Blauer Zweigelt*** trocken Löwensteiner Wohlfahrtsberg **13 %/7,70 €**
85 2014 Lemberger*** trocken Löwensteiner Wohlfahrtsberg **13 %/7,50 €**
85 2014 Spätburgunder*** trocken „Lukas" Wohlfahrtsberg **12,5 %/8,50 €**
87 2015 Merlot**** trocken Barrique Löwensteiner Wohlfahrtsberg **14 %/18,50 €**

Zöller

★☆

KONTAKT

Brunnenstraße 12
55599 Eckelsheim
Tel. 06703-1273
Fax: 06703-4297
www.weingutzoeller.de
info@weingutzoeller.de

Inhaber
Jürgen & Torsten Zöller
Rebfläche
19,5 Hektar

BESUCHSZEITEN

Mo.-Sa. nach Vereinbarung

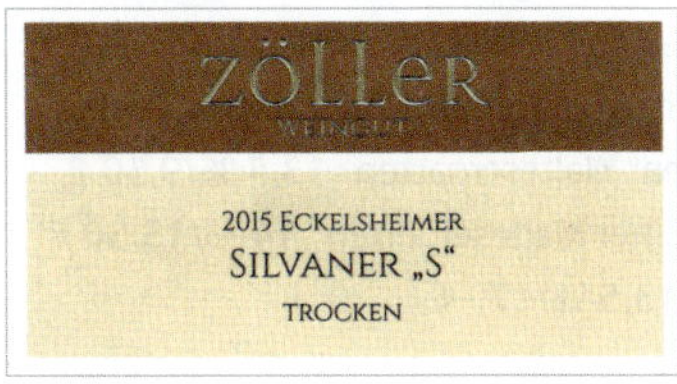

Weinbau gibt es seit Mitte des 17. Jahrhunderts in der Familie, aber erst in den letzten Jahren, seit Torsten Zöller seinen Vater Jürgen im Betrieb unterstützt, setzt man verstärkt auf Flaschenweinvermarktung. Torsten Zöller hat bei den Weingütern Wagner-Stempel, Wittmann und Rebholz gelernt, in Geisenheim Weinbau studiert, Praktika bei weiteren Weingütern in Deutschland und Neuseeland absolviert, ist seit 2013 für den Weinausbau im elterlichen Betrieb verantwortlich. Die Weinberge von Jürgen und Torsten Zöller liegen vor allem in Eckelsheim in den Lagen Kirchberg, Eselstreiber und Sonnenköpfchen, aber auch in benachbarten Gemeinden ist man vertreten, besitzt Reben in der Gumbsheimer Schlosshölle, im Wendelsheimer Steigerberg und im Siefersheimer Goldenes Horn. Riesling, Müller-Thurgau, Silvaner und die Burgundersorten werden angebaut, dazu eine Vielzahl weiterer weißer und roter Rebsorten. Torsten Zöller arbeitet mit Maischestandzeiten und Spontangärung, teils in Holzfässern, die Weine werden lange auf der Vollhefe ausgebaut. Das Sortiment ist gegliedert in Gutsweine und Selektionsweine, Letztere bilden derzeit als Ortsweine die Spitze des Sortiments.

Kollektion

Mit einer guten, gleichmäßigen Kollektion debütierten Jürgen und Torsten Zöller im vergangenen Jahr, die neue Kollektion schließt nahtlos daran an. Und die Basis stimmt, das ist uns wichtig, die Gutsweine bieten gleichmäßige Qualität, sind klar, fruchtbetont und zupackend. Die S-Klasse der Ortsweine bringt dann eine klare Steigerung. Der Riesling ist strukturiert und zupackend, der als Fassprobe verkostete Silvaner besitzt Fülle und Saft, reintönige Frucht und gute Struktur. Sehr gut gefällt uns auch der Eckelsheimer Grauburgunder, der feine Würze und Frucht zeigt, kraftvoll und klar ist, zupackend und strukturiert. Der Spätburgunder ist wunderschön frisch, fruchtbetont und reintönig, der im Barrique ausgebaute Dornfelder besitzt intensive Frucht, Kirschen, Fülle und Kraft, reife Frucht, gute Struktur und Substanz.

Weinbewertung

82 2016 Riesling trocken **12 %/4,80 €**
82 2016 Weißer Burgunder trocken **12,5 %/4,90 €**
82 2016 Grauer Burgunder trocken **12,5 %/4,90 €**
(85) 2016 Silvaner „S" trocken Eckelsheimer **12,5 %/7,50 €**
84 2016 Riesling „S" trocken Eckelsheimer **12,5 %/7,50 €**
85 2016 Grauer Burgunder „S" trocken Eckelsheimer **13 %/7,80 €**
81 2016 Riesling „feinherb" **11,5 %/4,60 €**
83 2016 Würzer Spätlese **10 %/4,80 €**
84 2015 Spätburgunder trocken **13,5 %/5,- €** ☺
85 2015 Dornfelder trocken Barrique Eckelsheimer **13 %/8,90 €**

JULIUS ZOTZ

★★

KONTAKT

Staufener Straße 1
79423 Heitersheim
Tel. 07634-1059
Fax: 07634-4758
www.weingut-zotz.de
info@weingut-zotz.de

Inhaber
Martin, Michael & Julian Zotz
Rebfläche
80 Hektar
Produktion
600.000 Flaschen

BESUCHSZEITEN

Mo.-Fr. 8-12:30 + 13:30-18 Uhr,
Sa. 9-13 Uhr

Karl Zotz erwarb 1845 den östlichen Teil des Malteserschlosses in Heitersheim und baute ein Weingut auf, die offizielle Gutsgründung erfolgte im Jahr 1865 mit der Eintragung ins Handelsregister durch seinen Sohn Julius, dessen Namen das Weingut bis heute trägt. Das heutige Weingut wurde einige Jahrzehnte später, um die Jahrhundertwende, in der Nähe des Malteserschlosses erbaut. Heute wird der Betrieb in vierter und fünfter Generation von Martin und Michael Zotz geführt. Ihre wichtigsten Lagen sind der Heitersheimer Maltesergarten und der Ballrechten-Dottinger Castellberg. Sie setzen auf die typischen Markgräfler Rebsorten: Gutedel und Spätburgunder nehmen jeweils 30 Prozent der Rebfläche ein, es folgen Grauburgunder, Weißburgunder und Müller-Thurgau, dazu gibt es vor allem noch Silvaner, Nobling, Chardonnay und Gewürztraminer, neuerdings auch Sauvignon Blanc, Cabernet Sauvignon und Merlot. Neben etwa 60 verschiedenen Weinen werden auch Sekte und Crémants sowie Edelbrände erzeugt.

Kollektion

Die neue Kollektion zeigt die gewohnten Stärken – und überrascht mit zwei edelsüßen Weinen. Die Riesling Beerenauslese ist konzentriert und dick, noch beeindruckender aber ist die Gutedel Trockenbeerenauslese, die Litschi und viel Konzentration im Bouquet zeigt, viel Substanz und Konzentration dann auch im Mund aufweist. Die gewohnten Stärken, das sind, neben dem geradlinigen Chasslie, die in 500 Liter-Fässern ausgebauten Top-Weißweine, nun teilweise Reserve genannt. Beim Weißburgunder ist uns das Holz noch etwas zu dominant, der füllig-saftige Chardonnay gefällt uns da schon besser, noch mehr aber der kraftvolle, strukturierte Grauburgunder. Sehr gut gefällt uns auch die rote Cuvée aus Merlot und Cabernet Sauvignon, die gute Struktur, kräftige Tannine und feine Schokonoten aufweist.

Weinbewertung

84	2016 „Chasslie" Gutedel „sur lie" trocken Maltesergarten **12,5 %/6,90 €**
81	2016 Sauvignon Blanc trocken **12,5 %/9,- €**
82	2016 Weißer Burgunder Kabinett trocken „Alte Reben" H.M. **13 %/8,50 €**
83	2016 Grauer Burgunder Kabinett trocken „Alte Reben" H. M. **13,5 %/8,50 €**
84	2015 Weißer Burgunder***** trocken „Reserve" Maltesergarten **13,5 %/18,- €**
86	2015 Grauer Burgunder***** trocken „Reserve" Maltesergarten **13,5 %/18,- €**
85	2015 Chardonnay „500" Heitersheimer Maltesergarten **13,5 %/14,50 €**
87	2015 Riesling Beerenauslese Maltesergarten **8 %/24,50 €/ 0,375l**
90	2015 Gutedel Trockenbeerenauslese Maltesergarten **8,5 %/22,50 €/ 0,375l**
82	2015 Spätburgunder trocken „Alte Reben" Maltesergarten **13,5 %/9,50 €**
81?	2013 Pinot Noir***** trocken Heitersheimer Maltesergarten **14 %/13,50 €**
85	2014 „Caruzzo"***** Rotwein trocken **13,5 %/17,- €**

IM ZWÖLBERICH

★☆

KONTAKT

Schützenstraße 14
55450 Langenlonsheim
Tel. 06704-9200
Fax: 06704-92040
www.zwölberich.de
info@zwoelberich.de

Inhaber
Hartmut Heintz
Rebfläche
33 Hektar
Produktion
250.000 Flaschen

BESUCHSZEITEN

Mo.-Fr. 9-12:30 + 14-19 Uhr

Weinbau wird in der Familie Heintz seit 1711 betrieben, das Weingut wirtschaftet seit 1993 biodynamisch und ist Demeter-zertifiziert. Die Weinberge liegen in den Langenlonsheimer Lagen Steinchen (sandiger Lehm), Königsschild (kiesiger Ton) und Löhrer Berg (Terrassenkies) und in Guldental im Rosenteich (kiesiger Lehm) und im Honigberg (Sandsteinverwitterung). Angebaut werden Riesling, die weißen und roten Burgundersorten, Silvaner, Dornfelder, Dunkelfelder, Portugieser, Regent und St. Laurent, besonderes Augenmerk legt Hartmut Heintz auch auf den Auxerrois. Neben Wein werden verschiedene rebsortenreine Traubensäfte erzeugt.

Kollektion

Mit dem Auxerrois von alten Reben aus der Lage Guldentaler Rosenteich steht einer der besten Vertreter dieser Rebsorte in Deutschland an der Spitze des diesjährigen Sortiments von Hartmut Heintz: Der Wein besitzt feinen Schmelz und viel gelbe Frucht, Mango, Birne und Pfirsich, ist komplex, kraftvoll und lang mit frischem Säure-Spiel. Unter den beiden Lagenrieslingen ist der Königsschild der etwas komplexere, nachhaltigere und geradlinigere Wein, der Riesling aus dem Steinchen ist füllig, klare Frucht und mineralische Noten besitzen sie beide. Die Burgundercuvée „Z" ist noch sehr vom Holz geprägt, mit viel Kokos und Vanille neben der klaren gelben Frucht, während der Holzeinfluss beim Spätburgunder aus dem Königsschild wesentlich dezenter ist, der Wein zeigt viel rote Kirsch- und Cassisfrucht und besitzt gute Struktur. Gute Vertreter ihrer Rebsorten sind auch der normale Auxerrois und der Weißburgunder aus dem Rosenteich, beide besitzen klare Birnenfrucht und florale Würze, und auch die beiden trockenen Rieslinge aus Langenlonsheim und vom Löhrer Berg sind klar und reintönig.

Weinbewertung

83	2016 Auxerrois trocken **13 %/11,80 €**
81	2016 Grauburgunder Classic **12,5 %/11,80 €**
83	2016 Riesling trocken Langenlonsheim **13 %**
84	2016 Weißburgunder Kabinett trocken Guldentaler Rosenteich **13 %/12,80 €**
88	2016 Auxerrois Spätlese trocken „Alte Reben" Guldentaler Rosenteich **13,5 %**
86	2016 „Edition Z" Weißwein trocken **13 %/19,80 €**
83	2016 Riesling Kabinett trocken „Genesis" Löhrer Berg **11,5 %/12,80 €**
87	2016 Riesling Spätlese trocken Langenlonsheimer Königschild **12,5 %/19,80 €**
86	2016 Riesling Spätlese trocken „Alte Reben" Steinchen **12,5 %/24,80 €**
83	2016 Riesling Kabinett „Alfred" **11 %/12,80 €**
82	2016 Spätburgunder Weißherbst trocken **13 %/10,80 €**
85	2015 Spätburgunder Spätlese trocken Barrique Langenlonsheimer **13 %/0,5l**

Z

Der Anhang

Die Bio-Weingüter

Vor zwölf Jahren haben wir zum ersten Mal formuliert: Wer Terroir sagt, muss auch Bio sagen. Seither ist die Zahl der Weingüter, die zertifiziert biologisch arbeiten, stark gestiegen. In diesem Verzeichnis sind alle Weingüter, die ihre Weinberge biologisch zertifiziert oder zertifiziert in Umstellung bewirtschaften, nach Regionen getrennt aufgelistet. Gehören sie einem Bio-Verband an, ist das Verbands-Logo angefügt.

Ahr

Weingut **Maibachfarm** Bioland

Baden

Weingut **Abril** ECOVIN
Weingut **Feuerstein** ECOVIN
Weingut **Gallushof** ECOVIN demeter
Wein- und Sektgut **Harteneck** ECOVIN demeter
Weingut **Hauser-Bühler**
Weingut **Heitlinger**
Biologisches Weingut **Höfflin** Bioland
Weingut **Klumpp** ECOVIN
Weingut **Landmann** Bioland
Weingut Peter **Landmann** Bioland
Weingut Hubert **Lay** ECOVIN
Weingut **Maier**
Weingut **Mißbach** ECOVIN
Weingut Burg **Ravensburg**
Weingut **Rieger** ECOVIN demeter
Weingut **Scherer-Zimmer**
Privat-Weingut H. **Schlumberger**
Weingut **Schneider-Pfefferle**
Weingut **Wöhrle**
Weingut **Zähringer** ECOVIN demeter

Franken

Weingut **Baldauf** ECOVIN
Weingut Benedikt **Baltes**
Weingut **Bardorf**
Weingut **Bausewein** Naturland
Weingut H. **Deppisch** demeter
Weinmanufaktur **3 Zeilen** Bioland
Weingut **Hench**
Weingut Am Stein Ludwig **Knoll** Naturland
Ökologischer Weinbau **Krämer** Naturland
Weingut **Roth** Naturland
Weingut Manfred **Rothe** Bioland
Weingut Franziska **Schömig** Naturland
Privatweingut Schloss **Saaleck** Naturland
Weingut **Schmachtenberger**
Weinbau **Stritzinger** Bioland
Weingut Stefan **Vetter**
Weingut Rainer **Zang** Naturland
Weingut **Zehnthof** Naturland
Weingut **Zehntkeller** Bioland

Mittelrhein

Weingut Dr. **Kauer** ECOVIN

Mosel

Weingut **Alter Weinhof**
Weingut **Arns** und Sohn
Weingut Frank **Brohl** ECOVIN
Weingut Clemens **Busch**
Weingut **Caspari-Kappel**
Weingut Franz-Josef **Eifel** ECOVIN
Weingut **Hoffmann-Simon** ECOVIN
Weingut **Kirsten**
Weingut Christoph **Koenen**
Weingut **Laurentiushof** ECOVIN
Weingut Dr. **Melsheimer** ECOVIN
Weingut **Melsheimer** ECOVIN demeter
Weingut Zur **Römerkelter** ECOVIN
Weingut **Schömann** ECOVIN demeter
Weingut **Steffens-Keß** ECOVIN
Weingut Kirchengut **Wolf** ECOVIN

Nahe

Weingut **Hahnmühle** Naturland
Prinz zu **Salm**-Dalberg Naturland
Weingut im **Zwölberich** demeter

Pfalz

Weingut Michael **Andres**
Sektkellerei **Andres & Mugler**
Weingut **Bassermann-Jordan**
Weingut **Benzinger** ECOVIN

Weingut **Bergdolt** St. Lamprecht
Wein- und Sektgut **Bernhart**
Weingut **Brand**
Weingut Reichsrat von **Buhl**
Weingut **Christmann**
Weingut **Eymann**
Weingut **Fitz-Ritter**
Weingut **Fusser**
Weingut **Hahn-Pahlke**
Weingut **Isegrim**
Weingut **John**
Weingut Dr. Andreas **Kopf**
Weinbau der **Lebenshilfe**
Weingut Jürgen **Leiner**
Weingut **Lucashof**
Weingut **Manderschied**
Weingut **Mehling**
Weingut Theo **Minges**
Weingut **Müller-Catoir**
Weingut **Neuspergerhof**
Weingut **Pflüger**
Weingut **Porzelt**
Weingut Ökonomierat **Rebholz**
Weingut **Rings**
Weingut Heiner **Sauer**
Weingut **Schädler**
Weingut Karl **Schaefer**
Weingut **Schumacher**
Weingut **Schwarztrauber**
Weingut **Schwedhelm**
Weingut Georg **Siben**
Weingut Heinrich **Spindler**
Weingut **Stortz-Nicolaus**
Weingut Dr. **Wehrheim**
Sekt- und Weingut **Winterling**
Weingut **Wöhrle**

Rheingau

Wein- und Sektgut **Barth**
Weingut Dr. **Corvers-Kauter**
Weingut Graf von **Kanitz**
Weingut Peter Jakob **Kühn**
Weingut **Kaufmann**
Weingut **Mohr**
Weingut **Prinz**

Rheinhessen

Weingut **Alte Schmiede**
Weingut **BattenfeldSpanier**
Weingut Brüder Dr. **Becker**
Weingut **Dreissigacker**
Weingut **Feth-Wehrhof**
Weingut **Flörsheimer Hof**
Weingut **Frey**
Weingut **Gänz**
Weingut **Götz**
Weingut **Goldschmidt**
Weingut **Gustavshof**
Weingut **Gysler**
Weingut **Hemer**
Weingut & Hofbrennerei **Hiestand**
Weingut **Hirschhof**
Wein- und Sektgut **Hothum**
Huster Ökologischer Weinbau
Weingut **Julius**
Weingut **Kampf**
Weingut Klaus **Knobloch**
Weingut Dr. **Koehler**
Weingut **Kronenhof**
Weingut **Kühling**
Weingut **Kühling-Gillot**
Weingut **Landgraf**
Bioweingut **Lorenz**
Weingut Karl **May**
Weingut **Raddeck**
Sekthaus **Raumland**
Weingut **Riffel**
Weingut **Sander**
Weingut **St. Antony**
Weingut Eugen **Schönhals**
Strauch Sektmanufaktur
Weingut Dr. Eva **Vollmer**
Weingut **Wagner-Stempel**
Weingut **Wedekind**
Weingut **Weinreich**
Weingut Eckhard **Weitzel**
Weingut Arndt F. **Werner**
Weingut **Wittmann**

Saale-Unstrut

Landesweingut Kloster **Pforta**

Württemberg

Weingut **Adelmann**
Weingut **Bächner**
Weingut **Beurer**
Weingut **Bruker**
Weingut **Doreas**
Weingut **Eisele**
Weingut **Forsthof**
Weinbau **Frick**
Weingut **Gold**
Weingut **Häge**
Weingut Albert **Häußermann**
Weingut Karl **Haidle**
Weingut **Heid**
Weingut **Hirth** – Rebhof
Schlossgut **Hohenbeilstein**
Weingut Fürst zu **Hohenlohe-Öhringen**
Weingut **Idler**
Weingut **Klopfer**
Weingut **Knauß**
Weingut **Sankt Annagarten**
Weingut Reinhard **Schäfer**
Weingut **Schäfer-Heinrich**
Weingut Rainer **Schnaitmann**
Weingut **Seybold**
BioWeingut **Weinreuter**
Weingut **Zimmerle**

Die Schnäppchen

AHR

Weingut Sermann-Kreuzberg
2016 Riesling trocken 85/6,- €

BADEN

Weingut Albert
2016 Müller-Thurgau trocken (1l) 82/3,70 €
2016 Weißer Burgunder trocken 86/6,50 €
2016 Müller-Thurgau halbtrocken (1l) 82/3,90 €

Weingut Bercher
2016 Grauburgunder trocken Burkheimer Feuerberg 90/15,- €

Weingut Bielig
2016 Sylvaner trocken Schriesheimer (1l) 83/3,50 €
2016 Grauburgunder trocken Schriesheimer 84/5,- €
2016 Riesling Kabinett trocken Dossenheimer Ölberg 86/5,- €
2016 Chardonnay trocken Schriesheimer 87/7,- €
2015 Silvaner trocken Barrique Schriesheimer 88/9,50 €
2015 Lemberger trocken Schriesheimer 84/5,- €

Weingut Bös
2016 Chardonnay trocken 86/7,- €
2016 Weißburgunder Kabinett trocken 86/6,- €
2016 Grauburgunder Kabinett trocken 85/6,- €

Weingut Brenneisen
2016 Gutedel 83/4,- €
2016 Weißer Burgunder 85/6,- €

Weingut Hermann Dörflinger
2016 Gutedel trocken Badenweiler Römerberg 86/6,30 €
2016 Gutedel trocken Müllheimer Pfaffenstück 86/6,80 €
2016 Silvaner Spätlese trocken Pfaffenstück 88/8,50 €
2016 Chardonnay Kabinett trocken Reggenhag 87/8,50 €
2015 Chardonnay Spätlese trocken Barrique Reggenhag 91/17,- €
2015 Spätburgunder Spätlese Barrique Pfaffenstück 91/17,- €

Weingut Fischer
2016 Müller-Thurgau trocken (1l) 83/5,10 €/9,90 €

Weingut Franz Keller - Schwarzer Adler
2016 Chardonnay „Franz Anton" 92/21,- €
2015 Grauburgunder „GG" „Kähner" Bassgeige 92/22,- €

Weingut Klumpp
2014 Pinot Noir trocken Bruchsaler Weiherberg 92/17,- €

Weingut Michel
2016 Grauburgunder Kabinett trocken Schlossberg 87/8,40 €
2016 Weißburgunder Spätlese trocken Schlossberg 90/11,40 €
2016 Grauburgunder Spätlese trocken Schlossberg 90/11,40 €
2016 Chardonnay Spätlese trocken Schlossberg 91/13,50 €
2016 Grauburgunder Spätlese*** trocken Schlossberg 91/17,- €

Weingut Plag
2015 Spätburgunder trocken „S" 88/9,50 €
2015 Pinot Noir trocken „Excellance" 92/16,50 €

Weingut Rosenhof
2016 „Charta-Cuvée" Weißwein trocken 88/8,90 €

Weingut Schlör
2016 Weißburgunder trocken Reicholzheim 87/8,50 €

Weingut Seeger
2016 Weißer Burgunder trocken Heidelberger 88/8,90 €
2016 Grauer Burgunder trocken Heidelberger 89/8,90 €
2016 Weißer Burgunder „AS" Herrenberg 90/13,50 €
2016 Grauer Burgunder „AS" Herrenberg 90/13,50 €
2016 Weißer Burgunder „GG" Oberklamm 93/21,50 €
2016 Grauer Burgunder „GG" Oberklamm 92/21,50 €
2016 Chardonnay „S" 92/22,- €

Weingut Stadt Lahr - Familie Wöhrle
2016 Weißburgunder trocken Lahrer Kronenbühl 90/13,90 €

FRANKEN

Weingut Waldemar Braun
2016 Weißer Burgunder trocken Vögelein 88/9,50 €

Weingut Bürgerspital zum Heiligen Geist
2015 Chardonnay „R" trocken Würzburger Stein 94/30,- €

Weinmanufaktur 3 Zeilen
2016 Müller-Thurgau trocken „Kahler Berg" Kalb 87/8,50 €
2016 Johanniter trocken „Im Thal" Küchenmeister 88/8,50 €

Weingut Emmerich
2015 Silvaner Spätlese trocken Julius-Echter-Berg 88/10,- €

Weingut Glaser-Himmelstoss

2016 Silvaner trocken Dettelbacher Berg-Rondell 91/16,- €

2016 Müller-Thurgau („Orange") trocken Dettelbach 90/15,- €

Weingut Hillabrand

2016 Silvaner trocken Hüttenheimer Tannenberg (1l) 84/5,50 €

Weingut Höfling

2015 Riesling trocken Stein Stetten 89/12,- €

Weingut Ilmbacher Hof

2016 Müller-Thurgau trocken „Edition 104" 86/7,- €

Ludwig Knoll Weingut Am Stein

2016 Grauburgunder trocken Stettener 88/10,- €

2016 Silvaner trocken Würzburger Stein 90/15,- €

2016 Silvaner trocken Würzburger Innere Leiste 90/15,- €

2016 Riesling trocken Würzburger Innere Leiste 90/15,- €

Ökologischer Weinbau Krämer

2016 Silvaner trocken Steillage 88/8,50 €

2015 Silvaner trocken „Alte Reben" 91/12,- €

2016 Silvaner trocken Steillage „Silex" 91/18,- €

Weingut Max Müller I

2016 Silvaner Kabinett trocken Volkacher Ratsherr 88/8,50 €

2016 Weißburgunder trocken Katzenkopf 89/11,50 €

2016 Silvaner trocken „Eigenart" Holzfass 91/18,- €

2016 Silvaner trocken „Alte Reben" Katzenkopf 92/21,- €

Weingut Ewald Neder

2016 Müller-Thurgau trocken St. Klausen (1l) 83/5,- €

Weingut Richard Östreicher

2016 Silvaner „Augustbaum" Katzenkopf 91/18,- €

Weingut A.&E. Rippstein

2016 Weißer Burgunder Spätlese trocken Himmelsbühl 87/8,50 €

Weingut Rothe

2015 Blauer Zweigelt trocken 88/10,- €

Weingut Horst Sauer

2016 Weißer Burgunder „S" trocken Fürstenberg 90/15,- €

2016 Silvaner trocken „GG" „Escherndorf am Lumpen" 93/24,- €

2016 Riesling trocken „GG" „Escherndorf am Lumpen" 93/25,- €

Weingut Rainer Sauer

2016 Silvaner trocken „Muschelkalk" Escherndorf 88/9,50 €

2016 Silvaner trocken Escherndorfer Lump 89/12,- €

2016 Silvaner trocken „Alte Reben" Lump 90/13,50 €

2016 Silvaner trocken „ab ovo" 92/22,- €

Weingut Franziska Schömig

2016 „Schnelzer Secco weiß" Perlwein 85/6,- €

2016 „Schnelzer Secco" Rotling Perlwein 85/6,- €

2016 Silvaner trocken Rimparer Kobersberg 85/6,- €

2016 Müller-Thurgau „spontan" Rimparer Kobersberg 86/6,- €

2016 Portugieser Rosé trocken Rimparer Kobersberg 84/5,- €

Weingut J. Störrlein & Krenig

2016 Müller-Thurgau trocken Ewig Leben (1l) 84/6,40 €

2016 Sylvaner trocken „Alte Reben" Marsberg 89/10,- €

2016 Silvaner trocken Randersacker Sonnenstuhl 88/10,- €

Weingut Weltner

2016 Sylvaner trocken 87/7,50 €

Weingut Georg Zang

2015 Silvaner trocken „understatement" Kirchberg 87/8,- €

Weingut Luckert Zehnthof

2016 Müller-Thurgau trocken Sulzfelder 88/8,- €

2016 Silvaner trocken Sulzfeld 88/10,- €

2016 Weißer Burgunder trocken Terrassen „Berg I" 92/16,- €

Hessische Bergstrasse

Weingut Simon-Bürkle

2016 Riesling trocken „Granit" 88/8,50 €

Mittelrhein

Weingut Didinger

2016 Riesling Kabinett halbtrocken B.H. Fässerlay 85/6,- €

Weingut Heilig Grab

2016 Riesling Spätlese Bopparder Hamm Fässerlay 87/8,20 €

Mosel

Weingut Marco Adamy

2016 Riesling Kabinett Erdener Treppchen 86/6,90 €

Wein- und Gästehaus Baum

2016 Riesling Spätlese trocken „Alte Reben" Sonnenuhr 86/5,50 €

2015 Riesling Spätlese „feinherb" Sonnenuhr 85/5,30 €

2016 Riesling Kabinett Graacher Himmelreich 85/5,- €

Weingut Becker-Steinhauer

2016 Riesling Kabinett trocken Veldenzer Kirchberg 87/6,50 €

2016 Riesling Spätlese trocken „Die Steinmauer" 88/8,- €

2016 Riesling Spätlese „feinherb" Veldenzer Carlsberg 87/8,- €

2016 Riesling Kabinett Veldenzer Kirchberg 86/6,50 €

2016 Riesling Spätlese Veldenzer Carlsberg 87/8,- €

Weingut Klaus Berweiler-Merges

2015 Riesling Spätlese trocken „Alte Reben" Held 87/7,80 €

2015 Riesling Spätlese htr „Alte Reben" Annaberg 87/8,- €

2015 Riesling Spätlese „Alte Reben" Pölicher Held 87/7,20 €

Weingut Heribert Boch

2016 Riesling Spätlese*** Trittenheimer Apotheke 89/12,- €

Weingut Manfred Breit

2016 Riesling trocken (1l) 83/4,90 €

2016 Riesling Kabinett (Nr. 5) Piesporter Goldtröpfchen 86/6,- €

2016 Riesling Kabinett (Nr. 2) Piesporter Goldtröpfchen 85/6,- €

Weingut Frank Brohl

2016 Riesling Kabinett trocken „Alte Reben 1889" 87/8,50 €

Weingut Caspari-Kappel

2016 Riesling Spätlese „feinherb" Zeppwingert 90/15,- €

Weingut Ansgar Clüsserath

2016 Riesling Spätlese Trittenheimer Apotheke 90/15,- €

Weingut Christoph Clüsserath

2016 Riesling „feinherb" Piesporter Falkenberg 87/8,50 €

Weingut Clüsserath-Weiler

2016 Riesling „feinherb" „Alte Reben" Zellerberg 91/17,- €

Weingut Jürgen Dostert

2016 Elbling trocken (1l) 84/5,30 €

2016 Auxerrois trocken 86/6,40 €

Weingut Matthias Dostert

2016 Elbling trocken 84/50 €

Weingut Bernhard Eifel

2016 Riesling Spätlese Maximiner Herrenberg 88/10,- €

2016 Riesling Spätlese Schweicher Annaberg 89/10,- €

Weingut Franz-Josef Eifel

2016 Riesling „Su wie frieja" Trittenheimer Apotheke 89/12,- €

2016 Riesling Kabinett „feinherb" Altärchen 88/9,80 €

Riesling-Weingut Karl Erbes

2016 Riesling Spätlese „feinherb" Ürziger Würzgarten 88/9,50 €

2016 Riesling Kabinett Ürziger Würzgarten 88/8,- €

2016 Riesling Spätlese Erdener Treppchen 88/9,50 €

2016 Riesling Spätlese Ürziger Würzgarten 88/9,50 €

2016 Riesling Spätlese Ürziger „In der Kranklei" 90/10,- €

Weingut Klemens Friderichs

2016 Riesling Kabinett trocken Ediger Elzhofberg 85/6,- €

2016 Riesling Spätlese „feinherb" Ediger Elzhofberg 86/6,50 €

Weingut Albert Gessinger

2016 Riesling Kabinett trocken „Ambrosia" 85/5,50 €

2016 Riesling Spätlese „Alte Reben" Sonnenuhr 87/7,50 €

Weingut Otto Goergen

2016 Riesling trocken (1l) 83/4,90 €

Weingut Fritz Haag

2016 Riesling Spätlese Juffer-Sonnenuhr 92/20,- €

2016 Riesling Auslese Brauneberger Juffer 92/21,50 €

Weingut Julian Haart

2016 Riesling Spätlese Ohligsberg 92/19,90 €

Weingut Reinhold Haart

2016 Riesling Spätlese Ohligsberg 92/20,- €

Weingut Hain

2016 Riesling Kabinett trocken Goldtröpfchen 87/8,50 €

2016 Riesling trocken*** Goldtröpfchen 90/13,50 €

2016 Riesling trocken*** Piesporter Domherr 90/13,50 €

2016 Riesling Spätlese „feinherb" Goldtröpfchen 89/11,- €

2016 Riesling Spätlese „fh Alte Reben" Goldtröpfchen 90/13,50 €

2016 Riesling Spätlese Piesporter Domherr 90/13,50 €

2016 Riesling Kabinett „feinherb" Goldtröpfchen 87/8,50 €

Weingut Kanzlerhof

2016 Riesling Spätlese „feinherb" Blattenberg 87/8,50 €

2016 Riesling Spätlese Goldkapsel Blattenberg 88/9,50 €

Weingut Karlsmühle

2016 Riesling Spätlese trocken „alte Reben" Lorenzhöfer 89/12,- €

2016 Riesling Kabinett „feinherb" Kaseler Nies'chen 87/8,50 €

2016 Riesling Kabinett Kaseler Nies'chen 88/8,50 €

2016 Riesling Spätlese Kaseler Nies'chen 89/12,- €

Weingut Karp-Schreiber

2016 Riesling „feinherb" „My Karp" 85/6,- €

Weingut Kees-Kieren

2016 Riesling Kabinett** Erdener Treppchen 89/10,- €

Weingut Kirsten

2016 Riesling trocken Klüsserather Bruderschaft 88/9,50 €

2016 Riesling „Wolkentanz" 87/8,50 €

2016 Riesling „feinherb" Klüsserather Bruderschaft 88/10,- €

Weingut Rüdiger Kröber

2016 Riesling trocken (1l) 84/6,50 €

2016 Riesling Kabinett trocken Winninger Hamm 87/7,50 €

Weingut Laurentiushof

2016 Elbling trocken Bremmer Laurentiusberg (1l) 84/6,20 €

2016 Riesling trocken (1l) 84/6,50 €

2016 Riesling trocken „Urgestein" Bremmer Calmont 87/8,40 €

2016 Riesling „feinherb" Neefer Frauenberg 87/8,40 €

Weingut Schloss Lieser

2016 Riesling Kabinett Piesporter Goldtröpfchen 90/13,- €

Weingut Carl Loewen

2016 Riesling trocken „Varidor" 88/8,50 €

2016 Riesling „Alte Reben" 89/9,90 €

2016 Riesling trocken „Alte Reben" Laurentiuslay 90/14,50 €

2016 Riesling Auslese Maximin Herrenberg 93/19,90 €

2016 Riesling Auslese Ritsch 91/18,- €

Weingut Gebr. Ludwig

2016 Riesling trocken (1l) 84/6,50 €

Weingut Axel Pauly

2016 Riesling Kabinett trocken „purist" 87/8,20 €

2016 Riesling Spätlese Lieserer Niederberg-Helden 89/10,80 €

Weingut Philipps-Eckstein

2016 Riesling Kabinett „Alte Reben" Domprobst 87/8,50 €

2016 Riesling Spätlese** Graacher Himmelreich 88/9,- €

2016 Riesling Spätlese „Laurine" Graacher Domprobst 88/9,50 €

2016 Riesling Spätlese „Gehr" Graacher Himmelreich 89/12,- €

Weingut Reh

2016 Riesling trocken (1l) 84/5,50 €
2016 Riesling Hochgewächs trocken 85/6,- €
2016 Riesling Spätlese trocken „Layet 1900" Blattenberg 88/9,- €
2016 Riesling „feinherb" Sonnenberg (1l) 84/5,50 €
2016 Riesling Spätlese „feinherb" „Alte Reben" Zellerberg 89/9,- €
2016 Riesling Sonnenberg (1l) 84/5,50 €
2016 Riesling Spätlese Mehringer Zellerberg 89/9,- €

Weingut Reuscher-Haart

2016 Riesling Kabinett trocken Piesporter 86/6,50 €
2016 Riesling Spätlese trocken „Urgestein" Domherr 89/10,- €
2016 Riesling Spätlese „feinherb" Goldtröpfchen 88/9,50 €
2016 Riesling Piesporter 85/5,50 €
2016 Riesling Kabinett Piesporter Goldtröpfchen 86/6,80 €
2016 Riesling Spätlese Piesporter Goldtröpfchen 88/9,50 €

Weingut Römerhof

2016 Riesling Spätlese halbtrocken Selection Zellerberg 87/8,30 €

Weingut Josef Rosch

2016 Riesling Auslese Trittenheimer Apotheke 92/14,- €

Weingut Martin Schömann

2015 Riesling Kabinett trocken Graacher Himmelreich 87/8,50 €

C. von Schubert'sche Gutsverwaltung Grünhaus

2016 Riesling Spätlese Grünhäuser Abtsberg 91/17,90 €

Weingut Paul Schunk

2016 Riesling Kabinett Bruttiger Kapellenberg 85/6,- €

Weingut Selbach-Oster

2016 Riesling Kabinett trocken Zeltinger 88/10,- €

Weingut Simonis

2016 Riesling Kabinett halbtrocken Nonnengarten 85/5,80 €

Weingut Steffens-Keß

2016 Riesling trocken (1l) 85/7,20 €
2016 Riesling trocken Burger Hahnenschrittchen 87/7,20 €
2016 Riesling trocken Reiler Goldlay 87/7,30 €
2016 Riesling Kabinett trocken Hahnenschrittchen 87/8,30 €
2016 Riesling Kabinett trocken Reiler Goldlay 88/8,60 €
2016 Riesling Spätlese trocken Hahnenschrittchen 89/11,40 €

Weingut Günther Steinmetz

2016 Riesling Brauneberger 87/8,50 €

Weingut Studert-Prüm - Maximinhof

2016 Riesling Spätlese Wehlener Sonnenuhr 88/10,- €

Weingut Dr. Heinz Wagner

2016 Riesling Spätlese Ockfener Bockstein 90/14,90 €

Nahe

Weingut Göttelmann

2016 Riesling trocken Münsterer Dautenpflänzer 88/9,30 €

Weingut Clemens Honrath

2016 Riesling trocken Langenlonsheimer Königsschild 87/7,80 €

Pfalz

Weingut Bärenhof

2016 Gewürztraminer Spätlese Ungsteiner Kobnert 85/5,60 €

Weingut Gies-Düppel

2016 Riesling trocken Birkweiler Kastanienbusch 91/17,50 €

Weingut Frank John

2016 Riesling trocken „Buntsandstein" 91/17,- €

Weingut Klundt

2016 Riesling trocken (1l) 82/4,- €
2016 Riesling trocken Birkweiler Kastanienbusch 90/15,- €

Weingut Pfirmann

2016 Weißer Burgunder trocken „Landschneckenkalk" 87/8,20 €
2016 Riesling trocken „Kalkmergel" 87/8,20 €
2016 Riesling trocken „Landschneckenkalk" 87/8,20 €

Weingut M. Schädler

2016 Grauburgunder trocken „Mugler" Heiligenberg 87/8,50 €

Weingut Zimmermann

2016 Riesling Spätlese trocken Altenburg 89/12,- €

Rheingau

Weingut Carl Ehrhard

2016 Riesling trocken „Urstück Rottland" 91/17,- €
2016 Riesling „Urstück Am Brunnen" Berg Rottland 92/19,- €

Weingut Querbach

2014 Riesling „Edition" 88/9,90 €
2015 Riesling „Edition" 88/9,90 €
2014 Riesling Hallgarten 90/11,75 €
2012 Riesling „Querbach No. 1" Oestrich Lenchen 91/14,40 €
2016 Riesling „Querbach No. 1" Oestrich Lenchen 90/14,40 €
2014 Riesling „Querbach No. 1" Oestrich Lenchen 90/14,40 €
2015 Riesling „Milestone" Oestrich Doosberg 92/20,40 €
2014 Riesling „Milestone" Oestrich Doosberg 92/20,40 €
2012 Riesling „Milestone" Oestrich Doosberg 93/20,40 €

Rheinhessen

Weingut Becker-Landgraf

2016 Riesling trocken Gau-Odernheimer 89/11,20 €

Weingut Bischel

2016 Riesling trocken 87/8,40 €
2016 Riesling trocken Scharlachberg 94/23,- €

Weingut Braunewell

2016 Riesling trocken „Unser täglich Riesling" (1l) 84/6,50 €

2016 Riesling trocken Teufelspfad 93/18,50 €

Weingut Espenhof

2016 Weißer Riesling Spätlese La Roche 88/9,- €

Weinhof Fischborn-Bergeshof

2016 Weißburgunder trocken Badenheimer 85/6,- €

Geil's Sekt- und Weingut

2014 Weißburgunder Sekt brut 90/14,50 €

Weingut Gres

2016 Riesling trocken Appenheimer Hundertgulden 89/11,80 €

2016 Riesling trocken Niersteiner Hipping 89/11,80 €

Weingut Hessert

2016 Riesling trocken 84/4,80 €

Weingut Karlheinz Keller

2016 Weißburgunder „S" trocken St. Georgenberg 86/6,50 €

2016 Grauer Burgunder „S" trocken Nonnenwingert 86/6,50 €

2016 Chardonnay „S" trocken St. Georgenberg 86/6,20 €

2016 Riesling „S" trocken Frauenberg 87/7,20 €

2016 Riesling trocken Schlossberg (Th. von Waldner) 89/10,60 €

2015 Merlot „R" trocken Wormser Nonnenwingert 87/7,80 €

Weingut Klaus Keller

2016 Scheurebe trocken 88/9,80 €

Weingut Lamberth

2016 Silvaner trocken 84/5,- €

Weingut Landgraf

2016 Riesling trocken Saulheimer 89/11,90 €

Weingut Mertz

2016 Weißburgunder trocken 84/5,- €

Weingut Neef-Emmich

2016 Huxelrebe Auslese 86/7,- €

Weingut Schweickardt

2016 Riesling trocken Appenheimer Hundertgulden 89/9,80 €

Spiess Weinmacher

2016 Riesling trocken Bechtheimer Geyersberg 92/18,50 €

Weingut Stallmann-Hiestand

2016 Weißer Burgunder trocken (1l) 83/4,70 €

2016 Weißer Burgunder trocken Aulenberg 87/8,40 €

Weingut Zöller

2015 Spätburgunder trocken 84/5,- €

Württemberg

Weingut Dautel

2016 Riesling „GG" Bönningheimer „Steingrüben" 93/25,20 €

2015 Spätburgunder „GG" Forstberg 94/28,70 €

Weingut Fritz Funk

2015 Riesling Auslese trocken 87/8,50 €

2016 Trollinger Steillage trocken Holzfass 85/5,20 €

Weingut Heid

2016 Riesling „GG" Stettener Pulvermächer 91/18,- €

Weingut Keil

2016 Muskateller** Heuholzer Dachsteiger 84/4,90 €

Weingut Gerd Keller

2016 Riesling trocken „Nachtgrabb" 87/7,50 €

2016 Riesling „Graßdackel" (1l) 83/4,50 €

2016 Rosé trocken „Feger" 85/4,80 €

Weingut Maier

2016 Lemberger trocken 86/6,10 €

Weingut Mödinger

2016 Riesling trocken „Gastenklinge" 88/9,50 €

Weingut Schwarz

2015 Trollinger trocken Untertürkheimer Mönchberg 85/5,50 €

Weingut Unser

2015 Dornfelder trocken Leingartener Grafenberg (1l) 82/4,- €

Weingut Wachtstetter

2016 Gewürztraminer trocken Pfaffenhofen 88/9,80 €

Die Bestenlisten

– Sekt –

92/100

2009 „IX. Triumvirat Grande Cuvée" Sekt brut
Sekthaus Raumland

91/100

2012 Riesling Sekt -50- brut nature
Weingut Frank John

2007 „MonRose" Sekt brut
Sekthaus Raumland

90/100

2010 Aldinger brut nature
Weingut Gerhard Aldinger

2013 Riesling brut nature Hattenheim Schützenhaus
Wein- und Sektgut Barth

2011 „Ultra" Pinot brut nature
Wein- und Sektgut Barth

2008 „Cuvée Mo" brut nature
Schlossgut Diel

2014 Weißburgunder brut
Geil's Sekt- und Weingut

2014 Chardonnay brut
Weingut Franz Keller - Schwarzer Adler

2011 „Cuvée Prestige" brut nature
Weingut Melsheimer

2011 Chardonnay „Prestige" brut
Sekthaus Raumland

2013 „Evoé! Blanc de Noir" brut nature
Weingut Rainer Schnaitmann

89/100

2014 „Cuvée Louis" brut
Sektkellerei Andres & Mugler

2010 Cuvée Pinot brut nature „Réserve"
Wein- und Sektgut Bamberger

2012 „Fluxus Grand Cuvée" extra brut
Weingut Bergdolt St. Lamprecht

2013 Pinot „Prestige" brut nature
Weingut Braunewell

2015 Riesling brut
Weingut Reichsrat von Buhl

„Réserve" brut
Weingut Reichsrat von Buhl

2008 Riesling brut nature Dorsheim Goldloch
Schlossgut Diel

„Blanc de Blanc Réserve" brut nature
Weingut Eymann

2014 Pinot brut nature „Prestige"
Sekthaus Griesel & Compagnie

2014 Rosé extra brut „Prestige"
Sekthaus Griesel & Compagnie

2013 Riesling „Dosage Zéro" Reiler Mullay-Hofberg
Weingut Melsheimer

2008 Riesling „Prestige" brut
Sekthaus Raumland

2009 „Blanc de Blancs Prestige" brut
Sekthaus Raumland

2010 Riesling brut Rüdesheimer Berg Schlossberg
Sektmanufaktur Schloss Vaux

2008 Pinot „Patina" brut
Weingut Wilhelmshof

– Silvaner –

94/100

2016 Silvaner „GG" Stettener Stein
Ludwig Knoll Weingut Am Stein

93/100

2016 Silvaner trocken „GG" „Escherndorf am Lumpen"
Weingut Horst Sauer

2016 Sylvaner*** trocken „Creutz"
Weingut Luckert Zehnthof

92/100

2016 Silvaner trocken „GG" Würzburger Stein
Weingut Bürgerspital zum Heiligen Geist

2016 Silvaner trocken „Vinz" „Alte Reben"
Ludwig Knoll Weingut Am Stein

2016 Sylvaner „GG" „Himmelspfad" Langenberg Retzstadt
Weingut Rudolf May

2016 Silvaner trocken „Alte Reben" Katzenkopf
Weingut Max Müller I

2016 Silvaner trocken „ab ovo"
Weingut Rainer Sauer

2016 Silvaner „GG" „Escherndorf am Lumpen 1655"
Weingut Rainer Sauer

2016 Silvaner „GG" Sulzfelder Maustal
Weingut Luckert Zehnthof

91/100

2015 Silvaner „GG" „Mönchshof"
Weingut Bickel-Stumpf

2016 Silvaner trocken „GG" Würzburger Stein-Harfe
Weingut Bürgerspital zum Heiligen Geist

2016 Silvaner trocken Dettelbacher Berg-Rondell
Weingut Glaser-Himmelstoss

2015 Silvaner trocken „GG" Iphöfer Julius-Echter-Berg
Weingut Juliusspital Würzburg

2016 Silvaner trocken Steillage „Silex"
Ökologischer Weinbau Krämer

2015 Silvaner trocken „Alte Reben"
Ökologischer Weinbau Krämer

2016 Silvaner „GG" „Asphodill" Homburg Kallmuth
Weingut Fürst Löwenstein

2016 Silvaner „GG" „Rothlauf" Johannisberg Thüngersheim
Weingut Rudolf May

2016 Silvaner trocken „Eigenart" Holzfass
Weingut Max Müller I

2016 Silvaner „Augustbaum" Sommeracher Katzenkopf
Weingut Richard Östreicher

2015 Silvaner trocken „GG" Randersackerer Pfülben
Weingut Schmitt's Kinder

2016 Silvaner „GG" „Unterm Turm" Randersacker Sonnenstuhl
Weingut J. Störrlein & Krenig

2016 Sylvaner „GG" Rödelseer „Hoheleite"
Weingut Weltner

90/100

2016 Silvaner trocken Goldberg
Weingut Bischel

2015 Silvaner Selection „Meisterstück N 2" Julius-Echter-Berg
Weingut Emmerich

2016 Silvaner trocken „GG Am Lumpen 1655" Escherndorf
Weingut Michael Fröhlich

2015 Silvaner trocken „Grenzstein" Stein Stetten
Weingut Höfling

2015 Silvaner trocken „GG" Würzburger Stein
Weingut Juliusspital Würzburg

2016 Sylvaner „Feuervogel"
Weingut Klaus Keller

2016 Silvaner trocken Würzburger Innere Leiste
Ludwig Knoll Weingut Am Stein

2016 Silvaner trocken Würzburger Stein
Ludwig Knoll Weingut Am Stein

2016 Silvaner trocken Steillage „Muschelkalk"
Ökologischer Weinbau Krämer

2016 Silvaner trocken Eschendorfer Lump
Weingut Max Müller I

2015 Silvaner trocken „alte Reben"
Weingut Roth

2014 „Kvevri" Weißwein
Weingut Rothe

2015 Silvaner „GG" Julius-Echter-Berg
Weingut Johann Ruck

2016 Silvaner trocken „Sehnsucht"
Weingut Horst Sauer

2016 Silvaner trocken „Alte Reben" Escherndorfer Lump
Weingut Rainer Sauer

2016 Silvaner „L" trocken
Weingut Rainer Sauer

2016 Silvaner „GG" „Alttenberg 1172"
Weingut Schloss Sommerhausen

2015 Sylvaner „SY" „Pure Grapes" Randersacker Marsberg
Weingut J. Störrlein & Krenig

2016 Silvaner trocken „Gelbkalk" Sonnenberg
Weingut Luckert Zehnthof

– Riesling –

94/100

2016 Riesling trocken Scharlachberg
Weingut Bischel
2016 Riesling „GG" „Abts E"
Weingut Klaus Keller
2016 Riesling „GG" Pettenthal
Weingut Kühling-Gillot
2016 Riesling „GG" Morstein
Weingut Wittmann

93/100

2015 Riesling „GG" „Berg" Stettener Pulvermächer
Weingut Beurer
2016 Riesling trocken Teufelspfad
Weingut Braunewell
2016 Riesling trocken Rüdesheim Berg Schlossberg
Weingut Georg Breuer
2016 Riesling „GG" Idig
Weingut Christmann
2016 Riesling „GG" Bönningheimer „Steingrüben"
Weingut Dautel
2016 Riesling „GG" Dellchen
Weingut Hermann Dönnhoff
2013 Riesling trocken Westhofener Morstein
Weingut Dreissigacker
2016 Riesling „GG" „Auf der Ley"
Weingut Emrich-Schönleber
2016 Riesling „GG" Halenberg
Weingut Emrich-Schönleber
2016 Riesling „GG" Morstein
Weingut Klaus Keller
2016 Riesling „GG" Hubacker
Weingut Klaus Keller
2016 Riesling „GG" Kirchspiel
Weingut Klaus Keller
2016 Riesling „G-Max"
Weingut Klaus Keller
2016 Riesling „GG" Hipping
Weingut Kühling-Gillot
2015 Riesling trocken Oestrich Doosberg
Weingut Peter Jakob Kühn
2016 Riesling „GG" „Ehrenfels" Berg Schlossberg
Weingut Leitz
2016 Riesling trocken „GG" „Escherndorf am Lumpen"
Weingut Horst Sauer
2016 Riesling „GG" Höllberg Siefersheim
Weingut Wagner-Stempel
2016 Riesling „GG" Pechstein
Weingut von Winning
2016 Riesling „GG" Ungeheuer
Weingut von Winning
2016 Riesling „GG" Sulzfelder Maustal
Weingut Luckert Zehnthof

92/100

2016 Riesling „GG" Kirchenstück
Weingut Geh. Rat Dr. v. Bassermann-Jordan
2016 Riesling „GG" am Schwarzen Herrgott Mölsheim
Weingut BattenfeldSpanier
2016 Riesling „GG" Kirchenstück Hohen-Sülzen
Weingut BattenfeldSpanier
2012 Riesling „CO Liquid Earth"
Weingut BattenfeldSpanier
2016 Riesling trocken Heerkretz
Weingut Bischel
2016 Riesling trocken Hundertgulden
Weingut Bischel
2016 Riesling „GG" Pechstein
Weingut Reichsrat von Buhl
2016 Riesling „GG" Ungeheuer
Weingut Reichsrat von Buhl
2016 Riesling „GG" „Fahrlay" Marienburg
Weingut Clemens Busch
2016 Riesling „GG" „Falkenlay" Marienburg
Weingut Clemens Busch
2016 Riesling „GG" Marienburg
Weingut Clemens Busch
2014 Riesling „Fahrlay Reserve" Marienburg
Weingut Clemens Busch
2016 Riesling „GG" Ölberg „Hart Kapelle"
Weingut Christmann
2016 Riesling „GG" Langenmorgen

Weingut Christmann
2016 Riesling „GG“ Mandelgarten „Meerspinne“
Weingut Christmann
2016 Riesling „GG“ Felsenberg
Weingut Hermann Dönnhoff
2016 Riesling „GG“ Hermannshöhle
Weingut Hermann Dönnhoff
2016 Riesling trocken Westhofener Morstein
Weingut Dreissigacker
2016 Riesling trocken „Legenden“
Weingut Dreissigacker
2013 Riesling trocken Bechtheimer Geyersberg
Weingut Dreissigacker
2016 Riesling „Urstück Am Brunnen“ Berg Rottland
Weingut Carl Ehrhard
2016 Riesling „Sonnenfels“ Trittenheimer Apotheke
Weingut Franz-Josef Eifel
2016 Riesling „GG“ Frühlingsplätzchen
Weingut Emrich-Schönleber
2016 Riesling „GG“ Centgrafenberg
Weingut Rudolf Fürst
2016 Riesling trocken „GG“ Dhron Hofberg
Weingut Grans-Fassian
2016 Riesling „GG“ Brauneberger Juffer-Sonnenuhr
Weingut Fritz Haag
2015 Riesling „GG“ Bastei
Weingut Gut Hermannsberg
2016 Riesling „GG“ Pettenthal
Weingut Klaus Keller
2016 Riesling „GG“ Stettener Stein
Ludwig Knoll Weingut Am Stein
2016 Riesling „GG“ „wurzelecht“ Rothenberg
Weingut Kühling-Gillot
2015 Riesling trocken Mittelheim St. Nikolaus
Weingut Peter Jakob Kühn
2016 Riesling trocken „GG“ Hochheimer Hölle
Weingut Künstler
2016 Riesling „GG“ Schwarzer Herrgott
Weingut Philipp Kuhn
2016 Riesling „GG“ Saumagen
Weingut Philipp Kuhn
2016 Riesling trocken „GG“ Graach Himmelreich
Weingut Schloss Lieser
2016 Riesling trocken „GG“ Brauneberg Juffer-Sonnenuhr
Weingut Schloss Lieser
2016 Riesling trocken „GG“ Wehlen Sonnenuhr
Weingut Schloss Lieser
2016 Riesling trocken „GG“ Piesport Goldtröpfchen
Weingut Schloss Lieser
2016 Riesling „GG“ Pechstein
Weingut Georg Mosbacher
2016 Riesling „GG“ „Ganz Horn“ Im Sonnenschein
Weingut Ökonomierat Rebholz
2016 Riesling „GG“ Halenberg
Weingut Schäfer-Fröhlich
2016 Riesling „GG“ Felseneck
Weingut Schäfer-Fröhlich
2015 Riesling trocken „GG“ Götzenberg Uhlbach
Weingut Rainer Schnaitmann
2016 Riesling „GG“ Oberklamm
Weingut Seeger
2016 Riesling trocken Bechtheimer Geyersberg
Spiess Weinmacher
2016 Riesling „Alte Reben“ Wiltingen Gottesfuß
Weingut Van Volxem
2016 Riesling „P“ Scharzhofberger „Pergentsknopp“
Weingut Van Volxem
2016 Riesling „GG“ Heerkretz Siefersheim
Weingut Wagner-Stempel
2016 Riesling trocken „EMT“
Weingut Wagner-Stempel
2016 Riesling „GG“ Scharlachberg Bingen
Weingut Wagner-Stempel
2016 Riesling trocken „GG“ Kiedrich Gräfenberg
Weingut Robert Weil
2016 Riesling „GG“ Laurentiuslay
Weingut Nik Weis - St. Urbans-Hof
2016 Riesling „GG“ Grainhübel
Weingut von Winning
2016 Riesling „GG“ Jesuitengarten
Weingut von Winning
2016 Riesling „GG“ Brunnenhäuschen
Weingut Wittmann
2016 Riesling „GG“ Kirchspiel
Weingut Wittmann
2016 Riesling „GG“ Aulerde
Weingut Wittmann

91/100

2015 Riesling „GG“ „Das Lied von der Erde“ Süßmund
Weingut Graf Adelmann
2015 Riesling trocken „GG“ Hattenheim Hassel
Wein- und Sektgut Barth
2016 Riesling „GG“ Ungeheuer

Weingut Geh. Rat Dr. v. Bassermann-Jordan
2016 Riesling „GG" Hohenmorgen
Weingut Geh. Rat Dr. v. Bassermann-Jordan
2016 Riesling „GG" Pechstein
Weingut Geh. Rat Dr. v. Bassermann-Jordan
2016 Riesling „GG" Jesuitengarten
Weingut Geh. Rat Dr. v. Bassermann-Jordan
2016 Riesling „GG" Frauenberg Nieder-Flörsheim
Weingut BattenfeldSpanier
2015 Riesling trocken Herrgottspfad
Weingut Becker-Landgraf
2015 Riesling „Junges Schwaben" Stettener Häder
Weingut Beurer
2016 Riesling trocken Rüdesheim Berg Rottland
Weingut Georg Breuer
2016 Riesling trocken Rauenthal Nonnenberg
Weingut Georg Breuer
2016 Riesling trocken „GG" Würzburger Stein-Harfe
Weingut Bürgerspital zum Heiligen Geist
2016 Riesling „GG" „Hagemann" Würzburger Stein
Weingut Bürgerspital zum Heiligen Geist
2016 Riesling „GG" Kieselberg
Weingut Reichsrat von Buhl
2015 Riesling „GG" Freundstück
Weingut Reichsrat von Buhl
2016 Riesling „GG" „Rothenpfad" Marienburg
Weingut Clemens Busch
2016 Riesling „GG" Reiterpfad „Hofstück"
Weingut Christmann
2016 Riesling trocken „Primus" Trittenheimer Apotheke
Weingut Clüsserath-Weiler
2016 Riesling „GG" Bastei
Weingut Dr. Crusius
2016 Riesling trocken „Untitled II"
Weingut Dr. Crusius
2016 Riesling „GG" Pittermännchen
Schlossgut Diel
2016 Riesling „GG" Goldloch
Schlossgut Diel
2016 Riesling trocken Bechtheimer Geyersberg
Weingut Dreissigacker
2013 Riesling trocken Westhofener Kirchspiel
Weingut Dreissigacker
2016 Riesling „Urstück Rottland" Berg Rottland
Weingut Carl Ehrhard
2016 Riesling trocken „Halgans" Monzinger
Weingut Emrich-Schönleber
2016 Riesling trocken Birkweiler Kastanienbusch
Weingut Gies-Düppel
2016 Riesling trocken „GG" Leiwen Laurentiuslay
Weingut Grans-Fassian
2016 Riesling trocken „GG" Trittenheim Apotheke
Weingut Grans-Fassian
2016 Riesling „GG" Nackenheim Rothenberg
Weingut Gunderloch
2016 Riesling „GG" Nierstein Hipping
Weingut Gunderloch
2016 Riesling trocken „GG" Brauneberger Juffer
Weingut Fritz Haag
2016 Riesling trocken Ohligsberg
Weingut Julian Haart
2016 Riesling trocken Goldtröpfchen
Weingut Julian Haart
2016 Riesling „GG" Ohligsberg
Weingut Reinhold Haart
2016 Riesling „GG" Goldtröpfchen
Weingut Reinhold Haart
2016 Riesling „GG" Stettener Pulvermächer
Weingut Karl Haidle
2016 Riesling „GG" Stettener Pulvermächer
Weingut Heid
2015 Riesling „GG" Kupfergrube
Weingut Gut Hermannsberg
2015 Riesling „GG" Hermannsberg
Weingut Gut Hermannsberg
2016 Riesling „GG" Felsenberg
Weingut Gut Hermannsberg
2016 Riesling „GG" „Silberlack" Schloss Johannisberger
Weingut Schloss Johannisberg
2016 Riesling trocken „Buntsandstein"
Weingut Frank John
2016 Riesling trocken „GG" Hattenheim Hassel
Weingut Kaufmann
2013 Riesling „GG" Rüdesheim Berg Schlossberg
Weingut August Kesseler
2012 Riesling „GG" Rüdesheim Berg Roseneck
Weingut August Kesseler
2016 Riesling trocken Nieder-Hilbersheimer Steinacker
Weingut Knewitz
2016 Riesling „GG" Steinbuckel
Weingut Knipser
2016 Riesling „GG" Mandelpfad
Weingut Knipser
2016 Riesling „GG" Rüdesheimer Berg Schlossberg

Weingut Künstler
2016 Riesling „GG" Steinbuckel
Weingut Philipp Kuhn
2016 Riesling „GG" Kirschgarten
Weingut Philipp Kuhn
2016 Riesling „GG" „Hinterhaus" Rüdesheim Berg Rottland
Weingut Leitz
2016 Riesling trocken „GG" Rüdesheimer Rosengarten
Weingut Leitz
2016 Riesling „GG" Terrassen Berg Kaisersteinfels
Weingut Leitz
2016 Riesling „GG" „Katerloch" Rüdesheim Berg Roseneck
Weingut Leitz
2016 Riesling trocken „GG" Lieser Niederberg-Helden
Weingut Schloss Lieser
2016 Riesling trocken „GG" Maximin Herrenberg
Weingut Carl Loewen
2016 Riesling „1896 Alte Reben" Maximin Herrenberg
Weingut Carl Loewen
2016 Riesling trocken Osthofener Goldberg
Weingut Karl May, Liebenauer Hof
2016 Riesling „GG" Ungeheuer
Weingut Georg Mosbacher
2016 Riesling „GG" Jesuitengarten
Weingut Georg Mosbacher
2016 Riesling „GG" Herrenberg
Weingut Pfeffingen, Fuhrmann-Eymael
2016 Riesling „GG" Im Sonnenschein
Weingut Ökonomierat Rebholz
2016 Riesling „GG" Kastanienbusch
Weingut Ökonomierat Rebholz
2016 Riesling „GG" Saumagen
Weingut Rings
2016 Riesling „GG" „Escherndorf am Lumpen 1655"
Weingut Rainer Sauer
2016 Riesling „GG" Goldloch
Weingut Joh. Bapt. Schäfer
2016 Riesling „GG" Felsenberg
Weingut Schäfer-Fröhlich
2016 Riesling „GG" Kupfergrube
Weingut Schäfer-Fröhlich
2016 Riesling „GG" Stromberg
Weingut Schäfer-Fröhlich
2016 Riesling „GG" Frühlingsplätzchen
Weingut Schäfer-Fröhlich
2014 Riesling trocken „Rheinstoff"
Weingut Château Schembs
2016 Riesling***** trocken Niersteiner Pettenthal
Weingut Schneider - Mirjam Schneider
2016 Riesling „GG" Maximin Grünhäuser Herrenberg
C. von Schubert'sche Gutsverwaltung Grünhaus
2016 Riesling „GG" Maximin Grünhäuser Abtsberg
C. von Schubert'sche Gutsverwaltung Grünhaus
2016 Riesling „GG" Mittelheim St. Nikolaus
Weingut Josef Spreitzer
2016 Riesling „GG" „Unterm Turm" Sonnenstuhl
Weingut J. Störrlein & Krenig
2016 Riesling „GG" Wiltingen „Volz"
Weingut Van Volxem
2016 Riesling „GG" Scharzhofberger
Weingut Van Volxem
2016 Riesling „GG" Wawern Goldberg
Weingut Van Volxem
2016 Riesling „GG" Bernkastel Doctor
Weingüter Geheimrat J. Wegeler, Gutshaus Bernkastel
2016 Riesling trocken „GG" Rüdesheim Berg Schlossberg
Weingüter Geheimrat J. Wegeler
2016 Riesling trocken „GG" Geisenheim Rothenberg
Weingüter Geheimrat J. Wegeler
2016 Riesling „GG" Kastanienbusch
Weingut Dr. Wehrheim
2016 Riesling „GG" Saarfeilser
Weingut Nik Weis - St. Urbans-Hof
2016 Riesling „GG" Kalkofen
Weingut von Winning
2015 Riesling „GG" Iphöfer Julius-Echter-Berg
Weingut Hans Wirsching
2016 Riesling trocken „Alte Reben La Borne"
Weingut Wittmann
2016 Riesling „GG" Rausch
Weingut Forstmeister Geltz-Zilliken

– Weißburgunder –

WEISSBURGUNDER

93/100

2016 Weißburgunder „GG" Achkarren Schlossberg
Weingut Dr. Heger

2016 Weißer Burgunder „GG" Oberklamm
Weingut Seeger

92/100

2015 Weißburgunder „GG" „Leh" Bassgeige
Weingut Franz Keller – Schwarzer Adler

2016 Weißburgunder „GG" Kirschgarten
Weingut Knipser

2016 Weißer Burgunder*** „Reserve" „Steinenweg"
Weingut Arndt Köbelin

2016 Pinot Blanc „GG" Kirschgarten
Weingut Philipp Kuhn

2016 Weißburgunder „Hölzlein" Katzenkopf
Weingut Richard Östreicher

2015 Weißburgunder „Hölzlein" Katzenkopf
Weingut Richard Östreicher

2015 Weißer Burgunder „Réserve"
Weingut Wittmann

2016 Weißer Burgunder trocken Terrassen „Berg I"
Weingut Luckert Zehnthof

91/100

2016 Weißburgunder „S"
Weingut Dautel

2015 Weißer Burgunder „R" Centgrafenberg
Weingut Rudolf Fürst

2015 Weißburgunder „GG" „Hinter Winklen Gras im Ofen"
Weingut Dr. Heger

2016 Weißer Burgunder „GG" Mandelberg
Weingut Ökonomierat Rebholz

2016 Weißer Burgunder „GG" Im Sonnenschein
Weingut Ökonomierat Rebholz

2016 Weißburgunder „GG" „Wingerte" Altenberg
Privat-Weingut H. Schlumberger

2015 Weißer Burgunder Schlossberg Staufen
Weingut Fritz Waßmer

2016 Weißburgunder „GG" Lahrer Herrentisch
Weingut Wöhrle

90/100

2015 Weißburgunder „GG" „Marienglas" Gips
Weingut Gerhard Aldinger

2016 Weißburgunder „GG" „Haslen" Feuerberg
Weingut Bercher

2016 Weißburgunder „GG" Mandelberg
Weingut Bergdolt St. Lamprecht

2016 Weißburgunder trocken „Réserve"
Weingut Bischel

2016 Weißburgunder trocken „Einzigacker"
Weingut Dreissigacker

2016 Weißer Burgunder Birkweiler Mandelberg
Weingut Gies-Düppel

2016 Weißburgunder trocken Römerstich
Weingut Hees

2016 Weißburgunder „GG" „Winklen Rappenecker"
Weingut Dr. Heger

2016 Weißer Burgunder trocken Appenheim Eselspfad
Weingut Hofmann

2016 Weißburgunder „Franz Anton"
Weingut Franz Keller – Schwarzer Adler

2016 Riesling trocken Birkweiler Kastanienbusch
Weingut Klundt

2016 Weißburgunder Spätlese*** trocken „Wihlbach"
Weingut Knab

2016 Weißburgunder trocken „Montonia"
Ludwig Knoll Weingut Am Stein

2016 Weißer Burgunder „GG" Kalmit
Weingut Familie Kranz

2015 Weißburgunder trocken Saulheimer Hölle
Weingut Landgraf

2015 Weißer Burgunder „Reserve" Sonnenmorgen
Weingut Lindenhof

2016 Weißburgunder Spätlese Achkarrer Schlossberg
Weingut Michel

2016 Weißburgunder Spätlese*** Achkarrer Schlossberg
Weingut Michel

2016 Weißburgunder „GG" Rosenkranz „Im untern Kreuz"

Weingut Theo Minges

2016 Weißburgunder Holzfass Sommerach Katzenkopf

Weingut Max Müller I

2016 Weißer Burgunder „GG" Münzberg „Schlangenpfiff"

Weingut Münzberg

2016 Weißburgunder „GG" Herrenberg

Weingut Pfeffingen, Fuhrmann-Eymael

2016 Weißer Burgunder „GG" Weilberg

Weingut Rings

2016 Weißer Burgunder „S" Escherndorfer Fürstenberg

Weingut Horst Sauer

2016 Weißer Burgunder „R" trocken

Weingut Schäfer-Fröhlich

2016 Weißer Burgunder „AS" Heidelberger Herrenberg

Weingut Seeger

2016 Weißer Burgunder Birkweiler Mandelberg

Weingut Siener

2015 Weißburgunder „WB" trocken „Pure Grapes"
Randersacker Teufelskeller

Weingut J. Störrlein & Krenig

2016 Weißer Burgunder Spätlese Staufener Schlossberg

Weingut Martin Waßmer

2016 Weißer Burgunder „GC" Spätlese Castellberg

Weingut Martin Waßmer

2016 Weißer Burgunder „GG" Mandelberg

Weingut Dr. Wehrheim

2016 Weißburgunder trocken Lahrer Kronenbühl

Weingut Wöhrle

2016 Weißburgunder „GG" Herzogenberg

Weingut Wöhrwag

– Grauburgunder –

93/100

2016 Grauburgunder „GG" Achkarren Schlossberg
Weingut Dr. Heger

92/100

2015 Grauburgunder „GG" Schlossberg
Weingut Franz Keller – Schwarzer Adler

2015 Grauburgunder „GG" „Kähner" Bassgeige
Weingut Franz Keller – Schwarzer Adler

2016 Grauer Burgunder*** „Reserve" „Kaltenbrunnen"
Weingut Arndt Köbelin

2016 Grauer Burgunder „GG" Oberklamm
Weingut Seeger

91/100

2016 Grauburgunder „GG" „Haslen" Feuerberg
Weingut Bercher

2015 Grauburgunder „R" trocken
Weingut Emrich-Schönleber

2016 Grauburgunder trocken***
Weingut Knipser

2016 Grauburgunder Spätlese*** Achkarrer Schlossberg
Weingut Michel

2016 Grauburgunder „GG" „Wingerte" Altenberg
Privat-Weingut H. Schlumberger

2015 Grauer Burgunder Schlossberg Achkarren
Weingut Fritz Waßmer

2016 Grauer Burgunder „GC" Spätlese Achk. Schlossberg
Weingut Martin Waßmer

2016 Grauburgunder „GG" Lahrer Kirchgasse
Weingut Wöhrle

2016 Grauburgunder „GG" Herzogenberg
Weingut Wöhrwag

90/100

2016 Grauburgunder „GG" „Villinger" Schlossgarten
Weingut Bercher

2016 Grauburgunder trocken Burkheimer Feuerberg
Weingut Bercher

2015 Grauburgunder Spätlese trocken Römerberg
Weingut Hermann Dörflinger

2015 Grauburgunder trocken Eichberg
Weingut Otto und Martin Frey

2016 Grauburgunder „GG" „Vorderer Winklerberg"
Weingut Dr. Heger

2015 Grauer Burgunder trocken „Endhahle"
Biologisches Weingut Höfflin

2016 Grauburgunder „Franz Anton"
Weingut Franz Keller – Schwarzer Adler

2016 Grauburgunder Spätlese*** Amolterer Steinhalde
Weingut Knab

2016 Grauburgunder Spätlese*** „Wihlbach"
Weingut Knab

2016 Grauer Burgunder „Réserve" Laumersheimer
Weingut Philipp Kuhn

2016 Grauburgunder Spätlese Achkarrer Schlossberg
Weingut Michel

2015 Grauer Burgunder trocken Barrique „vogelfrei"
Weingut Poss

2016 Grauer Burgunder „AS" Heidelberger Herrenberg
Weingut Seeger

2015 Grauer Burgunder Sommerhalde Bombach
Weingut Fritz Waßmer

2016 Grauer Burgunder „GC" Spätlese Auggener Letten
Weingut Martin Waßmer

2016 Grauburgunder trocken „Goldadler" Korber Berg
Weingut Zimmerle

– Chardonnay –

94/100

2015 Chardonnay „R" trocken Würzburger Stein
Weingut Bürgerspital zum Heiligen Geist

93/100

2015 Chardonnay Karthäuser
Weingut Rudolf Fürst
2015 Chardonnay trocken „GG" Schlossberg
Weingut Bernhard Huber
2016 Chardonnay trocken****
Weingut Knipser
2016 Chardonnay „R"
Weingut Seeger

92/100

2016 Chardonnay „S"
Weingut Dautel
2015 Chardonnay „GG" „Hinter Winklen Gras im Ofen"
Weingut Dr. Heger
2015 Chardonnay trocken „GG" Bienenberg
Weingut Bernhard Huber
2016 Chardonnay „Franz Anton"
Weingut Franz Keller – Schwarzer Adler
2016 Chardonnay „S"
2015 Chardonnay „GG" Kirchberg
Weingut Franz Keller – Schwarzer Adler
Weingut Seeger
2016 Chardonnay „GC" Spätlese Dottinger Castellberg
Weingut Martin Waßmer
2016 Chardonnay „GG" „Gottsacker" Lahrer Kronenbühl
Weingut Wöhrle

91/100

2015 Chardonnay trocken „Clos de Schulz"
Weingut Chat Sauvage
2015 Chardonnay Spätlese Müllheimer Reggenhag
Weingut Hermann Dörflinger
2015 Chardonnay trocken „Alte Reben"
Weingut Bernhard Huber
2016 Chardonnay trocken „Opus O"
Weingut Jülg
2016 Chardonnay Spätlese Achkarrer Schlossberg
Weingut Michel
2016 Chardonnay trocken „R"
Weingut Ökonomierat Rebholz

90/100

2015 Chardonnay trocken „Reserve"
Weingut Gerhard Aldinger
2015 Chardonnay trocken „Mineral"
Weingut Friedrich Becker
2016 Chardonnay trocken „SE"
Weingut Bercher
2016 Chardonnay trocken „Réserve"
Weingut Bischel
2016 Chardonnay „SL Alte Reben" trocken Batzenberg
Weingut Ernst Heinemann
2016 Chardonnay trocken „Hades"
Weingut Fürst Hohenlohe-Öhringen
2016 Chardonnay trocken Unteröwisheimer Kirchberg
Weingut Klumpp
2015 Chardonnay trocken Beutelsbach Sonnenberg
Weingut Knauß
2016 Chardonnay trocken***
Weingut Knipser
2016 Chardonnay „R" trocken
Weingut Kühling-Gillot
2016 Chardonnay trocken „GG Am Bühl" Plauelrain
Weingut Andreas Laible
2016 Chardonnay trocken „Im Wasserland" Mörstadt
Weingut Karl-Hermann Milch
2016 Chardonnay „Réserve" „Im Blauarsch" Monsheim
Weingut Karl-Hermann Milch
2015 Chardonnay trocken „Im Wasserland" Mörstadt
Weingut Karl-Hermann Milch
2015 Chardonnay
Weingut Richard Östreicher
2015 Chardonnay trocken „Fass 500 GSKR Edelstahl"
Winzerhof Stahl
2016 Chardonnay trocken „Geisberg"
Weingut Wageck-Pfaffmann
2015 Chardonnay Schlossberg Staufen
Weingut Fritz Waßmer
2015 Chardonnay „Réserve"
Weingut Wittmann
2016 Chardonnay trocken „Dreiegg"
Weingut Zimmerle

– Sauvignon Blanc –

92/100

2015 Sauvignon Blanc trocken „Ovum" „Reserve"
Weingut Gerhard Aldinger

2016 Sauvignon Blanc „R" Leimener Herrenberg
Weingut Seeger

91/100

2014 Sauvignon Blanc „Baer"
Weingut Oliver Zeter

90/100

2016 Sauvignon Blanc trocken „Reserve"
Weingut Gerhard Aldinger

2016 Sauvignon Blanc
Weingut Dautel

2016 Sauvignon Blanc trocken „Hades"
Weingut Drautz-Able

2016 Sauvignon Blanc Ebringer „Klämle"
Schlossgut Ebringen

2016 Sauvignon Blanc trocken St. Laurenzikapelle
Weingut Hofmann

2016 Sauvignon Blanc trocken „Ovum" St. Laurenzikapelle
Weingut Hofmann

2015 Sauvignon Blanc trocken Leutesdorf Gartenlay
Weingut Josten & Klein

2016 Sauvignon Blanc trocken „Opus O"
Weingut Jülg

2016 Sauvignon Blanc trocken „Réserve"
Weingut Siegrist

2016 Sauvignon Blanc trocken „Fumé"
Weingut Oliver Zeter

2015 Sauvignon Blanc trocken „Fumé"
Weingut Oliver Zeter

2016 Sauvignon Blanc „Goldadler" Korber Sommerhalde
Weingut Zimmerle

89/100

2016 Sauvignon Blanc trocken „Réserve"
Weingut Bischel

2015 „Blanc" Weißwein trocken Rödelseer Küchenmeister
Weinmanufaktur 3 Zeilen

2016 Sauvignon Blanc trocken Rödelseer Küchenmeister
Weinmanufaktur 3 Zeilen

2016 Sauvignon Blanc „Goldréserve" Steinreinacher Hörnle
Weingut Escher

2016 Sauvignon Blanc trocken „Flavia"
Weingut Genheimer-Kiltz

2016 Sauvignon Blanc trocken „Melchisedec"
Weingut Heid

2016 Sauvignon Blanc trocken Beutelsbach Altenberg
Weingut Knauß

2016 Sauvignon Blanc trocken „Réserve" Dirmsteiner
Weingut Philipp Kuhn

2016 Sauvignon Blanc trocken „1102" Homburg Kallmuth
Weingut Fürst Löwenstein

2016 Sauvignon Blanc trocken „Iflinger"
Weingut Rainer Schnaitmann

2016 Sauvignon Blanc „S" Leimener Herrenberg
Weingut Seeger

2015 Sauvignon Blanc trocken „Fass 500 GSKR Edelstahl"
Winzerhof Stahl

2016 Sauvignon Blanc trocken [zweimännerwein]
Winzerhof Stahl

2016 Sauvignon Blanc trocken „Fumé" „Réserve" Goldberg
Weingut Wageck-Pfaffmann

– Sonstige weiße Rebsorten / Cuvées –

91/100

2016 Scheurebe trocken „Vinz" „Alte Reben"
Ludwig Knoll Weingut Am Stein

2016 „Unter der Mauer"*** Weißwein trocken
Weingut Luckert Zehnthof

90/100

2016 „Kreation Weiß S"
Weingut Dautel

Gewürztraminer trocken „MDG #3"
Weingut Eymann

2016 „Lump 64" Gemischter Satz trocken
Weingut Max Müller I

2015 Viognier „Zafrán"
Weingut Oliver Zeter

89/100

2016 „Fränkischer Gemischter Satz" trocken Kapellenberg
Weingut Bickel-Stumpf

2016 Gewürztraminer trocken Würzburger Stein
Weingut Bürgerspital zum Heiligen Geist

2015 „Cuvée Victor" Weißwein trocken
Schlossgut Diel

2016 Gewürztraminer trocken „Prestige_spontan"
Biologisches Weingut Höfflin

2016 Marsanne und Viognier trocken
Weingut Knipser

2016 „Q.E.D." Weißwein trocken
Weingut Roth

2016 Auxerrois „AS" Heidelberger Herrenberg
Weingut Seeger

2016 Scheurebe trocken Cyriakusberg „[zweimännerwein]"
Winzerhof Stahl

2016 Scheurebe trocken „Alte Reben" Iphöfer Kronsberg
Weingut Hans Wirsching

2014 „TriTerra" Weißwein trocken
Weingut Hans Wirsching

2015 Chenin Blanc
Weingut Oliver Zeter

– Riesling edelsüß –

96/100

2016 Riesling Eiswein* Brauneberger Mandelgraben
Weingut Markus Molitor

2016 Riesling Trockenbeerenauslese Kiedrich Gräfenberg
Weingut Robert Weil

95/100

2016 Riesling Auslese Lange Goldkapsel #15 Juffer-Sonnenuhr
Weingut Fritz Haag

2016 Riesling Auslese*** Zeltinger Sonnenuhr
Weingut Markus Molitor

2016 Riesling Eiswein Maximin Grünhäuser Herrenberg
C. von Schubert'sche Gutsverwaltung Grünhaus

2016 Riesling Trockenbeerenauslese Kiedrich Turmberg
Weingut Robert Weil

2016 Riesling Auslese Goldkapsel Kiedrich Gräfenberg
Weingut Robert Weil

2016 Riesling Beerenauslese Goldkapsel Gräfenberg
Weingut Robert Weil

94/100

2016 Riesling Auslese Goldkapsel #12 Juffer-Sonnenuhr
Weingut Fritz Haag

2016 Riesling Auslese Lange Goldkapsel Juffer-Sonnenuhr
Weingut Schloss Lieser

2016 Riesling Eiswein Klostergarten
Weingut Carl Loewen

2016 Riesling Auslese*** Zeltinger Sonnenuhr
Weingut Markus Molitor

2016 Riesling Beerenauslese Kiedrich Gräfenberg
Weingut Robert Weil

2016 Riesling Eiswein Kiedrich Gräfenberg
Weingut Robert Weil

93/100

2013 Riesling Trockenbeerenauslese Würzburger Stein
Weingut Bürgerspital zum Heiligen Geist

2016 Riesling Auslese Oberhäuser Brücke
Weingut Hermann Dönnhoff

2016 Riesling Eiswein* Ürziger Würzgarten
Riesling-Weingut Karl Erbes

2016 Riesling Spätlese #14 Brauneberger Juffer-Sonnenuhr
Weingut Fritz Haag

2016 Riesling Auslese Goldkapsel Juffer-Sonnenuhr
Weingut Fritz Haag

2016 Riesling Auslese #10 Brauneberger Juffer-Sonnenuhr
Weingut Fritz Haag

2016 Riesling Beerenauslese Brauneberger Juffer-Sonnenuhr
Weingut Fritz Haag

2016 Riesling Auslese Goldkapsel Goldtröpfchen
Weingut Reinhold Haart

2016 Riesling Eiswein Goldkapsel Kinheimer Hubertuslay
Weingut Jakoby-Mathy

2016 Riesling Eiswein Graacher Himmelreich
Weingut Kees-Kieren

2016 Riesling Auslese „Abts E"
Weingut Klaus Keller

2016 Riesling Eiswein Stettener Stein
Ludwig Knoll Weingut Am Stein

2015 Riesling Trockenbeerenauslese Stettener Stein
Ludwig Knoll Weingut Am Stein

2016 Riesling Beerenauslese
Weingut Peter Jakob Kühn

2016 Riesling Auslese Bernkasteler Doctor
Weingut Schloss Lieser

2016 Riesling Auslese Maximin Herrenberg
Weingut Carl Loewen

2016 Riesling Auslese*** Zeltinger Schlossberg
Weingut Markus Molitor

2016 Riesling Eiswein Brauneberger Mandelgraben
Weingut Markus Molitor

2016 Riesling Auslese*** Kinheimer Rosenberg
Weingut Markus Molitor

2016 Riesling Auslese*** Kinheimer Hubertuslay
Weingut Markus Molitor

2016 Riesling Auslese*** Graacher Himmelreich
Weingut Markus Molitor

2016 Riesling Auslese*** Wehlener Sonnenuhr
Weingut Markus Molitor

2016 Riesling Auslese*** Trittenheimer Apotheke
Weingut Josef Rosch

2016 Riesling Eiswein Escherndorfer Lump
Weingut Horst Sauer
2016 Riesling Beerenauslese Escherndorfer Lump
Weingut Horst Sauer
2016 Riesling Eiswein „Goldkapsel" Bockenauer Felseneck
Weingut Schäfer-Fröhlich
2016 Riesling Eiswein Zeltinger Himmelreich
Weingut Selbach-Oster
2016 Riesling Eiswein Goldkapsel Hallgarten Würzgarten
Weingut Josef Spreitzer
2016 Riesling Trockenbeerenauslese Rothenberg
Weingüter Geheimrat J. Wegeler

2016 Riesling Auslese Kiedrich Gräfenberg
Weingut Robert Weil
2016 Riesling Beerenauslese Kiedrich Turmberg
Weingut Robert Weil
2016 Riesling Auslese Bockstein
Weingut Nik Weis - St. Urbans-Hof
2016 Riesling Spätlese Goldtröpfchen
Weingut Nik Weis - St. Urbans-Hof
2016 Riesling Auslese Goldtröpfchen
Weingut Nik Weis - St. Urbans-Hof
2016 Riesling Spätlese (Vst.) Rausch
Weingut Forstmeister Geltz-Zilliken

– Sonstige edelsüße Weine –

94/100

2016 Rieslaner Trockenbeerenauslese Haardter Herzog
Weingut Müller-Catoir
2016 Silvaner Eiswein Escherndorfer Lump
Weingut Horst Sauer

93/100

2016 Silvaner Beerenauslese Escherndorfer Lump
Weingut Horst Sauer

92/100

2016 Goldmuskateller Eiswein
Weingut Geh. Rat Dr. v. Bassermann-Jordan
2014 Rieslaner Trockenbeerenauslese Sonnenstuhl
Ludwig Knoll Weingut Am Stein
2016 Müller-Thurgau Eiswein Escherndorfer Lump
Weingut Horst Sauer

91/100

2016 Weißer Burgunder Beerenauslese
Weingut Geh. Rat Dr. v. Bassermann-Jordan
2016 Spätburgunder Eiswein „Kesselberg" Feuerberg
Weingut Bercher
2015 Silvaner & Riesling Trockenbeerenauslese
Weingut Brügel
2016 Scheurebe Trockenbeerenauslese
Weingut Matthias Gaul
2016 Silvaner Eiswein Nordheimer Vögelein
Weingut Glaser-Himmelstoss
2016 Scheurebe Beerenauslese Nordheimer Vögelein
Weingut Glaser-Himmelstoss
2015 Silvaner Trockenbeerenauslese Langenberg
Weingut Rudolf May
2016 Rieslaner Beerenauslese Haardter Herzog
Weingut Müller-Catoir
2016 Scheurebe Beerenauslese Ungsteiner Herrenberg
Weingut Pfeffingen, Fuhrmann-Eymael

90/100

2015 Gutedel Trockenbeerenauslese Mauchener Frauenberg
Weingut Fritz Blankenhorn
2016 „Jodokus" Weißwein Beerenauslese „Hades"
Weingut Drautz-Able
2016 Silvaner Beerenauslese Nordheimer Vögelein
Weingut Glaser-Himmelstoss
2015 Kerner Trockenbeerenauslese Veitsh. Sonnenschein
Weingut Reiss
2016 Silvaner Auslese Escherndorfer Lump
Weingut Horst Sauer
2016 Spätburgunder Trockenbeerenauslese Sonnenstuhl
Weingut J. Störrlein & Krenig
2015 Gutedel Trockenbeerenauslese Maltesergarten
Weingut Julius Zotz

– Spätburgunder –

95/100

2015 Spätburgunder „GG" „Wildenstein"
Weingut Bernhard Huber

2015 Spätburgunder „GG" Dernauer Pfarrwingert
Weingut Meyer-Näkel

2015 Pinot Noir „GC" trocken Schlatter Maltesergarten
Weingut Martin Waßmer

94/100

2015 Spätburgunder „Terra 1261" Schlossberg
Weingut Benedikt Baltes

2015 Spätburgunder „GG" Forstberg
Weingut Dautel

2015 Spätburgunder „GG" Malterdinger Bienenberg
Weingut Bernhard Huber

2015 Spätburgunder „GG" Schlossberg
Weingut Franz Keller – Schwarzer Adler

2015 Spätburgunder „GG" Walporzheimer Kräuterberg
Weingut Meyer-Näkel

2015 Spätburgunder „R" trocken Achkarrer Schlossberg
Weingut Michel

2015 Pinot Noir „GC" trocken Dottinger Castellberg
Weingut Martin Waßmer

2015 Spätburgunder „GG" Sulzfelder Maustal
Weingut Luckert Zehnthof

93/100

2015 Spätburgunder „GG" Schlossberg
Weingut Benedikt Baltes

2015 Pinot Noir „GG" „Heydenreich"
Weingut Friedrich Becker

2015 Spätburgunder „GG" „Kammerberg"
Weingut Friedrich Becker

2015 Spätburgunder „GG" „Schupen"
Weingut Dautel

2015 Spätburgunder „GG" Centgrafenberg
Weingut Rudolf Fürst

2015 Spätburgunder „GG" Hundsrück
Weingut Rudolf Fürst

2015 Pinot Noir trocken „Steinrassel Réserve"
Weingut Matthias Gaul

2015 Spätburgunder „GG" Achkarren Schlossberg
Weingut Dr. Heger

2015 Spätburgunder „GG" „Wanne Häusleboden"
Weingut Dr. Heger

2015 Spätburgunder trocken „RdP"
Weingut Knipser

2015 Spätburgunder trocken „Reserve"
Weingut Knipser

2015 Spätburgunder „GG" Kirschgarten
Weingut Knipser

2015 Spätburgunder trocken „GG" „Oberer First"
Weingut Schlör

2015 Spätburgunder „GG" Herrenberg
Weingut Jean Stodden

92/100

2015 Spätburgunder „GG" Walporzheimer Gärkammer
Weingut J.J. Adeneuer

2015 Spätburgunder „GG" Walporzheimer Kräuterberg
Weingut J.J. Adeneuer

2015 Spätburgunder Bischofsberg
Weingut Benedikt Baltes

2015 Spätburgunder „GG" „Sankt Paul"
Weingut Friedrich Becker

2015 Spätburgunder „GG" „Kesselberg" Feuerberg
Weingut Bercher

2015 Spätburgunder trocken „MOM"
Weingut Bremer

2014 Pinot Noir trocken Lorch Schlossberg
Weingut Chat Sauvage

2015 Spätburgunder „GG" Altenahr Eck
Deutzerhof, Weingut Cossmann-Hehle

2015 Pinot Noir trocken „Fass 556" St. Stephan
Weingut Matthias Gaul

2015 Spätburgunder „GG" „Winklen Rappenecker"
Weingut Dr. Heger

2014 Spätburgunder trocken „Biegarten"
Biologisches Weingut Höfflin

2015 Spätburgunder „GG" Hecklinger Schlossberg
Weingut Bernhard Huber

2015 Spätburgunder „GG" Bombacher Sommerhalde

Weingut Bernhard Huber
2015 Pinot Noir trocken
Weingut Frank John
2015 Spätburgunder „GG" Kirchberg
Weingut Franz Keller – Schwarzer Adler
2015 Spätburgunder „GG" Eichberg
Weingut Franz Keller – Schwarzer Adler
2015 Spätburgunder „GG" Bürgel
Weingut Klaus Keller
2012 Pinot Noir Assmannshäuser Höllenberg
Weingut August Kesseler
2014 Pinot Noir trocken Bruchsaler Weiherberg
Weingut Klumpp
2015 Spätburgunder „GG" Burgweg
Weingut Knipser
2015 Spätburgunder „GG" Ahrweiler Silberberg
Weingut Kreuzberg
2015 Spätburgunder „Devonschiefer R"
Weingut Kreuzberg
2012 Spätburgunder trocken „Juwel" Assmannshäuser
Weingut Krone Assmannshausen
2015 Spätburgunder „GG" Neuenahrer Sonnenberg
Weingut Meyer-Näkel
2013 Spätburgunder „SR"
Weingut Meyer-Näkel
2015 Spätburgunder „GG" Ahrweiler Silberberg
Weingut Meyer-Näkel
2015 Spätburgunder*** Achkarrer Schlossberg Barrique
Weingut Michel
2014 Pinot Noir*** Graacher Himmelreich
Weingut Markus Molitor
2015 Pinot Noir trocken „Excellance"
Weingut Plag
2015 Spätburgunder trocken Kallstadter Saumagen
Weingut Rings
2015 Spätburgunder trocken Leistadter Felsenberg
Weingut Rings
2015 Spätburgunder „GG" Fellbacher Lämmler
Weingut Rainer Schnaitmann
2015 Spätburgunder „RRR" Heidelberger Herrenberg
Weingut Seeger
2015 Spätburgunder „GG" Hardtberg
Weingut Jean Stodden
2015 Spätburgunder „GG" Mönchberg
Weingut Jean Stodden
2015 Spätburgunder „Lange Goldkapsel"
Weingut Jean Stodden
2015 Spätburgunder „GG" Rosenthal
Weingut Jean Stodden
2015 Pinot Noir trocken „Geisberg"
Weingut Wageck-Pfaffmann
2015 Spätburgunder „GC" trocken Ehrenstetter Ölberg
Weingut Martin Waßmer
2015 Spätburgunder „GC" trocken Glottertäler Roter Bur
Weingut Martin Waßmer

91/100

2015 Spätburgunder „GG" Ahrweiler Rosenthal
Weingut J.J. Adeneuer
2014 Spätburgunder „GG" Walporzheimer Gärkammer
Weingut J.J. Adeneuer
2015 Spätburgunder trocken „GG" Fellbacher Lämmler
Weingut Gerhard Aldinger
2015 Spätburgunder „GG" Kirchenstück
Weingut BattenfeldSpanier
2012 Spätburgunder trocken Herrgottspfad
Weingut Becker-Landgraf
2012 Spätburgunder trocken Rosenberg
Weingut Becker-Landgraf
2014 Spätburgunder trocken Burkheimer Feuerberg
Weingut Bercher
2015 Spätburgunder „GG" „RG" Sonnenberg
Wein- und Sektgut Bernhart
2015 Spätburgunder Mayschoßer Mönchberg
Weingut Julia Bertram
2015 Spätburgunder Mayschoßer Trotzenberg
Weingut Julia Bertram
2015 Spätburgunder trocken Johannisberg
Weingut Bischel
2015 Spätburgunder trocken Teufelspfad
Weingut Braunewell
2015 Spätburgunder Walporzheimer Kräutergarten
Weingut Burggarten
2013 Pinot Noir trocken Rüdesheim Drachenstein
Weingut Chat Sauvage
2015 Pinot Noir Assmannshäuser Höllenberg
Weingut Dr. Corvers-Kauter
2015 Spätburgunder „GG" Neuenahr Kirchtürmchen
Deutzerhof, Weingut Cossmann-Hehle
2015 Spätburgunder „GG" Mayschoss Mönchberg
Deutzerhof, Weingut Cossmann-Hehle
2014 Spätburgunder „Grand Duc Reserve"
Deutzerhof, Weingut Cossmann-Hehle
2015 Spätburgunder Spätlese Müllheimer Pfaffenstück

2015 Spätburgunder „GG" „Linnenbrunnen" Lichtenberg
Weingut Jürgen Ellwanger
2015 Spätburgunder Bürgstadter Berg
Weingut Rudolf Fürst
2015 Spätburgunder „GG" Schlossberg
Weingut Rudolf Fürst
2015 Pinot Noir trocken „Fass 555" St. Stephan
Weingut Matthias Gaul
2014 Spätburgunder trocken „Baron Philipp" Eichberg
Weingut Freiherr von Gleichenstein
2015 Spätburgunder „GG" „Vorderer Winklerberg"
Weingut Dr. Heger
2015 Spätburgunder trocken „Mimus" Winklerberg
Weingut Dr. Heger
2015 Spätburgunder „GG" Fellbacher Lämmler
Weingut Heid
2015 Pinot Noir „GG" „Wormsberg"
Weingut Heitlinger
2015 Pinot Noir trocken „ Reserve Cantus Avis"
Weingut Hermann
2015 Spätburgunder trocken Kalbenstein Gambach
Weingut Höfling
2015 Pinot Noir trocken
Weingut Jülg
2015 Spätburgunder Jechtinger Enselberg
Weingut Franz Keller – Schwarzer Adler
2011 Spätburgunder trocken „Cuvée Max"
Weingut August Kesseler
2015 Spätburgunder Großheppacher Steingrüble
Weingut Wolfgang Klopfer
2015 Spätburgunder Höllenberg „Mauerwein GK"
Hessische Staatsweingüter Kloster Eberbach
2015 Spätburgunder*** trocken „Reserve" Engelsberg
Weingut Knab
2015 Spätburgunder Strümpfelbach Nonnenberg
Weingut Knauß
2015 Spätburgunder „GG" Mandelpfad
Weingut Knipser
2013 Pinot Noir „Grande Réserve" Hainfelder Letten
Weingut Bernhard Koch
2014 Spätburgunder*** trocken „Reserve" „Eichenlaub"
Weingut Arndt Köbelin
2014 Spätburgunder „GG" Kalmit
Weingut Familie Kranz
2015 Spätburgunder „GG" Neuenahrer Sonnenberg
Weingut Kreuzberg
2015 Spätburgunder „GG" Neuenahrer Schieferlay
Weingut Kreuzberg
2015 Spätburgunder „GG" Hochheimer Reichestal
Weingut Künstler
2014 Pinot Noir „GG" Kirschgarten
Weingut Philipp Kuhn
2013 Pinot Noir trocken „Henri"
Weingut Landgraf
2015 Pinot Noir trocken „Melandor"
Weingut Uli Metzger
2013 Spätburgunder „GG" Neuenahrer Sonnenberg
Weingut Meyer-Näkel
2014 Pinot Noir*** Brauneberger Klostergarten
Weingut Markus Molitor
2012 Spätburgunder „GG" Im Sonnenschein
Weingut Ökonomierat Rebholz
2015 Spätburgunder „R" trocken Reicholzheimer First
Weingut Schlör
2014 Pinot Noir „GG" „Wingerte" Altenberg
Privat-Weingut H. Schlumberger
2015 Spätburgunder Walporzheimer Kräuterberg
Weingut Paul Schumacher
2015 Spätburgunder „R" „GG" Spermen
Weingut Seeger
2015 Spätburgunder „RR" „GG" Oberklamm
Weingut Seeger
2015 Spätburgunder „GG" Sonnenberg
Weingut Jean Stodden
2013 „Pinot Noix"
Weingut Daniel Twardowski
2014 „Pinot Noix"
Weingut Daniel Twardowski
2015 Spätburgunder trocken Bissersheimer Goldberg
Weingut Wageck-Pfaffmann
2015 Spätburgunder Roter Berg Kenzingen
Weingut Fritz Waßmer
2015 Spätburgunder „XXL" trocken
Weingut Fritz Waßmer
2014 Spätburgunder „GG" „Köppel" Kastanienbusch
Weingut Dr. Wehrheim
2015 Spätburgunder „GG" Lahrer Kirchgasse
Weingut Wöhrle
2015 Pinot Noir „GG" Untertürkheimer Herzogenberg
Weingut Wöhrwag
2014 Spätburgunder trocken „Goldadler" Korber Berg
Weingut Zimmerle

– Lemberger / Blaufränkisch –

93/100

2015 Lemberger „GG" Michaelsberg
Weingut Dautel

2015 Lemberger „GG" „Gehrnhalde" Mönchberg
Weingut Karl Haidle

2015 Lemberger trocken „GG" Neipperger Schlossberg
Weingut des Grafen Neipperg

2015 Blaufränkisch „R" „GG" Spermen
Weingut Seeger

92/100

2015 Lemberger „GG" „Berge" Stettener Mönchberg
Weingut Karl Haidle

2015 Lemberger „GG" Fellbacher Lämmler
Weingut Heid

2015 Blaufränkisch trocken Nierstein „Rothe Bach"
Weingut St. Antony

2015 Lemberger „GG" Fellbacher Lämmler
Weingut Rainer Schnaitmann

2015 Lemberger trocken „GG" „Glaukós" Hohenberg
Weingut Wachtstetter

91/100

2015 Lemberger trocken „GG" Fellbacher Lämmler
Weingut Gerhard Aldinger

2014 Lemberger „GG" „Schalksberg" Mönchberg
Weingut Beurer

2015 Lemberger „GG" „Berg Lemberg" Lichtenberg
Weingut Jürgen Ellwanger

2014 Lemberger trocken Kleinheppacher Greiner
Weingut Wolfgang Klopfer

2015 Lemberger trocken „GG" Schwaigerner Ruthe
Weingut des Grafen Neipperg

2015 Lemberger „GG" Untertürkheimer Herzogenberg
Weingut Wöhrwag

90/100

2012 Lemberger „GG" „Der Schwarze Löwe" Oberer Berg
Weingut Graf Adelmann

2014 Lemberger „GG" Hebsacker Lichtenberg
Weingut Jürgen Ellwanger

2014 Lemberger trocken „Hades"
Weingut Jürgen Ellwanger

2011 Lemberger „XR" trocken (Vorderer Hundsberg)
Weingut G.A. Heinrich

2015 Lemberger trocken „GG" Verrenberger Verrenberg
Weingut Fürst Hohenlohe-Öhringen

2015 Lemberger Auslese trocken „R" Malscher Rotsteig
Wein & Sektgut Bernd Hummel

2014 Blaufränkisch trocken Zeuterner Himmelreich
Weingut Klumpp

2015 Lemberger trocken Schnait Altenberg
Weingut Knauß

2015 Lemberger trocken Löwenstein Wohlfahrtsberg
Weingut Knauß

2015 Lemberger trocken „Excellance"
Weingut Plag

2013 Blaufränkisch „GG" Dicker Franz
Weingut Burg Ravensburg

2015 Blaufränkisch trocken Nierstein „Lange Berg"
Weingut St. Antony

2015 Lemberger „Simonroth"
Weingut Rainer Schnaitmann

2014 Lemberger trocken „GG" „Glaukós" Hohenberg
Weingut Wachtstetter

2015 Lemberger „GG" Weinsberger Schemelsberg
Staatsweingut Weinsberg

2014 Lemberger trocken „Goldadler" Korber Berg
Weingut Zimmerle

– Sonstige rote Rebsorten –

92/100

2015 Syrah trocken „Große Réserve"
Weingut Rings

2015 Schwarzriesling „R"
Weingut Seeger

2015 Cabernet Sauvignon Schlossberg Staufen
Weingut Fritz Waßmer

91/100

2015 Merlot „S"
Weingut Dautel

2015 Cabernet Franc trocken „Réserve"
Weingut Matthias Gaul

2015 Lagrein trocken Pfeddersheimer St. Georgenberg
Weingut Karlheinz Keller

2015 Syrah trocken „Réserve"
Weingut Rings

2015 Schwarzriesling „R" trocken Reicholzheimer First
Weingut Schlör

2015 Frühburgunder „GG" Herrenberg
Weingut Jean Stodden

2015 Syrah Schlossberg Achkarren
Weingut Fritz Waßmer

90/100

2015 Merlot trocken „Reserve"
Weingut Gerhard Aldinger

2015 Zweigelt trocken „Symphonie"
Weingut Doreas

2015 Frühburgunder „R" Centgrafenberg
Weingut Rudolf Fürst

2015 Merlot trocken „Hades"
Weingut Fürst Hohenlohe-Öhringen

2015 Syrah trocken Nonnenwingert (Th. von Waldner)
Weingut Karlheinz Keller

2015 Frühburgunder trocken „Crescentia GK" Höllenberg
Hessische Staatsweingüter Kloster Eberbach

2014 St. Laurent trocken Bruchsaler Rothenberg
Weingut Klumpp

2014 Syrah trocken
Weingut Knipser

2015 Frühburgunder „GG" Dernauer Hardtberg
Weingut Kreuzberg

2015 Syrah trocken „S.E."
Weingut des Grafen Neipperg

2012 Merlot Sommeracher Katzenkopf
Weingut Richard Östreicher

2012 Cabernet Sauvignon Sommeracher Katzenkopf
Weingut Richard Östreicher

2015 Syrah trocken „Excellance"
Weingut Plag

2015 Syrah trocken
Weingut F.-J. Regnery

2015 Portugieser trocken „Réserve"
Weingut Rings

2015 Frühburgunder „R"
Weingut Seeger

2015 Merlot Roter Berg Kenzingen
Weingut Fritz Waßmer

2015 Syrah trocken Dottinger Castellberg
Weingut Martin Waßmer

2015 Frühburgunder trocken Sonnenberg
Weingut Luckert Zehnthof

2014 Zweigelt trocken „Goldadler" Korber Sommerhalde
Weingut Zimmerle

– Rote Cuvées –

94/100

2015 Grand Noir*** Rotwein
Weingut Luckert Zehnthof

92/100

2015 „Ypsilon" Rotwein-Cuvée trocken
Weingut Karl Haidle

2015 „In senio" Rotwein trocken „Hades"
Weingut Fürst Hohenlohe-Öhringen

2014 „Triologie" Rotwein trocken
Weingut Zimmerle

91/100

2015 „Ex flammis orior" Rotwein trocken „Hades"
Weingut Fürst Hohenlohe-Öhringen

2014 „Cuvée X" Rotwein trocken
Weingut Knipser

2015 Cuvée rot trocken „PP" „Excellance"
Weingut Plag

2015 „Das Kreuz" Rotwein trocken
Weingut Rings

2011 „Age virilter time deum" Rotwein trocken
Weingut Zimmerle

90/100

2015 Cabernet Sauvignon & Merlot trocken „Ambrosia"
Weingut Aloisiushof

2014 „Limberg XIV" Rotwein trocken
Weingut Bercher

2015 „François Reserve" Rotwein trocken
Weingut Braunewell

2015 „Kreation Rot S"
Weingut Dautel

2014 „Nicodemus" Rotwein trocken „Hades"
Weingut Jürgen Ellwanger

2014 „Meisterwerk" Rotwein trocken „Goldréserve"
Weingut Escher

2013 „Wollendieb" Rotwein trocken
Weingut G.A. Heinrich

2015 „Cuvée Cabernet" „Gold"
Weingut Horcher

2015 Altenberg Rotwein trocken
Weingut Knauß

2013 „Mélac" Rotwein trocken
Weingut Kusterer

2014 „Kyrie Leiss" Rotwein trocken „Gipskeuper"
Weingut Leiss

2014 „Purpur" Rotwein trocken
Weingut Roth

2014 „Granat" Rotwein
Weingut Albrecht Schwegler

2011 „Solitär" Rotwein
Weingut Albrecht Schwegler

2012 „Traum" Rotwein trocken
Staatsweingut Weinsberg

2015 „Grande Reserve" Rotwein trocken „Hades"
Staatsweingut Weinsberg

2015 „X" Rotwein trocken „Große Reserve"
Weingut Wöhrwag

ORTSVERZEICHNIS

J

K

L

M

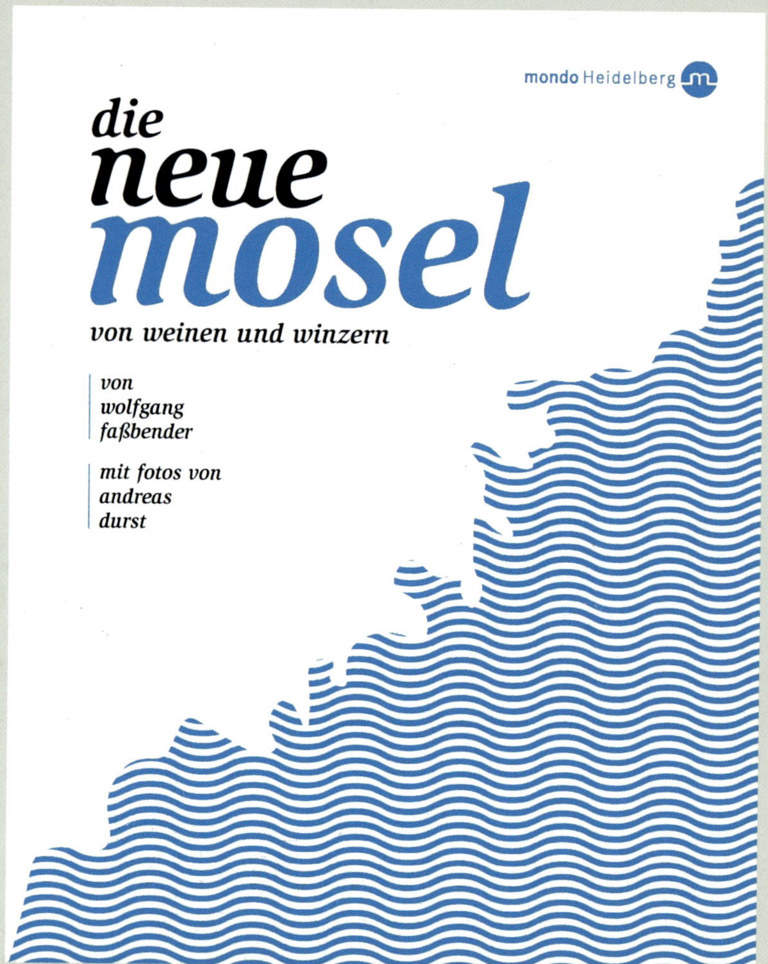
mondo Heidelberg
die
neue
mosel
von weinen und winzern
von
wolfgang
faßbender
mit fotos von
andreas
durst